# HISTÓRIA
## *Geral e do Brasil*
### 3ª EDIÇÃO

Caro leitor:

Visite o site **harbradigital.com.br** e tenha acesso aos **objetos digitais** especialmente desenvolvidos para esta obra. Para isso, siga os passos abaixo:

▶▶ acesse o endereço eletrônico **www.harbradigital.com.br**
▶▶ clique em **Cadastre-se** e preencha os dados solicitados
▶▶ inclua seu **código de acesso**:

> 5E641C17D240BD2D3EC1

Seu cadastro já está feito! Agora, você poderá desfrutar de vídeos, animações, textos complementares, banco de questões, galeria de imagens, entre outros conteúdos especialmente desenvolvidos para tornar seu estudo ainda mais agradável.

## Requisitos do sistema

- O Portal é multiplataforma e foi desenvolvido para ser acessível em *tablets*, celulares, *laptops* e PCs (existentes até ago. 2015).
- Resolução de vídeo mais adequada: 1024 × 768.
- É necessário ter acesso à internet, bem como saídas de áudio.
- Navegadores: Google Chrome, Mozilla Firefox, Internet Explorer 9+, Safari ou Edge.

## Acesso

Seu código de acesso é válido por 3 anos a partir da data de seu

## Editora HARBRA

# HISTÓRIA
## *Geral e do Brasil*
### 3ª EDIÇÃO

# HISTÓRIA
## *Geral e do Brasil*
### 3ª EDIÇÃO

**JOSÉ ALVES DE FREITAS NETO**

Doutor em História pela Universidade de São Paulo – USP
Professor e Coordenador do Curso de Graduação em História da
Universidade Estadual de Campinas – Unicamp
Foi professor de História em escolas de Ensino Médio de São Paulo

**CÉLIO RICARDO TASINAFO**

Mestre, Bacharel e Licenciado em História pela
Universidade Estadual de Campinas – Unicamp
Foi professor de História em escolas de Ensino Fundamental,
Médio e cursos pré-vestibulares de São Paulo

**Direção Geral:** Julio E. Emöd
**Supervisão Editorial:** Maria Pia Castiglia
**Revisão de Texto:** Estevam Vieira Lédo Jr.
Patricia Gazza
**Assistentes Editoriais:** Ana Olívia Pires Justo
Mônica Roberta Suguiyama
**Cartografia e Ilustrações:** Mário Yoshida
Mônica Roberta Suguiyama
Danilo Molina Vieira
**Programação Visual e Capa:** Grasiele L. Favatto Cortez
**Editoração Eletrônica:** AM Produções Gráficas Ltda.
**Fotografia da Capa:** Shutterstock
**Impressão e Acabamento:** A. R. Fernandez

Dados Internacionais de Catalogação na Publicação (CIP)
(Câmara Brasileira do Livro, SP, Brasil)

Freitas Neto, José Alves de
História geral e do Brasil / José Alves de
Freitas Neto, Célio Ricardo Tasinafo. - - 3. ed. - -
São Paulo : HARBRA, 2016.

Bibliografia.
ISBN 978-85-294-0476-9

1. Brasil - História (Ensino médio) 2. História
(Ensino médio) I. Tasifano, Célio Ricardo.
II. Título.

15 - 10124                                   CDD - 981.007
- 907

Índices para catálogo sistemático:
1. Brasil : História : Ensino médio 981.007
2. História geral : Ensino médio 907

**HISTÓRIA GERAL E DO BRASIL – 3ª edição**

Copyright © 2016 por **editora HARBRA ltda**.
Av. Lins de Vasconcelos, 2334
04112-001 São Paulo – SP
Tel.: (0.xx.11) 5084-2482. Fax: (0.xx.11) 5575-6876
www.harbra.com.br

ISBN 978-85-294-0476-9

Impresso no Brasil                                   *Printed in Brazil*

# Apresentação

## História: conhecimento dos homens no tempo

A palavra história se originou a partir do grego antigo: significava originalmente "relato daquilo que se procurou saber". Mas o significado não é o mesmo para todas as pessoas, em diferentes tempos, lugares e culturas. Nos escritos de Heródoto (século V a.C.), chamado de "o primeiro historiador", por exemplo, a História estava baseada em narrativas orais e ligava-se à tradição mítica grega. Já o também grego Tucídides criticou Heródoto por conta dessa suposta falta de objetividade. Para Tucídides, aquele que narra os fatos deve construir um relato objetivo e isento. Assim, ao longo do tempo a História foi entendida de diferentes maneiras.

O que se entende por História hoje em dia? É difícil encontrarmos uma definição que seja aceita pela maioria dos historiadores. Podemos dizer que o próprio significado da História é **objeto de disputas**. Marc Bloch, um importante historiador francês da primeira metade do século XX, afirmou que a história é a "ciência que estuda os homens no tempo". Ou seja, os estudos históricos estão voltados para entender como os diferentes grupos humanos se relacionaram ao longo da sua trajetória.

Como esse autor bem notou, o **tempo** é uma categoria fundamental para o estudo da História. Um provérbio árabe diz: "um homem se parece muito mais com seu tempo do que com seus pais". A quem estuda a História cabe entender as condições de vida colocadas em cada época. O que interessa para os estudos históricos são as mudanças e continuidades, o que se modifica e aquilo que permanece.

Mas seria a História uma **ciência**? Essa é uma pergunta também complicada de ser respondida. Afinal, não podemos colocar um período da História em um laboratório para analisá-lo. Também não podemos viajar no tempo e "ver com nossos próprios olhos" como os fatos se desenrolaram. No entanto, grande parte dos historiadores concorda em um ponto: a História, assim como as ciências, é elaborada a partir de um **método**. Se não temos a capacidade de viajar no tempo, podemos analisar os vestígios deixados pelos povos do passado: textos, pinturas, mapas, relatos orais, utensílios etc. O método da História consiste em selecionar e analisar esses **vestígios** para depois elaborar interpretações sobre determinado período do passado.

O método histórico como o conhecemos atualmente foi desenvolvido na Europa do século XIX. Naquele momento, buscava-se aproximar a História das chamadas ciências exatas, e os vestígios foram chamados de documentos ou fontes históricas.

## As fontes históricas

Apesar de durante muito tempo apenas os documentos escritos terem sido considerados fontes históricas válidas, a definição de fonte histórica atual é bastante abrangente. Qualquer material que forneça informações sobre o período que se estuda pode ser considerado **fonte histórica**. Mesmo os artefatos que não foram criados com a intenção de servir de testemunho, mas trazem informações sobre sociedades do passado, podem ser utilizados para o estudo da História. Quem define a fonte é o historiador que seleciona o material que irá utilizar tendo em vista os objetivos do seu estudo.

Ao longo deste livro entraremos em contato com diversos tipos de documentos históricos, que estão registrados em cartas, produções artísticas, desenhos em paredes de cavernas, relatos de personalidades ou mesmo de anônimos, produção material, filmes, fotos; enfim, todo o tipo de informação que nos permite pensar sobre como as pessoas viviam.

Diante dessas fontes históricas surge outra indagação: como os historiadores fazem para "constatar" tudo aquilo que estudam e analisam? Qual é o método ou caminho para o historiador construir a sua interpretação? Como assegurar que os testemunhos e vestígios analisados pelos historiadores tenham fundamento?

É nessa tarefa que deve estar o **olhar crítico** do historiador: confiar e questionar suas fontes, colocando-as em perspectiva e contrapondo relatos e visões diferentes sobre um mesmo processo, por exemplo.

Outra coisa importante para os historiadores é que as explicações e interpretações do passado sofrem influências do **tempo presente**. O passado não é algo que possa ser revivido, mas pode ser constantemente reinterpretado, por isso o conhecimento histórico é sempre **dinâmico**. Embora os fatos históricos não possam ser modificados por aquele que estuda a História, seus significados podem se alterar conforme a leitura e interpretação dada por cada época. A leitura de uma documentação que elaboramos hoje é diferente daquela realizada sobre o mesmo material há cem anos, ou mesmo daquela de vinte anos atrás. O **contexto** do presente altera o modo como se interpreta o passado, de forma que as perguntas e interesses dos historiadores se modificam com o tempo.

Mas não é só o tempo que modifica o trabalho do historiador. Se assim fosse, os historiadores atuais seriam unânimes nas suas interpretações. Mas, como sabemos, os homens do presente vivem em lugares diferentes e possuem trajetórias de vida diversas, de modo que esses fatores também podem gerar diferentes maneiras de se enxergar o passado e conflito entre essas visões.

Por isso, a História é o **conhecimento dos homens no tempo**, e não simplesmente o conhecimento do passado. As relações entre passado e presente estão sempre no horizonte dos estudos históricos. O que interessa para a História é como as ações humanas se modificaram ou se mantiveram ao longo do tempo.

Mas quem são os homens e mulheres que mudam a História? Quais forças agem para que as sociedades passem por transformações? A verdade é que não podemos dar uma resposta taxativa a essa questão. Não há uma regra ou uma força única que leve as sociedades para um destino predeterminado. Cada momento histórico deve ser analisado com cuidado para que se encontrem as motivações que levaram às mudanças. Porém, uma vez que a História lida com as trajetórias dos homens, são as escolhas que eles realizam nas condições do seu momento histórico que definem os caminhos.

As respostas dadas pelos homens e mulheres do passado aos problemas do seu tempo muitas vezes são conflituosas. As pessoas enxergam e diagnosticam seu presente de maneiras diferentes e agem com **interesses diversos**. Essa questão aparece quando encontramos documentos de datas aproximadas que tratam do mesmo assunto e o enxergam de maneira diversa. No Brasil do século XIX, por exemplo, é possível se deparar tanto com escritos que defendem a manutenção da escravidão quanto com outros que a condenam e defendem a abolição. Além disso, mesmo os escritos que defendem o fim da escravidão podem partir de princípios diferentes: uns podem defender que o trabalho livre permite o desenvolvimento econômico, enquanto outros enfatizam a desumanidade da escravidão e como ela cerceia os direitos naturais do ser humano. Como vemos, há uma disputa entre diferentes grupos; em outras palavras, existe relação entre opiniões e conflito de ideias.

A história tenta entender as sociedades passadas nos limites colocados em seu próprio tempo. Mas nem sempre essa é uma tarefa simples. Em alguns casos, podemos nos deparar com ideias e práticas muito diferentes das atuais, e que podem trazer estranhamento. Os sacrifícios humanos realizados nos rituais religiosos astecas muitas vezes geraram polêmicas, trazendo à tona condenações das práticas dessa cultura. No entanto, é preciso tomar cuidado com os **julgamentos posteriores**. Ainda que o conhecimento histórico nunca seja neutro, utilizar critérios atuais para construir julgamentos sobre povos do passado muitas vezes impede que compreendamos os motivos que levaram as sociedades antigas a agir de determinada maneira. O uso dos valores do presente para julgar o passado é chamado de **anacronismo**.

## Para que estudar História?

Qual o objetivo de se estudar sociedades do passado? Ao longo do tempo, muitas respostas foram dadas para essa questão. Alguns diriam que o estudo do passado é a oportunidade de conhecer as origens de processos históricos que ainda se mantêm vivos no presente, de forma a aprendermos com os "erros" do passado. Mas, será que conhecer as origens é o suficiente para compreendermos as realidades do nosso presente? Além de ser muito difícil estabelecer as origens de muitos processos, o estudo do ponto inicial não explica as mudanças que apareceram ao longo do tempo. É preciso estar atento, pois às vezes os termos permanecem, mas seus significados se alteram. Dessa forma, entender o princípio do sistema capitalista resolve as questões da economia atual? Dificilmente, pois, ainda que mantenha características comuns com as atuais, esse sistema econômico passou por diversas mudanças. As questões culturais e sociais vividas ao longo do tempo influíram nas condições econômicas, de modo que a origem não basta para o entendimento.

O estudo das sociedades passadas não funciona como uma chave que abre um baú recheado de respostas para os problemas do presente. Mas, ainda assim, é fundamental para lidarmos com as questões atuais. Não podemos negar que o passado é bastante presente em nossa vida. Nosso modo de viver está impregnado de história: nós carregamos heranças, muitas vezes difusas, das ações dos antepassados. Assim, não basta olharmos para as origens, mas quando nos deparamos com as idas e vindas da história podemos comparar e refletir sobre o nosso tempo. Com o estudo da História aguçamos a leitura do tempo presente, enxergando e compreendendo as contradições que se apresentam.

Neste livro, em sua 3ª edição ampliada e revisada, pretendemos apresentar parte dos processos históricos para que você, estudante, também possa fazer suas próprias relações e fundamentá-las, discutindo a partir de documentos e debates que estimulam a historiografia atual, em um exercício de compreensão do seu próprio tempo. O mundo atual muda rapidamente e, para compreendê-lo, esta terceira edição apresenta novas atividades, quadros diferenciados, **objetos digitais** que permitirão a interação entre o livro e as plataformas do mundo virtual, para estarmos em constante atualização e comunicação com você, estudante em conexão com o mundo e vivendo os desafios de compreender o seu tempo. Nesta obra, temos os seguintes quadros diferenciados:

- **Recortes da História** – documentos de época, registros de pessoas que protagonizaram ou testemunharam os acontecimentos, apresentados com questões que valorizam sua aproximação com o texto;
- **Vivendo seu tempo** – episódios da vida cotidiana que se relacionam com os grandes processos apresentados no capítulo;
- **Disseram a respeito** – a visão dos historiadores e especialistas sobre determinados episódios ou correntes interpretativas sobre o tema. Na atual edição, há questões para estimular sua aproximação com o tema e para compreender os múltiplos significados de um mesmo processo histórico;
- **Saiba mais** – aprofundamento sobre aspectos relacionados ao assunto que está sendo estudado;
- **Passado/presente** – aprender a pensar pela História é fazer conexões entre os dias atuais e o passado, compreendendo continuidades e rupturas entre processos que podem ser aproximados;
- **Debatendo ideias** – questões para discussão, que exigirão seu posicionamento, sua leitura crítica e a formação de uma opinião sobre temas que dialogam com seu protagonismo diante do mundo;
- **Revisitando a História** – exercícios que estimulam a aquisição de habilidades como a compreensão leitora e crítica dos temas vistos em cada capítulo;
- **Analise esta imagem** – vivemos em uma época de valorização da cultura visual e, por isso, você aprenderá a observar obras de arte, caricaturas, fotografias e outros instrumentos que despertem a habilidade de ler outros códigos visuais;
- **Questões de vestibular** – questões recentes do ENEM (Exame Nacional do Ensino Médio), principal instrumento de avaliação do país, e de processos seletivos das principais universidades;
- **Programa de Avaliação Seriada** – inserção de questões de diferentes sistemas de ingresso no ensino superior, de diferentes regiões do país, e com distintos níveis de complexidade;
- **Cinemateca** – sugestão de filmes relacionados com os períodos e episódios estudados e que são úteis para uma análise das representações feitas por diretores e produtores sobre o tema;
- **Iconografia** – as imagens também transmitem informações. Por isso, a riqueza da pesquisa iconográfica auxilia na compreensão e retenção das informações apresentadas nos capítulos.

Em síntese, escrevemos este livro de **História Geral e do Brasil** desejando que ele se transforme em um importante instrumento para auxiliar você na elaboração de análises e reflexões sobre os múltiplos aspectos da realidade de seu próprio tempo, de sua própria história.

*Os autores*

# Conteúdo

## INTRODUÇÃO                                                                      2

*Unidade* 1

## A PRÉ-HISTÓRIA E O
## MUNDO ANTIGO                                                     17

# TEMPOS MEDIEVAIS — Unidade 2 — 103

## Unidade 3

## A FORMAÇÃO DO MUNDO MODERNO    167

# Unidade 4
## NAVEGAÇÕES, DESCOBRIMENTOS E CONQUISTAS EUROPEIAS 217

## Unidade 5

# A TRANSIÇÃO PARA O MUNDO CONTEMPORÂNEO — 349

## Unidade 6

# OS PROCESSOS DE INDEPENDÊNCIA NAS AMÉRICAS

427

*Unidade*

**7**

BRASIL IMPÉRIO                    467

## Unidade 8
# AS TRANSFORMAÇÕES E CONFIGURAÇÕES DO SÉCULO XIX

547

## Unidade 9

# OS PRIMEIROS PASSOS DO BRASIL REPUBLICANO    611

# Unidade 10

## CONFLITOS, REVOLUÇÕES E CRISES EM ESCALA MUNDIAL
### 667

# Unidade 12

## O BRASIL CONTEMPORÂNEO E O MUNDO APÓS 1990 — 873

Dedico aos professores de História que, com seu esforço e
trabalho árduo, constroem o futuro e a esperança
junto a seus estudantes.

Aos jovens estudantes que nos desafiam com suas
perguntas, inquietações e expectativas.

À Maria Freitas Almeida que sempre me ensinou,
a seu modo, a ser protagonista de minha própria história.

À Luiza Freitas Rios, João Guilherme e Pedro Arthur Freitas Graciano,
pela expectativa de outro amanhã.

**JAFN**

Dedico a Alairce T. Tasinafo, à professora Izabel A. Marson,
às sempre amigas Ana Carolina F. Silva e Leda T. de Brito Montandon.

De maneira muito especial, dedico a todos os meus alunos,
que me ensinaram muito sobre o passado,
simplesmente por viverem intensamente o presente.

**CRT**

# Introdução

Observe essas imagens: elas se referem a vários processos históricos que são constante-mente analisados nas aulas de História. Algumas delas você as reconheceu de imediato, sabendo a que se referem; outras, possivelmente, você teve dificuldade de localizá-las. Isso ocorre porque as relações de homens e mulheres com o seu passado se alteram ao longo do tempo. Há episódios que são lembrados tanto para enaltecer como para con-testar, ao passo que outros são tidos como menos relevantes. Portanto, a história como "relato do que se procurou saber" é fruto de uma escolha, de uma seleção, realizada por diferentes pessoas, como os historiadores, e instituições, como órgãos públicos que orga-nizam acervos, museus, arquivos, universidades, e mesmo o livro didático. Compreender criticamente essas escolhas é uma das exigências do conhecimento histórico.

# O que é História?

Homens e mulheres de diversas épocas se perguntaram a respeito do seu passado e procuraram organizar as respostas às suas questões. A palavra *história*, especificamente, se originou do grego antigo: significava originalmente "relato daquilo que se procurou saber". Mas o significado disso não é o mesmo para todas as pessoas, em diferentes tempos, lugares e culturas. Nos escritos de Heródoto (século V a.C.), chamado de "o primeiro historiador", por exemplo, a História estava baseada em narrativas orais e ligava-se à tradição mítica grega. Já Tucídides, outro grego, criticou Heródoto por conta dessa suposta falta de objetividade. Para Tucídides, aquele que narra os fatos deve construir um relato objetivo e isento. Assim, ao longo do tempo, a História foi entendida de diferentes maneiras.

O que se entende por História hoje em dia? É difícil encontrarmos uma definição de História que seja aceita pela maioria dos historiadores. Podemos dizer que o próprio significado da História é objeto de disputas. Marc Bloch, um importante historiador francês da primeira metade do século XX, afirmou que a História é a **"ciência que estuda os homens no tempo"**. Ou seja, os estudos históricos estão voltados para entender como os diferentes grupos humanos se relacionaram ao longo da sua trajetória. Por isso, muitas vezes, é dito que a História é uma "ciência social": ela se preocupa com as relações entre os homens. Isso não impede que se estudem indivíduos, desde que a individualidade seja relacionada com os problemas do seu tempo. Todo indivíduo é, também, parte de grupos e se relaciona com outras pessoas.

Na história do Brasil, algumas figuras se destacaram em diferentes processos históricos. Zumbi, líder negro do quilombo dos Palmares; Tiradentes, considerado herói nacional e "mártir da independência", teve atuação no processo da Conjuração mineira; Pedro I, filho de D. João VI, que proclamou a independência do Brasil. (Da esquerda para a direita, no sentido horário: *Zumbi*, óleo sobre tela de Antônio Parreiras, 1927, Museu Antônio Parreiras, Niteroi, RJ; *Prisão de Tiradentes*, óleo sobre tela de Antônio Parreiras, 1914, Museu Júlio de Castilhos, Porto Alegre, RS; *Pedro I*, óleo sobre tela de Henrique José da Silva, Museu Histórico Nacional, Rio de Janeiro, RJ.)

SAMMLUNG RAUCH/LATINSTOCK

A História, no entanto, não é feita apenas por grandes personalidades. Homens e mulheres são protagonistas "anônimos" em diferentes momentos, como nas imagens de estudantes contra a ditadura militar brasileira (1964-1985 – abaixo), soldados que atuaram na Segunda Guerra Mundial (à esquerda), e operárias em precárias condições de trabalho, como nessa fábrica (retratada em xilogravura) no século XIX, na era industrial (acima).

Observe, por exemplo, que apenas no século XX ocorreram alterações sobre o papel da mulher na sociedade brasileira. No início desse século, as funções relacionadas com a família e o trabalho doméstico eram consideradas as mais importantes. Como cidadã, a mulher do início dos anos 1930 não tinha direito a voto, por exemplo. Na década de 1970, muitas se integraram a movimentos sociais, culturais e políticos, como grupos que se opunham à ditadura militar, e chegaram a ocupar cargos importantes. No final do século, com vários direitos conseguidos e maior autonomia, muitas mulheres ainda padeciam com duplas jornadas de trabalho: o emprego fora de casa e as responsabilidades domésticas. Observe que continuidades e rupturas podem ser identificadas em várias atividades e em diferentes processos históricos. (Nesta página: acima, mulheres no cais Pharaoux, Rio de Janeiro, ca. 1900; abaixo, uma *hippie* em junho de 1967, no parque de São Francisco, Califórnia; ao lado, no século XXI, a mulher já está plenamente integrada aos diferentes mercados de trabalho.)

Como o historiador Marc Bloch bem notou, o *tempo* é uma categoria fundamental para o estudo da História. Um provérbio árabe diz: "um homem se parece muito mais com seu tempo do que com seus pais". Ou seja, cabe àquele que estuda a História entender as condições de vida adotadas em cada época. O que interessa para os estudos históricos são as mudanças e continuidades, o que se modifica e aquilo que permanece. Ora, como entender as idas e vindas das sociedades humanas sem ter o tempo como base?

Mas seria a História uma **ciência**? Essa é uma pergunta também complicada de ser respondida. Afinal, não podemos colocar um período da história em um laboratório para analisá-lo. Também não podemos viajar no tempo e "ver com nossos próprios olhos" como os fatos se desenrolaram. No entanto, grande parte dos historiadores concorda em um ponto: a História, assim como as ciências, é elaborada com base em um *método*. Se não temos a capacidade de viajar no tempo, podemos analisar os vestígios deixados pelos povos do passado: textos, pinturas, mapas, relatos orais, utensílios etc. O método da História consiste em selecionar e analisar esses vestígios para depois elaborar interpretações sobre um determinado período do passado.

O método histórico como o conhecemos hoje foi desenvolvido na Europa do século XIX, na mesma época em que outras ciências se desenvolviam. Naquele momento buscava-se aproximar a História das chamadas ciências exatas, e os vestígios foram chamados de documentos ou fontes históricas. Os historiadores desse período defendiam que por meio do método histórico seria possível achar uma única interpretação válida de um determinado momento. No entanto, hoje em dia essa noção de História é bastante questionada. Atualmente, defende-se que o historiador elabora *interpretações* a respeito dos processos históricos. Afinal, podemos ter certeza de que determinados fatos aconteceram, mas os significados e as dimensões desse fato podem ser vistos de diferentes maneiras.

# As fontes históricas

Afinal, o que são esses vestígios do passado que os historiadores chamam de documentos ou fontes históricas? Apesar de durante muito tempo apenas os documentos escritos terem sido considerados fontes históricas válidas, a definição de fonte histórica atual é bastante abrangente. Qualquer material que forneça informações sobre o período que se estuda pode ser considerado fonte histórica. Mesmo os artefatos que não foram criados com a intenção de servir de testemunho, mas trazem informações sobre sociedades do passado, podem ser utilizados para o estudo da História. Quem define a fonte é o historiador que seleciona o material que irá utilizar, tendo em vista os objetivos do seu estudo. Assim, um jornal pode ser utilizado para entendermos os debates políticos de um período, mas dificilmente nos ajuda a entender a religiosidade de um povo – nesse caso, podemos recorrer aos desenhos nas paredes de templos ou aos escritos de religiosos. Qualquer material deixado pelos nossos antepassados pode nos ajudar a compreender como eles viviam, desde que façamos perguntas que o material selecionado possa "responder".

Ao longo deste livro entraremos em contato com diversos tipos de fontes históricas. De um lado temos os **textos escritos**, muito importantes para entendermos como os homens do passado lidaram com as variadas questões do seu tempo. Como sabemos, existem diferentes tipos de textos escritos. Há toda uma série de documentos oficiais que são muito úteis, como as *atas* de reuniões públicas, *relatórios*, *registros cartoriais*, *discursos políticos* etc. Encontramos também publicações científicas e da imprensa, como *livros*, *jornais* e *revistas*. De outro lado, além desses textos escritos, não podemos desconsiderar os **textos literários**, como os *romances*, *contos*, *crônicas*, *novelas*, *poesias* etc.

A **cultura material** é outra importante fonte histórica. Ela engloba todo artefato construído ou utilizado pelo homem: *utensílios domésticos*, *joias*, *roupas*, *moedas*, *objetos científicos* etc. Um *livro* também é um artefato, a forma como foi editado ou o tipo de papel podem fornecer informações sobre o passado. A Arqueologia, que também é uma disciplina histórica, preocupa-se em recuperar e interpretar esse material.

Nas fotos ao lado, vemos alguns exemplos de cultura material que fornecem informações sobre como viviam e se organizavam povos e sociedades no passado. Para aprofundar as informações sobre a cultura material, recorre-se a informações e contribuições de outras áreas do conhecimento, como a Arqueologia, a Antropologia e a Paleontologia, por exemplo.

O historiador trabalha com fontes que também são chamadas de documentos. **Fonte** é um termo técnico em História, que adquiriu desde finais do século XIX muitos significados. Antigamente significava apenas documentos cartoriais, mas, aos poucos, passou a abranger toda manifestação ou testemunho de uma época. As fontes, portanto, são vestígios com os quais podemos compreender o passado, suas lógicas e explicações. A fonte é a base da pesquisa do historiador. Ela pode ser um tratado, um poema, um panfleto, uma teoria científica ou filosófica, um grafite, um acordo diplomático, um texto de Teologia. Ela pode também ser um testemunho não textual: uma música, uma praça, um monumento, uma pintura, uma fotografia, um relato oral. Enfim, as fontes históricas são múltiplas e devem ser compreendidas em relação a outras informações e conhecimentos já produzidos.

O contexto é fundamental para o trabalho com a cultura material: onde foram encontrados os objetos, como estavam posicionados no momento em que os encontraram etc. Assim, não atentamos apenas para a maneira como foi construída uma determinada cadeira, mas como ela está disposta em uma sala ou se há diferença entre as cadeiras de um mesmo lugar e período histórico. Um líder antigo sentava na mesma espécie de cadeira que o povo que ele governava? Seu jantar era servido no mesmo tipo de mesa? Sabendo colocar boas questões, a cultura material pode nos contar muita coisa.

Além da cultura material e dos textos escritos, temos muitas **fontes visuais**, tais como *desenhos, gravuras, fotografias, mapas, pinturas* etc. Também podemos utilizar as **fontes audiovisuais**, como o *cinema*, por exemplo. Como veremos no decorrer deste livro, esse tipo de fonte é fundamental para compreendermos diversos momentos do passado.

Os **relatos orais** também não podem ser deixados de lado. Para o estudo de períodos mais recentes podemos recorrer a entrevistas com pessoas que viveram na época estudada. Dessa forma, obtemos informações sobre a vida cotidiana, sobre como as pessoas interagiam com as problemáticas do passado.

Contudo, entre tantas possibilidades de fontes, é preciso estar alerta. Devemos lembrar que a fonte histórica não é uma janela aberta através da qual podemos ver os povos do passado claramente. Esses vestígios fizeram parte do seu momento histórico e foram elaborados segundo as questões colocadas naquele tempo. Como um investigador policial, o historiador desconfia das suas fontes, afinal elas estão envolvidas no "crime" que ele quer desvendar. O que lemos no documento é aquilo que o autor desse documento escolheu escrever: por variados motivos ele pode ter deixado de lado outros assuntos. Dessa forma, o método histórico também deve ser *crítico*, buscando comparar documentos para construir uma interpretação mais coerente de determinado processo histórico. Além disso, avaliar os interesses que levaram à criação da sua fonte é também uma maneira de compreender o passado. Não se trata simplesmente de dividir documentos entre "verdadeiros" e "falsos", afinal todos contam alguma coisa da vida dos homens. O que se deve buscar é entender a que interesses o documento atende, por que foi produzido dessa maneira nesse período específico.

Essa questão parece mais óbvia quando analisamos um discurso político, mas ela também é válida quando temos diante de nós uma pintura ou um texto literário. A cultura material e a arte também são produzidas com base em determinadas escolhas do seu criador (ou criadores), seguindo formas de pensar e agir colocadas naquele período histórico.

## O passado vivo

Se a História constrói interpretações do passado com base em fontes documentais, podemos concluir que o passado está em permanente mudança. O conhecimento histórico não está nunca acabado, já que os documentos podem ser reinterpretados, podem ser vistos de um ponto de vista diferente. Embora os fatos históricos não possam ser modificados por aquele que estuda a História, seus significados podem se alterar conforme a leitura e interpretação de cada pessoa.

Dessa forma, a História é sempre feita no presente. É o homem do presente que, ao analisar documentos, elabora uma interpretação do passado. Assim, as interpretações podem variar de acordo com o momento em que foram elaboradas. A leitura de uma documentação hoje é diferente daquela realizada sobre o mesmo material há cem anos ou mesmo daquela de vinte anos atrás. O contexto do presente altera o modo como se interpreta o passado, de forma que as perguntas e os interesses dos historiadores se modificam com o tempo.

Mas não é só o tempo que modifica o trabalho do historiador. Se assim fosse, os historiadores atuais seriam unânimes em suas interpretações. Mas, como sabemos, os homens do presente vivem em lugares diferentes e possuem trajetórias de vida diversas, de modo que esses fatores também podem gerar diferentes maneiras de se enxergar o passado e gerar conflito entre essas visões.

Por isso, a História é *o conhecimento dos homens no tempo*, e não simplesmente o conhecimento do passado. As relações entre passado e presente estão sempre no horizonte dos estudos históricos. O que interessa para a História é como as ações humanas se modificaram ou se mantiveram ao longo do tempo. Mas, o que é o tempo mesmo?

# Tempo cronológico

Como dissemos, o estudo da História está essencialmente relacionado com a ideia de tempo. Mas é bastante difícil definir esse termo tão importante com o qual convivemos diariamente. De certa forma, a questão do tempo está ligada ao mundo natural: temos os movimentos da Terra que definem os dias e os anos, assim como temos o dia e a noite etc. Por outro lado, as concepções de tempo podem variar de acordo com a sociedade.

Em linhas gerais, podemos dizer que o tempo é essencialmente um movimento. Sabemos que o tempo passa. O homem definiu medidas fixas, como os segundos, os minutos, horas etc., para facilitar a contagem da passagem do tempo e poder organizar sua vida de maneira melhor.

Dessa forma, o tempo foi pensado em diversos momentos da história humana, e se mostrou uma categoria importante para diferentes sociedades. Assim, a relação das sociedades humanas com o tempo variou nos diferentes contextos históricos. Atualmente temos uma ideia de tempo como algo linear, que passa e não volta mais. Os povos maias, por sua vez, viam o tempo de forma cíclica, de modo que o mundo havia sido destruído e recriado diversas vezes. Mesmo os gregos antigos, em certo sentido, acreditavam que a história podia se repetir: em grande parte, isso se devia à ação dos deuses.

Essas diferenças na maneira de se lidar com o tempo podem ser verificadas nos diferentes *calendários* desenvolvidos pelos grupos humanos. Os calendários são uma convenção criada para localizar os acontecimentos no tempo. A princípio, os calendários eram fundamentais nas sociedades agrárias, já que é necessário conhecer as estações do ano para o melhor aproveitamento da terra. Por outro lado, o calendário foi utilizado para definir as datas fixas das práticas religiosas, estabelecendo regras de culto e uma tradição.

Calendário chinês.

Calendário maia.

Calendário islâmico.

Calendário judaico.

Calendário gregoriano.

## 2018

| JANEIRO 2018 | FEVEREIRO 2018 | MARÇO 2018 | ABRIL 2018 |
| --- | --- | --- | --- |

| MAIO 2018 | JUNHO 2018 | JULHO 2018 | AGOSTO 2018 |
| --- | --- | --- | --- |

| SETEMBRO 2018 | OUTUBRO 2018 | NOVEMBRO 2018 | DEZEMBRO 2018 |
| --- | --- | --- | --- |

Os calendários expressam diferentes concepções e momentos importantes de acordo com as tradições de cada grupo, sendo que nem todos têm a tarefa de informar apenas o dia em que estamos, pois há referências mais amplas da cultura dos povos.

Como os demais povos, os cristãos desenvolveram um calendário tendo como base a sua cultura, de forma que a História está dividida em dois momentos: antes e depois do nascimento de Jesus Cristo (ano 1). Assim, utilizamos as siglas a.C. (antes de Cristo) para datas anteriores ao nascimento de Cristo e d.C. (depois de Cristo) para as posteriores. Esse calendário foi criado em 1582 pelo papa Gregório XIII, que aperfeiçoou o chamado calendário Juliano, criado pelo líder romano Júlio César, que vigorava na maior parte da Europa até então. Esse é o calendário que se utiliza hoje em dia no Brasil e em outras partes cristianizadas do mundo e é chamado de calendário gregoriano.

Apesar de o calendário cristão ser utilizado em diversas partes do mundo, existem outros tipos de calendário atualmente. O calendário hebraico, utilizado pelo povo judeu, inicia-se com a criação do mundo conforme está descrito na Torá (livro sagrado dos judeus), que corresponderia ao ano 3761 a.C. Já os povos muçulmanos estabeleceram como marco inicial a *Hégira* (622 d.C.), como é conhecido um dos episódios fundamentais da religião islâmica: a fuga do profeta Maomé da cidade de Meca para Medina. No entanto, os calendários islâmico e hebraico seguem o ano lunar que dura 354 ou 355 dias, sendo que o hebraico alterna anos lunares com anos de 383, 384 ou 385 dias. Por conta disso, em algumas regiões muçulmanas as populações convivem com dois calendários (duas formas de contar o tempo):

um serve de referência apenas para as datas religiosas e outro para o trabalho na terra, já que no calendário lunar as estações do ano não caem nos mesmos meses todos os anos.

Outro exemplo de uso de calendário diferente é o dos revolucionários franceses, que, em 1792, deixaram de utilizar o calendário gregoriano, passando a adotar o chamado calendário republicano ou revolucionário. Com isso, o governo francês buscava romper com as tradições religiosas adotadas no período anterior à Revolução (o chamado Antigo Regime). No entanto, esse novo calendário foi abolido por Napoleão e o calendário gregoriano voltou a vigorar em 1806. Os revolucionários franceses, que buscavam inaugurar uma nova era, procuraram modificá-lo também na sua maneira de lidar com o tempo, estabelecendo outra convenção para a contagem do tempo.

Assim, não existe apenas uma maneira de contar o tempo. Os calendários são convenções criadas pelo homem e podem ter diferentes usos conforme os interesses das diferentes sociedades.

## Tempo histórico

Os calendários são úteis para os estudos históricos, pois, por meio deles, deixamos mais evidente que acontecimentos vieram antes ou depois, permitindo uma organização cronológica dos fatos

Início do calendário judeu.

Nascimento de Cristo.

Início do calendário muçulmano.

3761 a.C.

3500 a.C.
**IDADE ANTIGA**

1

476 d.C.
**IDADE MÉDIA**

1290-1224 a.C.

622 d.C

532 d.C.

Surgimento da escrita.

Construção do Grande Templo de Ramsés II no Egito.

Fim do Império Romano.

Construção da Basílica de Santa Sofia – símbolo do período de Justiniano.

da história humana. Mas, para a disciplina histórica, não basta pontuarmos datas ao longo de uma linha do tempo. Como diria o crítico literário Alfredo Bosi, as "datas são pontas de *icebergs*". Precisamos descer às profundezas e tentar desenhar a parte oculta do gelo, para assim elaborar interpretações significativas dos processos históricos, tendo em vista a sua duração.

Afinal, se a História é um jogo de mudança e permanência, podemos definir diferentes tempos (ou temporalidades) para entendermos determinada questão do passado. O tempo de duração dos fenômenos históricos varia muito, de forma que diferentes temporalidades podem ser vividas simultaneamente. Um governo presidencial brasileiro muda a cada quatro anos, mas as políticas desse governo, ou seja, como são tratadas as questões econômicas, agrárias, urbanas, ambientais etc., podem variar mais ou menos do que quatro anos. O regime político de um país pode mudar com uma revolução, mas os hábitos culturais de sua população permanecem por mais tempo. Dessa forma, processos simultâneos podem ter durações distintas.

## Disseram a respeito

### Tempo e História

É provável que a noção de espaço tenha sido percebida pelos seres humanos antes da de tempo. As línguas mais antigas que nos deixaram documentos – o sumério, o egípcio, o acadiano e o eblaíta – tendiam a espacializar o tempo. O egípcio tardou bastante até mesmo a desenvolver um sistema verbal baseado na noção de tempo: de início, predominava em forma absoluta a noção de aspecto verbal, que distinguia o *perfectivo* (ações completas), o *imperfectivo* (ações em ato ou reiteradas) e o *prospectivo* (ações suscetíveis de ocorrer). Mesmo hoje em dia, qualificamos em português o tempo como "curto" ou "longo", isto é, com um vocabulário espacial. Podemos até mesmo dizer "um curto espaço de tempo", que um evento "ficou para trás" ou está "a grande distância no tempo", por exemplo.

Um caso extremamente curioso, por prenunciar intuitivamente a relatividade, é o da língua quêchua. A palavra *pacha*, cuja acepção mais conhecida e usual designa a terra, como solo e como mundo, assim como sua personificação religiosa numa entidade feminina (na mitologia andina, a terra é feminina; a água em movimento – seja a da chuva, seja a do canal – que vem fecundar a terra é masculina). Alternativamente, o termo também pode significar tempo, período, circunstância. O mais interessante, porém, é que em certos contextos *pacha* designa em expressão única, sintética, as noções conjugadas de extensão espacial e intervalo de tempo (um momento ou um período).

*Fonte:* CARDOSO, C. F. *Tempo e História.*
*Disponível em:* <http://www.historia.uff.br/artigos/cardoso_tempo.pdf>.
*Acesso em:* 19 nov. 2009.

**1)** Explique por que, para o autor, há uma relação entre espaço e tempo.

Descobrimento da América.

Independência dos EUA.

Independência do Brasil.

Queda do muro de Berlim.

● **1492 d.C.**    **1776 d.C.** ●    ● **1822 d.C.**    ● **1989 d.C.**

**1453 d.C.**
**IDADE MODERNA**

**1789 d.C.**
**IDADE CONTEMPORÂNEA**

● **1651 d.C.**    ● **1945 d.C.**

Queda da Constantinopla.

Publicação do Leviatã.

Revolução Francesa.

Bomba atômica sobre Hiroshima e Nagasaki.

# Periodização da História

Podemos estabelecer muitas periodizações para nos auxiliar a entender a História. Conforme o interesse daquele que estuda, podem ser estabelecidas divisões diferentes. No entanto, há uma periodização clássica da História geral que, apesar de muito criticada, permanece sendo bastante utilizada. Nessa periodização, a História é dividida em quatro "Idades" ou "Eras", delimitadas por fatos históricos considerados significativos:

- *Idade Antiga* – inicia-se com o surgimento da escrita, por volta de 3500 a.C., e termina em 476 d.C., com a queda do Império Romano do Ocidente;
- *Idade Média* – estende-se do final do Império Romano até 1453, quando Constantinopla, a capital do Império Bizantino, foi conquistada pelos turcos otomanos;
- *Idade Moderna* – começa a partir da queda de Constantinopla e termina com o início da Revolução Francesa em 1789;
- *Idade Contemporânea* – vai da Revolução Francesa até os dias atuais.

## Saiba mais

No caso da História brasileira, há uma periodização clássica que é a seguinte:

- *Período Colonial* (1500-1822) – estende-se desde a chegada dos portugueses em 1500 e dura até a independência; em grande parte desse período não se usava o nome Brasil, mas América portuguesa;
- *Brasil Império* (1822-1889) – engloba os reinados de D. Pedro I e D. Pedro II, incluindo o período das regências;
- *Brasil República* (1889 aos dias atuais) – período republicano instaurado após a deposição da monarquia. O período republicano possui suas próprias divisões que serão estudadas oportunamente.

Como é possível perceber, essa periodização privilegia os *fatos políticos* para estabelecer as eras históricas: queda de impérios, conquistas e revoluções. Além disso, o foco está nos acontecimentos do continente europeu e proximidades. Provavelmente, um historiador chinês não encontraria grande utilidade nessa periodização, já que suas questões locais podem ser consideradas mais importantes.

Nessa periodização, a História começa com a escrita, sendo que o período anterior é chamado de *Pré-História*. Essa divisão se deve, em grande medida, ao fato de que o estudo da História durante muito tempo considerou apenas as fontes escritas como válidas para a produção do conhecimento. Porém, muitos povos não fazem uso da escrita e nem por isso eles deixam de possuir uma história, que pode ser estudada por meio de outras fontes.

Além disso, podemos perguntar: é possível um fato único mudar toda a história, ou seja, transformar a vida política, econômica, social e cultural? Ainda que essas dimensões da vida humana estejam relacionadas, é difícil afirmar que um fato único é o causador de todas as mudanças.

De modo geral, as grandes rupturas da História são fluidas e deslizam entre diferentes acontecimentos que apontam para mudanças. Ainda assim, os fatos históricos podem ser vistos, como dito acima, como "pontas de *icebergs*" que indicam essas modificações mais profundas na vida das sociedades.

Assim, qualquer periodização ampla como essa tem algo de arbitrário, no sentido de que é uma maneira criada por quem estuda a História para facilitar o entendimento dos processos. Dificilmente seria possível estabelecer uma periodização unanimemente aceita. Diferentes fatos podem ser escolhidos como marcos de outras eras.

No entanto, apesar das críticas que podem ser feitas, as idades definidas na periodização clássica permanecem norteando grande parte dos estudos históricos. Além de seu uso ser bastante difundido, em muitos momentos elas nos ajudam a compreender os processos históricos. Dessa maneira, é importante dominar essa periodização, mesmo que seja para criticá-la e modificá-la.

# Sujeitos na História

O que gera as mudanças na História? Que forças agem para que as sociedades passem por transformações? A verdade é que não podemos dar uma resposta tachativa a essa questão. Não há uma regra ou uma força única que leve as sociedades para um destino predeterminado. Cada momento histórico deve ser analisado com cuidado para que se encontrem as motivações que levaram às mudanças. Porém, uma vez que a História lida com as trajetórias dos homens, são as escolhas que eles realizam nas condições do seu momento histórico que definem os caminhos. Nesse ponto, a História se diferencia da História Natural, que procura entender as modificações sofridas pela natureza ao longo do tempo. Embora as sociedades humanas possam alterar o meio ambiente, fatores naturais são levados em consideração. A História, por outro lado, dedica-se ao estudo das *ações humanas*.

O filósofo alemão Karl Marx sintetizou bem a questão da ação dos homens na História. Escreveu ele em 1852:

"Os homens fazem sua própria história, mas não a fazem como querem; não a fazem sob circunstâncias de sua escolha e sim sob aquelas com que se defrontam diretamente, ligadas e transmitidas pelo passado". (18 Brumário).

Assim, determinado momento histórico apresenta uma limitada gama de possibilidades para os atos humanos, e algumas dessas possibilidades, quando escolhidas, podem trazer transformações. Os homens de cada momento histórico buscam responder às incertezas do seu tempo, não havendo caminhos obrigatórios pelos quais todas as sociedades devem passar. Existem variadas respostas para as questões de cada tempo, mas só se pode responder àquilo que foi perguntado. Como afirma Karl Marx, a ação dos homens está limitada pelo tempo em que ele vive. Portanto, dizer que os gregos antigos eram nacionalistas é cometer um equívoco: a ideia de nação, como a entendemos hoje, surgiu apenas na Era Moderna, de forma que é impossível que gregos antigos tenham pensado nesses termos.

As respostas dadas pelos homens do passado aos problemas do seu tempo muitas vezes são conflituosas. Os homens enxergam e diagnosticam seu presente de maneiras diferentes e agem com interesses diversos. Essa questão aparece quando encontramos documentos de datas aproximadas que tratam do mesmo assunto e o enxergam de maneira diferente. No Brasil do século XIX é possível se deparar tanto com escritos que defendem a manutenção da escravidão quanto com outros que a condenam e defendem sua abolição. Além disso, mesmo os escritos que defendem o fim da escravidão podem partir de princípios diferentes: uns podem defender que o trabalho livre permite o desenvolvimento econômico, enquanto outros enfatizam a desumanidade da escravidão e como ela cerceia os direitos naturais do ser humano. Como vemos, há uma disputa entre diferentes grupos; em outras palavras, existe relação entre opiniões e conflito de ideias.

ÂNGELO AGOSTINI

Fonte: *Revista Ilustrada*, 6 nov. 1880.
*Disponível em:* <http://www.mc.unicamp.br/1-olimpiada/documentos/documento/48>.

Na *Revista Ilustrada*, de 6 de novembro de 1880, Ângelo Agostini retratou, por meio da ilustração que vinha acompanhada da legenda "Uma nuvem que cresce cada vez mais", a abolição da escravidão. A crítica de Agostini, um dos principais nomes da imprensa brasileira da época, pode ser observada na forma como o senhor de escravo via o movimento abolicionista. Diante de uma sombra ameaçadora e de forma desesperada, o senhor tenta manter seu escravo distante dos acontecimentos. Os senhores de escravos, alvo principal da caricatura, são criticados por sua tentativa de impedir o movimento pela libertação dos escravos.

A História tenta entender as sociedades passadas nos limites colocados em seu próprio tempo. Mas nem sempre essa é uma tarefa simples. Em alguns casos, podemos nos deparar com ideias e práticas muito diferentes das atuais, e que podem trazer estranhamento. Os sacrifícios humanos realizados nos rituais religiosos astecas muitas vezes geraram polêmicas, trazendo à tona condenações das práticas dessa cultura. No entanto, é preciso tomar cuidado com os julgamentos posteriores. Ainda que o conhecimento histórico nunca seja completamente neutro, utilizar critérios atuais para construir julgamentos sobre povos do passado muitas vezes impede que compreendamos os motivos que levaram as sociedades antigas a agir de determinada maneira. Como já dissemos, os sujeitos históricos do passado agiram de acordo com as possibilidades do seu tempo. A prática do sacrifício era aceita pelos astecas, não era pensada como um crime, mas como uma maneira de alimentar o ciclo da vida, já que era o sangue humano derramado nos sacrifícios que mantinha a ordem do Universo.

Como diria o historiador Marc Bloch: "Estaríamos tão seguros sobre nós mesmos e sobre nossa época para separar, na trupe de nossos pais, os justos dos malditos?". Ou seja, o julgamento do passado parte de critérios que não são aqueles colocados no momento histórico analisado. Os tempos mudam. Nosso tempo certamente vai mudar, e aquilo que nos parece certo hoje pode não ser mais amanhã.

# Para que estudar História?

Qual o objetivo de se estudar sociedades antigas? Essas sociedades não estão mortas e acabadas? Ao longo do tempo muitas respostas foram dadas para essas questões. Alguns diriam que o estudo do passado é a oportunidade de conhecer as origens de processos históricos que ainda se mantêm vivos no presente, de forma que possamos aprender com os "erros" do passado. Mas, será que conhecer as origens é o suficiente para compreendermos as realidades do nosso presente? Além de ser muito difícil estabelecer as origens de muitos processos, o estudo do ponto inicial não dá conta das mudanças que apareceram ao longo do tempo. É preciso estar atento, pois às vezes os termos permanecem, mas seus significados se alteram. Dessa forma, entender o princípio do sistema capitalista resolve as questões da economia atual? Dificilmente, pois, ainda que mantenha características comuns com as atuais, esse sistema econômico passou por diversas mudanças. As questões culturais e sociais vividas ao longo do tempo influíram nas condiçõcs econômicas, de modo que a origem não basta para o entendimento.

O estudo das sociedades passadas não funciona como uma chave que abre um baú recheado de respostas para os problemas do presente. Mas, ainda assim, é fundamental para lidarmos com as questões atuais. Não podemos negar que o passado é bastante presente em nossa vida. Nosso modo de viver está impregnado de história: nós carregamos heranças, muitas vezes difusas, das ações das sociedades do passado. Os gregos, ao fundarem a democracia, estabeleceram um legado recuperado e alterado em outros momentos, até chegar aos dias atuais. Ao pensarmos sobre como era definida a democracia na Atenas antiga, podemos estabelecer relações, pensarmos diferenças e semelhanças com a nossa maneira de conceber essa forma de governo. Assim, não basta olharmos para as origens, mas quando nos deparamos com as idas e vindas da História podemos comparar e refletir sobre o nosso tempo. Desse modo, com o estudo da História aguçamos a leitura do tempo presente, enxergando e compreendendo as contradições que se apresentam.

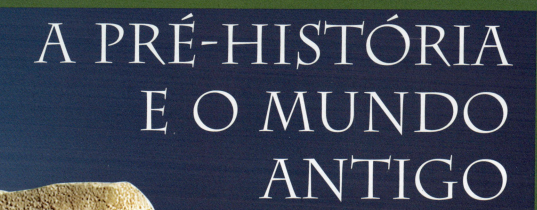

# A PRÉ-HISTÓRIA E O MUNDO ANTIGO

O passado mais remoto da
existência humana
possui muitas incógnitas.
As evidências sobre
os primeiros grupos, entretanto,
permitem reconhecer que
algumas de suas habilidades foram
se desenvolvendo em busca
da sobrevivência e que deram
origem às primeiras
formas de organização social.
O tema desta unidade
nos convida a conhecer
as teorias sobre os
primeiros grupos humanos
e a formação das
primeiras civilizações que nos
legaram práticas e instituições que,
entre rupturas e continuidades,
marcaram a história.

Unidade 1

# capítulo 1

# O início de uma História

Você já pensou como viveram os primeiros humanos? No dia a dia usamos afirmações para dizer que alguém é "pré-histórico" ou que "vive no tempo das cavernas". Essas frases remetem a juízos de valor que fazemos sobre os antepassados, como se eles fossem atrasados ou não tivessem formas de organização complexas.
Cada sociedade tem as peculiaridades de seu tempo. Atualmente, para os historiadores, os elementos de um tempo presente não podem ser utilizados para julgar períodos anteriores. Cada grupo humano vive o seu tempo, dentro das condições que lhe são próprias.

PANTHERMEDIA/KEYDISC

As principais teorias sobre a origem humana afirmam que o homem surgiu no continente africano, nas áreas das savanas tropicais. As atuais savanas, como a que observamos na imagem, se formaram há cerca de 2,5 milhões de anos. A transformação das florestas em savanas, áreas pobres em recursos vegetais facilmente digeríveis, contribuiu para as mudanças nos hábitos alimentares dos ancestrais humanos, pois alguns grupos passaram a ter uma dieta essencialmente carnívora.

## O tempo humano e o tempo geológico

Calcula-se que a Terra tenha cerca de 4,6 bilhões de anos. Nesse longo período, medido pelo tempo geológico, aconteceram importantes mudanças que permitiram o aparecimento da vida. A idade do planeta refere-se a uma dimensão de tempo difícil de lidar, em virtude de termos como parâmetro temporal a vida humana que, em média, atualmente, gira em torno dos 70 a 80 anos. Nessa escala temporal o ser humano surgiu há "pouquíssimo tempo".

## Tabela do tempo geológico

tempo →

| EON | ERA | PERÍODO | ÉPOCA | INÍCIO (milhões de anos) | PRINCIPAIS EVENTOS |
|---|---|---|---|---|---|
| FANEROZOICO | CENOZOICA | Quaternário | Holoceno | 0,01 | homem moderno |
| | | | Pleistoceno | 1,75 | última glaciação |
| | | Neogeno | Plioceno | 5,30 | primeiros hominídeos |
| | | | Mioceno | 23,5 | |
| | | Terciário (Paleogeno) | Oligoceno | 33,7 | primeiras gramíneas |
| | | | Eoceno | 53 | |
| | | | Paleoceno | 65 | mamíferos começam a se diferenciar e ocupar espaços deixados pelos dinossauros |
| | EXTINÇÃO DOS DINOSSAUROS | | | | |
| | MESOZOICA | Cretáceo | | 135 | início da abertura do oceano Atlântico – surgem as angiospermas |
| | | Jurássico | | 203 | primeiras aves |
| | | Triássico | | 250 | primeiros dinossauros – primeiros mamíferos |
| | EXTINÇÃO DE MAIS DE 90% DAS ESPÉCIES VIVAS | | | | |
| | PALEOZOICA | Permiano | | 295 | |
| | | Carbonífero | | 355 | formação de muitas jazidas de carvão mineral primeiros répteis – primeiras coníferas primeiros insetos voadores |
| | | Devoniano | | 410 | primeiros insetos – primeiros anfíbios primeiras samambaias e plantas com sementes |
| | | Siluriano | | 435 | primeiras plantas terrestres |
| | | Ordoviciano | | 500 | primeiros peixes |
| | | Cambriano | | 540 | primeiras esponjas, vermes, equinodermos, moluscos, artrópodes e cordados |
| EXPLOSÃO DE VIDA MULTICELULAR NOS OCEANOS | | | | | |
| PROTEROZÓICO* | NEOPROTEROZOICO | | | 1000 | uma única massa continental – Pangea – e um oceano – Pantalassa |
| | MESOPROTEROZOICO | | | 1600 | |
| | PALEOPROTEROZOICO | | | 2500 | oceanos habitados por algas e bactérias |
| SURGIMENTO DE OXIGÊNIO LIVRE NA ATMOSFERA | | | | | |
| ARQUEANO* | | | | 3800 | bactérias e cianobactérias, primeiras evidências de vida – rochas mais antigas conhecidas na Terra (3,8 bilhões de anos) |
| HADEANO | | | | 4600 | origem da Terra |

Fonte: UZUNIAN, A.; BIRNER, E. Biologia 3. 4. ed. São Paulo: HARBRA, 2013.

* Eons Proterozoico e Arqueano são reunidos sob a denominação Pré-Cambriano.

Da esquerda para a direita, observe o aumento da caixa craniana na evolução de hominídeos ao homem moderno: Australopithecus africanus, Homo habilis, Homo erectus, Homo sapiens sapiens e homem de Cro-Magnon.

| 3 milhões a 1,8 milhão de anos | 2,1 milhões a 1,6 milhão de anos | 1,8-0,3 milhão de anos | cerca de 92.000 anos | cerca de 22.000 anos |

PASCAL GOETGHELUCK/SPL/LATINSTOCK

Estudos mostram que os ancestrais humanos surgiram há alguns milhões de anos. A origem da humanidade é um tema complexo que envolve várias áreas do conhecimento e que tem grandes lacunas em suas explicações. Porém, esses mesmos estudos avançaram muito desde a contribuição da obra de Charles Darwin, *A Origem das Espécies*, publicada em 1859; depois, em 1871, publicou o livro *A Origem do Homem e a Seleção Sexual*, em que aprofundou suas teses. Os trabalhos de Darwin despertaram muita polêmica ao propor que os homens, assim como outros seres vivos, eram o resultado de uma evolução e, portanto, não se originaram de forma pronta e acabada.

Atualmente, graças às contribuições da Genética, pode-se comparar a proximidade entre humanos e outros **primatas**, grupo que surgiu há, aproximadamente, 55 milhões de anos.

**MAPA DAS POSSIBILIDADES DE OS SERES HUMANOS TEREM CHEGADO À AMÉRICA**

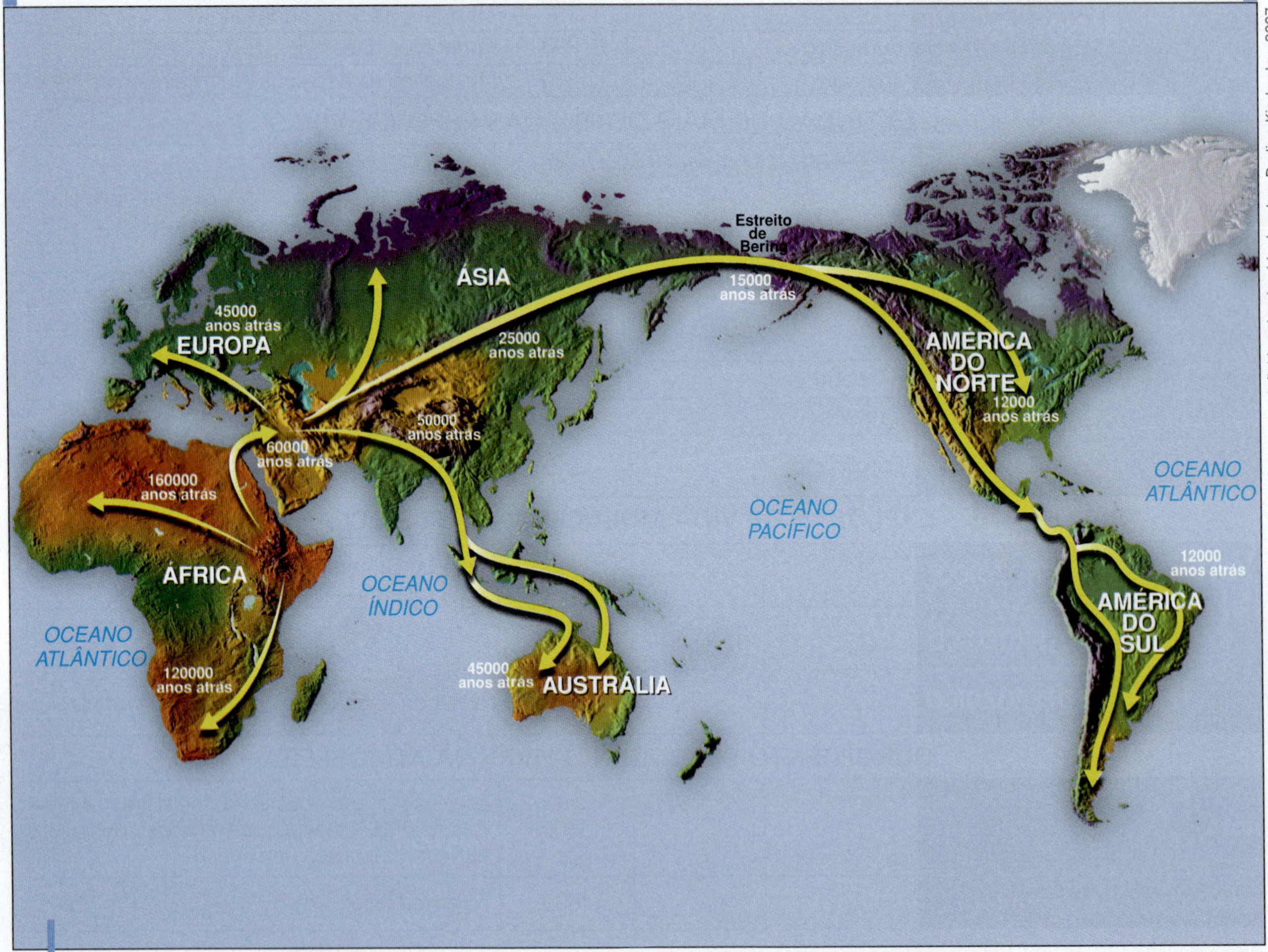

Estreito de Bering

15000 anos atrás

ÁSIA

45000 anos atrás

EUROPA

25000 anos atrás

AMÉRICA DO NORTE

12000 anos atrás

50000 anos atrás

60000 anos atrás

160000 anos atrás

OCEANO ATLÂNTICO

12000 anos atrás

ÁFRICA

OCEANO ÍNDICO

OCEANO PACÍFICO

AMÉRICA DO SUL

OCEANO ATLÂNTICO

120000 anos atrás

45000 anos atrás

AUSTRÁLIA

*Adaptado de:* HART-DAVIS, A. *History: the definitive visual guide.* London: Dorling Kindersley, 2007.

No mapa, temos as correntes migratórias relacionadas com as explicações mais comuns sobre a chegada dos seres humanos ao continente americano.

Avançando alguns milhões de anos, chegaremos aos hominídeos, como os **australopitecos**, surgidos há pouco mais de 5 milhões de anos. Os australopitecos eram bípedes; dados indicam que sua alimentação era baseada em proteína animal e foram os primeiros a lascar pedras. Essas ferramentas rudimentares eram importantes para remover pedaços de carne, peles e outros restos de animais. Os australopitecos viviam no leste da África.

## Significados da evolução

*A teoria da evolução é aceita entre cientistas e contestada por alguns grupos religiosos que defendem o princípio criacionista, pelo qual os seres humanos descendem de Adão e Eva, conforme o relato bíblico. No entanto, muitos grupos religiosos, aceitando o princípio divino da criação, não se opõem às explicações científicas sobre o tema, pois entendem que o texto religioso é uma construção e não precisa ser interpretado ao "pé da letra".*

*Por outro lado, devemos observar, como no texto a seguir, que o discurso científico sobre o evolucionismo não deve ser considerado de forma acrítica.*

No geral, dois grandes equívocos permeiam a imaginação popular sobre o processo evolutivo biológico. O primeiro deles é pensar que tal processo leva necessariamente a organismos melhores. Evoluir é melhorar, para a maioria das pessoas. O segundo, que evoluir é se tornar mais complexo. Na verdade, ambos os equívocos estão contaminados por uma grande dose de atribuição de valor, atitude absolutamente inadequada quando o assunto é evolução darwiniana. Evoluir na biologia não é melhorar. É apenas mudar, mantendo-se adaptado. "Descendência com modificação", vista sob uma perspectiva populacional, ainda é a melhor definição do processo evolutivo. Não existem espécies piores ou melhores. Existem espécies mais ou menos adaptadas a uma situação ambiental específica. Mudadas as demandas ambientais, o quadro pode se alterar completamente.

Tampouco o processo evolutivo biológico tem de gerar necessariamente formas cada vez mais complexas. Do ponto de vista evolutivo, a complexidade não recebe nenhum tipo de "recompensa" especial. (...)

Outro equívoco sobre evolução biológica, talvez ainda mais nocivo que os dois anteriores, é presumir que a seleção natural fixa sempre alternativas perfeitas. Longe disso! A seleção natural elege a melhor entre as alternativas disponíveis, já que o processo de geração dessas alternativas, ou seja, a ocorrência de mutações, dá-se completamente ao acaso. (...) Há milhares de exemplos na natureza que atestam a incapacidade do processo evolutivo de produzir estruturas perfeitas. Um deles é muito fácil de ser visualizado. Todas as vezes em que um besouro que virou de costas movimenta freneticamente suas patas em uma tentativa desesperada de se desvirar – muitas vezes não o conseguindo e morrendo –, está-se diante de um exemplo cabal de como o processo evolutivo não necessariamente gera *designs* perfeitos.

*Fonte:* NEVES, W. A.; PILÓ, L. B.
*O Povo de Luzia:* em busca dos primeiros americanos.
São Paulo: Globo, 2008. p. 25-27.

**1)** Identifique, a partir do texto, os dois grandes equívocos no imaginário popular sobre a evolução.

**2)** Comente a afirmação: "não existem espécies piores ou melhores". O que ela sugere para nossa compreensão do mundo?

## Lucy

O fóssil mais conhecido foi encontrado pelo paleoantropólogo Yves Coppens, em 1974, em Hadar, Etiópia. A suposição de que o esqueleto, de cerca de 3 milhões de anos, era feminino deve-se a seu tamanho ser menor quando comparado a outras descobertas posteriores. Sua estatura é de quase 1 metro e seu peso, 30 quilos. Os descobridores observaram que o tamanho de Lucy era equivalente ao de uma criança de 4 anos da atualidade, porém, a sua bacia equivalia à de uma mulher adulta de 1,70 m.

**Fóssil:** para os paleontólogos, trata-se de marcas ou objeto petrificados, pertencente a eras geológicas passadas.

Ossos de "Lucy".

TOM McHUGH/PHOTO RESEARCHERS/LATINSTOCK

# As descobertas sobre o gênero *Homo*

As ferramentas de pedra mais antigas datam de 2,5 milhões de anos e foram encontradas em 1959, pelos arqueólogos Louis e Mary Leakey, na região de Olduvai, norte da Tanzânia. Em 1999, foram encontrados na região de Buri-Hata, Etiópia, objetos que seriam utilizados para cortar carcaças de animais herbívoros. O que esses dados indicam é que vários grupos dominaram a técnica de lascar pedras. Esses grupos foram chamados de *Homo* (**homem**), em um sentido bastante amplo, pois ainda estamos distantes temporalmente da espécie humana como a conhecemos atualmente, *Homo sapiens*, que teria se configurado há cerca de 120 mil anos.

As transformações entre os integrantes do grupo *Homo* ocorreram de forma gradual e os especialistas subdividem esse grupo em:

- *Homo habilis* – os primeiros integrantes a utilizar as ferramentas de pedra lascada, por isso o nome remete à habilidade de fabricar objetos. Viveram entre 2,5 milhões e 1,6 milhão de anos nas regiões oriental e sul da África;
- *Homo erectus* – tinham um cérebro maior do que o dos australopitecos e uma altura aproximada à do homem moderno (1,70 m para o macho e 1,55 m para a fêmea). Construíam abrigos, viviam próximos de riachos e lagos, alimentavam-se de grandes mamíferos e colhiam grãos vegetais. Talhavam a pedra para fabricar suas ferramentas, indicando que preconcebiam o instrumento. Esse grupo surgiu por volta de 1,9 milhão de anos, sendo o primeiro a sair do continente africano e a chegar a outros continentes;
- *Homo neanderthalensis* – os paleoantropólogos registram que esse grupo viveu na Europa e no Oriente Médio, em condições climáticas diferentes das de seus antepassados. O frio obrigou-os a construir abrigos e tapumes. Os neandertais foram os primeiros a enterrar seus mortos. Viveram entre 200 mil e 30 mil anos atrás;
- *Homo sapiens sapiens* – espalharam-se por todos os continentes. A periodização do *Homo sapiens* divide-se em duas etapas: a primeira, há mais de 100 mil anos; a outra, há aproximadamente 45 mil anos. Nessa última etapa já tinham mais de 70 utensílios feitos a partir de lâminas, registram-se as primeiras manifestações estéticas e artísticas, como as pinturas em cavernas e o uso de pequenas estatuetas presentes nas habitações desse homem moderno.

## *Saiba mais*

### Métodos de datação

Para datar vestígios usam-se diversas técnicas em laboratório, como o carbono-14 e a termoluminescência. A datação de material orgânico por meio do carbono-14, radioativo, é feita partindo-se da quantidade desse elemento presente na amostra que se quer analisar. Esse método é empregado para datações de até 70 mil anos. Para períodos mais longínquos, analisam-se também substâncias como o urânio e o potássio radioativos. A termoluminescência permite datar materiais inorgânicos, como cerâmica, por meio da medição da quantidade de luz que eles liberam quando esquentados em aparelhos especiais.

*Adaptado de:* FUNARI, P. P. A.; NOELI, F. S. *Pré-história do Brasil*. 3. ed. São Paulo: Contexto, 2006. p. 20-21.

# Os estudos sobre os tempos mais longínquos

Determinados saberes são essenciais para entendermos a trajetória da espécie humana desde seu aparecimento. Dentre eles podemos destacar a **Arqueologia**, que, utilizando processos como coleta e escavação, estuda os costumes e as culturas dos povos antigos por meio dos fósseis, artefatos, monumentos etc., e a **Paleontologia**, que estuda as formas de vida existentes em períodos geológicos passados.

Com base no estudo de objetos e construções, ossos, rochas e minerais, como o ferro, por exemplo, os cientistas podem datar e interpretar os cenários de acontecimentos remotos, para poder entender como os seres humanos foram se adaptando e descobrindo como controlar algumas ocorrências da natureza para, assim, transformá-la.

Entre os vestígios materiais encontrados para os períodos mais longínquos estão os artefatos de pedra. Em geral, seu estado de conservação permite estudos por parte dos especialistas. Quando se valoriza a descoberta da pedra lascada, por exemplo, não é que esta tenha sido o primeiro instrumento fabricado pelos homens em suas atividades cotidianas de defesa e alimentação. O uso de madeira, por exemplo, é muito mais simples, porém seus vestígios desaparecem ao longo do tempo, diferentemente do que ocorre com os materiais de pedra, chamados de **líticos**.

Outro material procurado por arqueólogos é a cerâmica. O cozimento do barro é recente (há cerca de 12 mil a 15 mil anos), se comparado com os vestígios líticos, e suas técnicas podem variar de uma região para outra. Sendo um material frágil, em geral os arqueólogos precisam recompor as peças para, em seguida, estabelecer as hipóteses sobre seus usos – uma peça pode ser usada para armazenar alimentos ou fazer parte de rituais simbólicos.

Como se conclui, a compreensão do passado não é uma tarefa simples. Além de uma árdua pesquisa de campo, que envolve rigorosas análises e técnicas, é necessário estabelecer interpretações sobre um outro tempo. Os estudiosos devem conhecer as principais teorias e inquietações que elas expressam. Desse modo, as informações coletadas nunca devem ser analisadas isoladamente, mas dentro de um contexto em que os antigos vestígios possam ser postos em perspectiva para que as explicações sejam verossímeis.

Esse longo período, cujas informações derivam da cultura material e que se estende até a invenção da escrita, é denominado de **Pré-História**. Evidentemente, essa é uma convenção criada pelos historiadores europeus do século XIX da Era Cristã, que associavam a possibilidade de conhecer povos do passado com base nos registros escritos. Hoje, no entanto, embora seja utilizada a separação entre a Pré-História e a História, grandes descobertas têm sido feitas sobre os antepassados em razão do estudo de objetos que permitem importantes análises sobre o passado mais longínquo.

Os trabalhos recentes sobre a cultura material – denominação dada aos objetos que registram vestígios da atividade humana, como cerâmicas, armas, pinturas rupestres , dentre outros – têm estimulado a compreensão das funções desses objetos e do modo de vida das sociedades antepassadas. Portanto, o uso do termo "pré-histórico" deve ser compreendido desvinculado do pensamento daqueles que afirmavam que as sociedades sem escrita não podiam ser estudadas, pois não havia registros que permitissem um conhecimento daquelas épocas.

Rupestres: relativo a rochas.

Cada sociedade tem as peculiaridades de seu tempo. Atualmente, para os historiadores, os elementos de um tempo presente não podem ser utilizados para julgar períodos anteriores. Dessa forma, as sociedades remotas não podem ser vistas como sociedades inferiores e atrasadas: essa era a visão de um pensamento predominante no século XIX, o qual defendia que o progresso era um elemento de superioridade. Hoje essa abordagem é contestada, pois cada homem vive o seu tempo, dentro das condições que lhe são próprias. Para facilitar sua visualização veja a tabela com o nome do período, a época e as ações realizadas.

| OS PERÍODOS DA PRÉ-HISTÓRIA | | |
| --- | --- | --- |
| **NOME** | **ÉPOCA** | **AÇÕES** |
| Paleolítico ou Idade da Pedra Lascada | desde a origem dos primeiros homens a 10000 A.P. (ou 12000 a.C.) | produção de artefatos rústicos; descoberta do fogo; os grupos humanos atingiram outros continentes fora da África |
| Neolítico ou Idade da Pedra Polida | de 10000 a 7000 A.P. (ou de 12000 a 9000 a.C.) | produção de artefatos mais elaborados; agricultura e sedentarização |
| Idade dos Metais | de 7000 A.P. à invenção da escrita em 5500 A.P. (ou de 9000 a.C. a 7500 a.C.) | produção de instrumentos de cobre, bronze e ferro; domesticação do camelo, do cavalo e da lhama |

A Pré-História é dividida em três grandes períodos. São aceitas duas formas para indicar a datação: "a.C." (antes de Cristo), que é a mais usada, e "A.P." (antes do presente), utilizada mais frequentemente pelos especialistas. "Presente", no caso, refere-se a 1950, quando foi definida a técnica do carbono-14.

# Como viviam os primeiros humanos

## A vida no Paleolítico

A técnica de talhar a pedra permitiu aos primeiros seres humanos a produção de ferramentas, como a mostrada na foto, que os ajudavam a dominar o meio e facilitava sua sobrevivência. Na foto, a peça chamada "Excalibur", encontrada no sítio arqueológico da Serra de Atapuerca (Espanha).

Desde o surgimento dos primeiros antepassados humanos na África, as transformações biológicas e de hábitos foram significativas. O período que vai desde o surgimento dos primeiros hominídeos até o desenvolvimento da agricultura, há 12 mil anos a.C., é chamado de **Paleolítico** ou **Idade da Pedra Lascada**.

As principais **atividades de subsistência** dos primeiros grupos eram derivadas da coleta, da caça e da pesca. Eles eram nômades e se deslocavam sempre em busca de locais com melhores condições para a sobrevivência. Afirmar que "eram nômades" não é o mesmo que dizer que andavam sem direção. Seu deslocamento deveria levar em conta pelo menos dois aspectos: o risco de a alimentação tornar-se escassa antes de chegarem a uma nova área e a necessidade de se defenderem dos predadores que encontrariam. Por isso, pode-se afirmar que possuíam a capacidade de reconhecer territórios, de localizar-se espacialmente e de antecipadamente identificar o esgotamento das riquezas de uma região, antes de partirem para outra área.

Aos poucos foram dominando a técnica de transformar pedras e ossos em ferramentas para os auxiliar no cotidiano, como facas, machados, arco e flecha, e em instrumentos para a pesca.

Um avanço muito importante do período foi a **descoberta do fogo**. Antes de tornar-se um aliado, o fogo era uma ameaça. Os incêndios naturais que ocorriam nas matas, por exemplo, eram temidos por destruir parte dos recursos de sobrevivência, além de trazer óbvio risco à própria vida.

O domínio do fogo pelos humanos transformou hábitos e trouxe melhores condições de vida: aprenderam a cozer seus alimentos e também o barro (transformando-o em peças de cerâmica), e a aperfeiçoar suas ferramentas, sobretudo a partir do *Homo erectus*. Também utilizaram o fogo para proteger-se do frio e iluminar as entradas das cavernas.

Não é possível determinar como ou quando se deu a passagem do fogo natural para o fogo produzido pelos homens. Mas as peças de argila queimada mais antigas datam de 1,4 milhão de anos e foram encontradas na África Oriental. Em outros sítios arqueológicos, na Europa e próximo a Pequim, foram encontradas cinzas depositadas em tigelas e outros recipientes usados para fazer fogueira, indicando a intervenção humana para sua produção. Essas descobertas, no entanto, indicam um período bem mais recente, cerca de 500 mil anos atrás.

## A vida no Neolítico e na Idade dos Metais

Grandes transformações do período pré-histórico ocorreram durante o **Neolítico** ou **Idade da Pedra Polida**. Entre as transformações destaca-se a descoberta da **agricultura**, que provocou a sedentarização dos homens, ou seja, eles fixaram moradia em um determinado lugar. Com essa mudança, ocorrida por volta de 12000 a.C., os homens, aos poucos, passaram a cultivar a terra e dela retirar seu sustento.

Graças à produção mais regular de alimentos e ao fato de se fixarem em uma região, os seres humanos puderam se dedicar ao aperfeiçoamento de seus instrumentos de trabalho – como fabricar cerâmicas para guardar alimentos ou utensílios de pedra polida para serem usados em suas atividades agrícolas –, e desenvolveram outras técnicas, como, por exemplo, a de tecer fios para confeccionar vestimentas.

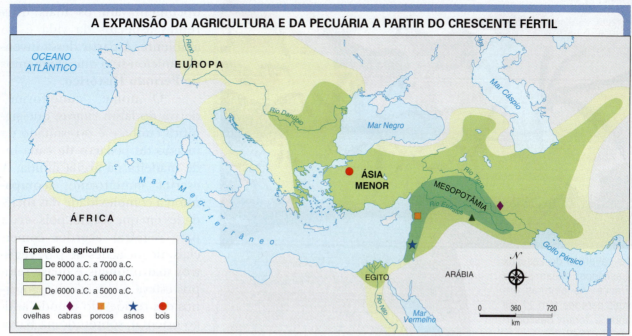

**A EXPANSÃO DA AGRICULTURA E DA PECUÁRIA A PARTIR DO CRESCENTE FÉRTIL**

Expansão da agricultura
De 8000 a.C. a 7000 a.C.
De 7000 a.C. a 6000 a.C.
De 6000 a.C. a 5000 a.C.

ovelhas cabras porcos asnos bois

Crescente Fértil é o nome dado a uma grande área que se estende do sudeste do Mediterrâneo até o Golfo Pérsico. No mesmo mapa vemos a expansão da agricultura pela região e pela Europa.

Foi também no Neolítico que os homens, que já dominavam o fogo pelo atrito, aprenderam a manipular os minerais que, fundidos, se transformam em **metais**, como o cobre, o ferro e o bronze, durante a chamada **Idade dos Metais**. Suas ferramentas tornaram-se mais sofisticadas e suas ações, mais complexas, para enfrentar os desafios da natureza e as tarefas do cotidiano. Os instrumentos de metal tinham maior durabilidade e, pela aquisição da técnica de fundição, podiam ser reaproveitados ou consertados.

A sedentarização provocou um rápido aumento da população e os seres humanos se organizaram em grupos sociais, com a preponderância da família e a divisão do trabalho. Também surgiu uma nova concepção do homem sobre o espaço. As populações sedentárias, estabelecidas em um ponto fixo, alteraram a própria natureza, asseguraram as condições para sobreviver a partir de seu trabalho na agricultura e formaram aldeias.

Essa observação sobre o espaço é fundamental para entendermos os vestígios dos primeiros agrupamentos e suas interferências na natureza. É nesse contexto, com o aperfeiçoamento de técnicas e o estabelecimento de relações mais complexas, que os grupos começaram a criar códigos de linguagem próprios, havendo, então, uma comunicação direta por meio da fala, e também por meio de códigos e símbolos que deram origem à **escrita**.

# As pinturas e a escrita: registros de uma História

As **pinturas rupestres** são as mais antigas expressões culturais humanas conhecidas, sendo que as primeiras delas são datadas do período Paleolítico. O motivo que levava os grupos humanos da Pré-História a pintar nas paredes de cavernas ou em pedras imagens de animais e outros elementos da natureza ainda não foi desvendado. Porém, com as representações da vida coletiva conhecidas hoje, a explicação mais aceita é que essa arte fazia parte de um ritual realizado por caçadores. Aquele que conseguisse "capturar" e reproduzir a imagem do animal teria mais poder no momento da caça.

As pinturas rupestres eram feitas com muitas cores. Para consegui-las, os artistas daquela época trituravam ou raspavam minérios – o vermelho e o amarelo vinham do minério de ferro, o preto, do manganês –, obtendo um pó colorido que era misturado com cera de abelha ou resina de árvores, ou mesmo gordura animal.

Com a **invenção da escrita cuneiforme**, aproximadamente 3500 a.C. na Mesopotâmia, os seres humanos passaram a registrar sua história, suas ideias, modo de vida, relação com a natureza e o sobrenatural. Essa importante aquisição humana foi um marco divisor na história da humanidade, pois passou a haver registros que

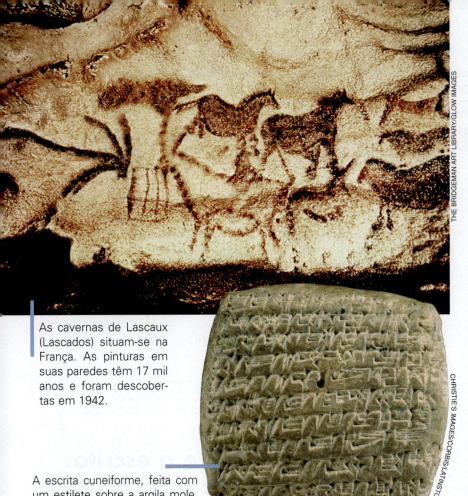

As cavernas de Lascaux (Lascados) situam-se na França. As pinturas em suas paredes têm 17 mil anos e foram descobertas em 1942.

A escrita cuneiforme, feita com um estilete sobre a argila mole, era lida de cima para baixo e da esquerda para a direita, tal como fazemos com os textos de nossa língua. Antes que a argila secasse e para evitar a alteração do que havia sido escrito, sobretudo nos acordos comerciais, era comum que houvesse alguém vigiando os registros.

documentavam os mais diferentes aspectos da vida e do ambiente. A partir dessa invenção iniciou-se o que chamamos de **Período Histórico**.

O nome "cuneiforme" deriva do latim *cuneus*, que significa cunha e é o resultado da incisão de pedaços de cana ou de madeira na argila úmida. A escrita cuneiforme acompanhou a complexidade das sociedades em que surgiu, pois servia para registrar acordos comerciais, negociações de paz, registros matrimoniais e quase sempre esteve a serviço dos governos das regiões do mundo antigo oriental, sobretudo na Baixa Mesopotâmia, correspondente à parte do atual Iraque. A função daquele que escreve – o escriba – era extremamente relevante naquelas sociedades, pois se exigia muito tempo para o estudo e o domínio da escrita.

Na região do Crescente Fértil surgiram as primeiras civilizações e um dos mais antigos sistemas de escrita. O nome Crescente Fértil faz referência ao formato de lua crescente e às áreas férteis do vale do rio Nilo ao Golfo Pérsico, cercadas por desertos e áreas montanhosas.

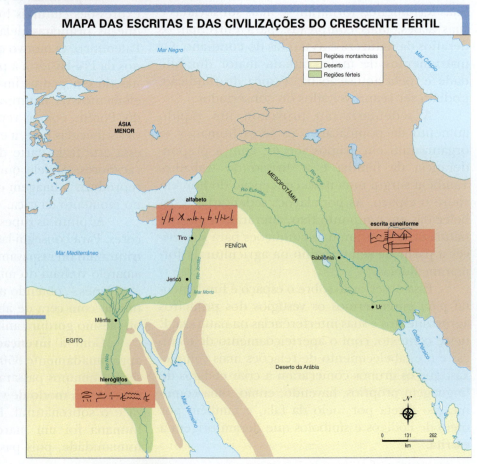

**MAPA DAS ESCRITAS E DAS CIVILIZAÇÕES DO CRESCENTE FÉRTIL**

Regiões montanhosas
Deserto
Regiões férteis

Mar Negro
Mar Cáspio
ÁSIA MENOR
MESOPOTÂMIA
Rio Tigre
Rio Eufrates
alfabeto
escrita cuneiforme
Tiro
FENÍCIA
Babilônia
Mar Mediterrâneo
Jericó
Rio Jordão
Mar Morto
Ur
Mênfis
Golfo Pérsico
EGITO
Rio Nilo
Deserto da Arábia
hieróglifos
Mar Vermelho

0    131    262
km

A escrita não teve uma única forma de registro nem apareceu em uma única região. As principais formas de escrita foram a cuneiforme, na região da Mesopotâmia; o hieróglifo (do grego *hieros*, que quer dizer sagrado), na região do Egito; e a escrita alfabética, na região da Fenícia (costa do atual Líbano). Nessas regiões, também conhecidas como o Crescente Fértil, surgiram as primeiras civilizações.

Outros sistemas de escrita e civilizações surgiram no vale do Indo (região do Paquistão), na China (nos vales dos rios Huang-Ho e Yang Tsé-Kiang) e, mais tarde, na Mesoamérica (nome dado à região entre a América do Norte e a Central em territórios dos atuais México e países da América Central), às margens do rio San Juan, onde maias e astecas criaram suas organizações.

## O surgimento das cidades

Com a fixação em um território, os homens estabeleceram áreas em que as relações sociais e econômicas foram intensificadas. Essas áreas eram as cidades, onde se realizava o comércio, eram efetuadas trocas e que serviam de sedes dos centros administrativos, políticos, religiosos e econômicos das sociedades.

Nessas sociedades mais complexas, a divisão do trabalho se acentuou, hierarquias sociais foram estabelecidas e a guerra, forma de disputa por territórios e pelo poder, tomou dimensões maiores, sendo a principal maneira de subjugar outros povos e tirar proveito das conquistas.

A partir do momento em que a produção excedeu o necessário para a sobrevivência dos grupos, surgiu o **comércio**. Este era realizado por meio de trocas ou compras. O comércio supria as necessidades sociais, vendia-se a produção agrícola ou artesanal e adquiria-se o que não era possível produzir por motivos naturais, como clima e tipo de solo, inexistência de matérias-primas ou pela falta de técnica e de mão de obra entre diversos outros fatores.

## A religiosidade das primeiras sociedades

As manifestações mítico-religiosas dos povos antigos expressavam as perguntas que eles faziam, por exemplo, sobre a dinâmica da natureza ou a origem e o sentido da vida. Para responder a essas questões, procuraram explicações em forças sobrenaturais ou da natureza, criando mitos, uma maneira de explicar fatos ou questões do cotidiano. Os mitos deram origem às religiões que cultuavam deuses ligados às forças da natureza ou a animais. Algumas dessas civilizações acreditavam na vida após a morte e mumificavam seus mortos para prepará-los para enfrentar o desconhecido.

Alguns deuses possuíam características humanas, ficavam irados ou eram benevolentes, sendo capazes de atender a pedidos. Os sacerdotes desempenhavam um papel central em algumas dessas sociedades, como intermediários entre o divino e o terreno. O politeísmo, a crença em vários deuses, era a regra geral. Na Antiguidade, muito antes do nascimento de Cristo, data consagrada como o início da era cristã e base da cronologia ocidental, os hebreus ocuparam a atual Palestina, no Oriente Médio. Esse povo formado por tribos, ao contrário das demais civilizações da época, era monoteísta, acreditava em um só Deus, o que viria a influenciar enormemente a civilização ocidental.

## O povoamento da América

Duas teorias principais tentam explicar o povoamento do continente americano na Pré-História. Uma delas, que vigorou como explicação mais difundida até o final da década de 1990, sustenta que os primeiros humanos chegaram ao continente pelo estreito de Bering há 11,4 mil anos. Essa teoria, defendida majoritariamente por pesquisadores norte-americanos, afirma que durante o último período de glaciação, iniciado há aproximadamente 50 mil anos e encerrado há mais ou menos 12 mil anos, houve um aumento das geleiras nos polos, que reteve a água, provocando o rebaixamento do nível dos mares e oceanos, que recuaram da costa. Como o nível dos mares baixou, grandes extensões de terra ficaram cobertas por gelo e outras, expostas, ligando ilhas e continentes. Dessa forma, foi possível aos povos asiáticos fazer a travessia entre os continentes asiático e americano a pé. Essa teoria, conhecida como Teoria do Estreito de Bering, pressupõe que os povos indígenas das Américas seriam descendentes dos asiáticos, pois após realizarem a travessia eles teriam se deslocado e ocupado grande parte do continente americano, incluindo o território que hoje corresponde ao Brasil.

Os primeiros "americanos" seriam caçadores de grandes mamíferos, como mamutes, mastodontes e bisões. As ferramentas líticas encontradas, com base canalada, justificariam essa teoria, reforçada pelo princípio de que a população do continente era composta de um mesmo grupo, os mongoloides, oriundos da Ásia. Essa teoria é também conhecida como "modelo *Clovis First*" (Primeiro Clóvis), que recebeu esse nome por causa de um sítio arqueológico localizado no Novo México (EUA).

A outra teoria, reforçada por descobertas recentes, defende que a chegada dos humanos ao continente americano é anterior, e teria seguido outra rota. O caminho não teria sido a estrada de gelo, mas por meio da navegação de cabotagem, margeando a costa da Sibéria, o próprio Estreito de Bering e, por fim, a costa do Oceano Pacífico. Para essa corrente, deve-se considerar que a rota litorânea é a única explicação possível para o fato de que há fósseis mais antigos na América do Sul do que previa a teoria anterior.

Os estudos que divergem do modelo Clóvis são unânimes em defender que a presença humana na América é muito mais antiga. Porém, o momento dessa chegada não é consensual. Há grupos que defendem a presença humana no continente há 30 mil ou 40 mil anos. Outros afirmam que a diferença em relação aos partidários da teoria clovista não seria tão grande, pois a chegada teria ocorrido há 14 mil anos. O ponto interessante, porém, são as evidências que apresentam para justificar essa teoria. Vejamos algumas delas:

- se a ocupação tivesse ocorrido exclusivamente por uma onda migratória que se espalhou a partir do interior da América do Norte, não poderia haver presença humana no Chile há mais de 12 mil anos. Se o fosse por uma rota terrestre, não poderia ter se deslocado tão rapidamente;
- a justificativa de que os homens perseguiam grandes mamíferos não se aplica aos habitantes da América do Sul, pois sua dieta era composta de vegetais e animais de pequeno e médio porte;
- os instrumentos líticos nas Américas são muito variados e, portanto, não se justifica afirmar que o tipo de armas da cultura Clóvis tenha sido conhecido por todos os povos, indicando que a ancestralidade deve ser questionada.

Esses argumentos, no entanto, seriam insuficientes se não tivessem ocorrido algumas descobertas arqueológicas importantes, como a citada presença de homens no Chile há mais de 12 mil anos e a reconstituição do crânio de Luzia, considerado o esqueleto humano mais antigo do continente, com idade estimada entre 11 mil e 11,5 mil anos.

Os cientistas que estudam os fósseis dos primeiros grupos humanos criaram, a partir de características físicas, grupos "étnicos" para explicar as diferenças entre eles. Entre os grupos mais conhecidos estão os austromelanésios e os mongoloides. Luzia, o fóssil encontrado no sítio de Lagoa Santa (MG), possuía características mais similares aos austromelanésios e africanos subsaarianos do que ao modelo mongoloide.

No entanto, esse aspecto é intrigante, pois o grupo populacional encontrado na América, quando os europeus chegaram em 1492, pertencia aos chamados mongoloides, ou seja, tinha traços que se assemelhavam aos asiáticos. Porém, como explicar a presença de outro grupo ainda mais antigo? O que teria acontecido com essa população? Uma das hipóteses é que esse grupo tenha sido extinto após a chegada dos europeus.

Com a ajuda de alguns dos mais avançados recursos tecnológicos, os cientistas ingleses reconstituíram pela primeira vez a fisionomia de Luzia. O resultado é uma mulher com feições nitidamente negroides, de nariz largo, olhos arredondados, queixo e lábios salientes.

Parte dos estudos sobre o tema é liderada pela equipe do pesquisador brasileiro Walter Neves, do Laboratório de Estudos Evolutivos da Universidade de São Paulo (USP). As conclusões de Neves levam à proposição de um novo modelo, que defende que houve uma entrada da população asiática não mongoloide, com fisionomia próxima à dos australianos atuais, que teriam navegado pela costa da Sibéria há 14 mil anos. Outro grupo, de origem mongoloide, teria chegado por volta de 11 mil anos, pelo estreito de Bering.

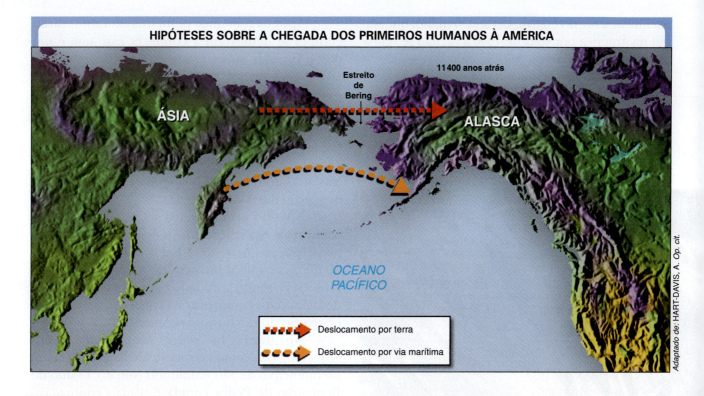

**HIPÓTESES SOBRE A CHEGADA DOS PRIMEIROS HUMANOS À AMÉRICA**

ÁSIA

Estreito de Bering

11 400 anos atrás

ALASCA

OCEANO PACÍFICO

Deslocamento por terra

Deslocamento por via marítima

Adaptado de: HART-DAVIS, A. Op. cit.

## *Passado/presente*

### Alterações genéticas remotas e enfermidades de hoje

A descoberta de um grupo de cientistas americanos, entre os quais Victor Acuña-Alonzo e Samuel Canizales-Quinteros, publicada em julho de 2010 na revista *Human Molecular Genetics*, defende que os povos nativos das Américas e seus descendentes carregam em seus corpos uma característica particular que os distingue das populações dos outros continentes e que tem relação direta com algumas das doenças mais comuns de nosso tempo, como a obesidade e o diabetes. Trata-se de alterações ocorridas no gene conhecido como ABCA1. O estudo sobre essas alterações genéticas, que teriam ocorrido há cerca de 300 gerações ou aproximadamente 8.300 anos, indica ser uma mutação que, além de exclusiva dos povos americanos, teria ocorrido pelas condições ambientais e que interferiram no funcionamento do organismo. O estudo foi realizado entre 29 grupos populacionais, sobretudo do México e da América Central.

A mutação no gene ABCA1 tem algumas explicações principais. A primeira é que a mutação deve ter ocorrido como resposta do organismo a doenças infecciosas, como febre amarela, dengue e malária. O gene alterado faz com que menos colesterol seja liberado para o sangue, comprometendo a replicação dos vírus transmissores dessas doenças.

Para saber mais sobre a pesquisa, leia o relato no sítio eletrônico da Fundação de Amparo à Pesquisa do Estado de São Paulo – FAPESP (http://revistapesquisa.fapesp.br/).

# A produção agrícola no continente americano

Um aspecto interessante sobre os primeiros americanos é a particularidade de seu cultivo agrícola. Na região da costa central do Peru, por exemplo, na localidade de Caral, por volta do ano 6600 a.C., a cidade já possuía canais de irrigação, mas não foi encontrado nenhum vestígio da existência de cerâmicas. Esse aspecto se contrapõe à explicação mais aceita sobre o uso das cerâmicas em outros povos para conservação e armazenamento de alimentos.

Com o desenvolvimento do processo agrícola, os povos mesoamericanos foram se apropriando de conhecimentos da experiência coletora, como a domesticação de algumas espécies e as modificações genéticas feitas para obterem melhores frutos e assegurarem a sua alimentação. O aspecto mais interessante desse processo é o **milho**, um produto fundamental para a alimentação dos mesoamericanos, e que, segundo estudos dos botânicos, é resultado de alterações induzidas pelos homens a partir de espécies nativas e que dependem

**Mesoamericano:** habitante de região que corresponde a parte do atual México e países da América Central.

exclusivamente do cultivo. Ou seja, o milho, que surgiu na América por volta de 7000 a.C., não se reproduz se não for cultivado pelo homem.

A partir dessas descobertas e do processo de sedentarização, os povos dessas áreas alteraram sua forma de viver e de se organizar, difundindo o comércio, criando centros cerimoniais para seus cultos religiosos, além de desenvolverem técnicas para a confecção de grandes esculturas em pedra.

O milho doméstico foi uma invenção dos povos americanos a partir da observação dos ciclos de germinação das plantas e de alterações genéticas realizadas em espécies selvagens. Esse alimento era bastante difundido em áreas do atual continente americano e, posteriormente, foi levado à Europa, após a chegada dos espanhóis em 1492.

## A Pré-História brasileira

Atualmente, já foram identificados mais de mil sítios arqueológicos no Brasil. A história desses estudos se inicia no século XIX, quando viajantes estrangeiros realizavam missões para conhecer aspectos da flora e da fauna do país. Um naturalista dinamarquês, Peter Wilhelm Lund (1801-1880), explorou cavernas e encontrou vestígios do homem pré-histórico em Lagoa Santa (MG), a cerca de 40 km ao norte de Belo Horizonte. Lund foi o primeiro a reconhecer que o crânio encontrado não era semelhante ao dos grupos mongólicos.

Após os trabalhos pioneiros de Lund, várias equipes se dedicaram a conhecer esse que é um dos principais sítios arqueológicos do país. Em 1975, uma missão franco-brasileira, coordenada por Annette Laming-Emperaire, descobriu o esqueleto de Luzia, desencadeando novas teorias e explicações sobre o passado pré-histórico dessa região. A reconstituição da face de Luzia, no entanto, foi concluída apenas no final de 1999, trazendo grande visibilidade às pesquisas sobre a ocupação das Américas.

No sítio arqueológico da região de Lagoa Santa, mais especificamente o de Lapa Vermelha IV, há artefatos líticos de 15 mil anos atrás. Atualmente as pesquisas prosseguem e vários outros crânios estão sendo estudados por diferentes metodologias para comprovar as teorias sobre a antiga ocupação do território das Américas.

No Brasil, há outros importantes sítios arqueológicos, como no sudeste do Estado do Piauí, no município de São Raimundo Nonato. O sítio do Boqueirão de Pedra Furada é o mais controverso entre os pesquisadores, pois a datação de alguns vestígios, como fogueiras, chega a 50 mil anos.

As pesquisas comandadas por Niède Guidon, a partir do final da década de 1970, foram submetidas às técnicas do carbono-14 e da termoluminescência, comprovando as datações indicadas. Por esse aspecto, o vestígio da presença humana mais antiga estaria em Pedra Furada. A controvérsia, entretanto, não se baseia no aspecto cronológico, mas no tipo de material apresentado.

Para os que divergem da teoria sobre Pedra Furada, as fogueiras encontradas, assim como as pedras, não resultaram da ação humana, mas de uma ação natural. Para os arqueólogos, quanto mais simples um artefato lítico, maiores as chances de que seja natural. Ou seja, os seixos podem ter se partido por acaso, pois há um paredão arenítico do qual se desprendem pedras, que poderiam ter se espatifado sobre outras em uma ação da natureza. No caso das fogueiras, elas têm pouco carvão e é provável que sejam resultado de um incêndio natural, pois as fogueiras humanas precisam ser alimentadas e seus vestígios são maiores.

Para os que defendem a teoria de Pedra Furada, além da cronologia está o estudo que comprova que alguns seixos foram submetidos a temperaturas muito superiores às de um incêndio natural, portanto, teriam sido manipulados por humanos. Como podemos perceber, há muita coisa a ser descoberta sobre os antepassados mais remotos.

## Alguns hábitos do povo de Luzia

O povo de Luzia vivia exclusivamente da caça e da coleta, desconhecendo completamente o cultivo de vegetais e a fabricação de vasilhas de cerâmica. Sua indústria lítica era composta quase que exclusivamente de instrumentos de pedra lascada. Muito raramente, poliam uma das extremidades de um seixo, dando-lhe um gume, fabricando assim machados muito toscos.

Mas a incidência de cáries nos primeiros grupos humanos de Lagoa Santa é muito alta quando comparada a outros grupos também exclusivamente forrageadores do planeta. Geralmente a porcentagem de dentes cariados nesses grupos gira entre 0% e 3%. Luzia e seu povo padeciam de uma taxa de dentes cariados próxima a 10%. Embora essa cifra caracterize de forma geral a incidência entre cultivadores de vegetais (ricos em carboidratos), não há nenhuma evidência arqueológica de que eles cultivassem alguma planta. (...)

De fato, todas as escavações efetuadas até o momento em Lagoa Santa têm revelado que os grupos que ali viveram (...) faziam extenso uso de frutos do cerrado. Os mais conhecidos eram o araticum (também conhecido como marolo ou cabeça-de-negro no interior do país), o pequi, o jatobá, o cocuri (coquinho amarelo), a cagaiteira, o cansanção, a gabiroba e o araçá. (...)

Muitos pensam que casais caçadores-coletores têm prole muito grande. Ledo engano – os filhos são tidos de maneira muito espaçada. A mulher, enquanto está amamentando, torna-se infértil. Como nesses grupos amamenta-se até pelo menos quatro anos de idade, isso por si só diminui muito a taxa de fertilização. (...)

Luzia e seu povo deviam realizar vários rituais durante o ciclo anual, muitos deles ritos de passagem, de reverências às forças da natureza, e de homenagens aos ancestrais já falecidos. Sem contar aqueles ligados ao próprio momento da morte e do sepultamento de entes queridos. O principal rito de passagem entre forrageadores está relacionado à passagem da puberdade para a vida adulta.

> **Forrageadores:** que vivem de coleta.

*Fonte:* NEVES, W. A.; PILÓ, L. B. *O Povo de Luzia:* em busca dos primeiros americanos. São Paulo: Globo, 2008. p. 281-283, 298-299.

ADRIANO GAMBARINI/PULSAR

As pinturas rupestres encontradas em São Raimundo Nonato (PI) expressavam atividades ligadas à caça, à pesca, à coleta ou a figuras humanas ou de animais, ou seja, aspectos da vida cotidiana. Também existem representações de figuras geométricas, tais como linhas paralelas, círculos, círculos concêntricos, cruzes, espirais e triângulos.

| OUTROS SÍTIOS ARQUEOLÓGICOS IMPORTANTES NO BRASIL ||
| SÍTIO | VESTÍGIO E DATAÇÃO |
| --- | --- |
| Santa Elina (MT) | Escavado desde 1984, foram encontrados instrumentos líticos de 25 mil anos. Porém, os artefatos são simples, podendo ser obra da natureza e não há vestígios de carvão ou cinzas, com a mesma datação. |
| Toca da Pedra Pintada (município de Monte Alegre, PA) | Fragmentos com pontas de cerca de 11,2 mil anos, encontrados em cavernas. Há indícios de consumo de algumas palmeiras ainda hoje utilizadas na Amazônia. |
| Lapa do Boquete (Alto-Médio Rio São Francisco, MG) | Artefatos de pedra retocados pelos homens, com datação de 12 mil anos. Novas verificações de datação devem ser realizadas para confirmar o período atribuído. |

## Os primeiros habitantes e seus costumes

Além das pesquisas arqueológicas que procuram desvendar a presença humana no atual território brasileiro, há muitos estudiosos dedicados a conhecer sobre os povos que viviam nessa área antes da chegada dos portugueses, em 1500. O período pré-colonização ainda é pouco conhecido da maioria dos brasileiros.

Uma das principais correntes interpretativas defende que houve uma longa evolução da ocupação humana na Amazônia, iniciando-se com a ocupação de paleoíndios (13200 a.C.), seguida por culturas de pescadores que teriam se estabelecido nas áreas férteis do Amazonas (9500 a 6000 a.C.). A fabricação de cerâmica teria se iniciado nesse período.

> Paleoíndio: termo usado pelos estudiosos para designar as populações que se estabeleceram no continente americano entre 12 mil e 5 mil anos atrás.

A Amazônia teria sido o principal centro de difusão das populações que se deslocaram pelo atual território do Brasil. Uma das hipóteses para o deslocamento populacional teria sido a superpopulação nas várzeas férteis do rio Amazonas, fazendo com que houvesse um processo migratório para outras regiões. Dessa forma, pode-se afirmar que alguns dos principais grupos indígenas conhecidos à época da chegada dos portugueses (tupis, guaranis, tupinambás e carajás, entre outros) teriam sua origem comum na Amazônia Central.

Na costa litorânea, há o registro dos mais antigos **sambaquis**, depósitos de conchas e restos humanos encontrados no litoral brasileiro, principalmente na região do Espírito Santo, ao sul de Santa Catarina e também na região do Vale do Ribeira, em São Paulo. Alguns sambaquis chegaram a medir centenas de metros de extensão com dezenas de metros de altura e estima-se que sua construção tenha ocorrido entre 8 mil e 3 mil anos atrás. Os motivos pelos quais foram construídos, no entanto, ainda intrigam os arqueólogos: há tanto explicações que remontam ao século XIX e que afirmam que eles tinham funções religiosas quanto outras mais recentes que afirmam ter havido um crescimento populacional, acompanhado pela geração de excedentes e que permitiu a construção de grandes obras.

Independentemente das explicações, pode-se afirmar que os sambaquieiros tinham sua alimentação baseada na pesca e em frutos do mar, como moluscos e crustáceos, e pouco acesso à alimentação vegetal. A consequência dessa alimentação, segundo estudos realizados com mais de 12 mil esqueletos, era uma qualidade de vida superior à de outros povos, com menor incidência de doenças, por exemplo.

O desaparecimento dos sambaquieiros está associado ao período do estabelecimento da agricultura no litoral.

## O estabelecimento da agricultura

O estabelecimento de assentamentos, nos quais podiam conviver grupos que não chegavam a uma dezena de indivíduos até grupos maiores, tem uma história bastante diversificada. Não se pode afirmar que todos os diferentes povos do atual território brasileiro tiveram um processo similar de sedentarização, de organização social e econômica.

O cultivo da agricultura, por exemplo, não foi uma simples sucessão das ações de coleta, caça e pesca. Os estudos arqueológicos indicam que, por exemplo, há 2 mil anos na Amazônia, houve um aumento dos tamanhos dos assentamentos. No entanto, nem sempre os assentamentos significaram a adoção da prática agrícola, pois, muitas vezes, eles eram estabelecidos de acordo com as ofertas sazonais de produtos que não haviam sido plantados. Outros assentamentos, por sua vez, conciliavam a prática da coleta com o cultivo complementar.

Se o surgimento da agricultura não foi homogêneo, isso não significa que aos poucos ela não tenha se estabelecido entre os habitantes do período pré-colonial. Entre as espécies produzidas estavam a mandioca e o milho, sendo este oriundo de povos andinos. No caso da mandioca, principal base alimentar dos indígenas, houve o desenvolvimento de instrumentos para que pudessem ralar e produzir farinha e beiju.

## Cinemateca

**2001: Uma Odisseia no Espaço** (1968, EUA, dir.: Stanley Kubrick) Desde a Pré-História, um misterioso monolito negro que chega à Terra parece emitir sinais de outra civilização. Somente no século XXI, uma equipe de astronautas é enviada ao espaço para investigar o enigmático monolito. A nave é controlada pelo computador HAL 9000 que tenta assumir seu controle.

**A Guerra do Fogo** (1981, França e Canadá, dir.: Jean Jacques Annaud) Conta a saga de hominídeos acerca da busca pelo fogo. O filme traz aspectos culturais, como habitações e ritos, que remetem ao passado pré-histórico.

## Revisitando a História

**1.** O antropólogo norte-americano Lewis Henry Morgan (1818-1881) escreveu no início de seu livro sobre a evolução humana em 1877:

"As mais recentes investigações a respeito das condições primitivas da raça humana estão tendendo à conclusão de que a humanidade começou sua carreira na base da escala e seguiu um caminho ascendente, desde a selvageria até a civilização, através de lentas acumulações de conhecimento experimental.

Como é inegável que partes da família humana tenham existido em um estado de selvageria, outras partes em um estado de barbárie e outras ainda em um estado de civilização, parece também que essas três distintas condições estão conectadas umas às outras numa sequência de progresso que é tanto natural como necessária.

(...)

Nas páginas seguintes, será feita uma tentativa de apresentar evidência adicional da rudeza da condição primitiva da humanidade, da evolução gradual de seus poderes mentais e morais através da experiência, e de sua prolongada luta com os obstáculos que encontrava em sua marcha a caminho da civilização".

MORGAN, L. H. A Sociedade Antiga [1877].
In: CASTRO, C. (org.). (Trad.: Maria Lúcia de Oliveira).
*Evolucionismo Cultural, Textos de Morgan, Taylor e Frazer.*
Rio de Janeiro: Jorge Zahar, 2005.

Elabore uma análise crítica do texto acima, apresentando a visão de Morgan a respeito da evolução humana, comparando-a com aquela atualmente mais aceita e relacionando com a visão preconceituosa acerca da pré-história.

**2.** Explique qual a importância do abandono da condição de nômades pela sedentarização dos homens. Aponte dois exemplos de transformações ocorridas nesse processo.

**3.** Nas cidades há maior concentração de pessoas em um mesmo território. Cite algumas atividades que foram favorecidas ou intensificadas com essa proximidade.

**4.** Discuta com seus colegas a seguinte afirmação: o domínio da escrita é uma forma de poder. Justifique em um pequeno texto a conclusão a que chegaram.

**5.** Identifique quais as principais correntes explicativas sobre o povoamento da América e relacione qual o aspecto mais importante da descoberta do crânio de Luzia para entender o povoamento americano.

**6.** Observe a imagem abaixo.

PHOTOS.COM

a) Cite exemplos de materiais que podem ser utilizados por pesquisadores dos tempos anteriores ao surgimento da escrita.

b) Indique qual a importância da cultura material como fonte histórica.

c) No caso específico da cerâmica, qual era a sua finalidade para os primeiros povos?

d) Explique o que é a cerâmica marajoara.

# Analise esta imagem

Quando nos colocamos diante de uma imagem, a primeira coisa a fazer é identificar quais elementos a compõem. Uma boa inspiração pode ser o personagem de romances policiais, Sherlock Holmes, que não deixava escapar nada, nenhum detalhe da cena do crime, e que conseguia todas as informações de que precisava pela observação atenta.

Analisar uma imagem nos coloca o desafio de Holmes e, assim como ele, devemos considerar tudo o que nosso olho é capaz de identificar. A partir de uma observação atenta, devemos questionar e fazer uma minuciosa descrição dos elementos. Veja a imagem abaixo, leia as informações e responda às questões:

a) Descreva o que se pode observar na imagem.
b) Estabeleça possíveis causas para que estas pinturas tenham sido realizadas.
c) Hoje vivemos uma realidade sociocultural diferente daqueles primeiros homens que pintaram nas cavernas. Esse aspecto pode dificultar a nossa compreensão sobre aquelas pinturas? Justifique.

SUPERSTOCK/KEYSTONE

As pinturas rupestres nas cavernas de Lascaux, na França, foram descobertas em 1942. A datação dos desenhos aponta que tenham sido realizadas há 17 mil anos, dado obtido por meio do estudo dos pigmentos utilizados. São pinturas realizadas sobre rochas, provavelmente utilizando carvão, óxidos de ferro, manganês e outras combinações orgânicas. Não há representação humana nessas imagens do período Paleolítico.

# Debatendo ideias

Uma maneira interessante de aprofundarmos o que sabemos é conhecer outras opiniões, identificar os argumentos e contrapor nossa opinião. Nesta atividade, propomos que se forme um grupo de alunos e que se realize um pequeno debate com base no que está sendo sugerido. Lembre-se de que debater é reconhecer argumentos e apresentar outras visões. Para tanto, é necessário ficar atento a algumas dicas:

- antes de discutir é necessário identificar qual o tema ou assunto que está sendo debatido. Em seguida, reconhecer o que está sendo proposto ou afirmado sobre aquele tema e identificar questões centrais;
- em um segundo instante, devemos submeter a proposição inicial a questionamentos, interrogando-se sobre as questões levantadas, e partilhar essas opiniões com as outras pessoas, sendo capaz de reconhecer pontos em comum e as divergências na argumentação. Ser capaz de ouvir outras pessoas e aprender com elas é adquirir conhecimento de forma coletiva.

Boa discussão!

O pesquisador francês Yves Coppens, que descobriu o fóssil de Lucy em 1974, fez a seguinte afirmação sobre o aparecimento humano e as teorias relacionadas:

"E eis o homem, por vezes modesto a ponto de se dizer ainda macaco, por vezes pretensioso a ponto de se crer senhor do mundo, tão pequeno em seu planeta e tão grande em seu espírito, em seu lugar no espaço e no tempo, no meio de uma história que ainda não parou de nos surpreender".

COPPENS, Y. Nossa pequena história no tempo. In: *História Viva*. São Paulo: Duetto Editorial. n. 62, p. 27, s/d.

a) A qual tema o autor se refere?
b) Por que ele relaciona a modéstia e a pretensão dos homens? A quais teorias apresentadas nesse capítulo se relacionam essas observações?
c) Vocês acham que o conhecimento científico e as visões religiosas podem ser convergentes neste ponto? Apresente argumentos que justifiquem a posição do grupo.

# Questões de vestibular

**1.** (ENEM) A pintura rupestre mostrada a seguir, que é um patrimônio cultural brasileiro, expressa:

a) o conflito entre os povos indígenas e os europeus durante o processo de colonização do Brasil.
b) a organização social e política de um povo indígena e a hierarquia entre seus membros.
c) aspectos da vida cotidiana de grupos que viveram durante a chamada pré-história do Brasil.
d) os rituais que envolvem sacrifícios de grandes dinossauros atualmente extintos.
e) a constante guerra entre diferentes grupos de paleoíndios da América durante o período colonial.

**2.** (UFPE) Na Pré-História, encontramos fases do desenvolvimento humano. Qual a alternativa que apresenta características das atividades do homem na fase neolítica?

a) Os homens praticavam uma economia coletora de alimentos.
b) Os homens fabricavam seus instrumentos para obtenção de alimentos e abrigo.
c) Os homens aprenderam a controlar o fogo.
d) Os homens conheciam uma economia comercial e já praticavam os juros.
e) Os homens cultivavam plantas e domesticavam animais, tornando-se produtores de alimentos.

**3.** (UFPB – adaptada) As relações entre as explicações míticas e as científicas encontram, na origem da espécie humana, um dos pontos fundamentais e controvertidos. Sobre tais explicações, leia as afirmativas a seguir.

I. O livro do Gênesis estabelece, sobretudo para as tradições religiosas judaico-cristãs, o mito do Éden, no qual viviam Adão, criado por Deus e feito à sua semelhança, e Eva, criada também por Ele a partir de uma costela de Adão. Desse casal descenderiam todos os homens. Os partidários dessa explicação são chamados de CRIACIONISTAS.
II. O livro *A Origem das Espécies*, de autoria do naturalista inglês do século XIX, Charles Darwin, estabelece, nas tradições modernas, a consolidação de uma explicação científica sobre o aparecimento da vida e o surgimento do *Homo sapiens*, que seria resultado de mutações genéticas adaptativas. Essa explicação ficou conhecida como EVOLUCIONISTA.

III. O conhecimento histórico, baseado nas concepções científicas, demarca o aparecimento da espécia humana no período Paleolítico ou Idade da Pedra Lascada, ao que se segue o período Neolítico ou Idade da Pedra Polida e, depois, o período da Idade dos Metais, que, reunidos, compõem a chamada PRÉ-HISTÓRIA.

Está(ão) correta(s):

a) apenas I.     c) apenas I e II.    e) I, II e III.
b) apenas II.    d) apenas II e III.

**4.** (UFTPR) Tradicionalmente, podemos definir a Pré-História como o período anterior ao aparecimento da escrita. Portanto, esse período é anterior a 4000 a.C., pois foi por volta dessa época que os sumérios desenvolveram a escrita cuneiforme. Com base nesse entendimento, qual a alternativa que apresenta características das atividades do homem na fase paleolítica?

a) Os homens aprenderam a polir a pedra. A partir de então, conseguiram produzir instrumentos (lâminas de corte, machados, serras com dentes de pedra) mais eficientes e mais bem acabados.
b) Os homens descobriram uma forma nova de obter alimentos: a agricultura, que os obrigou a conservar e cozinhar os cereais.
c) Semeando a terra, criando gado, produzindo o próprio alimento, os homens não tinham mais por que mudar constantemente de lugar e tornaram-se sedentários.
d) Os homens conheciam uma economia comercial e já praticavam os juros.
e) Os homens ainda não produziam seus alimentos, não plantavam e nem criavam animais. Em verdade, eles coletavam frutos, grãos e raízes, pescavam e caçavam animais.

**5.** (UFPI) Em 1991, a UNESCO reconheceu o Parque Nacional da Serra da Capivara como Patrimônio Cultural da Humanidade. Assinale a alternativa correta sobre esse parque e as pesquisas ali realizadas.

a) Os vestígios encontrados no Parque reforçam as teorias mais aceitas a respeito do povoamento do continente americano.
b) As pesquisas conduzidas pela arqueóloga Niède Guidon indicam a presença do homem no continente americano há, pelo menos, 48 mil anos.
c) As dificuldades no conhecimento do cotidiano dos homens pré-históricos que ali viveram relacionam-se à ausência de registros como pinturas e gravuras.
d) Os sítios arqueológicos ali existentes revelam o nomadismo do homem pré-histórico das Américas e o seu desconhecimento da agricultua, das técnicas de caça e do fogo.
e) A descoberta de vestígios ósseos humanos de mais de 100.000 anos, no Parque, tornam inquestionáveis as teorias que defendem que o povoamento da América começou no atual Piauí.

**6.** (ENEM) Suponha que o Universo tenha 15 bilhões de anos de idade e que toda a sua história seja distribuída ao longo de 1 ano – o calendário cósmico –, de modo que cada segundo corresponda a 475 anos reais e, assim, 24 dias do calendário cósmico equivaleriam a cerca de 1 bilhão de anos reais. Suponha ainda que o Universo comece em 1º de janeiro à zero hora no calendário cósmico e o tempo presente esteja em 31 de dezembro às 23h59min59,99s. A escala abaixo traz o período em que ocorreram alguns eventos importantes nesse calendário.

Se a arte rupestre representada abaixo fosse inserida na escala, de acordo com o período em que foi produzida, ela deveria ser colocada na posição indicada pela seta de número

a) 1        b) 2        c) 3        d) 4        e) 5

# Programas de Avaliação Seriada

**1.** (PAS – UnB – DF – adaptada) O Brasil é um dos países mais ricos em pinturas rupestres. Nas regiões de Lagoa Santa e Serra do Cipó (MG), encontra-se grande número delas, muitas ainda não estudadas. Nessas obras, em que são retratadas cenas do cotidiano dos povos pré-colombianos, estão presentes animais de espécies extintas e de espécies ainda existentes. Infelizmente, tais pinturas, não apenas em Minas Gerais, mas em todo o Brasil, têm sido alvo de vandalismo, o que, algumas vezes, resulta na completa destruição de algumas delas.

Tendo esse texto como referência inicial, julgue os itens como verdadeiros (V) ou falsos (F).

a) As pinturas rupestres fornecem importantes subsídios para o entendimento de processos de ocupação do território e de extinção da biota. Nesse sentido, assumindo-se como critério valorativo o direito de toda a humanidade ao conhecimento, a destruição de pinturas rupestres, na forma mencionada no texto, é moralmente condenável.

b) Entre as opções a seguir, assinale aquela que expressa a estratégia mais viável e mais eficiente para a conservação de pinturas rupestres, de forma a se preservar a sua importância e a se promover a disseminação da cultura.

  I. Impedir que as pessoas tenham acesso aos sítios arqueológicos.

  II. Promover ação educativa de esclarecimento do significado e da importância dessas pinturas.

  III. Remover as pinturas para o acervo de colecionadores particulares.

  IV. Punir, na forma da lei, pessoas que destruam essas pinturas.

**2.** (PASUSP) Há três milhões de anos, os ancestrais dos seres humanos ainda passavam grande parte de suas vidas nas árvores. Mas, de acordo com um novo estudo, é possível que naquela época eles já caminhassem como bípedes. Há mais de 30 anos foi descoberto em Laetoli, na Tanzânia, um rastro de pegadas fósseis depositadas há 3,6 milhões de anos e preservadas em cinzas vulcânicas. A importância dessas pegadas para o estudo da evolução humana tem sido intensamente debatida desde então. As pegadas, que mostravam clara evidência de bipedalismo – a habilidade para caminhar na posição vertical –, haviam sido produzidas, provavelmente, por indivíduos da única espécie bípede que vivia naquela área na época: os *Australopithecus afarensis*. Essa espécie inclui Lucy, um dos fósseis de hominídeos mais antigos encontrados até hoje e cujo esqueleto é o mais completo já conhecido.

Adaptado de: Agência FAPESP, 22 mar. 2010.
Disponível em: <http://www.agencia.fapesp.br/boletim/22032010>.
Acesso em: 1º jul. 2010.

De acordo com o texto,

a) as pegadas fósseis encontradas na Tanzânia eram de indivíduos da espécie *Homo sapiens*.

b) o homem evoluiu a partir de macacos que viviam em árvores.

c) os *Australopithecus afarensis* caminhavam na posição vertical.

d) Lucy é o mais antigo fóssil da espécie *Homo sapiens* já encontrado.

e) Lucy e os da sua espécie não tinham habilidade para caminhar na posição vertical.

# capítulo 2

# As primeiras civilizações da Antiguidade oriental

*Observe como em nosso dia a dia convivemos com diferentes pessoas e diante de regras que são compartilhadas. Por que isso ocorre? À medida que os grupos humanos foram se fixando e estabelecendo novas formas de organização social, deu-se origem às primeiras civilizações.*

*A palavra* civilização *pode ser usada com diferentes significados, mas, em linhas gerais, é o processo contínuo de transformações e expansão de uma sociedade, que envolve as instituições de poder, organização do trabalho e práticas culturais (religião, língua e artes, por exemplo) de um determinado grupo. Podemos dizer que uma civilização é reconhecida pela existência de aspectos comuns, sem que isso signifique a ausência de divergências ou práticas diferenciadas em seu interior. As primeiras civilizações foram criadas a partir de cidades que estenderam seus domínios sobre outras regiões e marcaram uma nova fase na História. Surgiram no Oriente Próximo (nome dado à região oriental vizinha da Europa), na região entre os rios Tigre e Eufrates (Mesopotâmia) e no vale do Nilo (Egito). Na Ásia Oriental, situaram-se nas regiões do vale do Indo (em regiões do atual Paquistão) e na China.*

As civilizações da Antiguidade despertam grande fascínio entre as pessoas que buscam compreender a construção de complexas sociedades e monumentos imponentes, como as pirâmides do Egito, por exemplo. As explicações para as origens dessas civilizações e o funcionamento das sociedades ressaltam a conjunção de um grande número de aspectos que contribuíram para o surgimento desses povos.

O mais importante nessa construção é a capacidade inventiva dos homens, que levou ao estabelecimento de instituições e práticas, as quais foram alterando a forma de organização dessas sociedades. Por isso, o aparecimento das cidades mais importantes do mundo antigo e das civilizações criadas a partir delas não é um mero desdobramento das sociedades agrícolas, por exemplo. A agricultura, como vimos anteriormente, foi fundamental para os homens se estabelecerem em determinadas regiões, mas a alteração das formas de produção e a busca das áreas férteis seriam fatores insuficientes para explicar sociedades tão complexas.

Essa complexidade advém da criação de organizações religiosas e políticas, entre outras, que estabeleciam regras e leis para regulamentar a vida das pessoas. Geralmente, a lei era considerada sagrada e, portanto, o domínio administrativo era facilitado pelas relações entre o exercício do poder e as funções religiosas.

Frente do Grande Templo de Ramsés II, em Abu Simbel, Egito, construído entre 1290-1224 a.C.

Para ampliar o poderio sobre as pessoas e sobre suas atividades produtivas e econômicas, assim como para expandir seus territórios, as grandes cidades necessitavam de um aparato administrativo e burocrático que instituísse a forma de viver naquele grupo. Em meio a essas transformações, as trocas comerciais, culturais e artísticas impulsionavam a forma de viver e de representar o mundo desses povos da Antiguidade.

As civilizações mais antigas surgiram há cerca de 5 mil anos ao longo de grandes rios, como a do **Egito**, às margens do rio Nilo, e a da **Mesopotâmia**, entre os rios Tigre e Eufrates.

## O que significa Antiguidade?

Atualmente o conceito histórico de "Antiguidade" é bastante amplo. Estamos acostumados a associar esse termo somente às antigas civilizações do Oriente Médio – Mesopotâmia e Egito – e ao mundo greco-romano, nas redondezas do mar Mediterrâneo. Só que tal associação hoje é tida como limitada. Nos últimos anos, a definição de "Antiguidade" foi ampliada para incluir o resto do mundo: a América, a África e o restante da Ásia. Mas como isso se deu e quais as consequências?

Tudo começou no século XVIII com o Iluminismo e a busca por raízes racionais para o mundo em que se vivia. No caso, claro, as raízes da Europa moderna. Primeiro, os seguidores do pensamento vigente procuraram suas origens nas antigas civilizações grega e romana, fundadoras das principais instituições que inspirariam os modernos: a filosofia, a democracia, as leis, a noção de império, a república... É bom ressaltar que os modelos militares nunca haviam deixado de ser os clássicos latinos, como Júlio César e sua Guerra das Gálias.

Em seguida, com o domínio crescente dos europeus no Oriente Próximo, o Egito, a Palestina e a Mesopotâmia passaram a fazer parte dessas origens. Decifraram-se os hieróglifos egípcios e a escrita cuneiforme mesopotâmica. Descobriu-se então que muito da religião cristã provinha dessas antigas civilizações. Desde então, Antiguidade passou a designar um período que se iniciava no final do quarto milênio a.C., no Oriente Médio, e continuaria até a queda do Império Romano, no início do quinto século d.C.

Nas últimas décadas, contudo, essa visão tem sido contestada. Isso porque existiram civilizações com escrita elaborada em outras partes da Terra: China, Índia e América, com maias, astecas e incas. Já em outras regiões, mesmo sem o uso da escrita, surgiram sociedades elaboradas, caso da África e do Brasil pré-descobrimento. Todas essas culturas antigas passaram a ser consideradas parte de uma Antiguidade expandida, não mais limitada no tempo e no espaço. Por quê?

Em primeiro lugar, [porque] os povos antigos de todas as partes passaram, em nossa época global, a constituir nossos antepassados. No Brasil, com boa parte da população com ascendência indígena e outros tantos com antepassados africanos, não há dúvida de que a Antiguidade não pode se restringir ao Oriente Médio e ao Mediterrâneo. Em segundo lugar, [porque] todos os povos antigos possuem características comuns – ou, ao menos, comparáveis.

Todas as sociedades se firmaram a partir de conflitos. O recurso à violência é uma constante na História humana. Essa experiência de combate, que caracterizou o ser humano por milhares de anos, acabou por condicionar, em grande parte, a maneira como ainda pensamos, já em uma época tecnológica como a nossa. Esse fascínio pela luta corporal mantém-se em diversos esportes, como o boxe, o judô ou o sumô. A guerra conserva, em sua essência, essa experiência milenar. Nisso se fundam todos os tipos posteriores de luta.

Com o tempo surgiram exércitos que permitiram o desenvolvimento de impérios como o egípcio e o de Sargão, na Mesopotâmia, de Alexandre, o Grande, e o imenso Império Romano. Algo se manteve desde os primórdios: o embate direto, corporal. Mesmo entre os romanos, com um exército que chegou a mais de 300 mil homens, com uma hierarquia militar marcada, todos participavam da luta corpo a corpo, inclusive os generais, que, não raras vezes, morriam em combate. Essa experiência direta de luta, de vida em jogo, que estava na origem dos embates entre os seres humanos, manteve-se por toda a Antiguidade.

*Fonte:* FUNARI, P. P. *Aventuras da História.* ed. III. São Paulo: Abril, 2005. p. 82.

**1)** O autor afirma que a Antiguidade "nasceu" no século XVIII. Quais as justificativas?

**2)** Por que a Antiguidade atualmente não é mais pensada como restrita aos povos do Oriente Médio e Próximo e do mar Mediterrâneo (Grécia e Roma)?

# O Egito antigo

A civilização egípcia desenvolveu-se às margens do rio Nilo, localizado no continente africano. As características físicas do território ocupado pelos egípcios são importantes para compreendermos aquela civilização. O Egito estava cercado pelo deserto do Saara, que era uma barreira natural que dificultava a chegada de outros povos, o que lhe permitiu longos períodos sem invasões ou ameaças. Em torno do rio Nilo há duas grandes áreas: o *Vale*, que percorre uma longa extensão de terras desérticas, conhecidas como o Alto Egito, e *a área do Delta*, onde o rio deságua por diversos canais no mar Mediterrâneo, chamada de Baixo Egito.

Nos meses de verão (final de junho a setembro), as chuvas nas cabeceiras do Nilo provocavam enchentes em suas margens, fertilizando-as com um lodo muito rico em nutrientes, o húmus. Isso permitia que em uma estreita faixa atingida pelas águas se praticasse agricultura.

Por outro lado, nos meses de inverno a região enfrentava um período de seca. Diante de suas condições geográficas e climáticas, os egípcios desenvolveram um importante sistema de produção agrícola às margens do Nilo, que integrou o Antigo Império, atendendo, dessa forma, às diferentes necessidades das duas regiões: o Alto Egito, mais pobre e com as margens férteis do rio, e o Baixo Egito, com grandes contingentes populacionais. Os egípcios chegaram a essa solução engenhosa construindo canais de irrigação, diques e reservatórios, e com isso empregaram a mão de obra disponível da população do Baixo Egito.

Os **camponeses** tiveram um papel fundamental para o bom funcionamento desse sistema, cultivando cereais, como trigo e cevada. Atuaram também nas obras dos canais de irrigação, para aumentar a área agricultável, na construção de diques para controlar as cheias e de reservatórios para enfrentar os períodos de seca.

Como vemos, o Nilo foi fundamental para os egípcios, pois assegurou o desenvolvimento da **agricultura** e de **canais de irrigação**, além de ser usado para navegação e transporte de produtos entre as duas áreas (Alto e Baixo Egito).

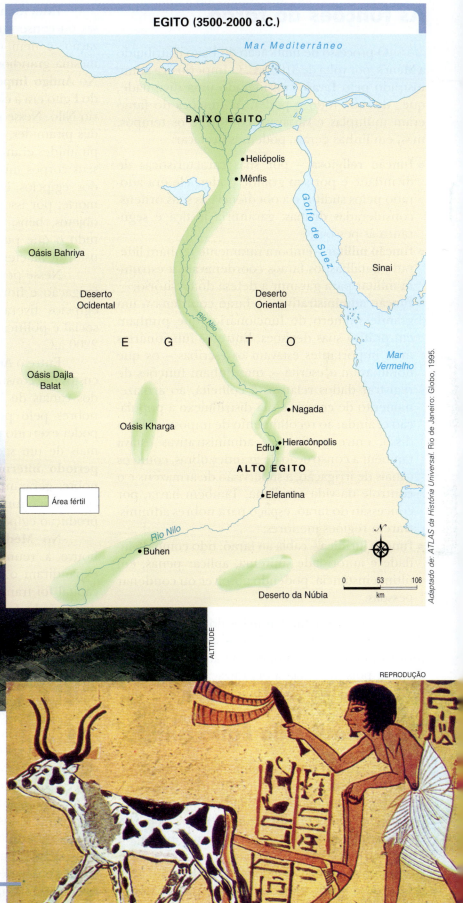

**EGITO (3500-2000 a.C.)**

Mar Mediterrâneo

BAIXO EGITO

• Heliópolis

• Mênfis

Golfo de Suez

Oásis Bahriya

Deserto Ocidental

Deserto Oriental

Sinai

Rio Nilo

E G I T O

Mar Vermelho

Oásis Dajla Balat

Oásis Kharga

• Nagada

Edfu • • Hieracônpolis

ALTO EGITO

• Elefantina

Área fértil

Rio Nilo

• Buhen

0    53    106
km

N

Deserto da Núbia

ALTITUDE

Adaptado de: *ATLAS da História Universal.* Rio de Janeiro: Globo, 1995.

As enchentes anuais do rio Nilo favoreciam a fertilização natural de suas margens, enquanto outras áreas, mais distantes delas, eram irrigadas artificialmente pelo homem, permitindo assim a extensão das áreas cultivadas.

Pintura egípcia mostrando um escravo preparando a terra.

39

# As funções do faraó

O processo de unificação do Egito é atribuído a Menés, por volta de 3100 a.C. O Império era administrado pelo **faraó**, considerado uma divindade, que detinha todo o poder. As funções do faraó eram múltiplas e variavam conforme os tempos, mas, em linhas gerais, podemos destacar:

- **função religiosa** – por suas características de divindade e por seu grande poder; ele era adorado pelos súditos e a obediência às suas ordens, consideradas divinas, garantiria justiça e segurança às pessoas;
- **função militar** – embora raramente tenham liderado batalhas, os faraós coordenavam a estrutura militar para garantir a defesa do território;
- **função administrativa** – o faraó coordenava um grande número de funcionários que punham em prática suas decisões. Entre os funcionários mais importantes estavam os escribas – os que dominavam a escrita –, que tinham funções de registrar dados relativos à colheita, ao armazenamento de cereais e sua distribuição à população e, ainda, ao recolhimento de impostos. Além disso, entre as funções administrativas estava também a construção de grandes obras, como os canais de irrigação, a supervisão de armazéns e o controle da vida cotidiana. Também havia, por concessão do faraó, espaço para nobres administrarem regiões menores;
- **função jurídica** – cabia ao faraó, tido como divindade e autoridade suprema, aplicar penas, em última instância, podendo absolver ou condenar pessoas.

O poder estatal, nas mãos do faraó, era fundamental para a organização dos sistemas político, jurídico, militar e econômico da antiga sociedade egípcia, pois favorecia a organização e o planejamento da produção e do comércio, por exemplo.

## Os períodos do Egito antigo

O período entre a unificação do território egípcio, que era dividido ao longo do rio Nilo entre o Baixo e o Alto Egito, e o início do Império ficou conhecido como **Período Arcaico** (3100-2700 a.C.).

São 32 dinastias que exerceram o poder no Egito entre 3100 e 30 a.C., quando o Egito caiu sob o domínio romano. O longo período do Egito antigo é dividido pelos especialistas em **Antigo**, **Médio** e **Novo Império**.

Evidentemente, nem todas as datas são precisas ou consensuais entre os estudiosos dessa civilização, e nem todo o período foi marcado pela mesma grandiosidade que se atribui aos egípcios. No **Antigo Império** (ca. 2700-2200 a.C.), a capital do Egito era a cidade de Mênfis, situada no delta do rio Nilo. Nesse período foram construídas as grandes pirâmides, Quéops, Quéfren e Miquerinos. As pirâmides eram tumbas para os faraós e protegiam seus corpos mumificados. Os princípios religiosos dos egípcios incluíam a crença na vida após a morte; por isso eram sepultados com registros de objetos, bens, nomes de familiares, oferendas e tudo o que pudesse ser necessário para o morto usufruir na eternidade.

Nesse período também se alastrou o uso da irrigação e houve a expansão da agricultura. Os egípcios tiveram certa estabilidade econômica, social e política que durou aproximadamente até 2200 a.C.

Entre o **Antigo** e o **Médio Império**, graças aos custos das construções das pirâmides e à ampliação dos canais de irrigação, houve disputas entre os nobres pelo poder e pelo enfraquecimento do poder exercido pelo faraó. Esse período, que durou mais de um século, é conhecido como **primeiro período intermediário**. As rivalidades entre os nobres geraram o colapso do sistema unificado da agricultura, fundamental para o funcionamento da produção egípcia.

No **Médio Império** (ca. 2050-1750 a.C.) houve a reunificação política. Governos fortes expandiram o domínio para o sul do Egito, e a capital foi transferida para Tebas. A prosperidade do período foi baseada no trabalho servil e no domínio da Núbia (região correspondente à parte do atual Sudão), uma região rica em ouro. O comércio foi favorecido pelas trocas com áreas no Mediterrâneo – como a ilha de Creta –, na costa onde estão as regiões da Palestina e Síria, e também em direção aos mares Vermelho e Egeu. Essa prosperidade no comércio permitiu um reflorescimento cultural com o desenvolvimento da pintura e, também, novas construções funerárias.

O período de enriquecimento foi marcado por novas disputas e, no **segundo período intermediário**, os núbios se libertaram do domínio egípcio. Também houve um grande fluxo migratório para o Egito de povos asiáticos vindos dos desertos limítrofes em busca de alimentos. O principal grupo era dos hicsos, mas também houve um fluxo de hebreus que se deslocaram da Palestina para o Egito.

Os hicsos, com sua capacidade de combate reforçada pelo uso de cavalos e carruagens, dominaram a região do

Hicso: nome grego que deriva daquele que os egípcios deram aos grupos de origem asiática e que, literalmente, significava "chefes dos povos estrangeiros".

Egito por mais de um século e foram expulsos apenas em 1570 a.C., quando surgiu o Novo Império.

No **Novo Império** (ca. 1550-1070 a.C.), a capacidade militar dos egípcios havia sido consagrada. Os faraós desse período, em especial Tutmés III e Ramsés II, tomaram medidas para expandir e consolidar seus territórios até a Ásia, dominando sírios, fenícios, até os limites da Mesopotâmia. As áreas conquistadas tinham de pagar tributos e ceder escravos para os seus novos senhores.

Esse período foi marcado por grande riqueza, prosperidade e cosmopolitismo. O isolamento egípcio foi sucedido pela expansão e pelo contato com outros povos, promovendo intercâmbios comerciais e culturais.

O Egito entrou em um período de decadência devido a fortes agitações internas e questionamentos sobre a autoridade do faraó. Essa instabilidade política e social levou à divisão do reino novamente em Alto e Baixo Império, por volta de 1100 a.C. O enfraquecimento do poder central facilitou sucessivas invasões de estrangeiros, como assírios, gregos e romanos, que se estabeleceram no ano 30 a.C.

## A religião egípcia e o culto aos mortos

A religião egípcia era politeísta e os egípcios acreditavam na vida depois da morte. O faraó era considerado filho dos deuses – mais precisamente, filho de Rá e, mais tarde, com a fusão dos reinos do Alto e Baixo Egito, de Amon-Rá –, portanto, líder supremo de seu povo, senhor absoluto e incontraste.

A perspectiva da vida após a morte era o motivo para os importantes rituais de preservação dos corpos. Também supunham que o outro mundo tinha os mesmos prazeres da vida terrena e, por isso, textos registravam aspectos e costumes da vida da pessoa morta, assim como trechos de orações do *Livro dos Mortos* que deveriam acompanhar os rituais para os falecidos. Essa escrita poderia ser hieroglífica ("escrita sagrada" na forma de pictogramas), hierática (escrita com características cursivas, mais simplificada que a dos hieróglifos) ou demótica (do grego *demos*: escrita cursiva popular).

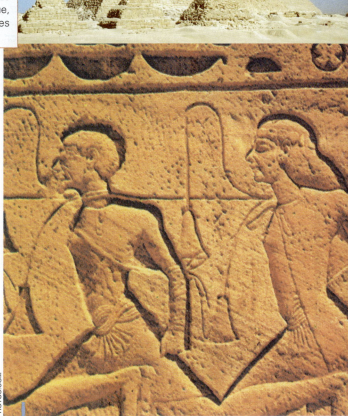

PHOTOS.COM

Os princípios religiosos e a habilidade matemática fizeram com que os egípcios construíssem grandes monumentos para exaltar seus faraós, como as pirâmides de Quéops e Quéfren, construídas durante o Antigo Império.
O detalhe do relevo nos mostra prisioneiro de guerra no Novo Império, época em que o Egito realizou vitoriosas expedições militares pela Ásia e leste da África, conquistando grandes extensões de terras, tornando-se um vasto império.

Um escriba egípcio representado em baixo-relevo. Museu do Louvre, Paris.

## O fascínio dos viajantes pelo Egito e a descoberta de Champollion

Desde os tempos do grego Heródoto, que por volta do século IV a.C. viajou ao Egito, muitos viajantes e exploradores foram atraídos às terras onde surgiu aquela civilização antiga. As viagens eram difíceis e as informações que eram divulgadas despertavam o interesse de outros estudiosos.

No final do século XVIII, uma expedição francesa, acompanhada do exército de Napoleão Bonaparte, percorreu o Egito e registrou os monumentos encontrados. Porém, descobrir as grandes edificações não era suficiente para compreender, por exemplo, o que estava escrito nos hieróglifos e decifrar dados presentes na cultura material egípcia.

Enquanto muitos se dedicaram a descobrir monumentos, ruínas e tumbas ao longo do território do Antigo Egito, havia quem se preocupasse em desvendar aspectos fundamentais, como a escrita do tempo dos faraós.

Uma das descobertas mais importantes ao longo da história foi realizada pelo francês Jean-François Champollion, que, em 1822, decifrou a escrita hieroglífica. Champollion trabalhou sobre uma peça conhecida como "Pedra de Roseta", encontrada pelas tropas napoleônicas em 1799. Baseado em observações minuciosas, Champollion estabeleceu que cada sinal hieroglífico correspondia a um sinal alfabético e, com base no texto grego da pedra, conseguiu decifrar a misteriosa escrita do antigo Egito. A partir dessa descoberta, dados sobre aquela civilização tornaram-se mais acessíveis ao mundo contemporâneo.

HANS HILLEWAERT/CREATIVE COMMONS

"Pedra de Roseta", com inscrições hieroglíficas, demóticas (escrita popular egípcia) e gregas, ficou conhecida por este nome por ter sido encontrada nas proximidades da cidade de Roseta, na região do Delta, em 1799. Museu Britânico, Londres.

# A vida em sociedade e outros aspectos da cultura egípcia

A hierarquia social era composta do **faraó**, que estava no alto da organização, e na sequência dos sacerdotes, escribas, nobres, comerciantes, camponeses e os escravos. Não havia mobilidade social.

Os **escravos**, sobretudo no Novo Império, eram prisioneiros de guerra e aprisionados por comerciantes. Podiam ser vendidos individualmente e mesmo alugados por um período específico, porém havia grande vigilância sobre as atividades desempenhadas pelos escravos.

A maioria da população, no entanto, era de **camponeses** que se dedicavam à agricultura e criação de gado. Os trabalhadores livres, chamados de *felás*, viviam sob difíceis condições, pois recebiam como pagamento parte da produção em que trabalharam. Quando, excepcionalmente, algum camponês melhorava sua situação de vida, era alvo da fiscalização tributária.

Os **artesãos**, por sua vez, eram trabalhadores mais qualificados e de maior prestígio. Muitos se dedicavam às construções, pinturas e relevos nas tumbas.

É importante ressaltar algumas atividades desenvolvidas por altos funcionários. Os escribas, por exemplo, ocupavam lugar de destaque na estrutura do antigo Egito. Tendo o domínio da escrita, eram responsáveis pelos registros de leis e contratos. A formação do escriba, no entanto, era bastante severa, incluindo castigos corporais.

Os **sacerdotes** e **sacerdotisas** eram numerosos e realizavam os rituais religiosos, administravam os templos e suas terras.

Os **soldados** que integravam o exército adquiriram maior reputação ao longo da história egípcia. A partir do Médio Império, os exércitos se tornaram poderosos, pois houve conquistas de povos e territórios. Ao êxito militar correspondeu a valorização da hierarquia militar, evidentemente comandada pelos faraós. Entre as funções dos soldados estavam, além das batalhas e conservação da ordem dentro do território, algumas atividades policiais, como patrulhar os desertos, guardar tumbas, cemitérios e edificações.

Os **comerciantes** tiveram um papel modesto, se compararmos com outros povos, como os fenícios. O comércio era uma atividade predominantemente ligada ao Império, ou seja, a administração governamental era quem dispunha de meios de intercâmbio comercial. Dessa forma, são poucas as expedições comerciais originárias do Egito. Mesmo assim, adquiriam produtos como madeira, metais, manufaturas, ouro, papiro, tecidos de linho do interior da Mesopotâmia, da Síria e Palestina, além de ilhas do mar Egeu. O comércio interno era pouco desenvolvido, pois a maioria dos egípcios recebia seus salários em espécie – porém, se comercializava todo tipo de bens, incluindo escravos.

Os egípcios destacaram-se nas **artes**, como a pintura e a escultura. Suas pinturas tinham caráter predominantemente decorativo e os baixos-relevos representavam cenas comuns relacionadas ao dia a dia. Um dos princípios da representação artística dos egípcios, como observamos na figura da página 41, era a rigidez e a *frontalidade*, em que o tronco das pessoas era representado de frente, ao passo que o rosto e os pés eram apresentados de perfil.

Os povos do Egito também se destacaram em outras áreas, como a **matemática** e a **arquitetura**; um bom exemplo disso são as pirâmides e outras obras. Por sua contínua preocupação com aspectos práticos, os egípcios tinham bons conhecimentos de matemática e cálculos, necessários não só para as grandes obras do período, mas também para o planejamento das atividades cotidianas, como as relacionadas à agricultura e ao manejo do solo.

Na mitologia egípcia, Ísis era a mais popular e mais importante deusa feminina; era a deusa da maternidade e da família. Sua peregrinação para recompor as partes do corpo de seu marido, Osíris, e educar o filho Hórus e apoiá-lo diante do tribunal de deuses, quando este reivindica o papel de seu pai assassinado, é fundamental para explicar a importância das rainhas egípcias. As mulheres, na mitologia e no exercício político posterior, tinham participação no poder. Na escultura, observamos a deusa Ísis sentada, segurando no colo uma criança, sugerindo que estivesse amamentando.

## *Passado/presente*

### Os beduínos

Atualmente o Egito possui cerca de 82 milhões de habitantes (dados estimados para julho de 2011). O país tem grandes cidades, como Alexandria (4,3 milhões de habitantes em 2009) e a capital Cairo, a mais populosa do continente africano (10,9 milhões em 2009). Contudo, menos da metade da população egípcia vive nas cidades e aproximadamente 800 mil são beduínos. Os beduínos vivem em grupo, como nômades pelo deserto, como era comum há milhares de anos, usam camelos para se locomoverem e criam cabras e ovelhas para obterem carne e leite.

Acampamento de beduínos no deserto do Saara, em Marrocos.

## A vida cotidiana das mulheres no antigo Egito

*A presença feminina era bastante valorizada no antigo Egito. A pesquisadora Margaret Marchiori Bakos apresenta, nos fragmentos abaixo, alguns aspectos da vida cotidiana das mulheres. É fundamental observarmos que a identificação do papel social se relaciona com os costumes e práticas de uma sociedade, em seu próprio tempo.*

### A mulher no trabalho

As mulheres, como os homens, eram chamadas para prestar trabalhos de corveia para o faraó.

Na administração pública, raramente a mulher era encontrada no desempenho de algum papel; há, entretanto, muitas referências a mulheres de funcionários que respondiam pelos negócios dos maridos e cuidavam dos seus interesses, quando estes estavam ausentes ou ocupados em outras atividades.

As mulheres, desde o Antigo Reino, sempre participaram das cerimônias religiosas. No Novo Reino, era comum sua presença próxima aos homens nas procissões e em outras cerimônias, com a finalidade de entreter as divindades com cantos, danças e de fazer música.

Atividades como as de dançarinas ou acrobatas eram muito adequadas para as jovens, que foram eternizadas em gestos e poses próprias de profissionais muito competentes. Era também comum as mulheres serem requisitadas para a coleta de flores e para os trabalhos de extração de suas essências.

> **Corveia:** trabalho forçado que se presta a um senhor. A corveia foi bastante utilizada durante o período medieval.

### A mãe

Um antigo egípcio normalmente descrevia-se pelo nome de sua mãe em lugar do pai.

Uma mulher podia adotar uma criança em seu próprio nome, se assim o desejasse.

Uma mulher, após o parto, ficava 14 dias em confinamento e era costume que amamentasse o filho durante três anos. (...)

A posição da mulher no Antigo Egito era privilegiada, se comparada com a de suas contemporâneas. Ela, geralmente, não se designava como esposa de alguém. Indicava o próprio nome precedido pela expressão "Senhora da Casa" ou simplesmente "Cidadã" ou pelo seu título profissional e religioso, se possuísse algum.

Uma mulher podia procurar o Conselho do lugar onde habitava e lastimar-se de alguma violência sofrida, acusando qualquer pessoa, até mesmo o próprio marido. Se a queixa fosse julgada procedente, ela poderia divorciar-se. Igualmente a mulher poderia testemunhar em qualquer tipo de querela, sem ter para isso permissão familiar do pai ou do companheiro.

O estudo da situação feminina em contextos históricos da Antiguidade ajuda-nos a entender como era a convivência entre os sexos. E a compreender como e por que essas relações se alteraram ao longo da História da Humanidade.

*Fonte:* BAKOS, M. M. *Fatos e Mitos do Antigo Egito.* Porto Alegre: EDIPUCRS, 1994. 45-46; 49.

# Mesopotâmia

O nome Mesopotâmia é uma designação geográfica ("entre rios") que se refere à área ocupada historicamente na faixa entre os rios Tigre e Eufrates. Vários povos se fixaram nessa região e desenvolveram a agricultura e o comércio, favorecidos pelos rios e pela extensa área fértil no território que, em linhas gerais, corresponde à parte do atual Iraque.

As águas do Tigre e Eufrates, que nascem nas montanhas da Ásia Menor (região da Armênia), percorriam os vales e sua quantidade não era regular. Geralmente na primavera, graças ao degelo nas nascentes dos rios, havia grandes cheias que tinham um potencial destruidor. O mesmo rio que trazia a abundância produzia a devastação; por isso, foram abertos canais e diques que absorviam o aumento do leito do rio na época das enchentes. A construção dessas obras demandava muito trabalho, o que levou ao surgimento de diversos grupos urbanos. No entanto, essas obras também geraram disputas entre os grupos pelo domínio da água, pois muitos desvios dos rios secavam em certas épocas, o que inviabilizava a produção agrícola.

Outro problema vivido pelos mesopotâmicos era a salinização dos rios. Devido ao sistema de irrigação implementado em uma área de altas temperaturas, a água evaporava e os sais levados por ela ficavam no solo.

O grande acúmulo de sais tornava as terras inférteis, o que, por sua vez, provocava o êxodo populacional à procura de novas áreas de cultivo.

Essas questões relativas aos rios são as principais explicações para o **surgimento das primeiras cidades** da Antiguidade na Mesopotâmia. A civilização mesopotâmica, que abrigava vários núcleos urbanos, por volta de 4000 a.C., assistiu a uma "revolução urbana". Gradualmente, o surgimento das cidades foi alterando a paisagem com construções, e a vida em sociedade foi se modificando com "a divisão do trabalho", posto que algumas pessoas passaram a se dedicar a serviços especializados, como, por exemplo, artesãos, comerciantes, sacerdotes e guerreiros.

As cidades estavam vinculadas aos campos. O aperfeiçoamento dos sistemas de irrigação levou a um aumento da produtividade no campo, até com excedentes agrícolas, enquanto as cidades ofereciam seus serviços e trabalhos especializados.

Na cidade de Uruk, por exemplo, que teve seu apogeu entre 3750 e 3200 a.C., desenvolveram-se a metalurgia e a arte, além do surgimento da **escrita cuneiforme**.

AS PRINCIPAIS CIDADES DA MESOPOTÂMIA

Adaptado de: *The Times History of the World*. Londres: Times Books, 2004.

Ao longo dos rios Tigre e Eufrates e dos canais abertos pela ação dos mesopotâmicos surgiram as primeiras cidades do mundo antigo.
Neste mapa, temos os registros das principais cidades de cerca de 2900 a.C.

# Os povos da Mesopotâmia

Sem defesas naturais, como havia no Egito, a Mesopotâmia era uma região aberta, o que facilitava a presença de diferentes grupos. Tradicionalmente, atribuem-se aos **sumérios** os feitos da primeira civilização mesopotâmica, como o surgimento das cidades e da escrita.

Os sumérios, segundo os estudos recentes, não eram uma população autóctone, ou seja, originária do próprio lugar. Provavelmente chegaram de regiões vizinhas, como a Ásia Central. Mas a presença dos sumérios não constituiu uma invasão: o grupo que se fixou no sul da Mesopotâmia veio em sucessivas ondas migratórias e se misturou com as populações locais.

Pouco ao norte dos sumérios, outro grupo se fixou: os **acádios** ou **acadianos**, de origem semita, que incluem os hebreus, babilônios e fenícios, por exemplo, e receberam esse nome porque se organizaram a partir da cidade de Akkad. Sumérios e acadianos começaram a rivalizar-se pelo domínio dos canais de irrigação e o aproveitamento dos recursos hídricos dos rios Tigre e Eufrates. Os acadianos, por sua maior proximidade com as nascentes, ao desviarem um trecho do rio, alteravam o volume de águas que seguiam para os sumérios, por exemplo. Essa questão interferia nas relações políticas entre os dois povos que se fixaram na Mesopotâmia na mesma época.

**Semita:** são conhecidos como semitas os grupos étnicos e linguísticos que incluem os assírios, hebreus, árabes e fenícios. O nome refere-se a Sem, filho de Noé, que seria o ancestral desses povos.

A situação política era instável, não no interior das cidades que tinham suas próprias formas de organização e de poder, mas nas relações entre as diferentes cidades, que tentavam impor o seu domínio, umas sobre as outras.

Por volta de 2350 a.C., sob a liderança de Sargão de Akkad, deu-se a unificação entre as áreas sumérias e acadianas, e fundou-se o primeiro império, que pouco depois atingiria as áreas que iam do Mediterrâneo ao golfo Pérsico.

O sistema político adotado por Sargão alterava o modelo sumério que reconhecia a autonomia das cidades e do templo, pois a religião era um importante elemento para o exercício do poder de cada cidade, que acreditava ter uma divindade por localidade. Mesmo com a centralização iniciada por Sargão, as práticas culturais sumérias não desapareceram completamente.

## A religião e a cultura dos sumérios

No longo período de transformações políticas e culturais de sumérios e acadianos houve a associação de elementos dos dois povos; por isso podemos falar em características culturais sumério-acadianas. Os pressupostos religiosos e os mitos dos sumérios se mantiveram presentes, mesmo com o domínio acadiano, e foram adaptados para a língua semita, recebendo novas características, como a adoção de rituais de adivinhação e sacrifícios para agradar às divindades.

Os mesopotâmicos acreditavam que as forças divinas interfeririam nos rumos do mundo. Aspectos naturais como tempestades, secas e chuvas eram atribuídos à vontade dos deuses; os homens eram servos dos deuses e expressavam suas incertezas diante do que poderia acontecer em manifestações literárias, como os hinos religiosos. Estes, de tradição oral e posteriormente registrados, narravam as glórias das divindades, dos reis e dos templos.

Fonte: *The Atlas of Languages*. New York: Quarto Publishing, 1996.

O disco de **Phaistos** é uma peça única de argila, extensivamente usada para o estudo dos hieróglifos. Entretanto, os estudiosos ainda não conseguiram decifrá-lo e traduzi-lo, pois os símbolos que aparecem nesta peça não são encontrados em nenhum outro lugar, dificultando o trabalho dos pesquisadores.

O templo era uma das instituições do mundo sumério. No templo havia funções que não se restringiam ao culto religioso. Os religiosos que administravam os templos exerciam também um papel econômico, pois administravam as terras dos templos, e as pessoas trabalhavam para os sacerdotes e recolhiam aluguéis e tributos. Aos poucos, sobretudo no período acadiano, o palácio, sede do governante, passou a incorporar as funções econômicas e administrativas e a limitar as funções dos religiosos. Na imagem temos um templo de cerca de 2100 a.C., localizado na cidade de Ur (no atual Iraque).

Com o domínio da escrita, a escola era um lugar privilegiado onde se formavam os **escribas**, que aprendiam a exercer as funções administrativas, mas também dedicavam-se a registrar os saberes e as informações literárias desses tempos remotos. Entre esses relatos, chamados de *sapienciais*, estava o elogio ao próprio caráter das escolas, como centro dos conhecimentos e ensinamentos registrados em provérbios que expressavam a visão de mundo daqueles povos.

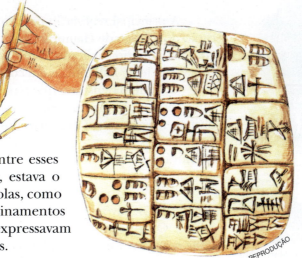

REPRODUÇÃO

Os escribas sumérios usavam tábuas de argila para seus escritos, que eram feitos, principalmente, com a ajuda de estiletes de madeira. Os instrumentos obtidos a partir de ossos de animais e metal não eram usados com tanta frequência, mas também auxiliavam na escrita.

## O domínio da Babilônia

Ao longo do tempo, as regiões da Suméria e da Acádia, sobretudo no período entre 2004 e 1595 a.C., assistiram à ascensão da cidade da Babilônia que, consequentemente, emprestou seu nome a toda área sob sua influência e, também, seus modelos políticos, sociais e culturais.

Antes de se estabelecer o domínio babilônio, a Mesopotâmia viveu novas disputas entre as cidades que buscavam impor sua hegemonia sobre as demais. Esse período de transição conheceu os domínios das cidades de Isin e Larsa, até a ascensão da Babilônia e seu domínio imperial e unificado, imposto por Hamurábi (1792-1749 a.C.).

O governo de Hamurábi preocupou-se em fortalecer as fronteiras do seu reino e dedicou-se à recomposição econômica e social do reino, liderando campanhas militares que submetiam as cidades e, de certa forma, limitavam a autonomia a que estavam acostumadas. Ou seja, as diferentes cidades passaram a ser dependentes do poder político central liderado pela Babilônia.

A unificação de Hamurábi, no entanto, tinha pontos frágeis. Algumas regiões, como a Assíria, permaneceram independentes e o domínio babilônio não se estendeu a toda Mesopotâmia.

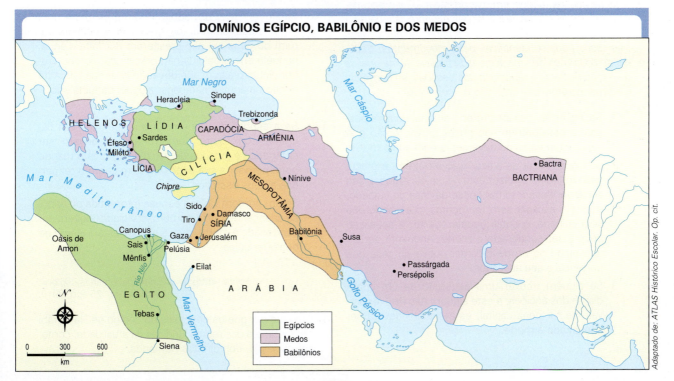

**DOMÍNIOS EGÍPCIO, BABILÔNIO E DOS MEDOS**

Legenda:
- Egípcios
- Medos
- Babilônios

*Adaptado de: ATLAS Histórico Escolar. Op. cit.*

Estela do Código de Hamurábi, encontrada na cidade de Susa e atualmente exposta no Museu do Louvre, Paris.

A principal realização política e social desse período foi a publicação do **Código de Hamurábi**, um registro das leis a serem observadas em todo império babilônio. Esse Código ficava exposto em lugar público na cidade de Babilônia e era consultado por toda a população.

O Código registrava que o poder era exercido pelo rei, mas este tinha responsabilidades com seus súditos. O rei não tinha pretensões divinas, mas antes era um servo dos deuses e sustentava seu poder na vontade dos deuses e na genealogia dos passados tribais, ou seja, Hamurábi se apresentava como legítimo descendente de antepassados longínquos e seu poder deveria ser respeitado por este princípio.

O Código versava sobre diversos aspectos da vida cotidiana, como soldos, divórcio, prática da medicina, escravos, entre muitos outros. O princípio desse Código era a Lei de Talião: *olho por olho, dente por dente*. Embora esse aspecto pudesse sugerir a aplicação de uma pena equivalente ao crime cometido, na prática ele garantia aos cidadãos direitos equivalentes à sua condição. Ou seja, em uma sociedade hierarquizada as leis eram mais severas quando aplicadas às pessoas mais pobres, e condescendentes quando se tratava dos mais ricos.

## Recortes da História

### Código de Hamurábi

*O Código de Hamurábi estabeleceu princípios jurídicos a partir de costumes e tradições que deveriam ser obedecidos por todos os súditos. O texto está registrado em uma pedra dura e cilíndrica e encontra-se no Museu do Louvre, em Paris. Com ordens civis, administrativas e penais muito severas, o Código estabelece alguns princípios para que se evitassem julgamentos sem provas. Mesmo que consideremos as regras distantes dos atuais princípios jurídicos, o Código era considerado um avanço por estabelecer que as regras poderiam ser conhecidas pelos súditos. Leia alguns trechos entre as mais de 280 instruções, em que destacamos a preocupação com falsas acusações, relações econômicas, como a propriedade e sua preservação, e o papel da mulher. Nos três casos pode-se identificar, pelos documentos, tratar-se de costumes de uma sociedade tradicional, na qual as questões relativas à reputação das pessoas, ao comércio e a uma estrutura patriarcal são perceptíveis.*

1. Se alguém enganar a outrem, difamando esta pessoa, e este outrem não puder provar, então que aquele que enganou deve ser condenado à morte.

2. Se alguém fizer uma acusação a outrem, e o acusado for ao rio e pular neste rio, se ele afundar, seu acusador deverá tomar posse da casa do culpado, e se ele escapar sem ferimentos, o acusado não será culpado, e então aquele que fez a acusação deverá ser condenado à morte, enquanto aquele que pulou no rio deve tomar posse da casa que pertencia a seu acusador.

3. Se alguém trouxer uma acusação de um crime diante dos anciões, e este alguém não trouxer provas, se for pena capital, este alguém deverá ser condenado à morte.

(...)

6. Se alguém roubar a propriedade de um templo ou corte, ele deve ser condenado à morte, e também aquele que receber o produto do roubo do ladrão deve ser igualmente condenado à morte.

7. Se alguém comprar o filho ou o escravo de outro homem sem testemunhas ou um contrato, prata ou ouro, um escravo ou escrava, um boi ou ovelha, uma cabra ou seja o que for, se ele tomar este bem, este alguém será considerado um ladrão e deverá ser condenado à morte.

(...)

48. Se alguém tiver um débito de empréstimo e uma tempestade prostrar os grãos ou a colheita for ruim ou os grãos não crescerem por falta d'água, naquele ano a pessoa não precisa dar ao seu credor dinheiro algum, ele devendo lavar sua tábua de débito na água e não pagar aluguel naquele ano.

(...)

129. Se a esposa de alguém for surpreendida em flagrante com outro homem, ambos devem ser amarrados e jogados dentro d'água, mas o marido pode perdoar a sua esposa, assim como o rei perdoa a seus escravos.

130. Se um homem violar a esposa (prometida ou esposa-criança) de outro homem, o violador deverá ser condenado à morte, mas a esposa estará isenta de qualquer culpa.

(...)

Fonte: <http://www.direitoshumanos.usp.br>. *Acesso em:* 25 ago. 2010.

**1)** Explique por que os princípios do código de Hamurábi são distantes das regras jurídicas da atualidade, como, por exemplo, dos direitos humanos.

# O domínio assírio

Os **assírios** habitavam a região ao norte da Mesopotâmia e, por volta do ano 1100 a.C., estavam fortemente militarizados. Séculos mais tarde, entre IX e VIII a.C., conquistaram as regiões da Babilônia, Armênia, Síria, Palestina e Egito. O objetivo básico das campanhas militares dos assírios era obter vantagens comerciais e benefícios econômicos com a imposição de tributos de guerra. Essa era a principal fonte de financiamento dos assírios por volta do século VIII e, dessa forma, se fortaleciam ainda mais para empreender novas campanhas militares.

O domínio sobre a Babilônia, ocorrido em 729 a.C., é particularmente importante por ser uma demonstração da organização militar assíria que se impôs sobre os vizinhos, com os quais as relações eram frequentemente hostis.

Durante o governo de Assurbanipal (669-626 a.C.) formou-se uma grande biblioteca em Nínive, capital assíria. A admiração do monarca pela cultura babilônica não o impediu de formar essa biblioteca, com grande número de tabletes, a partir do confisco que mandou empreender em templos e casas de eruditos.

A forma de domínio dos assírios despertou resistências, e uma coalizão de povos, como caldeus, medos, elamitas e babilônios, destruiu o poder assírio em 612 a.C. Medos e babilônios repartiram o domínio sobre o antigo império assírio e, dessa forma, surgiu o Segundo Império da Babilônia.

IMPÉRIO ASSÍRIO

Adaptado de: ATLAS Histórico Escolar. Op. cit.

## Iraque em pedaços

Era 20 de março [de 2003] quando começou o ataque ao Iraque liderado por Estados Unidos e Reino Unido para depor o presidente Saddam Hussein. A data também pode ser considerada o clímax no conto de destruição de um dos maiores patrimônios históricos da humanidade: a Mesopotâmia, conhecida como o "berço da civilização", onde surgiram cidades, escrita e códigos de conduta.

Ao contrário de outras grandes civilizações da Antiguidade, como a egípcia e a grega, a mesopotâmica desapareceu após sucessivas invasões de persas, macedônios, árabes, mongóis e turcos. Havia poucos registros dessas culturas até o século 19, quando estudiosos europeus voltaram seus olhos para o Iraque.

Ainda que a pesquisa arqueológica na região seja recente, ela trouxe à luz peças essenciais para o entendimento da Mesopotâmia e da própria humanidade. No entanto, desde a Guerra do Golfo, em 1991, e o início do embargo econômico ao Iraque, o trabalho dos estudiosos foi prejudicado. Com a nova guerra e a queda do governo central, a comunidade científica internacional reflete se a história sobreviverá a mais um conflito.

O patrimônio histórico, espalhado sob o solo iraquiano, corre o risco de se perder diante da situação precária provocada pela guerra. Existem cerca de 10 mil sítios registrados em um país cuja área, de 432.162 quilômetros quadrados, é menor que a do Estado da Bahia. Em torno de cem foram devidamente escavados. Mas apenas os principais, como Babilônia, Ur e Kish, são vigiados atualmente. O restante, abandonado à própria sorte, espera a chegada de guardas.

*Disponível em: <http://revistagalileu.globo.com>.*
*Acesso em: 15 jun. 2006.*

# Segundo Império da Babilônia

O Segundo Império, também conhecido como **Neobabilônico**, herdou as estruturas de arrecadação e a grandeza dos assírios. Os tributos eram direcionados para gastos com a manutenção militar e com grandes obras públicas realizadas nas cidades.

Houve uma mudança populacional, pois a salinização das áreas rurais próximas ao Eufrates inviabilizava a produção agrícola e expulsava as pessoas do campo. As cidades recebiam novos habitantes. Dessa forma, o campo viu desaparecer os pequenos proprietários livres, a produção agrária passou para as mãos dos templos, sendo administrada pelo governo, que usava a mão de obra servil obtida por dívidas ou pelas guerras.

Nas cidades, o comércio e o artesanato floresciam. No governo de Nabucodonosor grandes muralhas foram construídas para proteger a Babilônia e os seus jardins suspensos. Segundo a lenda, o rei construiu os jardins para agradar sua esposa Amitis, saudosa da natureza exuberante de sua terra natal, no atual Azerbaijão.

O desenvolvimento científico no período neobabilônico também foi considerável. A medicina incorporou novos conhecimentos sobre a farmacologia e as propriedades medicinais da botânica. A astronomia e a matemática tiveram desenvolvimento com a observação dos astros, e cálculos sobre seus movimentos resultaram na criação de um calendário preciso, que permitiu conhecer mais sobre as cheias do rio Eufrates e otimizar os períodos de semeadura e colheita.

O cosmopolitismo e a diversidade cultural do Império podem ser exemplificados na quantidade de línguas faladas na região, com os povos vindos de fora. É desse período neobabilônico a construção da famosa torre de Babel que foi descrita pelo historiador grego Heródoto.

A partir de 539 a.C., os persas invadiram e dominaram a região da Babilônia e em 330 a.C. iniciou-se o período de dominação helenística (grega).

Dois grandes legados da civilização mesopotâmica foram a escrita e a urbanização. Porém, a cultura e os costumes são dinâmicos, isto é, mudam com o tempo, e os hábitos dos mesopotâmicos, sua cultura, foram se mesclando aos de seus invasores e adquirindo novas feições. Por isso, a partir desse período, os especialistas deixam de ver a especificidade mesopotâmica.

# Os povos do Mediterrâneo

Na costa oriental do mar Mediterrâneo desenvolveram-se três importantes sociedades: **hebreus, fenícios** e **persas**. Entre esses povos devemos destacar os hebreus, que deixaram uma importantíssima contribuição para o mundo ocidental: a prática religiosa monoteísta, ou seja, a crença em um deus único.

## Os hebreus

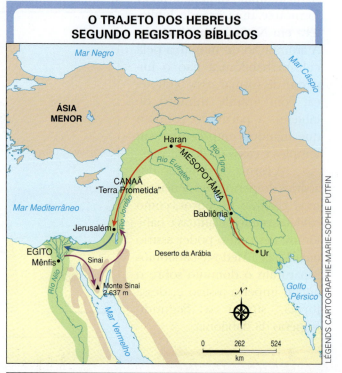

**O TRAJETO DOS HEBREUS SEGUNDO REGISTROS BÍBLICOS**

→ Deslocamento dos hebreus, conduzidos por Abraão, à terra de Canaã
→ Deslocamento dos hebreus para o Egito
→ Deslocamento dos hebreus, conduzidos por Moisés, à Terra Prometida

Terras férteis — Regiões montanhosas — Deserto

A história dos hebreus é um registro de deslocamentos. Desde Abraão, o patriarca dos hebreus que partiu de Ur, na Mesopotâmia, esse povo cruzou a Mesopotâmia e chegou ao Egito, onde foi escravizado e conduzido por Moisés até Canaã, considerada a Terra Prometida. Na cidade de Jerusalém foi erigido um grande templo no período do rei Salomão (século XI a.C.).

Os **hebreus** tiveram sua origem na Mesopotâmia e emigraram para a região da Palestina, onde se localiza parte do atual Estado de Israel. A prática religiosa **monoteísta** influenciou profundamente, em termos morais e éticos, a civilização ocidental.

Uma das principais fontes para conhecermos a história e a religião dos hebreus está no Antigo Testamento, que é a primeira parte da Bíblia. Os cinco primeiros livros (Gênesis, Êxodo, Levítico, Números e Deuteronômio) constituem a Torá, texto sagrado para os hebreus, que posteriormente passaram a ser chamados de judeus.

Além da Torá (a Lei), que segundo a tradição hebraica expressa a vontade divina, outros textos são considerados fundamentais para se entender a história e a religião dos hebreus, como os dos profetas, que para os hebreus falavam em nome de Javé (também denominado Iahwé ou Jeová – o Deus único dos hebreus), além de outros textos, como os Salmos, os Provérbios e as Lamentações, que são registros dos costumes e da história desse povo.

A Bíblia, embora seja a fonte mais importante, não é um livro de História: é considerado um livro sagrado. Essa observação merece atenção para que se possa compreender o compromisso dos textos com a história da unidade dos hebreus.

Pergaminho do mar Morto. Museu de Israel.

## As origens dos hebreus

Em aproximadamente 2000 a.C. os hebreus habitavam a região de Ur, na Caldeia, atual Iraque. Organizavam-se em clãs familiares e eram liderados pelos patriarcas. A história decisiva desse povo, segundo a tradição, ocorreu com Abraão, que por volta de 1800 a.C. teria ouvido uma mensagem divina pedindo que ele conduzisse seu povo à Terra Prometida (Canaã, na Palestina).

Até então politeístas, destruíram seus ídolos religiosos por ordem de Abraão e passaram a adorar um só Deus. Estabeleceram-se na Palestina, vivendo como agricultores e pastores.

Abraão foi o primeiro dos patriarcas e foi retratado por Tiepolo, na tela *Abraão e os Anjos*, exposta no Museu do Prado, Madri.

Os hebreus sendo levados ao cativeiro antes da destruição de Jerusalém pelo rei Nabucodonosor. Baixo-relevo assírio, 701 a.C. Museu Britânico, Londres.

Moisés foi o fundador do judaísmo e teria recebido as Tábuas da Lei diretamente de Deus, no monte Horebe, no Sinai.

A Estrela com seis pontas era um símbolo do reino de David. O reino unificado das tribos hebraicas tornou--se o símbolo do povo e da religião judaica, usado em sinagogas e também na bandeira do atual Estado de Israel. Na imagem temos baixo-relevo esculpido no século III.

Por volta de 1700 a.C., muitos hebreus migraram para o Egito depois de uma grande fome que os atingiu. No Egito os hebreus foram escravizados por mais de 400 anos pelos faraós. Moisés os conduziu à liberdade: a saída do Egito, a **Páscoa** (que significa passagem), é uma das datas mais importantes da tradição judaica.

Esse episódio é um dos pontos centrais da tradição hebraica, pois durante a travessia do mar Vermelho e nas andanças pela península do Sinai, Moisés recebeu as **Tábuas da Lei**, com as inscrições que ditavam os *Dez Mandamentos*, os fundamentos que determinaram a crença, a vida e a maneira de ser desse povo.

Os mandamentos podem ser agrupados entre **regras religiosas** específicas e **regras morais**. Entre as regras religiosas estão: a proibição aos hebreus de adorarem outros deuses e reconhecer Javé (que significa "Aquele que é") como único Deus; a proibição de usar o nome de Deus em vão, além de guardar um dia para o descanso e para a santificação (no sábado). Quanto às regras morais estão a proibição de matar, praticar adultério, furtar, levantar falso testemunho, cobiçar os bens do próximo, incluindo a mulher, os servos e animais, e a necessidade de honrar os pais.

Segundo a Bíblia, após 40 anos no deserto, os hebreus chegaram à Palestina, a Terra Prometida. Conforme suas tradições, dividiram-se em doze tribos, número de filhos de um dos antigos patriarcas, Jacó, e eram comandadas pelos **juízes**. Por volta de 1000 a.C., o perigo estrangeiro os obrigou a se unirem sob um governo centralizado, embora persistisse uma divisão entre as tribos de Judá e as tribos de Israel. Saul foi o primeiro rei, seguido por David e por Salomão, período em que os hebreus tiveram seu apogeu. Jerusalém se tornou a capital do reino. Nessa época, os hebreus tornaram-se importantes comerciantes, distribuindo mercadorias de outros povos da Ásia Menor e do Egito, Fenícia e Síria.

A prosperidade hebraica, entretanto, não durou muito. Após a morte de Salomão houve uma nova divisão. As tribos do norte, descontentes por desconfiarem dos privilégios concedidos às tribos do sul, rebelaram-se e fundaram o reino de Israel (com a capital em Samaria). As tribos leais ao filho de Salomão criaram o reino de Judá (no sul, com a capital em Jerusalém). A divisão enfraqueceu os hebreus dos dois reinos e estes foram subjugados pelos assírios; o templo de Jerusalém foi destruído entre 587-586 a.C., sendo milhares de hebreus levados ao cativeiro para a Babilônia por Nabucodonosor.

O jugo só teve fim quando o rei persa Ciro dominou a Babilônia e deu autorização para que os hebreus regressassem a Judá, em 538 a.C. Após o domínio persa houve o domínio macedônico e romano.

Um duro golpe sofrido pelos hebreus ocorreu no primeiro século da era cristã, quando os romanos reprimiram movimentos e destruíram o templo de Jerusalém, no ano 70. Após esse episódio os hebreus se dispersaram pelo mundo. Mantiveram seus costumes religiosos e uma forte identidade cultural, mas não tinham mais um território.

Apenas em 1948 foi criado o Estado de Israel, que nasceu para abrigar os judeus após perseguições e crimes cometidos contra esse povo.

# Os fenícios

Outra civilização mediterrânea foi a dos **fenícios** que, por volta de 3000 a.C., se instalaram em uma estreita faixa de terra na costa oriental do Mediterrâneo, que corresponde hoje ao Líbano e parte da Síria. Esse povo caracterizou-se pela arte da **navegação** e pelo intenso **comércio**. Organizaram-se em cidades-estados, sem nenhuma subordinação política entre elas, e, não raro, rivais. Seus governantes eram chamados de *sufetas*.

O desenvolvimento comercial permitia que uma ou outra cidade acabasse por ter certa supremacia em relação às demais. A primeira a atingir esse patamar foi Biblos (2500 a.C.), seguida por Sidon (1500-1300 a.C.) que estendeu seus domínios, fundando colônias e aumentando o comércio, até os mares Egeu e Negro.

Dos séculos XII a VI a.C. foi a vez de Tiro, quando os fenícios atingiram o norte da África, fundando uma de suas mais famosas colônias – Cartago –, passando pelo sul da Itália, península ibérica (onde está a atual Espanha), França e as Ilhas Britânicas.

O declínio de Tiro deu-se pela concorrência dos gregos e dos próprios cartagineses, sendo que estes últimos dominaram colônias fenícias no continente europeu e norte da África.

O intenso comércio, para ser mais ágil e eficiente, necessitava de uma escrita menos complexa que os hieróglifos. Assim, inventaram o alfabeto, com 22 letras, que mais tarde foi incorporado por gregos e romanos. Entre os romanos surgiu o latim, que por sua vez deu origem a outras línguas e escritas, como a língua portuguesa.

A escrita alfabética fenícia, feita com um alfabeto com 22 letras. Peça de 900 a.C., encontrada na Itália.

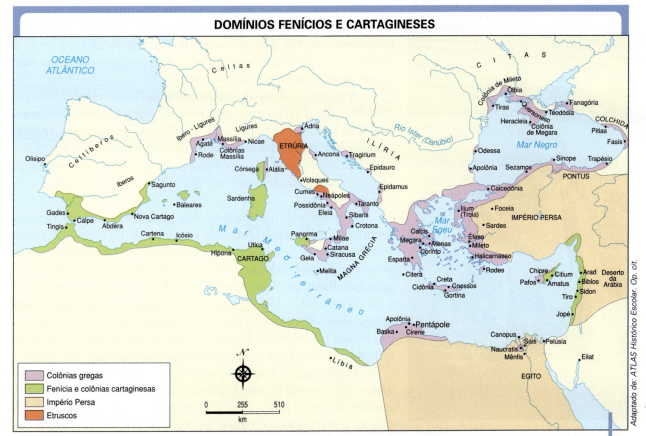

**DOMÍNIOS FENÍCIOS E CARTAGINESES**

Colônias gregas
Fenícia e colônias cartaginesas
Império Persa
Etruscos

A Fenícia, que ocupava uma estreita faixa de terra no Mediterrâneo, teve um grande destaque na navegação e no comércio. Fundou colônias em áreas como Chipre, Sicília, Córsega, Sardenha, no sul da península ibérica e, principalmente, no norte da África, onde se localizava Cartago.

# Os persas e o deslocamento para o Oriente

O Império Persa, que dominou a Mesopotâmia no século VI a.C., ocupava a área iraniana e foi comandado pelo imperador Ciro, que em apenas 20 anos estendeu seus domínios pela Ásia Menor e Babilônia. Seus sucessores Cambises e Dario I (filho e neto, respectivamente) atingiram o norte da África e as margens do rio Danúbio (Europa), alcançando também as margens do rio Indo, na Ásia Central. Tentaram, em vão, conquistar a Grécia, nessa época uma civilização de grande poder e brilho. Esse vasto império sucumbiu em 330 a.C. perante o poderio de Alexandre, o Grande, da Macedônia.

O grande Império Persa organizava-se em espécies de províncias, chamadas **satrapias**, dirigidas por um sátrapa, que respondia diretamente ao rei, com grande liberdade de ação. Pelo vasto domínio territorial que o império alcançou, esse tipo de administração mostrou-se bastante eficiente, pois concedia autonomia aos diferentes povos e respeitava as tradições locais, principalmente nas questões relativas à religião. Essa autonomia só era concedida aos que pagassem impostos, servissem ao exército persa e aceitassem o domínio político persa.

Além de evitar qualquer forma de sublevação, o rei criou uma importante rede de espionagem para se informar sobre o que acontecia nas satrapias. Os próprios sátrapas, inicialmente membros da aristocracia local indicados pelo próprio imperador, tinham o dever de informar suas ações ao poder central. O exército era o grande poder coercitivo do monarca.

Um dos fatores que contribuíram para o sucesso da administração foi a construção da Estrada Real, com mais de 2.000 km, que facilitou a comunicação, o correio real, o deslocamento das caravanas e das tropas.

A grandiosidade do Império Persa tinha seus registros nas grandes construções que incorporava, por exemplo, a reprodução dos jardins suspensos da Babilônia, as colunas egípcias, decorações inspiradas nos trabalhos assírios e assim por diante. As grandes cidades, como Persépolis que foi construída por Dario I, serviam de sede ao governo e tinham exuberantes monumentos.

A pretensão universalista dos persas teve reflexo no surgimento de uma religião fundada no século VII a.C., por Zoroastro (ou Zaratustra). O zoroastrismo, cujos preceitos chegaram até nós pelos escritos reunidos no livro chamado *Zend-Avesta*, defendia um **princípio dualista**, ou seja, havia uma disputa entre o bem e o mal, a luz e a escuridão. Diferentemente das outras religiões do Oriente antigo, eles rejeitavam sacrifícios de sangue e o politeísmo, ao insistir em um princípio de forças contrárias que duelavam, e para os que seguissem o bem haveria recompensas futuras.

O gigantesco Império Persa, que não conseguiu dominar os gregos e sucumbiu diante do império macedônico, teve o mérito de deslocar o centro político da Antiguidade oriental para o Leste, chegando a territórios distantes até as margens do rio Indo. Com Alexandre da Macedônia, que dominara os gregos, chegou-se à propalada intenção de um gigantesco império, mas as bases foram criadas pelos persas.

CM. DIXON

Imagem de Dario I em um baixo-relevo da cidade de Persépolis, construída em sua administração e que era a sede de grandes cerimônias reais.

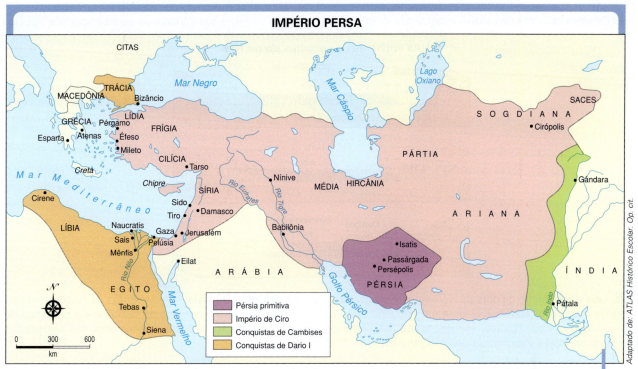

## IMPÉRIO PERSA

Pérsia primitiva
Império de Ciro
Conquistas de Cambises
Conquistas de Dario I

Adaptado de: *ATLAS Histórico Escolar. Op. cit.*

O Império Persa foi obra de Ciro, Cambises e Dario I. Estendeu-se do Egito ao rio Indo e foi administrado com um poder centralizado, nas mãos do rei, e por poderes regionalizados, exercidos pelos sátrapas.

# Cinemateca

**Cleópatra** (1963, EUA, dir.: Joseph L. Mankiewicz) O filme trata da história da ascensão e do declínio de Cleópatra, rainha do Egito Antigo.

**Rei David** (1985, EUA, dir.: Bruce Beresford) David foi o sucessor do primeiro rei dos hebreus, Saul, em 1006 a.C. Derrotou o gigante filisteu Golias. Sob seu comando, os israelitas tomaram Jerusalém na luta contra os cananeus, transformando-a em sua capital.

**Os Dez Mandamentos** (1953, EUA, dir.: Cecil B. DeMille) O filme traz importantes passagens na vida dos hebreus, que, por volta de 1250 a.C., conduzidos por Moisés, fogem do Egito, onde eram escravos, para a Palestina. Essa fuga é conhecida na Bíblia como "êxodo".

**A Múmia** (1999, EUA, dir.: Sthefen Sommers) Em 1925, um caçador de fortunas descobre a tumba de um sacerdote que tinha sido enterrado vivo. Ressuscitado, o sacerdote deseja se vingar. O filme teve continuações em 2001 e 2008.

# Revisitando a História

**1.** Por que usamos a expressão "revolução urbana" na Antiguidade?

**2.** Relacione o processo de urbanização da Mesopotâmia aos aspectos geográficos e naturais da região.

**3.** O livro sagrado dos cristãos, a Bíblia – termo que significa em grego "os livros" –, é uma reunião de textos de origens muito variadas.

a) Qual foi a contribuição da religião hebraica para a Bíblia?
b) Identifique e explique qual a principal característica dos hebreus no aspecto religioso.
c) Como essa característica está presente na atualidade?

**4.** Observe as ilustrações abaixo e identifique as etapas das cheias do rio Nilo e sua importância para a sociedade egípcia.

**As enchentes e vazantes do rio Nilo**

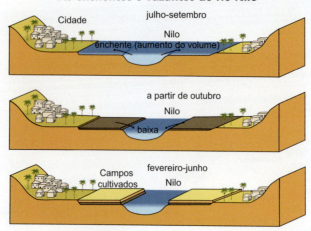

**5.** Leia o fragmento da obra de Heródoto "A dádiva do Nilo" (em **Objetos Digitais** – *Documentos da História*), observe os mapas do capítulo e elabore um pequeno texto relacionando a ocupação humana do território e a presença de recursos hídricos. Procure, em seu texto, responder a estes dois pontos: para o desenvolvimento das sociedades humanas, qual a importância dos recursos naturais? E do trabalho humano?

**6.** "A posição da mulher no antigo Egito era privilegiada, se comparada com a de suas contemporâneas". (Margareth Bakos). Apresente elementos que justifiquem a afirmação da autora.

# Analise esta imagem

Entre as rainhas do Egito, a mais famosa foi Cleópatra, que teve um filho com o imperador romano Julio César e outros dois com Marco Antonio. A rainha foi retratada pelo cinema em várias produções. A imagem de mulher sedutora foi consagrada no filme de 1963, dirigido por Joseph L. Mankiewicz, no qual o papel-título coube à atriz Elizabeth Taylor.

Diferentemente da imagem projetada pelo cinema, os estudiosos dizem que Cleópatra era uma mulher que não tinha tantos atributos físicos como se projetou sobre ela no século XX. Algumas evidências arqueológicas, como moedas mostradas em uma exposição no Museu Britânico em Londres, em abril de 2001, comprovam que a imagem de Cleópatra está bem distante do que consagrou o cinema.

*Disponível em: <http://www.elpais.com>.
Acesso em: 28 jun. 2011.*

a) Identifique as duas imagens, descrevendo-as.
b) Que tipo de diferenças podemos observar entre as duas representações de Cleópatra?
c) Para você, o ideal de beleza sofre a influência de cada época? A representação de uma rainha bonita e sedutora, como no filme de 1963, contribui para a criação de um mito sobre a personagem histórica? Apresente elementos que justifiquem sua resposta.

# Debatendo ideias

A permanência da Antiguidade no imaginário das pessoas é abordada na entrevista da pesquisadora e professora Raquel Funari a uma publicação dedicada aos especialistas dessa área de estudos (*Philía*). No fragmento a seguir, podemos destacar duas noções importantes: as referências ao passado clássico não são conhecidas apenas a partir da escola, mas sobretudo da mídia; e as referências ao mundo egípcio, por exemplo, são pautadas em um processo complementar – o universo deles e alguns aspectos sociais e culturais de nosso tempo. Leia a entrevista e discuta a partir das questões sugeridas.

**Philía:** O contato das crianças com a Antiguidade Clássica ocorre somente através da escola?

**Raquel Funari:** Não! Tanto meu mestrado como o doutoramento foram sobre as percepções do Egito Antigo pelos alunos e pude constatar que a escola é apenas um dos meios de contato com a Antiguidade. Muito importantes são os meios de comunicação, em particular os filmes, que constituem a maneira mais comum de conhecimento sobre a Antiguidade. Isso é um desafio, mas permite que exploremos com nossos alunos aspectos variados da Antiguidade.

**Philía:** Há alguma sociedade em específico, que eles conheçam previamente e tenha maior recorrência?

**Raquel Funari:** O Egito Antigo, disparado. Roma também é bem divulgada por filmes, assim como os hebreus aparecem tanto na mídia como nas igrejas. Mas o Egito ainda permanece na frente e isso tem tanto a ver com os egípcios antigos – com sua religiosidade incrível, com suas pirâmides e múmias – como com a gente, com os brasileiros. Há diversos motivos para essa popularidade, mas destacaria os seguintes aspectos: a religiosidade egípcia – que chega até nós pelo Cristianismo e pelo Espiritismo, ambos mesclados entre nós – e a estrutura social hierárquica que havia no Egito e que existe ainda entre nós.

*Extraído de: Philía: informativo de História Antiga – Núcleo de Estudos da Antiguidade – UERJ, Rio de Janeiro, abr., maio, jun. 2011, p. 4.*

a) Quais são as primeiras referências e imagens que você tem das sociedades da Antiguidade que foram estudadas no capítulo? Você concorda com a opinião da entrevistada sobre o papel da mídia na formação de nossas referências sobre o mundo antigo?

b) Em sua opinião, as referências recebidas do cinema ou das religiões podem ser úteis para o ensino desse tema da Antiguidade? Justifique sua opinião e pergunte qual a opinião de seu/sua professor/professora.

# Questões de vestibular

**1.** (UFSC) Sobre o Egito antigo, é CORRETO afirmar que:

(01) o rio Nilo foi de suma importância em vários aspectos da vida dos antigos egípcios. Não só a agricultura foi possível devido ao seu ciclo de cheias, como também a noção de tempo cíclico, base do pensamento egípcio, levou à crença na vida após a morte.

(02) a construção das pirâmides atendia às necessidades da vida após a morte dos faraós. Esse tipo de construção foi característico da arquitetura funerária durante todo o período do Egito antigo e só foi possível graças à enorme mão de obra escrava existente desde o Antigo Reino.

(04) os egípcios antigos acreditavam em vários deuses que se relacionavam entre si e formavam seu sistema mitológico.

(08) a despeito da influência islâmica, o Egito atual mantém as mesmas crenças religiosas do Egito antigo.

**2.** (UFSCar – SP) Observe as imagens de atividades e de objetos produzidos pelos antigos egípcios, entre 2000 e 1000 a.C.

a) Que atividades de trabalho desses povos podem ser identificadas nas imagens e objetos retratados?

b) Identifique e analise duas mudanças e duas permanências entre as atividades e técnicas do antigo Egito e as praticadas no Brasil contemporâneo.

**3.** (UFPE) Em relação à religião no antigo Egito, pode-se afirmar que:

a) a religião dominava todos os aspectos da vida pública e privada do antigo Egito. Cerimônias eram realizadas pelos sacerdotes a cada ano, para garantir a chegada da inundação e, dessa forma, boas colheitas, que eram agradecidas pelo rei em solenidades às divindades.

b) a religião no antigo Egito, como nos demais povos da Antiguidade, não tinha grande influência, já que esses povos, para sobreviverem, tiveram que desenvolver uma enorme disciplina no trabalho e viviam em constantes guerras.

c) a religião tinha apenas influência na vida da família dos reis, que a usavam como forma de manter o povo submetido à sua autoridade.

d) o período conhecido como antigo Egito constitui o único em que a religião foi quase inteiramente esquecida, e o rei como também o povo dedicaram-se muito mais a seguir a tradição dos seus antepassados, considerados os únicos povos ateus da Antiguidade.

e) a religião do povo no antigo Egito era bastante distinta da do rei, em razão do caráter supersticioso que as camadas mais pobres das sociedades antigas tinham, sobretudo por não terem acesso à escola e a outros saberes só permitidos à família real.

**4.** (ENEM) Ao visitar o Egito do seu tempo, o historiador grego Heródoto (484-420/30 a.C.) interessou-se por fenômenos que lhe pareceram incomuns, como as cheias regulares do rio Nilo. A propósito do assunto, escreveu o seguinte:

"Eu queria saber por que o Nilo sobe no começo do verão e subindo continua durante cem dias; por que ele se retrai e a sua corrente baixa, assim que termina esse número de dias, sendo que permanece baixo o inverno inteiro, até um novo verão.
Alguns gregos apresentam explicações para os fenômenos do rio Nilo. Eles afirmam que os ventos do noroeste provocam a subida do rio, ao impedir que suas águas corram para o mar. Não obstante, com certa frequência, esses ventos deixam de soprar, sem que o rio pare de subir da forma habitual. Além disso, se os ventos do noroeste produzissem esse efeito, os outros rios que correm na direção contrária aos ventos deveriam apresentar os mesmos efeitos que o Nilo, mesmo porque eles todos são pequenos, de menor corrente".

HERÓDOTO. *História* (trad.). livro II, 19-23. Chicago: Encyclopaedia Britannica. 2. ed. 1990, p. 52-3 (com adaptações).

Nessa passagem, Heródoto critica a explicação de alguns gregos para os fenômenos do rio Nilo. De acordo com o texto, julgue as afirmativas abaixo.

I. Para alguns gregos, as cheias do Nilo devem-se ao fato de que suas águas são impedidas de correr para o mar pela força dos ventos do noroeste.
II. O argumento embasado na influência dos ventos do noroeste das cheias do Nilo sustenta-se no fato de que, quando os ventos param, o rio Nilo não sobe.
III. A explicação de alguns gregos para as cheias do Nilo baseava-se no fato de que fenômeno igual ocorria com rios de menor porte que seguiam na mesma direção dos ventos.

É correto apenas o que se afirma em

a) I.     b) II.     c) I e II.     d) I e III.     e) II e III.

**5.** (UFC – CE) Aos egípcios devemos uma herança rica em cultura, ciência e religiosidade: eram habilidosos cirurgiões e sabiam relacionar as doenças com as causas naturais; criaram as operações aritméticas e inventaram o sistema decimal e o ábaco. Sobre os egípcios, é correto afirmar também que

a) foram conhecidos pelas construções de navios, que os levaram a conquistar as rotas comerciais para o Ocidente, devido a sua posição geográfica, perto do mar Mediterrâneo.
b) deixaram, além dos hieróglifos, outros dois sistemas de escrita: o hierático, empregado para fins práticos, e o demótico, uma forma simplificada e popular do hierático.
c) praticaram o sacrifício humano como forma de obter chuvas e boas colheitas, haja vista o território onde se desenvolveram ser desértico.

d) fizeram uso da escrita cuneiforme, que inicialmente foi utilizada para designar objetos concretos e depois ganhou maior complexidade.
e) usaram as pirâmides para fins práticos, como, por exemplo, a observação astronômica.

**6.** (ENEM) O Egito é visitado anualmente por milhões de turistas de todos os quadrantes do planeta, desejosos de ver com os próprios olhos a grandiosidade do poder esculpida em pedra há milênios: as pirâmides de Gizeh, as tumbas do Vale dos Reis e os numerosos templos construídos ao longo do Nilo.

O que hoje se transformou em atração turística era, no passado, interpretado de forma muito diferente, pois

a) significava, entre outros aspectos, o poder que os faraós tinham para escravizar grandes contingentes populacionais que trabalhavam nesses monumentos.
b) representava para as populações do Alto Egito a possibilidade de migrar para o sul e encontrar trabalho nos canteiros faraônicos.
c) significava a solução para os problemas econômicos, uma vez que os faraós sacrificavam aos deuses suas riquezas, construindo templos.
d) representava a possibilidade de o faraó ordenar a sociedade, obrigando os desocupados a trabalharem em obras públicas, que engrandeceram o próprio Egito.
e) significava um peso para a população egípcia, que condenava o luxo faraônico e a religião baseada em crenças e superstições.

**7.** (UFPI) País localizado na região da antiga Mesopotâmia, guardando ainda hoje um dos mais ricos patrimônios arqueológicos do mundo, ele foi o centro do Império Árabe nos séculos VIII e IX. O país contemporâneo a que se refere é:

a) Irã.               c) Turquia          e) Arábia Saudita.
b) Iraque.         d) Afeganistão.

**8.** (UFSM – RS) A região da Mesopotâmia ocupa lugar central na história da humanidade. Na Antiguidade, foi berço da civilização sumeriana devido ao fato de

a) ser ponto de confluência de rotas comerciais de povos de diversas culturas.
b) ter um subsolo rico em minérios, possibilitando o salto tecnológico da idade da pedra para a idade dos metais.
c) apresentar um relevo peculiar e favorável ao isolamento necessário para o crescimento socioeconômico.
d) possuir uma área agriculturável extensa, favorecida pelos rios Tigre e Eufrates.
e) abrigar um sistema hidrográfico ideal para locomoção de pessoas e apropriado para desenvolvimento comercial.

**9.** (FUVEST – SP) No antigo Egito e na Mesopotâmia, assim como nos demais lugares onde foi inventada, a escrita esteve vinculada ao poder estatal. Este, por sua vez, dependeu de um certo tipo de economia para surgir e se desenvolver.
Considerando as afirmações anteriores, explique as relações entre:

a) escrita e Estado;          b) Estado e economia.

**10.** (UFPI) Entre as principais características da civilização hebraica, merece(m) destaque especial:

a) a religião politeísta em que as figuras mitológicas de Abraão, Isaac e Jacó formavam uma tríade divina.

b) a criação de uma federação de cidades autônomas e independentes (cidades-estados) controladas por uma elite mercantil.

c) a criação de um alfabeto (aramaico) que seria incorporado e aperfeiçoado pelos egípcios, tornando-se conhecido como escrita hieroglífica.

d) as práticas religiosas caracterizadas pela crença na existência de um único Deus (monoteísmo) e no messianismo, pois acreditavam na vinda de um messias libertador do povo hebreu.

e) as inovações tecnológicas desenvolvidas na agricultura, possibilitando grande crescimento da produtividade agrícola na região palestina.

**11.** (UFC – CE) Os fenícios, povo de origem semita que se fixou e desenvolveu as suas cidades numa faixa de 200 quilômetros situada entre o mar Mediterrâneo e as montanhas do atual Líbano, conheceram o apogeu da sua influência a partir de 1400 a.C. (destruição de Cnossos em Creta). Entre as afirmações que se seguem, escolha aquela que caracteriza de maneira correta esse povo:

a) viviam num sistema político teocrático.

b) suas principais atividades econômicas eram agrícolas.

c) praticavam uma religião maniqueísta.

d) eram especializados no comércio marítimo.

e) seu alfabeto foi elaborado a partir do alfabeto grego.

**12.** (UFBA) Nos vales dos rios Nilo e Tigre-Eufrates surgiram os primeiros Estados e as primeiras sociedades marcadas por profundas diferenças sociais. Nestes vales desenvolveram-se:

(01) estados absolutistas ostentados pelo lucro de um intenso comércio.

(02) estados confederados mantidos pelas classes dominantes.

(04) monarquias teocráticas com uma economia baseada na agricultura de subsistência.

(08) cidades-estados governadas por membros das classes privilegiadas.

(16) estados fortalecidos pela ação desinteressada da nobreza agrária.

**13.** (UFBA) Texto **I**: Artigos do Código de Hamurábi

– Se um homem furar o olho de um homem livre, furar-se-lhe-á um olho.

– Se ele fura o olho de um escravo alheio ou quebra um membro ao escravo alheio, deverá pagar a metade do seu preço.

– Se um arquiteto constrói uma casa para alguém, porém não a faz sólida, resultando daí que a casa venha a ruir e matar o proprietário, este arquiteto é passível de morte.

– Se, ao desmoronar, ela mata o filho do proprietário, matar-se-á o filho deste arquiteto.

AQUINO; FRANCO; LOPES, 1980, p. 114.

Texto **II**: Extratos da Lei Mosaica

Se um homem der um soco no olho do seu escravo ou da sua serva, e, em consequência, eles perderem esse órgão, serão alforriados como compensação.

Não se punirá o homicida antes de ouvidas as testemunhas. Ninguém será condenado pelo testemunho de um só.

Aquele que ferir seu pai ou sua mãe será punido de morte. Aquele que ferir um dos seus concidadãos será tratado como o tratou: receberá fratura por fratura e perderá olho por olho, dente por dente.

ARRUDA, 1981, p. 98.

Com base nesses textos e nos conhecimentos sobre o exercício do Direito entre os antigos mesopotâmios e hebreus, indique **dois fundamentos** em comum, presentes no conteúdo dos códigos de leis dos referidos povos.

# Programas de Avaliação Seriada

**1.** (SAS – UEG – GO) Leia o fragmento abaixo.

Por que as nações haverão de dizer:
"onde está o Deus deles?"
Diante dos nossos olhos, mostra às nações
a tua vingança pelo sangue dos teus servos.

*Fonte:* Salmo 79, versículo 10. *Bíblia Sagrada.* BARKER, K. (Org.). São Paulo: Vida, 2003. p. 967-968.

Do ponto de vista histórico e literário, o versículo citado documenta

a) um aspecto da ética de Talião, cuja máxima era "olho por olho, dente por dente".

b) uma súplica ao Deus de Israel, a fim de que os hebreus pecadores sejam destruídos.

c) o pacifismo da sociedade hebreia, resultante da obediência ao mandamento "não matarás".

d) uma praga rogada aos romanos, considerados idólatras, que seriam associados pela fúria divina.

**2.** (SAA – UPE) No Antigo Oriente Próximo, as religiões tiveram grande penetração na construção das sociedades. Entre os hebreus, a religião

a) era importante para manutenção da unidade cultural.

b) foi significativa para justificar seus governos autoritários.

c) ficou restrita à consolidação do poder dos seus sacerdotes.

d) firmou-se, apenas, na fase monoteísta de forma superficial.

e) tinha semelhanças com a dos persas pelo antropomorfismo.

# capítulo 3

# Grécia

> *Você já observou quantas vezes afirmamos: "é lógico!"? Ou ainda "que tipo de democracia é a que vivemos?", "o cidadão não conhece seus direitos e deveres?", "que papo filosófico é esse?". Esses são alguns legados dos gregos para as sociedades ocidentais. Porém, como já observamos anteriormente, o conhecimento histórico é específico para cada sociedade e cada época, ou seja, dizer que temos heranças culturais dos gregos não significa afirmar que as instituições gregas são as mesmas até o tempo presente. As sociedades, com suas instituições e práticas, se transformam ao longo do tempo.*

COREL CORP

O Partenon, templo mais conhecido da civilização grega, foi construído no século V a.C. na Acrópole, a parte mais alta da cidade de Atenas.

O modo de pensar dos gregos, com sua busca por princípios e fundamentos que pudessem explicar a natureza e os acontecimentos do ponto de vista *lógico*, marcou a cultura e as sociedades ocidentais, desde a Grécia antiga até os dias de hoje.

A própria História deve seus primeiros relatos aos gregos, a partir da obra de Heródoto que realizou uma investigação para "evitar que os vestígios das ações praticadas pelos homens se apagassem com o tempo e que as grandes e maravilhosas explorações dos Gregos, assim como as dos Bárbaros [como ele designava os não gregos], permanecessem ignoradas". (Heródoto. *Op. cit.* p. 43.)

As demais civilizações da Antiguidade conheciam pintura, escultura, literatura, música e arquitetura, mas não conheciam o **teatro** nem a **filosofia**. Os gregos também manifestaram sua peculiaridade na poesia, em que o grande poeta Homero expressou preocupação com a formação de um ideal de homem grego e com os valores de sua civilização.

As **competições esportivas** também são uma invenção grega. Por volta de 776 a.C. jovens e soldados gregos, com o intuito de desenvolver as habilidades físicas, criaram as competições que ficaram conhecidas como Jogos Olímpicos.

A política, com instauração da **democracia** e a noção de **cidadania** em Atenas, é outro aspecto específico daquele povo.

> **Política:** conceito bastante difundido, refere-se etimologicamente ao governo da *pólis*, ou seja, a cidade compreendida como espaço de convivência entre cidadãos. De forma mais ampla, refere-se às práticas, constituições e formas de organização de uma sociedade.

## A localização e a formação do mundo grego

A civilização grega nasceu na região do Mediterrâneo, precisamente no sul da península balcânica, e se estendeu pelas ilhas do mar Egeu, por Creta e por pontos no litoral da Ásia Menor.

A península balcânica possui um litoral extremamente recortado e com grande quantidade de ilhas. O relevo montanhoso e o extenso litoral, com solo pobre, levaram esse povo a dedicar-se ao comércio, a expandir-se pela Ásia Menor e a estabelecer colônias mais distantes de suas principais cidades. A dificuldade de acesso entre as colônias e as cidades principais favoreceu a autonomia das **cidades-estados**, cidades independentes administrativa, econômica e politicamente umas das outras (*póleis*; no singular *pólis*), embora tenham sido preservadas características comuns como religião, língua e organização familiar e econômica.

## As civilizações cretense e micênica

Duas civilizações anteriores contribuíram para a formação da civilização grega: a **cretense** e a **micênica**.

A civilização de Creta, importante ilha do mar Mediterrâneo oriental, teve seu apogeu entre 1700 e 1450 a.C. O palácio de Cnossos abrigava a família real, sacerdotes e altos funcionários. O governo era exercido pela dinastia Minos – por isso a civilização também é chamada de **minoica** –, e as evidências arqueológicas mostram que eram um povo pacífico, pois não havia cenas de batalhas em suas cerâmicas ou no interior de seus palácios.

Pequenas cidades, que não tinham muralhas nem fortificações de defesa, eram interligadas por uma rede de estradas e portos. Por sua localização estratégica e também por necessidade (era preciso abastecer a ilha com matérias-primas vindas de outras regiões e, ao mesmo tempo, vender os produtos excedentes, como os da vinha e da oliveira), os cretenses desenvolveram a marinha, favorecidos por seus portos naturais. Pelo domínio marítimo afirma-se que em Creta houve uma **talassocracia**, ou seja, um governo em que seu poder advém do domínio do mar.

A decadência dos cretenses iniciou-se a partir de uma série de invasões por outros povos – inicialmente, perderam algumas de suas colônias no mar Egeu, mas, por volta de 1400 a.C., a própria cidade de Cnossos foi atacada pelos **aqueus**.

Os aqueus, que invadiram Creta, eram povos indo-europeus que se estabeleceram na península balcânica, desde 2000 a.C. Entre suas principais cidades estava a de Micenas, que designou aquela civilização.

FOTOS: PANTHERMEDIA/KEYDISC

YANN ARTHUS-BERTRAND/CORBIS/LATINSTOCK

O palácio construído em Cnossos era um complexo com mais de mil cômodos, dispostos em três pavimentos, distribuídos em alas que contemplavam atividades específicas, como armazéns, oficinas de artesãos, além da moradia de nobres e sacerdotes.

A civilização micênica teve seu apogeu entre 1400 e 1230 a.C. Os aqueus, após dominarem Creta, usaram artesãos e trabalhadores minoicos para embelezar seus palácios e cidades. No entanto, seus palácios eram bem diferentes dos cretenses, pois se assemelhavam a verdadeiras fortalezas, expressando a preocupação com a defesa. As várias cidades micênicas tinham sua própria administração e as rivalidades entre elas desencadearam várias batalhas, sendo a mais polêmica e conhecida a Guerra de Troia.

Para comercializar, os micênicos se utilizavam de **rotas marítimas** mais longínquas do que aquelas praticadas no período cretense. Bronzes, cerâmicas, joias encontradas em descobertas arqueológicas comprovam a riqueza micênica e a extensão de sua influência comercial pelo Egeu e Mediterrâneo.

A **organização social** micênica tinha nobres e escravos. Entre os dois grupos, uma massa de trabalhadores. O grau de desenvolvimento das tarefas permite aos estudiosos do período afirmar que, naquela época, existiam atividades especializadas, em diferentes trabalhos artesanais – ou seja, uma pessoa não exercia ao mesmo tempo serviços de agricultor, construtor e carpinteiro, por exemplo. Os trabalhadores livres, mesmo que em precárias condições, se distinguiam dos escravos por serem donos de sua própria força de trabalho. Porém, a organização monárquica das cidades micênicas não nos permite pensar em sujeitos livres, com direitos e deveres claros, como acontecerá posteriormente.

As divindades cultuadas no período clássico da Grécia, como Zeus, Hera e Poseidon, já eram cultuadas nos períodos minoico e micênico. Em geral, pode-se afirmar que entre as preocupações daqueles povos estavam os pedidos de proteção nos mares e pela fertilidade da terra.

Os micênicos entraram em decadência, após os ataques de outro povo ainda mais guerreiro e com maior domínio técnico: os **dórios**.

AS CIDADES GREGAS EM TORNO DO MAR EGEU

Fonte: LÉGENDS CARTOGRAPHIE-MARIE-SOPHIE PUTFIN

# Formação da Grécia

Como se observa, a partir do ano 2000 a.C., povos indo-europeus vindos das margens do mar Negro, em sucessivos fluxos migratórios, fundaram as primeiras cidades na Grécia. Entre esses povos estavam aqueus, jônios, eólios e, por último, os dórios, que chegaram por volta de 1200 a.C. e trouxeram o ferro para a região.

> **Indo-europeu:** designação dos povos vindos das margens do mar Negro, que a partir do período neolítico se espalharam pela Europa e pelas antigas regiões da Pérsia e da península da Índia.

Com o domínio do ferro e a posse de armas, os dórios provocaram a queda da cidade de Micenas, localizada no Peloponeso, e que era a base da civilização instaurada no território grego de então.

Diante da invasão dória, os outros povos se dispersaram pelas outras ilhas e para o litoral da Ásia Menor. Era a primeira diáspora dos gregos.

> **Diáspora:** dispersão de um povo, provocada por algum tipo de perseguição, diferenciando-se de um movimento migratório sem causas definidas.

INVASÃO DOS INDO-EUROPEUS NA GRÉCIA

Adaptado de: ROSA, G.; CESTARO, A. *Mito, Storia, Civilità*. Milão: Minerva Italica, 1980. v. 1, p. 89.

Sob o domínio dos dórios instaurou-se o **sistema gentílico**, no qual havia a propriedade coletiva da terra e os membros do clã (ou *genos*) trabalhavam conjuntamente e obedeciam a um líder, o *páter*. Para se protegerem, os diversos *genos* formavam uma *frátria*. Várias frátrias compunham uma *tribo* e a posição social de cada pessoa dependia do grau de parentesco com o *páter-famílias*.

# Períodos da História grega

Os estudiosos costumam dividir a História da Grécia antiga em quatro períodos, cada um deles com acontecimentos que o marcaram, como veremos nas seções a seguir:

o **homérico** – que vai da chegada dos dórios no século XII a.C. até o século VIII a.C.;
o **arcaico** – período que compreende os séculos VIII a.C. a VI a.C.;
o **clássico** – nos séculos V a.C. a IV a.C.;
o **helenístico** – nos séculos III a.C. a II a.C.

# O período homérico

Após a primeira dispersão, quando os gregos viveram um período de empobrecimento e inseguranças, a vida nas cidades tomaria novo impulso por volta do ano 800 a.C. Com isso, cada cidade adquiria suas características próprias e as vinculações entre os gregos eram moldadas por relatos como o do poeta Homero.

Por isso, esse período entre a chegada dos dórios e a colonização de áreas no mar Egeu e na Ásia Menor, na Sicília e no Mediterrâneo, que dura até o século VIII a.C., é chamado de **período homérico**, pois é do poeta que temos as principais informações.

As grandes obras atribuídas a Homero são

- **Ilíada**: narra a Guerra de Troia que, segundo o poeta, teria ocorrido entre os troianos e os gregos. Causada pelo rapto de Helena, mulher de Menelau, pelo príncipe troiano Páris, a guerra dura dez anos, destacando-se a ação de quatro personagens: Ulisses, Pátroclo, Aquiles e Ajax. Os deuses também participam da guerra, lutando tanto ao lado dos troianos como dos gregos. Ao final, Troia é destruída graças a um artifício dos gregos: um grande cavalo de madeira foi construído por eles e abandonado próximo às muralhas de Troia, à guisa de um presente para os troianos. Estes, imaginando que fosse uma forma de os gregos sinalizarem sua rendição, levaram o cavalo para dentro de suas muralhas. O que eles não sabiam é que dentro do grande

cavalo de madeira havia soldados gregos. Esse artifício permitiu que os gregos vencessem os troianos dentro de seus domínios. Os princípios heroicos da virtude e da honra são celebrados nas obras de Homero, nas quais o guerreiro sempre luta com coragem e respeito;

- **Odisseia**: narra o retorno de Ulisses para sua ilha, Ítaca. A longa viagem de volta a casa após o término da guerra leva o herói a enfrentar diversas provações, como os encantamentos da feiticeira Circe, a ação de gigantes e o deus Poseidon. Após tantos anos fora, Ulisses ainda enfrenta os pretendentes de Penélope, sua esposa. Penélope, para evitar um novo casamento, quando consideravam que seu marido estava morto, tecia um tapete durante o dia e o desmanchava à noite, pois prometera que, após o término de seu trabalho, finalmente escolheria o pretendente. É nesse momento que o herói chega à cidade.

Detalhe de vaso grego em que está representado Aquiles se defrontando com o troiano Heitor, sob o olhar dos deuses gregos Atena e Apolo. Cerâmica do século V a.C., Museu do Vaticano, Itália.

# O período arcaico e o surgimento da *pólis*

As alianças e uniões entre os *genos* (clãs) tornaram-se o embrião de comunidades independentes que deram origem às **póleis** ou **cidades-estados**. Pelo relevo montanhoso, esses núcleos tenderam a se isolar, dificultando a possibilidade de unificação entre eles. De fato, as relações entre as cidades-estados eram de rivalidade e disputas frequentes.

As *póleis* se desenvolveram a partir de uma área mais elevada, conhecida como **acrópole**, cercada por planícies. As cidades eram, inicialmente,

**Clã**: conjunto de famílias que têm um ancestral comum.

controladas pela aristocracia agrária, por meio de um conselho de **eupátridas**, os chefes dos clãs que diziam ser descendentes dos heróis lendários e grandes proprietários de terras. Mesmo que houvesse um rei, o poder de fato estava com os grandes donos de terras.

Pouco a pouco, a organização das cidades-estados ficou mais complexa, com o desenvolvimento do comércio marítimo e do artesanato. As terras gregas, que eram pobres, impediam a expansão da agricultura. A intensificação do comércio exigia mais matérias-primas, muitas delas inexistentes na

Grécia. Dessa forma, no período conhecido como arcaico, entre os séculos VIII e VI a.C., os gregos navegaram pelos mares Negro e Mediterrâneo em busca de terras férteis. Fundaram colônias na parte ocidental da região mediterrânea, que compreende a Itália e a Sicília (Magna Grécia), e na Ásia Menor.

A expansão grega também deu vazão a um problema social crescente. A aristocracia controlava as melhores terras e apenas os primogênitos (filhos mais velhos) recebiam por herança as terras. Dessa forma, os filhos mais novos, assim como os trabalhadores livres, eram excluídos do processo de divisão de terras. Sem grandes oportunidades de obter sucesso econômico e, às vezes, o seu próprio susten-

to, a migração surgiu como uma maneira de obter uma vida melhor nas colônias gregas asiáticas e europeias da região do Mediterrâneo.

As cidades-estados gregas se consolidaram nesse período. Entretanto, elas tiveram diferentes estágios de desenvolvimento e amadurecimento, em termos econômicos, sociais, políticos e culturais. O poder era exercido pelos aristocratas, que formavam uma **oligarquia**, ou seja, um governo de poucos.

No total, havia mais de uma centena de cidades-estados, porém, muitas delas eram bastante pequenas. As que mais se destacaram foram **Esparta** e **Atenas**, que tiveram características próprias e marcaram profundamente a vida dos gregos.

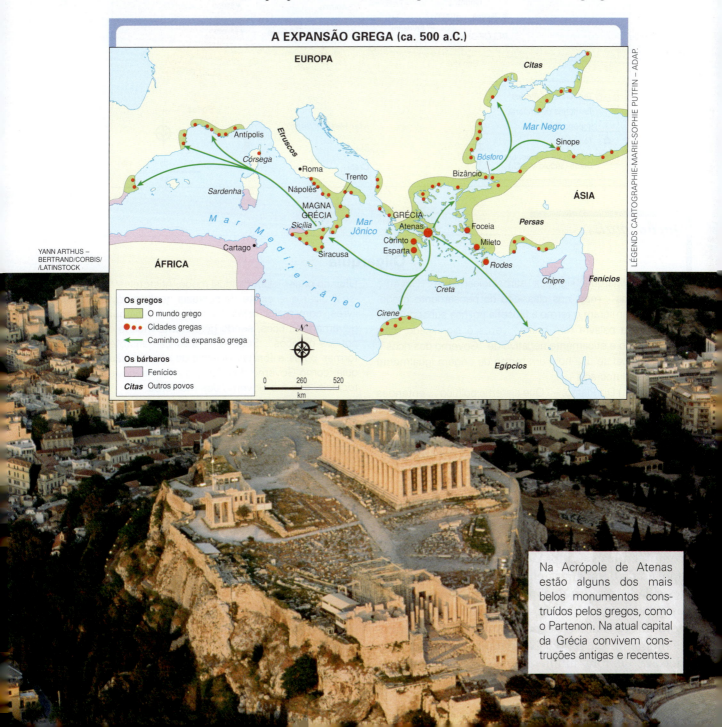

Na Acrópole de Atenas estão alguns dos mais belos monumentos construídos pelos gregos, como o Partenon. Na atual capital da Grécia convivem construções antigas e recentes.

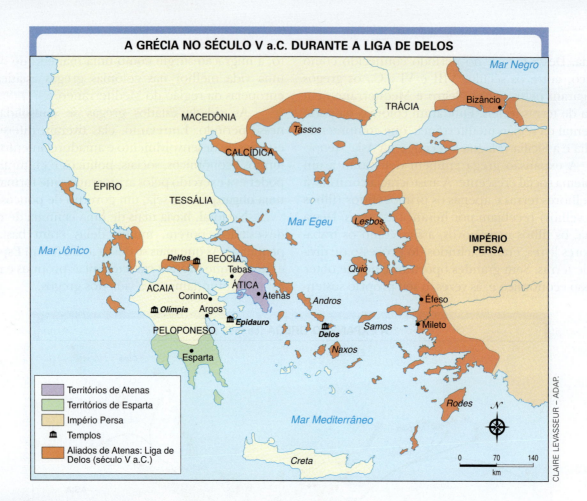

**A GRÉCIA NO SÉCULO V a.C. DURANTE A LIGA DE DELOS**

CLAIRE LEVASSEUR – ADAP.

## Oligarquia

Oligarquia significa etimologicamente "Governo de poucos", mas, nos clássicos do pensamento grego, que transmitiram o termo à filosofia política subsequente, a mesma palavra tem muitas vezes o significado mais específico e eticamente negativo de "Governo dos ricos", para o qual se usa hoje um termo de origem igualmente grega "plutocracia".

(...) Diz Platão: – "Que sistema político ... entendes por oligarquia? – A constituição baseada no patrimônio ... onde os ricos governam, enquanto o pobre não pode par-tilhar do poder". Diz, de igual modo, Aristóteles: "... Poder-se-á dizer que existe democracia quando governam os livres; com maior razão ter-se-á uma oligarquia quando governam os ricos, sendo geralmente muitos os livres e poucos os ricos". Segundo a distinção aristotélica entre formas puras e formas viciadas de constituição, a oligarquia, como Governo dos ricos, é a forma viciada da aristocracia, que é o Governo dos melhores.

*Fonte:* BOBBIO, N. *Dicionário de Política.*
Brasília: Ed. UnB, 1986. p. 835.

# O período clássico: democracia e guerras

Conhecido como **clássico**, o período que compreende os séculos V e IV a.C. foi marcado pelo apogeu da democracia em uma das mais importantes cidades-estados da Grécia antiga: Atenas. Nela, os cidadãos gozavam de ampla liberdade, sendo o voto direto e universal para os cidadãos, independentemente da renda. No entanto, a democracia deixava de fora mulheres e crianças, escravos e estrangeiros, eliminando da participação política 90% da população de Atenas no século V a.C.

As sucessivas guerras ocorridas nesse período levaram ao enfraquecimento da antiga Grécia.

# O período helenístico

Marcado pela invasão da Macedônia, esse foi um período caracterizado não só pela tomada do Império Persa, mas também pelo desenvolvimento em diferentes áreas do saber.

# As cidades-estados: Esparta e Atenas

## Esparta, a cidade militar

A cidade-estado de **Esparta** localizava-se na península do Peloponeso, na planície da Lacônia, e foi fundada no século IX a.C. pelos dórios, que desalojaram os aqueus que aí viviam. Diferentemente de outras áreas gregas, a agricultura era uma das principais fontes econômicas, enquanto a manufatura e o comércio eram extremamente reduzidos. A cidade tinha um grande domínio terrestre, e não era influenciada pela questão marítima, que, por exemplo, viria a afetar outras cidades gregas, como a de Atenas.

Esparta foi comparada a um "acampamento militar permanente" devido à origem guerreira de seus fundadores, os dórios, que estabeleceram uma sociedade altamente militarizada, com seus membros muito bem organizados e disciplinados.

Desde meados do século VI a.C., Esparta havia se isolado das demais comunidades da Grécia, proibindo não só a entrada de estrangeiros na cidade como também a saída de seus cidadãos. Esse fato contribuiu para que a rígida hierarquia e o modo de vida se preservassem ao longo do tempo, sem que houvesse mobilidade social ou surgimento de novas camadas sociais, como, por exemplo, comerciantes, artesãos e intelectuais.

A agricultura foi a principal atividade econômica de Esparta. A manufatura e o comércio eram extremamente reduzidos. Havia três camadas na sociedade:

○ **esparciatas** ou **espartanos** – descendentes dos invasores dórios, formavam a aristocracia e exerciam as funções militares e administrativas da *pólis*. Exploravam o trabalho servil na agricultura;

○ **periecos** – não tinham direitos políticos, mas eram livres. Exerciam as funções ligadas ao comércio e pagavam impostos;

○ **hilotas** – camada que correspondia à população vencida e submetida à servidão. Não possuíam direitos políticos e eram humilhados pelos espartanos.

O poder político e jurídico em Esparta era exercido por um Conselho de Anciãos (**gerúsia**), composto de 28 gerontes com mais de 60 anos, um grupo de cinco magistrados (**éforos**) e dois reis (**diarquia**), que lideravam os exércitos e tinham funções judiciárias e religiosas. Esse sistema oligarca caracterizou Esparta como uma cidade extremamente conservadora.

## Educação para a guerra

Essa sociedade, liderada pela minoria espartana, temia a revolta dos hilotas, dez vezes mais numerosos que os espartanos. Por isso, vivia sob uma fortíssima disciplina militar. Assim, ao completarem sete anos, os meninos eram entregues ao Estado que lhes dava uma rígida formação – contavam com uma jornada intensa de treinamentos físicos destinados a táticas de guerra.

A rígida sociedade espartana tinha os seus interesses voltados para a vida militar. Assim, qualquer tentativa de manifestação artística ou intelectual era reprimida por meio de uma série de medidas vigentes em Esparta. Na foto, elmo de bronze, século VII e VI a.C.

Aos 18 anos o rapaz entrava para o exército. Aos 20, os jovens espartanos adquiriam direitos políticos de cidadão, sendo obrigados a se casar antes dos 30 anos. Aos 60 anos eram dispensados dos serviços militares, ocupando, assim, cargos administrativos ligados à estrutura militar. As mulheres, por sua vez, recebiam também um rigoroso treinamento desde a infância, com o objetivo de se tornarem esposas e mães exemplares, ao gosto do militarismo espartano. A importância da educação e o rígido controle fizeram com que o grego Plutarco descrevesse a educação e a sociedade espartanas como sendo a vida em um grande acampamento, no qual as liberdades eram sacrificadas em nome do serviço público ao qual estavam obrigados. Observe, pelos relatos de Plutarco no texto da página seguinte, a educação voltada para a guerra que caracterizou Esparta.

## A educação em Esparta

*Plutarco (45-120) era um escritor grego, nascido em Queroneia. Suas obras são fontes importantes para o estudo das civilizações grega e romana. Neste excerto, extraído da* Vida de Licurgo, *legislador espartano, Plutarco dedica-se ao tema da educação.*

Ninguém tinha permissão para criar e educar o filho a seu gosto. Quando os meninos completavam sete anos, ele próprio os tomava sob sua direção, arregimentava-os em tropas, submetia-os a um regulamento e a um regime comunitário para acostumá-los a brincar e trabalhar juntos. Na chefia, a tropa punha aquele cuja inteligência sobressaía e que se batia com mais arrojo. Este era seguido com os olhos, suas ordens eram ouvidas e punia sem contestação. Assim sendo, a educação era um aprendizado da obediência. Os anciãos vigiavam os jogos das crianças. Não perdiam uma ocasião para suscitar entre eles brigas e rivalidades. Tinham assim meios de escutar, em cada um,

as disposições naturais para a audácia e a intrepidez na luta. Ensinavam a ler e escrever apenas o estritamente necessário. O resto da educação visava acostumá-los à obediência, torná-los duros à adversidade e fazê-los vencer no combate. Do mesmo modo, quando cresciam, eles recebiam um treinamento mais severo: raspavam a cabeça, andavam descalços. Brincavam nus a maior parte do tempo. Tais eram seus hábitos. Quando completavam doze anos, não usavam mais camisa. Só recebiam um agasalho por ano. Negligenciavam o asseio, não conheciam mais banhos nem fricções, a não ser em raros dias do ano, quando tinham direito a essas "boas maneiras".

Fonte: PLUTARCO. A Vida de Licurgo. In: PINSKY, J. *100 Textos de História Antiga.* São Paulo: Global, 1980. p. 108-109.

**1)** Segundo o documento, "a educação era um aprendizado da obediência". O que isso significava no contexto de Esparta?

---

A primazia de soldados fortes e perfeitos fazia com que matassem os meninos recém-nascidos que apresentassem deficiências. A execução sumária de hilotas era rotina entre os esparciatas. Estes, por serem numericamente superiores e viverem de forma miserável, criavam tensões que poderiam trazer transtornos sociais. Assim, a solução mais fácil era eliminá-los fisicamente. Outras vezes, os massacres aconteciam como forma de deter o aumento dessa população escrava pertencente ao Estado.

Vaso (ca. 440 a.C.) que mostra um hilota carregando pedras para a construção da Acrópole, hoje presente no Museu do Louvre, Paris.

## Atenas, o apogeu da democracia

A cidade de Atenas desenvolveu-se na região da Ática, uma península localizada no sudeste da Grécia, e foi ocupada pelos jônios, um dos povos indo-europeus. Mesmo com um solo pouco fértil, a agricultura desempenhou importante papel na economia ateniense, tendo como principais produtos a oliva, a uva e os cereais, como vemos na imagem do vaso (acima). Outro aspecto importante

para a economia ateniense era o comércio marítimo realizado em seus portos.

Na ordem social, desde a desintegração dos *genos*, conviviam grandes e pequenos proprietários rurais, trabalhadores assalariados e escravos. À medida que as relações comerciais se intensificavam com as áreas da Ásia Menor e do mar Negro, aumentavam as diferenciações sociais. Os principais grupos eram:

o **cidadãos** – que se dividiam entre os **eupátridas** (os *bem-nascidos*, grandes proprietários), os **georgóis** (pequenos proprietários) e os **demiurgos** (comerciantes que enriqueceram com o comércio com as colônias gregas);

o **escravos** – inicialmente havia a escravidão por dívidas. Com o passar do tempo, a maior fonte de escravos passou a ser a guerra;

o **metecos** – os estrangeiros, sem direitos políticos, em geral comerciantes.

No século VII a.C., os eupátridas tinham o poder político e suas ações desagradavam à maioria da população ateniense. Os pequenos proprietários (georgóis) haviam feito empréstimos junto aos grandes proprietários (eupátridas) e deram suas terras como garantia de pagamento. Muitos perderam suas propriedades e chegaram a ser escravizados. A crise social crescia entre os atenienses. Para resolver essa situação, foram realizadas reformas. Veja quais foram os reformadores mais importantes, quando governaram, e as principais medidas que tomaram:

○ **Drácon** (621 a.C.) – autor das primeiras leis escritas, organizou e tornou públicas as leis que regiam a sociedade, até então só conhecidas pelos eupátridas. Embora atendesse a reivindicações dos comerciantes e endividados, que queriam limitar o abuso dos aristocratas nas relações civis e comerciais, não trouxe nenhuma alteração na estrutura do poder, nem nos privilégios da aristocracia. As sentenças rigorosas não diminuíram a tensão;

○ **Sólon** (594 a.C.) – pôs fim à escravidão por dívidas, cancelou as dívidas dos lavradores e aboliu os direitos políticos por nascimento, instituindo a divisão da sociedade por renda (censitária), fato que deu mais mobilidade social aos demiurgos, que haviam enriquecido com o comércio. Sólon defendia que a lei escrita deveria estar de acordo com a noção de justiça (*Dikê*). Também se deve a ele a criação da *Bulé*, Conselho dos Quatrocentos, que agregava representantes dos cidadãos atenienses, não só os da aristocracia; da *Eclesia*, assembleia popular que aprovava as leis preparadas pela *Bulé*; e do *Hilieu*, Tribunal de Justiça aberto a todos os cidadãos. Era o início da transformação de uma sociedade oligárquica para uma sociedade democrática. Sólon também incentivou o artesanato e as atividades mercantis;

○ **Clístenes** (510-507 a.C.) – considerado o "pai da democracia ateniense", chegou ao poder após um período de grandes choques sociais, governado por tiranos como Pisístrato, Hípias e Hiparco. Os tiranos contavam com apoio popular, pois se apresentavam como defensores dos mais pobres contra o poder dos aristocratas. Pisístrato, por exemplo, confiscou terras dos aristocratas e as distribuiu entre os camponeses empobrecidos.

Clístenes distribuiu o poder político aos cidadãos, que se reuniam na Assembleia (*Eclesia*) em um complexo sistema de divisão populacional e territorial. A base da organização eram os **demos**: foi a partir dos demos que se criou a democracia, ou seja, o poder exercido pela mais ínfima porção territorial e populacional. Os demos eram agrupados em tribos (havia 10); estas, por sua vez, escolhiam seus representantes que participavam da *Bulé*.

O ponto importante desse sistema é que todo cidadão devia participar da discussão dos rumos da cidade, instaurando uma comunidade política. Também foi estabelecido o princípio da igualdade dos cidadãos diante da lei (**isonomia**). Com as reformas de Clístenes, os clãs aristocráticos começaram a competir pelos principais cargos da cidade, e a fidelidade às tribos foi substituída pela fidelidade à cidade. Para proteger a democracia, criou o **ostracismo**, um exílio de dez anos aplicado aos que fossem considerados "perigosos" para Atenas.

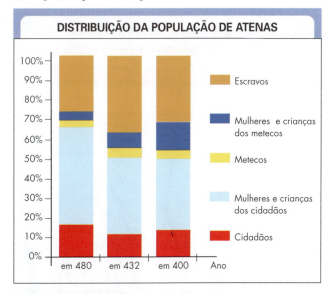

Os gregos foram exímios ceramistas. Nesse vaso de 520 a.C. está retratada a colheita das olivas, uma atividade importante para a economia ateniense. Museu Britânico, Londres.

## A democracia e o período clássico

O apogeu da democracia ateniense, no entanto, ocorreu no governo de Péricles, iniciando o **período clássico**. Como já dissemos, apesar da ampla liberdade e do voto, eram deixados de fora da participação política as mulheres e crianças, os escravos e os estrangeiros. No apogeu da democracia, os cidadãos recebiam pagamento (*mistoforia*) para comparecerem às Assembleias.

**DISTRIBUIÇÃO DA POPULAÇÃO DE ATENAS**

Legenda (de cima para baixo):
- Escravos
- Mulheres e crianças dos metecos
- Metecos
- Mulheres e crianças dos cidadãos
- Cidadãos

Eixo vertical: 0% a 100%
Eixo horizontal (Ano): em 480, em 432, em 400

O regime político de Atenas passou por diferentes modelos: monarquia, aristocracia, tirania até a democracia, que não tem o mesmo significado atribuído hoje. Mas, indiscutivelmente, a democracia não permitia a participação de *todos* os cidadãos na vida política, pois previa a participação política *apenas* daqueles que tinham esse direito. Para ser cidadão, era necessário ser filho de pais atenienses, de condição livre e ser maior de 18 anos, o que excluía os estrangeiros (metecos), escravos, mulheres e crianças.

A *Eclesia* (Assembleia) de cidadãos tinha um poder imediato. A participação de seus membros, até pelo pequeno número de cidadãos, era mais intensa do que se compararmos com as noções do eleitorado moderno.

No entanto, o poder da *Eclesia* sofria limitações que extrapolam os conceitos já abordados de exclusão de mulheres, estrangeiros e escravos. Com a instituição da *Bulé*, seus pouco mais de 500 membros com mandato de um ano, sorteados entre os cidadãos, definiam antes os assuntos que chegariam à Assembleia. Em momentos de crise política e militar, as definições da *Bulé* dificilmente eram negadas pela Assembleia. Ou seja, havia uma inversão de autoridade: a Assembleia, que era soberana, ratificava o que os conselheiros da *Bulé* já haviam definido. A *Bulé* também se reunia com maior frequência do que a própria Assembleia.

As definições da Assembleia deveriam ser cumpridas pelos **estrategos**, chefes executivos, que em tempos de guerra raramente explicitavam suas ações para a Assembleia. Como podiam exercer mandatos superiores aos da *Bulé*, sendo reconduzidos ao cargo por diversos mandatos, os estrategos eram mais respeitados pela população.

Essas observações não obscurecem a preocupação dos gregos com o estabelecimento de uma ordem política em que todos os cidadãos podiam opinar e expressar pela lei a sua vontade, fruto do debate e da aprovação dos demais. Estabelecendo princípios gerais, mediante a formulação de regras e leis que atendiam a todos os cidadãos, os atenienses consolidaram a noção de isonomia (igualdade diante da lei), ainda presente nos fundamentos das democracias contemporâneas.

## Quem eram os excluídos da democracia grega?

- As mulheres eram excluídas dos debates públicos e políticos. Entretanto, elas podiam frequentar festas religiosas, ir aos santuários e oráculos. Os sacrifícios aos deuses, no entanto, eram exclusivamente masculinos.
- Os metecos – estrangeiros residentes ou não atenienses. Eram livres e moravam na cidade. Para isso, precisavam obter um registro de residente. Tinham um "tutor", um responsável a quem deviam pagar uma taxa. Eles normalmente não podiam ter propriedades na cidade. Os metecos não tinham direitos políticos integrais, apesar de pagarem impostos. Participavam de festas religiosas, mas sofriam uma série de discriminações.
- Os escravos tornavam-se cativos como prisioneiros de guerras e por dívidas. Podiam ser propriedade individual ou coletiva. Seus donos tinham sobre eles todo o poder, até mesmo podendo vendê-los. Os escravos, embora sem direitos políticos, eram essenciais para a cidade, graças ao seu trabalho. Trabalhavam no campo, nas casas, nas construções, na mineração, no comércio etc.

Cidadãos atenienses debatendo as suas funções na cidade, em um fragmento esculpido na frisa do Partenon, hoje no Museu Britânico, Londres.

Mulheres atenienses em uma fonte, acompanhadas por um escravo. A imagem foi destacada de um vaso do século VI a.C. Museu de Bari, Itália.

## A democracia em Atenas

*Tucídides (460-400 a.C.), em seus relatos, privilegiava a condição de testemunha dos episódios para poder narrar sua história. Autor de* História da Guerra do Peloponeso, *no fragmento abaixo temos o relato de um discurso de Péricles, após o primeiro ano da Guerra do Peloponeso. No registro de Tucídides há a exaltação da democracia ateniense.*

Temos um regime que nada tem a invejar das leis estrangeiras. Somos, antes, exemplos que imitadores. Nominalmente, como as coisas não dependem de uma minoria, mas, ao contrário, da maioria, o regime se denomina democracia. No entanto, se, em matéria de divergências particulares, a igualdade de todos diante da lei é assegurada, cada um, em virtude das honras devidas à posição ocupada, é julgado naquilo que pode causar sua distinção: no que se refere à vida pública, as origens sociais contam menos que o mérito, sem que a pobreza dificulte a alguém servir à cidade por causa da humildade de sua posição. Vivemos em liberdade, não somente em termos de vida política, mas também na vida cotidiana. (...) Não nos encolarizamos contra o próximo se este se diverte com o que quer que seja. Mas, por mais tolerantes que sejamos nas relações particulares, recusamos absolutamente, nas questões públicas, fazer algo de ilegal – teríamos medo! Damos ouvidos àqueles que se sucedem nas magistraturas, às leis e especialmente àquelas criadas para proteger as vítimas e àquelas leis não escritas que merecem respeito unânime.

Fonte: TUCÍDIDES. História da Guerra do Peloponeso. In: PINSKY, J. *Op. cit.* p. 94-95.

**1)** Identifique três elogios registrados pelo historiador Tucídides, sobre um discurso de Péricles em relação à democracia ateniense.

## A vida cotidiana de homens e mulheres na Grécia antiga

Em todas as fases da vida havia muitas diferenças entre homens e mulheres da Grécia Antiga. As mulheres gregas abastadas viviam separadas dos homens, em cômodos diferentes reservados a elas dentro da casa, chamados gineceus, onde ficavam confinadas a maior parte do tempo. As mansões da elite eram divididas em duas partes, masculina e feminina. As meninas pouco contato tinham com os meninos depois da primeira infância, como mandava a "boa educação". Elas tinham brinquedos que se referiam à vida que teriam como adultas, basicamente como mães e donas de casa, dedicadas à costura de lã, ao cuidado dos filhos e ao comando dos escravos domésticos. Os meninos brincavam de lutas, já antecipando sua entrada no exército. Quando chegavam à adolescência, as meninas participavam de cerimônias que as preparavam para o casamento; as garotas de família com mais recursos podiam aprender também a tocar e dançar.

Já os rapazes começavam o treinamento para o serviço militar. A caça, para eles, era um treino para a guerra, assim como as competições esportivas de que eles participavam. A educação dos rapazes consistia no conhecimento das letras, da poesia e da retórica, ainda que pudessem seguir e continuar a instrução, com o estudo da Filosofia.

Fonte: FUNARI, P. P. *Grécia e Roma*. São Paulo: Contexto, 2001. p. 43-44.

# A educação ateniense

Em Atenas, a educação formal era responsável pela formação do homem, de modo que ele adquirisse uma noção clara de sua própria natureza e da vida em sociedade. Há que se ressaltar que essa educação era voltada para os homens, visto que as mulheres eram educadas para o casamento e para as atividades domésticas, sendo preparadas pelas próprias mães.

A preocupação com uma formação integral (ideal grego da *Paideia*, que quer dizer formação) fazia com que se enfatizasse a memorização (os meninos das famílias ricas sabiam recitar Homero integralmente), o domínio da escrita, da música e da ginástica, que serviam para disciplinar a alma e o corpo, segundo os costumes dos atenienses. O objetivo da educação era formar um cidadão que no futuro assumiria seu lugar na *pólis* e, por isso, deveria ser conhecedor das tradições e dos valores cultuados pelos cidadãos atenienses.

# As guerras do período clássico

No século V a.C., Atenas atingiu o seu ápice sob o governo de Péricles. Ela era o maior centro comercial e cultural da Grécia, dominando as rotas marítimas nos mares Egeu e Mediterrâneo. Sua supremacia era incontestável e sua política externa era expansionista, interferindo objetivamente nas outras cidades-estados.

A consolidação do poderio ateniense veio com o êxito nas guerras médicas (ou pérsicas). O fim desse período é marcado pelo conflito entre as duas mais importantes cidades gregas, Atenas e Esparta, conhecido como **Guerra do Peloponeso**.

# Guerras Médicas

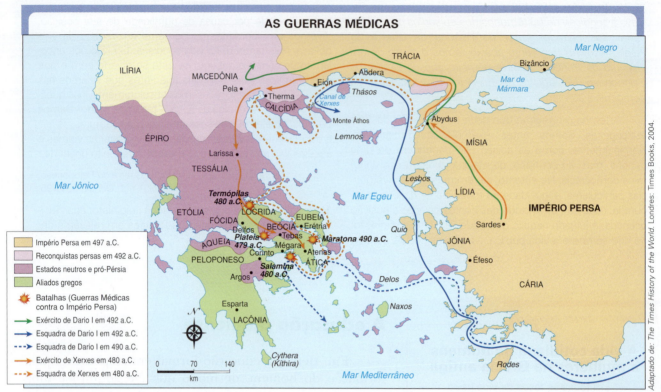

## AS GUERRAS MÉDICAS

Adaptado de: The Times History of the World. Londres: Times Books, 2004.

Entre os anos de 500 e 479 a.C., gregos e persas se defrontaram nas **Guerras Médicas**, assim chamadas porque os persas eram conhecidos pelos gregos como medos. Na origem dos conflitos estavam os avanços expansionistas dos dois povos: os gregos em direção à Ásia Menor e os persas em direção ao Ocidente. A ação dos persas desagradava às cidades gregas. Uma delas, Mileto, rebelou-se e sofreu a reação dos persas. Atenas apoiou Mileto e teve início a primeira das duas Guerras Médicas:

o **Primeira Guerra** – após o domínio da cidade de Mileto, parte de sua população foi deportada para a Mesopotâmia. A vitória animou os persas que também submeteram as regiões da Trácia e da Macedônia. Em 492 a.C., Dario I, rei persa, exigiu a rendição dos gregos e, atravessando o mar Mediterrâneo, desembarcou na planície de Maratona. Avisados a tempo, os atenienses conseguiram se organizar e vencer os persas.

o **Segunda Guerra** – Xerxes, sucessor de Dario I, preparou nova ofensiva uma década depois. O risco da ocupação uniu os gregos, que formaram uma confederação de cidades – a Confederação ou Liga de Delos – para lutar contra os invasores. O Império Persa foi mais uma vez derrotado pelos gregos e forçado a deixar a Ásia Menor.

## Guerra do Peloponeso

O êxito de Atenas despertou a rivalidade com Esparta e Corinto, outra cidade-estado. Nessa época, muitos aliados atenienses desejavam desligar-se da Confederação de Delos, já que não havia mais razão para a sua existência depois da vitória contra os persas.

Adaptado de: The Times History of the World. Op. cit.

O dinheiro da Liga de Delos, originalmente guardado para combater uma possível ameaça persa, foi usado na fortificação de Atenas e tornava iminente o conflito com Esparta.

Corinto, rival comercial de Atenas, pertencia à Liga do Peloponeso, liderada por Esparta. Em 431 a.C., eclodiu o conflito que só terminou em 404 a.C. Nesse período, foram breves os anos de paz. A guerra do Peloponeso teve consequências graves para as cidades e a civilização gregas.

Um dos momentos mais graves desse período foi quando, temerosa dos ataques espartanos, a população vizinha de Atenas refugiou-se dentro da cidade, aumentando sua população. Uma grande epidemia rapidamente se espalhou e dizimou grande número de pessoas.

Os combates prosseguiram indefinidos, até que em 421 a.C. houve uma tentativa de paz, quando os dois lados firmaram a chamada Paz de Nícias. No entanto, os atenienses, desejosos de ampliar o seu império, recomeçaram a guerra em 413 a.C. Contando com o apoio do rei da Pérsia, Esparta conseguiu derrotar Atenas no mar e por terra, impondo-lhe a rendição. Iniciava-se o período de **hegemonia de Esparta**, que dissolveu a Liga de Delos e exigiu a derrubada das muralhas que protegiam a cidade de Atenas.

Os persas, por sua vez, não tinham interesse em fortalecer nenhuma cidade grega e, dessa forma, em 396 a.C., apoiaram uma liga de cidades gregas que se insurgiam contra Esparta, incluindo Atenas e Tebas.

Os conflitos entre as cidades gregas sucederam-se. Atenas recobrou seu poderio e conseguiu voltar a impor-se por um curto período, sendo sucedida por Tebas (entre 371 e 362 a.C.). A fragilidade grega tornou-se evidente e isso facilitou a ação de conquistadores, como Filipe II da Macedônia.

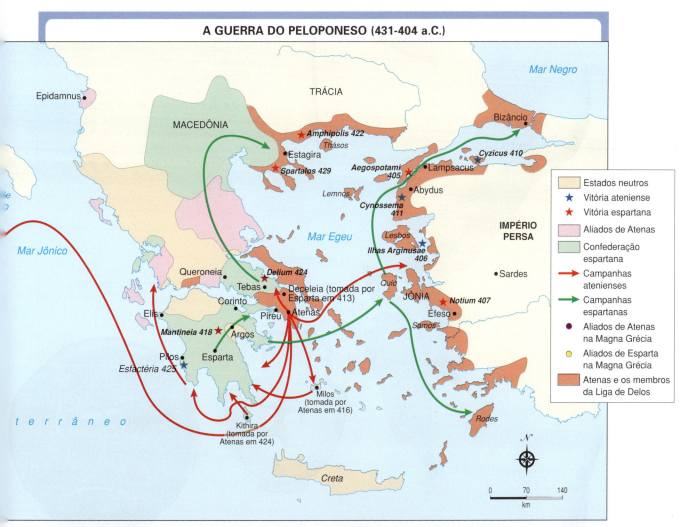

A GUERRA DO PELOPONESO (431-404 a.C.)

# Jogos olímpicos

Os jogos olímpicos surgiram na Grécia em honra ao seu deus mais poderoso: Zeus. Realizavam-se de quatro em quatro anos na cidade de Olímpia, com a duração de cinco dias. Em 680 a.C. já eram disputadas várias modalidades esportivas. Desses jogos podiam participar todos os gregos nascidos livres, o que excluía os escravos. Também era vetado às mulheres participar ou até mesmo assistir a eles. No final da competição, os vencedores recebiam coroas de louros.

Os jogos foram interrompidos em 494 da nossa era, quando os gregos estavam sob o domínio romano. Voltaram a ser disputados no final do século XIX, com o intuito de unir os povos, como uma confraternização universal, da qual participam atletas de dezenas de países que defendem as cores de suas bandeiras em diversas modalidades esportivas. Porém, os jogos olímpicos modernos estão perdendo a sua principal característica, ou seja, a de ser um evento esportivo amistoso entre as nações. Adquiriram caráter político, de demonstração de força e de divulgação do país onde eles se realizam. Os atletas olímpicos são profissionais, patrocinados por grandes empresas esportivas. As Olimpíadas transformaram-se em um grande e bilionário *show*, em que os mais ricos e poderosos levam a maioria das medalhas, numa contabilidade para demonstrar ao mundo que os mais favorecidos economicamente são os melhores: os ases e semideuses do esporte e de um sistema econômico.

Nas ilustrações vemos três provas esportivas dos antigos jogos olímpicos: arremesso de disco, corrida e corrida de cavalos.

MUSEU NACIONAL DE ROMA, ITÁLIA

MUSEU BRITÂNICO, LONDRES

MUSEU BRITÂNICO, LONDRES

# O período helenístico

Marcado pela invasão da Macedônia, esse foi um período caracterizado não só pela tomada do Império Persa, mas também pelo desenvolvimento em diferentes áreas do saber.

## O avanço macedônico

A sucessão de invasões e domínios que vitimou o mundo grego entre os séculos III a.C e II a.C. enfraqueceu as cidades-estados gregas. Com isso marcou o início de uma nova era com o domínio de Filipe II, rei da Macedônia, localizada a nordeste da Grécia continental. O povo macedônio tinha um vínculo cultural com os gregos, uma vez que seus habitantes eram descendentes de povos indo-europeus.

Os gregos tentaram resistir à ameaça macedônica com uma força de resistência liderada por Atenas e Tebas. Esgotadas pelos conflitos anteriores, as cidades-estados gregas não resistiram às forças da Macedônia. Na **batalha de Queroneia** em 338 a.C., os invasores venceram, pondo fim à autonomia das cidades-estados e dominando, assim, a Grécia.

O sonho de Filipe II, da Macedônia, era a conquista do Império Persa, inimigo comum a gregos e macedônios, mas ele não viveu para ver realizado esse grande objetivo. Morto em 336 a.C., Filipe II foi sucedido por seu filho Alexandre.

Uma vez em campanha, Alexandre organizou um exército composto de gregos e macedônios e deu início a uma guerra contra os persas, liderados por Dario III. Na região do Helesponto, Alexandre obteve uma vitória rápida, na batalha de Issos, em 333 a.C. Foi aclamado como grande libertador dos gregos localizados na Ásia Menor que estavam sob o domínio persa.

Alexandre, o Grande. Réplica de moeda grega (280 a.C.) mandada cunhar pelo general Lysimaco que, após a morte de Alexandre, se tornou rei da Trácia.

CARLA CASTIGLIA GONZAZA

## O IMPÉRIO MACEDÔNICO

Saída de Alexandre em 334 a.C.

MACEDÔNIA

Pela

Pérgamo

Gordium

GRÉCIA · Atenas

Esparta

ÁSIA MENOR

Mar Negro

Mar Cáspio

CÁUCASO

Mar Mediterrâneo

Damas

MESOPOTÂMIA

Babilônia

Morre Alexandre em 323 a.C.

Alexandria

Templo de Amon

Mênfis

EGITO

Mar Vermelho

ARÁBIA

Ecbátana

PÉRSIA

Susa

Persépolis

Golfo Pérsico

Maracanda

BÁCTRIA

Bactra

HIMALAIA

ÍNDIA

OCEANO ÍNDICO

0    315    630
km

Reino de Felipe II da Macedônia
Territórios conquistados por Alexandre
Rota de Alexandre
Cidades fundadas por Alexandre

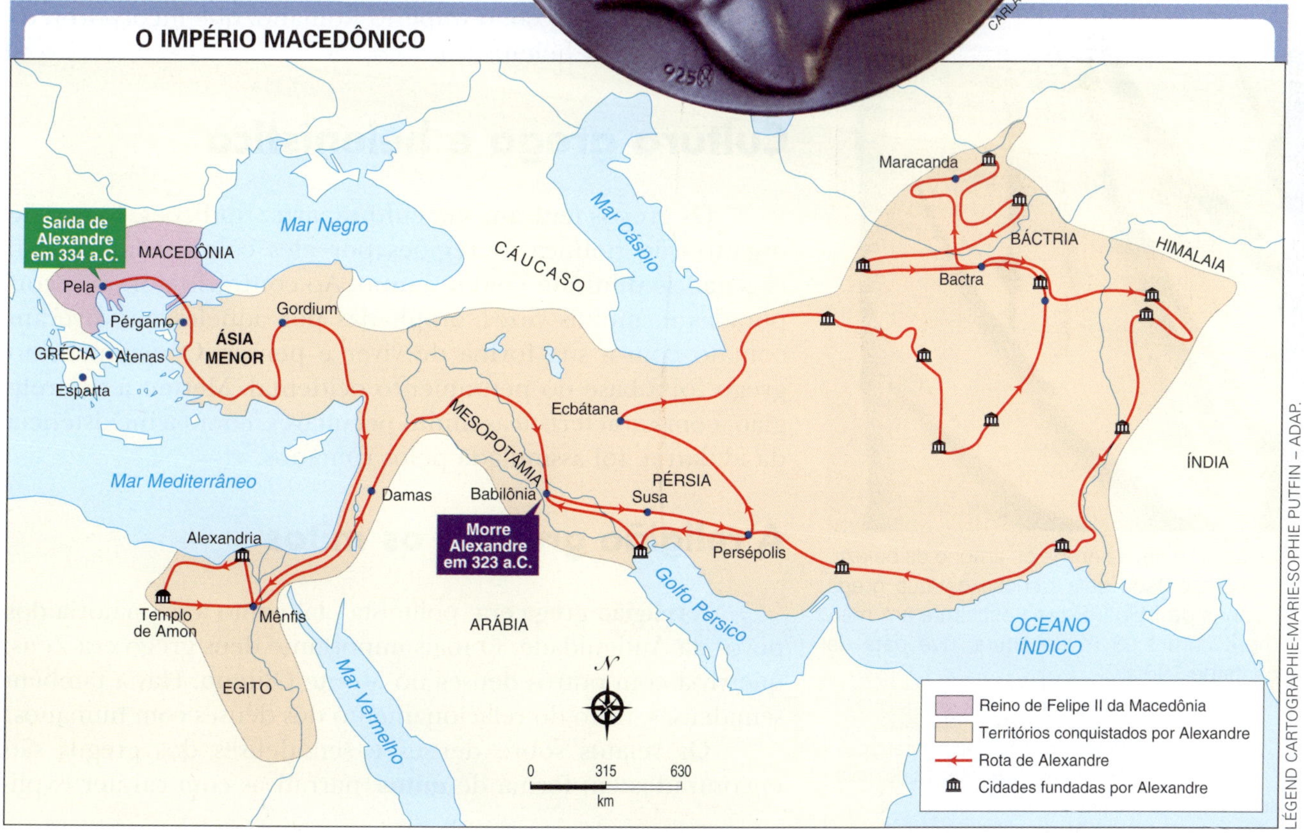

LÉGEND CARTOGRAPHIE-MARIE-SOPHIE PUTFIN – ADAP.

Afrodite, a deusa grega do amor e da beleza, é representada pela famosa estátua grega "Vênus de Milo". É uma escultura em mármore com 2,03 m de altura, que data de cerca de 130 a.C.

Politeísta: concepção religiosa que admite a existência de mais de um deus.

Alexandre seguiu com seu exército até o Egito em 332 a.C., um dos mais ricos domínios do Império Persa, e fundou a cidade de Alexandria, que se transformou no mais importante centro comercial de todo o Mediterrâneo, obtendo a vitória definitiva sobre os persas na Mesopotâmia, no ano de 331 a.C.

Todo o Império conquistado por Alexandre não resistiu à sua morte em 323 a.C., aos 33 anos. Sem deixar claro um sistema de sucessão, seus generais disputaram o poder do vasto Império, que foi dividido em quatro grandes regiões: a Mesopotâmia, o Egito, a Ásia Menor e a Grécia.

Alexandre foi educado por Aristóteles, um dos grandes pensadores e filósofos gregos. Herdou dele o fascínio pela cultura grega e, depois de conquistar os persas, implantou uma política que o colocava como libertador dos territórios dominados, e não como invasor. Em suas conquistas, procurava incentivar a fusão da cultura grega com a oriental, por meio da fundação de cidades e centros culturais, e pela mistura de etnias.

Desse imenso império com características culturais tão diversas – que incluía desde os gregos, os egípcios até remotas regiões da Ásia Central, chegando às margens do rio Indo – Alexandre fez com que surgisse uma nova manifestação cultural, o **helenismo**. O helenismo é a designação dada a uma cultura de caráter cosmopolita (universal), que incorporava traços predominantes do mundo grego e aspectos das culturas orientais após a ascensão de Alexandre Magno. Cidades importantes como Alexandria e Pérgamo são exemplos da cultura helenística.

Com a fragilidade política após a morte de Alexandre, o grande império da Macedônia deu lugar a outro, mais amplo ainda e mais poderoso: o Império Romano, que incorporou os traços da cultura helenística.

## Cultura grega e helenística

Os gregos levaram sua cultura, arte, tradições, forma de organização política às regiões por eles colonizadas. Assim, elas não se diluíram com o tempo. Ao contrário, foram incorporadas e, muitas vezes, ampliadas por aqueles que tiveram contato com a sua forma de viver e pensar. O racionalismo grego foi a base do pensamento ocidental. Mesmo a sua religião, com características muito peculiares, como a inexistência da idolatria, foi assimilada pelos romanos.

### A religião grega e os mitos

A **religião** grega era politeísta, tal como a da maioria dos povos da Antiguidade. O mais importante deus grego era Zeus, que vivia com outros deuses no Monte Olimpo. Havia também semideuses, fruto do relacionamento dos deuses com humanos.

Os relatos sobre deuses e semideuses dos gregos são encontrados em forma de **mitos**, narrativas com caráter explicativo e/ou simbólico, profundamente relacionadas com uma dada cultura e/ou religião. A função do mito era ensinar as noções de virtude e valores à coletividade que partilhava daquelas histórias. As histórias míticas tratam de arquétipos (modelos) e geralmente referem-se às origens das tradições.

## As artes plásticas e a arquitetura

As **artes** gregas, como a pintura e a escultura, tornaram-se modelo para o Ocidente. No início, a influência oriental era forte, o que pode ser percebido em figuras mais rígidas; depois, predominou o naturalismo, com a preocupação em retratar movimentos e a proporção de formas, caracterizando o que chamamos de **arte clássica**.

As grandes cidades-estados gregas demonstraram o seu desenvolvimento na **arquitetura** com construções em diferentes estilos. O mais famoso exemplo de templo clássico grego está na parte mais alta da cidade de Atenas (a Acrópole) e chama-se Partenon, em homenagem a Palas Atena.

CREATIVE COMMONS

MARIE-LAN NGUYEN/CREATIVE COMMONS

Outro grande monumento são as cariátides, estátuas com forma de mulher, que se localizavam no templo Erecteion (século V a.C.), em frente ao Partenon.

Uma das cariátides do Erecteion, que se encontra no Museu Britânico, em Londres. Mármore, 2,31 m de altura, ca. 420 a.C.

## Filosofia

Entre as contribuições mais originais dos gregos está a **Filosofia**. Os pensadores gregos tentaram explicar de forma racional, não mítica, o mundo. O primeiro grupo importante é o dos que antecederam o filósofo Sócrates (chamados pré-socráticos). Em geral, os pré-socráticos preocupavam-se em descobrir o elemento gerador das coisas. Tales de Mileto, por exemplo, afirmava que a água era o princípio de tudo o que existia.

Os três filósofos mais importantes da Grécia foram **Sócrates**, **Platão** e **Aristóteles**. Sócrates não deixou escritos. Suas ideias foram transmitidas por seus alunos. Desenvolveu um método de perguntas e respostas, a **maiêutica**, levando em conta o princípio de que o indivíduo devia ser levado a refletir por si sobre as questões importantes e relevantes da vida e dos seres humanos. Inspirado na profissão da parteira, exercida por sua mãe, Sócrates propunha que os homens se interrogassem e "dessem à luz as ideias" que cada um trazia consigo. Sócrates incorporou o lema do oráculo de Delfos, "Conhece-te a ti mesmo", para fazer com que a Filosofia se interrogasse não tanto pelos princípios da natureza, como fizeram os pré-socráticos, mas pelas questões humanas.

Seu discípulo mais importante foi Platão, que escreveu obras fundamentais como *República*. Para Platão, o conhecimento autêntico estaria no mundo das ideias, sendo a realidade física apenas uma aparência. O olhar que ultrapassa as aparências e contempla a plena realidade era o objetivo da teoria de Platão. Em *República*, o filósofo apresentou as bases para a construção de uma cidade "justa e feliz", que seria governada pelos filósofos.

O último grande filósofo grego foi Aristóteles. Escreveu obras como *Lógica*, *Ética*, *Física*, *Política*. Ex-aluno de Platão, criticou o idealismo platônico, e apresentou a sistematização lógica, com a demonstração dos raciocínios, que influenciou as ciências e o pensamento ocidental por séculos.

## O Teatro e a História

Outra grande contribuição da cultura grega foi o **teatro**, cujas influências continuam presentes até os nossos dias.

As peças eram encenadas no teatro de Dionísio com lugar para 17 mil pessoas. A acústica era excelente e todos ouviam perfeitamente os bri-

lhantes textos escritos por autores como **Sófocles**, que se dedicou a temas relativos ao conflito entre indivíduo e a sociedade (entre suas obras destacam-se *Édipo Rei* e *Antígona*), e **Ésquilo**, que tratou da fatalidade que governa os homens, como na peça *Prometeu Acorrentado*.

Os gêneros do teatro grego eram a comédia e a tragédia: no primeiro caso, os temas tratados eram referentes a pessoas comuns, satirizando seus costumes e a vida cotidiana; na tragédia, as personagens eram heroicas e lutavam para vencer o destino, que tinha um grande valor para os gregos. Os atores eram todos homens e usavam máscaras para desempenhar seus papéis.

Odeão de Herodes, local onde havia apresentação de teatro e música. Ao fundo, vê-se a cidade de Atenas.

O teatro de Dionísio em Atenas. As ruínas dão a ideia de sua imponência.

O teatro tinha uma função educativa e alcançava grande repercussão entre a população.

Os primeiros **historiadores** foram gregos. **Heródoto**, o "pai da História", deu início às investigações históricas. Tendo vivido entre as guerras médicas e a Guerra do Peloponeso, Heródoto narrou os antecedentes e os conflitos: não era mais a epopeia de Homero, mas os frutos de um trabalho sobre os feitos humanos. **Tucídides** escreveu a *História da Guerra do Peloponeso* e criticou a obra de Heródoto pela inconsistência de suas informações. No entanto, ambos privilegiaram o testemunho em suas narrativas históricas.

## A propagação do helenismo

Apontamos anteriormente o domínio macedônico sobre a Grécia e a incorporação da cultura dessa civilização e sua difusão a partir das conquistas de Alexandre Magno. Essa fusão de culturas foi responsável pelo **helenismo**, que impulsionou o conhecimento científico, como o desenvolvimento da Astronomia com Ptolomeu, defensor da tese do geocentrismo (a Terra como centro do Universo).

O mundo grego e a posterior difusão do helenismo deixaram grandes contribuições à tradição ocidental: da política – com a invenção da democracia e da noção de cidadania – às contribuições nas artes, ciências e filosofia. As conquistas e batalhas, as crueldades e os domínios exercidos pelos gregos são atos desse mesmo povo que valorizava noções como a racionalidade e o universalismo, expressas em sua visão de mundo. Compreender essas contradições e a complexidade da sociedade grega é penetrar um pouco mais nas bases da nossa própria cultura.

As construções grandiosas como o farol de Alexandria, no Egito, e a colossal estátua de Apolo, em Rodes, são marcos de uma sociedade que pensava ser superior e tinha o desejo permanente de novas conquistas e de expandir seus domínios. Como vemos, esses valores não estão longe das práticas de determinadas lideranças mundiais ainda em nosso tempo.

## Cinemateca

**A Odisseia** (1997, EUA, dir.: Andrei Konchalovsky) A evolução histórica da Grécia Antiga, baseada na interpretação de lendas contidas em dois poemas épicos atribuídos a Homero. No primeiro poema, chamado *Ilíada*, Homero conta a Guerra de Troia, mostrando sua tomada pelos gregos.

**Troia** (2004, EUA, dir.: Wolfgang Petersen) Em 1193 a.C., Paris é um príncipe que provoca uma guerra contra Troia, ao afastar Helena de seu marido, o rei Menelau.

**Alexandre** (2004, EUA, dir.: Oliver Stone) O filme trata da história de Alexandre, o Grande, da Macedônia, e de suas conquistas em seu curto período de vida.

**300 de Esparta** (2006, EUA, dir.: Zack Snyder) Adaptado dos quadrinhos desenhados por Frank Miller, o filme recria a batalha de Termópilas, ocorrida em agosto do ano 480 a.C., e que corresponde a uma das mais famosas batalhas das Guerras Médicas, travadas entre gregos e persas nas duas últimas décadas do século V a.C.

## Revisitando a História

**1.** Copie o quadro no caderno e preencha-o de acordo com as solicitações:

| PERÍODO | CARACTERÍSTICAS CENTRAIS DO PERÍODO | PRINCIPAIS BATALHAS DO PERÍODO |
|---|---|---|
| Homérico | | |
| Arcaico | | |
| Clássico | | |
| Helenístico | | |

**2.** "A história das cidades-estados é, em primeiro lugar, geograficamente localizada e circunscrita. Não é parte da história universal (...) mas de uma região específica do planeta (...)."

GUARINELLO, N. L. Cidades-estados, na Antiguidade Clássica.
In: PINSKY, J.; PINSKY, C. B. (orgs.) *História da Cidadania*. São Paulo: Contexto, 2003. p. 30.

a) Observe os mapas do capítulo e responda: que região específica do planeta conheceu o fenômeno das cidades-estados?
b) Quais são as principais características das cidades-estados gregas (*póleis*)?
c) Compare as formas de organização das cidades de Esparta e Atenas.

**3.** Muitas vezes, Atenas é pensada como sinônimo de democracia. Porém, nem sempre essa cidade conviveu com essa forma de governo.

a) Descreva, sucintamente, como surgiu a democracia ateniense.
b) Por que a democracia ateniense é considerada seletiva? Quem era excluído dessa forma de governo? Justifique sua resposta e, observando o gráfico da página 69 ("Distribuição da população de Atenas"), aponte qual a porcentagem (aproximada) de cidadãos e de não cidadãos na população de Atenas no período.

**4.** Identifique e comente três importantes legados culturais dos gregos da Antiguidade para a cultura ocidental.

**5.** Observe a ânfora grega ao lado, exposta no Museu Nacional em Copenhague, na qual estão representados um senhor e um escravo. Com relação à Grécia Antiga:

a) As relações entre senhor e escravo eram uma exceção ou eram comuns?
b) Quais as formas mais utilizadas para a escravização?
c) Quais as principais funções dos escravos?

**6.** Qual a relação entre a expansão do império macedônico e a propagação da cultura grega?

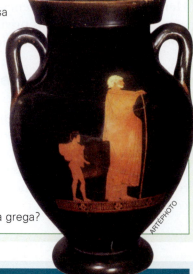

# Analise esta imagem

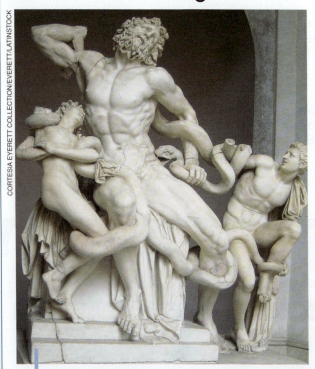

A obra foi esculpida em uma pedra de mármore única. A técnica utilizada geralmente é a do desbaste da pedra até um ponto em que com cinzéis o escultor começa a dar forma às figuras. Segundo Plínio, o Velho, a obra foi esculpida pelos escultores gregos Atanodoro, Hagesandro e Polidoro, de Rodes, na segunda metade do século I a.C., mais provavelmente entre 42 e 20 a.C. A figura humana era muito valorizada pela escultura grega e trabalhada com rigor anatômico e técnico; buscava-se a representação mais fiel possível ao natural. A cena em questão remete a um dos lendários episódios da Guerra de Troia, narrado na *Ilíada* pelo grego Homero. Laocoonte era um sacerdote do deus Apolo, que percebeu a artimanha dos gregos para penetrar na cidade de Troia e tentou avisar os troianos. No entanto, Atena, deusa protetora dos gregos, por ódio, enviou serpentes marinhas para atacar os filhos de Laocoonte, que ao tentar protegê-los acabou sucumbindo.

a) Descreva o que se pode observar na imagem.
b) Pode-se afirmar que a escultura de Laocoonte é bastante naturalista. Com base em sua observação, explique como essa característica da arte grega clássica pode ser identificada.

No período helenístico, as estátuas ficaram com um movimento ainda maior, muitas vezes com aspecto trágico, como a estátua de Laocoonte, sacerdote devorado juntamente com os filhos por uma serpente gigante. Museu Pio-Clementino, Vaticano.

# Debatendo ideias

Com base no que você acompanhou neste capítulo, discuta com seus colegas as seguintes questões:

a) Você identifica elementos da cultura grega da Antiguidade em nossa sociedade atual? Quais e como eles podem ser reconhecidos?

b) O comportamento da deusa Atena diante de Laocoonte, por exemplo, é uma demonstração de como deuses e deusas da mitologia grega influíam no curso da vida dos homens com motivações e sentimentos típicos dos humanos: ódio, ciúme, vingança, medo etc. Essa concepção é diferente das práticas religiosas mais comuns em nosso tempo?

c) A democracia é uma criação dos gregos. Ela se difere da concepção de democracia dos tempos atuais? Por quê?

# Questões de vestibular

**1.** (UNICAMP – SP) A característica mais notável da Grécia antiga, a razão profunda de todas as suas grandezas e de todas as suas fraquezas, é ter sido repartida numa infinidade de cidades que formavam um número correspondente de Estados. As condições geográficas da Grécia contribuíram fortemente para dar-lhe sua feição histórica. Recortada pelo embate entre a montanha e o mar, há uma fragmentação física e política das diferentes sociedades.

*Adaptado de:* GLOTZ, G. *A cidade grega.* São Paulo: Difel, 1980. p. 1.

a) Segundo o texto, qual a organização política mais relevante da Grécia antiga? Indique suas principais características.

b) Relacione a economia da Grécia antiga com as condições geográficas indicadas no texto.

**2.** (UFC – CE) O *genos* constituiu a base da organização social, política, cultural e econômica da Grécia homérica.

a) Explique o que era o *genos* e indique o grupo que detinha o poder nessa sociedade.

b) Indique qual era a base da riqueza na Grécia homérica e caracterize a organização do mundo do trabalho, levando em consideração o sistema gentílico.

**3.** (UFSCar – SP) Quanto às mercadorias que são indispensáveis à vida, gado e escravos, nos são fornecidas pelas regiões à volta do mar Negro, como se afirma geralmente, em maior quantidade e melhor qualidade do que por quaisquer outras; e no concernente a artigos de luxo, elas nos fornecem mel, cera e peixe salgado em abundância. Em troca recebem de nossa parte do mundo o azeite de oliva excedente e todos os tipos de vinho. Quanto ao cereal, há intercâmbio; elas nos vendem algum ocasionalmente e às vezes importam-no de nós.

Esse texto foi escrito por Políbio, no século II a.C., sobre a Grécia balcânica e regiões ribeirinhas do mar Negro.

a) Aponte dois aspectos da economia grega na época.

b) Como era a organização do trabalho na Grécia Antiga?

**4.** (UFPE) A Grécia conviveu com formas políticas de governo variadas que contribuíram para debates significativos sobre a ética e a cidadania. A experiência política dos gregos, no período governado por Péricles, em Atenas (assinale com V ou F):

(0) reforçou a monarquia eletiva, com a ampliação da cidadania para os estrangeiros asiáticos, garantindo um sistema democrático na escolha dos governantes.

(1) promoveu a divisão da população da Ática em dez tribos, contribuindo para o fortalecimento de práticas democráticas, de acordo com as condições da época.

(2) consolidou o poder da nobreza, influenciando o surgimento da tirania e do ostracismo e excluindo os estrangeiros da participação política.

(3) trouxe uma maior consolidação da democracia, com a existência de uma assembleia, onde votavam os cidadãos atenienses, revelando um grande interesse pelos debates políticos.

(4) garantiu maior poder para os cidadãos, transformando a Bulé no órgão mais importante do governo, garantindo novos rumos para relações políticas da época, em toda a Grécia, e condenando o imperialismo dos persas.

**5.** (UFPI) Leia a frase a seguir.

É bom deixar claro que o regime democrático ateniense tinha os seus limites.

FUNARI, P. P. *Grécia e Roma.* São Paulo: Contexto, 2001. p. 36.

Assinale a alternativa que apresenta um grupo que tinha direitos políticos durante a democracia ateniense na Grécia Antiga.

a) crianças    c) mulheres    e) camponeses

b) escravos    d) estrangeiros

**6.** (UFC – CE) Na cidade grega antiga, ser cidadão não significava apenas fazer parte de uma entidade "nacional", mas também participar numa vida comum.

MOSSÉ, C. *O cidadão na Grécia antiga.* Lisboa: Edições 70, 1999, p. 51.

Tomando por base a afirmativa anterior, pode-se compreender corretamente que a vida na *polis*, para o cidadão, significava:

a) romper com a religião e os mitos e adotar o modo de vida proposto pelos filósofos, o de disseminar a filosofia e a democracia para todas as cidades-estados gregas.

b) realizar o ideal grego de unificação política, militar, geográfica, econômica, religiosa e cultural de todas as cidades-estados e, assim, suprimir as tiranias e as oligarquias.

c) exercer obrigatoriamente uma magistratura ao longo da vida, pois o aprendizado político por todos representava a garantia do bem-estar social e da manutenção da democracia.

d) formar um corpo de súditos cujas decisões políticas se orientavam para a manutenção do poder econômico e religioso das famílias detentoras de frotas que comercializavam pelo Mediterrâneo.

e) integrar uma comunidade que visava ao seu bem comum por meio de decisões políticas, da adoção de uma defesa militar e de práticas religiosas que buscavam benefícios e proteção dos deuses da cidade.

**7.** (UNIFESP) Ao povo dei tantos privilégios quanto lhe bastam, à sua honra nada tirei nem acrescentei; mas os que tinham poder e eram admirados pelas riquezas, também neles pensei, que nada tivessem de infamante... entre uma e outra facção, a nenhuma permiti vencer injustamente.

SÓLON, século VI a.C.

No governo de Atenas, o autor procurou:

a) restringir a participação política de ricos e pobres, para impedir que suas demandas pusessem em perigo a realeza.

b) impedir que o equilíbrio político existente, que beneficiava a aristocracia, fosse alterado no sentido da democracia.

c) permitir a participação dos cidadãos pobres na política, para derrubar o monopólio dos grandes proprietários de terras.

d) abolir a escravidão dos cidadãos que se endividavam, ao mesmo tempo que mantinha sua exclusão da vida política.

e) disfarçar seu poder tirânico com concessões e encenações que davam aos cidadãos a ilusão de que participavam da política.

**8.** (UEG – GO) A vitória dos gregos sobre os persas nas Guerras Médicas, no final do século V a.C., foi fundamental para a consolidação do estilo de vida e da visão de mundo que predominou na Hélade, naquele período. Sobre os traços fundamentais da civilização grega da Antiguidade Clássica, assinale a alternativa INCORRETA:

a) a região da Ática foi ocupada por sucessivas levas de diferentes povos, entre os quais aqueus, eólios, jônios e dórios, dando origem, posteriormente, à civilização grega.

b) apesar de politicamente independentes, as cidades-Estado gregas do período clássico tinham certa homogeneidade cultural e interdependência econômica, garantida pelo intenso comércio realizado entre elas.

c) o expressivo desenvolvimento da sociedade grega deveu-se, sobretudo, ao fortalecimento do culto às tradições

mítico-religiosas e à liderança exercida pela cidade de Atenas a partir do período arcaico.

d) a reformulação da concepção de guerra, passando do combate individual para uma organização coletiva (falanges), foi decisiva para a vitória contra os persas, influenciando a participação dos cidadãos nas decisões políticas da *pólis*.

e) o desenvolvimento de novas noções políticas, científicas e filosóficas (democracia, lógica, matemática etc.) é um traço marcante da sociedade grega do período, expressando uma tendência crescente do racionalismo grego.

**9.** (UFPE) Na Grécia, durante a chamada Antiguidade Clássica, houve a formação de culturas diferentes que defendiam sociedades com práticas políticas, muitas vezes em confronto. A cidade de Esparta, uma das mais importantes, tinha:

(0) uma legislação social flexível, preocupada com a ética e a justiça social.

(1) uma estrutura social hierarquizada onde dominavam práticas militaristas.

(2) uma sociedade sem escravos, apesar da presença de rigidez social.

(3) uma aliança política com Atenas, em defesa da monarquia eletiva.

(4) um conselho de anciãos, defensores da democracia entre os periecos.

**10.** (UNESP – SP) O historiador ateniense Tucídides, que viveu durante a Guerra do Peloponeso, escreveu sobre os gregos:

... antes da Guerra de Troia, [os habitantes da] Hélade nada [realizaram] em comum. Este nome mesmo não era empregado para designá-la no seu conjunto. (...) O que fica bem comprovado [nos livros de] Homero: ele que viveu numa época bem posterior à Guerra de Troia não utilizou a designação [de helenos] para o conjunto [dos gregos]. (...) Não utilizou, também, a expressão "bárbaros" porque, na minha opinião, os gregos não se encontravam ainda reunidos (...) sob um único nome que [lhes] permitisse [diferenciar-se de outros povos]. De qualquer forma, aqueles que receberam [mais tarde] o nome de Helenos (...) nada fizeram conjuntamente antes da Guerra de Troia. (...) Essa expedição mesma os reuniu apenas num momento, naquele em que a navegação marítima encontrava-se mais desenvolvida.

TUCÍDIDES. *A Guerra do Peloponeso*. Século V a.C.

Baseando-se no texto, responda:

a) Qual característica política dos gregos na Antiguidade é apresentada por Tucídides?

b) Por que, apesar da situação política expressa por Tucídides, pode-se falar de uma antiga civilização grega?

**11.** (UFSM – RS) Sobre a Guerra do Peloponeso, pode-se afirmar que

a) se tratou de uma luta entre a Confederação de Delos, chefiada por Esparta, e a cidade-estado de Atenas.

b) se constituiu na união de duas poderosas ligas, a de Peloponeso e a de Delos contra Atenas.

c) promoveu o fortalecimento da Liga de Peloponeso e a consolidação das cidades-estados gregas.

d) foi a vitória da Grécia sobre os povos persas, ampliando o império e domínio territorial grego.

e) foi responsável pelo declínio da civilização grega, possibilitando a posterior conquista da Grécia pelos macedônios em 350 a.C.

**12.** (FUVEST – SP) Cada um deve observar as religiões e os costumes, as leis e as convenções, os dias festivos e as comemorações que observavam nos dias de Dario.

Cada um deve permanecer persa em seu modo de vida, e viver em sua cidade (...). Porque eu desejo tornar a terra bastante próspera e usar as estradas persas como pacíficos e tranquilos canais de comércio.

Édito de Alexandre para os cidadãos das cidades persas conquistadas. 331 a.C.

A partir do texto, responda:

a) Quem foi Alexandre e quais os objetivos de suas conquistas?

b) Indique algumas características do "helenismo".

# Programas de Avaliação Seriada

**1.** (SAA – UPE) As contribuições da cultura grega foram importantes para a formação do Ocidente e têm ressonância até a contemporaneidade. Um dos seus filósofos mais conhecidos, Platão, definia o(a).

a) fim da aristocracia política.

b) instalação de governos democráticos.

c) realismo no estudo da vida humana.

d) aceitação da mitologia como verdadeira.

e) existência do mundo das ideias.

**2.** (PISM – UFJF – MG) Observe o quadro a seguir. Ele representa a divisão entre os trabalhadores que atuaram nas obras de um templo em Atenas no final do século V a.C.

| | CIDADÃOS | METECOS | ESCRAVOS |
|---|---|---|---|
| Arquitetos | 2 | 0 | 0 |
| Secretário | 1 | 0 | 0 |
| Pedreiros | 9 | 9 | 17 |
| Escultores | 3 | 5 | 0 |
| Escultores em madeira | 1 | 5 | 0 |
| Carpinteiros | 5 | 8 | 3 |
| Operários | 1 | 5 | 0 |
| TOTAL | 22 | 32 | 20 |

Adaptado: AUSTIN, M; VIDAL-NAQUET, P.<br>Economia e sociedade na Grécia Antiga.<br>Lisboa: Presença, 1998.

De acordo com os dados expressos, assinale a alternativa CORRETA.

a) A maioria dos trabalhadores era composta de escravos e não de indivíduos livres, como cidadãos e metecos.

b) Os escravos desempenhavam um grande número de funções diferentes, com alto grau de qualificação.

c) Trabalhadores livres e escravos podiam atuar conjuntamente dentro de uma mesma função.

d) As funções de carpinteiro e operário concentravam o maior número de trabalhadores cidadãos.

e) Os trabalhadores que eram metecos atuavam em todas as funções apresentadas no quadro.

**3.** (PAS – UnB – DF) É interessante ressaltar a diferença mais crucial entre presente e passado: a da própria forma da existência social. O mundo greco-romano não se estruturava como os Estados nacionais contemporâneos, mas de modo bem distinto, como cidades-estados. As cidades-estados, conhecidas graças à tradição escrita, pela epigrafia ou pelas fontes arqueológicas, eram muito diferentes entre si: nas dimensões territoriais, em suas riquezas, em suas histórias particulares e nas diferentes soluções, ao longo dos séculos, para os conflitos de interesses entre seus componentes. Há a tendência de se pensar a História antiga como parte essencial da história do mundo, como uma de suas etapas em direção ao presente. Trata-se, contudo, de um efeito ilusionista produzido pela necessidade que a Europa sentiu, sobretudo a partir do século XIX, de definir o Ocidente em sua relação com o resto do mundo, traçando suas origens na tradição literária do mundo greco-romano e projetando-a no presente como berço da civilização humana.

Adaptado de: GUARINELLO, N. L.<br>Cidades-estado na Antiguidade Clássica. In: PINSKY, C. B.<br>História da cidadania. São Paulo: Contexto, 2003, p. 30-31.

A partir desse texto e dos múltiplos aspectos que ele suscita julgue os itens a seguir.

a) Atenas e Esparta são exemplos de cidades-estados da Antiguidade que se diferenciam quanto ao modelo político adotado. No século VI a.C., Atenas organizava-se segundo uma forma de governo democrática, com ampla participação política dos cidadãos, ao passo que Esparta se organizava como uma tirania militar, em que o exercício do poder era restrito aos mais preparados e virtuosos.

b) No âmbito social, verifica-se, não raro, o fenômeno em que determinada percepção, ainda que inicialmente ilusória, é acalentada por indivíduos de certa sociedade ou grupo e acaba tornando-se verdadeira pelo simples fato de esses indivíduos acreditarem nela e agirem de acordo com ela. A ilusão a que o texto se refere é um exemplo desse fenômeno.

SCALA PICTURE LIBRARY

# capítulo 4

# Roma

*Por que e como um povo exerce domínio sobre outro? Como surgem os impérios? O que limita sua expansão? Qual é o papel dos povos incorporados a um grande império? Observe que essas questões podem ser feitas na atualidade e também em relação ao passado. Para respondê-las historicamente devemos compreender os processos em que surgiram. Neste capítulo veremos o caso dos romanos que constituíram o maior império da Antiguidade, que se alastrou pela Europa, Ásia Menor e norte da África. Mais do que pelas dimensões territoriais, o estudo de Roma é importante por nos revelar as grandes contribuições dos romanos, como o Direito, a língua latina, as formas de organização política e os primórdios do cristianismo, para a sociedade moderna. Esses aspectos, no entanto, não devem ser pensados como dádivas: eles foram se constituindo de forma contínua, ao longo do tempo. Ou seja, ao examinarmos essa civilização da **Antiguidade clássica**, também chamada Antiguidade greco-romana por abranger a civilização grega, devemos pensar que a História é uma construção dinâmica, e que, além disso, os rumos que ela toma não se devem apenas às ações dos grandes líderes.*

Muitas vezes, ao longo da História, houve a tentativa de olhar o passado como modelo a ser seguido. A "grandiosidade" do período romano foi inspiradora de políticos e movimentos artísticos ao longo dos tempos.

Porém, ao examinarmos o passado, devemos levar em conta as especificidades e singularidades de cada povo, e analisar a forma como eles responderam aos desafios de seu tempo. Se Roma foi uma grande civilização e nos legou instituições, que, embora modificadas, ainda estão presentes em nosso tempo, devemos estudá-las e compreender as circunstâncias em que elas foram criadas, não para repeti-las, mas para identificar a engenhosidade e a capacidade de homens, de outro tempo e de outro lugar, com suas grandezas e limitações.

## As origens de Roma

Roma está situada na porção oeste da península itálica e foi a capital do maior império da Antiguidade. Era o centro político e administrativo de grande parte do mundo conhecido entre os séculos VI a.C. e IV d.C. A cidade guarda muitos elementos e monumentos desse longo período.

## A origem lendária

A história das origens de Roma, embora esteja relacionada com os relatos dos gregos, é apresentada por Virgílio.

O Fórum Romano era o centro político e comercial: cidadãos, magistrados e negociantes circulavam entre edificações como o Senado, templos e locais para assembleias de cidadãos. Erguido no vale que se estende aos pés do monte Palatino, o Fórum teve sucessivas ampliações, com as construções de arcos do triunfo, templos e colunas. No primeiro plano observamos colunas de um templo da época de Tibério; ao fundo, um típico arco do triunfo, em homenagem às vitórias de Sétimo Severo no Oriente.

Escrita mais de cinco séculos após a presença dos etruscos, povos que habitavam a península itálica, a poesia de Virgílio revestiu de grandiosidade a origem romana, atribuindo a Rômulo, nascido naquele território, a fundação da cidade, que dá início à tradição romana.

Segundo a versão do poeta Virgílio, em *Eneida*, o príncipe troiano Enéas, filho da deusa Vênus (Afrodite), teria sido derrotado, fugiu e ficou vagando pelo mar Mediterrâneo até ser conduzido pelos deuses à península itálica. Entre os descendentes de Enéas havia o rei Numítor, da cidade de Alba Longa. Numítor foi destronado por Amúlio que mandou abandonar os dois netos do rei deposto nas águas do rio Tibre. Os netos eram os gêmeos Rômulo e Remo. Uma loba encontrou-os no monte Palatino e amamentou-os.

Anos mais tarde, um pastor chamado Faustolo recolheu as crianças e educou-as. Crescidos, os dois derrubaram Amúlio, recolocaram o avô no trono e receberam autorização para fundar uma nova cidade às margens do rio Tibre. Para saber o local exato da edificação consultaram os deuses e cada qual se dirigiu a um monte. Rômulo teria recebido um sinal e desenhado as muralhas que protegeriam o lugar sagrado da cidade. Remo, que não teria a mesma proteção, desfez os desenhos e disse que a cidade seria invadida. Os irmãos brigaram e Rômulo matou seu irmão, tornando-se o lendário primeiro rei de Roma em 753 a.C.

A origem da cidade de Roma é marcada pela lenda da loba que amamentou os irmãos Remo e Rômulo. O relato, também registrado pelo historiador romano Tito Lívio, demonstra a importância da religião para os romanos, já que os gêmeos eram filhos da princesa Reia Sílvia com o deus da guerra, Marte. Escultura em bronze, com 75 cm, do período etrusco, século V a.C. Os gêmeos, no entanto, foram acrescentados posteriormente, por volta do século XV. Museu Capitolino, Roma.

# O povoamento da península

A península itálica foi habitada por diversos grupos ao longo dos tempos. Os três grupos principais eram: os **italiotas** (compostos de latinos, sabinos, samnitas, volscos, équos, entre outros) ao centro, que chegaram à região por volta de 2000 a.C. No século VIII a.C., os **etruscos** ao norte e os **gregos** ao sul completaram o povoamento da península. Inicialmente a cidade de Roma teria surgido como um ponto para a defesa dos habitantes da área central, e era uma entre outras comunidades fundadas pelos latinos (italiotas), contra investidas dos etruscos. O domínio dos etruscos na região do Lácio consolidou a cidade de Roma e as instituições políticas que asseguraram sua perpetuação, como a Monarquia.

A história política de Roma costuma ser dividida em três períodos principais:

- Monarquia: 753-509 a.C.
- República: 509-27 a.C.
- Império: 27 a.C.-476 d.C.

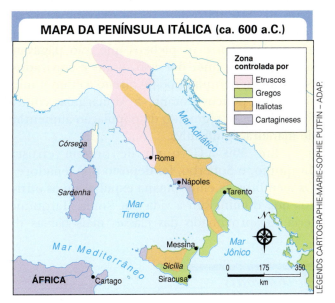

**MAPA DA PENÍNSULA ITÁLICA (ca. 600 a.C.)**

Zona controlada por
- Etruscos
- Gregos
- Italiotas
- Cartagineses

Córsega
Roma
Sardenha
Nápoles
Tarento
Mar Adriático
Mar Tirreno
Mar Mediterrâneo
Messina
Mar Jônico
Sicília
Siracusa
ÁFRICA
Cartago

0  175  350
km

LÉGENDS CARTOGRAPHIE-MARIE-SOPHIE PUTFIN – ADAP.

# A Monarquia e a organização social

Da data de sua fundação até 509 a.C. não temos muitas informações sobre a vida romana. Acredita-se que seis reis sucederam Rômulo, sendo que os primeiros teriam sido latinos e sabinos e os três últimos, de origem etrusca. Nesse período, conhecido como **Monarquia**, o rei exercia diversas funções, mas já havia o **poder legislativo**, formado pelo **Senado**, ou Conselho dos Anciãos, que limitava os poderes do monarca e era formado pelos patrícios mais importantes. Além dele, havia a **Assembleia Curiata** ou **Cúria**, constituída pelos patrícios adultos. Cabia à Cúria ratificar ou não as decisões e as leis determinadas pelo Senado.

No topo da pirâmide da hierarquia social e política nos tempos da monarquia estavam os **patrícios**, membros da aristocracia rural. Nas posições intermediárias estavam os **plebeus**, a maioria da população, composta de pequenos agricultores, comerciantes, artesãos e pastores. Eram pessoas livres, mas, no início de Roma, não eram reconhecidas legalmente a união e a constituição de famílias entre patrícios e plebeus. Também era proibido aos plebeus participar das Assembleias. Entre os homens livres havia ainda os **clientes**, que não eram proprietários de terras, porém viviam como agregados aos patrícios, colocando-se à disposição deles, principalmente nas tarefas administrativas e militares, e recebiam proteção pessoal. Os laços que uniam patrícios e clientes, segundo a tradição romana, eram sagrados e hereditários, e cada família patrícia tinha um número variável de clientes.

Na base da ordem social estavam os **escravos**, recrutados entre os inimigos vencidos em guerras, ou entre os plebeus que não pagavam suas dívidas e que, por isso, eram escravizados. Não tinham nenhum tipo de direito e eram numericamente poucos durante a Monarquia; com a República esse segmento da população aumentou de maneira significativa.

Em 509 a.C. o rei de origem etrusca Tarquínio, o Soberbo, foi deposto por senadores. Os membros da elite romana expulsaram os etruscos que dominavam a vida em Roma. Tarquínio teria se aproximado das classes mais baixas da sociedade (a plebe) para se fortalecer e tentar governar de forma despótica, provocando a ira do patriciado. Mas o Império Etrusco já estava em decadência, principalmente pelos constantes ataques dos gauleses e da forte presença dos gregos na Sicília. A crise foi agravada com um episódio de ordem pessoal: Sexto, o filho mais novo de Tarquínio, havia violentado uma jovem e os patrícios aproveitaram a situação para dar um golpe e instituíram a **República**.

SCALA PICTURE LIBRARY

"Boca" da Cloaca Máxima – essa rede de esgoto que deságua no rio Tibre, em Roma, foi reconstruída sobre a original do tempo de Tarquínio, o Soberbo, no século VI a.C.

## *Saiba mais*

### Livres e não livres na sociedade romana

Apesar das mudanças ocorridas na civilização romana em tantos séculos de sua permanência na História, havia algumas características que se mantiveram, ainda que sempre transformadas. Duas grandes divisões sociais mantiveram-se essenciais para os romanos: sempre houve cidadãos e não cidadãos e livres e não livres. Os livres eram divididos em dois grupos, aqueles de nascimento livre e os libertos, ou ex-escravos alforriados. Os livres de nascimento podiam ser cidadãos romanos ou não cidadãos, tendo os cidadãos direitos que não estavam disponíveis para os outros. Não cidadãos de nascimento livre podiam, individual ou coletivamente, receber cidadania romana. Assim a sociedade romana era, ao mesmo tempo, caracterizada por divisões e pela possibilidade de mobilidade, ou seja, um escravo podia deixar de ser escravo e tornar-se livre e um não cidadão podia tornar-se cidadão. Como cidadão, tinha direito, por exemplo, de ser eleito para exercer alguma magistratura, o que ocorria com relativa frequência, demonstrando a mobilidade social no mundo romano.

*Fonte:* FUNARI, P. P. *Grécia e Roma.* São Paulo: Contexto, 2001. p. 94.

# A República e suas instituições (509 a.C.-27 a.C.)

A República consolidou o poder da aristocracia rural, proprietária de escravos e de grandes extensões de terras. No entanto, os patrícios cuidaram para que o poder político não se concentrasse nas mãos de uma única pessoa. A República (*res publica*, em latim, significa "coisa pública") tinha diversas instituições políticas, todas elas, inicialmente, exercidas por patrícios.

As relações de poder na sociedade republicana estavam a cargo de divisões estabelecidas pela administração pública. O **Senado** tornou-se o principal órgão da República, preparando leis e decidindo todas as questões importantes da política interna e externa do Estado. Contava inicialmente com 300 patrícios e seus cargos eram vitalícios; as **Assembleias** (curial e tribal, esta última surgiu para atender à plebe) eram responsáveis pela votação de projetos, assuntos religiosos e pela nomeação de representantes a cargos públicos. Uma dessas Assembleias, a **Centuriata**, elegia a Magistratura, ou seja, o conjunto dos mais altos e importantes cargos governamentais. Os **magistrados** eram eleitos por um período determinado.

Na hierarquia da Magistratura,

- os *cônsules* eram os mais importantes, pois presidiam o Senado e a Assembleia, sendo sempre dois cônsules eleitos para o mandato de um ano;
- os *pretores* se encarregavam da administração da justiça;
- os *censores* elaboravam a contagem da população e definiam critérios que consideravam a renda anual dos cidadãos;
- os *edis* eram responsáveis pelas questões referentes ao espaço urbano; e
- os *questores* controlavam o Tesouro público.

Essa estrutura política, comandada pelos patrícios, marginalizava a maioria da sociedade, que era formada por plebeus. A servidão por dívidas exasperava a população e tornava ainda mais tensas as relações sociais. Os plebeus desejavam a igualdade de direitos e, em um ambiente convulsionado, rebelaram-se.

A escultura retrata um patrício membro de uma das mais aristocráticas e importantes famílias romanas no século I a.C. Nas mãos estão ancestrais seus. Museu Capitolino, Roma.

**Órgão máximo de poder durante a República**, formado pelos cidadãos mais antigos, que deliberavam sobre as ações dos magistrados

**SENADO**

**MAGISTRADOS** propunham leis; administravam a República

2 cônsules: convocavam o Senado, comandavam o exército

censores: responsáveis pela contagem da população, averiguação de sua renda e dos bons costumes

Pretores: administradores da justiça

Edis: encarregados do policiamento e abastecimento urbano

Questores: encarregados do Tesouro público

Tribunos da plebe: representantes do povo

**ASSEMBLEIA DA PLEBE** votava as leis e elegia os magistrados

**NÃO CIDADÃOS:** mulheres, crianças, escravos

O cidadão da República romana era um homem livre que possuía direitos, os quais eram vetados a mulheres, estrangeiros e escravos.

Em 494 a.C., a população que trabalhava na agricultura, nas cidades como artesãos, em serviços domésticos e nas fileiras do exército, passou a reivindicar mudanças no sistema político romano. Entre as solicitações estava o abrandamento do regime de dívidas, uma lei comum para toda população, a autorização de casamentos mistos e, na esfera política, o acesso ao Senado por meio de um representante eleito pela plebe. Nessa data, os **plebeus rebelados** usaram a sua principal arma para obter concessões dos patrícios: abandonaram a cidade e com isso deixaram de realizar atividades fundamentais como trabalhar, servir o exército e recolher impostos. Retirados na região conhecida como Monte Sagrado, os plebeus forçaram o atendimento de suas reivindicações e ampliaram sua participação no sistema jurídico e político de Roma.

A mobilização da plebe era vista pelos patrícios como uma grave ameaça às relações políticas, econômicas e sociais vigentes naquele momento. Diante disso, os governantes fizeram uma revisão na concessão de direitos aos plebeus, e, assim, houve a criação do cargo de **tribuno da plebe**. Esse novo cargo público colocava os plebeus mais próximos da vida política, por meio de um representante com poder de veto nas decisões do Senado relativas aos interesses dos plebeus. Isso acontecia exceto nos períodos de guerra e de grave perturbação social, quando o poder passava a ser exercido por um ditador indicado pelos cônsules, que podia exercer o poder de forma absoluta durante o período máximo de seis meses.

Mantendo um caráter oligárquico, à medida que Roma ampliava o seu território, os patrícios se apropriavam da maior parte das terras dos povos conquistados, ameaçando os pequenos proprietários e levando muitos deles à escravidão por dívidas.

No ano de 450 a.C., por pressão da plebe foi escrito o primeiro código legal, a **Lei das Doze Tábuas**, que ao ser acessível a toda população poderia inibir arbitrariedades que pudessem ser praticadas pelo desconhecimento da lei.

Mas nem todas as questões referentes aos interesses da plebe foram resolvidas, perdurando, por exemplo, a escravidão por dívidas, que só foi suspensa em 367 a.C. com as **Leis Licínias**, que também garantiram que um dos cônsules seria plebeu, além de possibilitar aos plebeus o acesso às terras conquistadas por Roma no seu modelo expansionista.

Gradativamente, a plebe foi conquistando direitos na sociedade romana, fato que ocasionou certa mobilidade social. Outra conquista atribuída à inclusão da plebe na sociedade romana foi o casamento entre patrícios e plebeus formalizado em 445 a.C. pela **Lei Canuleia**. Por essa lei muitos plebeus enriquecidos passaram a integrar a nobreza romana.

> **Ditador:** o termo ditador no mundo romano tem diferenças com a aplicação do termo que fazemos na atualidade. No mundo romano, era aquele que tinha o poder de "ditar as leis" durante um período breve. Na atualidade, no entanto, o conceito refere-se aos que usurpam o poder constitucional, desrespeitando princípios e direitos vigentes.

## *Vivendo seu tempo*

### A função política do casamento

Por que as pessoas se casavam? Para esposar um dote (era um dos meios honrosos de enriquecer) e para ter, em justas bodas, rebentos que, sendo legítimos, recolheriam a sucessão, e perpetuariam o corpo cívico, o núcleo dos cidadãos. Os políticos não falavam exatamente em natalismo, futura mão de obra, mas em sustento do núcleo de cidadãos que fazia a cidade perdurar exercendo a "função de cidadão" ou devendo exercê-la.

*Fonte:* ARIÈS, P.; DUBY, G. *História da Vida Privada*. São Paulo: Companhia das Letras, 1990. v. 1, p. 47.

## A expansão de Roma

Enquanto as transformações no interior da sociedade romana ganhavam proporções e asseguravam direitos aos plebeus, Roma implementou uma grande ação expansionista territorial, incorporando grandes áreas não só europeias, como também do norte da África e na Ásia.

Entre os séculos V a.C. e III a.C., o primeiro grande feito romano se concretizou: eles dominaram toda a península itálica, acabando, assim, com ameaças regionais e garantindo o abastecimento de produtos essenciais à população de Roma.

Em seguida, dirigiram-se para o norte da África, mais precisamente para a cidade de Cartago, de origem fenícia, com uma população estimada em 250 mil habitantes. Essa cidade tinha uma posição estratégica na ligação entre o Mediterrâneo ocidental e o oriental, e tinha colônias na Córsega, Sicília, Sardenha e até mesmo na península ibérica, dominando o comércio marítimo. O interesse romano pelas terras férteis da Sicília, bem como a pretensão de destituir a hegemonia cartaginesa no Mediterrâneo, desencadeou sucessivas guerras de conquistas, conhecidas como **Guerras Púnicas** (os romanos chamavam os fenícios de "punos"), entre os anos de 264 a.C. e 146 a.C.:

○ **Primeira Guerra Púnica (264-241 a.C.)** – Tendo acabado de consolidar a liderança do território italiano, Roma entrou em guerra contra Cartago, fundada pelos fenícios por volta de 800 a.C., cidade que tinha uma próspera estrutura comercial pelo norte da África e no Mediterrâneo. Receosa de que Cartago pudesse avançar pelo território da Sicília, Roma aproveitou-se de uma disputa entre italiotas e habitantes cartagineses daquela ilha e, em 264 a.C., entrou em guerra contra Cartago. Depois de 23 anos de batalhas, Roma venceu a batalha decisiva, realizada na ilha de Égales. Lideradas por Amílcar Barca, as forças cartaginesas tiveram de pagar um pesado tributo aos vencedores e entregar a Roma as ilhas da Sicília, da Córsega e da Sardenha. Era o início da construção de um imenso domínio territorial empreendido pelos romanos.

○ **Segunda Guerra Púnica (218-201 a.C.)** – Mesmo derrotada, Cartago ainda mantinha importantes domínios territoriais, e passou a explorar as minas de prata da Espanha. Essa ação cartaginesa desagradava a Roma e, na tentativa de evitar novas guerras, uma delegação romana chegou a ser enviada a Cartago com o objetivo de delimitar as áreas de influência dos dois contendores. Porém, a iniciativa não obteve êxito e, em 216 a.C., Aníbal Barca, filho de Amílcar, partiu de Cartago com uma força de 60 mil homens, quase 10 mil cavalos e grande número de elefantes. O exército cartaginês rumou na direção norte e, depois de atravessar os Alpes, surpreendeu e derrotou os romanos, conseguindo chegar perto de Roma. Entretanto, Aníbal não tinha força suficiente para entrar em Roma.

O exército romano armou uma estratégia para evitar grandes batalhas, pois estava enfraquecido. Enquanto suas esquadras vigiavam o Mediterrâneo para que Aníbal não recebesse reforços, os romanos foram reconquistando posições e conseguiram chegar a Cartago. Sem ter como atingir o centro da República, Aníbal viu-se fragilizado e retornou a Cartago para defender sua cidade. Em 201 a.C. as tropas romanas venceram a batalha, lideradas por Cipião, o Africano, que recebera essa designação devido à sua ação militar na África.

A SEGUNDA GUERRA PÚNICA (218-201 a.C.)

○ **Terceira Guerra Púnica (149-146 a.C.)** – O domínio romano no Mediterrâneo já era evidente, mas para demonstrar sua força Roma impôs, no acordo de paz, que Cartago só poderia entrar em uma batalha com a aprovação do Senado. Os romanos passaram a dominar outras áreas no Mediterrâneo. A terceira e última guerra foi iniciada com uma estratégia diplomática: os romanos estimularam a invasão de Cartago pelos vizinhos da Numídia e, com a reação dos cartagineses, sem a aprovação de Roma, as tropas romanas tiveram o pretexto para guerrear. O que mais pesou para os romanos foi sua vontade de aniquilar a cidade (a expressão "Delenda est Carthago", que significa "destrua Cartago", é dessa época). A cidade foi totalmente destruída, seus habitantes, escravizados e as terras conquistadas, divididas entre os invasores. Roma ganhou o domínio do Mediterrâneo Ocidental.

Dizimada Cartago, removeu-se o principal entrave à expansão romana. Assim, seus exércitos tomaram, entre os séculos II e I a.C., várias localidades, como Macedônia, Síria, Grécia, península ibérica, Gália Transalpina, Egito.

## As mudanças depois da expansão

Essa enorme expansão territorial trouxe profundas modificações na sociedade romana estabelecida na península itálica. A riqueza vinda dos territórios conquistados, bem como o número de escravos, aumentou significativamente. Os escravos foram largamente utilizados na agricultura, na produção de alimentos e também nas atividades urbanas. O resultado foi um grande êxodo rural, pois a mão de obra escrava usada por grandes proprietários inviabilizou as atividades dos pequenos produtores, levando-os à falência. Nas cidades, os escravos substituíram em dezenas de atividades a mão de obra livre, gerando grande desemprego nas zonas urbanas.

Das relações comerciais de Roma com as províncias conquistadas, surgiu uma camada de grandes comerciantes romanos que intermediavam artigos para o consumo e que concentraram grandes fortunas. Esses comerciantes queriam participar da vida política, fazendo, assim, valer seus interesses, e ansiavam influenciar os destinos de Roma.

O poder oligárquico dos patrícios estava ameaçado pelas pressões exercidas pelos camponeses, destituídos de suas terras, e também pela participação dos grandes comerciantes na política. A desigualdade social, a falta de terra para os cidadãos romanos, o crescimento desordenado das cidades e o empobrecimento dos menos favorecidos fizeram com que a tensão social aumentasse.

Nesse contexto de turbulência social em que se opunham os interesses da oligarquia republicana, formada pelos patrícios, e dos plebeus, dois tribunos da plebe, os irmãos **Tibério** e **Caio Graco**, tentaram solucionar a crise, propondo a **reforma agrária**, ou seja, a distribuição de terras públicas para os que estavam desempregados em 133 a.C.

Escravos romanos da África do Norte. Mosaico do século III a.C. Museu de Tipasa, Argélia.

Essa reforma proposta pelos irmãos Graco desagradou profundamente aos patrícios que, em 132 a.C., inviabilizaram a concretização da distribuição de terras, vetando a reforma agrária. A reação patrícia culminou com o assassinato de Tibério Graco e centenas de seguidores dele.

Dez anos depois, Caio Graco, reeleito tribuno da plebe, retomou o projeto de reforma agrária, como também propôs uma série de medidas voltadas para atender às necessidades da plebe, como a **Lei Frumentária**, que estabeleceu preços menores para o trigo. A reação dos patrícios no Senado foi de firme oposição a essas propostas de cunho social. A situação tornou-se tensa, com choques entre patrícios e plebeus. O resultado foi a morte de Caio Graco e a prisão de muitos de seus correligionários.

Essas atitudes, e outras que visavam impedir o crescimento ou as ações dos excluídos da sociedade romana, como os escravos e os ex-pequenos proprietários, não foram suficientes para evitar o acirramento das tensões sociais em Roma. A convulsão social enfraqueceu a República.

## A crise da República

Roma dominava grande parte do mundo conhecido, e os militares exerciam uma função importante para manter esse vasto território sob as ordens dos governantes romanos. As glórias conquistadas pelo exército romano se transformaram em intervenções diretas na política republicana, na medida em que o prestígio dos militares acabou levando-os a ocupar cargos políticos.

Diante desse clima de grande instabilidade social em que se encontrava Roma, surgiram governantes de altas patentes militares, os generais **Mário** e **Sila**, o primeiro identificado com as aspirações sociais das camadas inferiores e o segundo representando os interesses conservadores dos patrícios. Com o choque de interesses, houve conflitos e Sila conseguiu derrotar Mário, que em 89 a.C. foi morto. Sila proclamou-se **Ditador**.

As medidas adotadas pela ditadura de Sila foram antipopulares. A princípio anulou o poder dos Tribunos da Plebe, limitou os direitos da assembleia popular, entregou a justiça nas mãos da aristocracia senatorial e perseguiu e assassinou os seguidores de Mário.

## Os triunviratos

Em 79 a.C., Sila, já com idade avançada, renunciou. Os anos seguintes foram de grande turbulência política e, assim, em 60 a.C. formou-se o **Primeiro Triunvirato**, um governo formado por uma junta militar.

O **Primeiro Triunvirato** era formado pelos generais Júlio César, Pompeu e Crasso, que estabeleceram uma nova forma de administração na política, com a administração partilhada. Com a morte de Crasso, em 53 a.C., durante uma batalha, o governo desestabilizou-se e Pompeu e Júlio César disputaram o poder.

A vitória de César trouxe a centralização do poder e ele se autoproclamou, em 46 a.C., **Ditador Vitalício**. O Senado não via com bons olhos o grau de poder que Júlio César concentrou. Assim, em 44 a.C., se insurgiu e o resultado da conspiração foi o assassinato de César por Brutus e Cássio no edifício do Senado. Os assassinos disseram ter agido assim para defender a República.

Sila, descendente de uma tradicional família patrícia, adotou medidas que fortaleciam o poder do Senado. Carecendo de apoio entre outros segmentos romanos, Sila abdicou em 79 a.C., iniciando-se um período de grande agitação política. Busto de Sila exposto no Museu da Civilização Romana, em Roma.

Júlio César derrotou seus inimigos e tornou-se o todo-poderoso de Roma. Essa tela de Adolphe Yvon, *César* (1875), está exposta no Museu de Belas Artes de Arras, França. No século XIX, a temática dos grandes impérios e as figuras dos grandes líderes da Antiguidade foram frequentes nas artes e nos discursos políticos.

O resultado não foi o esperado pela elite romana que visava à restauração de seu poder político. Em meio à comoção popular provocada pela morte de César, subiu ao poder o **Segundo Triunvirato**, formado por seus partidários: Marco Antônio, um de seus mais fiéis generais; Otávio, sobrinho de César; e Lépido, chefe dos cavaleiros.

O Segundo Triunvirato deu continuidade à estrutura da política romana, impedindo que o poder passasse às mãos do Senado e estabelecendo novas divisões territoriais e administrativas. Mas, tal como no primeiro triunvirato, o equilíbrio não perdurou: Lépido foi afastado, Marco Antônio ficou com o comando do Oriente e Otávio, com o do Ocidente.

Marco Antônio, que tinha estabelecido uma aliança com a rainha egípcia Cleópatra, rompeu com Otávio, dando início a uma guerra, que foi vencida pelas tropas de Otávio em 32 a.C., e que resultou na ocupação e transformação do Egito em província romana. Otávio surgia como o único governante de Roma, sem ninguém capaz de lhe fazer sombra. Assim, recebeu os títulos de príncipe e de imperador concedidos pelo Senado e se intitulou *Augustus*, o divino, inaugurando, assim, o **Império Romano**.

# O Império (27 a.C.-476 d.C.)

## O Alto Império (século I a.C.-III d.C.)

A supremacia militar conquistada pelas legiões romanas nas províncias distantes de Roma legitimou a ascensão política de generais que concentraram títulos e poderes, dando ao Império Romano características monárquicas, distantes da República, que foi estruturada a partir de uma participação mais efetiva do cidadão na vida política.

Com Otávio **Augusto**, o Império Romano conheceu momentos de intenso desenvolvimento econômico estruturado no uso da mão de obra escrava e na fundação de colônias agrícolas na Itália e nas províncias. O comércio romano foi incentivado pelo aperfeiçoamento de portos e estradas, pela cunhagem de moedas de ouro e prata, e ainda contou com o uso do latim como língua oficial, na tentativa de unificar o Império. Augusto habilmente conduziu a nobreza e cavaleiros para uma aproximação; estabeleceu uma política de entreter as massas, oferecendo "pão e circo".

O governo de Augusto foi marcado pelo florescimento das artes, em especial as letras, que foram patrocinadas por Mecenas, seu auxiliar direto. Nesse *século de ouro*, destacaram-se o poeta Virgílio, o escritor Horácio e o historiador Tito Lívio.

Foi durante o governo de Augusto que nasceu Jesus Cristo, na Palestina, que com seus ensinamentos modificou a história e a maneira de pensar do Ocidente, a partir da difusão da religião cristã.

O **Alto Império** (século I a.C. a III d.C.) demarcou o apogeu de Roma por meio de conquistas territoriais e de uma sociedade baseada no escravismo que contou ainda com um poderoso exército que, dividido em legiões, organizou efetivos nas províncias.

O poder da máquina de guerra romana e a centralização político-administrativa deram ao Império períodos de certa estabilidade e prosperidade, constituindo a *Pax Romana*, que durou até o segundo século da era cristã.

Após a morte de Otávio Augusto em 14 d.C., uma sucessão de dinastias ocupou o poder até 235 da nossa era. Entre os imperadores que se destacaram estava Nero, que, por volta do ano 64, foi responsável pelas primeiras perseguições aos cristãos, que adoravam um único Deus e não aos deuses romanos, tornando-se, assim, inimigos da ordem social. Também é creditado a Nero o período de maior ebulição em termos de observação das regras sociais e de grande desagregação moral e política.

Os combates entre gladiadores faziam parte de uma política que visava entreter as massas, desviando, assim, o foco de suas mais prementes necessidades. Mosaico do século II. Galeria Borghese, Roma.

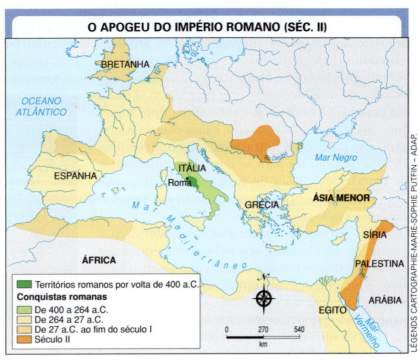

O APOGEU DO IMPÉRIO ROMANO (SÉC. II)

Territórios romanos por volta de 400 a.C.
**Conquistas romanas**
De 400 a 264 a.C.
De 264 a 27 a.C.
De 27 a.C. ao fim do século I
Século II

LÉGENDS CARTOGRAPHIE-MARIE-SOPHIE PUTFIN – ADAP.

## O início do fim – O Baixo Império (século III d.C.-V d.C.)

A centralização de poder, que foi uma característica no governo de Otávio Augusto, começou a ruir diante das dimensões que alcançou o Império Romano, pois para manter sob a sua tutela povos de cultura e costumes diferentes era necessário um grande esforço de um enorme contingente de soldados romanos nos mais distantes rincões do Império. Essas legiões de romanos eram sustentadas pelo Estado, consumindo grandes quantias todos os anos.

A economia do Império foi sustentada basicamente pela mão de obra escrava vinda dos territórios conquistados. Porém, entre os anos de 96 e 192 a política expansionista de Roma já apresentava um refluxo diante de um Império que chegara ao ponto máximo de sua extensão.

Esse refluxo influenciou diretamente as atividades econômicas romanas, em especial a agricultura e a pecuária. A escassez na oferta de escravos, por exemplo, teve reflexos nos custos dessa mão de obra, que se tornou extremamente cara. O resultado foi o crescimento do **trabalho livre** que era a opção mais barata e foi gradualmente substituindo o escravismo pelo sistema de **colonato**, pelo qual homens livres empobrecidos iam trabalhar como colonos nas terras de grandes proprietários em troca de sobrevivência e proteção. Criava-se uma dependência dos colonos em relação aos grandes latifundiários, que não podiam deixar a terra onde trabalhavam. Essa dependência era hereditária, ou seja, passava de pai para filho.

A crise pela qual o Império passava interferiu na produção de alimentos, ocorrendo um aumento geral de preços e, consequentemente, uma grande pressão inflacionária, acompanhada por uma drástica redução no consumo urbano e uma sangria de riquezas em direção ao Oriente, na compra de produtos daquela região. Essa situação caótica provocou uma fuga das cidades em direção ao campo.

As camadas sociais que tinham atingido grande destaque na estrutura do Império iniciaram a disputa pelo poder. Essas lutas envolveram os senadores e os chefes militares e comprometeram a unidade do Império, desarticulando as forças militares encarregadas da defesa das fronteiras e facilitando, assim, a pressão dos grupos bárbaros que viviam nas fronteiras europeias do Império.

Mas qual seria a saída para a crise que começava a se instaurar nas longínquas fronteiras do Império, tendo repercussão em toda a máquina político-administrativa romana?

O imperador Diocleciano (284-305) buscou adotar medidas políticas e administrativas para contornar a grave crise que assolava o Império que se estendia da Britânia à Ásia Menor. Diocleciano criou o **Édito Máximo**, fixando os preços das mercadorias e salários, na tentativa de combater os efeitos gerados pela inflação e o desabastecimento.

De ordem política, foi criada a **Tetrarquia**, dividindo o Império entre quatro generais, inibindo a participação do Senado.

Em 286, Diocleciano consolidou a divisão do Império, assumindo a administração do Oriente, enquanto o Ocidente foi administrado por Maximiano. Diocleciano e Maximiano contaram com o auxílio de dois auxiliares que receberam o título de **césares**. O Império Romano tinha dois augustos, Diocleciano e Maximiano, e dois césares, Constâncio e Galério. A Tetrarquia constituiu-se uma divisão de poderes para se conseguir administrar as grandes extensões de Roma. Muitas intervenções militares ocorreram no período e o Império foi conservado.

A Tetrarquia, no entanto, não sobreviveu à morte de Diocleciano, voltando o Império a ser administrado por um só homem. Após diversas batalhas, o imperador Constantino pôs fim à Tetrarquia e voltou a reinar sozinho, fundando em 330 a nova capital do Império, **Constantinopla** (atual Istambul).

A escolha esteve voltada para a situação econômica e política apresentada pela parte oriental do Império que não teve na escravidão um modo de produção predominante, uma vez que sua economia era mais diversificada e menos vulnerável às invasões bárbaras, presentes no Ocidente.

Em 313, Constantino tomou uma medida, registrada no **Édito de Milão**, que pôs fim à perseguição aos cristãos, concedendo-lhes liberdade religiosa, permitindo que construíssem igrejas para seus cultos. Vejamos um trecho desse documento no quadro abaixo:

O exército romano protegendo as fronteiras do Império sobre o rio Danúbio. O relevo é parte da Coluna de Trajano, construída no século II em Roma. O monumento tem 30 metros de altura e os principais episódios militares foram nele representados. A época de Trajano (98--117) é considerada importante pelas vitórias militares e por fortalecer as atividades econômicas que antecederam ao período das maiores expansões do Império.

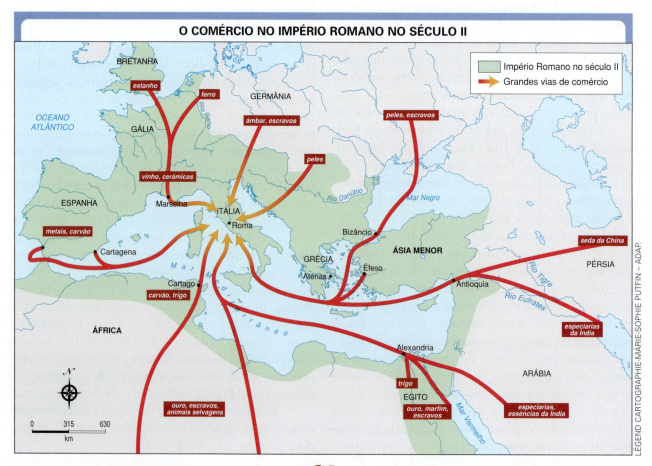

O COMÉRCIO NO IMPÉRIO ROMANO NO SÉCULO II

Império Romano no século II
Grandes vias de comércio

## As invasões bárbaras

O Império do Ocidente assistia à desintegração de suas estruturas e ao avanço dos povos bárbaros, como eram chamados os que não pertenciam ao mundo romano. A pressão exercida pelos hunos, povos das estepes russas, sobre outros povos, como os germanos, visigodos e ostrogodos, levou à abertura das fronteiras romanas. Uma vez dentro das fronteiras, os bárbaros enfrentaram dificuldades, tanto por questões econômicas como por questões políticas. Os germanos, por exemplo, tinham uma organização mais simples, com regras baseadas no princípio consuetudinário (costumes) e se chocavam com os princípios romanos de direito. Diante de maus-tratos praticados por oficiais romanos, os bárbaros se rebelaram.

Episódios como saques e a pressão de outros povos nas fronteiras mostravam a fragilidade do Império.

O Imperador Teodósio tentou conter a erosão do Império. Adotou medidas como a transformação do cristianismo em religião oficial do Império, pelo **Édito de Tessalônica**, em 391. E também dividiu o Império Romano em dois: o do Oriente, com capital em Constantinopla, e o do Ocidente, com capital em Roma.

Décadas mais tarde, o Império do Ocidente chegaria ao fim com a tomada de Roma pelos bárbaros no ano de 476.

## O nascimento do cristianismo

Não podemos entender a desagregação e queda do Império Romano sem considerarmos a força dos ensinamentos de Jesus Cristo, condensados na doutrina conhecida como **cristianismo**.

Os ensinamentos de Cristo chegaram até nós pelos Evangelhos, escritos após a morte de Jesus, e que contam sua vida e sua ação religiosa. Segundo esses textos, Cristo nasceu durante o reinado de Augusto, em Belém de Judá, na Palestina, em uma região conhecida como Galileia, dominada pelos romanos desde 40 a.C.

Nessa região viviam os judeus que, segundo os livros do Antigo Testamento, seriam redimidos pela vinda de um salvador, ou Messias, que nasceria em Belém de Judá. Segundo a tradição cristã, Jesus nasceu em uma família pobre e foi aclamado como o Messias profetizado há séculos pela crença judaica. Com 30 anos de idade, Jesus escolheu doze apóstolos que o seguiram e iniciou sua pregação, calcada na existência de um Deus único, na igualdade entre os filhos de Deus, na prática das bem-aventuranças como a caridade, prometendo a vida eterna para os justos e tementes a Deus. Cristo dizia ser o filho de Deus e que seu reino não era deste mundo. Suas pregações tiveram eco nas camadas mais pobres, que viviam com muita dificuldade dentro de uma área anexada pelos romanos.

A pregação de Jesus era incômoda para as práticas do Império Romano. Propunha a adoração de um só Deus, em contraposição ao politeísmo romano; acolhia os fracos e oprimidos, dando-lhes a perspectiva de uma vida melhor depois da morte; questionava a divindade do imperador e se opunha à violência, uma das principais características do Império Romano expansionista. Além do mais, também pôs em xeque a autoridade local dos altos rabinos judeus, desestabilizando a hierarquia constituída tanto no mundo judeu como para as autoridades romanas. Jesus Cristo foi condenado à morte em uma cruz, uma das piores punições existentes à época. Para a tradição cristã era o cumprimento de uma etapa do plano divino: a de que Deus enviaria o seu próprio filho para restituir a Aliança entre Deus e os homens, rompida pelo pecado descrito no livro do Gênesis, o primeiro livro da Bíblia.

Dois símbolos do cristianismo são a própria cruz, remetendo à morte e o sacrifício de Jesus Cristo, e o peixe, que em grego é ICHTUS e foi usado pelos cristãos por ser as letras iniciais de Iesous Christos Theou Uios Sôter (Jesus Cristo, Filho de Deus, Salvador). Museu do Louvre, Paris.

Após a morte de Jesus, aos 33 anos, seus apóstolos e seguidores propagaram o cristianismo, que logo se espalhou pelo vasto Império Romano. Um dos propagadores do cristianismo foi Paulo de Tarso (também conhecido como São Paulo): ele pregou a conversão dos povos ao cristianismo, ajudou a propagar a religião em suas viagens missionárias e a fundar comunidades cristãs. O registro das primeiras comunidades está no livro dos Atos dos Apóstolos e as orientações missionárias de Paulo estão nas Epístolas (Cartas), que compõem o Novo Testamento, parte integrante da Bíblia cristã.

Oração de uma família cristã representada na catacumba de São Genaro, Nápoles, Itália.

# A cultura romana

Os costumes e as práticas culturais romanos refletem a expansão territorial romana, pois incorporaram elementos dos povos conquistados. A Grécia do período helenista, em particular, influenciou os romanos. Os deuses gregos sofreram mudança de nome em Roma (o Zeus grego virou o Júpiter romano, por exemplo).

A **arquitetura** grega, com a construção de colunas, foi utilizada em larga escala no Império, em geral em proporções bem maiores do que na Grécia. Mas os etruscos também contribuíram para o desenvolvimento da arquitetura com a construção de arcos e abóbadas.

Em cidades como Pompeia e Herculano, as casas das famílias mais ricas tinham jardins e em seu interior eram embelezadas com **mosaicos** ou com **murais pintados**. O lugar mais decorado era o local acessível aos visitantes. Os jardins eram espaços importantes nas residências e eram utilizados para as refeições de seus habitantes, sobretudo em virtude das altas temperaturas das regiões próximas ao Mediterrâneo.

A **urbanização** foi uma grande realização dos romanos. Esgotos, calçadas, áreas públicas e a presença de mercados faziam parte das construções nas cidades romanas. Para a diversão pública construíram-se grandes edifícios, dos quais o mais famoso é o **Coliseu**, na cidade de Roma. O

**Panteão** é outro grande exemplo da arquitetura em Roma: a suntuosidade e a harmonia do edifício destacam-se nesse monumento aos deuses. Monumentos que glorificavam os êxitos nas campanhas militares, como **arcos do triunfo**, também marcaram as cidades romanas.

Na **literatura**, a época mais importante é o período do imperador Augusto. O final da República e início do Império foi marcado pelas obras de Cícero, Virgílio, Ovídio e as obras históricas de Tito Lívio.

O **Direito** é outra grande contribuição dos romanos. A presença de um sistema legislativo (*Júris Civilis*) era fundamental para poder administrar um vasto território. Muitos princípios romanos de direito estão presentes até hoje nas legislações dos países, como, por exemplo, *in dubio pro reo*: na dúvida, absolva-se o réu; *dura lex, sed lex*: a lei é dura, mas é a lei.

A **língua** romana era o latim, que se espalhou por toda a Europa e deu origem a várias línguas atuais, como português, espanhol, francês e italiano.

O Coliseu foi construído no século I e abrigava 70 mil pessoas. Era o principal palco do mundo romano, onde se travavam as lutas de gladiadores contra animais. Símbolo da grandiosidade romana, é um dos principais monumentos da cidade. Durante os períodos medieval e moderno, no entanto, ele foi utilizado como fonte de material de construção. Apenas em meados do século XVIII cessou a exploração do local. Essa informação é relevante, pois o que as pessoas consideram como um patrimônio a ser preservado nem sempre é assim reconhecido em um primeiro instante.

COREL CORP

## Ao despedir-se da Antiguidade

O mundo clássico antigo é uma grande entidade para despedir-se dela. Como acabou tudo? Ou deveríamos perguntar como é que sobreviveu tanto tempo? O que é que distingue a história "antiga" da que chamamos medieval ou moderna? (...) A rocha em que está talhada a civilização ocidental é o velho mundo mediterrâneo, começando pelas realizações em seu extremo oriental, o vale do Nilo, os mundos assírio e persa, a Judeia, porém logo transladando seu ponto de gravidade para o Oeste: primeiro a Grécia, com seu apogeu nos séculos IV e V a.C., e logo os romanos, cujo poder por fim se rende ante a energia dos bárbaros desprezados (...) do norte e noroeste.

Ainda assim, as invasões bárbaras do século V d.C. não conseguem marcar um final decisivo das estruturas e valores da Grécia e Roma clássicas. Se por "fim do mundo clássico" entendemos a perda de uma posição singularmente privilegiada dos clássicos gregos e latinos na educação e cultura ocidentais, então a mudança não pode ser descrita como tão decisiva até o século XX, uma era em que forças poderosas são inimigas da mesma noção de "clássico" do passado proporcionando um modelo ou critério para julgar o presente. Inclusive, ao aproximar-se do final do século XX, o continuado centralismo de Roma e do velho mundo mediterrâneo mantém pelo menos um símbolo vivo e sem diminuição no papado, que preside uma comunidade de mais de 700 milhões de pessoas, a maioria dos quais não vive na Europa. Até tempos recentes a renovação da cultura ocidental tem estado vinculada a certos contatos diretos com as fontes primeiras desta cultura na Antiguidade: a filosofia grega, o direito e a administração romanos e o universalismo que emana do monoteísmo bíblico.

Isto não quer dizer que estas três fontes principais sejam ou foram, em seu tempo, sentidas totalmente em harmonia ou que cooperassem entre si. Os romanos, desde Cícero até o papa Gregório Magno, consideravam os gregos como muito sagazes para serem honrados. Os gregos, como fica claro em Plutarco, admiravam os romanos, mas não apreciavam muito ser conquistados por eles e preferiam seu próprio governo incompetente à eficácia e justiça romanas. O monoteísmo cristão representava uma ameaça que rompia com os imemoriais cultos locais e com costumes sociais por todo o Império, e encontrou uma resistência potente em forma de filosofia crítica e perseguição pelo Estado.

*Fonte:* CHADWICK, H. Al despedirse de la Antigüedad. In: BOARDMAN, J.; GRIFFIN, J.; MURRAY, O. (orgs.) *Historia Oxford del Mundo Clásico.* Madri: Alianza Editorial, 1998. v. 2, p. 919-920.

**1)** Identifique os três principais aspectos de Antiguidade clássica que são visíveis nos tempos atuais.

CORTESIA EYERETT COLLECTION/EVERETT/LATINSTOCK

A agricultura, a escrita, as cidades e a forma de organização política, as práticas religiosas de judeus e cristãos, os jogos olímpicos e a arquitetura são algumas das contribuições do mundo antigo que estão presentes na atualidade. Algumas construções recentes, como o prédio da Suprema Corte, em Washington (EUA), e o estádio conhecido como "Ninho de Pássaro", em Pequim (China), são obras monumentais que se referem a grandes instituições e eventos que tiveram origem na Antiguidade.

# Cinemateca

**Spartacus** (2004, EUA. dir.: Robert Dornhelm) A trajetória de Spartacus, que de escravo se tornou líder de uma rebelião que ameaçou o poder do Império Romano.

**Gladiador** (2000, EUA, dir.: Ridley Scott) Épico, ambientado na Roma Antiga, que trata de um gladiador nas arenas romanas.

**Ben-Hur** (1959, EUA, dir.: William Wyler) A epopeia de um mercador judeu escravizado por seu amigo de infância e que consegue uma chance única para se vingar.

# Revisitando a História

**1.** Como se dividia a sociedade romana nos tempos da Monarquia?

**2.** "A reforma agrária proposta pelos irmãos Graco desagradou profundamente aos patrícios, pois ela contrariava seus interesses." Analise e justifique a frase no contexto do mundo romano.

**3.** "[Um] aspecto importante da cidadania na vida pública consistia nos jogos de gladiadores. Pode parecer estranho relacionar cidadania e esses jogos sangrentos, mas esses espetáculos foram importantes na afirmação da cidadania. (…). Era sempre a luta da civilização contra a barbárie, (…), um meio público de mostrar que a sociedade domina as forças da natureza e da perversão social. (…). Ao contrário do que se vê em filmes, a luta dos gladiadores não se destinava à mera diversão do povo, nem a luta era até a morte. (…). A decisão [sobre a vida do perdedor] estava nas mãos da multidão (…). O princípio de soberania popular manifestava-se na arena, de forma direta e incisiva. Se nas eleições as mulheres não tinham direito ao voto, na arena todos podiam manifestar-se (…)."

FUNARI, P. P. "A cidadania entre os romanos". In: PINSKY, J.; PINSKY, C. B. (orgs.) *História da Cidadania*. São Paulo: Contexto, 2003.

a) O que foi a política do "pão e circo"?
b) De que maneira o texto anterior modifica a visão tradicional a respeito da política do "pão e circo"?
c) Relacione o texto com o mosaico das páginas 92-93.

**4.** Relacione as instruções às formas de trabalho da República romana.

**5.** Quais os motivos que levaram à escolha de Constantinopla para sediar a nova capital do Império Romano?

**6.** À medida que o Império Romano se expandia, dentro de suas fronteiras crescia uma nova religião de origem judaica e oriental: o cristianismo. A política imperial romana, que buscava incluir os diversos povos que viviam nas fronteiras do Império, com o tempo passou a perseguir e matar cristãos.

a) Por que o cristianismo foi perseguido pelos romanos? Que traços da crença e cultura cristãs se chocavam com os preceitos romanos?
b) Quais as consequências do Édito de Milão (em 313) para os cristãos?

# Analise esta imagem

Mais de oitenta estátuas, apenas na cidade de Roma, foram edificadas para homenagear Otávio Augusto, sendo que esta, chamada de Prima Porta por ter sido localizada nessa região nos arredores de Roma, é considerada a mais importante. O fundador do Império é representado nessa estátua de uma forma diferente das estátuas do final do período republicano, nas quais eram comuns apenas os bustos de senadores e cônsules. A estatuária grega exerceu grande influência sobre a romana, porém os romanos foram aperfeiçoando um estilo próprio. Uma das características dessa estatuária era a preocupação com o retrato – eles tinham por hábito fazer máscaras mortuárias e, com base nelas, os escultores poderiam elaborar bustos e esculturas muito fiéis.

a) O que está representado na imagem? Identifique suas principais características.
b) O que é possível analisar a partir da descrição?
c) Quem está representado na escultura? Relacione a exaltação da escultura à importância da figura retratada para a história de Roma.
d) Como são as representações visuais de lideranças políticas hoje em dia? Discuta com seus colegas as diferenças e semelhanças entre as diversas representações atuais e a representação romana de Augusto.

Otávio Augusto, o primeiro imperador romano. Museu do Vaticano, Roma.

# Debatendo ideias

O filósofo Cícero, em sua obra *Da República*, recupera uma citação em que afirma: "Se Roma existe, é por seus homens e seus hábitos". (In: CÍCERO. *Da República*. São Paulo: Abril Cultural, 1973, p. 183. coleção Os Pensadores.). Com base nessa afirmação, discuta com seus colegas:

a) É possível afirmar que a grandeza de uma civilização deriva do seu povo? Justifique a resposta e os principais argumentos do grupo.
b) Que tipo de hábito, cultivado no período republicano, teria auxiliado a grandeza de Roma? Esses hábitos seriam válidos na atualidade? Por quê?

# Questões de vestibular

**1.** (ENEM)

Quem construiu a Tebas de sete portas?
Nos livros estão nomes de reis.
Arrastaram eles os blocos de pedra?
E a Babilônia várias vezes destruída. Quem a reconstruiu tantas vezes?
Em que casas da Lima dourada moravam os construtores?
Para onde foram os pedreiros, na noite em que a Muralha da China ficou pronta?
A grande Roma está cheia de arcos do triunfo.
Quem os ergueu? Sobre quem triunfaram os césares?

BRECHT, B. Perguntas de um trabalhador que lê. *Disponível em:* <http://recantodasletras.uol.com.br>. *Acesso em:* 28 abr. 2010.

Partindo das reflexões de um trabalhador que lê um livro de História, o autor censura a memória construída sobre determinados monumentos e acontecimentos históricos. A crítica refere-se ao fato de que

a) os agentes históricos de determinada sociedade deveriam ser aqueles que realizaram feitos heroicos ou grandiosos e, por isso, ficaram na memória.
b) a História deveria se preocupar em memorizar os nomes de reis ou dos governantes das civilizações que se desenvolveram ao longo do tempo.
c) os grandes monumentos históricos foram construídos por trabalhadores, mas sua memória está vinculada aos governantes das sociedades que os construíram.
d) os trabalhadores consideram que a História é uma ciência de difícil compreensão, pois trata de sociedades antigas e distantes no tempo.
e) as civilizações citadas no texto, embora muito importantes, permanecem sem terem sido alvos de pesquisas históricas.

**2.** (UNESP) Tito Lívio, em *História de Roma*, referindo-se às lutas entre patrícios e plebeus que se estenderam do século V ao IV a.C., escreveu:

... apesar da oposição da nobreza, houve eleições consulares em que Lúcio Séxtio foi nomeado o primeiro cônsul plebeu. A luta, entretanto, não terminara. Os patrícios declararam que não ratificariam essa eleição e esperava-se uma nova secessão da plebe e outras terríveis ameaças de guerra civil quando, finalmente, um acordo apaziguou a discórdia. A nobreza concedia à plebe seu cônsul plebeu, e a plebe concedeu à nobreza o direito de eleger um pretor único, patrício, que seria encarregado de exercer a justiça em Roma.

a) Em 450 a.C., sob a pressão de uma revolta plebeia, os patrícios foram obrigados a escrever as leis que até aquela data eram orais. Que nome receberam estas leis escritas?
b) Como se explica o poder de pressão dos plebeus sobre os patrícios, a ponto de estes últimos serem obrigados a aceitar algumas de suas reivindicações?

**3.** (UFC – CE) O conflito entre dois setores importantes da sociedade romana, plebeus e patrícios, caracterizou a história da República romana desde os primórdios até o estabelecimento do Império. A partir dessa informação e de seus conhecimentos, responda às questões propostas.

a) Apresente três motivos de disputa entre esses dois grupos.
b) Diga se, e de que modo, as desigualdades políticas e sociais entre eles foram resolvidas total ou parcialmente.

**4.** (UFPE) As constantes guerras não impediram feitos culturais importantes na construção da história de Roma. Não podemos negar seu significado para a produção literária ocidental. O poema de Virgílio, *Eneida*:

(0) exaltou as guerras existentes no mundo antigo, ocidental e oriental, com destaque para a bravura militar de Júlio César.
(1) criticou o despotismo dos imperadores romanos, defendendo as instituições democráticas e populares.
(2) consagrou os atos heroicos dos romanos, lembrando os poemas homéricos de grande importância histórica.
(3) descreveu os amores do autor e sua admiração por uma sociedade livre da opressão das monarquias vitalícias.
(4) enalteceu a história de Roma e da Grécia, desde os tempos primordiais, com suas fortes instituições republicanas.

**5.** (UnB – DF) Com a introdução do trabalho escravo em larga escala, o número de plebeus desocupados aumentou. A esta legião de desocupados somou-se o grande número de pequenos agricultores arruinados que se dirigiram para as cidades, especialmente Roma.

CROUZET, M. *História Geral das Civilizações*.

Com o auxílio das informações do texto, julgue os itens seguintes, relativos à Antiguidade romana (V ou F).

(1) A massa dos trabalhadores escravos foi obtida por meio das conquistas militares, que se iniciaram à época da República.
(2) A substituição do trabalho plebeu pelo trabalho escravo possibilitou aos plebeus tornarem-se pequenos produtores agrícolas, que abasteciam as feiras urbanas.
(3) As diversões foram um dos expedientes adotados pelos governantes para apaziguar as populações desocupadas: era o "pão e circo".
(4) O Estado assumiu o ônus de abrigar a grande maioria dos desocupados, enquanto a minoria abastada controlava as instituições políticas e dirigia o exército.

**6.** (UFBA) As instituições jurídicas da República Romana do século II a.C. foram abaladas por movimentos sociais urbanos, dentre os quais se destaca o dos irmãos Graco. De acordo com as características do referido movimento, indique **duas** reivindicações que deveriam ser garantidas pelo Direito Público.

**7.** (UECE) Em relação à História Romana, assinale a opção verdadeira.

a) A República Romana possuía um caráter democrático, em virtude da adoção do voto livre.
b) A vitória de Roma sobre Cartago, nas Guerras Púnicas, garantiu aos romanos o controle das rotas do Mediterrâneo.
c) O poder do Senado se sobrepunha ao do Imperador durante o apogeu do regime imperial.

d) Os plebeus participavam das decisões políticas, na época da realeza, em virtude do acordo celebrado com os patrícios.

**8.** (UFSCar – SP) *Mare nostrum* é uma expressão atribuída aos romanos, que significa a apropriação europeia do Mediterrâneo. Sua origem remonta à Antiguidade, quando os romanos

a) conquistaram a Grécia.
b) dominaram o Egito.
c) venceram Cartago.
d) expandiram seu império pela Península Ibérica.
e) submeteram os povos germânicos.

**9.** (UNICAMP – SP) Neste depoimento, o Imperador Augusto (30 a.C.-14 d.C.) descreve a "Paz Romana", realização que assinala o apogeu da expansão do Império no Mediterrâneo:

Estendi os limites de todas as províncias do povo romano fronteiriças de nações que escapavam à obediência ao Império. Restabeleci a ordem nas províncias das Gálias, das Espanhas, na Germânia. Juntei o Egito ao Império, recuperei a Sicília, a Sardenha e as províncias além do Adriático.

*Adaptado de:* FREITAS, G. *900 textos e documentos de História.* Lisboa: Plátano, [s.d.] v. 1, p. 96-7.

a) Qual foi o meio utilizado por Augusto para estabelecer a "Paz Romana"?
b) Explique a importância do Mar Mediterrâneo para o Império Romano.
c) Quais as formas de governo que antecederam a ascensão dos imperadores em Roma?

**10.** (UFPE) O Édito de Milão, assinado pelo Imperador romano Constantino em 313 d.C., mudou as relações entre a Igreja Católica e o Estado, porque:

a) conseguiu a submissão dos cristãos ao culto oficial ao Imperador.
b) proibiu definitivamente a religião cristã em todo o Império Romano.
c) tornou oficial a religião cristã em todo o Império Romano.
d) conduziu a Igreja e o Estado a um acordo, tolerando o cristianismo e mantendo os cultos pagãos.
e) contribuiu para a aceitação do politeísmo pelos cristãos.

**11.** (UFES) A importância do Édito de Milão reside no fato de:

a) ter cristianizado o Império Romano, por decisão do imperador Constantino;
b) ter restaurado o antigo culto no Império Romano;
c) possibilitar uma reação mais consistente ao movimento iconoclasta;
d) consolidar o cesaropapismo;
e) ter se constituído no ponto alto da reação católica ao movimento reformista.

**12.** (UnB – DF) Leia o texto abaixo, extraído de uma carta de Plínio, o Moço, ao imperador Trajano, datada de 112 d.C.

(...) Nesse ínterim, segui os seguintes procedimentos com relação aos que se me apresentaram como cristãos. Perguntei-lhes, pessoalmente, se eram cristãos. Aos que confessavam, perguntei-lhes duas, três vezes. Os que não voltaram atrás foram executados. Qualquer que fosse o sentido da sua fé, sabia que sua pertinácia e obstinação tinham

de ser punidas. Outros, possuidores da cidadania romana, mantiveram-se na loucura e foram enviados para julgamento em Roma (...). Os que negavam serem, ou terem sido, cristãos, se evocassem os deuses, segundo a fórmula que lhes ditava, e se sacrificassem, com incenso e vinho, diante da sua imagem, que trazia comigo para tanto, juntamente com estátuas de outras divindades; se, além disso, blasfemassem Cristo – atitudes que, diz-se, não são possíveis de obter de verdadeiros cristãos – considerei apropriado liberar... A questão pareceu-me digna da sua atenção, em particular devido ao número de envolvidos. Há muita gente, de toda idade, condição social, de ambos os sexos, que estão ou estarão em perigo. Não apenas nas cidades, como nos vilarejos e no campo, expande-se o contágio dessa superstição. Parece-me, entretanto, que se possa delimitá-la e corrigi-la.

Carta de Plínio, o Moço, ao imperador Trajano, de 112 d.C.
Cartas (10.96)

Com o auxílio das informações contidas no texto, julgue os seguintes itens.

(1) Na época de Trajano, o chamado culto ao imperador já havia desaparecido por completo do mundo romano.
(2) O cristianismo, que se expandia pelo mundo romano no século II, era uma religião seletiva, admitindo, como convertidos, somente cidadãos.
(3) Plínio mostra como o sacrifício, o culto a imagens e os rituais com incenso e vinho foram empréstimos culturais feitos pelo paganismo ao cristianismo.
(4) Por ser uma religião oriunda das regiões ocidentais do Império, o cristianismo era velho conhecido de Trajano, que nascera na chamada Roma Hispânica.

**13.** (UFPI) Sobre a queda do Império Romano do Ocidente no ano de 476 d.C. podemos afirmar que:

a) ocorreu, após os conflitos entre Roma e os cartagineses, o que enfraqueceu as bases econômicas do Império.
b) teve, no fortalecimento do cristianismo, a única motivação explícita.
c) foi provocada pela conjugação de uma série de fatores, destacando-se a ascensão do cristianismo, as invasões bárbaras, a anarquia nas organizações militares e a crise do sistema escravista.
d) teve, na superioridade dos povos bárbaros, a única explicação possível.
e) teve, em Carlos Magno, imperador dos francos, a principal liderança político-militar a comandar os povos bárbaros na queda de Roma.

**14.** (FGV) Leia as afirmativas sobre a República Romana (509-27 a.C.)

I. Nos primeiros tempos da República, a sociedade era composta de apenas dois setores: os patrícios e os escravos.
II. Os escravos, pouco numerosos no início da República, cresceram numericamente com as guerras de conquista.
III. Entre as funções públicas em Roma, havia os cônsules, os pretores e os tribunos da plebe.
IV. Em 494 a.C., plebeus rebelados se retiraram para o Monte Sagrado, ameaçando fundar outra cidade se não tivessem, entre outras reinvindicações, o direito de eleger seus próprios magistrados.

V. Com o expansionismo romano e as suas conquistas territoriais, houve um grupo especialmente beneficiado: os plebeus, que passaram a vender trigo para os povos dominados.

São corretas as afirmativas

a) I, II e III, apenas.
b) II, III e IV, apenas.
c) II, III, IV e V, apenas.
d) III, IV e V, apenas.
e) I, II, III, IV, V.

**15.** (UFPR) Nos séculos III d.C. e IV d.C., o Império Romano viveu uma fase de crise e de profundas transformações. A respeito disso, é correto afirmar que:

(01) as cidades do Ocidente Romano tornaram-se centros econômicos do Império em florescente processo de urbanização;
(02) antes religião perseguida, o cristianismo passou a ser aceito e veio a tornar-se a religião oficial do Império Romano, em substituição ao paganismo;
(04) os povos bárbaros invadiram o Império e se estabeleceram em seus territórios, contribuindo para a crise do mundo romano;
(08) a divisão político-administrativa do Império fez surgir o Império Romano do Ocidente e o Império Romano do Oriente.

**16.** (UFG – GO)

Aqueduto de Segóvia, Espanha. In: MORAES, J. G. V. de. *Caminhos das Civilizações* – História integrada: Geral e do Brasil. São Paulo: Atual, 1998. p. 76.

A imagem acima de um aqueduto (canalização de água) romano da cidade de Segóvia, na Espanha, constitui-se num exemplo do processo de romanização das áreas conquistadas pelo Império Romano, a partir de Otávio Augusto (27 a.C.-14 d.C.). Esse processo envolveu a transposição dos padrões culturais romanos às outras cidades do Império. Com base no exposto,

a) identifique dois padrões culturais romanos que influenciaram a arquitetura das outras cidades do Império.
b) responda por que Roma se tornou a cidade-modelo do Império.

# Programas de Avaliação Seriada

**1.** (PISM – UFJF – MG) Leia atentamente o trecho do documento a seguir. Nele, um autor que viveu durante o Império Romano compara as etapas do desenvolvimento de Roma com as da vida de uma pessoa.

Se considerarmos Roma como um homem e se percorrermos toda sua existência, teremos quatro momentos: seu princípio, sua adolescência, sua maturidade e, por fim, sua velhice. Em sua infância, Roma lutou contra os seus vizinhos. Na adolescência, Roma conquistou a península itálica com muitas lutas e heróis. No início do Império, chegou à maturidade com a pacificação do mundo. Alguns séculos depois, Roma vive a crise de sua velhice.

*Adaptado de:* Floro. História de Roma. Apud: FUNARI, P. *Grécia e Roma*. São Paulo: Contexto, 2007.

Com base em seus conhecimentos, responda:

a) A qual momento da história de Roma podemos associar as palavras do autor quando ele se refere à "crise de sua velhice"?
b) Cite e analise DUAS características desse período (séculos III-V).

**2.** (SAS – UEG – GO) Leia os quadrinhos abaixo.

Os significados da palavra "vândalo" no sentido histórico original e no sentido utilizado na tira citada são, respectivamente:

a) tribo fenícia que fundou Cartago; artista de rua.
b) casta indiana sacerdotal privilegiada; grafiteiro.
c) tribo mongol liderada por Gengis Khan; pichador.
d) tribo germânica que invadiu o Império Romano; depredador.

# TEMPOS MEDIEVAIS

A diversidade do período compreendido entre o final da Antiguidade clássica e o início da era Moderna será analisada a partir de dois grandes eixos nesta unidade. O primeiro deles é a própria noção de tempo. Falar de aproximadamente dez séculos implica perceber mudanças e continuidades em diferentes povos, sociedades e culturas, que é o outro eixo de análise da unidade. Conhecida como Idade Média nas terras europeias, o período não aborda apenas a consolidação do Cristianismo. No Oriente, há a emergência do Islamismo que, com suas práticas e ensinamentos, modelou a cultura oriental e expandiu-se pelo mundo. Na África, antigas organizações e impérios comprovam que cada sociedade se define, historicamente, a partir de suas próprias condições e desafios, inexistindo a ideia de modelo que a tradição eurocêntrica quis estabelecer.

*Unidade* 2

# capítulo 5

# Alta Idade Média

*Quando se afirma que se vive uma nova época, as mudanças são facilmente percebidas pelas pessoas? Qual o significado da passagem de um período histórico para outro? Como se processam as transformações? Por que as pessoas têm um imaginário de que a Idade Média era um período de obscurantismo? As pessoas viviam em um continente marcado pelas noções glorificadas das civilizações da Antiguidade e entraram em um período de decadência? Pois bem, as respostas a essas questões não são simplistas e devem nos instigar a pensar como o conhecimento histórico é construído e como nossas concepções são constantemente revistas.*

> **Imaginário:** conjunto de representações, visões e sentimentos pelos quais as pessoas explicam aspectos da realidade.

*A passagem da Antiguidade para a Idade Média é marcada, como todas as etapas de transição, pela convivência entre elementos do período anterior e pelo estabelecimento de novas práticas culturais, sociais, políticas e econômicas. Uma construção retrospectiva tende a demonstrar essas continuidades e transformações. No entanto, para os seres humanos que viveram naquele período, as mudanças não eram tão claras. Sem nenhuma noção de que estavam vivenciando uma fase de transição histórica – o que só foi estabelecido muito posteriormente pelos historiadores –, os homens e as mulheres, do final do século V e início do século VI, preocupavam-se mesmo com suas existências, incorporando qualquer novidade que aparecesse ou qualquer prática conhecida que lhes fosse de alguma serventia.*

STEFANO LUNARDI/KEYSTONE

A cidade medieval de Carcassone, na França, preserva construções da Alta Idade Média, que nos remetem às preocupações com a defesa, como se observa nas muralhas fotografadas. O castelo medieval, onde residiam os nobres, clérigos, serviçais e soldados, era uma complexa construção edificada nas partes mais altas, composta de torres ao longo das muralhas, capelas, armazéns para guardar as colheitas, e espaço para receber os camponeses em caso de ataques.

Assim, em dez séculos, muitos dos costumes e práticas da Antiguidade ganharam outros significados; vários elementos daquela época também desapareceram para dar lugar a outros. No século XV, como se a humanidade tivesse vivido um intervalo de 1000 anos, em que nada teria acontecido, os homens autointitulados "modernos" passaram a chamar aquele período de Idade Média ou Idade das Trevas – fase de atraso, obscurantismo. Isso porque julgaram ter sido aquele um período de pouco desenvolvimento cultural, econômico, social. Contudo, um exame cuidadoso nos permite compreender a importância da chamada "Idade das Trevas" para o nosso presente.

## Os períodos da Idade Média

Por uma questão didática, costuma-se dividir esse período compreendido entre os séculos V e XV em **Alta Idade Média** e **Baixa Idade Média**.

A **Alta Idade Média** se estende dos séculos V ao X. Na Europa Ocidental, as invasões dos chamados "bárbaros", em áreas do antigo Império Romano, aprofundaram a fragmentação política e territorial, originando os feudos. A atividade agrária tornou-se importantíssima, registrando-se a decadência das atividades comerciais e urbanas. Por sua vez, no Oriente Próximo, desenvolveram-se duas grandes civilizações: a *bizantina* e a *muçulmana*.

A **Baixa Idade Média**, entre os séculos XI e XV, é caracterizada pelo crescimento urbano e comercial na Europa Ocidental, pelas Cruzadas, pela crise do feudalismo, da Igreja e do clero. Na Baixa Idade Média inicia-se a centralização monárquica, com a formação dos Estados Nacionais, a burguesia se desenvolve e o mundo bizantino entra em crise.

As transformações ocorridas durante a primeira parte da Alta Idade Média foram fundamentais para a integração de diferentes povos e culturas que marcaram profundamente a Europa. As causas principais daquelas transformações foram: as invasões bárbaras, responsáveis por mudanças significativas na ordem sociopolítica do antigo Império Romano, incluindo o fim da estrutura política centralizada, e o fortalecimento institucional da Igreja Católica.

# Invasões bárbaras

O Império Romano, gigantesco em suas extensões territoriais, tinha por vizinhos os chamados "povos bárbaros", ou seja, grupos que inicialmente não possuíam os mesmos hábitos, não falavam a mesma língua, nem professavam as mesmas crenças. Ao norte do Império, por exemplo, habitavam as florestas da Germânia, do leste do rio Reno ao norte do rio Danúbio, povos germânicos seminômades com organização tribal e agrária, além de sabidamente guerreiros. Esses povos incluíam os vândalos, godos, alamanos, suevos, lombardos, francos, entre outros. Os chefes tribais eram os senhores da guerra e as decisões eram tomadas por uma assembleia da qual participavam os homens livres e guerreiros, sendo que o seu direito era consuetudinário, ou seja, baseado nas tradições.

A presença dos bárbaros no Império Romano foi um processo que ocorreu gradualmente, iniciado muito antes das "invasões", à medida que eles penetravam nos territórios do Império e passavam a ser utilizados em trabalhos agrícolas e também a integrar o exército. Com o aprofundamento da crise do Império Romano (altos custos para sua manutenção, elevação de preços e a alteração da forma de trabalho com a gradativa substituição da mão de obra escrava pelo trabalho dos colonos), integrantes dessas tribos adentraram pacificamente as fronteiras romanas.

Muitos bárbaros foram contratados como mercenários para lutar no exército romano, chegando alguns deles a ocupar lugar de destaque nas tropas romanas. Outros conseguiram tratados com Roma, entraram

> **Mercenário:** aquele que atua mediante pagamento. Era comum os exércitos serem contratados para batalhas específicas.

pacificamente no Império como aliados e viviam como agricultores, artesãos em bronze, visto serem estas suas principais ocupações. Nesse processo de crescente presença dos bárbaros dentro das fronteiras romanas eles foram incorporando costumes e tradições romanos e também deixando os seus no Império, tanto pela prática do casamento como pela presença significativa dentro dos exércitos romanos e por sua influência sobre a língua latina.

Mas essa integração pacífica foi radicalmente transformada pela pressão invasora dos hunos, grupo tribal guerreiro originário da Ásia central, que após dominar a China voltou-se em direção à Europa do Norte. Com o crescimento da pressão dos hunos sobre os germânicos, as invasões no território romano foram se multiplicando.

# Os primeiros a chegar

Não só o Império poderia oferecer algo aos povos vizinhos, como também os "bárbaros" podiam auxiliar os romanos. Os visigodos, por exemplo, se alojaram na Macedônia e, tornando-se aliados do Império, foram encarregados de defender a fronteira romana contra o ataque dos hunos. Instalados dentro das fronteiras do Império Romano do Ocidente, os visigodos, no entanto, sofriam maus-tratos por parte dos oficiais do Império. As tensões entre romanos e visigodos cresceram e, em 410, os bárbaros conseguiram saquear Roma e avançar até ocupar a península ibérica e o sul da Gália.

Outros grupos, como os vândalos, os suevos e os alamanos, atravessaram a fronteira do Danúbio, a partir de 406, e também se instalaram dentro do Império Romano, que já estava dividido entre o Império do Ocidente e o do Oriente. Os vândalos ocuparam a área da atual Espanha e o norte da África. Os burgúndios ocuparam o vale do rio Ródano, em 443, fundando o Reino dos Burgúndios. Os anglos-saxões fixaram-se na Bretanha, onde formaram vários reinos. Na Gália, correspondente à parte da França atual, estabeleceram-se os francos.

À medida que os bárbaros adentravam o Império e estabeleciam os seus reinos, houve, gradualmente, a incorporação de alguns aspectos da cultura e da organização política e governamental romanas, como o sistema tributário. Ou seja, a ruptura não foi radical a ponto de levar à destruição dos princípios da civilização romana, mas houve uma fragmentação decorrente das diferenças entre os diversos povos bárbaros que se instalaram no interior do Império no século V.

Evidentemente, os romanos não assistiram a esse processo de forma passiva: eles lutaram para defender suas posições, mas, com o grande movimento dos povos germânicos e a impossibilidade de deslocar os exércitos para tantos conflitos, além de parte dos exércitos romanos serem liderados por germânicos, as perdas de território se sucediam. Atemorizada com os saques e as disputas entre os invasores e os exércitos, a população deixava as cidades e se refugiava nos campos, o que causou uma estagnação da economia e a busca de um modelo de sobrevivência que marcaria os tempos seguintes com uma economia agrária.

Mesmo com as disputas entre romanos e germânicos, havia um inimigo comum, o exército dos hunos, comandado por Átila. Em 451, uma coalizão de forças germânicas e romanas derrotou os hunos.

Mas o Império Romano do Ocidente já havia se desconfigurado e não tinha forças para preservar a sua unidade. O ano de 476, quando o último imperador romano do Ocidente, Rômulo Augusto, foi deposto e um germânico, Odoacro, chefe dos hérulos, assumiu o poder, é o marco da divisão entre a Antiguidade e a Idade Média.

Os germânicos, no entanto, também disputavam entre si e enfraqueciam a sobrevivência dos diversos reinos instalados. Em 488, os ostrogodos tomaram Roma e instauraram o seu reino.

Ataúlfo, rei dos visigodos entre 410 e 415. Sabe-se que, por volta de 412, tinha o projeto de destruir o Império Romano. Para muitos, é considerado o organizador do reino dos visigodos. Palácio Real de Madri, Espanha.

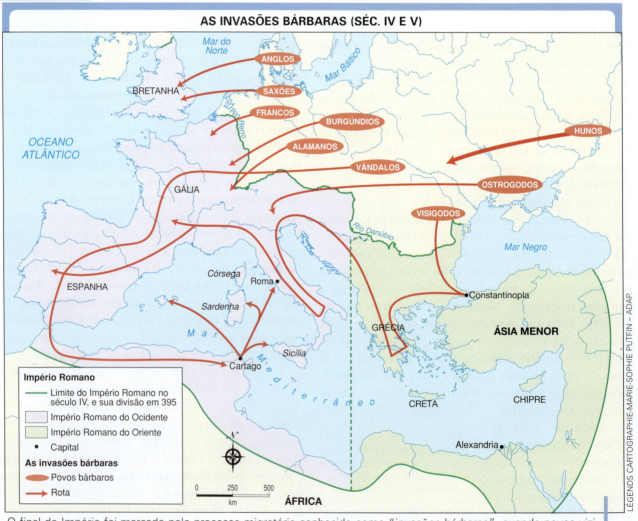

**AS INVASÕES BÁRBARAS (SÉC. IV E V)**

O final do Império foi marcado pelo processo migratório conhecido como "invasões bárbaras", quando povos vizinhos, amedrontados pelos hunos, buscaram refúgio dentro dos domínios romanos.

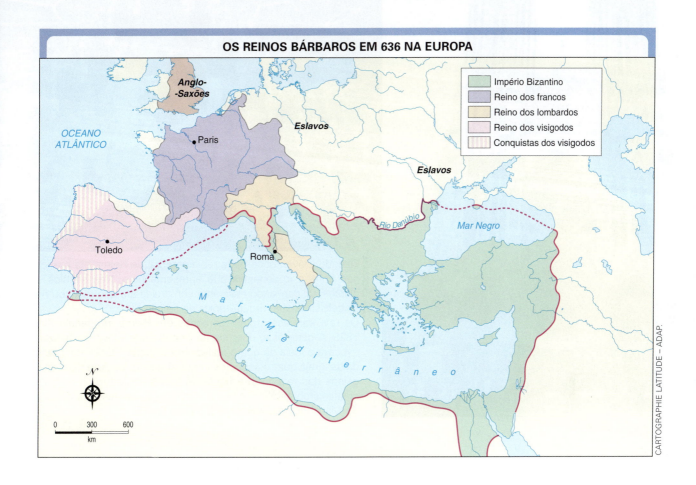

**OS REINOS BÁRBAROS EM 636 NA EUROPA**

Legenda:
- Império Bizantino
- Reino dos francos
- Reino dos lombardos
- Reino dos visigodos
- Conquistas dos visigodos

Anglo-Saxões · Eslavos · Paris · OCEANO ATLÂNTICO · Eslavos · Rio Danúbio · Mar Negro · Toledo · Roma · Mar Mediterrâneo

CARTOGRAPHIE LATITUDE – ADAP.

As invasões germânicas são fundamentais, pois reconfiguraram o mundo europeu ocidental:

- a unidade política vigente no Império Romano foi quebrada, pois surgiram diversos reinos bárbaros no território do antigo Império;
- a adoção do direito consuetudinário, ou seja, concepção do costume como fonte das leis, se manteve por boa parte da Idade Média, superando o direito romano. Embora este ainda fosse usado em algumas regiões, já não havia mais um estudo específico sobre os princípios da legislação e ordenamento jurídico como havia no período romano;
- a concepção da personalidade das leis sobrepôs-se à da territorialidade, isto é, cada homem era julgado, em qualquer local, segundo as leis de seu povo e não do lugar em que se encontrava. Essa concepção enfraquecia a perspectiva de um modelo único e levava à particularização do Direito e à adoção de costumes tribais como referência jurídica;
- o surgimento da ideia de obrigações recíprocas entre rei e guerreiros (**comitatus**), difundindo um princípio que teria papel fundamental no feudalismo;
- o nascimento, séculos depois, das línguas neolatinas como resultado da influência germânica sobre o latim.

No território do antigo Império Romano um dos reinos que mais se destacaram foi o dos francos.

# Os francos

## Os merovíngios

Os francos consolidaram seu domínio na região da Gália, durante o reinado de Clóvis (481-511). Neto de Meroveu, o fundador da dinastia Merovíngia, Clóvis venceu militarmente várias tribos resistentes à centralização do poder, o que lhe permitiu montar a estrutura do futuro reino. Contudo, o seu êxito na unificação dos francos deve ser explicado, principalmente, a partir de sua conversão ao cristianismo, a qual lhe garantiu o apoio da Igreja e do campesinato a sua liderança.

Quando Clóvis foi coroado rei, a catedral de Reims era menor e não tinha a imponência que apresenta hoje. Nos séculos seguintes, foi ganhando mais área construída até que resultou nessa belíssima obra arquitetônica do século XIII.
Os reis franceses foram coroados em Reims, do século X até 1825. A cerimônia, ocorrida na cidade onde Clóvis foi batizado, evocava a ideia de que a realeza era sagrada. Observe na fachada da Igreja quatro aspectos importantes: 1) na parte mais alta, a galeria dos reis, com a figura de Clóvis ao centro; 2) cenas do cristianismo católico, como a crucificação de Jesus, a coroação de Maria (detalhe acima) e 3) o juízo final.

Os reinados dos sucessores de Clóvis foram, com poucas exceções, marcados por disputas constantes, culminando com o fim do período **merovíngio**, no século VIII. Os últimos monarcas da dinastia ficaram conhecidos como "Reis Indolentes" (*Rois Fainéants),* tidos por "fracos" e "manipuláveis", por abrirem mão de seu poder em favor dos "Prefeitos do Palácio" ("Major Domus") – líderes de segmentos da nobreza franca, que, efetivamente, passaram a governar. Um dos Prefeitos mais importantes foi Carlos Martel, que ocupou o cargo entre 717 e 741.

Martel adquiriu destaque e importância após a Batalha de Poitiers, em 732, quando comandou a vitória contra os árabes. Os muçulmanos, que já ocupavam a península ibérica desde 711, foram, então, impedidos de continuar a se expandir sobre os territórios da Europa Ocidental, pertencentes à cristandade.

Pepino, o Breve, filho de Carlos Martel, aproveitou a boa reputação paterna e com o apoio da Igreja destronou o último dos reis merovíngios, dando início à dinastia Carolíngia, em 751. Consolidando ainda mais a importante aliança entre o Reino Franco e a Igreja, Pepino entregou ao papado todas as terras italianas que tomara dos lombardos – a partir das quais ficou instituído o **Patrimônio de São Pedro**, base para os Estados Pontificais.

## Os carolíngios

O reino franco estendeu ainda mais os seus domínios territoriais durante o governo do sucessor de Pepino, Carlos Magno (768-814), quando a região centro-europeia e a Itália do Norte passaram ao controle dos francos. Assim, quase toda a Europa cristã fazia parte do Império Carolíngio. As tropas carolíngias, no entanto, não obtiveram o mesmo êxito na península ibérica, diante dos muçulmanos.

Carlos Magno, portanto, submetera ao controle militar e político os povos românicos e germânicos cristãos e o reconhecimento disso aconteceu no Natal do ano 800, quando o papa Leão III o coroou imperador dos romanos. Apesar do mesmo título, o novo "Augusto" não comandava o mesmo Império "pagão" que ruíra há mais de três séculos.

A nova coroa imperial entregue a Carlos Magno lhe dava o dever de manter e disseminar a fé cristã como líder do poder civil e militar. A fonte, a legitimidade e a razão de ser do poder do "novo" imperador romano era, portanto, a Igreja.

A organização administrativa do Império Carolíngio era distribuída por centenas de **condados**, territórios dirigidos por funcionários nomeados pelo soberano, os *condes*, que tinham o poder de legislar, fiscalizar e administrar a justiça. Nas províncias mais distantes, localizadas nas fronteiras do Império, conhecidas como **marcas**, os representantes do imperador tinham poderes especiais, sobretudo militares, e os ocupantes dessas regiões eram chamados de *marqueses*. Todos os detentores de cargos e homens maiores de 12 anos tinham de jurar fidelidade ao imperador.

Para evitar a usurpação e ter domínio sobre o extenso território, havia os fiscais (conhecidos por *missi dominici*, ou seja, *enviados do senhor*, sempre um clérigo e um leigo), que percorriam os condados quatro vezes por ano, entregando ao imperador relatórios sobre a situação das várias regiões. No entanto, esses fiscais, que também eram condes, nem sempre cumpriam de forma imparcial as suas incumbências. Dessa forma, o Império convivia com forças de descentralização (com a autonomia dada aos condes e marqueses) e forças de centralização (os *missi dominici*).

No aspecto cultural, o período de Carlos Magno ficou conhecido por um movimento de revalorização cultural, chamado de **renascimento carolíngio**, cuja grande importância foi ter conservado obras da Antiguidade, constituindo, assim, a base dos renascimentos culturais dos séculos XII e XV-XVI. Grandes intelectuais da Europa trabalhavam na recuperação e no comentário de obras clássicas, que chegaram até nós por cópias feitas justamente naquele período.

Outra preocupação de Carlos Magno, como parte de seu dever religioso de proteger a fé cristã, foi a elevação do nível educacional do clero e o aumento da alfabetização entre os religiosos e servidores que compunham a estrutura administrativa do Império. Com a morte de Carlos Magno, o Império passou a ser governado por seu filho Luís, o Pio (814-840), que ainda foi capaz de mantê-lo unido.

Contudo, as disputas entre os netos de Carlos Magno resultaram no esfa-

celamento oficial do Império Carolíngio, com o **Tratado de Verdun** (843). Por meio dele, Carlos, o Calvo, herdou a região que mais tarde seria, grosso modo, a França, enquanto Luís, o Germânico, ficou com a área correspondente à parte da Alemanha. Entre os dois situava-se a área de Lotário, composta de um estreito território que ia do norte da península itálica à região do mar do Norte, marcada por uma grande diversidade linguística e que posteriormente foi fonte de disputas. A unidade da Europa cristã ficou inviabilizada.

O TRATADO DE VERDUN

Reino de Carlos, o Calvo
Reino de Lotário
Reino de Luís, o Germânico

OCEANO ATLÂNTICO

ESTADOS DA IGREJA

Mar Adriático

Mar Mediterrâneo

O IMPÉRIO CAROLÍNGIO DE 768 A 843

Reino franco em 768
Conquistas de Carlos Magno (768-814)
Zona de influência carolíngia
Zonas fronteiriças
Império Bizantino
Mundo muçulmano

REINO DINAMARQUÊS
Anglo-Saxões
Frísios  Saxões
OCEANO ATLÂNTICO
BRETANHA
Eslavos
BAVIERA  Eslovacos
REINO DOS LOMBARDOS  Ávaros
REINO DAS ASTÚRIAS
ESTADOS DA IGREJA
Croatas
EMIRADO DE CÓRDOBA
Mar Negro
Mar Mediterrâneo

# O cristianismo e sua propagação na Europa Ocidental

Enquanto o declínio do Império Romano se acentuava, uma nova instituição foi se consolidando e aumentando a sua influência dentro do mundo romano: a igreja cristã. A Igreja no século IV procurava se sistematizar e fortalecer a sua presença num mundo que passava por grandes transformações.

Inicialmente, a organização da Igreja visava apenas fortalecer a presença do cristianismo e garantir a propagação de sua fé. Acreditava-se que, com isso, se poderia evitar a perseguição aos cristãos feita pelo próprio Império. Nesse período, muitos fiéis foram martirizados, ou seja, morreram em defesa de suas crenças.

Entre o século I e o século IV alternaram-se períodos de perseguição e de indiferença ou tolerância aos seguidores do cristianismo. Pedro, o líder dos apóstolos escolhidos por Cristo, e Paulo, que de perseguidor dos cristãos se tornou um dos grandes propagadores da nova fé, foram executados.

Os vínculos entre os cristãos eram o batismo (aceitação da fé), a crença na morte e ressurreição de Cristo e a Eucaristia, momento no qual se reproduz pelo pão e vinho a última ceia de Cristo e seus apóstolos.

> **Batismo:** ritual religioso no qual se ingressa à comunidade cristã. Genericamente, pode-se aplicar o termo a outros tipos de iniciação.

No século IV, iniciou-se uma aproximação entre a Igreja e o poder político, quando o cristianismo passou a ser a religião oficial do Império Romano. A formação do clero começou a ser sistematizada a partir da doutrina pregada pelos primeiros padres da Igreja, conhecida como **patrística**. Entre as questões estavam as incumbências dos religiosos e a forma de praticar a religião. Aos poucos, a Igreja foi consolidando os seus ensinamentos e definindo os seus **dogmas**, ou seja, os princípios religiosos que deviam ser professados por seus fiéis. Por outro lado, ficaram estabelecidas também as **heresias**, como eram chamadas todas as teses ou práticas que contradissessem os dogmas.

> **Clero:** os líderes religiosos que pertencem à Igreja. No caso da Igreja católica, fazem parte os presbíteros (padres), monges, bispos, arcebispos e o papa.

Para chegar ao estabelecimento dos dogmas, a Igreja reuniu os bispos em encontros chamados de **concílios**. Alguns dos grupos de hereges mais conhecidos foram os **arianos** (que negavam a divindade de Cristo) e os **montanistas** (que eram contrários à riqueza da Igreja e pregavam a rápida vinda de Cristo para julgar o mundo).

> **Bispo:** membro do clero responsável pela administração de uma região denominada diocese. O bispo está acima dos padres e abaixo do papa, que também é chamado de "bispo de Roma", que é a sede da Igreja católica. Em outras denominações religiosas também existe a figura do bispo como líder de uma determinada região.

Uma das mudanças pelas quais passou a Igreja foi a afirmação do poder centralizador do bispo de Roma. Com o passar do tempo, o bispo de Roma ganhou prestígio suficiente para ter a primazia sobre todos os outros bispos e tornar-se o chefe da Igreja, adotando o título de **papa** e considerando-se o sucessor de São Pedro.

Durante o papado de Gregório I, o Grande (590-604), houve a ampliação do poder papal e a propagação do cristianismo para outras áreas, como as habitadas pelos anglo-saxões, além da aliança com o Império Franco.

O mosaico do século II representa um mártir cristão sendo devorado por leões em uma arena de anfiteatro. Museu El Djem, Tunis.

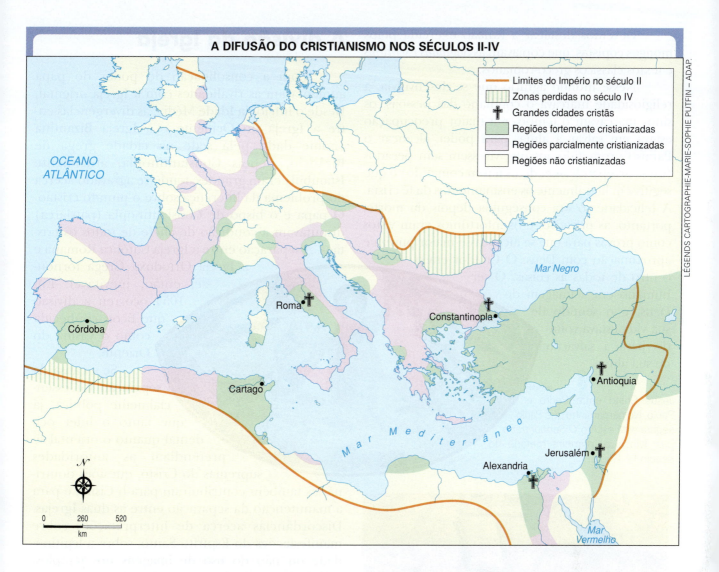

**A DIFUSÃO DO CRISTIANISMO NOS SÉCULOS II-IV**

Limites do Império no século II
Zonas perdidas no século IV
Grandes cidades cristãs
Regiões fortemente cristianizadas
Regiões parcialmente cristianizadas
Regiões não cristianizadas

OCEANO ATLÂNTICO

Mar Negro

Roma
Constantinopla
Antioquia
Córdoba
Cartago
Jerusalém
Alexandria

Mar Mediterrâneo

Mar Vermelho

0 260 520 km

N

LÉGENDS CARTOGRAPHIE-MARIE-SOPHIE PUTFIN – ADAP.

# Os monges e a preservação da cultura

Numa época de decadência da vida urbana, quase toda a atividade intelectual estava a cargo da Igreja. Praticamente todos os homens alfabetizados da Alta Idade Média, que eram pouquíssimos, pertenciam à Igreja, e o latim, língua do Império Romano, foi preservado como língua da liturgia cristã e dos homens eruditos.

Paralelamente ao processo de organização e hierarquização do clero, com sua integração na sociedade, ocorreu outro movimento de sentido inverso.

Procurando uma vida de desprendimento, isolamento das questões mundanas e meditação, muitos cristãos se retiraram para locais isolados, dando origem ao **monasticismo**. No século IV, o clero dividia-se assim: o **secular**, que estava integrado aos homens e à sociedade; e o **regular**, que vivia em mosteiros sob regras bem definidas, despendendo muitas horas em silêncio, trabalhos e meditação.

Um dos maiores nomes da vida monástica foi o de **São Bento**, que redigiu uma regra para os monges, em 534, baseada no princípio "ora et labora" (reza e trabalha), determinando que eles ocupassem parte do dia com trabalhos intelectuais. Com a dedicação ao trabalho intelectual, os mosteiros eram os grandes centros de estudos e preservação de tradições culturais durante a Idade Média.

ANNELI H./PANTHERMEDIA/KEYDISC

São Bento foi quem organizou o monasticismo, na Europa Ocidental. Na imagem, foto do mosteiro em Monte Cassino, Nápoles, Itália.

Devemos destacar a função exercida pelos **monges copistas**, que copiavam as *Sagradas Escrituras* e textos clássicos greco-romanos.

Nesse mundo agrário que se desenvolvia, a religiosidade marcava o cotidiano das pessoas, os sinos marcavam o tempo, e a maior preocupação estava em salvar a alma, para poder alcançar o Paraíso prometido aos que vivessem sem pecados (ou se arrependessem de os terem cometido) e que seguissem literalmente os ensinamentos da fé cristã. A felicidade só era conseguida depois da morte; portanto, as privações e os infortúnios eram vistos como provas para que se alcançasse maior pureza e aproximação com Deus. O Criador era o centro de todas as coisas. O ser humano era a imagem de Deus, e o sentido de sua vida estava voltado para a salvação de sua alma.

Jesus Cristo entre Pedro e Paulo. No pergaminho que Paulo segura está escrito *O Senhor traz a paz*. Mosaico, primeira metade do século IV, Roma.

São Jerônimo traduzindo a Bíblia para o latim. Essa tradução, que foi a base para a divulgação dos ensinamentos cristãos, foi chamada de **Vulgata** (século XV, Museu de Belas Artes, Dijon, França).

# A divisão da Igreja

Com a consolidação do poder do papa aumentaram as rivalidades com a Igreja oriental. Desde o início da Idade Média, as divergências entre a Igreja do Ocidente e a Igreja Bizantina (nome dado pela sede na cidade grega de Bizâncio, depois Constantinopla, atualmente Istambul) eram grandes, tendo se agravado acerca do problema da liderança sobre o mundo cristão. O papa e o bispo de Constantinopla (patriarca) disputavam a condição de chefe de todos os cristãos. A separação entre a Igreja Católica Romana e a Igreja Ortodoxa Grega tornou-se, então, inevitável. Em 1054 ocorreu a divisão que ficou conhecida como o Cisma do Oriente.

Se a causa da separação foi essencialmente política, já que tanto o líder ocidental quanto o oriental se pretendiam as autoridades supremas do Cristo, questões doutrinárias também contribuíram para o Cisma e para a manutenção da separação entre as duas Igrejas. Discordâncias acerca de interpretações sobre manifestações do Espírito Santo, sobre a legitimidade ou não do uso de imagens nos templos, sobre a importância e o tipo de culto a ser prestado à virgem Maria e interpretações em torno da ressurreição também contribuíram para a ocorrência da separação.

Outro aspecto importante diz respeito às relações que se estabeleceram entre as duas Igrejas e os poderes temporais. Enquanto a Igreja Católica Romana procurou construir sólidos mecanismos de influência sobre os líderes temporais, ao mesmo tempo que já se consolidara como principal força espiritual no Ocidente, como vimos a partir de seus vínculos com o Império Franco, a Igreja Cristã Oriental era subordinada ao Império Bizantino, até mesmo em questões doutrinárias.

O imperador de Bizâncio acumulava as funções de chefe de Igreja e do Estado, união que recebeu o nome de **cesaropapismo** – e que também deve ser incluído nas causas das constantes divergências entre as duas Igrejas que culminaram no Cisma de 1054.

# Feudalismo

A sociedade medieval, entre os séculos IX e XIV, foi se organizando em torno dos feudos. Para compreender esse processo de organização devemos ter em vista dois movimentos aparentemente contraditórios: primeiro, que os feudos não se desenvolveram de modo uniforme em toda a Europa medieval; segundo, que, ao falarmos de poder descentralizado na estrutura feudal, não podemos imaginar que as práticas de organização da sociedade e do trabalho do período fossem totalmente diversificadas, pois havia elementos comuns como a forte presença da Igreja em toda aquela sociedade.

Portanto, os aspectos que apresentaremos sobre a constituição dos feudos devem ser compreendidos nesse duplo movimento: da particularidade e da unidade entre as práticas existentes.

Também devemos ressaltar que o sistema feudal foi gestado a partir das estruturas dos mundos romano e germânico, desde o processo das invasões bárbaras e o fim do Império Romano.

Nesse sentido, o historiador Hilário Franco Júnior apontou alguns processos que se inter-relacionam:

- a vinculação com a **agricultura**, presente entre os romanos e os germânicos;
- a **rígida hierarquia** social que, a partir do século III, definia as oportunidades para as pessoas participarem de funções públicas, a adoção de critérios como hereditariedade e vitaliciedade para ocupar cargos, aumentando a diferença entre as pessoas e instituindo um sistema de rara mobilidade social;
- o pluralismo decorrente da **ruralização** durante as invasões bárbaras, quando a unidade política romana foi solapada e diferentes princípios jurídicos, por exemplo, passaram a ser aplicados em cada lugar, de forma menos centralizada;
- as vinculações pessoais – no mundo romano havia o princípio da **clientela**; mais tarde essa vinculação foi estabelecida como relações de *vassalagem*;
- as **relações de defesa** – a proteção dos domínios estava vinculada à contratação de guerreiros que tinham vínculos com os senhores, tal como no *comitatus*. A fragmentação política pressupunha a regionalização da defesa e esse processo foi se acentuando ao longo do período medieval;
- o **clericalismo** decorrente do processo de cristianização das sociedades ainda durante o Baixo Império Romano, e a primazia que os sacerdotes tinham na sociedade, pois eram "escolhidos por Deus" e apenas eles presidiam os rituais litúrgicos e se sobressaíam na organização dessa sociedade, em decorrência do aumento do poderio religioso e temporal da Igreja;
- a **mudança da forma de pensar**, com a necessidade de um vigor moral defendido pelo cristianismo e a aceitação dos princípios divinos que moldam a vida de cada pessoa. A religião cristã instituía um ensinamento que era possível a todas as pessoas, não apenas aos mais eruditos, mas a todos que se abrissem àquela revelação religiosa.

## As relações nas sociedades feudais

### Relações econômicas

A economia era baseada na produção agrícola e com características próximas da autossuficiência. Cada unidade produtiva era chamada de **senhorio** e visava satisfazer as necessidades de seu próprio consumo, já que a produtividade era baixa.

Porém, nem todos os produtos eram produzidos nos feudos, como, por exemplo, o sal. Ou seja, havia comércio, mesmo que incipiente e irregular, de determinados produtos.

A mão de obra mais importante era o **servo**, que estava vinculado à terra. Em menor número havia o **trabalhador livre** e o **escravo**.

Os senhorios eram divididos em três partes e em todas era o servo quem trabalhava, como se observa nas explicações a seguir:

- as **reservas senhoriais** (domínio) – parte exclusiva do senhor feudal, cultivada pelos servos, que eram obrigados a trabalhar durante três dias da semana nas terras do senhor feudal. Esse trabalho obrigatório era chamado de corveia;
- o **manso servil** – faixa de terra concedida ao servo para que ele a cultivasse e obtivesse o seu sustento. Também sobre essa faixa de terra o servo tinha de pagar tributos como a talha (uma parte de sua produção), a "mão-morta", para que os filhos pudessem receber a terra após a morte do pai, e até mesmo taxa para realizar o casamento. Outro tributo era chamado banalidades, pago pelo uso das instalações (moinho, forno, tonéis etc.) do senhorio;
- por fim, havia as **terras comunais**, compostas de bosques e pastos, que eram de uso comum do senhor e do servo. Essas áreas eram utilizadas para a alimentação de animais nas pastagens e delas eram extraídas madeiras.

## Relações sociais e políticas

As relações sociais e políticas eram caracterizadas por uma sociedade de ordens, na qual prevalecia uma organização estamental, isto é, com funções vitalícias e hereditárias, definidas pelo critério do nascimento. As três ordens tinham funções específicas nessa sociedade: os que rezam (o clero), os que lutam (a nobreza) e os que trabalham (principalmente servos).

O **clero** era formado pelos membros da Igreja, que exerciam uma função especial nessa sociedade, pois eles tinham o poder espiritual e estavam presentes nos momentos mais marcantes da vida das pessoas, como nascimento, casamento e morte, com as celebrações religiosas, e autoridade para perdoar os pecados, pedir as bênçãos e proteção para as pessoas e seus bens.

A **nobreza** era composta de guerreiros e detentores das terras, do poder político e jurídico. Entre os guerreiros também havia divisões: os que tinham grandes domínios, que remontavam a antigas linhagens e eram os "verdadeiros nobres", e os de origem mais simples, que receberam de algum senhor um domínio de terras e eram os "cavaleiros". A sociedade de guerreiros atribuía um grande valor à coragem de defender as terras e as pessoas sob seu domínio, e também de preservar a fé cristã. Com o passar do tempo, e com os casamentos realizados entre os dois grupos da nobreza, em algumas regiões desapareceu a diferença entre nobres e cavaleiros.

A quantidade de senhorios também era um diferenciador entre os nobres.

Os **servos**, **trabalhadores livres** e **escravos** exerciam as funções relativas à produção. Os servos trabalhavam a terra e eram vinculados a ela. Não podiam deixar o senhorio sem autorização. Em contrapartida, recebiam a autorização vitalícia e hereditária para trabalhar nos lotes (mansos) e a proteção militar dada pelos nobres. Além dos servos, existiam ainda trabalhadores livres, mas em número pequeno, e que geralmente eram incorporados a algum senhorio para que pudessem obter sua subsistência, e os escravos. Estes eram pouco numerosos e utilizados em serviços domésticos no castelo senhorial.

Politicamente, as relações podem ser explicadas com base nas relações de **suserania** e **vassalagem**. Todo aquele que cedia um feudo era um suserano; o que recebia era um vassalo. O maior dos suseranos era o rei, seguido dos maiores senhores do reino, que, por sua vez, eram seguidos por nobres de menor categoria, abaixo dos quais encontramos outros tantos fidalgos, até chegarmos ao mais humilde cavaleiro, base dessa hierarquia.

As relações entre o suserano e o vassalo eram marcadas por noções como fidelidade, obediência e reciprocidade; enfim, relações de dependência. Ou seja, as relações eram pessoais: o suserano tinha predomínio, mas ele tinha obrigações com o vassalo, que, por sua vez, devia preservar os laços e vínculos do feudo.

O poder dos monarcas, que eram os maiores suseranos, não era exercido de forma direta: sua presença era pouco sentida pelas pessoas, pois quem intermediava as relações de poder eram os senhores feudais, que tinham condições de exercer a justiça, a administração e o domínio sobre seu senhorio.

### *Recortes da História*

#### A adoção da servidão

*A servidão estabelecia vinculações entre o que se entregava a um senhor. O princípio da reciprocidade entre o protetor e o protegido, alegada no documento do século VIII, era uma fórmula pela qual um homem livre se transformava em servo. Observe que a condição econômica, segundo o documento, é o principal argumento para que se aceitasse a servidão.*

Sendo sabido por todos quão pouco tenho para me alimentar e vestir, apelei por esta razão a vossa piedade, tendo vós decidido permitir-me que eu me entregasse e encomende ao vosso *mundoburdus* [proteção dada por um senhor]; o que fiz nas seguintes condições: devereis ajudar-me a sustentar-me tanto em víveres como em vestuário, enquanto vos puder servir e merecer; e eu, enquanto for vivo, deverei prestar-vos serviço e obediência como um homem livre, sem que me seja permitido, em toda a minha vida, subtrair-me ao vosso poder e *mundoburdus*, mas antes deverei permanecer, para todos os dias da minha vida, sob o vosso poder e defesa. Logo, fica combinado que, se um de nós quiser deixar esta convenção, pagará soldos à outra parte e o acordo permanecerá firme.

*Fonte: Monumenta Germaniae Historica. In: ESPINOSA, F. Antologia de Textos Históricos Medievais. 3. ed. Lisboa: Sá da Costa Editora, 1981. p. 163-164.*

1) Explique por que as relações entre servos e senhores, segundo o documento, era uma relação de trocas?

2) Analise por que a condição econômica era o argumento principal para alguém submeter-se a um senhor.

## As camponesas na Alta Idade Média

Pouco se sabe hoje a respeito das condições de existência das camponesas, embora constituíssem o grupo mais numeroso. Elas quase nunca aparecem nos documentos do período. (...) Sabe-se contudo que sua força de trabalho era importante na economia rural, e que uma camponesa deveria, quando casada, participar – ao lado do marido – de quase todas as atividades realizadas na *tenência* – a parte do domínio feudal explorada pela família: plantava ervilha e feijão. Pescava, colhia e batia o trigo, ordenhava as vacas, tosquiava os carneiros. (...)

As mulheres de condição servil desempenhavam todas as tarefas mencionadas acima e algumas vezes podiam ser obrigadas a prestar serviços na casa do senhor. Em geral, a esposa do servo estava, como o marido, obrigada a permanecer na terra senhorial. Devia pagar certas obrigações, frequentemente na forma de prestação de serviços. As grandes abadias germânicas do século IX, por exemplo, eram abastecidas com tecidos confeccionados pelas dependentes. (...)

Nas grandes propriedades da Alta Idade Média, uma parte considerável do trabalho artesanal estava reservada às mulheres. Ali se fabricavam cosméticos, sabão, pentes e os artigos de luxo a serem consumidos nas cortes. A confecção de tecidos era de responsabilidade exclusiva das mulheres. Servas ou escravas trabalhavam nos gineceus [parte das casas ocupadas pelas mulheres], sob a fiscalização de uma supervisora. Os reis merovíngios e carolíngios possuíram muitos estabelecimentos dessa natureza, que lhes forneciam os produtos de luxo consumidos no palácio.

*Fonte:* MACEDO, J. R. *Op. cit.* p. 32-33.

## A identidade europeia e a tradição cristã

A adesão da Turquia, país de maioria muçulmana, à União Europeia foi fruto de intenso debate no início dos anos 2000. A proposta de integração dos turcos à Comunidade Europeia só será concluída em 2015. Porém, desde o início das discussões houve forte reação de alguns setores da Europa Ocidental ao ingresso do país ao bloco europeu.

Parte das visões contrárias, sobretudo as ligadas a correntes religiosas, argumentava que o cristianismo era um elemento da identidade cultural europeia e, portanto, os turcos seriam uma exceção nesse quadro.

E o que o período medieval tem a ver com essa discussão?

Um grande historiador medievalista, Jacques Le Goff, por exemplo, é defensor de que a Europa, tal como um conceito cultural, nasceu na Idade Média, ao longo do processo de aproximação entre religião e poder político.

Essa visão, no entanto, deve ser observada criticamente, pois o processo de formação europeia é muito mais complexo do que a associação com a cristandade, porque incorpora noções de outros tempos históricos como o humanismo do período moderno e os legados posteriores à Revolução Francesa, ocorrida no final do século XVIII.

Também devemos considerar que o imaginário de uma União Europeia comum é uma criação, pois tanto do ponto de vista econômico quanto do cultural não se pode falar de uma única Europa. Os índices de desenvolvimento humano e os dados econômicos da Europa Ocidental, liderada por economias ricas como Alemanha e que integram a zona do euro, são diferentes dos índices de países mais pobres, como a Lituânia. Do ponto de vista cultural, o mesmo pode ser afirmado. Em suma, devemos evitar um pensamento que generaliza a Europa a partir de estereótipos estabelecidos, por exemplo, na França e

Alemanha, como se fosse uma única realidade e não houvesse diferenças em seu interior. Diferentes grupos, religiosos ou laicos, integram a complexa realidade sócio-econômico-cultural que ocupa o espaço geográfico europeu. Afinal, mesmo nos países europeus de maioria cristã, estamos distantes dos procedimentos e práticas únicas de religiosidade ou de identidade cultural.

A presença da Turquia na União Europeia evidencia as diferenças culturais, religiosas e econômicas do continente europeu. Mesmo sendo um país de maioria islâmica, sua população adota práticas que são comuns à maioria dos países ocidentais.

# O Império Bizantino

Império Bizantino é a denominação dada à parte oriental do Império Romano, quando este foi dividido em dois ao final do século IV. As turbulências vividas pelo Império do Ocidente, com sede em Roma, pelas crises decorrentes das invasões germânicas, não atingiram a porção oriental.

O termo bizantino refere-se a um vasto domínio sobre as regiões da Grécia, do Egito, da Síria, da Palestina, da Mesopotâmia e da Ásia Menor. Ao se erguer a partir das tradições das sociedades da Antiguidade, o Império Romano do Oriente incorporou a tradição especulativa dos gregos e da cultura helênica. O grego era sua língua oficial.

A localização geográfica de sua capital Constantinopla, hoje cidade de Istambul, favoreceu a interligação entre as várias áreas que compunham o Império Bizantino. Localizada no estreito de Bósforo, era a principal ligação entre a Ásia e a Europa. O domínio de Constantinopla significava o controle da passagem do mar Negro ao mar Egeu e ao Mediterrâneo, favorecendo o comércio.

O comércio era um dos pilares da economia bizantina. De áreas mais distantes do Oriente vinham produtos como pedras preciosas, sedas e especiarias. As principais cidades bizantinas tinham uma produção artesanal de vidros, tecidos e prata, que era vendida na Europa Ocidental.

SCALA

O imperador romano Constantino (306-337), que transferiu a capital do Império para a cidade de Bizâncio, em 330.

A produção agrícola baseava-se na grande propriedade e na mão de obra escrava. O poder político estava concentrado nas mãos do imperador, que contava com o apoio fundamental da Igreja.

## O Código de Justiniano e o cesaropapismo

Apesar de separado do Ocidente desde 395, o Império Bizantino só passou a ter vida própria com aquele que foi seu mais importante imperador, **Justiniano** (527-565).

Entre os legados de Justiniano está a elaboração de um código adequado à organização política do Império. O Código (*Corpus Juris Civilis*) era composto de quatro partes: as antigas leis, reunidas sob o nome de *Codex Justinianus* (uma revisão de todas as leis promulgadas desde o século II); as *Novellae* (Novelas), que continham a legislação de Justiniano; os comentários feitos por juristas (*Digesto*); e as *Institutiones*, um compêndio para os estudantes que discutia os pressupostos do pensamento jurídico.

Justiniano também se dedicava ao estudo teológico e buscou fortalecer o seu poder como representante divino. O Império tinha feições centralistas desde a sua origem (com Constantino) e a aproximação com a Igreja foi fundamental.

Pela intimidade com o governo, tão cristão quanto ela própria, a Igreja fortificou-se e enriqueceu. Ainda que o patriarca, nome dado ao líder da Igreja bizantina, tivesse grande importância, ele não podia resolver as questões de Estado. O imperador, por sua vez, tinha poder de decisão mesmo nas questões de fé, independentemente das doutrinas do papa de Roma. Ao reunir os poderes temporal e espiritual em suas mãos, o imperador bizantino iniciou uma prática que ficou conhecida como **cesaropapismo**.

Um ícone bizantino representando os trabalhos na agricultura.

DAGLI ORTI.

## As fases do Império Bizantino

O período de Justiniano insere-se no **Alto Império** (330-610). Além do legado cultural registrado no Código de Justiniano e da construção da Basílica de Santa Sofia (como se observa abaixo), o Alto Império é caracterizado pela visão de superioridade dos orientais em relação a Roma: além de não sofrerem os mesmos impactos da decomposição romana, estavam mais próximos da tradição da Antiguidade e também eram beneficiados pelo comércio intenso.

O período mais longo é conhecido como **Médio Império** (610-1204). Nesse intervalo alternaram-se momentos de grandiosidade e de perdas significativas de território. Envolvido em disputas com os persas e com os árabes, o Império perdeu regiões como o Egito e outros domínios. Mas expandiu-se para regiões como a Rússia, levando a religião ortodoxa para aquela região.

No aspecto religioso, dois episódios marcaram o período: o movimento **iconoclasta**, no século VIII, e o já citado **Cisma do Oriente**. O movimento iconoclasta foi uma tentativa, por parte do imperador Leão III, de conter o poder do clero. O imperador proibiu o uso de imagens nos templos. As imagens eram chamadas de ícones. As riquezas dos sacerdotes orientais derivavam grandemente da manufatura e venda de ícones. A tentativa de aboli-los, porém, limitou-se à eliminação das esculturas: as pinturas foram poupadas.

Entre 1204 e 1261, Constantinopla foi tomada pelos cristãos romanos (ou latinos) que se dirigiam para uma Cruzada, como estudaremos no Capítulo 8.

Por fim, tivemos o **Baixo Império** (1261-1453), quando, após a expulsão dos latinos, os bizantinos reocuparam algumas áreas. Mas nessa época o Império já não tinha a mesma grandiosidade, nem a mesma riqueza, pois as rotas comerciais do Mediterrâneo já eram dominadas pelos ocidentais. Em 1453 o Império Bizantino chegava ao fim, quando os turcos otomanos tomaram a capital Constantinopla.

A civilização bizantina transmitiu rica herança cultural aos séculos seguintes. Os árabes, por exemplo, tomaram contato com obras literárias, filosóficas, artísticas e científicas da Grécia antiga. A arquitetura bizantina teve sua maior obra na Basílica de Santa Sofia, construída por Justiniano em Constantinopla. Os mosaicos bizantinos influenciaram a arte religiosa cristã, e o Código de Justiniano foi a principal peça que permitiu o ressurgimento dos princípios jurídicos do Direito romano, que é a base dos modernos códigos civis de diversos povos.

A queda de Constantinopla representada em mosaico do século XIII. Basílica de São João, Ravena, Itália.

A Basílica de Santa Sofia, expressão máxima da arquitetura bizantina, foi transformada em mesquita após a tomada de Constantinopla (atual Istambul) em 1453. A construção de Santa Sofia, iniciada em 532 e consagrada em 562, foi um dos símbolos do período de Justiniano e do poder religioso e imperial de Bizâncio. A cúpula imponente e a grandiosidade do templo tinham a função de associar os poderes espiritual e temporal à figura do governante.

## As heranças de Bizâncio

*A longa duração do Império Bizantino, que ao longo de onze séculos, nas fronteiras entre o Ocidente e o Oriente, foi alvo de disputas por todos os lados. No meio das rotas comerciais e conflagrado por embates religiosos, além das crises internas, pode-se reconhecer importantes contribuições dessa civilização pouco estudada.*

Mas quando Bizâncio passou para as mãos dos turcos, a desaparição do império grego deixou no mundo um grande vazio. Durante onze séculos, havia desempenhado seu papel, sempre importante, frequentemente decisivo, na história do Ocidente e do Oriente. Das mãos vacilantes de Roma, Bizâncio tinha recebido a herança do mundo antigo, no momento em que ele ia desaparecer sob a leva das invasões bárbaras. Antes de sucumbir, por sua vez, sob os golpes de outros invasores, seu papel foi o de conservar, enriquecer, transmitir essa herança.

Ela a conservou ao longo de todo o período indeciso e conturbado que chamamos de Idade Média, e soube defendê-la contra os repetidos ataques de vinte povos. É um espetáculo comovente o desse império tantas vezes atacado, dessa capital tantas vezes sitiada, com os quais todos os povos do Oeste, do Sul, do Norte e do Leste vieram durante tanto tempo medir forças.

Ela enriqueceu com a contribuição do cristianismo e a do Oriente. Bizâncio fez de uma civilização pagã, ferida pela decadência e incapaz de se renovar, uma civilização cristã, num sentido mais humano, que respondia melhor às necessidades de uma consciência mais exigente. E assegurando mais plenamente ao helenismo primitivo essa continuidade de tradição, cuja continuidade da língua grega foi ao mesmo tempo o símbolo e o melhor instrumento, Bizâncio acrescentou a isso, tanto no pensamento como na arte, os frutos de seu longo comércio com o Oriente persa e o Oriente muçulmano.

Ele a transmitiu, enfim, por seus sábios, seus missionários, seus negociantes, seus soldados, a todos os povos com os quais esteve em contato. No Oriente, de fato, Bizâncio não se limitou a receber: os árabes e os próprios turcos sofreram profundamente sua influência. Todos os povos eslavos lhe devem sua religião e suas instituições. Os países do Ocidente, através dos mercadores ou dos monges, dos peregrinos ou dos cruzados, jamais cessaram de sofrer a influência da longínqua e sedutora Constantinopla; e foi ao Ocidente que Bizâncio transmitiu sua última mensagem quando, após a conquista turca, tantos gregos instruídos levaram para lá sua ciência e os restos de sua biblioteca.

Fonte: LEMERLE, P. *História de Bizâncio*. São Paulo: Martins Fontes, 1991. p. 120-121.

**1)** Por que o Império Bizantino foi estratégico para as tradições culturais do Ocidente e do Oriente?

**2)** Qual o papel desempenhado pelos viajantes e mercadores nesse processo?

# Cinemateca

**Tristão e Isolda** (2006, EUA, dir.: Kevin Reynolds) Na Idade Média, clãs e tribos lutam pelo poder, logo após a queda do Império Romano. Tristão teve toda sua família assassinada por conspiradores, que tinham o objetivo de impedir os planos de seu pai para unificar a Inglaterra.

**Rei Arthur** (2004, EUA, dir.: Antoine Fuqua) O lendário rei Arthur é líder bretão e percebe que a Bretanha precisará de alguém que lidere a ilha e a defenda das ameaças externas.

**Camelot** (1967, EUA/GB, dir.: Joshua Logan) A lenda do rei Arthur e seu torturante caso de amor com a rainha Guenevere e a criação dos Cavaleiros da Távola Redonda.

**Coração de Cavaleiro** (2001, EUA, dir.: Brian Helgeland) Após seu suserano morrer, o jovem William, um valoroso cavaleiro, resolve substituí-lo em uma competição de luta.

# Revisitando a História

**1.** Qual o papel do cristianismo para a Europa Ocidental na Alta Idade Média?

**2.** "(...) A melhor referência documental é a *Germânia*, obra célebre de Tácito (...). Ao escrever sobre os povos 'bárbaros' do norte da Europa, Tácito pretendia oferecer aos leitores um modelo de vida social pura e virtuosa que contrastasse com a corrupção moral vigente na Roma de então por ele desaprovada."

a) Essa passagem demonstra como a visão dos estudiosos, literatos, historiadores pode se adequar a certas situações com as quais se discorda ou concorda. O que isso significa para o estudo da História?

b) Compare as formas de aproximação dos povos germânicos no momento de crise do Império Romano e das invasões.

**3.** Qual o princípio da relação entre suserano e vassalo? Explique qual o significado atribuído à cerimônia em que era firmado o acordo entre eles.

**4.** Na ilustração dos **Objetos Digitais** – *Ontem e Hoje* (Senhores e Vassalos) deste capítulo, encontramos uma alegoria da divisão da sociedade feudal. Identifique as relações sociais existentes no período feudal, as funções de cada grupo e relacione-as com a ilustração.

**5.** Enquanto no Ocidente o Império Romano ruía, no Oriente, desde pelo menos o século III, período mais próspero do Império, se desenvolvia a civilização bizantina. Indique qual foi a especificidade que conferiu estabilidade política ao Império Bizantino e, ao mesmo tempo, colaborou para o Cisma do Oriente. Explique sua resposta.

**6.** Leia o texto abaixo.

"Os lugares mais iluminados eram reservados aos antiquários, miniaturistas mais habilidosos, aos rubricadores e aos copistas. Cada mesa tinha todo o necessário para miniaturar e copiar: chifres de tinta, penas finas que alguns monges estavam afinando com uma faca afiada, pedra-pome para deixar liso o pergaminho, réguas para traçar as linhas sobre as quais seria estendida a escritura. Junto a cada escriba, ou no topo de plano inclinado de cada mesa, ficava uma estante, sobre a qual apoiava o códice a ser copiado, a página coberta por moldes que enquadravam a linha que era transcrita no momento. E alguns tinham tinta de ouro e de outras cores. Outros porém estavam apenas lendo livros, e transcreviam apontamentos em seus cadernos particulares ou tabuletas. (...)

O bibliotecário nos apresentou a muitos dos monges que estavam trabalhando naquele momento. De cada um deles Malaquias nos disse também o trabalho que estava realizando e em todos admirei a profunda devoção ao saber e ao estudo da palavra divina. Conheci assim Venâncio de Salvemec, tradutor do grego e do árabe (...). Bêncio de Upsala, um jovem monge escandinavo que se ocupava de retórica. Berengário de Arundel, o ajudante bibliotecário. Aymaro de Alexandria, que estava copiando obras que somente por poucos meses estavam emprestadas à biblioteca (...)."

Fonte: ECO, U. *O Nome da Rosa*. Rio de Janeiro: Nova Fronteira, 1983. p. 92-3.

a) Essa passagem literária situa o leitor em um importante espaço da vida medieval. Que ambiente é descrito nessa passagem?
b) O monasticismo se proliferou na Europa Ocidental durante a Idade Média. Qual a importância desses centros religiosos?

# Analise esta imagem

Em uma definição mais usual e comum, iluminura corresponde à arte e a técnicas de ilustração de manuscritos e livros com figuras e letras ornamentadas. Durante a Idade Média, os artistas que elaboravam as iluminuras eram muito valorizados, sendo, em geral, padres ou monges. Sua circulação se dava entre religiosos, aristocratas e, a partir da Baixa Idade Média, entre os burgueses. Até o surgimento da imprensa, as iluminuras foram muito utilizadas. A iluminura geralmente era feita com tintas de variadas cores sobre papel. Algumas delas eram decoradas com ouro e prata. Na iluminura ao lado, está representada a coroação do rei Lotário (795-855), filho mais velho de Luís I, o Piedoso, que dividiu o poder entre seus três filhos: Lotário, Luís, o Germânico, e Carlos, o Calvo. Lotário queria assumir o poder sozinho e por isso houve uma luta entre ele e seus irmãos; só anos depois conseguiram decidir a contenda e dividir o poder. A explicação histórica nos dá pistas para compreender a iluminura que narra esse episódio.

a) Duas cenas são representadas nessa iluminura: uma batalha e a coroação do rei Lotário. Qual a relação entre elas no contexto da Alta Idade Média?
b) Com base na segunda imagem e nas leituras do capítulo, explique por que a coroação do rei é um evento religioso.
c) Em um contexto em que o conhecimento era bastante restrito, qual a importância dos textos virem acompanhados de iluminuras?

# Debatendo ideias

Pelo que foi exposto no capítulo, você concorda com a visão de que a Idade Média era o "período das trevas"? Apresente argumentos que comprovem sua posição.

# Questões de vestibular

**1.** (UEG – GO)

**HAGAR, O HORRÍVEL**          **Dick Browne**

*O Popular*, Goiânia, 23 abr. 2005. Magazine.

A personagem Hagar, criada pelo cartunista Dick Browne, pode ser considerada um guerreiro *viking* que viveu na Europa durante a Idade Média. Analise as proposições a seguir acerca desse período histórico:

I. Do ponto de vista histórico, a situação mostrada na tira está correta, pois a expressão "Idade das Trevas" era de uso corrente na sociedade medieval.

II. A expressão "Idade das Trevas", utilizada na tira, é imprópria para designar a Idade Média, pois ela só surgiu durante a Idade Moderna.

III. Expressões como "Idade das Trevas" ou "longa noite dos mil anos", referindo-se à Idade Média, são historicamente coerentes, pois nesse período houve uma completa estagnação econômica, cultural e social na Europa.

Marque a alternativa CORRETA:

a) Apenas as proposições I e II são verdadeiras.

b) Apenas as proposições II e III são verdadeiras.

c) Apenas as proposições I e III são verdadeiras.

d) Apenas a proposição II é verdadeira.

e) Apenas a proposição III é verdadeira.

**2.** (UFSCar – SP) A razão de ser dos carneiros é fornecer leite e lã; a dos bois é lavrar a terra; e a dos cães é defender os carneiros e os bois dos ataques dos lobos. Se cada uma destas espécies de animais cumprir a sua missão, Deus protegê-la-á. Deste modo, fez ordens, que instituiu em vista das diversas missões a realizar neste mundo. Instituiu uns – os clérigos e os monges – para que rezassem pelos outros e, cheios de doçura, como as ovelhas, sobre eles derramassem o leite da pregação e com a lã dos bons exemplos lhes inspirassem um ardente amor a Deus. Instituiu os camponeses para que eles – como fazem os bois, com o seu trabalho – assegurassem a sua própria subsistência e a dos outros. A outros, por fim – os guerreiros –, instituiu-os para que mostrassem a força na medida do necessário e para que

defendessem dos inimigos, semelhantes a lobos, os que oram e os que cultivam a terra.

Eadmer de Canterbury, século XI.

a) Identifique o contexto histórico no qual as ideias defendidas pelo autor desse documento se inserem.

b) Justifique a relação do documento com o contexto histórico especificado.

**3.** (UnB – DF) A penetração dos bárbaros no Império Romano:

a) foi realizada sempre através de invasões armadas;

b) realizou-se a partir do século VI, quando o Império entrou em decadência;

c) verificou-se inicialmente através de invasões pacíficas e posteriormente através de violência;

d) foi realizada sempre de maneira pacífica;

e) verificou-se principalmente entre os séculos II e III.

**4.** (FGV) O sacerdote, tendo-se posto em contato com Clóvis, levou-o pouco a pouco e secretamente a acreditar no verdadeiro Deus, criador do Céu e da Terra, e a renunciar aos ídolos, que não lhe podiam ser de qualquer ajuda, nem a ele nem a ninguém (...). O rei, tendo pois confessado um Deus todo-poderoso na Trindade, foi batizado em nome do Pai, do Filho e do Espírito Santo e ungido do santo Crisma com o sinal da cruz. Mais de três mil homens do seu exército foram igualmente batizados (...).

São Gregório de Tours. A conversão de Clóvis. Historiae Eclesiasticae Francorum. Apud: PEDRERO-SÁNCHES, M. G. *História da Idade Média*. Textos e testemunhas. São Paulo: Editora da Unesp, 2000. p. 44-45.

A respeito dos episódios descritos no texto, é correto afirmar:

a) A conversão de Clóvis ao arianismo permitiu aos francos uma aproximação com os lombardos e a expansão do seu reino em direção ao Norte da Itália.

b) A conversão de Clóvis, segundo o rito da Igreja Ortodoxa de Constantinopla, significou um reforço político-militar para o Império Romano do Oriente.

c) Com a conversão de Clóvis, de acordo com a orientação da Igreja de Roma, o reino franco tornou-se o primeiro Estado germânico sob influência papal.

d) A conversão de Clóvis ao cristianismo levou o reino franco a um prolongado conflito religioso, uma vez que a maioria dos seus integrantes manteve-se fiel ao paganismo.

e) A conversão de Clóvis ao cristianismo permitiu à dinastia franca merovíngia a anexação da Itália a seus domínios e a submissão do poder pontifício à autoridade monárquica.

**5.** (UFC – CE) O enorme Império de Carlos Magno foi plasmado pela conquista. Não há dúvida de que a função básica de seus predecessores, e mais ainda a do próprio Carlos, foi a de comandante de exército, vitorioso na conquista e na defesa. (...) Como comandante de exército, Carlos Magno controlava a terra que conquistava e defendia. Como príncipe vitorioso, premiou com terras os guerreiros que lhe seguiam a liderança...

ELIAS, N. *O Processo Civilizatório*. Rio de Janeiro: Zahar, 1993. v. II, p. 25.

De acordo com seus conhecimentos e com o parágrafo acima, é correto dizer que a feudalização deveu-se:

a) à necessidade de conceder terras a servidores, o que diminuía as possessões reais e enfraquecia a autoridade central em tempos de paz.
b) à venda de títulos nobiliários e à preservação das propriedades familiares.
c) à propagação do ideal cavalheiresco de fidelidade do vassalo ao Senhor.
d) a princípios organizacionais de sistemas ecológicos de agricultura de subsistência.
e) à teoria cristã que afirmava: "para cada homem, seu rebanho", interpretada, durante a Idade Média, como a fragmentação do poder terreno.

**6.** (UFPel – RS)

DIVISÃO DO IMPÉRIO CAROLÍNGIO PELO TRATADO DE VERDUN

Mar do Norte
INGLATERRA
OCEANO ATLÂNTICO
FRANÇA ORIENTAL
FRANÇA OCIDENTAL
FRANÇA CENTRAL
ESPANHA
Estados da Igreja
Mar Mediterrâneo

Reino de Carlos, o Calvo
Reino de Luís, o Germânico
Reino de Lotário

Esse mapa se refere à:

a) centralização política, na fase inicial da Idade Moderna.
b) divisão do Império Romano, no final da Idade Antiga.
c) formação dos Estados Nacionais, no século XV.
d) Europa Ocidental, na Idade Antiga.
e) organização dos reinos francos, na Idade Média Ocidental.

**7.** (UFRN) Em 768, Carlos Magno assumiu a coroa do reino franco e expandiu consideravelmente suas fronteiras através de inúmeras guerras de conquista. Parte das terras conquistadas eram doadas, a título temporário (*precarium*), aos nobres, que assumiam, em troca, obrigações para com o rei.

As práticas carolíngias expostas anteriormente contribuíram para a formação do feudalismo. Caracterize as obrigações criadas entre suseranos e vassalos na época feudal.

**8.** (UNICAMP – SP) O feudo era a principal unidade de produção da Idade Média.

a) Como se dividia o feudo?
b) Explique a função de cada uma das partes do feudo.

**9.** (UFPI) Entre as características do feudalismo, sistema político, social e econômico estruturado na Europa medieval, estão:

a) a existência de uma forte concentração de poder nas mãos dos monarcas.
b) uma forte monetarização das relações econômicas, favorecendo o crescimento dos núcleos urbanos.
c) a terra não tinha valor, sendo inúmeras vezes concedida aos servos para que cultivassem a agricultura livremente.
d) a existência de uma sociedade estamental, formada por grupos sociais com *status* fixos, os senhores e os servos, em que os servos eram presos à terra e obrigados a prestar serviços e pagar impostos aos senhores.
e) uma base econômica voltada ao comércio entre os vários feudos existentes.

**10.** (UFBA) Com base nos conhecimentos sobre essa sociedade, identifique e explique **três razões** que justifiquem a afirmação: *O Império Bizantino, que atravessou a Idade Média chegando até o início da Idade Moderna, caracterizou-se, dentre outros aspectos, pelo **caráter multicultural de sua sociedade***.

**1.** (PASUSP) Dado que é inteiramente conhecido de todos que eu não tenho com que me sustentar nem com que me vestir, solicitei à vossa piedade – e a vossa vontade concedeu-me – poder entregar-me; o que fiz: pelo que, deste modo, devereis vós ajudar-me e auxiliar-me tanto quanto ao sustento como ao vestir, na medida em que eu puder servir-vos e merecer-vos. E enquanto eu viver vos deverei servir e respeitar como o pode fazer um homem livre, e em todo o tempo em que viver não terei poder para me subtrair ao vosso poder; mas, pelo contrário, deverei ficar todos os dias da minha vida sob o vosso poder ou proteção. Em consequência destes fatos, ficou convencionado que, se um de nós quisesse subtrair-se a estas convenções, seria obrigado a pagar ao seu contratante uma dada quantia em soldos, ficando em vigor a convenção. Pelo que pareceu bom que as partes fizessem redigir e confirmar dois diplomas do mesmo teor; o que fizeram.

*Adaptado de: Formulae Turonensis.*

Composta no século VIII, a fórmula contratual acima citada indica o processo de construção, na França merovíngia, das relações

a) escravistas.
b) feudais.
c) assalariadas.
d) absolutistas.
e) coloniais.

**2.** (PISM – UFJF – MG) Um especialista em História da Idade Média, assim conceituou o **feudalismo**:

Um sistema de organização econômica, social e política baseado nos vínculos de homem a homem, no qual uma classe de guerreiros especializados – os senhores –, subordinados uns aos outros por uma hierarquia de vínculos de dependência, domina uma massa campesina que explora a terra e lhes fornece com que viver.

LE GOFF, J. *Para um novo conceito de Idade Média.*
Lisboa: Estampa, 1980.

Acerca dos significados desse conceito, marque o INCORRETO.

a) "vínculos de homem a homem" refere-se a uma sociedade baseada em relações de fidelidade pessoais.
b) "classe de guerreiros especializados" refere-se a uma sociedade na qual chefes militares eram beneficiados com concessões de terras.
c) "uma hierarquia de vínculos de dependência" refere-se ao estabelecimento de direitos e obrigações entre suseranos e vassalos.
d) "massa campesina que explora a terra" refere-se à base da sociedade formada por camponeses subordinados às relações de trabalho servis.
e) "lhes fornece com que viver" refere-se à concessão pelos senhores da propriedade da terra aos camponeses, bem como a autonomia de revenda dos produtos de seu trabalho.

**3.** (SAS – UFG – GO) Deus quis que, entre os homens, uns fossem senhores e outros servos, de tal maneira que os senhores estejam obrigados a venerar e amar a Deus, e que os servos estejam obrigados a amar e venerar seu senhor.

ST. LAUD DE ANGERS. In: FARIA, R. M.; MARQUES,
A.; BERUTTI, F. C. *História para o Ensino Médio.*
Belo Horizonte: Editora Lê, 1998. p. 87.

O texto citado é um documento que retrata o período em que a Europa vivia sob o feudalismo. Esse modelo de organização social, marcado pela rigidez da mobilidade social vigente durante a Idade Média, é denominado de:

a) sociedade de ordens.
b) sociedade de classes.
c) sociedade de castas.
d) sociedade tribal.

# capítulo 6

# A civilização do Islã

*Você observou como, ao longo das civilizações e dos povos já estudados, a religião exerceu um papel fundamental? E a religião não expressa apenas seus ensinamentos relativos à crença, mas expressa concepções que ultrapassam as fronteiras do que atualmente consideraríamos como estritamente religioso, atingindo a vida social, econômica, política e cultural de um povo.*

*A religião, no entanto, tem sua historicidade, e seu papel em cada sociedade é definido por múltiplos processos. Neste capítulo estudaremos as origens do islamismo, que é uma das religiões com maior número de adeptos na atualidade, com mais de 1 bilhão de fiéis. Fundada por Maomé (ou Mohamed) no século VII, no oeste da Arábia, a religião muçulmana espalhou-se inicialmente pela África, Ásia e sul da Europa.*

*Para saber um pouco do que também ficou conhecido como a civilização do Islã, devemos ficar atentos contra os preconceitos e as concepções que alguns estereótipos ocidentais produziram sobre os adeptos do islamismo.*

## As raízes do Islã

Na península arábica, região de passagem de caravanas que transportavam mercadorias do Oriente para o Ocidente, viviam tribos nômades politeístas que disputavam rotas comerciais e fontes de água. O comércio era a principal riqueza e fez surgir cidades como Meca, onde nasceu **Maomé**, por volta do ano 570. Maomé pertencia a um ramo pobre da família Coraishita, que dominava a região.

**Caravana:** grupo de pessoas, que podem ser comerciantes ou peregrinos, que realizam viagens conjuntamente.

Maomé foi condutor de caravanas e comerciante até os 40 anos, período em que teve contato com cristãos e judeus, povos com crenças monoteístas, ou seja, que cultuavam um só Deus.

Em Meca predominavam as práticas politeístas, com a influência de crenças persas que divinizavam os poderes da natureza. Sendo um centro comercial e ponto de convergência de viajantes, as práticas monoteístas de judeus e cristãos não eram desconhecidas. O vizinho Império Bizantino era **cristão** e a diáspora dos **judeus** permitiu que os árabes conhecessem esses povos e seus costumes religiosos.

KAZUYOSHI NOMACHI/CORBIS/LATINSTOCK

Fiéis oram na Mesquita do Profeta, em Medina.

O profeta Maomé. Ilustração do século XIV, Museu de Topkapi, Istambul, Turquia.

O principal templo de Meca era a Caaba, onde estava a Pedra Negra que era adorada por diferentes tribos, pois segundo a tradição esta havia caído do céu.

Conforme diz o Corão, quando Maomé tinha por volta de 40 anos, ele passou a ter visões nas quais Deus falava com ele por meio do anjo Gabriel. Maomé foi chamado por Deus (Alá, em árabe) para ser seu profeta, levar a sua palavra e estabelecer o monoteísmo na península arábica.

Pelos ditos de Maomé, Deus tinha mandado vários profetas ao mundo, entre eles Abraão, Moisés e Jesus. Maomé seria o último e o maior deles. No entanto, ele não era um ser divino, como se afirma de Jesus Cristo no cristianismo.

## Expansão árabe

Maomé começou a pregar a partir das revelações recebidas que foram escritas e divulgadas após a sua morte no Corão ("recitação"). Os primeiros convertidos árabes eram seduzidos pela simplicidade e austeridade da mensagem: a submissão a Deus e o dever de se purificar antes do julgamento final.

A pregação do princípio monoteísta e a condenação de outros cultos desagradaram aos comerciantes de Meca que controlavam a Caaba. Os ensinamentos de Maomé se propagavam e, em nome do Deus único, havia incumbências como praticar a justiça e proteger órfãos, viúvas e os mais pobres daquela sociedade.

Perseguido, Maomé e alguns discípulos se dirigiram para Yathrib (futura Medina), que ficava a cerca de 350 quilômetros ao norte de Meca. Esse deslocamento de Maomé e seus fiéis no ano de 622 ficou conhecido como **Hégira** e marcou o início do calendário muçulmano.

Em Medina, Maomé converteu muitas pessoas e organizou a cidade de acordo com os seus ensinamentos. Foi em Medina que Maomé decidiu retomar Meca, proclamando um *jihad*, que significa "esforço" para levar a mensagem divina e combater os infiéis. Esse "esforço" pode se tornar uma ação militar e, por isso, muitas vezes é chamado de "guerra santa".

Nos dez anos que separam sua fuga e sua morte, em 632, Maomé converteu a maioria das tribos árabes, às vezes usando a força por meio dos exércitos que formara, e unificou os povos que eram dispersos.

## A retomada de Meca

**Profeta:** aquele que tem o dom de prever acontecimentos por inspiração divina. No caso, é um dos títulos atribuídos pelos muçulmanos a Maomé.

A retomada de Meca era fundamental para o profeta, que afirmara ter tido a revelação de que a Caaba tinha sido construída por ordem divina a Abraão, a quem se atribui a fundação do monoteísmo, e a seu filho Ismael. A Pedra Negra, o objeto sagrado mais importante da tradição muçulmana, havia sido entregue pelo próprio anjo Gabriel a Ismael.

Dessa forma, todo convertido ao islamismo deveria orar em direção a Meca e visitar a cidade pelo menos uma vez na vida. Mas para que o culto fosse realizado de forma adequada era necessário destruir as imagens e os símbolos das religiões pagãs que também estavam na Caaba.

A retomada de Meca teria esta finalidade: retirar outros símbolos e objetos religiosos de dentro da Caaba e deixar apenas a Pedra Negra. A adesão crescente dos árabes ao islamismo proporcionou a unificação dos povos árabes, e a retomada de Meca, com a destruição dos símbolos religiosos das diversas tribos. O islamismo representou a força religiosa e política dessa unificação.

A Caaba está na Grande Mesquita de Meca. O edifício que abriga a Pedra Negra é coberto com uma manta negra e bordados dourados.

## Recortes da História

## A educação muçulmana

O historiador Ibn Khaldûn (1332-1406) escreveu em sua obra **Muqaddimah (Prolegômenos)** *sobre a educação no mundo islâmico. O Corão é a base do ensino, mas havia outras disciplinas, conforme a região. Neste texto, há considerações sobre o ensino em Magreb, península ibérica, Ifriquiyah (que corresponde à parte da Tunísia e Argélia atuais) e no Oriente muçulmano.*

É sabido que o ensino do Corão às crianças é um símbolo do Islã. Os muçulmanos têm e praticam tal ensino em todas as cidades, porque ele imprime nos corações uma firme crença nos artigos da fé, os quais [derivam] dos versos do Corão e de certas tradições proféticas. O Corão tornou-se a base da educação, o fundamento de todos os hábitos que podem ser adquiridos mais tarde. (...) Os métodos de instruir as crianças no Corão variam de acordo com as diferenças de opinião quanto aos hábitos que devem resultar dessa instrução. O método do Magreb restringe a educação das crianças à instrução no Corão e à prática, no decurso [da instrução], na ortografia do Corão e nos seus problemas, assim como às diferenças entre os especialistas do Corão nesse domínio. Os [habitantes do Magreb] não trazem para as suas aulas quaisquer outros assuntos, como as tradições, a jurisprudência, a poesia ou a filosofia arábica, até o aluno estar hábil [no Corão]. (...) Consequentemente, [os habitantes do Magreb] conhecem a ortografia do Corão e sabem-no de cor, melhor do que qualquer outro [grupo muçulmano].

O método hispânico é instruir lendo e escrevendo. É a isso que prestam atenção ao educar [as crianças]. Todavia, visto que o Corão é a base e o fundamento de tudo isto e a fonte do Islã e de todas as ciências, fazem dele o ponto de partida da educação, mas não restringem

exclusivamente a ele a instrução das crianças. Juntam-lhe também [outros assuntos] especialmente a poesia e a composição; dão às crianças um profundo conhecimento do árabe e ensinam-lhes uma boa caligrafia. (...)

O povo de Ifriqiyah combina usualmente a instrução das crianças no Corão com o ensino das tradições. Ensinam também normas científicas básicas e certos problemas científicos. Todavia preocupam-se mais com dar às crianças um bom conhecimento do Corão e oferecer-lhes as suas várias recensões e leituras do que com qualquer outra coisa. Em seguida insistem na caligrafia. Em geral o seu método de instrução pelo Corão está mais perto do método hispânico [do que dos métodos do Magreb ou dos Orientais], porque a sua [tradição educativa] deriva dos shaykhs [chefes de tribo] espanhóis que fugiram quando os cristãos conquistaram a Espanha e pediram hospitalidade em Túnis. De então para cá eles são os professores das crianças [tunisinas].

O povo do Oriente, tanto quanto sabemos, parece ter um currículo misto. (...) Disseram-nos que se preocupa com ensinar o Corão e depois os trabalhos e normas básicas do ensino [religioso] à medida que [as crianças] crescem. Não combinam [a instrução pelo Corão] com a aprendizagem da escrita. (...) Aqueles que desejam aprender uma boa caligrafia têm de o fazer mais tarde com [calígrafos] profissionais segundo o grau do seu interesse e desejo. (...)

*Fonte:* KHALDÛN, I. Muqaddimah. In: ESPINOSA, F. *Antologia de Textos Históricos Medievais.* 3. ed. Lisboa: Sá da Costa Editora, 1981. p. 102-103.

**1)** Explique qual a vinculação entre a religião e o ensino na tradição islâmica, segundo o documento.

# Os princípios do islamismo

Os ensinamentos de Maomé, obtidos por meio de sinais e testemunhos, foram transmitidos aos fiéis compondo a sua doutrina.

Entre os princípios e deveres básicos da nova religião se destacam:

- professar a fé nos ensinamentos do profeta de que só existe um Deus: "Só há um Deus, que é Alá, e Maomé é o seu Profeta";
- todo convertido deve fazer orações cotidianas em honra de Alá e voltado para Meca, onde está a Pedra Negra, símbolo do compromisso e da amizade entre Deus e os homens;
- todo muçulmano deve peregrinar até Meca pelo menos uma vez na vida;
- a esmola é obrigatória para quem pode dá-la;
- o fiel deve jejuar no mês sagrado de Ramadã, que é o período em que aconteceu a "iluminação", ou seja, quando o anjo Gabriel falou a Maomé.

O Corão é um livro para ser recitado em orações litúrgicas e possui uma estrutura repetitiva que facilita a memorização e a incorporação de regras morais e civis.

Essas regras foram compiladas após a morte de Maomé. Entre elas destacamos a proibição de bebidas alcoólicas, a necessidade de proteger órfãos e viúvas, o dever de ser hospitaleiro, a possibilidade de praticar a poligamia, a condenação do roubo e sua punição severa.

A partir do Corão há uma atualização de regras que são divididas em diferentes categorias:

- *Fard* – os princípios básicos que devem ser cumpridos;
- *Mandub* – ações especiais que são recompensadas por Deus;
- *Mubah* – ações sem referência no Corão e que, portanto, não são punidas nem recompensadas;
- *Makruh* – ações desencorajadas, mas não punidas;
- *Haram* – ações puníveis por lei.

## Saiba mais

Conheça o significado de alguns termos associados ao mundo muçulmano:

- **árabe** – corresponde a uma denominação geográfica, mas com frequência é utilizado como se fosse sinônimo de uma religião. O fato de Maomé ter unificado diversas tribos árabes e as convertido ao islamismo não significa que todos os árabes tenham a mesma crença;
- **muçulmano** – corresponde ao seguidor de Maomé, portanto, é uma designação religiosa;
- **islamismo** – designação da religião do Islã que significa "aquele que se submete à vontade de Deus"; é o nome da própria religião pregada por Maomé;
- **mouro** – forma pela qual os habitantes da península ibérica chamaram os muçulmanos do Norte da África que invadiram a península no século VIII.

STEVE RAYMER/CORBIS/LATINSTOCK

Orar, voltado para Meca, é um dos preceitos a ser seguido por todo aquele que professa a fé muçulmana.

# A expansão islâmica e as divisões políticas e religiosas

Os sucessores de Maomé, chamados califas, eram líderes político-religiosos e, com a Arábia já unificada, levaram o Islã a outros territórios. Em aproximadamente um século, foi construído um grande império – o Sarraceno –, com a conquista de Palestina, Síria, Egito, Irã, Iraque, África do Norte, Índia, Espanha e várias ilhas mediterrâneas.

A ampla disseminação do islamismo foi um processo realizado por diferentes dinastias. As primeiras conquistas foram feitas pela dinastia **haschemita**, de familiares de Maomé. Com a unificação religiosa na península arábica feita por Maomé, seu sogro,

Dinastia: linhagem familiar que se sucede no poder.

Abu-Beck, consolidou a unificação política, instaurando um modelo teocrático, em que o califa governava segundo os preceitos da lei muçulmana. A capital era Meca.

A expansão prosseguiu durante o califado de Omar, atingindo Síria, Palestina, Pérsia e Egito. Omar foi assassinado pela família Omíada, que disputava o califado com os haschemitas. Uma guerra civil entre as dinastias interrompeu a fase das conquistas, que durou até 661.

Com a vitória dos omíadas, a capital foi transferida para Damasco. A dinastia **omíada** impulsionou a conquista em direção ao Ocidente.

Um grande feito da dinastia omíada foi a conquista de Jerusalém, no século VII. A cidade de Jerusalém é considerada sagrada por judeus, cristãos e muçulmanos. Para estes, a cidade foi o lugar onde Maomé, depois de transportado de Meca, teria iniciado sua viagem aos céus, conforme está escrito no Corão. Outro aspecto importante da conquista de Jerusalém, onde foi erigida a Mesquita de Omar (ou Cúpula do Rochedo), é a inserção do islamismo à tradição monoteísta iniciada por Abraão.

Em 711, a península ibérica foi invadida pelos muçulmanos, e os visigodos foram obrigados a recuar em direção às Astúrias. Os francos, chefiados por Carlos Martel, impediram em Poitiers (732) que o domínio muçulmano chegasse até a França.

Devido às diferenças entre grupos, o mundo muçulmano foi dividido em vários califados. Com a ascensão da dinastia dos **abácidas**, que se concentraram na Síria, surgiram outros califados independentes, como o dos **fatímidas** no Egito e os **almorávidas** na Espanha.

A destruição da unidade política também levou a disputas religiosas, formando dois grupos principais:

- **sunitas** – além do Corão, seguiam os ensinamentos reunidos na Suna (coletânea de histórias piedosas sobre Maomé). Moderados, aceitavam como líderes políticos pessoas eleitas pelos fiéis, na tradição das tribos do deserto;
- **xiitas** – aceitavam apenas o Corão e, como líderes políticos, apenas os descendentes de Maomé. Esse grupo minoritário queria o cumprimento integral dos preceitos muçulmanos.

## Os motivos da expansão

Além das questões religiosas de propagação do islamismo, outros aspectos colaboraram para a expansão muçulmana. Podemos destacar:

- a necessidade que os árabes tinham de ocupar terras mais férteis, que pudessem sustentar o crescimento populacional;
- a doutrina do *jihad* (esforço de conversão) que, ao prometer o Paraíso àqueles que morressem lutando pelo Islã, fornecia importante motivação para os guerreiros e conquistadores;
- as facilidades encontradas entre os povos conquistados, como o enfraquecimento dos dois maiores impérios orientais, o persa e o bizantino, que estavam em lutas constantes;
- as populações dominadas não se opunham ao domínio islâmico, pois os muçulmanos costumavam respeitar as tradições e crenças de cada povo, limitando-se a cobrar um imposto dos não muçulmanos.

**Teocrático:** exercício do poder político que se fundamenta em um princípio religioso.

PHOTOS.COM

Mesquita de Omar ou Cúpula do Rochedo, em Jerusalém. A cidade de Jerusalém tem importância histórico-religiosa para os três grupos monoteístas: judeus, cristãos e muçulmanos. Há lugares considerados sagrados para essas religiões.

Com a expansão muçulmana e as crises vividas na Europa, com uma economia agrária e mais fechada, os califados dominaram o comércio do Mediterrâneo no século X. Mas as disputas religiosas e políticas entre os muçulmanos permitiram que os cristãos retomassem territórios e partissem para uma ofensiva ao mundo muçulmano a partir do século XII, com as cruzadas.

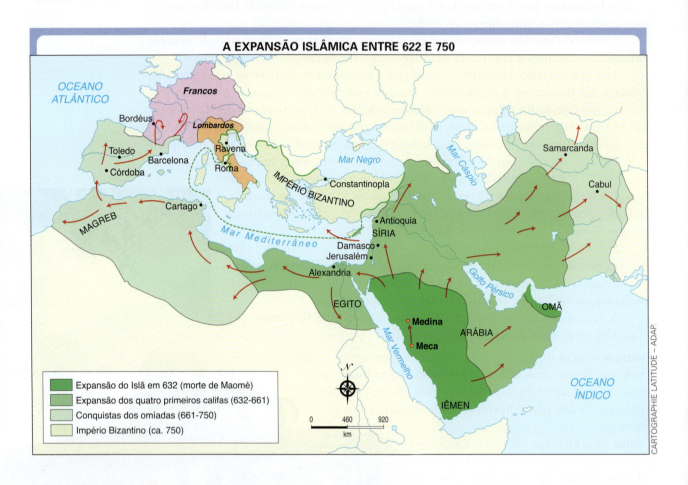

A EXPANSÃO ISLÂMICA ENTRE 622 E 750

Expansão do Islã em 632 (morte de Maomé)
Expansão dos quatro primeiros califas (632-661)
Conquistas dos omíadas (661-750)
Império Bizantino (ca. 750)

0   460   920 km

CARTOGRAPHIE LATITUDE – ADAP.

# A presença da cultura islâmica

O controle das vias de comércio garantiu grande prosperidade ao mundo islâmico, que se estendia da Espanha às fronteiras com a Índia. A unificação, além da religião e da política, contava com a força da língua árabe que era difundida pelo território e tinha uma importância fundamental, como o latim teve para os romanos e o grego para os bizantinos.

Os califas favoreceram a tradução e renovação de **obras científicas** escritas principalmente pelos persas e gregos, que muito contribuíram para o desenvolvimento da **medicina**, **astronomia** e **matemática**. O valor desses conhecimentos devia-se à sua aplicação, tanto no cotidiano quanto na vida religiosa. Os muçulmanos incorporaram os saberes de outros povos em seu próprio benefício, para aten-

der às suas necessidades, por exemplo, de estabelecer um calendário para jejuar durante o Ramadã e de saber se localizar para orar, voltados para Meca.

Os muçulmanos difundiram conhecimentos do Oriente para o Ocidente. Para cá trouxeram o papel, a bússola, a pólvora e o conceito do numeral zero.

Os muçulmanos desenvolveram a ciência. Devemos aos alquimistas muçulmanos a descoberta do álcool e do ácido sulfúrico. A medicina estava muito mais adiantada do que a da Europa Ocidental. As obras científicas gregas foram quase todas traduzidas para o árabe. A matemática, com a utilização dos algarismos que denominamos arábicos, era bastante desenvolvida, como também a astronomia.

**Alquimista:** pessoa que se dedica à alquimia, ou seja, aos estudos relativos à química no período inicial do islamismo e da Idade Média.

WESTERMANN/CORBIS/LATINSTOCK

As mesquitas eram centros de ensino religioso e literário, sendo os mestres professores religiosos. Na foto, a entrada para o salão de preces da Grande Mesquita de Kairouan, na Tunísia, mandada construir em 670 e destruída pouco tempo depois em uma rebelião. Reconstruída no século IX, a arquitetura remete aos princípios da expansão islâmica.

## As cidades muçulmanas

Quando pensamos na sociedade muçulmana, muitas vezes não nos damos conta de que ela era essencialmente urbana. Apesar da imensidão do mundo muçulmano, ele manteve uma certa identidade graças a um estilo de vida, valores, religião e laços culturais comuns, além de ser marcadamente comercial. Nas cidades, muitas delas grandiosas, embora outras não passassem de fortificações, o comércio era feito em tendas, vielas, praças, onde caravanas de mercadores se reuniam. Todas as cidades tinham uma mesquita principal que servia como local de orações e também era o centro de ensino religioso e literário.

As mesquitas são o principal marco arquitetônico das cidades muçulmanas: ao redor delas, grandes torres pontiagudas, os **minaretes**, servem para o líder religioso chamar os fiéis para as orações diárias. A decoração interna é formada por desenhos geométricos estilizados, chamados de **arabescos**, ou por versos escritos na caligrafia árabe. Quase não existem representações humanas ou de animais, pois havia o medo religioso da idolatria (adoração de ídolos e imagens). A figura de Deus, Alá, nunca era representada.

*Passado/presente*

### Fundamentalismo e islamofobia

*Abordar tradições religiosas e suas vinculações políticas e sociais é um desafio aos que pensam de uma forma simplista e dual, em que bem e mal são definidos previamente. Os adeptos do islamismo têm experimentado uma situação desconfortável nas últimas décadas. Vítimas de preconceitos islamofóbicos por parte do mundo ocidental, sobretudo depois dos ataques de 11 de setembro aos Estados Unidos, também convivem com o aumento do fundamentalismo após a revolução iraniana, ocorrida em 1979.*

*Nos textos a seguir, há uma reflexão sobre dois temas: o fundamentalismo no Irã e a polêmica – ocorrida na França a partir de 1989 e com grande repercussão na década de 1990 – sobre a liberdade de expressão religiosa e o uso de "símbolos ostentatórios" do islamismo em uma sociedade não muçulmana.*

#### A questão do fundamentalismo islâmico no Irã

Com a revolução de 1979, no Irã, o fundamentalismo islâmico foi reabilitado e a interpretação literal do Corão ganhou muitos adeptos, principalmente entre segmentos da população do Oriente Médio. Em muitos países da África e da Ásia, o Corão rege a vida de seus habitantes, baseando-se no rígido código *sharia*.

A mulher é bastante excluída da vida social, com poucos direitos em sociedades tradicionalmente machistas. O voto feminino é uma conquista recente em muitas nações, bem como o direito a estudar, a se deslocar pelas ruas sem a presença do pai, marido ou irmão, a ter uma profissão, entre outros direitos básicos. No Irã, por exemplo, as mulheres eram proibidas de sair de casa sem a companhia do marido, exceto para visitar doentes ou ir a cultos religiosos em que eram relegadas a um espaço de menor importância, além de serem proibidas de ocupar vagas no parlamento ou irem a partidas de futebol. Hoje, grande parte dessas regras não vigora mais. Um trabalho árduo feito por ONGs e setores sociais mais avançados conseguiu importantes conquistas baseando-se no que chamam de islamismo renovado, segundo o qual se pode conciliar os ensinamentos do livro sagrado com a democracia e a igualdade de direitos perante a constituição.

A advogada iraniana Shirin Ebadi converteu-se em uma das mais importantes e respeitadas articuladoras desse movimento. Por sua atuação, foi agraciada com o prêmio Nobel da Paz de 2003.

Shirin Ebadi.

# Cinemateca

**Ali Babá e os Quarenta Ladrões** (1994, EUA, dir.: Arthur Lubin) O filme narra a história de Ali Babá, filho do califa de Bagdá assassinado pelo seu vizir. O menino é criado por 40 ladrões e se torna líder do grupo e luta pela liberdade de seu povo. Quando captura a noiva do rival, descobre ter sido ela uma namorada de infância.

**Leila** (1996, Irã, dir.: Dariush Mehrjui) Um drama de costumes, ambientado no Irã. Uma jovem esposa descobre ser incapaz de dar herdeiros ao marido. O filme questiona a condição feminina e masculina na tradição islâmica.

**Maomé** (1976, Líbano/Líbia/Inglaterra/Arábia Saudita, dir.: Moustapha Akkad) A história do profeta Maomé e a criação do islamismo.

**O Círculo** (2000, Irã/Itália, dir.: Jafar Panahi) O filme retrata a condição da mulher na sociedade muçulmana. Mostra a vida de três mulheres com objetivos diferentes, mas vítimas iguais nas formas de repressão.

**Persépolis** (2007, França/EUA, dir.: Vincent Paronnaud, e Marjane Satrapi) Animação baseada nos quadrinhos autobiográficos de Marjane Satrapi que conta a história de jovem iraniana muito precoce e sincera. Durante a Revolução Islâmica de 1979, ela começa a descobrir que está chegando à maturidade e deve lidar com mais responsabildades – não só de seus atos, mas no modo de pensar.

# Revisitando a História

**1.** Qual o papel religioso e político de Maomé no século VII, na Arábia?

**2.**

A imagem mostra a Caaba, a Pedra Negra sagrada para os muçulmanos. Por que à sua volta há tantos peregrinos?

**3.**

A imagem retrata lutas na expansão árabe baseada no *jihad*. O que significa *jihad* e por que o termo se confunde com "guerra santa"?

**130**

**4.** Identifique uma característica externa e outra econômica que favoreceram a propagação do islamismo pela região do Mediterrâneo.

**5.** Leia a notícia abaixo sobre a destruição de monumentos históricos por radicais do talibã, no Afeganistão, em 2001:

"O movimento radical islâmico talibã, que controla o Afeganistão, ordenou ontem a destruição de todas as estátuas no país, incluindo obras com séculos de idade.

Num edital publicado pela agência de notícias Bakhtar, o líder do talibã, Mohammed Omar, disse que as estátuas eram um insulto ao Islã e que deveriam ser destruídas para nunca mais serem reverenciadas.

Entre os principais monumentos do país está a maior estátua de Buda de pé do mundo, com 53 metros de altura, esculpida num rochedo, na cidade de Bamiyan. Ela é anterior à chegada do islamismo ao Afeganistão, no século IX.

(...)

A ordem de Omar foi baseada num decreto religioso, aprovado por líderes religiosos e pela Suprema Corte. 'Todas as estátuas que ainda existem nas diversas partes do país devem ser destruídas porque representam deuses dos infiéis', diz a ordem.

A Unesco pediu ao talibã que não destrua obras de arte: 'Situado numa encruzilhada da antiga Rota da Seda, o Afeganistão tem um patrimônio cultural único, marcado por influências da Pérsia e Grécia e do hinduísmo, budismo e islamismo', disse em uma nota."

*O Globo*, Rio de Janeiro, 27 jan. 2001.

a) Qual o embasamento da ordem do chefe supremo do talibã?
b) Por que a Unesco pediu que não houvesse a destruição das imagens?

**6.** Durante a Idade Média, o mundo muçulmano abarcou um imenso território que avançava desde a Ásia Menor até a península arábica. Nesse território, as populações não eram homogêneas, sendo que muçulmanos conviveram com variados povos de diferentes religiões. Segundo o historiador do mundo árabe, Albert Hourani: "Fora da península arábica, quase todas as cidades tinham habitantes pertencentes a uma ou outra das várias comunidades judaicas e cristãs".

a) Leia o texto de Carlos Fuentes em **Objetos Digitais** – *Pontos de Vista* ("A presença muçulmana na Península Ibérica") e responda: segundo esse autor, como era a relação entre muçulmanos, cristãos e judeus em Córdoba?
b) Por que cristãos e judeus recebiam um tratamento diferente dos pagãos nos territórios dominados por muçulmanos?

# Analise esta imagem

Médicos árabes reduzindo uma fratura; detalhe sobre um tratado de cirurgia, 1353. Biblioteca Nacional, Paris.

Tratados são estudos aprofundados sobre temas específicos, em diferentes áreas: medicina, arquitetura, literatura, pintura, entre outros. Os autores dos tratados, conhecidos também como *tratadistas*, procuravam detalhar seus temas de estudo de forma que "conquistassem" defensores para suas teses e argumentos – daí sua grande preocupação com a compreensão que os leitores teriam de suas obras. Assim, para tornar mais claros seus textos, muitos tratadistas recorreram a ilustrações.

a) A imagem refere-se a um procedimento médico. Como está sendo realizado o procedimento? Identifique dois aspectos expostos na imagem.
b) Descreva as figuras que têm seu rosto exposto.
c) Essa imagem causa certo estranhamento ao olhar atual? Por quê? Levante possíveis motivos para a imagem ter sido realizada dessa maneira.
d) Segundo a tradição islâmica, Maomé teria dito: "Buscais o saber ainda que o encontre na China". Dessa forma, a ciência constitui uma vertente fundamental da cultura islâmica. Qual a importância dos tratados para a difusão e o debate em torno da ciência? Como a imagem ajuda nesse processo? Há algo parecido com a prática dos tratados científicos hoje em dia?

Releia o texto *Passado/Presente*, faça uma pesquisa em *sites* e jornais sobre questões relativas ao tema e debata com base na seguinte opção: há alguma forma de preconceito no mundo ocidental em relação aos islâmicos? Por quê?

# Questões de vestibular

**1.** (ENEM) Existe uma regra religiosa, aceita pelos praticantes do judaísmo e do islamismo, que proíbe o consumo de carne de porco. Estabelecida na Antiguidade, quando os judeus viviam em regiões áridas, foi adotada, séculos depois, por árabes islamizados, que também eram povos do deserto. Essa regra pode ser entendida como

a) uma demonstração de que o islamismo é um ramo do judaísmo tradicional.
b) um indício de que a carne de porco era rejeitada em toda a Ásia.
c) uma certeza de que do judaísmo surgiu o islamismo.
d) uma prova de que a carne do porco era largamente consumida fora das regiões áridas.
e) uma crença antiga de que o porco é um animal impuro.

**2.** (UFRN) A política expansionista dos árabes, durante os séculos VII e VIII d.C., possibilitou-lhes o contato cultural com diferentes civilizações. Com relação ao tratamento dado a essas civilizações, os árabes

a) estimulavam, nos territórios dominados, a diversificação dos costumes por meio da religião.
b) controlavam hábitos culturais e práticas religiosas dos povos de todas as regiões conquistadas.
c) respeitavam costumes e crenças das nações dominadas, permitindo-lhes manter sua identidade cultural.
d) promoviam intensa assimilação entre os povos dominados, por meio da cultura e da religião.

**3.** (UFS – SE)

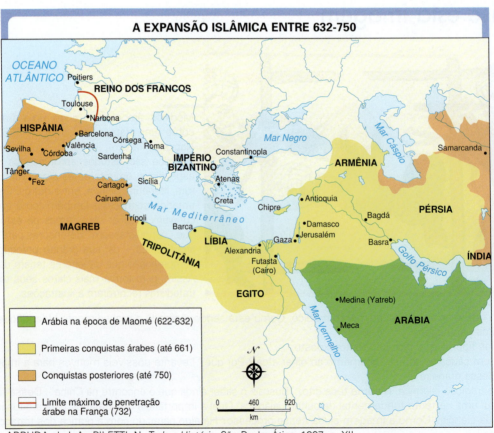

**A EXPANSÃO ISLÂMICA ENTRE 632-750**

- Arábia na época de Maomé (622-632)
- Primeiras conquistas árabes (até 661)
- Conquistas posteriores (até 750)
- Limite máximo de penetração árabe na França (732)

ARRUDA, J. J. A.; PILETTI, N. *Toda a História*. São Paulo: Ática, 1997. p. XII.

O mapa indica a trajetória da expansão islâmica nos séculos VII e VIII. Analise as afirmações cujos fatos históricos tenham relação com essa expansão. (Assinale com V ou F.)

(0) O expansionismo do Império árabe, motivado pelo crescimento populacional, pela escassez de terras férteis e principalmente pelo ideal da "guerra santa", iniciou-se com a conquista de parte dos territórios bizantinos e persas.

(1) Os povos árabes iniciaram o processo expansionista com a ocupação de todo o norte da África, onde conseguiram adeptos com o objetivo de unir forças para conquistar a cidade de Meca que estava sob o domínio persa.

(2) Em direção ao Ocidente, os muçulmanos conquistaram o norte da África e, em seguida, a península ibérica, mas foram impedidos de prosseguir a expansão em direção ao norte da Europa pelos francos, na Batalha de *Poitiers*.

(3) No processo expansionista, a conquista mais rápida e espetacular dos árabes ocorreu na metade do século VII, quando eles dominaram o Mar Mediterrâneo e subjugaram o Império Bizantino aos seus interesses políticos e econômicos.

(4) A colonização da África e da Pérsia pelos árabes não representou obstáculos ao comércio praticado pelos francos e bizantinos no Oriente, em razão dos acordos entre esses povos para a utilização da rota Mar Mediterrâneo-Mar Vermelho.

**4.** (UNESP) Assinale a alternativa correta sobre a civilização muçulmana durante o período medieval.

a) Os constantes ataques de invasores árabes, provenientes das áreas do Saara, criaram instabilidade na Europa e contribuíram decisivamente para a queda do Império Romano.

b) A civilização muçulmana não desempenhou papel significativo no período, em função da inexistência de um líder capaz de reunir, sob um mesmo estado, sunitas e xiitas.

c) Os pensadores árabes desempenharam papel fundamental na renovação do pensamento da Europa Ocidental, uma vez que foram responsáveis pela difusão, via Espanha muçulmana, do legado greco-romano.

d) O distanciamento entre muçulmanos e cristãos aprofundou-se com a pregação de Maomé, que postulou a superioridade da religião islâmica e negou-se a aceitar os tratados de paz propostos pelo Papa.

e) A partir do século VIII, a civilização muçulmana passou a ser regida pelo Alcorão, cujas recomendações aplicavam-se à vida cotidiana, contribuindo para o declínio do Império Otomano.

**5.** (FUVEST – SP) A burca não é um símbolo religioso, é um símbolo da subjugação, da subjugação das mulheres. Quero dizer solenemente que não será bem-recebida em nosso território.

Nicolas Sarkozy, presidente da França, 22 jun. 2009.
Estadão.com.br, 22 jun. 2009.
<http://www.estadao.com.br/noticias/>.
*Acesso em:* 10 jun. 2010.

Deputados que integram a Comissão Parlamentar encarregada de analisar o uso da burca na França propuseram a proibição de todos os tipos de véus islâmicos integrais nos serviços públicos. (...) A resolução prevê a proibição do uso de tais vestimentas nos serviços públicos – hospitais, transportes, escolas públicas e outras instalações do governo.

Folha Online, 26 jan. 2010.
<http://www1.folha.uol.com.br/folha/mundo/>.
*Acesso em:* 10 jun. 2010.

Com base nos textos acima e em seus conhecimentos, assinale a afirmação correta sobre o assunto.

a) O governo francês proibiu as práticas rituais islâmicas em todo o território nacional.

b) Apesar de a obrigatoriedade do uso da burca se originar de preocupações morais, o presidente francês a considera um traje religioso.

c) A maioria dos Estados nacionais do Ocidente, inclusive a França, optou pela adoção de políticas de repressão à diversidade religiosa.

d) As tensões políticas e culturais na França cresceram nas últimas décadas com o aumento do fluxo imigratório de populações islâmicas.

e) A intolerância religiosa dos franceses, fruto da Revolução de 1789, impede a aceitação do islamismo e do judaísmo na França.

# Programa de Avaliação Seriada

**1.** (SAS – UEG – GO) A expansão do mundo muçulmano, a partir do século VII, colocou em contato o Oriente e o Ocidente medieval. Acerca desse movimento, identifique:

a) dois elementos que contribuíram para tal expansão.
b) dois desdobramentos dessa expansão para o Ocidente europeu.

# capítulo 7

# África, Áfricas

*Entre as histórias dos continentes, é provável que a dos povos e sociedades localizadas na África sejam as menos conhecidas dos estudantes do ensino básico no Brasil. E por que isso ocorre? Por acaso aquelas sociedades não tinham história? Nada disso, mas havia dificuldades ou mesmo falta de interesse em conhecer os processos dos povos que habitavam a África, suas diferenças culturais, de organização e seus modos de viver. Neste capítulo faremos uma abordagem sobre alguns dos antigos povos daquela região.*

Conhecer historicamente um determinado povo ou sociedade exige que se conheça a própria concepção de História deles. A história das sociedades que habitavam o continente africano foi, muitas vezes, tratada como algo exótico, concebido nas premissas de um tempo mítico e difícil de ser assimilado pelas tradições europeias, por exemplo. O continente foi retratado como isolado e distante até a chegada dos navegantes portugueses no século XV. Porém, essa visão é equivocada. Se alguns grupos eram isolados ou incorporavam seus valores culturais e crenças religiosas em suas explicações históricas, isso não os diferenciava de outros povos e sociedades que também aplicam concepções de mundo, incluindo religiosas, como fundamento para a própria organização social.

## Oralidade e tradição

A tradição e os relatos orais são fontes imprescindíveis para se conhecer a história dos povos e das sociedades africanas. A ocorrência dos relatos orais não se explica apenas pela ausência da escrita entre alguns grupos, mas, principalmente, pela importância que esse grupo atribui à fala e à preservação dos saberes de seus antepassados. O texto oral deve ser escutado, decorado e repetido para que as informações sejam perpetuadas e transmitidas de uma geração para outra. Porém, nem toda informação ou fala se constitui em uma tradição: é necessário que ela faça parte da memória coletiva de uma sociedade para tornar-se uma explicação incorporada à tradição daquela sociedade.

O historiador deve inicialmente compreender o modo de pensar de uma sociedade oral, antes de interpretá-la. Ao se tratar de uma tradição oral, deve-se entender que nem todas as pessoas podem fazer ou narrar a tradição, havendo diferentes tipos de narradores. No Império Mali, por exemplo, os **griôs** (**griots**) são os "poetas-historiadores", trovadores e menestréis que devem relatar os acontecimentos da tradição, mantendo a harmonia e a coesão social. Surgiram no século XIII e foram importantes para explicar a origem daquele povo e sua organização social após a batalha de *Kirina*. Assim, para que essa história pudesse chegar aos nossos dias, ela foi sendo transmitida oralmente pelos *griôs*, considerados os guardiões da memória histórica naquela região da África.

> **Griô:** nome dado pelos franceses (*griots*) ao "contador de histórias", também conhecido como *diéli*. Várias etnias possuem a tradição dos griôs; portanto, ela não se restringe à região do Mali.

Um dos cuidados diante do relato da tradição é que ele tende a ser idealizado, a criar estereótipos populares para que a história narrada seja tomada como modelo. Com isso, o relato de comportamentos e valores ideais, como, por exemplo, representar os fundadores como caçadores ou reis, equivale a sinalizar para os viventes daquela tradição a importância de determinadas atividades – como a caça – ou de determinados comportamentos – como a obediência, por exemplo, quando um relato se dá acerca de um nobre que administra a justiça.

**134**

# Ocupação e divisão regional do continente africano

A maior parte das pesquisas sobre a origem da espécie humana aponta para o fato de que os primeiros homens surgiram na África, conforme já estudamos no primeiro capítulo. Porém, as histórias das sociedades e civilizações que emergiram na África antes do século XV, quando navegadores portugueses aportaram na região, são pouco conhecidas, assim como suas ricas e diversificadas práticas culturais, políticas, econômicas e sociais.

Algumas regiões, no entanto, são mais estudadas, como o Egito Antigo, os territórios setentrionais banhados pelo mar Mediterrâneo, e as áreas de expansão do islamismo a partir do século VII – áreas de maior interesse dos europeus, pela proximidade geográfica entre elas e o Velho Mundo e pelas consequentes relações comerciais que desenvolveram desde a Antiguidade. Nessa breve descrição, observamos que as características físicas do continente africano contribuíram para o isolamento de alguns grupos. A África é cercada pelos mares Vermelho e Mediterrâneo ao norte; à oeste é banhada pelo oceano Atlântico; à leste, pelo Índico, e possui um grande deserto em seu interior, o Saara, além de uma vasta área de floresta a partir da costa ocidental. Muitos de seus rios não correm em direção ao oceano, mas deságuam em grandes lagos no interior do continente.

Há várias maneiras de se apresentar a divisão do continente africano. Veremos a seguir, de forma sucinta, uma delas, que leva em conta as características históricas e geográficas do continente africano.

- **Norte da África** – a área abrange parte do deserto do Saara e a região das chamadas civilizações do Nilo – entre elas, o Egito, cujos registros apontam para uma história de mais de 5 mil anos, e a Núbia (750 a.C.). Também nela encontrava-se o reino da Etiópia, que desde o século VI era um território cristianizado.

As populações da região eram compostas de grupos originários da própria África e de oriundos da península arábica. Nos territórios que se estendem do atual Marrocos à Líbia, há a presença de berberes .

> **Berberes:** pode se referir tanto aos habitantes do norte da África quanto aos povos nômades que viviam no deserto.

O cristianismo chegou ao norte da África pelo mar Vermelho e resistiu à expansão islâmica, ocorrida a partir do século VII. Os seguidores do islamismo tiveram grande importância na região, propagando seus costumes e práticas a partir das expansões em direção ao oeste e leste da península arábica.

- **África Ocidental** – estende-se ao longo dos rios Níger e Senegal, cujos povos habitavam áreas de savana e de florestas no período anterior ao século XV. Grande parte dos africanos escravizados, que foram vendidos a comerciantes europeus e posteriormente trazidos para a América, sobretudo a partir do século XVII, veio dessa área.

A variedade dos povos que habitavam a região pode ser constatada pelas diferentes línguas, práticas religiosas e costumes culturais – entre essas culturas, destaca-se a língua iorubá e a cidade de Ifé, considerada a cidade-mãe.

- **África Oriental** – a costa do oceano Índico ou África Oriental teve grande importância comercial pelas trocas realizadas com os países árabes e com a Ásia. Nessa região, caracterizada por um conjunto de pequenos reinos e cidades-estados, registra-se a presença da língua suaíli, com forte influência do árabe.

- **África Central** – nessa região, temos a presença dos chamados povos bantos, compostos de diferentes grupos populacionais que partilham características culturais comuns, como a matriz linguística, por exemplo. Um grande movimento migratório, que teria durado aproximadamente 2,5 mil anos e se consolidado por volta do ano 1000 d.C., fez com que metade do continente africano fosse povoada por grupos que tinham línguas formadas a partir do banto.

As diferenças entre os povos bantos se refletiam na organização econômica e social. Alguns dominavam a agricultura e o ferro, o que os levava a explorar vastas regiões e a expulsar para outras partes do continente povos que tinham menos recursos; outros, no entanto, não possuíam essa estrutura econômica, mas mantinham em comum a estrutura linguística.

- **África Austral** – nessa parte da África viviam povos chamados de **cóisan**, remanescentes das tradições de coleta e caça, desde tempos primordiais. Por volta do século XV, a região passou a ter grande importância comercial em virtude das rotas dos navegadores europeus que se dirigiam ao Oriente contornando o continente africano.

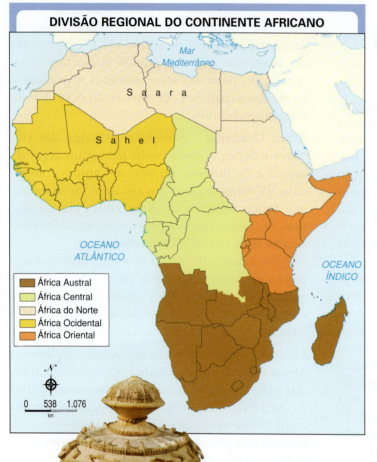

## DIVISÃO REGIONAL DO CONTINENTE AFRICANO

Mar Mediterrâneo

Saara

Sahel

OCEANO ATLÂNTICO

OCEANO ÍNDICO

- ■ África Austral
- ■ África Central
- ■ África do Norte
- ■ África Ocidental
- ■ África Oriental

N

0 538 1.076 km

ERICH LESSING/ALBUM/LATINSTOCK

Recipiente em marfim, produzido em Serra Leoa. Na base estão dispostos quatro homens e quatro mulheres. Altura: 23 cm.

Os **zulus**, conhecidos pela resistência contra a dominação europeia no século XIX, são alguns dos povos mais conhecidos dessa área.

- **Sahel** – uma sexta região, por sua importância histórica, não está restrita à divisão geográfica tradicional: trata-se do antigo Sudão. Localizado nas fronteiras sul e oeste do Saara, a região conhecida como Sahel é uma área de savana, percorrida pelos mercadores que ligavam essa região à área islamizada do norte do continente.

Os antigos impérios de Gana, Mali e Songai surgiram na porção ocidental do antigo Sudão, mas, historicamente, são analisados separadamente pelos especialistas, devido às importantes organizações surgidas na região.

Nosso objetivo, neste capítulo, é analisar as características de algumas das principais organizações políticas e sociais presentes na África antes da chegada dos europeus. Procuraremos compreendê-las em seus próprios universos socioculturais, tendo em vista resultados recentes das pesquisas realizadas em vários campos das ciências humanas.

Esse estudo é bastante importante para nós, brasileiros: estima-se que o Brasil seja o país das Américas que mais africanos recebeu durante os mais de três séculos de duração do tráfico transatlântico. Logo, desconhecer características relevantes das populações africanas significa ignorar aspectos que tiveram papel fundamental em nossa formação histórica.

## *Saiba mais*

### A diversidade histórica e cultural do continente

*Novos métodos, novas abordagens de antigos documentos e novas fontes de pesquisa rompem com a ideia de uma África subsaariana "homogênea" e "estática".*

(...) foi apenas a partir de 1960, sob a influência dos nacionalismos independentistas e no âmbito da busca pela identidade do continente e de cada um dos Estados-nação recém-formados, que foi reconhecida a necessidade de se conceber um novo método de abordagem adequado para

negar a homogeneidade das "tribos africanas". Dito de outra forma, houve nova valorização ao se identificar as especificidades históricas de um continente que é um verdadeiro mosaico de heterogeneidades, uma totalidade caracterizada pela complexa diversidade cultural de seus povos. Foi quando se passou a empreender a releitura de livros do Velho Mundo mediterrâneo como Zurara, Cadamosto, Diogo Gomes, André Álvares, D'Almada e Leão, o Africano, que descreviam suas viagens pelo Saara e suas incursões marítimas ao longo da costa do Atlântico. (...)

Pouco depois também foram retomadas as escrituras de autores da civilização islâmica medieval, em particular dos séculos XIII e XIV. Mais antigas que as europeias (...) Ganharam igualmente destaque os manuscritos europeus do século XV até a primeira metade do século XX elaborados por viajantes, traficantes de escravos, comerciantes, militares, exploradores europeus (estes, não poucas vezes, a serviço de sociedades europeias de geografia), missionários, procônsules e administradores coloniais. Graças ao contato que tiveram com as realidades africanas, registraram as suas impressões sobre as instituições econômicas, políticas e sociais e as relações destas com os territórios que ocupavam.

Como reflexo da ênfase no discurso histórico africanista embalado pelo nacionalismo, ganharam destaque, desde a década de 1970, as informações provenientes, em particular, da arqueologia e da tradição oral, uma vez que as fontes linguísticas e etnográficas ainda careciam ser mais exploradas. Quanto à arqueologia, utilizada sobretudo onde não há crônica oral ou escrita disponível, toma como indicadores artefatos considerados objetos-testemunhos. Dessa forma, cerâmicas, peças de osso, ferro, vidro e metal são submetidos a técnicas analíticas como a arqueometria, as de datação para a prospecção arqueológica e as de conservação. Com isso, busca-se obter valiosas informações que permitem a identificação rigorosa dos objetos, incluindo as suas origens, as técnicas de fabricação utilizadas pelos povos antigos e a sua autenticidade. (...)

No que se refere à tradição oral, vale-se do desenvolvimento da metodologia da coleta, transmissão e interpretação das informações obtidas, constituindo-se uma fonte de reconhecida relevância para a reconstrução histórica de civilizações predominantemente orais. A exigência é que o historiador se inicie, antes de tudo, nos modos de pensar da sociedade oral para, só depois, interpretar suas tradições. (...)

Vale dizer que, pouco a pouco, ainda que com avanços e recuos, foram postos em xeque os estudos que buscavam estabelecer uma correspondência da cultura africana com a cultura ocidental. O eurocentrismo tornou-se sinônimo de sectarismo . Quanto às reflexões historiográficas e antropológicas, passaram a apresentar novas perspectivas de compreensão da África e dos africanos, numa tendência chamada "saber transformador". Descartam a existência de uma África subsaariana definida como um todo homogêneo, indiviso e estático, marcado pelo primitivismo. Há maior preocupação em identificar mitos fundadores, datas próprias e processos de transformação das sociedades pela capacidade constante de criarem-se e recriarem-se internamente. Também questionam a ideia de um ponto fixo no real considerado idêntico a um fato empírico – a escravidão atlântica e o colonialismo do século XV – a partir do qual a África e os africanos entrariam como objetos para a história da civilização ocidental.

Nessa mesma perspectiva é acentuada a questão do dinamismo histórico, ao mesmo tempo que se reavalia a existência de duas Áfricas incomunicáveis, uma ao norte e outra ao sul do Saara. Enfim, as abordagens lembram que a África foi e continua sendo, ainda que por razões diversas, um continente em movimento.

> **Sectarismo:** postura intolerante, intransigente.

> **Empírico:** comprovado pela experiência.

*Fonte:* HERNANDEZ, L. M. G. L. *A África na Sala de Aula:* visita à história contemporânea. São Paulo: Selo Negro, 2005. p. 25-33.

# Os impérios da costa ocidental

Na costa ocidental africana, bem antes do registro da presença de qualquer europeu, desenvolveram-se complexas sociedades, tanto em termos políticos quanto econômicos.

## O deserto e as rotas comerciais

A África é um continente bastante extenso que apresenta grandes contrastes e diversidades em termos geográficos. O maior deserto do mundo, o Saara, ocupa quase um terço do continente, na sua porção norte. Essas condições geográficas adversas constituíram um desafio à capacidade humana e, como estudamos no Capítulo 2, tiveram influência direta na maneira como foi organizada a sociedade do Egito Antigo.

Apesar de a agricultura no vale do Nilo ter constituído a base da economia egípcia, as trocas comerciais também tiveram grande destaque, sobretudo no período posterior a 1500 a.C., quando o Egito passou a controlar importantes rotas comerciais ao estabelecer o domínio sobre a maior parte dos territórios núbios.

A Núbia é uma região que se localiza entre os territórios contemporâneos do Egito e do Sudão, mas, para muitos especialistas, correspondia à maior parte do vale do Nilo ao sul, local em que se desenvolveu o **Reino Kush**, o mais antigo dos reinos africanos que existiu entre o 3º milênio antes de Cristo e o século IV da nossa era.

O camelo ainda continua sendo meio de transporte e de carga essencial para as tribos berberes nômades, como essa no Sudão. Por volta do século III d.C., o camelo passou a ser utilizado para o transporte de mercadorias na região do Saara, permitindo maior autonomia para os mercadores, pois assim podiam percorrer distâncias maiores. Com animais mais resistentes que os cavalos, usados até então, vários grupos nômades passaram a ter contato constante com tribos sedentárias que viviam fixadas, por exemplo, em áreas de oásis – mais úmidas, nas quais eram possíveis a prática agrícola e o pastoreio.

COREL CORP

## AS ROTAS TRANSAARIANAS DE COMÉRCIO

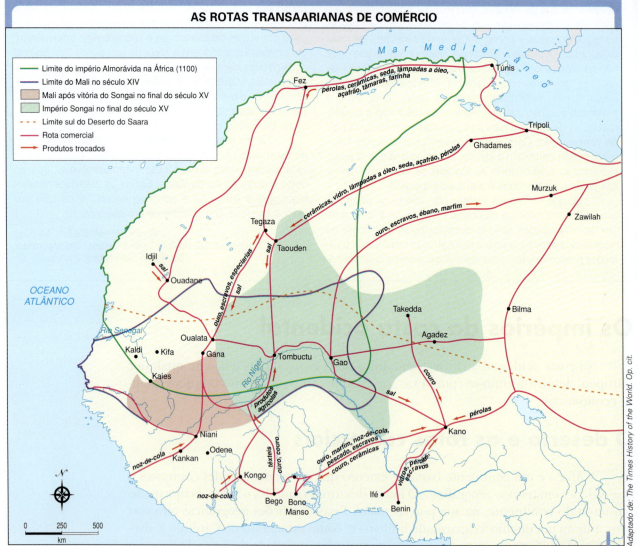

Adaptado de: *The Times History of the World. Op. cit.*

Não foi apenas no extremo norte da África, região banhada pelo mar Mediterrâneo, que existiam importantes rotas comerciais. Sem dúvida, a fundação da cidade de Cartago pelos fenícios e a forte presença romana, como estudamos, respectivamente, nos Capítulos 2 e 4, fizeram daquela região uma área muito dinâmica na Antiguidade. O mapa acima demonstra outras rotas de destaque, chamadas de transaarianas, cujos principais produtos eram o ouro, fundamental para a economia do norte da África, Europa e Oriente, os escravos, que eram comprados e formavam as fileiras do exército de reis no Magreb e no Sudão, e o sal.

Os mercadores do deserto traziam sal retirado das minas do deserto, em especial de Tegaza, essencial na alimentação e também usado como moeda de escambo (troca) com outras tribos e aldeias. Partindo do Magreb (de Fez, mais a oeste, ou mesmo de Trípoli), os viajantes islâmicos utilizavam rotas conhecidas, que cortavam o deserto, para chegar a importantes pontos de comércio e uniam o norte ao sul do Saara.

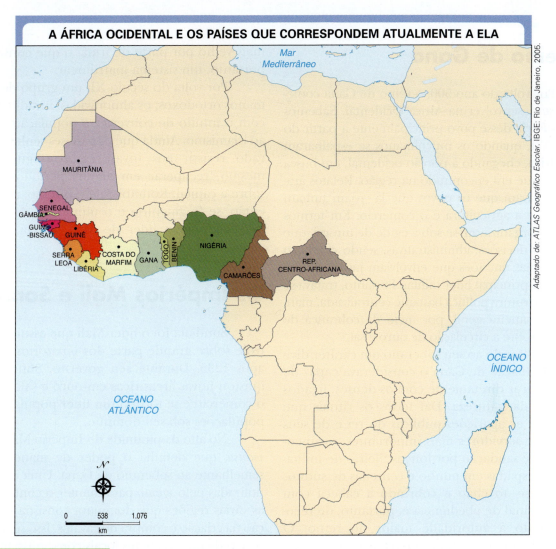

*Adaptado de: ATLAS Geográfico Escolar. IBGE. Rio de Janeiro, 2005.*

## *Disseram a respeito*

### As formas de organização das sociedades africanas

Algumas sociedades africanas formaram grandes reinos, como Egito, Mali, Songai, Oió, Axante, Daomé. Outras eram agrupamentos muito pequenos de pessoas que caçavam e coletavam o que a natureza oferecia ou plantavam o suficiente para o sustento da família e do grupo. Mas todas, das mais simples às mais complexas, se organizavam a partir da fidelidade ao chefe e das relações de parentesco. O chefe de família, cercado de seus dependentes e agregados, era o núcleo básico de organização na África. Assim, todos ficavam unidos pela autoridade de um dos membros do grupo, geralmente mais velho e que tinha dado mostras ao longo da vida da sua capacidade de liderança, de fazer justiça, de manter a harmonia na vida de todo dia.

Nas aldeias, que eram a forma mais comum de os grupos se organizarem, havia algumas famílias, cada uma com seu chefe, sendo todas subordinadas ao chefe da aldeia. Ele atribuía o castigo às pessoas que não seguiam as normas do grupo, distribuía a terra pelas diversas famílias, liderava os guerreiros quando era preciso garantir a segurança. O chefe era o responsável pelo bem-estar de todos os que viviam na sua aldeia, e para isso recebia parte do que as pessoas produziam, fosse na agricultura, na criação de animais, na caça, na pesca ou na coleta. As suas decisões eram tomadas em colaboração com outros líderes da aldeia, chefes das famílias que dela faziam parte. (...)

Várias aldeias podiam estar articuladas umas com as outras, formando uma confederação de aldeias, que prestavam obediência a um conselho de chefes. (...) Casamentos entre pessoas de diferentes famílias e trocas de produtos eram os principais motivos que faziam com que várias aldeias mantivessem contato. As confederações eram formas de organização social e política mais amplas que as aldeias, que envolviam mais pessoas, mas nas quais não havia um chefe com autoridade sobre todos os outros. (...)

De uma sociedade com uma capital, na qual morava um chefe maior, com autoridade sobre todos os outros chefes, dizemos que era um reino. (...) Nas capitais dos reinos havia concentração de riqueza e poder, de gente, de oferta de alimentos e serviços, de possibilidades de troca e convivência de grupos diferentes.

*Fonte*: SOUZA, M. M. *África e Brasil Africano.*
2. ed. São Paulo: Ática, 2007. p. 31-32.

**1)** Por que não é possível compreender as diferentes sociedades existentes na África de uma forma homogênea?

# O reino de Gana

Por volta do ano 500, o reino de Gana começou a se desenvolver na África Ocidental. Sabemos da existência desse povo principalmente a partir do século VII, quando os muçulmanos se espalharam pela África, chegando à porção ocidental, em busca do ouro que era encontrado na região. Relatos árabes retratavam que os povos que lá viviam tinham como base a agricultura e o comércio. Em termos políticos, organizavam-se sob a égide de um rei, que tomava as decisões administrativas, sendo o árbitro supremo nas questões que envolviam justiça e também era o principal líder militar. Portanto, tratava-se de uma estrutura política bastante centralizada, mantida, de maneira geral, por meio da cobrança de impostos sobre a circulação de ouro e sal.

Atribuindo ao seu soberano um caráter divino, a população de Gana o considerava capaz de se comunicar diretamente com os deuses, ligados às forças da natureza. Daí todos os rituais que marcavam as aparições públicas do rei e de seus parentes e servidores mais importantes, ricamente vestidos: saudação por longas fileiras de militares, com espadas em punho e centenas de súditos lançando-se ao chão e cobrindo a cabeça com areia em sinal de obediência e, portanto, de reconhecimento à autoridade maior do reino. O sucessor legítimo de um monarca não era, contudo, seu filho primogênito, mas sim o seu sobrinho mais velho por parte de irmã, o que configurava, portanto, um sistema matrilinear.

Por volta do século XI, um grupo de muçulmanos ortodoxos, os almorávidas, invadiu a região com o intuito de converter a população de Gana ao islamismo. Ainda que os ganeses tenham procurado resistir aos invasores, conseguindo, até mesmo, recuperar em alguns períodos a posse sobre a capital, Koumbi Saleh, o reino, a partir de então, se fragmentou e o último rei de Gana foi derrubado pelo líder de Mali, antiga província ganesa, em 1235.

# Os Impérios Mali e Songai

Sundiata foi o líder Mali que assumiu o controle sobre grande parte dos territórios de Gana, após 1235. Durante seu governo, Sundiata conquistou novas áreas ricas em ouro e sal, expandiu o comércio e se tornou um líder popular entre as populações sob seu domínio.

No alto da pirâmide do Império Mali estava o *mansa*, que detinha o poder de maneira muito semelhante ao soberano de Gana. Uma das formas utilizadas pelo *mansa* para manter o controle sobre as várias regiões que dominava consistia na proibição da criação e compra de cavalos. Isso se dava pelo receio de que os chefes locais conseguissem formar cavalaria e rivalizar com o exército real.

## *Saiba mais*

### A presença islâmica na África

As generalizações a respeito do continente africano induzem a explicar o avanço do Islã pela proximidade cultural, em que alguns elementos comuns, como a poligamia e o marabu/adivinho, são lidos como facilitadores desse processo. Além disso, são equacionados a submissão forçada, o "fanatismo" e as conquistas militares de forma a pensarmos que apenas os muçulmanos empreenderam cruzadas e subjugaram povos. Não é levada em conta a receptividade dos africanos enquanto escolha, uma opção religiosa que se relaciona a vários fatores de sua experiência cotidiana e histórica.

Nega-se ainda a possibilidade de resistência. Muitos textos repassam a ideia de uma conversão avassaladora, um movimento progressivo sem rupturas e fragmentações. Essa leitura não explica o fato de existirem por todo o continente africano cultos nativos, que muitas vezes são o elemento aglutinador e identificador do grupo.

Avaliamos que a longa presença dos povos árabes no norte da África, mesmo antes de Maomé, possibilitou uma interação cultural, um conhecimento das línguas e costumes, o que facilitou, posteriormente, a penetração dessa religião. Por outro lado, devemos avaliar a superioridade bélica de alguns povos africanos, como os sudaneses, que efetivaram a conversão e a conquista de vários grupos na região da Núbia, promovendo uma expansão do Islã que não se apoia na presença árabe. (...)

A expansão religiosa não se deu como um elemento isolado da cultura muçulmana; centros educacionais como o de Tombuctu (próximo ao rio Níger) foram criados, promovendo a divulgação de outros elementos. Além do norte da África, o Islã fixou-se na costa oriental, mas não sem resistência por parte das populações locais que, em muitos espaços, mantêm suas antigas religiões.

*Fonte:* LOPES, A. M.; ARNAUT, L. *História da África:* uma introdução. Belo Horizonte: Crisálida, 2005. p. 29-30.

Os sucessores de Sundiata converteram-se ao islamismo e tornaram Mali um Estado Islâmico. Apesar da muçulmanização oficial do Império, muitas populações de camponeses e trabalhadores urbanos não se converteram e continuaram com suas práticas religiosas anteriores. Aos poucos, os governantes foram perdendo o controle sobre essas populações.

Diante do enfraquecimento da autoridade central malê, outras províncias lutaram para obter o controle do desgastado Império. Uma delas foi Songai, com capital em Gao. Em 1468, tropas lideradas pelo rei Sonni Ali tomaram a capital e outras cidades do Mali.

SUPER STOCK/KEYSTONE

Mesquita Timbuktu, no Mali, construída no século XIII.

Sonni governou o Império, então chamado Songai, de forma cruel e repressiva, descontentando, principalmente, os comerciantes que formavam a base do Império Mali. Com a morte de Sonni, em 1493, e a posse de Askiya Muhamad, seu sucessor, o Império Songai se desenvolveu e se estendeu do oceano Atlântico até o lago Chad, no interior da África.

Percebendo que a economia do Império estava ligada diretamente ao comércio, Askiya decidiu expandi-lo e introduzir métodos de coleta de impostos mais eficazes que proporcionaram a diminuição dos tributos, além de garantir uma rede de comunicação eficiente entre as províncias. Incentivou a agricultura criando várias colônias de cultivo, que eram trabalhadas por escravos trazidos da guerra. O Império Songai foi o mais organizado e eficiente da África Ocidental.

Os sucessores de Askiya conseguiram dar ainda maior dinâmica comercial ao Império. Nessa época, as caravanas transaarianas suplantavam as caravelas europeias no Atlântico. Apesar disso, disputas com o Marrocos pelas minas de sal de Tegaza tornaram-se os maiores problemas dos governantes songais.

O declínio do Império Songai se deu pela invasão de marroquinos, desejosos de se apoderar de sua riqueza e do seu poder. Uma tropa de 5 mil homens cruzou o Saara e atacou Songai em 1590. Mesmo não tendo domínio sobre todo o Império, a presença marroquina debilitou o poder central de Songai e grupos das províncias passaram a se autogovernar.

# Os reinos de Benin e Congo

Nas regiões de Benin e Congo desenvolveram-se povos que tinham como base econômica a agricultura e o comércio. Porém, o tráfico de escravos passou a dominar suas atividades. A principal forma de conhecermos esses reinos é por meio dos vestígios materiais deixados por eles, como caminhos e muros de pedra das antigas cidades, placas esculpidas e moldadas em metal que contam momentos de sua história.

OS REINOS DE BENIN E CONGO

Adaptado de: ATLAS Geográfico Escolar. Op. cit.

# O reino de Benin

Benin era localizado na porção sul da atual Nigéria, seus reis eram conhecidos como obás, sendo que o primeiro obá data do século XI. Entre os séculos XIV e XV os obás buscaram ampliar o seu poder. No século XV, por exemplo, o obá Euarê fortaleceu o exército, partiu para conquistas e, segundo a tradição oral, tomou 201 aldeias e vilas. Como medida de segurança, mandou murar a capital Benin para se proteger de eventuais inimigos invasores.

Benin era uma cidade para a qual confluíam mercadores, trazendo peixe seco e sal da costa ocidental, tecidos das regiões interiores da África e cobre do litoral do Zaire. A agricultura em Benin era pobre em virtude do rápido desgaste do solo em áreas de floresta tropical devastada. Plantavam o inhame, pimenta-malagueta, amendoim, melão, noz-de-cola, feijões, dendê e algodão. Os homens cuidavam das plantações de inhame e as mulheres se ocupavam das demais atividades agrícolas.

Os obás eram os responsáveis pelos cultos religiosos e centralizavam todo o poder, que era considerado divino.

Em Benin, as mulheres tinham grande participação na vida política e alguns obás chegaram a ser mulheres. Elas tinham seus próprios conselhos e realizavam suas cerimônias religiosas. A rainha-mãe era respeitadíssima e morava em um palácio só dela, servido por inúmeros escravos e uma corte que a acompanhava.

A influência de Benin entre outros povos africanos foi imensa, visto que acabaram copiando as suas instituições políticas. Admiravam seu poderoso exército e a família real, vista como portadora de grandes poderes mágicos. Muitas vezes o obá fazia de seus próprios parentes os soberanos de outros povos.

Durante as navegações, os portugueses estabeleceram contato com os povos africanos. Seu primeiro contato com Benin ocorreu em 1472. Trocaram, a partir daí, armas e objetos de metal por ouro e especiarias, em especial a pimenta. O comércio de Benin se estendeu aos holandeses, franceses e ingleses. Os europeus pagavam taxas portuárias e impostos sobre os produtos comerciados. Não lhes era permitido viver em Benin e só podiam ter representantes comerciais escolhidos diretamente pelo obá.

Os árabes já realizavam o comércio de escravos havia séculos, porém eram escravizados aqueles que tinham sido aprisionados em guerra ou que contraíram dívidas, sendo tanto brancos como negros, e vendidos nos mercados de escravos.

Com o desenvolvimento do tráfico negreiro no século XVI para abastecer as colônias europeias nas Américas, intensificou-se o comércio intra-africano de negros que eram escravizados. Muitos dos Estados da África Ocidental, como Benin, impuseram grandes restrições e mantinham um controle rígido em relação à captura de escravos pelos europeus.

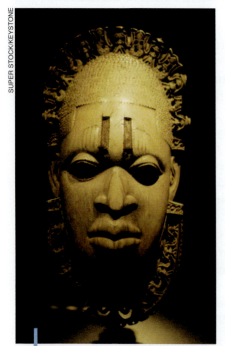

Máscara de obá (século XVI) do reino de Benin. Metropolitan Museum of Art, Nova York.

Gravura retratando recepção ao rei de Benin (A. Biasoli, ca. 1820-1839).

# O reino do Congo

O reino do Congo correspondia à área que hoje é parte dos territórios de Angola, da República Democrática do Congo e parte do Gabão.

Esse reino formou-se com a chegada dos *muchicongos*, grupo de etnia banto, que vieram de uma das margens do rio Congo e ocuparam terras onde viviam outras tribos bantos. Os *muchicongos* misturaram-se com as populações locais, mas mantiveram a liderança política sob todo o sistema de províncias, formando a nobreza do Congo. O reino do Congo era basicamente dividido entre as cidades – *mbanza* – e as comunidades de aldeia – *lubata*. Nas cidades, com população maior que nas aldeias, os nobres dominavam a produção agrícola e comercial, valendo-se basicamente do trabalho escravo. Nelas viviam artesãos, comerciantes, membros do exército, escravos e agricultores. As comunidades aldeãs plantavam apenas para sua subsistência, e o excedente era enviado para as cidades.

Sua população era basicamente formada por agricultores que pagavam impostos ao *Mani congo*, a liderança principal, cercado por grupos de nobres, que controlava o comércio, a justiça e era chefe espiritual, recebendo, em troca de proteção à população, a fidelidade do conjunto de aldeias. O reino do Congo era uma área de confluência de rotas comerciais, principalmente sua capital, Banza Congo, onde se trocavam sal, tecidos e metais.

Com a chegada dos portugueses ao reino do Congo, em 1483, houve uma aproximação entre os dois povos que viram formas de se relacionar comercialmente. O reino do Congo foi cristianizado em 1491 e a capital Mbanza Congo passou a se chamar San Salvador. Os Mani congos adotaram nomes portugueses e aproximaram a forma de governo no seu reino à monarquia portuguesa. Do reino do Congo vieram grandes quantidades de negros escravizados para as Américas, trazidos por traficantes portugueses. Em meados do século XVII a soberania portuguesa estava consolidada no reino do Congo.

# As cidades-estados da África Oriental

Com a expansão do islamismo pela costa oriental da África no século VII e do comércio árabe, floresceu o reino do Zimbábue. Nessa região havia muito ouro e também era muito valorizado o marfim (presas de elefantes), levado para a China, Índia e o mundo árabe.

Os comerciantes árabes traziam porcelana chinesa e roupas de algodão para serem vendidas na África Oriental. Em função disso, surgiram nessa área cidades independentes que eram centros comerciais onde viviam agentes dos mercadores africanos e árabes. Uma das mais importantes cidades foi Kilwa. Os mercadores de Kilwa controlavam o comércio do ouro, cobrando altos impostos sobre ele. Viviam nessa região diversas etnias que tinham em comum a cultura e a língua suaíli, originária da costa leste africana – marcada por forte influência do islamismo.

Com a chegada dos portugueses, em 1500, os suaílis, que em suas cidades-estados tinham grande tradição comercial com outros africanos e árabes, viram-se oprimidos pelos lusos que desejavam, prioritariamente, ouro. Valendo-se da força das armas de fogo, os portugueses incendiaram Kilwa em 1505 e fundaram uma feitoria em Mombaça, atual Quênia; esses processos assinalam o início da decadência das cidades-estados, limitadas em suas atividades comerciais.

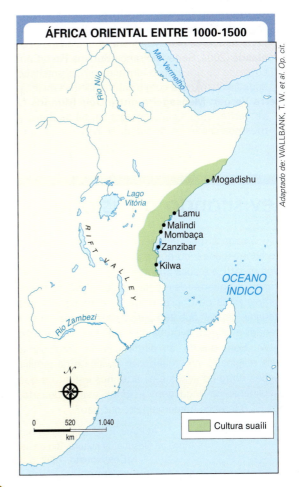

**ÁFRICA ORIENTAL ENTRE 1000-1500**

Adaptado de: WALLBANK, T. W. et al. Op. cit.

## Vinculações entre África e Brasil

A partir da segunda metade do século XVI, os portugueses iniciaram um forte comércio de negros africanos escravizados que eram trazidos para a colônia portuguesa na América. Imagina-se que 5 milhões de negros, retirados à força de sua terra natal, tenham entrado no território, que mais tarde seria chamado de Brasil.

Na cultura, na religião, na alimentação, nos costumes e no trabalho são visíveis alguns aspectos da presença dos africanos em nossa sociedade. Saber como eles viviam antes de o tráfico de escravos ter sido introduzido é importante para entendermos que havia uma grande diversidade étnica e cultural entre eles, que não eram tribos com pouca ou nenhuma organização social. Ao contrário, como vimos, organizavam-se em Estados, com comércio ativo e hierarquia social.

Aprofundar nossos conhecimentos sobre a África antes da chegada dos europeus nos ajuda a compreender como e em que o imenso contingente de africanos trazidos para o Brasil nos influenciou, e nos permite evitar generalizações e a perpetuação de preconceitos que a nossa sociedade carrega até hoje em relação aos afrodescendentes.

BURMEISTER, H. *Viagem ao Brasil*. In: DEBRET, J. B. *Viagem Pitoresca e Histórica ao Brasil*. Belo Horizonte: Itatiaia; São Paulo: Edusp, 1989.

"É na rua do Valongo, no Rio de Janeiro, que se encontra o mercado de negros, verdadeiro entreposto onde são guardados os escravos da África." Mercado de escravos retratado e comentado por Jean-Baptiste Debret, em 1822, em *Mercado da Rua do Valongo*.

# Cinemateca

**A Magia da Nigéria** (1993, Nigéria, dir.: Ola Balogun) O filme conta as lendas e os ritos iorubás, procurando recuperar as fontes históricas para as sociedades contemporâneas.

**Moolaadé** (2004, Senegal/França/Burkina Faso/Camarões/Marrocos/Tunísia, dir.: Ousmane Sembene) O filme narra o cotidiano de um vilarejo africano com características tribais, situado em uma região muito quente. A divisão da sociedade fica bem clara com a submissão das mulheres aos homens e, assim, questiona a tradição e a modernidade.

**Pierre Verger: Mensageiro entre Dois Mundos** (1999, Brasil, dir.: Lula Buarque de Hollanda) O fotógrafo Pierre Verger retratou a cultura negra iorubá na Bahia e na África. Gilberto Gil refaz o papel de Mensageiro e percorre os mesmos caminhos do fotógrafo para refazer a ponte entre a África iorubá e a Bahia.

# Revisitando a História

**1.** "(…) nada é mais impressionante, para alguém isento de preconcepções, do que a extraordinária diversidade de povos da África e suas culturas. (…)
Compare os guerreiros montados dos *jihads* de fulani com os *impis* zulus de Chaka; prove as comidas delicadas de Botsuana depois dos temperos da culinária fanti; tente entender o kikuyu, o iorubá ou o fulfulde com um dicionário twi. Sem dúvida, as diferenças na ontologia e nos rituais religiosos, na organização política e da família, nas relações entre os sexos e na arte, nos estilos de guerra e de culinária, na linguagem – todos estes, decerto, são tipos de diferença fundamentais, não são?"

APPIAH, K. A. *Na Casa de meu Pai*:
a África na filosofia da cultura. Rio de Janeiro:
Contraponto, 1997. p. 48-49.

O filósofo ganês Kwame Anthony Appiah buscou, por meio de seu livro *Na Casa de meu Pai*, apresentar as diferentes maneiras como o continente africano foi pensado ao longo do tempo. Com base no trecho acima, responda:

a) Qual a principal ideia defendida por Appiah nesse texto?
b) A qual ideia o autor se contrapõe?

**2.** "De fato, a conquista colonial no fim do século XIX constitui uma ruptura maior com essa forma de expressão histórica veiculada pelas tradições orais e os tarikhs [escritos históricos da elite muçulmana], que serão colocados entre parênteses pela escola colonial e a negação da historicidade das sociedades africanas. (…) Essa vontade de exclusão da história da maioria da população marginalizada pela escola colonial constitui um dos fundamentos ideológicos do sistema de dominação. Mas não se pode absolutamente excluir um povo da história nem impedi-lo de viver sua história e, consequentemente, de contá-la a si mesmo, por tê-la vivido na própria carne."

BARRY, B. *Senegâmbia*: o desafio da história regional. Rio de Janeiro: SEPHIS/Centro de Estudos afro-asiáticos, Universidade Cândido Mendes, 2000. p. 15.

Buscando entender as maneiras de se narrar a História na África Ocidental, o intelectual senegalês Boubacar Barry investigou como foram tratadas as narrativas tradicionais no continente africano. Leia o texto acima e responda:

a) Segundo o autor, qual era a posição dos colonizadores em relação à História dos povos africanos?

b) Quais as diferenças fundamentais na maneira de se narrar a História nas culturas da África Ocidental e na Europa do século XIX?

c) Segundo Boubacar Barry, um dos objetivos do colonialismo foi criar a ideia de que a África não possui história. Esse objetivo colonial foi cumprido? Explique.

**3.** Qual a importância das rotas transaarianas e a introdução do camelo no deserto?

**4.** "Eu sou griô. Sou Djeli Mamadu, filho de Binton Kuyaté e de Djeli Kedian Kuyaté mestre na arte de falar. Há tempos imemoriais os Kuyaté estão a serviço dos príncipes Keita de Mandinga. Nós somos os sacos de palavras, somos os sacos que encerram os segredos muitas vezes seculares, somos a memória dos povos, pela palavra damos vida aos feitos e gestos dos reis diante das jovens gerações. Minha palavra é pura, destituída de toda mentira, é a palavra do meu pai: é a palavra do pai do meu pai."

*Sundiata ou a Epopeia Mandinga.* Citado em: BARRY, B. *Op. cit.* p. 7.

O trecho acima foi retirado da *Epopeia*, que originalmente era contada pelos griôs da África Ocidental, sendo no período pós-colonial transposta para o papel. A partir desse texto responda:

a) Quem são os griôs? Qual é a sua função nas sociedades da África Ocidental?

b) Qual a importância do saber mantido pelos griôs para o estudo da História da África?

**5.** Antes da chegada dos europeus, não havia apenas uma única forma de escravidão no continente africano. A escravidão variou de acordo com o lugar e a época, e até em um mesmo local conviveram diferentes formas de escravidão. Com base no que você leu no capítulo, escreva um pequeno texto a respeito da escravidão africana apontando as diferenças entre as formas de escravidão existentes.

**6.** Como se deu o processo de islamização do continente africano? Em que regiões do continente o islamismo está mais presente?

**7.** Compare a organização das civilizações da costa ocidental e oriental africana.

**8.** Discuta com seus colegas qual o impacto da chegada dos europeus no continente africano, nos séculos XIV e XV.

## Analise esta imagem

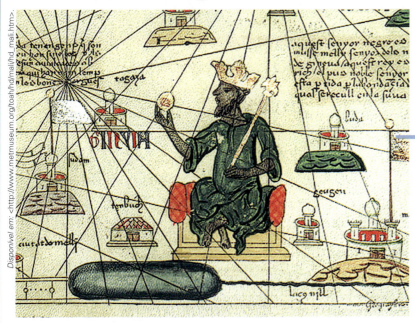

Disponível em: <http://www.metmuseum.org/toah/hd/mali/hd_mali.htm>.

Facsímile de um mapa desenhado na Espanha e datado de 1375, mostrando o rei de Mali, Mansa Musa I, o governante mais famoso depois do lendário Sundiata. Durante sua peregrinação a Meca (1324-1325), o *mansa* teria impressionado a população do Cairo com sua riqueza e grande comitiva. O Império Mali, pouco conhecido além de suas fronteiras antes dessa viagem, se tornou famoso no mundo islâmico e na Europa.

a) Identifique na imagem aspectos representativos da cultura islâmica.

b) Como foi retratada a riqueza do *mansa*?

c) Mesmo sem a autoria reconhecida, pode-se afirmar que a ilustração não foi produzida pelos islâmicos. Por quê?

d) Além do ouro, aponte outros elementos na imagem que representam a importância da figura representada.

# Debatendo ideias

A Lei nº 10.639/2003 tornou obrigatório, nos estabelecimentos de Ensino Fundamental e Médio, públicos e particulares, o ensino sobre História e Cultura Afro-brasileira. Entre os conteúdos, deve-se contemplar: o estudo da História da África e dos africanos, a luta dos negros no Brasil, a cultura negra brasileira e o negro na formação da sociedade nacional, resgatando a contribuição do povo negro nas áreas social, econômica e política pertinentes à História do Brasil.

Considerando essa exigência, debata os seguintes pontos:

a) A sociedade brasileira, historicamente, tem reconhecido a contribuição de todos os povos que participaram de sua formação?

b) Na sua opinião, quais os principais objetivos dessa lei? Por que eles foram considerados relevantes para que se implantasse uma legislação específica?

c) Indique ações e sugestões do seu grupo para que sua escola possa implementar efetivamente a Lei nº 10.639/2003.

# Questão de vestibular

**1.** (ENEM) A identidade negra não surge da tomada de consciência de uma diferença de pigmentação ou de uma diferença biológica entre populações negras e brancas e(ou) negras e amarelas. Ela resulta de um longo processo histórico que começa com o descobrimento, no século XV, do continente africano e de seus habitantes pelos navegadores portugueses, descobrimento esse que abriu o caminho às relações mercantilistas com a África, ao tráfico negreiro, à escravidão e, enfim, à colonização do continente africano e de seus povos.

MUNANGA, K. Algumas considerações sobre a diversidade e a identidade negra no Brasil. In: *Diversidade na educação: reflexões e experiências*. Brasília: SEMTEC/MEC, 2003, p. 37.

Com relação ao assunto tratado no texto ao lado, é correto afirmar que:

a) a colonização da África pelos europeus foi simultânea ao descobrimento desse continente.

b) a existência de lucrativo comércio na África levou os portugueses a desenvolverem esse continente.

c) o surgimento do tráfico negreiro foi posterior ao início da escravidão no Brasil.

d) a exploração da África decorreu do movimento de expansão europeia do início da Idade Moderna.

e) a colonização da África antecedeu as relações comerciais entre esse continente e a Europa.

# Programa de Avaliação Seriada

**1.** (PASUSP) No mapa ao lado, nota-se que no norte da África a religião muçulmana é predominante e, em direção ao sul, sua presença diminui. Em alguns países, tais como Nigéria, Chade e Sudão, os territórios ao norte são habitados predominantemente por muçulmanos, em contraste com o sul, onde a maioria é formada por seguidores de outras religiões.

Com base no mapa, no texto e em seus estudos sobre o continente africano, assinale a alternativa INCORRETA.

a) Os países do norte da África apresentam maior porcentagem de seguidores da religião muçulmana.

b) A composição étnica altamente diversificada é uma exceção na África, ou seja, os países apresentam predominantemente uma população homogênea.

c) Em alguns países, a população de religião muçulmana concentra-se em partes específicas do território, sobretudo nas áreas situadas ao norte.

DISTRIBUIÇÃO DAS POPULAÇÕES DE RELIGIÃO MUÇULMANA NA ÁFRICA

Fonte: BLIJ, M. *Geography*: realms, regions and concepts, 2001.

d) Os países africanos tiveram suas fronteiras definidas, em grande parte, pelas potências colonizadoras e é comum eles apresentarem uma composição étnica diferenciada.

e) A composição étnica diferenciada, a presença de seguidores de diferentes religiões e a disputa do poder político têm propiciado a ocorrência de conflitos em diversos países africanos.

# capítulo 8

# Baixa Idade Média

*O período medieval, contrariando as explicações mais simplistas e preconceituosas, foi uma época de importantes transformações. Quando falamos em transformação, devemos estar atentos para não cometermos o equívoco de pensar que tudo mudou repentinamente e em todos os campos. Ou, ainda, que as mudanças significaram mudar para melhor, pois isso equivaleria a dizer que a história teria um sentido evolutivo e único. Nessas transformações, devemos nos perguntar: quais foram as principais mudanças? Como reagiram agentes do período, como a Igreja e senhores feudais? Como as pessoas foram afetadas em seu cotidiano? Quais os desafios que destacamos no estudo sobre as pessoas daquele tempo? Em suma, em qualquer período histórico podemos identificar continuidades e rupturas e, por isso, o estudo da História é algo dinâmico.*

O período chamado de Baixa Idade Média é marcado pelo aparecimento daquelas que serão as grandes características da Idade Moderna: desenvolvimento das cidades, então chamadas **burgos**, busca de novos produtos, com o consequente aumento das relações de troca, crescimento demográfico e, sobretudo, diversificação da estrutura social, com o aparecimento de um novo e cada vez mais importante setor social: a **burguesia**. Esse conjunto de aspectos colocou abaixo a estrutura feudal e redesenhou as práticas sociopolíticas da Europa. Porém, com suas características específicas, o período não deve ser compreendido como uma fase intermediária para o período moderno. Cada tempo possui suas dinâmicas e questões, como veremos ao longo do capítulo.

## A economia feudal e suas inovações tecnológicas

Entre o século XI e meados do século XIII, a economia feudal teve um grande crescimento, com o aumento da produtividade agrícola. No mesmo período, também é evidente um aumento demográfico importante. O uso de novas técnicas para a produção nos campos, como, por exemplo, diferentes formas de atrelar o arado aos animais, e a utilização de moinhos de vento aumentaram significativamente a produção de alimentos.

Ainda que atualmente possa nos parecer "insignificante", o fato de quatro animais (bois ou cavalos) serem atrelados ao pesado arado, do tipo **charrua**, tornou possível o cultivo de terras que não tinham condições de serem abertas apenas pela força humana, com os arados convencionais mais leves. Ou seja, o aperfeiçoamento na forma de atrelar animais possibilitou aos camponeses medievais uma ampliação significativa dos espaços agrários para o cultivo.

Outro aspecto técnico importante, que se difundiu na Europa Ocidental daquele período, foi que grande parte dos vilarejos passou a ter seus **ferradores** produzindo melhores ferramentas para o uso na produção agrícola e ferraduras para os cascos dos cavalos, o que aumentou bastante o tempo de vida útil desses animais.

Os moinhos, usados para moer grãos, que já eram conhecidos desde a Antiguidade, foram aperfeiçoados e também difundidos. Inicialmente, predominaram os moinhos movimentados a água e, depois, os movimentados **a vento**. Essenciais para o beneficiamento de grãos, eram construídos em locais onde havia ventos constantes – condição presente na Europa Meridional, o que explica a grande quantidade deles naquela região.

ARTÉPHOT

O camponês e o arado, antes da introdução da charrua. Miniatura do século XI.

Na **navegação** também houve grandes transformações. A substituição do leme de remo pelo leme moderno permitiu a ampliação das embarcações e de sua capacidade de transportar produtos e pessoas, chegando a carregar 50 toneladas de mercadorias e 1.200 passageiros. Instrumentos como o astrolábio árabe foram incorporados às técnicas de navegação, permitindo que os navegadores ocidentais se orientassem pelas estrelas à noite. As práticas comerciais foram refinadas com a introdução de novos tipos de contrato, adoção de empréstimos e a ampliação das trocas.

No século XII, Gênova, Pisa e Veneza dominavam o intenso comércio no mar Mediterrâneo com os árabes e revendiam os produtos na Europa.

Mesmo com o aumento da produção, a população da Europa precisava de mais terras cultiváveis, visto ter havido aumento populacional tanto entre os servos como entre a nobreza feudal. Assim, com o passar do tempo, pântanos foram drenados e florestas, derrubadas, para aumentar a área cultivada.

Mercadores viajantes no Mediterrâneo, miniatura das Cantigas de Santa Maria de Alfonso, século XIII, Biblioteca do Museu Escorial, Madri.

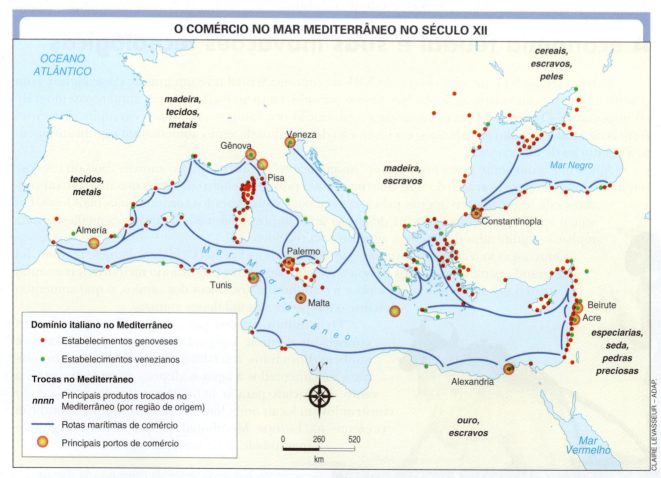

**O COMÉRCIO NO MAR MEDITERRÂNEO NO SÉCULO XII**

OCEANO ATLÂNTICO

madeira, tecidos, metais

Veneza

Gênova

Pisa

tecidos, metais

Almería

Mar Mediterrâneo

Palermo

Tunis

Malta

cereais, escravos, peles

Mar Negro

madeira, escravos

Constantinopla

Beirute
Acre

especiarias, seda, pedras preciosas

Alexandria

ouro, escravos

Mar Vermelho

**Domínio italiano no Mediterrâneo**

• Estabelecimentos genoveses

• Estabelecimentos venezianos

**Trocas no Mediterrâneo**

*nnnn* Principais produtos trocados no Mediterrâneo (por região de origem)

— Rotas marítimas de comércio

⬤ Principais portos de comércio

0    260    520
km

CLAIRE LEVASSEUR – ADAP.

# O renascimento comercial e urbano

O chamado renascimento urbano, entre os séculos XI e XIII, deve ser analisado como um processo que atingiu a minoria da população europeia. Mais de 80% das pessoas continuavam a viver no campo, mantendo as características de uma sociedade agrária feudal.

O fortalecimento das cidades, chamadas nesse período de burgos, era crescente e derivado de uma dinâmica interna de deslocamento dos servos rumo a elas. Com o crescimento demográfico, os senhores feudais aumentavam não só a produção, mas também as despesas, pois tinham obrigações com os habitantes dos vários estamentos, presentes em seus domínios feudais. Assim, as eventuais fugas de servos para as cidades eram, em vários casos, bem-aceitas pelos senhores.

> **Estamento:** grupo social ao qual se pertencia, como, por exemplo, o dos servos e o dos nobres.

As cidades também eram fonte de renda para os senhores, pois elas se localizavam dentro de domínios feudais e eram obrigadas a pagar taxas para os senhores, além de serem locais para a venda de excedentes agrícolas obtidos pelos feudos, graças ao aumento de produtividade.

O principal aspecto da revitalização das cidades é a vinculação comercial entre elas, que necessitavam de produtos agrícolas, e os feudos, que procuravam vender seus excedentes. Nos burgos, eram comercializados também gêneros artesanais ou produtos oriundos de outras regiões, como o Oriente.

Sendo o comércio a principal atividade realizada nas cidades, a maior parte delas se desenvolveu próximo às grandes **rotas de comércio** ou se tornou o centro delas.

O comércio era liderado por Veneza, o mais importante porto europeu. Fundada sobre pequenas ilhas, a cidade não se tornou autossuficiente em termos agrícolas, tendo desenvolvido uma intensa atividade comercial, por meio de uma eficiente frota de navios mercantes. Em 1204, durante a Quarta Cruzada, da qual trataremos adiante, neste capítulo, Veneza ocupou Constantinopla, capital do Império Bizantino. A região era estratégica, pois possibilitava contato com o Oriente Próximo, por meio dos muçulmanos, que vendiam mercadorias inexistentes na Europa Ocidental a preços altos – fato que ampliou os lucros dos venezianos de maneira significativa.

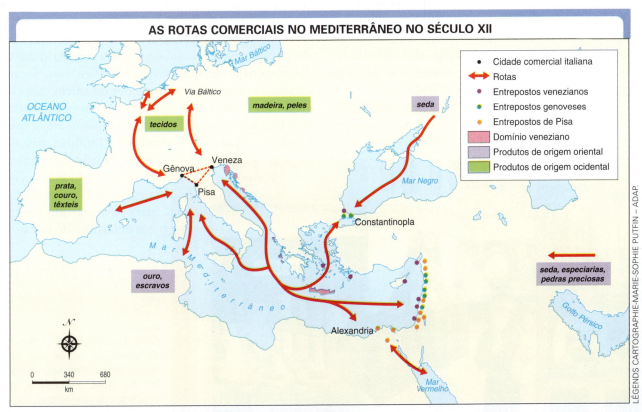

**AS ROTAS COMERCIAIS NO MEDITERRÂNEO NO SÉCULO XII**

LÉGENDS CARTOGRAPHIE-MARIE-SOPHIE PUTFIN – ADAP.

A grande rival de Veneza era Gênova, outra cidade italiana, mas que se mantinha completamente independente com relação à sua concorrente. Isso porque toda a península itálica era formada por vários estados republicanos ou reinos, que participavam da complexa política europeia "jogando" com os mais importantes "estados" feudais e, principalmente, com as regiões em que a hegemonia do papa católico era grande. As cidades italianas que possuíam autonomia política, mas tinham fragilidades militares, buscavam apoio entre o papado e os monarcas vizinhos. Nessa divisão interna das cidades italianas os grupos principais eram o dos partidários do papa (chamados de guelfos) e o dos imperadores (chamados de gibelinos).

No norte da Europa existia a **Liga Hanseática** ou Hansa Teutônica, uma união de várias cidades que impulsionava e dominava o comércio naquela região. Os comerciantes desses dois polos – as cidades italianas no Mediterrâneo e as alemãs no Báltico – encontravam-se na região de Champagne, na França.

Nos locais em que comerciantes se concentravam para realizar suas atividades, nasceram as **feiras**, que eram realizadas durante algumas semanas, e depois transferidas para outras localidades. Para evitar a ação de assaltantes durante seus deslocamentos, os comerciantes recebiam a proteção dos senhores feudais, que passaram a ter todo interesse em atrair o comércio para suas regiões, pois recebiam pela cessão temporária de suas terras, para a realização das atividades comerciais em segurança. Na ausência de uma legislação unificada, todas as dúvidas que surgissem entre os comerciantes eram resolvidas pelo senhor feudal local, de acordo com as regras que ele mesmo estabelecia. Logo, havia vários siste-mas de pesos, medidas e, mesmo, de equivalentes gerais (moedas), aspectos que poderiam proporcionar altos lucros para alguns comerciantes e, por conseguinte, grandes prejuízos para outros.

O alto volume de moedas circulantes foi um dos fatores que estimularam o surgimento, nesse período, das primeiras **casas bancárias**. Os comerciantes com mais recursos preferiam, também por medida de segurança, não levar consigo grande quantidade de moeda, em espécie. Assim, passaram a depositar o dinheiro em associações, que concediam créditos mediante pagamento de juros. Os comerciantes viajavam, então, com os créditos e os convertiam em moedas nas diferentes localidades.

As taxas cobradas pelos senhores feudais dos comerciantes – já chamados, por essa época, de **burgueses** – não demoraram em criar tensões entre as partes. Mesmo porque a contrapartida oferecida pelos nobres, sobretudo no aspecto relativo à segurança, deixava a desejar. Com a estrutura feudal tradicional em franca decadência, era cada vez mais difícil coibir a ação dos *vilões*.

Para conseguir maior autonomia e liberdade comercial, os burgueses chegaram a ter enfrentamentos diretos com senhores feudais. Todavia, mais frequentemente, recorriam à compra das *cartas de franquia*, uma medida mais eficiente, que dava aos comerciantes a possibilidade de viajar e exercer com alguma liberdade suas atividades econômicas dentro das terras pertencentes a determinado proprietário feudal.

Os citadinos também se viam na contingência de proteger seu artesanato e comércio da possível concorrência de outras cidades. Para isso, foram criadas as chamadas **corporações de ofício**: associações voluntárias que controlavam os honorários dos trabalhadores das oficinas e, principalmente, a qualidade e o preço dos produtos. Também tinham uma função formativa, estabelecendo as bases do aprendizado e a condição para se tornar um mestre em determinado ofício.

Fonte: WALLBANK, T. W. et al. *Op. cit.*

Cena do cotidiano de uma cidade medieval no século XIII. Nela vemos alfaiates, vendedor de peles, barbeiro e um vendedor de alimentos.

# As questões religiosas da Baixa Idade Média

O predomínio da Igreja em diferentes aspectos da vida europeia durante toda a Idade Média é indiscutível. A cristandade foi um dos elementos unificadores do mundo europeu após as invasões germânicas.

Com a divisão da Igreja, a partir do Cisma do Oriente, em 1054, a Igreja de Roma procurou se fortalecer e retomar o seu papel de principal liderança religiosa. Entre as medidas tomadas, nesse sentido, citamos o combate às heresias e às práticas dos clérigos condenadas pela própria Igreja, e medidas externas, como as Cruzadas, que oficialmente tinham por objetivo recuperar Jerusalém, a Terra Santa, dominada pelos Islâmicos.

> Cisma: separação.

## As Cruzadas

No contexto bélico medieval surgiram as **Cruzadas**, expedições militares empreendidas pelos cristãos e legitimadas pela Igreja, que concediam a seus participantes supostas recompensas espirituais – como, por exemplo, a indulgência, o perdão por todos os pecados.

O ponto de partida para a organização das Cruzadas foi o apelo feito pelo papa Urbano II durante o Concílio de Clermont, reunião de bispos realizada na França, em 1095. O papa conclamou esforços para libertar a cidade de Jerusalém, nas mãos dos "infiéis" que não reconheciam Jesus Cristo como salvador. Os cristãos costumavam fazer peregrinações a Jerusalém para visitar o local onde Cristo, segundo a tradição cristã, foi sepultado e ressuscitou. Os muçulmanos estavam dificultando as peregrinações.

Com base em um **argumento religioso**, nobres e populares começaram a organizar um movimento para "libertar" Jerusalém. Mas, ao lado da religião, existiram **outros importantes motivos** para as Cruzadas.

Os **comerciantes** das cidades de Gênova e Veneza, que praticamente monopolizavam o comércio no Mediterrâneo, viram nas Cruzadas uma forma de retomar o controle total da região, expulsando os árabes, cuja presença dificultava os negócios das cidades italianas. Por outro lado, comerciantes de outras regiões europeias, que sempre tiveram acesso muito limitado às valiosas mercadorias do Oriente Próximo, viram nas Cruzadas uma possibilidade de acesso a uma rota comercial bastante promissora.

Oito Cruzadas Oficiais partiram da Europa entre os anos 1096 e 1270. A Primeira Cruzada foi formada pela nobreza francesa e normanda e ficou conhecida como Cruzada dos Barões (1096--1099). Após tomar a cidade de Antioquia, o grupo abriu caminho para chegar a Jerusalém e tomá-la dos turcos.

Após a retomada de Jerusalém pelos turcos, no século XII, a cidade nunca mais fora recuperada pelos cristãos. Das Cruzadas realizadas posteriormente, destacam-se a terceira, denominada Cruzada dos Reis (1189-1192), que teve a participação de Filipe Augusto (França), Ricardo Coração de Leão (Inglaterra) e Frederico Barba--Roxa (Sacro Império Germânico), e a Quarta Cruzada, que foi um duro golpe sobre o Império

Bizantino, pois foi desviada (o objetivo da Cruzada não era saquear Bizâncio, mas sim tomar a Terra Santa) e os cristãos romanos, liderados pelos comerciantes venezianos, atacaram e saquearam Constantinopla, sede da Igreja ortodoxa, episódio conhecido como o "butim de Constantinopla".

O espírito cruzadista não ficou restrito à nobreza guerreira. Após o papa fazer o apelo em Clermont, uma multidão de pobres abandonou suas regiões; insuflados pela pregação de Pedro, o Eremita, juntaram-se numa marcha até Jerusalém. Essa Cruzada, chamada Cruzada dos Mendigos (1096), após passar por Constantinopla e ingressar no território turco, foi dizimada.

A última Cruzada foi realizada em 1270. De modo geral, as Cruzadas fracassaram quanto a seus objetivos, mas alcançaram alguns resultados que alteraram os rumos da sociedade medieval, pois

- aceleraram a **crise do feudalismo**: com o desaparecimento de milhares de nobres e o empobrecimento de outros, as Cruzadas favoreceram a centralização política por parte dos reis;

Os cavaleiros cruzados saíam da Europa imbuídos do espírito de combate aos "infiéis" na Terra Santa, como está representado nesse detalhe do painel de Westminster, século XII, British Library, Londres.

- provocaram a **decadência do Império Bizantino**: os bizantinos não conseguiram recuperar seus antigos domínios nem as rotas comerciais mediterrâneas, que passaram ao controle dos ocidentais;

- asseguraram a **reabertura do Mediterrâneo**: a presença dos venezianos no Mediterrâneo possibilitou o Renascimento comercial e urbano, acelerando as trocas comerciais entre ocidentais e orientais;

- no **plano cultural**, as Cruzadas possibilitaram aos ocidentais o contato com importantes conhecimentos produzidos pelos muçulmanos, no campo da matemática, da medicina e da astronomia. Porém, a maior parte do conhecimento nessas áreas só foi incorporada pelo Ocidente a partir da ocupação moura na península ibérica.

## As reformas na Igreja católica na Baixa Idade Média

A reforma gregoriana foi uma resposta da Igreja aos seus próprios membros que tinham comportamentos divergentes da alta hierarquia da Igreja de Roma. Os principais pontos combatidos pela reforma do papa Gregório VII (1073-1085) foram o *nicolaísmo* (casamento de membros do clero) e a *simonia* (comércio de bens sagrados).

As reformas de Gregório mexeram com interesses importantes e trouxeram novos impasses, pois o papa entendia que os problemas do clero estavam ligados à nomeação de pessoas despreparadas para os cargos eclesiásticos. Essas nomeações estavam, de acordo com uma antiga tradição, sob a responsabilidade de monarcas, que indicavam os bispos em seus domínios.

Para evitar que os abusos continuassem, o papa alterou as formas de nomeação de membros da cúpula eclesiástica. Nenhuma autoridade laica poderia conferir autoridade religiosa. A última palavra em assuntos religiosos deveria ser do pontífice. Com isso, os reis e os bispos lhe deviam obediência na tarefa de cristianizar o mundo.

Essa concentração de poder nas mãos do papa desagradou aos reis. O imperador alemão, Henrique IV, não acatou a ordem do papa. Iniciava-se o que ficou conhecido como a **Querela das Investiduras**. Não tendo mais o poder de investir (nomear) bispos, o imperador alemão desafiou o papa e nomeou o bispo de Milão.

O papa ameaçou excomungar o monarca e liberar os fiéis da obediência a Henrique. O governante retrocedeu e pediu perdão ao papa. Henrique IV restabeleceu seu poder e pouco depois reuniu forças para atacar o papa, que morreu fugindo das tropas de Henrique.

A Querela das Investiduras durou até 1122, quando foi firmado o acordo chamado **Concordata de Worms**, pelo qual as nomeações de bispos e autoridades religiosas seriam divididas entre o papa e o imperador. Os bispos eram autoridades importantes, que tinham dupla função: a religiosa, por pertencerem à comunidade espiritual da Igreja; e a terrena, por serem membros da nobreza e proprietários de terras, integrando a ordem feudal. A ação deflagrada por Gregório VII retirou dos reis a possibilidade de conferir poder religioso aos seus nomeados.

## As heresias e os movimentos reformistas

A preocupação com o zelo religioso não ficou restrita à cúpula da Igreja. Começaram a surgir movimentos que pregavam ensinamentos e práticas de vida considerados desviantes, tendo em vista os defendidos oficialmente pelo clero. Genericamente, a Igreja passou a denominar todas essas práticas e ensinamentos como **heresias**.

Entre os principais grupos heréticos estavam os **valdenses**, seguidores de Pedro Valdo, rico comerciante da cidade de Lyon, que, por volta de 1170, distribuiu suas propriedades e se comprometeu a pregar o Evangelho na língua vernacular e não no latim, língua oficial da Igreja. As críticas dos valdenses às riquezas e aos comportamentos dos membros da alta hierarquia católica causaram desconforto e foram consideradas heréticas.

O movimento dos **cátaros** foi outro considerado herege, pois negava a condição divina de Jesus Cristo. Para os cátaros ou albigenses, Jesus era apenas um anjo. Na luta entre o bem e o mal, na qual os cátaros acreditavam, o corpo era a parte má. Portanto, Deus não poderia ter um corpo e, por conseguinte, Jesus Cristo não seria Deus. O movimento foi perseguido e dizimado na primeira metade do século XIII.

Mas nem todos os movimentos reformistas foram considerados hereges. **Francisco de Assis** (ca. 1181-1226) tinha uma origem semelhante à de Pedro Valdo. Renunciou aos bens familiares, adotou um ideal de pobreza; vestindo-se como mendigo, andava pelas cidades e campos a pregar os ensinamentos cristãos. Logo surgiram discípulos de Francisco. Posteriormente, o movimento de leigos seguidores de Francisco deu origem a uma ordem religiosa, a **ordem franciscana**, recebendo a incumbência de administrar igrejas e empreender missões religiosas.

Outra ordem importante foi a fundada por **Domingos** (ca. 1170--1221), que havia lutado contra os cátaros no sul da França. A **ordem dominicana** partia do pressuposto de que as pessoas bem preparadas intelectualmente podem combater melhor as heresias; por isso seus membros se dedicavam ao estudo rigoroso e a ordem tornou-se um dos principais berços dos teólogos católicos.

A Igreja criou, em 1229, um tribunal específico para discutir as questões da Fé e combater as heresias. Esse tribunal ficou conhecido como a **Inquisição**, que atuou mais incisivamente no período moderno.

São Francisco de Assis em uma tela de Giotto, exposta atualmente no Museu do Louvre, Paris.

## Divisões no mundo cristão

Ao mesmo tempo que a Igreja combatia os hereges em seu interior, ela procurava se fortalecer dentro do universo cristão. Uma das tentativas foi a de reunificar as Igrejas (a do Oriente e a do Ocidente, divididas desde o Cisma), naturalmente sob seu comando. Por isso os papas diversas vezes procuraram prejudicar o Império Bizantino e destruir a Igreja ortodoxa.

A unidade da Igreja romana, no entanto, esteve ameaçada por um problema interno. Durante o período de afirmação da monarquia nacional francesa, o rei Filipe IV (1285-1314) desafiou o papa Bonifácio VIII (1294-1303) e tributou as terras da Igreja. O conflito entre poder temporal e espiritual persistia. Filipe IV foi bastante hábil e criou o Conselho dos Estados Gerais, composto de membros dos três estamentos sociais franceses – Clero, Nobreza e o "Terceiro Estado", nome dado aos que não pertenciam ao clero e à nobreza (o "povo"). Com grande prestígio entre o segundo estado (nobres) e o terceiro estado (camponeses e burgueses), Filipe IV conseguiu uma autorização para tributar as terras do clero. Desta vez, o papa cedeu, reconhecendo a autoridade do rei para tributar a Igreja e seus membros em "tempos de emergência".

Filipe IV convenceu o papa Clemente V (1305-1314), que procurava a conciliação com o monarca francês, a transferir-se para o sul da França, na cidade de Avignon. Entre 1309 e 1377, a sede do papado esteve no sul da França.

A associação do papado com a França causava incômodos nas outras áreas cristãs. A imagem papal ficou fragilizada, sendo alvo de críticas de membros importantes da Igreja.

O papa Gregório XI levou a sede da Igreja de volta a Roma. Em 1378, foi escolhido o papa Urbano VI, de origem italiana, que mandou prender vários cardeais, altos membros da hierarquia católica que elegem os papas. Insatisfeitos, os cardeais declararam nula a eleição de Urbano e escolheram outro papa, Clemente VII, que recebeu o apoio de cardeais franceses. A Igreja passou a ter, então, dois papas em disputa. Essa divisão ficou conhecida como **Cisma do Ocidente** e durou de 1378 a 1417. Apenas no Concílio de Constança, em 1417, a Igreja foi reunificada, com a eleição de um novo papa, Martinho V.

O Cisma do Ocidente teve um impacto sobre a noção de unidade da Igreja católica, ao ter dois líderes ao mesmo tempo. Abalada com as heresias, o poder dos reis e o Cisma do Ocidente, a Igreja estava enfraquecida ao final da Idade Média.

## As adversidades do século XIV e a crise do feudalismo

A decadência do feudalismo no século XIV é marcada pelo fim da expansão europeia, pela crise do comércio e da economia feudal e por grandes catástrofes.

A partir da segunda metade do século XIII, a expansão europeia, iniciada no século XI com o movimento cruzadista, chegou ao fim. Com o aumento da população e da produção, já não havia mais terras a serem ocupadas, e as terras existentes estavam se esgotando devido às características do sistema produtivo empregado e à tecnologia agrícola então disponível. Além disso, aspectos climáticos provocaram a quebra de colheitas, como no período da **Grande Fome** (1315-1317). Relacionado diretamente à produção de gêneros agrícolas, o comércio também entrou em crise.

Para o setor agrícola, base da economia feudal, a crise foi definitiva. A servidão e as obrigações feudais vinham sofrendo transformações havia muito tempo. Os senhores feudais substituíam as obrigações feudais por contribuições monetárias, ao mesmo tempo que transformavam os servos em trabalhadores assalariados.

# A fome

Em 2008, a FAO – Organismo das Nações Unidas para Alimentação e Agricultura – reuniu na cidade de Roma a maioria dos governos e presidentes de várias nações para debater sobre a fome e a pobreza no mundo.

Naquele ano, segundo dados da própria FAO, mais de 800 milhões de pessoas eram atingidas pelo flagelo da fome. O resultado imediato é, por exemplo, que milhares de crianças morrem, a cada dia, devido às consequências diretas ou indiretas da fome, da subalimentação crônica.

Com todos os recursos e riquezas tecnológicas obtidos, persiste a pergunta: é possível acabar com a fome?

A produção de alimentos, ao longo do século XX, aumentou mais do que a própria população. No entanto, o acesso aos alimentos e aos meios de produção é extremamente desigual. Entre as pessoas subnutridas, mais de 790 milhões estão nos países em desenvolvimento e 10 milhões nos países desenvolvidos.

Além do desafio da erradicação da fome, que a humanidade nunca superou, surgiram outros mais recentes, como a preservação ambiental. A expansão das áreas agrícolas tem causado danos ambientais graves, como a destruição de florestas e contaminação de nascentes de rios, e contribuído para o desequilíbrio ecológico. Em décadas passadas pensava-se que os recursos naturais e a expansão econômica poderiam ser infinitos.

Diante dessa situação, o desafio é duplo: como acabar com a fome e preservar o planeta? A resposta não é simples, mas cada vez mais há uma consciência sobre a necessidade de um desenvolvimento que não seja predatório e que não haja comida apenas para uma parcela da população.

# A Peste Negra

Entre 1348-1350, alastrou-se pela Europa um surto de peste bubônica, provavelmente vinda de um navio procedente do Oriente, que dizimou entre 25% e 35% da população europeia. A **peste** atingiu mais intensamente os núcleos urbanos, que não possuíam nenhuma infraestrutura de saneamento básico, o que facilitou a disseminação da doença.

A alegoria *Dança Macabra (La Danse Macabre)* é do final do período medieval e foi produzida com base no impacto da Peste Negra. A obra trata da universalidade da morte, pois, como se pode observar, clérigos, reis, nobres, cavaleiros, comerciantes, camponeses, homens e mulheres são os alvos da morte. Há, ainda, uma mensagem religiosa que se refere à origem da morte, quando Adão e Eva foram expulsos do paraíso segundo o relato bíblico.

Muitos servos no século XIV conseguiram comprar sua liberdade; outros, entretanto, foram obrigados a arcar com uma carga maior de trabalho imposta por seus senhores, que os deixavam exaustos, causando a queda da produção. *Trabalhadores no Campo*. Século XIV, Museu de Condé, Chantilly, França.

Mas o campo também foi atingido pelo surto, o que prejudicou bastante a produção agrícola, pelas baixas que provocou entre os servos – os principais atingidos, por terem possibilidades limitadas de se deslocarem para outras regiões. Os nobres que sobreviveram conseguiram isso graças à possibilidade de se transferirem para áreas não atingidas pela doença.

Os servos que resistiram puderam fazer exigências para continuarem trabalhando, como, por exemplo, a diminuição das obrigações feudais e o aumento das recompensas pelas atividades que desempenhavam.

## As rebeliões camponesas

A forte pressão que a nobreza exercia sobre os servos acabou explodindo em **rebeliões** que também marcaram o século XIV. Na França, os artesãos parisienses rebelaram-se, em 1358, contra as taxas cobradas sobre seus serviços. Os camponeses também se rebelaram, fizeram um movimento que ficou conhecido como *Jacqueries*, e saquearam depósitos de alimentos, destruíram castelos e a documentação que oficializava a situação dos servos.

Na Inglaterra, as rebeliões explodiram anos depois. A cidade de Londres com seus pobres se rebelou, acompanhando o campo, no ano de 1381.

As rebeliões francesa e inglesa foram reprimidas, mas a insatisfação evidenciava a crise de um modelo que foi agravado com a Guerra dos Cem Anos.

As revoltas camponesas na França. Miniatura de Grégoire le Grand, Biblioteca Nacional, Paris.

## Revoltas populares

*Imaginar que as populações assistiram a tantas crises sem reagir a seus senhores é um grave equívoco. No documento a seguir, podemos observar as memórias do mercador florentino, Buonaccorso Pitti (1354-1432), em que estão relatadas as revoltas de Gand (1381) e de Paris (1382).*

(...) Em 1381 o povo de Gand revoltou-se contra o seu senhor, o conde de Flandres, que era o pai da duquesa de Borgonha. Marcharam em grande número para Bruges, tomaram a cidade, depuseram o conde, roubaram e mataram todos os seus oficiais e procederam da mesma maneira em relação a todas as outras cidades flamengas que caíram nas suas mãos. (...) Como crescesse o número de flamengos em rebelião contra os seus senhores, enviaram embaixadas secretas à populaça de Paris e Rouen, incitando-a a fazer o mesmo aos seus próprios senhores e prometendo-lhes ajuda e socorro neste empreendimento. Em consequência, estas duas cidades revoltaram-se contra o rei de França. A primeira insurreição foi a do povo de Paris, provocada por um vendedor de frutas que, quando um oficial tentava cobrar uma taxa sobre a fruta e os vegetais que estava vendendo, começou a gritar: "Abaixo a gabela !". A este grito toda a população se ergueu, correu para as casas dos cobradores de impostos, roubou-os e assassinou-os. Então, na medida em que o povo não estava armado, um de entre eles conduziu-os ao Châtelet onde Bertrand Du Guesclin, um antigo Grande Condestável, tinha guardado 3000 malhos em preparação para uma batalha que devia ter sido dada aos Ingleses. A populaça serviu-se de machados para abrir caminho até a torre onde estes malhos (em francês, *maillets*) estavam guardados. Armando-se a si próprios, os homens precipitaram-se em todas as direções para roubar as casas dos representantes do rei e em muitos casos matá-los.

*Fonte:* Cronica di Buonaccorso Pitti. In: ESPINOSA, F. *Op. cit.* p. 334-335.

> **Populaça:** forma de referir-se aos mais desprezados dentro de um grupo populacional; em linguagem atual, poderíamos nos referir como ralé, gentalha, populacho.

> **Gabela:** imposto sobre o sal, que veio a ser extinto apenas em 1789. No documento, por extensão, refere-se a um grito contra os impostos em geral.

**1)** Por que a comunicação entre os rebeldes flamengos e parisienses era importante?

# A Guerra dos Cem Anos

Entre os anos de 1337 e 1453, Inglaterra e França travaram a Guerra dos Cem Anos. Uma guerra com tão longa duração não deve ser pensada como o confronto entre numerosos exércitos de cada um dos lados envolvidos. Muitas batalhas se iniciaram a partir das rivalidades entre membros da nobreza das duas regiões. Não havia exatamente a ideia de que os reis da França e da Inglaterra estavam lutando pela centralização do poder, tanto é que muitos nobres franceses lutaram ao lado de nobres ingleses contra o rei da França.

Entre os principais motivos para a guerra estavam:

- a questão dinástica envolvendo a sucessão do trono francês. Herdeiros do trono inglês, que tinham parentesco com o rei francês, reivindicaram o trono para si, após a morte do rei da França, Filipe IV, o Belo, que não deixou herdeiros diretos. Os mercadores franceses queriam deter a ação expansionista dos ingleses;
- a disputa pelo domínio da região de Flandres, fundamental para a exportação da lã inglesa, onde havia próspera manufatura têxtil. No entanto, a aristocracia flamenga era simpática aos franceses e se opunha aos burgueses e a seus amigos ingleses.

A guerra agravou a questão demográfica, com baixa taxa de natalidade e despovoamento de regiões atingidas, assim como ocorreu durante a Peste Negra.

O longo conflito, com várias mudanças de posição entre os contendores, atravessou diversas fases, em que a vantagem esteve ora para o lado francês, ora para o lado inglês. A vitória definitiva, contudo, coube aos franceses que expulsaram os ingleses e seus aliados da maior parte do continente, colocando fim ao conflito em 1453.

A principal consequência da guerra foi a centralização do poder na França, a partir do enfraquecimento dos nobres feudais. Os ingleses, derrotados, entraram em uma guerra civil, com a disputa entre duas dinastias pelo controle do país, conhecida como **Guerra das Duas Rosas** (1455-1485).

# Aspectos da cultura medieval

A influência da Igreja marcou a cultura do período medieval. Mas não apenas as questões religiosas foram significativas no período. O período medieval teve grandes produções culturais e científicas.

O saber mais valorizado foi a Teologia. Na Alta Idade Média, os ensinamentos dos primeiros padres da Igreja, chamados de **Patrística**, delinearam as características da cultura cristã. O nome mais expressivo da transição do mundo antigo para a Alta Idade Média foi o de Santo Agostinho (354-430), que em obras como *A Cidade de Deus* incorporava elementos da filosofia antiga e as relacionava ao mundo cristão. Agostinho desenvolveu a teoria do livre-arbítrio, segundo a qual Deus concede ao homem a liberdade para escolher suas ações, e se tornou um dos princípios da teoria cristã.

Na Baixa Idade Média, o principal nome do pensamento teológico foi o de Tomás de Aquino (1225-1274), que escreveu a *Suma Teológica*, e sistematizou os cânones da crença cristã, numa tradição conhecida como **Escolástica**. Ao incorporar elementos da filosofia aristotélica, ampliou a concepção de livre-arbítrio agostiniano ao afirmar que o homem é capaz de agir de acordo com sua racionalidade e ser responsável por seus atos morais. Tanto na obra de Agostinho como em Tomás, há uma tentativa de conciliação entre os princípios da fé e da razão, mas como religiosos não deixavam de afirmar a superioridade da fé sobre a razão.

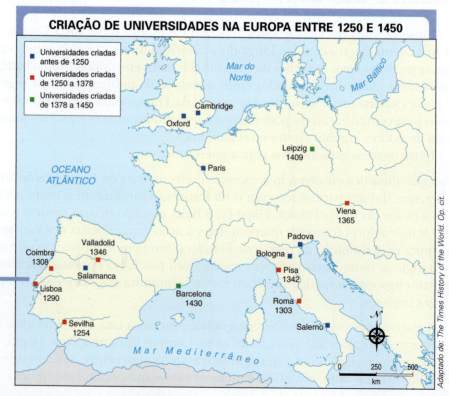

**CRIAÇÃO DE UNIVERSIDADES NA EUROPA ENTRE 1250 E 1450**

- Universidades criadas antes de 1250
- Universidades criadas de 1250 a 1378
- Universidades criadas de 1378 a 1450

Mar do Norte
Mar Báltico
Cambridge
Oxford
Leipzig 1409
Paris
OCEANO ATLÂNTICO
Viena 1365
Padova
Valladolid 1346
Coimbra 1308
Bologna
Salamanca
Pisa 1342
Lisboa 1290
Barcelona 1430
Roma 1303
Sevilha 1254
Salerno
Mar Mediterrâneo

0  250  500 km

*Adaptado de: The Times History of the World. Op. cit.*

O período medieval foi marcado pelo surgimento das universidades. Entre as mais antigas estão as de Salerno e Bolonha, na Itália, e a de Paris. Os principais cursos eram Teologia, Direito e Medicina.

## A Ciência no período medieval

Durante a Alta Idade Média, poucas obras científicas do mundo antigo estiveram ao alcance dos estudiosos na Europa ocidental. O pensamento científico encontrava-se em seu ponto mais baixo desde que surgira, mais de mil anos antes, na Grécia. Em contraste, as civilizações islâmica e bizantina preservaram, e em certos casos aumentaram, o legado da ciência grega. No período áureo da Idade Média, porém, muitos textos antigos foram traduzidos do grego e do árabe para o latim e ingressaram pela primeira vez na cristandade latina. Os principais centros de tradução eram a Espanha – onde as civilizações cristã e muçulmana se encontraram – e a Sicília, controlada por Bizâncio até a última metade do século IX e em seguida pelo Islã, até que os cristãos normandos concluíssem a conquista da ilha em 1091.

Nos séculos XIII e XIV, ocorreu um autêntico movimento científico. Impressionados com a abordagem naturalista e empírica de Aristóteles, alguns eruditos medievais passavam grande tempo examinando a natureza física. Entre eles estava o dominicano Alberto, o Grande (ca. 1206-1280), [que] (...) lecionou na Universidade de Paris, onde Tomás de Aquino foi seu aluno. Para ele, a filosofia era mais do que a utilização da razão grega para contemplação da sabedoria divina; significava também uma forma de entender a natureza. (...)

Embora mantendo a ênfase cristã em Deus, na revelação, no sobrenatural e na vida depois da morte, Alberto considerava a natureza como um campo de investigação válido. (...) Ele aprovava a investigação do mundo material, ressaltava o valor do conhecimento derivado da experiência com a natureza, buscava explicações racionais para os fenômenos naturais e sustentava que os debates teológicos não deveriam impedir a investigação científica.

Outro participante desse movimento científico foi Robert Grosseteste (ca. 1175-1253), (...) da Universidade de Oxford. Ele declarava que a esfericidade da Terra podia ser demonstrada pela razão e insistia em que a matemática era necessária para a compreensão do mundo físico. (...) Um outro inglês, o monge e filósofo Roger Bacon (ca. 1214-1294), foi um precursor da moderna atitude de utilizar a ciência para controlar a natureza. Bacon considerava importante o estudo da matemática e leu obras árabes sobre reflexão e refração da luz. Entre suas realizações estão experiências no campo da óptica e a observação de que a luz viaja muito mais rápido que o som. Sua descrição da anatomia do olho dos vertebrados e dos nervos ópticos foi a melhor da época, e ele recomendou a dissecação dos olhos de porcos e vacas para se obter melhor conhecimento do assunto.

Fonte: PERRY, M. *Civilização Ocidental*. São Paulo: Martins Fontes, 1999. p. 194.

A **arquitetura** medieval se manifestava principalmente na construção de igrejas e teve dois estilos básicos: o **românico** e o **gótico**.

O **românico** usava arcos redondos, pilares grossos, paredes muito sólidas e pouca iluminação. Era a concepção de uma Igreja militante, guerreira, que estava buscando se afirmar e, por isso, essas construções se assemelhavam a verdadeiras fortalezas.

KHD/SHUTTERSTOCK

Igreja Notre-Dame la Grande, em Poitiers, França, em estilo românico. Observe seus arcos arredondados e o estilo da construção que remete a uma fortaleza e à ideia de solidez representada pelo templo. Nos detalhes das esculturas, referências às histórias bíblicas.

O **gótico** tinha arcos quebrados (em ogiva), luminosidade através dos vitrais e as paredes eram muito altas. Era o modelo de uma arquitetura urbana e refletia o pensamento de uma Igreja triunfante, vitoriosa, cujas construções eram usadas para demonstrar sua imponência.

Na **música**, o canto religioso mais expressivo foi o **canto gregoriano**, feito sobre textos religiosos para acompanhar as celebrações litúrgicas, em latim.

A catedral de Notre-Dame em Paris é um exemplo da arquitetura gótica. Os vitrais e os arcos ogivais são algumas das características desse estilo arquitetônico.

Mas também havia cantos profanos feitos pelos **trovadores**, que, acompanhados de instrumentos, como alaúde e tambores, cantavam os amores dentro do ideal da cavalaria. A língua mais importante das canções de trovadores é a provençal.

A **literatura** medieval caracterizou-se por descrever os ideais da cavalaria. Poemas épicos, como a *Canção de Rolando* e *El Cid* tratavam dos nobres cavaleiros que defendiam os fracos, as mulheres e eram fiéis ao seu senhor. Havia também, na Baixa Idade Média, obras mais satíricas como *O Decameron*, de Giovanni Boccaccio.

A obra mais famosa da literatura medieval foi o poema do florentino Dante Alighieri, *A Divina Comédia*. Nesta, o poeta imagina uma viagem ao Inferno, Purgatório e Paraíso, em busca da sua amada Beatriz, guiado pelo espírito do poeta Virgílio, autor de *Eneida*. A obra de Dante marca uma importante inovação, a escrita das obras nas línguas locais, e não mais em latim.

---

*Vivendo seu tempo*

## Os trajes e penteados de homens e mulheres

O traje da Idade Média deriva dos trajes antigos e gauleses. Deste último, conservou, para os homens, o uso de *bragas* (ceroulas, calças ou calções de lona ou couro, presos à cintura por um cinto, o *braiel*; as mulheres não os usam e, no campo, continuam a não usá-los até o início deste século) e, para ambos os sexos, o *bliaud*, que o mundo elegante deixará de usar no século XIII e que no entanto permanecerá até nossos dias no traje camponês: é o avental. (...)

O período em que os trajes da Idade Média foram mais belos é o de 1180 a 1340, pois estes apresentavam simplicidade de formas e perfeita adaptação ao corpo humano assim como os melhores materiais na sua confecção: tecidos espessos ou finos, em que as pregas são valorizadas. Homens e mulheres vestem-se então quase da mesma maneira: junto ao corpo uma camisa de mangas longas, que cai até os tornozelos para as mulheres e até a metade da barriga da perna para os homens. Era feita inicialmente em tecido de lã (sarja) e assim permaneceu entre os pobres e monges (...). As pessoas cuidadosas trocam suas roupas íntimas a cada quinze dias.

Por baixo, as mulheres que se preocupam com sua silhueta – a moda é dos seios altos – apertam-se em um véu de musselina que se prende atrás com alfinetes e que é um verdadeiro sutiã. Quando elas se acham pouco avantajadas, fixam no lugar adequado bolotas "em forma de laranjas". Sobre a camisa, passa-se o *doublet*, colete pespontado e acolchoado, depois a *vasquinha*, que é um vestido longo, muito evasê embaixo. Em cima, coloca-se a *sobreveste*, que se presta a uma grande variedade de formas, comprimentos e materiais. Às vezes é tão longa quanto a vasquinha, às vezes um simples casaquinho, com ou sem mangas, forrado para o inverno, mas simples (sem forro) para o verão, guarnecido ou não de passamanarias, peles, bordados. Algumas têm uma fenda lateral; outras, mangas removíveis, de cores que combinam ou contrastam com o resto. (...)

Às vezes apertava-se o busto e o ventre com um colete acolchoado e pespontado: o *garde-corps* [guarda-corpo] ou espartilho, origem da roupa atual de mesmo nome.

O cinto pode ser bordado ou trabalhado em ourivesaria. Mas é na maioria das vezes de couro. Nele penduram-se facas, chaves, ferramentas ou utensílios para escrever, carteira. O guarda-pó só seria usado no final do século XIV.

A roupa para sair era, como hoje, o casaco, com ou mais comumente sem mangas, munido ou não de um capuz, fechado na frente por uma presilha, simples gancho ou joia trabalhada. A forma do casaco medieval subsiste na capa da enfermeira, do agente de polícia etc. A *pelerine*, como o seu nome em francês indica, é também de origem antiga: era a capa, muito prática, dos peregrinos e viajantes. O casaco de inverno era com frequência forrado de pele de coelho ou de esquilo, ou de peles mais valiosas. Contra a chuva, usavam-se *capas para água*, impermeáveis, de lã não desengordurada. Para o cavalo usavam-se capas redondas, em forma de sino, com fendas na frente e atrás. A capa podia ser bordada, ornada com rabos de pele dispostos em torno da borda inferior ou semeados sobre o tecido. As boas maneiras recomendavam que se tirasse o casaco diante de um senhor, esse gesto de delicadeza sendo observado tanto pelas mulheres quanto pelos homens.

Os pés e as pernas, quando não se andava descalço, eram cobertos por polainas. (...)

Quanto ao penteado, as mulheres mantinham os cabelos longos. Usavam tranças, cujo volume não hesitavam em aumentar com cabelos postiços tirados dos cadáveres, para grande escândalo dos pregadores. Tais tranças, a princípio soltas, foram erguidas em forma de coque ou correntinhas sobre as orelhas, encerradas em uma redinha, recolhidas em forma de birote na nuca. As jovens, pelo menos quando em trajes de festa, usavam os cabelos soltos. (...)

O homem, que, no século XIII, barbeava o rosto inteiro, como atualmente, cortava os cabelos sobre a nuca e enrolava as pontas para cima. Os elegantes ondulavam os cabelos com ferrinhos. Para manter a cabeleira ou encobrir sua ausência, utilizava uma pequena touca de três partes (conservada até hoje nas toucas dos bebês). As mulheres colocavam um toucado de tecido fino deixando seus cabelos à mostra, ou, se eram desprovidas de vaidade, idosas, viúvas ou devotas, uma ampla mantilha que recobria o rosto e caía até o busto, às vezes cobrindo o queixo e dissimulando um pescoço já sem viço."

Fonte: D'HAUCOURT, G. *A Vida na Idade Média*. São Paulo: Martins Fontes, 1994. p. 35-39.

# Cinemateca

**Coração Valente** (1995, EUA, dir.: Mel Gibson) No século XIII, o escocês William Wallace reúne os clãs da Escócia e declara guerra contra a Inglaterra por causa dos abusos e da violência dos ingleses contra seu povo. Apesar da inferioridade militar dos seguidores de Wallace, os escoceses saem-se vencedores.

**Cruzada** (2005, EUA/Marrocos, dir.: Ridley Scott) No século XII, um jovem ferreiro se torna cavaleiro de uma Cruzada para defender Jerusalém, que tinha sido retomada pelos árabes.

**O Incrível Exército de Brancaleone** (1965, Itália, dir.: Mario Monicelli) O filme é uma sátira aos costumes da cavalaria medieval. O desastrado Brancaleone é um cavaleiro que lidera um pequeno e esfarrapado exército que busca um feudo na Europa.

**O Sétimo Selo** (1957, Suécia, dir.: Ingmar Bergman) Depois de 10 anos de cruzada, um cavaleiro sueco retorna a seu país e descobre que a Peste Negra assola a região. A Morte surge diante do cavaleiro e quer levá-lo consigo. Para não ter de segui-la, duela com ela em um jogo de xadrez.

**O Nome da Rosa** (1986, Alemanha/França/Itália, dir.: Jean-Jacques Annaud) Em 1327, um monge franciscano e um noviço chegam a um remoto mosteiro no norte da Itália. Uma série de assassinatos misteriosos acontece no mosteiro. O monge começa a investigá-los, e não acredita, como os demais, que as mortes são obras do demônio. O Grão-Inquisidor chega decidido a torturar qualquer suspeito de heresia. Como não gosta do monge franciscano, coloca-o como suspeito e trava-se uma luta ideológica entre os dois, que retrata as oposições entre a mentalidade medieval e a mentalidade racional do renascimento que iria vigorar na Europa nos séculos seguintes.

# Revisitando a História

**1.**

MUSEU DE CONDÉ, CHANTILLY, FRANÇA

a) A que período as imagens se referem?
b) O que elas retratam?
c) Que atividades os trabalhadores rurais estão desenvolvendo?
d) Que tecnologia você identifica nas imagens rurais?

**2.** Sobre o renascimento comercial e urbano, responda:

a) Qual sua importância e porque atingiu a minoria da população?
b) Relacione as vinculações comerciais existentes entre a cidade e o campo.
c) Analise qual a importância de uma formação ampla do comerciante.

**3.** Por que o surgimento das primeiras casas bancárias foi importante para o desenvolvimento do comércio no período medieval? Justifique.

**4.** O que eram as corporações de ofício? Qual sua principal função?

**5.** Explique quais os objetivos das Cruzadas e os resultados desse processo para o período medieval.

**6.** Explique o que foi a Querela das Investiduras e sua importância para a consolidação do poder papal e dos imperadores.

**7.** Identifique e comente as principais razões que levaram à crise na Igreja católica na Baixa Idade Média.

**8.** Relacione a organização da vida urbana medieval e a proliferação da peste bubônica no século XIV.

# Analise esta imagem

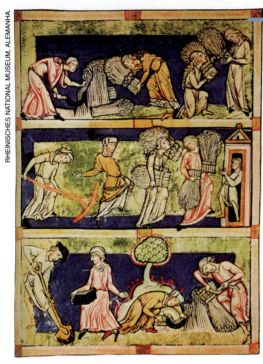

A introdução da manufatura de ferramentas de ferro foi essencial para o aumento da produtividade agrícola.

a) Que podemos ver nessa imagem? Qual sua importância para o estudo da Idade Média?
b) Que relações podemos estabelecer entre a imagem e as mudanças na produção agrícola da Baixa Idade Média?

# Debatendo ideias

O termo "período medieval" é marcado por muitas imprecisões. Por um lado é frequentemente associado às palavras "obscurantismo", "declínio", e até mesmo como insulto ("mentalidade medieval"); por outro, é idealizado como um mundo habitado por heróis cavaleiros, fadas e seres fantásticos. O universo medieval é um período como outros da história, com riquezas e limitações. A leitura que valoriza um período em detrimento de outro é acompanhada de juízos e preconceitos. Muitas vezes essas perspectivas preconceituosas inviabilizam e chegam a falsear a própria interpretação das fontes e documentos.

Discuta com seus colegas e apresente argumentos que indiquem

a) por que esses dois tipos de visão se consolidaram sobre a Idade Média;
b) como essas visões podem interferir nas pesquisas históricas.

# Questões de vestibular

**1.** (UFG – GO) O ar da cidade torna o homem livre.

PAIS, M. A. de O.
*O Despertar da Europa*. 4. ed.
São Paulo: Atual, 1992. p. 38.

Relacione o provérbio alemão do século XI, anteriormente transcrito, com o renascimento comercial urbano.

**2.** (UNESP) Entre as formas de organização econômica pré-fabris no continente europeu, estão as oficinas artesanais, em que

a) um mestre trabalhava juntamente com aprendizes e vendia seus produtos para compradores locais.
b) o produtor submetia-se a um comerciante que lhe fornecia a matéria-prima e adquiria o produto acabado.
c) um proprietário possuía máquinas sofisticadas e explorava um grande número de trabalhadores.
d) os mestres e os assalariados dividiam as tarefas produtivas e usufruíam com igualdade dos lucros obtidos.
e) a unidade produtora supria as necessidades da família e não comercializava os produtos excedentes.

**3.** (UFPE) O predomínio do catolicismo foi significativo no mundo ocidental. Na Idade Média, teve um lugar de destaque na organização social. Nesse contexto, o pensamento católico teve apoio na releitura de filósofos como Aristóteles, que (julgue os itens a seguir):

(0) firmou os princípios básicos do que seria a ética cristã; princípios solidários, na época, à doutrina de Santo Agostinho.

(1) contribuiu para as formulações de Tomás de Aquino, repensando certos princípios existentes na época.

(2) foi aceito, sem problemas, pelo clero oficial da Igreja, como o grande pensador do mundo ocidental.

(3) teve penetração nas ideias da época, sem deixar de causar polêmicas e ser criticado por alguns grupos.

(4) trouxe contribuições para pensar a ética e a política; Platão também contribuiu, sobretudo, em relação à obra de Santo Agostinho.

**4.** (UNICAMP – SP) No quadro abaixo, observa-se a organização espacial do trabalho agrícola típica do período medieval.

Maître de Talbot, *Les travailleurs*, reproduzido de LANDA, E.; FELLER, C. (ed.) *Soil and culture*. New York: Springer, 2010, p. 16.

A partir dele, podemos afirmar que

a) os camponeses estão distantes do castelo porque já abandonavam o domínio senhorial, em um momento em que práticas de conservação do solo, como a rotação de culturas, e a invenção de novos instrumentos, como o arado, aumentavam a produção agrícola.

b) os camponeses utilizavam, então, práticas de plantio direto, o que permitia a melhor conservação do solo e a fertilidade das terras que pertenciam a um senhor feudal, como sugere o castelo fortificado que domina a paisagem ao fundo do quadro.

c) um castelo fortificado domina a paisagem, ao fundo, pois os camponeses trabalhavam no domínio de um senhor; pode-se ver também que utilizavam práticas de rotação de culturas, visando à conservação do solo e à manutenção da fertilidade das terras.

d) A cena retrata um momento de mudança técnica e social: desenvolviam-se novos instrumentos agrícolas, como o arado, e o uso de práticas de plantio direto, o que levava ao aumento da produção, permitindo que os camponeses abandonassem o domínio senhorial.

**5.** (UFC – CE – adaptada) Durante os séculos XII e XIII, a introdução de novos métodos de trabalho agrícola, de tecnologias, de plantio e desenvolvimento da pecuária provocou o crescimento econômico da sociedade feudal, que produziu cada vez mais alimentos. Entre os anos 1000 e 1300 está estimado que a produção de alimentos na Europa e sua população dobraram. O crescimento econômico também criou as bases para o desenvolvimento de atividade comercial, cultural e para a expansão de cidades. As transformações introduzidas na sociedade feudal estimularam também mudanças nas relações sociais e políticas. Porém, ao se entrar no século XIV, o período de crescimento econômico e avanços tecnológicos rapidamente deu lugar à fome e à doença.

a) Apresente quatro exemplos de novos métodos de tecnologia e produção agrícola que foram introduzidos na sociedade feudal durante os séculos XII e XIII.

b) Cite quatro razões para a crise e o declínio da sociedade feudal na Europa no século XIV.

c) Que grande epidemia ocorrida no século XIV reduziu drasticamente a população europeia?

d) Revolta dos Camponeses; estes, sem ter o que comer, abandonaram os campos e causaram muitas mortes nas cidades.

e) epidemias, como a Peste Bubônica, que matou cerca de 2/3 de toda a população da Europa.

**6.** (UFG – GO)

I. Só a Igreja romana foi fundada por Deus.

II. Só o pontífice romano, portanto, tem o direito de ser chamado universal.

III. Só ele pode nomear e depor bispos. (...)

VIII. Só ele pode usar insígnia imperial.

IX. O papa é o único homem a quem todos os príncipes beijam os pés.

XII. É-lhe lícito destituir os imperadores.

Gregório VII, Dictatus papae. Apud SOUZA, J. A. C. R. de; BARBOSA, J. M. *O Reino de Deus e o Reino dos Homens*. Porto Alegre: Edipucrs, 1997. p. 47-48.

O documento expressa a concepção do poder papal de Gregório VII (1073-1085) que se relaciona com

a) o Cisma do Oriente, que selou a separação entre as duas Igrejas, a católica romana e a ortodoxa grega.

b) o Cativeiro de Avinhão, período de 70 anos em que os papas submeteram-se à autoridade do rei da França.

c) a Querela das Investiduras, conflito político que demarcou as esferas do poder papal e as do poder imperial.

d) a Doação de Constantino, que serviu como justificativa para o estabelecimento do Patrimônio de São Pedro.

e) o Cisma do Ocidente, que dividiu a autoridade suprema da Igreja entre dois papas, o de Roma e o de Avinhão.

**7.** (UnB – DF) Afirmo, portanto, que tínhamos atingido já o ano bem farto da Encarnação do Filho de Deus, de 1348, quando, na mui excelsa cidade de Florença, cuja beleza supera a de qualquer outra da Itália, sobreveio a mortífera pestilência. Por iniciativa dos corpos superiores, ou em razão de nossas iniquidades, a peste, atirada sobre os homens por justa cólera divina e para nossa exemplificação, tivera início nas regiões orientais, há alguns anos. Tal praga ceifara, naquelas plagas, uma enorme quantidade de

pessoas. Incansável, fora de um lugar para outro; e estendera-se, de forma miserável, para o Ocidente.

BOCCACCIO, G. *Decamerão*. Torrieri Guimarães (trad).
São Paulo: Círculo do Livro, p. 11-2 (com adaptações).

Tendo o texto acima como referência inicial, julgue os itens
que se seguem.

(01) Em razão de fatores geográficos, como a concentração espacial da população, o incremento do fluxo de
pessoas no mundo e as mudanças climáticas, é possível, atualmente, não só o recrudescimento de doenças infectocontagiosas consideradas erradicadas, mas
também o seu alastramento mesmo em países de
renda *per capita* alta.

(02) O texto se reporta à chamada Peste Negra, doença
infecciosa altamente contagiosa, provocada por um
bacilo. As variedades mais conhecidas dessa doença
são a bubônica e a pulmonar. A epidemia dizimou
grande parte da população europeia e provocou profundas mudanças no mundo feudal.

(03) O feudalismo, que, à época citada no texto, passava pelas
transformações que apontavam para a emergência de um
novo tipo de organização da sociedade moldado pela nascente burguesia, foi um sistema fechado que, centrado na
exclusividade da agricultura de subsistência e ideologicamente submetido aos valores católicos paradoxalmente,
contava com uma estrutura social dinâmica e flexível.

(04) A cidade de Florença, de que fala o texto, teve papel
secundário na retomada do comércio na Baixa Idade
Média, o que explica sua reduzida importância em termos culturais nesse período, ficando praticamente à
margem do movimento humanista, tanto quanto do
Renascimento, que abriria a Idade Moderna.

(05) As péssimas condições sanitárias das cidades europeias
nos séculos finais da Idade Média, as quais certamente
contribuíram fortemente para que a epidemia retratada no
texto assumisse a dimensão de "mortífera pestilência",
também refletem um momento histórico de transição,
em que muitos costumes rurais – como o de criar animais
soltos – foram transferidos para as cidades.

# Programas de Avaliação Seriada

**1.** (SAA – UPE) Na questão abaixo, assinale, na coluna I,
as afirmativas verdadeiras e, na coluna II, as falsas.

A formação do mundo medieval teve participação atuante
da Igreja católica, mesmo nas ações políticas e econômicas. A Igreja católica

| I | II | |
|---|---|---|
| 0 | 0 | dominava as relações econômicas sem interferências da nobreza. |
| 1 | 1 | possuía uma boa parte das proprieda-des territoriais da época. |
| 2 | 2 | enfrentava resistências com a presen-ça de heresias religiosas. |
| 3 | 3 | centralizava o poder político, conde-nando a desigualdade social. |
| 4 | 4 | defendia o lucro nas transações agrí-colas e comerciais. |

**2.** (PISM – UFJF)
Observe a gravura
e leia atentamente
o texto a seguir.

Ilustração do século XIV com vítimas
da peste negra recebendo como
tratamento as bênçãos de um clérigo.

Afirmo, portanto, que tínhamos atingido já o ano bem farto
da Encarnação do Filho de Deus de 1348, quando, na mui
excelsa cidade de Florença, cuja beleza supera a de qualquer outra da Itália, sobreveio a mortífera pestilência. Por
iniciativa dos corpos superiores ou em razão de nossas
iniquidades, a peste atirada sobre os homens por justa
cólera divina e para nossa exemplificação, tivera início nas
regiões orientais, há alguns anos. Tal praga ceifara (...) uma
enorme quantidade de pessoas vivas. Incansável, fora de
um lugar para outro; e estendera-se, de forma miserável,
para o Ocidente.

BOCCACCIO, G. *Decamerão*.
São Paulo: Abril, 1981.

Com base nessas informações e em seus conhecimentos,
assinale a alternativa INCORRETA.

a) O século XIV foi marcado por um expressivo decréscimo populacional causado pela fome, pela Guerra dos
100 Anos e pela peste.
b) As precárias condições de higiene das cidades europeias desse período produziram um ambiente favorável
à proliferação de insetos e roedores, principais canais
de transmissão da doença.
c) A doença foi levada para a Europa por navios que faziam
o comércio entre a América e a península itálica.
d) Em uma sociedade marcada por fortes valores religiosos, a peste foi considerada por muitos contemporâneos como um castigo divino.
e) Em algumas regiões, a escassez de mão de obra produzida pela peste aumentou as tensões sociais, provocando uma onda de violentos protestos ao longo do
século XIV.

# A FORMAÇÃO DO MUNDO MODERNO

Nesta unidade, o centro de nossos
estudos e análises
é a formação do chamado
"Mundo Moderno".
Nesse período, o olhar que os
europeus tinham sobre o mundo
mudou graças aos acontecimentos
vividos por eles.
Testemunhos contraditórios
levavam à relativização
das certezas de então,
pois a realidade era mais
dinâmica do que
as explicações encontradas.
A inserção de novos elementos,
como a defesa de novos princípios
científicos, e de novos atores
sociais, como a burguesia,
levaram ao questionamento das
explicações até então conhecidas.
Exercitar a reflexão sobre
as explicações daquela época
é uma forma de compreender
por que é impossível que a
História se repita.

Unidade 3

# capítulo 9

# Renascimento e Humanismo

*Você já observou como empregamos o adjetivo "moderno" em nosso cotidiano? Seja no comportamento das pessoas, na análise de uma construção ou obra de arte, na defesa de uma política **moderna**, enfim, em múltiplos sentidos. No entanto, é possível compreender o seu uso sem identificarmos a historicidade e os sentidos que lhe são atribuídos? O que ainda conservamos, em nosso tempo, das concepções de humanistas e renascentistas que consideramos como fundadores do Mundo Moderno?*

CREATIVE COMMONS

*A Escola de Atenas,* de Rafael, de 1511, representa um encontro de filósofos, pensadores e artistas para apreciar as estátuas de Apolo e Atena. Foi pintado nos aposentos do papa Júlio II, Vaticano, Roma.

## Tempos modernos

A **Era Moderna**, período compreendido entre os séculos XV e XVIII, é comumente representada como um período efervescente e de rupturas radicais na política, economia e cultura, enfim, na forma de vida das pessoas. De fato, os acontecimentos ocorridos naqueles séculos, como as navegações e a chegada dos europeus à América, a centralização política liderada pelos monarcas europeus, a ascensão da burguesia e as produções dos artistas e pensadores são alguns exemplos de um período de profundas mudanças no modo de vida dos europeus.

Essas transformações não foram acidentais, aleatórias. Têm suas raízes nas práticas do período anterior, a Baixa Idade Média, que muitas vezes são subestimadas. É bom lembrar que os homens do medievo não viveram em um estado de letargia , como muitas vezes se atribui àquele período.

> Letargia: inércia, paralisia.

Não estamos afirmando que não existam diferenças entre os períodos medieval e moderno, pois, se assim fosse, não faria sentido essa divisão. O que nos interessa ressaltar é que essa transição foi lenta e percebida de forma diversa entre os diferentes grupos sociais e culturais daquela Europa. As concepções não mudaram de forma abrupta nem foram percebidas assim pelas pessoas. Mas o importante é reconhecer que, a partir do século XIV, houve, por parte de alguns estudiosos, a formulação de juízos críticos sobre a arte e a cultura dos tempos medievais, que supostamente haviam deixado as tradições da Antiguidade grega e romana. A reinterpretação do legado da Antiguidade estimulou debates e uma concepção que tinha implicações políticas e econômicas: o questionamento do poder da Igreja, a valorização dos reis e príncipes, como líderes dos processos políticos, e da própria burguesia ascendente, que estabelecia uma nova concepção de mundo.

Dessa forma, temos de considerar que as divisões dos períodos históricos são sempre polêmicas e feitas posteriormente, ou seja, atribuídas pelas gerações seguintes. No caso do **Renascimento**, que marcou a abertura do período moderno, podemos dizer que há duas grandes correntes de interpretação: uma que enaltece as rupturas com o período anterior e procura contrapor as características modernas às medievais; e outra que identifica o momento de transição entre as formas socioculturais dos séculos XIV e XV, afirmando que as características desse novo tempo só se tornam mais evidentes nos séculos XVII e XVIII.

---

## Disseram a respeito

### O conceito de *moderno*

O conceito de *moderno* tem uma longa tradição na história das sociedades europeias ocidentais e os diferentes significados com que foi empregado em textos literários, documentos administrativos e tratados políticos indicam a maneira como seus autores compreendiam a época em que viviam (...).

A primeira notícia do emprego do adjetivo *modernus* data do século V num documento eclesiástico, a *Epistolae Pontificum*, e referia-se a uma situação atual em contraste com a precedente. A palavra, derivada do latim *modo*, significava "já", "imediatamente" e "agora mesmo", expressando uma realidade presente. (...) Foi [em uma] Carta (507-511), de Cassiodoro, que *modernus* ganhou o significado antagônico ao de *antiquitas* (antiguidade). O emprego do termo com sentido de oposição a um passado exemplar teria profundas consequências na história da cultura ocidental.

Foi Bernard de Chartres quem cunhou a imagem de seu tempo, o século XII, como a de "anões sentados nos ombros de gigantes". A imagem tornou-se paradigmática. (...) Para o mestre de Chartres representar seu tempo e sua cultura com a figura aparentemente depreciativa dos anões não significava uma diminuição em relação ao passado (...).

Ao contrário, se o presente perdia em estatura para um tempo pretérito considerado gigantesco, sua pequenez era compensada pelo fato de ocupar uma posição mais elevada e, por isso, poder enxergar mais longe. (...)

[Entre os séculos XIV e XV, com os *humanistas*, houve uma nova compreensão do termo moderno.] De que maneira expressavam uma compreensão diversa do *moderno*? (...) A diferença apresentou-se em termos retóricos. A imagem de gigantes e anões cedeu lugar, temporariamente, a metáforas que evocavam a luz, a aurora, as trevas, a escuridão. Ainda que tais imagens fossem de origem religiosa, na voz dos humanistas italianos adquiriram sentido inverso daquele que desejava associar a expansão do cristianismo à iluminação do mundo pagão. As trevas eram identificadas, justamente, com o período medieval e o regozijo manifesto pelos poetas humanistas derivou do retorno a valores da cultura pagã.

Fonte: CAVALCANTE, B. *Modernas Tradições*: percursos da história ocidental – séculos XV-XVII. Rio de Janeiro: Faperj/Access, 2002. p. 3-4 e 8.

1) Explique qual o significado de "moderno" e como ele foi associado a um tempo luminoso?

---

# O Humanismo e as origens do Renascimento

A revitalização comercial verificada na Baixa Idade Média, as práticas de uma vida urbana, as universidades e os constantes estudos dos saberes da Antiguidade clássica, com as novas interpretações feitas pelos estudiosos chamados de **humanistas**, formavam um amplo quadro de renovação de estudos e da percepção sobre o próprio ser humano e suas capacidades.

Das universidades medievais italianas, por exemplo, surgiram duas práticas culturais que teriam impacto na formação desses estudiosos: **o estudo vernacular e a prática da retórica**.

> Vernacular: da língua própria de um lugar.

Os letrados italianos, como Petrarca e Leonardo Bruni, defendiam o uso do **próprio idioma** para se expressar, e não da língua oficial da cristandade, o latim. A utilização de uma língua própria estimulava a adoção de expressões da particularidade de cada local, criando um estilo próprio e negando a padronização feita por outros. Essa questão esboçava o fortalecimento de uma forma de pensar individualizada.

Os estudiosos também se dedicavam à análise dos textos da Antiguidade para supostamente restituir sua "pureza original", fazendo as críticas às traduções do período medieval, que estavam pautadas por uma interpretação subordinada às doutrinas cristãs. No entanto, deve-se registrar que o humanismo não foi um movimento anticristão.

Os humanistas colocaram em circulação novas interpretações e redescobriram autores que eram pouco estudados à época, como Platão. Nesse sentido, o italiano Marcílio Ficino, em sua obra *Teologia Platoniana*, afirmava que o ser humano era o mais elevado entre todos os seres viventes por causa do poder de seu espírito, da capacidade de dominar a Terra e definir o seu destino. Para outro italiano seu contemporâneo, Pico della Mirandola, Adão recebeu de Deus uma alma imortal e, por essa graça, os seres humanos seus descendentes eram capazes de conhecer melhor o mundo e compreendê-lo para glorificar a Deus e à obra divina.

Mesmo com a aproximação dos clássicos gregos, a preferência dos humanistas italianos continuava sendo os autores romanos, como Cícero.

A dedicação dos humanistas ao estudo das línguas se expandia para outras áreas, como o estudo das instituições políticas e dos saberes científicos dos homens do passado.

A **retórica** tinha a função de educar e persuadir. O ato de estudar e debater levava à reformulação dos pensamentos e à capacidade de expressar ideias publicamente. Nesse processo de discussão, restrito aos poucos letrados, mas de importância inegável, havia a inspiração para projetos políticos, como se viu no grupo dos humanistas cívicos. A Antiguidade não era uma questão de simples erudição, mas um paradigma a ser observado.

Efetivamente, essa volta aos textos clássicos e o espírito investigativo fizeram surgir importantes escritos e expressões na filosofia, na política, nas ciências e nas artes em geral, incluindo a arquitetura e as artes plásticas. Esses processos integraram o Renascimento.

# As características do Renascimento

As principais características do período renascentista, com alcances em diversos aspectos da vida das pessoas e das sociedades europeias, podem ser identificadas a partir dos seguintes pontos:

- o **antropocentrismo** – a visão do "homem como centro", afirmando-se que ele é condutor de seu próprio destino, glorificando-se seus feitos humanos e sua capacidade inventiva. A concepção política e histórica foi alterada, pois enalteciam-se a liberdade e a mobilidade experimentadas pelos ideais do homem burguês. O antropocentrismo é geralmente apresentado em oposição ao ideal teocêntrico (Deus como centro) da vida medieval, na qual as principais atividades eram definidas em torno da exaltação e da afirmação da vontade divina. No entanto, essa oposição não era radical;

- o **racionalismo** – uma das decorrências do antropocentrismo é a valorização da racionalidade, como o grande atributo humano. A necessidade de uma explicação lógica e de métodos que levavam ao estabelecimento de princípios explicáveis pela razão proporcionou grandes mudanças nas ciências modernas. A busca de um saber prático, por exemplo, estimulou a invenção de objetos como o telescópio, que permitiram a ampliação dos conhecimentos e a convicção na capacidade humana de explicar o mundo de forma racional;

- o **naturalismo** – os estudos sobre a natureza foram alvo das ciências que procuravam entender o funcionamento, por exemplo, dos corpos celestes, do movimento da Terra, entre outros. Os estudiosos procuravam estabelecer as "leis" gerais que explicavam o funcionamento da natureza. Não apenas a natureza física era investigada, como também a natureza humana, nos estudos de anatomia e nas representações dos corpos humanos nas obras de arte, com o uso cada vez mais frequente da nudez nas pinturas renascentistas;

- o **individualismo** – a individualidade é um valor da tradição burguesa e moderna. Governantes e pessoas comuns procuravam demonstrar suas habilidades e obter o reconhecimento das outras pessoas. A individualidade era acentuada na competição de um mundo comercial, por exemplo, na qual sobressaem os mais engenhosos e habilidosos. Nas artes, assistimos à propagação dos retratos;

- o **resgate da Antiguidade** – as contribuições dos humanistas, nos estudos dos antepassados, influenciaram a perspectiva de que os antigos inventaram instituições e saberes, mudando-os e alterando-os de acordo com as necessidades, e, por causa desses atos, foram grandiosos. A admiração nutrida pelos antepassados não significava a busca de uma repetição, mas o estabelecimento de um vínculo entre antigos e modernos, que devia a estes o embasamento e o estímulo para novas criações e transformações.

Essas características do mundo renascentista não podem ser percebidas como radicalmente opostas às do período medieval, como afirmamos antes. A "valorização do homem" não é uma invenção renascentista: ela já existia em outros tempos. A novidade é a constância desse discurso que chegou até nossos dias.

A ascensão burguesa trazia consigo uma afirmação social que demandava novos padrões, ou seja, não reproduziria os padrões da nobreza e do clero medievais. Com os burgueses foi introduzida uma cultura laica, que estabeleceu uma forma de pensar e agir nesse mundo. Os homens buscavam as suas recompensas e glorificações terrenas, sem que, no entanto, isso significasse uma ruptura com a religiosidade.

*A Sagrada Família*, de Michelangelo, encontra-se em Florença, cidade que preserva um dos mais importantes acervos de obras renascentistas, grande parte delas fruto do mecenato burguês. Galeria Uffizi, Florença.

# O Renascimento cultural na Itália

O Renascimento floresceu principalmente no norte da Itália. Os motivos para isso foram o predomínio da atividade comercial nas cidades localizadas nessa região, que mantinham o domínio sobre as navegações do Mediterrâneo e, dessa forma, estiveram em contato com as tradições da cultura greco-romana. Após a tomada de Constantinopla pelos turcos em 1453, muitos estudiosos migraram para a Itália, levando originais e conhecimentos das culturas clássicas.

As cidades italianas não viviam sob um estado centralizado. Porém, o republicanismo e a defesa da autonomia muitas vezes geravam disputas entre elas e foram provocando o seu enfraquecimento diante de monarquias vizinhas. No século XV, poucas cidades ainda conservavam a sua liberdade política, como Veneza e Florença.

As cidades, que eram o espaço da atividade comercial e tinham uma organização republicana , estimulavam a concorrência e a mobilidade entre seus habitantes, pois não havia uma ordem social rígida. Esse é um dos principais argumentos para explicar o Renascimento artístico nas cidades do norte italiano. Mas a competição que proporcionava o enriquecimento dos comerciantes e a consequente ascensão social é insuficiente para esclarecer a notável atividade artística ocorrida naquele período. Essas repúblicas se organizavam também em torno de virtudes pessoais do governante, suas características, e não apenas ao redor das instituições. Ou seja, dependendo do governante, de suas predileções artísticas, de seu interesse por determinadas áreas, foi possível o surgimento das práticas do patrocínio, pelas quais um rico negociante ou um príncipe, por exemplo, poderiam transformar suas cidades. Essas práticas ficaram conhecidas como **mecenato**.

Os mecenas, como eram chamados os patrocinadores das artes e da cultura, atraíam para as cidades os artistas e estudiosos que apresentavam seus trabalhos.

O mecenato não teve uma única forma de se expressar, como sistematizou o historiador Peter Burke, mas as mais comuns foram:

- sistema doméstico, pelo qual uma pessoa rica recebe o artista e estabelece uma relação pessoal com ele, garantindo-lhe alimentação, moradia e presentes em troca de serviços artísticos e literários;

**Republicana:** pertencente a uma república. No caso das cidades italianas, não devemos confundir com o conceito de República tal qual a conhecemos na atualidade. A principal característica de uma república, na acepção utilizada no texto, era a autonomia política.

- sistema sob encomenda, quando a relação entre o mecenas e o artista dura o período de um trabalho encomendado;
- e o "sistema de mercado", quando o artista tenta vender um trabalho pronto. Este era o menos comum.

Os mecenas podiam ser religiosos, leigos, corporações de ofício, o próprio Estado, enfim, todos os que tinham dinheiro para contratar um determinado serviço. Entre os mecenas mais conhecidos estava a família Medici, da cidade de Florença.

*Primavera*, de Boticelli. Galeria Uffizi, Florença.

## As artes e os artistas do Renascimento na Itália

A importância dada às artes do Renascimento pode ser explicada pelo caráter mais imediato e visível das transformações do período moderno em relação ao medieval. Quando comparamos a arte dos dois períodos, podemos identificar mudanças significativas entre elas.

Os traços humanos, a representação da natureza, a introdução da noção de perspectiva são algumas das inovações apresentadas pelos renascentistas.

A arte na Itália dos séculos XV e XVI era usada para fins diversos, entre os quais podemos identificar os seguintes:

- **religioso** – nas pinturas e esculturas espalhadas pelas igrejas eram representados aspectos da vida dos santos, trechos bíblicos e estimulada a devoção. No século XVI, esse aspecto foi reforçado por causa da Contrarreforma, quando os católicos reafirmaram seus princípios religiosos e a propagação de sua fé;

- **didático** – a leitura era um privilégio de poucos, por isso, a imagem era um importante instrumento tanto para a religião como para as repúblicas, principados e famílias que queriam "ensinar" por meio da arte visual o que não poderia ser lido. Quando uma pessoa entrava em uma Igreja poderia acompanhar pelas imagens um determinado relato bíblico, sem ler a própria Bíblia; também eram comuns as representações de aspectos da tradição greco-romana, como relatos míticos;

- **político** – o fortalecimento do poder de um governante, seja ele um papa, um monarca ou a república, era buscado por meio das ilustrações de batalhas, de encenações de rituais de poder, do retrato de antepassados, de grandes lideranças etc.;

- **privado** – retratos de pessoas, de cenas da vida cotidiana etc.

Entre os artistas do Renascimento italiano podemos destacar, no século XIV, também conhecido como *Trecento*, o trabalho de **Giotto** (ca. 1266-1337). Esse período é considerado um momento de transição e as obras de Giotto possuem as características do movimento, ou seja, o volume dos seres retratados, a noção de profundidade, a inclusão de pessoas comuns (do povo), entre outras.

No *Quattrocento* (século XV), destacam-se Fra Angelico (1400-1455) e Botticelli (1445-1510). O ponto central de **Fra Angelico** era a luminosidade em seus trabalhos. Suavidade de formas e cores claras marcam um dos principais artistas que abordam temas religiosos.

**Botticelli** era um dos favoritos da família Medici. Suas pinturas, com elementos pagãos, eram inspiradas em relatos literários da Antiguidade, propondo uma composição visual de um relato.

*Davi*, escultura em mármore, exposta no Museu Nacional de Bargagello, Florença.

Na transição para o século XVI, o *Cinquecento*, surgiu um dos maiores artistas do período, **Leonardo da Vinci** (1452-1519). Leonardo era bastante versátil e dedicou-se a diversas áreas, como artes, invenções, ciência, urbanismo, sendo considerado por muitos o maior nome renascentista por sua formação ampla, um dos ideais da época.

Entre suas obras mais conhecidas estão a *Última Ceia* e *La Gioconda* – também conhecida como Mona Lisa. Uma das características do trabalho de Leonardo era estimular a reflexão a partir da imagem representada, e não apenas reproduzir visualmente um episódio para os que não tinham acesso à leitura.

Outro nome expressivo é o de **Michelangelo** (ou Miguel Angelo) (1475-1564), escultor extremamente habilidoso cujas obras são marcadas pela força, audácia e beleza. Foi também pintor, levando para essa arte características escultóricas, como se vê na *Capela Sistina*. Para Michelangelo, a escultura era a arte ideal, pois poderia produzir a forma perfeita, transformando a matéria na forma que ele havia imaginado. Entre suas principais esculturas estão *Pietá* e *Davi*. A preocupação com as proporções e o ideal de equilíbrio também marcaram os trabalhos de Michelangelo.

Outros pintores importantes do período foram Rafael e Ticiano.

O principal nome da literatura italiana do período, mais pelo conteúdo polêmico do que pelas inovações estéticas, foi **Maquiavel** (1469-1527). Em obras como *O Príncipe* e *Mandrágora*, o escritor florentino influenciou o pensamento político desde sua época, como veremos adiante.

Na arquitetura, destacaram-se nomes como **Filippo Brunelleschi** (1377-1446) e **Leon Battista Alberti** (1404-1472). Brunelleschi, responsável pelo projeto da cúpula da Igreja de Santa Maria dei Fiori, em Florença, ganhou notoriedade por resolver o impasse da construção daquela igreja, que não se concluía, pois as técnicas de edificação conhecidas não permitiam que se colocasse uma cúpula tão grande sobre um vão com as dimensões de altura e largura que a igreja havia sido edificada. Usando de conhecimentos matemáticos e da observação de obras antigas, Brunelleschi formulou a teoria da perspectiva que foi sistematizada por Alberti e que teve aplicação nas diversas artes.

A teoria da perspectiva ("ver através") inclui o cálculo e a dimensão do espaço, envolvendo o olhar do observador (o "tamanho" pode aumentar ou diminuir). Quando Alberti escreveu sobre o tema, ele traduziu em termos geométricos a relação entre o objeto e o observador.

**173**

# O Renascimento científico

As ciências do período renascentista foram influenciadas pelo espírito de valorização da antiga tradição greco-romana e pelos estudos sobre a natureza.

Com a redescoberta dos pensadores da Antiguidade, como Platão, Pitágoras e Arquimedes, a matemática foi valorizada e teve influência em áreas como a Física e a Astronomia.

O método experimental e a análise crítica, submetidos a uma rigorosa análise e observação, são outras características das ciências do período. A observação foi instituída, portanto, como a base do conhecimento moderno.

Na Astronomia destacou-se **Nicolau Copérnico** (1473-1543), autor da teoria heliocêntrica (Sol como centro do Universo), que superou a de Ptolomeu, que era geocêntrica e considerada válida até a Idade Média: a Terra deixava de ser o centro do Universo, pois é parte do Sistema Solar.

Outro nome fundamental é **Kepler** (1571-1630), responsável pela descoberta dos períodos de rotação dos planetas.

**Galileu Galilei** (1564-1642) ficou conhecido por seus trabalhos sobre o movimento dos corpos e a confirmação da teoria de Copérnico. A ação de Galileu ganhou notoriedade, não apenas por seus trabalhos científicos, mas por ter enfrentado a Inquisição, o tribunal da fé católica, diante do qual ele se curvou para preservar a própria vida, para não ir para a fogueira, fato que aconteceu com Giordano Bruno, no século anterior, que não negou publicamente sua teoria.

Além disso, Galileu assegurou que a autoridade do conhecimento científico reside na força da pesquisa e da demonstração do raciocínio, e não na autoridade de quem diz.

Outras transformações no campo das ciências foram os estudos na Medicina. Leonardo da Vinci, por exemplo, também se dedicou à anatomia humana. Outro importante nome da área foi o de **Andreas Vesalius** (1514-1562), que com a dissecação de corpos humanos estudou a anatomia humana.

Detalhe da prancha do trabalho sobre anatomia humana de Vesalius.

Retrato de Copérnico, atribuído a Hans Holbein (1497-1543), exposto no Museu do Observatório, em Paris. Copérnico nasceu em 1473, no norte da Polônia. Estudioso de Astronomia, expôs sua teoria revolucionária em sua obra *Revolução das Órbitas Celestes*, pouco antes de sua morte, em 1574. Copérnico tinha medo de publicar suas ideias, pois elas contrariavam frontalmente a noção defendida pela Igreja de que a Terra era o centro do Universo.

Veja os esquemas comparativos entre as ideias geocentristas do grego Ptolomeu, acatadas pela Igreja, e a proposta heliocêntrica, de Copérnico.

A observação de doentes e experimentos trouxe avanços na cirurgia. Um deles deve-se ao cirurgião do rei francês que conseguiu, com sucesso, ligar artérias rompidas, contendo hemorragias.

Nesse período, entretanto, havia crenças de que certas doenças eram castigos divinos ou que o Sol e a Lua podiam adoecer as pessoas.

Na alquimia, os estudiosos procuravam, com insistência, uma forma de transformar chumbo em ouro.

# O Renascimento fora da Itália

A região dos **Países Baixos** e **Flandres** teve um desenvolvimento econômico semelhante ao do norte da Itália. Baseado no comércio e na urbanização, o dinamismo econômico influenciou a produção artística da região. Ricos comerciantes patrocinaram artistas que retratavam a pujança e, ao mesmo tempo, pessoas franzinas e empobrecidas.

O cotidiano é um dos temas de **Peter Bruegel** (1525-1569), que viveu em Antuérpia por volta do ano 1550.

Outro artista importante foi **Hieronymus Bosch** (1450-1516). Na obra *O Jardim das Delícias* ele aborda aspectos que foram vistos tanto como uma defesa da moral cristã quanto como uma crítica a ela. As paixões humanas retratadas parecem ter pouca relação com a dor e o sofrimento. No trabalho de Bosch sobressai o incômodo com o medo do inferno.

ARCHIVO ICONOGRAFICO, S.A./CORBIS

*O Jardim das Delícias* é uma pintura executada na forma de um tríptico (três partes), sendo a parte central maior que as laterais. Na primeira cena temos o "paraíso terrestre", com a criação de Adão e Eva. Na parte central, reproduzida abaixo, a "fonte da eterna juventude" e os pecados. Na última parte, o tom sombrio e o castigo representado pelo "Inferno".

Retrato de François Rabelais. Museu do Palácio, Versalhes.

Na literatura, a crítica à corrupção da Igreja Católica foi a tônica de *Elogio da Loucura*, obra de **Erasmo de Roterdã** (1466-1536).

Na Espanha, o principal pintor foi **El Greco** (1541-1614), cuja obra expressa as características do barroco espanhol, inserida no contexto da Contrarreforma católica. A maior expressão da cultura hispânica foi a obra literária de **Miguel de Cervantes** (1547-1616), *Dom Quixote*, cujo protagonista, de mesmo nome que o título do livro, era um leitor de livros da cavalaria medieval. A realidade e a fantasia se confundem nesse texto que marca o início da literatura espanhola.

Na Inglaterra, os principais nomes do Renascimento são o de **Thomas More**, de quem falaremos adiante, neste capítulo, e de **William Shakespeare** (1564-1616). O escritor de peças de teatro criou diversos personagens que abordam características como a vilania, disputas por poder e tipos ingênuos. Entre as obras de Shakespeare destacam-se *Hamlet*, *Macbeth* e *Romeu e Julieta*.

Na literatura francesa, destaca-se **François Rabelais** (1494-1553), com *Gargântua e Pantagruel*, que satirizava os valores medievais da sociedade de seu tempo.

## As transformações do pensamento político moderno: as concepções de Maquiavel e Thomas More

Maquiavel. Palácio Velho, Florença.

Dois pensadores políticos deixaram obras fundamentais para entender o cenário político moderno: Maquiavel e Thomas More. Partindo de premissas distintas: um, com pensamento realista, preocupado com as descrições de uma lógica política pautada pelo conflito, e outro, autor de um projeto utópico, eles se inserem na tradição política do Humanismo. Maquiavel e More recorrem a exemplos da Antiguidade e à busca da ação política e glória para escrever suas obras.

O florentino **Nicolau Maquiavel** (1469-1527) era funcionário da República de Florença e foi contemporâneo das personagens que marcaram o Renascimento: a família Medici, artistas como Leonardo da Vinci e Michelangelo. Viveu a agitação política de uma Itália dividida entre dezenas de principados e invadida por tropas francesas e espanholas. Suas reflexões sobre a política do seu tempo e seus estudos sobre a tradição clássica o levaram a produzir obras marcadas por uma leitura não teocêntrica do poder e a defesa do realismo político. A obra mais conhecida, *O Príncipe*, publicada em 1513, tornou-se um marco do pensamento político e trouxe ao autor uma legião de admiradores e de detratores. Escreveu também sobre a *História de Florença*, *Comentários sobre a Primeira Década de Tito Lívio* e uma peça teatral, *A Mandrágora*, entre outras obras literárias, políticas e históricas.

No quadro *Recortes da História*, no Cap. XVIII de *O Príncipe*, observamos alguns aspectos relevantes da obra de Maquiavel relativos à conquista do poder e às formas de preservá-lo. As lições históricas são utilizadas por Maquiavel para justificar seu argumento.

No capítulo XVIII da obra sobre os principados, ele trata das aparências, uma das fontes para os ataques constantes à obra de Maquiavel e ao surgimento do adjetivo "maquiavélico". No entanto, devemos registrar que o pensador tinha como perspectiva demonstrar o funcionamento do poder como as coisas são (real) e não como deveriam ser (ideal).

## Recortes da História

### Significados da evolução

*O trecho da obra de Maquiavel é um dos mais importantes do filósofo e um dos mais polêmicos. Nele podemos encontrar alguns aspectos como a questão da simulação e aparência na vida política e a defesa do princípio da necessidade para que a palavra dada pelo príncipe não seja cumprida.*

### Cap. XVIII de *O Príncipe*

Quanto seja louvável a um príncipe manter a fé e viver com integridade, não com astúcia, todos o compreendem; contudo, observa-se, pela experiência, em nossos tempos, que houve príncipes que fizeram grandes coisas, mas em pouca conta tiveram a palavra dada, e souberam, pela astúcia, transtornar a cabeça dos homens, superando, enfim, os que foram leais.

Deveis saber, portanto, que existem duas formas de se combater: uma, pelas leis, outra, pela força. A primeira é própria do homem; a segunda, dos animais. Como, porém, muitas vezes a primeira não seja suficiente, é preciso recorrer à segunda. Ao príncipe torna-se necessário, porém, saber empregar convenientemente o animal e o homem. (...) É que isso significa que o príncipe sabe empregar uma e outra natureza. E uma sem a outra é a origem da instabilidade. Sendo, portanto, um príncipe obrigado a bem servir-se da natureza da besta, deve dela tirar as qualidades da raposa e do leão, pois este não tem defesa alguma contra os laços, e a raposa, contra os lobos. Precisa, pois, ser raposa para conhecer os laços e leão para aterrorizar os lobos. Os que se fizerem unicamente de leões não serão bem-sucedidos. Por isso, um príncipe prudente não pode nem deve guardar a palavra dada quando isso se lhe torne prejudicial e quando as causas que o determinaram cessem de existir. Se os homens todos fossem bons, este preceito seria mau. Mas, dado que são pérfidos e que não a observariam a teu respeito, também não és obrigado a cumpri-la para com eles. Jamais faltaram aos príncipes razões para dissimular quebra da fé jurada. Disto poder-se-iam dar inúmeros exemplos modernos, mostrando quantas convenções e quantas promessas se tornaram írritas e vãs pela infidelidade dos príncipes. E, dentre estes, o que melhor soube valer-se das qualidades da raposa saiu-se melhor. Mas é necessário disfarçar muito bem esta qualidade e ser bom simulador e dissimulador. E tão simples são os homens, e obedecem tanto às necessidades presentes, que aquele que engana sempre encontrará quem se deixe enganar. (...)

*Fonte:* MAQUIAVEL, N. *O Príncipe*. 4. ed. São Paulo: Nova Cultural, 1997. p. 73-85.

**1)** O documento expressa recomendações políticas controversas em relação à ética. Cite e explique duas dessas recomendações.

Thomas More (1478-1535) nasceu na Inglaterra e foi um estudioso de grego e latim. Foi amigo de outro filósofo renascentista, Erasmo de Roterdã, e ambos compartilharam de muitas ideias sobre a leitura de textos clássicos e necessidades de reorganizar a sociedade europeia em moldes mais justos e mais cristãos. Tais ideias incentivaram More a escrever *A Utopia* (1516), obra sobre uma sociedade fictícia e perfeita, síntese de muitos ideais humanistas que defendia, e com influência direta das ideias platônicas. Divergindo de Henrique VIII, monarca ao qual tinha servido, foi preso e decapitado.

*A Utopia* é dividida em duas partes. Inicia-se com uma conversa entre More, Pedro Gil e o navegador português Rafael Hitlodeau durante uma viagem de More a Antuérpia. Nesta primeira parte são discutidos aspectos de um universo conhecido: a Europa e os problemas políticos e econômicos, como os abusos dos reis, as consequências do fim da propriedade comunal de terras e a ganância que, segundo More, gerava a miséria.

A segunda parte é o contraponto a esta realidade. Pela boca do navegador, evidenciando o clima das grandes navegações e descobertas, é descrita uma sociedade, a ilha de Utopia, que possuía outra estrutura modelar. O relato é minucioso sobre o funcionamento das cidades e das relações entre os habitantes de Utopia.

# A difusão do Humanismo

As ideias humanistas espalharam-se por toda a Europa Ocidental, para além dos caminhos terrestres que levavam mercadores e produtos. Uma invenção revolucionou a difusão de ideias e pensamentos: a impressão em papel que permitia reproduzir em série textos na forma de livros. Gutenberg, em 1456, publicou o primeiro livro impresso: a Bíblia. A partir dos tipos compostos para impressão, a informação e o saber passaram a circular muito mais rapidamente.

Os livros eram produzidos com menores custos que os pergaminhos medievais e de maneira mais rápida. O conhecimento, até então restrito praticamente à Igreja e a alguns membros da nobreza, tornou-se mais acessível, até para os burgueses que passaram a deter o domínio econômico na Europa. Mesmo folhetos com trovas, orações, entre outros, passaram a ser impressos, atingindo mais pessoas, embora ainda de forma bastante restritiva, devido aos custos.

## Recortes da História

*A obra de More marcou sociedades e projetos utópicos. Para ser mais convincente em sua argumentação, o filósofo utiliza-se da contraposição entre o que ele descreve ser a realidade e uma sociedade com características antagônicas.*

### Livro Primeiro de *A Utopia*

Agora, caro More, vou revelar-vos o fundo de minha alma, e dizer-vos os meus pensamentos mais íntimos. Em toda a parte onde a propriedade for um direito individual, onde todas as coisas se medirem pelo dinheiro, não se poderá jamais organizar nem a justiça nem a prosperidade social, a menos que denomineis justa a sociedade em que o que há de melhor é a partilha entre os piores, e que considereis perfeitamente feliz o Estado no qual a fortuna pública é presa dum punhado de indivíduos insaciáveis de prazeres, enquanto a massa é devorada pela miséria.

Também, quando comparo as instituições utopianas com as dos outros países, não me canso de admirar a sabedoria e a humanidade de uma parte, e deplorar, da outra, o desvario e a barbaria.

Na Utopia, as leis são pouco numerosas; a administração distribui indistintamente seus benefícios por todas as classes de cidadãos. O mérito é ali recompensado; e, ao mesmo tempo, a riqueza nacional é tão igualmente repartida que cada um goza abundantemente de todas as comodidades da vida.

*Fonte: MORE, T. A Utopia. 4. ed. São Paulo: Nova Cultural, 1988. p. 205.*

**1)** Pelas características apresentadas, qual o significado de utopia?

## Passado/presente

### Circulação e restrição de conteúdos e conhecimentos

A invenção da imprensa permitiu a difusão dos ideais humanistas e dos pensadores renascentistas. Os livros, mesmo que ainda fossem caros e de difícil acesso, tornaram a leitura mais próxima das pessoas. Desde a Antiguidade, uma obra era reproduzida manualmente, o que significava um grande tempo para ser copiada e era difícil a sua circulação.

Com a imprensa, as obras dos pensadores antigos, restritos a poucos manuscritos existentes em mosteiros no período medieval, tornavam-se mais comuns. Nas publicações da Europa, por volta de 1500, predominava a publicação de textos religiosos (cerca de 45%), seguido de textos literários (30%), científicos (10%), jurídicos (10%) e outros (5%). A língua predominante era o latim, presente em aproximadamente 75% dos textos publicados.

Na atualidade, com o advento da internet, vive-se a agilidade da circulação da informação e comenta-se sobre a invenção do livro digital, que poderia vir a substituir o livro impresso, após mais de cinco séculos de domínio desse formato. O livro eletrônico, em um espaço reduzido, poderá conter até 1.500 títulos. No entanto, mesmo com a popularização do livro digital, que o aproximaria de milhões de pessoas conectadas, há obstáculos a serem transpostos, como, por exemplo, a aquisição dos conteúdos e o predomínio da língua inglesa, que, segundo estatísticas, chegam a ultrapassar, proporcionalmente, o que foi o latim no início do século XVI.

Dessa forma, mesmo com maior acesso a conteúdos e conhecimentos, a restrição pelas condições econômicas e pela língua continua a ser um empecilho à plena informação.

# Cinemateca

**Agonia e Êxtase** (1965, EUA, dir.: Carol Reed) A história de Michelangelo, o grande artista renascentista, durante o período em que pintou o teto da Capela Sistina, no Vaticano.

**Giordano Bruno** (1973, Itália, dir.: Giuliano Montaldo) O filme conta a história do físico e matemático Giordano Bruno (1548-1600), condenado e morto em uma fogueira pela Inquisição por suas teorias contrárias aos dogmas da Igreja católica.

**Hamlet** (1996, EUA, dir.: Kenneth Branagh) Versão integral da peça de Shakespeare. A história trágica do príncipe herdeiro da Dinamarca, Hamlet. O jovem príncipe é atormentado pelas aparições do fantasma do pai morto, que lhe revela uma dupla traição: ele foi assassinado pelo próprio irmão que se casou com a rainha e tornou-se rei. No reino cheio de intrigas, Hamlet jura vingança, enveredando por caminhos obscuros onde sanidade e loucura se confundem.

**Romeu e Julieta** (1968, Itália, dir.: Franco Zefirelli) A história trágica de um amor impossível, escrita por William Shakespeare, entre dois jovens de famílias rivais de Verona, Itália.

**Shakespeare Apaixonado** (1998, EUA, dir.: John Madden) Shakespeare não consegue escrever uma nova peça sobre uma história de amor com fim trágico. Ao apaixonar-se, as suas tentativas de seduzir a amada servem de inspiração para escrever a peça.

# Revisitando a História

**1.** Leia e analise o trecho de Pico della Mirandola, em sua obra *A Dignidade do Homem*, de 1488:

"O Artista perfeito criou o homem e permitiu que ele ocupasse o mundo. Ele lhe disse o seguinte: Ó Adão (...) eu o instalei no mundo a fim de que você visse mais comodamente tudo o que nele existe. Eu não o fiz nem celeste, nem terrestre, nem morto, nem imortal; como senhor de si mesmo, tenha a honra e o encargo de modelar o seu ser, que se comporá da maneira que preferir. Você poderá degenerar em formas inferiores, os animais; você poderá, ao contrário, pelas decisões de seus espíritos, ser regenerado em formas superiores, que são divinas."

a) Que característica renascentista pode ser encontrada no texto?

b) Há permanências medievais no texto?

**2.** Veja a lista abaixo de características do Renascimento e identifique um aspecto delas nas artes e nas ciências.
a) antropocentrismo
b) racionalismo
c) naturalismo
d) resgate da Antiguidade greco-romana

**3.** Relacione a vida republicana e a prática do mecenato nas cidades italianas como fenômeno para explicar o florescimento do Renascimento cultural naquelas áreas.

**4.** Pesquise em livros, enciclopédias, revistas e internet sobre Leonardo da Vinci. Por que ele é considerado um gênio até os dias de hoje? Faça um texto com suas conclusões, destacando a vida e obra de Da Vinci. Discuta-o com seus colegas para ver se há informações que você não tenha conseguido, e vice-versa.

**5.** Tendo em vista o texto de Thomas More (página 178), responda:

a) Como é descrita a vida na Europa do século XVI no Livro Primeiro de *A Utopia*?

b) Em que a sociedade de Thomas More se diferencia daquela apresentada no Livro Primeiro?

**6.** Releia o texto da página 177 de Maquiavel e identifique quais as principais ideias apresentadas pelo pensador.

**7.** Leia o trecho abaixo e responda.

Na segunda metade do século XV, calcula-se que havia na Europa 236 cidades com oficinas de impressão. Presume-se que cerca de mais de uma dezena de milhões de livros tenham sido impressos por esses centros.

Com o passar do tempo, não só os textos sagrados eram reproduzidos, aparecendo também uma literatura popular.

Qual a importância da imprensa na Europa do século XV? Justifique sua resposta.

**8.** Observe as duas imagens abaixo, identifique a qual período histórico se referem e descreva semelhanças e diferenças entre elas.

*As três Deusas da Graça.* Escultura helenista de 330 a.C., exposta em Siena, Itália.

*As três Graças da Primavera.* Sandro Botticelli, 1482, exposta no Museu de Florença, Itália.

# Analise esta imagem

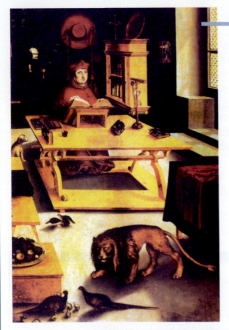

Um humanista estudando. Nessa pintura, um retrato em óleo, de Cranach L'Ancien (1472-1553), o artista se vale de símbolos, como o leão, que é associado a São Jerônimo, tradutor da Bíblia; o cachorro, que representa a caridade, e o faisão e os pássaros, que representam a fecundidade. (*O Cardeal de Brandebourg*, 1525. Hessisches landes-museum, Alemanha.) O homem retratado era o cardeal alemão Albert de Brandebourg (1490-1545), um homem de cultura refinada, simbolizando os humanistas e o ideal de erudição.

a) Localize nessa imagem elementos que caracterizam o personagem como membro do clero.
b) Identifique os animais existentes e faça uma pesquisa indicando qual o simbolismo que está sendo veiculado na imagem.
c) Com base nos elementos do retrato, o que se pode dizer a respeito do personagem da imagem?

# Debatendo ideias

Os temas renascentistas, mesmo glorificando a "ação humana", preservavam características religiosas. Reflita sobre o tema, releia trechos do capítulo e discuta com seus colegas.

a) Por que não houve uma ruptura radical com o pensamento religioso?
b) Que papel teve o ideário do homem burguês na valorização do antropocentrismo?

# Questões de vestibular

**1.** (UFLA – MG) (...) Que obra de arte fantástica é o Homem: tão nobre no raciocínio, tão vário na capacidade; em forma de movimento, tão preciso e admirável; na ação é como um anjo; no entendimento é como um Deus; a beleza do mundo, o exemplo dos animais. (...)

SHAKESPEARE, W. *Hamlet.*

Shakespeare, autor renascentista, no trecho da peça teatral *Hamlet* citado, está valorizando a figura do ser humano. Essa postura adotada pelo autor pode ser entendida como a quebra de um paradigma na época do Renascimento. Entre as alternativas abaixo, assinale a que NÃO demonstra mudanças comportamentais próprias do Renascimento.

a) A sociedade adota uma postura anticlerical e antiescolástica, revigorando os valores pré-feudais oriundos da Antiguidade clássica.
b) A sociedade adota o regime Absolutista, em que o soberano exerce o poder sem quaisquer limites.
c) Com a consolidação da burguesia como classe social, surgem os mecenas, que financiavam obras artísticas e experimentos científicos.
d) A valorização da figura humana passa a ser a inspiração para a pintura, escultura e outras áreas.
e) Considerando-se a capacidade de raciocínio do ser humano, a burguesia passa a financiar a Expansão Marítima, o que, consequentemente, gerou a Expansão Comercial.

**2.** (UFPE) Julgue os itens a seguir. É profunda a relação da cultura greco-romana com o mundo ocidental moderno. A sua presença na época do Renascimento tem relações marcantes com obras de seus artistas e escritores, pois:

(0) definia um lugar importante para o antropocentrismo.
(1) defendia uma visão estética ligada ao equilíbrio.
(2) desacreditava no poder da razão e da verdade.
(3) tinha ligações com os mitos e suas fantasias.
(4) negava a importância da ética para o social.

**3.** (FUVEST – SP) Observe a imagem e leia o texto a seguir.

Michelangelo. *A criação de Adão*, detalhe do teto da Capela Sistina, Vaticano (ca. 1511).
*Disponível em:* <http://www.rastel.com>.

Michelangelo começou cedo na arte de dissecar cadáveres. Tinha apenas 13 anos quando participou das primeiras sessões. A ligação do artista com a medicina foi reflexo da efervescência cultural e científica do Renascimento. A prática da dissecação, que se encontrava dormente havia 1.400 anos, foi retomada e exerceu influência decisiva sobre a arte que então se produzia.

LEVY, C. Pesquisadores dissecam lição de anatomia de Michelangelo, Jornal da Unicamp, n. 256, jun 2004. *Disponível em:* <http://www.unicamp.br/unicamp/unicamp_hoje/ju/junho2004/ju256pag1.html>. *Acesso em:* 11 jun. 2010.

a) Explique a relação, mencionada no texto, entre artes plásticas e dissecação de cadáveres, no contexto do Renascimento.
b) Identifique, na imagem, duas características da arte renascentista.

**4.** (UFRRJ) Leia com atenção o texto adiante e, em seguida, responda às questões.

A doutrina de Copérnico, no século XVI, assinala o rompimento com a concepção de cosmos fechado, que dominou o pensamento ocidental medieval.
... o universo é esférico; em parte porque essa forma, sendo um todo completo e dispensando toda articulação, é a mais perfeita de todas; em parte porque ela constituiu a forma mais espaçosa, que é portanto a mais apropriada a conter e reter todas as coisas; ou também porque todas as partes separadas do mundo, seja o Sol, a Lua e os planetas, afiguram-se esferas.

COPÉRNICO, N. De revolutionibus orbium coelestium. Apud KOYRÉ, A. *Do Mundo Fechado ao Universo Infinito.* Rio de Janeiro: Forense Universitária, 2001. p. 39-40.

a) Explique a principal mudança introduzida pela astronomia copernicana.
b) Explique, no contexto de revolução científica, o posicionamento da Igreja Católica envolvendo o físico Galileu Galilei.

**5.** (ENEM) O franciscano Roger Bacon foi condenado, entre 1277 e 1279, por dirigir ataques aos teólogos, por uma suposta crença na alquimia, na astrologia e no método experimental, e também por introduzir, no ensino, as ideias de Aristóteles. Em 1260, Roger Bacon escreveu:

"Pode ser que se fabriquem máquinas graças às quais os maiores navios, dirigidos por um único homem, se desloquem mais depressa do que se fossem cheios de remadores; que se construam carros que avancem a uma velocidade incrível sem a ajuda de animais; que se fabriquem máquinas voadoras nas quais um homem (...) bata o ar com asas como um pássaro. Máquinas que permitam ir ao fundo dos mares e dos rios".

Apud BRAUDEL, F. *Civilização Material, Economia e Capitalismo:* séculos XV-XVIII. São Paulo: Martins Fontes, 1996. v. 3.

Considerando a dinâmica do processo histórico, pode-se afirmar que as ideias de Roger Bacon

a) inseriam-se plenamente no espírito da Idade Média ao privilegiarem a crença em Deus como o principal meio para antecipar as descobertas da humanidade.
b) estavam em atraso com relação ao seu tempo ao desconsiderarem os instrumentos intelectuais oferecidos pela Igreja para o avanço científico da humanidade.
c) opunham-se ao desencadeamento da Primeira Revolução Industrial, ao rejeitarem a aplicação da matemática e do método experimental nas invenções industriais.
d) eram fundamentalmente voltadas para o passado, pois não apenas seguiam Aristóteles, como também baseavam-se na tradição e na teologia.
e) inseriam-se num movimento que convergiria mais tarde para o Renascimento, ao contemplarem a possibilidade de o ser humano controlar a natureza por meio das invenções.

**6.** (ENEM) O príncipe, portanto, não deve se incomodar com a reputação de cruel, se seu propósito é manter o povo unido e leal. De fato, com uns poucos exemplos duros poderá ser mais clemente do que outros que, por muita piedade, permitem os distúrbios que levam ao assassínio e ao roubo.

MAQUIAVEL, N. *O Príncipe*. São Paulo: Martin Claret, 2009.

No século XVI, Maquiavel escreveu *O Príncipe*, reflexão sobre a Monarquia e a função do governante. A manutenção da ordem social, segundo esse autor, baseava-se na

a) inércia do julgamento dos crimes polêmicos.
b) bondade em relação ao comportamento dos mercenários.
c) compaixão quanto à condenação de transgressões religiosas.
d) neutralidade diante da condenação dos servos.
e) conveniência entre o poder tirânico e a moral do príncipe.

**7.** (FUVEST – SP) A imprensa de tipos móveis de madeira foi inicialmente uma invenção chinesa do século XI. Posteriormente, em meados do século XV, a imprensa foi introduzida, com modificações, na Europa, difundindo-se a produção de livros religiosos e, logo depois, de livros de literatura, de poesia e de viagens, tudo isto com extraordinária rapidez. Considerando o texto, indique:

a) Como e por quem eram transmitidos os conhecimentos escritos antes da introdução da imprensa na Europa medieval?
b) Uma transformação decorrente da difusão da imprensa na Europa entre os séculos XVI e XVIII.

# Programas de Avaliação Seriada

**1.** (PISM – UFJF – MG) Observe as imagens das duas estátuas a seguir. A primeira é conhecida como Doríforo de Policleto. Seu autor original viveu na Grécia do século V a.C. A segunda é Davi de Michelângelo e foi esculpida nos primeiros anos do século XVI d.C. Ambas representam o mesmo ideal de beleza do corpo masculino.

Doríforo de Policleto    Davi de Michelangelo

A semelhança entre elas deve ser compreendida:

a) pelo predomínio das contribuições culturais gregas sobre a arte romana na Antiguidade.

b) pela presença dos padrões artísticos de origem germânica no início da Idade Média.

c) pela importância das tradições muçulmanas na escultura ocidental no final da Idade Média.

d) pela recuperação de valores religiosos do paganismo greco-romano nas propostas da reforma protestante.

e) pela influência de elementos culturais criados na Antiguidade em períodos históricos posteriores, como no Renascimento italiano.

**2.** (PAS – UnB – DF)

1 Eu queria agradecer-te, Galileu, a inteligência das coisas que me deste.
Eu,
e quantos milhões de homens como eu

4 a quem esclareceste,
ia jurar – que disparate, Galileu!
– e jurava a pés juntos e apostava a cabeça

7 sem a menor hesitação –
que os corpos caem tanto mais depressa
quanto mais pesados são.

10 Pois não é evidente, Galileu?
Quem acredita que um penedo caia
com a mesma rapidez que um botão de camisa ou que

13 um seixo da praia?
Estava agora a lembrar-me, Galileu,
daquela cena em que tu estavas sentado num escabelo

16 e tinhas à tua frente
um friso de homens doutores, hirtos, de toga e de capelo
a olharem-te severamente.

19 Estavam todos a ralhar contigo,
que parecia impossível que um homem da tua idade
e da tua condição

22 se estivesse tornando um perigo
para a Humanidade
e para a Civilização.

25 Tu, embaraçado e comprometido, em silêncio mordicavas os lábios,
e percorrias, cheio de piedade,

28 os rostos impenetráveis daquela fila de sábios.

*Adaptado de:* GEDEÃO, A. Poesias completas. In: FREITAS, G. de. *900 textos e documentos de história.* Lisboa: Plátano, 1976, v. II, p. 183-4.

Considerando o poema acima e o contexto histórico europeu a partir da Idade Média, julgue os itens subsequentes.

a) Para se afirmar como a mais poderosa instituição em meio às sociedades feudais da Europa Ocidental, a Igreja católica desenvolveu amplo e diversificado conjunto de ações que envolviam aspectos doutrinários, evangélicos, militares, educacionais, diplomáticos, assistenciais e políticos.

b) As ideias de Galileu Galilei foram consideradas heréticas pela Igreja católica, um perigo para a humanidade, justamente porque fundadas não mais nos princípios e nos dogmas da religião, mas na racionalidade moderna, no esforço de conhecer as leis que regem a natureza e de transformar o conhecimento em técnica.

c) Contemporâneo de Galileu, Nicolau Copérnico revolucionou o conhecimento de sua época ao defender a tese de que a Terra não estava imóvel, mas se movimentava por meio de órbitas elípticas, na posição de centro do universo.

d) Leonardo da Vinci representa a síntese da visão de mundo renascentista, expressa em seu esforço de relacionar conhecimentos científicos, filosóficos e artísticos, para melhor compreender o mundo natural e o ser humano.

e) Criação de universidades, desenvolvimento urbano e comercial, expansão marítima, evolução técnica e científica e surgimento de Estados nacionais com o fortalecimento do poder real foram algumas das transformações engendradas no contexto da substituição do humanismo medieval pelo teocentrismo moderno.

f) Além de seus aspectos originais, a influência cultural árabe no Ocidente muito se vincula ao importante papel de sintetizar elementos culturais da Antiguidade Clássica e Oriental, colocando-os à disposição dos europeus.

g) No poema, o poeta dirige-se a Galileu, por meio de vocativo, e evidencia sua opinião a respeito dele no verso 5: considerava-o um "disparate".

h) Pelo desenvolvimento da textualidade, o poeta sugere que concorda com as opiniões daqueles "homens doutores" (v. 17) e "sábios" (v. 28).

# capítulo 10

# Reformas religiosas

*O cristianismo, como vimos em capítulos anteriores, se tornou a principal força religiosa do mundo ocidental. Porém, em meio a tantas transformações no período moderno, a Igreja sofreu sua mais profunda crise e resultou na quebra da unidade do mundo cristão. Quais as divergências e aproximações entre os grupos cristãos no século XVI? Como é possível explicar o surgimento e o êxito dos movimentos reformistas em um momento de grande poder exercido pela Igreja católica? Que tipo de repercussão e impacto essas questões tiveram no cotidiano das pessoas? Será que o pensamento teológico era mesmo tão relevante? Esses e outros pontos nos impulsionam a pensar que o conhecimento histórico entrelaça múltiplos aspectos para explicar uma época. Explicações que não são necessariamente convergentes, mas que nos auxiliam na construção de um olhar mais abrangente sobre os processos que estudamos.*

ARQUIVO INSTITUTO HISTÓRICO IELB

GIULIO NAPOLITANO/SHUTTERSTOCK

O papa Francisco que assumiu o mais alto posto da Igreja Católica em 2013 e um culto luterano na atualidade. Os dois grupos se dividiram no século XVI.

Os processos históricos do início do século XVI tiveram impactos na concepção religiosa do mundo europeu. O cristianismo que se mantinha sob a égide da unidade religiosa enfrentou, ao longo dos tempos, diversas formas de contestação, mas nenhuma foi tão eficiente quanto a reforma liderada por Martinho Lutero, em 1517, que pôs fim à unidade eclesiástica cristã europeia. Os cristãos, desde então, passaram a se congregar em muitas igrejas, com diferentes denominações.

O espírito das reformas religiosas, associado às mudanças empreendidas no período renascentista, não teve início no século XVI: ele já havia se manifestado no período medieval. A diferença principal das reformas do século XVI foi a divisão da cristandade europeia. A própria Igreja católica, principal alvo dos cristãos reformados, que era atacada por sua conduta, pela concentração de poder e rique-

*Retrato de Martinho Lutero.* Óleo sobre tela, de Lucas Cranach, 39,5 cm x 25,5 cm, 1528. Veste Coburg, Alemanha.

**Cristandade:** designação aos povos que se proclamam cristãos. O termo tem uma relevância cultural, histórica e política e se diferencia de "cristianismo", usado para referir-se à religião e aos seus ensinamentos.

za, também empreendeu reformas internas para conter a perda de fiéis e se preservar como uma instituição de grande força.

Os reformados renovaram as práticas religiosas, defendendo uma vida religiosa mais disciplinada, a leitura da Bíblia e o contato do fiel diretamente com Deus, sem a necessidade de intermediação do poder da Igreja.

As diferenças de cada grupo e as motivações que originaram esses movimentos nos permitem falar de **Reformas religiosas**, e não apenas de **Reforma protestante**. Por isso podemos abordar uma aparente contradição nas Reformas religiosas do século XVI. Há nelas um aspecto de *unidade*, pois todos os movimentos se declaram como os seguidores mais legítimos dos ensinamentos de Jesus Cristo. Por outro lado, também há uma grande *diversidade* entre movimentos como as heresias, que desde o período medieval desafiavam o poder da Igreja, a ação de Lutero, a reação da própria Igreja católica na chamada **Contrarreforma**, e as práticas religiosas adotadas a partir do século XVI.

> **Heresia:** prática ou ensinamento que diverge dos ensinamentos oficiais.

A reforma pregada por Lutero foi a mais relevante, por obter êxito na constituição de uma nova Igreja e quebrar a unidade religiosa da cristandade. Análises mais detalhadas apresentam pontos em comum e diferenças entre os dois principais grupos que protagonizaram esses acontecimentos: os católicos e os protestantes (como passaram a ser chamados os reformistas).

# As principais críticas dos cristãos reformados

As críticas à atuação da Igreja e ao poderio que ela exerce desde o período medieval são o principal argumento dos reformistas. O enriquecimento da Igreja já vinha sendo desaprovado desde a Baixa Idade Média, quando outros movimentos internos já se insurgiram contra a corrupção e a riqueza de membros do clero, mas os reformistas do século XVI lideraram um movimento que alterou a concepção religiosa do mundo ocidental.

As Reformas não tiveram apenas um **aspecto político** de contestação ao poder papal e ao clero em geral; muitas **divergências** eram **teológicas**. Nem todos concordavam com os ensinamentos oficiais da Igreja e a expressão dessas divergências levou à contestação da hierarquia católica, que concedia à sua cúpula o papel de definir quais seriam os ensinamentos que deveriam ser transmitidos. Essas questões teológicas são fundamentais para se entender o espírito da época e as disputas travadas: a contestação dos "ensinamentos oficiais" dava ao cristão a liberdade para desobecer ao ensinamento da Igreja, sem a ameaça de castigos na vida após a morte. Se havia divergência entre os teólogos, a ação dos fiéis passava a ser mais autônoma, posto que eles também poderiam seguir a mesma prática.

As práticas católicas da venda de *indulgências* e da *simonia* eram criticadas pelos reformistas. A indulgência era a concessão da absolvição dos pecados a quem a comprasse; a simonia era o comércio de objetos considerados sagrados, como as relíquias de santos. Em ambos os casos era um comportamento que gerava muitas críticas à Igreja e à sua autoridade teológica e política.

Esse cenário de desagregação foi agravado por monarcas interessados em se passar por herdeiros do espólio da Igreja, incluindo parte dos bens que a instituição romana possuía, e por outros monarcas, como o da Espanha, que se apresentavam como defensores da **"legítima fé"** católica. Portanto, mais do que **divergências religiosas**, as reformas foram motivações para **guerras religiosas** entre **monarcas europeus** interessados em ampliar seu poderio.

Sistematicamente, a partir dos trabalhos do historiador Quentin Skinner, podemos apontar alguns aspectos que contribuíram para o êxito das Reformas religiosas do século XVI: os **movimentos místicos**, o **Humanismo**, o **questionamento da autoridade papal** e as **revoltas populares**.

# Movimentos místicos

Para que a crítica de Lutero à atuação da Igreja ganhasse apoio, algumas bases deveriam ser compartilhadas pelos fiéis há algum tempo. Por exemplo, na questão relativa à fé pessoal, sem a intermediação da Igreja, era necessário que as pessoas aceitassem esses ensinamentos. Por isso, os chamados movimentos místicos da Baixa Idade Média, como a *Devotio Moderna* (Devoção Moderna), têm importância fundamental.

É muito comum que as pessoas pressuponham a presença de um número muito grande de religiosos católicos em todas as localidades europeias; no entanto, na realidade, em muitos lugares mais distantes das principais cidades o número de religiosos era escasso e a presença de clérigos não era tão frequente. O movimento *Devotio Moderna*, nos fins do século XIV, atingiu principalmente a Alemanha e os Países Baixos (atual Holanda), onde a Reforma teve maior adesão, e pregava uma reforma moral, com a adoção dos ideais de pobreza apostólica e de vida comunal para se receber a graça divina. A pregação de uma vivência religiosa em comunidade, e que estimulava a procura de uma fé pessoal, levou a críticas, por exemplo, à concessão de indulgências, mecanismo pelo qual o papa poderia redimir os pecados.

> **Apostólica:** referência a ensinamentos deixados pelos apóstolos, que, segundo a Bíblia, foram os primeiros seguidores de Jesus Cristo.

Embora Lutero não partilhasse completamente da perspectiva dos místicos, os ensinamentos de uma vivência religiosa atrelada ao desígnio da divindade eram bem próximos dos ensinamentos defendidos posteriormente por Lutero.

## Humanismo

Os humanistas trouxeram grande contribuição para a Reforma luterana por dois aspectos principais: primeiramente porque já haviam apontado a corrupção da Igreja, mais tarde denunciada por Lutero; o outro aspecto é o exercício do pensamento, valorizado pelos humanistas, e a relação destes com o direito de manifestação e interpretação defendido pelos reformistas.

As críticas presentes em obras como *O Elogio da Loucura*, de Erasmo de Roterdã (1509), apontavam um clero despreparado e pouco ligado a questões espirituais. Vinham ataques tanto de elementos populares como de intelectuais ao caráter formal e pomposo das cerimônias religiosas, com ênfase em procissões e cultos luxuosos e pouca pregação evangélica.

*Erasmo de Roterdã*. Pintura de Quentin Metsys, século XVI. Palácio Barberini, Roma.

## Questionamento do poder papal

A contestação ao poder do papa foi levantada muito antes de Lutero. Houve um debate interno na Igreja que discutia a oposição entre pobreza evangé-lica e a riqueza e jurisdições da Igreja, que teve como um de seus expoentes John Wyclif (1329-1384). Ele pregava a simplificação do culto e a adesão do papa aos ideais de uma vivência cristã calcada na pobreza e o repúdio aos bens acumulados pela Igreja.

Outra liderança que atacava a supremacia papal e a corrupção da Igreja foi a de Jan Hus (1369-1415). Hus era da Boêmia (onde hoje se situa a República Tcheca), região central da Europa, e tomou contato com as obras de Wyclif quando era estudante, passando a defendê-las intensivamente. Hus pregava uma religião mais pessoal, na qual os leigos teriam maior importância. Nos ofícios religiosos deveria ser utilizada a língua nacional (tcheca) que substituiria o latim, língua dominada principalmente pelo clero. Além disso, Hus afirmava que os fiéis deveriam participar da eleição dos seus bispos como forma de diminuir a importância dos bispos católicos alemães, que dominavam a alta hierarquia da Igreja na Boêmia. As ideias de Hus alimentavam o nacionalismo do povo tcheco contra a dominação alemã. Chamado a expor seu pensamento no Concílio que estava reunido em Constança, na Suíça, para resolver o Cisma do Ocidente, Hus dirigiu-se àquela cidade. Lá chegando não teve oportunidade de expor suas ideias, sendo preso e queimado na fogueira. Sua morte desencadeou entre os tchecos uma revolta conhecida como **Movimento Hussita**.

Outro aspecto que preocupava a Igreja, em tempos em que as discussões teológicas eram consideradas heresias, era a possibilidade de surgir, em algum momento, um papa "herege". Ou seja, o risco de se ter uma liderança que pregasse, por algum motivo, ensinamentos diferentes dos proclamados pela Igreja. Pensadores como Marsílio de Pádua e Guilherme de Occam marcaram a discussão, no século XIV, sobre a natureza da autoridade papal, de ordem secular ou divina. Essas teses, juntamente com a de outros pensadores,

> **Secular:** nesse caso, refere-se ao que é temporal, mundano, ou seja, não se trata de aspectos espirituais.

eram uma forma de desafiar a supremacia absoluta do papa e defender um movimento teológico denominado **conciliarismo**, que seria a proeminência do Concílio de cardeais sobre a figura do papa. Episódios como o Cisma do Ocidente, que dividiu o papado em duas sedes, em Avingnon e em Roma, no século XIV, desprestigiaram a instituição central da hierarquia católica. A solução do Concílio de Constança, reunificando o papado, já era a evidência de um movimento interno de questionamento do poder papal.

## A reforma dos hussitas

O hussitismo era um movimento de espiritualidade leiga, que colocava uma enorme ênfase na comunhão (sacramento) . Reivindicava para o povo o direito de recebê-la nos dois elementos (pão e vinho). Deste desejo de envolvimento dos leigos nasceu a substituição do latim pelo tcheco na liturgia e a publicação das escrituras e de livros devocionais em língua vernácula. Junto com essa laicização vinha a costumeira lista de reclamações quanto à riqueza, à corrupção e à indolência da Igreja, males que poderiam ser remediados dando-se aos senhores leigos o controle de todos os assuntos temporais. O núcleo moderado dos hussitas não se considerava separatista, mas reformador.

**Sacramento:** ritual religioso que se refere a sinais que teriam sido criados por Jesus Cristo, como forma de reconhecimento dos cristãos. Para os católicos são sete os sacramentos (batismo, confirmação, eucaristia, penitência, extrema-unção, ordem e matrimônio); para a maioria das religiões reformadas são apenas dois: o batismo e a eucaristia.

*Fonte:* FERNÁNDEZ-ARMESTO, F.; WILSON, D. *Reforma:* o cristianismo e o mundo – 1500-2000. Rio de Janeiro: Record, 1998. p. 315.

# As revoltas populares

O fato de a Igreja ser proprietária de extensas faixas de terra e de ter privilégios no tratamento dado a ela pelas autoridades seculares provocou manifestações contra o seu poderio. Os argumentos teológicos pela adoção de um ideal de vida de pobreza e a crítica aos bens materiais da Igreja se materializavam na evidente quantidade de bens que a Igreja detinha.

A contestação à posse de bens por parte da Igreja ocorreu em outros momentos da Idade Média, e foi se intensificando até desencadear a Reforma luterana. Em lugares como Colônia, na Alemanha, e na Inglaterra, vários movimentos surgiram questionando esse poderio e apontando a Igreja como responsável pela miséria do povo, já que ela era a proprietária de tantas terras. A autoridade da Igreja começou a ser desafiada de forma mais permanente.

Essas manifestações ocorreram com a proteção de reis e nobres, que viam com simpatia a ideia de um movimento que proporcionasse o confisco dessas terras. Também a burguesia, ameaçada pelas restrições que a Igreja fazia ao comércio e aos juros, alimentava a crítica às riquezas da Igreja.

As revoltas populares, portanto, ofereceram à nobreza a oportunidade de confiscar as terras da Igreja e de pôr fim aos impostos eclesiais. Um traço nacionalista também marcou as revoltas camponesas. A Igreja, com sua sede em Roma, era identificada como um organismo que exercia influência sobre outras regiões, como na Alemanha, palco das principais rebeliões.

As revoltas populares representadas em uma gravura alemã de 1530. Observa-se sendo queimado, ao centro, um crucifixo, objeto muito difundido entre os católicos. À esquerda da gravura, a presença de nobres e pessoas com vestimentas diferentes do que era comum ao clero católico, indicando que as revoltas populares, em um primeiro momento, contaram com a simpatia de nobres contra o predomínio da Igreja católica.

# A Reforma na Alemanha

Os alemães viviam em um regime de diferentes principados dotados de ampla autonomia e cidades livres pertencentes ao Sacro Império Romano-Germânico. O imperador dependia dos principais nobres para exercer seu poder; suas decisões precisavam ter o consentimento dos príncipes germânicos. Essa estrutura inviabilizava qualquer forma de centralização política em torno do imperador. Tal divisão política favorecia o poder da Igreja que, além de ser a maior proprietária de terras, cobrava impostos, recolhia esmolas, vendia relíquias e indulgências.

A economia do Sacro Império preservava características comuns ao período medieval como a servidão em larga escala e os vínculos de fidelidade existentes naquele período.

Quando os imperadores do Sacro Império, Maximiliano I (1493-1519) e Carlos V (1519-1556), tentaram empreender a centralização, estendendo seu poderio sobre a nobreza alemã, o processo de Reforma estava em voga. A dinastia Habsburgo, à qual pertenciam os dois reis citados, dominava a Espanha e era vista com desconfiança pelos nobres alemães.

Foi nesse contexto que o religioso Martinho Lutero promoveu o movimento reformista que abalou a cristandade europeia. Lutero vivia atormentado com a teoria do pecado original e não acreditava na possibilidade da redenção humana apenas por suas próprias forças. Para ele, o homem era indigno da salvação; portanto, ela não poderia vir pelas boas obras como ensina a Igreja católica, mas apenas pela sua fé (**solifideísmo**). Os ensinamentos teológicos de Lutero se completam com outros dois pontos: a visão de que **só a escritura**, ou seja, apenas os textos bíblicos, tem autoridade religiosa; e que **só a graça**, um fator divino, poderia garantir aos homens a salvação.

Por esses princípios, Lutero desqualificava a Igreja como instituição visível detentora de algum poder na comunicação entre os homens e Deus. Isso, por sua vez, acarretou desdobramentos políticos. Entre eles estava o repúdio à noção de que a Igreja possuía poderes para regular a vida cristã na Terra. Para Lutero, a Igreja abusava desse princípio e, por isso, não tinha sentido a venda de **indulgências** nem a interferência da Igreja nos assuntos terrenos. Ele propunha que a autoridade dos reis fosse legítima, sem contar com a necessidade de reconhecimento desse poder por parte da Igreja. Sua discordância dos ensinamentos da Igreja levou-o a afixar, em 1517, suas "95 teses" na porta da catedral de Wittemberg.

Nessas teses estão a condenação das indulgências, críticas à hierarquia católica, à existência do papa, à neces-

sidade de dar esmolas e ao uso da Bíblia em latim. A livre interpretação dos textos sagrados, sem o auxílio do clero, e celebrações religiosas mais simples, baseadas exclusivamente no texto bíblico, também eram defendidas.

A Igreja não assistiu passiva a essas críticas. O papa Leão X redigiu uma bula em 1520 e declarou heréticas as propostas de Lutero. Ele devia se retratar sob pena de excomunhão. Mas ele se recusou a fazê-lo e queimou a bula papal em público, em nome da liberdade espiritual. Esse gesto é tido como o marco do **protestantismo**. Lutero foi excomungado.

O imperador Carlos V convocou-o a se pronunciar em uma reunião imperial e de nobres, conhecida como a Dieta de Worms por ter sido realizada na cidade de mesmo nome, em 1521, para se retratar. Ele compareceu e manteve suas ideias. Condenado pela Dieta, graças ao apoio de Frederico da Saxônia, refugiou-se em seu castelo, onde se dedicou à tradução da Bíblia para o alemão.

As ideias de Lutero encontraram ressonância na sociedade alemã da época. Muitos nobres usaram a pregação para ficar com os bens da Igreja. Os camponeses do sul, pretendendo a partilha das terras, rebelaram-se, no movimento conhecido como a Revolta Camponesa ou Revolta dos Anabatistas, em que se destacou a liderança de Thomaz Müntzer. Lutero, temendo a perda de proteção dada a ele pelos nobres e a identificação da Reforma com o radicalismo político, condenou o movimento popular.

"Nem anjo nem o Papa podem vos dar o tanto que Deus lhe concede em sua paróquia, ainda mais o Papa, que descarta os dons divinos que vós recebeis gratuitamente, para vos impor os dons que ele vos faz comprar." Martinho Lutero, 1520, à nobreza cristã alemã. A "guerra" entre as Igrejas católica e protestante inspirou Lucas Cranach em *A Verdadeira e a Falsa Igreja*, em 1547. Gravura satírica sobre madeira.

Desse episódio e da noção de obediência ao poder secular reside um dos aspectos mais conservadores do luteranismo: para Lutero, nunca se deve opor resistência ativa a um príncipe.

Os nobres eram os maiores apoiadores da nova religião. Formaram uma liga militar (Liga de Smalkade) contra o católico devoto Carlos V. As lutas se alastraram, até a paz ser obtida em 1555, em Augsburgo, quando ficou determinado que o povo tinha o dever de obedecer aos seus governantes, e a eles cabia o direito de escolher o protestantismo ou o catolicismo.

# A Reforma na Suíça e a propagação do calvinismo

As ideias reformistas de Lutero espalharam-se por outras regiões europeias. Na Suíça, as ideias reformistas foram implantadas por Ulrich Zwinglio (1484-1531), que pregava a obediência radical às Escrituras.

Outro nome importante da Reforma na Suíça foi o do francês João Calvino (1509-1564), que, após a sua conversão ao protestantismo, foi perseguido por suas ideias e refugiou-se na Suíça. Em Genebra, adotou um modelo religioso e político para construir uma "cidade-igreja", que interferia na vida das pessoas com a proibição, por exemplo, de jogos e de festas.

Calvino é considerado o principal formulador do pensamento teológico reformado pelas ideias apresentadas na obra *Institutas da Religião Cristã*. A teo-

Calvino, o grande teólogo da Reforma. Biblioteca Universitária de Genebra, Suíça.

ria calvinista concordava com o princípio da justificação pela fé e incorporava outro elemento: a teoria da **predestinação**, segundo a qual Deus, por ser onisciente, sabe o destino que cada pessoa terá e, portanto, nada podem fazer os homens para alterar o que lhes irá acontecer. Para identificar o sinal da graça, os homens devem seguir uma disciplina rígida que enfatiza o trabalho e uma vida regrada. O trabalho intenso e o controle de gastos levam à riqueza, que seria um sinal da predestinação.

No campo político, a principal contribuição do calvinismo está na defesa do direito à resistência política diante dos governantes, quando estes excedem suas funções. No entanto, para evitar uma abordagem mais radical, cada grupo deve resistir "a partir de seu lugar". Assim, um magistrado deve ser advertido inicialmente por outro magistrado. A participação popular deve ocorrer apenas quando há uma usurpação e nenhum magistrado se interpõe ao usurpador, tornando ilegítimo o exercício dessa autoridade.

Os calvinistas tiveram papel diferente em cada país: na França, eram conhecidos como **huguenotes** e, em troca da liberdade de culto naquele país católico, eles não defenderam radicalmente a ideia de resistência política, mesmo quando os governantes não agiam de acordo com a "vontade divina".

Na Escócia, onde já contavam com ampla base naquela sociedade, eram chamados de **presbiterianos** e tiveram a liderança de John Knox (1505-1572). Defendiam o direito à resistência quando uma autoridade superior fosse um homem "ignorante de Deus" ou "perseguidor dos membros de Cristo".

Na Inglaterra, os calvinistas foram chamados de **puritanos**, pois após o Cisma de Henrique VIII, que fundou a Igreja anglicana, os puritanos queriam "purificar" essa Igreja, estabelecer as bases para uma nova ordem social e realizar o plano divino, ao qual eles acreditavam ser os predestinados.

*Henrique VIII*, rei da Inglaterra de 1509 a 1547, por Hans Holbein. Galeria de Arte Antiga. Palácio Barberini, Roma.

## Passado/presente

### Religião e sociedade no Brasil atual

*O Brasil tem passado por uma profunda alteração nos seus hábitos religiosos nas últimas duas décadas. Colonizado por portugueses, o catolicismo é a religião declarada da maioria da população. No entanto, a presença de outras denominações religiosas avança rapidamente. Dentre os grupos que mais crescem estão os chamados grupos pentecostais ou evangélicos. Esses eram, na década de 1970, apenas 5,8% da população; nos dados do censo demográfico do IBGE (Instituto Brasileiro de Geografia e Estatística), eram 15,4% da população, contra 73,8% de católicos.*

*O universo evangélico-pentecostal foi analisado pela pesquisadora Diana Lima em um texto publicado no jornal Folha de S.Paulo, em 12 de julho de 2009. Para ela, há uma nova religiosidade que é coincidente com a ascensão de uma nova classe média no Brasil, após a estabilização econômica iniciada com o Plano Real, em 1994. Inspirados em movimentos teológicos oriundos dos EUA, a autora descreve o que ela chama de teologia da prosperidade, segundo a qual os fiéis desfrutam de benefícios materiais como uma prova da recompensa divina. O ideal da moderação, pregado por Calvino, por exemplo, seria substituído por outra relação com os recursos econômicos, típica da sociedade contemporânea. Vejamos alguns trechos da análise de Diana Lima:*

Essa teologia prega que, por meio da força performativa das palavras, o fiel pode neutralizar o Demônio, responsável pelos males que se impõem à vida, e ter acesso a tudo de bom que a existência terrena pode oferecer: saúde perfeita, harmonia conjugal e riqueza material.

A relação entre o cristão e Deus é contratual: para receber a graça do Senhor, o cristão deve viver de acordo com a fé, ir regularmente à igreja, entregar com assiduidade o dízimo previsto na Bíblia, fazer as ofertas e "tomar uma atitude". A teologia da prosperidade revê a antinomia entre cristianismo e desfrute mundano da fortuna. Sua mensagem moral liberta os fiéis das exigências ascéticas determinadas pelo calvinismo e pelas denominações pentecostais tradicionais.

> **Antinomia:** contradição entre dois princípios aparentemente inconciliáveis.

Seus crentes estão destinados a viver em harmonia familiar e a serem saudáveis e vitoriosos em todos os empreendimentos terrenos se demonstrarem confiança incondicional em Deus. O fiel dessa teologia entende que Deus deseja uma vida de plenitude a quem trabalha com afinco e vive de acordo com os preceitos da fé. O bom cristão pode – e deve – determinar seu acesso a tudo de bom que a vida oferece.

Assim, por um lado há uma continuidade entre o protestantismo histórico e a teologia da prosperidade no que se refere ao rigor diante da obediência religiosa e do trabalho. Por outro, enquanto a ética calvinista da predestinação impunha aos crentes uma atitude ascética , a teologia da prosperidade sacraliza o usufruto imediato das possibilidades aquisitivas conquistadas pelo fiel. Por que, precisamente na década de 1990, parcelas crescentes das camadas populares urbanas deixaram de buscar na religião apenas orientação sobre como sofrer ou como lidar com a impotência em face da agonia familiar? (...)

Penso que o crescimento da teologia da prosperidade acontece nesse momento porque é quando os símbolos articulados em sua mensagem pastoral – e mesmo a própria mensagem – encontram ressonância no sistema simbólico que atravessa a experiência social brasileira de maneira mais ampla. (...)

Na segunda metade da década, os meios de comunicação, de maneira hegemônica , passaram a tratar o sucesso econômico e, consequentemente, o acesso ao mundo do consumo como resultado do empenho empreendedor individual. (...)

A pesquisa antropológica não é capaz de verificar se a fatia da população que tem sido considerada a nova classe média é a mesma que está presente nas igrejas professoras da teologia da prosperidade.

Mas a etnografia tem demonstrado que os fiéis dessas igrejas falam com entusiasmo sobre o alcance de uma vida melhor a partir da conversão e que essa vida melhor envolve, entre outros fatores, um acesso alargado a bens de consumo.

*Fonte:* LIMA, D. Anticalvinismo brasileiro. In: *Folha de S.Paulo*, São Paulo, 12 jul. 2009. Caderno Mais! *Disponível em:* <http://www1.folha.uol.com.br>. *Acesso em:* 25 mar. 2015.

**Ascética:** deriva do ascetismo, ou seja, ensinamento que prevê o autocontrole do corpo e do espírito para que se possa obter uma vida virtuosa, segundo o princípio que se professa.

**Hegemônica:** refere-se ao que tem hegemonia, preponderância, domínio.

**Etnografia:** registro descritivo de uma cultura ou sociedade.

Na foto, evangélicos participam de uma manifestação ocorrida na cidade de São Paulo. Os evangélicos formam um grupo religioso muito diversificado entre si, pois pertencem a várias denominações religiosas cristãs. O número de evangélicos tem crescido constantemente no Brasil, como atestam os dados do IBGE.

# A Reforma na Inglaterra

A Reforma religiosa na Inglaterra não foi protagonizada por um debate teológico, mas pela ação do próprio rei, Henrique VIII. O rei, pretendendo um herdeiro masculino, apresentou ao papa um pedido de anulação de seu casamento com Catarina de Aragão. O papa rejeitou esse pedido e o rei rompeu com Roma e casou-se com Ana Bolena.

Na disputa entre o rei e o papa havia motivações maiores que a questão do matrimônio. Ao se opor à Igreja e envolver a pequena nobreza, o rei desencadeou um movimento nacionalista e proclamou-se líder supremo da Igreja anglicana, em 1534. Pouco depois, confiscou as terras e propriedades da Igreja, dissolveu mosteiros e consolidou o seu poder na Inglaterra ao tornar-se o chefe da Igreja Reformada, a Igreja anglicana.

Os aspectos teológicos e litúrgicos da Igreja anglicana pouco divergiam daqueles da Igreja católica, mas os bispos que juravam lealdade a Henrique VIII para preservar seus postos não criaram uma Igreja com ensinamentos próximos aos ideais reformados, como a ênfase em rituais simplificados e sem a intermediação eclesiástica. Estes são alguns questionamentos feitos pelo espírito reformista dos puritanos ingleses e que, associados a questões políticas e religiosas, levaram a conflitos no século XVII.

## Práticas individuais e práticas coletivas de católicos e reformados

*Há uma concepção de que a religião católica tem os seus rituais centrados apenas na prática comunitária, como as missas, procissões e peregrinações, ao passo que os reformados teriam, por sua leitura direta das Escrituras, uma religiosidade mais individualizada. Estudando os hábitos de reformados e católicos, o historiador François Lebrun constatou que em ambos os grupos existem práticas coletivas e individuais:*

"Não se deve ver no protestante um fiel que está sempre só perante Deus em oposição ao católico preso no casulo de uma religião comunitária fortemente enquadrada pelo clero. É verdade que, no estrito plano teológico, as consequências do dogma da comunhão dos santos são impensáveis para um protestante, assim como a crença no purgatório e na eficácia das orações pelos mortos. Concretamente, porém, quando se trata de definir as condições de vida neste mundo, Lutero e Calvino têm suficiente consciência das realidades de seu tempo e das exigências do homem de todos os tempos que vive em sociedade para aceitar, com algumas diferenças, a criação de toda uma rede de instituições e práticas coletivas que visam unicamente a ajudar o justo a perseverar na fé, sem no entanto interferir em sua relação pessoal com Deus. O estudo dessas práticas mostra que, na realidade, o fosso entre protestantes e católicos é menos profundo do que se poderia imaginar."

*Fonte:* LEBRUN, F. As reformas: devoções comunitárias e piedade pessoal. In: ARIÉS, P.; CHARTIER, R. (orgs.) *História da Vida Privada.* São Paulo: Companhia das Letras, 1991. v. 3, p. 103-104.

# A Contrarreforma católica

A Igreja católica, diante da propagação dos ideais reformistas por toda a Europa, empreendeu um movimento chamado de Contrarreforma ou Reforma católica. Os pontos mais importantes da Contrarreforma foram:

A concorrência religiosa representada por Adriaen van der Venne em *O Pescador de Almas*, 1614. Rijksmuseum Foundation, Amsterdã, Holanda. Nos barcos podemos observar os clérigos católicos e calvinistas. Os católicos usam vestes brancas e há um cardeal com veste vermelha; os calvinistas usam roupas escuras. Nos dois casos, os barcos tentam agarrar pessoas que estariam sendo recolhidas de um rio, que em suas margens estão cheias de adeptos dos grupos religiosos em questão.

- **O Concílio de Trento: 1545-1563**. A reunião dos bispos e autoridades católicas na cidade de Trento procurou reafirmar todas as verdades oficiais da Igreja (dogmas), como a interpretação que ela dava às Escrituras e ao papel da Eucaristia (sacramento celebrado durante as missas pelo qual o pão consagrado e partilhado se torna o corpo de Cristo) como elemento central da liturgia católica. Os pontos que tinham sido atacados pelos reformistas foram reafirmados em Trento: à ideia de sacerdócio universal, defendida pelos reformistas, foi reafirmada a primazia dos padres. Para estes foi estimulada a criação de escolas especiais, os Seminários, onde o clero católico teria uma formação mais rigorosa e controlada. O Concílio procurou dar respostas às críticas externas e internas que a Igreja recebera.
- **Criação do Índex**: uma lista de livros proibidos pela Igreja, que supostamente contrariavam os ensinamentos da doutrina católica.
- **Reorganização e reforma das ordens religiosas existentes** (como os carmelitas) **e criação de novas ordens** como a Companhia de Jesus. Os jesuítas, como eram chamados os membros da Companhia de Jesus, conhecidos pelo rigor de sua formação e pela rigidez de regras impostas aos seus membros, destinavam-se especialmente aos colégios (para educação da elite) e às missões (para a conversão dos povos na América, Ásia e África).

*Santo Inácio de Loyola, o Fundador da Companhia de Jesus, aos Pés da Virgem.* Gerard Seghers. Museu Lambinet, Versalhes, França.

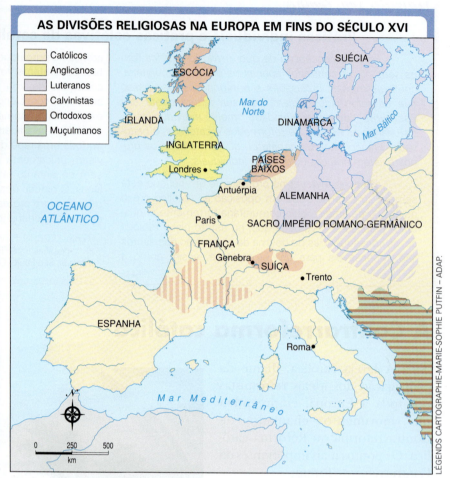

## AS DIVISÕES RELIGIOSAS NA EUROPA EM FINS DO SÉCULO XVI

- Católicos
- Anglicanos
- Luteranos
- Calvinistas
- Ortodoxos
- Muçulmanos

No campo político, a Contrarreforma conferiu aos reis católicos (como os da Espanha) amplos poderes para perseguir os reformistas. Assim, Reforma e Contrarreforma reforçaram o poder real e o surgimento do Absolutismo da Idade Moderna, como veremos no capítulo seguinte.

Uma das partes mais visíveis da Contrarreforma foi a reorganização do Tribunal da Santa Inquisição (ou Santo Ofício). Criado na Idade Média, a Igreja reforçou o poder desse tribunal, voltado agora a perseguir os simpatizantes da Reforma e outros grupos considerados hereges.

Os reis católicos Fernando de Aragão e Isabel de Castela. Museu Condé, Chantilly, França.

# Inquisição, Inquisições

A Inquisição, em linhas gerais, foi um tribunal de fé católico que tinha por finalidade combater o que era considerado herege pelos cânones dessa crença. Sua criação ocorreu em 1231, quando o papa Gregório IX autorizou um grupo de religiosos a fazer "inquisição" a respeito de teorias consideradas heréticas pela autoridade religiosa e seus cânones. O período de maior demonstração de força dos tribunais deu-se após a Reforma luterana. A Inquisição teve muita força em Portugal, Espanha e em regiões da Itália.

## As heresias: a definição dos alvos dos tribunais da fé

A definição de heresia só é possível dentro da concepção de uma determinada doutrina. A tradição cristã definiu como hereges aqueles que discordassem ou não aceitassem os postulados de seus ensinamentos.

Desde suas origens, o cristianismo enfrentou o problema das heresias. Movimentos reformistas sempre existiram dentro da própria Igreja, como a vida monástica de São Bento, as propostas de Francisco de Assis e os movimentos místicos. Alguns reformistas foram classificados como santos, como é o caso de Inácio de Loyola, e outros, como hereges. A Contrarreforma e a consolidação das Igrejas protestantes marcaram o início de uma era de "enrijecimento hierárquico" e "marginalização dos grupos dissidentes".

As inquisições eram uma forma de manter os fiéis sob seu controle. As heresias eram classificadas e não observavam apenas os aspectos dogmáticos, mas também as práticas culturais, como na perseguição a cristãos-novos (judeus convertidos à força em Portugal e Espanha) e seus hábitos alimentares e de higiene que poderiam ser um indício de "desvio" da fé.

MUSEU KUNSTHISTORISCHE, VIENA, ÁUSTRIA

O pintor Pieter Bruegel (ca. 1525-1569) captou com maestria as conturbações do século XVI, em seu quadro *A Torre de Babel*. Essa é uma referência a uma passagem bíblica em que foram reunidos na Torre de Babel povos que passaram a falar línguas diferentes e que, portanto, não se entenderam mais. Essa obra deve ser observada como uma alegoria, ou seja, como a representação de ideias e pensamentos de maneira figurada. É difícil estabelecer exatamente o que o artista pensou ao realizar a obra. Na verdade, a obra está aberta, não para infinitas, mas para muitas interpretações. O artista usou tinta óleo sobre madeira.

## O auto de fé e a tortura inquisitorial

O processo ritual mais visível da Inquisição era o **auto de fé**. Ele iniciava com a publicação prévia dos éditos que informavam sobre a realização do Tribunal; depois, na data marcada, a encenação de atos penitentes já que o lema da Inquisição era Misericórdia e Justiça; em seguida havia a celebração em si, com a procissão dos condenados, a entrada dos religiosos e autoridades no palco que era montado para a realização do auto; depois realizava-se a cerimônia de abjuração, na qual era feita a expressão pública e formal de arrependimento e o compromisso com a fé católica. As confissões eram obtidas, em muitos casos, sob tortura.

Os instrumentos de "tormenta" previstos no regimento de 1640 da Inquisição portuguesa foram dois: a "polé" e a "tortura das bilhas".

O Tribunal também tinha alguns cuidados no uso da tortura. Ela não poderia causar efusão de sangue nem ferimentos duradouros ou a morte do réu. A Igreja se preocupava com essa questão, pois, para ela, o sangue era abominável. As torturas deveriam ser breves e supervisionadas para evitar danos irreversíveis, até mesmo a morte. No entanto, essa preocupação era desrespeitada com frequência.

Além da tortura física havia a tortura psicológica. A possibilidade da denúncia gerava insegurança ao criar uma vasta rede de informantes. A desconfiança foi um dos aspectos menos ressaltados, mas o mais importante dos processos inquisitoriais. Ao despertar a possibilidade de denúncia e com a precariedade do direito de defesa, havia um "terror psicológico" nas regiões onde se realizavam tribunais e nas que eram visitadas pelos inquisidores.

A imagem superior refere-se à tortura das bilhas. A bilha era um recipiente de argila que continha cerca de um litro e meio de água. O carrasco introduzia na boca da vítima um funil e despejava o conteúdo da bilha nesse funil, tapando o nariz do condenado e provocando-lhe asfixia.

Outro instrumento de tortura era a polé, que, como observamos na imagem inferior, consistia em suspender o réu pelos pulsos amarrados atrás do corpo e deixá-lo cair violentamente, para interromper sua queda pouco antes de chegar ao chão. Esta ação provocava deformações que podiam ser irreversíveis, como fraturas e rompimento de ligações. Às vezes, além do peso do próprio corpo, agregava-se peso aos pés do condenado.

Os fiéis eram incitados a delatar qualquer atitude suspeita de outra pessoa às autoridades religiosas, sob pena de se tornarem cúmplices e, também, de serem submetidos aos suplícios inquisitoriais. Não havia, para os crentes católicos, um problema ético no ato de delatar tal como o concebemos em nossos tempos. As recompensas imediatas – como absolvições e proteções – ou futuras – como o perdão divino e glórias eternas – justificavam esses procedimentos.

A maioria das sentenças impostas aos condenados não implicava prisão ou morte. As penas mais comuns eram as humilhações e penitências públicas. No entanto, havia execuções. O ato de executar reforçava a intimidação contra as práticas religiosas proibidas pela Igreja.

Um dos grupos mais perseguidos pela Inquisição foi o dos cristãos-novos, nome dado aos judeus convertidos ao catolicismo. Os cristãos-novos condenados tinham seus bens confiscados e seus descendentes eram proibidos de exercer determinadas funções profissionais, o que acarretava a ruína de toda a sua família.

O Tribunal da Espanha, por exemplo, era beneficiário das multas e dos confiscos que aplicava às vítimas, principalmente em suas primeiras décadas. Essa prática levantou a suspeita de uma "ação interessada" dos denunciantes, ao acusar os judeus, com interesse em seus bens.

O motivo principal da acusação contra os cristãos-novos feita pelos católicos era a de que os novos convertidos dissimulavam uma prática religiosa que de fato não professavam, pois continuavam a ser praticantes do judaísmo. Com essa concepção já havia uma condenação prévia desse grupo.

Os cristãos reformados não foram tão perseguidos pela Inquisição quanto os cristãos-novos. Isso não significou, evidentemente, maior tolerância pelo princípio partilhado do cristianismo. No caso da Espanha e de Portugal, os protestantes foram grupos minoritários, devido às sólidas relações entre Coroa e Igreja romana nesses dois Estados, o que de alguma forma explica a pequena difusão dos ideais reformistas nesses dois países.

## O fim da Inquisição

A propagação do protestantismo entre intelectuais fez com que os que foram vítimas da Inquisição ou, ainda, os que conseguiram escapar dela se dedicassem a escrever e denunciar os métodos do Tribunal católico. A premissa do questionamento da autoridade papal e da Igreja como instituição feita por Lutero invalidava a autoridade dos tribunais inquisitoriais. As decisões do Santo Ofício eram ilegítimas para os protestantes, já que para eles a Igreja não possuía o poder de intermediação entre os homens e Deus e, principalmente, não poderia ter o direito de julgar qualquer pessoa em nome da vontade divina. A oposição dos protestantes à tradição católica enfatizava novos elementos, como a liberdade religiosa.

A ideia da tolerância religiosa só prosperou quando um dos lados já não era mais capaz de sufocar a outra parte. *O Triunfo da Morte*, 1568, detalhe, de Pieter Bruegel. Museu do Prado, Madri.

O fim paulatino dos tribunais, após mais de 80 mil processos na Espanha e outros 45 mil em Portugal, apenas entre os séculos XVI e XVIII, para falar dos países onde a instituição foi mais sistemática, foi o resultado da confluência de diversos elementos. A questão do combate aos hereges, justificativa para sua existência, foi sendo suplantada pela aceitação do princípio da liberdade religiosa no contexto das reformas liberais vividas no continente europeu. A mudança política fez surgir um distanciamento entre a autoridade política e religiosa, e os tribunais só puderam existir nas regiões em que o entrelaçamento da Igreja romana e o poder político era inquestionável.

Em outras regiões, onde o questionamento à autoridade papal surgiu, a Igreja não tinha poder jurídico para acusar, julgar e condenar os hereges. Por fim, a difusão de novos valores dentro da sociedade europeia levou a uma mudança profunda das relações entre Igreja e Estado, além da emergência de um pensamento que apregoava, entre outras coisas, a liberdade de consciência.

## Cinemateca

**Lutero** (2003, Alemanha/EUA, dir.: Eric Till) Conta a história de Martinho Lutero, que desafiou a Igreja ao pregar as 95 teses criticando a Igreja Católica. Excomungado por não dizer que elas contrariavam a Bíblia, criou uma cisão na Igreja que resultou no protestantismo.

**Casanova** (2005, EUA, dir.: Lasse Hallström) O conquistador Casanova vivia em Veneza, no século XVIII, em tempos da Santa Inquisição. Por aventurar-se em conventos a seduzir freiras e todas as moças ingênuas e casadoiras, cria a fama de fazer pactos demoníacos, praticar bruxaria e feitiçaria. Para fugir da Inquisição precisa casar-se e encontra uma mulher que o rejeita.

**O Homem que não Vendeu a sua Alma** (1966, Inglaterra, dir.: Fred Zinnemann) A história de Thomas More, autor de *A Utopia*, e seu enfrentamento contra o rei Henrique VIII que decidiu se divorciar para casar-se com Ana Bolena. A mudança, contrariando os ensinamentos da Igreja católica, colocou More em um dilema: escolher entre a fidelidade ao soberano e a seus princípios religiosos.

## Revisitando a História

**1.** O que foram as reformas religiosas do século XVI? Por que devemos abordá-las como um processo plural?

**2.** Segundo Skinner, Lutero atacou "não só o tráfico que o papado efetuava das indulgências, mas todo um conjunto de atitudes sociais, políticas, assim como religiosas, que tinham ficado associadas aos ensinamentos da Igreja católica". Dessa maneira, é possível afirmar que as reformas religiosas do século XVI causaram desestabilidade não apenas no âmbito religioso.

a) Explique a relação entre o protestantismo luterano e as revoltas camponesas alemãs no início do século XVI.
b) Identifique um aspecto teológico e outro político do questionamento da autoridade papal feito pelos grupos reformados.

**3.** "A fé suficiente para um cristão não precisa de nenhuma obra para se justificar. As obras boas e justas não fazem jamais um homem bom e justo, mas um homem bom e justo faz boas obras. Uma casa bem ou malfeita não torna o carpinteiro bom ou mau, mas um bom ou mau carpinteiro fará uma casa boa ou má; a obra não faz o mestre, a obra será exatamente como é o seu mestre. Portanto, as obras de um homem corresponderão também à sua fé ou falta de fé, de acordo com a qual serão boas ou más."

LUTERO, M. *A Liberdade do Cristão*, 1520.

a) Relacione o trecho da obra de Lutero e sua ação reformista da justificação da fé.
b) Em que sentido podemos dizer que a venda de indulgências contradiz a visão teológica de Lutero?

**4.** "Nós chamamos de predestinação o conselho eterno de Deus, pelo qual Ele determinou o que Ele quer fazer de cada homem. Eles não foram criados em situação similar, uns são predestinados à vida eterna, e outros à danação eterna. Se nós perguntamos por que Deus teve piedade de uma parte da humanidade e por que ele deixou e esqueceu outra, não há outra resposta, senão a de que Ele assim o quis."

CALVINO, J. *A Instituição da Religião Cristã*, 1536-1541.

Analise o documento acima, relacionando-o com as pregações de Calvino.

**5.** A respeito da Inquisição, responda:

a) Qual o papel da Inquisição na Contrarreforma?

b) Por que o auto de fé era um evento didático? Explique.

# Analise esta imagem

WERNER OTTO/ALAMY/GROWIMAGES

BILL WYMAR/ALAMY/GROWIMAGES

DANILO DONADONI/EASYPIX

As fotografias de três templos religiosos são, respectivamente, ① de uma igreja luterana, construção do final do século XX; ② a igreja católica de Jesus Novo, em Nápoles, Itália, cujo altar foi construído no século XVI; e ③ a igreja de São Domingos, construída em 1953, na cidade de São Paulo.

a) Compare as imagens 1 e 2 tendo em vista as diferenças entre os templos de uma igreja luterana e um templo católico com características da Contrarreforma.

b) Por que as construções católicas foram alvo das críticas dos reformados do século XVI? Apresente indícios com base em sua observação das fotos.

c) "Depois de cinco séculos, é possível dizer que a Igreja católica acatou algumas recomendações protestantes." Explique essa frase indicando no que a imagem 3 se aproxima e se diferencia das imagens 1 e 2.

# Debatendo ideias

Você observou que a prática da tortura era um instrumento dos tribunais da Inquisição. Com base no que você leu no capítulo e nos seus conhecimentos, discuta com seus colegas:

a) Uma das causas da perseguição aos considerados hereges era a aversão a quem pensasse de uma forma diferente do pensamento oficial da Igreja. Mesmo que na atualidade haja a defesa do princípio da tolerância, você é capaz de identificar práticas que contrariam esse princípio? Justifique.

b) A tortura era utilizada para extrair confissões. Os jornais, ainda hoje, noticiam, com base em denúncias de organismos de defesa dos direitos humanos, a permanência desse procedimento em várias partes do mundo, incluindo o Brasil. Esse procedimento é aceitável no mundo atual? Por que ele contraria os direitos elementares da pessoa humana?

# Questões de vestibular

**1.** (UFG – GO) A Reforma Protestante, iniciada por Lutero, foi um movimento de mudanças sociais de caráter fundamentalmente religioso, com importantes desdobramentos políticos e econômicos. No que se refere aos princípios políticos e religiosos, o luteranismo defendia a

a) submissão da Igreja ao Estado e a valorização da fé individual.
b) implementação de políticas econômicas na Europa e a quebra da autoridade religiosa.
c) jurisdição real sobre terras da Igreja e a cobrança de impostos sobre esse patrimônio.
d) extinção das rendas feudais e a oposição às pregações morais do clero.
e) cessação do poder político-administrativo da Igreja sobre os reinos e o fim da condenação da usura.

**2.** (UFPR) A Reforma protestante e a Contrarreforma envolveram aspectos ligados à doutrina da religião cristã e à forma como se organizava a Igreja Católica com sede em Roma. No contexto desses movimentos, considere as afirmativas a seguir:

I. Os protestantes eram contrários à autoridade do Papa e à intermediação dos padres na leitura da Bíblia.
II. Os protestantes eram contrários ao casamento dos padres e ao sacramento da confissão.
III. As ideias protestantes tiveram grande aceitação por parte dos monarcas portugueses, espanhóis e ingleses.
IV. Os jesuítas foram designados para a ação missionária nas terras da América, Ásia e África, a fim de garantir a expansão da fé católica.
V. O Concílio de Trento definiu algumas ações para reagir à expansão do protestantismo, como o fortalecimento dos sacramentos e uma melhor formação do clero para o atendimento dos fiéis.

Assinale a alternativa correta.

a) Somente as afirmativas II e III são verdadeiras.
b) Somente as afirmativas I e II são verdadeiras.
c) Somente as afirmativas I, IV e V são verdadeiras.
d) Somente a afirmativa IV é verdadeira.
e) Somente as afirmativas III e V são verdadeiras.

**3.** (PUC – PR) O Concílio de Trento (1545-1563), ao lado da ação dos jesuítas e do restabelecimento da Inquisição, foi de grande importância para o sucesso da Contrarreforma ou Reforma Católica.
Assinale, sobre o mesmo, a alternativa INCORRETA:

a) Estabeleceu o Índex ou lista de obras que não deviam ser lidas pelos católicos.
b) Declarou que as boas obras são tão necessárias à salvação quanto a fé.
c) Condenou a crença no purgatório, concordando nesse ponto com os protestantes.
d) Manteve o celibato clerical.
e) Manteve a supremacia papal sobre todos os sacerdotes e prelados, sugerindo que a autoridade daquele transcendia a do próprio concílio da Igreja.

**4.** (ENEM) No final do século XVI, na Bahia, Guiomar de Oliveira denunciou Antônio Nóbrega à Inquisição. Segundo o depoimento, esta lhe dava "uns pós não sabe de que, e outros pós de osso de finado, os quais pós ela confessante deu a beber em vinho ao dito seu marido para ser seu amigo e serem bem-casados, e que todas estas coisas fez tendo-lhe dito a dita Antônia e ensinado que eram coisas diabólicas e que os diabos lhe ensinaram".

> ARAÚJO, E. *O Teatro dos Vícios*. Transgressão e transigência na sociedade urbana colonial.
> Brasília: UnB/José Olympio, 1997.

Do ponto de vista da Inquisição,

a) o problema dos métodos citados no trecho residia na dissimulação, que acabava por enganar o enfeitiçado.
b) o diabo era um concorrente poderoso da autoridade da Igreja e somente a justiça do fogo poderia eliminá-lo.
c) os ingredientes em decomposição das poções mágicas eram condenados porque afetavam a saúde da população.
d) as feiticeiras representavam séria ameaça à sociedade, pois eram perceptíveis suas tendências feministas.
e) os cristãos deviam preservar a instituição do casamento recorrendo exclusivamente aos ensinamentos da Igreja.

**5.** (FUVEST – SP) Antes de o luteranismo e calvinismo surgirem, no século XVI, e romperem com a unidade do cristianismo no ocidente, houve, na Baixa Idade Média, movimentos heréticos importantes, como o dos cátaros e dos hussitas, que a Igreja Católica conseguiu reprimir e controlar.

Explique:

a) como a Igreja Católica conseguiu dominar as heresias medievais?
b) por que o luteranismo e o calvinismo tiveram êxito?

**6.** (UFSCar – SP) O calvinismo, doutrina constituída no século XVI europeu, foi tributário, em muitos aspectos, dos princípios elaborados por Santo Agostinho, sobretudo aquele que reafirma

a) o automartírio da carne como meio de purificação dos pecados.
b) a necessidade da concessão da graça divina para a salvação dos homens.
c) a superioridade do poder religioso sobre os negócios do Estado.
d) a necessidade de obras meritórias e santas para a salvação das almas.
e) a autoridade da instituição religiosa na absolvição dos pecados humanos.

**7.** (UnB – DF) Acerca das reformas religiosas, que constituíram um episódio relevante dos tempos modernos, julgue os seguintes itens.

(1) Não se pode associar os movimentos reformistas às transformações sociais, políticas e econômicas que se processaram nos séculos XV e XVI, porque tais movimentos ocorreram no âmbito do universo eclesiástico.

(2) As teses luteranas não questionavam os preceitos doutrinários da Igreja Católica, pois defendiam os poderes temporais e doutrinais do papado.

(3) As reivindicações dos camponeses alemães foram contempladas nos movimentos religiosos, haja vista o fato de Lutero ter defendido a reforma agrária nas terras improdutivas.

(4) Algumas teses de João Calvino, embora contrariassem a doutrina da Igreja Católica, não serviram à ideologia capitalista porque subestimavam o trabalho como fator de emancipação do homem.

**8.** (UFRGS – RS) Observe o mapa abaixo:

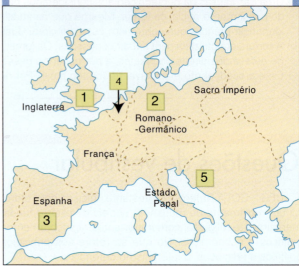

**MAPA DO SACRO IMPÉRIO ROMANO-GERMÂNICO E DAS DIVISÕES POLÍTICAS DA EUROPA NO SÉCULO XVI**

*Fonte:* SEPANEK, S. *Os Grandes Líderes* – Lutero. São Paulo: Nova Cultural, 1988.

Em 1563, quando se encerra o Concílio de Trento, o panorama político-religioso da Europa apresenta-se conforme o mapa ao lado. Relacione os grupos religiosos listados a seguir com as áreas de sua maior influência, de acordo com a numeração constante no mapa.

(   ) católicos romanos
(   ) reformados anglicanos
(   ) reformados luteranos
(   ) reformados calvinistas
(   ) cristãos ortodoxos

A sequência correta de preenchimento dos parênteses, de cima para baixo, é

a) 4 – 3 – 2 – 1 – 5
b) 5 – 1 – 3 – 2 – 4
c) 3 – 1 – 2 – 4 – 5
d) 1 – 2 – 4 – 5 – 3
e) 3 – 4 – 5 – 2 – 1

# Programa de Avaliação Seriada

**1.** (SAA – UPE) A Reforma protestante não apenas abalou os poderes da Igreja católica como também contribuiu para

a) a colonização inglesa na América.
b) o fortalecimento do poder da nobreza na Europa.
c) a radicalização das ideias liberais.
d) a manutenção do analfabetismo na Europa.
e) as fortes mudanças políticas na península ibérica.

# capítulo 11

# O poder das monarquias e o Antigo Regime

*As transformações ocorridas na forma de pensar, de expressar-se nas ciências e nas artes, de praticar a religião, entre outras, não foram as únicas que marcaram o início da época moderna. A política e a economia se transformavam ao mesmo tempo. Os monarcas que ampliaram seu poder, em um processo que se iniciou desde a Baixa Idade Média, eram a face do absolutismo na Europa. Como se relacionaram nobres, burgueses e camponeses naquele período? Por que o Estado, que se organizava a partir das monarquias, era cada vez mais relevante para a economia? Por que esse período foi chamado de Antigo Regime? As respostas a essas questões indicam que a consolidação do poder político não foi uma tarefa simples. Era necessário fortalecer as vinculações entre governantes e súditos, ao mesmo tempo que demandas econômicas surgiam numa Europa em que quase 90% de sua população vivia no campo, e as manufaturas – pequenos estabelecimentos que abrigavam trabalhadores que, com ferramentas simples, fabricavam produtos manualmente – eram incipientes.*

O período moderno, do século XV ao XVIII, com tantas transformações, foi designado, a partir da Revolução Francesa (1789), como **Antigo Regime**. Os revolucionários empregaram essa expressão para se referir à ordem política a que se opunham. Em termos gerais, o Antigo Regime é caracterizado por três elementos:

- **Absolutismo** – o poder concentrado nas mãos de uma só pessoa: o monarca. Não havia a divisão dos poderes em Legislativo, Executivo e Judiciário. Também não havia um conjunto prévio de leis escritas a que o monarca estivesse obrigatoriamente sujeito, ou seja, uma Constituição que limitasse ou regulamentasse de forma prática e positiva os poderes reais.

- **Mercantilismo** – o conjunto de práticas econômicas marcadas pelo controle do Estado.

- **Sociedade estamental** – marcada pela mobilidade restrita, sendo a posição social definida pelo nascimento. O grupo mais beneficiado socialmente era a nobreza; esta era formada, contudo, por variados segmentos, alguns dos quais se valiam de sua maior proximidade do rei e das estruturas do governo para ter acesso a recursos econômicos controlados pelo Estado dentro das práticas do mercantilismo.

Ao mesmo tempo que o Antigo Regime foi marcado pela atuação político-econômica da nobreza e a concentração de poder nas mãos dos reis, um novo grupo social firmou-se significativamente: a burguesia. Formada inicialmente por comerciantes, originados dos burgos feudais, a burguesia se constituiu, a partir do século XVIII, em uma classe bastante diversificada e rica. Aos burgueses não interessava mais a estrutura absolutista, mercantilista e estamental – um regime que passara a ser antiquado, cheio de obstáculos para a realização de suas ideias e negócios. Os tempos mudaram... Três séculos antes, os nascentes burgueses precisavam de reis que unificassem pesos, medidas, moedas e garantissem alguma segurança para seus negócios. Todavia, já por volta de 1750, esses reis e suas onerosas cortes começaram a se tornar pesados fardos sem oferecer quase nada em troca àqueles que não tinham nascido nobres.

# Monarcas poderosos e transformações no mundo europeu

O período moderno consolidou os poderes dos monarcas, que desde a Baixa Idade Média criaram mecanismos para ampliar seus domínios e se fortalecerem diante de uma ordem descentralizada, como era o feudalismo. As transformações políticas e econômicas foram gestadas lentamente, alterando aos poucos, mas de forma significativa, o cenário político da Europa.

Durante o feudalismo, a autoridade era exercida com base em uma rede de obrigações – laços de suserania e vassalagem – que estabelecia responsabilidades recíprocas. Os poderes dos reis medievais eram relativos, já que o clero e os nobres tinham espaços garantidos dentro daquela forma de organização.

Com o declínio da servidão feudal e o aparecimento da burguesia, novas condições surgiram no cenário social e político europeu. Em cada região europeia ocorreram processos diferenciados, mas em linhas gerais a ameaça da inquietação camponesa e a pressão da nascente burguesia levaram à centralização do poder nas mãos dos reis, ao surgimento de um aparato de governo profissionalizado e, como consequência desses fatores, ao aparecimento dos **Estados Modernos** – unidades políticas e territoriais autônomas, opostas aos favores predominantes na ordem feudal. A partir de então caberia aos Estados assumir as funções de legislar, julgar, controlar, arrecadar impostos e administrar pessoas e instituições dentro de seus territórios.

Os interesses da burguesia relacionados à expansão das trocas comerciais foram muito importantes para levar adiante os processos de formação dos Estados Nacionais. Praticar o comércio entre vários territórios feudais era uma grande dificuldade; afinal, a maior parte dos feudos adotava seu próprio sistema monetário e de medidas, de acordo com os interesses das diferentes nobrezas locais – às quais os burgueses estavam subordinados. Além disso, o poder da Igreja católica também representava um obstáculo ao desenvolvimento burguês, pois ela condenava o lucro e a usura (cobrança de juros).

Portanto, estrategicamente, os burgueses passaram a ver no desenvolvimento de um Estado Nacional e no fortalecimento de um rei uma forma de enfraquecer o poder da Igreja e dos vários senhores feudais, o que, por sua vez, garantiria a prosperidade de seus negócios.

No entanto, a formação dos Estados Nacionais não pode ser explicada apenas por essa aliança entre reis e burguesia, em "oposição radical" à nobreza e à Igreja. Os burgueses eram uma força social importante, que surgia e se desenvolvia a partir da desagregação do sistema feudal. Contudo, grande parte dos antigos nobres feudais, atentos às mudanças sociopolíticas, trabalhou decisivamente para delinear a nova ordem institucional, dos Estados Absolutos, procurando manter parte da influência e do poder de outros tempos, mesmo que fossem exercidos de outras formas.

Assim, como afirma o historiador Perry Anderson, o Estado Moderno "nunca foi um árbitro entre a aristocracia e a burguesia, e menos ainda um instrumento da burguesia nascente contra a aristocracia: ele era a nova carapaça política de uma nobreza atemorizada".

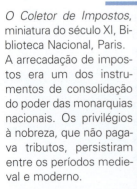

*O Coletor de Impostos*, miniatura do século XI, Biblioteca Nacional, Paris. A arrecadação de impostos era um dos instrumentos de consolidação do poder das monarquias nacionais. Os privilégios à nobreza, que não pagava tributos, persistiram entre os períodos medieval e moderno.

# Os elementos para o surgimento do Estado Moderno

O processo de consolidação das monarquias e, posteriormente, do Estado Moderno teve algumas características básicas, como descreveu Perry Anderson:

- **o direito romano e a alteração jurídica** – a restituição do antigo direito romano remonta aos séculos XI e XIII, primeiramente em Bolonha e depois por toda a Europa. Com a autonomia dos feudos e a implantação do direito consuetudinário (baseado nas tradições), o direito romano havia caído em desuso. Mas o estudo dos códigos romanos e a atualização do código feita pelos glosadores (comentadores) levaram ao restabelecimento do código romano. Em linhas gerais, o código tinha dois grandes aspectos que interessavam aos burgueses e aos monarcas:

  1. trazia a concepção de propriedade privada, que atendia aos anseios dos setores urbanos; e
  2. fundamentava a divisão do direito em duas esferas: **civil** (responsável pela regulamentação das relações entre os súditos) e **pública** (responsável pela regulamentação das relações entre o Estado e os seus súditos).

  As monarquias, dessa forma, usaram os serviços de juristas que legitimavam tanto o seu poderio quanto os outros elementos típicos de um Estado, entre eles a liberdade para a formação de exércitos e para a criação de um aparato burocrático;

- **os exércitos** – os monarcas se aparelhavam com a contratação de exércitos mercenários. Ou seja, não havia ainda, no início da Idade Moderna, os exércitos nacionais, tais como os concebemos atualmente. Os exércitos eram contratados para atuar em momentos específicos em troca de dinheiro. Os monarcas consideravam este recurso mais seguro: preferiam contratar serviços militares temporários de grupos que nem falavam a língua local a armar parte de seus súditos, para eventualmente lutarem em novas rebeliões;

- **o sistema fiscal e burocrático** – o Estado Absolutista integrou grande parte da antiga nobreza feudal em seus quadros por meio da venda de cargos, os quais garantiam gratificações e isenções tributárias – "privilégios". Evidente, portanto, que, se esse sistema foi importante, em determinadas circunstâncias, para a capitalização do Estado, em médio e longo prazos ele serviu para criar uma grande nobreza parasitária que vivia às expensas do tesouro real sem pagar nenhum tributo. Os principais recursos do Estado eram originados dos tributos cobrados da maioria da sociedade, ou seja, dos não "privilegiados", daqueles que, não sendo nobres feudais, não se tornaram parte do aparato burocrático do Estado Absolutista;

- **as relações comerciais** – a adoção de padrões comuns de comércio, como tributos, moedas, pesos, medidas e autorizações, estimulou as relações de produção. Na extensão territorial de uma monarquia, passaram a vigorar as mesmas regras comerciais. A unidade interessava muito à burguesia por superar as fragmentações existentes na estrutura feudal que dificultavam o planejamento e a definição de custos de produção. No entanto, essa situação esteve longe de representar uma liberdade comercial maior, pois o que ocorreu foi que as atividades econômicas, antes controladas por vários senhores feudais, passaram a sofrer a interferência de um único monarca, visto serem realizadas dentro de seu reino;

- **a diplomacia** – o surgimento de um sistema político que vigorava nas diferentes unidades autônomas levou à criação da diplomacia, que tinha como função a "sondagem dos pontos fracos" de um Estado, dos perigos que um representava para o outro e a celebração de alianças entre monarquias que tivessem interesses ou inimigos comuns.

# A formação das monarquias nacionais

O processo centralizador na Europa não atingiu todas as regiões da mesma forma. De maneira geral, podemos dizer que houve um momento de centralização, iniciado ainda durante a Idade Média e, por fim, a consolidação em Estados com características absolutistas na Era Moderna.

O processo político de consolidação do poder dos monarcas e, depois, dos Estados absolutistas vinculou-se a outros fatores, como a influência dos humanistas, que defendiam a atuação política dos homens, e as reformas religiosas que deram sustentação a muitos movimentos a favor ou contra determinados governantes. As tensões entre o papado e os Estados emergentes também influenciaram o quadro de conflitos europeus do século XVI.

Vejamos como esse processo ocorreu em algumas áreas da Europa.

## França

Como vimos no capítulo sobre a Baixa Idade Média, a Guerra dos Cem Anos foi fundamental para o processo de centralização monárquica na França. Contudo, mesmo tendo aquela guerra proporcionado a organização de tropas permanentes e permitido a criação de importantes meios para a arrecadação de impostos, após o seu término ainda faltava ao Estado Monárquico francês uma administração civil organizada e integrada. Continuava a ser difícil para o monarca e setores da burguesia e da nobreza, que o apoiavam, unificar um mercado interligado por meios de transportes precários e no qual ainda predominavam relações de troca muito locais.

Dois monarcas lideraram importantes governos no sentido de alterar a situação: Francisco I (1515-1547) e Henrique II (1547-1559). A estratégia, inaugurada por Francisco I, mantida por seu sucessor, foi a de conseguir aliados e prestígio nas diferentes regiões do "reino". Os dois monarcas foram hábeis negociadores e consultaram com alguma frequência conselhos regionais, além de respeitarem cuidadosamente os direitos (privilégios) da nobreza tradicional. Por meio da Concordata de Bolonha, assinada em 1516 com o papa, o rei francês passou a controlar as principais nomeações eclesiásticas em seu território e, em troca, garantiu imunidade econômica a todo o clero católico.

A Coroa francesa buscava, assim, criar importantes laços sociais e políticos com a nobreza tradicional e com líderes importantes da Igreja, então dispersos pelo que seria o território da

*Retrato Equestre de Francisco I, rei da França.* Óleo sobre madeira, de François Clonet, 27 x 22 cm, 1540. Palácio Pitti, Florença.

França – laços essenciais para a efetivação de uma centralização absolutista eficiente.

Em outra frente, procurando aumentar as receitas do Estado, o que só aconteceria se as rendas dos setores tributáveis crescessem de forma importante, Francisco I, em especial, impulsionou a França rumo ao "novo mundo", a América, visando à ampliação do comércio atlântico em benefício da burguesia francesa. Os choques com os interesses portugueses e espanhóis foram imediatos, mas não intimidaram o soberano francês que teria dito a famosa frase, ironizando a partilha do continente americano pelos ibéricos, por meio do Tratado de Tordesilhas (1494): "Gostaria de ver o testamento de Adão, para ver de que forma ele dividira o mundo".

O processo de consolidação do Estado Absolutista na França enfrentou ainda, após a morte de Henrique II, mais de 30 anos de forte instabilidade, por conta das guerras travadas entre católicos e protestantes – período no qual ocorreram sangrentos episódios, como o Massacre de Vassy, em 1562, e a Noite de São Bartolomeu, em agosto de 1572, quando mais de 2 mil protestantes foram mortos em Paris. Só com a subida de Henrique IV ao poder e a promulgação do Édito de Nantes (1598), dando liberdade religiosa aos protestantes, que a França se pacificou e as bases burocráticas e administrativas do Estado Absolutista, lançadas há mais de um século, passaram a operar de forma eficiente.

Os reis Bourbons, Luís XIII e XIV, sucessores de Henrique IV, conseguiram exercer grande controle sobre os poderes locais – concluindo, de alguma forma, o trabalho iniciado ainda por Francisco I e Henrique II. Com uma população

*Cardeal Richelieu*, primeiro-ministro francês. Philippe de Champaigne. Museu Condé, Chantilly, França.

cansada de levantes internos, que se arrastaram por décadas, a figura de um soberano forte, comandante de poderosas tropas capazes de manter a paz entre seus súditos, foi mais facilmente aceita pelo interior da França que em outras épocas.

O primeiro-ministro de Luís XIII, entre 1624-1642, cardeal Richelieu, foi um político fundamental nesse processo de centralização, ao formular a teoria de **razão de Estado** (*raison d'état*), ou seja: *todas as ações do governo deveriam ser calculadas e executadas com um só fim: o fortalecimento do Estado francês*.

Tendo por base essa política, Richelieu, mesmo fazendo parte do clero católico, levou a França a se aproximar de governos protestantes para enfraquecer a Coroa espanhola, que tinha fortes ligações com o papado.

Mas foi mesmo com Luís XIV, entre 1643-1715, que o absolutismo atingiu seu apogeu na França. Assumindo integralmente as funções do Estado a partir de 1661, ao dispensar a presença de um primeiro-ministro, o chamado "Rei-Sol" concentrou mais poderes que qualquer um de seus antecessores.

Durante seu reinado, a tese do absolutismo por Direito Divino foi reforçada, em conjunto com o uso de estratégias cuidadosas para a construção da imagem do monarca, como um "ser humano especial".

## Versalhes: um palácio à altura do Rei-Sol, Luís XIV

Luís XIV ordenou a construção de um imenso palácio próximo a Paris, em Versalhes, para acolher a sua corte. Essa imensa construção foi projetada pelo arquiteto Le Vau para abrigar [até] 20 mil pessoas [entre nobres e serviçais]. Para erguê-lo numa área pantanosa foram necessários mais de trinta e cinco mil trabalhadores, que vieram de toda a França. Mais de cinco mil cavalos foram usados para puxar os carros que transportavam pedras, blocos de mármore e vigas. Da Holanda vieram os bulbos das plantas que recobriam os seus imensos e desenhados jardins. Foram chamados os melhores escultores, pintores, ourives, estucadores e marmoristas para decorar o interior do palácio, com muito ouro e dourados. A água que servia o palácio era trazida do rio Sena, que banha Paris. O rei visitava constantemente as obras e, apesar dos altíssimos custos, das deserções de trabalhadores em invernos rigorosos, Luís XIV transferiu sua corte para Versalhes em maio de 1682. Seus descendentes pouco alteraram o projeto original. Atualmente é um museu.

**Estucador:** pessoa que faz estuques, ou seja, ornamento a partir de uma argamassa à base de pó de mármore e outros materiais.

**Deserção:** abandono de determinado lugar, tarefa ou função.

*Fonte:* BURKE, P. *A Fabricação do Rei:* a construção da imagem pública de Luís XIV. Rio de Janeiro: Zahar, 1994.

O palácio tem uma fachada clássica, rodeado por jardins e lagos com estátuas de divindades antigas, referindo-se a glórias antepassadas e mitológicas, das quais a monarquia francesa seria herdeira.

O Salão dos Espelhos, ponto central do palácio de Versalhes, foi construído entre 1678 e 1686, por ordem de Luís XIV. O estilo de decoração mistura elementos clássicos e barrocos, ao longo dos 73 metros de extensão. A galeria, com pinturas no teto que se referem a acontecimentos do reinado de Luís XIV, é um dos exemplos do enaltecimento ao poder do monarca. As recepções mais importantes eram realizadas nesse espaço, que é adornado com 357 espelhos.

## O poder absoluto do monarca francês

*Na resposta ao parlamento francês, em 3 de março de 1766, Luís XV (1710-1774) afirma o princípio de que todos os poderes emanam do rei e que ele não poderia sofrer nenhuma censura por parte do parlamento, que funcionava como um conselho, mas sem poder restringir a vontade do monarca.*

É somente na minha pessoa que reside o poder soberano... é somente de mim que os meus tribunais recebem a sua existência e a sua autoridade; a plenitude desta autoridade, que eles não exercem senão em meu nome, permanece sempre em mim, e o seu uso nunca pode ser contra mim voltado; é unicamente a mim que pertence o poder legislativo, sem dependência e sem partilha; é somente por minha autoridade que os funcionários dos meus tribunais procedem, não à formação, mas ao registro, à publicação, à execução da lei, e que lhes é permitido advertir-me o que é do dever de todos os úteis conselheiros; toda a ordem pública emana de mim, e os direitos e interesses da nação, de que se pretende ousar fazer um corpo separado do Monarca, estão necessariamente unidos com os meus e repousam inteiramente nas minhas mãos.

*Fonte: Luís XV. Resposta do Rei ao Parlamento de Paris (3 de março de 1766). In: FREITAS, G. 900 Textos e Documentos de História. Lisboa: Plátano Editora, 1976. p. 201-202, v. 2.*

**1)** "É unicamente a mim que pertence o poder legislativo, sem dependência e sem partilha." A partir da frase, quais são as competências do poder legislativo naquele regime?

# Inglaterra

A Grã-Bretanha foi invadida, no século XI, por nobres feudais originários da Normandia, uma das regiões que compõem a atual França. A partir de então, iniciou-se a dinastia dos Plantagenetas, considerada fundamental no processo de centralização política na Inglaterra. Contudo, a exemplo do que aconteceu em várias regiões da Europa Ocidental, as resistências locais à consolidação do poder monárquico foram significativas.

João Sem Terra, o terceiro dos reis plantagenetas, que governou entre 1199-1216, enfrentou uma série de revoltas da nobreza feudal britânica, ao tentar organizar as bases tributárias do Estado Monárquico. A tensão atingiu seu ponto crítico em 1215.

Ao instituir o imposto destinado aos nobres que não cumprissem suas obrigações quanto ao fornecimento de soldados e materiais militares para o governo central, o rei conflagrou os mais importantes líderes da nobreza contra si. Recusando-se a pagar este e qualquer outro tributo lançado unilateralmente pelo soberano, os nobres coagiram o então isolado João Sem Terra a assinar a **Magna Carta**, em 15 de junho de 1215. Contudo, somente a partir do século XVII é que o documento passou a ter uma importância efetiva, sendo recuperado na condição de texto precursor da Monarquia Constitucional Inglesa – por sujeitar o rei à vontade do parlamento.

De meados do século XIII ao início do século XVII, portanto, a evocação da **Magna Carta** esteve praticamente ausente das disputas políticas inglesas.

Com a derrota inglesa na Guerra dos Cem Anos (1337-1453), as poucas conquistas em favor do poder centralizado foram abaladas pela divisão da nobreza que resultou na Guerra Civil das Duas Rosas (1455-1485). Dois grupos, ambos descendentes dos plantagenetas, disputaram o trono: a casa de York, rosa branca; e a casa de Lancaster, rosa vermelha. As disputas, marcadas por dezenas de batalhas e por vários golpes palacianos, só terminam com a ascensão de Henrique VII, fundador da dinastia Tudor. Eliminando todos os seus principais rivais e não medindo os meios para pacificar o país, Henrique VII conseguiu unificar o país.

Contudo, foi Henrique VIII, o segundo rei Tudor, que venceu as últimas resistências dos nobres à centralização, com o apoio de uma burguesia que se capitalizou graças, em grande parte, às propriedades católicas nacionalizadas após a Reforma anglicana. Governando por meio de decretos, sem que estes necessitassem de sanção parlamentar, aquele rei poucas vezes se deu ao trabalho de convocar o parlamento, entre 1509-1547, período em que esteve à frente do governo inglês.

Após a morte de Henrique VIII, houve um período de instabilidades durante os governos de Eduardo VI (1547-1553) e de Maria I (1553-1558), que tentou restabelecer o catolicismo na Inglaterra e desagradou aos reformados ingleses. Com a morte de Maria I, assumiu o poder a segunda filha de Henrique VIII, Elizabeth I (1558-1603).

No período elisabetano, como ficou conhecido, houve a consolidação da reforma religiosa anglicana e do poder absolutista na Inglaterra. A ameaça de invasão espanhola, pelo católico Filipe II que queria consolidar o domínio espanhol e combater a "herética" Elizabeth, foi debelada com a vitória inglesa sobre a Armada espanhola. As frotas espanholas, com dezenas de embarcações e mais de 20 mil combatentes, foram derrotadas em 1588.

Elizabeth, portanto, havia triunfado interna e externamente, consolidando o poder nas mãos da monarca, que ampliava sua popularidade. Ao mesmo tempo, uma rede de espionagem eficiente se responsabilizava em informar sobre tentativas de levantes e permitia à monarca reprimir opositores, mantendo as rivalidades na Corte sob controle. Durante o reinado de Elizabeth, foram criadas companhias de comércio e incentivada a indústria naval que asseguraria o domínio inglês nos mares, até mesmo recorrendo à pirataria como forma de obter recursos para a monarquia.

Elizabeth I consolidou o absolutismo, mas morreu sem deixar herdeiros, em 1603.

> **Companhia de comércio:** uma sociedade comercial do período mercantilista, que obtém do Estado o monopólio de comercializar em determinada região.

## Portugal

Portugal foi o primeiro país a centralizar-se, tendo em vista o conceito moderno de Estado. Constituiu-se ainda na Idade Média, como consequência da Guerra da Reconquista – luta dos cristãos ibéricos contra os mouros (muçulmanos). Após a vitória em Ourique, a dinastia de Borgonha se impõe, em 1140, e Afonso Henrique torna-se o Fundador, exercendo o poder de maneira ampla.

Contudo, em 1383, morre D. Fernando, último monarca da dinastia de Borgonha, sem deixar herdeiros do sexo masculino. Sua filha mais velha era casada com o rei de Castela, que reivindicou o governo de Portugal, contando com o apoio da nobreza e do clero lusos. D. João, mestre da Ordem de Avis, descendente bastardo da dinastia de Borgonha, também reivindica o trono, sendo apoiado pela nascente burguesia. Inicia-se o movimento que ficaria conhecido como **Revolução de Avis**, responsável pela subida de D. João I ao trono em 1385.

A consolidação do Estado centralizado em Portugal, antes de outros países, é um dos principais elementos para o desenvolvimento das navegações portuguesas que tiveram impacto profundo nas definições de novas rotas comerciais no século XV e nas descobertas de novas terras empreendidas no final daquele século.

## Espanha

A Espanha, de maneira semelhante a Portugal, teve seu processo de centralização política ligado à luta contra os muçulmanos, ou seja, à Guerra da Reconquista. A partir do reino das Astúrias no Norte, foram surgindo reinos cristãos como Aragão, Leão e Castela. Por meio de casamentos dinásticos, esses reinos foram sendo unificados, ao mesmo tempo que a mobilização para a luta contra os infiéis dava aos reis da península melhores condições para conseguir a centralização em outras partes da Europa.

A Reconquista espanhola é o tema da imagem que acompanha o livro *Cantigas de Santa Maria*, editado por Afonso X, o Sábio (1262-1272), Museu Escorial (Espanha). A obra é importante pelo aspecto musical e pelas imagens que a ilustram. No âmbito da Reconquista espanhola, quando os cristãos expulsaram os muçulmanos da península ibérica, a religião foi importante para a consolidação do poder político espanhol. Na ilustração podemos observar uma sequência de batalhas. Os muçulmanos usam turbantes e os cristãos, capacetes e o estandarte com Maria e o Menino Jesus. A Reconquista, encerrada em 1492, teve diferentes estágios e pôs fim a séculos de convívio entre cristãos e muçulmanos na península.

Em 1469, com a união de Isabel de Castela e Fernando de Aragão, forma-se o que conhecemos, atualmente, como Espanha. Estava aberto o caminho para se concluir o processo de unificação: os muçulmanos foram definitivamente expulsos da península. Isso ocorre em 1492, ano em que os Reis Católicos tomaram Granada, completando a obra da Reconquista e ano em que houve a descoberta da América.

Carlos, neto de Fernando e Isabel, herdou o reino em 1516. Por parte de pai era descendente dos Habsburgo, vindo a herdar outros reinos, e, em 1519, passou a ser chamado de Carlos V, como Sacro Imperador Romano e era o homem mais poderoso da Europa. Para assegurar o controle sobre seus domínios europeus e americanos, tomou várias medidas centralizadoras e reorganizou a estrutura administrativa. A vastidão de seus domínios e as várias batalhas que enfrentou exigiam recursos contínuos, que eram obtidos, por exemplo, nas áreas coloniais da América.

Em 1556, Carlos V renunciou em favor de seu filho, Filipe II. Tendo herdado um vasto império, o novo monarca prosseguiu as premissas deixadas por seu pai. Tinha um fervor religioso que o levava a empreender guerras dispendiosas para combater os reformados e consolidar a liderança espanhola, que desde 1492 deixara de ser apenas um reino peninsular. Após a derrota para a Inglaterra, na batalha de 1588, abdicou das ambições imperiais no norte da Europa, mas continuou a administrar um grande domínio territorial.

Tocando um alaúde andaluz: um muçulmano e um cristão. Miniatura do século XIII. Durante séculos os mouros e cristãos conviveram de maneira harmoniosa, desde que os árabes invadiram a península ibérica, no século VII. Porém, a harmonia cedeu lugar a lutas, culminando com a expulsão dos muçulmanos e a formação da Espanha. Biblioteca do Museu Escorial, Madri, Espanha.

# O Estado Moderno

O Estado Moderno nasceu com a monarquia nacional, e com características absolutistas, como acabamos de ver.

A teorização política sobre a noção de Estado teve grandes expoentes como Nicolau **Maquiavel** (1469-1527), que, como vimos no capítulo sobre o Renascimento, escreveu sobre o poder dos príncipes e as condições para um exercício político que permitam a conquista e, o que é mais difícil, a preservação dos Estados.

## Os principais teóricos do absolutismo

- **Jean Bodin** (1530-1596): escreveu a obra *Seis Livros da República*. Renomado jurista, Bodin apresentou a teoria da soberania. Para ele, a soberania era a "alma" de um Estado, era por meio dela que se justificava e se impunha a coesão política. A soberania era vista como perpétua e absoluta. Os governantes não poderiam estar submetidos a nenhuma forma de sujeição, até mesmo da lei. Ou seja, o soberano estava acima de tudo: ele poderia criar e revogar leis e aplicá-las a quem quer que fosse, da forma que ele entendesse. O rei, para Bodin, era o guardião da ordem pública e tudo podia fazer para preservá-la. A Monarquia era o regime mais apropriado à natureza humana, defendia o jurista, pois como a família tem um só chefe e o céu apenas um sol, só um poder central poderia dar harmonia ao corpo político de um país.

○ **Thomas Hobbes** (1588-1679): autor do *Leviatã*. Leviatã é um monstro marinho citado na Bíblia. O autor parte do princípio de que o homem é mau, por natureza. Os homens viviam num estado de natureza marcado pela guerra total. O risco de se aniquilarem fazia os homens optarem, racionalmente, por um contrato no qual se estabeleceria um vínculo social estável que garantiria a conservação da vida de cada pessoa. Para que esse estado existisse, os homens abriam mão de sua liberdade natural em favor do soberano, senhor absoluto, que seria responsável pela preservação da ordem e garantia de sobrevivência. Por esse contrato, os homens renunciavam às suas vontades, para atender às vontades de um só: o soberano. Para fazer valer o pacto, o soberano deveria ter a força, pois, para Hobbes, os pactos sem espada não são mais do que palavras.

○ **Jacques Bossuet** (1627-1704): defendeu o absolutismo na obra *Política Resultante da Sagrada Escritura*. Com base no princípio religioso, o autor extraía exemplos da Bíblia para justificar que o rei era uma escolha direta de Deus. Da mesma forma que Deus escolheu reis no Antigo Testamento, como no relato bíblico sobre Saul, continuaria a escolher reis para governar o povo. Assim, o poder do rei tinha origem divina, constituindo o chamado **direito divino dos reis**. A contestação ao poder do rei era uma desobediência à vontade divina; portanto, era classificada como crime e pecado. Caso houvesse algum rei cruel ou incompetente, restava ao povo rezar, pois a maldade de um rei era originada pelos próprios pecados do povo.

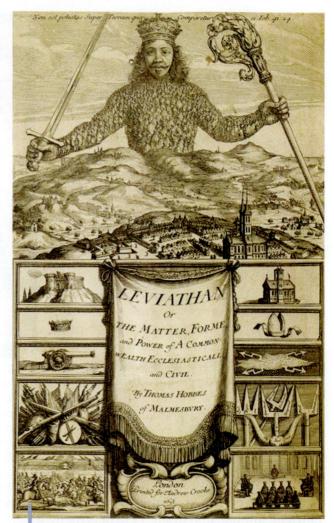

O Leviatã é um monstro bíblico e na obra de Hobbes é representado como um gigante coroado, cujo corpo é composto de pequenos indivíduos aglomerados. Sua imagem está acima do campo e das cidades. Em suas mãos uma espada e um báculo, símbolos dos poderes militar e religioso. Nas duas colunas de baixo outros símbolos, como um forte e uma catedral, a coroa e uma mitra, armas e paramento litúrgico, além das cenas de uma batalha e de um concílio, simbolizando que todo poder (secular e religioso) está nas mãos do soberano, único senhor absoluto.

---

*Saiba mais*

## O direito divino e suas consequências

Bossuet esforça-se por defender a concepção de uma monarquia hereditária absoluta (de varão para varão e de primogênito para primogênito) cuja necessidade atribui ao fato de que ela assegura a melhor forma de governo (a unidade). Portanto, a autoridade real (o uno) instala-se no sagrado, dotada igualmente das características da paternidade: não se constata que os homens já estão acostumados a obedecer senão um chefe (o pai, o dono da casa etc.)? As consequências práticas do exposto são múltiplas: não há outro meio legítimo para agir contra um tirano senão a prece; aos fiéis, oprimidos pela potência pública, não resta senão sofrer, segundo o exemplo do Filho de Deus, sem resistência e sem queixas; a política vinda do Céu autoriza proclamar que os últimos na sociedade atual serão os primeiros no Céu.

*Fonte:* RUBY, C.
*Introdução à Filosofia Política.*
São Paulo: Ed. Unesp. p. 55-56.

## A etiqueta no Antigo Regime

*A etiqueta foi um importante instrumento para definir as regras da vida social. Os hábitos da aristocracia foram se instaurando lentamente e depois se tornaram comuns entre os diferentes grupos sociais. Da introdução dos talheres a hábitos de higiene, a sociedade do Antigo Regime redefiniu práticas sociais.*

A maneira moderna de cuspir – ou melhor, de não cuspir – também se define vagarosamente. Alguns manuais da Idade Média instam as crianças a não cuspirem *na* mesa, *à* mesa nem na bacia; Erasmo, autor de transição, depois de afirmar que "é mal educado engolir a saliva", adverte que devemos nos afastar dos outros para expeli-la no chão e, se isto não for possível, usar um lenço. Com Giovanni della Casa, a proposta é repressiva: o homem deve evitar cuspir o quanto for possível; bom mesmo seria fazer como certos povos que não cospem jamais; porém, se não o conseguirmos, pelo menos podemos reduzir o número de nossas cusparadas. Em 1672, Courtin retoma o exemplo de Erasmo, para dizer que não é mais admissível cuspir no chão – nem bocejar diante dos outros. (...)

Nesta metamorfose do ideal do corpo, o primeiro passo foi a polidez: os homens pararam de cuspir, bocejar, soltar gases em público para não serem desagradáveis às pessoas sensíveis. (...)

À medida que as maneiras se refinam, tornam-se distintivas de uma superioridade: não é por acaso que o exemplo parece vir de cima e, logo, é retomado pelas camadas médias da sociedade, desejosas de ascender socialmente. Esta imitação é um dos grandes veículos da difusão de boas maneiras: é exibindo os gestos prestigiosos que os burgueses adquirem estatuto nobre. (...) O ser de um homem se confunde com a sua aparência. Quem age como nobre é nobre.

O problema, porém, é que pelas boas maneiras não é possível discernir com precisão os *graus* da sociedade: elas marcam apenas *uma* ruptura, entre o refinamento e a rudeza. Além disso, como são fáceis de copiar, as fronteiras se apagam.

Por isso é importante no Antigo Regime outra função da vida social – a moda. Através dela constantemente se resgatam critérios que distinguem as classes.

A repartição entre refinados e rudes vê-se reiterada; nada mais ridículo que usar a roupa do ano passado.

Fonte: RIBEIRO, R. J. *A Etiqueta no Antigo Regime*. São Paulo: Moderna, 1998. p. 11-13.

O refinamento passou a fazer parte da elite mercantil e da nobreza, como forma de se diferenciar dos camponeses. Cultura, educação e novos hábitos passaram a distinguir pobres e ricos.

MUSEU DO PALÁCIO, VERSALHES

# O mercantilismo

Durante o Antigo Regime, as relações econômicas também se alteraram. A lógica da produção feudal foi substituída por uma prática comercial mais intensa. As centralizações políticas lideradas pelas monarquias favoreceram a expansão dos negócios conduzidos, em geral, por burgueses, mas acompanhados de perto pelos governos absolutistas que interferiam e tributavam praticamente todas as atividades produtivas.

**Mercantilismo**, sistema político-econômico dominante de meados do século XV ao século XVIII, é o nome dado à prática econômica do período moderno, na transição entre o feudalismo e o capitalismo, que se impôs posteriormente. É importante ressaltar que o mercantilismo, também chamado por alguns autores de **capitalismo comercial**, não foi adotado de maneira uniforme por todos os países europeus.

A economia mercantilista, de forma geral, pode ser caracterizada com base nas seguintes práticas:

o **metalismo** – a valorização do ouro e da prata como medida das riquezas de um Estado. Havia uma concepção de que as riquezas eram limitadas e quanto maior a quantidade de metais preciosos acumulados por um Estado, mais rico ele seria. Para obter ouro e prata, o Estado deveria patrocinar as relações comerciais, com práticas **intervencionistas**, e buscar manter sempre uma balança comercial favorável;

o **balança comercial favorável** – o Estado deveria vender (exportar) mais do que comprar (importar). Assim, os governos do Antigo Regime procuravam estimular a produção de bens necessários para o mercado interno e de todos os gêneros que pudessem vender no exterior a preços competitivos. Em contrapartida, todo tipo de imposto alfandegário, para dificultar a importação, era criado para preservar o mercado interno e manter baixo o volume de importações. Assim, a intervenção das Coroas era fundamental, pois elas concediam monopólios e definiam as tarifas alfandegárias;

o **incentivo às novas atividades econômicas, ao comércio e à navegação** – a busca da balança comercial favorável e o investimento dos lucros obtidos nas exportações dentro do próprio país, pois os excedentes não poderiam ser gastos devido à concepção de riqueza limitada, estimularam a produção interna, com a subvenção a novas atividades econômicas, como a manufatura, e o fortalecimento econômico. No entanto, para abastecer as manufaturas emergentes, e numa lógica em que todos queriam vender e ninguém queria comprar, os governos, primeiramente de Portugal e da Espanha, lançaram-se ao mar em busca de novos produtos e de mercados consumidores;

o **concessão de monopólios** – dentro da lógica intervencionista dos Estados e para favorecer os detentores de capital, os reinos concederam monopólios (ou seja, a exclusividade de exploração e produção de mercadorias), através das Companhias de Comércio. Estas tinham privilégios no comércio ultramarino e eram uma forma de ampliar a arrecadação da Coroa e assegurar o lucro dos investidores.

## *Disseram a respeito*

O mercantilismo criou as condições necessárias para a ascensão da burguesia como classe dominante e o surgimento de uma sociedade econômica fundada em bases mais sólidas, o que permitiu a expansão e consolidação do capitalismo. Foi graças também ao mercantilismo, com suas teses protecionistas e possibilidade crescente de suprimentos, que se criaram, efetivamente, as condições para a eclosão da Revolução Industrial.

É oportuno assinalar que, embora o mercantilismo tenha insistido na comercialização como base de toda a sua política, acabou, na prática, atuando exatamente ao contrário, pela forte intervenção da Coroa nos negócios.

Daí que, em contrapartida, podemos definir mercantilismo como a intervenção do governo nos negócios para garantir a riqueza e o poder da Coroa.

Na Inglaterra (...) sua adoção orientou o estabelecimento das colônias, a concessão de privilégios e monopólios a companhias comerciais, além do rígido controle, pelo Estado, de praticamente todas as atividades econômicas.

*Fonte:* IANNONE, R. *A Revolução Industrial.* São Paulo: Moderna, 1992. p. 40.

**1)** Explique qual a vinculação entre o mercantilismo e a expansão do capitalismo.

## *Passado/presente*

### Estado e economia: histórico de interferências

O mercantilismo, como política econômica das monarquias absolutistas europeias, tinha entre suas principais características a busca de uma balança comercial favorável e a adoção de práticas intervencionistas do Estado na economia. Esses princípios, como sabemos, eram o receituário clássico do período moderno, adotado entre os séculos XV e XVIII, principalmente.

Quando o capitalismo ganhou força, os princípios do livre mercado, sem a intervenção de governos, e a diminuição do papel do Estado na economia passaram a ser as principais fórmulas para proporcionar o desenvolvimento econômico.

No final de 2008, os EUA, principal economia mundial, entraram em crise com a quebra de um grande banco de investimentos. Como um efeito dominó em tempos de economias globalizadas, a crise se alastrou por todo o mundo. Países ricos diminuíram sua produção e reduziram as compras que faziam em economias mais pobres. A escassez de crédito provocou queda no ritmo econômico, falência de empresas, aumento do desemprego e drástica redução dos indicadores econômicos.

Em meio a esse cenário, as principais medidas adotadas pelos países foi a recuperação do papel do Estado como fomentador da produção econômica. Mesmo em países mais reticentes à intervenção estatal, como os EUA, governantes adotaram medidas para salvar empresas que estavam à beira da falência e, por extensão, procuraram defender a manutenção de postos de trabalho. Um dos setores mais beneficiados foi o da indústria automobilística.

É evidente que as medidas não são as mesmas adotadas no mercantilismo. Seria anacrônico analisar tempos diferentes com o olhar que temos na atualidade. Os governantes das democracias ocidentais, por exemplo, tinham de prestar contas de suas ações diante dos parlamentos e dos próprios cidadãos. Os monarcas modernos podiam tomar as medidas que considerassem adequadas, sem terem de se submeter à fiscalização de ninguém.

Porém, não deixa de ser interessante observar que o Estado, execrado nos últimos tempos, voltas-se a ter um papel central nas economias contemporâneas, para além do que define, por exemplo, a Constituição brasileira, de que o Estado seria um agente normativo e fiscalizador das relações econômicas. Pelo que vimos, nas medidas adotadas em 2008 e 2009, os Estados asseguraram investimentos e a liderança no propósito de recuperar o desenvolvimento econômico.

Execrado: abominado.

Reunião do G-20 realizada em 15 de novembro de 2014, na cidade de Brisbane, Austrália. Diante da principal crise econômica dos últimos tempos, os presidentes e chefes de Estado e de Governo das vinte maiores economias do mundo, como Barack Obama, dos EUA, e Dilma Roussef, do Brasil, discutiram medidas para conter a crise internacional.

JASON REED/REUTERS/LATINSTOCK

# A sociedade estamental

No Antigo Regime, as posições sociais eram definidas basicamente a partir do nascimento, configurando uma sociedade estamental cuja mobilidade era mínima e na qual se perpetuavam os privilégios a grupos específicos. Por exemplo, os nobres tinham o acesso aos cargos e títulos dos reinos, os quais, na maioria das vezes, significavam o "direito" a uma renda vitalícia e à isenção total de impostos.

A sociedade francesa do Antigo Regime estava dividida em três estados: o primeiro deles era formado pelo clero, dividido em alto (cardeais, arcebispos) e baixo clero (padres). O segundo estado era constituído pela nobreza, que podia ser de "toga" (nova nobreza, formada por elementos que adquiriram ou receberam o título) e nobreza de "espada" (a nobreza tradicional, que tinha o título há séculos, amparada no princípio da glória dos antepassados).

O restante da população constituía o terceiro estado. Nesse grupo estavam todos os que não pertenciam nem ao clero nem à nobreza, portanto, era o estado mais heterogêneo: nele figuravam tanto ricos burgueses quanto artesãos urbanos e camponeses empobrecidos. Eles tinham a responsabilidade de pagar os impostos, que garantiam o sustento dos outros dois estados.

Para lembrar o começo deste nosso capítulo: foram os membros desse estado que apoiaram o rei, desenvolveram-se com a centralização monárquica, mas que, desde meados do século XVIII, estavam fartos de pagar contas e poder decidir tão pouco. Aquele regime político tinha sido bom para eles... mas ficara Antigo... muito Antigo.

*O rei Luís XIV e o seu Conselho.* Os nobres e o clero integravam o conselho real e viviam em Versalhes. A corte de Versalhes chegou a ter 20 mil pessoas. Pintura da Escola Francesa, 1672, Museu do Palácio, Versalhes.

## Cinemateca

**A Rainha Margot** (1994, ALE/FRA/ITA, dir.: Patrice Chéreau) Em 1572, na França, o casamento entre a católica Marguerite de Valois, a rainha Margot, e o protestante Henri de Valois era uma tentativa de unir católicos e protestantes. No entanto, acaba sendo o estopim para um massacre dos protestantes, em Paris, no episódio conhecido como A Noite de São Bartolomeu.

**Elizabeth** (1998, Inglaterra, dir.: Shekhar Kapur) O filme narra a história da rainha Elizabeth I, que subiu ao trono em 1578, no contexto do absolutismo na Europa, momento em que a Inglaterra torna-se a maior força do continente.

**O Homem da Máscara de Ferro** (1998, Inglaterra, dir.: Randall Wallace) No filme, Luís XIV, o poderoso rei francês do século XVII, tem um irmão gêmeo que é trancafiado, por sua ordem, em uma cela com uma máscara de ferro para não ser reconhecido e colocar em xeque o poder do rei. O irmão preso vai contar com a ajuda dos mosqueteiros da corte real para se livrar da tirania de Luís XIV.

**A Outra** (2008, EUA/Inglaterra, dir.: Justin Chadwick) O filme conta a história das irmãs Ana e Maria e o relacionamento com o rei Henrique VIII. A trama, com muitas intrigas e traições, aborda os bastidores da corte dos Tudor.

## Revisitando a História

**1.** Caracterize os principais elementos que definem o Antigo Regime.

**2.** O que se entende por Estado Moderno?

**3.** Relacione a importância da diplomacia, do direito romano, das relaçõs comerciais, do sistema fiscal e do exército para o fortalecimento do poder do Estado Absolutista.

**4.** O que é a política da "razão de Estado" (*raison d'état*)? Por que ela foi útil à França?

**5.** Leia o documento abaixo, publicado em 1709, escrito pelo maior teórico do absolutismo francês, Jacques Bossuet (1627-1704).

"Todo poder vem de Deus. Os governantes, pois, agem como ministros de Deus e seus representantes na Terra. Consequentemente, o trono real não é o trono de um homem, mas o trono do próprio Deus.
Resulta de tudo isso que a pessoa do rei é sagrada, e que atacá-lo de qualquer maneira é sacrilégio. Deus unge os reis pelos seus profetas com a sagrada unção da mesma maneira que os bispos e altares. Mas mesmo sem a aplicação exterior da unção, eles são, pelo próprio ofício, representantes da majestade divina.
O poder real é absoluto. O príncipe não precisa dar contas de seus atos a ninguém. Sem esta autoridade absoluta o rei não poderia fazer o bem nem reprimir o mal. É necessário, para seu poder, que ninguém espere escapar dele e que a única proteção do indivíduo contra a autoridade pública seja a sua inocência."

BOSSUET, J. Política resultante da Sagrada Escritura. In: SECRETARIA DA EDUCAÇÃO DO ESTADO DE SÃO PAULO/CENP. *Coletânea de Documentos Históricos para o 1º Grau.* São Paulo, SEE/CENP, 1979. p. 79.

a) Qual o tema central do documento?
b) O que torna a pessoa do rei sagrada, segundo o documento?
c) O que significa dizer que o direito do rei é sagrado? Quais as consequências deste princípio?
d) Segundo o autor, por que o poder absoluto era necessário?

**6.** Observe as imagens do Palácio de Versalhes (página 204) e responda: de que maneira a construção do enorme palácio francês, edificado no século XVII, dialoga com a lógica de poder do regime absolutista de Luís XIV?

**7.** Releia o texto *A etiqueta no Antigo Regime* e explique a maneira pela qual a etiqueta e a moda configuraram espaços nos quais grupos sociais do Antigo Regime buscavam se diferenciar.

**8.** O que foi o mercantilismo e quais as suas principais características.

# Analise esta imagem

CREATIVE COMMONS

Hyachinthe Rigaud (1659-1743), artista de origem catalã, foi pintor oficial da Corte de Luís XIV, membro da Academia francesa e se destacou pelos retratos solenes, os quais, já naquela época, eram considerados bastante tradicionais. O quadro de Rigaud, encomendado por Luís XIV para servir de presente para o rei Felipe V da Espanha, foi feito depois de um estudo fisionômico cuidadoso. O artista utilizou a técnica óleo sobre tela. Esse retrato, rico em detalhes e símbolos, agradou tanto Luís XIV que o rei francês desistiu de dá-lo de presente, decidindo colocá-lo na sala do trono do Palácio de Versalhes. Quando Luís XIV se ausentava de Versalhes, esse quadro era, de certa maneira, a imagem do rei. É preciso ressaltar que, ao pintar o "Rei-Sol", Rigaud tomou muitos cuidados com os elementos que colocaria no retrato, como a flor-de-lis que decora o manto e o baú. A flor é um dos principais símbolos da casa real francesa. Suas três pétalas podem ser ligadas à trindade (Pai, Filho e Espírito Santo).

*Luís XIV*. Óleo sobre tela, de Hyachinthe Rigaud, 277 x 194 cm, 1701. Museu do Louvre, Paris.

a) Que elementos encontrados na imagem caracterizam Luís XIV como um homem poderoso e como "Rei-Sol"?

b) Por que os retratistas eram procurados por pessoas de destaque no cenário político? Qual era a importância dos retratos?

# Debatendo ideias

A teoria do direito divino dos reis foi extremamente útil para o fortalecimento do poder absolutista na Europa moderna. Discuta com seus colegas sobre os seguintes pontos:

a) Por que o argumento do direito divino era tão relevante naquela época?

b) Vocês consideram que um poder político justificado em uma premissa religiosa é pertinente na sociedade atual? Por quê?

# Questões de vestibular

**1.** (ENEM) O que se entende por Corte do antigo regime é, em primeiro lugar, a casa de habitação dos reis da França, de suas famílias, de todas as pessoas que, de perto ou de longe, dela fazem parte. As despesas da Corte, da imensa casa dos reis, são consignadas no registro das despesas do reino da França sob a rubrica significativa de Casas Reais.

ELIAS, N. A sociedade da corte. Lisboa: Estampa, 1987.

Algumas casas de habitação dos reis tiveram grande efetividade política e terminaram por se transformar em patrimônio artístico e cultural, cujo exemplo é

a) o palácio de Versalhes.

b) o Museu Britânico.

c) a catedral de Colônia.

d) a Casa Branca.

e) a pirâmide do faraó Quéops.

**2.** (UNICAMP – SP) O grande teórico do absolutismo monárquico, o bispo Jacques Bossuet, afirmou: "Todo poder vem de Deus. Os governantes, pois, agem como ministros de Deus e seus representantes na terra. Resulta de tudo isso que a pessoa do rei é sagrada e que atacá-lo é sacrilégio. O poder real é absoluto. O príncipe não precisa dar contas de seus atos a ninguém".

*Citado em: Coletânea de Documentos Históricos para o 1º Grau. São Paulo: SE/CENP, 1978. p. 79.*

a) Aponte duas características do absolutismo monárquico.
b) Em que período o regime político descrito no texto esteve em vigor?
c) Cite duas características dos governos democráticos atuais que sejam diferentes das mencionadas no texto.

**3.** (FGV – SP) O fim último, causa final de desígnio dos homens (que amam naturalmente a liberdade e o domínio sobre os outros), ao introduzir aquela restrição sobre si mesmos sob a qual os vemos viver nos Estados, é o cuidado com sua própria conservação e com uma vida mais satisfeita. Quer dizer, o desejo de sair daquela mísera condição de guerra que é a consequência necessária (...) das paixões naturais dos homens, quando não há um poder visível capaz de os manter em respeito, forçando-os, por medo do castigo, ao cumprimento de seus pactos e ao respeito àquelas leis da natureza (...).

HOBBES, T. *Leviatã.*

A partir do texto acima, podemos afirmar que:

a) o fim último dos homens é a vida em liberdade e a guerra social;
b) para terem uma vida mais satisfeita e cuidarem de sua conservação, os homens têm que dominar uns aos outros;
c) por amar a liberdade, o homem tem que sair da condição de guerra, consolidando leis de forma democrática;
d) para se conservarem, os homens restringem a própria liberdade;
e) a democracia, como forma de governo, é a única garantia da conservação dos homens frente ao estado de guerra total.

**4.** (UnB – DF) Leia o texto que se segue, trecho da resposta do Rei Luís XV ao Parlamento de Paris, em 1766.

É exclusivamente na minha pessoa que reside o poder soberano (...) é só de mim que os meus tribunais recebem a sua existência e a sua autoridade; a plenitude dessa autoridade, que eles não exercem se não em meu nome, permanece sempre em mim, e o seu uso não pode ser voltado contra mim e a mim unicamente que pertence o poder legislativo sem dependência e sem partilha (...) a ordem pública inteira emana de mim, e os direitos e interesses da Nação, de que se ousa fazer um corpo separado do Monarca, estão necessariamente unidos com os meus e repousam unicamente nas minhas mãos.

FREITAS, G. de. *900 Textos e Documentos de História.*

Com o auxílio das informações contidas no texto, julgue os itens adiante, relativos ao Estado nacional moderno.

(1) Formado na crise do sistema feudal, o Estado moderno opôs-se tanto aos particularismos urbanos, feudais e regionais, quanto ao universalismo da Igreja e ao antigo ideal romano-germânico de império.

(2) Em "O Príncipe", Maquiavel defende a existência de um Estado unificado, com um poder político forte, centralizado e laico.

(3) A expressão "maquiavelismo" pode ser entendida a partir da concepção, presente em "O Príncipe", de que não há limite ético ou moral às ações do soberano que, visando à manutenção da vida e do Estado, está livre para o emprego de quaisquer meios.

(4) A doutrina do direito divino dos reis, elaborada por Thomas Hobbes, em seu livro "Leviatã", constituiu o único caminho de justificação teórica e de legitimação ideológica do absolutismo.

**5.** (FUVEST – SP) É praticamente impossível treinar todos os súditos de um [Estado] nas artes da guerra e ao mesmo tempo mantê-los obedientes às leis e aos magistrados.

Jean Bodin, teórico do absolutismo, em 1578.

Essa afirmação revela que a razão principal de as monarquias europeias recorrerem ao recrutamento de mercenários estrangeiros, em grande escala, devia-se à necessidade de:

a) conseguir mais soldados provenientes da burguesia, a classe que apoiava o rei.
b) completar as fileiras dos exércitos com soldados profissionais mais eficientes.
c) desarmar a nobreza e impedir que esta liderasse as demais classes contra o rei.
d) manter desarmados camponeses e trabalhadores urbanos e evitar revoltas.
e) desarmar a burguesia e controlar a luta de classes entre esta e a nobreza.

**6.** (UFMG) Leia o texto:

Por enquanto, ainda el-rei está a preparar-se para a noite. Despiram-no os camaristas, vestiram-no com o trajo da função e do estilo, passadas as roupas de mão em mão tão reverentemente como relíquias santas, e isto se passa na presença de outros criados e pagens, este que abre o gavetão, aquele que afasta a cortina, um que levanta a luz, outro que lhe modera o brilho, dois que não se movem, dois que imitam estes, mais uns tantos que não se sabe o que fazem nem por que estão. Enfim, de tanto se esforçarem todos ficou preparado el-rei, um dos fidalgos retifica a prega final, outro ajusta o cabeção bordado.

SARAMAGO, J. *Memorial do Convento.*

Nesse texto, Saramago descreve o cotidiano na corte no período de consolidação do Estado Moderno.
Todas as alternativas referem-se ao Absolutismo Monárquico, EXCETO:

a) a classe dominante, durante toda a época moderna, não era mais a mesma do período feudal tanto política quanto economicamente.
b) a história do Absolutismo Monárquico é a história da lenta reconversão da nobreza a um papel parasitário, o que lhe permitiu regalias.
c) a nobreza passou por profundas transformações no período monárquico de centralização, mas nunca foi desalojada do poder político.

d) o Absolutismo era um rearranjo do aparelho de dominação, destinado a sujeitar as massas camponesas, que sublevadas questionavam o papel tradicional da nobreza.

e) o Estado Absolutista era uma nova carapaça política de uma nobreza atemorizada, que passou a ocupar um lugar junto ao Rei, se tornando cortesã.

**7.** (UFRJ) "Quando Nosso Senhor Deus fez as criaturas, não quis que todas fossem iguais, mas estabeleceu e ordenou a cada um a sua virtude. Quanto aos reis, estes foram postos na terra para reger e governar o povo, de acordo com o exemplo de Deus, dando e distribuindo não a todos indiscriminadamente, mas a cada um separadamente, segundo o grau e o estado a que pertencerem."

*Adaptado de:* Ordenações Afonsinas II, 48.
In: HESPANHA, A. M.; XAVIER, A. B. (coords.) *História de Portugal* – O Antigo Regime. Lisboa: Estampa, 1998. p. 120.

A citação remete à organização social existente em Portugal na época do Antigo Regime, bem como à forma pela qual se pautavam as relações entre reis e súditos.

a) Tendo por base essas considerações, explique um dos traços da estratificação social da Península Ibérica nos séculos XVI e XVII.

b) A partir dessa concepção de sociedade, identifique uma característica do papel da aristocracia agrária e outra do campesinato.

**8.** (UFES) "A longa crise da economia e da sociedade europeias durante os séculos XIV e XV marcou as dificuldades e os limites do modo de produção feudal no último período da Idade Média. Qual foi o resultado político final das convulsões continentais da época? No curso do século XVI, o Estado Absolutista emergiu no Ocidente."

ANDERSON, P. *Linguagens do Estado Absolutista*.
São Paulo: Brasiliense, 1985. p. 15.

Acerca das características do Estado Absolutista, não se pode afirmar que:

a) se constituía como um aparelho de dominação feudal recolocado e reforçado que, ao manter submissas as massas camponesas, perpetuava o controle político exercido pela nobreza sobre a sociedade;

b) se organizou a partir do incremento da autoridade pública e da crescente centralização administrativa, acontecimentos corporificados no poder absoluto do monarca cuja fundamentação jurídica provinha do Direito Romano;

c) empreendeu a retomada dos princípios tomistas vigentes no século XII, segundo os quais toda e qualquer autoridade terrena deveria submeter-se à Santa Sé, razão pela qual os soberanos absolutistas faziam contar o seu tempo de reinado a partir da sua sagração em Roma;

d) procurou superar os particularismos regionais e promover a integração do reino, o que significou a extensão do poder régio sobre territórios controlados de modo autônomo pelos senhores feudais, passando os monarcas absolutistas a revestir novos e extraordinários poderes diante da nobreza;

e) se empenhava em fortalecer a sua posição diante dos outros estados rivais por intermédio da exportação de mercadorias, da proibição de exportação de ouro e prata e do controle monárquico sobre a produção manufatureira e o comércio, princípios que integravam a assim denominada "Doutrina Mercantilista".

**9.** (UFPE) As teorias de Maquiavel e Hobbes foram fundamentais para o estabelecimento do absolutismo, a consolidação do Estado Moderno e para mudanças nas relações políticas da Europa. Entre as ideias básicas de Hobbes, podemos destacar:

a) a necessidade de educar o ser humano, para que ele retomasse sua boa relação com a natureza e transformasse a vida social da sua época;

b) a crença na capacidade de se estabelecer relações harmoniosas entre os povos, desenvolvendo-se o comércio e os negócios públicos;

c) a crítica feita ao cristianismo e sua insistência em derrotar o poderio da Igreja e das religiões, que, segundo ele, eram as únicas responsáveis pela hipocrisia social;

d) a preocupação com a centralização do poder político, fundamental para a posterior consolidação do Estado Moderno;

e) a preocupação com a política, que não impediu a produção de obras literárias importantes para sua época dentro de uma perspectiva artística.

**10.** (UCPel – RS) O palácio de Versalhes, construído entre 1661 e 1674, abrigava uma corte de seis mil pessoas no reinado de Luís XIV. Era o monumento de um dos mais poderosos Estados da Europa e de um regime político no qual o(a):

a) burguesia detinha o poder político;

b) rei governava sem contestação e de forma absoluta;

c) rei dividia o poder com o parlamento;

d) constituição estabelecia limites ao poder real;

e) burguesia era representada pelos cortesãos de Versalhes.

# Programa de Avaliação Seriada

**1.** (PISM – UFJF – MG) Os séculos XV e XVI na Europa foram caracterizados por profundas transformações nos campos cultural e científico. Entre as mudanças abaixo relacionadas, todas estão corretas, EXCETO:

a) no campo da Reforma Protestante, adveio o Calvinismo, com as teorias da predestinação.

b) no campo político, o advento das teorias absolutistas, destacando-se entre seus porta-vozes Maquiavel e Bodin.

c) no âmbito das artes, o Renascimento, que teve como um de seus principais polos a cidade de Florença.

d) nas ciências, a ampliação dos conhecimentos geográficos, sobretudo da cartografia.

e) no campo econômico, as teorias mercantilistas, que propunham a não intervenção do Estado na economia.

# NAVEGAÇÕES, DESCOBRIMENTOS E CONQUISTAS EUROPEIAS

Desbravar, expandir, ter contato com o que era ignorado. Viagens maravilhosas povoavam a imaginação dos europeus desde, pelo menos, os relatos feitos por Marco Polo em suas viagens ao Oriente, na segunda metade do século XIII. Entretanto, as dificuldades para se empreender uma viagem eram muitas. Pelo mar, os receios eram ainda maiores. Porém, um pequeno reino, Portugal, liderou as empreitadas sobre o mar à procura de novos caminhos para o Oriente. Posteriormente, espanhóis, holandeses e ingleses também se lançaram nesse desafio. Uma parte do planeta, ainda desconhecida dos europeus, estava por ser *achada*. Povos e sociedades que tinham suas próprias formas de organização e que, a partir da chegada de espanhóis e portugueses, sofreram os impactos da presença europeia e, ao mesmo tempo, fizeram surgir o que ficou conhecido como Novo Mundo.

O mundo se tornara mais amplo, não apenas geograficamente, mas em seus aspectos culturais, econômicos, políticos. Enfim, a história protagonizada por navegadores, reis, indígenas, clérigos e, sobretudo, por tantos anônimos, seria outra a partir dos acontecimentos ocorridos entre o final do século XV e as primeiras décadas do século XVI.

Conhecemos muito dessa história, algumas vezes seduzidos pelos relatos maravilhosos, outras, escandalizados com as denúncias de destruição. Em qualquer um dos casos, nosso olhar deve estar atento ao que os documentos da época nos revelam e nos ocultam.

Unidade 4

# capítulo 12

# Navegações e descobrimentos

*Neste início de século XXI, quando há mais de quatro décadas o ser humano já esteve pela primeira vez na Lua e estações espaciais tripuláveis são realidade, pensar que navegar pelo oceano Atlântico já foi o maior dos desafios científicos, sociais e econômicos dos europeus pode nos parecer estranho, ou mesmo "absurdo". Como as descobertas científicas, a consolidação das monarquias, a busca de dinheiro e as disputas religiosas interferiram na decisão de empreender as chamadas Grandes Navegações? Quais os argumentos para convencer reis, empreendedores, navegadores e homens comuns a literalmente embarcarem nessa aventura? Que tipo de recompensas esperavam? Se pudéssemos perguntar àquelas pessoas, encontraríamos respostas bem diferentes conforme o motivo e as razões de cada uma.*

Até os séculos XII e XIII, como vimos no Capítulo 9 – Renascimento e Humanismo –, as concepções acerca do homem, da ciência e da Terra eram fundadas, predominantemente, no teocentrismo cristão. Assim, sem um método científico experimental, baseado na observação, tudo o que fosse desconhecido era previamente explicado com base em elementos sobrenaturais. Por exemplo, para a maioria dos homens, até o final da Idade Média, a Terra era plana, de tal maneira que o Atlântico, ou mar Tenebroso, como era chamado, para eles terminava em enormes quedas d'água habitadas em suas profundezas por monstros.

Logo, entre os grandes obstáculos vencidos para que os ibéricos fossem além do conhecido mar Mediterrâneo estavam o medo e várias preconcepções. Foi necessário um longo processo de mudanças para que muitos deles, assim como tantos outros europeus, apostassem na teoria da esfericidade da Terra e se "convencessem" de que havia alguma possibilidade de ir além das águas já navegadas desde muito tempo.

Por outro lado, em Portugal e na Espanha as circunstâncias definidas pelas lutas contra os mouros – Guerras da Reconquista – permitiram que as estruturas políticas e administrativas dos Estados Nacionais se estabelecessem antes que em outros países da Europa Ocidental. Os reinos ibéricos, portanto, cedo também tiveram de criar as bases financeiras para sua própria manutenção, bem como de suas nascentes burguesias – sem condições de concorrer com os comerciantes de Gênova e Veneza, monopolizadores do lucrativo comércio de especiarias com o Oriente.

Reunindo tecnologia e mão de obra qualificada, recorrendo ao que havia de mais novo no campo científico, os Estados Nacionais ibéricos, apoiados em uma sociedade que se transformava rapidamente com o crescimento da burguesia e com o desenvolvimento das ideias renascentistas, coordenam as chamadas **Grandes Navegações**.

**Teocentrismo:** explicação que considera Deus como o centro de tudo.

O empreendimento que a princípio tinha por meta encontrar novas rotas comerciais, para além do Mediterrâneo, acabou por "descobrir" a América – "novo" continente encontrado por Cristóvão Colombo – cuja colonização, com o genocídio de milhares de índios, foi realizada dentro dos princípios essenciais do Mundo Moderno Europeu.

*Saiba mais*

### O imaginário e os descobrimentos

Os impulsos para a aventura marítima não eram apenas comerciais. Há cinco séculos, havia continentes mal ou inteiramente desconhecidos, oceanos inteiros ainda não atravessados. As chamadas regiões ignotas concentravam a imaginação dos povos europeus, que aí vislumbravam, conforme o caso, reinos fantásticos, habitantes monstruosos, a sede do paraíso terrestre.

Por exemplo, ao descobrir a América, Colombo pensava que, mais para o interior da terra por ele descoberta, encontraria homens de um só olho e outros com focinho de cachorro. Viu três sereias pularem fora do mar, decepcionando-se com seu rosto: não eram tão belas quanto imaginara. Em uma de suas cartas, referia-se às pessoas que, na direção do poente, nasciam com rabo. Em 1487, quando deixaram Portugal encarregados em descobrir o caminho terrestre para as Índias, Afonso de Paiva e Pero de Covilhã [exploradores portugueses] levaram instruções expressas de Dom João III para localizar o reino do Preste João. A lenda do Preste João, descendente dos reis magos e inimigo ferrenho dos muçulmanos, fazia parte do imaginário europeu desde pelo menos meados do século XII. Ela se construiu a partir de um dado real: a existência da Etiópia, no leste da África, onde vivia uma população negra que adotara um ramo do cristianismo.

Os sonhos associados à aventura marítima não devem ser encarados como fantasias desprezíveis, encobrindo o interesse material. Mas não há dúvida de que este último prevaleceu, sobretudo quando os contornos do mundo foram sendo cada vez mais conhecidos e questões práticas da colonização entraram na ordem do dia.

Fonte: FAUSTO, B. *História Concisa do Brasil*. São Paulo: Edusp, 1995. p. 11.

# Cruzando os mares – "o pioneirismo" português

No século XV, Portugal, o mais ocidental país europeu, deu início à expansão ultramarina. Lançar-se ao mar e conquistar novas terras foi um feito extraordinário na época, fruto da conjugação de múltiplos fatores – geográficos, políticos, econômicos, sociais e tecnológicos:

- **A localização geográfica**. Situado na confluência do oceano Atlântico e do mar Mediterrâneo, próximo à África e a ilhas atlânticas, Portugal não encontrava nenhum obstáculo natural que dificultasse sua empreitada náutica. Isso, ao mesmo tempo que o novo reino já se formou com muitas facilidades para comunicar-se com outras regiões da própria Europa – não por acaso, o porto de Lisboa era bastante movimentado, principalmente por embarcações que iam e vinham do Atlântico Norte e do mar Báltico.

- **A centralização política**. A formação do Estado Nacional português, com suas principais estruturas administrativas, organizadas em torno de um monarca absoluto, deu-se ainda na Idade Média, com a instalação da dinastia de Borgonha, em 1140, após a derrota dos mouros. Mesmo ameaçada, entre 1383 e 1385, a autonomia política portuguesa foi mantida com a vitória de D. João, mestre de Avis.

A existência de um governo centralizado, capaz de coordenar os diversos interesses sociais que estiveram na base dos empreendimentos náuticos lusos, foi essencial para o avanço dos projetos.

- **A necessidade de ampliar ganhos a partir de novas rotas comercias**. A consolidação do Estado português, o desenvolvimento de regiões comerciais do novo reino, como a do porto de Lisboa, e a presença cada vez maior na cena política e social dos burgueses são as maiores evidências de que o "renascimento comercial" atingira as terras lusas com bastante intensidade. Todavia, o acesso dos comerciantes portugueses às lucrativas especiarias era restrito – a via terrestre, pela Ásia, era controlada pelos árabes e o mar Mediterrâneo, pelos genoveses e venezianos. Era fundamental, portanto, encontrar uma nova rota de acesso às Índias.

> **Especiarias:** produtos que servem como condimento e como ingrediente para a produção de unguentos. Entre as mais valorizadas estava a pimenta.

• **Os avanços tecnológicos**. Várias importantes transformações tecnológicas permitiram as grandes navegações, entre elas: a construção de naus e caravelas, o desenvolvimento das cartas náuticas, a ampliação dos conhecimentos sobre correntes marítimas, o uso do astrolábio e da bússola que permitia navegações mais seguras, e não apenas indicações de posição das embarcações em relação aos astros.

A estratégia portuguesa utilizada para chegar ao Oriente foi a de circunavegação da África. Em 1415, marinheiros lusos tomaram a cidade de Ceuta, importante entreposto comercial dos árabes, localizada ao norte do continente africano. Era o primeiro território além-mar do qual os portugueses se apossavam, marcando o início, portanto, de sua expansão ultramarina, ainda que estivessem muito longe do seu objetivo principal.

Seriam ainda necessários mais 73 anos e várias expedições para que toda a costa ocidental africana fosse contornada. Durante esse período, mais preocupados com a criação de entrepostos que pudessem dar algum suporte a suas expedições, os portugueses fundaram várias **feitorias no litoral da África** – as quais passariam a ter um papel bastante relevante nos séculos seguintes, com o processo de colonização do Brasil.

Em 1488, o navegador Bartolomeu Dias atingiu o extremo sul africano, conseguindo cruzar o Cabo das Tormentas, hoje Cabo da Boa Esperança, onde os oceanos Atlântico e Índico se encontram. Todavia, o grande feito aconteceria dez anos depois, em 1498, com a chegada do comandante Vasco da Gama à cidade de Calicute, na Índia.

A partir de então, os investimentos portugueses começavam, finalmente, a dar resultados financeiros compensadores nos quadros da política econômica do **mercantilismo**, nos quais os Estados seriam tanto mais ricos quanto mais acumulassem ouro e prata **(metalismo)**, por meio da venda de produtos a preços elevados e da compra de outros a custos baixos **(balança comercial favorável)**. As especiarias trazidas pela expedição de Vasco da Gama, por exemplo, foram vendidas com preços até 6.000% maiores.

SÍLVIA RICARDO

A Torre de Belém, erguida no início do século XVI, foi construída como uma das fortalezas para proteger Portugal na época de seu predomínio marítimo.

Bússola.

Poucas certezas existem a respeito da "invenção" e aprimoramento do astrolábio. O nome tem origem grega e significa algo como "pegador de estrelas", daí muitos estudiosos atribuírem aos gregos a sua invenção. Outros pesquisadores atribuem aos babilônios, um dos povos que se desenvolveram na antiga Mesopotâmia, o primeiro dos astrolábios. De qualquer maneira, há um certo consenso sobre o fato de que os árabes muito contribuíram para o aperfeiçoamento de um dos principais instrumentos de navegação nos séculos XV e XVII. O astrolábio mais antigo, que chegou até nós, corresponde a um feito por árabes por volta do ano 925 d.C.; já o registro escrito mais antigo que conhecemos hoje sobre esse instrumento trata-se de um manuscrito do século IV d.C.

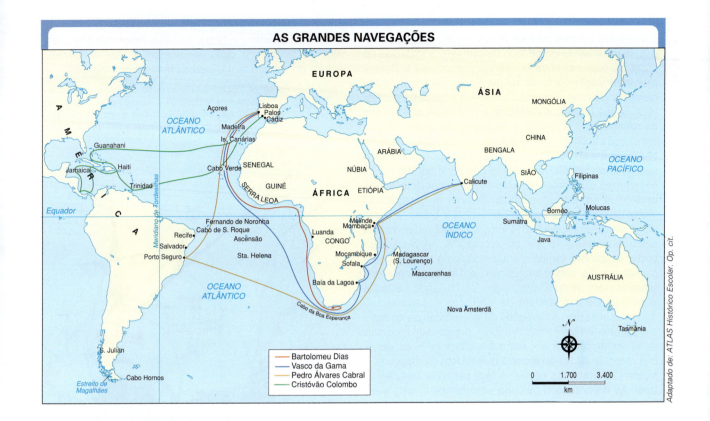

## AS GRANDES NAVEGAÇÕES

Legenda do mapa:
- Bartolomeu Dias
- Vasco da Gama
- Pedro Álvares Cabral
- Cristóvão Colombo

Adaptado de: ATLAS Histórico Escolar. Op. cit.

## O tráfico de produtos naturais

Se no passado as especiarias levavam os europeus até o Oriente, despendendo recursos e vidas humanas, à procura de produtos que nos parecem triviais na atualidade, há ainda muitos interesses em relação aos patrimônios ambientais.

A preocupação com as questões ambientais, no presente, têm revelado um problema adicional aos países ricos em biodiversidade como é o Brasil: a biopirataria.

A biopirataria é utilizada para designar a transferência de recursos vegetal ou animal para outro país, assim como a apropriação indevida de conhecimentos populares sobre a biodiversidade de uma região, sem a expressa autorização por parte do Estado concedente. Ou seja, levar produtos de um país para outro sem autorização, fazer o sequenciamento genético ou produzir medicamentos com base em conhecimentos populares são uma prática de biopirataria.

É preciso ficar claro que não havia essa questão no período das navegações e que nem todo comércio atual de produtos vegetais se trata de biopirataria. O interessante é observarmos que os produtos naturais, mesmo em época de tantos recursos tecnológicos, continuam a despertar interesses e cobiça de diferentes grupos e sociedades.

## No interior das caravelas

Hoje, os aviões nos levam, por exemplo, de São Paulo ou Rio de Janeiro a Lisboa em apenas 9 horas, de maneira confortável, de modo que, ao chegarmos ao nosso destino, pouco sentimos o efeito da viagem de tantos milhares de quilômetros. Coisa bem diferente passava a tripulação das caravelas que cruzavam o Atlântico, por mais de 45 dias sem ver terra. A viagem era penosa, cheia de imprevistos, à mercê do tempo, além da precariedade a bordo na questão de higiene e alimentação... Quando a viagem transcorria sem incidentes, a comida mal bastava para as necessidades dos embarcados, mas se um longo período de calmaria, a imperícia do piloto ou qualquer outra ocorrência provocasse o alongamento da viagem, a fome atingia o navio de modo implacável... o principal alimento a bordo era o biscoito, e a história de sua fabricação confunde-se com a própria história da navegação. (...) Sujeita a variações, de acordo com o tempo ou circunstâncias especiais, a ração diária de cada tripulante era de 400 gramas ou pouco mais. Entretanto, a qualidade do biscoito servido – o que pode ser estendido aos demais alimentos – deixava muito a desejar, havendo problemas em sua conservação durante as viagens... O vinho também era presença obrigatória a bordo, a ração diária era de uma canada (1,4 litro), o que foi reduzido para cerca da metade no final do século XVI... A água, para beber e cozinhar, também era distribuída à razão de uma canada por dia, sendo armazenada em tonéis ou grandes tanques nem sempre apropriados, acumulando bactérias e provocando a ocorrência de infecções e diarreias... O que mais ressalta nas relações de gêneros embarcados é a ausência de alimentos frescos, prejudicados demais pelas condições em que eram armazenados e conservados. Mais ainda, considerando que muitos passageiros já subiam doentes nos navios, é fácil perceber que, ali, as doenças encontravam caminho sempre aberto para avançarem, dia após dia. Fosse o escorbuto – ou mal das gengivas ou mal de pleuropulmonares – frequente nas regiões mais frias; fosse o mal das calmarias, habitual na costa da Guiné, ou toda uma infinidade de doenças das quais nem

o nome se guardou, o fato é que elas foram sempre passageiras sinistras a cobrir de sombra a vida de bordo. Apesar do sol que tantas vezes orientava os viajantes.

Fonte: MICELI, P. *O Ponto onde Estamos*: viagens e viajantes na história da expansão e da conquista (Portugal, séculos XV e XVI). 2. ed. Campinas: Ed. Unicamp, 1997. p. 137-143.

# A chegada à América: um feito espanhol

Os feitos náuticos portugueses só começaram a ter alguma concorrência ao final do século XV, quando a Coroa espanhola financiou o projeto do genovês Cristóvão Colombo.

Enquanto Portugal insistia em atingir as Índias a partir da circunavegação da África e dominando a rota até o extremo sul daquele continente, desde 1488, os reis espanhóis, Fernando e Isabel, decidiram financiar o projeto de Colombo para chegar ao Oriente navegando na direção Oeste – ainda que, a princípio, a proposta não inspirasse muita confiança. O genovês tinha certeza da esfericidade da Terra, o que na época era compartilhado por bem poucos de seus contemporâneos.

A expedição foi tumultuada, até com vários motins, durante os 33 dias que durou a viagem pelo Atlântico. No dia 10 de outubro de 1492, o comando de Colombo esteve por um fio. Os tripulantes, já com a água e a comida racionadas, em péssimas condições de higiene, acusavam o

comandante de os estar conduzindo não para o Oriente, mas para a morte. Nesse clima de tensão, no dia seguinte, um marinheiro avistou terra.

Colombo desembarcou em solo americano, em 12 de outubro de 1492, acreditando ter chegado a Cipango (Japão). Ele estava enganado, desembarcou numa ilha do Caribe (Guanahani), nas Bahamas, que foi batizada de São Salvador. Nas semanas seguintes, Colombo explorou o litoral da atual Cuba e o de uma ilha maior, que foi denominada Hispaniola (a atual República Dominicana).

Apesar de não ter chegado ao Oriente e de voltar para a Espanha com suas modestas naus vazias, em situação bem diferente do que aconteceria com o português Vasco da Gama em 1499, os novos territórios que passaram à soberania espanhola, a partir da viagem de Colombo, renderiam muito mais, em médio prazo, que a rota comercial com as Índias.

O genovês, todavia, morreu em 1505 sem ter ideia do quanto seu "desacreditado" projeto de navegação teria relação com o futuro "século de ouro espanhol".

## Colombo não soube de sua descoberta

O que é verdadeiramente extraordinário para nós não é que Colombo tenha se convencido de que estava nas proximidades da Ásia quando, a bordo da nau capitânia, contemplou as esmeraldinas margens daquela primeira ilha que lhe entregou o Oceano, mas sim a circunstância de ter mantido essa crença durante toda a exploração, apesar de não ter comprovado nada do que esperava, isto é, que comprovasse sua crença de maneira indubitável. (...) Em tudo e em todas as partes, Colombo via a Ásia, as remotas regiões da Ilha da terra, que numa tradição multissecular vinha pintando em tão belas e alucinantes cores e que a cobiça do navegante acumulava de riquezas nunca sonhadas de ouro, pedras preciosas, especiarias e outros produtos naturais do mais alto preço. A rudeza e a nudez dos povoadores naturais, a absoluta ausência de cidades e de palácios que deveria ter encontrado e que inutilmente procurou, a circunstância de que o ouro só brilhava no rumor das falsas notícias que lhe davam os indígenas e o fracasso repetido na tentativa de localizar (...) Cipango (...) em nada abalaram sua fé: havia chegado à Ásia, estava na Ásia e da Ásia voltava e desta convicção nada nem ninguém o fará retroceder até o dia de sua morte.

Eis aqui, pois, a situação: Colombo não apenas acreditou que havia chegado ao outro extremo da Ilha da Terra, quando deu com a primeira terra, mas também tudo quanto verificou durante a exploração foi interpre-tado por ele como prova empírica dessa crença. Para um homem de outra formação mental, a reiterada ausência dos indícios previstos em suas especulações deveria, pelo menos, ter semeado a dúvida. Em Colombo, observa-se justamente o contrário: nada o abala na sua fé.

Fonte: O'GORMAN, E.
*A Invenção da América.*
São Paulo: Ed. Unesp, 1992. p. 104-105.

**1)** Por que, diante das evidências concretas, Colombo continuou pensando ter chegado à Ásia?

LUIGI SCIALLERO

O genovês Cristóvão Colombo.

## O diário de Colombo

*A descrição original da primeira viagem de Colombo perdeu-se. Os diários existentes foram reconstituídos com base nos escritos de Frei Bartolomé de Las Casas (1484-1566), que escreveu a História das Índias. Las Casas, que teve contato com os originais, transcreveu em sua obra longos trechos extraídos do diário de Colombo, o Almirante. No trecho abaixo, temos o relato sobre a tomada de posse em 12 de outubro de 1492.*

Nascendo o dia, que não pouco desejado foi de todos, chegaram os três navios à terra (...) e viram a praia cheia de gente nua, que toda areia e terra cobriam. Esta terra era uma ilha de 15 léguas de comprimento, um pouco mais ou pouco menos, toda baixa, sem montanha alguma, como uma horta cheia de arvoredos verdes (...).

Ansioso para desembarcar em terra, o Almirante e toda sua gente, queria ver aquela gente, que, por sua vez, não estava menos interessada em vê-los desembarcar, admirados de ver aqueles navios que deviam pensar que fosse algum animal que viera pelo mar (...). Tirou o Almirante a bandeira real e os dois capitães [que testemunhavam Colombo], bandeiras de cruz verde, que o Almirante levava em todos os navios como uma divisa, com um F, que significa o rei D. Fernando, e um I, pela rainha D. Isabel, e em cima de cada letra, a respectiva coroa, a primeira feita de um cabo da cruz e a segunda, do outro. (...)

Logo o Almirante, diante dos dois capitães e de Rodrigo de Escobedo, escrivão de toda a armada, e de Rodrigo Sánchez de Segóvia, inspetor da armada, e de toda

gente cristã que levara consigo, saltou à terra, disse que lhe dessem, por fé e testemunho, como ele antes de todos tomava, como de fato tomou, a posse da ilha, à qual punha o nome de São Salvador, pelo rei e pela rainha, seus senhores, fazendo as prostrações que requeriam, segundo os testemunhos que por escrito foram feitos. Os índios, que estavam presentes em grande número, olhavam atônitos aos cristãos, espantados com suas barbas, brancura e suas vestes.

*Fonte:* LAS CASAS, B. *Historia de las Indias.* México: FCE, 1995. p. 200-202.

Pintura de José Garnelo Alda (1866-1945), feita em 1892 para comemorar o IV Centenário do descobrimento da América. No lado esquerdo pode-se ver a bandeira branca com a Cruz Verde mencionada na descrição de Colombo. Museu Naval de Madri, Espanha.

**1)** Qual o simbolismo do ritual descrito por Las Casas? E por que os indígenas estavam atônitos?

## Saiba mais

### O nome América

As terras descobertas por Colombo foram incorporadas ao conhecimento geográfico europeu ainda em 1492. Mas os escritos de Colombo tiveram pouca repercussão. O responsável por dar publicidade ao feito foi Américo Vespúcio, que fez quatro viagens ao Novo Mundo entre 1494 e 1504.

As informações de Vespúcio serviram à produção de um mapa feito por Martin Waldseemüller (1470-1521), que batizou a região em homenagem ao relator. Como todos os continentes tinham nomes femininos, a "terra do Américo" transformou-se em América.

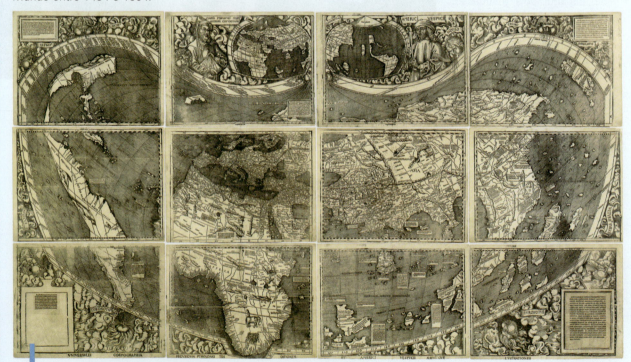

O mapa de Waldseemüller, exposto em 1522, foi o responsável pela difusão na Europa do nome América. O equívoco na homenagem, que foi questionada por Las Casas que defendia o nome de Colômbia para o continente, não impediu que o nome ganhasse força. Observe que, para os conhecimentos atuais, o mapa tem informações pouco precisas sobre a América.

# Portugal e Espanha: os "donos do mundo"

As **práticas mercantilistas** buscavam garantir os elevados lucros das trocas comerciais, principalmente por meio de monopólios sobre as rotas comerciais e sobre gêneros comercializados. O motivo disso é evidente: a concorrência dificultava a manutenção dos preços das mercadorias em patamares elevados, aspecto fundamental para a obtenção de uma balança comercial favorável e do consequente acúmulo de metais preciosos.

Assim, tão logo a Espanha surgiu como uma ameaça naval, por mais tímida que fosse, ao controle português sobre a rota alternativa para as Índias, Portugal passou a ter grande interesse na formalização de um acordo para evitar concorrências com o país vizinho ou mesmo dispendiosos conflitos.

Além disso, o fato de Colombo ter chegado a territórios "desconhecidos", em nome da Espanha, em 1492, dos quais alguma riqueza se esperava extrair, fazia com que um acordo também fosse do interesse da Coroa espanhola – afinal, era preciso garantir que os portugueses continuassem determinados na circunavegação da África, nada tentando "descobrir" ou explorar nas áreas a Oeste.

O papa Alexandre VI, antes cardeal de Aragão, na Espanha, serviu como mediador do acordo entre os reinos ibéricos. Em 3 de maio de 1493, foi promulgada a bula *Inter Coetera*, documento assinado pelo Sumo Pontífice, estabelecendo uma linha imaginária a 100 léguas a oeste do Arquipélago de Cabo Verde. As terras que estivessem a leste daquela linha seriam portuguesas e os espanhóis ficariam com todos os territórios conhecidos e a serem descobertos situados a partir dela, mas situados a oeste.

Portugal sentiu-se prejudicado com a decisão papal, que favorecia a Espanha, e rejeitou a bula. Num clima de beligerância, Portugal, tentando manter suas rotas já conquistadas ao longo do litoral africano, propôs que uma nova linha imaginária fosse traçada a 370 léguas a oeste das ilhas de Cabo Verde.

A Espanha aceitou a proposta, pois dessa forma estava garantida sua soberania sobre as terras descobertas por Colombo. Assim, em 7 de junho de 1494 foi assinado o **Tratado de Tordesilhas** que destinou as terras a oeste do Meridiano de Tordesilhas para a Espanha e as situadas a leste, para Portugal.

Os dois países ibéricos conseguiram manter suas áreas conquistadas. Os portugueses, principalmente, consideraram o tratado uma importante vitória, embora ainda não soubessem que o novo continente, e não as Índias, como imaginavam, iria se tornar sua maior fonte de riquezas nos próximos séculos.

Adaptado de: ATLAS Histórico Escolar. Op. cit.

# A chegada dos portugueses ao "Brasil"

Vasco da Gama foi o último de sua expedição, com destino às Índias, a voltar a Lisboa, em meados de 1499. Seis meses depois, em 9 de março de 1500, uma nova expedição, muito maior, com cerca de 1.500 homens, contando com navegadores experientes como Bartolomeu Dias e Nicolau Coelho, além de cosmógrafos, frades franciscanos e funcionários reais, saiu da praia do Restelo, em Lisboa, novamente rumo às Índias. O comando da armada foi entregue a um fidalgo português chamado Pedro Álvares Cabral.

Depois de terem atingido o arquipélago de Cabo Verde, na costa ocidental africana, em 22 de março, as naus continuaram rumando na direção sudoeste. Trinta dias depois, os tripulantes viram no mar sinais de que estavam próximos de terra, como algas marinhas e, na manhã do dia seguinte, pássaros. No dia seguinte, 22 de abril, avistaram uma região elevada ao sul do atual Estado da Bahia, que denominaram Monte Pascoal. Os portugueses chegavam ao Brasil.

As naus portuguesas aportaram em Porto Seguro e ali permaneceram até o dia 2 de maio. Ao desembarcarem, os portugueses encontraram-se com os nativos, que andavam nus pela praia, bastante curiosos com os visitantes que chegavam aos seus domínios. Os primeiros contatos foram amistosos. Foi rezada uma missa e depois, numa reunião, o comandante e seus principais auxiliares decidiram mandar uma mensagem ao rei de Portugal relatando o sucedido. Uma nau seguiu para Lisboa e as demais continuaram a viagem com destino a Calicute, na Índia.

## Disseram a respeito

### Um descobrimento suspeito

A história oficial do Descobrimento do Brasil é a das polêmicas sobre se Portugal sabia ou não da existência das novas terras antes que nelas desembarcasse Cabral, em abril de 1500. É a velha questão da casualidade ou intencionalidade da viagem que acabou em Porto Seguro, que se desdobrou depois na discussão sobre se foram mesmo os portugueses os primeiros a "descobrir" o futuro Brasil.

Talvez o primeiro a tratar do assunto em livro tenha sido Frei Vicente do Salvador, autor da primeira *História do Brasil* com este título, concluída em torno de 1627, porém só publicada na íntegra no final do século 19, graças aos esforços de Capistrano de Abreu. Pois o primeiro capítulo da *História* de Frei Vicente se intitula "De como foi descoberto este estado" e nele se lê: "A Terra do Brasil, que está na América, uma das quatro partes do mundo, não se descobriu de propósito e de principal intento, mas acaso, indo Pedro Álvares Cabral, por mandado de el-rei D. Manuel no ano de 1500 para a Índia...". Passados pouco mais de 100 anos, seria a vez do áulico Sebastião da Rocha Pita repetir a versão da casualidade em sua *História da América Portuguesa*, escrita no indefectível estilo barroco que o caracterizava: "Tinha já dado o sol cinco mil e quinhentas e cinquenta e duas voltas no zodíaco, pela mais apurada cronologia dos anos, quando no de mil e quinhentos da nossa redenção... trouxe a tempestade a Pedro Álvares Cabral a descobrir o Brasil".

A casualidade da descoberta do Brasil seria posta em xeque no século 19, primeiramente com Varnhagen, e sobretudo com Capistrano de Abreu, cuja tese *O descobrimento do Brasil* lhe valeria a cátedra da disciplina no Colégio Pedro II, nos anos 1880. Vários documentos foram então arrolados para sustentar a tese da intencionalidade do descobrimento português: o *Esmeraldo de Situ Orbis*, escrito por Duarte Pacheco Pereira entre 1505 e 1508, ele que fora enviado por D. Manuel para viagem de reconhecimento no Atlântico Sul, em 1498; a carta do mestre João e sua alusão à representação da Terra de Vera Cruz no mapa-mundo antigo de Pero Vaz Bisagundo; a Carta de D. Manuel aos Reis Católicos mencionando as terras "novamente" descobertas em 1500; o Planisfério Cantino, de 1502, que pela precisão cartográfica poderia presumir um descobrimento do Brasil anterior à expedição de Cabral.

A tese da intencionalidade prosperou no atual século e consagrou-se nos livros didáticos, embora polemizada nos meios acadêmicos. Aos indícios documentais, seus defensores ainda agregaram um argumento lógico, ou seja, o de que Portugal sabia da existência do Brasil desde 1494, quando da assinatura do Tratado de Tordesilhas com Espanha. O empenho de D. João II em alargar para 370 léguas o meridiano que, a partir das ilhas de Açores e Cabo Verde, dividia o mundo descoberto e por descobrir entre as duas Coroas, seria prova cabal de que os portugueses conheciam o futuro Brasil. Ficasse o meridiano traçado a 100 léguas daqueles arquipélagos, como dispunha a Bula *Inter Coetera*, e toda a América seria espanhola.

Exagero, sem dúvida, dizer que Portugal já conhecia o Brasil em 1494, antes mesmo da viagem que Vasco da Gama faria à Índia, em 1498. Afirma-o, entre outros, José Romero de Magalhães, que prefere chamar o descobrimento de "achamento", e sintetiza bem as intenções de D. João II em 1494: "O que o rei português pretendia, sim, era assegurar a navegação para a Índia com toda a segurança. Por isso procurou afastar a linha divisória o mais possível para o Ocidente...". Na altura de 1498, os portugueses com certeza presumiam a existência de terras a ocidente, que, pelo Tratado de 1494, eram suas. Terras americanas, portanto, no Novo Mundo "descoberto" por Colombo em 1492. De todo modo, o desembarque no "porto" a que chamariam equivocadamente de seguro parece ter ocorrido por acaso, como já contava Frei Vicente havia séculos. Nenhum documento assevera a intenção do então rei D. Manuel em fazer do Brasil escala da viagem que Cabral fez à Índia. "A armada partiu de Lisboa com destino à Índia e não a descobrir terras a ocidente do Atlântico", afirma outra vez Romero de Magalhães.

Assim parece ser a versão atual dos fatos oficiais que admite a presciência dos portugueses, mas reconhece a casualidade da descoberta. Quanto ao pioneirismo dos portugueses, há tempos, desde Capistrano, sabe-se que Vicente Pinzón esteve no que seria o Brasil antes de Cabral. Capistrano admitiu a passagem de Pinzón pelo hoje conhecido como Cabo de Santo Agostinho, no litoral pernambucano, por ele chamado de Santa Maria de la Consolación. E, há cerca de 30 anos, o almirante-historiador Max Justo Guedes demonstrou, com boas provas, que o mesmo Pinzón e Diego de Lepe reconheceram a costa a Oeste do Cabo Calcanhar, hoje correspondente ao litoral do Ceará, Piauí, Maranhão, Pará e Amapá. (...)

Fonte: VAINFAS, R. *Disponível em:* <http://jbonline.terra.com.br>. *Acesso em:* 22 nov. 2005.

**1)** Apresente as duas teses principais que motivaram polêmicas sobre a chegada dos portugueses ao território que viria a ser o Brasil.

## Cinemateca

**1492 – A Conquista do Paraíso** (1992, EUA/França/Espanha, dir.: Ridley Scott) A trajetória de Cristóvão Colombo narrada desde as dificuldades em obter financiamento para empreender a viagem marítima que o levaria às Índias, a longa e penosa travessia nas caravelas pelo Atlântico, até seu desembarque em terras americanas em 1492.

**Cristóvão Colombo** (1984, Itália/Espanha, dir.: Alberto Lattuada) Filme épico, feito para a televisão, que narra a vida de Cristóvão Colombo, a descoberta da América, seus conflitos e as relações com a Coroa espanhola.

## Revisitando a História

**1.** Relacione a expansão marítima e a formação dos Estados Nacionais no início da "Época Moderna".

**2.** Caracterize a política econômica mercantilista na fase de expansão comercial e marítima europeia.

**3.** A que se pode atribuir a primazia portuguesa nos descobrimentos e na expansão marítima moderna?

**4.** Por que "buscar especiaria" foi uma importante motivação econômica da expansão marítima portuguesa?

**5.** Observe o mapa da página 221 e responda aos itens a seguir.

a) Qual era o objetivo comum das navegações portuguesa e espanhola?
b) Qual a diferença entre as rotas portuguesa e aquela de Cristóvão Colombo?

## Analise esta imagem

Os mapas da atualidade possuem características precisas, sem aspectos que emitam visões positivas ou negativas sobre determinada região. O aspecto descritivo, como relevo, hidrografia, divisões políticas, é apresentado com tamanha riqueza de detalhes que convence o observador. Os mapas do início da era moderna tinham características que remetiam a certa visão da região que estava sendo apresentada. Obviamente que havia preocupação com medidas e cálculos matemáticos, mas muito da cartografia do período dependia essencialmente da habilidade de quem fazia os mapas e de como ele representava a região. O mapa *Terra Brasilis*, do *Atlas Miller*, de Lopo Homem, de 1515-1519, expõe uma concepção sobre a região meridional da América.

a) Quais as principais riquezas expostas na ilustração?
b) Como estão representadas as relações de trabalho na imagem?
c) O mapa contribuiu para a difusão de uma imagem específica do território dominado pelos portugueses? Por quê?

# Debatendo ideias

Ao longo do capítulo tivemos várias referências sobre a concepção de Colombo, que tinha um argumento lógico e uma crença de que havia chegado ao Oriente. Isso o impediu de saber o tamanho de seu próprio feito, que foi chegar a um novo continente. Por que esse choque entre a "realidade" e a "imaginação" estava presente em Colombo? Na atualidade, esse mesmo confronto existe? Como isso pode ser evitado? Apresente argumentos.

# Questões de vestibular

**1.** (UFC – CE) O Tratado de Tordesilhas, assinado em 7 de junho de 1494 e confirmado nos seus termos pelo Papa Júlio II em 1506, representou para o século XVI um marco importante nas dinâmicas europeias de expansão marítima. O tratado visava:

a) demarcar os direitos de exploração dos países ibéricos, tendo como elemento propulsor o desenvolvimento da expansão comercial marítima.

b) estimular a consolidação do reino português, por meio da exploração das especiarias africanas e da formação do exército nacional.

c) impor a reserva de mercado metropolitano espanhol, por meio da criação de um sistema de monopólio que atingia todas as riquezas coloniais.

d) reconhecer a transferência do eixo do comércio mundial do Mediterrâneo para o Atlântico, depois das expedições de Vasco da Gama às Índias.

e) reconhecer a hegemonia anglo-francesa sobre a exploração colonial, após a destruição da Invencível Armada de Filipe II, da Espanha.

**2.** (UNIFESP) Se como concluo que acontecerá, persistir esta viagem de Lisboa para Calecute, que já se iniciou, deverão faltar as especiarias às galés venezianas e aos seus mercadores.

*Diário de Girolamo Priuli. Julho de 1501.*

Esta afirmação evidencia que Veneza estava

a) tomada de surpresa pela chegada dos portugueses à Índia, razão pela qual entrou em rápida e acentuada decadência econômica.

b) acompanhando atentamente as navegações portuguesas no Oriente, as quais iriam trazer prejuízos ao seu comércio.

c) despreocupada com a abertura de uma nova rota pelos portugueses, pois isto não iria afetar seu comércio e suas manufaturas.

d) impotente para resistir ao monopólio que os portugueses iriam estabelecer no comércio de especiarias pelo Mediterrâneo.

e) articulando uma aliança com outros estados italianos para anular os eventuais prejuízos decorrentes das navegações portuguesas.

**3.** (UFPE) Sobre a Expansão Marítima Europeia, analise as afirmativas a seguir.

1 – Para a realização da grande aventura marítima, foram fundamentais as descobertas técnicas da época, não tendo influência a experiência do navegador.

2 – A busca de riqueza foi importante para o envolvimento das pessoas com a navegação e para a valorização de novos produtos comerciais.

3 – O descobrimento do Brasil foi resultado de uma estratégia do grande navegador Vasco da Gama com a ajuda de Pedro Álvares Cabral.

4 – A Expansão Marítima trouxe grandes renovações para a cultura da época e teve, portanto, claras ligações com as mudanças históricas que levaram à construção dos tempos modernos.

5 – A importância das viagens de Colombo se restringe aos parâmetros de uma aventura heroica de um grande e idealista navegador.

Estão corretas apenas:

a) 1, 2 e 5.       d) 2 e 4.
b) 3 e 4.       e) 1, 2, 4 e 5.
c) 1, 3 e 5.

**4.** (UNICAMP – SP) Herói ou vilão, Colombo simboliza a conquista.

*Folha de S.Paulo, 12 out. 1991.*

a) Por que Colombo é tratado como herói ou vilão?
b) Por que ele é o símbolo da conquista?

**5.** (UFMG) Analise estes dois mapas-múndi, comparando-os:

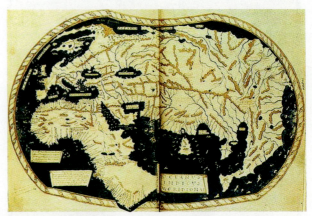

Henricus Martellus, 1489. Londres: British Library.

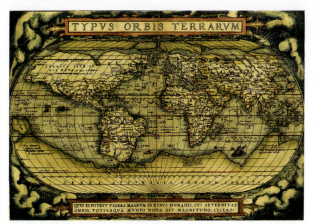

Abraham Ortelius, *Theatrum Orbis Terrarum*, 1570.

A partir da análise e comparação desses mapas e considerando-se outros conhecimentos sobre o assunto, é CORRETO afirmar que:

a) a cartografia europeia, por razões religiosas, não assimilou o conhecimento dos povos indígenas acerca dos continentes recém-descobertos.

b) a concepção de um mundo fechado, em oposição à ideia de um cosmos aberto, dominou a cartografia europeia até o século XVII.

c) as navegações alteraram o conhecimento do mundo, à época, jogando por terra os mitos antigos sobre a inabitabilidade das zonas tórridas.

d) os descobrimentos, em fins do século XV, resultaram da expansão do conhecimento do mundo alcançado pelos geógrafos do Renascimento.

**6.** (UFG-GO) Analise os mapas abaixo.

Mapa 1 – *Terra Brasilis*

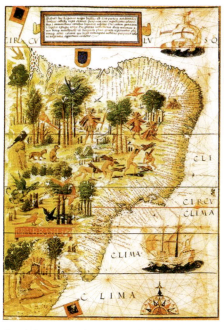

Disponível em: <http://estudoliterario. blogspot. com/2008_02_01. archive.htm>. *Acesso em:* 1º dez. 2009.

Mapa 2 – *America Meridionalis*

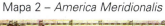

Disponível em: <http://www.novo-milenio.inf.br/ santos/mapa68g.htm>. *Acesso em:* 1º dez. 2009.

Os dois mapas foram produzidos, respectivamente, em 1519 e 1638 e descrevem, de forma distinta, o continente americano. Com base na comparação entre os mapas, explique a relação entre representação cartográfica e o conhecimento do território, em cada um deles.

**7.** (UFPE) Portugal teve um desempenho destacado na expansão marítima europeia. Muitos fatores contribuíram para que esse país conseguisse construir um domínio colonial significativo para a época. Sobre o desempenho português no período da expansão marítima e a colonização da América, analise os enunciados a seguir.

(  ) A Revolução de Avis (1383-1385) conseguiu firmar o poder da burguesia portuguesa com a exclusão total da nobreza dos núcleos de poder.

(  ) Na viagem de Bartolomeu Dias, foi descoberta a passagem para as Índias, um importante passo para a expansão do poderio português.

(  ) A formação do reino de Portugal contribuiu para o fortalecimento da figura do rei, apesar da descentralização política que lembrava o feudalismo francês.

(  ) Os lucros obtidos com a viagem de Vasco da Gama garantiram suporte a Portugal para outras aventuras na navegação, inclusive para a viagem de Pedro Álvares Cabral.

(  ) A colonização das terras conquistadas por Portugal teve também uma dimensão religiosa, com a presença da Igreja Católica.

**8.** (UFMG) Leia estas estrofes iniciais de "Os Lusíadas", poema datado de 1572:

As armas e os barões assinalados
Que, da Ocidental praia Lusitana,
Por mares nunca de antes navegados
Passaram ainda além da Taprobana,
E em perigos e guerras esforçados
Mais do que prometia a força humana,
E entre gente remota edificaram
Novo Reino, que tanto sublimaram;

E também as memórias gloriosas
Daqueles Reis que foram dilatando
A Fé, o Império, e as terras viciosas
De África e de Ásia andaram devastando,
E aqueles que por obras valerosas
Se vão da lei da Morte libertando:
Cantando espalharei por toda parte,
Se a tanto me ajudar o engenho e arte.

Cessem do sábio Grego e do Troiano
As navegações grandes que fizeram;
Cale-se de Alexandro e de Trajano
A fama das vitórias que tiveram;
Que eu canto o peito ilustre Lusitano,
A quem Neptuno e Marte obedeceram.
Cesse tudo o que a Musa antiga canta,
Que outro valor mais alto se alevanta.

CAMÕES, L. de. *Os Lusíadas*. Porto: Porto Editora, 1975. p. 69.

Com base na leitura dessas estrofes, é CORRETO afirmar que a ideia central do poema é

a) exaltar a religião reformada e os valores puritanos, num contexto em que a Europa se expandia na direção de novos mundos.
b) louvar os modelos antigos até então referenciais para a cultura europeia, como as epopeias homéricas e os feitos de heróis gregos e romanos.
c) narrar a saga marítima portuguesa, ou seja, os feitos relacionados às expedições oceânicas realizadas pelos lusos a partir do século XV.
d) relatar os acontecimentos mais marcantes da conquista e colonização das terras brasileiras, visando a gravá-los na memória dos contemporâneos.

**9.** (FUVEST – SP) "Antigamente a Lusitânia e a Andaluzia eram o fim do mundo, mas agora, com a descoberta das Índias, tornaram-se o centro dele." Essa frase, de Tomás de Mercado, escritor espanhol do século 16, referia-se

a) ao poderio das monarquias francesa e inglesa, que se tornaram centrais desde então.
b) à alteração do centro de gravidade econômica da Europa e à importância crescente dos novos mercados.
c) ao papel que os portos de Lisboa e Sevilha assumiram no comércio com os marajás indianos.
d) ao fato de a América ter passado a absorver, desde então, todo o comércio europeu.
e) ao desenvolvimento da navegação a vapor, que encurtava distâncias.

**10.** (ENEM) Chegança

Sou Pataxó,
Sou Xavante e Carriri,
Ianomâmi, sou Tupi
Guarani, sou Carajá,
Sou Pancaruru,
Carijó, Tupinajé,
Sou Potiguar, sou Caeté,
Ful-ni-ô, Tupinambá.

Eu atraquei num porto muito seguro,
Céu azul, paz e ar puro...
Botei as pernas pro ar.
Logo sonhei que estava no paraíso,
Onde nem era preciso dormir para sonhar.

Mas de repente me acordei com a surpresa:
Uma esquadra portuguesa veio na praia atracar.
Da grande-nau,
Um branco de barba escura,
Vestindo uma armadura me apontou pra me pegar.
E assustado dei um pulo da rede,
Pressenti a fome, a sede,
Eu pensei: "vão me acabar".
Levantei-me de Borduna já na mão.
Aí, senti no coração,
O Brasil vai começar.

NÓBREGA, A.; FREIRE, W.
*Pernambuco falando para o mundo*, 1998. CD.

A letra da canção apresenta um tema recorrente na história da colonização brasileira, as relações de poder entre portugueses e povos nativos, e representa uma crítica à ideia presente no chamado mito

a) da democracia racial, originado das relações cordiais estabelecidas entre portugueses e nativos no período anterior ao início da colonização brasileira.
b) da cordialidade brasileira, advinda da forma como os povos nativos se associaram economicamente aos portugueses, participando dos negócios coloniais açucareiros.
c) do brasileiro receptivo, oriundo da facilidade com que os nativos brasileiros aceitaram as regras impostas pelo colonizador, o que garantiu o sucesso da colonização.
d) da natural miscigenação, resultante da forma como a metrópole incentivou a união entre colonos, ex-escravas e nativas para acelerar o povoamento da colônia.
e) do encontro, que identifica a colonização portuguesa como pacífica em função das relações de troca estabelecidas nos primeiros contatos entre portugueses e nativos.

**11.** (FGV – RJ) Para esta questão são feitas três afirmativas, cada uma pode ser certa ou errada. Leia-as com atenção e assinale a alternativa correta:

I. A privilegiada posição geográfica de Portugal possibilita, ao país, o pioneirismo na empresa das navegações.
II. Como consequência das viagens de descobrimento, o comércio expande-se, tornando-se um empreendimento mundial.
III. O comércio das especiarias, feito através do Mar Mediterrâneo, era controlado pelos portugueses.

a) apenas a afirmativa I é correta.
b) apenas as afirmativas I e II são corretas.
c) apenas as afirmativas I e III são corretas.
d) todas as afirmativas são corretas.
e) todas as afirmativas são erradas.

**12.** (UFES) Além dos avanços técnicos, os portugueses tornaram-se os precursores das Grandes Navegações, na Idade Moderna, motivados

I. pelo fervor empenhado na cruzada contra os muçulmanos e pelo desejo de se apoderar do ouro da Guiné, situada na costa atlântica da África.

II. pela busca de especiarias orientais e pela procura do lendário Preste João, soberano de um rico reino cristão na África.

III. pela procura por mercado consumidor para seus produtos industrializados e pela exportação de tecnologia bélica.

É VERDADEIRO o que se afirma em

a) I e II.
b) I, II e III.
c) I e III.
d) II e III.
e) III apenas.

# Programa de Avaliação Seriada

**1.** (PAS – UnB – DF) O pintor italiano Giovanni Antonio Canal, o Canaletto, nascido em Veneza, ficou famoso por retratar a atmosfera própria de sua cidade natal sob o ângulo barroco, captando a visão de suas ruas e canais, envoltos em luzes e sombras.

Em Roma, entrou em contato com pintores como Gian Paolo Pannini, perito em perspectivas, e o flamengo Gaspar van Wittel, paisagista precursor de temas panorâmicos, e voltou para Veneza onde passou a trabalhar, sob encomendas, pintando panoramas da cidade. Demonstrou em sua obra um esplêndido tratamento das luzes e sombras e seu perfeito domínio da perspectiva, em um estilo mais objetivo do que o do seu rival, o pintor Francesco Guardi.

Considerando as informações do texto e com o auxílio das figuras, julgue os itens abaixo.

(1) As imagens de Veneza remetem à Itália, que, em boa parte da Europa medieval, manteve ativo comércio, praticamente monopolizando o mar Mediterrâneo.

(2) A ação dos mecenas, em especial na Itália, foi importante para que, em fins da Idade Média, tivesse início um movimento de renovação cultural que atingiria seu ápice no início dos Tempos Modernos, a Renascença.

(3) A expansão comercial e marítima, nos séculos XV e XVI, pioneiramente conduzida por Portugal, está inserida em um contexto histórico de profundas transformações na Europa. Nesse contexto, marcado pelo desenvolvimento de uma cultura humanista e antropocêntrica, surgiram os Estados nacionais, que se sobrepuseram à fragmentação feudal e, ainda, à ruptura religiosa, representada pela Reforma Protestante.

**Figura I** – Canaletto. *A Praça de San Marco*, 1724, Museo Thyssen-Bornemisza.

**Figura II** – Canaletto. *The Grand Canal and the Church of the Salute*. Óleo em madeira, 49,5 x 72,5 cm, 1730, Museum of Fine Arts, Huston.

# capítulo 13

# Povos pré-colombianos e a conquista espanhola

Em pleno século XXI, a noção de superioridade cultural de um povo sobre outro ainda está impregnada na sociedade, em especial a ocidental. Nós nos julgamos superiores e melhores do que muitos povos ou etnias cujos valores são diferentes dos nossos. Acreditamos que o nosso modo de vida, baseado no consumo desenfreado, na competição acirrada, na acumulação de bens, na alta tecnologia deva ser o padrão para o planeta. Será que não estamos pensando exatamente como os colonizadores de 500 anos atrás?

PHOTOS.COM

SUPERSTOCK

A estátua de Chac Mool, mensageiro dos deuses, diante do Templo dos 1000 Guerreiros, e faces da grande pirâmide de Chichén-Itzá. Exemplos da arquitetura maia-tolteca.

## Os povos da América pré-colombiana e o domínio espanhol

Antes da chegada dos espanhóis e do estabelecimento de suas práticas coloniais no território que passou a ser chamado de América, havia muitos povos com culturas e organizações diferenciadas. Esses povos, chamados genericamente de **pré--colombianos** por existirem antes de Colombo aportar em solo americano, tinham suas próprias organizações sociais e foram um verdadeiro desafio à compreensão do conquistador espanhol. Nos relatos dos cronistas que acompanharam as primeiras décadas da conquista e da colonização, eles eram retratados de diversas formas: como inocentes

frágeis, como "bestas animais", como dissimulados e traidores. Enfim, esses relatos expunham uma visão heterogênea, mas marcada pelo conceito dos europeus sobre povos que eram diferentes nos aspectos mais visíveis como etnia, cultura, língua, religião, forma de organização social etc.

É evidente que o **predomínio militar espanhol** e a **dizimação** de milhares de indígenas constituíram o ponto mais impactante das conquistas europeias, mas, ao mesmo tempo, esses conquistadores incorporaram muitas características dos povos indígenas e tiveram de se adaptar às realidades das imensas regiões do "novo" continente. Por isso, é fundamental estudarmos as dinâmicas das relações entre os indígenas americanos e os espanhóis, mas, antes de tudo, devemos recuperar os processos de formação das antigas civilizações americanas e identificar suas características, visto que algumas delas continuam presentes nas atuais sociedades da América espanhola.

Muitos pontos a respeito dos povos pré-colombianos ainda são controversos e estimulam um debate contínuo sobre, por exemplo, o número de habitantes nas Américas durante a chegada dos europeus, o número de mortos, resultante das lutas com os conquistadores, o que teria acontecido para que um exército muito menor, como era o caso dos espanhóis quando dominaram os astecas, vencesse um poderoso governante etc. Enfim, essas são questões que alimentam discussões e estudos sobre as origens desse período histórico. Graças às pesquisas arqueológicas, aos relatos feitos pelos cronistas que deixaram registros sobre esse período, aos estudos dos historiadores, tem-se um número cada vez maior de informações sobre as antigas civilizações americanas.

A **conquista da América** pode ser dividida em **duas etapas**: a primeira, desde a chegada de Colombo até os primeiros anos do século XVI; e a segunda, a partir da conquista do México, feita por Hernán Cortés, em 1519.

Na primeira etapa da conquista não foram atingidas grandes porções territoriais, nem houve contato com as sociedades que possuíam organizações políticas mais definidas, como foi o caso do segundo período, quando os espanhóis adentraram em regiões como a Mesoamérica (vale do México e parte da atual América Central) e os Andes, onde se localizavam maias, astecas e incas, respectivamente. Mas antes da chegada dos espanhóis, há cronologias específicas para tratar dos povos pré-colombianos, na região da Mesoamérica e na região andina.

## Cronologia das culturas pré-colombianas

A divisão da história indígena é diferente daquela aplicada à história europeia. Havendo povos, sociedades e culturas diferentes dos processos históricos vivenciados no Velho Mundo, os estudiosos do tema criaram outra divisão cronológica, que também não é homogênea, pois os processos de desenvolvimento e organização dos diferentes grupos indígenas existentes na Mesoamérica e nos Andes não ocorreram ao mesmo tempo.

### Os períodos históricos na Mesoamérica

Os principais períodos da história indígena mesoamericana foram:

- **Pré-Clássico (1500 a 200 a.C.)** – nesse período, destaca-se a cultura **olmeca**, que, a partir de 1300 a.C., desenvolveu a agricultura, como o plantio do milho, as primeiras construções, como pirâmides de barro que serviam a rituais religiosos, além do trabalho de artesãos e escultores que produziam esculturas em pedra para o comércio. Portanto, entre os olmecas já existia divisão de trabalho, havendo os que se dedicavam à agricultura e atividades de subsistência, os artesãos, comerciantes e os responsáveis pela defesa. A cultura olmeca é considerada uma cultura central que se propagou por outras regiões, interagindo com outros povos. Na região de Oaxaca, por volta de 600 a.C., surgiu a cultura **zapoteca**, que incorporou aspectos dos olmecas, e desenvolveu a escrita, conhecimentos matemáticos e o calendário. No entanto, apesar desses avanços e dos costumes desses povos, eles não conheciam a roda, não tinham animais domesticados, nem conheceram nenhuma forma de metalurgia até 950 d.C.

- **Clássico (200 a.C. a 900 d.C.)** – período em que houve a difusão da cultura olmeca para diversos centros, acentuando o processo de urbanização na Mesoamérica. O principal exemplo dessa urbanização foi a cidade de Teotihuacan, chamada de "cidade dos deuses", e que foi a principal cidade entre os anos 200 a.C. e 725 d.C., quando foi destruída, provavelmente, por um incêndio. Por volta do ano 600 d.C., a agricultura havia se expandido e o algodão era cultivado com êxito.

  Vários núcleos urbanos surgiram na parte central e sul da Mesoamérica. A cidade de Teotihuacan era o centro de uma organização política que possuía um exército eficaz, praticava a agricultura extensiva e comercializava com lugares mais distantes. A civilização **maia** floresceu nesse período, incorporando aspectos das culturas olmeca, zapoteca e da civilização de Teotihuacan.

- **Pós-clássico (900 a 1519)** – marcado por grandes ondas migratórias vindas do norte, com o predomínio de toltecas e mexicas. Esses grupos entraram na região dos lagos que cobriam o vale do México e fundaram a cidade de Tenochtitlan em 1325. O período pós-clássico se estendeu até a conquista espanhola.

**Mexica:** etnia pertencente ao grupo linguístico nahua. Os mexicas, como eles se denominavam, foram chamados de astecas pelos povos que subjugaram.

# Os maias, astecas e incas

## Os maias

Na península de Iucatã, situada ao sul do México, e territórios atualmente pertencentes a Guatemala, Honduras, Belize e El Salvador, floresceu, entre os séculos III e XII, a **civilização maia**. Esse povo desenvolveu uma civilização organizada em múltiplas cidades que competiam entre si, nos campos comercial e militar. Palenque, na selva de Iucatã, por exemplo, era governada por um chefe que dirigia a política e administrava a cidade. Os maias eram um povo agrícola, que cultivava principalmente o milho. Os agricultores moravam na zona rural e só iam à cidade por ocasião dos rituais religiosos e para fazer negócios. Eram exímios arquitetos, engenheiros, matemáticos e astrônomos. Desenvolveram sistemas de irrigação que eram fundamentais para as plantações. Elaboraram complexos cálculos matemáticos, até com o uso do zero, conheciam profundamente a Astronomia e construíram observatórios para melhor estudar o céu, além de terem confeccionado calendários muito elaborados. Em suas cidades, havia campos de esportes e majestosas construções em pedra, como pirâmides, que serviam de altares para os rituais e sacrifícios religiosos.

Entre as fontes históricas que permitem conhecer a **organização social** estão as construções, como templos e centros cerimoniais, esculturas e inscrições artísticas deixadas nessas construções, os códices pré-hispânicos que registravam informações importantes, mas muitas

MAIAS (200-800)

Adaptado de: STOLTMAN, J. P. *Latin America and Canada.* Illinois: Scott, Foresman, 1991.

Ruínas maias que fazem parte do Templo do Sol, em Palenque, cidade descoberta por arqueólogos no século XX, recoberta pela mata nativa ao longo de quatro séculos.

VOJTECH VLK/AGE FOTOSTOCK/KEYSTONE

**ASTECA (1400-1521)**

Tochpán

Tlatelolco
Tlacopan
Tenochtitlan
Xochimilco
*Lago Texcoco*
Texcoco
Coatepec
Tepoztlan

*Golfo do México*

Coatzacoalcos

Huaxyacac

Tehuantepec

*OCEANO PACÍFICO*

N

0 120 240
km

Domínio asteca
Cidades
Divisão política atual

**INCAS (1440-1532)**

Império Inca
Cidades
Estradas principais
Divisão política atual

Pasto
Quito

CORDILHEIRA

AMÉRICA DO SUL

Cajamarca

Pachacamac

Machu Picchu
Nazca
Cuzco

*Lago Titicaca*
La Paz

*OCEANO PACÍFICO*

DOS ANDES

Talca

N

0 405 810
km

---

vezes incompreensíveis para os espanhóis, além dos relatos dos cronistas, a maioria religiosos, que testemunharam a conquista da América.

> **Cronista:** autor da crônica, no caso da crônica histórica, é um relato linear e concatenado.

Os conhecimentos oriundos da cultura material e das representações artísticas mais frequentes referem-se a governantes e dinastias. Na região de Chiapas, sul do México, há sítios arqueológicos datados de cerca do ano 800 que permitem compreender a importância da guerra e dos temas militares para os maias, como a captura de prisioneiros e as festas que celebravam algum triunfo.

De maneira geral, pode-se afirmar que nas representações encontradas em outro sítio maia, a ilha de Jaina, os **soberanos** eram reconhecidos por usarem roupas coloridas, em que estavam presentes materiais preciosos, como jade, e plumagem. Acompanhavam o soberano, os membros da corte, representados em suas vestes e atividades específicas, como o chefe de guerra que recebia os que lhe eram subordinados. Também integravam a corte guerreiros e sacerdotes, além de jogadores e artistas que retratavam as cenas.

As **mulheres** eram representadas realizando atividades manuais (como tecelagem) e domésticas (cozinhando, por exemplo), amamentando ou trazendo crianças em seu colo. Elas também participavam das cerimônias políticas e religiosas.

Estima-se que a **população** maia tenha alcançado os 2 milhões de habitantes. No século XVI, quando os espanhóis chegaram à área maia, essa civilização estava decadente, à beira do esfacelamento. Não se sabe o que levou a essa desintegração: alguns estudiosos falam de uma grande e prolongada seca que teria castigado a região, provocando a ruína de colheitas e a fome, desestruturando a sociedade. Outros, como o mexicano Federico Navarrete, afirmam que os maias foram vítimas de sua própria grandeza. Com elevado crescimento populacional e limitada produção de alimentos, acirrou-se a rivalidade entre as regiões e inúmeras disputas ocorreram entre elas, com a afirmação do domínio de uma área sobre as outras. À medida que um grupo se consagrava vitorioso, havia a edificação de grandes construções para afirmar o seu poderio e, com isso, reduzia-se a mão de obra disponível para o trabalho na agricultura. Viver nas cidades passara a ter um custo muito alto: pelos tributos e pelas ameaças de guerras constantes. Isso levou muitos camponeses a se refugiarem em áreas mais distantes, onde ficavam livres de tributos e guerras, podiam se dedicar à agricultura e migrar em direção ao sul.

# Os astecas

Na atual Cidade do México, ainda permanecem imponentes vestígios da grande capital asteca, chamada Tenochtitlan, fundada em 1325. Esses vestígios, como a pirâmide do Sol e da Lua, até hoje impressionam por sua beleza e imponência. Quando os espanhóis chegaram, o domínio asteca estava em seu apogeu, com uma população de aproximadamente 12 milhões de habitantes, espalhada por uma área na porção central e sul do México.

Os astecas (também chamados de mexicas), diferentemente dos maias, estabeleceram uma **organização política** mais **centralizada** a partir de campanhas militares e impuseram seus sistemas tributário, comercial e religioso às confederações de diferentes povos que eles lideravam. Os astecas tinham um soberano, o *tlatoani*, que assumia as autoridades religiosa, judiciária e militar. A consolidação desse império aconteceu sob o comando de Montezuma I (1440-1469) e Montezuma II (1502-1519).

Em sua expansão, dominaram grupos que habitavam áreas circunvizinhas, cobrando impostos dos vencidos e usando a força militar para assegurar suas conquistas. A **base econômica** do império era a agricultura, praticada com sistemas de irrigação e orientada pelo calendário solar, que marcava as épocas de plantio, conforme as estações, além de estabelecer os períodos do ano. Plantavam milho, algodão, frutas, entre outros produtos agrícolas. Desconheciam a propriedade individual da terra, sendo as áreas agrícolas cultivadas coletivamente, como também era distribuído o fruto do trabalho. Praticavam o comércio, com mercados diários nas grandes cidades e semanais nas menos importantes. A produção artesanal também era uma das atividades econômicas dos astecas.

A **religião** asteca era politeísta, destacando-se o deus *Quetzalcóatl*, a serpente emplumada, que representava a força e a sabedoria. Os rituais religiosos, sobretudo os sacrifícios, eram muito valorizados, pois, na concepção de mundo dos astecas, estes estavam relacionados com as origens e o funcionamento do Universo. Os astecas acreditavam que o mundo já havia sido destruído anteriormente e renascera com os sacrifícios feitos pelos deuses; por isso era necessário a continuidade de sacrifícios pelos humanos, para a preservação da vida.

JOSÉ ENRIQUE MOLINA/AGE FOTOSTOCK/KEYSTONE

A pirâmide do Sol em Teotihuacan, que significa "cidade dos deuses" e está localizada a cerca de 40 km da atual Cidade do México (antiga Tenochtitlan.)

A **organização social e política** do mundo mesoamericano era composta de senhores (*tlatocayotl*) que dominavam diversos *calpulli* (unidades territoriais baseadas no parentesco). Na cidade de Teno-chtitlan havia mais de 50 *calpulli*. Em cada *calpulli* havia divisões entre nobres (*pipiltin*) e o restante da população (*macehualtin*). As pessoas simples, com dificuldades financeiras, podiam vender a si ou a seus familiares, tornando-se servos (*tlatlacotin*). O *tlatoani*, como Montezuma, era escolhido por um grupo restrito dos principais nobres.

Os guerreiros tinham grande destaque na sociedade asteca em virtude das guerras de conquista que praticavam. Os astecas possuíam grandes conhecimentos de Matemática, Astronomia, Engenharia e Arquitetura, deixando um legado riquíssimo nessas áreas do conhecimento.

Um aspecto muito importante a ser observado entre os astecas é que, apesar do aumento de seu poderio, eles não dominaram toda a Mesoamérica. Havia rivalidades com outros povos e esse aspecto nos ajuda a compreender as alianças dos espanhóis com grupos indígenas que se opunham ao domínio asteca.

# Os incas

Na costa oeste da América, na cordilheira dos Andes, desenvolveu-se o Império Inca, que corresponde à parte dos atuais territórios da Bolívia e do Peru, tendo atingido também o Equador, o Chile e parte da Argentina andina. Essa grande extensão territorial chegou a abrigar cerca de 15 milhões de pessoas.

Os primórdios dessa civilização remontam ao século II, mas somente no século XIII ela se expandiu, a partir da região de Cuzco, nos Andes peruanos, liderada pelos imperadores do povo inca ou quíchua.

Cuzco, a capital, era o centro administrativo e a cidade sagrada do império. Foi fundada em meados do século XV e lá habitaram imperadores, nobres, sacerdotes, funcionários do governo e também artesãos, camponeses, escravos e soldados. Estima-se que, em 1531, pouco antes da chegada do colonizador espanhol, a população que aí vivia era de aproximadamente 100 mil habitantes.

Os incas adoravam vários deuses. Adoravam o Sol, Inti, e a Lua, Quilla, e o maior de todos eles era Viracocha, o deus criador do Sol e da Lua.

Essa **sociedade** também era bastante estratificada, sendo dirigida por uma elite formada por nobres, sacerdotes, funcionários do governo que estavam abaixo apenas do imperador, poder máximo político e religioso, considerado o filho do deus Sol. Nas camadas inferiores estavam os camponeses e, por último, os escravos, que geralmente eram prisioneiros de guerra.

A **base da economia** também era agrícola, sendo a batata e o milho seus principais produtos. Não havia propriedade privada da terra. Mesmo vivendo na cordilheira dos Andes, com um terreno muito acidentado, com altas montanhas e picos que atingem até 6 mil metros de altura, os incas conseguiram superar as dificuldades de ocupação, construindo uma extensa e eficiente rede de estradas e pontes sobre profundos vales, além de criarem um sistema de terraças que permitia o melhor aproveitamento dos terrenos para a agricultura.

Parte de sua **arquitetura** foi erguida com pedras encaixadas umas sobre as outras, sem nenhum tipo de argamassa para uni-las. Grande parte está até hoje preservada, como em Cuzco e na cidade de Machu Picchu, esta última ainda um grande mistério para os estudiosos. Machu Picchu está localizada no monte Huayana Picchu, próximo ao rio Urubamba, não muito distante da antiga capital inca. Não se sabe com certeza qual era a função desse aglomerado urbano. Acredita-se que fosse um posto avançado de observação para proteger a cidade sagrada, como também um local com funções religiosas. Incrustada no topo da montanha, proporcionava a seus habitantes uma visão de 360°, o que lhes dava grande vantagem sobre os inimigos que, porventura, estivessem invadindo seu território. Além disso, sua localização não permite que fosse vista do sopé das montanhas que a cercam, permanecendo despercebida por aqueles que estivessem se aproximando pelo vale do rio Urubamba. Assim, ao menor sinal de presença inimiga ao longe, os incas podiam armar suas defesas e, graças a um intrincado sistema de trilhas e pontes suspensas que interligavam as duas cidades, chegavam a Cuzco.

Os incas também sucumbiram perante o invasor espanhol que ficou maravilhado com as peças de ouro usadas para adornar os sacerdotes, bem como com as joias, estátuas e outros objetos. A destruição desse império foi facilitada por estarem em guerra civil quando da chegada dos colonizadores.

Machu Picchu, "perdida" desde a destruição do Império Inca, só foi encontrada em 1911. Seu conjunto arquitetônico impressionante e de grande valor histórico está ameaçado de ruir, basicamente pela grande afluência de turistas que a visitam todos os anos. Os incas, em função da pouca área agricultável que dispunham, construíram terraças nas íngremes encostas para ampliar as áreas de cultivo. Sem dúvida, uma engenhosa solução, considerando-se a tecnologia da época.

PHOTOS.COM

# Os períodos históricos na região andina

A divisão clássica da história andina é caracterizada pelo pêndulo entre processos de unificação e fragmentação daquela região. Os períodos de unificação política e cultural, no qual as autoridades poderiam governar tanto as terras altas como as zonas costeiras, são conhecidos como "horizontes". Entre os "horizontes", houve a fragmentação da situação política anterior, com ênfase em pequenos poderes regionais. Esses períodos de fragmentação são conhecidos como "intermediários". A divisão cronológica principal é a seguinte:

- **Horizonte Primitivo ou Período Formativo (1000-300 a.C.)** – nesse período foi fundada a cidade de Chavín, localizada a 3.135 m de altitude, antigo local de culto e de peregrinação, que teria se formado a partir de outros grupos andinos. A explicação para a unificação divide os especialistas, mas a corrente majoritária argumenta que a unificação teria ocorrido por uma explicação de domínio religioso e, sobretudo, pelo comércio, submetido a um controle militar.

- **Horizonte Médio (500 a.C.-1000 d.C.)** – nesse período, uma nova unificação teria ocorrido a partir do domínio de Tiahuanaco (na atual Bolívia) e Huari (no atual Peru). As duas cidades exerciam zonas de influência diferentes. O domínio de Tiahuanaco foi estabelecido por sua influência religiosa e cultural que remontava a cultos do período anterior. O domínio Huari, por sua vez, deveu-se a um exército organizado, com uma política expansionista e de domínio sobre outros povos. Os especialistas não afirmam categoricamente sobre qual a relação entre as duas cidades, mas o que ficou conhecido como mundo incaico, expressava contribuições dos legados dos huaris e tiahuanacos.

- **Horizonte Tardio ou Incaico (1200-1532)** – período em que ocorreu o domínio inca, com uma estrutura social rígida, com poderoso exército que se expandiu por um vasto território. O Inca, nome dado ao imperador, era divinizado, sendo carregado em liteiras com grande pompa e estilo. Usava roupas, cocares e adornos especiais que demonstravam sua superioridade e

> **Liteira:** cadeira portátil conduzida por dois homens.

poder. Ele reivindicava seu poder, dizendo-se descendente de deuses. O período se encerra durante a conquista dos espanhóis, em 1532.

# A conquista dos espanhóis

Depois de chegarem à América, várias expedições foram organizadas no século XVI, pela Coroa espanhola, com o intuito de reconhecer e tomar posse das terras americanas. Muitos foram os confrontos com os nativos, causando mortes e destruição, para dominar os povos que habitavam a América.

## A conquista sobre os astecas

Entre as expedições que saíam das ilhas do Caribe em direção ao continente, uma delas, comandada por Hernán Cortés, em 1519, saiu de Cuba e desembarcou na península de Iucatã, no México.

Montezuma II, ao inteirar-se do fato, mandou emissários pedindo que se retirassem de seus territórios, mas não foi atendido. O comandante espanhol fez alianças com povos descontentes com a dominação asteca e seguiu sua marcha em direção à capital dos astecas. Depois de alguns meses chegou a Tenochtitlan, prendeu Montezuma e o obrigou a reconhecer os reis de Espanha como soberanos do México, portanto, subordinando o domínio asteca à Coroa espanhola. Com isso, Montezuma foi obrigado a abrir sua administração, incluindo documentos estratégicos e contábeis.

Cortés ausentou-se por um período curto de tempo em fevereiro de 1520 e seu encarregado promoveu um grande massacre contra a nobreza asteca: cerca de 2 mil pessoas morreram. A partir daí a guerra foi inevitável. Valendo-se das armas de fogo, os espanhóis travaram batalhas sangrentas contra os nativos. Cortés fechou as entradas e saídas da capital e não mandou retirar os corpos mortos nas batalhas na cidade, o que trouxe doenças letais aos sobreviventes e contaminou a água. Essa atitude facilitou-lhe a vitória e, em agosto de 1521, a capital estava sob controle total dos espanhóis.

## O embate entre espanhóis e mexicas

Cortés imaginara um roteiro pacífico: Montezuma reconheceria sem combate a suserania do imperador Carlos e ordenaria que se pagasse um tributo a ele; o conquistador todo-poderoso conseguiria fazer com que se reconhecesse sua autoridade por todo lugar, conseguiria impor suas imagens divinas – ou seja, o cristianismo – e se dedicaria a fazer um levantamento das riquezas da região. Essa é a história que Cortés deixa para a posteridade como sendo uma versão autêntica dos fatos que ele escreve em sua *Segunda Carta*. A partir do momento em que se tornou refém dos conquistadores, Montezuma teria aceito a maioria das exigências dos invasores.

O que aconteceu na realidade? A situação que prevaleceu durante meses deveu-se muito, sem dúvida, às incompreensões acumuladas de ambas as partes. Os espanhóis devem ter interpretado a atitude de Montezuma no sentido que esperavam, e os índios devem ter se enganado sobre as exigências de uma suserania misteriosa sobre a qual desconheciam tudo. (...)

A superioridade tecnológica dos europeus era amplamente compensada pela superioridade numérica [dos indígenas] e muitos truques foram inventados para atrapalhar o deslocamento dos cavalos: os indígenas acostumaram-se a cavar fossas profundas nas quais espetavam paus em que as montarias eram empaladas. Mais tarde, em 1521, canoas "encouraçadas" resistiriam às armas de fogo. A tática indígena evoluiu e adaptou-se às práticas do adversário: os mexicas, contrariamente ao costume, armaram ataques noturnos ou em terreno coberto. Por outro lado, se as epidemias de varíola já estavam dizimando as tropas de México-Tenochtitlan, também não poupavam os índios de Tlaxcala ou de Texcoco, que apoiavam os espanhóis.

*Fonte:* BERNAND, C.; GRUZINSKI, S. *História do Novo Mundo*. São Paulo: Edusp, 1997. p. 350-351.

**1)** Demonstre e relacione os pontos fortes e frágeis entre espanhóis e mexicas no período da conquista.

## Segunda Carta de Relação de Cortés (1520)

*As "Cartas de Relação" são documentos nos quais o conquistador do Vale do México apresenta as justificativas para sua ação. No trecho abaixo você poderá observar como, ao descrever uma cidade mesoamericana, ele a aproxima das cidades espanholas conhecidas. Outro aspecto interessante é o apelo às questões religiosas, segundo as quais sua ação é justificada dentro do plano de conversão dos nativos ao cristianismo.*

(...) Esta grande cidade de Temixtitan (...). É tão grande cidade como Sevilha e Córdoba (...). Há nesta grande cidade muitas mesquitas ou casas de seus ídolos, de edifícios bonitos, pelas proximidades e bairros; nas principais casas religiosas há pessoas dessa seita que residem continuamente nelas, para as quais, além das casas onde tem os ídolos, existem bons aposentos. Todos estes religiosos vestem-se de preto e nunca cortam o cabelo, nem o penteiam, desde que entrem na religião até que saiam, e todos os filhos das principais pessoas, tanto senhores como cidadãos honrados, estão naquelas religiões e hábitos desde a idade de sete ou oito anos até que os tiram para casar, e isto acontece mais com os primogênitos que irão herdar as casas. Não se tem acesso à mulher e nem entra nenhuma delas nas ditas casas de religião (...). Os mais importantes desses ídolos, e a quem eles têm mais fé e crença, derrubei de seu assento, e os fiz lançar pelas escadas abaixo e fiz limpar aquelas capelas onde os tinham, porque estavam cheias de sangue que sacrificavam, e coloquei nelas imagens de Nossa Senhora e de outros santos (...). Eu lhes fiz entender, através dos intérpretes, o quanto enganados estavam em ter sua esperança naqueles ídolos, que eram feitos por suas mãos, de coisas não puras, e que haviam de saber que existia um único Deus, universal, Senhor de todos, o qual havia criado o céu e a terra e todas as coisas, e que fez a eles e a nós, e que Este era sem princípio e imortal, e que a Ele haviam de adorar e acreditar e não em outra criatura ou coisa alguma e lhes disse tudo o mais que eu, neste caso supunha, para os desviar de suas idolatrias e atraí-los para o conhecimento de Deus Nosso Senhor (...).

*Fonte:* CORTÉS, H. Segunda Carta de Relação. *Revista Ideias*. Campinas, ano 11, p. 41-42, 2004.

**1)** Por que podemos considerar como um ato de violência a ação de Cortés? Justifique.

# A conquista sobre os incas

Na América andina, o espanhol Francisco Pizarro foi o grande responsável pelo domínio e pela conquista do Império Inca. Fascinados pelo ouro, os espanhóis tentaram dominar os nativos militarmente por duas vezes, sem sucesso. Em 1531, o Império Inca passou por disputas internas pelo seu comando que o enfraqueceram, tendo se saído vencedor Atahualpa.

Violência
*Cortaram-lhe a cabeça a Atahualpa.*

Bico de pena do cronista Guamán Poma de Ayala (século XVI), no qual retrata o sacrifício do inca Atahualpa.

Foi nesse mesmo ano que uma grande expedição comandada por Pizarro dirigiu-se para a região. Quando o comandante espanhol chegou à capital inca, Cuzco, ela estava vazia. A ordem de abandoná-la partiu de Atahualpa. Depois de negociações, o imperador concordou em encontrar-se com Pizarro. O invasor exigia que o chefe inca aceitasse a religião cristã, a supremacia do papa e do rei de Espanha sobre o território inca. Atahualpa não aceitou, foi preso e os espanhóis exigiram ouro e prata para libertá-lo. Os incas conseguiram reunir o que Pizarro exigia, mas de nada adiantou, pois os espanhóis condenaram Atahualpa à morte e ele foi executado. Em 1533, os espanhóis tomaram as cidades de Cuzco e Quito.

## Saiba mais

### A avaliação da conquista espanhola pelos cronistas

Em geral, e talvez com a exceção de [Bartolomé] de Las Casas, os cronistas das Índias não observaram o drama social dos povos americanos como um todo, como catástrofe, pois sua visão europeizante apenas permitiu-lhes perceber o drama em níveis individuais, ou, quando mais, em níveis de povoados regionais. A visão otimista da conquista prevaleceu e acreditaram que a nova sociedade era inteiramente benéfica para os aborígines. O sentido unívoco da história é quase unânime entre eles, pois partiram da premissa de que a civilização europeia era superior à civilização americana, e em nome dessa superioridade a dominação e todos seus efeitos estavam plenamente justificados. (...) O importante para eles era o resultado final, quer dizer, a propagação dos valores cristãos e ocidentais e a organização de uma sociedade alicerçada nesses valores.

*Fonte:* BRUIT, H. H. *Bartolomé de Las Casas e a Simulação dos Vencidos.* Campinas: Ed. da Unicamp; São Paulo: Iluminuras, 1995. p. 55.

# Como poucos venceram milhões?

A avaliação sobre por que os espanhóis tiveram êxito em suas ações de conquista sobre grupos gigantescos como astecas e incas despertou, ao longo do tempo, importantes debates entre os que se dedicaram a estudar o tema.

A ação dos espanhóis teve, como já identificamos no conhecimento histórico, múltiplas explicações. Algumas dadas pelos próprios sujeitos que viveram os embates, como Cortés, outras por interpretações mais recentes.

A primeira explicação a ser difundida, até pelo próprio Cortés, é da superioridade bélica. Os astecas, por exemplo, não conheciam armas como o canhão, nem a pólvora, nem cavalos. O domínio técnico permitiu que cerca de 500 pessoas, que integravam as forças de Cortés, tivessem derrotado uma federação que talvez tivesse mais de 12 milhões de pessoas. Essa explicação, porém, tem suas fragilidades, como, por exemplo, o fato de que as armas de fogo demoravam para serem carregadas, que a pólvora umedecida era desperdiçada e não poderia ser utilizada. O domínio técnico não poderia ser mais avassalador do que todo povo que havia obtido tão grande domínio territorial.

Outra explicação foi dada com base nos aspectos culturais dos astecas. As teorias cíclicas de final dos tempos levavam a crer em um fatalismo que os destruiria. O mito do retorno de Quetzacoátl, um deus que voltaria no final dos tempos, era conhecido por Cortés, que soube explorar as fragilidades dos povos mexicas, e que se apresentaria como a própria divindade que viria para cumprir a profecia. Entretanto, essa explicação é contestada, pois ao destruir santuários e massacrar sacerdotes, Cortés não deveria ser visto como a divindade que ele julgara conveniente ser.

Também é interessante observar que as circunstâncias tiveram um papel decisivo nas vitórias dos espanhóis. No caso do México, Cortés não teria derrotado "os indígenas", mas a federação asteca. O apoio que Cortés recebeu de grupos indígenas, como os tlaxcaltecas, indica que havia grupos submetidos pelos astecas e que, sob a liderança de Cortés, tiveram a oportunidade de derrotar o poderoso *tlatoani*. Nos Andes, por sua vez, os espanhóis aportaram após uma guerra civil. As disputas internas permitiram que as tropas de Pizarro pudessem aprisionar Atahualpa e vencer num império dividido.

Todos esses aspectos não são excludentes, eles são formas de interpretar um processo doloroso e sangrento que marcou o final de uma conquista e as origens da colonização espanhola na América, que será estudada adiante.

## *Passado/presente*

### Quando a superioridade bélica não é suficiente

A vitória de grupos minoritários sobre multidões não aconteceu uma única vez na história, assim como a superioridade bélica não é garantia de uma vitória avassaladora. Nas viradas das décadas de 1960/1970, os EUA, por exemplo, com todo o poderio militar não garantiu a vitória sobre o Vietnã. Mais recentemente, o Afeganistão desafiou o poderio bélico de soviéticos (década de 1980) e de norte-americanos, após os atentados terroristas de 2001. Portanto, nenhuma explicação é tão simples como se fosse uma equação exata na qual quem possui maior força, seja em tecnologia ou número de pessoas, obteria a vitória. Se assim fosse, os caminhos da história já estariam determinados.

## Cinemateca

**A Outra Conquista** (1998, México, dir.: Salvador Carrasco) História de Topiltzin, um escriba asteca, em 1520, que sobrevive ao Massacre do Grande Templo. A chegada de uma expedição espanhola ao México e a descoberta do sacrifício escondido de uma princesa asteca colocam as duas culturas em um violento confronto.

**Aguirre, a Cólera de Deus** (1972, Alemanha, dir.: Werner Herzog) No século XVI, uma expedição de conquistadores espanhóis sai em busca do Eldorado, na região amazônica. Lope de Aguirre, um aventureiro ambicioso e autoritário, derruba os líderes e torna-se o chefe da expedição. Na busca ensandecida por tesouros, Aguirre vê a expedição sucumbir à selva.

**Apocalypto** (2006, EUA, dir.: Mel Gibson) O filme trata do período final da civilização maia, quando um homem é capturado e sacrificado em nome da prosperidade dos maias.

## Revisitando a História

**1.** Explique por que a divisão cronológica para o estudo dos povos pré-colombianos é diferente da cronologia utilizada pela história europeia.

**2.** Pela divisão cronológica apresentada, pode-se falar de um processo único de organização social pré-colombiana? Por quê?

**3.** Quais as principais fontes para o conhecimento histórico sobre os povos pré-colombianos?

**4.** Releia o texto "Características culturais dos povos mesoamericanos" e apresente uma característica ligada aos hábitos alimentares e outra relacionada à religiosidade daqueles povos.

**5.** Compare as formas de organização política de maias e astecas, indicando suas principais características.

**6.** Explique a afirmação de Federico Navarrete de que "os maias foram vítimas de sua própria grandeza".

**7.** Releia o trecho da Segunda Carta de Relação de Cortés e indique:

a) Por que Cortés compara a cidade mexicana às cidades espanholas?

b) Por que você acha que ele chamou de seita a religião indígena?

c) Que ação ele teve diante do templo indígena?

d) Por que a religião era um argumento importante na escrita de Cortés?

**8.** Como a população quíchua superou as dificuldades provocadas pela geografia andina e conseguiu estabelecer um grande império?

**9.** Há uma única forma de explicar a vitória militar dos espanhóis sobre os grupos astecas e incaicos? Justifique sua resposta.

# Analise esta imagem

O Códice Bourbônico é um texto de 36 páginas com informações sobre o calendário asteca, conhecido como Tonalpohualli, que é o ciclo de 260 dias, divididos na combinação de 20 signos ("veintenas") com 13 "números", chamadas de "trecenas". O Códice também tinha uma função adivinhatória, por isso a divindade de cada quadro é acompanhada de um animal que a representa (na coluna superior e na externa). Na imagem principal, duas divindades estão em duelo, uma delas segura uma criança, representando sacrifícios presentes na cultura asteca. O Códice é uma tira vegetal dobrada em sanfona, produzido entre o período pré-hispânico e o início da colonização espanhola. Cada folha do Códice mede 39 x 39,5 cm e seu original está na Biblioteca da Câmara dos Deputados, em Paris.

a) Identifique qual o símbolo gráfico que indica a "trecena". Há outros aspectos que auxiliam na compreensão do que é a trecena?

b) Em qual direção é realizada a leitura do calendário? Por que você chegou a esta conclusão?

c) A batalha entre as divindades expressa alguma característica religiosa dos pré-hispânicos? Justifique.

# Debatendo ideias

Leia o trecho da crônica do Frei Diego Durán (ca. 1537-1588) sobre costumes indígenas. O cronista se preocupava com as práticas que ele considerava idolátricas dos indígenas. Neste fragmento, extraído do Livro de ritos e cerimônias nas festas dos deuses e sua celebração, temos uma observação de Durán sobre a cultura indígena. Trata-se de um relato do choque cultural nos primeiros tempos da América.

Que o homem de mediano juízo haverá em nossa nação espanhola persuadido a crer que chupar os cabelos com a boca faz parar a dor de cabeça, ou que acredite que esfregando o lugar onde lhe dói saia pedras, ou agulhas, ou pedacinhos de navalha, como a estes persuadiram os enganadores, ou que a saúde das crianças dependia do cabe-lo tosquiado desta ou daquela maneira? Coisa, por certo, de baixíssimo e curto juízo em toda a Terra, além de abominável. E os espanhóis, para despersuadi-los disso, chegam a cortar os cabelos dos filhos dos índios e a proibi-los de usar aquelas presilhas de cabelo e cruzes que os índios lhes punham. E era tanta a fé que os índios tinham naquilo, que ficavam pálidos e abatidos, perturbados, temendo que tirando aquilo de seus filhos, estes logo haveriam de morrer.

DURÁN, D. Livro de ritos e cerimônias nas festas dos deuses e sua celebração. Revista Ideias, op. cit., p. 124.

a) Por que o cronista critica a postura dos indígenas?
b) Como homem do século XVI, ele pensava com os valores daquela época, incluindo a visão da superioridade espanhola. Esse valor é aceitável nos dias de hoje? Por quê?

# Questões de vestibular

**1.** (UFG – GO) Leia o texto.

Colombo fala dos homens que vê unicamente porque estes, afinal, também fazem parte da paisagem. Suas menções aos habitantes das ilhas aparecem sempre no meio de anotações sobre a Natureza, em algum lugar entre os pássaros e as árvores.

TODOROV, T. A Conquista da América: a questão do outro. São Paulo: Martins Fontes, 1993. p. 33.

A passagem acima ressalta que a atitude de Colombo decorre de seu olhar em relação ao outro. Essa posição, expressa nas crônicas da Conquista, pode ser traduzida pela

a) interpretação positiva do outro, associando-a à preservação da Natureza.
b) identificação com o outro, possibilitando uma atitude de reconhecimento e inclusão.
c) universalização dos valores ocidentais, hierarquizando as formas de relação com o outro.
d) compreensão do universo de significações do outro, permitindo suas manifestações religiosas.
e) desnaturalização da cultura do outro, valorizando seu código linguístico, a Bíblia.

**2.** (UFSCar – SP) ... as casas se erguiam separadas umas das outras, comunicando-se somente por pequenas pontes elevadiças e por canoas... O burburinho e o ruído do mercado (...) podiam ser ouvidos até quase uma légua de distância... Os artigos consistiam em ouro, prata, joias, plumas, mantas, chocolate, peles curtidas ou não, sandálias e outras manufaturas de raízes e fibras de juta, grande número de escravos homens e mulheres, muitos dos quais estavam atados pelo pescoço, com gargalheiras, a longos paus... Vegetais, frutas, comida preparada, sal, pão, mel e massas doces, feitas de várias maneiras, eram também lá vendidas... Os mercadores que negociavam em ouro possuíam o metal em grão, tal como vinha das minas, em tubos transparentes, de forma que ele podia ser calculado, e o ouro valia tantas mantas, ou tantos xiquipils de cacau, de acordo com o tamanho dos tubos. Toda a praça estava cercada por piazzas sob as quais grandes quantidades de grãos eram estocadas e onde estavam, também, as lojas para as diferentes espécies de bens.

Este texto foi escrito pelo cronista espanhol Bernal Diaz Del Castilho em 1519, sobre a cidade asteca de Tenochtitlan. A partir dele, é correto afirmar que, na época, os astecas

a) estavam organizados a partir de uma economia doméstica, coletora e caçadora.
b) tinham uma economia comercial e de acumulação de metais preciosos (ouro) pelo Estado.
c) tinham uma economia monetária que estimulava o desenvolvimento urbano e comercial.
d) estavam organizados em duas classes sociais: os grandes proprietários de terra e os escravos.
e) desenvolviam trabalhos no campo e nas cidades, associando agricultura, artesanato e comércio.

**3.** (ENEM) O Império Inca, que corresponde principalmente aos territórios da Bolívia e do Peru, chegou a englobar enorme contingente populacional. Cuzco, a cidade sagrada, era o centro administrativo, com uma sociedade fortemente estratificada e composta de imperadores, nobres, sacerdotes, funcionários do governo, artesãos, camponeses, escravos e soldados. A religião contava com vários deuses, e a base da economia era a agricultura, principalmente o cultivo da batata e do milho.

A principal característica da sociedade inca era a

a) ditadura teocrática, que igualava a todos.
b) existência da igualdade social e da coletivização da terra.
c) estrutura social desigual compensada pela coletivização de todos os bens.
d) existência de mobilidade social, o que levou à composição da elite pelo mérito.
e) impossibilidade de se mudar de extrato social e a existência de uma aristocracia hereditária.

**4.** (UFMG) No final do século XV e início do XVI, quando os europeus conquistaram o continente americano, este era habitado por inúmeros grupos étnicos, com diferentes formas de organização econômica e político-social.

Considerando-se o Império Inca, é INCORRETO afirmar que

a) a agricultura, base da sua economia, era praticada nas montanhas andinas, por meio de um sofisticado sistema de produção, que incluía a irrigação e a adubação.

b) o Estado era centralizado, com o poder político concentrado nas mãos do Inca, o imperador, e sua sociedade era rigidamente hierarquizada.

c) seu domínio se estendia ao longo da Cordilheira dos Andes, ocupando parte dos atuais territórios da Colômbia, Equador, Peru, Bolívia, Chile e noroeste da Argentina.

d) um deus criador e protetor da vida e da natureza era cultuado segundo uma doutrina monoteísta e, para ele, foram construídos diversos templos.

**5.** (UFMG) Leia a citação.

Os astecas afirmavam que, alguns anos antes da chegada dos homens de Castela, houve uma série de prodígios e presságios anunciando o que haveria de acontecer. No pensamento do senhor Montezuma e dos astecas em geral os fatos pareciam avisar que era chegado o momento, anunciado nos códices, do regresso de Quetzalcóatl e dos deuses. Tal foi o quadro mágico no qual a conquista haveria de se desenvolver e que condicionou a visão inicial do conquistador europeu pelos astecas.

LEÓN-PORTILLA, M.
*A Conquista da América Latina Vista pelos Índios.*
Petrópolis: Vozes, 1984, p. 16. (Adaptado).

Explique a mudança por que passou essa imagem inicial do conquistador europeu construída pelos astecas, após os primeiros momentos do encontro de ambos.

**6.** (UFG – GO)
(...) Nos caminhos jazem dardos quebrados;
os cabelos estão espalhados.
Destelhadas estão as casas,
incandescentes estão seus muros.

Vermes abundam por ruas e praças,
e as paredes estão manchadas de miolos arrebentados. (...)

O canto triste dos conquistados: os últimos dias de Technochtitlan (México, 1521-1528). In: LEÓN-PORTILLA, M. *et al. História Documental do México.* México: UNAM, 1984. p. 122. v. 1.

O trecho acima descreve a violência da conquista espanhola na América, ocorrida no final do século XV e início do XVI, a qual, a despeito de um reduzido número de soldados, conseguiu submeter os povos astecas, com uma população estimada em 25 milhões, e os povos incas, com 10 milhões de pessoas.

Sobre a conquista espanhola na América,

a) descreva a formação do Estado moderno na Espanha e sua relação com a expansão marítima nos séculos XV e XVI.

b) identifique duas estratégias militares utilizadas pelos espanhóis que facilitaram a conquista dos povos astecas e incas.

**7.** (UNICAMP – SP) Como defensor dos índios e denunciante das atrocidades dos conquistadores, frei Bartolomé de Las Casas desenvolveu a imagem da "destruição das Índias", que era produto da preocupação do frade com o futuro da sociedade que se organizava: a nova sociedade começava distorcida, prenhe de desequilíbrios e de injustiças, carente dos mais elementares direitos. Com exceção de Las Casas, no século XVI prevaleceu a visão otimista da conquista: acreditava-se que a nova sociedade era inteiramente benéfica para os aborígenes, pois se partia da premissa de que a civilização europeia era superior à civilização americana. O importante era o resultado final, a propagação de valores cristãos e a organização de uma sociedade alicerçada nesses valores.

*Adaptado de:* BRUIT, H. H. *Bartolomé de Las Casas e a Simulação dos Vencidos:* ensaio sobre a conquista hispânica da América. Campinas: Editora da Unicamp; São Paulo: Iluminuras, 1995. p. 17, 55.

a) A partir do texto, identifique duas visões opostas sobre a conquista da América, presentes no século XVI.

b) Cite dois exemplos de mobilização política das populações indígenas na América Latina contemporânea.

# Programa de Avaliação Seriada

**1.** (PISM – UFJF – MG) O descobrimento do Novo Mundo produziu uma série de situações que repercutiu tanto nas sociedades europeias quanto nas americanas. Leia as afirmativas abaixo e assinale aquela que NÃO corresponde a esse processo.

a) A presença dos exploradores e colonizadores europeus produziu grande impacto sobre as populações nativas americanas levando à desestruturação das organizações sociais anteriores e, em muitos casos, à sua dizimação.

b) A conquista da América aprofundou as transformações que vinham ocorrendo na vida europeia, conduzindo os grandes comerciantes e banqueiros europeus a obterem lucros expressivos com a exploração colonial.

c) Uma das estratégias usadas pelos europeus, para tentarem impor e demarcar a superioridade de suas tradições culturais e religiosas, foi o estabelecimento de novas edificações sobre as antigas construções dos povos americanos.

d) Por meio de políticas mercantilistas, as metrópoles ibéricas incentivaram as áreas coloniais a desenvolverem atividades manufatureiras que pudessem gerar maior acúmulo de metais preciosos para custearem a defesa de seus territórios.

e) A descoberta de diversos povos que habitavam as Américas e os contatos cada vez mais frequentes com a África e a Ásia foram vistos pelos europeus como a oportunidade de incorporar outros povos pagãos à cristandade.

# capítulo 14

# Os primeiros tempos da América portuguesa

*A carta de Pero Vaz de Caminha é o primeiro registro sobre os povos encontrados pelos portugueses, após o desembarque de Cabral e sua tripulação em 1500. Os navegadores encontraram um território povoado. Como foi o contato entre ameríndios e portugueses? Que tipo de relato foi encaminhado a Lisboa? Como viviam e como eram os que habitavam o que viria a ser o Brasil? Quais as primeiras ações dos portugueses para assegurar a posse da terra descoberta? Enfim, a "Carta de Caminha" é uma fonte de informação inicial, mas que deve ser lida juntamente com outros registros para se conhecer os primeiros tempos da América dominada pelos portugueses.*

Ainda em 1500, retornou a Lisboa uma das treze naus integrantes da expedição de Pedro Álvares Cabral, que partira em março daquele ano com destino às Índias. O seu comandante trazia para o rei português, D. Manuel, a carta de Pero Vaz de Caminha com notícias sobre a Ilha de Vera Cruz, como a princípio foram chamados os territórios portugueses na América, a partir dos quais teria origem o Brasil.

Se, atualmente, a **"Carta de Caminha"** é um dos documentos mais conhecidos relativos à história brasileira, até 1817 ela permaneceu "perdida" entre as muitas centenas de papéis que passaram pelas mãos dos vários reis e ministros de Portugal no período em que o país "enfrentava o mar Tenebroso", para buscar novas rotas comerciais e realizar com excelência as práticas mercantilistas.

As 27 páginas manuscritas por Pero Vaz, consideradas o primeiro registro oficial sobre o Brasil, foram produzidas e devem ser compreendidas a partir dos aspectos socioculturais característicos da Europa cristã no início da Idade Moderna. Também o contato com os povos que já estavam aqui, os projetos de exploração/colonização das "novas terras" foram realizados no interior daquele mesmo universo de ideias.

Alguns dos principais trechos da carta dirigida ao el-rei, D. Manuel, nos auxiliarão a compreender como os portugueses viram as novas terras e seus habitantes e de que modo foram definindo projetos para produzir e extrair delas "riquezas", ante as mudanças nas conjunturas históricas naquela primeira metade do século XVI.

MATHIAS, H. G. et al. (Coord). *História do Brasil.* Rio de Janeiro: Bloch, 1976. v. 1, p. 15.

A ilustração, de tempos mais recentes, apresenta Caminha lendo a carta a ser enviada a D. Manuel, o Venturoso. A idealização da imagem de Caminha contrasta com o "esquecimento" do primeiro documento sobre o futuro país por mais de três séculos.

## A carta de Caminha

*Com a palavra, o escrivão-mor da frota comandada por Pedro Álvares Cabral:*

Senhor,

(...)

Parece-me gente de tal inocência que, se homem os entendesse e eles a nós, seriam logo cristãos, porque eles, segundo parece, não têm, nem entendem em nenhuma crença... E pois Nosso Senhor, que lhes deu bons corpos e bons rostos, como a bons homens, por aqui nos trouxe, creio que não foi sem causa. Portanto Vossa Alteza, que tanto deseja acrescentar a santa fé católica, deve cuidar da sua salvação. E prazerá a Deus que com pouco trabalho seja assim.

(...)

Eles [os índios] não lavram, nem criam. Não há aqui boi, nem vaca, nem cabra, nem ovelha, nem galinha, nem qualquer outra alimária, que costumada seja ao viver dos homens. Nem comem senão desse inhame, que aqui há muito, e dessa semente e frutos, que a terra e as árvores de si lançam. E com isto andam tais e tão rijos e tão nédios, que o não somos nós tanto, com quanto trigo e legumes comemos. (...) e a terra por cima (...) muito cheia de grandes arvoredos. De ponta a ponta, é toda praia (...) muito formosa.

**Alimária:** animal irracional.

Pelo sertão nos pareceu, vista do mar, muito grande, porque, a estender olhos, não podíamos ver senão terra com arvoredos, que nos parecia muito longa.

Nela, até agora, não pudemos saber que haja ouro, nem prata, nem coisa alguma de metal ou ferro; nem lho vimos. Porém a terra em si é de muito bons ares, assim frios e temperados como os de Entre Douro e Minho, porque neste tempo de agora os achávamos como os de lá. Águas são muitas; infindas. E em tal maneira é graciosa que, querendo-a aproveitar, dar-se-á nela tudo, por bem das águas que tem.

Porém o melhor fruto, que nela se pode fazer, me parece que será salvar esta gente. E esta deve ser a principal semente que Vossa Alteza em ela deve lançar.

(...)

Desse Porto Seguro, da Vossa Ilha de Vera Cruz, hoje, sexta-feira, primeiro dia de maio de 1500.

Pero Vaz de Caminha

*Disponível em:* <http://www.dominiopublico.gov.br>. *Acesso em:* 13 jun. 2006.

**1)** Explique por que o escrivão-mor afirmou que os índios não possuíam nenhuma crença.

# "Esta gente": os habitantes da América portuguesa, antes da chegada dos portugueses

A Carta de Caminha revela que o contato entre "as gentes" de *Santa Cruz* e os integrantes da esquadra de Cabral foi bastante amistoso, sem hostilidades de qualquer natureza. Contudo, revela também a maior parte dos motivos que, pouco mais tarde, levariam os portugueses a entrar em conflitos violentos com a *"gente de tal inocência"*.

Alguns dias de observação e proximidade com poucos índios bastaram para que Caminha formulasse os principais juízos que os portugueses, em geral, teriam sobre os habitantes de seus "novos" territórios, nos séculos seguintes: **eles não tinham nenhuma crença, não lavravam, nem criavam animais**, mesmo porque aqui não existiam bois, vacas, ovelhas ou galinhas. Se as terras eram **de bons ares**, **com águas infindas**, era ainda preciso querer aproveitá-las.

Ao julgarem os índios com base em seus valores socioculturais, considerando-se superiores a eles, Caminha e seus conterrâneos, tal como os espanhóis, achavam-se com o direito/o dever de, sob o comando de seu Monarca, **"salvá-los"**, convertendo-os ao cristianismo e incutindo-lhes as suas práticas sociais – afinal, Deus não teria dado aos índios **bons rostos e bons corpos** e trazido os navegadores para aqui sem motivo.

Os conflitos, não anunciados por Caminha, aconteceram justamente porque o fato de os índios não serem cristãos estava longe de representar a completa ausência de crenças entre eles ou a existência entre alguns de práticas de feitiçaria, como diriam depreciativamente os primeiros padres evangelizadores que aqui chegaram. Por outro lado, pelo fato de não realizarem a pecuária, a agricultura e as trocas comerciais nos moldes mercantilistas europeus, e por serem pouco afeitos ao trabalho sistemático e levarem uma vida "tranquila", de coletores, não podemos qualificar os índios como indolentes.

Ao serem coagidos a adotar os valores culturais dos "novos" donos da terra, com suas regras religiosas, seus critérios de produção, lucro e autoridade, os índios reagiram aos europeus, em maior ou menor grau – o que afetou sua imagem de docilidade, delineada por Caminha.

Difícil imaginar um desfecho diferente, harmonioso, quando dois "grupos" tão distintos passam a conviver e um deles, por se considerar superior, verdadeiro, decide se impor ao outro de qualquer forma.

## Mas, afinal, quem eram, como viviam e em que acreditavam?

O termo "índio" é bastante genérico e refere-se às populações que habitavam as Américas antes da chegada dos conquistadores europeus. Quando os portugueses chegaram aqui, havia mais de mil grupos indígenas, reunindo, no total, algo entre 2 milhões e 4 milhões de indivíduos. Os tupis-guaranis habitavam o litoral brasileiro e tinham uma língua e culturas similares, embora fossem formados por diversos grupos, como os *tupinambás*, no litoral da Bahia e também no Rio de Janeiro; os *potiguaras* e os *caetés*, no Nordeste; os *guaranis*, na porção meridional do território e no atual Rio Grande do Sul. Os que não falavam a língua do tronco tupi eram encontrados mais frequentemente no interior, como os *xavantes* e os *botocudos*, no interior da Bahia; os *aimorés*, no Espírito Santo; os *goitacás*, no Rio de Janeiro; os *guaianás*, em São Paulo, entre outros.

Várias populações, muito diferentes entre si, tanto no aspecto linguístico quanto cultural e mesmo físico, foram consideradas como sendo iguais pelos portugueses, que pouco interesse tinham em compreender as diferenças entre elas. Mesmo hoje, há o predomínio de conhecimentos bastante gerais sobre as diversas tribos indígenas brasileiras, apesar dos significativos avanços dos estudos etnográficos e arqueológicos sobre alguns grupos indígenas, alguns dos quais há muito tempo desaparecidos.

Embora a compreensão detalhada das particularidades de cada tribo de índios não seja objetivo prioritário dos colonizadores, os relatos dos padres catequistas e de muitos exploradores europeus continuam a ser fundamentais para obtermos informações sobre os indígenas. É evidente que tais relatos, a exemplo da Carta de Caminha, privilegiam as práticas consideradas mais "exóticas" das "gentes ameríndias", por vezes caracterizadas com piedade, como "criaturas de Deus" a serem salvas, por vezes como "bárbaros, animais", mas sempre em posição de inferioridade com relação aos europeus.

Chamam a atenção, nesse sentido, os relatos de práticas de | canibalismo | por parte de algumas tribos – descritas com detalhes por cristãos horrorizados e incapazes de analisar qualquer rito indígena com base em seus amplos significados culturais.

> Canibalismo: prática de alimentar-se de carne humana.

Em sentido oposto ao descrito por Caminha, a maior parte das sociedades indígenas que viviam aqui tinha suas próprias explicações religiosas a respeito da origem do mundo, dos homens, dos alimentos e até mesmo das regras necessárias para a convivência em grupos. Todavia, muitas dessas crenças

*Mulher Tapuia*, representada na obra de Albert Eckhout (1610-1665). Museu Nacional da Dinamarca, Copenhague. Mesmo sendo obra feita após 140 anos do desembarque dos portugueses, ela é importante por difundir características físicas e culturais da população nativa. Porém, o que é difundido é a visão do artista sobre o tema, não necessariamente o que era o modo de vida daquele grupo indígena. Eckhout, a exemplo de vários outros artistas, tinha a função de documentar as conquistas e descobertas dos europeus na América. Há um grande cuidado em representar os hábitos e indumentárias dos nativos. Nas representações indígenas, como podemos ver na *Mulher Tapuia*, Eckhout retrata a prática canibal dessa população, pois vemos a mulher segurando uma mão humana e no balaio às suas costas podemos ver o pé e parte da perna de uma pessoa. Esse detalhe refere-se também à visão do artista sobre as tradições do grupo, que os aproxima de comportamentos considerados primitivos. Os holandeses foram os primeiros a retratar povos e paisagens brasileiras. Depois de sua expulsão, só teremos presença de artistas estrangeiros no século XIX, a partir da transferência da Corte portuguesa para o Brasil. A tela foi pintada no tamanho 161 x 272 cm.

desapareceram antes de serem registradas, ou acabaram sendo "adaptadas"/"generalizadas" pelos colonizadores, ou mesmo por índios convertidos ao cristianismo. É o caso, por exemplo, de Tupã – apresentado por muitos como o principal deus indígena.

Contudo, como aponta o estudioso Júlio Cezar Melatti, Tupã era um "ser sobrenatural" apenas para os índios que pertenciam ao tronco linguístico tupi e, mesmo para eles, não se tratava de uma divindade maior. Pelo contrário, consideravam Tupã um tipo de demônio, controlador dos raios e trovões, capaz de causar muitos estragos. Os primeiros indígenas, ao traduzirem para sua língua e cultura a noção de Deus cristão, que os missionários lhes transmitiam, associaram-no a Tupã – o qual acabou ganhando destaque e um "papel benéfico" que originalmente não possuía.

Quanto às **práticas econômicas**, é impossível afirmar que vivessem prioritariamente da coleta, sem praticar agricultura. Aliás, na maior parte das tribos, as atividades coletoras eram empregadas muito mais para a obtenção de matérias-primas usadas na produção de utensílios como flechas, redes, esteiras etc. que de alimentos propriamente ditos.

Banana, milho, abóbora, batata-doce, inhame e mandioca eram, em geral, os principais produtos de cultivo dos indígenas que ocupavam este território. Aos homens cabia o papel da derrubada da mata e a realização da queimada para "limpeza" do terreno onde seria feita a plantação; às mulheres cabia plantar e cuidar da roça. Havia, portanto, entre eles uma divisão do trabalho por gêneros, mas não uma especialização. Os mesmos homens que cuidavam do "preparo" da terra também faziam canoas, caçavam e pescavam; da mesma forma que as mulheres agricultoras eram também coletoras e artesãs.

A **caça** e a **pesca** também estavam presentes entre todas as tribos. Contudo, estas se diferenciavam quanto à importância dada a cada uma das atividades, a depender de seus costumes e das necessidades ditadas pela região em que viviam. A pesca, por exemplo, era muito mais importante para os índios do norte que a caça, dadas as facilidades oferecidas pela rede hidrográfica amazônica.

O destino dos vários grupos indígenas é bem conhecido e pouco difere dos que habitavam os territórios na América ocupados pela Coroa espanhola.

Para os portugueses, nas primeiras décadas do século XVI, estas terras com **"bons ares"** não despertaram um grande entusiasmo. O próprio Caminha escreveu a D. Manuel: **"não pudemos saber que haja ouro, nem prata, nem coisa alguma de metal ou ferro"**, fato que poderia ser compensado, caso existissem aqui algumas das especiarias orientais, garantia de lucros no mercado europeu. A rota, aberta por Vasco da Gama, em 1498, ainda era a galinha dos ovos de ouro do Reino Luso.

Apesar dos diferentes significados para cada tribo, o Sol e a Lua fazem parte dos rituais e da cosmologia de praticamente todos os grupos indígenas que viveram e ainda vivem em nosso território. Coleção Kugel, Paris.

Há um forte movimento de preservação das comunidades indígenas, com seus valores, hábitos e tradições. Hoje, no país, existem escolas indígenas que usam a língua nativa desses povos até mesmo na alfabetização. É uma forma de preservação de traços dessa cultura.

RICARDO AZOURY/PULSAR

## *Passado/presente*

### Indígenas e a questão da propriedade

*A questão da propriedade indígena é discutida nesse texto pelo antropólogo José Carlos Melatti, com base em estudos etnográficos sobre os índios kraós e teneteháras, na segunda metade do século XX. Observe que algumas idealizações sobre os costumes indígenas em relação ao tema são muito antigas. O texto nos alerta para uma rede de relações mais complexa do que pensar que os indígenas seriam "bons selvagens".*

Não é raro se ouvir dizer que os índios não têm noção do direito de propriedade. Nada mais falso. Seria mais correto dizer que o direito de propriedade não é aplicado da mesma maneira entre os índios como entre nós e que sofre variações segundo as diversas sociedades indígenas. Os bens que se destinam a ser consumidos são geralmente de propriedade individual. Os bens que se destinam à produção de outros bens podem ser alguns deles de propriedade coletiva e outros de propriedade individual.

A terra, por exemplo, é um bem de produção geralmente possuído coletivamente. Entre os índios Krahó [estabelecidos no nordeste do atual Estado do Tocantins], a terra pertence a toda tribo. Cada casal faz uma roça de onde tira alimentos principalmente para si e seus filhos. Uma vez colhida toda a produção, se o casal não plantar novamente no mesmo lugar, outros indiví-

duos membros da tribo podem utilizar o terreno. Entre os índios Tenetehára [estabelecidos em áreas do Maranhão e Piauí], cada aldeia detém a propriedade do território que a envolve. Aqui, também, uma vez que um indivíduo abandona o local de sua roça, outro pode utilizá-lo.

Outros bens de produção, tais como arcos, flechas, facões, machados, enxadas, cães, costumam ser de propriedade individual. (...) Quanto aos bens de consumo, alguns são de propriedade individual e outros de propriedade coletiva, variando segundo as sociedades indígenas. Entre os índios Tenetehára, os produtos da roça, a caça, o peixe, depois de trazidos para casa, passam a pertencer à mulher. A propriedade da roça, entre os índios Krahó, é difícil de ser definida: marido e mulher se utilizam de seus produtos e podem doá-los, cada um, a seus respectivos parentes. Em caso de divórcio, entretanto, os produtos da roça passam a pertencer apenas à mulher; o homem só tem direito sobre os produtos da roça, por conseguinte, enquanto mantém a união matrimonial. Entre esses mesmos índios, o caçador, quando vai sozinho ao mato, tem direito de propriedade sobre os animais que caça, devendo entregá-los antes de tudo à esposa, se é casado, podendo, porém, tirar um pedaço deles para seus próprios parentes. (...)

*Fonte*: MELATTI, J. C. *Índios do Brasil*. São Paulo: Hucitec; Brasília: Ed. UnB, 1993. p. 64-65.

## Pau-brasil: um bom negócio, apesar de não ser nem especiaria nem metal precioso

Não se sabe com precisão quando as primeiras toras de pau-brasil chegaram a Portugal. Oficialmente, a exploração e comercialização da madeira foram arrendadas pelo rei D. Manuel ao comerciante Fernando de Noronha em 1501, que deteve o monopólio até 1511. A partir de

1513, qualquer português poderia explorar a madeira desde que pagasse à Coroa o imposto do quinto (20%).

Os portugueses montaram uma estrutura relativamente simples para a exploração do pau--brasil. Fundaram várias **feitorias**, guarnições rústicas, onde de 10 a 20 homens serviam de elo entre os comerciantes, que vinham buscar as toras, e os índios, que representavam a mão de obra utilizada na extração e no transporte da madeira. Não possuindo uma economia monetária, os indígenas recebiam pelo trabalho espelhos, facas, miçangas e também ferramentas, como foices e mesmo machados – estes, com certeza, contribuíram para aumentar a produtividade na extração da própria madeira. Esse tipo de troca entre os índios e os europeus é chamado de escambo.

Naquela altura, os lucros proporcionados pela atividade eram bastante elevados, já que a tintura extraída da madeira era usada para a produção de diversos corantes para tecidos, com tons que variavam do marrom ao castanho-claro – algo importante, se lembrarmos das dificuldades para a fixação de cores naquela época em que não existiam tintas sintéticas e os têxteis coloridos tinham valores comerciais maiores.

> **Escambo:** relação comercial caracterizada pela troca de produtos, sem o uso de dinheiro.

Representando uma excelente oportunidade de ganhos e podendo ser encontrado em grande quantidade nas então acessíveis costas da América portuguesa, o pau-brasil passou a ser alvo de piratas, sobretudo de origem francesa. Com apoio declarado do rei Francisco I, que sempre rechaçara o Tratado de Tordesilhas, várias expedições foram organizadas na França com o objetivo de investir sobre terras do Brasil.

Em 1518, por exemplo, o comandante Jean Ango esteve na região dos atuais Estados da Paraíba e do Rio Grande do Norte, com autorização expressa do próprio Francisco I, para atacar os portugueses, caso eles apresentassem qualquer resistência durante o processo de extração e carregamento de pau-brasil para as embarcações francesas.

Apesar dos constantes protestos das autoridades portuguesas junto às demais cortes europeias e dos enfrentamentos entre piratas e exploradores lusos, controlar a presença estrangeira por aqui não era uma tarefa fácil. Conforme já mencionado, nenhum dos grupos envolvidos no projeto mercantilista de expansão comercial, organizado por meio do Estado português, teve interesse, nas primeiras décadas do século XVI, em montar um amplo projeto de exploração das terras na América, motivo pelo qual a região permanecia vulnerável às investidas de exploradores de várias origens.

# Ocupando a terra

A intensificação da presença estrangeira em terras portuguesas na América coincidiu com a decadência dos lucros oferecidos pela rota das Índias, no final da década de 1520. Da mesma forma que piratas desconsideravam a propriedade da Coroa de Portugal sobre o pau-brasil e muitos de seus próprios súditos não recolhiam o imposto do quinto, aproveitando a falta de uma estrutura administrativa mínima, a rota das Índias já não era mais tão exclusiva e o preço das especiarias caíra consideravelmente. Não é possível dizer que os cofres lusos estivessem vazios, mas já não se enchiam mais como antes.

Assim, a partir de **1530**, o foco dos interesses econômicos portugueses voltou-se para o Brasil. Em 3 de dezembro desse ano, o capitão-mor e capitão da armada, Martim Afonso de Sousa, investido pelo rei D. João III de amplos poderes judiciais, com plena jurisdição sobre as pessoas que o acompanhavam, podendo até condenar e aplicar a pena de morte, deixou Lisboa com sua armada, rumo ao Brasil. Tinha início a primeira grande expedição colonizadora, visto que as anteriores tiveram apenas o caráter exploratório.

As incumbências de Afonso de Sousa não eram poucas, nem fáceis: expulsar os franceses de todo o litoral brasileiro, fazer marcos da posse portuguesa dentro dos limites fixados pelo Tratado de Tordesilhas, doar terras, nomear tabeliões e oficiais de justiça. Na realidade, com essas iniciativas, o governo português procurava **introduzir a administração** metropolitana em sua colônia americana.

Em 1532, no litoral de São Paulo, Martim Afonso de Sousa fundou a Vila de **São Vicente**, a primeira **vila brasileira**. Essa escolha não foi aleatória. Ao contrário, foi bastante estratégica. Desse ponto, bem ao sul dos domínios portugueses, era mais fácil inibir eventuais incursões estrangeiras em terras lusitanas e, também, controlar um dos principais escoadouros da América espanhola, tão rica em metais preciosos: o rio da Prata. Por ele as embarcações que vinham do Atlântico adentravam o continente.

As iniciativas da Coroa e do grupo burguês a ela associado, que resultaram na expedição e ações de Martim A. de Sousa, foram importantes, sobretudo, por assinalarem a mudança de atitude deles com relação ao Brasil. Contudo, os principais problemas ainda estavam longe de serem resolvidos: não havia uma estrutura administrativa para todo o vasto território e o Estado luso não dispunha de recursos em escala suficiente para montá-la; o lucro proporcionado pelo pau-brasil estava longe de suprir as expectativas de ganho, após o declínio do comércio com as Índias. Além do que, a atividade extrativa da madeira não garantia a fixação de colonos, a efetiva ocupação da terra e, por consequência, o afastamento da ameaça de invasão estrangeira.

Encontrar jazidas de ouro e prata, como aconteceu nos territórios da América pertencentes à Espanha, teria solucionado os problemas portugueses de maneira rápida, demandando investimentos pequenos e permitindo uma lucratividade altíssima dentro das práticas metalistas do mercantilismo. Mas não foi o caso.

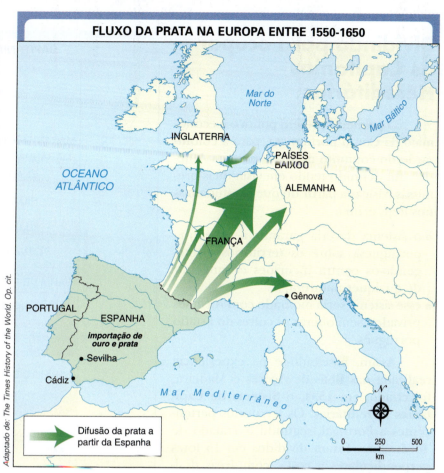

Adaptado de: The Times History of the World. Op. cit.

**FLUXO DA PRATA NA EUROPA ENTRE 1550-1650**

Mar do Norte

Mar Báltico

INGLATERRA

OCEANO ATLÂNTICO

PAÍSES BAIXOS

ALEMANHA

FRANÇA

• Gênova

PORTUGAL

ESPANHA

*importação de ouro e prata*

• Sevilha

Cádiz

Mar Mediterrâneo

N

Difusão da prata a partir da Espanha

0    250    500
km

*A Fundação de São Vicente*, (1900), de Benedito Calixto, exposta no Museu Paulista, São Paulo – SP.

# Dividindo para ocupar – as Capitanias Hereditárias

O primeiro projeto político e econômico da Coroa portuguesa, para a colonização do conjunto de suas terras na América, foi definido tendo em vista duas premissas básicas a partir do que já estudamos nos itens acima:

- o sistema deveria garantir a soberania portuguesa sobre os territórios, protegendo-os contra incursões estrangeiras de qualquer natureza;
- esse sistema seria montado com recursos privados, sem onerar os cofres do Estado português.

Assim, baseando-se na experiência realizada nas ilhas de Açores e Madeira, foi criado, em 1534, o **Sistema de Capitanias Hereditárias**. Os territórios pertencentes a Portugal, segundo o Tratado de Tordesilhas, foram divididos em 15 lotes perpendiculares à costa, com áreas desiguais – variáveis entre 10 e 100 léguas, destinadas apenas a 12 donatários – nome daqueles que recebiam as terras.

Os donatários, em geral, eram membros da pequena nobreza lusa ou funcionários do Estado que tinham feito fortuna, com a expansão comercial em direção às Índias – era indispensável que tivessem recursos próprios, pois de seus investimentos dependeria o sucesso da empreitada. O rei regulamentava a doação das capitanias, os privilégios e deveres de cada donatário por meio da **Carta de Doação**, editada junto com o **Foral** que permitia aos capitães doar lotes de terras – **as sesmarias** – para serem trabalhados por aqueles que se comprometessem a explorá-los, desde que professassem a religião católica.

Todos os poderes do Estado português, na colônia, ficavam a cargo de cada um dos donatários em suas respectivas jurisdições – incluindo a responsabilidade pela arrecadação dos principais tributos destinados à Coroa: 10% sobre o peixe pescado pelos colonos, 20% sobre os lucros obtidos com o pau-brasil e 10% sobre as demais atividades econômicas que se desenvolvessem na capitania. O fato de terem amplos poderes, associados a privilégios que deixariam para seus filhos – já que o sistema era hereditá-

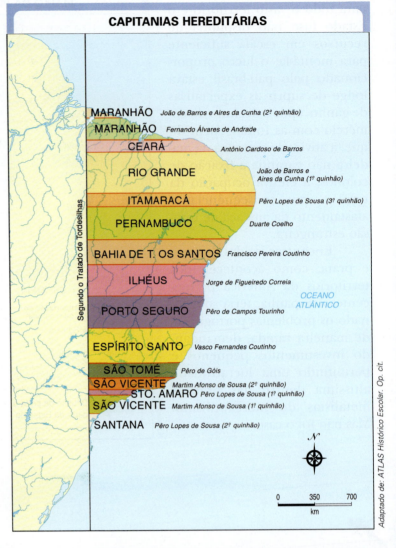

**CAPITANIAS HEREDITÁRIAS**

Segundo o Tratado de Tordesilhas

MARANHÃO — *João de Barros e Aires da Cunha (2º quinhão)*
MARANHÃO — *Fernando Álvares de Andrade*
CEARÁ — *Antônio Cardoso de Barros*
RIO GRANDE — *João de Barros e Aires da Cunha (1º quinhão)*
ITAMARACÁ — *Pêro Lopes de Sousa (3º quinhão)*
PERNAMBUCO — *Duarte Coelho*
BAHIA DE T. OS SANTOS — *Francisco Pereira Coutinho*
ILHÉUS — *Jorge de Figueiredo Correia*
PORTO SEGURO — *Pêro de Campos Tourinho*
ESPÍRITO SANTO — *Vasco Fernandes Coutinho*
SÃO TOMÉ — *Pêro de Góis*
SÃO VICENTE — *Martim Afonso de Sousa (2º quinhão)*
STO. AMARO — *Pêro Lopes de Sousa (1º quinhão)*
SÃO VICENTE — *Martim Afonso de Sousa (1º quinhão)*
SANTANA — *Pêro Lopes de Sousa (2º quinhão)*

OCEANO ATLÂNTICO

0    350    700
km

*Adaptado de: ATLAS Histórico Escolar. Op. cit.*

rio –, deveria ser, pelo menos em tese, um grande atrativo para a vinda dos donatários e para a colonização efetiva do território.

Todavia, na prática, o sistema de capitanias revelou-se um fracasso. Alguns donatários nem vieram ao Brasil. Alguns dos que vieram logo desistiram diante das dificuldades com as resistências indígenas, com os elevados investimentos necessários para tornar lucrativas essas terras e com as investidas estrangeiras que continuavam.

Excetuando-se São Vicente, Porto Seguro, Ilhéus e Pernambuco, que prosperaram, esta última por conta do desenvolvimento da produção açucareira, todas as demais capitanias fracassaram em seus objetivos originais. Em meados da década de 1540, o próprio D. João III já se mostrava convencido de que seriam necessárias medidas mais diretas por parte da Coroa para que os territórios coloniais tivessem um aproveitamento melhor.

Com a trágica morte do donatário da capitania da Bahia, devorado por índios tupinambás em

1548, aquelas terras foram retomadas pelo poder real e tinha início o **Governo-Geral**, que passaria a existir em conjunto com o sistema de Capitanias. Era um grande passo rumo à centralização do poder na Colônia, mas os verdadeiros "senhores das terras" estavam nas **Câmaras Municipais**.

## *Disseram a respeito*

### Problemas na capitania de Pernambuco

Durante mais de dez anos Duarte Coelho [donatário de Pernambuco] controlou pequenas áreas em torno de Igarassu e Olinda, onde fundou roças de mantimento e os primeiros engenhos. O seu sucesso foi conseguido, entre outros motivos, porque o seu cunhado, Jerônimo de Albuquerque, casou-se com a índia Maria do Espírito Santo, filha do cacique Arcoverde que, aliado dos portugueses, ajudou-os na luta contra os caetés.

Mas não eram apenas os indígenas que causavam problemas a Duarte Coelho; ele tinha de enfrentar também os problemas causados pelos exploradores do pau-brasil, que era monopólio da Coroa, e pelos degredados que entravam em contato com os indígenas, não cumpriam os compromissos assumidos e, quando se sentiam fortes, os puniam. (...)

Em quinze anos de administração, o velho comandante, em carta ao rei, dizia que estava pobre e endividado e solicitava autorização para importar escravos negros da Guiné, a fim de utilizá-los na agricultura. Os indígenas não eram suficientes e facilmente migravam para o interior, para lugares onde era difícil aprisioná-los. (...)

Só depois de 1554, após a morte de Duarte Coelho, quando Jerônimo de Albuquerque, à frente do governo da capitania, fez a guerra aos índios da várzea do Capibaribe, expulsando-os para o sul dos montes Guararapes, é que a capitania começou a prosperar em função da cultura da cana-de-açúcar. Na ocasião, os índios estavam agitados, temerosos de novos avanços dos portugueses e começaram a atacar os viajantes que iam de Olinda a Igarassu, fazendo temer que ocorresse uma nova guerra como a de 1548, com o cerco de Igarassu. Por isto, Jerônimo de Albuquerque convidou os índios das várias tribos e nações vizinhas para uma festa em Olinda, na qual distribuiu muito vinho. Os índios se excederam na bebida e, embriagados, foram provocados pelos portugueses para saber por que estavam atacando os colonos. Começaram, então, a se acusar uns aos outros, informando o governador. Este fez a guerra e os derrotou, conquistando a várzea do Capibaribe (...).

*Fonte:* ANDRADE, M. C. de. *Pernambuco Imortal:* evolução histórica e social de Pernambuco. Recife: CEPE, 1997.

**1)** A partir da leitura do texto, é possível afirmar que a colonização portuguesa foi realizada sem resistência dos nativos e de forma pacífica? Justifique.

*Cana-de-açúcar,* aquarela de Jean-Baptiste Debret. Museus Castro Maya/IBPC, Rio de Janeiro.

### Governo-Geral

(...) criado o "Governo-Geral", justaposto ao regime das capitanias hereditárias que vigia desde 1532. Segundo frei Vicente do Salvador, estabeleceu-se um centro que serviria como um "coração" do território colonial, capaz de promover maior articulação entre as diversas regiões da América portuguesa. Nomeou Tomé de Sousa como governador-geral do Estado do Brasil, amparado no regimento de dezembro de 1548. A organização do Governo-Geral do Brasil implicou também o estabelecimento do posto de ouvidor-geral, de provedor-mor da Fazenda e alcaide-mor para a cidade de Salvador. Segundo Rodolfo Garcia, o regimento de 1548 introduziu uma alteração significativa no caráter da legislação metropolitana editada no Brasil, na medida em que o principal meio pelo qual o rei mandava povoar o Brasil era o da redução da população indígena à fé católica. Não por acaso, os primeiros jesuítas chegaram ao Brasil na comitiva de Tomé de Sousa. O governador-geral foi definido como chefe supremo da administração colonial, com ênfase nas suas funções militares, sendo o posto de comandante da tropa sua atribuição fundamental. Em termos administrativos, ficava responsável pelo governo civil, articulando as diversas capitanias e cuidando dos assuntos fazendários. Na área judiciária, assumiu a responsabilidade de preencher cargos serventuários, comutar penas e, posteriormente, supervisionar os trabalhos do Tribunal da Relação da Bahia, criado em 1609. Por fim, ficava também encarregado de assessorar as autoridades eclesiásticas na nomeação dos párocos e capelas e fiscalizar as autoridades religiosas em geral. A instituição do Governo-Geral provocou protestos por parte de alguns donatários e colonos, especialmente em Pernambuco. A Coroa procurou contemporizar, proibindo a ida de Tomé de Sousa àquela capitania. (...).

*Fonte:* GOUVÊA, M. F. S. Governo-Geral. In: VAINFAS, R. (dir.) *Dicionário do Brasil Colonial.* Rio de Janeiro: Objetiva, 2001. p. 265-267.

# Cinemateca

**O Descobrimento do Brasil** (1937, Brasil, dir.: Humberto Mauro) A transcrição da carta de *Achamento* do Brasil, escrita pelo escrivão da frota, Pero Vaz de Caminha.

**Pindorama** (1971, Brasil, dir.: Arnaldo Jabor) O filme é uma alegoria sobre o início da colonização portuguesa em Pindorama (nome indígena que significa "terra das árvores altas") no século XVI.

**Caramuru: a Invenção do Brasil** (2001, Brasil, dir.: Guel Arraes) A história da chegada de Diogo Álvares, o Caramuru, e uma tupinambá na época do descobrimento, relatando os desencontros da cultura entre indígenas e portugueses.

# Revisitando a História

**1.** A imagem representa um mapa de 1558 elaborado pelo cartógrafo Sebastião Lopes que dá destaque à exploração do pau-brasil por um índio. Observe, analise e descreva o que você identifica na imagem, com base nas informações e análises constantes neste capítulo.

MUSEU HISTÓRICO NACIONAL, RIO DE JANEIRO.

**2.** Observe detalhe da imagem representada por Benedito Calixto, no século XIX, na tela *Martim Afonso de Sousa no Porto de Piaçaguera*. Considerando a imagem e outras informações sobre o tema, responda:

PALÁCIO SÃO JOAQUIM, RIO DE JANEIRO.

a) Qual a relação retratada pelo pintor entre os membros da expedição e os índios? Relacione e problematize os aspectos gerais da tela aos presentes na Carta de Caminha.

b) Segundo Caminha, qual era a principal missão dos portugueses no território americano?

**3.** "(...) não vejo nada de bárbaro ou selvagem no que dizem daqueles povos; e, na verdade, cada qual considera bárbaro o que não se pratica em sua terra. (...) [no país em que vivemos] a religião é sempre a melhor, a administração excelente, e tudo o mais perfeito. A essa gente chamamos selvagens como denominamos selvagens os frutos que a natureza produz sem intervenção do homem."

MONTAIGNE, M. de. Dos canibais. In: *Ensaios I*. São Paulo: Nova Cultural, 1972. p. 105. (Os Pensadores).

No texto acima, o pensador francês Montaigne escreve a respeito dos canibais que viviam na América portuguesa. Esse texto construiu uma determinada representação do indígena que permanece até os dias de hoje. Que representação é essa?

**4.** Por que a América portuguesa foi preterida em relação às Índias? Em que momento e por que essa situação mudou?

**5.** Por que a Coroa portuguesa se decidiu pelo sistema de Capitanias?

**6.** Eu, el-rei D. João III, faço saber a vós, Tomé de Sousa, fidalgo da minha casa que ordenei mandar fazer nas terras do Brasil uma fortaleza e povoação grande e forte na Baía de Todos-os-Santos. (...) Tenho por bem enviar-vos por governador das ditas terras do Brasil.

*Regimento de Tomé de Sousa*, 1549.

Explique a que se relacionavam as determinações do rei de Portugal expressas acima.

# Analise esta imagem

*Homem Tapuia*, de Albert Eckhout, 1641. Óleo sobre tela, 161 x 272 cm. Museu Nacional da Dinamarca, Copenhague.

A obra de Eckhout retrata um homem tapuia, nu, com objetos de caça em meio à natureza. Na mão direita, segura vários instrumentos: quatro lanças de pontas afiadas e um pedaço de bambu cortado ao meio; na ponta do bambu, perto da cabeça da figura, penas coloridas. No rosto da figura, há um objeto escuro e pequeno no queixo e um pouco acima das laterais da boca duas espécies de canudos brancos introduzidos em sua pele. Na cabeça, em uma espécie de rodilha vermelha, há várias penas coloridas, dispostas em forma de leque. Seus cabelos estão na altura dos ombros e em sua orelha direita vemos um adereço.

Eckhout fazia vários desenhos de observação e só depois, em seu ateliê, pintava a tela; isso significa que há dados de idealização na obra, por mais que o artista tenha, como nesse caso, o interesse de registrar "fielmente" a realidade.

Com base na imagem e em seus conhecimentos sobre o assunto, responda:

a) O indígena retratado, quase 150 anos após a chegada de Cabral, possui alguma característica semelhante aos nativos descritos na Carta de Caminha? Por quê?

b) Indique dois aspectos que mais se destacam na pintura e o que eles significam?

# Debatendo ideias

O historiador da arte Jorge Coli analisa que a carta de Pero Vaz de Caminha foi a base para a pintura de Victor Meirelles (1832--1903), *Primeira Missa no Brasil* (1861). Segundo Coli, "a descoberta do Brasil foi uma invenção do século XIX. Ela resultou das solicitações feitas pelo romantismo nascente e pelo projeto de construção nacional que se combinavam então. Como ato fundador, instaurou uma continuidade necessária inscrita num vetor dos acontecimentos. Os responsáveis essenciais encontravam-se, de um lado, no trabalho dos historiadores, que fundamentavam cientificamente uma 'verdade' desejada, e, de outro, na atividade dos artistas, criadora de crenças que se encarnavam num corpo de convicções coletivas". (COLI, J. Primeira Missa e invenção da descoberta. In: NOVAES, A. *A descoberta do homem e do mundo*. São Paulo: Companhia das Letras, 1998, p. 107.)

*Primeira Missa no Brasil*, Victor Meirelles, 1861. Museu Nacional de Belas-Artes, Rio de Janeiro, RJ.

a) Por que o autor afirma que o século XIX inventou o descobrimento do Brasil?

b) Para você, qual o sentido da palavra invenção?

c) Qual o papel dos documentos citados para a "invenção" de uma imagem que temos do Brasil na atualidade?

d) A produção histórica é fruto do tempo de quem a está escrevendo ou do passado? Qual sua opinião?

# Questões de vestibular

**1.** (UFC – CE) Acerca das pretensões iniciais da exploração e conquista do Brasil, assinale a alternativa correta.

a) Interesses antropológicos levaram os portugueses a fazer contato com outros povos, entre eles os índios do Brasil.

b) O rei dom Manuel tinha-se proposto chegar às Índias navegando para o ocidente, antecipando-se, assim, a Cristóvão Colombo.

c) O interesse científico de descobrir e classificar novas espécies motivou cientistas portugueses para lançarem-se à aventura marítima.

d) Os conquistadores estavam interessados em encontrar terras férteis para desenvolver a cultura do trigo e, assim, dar solução às crises agrícolas que sofriam em Portugal.

e) Os portugueses estavam interessados nas riquezas que as novas terras descobertas podiam conter, além de garantir a segurança da rota para as Índias.

**2.** (FUVEST – SP) Os portugueses chegaram ao território, depois denominado Brasil, em 1500, mas a administração da terra só foi organizada em 1549. Isso ocorreu porque, até então,

a) os índios ferozes trucidavam os portugueses que se aventurassem a desembarcar no litoral, impedindo assim a criação de núcleos de povoamento.

b) a Espanha, com base no Tratado de Tordesilhas, impedia a presença portuguesa nas Américas, policiando a costa com expedições bélicas.

c) as forças e atenções dos portugueses convergiam para o Oriente, onde vitórias militares garantiam relações comerciais lucrativas.

d) os franceses, aliados dos espanhóis, controlavam as tribos indígenas ao longo do litoral, bem como as feitorias da costa sul-atlântica.

e) a população de Portugal era pouco numerosa, impossibilitando o recrutamento de funcionários administrativos.

**3.** (ENEM) Dali avistamos homens que andavam pela praia, obra de sete ou oito. Eram pardos, todos nus. Nas mãos traziam arcos com suas setas. Não fazem o menor caso de encobrir ou de mostrar suas vergonhas; e nisso têm tanta inocência como em mostrar o rosto. Ambos traziam os beiços de baixo furados e metidos neles seus ossos brancos e verdadeiros. Os cabelos seus são corredios.

CAMINHA, P. V. de. Carta. RIBEIRO, D. *et al.*
*Viagem pela história do Brasil:* documentos.
São Paulo: Companhia das Letras, 1997 (adaptado).

O texto é parte da famosa Carta de Pero Vaz de Caminha, documento fundamental para a formação da identidade brasileira. Tratando da relação que, desde esse primeiro contato, se estabeleceu entre portugueses e indígenas, esse trecho da carta revela a

a) preocupação em garantir a integridade do colonizador diante da resistência dos índios à ocupação da terra.

b) postura etnocêntrica do europeu diante das características físicas e práticas culturais do indígena.

c) orientação da política da Coroa portuguesa quanto à utilização dos nativos como mão de obra para colonizar a nova terra.

d) oposição de interesses entre portugueses e índios, que dificultava o trabalho catequético e exigia amplos recursos para a defesa da posse da nova terra.

e) abundância da terra descoberta, o que possibilitou a sua incorporação aos interesses mercantis portugueses, por meio da exploração econômica dos índios.

**4.** (UNICAMP – SP) Em carta ao rei D. Manuel, Pero Vaz de Caminha narrou os primeiros contatos entre os indígenas e os portugueses no Brasil: "Quando eles vieram, o capitão estava com um colar de ouro muito grande ao pescoço. Um deles fitou o colar do Capitão, e começou a fazer acenos com a mão em direção à terra, e depois para o colar, como se quisesse dizer-nos que havia ouro na terra. Outro viu umas contas de rosário, brancas, e acenava para a terra e novamente para as contas e para o colar do Capitão, como se dissesse que dariam ouro por aquilo. Isto nós tomávamos nesse sentido, por assim o desejarmos! Mas se ele queria dizer que levaria as contas e o colar, isto nós não queríamos entender, porque não havíamos de dar-lhe!"

Adaptado de: ARROYO, L. *A carta de Pero Vaz de Caminha.*
São Paulo: Melhoramentos; Rio de Janeiro: INL, 1971, p. 72-74.

Esse trecho da carta de Caminha nos permite concluir que o contato entre as culturas indígena e europeia foi

a) favorecido pelo interesse que ambas as partes demonstravam em realizar transações comerciais: os indígenas se integrariam ao sistema de colonização, abastecendo as feitorias, voltadas ao comércio do pau-brasil, e se miscigenando com os colonizadores.

b) guiado pelo interesse dos descobridores em explorar a nova terra, principalmente por meio da extração de riquezas, interesse que se colocava acima da compreensão da cultura dos indígenas, que seria quase dizimada junto com essa população.

c) facilitado pela docilidade dos indígenas, que se associaram aos descobridores na exploração da nova terra, viabilizando um sistema colonial cuja base era a escravização dos povos nativos, o que levaria à destruição da sua cultura.

d) marcado pela necessidade dos colonizadores de obterem matéria-prima para suas indústrias e ampliarem o mercado consumidor para sua produção industrial, o que levou à busca por colônias e à integração cultural das populações nativas.

**5.** (UFPE/UFRPE) O contato dos europeus com os povos da América propiciou uma abertura para a cultura ocidental, que sofreu reformulações. Houve confrontos radicais e uso de violência. Com relação ao Brasil, a ocupação se deu (assinale com V ou F):

(0-0) com o extermínio imediato dos indígenas aqui existentes, como aconteceu também no México.

(1-1) respeitando os costumes locais, graças aos trabalhos dos padres católicos reformistas.

(2-2) com violência e falta de civilidade, apesar de haver exceções no trabalho de catequese.

(3-3) com a preservação da população indígena, utilizada de forma intensiva nos trabalhos da rica agricultura canavieira.

(4-4) com dificuldades para Portugal, devido às diferenças existentes e à falta inicial de recursos para investimentos.

**6.** (UFMG) Leia o texto.

A língua de que [os índios] usam, toda pela costa, é uma: ainda que em certos vocábulos difere em algumas partes; mas não de maneira que se deixem de entender. (...) Carece de três letras, convém a saber, não se acha nela F, nem L, nem R, coisa digna de espanto, porque assim não tem Fé, nem Lei, nem Rei, e desta maneira vivem desordenadamente (...).

GÂNDAVO, P. M. *História de Província de Santa Cruz.* 1576.

A partir do texto, pode-se afirmar que todas as alternativas expressam a relação dos portugueses com a cultura indígena, EXCETO:

a) a busca da compreensão da cultura indígena era uma preocupação do colonizador.

b) a desorganização social dos indígenas se refletia no idioma.

c) a diferença cultural entre nativos e colonos era atribuída à inferioridade do indígena.

d) a língua dos nativos era caracterizada pela limitação vocabular.

e) os signos e símbolos dos nativos da costa marítima eram homogêneos.

**7.** (UFRJ) A primeira coisa que os moradores desta costa do Brasil pretendem são índios escravizados para trabalharem nas suas fazendas, pois sem eles não se podem sustentar na terra.

Adaptado de: GANDAVO, P. M. *Tratado descritivo da terra do Brasil.* Belo Horizonte: Itatiaia; São Paulo: EDUSP, 1982, p. 42 [1576].

Nesse trecho percebe-se a adesão do cronista ao ideário dos colonos lusos no Brasil de fins do século XVI. Com base nele, e considerando que em Portugal prevalecia uma hierarquia social aristocrática e católica, explique por que, ao desembarcarem na América portuguesa da época, os colonos imediatamente procuravam lançar mão do trabalho escravo.

**8.** (UFPE) Colonizar significava procurar riquezas e favorecer interesses da metrópole. No início da colonização portuguesa no Brasil, houve:

a) a montagem de um sistema de exploração com a ajuda do capital inglês.

b) uma política de respeito aos nativos locais, sobretudo às suas crenças.

c) uma estratégia de dominação baseada nos princípios do mercantilismo.

d) a imposição de costumes europeus contrariando a Igreja católica.

e) a necessidade de usar forças militares para exterminar os indígenas.

**9.** (UFPE) A vinda dos europeus para a América modificou as relações aí existentes em muitos aspectos. Por exemplo, no Brasil, os indígenas:

a) passaram a viver como povos sedentários, socialmente em harmonia, sem conflitos entre eles.

b) sofreram com o impacto da colonização, devido às pressões dos colonizadores e à sua política agressiva.

c) adaptaram-se, sem problemas, aos rituais da religião católica, favorecendo as estratégias de dominação dos jesuítas.

d) resistiram com êxito aos ataques portugueses, evitando a perda de áreas de cultivo da mandioca e do milho.

e) trabalharam na exploração da cana-de-açúcar, mostrando grande conhecimento da técnica de cultivo da terra.

**10.** (UFMG) Leia este trecho do documento:

Eu el-rei faço saber a vós (...) fidalgo da minha casa que vendo eu quanto serviço de Deus e meu é conservar e enobrecer as capitanias e povoações das terras do Brasil e dar ordem e maneira com que melhor e seguramente se possam ir povoando para exaltamento da nossa santa fé e proveito de meus reinos e senhorios e dos naturais deles ordenei ora de mandar nas ditas terras fazer uma fortaleza e povoação grande e forte em lugar conveniente para daí se dar favor e ajuda às outras povoações e se ministrar justiça e prover nas coisas que cumprirem a meus serviços e aos negócios de minha fazenda e a bem das partes (...).

É CORRETO afirmar que, nesse trecho de documento, se faz referência

a) à criação do Governo Geral, com sede na Bahia.

b) à implantação do Vice-Reinado no Rio de Janeiro.

c) à implementação da Capitania-sede em São Vicente.

d) ao estabelecimento de Capitanias Hereditárias, no nordeste.

**11.** (UECE) A armada de Martim Afonso de Sousa, que deveria deixar Lisboa a 3 de dezembro de 1531, vinha com poderes extensíssimos, se comparados aos das expedições anteriores, mas tinha como finalidade principal desenvolver a exploração e limpeza da costa, infestada, ainda e cada vez mais, pela atividade dos comerciantes intrusos.

HOLANDA, S. B. de. As Primeiras Expedições. In: *História Geral da Civilização Brasileira.* São Paulo: DIFEL, 1960. tomo I, v. 1, p. 93.

Com base nesta citação, assinale a alternativa que indica corretamente os principais objetivos das primeiras expedições portuguesas às novas terras descobertas na América:

a) expulsar os contrabandistas de pau-brasil e combater os holandeses instalados em Pernambuco.

b) garantir as terras brasileiras para Portugal, nos termos do Tratado de Tordesilhas, e expulsar os invasores estrangeiros.

c) instalar núcleos de colonização estável, baseados na pequena propriedade familiar, e escravizar os indígenas.

d) estabelecer contatos com as civilizações indígenas locais e combater os invasores franceses na Bahia.

**12.** (UFC – CE) Para implantar o povoamento no Brasil Colonial, a Coroa Portuguesa, através do rei Dom João III, instituiu o sistema de capitanias hereditárias, em 1534.

a) Qual a origem social dos donatários? Cite três direitos dos donatários.

b) Cite três fatores determinantes para o fracasso do sistema de capitanias hereditárias. Quais capitanias foram exceções?

**13.** (UNIRIO – RJ) A descoberta do Brasil não alterou os rumos da expansão portuguesa voltada prioritariamente para o Oriente, o que explica as características dos primeiros anos da colonização brasileira, entre as quais se inclui o(a):

a) caráter militar da ocupação, visando à defesa das rotas atlânticas.

b) escambo com os indígenas, garantindo o baixo custo da exploração.

c) abertura das atividades extrativas da colônia a comerciantes das outras potências europeias.

d) migração imediata de expressivos contingentes de europeus e africanos para a ocupação do território.

e) exploração sistemática do interior do continente em busca de metais preciosos.

**14.** (UFPE) No período da expansão marítima portuguesa, as conquistas de novas terras modificaram hábitos e relações sociais. Houve uma euforia em face da exploração e da conquista de riquezas. Procurou-se estabelecer, com o sistema de capitanias hereditárias, o domínio sobre suas terras na América. Esse sistema (assinale com V ou F):

(0-0) foi muito bem-sucedido na descoberta do ouro e da prata, e propiciou o enriquecimento do governo português e da sua poderosa burguesia.

(1-1) fracassou, frustrando Portugal em seus objetivos e levando-o a abandonar as terras conquistadas.

(2-2) não foi amplamente bem-sucedido, mas garantiu maior posse sobre as terras conquistadas e a consolidação de poderes para a Metrópole.

(3-3) na região Norte, fracassou; mas obteve sucesso nas outras regiões com a lavoura açucareira.

(4-4) no século XVIII, conseguiu êxito, graças à ajuda dos governadores-gerais, com suas forças militares, para combater exclusivamente a rebeldia dos nativos.

**15.** (UNIFESP) ... todos os gêneros produzidos junto ao mar podiam conduzir-se para a Europa facilmente e os do sertão, pelo contrário, nunca chegariam a portos onde os embarcassem, ou, se chegassem, seria com despesas tais que aos lavradores não faria conta largá-los pelo preço por que se vendessem os da Marinha. Estes foram os motivos de antepor a povoação da costa à do sertão.

Frei Gaspar da Madre de Deus, 1797.

O texto mostra

a) o desconhecimento dos colonos das desvantagens de se ocupar o interior.

b) o caráter litorâneo da colonização portuguesa da América.

c) o que àquela altura ainda poucos sabiam sobre as desvantagens do sertão.

d) o contraste entre o povoamento do nordeste e o do sudeste.

e) o estranhamento do autor sobre o que se passava na região das Minas.

# Programa de Avaliação Seriada

**1.** (SAA – UPE) Com a chegada dos colonizadores, houve um encontro de culturas e muitos choques marcados pela violência e incompreensão dos significados diferentes das organizações sociais em confronto. Na época da chegada de Portugal ao Brasil e das primeiras décadas da colonização, os indígenas brasileiros

a) viviam em harmonia com a natureza, havendo uma grande homogeneidade entre seus grupos, impossibilitando a violência entre eles.

b) consideravam as mulheres seres inferiores, razão por que eram afastadas dos trabalhos na agricultura e no artesanato.

c) tinham uma cultura marcada pela oralidade, cultivando mandioca, milho, conhecendo o trabalho agrícola.

d) foram parceiros dos portugueses em muitas atividades, aceitando, sem problemas, a catequese dos jesuítas.

e) possuíam estruturas sociais semelhantes ao povo asteca, explorando já algumas riquezas minerais.

# capítulo 15

# A América portuguesa a partir de meados do século XVI – terra do açúcar

*O domínio lusitano sob suas possessões na América não foi uma tarefa fácil. Ameaças de invasão por outros europeus, o fracasso da maior parte das Capitanias Hereditárias e embates com indígenas eram alguns dos obstáculos enfrentados pelos portugueses. A partir da instalação do Governo-Geral, por meio do regimento de 1548, estabeleciam-se princípios administrativos para impulsionar a colonização e a catequese que deveria promover a conversão dos indígenas ao catolicismo, por meio da ação dos jesuítas. Na economia, os portugueses apostaram no açúcar como principal produto e no uso de mão de obra escrava.*

O cruzado, moeda em ouro que circulava em Portugal, durante o reinado de D. João III. O açúcar, produzido, principalmente, nas regiões de Pernambuco e Bahia, passou a ser um gênero fundamental para a prática mercantilista portuguesa na segunda metade do século XVI. Museu de Valores do Banco Central, Brasília.

A chegada de Pedro Álvares Cabral e dos demais navegadores, em 1500, ao território que seria chamado de Brasil não despertou interesses imediatos da Coroa portuguesa em estabelecer efetivamente um processo de colonização. A opção prioritária continuava a ser a exploração do litoral africano e do comércio com as Índias. No entanto, viagens exploratórias para conhecer as riquezas e as gentes que habitavam o território continuaram a ser empreendidas. O primeiro produto explorado foi o pau-brasil.

Com o declínio das rotas para as Índias e a presença de piratas, sobretudo de origem francesa, Portugal mudou de perspectiva a partir de 1530.

A expedição de Martim Afonso de Sousa, em 1530, tinha a incumbência de expulsar invasores, explorar o litoral até o rio da Prata, em busca de metais preciosos que os espanhóis, por exemplo, já haviam encontrado, além de fixar colonos e povoar a região. Coube à expedição de Martim Afonso trazer da ilha da Madeira as primeiras mudas de cana-de-açúcar e fundar o primeiro engenho em São Vicente, em 1533. O açúcar se tornaria um dos principais produtos da Colônia.

Porém, para impulsionar a posse portuguesa sobre os territórios, a Coroa instituiu, em 1534, o sistema de Capitanias Hereditárias, no qual o rei doava terras aos donatários e estes deveriam pagar tributos a Portugal. À exceção de algumas Capitanias, o projeto fracassou, pois eram necessários altos investimentos por parte dos donatários para um retorno considerado pequeno. Pensando em medidas complementares para efetivar a colonização, D. João III decidiu criar o Governo-Geral em 1548, centralizando a administração e estabelecendo os principais fundamentos da colonização portuguesa.

## O Governo-Geral

Tomé de Sousa, o primeiro governador-geral do Brasil, desembarcou na Capitania da Bahia em março de 1549. Chegou acompanhado por mais de mil homens e, como estudamos no capítulo anterior, com objetivos econômicos e políticos bem definidos pela Coroa de Portugal.

Pertencente à nobreza e tendo participado de expedições portuguesas para a África e Índia, consta, entre suas principais ações, ainda naquele ano, a fundação de Salvador – que seria a capital dos territórios portugueses na América até 1763. A criação de um centro político-administrativo, na região da Baía de Todos os Santos, tinha o claro objetivo de integrar e "fazer produzir" as demais Capitanias a partir dali; o que, contudo, não seria conseguido em curto prazo.

O crescimento de Salvador, no entanto, foi relativamente rápido, graças à combinação de três tipos de ação por parte do novo governador e de autoridades metropolitanas: a concessão de terras nas cercanias da vila, facilidades para aqueles que aceitassem deixar o arquipélago de Açores e viessem se estabelecer na região e, principalmente, incentivos para o cultivo de cana-de-açúcar e, também, para o beneficiamento e a produção de **açúcar** – gênero cujo preço no mercado europeu vinha aumentando desde o início da década de 1520.

Não era só o açúcar que, em meados do século XVI, tinha se tornado um dos produtos mais lucrativos no complexo sistema mercantilista – que já integrava, de diferentes maneiras, vários países da Europa, grande parte da América, da África, além do Oriente Próximo, ou Índias. O **tráfico negreiro**, ou seja, a captura e a migração forçada de milhares de africanos para servir como mão de obra em outras regiões, sobretudo na América, era, então, o outro grande setor lucrativo do comércio internacional.

Os portugueses, ampliando a produção de açúcar em seus territórios americanos a partir da mão de obra escrava, uniam as duas atividades de maneira inequívoca e obtinham grandes lucros. Outras atividades econômicas, como as antigas rotas para o Oriente, entretanto, não foram completamente abandonadas, mesmo que não fossem mais tão atrativas economicamente para os lusitanos.

A América portuguesa integrava-se, então, diretamente ao mesmo processo histórico do qual faziam parte todas as demais regiões, independentemente das características específicas que assumissem suas organizações sociais e econômicas.

Assim, não foi casual D. João III ter escolhido um fidalgo que já estivera na África e na Índia para implantar a estrutura de Governo-Geral no *Estado do Brasil* – nome que pela primeira vez aparecia em um documento oficial das autoridades metropolitanas para designar parte de seus territórios na América.

## *Disseram a respeito*

## A identidade colonial

*O historiador norte-americano Stuart Schwartz possui uma vasta pesquisa sobre o período colonial brasileiro. No fragmento abaixo ele discute aspectos da formação de uma identidade colonial no Brasil. Para o autor, a Colônia não havia sido criada para superar Portugal. Porém, para dois grupos, jesuítas e cristãos-novos, a Colônia era a possibilidade de organização de outra sociedade.*

Logo após a sua descoberta, o Brasil foi modelado de acordo com as demais possessões ultramarinas de Portugal. Nos primeiros trinta anos, numa altura em que o contato era ainda intermitente e essencialmente levado a cabo por contratantes privados, o modelo eleito parece ter sido o das *feitorias*, ou entrepostos comerciais, da costa ocidental africana, mas, com a criação das capitanias donatárias na década de 1530, uma mudança para um plano de colonização de algum modo semelhante à experiência anterior na Madeira começou a tornar-se visível. Ao contrário dos arquipélagos desabitados da Madeira e dos Açores, os portugueses encontraram no Brasil um povo "selvagem" e não cristão, até então desconhecido. Em meados do século XVI, a coroa acabaria por identificar as suas responsabilidades evangelizadoras como a razão da conquista do Brasil. Daí em diante, o esforço missionário pontificou sempre ao lado dos motivos econômicos nas considerações ou justificações portuguesas da sua presença no Brasil.

O Brasil enquanto colônia foi criado para reproduzir Portugal em termos sociais ou religiosos, não para transformá-lo ou transcendê-lo. Não se tratava aqui de criar "uma cidade no monte", como sucederia com os puritanos na Nova Inglaterra, ou uma comunidade quaker , tal como aconteceria na Pensilvânia. Pelo contrário, foram introduzidas na colônia brasileira formas tradicionais de governo e de colonização, apenas modificadas para efeitos de adaptação à nova realidade. O catolicismo e a lei portuguesa originariam uniformidades nas várias zonas de colonização, enquanto as capitanias donatárias e a concessão de terras por intermédio das *sesmarias* facultariam os meios de reprodução do senhorialismo português.

> **Quaker ou quacres:** grupo religioso protestante.

A apenas dois grupos – de outro modo companheiros improváveis – foi possível que o Brasil se afigurasse como a tela na qual esperaram desenhar uma nova sociedade. Os jesuítas, então envolvidos por toda uma primeira onda de fervor missionário, viram nas novas terras e nos milhares de habitantes não convertidos uma oportunidade de criarem um grande Estado cristão missionário. As primeiras cartas dos jesuítas revelam claramente essa visão do Brasil como um empreendimento seu, no assumir de uma posição que viria a entrar progressivamente em conflito com o posicionamento dos colonos. O Brasil também se instituiria como polo de atração para os chamados cristãos-novos, os judeus convertidos à força ao cristianismo. Para estes, o Brasil afigurava-se como lugar de refúgio, uma forma de se libertarem das ameaças e constrangimentos com que viviam na Europa. Os cristãos-novos e os jesuítas tornar-se-iam nos mais ardentes propagandistas da nova colônia. Contudo, a maioria dos colonos via no Brasil um conjunto de oportunidades para alcançar riqueza e, como tal, para viver de acordo com a "lei da nobreza", ou seja, sem ter de recorrer ao comércio, às atividades artesanais, ao trabalho manual ou a quaisquer ocupações de base. O Brasil era para eles um lugar que devia crescer dentro dos parâmetros da ordem social tradicional. A sua mobilidade social tornou-se possível devido à existência de uma população indígena e, mais tarde, de africanos importados, os grupos que forneceram a mão de obra sobre a qual se ergueria esta nova sociedade. Se é um fato que, na experiência da colonização do Brasil, imagens e motivações edênicas sempre estiveram presentes, é também certo que

> Edênica: relativo ao Éden ou ao paraíso terrestre descrito na Bíblia.

elas tendiam a subordinar-se aos objetivos e aos padrões de organização social tradicionais.

Fonte: SCHWARTZ, S. B. *Da América Portuguesa ao Brasil:* estudos históricos. Lisboa: Difel, 2003. p. 222-223.

**1)** Explique por que o estabelecimento das capitanias significou um processo de colonização diferente do modelo das feitorias.

**2)** Identifique dois elementos no texto que justifiquem a firmação do autor de que "O Brasil enquanto colônia foi criado para reproduzir Portugal em termos sociais ou religiosos, mas não para transformá-lo ou transcendê-lo".

## Vivendo seu tempo

### Do que se alimentavam os primeiros portugueses na América?

Uma das preocupações do início do processo colonial era com a alimentação. Os costumes dos europeus, os hábitos alimentares não eram os mesmos. Porém, mesmo com o aumento de portugueses na Colônia, os produtos vindos da metrópole eram escassos. A alimentação passou a ser semelhante à dos indígenas, sendo, muitas vezes, fornecida pelos próprios nativos. No cardápio alimentar estavam frutas; pescados e mariscos, abundantes por toda a costa; a farinha de mandioca, que posteriormente foi incorporada pelos portugueses na produção de pães, em substituição ao trigo. O arroz, alimento bastante comum na dieta atual dos brasileiros, foi trazido da ilha de Cabo Verde após 1549.

## Recortes da História

O relato abaixo foi feito por Frei Vicente do Salvador, que nasceu em Salvador em 1564 e faleceu na mesma cidade entre os anos de 1636-1639. Uma de suas obras fundamentais, a primeira *História do Brasil, tem sua dedicatória datada de 1627. Essa obra está dividida em cinco partes, abordando desde a chegada dos portugueses até o governo de Diogo Luís de Oliveira, no mesmo ano da conclusão do texto. Permaneceu inédita até 1888, quando foi editada pela Biblioteca Nacional, no Rio de Janeiro, em edição preparada pelo historiador Capistrano de Abreu (1853-1927). Neste breve fragmento relata-se a chegada, em 1549, do primeiro Governador-Geral, dos que o acompanharam nessa viagem, além de alguns objetivos políticos e religiosos que deveriam ser obtidos a mando do Rei, D. João III. O texto teve a sua composição gramatical atualizada às normas vigentes no presente.*

Depois que El-Rei soube da morte de Francisco Pereira Coutinho e da fertilidade da terra da Bahia, bons ares, boas águas e outras qualidades que tinha para ser povoada; e justamente estar no meio de outras Capitanias, determinou povoá-la e fazer nela uma bela cidade, que fosse como coração no meio do corpo, de onde todas se socorressem e fossem governadas. Para o que mandou fazer uma grande armada, provida de todo o necessário para a empresa, e por capitão-mor Tomé de Sousa, do seu Conselho, com título de Governador de todo o Estado do Brasil, dando-lhe grande alçada de poderes e regimento, em que quebrou os que tinha concedido a todos os outros Capitães proprietários (...).

[Junto com o Governador vieram o Ouvidor-Geral], alguns criados do Rei que vinham providos em outros cargos e seis Padres da Companhia [de Jesus] para doutrinar e converter o gentio, e outros sacerdotes e seculares, [que] partiu de Lisboa a dois de fevereiro de 1549, trazendo mais alguns homens casados, mil de peleja, em que entravam quatrocentos degredados.

> Gentio: não cristão.

Com toda esta gente chegou à Bahia a vinte e nove de março do mesmo ano.

Fonte: SALVADOR, Frei Vicente do. *História do Brazil.* Rio de Janeiro: Biblioteca Nacional, 1889. p. 59.

> **Peleja:** embate, luta; no texto, o termo é usado no sentido de aqueles que enfrentariam as adversidades para a execução do projeto colonizador.

> **Degredados:** indivíduos condenados ao exílio, à expatriação. No caso desse primeiro grupo, eram pequenos criminosos e homens endividados.

**1)** Identifique os grupos que vieram de Portugal com Tomé de Sousa.

# A empresa açucareira

Os primeiros registros sobre os projetos portugueses para o cultivo da cana-de-açúcar por aqui datam dos anos de 1518 e 1519. Todavia, os custos para a implantação do empreendimento eram altos e, naquela época, a produção açucareira na Ilha da Madeira era bem mais interessante. Além disso, ainda havia os atrativos oferecidos pelas rotas com as Índias e mesmo pelo comércio do pau-brasil, obtido a custo bastante baixo, se comparado com as exigências da lavoura canavieira.

Contudo, a demanda cada vez maior por açúcar na Europa, aliada à necessidade de adoção de medidas eficazes e lucrativas para a manutenção de seus territórios na América, levou a Coroa portuguesa a incentivar os capitães donatários a conceder licenças, a fim de que os colonos construíssem engenhos. O caminho escolhido pelos estrategistas econômicos lusos era bastante racional e se mostrou eficiente – considerando que a produção do açúcar foi essencial para as capitanias que conseguiram se manter, como Pernambuco, cuja construção do primeiro engenho data de 1534.

Sem dúvida, impulsionaram a expansão da **empresa açucareira** naquelas áreas os incentivos metropolitanos, conjugados às condições naturais favoráveis ao cultivo da cana, especialmente em vastas regiões do Nordeste – tais como o clima tropical, a existência do massapê (solo fértil, argiloso, preto, ótimo para a cultura de cana-de-açúcar), bem como a disponibilidade de cursos d'água, que facilitavam o transporte da produção até o litoral, onde era embarcada para a Europa. Por outro lado, os flamengos, principais sócios financeiros dos portugueses nos engenhos da Ilha da Madeira, também se interessaram em continuar investindo capitais na mesma atividade em territórios da América portuguesa – tendo em vista o êxito do engenho dos Erasmos em São Vicente, outra das Capitanias "sobreviventes" graças à produção açucareira e que, justamente, tinha recebido recursos dos flamengos.

Os flamengos, além do recebimento dos juros sobre os capitais emprestados para a construção dos engenhos, dos ganhos com o transporte e a distribuição do açúcar na Europa, ainda conseguiam ampliar os seus lucros ao refiná-lo, já que o tipo produzido aqui era mascavo, menos valorizado pelos consumidores finais. Todas essas condições de investimentos para a produção açucareira eram antes definidas com os donos dos engenhos, assim como os colonos sabiam claramente suas obrigações, em especial seus direitos para com as autoridades portuguesas.

## Vivendo seu tempo

### A vida social no início da colonização

*Uma maneira de tornar a história mais presente é conhecer as formas de convívio das pessoas comuns. No texto a seguir, a historiadora Leila Mezan Algranti destaca a precariedade das habitações nas primeiras vilas coloniais, o papel da Igreja, das festas, da hospitalidade em relação aos viajantes e outras práticas da época.*

As cidades e suas dependências se tornavam o palco para as formas de sociabilidade, visto que as grandes distâncias que separavam os moradores, as dificuldades de transporte, os poucos recursos dos habitantes e até a luta pela sobrevivência dificultavam os encontros e os convívios. Para os habitantes mais pobres essas eram possivelmente as oportunidades de confraternização e divertimento. Junte-se a elas o costume de dar hospedagem a viajantes e forasteiros, às vezes, o único contato com o mundo exterior que os colonos de áreas mais interioranas desfrutavam. Embora referindo-se à hospitalidade específica dos senhores de engenho, já Fernão Cardim [padre jesuíta viajante] observava o costume do século XVI: De uma cousa me maravilhei nesta jornada, foi a grande facilidade que têm em agasalhar hóspedes, porque a qualquer hora da noite ou dia que chegávamos em brevíssimo espaço nos davam de comer a cinco da Companhia [de Jesus]. (...)

No dia a dia, entretanto, a igreja desempenhava a mesma função que as festas públicas, quer nas vilas e arraiais, quer nas propriedades do campo, quando senhores e escravos se reuniam para suas orações. Muito já se escreveu sob o confinamento doméstico das mulheres de elite, que em geral só saíam para ir às missas e mesmo assim sempre acompanhadas de mucamas ou parentes do sexo masculino.

Por outro lado, a timidez das construções humildes, o desconforto dos interiores e o trabalho cotidiano dos menos favorecidos levava-os com maior frequência para o mundo exterior, fosse o campo ou a cidade. O lazer doméstico, longe de ser cultuado, fazia dos lares o local quase exclusivamente de repouso de grande parte da população. (...) Sabemos, contudo, que tanto para ricos como para pobres, as atividades cotidianas eram marcadas pela luz solar. Levantava-se com o nascer do sol, descansava-se quando ele estava a pino e dormia-se quando ele se punha. As velas de sebo, por economia, apagavam-se cedo e impediam uma convivência maior entre os membros da família.

*Fonte:* ALGRANTI, L. M. Famílias e vida doméstica. In: MELLO E SOUZA, L. (org.) *História da Vida Privada no Brasil.* São Paulo: Companhia das Letras, 1997. v. 1, p. 114-115.

As relações políticas e econômicas que se estabeleceram no Brasil, a partir do processo de expansão da empresa açucareira, não são de natureza unilateral. Nem Portugal e sua colônia ficaram completamente à mercê de interesses de outras nações europeias nem os colonos estavam sujeitos ao livre-arbítrio da Metrópole. Cada um dos lados tinha interesse na obtenção e no aumento do lucro e, de alguma forma, era dependente do outro. Logo, entre as partes se estabeleceu uma complexa dinâmica de negociação e renovação constante dos acordos que permitiu a continuidade dos negócios.

*Disseram a respeito*

## Pacto colonial

*Por muito tempo, as relações entre Portugal e Brasil foram explicadas apenas por meio do **Pacto Colonial ou exclusivo comercial**: a Colônia só comercializaria com a Metrópole, o que lhe garantiria lucros excepcionais. Os portugueses exportavam seus produtos a preços elevados, ao mesmo tempo que obrigavam seus colonos a vender sua produção a valores baixos. Nos últimos anos, contudo, as pesquisas históricas têm problematizado essa interpretação sobre as relações Metrópole-Colônia:*

[Considerada] um dos elementos constitutivos das práticas mercantilistas do Antigo Regime, a noção de *pacto colonial* se conjugou à ideia de exclusivo mercantil ou monopólio comercial que caracterizou o sistema colonial da Época Moderna. Essa foi a perspectiva adotada por Caio Prado Jr. ao formular sua clássica tese sobre o "sentido da colonização" do Brasil, a saber: o fornecimento de gêneros tropicais ou metais preciosos para a Europa, explorados pela metrópole portuguesa em regime de monopólio. Fernando Novais inseriu essa política colonial no processo de acumulação primitiva de capital, também chamado de "capitalismo comercial" ou "mercantil". O sistema basear-se-ia em dois polos complementares: um centro de decisão, a metrópole, e outro subordinado, a colônia, submetida à primeira por uma série de mecanismos político-institucionais. Esse quadro esquemático das relações entre metrópole e colônia, se ajuda a compreender os mecanismos estruturais do sistema colonial, pressupõe, contraditoriamente, uma relação unilateral de pacto, além de não considerar a dinâmica interna da economia colonial. Perspectiva bastante diversa para pensar a noção de pacto colonial foi empreendida por Evaldo Cabral de Mello, sobretudo no livro *A Fronda dos Mazombos*. Ao estudar a reação do que chama de açucarocracia de Olinda – a nobreza da terra – contra os comerciantes portugueses do Recife, no episódio que ficou conhecido como Guerra dos Mascates (1710--1711), destaca a noção de relação contratual entre Pernambuco e a Coroa. (...)

De todo modo, a ideia de pacto como contrato político contribui para iluminar outros aspectos da relação entre a metrópole e a colônia, a exemplo das benesses distribuídas pela Coroa em reconhecimento a serviços prestados em defesa das conquistas d'el rei. Índios como Araribóia, em 1560, e Felipe Camarão, em 1635, foram agraciados com a Ordem de Cristo, soldos e sesmarias por atuarem na defesa de Portugal, contra inimigos estrangeiros, assim como o negro Henrique Dias, recompensado por lutar contra os flamengos em Pernambuco. Como afirmou Evaldo Cabral de Mello, o *pacto colonial*, por mais que fizesse parte de um projeto embrionário de Estado, teve que se curvar às exigências do cotidiano do "viver em colônia" e foi tecido no processo de construção das complexas relações entre os homens da terra e os colonizadores.

*Fonte: HERMANN, J. Pacto Colonial. In: VAINFAS, R. (dir.)*
*Dicionário do Brasil Colonial.*
Rio de Janeiro: Objetiva, 2001. p. 442.

**1)** Resuma o que foi o pacto colonial e apresente a principal crítica feita a essa interpretação.

# O engenho

O engenho, termo usado para se referir a uma simples engrenagem onde a cana era moída, passou a ter uma conotação muito mais ampla, designando toda a **unidade de produção açucareira** – as terras, plantações, construções e toda a aparelhagem utilizada para a produção do açúcar. As descrições clássicas dos engenhos enfatizam um enorme poder dos senhores proprietários, além de destacar a seguinte estrutura: vastas extensões de terras (**latifúndio**), cultivadas com cana-de-açúcar (**monocultura**) por um grande número de escravos.

Quanto às construções, destacam-se a *casa-grande*, sede da propriedade e moradia de seu dono e sua família, servia também como fortaleza, hospedaria e escola. Como extensão dela, estava a *capela*, local privilegiado para a vida social de toda a comunidade de um engenho, pois nela acontecia, principalmente nos domingos e dias-santos, casamentos, batizados e missas.

Mais afastada ficava a *senzala*, um grande galpão destinado aos negros escravos, onde eles dormiam, realizavam suas festas e cultos. Em geral, os espaços das senzalas eram divididos entre os escravos, com base em critérios estabelecidos por eles próprios – por exemplo, às famílias escravas eram destinados espaços maiores que aos negros solteiros. Da mesma forma que eram também estabelecidas, pelos próprios cativos, as regras para a limpeza e manutenção da moradia coletiva. Nas descrições de alguns engenhos, ainda aparecem outros tipos de construção, como casas menores destinadas a alguns empregados livres e qualificados, depósitos, oficinas e estrebarias.

De alguma forma, essa imagem dos engenhos coloniais brasileiros foi baseada no livro *Cultura e Opulência do Brasil*, de 1711, escrito pelo jesuíta André João Andreoni, mais conhecido como Antonil. Essa obra, contudo, tomou como referência o engenho de Sergipe do Conde, localizado no Recôncavo Baiano, pertencente aos jesuítas e que, de fato, possuía um conjunto de terras bastante grande, ou seja, representava um **latifúndio**, com uma escravaria que reunia cerca de 200 trabalhadores. Mas as pesquisas históricas seriais, realizadas nas últimas décadas, têm demonstrado que o engenho de Sergipe do Conde era mais uma exceção que uma regra no mundo colonial brasileiro.

Em geral, como apresentou o historiador Stuart Schwartz no livro *Segredos Internos*, a maior parte dos engenhos baianos possuía, em média, 65 escravos e apenas 15% deles possuíam entre 100 e 150 trabalhadores, aproximando-se, portanto, da imagem projetada por Antonil e incorporada por grande parte dos historiadores. Além disso, outros pesquisadores têm demonstrado que a produção de gêneros para o consumo local era bem mais importante do que se considerava. Fatores que em seu conjunto permitem também relativizar a imagem de todos os senhores de engenho como onipotentes proprietários, atuantes socialmente como senhores feudais.

Logo, a dinâmica social do Brasil açucareiro era mais complexa que a imagem fixada a partir da tese de que teríamos por aqui apenas grandes latifundiários, poucos homens livres miseráveis, muitos escravos e os índios – não plenamente integrados à ordem produtora de açúcar para o mercado externo.

*Vivendo seu tempo*

## As mulheres, suas tarefas e hábitos na sociedade colonial

Se a mulher desempenhou em todas as civilizações o papel de provedora de alimentos da família e de responsável pela organização doméstica, nos primeiros tempos da colônia, em virtude da falta de mulheres brancas, as índias assumiram seu lugar, ensinando a socar milho, a preparar a mandioca, a trançar as fibras, a fazer redes e a moldar o barro. Nos séculos subsequentes, as portuguesas uniram-se a elas para comandar as grandes vivendas rurais e tiveram como aliadas as escravas negras. No espaço do domicílio, e no que toca aos assuntos domésticos, a figura feminina ganhou destaque, embora seja inegável que sua importância e influência na colonização não ficaram restritas à esfera doméstica. (...)

Era, todavia, a cargo delas que ficava o asseio e a limpeza da casa, a preparação dos alimentos, o comando das escravas e dos índios domésticos, além de grande parte da indústria caseira. Afinal, toda a sua educação era voltada para o casamento, para as atividades que deveriam desempenhar enquanto mães e esposas. (...) Alcântara Machado, ao estudar de forma pioneira os inventários seiscentistas de São Paulo, constatou que à pobreza generalizada se contrapunham as redes de abrolho, as toalhas rendadas de mesa e de "água a mão" ou as almofadas de cetim. Tudo isso pode ser usado no dia a dia ou guardado nos baús, para ser entregue como dote no momento do casamento de uma filha. (...)

O trabalho manual sempre foi recomendado pelos moralistas e por todos aqueles que se preocupavam com a educação feminina na época moderna, como forma de se evitar a ociosidade e consequentemente maus pensamentos e ações. Ocupadas com o bastidor e as agulhas, esperava-se que se mantivessem entretidas, não havendo ocasião para agirem contra a honra da família. (...)

**Bastidor:** armação de madeira no qual é preso e esticado o tecido que será bordado.

Mas se a rouparia chamava a atenção, a forma como ocorriam as refeições na maior parte dos lares coloniais e a precariedade dos utensílios de mês chocaram até mesmo alguns contemporâneos. A escassez de facas, colheres, pratos e copos é tal que Alcântara Machado lembra-nos de ser na "baixela e nas alfaias de cama e mesa que a gente apotentada faz timbre em ostentar a sua opulência". Garfos, então, se já eram raros no Reino e em quase toda a Europa, praticamente não existem. Por essa época (...) era costume comer com as mãos, mesmo que os convidados fossem finos.

**Apoteada:** rica, poderosa.

*Fonte:* ALGRANTI, L. M. Famílias e vida doméstica. In: MELLO E SOUZA, L. (org.) *História da Vida Privada no Brasil.* São Paulo: Companhia das Letras, 1997. v. 1, p.121-122.

Quanto à fabricação do açúcar propriamente dita, ela se dava em um conjunto de instalações constituídas pela *moenda*, que extraía a garapa; a *caldeira*, com suas fornalhas, onde se fervia a garapa; a *casa de purgar*, local onde o açúcar era colocado para ficar mais claro; a *casa das caixas*, onde o açúcar secava, era pesado e depois colocado em caixas, ficando pronto para ser levado aos portos e navios para ser exportado. Os engenhos de maior porte eram movidos a água e chamados de engenhos reais, por liderarem a produção em suas respectivas regiões; os engenhos de menor porte eram movidos por animais ou mesmo pela força humana e chamados de engenhocas ou trapiches. No caso desses últimos, a produção predominante era de aguardente que exigia investimentos baixos se comparados aos exigidos pela produção de açúcar.

Engenho *Megaípe*, em Pernambuco. Aquarela de A. Norfini.

## O trabalho no engenho

A princípio, a solução mais viável e barata aos olhos dos portugueses foi utilizar a mão de obra indígena para a produção açucareira. Como já haviam empregado os nativos na extração do pau-brasil, os colonizadores consideravam que a integração deles ao trabalho das lavouras de cana e demais atividades dos engenhos seria "simples", além de "benéfica", já que os índios entrariam em contato com técnicas "mais avançadas" de produção – o juízo dos europeus sobre os povos com outras culturas formou-se unicamente com bsase em seus valores, desconsiderando, completamente, os significados específicos das práticas culturais daqueles que não eram europeus e cristãos.

A incorporação dos indígenas ao projeto colonial português, contudo, não poderia ser realizada tornando-os **escravos**, de maneira oficial, pois legalmente eles eram considerados súditos do monarca luso. Os índios deveriam ser convertidos ao cristianismo, já que esta era a incumbência assumida pelos ibéricos (os espanhóis usavam o mesmo argumento) para justificar, em linhas gerais, a colonização do Novo Mundo. Seguindo os princípios da bula papal *Sublimis Dei* (1537), a escravização de índios era admitida apenas nos casos excepcionais de guerra justa, quando nativos hostis eram aprisionados durante uma ação de defesa por parte dos colonos.

O aprisionamento de índios para as lavouras açucareiras foi a primeira tentativa de introduzir sistematicamente o trabalho baseado em mão de obra escrava. Debret, pintor francês que esteve no Brasil no século XIX, retratou nessa imagem, *Aprisionamento de Índios no Paraná*, o aprisionamento de indígenas que ocorreu em diferentes momentos de nossa história.

## Jesuítas e índios em terras brasileiras do século XVI

*Os primeiros membros da Companhia de Jesus, os jesuítas, chegaram às terras brasileiras na comitiva de Tomé de Sousa em 1549, liderados pelo missionário Manuel da Nóbrega. Tendo grande prestígio junto às principais autoridades portuguesas, os jesuítas foram incumbidos de converter os gentios nos territórios lusos e desempenharam o trabalho de catequese partindo de três premissas básicas: 1) os índios eram livres por natureza; 2) cada indígena era como uma folha de papel em branco, onde poderia ser escrita, com pleno êxito, a palavra de Deus; 3) os índios eram tão capazes quanto qualquer europeu de aprender os ensinamentos cristãos e, consequentemente, os sacramentos.*

*Como podemos ler no texto a seguir, o sistema de aldeamento desenvolvido pelos jesuítas, fundamentado nas premissas acima, acabou por contribuir para a perda de traços culturais fundamentais dos índios. Além disso, os jesuítas e os colonos estiveram constantemente em atrito, por divergirem sobre o papel concedido aos indígenas: para os colonos, os aldeamentos cumpriam sua função, tornando os nativos aptos para o trabalho agrícola e, portanto, uma vez catequizados, formados, os índios deveriam ser encaminhados para os engenhos e demais atividades onde fossem necessários. Para os jesuítas, a questão era mais civilizacional, e, portanto, o indígena não deveria ser simplesmente incorporado ao sistema produtivo e, portanto, eles não compartilhavam da ideia de formar lavradores cristãos – pelo menos, não nos moldes desejados pelos colonos.*

*A frota de Tomé de Sousa trouxe entre seus passageiros alguns jesuítas que haviam de representar a pedra fundamental da política indigenista. Apesar de sua relativa autonomia, pois respondiam antes ao general da ordem em Roma do que ao rei de Portugal, e apesar do enorme poder econômico que acumulariam subsequentemente, nestes primeiros anos os jesuítas serviram aos interesses da Coroa como instrumentos da política de desenvolvimento da Colônia. Oferecendo um contraponto à dizimação deliberada praticamente pela maioria dos colonos, os jesuítas buscaram controlar e preservar os índios através de um processo de transformação que visava regimentar o índio enquanto trabalhador produtivo. Com o estabelecimento de aldeamentos, os jesuítas acenavam com um método alternativo de conquista e assimilação dos povos nativos. (...) Estas novas aglomerações rapidamente começaram a substituir as aldeias independentes, transferindo para a esfera portuguesa o controle sobre a terra e o trabalho indígena. Em princípio instituídos com a intenção de proteger as populações indígenas, na verdade os aldeamentos tornaram-se concentrações improvisadas e instáveis de índios provenientes de sociedades distintas.*

Fonte: MONTEIRO, J. *Negros da Terra:* índios e bandeirantes nas origens de São Paulo. São Paulo: Companhia das Letras, 1994. p. 38 e 43.

Além da questão jurídica, da oposição dos jesuítas, outros aspectos contribuíram para limitar o uso, em larga escala, da mão de obra indígena – como a mortalidade dos nativos e sua interiorização –, levando os portugueses a utilizar trabalhadores africanos na produção açucareira. O número de índios, nas áreas próximas ao litoral, declinou rapidamente, primeiro porque com o aumento da presença de europeus muitos grupos indígenas retiraram-se para as áreas mais internas do território. Além disso, a mortalidade entre os índios aumentou significativamente, tanto por conta dos conflitos diretos com os portugueses quanto pela disseminação de doenças até então inexistentes aqui, como, por exemplo, a gripe.

A todos esses aspectos deve-se acrescentar que o tráfico de africanos representava outro lucrativo negócio para os portugueses, que já se utilizavam de negros escravos na Ilha da Madeira. Os traficantes portugueses, ao chegarem à África, já encontraram uma organização que conhecia o valor de um escravo, pois essa prática remontava aos impérios africanos e às trocas com os árabes das rotas do sal e do ouro transaarianas.

Ainda no século XV, os lusos ocuparam áreas da África Ocidental que se tornaram importantes entrepostos do tráfico, como, por exemplo, a Costa da Mina, no golfo da Guiné, e as regiões de Angola, e São Tomé e Príncipe, que seriam colônias portuguesas. Com a expansão dos mercados para a mão de obra negra, os europeus intensificaram as disputas entre os vários grupos étnicos africanos, que passaram a fazer mais prisioneiros para ser trocados com os traficantes por objetos como fumo, aguardente, armas de fogo.

Ao lado dos escravos, também eram encontrados nos engenhos **trabalhadores livres**, em especial técnicos ligados à moagem e produção do açúcar. Com o tempo, os escravos foram aprendendo essas técnicas do fabrico do açúcar e foram substituindo a mão de obra livre; também pequenos lavradores eram arrendatários dos senhores de engenho, responsáveis pelo plantio de parte da cana.

## A escravidão e os engenhos

*O jesuíta Antonil registrou, nesse relato de 1711, informações sobre os engenhos e sobre a economia açucareira entre os fins do século XVII e início do XVIII. Nesse relato, especificamente, ele aborda a importância da escravidão para o funcionamento dos engenhos.*

Os escravos são as mãos e os pés do senhor do engenho, porque sem eles no Brasil não é possível fazer, conservar e aumentar fazenda, nem ter engenho corrente. E do modo como se há com eles, depende tê-los bons ou maus para o serviço. Por isso, é necessário comprar cada ano algumas peças e reparti-las pelos partidos, roças, serrarias e barcas. E porque comumente são de nações diversas, e uns mais boçais que outros e de forças muito diferentes, se há de fazer a repartição com reparo e escolha, e não a cegas. Os que vêm para o Brasil são ardas, minas, congos, de São Tomé, de Angola, de Cabo Verde e alguns de Moçambique, que vêm nas naus das Índias. Os ardas e os minas são robustos. Os de Cabo Verde e de São Tomé são mais fracos. Os de Angola, criados em Luanda, são mais capazes de aprender ofícios mecânicos que os das outras partes já nomeadas. Entre os congos, há também alguns bastantes industriosos e bons não somente para o serviço da cana, mas para as oficinas e para o meneio da casa.

Uns chegam ao Brasil muito rudes e muito fechados e assim continuam por toda a vida. Outros, em poucos anos saem ladinos e espertos, assim para aprenderem a doutrina cristã, como para buscarem modo de passar a vida e para se lhes encomendar um barco, para levarem recados e fazerem qualquer diligência das que costumam ordinariamente ocorrer. As mulheres usam da foice e de enxada, como os homens; porém, nos matos, somente os escravos usam de machado. Dos ladinos, se faz escolha para caldeireiros, carapinas, calafates, tacheiros, barqueiros e marinheiros, porque estas ocupações querem maior advertência. Os que desde novatos se meteram em alguma fazenda, não é bem que se tirem dela contra sua vontade, porque facilmente se amofinam e morrem. Os que nasceram no Brasil, ou se criaram desde pequenos em casa dos brancos, afeiçoando-se a seus senhores, dão boa conta de si; e levando bom cativeiro, qualquer deles vale por quatro boçais.

> **ladinos:** engenhoso, inteligente.

> **amofinam:** aborrecem, entristecem.

*Fonte: ANTONIL, A. J. Cultura e Opulência no Brasil. Disponível em: <http://www.culturatura.com.br>. Acesso em: 18 jun. 2010.*

**1)** Qual o principal argumento exposto pelo documento de Antonil?

**2)** A partir do documento é possível afirmar que a escravidão era homogênea nos engenhos do período colonial? Justifique.

# A sociedade do açúcar

Os senhores de engenho, os comerciantes de açúcar e de escravos formavam o grupo de maior destaque econômico e político nas terras do açúcar. Assim, ainda que as decisões administrativas viessem de Portugal e ficassem a cargo de suas autoridades coloniais – sem acordos com os interesses dos colonos, que tinham seus negócios baseados aqui –, nenhuma daquelas decisões era rigorosamente cumprida.

Com o avanço do processo de colonização e fundação de vilas, surgem também os locais de governança municipal – as câmaras. A função delas era atender às demandas locais, ligadas ao cotidiano das pessoas, tendo em vista as normas gerais estabelecidas pela Metrópole, as quais, contudo, eram interpretadas, quase sempre, no sentido que mais interessava às circunstâncias dos colonos. As câmaras eram formadas por até seis membros, chamados de oficiais da câmara, e eram eleitos entre os **homens bons** do local, ou seja, aqueles que eram reconhecidos por sua influência política, abastança econômica e boa origem familiar.

Entre as funções das câmaras estavam a administração do município, de suas receitas, da conservação de estradas, pontes e calçadas, a limpeza e medidas de controle do abastecimento e regulamentação do comércio. A câmara também tinha funções jurídicas de primeira instância, pois podia-se recorrer a tribunais superiores.

Para exercer a função de oficial da câmara era necessário, de acordo com a legislação portuguesa, ter a "pureza de sangue", ou seja, não poderiam ter nenhum sangue negro, judeu ou mouro. As câmaras, dessa forma, tornaram-se a casa que abrigava a "nobreza da terra", sendo composta de pessoas de muitas posses, como os senhores de engenho.

## O cultivo da cana-de-açúcar

A cana-de-açúcar continua sendo um dos principais produtos da economia brasileira. Com a produção de biocombustíveis, como o etanol, houve expansão da área dedicada à plantação da cana. Se, por um lado, há o discurso que enaltece a liderança brasileira na produção de combustíveis menos poluentes e matrizes energéticas alternativas, por outro, a dura realidade do trabalhador ainda é um desafio para a sociedade.

Jornadas de trabalho excessivas, trabalhadores recrutados em regiões distantes de suas residências, exigência de produção similar a máquinas compõem um quadro desolador. Aproximadamente um milhão de trabalhadores se dedicava, em 2007, à lavoura da cana-de-açúcar. Muitos passam fome e vivem em condições de trabalho semiescravo, segundo dados do Ministério do Trabalho, chegando até a morte por exaustão. Entre 2002 e 2007, quase 1.400 pessoas que trabalhavam na lavoura canavieira morreram. Além das mortes por exaustão – diante de uma jornada que chega a ter doze horas diárias –, a maior parte das mortes ocorreu em acidentes rodoviários, pois os trabalhadores nem sempre são transportados em condições adequadas.

Outras denúncias ligadas a esse setor são os papéis dos atravessadores, conhecidos como *gatos*, que aliciam pessoas com promessas de trabalho em regiões distantes e que depois se configuram em trabalho semiescravo, pois esses trabalhadores não recebem salários suficientes para saldar as dívidas contraídas com os aliciadores referentes ao financiamento das despesas iniciais com transporte, alimentação e alojamento.

# Cinemateca

**Como era Gostoso o meu Francês** (1970, Brasil, dir.: Nelson Pereira dos Santos) Em fins do século XVI, um francês conhecedor de artilharia cai nas mãos dos índios Tupinambás. Segundo a crença dos nativos, era preciso devorar o inimigo para poder ter seus poderes. Enquanto espera o seu fim, une-se a uma índia e decide fugir. Uma guerra entre tribos é vencida pelos Tupinambás. O ritual antropofágico será parte da comemoração da vitória.

**Hans Staden** (1998, Brasil, dir.: Luís Alberto Pereira) No Brasil do século XVI, o alemão Hans Staden tornou-se prisioneiro de índios antropófagos por nove meses. Consegue escapar de maneira ardilosa e volta para a Alemanha, onde publica a sua história em terras brasileiras.

# Revisitando a História

**1.** Indique, com base na descrição de Frei Vicente do Salvador sobre o estabelecimento do Governador-Geral Tomé de Sousa, em 1549:

a) o principal objetivo a ser alcançado pelo Governo-Geral;
b) as medidas administrativas mais marcantes;
c) qual o papel dos jesuítas.

**2.** Tomando por base o texto *A identidade colonial*, de Stuart Schwartz:

a) Explique a afirmação: "O Brasil enquanto Colônia foi criado para reproduzir Portugal em termos sociais ou religiosos, não para transformá-lo ou transcendê-lo".
b) Quais os grupos, entretanto, que contribuíram para a formação de uma identidade colonial e o que pretendiam?

**3.** Sobre o comércio triangular, responda:

a) O que foi o comércio triangular?
b) Por que novas abordagens questionam a explicação do comércio triangular? Cite dois elementos que justifiquem essas abordagens em relação ao tema.

**4.** "A cana-de-açúcar começou a ser cultivada igualmente em São Vicente e em Pernambuco, estendendo-se depois à Bahia e ao Maranhão a sua cultura, que onde logrou êxito – medíocre como em São Vicente ou máximo como em Pernambuco, no Recôncavo e no Maranhão – trouxe em consequência uma sociedade e um gênero de vida de tendências escravocratas."

Fonte: FREYRE, G. *Casa-Grande & Senzala*.

Com base no texto acima,

a) Cite um motivo do maior sucesso da exploração da cana-de-açúcar em Pernambuco do que em São Vicente.
b) Por que a expansão da produção do açúcar "trouxe em consequência uma sociedade e um gênero de vida de tendências escravocratas"?

**5.** O que era o Pacto Colonial? Nos últimos anos, por que muitos historiadores problematizam esse conceito?

**6.** Os jesuítas vieram para a América com o intuito de cumprir uma das missões primordiais da colonização, colocada já na carta de Caminha: a cristianização das populações indígenas. No entanto, as ações dos jesuítas incomodaram parte dos colonos. Qual era a visão dos jesuítas a respeito da colonização? Explique o conflito entre jesuítas e colonos.

**7.** "O ser senhor de engenho é título a que muitos aspiram, porque traz consigo o ser servido, obedecido e respeitado por muitos." Essa frase de Antonil, escrita em seu livro *Cultura e Opulência do Brasil*, revela a realidade de cerca de 15% dos senhores de engenho da Bahia colonial. Por quê?

# Analise estas imagens

*Engenho*, de Frans Post. Óleo sobre madeira, 1667, 71 x 91,5 cm. Museum Boÿmans van Beuningen (Roterdã, Holanda). Frans Post (1612-1680), artista holandês que, ao lado de seu conterrâneo Albert Eckhout (1610-1665), chegou a Pernambuco na comitiva do Conde João Maurício de Nassau, em 1637. Post tornou-se um dos primeiros pintores a registrar a paisagem e os habitantes do Brasil do século XVII. O engenho era constituído por dois grandes setores: o agrícola – formado pelos canaviais – e o de beneficiamento, no qual está a "casa do engenho" e onde a cana era processada e transformada em açúcar. No século XVI, a América portuguesa era a maior exportadora de açúcar. Todos os processos do engenho eram artesanais, utilizando-se de mão de obra escrava. Para movimentar as moendas de madeira utilizavam-se animais, rodas-d'água ou mesmo a força humana.

*Engenho de Açúcar*, de Johann Moritz Rugendas, 1835. Johann Moritz Rugendas (1802-1858), pintor e desenhista de origem germânica, veio ao Brasil em 1821, acompanhando a expedição científica do Barão Langsdorff (1773-1852). Em 1824, abandonou a expedição e continuou sozinho sua viagem por algumas cidades brasileiras, voltando para a Europa em 1825. Com base em seus desenhos e aquarelas, em 1834 publicou o livro *Voyage Pittoresque dans le Brésil* (Viagem Pitoresca ao Brasil). Entre 1831 e 1845 retornou para a América, passando por diversos países, como México, Chile, Bolívia, Argentina e novamente pelo Brasil. Rugendas retratou predominantemente paisagens e representações do cotidiano, os diferentes tipos humanos com os quais deparou na América, além de realizar estudos sobre plantas e frutos.

**1.** A gravura *Engenho de Açúcar* é do século XIX, porém, ilustra o sistema de produção açucareiro que se iniciou no século XVI.

a) Descreva as duas obras que retratavam engenhos. Aponte duas diferenças e duas semelhanças entre elas.

b) Como Rugendas apresenta a condição de trabalho no engenho? Descreva utilizando as personagens presentes na imagem.

c) Qual o principal objeto usado na produção que tem destaque nessa pintura? Para que ele servia?

d) Pelas imagens observadas, podem ser considerados engenhos de grandes proporções? Que tipo de engenho era mais comum nos séculos XVII e XVIII? Justifique sua resposta.

# Debatendo ideias

Por muito tempo, as explicações sobre a organização do período colonial foram centradas no conceito de Pacto Colonial. Nos últimos anos, no entanto, muitos historiadores têm questionado esse conceito e proposto novas abordagens sobre o tema. Apresente argumentos que justificam por que esse conceito tem sido questionado por parte dos historiadores.

# Questões de vestibular

**1.** (UFRRJ) Não há trabalho, nem gênero de vida no mundo mais parecido à cruz e paixão de Cristo, que o vosso em um desses engenhos. Em um engenho sois imitadores de Cristo crucificado (...) Cristo sem comer, e vós famintos; Cristo em tudo maltratado, e vós maltratados em tudo. Os ferros, as prisões, os açoites, as chagas, os nomes afrontosos, de tudo isso se compõe a vossa imitação, que se for acompanhada de paciência, também terá merecimento de martírio.

*Fonte:* Vieira, Sermões. Apud BOSI, A. *A Dialética da Colonização*. São Paulo: Companhia das Letras, 1992. p.172.

O texto representa mais uma das inúmeras justificativas para a escravidão durante o período de colonização da América portuguesa. Sobre esta questão é correto afirmar que

a) durante o primeiro século de colonização, a escravidão indígena foi empregada em várias regiões da colônia. Porém, com a adoção da mão de obra africana, ela foi completamente extinta, levando os indígenas a se internarem nos sertões do Brasil.
b) a Companhia de Jesus, assim como outras ordens religiosas, procurava manter índios e negros afastados da sociedade colonial, nas missões, a fim de preservá-los da escravidão.
c) a utilização da mão de obra africana articulava-se diretamente aos interesses mercantilistas de setores da burguesia comercial e da coroa portuguesa.
d) a capacidade de trabalho do ameríndio superava em muito a do africano, o que levou à sua escravização sistemática até a sua extinção, por volta de meados do século XVII.
e) a Igreja Católica dedicou-se, nos primeiros tempos da colonização da América, a evitar a escravização dos negros, já que estes, ao contrário dos ameríndios, teriam alma, sendo, por isso, passíveis de conversão.

**2.** (UFSCar – SP) O principal porto da Capital [de Pernambuco], que é o mais nomeado e frequentado de navios que todos os mais do Brasil, (...) está ali uma povoação de 200 vizinhos, com uma freguesia do Corpo Santo, de quem são os mareantes mui devotos, e muitas vendas e tabernas, e os passos do açúcar, que são umas lojas grandes, onde se recolhem os caixões até se embarcarem nos navios.

Frei Vicente do Salvador, *História do Brasil* – 1500-1627.

A partir do texto, é correto afirmar que um aspecto histórico que explica a condição do povoado na época foi

a) o investimento feito pelos franceses na sua urbanização.
b) a concorrência econômica com São Vicente, o que justifica seu baixo índice de população.
c) a relação que mantinha com o interior do país, sendo o principal entreposto do comércio interno da produção de subsistência.
d) o fato de ser próspero economicamente por conta da produção de açúcar para exportação.
e) a presença da Igreja católica, estimulando romarias e peregrinações de devotos.

**3.** (UFU – MG) Se a transformação de índio em escravo exigiu ajustamentos por parte da camada senhorial, também pressupunha um processo de mudança por parte dos índios. Este processo desenrolou-se ao longo do século XVII, contribuindo para a evolução das bases precárias sobre as quais se assentava o regime de administração particular. Um dos elementos centrais deste processo foi a religião que, em certo sentido, servia de meio para se impor uma distância definitiva entre escravos índios e a sociedade primitiva da qual foram bruscamente separados.

*Fonte:* MONTEIRO, J. M. *Negros da Terra:* índios e bandeirantes nas origens de São Paulo. São Paulo: Companhia das Letras, 1995. p.159.

Considerando o trecho apresentado, assinale a alternativa correta.

a) A conversão religiosa do índio ao cristianismo era uma estratégia central para a desarticulação de seus laços culturais originais e sua inserção, como escravo, na sociedade colonial.
b) A conversão do índio ao cristianismo não visava ter um efeito qualquer sobre os comportamentos e hábitos culturais indígenas, servindo apenas como justificativa para a escravidão.
c) A camada senhorial de São Paulo não se alterou diante da herança cultural indígena, impondo aos índios, pela força das armas, sua cultura e sua religião.
d) A religião cristã dificultou a inserção do índio como escravo na sociedade colonial, pois os missionários jesuítas opuseram-se veementemente à escravidão indígena.

**4.** (UNESP) Parece-me cousa mui conveniente mandar Sua Alteza algumas mulheres que lá têm pouco remédio de casamento a estas partes, ainda que fossem erradas, porque casarão todas mui bem, com tanto que não sejam tais que de todo tenham perdido a vergonha a Deus e ao mundo. E digo que todas casarão mui bem, porque é terra muito grossa e larga (...). De maneira que logo as mulheres terão remédio de vida, e os homens [daqui] remediariam suas almas, e facilmente se povoaria a terra.

Manuel da Nóbrega, Carta do Brasil, 1549.

Tendo como base a carta do padre Manuel da Nóbrega e outros conhecimentos sobre o tema:

a) dê uma característica da colonização portuguesa nos seus primeiros tempos.

b) por que o jesuíta considera que as mulheres que viessem de Portugal teriam "remédio de vida" e os homens residentes na colônia "remediariam suas almas"?

**5.** (UFRRJ) Leia o texto abaixo, sobre o tráfico de escravos.

O Brasil se distinguiu por ter sido o maior receptor de africanos escravizados em toda história mundial.
O historiador Robert Conrad propôs a cifra de 5,5 milhões de africanos introduzidos no Brasil de um total calculado por Philip Curtin de 9,4 milhões que sobreviveram à travessia atlântica e chegaram vivos a algum porto no continente americano. (...) O tráfico se prolongou por tanto tempo e ganhou tão enorme volume, porque do outro lado do Atlântico havia produtores de gêneros tropicais de exportação, que precisavam comprar a força de trabalho necessária ao escravismo colonial.

Fonte: GORENDER, J. Brasil em Preto e Branco: o passado escravista que não passou.São Paulo: SENAC, 2000. p. 32-3; 43-4.

Em relação ao trabalho e à vida do escravo na área colonial portuguesa na América, é correto afirmar que

a) devido a uma propensão dos negros à promiscuidade sexual, os escravos não constituíram famílias.

b) nas áreas mais dinâmicas da produção agrário-exportadora predominou o trabalho de origem africana.

c) o emprego de escravos impunha um custo de vigilância menos elevado do que ocorre no emprego de trabalhadores assalariados.

d) nos primeiros séculos da colonização, tanto o escravo quanto o trabalhador livre recebiam salário.

e) em geral, o escravo era um trabalhador qualificado, apropriado a tarefas de uma agricultura baseada em tecnologias exigentes.

**6.** (PUC – MG) Leia atentamente a afirmativa abaixo, escrita por Diogo de Campos Moreno, em 1612:

Os índios da terra, que parecem de maior facilidade, menos custo e maior número, como andam metidos com os religiosos aos quais vivem sujeitos (...) de maravilha fazem serviço, nem dão ajuda aos leigos, que seja de substância (...).

Fonte: MORENO, D. de C. Livro que dá razão do Estado do Brasil (1612). Apud INÁCIO, I. da C.; DE LUCA, T. R. Documentos do Brasil Colonial. São Paulo: Ática,1993. p. 63.

Referente ao período colonial no Brasil, a afirmação revela, EXCETO:

a) a preguiça dos índios aculturados na realização dos trabalhos coloniais.

b) o processo de catequização e a submissão dos índios aos missionários.

c) a utilização da força de trabalho indígena pelo clero e pelos coloniais.

d) a abundância e o menor ônus do uso do trabalho dos índios nas atividades da colônia.

**7.** (UFPE) Um dos temas constantes na história do Brasil refere-se à escravidão. Muitas explicações são atribuídas ao fato de que a escravidão indígena foi sendo substituída pela africana. Analise atentamente as afirmações abaixo e assinale com V ou F.

( ) A principal razão pela qual a escravidão indígena foi sendo substituída pela africana deve-se ao fato de que o indígena era preguiçoso, preferia pescar e caçar a trabalhar forçado na agricultura.

( ) O africano era uma raça mais adaptada ao trabalho agrícola, principalmente ao trabalho físico pesado. Na África, já estava habituado a esse tipo de atividade e, por essa razão, ele se adaptou melhor que os indígenas.

( ) Os indígenas se rebelavam com mais frequência contra o trabalho escravo que lhes era imposto, porque sua religião tinha como um dos mandamentos fundamentais o exercício da liberdade.

( ) A morte dos povos indígenas – em razão dos ataques dos brancos e do contágio de doenças –, além da proteção da Igreja, que condenava a escravidão desses povos, gerou a busca pela alternativa do trabalho escravo africano.

( ) É completamente equivocada a afirmação de que o africano se adaptou melhor à escravidão do que o indígena; qualquer povo livre sempre reagirá a qualquer tentativa de transformá-lo em escravo.

**8.** (UERJ) O lugar de maior perigo que há no engenho é o da moenda, porque, se por desgraça a escrava que mete a cana entre os eixos, ou por força do sono, ou por cansada, ou por qualquer outro descuido, meteu desatentamente a mão mais adiante do que devia, arrisca-se a passar moída entre os eixos, se lhe não cortarem logo a mão ou o braço apanhado, tendo para isso junto da moenda um facão, ou não forem tão ligeiros em fazer parar a moenda.

Fonte: ANTONIL, A. J. Cultura e Opulência do Brasil. Belo Horizonte: Itatiaia; São Paulo: EdUSP, 1982.

Com base no texto, identifique duas características do trabalho escravo no Brasil do período colonial.

**9.** (UFMG) Leia este trecho de documento:

... pois o Brasil, e não todo ele, senão três capitanias que são a de Pernambuco, a de Tamaracá e a da Paraíba, que ocupam pouco mais ou menos, no que delas está povoado, cinquenta ou sessenta léguas de costa, as quais habitam seus moradores, com se não alargarem para o sertão dez léguas, e somente neste espaço de terra, sem adjutório de nação estrangeira, nem de outra parte, lavram e tiram os portugueses das entranhas dela, à custa de seu trabalho e indústria, tanto açúcar que basta para carregar, todos os anos, cento e trinta ou cento e quarenta naus...
(Diálogos das grandezas do Brasil. Texto anônimo escrito por volta de 1613-18.)

Com base na leitura desse trecho, é correto afirmar que o sistema de exploração econômica implantado no Brasil nos primeiros séculos de colonização caracterizou-se por:

a) concentrar, nos incipientes meios urbanos, toda a estrutura de controle e comercialização da cana-de-açúcar, produto, em geral, comercializado em estado bruto;

b) distribuir contingentes populacionais ao longo de toda a costa brasileira e desenvolver, sobretudo, o extrativismo vegetal da espécie conhecida como pau-brasil;

c) favorecer o desenvolvimento da agricultura baseada na exploração da cana-de-açúcar, estimulando a fixação populacional, inicialmente, na faixa da mata nordestina;

d) incrementar o processo de colonização a partir do estímulo à vinda e fixação de contingentes populacionais, que aqui se estabeleciam em pequenas propriedades agrícolas.

**10.** (UFJF – MG) São pois os ditos índios aqueles que, vivendo livres e sendo senhores naturais das suas Terras foram arrancados delas com suma violência e tirania (...) até chegarem às terras de São Paulo onde os moradores serviam e servem deles como escravos.

Antônio Vieira, 1692

Os escravos são as mãos e os pés do senhor de engenho, porque sem eles no Brasil não é possível fazer, conservar e aumentar a fazenda, nem ter engenho corrente. (...) Os de Cabo Verde e São Tomé são mais fracos. Os de Angola, criados em Luanda, são mais capazes de aprender ofícios mecânicos. (...)

Antonil, 1711

Podemos perceber, através dos trechos citados ao lado, que índios e negros participaram da construção da história brasileira a partir de diferentes circunstâncias, mas ambos, igualmente, foram vítimas de um forte processo de exclusão social. Com base nessa reflexão, assinale a alternativa incorreta:

a) No início da colonização, recorreu-se à escravização da mão de obra indígena, rompendo as relações amistosas dos primeiros contatos entre portugueses e nativos.

b) As epidemias e as mortes por trabalho forçado, ao causarem rápido decréscimo da população nativa, bem como as pressões jesuíticas contrárias à sua escravização, constituíram importantes obstáculos à transformação do índio em principal força de trabalho.

c) Embora exercessem funções mais especializadas, como a de ferreiros e carpinteiros, os escravos africanos eram fundamentalmente utilizados nas atividades agrícolas e mineradoras.

d) A expulsão dos índios de suas terras, sua escravização, bem como o seu aldeamento nas missões jesuíticas, contribuíram para a dissolução de seus padrões culturais.

e) O tráfico de escravos africanos era uma atividade da qual participavam somente elementos da Corte Portuguesa – burocratas e grandes proprietários – através do comércio triangular África-Lisboa-Brasil.

# Programas de Avaliação Seriada

(PAS – UFLA – MG)

### Trecho 1

(...) não é, efetivamente, uma política econômica que vise ao bem-estar social, como se diria hoje; visa ao desenvolvimento nacional a todo custo. Toda forma de estímulo é legitimada, a intervenção do Estado deve criar todas as condições de lucratividade para (...) poderem exportar excedentes ao máximo.

NOVAIS, F. Portugal e Brasil na Crise do Antigo<br>Sistema Colonial (1777-1808). 2 ed.<br>São Paulo: Hucitec, 1981.

### Trecho 2

(...) a administração se fará a partir da metrópole, e a preocupação fiscal dominará todo o mecanismo administrativo. Mas a medula do sistema, seu elemento definidor, reside no monopólio do comércio colonial.

NOVAIS, F. O Brasil nos Quadros do Antigo Sistema Colonial.<br>In: FENELON, D. R. 50 Textos de História do Brasil.<br>São Paulo: Hucitec, 1974.

**1.** Analise as afirmativas a seguir, coloque verdadeira (V) ou falsa (F) e indique a alternativa que apresenta a sequência **CORRETA**.

( ) O trecho 1 apresenta o mercantilismo com uma política econômica que visa a assegurar o sucesso econômico dos Estados e não o bem-estar social.

( ) O trecho 2 apresenta um momento específico da história brasileira, que é o período colonial, marcado pelo exclusivismo metropolitano.

( ) O trecho 1 informa que o mercantilismo está presente ainda hoje ao não se visar ao bem-estar social de todos.

( ) O trecho 2 apresenta que, em termos econômicos, a política metropolitana aplicada ao Brasil é a mesma que ocorreu nas Treze Colônias da América.

( ) Os trechos 1 e 2 referem-se ao mesmo momento histórico, ou seja, à formação de uma política econômica que garantisse lucratividade aos Estados Nacionais da época moderna.

a) V – V – V – F – V      c) V – F – F – V – V
b) F – V – F – V – F      d) F – V – V – F – F

**2.** No trecho 2, a expressão "monopólio do comércio colonial" refere-se:

a) à comissão verificadora de poderes.
b) à intendência das Minas.
c) ao pacto colonial.
d) ao bandeirismo de prospecção.

# capítulo 16

# As disputas por território: resistências, invasões e expansão na América portuguesa

*A Coroa portuguesa, ao traçar as estratégias para expandir o cultivo de cana-de-açúcar em seus territórios na América, tinha em vista obter lucros e também ocupar efetivamente estas áreas e livrá-las de eventuais ocupações estrangeiras.*

FABIO COLOMBINI

De alguma forma, foi o êxito do negócio açucareiro, financiado em parte por capitais flamengos e associado a uma conjuntura política específica envolvendo Portugal, Espanha e os Países Baixos, que desencadeou a principal série de incursões estrangeiras em todo o período colonial: as invasões holandesas, ocorridas entre 1630-1654.

Por outro lado, apesar de a produção de açúcar ter ficado restrita às regiões próximas ao litoral do Nordeste, outras áreas do interior nordestino, no Norte, no Sudoeste, Sudeste e Sul da Colônia foram ocupadas e nelas se desenvolveram atividades econômicas com os engenhos de açúcar. As posses portuguesas na América se expandiram, dessa maneira, para além dos limites estabelecidos pelo Tratado de Tordesilhas – o que levou o Brasil à forma territorial próxima da que conhecemos hoje.

Assim, não podemos dizer que a história tenha seguido exatamente o rumo imaginado pelos políticos e burgueses lusos, quando idealizaram superar grande parte dos problemas com seus territórios americanos com base no plantio da cana-de-açúcar. Todavia, há tantas variáveis envolvidas na complexa trama social e econômica que une os povos que antever os desfechos dos processos históricos é impossível em qualquer época, para qualquer grupo.

## Apesar do açúcar, tempos amargos para os lusos

As últimas décadas do século XVI e os primeiros cinquenta anos do século XVII, apesar da lucratividade proporcionada pelo açúcar produzido nos territórios brasileiros, foram bastante complicados politicamente em Portugal. Com a morte do monarca português D. Sebastião em 1578, sem herdeiros diretos, uma crise sucessória se abriu no país culminando com a União Ibérica em 1580, ou seja, os dois reinos ibéricos passaram a ser governados pelo monarca espanhol.

A crise política ainda não tinha atingido maiores proporções na própria Metrópole, quando os ânimos se exaltaram pelas terras tropicais, durante a administração do segundo governador-geral – os colonos deixaram claro que os desígnios do rei e de seus administradores seriam cumpridos por aqui, até certos limites.

# Os Costa e os "colonos" franceses

O segundo governador-geral do Brasil, Duarte da Costa, tomou posse do cargo em julho de 1553. Além de ser incumbido de dar continuidade às ações de seu antecessor, o novo representante do monarca luso no Estado do Brasil vinha com a determinação expressa de incentivar o "casamento cristão" dos colonos, trazendo em sua comitiva muitas moças órfãs, disponíveis para contrair núpcias.

Embora com os mesmos objetivos de Tomé de Sousa, Duarte da Costa e seu filho Álvaro da Costa demonstraram pouca habilidade para negociar com os colonos. Duarte da Costa teve vários problemas em sua administração, que culminaram com o descontentamento geral da população. O primeiro grande enfrentamento público ocorreu entre o bispo D. Pero Fernandes Sardinha e o governador. Os atritos entre as duas autoridades se intensificaram e chegaram a ponto de mobilizar a Câmara Municipal de Salvador e a população, em geral, contra o governador e em favor do bispo. O rei considerou melhor convocar o prelado de volta a Portugal, como forma de acalmar a situação na Colônia – viagem que D. Sardinha nunca concluiu, pois vítima de um naufrágio ainda na costa brasileira, salvou-se do mar, mas não escapou dos caetés que o devoraram em um ritual antropofágico.

Duarte da Costa foi acusado de tolerar e até mesmo de incentivar o filho a aplicar os "métodos mais tirânicos" para aumentar a arrecadação de impostos na Bahia. Os protestos contra os Costa só aumentavam, na mesma proporção que as táticas utilizadas pelos colonos para a sonegação fiscal – os súditos do rei, no Brasil, consideravam as ações do administrador colonial absurdas e não achavam justo acatar suas determinações, mesmo porque estavam certos de que o monarca não aprovava a conduta daquele seu subordinado.

Em 1556, os "homens bons" de Salvador solicitaram oficialmente ao rei, "em nome de todo o povo, pelas chagas de Cristo", que um novo governador assumisse a direção do Estado do Brasil, pois "para penitência dos pecados já bastava tanto tempo" da administração "viciosa" de Duarte da Costa.

As Capitanias do Sul voltaram à situação de total vulnerabilidade a ataques estrangeiros, já que a prática inaugurada por Tomé de Sousa de organizar expedições guarda-costas na região foi abandonada por Duarte da Costa.

Aproveitando a situação, em novembro de 1555, o francês Villegaignon, com o apoio do almirante calvinista Coligny, ocupou a região da baía da Guanabara com o objetivo de fundar uma colônia, a França Antártica, onde a liberdade de culto estivesse assegurada para os praticantes daquela religião.

Baía da Guanabara no final do século XVI. No centro, à esquerda, a nova cidade de São Sebastião do Rio de Janeiro. Biblioteca da Ajuda, Lisboa.

Em 1560, Mem de Sá, já na condição de terceiro governador-geral, liderou a primeira investida dos portugueses contra os franceses, conseguindo tomar o forte Coligny. A partir de então, colonizar efetivamente toda área da baía da Guanabara passou a ser prioridade da Coroa portuguesa. O substituto do impopular Duarte da Costa designou para dirigir a nova tarefa colonizadora o seu sobrinho Estácio de Sá, um dos fundadores da cidade de São Sebastião do Rio de Janeiro em 1º de março de 1565. Apesar disso, contudo, a expulsão definitiva dos franceses e o fim da França Antártica só ocorreriam em 1567, quando foram derrotados por tropas portuguesas comandadas por Mem de Sá, reforçadas pelos índios temiminós liderados por Araribóia.

A boa reputação deixada pelo terceiro governador-geral entre os colonos deveu-se em grande parte, sem dúvida, a seu êxito no combate aos franceses. Contudo, a gestão de Mem de Sá, escolhido, segundo alguns historiadores, por D. João III, por ter fama de magistrado eficiente, caracterizou-se pela adoção de práticas opostas às dos Costa. Diplomático, Sá valeu-se antes de tudo da negociação com os colonos, com os membros do Bispado e com os jesuítas para conseguir executar os decretos metropolitanos.

Além de se preocupar com a pacificação das relações entre membros do clero, entre colonos e as autoridades metropolitanas, Mem de Sá também apoiou as iniciativas dos proprietários de engenho no combate a grupos de índios hostis que investiam contra as plantações de cana e instalações onde se produzia o açúcar.

Se a situação política melhorou significativamente na antiga Capitania da Bahia durante o governo Mem de Sá, na Metrópole e na Capitania de Pernambuco, em especial, as coisas não seriam fáceis no período de 1578-1654.

# União Ibérica

Em 1578, na batalha de Alcácer-Quibir, o monarca português, D. Sebastião, desapareceu com boa parte de suas tropas. Ferrenho adversário dos mouros e idealizador de um plano para fundar um reino cristão no norte da África, o rei deixou o trono vago, quando tinha apenas 24 anos e ainda não possuía herdeiros. O governo luso passou às mãos de seu velho tio-avô, o cardeal D. Henrique. Apesar das possibilidades remotas, devido à doença e à idade avançada, o prelado ainda pediu dispensa ao papa de seus votos de castidade tencionando se casar e ter um herdeiro que pudesse assumir a Coroa de Portugal. Não houve tempo para isso.

> **Ferrenho:** obstinado, implacável.

D. Henrique morreu em janeiro de 1580. O soberano da Espanha, Felipe II, que já vinha conquistando apoios importantes na corte do país vizinho, requereu seus direitos dinásticos já que era neto, pelo lado materno, de D. Manuel, rei de Portugal entre 1495 e 1521, e foi coroado Felipe I de Portugal. O rei espanhol assumiu, contudo, o compromisso de manter a administração lusa nas mãos dos portugueses, não nomeando espanhóis para cargos de qualquer tipo, o que não aconteceu com seus sucessores, que foram, progressivamente, nomeando espanhóis para cargos na administração lusa. Essa situação chegou a tal ponto que vários setores do estado absolutista, que tinham apoiado a união das coroas, passaram a tramar a restauração de um monarca português, pondo fim ao domínio da Espanha sobre Portugal. Por outro lado, a União Ibérica passou a causar enormes prejuízos à burguesia ultramarina, já que as colônias portuguesas se tornaram alvo dos então principais inimigos dos espanhóis: os holandeses.

Nobres, então vivendo em corte e desempenhando funções burocráticas, e burgueses enraizados nos vários territórios além-mar se uniriam na guerra da restauração portuguesa e dariam sustentação a uma nova casa real, a partir de 1640: a casa de Bragança.

El-Rei D. Sebastião. Obra de Cristóvão de Morais (1571), exposta no Museu Nacional de Arte Antiga, Lisboa.

# Invasões holandesas

Até 1579, os Países Baixos eram parte do reino espanhol. Aquela região, entretanto, tinha características bem distintas do restante da Espanha. Abrigando um grande contingente de protestantes calvinistas que alcançaram muita prosperidade econômica, os Países Baixos nunca tinham sido governados nos moldes clássicos do absolutismo católico e mercantilismo espanhol.

Contudo, Felipe II alterou o tratamento administrativo dado à região por seu antecessor, Carlos V. Restrições às práticas mercantis e perseguição religiosa aos não católicos passaram a ser constantes. O resultado foi a declaração de independência dos Países Baixos com relação à Espanha e o início de um conflito, que duraria até 1648, com uma trégua de doze anos (1609-1621).

Apoiados fortemente pelos ingleses, os holandeses vão investir contra as colônias espanholas e, a partir de 1580, também contra regiões coloniais portuguesas – administradas, então, mesmo que indiretamente, pelo soberano espanhol. Os holandeses, em 1621, interessados no açúcar brasileiro, e nos lucros que eles proporcionavam, criaram a Companhia das Índias Ocidentais, que tinha como objetivo maior explorar o açúcar da América. Assim, organizaram-se militarmente para tomar as principais áreas produtoras no Nordeste brasileiro dessa valiosíssima mercadoria. Em 1624 tomaram a Bahia, mas foram expulsos em 1626. Mesmo diante da derrota, organizaram-se e armaram-se melhor e promoveram uma nova investida, desta vez contra Pernambuco, principal produtor de açúcar na América. Obtiveram sucesso, permanecendo no Brasil de 1630 a 1654.

Os holandeses transferiram-se para cá, e nomearam, em 1637, o príncipe Maurício de Nassau para governar o território ocupado. Nassau modernizou o Recife com grandes construções, trouxe artistas e cientistas europeus para a cidade, que foi rebatizada de cidade Maurícia. Fez também alianças com os grandes senhores de engenho, fornecendo-lhes empréstimos, o que ajuda a explicar a longa permanência dos holandeses no Nordeste brasileiro. Em 1645, por divergências com os dirigentes da Companhia das Índias Ocidentais, Nassau foi chamado de volta à Holanda. Os novos administradores pressionaram os senhores de engenho para que eles pagassem suas dívidas, e, assim, o apoio aos holandeses foi diminuindo.

## Recortes da História

### O interesse holandês

*O relatório apresentado pelo holandês Jean de Walbeeck ao parlamento holandês, em 1633, estabelece estratégias para o comércio entre a Holanda e a América portuguesa, enfraquecendo o domínio português.*

O Brasil oferece grandes lucros aos portugueses. Em relação ao nosso país, verificar-se-á que esses lucros e vantagens serão maiores para nós. Os açúcares do Brasil enviados diretamente ao nosso país custarão bem menos do que custam agora, pois que serão libertados dos impostos que sobre eles se cobram em Portugal e, desta forma, destruiremos seu comércio de açúcar. Os artigos europeus, tais como tecidos, panos etc., poderão, pela mesma razão, ser fornecidos por nós ao Brasil muito mais barato; o mesmo se dá com a madeira [pau-brasil] e o fumo.

Quanto à situação da parte norte do Brasil, verificar-se-á que nenhuma outra aparece situada tão vantajosamente para o nosso país, pois é a mais oriental de toda a América meridional, de modo que uma viagem comum, seja de ida, seja de volta, pode ser calculada em dois meses. Uma vez de posse desta parte setentrional do Brasil, destruiríamos todo o comércio de açúcar português.

*Fonte:* WALBEECK, J. de. In: Documentos Holandeses. SECRETARIA DE ESTADO DA EDUCAÇÃO DE S. PAULO. *Coletânea de Documentos Históricos.* São Paulo: SE/CENP, 1979. p. 21.

**1)** Por que a localização geográfica era estratégica para os holandeses?

### A questão de miscigenação

*O tema da miscigenação é bastante discutido pelos historiadores que abordam a formação da sociedade colonial. A miscigenação entre indígenas, negros e portugueses não foi homogênea em todas as áreas da América portuguesa, como se observa no texto abaixo.*

É útil que se proceda aqui à distinção entre várias regiões do Brasil em termos do seu nível de miscigenação, povoamento e integração no sistema comercial português. Ao longo da costa, de Pernambuco ao Rio de Janeiro, a zona onde, no século XVI, se criou a economia de plantação do açúcar, a população europeia era relativamente densa, as instituições de governo encontravam-se bem estabelecidas e as normas sociais e culturais portuguesas estavam mais ou menos distantes, a situação alterava-se. A exceção era Minas Gerais, que, após uma curta e estridente corrida à sociedade costeira, constituiu-se como ponto de chegada de um forte movimento de imigração europeia, desenvolveu uma rede urbana e foi objeto de um controlo real intenso que, por vezes, chegava mesmo a ser exercido de forma opressiva. Nos extremos norte e sul da América portuguesa, na bacia do Amazonas e na área temperada centrada no que é hoje São Paulo, desenvolveu-se uma situação diferente. Estas regiões estiveram, até ao final do século XVIII, menos diretamente ligadas à economia de exportação, e o fluxo de imigrantes europeus, especialmente de mulheres, era, nessas mesmas regiões, ligeiro. O número de escravos africanos que chegavam a estas áreas era escasso, já que poucos proprietários tinham as possibilidades financeiras para os importar e poucas eram as tarefas que podiam desempenhar de modo lucrativo. A eficácia dos dispositivos governativos e administrativos era tênue e os colonos demonstravam invariavelmente uma independência firme em relação ao controlo real, nomeadamente no concernente a questões relacionadas com os índios, a escravatura e a aplicação de mão de obra.

Em São Paulo e nos Estados do Maranhão e Pará, os níveis de miscigenação e de impacto cultural índio na colônia eram maiores do que nas zonas de plantação. Com uma pequena população europeia e um contato constante com os índios, as primeiras gerações de mamelucos tinham nessas regiões periféricas uma posição algo diferente. Com frequência eram aceites como portugueses e, de fato, quase nada os distinguia dos colonos. Na bacia do Amazonas e em São Paulo, os colonos adotavam dos índios produtos artesanais, produtos alimentares, formas de cultura material e costumes.

Fonte: SCHWARTZ, S. B. *Da América Portuguesa ao Brasil:* estudos históricos. Lisboa: Difel, 2003. p. 240-241.

**1)** Relacione aspectos econômicos e sociais que provocaram diferentes tipos de miscigenação no período colonial.

**2)** A posse de escravos era reveladora de qual situação econômica de uma região? Explique.

# Definindo as fronteiras

Se olharmos para o mapa do Tratado de Tordesilhas e para o mapa do Brasil em 1777, perceberemos como foram incorporadas terras "espanholas" ao nosso território. Também notamos o quanto o traçado do nosso país naquela época se assemelha aos contornos atuais. O Tratado de Tordesilhas impôs uma divisão territorial que se diluiu com o passar dos séculos. Nos séculos XVII e XVIII, os luso-brasileiros foram paulatinamente ultrapassando a linha que dividia as terras pertencentes à Espanha e Portugal. Assim, colonizadores buscando indígenas para aprisionar – movidos também pelo desejo de encontrar metais, pedras preciosas e "especiarias" do sertão –, padres missionários, tocadores e criadores de gado, entre muitos outros, cruzaram a linha que dividia as terras e foram ocupando e colonizando o Brasil. Também temos de nos lembrar que, durante a União Ibérica, Portugal e Espanha estavam unidos, não fazendo sentido, portanto, o Tratado de Tordesilhas.

## O Brasil se expande além do açúcar

Ainda que o açúcar fosse o principal gênero aqui produzido, durante os séculos XVI e XVII, outros produtos, como o tabaco e a cachaça (derivada da cana-de-açúcar), também se desenvolveram e tiveram papel importante. No caso da cachaça, como já estudamos, servia como moeda para a aquisição de africanos. O tabaco, além de importante para o comércio negreiro, também era exportado para a Europa, onde o hábito de fumar difundia-se rapidamente.

# A pecuária – Nordeste e Sul da Colônia

Os nativos não conheciam o gado bovino, que foi introduzido em 1534 por Martim Afonso de Sousa, na Capitania de São Vicente. Anos depois, Tomé de Sousa levou-o para a Bahia, porque os engenhos de açúcar necessitavam de bois como alimento, de couro para a fabricação de roupas e utensílios domésticos, como tração animal para as moendas, para os carros de boi que transportavam a cana. No início, os rebanhos pertenciam aos senhores de engenho. Com o passar do tempo, o gado foi sendo deslocado cada vez mais para longe. A principal razão desse deslocamento estava associada ao uso inadequado e intensivo das terras que esgotava rapidamente o solo. Assim, gradativamente, novos campos para as lavouras foram abertos, substituíram os pastos e expulsaram o gado para mais longe, adentrando o interior do Nordeste.

A pecuária não exigia grandes capitais como os engenhos. Calcula-se que bastavam de 10 a 12 homens para trabalhar em uma fazenda com 16 quilômetros (três léguas, como se dizia à época). As áreas de criação eram denominadas de **currais**, normalmente tocados por homens livres, na maioria mamelucos e mulatos – os vaqueiros –, que criavam o gado solto, de forma extensiva, para abastecer os engenhos e as vilas. O pagamento era feito diretamente em gado (uma rês a cada quatro criadas durante cinco anos), o que servia de incentivo aos trabalhadores. Os cuidados com o rebanho eram muito rudimentares – resumiam-se a curar feridas, protegê-lo de onças e morcegos, sangrar as picadas de cobra. Por isso, poucas reses atingiam um ano de idade, sendo difícil formar um rebanho próprio. A pecuária estendeu-se da Capitania do Maranhão, penetrando pelo sertão, até as margens do rio São Francisco, que, por causa dessa atividade, ficou conhecido como rio dos Currais.

Em meados do século XVII, a atividade açucareira entrou em declínio devido à concorrência do açúcar antilhano, mas a pecuária nordestina continuou, embora voltada apenas para a subsistência. No século XVIII, a pecuária entrou em decadência no Nordeste, mas crescia no centro e no sul do país, graças à atividade mineradora, como veremos adiante.

No Sul do Brasil, mais especificamente no Rio Grande do Sul, a paisagem dos pampas é altamente favorável para a criação de gado: terras planas recobertas por gramíneas formam uma excelente pastagem natural. Nessa região, a criação de gado bovino e muar se desenvolveu ainda no século XVII, voltada para a exportação de couro.

O gado bovino exercia um papel fundamental nos engenhos, fosse no transporte, na tração das moendas, na alimentação etc. Ao lado, gravura segundo desenho de Frans Post, 1645.

## A expansão dos paulistas – o bandeirismo

Na Capitania de São Vicente, no início da colonização, os engenhos de açúcar prosperaram. Entretanto, esse empreendimento não resistiu perante o polo açucareiro do Nordeste, seja pela maior distância da Metrópole, seja pela qualidade inferior do solo, formado por áreas pantanosas. Em pouco tempo, essa Capitania voltou-se para a economia de subsistência e isolou-se. Mais tarde conheceu uma forte economia alimentícia complementar. Grandes plantações de trigo e outros gêneros alimentícios desenvolveram-se na Capitania.

Com as invasões holandesas no Nordeste brasileiro e a tomada de entrepostos africanos por eles houve uma diminuição significativa na entrada de escravos negros no Brasil, a não ser para as zonas sob o domínio dos invasores. Essa situação incentivou a prática de apresamento de nativos. Em São Paulo, o aprisionamento e o tráfico do gentio (como eram designados os indígenas) já estavam consolidados, pois eram realizadas expedições desde 1585 para esse fim.

Diante da carência de braços negros e da instabilidade em sua importação, os paulistas lançaram-se em empreitadas, conhecidas como **bandeiras de apresamento**, formadas por dezenas, centenas, às vezes milhares de homens, grande parte deles mamelucos e indígenas, embrenhando-se nas matas com o objetivo de capturar os nativos. Não só os índios que viviam em suas aldeias eram vítimas dos bandeirantes. Muitos indígenas que já viviam em aldeamentos, chamados de missões ou reduções, organizados pelos missionários jesuítas dentro de seu projeto "civilizador" para os gentios, também foram atacados.

Em 1628, a grande bandeira de Raposo Tavares, que se estendeu até 1630, era composta de 69 brancos, 900 mamelucos e 2 mil índios. Calcula-se que essa bandeira tenha aprisionado entre 40 mil e 60 mil índios guaranis da redução jesuíta de **Guairá**, no atual Estado do Paraná, onde viviam milhares de índios, distribuídos em 13 povoações.

Em 1631, Raposo Tavares preparou-se para a segunda fase da empreitada. Para proteger os indígenas, os jesuítas decidiram ir para o sul, levando consigo cerca de 12 mil nativos. A retirada foi feita às pressas pelo rio Paraná, em canoas. No salto das Sete Quedas perderam-se 300 das 700 canoas. Os fugitivos continuaram sua viagem a pé. Milhares de índios não resistiram à dura caminhada até **Tape**, no Rio Grande do Sul.

Mamelucos integravam as bandeiras de aprisionamento. Aqui, um deles, retratado por Debret. Biblioteca Mário de Andrade, São Paulo.

FABIO COLOMBINI

Ruínas jesuíticas. Igreja de São Miguel das Missões, RS, uma das mais antigas reduções de Tape.

Esse reduto, Tape, onde índios catequizados viviam sob a proteção dos padres jesuítas, já tinha sido atacado por outras bandeiras, como as de Manuel e Sebastião Preto (1609, 1612 e 1619), de Fernão Dias Paes (1623) e uma anterior a de Raposo Tavares em 1627.

Depois da destruição da redução de Guairá, os paulistas voltaram-se para as Missões de **Itatim**, no atual Estado do Mato Grosso do Sul, que foram destruídas entre 1632 e 1633. Mais uma vez, as reduções jesuíticas não resistiram e foram destruídas e milhares de indígenas, já acostumados ao trabalho e aos hábitos e cultura dos europeus, foram aprisionados e trazidos para São Paulo. Essas incursões resultaram no cativeiro de milhares de índios!

Após o fim das Missões, devido aos ataques, as bandeiras tomaram outras direções; utilizando-se sempre dos rios, a partir do rio Tietê, alcançaram Mato Grosso, Minas Gerais e Goiás.

Um dos bandeirantes mais ativos foi Antonio Raposo Tavares que, além de comandar diretamente ou estar entre os líderes das bandeiras que entre 1648 e 1652 destruíram as missões jesuítas, alcançou a foz do rio Amazonas, chegando a Belém do Pará, percorrendo mais de 12 mil quilômetros. As bandeiras rasgaram os sertões, não respeitando o Tratado de Tordesilhas (lembre-se de que, durante a União Ibérica, ele não fazia sentido), levando a ocupação a longínquas terras que, na teoria, pertenceriam à Espanha.

Os holandeses tinham tomado dos portugueses os entrepostos africanos em Angola e São Tomé, no início do século XVII, havendo significativa queda no tráfico de negros para o Brasil. Em 1648, os portugueses retomaram os entrepostos africanos dos holandeses, e o aprisionamento de nativos perdeu muito de sua importância, entrando em decadência. Nesse período, algumas bandeiras foram contratadas para reprimir gentios e negros insurretos, sendo patrocinadas pelas autoridades coloniais ou por grandes proprietários que se sentiam ameaçados por essas populações. Entre elas houve a de Domingos Jorge Velho, que pôs fim ao Quilombo dos Palmares, em 1694.

JULIO E. EIGHY

Antonio Raposo Tavares esteve presente na destruição de Guairá, Itatim e Tape. Além disso, embrenhou-se pelas matas, percorrendo milhares de quilômetros até chegar ao norte do Brasil. Museu Paulista, São Paulo.

Domingos Jorge Velho. Museu Paulista, São Paulo.

## *Saiba mais*

### Os quilombos e o Quilombo dos Palmares

*Os quilombos eram sociedades constituídas por escravos fugidos que procuravam viver por meio do trabalho livre e a partir de suas bases socioculturais. Por muito tempo, a maior parte dos estudiosos do tema considerou que os habitantes dos quilombos vivessem totalmente apartados da sociedade escravista da qual fugiram e para a qual eles representavam uma constante ameaça. Pesquisas realizadas na última década, sobretudo em relação ao Quilombo dos Palmares, o maior entre todos os que se constituíram no Brasil, demonstram não serem grupos isolados, mas que se relacionavam com outros grupos organizados.*

*Palmares surgiu, ao que as pesquisas indicam, no início do século XVII, na região da Serra da Barriga, em Alagoas, com um grupo de escravos fugidos de um engenho localizado no sul de Pernambuco.*

Palmares foi um mundo de faces africanas reinventado no Brasil pelos palmaristas – africanos de grupos de procedências étnicas diversas, além daqueles nascidos lá –, os quais forjaram espaços sociais próprios e originais. Recriaram culturas, religiões e organizaram-se militarmente para combater invasores. Estabeleceram igualmente práticas econômicas para garantir sobrevivência. Foi a criação deste mundo (como possibilidade) que assustou sobremaneira a Coroa portuguesa. Ao findar o primeiro quartel do século XVII, os habitantes de Palmares já eram milhares. (...) Em termos econômicos, além da pesca e da caça abundante, os palmaristas, visando à subsistência da população numerosa, desenvolveram outras práticas econômicas.

A.E.

Morto em 1694, Zumbi foi o último líder de Palmares e se transformou em símbolo da resistência dos negros contra a escravidão.

Organizaram uma economia de base agrícola, cultivavam feijão, batata, banana e diversos legumes. A mandioca e o milho eram seus principais alimentos. (...) Plantavam ainda cana-de-açúcar para consumo próprio e produção de melado. O sistema agrícola dos palmaristas era organizado. O terreno para o plantio preparado, e o período de colheita era acompanhado de festas (...). Há também informações de que existiam olarias em Palmares. (...) Sabe-se também que os palmaristas faziam uso do ferro [pois] tinham sua própria metalurgia. Fabricavam-se lanças, flechas, facões, foices, enxadas e outros artefatos. O conhecimento da metalurgia era proveniente de algumas sociedades africanas. (...)

A produção econômica dos palmaristas não era somente destinada à subsistência de sua numerosa população. Com os excedentes, os palmaristas realizavam trocas mercantis com moradores das localidades próximas. (...) As redes mercantis que os palmaristas mantinham podiam ser ampliadas com os contatos deles com os próprios cativos nas senzalas. Palmaristas trocavam igualmente alguns produtos com os escravos das senzalas. Os cativos podiam fornecer alimentos cultivados em suas roças de subsistência e aguardente. (...) Para além das relações de comércio, esses contatos entre mocambos e as senzalas propiciaram a gestação de uma extensa rede de solidariedade. Havia contatos sociais, culturais e religiosos entre palmaristas e os cativos nas senzalas circunvizinhas. Enquanto os primeiros eram informados a respeito de preparação das expedições repressoras e também sobre a África por meio das notícias que chegavam aos portos do Recife com o tráfico negreiro, estes últimos ficavam sabendo cada vez mais sobre Palmares. Em várias ocasiões, os escravos aguardavam apreensivos e ansiosos o desfecho das expedições enviadas contra os palmaristas. O mundo das senzalas não era, desse modo, isolado daquele que estava sendo criado em torno...

*Fonte:* GOMES, F. *Palmares:* escravidão e liberdade no Atlântico Sul. São Paulo: Contexto, 2005. p. 73-78.

# 100$000 RS.
## DE GRATIFICAÇÃO

Dá José de Barros Penteado, a quem capturar e entregar nesta cidade ao declarante, ou depositar em qualquer cadêa fóra deste municipio, o seu escravo Mathias, de 22 annos de idade, mais ou menos, estatura regular, côr preta, tocado a fula, rosto comprido, bonita feição, com falta de dentes, buço serrado, tendo um signal com o córte no beiço superior, bastante altivo, falla bem, crioulo da Bahia, cujo sotaque de falla ainda conserva, tem os pés bem direitos. Fugiu com ferro no pescoço e pêga no pés, e tem signaes muito frescos de castigo que soffreu em consequencia de sentença do jury. 3-1.
Campinas, 18 de Outubro de 1874.

*Fuga de Escravos*, de François Auguste Biard. Óleo sobre madeira, 1859. Coleção Sérgio Fadel, Rio de Janeiro. Ao lado, anúncio de jornal pela captura de um escravo, no período final da escravidão.

BELUZZO, ANA MARIA DE MORAES, RIO DE JANEIRO, 1999

Em fins do século XVII, o bandeirismo de aprisionamento estava extinto; intensificaram-se, entretanto, as bandeiras dedicadas à procura de metais e pedras preciosas. Em 1671, Fernão Dias Paes foi convidado pelo governador do Brasil, Afonso Furtado, para liderar uma grande bandeira em busca de metais preciosos e esmeraldas. Em 1674, a bandeira saiu de São Paulo e marchou durante sete anos, enfrentando uma infinidade de problemas e dificuldades. Em 1681, o velho bandeirante, então com mais de 70 anos, encontrou pedras verdes que julgou serem esmeraldas. Estava enganado: eram turmalinas, pedras com aparência de esmeraldas, mas sem o valor delas. Morreu logo em seguida, julgando ter feito a grande descoberta. No ano seguinte, em 1682, finalmente o sonho de encontrar ouro e pedras preciosas se concretizou: Borba Gato, outro bandeirante de expressão, encontrou no rio das Velhas, na região de Sabará, em Minas Gerais, significativa quantidade de ouro. Seguiram-se descobertas auríferas em outras regiões de Minas Gerais, Goiás e Mato Grosso, bem como diamantes em Minas Gerais. Tais descobertas não só mudariam o rumo econômico da Colônia, como também promoveriam o deslocamento do eixo econômico, político e administrativo para o Sudeste do Brasil. Além disso, as bandeiras deram ao Brasil praticamente o contorno que o país tem hoje.

Com a descoberta de ouro nas Minas Gerais, a região mineradora tornou-se rapidamente um importante mercado consumidor. O ouro requeria que os trabalhadores, escravos ou não, se dedicassem à sua procura em tempo integral, não restando tempo para se ocuparem com a economia de subsistência. Além disso, o ouro precisava ser transportado. Dessa forma, o gado muar foi fundamental para atender às necessidades de transporte das regiões mineradoras devido aos acidentes geográficos da região, que dificultavam o transporte até os portos de onde saíam os produtos para Portugal. Além disso, era muito usado para carregar as mercadorias que abasteciam as regiões auríferas. Para as regiões de Goiás e Mato Grosso, a maioria dos produtos era transportada por rios. No atual Rio Grande do Sul, um dos principais centros de criação de tropas foi a cidade de Viamão. No trajeto da tropa até São Paulo, os tropeiros procuravam seguir o curso dos rios ou atravessar as áreas mais abertas, os "campos gerais". Depois de marchar todo o dia, os tropeiros descansavam à noite, em pastos abertos, locais conhecidos como encostos ou ranchos quando já havia algum tipo de construção para abrigá-los. Ao longo do tempo, os principais locais onde os tropeiros pousavam se transformaram em povoações e vilas.

Os criadores de gado muar organizavam grandes tropas que saíam do Sul com destino a Sorocaba, no interior de São Paulo, onde se estabeleceu a maior feira de gado muar da Colônia. O gado atravessava o atual Estado de Santa Catarina e geralmente descansava em Curitiba, para se recuperar do desgaste da viagem, pois perdiam muito peso. Ficava por dois ou três meses até seguir em direção à Sorocaba.

> **gado muar:** espécie bovina destinada à carga.

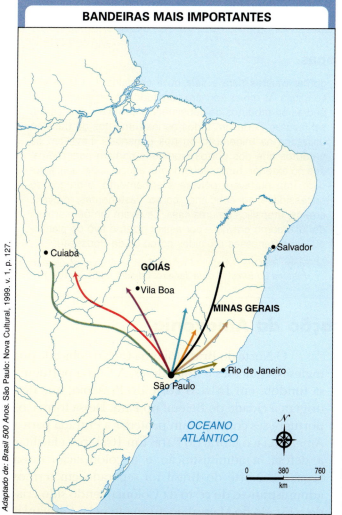

## BANDEIRAS MAIS IMPORTANTES

Cuiabá
GOIÁS
Vila Boa
Salvador
MINAS GERAIS
Rio de Janeiro
São Paulo
OCEANO ATLÂNTICO

N

0   380   760
km

**Bandeiras**
- Simão Álvares, o Velho – 1610
- Lourenço Castanho Taques – 1668
- Fernão Dias Pais – 1674
- Antônio Rodrigues Arzão – 1693
- Bartolomeu Bueno de Siqueira – 1694
- Antônio Pires de Campos – 1716
- Pascoal Moreira Cabral – 1718
- Bartolomeu Bueno da Silva – 1722

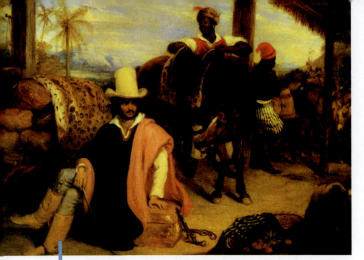

Os tropeiros saíam do Sul, atravessavam grandes extensões até chegar a Sorocaba, a mais importante feira de gado da época. *Rancho dos Tropeiros*, de Charles Landseer. Óleo sobre madeira, 1827. Coleção particular, Rio de Janeiro.

De Sorocaba as mulas iam para as Minas Gerais. Em pouco tempo, elas passaram a voltar carregadas de couro que era comercializado em São Paulo, no Rio de Janeiro e nas próprias regiões mineradoras. Nesse período surgiu o **charque**, carne bovina salgada, de baixo custo e alto grau de conservação, e que por esses motivos passou a ter grande importância na alimentação colonial. A pecuária sulina, ao contrário do resto do Brasil, por sua característica extensiva, não empregou a mão de obra escrava, a não ser esporadicamente. Os trabalhadores eram, em geral, mestiços, indígenas, negros libertos. Em pouco tempo, as charqueadas, estabelecimentos onde se charqueia a carne, passaram a dominar a economia sulina, e nessa área consolidou-se o domínio português.

## As especiarias do sertão – a ocupação da Amazônia

DEBRET, J. B. *Viagem Pitoresca e Histórica ao Brasil. Op. cit.* v. 2.

O emprego regular de tropas teve início em meados do século XVIII. Nos dois séculos seguintes elas foram o principal meio de transporte em nossas terras.

O Norte do Brasil foi uma região cobiçada por ingleses, franceses e holandeses. A Coroa portuguesa fundou, em 1616, o Forte do Presépio, que deu origem à cidade de Belém, no Pará. Dessa forma, os portugueses conseguiram proteger a entrada para a Amazônia e o litoral do Pará. Em 1621, para facilitar a defesa, a administração e a colonização dessa região, o Norte do Brasil foi separado em termos administrativos do resto da Colônia, tendo sido criado o Estado do Maranhão, formado pelas Capitanias do Maranhão e Grão-Pará.

Expedições portuguesas adentraram pelos rios na Região Amazônica e perceberam quão rica era sua flora, havendo muitas especiarias – as **drogas do sertão** – que já eram utilizadas pelos índios nativos, entre elas, o cravo, a pimenta, a castanha-do-pará, a baunilha, o cacau, o anil, o urucum. Elas estavam ali, na floresta, prontas para ser coletadas e vendidas para a Europa. Embora os portugueses tenham tido no aprisionamento de indígenas a grande força motriz para explorar a região de floresta equatorial, o extrativismo vegetal se tornou a mais importante atividade econômica da região. Outro fator que facilitou o comércio das drogas do sertão foi o transporte. Os produtos eram transportados pelos rios que cortam a floresta diretamente para o porto de Belém, de onde eram enviados para a Europa. O reino português, interessado nessas especiarias, criou incentivos por meio da concessão de privilégios fiscais e isenção de impostos para sua exploração.

Na ocupação da Amazônia também foi importantíssima a presença de religiosos – jesuítas, franciscanos e carmelitas – nas **missões** por eles fundadas. Nesses locais, destinados à catequese dos indígenas, os habitantes nativos também eram utilizados como mão de obra para o extrativismo.

Calcula-se que, por volta de 1740, cerca de 50 mil índios se encontravam em aldeamentos, sob a tutela de jesuítas e franciscanos. No século XVIII, em 1759, o governante português, Marquês de Pombal, decretou a expulsão dos jesuítas do Brasil, ciente de que os interesses dos jesuítas ultrapassavam a questão da catequese, estando voltados para

Os nativos conheciam bem a flora e a fauna da região, aqui retratadas por Joseph Leone Righini. Delas dependiam para sua sobrevivência, e tinham pleno domínio das drogas do sertão, encontradas *in natura* na floresta, que tanto interessavam aos europeus.
*Natureza Equatorial*, de Joseph Leone Righini. Óleo sobre tela. Coleção Paulo Fontainha Geyer, Rio de Janeiro. In: BELLUZZO, A. M. M. *Op. cit.*

atividades econômicas lucrativas, tais como o comércio de drogas do sertão, a exploração de grandes fazendas de gado, engenhos de açúcar, entre outras. A saída dos jesuítas desorganizou o extrativismo em diversas áreas da Amazônia, levando à decadência econômica. Em contrapartida, a presença das missões acabou gerando a criação de várias vilas na região, promovendo seu povoamento.

## *Passado/presente*

## A contínua exploração dos recursos da Amazônia e a biopirataria

A biodiversidade da região amazônica é uma das maiores do planeta. A descoberta de plantas, por exemplo, que podem ser úteis na fabricação de medicamentos ou utilizadas como alimentos, desperta a cobiça de fabricantes, cientistas e países. Desde os anos 1990 é comum ouvirmos menção à biopirataria como um dos problemas enfrentados na Amazônia.

A biopirataria, entretanto, não deve ser vista como o simples contrabando de espécies vegetais ou animais, mas refere-se também à apropriação de conhecimentos tradicionais de populações amazônicas. É sabido que os povos que habitam as florestas têm conhecimentos recebidos dos seus antepassados e que são úteis para o tratamento de enfermidades ou mesmo em rituais religiosos. Os conhecimentos coletivos, transmitidos de uma geração a outra, estão sendo apropriados por empresas que chegam a patentear os produtos em seus países e, possivelmente, lucram com eles caso esses produtos venham a ser comercializados.

A extração de recursos da Amazônia voltados para o mercado externo, entretanto, é bastante antiga. O cacau, em meados do século XVIII, o látex, extraído das seringueiras entre o final do século XIX e o início do século XX, além de produtos alimentícios, como a castanha-do-pará, são alguns exemplos dessa exploração.

JBK/SHUTTERSTOCK

O açaí, fruta típica da Amazônia, estava desde 2003 registrada no Japão como marca de propriedade de uma empresa local. Se algum produtor quisesse exportar açaí para o Japão, teria de inventar outro nome ou pagar *royalties* para a empresa proprietária da marca. Apenas em 2007 o governo brasileiro conseguiu rever a decisão e quebrar a patente. Diante desse tipo de problema, o Ministério do Meio Ambiente brasileiro encaminhou aos escritórios de registros de marcas uma lista com mais de 3 mil nomes científicos de plantas da biodiversidade brasileira, além das denominações populares, a fim de evitar problemas semelhantes. Casos mais graves são os de indústrias farmacêuticas que domesticam espécies e as utilizam na produção de medicamentos.

## Outras atividades econômicas na Colônia

O açúcar dominava as melhores e mais férteis terras da Colônia. Apesar disso, outros produtos agrícolas, que requeriam menores investimentos e podiam ser plantados em áreas não tão extensas, tiveram expressão no período colonial. Na região sul da Bahia desenvolveu-se a cultura do **fumo**, produto de grande importância no tráfico negreiro, pois era utilizado como moeda no comércio na África, tendo alcançado um respeitável segundo lugar na pauta de exportações colonial. O **algodão**, voltado para o consumo interno, vestia os escravizados e foi produzido em larga escala no Maranhão. A **mandioca**, base da alimentação dos nativos, foi incorporada pelos colonizadores e passou a ser cultivada para alimentar os negros, sendo consumida na forma de farinha, pirão etc. Em alguns momentos, a Coroa, preocupada com a escassez de alimentos, impôs seu cultivo nos engenhos, obrigação esta que efetivamente nunca foi obedecida pelos grandes senhores. A **cachaça** e a **rapadura**, subprodutos da cana-de-açúcar, também eram utilizadas como moeda no tráfico negreiro.

## O que é português e o que é espanhol?

O Tratado de Tordesilhas não valia mais. Os portugueses haviam avançado muito pelas terras que teoricamente eram da Espanha. Eles também não escondiam seu interesse em dominar a foz do rio da Prata, controlada pelos espanhóis e vital para estes, pois por ali era escoada grande parte da produção de prata das minas de Potosí, na atual Bolívia, e também grande parte de seu comércio americano. Esse era um ponto estratégico. Lutas entre espanhóis e portugueses se sucederam por mais de cinquenta anos, até que os dois países decidiram tratar das questões de fronteira por via diplomática.

Os objetivos dos portugueses durante as negociações incluíam garantir a soberania sobre as áreas sob seu domínio, como os distritos de ouro e diamante explorados desde as *bandeiras*, parte da bacia amazônica, assim como as navegações pelos rios Tapajós e Madeira, para que pudessem atingir o Maranhão e Grão-Pará. De sua parte, os espanhóis pretendiam deter o avanço dos portugueses em direção ao Oeste, como vinha ocorrendo e que estava desfigurando as fronteiras do

Tratado de Tordesilhas. Além disso, pretendiam o domínio sobre a Colônia de Sacramento, um enclave português na beira do rio da Prata (atualmente pertence ao Uruguai), usado pelos portugueses e ingleses para comercializar ilegalmente com o Vice-Reino do Peru, uma das zonas mais ricas da América espanhola.

Em 1750 foi assinado o **Tratado de Madri**, com base na ocupação efetiva da terra (*uti possidetis*), com exceção da região de Sacramento. Os portugueses consolidaram legalmente a expansão territorial ocorrida nos 150 anos anteriores, adquirindo a posse de áreas no Rio Grande do Sul, Mato Grosso e Amazônia.

Um dos pontos mais sensíveis do acordo luso-espanhol foi em relação às missões jesuíticas na região conhecida como Sete Povos das Missões, no interior do Rio Grande do Sul. Os guaranis deveriam abandonar suas terras, suas plantações e casas, e ir viver do outro lado do rio Uruguai, deixando a área livre para os luso-brasileiros. O governo português pagaria uma indenização aos guaranis, porém estes – descontentes com o acordo que lhes desfavorecia, indignados com o modo com que a Coroa espanhola não os protegeu e instados por parte dos jesuítas – se sublevaram em 1753. Tropas espanholas e portuguesas atuaram conjuntamente para derrotar os guaranis: os espanhóis exigiam que a ordem de seu rei fosse cumprida e a região desocupada, mediante acordo feito pelo monarca, e os portugueses pretendiam se apossar da área prevista no acordo de Madri. Após três anos de combate, que ficaram conhecidos como a **guerra guaranítica**, os guaranis, liderados por Sepé Tiaraju, foram derrotados. Muitos indígenas, entre os quais, Sepé, foram mortos, além de vários jesuítas. Com o término do conflito, em 1756, os sobreviventes tiveram de deixar suas terras e um território praticamente destruído.

Mediante as guerras guaraníticas e o não cumprimento do acordo que passaria os Sete Povos para Portugal, o Marquês de Pombal, o poderoso ministro de D. José I, se recusou a entregar a Colônia de Sacramento aos espanhóis. Batalhas e negociações se sucederam e o Tratado de Madri chegou a ser cancelado em 1761.

Em 1777, após pressões internas e externas, espanhóis e portugueses assinaram o **Tratado de Santo Ildefonso**, que retomava os princípios do Tratado de Madri. Portugal, no entanto, precisou renunciar a suas reivindicações em relação a Sacramento e devolver parte das Missões de Sete Povos, perdendo uma parte do atual Rio Grande do

Sul, que vinha sendo cada vez mais ocupada por portugueses em virtude da expansão da pecuária na região. Mas as posses amazônicas foram asseguradas.

Em 1801, o **Tratado de Badajóz** devolveu a Portugal grande parte da área perdida no Rio Grande do Sul, mas a Espanha continuou dominando o estuário do Prata.

O Brasil configurava-se com uma extensão continental, marcado por profundas diferenças regionais.

## Cinemateca

**A Missão** (1986, Inglaterra, dir.: Roland Joffé) Retrato da vida nas Missões jesuíticas do Alto Paraguai e do conflito com as metrópoles ibéricas.

**Quilombo** (1984, Brasil, dir.: Cacá Diegues) Narra a formação do mais famoso quilombo do Brasil, o dos Palmares.

## Revisitando a História

**1.** Leia o trecho a seguir:

"De couro era a porta das cabanas, o rude leito aplicado no chão duro, e mais tarde a cama para os partos; de couro todas as cordas, a borracha para carregar água, o mocó ou alforje para levar comida, a maca para guardar roupa, a mochila para milhar cavalo, a peia para prendê-lo em viagem, as bainhas de faca, as broacas e surrões, a roupa de entrar no mato, os banguês para curtume ou para apurar sal; para os açudes, o material de aterro era levado em couros puxados por juntas de bois que calcavam a terra com seu peso; em couro pisava-se tabaco para o nariz."

Fonte: ABREU, C. de. *Capítulos de História Colonial.* Belo Horizonte: Itatiaia, 1978. p. 153.

Com base no texto acima, que se refere a uma importante atividade econômica do período colonial, e também em seus conhecimentos, responda:

a) Qual é essa atividade?
b) Em que região da Colônia ela se tornou mais expressiva?
c) Qual a relação de trabalho predominante nessa atividade?

**2.** "Depois de permanecermos ali pelo espaço de dois meses, durante os quais procedemos ao exame de todas as ilhas e sítios da terra firme, batizou-se toda a região circunvizinha, que fora por nós descoberta, de França Antártica. (...) Em seguida, o senhor de Villegagnon, para se garantir contra possíveis ataques de selvagens, que se ofendiam com extrema facilidade e também contra os portugueses, se estes alguma vez quisessem aparecer por ali, fortificou o lugar da melhor maneira que pôde."

Fonte: A. THEVET, *As Singularidades da França Antártica*, 1556.

Tendo por base o texto, indique:

a) A que região brasileira o autor se refere e por que afirma ter sido "por nós descoberta"?
b) Quais foram os resultados do estabelecimento da França Antártica?

**3.** Em 1694, tropas comandadas pelo paulista Domingos Jorge Velho destruíram o Quilombo dos Palmares, que havia se formado desde o início do século XVII. Poucos sobreviveram ao ataque final, refugiando-se nas matas da Serra da Barriga sob a liderança de Zumbi, morto em 20 de novembro, depois de resistir por quase dois anos.

a) O que foi o Quilombo dos Palmares?
b) Além de realizar ataques a quilombos, que outros interesses tinham os paulistas em suas expedições pelos sertões?
c) Explique por que o dia da morte de Zumbi é considerado o "dia nacional da consciência negra".

**4.** No início do século XX, o artista plástico Benedito Calixto pintou Domingos Jorge Velho em uma tela que ajudou a fixar uma determinada imagem dos bandeirantes. Com base na tela reproduzida na página 281, responda: como os bandeirantes foram caracterizados por Benedito Calixto?

**5.** Com relação ao povoamento e à colonização da região Norte do Brasil, nos séculos XVII e XVIII, explique:

a) As particularidades da administração política e religiosa da região.
b) A importância da exploração econômica dessa região para a Metrópole.

**6.** "Andava o conde de Nassau tão ocupado em fabricar a sua nova cidade, que para estimular os moradores a fazerem casas, ele mesmo, com muita curiosidade, lhes andava fazendo as medidas, e endireitando as ruas para ficar a povoação mais vistosa."

Frei Manuel Calado.
*O Valoroso Lucideno e Triunfo da Liberdade*, 1648.

Com base no texto, responda:

a) Quem foi o conde de Nassau?
b) Qual o projeto apresentado no texto? Explique.

# Analise esta imagem

O primeiro mapa indica a produção econômica do Brasil no século XVII; o outro, as fronteiras desde o Tratado de Tordesilhas até os acordos de 1777; por fim, o terceiro é o atual mapa político do país.
Observe os mapas e indique:

a) O que você observa no primeiro mapa?
b) Qual a relação entre os dois primeiros mapas?
c) Por que a conformação do território é um processo histórico que pode ser observado pelos mapas?

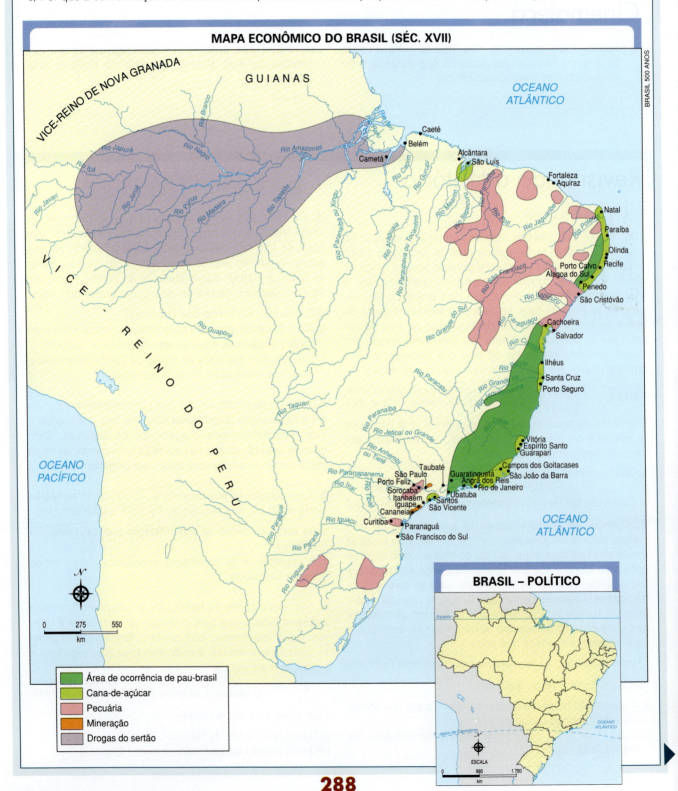

## MAPA ECONÔMICO DO BRASIL (SÉC. XVII)

BRASIL 500 ANOS

Legenda:
- Área de ocorrência de pau-brasil
- Cana-de-açúcar
- Pecuária
- Mineração
- Drogas do sertão

## BRASIL – POLÍTICO

**TRATADOS DAS FRONTEIRAS**

Belém
São Luís
Fortaleza
Natal
Paraíba
Olinda
Recife
São Cristóvão
Salvador
Vila Bela
Vila Boa
Cuiabá
Vila Rica
Vitória
Rio de Janeiro
São Paulo
Curitiba
Desterro
Rio Grande

Tratado de Tordesilhas

OCEANO PACÍFICO

OCEANO ATLÂNTICO

0    560    1.120
km

Tratado de
Tordesilhas – 1494

Tratado de
Madri – 1750

Tratado de
Santo Ildefonso – 1777

Linha de
Santo Ildefonso

# Debatendo ideias

*Leia o fragmento a seguir e discuta com seus colegas sobre a operação histórica que é o olhar sobre o passado.*

O envolvimento com o tempo, a construção de lembranças e esquecimentos são operações da escrita da história. O Recife não escapa dessas operações. (...) Quem pode esquecer todo um imaginário que se criou a partir dos feitos de João Maurício de Nassau? Até hoje se discute se a cidade não teria um outro destino, caso continuasse sob o "progressista" domínio dos flamengos. Na história do Recife, o passado tem uma presença, praticamente, demolidora com relação aos seus projetos para o futuro. (...) Os mortos parecem governar os vivos, imobilizar seus sentimentos, frustrar seus desejos, desfigurar suas utopias. Fala-se do *Recife Antigo* como se ele tivesse um encanto inusitado, como uma condenação às tri-

vialidades do *Recife Moderno*. Assim, a cidade sobrevive e não consegue ultrapassar os limites que a memória dominante lhes impõe.

Fonte: REZENDE, A. P. Recife: espelhos do passado e labirintos do presente. In: VERRI, G. M. W.; BRITTO, J. M. (orgs.) *Relendo o Recife de Nassau*. Recife: Bagaço, 2003. p. 96.

a) Qual o principal tema do texto?
b) A partir do texto, por que há uma memória sobre a presença de Nassau em Pernambuco?
c) Na atualidade, o texto é laudatório em relação às heranças de Nassau para o Recife?
d) Em sua cidade, quais são os principais elementos da memória do passado? Peça ao seu professor para lhe ajudar na observação dessa memória e depois responda: acontece algo semelhante com o que o texto registra sobre o Recife?

# Questões de vestibular

**1.** (UNICAMP – SP) Uma análise das lutas suscitadas pela ocupação holandesa no Brasil pode ajudar a desconstruir ideias feitas. Uma tese tradicional diz respeito ao reforço da identidade brasileira durante as lutas com os holandeses: a luta pela expulsão dos holandeses seria obra muito mais dos brasileiros e negros do que dos portugueses. Já a tese que critica essa associação entre a experiência da dominação holandesa e a gênese de um sentimento nativista insiste nas divisões – no âmbito da economia açucareira – entre senhores de engenho excluídos ou favorecidos pela ocupação holandesa.

*Adaptado de: CURTO, D. R. Cultura Imperial e Projetos Coloniais (séculos XV a XVIII). Campinas: Editora da Unicamp, 2009. p. 278.*

a) Identifique no texto duas interpretações divergentes a respeito da luta contra a dominação holandesa no Brasil.

b) Mencione dois fatores que levaram à invasão de Pernambuco pelos holandeses no século XVII.

**2.** (FUVEST – SP) Quando os holandeses passaram à ofensiva na sua Guerra dos Oitenta Anos pela independência contra a Espanha, no fim do século XVI, foi contra as possessões coloniais portuguesas, mais do que contra as espanholas, que os seus ataques mais fortes e mais persistentes se dirigiram. Uma vez que as possessões ibéricas estavam espalhadas por todo o mundo, a luta subsequente foi travada em quatro continentes e em sete mares e esta luta seiscentista merece muito mais ser chamada a Primeira Guerra Mundial do que o holocausto de 1914-1918, a que geralmente se atribui essa honra duvidosa. Como é evidente, as baixas provocadas pelo conflito ibero-holandês foram em muito menor escala, mas a população mundial era muito menor nessa altura e a luta indubitavelmente mundial.

*Fonte: BOXER, C. O Império Marítimo Português, 1415-1825. Lisboa: Edições 70, [s.d.]. p.115.*

Podem-se citar, como episódios centrais dessa "luta seiscentista", a

a) conquista espanhola do México, a fundação de Salvador pelos portugueses e a colonização holandesa da Indonésia.

b) invasão holandesa de Pernambuco, a fundação de Nova Amsterdã (futura Nova York) pelos holandeses e a perda das Molucas pelos portugueses.

c) presença holandesa no litoral oriental da África, a fundação de Olinda pelos portugueses e a colonização espanhola do Japão.

d) expulsão dos holandeses da Espanha, a fundação da Colônia do Sacramento pelos portugueses e a perda espanhola do controle do Cabo da Boa Esperança.

e) conquista holandesa de Angola e Guiné, a fundação de Buenos Aires pelos espanhóis e a expulsão dos judeus de Portugal.

**3.** (UFSC) O ano de 2009 foi eleito como o "ano da França no Brasil", razão pela qual uma grande e variada programação cultural está em curso em diversas cidades e instituições brasileiras.

Sobre a relação entre Brasil e França ao longo da história, indique as alternativas corretas e dê sua soma ao final.

(01) A França exerceu durante muitos anos a hegemonia na formação intelectual dos filhos da elite brasileira, no entanto esta influência francesa não pode ser percebida na produção cultural no período do Brasil Império.

(02) No século XVI, franceses liderados por Willegaignon fundaram, na Baía da Guanabara, a "França Antártica", experiência que sucumbiu em poucos anos.

(04) Estudos recentes indicam que a missão francesa não foi convidada para vir ao Brasil pelo governo de Dom João VI. Na realidade, um grupo de artistas liderados por Jean-Baptiste Debret se autoconvidou e acabou se instalando no Rio de Janeiro.

(08) Debret foi um dos artistas franceses cuja obra contribuiu significativamente para o conhecimento de diversos aspectos do cotidiano de nossa história.

(16) Com o projeto de "França Antártica", os franceses permaneceram no Brasil mais tempo que os holandeses, razão pela qual a influência cultural francesa no Brasil foi muito marcante.

**4.** (FUVEST – SP) Os primeiros jesuítas chegaram à Bahia com o governador-geral Tomé de Sousa, em 1549, e em pouco tempo se espalharam por outras regiões da colônia, permanecendo até sua expulsão, pelo governo de Portugal, em 1759. Sobre as ações dos jesuítas nesse período, é correto afirmar que

a) criaram escolas de arte que foram responsáveis pelo desenvolvimento do barroco mineiro.

b) defenderam os princípios humanistas e lutaram pelo reconhecimento dos direitos civis dos nativos.

c) foram responsáveis pela educação dos filhos dos colonos, por meio da criação de colégios secundários e escolas de "ler e escrever".

d) causaram constantes atritos com os colonos por defenderem, esses religiosos, a preservação das culturas indígenas.

e) formularam acordos políticos e diplomáticos que garantiram a incorporação da região amazônica ao domínio português.

**5.** (ENEM) Em geral, os nossos tupinambás ficam admirados ao ver os franceses e os outros dos países longínquos terem tanto trabalho para buscar o seu arabotã, isto é, pau-brasil. Houve uma vez um ancião da tribo que me fez esta pergunta: "Por que vindes vós outros, mairs e perós (franceses e portugueses), buscar lenha de tão longe para vos aquecer? Não tendes madeira em vossa terra?"

*Fonte: LÉRY, J. Viagem à Terra do Brasil. In: FERNANDES, F. Mudanças Sociais no Brasil. São Paulo: Difel, 1974.*

O viajante francês Jean de Léry (1534-1611) reproduz um diálogo travado, em 1557, com um ancião tupinambá, o qual demonstra uma diferença entre a sociedade europeia e a indígena no sentido

a) do destino dado ao produto do trabalho nos seus sistemas culturais.
b) da preocupação com a preservação dos recursos ambientais.
c) do interesse de ambas em uma exploração comercial mais lucrativa do pau-brasil.
d) da curiosidade, reverência e abertura cultural recíprocas.
e) da preocupação com o armazenamento de madeira para os períodos de inverno.

**6.** (UFG – GO) Leia o texto a seguir.

(...) se me representou que, pelas notícias que tinham adquirido com as entradas que haviam feito pelos sertões dessa América, se lhes fazia certo haver neles minas de ouro e prata, e pedras preciosas, cujo descobrimento senão havia intentado pela distância em que ficaram as tais terras, aspereza dos caminhos, e povoações de índios bárbaros que nelas se achavam aldeados; (...) e porque deste descobrimento de minas podiam resultar grandes interesses à minha fazenda, se ofereciam a me irem fazer esse serviço tão particular, à sua custa, não só conquistando com guerra aos gentios bárbaros que se lhes opuserem, mas também procurando descobrir os haveres que nas ditas terras esperavam achar, (...) e que fazendo o serviço que se ofereciam esperavam ser-lhes remunerado com as honras e prêmios.

RESPOSTA DE D. JOÃO V ao pedido de licença dos bandeirantes, 14 de fevereiro de 1721. *Adaptado de:* PALACÍN, L.; GARCIA, L.; AMADO, J. *História de Goiás em Documentos.* Goiânia: Editora da UFG, 1995. p. 22.

O documento remete às relações entre o Rei e os súditos, no período colonial no Brasil, estabelecendo que

a) a exploração aurífera seria feita com base nos investimentos da Coroa nas expedições.
b) os gentios seriam protegidos por meio da proibição de sua escravização.
c) o conhecimento da fauna e da flora do sertão seria prioritário para os interesses da Coroa.
d) a recompensa dos bandeirantes estaria assegurada em caso de sucesso da expedição.
e) as expedições em áreas distantes e infestadas de gentios seriam excluídas do patrocínio real.

**7.** (UFLA) Os primeiros jesuítas que chegaram às terras brasileiras foram incumbidos da conversão dos indígenas, mediante a catequese. Na visão religiosa europeia, as premissas básicas para o trabalho da Companhia de Jesus eram, EXCETO.

a) Os índios eram livres por natureza.
b) O indígena era como uma folha em branco, onde se escreveria a palavra divina.
c) O indígena era capaz de aprender os ensinamentos cristãos para receber os sacramentos.
d) Os índios possuíam uma cultura própria que deveria ser preservada em detrimento da cultura europeia.

**8.** (UFMG) Considerando-se as reduções, ou missões, jesuítico-guaranis fundadas no início do século XVII, na América do Sul, é INCORRETO afirmar que

a) entraram em conflito com os encomenderos da América Espanhola e com os bandeirantes, que penetravam na região com o objetivo de aprisionar e escravizar os indígenas.
b) resistiram às pressões das Coroas Espanhola e Portuguesa e continuaram a existir até o fim do período colonial, tendo sido destruídas por ocasião dos movimentos de independência.
c) se estabeleceram na região platina, em áreas fronteiriças dos Impérios Espanhol e Português, que correspondem, atualmente, a territórios do Paraguai, do nordeste da Argentina e do sul do Brasil.
d) tinham por objetivo a cristianização dos índios guaranis, que foram concentrados em comunidades aldeãs, administradas pelos jesuítas, sob rígida organização e disciplina de trabalho.

**9.** (UFSC) Leia o texto abaixo com atenção.

Se edificámos com eles as suas igrejas (...), eles servem a Deus e a si, nós servimos a Deus e a eles; mas não eles a nós. Se nos vêm buscar em uma canoa (...), para os ir doutrinar por seu turno, ou para ir sacramentar os enfermos a qualquer hora do dia ou da noite, em distância de trinta, de quarenta, e de sessenta léguas, não nos vêm eles servir a nós, nós somos os que os imos servir a eles. [sic]

*Fonte:* VIEIRA, A. *Obras Completas do Padre António Vieira:* Sermões. Porto: Lello & Irmão, 1959. p. 39.

Durante o ano de 2008, celebram-se os 400 anos do nascimento do padre Antônio Vieira, missionário jesuíta, pregador renomado e autor do fragmento acima citado. Sobre o padre Antônio Vieira e a atuação dos jesuítas na América, identifique as alternativas corretas e dê sua soma ao final.

(01) Os missionários jesuítas, entre eles José de Anchieta, Manuel da Nóbrega e Antônio Vieira, atuaram no Brasil, na tentativa de converter os povos indígenas ao Catolicismo.
(02) Os Aldeamentos e Reduções foram criados pelos missionários jesuítas no Brasil, Paraguai e Argentina, como tentativas de escravização das comunidades indígenas.
(04) A autonomia administrativa permitida aos jesuítas pelas autoridades da Espanha e de Portugal possibilitou aos grupos aldeados e às Reduções um desenvolvimento pacífico e harmonioso até o século XX.
(08) Na América do Sul os jesuítas fundaram Aldeamentos, Reduções e Escolas, nos quais pretendiam educar os colonos e convencer os povos indígenas que a aceitação pacífica do trabalho escravo os tornaria dignos do Céu.
(16) Nas Reduções e Aldeamentos do Paraguai e do Brasil, além da evangelização, os jesuítas organizavam atividades artísticas, como a música e o teatro.
(32) O padre Antônio Vieira, além de dedicar-se às atividades missionárias, atuou como pregador e publicou extensa obra, com destaque para os Sermões, que reúnem as suas pregações.

**10.** (UFPI) Sobre o quadro histórico da colonização desenvolvida por Portugal na América, assinale V, para verdadeiro, ou F, para falso.

1 (  ) O Estado e a Igreja Católica foram instituições fundamentais na organização do processo de colonização portuguesa na América.

2 (  ) A organização político-administrativa do Brasil Colônia estava calcada na divisão territorial em capitanias, no estabelecimento dos governos-gerais, nas câmaras municipais e na separação entre Igreja e Estado.

3 (  ) As bandeiras conhecidas como apresadoras eram unicamente voltadas ao trabalho de captura de negros escravos que fugiam das fazendas e engenhos.

4 (  ) A transição do trabalho escravo indígena para o africano explica-se, exclusivamente, pelo fato de o tráfico negreiro ser um fator importante de acumulação de capital na metrópole.

**11.** (UFJF) Entradas e bandeiras são termos quase sinônimos. Entrada possui, por vezes, acepção mais genérica, referindo-se a expedições originadas de diversas partes do Brasil, formadas por iniciativa oficial ou particular, ao passo que bandeira se remete às expedições dos paulistas.

*Fonte:* VAINFAS, R. *Dicionário do Brasil Colonial.*
Rio de Janeiro: Objetiva, 2002.

Agora, leia as afirmativas abaixo e, em seguida, assinale a alternativa INCORRETA.

a) Várias dessas expedições foram organizadas para combater os invasores estrangeiros e os indígenas que impunham resistência ao avanço da ocupação das terras americanas.

b) Os longos trajetos percorridos pelas bandeiras empurraram os limites territoriais da América Portuguesa para muito além do que estipulava o Tratado de Tordesilhas.

c) Até meados do século XVII, a principal motivação dos bandeirantes era o apresamento de indígenas para trabalharem nas propriedades agrícolas do planalto paulista.

d) A coincidência de interesses entre jesuítas e paulistas, no que diz respeito à questão indígena, tornou-os aliados na busca pelo controle dessa população.

e) A partir da segunda metade do século XVII, as bandeiras passaram a se orientar prioritariamente para a busca de metais preciosos, o que levou à descoberta do ouro na região de Minas Gerais nos anos finais deste século.

**12.** (UFJF) As afirmativas abaixo tratam das questões que envolvem o trabalho nas terras colonizadas por Portugal e Espanha. São corretas as afirmativas, EXCETO:

a) O trabalho indígena predominou nas áreas onde se encontravam ouro e prata e que foram colonizadas por espanhóis.

b) A solução para a demanda de braços para a produção açucareira, no mundo ibérico, foi a introdução do trabalho escravo de africanos.

c) A "encomienda" era a concessão de terras a espanhóis, em caráter hereditário com direito de receber dos índios um pagamento em trabalho e com o dever de cristianizá-los.

d) A mão de obra feminina, na América Portuguesa, dedicou-se exclusivamente ao trabalho doméstico e não se fez presente em atividades mercantis.

e) A Igreja foi mais contundente na crítica à escravidão de indígenas do que à de africanos.

**13.** (UFU – MG) A respeito das invasões holandesas no Brasil, ocorridas no século XVII, marque, para as afirmativas abaixo, (V) Verdadeira, (F) Falsa ou (SO) Sem Opção.

1 (  ) Os holandeses tomaram as cidades de Salvador e Olinda e, após enfrentar resistências por parte de brasileiros, estabeleceram um governo na cidade de Recife, sob a responsabilidade de Maurício de Nassau.

2 (  ) No contexto das invasões holandesas, a ocupação dos portos africanos de Angola não era importante, pois os holandeses possuíam portos alternativos de suprimento de escravos para trabalhar nas lavouras de cana-de-açúcar no Brasil.

3 (  ) Durante a administração de Nassau, houve o projeto da Cidade Maurícia, a qual possuía ampla infraestrutura de canais e diques, além de pontes, para vencer os obstáculos geográficos da cidade, constituindo um projeto urbano inovador no Brasil colonial.

4 (  ) A reconquista brasileira do domínio holandês ocorreu quando tropas lideradas por Salvador Correia de Sá, comerciante fluminense, invadem as cidades de Salvador e Recife, rendendo os holandeses e retomando-as para os portugueses.

**14.** (UFBA) Salvador e o Recôncavo dependiam do sertão. Salvador necessitava da carne que o sertão fornecia. Carne, couro e sebo eram usados na cidade e no campo, e os engenhos precisavam igualmente de bois para o transporte, muitos também como força motriz. Grandes boiadas percorriam, às vezes, sessenta quilômetros por dia, com destino às feiras na orla do Recôncavo, onde um ativo comércio tinha lugar. A primeira dessas feiras foi Capoame, estabelecida por Francisco Dias d'Ávila em 1614. Localizada na paróquia de Santo Amaro de Ipitanga, próxima à atual Camaçari, a feira, realizada às quartas, prosperou e permaneceu a mais importante até a ascensão da feira de Santana, a "Princesa do Sertão", na década de 1820. Na década de 1720, o couro tornou-se importante produto de exportação na Bahia. A frota de 1735, por exemplo, transportou 180.861 meios de sola e mais de 11 mil peças de couro cru. Além disso, a indústria de fumo de Cachoeira dependia do couro para embalar os rolos e, assim, havia também uma demanda constante dentro da própria capitania pelo couro do sertão.

SCHWARTZ, 1995, p. 88.

Considerando-se o texto, que trata sobre um dos aspectos da economia do Brasil Colonial – as atividades agropecuárias –, e os conhecimentos sobre o tema, identifique as alternativas corretas e dê sua soma ao final.

(01) A marcha do povoamento, nas terras do Brasil, nos séculos XVI e XVII, aconteceu com o deslocamento dos currais existentes no sertão em direção aos grandes centros urbanos do litoral.

(02) As feiras de gado, referidas no texto, se estabeleceram em momentos históricos diferentes, mas ambas foram responsáveis pelo povoamento e pela fixação de núcleos urbanos na Colônia.

(04) Os currais construídos no Vale do São Francisco garantiram, no século XIX, o intenso contrabando de africanos escravizados na fase posterior à Lei Eusébio de Queiroz.

(08) A produção de couro e derivados na Bahia esteve destinada ao mercado metropolitano e ao mercado interno, como atividade complementar da economia colonial.

(16) A Vila da Cachoeira, situada no chamado Recôncavo Sul da Bahia, além da produção de fumo, também atuou como polo da produção açucareira e ponto de partida para a penetração no sertão.

**15.** (UNESP) A pecuária, ao longo de praticamente todo período colonial brasileiro, foi uma atividade econômica sempre secundária, mas sempre em expansão, ao contrário do que ocorreu com a agricultura canavieira e com a mineração aurífera. Explique, com relação à pecuária, o porquê destas características.

**16.** (UECE) A ocupação holandesa no nordeste do Brasil fez parte da ofensiva econômica deste país na América portuguesa, a partir do século XVII. Em relação às afirmações abaixo, marque a FALSA.

a) Em maio de 1624, uma armada de 26 navios que partira da Holanda foi avistada da Baía de Todos os Santos. O objetivo maior da invasão era a conquista da próspera economia açucareira das capitanias do Nordeste.

b) A expansão econômica holandesa baseava-se essencialmente no comércio, na usura e em outras atividades ligadas à circulação de riquezas.

c) A posse do território cearense pelos holandeses ocorreu dois séculos antes (século XV) em virtude de os indígenas locais não se apresentarem hostis a estes invasores.

d) O ataque ao Maranhão tinha mais significado geopolítico do que econômico. O objetivo dos holandeses era chegar a outras regiões da possessão portuguesa, através do Maranhão.

**17.** (UFPB) A colonização portuguesa no Brasil recebeu importante apoio da Igreja Católica, cujo objetivo era cristianizar os povos encontrados nas terras americanas. Os jesuítas foram a principal ordem católica de sustentação do projeto colonizador lusitano.

Considerando as práticas dessa ordem religiosa no período colonial, é correto afirmar que os jesuítas

a) acreditavam na impossibilidade de conversão dos índios.

b) aceitavam as divindades e os cultos dos povos indígenas.

c) pregavam o evangelho católico na língua portuguesa.

d) recusavam o projeto de aldeamento das comunidades indígenas.

e) concentravam seu trabalho na catequização das crianças.

**18.** (ENEM) Os tropeiros foram figuras decisivas na formação de vilarejos e cidades do Brasil colonial. A palavra tropeiro vem de "tropa" que, no passado, se referia ao conjunto de homens que transportava gado e mercadoria. Por volta do século XVIII, muita coisa era levada de um lugar a outro no lombo de mulas. O tropeirismo acabou associado à atividade mineradora, cujo auge foi a exploração de ouro em Minas Gerais e, mais tarde, em Goiás. A extração de pedras preciosas também atraiu grandes contingentes populacionais para as novas áreas e, por isso, era cada vez mais necessário dispor de alimentos e produtos básicos. A alimentação dos tropeiros era constituída por toucinho, feijão-preto, farinha, pimenta-do-reino, café, fubá e coité (um molho de vinagre com fruto cáustico espremido). Nos pousos, os tropeiros comiam feijão quase sem molho com pedaços de carne de sol e toucinho, que era servido com farofa e couve picada. O feijão-tropeiro é um dos pratos típicos da cozinha mineira e recebe esse nome porque era preparado pelos cozinheiros das tropas que conduziam o gado.

*Disponível em: <http://www.tribunadoplanalto.com.br>.*
*Acesso em: 27 nov. 2008.*

A criação do feijão-tropeiro na culinária brasileira está relacionada à

a) atividade comercial exercida pelos homens que trabalhavam nas minas.

b) atividade culinária exercida pelos moradores cozinheiros que viviam nas regiões das minas.

c) atividade mercantil exercida pelos homens que transportavam gado e mercadoria.

d) atividade agropecuária exercida pelos tropeiros que necessitavam dispor de alimentos.

e) atividade mineradora exercida pelos tropeiros no auge da exploração do ouro.

# Programas de Avaliação Seriada

**1.** (PISM – UFJF – MG) Observe a gravura e a citação a seguir.

Entradas e bandeiras são termos quase sinônimos. Entrada possui, por vezes, acepção mais genérica, referindo-se a expedições originadas de diversas partes do Brasil, formadas por iniciativa oficial ou particular, ao passo que bandeira se remete às expedições dos paulistas.

*Fonte: VAINFAS, R. Dicionário do Brasil Colonial.*
*Rio de Janeiro: Objetiva, 2002.*

Agora, leia as afirmativas a seguir e indique a alternativa INCORRETA.

E os bandeirantes descobrem ouro...

Índio que é bom eu não encontro nenhum, agora esse maldito ouro eu vivo tropeçando!

*Disponível em: <http://www.historia net.com.br/conteudo/1 default.aspx? codigo=583>. Acesso em: 25 out. 2008.*

a) Várias dessas expedições foram organizadas para combater os invasores estrangeiros e os indígenas que impunham resistência ao avanço da ocupação das terras americanas.

b) Os longos trajetos percorridos pelas bandeiras empurraram os limites territoriais da América portuguesa para muito além do que estipulava o Tratado de Tordesilhas.

c) Até meados do século XVII, a principal motivação dos bandeirantes era o apresamento de indígenas para trabalharem nas propriedades agrícolas do planalto paulista.

d) A coincidência de interesses entre jesuítas e paulistas, no que diz respeito à questão indígena, tornou-os aliados na busca pelo controle dessa população.

e) A partir da segunda metade do século XVII, as bandeiras passaram a se orientar prioritariamente para a busca de metais preciosos, o que levou à descoberta do ouro na região de Minas Gerais nos anos finais deste século.

**2.** (PISM – UFJF – MG) Leia o trecho a seguir:

O ataque maciço dos holandeses no Império Colonial Português foi ostensivamente motivado pela união das Coroas portuguesa e espanhola, na pessoa de Filipe II da Espanha (...).

*Fonte:* BOXER, C. *O Império Marítimo Português 1415-1825.* Lisboa: Edições 70, 1992.

A União Ibérica (1580-1640) provocou importantes efeitos sobre o Império Colonial Português. Assinale abaixo a alternativa que NÃO se enquadra nesse quadro:

a) Esse período caracterizou-se pela integração do mercado interno, pela ampliação da rede urbana e do sistema político administrativo na América portuguesa.

b) A histórica rivalidade entre Espanha e Holanda estimulou essa última a se voltar contra os domínios portugueses, levando às invasões no Brasil.

c) Uma vez instalados nas zonas açucareiras do Brasil, os holandeses passaram a financiar a montagem de engenhos, bem como a comercializar o valioso produto nos mercados europeus.

d) O apogeu do "Brasil Holandês" situa-se na época do governo de Maurício de Nassau, em Pernambuco, que recuperou a economia açucareira e promoveu uma série de reformas urbanas e sociais.

e) A partir de 1640, com a Restauração Portuguesa (recuperação da autonomia política de Portugal em relação à Espanha), os holandeses foram expulsos dos domínios portugueses, o que levou a uma crise da produção açucareira.

**3.** (PISM – UFJF – MG) Acerca dos dois primeiros séculos de domínio português sobre a colônia brasileira (XVI e XVII), marque a alternativa INCORRETA.

a) Foram realizadas as chamadas "entradas e bandeiras", utilizadas como instrumentos de reconhecimento da fauna, flora e apresamento de populações nativas.

b) Na década de 1580, já estava finalizado o processo de expansão territorial, visível pela ampla integração regional e pacificação dos conflitos indígenas.

c) Nesse período, como consequência da União Ibérica, a América portuguesa foi vítima de invasões. A principal delas foi a dos holandeses no nordeste.

d) A atividade religiosa, especialmente dos jesuítas, muito auxiliou o processo de penetração territorial da metrópole na colônia.

e) A pecuária desempenhou importante papel no século XVI ao se integrar à economia açucareira, fornecendo animais para a movimentação dos engenhos.

**4.** (PAAES – UFU – MG) No contexto da União Ibérica (1580-1640), os holandeses tomaram pontos do litoral da África e invadiram a colônia portuguesa do Brasil, fixando-se em Pernambuco. A respeito desses temas, marque, para as afirmativas abaixo, (V) Verdadeira, (F) Falsa ou (SO) Sem Opção.

1 ( ) As invasões holandeses no Nordeste brasileiro foram motivadas, porque a Holanda, na época, estava em busca de mercados consumidores para suas manufaturas, possuía capital para ser investido nas atividades produtivas e, no contexto das guerras de religião na Europa, desejava expandir o calvinismo nas Américas.

2 ( ) As invasões holandesas no Nordeste brasileiro e em pontos do litoral da África, como Angola, devem ser compreendidas no contexto das lutas que os holandeses travavam contra a Espanha e do bloqueio comercial por ela imposto, impedindo-os de continuar participando do comércio colonial de especiarias e açúcar.

3 ( ) Sob a administração do conde Maurício de Nassau, os holandeses procuraram manter boas relações com os produtores de açúcar, garantindo o fornecimento da mão de obra escrava e financiamento para a produção; Recife, sede do governo holandês, foi remodelada, e a liberdade de culto passou a ser tolerada por Nassau.

4 ( ) Com o auxílio das tropas espanholas da União Ibérica, Portugal expulsou os holandeses do Brasil e das possessões africanas. Com isso, retomou os monopólios mundiais da produção e da comercialização do açúcar e especiarias, além do fornecimento de mão de obra escrava africana.

# capítulo 17

# A exploração do ouro
# e a sociedade mineradora colonial

*As riquezas descobertas nas Minas impulsionaram a ocupação da região. Os interesses da Coroa portuguesa, os grupos que se articulavam para a exploração do ouro e alimentados pelo sonho da riqueza, o grande número de escravos utilizados no trabalho são aspectos fundamentais para se observar uma das faces do período colonial: a exploração e a riqueza que conviviam lado a lado. Como administrar essas riquezas? Como controlar o fluxo migratório? Como abastecer as vilas que se formavam? De que maneira conviviam aquelas pessoas no interior do território colonial português? Quais as práticas sociais e os legados culturais desse período marcado por uma sociedade barroca? Perguntas que demonstram a quantidade de detalhes de uma riqueza que se mostrava alvo de diferentes grupos e que poderia ameaçar o próprio domínio português, diante dos interesses dos próprios colonos e de estrangeiros que buscavam ter acesso a elas.*

FÁBIO COLOMBINI

Segundo o relato do jesuíta Antonil, escrito em 1711, apenas ao final do século XVII, já quase no XVIII, foi que a Coroa portuguesa teve a confirmação de que havia ouro em suas terras na América. Como estudamos nos capítulos anteriores, desde a primeira vez que os lusos estiveram por aqui, a preocupação em encontrar metais preciosos foi prioridade e só pela falta do metal em espécie é que outras alternativas econômicas, como o açúcar, foram planejadas para o território.

Antonil relata que teria sido um mulato integrante de uma bandeira paulista quem primeiro encontrou ouro nas terras brasileiras, em cerro Tripuí. Segundo o relato, ele teria vendido em Taubaté (SP) as pedras que continham ouro por um preço irrisório, sem saber o que tinha encontrado. Desconfiou-se que aquelas pedras da "cor do aço" tivessem valor e parte delas foi mandada para análise no Rio de Janeiro, descobrindo-se que era ouro puro, de ótima qualidade.

Em janeiro de 1697, uma Carta Régia foi emitida, concedendo recursos da ordem de 600 mil contos de réis para as buscas do metal precioso. Finalmente, em 1º de março de 1697, o rei português foi oficialmente comunicado de que os paulistas haviam achado "de dezoito a vinte ribeiros de ouro da melhor qualidade".

Nas quatro décadas seguintes foram encontrados veios de ouro em territórios que correspondem, atualmente, aos Estados da Bahia, de Goiás e de Mato Grosso. Por volta de 1730 foram descobertos diamantes no cerro Frio, na região setentrional de Minas Gerais. Essas notícias rapidamente se espalharam, não só nas terras da Colônia, como também em Portugal.

A possibilidade de enriquecimento rápido, sem a necessidade de grandes capitais, fez com que a região aurífera se tornasse polo de atração de população de outras Capitanias, e também de Portugal. Mas nem todos se engajaram na extração do ouro; muitos foram atraídos pelo comércio que se desenvolvia nas vilas e cidades que surgiam em decorrência da atividade mineradora. O governo luso, em 1720, com receio do despovoamento do reino, impôs uma série de restrições à saída de seus habitantes, tal o fluxo emigratório que se estabeleceu para as terras brasileiras. Os navios portugueses que atracavam no Rio de Janeiro passaram a ser intensamente vigiados, e sua tripulação precisava até mesmo de uma licença especial para circular em terra. Também foi instituído um documento, espécie de passaporte, na tentativa de evitar deserção em massa da tripulação que fugia em direção às Minas Gerais.

Até aproximadamente 1760, calcula-se que tenham vindo para a região aurífera cerca de 600 mil lusitanos de diferentes classes sociais. Internamente, também saíam centenas de milhares de pessoas em direção às Minas. O governador-geral escreveu ao rei em 1702, noticiando a situação "calamitosa" de despovoamento em muitas Capitanias, dizendo que as pessoas "esqueciam-se totalmente da conservação da própria vida e segurança dos seus mesmos domínios".

Estima-se que em 1690 houvesse na Colônia entre 184 mil e 300 mil pessoas. Em 1780 esse número saltou para 2,7 milhões e em 1798 haveria cerca de 3,25 milhões de habitantes no Brasil.

| Crescimento populacional na Colônia (entre 1690 e 1798) | |
|---|---|
| ANO | ESTIMATIVA DE POPULAÇÃO |
| 1690 | 184.000 a 300.000 |
| 1780 | 2.523.000 |
| 1798 | 3.250.000* |

* Subdivididos em: brancos 1.010.000 (31%); índios 250.000 (7,7%); negros libertos 406.000 (12,5%); pardos (escravos) 221.000 (6,8%); negros (escravos) 1.361.000 (42%).

*Fonte:* CONTRERAS, R. In: SIMONSEN, R. C. *História Econômica do Brasil.* São Paulo: Nacional, 1957. p. 271.

## Recortes da História

### A corrida pelo ouro

*O jesuíta Antonil, em* Cultura e Opulência no Brasil, *retrata esse forte movimento migratório para a região das Minas Gerais:*

A sede insaciável do ouro estimulou a tantos deixarem suas terras e a meterem-se por caminhos tão ásperos como são os das minas, que dificultosamente se poderá dar conta do número das pessoas que atualmente lá estão. Contudo, os que assistiram nela nestes últimos anos por largo tempo, e as correram todas, dizem que mais de trinta mil almas se ocupam, umas a catar, e outras a mandar catar nos ribeiros do ouro, e outras a negociar, vendendo e comprando o que se há mister não só para a vida, mas para o regalo, mais que nos portos do mar.

Cada ano vêm nas frotas quantidade de portugueses e de estrangeiros para passarem às minas. Das cidades, vilas, recôncavos e sertões do Brasil, vão brancos, pardos e pretos, e muitos índios, de que os paulistas se servem. A mistura é de toda a condição de pessoas: homens e mulheres, moços e velhos, pobres e ricos, nobres e plebeus, seculares e clérigos, e religiosos de diversos institutos, muitos dos quais não têm no Brasil convento nem casa.

O granjeio das minas que atrai o maior número [de pessoas] que entram nas Gerais. O comércio ocupava muitos, mesmo aqueles que se aventuravam nos trabalhos das catas. (...) metendo gado e negros para os venderem por maior preço, e outros gêneros mais procurados, ou plantando ou comprando roças de milho nas minas, se foram aproveitando do que outros tiraram. As grandes fortunas na mineração elevaram-se sobre múltiplos alicerces dos quais o comércio parece o mais importante.

ANTONIL, A. J. *Op. cit.*

1) Qual o principal fenômeno que está descrito no documento e quais suas consequências para as Minas Gerais?

2) Relacione a importância do comércio como elemento relevante na região em relação ao processo da mineração.

# O controle das minas

A descoberta do ouro fez com que a Metrópole agisse rapidamente para estabelecer o controle sobre a sua exploração e, por conseguinte, fixar métodos eficientes de tributação. A maior parte do ouro brasileiro estava à mostra, nos leitos dos rios (ouro de aluvião ou de lavagem), sendo fácil explorá-lo. Por isso, era fundamental manter sob controle a região aurífera, impedindo a proliferação desenfreada dessa atividade, e banindo o perigo de a Coroa ser excluída da maior parte dos lucros decorrentes da atividade.

Logo no segundo ano do século XVIII, o governo português determinou uma série de medidas para disciplinar a distribuição da atividade exploradora, estabelecendo um regimento que ficou conhecido por **Regimento de 1702**. Esse documento previa a Intendência das Minas, um órgão administrativo, judicial, fiscal e técnico, mas que se tornou o grande cobrador de impostos e coibidor do contrabando. As jazidas eram divididas em lotes, as **datas**; o descobridor do ouro podia escolher duas delas e devia destinar, obrigatoriamente, uma terceira à Coroa, que a vendia em leilão público. As restantes eram sorteadas entre os candidatos à exploração. A distribuição dos lotes era proporcional ao número de escravos que o interessado na exploração possuía.

Os aventureiros e os que tivessem pouca ou nenhuma posse tinham chances reduzidas na divisão das jazidas, pois para obter uma data inteira era necessário ter no mínimo doze escravos e devia-se iniciar a exploração no período máximo de 40 dias, sob pena de perder a concessão dada. Assim mesmo, surgiram os faiscadores, homens livres pobres (brancos, mestiços e negros libertos) e sem recursos que exploravam o ouro com gamelas de madeira, conhecidas como batcias, usadas para separar o ouro do cascalho. Muitas vezes os mineradores usavam as próprias mãos para retirar o ouro da superfície. Os faiscadores mudavam-se com frequência, procurando ouro nas regiões ribeirinhas ou áreas já exploradas e abandonadas. Com a decadência da mineração, no último quartel (25 anos) do século XVIII, aumentou significativamente o número de faiscadores, que se aventuravam à procura das últimas oportunidades de encontrar ouro.

Na terceira década do século XVIII, no norte das Minas Gerais, os diamantes passaram a ser explorados. O Arraial do Tijuco, atual Diamantina em Minas Gerais, foi o principal centro produtor de diamantes. A Coroa portuguesa, ciente da riqueza que se encontrava nessa área, criou o Distrito Diamantino, com fronteiras delimitadas e um intendente independente do governador da Capitania, obedecendo às ordens apenas do rei lusitano. A partir de 1734, visando maior controle sobre a região diamantina, ficou estabelecido que a exploração dos diamantes seria feita por apenas um contratador. Em 1771 foi instituída a extração real.

A exploração do ouro era uma atividade que exigia muita atenção dos donos das lavras e do governo na Colônia, pois, como já vimos, o contrabando era muito fácil de ser praticado. Além disso, a Coroa cobrava impostos sobre o ouro, e quanto mais centralizasse a ação fiscalizadora, tributária, mais fácil seria manter sua autoridade e arrecadar recursos sobre essa importante fonte de riqueza. Nesse sentido, foram feitos todos os esforços para organizar e administrar eficientemente a vida e a economia nas Minas Gerais.

Havia dois tipos básicos de tributo: o **quinto** e a **capitação**. O primeiro era cobrado com base em todo o ouro extraído, ficando um quinto do total (20%) para a Coroa portuguesa. Para que os fiscais do tesouro luso tivessem a certeza do valor que cada data produzia e, por conseguinte, quanto o seu proprietário tinha de pagar de quinto, todo o ouro extraído deveria ser fundido e transformado em barras identificadas com o selo real nas casas de fundição, ou Casa dos Quintos, onde o tributo era descontado. A preocupação em cobrar de forma eficiente o quinto é que levou à proibição da circulação de ouro em pó e em pepitas.

A capitação correspondia à cobrança de um valor por escravo maior de doze anos e de cada homem livre que não possuísse cativo (faiscadores), e que se dedicassem a alguma atividade, realizada na área de mineração, que rendesse recursos pecuniários (comércio, hospedaria, transporte, criação de animais, plantação e mesmo extração de metais).

Em termos administrativos, além de maior cobrança dos funcionários metropolitanos destacados para trabalhar nas Minas, Portugal impôs restrições à entrada e circulação de pessoas e estabeleceu normas para a saída de portugueses do reino interessados em vir ao Brasil. Com o objetivo de melhor controlar o fluxo dos impostos recolhidos, em 1763, a capital da Colônia foi transferida de Salvador para o Rio de Janeiro, afinal era pelo porto daquela cidade que o ouro mineiro era embarcado para a Europa.

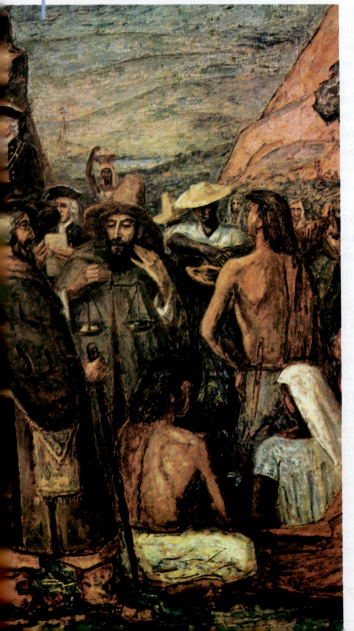

As Minas Gerais tornaram-se uma importante fonte de recursos para o fisco metropolitano. *Provedor das Minas*, óleo sobre tela, de Joaquim da Rocha Ferreira (1700). Museu Paulista, São Paulo.

## O caminho real

O ouro só podia circular em barras e com o selo real. No início ele era levado por escravos que também carregavam outras mercadorias. Depois foi introduzido o gado muar que podia carregar mais mercadorias e era mais resistente. Também se estabeleceu que haveria dois caminhos pelos quais ele seria escoado, o Caminho Geral do Sertão, que acompanhava o vale do Paraíba, entre os atuais Estados de São Paulo e Rio de Janeiro, cruzando a Serra da Mantiqueira, e um outro, chamado de Caminho Novo, por Pindamonhangaba, de onde se levavam uns 20 dias para chegar às lavras. Esses caminhos, também conhecidos como Estrada Real, ligavam a região das Minas Gerais até os portos do Rio de Janeiro e Parati. Quem fosse pego circulando com ouro fora das estradas reais era punido com severidade.

## Urbanização nas Minas Gerais

No decorrer do século XVIII houve um grande afluxo de pessoas para a região das Minas e o deslocamento do eixo econômico para a região Centro-Sul da Colônia. A Coroa portuguesa decidiu-se pela implantação de vilas, como a do Ribeirão do Carmo, chamada Mariana (em abril de 1711), a Vila Rica de Ouro Preto (em julho de 1711), a Vila Real de Sabará (também em julho de 1711) e, entre 1713 e 1718, as vilas de Nova Rainha, de Pitangui, a de São João del Rey, de São José e a Vila do Príncipe. Muitas delas tornaram-se cidades, como, por exemplo, Ouro Preto, Sabará, Mariana e São João del Rey.

## Poucos ricos, muitos escravos

Milhares de pessoas não diretamente ligadas à extração aurífera mudaram-se para a região das minas. Assim, clérigos, advogados, artesãos, intelectuais, burocratas, militares e comerciantes instalaram-se nas vilas e cidades, formando um setor médio, consumidor de produtos internos da Colônia e alguns gêneros manufaturados importados. Os "ricos", a elite, eram poucos, bem poucos, e representados por donos de muitas datas e, portanto, vastas áreas mineradoras, comerciantes de *grosso trato* e altos funcionários da administração real indicados diretamente pela Coroa. Existia ainda uma ampla massa de homens livres pobres que sobreviviam como faiscadores, pequenos roceiros, biscateiros e garimpeiros. Os escravos formavam a maioria da população, calcula-se que fossem 70% do total de habitantes da região.

### *Saiba mais*

### O falso Fausto

A ideia de que a produção aurífera teria transformado a região das Minas em uma área de riqueza total, mesmo que para uns poucos, é objeto de debates, nas duas últimas décadas, entre alguns dos mais reconhecidos historiadores nacionais.

Entre os historiadores mineiros, talvez tenha sido Eduardo Frieiro o primeiro a formular conscientemente a crítica a este equívoco (sobre a opulência em Minas), em um artigo intitulado Vila Rica, Vila Pobre:

Uma das patranhas [mentiras] da nossa história, tal como usualmente se conta nas escolas, é a da pretendida riqueza e até mesmo opulência das Minas Gerais na época da abundância do ouro. Em boa e pura verdade nunca houve a tão propalada riqueza, a não ser na fantasia amplificadora de escritores inclinados às hipérboles românticas. (...) A realidade foi bem diversa. Nem riqueza, nem grandezas. Apenas o atraso econômico e a pobreza, como herança dum desvairamento fugaz, próprio de todas as Califórnias.

Na sociedade mineradora – como, de resto, nas outras partes da colônia –, eram privilegiados os elementos que tivessem maior número de escravos. Mais da metade das lavras estavam concentradas nas mãos de menos de 1/5 dos proprietários de negros; o próprio critério de concessão de datas assentava-se na quantidade de cativos possuídos, as maiores extensões indo para as mãos dos grandes senhores. Para estes, o luxo e a ostentação existiram de fato – não como sintomas de irracionalidade, conforme disseram muitos, mas como sinal distintivo do *status* social, como instrumento de dominação necessário à consolidação e manutenção do mando. (...)

A produção bruta de ouro foi elevada, e Minas representou 70% da produção da colônia do século XVIII; entretanto, o sistema colonial fez com que o fisco, a tributação sobre os escravos, o sistema monetário implantado e as importações (...) consumissem a sua maior parte. Deduzidos os gastos de compra e manutenção da escravaria e os gastos não quantificáveis, o saldo se tornava negativo. Dado o baixo nível da renda, poucos foram, nestas condições, os que fizeram fortuna.

(...) Conclui-se que a economia mineira representava baixa nos níveis de renda distribuídos de uma maneira menos desigual do que no caso do açúcar. Mas se a sociedade mineira foi das mais abertas da colônia, essa abertura teria se dado por baixo, pela falta – quase ausência – do grande capital e pelo seu baixo poder de concentração. Daí o número de pequenos empreendedores, daí o mercado maior constituído pelo avultado número de homens livres – homens esses, entretanto, de baixo poder aquisitivo e pequena dimensão econômica. Em suma, levando-se adiante essas considerações, a constituição democrática da sociedade mineira poderia se reduzir numa expressão: um maior número de pessoas dividiam a pobreza.

*Fonte:* SOUSA, L. de M. *Desclassificados do Ouro*: a pobreza mineira no século XVIII. 4. ed. Rio de Janeiro: Graal, 2004. p. 44-51.

## Abastecendo as Minas Gerais

A população crescia vertiginosamente na região e, com isso, intensificaram-se as atividades econômicas para abastecer as Minas. Do Sul vinham as tropas de mulas, o charque, o couro, subindo pelos caminhos de São Vicente, que, por sua vez, produzia alimentos. Nas cidades das Minas Gerais os comerciantes abriam lojas e estabelecimentos para atender à demanda crescente dos seus habitantes. Produtos de luxo vindos da Europa para as poucas fortunas que se faziam rapidamente contrastavam com os tecidos de algodão e a grande variedade de "secos e molhados". A pressão da demanda fez com que os preços aumentassem rapidamente, até os dos escravos. Assim mesmo, milhares de negros africanos, principalmente vindos de Angola, entravam pelo porto do Rio de Janeiro para ir diretamente para as minas.

# Um breve surto aurífero

**ÁREAS DE MINERAÇÃO NO SÉCULO XVIII**

OCEANO ATLÂNTICO

Rio Amazonas

Rio Araguaia

Rio Tocantins

Rio São Francisco

Vila Bela

Cuiabá

Vila Boa (Goiás)

Cáceres (Vila Maria)

Diamantina

Sabará
Belo Horizonte

São João del Rey

OCEANO PACÍFICO

São Paulo
Sorocaba

Taubaté

Santos

Itanhaém

Curitiba

Porto Alegre

Áreas de mineração

Rotas de abastecimento das minas

Fronteira atual do Brasil

0   550   1100
km

N

*Adaptado de:* SIMONSEN, R. C. *História Econômica do Brasil* (1500-1820). 6. ed. São Paulo: Cia. Editora Nacional, 1969. p. 254.

| Quantidade de ouro extraída (entre 1691 e 1800) ||
| ANOS | TOTAL EM KG |
| --- | --- |
| 1691-1700 | 15.000 |
| 1701-1720 | 55.000 |
| 1721-1740 | 177.000 |
| 1741-1760 | 292.000 |
| 1761-1780 | 207.000 |
| 1781-1800 | 109.000 |

*Fonte:* SIMONSEN, R. C. *Op. cit.* p. 237.

O período de apogeu do ouro foi curto, aproximadamente de 1733 a 1748. Não demorou muito para que o ouro de aluvião desse sinais de estar se esgotando. No terceiro quartel do século XVIII as jazidas verdadeiramente rentáveis eram poucas, embora ainda se escavasse à procura de veios de ouro, a maioria das vezes em vão. Os braços escravos começavam a sobrar, muitos ociosos, o que desagradava e empobrecia seus donos.

A decadência da atividade extrativa foi progredindo. As pessoas, desiludidas, migravam para outras regiões, fugindo da estagnação econômica. Os que permaneciam na região das minas dedicavam-se à pecuária e à agricultura. Para se ter ideia, Ouro Preto (antiga Vila Rica), que contava com uma população de 20 mil pessoas em 1740, em meados da primeira década do século XIX tinha apenas 4 mil habitantes.

# O escravismo na sociedade mineira

A base do trabalho na sociedade mineira foi o escravo. Cabia a eles a árdua tarefa de retirar o ouro da terra e dos rios. Eram obrigados a trabalhar muitas horas por dia em condições adversas, geralmente dentro d'água. Com expectativa de vida em torno de 30 anos, os escravos adoeciam com grande facilidade e sua vida útil era de aproximadamente sete anos. Os escravos tinham de entregar certa quantidade de ouro semanalmente aos seus donos e o que passasse disso era do escravo.

A exploração aurífera foi feita basicamente pela mão de obra escrava negra. Desenho de Carlos Julião. Biblioteca Nacional, Rio de Janeiro.

Assim, alguns poucos conseguiram fazer economia e comprar sua alforria. O escravo que achasse um diamante com mais de 20 quilates garantia sua alforria, o que raramente acontecia. Também recebiam a carta de alforria os que denunciassem seus donos pela sonegação de impostos. No auge da economia mineradora, os escravos alforriados não ultrapassavam 2% da população.

As péssimas condições de trabalho fizeram com que a resistência dos escravos aumentasse, havendo fugas em número significativo para quilombos, como o do rio das Mortes, em Minas Gerais, e o de Carlota, em Mato Grosso.

Os escravos também faziam o trabalho doméstico e muitos eram *escravos de ganho*, ou seja, aqueles que vendiam mercadorias nas ruas ou armazéns e revertiam os ganhos para seus donos. Entre eles estavam as negras e mulatas que vendiam comidas em tabuleiros e os que eram alugados para terceiros.

Com a decadência da mineração em fins do século XVIII, houve um aumento nas alforrias, visto que os proprietários não tinham mais como sustentar a escravaria. Mesmo libertos, muitos não tinham trabalho nem para onde ir.

## O mito Chica da Silva

No imaginário popular, Chica da Silva foi uma escrava de beleza estonteante que seduziu o homem mais importante das Minas Gerais. Mesmo não tendo as características físicas que lhe são atribuídas, ao se casar com o contratador João Fernandes tornou-se uma pessoa poderosíssima, cheia de caprichos e artimanhas. Entre seus feitos estaria a construção, a mando de João Fernandes, de um lago artificial em sua casa, visto que não conhecia o mar. Em sua casa, um navio a vela para dez pessoas deslocava-se com convidados nas grandes festas oferecidas por ela. Nessas ocasiões, uma orquestra particular animava os eventos. Trataria os portugueses com desprezo e teria uma escravaria considerável.

Chica da Silva foi comprada em 1753, no Arraial do Tijuco (atual Diamantina), pelo contratador de diamantes, João Fernandes de Oliveira. Nesse mesmo ano foi alforriada e passou a viver maritalmente com o contratador. Teve treze filhos com ele, que reconheceu todos como legítimos, portanto passíveis de herdar sua imensa fortuna. Como qualquer mulher rica da sociedade mineira, colocou suas filhas para estudar no Recolhimento de Macaúbas, do qual saíram praticamente para se casar. Com a volta de João para Portugal para prestar contas de sua atuação, levando consigo quatro filhos homens que receberam títulos de nobreza da Coroa, Chica permaneceu nas Minas com os outros filhos, mas nunca foi desamparada pelo companheiro. Depois da morte de João, seus filhos herdaram a fortuna do pai.

Como sabia ler e escrever, cuidava das próprias finanças, conseguindo manter seu padrão de vida. Entrou para irmandades, até mesmo a do Carmo, formada só por brancos.

Chica não foi a única a viver com um branco poderoso; muitas ex-escravas também fizeram o mesmo. Por serem impedidas de casar com um branco, seus filhos tinham as certidões de batismo com o nome do pai em branco. No caso de Chica, o poderoso contratador reconheceu a paternidade, o que deve ter chamado a atenção da sociedade.

A casa de Chica da Silva na atual Diamantina, Minas Gerais, está aberta a visitação pública.

CORES DO BRASIL/CENTRAL X

> **concubinato:** união estável de um homem e uma mulher que não são casados um com o outro.

## Concubinato e matrimônio nas Minas

Na região dos diamantes, o papel desempenhado pela mulher e pela família ainda não foi estudado com o aprofundamento que o tema merece: por um lado veem-se repetidas as características da sociedade aurífera, mas por outro peculiaridades podem ser detectadas. A biografia de Chica da Silva lança luz, sim, sobre o universo das mulheres forras da região, pois na verdade o tipo de vida que levou não constituiu exceção. A historiografia a tem retratado com base na reconstrução de uma imagem estereotipada das mulheres negras, escravas ou forras. Estudos recentes indicam que, uma vez alçadas à condição, muito comum na época, de concubinas de homens brancos, as forras procuravam se reinserir na sociedade, usufruindo as vantagens que esta podia lhes oferecer, a fim de minimizar o estigma da cor e da escravidão. Mas essa possibilidade não pode ser compreendida como sintoma de tolerância e de benignidade das relações raciais no Brasil, que teriam se constituído sob a forma de uma *democracia racial.*

O mito de Chica da Silva tem sido utilizado para sustentar a alegação de que, no Brasil, os laços de afeto e as relações físicas entre brancos livres e mulheres de cor abrandaram a exploração inerente ao sistema escravista em face do concubinato. (...) Entretanto, não podemos nos esquecer de que, sob o manto dessa prática, não obstante as vantagens econômicas e sociais alcançadas, efetivava-se uma exploração dupla – de cunho sexual e racial –, pois a essas mulheres jamais era propiciada a condição de esposas. (...)

Na sociedade hierarquizada e excludente da época, o casamento estava encerrado em regras rígidas. A mobilidade constante dos homens e a desigualdade social, racial e de origem entre os cônjuges dificultavam e até impediam os matrimônios legais. O Estado português normalmente não permitia a união de indivíduos de condições desiguais. (...) Ou seja, negras ou mulatas podiam casar-se apenas com homens de igual condição. A falta de consortes "aptos" fez com que as uniões consensuais entre indivíduos de condições distintas se tornassem comuns e generalizadas entre homens brancos e mulheres de cor."

> **consortes:** cônjuges.

*Fonte:* FURTADO, J. F. *Chica da Silva e o Contratador dos Diamantes:* o outro lado do mito. São Paulo: Companhia das Letras, 2003. p. 22-23.

# As irmandades nas Minas Gerais

A religiosidade foi um fator preponderante nas Minas Gerais, estando presente no cotidiano das pessoas, independentemente de sua condição social. Os grandes eventos sociais eram ligados à religião, como batizados, festas religiosas, casamentos. Porém, diversamente do resto da Colônia, não foram as ordens religiosas que predominaram nessa época, mas sim as irmandades, associações leigas formadas para cultuar um santo, e que eram constituídas conforme o grupo social e étnico (brancos e negros). Elas se espalharam pelas Minas, devotando-se a Nossa Senhora do Rosário (negros), do Carmo, das Mercês (negros), Santa Ifigênia, entre outras. Foram as irmandades que ergueram as igrejas dessa região, organizavam procissões, os grandes acontecimentos sociais do período. Em 1733 ocorreu o tríduo (festa que dura três dias), quando se levou o Santíssimo Sacramento da igreja de Nossa Senhora do Rosário para a nova matriz de Nossa Senhora do Pilar, em Vila Rica. As irmandades dos negros passaram a poder comprar escravos postos à venda pelos senhores para alforriá-los. Uma das mais ativas foi a de Nossa Senhora das Mercês, considerada a redentora dos cativos. As irmandades negras permitiam a sociabilização dos escravos e a expressão de sua cultura, especialmente a religiosa.

Em fins do século XVIII existiam mais de trinta irmandades ativas nas Minas Gerais.

# O barroco mineiro

A arte mineira caracterizou-se pelo estilo barroco que esteve em voga na Europa até princípios do século XVIII. O barroco era um estilo intimamente ligado à Contrarreforma, pois expressava os fundamentos da devoção religiosa por meio de construções, esculturas e iconografias que enalteciam os princípios da fé católica. No barroco há uma multiplicidade de formas, como vemos em imagens disformes e irregulares como em uma pérola barroca, como forma de afirmação de postulados religiosos. Trazido pelos jesuítas, tomou características peculiares e próprias em Minas Gerais, principalmente em função da distância do litoral e das dificuldades de importação de materiais e técnicas construtivas. Dessa forma, criou-se uma arte diferenciada, marcada pelo regionalismo. Expressou-se principalmente pelas igrejas construí-das pelas irmandades, na confecção de santos e anjos de madeira, na ornamentação de altares, fazendo uso de madeira e pedra-sabão. Algumas das mais importantes e ricas igrejas são a de São Francisco de Assis – em Ouro Preto, construída pela Ordem Terceira de São Francisco de Assis, uma irmandade de brancos, erguida em 1765 e concluí-da 50 anos mais tarde – e a de Nossa Senhora do Rosário – em São João del Rey, erguida em 1719 pelas irmandades negras de Nossa Senhora do Rosário e São Benedito dos Homens Pretos.

O barroco esteve intimamente ligado à religiosidade da época e dentre seus artistas destacaram-se Antônio Francisco Lisboa, o Aleijadinho, com suas esculturas de pedra-sabão que substituía o mármore, e Manoel da Costa Ataíde na pintura.

O barroco mineiro tem no altar da Igreja de São Francisco (São João del Rey – MG) uma das suas maiores expressões.

# Cinemateca

**Xica da Silva** (1976, Brasil, dir.: Cacá Diegues) O filme reconta o mito Chica da Silva, uma ex-escrava que vivia com o mais importante homem das Minas Gerais na época da mineração, mais especificamente, no Distrito Diamantino.

**O Caçador de Esmeraldas** (1979, Brasil, dir.: Oswaldo de Oliveira) O filme retrata a vida do bandeirante Fernão Dias Paes.

# Revisitando a História

**1.** Volte à tabela da página 296. Analise-a e explique o porquê do aumento populacional no Brasil entre o fim dos séculos XVII e XVIII.

**2.** "A sociedade mineira acabou por acumular riquezas, cujos vestígios estão nas construções e nas obras de artes das hoje cidades históricas. Lembremos porém que essas riquezas ficaram nas mãos de uns poucos: um grupo dedicado não só à extração incerta do ouro, mas aos vários negócios e oportunidades que se formaram em torno dela, inclusive o da contratação de serviços com a administração pública."

*Fonte:* FAUSTO, B. *História do Brasil.* São Paulo: Edusp, 1994. p. 105.

Discuta o trecho acima com seus colegas, com base no que foi estudado neste capítulo, e faça um pequeno texto em seu caderno comentando-o.

**3.** "E se o castigo for frequente e excessivo, [os escravos] ou se irão embora, fugindo para o mato, ou se matarão por si, como costumam, tomando a respiração ou enforcando-se, ou procurarão tirar a vida aos que lhe dão tão má, recorrendo se for necessário a artes diabólicas."

ANTONIL. J. A. *Op cit.*

O texto descreve a situação dos escravos nas Minas Gerais. Comente-o em seu caderno.

**4.** Por que o contrabando do ouro era uma preocupação das autoridades portuguesas?

**5.** Identifique e explique duas formas utilizadas para controlar as minas e duas formas utilizadas pelos colonos para driblar esse controle.

**6.** O que eram as irmandades? Qual sua importância para a vida dos habitantes da região das minas e especialmente para os escravos?

**7.** Como a condição de concubina, como a vivida por Chica da Silva, era uma forma de alterar as relações sociais dentro de uma sociedade escravocrata?

**8.** Explique por que havia uma dupla condição de exploração – sexual e racial – às mulheres negras e mulatas que se uniam a homens brancos.

**9.** Por que você acredita que a vida de Chica da Silva tenha sido objeto de filme, livros e mesmo novelas na televisão? O que essas obras reforçam?

**10.** Relacione os seguintes aspectos: as dificuldades de estabelecimento do matrimônio legal surgidas a partir das regras do Estado português e o grande número de concubinatos existentes na região da exploração de diamantes.

**11.** Por que a Igreja de São Francisco de São João del Rey é considerada uma das maiores expressões do barroco mineiro? Explique utilizando elementos da imagem da página 303.

**12.** Leia o texto sobre Ouro Preto, em **Objetos Digitais** – *Ontem e Hoje*, que se tornou um dos Patrimônios da Humanidade, e responda:

a) Por que ela foi declarada Patrimônio da Humanidade?
b) Relacione esse patrimônio cultural e a vida moderna.

# Analise esta imagem

Oscar Pereira da Silva (1867-1939) foi professor, decorador e desenhista. Nasceu no Rio de Janeiro, onde iniciou sua formação artística na Academia Imperial de Belas Artes (AIBA). Conseguiu bolsa de estudos para se aperfeiçoar na Europa, sendo o último bolsista da AIBA. Voltou para o Brasil em 1897 e seguiu para São Paulo, onde iniciou o Núcleo Artístico, que deu origem à Escola de Belas Artes, e lecionou no Liceu de Artes e Ofícios. Também trabalhou na decoração do Teatro Municipal de São Paulo. Sua opção estética foi mais tradicional, não se deixando influenciar de forma decisiva pelas tendências modernistas. Pintou retratos, quadros históricos, naturezas-mortas, paisagens e temas religiosos. Dessa maneira, deve-se levar em conta que a representação dos bandeirantes realizada nesta imagem é uma construção posterior dos acontecimentos do Brasil colonial.

a) Bastante idealizados a partir da segunda metade do século XIX, os bandeirantes se tornaram símbolo de heroísmo e determinação nos difíceis tempos coloniais. Que elementos da imagem colaboram para a caracterização dos tempos coloniais como difíceis?
b) Pode-se dizer que a tela de Oscar colabora para a criação de uma memória idealizada dos bandeirantes. Por quê?
c) Uma montanha foi pintada no segundo plano da imagem. De que maneira ela se contrapõe ao que foi pintado no primeiro plano? Relacione-a com o objetivo de algumas bandeiras. Elabore um pequeno texto refletindo sobre o papel dessa montanha no quadro.

# Debatendo ideias

O cinema democratizou o mito e o tamanho da tela foi proporcional às dimensões que ele alcançou tanto no Brasil como no exterior. O filme [de 1976] modificou a grafia do nome – transformando-o em Xica da Silva –, e fez com que a figura da ex-escrava se mantivesse eternamente associada à sensualidade e à beleza. (...)

O movimento do Cinema Novo do qual [o diretor] Cacá Diegues participava tinha como interesses o povo brasileiro e sua história, mas reivindicava o direito da liberdade de expressão para contá-la. Para esse diretor, era importante compreender e resgatar a tradição afro-americana na nossa sociedade contemporânea e, buscando concretizar esse objetivo, transformou em película a história de dois ícones da presença africana no Brasil: Chica da Silva e Zumbi dos Palmares. Essa releitura pretendia oferecer uma visão crítica ao espectador, sobretudo no tocante às relações entre portugueses e a elite brasileira de um lado e os escravos e marginalizados de outro.

A sexualidade e a energia radiante de Chica compunham o retrato de uma cultura africana rica e complexa, enquanto os costumes e as personagens brancos se mostravam toscos, frios, quase ridículos. Dessa forma, minava-se o estereótipo da dominação dos negros pelos brancos e apresentava-se um quadro alternativo dessa relação.

FURTADO, J. F. Chica da Silva e o contratador dos diamantes: o outro lado do mito. São Paulo: Companhia das Letras, 2003. p. 282-283.

Com base no texto, debata a seguinte questão: como o cinema contribuiu para a construção do mito "Chica da Silva"? Quais as vantagens e as desvantagens dessa construção?

# Questões de vestibular

**1.** (UNICAMP – SP) A arte colonial mineira seguia as proposições do Concílio de Trento (1545-1553), dando visibilidade ao catolicismo reformado. O artífice deveria representar passagens sacras. Não era, portanto, plenamente livre na definição dos traços e temas das obras. Sua função era criar, segundo os padrões da Igreja, as peças encomendadas pelas confrarias, grandes mecenas das artes em Minas Gerais.

*Adaptado de:* SANTIAGO, C. F. G. Traços europeus, cores mineiras: três pinturas coloniais inspiradas em uma gravura de Joaquim Carneiro da Silva. In: FURTADO, J (Org.) *Sons, Formas, Cores e Movimentos na Modernidade Atlântica*. Europa, Américas e África. São Paulo: Annablume, 2008. p. 385.

Considerando as informações do enunciado, a arte colonial mineira pode ser definida como

a) renascentista, pois criava na colônia uma arte sacra própria do catolicismo reformado, resgatando os ideais clássicos, segundo os padrões do Concílio de Trento.

b) barroca, já que seguia os preceitos da Contrarreforma. Era financiada e encomendada pelas confrarias e criada pelos artífices locais.

c) escolástica, porque seguia as proposições do Concílio de Trento. Os artífices locais, financiados pela Igreja, apenas reproduziam as obras de arte sacra europeias.

d) popular, por ser criada por artífices locais, que incluíam escravos, libertos, mulatos e brancos pobres que se colocavam sob a proteção das confrarias.

**2.** (FUVEST – SP) E o pior é que a maior parte do ouro que se tira das minas passa em pó e em moeda para os reinos estranhos e a menor quantidade é a que fica em Portugal e nas cidades do Brasil...

ANTONIL, J. *Cultura e opulência do Brasil por suas drogas e minas*, 1711.

Esta frase indica que as riquezas minerais da colônia

a) produziram ruptura nas relações entre Brasil e Portugal.

b) foram utilizadas, em grande parte, para o cumprimento do Tratado de Methuen entre Portugal e Inglaterra.

c) prestaram-se, exclusivamente, aos interesses mercantilistas da França, da Inglaterra e da Alemanha.

d) foram desviadas, majoritariamente, para a Europa por meio do contrabando na região do rio da Prata.

e) possibilitaram os acordos com a Holanda que asseguraram a importação de escravos africanos.

**3.** (FUVEST – SP) A criação, em território brasileiro, de gado e de muares (mulas e burros), na época da colonização portuguesa, caracterizou-se por

a) ser independente das demais atividades econômicas voltadas para a exportação.

b) ser responsável pelo surgimento de uma nova classe de proprietários que se opunham à escravidão.

c) ter estimulado a exportação de carne para a metrópole e a importação de escravos africanos.

d) ter-se desenvolvido, em função do mercado interno, em diferentes áreas no interior da colônia.

e) ter realizado os projetos da Coroa portuguesa para intensificar o povoamento do interior da colônia.

**4.** (PUC – SP) Quando a capitania das Minas Gerais conhecia o seu apogeu, milhares de homens viviam na miséria, passavam fome, vagavam sem destino pelos arraiais, tristes frutos deteriorados de um sistema econômico doente e de uma estrutura de poder violenta. Da riqueza extraída das Minas, quase tudo ia para a Metrópole, onde se consumia em gastos suntuários, em construções monumentais (...), no pagamento das importações de que Portugal necessitava.

*Fonte:* MELLO E SOUZA, L. de. *Opulência e Miséria nas Minas Gerais*. São Paulo: Brasiliense, 1997. p. 75-76.

O texto acima mostra várias faces da exploração do ouro nas Minas Gerais durante o período colonial. A partir dele e de seus conhecimentos sobre o período, indique a alternativa correta.

a) Poucos se beneficiaram da riqueza oferecida pelos minérios e nenhum brasileiro enriqueceu com a extração de ouro ou de diamantes porque apenas os portugueses podiam realizá-la.

b) A mão de obra escrava predominava nas Minas Gerais porque a Igreja Católica impedia que os índios trabalhassem e nenhum homem livre se dispunha a enfrentar as dificuldades da região.

c) O sonho do enriquecimento fácil e rápido atraiu milhares de pessoas para a região e todos podiam explorar livremente, pois a metrópole não estabelecia qualquer limite ou restrição à atuação dos mineradores.

d) A imensa riqueza extraída era compartilhada de forma desigual, dada a forte dependência da Metrópole, o alto custo dos alimentos na região e o grande volume de impostos.

e) Quase todos os escravos que trabalharam nas Minas Gerais obtiveram alforria, por meio do furto de parte do minério encontrado ou porque os proprietários libertavam aqueles que descobriam ouro.

**5.** (UFMG) O século XVIII foi palco de uma série de movimentos e sedições, nos quais, em diferentes graus e a partir de diferentes estratégias, os vassalos da América Portuguesa procuraram redefinir o formato de suas relações com a Coroa Portuguesa.

Considerando-se esse contexto, é CORRETO afirmar que

a) a revolta de Filipe dos Santos, em Minas Gerais, na primeira metade desse século, reforçou os mecanismos de controle sobre os vassalos.

b) a revolta do Vintém e a do Quebra-quilos, na segunda metade desse século, ao desafiarem a Coroa, colocaram em crise a sede do Vice-Reinado.

c) a revolta dos Távora procurou estabelecer novos limites para a cobrança do Subsídio Literário, destinado à educação dos vassalos.

d) os conflitos entre paulistas e emboabas, nas Minas Gerais, levaram à instalação das casas de fundição nessa Capitania.

**6.** (UFPI) Relativamente às atividades econômicas do Brasil colônia, analise os itens a seguir:

I. Foram montadas, desde o início, com a colaboração exclusiva de trabalhadores africanos reduzidos à condição de escravos.

II. A pecuária foi responsável pela expansão do processo de colonização por vastas áreas territoriais do sertão amazônico.

III. A exploração das jazidas auríferas no Brasil, no início do século XVIII, impulsionou a formação de um mercado consumidor interno, favorecendo a atividade pecuária.

IV. Após as três primeiras décadas, marcadas apenas pelo esforço de garantir a posse da terra, os portugueses passaram a ocupar efetivamente os territórios descobertos, montando cadeias produtivas, como a do açúcar e do fumo, que teriam boa aceitação no mercado internacional.

Para responder, use a chave abaixo

a) Somente a afirmativa I é correta.
b) Somente as afirmativas I e II são erradas.
c) Apenas a afirmativa II é errada.
d) Apenas as afirmativas II e IV são erradas.
e) Apenas as afirmativas I e IV são erradas.

**7.** (UNESP) Entre as características da sociedade da região das Minas Gerais no período da extração de ouro, no século XVIII, podemos citar:

a) maior mobilidade social que no restante da colônia.
b) pequeno desenvolvimento artístico e ausência de estímulo à produção cultural.
c) predomínio do meio rural sobre o urbano, como no restante da colônia.
d) comércio interno restrito e ausência de setores sociais intermediários.
e) menor presença de irmandades religiosas que no restante da colônia.

# Programa de Avaliação Seriada

**1.** (PISM – UFJF – MG) Observe o gráfico e leia a citação a seguir.

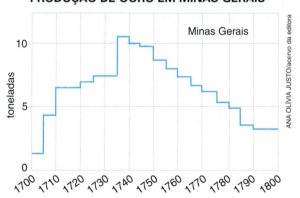

**PRODUÇÃO DE OURO EM MINAS GERAIS**

*Fonte:* PINTO, V. N.
*O Ouro e o Comércio Anglo-português.*

"Uma análise minuciosa revela, porém, que mesmo na época do apogeu da produção aurífera, grosso modo, foi fundado grande número de novos núcleos populacionais. (...) A Capitania de Minas Gerais passa a contar com um importante setor agropecuário e os caminhos novos e velhos garantem o abastecimento regular (...)."

*Fonte:* VENÂNCIO, R. P. *Diálogos Oceânicos.*

Baseando-se nos dados apresentados e em seus conhecimentos, assinale a alternativa INCORRETA.

a) O gráfico demonstra que a extração de ouro em Minas Gerais passa por um lento e gradativo processo de decadência após a década de 1740.
b) A pequena população mineira dependia, basicamente, da importação de gêneros alimentícios produzidos por outras capitanias e pouco exportava seus produtos.
c) A extração de ouro começa no final do século XVII e no início do século XVIII, gerando o florescimento de povoados e vilas que, aos poucos, vão ampliando suas funções urbanas, tornando-se centros de realização de atividades mercantis e espaços de convivência social.
d) Os centros urbanos coloniais abrigavam variados grupos sociais, desde os grandes comerciantes até as "negras de tabuleiro".
e) Para além da extração de ouro nas tradicionais regiões do centro da Capitania, a produção de alimentos e a criação de gado possibilitaram maior ocupação do território, a exemplo do Sul de Minas.

# capítulo 18

# Tensões e conflitos na América portuguesa

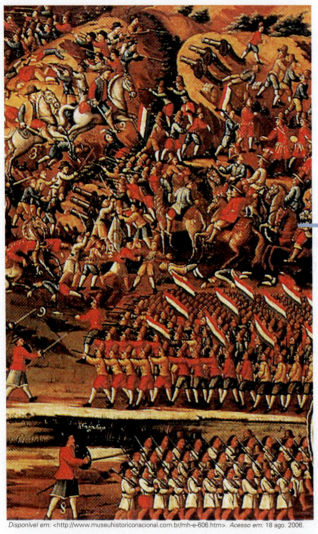

*Vários são os exemplos de tensão nas relações entre os grupos sociais que habitavam a América portuguesa do período colonial. Entre os séculos XVI e XVIII ocorreram vários movimentos e rebeliões nos territórios sob a administração lusitana. Comerciantes, soldados, padres, indígenas, escravos, enfim, vários segmentos protagonizaram movimentos que podem ser analisados sob a perspectiva dos acontecimentos locais e das instabilidades vividas na Colônia.*

Disponível em: <http://www.museuhistoriconacional.com.br/mh-e-606.htm>. *Acesso em*: 18 ago. 2006.

Aspecto de uma das pinturas de 1758 que compõem o painel *Batalha dos Guararapes*, no teto da Igreja de Nossa Senhora dos Prazeres do Monte dos Guararapes. A obra, de autoria desconhecida, representa um dos enfrentamentos militares, que teriam "resultado" na expulsão dos holandeses de Pernambuco em 1654. Embora a retomada da principal Capitania produtora de açúcar pelos portugueses não tenha sido apenas em razão dos êxitos armados, mas também em consequência do pagamento de uma grande soma indenizatória à Holanda, a Batalha dos Guararapes é, ainda hoje, vista por muitos como o momento de nascimento da "nacionalidade brasileira".

Contudo, como estudaremos neste capítulo, não é possível reconhecer um sentimento nacionalista brasileiro nas diferentes manifestações armadas coloniais, tanto no caso daqueles que mobilizaram os colonos contra agentes da própria Metrópole quanto no caso daqueles que os mobilizaram contra invasores de outros países europeus, como os holandeses. Segundo o historiador Evaldo Cabral de Mello, podem ser identificados fortes sentimentos locais nas diferentes regiões da Colônia; sentimentos chamados por ele de "nativismos", mas não um nativismo brasileiro.

As formas de organização da América portuguesa entre os séculos XVI e XVIII, revelam várias características das complexidades da sociedade aqui constituída. A partir da independência brasileira, obtida em 1822, todo aquele período passou a ser visto, de forma geral, como a fase correspondente à "infância da nação" – quando o sentimento nacional pouco a pouco teria se desenvolvido até se tornar forte o bastante para servir de base para a emancipação total do Brasil com relação a Portugal.

Nesse sentido, todos os conflitos ocorridos, durante os trezentos anos de administração portuguesa, entre colonos e forças metropolitanas, foram considerados precursores da independência, sendo iniciados por grupos de colonos sempre oprimidos, que buscavam mais liberdade, já que se tornaram contrários a uma estrutura absolutista e mercantilista. Esse tipo de avaliação, contudo, não é muito exato.

Conforme o que já estudamos, as relações entre Metrópole e Colônia não foram unilaterais, ou seja, negociações constantes entre colonos e agentes da Metrópole eram realizadas no sentido de que os interesses de ambos fossem satisfeitos, dentro dos limites possíveis. Além disso, os homens, que se estabeleceram na América portuguesa e passaram a extrair daqui lucros, consideravam-se súditos do monarca luso, possuindo os mesmos privilégios e direitos que os demais membros de seu estamento social, fixados no reino.

As revoltas ocorreram, principalmente, por descontentamentos com medidas administrativas ou com funcionários metropolitanos: abusos na cobrança de impostos, novas tributações consideradas injustas, dificuldades de terem seus pleitos encaminhados ao monarca ou aos tribunais do reino, crises econômicas prolongadas etc.

Logo, a maior parte dos conflitos ocorridos no período colonial não teve por finalidade a separação do Brasil com relação a Portugal; eles foram, antes de tudo, manifestações políticas contrárias àquilo que, em determinadas circunstâncias, os colonos consideravam absolutamente inaceitável.

Se atualmente os historiadores reconhecem que as revoltas e os conflitos coloniais não tinham por objetivo separar o Brasil de Portugal, também por isso alertam para o fato de que não faz muito sentido chamar aqueles movimentos de "nativistas", já que não foram eles impulsionados por sentimentos autonomistas comuns "apenas aos que teriam se apegado sinceramente a esta terra".

Apenas as conjurações do final do século XVIII foram claramente pró-emancipação, mas, mesmo naqueles casos, não se tratava de movimentos que estivessem relacionados a todo o território brasileiro, tal como o concebemos atualmente. Assim, nem aos conjurados mineiros e baianos podemos atribuir um sentimento "nativista brasileiro", homogêneo, único e capaz de fazer com que eles se identificassem "direta e facilmente" com os então "brasileiros" que viviam espalhados desde o Rio Grande do Sul até o Amazonas.

## Saiba mais

### Conceitos políticos

Não é fácil definir, com exatidão, os significados de **motim**, **insurreição**, **revolução**, **revolta**, **rebeldia** e **conjuração** durante o período colonial brasileiro, correspondente ao Antigo Regime na Europa. Ainda assim, aquelas manifestações de luta política foram bastante comuns e estiveram ligadas à complexidade das sociedades existentes na Era Moderna.

Ainda que nos dias atuais existam significados relativamente distintos para revolução, motim, insurreição, revolta, rebelião, no vocabulário político dos séculos XVII e XVIII há dificuldade em separar cada um deles. Se hoje *motim*, sinônimo de rebelião e revolta, alude a um levante coletivo quase sempre armado, com atos de desobediência às autoridades constituídas, marcado inevitavelmente por tumultos, ao passo que *insurreição* assinala a existência de um projeto claro de destruição do poder, assim como *revolução* – que prevê a implementação de transformações radicais nos níveis político, econômico e social –, na época não existia tal clareza conceitual.

Um mesmo movimento de contestação no século XVII poderia aparecer, a depender da posição de quem escrevia, designado como "revolta", "alteração" ou mesmo "inconfidência", ainda que destituído de pretensões transformadoras. Distúrbios sociais e populares mereciam ainda, no vocabulário político da época, designações como *levantamento*, *alvoroto*, *assuada*, *conjuração*, *rebelião*. Ademais, quase sempre o emprego da palavra *revolução* revestia-se de um sentido ligado à ideia de conservar e restabelecer situações que haviam se alterado, isto é, impedir mudanças.

Se a precisão do vocabulário de época não ajuda nessa aproximação, deve-se considerar que o recurso ao protesto coletivo foi um dos modos de luta política mais frequentes e usuais na Europa e na América modernas.

(...) Sob uma cultura política marcada pela ideia do "bem comum", elemento que equilibrava a vida social e de cuja preservação dependia a harmonia da coletividade, era direito de todos resistirem às injustiças. A sensibilidade estava à flor da pele. Sobretudo quando se esgotavam os meios de negociação e se configurava a situação de tirania da autoridade governativa. (...)

A organização de uma rebelião, agregando diferentes grupos sociais – privilegiados ou não –, com ataques armados e autoridades constituídas, gritos e ruídos de desordem nas ruas, ocasionalmente removendo e substituindo o governo local, destruição de propriedades, raramente foi manifestação espontânea, sendo muitas vezes calculada e planejada. Rebeliões pareciam se revestir de mais legitimidade quando os protestos eram capazes de agregar maior número de grupos, dando mostras de que a insatisfação era ampla e fruto de uma causa comum. Diversos movimentos empenhavam-se em atacar a autoridade local que estaria cometendo abusos longe das vistas do rei. E em nome deste, sempre protetor, provedor e justiceiro, deveria ser feita a rebelião. Ela se destinava a corrigir desacertos do governo local, coibir medidas excessivas de autoridades, reclamar contra injustiças de um novo imposto ou aumento de preço. Instrumentos de reivindicação costumeiros ameaçavam muito pouco a ordem política.

Nem sempre a revolta acabava bem. Afinal, constituíam crimes de caráter político prescritos na legislação e para os quais se previam punições terríveis, quase sempre exemplares: a morte com humilhação dos traidores ou o desterro. Esta ambiguidade vai ajudar a entender por que as reações dos soberanos oscilaram tanto entre a força e o perdão.

Fonte: FIGUEIREDO, L. *Rebeliões no Brasil Colônia*. Rio de Janeiro: Jorge Zahar, 2005. p. 17-19.

# A Revolta de Beckman (Maranhão, 1684)

Essa revolta evidenciou profundas divergências entre os interesses dos colonos, comerciantes metropolitanos e jesuítas – cada um deles considerando o seu interesse mais justo e legítimo, por identificá-lo diretamente com a vontade e os desígnios reais. Logo, não se tratou de um movimento contra a Coroa portuguesa, mas sim de um conflito entre grupos diferentes, que diziam lutar, antes de tudo, pelo rei, em nome da justiça.

Em 1680, o monarca luso, atendendo a uma antiga solicitação dos padres jesuítas, decretou a libertação de todos os índios que estivessem escravizados na região do Maranhão e criou, para o cumprimento efetivo da medida, a Junta das Missões – ou seja, embora oficialmente proibida, a escravidão dos gentios era realizada e as medidas régias então tomadas demonstram o quanto era difícil coibir, de maneira prática, o uso da mão de obra indígena pelos colonos portugueses.

Os produtores locais, que dependiam do trabalho indígena para a coleta das drogas do sertão, do plantio de algodão e da criação de animais, iniciaram mais um capítulo de seus tradicionais enfrentamentos com os jesuítas. Com o objetivo de diminuir as tensões e, ao mesmo tempo, ampliar os mercados para traficantes de africanos e comerciantes portugueses de gêneros como azeite, vinho, tecidos, o governo metropolitano criou a Companhia Geral do Comércio do Estado do Maranhão, em 1682.

Entre as incumbências da Companhia estavam a importação de quinhentos negros africanos por ano para substituir a mão de obra indígena, a venda dos gêneros trazidos da Metrópole e a compra dos produtos cultivados e coletados no local. No entanto, a Companhia não cumpriu o acordo, além de oferecer as mercadorias importadas a preços considerados injustos pelos colonos e propor o pagamento de valores irrisórios aos gêneros produzidos localmente.

Liderados por Manuel Beckman, os produtores maranhenses se revoltaram, expulsando os dirigentes da Companhia de Comércio e os jesuítas. Reunidos na Câmara Municipal de São Luís, os rebeldes decidiram formar um governo provisório até que a situação fosse resolvida. Tomás Beckman, irmão de Manuel e também um dos líderes do movimento, foi a Portugal para explicar às autoridades metropolitanas os motivos da revolta e, principalmente, apresentar provas de fidelidade ao rei de todos os envolvidos no movimento.

Todavia, a Coroa não considerou razoável a ação dos colonos no Maranhão, liderados pelos irmãos Beckman – os quais estavam, desde o início, absolutamente convencidos da justiça de suas reivindicações e dos absurdos cometidos pelos comerciantes da Companhia e pelos jesuítas, tanto que Tomás Beckman parece que não cogitara da possibilidade de ser preso em Lisboa como um revoltoso.

O rei português nomeou um novo administrador para o Maranhão, que embarcou para tomar posse de seu novo cargo acompanhado por tropas devidamente organizadas para pôr fim à revolta. Manuel Beckman e Jorge Sampaio, outro importante líder do movimento, foram presos e condenados à morte. Os demais colonos diretamente envolvidos no movimento sofreram degredo ou cumpriram pena na prisão.

Sufocada a revolta, ficou claro, todavia, para os administradores metropolitanos, que a Companhia de Comércio do Maranhão realmente não desempenhava a contento suas funções, o que motivou sua extinção em 1685.

A morte de Manuel Beckman é descrita, da seguinte forma, em *O Bequimão*, obra de Bernardo de Almeida:

> *Sua tranquilidade era impressionante e tão grande o silêncio em redor do patíbulo, que ele podia ouvir o rumor de alguns soluços abafados (...). Chegado o seu último momento, tendo já se ajoelhado e recebido a bênção do religioso, a impor a cruz sobre sua cabeça, ele falou com a voz embargada: "Tenho consciência do dever cumprido. Aceito resignadamente a sentença de morte e entrego minha alma a Deus. A todos a quem ofendi eu peço perdão. Pelo povo do Maranhão morro contente!".*

Tomás Beckman teve um destino menos trágico. Depois de vinte anos, em que cumpriu pena de degredo em Pernambuco, conseguiu autorização real para retornar ao Maranhão e voltar a desenvolver lavouras.

# A Guerra dos Emboabas (Minas Gerais, 1707-1709)

Os paulistas foram os descobridores do ouro nas Minas Gerais. Logo que a notícia se espalhou, centenas e mais centenas de pessoas dirigiram-se para a região. Julgando-se os únicos com direitos sobre os metais preciosos encontrados, os paulistas não acolheram com a menor simpatia os forasteiros ou **emboabas** que chegavam para também explorar as riquezas na região. De pequenos atritos cotidianos, a tensão se converteu em conflito armado.

Por volta de 1705, estima-se que a população da região das Minas estivesse perto de 30 mil habitantes, sendo que os emboabas eram majoritários. Aproveitando sua superioridade numérica e técnica, em 1707 os "forasteiros" organizaram uma grande milícia com a finalidade de impor seu total controle na região, por meio da expulsão dos paulistas. Tinha início uma série de conflitos que ficariam conhecidos como Guerra dos Emboabas.

Comandada por Bento Coutinho, a milícia emboaba procurou conquistar cada vitória de maneira que intimidasse os adversários dos combates futuros. Em uma de suas primeiras ações, mais de trezentos paulistas foram cercados e ficaram sem nenhuma chance de realizar um contra-ataque. O capitão emboaba prometeu poupar os que se entregassem, conseguindo, assim, a rendição dos paulistas. Mas não cumpriu sua palavra e os massacrou. Esse episódio ficou conhecido como Capão da Traição.

As vitórias emboabas se seguiram, sem que nenhum dos mecanismos administrativos metropolitanos conseguisse interferir eficazmente na região. Em 1708, evidenciada a derrota dos paulistas, o principal líder político emboaba Manuel Nunes Viana foi aclamado governador das Minas. No ano seguinte, a vitória definitiva dos emboabas seria reconhecida, com a rendição dos últimos combatentes paulistas após serem derrotados na batalha do rio das Mortes.

Para tentar tomar o controle sobre a região e pacificá-la, a Coroa portuguesa, em 1710, criou a Capitania Real de Minas Gerais, cujo território foi separado das capitanias de São Paulo e do Rio de Janeiro. Com a nova capitania, surgia também toda uma estrutura administrativa destinada não só a evitar novos embates entre os colonos, mas também, e principalmente, a permitir que a Metrópole melhor arrecadasse os tributos sobre os metais preciosos retirados da região.

Foram fundadas vilas a serem administradas por funcionários do Estado português: Vila Rica (futura Ouro Preto), Nossa Senhora do Carmo (futura Mariana) e Nossa Senhora da Conceição do Sabará.

Muitos dos paulistas dirigiram-se para outras regiões, como Goiás e Mato Grosso, em busca de novas jazidas, que acabaram sendo encontradas; outros retornaram para sua capitania original e passaram a se dedicar a atividades agrárias, complementares à economia mineradora.

Assim, bem definiu a historiadora Maria de Fátima S. Gouvêa:

> Ao contrário do que se afirmava outrora, a Guerra dos Emboabas não se configurou uma "revolta nativista" expressa no conflito entre os paulistas, desbravadores das Minas, e os "estrangeiros" ou portugueses. Tratou-se, na verdade, de uma luta muito específica pelo poder, terras e ouro na nascente Minas Gerais. Segundo Laura de Mello e Souza, a guerra exprimiu o anseio dos poderosos locais pelo controle da administração regional.

Ex-voto encomendado por um português (emboaba) que saiu ileso do conflito entre paulistas e "forasteiros", na Guerra dos Emboabas. A obra retrata vários episódios desse conflito. Anônimo, Igreja Nossa Senhora de Monte Serrat, Salvador.

# A Guerra dos Mascates (Pernambuco, 1710-1711)

Até a década de 1870, os conflitos ocorridos entre 1710 e 1711 eram chamados de "sedição" ou "alterações de Pernambuco". Só a partir da publicação do livro *Guerra dos Mascates*, em 1873, por José de Alencar, é que o conflito, que opôs os ricos comerciantes estabelecidos em Recife aos proprietários de engenho possuidores de casas em Olinda, passou a ser identificado pelo mesmo nome da novela histórica que o "popularizou" para além da região em que havia ocorrido.

Desde o fim do domínio holandês, em 1654, a importância econômica de Recife aumentou significativamente, o que levou as principais lideranças locais a reivindicar, ainda no final do século XVII, a elevação do ainda vilarejo à categoria de vila – separando-o, portanto, de Olinda. A situação socioeconômica das duas cidades era, então, oposta.

Recife se desenvolvia como uma das mais importantes praças comerciais dos territórios lusos no além-mar – posição conquistada, em grande parte, devido às obras de infraestrutura portuária realizadas no período holandês. Concentrando importantes embarques e desembarques dos principais gêneros trocados entre a Metrópole e suas regiões coloniais na América e na África, em Recife viviam importantes comerciantes, "homens de grandes negócios" – pejorativamente chamados pelos donos de engenho estabelecidos em Olinda de **mascates**, ou seja, mercadores ambulantes, "pobres".

Olinda, contudo, apesar de sua condição de vila e, portanto, de sede da municipalidade à qual Recife se subordinava, refletia a crise econômica da lavoura açucareira pernambucana – os preços do açúcar brasileiro eram cada vez mais baixos na Europa, tanto porque havia maior oferta do produto com o aumento da produção nas Antilhas pelos holandeses que lá se estabeleceram depois de deixarem o Brasil quanto porque a qualidade do açúcar antilhano, naquele momento, era melhor.

Recife, portanto, dependia das decisões de uma Câmara Municipal cujos vereadores eram proprietários de engenhos com graves dificuldades financeiras e, na maior parte das vezes, devedores dos "mascates", que desprezavam. Daí a pressão dos recifenses para a separação das duas municipalidades. Contudo, nada poderia contrariar mais os interesses dos "aristocratas do açúcar" e de seus representantes na Câmara olindense do que a perda da arrecadação dos impostos pagos pelo próspero vilarejo.

Em 1709, apesar de toda a pressão contrária, a Coroa portuguesa emitiu ordem criando a vila de Santo Antônio do Recife. A reação dos senhores de engenho foi violenta. Considerando que o monarca luso tinha violado, de forma absurda, o pacto que unia Pernambuco à Metrópole, ao separar Recife de Olinda sem consultá-los, os proprietários de engenho, em 1710, mobilizaram uma milícia rural, atacaram Recife, queimaram a ordem régia que desmembrava as cidades e atacaram o capitão-mor, principal autoridade local, que ferido fugiu para Bahia.

Evocando os serviços que prestaram durante a luta contra os holandeses entre 1645-1654 e seus "inquestionáveis" laços de fidelidade ao trono português, os "senhores da terra" não se intimidaram facilmente com os contra-ataques também violentos organizados pelos mascates que pretendiam retomar Recife o quanto antes. Os conflitos duraram até 1711.

Em outubro daquele ano, Felix José de Mendonça, o novo capitão-mor nomeado por Lisboa, chegou a Pernambuco com tropas e ordens expressas para a pacificação da região. Fazendo valer o decreto que elevava Recife à categoria de vila, o novo governante tomou o partido dos mascates.

Mais de 150 pessoas foram presas, os principais líderes do movimento olindense tiveram seus bens confiscados e foram condenados por crimes de lesa-majestade – ofensa grave ao rei. Em 1714, entretanto, D. João V anistiou os revoltosos e devolveu os bens confiscados, medida tomada, muito provavelmente, com o objetivo de evitar a desorganização da economia açucareira local.

Recife manteve a condição de vila e Olinda nunca mais conseguiu recuperar a sua antiga importância.

Olinda também é um dos patrimônios culturais da humanidade, conforme a Unesco. A vila de Olinda foi fundada em 1535 por Duarte Coelho, donatário da Capitania de Pernambuco. A cidade se estende sobre oito colinas interligadas por ruas e ladeiras íngremes, tendo casarios com fachadas revestidas por azulejos e cerca de vinte igrejas e conventos barrocos, repletos de obras de arte.

JUCA MARTINS/PULSAR

# A Revolta de Vila Rica (Minas Gerais, 1720)

*(...) a terra parece que evapora tumultos; a água exala motins; o ouro toca desaforos; destilam liberdades os ares; vomitam insolências as nuvens; influem desordens os astros; o clima é tumba da paz e berço da rebelião; a natureza anda inquieta consigo, e amotinada lá por dentro, é como no inferno.*

Pedro Miguel de Almeida Portugal, Conde de Assumar, Governador da Capitania de Minas Gerais entre 1717-1721.

Ao lermos o trecho acima, tendemos a pensar que o Conde de Assumar era um sujeito propenso ao exagero, sobretudo por ele atribuir, com tanta ênfase, à natureza das Minas Gerais a tendência incontrolável à insolência, à rebelião. O que o conde parece querer dizer é: por terras com tais características, disciplina, ordem e governo são elementos impossíveis.

Exagerado ou não, o então principal administrador português na região colonial, que se tornava a mais promissora do ponto de vista econômico para a Metrópole, teve motivos para considerar o território que governou por quatro anos um "verdadeiro inferno"; afinal, naquele período, ele teve de enfrentar dezesseis violentos levantes, todos organizados pelos colonos em resposta às rígidas medidas administrativas tomadas pela Coroa portuguesa, que cada vez mais se preocupava em controlar com eficácia a arrecadação tributária sobre os metais preciosos extraídos na região.

O mais grave daqueles levantes ocorreu entre os dias 28 de junho e 20 de julho de 1720 e ficou conhecido como Revolta de Vila Rica ou revolta de Filipe dos Santos. O movimento teve início a partir do anúncio de que seriam instaladas na Capitania as **Casas de Fundição**, que ficariam responsáveis pela transformação de todo o ouro em barras. Toda a fundição passava, a partir daquela medida, para as mãos da administração metropolitana que descontaria o imposto do quinto (20%) no momento da conversão do metal em barra, evitando, portanto, práticas de sonegação. Para tornar a medida mais eficaz, a Coroa portuguesa ainda proibiu totalmente a circulação do ouro em pó e sem o selo real, só recebido em barras fundidas pelas Casas de Fundição.

Filipe dos Santos, um tropeiro, liderou o movimento rebelde, propondo desobediência geral às ordens da Coroa e o assassinato do governador da capitania. Com outros rebeldes, elaborou um documento expondo a corrupção da burocracia metropolitana e exigindo que as Casas de Fundição não fossem instaladas. O Conde de Assumar, em um primeiro momento, concordou com as exigências e os rebeldes; em contrapartida, estes se comprometeram a entregar anualmente 30 arrobas de ouro ao rei – quantidade que eles consideravam justa e que estava de acordo com as tradicionais obrigações deles como súditos. Ou seja, não se mostraram contrários à Monarquia e ao soberano luso; manifestaram, antes de tudo, indignação com o que consideravam abusos por parte de uma administração colonial corrupta.

Na verdade, o Conde de Assumar, ao aceitar as condições dos rebeldes, procurou ganhar tempo. Com os ânimos mais calmos, cerca de 1.500 homens de um destacamento, criado especificamente para combater motins na região mineradora, foram mobilizados e a maior parte dos rebeldes foi presa. Filipe dos Santos ainda tentou fugir, mas foi preso e acabou condenado à morte e esquartejado, sendo sua cabeça exposta no pelourinho de Vila Rica.

## Mais revoltas

O historiador Luciano Figueiredo, em seu livro *Rebeliões no Brasil Colônia*, identificou três tipos principais de motivação para as revoltas ocorridas no período. Sem que as classificações tenham uma ordem cronológica, o autor definiu dessa forma os tipos de rebelião: revoltas escravas e indígenas; motins e revoltas dos colonos contra a atuação dos jesuítas; e reações ao controle fiscal e ao regime de comércio na Colônia. As revoltas lideradas por colonos, por exemplo, não eram, em suas bases centrais, contrárias ao domínio português, mas sim contra os indicados pela Coroa, pois supostamente desrespeitavam as normas e oprimiam ainda mais a vida do colono.

Mesmo com essa tipologia, segundo o historiador, as revoltas podiam ter mais de um motivo relacionado. Para conhecer um pouco mais das rebeliões do período colonial, podemos destacar:

1) **Conflito com os janduís (Rio Grande do Norte e Ceará)**: ocorrido a partir da intensificação do processo de expansão da pecuária em terras indígenas, por volta de 1680. Desentendimentos entre colonos e indígenas que faziam parte

do grupo dos janduís fizeram com que mais de cem pessoas fossem mortas, assim como milhares de cabeça de gado. A força dos janduís, liderados por Canindé, pode ser observada pelo tamanho de seu exército, de aproximadamente 5 mil homens armados com arco e flecha. Expedições militares foram realizadas para combatê-los até 1695. Os janduís, que tinham apoiado a invasão holandesa, temiam a sua escravização por parte dos portugueses. Em 1692, propuseram um armistício no qual se comprometiam a obedecer às autoridades portuguesas e combater ao lado delas contra inimigos da Coroa, além de permitir a exploração de pedras preciosas e de ceder terras para o gado dos portugueses. A contrapartida lusitana foi a de deixar terras suficientes para o sustento das aldeias dos janduís.

2) **Rebeliões na Capitania de São Paulo**: o número de indígenas em relação aos homens brancos na Capitania era muito desproporcional: 8 indígenas para cada homem branco. A falta de alimentos na região também acirrava as disputas entre os portugueses e os índios. Assaltos, roubos e violência eram comuns na região na década de 1650. Na localidade de Juqueri, em 1652, os índios mataram os brancos, incluindo o dono da fazenda, e colocaram fogo na plantação.

3) **A "Santidade de Jaguaripe" (Bahia)**: movimento que surgiu por volta de 1580 e que mesclava aspectos religiosos e de resistência à escravidão indígena. A Santidade era um culto religioso feito nas terras de um fidalgo, Fernão Cabral, que protegia a seita por despertar o interesse de novos indígenas que chegavam à região atraídos pela promessa de felicidade e uma vida sem escravidão. Porém, tornou-se mais agressiva e organizava ataques e incêndios de plantações, além de recrutar fiéis entre escravos. Considerado um movimento herege, a Santidade foi reprimida e uma de suas lideranças teve a língua arrancada e depois foi enforcada em 1585.

## Os rituais religiosos cristãos à moda tupi

A história da Santidade de Jaguaripe foi marcada pela liderança de um indígena chamado Antônio, que dizia ser Tamandaré, um ancestral mítico dos Tupinambá. Antônio foi catequizado por jesuítas e desenvolveu um ritual que tinha aspectos cristãos e tupi. Ele nomeava "bispos", criava uma hierarquia religiosa semelhante à da Igreja católica e, ao mesmo tempo, em suas cerimônias havia sessões de transe espiritual. Os primórdios da Santidade são relatados neste texto do historiador Ronaldo Vainfas.

Bahia, 1585. O capitão Bernaldim da Grã, à frente de pequena tropa, invadiu a fazenda do principal senhor de Jaguaripe, Fernão Cabral, que não lhe opôs resistência. Sabia ele o que Bernaldim pretendia fazer e ainda lhe indicou o lugar que procurava, distante meia légua ou três quilômetros da casa-grande. Ali ficava uma grande maloca, onde cabiam centenas de pessoas, chefiadas por uma índia conhecida por Santa Maria Mãe de Deus e auxiliada por índios, também chamados por nomes de santos – um deles, Santíssimo. Faziam orações cristãs, rezavam por rosários, confessavam suas culpas numa cadeira grande de pau e houve quem visse ali umas tabuinhas com riscos, que pareciam ser os breviários da seita. À porta da maloca, havia uma cruz de madeira fincada, indicando com nitidez a identidade católica do grupo.

**breviários**: livro com as orações que devem ser feitas diariamente.

Catolicismo à moda tupi, é claro, que não excluía ritos e crenças tupis no dia a dia do culto. Bailavam à moda indígena da mesma maneira como Jean de Léry, quase 20 anos antes, descrevera o baile tupinambá na Guanabara, abrindo uma fresta indiscreta na maloca principal da aldeia. Dançavam unidos, embora de mãos soltas e fixos no lugar, formando roda e se curvando para a frente. Moviam somente a perna e o pé direito, cada qual com a mão direita na cintura e o braço esquerdo pendente. Fumavam desbragadamente o tabaco – petim, na língua nativa – que os portugueses chamaram de erva--santa. Por meio do fumo, os índios se comunicavam com seus mortos, falavam com os ancestrais, recordavam seus heróis, como Tamandaré, que, segundo o mito, se refugiara no topo da palmeira mais alta da terra para escapar de um dilúvio lendário. Os índios de Jaguaripe fumavam e bailavam em torno de um ídolo de pedra, com jeito de figura humana, nariz, olhos, cabelos, e ainda vestido com uns trapos que o senhor do lugar, Fernão Cabral, lhe havia ofertado, para agradar aos índios. Media um côvado de altura – 66 centímetros – e tinha nome pomposo: Tupanasu, deus grande.

**desbragadamente**: excessivamete, exageradamente.

Bernaldim da Grã invadiu a fazenda para destruir aquela "abusão", como diziam, a mando do governador Teles Barreto. Mas, a bem da verdade, fora enviado menos por causa das festas gentílicas do que pelas rebeliões que se alastravam pelo Recôncavo havia pelo menos seis meses, estimuladas pelo que acontecia na fazenda de Jaguaripe. Emissários da seita percorriam engenhos e lavouras, incitando os índios escravizados a fugir. Faziam o mesmo nos aldeamentos da Companhia de Jesus. Chegaram a incendiar um engenho e destruíram a Igreja de Santo Antônio. Escravistas de toda a capitania protestavam junto ao Governador. Os jesuítas, desesperados, exigiam providências. Os moradores, em geral, viviam apavorados. A Bahia vivia atormentada por esta que foi, sem dúvida, a maior rebelião indígena do século XVI.

Mas a rebelião ocorrida na Bahia, em 1585, não foi senão o auge de uma série de movimentos que, dotados de forte cunho milenarista, pipocavam desde meados dos quinhentos em todo o litoral. Deles informam diversos cronistas, a exemplo de Jean de Léry, e vários jesuítas, como Anchieta e Nóbrega. Todos acentuavam os aspectos religiosos desta inquietação indígena, na qual "feiticeiros" percorriam as aldeias do litoral incitando os índios a largar o trabalho, porque era chegado o tempo em que os frutos cresceriam da terra sem que ninguém os plantasse, e as flechas caçariam sozinhas nos matos. As mulheres, se velhas, recobrariam a juventude e todos se tornariam imortais. Pregavam, pois, a chegada de um autêntico paraíso tupi. E pregavam em transe, depois de se embriagar de fumaça que baforavam, em meio aos bailes, chacoalhando maracás ornados com penas. Alguns cronistas carregavam nas tintas para descrever o frenesi indígena, dizendo, como Léry, que "as mulheres urravam, saltavam com violência, agitavam os seios e espumejavam pela boca até desmaiar".

Os tais "feiticeiros", que os jesuítas descreviam como diabólicos, eram, na verdade, grandes pajés: os chamados pajés-açu. Diferiam do comum dos pajés, simples curandeiros, porque tinham este dom de tratar com os mortos. Eram quase deuses. Homens-deuses. Percorriam aldeias, depois engenhos e missões cristãs, para pregar aos índios. Pregavam a busca da Terra sem Males, antiga crença dos tupis que, segundo os etnólogos, teria mesmo estimulado a migração dos diversos grupos desta língua para o litoral do futuro Brasil.

*Fonte:* VAINFAS, R. Santos e Rebeldes. In. *Revista de História da Biblioteca Nacional*, Rio de Janeiro, n. 1, jul. de 2005. *Disponível em:* <http://www.revistadehistoria.com.br>. *Acesso em:* 6 jun. 2012.

4) **Revolta escrava de Catas Altas (Minas Gerais):** em 1735, uma revolta de escravos contra as condições de trabalho na procura de ouro fez com que eles atacassem alguns homens brancos. O esgotamento físico dos escravos no trabalho nas minerações era o principal motivo da rebelião, que terminou com castigos exemplares aos líderes.

5) **Ofensivas dos colonos contra os jesuítas no Rio de Janeiro e Santos:** a ação dos jesuítas contra a escravidão indígena gerou descontentamentos em mais de uma localidade e ocasião. Além da mais conhecida, que foi a Revolta de Beckman, há relatos de episódios no Rio de Janeiro e em Santos, em 1640. A leitura do Breve Papal, um documento expedido pelo papa Urbano VIII, que reafirmava a liberdade dos indígenas e proibia a sua escravidão, fez com que os colonos se sublevassem no Rio de Janeiro e invadissem o Colégio dos jesuítas. Os padres quase foram linchados, mas, antes disso, as tropas do governador interviram e impediram o fato. Mas a população só deixou o local com a promessa de que os jesuítas não publicariam o Breve e os colonos, por sua vez, não expulsariam os jesuítas. Em Santos, houve acontecimento semelhante.

6) **Revoltas de soldados na Bahia e no Rio Grande do Sul:** os motins de soldados tornaram-se frequentes na medida em que eles não tinham seus pagamentos e eram abandonados pela Coroa em situações ameaçadoras. Em Salvador, em 1688, após mais de 9 meses sem receber o soldo, os militares se amotinaram, cercaram a casa de pólvora e passaram a saquear a cidade. Três dias de tensão e mais de 20 mortos resultou no pagamento dos soldos, mas também na punição dos envolvidos. No Rio Grande do Sul, em 1737, os soldados do presídio tinham uma condição precária, que praticamente não se distinguia da dos prisioneiros: não podiam possuir cavalos nem circular livremente. Os soldados não recebiam o soldo em dia nem tinham fardas e alimentos fornecidos pela Fazenda Real. Após vinte meses sem receber os soldos e 3 anos sem receber fardas, os soldados se amotinaram em 1742 e, após 2 meses de protesto, que incluíram revoltas contra castigos físicos, os soldados tiveram suas reivindicações atendidas e novos comandantes foram nomeados.

7) **Revolta da Cachaça (Rio de Janeiro):** em novembro de 1660, proprietários de terras reuniram-se na Câmara Municipal do Rio de Janeiro para protestar contra os tributos. Aproveitando-se da ausência do governador Salvador Correia de Sá e Benevides, que havia instituído um tributo sobre a cachaça, os fazendeiros, liderados por Jerônimo Barbalho, se sublevaram contra todos os impostos praticados pelo governo local. Os rebelados defendiam fidelidade ao rei português, mas gritavam contra o governador e pessoas identificadas com ele, como clérigos

jesuítas e beneditinos. Os funcionários da Fazenda Real, pressionados pelo motim, concordaram em alterar a cobrança de impostos. Vitoriosos, os rebeldes nomearam representantes dos moradores para ocupar os cargos que estavam nas mãos dos que haviam sido nomeados pela Coroa. A experiência durou aproximadamente 6 meses. O governador deposto tinha um grande rol de acusações: desviar recursos, exorbitar em suas funções, empregar parentes nos altos cargos da Capitania, além de ser aliado dos jesuítas na questão da proibição da escravidão indígena. Mesmo assim, ele conseguiu obter recursos do governo português, organizou um exército e reconquistou a cidade do Rio de Janeiro. O líder da Revolta da Cachaça, como ficou conhecida, foi condenado à morte. A Coroa portuguesa, entretanto, temia pela excessiva repressão feita por Salvador de Sá e decidiu afastar o governador em 1661.

As revoltas, os motins e levantes que vimos no capítulo ilustram a diversidade das questões sociais, políticas e econômicas do processo colonial. As dinâmicas das relações entre colonos, autoridades, indígenas e escravizados evidenciam que as revoltas do período não tinham uma única motivação nem procedimentos ou mesmo resultados semelhantes, pois cada processo histórico tem sua peculiaridade. O importante, ao observarmos novos conflitos e tensões, é compreender como as explicações desses processos foram silenciadas e identificar os aspectos convulsionados da época colonial.

## *Passado/presente*

### Participação e mobilização popular

As diferentes formas de rebelião do período colonial nos instigam a observar a importância da participação e mobilização das pessoas em determinado protesto. A organização de um protesto e a forma como ele ocorria dependiam da capacidade de agregar interesses mais amplos que os de um único grupo e, consequentemente, obter apoios e definir contra o que protestavam. Na atualidade é bastante comum observarmos a realização de passeatas e protestos populares por diferentes motivos, como, por exemplo, contra a corrupção, pelo fim da violência ou por demandas sociais como moradia e educação. Na sociedade colonial, quando havia correria pelas ruas e sinos de Igrejas tocavam em ritmos ou horários diferentes dos rituais religiosos, era sinal de que a ordem estava ameaçada e que nem tudo funcionava bem nas diferentes regiões, embora houvesse um mesmo rei e um mesmo código de leis. Na atualidade, protegidos por direitos de associação e organização, os diferentes grupos sociais mobilizam-se com maior ou menor frequência, dependendo do período. Porém, o recado que se transmite é semelhante: havendo as mesmas leis e direitos, nem todas as partes do país nem todos os grupos sociais estão satisfeitos com as condições de sua existência.

Os protestos podem ser o ponto de partida ou mesmo o de chegada de um determinado processo, mas quando eles ocorrem é a evidência de que algum canal de negociação se esgotou ou porque há uma nova realidade que precisa ser atendida e negociada.

EDSON GRANDISOLI/PULSAR IMAGENS

Em junho de 2013. Nas cidades de São Paulo, a população saiu às ruas contra a elevação das tarifas do transporte público. O movimento, entretanto expandiu-se para outras questões como a crítica com gastos com a realização de Copa do Mundo e a precariedade dos serviços de Saúde, educação e transportes.

# Revisitando a História

**1.** Qual a importância de estudar as rebeliões do período colonial?

**2.** Explique por que o período foi apresentado como sendo a "infância da nação". Por que atualmente essa visão é criticada pelos historiadores?

**3.** O que são as revoltas nativistas? Por que a maioria das revoltas do período colonial não pode ser explicada a partir desse princípio?

**4.** Relacione os aspectos econômicos, políticos e religiosos presentes na Revolta de Beckman.

**5.** Nem todas as revoltas do período colonial tinham aspecto popular. Explique a afirmação com base nos episódios ocorridos na Guerra dos Mascates.

**6.** Quais as justificativas para o conflito conhecido como a Guerra dos Emboabas?

**7.** Por que a religiosidade teve aspecto central na Santidade do Jaguaripe?

**8.** Observe a tipologia de conflitos descritos pelo historiador Luciano Figueiredo e responda:

a) Os motivos das revoltas são excludentes entre si? Justifique.

b) Havia maior contestação ao poder da Coroa portuguesa ou aos seus representantes na Colônia?

c) Considerando as revoltas e as circunstâncias de alguns motins envolvendo militares, pode-se afirmar que havia um grande aparato ou condições adequadas para defender a ordem colonial?

# Analise esta imagem

Antônio Parreiras (1860-1937) foi um artista polêmico, paisagista, autor de vários quadros históricos que tratam de temas referentes à história dos estados brasileiros. Nasceu no Rio de Janeiro, onde estudou na Academia Imperial de Belas Artes. Fez parte do Grupo Grimm, um grupo de artistas organizado pelo pintor alemão Georg Grimm (1846-1887) que saía para pintar paisagens ao ar livre, diretamente na tela. Faziam a chamada pintura *en plein air*, um gênero até então não empregado pela Academia no Brasil. Sua produção foi muito vasta. Estudou em Veneza com um prêmio de viagem da Academia Imperial que ganhou em 1888; também esteve várias vezes em Paris. Depois de sua morte, em 1937, sua casa em Niterói foi transformada no Museu Antônio Parreiras, que hoje abriga 230 obras de sua autoria, além de obras de outros artistas brasileiros e estrangeiros. O quadro acima, carregado de emoção, exibe Filipe do Santos perante o Conde de Assumar – governador da Capitania – no momento em que é condenado ao suplício e à morte.

a) Onde, nesse quadro, está o poder do colonizador? Como o poder de Portugal está representado nessa tela?
b) No capítulo vimos que as chamadas revoltas nativistas não tiveram caráter nacionalista ou patriótico. Porém, Filipe dos Santos foi, a partir do final do século XIX e início do XX, caracterizado por alguns autores como um dos primeiros "mártires da pátria". Como a tela de Parreiras colabora para a construção de Filipe dos Santos como mártir da pátria?
c) Em movimentos populares que abrangem muitas pessoas, algumas vezes o líder é destacado como representativo do conjunto do movimento. Levando em conta a questão anterior, reflita e depois escreva um pequeno texto sobre como Filipe dos Santos e a população são apresentados nesse quadro.

## Debatendo ideias

A sociedade colonial tinha suas regras e costumes. O rei deveria garantir, dentre outras coisas, a concórdia entre os súditos, o respeito à condição dos súditos e a proporcionalidade na cobrança de impostos. Aos colonos cabia respeitar a hierarquia, obedecer às leis e sustentar a ordem determinada pelo monarca. Portanto, deveria existir um equilíbrio entre a obediência dos súditos e a justiça do rei diante dos costumes e das tradições dos povos.

Com base nessa observação, debata com seus colegas:

a) Por que os colonos se rebelavam?
b) Por que o rei considerava legítimo reprimir os movimentos? Com base em qual princípio os líderes de movimentos puderam ser punidos?
c) Havia uma situação de tensão entre os dois princípios assegurados? Justifique.

## Questões de vestibular

**1.** (UNICAMP – SP) Emboaba: nome indígena que significa "o estrangeiro", atribuído aos forasteiros pelos paulistas, primeiros povoadores da região das minas. Com a descoberta do ouro em fins do século XVII, milhares de pessoas da colônia e da metrópole vieram para as minas, causando grandes tumultos. Formaram-se duas facções, paulistas e emboabas, que disputavam o governo do território, tentando impor suas próprias leis.

Adaptado de: SILVA, M. B. N. da (Coord.). *Dicionário da História da Colonização Portuguesa no Brasil.* Lisboa: Verbo, 1994. p. 285.

Sobre o período em questão é correto afirmar que:

a) As disputas pelo território emboaba colocaram em confronto paulistas e mineiros, que lutaram pela posse e exploração das minas.
b) A região das minas foi politicamente convulsionada desde sua formação, em fins do século XVII, o que explica a resistência local aos inconfidentes mineiros.
c) A luta dos emboabas ilustra o processo de conquista de fronteiras do império português nas Américas, enquanto na África os portugueses se retiravam definitivamente no século XVIII.
d) A monarquia portuguesa administrava territórios distintos e vários sujeitos sociais, muitos deles em disputa entre si, como paulistas e emboabas, ambos súditos da Coroa.

**2.** (UFG – GO) As regiões mineratórias do Brasil colonial se constituíram em espaços marcados pela experiência do conflito e da violência entre os diversos grupos sociais que as habitavam. A Guerra dos Emboabas (1707-1709) é um dos principais exemplos dessa experiência de conflito. Tomando como base esse acontecimento, explique:

a) o motivo para a deflagração do conflito.
b) a ação da Coroa Portuguesa diante dos conflitos entre emboabas e paulistas.

**3.** (UFLA) Para os movimentos que se inserem no contexto da crise do sistema colonial brasileiro, utiliza-se a seguinte classificação: movimentos nativistas e movimentos emancipacionistas. Assinale a alternativa que NÃO apresenta um movimento nativista.

a) Revolta de Beckman
b) Revolta de Vila Rica
c) Guerra dos Mascates
d) Conjuração Baiana

**4.** (UEG – GO) Durante a vigência do sistema colonial no Brasil, houve várias revoltas contra a administração portuguesa. Dentre essas revoltas, aquela que foi influenciada ideologicamente pela Revolução Francesa foi a

a) Guerra dos Mascates, entre Olinda e Recife, expressando os conflitos entre comerciantes e proprietários de terras.
b) Revolta de Beckman, na qual os maranhenses expressaram o seu descontentamento com o monopólio comercial de Portugal.

c) Revolta dos Alfaiates, na qual as classes populares baianas propuseram a emancipação dos escravos e a independência da Bahia.
d) Revolta dos Emboabas, entre paulistas e forasteiros portugueses, pelo controle e pela exploração das minas de ouro.

**5.** (UFAM) As contestações ao sistema colonial implantado no Brasil tiveram origem na dupla forma de dominação: a da metrópole sobre a colônia e a dos senhores sobre os escravos. De um modo geral, distinguem-se aquelas que não propuseram das que propuseram a emancipação política como solução. Assinale, dentre as alternativas a seguir, a rebelião que não se insere no quadro de rebeliões sem cunho emancipacionista:

a) Revolta de Beckman, no Maranhão.
b) Quilombo dos Palmares, em Alagoas.
c) Guerra dos Mascates, em Pernambuco.
d) Guerra dos Emboabas, em São Paulo.
e) Conjuração dos Alfaiates, na Bahia.

**6.** (UECE) Considere as afirmações a seguir em relação à Guerra dos Mascates ocorrida na capitania de Pernambuco, entre 1710 e 1711:

I. A Guerra dos Mascates foi um conflito entre os comerciantes de Recife e os proprietários de terras de Olinda, no contexto em que, a primeira florescia e a segunda mostrava claros sinais de decadência.

II. A vitória dos comerciantes de Recife possibilitou a emancipação de sua vila e o fim da sujeição política, administrativa e jurídica a Olinda.

III. O discurso dos olindenses derrotados era aquele que os afirmava como nobres homens da terra, destituídos de suas prerrogativas por estrangeiros e seus descendentes aventureiros.

Está correto o que se afirma em

a) III apenas.          c) I apenas.
b) II e III apenas.     d) I, II e III.

**7.** (UFPI) As alternativas abaixo dizem respeito ao período colonial brasileiro, séculos XVI a XVIII. Analise as afirmativas e assinale V, para verdadeiro, e F, para falso.

1 ( ) A economia estava subordinada ao pacto colonial com a metrópole, limitando-se à exploração do açúcar e do algodão em grandes lavouras, com o uso intensivo do trabalho escravo indígena.

2 ( ) A navegação a vapor em alguns rios brasileiros, como o Amazonas, o Tocantins e o Parnaíba, facilitou as comunicações e o desenvolvimento do comércio no século XVIII.

3 ( ) A pecuária foi uma atividade econômica que tinha como objetivo abastecer o mercado europeu de couro e carne, aumentando os lucros da metrópole.

4 ( ) A Inconfidência Mineira foi um movimento que buscava a ruptura dos laços coloniais, ao tempo em que procurava assegurar a unidade territorial de todas as colônias portuguesas na América.

# Programas de Avaliação Seriada

**1.** (PAS – UFLA – MG) A crise açucareira do nordeste brasileiro é, geralmente, apontada como causa de um movimento de insatisfação do período colonial, ocorrido no Pernambuco, em 1710. Assinale a alternativa que se refere **CORRETAMENTE** ao movimento pernambucano.

a) Guerra dos Mascates
b) Revolta de Filipe dos Santos
c) Revolta de Beckman
d) Revolução Praieira

**2.** (PAS – UFLA – MG) Para os movimentos que se inserem no contexto da crise do sistema colonial brasileiro, utiliza-se a seguinte classificação: movimentos nativistas e movimentos emancipacionistas. Assinale a alternativa que **NÃO** apresenta um movimento nativista.

a) Revolta de Beckman
b) Revolta de Vila Rica
c) Guerra dos Mascates
d) Conjuração Baiana

**3.** (CPS – UEPG – PR) Ao longo do tempo, o relacionamento entre Colônia e Metrópole foi gerando uma contradição que acabou provocando uma sucessão de revoltas que culminaram com a Independência do Brasil. Acerca das revoltas que marcaram este período, assinale o que for correto.

(01) A Conjuração Mineira ocorre em meio ao descontentamento dos membros da elite econômica e cultural de Minas Gerais que se organizam em torno de diversos objetivos, entre eles liberar o Brasil de Portugal, criando uma República com capital em São João del Rei.

(02) Além da Conjuração Mineira e da Conjuração Baiana, ocorreram outras rebeliões: a Revolta de Beckman, a Guerra dos Emboabas e a Guerra dos Mascates, entre outras. Estas, com características de contestação a alguns aspectos da política econômica colonial e não do sistema como um todo, visavam apenas corrigir parte da política estabelecida pela Metrópole portuguesa.

(04) Tanto a Conjuração Mineira como a Conjuração Baiana atingiram seus objetivos e não sofreram nenhum tipo de repressão da Coroa Portuguesa.

(08) A Conjuração Baiana, assim como a Conjuração Mineira, foi liderada pela elite baiana e representava os interesses desta classe em relação à Metrópole.

# capítulo 19

# A colonização espanhola

*O processo de colonização espanhol nas Américas não ocorreu em todas as regiões do continente ao mesmo tempo nem da mesma forma. A presença dos europeus na América e as resistências indígenas continuaram existindo em várias regiões, fossem elas simuladas ou explícitas. Se é mais simples observarmos a presença de características europeias nas sociedades coloniais, não podemos ignorar que os colonos também incorporavam hábitos e práticas novas, como, por exemplo, na alimentação e nas formas de convivência. Por mais que houvesse projetos da Espanha e controles que a metrópole exercia, os habitantes da América construíram sociedades com características próprias e tinham sua própria história, que ficava cada vez mais evidente à medida que os anos passavam. Se a América nasceu sob o impacto da violência e se julgava que como Colônia deveria ser uma simples reprodução das instituições europeias, poderemos observar que as dinâmicas das relações entre os espanhóis e os povos que já habitavam a região e possuíam seus valores, sua cultura e sua história fizeram surgir diferentes sociedades americanas.*

## A implantação do modelo colonial espanhol

Passada a fase das conquistas militares iniciou-se um período de institucionalização da presença espanhola na América.

As formas de organização dos antigos domínios começavam a ser reformuladas pelos espanhóis.

Os desafios impunham-se não somente aos povos conquistados, mas também aos próprios espanhóis e às funções que cada um poderia desempenhar na região. A partir de 1521, com a vitória de Cortés sobre Montezuma iniciou-se o processo institucional da conquista espanhola.

### *Disseram a respeito*

#### O trabalho e a religião: questões culturais do mundo americano

*Os aspectos culturais indígenas são muito fortes dentro das sociedades hispano-americanas ainda hoje. A historiadora Janice Theodoro escreve sobre as estratégias de sobrevivência dos indígenas, que incluía a imitação e transformação da cultura.*

As populações indígenas da América, trabalhando para os europeus, procuravam obedecer ao ritmo de vida na forma exigida pelos seus senhores. Nas missões os padres ensinavam as populações nativas a obedecer ao sino e a acompanhar os ofícios religiosos.

A repetição de gestos em cerimônias religiosas e o longo processo de catequização favoreciam o aprendizado de novos costumes. (....)

Ao erguer novos palácios, ao construir igrejas, o indígena aprendia a imitar. Aprendia o ofício, tornava-se um bom artesão, sobrevivia. Sua conduta deveria sugerir sempre o abandono de seus ídolos e a crença absoluta em Deus.

(...) Ocorre que para as culturas indígenas da América era possível incorporar outros deuses ao panteão sem excluir nada.

O resultado desse conflito não é difícil de imaginar. Ocorreram sobrevivências culturais indígenas que permaneceram encobertas nesse processo aparente de imitação dos costumes europeus. O indígena, enraizado em suas tradições politeístas, pôde manter parte de seu patrimônio cultural, ao contrário do europeu, sempre a exigir exclusão.

(...) Contudo, o resultado não foi uma interação verdadeira, mas a manutenção de diversos planos sempre capazes de se adaptarem de acordo com as exigências do momento. (...)

*Fonte: THEODORO, J.
Descobrimentos e Renascimento.*
São Paulo: Contexto, 1996. p. 51-52.

**1)** Explique como funcionava a estratégia de sobrevivência cultural dos indígenas.

**panteão:** templo dedicado aos deuses.

## Os interesses da Coroa espanhola e dos colonos

A primeira questão que delineou o processo de criação das instituições jurídico-políticas espanholas e que se estendeu por mais algumas décadas foi o debate sobre as recompensas para os colonos e a parte que seria da Coroa espanhola. Ou seja, os colonos não vieram para a América como meros representantes da Coroa, eles tinham seus interesses particulares na exploração dessas novas terras. Ao mesmo tempo, eles não poderiam ter uma autonomia que superasse o papel do rei espanhol.

Era preciso encontrar um ponto de equilíbrio entre os interesses dos colonos e da Coroa.

Entre os colonos, podemos dividir os membros das expedições espanholas em dois grupos: os chefes de expedição e as tropas. Os primeiros eram geralmente homens da pequena nobreza sem muitas posses em seus reinos de origem. Entre estes podemos destacar os conquistadores Hernán Cortés, Pedro de Alvarado e Pedro de Valdivia. O segundo grupo era formado geralmente por pequenos camponeses, infantes (*peones*), soldados pobres e plebeus de todos os níveis. Eram integrantes de camadas inferiores da sociedade espanhola que, estando desocupados desde a Guerra da Reconquista, quando os espanhóis expulsaram os árabes de suas terras, foram direcionados para as terras descobertas.

A viagem às novas terras, no modo de entender de muitos dos que vieram, era uma possibilidade de se tornar nobre, dono de terra e de ter vassalos a seu serviço. A aspiração à nobreza somou-se ao gosto pela aventura, potencializado pelos romances de cavalaria. Geralmente pensamos que a "mão forte" do rei esteve presente desde as primeiras conquistas, pois os próprios conquistadores se reportavam à Coroa com a intenção de transmitir informações sobre o que se passava. Por isso temos a impressão de que o rei estava ciente das ações e reações de suas tropas e de que mantinha o controle, mesmo a distância.

Porém, outro traço pessoal dos conquistadores nos induz a uma percepção diferente. A cobiça, denunciada com intensidade pelos religiosos que foram para as áreas de colonização, revela a prevalência dos interesses dos conquistadores, que, como vimos, eram pessoas de poucas posses, em detrimento dos projetos estatais espanhóis. Por isso havia um conflito de interesses, sintetizado em uma máxima atribuída aos colonos: "Deus está no céu, o rei está longe e eu mando aqui".

## O modelo administrativo colonial

As divergências de interesses entre a Coroa espanhola e os colonos tiveram suas origens desde as primeiras viagens de Colombo, em virtude dos privilégios concedidos pelo rei na forma das **Capitulações**. Estas eram um instrumento que outorgava o direito de explorar as terras, colocando os custos sob responsabilidade dos aventureiros, mas que também concedia autonomia às iniciativas privadas, com a única restrição aos metais preciosos encontrados, dos quais um quinto deveria ser entregue à Coroa.

Já na segunda viagem de Colombo, essa medida foi repensada e restringida. Desde o início do século XVI o Estado já se fazia presente de uma maneira contundente, criando assim uma máquina administrativa mais organizada e que colocava as ações sob os olhares atentos das instituições espanholas.

O desafio da Coroa era pensar as formas de controlar as atividades deste lado do Atlântico e, simultaneamente, dar alguns privilégios aos colonos, de modo que eles não desanimassem ou desistissem da empresa.

O dispositivo que regulou as relações entre os colonos e a Espanha foi a *encomienda*. Ela constituía-se na repartição e atribuição de terras e índios a um colono.

Os nativos forneciam a mão de obra e pagavam um tributo aos *encomenderos*, enquanto estes eram responsáveis pelos indígenas e o dever de cristianizá-los, o que justificava a necessidade de um clérigo nas proximidades.

Ainda antes da metade do século XVI, as *encomiendas* foram alvos de intensas críticas por parte dos religiosos e questionadas pelas autoridades reais. A exploração dos indígenas era gigantesca e a cristianização, relegada pelos *encomenderos*. Os indígenas trabalhavam sem recebimento de quaisquer remunerações em terras que originariamente eram suas.

No ano de 1542 foram instituídas as **Leis Novas**, pelas quais foi decretado o fim da escravidão indígena, a proibição de novas *encomiendas* e, ainda, foram retiradas as que estavam sob os cuidados de clérigos.

Na sequência dessas restrições surgiu outra instituição espanhola em terras americanas: o *corregimiento*. Ele era um desdobramento das *encomiendas*, quando estas foram revertidas ao Estado espanhol, ficando sob a tutela dos corregedores ou alcaides maiores. Era mais do que um freio às ações individualistas dos colonos, constituindo-se em uma sistematização da presença do Estado nas atividades desenvolvidas na América.

A partir do *corregimiento*, novas esferas de poder foram criadas e estenderam, dessa forma, os tentáculos da Coroa. Por exemplo, verifica-se a criação dos *cabildos*, uma espécie de municipalidade que respondia pela ordem nas vilas, ao estilo do modelo espanhol. Apesar de esses novos poderes não terem plena autonomia, eles eram responsáveis por todas as questões locais (propriedades, mercados, cadeias).

A suspensão das *encomiendas* desagradou aos colonos espanhóis, que viram restringida a sua autonomia. A constituição de poderes políticos nos *cabildos*, que se reportavam aos vice-reinos, era uma forma de institucionalizar um modelo administrativo europeu na América.

Na organização política da Monarquia espanhola havia ainda a **Casa de Contratação**, criada em 1503, responsável pelo controle do comércio com as colônias, e o **Conselho de Índias**, de 1524, que exercia funções políticas, como a nomeação dos vice-reinos e outras autoridades. Essas duas instituições eram incumbidas, na Espanha, de administrar as novas colônias, chamadas inicialmente de Índias, graças ao equívoco de Colombo.

No Novo Mundo os órgãos mais importantes do governo eram os **Vice-Reinados** (inicialmente os de Nova Espanha e do Peru, depois foram criados os do Rio da Prata e de Nova Granada, no século XVIII), as **Audiências** (que tinham funções judiciárias e posteriormente administrativas) e as **Capitanias Gerais** (áreas estratégicas econômicas e militares).

As diversas esferas de poder criaram um emaranhado burocrático com sobreposição de funções e de fiscalizações entre as diversas partes. Assim, súditos e soberanos estabeleceram formas de comunicação e vigilância recíprocas. Teoricamente um colono podia se dirigir ao Conselho de Índias, mas nem sempre ele obtinha benefícios ou reconhecimento de suas queixas diante da Coroa.

A AMÉRICA ESPANHOLA NO FINAL DO SÉCULO XVIII

- Vice-Reinado de Nova Espanha
- Vice-Reinado de Nova Granada
- Vice-Reinado do Peru
- Vice-Reinado do Rio da Prata
- Capitania Geral do Chile
- Capitania Geral de Cuba
- Capitania Geral da Guatemala
- Capitania Geral da Venezuela

ESCALA
0   1370   2740
km

## A organização populacional e social hispano-americana nos séculos XVI e XVII

Um dos dados mais antigos da população americana sob domínio territorial espanhol é de 1570. De acordo com esses dados, a população indígena era de aproximadamente 7,5 milhões de pessoas, indicando que houve uma grande perda demográfica nesse grupo nas primeiras décadas de domínio espanhol. Os europeus e seus descendentes eram 160 mil pessoas e cerca de 40 mil negros.

As formas de organização populacional eram diversificadas. Havia regiões notadamente com a presença de indígenas e espanhóis, como nos casos das cidades em Nova Espanha e no Peru, e regiões onde o predomínio indígena era tão grande que nem houve contato entre os primeiros colonizadores e a população que originalmente habitava a região. Exemplo dessa situação são os *mapuches*, ou araucanos, como foram chamados pelos que tiveram contato com eles, no centro-sul do Chile, apenas no século XIX.

Um fenômeno importante para o povoamento e a consolidação do processo colonial foi a chamada *mestiçagem*. Os mestiços eram os descendentes da união entre um espanhol e uma indígena. Além da falta de mulheres europeias, que eram entre 10% e 20% do total de imigrantes nos séculos XV e XVI, os estudiosos do período indicam a presença de muitos colonizadores jovens, com idades entre 15 e 25 anos, como uma característica que impulsionou a mestiçagem.

No século XVII, esse grupo denominado mestiço, ou seja, nem indígena nem europeu, tornara-se um grupo próprio dentro das sociedades coloniais. Discriminados pelos brancos, os mestiços tinham várias proibições, entre as quais portar armas, entrar para o exército, para o clero ou para as funções administrativas. Restava ao grupo, portanto, como *peones*, as funções de pequenos arrendatários e artesãos e, não raro, viviam em regiões que estavam mais próximas dos indígenas do que da elite branca. Considerando-se que as terras já estavam repartidas entre brancos e indígenas, os mestiços formavam um grupo com poucas possibilidades econômicas.

Em 1825, ao final do período colonial espanhol em praticamente todo o continente, a população total daquelas áreas era de aproximadamente 19 milhões de pessoas, sendo 3,4 milhões de brancos (peninsulares e *criollos*), 5,5 milhões de mestiços, 7,8 milhões de indígenas e 2 milhões de negros.

Entre os brancos havia a distinção entre os peninsulares, ou seja, os que tinham nascido na Península Ibérica, e os *criollos*, descendentes nascidos na América. Os peninsulares e *criollos* tinham o controle administrativo na Colônia e o acesso a bens como terras, minas e o grande comércio. No século XVII, os *criollos* assumiram o protagonismo das funções sociais que fora de seus antepassados peninsulares. Os dois grupos tinham uma rivalidade que se acentuou ainda mais: pelo princípio do direito à herança ao filho mais velho, parte das riquezas obtidas pelos peninsulares acabou nas mãos de uma elite *criolla* que se consolidava na colônia, mas que não tinha acesso a altos cargos administrativos. O poder econômico e o poder político estavam divididos entre os habitantes brancos da colônia.

Os *criollos*, entretanto, avançaram sobre a administração quando passou a ser permitida a compra de cargos. Por volta de 1650, a Coroa espanhola, procurando aumentar suas fontes de renda, passou a vender ofícios e funções que eram inacessíveis aos *criollos*. No México e no Peru, as nomeações para os cargos nas Audiências eram praticamente igualitárias entre os dois grupos entre 1687 e 1750. No clero, por exemplo, dos cerca de 260 bispos nomeados para todas as dioceses hispano-americanas no século XVII, cerca de 40% eram *criollos*. Dessa forma, as instâncias burocráticas e de mando na América, mesmo que restritas a um pequeno grupo, estavam cada vez menos na mão de espanhóis peninsulares.

Para os *criollos*, entretanto, faltava a oportunidade de pertencer à nobreza. Os títulos tinham sido proibidos aos colonos, com exceção de Cortés e Pizarro. No século XVII, 70 títulos foram comprados, sendo 36 por peruanos, 23 por mexicanos e os demais por ricos *criollos* de outras partes.

# Impactos iniciais da colonização

A colonização provocou mudanças no modo de vida dos indígenas. A violência e a diminuição populacional, com os "traumas" da conquista, são alguns dos pontos mais perceptíveis. A alteração do modelo de urbanização foi outra característica que marcou os primeiros tempos da colonização espanhola.

## A queda demográfica

A imposição, pelos espanhóis, de novas formas de viver causou alguns impactos entre as sociedades indígenas. Tanto os aspectos físicos quantos os psicológicos revestem-se de importância para a compreensão do que alguns estudiosos denominaram o "trauma da conquista", bastante perceptível, por exemplo, na conquista do México.

Um dos pontos mais perceptíveis foi a queda demográfica da população indígena em curto espaço de tempo. Existem diversas causas para explicá-la.

A primeira delas decorreu do contato entre índios e espanhóis, por ocasião das **Guerras de Conquista**. Embora em menor número – mas contando com o auxílio de outros grupos indígenas, como os tlaxcaltecas –, os espanhóis empreenderam um massacre sobre os domínios astecas. A força das tropas espanholas consistia no armamento que era desconhecido dos índios e no medo causado pelos cavalos. Mesmo que se leve em consideração o número de mortos, alguns autores consideram que o impacto primeiro das Guerras de Conquista ficou restrito a poucas localidades, circunscritas ao altiplano central do México. Porém, é importante ressaltar que, por conta da desorientação em virtude da presença dos espanhóis, houve diversas guerras entre as próprias populações indígenas, mesmo antes da conquista de Tenochtitlan, o que resultou em alguns milhares de mortos.

**O trabalho forçado** e a **escravidão** também contribuíram para a diminuição populacional. A cobiça pelo ouro levou muitos *encomenderos* a escravizar os índios. As mortes tornaram-se uma constante no cotidiano dos colonos, porém a abundância de mão de obra servia de contrapeso às perdas. Se um índio morria, bastava "capturar" outro. Essa situação foi denunciada pelos religiosos que, de alguma forma, participaram das etapas iniciais da conquista. Bartolomé de Las Casas destacou-se nas denúncias dos maus-tratos aos nativos.

As atividades ligadas ao trabalho forçado tiveram influências sobre as demais causas. Por exemplo, a diminuição de filhos por família foi ocasionada por conta do excesso de trabalho e da falta de tempo para o lar, justificando a baixa nas taxas de natalidade.

A fome foi outro aspecto relacionado, pois, com quase todo o tempo ocupado em trabalhar nas minas, construir edifícios, transportar armas e outros materiais, os indígenas não tinham tempo para se dedicar às atividades agrícolas. A produção de alimentos para a sobrevivência viu-se em franco declínio e, com ela, houve a queda na qualidade e na quantidade de alimentação.

Existiram outras formas de dizimação da população ameríndia, e nem todas resultaram de ações diretas dos espanhóis, tendo sido causadas indiretamente, como a transmissão de doenças e a propagação de **epidemias**. Entre as doenças que tomaram os corpos dos ameríndios estavam a varíola, a febre amarela, a malária, o sarampo e a gripe. Os índios eram vulneráveis às doenças transmitidas pelos europeus. Além de não possuírem resistência biológica, eles desconheciam as ervas capazes de curar.

As mortes por epidemias foram uma constante e constituíram-se em um dos principais fatores para se compreender as baixas demográficas.

## O trauma da conquista

Além dos problemas imediatos da conquista espanhola, houve outros aspectos que provocaram uma desestruturação da visão do mundo indígena. Para o historiador Héctor Bruit houve uma conquista visível e outra invisível. A visível configurou-se na conquista militar, na derrubada dos mundos indígenas, na evangelização, na extirpação das idolatrias, na luta contra o demônio, na exploração, entre outros aspectos. A invisível está ligada à destruição dos referenciais simbólicos, que desnortearam as trajetórias de vida e distanciaram os indígenas de sua história. Isso provocou, sobretudo, um colapso nos seus sistemas de crenças e nas formas de interpretar o mundo, que deveriam ser substituídos pelos princípios do catolicismo. Muitos indígenas optaram pelo suicídio, como forma de resistência.

Na ilustração editada por Theodor de Bry, a partir de 1590, para a obra de Bartolomé de Las Casas, são representados os trabalhos forçados, as perseguições dos espanhóis montados em seus cavalos, ao fundo, e, no primeiro plano, o enforcamento de um indígena, assim como as queimadas e a destruição das habitações daqueles povos.

## Las Casas e a denúncia da destruição

*Na* Brevíssima Relação de Destruição das Índias, *de 1542, o Frei Bartolomé de Las Casas denunciou a ação destruidora dos espanhóis. Nesse breve relato, ele responsabiliza o comandante da expedição à Guatemala. Os indígenas eram atraídos para os barcos, feitos prisioneiros e, depois, executados. Os espanhóis exigiram ouro, que os índios não tinham, já que a região não era área de extração. Vendo que apesar de se oferecerem como servos eram vitimados, decidiram enfrentar os espanhóis com uma defesa precária, sendo por eles derrotados. Eis o trecho final do relato de Las Casas:*

Oh, quantos órfãos foram feitos, quantos [o massacre] tirou de seus filhos, quantos privou de suas mulheres, quantas mulheres deixou sem maridos, quantos adultérios, estupros e violências causou! Quantos privou de sua liberdade, de quantas angústias e calamidades padeceu tanta gente! Quantas lágrimas fez derramar, quantos suspiros, quantos gemidos, quanta solidão nesta vida (...) e quanto castigo eterno causou na outra vida, não só aos índios, que foram infinitos, mas de infelizes cristãos de cujo consórcio se favoreceu de tantos insultos, gravíssimos pecados e abominações tão execráveis!

*Fonte:* LAS CASAS, B. *Tratados.* México: FCE, 1997. v. I, p. 93.

**1)** Qual a denúncia sobre a situação dos nativos e qual a advertência feita pelo cronista em relação aos espanhóis?

## A mineração, a agricultura e o trabalho no período colonial

O principal produto de extração mineral na América foi a prata. O ouro era mais escasso. Entre as principais áreas de mineração de prata, no século XVI, estavam as regiões de Potosí (atualmente no território da Bolívia) e o norte do México.

Outra importante atividade econômica foi a produção agrícola. A exploração da terra teve mecanismos diferentes no tempo e no espaço: conviviam estruturas de terras comunais, que pertenciam aos indígenas e procuravam abastecer o consumo interno, áreas de monocultura, como a plantação de cana-de-açúcar nas Antilhas, que visava ao comércio externo.

A mineração apoiava-se no trabalho indígena. Os negros, escravos e livres, tinham uma participação pequena, exceto na mineração de ouro, onde constituíam a grande maioria da força de trabalho. O mais próximo que os homens brancos chegaram da mineração foi na prospecção; em geral, eram supervisores e proprietários.

**prospecção:** pesquisa, localização e estudo de jazidas minerais.

*Fonte:* BAKEWEL, P. A mineração na América espanhola colonial. In. BETHELL, L. (Org.). *História da América Latina.* São Paulo: USP, 1998. p. 118.

# As resistências indígenas ao longo do processo colonial

Se podemos afirmar que as diferentes regiões encontraram formas de convivência e organização social, isso não significa que a história colonial tenha sido um mero jogo de acomodações e negociações. A resistência indígena à presença espanhola foi grandiosa e utilizou-se de instrumentos e estratégias que nem sempre são compreensíveis aos olhos do tempo presente. No entanto, a história colonial também é a história de sublevações abertas contra o domínio espanhol.

Em linhas gerais, pode-se afirmar que no século XVI as rebeliões e os conflitos tinham como principal motivo **ações defensivas contra a conquista**, e temos informações sobre elas nos relatos dos cronistas. No século XVII, os conflitos mais frequentes ocorreram nas regiões de expansão, nas quais havia novos confrontos entre grupos indígenas e de representantes da Coroa espanhola. Entretanto, protestos eram frequentes em áreas cujo domínio espanhol estava consolidado. Nesse caso, a maior parte dos protestos era contra o descumprimento de obrigações dos hispânicos com os indígenas, pois estes eram reconhecidos pela Coroa como súditos. Parte das terras indígenas, por exemplo, foi mantida para que dela se extraísse o sustento e se preservassem seus costumes; porém, as invasões e os conflitos com colonos ocorriam por causa dessas áreas.

No século XVIII, houve um aumento de sublevações indígenas com **motivações variadas**: o aumento de tributos, o excesso de rigor por parte das autoridades espanholas, a apropriação de bens indígenas são algumas das justificativas para o protesto das populações. Na região do vice-reino do Peru, por exemplo, em 1726, o vice-rei decidiu realizar um censo para contar a população após uma epidemia de cólera que atingiu a região de Cuzco. O resultado do recenseamento indicou que havia mais indígenas que poderiam ser tributados e começou uma cobrança de impostos, desconsiderando que a epidemia havia derrubado a produção e que havia escassez de alimentos. A população se revoltou, apedrejou funcionários da Coroa espanhola e muitos deles fugiram para as montanhas. Há relatos, em outras regiões, de revoltas contra religiosos e quaisquer representantes do domínio hispânico. A repressão acontecia, mas nem por isso deixaram de ocorrer vários levantes, sendo o mais conhecido o liderado por Tupac Amaru.

Os motins e as revoltas indígenas não devem ser observados como simples respostas às políticas fiscais nem mesmo como predecessores do rompimento do sistema colonial e o estabelecimento de países independentes. A complexidade das relações sociais durante o período colonial indica que a pontual colaboração de mestiços e *criollos* nas ações rebeldes, por exemplo, demonstra que os vários grupos populacionais poderiam estar contra desmandos administrativos, mas não ultrapassavam este ponto. Os indígenas continuavam sendo a principal força de trabalho para os brancos. Ao mesmo tempo, as revoltas indígenas não tinham um processo comum e integrado. Atualmente elas são estudadas e valorizadas para demonstrar que não houve um processo de aceitação pacífica do domínio europeu. Entretanto, não se pode afirmar que tenha existido um projeto político único, mesmo em regiões pequenas.

Outro aspecto enaltecido ao longo do século XX nos levantes indígenas do período colonial está associado às demandas indigenistas e à luta pela distribuição de terras na América Latina no período.

## *Disseram a respeito*

### A "república de índios" e sua organização comunitária

As formas de organização e incorporação dos indígenas dentro do processo colonizador da Espanha no século XVI incluíram a criação de cabildos nos povoados (pueblos) indígenas, seguindo o modelo espanhol. Nas áreas mais povoadas procurava-se nomear os principais e caciques para as funções de maior relevância. Era uma forma de incorporar os indígenas ao modelo espanhol, sem que necessariamente fossem destruídas as relações políticas existentes entre os colonizados. Esse modelo, entretanto, não significou a ausência de tensões ou desacordos destes com os do colonizador. Nas questões econômicas podemos observar algumas das fontes de tensão entre os grupos.

À organização política dos pueblos de índios correspondeu a uma organização econômica: a **comunidade** – como se expressa claramente nos documentos da época, pois para se referir à organização política se fala de pueblo ou república. Houve caixas de comunidade nas quais se guardava o dinheiro comum, devidamente asseguradas. Se tratava de proteger o dinheiro da comunidade, evitando que as autoridades da república o gastassem mal "em festas e bebedeiras", ou que utilizassem em seu proveito as autoridades distritais ou os religiosos e eclesiásticos.

O patrimônio principal das comunidades eram suas terras; sua possessão para o aproveitamento comum, ainda que sempre alterada por "estrangeiros" (fazendeiros, espanhóis, mulatos, mestiços, religiosos e por outros pueblos de índios, nas frequentes disputas por limites), serviu como base material, o apego, a defesa ante a intromissão dos "estrangeiros" e favoreceu a coesão social dos povos. Com a aculturação política e o desmembramento da ordem tradicional nos pueblos de índios (...) se estabeleceu um dos usos mais perniciosos para as comunidades: as disputas sobre terras e águas. As agressões e invasões constantes, ao lado dos interesses de "protetores e amparadores" e procuradores de toda espécie, fizeram dos índios grandes reivindicadores, maliciosos e sempre inconformados.

*Fonte:* LIRA, A. e MURO, L. El siglo de la integración. In: *Historia General de México.* México: El Colegio de Mexico, 2009. p. 345

**1)** O que foi a "república de índios" e qual a importância da propriedade comunal?

# A economia colonial

O domínio espanhol na América significou o estabelecimento de relações comerciais que trouxessem retorno da lógica mercantil para a Coroa. A política de povoamento da região trouxe súditos espanhóis para iniciar a colonização e a exploração das terras conquistadas.

A constatação de que metais preciosos eram uma das principais riquezas coloniais fez com que o desenvolvimento agrícola não fosse algo prioritário. Porém, para abastecer a população, incluindo os imigrantes que vieram para a América, houve uma mudança na produção agrícola e esta atividade nunca deixou de ser importante. Produtos de origem europeia, que faziam parte da dieta dos espanhóis, foram trazidos para a América, como farinha, vinho e azeite.

O desenvolvimento da agropecuária na América, por parte dos espanhóis, esteve vinculado à busca de metais preciosos por dois motivos. O primeiro é que, quando falhava a exploração de uma mina, sempre havia a possibilidade de explorar a agricultura e o gado, não apenas como subsistência, mas como pequeno negócio. O segundo é que, quando havia êxito, surgiam novos agrupamentos e consumidores para os produtos agrícolas.

A tentativa de produzir trigo fracassou na região das Antilhas devido à umidade, mas teve grande êxito em regiões como Puebla, no México, que chegava a fornecer duas colheitas por ano. Quito, Costa Rica, Peru e, posteriormente, o Chile eram áreas propícias para o cultivo do cereal, que devido à grande produção ocasionou a queda do preço do pão. Com as vinhas e oliveiras, ocorreu um fenômeno semelhante: elas prosperaram nas regiões do Peru e Chile.

Embora a produção açucareira tenha se tornado relevante economicamente apenas no século XVI, desde 1493 os espanhóis já exploravam o produto nas Antilhas e, posteriormente, no México.

Os primeiros animais trazidos da Espanha foram cavalos, ovelhas e vacas. A vastidão das terras e a pequena população em regiões como o rio da Prata (parte da atual Argentina, Uruguai e Paraguai) fizeram com que o rebanho se adaptasse bem e procriasse. Além de servir para o trabalho, sendo usado no transporte de mercadorias e na agricultura, o gado era aproveitado no abastecimento de carne, e surgia um comércio de produtos como o coro e o sebo.

A agricultura colonial não existiu apenas para satisfazer necessidades da minoria branca.

Produtos indígenas como milho, mandioca, batata, cacau e tabaco eram importantes na economia agrícola da Colônia.

## A remessa de metais preciosos e as rotas comerciais

Até 1530 o ouro era praticamente o único produto explorado na América e encaminhado para a Espanha. Entre 1530 e 1560, a prata tornou-se responsável por 80% do volume encaminhado para a Coroa. Do total explorado, 25% permanecia na América. Entre 1520 e 1550, desembarcaram no porto de Sevilha cerca de 44 mil quilos de ouro e 264 mil de prata.

As rotas principais partiam do Peru e do México, importantes áreas fornecedoras do produto. As primeiras ordens reais regulamentando a exploração dos metais no México datam de 1539, mas três anos antes já havia sido criada a Casa da Moeda na cidade do México. Oaxaca e Micoacán são algumas das principais áreas de exploração do ouro. As minas de prata em Jalisco, Taxco e Zacatecas eram exploradas desde 1525. A atração dos metais produziu um fluxo migratório intenso de mineiros espanhóis e estrangeiros para a região, fazendo surgir cidades, missões e o domínio de novas áreas por parte dos espanhóis.

A exploração de uma mina exigia investimentos que dificilmente uma única pessoa conseguia ter. Por isso, a maior parte das minas era explorada por um grupo de pessoas que obtinham da Coroa a autorização para extrair os recursos e depois eles mesmos se beneficiavam. Esse dado é importante, pois podemos observar que parte da riqueza permanecia na América e havia um comércio local que não podia ser desprezado.

A conquista do Peru, em 1531, e as notícias sobre a riqueza da região provocaram um êxodo de mineradores em direção ao sul do continente. Na região de Potosí, entre 1546 e 1601, foi extraída a metade de toda a produção de prata do mundo.

O cobre também foi explorado pelos espanhóis com a descoberta de minas em Santo Domingo e Cuba. O cobre era um produto importante para a indústria açucareira, que necessitava de recipientes feitos com esse produto, além de ser usado para a confecção de sinos em igrejas e prédios da administração.

A gravura do século XVIII demonstra a exploração da prata em Potosí, descoberta em 1545. As precárias condições de trabalho e a aplicação de castigos físicos aos indígenas (representados sempre sem roupas) estão presentes na imagem. No lado externo pode-se observar um conjunto de casas e uma pessoa tocando as lhamas.

A riqueza dos metais encaminhados para a Espanha necessitava de um comércio seguro dos produtos. A livre navegação foi proibida em 1526, pois os navios deveriam viajar em comboios. Por isso se organizou o **sistema de frotas**, pelo qual as embarcações partiam dos portos espanhóis em datas programadas, protegidas por outras embarcações, a fim de evitar os ataques de piratas. Desde 1543, quando foram instituídas, as frotas deveriam partir duas vezes ao ano: em abril e agosto.

A rota seguida era da Espanha até as Antilhas e depois havia duas direções: uma até o México e outra até o sul do continente, para buscar as riquezas do México e Peru e levar os produtos trazidos da Espanha para ser comercializados nas diferentes áreas da colônia. O sistema, ao mesmo tempo que ampliava a segurança, encarecia os produtos e também gerava desabastecimento na América, pois os navios traziam produtos perecíveis para os americanos e inviabilizavam o transporte de outros produtos, como os agropecuários. Por isso, cerca de 85% a 95% dos carregamentos eram de prata.

## A pequena indústria

A indústria foi a parte menos desenvolvida na economia colonial espanhola, pois os produtos manufaturados vinham da Europa. Porém, existiam pequenas oficinas e *obrajes* dedicados à indústria têxtil. Em Puebla, desde 1544, há registros desse tipo de atividade voltada para a produção de tecidos de lã. Também em Quito e em Tucumán havia atividades semelhantes. Porém, a restrição comercial era o principal obstáculo para as zonas coloniais, que tinham de comprar produtos por meio de sua metrópole.

No final do século XVIII, apesar das proibições metropolitanas, a Coroa não podia abastecer satisfatoriamente a Colônia com produtos manufaturados. A escassez acabou despertando o desenvolvimento de indústrias de baixo nível tecnológico e com escala de produção reduzida. No centro do México e no interior do rio da Prata, além da indústria têxtil, surgiram manufaturas de ferramentas, louças e artigos de consumo popular. A produção era oscilante e dependia dos resultados agrícolas para ter um mercado consumidor estável.

# O comércio interno entre as áreas coloniais

Os contatos entre diferentes regiões hispano-americanas eram uma forma auxiliar às grandes rotas pelo Atlântico. Podem-se destacar quatro grandes regiões de comércio interno nas colônias: no Caribe, no Atlântico Sul, no Pacífico e nos Andes. O principal porto do circuito comercial do Caribe foi Veracruz, na Nova Espanha, interligando México, Cuba, Panamá e a atual Venezuela. Os principais produtos comercializados eram gêneros como farinha, açúcar, cacau, tabaco e animais de pequeno porte, além da prata e do cobre que não tinham sido enviados à Espanha.

O comércio no Atlântico meridional foi dos menos intensos. O porto de Buenos Aires ficava bastante isolado de outras regiões por causa do domínio português no que viria a ser o Brasil. O abastecimento do Chile era difícil pelas condições naturais e técnicas das embarcações da época. Quando diminuiu o fluxo da prata de Potosí, o porto de Buenos Aires perdeu importância e os produtos que chegavam até a região, após uma viagem longa, ficavam muito caros por causa do frete. O porto chegou a ser fechado em 1595, mas, temendo-se o empobrecimento da região e o risco de uma invasão portuguesa, foram restabelecidos o porto e a possibilidade de comercializar com a América portuguesa. O porto no rio da Prata chegou a ser um importante entreposto para o tráfico de escravos em razão da distância mais curta da costa da Guiné e de Angola.

Na região do Pacífico havia duas rotas principais, uma ao norte, interligando o Panamá e Acapulco, e outra ao sul, no Peru. Pela proximidade com o Oriente, sobretudo as Filipinas, que eram parte do império espanhol, os comerciantes de Acapulco e de Lima estabeleceram rotas mais longínquas pelas quais comercializavam têxteis, móveis, couro, joias e madeiras. Os comerciantes de Sevilha, cidade espanhola que controlava o sistema de frotas, protestaram contra o comércio entre as zonas coloniais, pois reduzia seus mercados. A Coroa proibiu o comércio entre as regiões americanas e o Oriente em 1591. Posteriormente, em 1634, proibiu o comércio entre as duas regiões mais ricas das Américas, México e Peru, e portos menores passaram a ter importância.

O comércio andino era o único que não tinha uma rota marítima. Ele interligava desde o Peru até o rio da Prata. A região era rica em metais, mas muito pobre em produção agrícola. Parte da produção que passava pela região, incluindo a de prata, era contrabandeada para a América portuguesa.

O comércio interno, mesmo com as dificuldades e os protestos de comerciantes espanhóis contrários à sua existência, era uma necessidade para a sobrevivência dos habitantes da região. O aumento populacional experimentado no século XVII, após a queda demográfica das décadas iniciais da conquista espanhola, era uma das justificativas para que as relações econômicas regionais se intensificassem.

Cartagena, além de ser uma fortaleza contra a presença de piratas, tinha um porto importante nas relações comerciais regionais do século XVII. Apenas em 1555 e 1557, mais de 80 navios zarparam do local, escoando a produção de Nova Granada

FOTOS593/SHUTTERSTOCK

# A urbanização espanhola no México

A urbanização do México pode ser pensada a partir dos aspectos culturais que a envolveram. Mais do que reconstruir a cidade que havia sido em grande parte derrubada, os traçados urbanos e arquitetônicos feitos pelos espanhóis visavam construir uma nova cidade. O plano para a construção não se configurou numa simples reprodução das cidades espanholas, pois as próprias condições e os materiais eram distintos, mas na adoção de modelos ibéricos ajustados às condições locais.

A urbanização da América tinha a preocupação de construir edificações próprias da cultura espanhola cristã e demonstrar a presença de seus valores e instituições no Novo Mundo. Na foto, Plaza de Armas, Cuzco, Peru.

Para o historiador Richard Morse, há **três hipóteses** principais para explicar a origem das cidades hispano-americanas.

A **primeira** delas esforçou-se por reafirmar que a colonização e, por consequência, as cidades eram **espelhos das cidades espanholas**. Por essa visão os traçados geométricos e a simetria significavam a ordem, assim como a cidade ibérica, que havia sido pensada para o cerco feito aos mouros nas guerras de Reconquista.

A **segunda** hipótese surgiu em direção oposta à primeira. Ou seja, as cidades na América foram se constituindo de **maneira aleatória** aos modelos europeus, quaisquer que fossem eles, respondendo apenas às circunstâncias e condições geográficas.

A **terceira** hipótese, no meio do caminho entre as anteriores, postulou que o planejamento das cidades representou uma forma de expressão cultural, sendo portanto, de algum modo, pensada a partir de lógicas anteriores e, ao mesmo tempo, se **adequando às condições da realidade** hispano-americana.

É importante reconhecermos que as cidades foram erguidas por braços indígenas e africanos, e que estes contribuíram de forma contundente com o projeto das cidades, sobretudo nos aspectos funcionais, ao adotarem as práticas construtivas por eles conhecidas.

A necessidade de estabelecer uma forma de construção das cidades, com seus monumentos, igrejas, fortificações e prédios da administração, era uma maneira de demonstrar a **presença da Coroa** espanhola e de seus valores na vida cotidiana da Colônia.

Uma das principais instituições espanholas presentes nas grandes cidades eram as universidades, que deveriam ser centros de cultura, e estavam sob a responsabilidade de religiosos. A primeira foi fundada na cidade de Santo Domingo em 1538. Em Lima e na cidade do México, as universidades foram criadas no ano de 1551.

Outro aspecto importante do processo de urbanização era facilitar a **catequização** dos indígenas, pois a aglomeração dos índios auxiliava a cristianização. Ao mesmo tempo, a urbanização era uma forma de "destribalizar" e apresentar os elementos da vida espanhola, apelando a grandes monumentos e ao simbolismo desses edifícios.

Da forma como foi pensada a cidade hispano-americana, havia a intenção de alterar os pontos de referência indígenas e criar novos significados, como acontecia com a construção das igrejas sobre antigos templos indígenas.

## A cristianização da América

Outro aspecto da ação espanhola não pode ser esquecido: a cristianização do Novo Mundo. No contexto das expulsões de muçulmanos e judeus na Espanha, os reis católicos, Isabel e Fernando, possuíam uma visão da unidade cristã. Os ibéricos, que por séculos haviam lutado contra os "infiéis", tinham uma fé militante, uma perspectiva guerreira e acreditavam que cumpriam um desígnio divino. Os espanhóis que vieram para a América eram marcados pelo desejo de obter bens e conquistas materiais, mas também tinham a missão de submeter os povos não cristãos ao cristianismo. A Igreja atuou, quase sempre, ao lado das autoridades civis e esforçou-se em criar dispositivos que pudessem garantir a conquista militar. As etapas de conquista e conversão não foram projetos conflitantes. As divergências localizavam-se em questões pontuais quanto ao modelo do projeto, mas não quanto aos objetivos.

Parte das divergências entre os espanhóis referia-se a como estava sendo realizado o processo de catequização. Os colonizadores recebiam a incumbência de doutrinar os indígenas e fazer a defesa do reino. Muitas vezes esse processo significou profunda violência, não apenas física, mas também interferiu nas crenças e nos valores dos grupos nativos. As ações para transformar os nativos em espanhóis cristãos foram intensas, mas se chocaram com a resistência por parte dos índios.

No entanto, algumas estratégias de cristianização tiveram êxito, como, por exemplo, a transformação de um antigo local de culto a uma deusa asteca em um local cristão, graças ao culto difundido da Virgem de Guadalupe, a padroeira do México, que teria aparecido a um índio, Juan Diego, em 1542. Inicialmente, as autoridades religiosas rejeitaram o episódio, mas posteriormente a história foi reconhecida pela Igreja e difundida entre os próprios indígenas, que tinham na Virgem de Guadalupe a demonstração do reconhecimento de que eles faziam parte do universo cristão. Os espanhóis também deram crédito à história, pois viam no episódio um sinal de que a cristianização estava acontecendo e eles estavam cumprindo o seu papel.

Por diversos caminhos, ibéricos e indígenas produziram suas próprias formas de convivência no Novo Mundo.

MUSEU NACIONAL DE HISTÓRIA, CIDADE DO MÉXICO.

Um dos principais exemplos da convivência religiosa entre espanhóis e indígenas no México foi o culto à Virgem de Guadalupe. Um antigo lugar de culto asteca transformou-se em espaço católico, permitindo que indígenas, espanhóis e descendentes tivessem um elemento religioso unificador.

## Saiba mais

### A religião ao lado dos espanhóis

Outros valores, entretanto, podem ser dados à cristianização ocorrida na América. Se entre os indígenas da Nova Espanha a cristianização significou uma forma de ter proteção e associou-se a Virgem de Guadalupe aos povos nativos, na região andina o fenômeno não teve a mesma intensidade. Nos Andes, os símbolos cristãos foram utilizados quase sempre em favor dos colonizadores espanhóis. A religião oficial e o peso da fé, por exemplo, foram usados para ameaçar de excomunhão índios que se rebelavam, além de relatos de espanhóis e *criollos* que teriam sido salvos pela vontade divina dos diversos cercos que sofreram das populações nativas.

## Cinemateca

**A outra Conquista** (1998, México, dir.: Salvador Carrasco) História de Topiltzin, um escriba asteca, em 1520, que sobrevive ao Massacre do Grande Templo. A chegada de uma expedição espanhola ao México e a descoberta do sacrifício escondido de uma princesa asteca colocam as duas culturas em um violento confronto.

**Aguirre, a Cólera de Deus** (1972, Alemanha, dir.: Werner Herzog) No século XVI, uma expedição de conquistadores espanhóis sai em busca do Eldorado, na região amazônica. Lope de Aguirre, um aventureiro ambicioso e autoritário, derruba os líderes e torna-se o chefe da expedição. Na busca ensandecida por tesouros, Aguirre vê a expedição sucumbir à selva.

# Revisitando a História

**1.** Copie o quadro abaixo em seu caderno e identifique a principal característica de cada item na ordem administrativa da colonização espanhola.

| ÓRGÃO | CARACTERÍSTICA | ESFERA DE PODER (REGIONAL, LOCAL, CENTRAL) |
|---|---|---|
| Conselho de Índias | | |
| Audiência | | |
| *Cabildo* | | |

**2.** Por que as *encomiendas* foram questionadas por religiosos?

**3.** Analisando a composição populacional entre o século XVI e o início do XIX, observa-se que houve um aumento populacional na América. Porém, em apenas um dos grupos isso não ocorreu proporcionalmente. Identifique o grupo e explique quais fenômenos ocorreram para justificar tal acontecimento.

**4.** "A queda abismal da população indígena durante o século XVI teve os caracteres de uma catástrofe sem precedentes na história da humanidade. Vejamos as cifras (...) para a América Central:

| | | |
|---|---|---|
| 1519 | 25.300.000 | habitantes |
| 1523 | 16.800.000 | habitantes |
| 1548 | 6.300.000 | habitantes |
| 1568 | 2.600.000 | habitantes |
| 1580 | 1.900.000 | habitantes |
| 1605 | 1.000.000 | habitantes." |

*Fonte:* BRUIT, H. H.
*Op. cit.* p. 44.

a) Com base nesses dados, indique dois motivos para a queda demográfica da população indígena.

b) Quais causas foram mais importantes para essa diminuição da população indígena, as diretas ou as indiretas? Justifique sua resposta.

**5.** Quais as principais causas das rebeliões indígenas? Explique por que o envolvimento de *criollos* e mestiços era apenas pontual nas revoltas contra o poder espanhol.

**6.** Compare o comércio realizado entre as quatro regiões americanas e explique por que esse tipo de comércio era importante. Ele era um comércio complementar ou concorrente com o comércio realizado com a Metrópole espanhola?

**7.** A imagem ao lado se refere à chamada "Praça das Três culturas", localizada na atual Cidade do México. Nessa praça encontramos tipos de construções arquitetônicas distintas. Em primeiro plano, vemos as ruínas da cidade asteca de Tlatelolco, construída no século XIV, e último lugar de resistência armada à invasão espanhola, onde morreram 40 mil indígenas na luta contra espanhóis em 1521. A Igreja presente na imagem foi construída no século XVI com as pedras retiradas da cidade indígena destruída. No fundo vemos um prédio moderno, representando a terceira cultura.

Praça das Três Culturas, Cidade do México, México.

a) Que elementos da conquista e da colonização espanhola estão expostos na imagem ao lado?

b) Qual a relação existente entre a urbanização empreendida pelos espanhóis e a cristianização? Explique utilizando a imagem da "Praça das Três Culturas" como exemplo.

**8.** Explique a relação entre o sentimento de patriotismo dos *criollos* da Nova Espanha e os aspectos religiosos, étnicos e políticos.

# Analise esta imagem

*Castas da Nova Espanha* (1777). Obra de Ignacio Maria Barreda. Óleo sobre tela, 77 x 49 cm. Real Academia Espanhola (Madri, Espanha). No retábulo observamos os diferentes quadros com grupos étnicos diferentes que existiam no México do século XVIII. Espanhóis, *criollos*, mestiços, índios e negros são representados na obra. Esse tipo de pintura era bastante comum no México e circulava na Espanha, pois havia o interesse em divulgar as características dos habitantes da Nova Espanha.

a) Escolha três quadros e analise a composição étnica, as vestimentas e as atividades ou função social que as figuras representam.

b) Em todos os quadros de castas há uma criança. Por que a representação da criança é importante nesse tipo de obra?

c) Qual o papel dedicado na obra ao grupo indígena? Por que ela tem um apelo mítico diferenciado?

d) Analise a composição espacial da obra. Como as castas estão representadas?

# Debatendo ideias

Em sua opinião, por que o fenômeno religioso teve uma função tão importante na construção do ideal de sociedade no México? Por que a religião não teve a mesma associação imediata no Peru?

# Questões de vestibular

**1.** (UFRJ) Sobre a política administrativa adotada na América Espanhola no período colonial, marque a alternativa INCORRETA.

a) Foram criados quatro vice-reinos e cada um deles tinha seu próprio vice-rei, nomeado pelo rei da Espanha.

b) Os dois vice-reinados mais antigos foram o da Nova Espanha e do Peru, ambos fundados em vastas áreas mineradoras, nas quais a população local já trabalhava na extração de metais preciosos antes da conquista.

c) Formou-se uma complicada máquina burocrática que visava favorecer o domínio da Coroa espanhola e limitar tentativas de autonomia das elites locais (crioulos).

d) Os chapetones eram indígenas aculturados que exerciam cargos burocráticos na Justiça, no Estado e na Igreja.

e) As cidades eram administradas pelos cabildos, que eram uma espécie de câmara municipal composta por pessoas influentes da sociedade.

**2.** (UFU – MG) As afirmativas abaixo abordam semelhanças e diferenças que podem ser apontadas nos processos de colonização das Américas, realizados por espanhóis, portugueses, ingleses e franceses.

Marque, para as afirmativas abaixo, (V) Verdadeira, (F) Falsa ou (SO) Sem Opção.

1 ( ) No que se refere à configuração dos espaços urbanos, os espanhóis fundavam cidades e vilas previamente planejadas, que deveriam obedecer aos princípios da unidade, ordem rigorosa e planificação, traduzindo a hierarquia social que desejavam. Por sua vez, as cidades portuguesas surgiam a partir de um núcleo original, sem planejamento, crescendo por agregação, sem ordem e sem preocupação geométrica.

2 ( ) Quanto à organização da produção, os ingleses e franceses se voltaram para as pequenas fábricas que utilizavam mão de obra assalariada, produzindo manufaturas que eram exportadas para as colônias espanholas e portuguesas. Já os portugueses e espanhóis, interessados na exportação de produtos agrícolas para a Europa, implantaram as *plantations*, usando trabalho escravo africano.

3 ( ) Enquanto as colônias espanholas e portuguesas eram administradas diretamente pelos respectivos Estados, com o mesmo ordenamento jurídico e político das metrópoles, cabia aos próprios colonos ingleses e franceses a administração dos seus territórios, com leis votadas em assembleias locais, sem interferência das metrópoles.

4 ( ) Nas relações entre os colonizadores e as populações indígenas, podem ser apontadas as seguintes diferenças e semelhanças: quanto ao preconceito racial e cultural, ingleses, franceses, portugueses e espanhóis consideravam as populações locais como selvagens e bárbaras, inferiores a eles; quanto aos métodos da conquista, espanhóis e franceses usaram a força militar e destruíram as populações locais, enquanto portugueses e ingleses procuraram uma convivência pacífica; quanto ao trabalho indígena, apenas os espanhóis usaram-no para a atividade mineradora, no sistema de *encomienda*.

**3.** (UFU – MG) A construção da Catedral de Cuzco, localizada na Plaza de Armas, iniciou-se em 1560 e durou mais de cem anos. Os espanhóis ergueram a estrutura principal da igreja sobre o palácio do inca Wiracocha, além de utilizarem muitos blocos de pedra da fortaleza de Sacsayhuamán para a sua edificação.

A respeito do processo de colonização espanhola na América, marque, para as afirmativas abaixo, (V) Verdadeira, (F) Falsa ou (SO) Sem Opção.

1 ( ) a construção da catedral denota um objetivo econômico dos colonizadores que consistia em extrair as riquezas locais para o retorno à Espanha, após a destruição das sociedades pré-colombianas.

2 ( ) a construção de igrejas sobre monumentos político-religiosos das sociedades pré-colombianas foi uma estratégia violenta usada no processo de colonização para ocidentalizar a América hispânica.

3 ( ) o processo de cristianização operado nas colônias hispânicas possibilitou a construção de um traço cultural marcado pela ausência de minorias religiosas significativas e concorrentes ao catolicismo.

4 ( ) a cristianização, violenta com a destruição de práticas consideradas idólatras pela Igreja, foi eficaz, pois não encontrou resistência por parte dos índios que abandonaram, passivamente, tais práticas.

**4.** (UNESP) (...) como puder, direi algumas coisas das que vi, que, ainda que mal ditas, bem sei que serão de tanta admiração que não se poderão crer, porque os que cá com nossos próprios olhos as vemos não as podemos com o entendimento compreender.

*Fonte:* CORTÉS, H. Cartas de Relación de la Conquista de Mexico, escritas de 1519 a 1526.

O processo de conquista do México por Cortés estendeu-se de 1519 a 1521. A passagem acima manifesta a reação de Hernán Cortés diante das maravilhas de Tenochtitlán, capital da Confederação Mexica. A reação dos europeus face ao novo mundo teve, no entanto, muitos aspectos, compondo admiração com estranhamento e repúdio. Tal fato decorre

a) do desinteresse dos conquistadores pelas riquezas dos Astecas.
b) do desconhecimento pelos europeus das línguas dos índios.
c) do encontro de padrões culturais diferentes.
d) das semelhanças culturais existentes entre os povos do mundo.
e) do espírito guerreiro e aventureiro das nações europeias.

**5.** (UECE) Estima-se que quando os espanhóis chegaram ao continente americano, a capital Asteca, Tenochtitlán, contava com uma população com cerca de 200 mil habitantes. Rica e bela, possuía vários canais, por onde navegavam barcos carregados de mercadorias, e aquedutos apropriados para conduzirem as águas das montanhas até a cidade. Sobre essa cidade é correto afirmar-se que

a) era considerada a morada sagrada dos deuses e tornou-se rica graças às doações recebidas de todos os povos.
b) cresceu e manteve-se economicamente afluente graças aos pesados impostos que eram pagos em mercadorias pelos povos vencidos.
c) teve uma arquitetura exuberante graças à contribuição do povo maia então submetido.
d) cresceu significativamente a partir da chegada dos espanhóis.

**6.** (UFF – RJ) A conquista da América pelos europeus foi uma tragédia sangrenta. A ferro e fogo! Era a divisa dos cristianizadores. Mataram à vontade, destruíram tudo e levaram todo ouro que havia.
Outro espanhol, de nome Pizarro, fez no Peru coisa idêntica com os incas, um povo de civilização muito adiantada que lá existia. Pizarro chegou e disse ao imperador inca que o papa havia dado aquele país aos espanhóis e ele viera tomar conta. O imperador inca, que não sabia quem era o papa, ficou de boca aberta, e muito naturalmente não se submeteu. Então Pizarro, bem armado de canhões, conquistou e saqueou o Peru.
– Mas que diferença há, vovó, entre estes homens e aquele Átila ou aquele Gengis-Cã que marchou para o ocidente com os terríveis tártaros, matando, arrasando e saqueando tudo?
– A diferença única é que a história é escrita pelos ocidentais e por isso torcida a nosso favor.
Vem daí considerarmos como *feras* aos tártaros de Gengis-Cã e como *heróis* com monumentos em toda parte aos célebres "conquistadores" brancos. A verdade, porém, manda dizer que tanto uns como outros nunca passaram de monstros feitos da mesmíssima massa, na mesmíssima forma. Gengis-Cã construiu pirâmides enormes com cabeças cortadas aos prisioneiros. Vasco da Gama encontrou na Índia vários navios árabes carregados de arroz, aprisionou-os, cortou as orelhas e as mãos de oitocentos homens da equipagem e depois queimou os pobres mutilados dentro dos seus navios.

*Fonte:* LOBATO, M. *História do Mundo para Crianças.* Capítulo LX.

O texto de Monteiro Lobato expressa a dificuldade de definirmos quem é civilizado e quem é bárbaro. Mas isso à parte, pensando a atuação europeia nos séculos XVI e XVII nas áreas americanas, um número razoável dessas visões equivocadas justificou o avanço espanhol e a destruição dos astecas, maias e incas explicados por:

a) necessidades sociais impostas pelas características culturais do território espanhol e pela presença muçulmana que limitava as condições de enriquecimento da monarquia, levando à conquista da América e à constituição de uma base política iluminista.
b) necessidades religiosas decorrentes da perda de poder da Igreja Católica frente ao avanço das reformas protestantes e das alianças com as potências ibéricas para estabelecer o Império da Cristandade, baseado na Escolástica.
c) necessidades políticas oriundas das tensões na Península Ibérica que levaram a Espanha a organizar o processo de conquista do Novo Mundo como única alternativa para sua unidade política, utilizando para isso o apoio do Papado e da França de Francisco I.
d) necessidades econômicas provenientes da divisão do território espanhol, fruto da diversidade cultural e étnica, e das disputas pelo poder entre Madri e Barcelona, ampliadas pelas vitórias portuguesas na África e na Ásia e pelo desenvolvimento da economia do açúcar no Brasil.
e) necessidades econômicas, políticas e religiosas dos recém-centralizados estados modernos, através do mercantilismo metalista que inundou a Europa de prata e de ouro, levando em seguida a uma revolução nos preços, que provocou inflação, e ao avanço de novas formas de desenvolvimento da agricultura.

**7.** (UPE) A conquista e a colonização da América não estavam unicamente ligadas ao processo de expansão mercantilista da Europa moderna. Faziam parte, também, da ação da igreja tridentina no combate ao protestantismo e na luta em prol da ampliação do número de fiéis católicos. Nessa perspectiva,

a) a catequese dos povos americanos não teve destaque na ação das coroas portuguesa e hispânica no Novo Mundo.
b) a instituição do padroado régio na Espanha e em Portugal assim como em suas possessões no além-mar comprova o caráter religioso da conquista da América.
c) a ação dos jesuítas na catequese dos ameríndios e na colonização ibérica na América se restringiu aos territórios hispânicos.
d) a presença massiva de protestantes na América colonial sob a tutela das monarquias ibéricas ressalta a pequena atuação da igreja católica na colonização do Novo Mundo.
e) na América Portuguesa, os jesuítas não tiveram espaço para a atuação catequética, cabendo essa ação, nos territórios lusos da América, a outras ordens, como os franciscanos e beneditinos.

**8.** (UEL – PR) Dada a diversidade dos povos, a relativa escassez de fontes e a natureza das circunstâncias em que foram produzidas, seria temerário afirmar que os registros que chegaram até nós dão-nos a perspectiva 'indígena' da conquista. Mas fornecem, na verdade, uma série de evocações pungentes, filtradas pelas lentes da derrota, do impacto que provocou em certas regiões a súbita erupção de invasores estrangeiros, cuja aparência e comportamento estavam tão distantes da expectativa normal.

*Fonte: ELLIOTT, J. H. A conquista espanhola e a colonização da América.In: BETHELL, L. (Org.) História da América Latina. São Paulo: USP, 1998. p. 160.*

Com base no texto e nos conhecimentos sobre o tema, é correto afirmar:

a) Os marinheiros espanhóis, logo que chegaram ao "Novo Mundo", constituíram famílias com as índias com o objetivo de introduzi-las, bem como a seus filhos, nas cortes europeias.

b) A violência e a destruição causadas pela conquista espanhola impediram a sobrevivência física dos nativos americanos, obstaculizando, também, a manutenção de relações coletivas de trabalho.

c) A unidade étnica e política dos países americanos resultou do movimento indígena de resistência à dominação dos países colonizadores.

d) A perspectiva indígena da conquista da América pelos europeus é um conjunto homogêneo de registros, porque as ações dos colonizadores, guiadas pelo respeito à diversidade, preservaram os escritos das populações nativas.

e) Um dos efeitos danosos da conquista da América Latina diz respeito à forma como o sistema colonial estruturou-se, com a introdução do gado e do cultivo agrícola de produtos europeus, desorganizando as atividades e os modos de vida anteriores.

**9.** (ENEM) Jean de Léry viveu na França na segunda metade do século XVI, época em que as chamadas guerras de religião opuseram católicos e protestantes. No texto abaixo, ele relata o cerco da cidade de Sancerre por tropas católicas.

"(...) desde que os canhões começaram a atirar sobre nós com maior frequência, tornou-se necessário que todos dormissem nas casernas. Eu logo providenciei para mim um leito feito de um lençol atado pelas suas duas pontas e assim fiquei suspenso no ar, à maneira dos selvagens americanos (entre os quais eu estive durante dez meses), o que foi imediatamente imitado por todos os nossos soldados, de tal maneira que a caserna logo ficou cheia deles. Aqueles que dormiram assim puderam confirmar o quanto esta maneira é apropriada tanto para evitar os vermes quanto para manter as roupas limpas."

Neste texto, Jean de Léry:

a) despreza a cultura e rejeita o patrimônio dos indígenas americanos.

b) revela-se constrangido por ter de recorrer a um invento de "selvagens".

c) reconhece a superioridade das sociedades indígenas americanas com relação aos europeus.

d) valoriza o patrimônio cultural dos indígenas americanos, adaptando-o às suas necessidades.

e) valoriza os costumes dos indígenas americanos porque eles também eram perseguidos pelos católicos.

# Programas de Avaliação Seriada

**1.** (PASUSP) Ao abordar, em 1542, o modo pelo qual os espanhóis conquistaram a América, o frei Bartolomé de Las Casas escreveu:

A causa pela qual os espanhóis destruíram tal infinidade de almas foi unicamente não terem outra finalidade última senão o ouro, para enriquecer em pouco tempo, subindo de um salto a posições que absolutamente não convinham a suas pessoas; enfim, não foi senão sua avareza que causou a perda desses povos indígenas, que por serem tão dóceis e tão benignos foram tão fáceis de subjugar; e quando os índios acreditaram encontrar algum acolhimento favorável entre esses bárbaros, viram-se tratados pior que animais e como se fossem menos ainda que o excremento das ruas; e assim morreram, sem Fé nem Sacramentos, tantos milhões de pessoas.

*Fonte: Brevíssimo Relato da Destruição das Índias Ocidentais. Porto Alegre: LP&M, 1984.*

É correto afirmar que, no documento acima, o autor critica

a) a subversão social e religiosa provocada com o ouro conseguido pelos conquistadores.

b) a presença dos missionários espanhóis na América.

c) o fato de os índios, bárbaros que eram, terem morrido sem serem catequizados.

d) a resistência armada dos indígenas à invasão espanhola.

e) a falta de mão de obra para a exploração colonial espanhola.

**2.** (PISM – UFJF – MG) Sobre a política administrativa adotada na América Espanhola no período colonial, marque a alternativa INCORRETA.

a) Foram criados quatro vice-reinos e cada um deles tinha seu próprio vice-rei, nomeado pelo rei da Espanha.

b) Os dois vice-reinados mais antigos foram o da Nova Espanha e do Peru, ambos fundados em vastas áreas mineradoras, nas quais a população local já trabalhava na extração de metais preciosos antes da conquista.

c) Formou-se uma complicada máquina burocrática que visava favorecer o domínio da Coroa espanhola e limitar tentativas de autonomia das elites locais (criolos).

d) Os chapetones eram indígenas aculturados que exerciam cargos burocráticos na Justiça, no Estado e na Igreja.

e) As cidades eram administradas pelos cabildos, que eram uma espécie de câmara municipal composta por pessoas influentes da sociedade.

# capítulo 20

# A colonização inglesa e francesa

*O estabelecimento de colonizadores europeus na América é um processo que tem as marcas de cada grupo europeu e suas instituições culturais, sociais e políticas. Dessa forma, outros grupos além de espanhóis e portugueses vieram para o Novo Mundo em busca do domínio de novas terras, de sua gente e das riquezas que encontrassem. Ingleses e franceses, que não foram os pioneiros nos processos de navegação e descobrimento, estabeleceram-se em áreas menores do que os colonizadores provenientes da Península Ibérica. Porém, não apenas os colonizadores eram diferentes, mas os povos e as sociedades encontradas nas regiões ao norte do continente americano tinham características diversas das encontradas na Mesoamérica ou no sul do continente. Os processos de estabelecimento das colonizações inglesa e francesa devem ser vistos na sua especificidade e sem o esquematismo que uma leitura posterior tentou estabelecer ao simplificar as dinâmicas do estabelecimento das colônias americanas de ingleses e franceses.*

## Antes da chegada dos ingleses

As populações nativas do norte do continente americano receberam menos atenção por parte dos historiadores do que aquelas localizadas em regiões densamente povoadas, como as chamadas civilizações pré-colombianas mais conhecidas, maias, astecas e incas. As explicações concentradas no fluxo migratório dos colonos e a menor interação entre os europeus e os nativos criaram uma forma de narrar a história do norte do continente, sem um lugar relevante para os povos indígenas.

De fato, pode-se observar que as **interações entre colonos e índios** foram menos intensas do que o verificado nas áreas espanhola e portuguesa, seja por conta do processo de mestiçagem ou do processo de cristianização dos nativos, muito diferente nas regiões inglesas e iberoamericanas. No entanto, ser menos visível não significa que alguns hábitos

Os pais peregrinos embarcando no *Mayflower*, pintura de Bernard Gribble.

**337**

indígenas não tenham sido incorporados no cotidiano da colônia. O tabaco, o milho, a abóbora e o peru, uma ave nativa, são alguns elementos indígenas que passaram a fazer parte do cotidiano de ingleses e franceses. O uso das canoas para navegar pelo interior do continente e o conhecimento e a incorporação de ervas medicinais indígenas para combater enfermidades são outros exemplos da contribuição dos nativos aos primeiros tempos da colonização.

Os **grupos indígenas** no território que atualmente são os Estados Unidos da América eram bastante diversificados. Mais de trezentas línguas eram faladas entre grupos com diversas denominações, como cherokees, comanches, iroqueses e apaches.

A **visão** que os colonos ingleses tinham dos indígenas era quase sempre **desfavorável**: não civilizados, violentos e hostis. Os colonos que habitavam regiões próximas às áreas indígenas viviam uma ameaça maior e, ao mesmo tempo, empreendiam guerras contra os nativos, fazendo com que houvesse uma resistência aberta por meio de batalhas. Muitos grupos fugiram para o interior do continente, uma estratégia comum durante todo o período colonial.

### A expansão inglesa e francesa na América

A participação da Inglaterra e da França na expansão marítima e no estabelecimento de colônias ocorreu um pouco depois que Espanha e Portugal chegaram ao Novo Mundo. O êxito dos ibéricos na ampliação de seus domínios com as colônias americanas estimulou franceses e ingleses a buscar territórios.

Giovanni da Verrazano (ca. 1485-1528), a serviço da França, percorreu a América do Norte em 1523 e Jacques Cartier (1491-1557) descobriu o rio São Lourenço em 1535. As áreas que compunham uma parte do atual Canadá e o vale do rio Mississipi (Louisiana francesa) foram dominadas pelos franceses, que também estabeleceram colônias açucareiras nas Antilhas e no Haiti (Saint Dominique).

A colonização francesa teve duas características principais: as companhias colonizadoras se organizaram a partir de recursos da Coroa, como se observou na fundação de diferentes Companhias de Comércio, que mesmo com ações privadas eram patrocinadas pela monarquia; a outra é que o desenvolvimento das colônias estava relacionado às políticas francesas no continente europeu. A competição com outras monarquias como a Inglaterra e Espanha, por exemplo, levou ao estabelecimento de colônias e disputas por áreas de influência na mesma região, além de tentativas de estabelecer-se em áreas onde visualizavam supostas fragilidades defensivas dos portugueses, como na tentativa de estabelecer-se no Maranhão.

No caso da colonização francesa na região da Louisiana, o desenvolvimento populacional foi lento, e tinha seu polo ao redor de Nova Orleans. O sentido da ocupação era em direção ao norte pelos rios Mississipi e Alabama. O rápido crescimento populacional das colônias inglesas influenciou a rivalidade entre estes e os franceses. A Louisiana foi cedida pelos franceses aos espanhóis em 1765 e, depois de 1803, passou a integrar os EUA. O comércio de peles era o principal atrativo da região para os franceses.

A presença francesa no Canadá foi pequena: em 1706 eram aproximadamente 16 mil colonos; quase sessenta anos depois, o número de colonos era de 70 mil habitantes. Mas a possessão francesa no Canadá foi marcada pela cultura dos franceses, expressa na língua e na religiosidade. O interesse pelo Canadá era mais uma estratégia política de conservar uma área colonial para a França, já que os lucros do comércio eram pequenos.

Em sua condição metropolitana, a França recebia pescado e peles de suas possessões na América do Norte e, das possessões caribenhas, produtos tropicais como açúcar, tabaco, cacau e algodão.

# A vida nas colônias inglesas americanas

Durante os séculos XVI e XVIII, as terras mais ao norte do continente americano apresentavam-se como uma alternativa às profundas transformações políticas, econômicas e culturais pelas quais a Europa passava. Entre os muitos eventos ocorridos, destacam-se a reforma religiosa inglesa iniciada por Henrique VIII, que criou uma igreja independente do papado de Roma, e a política de **cercamento** implementada por sua filha Elizabeth I, que levou muitos camponeses a emigrar em direção às cidades e à capital Londres. Ambos acontecimentos provocaram mudanças que afetaram toda a sociedade inglesa daquela época, forçando parte da população a imigrar para terras americanas como forma de escapar das perseguições religiosas e do contexto de pobreza e desigualdades que começava a se aprofundar.

Antes, porém, do início efetivo da colonização, as notícias das terras e riquezas conquistadas por espanhóis já haviam percorrido a Europa. O interesse de comerciantes e aventureiros fez com que as primeiras expedições partissem para a América. A rainha Elizabeth I havia autorizado *sir* **Walter Raleight** a iniciar a colonização. Com sucessivas tentativas entre 1584 e 1587, os ingleses chegaram à região que chamaram de **Virgínia**, em homenagem à monarca virgem.

O intento de Raleight fracassou. Ataques indígenas aos colonizadores e a fome minaram os primeiros esforços ingleses. Porém, a busca por riquezas e novos territórios proporcionou um novo tipo de empreendimento: a criação de **Companhias Comerciais**, como as de *Plymouth*, responsável pela exploração no sul da costa dos atuais EUA, e a Companhia de Londres, pela região norte da costa leste. As companhias faziam o investimento e tinham como recompensa os lucros da exploração das terras e do comércio da área colonial, pagando tributos correspondentes à Coroa. As duas companhias tiveram suas licenças suspensas entre 1624 e 1635 por causa de dívidas acumuladas, mas o processo de colonização havia se tornado uma realidade. Outros investimentos foram realizados, pois o crescimento demográfico na Inglaterra era um problema que a colonização poderia solucionar. Os imigrantes vinham para a América por diferentes motivos: alguns por causa da possibilidade de obter terras, outros mediante contrato de trabalho. Outros tantos, impossibilitados de pagar o custo da viagem, submetiam-se a um sistema de servidão temporária, para pagar o transporte e depois trabalhar livremente.

A chegada dos **puritanos** (protestantes calvinistas) em **1620**, na região de Massachusetts, vindos no navio *Mayflower*, é um episódio muito citado para explicar a importância da religião no processo de colonização inglês. Os ingleses, recém-chegados, afirmavam estarem cumprindo o desígnio divino de construir um novo país (daí o nome de Nova Inglaterra para designar parte das 13 colônias), pois tinham sido escolhidos por Deus para criar uma nova sociedade.

Os colonos do *Mayflower* foram chamados de "**pais peregrinos**" (*pilgrim fathers*) e teriam estabelecido que seguiriam leis justas na nova terra. O vigor religioso dos puritanos marcou o grupo chamado de *WASP* (*white anglo-saxon protestant*, ou seja, branco, anglo-saxão e protestante) e o imaginário sobre o passado colonial norte-americano, produzindo uma referência de colonos que encobria outros grupos, como mulheres leiloadas nos cais ingleses, crianças raptadas, aventureiros, degradados e toda espécie de gente que procurava um novo lugar para viver e migrou para a América.

"Assinatura do Pacto do *Mayflower*", de J. L. G. Ferris (séc. XIX). Pelo pacto assinado pelos colonos, eles estabeleceriam uma forma de autogoverno na qual seria respeitada a vontade dos habitantes. Essa visão corrobora uma teoria de que os colonos já tinham uma atitude de seguir leis e construir uma forma de organização diferente da vivida na Inglaterra.

## O Pacto de *Mayflower*

*O acordo assinado pelos peregrinos do* Mayflower *é uma forma de assegurar que eles não seriam tratados como rebeldes na Nova Inglaterra. Assinado em 1620, o documento é visto como uma das referências da nova sociedade que foi construída pelos colonos ingleses na América, mesclando princípios políticos e religiosos que marcaram a ordem colonial.*

Tendo empreendido, para a glória de Deus e incremento da fé cristã, e em honra de nosso rei e do país, uma viagem a fim de fundar a primeira colônia nas regiões do Norte da Virgínia, tornamos presente solene e mutuamente na presença de Deus, a nossa intenção de tudo ajustar e combinar em boa união, irmanados numa corporação civil política, para nossa melhor organização e preservação e progresso dos fins já mencionados; e em virtude de que serão estipuladas, constituídas e fixadas leis justas e imparciais, estatutos, atos, constituições, e funções, de tempos em tempos, assim como pensamos ser mais desejável e conveniente para o bem geral da Colônia, dentro do que prometemos toda a submissão e obediência. Em vista disso, nós, testemunhas do fato, subscrevemo-nos em Cape Cod a 11 de novembro, no décimo oitavo ano do reinado de nosso soberano e senhor, Rei Jaime, da Inglaterra, França e Irlanda, e no quinquagésimo quarto de reinado na Escócia. *Anno Dom.* 1620.

*Fonte:* MORRIS, R. B. (Org.)
*Documentos Básicos da História dos Estados Unidos.*
Rio de Janeiro: Editora Fundo de Cultura, 1964.

**1)** Destaque um aspecto político e um aspecto religioso apresentado no documento.

Outros grupos religiosos além dos puritanos desembarcaram na América do Norte, entre eles um grupo chamado Sociedade Religiosa de Amigos, também conhecido como *quakers* (ou quacre, em português), que tinha um perfil liberal para a época. Os *quakers* enfrentaram a oposição dos líderes puritanos, que condenavam o abuso da riqueza e tinham uma disciplina religiosa muito rígida. Estabeleceram-se na Pensilvânia, sob a liderança de William Penn (1644-1718). O espírito liberal dos *quakers* assegurava a convivência com outros grupos religiosos, uma vivência religiosa sem hierarquia rigorosa e a defesa do princípio de que cada homem era responsável por sua vida religiosa.

Em virtude da dinâmica do povoamento e da economia que se estabeleceu, as colônias alcançaram maior autonomia em relação à Inglaterra, além de terem desenvolvido um importante mercado interno. Mas não foram só ingleses que desembarcaram na América. Além deles, milhares de escoceses, irlandeses, alemães e holandeses deixaram suas terras natais e se dirigiram para a costa leste do que viria a ser os Estados Unidos da América.

No quadro ao lado, Adam van Breen (1585-1642), pintor holandês, retrata o *Mayflower* e os "pais peregrinos" se preparando para a saída em direção à América (1620). Essa embarcação mercante contava com 25-30 tripulantes e, anteriormente, era utilizada para comerciar vinho.

## Os puritanos e a identidade religiosa nas colônias inglesas

Os "puritanos" (protestantes calvinistas) tinham em altíssima conta a ideia de que constituíam uma "nova Canaã", um novo "povo de Israel": um grupo escolhido por Deus para criar uma sociedade de "eleitos". Em toda a Bíblia procuravam as afirmativas de Deus sobre a maneira como Ele escolhia os seus e as repetiam com frequência. Tal como os hebreus no Egito, também eles foram perseguidos na Inglaterra. Tal como os hebreus, eles atravessaram o longo e tenebroso oceano, muito semelhante à travessia do deserto do Sinai. Tal como os hebreus, os puritanos receberam as indicações divinas de uma nova terra e (...) são frequentes as referências ao "pacto" entre Deus e os colonos puritanos. A ideia de povo eleito e especial diante do mundo é uma das marcas mais fortes na constituição da cultura dos Estados Unidos.

Diante de uma desgraça, como a seca de 1662 na Nova Inglaterra, os puritanos ainda encontravam novos paralelos com a Bíblia: Deus também castigara os judeus quando estes foram infiéis ao pacto. Deus salva a poucos, como os pregadores puritanos costumavam afirmar. Fiéis à tradição dos reformistas Lutero e Calvino, a predestinação era uma ideia forte entre eles.

*Fonte:* KARNAL. L. (Org.).
*História dos Estados Unidos:* das origens ao século XXI.
São Paulo: Contexto, 2007. p. 47

## O rigor dos puritanos de Massachusetts e o surto de feitiçaria em Salem

THE HOLLYWOOD ARCHIVE/KEYSTONE BRASIL

Cena do filme *As Bruxas de Salem.* O filme foi baseado na obra do teatrólogo Arthur Miller (1915-2005). Miller estreou a peça na Broadway em 1953, em pleno período da Guerra Fria, quando o macarthismo era vigente nos EUA. O macarthismo era um movimento anticomunista, que recebeu esse nome devido às posições radicais do senador Joseph McCarthy, que promovia a perseguição a intelectuais e artistas que eram acusados de serem "antiamericanos" por expressarem críticas ao governo ou supostas simpatias por ideias socialistas. Muitas acusações foram realizadas sem nenhum fundamento e as pessoas tinham dificuldades para conseguir emprego, outros foram presos e até mesmo executados, como o casal de físicos Ethel e Julius Rosemberg, acusados de fornecer segredos atômicos à União Soviética. Miller, vítima do macarthismo, utilizou-se do episódio de Massachusetts para abordar as questões vividas em seu tempo.

*As diferenças entre os puritanos podem ser observadas no caso de Massachusetts. Nessa localidade, os puritanos exerceram grande influência e desenvolveram uma Igreja que tinha poderes civis, aproximando-se de um modelo teocrático que outros grupos criticavam. Uma das maiores evidências dessa prática distante da tolerância religiosa que buscavam na colônia foi o surto de feitiçaria ocorrido em Salem, em 1692. Leia os dois fragmentos a seguir:*

Na Virgínia e outras partes do Sul, a Igreja anglicana aceitou o auxílio do governo, porém não exerceu o menor controle sobre o Estado. Em Massachusetts e Connecticut, a Igreja puritana se identificou em grande medida durante décadas com o Estado, exerceu um forte controle sobre o governo e, de fato, manteve por muito tempo uma espécie de despotismo eclesiástico.

A razão fundamental para que os puritanos emigrassem a Massachusetts foi a de estabelecer uma Igreja-

-Estado e não a de encontrar liberdade religiosa. Os puritanos não eram religiosos radicais: eram religiosos conservadores. Na Inglaterra haviam acreditado na Igreja anglicana, porém desejavam modificar o absolutismo de sua hierarquia e alterá-la suprimindo as formas católicas, observando estritamente o sábado e mantendo uma rígida vigilância sobre a moral. Como fracassaram em sua esperança de capturar a instituição, buscaram as terras virgens da América para construir sua "Igreja particular", sustentada mediante impostos do Estado, entrelaçada com este e não disposta a tolerar oposição.

*Fonte:* NEVINS, A.; COMMAGER, H. S; MORRIS, J. *Breve Historia de los Estados Unidos.* México: FCE, 1996. p. 29

Um dos fatos mais significativos derivado do ideal de Igreja-Estado foi a perseguição às bruxas. O autoritarismo de uma religião que se pretendia única desencadearia, naturalmente, a perseguição de todas as formas de contestação – fossem reais ou imaginárias.

As acusações de bruxaria, uma constante em todo o mundo cristão da época, existiam desde o início da colonização. No entanto, um surto de feitiçaria como o de Salem, em 1692, assumia proporções inéditas. Nesse ano, um grupo de adolescentes acusou várias pessoas de enfeitiçá-las. O processo acabou envolvendo muitos membros da comunidade, entre homens e mulheres.

A cidade de Salem viveu uma histeria coletiva. Havia surtos frequentes: moças rolavam gritando, caíam doentes sem causa aparente, não conseguiam acordar pela manhã, animais morriam, árvores cheias de frutos secavam. As razões, no entender dos habitantes de Salem, só poderiam ter ligação com uma ação demoníaca.

Alguém era acusado de feitiçaria e comparecia diante do juiz. O juiz fazia o acusado e as vítimas (as moças aflitas, como eram usualmente chamadas) ficarem frente a frente. Era comum as moças terem novo ataque histérico diante do suposto feiticeiro. Os acusados eram enviados à prisão. A acusação caía sobre gente de todas as categorias sociais e sobre pessoas que gozavam da confiança da comunidade há anos. O acusado era examinado. Havia uma crença generalizada de que a associação com o demônio produzia marcas no corpo: um tumor, uma mancha, regiões que não sangravam, polegar deformado. Submetidos a "tratamentos especiais", muitos réus acabavam confessando que, de fato, estavam associados ao demônio e realizavam feitiços contra a comunidade. (...)

Os Processos de Salem já receberam várias explicações. Algumas, de caráter mais psicológico, lembram as tensões entre mães e filhas, estas fazendo coisas que não poderiam normalmente fazer e alegando estarem enfeitiçadas. Em outras palavras, alegando o poder do demônio, uma jovem poderia gritar com sua mãe ou mesmo ficar nua! Afinal, era tudo obra do demônio. (...)

Outras explicações remetem às tensões internas das colônias – entre as principais famílias –, em que acusar o membro de uma família rival de bruxo ou bruxa tinha um grande peso político. (...)

Por fim, sem esgotar as explicações, há de se levar em conta todas as frustrações dos protestantes no Novo Mundo, onde o sonho de uma comunidade perfeitamente construída de acordo com as leis de Deus e da Bíblia não havia se realizado. Os pastores puritanos viram no aparente surto de feitiçaria uma maneira de recuperar o controle e o entusiasmo do grupo. Os habitantes de Massachusetts haviam se dado conta de que não apenas a Bíblia e as boas intenções haviam atravessado o oceano, mas todas as suas mesquinharias, maledicências e tensões. Melhor seria, assim, atribuir esses problemas ao demônio e a seus seguidores.

Ao final da crise, quase 200 pessoas tinham sido presas e 14 mulheres e 6 homens executados. A teocracia puritana tinha deixado um saldo trágico na memória dos colonos. Quase 100 anos depois, a primeira emenda à Constituição dos EUA estabelecia que o Congresso não faria leis sobre o livre exercício da religião.

*Fonte:* KARNAL, L. *Op. cit.* p. 51-53

# População e vida social

A **população** das colônias inglesas na América, excluídos os indígenas, era de aproximadamente 2,5 mil pessoas em 1620. Em 1700, era de aproximadamente 350 mil pessoas e no ano da independência, em 1776, de cerca de 3 milhões de pessoas. Além dos **imigrantes** que vieram de outras partes da Europa, havia um contingente de aproximadamente 500 mil africanos **escravizados**, ao final do período colonial.

A sobrevivência dos colonos do norte estava atrelada ao desenvolvimento de **atividades comerciais** e à criação de um interessante mercado interno. Ao sul, os proprietários de grandes lavouras constituíam a aristocracia local. Em linhas gerais, pode-se afirmar que no topo da pirâmide social estavam a **burguesia comercial** do norte e os **grandes fazendeiros** do sul.

Na porção intermediária havia **profissionais** como médicos, advogados e clérigos. Abaixo destes, os pequenos comerciantes, seguidos de artesãos e camponeses. Abaixo deles os que tinham a **servidão temporária** e, por fim, os **escravos**.

## A quem interessa o trabalho na colônia

*William Penn publicou em 1681 um folheto com as informações sobre as novas terras, com o objetivo de divulgar qualidades e oportunidades para despertar o interesse dos futuros colonos. No trecho a seguir ele especifica as características esperadas para os colonos que se dirigiriam à Pensilvânia. O documento é revelador da imagem que o colonizador queria construir sobre a área que seria povoada pelos quakers ingleses. Observa-se inicialmente que ele apresenta as dificuldades vividas na Inglaterra e os benefícios que teriam ao dedicar-se às plantações no Novo Mundo.*

IV. As pessoas que a providência mais parece haver apropriado às plantações são:

1º Lavradores industriosos e diaristas, que mal conseguem (com muito trabalho) manter suas famílias e prover o sustento dos filhos.

2º Artesãos laboriosos, sobretudo carpinteiros, pedreiros, ferreiros, tecelões, alfaiates, curtidores, sapateiros, construtores de navios etc., onde existem em excesso ou estão mal de vida: e como não precisarão de quem os estimule, o trabalho deles terá mais valor lá do que aqui, acrescentando que lá as provisões são mais baratas.

3º Uma plantação parece o lugar indicado para os espíritos laboriosos que, levando uma existência difícil, vivem carregados e oprimidos pela necessidade de ganhar a vida; ora, sendo mais fáceis lá os meios de subsistência, eles terão tempo e oportunidade para satisfazer às suas inclinações e, por essa maneira, aprimorar a ciência e ajudar nas escolas.

4º Uma quarta espécie de homens aos quais se apropria a plantação inclui os irmãos caçulas com pequenas heranças; no entanto, como vivem entre os parentes em alguma proporção com sua condição, e não podem fazê-lo sem exercer uma atividade semelhante à lavoura, veem-se numa situação demasiado apertada para eles; e, se forem casados, os filhos serão, a miúdo, numerosos demais para a propriedade, e frequentemente educados para não exercer nenhum ofício, convertendo-se numa espécie de parasitos ou dependentes da mesa e da caridade dos irmãos mais velhos: o que é um mal, que por si mesmo há de ser lamentado, e que aqui se pode remediar; pois poderão ter terras por quase nada, as quais, com pouco trabalho, produzem muita fartura de todas as coisas necessárias à vida, e um acrescentamento tal que, através do comércio, os suprirá de todas as conveniências.

Finalmente, há outra espécie de pessoas, não somente apropriadas, mas também necessárias às plantações, que são os homens de espírito universal, com os olhos voltados para o bem da posteridade, que, além de compreender a boa disciplina e um governo justo entre pessoas simples e bem-intencionadas, se aprazem em promovê-los; tais pessoas encontram lugar nas colônias pelo bom conselho e capacidade inventiva, mas não podem ser de muito uso ou serviço para as grandes nações que já têm costumes estabelecidos: tais homens merecem muita estima e devem ser ouvidos. Sem dúvida foi isso (como já tive ocasião de observar) que colocou alguns famosos gregos e romanos na transplantação e regulamentação de colônias de pessoas em diversas partes do mundo; cujos nomes, por darem tão grande prova de sabedoria, virtude, trabalho e constância, a história nos lega, com justiça e honra, para que recebam os louvores do nosso tempo; embora o mundo, depois de todas as suas mais altas aparências de religião, se desvie barbaramente do excelente exemplo deles.

Fonte: SYRETT, H. (Org.). *Documentos Históricos dos Estados Unidos.* São Paulo: Cultrix, 1988. p. 45.

**1)** Qual o argumento central que justificaria que uma pessoa se mudasse para a Pensilvânia?

# As diferentes áreas da colônia inglesa

As treze colônias inglesas não eram todas iguais entre si. Havia na verdade uma distinção principalmente quanto à base econômica e social de algumas delas. Nas **Colônias do Norte**, chamadas de Nova Inglaterra, os colonizadores estabeleceram-se de forma diferenciada com relação ao sul dos Estados Unidos e mesmo se comparados à América espanhola e portuguesa, prevalecendo a policultura em pequena propriedade familiar, o uso de mão de obra livre e as atividades realizadas por artesãos e comerciantes. Essas colônias tinham, portanto, sua produção voltada para o mercado interno, pois, dadas suas condições climáticas, localizavam-se em uma área que dificilmente poderia oferecer produtos diferentes do que a Inglaterra produzia.

Nas **Colônias do Sul**, por outro lado, com clima mais quente, favorável à agricultura, predominaram as grandes propriedades monocultoras, com o uso de mão de obra negra escrava, com produção voltada para a exportação, sobretudo a de tabaco. A vinculação dos produtores das colônias do sul com a metrópole inglesa fez com que eles resistissem à ideia de separação política, pois supunham que deixariam de lucrar se perdessem seu mercado consumidor, a Inglaterra, que garantia seus lucros. Essa sociedade no sul dos atuais Estados Unidos caracterizou-se por grandes desigualdades econômicas.

À medida que o tempo passava, os êxitos dos colonos tornavam-se mais visíveis e a Coroa britânica procurou ampliar seu controle sobre eles. As reações não tardaram e a ruptura tornava-se uma hipótese concreta.

As Colônias do Norte, conhecidas por Nova Inglaterra, tiveram origem em 1620, com a fundação da cidade de New Plymouth, Massachusetts. Em seguida foram fundadas na mesma região: Rhode Island e Connecticut (1636) e New Hampshire (1638). Nova York, Pensilvânia, Nova Jersey e Delaware, fundadas após 1660, são chamadas por alguns de colônias da região central, mas apresentam as mesmas características sociais e econômicas do norte e, portanto, estudadas em conjunto com aquelas. As Colônias do Sul são: Maryland, Virgínia, Carolina do Norte, Carolina do Sul e Geórgia.

AS TREZE COLÔNIAS AMERICANAS

LÉGENDS CARTOGRAPHIE-MARIE-SOPHIE PUTFIN – ADAP.

## Passado/presente

### Religião e ciência: o caso das células-tronco nos EUA

Os debates sobre o uso de células-tronco nas pesquisas científicas nos EUA dividiram cientistas e religiosos. Em meio ao debate, as decisões políticas de permitir e financiar as pesquisas com recursos públicos variaram conforme as decisões dos governos recentes. Mesmo sendo um país laico, as influências do passado puritano mobilizam as opiniões na atualidade.

> laico: que não pertence a nenhuma ordem religiosa.

Defensores da luta contra as doenças já falam há muito tempo sobre a pesquisa de células-tronco embrionárias humanas como se esse fosse um caminho certo para curas rápidas de problemas intratáveis. Muitos pesquisadores, entretanto, projetaram objetivos muito mais modestos para as células-tronco.

As restrições sobre a pesquisa de células-tronco embrionárias tiveram origem no Congresso americano, que, a cada ano desde 1996, proibiu o uso de financiamentos federais para qualquer experimento em que um embrião humano seja destruído. A proibição baseava-se em um argumento religioso e moral: o de que a pesquisa com células embrionárias equivalia a destruir vidas. O argumento é semelhante aos opositores da liberação do aborto. Os grupos religiosos que se opuseram à liberação das pesquisas tiveram grande atuação durante o governo de George W. Bush. O governo de Barack Obama, contrariando a pressão desses grupos e atendendo ao clamor de cientistas, liberou o financiamento público para as pesquisas na área, incluindo testes em seres humanos com medicamentos produzidos a partir das células-tronco, em 30 de julho de 2010.

## Cinemateca

**Novo Mundo** (2005, EUA, dir.: Terrence Malick) John Smith, preso e condenado à forca por insubordinação, é enviado às terras distantes da América do Norte com outros ingleses que buscavam estabelecer uma nova sociedade. O encontro com os nativos é inevitável, surgindo daí tanto a paixão como o conflito entre mundos tão distintos.

**As Bruxas de Salem** (1996, EUA, dir.: Nicholas Hytner) Baseado em uma das grandes peças do século XX, *As Bruxas de Salem* tem lugar em 1692, no estado de Massachusetts. Em uma pequena comunidade puritana onde a vida é dedicada ao serviço a Deus, algumas adolescentes são acusadas de feitiçaria. Enquanto o tempo passa, a vila vai testemunhando mais atos de bruxaria e as vítimas dessa histeria em massa veem a vida delas e a de suas famílias completamente destruídas.

## Revisitando a História

**1.** Analise a especificidade da participação indígena nas áreas americanas colonizadas pelos ingleses em comparação a outros processos coloniais, como dos espanhóis e portugueses.

**2.** Cite duas contribuições dos nativos da América do Norte para os colonos ingleses.

**3.** Relacione os processos ocorridos na Inglaterra durante os séculos XVI e XVII e o impulso colonial para a América.

**4.** Quais as principais motivações para os colonos ingleses virem para o Novo Mundo?

**5.** Explique qual a importância do *Mayflower* para o processo de colonização inglês. Relacione esse processo com a questão religiosa para o futuro EUA.

**6.** O que significa *WASP*? Qual a importância desse grupo? E qual a diferença entre ele e os *quakers*?

**7.** Como era a organização social dos colonos?

**8.** Compare a forma de organização econômica das Colônias inglesas do Norte e as Colônias do Sul da América.

## Analise esta imagem

A pintura retrata a celebração do Dia de Ação de Graças, comemorado ainda hoje nos EUA. A origem da festa está associada à celebração da primeira colheita realizada pelos peregrinos do *Mayflower*. A imagem remonta ao passado colonial e às origens da sociedade norte-americana. Trata-se de uma interpretação do século XIX feita por J. L. G. Ferris. A obra é considerada ilustrativa da imagem que o país independente produziu sobre o seu passado.

a) Identifique os grupos étnicos apresentados na pintura.
b) Relacione a confraternização apresentada e a construção de um ideário de nação unida.
c) Por que colonos e indígenas partilhariam da mesma celebração?

# Debatendo ideias

A Questão da imigração é um dos aspectos centrais na história dos Estados Unidos. Recentemente, dois intelectuais discutiram sobre a presença atual dos imigrantes hispânicos nesse país. Veja o trecho de uma notícia de maio de 2004 e debata as questões posteriores.

O escritor mexicano Carlos Fuentes afirmou em Nova York que Samuel Huntington, o professor da Universidade de Harvard que no seu último livro afirma que os imigrantes mexicanos acabarão com o "sonho americano", é "racista e fascista".

"As ideias de Huntington são racistas, eu diria fascistas, e além disso criam tensão", afirmou Fuentes.

"Ele é um fundamentalista que dificilmente aceita mais alguém. Para ele, os bons americanos são os de Plymouth", acrescentou, numa referência à cidade do Estado de Massachusetts que foi o primeiro assentamento europeu na Nova Inglaterra.

Os imigrantes mexicanos, afirmou o escritor de 75 anos, são trabalhadores e empreendedores, e merecem ser tratados com respeito.

Huntington, cujo conceito de "choque de civilizações" ganhou notoriedade após os atentados de 11 de setembro, prevê no seu novo livro, "Who are we?" ("Quem somos nós?"), um novo choque cultural, que terá como resultado a morte do "sonho americano" nos Estados Unidos pelas mãos dos imigrantes hispânicos.

Huntington afirma que a alta taxa de natalidade dos hispânicos que moram nos Estados Unidos – 40 milhões numa população total de 280 milhões –, a sua incapacidade de aceitar os valores anglo-protestantes e a sua dificuldade para aprender o inglês acabarão fraturando o país.

Disponível em: <http://www.apagina.pt>. Acesso em: 16 ago. 2010.

Com base na notícia, responda:

a) Por que Fuentes faz uma referência crítica à postura de Huntington afirmando que os bons americanos são os do Plymouth?
b) Uma das riquezas da sociedade americana é a diversidade cultural dos diferentes grupos que habitam o país. Você concorda que a presença dos imigrantes hispânicos, sobretudo mexicanos, é uma ameaça ao ideal estadunidense ou revela uma postura conservadora de parte daquela sociedade? A perseguição aos novos imigrantes ´é uma forma de rejeição ao passado histórico dos EUA? Por quê?

# Questões de vestibular

**1.** (UFF – RJ) Os processos de ocupação do território americano do Norte simbolizam, para muitos historiadores, a presença do ideário europeu no Novo Mundo. Os pioneiros ingleses do *Mayflower* construíram uma sociedade baseada na justiça e no cumprimento dos valores religiosos e morais protestantes. Essa base fundadora teve papel essencial na formação dos Estados Unidos da América.

Assinale a opção que contém a relação correta entre a fundação e a formação dos Estados Unidos.

a) A Revolução Americana de 1776 representou, nos Estados Unidos, a presença dos valores da Revolução Francesa, mostrando como os americanos estavam sintonizados com a Europa e não queriam se separar da Inglaterra.
b) A Revolução Americana de 1776 foi o episódio que representou, de forma mais cabal, a presença da tradição dos primeiros colonos, através do sentido de liberdade e da ideia de "destino manifesto".
c) A Revolução Americana de 1776 apresentou valores que eram oriundos das culturas indígenas da região americana e por isso garantiu a expressão radical de liberdade, na revolução.
d) A revolução de 1776 foi um episódio isolado na história dos Estados Unidos, pois fundamentou-se em valores de unidade que não foram capazes de fazer dos Estados Unidos um país americano.
e) A Revolução Americana de 1776 foi apenas um ensaio do que ocorreria no século XIX nos Estados Unidos, por isso, podemos pensá-la como um apêndice da Guerra de Secessão, esta sim, vinculada à Revolução Francesa.

**2.** (UNESP) Os puritanos eram 'atletas morais', convencidos de que a 'vida correta' era a melhor prova (embora não garantia) de que o indivíduo desfrutava a graça de Deus. A vida correta incluía trabalhar tão arduamente e ser tão bem-sucedido quanto possível em qualquer ofício mundano e negócio em que Deus houvesse colocado a pessoa. Animados por essas convicções, não era de se admirar que os puritanos fossem altamente vitoriosos em suas atividades temporais, em especial nas circunstâncias favoráveis oferecidas pelo ambiente do Novo Mundo.

Charles Sellers. "Uma reavaliação da história dos Estados Unidos".

a) Dê uma razão da emigração dos puritanos ingleses para a América.
b) Por que o autor afirma que os puritanos foram "altamente vitoriosos" no Novo Mundo?

**3.** (FUVEST – SP) A colonização inglesa na América foi marcada por sensíveis diferenças entre o norte e o sul. Caracterize essas diferenças no que se refere ao trabalho compulsório e aos aspectos econômicos.

**4.** (CESGRANRIO – RJ) Durante o século XVII, grupos puritanos ingleses perseguidos por suas ideias políticas (antiabsolutistas) e por suas crenças religiosas (protestantes calvinistas) abandonaram a Inglaterra, fixando-se na costa leste da

América do Norte, onde fundaram as primeiras colônias. A colonização inglesa nessa região foi facilitada:

a) pela proporção das ideias iluministas, que preconizavam a proteção e o respeito aos direitos naturais dos governados.
b) pelo desejo de liberdade dos puritanos em relação à opressão metropolitana.
c) pelo abandono dessa região por parte da Espanha, que então atuava no eixo México-Peru.
d) pela possibilidade de explorar grandes propriedades agrárias com produção destinada ao mercado europeu.
e) pelas consciências políticas dos colonos americanos, des-de logo treinados nas lutas coloniais.

**5.** (FGV – SP) A conquista colonial inglesa resultou no estabelecimento de três áreas com características diversas na América do Norte. Com relação às chamadas "Colônias do Sul" é correto afirmar que:

a) baseava-se, sobretudo, na economia familiar e desenvolveu uma ampla rede de relações comerciais com as Colônias do Norte e com o Caribe.

b) baseava-se numa forma de servidão temporária que submetia os colonos pobres a um conjunto de obrigações em relação aos grandes proprietários de terras.
c) baseava-se numa economia escravista voltada principalmente para o mercado externo de produtos, como o tabaco e o algodão.
d) consolidou-se como o primeiro grande polo industrial da América com a transferência de diversos produtores de tecidos vindos da região de Manchester.
e) caracterizou-se pelo emprego de mão de obra assalariada e pela presença da grande propriedade agrícola mnonocultura.

**6.** (FUVEST – SP) Sobre a colonização inglesa na América do Norte,

a) estabeleça sua conexão com os desdobramentos da Reforma Protestante da Inglaterra;
b) explique por que na região sul se originou uma organização socioeconômica diferente da do norte.

# Programas de Avaliação Seriada

**1.** (PISM – UFJF – MG) Quando tratamos da Colonização da América, é possível estabelecer uma comparação entre os processos vivenciados pelas colônias de Portugal, Espanha e Inglaterra. Sobre tais processos, é INCORRETO afirmar que:

a) a questão religiosa esteve na base da empresa colonizadora de Portugal, Espanha e Inglaterra. As colônias funcionavam como refúgios para as vítimas da perseguição política e religiosa nessas nações, respectivamente protestantes, cristãos e judeus.
b) na América Espanhola, o processo de colonização foi baseado na exploração do ouro e da prata. No entanto, algumas regiões serviam para abastecimento, com a criação de gado, por exemplo.
c) a colonização na América inglesa foi favorecida pelo deslocamento populacional, resultado do processo de cercamentos na Inglaterra, assim como dos conflitos político-religiosos que estimularam a emigração de puritanos e quakers.
d) a colonização inglesa na América produziu uma relativa autonomia econômica e política, diferente dos países ibéricos que estabeleceram inúmeras restrições e um controle intenso das atividades coloniais.
e) apesar de a colonização portuguesa na América ter sido considerada como "de exploração", nem toda a riqueza produzida pela colônia foi enviada para a metrópole.

**2.** (PAIES – UFU – MG) As afirmativas a seguir abordam semelhanças e diferenças que podem ser apontadas nos processos de colonização das Américas, realizados por espanhóis, portugueses, ingleses e franceses.
Marque, para as afirmativas a seguir, (V) se for verdadeira, (F) para as falsas ou (SO) sem opção.

1 (   ) No que se refere à configuração dos espaços urbanos, os espanhóis fundavam cidades e vilas previamente planejadas, que deveriam obedecer aos princípios da unidade, ordem rigorosa e planificação, traduzindo a hierarquia social que desejavam. Por sua vez, as cidades portuguesas surgiam a partir de um núcleo original, sem planejamento, crescendo por agregação, sem ordem e sem preocupação geométrica.
2 (   ) Quanto à organização da produção, os ingleses e franceses se voltaram para as pequenas fábricas que utilizavam mão de obra assalariada, produzindo manufaturas que eram exportadas para as colônias espanholas e portuguesas. Já os portugueses e espanhóis, interessados na exportação de produtos agrícolas para a Europa, implantaram as *plantations*, usando o trabalho escravo africano.
3 (   ) Enquanto as colônias espanholas e portuguesas eram administradas diretamente pelos respectivos Estados, com o mesmo ordenamento jurídico e político das metrópoles, cabia aos próprios colonos ingleses e franceses a administração dos seus territórios, com leis votadas em assembleias locais, sem interferência das metrópoles.
4 (   ) Nas relações entre os colonizadores e as populações indígenas, podem ser apontadas as seguintes diferenças e semelhanças: quanto ao preconceito racial e cultural, ingleses, franceses, portugueses e espanhóis consideravam as populações locais como selvagens e bárbaras, inferiores a eles; quanto aos métodos da conquista, espanhóis e franceses usaram a força militar e destruíram as populações locais, enquanto portugueses e ingleses procuraram uma convivência pacífica; quanto ao trabalho indígena, apenas os espanhóis usaram-no para a atividade mineradora, no sistema de *encomienda*.

# A TRANSIÇÃO PARA O MUNDO CONTEMPORÂNEO

A noção de crise e a projeção de novos ideais que marcaram a transição do período moderno para o contemporâneo são os conceitos centrais desta unidade. O período das revoluções, das independências políticas, alimentou utopias e projeções de que a história humana tinha um objetivo a ser alcançado. Porém, ao observarmos os processos históricos em suas particularidades, podemos identificar e compreender que nenhum modelo histórico resiste à dinâmica das relações entre os próprios seres humanos e seu tempo. Não existe um caminho histórico predestinado: a História é dinâmica e, dessa forma, os diversos movimentos históricos nos instigam a compreendê-los em suas especificidades.

## Unidade 5

# capítulo 21

# O Antigo Regime em crise: revoluções inglesas e Iluminismo

*A imagem de um rei sendo julgado, condenado e decapitado por seus súditos, ilustra muitas das questões abordadas neste período de crises por que passava a Europa nos séculos XVII e XVIII. Em 1649, Carlos I, rei da Inglaterra, foi executado. Ainda que em circunstâncias diferentes, o mesmo ocorreu na França, cerca de um século e meio depois, com a morte de Luís XVI. No entanto, a decapitação do soberano também pode ser analisada por seu conteúdo metafórico. A imagem do rei como a "cabeça" que comandava os movimentos de tudo e todos dentro do seu reino com poderes absolutos, símbolo dos ideais do Antigo Regime, começa a ser alvo de críticas crescentes, que culminam em uma série de transformações políticas, econômicas e culturais. Que argumentos foram utilizados em países como a França e a Inglaterra para assassinar seus monarcas? Como esses processos ocorreram? Como outros monarcas absolutos reagiram a essas execuções?*

O Antigo Regime, alicerçado no absolutismo e no mercantilismo, começou a sofrer contestações em diferentes campos já no século XVII. Na política, elas se deram a partir das revoluções inglesas ocorridas entre 1640 e 1688 e que puseram fim às principais práticas do absolutismo naquele país. No século XVIII, ocorreram mudanças importantes com a adoção de novas formas de produção econômica que ficaram conhecidas como Revolução Industrial, e também no campo intelectual, com a difusão do conjunto de ideias chamadas de iluministas.

A ordem construída com base no poder absoluto e nas tradições herdadas dos processos de consolidação das monarquias passou a ser questionada e buscava-se uma nova forma de legitimar as organizações políticas, sociais e econômicas. O poder mudaria de mãos ou seria mais partilhado: aos burgueses não interessava mais o papel de coadjuvantes de monarcas e nobres; os operários das novas fábricas também passariam a reivindicar maior participação na ordem social.

Ao mesmo tempo que esses acontecimentos se desenrolavam na Inglaterra, um importante movimento intelectual, o **Iluminismo**, estimulava a reflexão sobre os novos tempos. Os iluministas exerceram seu potencial crítico diante do absolutismo e questionaram os poderes exercidos pelos monarcas na Europa.

FINE ART PHOTOGRAPHIC LIBRARY/CORBIS/LATINSTOCK

As ideias iluministas, baseadas no princípio da Razão, tornaram-se a forma predominante de explicar o mundo europeu. Gradualmente, o Estado absoluto se enfraqueceu, perdeu prestígio e riqueza diante dos burgueses, e alguns dos principais representantes desse Estado passaram a incorporar princípios iluministas, como os déspotas esclarecidos – monarcas que, embora continuassem a exercer o poder de forma absoluta, adotaram medidas visando à racionalização administrativa, diminuindo privilégios de setores da nobreza e a influência da Igreja, sobretudo ao privilegiarem a difusão do ensino laico.

# O cenário político e a ascensão da burguesia

O Estado no papel de grande agente econômico, detentor de monopólios e regulador geral da circulação de mercadorias, dentro do princípio mercantilista da balança comercial favorável, foi importante aliado dos setores burgueses entre os séculos XIV e XVI.

Contudo, a partir do século XVII, em várias regiões, os monarcas absolutos se tornaram aliados incômodos para os burgueses. Se nos países ibéricos e na França ainda havia espaço para a convivência entre os dois setores, devido aos interesses em comum, o mesmo não acontecia na Inglaterra, onde ocorreram as principais revoltas burguesas contra a Monarquia, que levaram à instauração de uma nova ordem política.

## Transição conturbada na Inglaterra

A morte de Elizabeth I, que não tinha herdeiros, em 1603, pôs fim à dinastia Tudor. O governo dos Tudor foi caracterizado pela participação dos *comuns* nas ações políticas e econômicas. Não pertencendo à nobreza e aos setores mais prósperos da burguesia, a maior parte dos comuns era formada por pequenos e médios proprietários rurais e comerciantes, ou seja, pertencentes à baixa burguesia inglesa que tiveram excelentes oportunidades de ascensão durante a dinastia.

Embora os monarcas Tudor tenham governado de forma bastante centralizada, tanto Henrique VII (1485-1509) quanto Henrique VIII (1509-

-1547), antecessores de Elizabeth I, também tinham dado abertura aos comuns e adotado medidas de interesse de setores burgueses mais enriquecidos e que foram mantidas e mesmo ampliadas pela soberana.

O sucessor de Elizabeth I foi Jaime I (1603-1625), que defendia o direito divino dos reis e utilizou a religião anglicana para propagar este princípio. O monarca tomou medidas que desagradaram à burguesia e geraram disputas no Parlamento. Entre elas estavam a elevação de impostos de alfândega, a criação de novas taxas e a obtenção de empréstimos forçados. A disputa entre o rei e o Parlamento se acentuou e Jaime I abdicou em favor de seu filho Carlos I.

Com os ânimos ainda exaltados, Carlos I prosseguiu a política de buscar recursos que financiassem seu governo e ampliassem seu domínio sobre as atividades produtivas, incluindo os empréstimos forçados dos súditos – medidas acompanhadas de outra lei que determinava o aprisionamento de todos aqueles que se recusassem a cumprir qualquer uma das medidas fiscais definidas pelo monarca.

Em 1628, diante da voracidade real por recursos financeiros, e receosos de que fossem decretadas taxações maiores, os membros do Parlamento exigiram que o rei concordasse com a **Petição de Direitos**. Segundo essa petição, a Coroa não poderia recolher impostos sem a aprovação do Parlamento. Carlos I cedeu a essa exigência em um primeiro momento, mas, no ano seguinte, dissolveu o Parlamento, pois não queria se sujeitar a ele. Carlos I reinou de forma absoluta pelos 11 anos seguintes – período no qual o Parlamento não voltou a se reunir.

Em 1640 o rei convocou o Parlamento para discutir a arrecadação de fundos necessários para combater a Escócia, que ameaçava a Inglaterra. Os reinos estavam em guerra por uma motivação religiosa: querendo consolidar o seu poder, Carlos I tentou impor aos calvinistas escoceses (presbiterianos) um livro de preces comum, baseado na liturgia da Igreja Anglicana.

O Parlamento, convocado para dar apoio ao rei, agiu de maneira contrária à esperada pelo monarca. A reação dos parlamentares foi intensa e decisiva para o enfraquecimento do poder real. Estabeleceu-se que o Parlamento funcionaria periodicamente e que teria poder de decisão sobre assuntos tributários, além de estar apto a revogar ações de Carlos I como a criação de tribunais e comissões encarregadas de julgar os seus oponentes. Mas as divergências políticas não eram apenas entre o

*A execução de Carlos I, em 1649.*

Parlamento e o rei. Quando os calvinistas (puritanos) começaram a reivindicar limitações para a ação da Igreja Anglicana, a divisão se agravou resultando em guerra civil.

Nesse conflito interno lutavam os cavaleiros (adeptos do rei) e os cabeças-redondas (defensores do Parlamento), que receberam esse nome por usarem cabelos curtos. O líder dos cabeças-redondas era Oliver Cromwell (1599-1658), que criou o chamado Novo Exército Modelo. Este era composto de uma mistura de ricos membros do Parlamento, senhores rurais e religiosos exaltados. O rei foi derrotado e executado em 1649. Com a morte de Carlos I, proclamou-se a República, dominada pelo líder puritano Oliver Cromwell. O período da República é chamado de *Commonwealth*.

## A Commonwealth

O período da *Commonwealth*, ou República Puritana (1649-1660), caracterizou-se pela divisão do poder entre o Parlamento e o Exército. Cromwell era a figura central dessa República: tinha organizado o novo exército e havia sido membro do Parlamento. Os desafios da República eram apaziguar um país que passou por uma guerra civil e restaurar a ordem, contendo os mais radicais.

O próprio exército era fonte de agitações, já que ele se formou pelo critério do mérito e não da origem social. Ou seja, como o exército era composto de grupos diferentes, as motivações que levavam seus membros a lutar contra o rei eram distintas: os membros mais pobres do Novo Exército Modelo entraram na luta contra o monarca e, em certo sentido, contra grande parte dos senhores ingleses, o que, evidentemente, não agradava à burguesia; já no caso dos setores burgueses, o engajamento nos combates tinha ocorrido para que suas propriedades ficassem livres de ameaças, como a do empréstimo forçado, instituído por Jaime I; setores religiosos, por sua vez, tentavam preservar suas igrejas, já que o anglicanismo se impunha.

*Oliver Cromwell*. Busto em mármore de Joseph Wilton, 1762. Victoria and Albert Museum, Londres.

Neste caldeirão de interesses havia um ponto comum: derrotar o absolutismo monárquico de Carlos I, que queria restituir e ampliar tributos feudais e restabelecer práticas monopolistas que comprometiam o desenvolvimento comercial desejado pela burguesia. Mas, passado o momento que uniu grupos tão divergentes, as diferenças começaram a aparecer. Entre as reivindicações dos mais pobres, chamados de *niveladores*, estavam o direito ao voto universal, a redistribuição da propriedade e a proteção aos pequenos proprietários.

Instaurada a República, as reivindicações dos niveladores não foram atendidas. O fôlego revolucionário que executou o rei não chegou a alterar profundamente a ordem social. Os líderes dos niveladores foram executados por ordem do próprio Cromwell.

Outro aspecto importante nas relações políticas do período foi a revolta na Irlanda, onde os monarquistas católicos viam com desconfiança a ação do puritano Cromwell. Diante da revolta, Cromwell invadiu a Irlanda e estabeleceu, ao norte, uma área de colonização protestante.

Em 1658, com a morte de Cromwell, intitulado o Lorde Protetor de Inglaterra, Escócia e Irlanda, assumiu o poder seu filho Ricardo. Porém, ele não tinha as mesmas habilidades do pai e foi deposto em 1660. Temendo novos conflitos e buscando um caminho para a pacificação, o Parlamento restaurou a Monarquia.

*Carlos I*, da Inglaterra. Óleo sobre tela, Anthony van Dyck. Museu do Louvre, Paris.

## A Restauração e a Revolução Gloriosa

Militares, comerciantes e a pequena nobreza fizeram manifestações por um Parlamento livre e a restituição da Monarquia, convidando o filho do rei decapitado a assumir a Coroa. Em 1660, Carlos II, que estava na França, assumiu o poder (1660-1685) na Inglaterra e governou com o apoio dos burgueses e com um Parlamento fortalecido. Em 1679, por exemplo, instituiu-se o *habeas corpus*, uma medida legal pela qual as liberdades individuais eram asseguradas e proibiam-se as prisões arbitrárias.

Com a morte do monarca, assumiu o seu irmão, Jaime II (1685-1688). Sem a mesma sensibilidade política do antecessor e convertido ao catolicismo, Jaime II despertou suspeitas sobre suas decisões políticas, pois reuniu um grande número de conselheiros católicos que tinham vínculos com o absolutismo francês. A Igreja Anglicana não apoiava o rei, e o clima político de tensão se assemelhou ao que levou à prisão e morte de seu pai, Carlos I.

Precavidos com os riscos de uma nova guerra civil e temendo os surtos de reivindicações populares, os aristocratas ingleses empreenderam uma disputa política que levou à abdicação de Jaime II em favor de seu genro, Guilherme de Orange. Os reis Guilherme e Maria, protestantes, assumiram o poder com o compromisso de respeitar o Parlamento.

Essa transição, ocorrida em 1688, ficou conhecida como a Revolução Gloriosa. Ela instituiu um modelo político pelo qual o rei deveria respeitar os chamados direitos essenciais expressos pela Carta de Direitos, *Bill of Rights* (1689), que estabelecia os princípios de uma Monarquia constitucional e parlamentarista.

Com base na Carta de Direitos, o rei passou a ser obrigado a respeitar as decisões do Parlamento e com o estabelecimento de princípios que assegurassem as condições de produção, como nos aspectos relativos a impostos e comercialização de produtos, criaram-se as bases para as transformações econômicas que seriam vividas a partir daquele período.

### Recortes da História

*Os princípios estabelecidos no* Bill of Rights *fundaram, na visão de muitos estudiosos, o regime Monarquista Constitucional. Nesse regime, o rei não tem nenhum poder para elaborar leis e também não pode executá-las ou suspender a sua execução. Logo, o monarca reina, mas não legisla, nem administra – como acontecia no regime absolutista.*

#### Bill of Rights

1º Que o suposto poder da autoridade real de suspender as leis ou a execução das leis sem o consentimento do Parlamento é ilegal;

2º Que o suposto poder da autoridade real de dispensar leis ou de executar leis, como foi usurpado e exercido no passado, é ilegal; (...)

4º Que uma arrecadação de dinheiro para a Coroa ou para o uso dela, sob pretexto de prerrogativa , sem o consentimento do Parlamento, por um tempo maior e de um modo outro que o consentido pelo Parlamento, é ilegal;

5º Que é direito dos súditos apresentar petições ao rei e que são ilegais todos os encarceramentos e perseguições por causa dessas apresentações de petições;

6º Que o recrutamento e a manutenção de um exército no reino, em tempo de paz, sem o consentimento do Parlamento, é contrário à lei;

7º Que os súditos protestantes podem ter para sua defesa armas conforme à sua condição e permitidas pela lei;

8º Que a liberdade de palavra e dos debates ou procedimentos no interior do Parlamento não pode ser obstado ou posto em discussão em nenhum Tribunal ou lugar que não seja o próprio Parlamento;

9º Que as eleições dos membros do Parlamento devem ser livres;

10º Que não se pode exigir cauções, nem impor multas excessivas, nem infligir penas cruéis e inusitadas;

11 Que a lista dos jurados escolhidos deve ser bem redigida na forma devida e notificada; que os jurados que nos processos de alta traição se pronunciam sobre a sorte das pessoas devem ser homens livres detentores de terras;

12 Que as entregas ou promessas de multas e confiscos feitas a particulares antes que se tenha comprovado  o delito são ilegais e nulas;

13 Que, enfim, para remediar qualquer dano e para a retificação, o fortalecimento e a observação das leis, o Parlamento deverá se reunir frequentemente; e eles solicitam e reclamam com insistência todas as coisas acima referidas como seus direitos e liberdades incontestáveis; e que também algumas declarações, julgamentos, atos ou procedimentos, tendo prejudicado o povo em um dos aspectos acima referidos, não podem de modo algum servir no futuro de precedente ou exemplo.

*Fonte:* BRANDÃO, A. *Os Direitos Humanos:* antologia de textos históricos. São Paulo: Landy, 2001. p. 80-81.

**1)** A partir dos artigos da declaração, qual é o principal objetivo da *Bill of Rights*? Explique quais os seus principais aspectos.

**2)** Qual deve ser a função do parlamento no modelo estipulado pela *Bill of Rights*?

## Locke e o Iluminismo inglês

*O pensador John Locke (1632-1704) foi um dos principais expoentes do Iluminismo inglês e teve atuação destacada durante a Revolução Gloriosa. Pensador liberal, defendeu a liberdade religiosa, o princípio da tolerância e a organização política a partir do consentimento. Ou seja, em uma sociedade política o poder não deve ser exercido pelo princípio da submissão, como defendiam os pensadores absolutistas, mas a partir da concordância dos súditos.*

*Outros aspectos importantes da obra de Locke são a defesa do direito à propriedade e o princípio da vontade da maioria. Para ele, sendo os homens racionais, a maioria é capaz de encontrar o princípio mais lógico na condução de seus caminhos políticos. Esse princípio da vontade da maioria é aplicado nos critérios eleitorais até nossos dias nos Estados liberais.*

John Locke.

Sendo todos os homens (...) naturalmente livres, iguais e independentes, ninguém pode ser posto fora deste estado, e sujeito ao poder político de outro, sem o seu próprio consentimento. O único meio por onde um qualquer se priva da sua liberdade natural, e se liga à sociedade civil, é convindo com outros homens em se juntar e unir com eles em sociedade civil, a fim de haver segurança, paz, e sossego entre eles, e obterem um gozo seguro das suas propriedades, e uma segurança maior contra um qualquer que não pertence à mesma sociedade. (...)

Porquanto, quando qualquer número de homens estabelece com consentimento de cada indivíduo uma sociedade civil, eles por esse fato constituem essa sociedade como um corpo com poder de [organizar] como tal, o que é unicamente pela vontade e determinação da maioria: porquanto, sendo o consentimento dos seus indivíduos unicamente o que dirige a sociedade, é necessário que essa sociedade, que é um corpo só, se mova para aquela parte para onde a maior força o conduz, a qual é o consentimento da maioria. (...)

Portanto todo o homem, pelo ato de [concordar] (...) com outros em formar um corpo político debaixo de um governo, se obriga para com cada um dos membros dessa sociedade a se submeter à determinação da maioria, e de ser governado por ela.

*Fonte: LOCKE, J.*
*Ensaio sobre a Verdadeira Origem, Extensão e Fim do Governo Civil.*
Lisboa: Edições 70, 1999. p. 89-90.

**1)** Segundo John Locke, quais as características fundamentais que definem os seres humanos? Explique por que tais princípios são importantes no contexto em que o filósofo escreveu.

**2)** Por que a vontade da maioria é um princípio importante para a organização da sociedade civil no modelo liberal?

# O Iluminismo

O Iluminismo, um movimento que comporta diferentes perspectivas, representou a principal matriz intelectual europeia do século XVIII. Para muitos historiadores, o Iluminismo seria um desdobramento da modernidade iniciada na Renascença dos séculos XV e XVI – que atingiu seu ponto mais evidente nas descobertas científicas do século XVII – e que enfatizaria a criação de uma sociedade fundada nos postulados da **Razão** e no **progresso** da espécie humana. Para outros especialistas, o Iluminismo é o ponto de partida das sociedades contemporâneas, ao apresentar valores fundados nessa mesma Razão, e possui alcances políticos e culturais, como a crítica ao absolutismo, às práticas mercantilistas e ao poder da Igreja, que representavam a antiga ordem europeia.

## Heranças do Iluminismo

Somos hoje, de fato, de uma forma ou de outra, herdeiros do *Iluminismo*. E somos em escala bem mais significativa do que muitos parecem dispostos a reconhecer ou assumir, pois, quer como *estilo de pensamento*, quer como *realidade política*, o fato é que o *Iluminismo* ainda vive. (...)

No *plano político* restou-nos principalmente a vertente autoritária do *Iluminismo*, sempre distante e hostil à participação popular, tão elitista hoje quanto o eram à sua época os nossos tão familiares "déspotas esclarecidos". De fato, como designar, na atualidade, senão como manifestações "iluministas", as formas iluminadas de que se revestem tantas ditaduras e líderes carismáticos, tantas elites tecnocráticas e tantos partidos que se proclamam, todos eles, donos exclusivos da verdade, ou seja, do que é melhor para todos?

Tecnocráticas: fundadas na supremacia dos técnicos.

Os pensadores iluministas triunfaram no século XVIII, com suas posições contrárias ao absolutismo. Mas eles não tinham um pensamento homogêneo, embora manifestassem a pretensão de libertar os seus contemporâneos das superstições, sinal de ignorância para eles, e se amparassem no conhecimento racional. Os iluministas tinham entre seus pressupostos a defesa da liberdade e do progresso que seriam obtidos racionalmente.

Esta valorização da racionalidade foi acompanhada das inúmeras descobertas científicas dos séculos XVII e XVIII, inspiradas, sobretudo, em nomes como René Descartes (1596-1650) e Isaac Newton (1642-1727).

Newton em seus estudos sobre leis universais que regem o mundo físico, como a Lei da gravidade, inspirou os iluministas na busca de leis gerais que fossem aplicáveis ao comportamento humano. Descartes, com sua proposição de um conhecimento irrefutável, que fosse "claro e distinto", estimulou o desenvolvimento da chamada "dúvida metódica", pela qual os conhecimentos deveriam ter a inspiração matemática, decompondo-se o problema em sua menor parte possível e submetendo a critérios lógicos todas as informações que os homens têm, como crenças, fé e sentidos, para se obter um conhecimento incontestável.

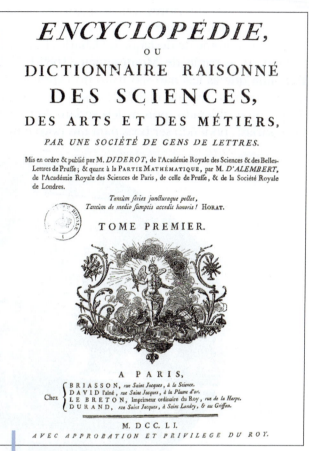

Frontispício do primeiro volume da edição original da *Enciclopédia*. Biblioteca Nacional, Paris.

## O Iluminismo francês do século XVIII

O Iluminismo tornou-se presente nas principais regiões europeias, mas obteve grande destaque entre os franceses. Os principais nomes do Iluminismo francês tinham a preocupação de difundir suas informações e conhecimentos, buscando uma utilidade para suas reflexões. Por isso, a circulação das ideias era fundamental. Os iluministas queriam "esclarecer", isso explica a composição de uma das obras mais importantes do período, a *Enciclopédia* (*Encyclopédie*) ou *Dicionário Razoado das Ciências, Artes e Ofícios*, organizado por Diderot e D'Alembert. A edição dessa enciclopé-dia e a circulação de outros textos dos iluministas refletiam a preocupação com um novo fenômeno: formar a opinião pública.

Entre os mais ricos, a circulação das informações era garantida pelas academias, salões de leitura e cafés, nas reuniões dos aristocratas. Embora a corte real exercesse censura, não tinha como controlar totalmente a difusão do conhecimento defendida pelos iluministas. Era proibido expressar opiniões, mas na organização de encontros privados havia espaços para o exercício da crítica.

Entre os mais pobres, considerando que o analfabetismo na França, por volta de 1790, atingia aproximadamente 50% dos homens e 75% das mulheres, as informações e os conhecimentos eram transmitidos pela leitura pública dos jornais e visavam dar uma noção prática sobre a política. No entanto, a maioria dos franceses era alijada desse processo de produção e circulação de informação.

Entre os iluministas destacava-se François-Marie Arouet, conhecido como **Voltaire** (1694-1778). Ele criticava a Monarquia francesa, apontando-a como cerceadora das liberdades individuais. Também criticava a Igreja e julgava que as camadas populares eram inferiores. Entre suas obras estão *Cândido*, *Dicionário Filosófico* e *Cartas Filosóficas*.

Outro nome de destaque foi Charles Louis de Secondant, o barão de **Montesquieu** (1689-1755). Defendia que as leis não são fruto do capricho de quem governa, mas da realidade histórica e social do povo considerado, pois as leis seriam "relações necessárias", podendo ser boas para um povo e pre-

judiciais a outro. Sua obra mais conhecida é o *Espírito das Leis*, na qual defende a doutrina dos três poderes (executivo, legislativo e judiciário).

Jean-Jacques **Rousseau** (1712-1778) é outro pensador do "século das luzes". Em sua obra mais conhecida, *O Contrato Social*, defendeu uma forma de organização na qual todos os homens deveriam ser "súditos e soberanos ao mesmo tempo". Por isso Rousseau criticava a noção de representação política, pois não seria possível preservar a igualdade entre os associados de um corpo político considerando que os representantes políticos (aqueles que são indicados para definir as leis, por exemplo) estão acima dos representados (aqueles que escolhem os representantes).

*O Café Procope em Paris*, em fins do século XVIII. Gravura de M. Kretz, Museu Carnavalet, Paris. Este café era um dos locais onde se reuniam os iluministas.

## Saiba mais

### O conteúdo da *Enciclopédia*

Difícil é dar uma ideia do conteúdo do variado conjunto de textos que compõem a *Enciclopédia*. O que podemos dizer é que aí encontramos, sem dúvida, como expostas em uma vitrina, as ideias principais da burguesia do século XVIII. Se o catolicismo teve a sua *Suma Teológica* com São Tomás de Aquino, a burguesia também teve na *Enciclopédia* a sua *Suma Filosófica*. Nela podemos contemplar as principais ideias e teses filosóficas pelas quais a maioria dos livres-pensadores e homens de letras do século se batem. (...)

[Um] verbete de maior importância e que bem ilustra o ideário político dos enciclopedistas é o que se intitula "Representantes". Neste verbete de autoria do (...) barão

d'Holbach, estão expostas ideias semelhantes às de Montesquieu sobre as qualidades do regime representativo. Mostrando que os regimes despóticos não necessitam de representantes, diz o autor que um governante só pode governar direito se existirem entre ele e os súditos representantes que expliquem sem tumulto, ou seja, "cidadãos mais esclarecidos que os outros, mais interessados no assunto, cujas posses os liguem à pátria, cuja posição os coloque em situação de sentir as necessidades do Estado, os abusos que se introduzem e os remédios adequados".

*Fonte:* FORTES, L. R. S.
*O Iluminismo e os Reis Filósofos.*

## Da *Encyclopédie* à Wikipédia

A tentativa da *Encyclopédie* de organizar as áreas do conhecimento humano em uma série de verbetes presentes em uma única fonte foi seguida por muitos autores. O sucesso editorial da publicação francesa estimulou outras coleções, como a *Britannica*, lançada na Inglaterra em 1768 e publicada até hoje.

Com o advento da internet, os ideais presentes na obra organizada por Diderot e D'Alembert alcançaram um novo patamar. A capacidade praticamente ilimitada de armazenamento de informações e a possibilidade de contar com milhares de colaboradores fizeram da Wikipédia um dos endereços mais acessados do mundo, contando com mais de 14 milhões de verbetes em cerca de 260 idiomas.

As aproximações entre as duas coleções, porém, devem ser cuidadosas. Uma das principais diferenças se dá na escolha dos autores. A *Encyclopédie* contou com cerca de 150 colaboradores considerados pelos editores como especialistas nos assuntos que abordavam. Entre eles, estavam grandes nomes do movimento iluminista, como Rousseau, Voltaire e Montesquieu.

Já a Wikipédia parte do princípio de que todos os verbetes devem ser escritos e revisados por voluntários, ainda que, atualmente, existam moderadores para alguns temas específicos. No entanto, esse novo formato de enciclopédia apresenta problemas, como informações falsas, omissões etc., o que exige uma série de cuidados ao ser utilizado.

## Os déspotas esclarecidos

Embora os iluministas contestassem o absolutismo de direito divino, muitos pensadores defendiam o governo de um monarca forte que realizasse reformas de inspiração iluminista. Os princípios dessas reformas estavam sustentados na adoção de uma administração governamental eficiente, estimulando a arrecadação de tributos e o combate à corrupção e aos privilégios dados a alguns setores, que impediam a concorrência. Esses governantes, chamados déspotas esclarecidos, ou seja, senhores absolutos, dotados de saber, também tinham uma preocupação com a relativa flexibilização das liberdades religiosas.

Eis alguns exemplos de despotismo esclarecido:

○ **Rússia** – no governo de Pedro, o Grande (1672-1725), a modernização russa foi exemplificada pela construção de São Petersburgo, cidade às margens do rio Neva, em uma região pantanosa. Catarina II, a Grande, prosseguiu a obra de Pedro, fundou a Universidade de Moscou e estimulou a criação de um parque industrial de minas e metalurgia na região dos Montes Urais. Também atuou para diminuir a influência da Igreja Ortodoxa Russa e reprimiu movimentos camponeses de caráter reivindicatório.

○ **Prússia** – Frederico II, o Grande (1740-1786), foi considerado um exemplo de déspota esclarecido. Protetor de diversos filósofos, defendeu a tolerância religiosa, transformou a cidade de Berlim em uma das mais importantes da Europa e promoveu reformas educacionais com o intuito de acabar com o analfabetismo na Prússia.

○ **Espanha** – Carlos III (1716-1788) racionalizou as medidas administrativas para dar nova força à economia do país que já havia sido a maior potência europeia. Restringiu o poder da Igreja Católica, suprimiu a Inquisição e expulsou os jesuítas da Espanha e das colônias da América.

○ **Portugal** – o marquês de Pombal (Sebastião José de Carvalho e Melo), primeiro-ministro do rei José I (1750-1777), preocupou-se com o desenvolvimento comercial português tomando medidas como a instituição das companhias comerciais monopolistas, a adoção de subsídios para as manufaturas, com intuito de estimular a industrialização de Portugal. Pombal enfrentou os jesuítas, expulsando-os dos domínios portugueses e expropriando os bens da Companhia de Jesus. Na área educacional promoveu reformas que estimulavam as disciplinas técnicas e não as tradicionais disciplinas humanísticas. Na colônia portuguesa na América, procurou diversificar a produção, com o desenvolvimento da cultura do algodão.

# Cinemateca

**Cromwell, o Homem de Ferro** (1967, Inglaterra, dir.: Ken Hughes) A revolução puritana, na Inglaterra do século XVII, e o papel de Oliver Cromwell.

**Mary Stuart, a Rainha da Escócia** (1971, Inglaterra/EUA, dir.: Charles Jarrott) A vida da rainha escocesa e seus conflitos com Elizabeth I, herdeira do trono inglês, durante o século XVI.

# Revisitando a História

**1.** Observe o quadro da página 352 e responda:

a) Que momento da história inglesa está descrito no quadro?

b) Identifique três aspectos de tensão entre o monarca e o Parlamento inglês no período entre 1640-1641 que levaram à guerra e aos acontecimentos descritos no quadro.

**2.** Explique o que foi a *Commonwealth* e qual a sua importância no contexto político da limitação do poder absoluto dos reis na Inglaterra.

**3.** Apresente os princípios fundamentais da *Bill of Rights* e explique por que esse documento foi fundamental para a instauração do regime político liberal.

**4.** "A nação inglesa é a única da Terra que chegou a regulamentar o poder dos reis resistindo-lhes, e que de esforço em esforço chegou, enfim, a estabelecer um governo sábio, onde o príncipe, todo-poderoso para fazer o bem, tem as mãos atadas para fazer o mal; onde os senhores são grandes sem insolência e sem vassalos, e onde o povo participa do governo sem confusão."

*Fonte:* VOLTAIRE. Cartas Inglesas. [1734]. In: *Os Pensadores.* São Paulo: Abril Cultural, 1973. v. XXLI, p.19.

Na Inglaterra, Voltaire encontrou muitas das ideias que o Iluminismo defendia sendo colocadas em prática. Pode-se dizer que o Iluminismo foi um movimento de ideias bastante influenciado pelos eventos ocorridos na Inglaterra do século XVII. Por que a nação inglesa foi um modelo para Voltaire?

**5.** "Tudo estaria perdido se o mesmo homem ou o mesmo corpo dos principais, ou dos nobres, ou do povo, exercesse esses três poderes: o de fazer leis, o de executar as resoluções públicas e o de julgar os crimes ou as divergências dos indivíduos."

*Fonte:* MONTESQUIEU. Espírito das Leis. [1748]. In: *Os Pensadores.* São Paulo: Abril Cultural, 1973. v. XXI, p. 156.

Com base no texto do pensador iluminista Montesquieu (1689-1755), responda:

a) O que o texto defende? Explique.

b) De que forma essa ideia entra em choque com os preceitos do Antigo Regime?

**6.** "Esclarecimento [Iluminismo] é a saída do homem de sua menoridade, da qual ele próprio é culpado. A menoridade é a incapacidade de fazer uso de seu entendimento sem a direção de outro indivíduo. O homem é o próprio culpado dessa menoridade se a causa dela não se encontra na falta de entendimento, mas na falta de decisão e coragem de servir-se de si mesmo sem a direção de outrem. *Sapere aude!* [Ouse saber] Tem coragem de fazer uso de teu próprio entendimento, tal é o lema do esclarecimento."

*Fonte:* KANT, I. Resposta à pergunta: Que é "Esclarecimento"? (Aufklärung). In: *Textos Seletos.* 3. ed. Trad. Floriano de Sousa Fernandes. Petrópolis: Vozes, 2005. p. 63-64.

Com base no texto do filósofo alemão Immanuel Kant (1724--1804), responda: o que foi o Iluminismo e por que podemos dizer que somos herdeiros da tradição iluminista?

**7.** Que grupos eram os responsáveis por indicar a direção do homem antes do advento do Iluminismo?

**8.** Relacione os princípios do Iluminismo à prática dos déspotas esclarecidos.

# Analise esta imagem

Joseph Wright (1734-1797) foi um artista inglês, reconhecido como retratista e também pintor de cenas de paisagem. Viveu em Derby, centro industrializado da Inglaterra, onde também residiam estudiosos de Física – o que explica seu interesse por experiências, como a relatada por ele nesse quadro. Pode-se dizer que essa figura representa uma mudança no trato artístico de experimentos científicos: uma jovem tapa o rosto, a menina expressa um olhar curioso e aflito, entre outras leituras possíveis. Anteriormente, as representações iconográficas tratavam os experimentos científicos de um ponto de vista reverente. A técnica utilizada foi óleo sobre tela.

a) A imagem usa um jogo entre claro e escuro para enfatizar a luminosidade. Em que sentido a palavra "iluminismo" está ligada às principais características desse movimento intelectual? Como a luz aparece na figura?
b) Utilizando o quadro de Wright, responda: como os iluministas construíram a imagem de períodos anteriores?
c) Em que ambiente ocorre o experimento do quadro? Como são as reações das pessoas? Relacione o ambiente com a concepção de transmissão do conhecimento dos iluministas.

# Debatendo ideias

Leia o texto abaixo, referente aos ideais propostos por Jean-Jacques Rousseau (1712-1778), a respeito da origem das desigualdades e dos efeitos da sociedade na formação dos indivíduos.

"O princípio fundamental de toda a obra de Rousseau, pelo qual ela é definida até os dias atuais, é que o homem é bom por natureza, mas está submetido à influência corruptora da sociedade. Um dos sintomas das falhas da civilização em atingir o bem comum, segundo o pensador, é a desigualdade, que pode ser de dois tipos: a que se deve às características individuais de cada ser humano e aquela causada por circunstâncias sociais. Entre essas causas, Rousseau inclui desde o surgimento do ciúme nas relações amorosas até a institucionalização da propriedade privada como pilar do funcionamento econômico.
O primeiro tipo de desigualdade, para o filósofo, é natural; o segundo deve ser combatido. A desigualdade nociva teria suprimido gradativamente a liberdade dos indivíduos e em seu lugar restaram artifícios como o culto das aparências e as regras de polidez (...) O mito criado pelo filósofo em torno da figura do bom selvagem, "o ser humano em seu estado natural, não contaminado por constrangimentos sociais", deve ser entendido como uma idealização teórica. Além disso, a obra de Rousseau não pretende negar os ganhos da civilização, mas sugerir caminhos para reconduzir a espécie humana à felicidade."

*Fonte:* FERRARI, M. Jean-Jacques Rousseau – o filósofo da liberdade como valor supremo. *Nova Escola*, São Paulo, n. 22, out. 2008.

a) Em sua opinião, o ser humano é bom por natureza? Justifique sua resposta.
b) Existem desigualdades naturais entre os seres humanos?

# Questões de vestibular

**1.** (UNICAMP – SP) Na Inglaterra, por volta de 1640, a monarquia dos Stuart era incapaz de continuar governando de maneira tradicional. Entre as forças sociais que não podiam mais ser contidas no velho quadro político estavam aqueles que queriam obter dinheiro, como também aqueles que queriam adorar a Deus seguindo apenas suas próprias consciências, o que os levou a desafiar as instituições de uma sociedade hierarquicamente estratificada.

*Adaptado de:* HILL, C. Uma revolução burguesa? *Revista Brasileira de História*, São Paulo, I. 4, n. 7, 1984, p. 10.

a) Conforme o texto, que valores se contrapunham à forma de governo tradicional na Inglaterra do século XVII?
b) Quais foram as consequências da Revolução Inglesa para o quadro político do país?

**2.** (UFG – GO) Leia os trechos de manuais de etiqueta a seguir.

Assoar o nariz no chapéu ou na roupa é grosseiro, e fazê-lo com o braço ou cotovelo é coisa de mercador. (...) O correto é limpar as narinas com um lenço e fazer isto enquanto se vira, se pessoas mais respeitáveis estiverem presentes.

*Da civilidade em crianças*, de Erasmo de Rotterdam, 1530.

O indivíduo não deve, como os rústicos que não frequentaram a corte ou viveram entre pessoas refinadas e respeitáveis, aliviar-se, sem vergonha ou reserva, na frente de senhoras ou diante das portas ou janelas de câmaras da corte ou de outros aposentos.

*Adaptado de:* Regulamento da Corte de Wernigerode, 1570. ELIAS, N. *O Processo Civilizador*. Rio de Janeiro: Jorge Zahar, 1994.

Durante a Idade Moderna, as sociedades absolutistas foram marcadas pela instauração de modelos de conduta. A análise dos trechos dos manuais evidencia que os códigos de etiqueta inseriam-se na sociedade do Antigo Regime como uma
a) ferramenta de instrução que visava à inserção de camponeses e mercadores nos padrões de civilidade.
b) forma de doutrinação que associava o comportamento dos cortesãos aos valores religiosos vigentes.

c) normatização das emoções que estabelecia novos preceitos para os sentimentos de nojo e pudor.

d) estratégia de homogenização que reduzia as distinções sociais ao instituir padrões de comportamento.

e) prática de legitimação que promovia a tolerância a diferentes hábitos como fundamento civilizatório.

**3.** (UFLA) Com relação ao mercantilismo, assinale a alternativa CORRETA.

a) A Espanha é o melhor exemplo da prática do mercantilismo metalista, pois desde o século XVI já controlava as minas de prata na América.

b) A França exercia a prática do colbertismo, isto é, a busca do enriquecimento do Estado por meio do acúmulo de metais preciosos.

c) A Coroa Portuguesa, sem o controle das rotas de especiarias do Oriente, jamais adotou o mercantilismo como política econômica de seu Estado Nacional.

d) A Inglaterra implantou o escravismo dentro do sistema de "plantation", em todas as suas Treze Colônias da América do Norte, sem qualquer distinção entre elas.

**4.** (FUVEST – SP) "Da armada dependem as colônias, das colônias depende o comércio, do comércio, a capacidade de um Estado manter exércitos numerosos, aumentar a sua população e tornar possíveis as mais gloriosas e úteis empresas." Essa afirmação do duque de Choiseul (1719-1785) expressa bem a natureza e o caráter do

a) liberalismo.

b) feudalismo.

c) mercantilismo.

d) escravismo.

e) corporativismo.

**5.** (UFV – MG) Leia este trecho.

Os príncipes são escolhidos por Deus e nomeados pelo povo. Enquanto particulares e considerados um a um [os homens] são inferiores ao príncipe, mas o conjunto do povo e os funcionários do Estado que representam este corpo são superiores ao príncipe. Quando se nomeia e se recebe a um príncipe, há convênios e contratos entre este e o povo, que são tácitos e se expressam naturalmente e civilmente; ou seja, obedecer-lhe fielmente enquanto governe com justiça, pois, servindo à comunidade todos os homens servirão e, enquanto governe de acordo com a lei, todos ficarão submetidos a seu governo etc.

*Fonte:* ARTOLA, M. *Textos Fundamentales para la Historia.* Madrid: Revista de Occidente, 1973. p. 323-4.

Com base nas informações desse trecho sobre o Absolutismo Monárquico, é INCORRETO afirmar que:

a) No século XVI, alguns críticos do Absolutismo defendiam a ideia de que era necessário limitar os poderes dos governantes.

b) No século XVII verificou-se a ascensão do Absolutismo, que se caracterizou pela concentração de poderes nas mãos dos reis.

c) Entre os séculos XVI e XVII predominava a ideia de que esse poder divino era transmitido ao Papa e este autorizava os reis e nobres a exercerem a autoridade, sempre em nome de Deus.

d) Ao longo do século XVII verificou-se especialmente a ascensão do Absolutismo e se manteve predominante em todos os países europeus.

**6.** (UFPI) Relativamente à história do absolutismo monárquico na Europa, analise os itens a seguir:

I. O Estado nacional absolutista desenvolveu a formação e consolidação de uma burocracia estatal, de um exército nacional, bem como (para a elaboração e execução de políticas econômicas que viabilizassem o acúmulo de riquezas – o mercantilismo) estratégias de ação fundamentais para sua implementação bem-sucedida;

II. Uma das estratégias de ação dos monarcas franceses, para consolidar a figura do Rei como governante absoluto, foi fortalecer a participação dos Nobres nas decisões políticas;

III. O rompimento entre Henrique VIII e a Igreja Católica e a consequente fundação da Igreja Anglicana foram fundamentais para consolidar o absolutismo na Inglaterra. Em um só movimento, ele afastou a interferência do Papa nos assuntos internos da Inglaterra, apossou-se dos bens pertencentes à Igreja em seus domínios e passou a ter rígido controle sobre a hierarquia eclesiástica da nova Igreja;

IV. Nicolau Maquiavel, no livro *O Príncipe*, defende a legitimidade de um Estado absolutista. O principal argumento do pensador italiano está fundamentado no princípio divino dos reis, ou seja, a autoridade dos reis era sagrada, de modo que se rebelar contra o Rei era rebelar-se contra Deus.

Assinale a opção correta:

a) São verdadeiros os itens I, II, III e IV.

b) São verdadeiros os itens I e II.

c) São verdadeiros os itens I e III.

d) São verdadeiros os itens I, III e IV.

e) São verdadeiros os itens I, II e III.

**7.** (UFPI) As opções abaixo tratam do mercantilismo, política econômica que vigorou entre os séculos XV e XVIII. Analise-as e coloque V, para verdadeiro, ou F, para falso.

1 ( ) O mercantilismo era uma política econômica que tinha como princípio central a não intervenção estatal na economia.

2 ( ) O mercantilismo favorecia principalmente as regiões coloniais, o que pode ser comprovado pelo processo de emancipação política das colônias americanas.

3 ( ) O mercantilismo tinha como características basilares a acumulação de metais preciosos e a manutenção de uma balança comercial favorável nas economias metropolitanas.

4 ( ) O mercantilismo era uma das doutrinas econômicas liberais mais conhecidas e divulgadas nos países europeus.

**8.** (UFAM) Na história do mundo ocidental, a partir do século XVI, as relações entre Estado e Igreja variavam muito entre os diferentes países, não sendo uniformes no âmbito de cada país ao longo do tempo. No caso do reino de

Portugal, o Estado se relacionou com a Igreja por meio de um mecanismo conhecido como Padroado Real. Este mecanismo de relacionamento entre ambas as instituições consistia em:

a) Uma incumbência dada pela Igreja de Roma ao Estado português, segundo a qual caberia à Coroa promover a guerra justa contra os islâmicos, usando os recursos financeiros oriundos dos dízimos.

b) Uma permissão dada pela Igreja de Roma ao Estado português, segundo a qual caberia à Coroa promover obras assistenciais, usando os recursos financeiros oriundos dos dízimos.

c) Uma ampla concessão da Igreja de Roma ao Estado português, segundo a qual caberia à Coroa promover reformas litúrgicas, sem a necessidade de convocação de concílios.

d) Uma ampla concessão da Igreja de Roma ao Estado português, segundo a qual caberia à Coroa recolher o dízimo, criar dioceses, nomear bispos e remunerar o clero.

e) Uma ampla concessão da Igreja de Roma ao Estado português, segundo a qual caberia à Coroa administrar os estabelecimentos educacionais religiosos, usando os recursos financeiros oriundos dos dízimos.

**9.** (UFBA) A formação das Monarquias Nacionais na Europa, entre os séculos XV e XVIII, resultou da superação de antigas práticas feudais e do estabelecimento de novos princípios.

A partir dessa afirmação, identifique uma dentre as práticas superadas e um novo princípio estabelecido para a formação das referidas monarquias.

**10.** (UFJF – MG) Acerca do início da Idade Moderna, leia a afirmação abaixo. Em seguida, com base na citação e em seus conhecimentos, responda ao que se pede. Atividades econômicas, estruturas e relações sociais, formas políticas, ideologias, manifestações culturais, tudo afinal se modificou em maior ou menor grau, embora em ritmos e proporções bastante diferenciados entre si. Tal conjunto permite-nos considerar essa época o começo de um período distinto do medieval, quaisquer que tenham sido as permanências e continuidades então verificadas. Explica-se assim o hábito há muito difundido entre os historiadores de procurar sintetizar todas as transformações do período que então se iniciava utilizando a noção de moderno.

*Fonte:* FALCON, F.; RODRIGUES, A. E. A Formação do Mundo Moderno: a construção do Ocidente dos séculos XIV ao XVIII. 2. ed. Rio de Janeiro: Elsevier, 2006. p. 2.

Sobre as diversas modificações ocorridas no período, marque a alternativa INCORRETA.

a) O movimento conhecido como Renascimento Cultural tinha como uma de suas características centrais o antropocentrismo.

b) O desenvolvimento dos Estados Modernos foi caracterizado pela crescente descentralização dos poderes, que enfraqueceu o poder dos monarcas.

c) O movimento da Reforma Protestante criticou as práticas da Igreja Católica e dividiu a Cristandade Ocidental.

d) Ocorreu a propagação de importantes correntes de pensamento tais como as teorias de direito divino dos Reis.

e) O surgimento de avanços tecnológicos como a bússola e o astrolábio colaborou para a realização das grandes navegações.

**11.** (UFPR) Sob o ponto de vista político, todos os reis medievais ibéricos se consideravam herdeiros legítimos e descendentes dos antigos monarcas visigodos. Por isso, consideravam sua qualquer terra ganha aos "infiéis". Assim surgiu a palavra Reconquista. A guerra permanente tinha-se por justa, até que fosse alcançado o objetivo último. Mais do que um conflito religioso, a Reconquista surgia a todos, na Europa cristã, como uma questão de herança.

*Adaptado de:* MARQUES, O. *Breve História de Portugal.* Lisboa: Presença, 2001. p. 72–73.

Sobre o fenômeno da Reconquista, é correto afirmar:

a) Favoreceu o nascimento dos reinos ibéricos independentes.

b) Promoveu a conversão em massa das populações muçulmanas para o cristianismo.

c) Deslocou integralmente o interesse e a ação dos cruzados para a Península Ibérica.

d) Fomentou a migração imediata dos muçulmanos para o norte da África.

e) Encerrou a coexistência entre cristãos e muçulmanos no medievo ibérico.

**12.** (UECE) O século XVII, mais que qualquer outra época, sublinhou abertamente a natureza quase divina da monarquia e, até do rei (...)

*Fonte:* BLOCH, M. *Os Reis Taumaturgos.* O caráter sobrenatural do poder régio. Trad. Júlia Mainardi. São Paulo: Companhia das Letras, 1993. p. 235.

Sobre a divinização da realeza é correto afirmar que

a) foi utilizada como justificativa para o absolutismo monárquico.

b) permanece ainda nos dias atuais a ideia de que monarcas são divinos.

c) legitimou as explorações e conquistas do continente americano.

d) o poder régio nunca esteve relacionado ao sobrenatural.

**13.** (UFPR) Tenho insistido também que a monarquia deve ser atribuída exclusivamente aos varões, já que a ginecocracia vai contra a lei natural; esta deu aos homens a força, a prudência, as armas, o poder. A lei de Deus ordena explicitamente que a mulher se submeta ao homem, não só no governo de reinos e impérios, mas também na família. (...) Também a lei civil proíbe à mulher os cargos e ofícios próprios ao homem. (...) É extremamente perigoso que uma mulher ostente a soberania. (...) No caso de uma rainha que não contraia o matrimônio – caso de uma verdadeira ginecocracia –, o Estado está exposto a graves perigos procedentes tanto dos estrangeiros como dos súditos, pois caso seja um povo generoso e de bom ânimo suportará mal que uma mulher exerça o poder.

*Fonte:* BODIN, J. *Los seis libros de la republica.* Edição espanhola de 1973, p. 224.

A citação extraída do livro do jurista francês Jean Bodin (1530-1596), publicado em 1576, refere-se ao exercício do poder soberano por mulheres, algo que seria contrário às leis da natureza, à lei de Deus e às leis civis, de acordo com o pensamento político da época. Contudo, uma importante monarca contemporânea a Bodin, Elizabeth Tudor, exerceu o poder político em condições adversas e muitas vezes ameaçadoras à sua integridade física, e seu longo reinado foi considerado pelos historiadores como a "época dourada" da Inglaterra. Sobre a monarquia e o exercício do poder soberano, é correto afirmar:

a) Durante o século XVI, o poder soberano das monarquias europeias foi enfraquecido, devido ao renascimento dos impérios e do papado.

b) A lei sálica, presente nas constituições de alguns reinos europeus, permitia que as mulheres exercessem o poder soberano, e é contra essa lei que se coloca Jean Bodin.

c) O conceito de poder soberano foi determinante para o exercício da tirania dos reis absolutistas no século XVI, que governaram sozinhos ao fechar os parlamentos.

d) Elizabeth exerceu o poder soberano por tanto tempo porque aceitou dividi-lo com a Igreja Anglicana.

e) O poder soberano de monarcas como Elizabeth se fundamentava no princípio de não reconhecer poder superior ao do rei, a não ser o poder divino.

**14.** (UFPR) Na Inglaterra, durante a época dos Tudor, também havia insatisfação contra os abusos da Igreja Católica. Criticavam-se a ineficiência dos tribunais eclesiásticos e o favoritismo na distribuição de cargos públicos para membros do clero. O pagamento de dízimos e seu envio para Roma eram igualmente objeto de queixas. A tensão contra a Santa Sé aumentou quando o papa negou a Henrique VIII, que governou entre 1509 e 1547, o direito de se divorciar de Catarina de Aragão, tia do imperador Carlos V, do Sacro Império Romano-Germânico.

*Fonte: PAZZINATO, A.; SENISE, M. H. História Moderna e Contemporânea.*

Em decorrência da situação descrita no texto,

a) as divergências doutrinárias levaram o rei a separar-se da Igreja Católica, criando uma nova religião com base nas teses de Lutero.

b) o rei rompeu com a Igreja de Roma, apoiado pelo Parlamento, que o tornou chefe supremo da Igreja da Inglaterra, fortalecendo seu poder.

c) o Parlamento inglês confirmou a decisão papal, o que fez o rei dissolvê-lo, concretizando seu absolutismo e o controle sobre a Igreja.

d) a decisão do papa gerou um conflito bélico entre a Inglaterra e a Espanha, que contou com o auxílio do Sacro Império.

e) os bens da Igreja foram confiscados pelo Estado, que os cedeu à burguesia, cujo apoio foi fundamental à consolidação do absolutismo.

# Programas de Avaliação Seriada

**1.** (PISM – UFJF – MG) Acerca das Revoluções Inglesas do século XVII, leia as afirmativas a seguir e assinale a alternativa CORRETA.

I. Durante o governo de Oliver Cromwell, foi assinado o Ato de Navegação, o qual determinava que todas as mercadorias importadas pela Inglaterra só poderiam ser transportadas em navios ingleses.

II. Com a Revolução Gloriosa (1688), o parlamento inglês afastou o monarca e instituiu, com Guilherme de Orange, uma monarquia parlamentar liberal, na qual o rei era obrigado a respeitar as decisões do parlamento.

III. Com o Decreto *Bill of Rights*, foram afirmados os direitos e liberdades do povo inglês, restringindo o poder do soberano, que só poderia suspender a aplicação de leis com autorização do Parlamento.

a) Todas estão corretas.
b) Todas estão incorretas.
c) Apenas a I e a II estão corretas.
d) Apenas a I e a III estão corretas.
e) Apenas a II e a III estão corretas.

**2.** (PAIES – UFU – MG) Leia atentamente o texto a seguir.

A Revolução Inglesa é o resultado da ação política de uma nova classe social pela sua identificação com a produção para o mercado. Não foi, simplesmente, a decorrência imediata da falência da aristocracia; nem a crise do Estado Absolutista frente à pequena nobreza, a *gentry*, empobrecida; nem mesmo o corte verticalizado que cindiu a sociedade de alto a baixo, separando a Corte e o País.

*Fonte: ARRUDA, J. J. de A. A Revolução Inglesa. São Paulo: Brasiliense, 1984, p. 93.*

Sobre o contexto dos projetos políticos e econômico-sociais dos diferentes grupos sociais envolvidos no processo revolucionário, marque, para as afirmativas abaixo, (V) para as verdadeiras, (F) para as falsas ou (SO) sem opção.

1 (   ) A Revolução Inglesa criou condições políticas, econômicas e sociais para o avanço das forças produtivas capitalistas na Inglaterra.

2 (   ) A burguesia era a classe mais interessada na substituição do mercantilismo por uma economia livre dos monopólios e restrições.

3 (   ) O Estado Absolutista não se constituía em obstáculo aos interesses comerciais da burguesia que lutava por políticas protecionistas.

4 (   ) A aristocracia, a nobreza e a burguesia desencadearam a Revolução Inglesa, dividindo a sociedade em classes de acordo com seus interesses.

# capítulo 22

# Revolução Industrial

*Você já imaginou como seria sua vida sem a presença de produtos industrializados?
A dificuldade em encontrar respostas a essa pergunta deixa evidente a importância
do advento das máquinas ao processo de produção.*

*As inovações tecnológicas transformaram a vida das sociedades não apenas em seus aspectos econômicos,
mas também políticos e culturais. Invenções como a da energia a vapor, utilizada para movimentar trens,
barcos, teares, entre outras máquinas, geraram um impacto tão profundo
que se passou a utilizar a expressão "revolução industrial".*

*Essa onipresença de produtos manufaturados em nosso dia a dia gera, por vezes, aproximações muito diretas
com o início do processo de industrialização. No entanto, ainda que possamos identificar continuidades,
veremos neste capítulo as especificidades de cada um dos momentos desse processo, que se iniciou
na Inglaterra no século XVIII e logo se espalhou para outros países.*

As alterações no sistema produtivo a partir da segunda metade do século XVIII, iniciadas na Inglaterra com o surgimento de máquinas que aceleravam a fabricação de produtos, ficaram conhecidas como **Revolução Industrial**.

A industrialização também contribuiu para a crise do Antigo Regime, pois as antigas divisões entre clero, nobreza e povo não correspondiam à nova ordem econômica. A burguesia, fundamental em diversos episódios políticos na vida europeia desde o Renascimento comercial, também se tornara uma classe social mais complexa, formada tanto por grandes proprietários, "financistas", quanto por pequenos produtores e comerciantes.

Surgiram os proletários – vendedores da força de trabalho – sem os quais as fábricas, mesmo com as máquinas, não tinham como funcionar; em contrapartida, as distâncias sociais e econômicas entre eles e os industriais – donos dos meios de produção – aumentaram muito. As áreas urbanas, onde passou a se concentrar a população trabalhadora das sociedades industriais, tiveram um rápido crescimento, que ocorreu de forma não planejada e deram origem a diversos problemas sociais.

SUPER STOCK

CRAIG LOVELL/CORBIS/LATINSTOCK

A invenção do trem no século XIX, fruto da Revolução Industrial, tornou as distâncias menores e passou a transportar muito mais rapidamente mercadorias e pessoas, em quantidades também maiores. A indústria que nasceu no século XVIII moldou o mundo contemporâneo.

# A Revolução Industrial na Inglaterra no século XVIII

A Inglaterra foi o local onde uma série de avanços tecnológicos, a partir da máquina a vapor patenteada por James Watt, em 1769, transformou o mundo. A respeito de sua máquina, Watt escreveu uma carta para seu pai em 1774, que continha o seguinte trecho: "O negócio a que me dedico agora se tornou um grande sucesso. A máquina de fogo que eu inventei está funcionando e obtendo uma resposta muito melhor do que qualquer outra que já tenha sido inventada até agora".

Em virtude disso, as inovações e as mudanças nas relações de produção sociais e políticas foram de tal ordem que efetivamente revolucionaram a sociedade europeia, espalhando-se, mais tarde, em diferentes momentos históricos, pelos vários continentes. Essas mudanças receberam o nome de Revolução Industrial, a qual teve, contudo, várias etapas de desenvolvimento, prolongando-se por mais de um século.

Portanto, ao falarmos de Revolução Industrial não se trata de um ato isolado ou cronologicamente delimitado como ocorre com as revoluções políticas: é um fenômeno que ultrapassa recortes temporais e espaciais e tem desdobramentos que vão além de seu ponto inicial – falamos em várias revoluções industriais, devido, justamente, a impactos significativos no sistema de produção, causados pela introdução de novas tecnologias, em períodos diferentes.

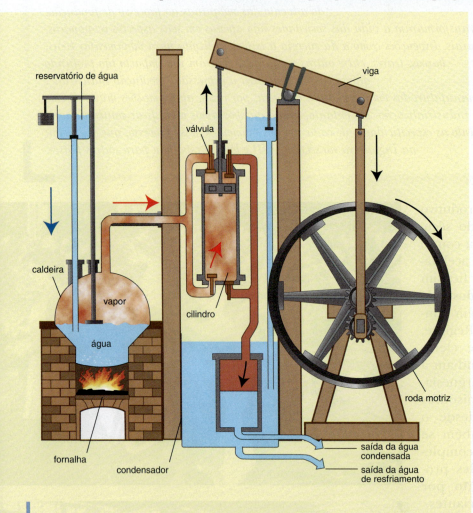

Esquema de máquina a vapor.

*Adaptado de: <http://www.soaresoliveira.br>.*

## Processos que antecederam a Revolução Industrial na Inglaterra

Em meados do século XVIII, a Inglaterra era uma grande potência econômica europeia formada a partir de sua **expansão comercial** e ultramarina. Os ingleses, com a acumulação de capital obtido nas atividades mercantis, investiram em uma nova forma de produção que derivava das antigas manufaturas, a indústria. Nesse novo modo de produzir, as máquinas, as instalações e o capital pertenciam a poucos, os chamados capitalistas, e uma grande massa passou a vender sua força de trabalho para eles, tornando-se operários fabris e recebendo por isso um salário.

O domínio inglês no comércio marítimo foi consolidado no século XVII com a adoção dos **Atos de Navegação** de 1650 e 1651. Essas medidas, tomadas durante o governo de Cromwell, asseguravam que qualquer produto importado pelos ingleses só poderia ser transportado por seus próprios navios ou pelas embarcações dos países que tivessem vendido a mercadoria. Outra medida tomada era a concessão de estímulos e empréstimos à construção naval inglesa. Os Atos de Navegação tiveram forte impacto no principal concorrente inglês da época, a Holanda, que sucumbiu diante do poderio britânico.

Tratados comerciais que abriam mercados para os produtos manufaturados britânicos foram essenciais para a expansão econômica inglesa. Utilizando-se da persuasão diplomática e da força naval, os ingleses diversificavam seus mercados e fontes de importação. Com isso, acelerou-se a produção manufatureira e procurava-se obter maiores lucros com as negociações internacionais e com as colônias. Um exemplo desses acordos, com grande impacto na economia portuguesa, foi o Tratado de Methuen, de 1703. Por ele, Portugal, com suas colônias, incluindo o Brasil, compraria tecidos ingleses e exportaria vinhos, numa troca muito vantajosa para os exportadores ingleses.

No início do século XVIII, a Inglaterra consolidava-se como a principal economia europeia e, praticamente, não vislumbrava, em médio prazo, ameaças ao seu poderio. O sistema financeiro inglês também acompanhou aquele desenvolvimento e passou a disponibilizar **capitais** para o financiamento de novas atividades não mercantis. Assim, a atividade industrial se configurou, rapidamente, como a mais importante do país. Ela requeria novas fontes de matéria-prima e de energia, que eram encontradas em profusão no subsolo inglês, como carvão e ferro; o algodão para as tecelagens era proveniente das áreas coloniais, como os atuais Estados Unidos, e a lã era encontrada nos campos britânicos e também nas colônias.

Os **cercamentos** (*enclosures*), a introdução de cercas em áreas rurais para a criação de ovelhas, matéria-prima da produção fabril de tecidos de lã, foram responsáveis pelo **êxodo rural** de milhares de pequenos proprietários que perderam suas terras. A política de cercamentos havia se iniciado desde o século XIII, mas foi intensificada no século XVII, com a transformação das áreas fundiárias comuns em propriedades privadas. A massa camponesa migrou para as cidades, sem emprego e sem ocupação. Nota-se também nesse período um **crescimento demográfico** em virtude de diminuição da ocorrência de pestes, da introdução de novas técnicas na produção agrícola, que permitiram o aumento significativo das colheitas e o consequente aumento da oferta de alimentos.

Operárias trabalhando em um tear mecânico em indústria têxtil de algodão, no início do século XIX. Gravura, coleção particular.

Em outras palavras, havia uma grande população disponível para ocupar os postos de trabalho nas fábricas que surgiam na Inglaterra: um grande volume de mão de obra a preço muito baixo, satisfazendo os interesses dos capitalistas que passavam a investir na indústria, esperando obter grandes lucros.

Além disso, desvinculados de suas terras, os camponeses migraram para a cidade e houve o crescimento de mercados consumidores. Ao mesmo tempo que os ex-camponeses se tornaram importantes para o fornecimento de mão de obra, eles também passaram a representar uma parte do mercado consumidor da era industrial.

No **campo político**, desde a Revolução Gloriosa de 1688, o princípio do liberalismo político e econômico prevalecia na Inglaterra. O Parlamento tomava medidas que estimulavam a abertura econômica e reforçavam o papel dos burgueses como líderes dos processos econômicos. A adoção do livre-comércio, ou seja, a não intervenção estatal nos negócios, ficou conhecida na expressão *laissez-faire*.

O estabelecimento de princípios naturais e racionais para explicar o mundo, de acordo com o pensamento iluminista, impulsionou o surgimento da ciência econômica com o trabalho de Adam Smith (1723-1790). Smith era um grande crítico da política mercantilista que preconizava o controle das relações comerciais pelo Estado e defendia que a riqueza de uma nação estava associada aos interesses das pessoas; portanto, a livre-iniciativa seria mais importante que a ação estatal para promover o desenvolvimento econômico.

Em poucos anos, com a ajuda do Parlamento que criou medidas de proteção para as **novas invenções**, foram feitos incrementos na indústria têxtil em expansão. A **máquina a vapor** difundia-se rapidamente, e os teares mecânicos e hidráulicos, também inventados no último quartel do século XVIII, foram acoplados a ela, garantindo maior eficiência e produtividade.

## As transformações nas indústrias

As fibras de algodão vieram a ser as mais usadas na **fabricação de tecidos** para as roupas. No início da produção, os fabricantes esbarraram em um grande problema técnico para conseguir clarear as sementes das bolas de algodão. Porém, em 1793, o problema foi resolvido com a construção de uma máquina que clareava o algodão cinquenta vezes mais rápido do que se cinquenta pessoas executassem essa tarefa simultaneamente. Os novos industriais implantaram as unidades fabris em áreas próximas às minas de carvão e que fossem bem servidas de água corrente.

Inicialmente, usou-se o **carvão vegetal** para mover as máquinas a vapor. Mas os altos custos e o processo lento de retirada das madeiras e sua transformação em carvão não atendiam às necessidades de energia das indústrias. Em pouco tempo, na década de 1780 foram introduzidos maciçamente o uso do carvão mineral e métodos de se purificar o ferro, dando-lhe caráter industrial.

O carvão movia as máquinas, e o ferro, em lâminas e em lingotes, era produzido em quantidades cada vez maiores, atingindo cerca de 3 milhões de toneladas em 1844. Assim, surgiram as **indústrias metalúrgicas**. Em meados do século XIX diversas áreas da Inglaterra tinham se transformado em centros fabris.

A Revolução Industrial no século XIX espalhou-se pela **Europa** e na segunda metade desse mesmo século atingiu os

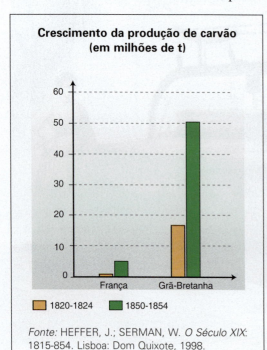

**Crescimento da produção de carvão (em milhões de t)**

1820-1824
1850-1854

*Fonte:* HEFFER, J.; SERMAN, W. *O Século XIX*: 1815-854. Lisboa: Dom Quixote, 1998.

**Estados Unidos** e também o **Japão**. A produção passou a ser pensada em escalas crescentes, obrigando a abertura de novos mercados e sua ampliação, com a incorporação crescente de consumidores. O objetivo maior dessas atividades era mais do que explícito: remunerar o capital e gerar lucros.

## Lá vem o trem: a revolução nos transportes

A máquina a vapor não se limitou à esfera industrial. Por volta de 1780 o vapor foi aplicado para mover veículos, e outros aperfeiçoamentos surgiram daí por diante. Em 1805, o norte-americano Robert Fulton revolucionou os meios de transporte ao apresentar os **navios a vapor**. Dessa forma, as viagens marítimas podiam ser impulsionadas por motores, não dependendo mais exclusivamente dos ventos ou de remos. As viagens fluviais ganhavam novo impulso, encurtando distâncias e trazendo maior rapidez ao transporte.

Na década de 1820, um grupo de empresários ingleses decidiu construir uma **ferrovia**, ligando Liverpool a Manchester, e instituiu um prêmio para quem apresentasse o melhor protótipo para uma locomotiva. O ganhador, em 1829, foi um engenheiro de minas de nome George Stephenson. A sua locomotiva, Rocket, foi capaz de puxar um trem por mais de 15 quilômetros, numa média de velocidade de 10 quilômetros horários. A ferrovia foi inaugurada em 1830.

As primeiras linhas férreas foram utilizadas para levar produtos de empresas de mineração ou metalúrgicas para ser colocados em embarcações. Somente alguns anos mais tarde é que os investidores se interessaram em construir linhas para o transporte de pessoas – em geral, essas primeiras ferrovias eram pequenas e saíam de grandes centros, como a cidade de Londres.

A introdução das ferrovias teve um impacto enorme na economia industrial em expansão, pois o transporte de mercadorias em maiores volumes e de forma mais rápida agilizava a distribuição e a comercialização daqueles bens.

Todas as transformações ocorridas a partir da década de 1760, como as alterações na indústria têxtil, as invenções e usos da máquina a vapor, e o uso do ferro e do carvão, ficaram conhecidas posteriormente como a **Primeira Revolução Industrial**.

AS VIAS FÉRREAS NA EUROPA EM 1840

CARTOGRAPHIE LATITUDE – ADAP.

AS VIAS FÉRREAS NA EUROPA EM 1880

CARTOGRAPHIE LATITUDE – ADAP.

# O crescimento das cidades e as precárias condições dos operários

Em 1850, a Europa tinha duas grandes cidades: Londres, com 2,3 milhões de habitantes, e Paris, com 1 milhão de pessoas. Porém, essas grandes cidades não ofereciam boa qualidade de vida para seus moradores. Uma minoria, os industriais, banqueiros, entre outros, habitava as regiões nobres da cidade.

A maioria da população, entretanto, sobrevivia precariamente, em termos de habitação, alimentação e higiene. Em Londres, comprimiam-se milhares de famílias operárias em cubículos imundos, sujeitos ao frio e à intensa fuligem das fábricas. Além dos migrantes rurais, haviam chegado à capital inglesa centenas de milhares de irlandeses em busca de trabalho. Doenças e epidemias alastravam-se pela cidade, matando as pessoas enfraquecidas em virtude do seu baixo poder de compra, até mesmo de alimentos, e das exaustivas jornadas de trabalho a que eram submetidas. A fumaça da queima do carvão tornava o ar das cidades industriais irrespirável, agravando ainda mais as já precárias condições de vida.

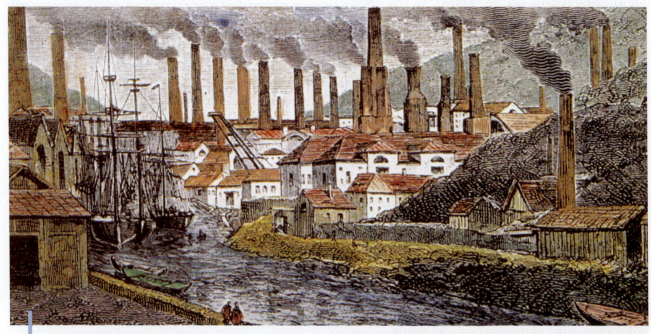

A cidade de Swansea, no País de Gales, na segunda metade do século XIX. Gravura sobre aço do fim do século XIX. Biblioteca Nacional, Roma.

A cidade de Londres ainda é um grande foco de atração para migrantes em busca de emprego e de melhores condições de vida, vindos de antigas colônias (como Paquistão e Índia), de diversos países do Terceiro Mundo e do antigo Leste Europeu. Em virtude desse afluxo de imigrantes, sendo que muitos permanecem na Inglaterra em condições ilegais, o controle de imigração é um dos mais rígidos do mundo, barrando aqueles (principalmente jovens) que não têm uma determinada quantia em dinheiro, endereço certo ou matrícula em uma escola inglesa.

## Industrialização e fluxo migratório

Ainda que em contextos diferentes, a relação entre industrialização e fluxos migratórios permanece presente até os dias de hoje. Cidades europeias como Londres, Paris, Berlim, entre outras, continuam sendo grandes focos de atração de imigrantes em busca de emprego e de melhores condições de vida. Vindos em sua maioria de países africanos, asiáticos e do Leste Europeu, esses trabalhadores, geralmente em condições ilegais, mantêm-se exercendo profissões que requerem poucas qualificações profissionais, o que resulta em baixas remunerações e precárias condições de vida.

O crescimento do número de imigrantes na Europa vem gerando um recrudescimento da xenofobia (que associa a presença desses trabalhadores ao desemprego e à criminalidade), impulsionada ainda mais durante os períodos de crise econômica.

Na busca por uma diminuição desse afluxo de pessoas, os países integrantes da União Europeia vêm enriquecendo suas leis em relação à imigração.

**Recrudescimento:** aumento, intensificação.

---

Um dos grandes problemas que a Revolução Industrial colocou para o operariado era o ritmo de **trabalho intenso**, sem garantias legais e recrutando homens, mulheres e crianças para os postos nas fábricas. Na Inglaterra, predominava o trabalho feminino e infantil na indústria têxtil. As crianças começavam a trabalhar a partir de 5 anos de idade.

Em 1835, as indústrias têxteis inglesas empregavam cerca de 26,5% de homens, 30,5% de mulheres e 43% de adolescentes e crianças. Naquele período, fosse na indústria ou nas minas de carvão, as mulheres recebiam o equivalente à metade dos salários dos homens e as crianças, apenas um quarto.

## A reação dos operários: o movimento ludita

As inovações nas fábricas e a alteração das condições de trabalho originadas a partir da Revolução Industrial foram contestadas pelos trabalhadores em diferentes ocasiões. A realização de greves e a quebra de máquinas são alguns exemplos da insatisfação dos trabalhadores no início do século XIX.

Entre 1808 e 1820 várias manifestações ocorreram em torno dos centros de produção industrial britânicos, como Lancashire, Durham, Northumberland, Nottinghamshire e Yorkshire. Um dos movimentos mais marcantes do período foi o chamado movimento **ludita**, nome que deriva de Ned Ludd.

O ludismo foi um movimento social ocorrido na Inglaterra entre os anos de 1811 e 1812, que era contrário às transformações tecnológicas da Revolução Industrial. O temor da substituição da mão de obra humana por máquinas e, consequentemente, o agravamento das condições sociais por causa da ameaça de desemprego eram a principal questão para os integrantes desse movimento. Esse grupo de pessoas ameaçava os industriais que possuíam máquinas: caso eles não obedecessem às ordens de se livrarem dos equipamentos – vistos como uma ameaça real aos trabalhadores –, as fábricas seriam invadidas, as máquinas quebradas e poderiam atear fogo às instalações fabris.

As ações desses trabalhadores industriais que se insurgiram contra a substituição de máquinas eram muito bem planejadas e executadas de maneira surpreendente e rápida. Mesmo que tenham ocorrido algumas ações espontâneas de destruição de máquinas, a maioria das ações contava com vários líderes e grupos grandes de trabalhadores dispostos a adotar medidas radicais contra a industrialização e suas consequências imediatas na vida dos operários. Calcula-se que em alguns distritos industriais cerca de 5 mil pessoas integravam o movimento e participavam das ações. A reação dos proprietários de fábricas não tardou. Parte da população temia pela ação dos luditas e o clima de insegurança se instaurou na Inglaterra. O Parlamento britânico aprovou, em 1812, a condenação à morte para os destruidores de máquinas. O movimento recrudesceu e algumas lideranças foram executadas em enforcamentos coletivos. Essa reação tinha o claro propósito de intimidar novas manifestações radicais.

O ludismo é um marco na história das lutas sociais por expressar a radicalidade das transformações vividas no início do século XIX. A ação dos operários não era resultado apenas das precárias condições de trabalho e da substituição de mão de obra por máquinas, mas das profundas transformações pelas quais passava a Europa, com destaque para as regiões industrializadas da Inglaterra e França. Esta última tinha a referência próxima da Revolução Francesa e de seus desdobramentos. Entre os ingleses, como observou o historiador E. P. Thompson, os operários defendiam seus direitos com base nos costumes anteriores e recorrendo a práticas de uma tradição popular radical.

Os artigos abaixo, a serem obedecidos pelos operários de uma fiação inglesa, no início do século XIX, demonstram bem as condições de trabalho a que estavam sujeitos os trabalhadores após algumas décadas de avanço da produção industrial.

**Artigo 7º** – A jornada de trabalho é de treze horas; as horas excedentes serão pagas na proporção de seus salários.

**Artigo 8º** – Todo trabalhador que se atrase mais de dez minutos será multado em vinte e cinco centavos.

**Artigo 9º** – Uma vez que tenha entrado na fábrica, não poderá deixar o recinto a não ser com autorização escrita, sob pena de ter descontado um dia de trabalho.

**Artigo 22** – O trabalhador é proibido de deixar seu lugar de trabalho, sob qualquer pretexto, durante a jornada de trabalho; é permitido ir três vezes ao dia ao banheiro. Caso se esqueça e utilize mais vezes o toalete, será multado em vinte e cinco centavos.

Extratos de um regulamento interno
de uma fiação inglesa em 1828.
The Bridegman Art Library, Londres.

1) Caracterize as regras da empresa de fiação em relação aos funcionários.
2) Em sua opinião, as regras impostas aos trabalhadores eram adequadas? Relacione as regras com outras condições de trabalho nas indústrias da época.

# A Segunda Revolução Industrial

Na segunda metade do século XIX, os países industrializados, como a Inglaterra, ou a caminho da industrialização, como o restante da Europa, sobretudo França, Alemanha, Bélgica, além dos Estados Unidos e Japão, conheceram outras transformações na produção industrial. Essas mudanças tiveram impactos qualitativos e quantitativos nos aspectos econômicos, sociais, políticos e culturais naquelas sociedades. Por esse motivo, dizemos que nesse período teve início a **Segunda Revolução Industrial**.

| Evolução da produção siderúrgica (em milhões de toneladas) | | | |
|---|---|---|---|
| PAÍSES | 1800 | 1830 | 1850 |
| Alemanha | 50 | 100 | 210 |
| Bélgica | 30 | 90 | 160 |
| Império Austríaco | 30 | 30 | 200 |
| Espanha | 15 | 20 | 40 |
| França | 120 | 225 | 450 |
| Reino Unido | 190 | 690 | 2.390 |
| Rússia | 160 | 190 | 220 |
| Suécia | 50 | 105 | 140 |

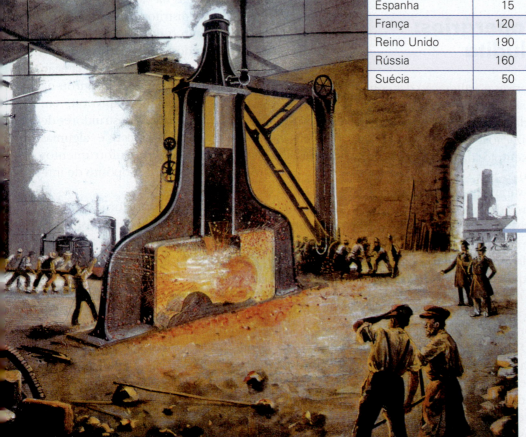

Jules Michelet escreveu em *O povo*, em 1832, que a máquina não permitia nenhuma distração, que o infatigável fogo era a pena que se impunha aos operários, e que seria bom o homem se acostumar a esse ambiente, a única maneira de se fazer o aço. Gravura de E. Zimmer, *A ferramenta principal de James Nasmyth, na Alemanha, em 1832*. Biblioteca Nacional, Paris.

A introdução do **petróleo** e da **eletricidade**, como fontes de energia, trouxe maior dinamismo à produção, fazendo-a crescer e se diversificar. Novos segmentos industriais surgiram e se tornaram fundamentais no universo da produção, tais como o setor **siderúrgico** (produção de aço, matéria-prima para muitas outras indústrias) e o setor **petroquímico** (relacionado ao beneficiamento de derivados de petróleo). Ao mesmo tempo que a indústria se segmentava e se especializava, o mercado consumidor conhecia processo similar.

As nações industrializadas necessitavam cada vez mais de matérias-primas para dar vazão à produção crescente e ampliar seus mercados consumidores. Por outro lado, a divisão de trabalho se acentuava.

As invenções se multiplicaram pelos períodos seguintes: o telégrafo, o telefone, o automóvel, o avião, a fotografia, o cinema, entre inúmeras outras. A sociedade nos países industrializados incorporava novos hábitos e costumes, fruto do avanço tecnológico e da produção crescente.

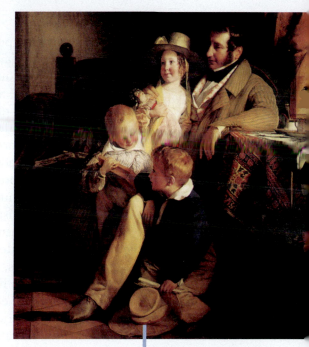

Uma família burguesa vienense no final do século XIX. Quadro de F. von Amerling, *R. von Arthabert e sua Família*, 1867, Österreichische Galerie Belvedere, Viena.

## A produção em série

A invenção do automóvel nos Estados Unidos, criado por Henry Ford no início do século XX, revolucionou a forma de produção. Ford, com o automóvel Ford T, introduziu a **produção em série** de bens e mercadorias, o que proporcionou a produção em massa – os produtos eram fabricados para que fossem consumidos pelo maior número de pessoas possível.

Para assegurar a eficácia máxima da produção era necessário racionalizar as ações do processo fabril. Assim nasceu o **fordismo**, uma série de normas e métodos de racionalização da produção, visando maximizar os resultados nas fábricas.

O fordismo alterou significativamente a produção, estabelecendo a produção em série.

BETTMAN/CORBIS/LATINSTOCK

Dentro dessa perspectiva, a especialização é uma virtude empresarial e as companhias industriais deveriam se ater à produção de um só produto. Deveriam, também, manter o controle de todo o processo de produção dos bens – da compra da matéria-prima até a distribuição ao consumidor –, processo também conhecido como verticalização da produção. De acordo com essa proposta, a mão de obra especializada, cabendo a cada operário uma só tarefa, é essencial.

Essa proposição encaixava-se perfeitamente ao anseio de que houvesse a ampliação do mercado consumidor e a consolidação da produção em massa. O modelo fordista de produção foi responsável pelo incremento na divisão técnica do trabalho, pelo aumento no emprego da mão de obra pouco qualificada e foi a base da expansão da indústria em grande parte do século XX.

O capital industrial, antes relativamente autônomo, uniu-se ao capital financeiro nas primeiras décadas do século passado, o que possibilitou o surgimento de grandes corporações, muitas delas monopolistas. Com o monopólio, cai por terra a premissa básica do liberalismo econômico, que é a **livre concorrência**, ou a "concorrência perfeita", e as condições de mercado passam a ser impostas por uma única empresa, agora sem concorrentes, que obtém, dessa forma, um aumento drástico em sua lucratividade.

## A Terceira Revolução Industrial?

O período após a Segunda Guerra Mundial, encerrada em 1945, correspondeu a outra época de expansão industrial e gerou euforia, em virtude do crescimento das economias capitalistas europeias ocidentais e da norte-americana.

Nos anos de 1970, entretanto, a euforia foi substituída pela constatação de que o modelo fordista de produção começava a dar sinais de esgotamento. A produtividade e a lucratividade entraram em curva descendente. Além disso, nas economias mais significativas, em especial a norte-americana, a pressão da mão de obra mais organizada e mais qualificada por melhores salários e condições de trabalho aumentou os custos industriais.

Em virtude do esgotamento do modelo fordista, o **toyotismo** revelou-se a alternativa para a produção industrial. Por ele, a rigidez na produção foi substituída pela

As inovações tecnológicas e a automação ampliaram a capacidade da produção industrial, mas reduziram a oferta de empregos no século XX.

**produção flexível**. Essa forma diferenciada de produzir surgiu no Japão, nos anos 1950, na fábrica da Toyota Motors. A especialização foi substituída por células de trabalho, unidades formadas por equipes que respondem por todo o processo de fabricação, da compra de matéria-prima à entrega do produto acabado aos clientes. Nessa nova configuração do processo fabril, as tarefas repetitivas ou perigosas foram substituídas pela mecanização, com a introdução de robôs na linha de montagem.

A produção tornou-se flexível, podendo até ser adaptada conforme as demandas específicas do mercado. O fluxo de matérias-primas, dessa maneira, ficou subordinado às necessidades reais da produção, sendo requeridos dos fornecedores somente quando havia demanda real para a produção de determinado bem ou mercadoria. Dessa forma, a necessidade de estoques diminuiu.

Com o objetivo de reduzir custos, além da automação industrial e da produção flexível para atender segmentos de mercado específicos, incentivou-se a pesquisa, com vistas à renovação tecnológica. Na década de 1980 e, particularmente, nos anos 1990, surgiu um novo tipo de unidade fabril, onde a produção de alta tecnologia é o fator preponderante. Dessa forma, nasceram indústrias produtoras de **alta tecnologia**, baseadas em mão de obra altamente especializada, voltadas para microinformática, robótica, mecatrônica, biotecnologia e telecomunicações.

Essa nova maneira de produzir provocou a reorganização espacial da indústria que não se atém mais aos territórios de sua matriz, mas instala unidades em locais onde os custos industriais são mais baixos, o que lhe proporciona maiores margens de lucro. Assim, os países emergentes, com baixos custos de mão de obra e importantes vantagens fiscais, além de um relativo e resistente parque industrial, são os locais preferidos do capital internacional. China, México, Brasil, Coreia do Sul e Índia estão entre os alvos preferidos das indústrias transnacionais.

Os novos paradigmas da produção ligados à alta tecnologia requerem constantes investimentos. Nessas circunstâncias, somente os países ricos podem despender elevadas somas em pesquisa e em sua aplicação no processo industrial. Dentro dessa perspectiva, o aparato tecnológico precisa ser constantemente renovado, para garantir a competitividade em mercados que exigem inovações de produtos.

Essas mudanças estruturais na produção industrial e a proposta de novos paradigmas, com reflexos na organização social, econômica, política e cultural das diferentes sociedades da atualidade, são vistas por alguns como a Terceira Revolução Industrial. Por outros, em contraposição, são encaradas como uma nova fase do capitalismo industrial, marcada pela redução dos postos de trabalho e pelo aumento das desigualdades mundiais.

Trabalhadora em uma linha de montagem na China. Empresas multinacionais, como essa de materiais esportivos, instalaram sua produção em regiões com mão de obra mais barata e contribuíram para a precarização do emprego na atualidade.

## Cinemateca

**Tempos Modernos** (1936, EUA, dir.: Charles Chaplin) Uma dura crítica à mecanização na indústria típica da Segunda Revolução Industrial.

**Escândalo, Pavor e Chamas** (1979, EUA, dir.: Mel Stuart) Baseado no incêndio que, em 14 de março de 1911, matou 146 trabalhadoras de tecelagem em Nova York. A história começa a ser contada um dia antes do acidente.

**Os Companheiros** (1963, Itália, dir.: Mário Monicelli) Professor e sindicalista conseguem organizar aos poucos um pequeno grupo de operários que desejam uma nova sociedade. O filme descreve movimentos sociais no final do século XIX, tendo como pano de fundo uma cidade que se industrializa.

**Norma Rae** (1979, EUA, dir.: Martin Ritt) A chegada de um sindicalista em uma pequena cidade sulista norte-americana mexe com a população local, cujas condições de trabalho em uma fábrica são péssimas.

# Revisitando a História

**1.** Relacione as transformações ocorridas no campo político, econômico e social na Inglaterra antes do século XVIII ao processo da Revolução Industrial.

**2.** Analise a importância das inovações tecnológicas da era industrial e as mudanças no comportamento das sociedades industriais a partir da segunda metade do século XIX e início do século XX. Cite exemplos dessas transformações.

**3.**

MUSEU BRITÂNICO, LONDRES

a) Do que trata a caricatura?
b) Que local do mundo ela retrata?
c) Qual a classe que está representada na parte superior? E na parte inferior?
d) O que a caricatura transmite em termos políticos?

**4.** "Os senhores empregadores, lutando por construir suas fábricas com capital modesto e lucros reaplicados, acreditavam que essa era a única maneira de obter lucros: pagar salários degradantes em troca do maior número possível de horas de trabalho e do aumento da velocidade e do ritmo da produção. (...)

Os operários reagiram, horrorizados com a fábrica. Denunciando-a como um acontecimento ilegal e imoral, segundo as suas antigas tradições e novas experiências, eles quebraram as máquinas que simbolizavam a desqualificação de seu trabalho (movimento ludita, 1811-1812). Essa reação levou a primeira fase da revolução industrial a ser marcada pela utilização do trabalho de uma massa de crianças e mulheres. Uma fase em que a jornada de trabalho durava entre doze e dezenove horas (...)."

Fonte: CANÊDO, L. B. *A Revolução Industrial*. São Paulo: Atual, 1994. p. 65.

Com base no texto, responda:

a) Qual a oposição principal entre empregadores e empregados durante a primeira fase da Revolução Industrial?
b) O que foi o movimento ludita?
c) Por que mulheres e crianças foram empregadas em larga escala nas fábricas inglesas? Como eram suas condições de trabalho?

**5.** Por que falamos em Primeira e Segunda Revolução Industrial? Por que alguns acreditam que estejamos vivendo a terceira fase da Revolução Industrial?

# Analise esta imagem

Esta imagem é uma gravura, ou seja, um desenho impresso. O artista fazia um desenho que passava por um processo de gravação, o que pode ser feito com vários materiais, como pedra, madeira ou metal. Essas imagens mostram o trabalho em um túnel aberto para a exploração de algum tipo de recurso mineral – muito provavelmente, tratava-se de uma mina de carvão. Imagens semelhantes, a partir do início do século XIX, passaram a ser publicadas em jornais ou panfletos que tinham por objetivo denunciar as péssimas condições de trabalho dos trabalhadores em países da Europa Ocidental – sobretudo Inglaterra e França.

Imagens semelhantes a essas tiveram papel fundamental no início do movimento operário e sindical, contribuindo para a discussão de temas como jornada de trabalho, idade mínima para a realização de determinadas atividades e melhorias gerais nas condições a que estavam submetidos os trabalhadores nas indústrias e minas de carvão. Devido ao caráter de denúncia daquelas gravuras, os autores, em sua maioria, optavam por não assinar seus trabalhos – procuravam, portanto, escapar de perseguições por parte dos industriais e donos das minas.

a) Como são caracterizados o ambiente e os personagens que aparecem na imagem? O que se pode dizer sobre a ocupação das pessoas apresentadas?
b) Que ideias presentes nessa gravura podem ter sido consideradas subversivas pelos grupos dominantes na época em que foi realizada?
c) Como você desenharia um ambiente fabril da atualidade? O que seu desenho teria de semelhante e de diferente com relação à gravura acima?

# Debatendo ideias

Apesar de não existirem mais reações radicais como as realizadas pelo movimento ludita, o argumento de que as máquinas substituem os trabalhadores continua sendo utilizado.

Faça uma pesquisa em *sites*, jornais e revistas identificando situações em que esse argumento é utilizado e debata a seguinte questão: "A mecanização aumenta o desemprego?".

# Questões de vestibular

**1.** (UFSC) Sobre a industrialização no mundo, assinale a(s) proposição(ões) CORRETA(S) e dê sua soma ao final

(01) Na tentativa de solucionar os problemas sociais, gerados pela Revolução Industrial, alguns pensadores desenvolveram teorias como o socialismo utópico, o socialismo científico e o socialismo cristão.
(02) O rápido desenvolvimento industrial trouxe a melhoria das condições de vida de um número representativo de trabalhadores. Porém, as greves e a destruição de máquinas, que reuniam número significativo de baderneiros e comunistas, convenceram os capitalistas das vantagens do socialismo.
(04) Os sindicatos, as leis de amparo aos trabalhadores, a limitação das horas de trabalho, a fixação de salários mínimos e a proibição do trabalho das crianças foram medidas que eliminaram os problemas sociais gerados pela industrialização na Europa.
(08) A Revolução Industrial na Inglaterra, inspirada nos princípios do Liberalismo Econômico, permitiu a instalação de um modelo econômico justo e democrático, no qual as relações entre patrões e operários, coordenadas pelos sindicatos, se tornaram harmoniosas.
(16) Nas regiões que vivenciaram os efeitos da Revolução Industrial houve deslocamento de camponeses para as cidades. Surgia assim o grupo social denominado proletariado, que nas cidades encontraria condições de vida adequadas para viver e educar seus filhos.
(32) No Brasil, a industrialização somente ocorreu no século XX, através de um processo de substituição de importações. A procura de produtos industrializados era maior que a oferta e a indústria nacional foi incentivada a aumentar a produção a fim de atender o mercado interno.

**2.** (UFLA) Os avanços tecnológicos e as mudanças sociais e econômicas que marcaram a sociedade inglesa do século XVIII inauguraram a Revolução Industrial.

Sobre o contexto da Revolução Industrial, julgue os itens e marque V (verdadeiro) ou F (falso):

( ) Na sociedade industrial inglesa, a desigualdade social era profunda, com uma massa de operários e uma parcela de burgueses.
( ) O tempo passa a ser controlado pela ação da máquina, pois quanto mais longas as jornadas de trabalho, maior o lucro do patrão.
( ) Mobilizados pelo movimento cultural, denominado de Classicismo, a sociedade industrial criticava os valores do Romantismo e os anulava totalmente, dando lugar ao Naturalismo.
( ) Simultaneamente às inovações tecnológicas desenvolveram-se os cercamentos (enclosures), processo violento de expulsão dos camponeses das terras comunais.

Assinale a alternativa que apresenta a sequência CORRETA.

a) V – F – V – F
b) F – V – F – F
c) V – F – F – V
d) V – V – F – V

**3.** (PUC – RJ) Entre 1837 e 1839, o escritor inglês Charles Dickens publicou o romance "Oliver Twist". Abaixo, estão reproduzidos os primeiros parágrafos desse texto de Dickens:

Dentre os vários monumentos públicos que enobrecem uma cidade de Inglaterra, cujo nome tenho a prudência de não dizer, e à qual não quero dar um nome imaginário, um existe comum à maior parte das cidades grandes ou pequenas: é o asilo da mendicidade.
Lá em certo dia, cuja data não é necessário indicar, tanto mais que nenhuma importância tem, nasceu o pequeno mortal que dá nome a este livro.
Muito tempo depois de ter o cirurgião dos pobres da paróquia introduzido o pequeno Oliver neste vale de lágrimas, ainda se duvidava se a pobre criança viveria ou não; se sucumbisse, é mais que provável que estas memórias nunca aparecessem, ou então ocupariam poucas páginas, e deste modo teriam o inapreciável mérito de ser o modelo de biografia mais curioso e exato que nenhum país em nenhuma época jamais produziu.

*Fonte:* DICKENS, C. *Oliver Twist.*
Tradução de Machado de Assis e Ricardo Lísias, 1. ed.
São Paulo, Hedra, 2002.

Considerando a passagem acima, assinale a alternativa que indica corretamente as características do período a que Dickens se refere.

a) Crescimento urbano e pobreza que acompanharam o desenvolvimento material da revolução industrial.
b) Revolução comercial, reforma protestante e surgimento de uma nova ética de trabalho.
c) Crise econômica do feudalismo e ascensão das ideias científicas do liberalismo.
d) Espírito regenerador dos valores cristãos praticados pela Contrarreforma na Inglaterra.
e) Exaltação da classe operária inglesa e suas propensões naturais para o socialismo e a revolução.

**4.** (UFVJM – MG) A Revolução Industrial se caracteriza como um processo de mudança da manufatura para maquinofatura ocorrida durante os meados dos séculos XVII ao XIX. Sob o ponto de vista sociológico a mudança se desenvolve em função do surgimento de uma nova classe social.

ASSINALE a alternativa que apresenta essa nova classe social que surgiu
a) Burguesia – donos dos meios de produção.
b) Proletariado – possuidores somente da força de trabalho.
c) Servo – aqueles que trabalham.
d) Clero – aqueles que rezam.

**5.** (UFVJM – MG) O século XIX foi marcado por diversas formas de luta e de resistência do operariado europeu. Sobre as ideologias socialistas, surgidas nesse período, é correto afirmar que:

a) O Socialismo Utópico tem como principal característica a defesa da ideia de que é possível melhorar as condições de vida dos trabalhadores sem, contudo, destruir o Capitalismo.

b) O Anarquismo defende a ideia da existência de uma sociedade de classes, na qual o Estado deverá ter tarefa de garantir a liberdade de todos os seres humanos e a posse da propriedade privada.
c) O Socialismo Marxista interpreta a realidade social a partir da compreensão das relações sociais de produção, privilegiando a burguesia como o motor da superação do modo de produção capitalista.
d) As primeiras formas de organização dos trabalhadores eram denominadas associações de ajuda mútua e cooperativas que lutavam pelo sufrágio universal, o voto secreto e a possibilidade dos operários serem eleitos.

**6.** (UEG – GO) A Primeira Revolução Industrial inglesa, ocorrida entre os séculos XVIII e XIX, foi marcada pelo rápido avanço tecnológico. A produção e o transporte dos produtos fabricados em massa só foram possíveis com a criação de máquinas velozes e precisas. Essas máquinas

a) eram movidas principalmente pelo uso de energia elétrica.
b) foram combatidas pelo grupo de artesãos, conhecido como ludistas.
c) mantiveram a Inglaterra no controle do capitalismo mercantil europeu.
d) promoveram a transformação de simples operários em mestres artesões.

**7.** (UFMA) As mulheres são metidas num trabalho inteiramente maquinal, no qual só se lhes pede rapidez. Quando digo maquinal, nem imagine que seja possível sonhar com outra coisa enquanto se trabalha e muito menos refletir. Não. O trágico dessa situação é que o trabalho é maquinal demais para fornecer assunto ao pensamento, e, além disso, impede qualquer outro pensamento. Pensar é ir menos depressa, ora há normas de rapidez estabelecidas por burocratas sem piedade e que é preciso cumprir, para não ser despedido.

Trechos de WEIL, S. *A Condição Operária*
*e outros Estudos sobre a Opressão.*
Rio de Janeiro: Paz e Terra, 1979, p. 68.

Sobre a condição dos trabalhadores no início da Revolução Industrial é correto afirmar que:

a) realizavam trabalho em condições subumanas, com jornadas de 15 ou mais horas diárias.
b) tinham conquistado direito à jornada de trabalho de 8 horas diárias e férias remuneradas.
c) gozavam de tempo para o estudo, a reflexão e o lazer.
d) não sofriam acidentes de trabalho, visto a segurança e a disciplina fabril.
e) gozavam de condições dignas de trabalho e de espaços salubres para exercer suas tarefas.

**8.** (UFJF – MG) Leia o trecho abaixo e responda ao que se pede.

Da forma pela qual a fabricação de alfinetes é hoje executada, um operário desenrola o arame, outro o endireita, um terceiro o corta, um quarto faz as pontas, um quinto os afia nas pontas para a colocação da cabeça do alfinete e assim por diante. (...) Trabalhando dessa maneira, dez pessoas conseguiam produzir entre elas mais do que 48 mil alfinetes por dia.

*Adaptado de:* SMITH, A.
*A Riqueza das Nações.* São Paulo:
Nova Cultural/Círculo do Livro, 1996. p. 65-66.

A realidade descrita anteriormente faz parte de um momento da história inglesa no século XVIII. Assinale abaixo aquela transformação que NÃO está relacionada a esse contexto.

a) A divisão social do trabalho provocou a expansão do mercado de trabalho, estimulou a produção e o consumo de novas mercadorias.

b) A burguesia, ao se consolidar como importante força econômica e política, liderou o processo de reformas econômicas que levaram à formação do capitalismo.

c) O crescimento da produção manufatureira não foi acompanhado por transformações na atividade agrícola. As terras comunais se mantiveram, alimentando a produção camponesa por décadas.

d) A antiga manufatura, ao ser substituída pela maquinofatura, levou ao surgimento das fábricas, cujas máquinas passaram a ser movidas pela energia a vapor.

e) Os trabalhadores eram submetidos a péssimas condições de vida e trabalho. Por serem consideradas mais dóceis, crianças e mulheres eram contratadas, sob altas jornadas de trabalho e baixíssimos salários.

**9.** (UFJF – MG) Leia o trecho abaixo:

A Revolução Industrial assinala a mais radical transformação da vida humana já registrada em documentos. Durante um breve período ela coincidiu com a História de um único país, a Grã-Bretanha. Assim, toda uma economia mundial foi edificada com base na Grã-Bretanha, ou antes, em torno desse país. (...) Houve um momento na história do mundo em que a Grã-Bretanha podia ser descrita como sua única oficina mecânica, seu único importador e exportador em grande escala, seu único transportador, seu único país imperialista e quase que seu único investidor estrangeiro; e, por esse motivo, sua única potência naval e o único país que possuía uma verdadeira política mundial.

*Fonte:* HOBSBAWM, E. J.
*Da Revolução Industrial Inglesa ao Imperialismo.*
Rio de Janeiro: Forense Universitária, 1983. p. 9.

Dentre as razões que explicam o pioneirismo britânico no que se refere à sociedade inglesa nesse contexto, assinale a alternativa INCORRETA.

a) A disponibilidade de mão de obra para as indústrias nascentes, em função das transformações decorrentes da revolução agrícola.

b) A abundância de matérias-primas essenciais para a produção de máquinas e geração de energia, como as jazidas de carvão e ferro.

c) A existência de extensas áreas voltadas para o plantio do algodão, cuja produção era suficiente para o abastecimento de toda a indústria têxtil inglesa.

d) O processo de acumulação de capital, ao longo dos séculos XVII e XVIII, por parte de setores da burguesia e da chamada *gentry* (pequena nobreza), o que possibilitou os necessários investimentos na indústria.

e) A ocorrência de um mercado interno unificado, livre dos tradicionais entraves feudais.

**10.** (UFU – MG) A respeito da Revolução Industrial e das transformações sociais que foram provocadas, inicialmente na Inglaterra e, depois, ao longo do século XIX, em outros países europeus, marque, para as afirmativas abaixo, (V) Verdadeira, (F) Falsa ou (SO) Sem Opção.

1 (   ) Houve uma progressiva migração de pessoas do campo para a cidade, modificando-se os modos de vida, a noção de tempo, aumentando-se o distanciamento com a natureza e provocando o desaparecimento ou transformações e adaptações de muitas tradições do mundo rural.

2 (   ) À medida que as cidades cresciam e abrangiam antigas vilas rurais, o espaço físico diminuía para os novos habitantes. Apenas uma camada mais rica se beneficiava dos poucos serviços urbanos, enquanto grande parte da população era empurrada para moradias coletivas ou habitações distantes do centro comercial.

3 (   ) A falta de saneamento básico e as moradias precárias favoreciam o surgimento e a expansão de uma série de doenças e epidemias, como o surto de cólera em Paris, em 1832. As causas reais das doenças não eram reconhecidas e se diziam que elas existiam em decorrência da degradação moral e da falta de educação dos trabalhadores e pobres, em geral.

4 (   ) Ao longo do século XIX, os operários europeus organizaram-se em sindicatos que abrigavam inúmeras tendências políticas. O que os unificava era a consciência de classe, a rejeição a qualquer projeto reformador e a luta comum por uma revolução social que levasse à formação de um governo do proletariado.

**11.** (UFU – MG) Eis Paris! Todas essas janelas, todas essas portas, todas essas aberturas, são bocas que precisam respirar (...). Paris é uma imensa fábrica de putrefação, onde a miséria, a peste e as doenças trabalham em conjunto, onde nem o ar, nem o sol penetram. Paris é um mau lugar onde as plantas definham e morrem, onde de sete crianças, morrem quatro por ano. Os médicos que entraram nos pardieiros das classes pobres fizeram relatos assustadores; porém, os ricos já se esqueceram.

*Fonte:* CONSIDERANT, V. 1848. Citado por:
BRESCIANI, M. S. Lógica e Dissonância, Sociedade de Trabalho: Lei, Ciência, Disciplina e Resistência Operária. In: *Revista Brasileira de História*, São Paulo. v. 6, n. 11, p. 21.

Ao longo do século XIX, a sociedade europeia passou por grandes mudanças. Marque, para as afirmativas abaixo, (V) Verdadeira, (F) Falsa ou (SO) Sem Opção.

1 (   ) A imagem e o texto configuram a miserabilidade do proletariado, classe socialmente marginalizada e explorada que se expandiu com a Revolução Industrial.

2 (   ) As condições de moradia retratadas impulsionaram a ascensão do movimento sindical e a expansão das ideias socialistas por toda a sociedade europeia.

3 (   ) A observação das condições de vida da população pobre levou à criação de leis que regulamentaram seus espaços de moradia transformando-
-os e minimizando a precariedade.

4 (   ) Ambos remetem à intensificação do processo de
urbanização estimulado pela migração das populações rurais para a cidade e sua concentração
nas cidades manufatureiras.

**12.** (UFBA) De acordo com os conhecimentos sobre o
capitalismo, indique três mudanças socioeconômicas
ocorridas na sociedade ocidental, decorrentes da instalação do capitalismo industrial no século XIX.

**13.** (UNESP) Este considerável aumento de produção
que, devido à divisão do trabalho, o mesmo número de
pessoas é capaz de realizar, é resultante de três circunstâncias diferentes: primeiro, ao aumento da destreza de
cada trabalhador; segundo, à economia de tempo, que
antes era perdido ao passar de uma operação para outra;
terceiro, à invenção de um grande número de máquinas
que facilitam o trabalho e reduzem o tempo indispensável para o realizar, permitindo a um só homem fazer o trabalho de muitos.

*Fonte:* SMITH, A. Investigação sobre a Natureza e as
Causas da Riqueza das Nações (1776).
In: Adam Smith/Ricardo. *Os Pensadores.*
São Paulo: Abril Cultural, 1984.

O texto, publicado originalmente em 1776, destaca três
características da organização do trabalho no contexto
da Revolução Industrial:

a) a introdução de máquinas, a valorização do artesanato e o aparecimento da figura do patrão.

b) o aumento do mercado consumidor, a liberdade no
emprego do tempo e a diminuição na exigência de
mão de obra.

c) a escassez de mão de obra qualificada, o esforço de
importação e a disciplinarização do trabalhador.

d) o controle rigoroso de qualidade, a introdução do
relógio de ponto e a melhoria do sistema de distribuição de mercadorias.

e) a especialização do trabalhador, o parcelamento de
tarefas e a maquinização da produção.

**14.** (UNESP)

*Noite após noite, quando tudo está tranquilo
E a lua se esconde por trás da colina,
Marchamos, marchamos para realizar nosso desejo.
Com machado, lança e fuzil!
Oh! meus valentes cortadores!
Os que com golpes fortes
As máquinas de cortar destroem.
Oh! meus valentes cortadores! (...).*

Canção popular inglesa do início do século XIX.
Citada por: Luzia Margareth Rago e Eduardo F. P. Moreira.
*O que É Taylorismo,* 1986.

A canção menciona os "quebradores de máquinas", que
agiram em muitas cidades inglesas nas primeiras décadas da industrialização. Alguns historiadores os consideram "rebeldes ingênuos", enquanto outros os veem como "revolucionários conscientes". Justifique as duas
interpretações acerca do movimento.

**15.** (UFF – RJ) A Revolução Industrial ocorrida ao longo
do século XVIII está vinculada à história da Inglaterra no
seu nascedouro. Entretanto, à medida que o capitalismo
foi-se consolidando, a ideia de Revolução Industrial
começou a ser associada a um conceito universal e
ganhou vários sinônimos, dentre os quais:

a) republicanização, que orientava os novos processos
de organização da política, a intervenção no mercado
e a Revolução Francesa;

b) modernização, que indicava a manutenção da economia mercantilista, a centralização do Estado e o crescimento das camadas médias;

c) industrialização, que significava a alteração nos processos de produção, a concretização da economia de
mercado e a ascensão da burguesia;

d) maquinização, que mostrava a crescente expansão
do artesanato, da agricultura e da fisiocracia como
modelos de crescimento;

e) tecnificação, que definia o processo industrial como
dependente das modificações na agricultura e também do agrarismo, sendo controlado politicamente
pela nobreza urbana.

**16.** (ENEM) A Inglaterra pedia lucros e recebia lucros.
Tudo se transformava em lucro. As cidades tinham sua
sujeira lucrativa, suas favelas lucrativas, sua fumaça
lucrativa, sua desordem lucrativa, sua ignorância lucrativa, seu desespero lucrativo. As novas fábricas e os
novos altos-fornos eram como as Pirâmides, mostrando
mais a escravização do homem que seu poder.

*Adaptado de:* DEANE, P. *A Revolução Industrial.*
Rio de Janeiro: Zahar, 1979.

Qual relação é estabelecida no texto entre os avanços
tecnológicos ocorridos no contexto da Revolução Industrial Inglesa e as características das cidades industriais no início do século XIX?

a) A facilidade em se estabelecer relações lucrativas
transformava as cidades em espaços privilegiados
para a livre iniciativa, característica da nova sociedade
capitalista.

b) O desenvolvimento de métodos de planejamento
urbano aumentava a eficiência do trabalho industrial.

c) A construção de núcleos urbanos integrados por
meios de transporte facilitava o deslocamento dos
trabalhadores das periferias até as fábricas.

d) A grandiosidade dos prédios onde se localizavam as
fábricas revelava os avanços da engenharia e da
arquitetura do período, transformando as cidades em
locais de experimentação estética e artística.

e) O alto nível de exploração dos trabalhadores industriais ocasionava o surgimento de aglomerados urbanos marcados por péssimas condições de moradia,
saúde e higiene.

**17.** (ENEM) Homens da Inglaterra, por que arar para os senhores que vos mantêm na miséria?

Por que tecer com esforços e cuidado as ricas roupas que vossos tiranos vestem?

Por que alimentar, vestir e poupar do berço até o túmulo esses parasitas ingratos que exploram vosso suor — ah, que bebem vosso sangue?

> *Fonte:* SHELLEY. Os homens da Inglaterra.
> Apud HUBERMAN, L.
> *História da Riqueza do Homem.*
> Rio de Janeiro: Zahar, 1982.

A análise do trecho permite identificar que o poeta romântico Shelley (1792-1822) registrou uma contradição nas condições socioeconômicas da nascente classe trabalhadora inglesa durante a Revolução Industrial. Tal contradição está identificada

a) na pobreza dos empregados, que estava dissociada da riqueza dos patrões.

b) no salário dos operários, que era proporcional aos seus esforços nas indústrias.

c) na burguesia, que tinha seus negócios financiados pelo proletariado.

d) no trabalho, que era considerado uma garantia de liberdade.

e) na riqueza, que não era usufruída por aqueles que a produziam.

**18.** (UFPR) Sobre o processo de acumulação primitiva do capital na Inglaterra, ocorrido no período correspondente à transição do feudalismo para o capitalismo, e algumas de suas consequências, indique as alternativas corretas e dê sua soma ao final.

(01) Coincide com o período em que a coroa inglesa estendeu seus domínios para o continente africano

(02) A acumulação de capital deu-se particularmente no campo, em função da elevação das rendas dos proprietários e da exploração da terra segundo critérios capitalistas.

(04) Os cercamentos estão na origem da expropriação dos camponeses e do desmantelamento das formas de vida comunitárias, tendo lançado na miséria grandes contingentes de homens e mulheres. Essas pessoas foram duramente perseguidas pela legislação de combate à mendicância e à vagabundagem durante os períodos Tudor e Stuart.

(08) Grande parte do capital oriundo da atividade mercantil foi aplicada na produção têxtil.

(16) Os cercamentos não foram aceitos passivamente pela população. Pode-se afirmar, com base em sermões, canções e outras formas de expressão da cultura popular, que houve um movimento de resistência mais ou menos violento na Inglaterra contra o despovoamento e o empobrecimento das regiões transformadas em áreas de pastagens e de criação do gado lanígero.

# Programas de Avaliação Seriada

**1.** (PISM – UFJF – MG) A respeito da Revolução Industrial é INCORRETO afirmar que:

a) na Grã-Bretanha, as atividades agrícolas estavam predominantemente dirigidas para o mercado. Havia manufaturas e uma indústria algodoeira que se desenvolveu como subproduto do comércio ultramarino.

b) a "máquina a vapor" tornou-se o símbolo desse momento, não só porque acelerava a produção, mas especialmente porque representava a face perversa da exploração da mão de obra, visto que podia ser facilmente manejada por mulheres e crianças.

c) a produção industrial favoreceu o desenvolvimento das regiões agrícolas, o que provocou um êxodo generalizado da mão de obra concentrada nas cidades para o campo.

d) o acúmulo de capital propiciou que as classes mais ricas investissem em algo que, no início, não se mostrava muito lucrativo: as ferrovias.

e) um movimento significativo desta nova era, inaugurada pela Revolução Industrial, foi o *ludismo*, quando trabalhadores destruíram as máquinas, consideradas responsáveis pelo desemprego.

**2.** (PAS – UFLA – MG) Os avanços tecnológicos e as mudanças sociais e econômicas que marcaram a sociedade inglesa do século XVIII inauguraram a Revolução Industrial.

Sobre o contexto da Revolução Industrial, julgue os itens e marque V (verdadeiro) ou F (falso):

(   ) Na sociedade industrial inglesa, a desigualdade social era profunda, com uma massa de operários e uma parcela de burgueses.

(   ) O tempo passa a ser controlado pela ação da máquina, pois quanto mais longas as jornadas de trabalho, maior o lucro do patrão.

(   ) Mobilizados pelo movimento cultural, denominado de Classicismo, a sociedade industrial criticava os valores do Romantismo e os anulava totalmente, dando lugar ao Naturalismo.

(   ) Simultaneamente às inovações tecnológicas desenvolveram-se os cercamentos (*enclosures*), processo violento de expulsão dos camponeses das terras comunais.

Assinale a alternativa que apresenta a sequência **CORRETA**.

a) V – F – V – F

b) F – V – F – F

c) V – F – F – V

d) V – V – F – V

# capítulo 23

# Revolução Francesa

*Os tempos agitados na França no final do século XVIII não tiveram repercussão apenas naquele país. A Revolução teve repercussões em várias partes do mundo. A emergência de novos ideais políticos e a mobilização de diferentes grupos alteraram as formas de organização política e social. No entanto, os participantes da Revolução não formavam um grupo homogêneo nem partilhavam os mesmos interesses. Nas reviravoltas do processo francês, podemos observar como as incertezas dos homens e das mulheres daquela época nos auxiliam a compreender que a história é dinâmica e os resultados dos episódios não são conhecidos previamente.*

Os historiadores apontam para a Revolução Francesa como marco inicial do Período Contemporâneo por corresponder a um conjunto de acontecimentos cujos significados sociopolíticos ultrapassaram em muito a derrocada do Antigo Regime francês. Entre 1789 e 1799, período de duração do processo revolucionário, os principais projetos políticos de organização do Estado liberal e democrático se definiram em suas principais vertentes e se espraiaram para outras importantes regiões: várias nações da própria Europa e áreas coloniais da América luso-espanhola.

Se processos com bases sociais e motivações políticas semelhantes já tinham ocorrido na Inglaterra (1640 e 1688) e nos Estados Unidos (1776), em nenhum dos dois casos a maneira como os fatos se desenvolveram e a força simbólica que adquiriram têm paralelo e significado como no caso da França. Nesse sentido, afirmou o historiador Eric Hobsbawm:

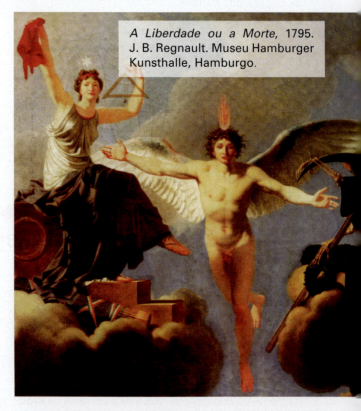

*A Liberdade ou a Morte*, 1795. J. B. Regnault. Museu Hamburger Kunsthalle, Hamburgo.

*A França forneceu o vocabulário e os temas da política liberal e radical-democrática para a maior parte do mundo. A França deu o primeiro grande exemplo, o conceito e o vocabulário do nacionalismo. A França forneceu os códigos legais, o modelo da organização técnica e científica e o sistema métrico para a maioria dos países. (...)*
*A Revolução Francesa pode não ter sido um fenômeno isolado, mas foi mais fundamental do que os outros fenômenos contemporâneos e suas consequências foram portanto mais profundas. Em primeiro lugar, ela se deu no mais populoso e poderoso Estado da Europa (não considerando a Rússia). Em 1789, cerca de um em cada cinco europeus era francês. Em segundo lugar, ela foi, diferentemente de todas as* revoluções que a precederam e a seguiram, uma revolução social de massa, e incomensuravelmente mais radical do que qualquer levante comparável. (...) Em terceiro lugar, entre todas as revoluções contemporâneas, a Revolução Francesa foi a única ecumênica. Seus exércitos partiram para revolucionar o mundo; suas ideias de fato o revolucionaram. A revolução americana foi um acontecimento crucial na história americana, mas (exceto nos países diretamente envolvidos nela e por ela) deixou poucos traços relevantes em outras partes. A Revolução Francesa é um marco em todos os países.*

Fonte: HOBSBAWM, E. J. *Op. cit.* p. 70-72.

# Às vésperas da Revolução: uma enorme crise financeira e insatisfações sociais crescentes

A estrutura social da França até o início da Revolução era ainda **estamental**. Em linhas gerais, podemos caracterizar cada um dos três Estados que compunham a sociedade francesa da seguinte forma:

- **Primeiro Estado** – constituído pelo clero. Dividido em dois grupos: o alto clero e o baixo clero. O primeiro grupo era formado por membros da nobreza e de famílias ricas e vivia, tal como os membros do Segundo Estado, dos impostos cobrados do Terceiro Estado, sobretudo dos setores camponeses. Já o baixo clero, cujos membros eram provenientes das camadas mais populares da população, vivia com bem menos recursos e seus membros, em geral, se dividiam entre as atividades religiosas e agrícolas, necessárias para complementar os baixos rendimentos que o Estado lhes disponibilizava. Não por acaso, a maior parte do baixo clero aderiu às ideias da Revolução e atuou em conjunto com os membros do Terceiro Estado, sobretudo no início do processo revolucionário.

- **Segundo Estado** – formado pela nobreza, detentora de grandes privilégios, entre os quais a isenção de impostos e o recebimento de pensões do Estado. Os nobres ocupavam os altos postos do exército e da administração; muitos deles também recolhiam impostos senhoriais dos camponeses. Assim, a nobreza não formava um grupo homogêneo: estava dividida em nobreza cortesã, que vivia junto à corte real e se dedicava às atividades administrativas, e a nobreza provincial, que vivia nos campos e explorava o trabalho do campesinato e de servos.

A caricatura mostra como os impostos e as taxas pagos ao alto clero massacravam o Terceiro Estado, a maioria composta de camponeses, no final do século XVIII. Museu Carnavalet, Paris.

No quadro, estão representados os integrantes da família Gohin e seu patriarca, um rico homem de negócios parisiense, em uma luxuosa mansão de sua propriedade. *A Família Gohin*. Louis-Leopold Boily, 1787. Museu de Artes Decorativas, Paris.

Uma família pertencente à alta nobreza francesa. O príncipe De Conti era protetor das artes, e levava o jovem Mozart para tocar em seu salão. *Concerto na Residência do Príncipe De Conti*. Michel Ollivier, 1777. Museu do Palácio, Versalhes.

A nobreza cortesã, por sua vez, também se apresentava subdividida: havia a nobreza tradicional, ou **nobreza de espada**, e uma nova nobreza, **nobreza togada**, composta de burgueses que compravam títulos. Esperando adquirir prestígio e posição social e política a partir do título adquirido, os burgueses tornaram-se motivo de escárnio e piada nos tradicionais salões nobres e na corte – razão pela qual podemos explicar a adesão desses setores de "novos nobres" à Revolução, pelo menos em seus processos iniciais.

○ **Terceiro Estado** – formado pelos diversos setores da burguesia, camponeses e trabalhadores urbanos. Era nesse Estado que se encontrava a maior parte da população francesa e, justamente, a parcela responsável pela sustentação econômica de todo o país.

A burguesia estava dividida em pequenos burgueses (vendedores locais e artesãos), uma camada média (composta de comerciantes, advogados, médicos, pessoas recrutadas para prestar serviços para o Estado, mas que não tinham nenhuma origem nobre e não recebiam, portanto, nenhum privilégio por se "tornarem" funcionários públicos) e a alta burguesia (grandes banqueiros e comerciantes que negociavam, em geral, com o exterior).

Em menor número, mas com importante participação social, estavam os trabalhadores das cidades, muitos dos quais sem uma profissão definida e que, nos momentos mais agudos da crise econômica que antecederam ao início da Revolução, acabaram constituindo grandes grupos de pobres marginalizados, conhecidos como *sans-culottes*.

Um *sans-culotte*. Gravura do século XVIII, Museu Carnavalet, Paris. O termo *sans-culottes*, referente às pessoas que usavam calças compridas em vez dos calções até o joelho da gente rica, foi originalmente aplicado em um sentido puramente social aos pequenos comerciantes, assalariados e vagabundos, quer da cidade, quer do campo. Durante a Revolução, o termo passou a ser aplicado aos indivíduos politicamente ativos dessas classes, e o seu âmbito alargou-se com a inclusão dos agitadores mais radicais daquele período.

Os camponeses, cerca de 20 milhões de pessoas, forneciam, com seu trabalho, alimentos e matérias-primas para toda a sociedade. A maioria dos camponeses pagava, de uma forma ou de outra, pesados impostos para seus senhores, ou seja, os nobres que mantinham a propriedade das terras. Havia um exército de coletores que arrecadava os tributos por todo o território francês.

A forma como a França se encontrava organizada socialmente antes da Revolução demonstra que o seu Estado Nacional preservara uma base essencialmente feudal: os privilégios para setores do Primeiro e Segundo Estados, tais como pensões e isenções de impostos, só poderiam ser mantidos por meio de crescentes taxações sobre os membros do Terceiro Estado, que em troca contavam apenas com uma estrutura política e administrativa que já não atendia a seus interesses econômicos e da qual eles não tinham o direito de participar, por não terem nascido nobres.

A insatisfação da maior parte da sociedade francesa, sobretudo dos setores enriquecidos da burguesia, devia-se principalmente àquele ponto: custeavam um aparelho burocrático administrativo, sem terem direitos políticos, sem serem reconhecidos como cidadãos e, portanto, sem poderem interferir, ainda que por meio de representantes, na elaboração e execução de leis.

Um panfleto do Abade Sieyès, autor de vários textos sobre a condição política do Terceiro Estado, de janeiro de 1789, deixava bem clara a maior reivindicação do Terceiro Estado: assumir um papel na ordem política que fosse equivalente ao que já desempenhava na ordem econômica (leia o quadro *Recortes da História – O que é o Terceiro Estado?*).

O quadro geral de descontentamento social e de crises econômicas, provocadas pelas características gerais do Estado absoluto na França, agravou-se muito, nos anos anteriores à Revolução, devido ao enorme crescimento da dívida pública do país, graças ao envolvimento francês em duas guerras: a **Guerra dos Sete Anos (1756-1763)** e a **Guerra de Independência dos EUA (1775-1783)**.

Em ambos os conflitos, a Inglaterra foi a grande adversária da França, sendo que, no caso da Guerra dos Sete Anos, a causa principal do conflito foi justamente a rivalidade econômica e colonial anglo-francesa. Terminada oficialmente com o **Tratado de Paris**, assinado em 1763, essa guerra causou enormes prejuízos ao Tesouro francês, além de significativas perdas de territórios coloniais, como o Canadá e parte da Louisiana para os ingleses e algumas áreas nas Antilhas e feitorias no Senegal para a Espanha, país que lutou ao lado dos britânicos.

No caso da Independência dos Estados Unidos, o apoio financeiro e material francês foi decisivo para que os colonos americanos vencessem as tropas britânicas. A França, ao apoiar diretamente a emancipação política da principal área colonial inglesa, conseguiu seu principal objetivo em curto prazo, ou seja, o de fragilizar a sua grande oponente externa, a Inglaterra, vingando-se, de alguma forma, pela derrota sofrida ao final da Guerra dos Sete Anos. Mas, em contrapartida, a ajuda aos separatistas americanos arruinou ainda mais as suas já abaladas finanças, aumentando os déficits públicos e a inflação.

Caricatura intitulada o *Fardo dos Privilégios*, na qual um camponês é representado carregando um membro da nobreza e um membro do clero. Publicada em *L'Histoire Vivante*, de M. S. Chaulanges, Delagrave.

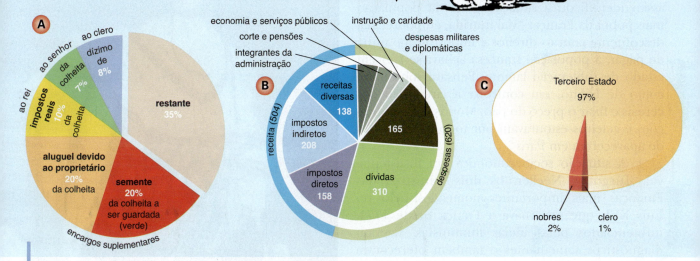

(A) Os impostos e as taxas que recaíam sobre os camponeses. (B) O orçamento do Estado em 1788, em milhões de libras. (C) Os três Estados na França no fim do século XVIII.

## Recortes da História

### O que é o Terceiro Estado?

O plano desse escrito é muito simples. Temos três questões a tratar:

1. O que é o Terceiro Estado? Tudo.
2. Que foi ele até o presente na ordem política? Nada.
3. Que solicita? Tornar-se alguma coisa.

Que é necessário para que uma nação subsista e prospere? Trabalhos particulares e funções públicas. Todos os trabalhos particulares podem se resumir em quatro classes: os agricultores, os trabalhadores da indústria, os negociantes, as profissões científicas, liberais ou de recreio. Tais trabalhos são os que mantêm a sociedade. Quem os sustenta? O Terceiro Estado.

As funções públicas no estado atual classificam-se sob quatro denominações: a Espada, a Toga, a Igreja e a Administração. Será supérfluo percorrê-las em minúcia, para ver que o Terceiro Estado forma em toda parte dezenove vigésimos nessas funções com a diferença de que é encarregado de tudo o que é verdadeiramente penoso, de todas as tarefas que a ordem privilegiada recusa preencher. (...)

Assim, o que é o Terceiro Estado? Tudo. Mas um tudo livre e florescente? Nada pode se desenvolver sem ele, tudo correria infinitamente melhor sem os outros.(...)

Abade Sieyès, janeiro de 1789.

1) A partir do documento, qual a condição exposta sobre a participação do Terceiro Estado na França pré-evolucionária?

2) Relacione as atividades particulares e as funções públicas descritas sob a perspectiva do Terceiro Estado.

3) É correto afirmar que a reivindicação do documento era uma reivindicação política? Justifique.

Para a população mais pobre do país, nos dez meses que antecederam ao início da Revolução, os preços dos gêneros alimentícios básicos apresentaram uma elevação significativa, devido aos maus resultados das colheitas realizadas entre 1787 e 1788 – fato que tornou a crise inflacionária ainda mais grave. Estima-se, por exemplo, que nas cidades maiores, como Paris, os trabalhadores tenham sido obrigados a destinar entre 80% e 90% de seus ganhos totais apenas para a compra de pão, durante a primavera de 1788; ante os 45% e 65% que destinavam para a mesma finalidade na primavera do ano anterior, o que, convenhamos, já não era pouco.

Cerca de oito meses antes do início do processo revolucionário, o historiador Jacques Solé assim identificou a situação geral da população mais pobre da França: "Mal nutrida, empobrecida, descontente com os direitos e impostos que tinha de pagar, a população francesa achava-se (...) em estado de sublevação latente. Pensava sobretudo, como de hábito, em controlar a circulação dos cereais e fixar o preço do pão. Motins em panificações e celeiros estouravam por todo o país, antes de aparecerem em Paris".

A situação socioeconômica era insustentável. Turgot e Necker, os dois ministros das Finanças mais importantes nomeados pelo rei Luís XVI, que governava a França desde 1774, influenciados pelas ideias iluministas, fizeram diagnósticos semelhantes e também ofereceram soluções parecidas para o aperto financeiro em que o país se encontrava: a nobreza e o clero teriam de abdicar da maior parte de seus privilégios e ajudar a financiar o Estado.

Contudo, a maior parte da nobreza e do clero não tinha nenhuma disposição de abrir mão de seus privilégios, mesmo que o tesouro real não dispusesse de recursos e já tivesse praticamente esgotado todos os artifícios para obtê-los – os títulos da dívida francesa, por exemplo, usados para vários pagamentos pelo governo nos anos anteriores, não eram mais aceitos com a mesma facilidade.

Por outro lado, os diferentes setores da burguesia, os trabalhadores urbanos e camponeses que compunham o Terceiro Estado não pretendiam arcar com mais tributos sem que a estrutura do Estado francês fosse alterada, garantindo-lhes os meios institucionais para a efetiva participação nas decisões políticas.

Diante das dificuldades e dos impasses que inviabilizavam qualquer solução para a crise por meio de medidas tomadas pela corte, Luís XVI, após muita hesitação, convocou os Estados Gerais em julho de 1788 – uma assembleia que reunia representantes dos três Estados, cuja última reunião ocorrera em 1614. O objetivo das principais lideranças políticas que cercavam o monarca era discutir a situação da economia nacional e selar um amplo acordo que resolvesse, ao menos temporariamente, os problemas financeiros e sociais do país.

Os acontecimentos, contudo, se desenvolveriam de maneira bem diversa da imaginada pelo rei e seus conselheiros.

CREATIVE COMMONS

Quadro retratando Luís XVI definido pela maioria de seus biógrafos como um monarca "bem-intencionado", mas "muito despreparado" para o exercício das funções reais. A imagem predominante do último rei absoluto dos franceses é a de um governante tímido, com extrema dificuldade para tomar decisões, que preferia se recolher a assumir suas responsabilidades nos momentos políticos críticos. Ficou ainda para o anedotário histórico o fato de o passatempo favorito do neto do todo poderoso Luís XIV ser o de desmontar e remontar fechaduras – o que lhe valeu, por parte dos cortesãos mais irônicos, o apelido de "Sua Majestade, o Chaveiro Amador".

# O início da Revolução: a reunião dos Estados Gerais, a queda da Bastilha e a abolição dos direitos feudais

A convocação da Assembleia dos Estados Gerais deu aos membros do Terceiro Estado a possibilidade que aguardavam para reivindicar formalmente as mudanças na estrutura política do país, que suas principais lideranças reclamavam havia mais de uma década.

A Carta Real de convocação da Assembleia, contudo, deixava claro que o motivo da reunião era somente a situação financeira da França, já que medidas urgentes eram necessárias visando à manutenção de uma ordem "constante e invariável" relativa à administração, estabelecendo-se entre o monarca e os representantes eleitos pelos três Estados os melhores meios para o sustento e para o "bem do país".

A tensa disputa política entre nobreza, alto clero e membros da burguesia teve início antes das eleições dos representantes para os Estados Gerais. Calculando barrar qualquer nova proposta de imposto contrária a seus interesses, os burgueses reivindicavam que a bancada do Terceiro Estado tivesse o maior número de membros, já que quase a totalidade da população francesa pertencia àquele estamento social.

Certo de que faria valer o antigo regimento da Assembleia dos Estados Gerais, com base no qual as decisões eram tomadas não por votos individuais dos representantes, mas sim por meio de apenas um voto para cada Estado, Luís XVI cedeu e permitiu que fossem eleitos 610 deputados para compor a bancada do Terceiro Estado – exatamente a soma de todos os representantes do Primeiro e Segundo Estados.

Em 5 de maio de 1789, em Versalhes, aconteceu a aguardada sessão de abertura dos Estados Gerais. A nobreza e o alto clero esperavam que suas decisões por mais impostos fossem apenas referendadas nas reuniões coletivas – afinal, as deliberações seriam tomadas em sessões separadas de cada um dos Estados.

Os representantes de cada estamento social se reuniam e deliberavam; a posição vitoriosa se tornaria o voto de todo o Estado. Sendo os membros do baixo clero e da nobreza togada mais alinhados com a burguesia e o campesinato, minoritários entre os representantes do Primeiro e do Segundo Estados, as votações nos Estados Gerais estariam previamente definidas: a nobreza de sangue e o alto clero definiriam as posições vitoriosas

no interior de seus Estados, e o Terceiro Estado sempre seria voto vencido. Todas as decisões teriam como resultado final: 2 votos a 1, em favor dos grupos privilegiados.

A única forma de o Terceiro Estado alcançar a vitória nas votações das propostas de seu interesse era alterar a forma de deliberar nos Estados Gerais: o voto deveria ser tomado por cabeça, e não por estamento social. Com 610 representantes e contando com o apoio de membros do baixo clero e da nobreza togada, a maioria absoluta dos votos na reunião geral seria contrária aos interesses das ordens privilegiadas. Todavia, o Primeiro e Segundo Estados não aceitavam, de maneira alguma, a mudança no velho modelo de votação.

O impasse paralisou os trabalhos dos Estados Gerais até junho, quando os deputados representantes do Terceiro Estado deram um passo ousado: declararam-se reunidos em Assembleia Nacional, ou seja, proclamaram-se formalmente delegados de toda a nação, assumindo a posição de um poder político independente de qualquer outro.

Luís XVI, incitado pela nobreza, determinou o fechamento da sala de sessões, como forma de impedir as reuniões da recém-proclamada Assembleia Nacional. Os representantes do Terceiro Estado, contudo, não se intimidaram. Transferiram-se para um salão de jogos e juraram que permaneceriam juntos até que a França tivesse uma Constituição. Naquela circunstância, 153 representantes do Primeiro Estado já tinham se juntado a eles, incluindo três bispos.

Em 23 de junho, as três ordens voltaram a se reunir para ouvir a palavra do monarca sobre os últimos acontecimentos. A expectativa da burguesia era que as negociações fossem abertas, a partir do reconhecimento do poder deliberativo da Assembleia Nacional, da permissão para que qualquer francês, independentemente de seu estamento de origem, ocupasse cargos no Estado.

Luís XVI, contudo, recolocou as coisas nos mesmos termos em que estavam no momento da abertura dos Estados Gerais: não reconheceu a Assembleia Nacional como órgão político, ainda mais com direito de deliberação, restabelecendo, portanto, a estrutura de reunião e votação por Estado que favoreciam as ordens privilegiadas. Logo, nem de longe, permitia a admissão de qualquer francês nos empregos públicos.

As palavras finais do discurso do "fraco" rei, por serem nitidamente de intimidação, são atribuídas à rainha Maria Antonieta, que teria exercido forte influência sobre as decisões de Luís XVI no período em que ainda tentaram alguma resistência contra a Revolução: "Acabam os senhores, disse ele, de ouvir o resultado de minhas disposições e julgamentos, que são conformes com meu vivo desejo de fazer o bem público; e, se por uma fatalidade longe de meu pensamento, os senhores me abandonassem nesse tão belo empreendimento, eu o faria só, pelo bem dos meus povos".

O *Juramento da Péla*, óleo sobre tela datado de 1791, 101 × 66 cm, de Jacques-Louis David (1748-1825). Museu do Palácio, Versalhes.

## *Vivendo seu tempo*

### A visão da mulher como agente do pecado

Maria Antonieta tornou-se a personagem-símbolo da corte francesa que a Revolução destruiu, por personificar, como nenhum outro, a arrogância, o egoísmo, a futilidade e o gosto desmedido pelo luxo. Isso se deve não só à enorme impopularidade que a rainha adquiriu junto à população durante o processo revolucionário, mas também à grande antipatia que por ela já nutria parte importante da própria corte muito antes dos acontecimentos iniciados em 1789. Nascida na Áustria e sempre muito ligada aos interesses da nobreza austríaca, Maria Antonieta sempre se empenhou diretamente junto a Luís XVI para satisfazer os interesses do

*Disponível em: <http://www.geocities.com>. Acesso em: 15 ago. 2006.*

Império Austríaco junto à França – o que a mantinha constantemente no centro das intrigas políticas e diplomáticas. Dona de uma personalidade forte, oposta à do marido, sempre queria estar cercada por pessoas, daí que seu entretenimento favorito eram as encenações teatrais das quais ela participava como atriz. Ainda que vivesse distante do mundo real do Terceiro Estado, como todo nobre de sua estirpe, a famosa frase "Ora, se o povo não tem pão, que coma brioche!" na verdade foi proferida por outra dama e a ela atribuída pelo filósofo Jean-Jacques Rousseau. A rainha não conhecia o povo, mas tola não era.

A intimidação feita pelo monarca só acirrou a resistência dos membros da Assembleia Nacional e levou os burgueses parisienses a se organizarem em uma milícia na capital, o que ocorreu apenas dois dias depois do discurso de Luís XVI. Em 27 de junho, a nobreza e os membros remanescentes do clero juntaram-se à Assembleia Nacional, em uma manobra para ganhar tempo ante a tenaz resistência do Terceiro Estado.

O rei manda cercar Versalhes e Paris – o argumento para isso era a necessidade de garantir a segurança da Assembleia, pois "alguns distúrbios" estavam sendo registrados na capital. Contudo, Luís XVI e seus conselheiros não levaram a sério as ocorrên-

cias parisienses dos quatro dias anteriores, atribuídas a bandos de arruaceiros bêbados que foram "instigados por discursos de ocasião". Eles pensavam que as armas serviam para intimidar e manter o controle sobre cerca de 800 representantes "reformistas"; controle que a Coroa Absolutista já não tinha sobre o resto do país, embora ainda não tivesse se dado conta disso. O poder efetivo passara para o povo disperso pelas ruas das cidades e pelos campos: sem lideranças efetivas, com fome, com medo, uma onda de pilhagens se iniciara pelo país.

Em 9 de julho de 1789, a Assembleia Nacional se proclama Constituinte, com a disposição de iniciar um processo para limitar os poderes absolutos do monarca ou morrer pelas baionetas que a cercava. Essa data é um marco importante de mudança jurídica, política e simbólica: o rei, a partir dali, não mais deteria o poder absoluto.

A nobreza reagiu de forma imediata: praticamente obrigou Luís XVI a demitir o ministério que estava no poder, negociar soluções administrativas com a Assembleia e a nomear um novo gabinete de "figurões" sobre os quais não se tivesse nenhuma dúvida a respeito do comprometimento com os fundamentos do Antigo Regime.

A notícia sobre a reação da nobreza e um "possível massacre" dos representantes do Terceiro Estado em Versalhes chegou a Paris no dia 12 de julho. Dois dias depois, a Bastilha, prisão real que simbolizava os arbítrios da Coroa francesa, não mais existia. A Revolução estava começando e o Antigo Regime francês, terminando.

## *Disseram a respeito*

## A tomada da Bastilha

Não é por acaso que a insurreição se precipitou contra a Bastilha, essa fortaleza onde o despotismo encerrava suas vítimas e que a imaginação, nutrida de história e ficção, erigiria como templo da crueldade e do horror. O mito mesclado de angústia e fantasmas terríveis identificara tão bem o regime à cidadela do pesadelo que bastou que uma fosse abatida para que a outra desmoronasse. A história da monarquia e a lenda da Bastilha cresceram juntas: confundidas na mesma execração, pereceram no mesmo dia e a queda que abalou as pedras desestabilizou definitivamente o rei.

(...)

A lenda da Bastilha era a resposta ao mesmo tempo ingênua, passional e erudita à insuportável contradição entre um regime no qual o direito era a regra comum e suas excrescências herdadas do passado. O "bel-prazer" e, segundo o caso, o capricho, o rancor ou a generosidade do soberano podiam substituir a ordem legal para impor sua vontade, ato de justiça aos olhos da tradição, e justiça santa, essencialmente superior à dos tribunais, simples delegação subalterna da justiça eminente do rei, mas abuso revoltante aos olhos do século do racionalismo, ao qual a natureza transcendente do soberano aparecia como álibi cômodo para a tirania ou, como se dizia então, para o despotismo.

*Fonte:* CHAUSSINAND-NOGARET, G. *Op. cit.* p. 65-66.

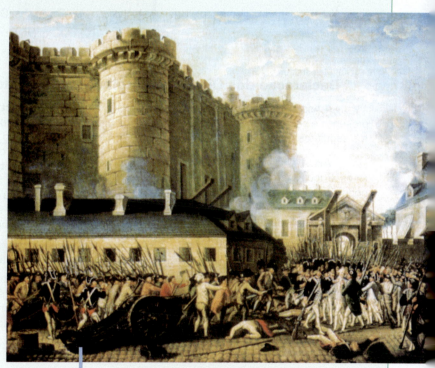

*A Queda da Bastilha.* Símbolo do Antigo Regime, a Bastilha foi tomada pela população em 14 de julho de 1789. Museu do Palácio, Versalhes.

**1)** Por que a queda da Bastilha era um símbolo importante no contexto das jornadas revolucionárias?

**2)** Explique por que a adoção de princípios personalistas é uma característica de regimes despóticos.

Diante dessa reação, o rei percebeu sua fragilidade e reconheceu a Assembleia Nacional. A vitória dos populares em Paris despertou outros movimentos de contestação pelo interior da França. Camponeses invadiram os castelos da nobreza feudal, executaram famílias inteiras e exigiram uma reforma fundiária. Esse período pós-Bastilha foi chamado de "Grande Medo".

Os camponeses, fundamentais para o processo revolucionário, esperavam ter suas demandas atendidas rapidamente. Em 4 de agosto, a Assembleia aprovou a abolição de todos os privilégios feudais: logo, os camponeses não mais estavam submetidos aos nobres pelas obrigações tributárias conservadas desde a Idade Média.

Alguns dias depois, em 26 de agosto, foi aprovada a Declaração dos Direitos do Homem e do Cidadão.

Os dois documentos puseram fim, no plano jurídico, ao Antigo Regime, estabelecendo a igualdade civil, jurídica e política, e fixando o princípio iluminista de que a soberania política reside no povo. As diferenças sociais passavam, efetivamente, a ser justificadas pela propriedade e não mais pelo nascimento.

*A Abolição dos Privilégios.* Gravura do século XVIII. Biblioteca Nacional, Paris.

## Recortes da História

### Declaração dos Direitos do Homem e do Cidadão (26 de agosto de 1789)

A Assembleia Nacional reconhece e declara, na presença e sob os auspícios do Ser Supremo, os direitos seguintes do Homem e do Cidadão:

**Art. I –** Os homens nascem e permanecem livres e iguais em direitos. As distinções sociais só podem ser fundamentadas na utilidade comum.

**Art. II –** O objetivo de toda associação política é a conservação dos direitos naturais e imprescritíveis do homem: esses direitos são a liberdade, a propriedade, a segurança e a resistência à opressão.

**Art. III –** O princípio de toda soberania reside essencialmente na nação; nenhuma corporação, nenhum indivíduo pode exercer autoridade que dela não emane expressamente.

**Art. IV –** A liberdade consiste em poder fazer tudo aquilo que não prejudica a outrem.

**Art. V –** A lei não tem senão o direito de proibir as ações prejudiciais à sociedade. Tudo aquilo que não é proibido pela lei não pode ser impedido e ninguém pode ser obrigado a fazer aquilo que ela não ordena.

**Art. VI –** A lei é a expressão da vontade geral; todos os cidadãos têm direito de concorrer pessoalmente ou por seus representantes à sua elaboração; ela deve ser a mesma para todos, seja protegendo, seja punindo. (...)

*Fonte: BRANDÃO, A. Os Direitos Humanos: antologia de textos históricos. São Paulo: Landy, 2001. p. 43-44.*

1) O princípio da igualdade entre os homens é o cerne da Declaração de 1789. Por que este princípio foi tão importante no contexto da Revolução Francesa?
2) O significa afirmar que a lei é a expressão da vontade geral?

Ao mesmo tempo que a Assembleia Nacional punha fim ao Antigo Regime, parte da nobreza atemorizada resolveu emigrar para Holanda, Inglaterra e Áustria.

## Passado/presente

### A prática da tortura e os direitos humanos

A Declaração dos Direitos do Homem e do Cidadão durante o processo revolucionário francês condenava a tortura como um ato bárbaro que afronta a dignidade humana. Passados mais de 200 anos, a tortura ainda é frequente em situações de guerra ou por uma prática descontrolada de violência por parte de órgãos policiais em várias partes do mundo. E essa terrível prática ainda acontece tanto em países ricos como pobres. Como exemplo dessa violação aos direitos humanos, podem ser citadas as agressões realizadas por soldados norte-americanos a prisioneiros iraquianos em Abu Ghraib. As denúncias veiculadas pela imprensa em 2004 mostravam diversas formas de abuso por parte dos militares que estavam na operação americana no Iraque. No Brasil, ainda são frequentes as denúncias de tortura em ações policiais para se obter confissões de crimes, em um resquício das facetas mais cruéis da ditadura militar ocorrida no país (1964-1985).

# Assembleia Nacional Constituinte e Monarquia Constitucional (agosto de 1789-agosto de 1792)

Em 1791, foi promulgada a primeira Constituição da França que instaurava os novos princípios jurídicos e políticos. Mesmo com uma pressão popular crescente em virtude das condições econômicas que continuavam difíceis, a ordem política liberal foi assegurada.

Além da extinção de privilégios e da Declaração dos direitos do homem e do cidadão, a Assembleia estabeleceu:

- **reforma administrativa e judiciária** – foram estabelecidas a unificação administrativa e a descentralização dos poderes. O território foi reorganizado com a substituição das antigas unidades provinciais por departamentos que passaram a ter estruturas administrativas e jurídicas comuns. Ou seja, a padronização legislativa suspendeu a antiga ordem pulverizada. Os agentes públicos não seriam mais nomeados pelo poder central, mas eleitos pela população local, assim como os membros dos júris. A justiça também passaria a ser gratuita e a tortura foi abolida;
- **subordinação da Igreja ao Estado** – um dos atos mais importantes da Assembleia Nacional Constituinte foi o confisco dos bens do clero e a transformação dos clérigos em funcionários do Estado, com a Constituição Civil do clero, devendo os religiosos jurar fidelidade ao Estado e ser eleitos pelo povo, e não nomeados pelo papa. Os bens da Igreja, sobretudo terras, foram dados como garantia para os bônus, tendo estes sido emitidos com o objetivo de arrecadar fundos e superar a crise financeira, os famosos *assignats*. A Igreja francesa reagiu e protestou, mas a Assembleia passou a prender qualquer membro da Igreja que se manifestasse politicamente;
- **nova estrutura política** – com o estabelecimento da Monarquia Constitucional, o rei tinha seus poderes limitados pela Constituição. O poder legislativo passou a ser exercido pela Assembleia Legislativa, a ser eleita por voto censitário, ou seja, apenas os proprietários poderiam votar, o que correspondia a cerca de 30% da população. Todas as mulheres estavam excluídas do processo eleitoral;
- **princípios liberais** – defesa da liberdade de opinião e religiosa; igualdade dos cidadãos perante a lei.

A Assembleia Nacional Constituinte, portanto, acabou com o absolutismo e instituiu a sociedade liberal burguesa, fundando o direito à cidadania na propriedade. O Estado não deveria privilegiar ninguém na conquista dos bens materiais, ao mesmo tempo que todos os proprietários deveriam ter o direito de participação política assegurado. Logo, os conceitos de Liberdade e Igualdade expressos pelos revolucionários que assumiram as rédeas do governo a partir da queda da Bastilha não eram tão amplos quanto as massas francesas talvez imaginassem.

Para os principais autores da Constituição de 1791, todos eram livres e iguais no momento do nascimento e, portanto, tinham as mesmas condições para se tornarem proprietários. Se, uma vez homens feitos, uns tinham adquirido por si bens e outros não, não era possível que os "sem nada" quisessem ditar os rumos da sociedade no mesmo nível dos proprietários. Por isso, o voto censitário era justo para a maior parte da burguesia: votavam os que tinham renda, ou seja, os que tinham direito de interferir nos rumos do Estado.

A leitura de jornal era um instrumento durante as jornadas revolucionárias. Mesmo com os baixos índices de alfabetização as notícias circulavam e eram temas de conversas entre os franceses. *A Campanha Eleitoral*. Litografia de F. D. Hardy. Galeria David Messum, Londres.

# A situação externa e a queda da Monarquia

As conquistas iniciais do período revolucionário e a instauração da Monarquia Constitucional preocuparam as monarquias absolutistas vizinhas à França, que acompanhavam os acontecimentos com grande temor. Crescia com os monarcas absolutistas a ideia de que era preciso esmagar a revolução no seu nascedouro, antes que se expandisse. Já os revolucionários franceses raciocinavam de forma oposta, isto é, pretendiam expandir a revolução; caso contrário, a França ficaria isolada e eles seriam derrotados.

O rei mantinha secretamente contato com os nobres emigrados e com as monarquias absolutistas da Áustria e da Prússia, conspirando contra o governo revolucionário e, de alguma forma, planejando restaurar o absolutismo. Em junho de 1791, Luís XVI tentou fugir, disfarçado, com sua família para a Bélgica, mas acabou reconhecido quando se aproximava da fronteira. Detido, o monarca retorna a Paris e recebe o perdão pela tentativa de fuga, da Assembleia Nacional.

A Assembleia Nacional francesa declarou guerra à Áustria e à Prússia no dia 20 de abril de 1792, depois que essas duas monarquias absolutistas se recusaram a garantir um estado de não beligerância . Luís XVI tinha esperanças de que os exércitos franceses fossem rapidamente derrotados, o que permitiria seu retorno ao poder. Em ação conjunta com Maria Antonieta, o rei passa a fornecer aos inimigos todas as informações estratégicas sobre os exércitos franceses para espiões austríacos e prussianos.

O plano do casal real foi denunciado pelo deputado Maximilien Robespierre, advogado eleito pelo distrito interiorano de Arras. Com outros políticos como Danton e Saint-Just, Robespierre naquele momento já representava um grupo de deputados, conhecidos como **jacobinos** ou **grupo da montanha**, que defendiam mudanças mais radicais e tinham se constituído nos principais porta-vozes dos *sans-cullottes* parisienses. Embora tivessem apoiado a estrutura de Monarquia Constitucional no início, desde a tentativa de fuga do rei passaram a defender a instauração de um regime republicano que permitisse a maior participação política dos setores populares, ou seja, a extensão do direito à cidadania a todos aqueles que não eram proprietários.

**Beligerância:** relativo a guerra.

A prisão de Luís XVI e de seus familiares se deu em 22 de junho de 1791. O rei só seria executado mais tarde, tendo passado seus últimos dias confinado em aposento simples, onde hoje é o Museu Carnavalet. Guache de Le Sueur, Museu Carnavalet, Paris.

Robespierre também passou a denunciar os generais franceses, que, segundo ele, eram saudosos da antiga ordem, na qual tinham privilégios. Para os líderes jacobinos, que cada vez mais exploravam as derrotas francesas nas frentes de batalha, apenas o povo era confiável. Os *sans-culottes* passaram a fazer grandes manifestações nas ruas de Paris, pedindo a prisão dos responsáveis pelas traições e pelas derrotas militares nos *fronts* externos.

O outro grupo político, até então majoritário na Assembleia Nacional, os **girondinos**, foi perdendo apoio. Representantes de setores burgueses mais enriquecidos e defensores da Monarquia Constitucional e do sufrágio censitário, os girondinos tinham, por exemplo, conseguido aprovar o perdão ao rei após a tentativa de fuga graças à aliança que mantinham com um grande número de parlamentares de posição moderada, conhecidos como **membros do partido da planície**. Com o acirramento das pressões populares, os girondinos ficaram isolados, pois muitos daqueles antigos aliados passaram a apoiar os jacobinos.

A situação ficou ainda mais tensa quando um alto militar prussiano ameaçou de morte os membros da Assembleia, se a família real francesa fosse molestada. A ameaça tinha por objetivo amedrontar os revolucionários, mas o resultado foi o oposto: o povo e os *sans-culottes* enraivecidos com a arrogância dos inimigos da França invadiram em 10 de agosto de 1792 o palácio das Tulherias, onde se encontravam o rei e a família real, que foram presos.

Robespierre foi a principal liderança dos jacobinos. Com fama de íntegro e austero, passou a ser chamado de incorruptível por seus colegas de partido.

Defensor entusiasmado do sufrágio universal, chegou até a propor a discussão, entre as lideranças da Convenção Nacional, do voto feminino. Sem apoio, contudo, recuou da posição que não chegou ao plenário. Partidário também de um sistema educacional público, foi durante o período em que esteve à frente do governo francês que, pela primeira vez, uma estrutura de ensino estatal foi organizada. Todavia, não podemos dizer que a capacidade de negociação política fosse uma das virtudes de Robespierre, que acabou isolado mesmo entre os jacobinos, depois de mandar para a guilhotina centenas de antigos aliados.

*A Invasão das Tulherias, em 10 de agosto de 1792.* J. Bertaux. Museu do Palácio, Versalhes.

# A proclamação da República e o governo da Convenção Nacional jacobina (setembro de 1792-julho de 1794)

Sob pressão popular, a Assembleia Nacional proclamou a República em 22 de setembro de 1792; com o novo regime político, a Assembleia passou a ser chamada de Convenção, a ser eleita por sufrágio universal masculino, ou seja, todos os homens poderiam votar independentemente da renda que tivessem. O projeto jacobino, proposto desde junho de 1791, ganhava bastante terreno graças à força das massas populares parisienses. Luís XVI foi levado a julgamento, por trair a nação.

Maria Antonieta teve destino idêntico ao do marido em outubro do mesmo ano. A popularidade dos jacobinos crescia, apoiados pelos *sans-culottes*.

As vitórias dos exércitos franceses eram acompanhadas de uma crescente simpatia por parte da população. Mas os países vizinhos temiam a ação dos revolucionários. Os exércitos franceses anunciavam que sua campanha era pela defesa da Revolução e contra os privilégios e a tirania exercida por príncipes e aristocratas. Em 1793, as tropas francesas já haviam dominado vastos territórios do Império Austríaco e partes da Sardenha e da Renânia.

No plano interno, os trabalhadores urbanos continuavam a reivindicar medidas para garantir sua sobrevivência, pois a escassez de alimentos e os preços elevados continuavam, agravados pelas especulações feitas pelos comerciantes girondinos a partir da situação de conflito externo.

Os *sans-culottes*, nas ruas de Paris, sob o comando de líderes radicais, exigiam reformas mais profundas e um rígido controle do preço dos alimentos. Com a finalidade de controlar os preços e denunciar os abusos por parte de negociantes, os jacobinos formaram o Comitê de Salvação Pública.

Além das agitações provocadas pelos *sans-culottes*, para o temor dos girondinos as tensões se agravaram com a ameaça estrangeira liderada pela Inglaterra. Outro foco de tensões eram as revoltas internas, como a que ocorreu na Vendeia, onde o clero conservador (clero refratário), muito influente, conseguiu jogar os camponeses contra a Revolução.

Temendo os possíveis desdobramentos da crise e vendo o sucesso da Revolução ameaçado, as camadas populares lideradas pelos jacobinos rebelaram-se. Entre maio e junho de 1793, o edifício da Convenção foi cercado pela população enraivecida. Os principais líderes girondinos foram presos e um novo governo de tendência popular foi instaurado.

## A Convenção dominada pelos jacobinos

Os jacobinos tomaram, amplamente, o poder graças ao apoio dos *sans-culottes*. Uma nova Declaração de Direitos foi proclamada, aprofundando os princípios da Declaração de 1789. Além do sufrágio universal, foi assegurado o direito ao trabalho e à instrução, com a defesa da educação pública e gratuita. Entre as reformas realizadas estava a agrária, com a distribuição de pequenas propriedades por toda a França e o fim da escravidão nas colônias francesas. Aos poucos, um grande número de camponeses transformou-se em pequenos proprietários, formando uma classe extremamente poderosa em termos políticos e econômicos. Visando ao combate à inflação e à crise provocada pelos aumentos de preço da alimentação, foi adotada a Lei do Máximo, pela qual se fixava o maior preço a ser cobrado pelas mercadorias comercializadas.

O governo jacobino, no entanto, suspendeu as garantias individuais diante da grande oposição que passou a enfrentar, sobretudo por parte de setores da grande burguesia liderados pelos girondinos. Contrários à centralização administrativa e política jacobina e ao forte controle do Estado sobre a economia, representado pela Lei do Máximo, os girondinos, apoiados por setores do campesinato, passaram a articular meios para a retirada do poder das mãos de Robespierre e seu grupo.

Apoiando-se nas massas parisienses, a Convenção Jacobina passa a governar por meio de uma política que ficou conhecida como o **Terror**. Qualquer pessoa suspeita de oposição poderia ser presa e julgada por tribunais revolucionários. Girondinos e contrarrevolucionários, em geral, eram os alvos do regime liderado por Robespierre, como também os *sans-culottes* mais radicais. A instalação desses tribunais e o fortalecimento do Comitê de

Salvação Pública conseguiram conter os contrarrevolucionários que participavam da revolta camponesa da Vendeia e intimidar os planos de golpe contra os jacobinos, ao menos em curto prazo.

A política do Terror teve múltiplas funções: auxiliou o governo na preservação do objetivo revolucionário; foi uma forma de satisfazer desejos de vingança de setores mais radicais; e, sobretudo, uma demonstração do ideal revolucionário jacobino, que sonhava estabelecer uma nova sociedade e, para tanto, deveria silenciar aqueles que se opunham a esse ideal.

No entanto, as reformas propostas pelo governo dos jacobinos esbarravam em suas próprias contradições. Robespierre mandou prender e executar seus partidários mais radicais, que faziam parte da extrema esquerda, e depois fez o mesmo com os mais moderados, cuja figura mais conhecida foi Danton.

Assim, o principal líder jacobino acabou isolado politicamente: se, por um lado, em um primeiro momento a eliminação de nobres e de alguns líderes burgueses "salvara" a Revolução, por outro lado, a radicalização das execuções públicas aumentou o descontentamento geral entre os mais variados grupos da burguesia com o comando de Robespierre, o qual já não podia contar com o apoio nem dos setores mais radicais das massas parisienses, cujos líderes principais foram executados, nem mesmo com alianças ao centro: tanto com jacobinos moderados quanto com membros do Partido da Planície.

No dia 27 de julho de 1794, ao iniciar-se mais uma reunião da Convenção, a burguesia do Partido da Planície decretou a prisão de Robespierre. O líder tentou ainda buscar o apoio dos *sans-culottes*, mas estes não demonstraram nenhuma disposição para apoiá-lo: a política de controle de preços tinha se esgotado e a falta de gêneros alimentícios era grande, além, claro, de pesar contra o "incorruptível" o peso das condenações de várias lideranças dos *sans-culottes*.

Robespierre e seus mais diretos colaboradores foram executados, acusados de traidores da Revolução, tal como acontecera até ali com a maioria dos guilhotinados.

## Saiba mais

### A guilhotina e a política do Terror

As execuções públicas continuaram a servir para reforçar o poder político instituído. Se no Antigo Regime o poder real era reforçado por meio dos diferentes tipos de suplício impostos aos condenados, afirmando as hierarquias sociais, na República Jacobina o "poder do povo" se impunha cotidianamente, com a morte pública na guilhotina, de maneira igualitária, mas de dezenas de traidores da causa da Revolução, fossem os traidores quem fossem: o antigo rei ou um dos próprios líderes jacobinos que tivesse se "desviado da causa", como Danton.

Até o início da década de 1980, a pena de morte pela guilhotina continuava a ser executada na França.

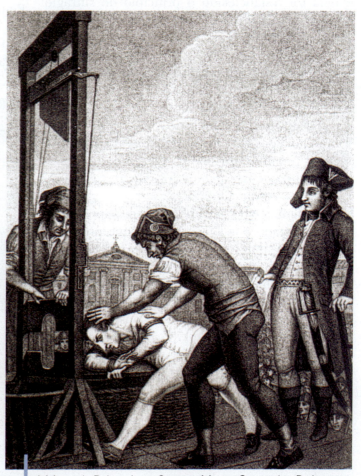

*A Morte de Robespierre*. Gravura. Museu Carnavalet, Paris.

# A Reação Termidoriana e o Diretório (julho de 1794-novembro de 1799)

O golpe contra Robespierre foi desfechado no dia 9 Termidor (equivalente ao mês de julho pelo novo calendário instituído em 1792); por isso marcou o início da que ficou conhecida como Reação Termidoriana. Os membros do novo governo eram quase todos ligados à alta burguesia, banqueiros e grandes financistas em geral – a alta cúpula dos girondinos voltava, portanto, ao poder.

O governo termidoriano tratou de restabelecer pontos que lhe interessavam, como a restauração da escravidão nas colônias e o fim da Lei do Máximo, liberando os preços dos alimentos e de outros produtos. Também adotou medidas para eliminar a presença de jacobinos no exército: oficiais, que nutriam alguma simpatia pelo regime anterior, foram afastados. O Terror não desapareceu, pois muitos setores conservadores revidaram, perseguindo os jacobinos: esse processo recebeu o nome de Terror Branco.

Uma nova Constituição foi adotada em 1795 e nela foi restabelecido o princípio do sufrágio censitário, e uma nova forma de governo foi instituída: o Diretório. No Diretório, o Poder Executivo era exercido por cinco pessoas eleitas pelo Legislativo, os diretores. O Poder Legislativo era exercido por duas câmaras: o Conselho dos Anciãos e o Conselho dos Quinhentos.

O governo do Diretório, entre 1795 e 1799, tomou medidas para ficar distante tanto dos movimentos restauradores monárquicos, que o atacavam externamente, quanto dos remanescentes do movimento revolucionário.

Internamente, o Diretório reprimiu o movimento liderado por Graco Babeuf, que pregava a volta da Constituição jacobina e da igualdade social, e a divisão de terras entre os camponeses, além de reformas inspiradas em Rousseau, com os princípios que, mais tarde, seriam classificados como socialistas. Seu movimento chamou-se a **Conspiração dos Iguais**. No mês de maio de 1796, Babeuf e seus companheiros foram presos e executados na guilhotina.

No plano externo, o governo termidoriano conquistava vitórias graças às campanhas de um jovem general, **Napoleão Bonaparte**, que se destacava cada dia mais no contexto político-militar da França. A Áustria, por exemplo, foi obrigada a reconhecer a superioridade francesa, assinando um tratado de paz com a França.

Quando Napoleão foi enviado para combater os ingleses no Egito, os exércitos franceses que lutavam na Europa começaram a sofrer derrotas. O governo do Diretório perdeu prestígio.

## O golpe do 18 Brumário

Diante das ameaças e dos riscos externos e internos, a população francesa, em geral, e a burguesia, em particular, manifestavam o desejo cada vez maior de que um governo capaz de ser reconhecido como legítimo pelos diversos grupos sociais se estruturasse, garantindo as principais conquistas da Revolução. As condições econômicas e sociais se agravavam com as derrotas do exército francês ante os ingleses e austríacos, que haviam retomado a luta contra a França. Além disso, os membros do Diretório passaram a enfrentar sérias denúncias de corrupção.

Napoleão Bonaparte ainda se encontrava no Egito, quando, na França, várias lideranças políticas importantes passaram a articular apoios para entregar-lhe o poder. Prestigiado no Exército, popular entre as massas parisienses por sua imagem de "justiceiro" e franco combatente à corrupção,

*O Golpe do 18 Brumário.* François Bouchot. Museu do Palácio, Versalhes.

confiável para a maior parte dos setores burgueses por suas ideias relativas à ordem social e à propriedade, o general surgia como comandante ideal para um golpe político que levasse à organização de um governo novo e estável, após anos de turbulências internas e externas.

De 9 para 10 de novembro de 1799 (18 Brumário, pelo calendário revolucionário), Napoleão, que voltara do Egito sem fazer disso grande publicidade, em acordo com dois membros do Diretório e com as lideranças mais representativas do Conselho dos Quinhentos, dissolveu o órgão do governo e instituiu o Consulado. Com Napoleão no poder encerrou-se o período revolucionário e iniciou-se outra etapa muito importante da história francesa: o período napoleônico.

## Cinemateca

**Ligações Perigosas** (1988, EUA, dir.: Stephen Frears) Retrato crítico da vida fútil e distante da realidade da corte francesa, um pouco antes da Revolução Francesa.

**A Noite de Varennes** (1981, Itália/França, dir.: Ettore Scola) Durante a Revolução Francesa, os passageiros de uma diligência – entre eles o já velho Giacomo Casanova – discutem os destinos da França e da família real, que tenta fugir do país.

**Danton – O Processo da Revolução** (1982, França, dir.: Andrzej Wajda) O Terror durante a Revolução Francesa, quando os jacobinos, liderados por Robespierre, radicalizam sua ação e tentam acabar com os contrarrevolucionários.

**Maria Antonieta** (2006, EUA/França, dir.: Sofia Coppola) Por meio da vida de Maria Antonieta, a princesa austríaca feita rainha dos franceses após se casar com Luís XVI, é possível perceber os costumes, as tradições e frivolidades que faziam a corte francesa tão singular.

**La Marseillaise** (1938, França, dir.: Jean Renoir) Uma das primeiras versões cinematográficas a respeito da revolução que sacudiu a Europa do fim do século XVIII e balançou as estruturas do Antigo Regime.

## Revisitando a História

**1.** Por que, segundo Hobsbawm, a Revolução Francesa é extremamente importante?

**2.** Qual a importância do panfleto "O que é o Terceiro Estado" do Abade Sieyès? Qual a ideia central que ele expressava?

**3.** Como eram compostos os grupos da sociedade francesa no período antes da Revolução? Havia diferenças internas entre os grupos?

**4.** Uma das questões que aparecem no quadro da Revolução Francesa é o problema do voto censitário, defendido por certos grupos e atacado por outros.
a) Explique por que o voto censitário parecia justo para os setores da burguesia francesa que redigiram a Constituição de 1791.
b) Levante alguns argumentos para que hoje em dia não exista mais o voto censitário.

**5.** Leia o texto "O julgamento do Rei" (**Objetos Digitais – Documentos da História**) e responda:
a) Qual o argumento central da defesa de Luís XVI?
b) Por que para o rei sua condenação era ilegal?
c) Qual a ambiguidade que a defesa de Luís XVI procurou explorar diante do tribunal?

**6.** Observe a gravura abaixo, do século XVIII, *Um Tribunal Revolucionário*, exposta em Paris na Biblioteca Nacional. Responda:
a) A que período da Revolução francesa ela se refere?
b) Faça um pequeno texto sobre essa imagem, usando as informações que você aprendeu neste capítulo.

**7.** Quais os principais aspectos da Declaração Universal dos Direitos do Homem e do Cidadão?

# Analise esta imagem

Durante a Revolução, Marat fundou o jornal *L'Ami du Peuple* (*O Amigo do Povo*), no qual defendia as causas jacobinas. Com Danton e Robespierre, Marat era uma figura de destaque entre as lideranças radicais. Marat foi assassinado por Charlotte Corday, no dia 13 de julho de 1793. A militante girondina, opositora dos jacobinos, passando-se por aliada de Marat, foi até a casa do líder e o matou dentro de uma banheira, na qual ele ficava parte do dia por causa de uma doença inflamatória. Durante o processo, a assassina alegou que Marat pervertia a França com suas ideias e teria dito a seguinte frase: "Matei um homem para assim salvar cem mil".

a) Apresente dois elementos que indiquem a atividade de Marat como divulgador dos ideais radicais da Revolução.

b) Analise como a rivalidade entre jacobinos e girondinos é retratada na pintura.

c) Por que a pintura, realizada quase setenta anos após o assassinato, é uma fonte histórica importante sobre o período?

*O Assassinato de Marat*, de Paul Jacques Aime Badry, 1860. Museu de Belas Artes, Nantes (França).

As representações artísticas sobre os acontecimentos da Revolução Francesa foram pródigas ao apresentar assassinatos, execuções, gestos que demonstravam a agitação do período. Nessa obra, o pintor Paul Jacques Aime Badry compõe sua interpretação visual para o assassinato de Jean Paul Marat (1743-1793).

# Debatendo ideias

Na abertura do capítulo, lemos a afirmação de que a Revolução Francesa foi ecumênica. A frase do historiador Eric Hobsbawm reflete um caráter universal do episódio francês. No entanto, podemos observar que nem todos os franceses estavam de acordo com os rumos do processo revolucionário. Apresente dois argumentos favoráveis e dois contrários à afirmação de Hobsbawm.

# Questões de vestibular

**1.** (UFG – GO)

Essa caricatura é obra de um artista francês anônimo, produzida no século XVIII, tematizando o contexto da Revolução Francesa. Nessa cena, a composição das personagens e de outros símbolos evoca a

a) posição privilegiada do Exército na Era Napoleônica, representada pelo soldado posicionado em cima da pedra.

b) superioridade do Primeiro Estado em relação ao Segundo, expressa pela posição ocupada pelas personagens na gravura.

c) promessa da Primeira República em punir a desigualdade entre os Estados, simbolizada pela vestimenta das personagens.

d) permanência, após a Revolução, dos privilégios do clero e da nobreza, retratados nos dois sujeitos que se encontram sobre a pedra.

e) pressão sobre o Terceiro Estado para o pagamento de mais impostos, traduzida pelo homem que se encontra esmagado pela pedra.

**2.** (UNICAMP – SP) As primeiras vítimas da Revolução Francesa foram os coelhos. Pelotões armados de paus e foices saíam à cata de coelhos e colocavam armadilhas em desafio às leis de caça. Mas os ataques mais espetaculares foram contra os pombais, castelos em miniatura; dali partiam verdadeiras esquadrilhas contra os grãos dos camponeses, voltando em absoluta segurança para suas fortalezas senhoriais. Os camponeses não estavam dispostos a deixar que sua safra se transformasse em alimento para coelhos e pombos e afirmavam ser a "vontade geral da nação" que a caça fosse destruída. Aos olhos de 1789, matar caça era um ato não só de desespero, mas também de patriotismo, e cumpria uma função simbólica: derrotando privilégios, celebrava-se a liberdade.

*Adaptado de:* SCHAMA, S. *Cidadãos*: uma crônica da Revolução Francesa. São Paulo: Companhia das Letras, 1989. p. 271-272.

a) De acordo com o texto, por que os camponeses defendiam a matança de animais?
b) Cite dois privilégios senhoriais eliminados pela Revolução Francesa.

**3.** (PUC – SP) As metáforas da luz vitoriosa das trevas, da vida renascendo do seio da morte, do mundo reconduzido ao seu começo são imagens que se impõem universalmente por volta de 1789.

*Fonte:* STAROBINSKI, J. *1789*. Os emblemas da razão. São Paulo: Companhia das Letras, 1988. p. 38.

O texto se refere à

a) independência dos Estados Unidos e sua influência no resto do mundo.
b) coroação de Luís XIV, intitulado Rei Sol e exemplo de monarca absoluto.
c) reconquista da Península Ibérica, antes tomada pelos mouros.
d) hegemonia britânica sobre os mares após o Ato de Navegação.
e) difusão dos ideais iluministas associados à Revolução Francesa.

**4.** (UFG – GO) Leia os trechos do conto popular a seguir.

Então, o lobo chegou primeiro à casa. (...) vestiu a roupa da avó e deitou na cama à espera da menina. (...)

O lobo disse:
– Tire a roupa e deite-se na cama comigo.
A menina perguntou:
– Onde ponho o meu avental?
O lobo respondeu:
– Jogue no fogo. Você não vai mais precisar dele.

Para cada peça de roupa – corpete, saia, anágua e meias – a menina fazia a mesma pergunta. E, a cada vez, o lobo respondia:
– Jogue no fogo. Você não vai precisar mais dela. (...)
– Ah, vovó! Que dentes grandes você tem!

– É para comer melhor você, querida.
E ele a devorou.

*Fonte:* DARNTON, R. *O grande Massacre de Gatos e outros Episódios da História Cultural Francesa.* Rio de Janeiro: Graal, 1986. p. 22.

Esses trechos integram uma versão do conto popular "Chapeuzinho Vermelho". Com pequenas alterações, assim os camponeses narravam o final desse conto na França no século XVIII. Distinto da versão que se conhece, ele expressa o universo simbólico camponês na medida em que

a) o erotismo implícito na narrativa manifesta que a infância era ignorada como uma fase distinta da vida.
b) a referência constante à comida remonta a um universo de abundância entre os camponeses.
c) a ausência da "moral da história" expõe uma sociedade marcada pela descrença religiosa.
d) as ações violentas descritas constroem uma imagem negativa da floresta em oposição à da aldeia.
e) as trajetórias das personagens aludem à dissolução dos laços familiares no mundo rural.

(UFLA) Leia o artigo 1º da Declaração dos Direitos do Homem e do Cidadão para responder às questões **5** e **6**. "Os homens nascem e permanecem livres e iguais em direitos; as distinções sociais não podem ser fundadas senão na utilidade comum."

**5.** O documento, cujo artigo 1º encontra-se transcrito acima, foi produzido na época da:

a) Revolução Gloriosa.    c) Revolução Cubana.
b) Revolução Russa.    d) Revolução Francesa.

**6.** O trecho do documento em questão, no contexto em que foi produzido, associa-se:

a) à concepção de que o rei deve, por ser autoridade absoluta, garantir a segurança da sociedade.
b) ao pensamento de que se algum indivíduo não aceitar a doutrina católica deverá ser condenado à Inquisição.
c) à ideia da igualdade dos homens perante a lei e do combate aos privilégios de nascimento e de riqueza.
d) às doutrinas iluministas que postulavam uma submissão do ser humano à vontade do poder soberano do rei.

**7.** (UFVJM – MG) Leia estes Artigos da declaração dos Direitos do Homem e do Cidadão. França, 1785.

Art. 1. Os homens nascem e são livres e iguais em direitos. As distinções sociais só podem fundamentar-se na utilidade comum.
Art. 2. A finalidade de toda associação política é a conservação dos direitos naturais e imprescindíveis do homem. Esses direitos são: a liberdade, a propriedade, a segurança, e a resistência à opressão.
Art. 3. O princípio de toda soberania reside, essencialmente, na nação. Nenhum corpo, nenhum indivíduo pode exercer autoridade que dela não emane expressamente. (...)
Art. 10. Ninguém pode ser molestado por suas opiniões, incluindo opiniões religiosas, desde que sua manifestação não perturbe a ordem pública, estabelecida pela lei. (...)

Art. 15. A sociedade tem o direito de pedir contas a todo agente público pela sua administração. (...)

Art. 17. Como a propriedade é um direito inviolável e sagrado, ninguém dela pode ser privado, a não ser quando a necessidade pública, legalmente comprovada, o exigir e sob condição de justa e prévia indenização.

> Declaração dos direitos do homem e do cidadão – França, 26 ago. 1789. In: Biblioteca virtual de direitos humanos. USP. *Extraído do site:* <www.direitoshumanos.usp.br>.

Sobre a Declaração dos Direitos do Homem e do Cidadão, de 1789, é INCORRETO afirmar que

a) a Declaração inaugura exigência de que as autoridades constituídas têm o dever de apresentar a prestação das contas públicas aos cidadãos.

b) a Declaração assume seu caráter burguês, na medida em que garante a todos os cidadãos o direito à propriedade.

c) a Declaração, apesar de formal e democrática, defendia apenas uma participação parcial das camadas populares na vida política do Estado.

d) a Declaração finaliza o Antigo Regime, encerrando a exploração do Terceiro Estado pelo clero e pela nobreza.

**8.** (UPA) Entre os séculos XVII e XIX, o cenário europeu foi abalado pela chamada "Era das Revoluções", com movimentos como o ocorrido na França em 1789, que instalou uma nova ordem burguesa. Contudo, a fase pré-revolucionária da França, conhecida como "Antigo Regime", apresentava uma série de características, antigas e modernas, entre as quais se destaca:

a) a inovadora magistratura, que passou a deter o exclusivo poder de julgar os delitos de todas as classes, inclusive os do Rei, que era reconhecido pelos seus súditos como um representante divino, com poderes sobrenaturais.

b) o reconhecimento da nobreza como uma das classes sociais mais privilegiadas da França, sendo também a mais rica e mais culta, tanto que dela faziam parte os profissionais liberais e os ricos mercadores, que instituíram o Iluminismo francês.

c) a existência de uma sociedade homogênea, sem classes e dirigida por um Rei assessorado por homens ilustres como Voltaire, Rousseau e Diderot, que abominavam a intolerância religiosa e a existência da escravidão: era o despotismo esclarecido.

d) a existência de uma aristocracia, que era muito rica em terras e rendas e que tinha o privilégio de ensinar os jovens que se dedicavam à arte da cavalaria, especialmente aqueles que pertenciam à nobreza togada, que se tornaria a base da nova burguesia.

e) o fato de a burguesia, embora economicamente poderosa, fazer parte do Terceiro Estado, o que a deixava sem privilégios e direitos, equiparando-a, nesse sentido, aos camponeses, que, na maioria, deviam obrigação aos senhores, o que lembrava a servidão feudal.

**9.** (UFPI) Com relação ao período imediatamente anterior ao movimento revolucionário de 1789 na França, é incorreto afirmar que:

a) o Terceiro Estado se recusava a continuar obedecendo às regras estabelecidas por uma ordem excludente.

b) o movimento tem ligação direta com o déficit público, ou seja, o governo gastava mais do que arrecadava.

c) o período se caracteriza por uma profunda crise agrícola decorrente do crescimento populacional da França entre 1715 e 1789. Segundo as estimativas oficiais, a população teria crescido entre 8 e 9 milhões de pessoas, trazendo consigo carência e carestia dos alimentos.

d) o Parlamento francês possuía papel irrelevante, uma vez que o Poder Legislativo pertencia ao rei, apesar de ser constituído por magistrados, nobres ou enobrecidos, proprietários de seus cargos.

e) o estopim da crise foi aceso em 1787, quando o ministério propôs uma reforma fiscal que, além de impor igualdade dos impostos, submetia todos os proprietários nobres e plebeus ao pagamento de uma "subvenção territorial".

**10.** (UFJF – MG) Em 1804, foi realizado na França um plebiscito, no qual quase 60% dos votantes confirmaram o restabelecimento do regime monárquico e a indicação de Napoleão para ocupar o trono. Por volta de 1812, o Império francês atingiu sua máxima extensão, dominando quase toda a Europa ocidental e boa parte da oriental.

A partir do texto e baseado em seus conhecimentos, responda:

a) Qual o impacto da política napoleônica sobre as cortes de Portugal e da Espanha?

b) Compare uma transformação ocorrida na América Portuguesa com a América Espanhola em função da política expansionista napoleônica.

**11.** (UFU – MG) No curso da Revolução Francesa, a Assembleia Nacional se autoproclamou Assembleia Constituinte, com o propósito de alterar a ordem política do país. Iniciou, então, o desmonte da velha estrutura de privilégios do Antigo Regime e votou a declaração de princípios, conhecida como Declaração dos Direitos do Homem e do Cidadão. Sobre essa declaração de princípios, o contexto em que foi redigida e sua influência posterior, marque, para as afirmativas abaixo, (V) Verdadeira, (F) Falsa ou (SO) Sem Opção.

1 ( ) A Declaração dos Direitos do Homem e do Cidadão afirmava que todos os homens nascem iguais e continuam iguais perante a lei e que todos os cidadãos têm direitos a tratamento igual nos tribunais; também afirmava que nenhum homem sofreria punição ou seria preso, senão em virtude de processo judiciário. Esses princípios, adotados posteriormente pelos regimes democráticos, pretendiam acabar com a arbitrariedade que atingia a maioria da população e com os privilégios de poucos.

2 ( ) Com a Declaração dos Direitos do Homem e do Cidadão, a França criou os conceitos de cidadania e cidadão e inaugurou o sistema de governo baseado na democracia popular, em que todos os homens e mulheres exerciam plenamente seus direitos políticos.

3 ( ) Ao abolir a velha estrutura de direitos adquiridos, como as obrigações feudais dos camponeses, a servidão, a isenção de impostos e os monopólios e privilégios feudais, a Assembleia Constituinte anulou, legalmente, as distinções de classe e de nível social que hierarquizavam as relações sociais.

4 ( ) Os constituintes franceses que redigiram os princípios da Declaração dos Direitos do Homem e do Cidadão tinham como preocupação fundamental garantir os direitos políticos, civis e econômicos do homem comum, transformando-o em cidadão com direitos a uma parte equitativa da riqueza por ele produzida e à proteção integral do Estado.

**12.** (UPE) A Revolução Francesa marcou a ascensão da burguesia ao poder, acabando com o absolutismo francês. Sobre a França revolucionária, assinale a alternativa CORRETA.

a) A burguesia atuava também no campo, em especial no sul da França, onde dominava o comércio de tecido.

b) Os grupos políticos urbanos se restringiam ao apoio da nobreza reformada, a qual, assim como o clero, clamava por reformas econômicas.

c) A burguesia parisiense contestava o alto índice de impostos que era obrigada a pagar.

d) O drástico corte de gastos da Corte de Luís XVI diminuiu a crise econômica da França no fim do século XVIII.

e) Os camponeses ficaram alheios ao processo revolucionário, colhendo depois os frutos das conquistas burguesas.

**13.** (ENEM) Em nosso país queremos substituir o egoísmo pela moral, a honra pela probidade, os usos pelos princípios, as conveniências pelos deveres, a tirania da moda pelo império da razão, o desprezo à desgraça pelo desprezo ao vício, a insolência pelo orgulho, a vaidade pela grandeza de alma, o amor ao dinheiro pelo amor à glória, a boa companhia pelas boas pessoas, a intriga pelo mérito, o espirituoso pelo gênio, o brilho pela verdade, o tédio da volúpia pelo encanto da felicidade, a mesquinharia dos grandes pela grandeza do homem.

*Adaptado de:* HUNT, L. Revolução Francesa e Vida Privada. In: PERROT, M. (Org.). *História da Vida Privada:* da Revolução Francesa à Primeira Guerra. v. 4. São Paulo. Companhia das Letras, 1991.

O discurso de Robespierre, de 5 de fevereiro de 1794, do qual o trecho transcrito é parte, relaciona-se a qual dos grupos político-sociais envolvidos na Revolução Francesa?

a) À alta burguesia, que desejava participar do poder legislativo francês como força política dominante.

b) Ao clero francês, que desejava justiça social e era ligado à alta burguesia.

c) A militares oriundos da pequena e média burguesia, que derrotaram as potências rivais e queriam reorganizar a França internamente.

d) À nobreza esclarecida, que, em função do seu contato com os intelectuais iluministas, desejava extinguir o absolutismo francês.

e) Aos representantes da pequena e média burguesia e das camadas populares, que desejavam justiça social e direitos políticos.

**14.** (ENEM) O que se entende por Corte do antigo regime é, em primeiro lugar, a casa de habitação dos reis de França, de suas famílias, de todas as pessoas que, de perto ou de longe, dela fazem parte. As despesas da Corte, da imensa casa dos reis, são consignadas no registro das despesas do reino da França sob a rubrica significativa de Casas Reais.

*Fonte:* ELIAS, N. *A Sociedade de Corte.* Lisboa: Estampa, 1987.

Algumas casas de habitação dos reis tiveram grande efetividade política e terminaram por se transformar em patrimônio artístico e cultural, cujo exemplo é

a) o palácio de Versalhes.  d) a Casa Branca.
b) o Museu Britânico.  e) a pirâmide do faraó Quéops.
c) a catedral de Colônia.

# Programa de Avaliação Seriada

**1.** (PISM – UFJF – MG) Como a Revolução Francesa não teve apenas por objetivo mudar um governo antigo, mas abolir a forma antiga da sociedade, ela teve de ver-se (...) a um só tempo com todos os poderes estabelecidos, arruinar todas as influências reconhecidas, apagar as tradições, renovar costumes e os usos e, de alguma maneira, esvaziar o espírito humano de todas as ideias sobre as quais se tinham fundado até então o respeito e a obediência.

São corretas as afirmativas sobre a Revolução Francesa, **EXCETO**:

a) As ideias iluministas embasaram as propostas revolucionárias na organização de uma nova sociedade francesa.

b) O processo revolucionário francês (1789-1799) foi complexo e contraditório, pois, entre seus participantes, encontravam-se sujeitos históricos com interesses conflitantes.

c) No início do processo revolucionário, a Assembleia Constituinte aprovou a Declaração dos Direitos do Homem e do Cidadão, que até nossos dias inspira as lutas por direitos de cidadania.

d) Após assumirem o poder em 1789, o grupo conhecido como girondino, que agregava membros da alta burguesia, governou em favor da maioria da população.

e) Os jacobinos, representantes da pequena e média burguesia e do proletariado de Paris, ao assumirem o poder, implantaram o período conhecido como "ditadura jacobina" ou "Terror".

# capítulo 24

# O Período Napoleônico

A ascensão de Napoleão e a propagação de alguns legados do processo revolucionário na França não deixaram de ser contestadas por outras monarquias europeias. Reunidos em Viena e argumentando em defesa dos princípios político-religiosos do Antigo Regime, os monarcas evidenciavam os conflitos políticos que se viviam na Europa do início do século XIX e como esses acontecimentos tiveram desdobramentos em escala internacional.

Napoleão Bonaparte (1769-1821), o destacado militar durante as guerras da Revolução Francesa, teve uma carreira política rápida e grande significação no contexto europeu. Enquanto a Revolução difundiu princípios políticos, Napoleão foi responsável pela ampliação do domínio francês sobre o continente europeu, redefinindo as fronteiras europeias em diversas lutas.

## O Consulado (1799-1804)

Ao derrubar o Diretório, Napoleão nomeou-se cônsul e exerceria o cargo de primeiro-cônsul por 10 anos, de acordo com a lei estabelecida. No entanto, ele monopolizou o poder e, em 1802, tornou-se cônsul vitalício.

A conquista de prestígio e de poder por parte de Napoleão, além de suas capacidades político-militares, deve-se ao contexto da França após 10 anos de embates revolucionários. Napoleão soube diagnosticar a situação e formular sua ação com base em três aspectos principais: o discurso pela paz e pela grandeza da França; a possibilidade de um regime político forte e estável; e, para obter essa estabilidade, a presença de uma liderança incontestável, que concentraria a autoridade para garantir o apaziguamento interno e externo da França.

No campo externo as ameaças persistiam. Formou-se a Segunda Coligação contra a França: as monarquias da Áustria, Inglaterra e Rússia persistiam na luta contra o país revolucionário, que já havia enfrentado a Primeira Coligação durante o período da Convenção, logo após a execução de Luís XVI. Após vitórias e manobras diplomáticas, Napoleão conseguiu a Paz de Amiens, em 1802. A paz desejada pelos franceses durou pouco, pois a guerra continuou com novas coalizões de países europeus formadas contra a França no período compreendido entre 1804 e 1815.

Para incentivar a economia, o cônsul criou o Banco da França, organismo de controle financeiro. Foi estabelecida a Sociedade Nacional de Fomento à Indústria, com o objetivo de desenvolver a produção da França.

Politicamente, Napoleão fez gestos de conciliação com antigos oponentes da Revolução: permitiu a volta dos nobres que haviam emigrado e aproximou-se da Igreja Católica, que estava em atrito com o Estado francês desde a Constituição Civil do Clero. Em 1801, Napoleão assinou com o papa uma Concordata, restabelecendo a paz religiosa e reconhecendo que o "catolicismo era a religião da maioria dos franceses", diferente da visão de uma religião oficial, o que transformava o catolicismo em um "órgão estatal", pois os padres passaram a receber salário do governo francês, como compensação pelos bens confiscados depois de 1789. Esse era um ponto vital, pois parte das terras distribuídas no período jacobino pertencia à Igreja.

Durante o Consulado, a França conheceu um novo sistema de leis: o Código Civil, mais conhecido como Código Napoleônico, promulgado em 1804. Vários dos princípios iluministas e da burguesia, que marcaram o espírito de 1789, estavam expressos nesse Código. Os principais pontos eram: a igualdade dos indivíduos perante a lei, a proteção do direito à propriedade privada, liberdade de consciência e a afirmação do caráter secular do Estado. No entanto, o mesmo Código tinha aspectos menos liberais, como a proibição das greves, a tutela do marido sobre a mulher e os filhos e o restabelecimento da escravidão nas colônias francesas.

No período napoleônico houve a criação dos liceus, das Escolas Superiores, como a de Direito e a Politécnica, e a ênfase na educação secular, tornando a educação uma responsabilidade do Estado. Com isso, formavam-se os jovens para as funções públicas e militares, sob as doutrinas liberais e revolucionárias. Sendo assim, em 1806 adotou-se o "Catecismo Imperial", em que constava que honrar e servir o imperador era o mesmo que honrar e servir a Deus; portanto, os jovens deviam manifestar a Napoleão "amor, respeito, obediência, fidelidade".

Deveriam, ainda, prestar serviço militar e pagar tributos exigidos para a conservação e a defesa do Império e de seu trono.

A volta da guerra em 1802 e os constantes complôs dos nobres "emigrados" estimularam Napoleão a aumentar seu poder. Em 1804, o cônsul tornou-se imperador dos franceses, o que foi ratificado por um plebiscito. O papa Pio VII foi obrigado a ir a Paris coroar Napoleão. No entanto, Pio VII apenas assistiu à cena, pois Napoleão retirou a coroa imperial das mãos do papa e colocou-a sobre sua própria cabeça. A seguir, coroou sua esposa Josefina. Com esse gesto, Napoleão quis manifestar claramente que seu poder não era concedido pela Igreja, mas por ele próprio. Era uma ruptura com a tradição medieval do poder que emanava da Igreja.

## *Vivendo seu tempo*

### A construção simbólica do poder por Napoleão

*Reformas urbanas, construção de arcos para celebrar vitórias são maneiras de celebrar o poder e perpetuar-se no imaginário da população. Na análise, a historiadora Raquel Stoiani observa os alcances dessas linguagens políticas e como elas foram utilizadas.*

"Dentro do processo de construção simbólica do poder, a cidade tem seu significado expandido ao ser pensada como discurso político que se faz visível através de suas ruas e edifícios. Assim, em última instância, a água que jorra da fonte discursa sobre quem mandou construí-la; a estátua da praça parece cantar, como um bardo, os acontecimentos que ali se sucederam; o cume da alta construção aponta para o céu denunciando a tamanha pretensão daquele que a decidiu erigir; os rios e seus canais, assim como as ruas e suas calçadas, com seus nomes, ainda deixam ecoar os passos e as vozes dos fantasmas – gente de outrora – a guerrear, festejar, passear... Passamos a enxergar como o poder marcou-a com seus signos, interferindo em sua ordenação e na utilização de seus espaços. (...)

Como tantos outros homens públicos que marcaram época, Napoleão não escapou aos anseios e à necessidade de se eternizar. Promovendo, desde o Consulado, várias modificações na textura urbana parisiense e de outras cidades sob domínio francês, inscreveu em pedra seu poder e suas realizações, em um discurso visual silencioso, mas nem por isso menos ambicioso. A exemplo do símbolo-mor de seu poder – a águia –, ele construiu sobre os escombros da Bastilha e de Versalhes seu "ninho", buscando criar sua própria cenografia política. (...)

O uso de referências clássicas, atualizado e reforçado pelo Neoclassicismo de David (veja mais na legenda da Análise de imagem) desde a época da Convenção, também marcaria o embelezamento das cidades sob Napoleão e, propositadamente, estabeleceria uma imaginária linha de continuidade com o passado. A utilização destes modelos estéticos clássicos, tanto pela Revolução quanto pelo Império (David e muitos outros artistas são seus portadores de uma época à outra), ao mesmo tempo em que revela a importância do uso da Antiguidade na busca de legitimidade do poder, também trazia aos contemporâneos, através daquela ponte imaginária que parecia atravessar diretamente os séculos sem interrupções, os exemplos de civismo, de lealdade e de sacrifícios a serem seguidos."

Fonte: STOIANI, R. *Da Espada à Águia*: construção simbólica do poder e legitimação política de Napoleão Bonaparte. São Paulo Paulo: Humanitas, 2005. p. 224; 230; 233.

# O Império (1804-1814)

Ao tornar-se imperador, Napoleão consolidou um processo de centralização política, com redução da autonomia dos departamentos franceses. Esse processo permitiu que ele enfrentasse a Terceira Coligação contra a França, que envolvia a Rússia, Inglaterra, Áustria e Suécia. Em terra, o Imperador conseguiu grandes vitórias, como a de Austerlitz, contra a Áustria. No mar, no entanto, sofreu com a superioridade inglesa, visível na Batalha de Trafalgar. As vitórias terrestres possibilitaram à França reorganizar o mapa europeu, formando a Confederação do Reno na área da Alemanha que era controlada pela Áustria, e colocando parentes seus nos tronos da Holanda e de Nápoles.

*Napoleão I, Imperador da França*. Detalhe de pintura de Dominique Ingres, 1804. Museu da Armada, Paris.

O aumento do poderio francês irritou os prussianos, que organizaram com a Inglaterra e a Rússia a Quarta Coligação. Houve novas vitórias da estratégia napoleônica: Iena, Friedland e Tilsitt. Os prussianos e os russos tiveram de aceitar tratados de paz. Permanecia a Inglaterra como o grande desafio ao poder napoleônico.

Para vencer os ingleses, Napoleão decretou em Berlim, em 1806, o **Bloqueio Continental**, proibindo o comércio da Europa com a Inglaterra. Aprofundou o bloqueio no ano seguinte em Milão, decretando que todo navio que comerciasse com a Inglaterra seria considerado inglês e inimigo. A estratégia do Bloqueio era asfixiar a economia inglesa, mas, ao mesmo tempo, a França não tinha condições de oferecer à Europa os produtos que a Inglaterra fornecia: a industrialização era menos vigorosa nas terras de Napoleão. A Inglaterra, por sua vez, buscou novos mercados nas Américas.

Devido a suas relações comerciais de longa data com a Inglaterra, a Coroa portuguesa prolongou o quanto pôde a aceitação e adesão ao Bloqueio Continental. Como forma de pressão, Napoleão decidiu invadir Portugal em 1808, por meio de um

acordo com a Coroa espanhola, que abria suas portas para a entrada das tropas francesas. A presença das tropas napoleônicas na península ibérica provocou, então, a fuga da família real portuguesa, com auxílio da Inglaterra, para sua colônia americana – o Brasil – e a tomada do trono espanhol, com a deposição de Fernando VII e a coroação de José Bonaparte como novo monarca da Espanha. Tais acontecimentos geraram profundas transformações nas relações entre as metrópoles ibéricas e suas colônias na América, como se viu na primeira metade do século XIX.

Na península ibérica as tropas napoleônicas enfrentaram grande resistência. A população, auxiliada pela Igreja, se opunha ao novo governante. A participação popular e um sentimento nacionalista contra um governo invasor fizeram surgir uma batalha que durou até 1813, quando, com o auxílio dos ingleses, José Bonaparte foi destronado. A reação espanhola ficou conhecida como "úlcera espanhola", pois conseguiu enfraquecer o exército francês e impor uma derrota militar e econômica, já que a longa batalha fez com que muitos recursos fossem usados nesse combate, e isso desgastou o Império de Napoleão.

Diante das dificuldades de Napoleão, formou-se uma Quinta Coligação, liderada pelos austríacos. Mas, com sua habilidade estratégica, Napoleão venceu a coalizão, e o francês exigiu o casamento com Maria Luísa, filha do imperador austríaco.

Outro foco de desgaste foi a Rússia. A grande produtora de trigo não tinha para quem vender seus produtos e desrespeitava o Bloqueio à Inglaterra. Napoleão organizou o "Grande Exército", com cerca de 600 mil homens, e invadiu a Rússia em 1812. Napoleão chegou até Moscou, que foi incendiada pelos habitantes, com pesadas perdas. Os russos destruíam tudo, em uma política de "terra arrasada", dificultando o abastecimento das tropas francesas. Napoleão começou uma retirada em meio ao frio intenso e a epidemias de tifo no exército. Os números são contraditórios, mas estima-se em 90% o total de perdas do "Grande Exército".

Com esse enfraquecimento, formou-se a Sexta Coligação. A Áustria, a Inglaterra, a Rússia e a Prússia venceram o que restava das tropas napoleônicas. Em março de 1815, Paris caiu diante dos invasores. Napoleão aceitou um acordo, abdicando do trono imperial e recebendo como posse a ilha de Elba, no Mediterrâneo. Luís XVIII, irmão de Luís XVI, foi colocado no trono, num breve instante de restauração da dinastia Bourbon.

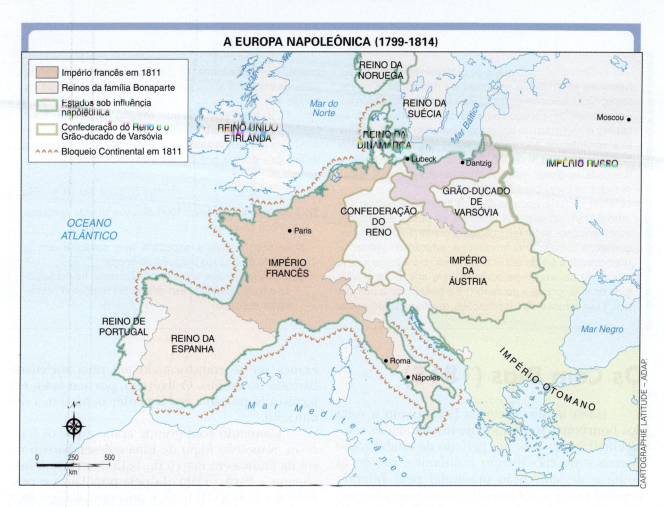

## A EUROPA NAPOLEÔNICA (1799-1814)

Legenda:
- Império francês em 1811
- Reinos da família Bonaparte
- Estados sob influência napoleônica
- Confederação do Reno e o Grão-ducado de Varsóvia
- Bloqueio Continental em 1811

OCEANO ATLÂNTICO

REINO UNIDO E IRLANDA

Mar do Norte

REINO DA NORUEGA

REINO DA SUÉCIA

Mar Báltico

REINO DA DINAMARCA

Moscou

Lübeck

Dantzig

IMPÉRIO RUSSO

GRÃO-DUCADO DE VARSÓVIA

CONFEDERAÇÃO DO RENO

IMPÉRIO FRANCÊS

Paris

IMPÉRIO DA ÁUSTRIA

Mar Negro

REINO DE PORTUGAL

REINO DA ESPANHA

Roma

Nápoles

IMPÉRIO OTOMANO

Mar Mediterrâneo

N

0   250   500
km

CARTOGRAPHIE LATITUDE – ADAP.

*Disseram a respeito*

## O legado napoleônico para a Europa

Os quatro irmãos de Napoleão em torno dele. *O Jogo dos quatro Cantos ou os cinco Irmãos.* Caricatura de Gauthier, Museu Carnavalet, Paris.

Com diferentes graus de determinação e sucesso, Napoleão estendeu as reformas da Revolução a outras terras. Seus funcionários instituíram o Código Napoleônico, organizaram um serviço civil efetivo, abriram carreiras ao talento e nivelaram os encargos tributários. Além de abolir a servidão, os pagamentos senhoriais e as cortes da nobreza, eliminaram os tribunais clericais, fomentaram a liberdade religiosa, autorizaram o casamento civil, exigiram que se concedessem direitos civis aos judeus e combateram a interferência do clero na autoridade secular. (...) Introduziram um sistema uniforme de pesos e medidas, acabaram com as tarifas internas e construíram estradas, pontes e canais. Incentivaram a educação secular e melhoraram a saúde pública. Napoleão dera início a uma revolução de amplitude europeia, que atacou os privilégios da aristocracia e do clero (...) e beneficiou a burguesia. Essa difusão das instituições revolucionárias enfraqueceu irremediavelmente o Antigo Regime em grande parte da Europa e acelerou a modernização da Europa no século XIX.

(...) Mas seu domínio revelou um outro lado. Napoleão, o tirano da Europa, converteu as terras conquistadas em reinos satélites e explorou-os em benefício da França – política que lhe valeu a inimizade de inúmeros europeus.

Fonte: PERRY, M. *Op. cit.* p. 344.

1) O domínio napoleônico teve alcance na vida cotidiana e política da Europa.

a) Apresente alguns aspectos que consolidavam o ideário do mundo burguês da época.
b) Explique por que a figura de Napoleão foi contestada e mesmo odiada em diferentes regiões do continente europeu.

# Os Cem Dias (1815)

Havia muito receio na França com a volta dos Bourbons. Ao período de instabilidades revolucionárias seguiu-se um período de estabilização interna e de crescimento econômico, devido às políticas de subvenção praticadas pelo Império napoleônico e à abertura de novos mercados nas áreas dominadas pelos franceses. Essa situação econômica produziu até a elevação de salários, embora tenha havido forte repressão aos trabalhadores. Por isso, com o retorno da Monarquia, os receios eram múltiplos: os camponeses temiam perder as terras recebidas durante a Revolução e ratificadas por Napoleão; a burguesia temia perder suas conquistas econômicas e políticas, por a França ter se transformado em uma sociedade baseada no mérito. O Exército, por seu lado, era ligado a Napoleão e temia perder *status* com a restauração.

Contando com grande apoio entre os franceses, Napoleão fugiu de Elba e desembarcou no sul da França em março de 1815. No mesmo mês chegou a Paris, aclamado pela população e pelo exército. Luís XVIII fugiu e uma nova Coligação, a Sétima, reunindo os países monarquistas, formou-se contra Napoleão. Em 18 de junho de 1815, Napoleão foi derrotado na Bélgica, na batalha de Waterloo. Abdicou novamente e foi exilado para a ilha de Santa Helena, no meio do Atlântico, onde faleceu em 1821. O período em que ele governou novamente a França é conhecido como o governo de "cem dias".

## Cinemateca

**Napoleão** (2000, França, dir.: Yves Simoneau) A vida e os feitos de Napoleão Bonaparte, imperador da França.

## Revisitando a História

1. A política expansionista francesa foi aprofundada no governo de Napoleão. Aponte os principais legados e contradições do período napoleônico.

2. Por que o Bloqueio Continental previsto por Napoleão contra a Inglaterra fracassou?

3. Relacione a política expansionista napoleônica com o fortalecimento do nacionalismo no território europeu.

# Analise esta imagem

Jacques Louis David (1748-1825), artista francês, teve um papel relevante no movimento iluminista, engajando-se diretamente no projeto da Enciclopédia, liderado por Diderot e D'Alembert. O pintor foi um opositor às estruturas sociais e políticas do Antigo Regime e também contrariou todas as normas estéticas do rococó – predominantes quando ele iniciou sua carreira como pintor.

David é considerado o maior expoente do neoclassicismo – entendendo este movimento como representante de uma arte cívica, da celebração do público e priorização do desenho rigoroso e claro. As pinturas de David conquistaram grande número de admiradores na França napoleônica e tornaram-se referência quanto à moda e ao comportamento no período pós-revolução.

Em 1804, Napoleão encomendou a David quatro grandes telas para comemorar e promover a fundação do Império. Uma delas é o quadro que estamos analisando. Napoleão teria ficado contentíssimo com o resultado da pintura – era a memória que ele queria legar sobre a cerimônia que o tornou oficialmente o "Imperador dos Franceses".

A *Sagração de Napoleão I e a Coroação da Imperatriz Josefina pelo próprio Napoleão*. Detalhe da pintura de Jacques Louis David, 1806-1807. Óleo sobre tela, 610 × 930 cm. Museu do Louvre, Paris.

1. Destaque três aspectos considerados centrais na obra e justifique por que os escolheu.

2. Analise por que na cerimônia, ocorrida no interior da catedral de Notre Dame em Paris, o principal gesto de coroação não é realizado pelo papa. O que isso significa?

3. Por que podemos dizer que a pintura de David é uma pintura histórica de características oficiais?

4. Identifique um aspecto da corte napoleônica que difere de outras representações de monarcas do chamado Antigo Regime.

# Debatendo ideias

Uma preocupação constante de Napoleão Bonaparte foi a construção de sua imagem pública. Enquanto esteve no poder (1799-1815), ele estruturou uma complexa máquina de propaganda. Do homem da paz ao deus da guerra, do herói revolucionário à vítima dos contrarrevolucionários, comparando-se a Carlos Magno ou a Aníbal, modificava sua figura pública de acordo com as necessidades do momento. Seus opositores, por sua vez, buscaram desfigurá-lo com o mesmo empenho.

O famoso escritor romântico François René Auguste de Chateaubriand (1768-1848) foi um dos principais críticos da tirania imperial. A obra *De Buonaparte et des Bourbons* (1814), publicada logo após a primeira abdicação do imperador (1814), traz o retrato mais repulsivo de Napoleão: o destruidor, o estrangeiro de origem corsa indiferente à França, o devorador de gerações de jovens, o supressor de toda livre opinião, enfim, o tirano. Madame de Staël (1766-1817), escritora e dona de um famoso salão literário em Paris, também foi juíza severa do regime napoleônico. Nas *Considérations sur la Révolution Française* (1818), sua principal acusação a Bonaparte é a de assassino do idealismo republicano. Napoleão inicia um governo que se torna cada vez autocrático e abandona o ideal republicano em prol de uma monarquia, o império. É retratado como um egoísta manipulador dos homens, sem fé ou pátria, que não teria outro propósito além de sua própria grandeza."

*Fonte:* STOIANI, R. Retrato inacabado. In: *Revista de História da Biblioteca Nacional.* n. 55. Abril de 2010. *Disponível em*: <http://www.revistadehistoria.com.br>. *Acesso em*: 8 jul. 2012.

**1.** Com base no fragmento acima e nos seus conhecimentos adquiridos no capítulo, por que a imagem de Napoleão permite uma leitura tão polarizada?

# Questões de vestibular

**1.** (UFRGS – RS) Por volta de 1811, o Império Napoleônico atingiu o seu apogeu. Direta ou indiretamente, Napoleão dominou mais da metade do continente europeu. Tal conjuntura, no entanto, reforçou os sentimentos nacionalistas da população dessas regiões. A ideia de nação, inspirada nas próprias concepções francesas, passou a ser uma arma desses nacionalistas contra Napoleão.

Assinale a afirmação correta, relativa à conjuntura acima delineada.

a) Após o bloqueio continental, em todos os Estados submetidos à dominação napoleônica, os operários e os camponeses, beneficiados pela prosperidade econômica, atuaram na defesa de Napoleão contra o nacionalismo das elites locais.

b) A Inglaterra, procurando manter-se longe dos problemas do continente, isolou-se e não interveio nos conflitos desencadeados pelos anseios de Napoleão de construir um Império.

c) A Espanha, vinculada à França pela dinastia dos Bourbon desde o século XVIII, não reagiu à dominação francesa. Em nome do respeito às suas tradições e ao seu nacionalismo, a Espanha aceitou a soberania estrangeira imposta por Napoleão.

d) Em 1812, Napoleão estabeleceu sólida aliança com o Papa, provocando a adesão generalizada dos católicos. Temporariamente, os surtos nacionalistas foram controlados, o que o levou a garantir suas progressivas vitórias na Rússia.

e) Herdeira da Filosofia das Luzes, a ideia de nação, tal como difundida na França, fundou-se sobre uma concepção universalista do homem e de seus direitos naturais. Essa concepção, porém, pressupunha o princípio do direito dos povos de dispor sobre si mesmos.

**2.** (PUC – MG) A ascensão de Napoleão Bonaparte ao poder na França representou:

a) a adoção de uma política de reconciliação, assegurando a paz interna e canalizando o furor revolucionário para as campanhas externas.

b) o estabelecimento de um governo popular, garantindo a efetiva participação das massas na condução das coisas públicas.

c) a busca de um equilíbrio de poder no continente europeu, através da celebração de uma série de alianças com as principais potências.

d) o fim da política isolacionista até então mantida pelo governo francês, que passa a interferir diretamente nas questões europeias.

e) a reação da sociedade francesa ao avanço das forças capitalistas de produção e a valorização das estruturas produtivas tradicionais.

**3.** (UEG – GO) O filósofo idealista alemão G. W. F. Hegel (1770-1831) afirmava que, quando escreveu a última frase de sua obra-prima *Fenomenologia do Espírito*, viu passar por sua janela um grande líder militar e político que, segundo defendia, encarnava em si a noção hegeliana de que a história é "uma marcha da razão no mundo". O personagem ao qual ele se referia era:

a) Bismarck, o líder do Segundo Reich, que unificou a Alemanha no século XIX, transformando-a numa das potências europeias da época.

b) D. Pedro II, imperador do Brasil, uma nação gigantesca que era considerada o "país do futuro".

c) Napoleão Bonaparte, que, representando os ideais burgueses da Revolução Francesa, pretendia unificar a Europa.

d) Thomas Jefferson, o futuro presidente americano, que visitava a Europa, sendo conhecido ao mesmo tempo como político e intelectual.

# capítulo 25

# O Congresso de Viena e a Santa Aliança

*O mundo europeu do século XIX convivia com heranças do movimento revolucionário francês e da ação napoleônica, e também com a presença dos partidários do Antigo Regime, sobretudo na Europa central e oriental, com monarquias que se uniram para derrotar Napoleão e os ideais reformistas que se propagavam. Ao mesmo tempo que as fronteiras europeias eram redefinidas, mais uma vez, surgiram outros movimentos liberais e teorias políticas que alteraram o modo de ver e pensar da Europa e do mundo ocidental, como o liberalismo, o socialismo e o nacionalismo. Se o século XVIII representou a luta contra o Antigo Regime, o século XIX viveu a agonia da antiga ordem e a luta pelo estabelecimento de um novo modelo político, econômico e social.*

## Uma reação conservadora

Após a derrota de Napoleão, as monarquias vencedoras (Inglaterra, Rússia, Áustria, Prússia e a própria França) reuniram-se em Viena (1814-1815) para estabelecer os acordos de paz e discutir os caminhos da sociedade europeia. Essa reunião, que ficou conhecida como Congresso de Viena, era, portanto, uma reação conservadora à propagação de ideais da Revolução Francesa, que defendiam a limitação dos poderes das monarquias, a instauração de uma ordem constitucional, o estabelecimento do princípio jurídico da igualdade diante da lei, entre outros.

O Congresso de Viena expressou as preocupações das monarquias com o contexto europeu, marcado pelo crescimento de sentimentos nacionalistas que alimentavam movimentos emancipatórios, além dos movimentos liberais já citados, que defendiam noções como liberdade e igualdade política.

Entre as monarquias também havia diferenças: havia monarquias constitucionais (Inglaterra e França) e monarquias absolutistas (Áustria, Prússia

Emancipatórios: de libertação, independência.

O Congresso de Viena expressou as preocupações das monarquias europeias em manter um equilíbrio político e conter movimentos revolucionários.

e Rússia). Países com interesses econômicos e políticos diversos. A Inglaterra, por exemplo, defendia a abertura de mercados e o reconhecimento de novas nações no contexto internacional, como os novos países surgidos na América espanhola, com as lutas pela independência. A Áustria, Prússia e Rússia, por sua vez, desejavam sufocar rebeliões liberais que exigiam representação política e governos constitucionais. Portanto, com interesses distintos, era preciso encontrar um caminho para garantir a convivência desses diferentes regimes políticos e assegurar que não haveria um novo Napoleão que tentasse submeter uma região à outra.

Dois princípios são destacados pelo Congresso de Viena: a **restauração** e a **legitimidade**. Pelo primeiro reconheciam-se as autoridades que exerciam o poder antes da Revolução Francesa, restaurando-as em seus cargos, como ocorreu com a Espanha e a França, que tiveram o trono devolvido a seus antigos reis, e com Portugal, que abriu caminhos para o retorno da família real lusitana, então abrigada no Brasil. O segundo aspecto, da legitimidade, enfatizava os direitos dos príncipes ao poder, e, portanto, pretendia responder juridicamente à noção de legitimidade do poder exercido em nome do povo, como apregoavam os princípios liberais.

Quanto à questão das fronteiras, houve um novo ajuste no mapa europeu. A França teve seu território reduzido, posto que as áreas anexadas durante o período napoleônico foram redistribuídas, mas, mesmo assim, ainda teve aumento territorial, se considerarmos o período anterior à Revolução; a Rússia incorporou a Finlândia e parte da Polônia; a Prússia estendeu seus domínios sobre a Renânia e parte da Saxônia. A Áustria incorporou parte da Lombardia. A Inglaterra optou por bases navais estratégicas, como a ilha de Malta e as ilhas jônicas no Mediterrâneo, a província do Cabo, na atual África do Sul, e o Ceilão, no oceano Índico.

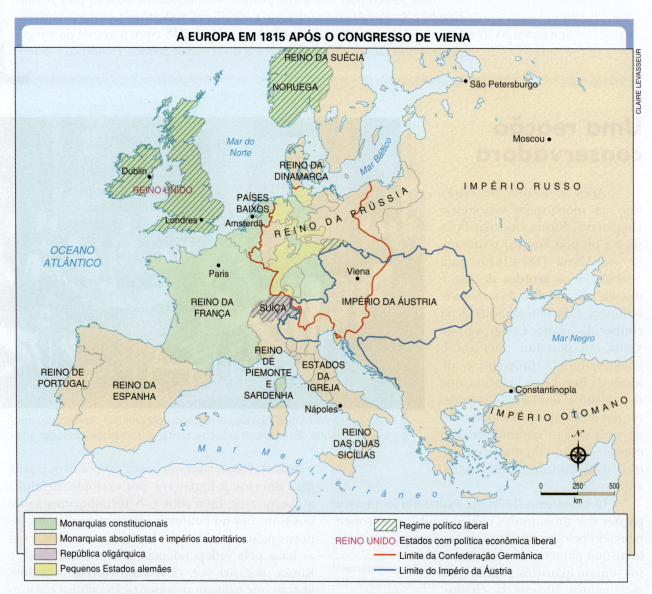

**A EUROPA EM 1815 APÓS O CONGRESSO DE VIENA**

CLAIRE LEVASSEUR

Legenda:
- Monarquias constitucionais
- Monarquias absolutistas e impérios autoritários
- República oligárquica
- Pequenos Estados alemães
- Regime político liberal
- REINO UNIDO Estados com política econômica liberal
- Limite da Confederação Germânica
- Limite do Império da Áustria

O Congresso de Viena, após disputas internas e longas negociações entre os países, estabeleceu certo equilíbrio de poder entre as potências, chamado de **Concerto** (ou **Equilíbrio**) **Europeu**. Ou seja, não haveria possibilidade de novas guerras que atingissem todo o continente nem o predomínio de um país sobre os demais.

Para assegurar esse equilíbrio entre as monarquias, foi firmado um pacto militar que estabelecia o direito de **intervenção**, caso houvesse desrespeito aos princípios do Congresso de Viena. Essa aliança militar, liderada pelos países mais reacionários (Áustria, Prússia e Rússia), ficou conhecida como **Santa Aliança**. Para evitar a manifestação de uma ordem baseada no princípio da unidade cristã, como queriam Áustria, Prússia e Rússia, a Inglaterra passou a integrar a Aliança, também chamada de **Quádrupla Aliança**, com a possibilidade de ingresso futuro da França.

Os princípios conservadores da Santa Aliança se associavam aos pressupostos do Congresso de Viena que, de acordo com o líder austríaco Klemens von Metternich (1773-1859), protagonista dessa formulação diplomática, deveriam ser assegurados com o respeito à ordem estabelecida e à crítica aos ideais liberais revolucionários, que, segundo ele, haviam levado a Europa a décadas de conflito.

## Recortes da História

### Tratado da Santa Aliança (setembro de 1815)

Suas Majestades o Imperador da Áustria, o Rei da Prússia e o Imperador da Rússia, como consequência dos grandes acontecimentos assinalados na Europa no decurso dos três últimos anos, e, principalmente, dos benefícios que aprouve à Divina Providência derramar sobre os Estados cujos Governos colocaram somente n'Ela sua confiança e esperança, tendo adquirido a convicção íntima de que é necessário assentar o caminho a adotar pelas Potências nas suas relações mútuas sobre as verdades sublimes que nos ensina a eterna religião de Deus salvador:

Declaramos solenemente que o presente ato tem por objeto manifestar à face do Universo a determinação inabalável de só tomar como regra de conduta, seja na administração dos respectivos Estados, seja nas relações políticas com qualquer outro Governo, os preceitos dessa santa religião, preceitos de justiça, de caridade e de paz, que, longe de serem unicamente aplicáveis à vida privada, devem, pelo contrário, influenciar diretamente as resoluções dos príncipes e guiar todas as suas diligências, como sendo o único meio de consolidar as instituições humanas e remediar-lhes as imperfeições.

Em consequência, Suas Majestades convieram nos seguintes artigos:

Art. 1º De acordo com as palavras das Santas Escrituras que ordenam a todos os homens olharem-se como irmãos, os três monarcas contratantes permanecerão unidos pelos laços de uma fraternidade verdadeira e indissolúvel e, considerando-se como compatriotas, se prestarão, em qualquer ocasião ou lugar, assistência, ajuda e socorro; julgando-se, em relação aos seus súditos e exércitos, como pais de família, eles os dirigirão no mesmo espírito de fraternidade de que se acham animados para proteger a religião, a paz e a justiça.

Art. 2º Em consequência, o único princípio em vigor, seja entre os referidos Governos, seja entre os respectivos súditos, será o de se prestarem serviço recipro-

camente, de se testemunharem, por uma benevolência inalterável, a afeição mútua de que devem estar animados e de se considerarem todos como membros de uma mesma nação cristã; os três príncipes aliados não se encaram a si mesmos senão como delegados pela Providência para governar três ramos de uma mesma família, a saber: a Áustria, a Prússia e a Rússia, confessando, assim, que a nação cristã de que eles e seus povos fazem parte não tem outro Soberano senão aquele a quem só pertence em propriedade o poder, porque somente nele se encontram todos os tesouros do amor, da ciência e da sabedoria infinita, isto é, Deus, nosso Divino Salvador Jesus Cristo, o Verbo do Altíssimo, a Palavra da Vida. Suas Majestades recomendam, em consequência, com a mais carinhosa solicitude, a seus respectivos povos, como meio único de gozar dessa paz que nasce da boa consciência e que é a única duradoura, que se fortifiquem cada dia mais nos princípios e no exercício dos deveres que o Divino Salvador ensinou aos homens.

Art. 3º Todas as Potências que quiserem confessar solenemente os princípios sagrados que ditaram o presente ato, e reconhecerem quanto é importante para a felicidade das nações há tanto tempo agitadas, que essas verdades exerçam daqui em diante sobre os destinos humanos toda a influência que lhes é própria, serão recebidas com tanto empenho quanto afeição nessa Santa Aliança.

Francisco, Frederico-Guilherme, Alexandre.

(Feito em triplicata e assinado em Paris, no ano da graça de 1815, em 14-26 de setembro.)

*Disponível em*: <http://www.fafich.ufmg.br/~luarnaut/staalnc.PDF>. *Acesso em*: 25 jul. 2012.

**1)** Por que a religião era um argumento utilizado pelos signatários do Tratado?

**2)** Contra qual espírito da época se manifestavam reis e imperadores?

As divergências entre os integrantes da Santa Aliança ou Quádrupla Aliança demonstraram a inoperância de seus objetivos. A Inglaterra não partilhava dos mesmos objetivos dos outros Estados e era a maior potência militar entre os signatários do

acordo de proteção mútua. Um dos pontos da divergência inglesa referia-se ao seu objetivo de expansão comercial em áreas como a América e, para tanto, tinha de defender a liberdade política e econômica dos Estados hispano-americanos que se tornaram independentes no período. Ou seja, a defesa do princípio da restauração não era algo a ser buscado de qualquer forma. Interesses políticos e econômicos demonstravam as fragilidades entre os aliados.

Ao mesmo tempo que divergia dos outros membros, a Inglaterra impedia que Áustria, Prússia e Rússia definissem os rumos da política na Europa continental.

O equilíbrio europeu almejado pelo Congresso de Viena teve relativo êxito. Nenhum país tinha força suficiente ou vontade para impor-se aos demais e arrastar a Europa em novas guerras de dimensões continentais. Porém, os movimentos liberais e nacionalistas não foram totalmente sufocados.

Muitos movimentos surgiram nos territórios espanhol, russo e italiano, que, mesmo asfixiados em um primeiro instante, disseminaram os ideais políticos que levaram a mudanças no cenário europeu, com o aparecimento de novas nações independentes, como a Grécia, e a formação de novos países com os processos de unificação na Itália e na Alemanha.

Na França, por exemplo, durante o governo de Luís XVIII, que assumiu o poder em 1814, houve movimentos de ultraconservadores que reivindicavam seus antigos direitos, anteriores ao período revolucionário. Por outro lado, registrou-se a ofensiva de camponeses, trabalhadores urbanos e parte da burguesia que continuavam sem representação política, graças ao restabelecimento do voto censitário na Carta de 1814, dada pelo próprio Luís XVIII, que regia a organização política francesa.

A ordem restaurada pelos monarcas era frágil e os ímpetos despertados pelos movimentos revolucionários não cessaram. As ideias políticas e os vários movimentos nacionalistas empreenderam uma nova configuração política e social no continente europeu a partir de meados do século XIX.

## Saiba mais

### As relações internacionais a partir do Congresso de Viena

A divisão da Europa em potências reacionárias (Áustria, Prússia e Rússia) e potências liberais e constitucionais (Grã-Bretanha e França) oferece pouca explicação para as relações internacionais oriundas do Congresso de Viena. Se a Grã-Bretanha, por razões econômicas, apoiou e exigiu o reconhecimento das independências latino-americanas, por razões estratégicas, recusou-se a ir em socorro dos movimentos liberais e constitucionais que iriam despertar na Europa, na primeira metade do século XIX. Quando muito, agia para conter exageros a que estavam dispostas as potências absolutistas. Se obrou com a Rússia para manter a Áustria e a Prússia como potências independentes, exigiu a integração da França, sem castigo, ao Concerto Europeu, para manter o equilíbrio.

A Grã-Bretanha percebeu que as intervenções francesas levadas a termo por Napoleão, em nome dos princípios revolucionários que atendiam a certas aspirações populares, legitimaram a política de intervenção. Como não se poderia continuar praticando-a em nome daqueles princípios revolucionários, seria praticada em nome do equilíbrio, legitimando-a, como antes, com base na estabilidade resultante. É a mesma ideologia da intervenção, levada a efeito, anteriormente, pela doutrina revolucionária, agora pela da legitimidade dinástica. A mesma política de intervenção difere, pois, quanto à doutrina, e difere ainda quanto à prática. Não pode ser aplicada por uma potência singular, sem a colaboração ou o consentimento das outras. É a liga, Santa Aliança ou Quádrupla Aliança, pouco importa. É o exercício coletivo do poder.

*Fonte:* CERVO, A. L. Hegemonia coletiva e equilíbrio: a construção do mundo liberal (1815-1871). In: SARAIVA, J. F. S. *Relações Internacionais:* dois séculos de história. Brasília: IBRI, 2001. v. 1, p. 71.

## Revisitando a História

1. Explique quais os princípios centrais do Congresso de Viena e o que eles representam.

2. O que significa a expressão "Concerto Europeu"?

3. O que foi a Santa Aliança e por que seus princípios significavam a manutenção de princípios do Antigo Regime?

4. Por que, segundo o historiador Amado Cervo (*Saiba mais*, acima), a Santa Aliança é uma demonstração de "exercício coletivo de poder"? Há algum paralelo com esse tipo de análise nos tempos atuais? Justifique.

# Debatendo ideias

A política internacional na Europa, após o Congresso de Viena, legitimou o princípio da intervenção entre países aliados. Naquela época, era uma forma de as monarquias se defenderem diante de levantes populares ou movimentos revolucionários. Considerando-se os argumentos existentes à época, discuta com seu grupo as questões a seguir.

**1.** A intervenção de um Estado em outro é uma ameaça à autonomia do que foi objeto de intervenção? Justifique.

**2.** Uma política de alianças é útil para defender os Estados? Por quê?

# Questões de vestibular

**1.** (UFF – RJ) Poucas vezes a incapacidade dos governos em conter o curso da história foi demonstrada de forma mais decisiva do que na geração pós-1815. Evitar uma segunda Revolução Francesa, ou ainda a catástrofe pior de uma revolução europeia generalizada tendo como modelo a francesa, foi o objetivo supremo de todas as potências que tinham gasto mais de 20 anos para derrotar a primeira.

HOBSBAWM, E. J. *A Era das Revoluções*.
Rio de Janeiro: Paz e Terra, 1982. p. 127.

O período conhecido como Restauração representou a vitória das potências europeias contra o domínio napoleônico. Reunidos no Congresso de Viena, entre setembro de 1814 e junho de 1815, os países vencedores estabeleceram o princípio da legitimidade, que significou a sua recomposição territorial e a restauração dos governos, tal como existiam antes do avanço napoleônico.
Analise o papel da Santa Aliança na preservação dos princípios estabelecidos pelo Congresso de Viena, indicando a nação cuja atuação foi decisiva para a Restauração.

**2.** (UFRRJ) Em nome da Santíssima e Indivisível Trindade e conforme as palavras das Sagradas Escrituras (...), Suas Majestades o Imperador da Áustria, o Rei da Prússia e o Imperador da Rússia (...) permanecerão unidos por laços de verdadeira e indissolúvel fraternidade; considerando-se compatriotas, EM TODA OCASIÃO E EM TODO LUGAR ELES PRESTARÃO ASSISTÊNCIA, AJUDA E SOCORRO (...).

Artigo 1º do Tratado da Santa Aliança.

O trecho destacado no texto acima demonstra o caráter intervencionista da Santa Aliança no processo de Restauração europeia após a derrota napoleônica (1814/1815).
Esta política das grandes potências absolutistas não conseguiu, porém, impedir por muito tempo o processo histórico que se desenvolvia, então, no continente europeu.

a) Explique o que as potências continentais europeias pretendiam evitar com a criação da Santa Aliança.
b) Cite um inibidor da ação da Santa Aliança na América Latina neste período.

**3.** (PUC – MG) Em perfeita sintonia com o espírito restaurador do Congresso de Viena, a criação da Santa Aliança tinha por objetivo:

a) reprimir os movimentos revolucionários e liberais que eclodissem em qualquer parte do continente europeu.
b) difundir os princípios democráticos e parlamentaristas, promovendo a modernização das monarquias europeias.
c) garantir a liberdade comercial, tida como elemento indispensável à industrialização e à acumulação de capitais.
d) combater os focos da resistência aristocrática, geradores de tensão social e alimentadores da oposição burguesa.
e) inibir a formação de alianças entre as principais potências, o que ameaçava o equilíbrio de forças na Europa.

**4.** (UNESP) Considere as duas afirmações seguintes.

I. A Declaração francesa dos Direitos em 1795 estabeleceu o princípio segundo o qual "Cada povo é independente e soberano, qualquer que seja o número de indivíduos que o compõem e a extensão do território que ocupa. Esta soberania é inalienável".

Citado por Eric Hobsbawm, *Nações e Nacionalismo*.

II. Depois da derrota napoleônica, o Congresso de Viena adotou como um dos princípios da reorganização do mapa político europeu, o da legitimidade.

a) Qual o princípio expresso na Declaração dos Direitos em 1795?
b) No que consistiu o princípio da legitimidade?

**5.** (UFVJM – MG) O Congresso de Viena (1815) teve por objetivo restaurar a conjuntura político-ideológica europeia alterada pelas transformações resultantes do processo revolucionário na França (1789). Entre as várias decisões tomadas no Congresso, uma delas foi a redefinição do mapa europeu.

Com base nessas informações ASSINALE a alternativa correta.

a) Houve a criação de novos países.
b) A península ibérica ampliou seu território.
c) O Império russo perdeu muito território.
d) Não houve mudança na Europa continental.

# capítulo 26

# Período pombalino
# e as contestações ao Antigo Regime no Brasil

*Podem os mesmos ideais inspirar ações opostas? Neste capítulo, veremos como os preceitos do Iluminismo foram reinterpretados de diferentes maneiras por setores da sociedade colonial e do governo português na segunda metade do século XVIII.*
*Por um lado, conceitos como a racionalização e a busca por autonomia influíram em medidas adotadas pela Coroa portuguesa, como a reforma do sistema educacional e a expulsão dos padres jesuítas, que tentavam aumentar o controle sobre os domínios reais. Por outro lado, esse mesmo movimento intelectual fundamentou ações de repúdio ao poder real nas colônias americanas, como as Conjurações Mineira e Baiana, que se baseavam em princípios como a defesa da soberania ligada ao povo e na visão de que a propriedade e a liberdade eram direitos naturais dos homens.*
*Não se deve, entretanto, tentar determinar qual dessas interpretações é a mais correta ou mais próxima do "real", uma vez que, como vimos anteriormente, não existe uma homogeneidade entre os autores iluministas, o que, talvez, explique a disseminação desses ideais tanto pela Europa quanto pelas áreas coloniais da América.*

*Marquês de Pombal Expulsando os Jesuítas.* Óleo de L. M. Van Loo e C. J. Vernet, Câmara Municipal de Oeiras, Portugal.

## O governo pombalino: 1750-1777

Os sessenta anos anteriores à independência política e à formação do "primeiro governo" brasileiro em 1822 foram marcados por modificações importantes nas características sociais e nas atividades econômicas realizadas na maior parte das regiões da América portuguesa. Duas conjunturas políticas foram fundamentais para essas modificações: a gestão do Marquês de Pombal, principal ministro de D. José I, entre 1750 e 1777, e o governo de D. João no Rio de Janeiro, quando a cidade foi sede da Monarquia e da administração portuguesas, entre 1808 e 1821, que será analisado na próxima unidade.

Sebastião José de Carvalho e Melo, mais conhecido como **Marquês de Pombal**, foi nomeado ministro de Estado dos Negócios da Marinha e dos Domínios Ultramarinos logo após o rei D. José I subir ao trono português em 1750. Embaixador de Portugal na Inglaterra entre 1739 e 1743 e na Áustria, entre 1745 e 1750, Carvalho e Melo chegou ao governo com "disposições grandes e novas", segundo escreveu um de seus contemporâneos.

Em linhas gerais, o governo pombalino deve ser entendido no interior das práticas do **despotismo esclarecido**: procurou fortalecer a estrutura política do absolutismo e econômica do mercantilismo, ao mesmo tempo que adotou medidas de caráter iluminista – como a reforma de todo o sistema educacional, com o afastamento dos jesuítas, e a organização de instituições de ensino financiadas pelo Estado.

## O significado da expulsão dos jesuítas no conjunto das políticas pombalinas

*A expulsão da Companhia de Jesus de todos os territórios portugueses, decretada em 3 de setembro de 1759, foi uma das medidas mais polêmicas entre as várias tomadas por Pombal. Em geral, as justificativas para esse ato são a total incompatibilidade entre o controle das práticas pedagógicas adotadas pelos jesuítas e o projeto educacional iluminista pombalino – afastar os padres-professores do Reino e das Colônias era indispensável para o desenvolvimento do pensamento racional, típico do "século das luzes". Logo, a expulsão dos membros da Companhia de Jesus teria a mesma motivação de outras medidas características do despotismo esclarecido, como a limitação do poder da Inquisição.*

*Existiam, sem dúvida, divergências evidentes e inconciliáveis entre as concepções de ensino de Pombal e as defendidas pelos membros da Companhia de Jesus, embora a imagem que se divulgou deles como refratários a toda produção filosófica e científica do Iluminismo tenha se originado principalmente da propaganda antijesuítica. Todavia, é importante assinalar que o afastamento da Companhia de Jesus dos territórios portugueses também estava relacionado a outros projetos pombalinos fundamentais: o estabelecimento do controle sobre as fronteiras da América portuguesa e sobre os recursos econômicos produzidos nessas regiões.*

Dado o desejo de Pombal de povoar e explorar uma região tropical e subtropical tão grandiosa, de estimular os casamentos entre índios e europeus e de consolidar os territórios, o choque com os jesuítas aparece necessariamente como um subproduto quase inevitável. Os jesuítas ocupavam as fronteiras dos dois pontos mais vitais e sensíveis do sistema imperial de Pombal: a Amazônia e o Paraguai/Uruguai. Em 1755 Pombal instigou seu irmão [Mendonça Furtado, nomeado governador do Grão-Pará] a usar "qualquer pretexto possível para afastar os jesuítas da fronteira e romper toda a comunicação entre eles e os jesuítas dos domínios espanhóis". A política dos jesuítas com relação aos índios, além de tudo, ia de encontro ao desejo de povoar e europeizar o interior através da assimilação, e o índio, segundo acreditavam Mendonça Furtado e Pombal, devia ser levado a construir "a força e a riqueza principal para a defesa das fronteiras".

O fato de as missões estarem isentas das contribuições para o Estado no Norte remoto também provocou tensões agudas entre eles e a administração colonial.

As isenções fiscais desfrutadas pelos jesuítas desagradavam particularmente ao irmão de Pombal, porque um dos seus maiores objetivos era construir e financiar uma extensa rede de fortificações e fazê-lo com os parcos recursos do Tesouro local. A riqueza real e suposta dos jesuítas e suas isenções tornavam-nos muito vulneráveis, já que sua atividade não estava de modo algum confinada às missões, mas incluía domínios em áreas urbanas e rurais. Estas incluíam algumas das maiores propriedades fundiárias de todas as Américas. A Fazenda de Santa Cruz, na Capitania do Rio de Janeiro, por exemplo, estendia-se por mais de cem léguas quadradas e ali trabalhavam cerca de mil escravos.

(...) A crise [entre jesuítas e governo pombalino] chegou ao seu ponto decisivo com a tentativa de regicídio [assassinato do rei] em setembro de 1758. O rei Dom José regressava ao palácio após uma visita vespertina à sua amante (...) quando atiraram contra sua carruagem. O rei foi ferido de modo suficientemente sério para que a rainha assumisse a regência durante sua recuperação. (...)

Pombal usou a tentativa de assassinato de Dom José I como um meio para esmagar tanto a oposição aristocrática como os jesuítas em Portugal. Também utilizou a ocasião para atingir os pequenos comerciantes, que ele acusava de conspirar com os jesuítas contra seus planos, abolindo suas associações e, por conseguinte, sua representação. (...) Os receios de Pombal de uma conspiração não eram, claro, inteiramente infundados. (...) No Grão-Pará, notadamente, os jesuítas estiveram ausentes da missa de ação de graças pela segurança do rei. (...) Pombal, como sempre, agiu rápido para consolidar a sua posição. Durante o ano de 1758, o poder temporal dos jesuítas foi suprimido em todo o Brasil e o sistema diretivo de controle secular dos índios, projetado por Mendonça Furtado, para o Grão-Pará Maranhão, passou a ser aplicável em toda a América portuguesa. A 3 de setembro de 1759 o governo português decretou a proscrição e a expulsão da Companhia de Jesus de todo o Império, proibindo qualquer tipo de comunicação, verbal ou escrita, entre jesuítas e portugueses.

> **Proscrição:** banimento.

*Fonte: MAXWELL, K. Op. cit. p. 72, 79, 92.*

1) Qual o motivo da disputa entre jesuítas e o Marquês de Pombal?

Pombal ganhou prestígio junto ao rei e a importantes setores da burguesia lusa após liderar a reconstrução de Lisboa, destruída pelo terremoto de 1755. Isso lhe deu amplos poderes políticos para governar. Com ruas largas, geometricamente planejadas, edifícios mais funcionais e belos jardins públicos, Pombal pretendeu transformar a cidade no símbolo de uma nova fase da história do país: caracterizada pela ampliação da capacidade administrativa do Estado português e, por conseguinte, pela independência econômica nacional.

Nesse sentido, o fundamento do governo pombalino foi o controle do Estado sobre a economia, por meio da instituição de regulamentos, taxas, subsídios e monopólios. Essas práticas típicas do mercantilismo foram usadas por Pombal para fortalecer grandes comerciantes nacionais ante seus concorrentes estrangeiros e, principalmente, para combater os contrabandistas, que tinham lucros extraordinários, por deixarem de pagar impostos aos cofres públicos.

"A reconstrução de Lisboa, após o terremoto devastador de 1755, é como um paradigma de todas as atividades [do Marquês] de Pombal no governo e representou um bom exemplo do papel que os déspotas esclarecidos portugueses queriam que o Estado representasse. Era um papel profundamente enraizado em uma avaliação pragmática de opções, uma mistura de empréstimos e inovações ecléticos e a intervenção seletiva do Estado na sociedade para promover o que era concebido como interesse nacional."

*Fonte:* MAXWELL, K. *Marquês de Pombal:* paradoxo do Iluminismo. Rio de Janeiro: Paz e Terra, 1996. p. 37.

## *Passado/presente*

### Modernização administrativa

Argumentos como a racionalização e a modernização administrativa utilizados nas reformas pombalinas continuam sendo utilizados por diversos governos como forma de defender a implantação de novas medidas que permitiriam um aumento da eficiência do Estado. Esse discurso pode ser identificado, por exemplo, nos processos de informatização dos órgãos governamentais e na criação de bancos de dados cada vez mais amplos. No entanto, ainda que justificáveis como tentativas de combate à corrupção e à criminalidade, tais medidas trazem como efeito colateral aos cidadãos uma perda crescente da privacidade e a sensação de controle permanente.

O contrabando realizado nos territórios americanos foi o principal alvo de Pombal. Assim, para ampliar o controle sobre a produção e circulação de mercadorias na região que corresponde ao atual Brasil, as principais medidas foram: **a criação das companhias de comércio** do Grão-Pará Maranhão (1755) e de Pernambuco Paraíba (1759) **e a realização de reformas na administração colonial**, sobretudo com relação aos procedimentos e órgãos responsáveis pela fiscalização das atividades econômicas, ou seja, pela arrecadação dos tributos.

As **companhias de comércio**, com sede em Lisboa, eram monopolistas em suas respectivas regiões e acabaram restringindo ao máximo a ação dos "comissários volantes", pequenos e médios comerciantes que operavam de forma independente e não respondiam às autoridades fiscais da metrópole, o que os desobrigava, portanto, do pagamento de impostos. Por sua vez, beneficiadas pela falta de concorrentes e pela concessão de portos e armazéns pelo governo, as companhias registraram enormes lucros, mesmo pagando todos os impostos estabelecidos. Dessa maneira, os investidores dessas empre-

TOPFOTO/KEYSTONE

sas, estabelecidos em Portugal e no Brasil, transformaram-se em uma poderosa burguesia com estreitas ligações com a administração pública, com a qual colaboravam na medida de seus interesses.

Na região das capitanias do sul, sobretudo em Minas Gerais e Rio de Janeiro, onde não foram criadas companhias monopolistas, os vínculos entre produtores, comerciantes e a administração colonial ficaram ainda mais evidentes, já que foram estabelecidos de forma direta pelas principais autoridades metropolitanas, como os vice-reis (veja o quadro *Saiba Mais* abaixo).

---

## Saiba mais

### Principais efeitos da política pombalina nas Capitanias do Sul

Durante a segunda metade do século XVIII, a política posta em prática pelos grupos dirigentes em Portugal achava-se permeada de contradições. Por um lado, essa política procurou transformar a organização da produção agrícola e manufatureira na metrópole por meio da aplicação de capitais acumulados com a exploração do comércio colonial, mas, por outro, permitiu o fortalecimento de setores proprietários nas regiões coloniais, facultando sua participação direta na administração e na rede de negócios que o governo metropolitano incentivava. Negociantes e proprietários puderam não só ampliar fortunas e capitais como incrementar atividades independentes do controle da metrópole. (...)

> **Permeada:** rodeada, intercalada.

Isenções de tarifas alfandegárias a fim de motivar a produção conviviam com as concessões de privilégios de exclusividade para o beneficiamento de produtos agrícolas; o controle rigoroso dos contrabandos e da atuação dos "comissários volantes" em navios estrangeiros e portugueses coexistia com o comércio livre que os negociantes mais abastados da praça carioca realizavam, em navios próprios, com a África e com o Rio da Prata, de onde traziam gêneros e manufaturas importados. Cabia aos vice-reis assegurar preços compensadores para que os produtores mantivessem o nível da produção, todavia a Fazenda Real, que deveria adquirir esses produtos para evitar as especulações realizadas por atacadistas, não possuía recursos suficientes nem mesmo para remunerar as tropas de linha, permanecendo continuamente endividada. (...)

Na capitania do Rio de Janeiro verificou-se, nessa época, tanto o enriquecimento de negociantes atacadistas quanto a constituição de um grupo de proprietários e comerciantes cujas bases de sustentação encontravam-se na exploração de lavoura mercantil no Recôncavo da Guanabara e em Goitacazes e na comercialização de gêneros destinados ao mercado interno e à exportação. Esse grupo passou a concorrer, em termos do mercado, com os proprietários tradicionais, donos de vastas extensões de terras e de grande número de escravos, bem como com os grandes negociantes da praça carioca. Isso demonstra, entre outras circunstâncias, por que no Rio de Janeiro não foram organizadas companhias de comércio no decorrer do século XVIII. Aos negociantes abastados da cidade não interessava romper as linhas de comércio independentes. (...)

Desse modo, enquanto no norte e nordeste acionistas e diretores das companhias privilegiadas empregavam recursos para ampliar a produção exportadora, no Rio de Janeiro foram os próprios vice-reis que passaram a atuar junto a produtores e negociantes locais para a aplicação de capitais na produção e diversificação da agricultura.

Fonte: OLIVEIRA, C. H. L. S. *A Astúcia Liberal*: Relações de mercado e projetos políticos no Rio de Janeiro (1820-1824). Bragança Paulista: EDUSF/ICONE, 1999. p. 64-65.

---

A preocupação da administração pombalina em fortalecer internacionalmente a posição econômica de Portugal, promovendo o desenvolvimento de uma rica e sólida classe de comerciantes, levou também à adoção de medidas para a ampliação e diversificação da produção de gêneros agrícolas nos territórios coloniais. Terras cobertas por matas ou ocupadas por índios ou pequenos e médios produtores foram apropriadas em larga escala por comerciantes interessados na produção de algodão, arroz, café e anil. Ou seja, um processo de concentração da propriedade da terra acabou ampliando o número de homens livres pobres, sobretudo na Capitania do Rio de Janeiro.

> **Anil:** substância utilizada para colorir tecidos na Europa.

As **reformas na administração dos territórios coloniais da América**, também fundamentais para reforçar o poder da Coroa e a arrecadação de impostos na região, incluíram a extinção do regime de Capitanias Hereditárias (1759), a mudança da capital do Estado do Brasil de Salvador para o Rio de Janeiro (1763) e a criação de novos órgãos fiscais. A eficácia das medidas econômicas e políticas determinadas pela Metrópole não dependia apenas da "vontade" do rei e de seus enviados para administrar a Colônia. Era fundamental a adesão a elas por parte dos colonos, que se consideravam "súditos fiéis" do monarca e, por conseguinte, com "direito" de cobrar leis e decretos "justos".

Nesse sentido, para conseguir o apoio de que precisava para implementar com êxito suas medidas no Brasil, Pombal procurou envolver diretamente as lideranças locais dando-lhes, por exemplo, a direção dos novos órgãos fiscais, como as **Juntas de Fazenda** e as **Mesas de Inspeção**, implantadas nos principais portos. Ou seja, na prática, esse procedimento entrelaçou ainda mais as instituições administrativas da Colônia aos interesses das classes sociais mais abastadas, fazendo, de maneira definitiva, com que as relações entre a Metrópole e sua principal Colônia só permanecessem harmoniosas se houvesse coincidência entre os interesses dos dois grupos, o que nem sempre ocorreu, gerando conflitos como a Conjuração Mineira, em 1789.

Em 1777, com a morte de D. José I, Pombal deixou o governo. Um amplo movimento contra a sua administração se organizou no início do reinado de D. Maria I – filha do monarca falecido e sensível aos interesses dos grupos sociais que tinham perdido poder durante a gestão pombalina: o clero conservador, a maior parte da nobreza tradicional e os setores da burguesia portuguesa e colonial que se sentiam prejudicados com privilégios concedidos aos grandes comerciantes e às companhias monopolistas.

Vista do Rio de Janeiro no século XVIII. Biblioteca Mário de Andrade, São Paulo.

## *Saiba mais*

### A extinção das companhias de comércio e a proibição das manufaturas no Brasil

*Duas medidas decretadas por D. Maria I tiveram especial impacto no Brasil: o fim das companhias de comércio monopolistas e o **Alvará de 1785**, que extinguia as manufaturas têxteis instaladas aqui. No caso da extinção da Companhia do Grão-Pará Maranhão (1777) e da Companhia de Pernambuco Paraíba (1780), a rainha cedeu às pressões de produtores e comerciantes brasileiros que deviam grandes somas às companhias e atribuíam suas dificuldades justamente às restrições econômicas e aos monopólios decretados no governo de Pombal. Por outro lado, a proibição das manufaturas representou a vitória dos produtores de tecidos portugueses, que temiam falir caso o mercado colonial passasse a ser abastecido apenas pela produção realizada por brasileiros.*

*Tendo-se em vista que o desenvolvimento das fábricas de tecidos no reino esteve diretamente relacionado ao funcionamento das companhias comerciais monopolistas, as duas medidas decretadas por D. Maria I demonstram como, já no final do século XVIII, começava a ficar complicado conciliar os interesses econômicos dos seus súditos que estavam em lados diferentes do Atlântico:*

No Pará e no Maranhão, o capital mobilizado pela Coroa em associação a investidores privados forneceu o crédito essencial para a importação de mão de obra escrava e de mercadorias europeias. Igualmente significativa foi a introdução de novos produtos para a exportação. Na altura de 1760 a exportação de algodão havia começado em São Luís, por exemplo, enquanto em 1767 se iniciava a exportação de arroz. A produção de algodão logo excedeu a demanda metropolitana e proporcionou valiosas reexportações para Roterdam, Hamburgo, Gênova, Ruão, Marselha e Londres. Os produtos exportados de Belém, em especial o cacau, também aumentaram em volume e valor. (...) o governo português encorajou o processamento e a manufaturação na colônia. No Maranhão, por exemplo, estabeleceram-se máquinas de beneficiamento de arroz e importaram-se técnicos especializados da Europa. No Pará a companhia chegou ao ponto de montar uma fiação de algodão destinada à produção de roupas para as forças militares locais. A companhia, sensível à originalidade de suas ações, defendeu essa política com base no argumento de que a implantação de tais oficinas sempre foi útil para o Estado, pois impede o fluxo de dinheiro para estrangeiros. (...)

Em Pernambuco a companhia utilizou seu capital e crédito para dar assistência aos proprietários de engenhos de açúcar da região. Mercadorias e escravos foram adiantados para fazendeiros e produtores de açúcar a uma taxa de juros do 3 por cento. O investimento direto da companhia reabilitou muitos engenhos do açúcar antigos e estabeleceu novos. (...) O cultivo de tabaco também foi restabelecido mediante subsídios e garantias de preços para os produtos. Para tornar o couro pernambucano competitivo com relação ao das províncias espanholas, ele foi isento de taxas alfandegárias. (...)

[Após a queda de Pombal] a criação das companhias monopolistas brasileiras tornou-se um dos importantes planos políticos pelos quais seu regime foi ao mesmo tempo louvado ou condenado. De um lado estavam os diretores da companhia, do outro os interesses reprimidos desde o fim da década de 1750 que agora vociferavam contra tudo o que fosse pombalino. Eram apoiados por alguns devedores da companhia no Brasil, que viram na mudança de regime uma oportunidade de escapar às próprias obrigações. Fortes pressões foram exercidas contra o novo ministério para extinguir o monopólio e abrir o comércio do Pará e do Maranhão a todos.

Em memorando à rainha, os diretores da companhia declararam que o capital investido no Brasil havia introduzido e estimulado a produção e comércio de algodão e de arroz, que agora prosperavam. Os diretores da companhia de Pernambuco, que também enfrentava a ameaça de extinção, aludiam às funções regulatórias que a sua companhia havia implementado e ao capital utilizado para restabelecer a produção de açúcar e tabaco no nordeste do Brasil. Contudo, o investimento da companhia no Brasil era precisamente o que havia levado os colonizadores a débitos enormes, e os colonizadores atribuíam à regulamentação do fornecimento de mercadorias da metrópole para a produção colonial a culpa de ter causado altos preços e escassez nas regiões monopolistas do Brasil. (...) A decisão de não renovar os privilégios das companhias foi um triunfo visível para os partidários do livre mercado, assim como para os devedores das companhias no Brasil. (...)

Em 1788 a administração das manufaturas foi colocada sob os cuidados de um novo corpo, a junta da administração das fábricas do reino e águas livres. Como indicava o título, a nova junta das fábricas ocupava-se exclusivamente com estabelecimentos metropolitanos, e as atividades da antiga junta do comércio pombalina de incentivar empreendimentos manufatureiros coloniais não se repetiram.

*Fonte:* MAXWELL, K. *Op. cit.* p. 97-98, 163-166.

A pressão daqueles setores e as mudanças administrativas realizadas durante o governo de D. Maria I não foram, contudo, suficientes para promover alterações profundas na sociedade que se organizara na América portuguesa. Os conflitos entre os interesses dos "colonos" e dos "metropolitanos", já evidentes ao final do governo pombalino, só se aprofundariam nos últimos anos do século XVIII, como podemos observar nos movimentos ocorridos em Minas e na Bahia.

# A Conjuração ou Inconfidência Mineira de 1789

O movimento rebelde, que teria sido deflagrado na Capitania de Minas Gerais em 1789, é mais conhecido em nossa história pelo nome que lhe foi atribuído pelas autoridades portuguesas encarregadas de reprimi-lo, ou seja: **Inconfidência Mineira**. Afinal, do ponto de vista metropolitano, tratou-se de um movimento de traição e alta infidelidade ao soberano luso. Contudo, os participantes do movimento se consideravam conjurados, por conspirarem em favor de seus interesses, e não traidores. Daí o episódio também ser chamado de **Conjuração Mineira**.

**Inconfidência** ou **Conjuração**, os acontecimentos de 1789 tiveram como principal motivação a insatisfação generalizada dos moradores da Capitania de Minas, sobretudo dos setores mais ricos, com a administração portuguesa e sua política de arrecadação de impostos que eram adotadas para a região.

Adeptos das ideias liberais e iluministas, os principais proprietários de terras e áreas extrativas de ouro, comerciantes, magistrados, alguns militares e importantes intelectuais luso-brasileiros consideravam que cada vez menos tinham suas demandas atendidas pelo governo português, embora fossem coagidos a pagar pesados impostos para o "sustento" do Estado luso. Em outras palavras: não participavam politicamente e não podiam eleger representantes para colaborar na administração pública que eles consideravam financiar – mesma queixa dos antigos colonos britânicos na América do Norte e que motivou o movimento de independência dos EUA.

Ao longo da década de 1780, a produção aurífera tinha despencado e, assim mesmo, a Coroa portuguesa se mostrava irredutível em relação à cobrança de impostos sobre o ouro, o *quinto*. A cota anual era de 100 arrobas de ouro (1.500 quilos), mas, caso esse montante não fosse atingido, o governador da Capitania de Minas podia decretar a **derrama**, imposto individual e proporcional aos rendimentos de cada um dos colonos contribuintes que poderia, até, ter bens confiscados para que suas dívidas fossem saldadas.

Segundo algumas estimativas, em 1789 os mineiros deviam cerca de 530 arrobas de ouro em impostos não pagos nos anos anteriores, quando as 100 arrobas não tinham sido atingidas. Eram quase 7.950 quilos de ouro, 8 toneladas. Eis o porquê de a decretação da derrama ser o ponto mais forte a mobilizar os conjurados, embora a proposta "separatista" com relação a Portugal tivesse ganho mais evidência.

D. Luís da Cunha Menezes, governador de Minas até 1788, deixou insatisfeitos os principais líderes econômicos e políticos da região, como denunciou Tomás Antônio Gonzaga em sua obra *Cartas Chilenas*. Gonzaga, que se tornaria um dos mais destacados líderes dos conjurados, era então advogado, formado em Coimbra, e exercia o cargo de Ouvidor-Geral em Vila Rica. Indignado com as ações do governador, escreveu duas vezes à rainha D. Maria I, denunciando o despotismo de Cunha Menezes, a quem acusava, entre outras coisas, de suspender dívidas com o fisco sem ser pelos meios competentes e de julgar questões a seu bel-prazer.

A soberana providenciou a substituição do governador Cunha Menezes por Luís Antônio Furtado de Mendonça, Visconde de Barbacena. O projeto dos administradores metropolitanos visava, de alguma forma, à "recuperação da credibilidade" de seu representante na Capitania para, em seguida, viabilizar a cobrança dos tributos em atraso. Barbacena, por motivos claros, foi recebido em Minas com hostilidade latente por parte dos colonos que o associavam diretamente à decretação da derrama.

Tanto a questão era importante que o novo governador logo se deu conta do potencial explosivo contido em uma ordem de cobrança forçada de impostos atrasados. Muito antes de receber a denúncia do movimento planejado pelos conjurados, ao que as fontes indicam, Barbacena já havia decidido suspender, em curto prazo, qualquer plano no sentido de executar a derrama.

De qualquer forma, a ameaça de confisco por parte da Metrópole prevalecia e os homens mais abastados da Capitania, que eram também os mais endividados, resolveram organizar um levante contra o governo metropolitano. No final de 1788, realizaram uma série de reuniões, sendo a última e mais importante a de 26 de dezembro, na casa do tenente-coronel Francisco de Paula Freire de Andrade, chefe do Regimento dos Dragões.

Foto da Casa dos Contos, edifício construído na então Vila Rica, atual Ouro Preto, entre 1782-1784. O edifício sempre esteve relacionado à arrecadação tributária na então capital de Minas Gerais. Em 1789, o prédio abrigou a Companhia do Esquadrão do Vice-Rei, responsável pela repressão à Conjuração Mineira. Cláudio Manuel da Costa, poeta e conjurado, ficou detido ali, onde morreu. Além de Costa, também ficaram aprisionados na Casa dos Contos os conjurados Álvares Maciel, Padre Rolin e Luiz Vieira da Silva.

D. Maria I, rainha de Portugal, no período em que ocorreu a Conjuração Mineira.

Os conjurados decidiram que o levante teria início quando fosse decretada a derrama. O plano era aproveitar o clima de insatisfação com a Coroa e obter a adesão maciça da população à ação por eles desencadeada. Eles desejavam a separação da Capitania das Minas Gerais do resto da Colônia e, por conseguinte, de Portugal; logo, não se tratava de um projeto separatista para todo o Brasil, conforme entendemos o país hoje.

O novo país seria uma república dirigida pelo poeta e ex-ouvidor Tomás Antônio Gonzaga até que se realizassem eleições três anos mais tarde. Caberia a Tomás Gonzaga, Cláudio Manuel da Costa e Luís Viera da Silva organizar o novo governo e redigir uma Constituição.

O governador Barbacena, em março de 1789, sem perspectivas de decretar a derrama, passou a chamar individualmente algumas pessoas para acertar as contas com a Fazenda Real. Uma delas foi o coronel Joaquim Silvério dos Reis que tinha grandes dívidas com o fisco e incorporara-se aos conjurados justamente na expectativa de se livrar dos débitos, caso o movimento fosse vitorioso. Contudo, o perdão das dívidas oferecido pelo governador era mais garantido e Silvério dos Reis acabou traindo os companheiros e delatando a conspiração.

Cerca de 34 pessoas foram presas e enviadas para o Rio de Janeiro, onde foi aberto o processo de crime por inconfidência. Foram condenados à forca e ao esquartejamento: Freire de Andrade, Álvares Maciel, Alvarenga Peixoto, Oliveira Lopes, Luis Vaz e Tiradentes, o único cuja sentença não foi comutada em banimento.

---

## Saiba mais

### As diferenças entre os conjurados

*Não é possível dizer que houvesse uma definição clara entre os conjurados a respeito das principais medidas políticas e administrativas a serem tomadas no caso de terem conseguido a vitória contra as forças portuguesas. Sobre este aspecto, afirmou o historiador João Pinto Furtado:*

Suspensa a derrama, o movimento perdeu fôlego e muito pouco caberia a fazer no sentido de deflagrar a revolta. Seu abortamento, no entanto, não nos impede de citar e avaliar algumas das principais propostas aventadas. Um dos pressupostos básicos dos sediciosos era, ainda por inspiração dos acontecimentos da América Inglesa, o de que era preciso redefinir o conteúdo e sentido das relações entre Portugal e sua extensão americana. A ideia de criação de uma República seria, portanto, um dos primeiros pontos de ação dos inconfidentes. (...)

Outras propostas de grande envergadura junto à historiografia e ao imaginário nacional diziam respeito a um suposto projeto industrializante, preconizando favorecimento da indústria têxtil e metalúrgica, à criação de uma universidade, ao estabelecimento de novas regras de regulação econômica, à eliminação de parte da carga tributária, à instituição de um sistema de correios e comunicação mais ágil, à permissão de que quaisquer indivíduos pudessem usar cetim, o que era vedado a escravos e libertos segundo o costume da época. Enfim, tratava-se de uma miríade de projetos e propostas de ação ora mais gerais, ora mais pontuais, o que em cada caso atendia às identidades daqueles que as propunham. Mas, sobretudo no que nos interessa nessa breve reflexão, é preciso destacar que ficou acordado na última reunião, a mais decisiva, de 26 de dezembro de 1788, que não se tocaria de imediato no problema da escravidão, sob pena de desestabilizar todo o sistema social na Capitania, convicção da qual partilhava decisivamente nosso Alferes [Tiradentes], o que se constitui em notável exemplo dos limites relativos à natureza da rebelião proposta.

(...) São fartas, nos ADIM [Autos da Inconfidência Mineira], as evidências de que os inconfidentes divergiam quanto a temas absolutamente fundamentais no que tange aos acontecimentos subsequentes à decretação da derrama. Não havia consenso sobre o destino a ser dado ao Governador, sobre o formato final da revolta em termos operacionais, sobre seu próprio teor, sobre o futuro da escravidão, sobre a nova política tributária, sobre o sistema de governo, natureza e dimensões da República a ser implantada, todos temas absolutamente vitais para a definição do projeto.

A investigação, em relação a vários destes temas, implicou o reconhecimento de diferentes possibilidades que se apresentavam aos agentes sociais no momento de que nos ocupamos. Os contornos finais do movimento, sobre os quais os inconfidentes não decidiram afinal, estariam referidos tanto às respectivas convicções políticas quanto a interesses econômicos mais imediatos, eventualmente irreconciliáveis entre si. Sendo as revoltas, numa época em que o sistema representativo liberal não estava estabelecido, um recurso político normal e não desprezível, não há como excluir a possibilidade de que alguns dos inconfidentes estivessem a, novamente, barganhar quanto ao lançamento da derrama, ou à cobrança de outros impostos e taxas, prática corrente nas Minas desde o estabelecimento do sistema tributário. (...)

*Fonte: FURTADO, J. P. Verbete Inconfidência Mineira.*
*Disponível em: <http://www.fafich.ufmg.br/pae/index_arquivos/Apoio/VerbeteInconfidenciaMineira.pdf>.*
*Acesso em: 20 ago. 2006.*

**Rio de Janeiro, 20-4-1792 – Carta do Vice-Rei Conde de Resende ao brigadeiro Pedro Álvares de Andrade**

Ainda devendo a maior parte dos réus da conjuração premeditada de Minas Gerais à real clemência de Sua Majestade o perdão da última pena a que estavam sentenciados pelos seus atrocíssimos delitos; como não muda de qualidade, pelo que respeita ao réu chamado o Tiradentes, verificando-se o castigo da sua culpa, não devo mudar em nada a formalidade projetada a respeito da tropa que V. S. deve comandar, ficando V. S. na inteligência de que expresso já ordens, tanto para as Justiças, como para os dois Regimentos que hão de formar as alas desde o largo da Rua da Cadeia, até o fim da Rua do Piolho, se achem todos prontos e nos seus respectivos lugares às seis horas da manhã, o que igualmente V. S. determinará aos Regimentos de seu comando.

Devo lembrar a V. S., e com muita especialidade a tudo quanto deixo referido, que, dando-se fim ao ato que deve ser executado no campo, V. S. influa nos ânimos da tropa, como também nos do povo, os repetidos vivas que devem dar à nossa Piedosa e Sempre Augustíssima Soberana, para que, ficando gravados nos corações de todos os seus Vassalos o reconhecimento da imensa bondade da mesma Senhora, a amem e profundamente a respeitem, e lhe guardem sempre a maior fidelidade.

*Fonte: Autos de Devassa da Inconfidência Mineira. Brasília: Câmara dos Deputados; Belo Horizonte: Imprensa Oficial de Minas Gerais, v. 7, p. 271- 278, 1982.*

**1)** Por que a punição a Tiradentes deveria ser exemplar?

# A Conjuração Baiana ou Conjuração dos Alfaiates de 1798

Em 1798, ocorreu em Salvador a sedição conhecida como **Conjuração Baiana** ou dos Alfaiates, pois tomou parte no movimento um grande número de pequenos comerciantes e proprietários, como o alfaiate João de Deus Nascimento, além de muitos negros livres ou alforriados (também chamados forros), como o também alfaiate Faustino dos Santos Lira. De maneira inédita, o movimento ainda contou com a participação de mulheres negras, como as ex-escravas Ana Romana e Domingas Maria do Nascimento.

A cidade vivia um momento de grande carestia e boa parte da população tinha péssimas condições de vida. A alta nos preços do açúcar no mercado internacional, no período, levou ao aumento da área cultivada de cana e com isso houve a redução das plantações de gêneros alimentícios. Os preços dos alimentos subiram e a fome se espalhou na Capitania.

Além da influência das ideias iluministas, os revoltosos também se inspiraram na rebelião escrava do Haiti (1791-1804), que levou à expulsão dos brancos do poder e à libertação daquela antiga colônia. Em 1797, a situação econômica se agravou e setores mais pobres da população promoveram vários saques a estabelecimentos comerciais portugueses em Salvador. Em um deles, um grupo faminto atacou e repartiu entre si um carregamento de carne destinado a um comandante militar.

Nesse contexto, a associação literária "Academia dos Renascidos" tornou-se também um dos importantes pontos de encontro para as discussões políticas e sociais que afetavam a população baiana. A associação foi criada a partir da loja maçônica "Cavaleiros da Luz", da qual faziam parte membros da elite, como o renomado médico Cipriano Barata e o professor Francisco Muniz Barreto, os quais, contudo, defendiam um projeto de rompimento com Portugal que não contemplava as demandas dos grupos populares de maneira abrangente – não concordavam, por exemplo, com a proclamação de uma república na qual a escravidão não existiria.

Com a liderança do movimento nas mãos dos "alfaiates", a maior parte dos participantes da Academia dos Renascidos recuou e acabou abandonando os planos da conjuração.

Em 12 de agosto de 1792, os rebeldes afixaram cartazes e distribuíram panfletos com dizeres inspirados nos ideais iluministas, com palavras de ordem que incitavam à luta. Tentaram receber apoio de autoridades, sem êxito. O grupo havia sido delatado e uma violenta repressão deteve o movimento que apenas se iniciava, o qual foi totalmente desarticulado, sendo os conspiradores presos. A repressão foi dura e quatro dos líderes populares foram enforcados e esquartejados (João de Deus, Manuel Faustino dos Santos, Luís Gonzaga das Virgens e Lucas Dantas).

Os poucos membros mais abastados, que permaneceram no movimento até o fim, foram condenados ao degredo ou inocentados.

## A Bahia contra o domínio português

*No excerto seguinte, o historiador István Jancsó analisa a complexidade dos temas propostos pelos que lutavam contra o domínio português na Bahia, em 1798.*

Religião e política formavam um emaranhado inextrincável, tanto aos olhos do poder quanto aos daqueles que negavam a sua legitimidade. D. Fernando José de Portugal, por ordem da Corte, manda verificar a exatidão das denúncias acerca de "uma loucura incompreensível" pela qual algumas das principais pessoas de Salvador "se acham infectas dos abomináveis princípios Franceses e com grande afeição à absurda pretendida Constituição Francesa que varia a cada seis meses". A denúncia refere a realização de jantares de carne em dias consagrados com a participação de pessoas proeminentes da cidade, mas não se esgota aí a lista de ações que sinalizavam sentimentos de rebeldia, e nem se circunscreverem estas a membros da elite ilustrada, caso do Padre Francisco Agostinho Gomes, nominalmente citado na denúncia. Homens de menor condição também estavam instruídos de princípios sediciosos.

Os livros contrabandeados do navio francês, segundo um anônimo cronista, serviam a este fim. "Instruídos pois bem na lição desses livrinhos alguns pardinhos, e também branquinhos da plebe conceberão o arrojado pensamento de fazerem (...) seu levante, sem mais outro intento, senão de fazerem por este meio tão arriscado, feliz a sua desgraçada sorte, passando (...) de pobres a ricos, de pequenos a grandes, de vis e baixos a estimados, e finalmente, de Servos, pois muitos dos pardos eram cativos, a Senhores".

Para tanto, começaram a levar adiante discursos públicos e ações (...). Ao cronista escandalizava que impunemente divulgassem suas ideias atacando dogmas da Santa Igreja, numa longa relação de blasfêmias: que não havia Juízo Final, Inferno ou Paraíso; que a alma era mortal como o corpo; "que ouvir missa, jejuar e observar os preceitos do Decálogo, e da Igreja, era introdução de Eclesiásticos, e portanto do Pe. Santo de Roma" (...).

Incomodava aos membros mais conservadores da elite local, e em especial aos que eram membros do clero, que as autoridades fossem tolerantes com manifestações públicas de desrespeito a um dos pilares da ordem. Causava espanto que tratassem as denúncias com pouco caso, que as desprezassem "como se fora nada, atribuindo (pois eles de tudo sabiam), a pabulagem de mulatos, folguedo de rapazes, a estardia dos bêbados".

Foi nesse contexto que na manhã de 12 de agosto de 1798 foram afixados em lugares públicos da cidade *Avisos ao Povo Bahianense*, tornando pública a existência de uma articulação política – sediciosa para uns, revolucionária para outros – e que teve um extraordinário impacto e grande difusão (...).

Tratava-se de um fato novo, de extrema complexidade, na medida em que os pasquins, por um lado, formulavam um desafio explícito ao poder e, por outro, negavam publicamente o conjunto de valores e mecanismos sociais e organizativos que cabia a este preservar. No seu conjunto, os *Avisos* configuraram um problema que ultrapassava, em muito, os limites da capacidade de absorção de tensões pelo regime, até porque não faziam nenhuma concessão a este, sequer à sua vertente reformista, com a qual D. Fernando José de Portugal se identificava.

Falava-se em revolução, não em reforma. Conclamava-se o povo à revolução popular e propunha-se a violência revolucionária. Rejeitava-se o absolutismo monárquico e a desigualdade natural entre os homens como fundamento da organização da sociedade, proclamando que a felicidade de todos residia na forma republicana de governo e na instauração da liberdade e da igualdade, sem distinção de raça ou cor.

*Fonte: JANCSÓ, I. Na Bahia, Contra o Império: história do ensaio de sedição de 1798. São Paulo: Hucitec; Salvador: EDUFBA, 1996. p. 116-120.*

**1)** Explique a importância da circulação de panfletos e gazetas no movimento ocorrido na Bahia.

**2)** O que caracteriza o "espírito republicano" defendido por segmentos do movimento?

Vista da cidade de Salvador. Litografia de Rugendas, 1837, 22 × 35 cm.

# Cinemateca

**Os Inconfidentes** (1972, BRASIL, dir.: Joaquim Pedro de Andrade) O filme narra a história de Joaquim José da Silva Xavier, Tiradentes, na Conjuração Mineira.
**Tiradentes** (1999, BRASIL, dir.: Oswaldo Caldeira) Aspectos biográficos de Tiradentes, o único executado entre os integrantes da Conjuração Mineira.

# Revisitando a História

**1.** "A política pombalina prejudicou setores comerciais do Brasil marginalizados pelas companhias privilegiadas, mas não teve por objetivo perseguir a elite colonial. Pelo contrário, colocou membros da elite nos órgãos administrativos e fiscais do governo, na magistratura e nas instituições militares."

BORIS, F. *História do Brasil.* São Paulo: Edusp, 1999.

a) Qual o objetivo da política pombalina com a criação das companhias de comércio?
b) Explique como as medidas administrativas do Marquês de Pombal contribuíram para fortalecer o domínio português e, ao mesmo tempo, desagradaram à nobreza tradicional portuguesa.
c) Quais mudanças foram geradas com a maior presença da elite colonial nos órgãos administrativos coloniais?

**2.** "Comemora-se a 21 de abril a passagem do aniversário da morte de Joaquim José da Silva Xavier – o Tiradentes – bravo mineiro que, em 1792, resgatou com a vida o crime de conspirar contra o domínio português no Brasil, tornando-se o grande precursor de nossa independência política."

MAURICIO, A. A Inconfidência Mineira. *Jornal do Brasil*, Rio de Janeiro, 18 de abril de 1937, p.15.

Em um jornal carioca de 1937 foi publicada a passagem acima. Com base nela, responda:

a) Como o autor do texto acima caracteriza a Inconfidência Mineira?
b) Quais os problemas que essa interpretação traz para a compreensão das rebeliões no período colonial?

**3.** Com base no trecho do poema abaixo e em seus conhecimentos, responda às questões:

"Atrás de portas fechadas,
à luz de velas acesas,
entre sigilo e espionagem
acontece a Inconfidência."

Cecília Meireles, *Romanceiro da Inconfidência*.

a) Por que a Inconfidência, acima evocada, não obteve êxito?
b) Por que, não obstante seu fracasso, tornou-se o movimento emancipacionista mais conhecido da história brasileira?

**4.** "O poderoso e magnífico povo bahianense republicano (...), considerando os repetidos latrocínios que se faz com os títulos e imposturas, tributos e direitos que são cobrados por ordem da Rainha de Lisboa e, no que respeita à inutilidade da escravidão do mesmo povo, tão sagrado e digno de ser livre, com respeito à liberdade e igualdade, ordena, manda e quer que, futuramente, seja feita nesta cidade e seu termo a sua revolução exterminando para sempre o péssimo jugo reinável na Europa, (...)."

Manifesto de 12 de agosto de 1798,
em que os envolvidos na Conjuração Baiana ou
Revolução dos Alfaiates expunham suas posições.

Apoiando-se no texto acima, identifique as ideias inspiradoras da conjura e caracterize o tipo de insatisfação social que ela expressava contra o sistema colonial vigente.

**5.** "Exmo. Senhor Visconde de Barbacena
Meu senhor,
É pela minha obrigação de ser fiel à Rainha que prontamente informo à Vossa Senhoria a sublevação que se propõe. (...)
Para este intento [participar da rebelião] me convidaram e me pediram que conseguisse alguns barris de pólvora, e que outros já tinham mandado vir, e que procuravam o meu [apoio] por saberem que eu devia à Sua majestade quantia avultada e que esta logo me seria perdoada, e que eu tinha muitas fazendas e 200 e tantos escravos, e me garantiram que eu seria um dos grandes do movimento e do país livre que surgirá com a rebelião. (...)
Ponho todos estes tão importantes particulares na presença de V. Exa. pela obrigação que tenho de fidelidade, não porque me fez certo o seu intento e que a demora desta conjuração era enquanto não se publicava a derrama; porém, quando esta ocorresse, não tardaria. (...)
O prêmio que peço tão somente a V. Exa. é rogar-lhe que, pelo amor de Deus, não se perca a ninguém. (...)

Joaquim Silvério dos Reis Coronel da Cavalaria
das Gerais Borda do Campo, 14 de abril de 1789."

Analise o texto da carta de Joaquim Silvério dos Reis delatando a conjuração. Juntando-a com o que você aprendeu neste capítulo, faça um pequeno texto em seu caderno com as suas conclusões.

**6.** Trace um paralelo entre a Conjuração Mineira e a Conjuração Baiana, ressaltando suas semelhanças e diferenças.

# Analise esta imagem

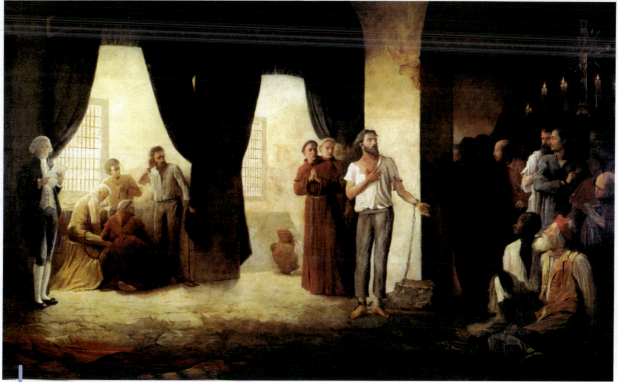

Leitura da sentença dos Conjurados, lida em 18 de abril de 1792. Tiradentes foi o único que não teve suspensa a pena de morte. *Leitura da Sentença de Tiradentes*, Eduardo de Sá, Museu Histórico Nacional, Rio de Janeiro.

Observe a imagem de Tiradentes no quadro *Leitura da Sentença de Tiradentes*, de Eduardo de Sá, e responda:

a) Como o alferes foi caracterizado na obra?

b) Indique outros aspectos da pintura que expressem a participação dos grupos sociais do período no processo de Tiradentes.

# Debatendo ideias

Ao investigar o comportamento do brasileiro, o historiador Sérgio Buarque de Holanda utilizou o conceito do "homem cordial". Segundo João Cezar de Castro Rocha, o homem cordial "seria aquele que vive ao sabor de paixões extremas, dominado pelo coração – em latim, cor; daí, cordial. Ele é o filho dileto da família patriarcal, sentindo-se perdido no mundo impessoal da esfera pública; só se sente em casa na própria casa, na esfera privada, caracterizada pelas relações pessoais e pelo afeto. As consequências de tal disposição afetam diretamente a condução da coisa pública: 'Não existe, entre o círculo familiar e o Estado, uma gradação, mas antes uma descontinuidade e até uma oposição'. O homem cordial se define por 'um fundo emocional extremamente rico e transbordante'. Por isso, sempre favorece o grupo dos amigos, em vez de zelar pelo interesse público".

Fonte: ROCHA, J. C. de C. Semeador de perguntas. In: *Revista de História da Biblioteca Nacional*, Rio de Janeiro, n. 13, out. 2006, p. 76-79.

No entanto, diferentemente do defendido por Sérgio Buarque em sua análise, esse conceito foi muito utilizado nas representações do brasileiro como um ser pacífico e hospitaleiro.

Com base no conteúdo do capítulo e no trecho citado acima, discuta com seus amigos as seguintes questões:

a) Segundo o texto, a cordialidade do brasileiro seria uma coisa positiva ou negativa? Explique.

b) Em sua opinião, esse conceito ainda pode ser aplicado para retratar o comportamento dos brasileiros atualmente? Justifique.

# Questões de vestibular

**1.** (UNICAMP – SP) No quadro das revoltas ocorridas em Minas Gerais na primeira metade do século XVIII – entre 1707 e 1736 –, verificamos, em algumas delas, elementos de marcante originalidade, por contestarem abertamente os direitos do Rei e envolverem participação ativa de segmentos procedentes dos estratos sociais inferiores.

> *Adaptado de:* FIGUEIREDO, L. R. de A. O Império em apuros: notas para o estudo das relações ultramarinas no Império Português, séculos XVII e XVIII. In: FURTADO, J. (Org.) *Diálogos Oceânicos:* Minas Gerais e as novas abordagens para uma história do Império Ultramarino Português. Belo Horizonte: UFMG, 2001. p. 236.

a) Segundo o texto, quais eram as características originais apresentadas por algumas revoltas ocorridas na primeira metade do século XVIII?

b) Dê duas características da Inconfidência Mineira que a diferenciam das revoltas ocorridas na primeira metade do século XVIII.

**2.** (UFG – GO) Após a morte de D. João V, em 1750, ascendeu como ministro Sebastião José de Carvalho Melo, futuro Marquês de Pombal. A administração pombalina destacou-se pela

a) aproximação diplomática com o reino espanhol, em nome do interesse comum, contendo os abusos ingleses.

b) adoção da escolástica, promovendo o desenvolvimento científico.

c) valorização da gramática normativa portuguesa, resgatando o prestígio do latim.

d) distensão do despotismo esclarecido, afirmando uma administração política e econômica liberal.

e) redefinição da estrutura do ensino português, implementando o financiamento estatal.

**3.** (UFLA) Sebastião José de Carvalho e Melo, ministro de D. José I, rei de Portugal, ficou conhecido na história como o "Marquês de Pombal". Ele implementou um conjunto de reformas em Portugal e em suas colônias. A respeito dessas reformas, julgue as afirmativas abaixo em verdadeira (V) ou falsa (F) e assinale a alternativa que apresenta a sequência CORRETA.

( ) Devido ao privilégio concedido para o monopólio comercial de uma região, surgiram Companhias de Comércio do Estado do Grão-Pará e do Maranhão, da Pesca das Baleias, de Agricultura das Vinhas do Alto Douro e de Pernambuco e Paraíba.

( ) Acentuou-se a diferença entre cristãos-velhos e cristãos-novos em todo o Reino de Portugal, fato que desencadeou um fortalecimento da Inquisição Portuguesa e o distanciamento entre o Estado e os comerciantes.

( ) Pombal expulsou os jesuítas do império português, pois estes controlavam o currículo da Universidade de Coimbra, ligado à teologia, que era contrária ao iluminismo.

( ) Com relação ao Brasil, Pombal extinguiu as Capitanias Hereditárias, transformando-as em capitanias reais, além de transferir a capital de Salvador para o Rio de Janeiro.

a) F – V – V – F

b) V – V – F – F

c) V – F – V – V

d) F – F – V – V

**4.** (PUC – RJ) Depoimento de Joaquim José da Silva Xavier, o Tiradentes:

> (...) o fato de ser alferes influiu para transformar-me em conspirador, levado a tanto que fui pelas injustiças que sofri, preterido sempre nas promoções a que tinha direito. Uni as minhas amarguras às do povo, que eram maiores, e foi assim que a ideia de libertação tomou conta de mim (...).

> Apud MATTOS, I. R; ALBUQUERQUE, L. A. S. *Independência ou Morte* – a emancipação política do Brasil. São Paulo: Editora Atual, 1991. p. 9.

Com base no documento acima, analise o movimento da Inconfidência Mineira ocorrido na América Portuguesa em 1789:

a) Caracterize dois descontentamentos que tenham motivado os colonos da região das Minas a elaborar um plano de inconfidência:

b) Identifique, justificando sua resposta, um acontecimento ocorrido fora da América Portuguesa que tenha influenciado os colonos mineiros a planejar uma sedição contra a Coroa Portuguesa.

**5.** (UFJF – MG) O reinado de D. José I, em Portugal (1750-1777), foi marcado pela atuação de Sebastião José de Carvalho e Melo (futuro Marquês de Pombal), nomeado secretário de estado do Reino. Ao se tornar figura central da administração portuguesa, Pombal procurou empreender uma série de reformas no país, de modo a reverter a situação de crise em que vivia o reino português. Segundo o historiador Kenneth Maxwell:

> Uma consequência imediata das medidas drásticas de Pombal foi desembaraçar o caminho para ações governamentais em várias frentes. Assim, a década de 1760 marcou um período de consolidação e ampliação das reformas iniciadas durante a década anterior. Estas incluíram (...) a afirmação da autoridade nacional na administração religiosa e eclesiástica, o estímulo a empreendimentos industriais e a atividades empresariais e a consolidação da autoridade para lançar impostos, das capacidades militares e da estrutura de segurança do Estado.

> *Fonte:* MAXWELL, K. *Marquês de Pombal:* paradoxo do Iluminismo. Rio de Janeiro: Paz e Terra, 1996. p. 96.

Com base no texto acima e em seus conhecimentos, cite e analise:

a) uma medida da política econômica pombalina para a América Portuguesa.

b) uma medida da política pombalina em relação ao sistema educacional na colônia brasileira.

**6.** (UFPE) O Iluminismo influenciou o pensamento da sua época. As polêmicas intelectuais foram muitas, em defesa da liberdade e do fim dos governos absolutistas. As ideias iluministas, com suas propostas, também agitaram as colônias. No Brasil, por exemplo, houve uma:

0) grande adesão ao Iluminismo, o que contribuiu para a organização de rebeliões e para o rompimento de práticas escravistas já no século XVIII.

1) rejeição aos ideais iluministas, por estes defenderem a superioridade dos europeus e admitirem o mercantilismo.

2) influência de suas ideias em muitos intelectuais revoltados com o domínio de Portugal e com a falta de autonomia política da colônia.

3) incorporação dos princípios iluministas nas rebeliões contra Portugal, devido à consagração de ideias radicalmente democráticas.

4) prevalência do liberalismo político, mas só a partir do movimento de 1817, em Pernambuco, graças à participação expressiva do clero local.

**7.** (UFBA) Com base nos conhecimentos sobre o Período Colonial, indique, para cada situação em destaque, um fator que comprove a importância da economia colonial brasileira para as relações econômicas entre Portugal/Holanda e Portugal/Inglaterra entre os séculos XVII e XVIII.

**8.** (UFPE) A exploração portuguesa era intensa, no Brasil colonial, e provocava rebeldias e insatisfações constantes. Organizavam-se movimentos de resistência e de busca de autonomia política.

Durante o século XVIII, por exemplo, houve:

0) a Revolta dos Alfaiates, com proposta de libertar a colônia e procurar formar uma sociedade mais justa e igual.

1) a Guerra dos Emboabas, marcada pela luta contra a escravidão dos negros e a disputa por minas de ouro.

2) a Inconfidência Mineira, com objetivos de criar uma nação democrática, sem escravos e sem pobres.

3) a Conspiração dos Suassunas, que abalou o mercado do açúcar e destruiu a vila do Recife.

4) a Revolta de Felipe dos Santos, que reclamava da cobrança exagerada de impostos na região de Minas Gerais.

**9.** (UFAL) Quando o Brasil ainda se encontrava sob o domínio português, diversas revoltas de caráter nativista agitaram o território brasileiro. A Inconfidência Mineira foi uma conspiração que ocorreu em Vila Rica, hoje Ouro Preto, em 1789. Marque a opção que melhor define o objetivo dos conspiradores.

a) De caráter predominantemente popular, a Inconfidência Mineira defendia o fim da escravidão e a igualdade entre todos os homens.

b) Defendiam a proclamação de um Governo republicano e o estabelecimento da capital em São João Del-Rei.

c) O estabelecimento de brasileiros no comércio varejista, controlado quase inteiramente pelos portugueses.

d) Maior autonomia política para as unidades do Império e a extinção do poder moderador.

e) Criação da capitania de Minas Gerais, diretamente ligada à coroa, a fim de pacificar a região das minas.

**10.** (UECE) O arrocho fiscal que intensificou as indisposições entre a Colônia Brasileira e a Metrópole Portuguesa nas Minas Gerais e que consistia na cobrança anual de uma cota de 100 arrobas de ouro por município foi denominado de

a) Derrama.     c) Código Mineiro de 1603.
b) Quinto Real.     d) Intendência das Minas.

# Programas de Avaliação Seriada

**1.** (PSS – UFAL) No Brasil, as chamadas rebeliões coloniais deram condições para que o processo de independência conseguisse ganhar força política. Na Bahia, um desses movimentos, conhecido como a Revolução dos Alfaiates, foi:

a) liderado apenas por comerciantes, defensores do fim da escravidão e da radicalização dos princípios liberais.

b) marcado pela participação da Loja Maçônica Cavaleiro da Luz na propagação das ideias liberais.

c) influenciado pela organização da Inconfidência Mineira e por suas ideias mais significativas.

d) desorganizado politicamente, restringindo sua adesão aos pobres e ao clero local mais radical.

e) militarmente forte, pela ajuda de províncias do Sul e do Sudeste, em defesa da autonomia das colônias.

**2.** (PISM – UFJF – MG) Entre 1750 e 1777, o primeiro-ministro português Sebastião de Carvalho e Melo, conhecido como Marquês de Pombal, comandou a política e a economia portuguesas.

A respeito desse período da história portuguesa e do Brasil, é INCORRETO afirmar que:

a) o período pombalino pode ser caracterizado como de "Despotismo Esclarecido", visto que foi marcado por medidas modernizantes, mas também manteve a centralização e o fortalecimento do poder real.

b) Pombal adotou práticas típicas do mercantilismo, visando a fortalecer os comerciantes portugueses para que pudessem competir com os ingleses e, também, combater os contrabandistas.

c) a transferência da capital do Brasil de Salvador para o Rio de Janeiro foi motivada pela crescente importância das regiões mineradoras do sudeste.

d) a expulsão dos jesuítas de Portugal e dos domínios portugueses, inclusive do Brasil, visava a centralizar a administração e redefinir o projeto educacional.

e) o governo pombalino reforçou a escravidão indígena, visando a solucionar o problema da mão de obra nas colônias e reduzir a dependência do tráfico atlântico.

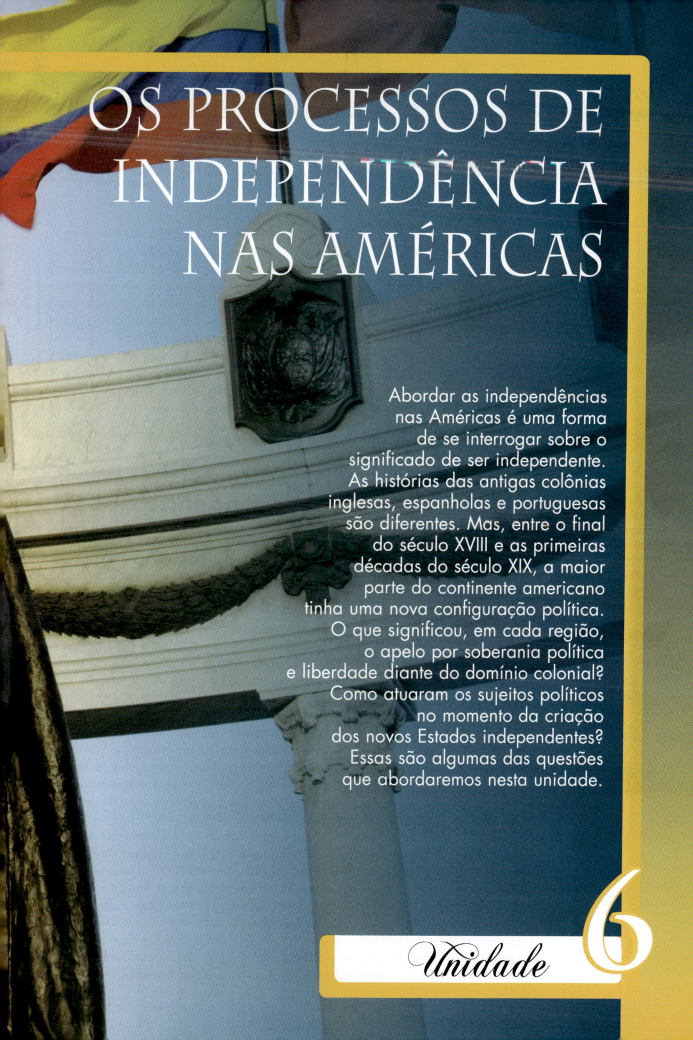

# OS PROCESSOS DE INDEPENDÊNCIA NAS AMÉRICAS

Abordar as independências
nas Américas é uma forma
de se interrogar sobre o
significado de ser independente.
As histórias das antigas colônias
inglesas, espanholas e portuguesas
são diferentes. Mas, entre o final
do século XVIII e as primeiras
décadas do século XIX, a maior
parte do continente americano
tinha uma nova configuração política.
O que significou, em cada região,
o apelo por soberania política
e liberdade diante do domínio colonial?
Como atuaram os sujeitos políticos
no momento da criação
dos novos Estados independentes?
Essas são algumas das questões
que abordaremos nesta unidade.

*Unidade* 6

# capítulo 27

# Independência dos Estados Unidos

*A independência dos EUA é de fundamental importância para o entendimento da história contemporânea porque foi o primeiro grande ato de contestação de uma colônia contra sua metrópole. Em outras palavras, as ex-colônias inglesas na América do Norte se colocaram contra a submissão econômica e política em relação à Inglaterra, de modo que preservassem os interesses de imigrantes e seus descendentes, que haviam formado uma nova sociedade em território americano. Isso significa que a lógica colonial começava a dar seus primeiros sinais de crise, afetando as relações metrópole-colônia, que se ligavam às transformações estruturais pelas quais a Europa estava passando, como as mudanças provocadas pelas ideias e filosofias iluministas.*

*A independência americana teve importantes repercussões dos dois lados do Atlântico, já que, na América, o evento da independência abria um canal de contestação política que teria ecos nas outras colônias americanas e suas metrópoles ibéricas e, na Europa, a Inglaterra perdia uma de suas principais áreas coloniais e a França aprofundava sua crise política e social, que levaria o país à grande revolução de 1789.*

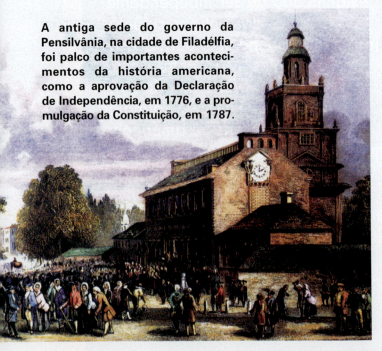

A antiga sede do governo da Pensilvânia, na cidade de Filadélfia, foi palco de importantes acontecimentos da história americana, como a aprovação da Declaração de Independência, em 1776, e a promulgação da Constituição, em 1787.

## O processo de independência dos EUA

Durante aproximadamente 150 anos, colonos e ingleses conviveram relativamente bem, sem grandes transtornos entre colônia e metrópole. O controle metropolitano era brando e as colônias adquiriram formas de organização próprias. As colônias do Norte, por exemplo, prosperavam, em parte, pelo desinteresse da própria Inglaterra, que, no século XVII, enfrentava disputas políticas internas.

Com o passar do tempo, os descendentes dos imigrantes que se estabeleceram na América foram incrementando seus negócios, formando uma elite norte-americana, cujos anseios eram diferentes daqueles estabelecidos pela tentativa de ampliar a dominação colonial inglesa, que se expressava a partir de medidas para obter um controle mais rigoroso da colônia no século XVIII.

Com a pacificação interna, a Inglaterra começou a estabelecer maior presença na colônia, para buscar mercados e também pela necessidade de demonstrar seu domínio. A partir de 1760, a Revolução Industrial em território britânico aumentou a produção industrial, o que consequentemente gerou a necessidade de maiores vendas ou, em outras palavras, de ampliação do mercado. A Inglaterra passou a ver sua colônia com outros olhos, pois suas outras colônias norte-americanas já possuíam um mercado interno próspero, o que as tornava um destino certo para os produtos manufaturados e industrializados, além de serem fornecedoras de matérias-primas para o setor industrial que começava a se consolidar então.

## Discutindo um conceito problemático: povoamento × exploração

Por que os Estados Unidos são tão ricos e nós, o Brasil, somos tão pobres? Por que as coisas parecem dar certo lá e não aqui? (...) As explicações de maior sucesso são sempre as mais simples, mesmo que a realidade seja de fato muito complexa. Uma destas explicações, talvez a pior de todas, argumenta que existem colônias de exploração e de povoamento.

As colônias de exploração, é claro, seriam as ibéricas. Como apreende-se na definição, as áreas colonizadas por Portugal e Espanha existiriam apenas para enriquecer as metrópoles. Nesse tipo de colônia, as pessoas sairiam da Europa apenas para enriquecer e retornar ao país de origem. Esta verdade tão cômoda explicaria o subdesenvolvimento de países como Peru, Brasil e México: todos eles foram colônias de exploração.

O oposto das colônias de exploração seriam as colônias de povoamento. Para essas, as pessoas iriam não com o objetivo de enriquecer e voltar, mas para morar na nova terra. Logo, sua atitude não seria predatória, mas preocupada com o desenvolvimento local. Isto explicaria o grande desenvolvimento das áreas anglo-saxônicas como os EUA e Canadá. (...)

No século XVII, quando a América espanhola já apresentava universidade, bispados, produções literárias e artísticas de várias gerações, a costa inglesa da América do Norte era um amontoado de pequenas aldeias atacadas por índios e rondadas pela fome. (...)

Decorridos um ano do início da colonização, caso comparássemos as duas Américas constataríamos que a ibérica tornou-se muito mais urbana e possuía mais comércio, maior população e produções artísticas e culturais mais "desenvolvidas" que a inglesa. Nesse fato vai residir a maior facilidade dos colonos norte-americanos em proclamarem a sua independência. (...) A falta de um efetivo projeto colonial aproximou os EUA de sua independência. As 13 colônias nascem sem a tutela direta do Estado. Por ter sido "fraca" (...) a colonização inglesa deu origem à primeira independência vitoriosa da América.

*Fonte:* KARNAL, L.
*Estados Unidos:* a formação da nação.
São Paulo: Contexto, 2001. p.13 e 17.

**1)** Qual o parâmetro de comparação estabelecido pelo texto?

**2)** Por que o texto contraria o senso comum ao propor que as estratégias de povoamento foram existentes no mundo ibérico e não no anglo-saxão?

# Os conflitos no processo colonial

Essa mudança de interesses entre colonizadores e colonizados trouxe um aumento da tensão entre eles. A situação se agravou com a **Guerra dos Sete Anos** (1756-1763) entre França e Inglaterra, pois os combates também aconteceram em território norte-americano. Os colonos travaram lutas com os soldados britânicos contra os franceses e os venceram, tomando territórios que estavam sob domínio francês, como a Louisiana francesa, localizada nas margens do Mississípi. Ao findar a guerra, mesmo a Inglaterra tendo conseguido tomar extensas áreas dos franceses, sua situação financeira estava bastante fragilizada em virtude dos altos custos da guerra. Os ingleses, necessitando de mais fontes de recursos, decidiram criar novos impostos para solucionar seus problemas econômicos.

Em 1764, o Parlamento inglês aprovou a primeira de uma série de leis que taxavam produtos comerciados pelos norte-americanos: a **Lei do Açúcar**. Por ela, o melaço que os norte-americanos consumiam e que também era um componente importante do rum, usado como moeda de troca no tráfico negreiro, vindo das Antilhas, passou a ser pesadamente taxado. Estabelecia também direitos sobre diversos artigos de luxo, como vinho, seda, café, entre outros. No ano seguinte, 1765, foi promulgada a **Lei do Selo** (*Stamp Act*) pela qual documentos comerciais e jornais deveriam exibir um selo inglês, comprado na metrópole. A reação de oposição da elite norte-americana foi imediata e exigiu uma revisão da Lei. Os colonos norte-americanos alegaram que não tinham representação no Parlamento inglês e que não admitiam taxações impostas por Londres sem sua representação. Diante da grande pressão vinda da colônia, os ingleses revogaram a Lei do Selo, mas, em compensação, impuseram outras em seu lugar, com os mesmos objetivos, taxando o papel, o vidro, o chumbo e o chá.

Mais uma vez, os colonos se opuseram às medidas legais, promovendo inúmeras manifestações de protesto após os atos do governador Townshend, que acabaram sendo duramente reprimidas pela coroa inglesa. A mais conhecida ocorreu em 1767, quando tropas inglesas abriram fogo contra os manifestantes civis, o que ficou conhecido como o Massacre de Boston. Os parlamentares ingleses, com medo de que a rebeldia se espalhasse, recuaram um pouco em suas medidas repressivas, mas ainda assim mantinham certa rigidez, por exemplo, na questão do chá.

*O Massacre de Boston*, de Paul Revere. Fine Arts Museum of San Francisco, Califórnia.
O massacre de Boston ocorreu quando a guarda metropolitana da Inglaterra tentou acabar com uma manifestação na então colônia dos EUA, matando um total de 5 pessoas, em 1770. Isso começou com uma batalha de bolas de neve, quando uma delas foi atirada em um soldado britânico. O fato teve grande repercussão entre as colônias.

A situação se complicou para valer em 1773, quando foi concedido à Companhia Inglesa das Índias o monopólio da venda de chá em todas as colônias inglesas. Essa medida prejudicava enormemente os norte-americanos que o compravam em outras áreas. Diante da proibição de comércio, passaram a contrabandeá-lo. Os dirigentes da Companhia, então, baixaram o preço do chá, o que enfureceu ainda mais os colonos. Eles resistiram à taxação e, em 1773, um grupo disfarçado de índios abordou um navio ancorado no porto de Boston, jogando ao mar uma grande quantidade de chá inglês que estava a bordo. Esse acontecimento ficou conhecido como a **Festa do Chá de Boston**.

A reação inglesa foi dura, pois os colonos tinham cometido um crime, destruindo uma valiosa carga de chá. Para erradicar esse tipo de ação os ingleses promulgaram, em 1774, as **Leis Intoleráveis**

(*Intolerable Act*). Uma delas fechava o porto de Boston até que os colonos cobrissem integralmente o prejuízo causado pelo chá jogado ao mar, como também substituía autoridades e funcionários eleitos pelos colonos por novos mandatários e funcionários designados pela Inglaterra. Os colonos de Massachusetts (onde Boston está situada) e de outras colônias entenderam que a atitude inglesa era de tirania. O clima de revolução pairava no ar.

Em 1774, representantes das Treze Colônias reuniram-se na cidade de Filadélfia para discutir a situação no Primeiro Congresso Continental e pediram o fim dos entraves ao desenvolvimento das colônias. Os britânicos não gostaram da atitude dos colonos e, em abril de 1775, os conflitos armados deram início à **Guerra de Independência** ou **Revolução Americana**. Dada a intransigência do governo inglês, os colonos reuniram-se novamente no Segundo Congresso Continental da Filadélfia, em 1776 e, juntos, redigiram um documento preparado por Thomas Jefferson: a *Declaração Unânime dos Treze Estados Unidos da América*. Na prática, isso significou a criação de um novo país em 4 de julho de 1776, os **Estados Unidos da América**. Pela Declaração, todos que se sentissem injustiçados ou ameaçados tinham o direito de escolher livremente um novo governo, sem laços com o antigo regime. O comandante do exército designado pelos insurretos foi **George Washington**, militar e rico proprietário de terras da Virgínia. De início, devido à desproporção entre os dois exércitos em luta, as forças britânicas prevaleceram, fazendo com que as tropas norte-americanas recuassem em seu objetivo. Mas a vitória obtida por Washington em Saratoga (1777) deu novo impulso à causa estadunidense rumo à sua independência política.

## Recortes da História

### A Declaração de Independência dos Estados Unidos

Quando, no curso dos acontecimentos humanos, se torna necessário um povo dissolver laços políticos que o ligavam a outro, e assumir, entre os poderes da Terra, posição igual e separada, a que lhe dão direito as leis da natureza e as do Deus da natureza, o respeito digno às opiniões dos homens exige que se declarem as causas que os levam a essa separação.

Consideramos estas verdades como evidentes por si mesmas, que todos os homens foram criados iguais, foram dotados pelo Criador de certos direitos inalienáveis,

que entre estes estão a vida, a liberdade e a busca da felicidade.

Que a fim de assegurar esses direitos, governos são instituídos entre os homens, derivando seus justos poderes do consentimento dos governados; que, sempre que qualquer forma de governo se torne destrutiva de tais fins, cabe ao povo o direito de alterá-la ou aboli-la e instituir novo governo, baseando-o em tais princípios e organizando-lhe os poderes pela forma que lhe pareça mais conveniente para realizar-lhe a segurança e a felicidade.

**inalienáveis:** que não podem ser vendidos ou cedidos.

Na realidade, a prudência recomenda que não se mudem os governos instituídos há muito tempo por motivos leves e passageiros; e, assim sendo, toda experiência tem mostrado que os homens estão mais dispostos a sofrer, enquanto os males são suportáveis, do que a se desagravar, abolindo as formas a que se acostumaram. Mas quando uma longa série de abusos e usurpações, perseguindo invariavelmente o mesmo objeto, indica o desígnio de reduzi-los ao despotismo absoluto, assistem-lhes o direito, bem como o dever, de abolir tais governos e instituir novos-Guardas para sua futura segurança. Tal tem sido o sofrimento paciente destas colônias e tal agora a necessidade que as força a alterar os sistemas anteriores de governo. A história do atual Rei da Grã-Bretanha compõe-se de repetidos danos e usurpações, tendo todos por objetivo direto o estabelecimento da tirania absoluta sobre estes Estados. (...)

Nós, por conseguinte, representantes dos Estados Unidos da América, reunidos em Congresso Geral, apelando para o Juiz Supremo do mundo pela retidão de nossas intenções, em nome e por autoridade do bom povo destas colônias, publicamos e declaramos solenemente: que estas Colônias unidas são e de direito têm de ser Estados livres e independentes, que estão desoneradas de qualquer vassalagem para com a Coroa Britânica, e que todo vínculo político entre elas e a Grã-Bretanha está e deve ficar totalmente dissolvido; e que, como Estados livres e independentes, têm inteiro poder para declarar guerra, concluir paz, contratar alianças, estabelecer comércio e praticar todos os atos e

*Escrevendo a Declaração de Independência*, óleo sobre tela, de Jean Leon Gerome Ferris (1921). Biblioteca do Congresso, Washington.

ações a que têm direito os estados independentes. E em apoio desta declaração, plenos de firme confiança na proteção da Divina Providência, empenhamos mutuamente nossas vidas, nossas fortunas e nossa sagrada honra.

Disponível em: <http://www.embaixada-americana.org.br>. *Acesso em:* 15 maio 2006.

1) Pesquise e explique o que são direitos inalienáveis. Quais são os direitos inalienáveis expressos na Declaração de Independência dos EUA?
2) Contra qual situação os representantes se rebelaram e qual princípio estavam defendendo?

O conflito, então, prosseguiu até o ano de 1783. Nesse período, a França, derrotada e ressentida pela Guerra dos Sete Anos, envolveu-se na luta a favor dos Estados Unidos. Em um primeiro momento, sua atuação deu-se pelo envio de armamentos e munição para os rebeldes norte-americanos. Em 1778 o seu envolvimento foi direto, seguido pela declaração de guerra de outros países europeus, Espanha (1779) e Holanda (1780), à Grã-Bretanha. A ajuda francesa foi importante para que os norte-americanos conseguissem derrotar os ingleses em Yorktown, em 1781, capturando mais de 7,2 mil soldados ingleses. Embora os exércitos britânicos tenham capitulado, o reconhecimento da independência norte-americana só se deu em 1783, quando foi assinado o Tratado de Versalhes entre a antiga colônia e sua ex-metrópole.

Bandeira norte-americana em 1787.

## *Passado/presente*

### Os usos políticos do passado histórico

Em um contexto de crise econômica e social, Barack Obama foi eleito presidente dos EUA, tornando-se o primeiro negro a ocupar tal cargo na Casa Branca. Em seu discurso de posse, o tema da esperança esteve constantemente presente como forma de superar os desafios que seu governo passaria a enfrentar, de modo que mobilizasse grande parte da sociedade em torno dessa tarefa. Para tanto, em vários momentos o candidato eleito evocou passagens da história dos EUA como exemplo de superação dos momentos de crise que a sociedade americana enfrentava, traçando, assim, um paralelo entre o passado e o presente como forma de justificar suas iniciativas futuras. Nesse sentido, vemos dois momentos em que a história é utilizada no discurso de Obama: primeiro, quando o autor relembra o tema da liberdade, presente na declaração de independência, redigida por Thomas Jefferson em 1776, em que a busca da felicidade deve ser assegurada por um governo justo e conveniente ao povo; em um segundo momento, quando o autor relembra o esforço dos primeiros colonos puritanos – que, fugindo da perseguição religiosa existente na Inglaterra, formaram as colônias da Nova Inglaterra em solo americano – como forma de justificar o desenvolvimento socioeconômico dos EUA, lembrando as ideias do "Destino Manifesto" e a preponderância e influência da religião protestante na construção dessa sociedade.

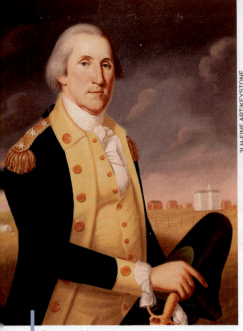
George Washington.

# O novo governo

Com o término do conflito e o reconhecimento da independência por parte da Inglaterra, iniciou-se em 1787 o processo de organização política dos Estados Unidos da América. Nesse ano, foram intensos os debates entre as duas correntes de opinião que se formaram na época durante a Convenção Constitucional da Filadélfia: os republicanos, que, liderados por Thomas Jefferson, defendiam maior autonomia para os estados da federação, e os federalistas, que, liderados por Alexander Hamilton e George Washington, eram favoráveis à formação de um poder central forte. As duas facções prevaleceram, sendo promulgada a Constituição da nova nação estabelecendo um poder tripartite: executivo, legislativo e judiciário, com a eleição de um presidente da república, deputados e senadores a cada quatro anos, o que evidenciava a influência das ideias iluministas no processo de independência. Em 1789, George Washington foi eleito presidente, o que deu início ao regime republicano federalista e presidencialista.

## *Vivendo seu tempo*

### A participação das mulheres na vida política americana

No século XVIII, as mulheres da América inglesa não haviam participado muito da vida pública. Nas lutas contra os desmandos da metrópole e na Guerra de Independência, colaboraram mantendo sozinhas seus familiares e propriedades e empenhando-se em atos cívicos. Nesse processo, muitas acreditaram estar trabalhando para o bem comum e a favor da liberdade. Em consequência dessa experiência, que evidencia a capacidade e a importância da atuação feminina, algumas passaram a defender o acesso a uma educação que aprimorasse o potencial intelectual das mulheres. Entretanto, o modelo republicano de mulher que emerge junto com a nova nação (que exclui índios, mantém a escravidão e nega a igualdade civil e os direitos políticos às mulheres) é o da "mãe" que, embora não se imiscua nos assuntos públicos (em 1808, por exemplo, o direito ao voto é reservado ao sexo masculino) e dedique-se

> Imiscuir: interferir, intrometer.

de corpo e alma à família, é chamada a formar os novos cidadãos americanos que "prezam a liberdade". Suas atividades domésticas adquirem um caráter cívico e seu papel social uma nova dimensão: a de "velar pela construção do país em termos de virtude e de moral". Depois da Independência, surgem as associações de mulheres organizadas, muitas vezes ligadas a igrejas, com o objetivo de auxiliar os desamparados. A prática de tais grupos fornecerá subsídios para a participação das norte-americanas nos movimentos abolicionistas e feministas do século XIX. E a brecha aberta pela nova responsabilidade para com a nação dita do povo livre servirá de justificativa para que procurem interferir mais na vida pública e lutem pela emancipação feminina.

*Fonte:* PINSKY, C. B.; PEDRO, J. M. Igualdade e especificidade. In: PINSKY, J. (Org.). *História da Cidadania.* São Paulo: Contexto, 2003. p. 268.

## Cinemateca

**A Letra Escarlate** (1973, EUA, dir.: Wim Wenders) A personagem de Hester vive um amor adúltero com o reverendo Dimmesdale, sendo obrigada a usar uma letra escarlate em sua roupa, que designa seu adultério. É nesse contexto do século XVII que a religião mostra todo seu peso e influência na sociedade das treze colônias inglesas na América.

**O Patriota – Guerra de Independência dos EUA, 1776** (2000, EUA, dir.: Roland Emmerich) Veterano de guerra, luta contra a coroa britânica que levou à independência as colônias norte-americanas.

**O Último dos Moicanos** (1992, EUA, dir.: Michael Mann) Na Guerra dos Sete Anos (1756-1763), franceses e ingleses lutam pelos territórios norte-americanos, usando como soldados índios de diferentes tribos.

**Revolução** (1985, EUA, dir.: Hug Hudson) Um aventureiro e seu filho são obrigados a lutar na Guerra de Independência dos Estados Unidos.

# Revisitando a História

**1.** Por que a independência dos Estados Unidos é considerada um marco na história política do século XVIII? Qual a principal inovação do modelo adotado pelos norte-americanos?

**2.** "Quanto às questões de governo, não está em poder da Bretanha ministrar justiça a este continente. O comércio deste não tardará em ser demasiadamente pesado e intricado para que possa dirigir, com qualquer grau tolerável de conveniência, uma nação tão distante de nós e que tão pouco nos conhece. Se não nos pode conquistar, não nos pode governar."

*Fonte:* PAINE, T. Senso Comum.

In: *Os Pensadores*. São Paulo: Abril, 1971. p. 67. (Coleção Os Pensadores).

O panfleto intitulado *Senso Comum*, publicado anonimamente por Thomas Paine em 10 de janeiro 1776, foi um texto muito lido pela população das Treze Colônias inglesas. Nesse panfleto, o autor procura justificar por que a independência é o melhor caminho para as colônias, afirmando que Inglaterra e América não tinham laços que justificassem a união, que era muito onerosa para as colônias.

Com base no texto acima:

a) Explique por que a despreocupação da metrópole inglesa favoreceu a Independência das Treze Colônias.

b) Apresente dois motivos imediatos para a Guerra de Independência.

**3.** "A sociedade em qualquer estado é uma bênção, enquanto o governo, mesmo no seu melhor estado, não passa de um mal necessário, sendo, no seu pior estado, um mal intolerável."

*Fonte:* PAINE, T. Senso Comum. In: *Os Pensadores*. São Paulo: Abril, 1971. p. 51. (Coleção Os Pensadores).

De que maneira a ideia presente na passagem acima se relaciona às tensões entre as colônias da América do Norte e a metrópole que levaram ao surgimento dos Estados Unidos da América?

**4.** Identifique na Declaração de Independência dos Estados Unidos três pontos que caracterizam a adoção de princípios iluministas.

**5.** A respeito da participação feminina na independência norte-americana, qual foi o papel político na sociedade americana do século XVIII?

# Analise esta imagem

A pintura é uma fonte documental que contribui para a construção de uma explicação histórica para os processos representados. Geralmente as pinturas são encomendadas e têm a função de produzir mitos e glorificar os heróis, no caso, George Washington, como podemos observar na pintura de Emanuel Leutze, realizada em 1851.

O episódio ao qual se refere a pintura é a travessia do rio Delaware, na noite de Natal de 1776, para enfrentar tropas inimigas em Trenton (Nova Jersey). A travessia no inverno rigoroso e as condições inferiores do exército de George Washington são narradas como exemplo da superioridade estratégica do líder independentista. Com base nessas observações, responda:

a) Faça uma descrição da pintura.

b) Como é representada a figura de George Washington?

c) Que tipo de ameaça natural enfrentam as pessoas na obra?

d) Que tipo de observação se deseja que o expectador tenha?

*Washington Atravessando o Rio Delaware* (1851). Óleo sobre tela, de Emanuel Leutze (1816-1868), 378,5 × 647,7 cm. Metropolitan Museum of Art, Nova York.

## Debatendo ideias

Releia o texto do historiador Leandro Karnal (p. 429) e debata com seus colegas a seguinte questão: por que as explicações sobre as chamadas colônias de povoamento e exploração são simplificadoras?

## Questões de vestibular

**1.** (UFPE) Sobre o processo de Independência dos Estados Unidos, é correto afirmar:

a) as leis do Parlamento inglês, reforçando o controle comercial-tributário da metrópole, contribuíram para convencer os colonos da necessidade de separação.

b) a situação das colônias americanas se tornou muito difícil quando a monarquia francesa resolveu dar apoio militar ao reino inglês.

c) os colonos perceberam a inevitabilidade da independência logo que realizaram o Primeiro Congresso Continental da Filadélfia.

d) as ideias liberais de John Locke inspiraram o pensamento de Jefferson e outros líderes, mas pouco influenciaram a *Declaração de Independência*.

e) os colonos encontraram no Iluminismo o suporte ideológico para defender a igualdade social e recusar qualquer influência religiosa.

**2.** (UFOP) A independência das Treze Colônias, em 1776, foi o primeiro abalo profundo sofrido pelo sistema colonial na América. Sobre esse processo, pode-se afirmar, exceto:

a) foi o resultado de longo processo de disputa entre os colonos e a Coroa inglesa, que buscava o monopólio do chá, artigo importado pelos colonos.

b) foi decisivo o apoio da França em armamentos e tropas, na luta dos colonos contra a Inglaterra.

c) levou à extinção da escravidão na região da Nova Inglaterra, porque os escravos tiveram participação decisiva no conflito.

d) teve como principal grupo de apoio os industriais, que viam, na separação da Inglaterra, o fim da competição dos manufaturados britânicos, mais baratos e de melhor qualidade do que aqueles produzidos nas próprias colônias.

**3.** (ENEM) Comparação entre Revolução Francesa e independência dos EUA.

Em 4 de julho de 1776, as treze colônias que vieram inicialmente a constituir os Estados Unidos da América (EUA) declaravam sua independência e justificavam a ruptura do Pacto Colonial. Em palavras profundamente subversivas para a época, afirmavam a igualdade dos homens e apregoavam como seus direitos inalienáveis: o direito à vida, à liberdade e à busca da felicidade. Afirmavam que o poder dos governantes, aos quais cabia a defesa daqueles direitos, derivava dos governados. Esses conceitos revolucionários que ecoavam o Iluminismo foram retomados com maior vigor e amplitude treze anos mais tarde, em 1789, na França.

Emília Viotti da Costa.

Considerando o texto acima, acerca da independência dos EUA e da Revolução Francesa, assinale a opção correta:

a) A independência dos EUA e a Revolução Francesa integravam o mesmo contexto histórico, mas se baseavam em princípios e ideais opostos.

b) O processo revolucionário francês identificou-se com o movimento de independência norte-americana no apoio ao absolutismo esclarecido.

c) Tanto nos EUA quanto na França, as teses iluministas sustentavam a luta pelo reconhecimento dos direitos considerados essenciais à dignidade humana.

d) Por ter sido pioneira, a Revolução Francesa exerceu forte influência no desencadeamento da independência norte-americana.

e) Ao romper o Pacto Colonial, a Revolução Francesa abriu o caminho para as independências das colônias ibéricas situadas na América.

**4.** (PUC – SP) As independências políticas na América assumiram diversas formas. Sobre elas, é possível afirmar que a

a) do Haiti, em 1804, foi a única que contou com participação escrava e levou à abolição da escravidão e à organização de um governo de colaboração entre os negros haitianos e os excolonizadores franceses.

b) de Cuba, em 1898, foi a última dentre as posses coloniais da Espanha na América e levou à anexação da ilha caribenha ao território dos Estados Unidos, com quem Cuba já comercializava desde o início de sua colonização.

c) dos Estados Unidos, em 1776, foi a primeira emancipação nas Américas e levou à adoção de um modelo federalista que reconhecia as diferenças políticas e econômicas entre as ex-colônias do sul e do norte do litoral atlântico.

d) da Argentina, em 1816, foi a responsável pela fragmentação política do antigo Vice-Reino do Rio da Prata e levou à libertação imediata das terras do Chile até o México e à expulsão da Espanha do continente americano.

e) do Brasil, em 1822, foi a única que contou com a aceitação imediata do colonizador e levou à adoção de uma monarquia que unificava os reinos de Portugal e do Brasil sob uma mesma base constitucional.

**5.** (UFG – GO) No século XVIII, os colonos anglo-americanos enfrentaram os franco-americanos na chamada Guerra dos Sete Anos (1756-1763). Na década seguinte, os colonos anglo-americanos rebeldes lutaram lado a lado com voluntários franceses na guerra de Independência dos Estados Unidos da América (1775-1781). Nesses dois contextos, as diferentes alianças dos colonos anglo-americanos tiveram como motivação comum

a) o controle e a ampliação do comércio colonial.
b) a realização dos ideais iluministas franceses.
c) a defesa dos interesses dos índios americanos.
d) o sentimento de revolta contra o pacto colonial.
e) o desejo de independência política e econômica.

**6.** (UEG – GO) Quando, no curso dos acontecimentos humanos, se torna necessário um povo dissolver laços políticos que o ligavam a outro, e assumir, entre os poderes da Terra, posição igual e separada, a que lhe dão direito as leis da natureza e as do Deus da natureza, o respeito digno às opiniões dos homens exige que se declare as causas que os levem a essa separação. Considerando estas verdades como evidentes por si mesmas, que todos os homens foram criados iguais, foram dotados pelo Criador de certos direitos inalienáveis, que entre estes estão a vida, a liberdade e a busca pela felicidade.

JEFFERSON, T. Declaração de Independência.
In: *Constituição dos Estados Unidos da América e Declaração de Independência.* São Paulo: Jalovi, 1987. p. 9.

Os líderes do processo de independência das 13 Colônias Inglesas da América foram muito influenciados pelos ideais iluministas. Essa filiação filosófica é evidente no texto da Declaração de Independência dos EUA, de 4 de julho de 1776. Com base no trecho citado, é CORRETO afirmar:

a) a crítica de Jean-Jacques Rousseau à propriedade privada foi plenamente incorporada ao texto de Thomas Jefferson.
b) a defesa do direito "à vida, à liberdade" foi inspirada na filosofia política de John Locke.
c) a ideia de que "todos os homens foram criados iguais" surgiu na proposta de Montesquieu de dividir o Estado em três poderes: Executivo, Legislativo e Judiciário.
d) o conceito de "Deus da Natureza" opõe-se à interpretação que Isaac Newton propôs acerca das Leis da Natureza.

**7.** (UFAL) As treze colônias da América do Norte haviam conquistado um grande desenvolvimento econômico e cultural. O crescimento do comércio com as Antilhas, a África, a Espanha e Portugal levou a Inglaterra a adotar várias medidas para consolidar seu domínio sobre as colônias, e, a partir de 1774 entra em vigor as leis intoleráveis. Em 1775, reuniu-se o Segundo Congresso Continental de Filadélfia, que tinha como objetivo

a) pedir ao rei e ao parlamento inglês a revogação das leis intoleráveis.
b) nomear George Washington encarregado de redigir a declaração de independência.
c) nomear Thomas Jefferson comandante das forças americanas.
d) revogar a Lei do Chá.

e) nomear Thomas Jefferson para redigir a declaração de Independência dos Estados Unidos, proclamada em 1776.

**8.** (UFF – RJ) Todos os homens foram criados iguais e são dotados de certos direitos inalienáveis, dentre os quais estão a Vida, a Liberdade e a Busca da Felicidade.

A Declaração de Independência dos Estados Unidos foi marco de um processo que apontou para grandes transformações; com ela rompia-se o domínio colonial europeu sobre o continente americano. Entretanto, não assistimos só a rupturas, mas também a continuidades na separação das colônias inglesas e na formação estadunidense. Sobre tal processo, pode-se afirmar que:

I. embora baseada nos ideais liberais de igualdade e liberdade, a legislação americana, à época da independência, por mais que garantisse a liberdade de religião, de expressão e de reunião, construiu uma soberania popular restrita, a partir de um sistema eleitoral censitário, que beneficiava os proprietários;
II. a Constituição de 1787 reforçava o poder central e equilibrava as disparidades entre os estados, através do Congresso bicameral – o Senado e a Câmara de Representantes – e do papel atribuído à Suprema Corte, construindo um sistema inteiramente novo;
III. os ideais liberais da Revolução Americana definem-se pela defesa intransigente da liberdade econômica e pela renúncia a qualquer tipo de protecionismo, resultando na dominação dos setores do Norte, de forte tradição comercial e pela necessidade de importação dos bens produzidos pela indústria inglesa, contrariando os interesses dos proprietários sulistas, que buscavam fortalecer a sua economia, para abastecer o mercado interno;
IV. a manutenção da escravidão, uma das grandes heranças do período colonial, visava a atender os interesses dos proprietários rurais da região sul, bem como dos comerciantes de almas, inclusive retirando-se da redação final da Declaração de Independência o trecho que criticava a propriedade escrava.

Assinale a opção correta.

a) A afirmativa I está correta.
b) As afirmativas I, II e III estão corretas.
c) As afirmativas I, II e IV estão corretas.
d) As afirmativas I, III e IV estão corretas.
e) As afirmativas II, III e IV estão corretas.

**9.** (UFPR) Foi a Revolução Francesa, e não a Americana, que ateou fogo ao mundo, e foi, consequentemente, do curso da Revolução Francesa, e não do desenrolar dos acontecimentos na América, ou dos atos dos "Pais Fundadores" que o atual uso da palavra revolução recebeu suas conotações e matizes em todos os lugares, inclusive nos Estados Unidos.

ARENDT, H. *Da Revolução.*
São Paulo: Ática; Brasília: UnB, 1988. p. 44.

A respeito do texto acima, considere as seguintes afirmativas:

1. No seu uso atual, a palavra "revolução" significa uma profunda transformação política e social, capaz de rom-

per com as estruturas do passado e criar algo novo, tal como fez a Revolução Francesa.

2. A Revolução Francesa extinguiu o Antigo Regime e a estrutura feudal da França, enquanto a Revolução Americana ficou restrita a mudar a realidade das 13 colônias.

3. O fato de a Revolução Americana não ter se baseado em ideais iluministas não a caracteriza como uma revolução igual à Francesa.

4. A Revolução Americana teve menor influência política e social fora da América, enquanto a Revolução Francesa influenciou movimentos sociais nas Américas e em quase toda a Europa.

Assinale a alternativa correta.

a) Somente a afirmativa 1 é verdadeira.
b) Somente a afirmativa 2 é verdadeira.
c) Somente as afirmativas 3 e 4 são verdadeiras.
d) Somente as afirmativas 1, 2 e 4 são verdadeiras.
e) Somente as afirmativas 1, 2 e 3 são verdadeiras.

**10.** (UFJF – MG) Os choques constantes entre o rei e o parlamento, entre a religião oficial e as demais, entre os grupos populares e a burguesia, tornaram o século XVII um momento conturbado na história da Inglaterra e ajudam a explicar como se processou a colonização inglesa na costa atlântica da América do Norte.
Acerca desse processo, assinale a alternativa INCORRETA.

a) A monarquia britânica concedeu às companhias de navegação uma parte significativa do empreendimento colonizador, permitindo que elas explorassem determinadas regiões.

b) Os puritanos, grupo religioso perseguido pela monarquia inglesa, atravessaram o Atlântico e se estabeleceram na costa nordeste dos EUA, buscando instituir uma sociedade de acordo com os princípios de sua religião.

c) A Inglaterra adotou uma "Política da Salutar Negligência" em relação às proibições comerciais por ela mesma impostas às treze colônias, o que possibilitou a constituição de triângulos comerciais entre Nova Inglaterra, África e Caribe.

d) A decisão inglesa de copiar o modelo de colonização de seus antecessores no Novo Mundo (espanhóis e portugueses) visava explorar a força de trabalho indígena, utilizando-se da catequese.

e) A fraca presença da autoridade inglesa na costa leste dos atuais Estados Unidos da América nos séculos XVII e XVIII colaborou para a precocidade do processo de independência da América do Norte, a primeira do continente.

**11.** (ENEM) Na democracia estadunidense, os cidadãos são incluídos na sociedade pelo exercício pleno dos direitos políticos e também pela ideia geral de direito de propriedade. Compete ao governo garantir que esse direito não seja violado. Como consequência, mesmo aqueles que possuem uma pequena propriedade sentem-se cidadãos de pleno direito.
Na tradição política dos EUA, uma forma de incluir socialmente os cidadãos é

a) submeter o indivíduo à proteção do governo.
b) hierarquizar os indivíduos segundo suas posses.
c) estimular a formação de propriedades comunais.
d) vincular democracia e possibilidades econômicas individuais.
e) defender a obrigação de que todos os indivíduos tenham propriedades.

# Programa de Avaliação Seriada

**1.** (SISU – UFPB) Leia o texto abaixo.

(...) não é sem razão que o [ser humano] procura de boa vontade juntar-se em sociedade com outros que estão já unidos, ou pretendem unir-se, para a mútua conservação da vida, da liberdade e dos bens a que chamo de "propriedade". O objetivo grande e principal, portanto, da união dos homens em comunidades, colocando-se eles sob governo, é a preservação da propriedade.

LOCKE, J. *Segundo Tratado sobre o Governo, Ensaio Relativo à Verdadeira Origem, Extensão e Objetivo do Governo Civil*. 2. ed. São Paulo: Abril Cultural, 1978. p. 82.

Locke foi um pensador cujas ideias influenciaram as revoluções liberais do século XVIII e continuaram sendo referências para o liberalismo do século XIX. Com base no texto e em conhecimentos sobre o liberalismo, identifique com V a(s) afirmativa(s) verdadeira(s) e com F, a(s) falsa(s):

(   ) O trecho exemplifica a base filosófica do individualismo e do liberalismo: o *contratualismo*, ou seja, a ideia de que os homens são indivíduos livres que decidem viver em sociedade.

(   ) Os liberais não concordavam com a acumulação do capital, na medida em que consideravam que os homens só deveriam possuir aquilo que fosse absolutamente necessário para a sua sobrevivência digna.

(   ) Os liberais, com base na concepção de Locke, consideravam os homens portadores de um direito natural, e anterior à sociedade, que é o de possuírem propriedades, que só existem como fruto do trabalho de cada um.

(   ) O liberalismo defendia a existência de um Estado representado pelo rei, que controlasse a natural tendência dos indivíduos para a apropriação dos bens coletivos, o que era a causa das guerras e da miséria.

A sequência correta é:

a) F F V V
b) F V F V
c) V F F V
d) V F V F
e) V V F F

# capítulo 28

# Independência da América espanhola

*Os movimentos pela independência na América espanhola abarcaram grupos heterogêneos e processos históricos bem diferentes. Acostumados a pensar em uma suposta unidade de domínio colonial que submetia indígenas, negros e criollos, veremos que o estudo dos processos de independência nos revela outras faces da região colonizada pelos espanhóis. Na luta pela independência, a parte mais visível é o processo de separação em relação à Coroa, porém, as ideias revolucionárias e a tentativa de se instaurar novas práticas políticas faziam parte dos discursos dos líderes independentistas. As conquistas de adeptos ou os apoios às forças realistas variaram em cada região. Isso demonstra que, embora os ventos liberais tivessem relativo êxito ao promover a independência da maior parte da América espanhola, a intensidade das reformas e das transformações dependia das especificidades históricas de cada localidade.*

## A América espanhola independente

A independência das colônias espanholas na América foi um processo que resultou na fragmentação dos antigos Vice-Reinos e na criação de diferentes países. Entre motivações comuns e particulares, o domínio espanhol foi contestado desde o México à atual Argentina. É praticamente impossível compreender a formação das nações latino-americanas buscando apenas influências externas ou, então, apenas os aspectos específicos de cada localidade. Por isso devemos relacionar os acontecimentos desencadeados no início do século XIX às questões locais e também aos processos vividos nos Estados Unidos e na Europa. Entre os processos comuns aos diferentes países que surgiram temos de ressaltar a crise do Antigo Regime europeu e a circulação de ideias liberais que chegaram às Américas. Nesse contexto, o Iluminismo e os exemplos revolucionários norte-americano e francês tiveram reflexos importantes na América hispânica.

O processo histórico vivenciado na América pode ser dividido em dois instantes, conforme sugere o historiador François-Xavier Guerra: o primeiro é a **ruptura com o Antigo Regime**, momento em que se abre o caminho para a modernidade política e econômica das sociedades hispano-americanas. O segundo é a fase da desintegração do grande conjunto que constituía as colônias espanholas em **países fragmentados**.

Mas como se deu tudo isso? Pode-se dizer que o processo de separação foi construído por episódios dos dois lados do Atlântico. Na Espanha, os acontecimentos da invasão napoleônica em 1808 e a deposição da família real geraram uma crise jurídica em todo o império hispânico, pois, quando as tropas de Napoleão Bonaparte, invadiram a Espanha e substituíram o rei Fernando VII por seu irmão José Bonaparte, houve contestação sobre a legitimidade do novo rei tanto na Espanha como na América. Nas colônias, por exemplo, o vínculo de obediência foi desfeito, já que as relações estabelecidas com a Espanha desapareciam com a presença de um "usurpador" no trono espanhol. Isso explica por que a vinculação na América se deu em relação à pessoa do rei, ou seja, foi personalista e utilizou-se da ausência do rei Bourbon para romper temporariamente com a Monarquia. A soberania, que era representada pelo rei, passou a ser exercida pela sociedade americana, que discutia a sua condição política e a necessidade de se obter igualdade de representação política diante da Espanha. Esse debate sobre a igualdade produziu os elementos necessários para a ruptura definitiva com a Monarquia espanhola, mesmo após a restauração bourbônica, com o fim do império napoleônico.

Mas, antes desse processo político, já havia sido gestado um grande descontentamento nas colônias por causa das reformas empreendidas pela dinastia espanhola ao longo do século XVIII. Diante da dificuldade de comercializar e com os interesses da Coroa ibérica interferindo nas aspirações da população local, o descontentamento era crescente. Isso porque o liberalismo econômico propunha o livre-comércio e o incremento manufatureiro como base para o crescimento e o desenvolvimento capitalista da época, situação a que as Coroas ibéricas se opunham ferozmente, pois continuavam envolvidas nas práticas mercantilistas e colonialistas. Além disso, a separação da Metrópole significava também a chance de ampliar o poder local das elites, passando a dirigir diretamente os territórios. Vale ressaltar que a insatisfação das elites locais e suas ideias de rebeldia não visavam, em nenhum momento, à mudança radical das estruturas sociais ou à participação de outros setores, como os indígenas e trabalhadores pobres que compunham a grande porcentagem da população das colônias espanholas na América. Em outras palavras, os *criollos* – descendentes de espanhóis nascidos na América – buscavam maior participação na sociedade colonial, de modo que suas ações variaram desde a discussão sobre a representatividade das colônias diante da metrópole até a liderança das revoltas.

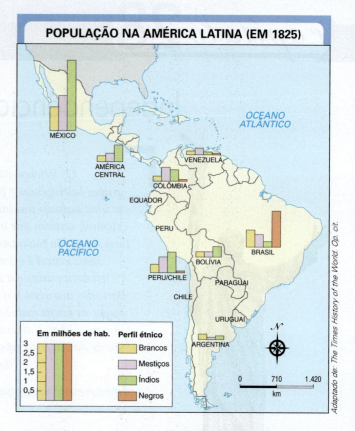

**POPULAÇÃO NA AMÉRICA LATINA (EM 1825)**

Em milhões de hab.
3
2,5
2
1,5
1
0,5

Perfil étnico
Brancos
Mestiços
Índios
Negros

0    710    1.420
km

Adaptado de: *The Times History of the World. Op. cit.*

# A América espanhola antes da independência

A América espanhola era um vasto território que se estendia por todo o continente americano marcada por diferenças geográficas substanciais. Nesse imenso território, dividido em vice-reinados, com população difusa, não houve um único elemento aglutinador para articular as forças descontentes com a Metrópole. No México, por exemplo, o processo de independência deveu-se mais acentuadamente às suas condições locais e menos à oposição dos *criollos* à Espanha. Ao mesmo tempo, foi um processo mais popular, com reivindicações de camadas econômicas inferiores. Na América do Sul houve maior presença das ideias liberais e de lideranças políticas mais visíveis, como Simón Bolívar e José de San Martín.

Em 1810, a população da América espanhola era de 18 milhões de pessoas: sendo 8 milhões de indígenas, 1 milhão de negros, 4 milhões de brancos e 5 milhões de "mestiços". Entre os 4 milhões de brancos, menos de 10% eram europeus, os outros eram *criollos*, ou seja, descendentes de espanhóis nascidos na América. O exercício de poder estava concentrado na mão de pouquíssimas pessoas e a possibilidade de acesso aos cargos era restrita.

Esse quadro populacional nos dá a dimensão da diferença dos processos vividos pelas colônias inglesas e espanholas. Para ambas havia um grande desafio: fazer surgir um novo modelo político. A Europa era praticamente composta de monarquias no período em que ocorreu a independência dos Estados Unidos (em 1776) e das colônias espanholas (a partir de 1810). Ou seja, a criação de repúblicas era uma novidade, uma nova forma de governar naquele contexto e se diferenciava das práticas europeias. No caso dos Estados Unidos, havia uma unidade étnica, já que o processo colonial norte-americano foi extremamente excludente: os índios e negros não foram integrados. Na América espanhola, apesar dos traumas e violências contra os indígenas, eles ainda eram o maior contingente étnico no período das lutas pela independência.

Para entender por que as revoltas contra a dominação e a exploração colonial eclodiram ao longo do século XIX temos de compreender as mudanças implementadas no século XVIII. A Espanha, durante o governo dos Bourbons, já não obtinha os mesmos lucros com suas colônias, como no século XVI. A crise se abatia sobre a Metrópole que, preocupada com a diminuição da rentabilidade e tendo necessidade de recursos para sustentar seus custos, adotou um plano de modernização administrativa e econômica. Essas reorganizações, conhecidas como bourbônicas, tinham uma inspiração iluminista de racionalidade administrativa e visavam impulsionar a economia local e, ao mesmo tempo, ampliar os controles da Metrópole espanhola sobre suas colônias.

Durante o governo de Carlos III (1716--1788), as medidas tomadas envolviam os seguintes aspectos:

- **medidas administrativas** – foram criados dois novos vice-reinados, o de Nova Granada e do Prata. Anteriormente existiam os vice-reinados de Nova Espanha (correspondente ao México e região centro-americana) e o vice-reinado do Peru (que abrangia a região andina e o sul da América do Sul). Também existiam as Capitanias Gerais de Cuba, Guatemala, Venezuela e Chile. As Capitanias eram territórios considerados estratégicos para a Coroa espanhola. No propósito da descentralização administrativa foram criadas novas intendências (distritos menores e com unificação de competências administrativas, financeiras e militares que

*Las Cortes de Cádiz*, de José Maria Casado del Alisal, 1862. Óleo sobre tela, 3,13 × 3,79 m. Congresso dos Deputados, Madri, Espanha. Observe que a presença dos clérigos nas Cortes e o próprio modo como isso é representado na pintura significam que o apelo à tradição hispânica confrontava-se com os princípios laicizantes e liberais dos invasores franceses.

tinham poderes sobre os municípios) e os alcaides foram substituídos. Essa fragmentação política visava, paradoxalmente, ao maior controle sobre os administradores e à diminuição do poder dos vice--reis, que administravam territórios muito vastos. A substituição dos corregedores, governadores e alcaides era uma demonstração de que a Metrópole acreditava já existir um sistema político arrai-

Alcaides: equivalente a prefeitos.

gado na América e a substituição dos ocupantes de cargos por pessoas que viviam na Espanha foi interpretada pelos habitantes da América como uma desconfiança dos governantes espanhóis em relação aos que viviam na Colônia. A sociedade *criolla* ficou muito descontente, pois os cargos administrativos eram ocupados pelos peninsulares e não pelos nativos. Ao colocar pessoas da confiança da Coroa no lugar de habitantes que viviam há muito tempo na América, o governo Bourbon tentou restringir as liberdades das pequenas localidades e aumentar o seu domínio sobre a região;

- **ações contra a Igreja** – em 1767 os jesuítas foram expulsos da América: numa tentativa de querer submeter a corporação e controlar setores da Igreja, a expulsão dos religiosos também desagradou aos habitantes locais, que viam os padres como antigos aliados, que tiveram papel importante no processo educacional americano; além do mais, a expulsão tomou ares de perseguição religiosa visto que a ordem religiosa tinha autonomia; além disso, por meio dos autos de *consolidação*, a Coroa também estabeleceu o confisco de bens e capital de algumas ordens religiosas, que mediante empréstimos e auxílios financeiros funcionavam como verdadeiros bancos financiando a produção agrícola e comercial das colônias espanholas na América, algo que afetou não somente o patrimônio da Santa Fé, mas também a elite *criolla* colonial;

o **abertura dos exércitos aos *criollos*** – quanto ao exército, com a intenção de controlar as colônias, foi iniciada uma expansão militar. Para tanto foi permitida a participação dos *criollos* de altas patentes. Essa medida acabou produzindo a "americanização" dos exércitos reais, com a participação de soldados mestiços e oficiais *criollos*. Pode-se afirmar que estava sendo criado o exército hispano-americano, o que lhe conferiu papel de destaque, sob a liderança *criolla*, durante as lutas pela independência;

o **medidas econômicas** – houve maior pressão fiscal, diminuição das tarifas de importação e abertura comercial. A Coroa, com essas medidas, buscava estimular a economia, mas o resultado foi inverso: ao diminuir as tarifas de importação, facilitou a entrada de produtos estrangeiros, sobretudo dos ingleses que vendiam tecidos, ferramentas e alguns gêneros alimentícios. A abertura comercial levou a um crescimento da rivalidade entre regiões da

Simón Bolívar, retratado por Tito Salas.

América espanhola que produziam mercadorias semelhantes. Faltavam produtos exportáveis em várias regiões, com exceção de áreas mineradoras no norte do México, e havia as demandas do mercado local, dificultando a inserção da economia americana num mercado internacional. A economia não estava preparada para a abertura, e a competição, por exemplo, entre Buenos Aires e Montevidéu, entre Lima e a região do Prata, acentuou a dependência das colônias espanholas.

## Saiba mais

### A revolta de Tupac Amaru

*Ao longo do século XVIII algumas revoltas começaram a surgir na América espanhola. A mais conhecida foi a que eclodiu em 1780, no sul do Vice-Reino do Peru, liderada por José Gabriel Condorcanqui, que se dizia descendente direto dos incas e adotou o mesmo nome do último inca, Tupac Amaru.*

*Insurgindo-se contra a dominação espanhola e as autoridades que impunham um regime de trabalho cruel e muito extenso aos indígenas e mestiços nas tecelagens, nas plantações e nas minas, Tupac Amaru conseguiu prender e enforcar o Vice-rei. O movimento de Tupac Amaru foi marcado por simbolismos. Dizem que, como os espanhóis desejavam muito ouro, Tupac Amaru fez o governador engolir ouro derretido. O líder indígena proclamou-se libertador do Peru e tomou a cidade de Cuzco, tendo a seu favor cerca de dezenas de milhares de índios. A reação espanhola foi imediata e severa, conforme este relato da morte de Tupac Amaru, em 1781:*

*Foi levado para o meio da praça: ali, o carrasco lhe cortou a língua e, já sem grilhões e algemas, puseram-no no chão. Ataram-lhe às mãos e aos pés quatro laços e, presos estes à cilha de quatro cavalos, quatro mestiços os* puxaram em quatro diferentes direções: um espetáculo que jamais se vira nesta cidade. Não sei se porque os cavalos não eram muito fortes, ou porque o índio, na verdade, fosse de ferro, não puderam absolutamente despedaçá-lo e após um longo momento o mantiveram sendo esticado, de maneira que o tinham no ar, num estado que parecia uma aranha. A tal ponto que o comandante, tomado de compaixão, para que o infeliz não sofresse mais, despachou uma ordem da companhia, mandando o carrasco lhe cortar a cabeça, o que se cumpriu. Conduziu-se-lhe o corpo, depois, para debaixo do patíbulo, onde lhe arrancaram a cabeça e os pés... (...) Havendo feito um tempo muito seco, e dias muito calmos, aquele amanheceu tão turvo, que não se via sair o sol, e por toda parte começava a chover; pois às 12, quando estavam os cavalos a estirar o índio, levantou-se um forte pé-de-vento e, depois dele, um aguaceiro que fez a gente toda, mesmo os guardas, retirar-se à pressa. Isso foi causa de que os índios passassem a dizer que o céu e os elementos sentiam a morte do inca, que os espanhóis desumanos e ímpios estavam matando com tanta crueldade.*

*Fonte*: FUENTES, C. *Op. cit.* p. 212.

# As guerras de independência: a luta pela autodeterminação

A invasão do império francês em 1808 provocou uma grande efervescência política na Espanha e suas colônias. Os *cabildos* (conselhos municipais que expressavam o poder local, sem delegação do poder central) tiveram um papel destacado nas discussões sobre os vínculos políticos entre a Colônia e a Metrópole. Os *cabildos* foram o esteio político e militar para os processos de independência e também para a organização administrativa das novas nações que surgiram. Desses movimentos articularam-se Juntas locais, que exerciam o poder político.

Na Espanha, por sua vez, houve reação contra a presença napoleônica. Enquanto o exército tinha de debelar os levantes espanhóis, na cidade portuária de Cádiz, ao Sul da Espanha, ocorria um importante acontecimento político. Com a ausência de Fernando VII, rei considerado legítimo, a Junta Central – composta de militares, clérigos e intelectuais – tornou-se a responsável pelo poder político da Coroa e convocou a reunião extraordinária das Cortes ocorrida na cidade. Essa assembleia tinha por objetivo reunir os setores da sociedade monárquica espanhola (as Cortes) de modo que debatesse o problema da ausência do rei e o vácuo de poder que daí surgia, além de estabelecer medidas para contornar tal situação. Às colônias americanas foram concedidos apenas trinta assentos representativos nas Cortes em Cádiz, algo desproporcional se levarmos em conta o tamanho da população colonial. A desigualdade representativa dos americanos em relação às outras regiões espanholas agravou o descontentamento dos colonos. Entre as medidas tomadas pelas Cortes, reunidas a partir de 1810, está a elaboração de uma Constituição. Em 1812, a Espanha tinha uma Constituição (a Constituição de Cádiz) com características liberais, mas que fora recusada por Fernando VII quando este voltou ao trono em 1814. A partir de então, os líderes americanos começaram a articular outros caminhos políticos na busca por maior participação política, e a ruptura do vínculo com a metrópole fora uma das alternativas que se apresentavam.

As guerras de independência aconteceram basicamente entre 1810 e 1825 e tiveram como líderes membros da elite *criolla*, como Hidalgo, Bolívar, San Martín, O'Higgins, Sucre e Belgrano, e também mestiços, como Morelos. Porém, os que mais se destacaram nesse processo foram Simón Bolívar e José de San Martín. Os dois eram defensores da liberdade para as áreas coloniais, e nesse período percorreram quase toda a América Latina. Bolívar, chamado o *Libertador*, partiu da atual Venezuela, onde nasceu, para propagar a sua luta que tinha como ideais levar a liberdade aos povos sul-americanos que deveriam se unir e, assim, se tornarem fortes; San Martín partiu de Buenos Aires em direção ao interior da atual Argentina, ao Chile e ao Peru.

José de San Martín.

## A Independência do Haiti

Em Saint Domingue (Haiti), a primeira ilha (das Antilhas) a libertar seus escravos, a luta destes assumiu o caráter peculiar de guerra pela independência. Em 1789, os mulatos livres, muitos dos quais proprietários de terras, conseguiram a concessão de direitos políticos (dados pela nova Assembleia da França revolucionária). Os brancos protestaram e pediram auxílio à Inglaterra e à Espanha. O líder haitiano, Toussaint L'Ouverture, um ex-escravo, lutou ao lado da França e, mobilizando a camada negra da população (85%), expulsou as tropas estrangeiras, tornando-se governador em nome da Metrópole. Pelo tratado da Basileia em 1795, a Espanha cedeu sua parte da ilha à França e Toussaint conseguiu estender seu domínio também sobre Santo Domingo (República Dominicana). Napoleão Bonaparte, entretanto, temendo perder o domínio da ilha, mandou prender e matar o líder negro e designou um líder francês. Em 1802, os ex-escravos se rebelaram novamente massacrando todos os brancos que não conseguiram fugir. Seu novo chefe, Jean Jacques Dussalines, no ano de 1804, declarou a independência da ilha adotando o nome indígena de Haiti. Após os Estados Unidos, o Haiti foi a primeira Colônia [das Américas] a tornar-se independente. As guerras tinham, todavia, destruído a maior parte das plantações e manufaturas de açúcar e marcaram, portanto, o fim de sua importância econômica. Apesar dos esforços do governo haitiano, a produção nos primeiros anos após a revolução chegou a apenas 1% das safras anteriores. Nas palavras de um estudioso: "O país ficou literalmente convertido em um monte de cinzas. De cinzas e de exemplos".

*Fonte:* AZEVEDO, E. R.; HERBOLD, H. *Caribe:* o paraíso submetido. São Paulo: Brasiliense, [s/d]. p. 23-24.

---

Vejamos um breve panorama das lutas de independência que levaram à fragmentação da América espanhola em diferentes Estados.

# México e América Central

O Vice-Reino da Nova Espanha, região onde se localizam os atuais territórios do México, de parte da América Central e de territórios que compõem os Estados Unidos da América, era a principal unidade política e econômica do mundo colonial espanhol. Cerca de um terço da população americana sob domínio espanhol habitava essa região no início do século XIX. Com a queda de Fernando VII em 1808, os agentes políticos da cidade do México dividiram-se na disputa entre os *criollos* e peninsulares. Os nascidos na América defendiam a permanência do vice-rei, José de Iturrigaray, no governo. Os peninsulares não queriam confrontar as novas autoridades que assumiram o poder. A disputa, na verdade, estava entre uma proposta de autonomia defendida pelos *criollos* e outra, de subordinação e manutenção da vinculação colonial à Espanha. A proposta de subordinação acabou vencendo a disputa contra os autonomistas *criollos*.

No interior do México, os *criollos* começaram, em 1810, um movimento contra os absolutistas espanhóis. Em Guanajuato, as condições econômicas e sociais, aliadas ao desejo de maior autonomia, alimentaram um levante em que *criollos*, índios e mestiços se associaram. Nessa região, mais especificamente na cidade de Dolores, em 16 de setembro de 1810, índios e mestiços – sob a liderança do padre Miguel Hidalgo – fizeram um levante contra os tributos e a opressão econômica, para "defender a religião" e abolir o domínio peninsular. O padre liderou uma marcha com mais de 60 mil indígenas e a revolta se espalhou por toda a região da intendência de Guanajuato. O discurso de Hidalgo, a cada momento mais radical, defendia a independência, a devolução de terras aos indígenas e não os proibia de cometer saques, pois estavam sofrendo as consequências de uma prolongada seca. Em pouco tempo, a revolta tornou-se uma luta dos indígenas contra os brancos (peninsulares e *criollos*). Os *criollos*, evidentemente, deixaram de apoiar o movimento. As disputas findaram em 1811 com o fuzilamento de Hidalgo e de membros do exército rebelde.

O padre Hidalgo é considerado o "pai da independência mexicana" e um herói nacional. O dia 16 de setembro é a data nacional mexicana por causa do *"Grito de Dolores"* (1810), quando o líder religioso e político iniciou um movimento popular que foi reprimido em 1811.

Outra liderança religiosa foi o padre José Maria Morelos, um mestiço que liderou as forças rebeldes pelo interior do México até 1815. Seu programa era mais definido que o de Hidalgo: buscava a independência, proclamada em 1813, um governo constitucional, com divisão de poderes, respeito à propriedade privada e o fim de leis que impediam o avanço das classes baixas. Morelos buscava o apoio dos *criollos* com a adoção de um modelo político liberal, incluindo a formação de uma Assembleia Constituinte, instalada em 1814. Com a volta de Fernando VII ao poder, os realistas, como eram chamados os defensores do rei espanhol, perseguiram os constituintes e, em uma dessas operações, Morelos foi preso e executado (em 1815).

A tensão política persistiu no México e na América Central. Os conflitos entre liberais e conservadores na Espanha tinham reflexos dentro do México. Em 1820 foi elaborado o Plano de Iguala, que defendia os princípios liberais da Constituição de Cádiz. Pelo Plano, a Nova Espanha se tornaria uma Monarquia católica constitucional, não haveria nenhuma distinção entre espanhóis e mexicanos – estabelecendo-se a igualdade entre eles –, seria extinto o sistema de castas e os cargos públicos seriam abertos a todos os habitantes. O idealizador do Plano de Iguala, Agustín de Iturbide, teve habilidade política para reunir diversos grupos em torno de sua proposta e, em 1821, tornou-se imperador, marcando a ruptura política definitiva com a Espanha.

No entanto, o Império de Agustín I durou pouco: sua atuação foi centralista e traiu os pontos que o Plano de Iguala apresentava. Iturbide foi deposto, exilado e, no retorno ao México, executado. Em 1824, com uma nova Constituição, o México estabeleceu uma república federativa, renunciando ao centralismo que provocara disputas acirradas. Com o novo modelo federalista, o desejo de autonomia local foi realizado.

Na América Central os anseios eram mais econômicos que políticos, voltados para maior autonomia comercial. Após a vitória de Iturbide, os *cabildos* começaram a declarar sua independência. Em 1823 formaram as Províncias Unidas da América Central, como meio de se fortalecerem geopoliticamente. Diante da tentativa de domínio da Guatemala, a união começou a desintegrar-se e tiveram origem as regiões autônomas da Guatemala, Nicarágua, Honduras, El Salvador e Costa Rica. Esse processo de separação foi concluído em 1838.

# América do Sul

Os processos políticos na América do Sul tiveram a atuação destacada de lideranças políticas e militares. As duas principais lideranças, Simón Bolívar e José San Martín, atuaram em duas grandes frentes: Bolívar percorreu o Vice-Reino da Nova Granada e a Capitania-Geral da Venezuela, e San Martín, o Vice-Reino do Prata, passando pela Capitania-Geral do Chile até o Vice-Reino do Peru.

## A campanha de Bolívar

Bolívar teve uma participação relevante nas independências de Colômbia (1819), Venezuela (1821), Equador (1830) e Bolívia (1825). O surgimento desses países se deu ao contrário do que ele desejava, pois seus ideais visavam à constituição de uma nação forte e coesa, com povos de mesma língua.

### Nova Granada

No contexto dos acontecimentos na Espanha de 1808, as reivindicações no Vice-Reino de Nova Granada, que tinha uma realidade muito díspar entre as diferentes regiões – que, em linhas gerais, correspondem aos atuais territórios da Colômbia, Panamá e Equador –, voltaram-se para a busca de maior liberdade comercial. A economia exportadora de produtos agrícolas, sobretudo cacau, fez com que as elites econômicas não quisessem comercializar apenas com a Espanha.

A posição geográfica da Venezuela, que em 1777 se tornou uma Capitania Geral, é um aspecto a ser considerado durante as lutas de independência. É a região da América do Sul mais próxima da Europa e dos Estados Unidos e, ao mesmo tempo, está de frente para o Caribe, o que permitia a circulação de informações com áreas de colonização francesa, inglesa e holandesa nas Antilhas.

Houve uma primeira tentativa de independência da Venezuela, em 1806, por um movimento liderado por Francisco de Miranda, mas, com receio de acontecimentos semelhantes ao que ocorreu no Haiti, a própria elite *criolla* aliou-se ao exército realista. No entanto, em 1810 instalou-se uma Junta em Caracas e em 1811 foi instalado um Congresso, eleito num pleito em que apenas os homens com emprego autônomo e renda poderiam votar, excluindo dessa forma a maioria da população. Em 5 de julho daquele ano foi proclamada a independência da Venezuela. Essa "primeira república" tinha uma característica federalista, ou seja, as diversas províncias que a constituíam tinham grande poder de decisão e autonomia, unindo-se em um sistema federado apenas para tratar de temas comuns.

O federalismo foi duramente criticado por Bolívar e Miranda, que viam nesse regime um instrumento fragilizado. Algumas províncias, como

Maracaibo e Guayana, em pouco tempo passaram a defender os interesses da Espanha. A situação política se agravou e a república não sobreviveu.

Simón Bolívar se refugiou, em 1812, em Cartagena (território da atual Colômbia). A situação da Nova Granada era de disputa entre federalistas, que defendiam a autonomia das diversas províncias, e centralistas, defensores de um poder unitário centralizado. Bolívar buscou apoio em Nova Granada para a independência da Venezuela. Entrando em Caracas em 1813, Bolívar liderou o movimento contra o domínio espanhol. A "Segunda República" também não resistiu e, em 1814, Bolívar e seus seguidores voltaram para Nova Granada.

Nesse refluxo das lutas, Bolívar refugia-se nas Antilhas, onde elabora uma Carta, que ficou conhecida como "Carta da Jamaica", na qual aborda as condições das lutas dos patriotas contra os espanhóis. Depois Bolívar seguiu para o Haiti, em 1816, de onde obteve auxílio para retomar as lutas.

Em Nova Granada, pelos três anos seguintes, algumas mudanças importantes levaram à vitória dos defensores da independência: a abertura dos exércitos para a participação de índios, negros e mestiços, a centralização dos exércitos nas mãos de Bolívar e a adoção de uma nova estratégia militar. O exército deveria arregimentar todas as forças favoráveis à independência, já que existiam outros grupos imbuídos nessa mesma luta, e abrir mão da conquista de Caracas, dominada pelos realistas. Nas planícies, onde se encontravam, os exércitos poderiam se preparar melhor para obter importantes vitórias e enfrentar as tropas fiéis à Espanha.

Em 1819 o exército de Bolívar cruza os Andes e entra na cidade de Bogotá. A vitória fez surgir, por iniciativa de Bolívar, a República da Colômbia, composta de três regiões principais: Venezuela, Nova Granada e Quito, que estava sob domínio espanhol. A repercussão da vitória na Colômbia abriu caminho para negociações e maior apoio ao exército bolivariano, que libertou a Venezuela em 1821.

O novo desafio era em direção ao sul da Colômbia e à região de Quito. O general Sucre conseguiu sufocar as forças aliadas da Espanha em 1822, em Quito. Ao mesmo tempo, Bolívar se dirigia para o sul da região de Quito, formando a Grã-Colômbia.

A unidade bolivariana não duraria muito tempo. Em 1830 a Venezuela e o Equador se separaram da Colômbia.

## Recortes da História

### Carta da Jamaica

*Nesta carta, de 6 de setembro de 1815, Bolívar reflete sobre as dificuldades militares e políticas para efetivar a independência. Além das críticas à Espanha, Bolívar defende a centralização política e critica as práticas federalistas.*

O sucesso coroará nossos esforços porque o destino da América fixou-se irrevogavelmente; o laço que a unia à Espanha está cortado: a opinião era toda sua força, por ela estreitavam-se mutuamente as partes daquela imensa monarquia; o que antes as atava agora as divide; maior é o ódio que a Península nos inspirou que o mar que dela nos separa; menos difícil é unir os dois continentes que reconciliar o espírito de ambos. (...)

Entretanto, mais difícil ainda é prever o destino futuro do Novo Mundo. (...) Quem se atreveria a dizer: tal nação será república ou monarquia, esta será pequena, aquela grande? A meu ver, essa é a imagem de nossa situação. Nós somos um pequeno gênero humano; possuímos um mundo à parte, cercado por vastos mares, novo em quase todas as artes e ciências, ainda que, de certo modo, velho nos costumes da sociedade civil. Comparo o estado atual da América ao arruinado Império Romano – em que cada parte desmembrada formou um sistema político, conforme seus interesses e situação ou segundo a ambição particular de alguns chefes, famílias ou corporações. (...)

Desejo, mais do que ninguém, ver formar-se na América a maior nação do mundo, menos por sua extensão e riquezas que por sua liberdade e glória. Embora anseie pela perfeição do governo de minha pátria, não consigo me convencer que o Novo Mundo seja, no momento atual, regido por uma grande república. (...) Os Estados americanos precisam dos cuidados de governos paternais que curem as feridas do despotismo e da guerra. (...)

É uma ideia grandiosa pretender formar de todo o Novo Mundo uma só nação com um único vínculo que ligue suas partes entre si e com o todo. Por ter uma só origem e língua, mesmos costumes e uma única religião, deveria ter um único governo que confederasse os diferentes Estados que venham a se formar. (...)

*Fonte:* BOLÍVAR, S. *Escritos Políticos*. Campinas: Ed. Unicamp, 1992. p. 54-55, 57-58, 60-61, 67, 72.

1) A partir da Carta da Jamaica é possível observar algumas impressões de Simón Bolívar sobre o contexto da época. A partir do documento, responda:
   a) Qual a principal certeza e a principal incerteza que o documento expressa?
   b) Qual a justificativa de Bolívar para a existência de governos paternais na América?

## A campanha de San Martín

O libertador da porção meridional do continente é José de San Martín, que nasceu em 1778, na atual província de Corrientes (Argentina). Filho de militar espanhol, San Martín, com sua família, foi viver na Metrópole e lá seguiu a carreira do pai, integrando o exército espanhol. Com os episódios da invasão napoleônica e na luta pela liberdade, San Martín retornou a Buenos Aires em 1812, integrando o exército local em suas lutas pela independência.

Os restos mortais do general José de San Martín estão depositados na Catedral de Buenos Aires.

## As independências de Argentina, Chile e Peru

A cidade de Buenos Aires sofreu, entre 1806 e 1807, duas tentativas de invasão inglesa. Essa situação demonstrava a fragilidade do Vice-Reino do Prata e a incapacidade, por parte da Coroa espanhola, de garantir segurança aos habitantes da cidade. A luta para expulsar os ingleses deu aos *criollos* maior percepção de seu papel político e militar. Coube a eles, liderados por um oficial de origem francesa, Santiago de Liniers, a expulsão dos ingleses. A cidade de Buenos Aires, altamente militarizada, experimentava a possibilidade de gerir os seus próprios rumos e, atendendo a interesses dos comerciantes locais, obter maior autonomia comercial e política. A economia portenha se baseava em seu porto que era a entrada para a região do Alto Peru e o principal ponto de escoamento da produção agrícola do interior.

Durante as discussões sobre a legitimidade do governo Bonaparte na Espanha, Buenos Aires jurou lealdade ao rei Fernando VII, mas recusou fidelidade à Junta Central. Nesse imbróglio, a cidade, em 1810, declarou-se *cabildo abierto*, ou seja, em sessão congressual para que se expressasse a "vontade do povo", representada por cerca de 450 notáveis. O vice-rei, que não tinha apoio suficiente, entregou o cargo, e o poder ficou nas mãos do *cabildo*, que, dessa forma, iniciava uma nova fase política, desencadeada pelo que ficou conhecido como a "Revolução de Maio". A Junta afirmou a igualdade básica entre indígenas e descendentes de espanhóis e esboçou a adoção de princípios liberais, como a separação de poderes, presentes nas Constituições liberais como a que começou a ser escrita em 1813.

O novo governo, liderado por Cornelio Saavedra, presidente da Junta e representante de setores tradicionais, contava com a participação de líderes como Mariano Moreno, líder radical, e Manuel Belgrano, militar moderado, e enfrentava resistências. Para conter as diferenças entre os grupos políticos e mesmo a oposição de outras regiões que viam na Revolução de Maio a manifestação de um movimento regional, o líder Saavedra adotou a fórmula que ficou conhecida como "máscara de Fernando". Ou seja, a Junta exercia o poder, supostamente em nome de Fernando VII, que no período era prisioneiro de Bonaparte, mas na prática expressava a vontade dos diferentes líderes que a compunham.

O *Cabildo* de Buenos Aires.

Após sucessivas juntas de governo e disputas internas foi declarada, em 1816, a Independência das Províncias Unidas do Rio da Prata, na cidade de Tucumán.

A consolidação da independência, no entanto, exigiu muitas batalhas. As lideranças do interior, por exemplo, se voltavam contra Buenos Aires, que, ao estabelecer liberdade comercial, poderia asfixiar a economia interiorana. Ou seja, como

Buenos Aires era uma cidade portuária, poderia comprar produtos de outras áreas, e o interior, por sua vez, não teria para quem vender seus produtos.

San Martín passou a integrar o exército ainda em 1813. Estava em curso a libertação do Peru. Os governantes da cidade de Buenos Aires estavam preocupados com a região, pois era dela que vinha a prata exportada do porto de Buenos Aires para a Europa. A manutenção da região nas mãos dos realistas poderia asfixiar economicamente a pretensão de liberdade da região do Prata.

As lutas na região do Alto Peru não ocorreram como os portenhos supunham. A resistência leal à Espanha era maior do que se pensava. Foi nesse instante que a figura de San Martín começou a se destacar. Estrategista, ele elaborou um plano para a libertação do Peru a partir da consolidação da unidade territorial, como nas vitórias em Santa Fé (1813), do estabelecimento de bases militares na região da província de Cuyo para prosseguir em direção ao Chile e depois ao Peru. A proposição de San Martín era de que a Revolução não seria vitoriosa enquanto o Peru, realista, não fosse libertado.

As campanhas de Chacabuco (1817) e de Maipú (1818) consolidaram a independência do Chile, tendo Bernardo O'Higgins, militar e político chileno, assumido o poder.

Usando Valparaíso, no Chile, como base, em 1820 San Martín e seu exército partiram de barcos para tomar a cidade de Lima, a então capital do Vice-Reino do Peru. Após cercar a cidade, finalmente em julho de 1821 San Martín entrou em Lima e proclamou a independência do Peru no dia 28 de julho daquele ano.

Para evitar revoltas, San Martín assumiu o governo e adotou medidas liberais, como o fim da escravidão, a abolição de trabalhos compulsórios impostos aos índios (a *mita*), criou escolas e a biblioteca pública de Lima. San Martín assumiu o título de "Protetor", concentrando em suas mãos o poder político e militar.

## O encontro de Bolívar e San Martín e a batalha de Ayacucho

A libertação da América do Sul estava quase consolidada. Um dos últimos obstáculos era a região de Guayaquil. No dia 26 de junho de 1822 os dois líderes, Bolívar e San Martín, se encontraram na cidade de Guayaquil. Um desentendimento entre os comandantes já havia ocorrido anteriormente. Bolívar pretendia unir Guayaquil à Grã-Colômbia, San Martín se opunha, dizendo que a escolha deveria ser da população local.

O encontro entre os dois não tem nenhum registro significativo. O que sabemos é que após o encontro, sem a presença de testemunhas das conversas, San Martín retirou-se para Lima e pediu seu desligamento político e militar do governo do Peru, depois regressou a Mendoza e autoexilou-se na Europa.

*O encontro de Bolívar com San Martín.*
In: FUENTES, C. *Op. cit.* p. 248.

Os dois libertadores da América espanhola, Bolívar e San Martín, divergiram no único encontro entre eles, que foi realizado na cidade de Guayaquil, em 1822. Os motivos nunca foram suficientemente esclarecidos.

Com a saída de cena de San Martín, a batalha de Ayacucho, vencida pelos patriotas sob o comando de Bolívar em 9 de dezembro de 1824, encerrou o processo das lutas de independência. O momento seguinte foi marcado pelo reconhecimento internacional dos novos Estados e pelas negociações para delimitar fronteiras e constituir as leis e o funcionamento dos novos países. Em alguns casos a situação fez surgir, ainda no século XIX, grandes conflitos entre as jovens nações hispano-americanas.

## A fragilidade do sonho de Bolívar

O sonho de Bolívar de um grande país sul-americano, forte e coeso, nunca se concretizou, seja em termos econômicos, seja cm termos políticos, não só na América do Sul, como em toda a América Latina. Em 1826, Simón Bolívar convocou uma reunião de representantes das nações americanas no Congresso do Panamá.

A proposta era discutir mecanismos de cooperação entre os países, a abolição da escravidão e a fundação da grande nação. A escolha do Panamá era simbólica: seria a oportunidade de irradiar o novo centro do mundo, recuperando a imagem de um eldorado que projetaria as Américas buscando um novo recomeço. No entanto, não houve resultados práticos decorridos do Congresso do Panamá.

Ao final de 1826 Bolívar regressou à Venezuela, agitada por movimentos separatistas, em relação à Grã-Colômbia. Impossibilitado de preservar os laços entre as regiões que libertou do domínio espanhol, Bolívar enfrentou contestações e até mesmo um atentado, renunciando em março de 1830. Doente, Bolívar saiu de Bogotá em direção ao mar, no caminho inverso ao de suas batalhas militares. Morreu na cidade de Santa Marta, aos 47 anos de idade.

**AS MUDANÇAS NO MAPA POLÍTICO IBERO-AMERICANO NO SÉCULO XIX**

OCEANO ATLÂNTICO

MÉXICO 1821

HAITI 1804
REPÚBLICA DOMINICANA 1844
PORTO RICO (1898 aos EUA)
CUBA 1898
JAMAICA 1962

GUATEMALA 1838
EL SALVADOR 1838
HONDURAS 1838
NICARÁGUA 1838
COSTA RICA 1838

PANAMÁ 1903

VENEZUELA 1830

GUIANA 1966
SURINAME 1975
GUIANA FRANCESA 1900

COLÔMBIA 1819

1907
1873

EQUADOR 1830

OCEANO PACÍFICO

PERU 1821

BRASIL 1822

BOLÍVIA 1825

PARAGUAI 1811

ARGENTINA 1816

URUGUAI 1828

CHILE 1818

N

0   710   1420
km

Legenda:
- Fronteira do México, 1824
- Território mexicano perdido para os Estados Unidos no século XIX
- México, 1867
- nnnn Data da independência
- Grã-Colômbia, 1819-30
- Províncias Unidas da América Central (1823)
- Aquisições brasileiras posteriores
- Território francês
- Território inglês
- Território holandês
- Território espanhol
- Disputa entre Peru e Equador
- Disputa entre Bolívia e Paraguai

## A fragmentação do território

O império espanhol dividiu-se numa quantidade de repúblicas, por obra das oligarquias nativas, que, em todos os casos, favoreceram ou impulsionaram o processo de desintegração. Não se deve esquecer, além disso, da influência determinante de muitos caudilhos revolucionários. Alguns, mais felizes nisto que os conquistadores, sua contrafigura histórica, conseguiram "apropriar-se dos reinos", como se se tratasse de um saque medieval. A imagem do "ditador hispano-americano" já aparece, em embrião, na do "libertador". Assim, as novas repúblicas foram inventadas por necessidades políticas e militares do momento, não porque expressassem uma verdadeira peculiaridade histórica. Os "traços nacionais" se foram formando mais tarde; em muitos casos, são apenas consequências da prédica nacionalista dos governos. Mesmo agora, [quase dois séculos] depois, ninguém pode explicar satisfatoriamente em que consistem as diferenças "nacionais" entre argentinos e uruguaios, peruanos e equatorianos, guatemaltecos e mexicanos.

Fonte: PAZ, O. *O Labirinto da Solidão e Post-Scriptum.* 3. ed. Rio de Janeiro: Paz e Terra, 1984. p. 110-111.

1) Qual o fenômeno histórico que o autor procura compreender?
2) Por que, segundo o autor, o argumento dos "traços nacionais" é insuficiente para explicar a formação dos Estados independendes na América hispânica?

## As independências de Uruguai, Paraguai e Bolívia

**Uruguai** – O atual Uruguai tem uma história de longa rivalidade com a Argentina por causa de interesses comerciais. Montevidéu e Buenos Aires são a porta de entrada do rio da Prata, que dá acesso ao interior do continente. A independência do Uruguai se confunde com as lutas argentinas, pois, assim como Buenos Aires, a cidade de Montevidéu foi invadida pelos ingleses, em 1807. Com os movimentos portenhos de 1810, o território conhecido como Banda Oriental (está à direita do rio da Prata) dividiu-se. Aos poucos, o grupo ligado à Espanha venceu a disputa interna, e os derrotados, liderados por José Gervásio Artigas, apoiavam Buenos Aires, por causa do rompimento com a Metrópole espanhola. O caminho do Uruguai, que fazia parte do Vice-Reino do Prata, foi a negação da unificação perseguida por Buenos Aires e, ao mesmo tempo, a procura de um rumo próprio. Nesse contexto de divisão, Portugal invadiu a Província Oriental, em 1816, pois temia a propagação das ideias de independência por sua Colônia brasileira. Em 1821, o Uruguai foi incorporado ao Reino Unido de Portugal, Brasil e Algarves. Com a independência do Brasil (1822), a Província Cisplatina, região incorporada, enfrentou novos distúrbios e, em 1825, teve início um levante que contou com a ajuda dos argentinos. Em 1828, houve o estabelecimento do Estado Oriental do Uruguai, livre dos domínios tanto brasileiro como argentino.

**Paraguai** – A região do atual Paraguai também pertence à vice-província do Prata. No entanto, não se juntou a Buenos Aires no rompimento com a Metrópole, manifestando apoio à Espanha em um primeiro instante. Pouco depois, com as ameaças argentinas buscou uma forma de convívio com esse país. Retirou seu apoio à Metrópole e proclamou sua independência em 1811, não reconhecendo a junta portenha e estabelecendo a sua própria junta governativa. Tropas portenhas foram enviadas para reprimir os paraguaios. Como as batalhas em direção ao Peru eram a preocupação central de Buenos Aires, o Paraguai foi beneficiado com essa situação e derrotou as forças da futura Argentina.

Assumiu o poder no Paraguai José Gaspar Francia que, com o apoio de pequenos proprietários, obteve o título em 1813 de "Ditador Supremo" e, depois, "Ditador perpétuo". Francia exerceu o poder até 1840.

**Bolívia** – o território da Bolívia integrava o Vice-Reino do Prata, região que despertava grande interesse em Buenos Aires por causa da prata, sendo que até 1816 os realistas impediram o domínio desse território pelos portenhos. As disputas entre realistas e portenhos fez surgir sentimentos por um governo próprio por parte de setores da população. Indígenas e mestiços iniciaram uma luta interna contra os representantes espanhóis. Os portenhos já haviam desistido de dominar a região devido a suas outras campanhas em direção ao Peru.

O clima de guerra civil na região e o receio de um levante que se espalhasse por outras áreas levaram a uma intervenção de tropas peruanas. Em 1825, o general Sucre ajudou a derrotar os partidários da Espanha e promoveu a independência, dando o nome de Bolívia, em homenagem ao líder da independência, ao novo país.

Bolívar escreveu a Constituição do país, que tinha entre seus princípios o republicanismo e, ao mesmo tempo, garantias para o governante em caso de desordens políticas e militares, além do princípio do cargo vitalício. O general Antônio José de Sucre assumiu o poder.

## Caudilhismo

O fenômeno político conhecido como caudilhismo (do espanhol, *caudillo*) surgiu após as lutas de Independência e pode ser definido como uma prática do lideranças políticas que exerciam grande influência sobre determinadas regiões ou mesmo sobre todo o país. Atribui-se o surgimento dos caudilhos a um suposto "vazio de poder" deixado pela Coroa espanhola e antes da estruturação dos Estados independentes.

Os caudilhos, geralmente, eram militares ou grandes fazendeiros. Não tinham uma proposição política única. Na prática, eles expressavam uma liderança baseada em seu prestígio pessoal, que podia ter sido obtido em campanhas militares ou por sua liderança carismática. Adversários políticos eram perseguidos e os princípios políticos variavam conforme a vontade do caudilho.

Entre os principais caudilhos do século XIX podemos identificar o argentino Juan Manuel Rosas, o paraguaio José Gaspar Francia e o mexicano Porfírio Díaz.

## Fragmentação e unidade na América do Sul

A unidade latino-americana era central no projeto de Simón Bolívar. Porém, para que possamos pensar em qualquer forma de integração política, econômica, social e cultural, é necessário observar os processos históricos e como se lida no presente com ressentimentos e rivalidades do passado.

A criação do Mercosul (Mercado Comum do Cone Sul), em 1991, é um marco das políticas de integração regional nas Américas. Argentina, Brasil, Paraguai e Uruguai foram os primeiros países a assinar o tratado de cooperação comercial. Superar as rivalidades históricas e a competição entre as economias dos países-membros, ao mesmo tempo que se reconhecia a disparidade entre os países, era o desafio inicial do Mercosul.

Hoje, com avanços e recuos, a integração regional é perceptível na vida dos cidadãos dos países-membros e busca-se a ampliação do bloco com a formação da Unasul (União das Nações Sul-americanas), que agrega os doze países da América do Sul e seus mais de 360 milhões de habitantes.

# Cinemateca

**Queimada!** (1969, Itália/França, dir.: Gillo Pontecorvo) O filme mostra os conflitos envolvendo portugueses e ingleses, durante uma rebelião de nativos, no século XIX, em uma ilha do Caribe.

# Revisitando a História

**1.** Explique quais são os dois momentos principais do processo de independência da América espanhola, segundo o historiador François-Xavier Guerra.

**2.** Relacione o processo de independência às medidas adotadas pela Coroa espanhola durante o período bourbônico.

**3.** Qual a diferença básica entre o processo de independência do México e dos países da América do Sul?

**4.** Qual a importância dos *cabildos* para o processo de independência? Por que a fragmentação política se relaciona ao papel exercido pelas Juntas governativas?

**5.** Os líderes da independência da América espanhola não eram unanimidades no período em que viveram – sua liderança foi muitas vezes contestada e muitos tiveram dificuldades de governar. No entanto, posteriormente, foram transformados em heróis em seus países.

a) Observe a estátua do padre Hidalgo da página 437. Como ele aparece nessa estátua?

b) Quais eram e como foram recebidas as ideias desse personagem da história mexicana?

**6.** Analise a frase do escritor Octavio Paz: "A imagem do 'ditador hispano-americano' já aparece, em embrião, na do 'libertador'".

# Analise esta imagem

A imagem de Miguel Hidalgo segurando uma bandeira da Virgem de Guada-lupe simboliza a forma como a presença religiosa contribuiu para formar a identidade mexicana.

O azul celeste do fundo e a coroa de louros faz referência à consagração de independência com um movimento heróico da nação mexicana.

**1.** Identifique dois elementos cívicos e dois religiosos na imagem.

**2.** Explique qual a importância da imagem da Virgem de Guadalupe no "Grito de Dolores" que foi o início do levante independentista.

# Debatendo ideias

O escritor cubano José Martí escreveu o seguinte texto sobre as disputas políticas no continente americano. Considerado herói pelos cubanos, Martí morreu em combate pela independência de seu país, em 1895, sem ver a independência da Ilha em relação aos espanhóis, feito conquistado apenas em 1898:

O aldeão vaidoso acha que o mundo inteiro é sua aldeia e desde que seja ele o prefeito, ou podendo se vingar do rival que lhe tirou a noiva, ou desde que mantenha os cofres cheios, acredita que é certa a ordem universal, ignorando os gigantes que possuem botas de sete léguas e que podem lhe pôr a bota em cima, bem como a luta dos cometas lá no Céu, que voam pelo ar, adormecidos, engolindo mundos. O que restar de aldeia na América deverá acordar. Estes não são tempos para deitar de touca na cabeça, e sim com armas como travesseiro (...): as armas do discernimento, que vencem as outras. Trincheiras de ideias valem mais do que trincheiras de pedra.

Texto de 1891. In: MARTÍ, J. *Nossa América*. São Paulo: Hucitec, 1991. p. 194.

Após a leitura do fragmento, discuta com seus colegas sobre a seguinte questão: que tipo de crítica o autor está fazendo e que tipo de solução ele propõe? Você concorda com o diagnóstico de Martí? Defenda seu ponto de vista.

# Questões de vestibular

**1.** (FUVEST – SP) Carlos III, rei da Espanha entre 1759 e 1788, implementou profundas reformas – conhecidas como bourbônicas – que tiveram grandes repercussões sobre as colônias espanholas na América. Entre elas,

a) o estabelecimento de medidas econômicas e políticas, para maior controle da Coroa sobre as colônias.
b) o redirecionamento da economia colonial, para valorizar a indústria em detrimento da agricultura de exportação.
c) a promulgação de medidas políticas, levando à separação entre a Igreja Católica e a Coroa.
d) a reestruturação das tradicionais comunidades indígenas, visando instituir a propriedade privada.
e) a decretação de medidas excepcionais, permitindo a escravização dos africanos e, também, a dos indígenas.

**2.** (UFSC) Sobre a Colonização da América e os processos de independência, identifique as alternativas corretas e dê sua soma ao final.

(01) Os projetos de colonização implantados pelos povos ibéricos na América significaram processos de exploração das riquezas naturais das colônias, com a finalidade de gerar recursos aplicados em benefício dos colonos e dos povos indígenas.
(02) Na América do Norte predominaram as iniciativas colonizadoras de povoamento e a convivência pacífica entre os colonos e os interesses metropolitanos.
(04) Após um século de colonização da América, verifica-se a existência de manifestação de descontentamento com a exploração econômica, assim como de conflitos entre os colonos e as autoridades metropolitanas.
(08) Entre os elementos que contribuíram para a independência das colônias espanholas, pode-se destacar a difusão das ideias liberais e o desejo das elites coloniais em ampliar seu poder político e econômico.
(16) Enquanto os processos de independência da América Espanhola promoveram a fragmentação territorial, com a Independência do Brasil manteve-se a integridade do território.
(32) Entre as lideranças responsáveis pela condução dos processos de independência no século XIX destacaram-se: José Bonifácio de Andrade, Simón Bolívar, San Martín e Fidel Castro.

**3.** (UFG – GO) No processo de independência política das colônias hispano-americanas, no início do século XIX, verificou-se o agravamento de uma tensão entre a Coroa Espanhola e a elite *criolla*, que não está circunscrita ao processo revolucionário. Essa tensão consiste

a) na fragilidade da Coroa Espanhola diante das reivindicações dos nativos do novo continente.
b) na desigualdade da distribuição do poder e da riqueza coloniais.
c) na tendência da elite *criolla* em negar suas raízes culturais europeias.
d) no impedimento régio às atividades comerciais dos *criollos*.
e) na disputa de ambos com a Igreja pela hegemonia das ações coloniais.

**4.** (PUC – RJ) Surpreendidas pela invasão napoleônica em 1807, as duas Coroas ibéricas tiveram desdobramentos políticos diferenciados. No caso espanhol, a captura do Rei Fernando VII por Napoleão acelerou a luta pela autonomia nas cidades e províncias de todo o Império. No caso português, a transmigração da família real para a colônia permitiu desdobramentos mais lentos ao Império luso.

Tendo em vista a conjuntura descrita acima,

a) cite duas medidas tomadas pelo Príncipe Regente D. João, a partir de 1808, que tenham favorecido a manutenção do controle português sobre as províncias brasílicas e seus territórios;
b) identifique uma característica das independências na América hispânica também encontrada nos movimentos pela independência ocorridos na América portuguesa.

**5.** (PUC – RJ) Tomando como referência os processos de independência do Brasil e das colônias espanholas na América, ASSINALE a alternativa CORRETA:

a) No decorrer das lutas pela independência, a América espanhola se fragmentou em várias nações que adotaram o regime republicano e mantiveram a escravidão.
b) Com a consolidação da independência, o Brasil tornou-se uma monarquia constitucional, com voto universal masculino, tendo sido mantida a escravidão.
c) No Brasil, a independência realizada pelo príncipe D. Pedro, em aliança com as forças políticas predominantes

no Rio de Janeiro, ocorreu de forma pacífica com a adesão de todas as províncias ao movimento.

d) Ainda que os processos de emancipação tenham sido diferentes no Brasil e na América espanhola, ambos marcaram a ruptura com o domínio metropolitano e a construção de Estados Nacionais que mantiveram subordinadas as populações negras e indígenas.

e) Dentre os líderes do movimento de independência na América espanhola, destaca-se Simón Bolívar que lutou pela liberdade das colônias hispano-americanas, a adoção do regime republicano e a distribuição de terras entre os pobres.

**6.** (UNESP) Leia atentamente o texto.

O período de pré-independência assistiu ao nascimento de uma literatura de identidade, na qual os americanos glorificavam seus países, proclamavam seus recursos e louvavam seu povo. Enquanto mostravam a seus compatriotas as suas qualidades, esses autores apontavam as qualificações dos americanos para os cargos públicos e na verdade para o autogoverno. Os próprios termos instilavam confiança por repetição – pátria, país, nação, nossa América, nós americanos. Embora ainda se tratasse de um nacionalismo mais cultural do que político e não fosse incompatível com a unidade imperial, mesmo assim ele preparava as mentes dos homens para a independência, ao lembrar-lhes que a América tinha recursos independentes e as pessoas para administrá-los.

John Lynch. As origens da independência da América Espanhola. Leslie Bethell: História da América Latina, 2001.

Indique os principais motivos que levaram as colônias espanholas à independência.

**7.** (UERJ) No século XVIII, durante a Revolução Francesa, Saint Domingue, uma pequena colônia na América Central, rebelou-se contra sua metrópole, dando início à luta pela independência do Haiti, em um processo diferente daqueles que ocorreram nas demais colônias do continente americano.

Aponte uma proposta da Revolução Francesa que influenciou a independência do Haiti e a principal diferença entre este processo e as outras lutas pela independência das colônias americanas.

# Programa de Avaliação Seriada

**1.** (SSA – UPE)

Padre Miguel Hidalgo, por José Clemente Orozco, Palacio de Gobierno de Guadalajara, México.

*Disponível em:* <http://ermundodemanue.blogspot.com.br/2011/12/jose-clemente-orozco-obras-murales.html>.

Observe a imagem ao lado. Sobre ela e os processos de independência na América Espanhola, assinale a alternativa **CORRETA**.

a) Essa imagem representa o início da Revolução de Independência de Nova Granada que teve como grande mártir o padre Miguel Hidalgo.

b) Não há nenhuma relação entre ela e a insurreição de independência do México, visto que o padre Miguel Hidalgo foi líder da Revolução Mexicana de 1910, lutando ao lado de Emiliano Zapata.

c) O padre Miguel Hidalgo, diferentemente do que mostra a imagem, foi um defensor do poder espanhol na América, tendo apoiado a escravidão e o pagamento de tributo indígena.

d) Essa obra retrata o padre Miguel Hidalgo, forte defensor das ideias de liberdade, o qual, em 1810, decretou, nas terras livres do jugo espanhol, a abolição da escravidão e do tributo indígena.

e) Essa imagem reflete a inquisição no México, tendo o Padre Miguel Hidalgo como seu maior líder.

# capítulo 29

# Os caminhos até a independência do Brasil

*Como transportar uma Corte inteira pelo oceano Atlântico? Essa pergunta foi enfrentada pela família real portuguesa no início do século XIX ao decidir se mudar para o Rio de Janeiro. As dezenas de embarcações, no entanto, não vieram carregadas apenas com os nobres e seus objetos pessoais. D. João, então príncipe regente de Portugal, tentou trazer para o Brasil a legitimidade contestada na Europa pelos exércitos de Napoleão Bonaparte, resumida na advertência supostamente feita pela Rainha para que a saída não fosse feita às pressas, evitando assim a impressão de que estivessem fugindo. Fuga às pressas ou viagem planejada, o que veremos neste capítulo é que a transferência da Coroa trouxe uma série de modificações tanto para a Metrópole abandonada quanto para a Colônia, que passou a ser a nova sede do Império Português.*

Em meados do século XVIII, um observador francês, em viagem a Portugal, escreveu:

*[Portugal] é mais uma província do que um reino. Pode-se dizer que o rei de Portugal é um potentado das Índias que habita em terras europeias. Os Estados vastos e ricos sob sua soberania no Novo Mundo, como o Brasil, Rio de Janeiro, Bahia de Todos os Santos, Goa, a Madeira na África e os Açores na Europa, tornaram-no um príncipe considerável e colocaram-no entre as grandes potências marítimas europeias, se considerarmos o valor de suas possessões.*

Embarque da Família Real Portuguesa para o Brasil. Gravura de Francisco Bertolozzi, ca. 1808, Museu Histórico Nacional, Rio de Janeiro.

Essas observações, contudo, revelavam que o viajante não possuía informações precisas sobre as divisões formais da América portuguesa. Em 1755, a Coroa lusa reconhecia administrativamente apenas a separação entre o Estado do Grão-Pará Maranhão, com capital em Belém, e o Estado do Brasil, correspondente a todos os seus territórios localizados ao sul do Rio Grande do Norte, do qual, portanto, faziam parte a Bahia de Todos os Santos e o Rio de Janeiro – ambos, no entanto, separados do "Brasil" pelo observador.

Todavia, a análise principal feita pelo viajante francês era bastante adequada: a posição de Portugal como uma das principais "potências marítimas europeias" estava relacionada direta-mente aos vínculos mantidos com os territórios ultramarinos – sobretudo com aqueles localizados no continente americano.

Em termos gerais, durante a segunda metade do século XVIII, os Estados do Grão-Pará Maranhão e do Brasil foram responsáveis por mais de 60% de todo o comércio realizado entre Portugal e suas colônias. Entre 1796 e 1808, período para o qual existem dados mais precisos, as regiões na América consumiram 78,4% de todas as exportações lusas para suas áreas coloniais, ao mesmo tempo que responderam por 83,7% dos produtos desembarcados nos portos portugueses.

Assim, as terras, que pareciam oferecer aos europeus mercantilistas poucas perspectivas de lucros apesar de seus "muito bons ares" e "águas infindas", como escreveu Caminha em 1500, tornaram-se a região mais importante para o conjunto da economia de Portugal e de seus domínios ultramarinos, três séculos depois. Em sentido mais amplo, a América portuguesa se transformou no centro de todo o complexo comercial do Atlântico Sul por meio da produção de açúcar, tabaco e ouro, obtidos a partir, principalmente, do uso intensivo da mão de obra de africanos escravizados.

Esse significado econômico que os territórios lusos na América assumiram no final do século XVIII não se deveu apenas a uma administração absolutista e centralizada por parte da Coroa portuguesa. Mas também porque as diferentes atividades econômicas foram adquirindo maior importância, na medida em que uma complexa sociedade foi se constituindo por aqui.

Marcada por uma grande variedade étnica e cultural, aquela sociedade não se formou a partir da transposição simples dos valores e das estruturas europeias para o Novo Mundo – não só porque isso era praticamente inviável mas porque aqueles valores e estruturas foram decisivamente redefinidos a partir de elementos socioculturais de origem indígena e africana.

Logo, como estudaremos neste capítulo, a emancipação política e administrativa dos territórios da América com relação à Metrópole portuguesa, assim como o difícil processo de formação territorial e nacional do que hoje reconhecemos como Brasil, só poderia acontecer por meio de conflitos e tensões entre múltiplos sujeitos históricos: grandes e pequenos proprietários e comerciantes estabelecidos nas diferentes regiões da Colônia ou da Europa; homens livres pobres que vislumbraram na independência a possibilidade de adquirirem propriedades; os indígenas e os negros para os quais liberdade e igualdade, palavras de ordem na luta contra Portugal, tinham significados bem mais amplos do que lhes atribuíam os outros dois grupos.

# A transmigração da Corte portuguesa para o Brasil e o governo joanino: 1808-1821

A transferência da administração portuguesa para seus territórios na América, no caso de um grave conflito que ameaçasse seriamente a independência do Reino, foi aventada pela primeira vez ainda no século XVII. Apesar disso, foi só entre 1796 e 1803 que um minucioso projeto para a instalação da sede da monarquia lusa no Brasil ganhou formas mais concretas. Durante aquele período, **D. Rodrigo de Souza Coutinho**, então um dos ministros mais influentes do governo liderado pelo jovem príncipe D. João, foi o principal articulador da proposta de fundação de um novo império luso-brasileiro, cujo centro político fosse a cidade do Rio de Janeiro.

Souza Coutinho, membro de uma família nobre bastante importante e que fora firme aliada do Marquês de Pombal, considerava muito difícil a situação portuguesa ante as demais nações europeias no final do século XVIII. Segundo ele, Portugal só conseguia manter sua posição internacional graças às "riquezas" que retirava do Brasil. Contudo, após a independência dos Estados Unidos (1776), os riscos de as diferentes regiões da América portuguesa se separarem, dando origem a várias pequenas repúblicas, eram bem grandes – ainda mais porque os cofres metropolitanos não dispunham de recursos financeiros para evitar a desagregação de suas áreas coloniais.

Assim, ele considerava que o único meio para manter a unidade do Império português era transferir a administração para a região mais importante de todos os seus domínios, ou seja, o Brasil, e a partir dali obter a adesão dos portugueses, espalhados pelos quatro continentes, ao projeto do novo império. No fundo, para evitar o rompimento entre "a Metrópole" e sua "importante Colônia", era essencial que o governo fosse organizado de modo que permitisse maior participação àqueles que contribuíam com mais impostos para o Estado, os quais estavam em sua maioria no Rio de Janeiro e não mais em Lisboa, em fins do século XVIII. Todavia, as grandes resistências das classes dominantes no Reino e a saída de Souza Coutinho do governo, em 1803, acabaram por levar a um "abandono" temporário daquela proposta.

Contudo, com a expansão militar francesa, promovida por Napoleão Bonaparte a partir de 1805, o projeto de D. Rodrigo de Souza Coutinho começou a ser reavaliado pela Coroa portuguesa de 1806 em diante.

O imperador francês travava diferentes frentes de batalhas no início do século XIX, já tendo conquistado quase toda a Europa Ocidental. A sua grande rival, no entanto, era a industrializada Inglaterra. Napoleão, temendo não conseguir derrotá-la militarmente, decidiu enfrentá-la economicamente, impondo-lhe o **bloqueio continental**: ou seja, os países europeus deveriam suspender qualquer transação econômica com os britânicos, sob pena de serem invadidos pelas tropas francesas.

Portugal, contudo, mantinha um estreito vínculo comercial com os ingleses, o que dificultava a adesão do país ao bloqueio decretado por Bonaparte. Se o governo de D. João não aceitasse as condições do bloqueio, a invasão do país pelas tropas francesas seria inevitável e, nesse caso, os territórios ultramarinos portugueses ficariam expostos ao poderio naval e comercial inglês. Diante disso,

D. João, que governava Portugal desde 1792, quando sua mãe, D. Maria I, foi considerada demente e declarada incapaz de governar, decidiu abandonar Lisboa e transferir a Corte para o Rio de Janeiro. O projeto de Souza Coutinho serviu como base para a transferência.

Em 27 de novembro de 1807, a família real deixou a capital portuguesa, acompanhada por cerca de 10 mil pessoas – entre nobres, funcionários do Estado, comerciantes e suas respectivas famílias. D. João e sua corte aportaram no Rio de Janeiro em 7 de março de 1808, onde permaneceriam pelos próximos treze anos.

## *Disseram a respeito*

### Características da cidade do Rio de Janeiro: sede do governo português a partir de 1808

Como centro administrativo do Brasil desde 1763 e na condição de porto bem localizado em relação às rotas marítimas do Império [português], o Rio tivera uma boa recuperação, depois que a queda drástica da mineração de ouro no interior havia promovido um declínio temporário em sua prosperidade. Em termos econômicos, estava em ascensão, mas fazia muito tempo que os ricos tinham deixado o centro da cidade entregue aos que lhes prestavam serviços, havendo-se mudado para mansões no alto dos morros e fazendas nos distritos da periferia.

Em parte, os problemas do Rio eram topográficos, pois suas terras baixas e alagadiças mostravam-se difíceis de drenar, deixando poças de água estagnada que se acumulavam por toda parte. As montanhas escarpadas barravam a brisa, impedindo a ventilação e aprisionando o ar úmido no centro da cidade. As ruas não eram pavimentadas e o saneamento era inexistente. Quando chovia, as águas servidas [com urina e fezes] eram lançadas nas ruas, na vã esperança de que a chuva as levasse para longe. De modo geral, o aspecto panorâmico moderno não

era acessível aos cariocas do começo do século XIX, que moravam sobretudo nas terras baixas dos bairros centrais. Eles também não transitavam com nenhuma facilidade para as praias do Atlântico (as atuais Copacabana, Ipanema e Leblon), que ficavam escondidas atrás de montanhas de vegetação densa e protegidas por lagos.

Então menor que Salvador, ainda assim o Rio era um porto colonial de dimensões consideráveis para os padrões da época. (...) [a população] se elevara para 60 mil habitantes quando da chegada da família real – uma população comparável à de Nova York no início do século XIX. O porto era movimentado e viria a se tornar um porto internacional importante depois das Guerras Napoleônicas, mas a cidade era isolada por terra. A poucas centenas de metros das últimas casas, as ruas se desintegravam, transformando-se em selva e pantanais. (...) O centro da cidade, que contava com menos de cinquenta ruas, tinha um ar rústico. Cabras, porcos e galinhas perambulavam livremente; crianças nuas brincavam nas trilhas de terra batida que desembocavam na selva.

Vista do Rio de Janeiro na época da chegada da Corte portuguesa, em 1808. Richard Bate, Biblioteca Nacional, Rio de Janeiro.

Uma das primeiras e mais importantes medidas tomadas por D. João no Brasil foi a decretação da abertura dos portos às nações amigas, ou seja, à Inglaterra. A partir disso, o processo de desenvolvimento de uma sólida classe de comerciantes estabelecidos aqui, iniciado durante o governo pombalino, ampliou-se ainda mais – grandes negociantes, que antes tendiam a investir seus lucros na Europa, passaram a aplicar mais recursos aqui.

Os grandes proprietários exportadores de produtos agrícolas, em especial os produtores de açúcar e de algodão, ganharam mais autonomia em seus negócios, já que não havia mais a necessidade da intermediação portuguesa para a venda daqueles produtos internacionalmente. A ocupação de novas terras e o aumento da produção de gêneros agrícolas, sobretudo para o abastecimento interno, também se intensificaram.

O próprio governo passou a dirigir pesquisas sobre novas e mais produtivas espécies vegetais no Jardim Botânico, fundado pelo regente para desempenhar as funções de um instituto agronômico. D. João autorizou também o funcionamento do Banco do Brasil que, apesar das limitações do período, garantiu a capitalização de recursos para investimentos na "Colônia". A Escola Superior de Matemática, Ciências, Física e Engenharia, a Escola Médico-tirúrgica e a Escola de Comércio e Administração foram criadas com o objetivo claro de qualificar profissionais para a atuação naquelas áreas.

Atendendo às pressões dos nobres imigrados, das elites brasileiras, que desejavam importar manufaturados pagando baixos impostos, e diante dos fortes laços econômicos entre Portugal e Inglaterra, em 1810, foram assinados os **Tratados de Aliança e Amizade de Comércio e Navegação** que garantiam taxação privilegiada para os produtos britânicos. Sobre a importação destes incidiam 15% de impostos, ante 16% sobre as mercadorias portuguesas e 24% sobre os produtos vindos de outras nações.

Na rua Direita, centro do Rio de Janeiro, estavam os grandes armazéns que revendiam os produtos importados. Biblioteca Municipal de São Paulo.

## A abertura dos portos

*Carta do príncipe regente D. João ao Conde da Ponte, governador da Capitania da Bahia, João de Saldanha da Gama Melo Torres Guedes Brito, em que ordena a abertura dos portos do Brasil a todas as mercadorias transportadas por navios de seus vassalos e de estrangeiros de nações amigas.*

"Conde da Ponte do meu Conselho, governador e capitão general da capitania da Bahia, amigo. Eu o Príncipe Regente vos envio muito saudar, como aquele que amo. Atendendo a representação que fizestes subir a minha real presença sobre se achar interrompido, e suspenso o comércio desta capitania com grave prejuízo dos meus vassalos, e da minha Real Fazenda, em razão das críticas, e públicas circunstâncias da Europa, e querendo dar sobre este importante objeto alguma providência pronta, e capaz de melhorar o progresso de tais danos, sou servido ordenar interina, e provisoriamente enquanto não consolido um sistema geral que efetivamente regule semelhantes matérias o seguinte: primeiro, que sejam admissíveis nas Alfândegas do Brasil todos e quaisquer gêneros, fazendas, e mercadorias transportadas, ou em navios estrangeiros das potências que se conservam em paz e harmonia com a minha Real Coroa, ou em navios dos meus vassalos pagando por entrada vinte e quatro por cento a saber vinte de direitos grossos e quatro de donativo já estabelecido, regulando-se a cobrança destes direitos pelas pautas, ou aforamento por que até o presente se regulam cada uma das ditas Alfândegas, ficando os vinhos, águas ardentes, e azeites doces, que se denominam molhados, pagando o dobro dos direitos que até agora nelas satisfaziam. Segundo: Que não só os meus vassalos, mas também os sobreditos estrangeiros possam exportar para os portos que bem lhes parecer o benefício do comércio e agricultura, que tanto desejo promover todos, e quaisquer gêneros, e produções coloniais, à exceção do pau-brasil ou outros notoriamente estancados, pagando por saída os mesmos direitos já estabelecidos nas respectivas capitanias, ficando entretanto como em suspenso, e sem vigor todas as leis, cartas régias, ou outras ordens que até aqui proibiam neste Estado do Brasil o recíproco comércio, e navegação entre os meus vassalos, e estrangeiros. O que tudo assim fareis executar com o zelo, e atividade que de vós espero Escrita na Bahia aos vinte e oito de janeiro de mil oitocentos e oito = Príncipe = Cumpra-se, e registre-se, e passem-se as ordens necessárias. Bahia vinte e nove de janeiro de mil oitocentos e oito = Conde da Ponte = O secretário Francisco Elesbão Pires de Carvalho e Albuquerque = Cumpra-se e registre-se = = Doutor Lobo."

"Escrita na Bahia, aos 28 de janeiro de 1808. Príncipe."

*Disponível em:*
<http://www.historiacolonial.arquivonacional.gov.br>.
*Acesso em:* 25 ago. 2010.

**1)** Qual prática econômica é criticada no documento?

**2)** Explique a importância da medida de D. João VI e seus impactos na economia brasileira.

# A Revolução Pernambucana (1817)

O maior movimento de contestação ao poder da Corte portuguesa, no período em que ela permaneceu no Rio de Janeiro, foi a Revolução Pernambucana ocorrida em 1817.

Em 6 de março de 1817, os revolucionários tomaram o Recife e organizaram um governo republicano, garantindo a tolerância religiosa e a igualdade de direitos para os proprietários.

A República nordestina, embora tenha pedido apoio a países estrangeiros, como os Estados Unidos e a Inglaterra, durou pouco mais de dois meses. Divergências profundas entre os líderes do movimento quanto às práticas de governo a serem adotadas, aliadas às dificuldades para enfrentar os combates (falta de armas e desorganização das tropas rebeldes), facilitaram a vitória das forças leais ao governo estabelecido no Rio de Janeiro, em 19 de maio. Os principais líderes, como o comerciante Domingos José Martins e os padres João Ribeiro e Miguel Joaquim de Almeida e Castro, foram presos e condenados à morte.

# A Revolução Liberal do Porto (1821)

Apesar de Napoleão Bonaparte ter sido derrotado em definitivo em 1815, D. João VI, que se tornara rei em 1816 com o falecimento de D. Maria I, manteve o projeto de governar o Império Português a partir do Brasil. As resistências àquele projeto, por parte dos grupos sociais e econômicos portugueses, que tinham seus interesses centrados na Europa, foram aumentando significativamente, sobretudo após a elevação do Brasil à categoria de Reino Unido a Portugal e Algarves, em dezembro de 1815.

Partida de D. João VI para Lisboa após ter sido convocado pelas Cortes lusas. Beauchamp, Biblioteca Nacional, Rio de Janeiro.

Em 1820, a insatisfação dos portugueses por considerarem que o Reino, de certa forma, estava subordinado à Colônia, em conjunto com a adoção de princípios iluministas pela burguesia lusa, levou à eclosão do movimento conhecido como **Revolução do Porto**. Os rebeldes exigiam a volta do rei ao Reino e a instalação de uma Assembleia Constituinte, a partir da convocação das Cortes portuguesas, subordinando o rei a elas – na prática, tais medidas configuravam o fim do absolutismo em Portugal.

As Cortes desejavam a volta do Brasil à condição de Colônia, com o fim da autonomia administrativa que fora conquistada durante a permanência de D. João por aqui. Porém, uma "recolonização" era impossível, já que os proprietários brasileiros não aceitariam ser excluídos das esferas administrativas e, ao mesmo tempo, pagar os impostos para a manutenção do Estado.

Ainda procurando conciliar os interesses entre seus súditos que viviam em lados diferentes do Atlântico, D. João concordou em voltar para Portugal, deixando, contudo, na condição de regente do Brasil seu filho mais velho e herdeiro do trono: D. Pedro.

# A independência: 1822

A volta da família real para Portugal não amainou a pressão para o retorno do Brasil à condição de Colônia. Em 1821, as Cortes portuguesas se reuniram sem a presença dos representantes brasileiros que ainda não tinham chegado a Lisboa. Tomaram uma série de decisões que desagradaram à elite brasileira, os grandes proprietários e aqueles ligados a atividades urbanas. Entre essas medidas estava a transferência para Lisboa das principais repartições que funcionavam no Brasil, ou seja, a subordinação total da Colônia ao Reino, e a volta imediata de D. Pedro, o príncipe regente.

Os diferentes setores da sociedade brasileira, apesar das grandes divergências que possuíam, uniram-se para firmar um novo pacto social e político: fundariam um Estado independente, onde o direito à cidadania seria garantido a todos os proprietários. Quanto às bases gerais da nova sociedade política, havia pouca divergência entre as lideranças que se uniram em torno de D. Pedro para concretizar a separação de Portugal sem que o território da América portuguesa se fragmentasse como ocorrera com as ex-colônias espanholas. As divergências entre os diferentes segmentos sociais, que constituiriam a nova nação, apareceriam no momento em que os princípios gerais, partilhados por todos, começassem a adquirir as feições mais objetivas das leis.

D. Pedro rompe com as Cortes portuguesas e proclama a independência do Brasil. François Renné Moreau, Museu Imperial, Petrópolis.

## Significados da evolução

As relações entre Brasil e Portugal vêm se intensificando nas últimas décadas, fruto de um contínuo esforço por parte dos governos para reforçar os laços de amizade entre os dois países. Além das alianças diplomáticas, essa ligação também pode ser identificada em outros campos, como na cultura (novelas e músicos brasileiros fazem grande sucesso em terras lusitanas), nos esportes (jogadores brasileiros naturalizados portugueses chegaram a participar da seleção nacional) e na economia.

Hoje, as relações comerciais inverteram a tendência presente no período colonial, fazendo com que Portugal seja, além de um parceiro de negócios, uma das portas de entrada das empresas brasileiras para os mercados da União Europeia.

No entanto, apesar de possuir números inferiores no campo econômico, Portugal continua tendo indicadores de qualidade de vida bem superiores, o que reforça o fluxo migratório de brasileiros em busca de melhores oportunidades no país europeu, onde ainda persistem, em parcelas da população, preconceitos que atrelam a imagem desses imigrantes à criminalidade e à prostituição.

## Proclamação de Pedro I aos portugueses

*Na Proclamação feita pelo imperador D. Pedro I aos portugueses sobre a independência do Brasil e sua elevação a condição de Imperador Constitucional, o monarca expõe os motivos para a separação de Portugal e defende a manutenção das relações comerciais entre os países, desde que não houvesse nenhuma ação de tropas lusitanas no território brasileiro. Observe ainda, no documento, que Pedro I refere-se a 12 de outubro como a data de independência.*

PORTUGUESES: Toda a força é insuficiente contra a vontade de um povo, que não quer viver escravo: a História do Mundo confirma esta verdade, confirmam-na ainda os rápidos acontecimentos, que tiveram lugar neste vasto Império embaído a princípio pelas lisonjeiras promessas do Congresso de Lisboa, convencido logo depois da falsidade delas, traído em seus direitos mais sagrados, em seus interesses os mais claros; não lhe apresentando o futuro outra perspectiva, senão a da colonização, e a do despotismo legal, mil vezes mais tirânico, que as arbitrariedades de um só déspota: o grande e generoso povo brasileiro passou pelas alternativas de nímia credulidade, de justa desconfiança, e de entranhável ódio: então ele foi unânime na firme resolução de possuir uma Assembleia legislativa sua própria, de cuja sabedoria e prudência resultasse o novo pacto social, que devia regê-lo, e ela vai entrar já em tão gloriosa tarefa: ele foi unânime em escolher-me para seu defensor perpétuo, honroso encargo que com ufania aceitei, e que saberei desempenhar a custa de todo o meu sangue.

> **Nímia:** demasiada, excessiva.

Este primeiro passo que devia abrir os olhos ao Congresso para encarar o profundo abismo, em que ia precipitar a nação inteira, que devia torná-lo mais circunspecto em sua marcha, e mais justo em seus procedimentos, serviu somente de inflamar as paixões corrosivas de muitos demagogos, que para vergonha tem assento no augusto santuário das leis. Todas as medidas que tendiam a conservar o Brasil debaixo do jugo de ferro da escravidão, mereceram a aprovação do Congresso; decretaram-se tropas para conquistá-lo sob o frívolo pretexto de sufocar suas facções os deputados brasileiros foram publicamente insultados, e suas vidas ameaçadas; o senhor D. João Sexto, meu augusto pai, foi obrigado a descer da alta dignidade de monarca constitucional pelo duro cativeiro, em que vive, e a figurar de mero publicador dos delírios e vontade desregrada, ou do seus ministros corruptos, ou dos facciosos do Congresso, cujos nomes sobreviverão aos seus crimes para execração da posteridade; e Eu, Herdeiro do Trono, fui escarnecido, e vociferado por aqueles mesmos que deviam ensinar o povo a respeitar-me para poderem ser respeitados.

Em tão críticas circunstâncias o heroico povo do Brasil, vendo fechados todos os meios de conciliação usou de um direito que ninguém pode contestar-lhe, aclamando-me no dia 12 do corrente mês seu Imperador Constitucional, e proclamando sua Independência. Por este solene ato acabaram as desconfianças, e azedume dos brasileiros contra os projetos de domínio, que intentava o Congresso de Lisboa; e a série não interrompida de pedras numerárias colocadas no caminho do tempo, para lhes recordarem os seus infortúnios passados, hoje só serve de os convencer do quanto o Brasil teria avultado em prosperidade, sem mais tempo se tivesse separado de Portugal; se a mais tempo o seu bom siso, e a razão tivesse sancionado uma separação, que a natureza havia feito.

Tal é o Estado do Brasil: se desde dia 12 do corrente mês, ele não é mais parte integrante da Antiga Monarquia Portuguesa, todavia nada se opõe a continuação de suas antigas relações comerciais, como declarei no meu decreto de primeiro de agosto deste ano, com tanto que de Portugal se não enviem mais tropas a invadir qualquer província deste Império.

Portugueses: eu ofereço o prazo de quatro meses para a vossa decisão; decidi, e escolhei, ou a continuação de uma amizade fundada nos ditames da justiça, e da generosidade, nos laços de sangue e em recíprocos interesses; ou a guerra mais violenta, que só poderá acabar com o reconhecimento da independência do Brasil ou com a ruína de ambos os Estados. Palácio do Rio de Janeiro em 21 de outubro de 1822 – IMPERADOR.

*Disponível em: <http://www.historiacolonial. arquivonacional.gov.br>. Acesso em: 25 ago. 2010.*

**1)** Qual o argumento central usado por D. Pedro I em relação aos portugueses?

**2)** O que significa dizer que ele era o Imperador Constitucional?

*Saiba mais*

## A data da independência

A data oficial que reconhecemos hoje como a da Independência do Brasil (7 de setembro) não era conhecida das pessoas daquela época. O processo de fortalecimento das relações entre D. Pedro e as populações das diferentes regiões, criando a vinculação entre súdito e soberanos, estava sendo construído durante festividades e adesões das Câmaras municipais entre junho e setembro de 1822, que saudavam o príncipe e a convocação de uma Assembleia Constituinte.

*Vejamos o que escreveu a historiadora Iara Lis Franco sobre o episódio:*

Vale dizer que, naquele momento, não se reconhecia com precisão a data oficial da Independência do Brasil. (...) [Alguns] a situavam na convocação da Assembleia Constituinte no Brasil em junho de 1822. O próprio D. Pedro só em 1823 referiu-se ao 7 de setembro. Pesava mais [após a obtenção de apoios locais e da pressão portuguesa contra os interesses brasileiros] o grito, o gesto fundador e seu lema [*Independência ou Morte*], pois o problema residia na legítima autodeterminação de um povo que estabelece o seu governo e proclama a Independência sob o risco de uma morte patriótica que se sacrifica pelo bem público.

A aclamação no Rio de Janeiro, com a presença efetiva de D. Pedro, ocorreu em 12 de outubro de 1822, depois que o Senado da Câmara do Rio de Janeiro tomou para si a tarefa de congregar as adesões e investir D. Pedro na condição de *rei constitucional*. Conciliava-se aí a data do aniversário do imperador com o descobrimento da América, reforçando seus vínculos. (...)

A coroação de D. Pedro I aconteceu em 1.º de dezembro de 1822, no Rio de Janeiro, depois de várias aclamações, das adesões das Câmaras, do início da guerra de Independência. (...)

Em meio a tantas celebrações, a coroação condizia com a criação oficial do império do Brasil. O termo *império* aludia à vasta dimensão do seu território; rememorava os grandes impérios de Roma e Napoleão; repunha o projeto da burocracia ilustrada de fins do século XVIII; entronizava de modo inédito a figura do imperador. Pois se a aclamação se passava na praça pública (...), a coroação adentrava a igreja – ritualizando ainda mais esta autoridade, reforçando a impressão de que se cumpria a vontade de Deus e sacralizando o poder monárquico, a pessoa do imperador e o próprio Brasil.

*Fonte: FRANCO, I. L. A Independência do Brasil. Rio de Janeiro: Jorge Zahar, 2000. p. 58, 60, 63-64.*

## *Disseram a respeito*

## Os últimos tempos do reinado de D. João VI e o reconhecimento oficial da independência brasileira pelo governo português

*A imagem histórica predominante de D. João VI é quase a de uma caricatura: obeso, sempre se coçando devido às várias feridas que apareciam constantemente pelo seu corpo, sobretudo nas pernas, e que ainda demoravam a cicatrizar. Em geral, os representantes estrangeiros faziam questão de destacar que ele sempre se apresentava malvestido, pois cultivava o hábito nada nobre de usar as roupas até que elas se desfizessem. Como político, D. João não é lembrado de forma mais lisonjeira: teria sido um grande indeciso, quase covarde, especialista em adiar o máximo possível a tomada de medidas importantes – diante das mais difíceis circunstâncias políticas, era capaz de encerrar reuniões, após horas de discussões, sem nada decidir e passar, logo em seguida, a ocupar-se de uma farta refeição, onde não faltavam nem galinha assada na manteiga, nem carne de veado.*

*Napoleão Bonaparte, contudo, formou uma imagem bem diferente de D. João, considerando-o "o único" monarca que o "tapeara em todos os tempos" – afinal o rei luso conseguira se manter no trono durante todo o período em que duraram as guerras lideradas pelo então imperador dos franceses.*

*Essa opinião de Bonaparte, contrastando com a memória do monarca glutão e irresoluto, sugere que no início do século XIX, com todas as incertezas acerca do cenário político europeu, D. João VI tenha sido bastante habilidoso no comando da política portuguesa. Ainda que, para desespero de seus colaboradores diretos, demonstrasse aquela habilidade por meio de frases como: **"Quando não sabemos o que fazer, o melhor é não fazermos nada!"**.*

*Contudo, o reconhecimento da independência brasileira por D. João, em novembro de 1825, não deixou de assinalar de forma melancólica os últimos tempos de seu reinado – nenhuma das "indenizações" que o governo brasileiro pagou à antiga Metrópole poderia compensar o fracasso dos projetos para a organização de um "poderoso" império luso-brasileiro.*

*... [os últimos meses da vida de D. João VI] foram consumidos em negociações que o afligiam – a resolução da questão brasileira. Portugal tinha-se recusado a reconhecer a independência do Brasil, mas, sob a pressão conjunta da Grã-Bretanha, acabou por se sentar à mesa de negociação. (...) Nos termos desse documento, intermediado pelo diplomata inglês sir Charles Stuart, o Brasil pagaria a Portugal uma compensação pela perda de sua colônia. Redigiu-se uma lista de todos os bens e de parte das dívidas deixadas pela família real em sua partida do Rio, quatro anos antes.*

D. João VI. Tela atribuída a Domingos Antonio Siqueira. Museu Imperial, Petrópolis.

Nessa conta entraram a prataria, os móveis e o equipamento da Casa Real, a Biblioteca Real, metade da dívida contraída com os britânicos, navios de guerra, carregamentos, munição e os salários e pensões dos regimentos destacados no Brasil. A soma total devida a Portugal ficou em 2 milhões de libras esterlinas, das quais 250 mil deveriam ir diretamente para D. João, pela venda da rede de propriedades que ele havia adquirido durante sua permanência no Rio. Foi um tratado marcado pela ironia. Um último carregamento do tesouro atravessaria o Atlântico, do Brasil para Portugal – o pagamento de uma conta pelas despesas da corte durante seu prolongado exílio no Rio.

As negociações também lidaram com a questão espinhosa do trono português, agora dividido entre o Velho e o Novo Mundo. Na assinatura do tratado, a separação se tornaria oficial, com um ramo dos Bragança instalando-se permanentemente nas Américas. D. João reservou-se o direito ao título de "Imperador do Brasil", mas entregou os poderes que ele implicava a seu filho, D. Pedro, ficando a sucessão com seus descendentes. (...)

Num dia gélido de novembro, D. João assinou o tratado, em seu gabinete no complexo arquitetônico do convento de Mafra. A essa altura, parecia ter mais do que seus 59 anos. Muito mais pesado do que seus tempos de Brasil, seus problemas na perna o atormentavam e ele andava com dificuldade. Deixara crescer uma barba grisalha e desgrenhada, que, ao lado de suas roupas maltrapilhas, dava-lhe um ar de vagabundo. D. João sofreu com o reconhecimento da independência do Brasil. A declaração [de independência brasileira] fora seguida por uma operação de enxugamento, com o resto das forças portuguesas sendo rechaçado das águas brasileiras por uma pequena frota chefiada por um mercenário britânico, lorde Cochrane. Num desses episódios, os portugueses foram perseguidos durante toda a travessia do Atlântico até a própria foz do Tejo, onde quatro navios foram incendiados – um fim humilhante para três séculos de dominação colonial. Os sonhos imperiais que haviam impulsionado as primeiras etapas da transferência [da corte] – a ideia de um duplo reino transatlântico – estavam terminados. (...)

D. João foi um dos poucos monarcas europeus a reinar continuamente durante a era napoleônica – "o único a me tapear em todos os tempos", nas palavras do próprio Napoleão, escritas durante seus anos de exílio em Santa Helena. Em retrospectiva, a aventura brasileira foi um sucesso – da noite para o dia, os órgãos de um Estado em funcionamento foram implantados na colônia, tornando relativamente fácil a progressão para a independência. Isso se tornou um processo gradativo, desde a abertura dos portos, em 1808, até a conquista do *status* de reino unido a Portugal, em 1815, a partida da família real, em 1821, e o "grito do Ipiranga" de D. Pedro, em 1822. O Brasil foi predominantemente poupado da violência que acompanhou a independência de seus vizinhos, e se manteve unido como a única nação gigantesca que sobrevive até hoje.

*Fonte:* WILCKEN, P. *Op. cit.* p. 280-282.

1) Analise as diferenças entre as imagens atribuídas a D. João VI e justifique a postura do autor em relação ao tema.

## Cinemateca

**Carlota Joaquina – Princesa do Brasil** (1995, Brasil, dir.: Carla Camurati) A esposa espanhola de D. João VI e a vinda e estada da família real para o Brasil.

**Independência ou Morte** (1972, Brasil, dir.: Anselmo Duarte) A Independência brasileira retratada pela visão histórica ufanista do regime militar.

## Revisitando a História

**1.** Qual o significado da transferência da Corte portuguesa para o Brasil? Que motivos levaram a isso?

**2.** Imagine-se um jornalista vivendo na cidade do Rio de Janeiro por volta de 1815. Faça um texto descrevendo a cidade que recebeu mais de 10 mil habitantes em 1808 e as modificações trazidas pela chegada da Corte. Utilize em sua reportagem as imagens das páginas 455 e 456. Se necessário, busque mais informações em livros e na internet sobre o assunto.

**3.** Em 1820, a burguesia mercantil portuguesa instaurou uma Monarquia Constitucional em Portugal, o que deu um caráter liberal ao movimento. Exatamente por ser uma burguesia mercantil, necessitava da recolonização do Brasil. Justifique a afirmação.

**4.** a) Cite três medidas adotadas pelo governo português no Brasil.

b) Relacione a presença da família real no Brasil com o processo de emancipação política brasileira.

**5.** A Revolução Pernambucana de 1817 eclodiu no momento em que se acentuaram as contradições econômicas, políticas e sociais entre os grupos da sociedade pernambucana e o governo português. Mencione algumas reivindicações básicas dos revolucionários.

## Analise esta imagem

a) Qual a importância da representação do monarca como uma liderança militar?

b) Antes das telas de Debret, os retratos de brasileiros estavam vinculados à tradição religiosa, eram mais simples que os europeus e não tinham como objetivo constituir um símbolo de *status* social. Reflita e elabore um pequeno texto indicando possíveis motivos para o florescimento da pintura de retratos a partir da chegada da família real para o Brasil.

Jean-Baptiste Debret (1768-1848), pintor francês, teve sua formação sob os princípios do neoclassicismo. Esteve no Brasil entre 1816 e 1831 com a Missão Artística Francesa chefiada por Lebreton, dedicando-se à pintura e ao ensino artístico. Em suas telas e aquarelas retratou a paisagem, a sociedade brasileira, a presença dos escravos e a corte imperial brasileira. À frente da Academia Imperial de Belas Artes, Debret organizou a primeira exposição de arte no país, em 1829. Retornando à França, em 1831, Debret organizou uma publicação com imagens muito ricas, intitulada *Viagem pitoresca e histórica ao Brasil*. A tela ao lado é um retrato oficial, posado e planejado, que enfatiza o caráter de D. João VI como líder militar. Apesar de fazer um retrato enaltecedor do monarca, Debret, que vivera o período da Revolução Francesa, era simpatizante das ideias liberais e da limitação do poder dos monarcas.

## Debatendo ideias

"— Esse Brasil dividido em pedaços autônomos nem de longe teria o poder e a influência que o país exerce hoje sobre a América Latina. Na ausência de um Brasil grande e integrado, o papel provavelmente caberia à Argentina, que seria, então, o maior país do continente.

— Brasília, a capital federal plantada no cerrado por Juscelino Kubitschek em 1961 para estimular e simbolizar a integração nacional, nunca teria existido. O esforço de integração teria dado lugar à rivalidade e à disputa regional.

— Na escola, quando abrissem seus livros de Geografia, as crianças gaúchas aprenderiam que a floresta amazônica é um santuário ecológico de um país distante, situado ao norte, na fronteira com a Colômbia, a Venezuela e o Peru.

— As diferenças regionais teriam se acentuado. É possível que, a esta altura, as regiões mais ricas desse mosaico geográfico estariam discutindo medidas de controle da imigração dos vizinhos mais pobres. Como fazem hoje os americanos em relação aos mexicanos (...)."

Fonte: GOMES, L. *1808* – como uma rainha louca, um príncipe medroso e uma corte corrupta enganaram Napoleão e mudaram a História de Portugal e do Brasil. São Paulo: Planeta do Brasil, 2007 p. 327-328.

Na citação acima, Laurentino Gomes imagina algumas das possíveis mudanças que poderiam ocorrer no Brasil caso a família real portuguesa não tivesse decidido deixar a Europa.

a) Segundo o texto, quais foram os impactos da vinda de D. João VI para o Rio de Janeiro?

b) Após a leitura do capítulo, você concorda com o panorama traçado pelo autor?

## Questões de vestibular

**1.** (FUVEST – SP) Eis que uma revolução, proclamando um governo absolutamente independente da sujeição à corte do Rio de Janeiro, rebentou em Pernambuco, em março de 1817. É um assunto para o nosso ânimo tão pouco simpático que, se nos fora permitido [colocar] sobre ele um véu, o deixaríamos fora do quadro que nos propusemos tratar.

Fonte: VARNHAGEN, F. A. *História Geral do Brasil*, 1854.

O texto trata da Revolução pernambucana de 1817. Com relação a esse acontecimento é possível afirmar que os insurgentes

a) pretendiam a separação de Pernambuco do restante do reino, impondo a expulsão dos portugueses desse território.

b) contaram com a ativa participação de homens negros, pondo em risco a manutenção da escravidão na região.

c) dominaram Pernambuco e o norte da colônia, decretando o fim dos privilégios da Companhia do Grão-Pará e Maranhão.

d) propuseram a independência e a república, congregando proprietários, comerciantes e pessoas das camadas populares.

e) implantaram um governo de terror, ameaçando o direito dos pequenos proprietários à livre exploração da terra.

**2.** (ENEM) No clima das ideias que se seguiram à revolta de São Domingos, o descobrimento de planos para um levante Armado dos artífices mulatos na Bahia, no ano de 1798, teve impacto muito especial; esses planos demonstravam aquilo que os brancos conscientes tinham já começado a compreender: as ideias de igualdade social estavam a propagar-se numa sociedade em que só um terço da população era de brancos e iriam inevitavelmente ser interpretados em termos raciais.

MAXWELL, K. Condicionalismos da Independência do Brasil. In: SILVA, M. N. (Coord.). *O Império Luso-Brasileiro,* 1750-1822. Lisboa: Estampa, 1986.

O temor do radicalismo da luta negra no Haiti e das propostas das lideranças populares da Conjuração Baiana (1798) levou setores da elite colonial brasileira a novas posturas diante das reivindicações populares.

No período da Independência, parte da elite participou ativamente do processo, no intuito de

a) instalar um partido nacional, sob sua liderança, garantindo participação controlada dos afrobrasileiros e inibindo novas rebeliões de negros.

b) atender aos clamores apresentados no movimento baiano, de modo a inviabilizar novas rebeliões, garantindo o controle da situação.

c) firmar alianças com as lideranças escravas permitindo a promoção de mudanças exigidas pelo povo sem a profundidade proposta inicialmente.

d) impedir que o povo conferisse ao movimento um teor libertário, o que terminaria por prejudicar seus interesses e seu projeto de nação.

e) rebelar-se contra as representações metropolitanas, isolando politicamente o Príncipe Regente, instalando um governo conservador para controlar o povo.

**3.** (UFG – GO) Como é para o bem de todos e a felicidade geral da nação, estou pronto: diga ao povo que fico. D. Pedro I, 1822.

Havendo Eu convocado, como tinha direito de convocar, a Assembleia Geral Constituinte e Legislativa, por decreto de 3 de junho do ano próximo passado, a fim de salvar o Brasil dos perigos que lhe estavam iminentes, e havendo a dita Assembleia perjurado ao tão solene juramento que prestou à Nação de defender a integridade do império, sua independência e a minha dinastia: Hei por bem, dissolver a mesma Assembleia (...). D. PEDRO I.

Apud: LINHARES, M. Y. (Org.). *História Geral do Brasil.* Rio de Janeiro: Elsevier, 1990. p. 137.

As duas citações são de autoria de D. Pedro I, produzidas, respectivamente, em 1822 e 1823. Os grupos chamados de "brasileiros" ou "liberais" e de "portugueses" ou "conservadores" tiveram expectativas diferenciadas em relação às ações políticas do monarca. Sobre essas duas ações, responda:

a) quais eram as expectativas de "brasileiros" ou "liberais"?

b) quais eram as expectativas de "portugueses" ou "conservadores"?

**4.** (UFJF – MG) Com a vinda da corte para o Rio de Janeiro, a nova sede da monarquia foi palco de muitas mudanças. Na primeira metade do século XIX, a cidade recebeu melhorias como iluminação e gás para atender às novas necessidades da sociedade. A propósito das novas necessidades e características dessa sociedade, analise as seguintes afirmações:

I. As diversões favoritas das elites eram os concertos líricos e as peças de teatro, geralmente de procedência europeia, sendo o próprio imperador um entusiasta das óperas.

II. Entre as diversões populares, o entrudo (carnaval) ocupava lugar de destaque, mas, longe de se restringir aos setores mais pobres da população, promovia o encontro entre diferentes grupos sociais.

III. Nesse período, a sociedade carioca enfrentava graves problemas sociais, entre os quais o grande número de recém-nascidos e crianças abandonadas nas "rodas de expostos".

Escolha a alternativa CORRETA.

a) Todas estão corretas.

b) Apenas I e II estão corretas.

c) Apenas I e III estão corretas.

d) Apenas II e III estão corretas.

e) Todas estão incorretas.

**5.** (UECE) Acerca do processo de independência no Brasil, isto é, da separação política entre a colônia e a metrópole portuguesas em 1822, é correto afirmar-se que

a) culminou juntamente com o processo da consolidação da unidade nacional.

b) foi marcado por um movimento propriamente nacionalista e revolucionário.

c) representou a imagem tradicional da colônia em guerra contra a metrópole.

e) resultou de uma reação conservadora provocada por interesses comuns de certos setores da elite brasileira, bem como do Imperador.

**6.** (UFJF – MG) Abaixo se encontram descritas diferentes características dos processos de independência da América Latina e da América do Norte.

I. Nos Estados Unidos, como decorrência imediata de seu processo de independência, ocorreu a abolição da escravatura.

II. Em toda a América Espanhola ocorreu uma aliança entre as elites locais e os setores populares contra os interesses metropolitanos sem, contudo, produzir mudanças nas formas de governo.

III. Na América Portuguesa, a transferência da Corte para Rio de Janeiro, bem como a abertura dos portos às nações amigas constituiu-se em importante fator para a crise do sistema colonial.

IV. O processo de independência no Haiti caracterizou-se por uma rebelião escrava, constituindo-se em um singular modelo de luta anticolonial.

Marque a opção CORRETA.

a) Todas estão corretas.
b) Todas estão incorretas.
c) Apenas a I e IV estão corretas.
d) Apenas a I e III estão corretas.
e) Apenas a III e IV estão corretas.

**7.** (UFPR) Comparando-se os processos de independência do Brasil e das colônias da América espanhola, no início do século XIX, é correto afirmar que

a) ambos tiveram o liberalismo como ideologia, em defesa do livre comércio e da imediata abolição da escravatura.
b) o primeiro foi singularizado pela instalação da Corte na América, que implantou medidas decisivas para a emancipação.
c) a estrutura socioeconômica foi preservada nos países que se formaram na parte espanhola, mas profundamente alterada no Brasil.
d) o segundo foi conduzido pelos *criollos*, a camada popular que se rebelou contra a ascensão de José Bonaparte ao trono espanhol.
e) ambos contaram com o apoio norte-americano, dado o interesse em ficar com os mercados então dominados pela Inglaterra.

**8.** (UFPR) A chegada da Família Real e da Corte Portuguesa ao Rio de Janeiro em 1808 introduziu grandes mudanças na sociedade brasileira. Os grandes proprietários rurais e negociantes aglutinaram-se ainda mais do que antes ao redor da Família Real. Isso permitiu que, no contexto da independência (1822), alguns fenômenos permanecessem. Tendo em vista esses processos, considere as seguintes afirmativas:

1. A escravidão foi mantida, sem que os poucos questionamentos a ela conseguissem prevalecer nem nos projetos de Independência, nem na elaboração de um projeto de Constituição em 1823, nem ainda na Constituição outorgada em 1824.
2. O fim do laço colonial formal com Portugal permitiu a intensificação da relação de dependência frente à Inglaterra.
3. A escravidão atingiu seu auge no Brasil imediatamente após a Independência, ao mesmo tempo em que as negociações internacionais pelo reconhecimento desta última levaram à tentativa de supressão do tráfico de escravos africanos em 1830.
4. O apoio inglês à manutenção da escravidão e do tráfico de escravos permitiu que o cativeiro permanecesse no Brasil até 1888.

Assinale a alternativa correta.

a) Somente as afirmativas 1, 2 e 3 são verdadeiras.
b) Somente as afirmativas 1 e 4 são verdadeiras.
c) Somente as afirmativas 2, 3 e 4 são verdadeiras.
d) Somente a afirmativa 2 é verdadeira.
e) Somente as afirmativas 1 e 3 são verdadeiras.

**9.** (UPE) A luta pela emancipação política do Brasil foi marcada por rebeliões que enfraqueceram o domínio português, divulgando as ideias liberais. Com a chegada de D. Pedro I ao poder, a sociedade brasileira da época

a) conseguiu sua autonomia econômica e libertou-se do poder dos europeus.
b) conviveu com um governo descentralizado e liberal nas normas jurídicas.
c) manteve a escravidão, mas fez mudanças importantes na legislação social.
d) recuperou sua produção agrícola, destacando-se o algodão e o café.
e) enfrentou dificuldades políticas, sendo D. Pedro I acusado de autoritarismo.

**10.** (ENEM) Em 2008 foram comemorados os 200 anos da mudança da família real portuguesa para o Brasil, onde foi instalada a sede do reino. Uma sequência de eventos importantes ocorreu no período 1808-1821, durante os 13 anos em que D. João VI e a família real portuguesa permaneceram no Brasil.

Entre esses eventos, destacam-se os seguintes:

- Bahia – 1808: Parada do navio que trazia a família real portuguesa para o Brasil, sob a proteção da marinha britânica, fugindo de um possível ataque de Napoleão.
- Rio de Janeiro – 1808: desembarque da família real portuguesa na cidade onde residiriam durante sua permanência no Brasil.
- Salvador – 1810: D. João VI assina a carta régia de abertura dos portos ao comércio de todas as nações amigas, ato antecipadamente negociado com a Inglaterra em troca da escolta dada à esquadra portuguesa.
- Rio de Janeiro – 1816: D. João VI torna-se rei do Brasil e de Portugal, devido à morte de sua mãe, D. Maria I.
- Pernambuco – 1817: As tropas de D. João VI sufocam a revolução republicana.

*Adaptado de:* GOMES, L. *1808* – como uma rainha louca, um príncipe medroso e uma corte corrupta enganaram Napoleão e mudaram a história de Portugal e do Brasil. São Paulo: Planeta do Brasil, 2007.

Uma das consequências desses eventos foi

a) a decadência do império britânico, em razão do contrabando de produtos ingleses através dos portos brasileiros.
b) o fim do comércio de escravos no Brasil, porque a Inglaterra decretara, em 1806, a proibição do tráfico de escravos em seus domínios.
c) a conquista da região do rio da Prata em represália à aliança entre a Espanha e a França de Napoleão.
d) a abertura de estradas, que permitiu o rompimento do isolamento que vigorava entre as províncias do país, o que dificultava a comunicação antes de 1808.
e) o grande desenvolvimento econômico de Portugal após a vinda de D. João VI para o Brasil, uma vez que cessaram as despesas de manutenção do rei e de sua família.

**11.** (ENEM) Eu, o Príncipe Regente, faço saber aos que o presente Alvará virem: que desejando promover e adiantar a riqueza nacional, e sendo um dos mananciais dela as manufaturas e a indústria, sou servido abolir e revogar toda e qualquer proibição que haja a este respeito no Estado do Brasil.

Alvará de liberdade para as indústrias (1º de abril de 1808).
In: BONAVIDES, P.; AMARAL, R. *Textos Políticos da História do Brasil*. Brasília: Senado Federal, 2002
v. 1. (adaptado).

O projeto industrializante de D. João, conforme expresso no alvará, não se concretizou. Que características desse período explicam esse fato?

a) A ocupação de Portugal pelas tropas francesas e o fechamento das manufaturas portuguesas.
b) A dependência portuguesa da Inglaterra e o predomínio industrial inglês sobre suas redes de comércio.
c) A desconfiança da burguesia industrial colonial diante da chegada da família real portuguesa.
d) O confronto entre a França e a Inglaterra e a posição dúbia assumida por Portugal no comércio internacional.
e) O atraso industrial da colônia provocado pela perda de mercados para as indústrias portuguesas.

**12.** (ENEM) Após a Independência, integramo-nos como exportadores de produtos primários à divisão internacional do trabalho, estruturada ao redor da Grã-Bretanha. O Brasil especializou-se na produção, com braço escravo importado da África, de plantas tropicais para a Europa e a América do Norte. Isso atrasou o desenvolvimento de nossa economia por pelo menos uns oitenta anos. Éramos um país essencialmente agrícola e tecnicamente atrasado por depender de produtores cativos. Não se poderia confiar a trabalhadores forçados outros instrumentos de produção que os mais toscos e baratos. O atraso econômico forçou o Brasil a se voltar para fora. Era do exterior que vinham os bens de consumo que fundamentavam um padrão de vida "civilizado", marca que distinguia as classes cultas e "naturalmente" dominantes do povaréu primitivo e miserável. (...) E de fora vinham também os capitais que permitiam iniciar a construção de uma infraestrutura de serviços urbanos, de energia, transportes e comunicações.

Paul Singer

Levando-se em consideração as afirmações acima, relativas à estrutura econômica do Brasil por ocasião da independência política (1822), é correto afirmar que o país:

a) se industrializou rapidamente devido ao desenvolvimento alcançado no período colonial.
b) extinguiu a produção colonial baseada na escravidão e fundamentou a produção no trabalho livre.
c) se tornou dependente da economia europeia por realizar tardiamente sua industrialização em relação a outros países.
d) se tornou dependente do capital estrangeiro, que foi introduzido no país sem trazer ganhos para a infraestrutura de serviços urbanos.
e) teve sua industrialização estimulada pela Grã-Bretanha, que investiu capitais em vários setores produtivos.

# Programas de Avaliação Seriada

**1.** (PSIU – UFPI) (...) todos os brasileiros, e sobretudo os brancos, não percebem suficientemente que é tempo de se fechar a porta aos debates políticos (...). Se se continua a falar dos direitos dos homens, da igualdade, terminar-se-á por pronunciar a palavra fatal: liberdade, palavra terrível e que tem muito mais força num País de escravos que em qualquer outra parte (...).

MOTA, C. G. (Org.) *1822*: dimensões.
São Paulo: Perspectiva, 1972. p. 482.

O texto acima, escrito provavelmente por volta de 1823/1824, é parte de uma carta sobre a independência do Brasil, enviada por um observador europeu a D. João VI. Leia com atenção o texto e, a seguir, assinale a alternativa que expressa a configuração social do processo brasileiro de independência.

a) A democracia racial, decorrente de uma intensa miscigenação durante o período colonial, contribuiu para conciliar, logo nos primeiros anos do Império, os interesses dos distintos grupos sociais.
b) A "solução monárquica", através da qual a jovem nação optava por afastar-se de seus vizinhos americanos e adotar modelos políticos europeus, foi historicamente necessária como instrumento de conciliação das raças no Brasil.
c) O "haitianismo", temor da elite branca brasileira de que se repetisse no Brasil uma revolução negra, tal qual ocorrera no Haiti, limitou as bases sociais da independência e justificou manifestações como essa da carta transcrita.
d) Em razão de temores como aquele expresso na carta citada, a independência fez-se acompanhar de um processo crescente de enfraquecimento da escravidão. Os mesmos grupos que lideraram o processo de independência liderariam, anos depois, a abolição da escravatura.
e) O temor expresso na carta é infundado, pois além de contar com um número pequeno de escravos à época da independência, as relações entre os escravos e seus senhores, no Brasil, sempre foram cordiais, decorrendo justamente disso a noção de "democracia racial".

**2.** (PSC – UFAM) Das alternativas abaixo, qual a que NÃO pode ser tomada como consequência da transferência do trono português para o Brasil?

a) A abertura dos portos às nações amigas.
b) A transferência da capital, de Salvador para o Rio de Janeiro.
c) A criação do Reino Unido de Portugal, Brasil e Algarves.
d) A invasão de Caiena por tropas formadas no Grão-Pará.
e) A expropriação de imóveis no Rio de Janeiro para atender a necessidade de abrigar a Corte.

# BRASIL IMPÉRIO

O Brasil independente não significou uma mudança radical nas formas de organização social, política e econômica, se comparado com as últimas décadas do período colonial. Nem todas as transformações e rupturas na história representam mudanças radicais ou imediatamente perceptíveis. Porém, a nova condição política fez com que a ideia de soberania e as questões relativas à autonomia do país despertassem vários conflitos. Rebeliões, disputas políticas, pressões internas e externas resultaram em um país muito diferente entre os anos de 1822 e 1889. Sentimentos de liberdade, por exemplo, oriundos do processo de independência tinham significados diferentes para portugueses, brasileiros brancos, indígenas e escravos. A história do único país das Américas que se tornou uma monarquia de forma consistente e as contradições vivenciadas no período são os temas principais desta unidade.

*Unidade* 7

# capítulo 30

# Brasil: Primeiro Reinado

*O Primeiro Reinado é o período da história brasileira em que se concretiza o rompimento com os séculos de governança da metrópole portuguesa, instaurando no Brasil independente uma administração própria, consolidada na figura de um monarca português e apoiada pelos grupos que exerciam influência no período colonial. As marcas do passado estavam vivas e muito presentes na nova ordem política que emergia. No entanto, as pressões por uma nova organização social e econômica, desvinculada de Portugal, eram evidentes. As mudanças teriam sido insignificantes? Pelo tipo de agitação e de tensão política que se viveu à época, pode-se afirmar que para muitas pessoas tratava-se de um momento inédito, no qual a autonomia política deveria ser consolidada. O fato de muitos personagens serem remanescentes do domínio português não impediu esse movimento.*

*Assim, portugueses e brasileiros viveram, nessa primeira parte da experiência imperial iniciada em 1822, um período agitado de disputas por novas definições políticas, sociais e culturais que, aos poucos, desenhavam o sentimento da nação.*

O conhecido painel *Independência ou Morte!* (ver p. 480) foi pintado por Pedro Américo entre os anos de 1886 e 1888, portanto mais de sessenta anos após os "acontecimentos" retratados. Apesar disso, no final do século XIX e início do século XX, ele se transformou na principal síntese explicativa para o processo de separação política do Brasil com relação a Portugal. Ou seja, a "nação brasileira" teria nascido no dia 7 de setembro de 1822, quando D. Pedro, em São Paulo, nas margens do riacho do Ipiranga, proclamou solenemente que o Brasil era independente.

Todavia, o 7 de setembro teve pouco significado para os homens que acompanhavam os movimentos da política naquela ocasião e, então, se empenhavam diretamente na organização de uma sociedade civil autônoma, na definição das bases econômicas e políticas fundamentais para a estruturação de um governo e de um Estado nos territórios da antiga América portuguesa – nenhum dos episódios daquele dia foi, por exemplo, mencionado nos jornais publicados no Rio de Janeiro nas semanas seguintes.

Pelo contrário, de acordo com a maioria dos periódicos da época, utilizados pelos vários grupos socioeconômicos para divulgar e discutir diferentes projetos para a organização da nova nação, a independência política e institucional do Brasil teria acontecido em 3 de junho ou 12 de outubro de 1822 – a depender do episódio considerado fundamental para o estabelecimento da soberania brasileira. Assim, para os que consideravam a independência a partir do reconhecimento à liberdade e aos direitos dos cidadãos de legislar e tomar parte direta na condução dos negócios públicos, **a convocação da Assembleia Constituinte em 3 de junho** era a data da emancipação. Os que associavam a existência de uma nação independente à liberdade de escolha que os cidadãos tinham para designar seu governante, o dia da independência era **12 de outubro, quando D. Pedro foi aclamado Imperador Constitucional do Brasil**.

No fundo, portanto, as divergências sobre a data da independência em 1822 demonstravam a falta de consenso entre os diferentes grupos políticos no que dizia respeito à adoção da monarquia constitucional como forma de governo para o Brasil, a partir da liderança de D. Pedro I. Ora, os adeptos da independência em 3 de junho não vinculavam a soberania da nação diretamente à figura do Primeiro Imperador, ao contrário dos adeptos da independência em 12 de outubro.

Por esse motivo, foi só em 1823, na abertura da Assembleia Nacional Constituinte, quando uma frágil conciliação entre os dois grupos tinha se estabelecido, que os episódios ocorridos em São Paulo em setembro do ano anterior começaram a despontar como fundamentais para a independência brasileira. No discurso, que então leu perante os constituintes, D. Pedro I afirmava:

D. Pedro I, aclamado imperador do Brasil em 12 de outubro de 1822. Biblioteca Mário de Andrade, São Paulo.

*Dignos Representantes da Nação Brasileira. – É hoje o dia maior, que o Brasil tem tido, dia em que ele pela primeira vez começa a mostrar ao mundo que é império, e império livre. Quão grande é meu prazer, vendo justos representantes de quase todas as províncias fazerem conhecer umas às outras seus interesses, e sobre eles basearem uma justa e liberal constituição que as reja! Deveríamos já ter gozado de uma representação nacional, mas a nação não conhecendo há mais tempo seus verdadeiros interesses, ou conhecendo-os, e não os podendo patentear, visto a força e predomínio do partido português, (...) nunca quis consentir que os povos do Brasil gozassem de uma representação igual àquela, que eles então tinham (...). Não me tenho poupado, nem pouparei, a trabalho algum, por maior que seja, contanto que dele provenha a felicidade para a nação... Quando em São Paulo surgiu, d'entre o* brioso *povo daquela agradável e encantadora província,*

**Brioso:** digno, corajoso.

*um partido de portugueses e brasileiros degenerados, totalmente afetos às Cortes do desgraçado e encanecido Portugal, parti imediatamente para a província. Entrei sem receio, porque conheço que todo o Povo me ama. Dei as providências que me pareceram convenientes, a ponto, que nossa independência lá foi primeiro, que em parte alguma proclamada, no sempre memorável sítio do Ipiranga. Foi (...) onde pela primeira vez fui aclamado imperador (...).*

Assim, fundindo a concepção de que o Brasil era independente por seus cidadãos poderem nomear representantes para a elaboração de uma constituição à ideia de que sua liderança naquele sentido tinha sido fundamental, D. Pedro I também uniu os significados atribuídos ao 3 de junho e ao 12 de outubro em uma nova data: o 7 de setembro – quando em São Paulo, ao tomar providências diretas contra os "portugueses degenerados", que impediam "os povos do Brasil" de terem a sua representação política, foi aclamado imperador "pela primeira vez".

Apesar disso, a fixação em definitivo da independência, a partir de uma ação quase individual de D. Pedro naquele dia 7, só aconteceria muito tempo depois, nas décadas de 1860 e 1870 – quando os conflitos entre os diferentes grupos sociais acerca da forma e das práticas do governo representativo no Brasil durante o Primeiro Reinado já tinham sido "esquecidos" em favor de outros interesses políticos que surgiram. Antes, contudo, na primeira metade do século XIX, outra data, além daquelas, ainda seria considerada por importantes setores da sociedade brasileira como representativa da emancipação nacional: 7 de abril de 1831, dia em que D. Pedro I abdicou do trono e deixou o território do Brasil rumo à Europa.

Essas controvérsias demonstram que a constituição do Brasil como nação está bem longe de ser explicada por meio de um único fato histórico, como o que Pedro Américo procurou retratar em seu belo painel. Como estudaremos neste capítulo, até a consolidação do Brasil-Nação, muitos outros conflitos e enfrentamentos aconteceram entre os diferentes grupos sociais estabelecidos nas variadas regiões do vasto território da antiga América portuguesa.

Bandeira do Império. Museu Histórico Nacional, Rio de Janeiro. O pintor francês Jean-Baptiste Debret, que estava no Brasil em 1822, considerou que a independência brasileira foi proclamada em 12 de outubro. Escreveu ele: "A emancipação do Brasil, solenemente proclamada no Rio de Janeiro, a 12 de outubro de 1822, pela aclamação de D. Pedro I, acarretava igualmente a separação das armas brasileiras do escudo português, reunidos há seis anos como símbolo do Reino Unido de Portugal, Brasil e Algarves, criado pelo rei D. João VI. Com efeito, a 16 de novembro do mesmo ano, às quatro horas da tarde, viu a população do Rio de Janeiro o jovem imperador, a cavalo, escoltado por numeroso cortejo da cavalaria, atravessar a cidade em direção à Capela Imperial para assistir à bênção da nova bandeira brasileira".

*Fonte:* DEBRET, J. B. *Op. cit.* tomo III, p. 211.

# A independência da Bahia

Na Bahia, o combate contra as forças militares portuguesas, que resistiram à independência brasileira, contou com a participação decisiva dos escravos. O episódio é exemplar de como os negros cativos não eram passivos e incapazes de se organizar para atuar de maneira direta em favor de sua própria liberdade. Contudo, as divisões étnicas entre eles, acentuadas pela rivalidade entre os negros nascidos no Brasil (crioulos) e os nascidos na África, acabaram por impedir que eles "tomassem o poder" após a expulsão dos lusos. Assim, acabada a guerra baiana de independência, em 2 de julho de 1823, o governo do novo país cuidou de reforçar o controle sobre os escravos.

A guerra [pela independência na Bahia] permitiu a formação de uma espécie de ampla aliança entre baianos das mais variadas origens de classe, cor e visão política, mas não conseguiu desativar as tensões, as divisões que minavam o campo brasileiro. No próprio calor da luta, os senhores de engenho tiveram disputas com líderes mais radicais, como o tenente Joaquim Sátiro da Cunha e o cadete João Primo – personagens que após o Dois de Julho continuariam na oposição aos novos governantes da Bahia. (...) Aliás, foram esses agitadores que despertaram a elite baiana da inércia. Ela decidiu abraçar completamente a causa da Independência em parte para evitar que o movimento caísse em mãos erradas, radicais. E não fez segredo quanto a isso. O coronel de milícias Gaspar de Araújo Azevedo Gomes de Sá, de tradicional família baiana, defendeu na Câmara de Santo Amaro a conveniência de se proclamar a autoridade regencial de dom Pedro, imediatamente, para "prevenir que algum espírito mal-intencionado mova o povo a se pôr em excessos anárquicos". Quer dizer: que a "revolução" fosse feita antes que o povo a fizesse. E assim prevaleceram os excessos monárquicos da elite...

Os negros livres e libertos preocuparam os observadores do ocaso do Império português no Brasil, mas foi sobretudo pensando nos escravos que eles distinguiram a atuação de um "partido negro". Um anônimo informante da Coroa portuguesa escreveria numa data entre 1822 e 1823: "(...) embora havendo no Brasil aparentemente só dois partidos [portugueses e brasileiros], existe também um terceiro: o partido dos negros e das pessoas de cor, que é o mais perigoso, pois se trata do mais forte numericamente falando. Tal partido vê com prazer e com esperanças criminosas as dissensões existentes entre os brancos, os quais dia a dia têm seus números reduzidos". Esse informante era francês e como tal atormentava-o o que acontecera com a lucrativa ex-colônia francesa de Saint Domingue, atual Haiti. Lá os pardos livres se chamavam *gens de couleur*, pessoas de cor, e muitos constituíam um setor de prósperos escravistas que se viam como herdeiros naturais daquele domínio da França. Em meio ao clima de divisão e conflito entre as *gens de couleur* e os *blancs* franceses e da terra, os escravos sublevaram-se em massa, destruíram a escravidão e a economia de *plantation* e, no processo, definiram a ruptura colonial. O autor francês recomendava às pessoas de cor do Brasil que seus interesses estavam em se aliar aos escravistas brancos para evitar que os escravos pusessem tudo a perder (...).

Com efeito, os escravos, sobretudo os crioulos e os pardos nascidos no Brasil, mas também os africanos, não testemunharam passivamente o drama da Independência. Muitos chegaram a acreditar, às vezes de maneira organizada, que lhes cabia um melhor papel no palco político em via de ser montado com a vitória baiana. Os sinais desse projeto dos negros são claros. Escrevendo a seu marido em Portugal, a 13 de abril de 1823, a dona Maria Bárbara Garcez Pinto informava-o em sua pitoresca linguagem: "A crioulada da Cachoeira fez requerimentos para serem livres". Em outras palavras, os escravos negros nascidos no Brasil (crioulos) ousavam pedir, organizadamente, a liberdade! (...)

Na metáfora predileta dos oradores patrióticos, representava-se o Brasil como escravo de Portugal. Os escravos parecem haver compreendido a hipocrisia do discurso patriótico. Se era para libertar o país da figurada escravidão portuguesa, por que não libertá-los também da autêntica escravidão brasileira? Com certeza não era a fome o combustível principal da insatisfação. Os crioulos ansiavam por coroar seus pequenos privilégios na escravidão com a conquista final da liberdade e oportunamente da cidadania no Brasil independente. (...) os escravos da Bahia tentaram participar do projeto político de libertação nacional, mas foram barrados. E a despeito dos pesadelos da elite baiana, eles não criaram um novo Haiti aqui. Aparentemente não tentaram, por exemplo, um levante em massa durante o conflito luso-brasileiro, momento em que os homens livres se encontravam mais divididos. Não conseguiriam organizar-se para tal, e, ademais, eles também se achavam divididos em diversas etnias africanas adversárias, além da secular e difundida animosidade entre os crioulos e africanos. (...)

A guerra realmente enfraqueceu o controle sobre os escravos (...) uma vez reconquistada Salvador e vencida a guerra, o novo regime logo tratou de colocar a escravaria nos eixos. (...) [foram tomadas] uma série de providências para a captura de escravos fugidos e sua devolução aos legítimos donos. Uma das medidas orientava o retorno à cena da odienda figura do capitão-do-mato. Para escravos e senhores, tudo voltava a ser como antes, ou pelo menos parecia. Na verdade, a vitória na guerra não significou a conquista da paz pelos senhores. Além das dificuldades econômicas que passaram a enfrentar após 1822, tanto a gente pobre livre quanto os escravos da Bahia tiraram-lhes o sono com repetidas rebeliões ao longo de duas décadas. A Independência havia liberado energias coletivas de difícil controle e o "partido negro", embora dividido, ainda voltaria à cena muitas vezes.

*Fonte: REIS, J. J. O jogo duro do Dois de Julho: o partido negro na independência da Bahia. In: SILVA, E.; REIS, J. J. Negociação e Conflito: resistência negra no Brasil escravista. São Paulo: Companhia das Letras, 1989. p. 88-98.*

Thomas Cochrane, oficial britânico contratado em 1823 por D. Pedro I para comandar a esquadra brasileira na luta contra as tropas portuguesas que resistiam à independência da antiga colônia. Na guerra da independência na Bahia, Cochrane comandou o cerco ao porto de Salvador, impedindo a entrada de suprimentos para o abastecimento das tropas lusas que ocupavam a cidade. Essa ação foi fundamental para o êxito do "exército pacificador", que avançou por terra contra as forças da antiga metrópole. Ele também atuou na guerra de independência que aconteceu no Maranhão, por este motivo recebeu do imperador o título de marquês do Maranhão. Laglumé, Biblioteca Nacional, Rio de Janeiro.

## Saiba mais

## A Batalha de Jenipapo

*O fim do domínio português não ocorreu da mesma maneira em todo o território colonial. Houve conflitos em regiões como a Bahia, o Piauí e o Grão-Pará mesmo tempos depois da proclamação feita por D. Pedro I. Em muitos locais, chegou-se a considerar que a independência seria apenas uma troca de metrópoles, com o Rio de Janeiro ocupando o lugar antes reservado a Lisboa.*

*Dessa forma, observamos que, mais do que uma nação se libertando do jugo estrangeiro, batalhas como a de Jenipapo, descrita no texto abaixo, demonstram a existência de vários processos de independência.*

A notícia do Grito do Ipiranga não demorou a chegar ao Piauí. Já em 30 de setembro, o juiz de fora da Parnaíba, João Cândido de Deus e Silva (1787-1860), instava a Junta de Governo da província a aclamar D. Pedro imperador. E argumentava: "A melhor, a maior, a mais rica, a mais populosa parte do Brasil tem se declarado a favor da causa da independência; como persuadir-nos que o resto não siga a mesma causa? Ou quererão os povos olhar de sangue frio o seu país dividido, seguindo o sul um sistema e o norte outro?"

A Junta, dominada pelo partido português, responderia que sim, como deixou claro no ofício enviado em 14 de janeiro de 1823 ao general Labatut. Nele afirma-se que Piauí, Maranhão e Pará teriam maiores vantagens na união com Portugal do que com o Rio de Janeiro, pois as comunicações eram mais fáceis com Lisboa, e os bens que produziam se vendiam mais facilmente em Portugal do que no Rio. Para a Junta, caso a província aderisse a D. Pedro, estaria trocando a dependência de Portugal pela do Rio de Janeiro, que lhe parecia menos vantajosa.

A argumentação era manca. O Piauí, com apenas 70 mil habitantes e pequenos núcleos urbanos, os maiores dos quais eram Oeiras, capital da província, e a vila da Parnaíba, seu único porto marítimo, tinha como base da economia os seus enormes rebanhos. Exportava couro para Portugal, mas os grandes mercados para seu gado eram Maranhão, Pernambuco, Bahia e, sobretudo, Minas Gerais.

Mas Deus e Silva não ficara à espera da reação da Junta. Com outros patriotas, sobrepôs-se, na Parnaíba, ao partido português e proclamou, em 19 de outubro de 1822, a adesão à Independência. A Junta de Oeiras reagiu prontamente e, para reconduzir a vila à obediência, enviou contra ela o governador de Armas, o major português João José da Cunha Fidié (?-1856). Às suas tropas somaram-se outras, vindas do Maranhão, e o brigue de guerra D. Miguel. Sem condições de resistir, os patriotas abandonaram a vila e se refugiaram no Ceará. Um grupo deles, comandado por Leonardo de Carvalho Castelo Branco (1788-1873), voltaria ao Piauí, para tomar pelas armas Piracuruca e declarar, em 22 de janeiro de 1823, a adesão do povoado à Independência. E repetiu o feito, duas semanas depois, em Campo Maior.

Esse Leonardo – que, em cumprimento de promessa, ao sair da cadeia mudaria o nome para Leonardo da Senhora das Dores Castelo Branco – foi, apesar de romântico pelo temperamento e profundamente católico, um iluminista tardio. Poeta, filósofo e cientista, inventou uma máquina para descaroçar algodão e outra com que pretendia ter resolvido o problema do moto-contínuo. Entre suas obras constam *Memória acerca das abelhas da província do Piauí* e *Astronomia e mecânica leonardina*, até hoje inéditas, e os poemas *O santíssimo milagre*, *A criação universal* e *O ímpio confundido*, trabalhos de ambição e fôlego, o segundo com mais de quatro mil versos e o terceiro, com quase 6.500. Filosofava em versos. Em versos condenou a escravidão. E em versos revelou-se um excelente animalista.

Com Fidié na Parnaíba, os partidários da Independência, na madrugada de 24 de janeiro, empolgaram de surpresa Oeiras, proclamaram a adesão à Independência e elegeram um novo governo provincial, tendo à frente o brigadeiro Manuel de Sousa Martins (1767-1856).

Fidié encaminhou-se para a capital. E em 13 de março, junto ao Rio Jenipapo, na altura de Campo Maior, topou com um exército improvisado que Sousa Martins, o futuro visconde da Parnaíba, mandara contra ele. Os portugueses ganharam a batalha, mas nela perderam a bagagem com armas, munição e botica.

Inseguro num ambiente que lhe era crescentemente hostil, duas semanas depois Fidié abandonou o Piauí e instalou-se em Caxias, no Maranhão. Os piauienses saíram atrás dele e, somados a tropas cearenses e pernambucanas, além de maranhenses partidários da Independência, sitiaram a cidade onde se abrigara.

# A Assembleia Constituinte de 1823

A união entre vários segmentos sociais e a configuração do rompimento político entre Brasil e Portugal ocorrem a partir da convicção de seus membros sobre a necessidade de se firmar um novo pacto político, mais adequado aos interesses da sociedade estruturada por aqui, ao longo dos três séculos anteriores. A elaboração de uma **Constituição**, principal documento para a definição dos direitos e das práticas políticas e administrativas naquela sociedade, era essencial para a consolidação do novo país. Composta de noventa membros, eleitos nas catorze províncias que então constituíam o Império do Brasil, a Assembleia Constituinte, convocada em junho de 1822, foi aberta no dia 3 de maio de 1823.

De forma muito parecida ao que ocorreu durante a elaboração da Constituição francesa após a queda da Bastilha em 14 de julho de 1789 e a promulgação da Declaração dos Direitos do Homem e do Cidadão – conforme estudamos no Capítulo 23 –, um princípio geral unificava todos os constituintes: **o direito à cidadania plena deveria ser garantido aos proprietários; por isso nenhum deles chegou a defender o sufrágio universal; divergiam com relação à forma a ser adotada para a realização das eleições, mas não quanto ao fato de o voto ser censitário**.

Os deputados brasileiros de 1823 reconheciam, portanto, a "igualdade natural" entre os homens, mas isso não significava estender a todos eles a "liberdade política", ou seja, a participação direta nas decisões do governo. Na perspectiva dos constituintes, só os homens que já tivessem garantidos os meios materiais para sua sobrevivência poderiam tomar partido na elaboração das leis e na definição dos rumos da sociedade civil. Assim, a principal diferença entre os dois grupos políticos – conservador e liberal –, que polarizaram os debates na Assembleia de 1823, esteve na definição das formas que a estrutura política e administrativa deveria assumir para que fosse garantida a estabilidade do novo pacto social firmado em torno do direito à propriedade.

José Bonifácio de Andrada e Silva nasceu em 13 de junho de 1763, em Santos, São Paulo. Filho de um rico funcionário da Coroa portuguesa, Bonifácio foi para a Europa em 1783, onde cursou Direito e depois Matemática e Filosofia Natural. Formado também em Química e Mineralogia, retornou ao Brasil apenas em 1819, após 36 anos no Velho Mundo. Reconhecido como "O Patriarca" da independência, José Bonifácio atuou de forma decisiva na política brasileira entre 1821 e 1833 – quando perdeu o cargo de tutor de D. Pedro II, para o qual fora nomeado em 1831 por D. Pedro I, após a abdicação. Morreu em abril de 1838, no Rio de Janeiro. Como alertou a historiadora Emília Viotti da Costa, "homem e mito" se confundem nos trabalhos sobre José Bonifácio, o que torna, ainda hoje, difíceis e polêmicas as pesquisas sobre sua participação em um período importante da história do Brasil. Jean-Baptiste Debret, Biblioteca Mário de Andrade, São Paulo.

O grupo, que ficou conhecido como **conservador**, tinha como principal líder José Bonifácio e defendia que a soberania do novo país fosse partilhada entre os cidadãos-proprietários e o imperador. Formado por nobres portugueses emigrados, grandes comerciantes e ricos proprietários radicados em Minas Gerais, Bahia, São Paulo, Pernambuco e Rio Grande do Sul, esse grupo considerava essencial dividir a autoridade nacional entre o monarca e o Parlamento para evitar o desmembramento do nosso território, como acontecera com a América espanhola. Para eles, as eleições deveriam ser indiretas, em dois graus: com base na renda, os proprietários seriam divididos em duas categorias de eleitores – os *cidadãos votantes*, cuja renda seria suficiente para a escolha dos membros do colégio eleitoral, e os *cidadãos eleitores*, cuja renda permitiria participar do colégio eleitoral e, portanto, escolher os deputados e senadores.

O outro grupo político atuante na Assembleia, chamado de **liberal**, era liderado por Joaquim Gonçalves Ledo e propunha que a soberania nacional deveria ficar restrita ao Parlamento. Faziam parte desse grupo os burocratas e funcionários públicos, pequenos e médios negociantes e proprietários, muitos dos quais portugueses recentemente chegados ao Brasil ou aqui estabelecidos há menos de 10 anos e que se dedicavam à produção e comercialização de gêneros não só para a exportação, mas também para o abastecimento interno. Para eles, as províncias deveriam possuir maior autonomia com relação ao governo central e as **eleições deveriam ser diretas**: os proprietários alfabetizados votariam diretamente para a escolha dos representantes.

Fazendo oposição aos dois grupos, que juntos formavam o **Partido Brasileiro**, estava o **Partido Português**, contrário à separação política e administrativa do Brasil com relação a Portugal e que esperava manter suas posições a partir da concentração da soberania brasileira nas mãos de D. Pedro I – que, afinal, continuava a ser herdeiro da Coroa lusa, podendo uni-la à Coroa brasileira após a morte de D. João VI.

Em setembro de 1823 foi apresentado o Projeto Constitucional cujo principal relator foi Antonio Carlos Ribeiro de Andrada, irmão de José Bonifácio. Esse texto, em geral, procurou garantir a independência brasileira estabelecendo que o imperador do Brasil não poderia assumir o trono de qualquer outro reino, ao mesmo tempo que limitava o direito à cidadania dos portugueses estabelecidos aqui – mesmo que eles fossem proprietários. Além disso, não permitiria ao imperador o comando das Forças Armadas e a dissolução da Câmara dos Deputados e subordinava as administrações provinciais ao governo central.

O projeto definia a realização de eleições em dois graus. Os eleitores de primeiro grau, ou de paróquia, deveriam comprovar renda mínima equivalente a 150 alqueires de farinha de mandioca; os eleitores de segundo grau, ou de província, deveriam comprovar a renda de 250 alqueires, enquanto para ser eleito deputado e senador a exigência era, respectivamente, de rendas equivalentes a 500 e 1.000 alqueires. Por esse motivo, o projeto constitucional de 1823 ficou conhecido como **Constituição da Mandioca** – limitando a participação política direta de pequenos proprietários e, sobretudo, de comerciantes ligados ao grupo de Gonçalves Ledo, já que criava dificuldades para que suas rendas fossem convertidas nos valores correspondentes à produção em alqueires de mandioca.

O início das discussões do projeto Antonio Carlos acentuou ainda mais as divisões políticas entre os constituintes e elevou a tensão na capital do Império. Aos protestos dos membros do Partido Português, contrários aos artigos que limitavam os poderes de Pedro I, somaram-se as reclamações dos setores de comerciantes quanto aos critérios exigidos para a comprovação da renda. Havendo um grande número de lusos dedicados às atividades comerciais, as manifestações ganharam o caráter de enfrentamento entre brasileiros e portugueses, embora esse grupo estivesse longe de ser homogêneo e seus diferentes setores mostrassem insatisfação sobre diferentes pontos da proposta constitucional.

A esses motivos para divergências somou-se a proposta de José Bonifácio (ver o quadro *Recortes da História*, a seguir) sobre a extinção do tráfico de africanos para o Brasil. Embora nenhum político se declarasse estritamente favorável ao trabalho escravo, a maioria estava de acordo com os proprietários que representavam no Parlamento: não havendo trabalhadores livres, que pudessem substituir os cativos sem que a economia fosse à falência, o melhor era não se discutir um assunto tão grave.

## Bonifácio e a escravidão

Em 1823, José Bonifácio apresentou uma *Representação à Assembleia Geral Constituinte e Legislativa*, defendendo o fim do tráfico de africanos para o Brasil e a adoção de medidas para a gradual emancipação dos escravos. Bonifácio reconhecia o direito fundamental à propriedade escrava no Brasil, mas julgava necessário "limitá-lo" a partir da decretação do fim do tráfico negreiro. A Representação não chegou a ser convertida em projeto de lei e a ser votada pelos constituintes.

Representação à Assembleia Constituinte e Geral do Império do Brasil:

Como cidadão livre e deputado da nação dois objetos me parecem ser, fora a Constituição, de maior interesse para a prosperidade futura deste império. O primeiro é um novo regulamento para promover a civilização geral dos índios do Brasil, que farão com o andar do tempo inúteis os escravos, cujo esboço já comuniquei a esta Assembleia. Segundo, uma nova lei sobre o comércio da escravatura, e tratamento dos miseráveis cativos. Este assunto faz o objeto da atual representação. Nela me proponho mostrar a necessidade de abolir o tráfico da escravatura, de melhorar a sorte dos atuais cativos, e de promover a sua progressiva emancipação. (...)

Torno a dizer porém que eu não desejo ver abolida de repente a escravidão; tal acontecimento traria consigo grandes males. Para emancipar escravos sem prejuízo da sociedade, cumpre fazê-los primeiramente dignos da liberdade: cumpre que sejamos forçados pela razão e pela lei a convertê-los gradualmente de vis escravos em homens livres e ativos. (...)

O mal está feito, senhores, mas não o aumentemos cada vez mais; ainda é tempo de emendar a mão. Acabado o infame comércio de escravatura, já que somos forçados pela razão política a tolerar a existência dos atuais escravos, cumpre em primeiro lugar favorecer a sua gradual emancipação, e antes que consigamos ver o nosso país livre de todo deste cancro, o que levará tempo, desde já abrandemos o sofrimento dos escravos, favoreçamos, e aumentemos, todo os seus gozos domésticos e civis; instruamo-los no fundo da verdadeira religião de Jesus Cristo, e não em momices e superstições: por todos estes meios nós lhes daremos toda a civilização de que são capazes no seu desgraçado estado, despojando-os o menos que pudermos da dignidade de homens e cidadãos. Este é não só o nosso dever mas o nosso maior interesse, porque só então conservando eles a esperança de virem a ser um dia nossos iguais em direitos, e começando a gozar desde já da liberdade e nobreza de alma, que só o vício é capaz de roubar-nos, eles nos servirão com fidelidade e amor; de inimigos se tornarão nossos amigos e clientes (...).

> **momices:** gestos, trejeitos.

Fonte: DOLHNIKOF, M. *Projetos para o Brasil de José Bonifácio de Andrada e Silva*. São Paulo: Companhia das Letras, 1998. p. 45-46, 63-65.

**1)** Por que a visão de Bonifácio é uma leitura conservadora em relação à escravidão? Identifique argumentos no texto que justifiquem sua resposta.

O grupo de José Bonifácio ficou isolado politicamente, a partir de então. Dirigindo seus ataques aos portugueses em geral, os conservadores do Partido Brasileiro passaram a acusar D. Pedro I de se "aliar" aos diferentes setores lusos com a finalidade de promover a recolonização do Brasil.

A crise atingiu seu ápice quando o jornal *A Sentinela da Liberdade*, ligado aos Andrada, publicou uma carta levantando a suspeita de traição por oficiais portugueses que faziam parte das Forças Armadas brasileiras. Assinada por "um Brasileiro Resoluto", a autoria da carta foi tributada ao farmacêutico David Pamplona Corte Real, o qual foi espancado violentamente por lusos indignados com as "infâmias". Na Assembleia, Antonio Carlos e seu irmão Martin Francisco Ribeiro de Andrada chegaram a se pronunciar incitando a população a se vingar dos agressores. Vários tumultos foram, então, reprimidos no Rio de Janeiro por soldados portugueses.

A Assembleia, exigindo que o imperador se explicasse por aquelas ações, declarou-se em sessão permanente. A noite do dia 11 para 12 de novembro de 1823 ficou conhecida como **Noite da Agonia**, com os deputados permanecendo em vigília. A resposta de D. Pedro foi rápida: na manhã seguinte decretou a dissolução da Constituinte. A Assembleia foi invadida pelas tropas imperiais e vários deputados foram presos, incluindo os irmãos Andrada que foram deportados.

## A Constituição de 1824

Apoiando-se no Partido Português e, principalmente, nos setores do Partido Brasileiro, adversários do grupo de José Bonifácio, D. Pedro encarregou o Conselho de Estado de redigir a Constituição, que foi outorgada pelo monarca em 25 de março de 1824. O texto constitucional não era radicalmente diferente do projeto Antonio Carlos, mantendo a impossibilidade de D. Pedro I assumir a Coroa Portuguesa e o sistema eleitoral em dois graus, os eleitores de paróquia e de província deveriam ter, respectivamente, rendas de 100 mil e de 200 mil-réis. Para ser eleito deputado, a renda exigida era de 400 mil-réis e para senador 800 mil – os senadores seriam vitalícios e escolhidos pelo imperador a partir de listas tríplices encaminhadas pelas províncias.

A grande diferença para o projeto da Constituição da Mandioca estava na criação do Poder Moderador, exclusivo do monarca, além dos poderes Legislativo, Executivo e Judiciário.

# O Nordeste se levanta: a Confederação do Equador

Reunião da Junta Revolucionária da Confederação do Equador. Johann Moritz Rugendas, Biblioteca Mário de Andrade, São Paulo.

O fechamento da Assembleia Constituinte e a outorga da Constituição de 1824 provocaram grande descontentamento no Nordeste brasileiro, principalmente em Pernambuco, que já vivera um movimento rebelde em 1817 e onde as ideias em favor da maior autonomia das províncias, com relação ao Rio de Janeiro, tinham grande aceitação. Ao quadro de descontentamento político somou-se uma crise econômica regional, com o declínio das exportações dos principais produtos da região, algodão e açúcar, que enfrentavam forte concorrência internacional.

Os dois principais líderes da oposição eram Cipriano Barata e o frei carmelita Joaquim do Amor Divino Rebelo, mais conhecido como Frei Caneca. Ambos eram defensores de ideias republicanas e abertamente hostis ao governo liderado por D. Pedro I. Frei Caneca considerava o Poder Moderador "a chave mestra da opressão da Nação Brasileira", julgando absurda a influência que o imperador exerceria sobre os outros poderes.

Para coibir o quadro de instabilidade, D. Pedro I interveio nomeando como presidente da província um homem de sua confiança e depondo o então presidente Manuel de Carvalho Paes de Andrade. As Câmaras Municipais de Olinda e Recife não aceitaram essa imposição do monarca e o movimento – que passou a ter caráter separatista – contou com o apoio da população urbana, sem no entanto ter a adesão dos grandes proprietários.

Em 2 de julho de 1824, Manuel Paes de Andrade, contando com o apoio e a liderança de Frei Caneca e de Cipriano Barata, proclamou a **Confederação do Equador**, desligando-se assim do Brasil. Os confederados almejavam estabelecer uma República, com princípio federalista, ou seja, maior autonomia para as províncias, e defendiam a proibição do tráfico de escravos no porto de Recife. O movimento, que contou com a participação de homens livres pobres e de escravos, rapidamente se alastrou pelo Nordeste, recebendo a adesão das Províncias da Paraíba, Ceará e do Rio Grande do Norte. Os propósitos sociais mais radicais e a violência dos ataques feitos aos portugueses assustaram as elites locais, o que de alguma forma facilitou a intervenção das tropas leais ao governo do Rio de Janeiro.

Diante da ameaça de ruptura e fragmentação do Império brasileiro, o imperador recebeu franco apoio de proprietários fluminenses, mineiros e paulistas e ordenou intensa repressão aos confederados. Em novembro de 1824, o movimento já havia sido derrotado.

Os rebeldes foram submetidos a julgamento em um tribunal militar e condenados. O resultado foi uma "punição exemplar" e a condenação à morte de mais de uma dezena de rebeldes. A sentença de Frei Caneca previa seu enforcamento, mas não houve ninguém disposto a enforcá-lo, apesar de todas as ameaças feitas. Assim, sua pena foi transformada em fuzilamento e seu corpo foi exposto em praça pública. À noite, entretanto, pessoas com os rostos cobertos roubaram o corpo e o enterraram em um convento da cidade. Esse episódio serviu para desgastar a imagem do imperador e acirrar os ânimos de setores liberais, que temiam pelos excessos de autoritarismo de Pedro I e do grupo político que o cercava.

Embate entre as tropas leais ao imperador em Recife e os rebeldes, em 1824. Leandro Martins, Instituto Histórico e Geográfico Brasileiro, Rio de Janeiro.

# A Guerra da Cisplatina

Conflitos e revoltas regionais sangravam os cofres imperiais pela manutenção da integridade territorial do Brasil. Os movimentos de contestação ao governo do Rio de Janeiro aconteceram também no sul.

A Província Cisplatina havia sido anexada ao Brasil em 1816 por D. João VI, visto ser um importante ponto na geopolítica sul-americana da época – situada na foz do rio da Prata, era o escoadouro natural das regiões interioranas brasileiras às margens do rio Paraguai e também a entrada para as regiões da América espanhola drenadas pela bacia platina.

Em dezembro de 1825, essa província iniciou uma guerra de independência, contando com o apoio da Argentina, cujo governo pretendia incorporar a região ao seu território. O confronto terminou com a independência da Cisplatina em 1828, comandada por Diogo Rivera e Juan Lavalleja, graças à intervenção dos ingleses, interessados no estabelecimento do livre-comércio na região. Apesar de todos os interesses econômicos e diplomáticos na região, a separação da Cisplatina em relação ao Brasil também foi motivada por importantes fatores locais, afinal os habitantes da região não possuíam identidade com as outras províncias brasileiras, já que fora colonizada predominantemente por espanhóis. A região passou a ser chamada de **República Oriental do Uruguai**.

A **Guerra da Cisplatina**, como ficou conhecido esse conflito, depauperou os cofres nacionais e obrigou o país a pedir empréstimos aos banqueiros ingleses. Muitos acusavam D. Pedro de ser o responsável pela situação econômica, até mesmo dos problemas enfrentados pelo Banco do Brasil e sua posterior falência, em novembro de 1829. Os preços dos importados ficavam cada vez mais caros e a moeda valia cada vez menos. A elevação do custo de vida reacendeu os antagonismos entre brasileiros e portugueses, os quais eram vistos como eternos exploradores da economia nacional.

A identificação de D. Pedro com grandes comerciantes lusos, a partir do seu envolvimento nas disputas sucessórias pela Coroa de Portugal, desencadeadas com a morte de D. João VI, tornou o monarca totalmente impopular ante os principais setores sociais e econômicos brasileiros.

# A Noite das Garrafadas

Os protestos contra o governo estabelecido no Rio de Janeiro aumentaram significativamente entre 1829 e 1830. Em 20 de novembro de 1830, a mando de um partidário do grupo favorável a D. Pedro I, foi assassinado em São Paulo um dos jornalistas mais ferrenhos nas críticas ao monarca, o liberal Líbero Badaró. A repercussão do assassinato foi imensa e a indignação cresceu em virtude de os responsáveis pelo crime não terem sido punidos.

Em visita a Minas Gerais, em fevereiro de 1831, D. Pedro pôde constatar uma grande insatisfação popular: ao chegar a Barbacena os sinos repicavam pela morte de Líbero Badaró. A forma fria como a população recebeu o imperador, exibindo faixas pretas em sinal de luto, demonstrava o descontentamento com o estilo centralizador do monarca. Diante da frieza mineira, já sem apoio popular ou mesmo de lideranças significativas, a comitiva real retornou imediatamente para a capital.

Os partidários do imperador pretendiam fazer uma grande festa para recepcioná-lo após a viagem a Minas, o que foi considerado absurdo por parte da oposição. Nas ruas do Rio de Janeiro houve um confronto entre aliados do imperador, os portugueses ou *pés de chumbo*, com os brasileiros, *os pés de cabra*.

Nesse embate campal, as armas eram paus, pedras e cacos de garrafas. Por isso, esse incidente acontecido em 13 de março de 1831 ficou conhecido como **Noite das Garrafadas**.

Pedindo a punição dos portugueses pelo episódio das Garrafadas, políticos exigiram uma resposta de D. Pedro, alegando que não tolerariam as ofensas de estrangeiros. O imperador optou por nomear um ministério composto apenas de brasileiros, no dia 20 de março. Mas, como os distúrbios persistiam e as tropas ameaçavam aderir aos oposicionistas, os ânimos não se acalmaram. Sem apoio político e tentando demonstrar sua autoridade, D. Pedro demitiu todo o ministério e nomeou o ministério dos marqueses, composto apenas de aristocratas portugueses. A crise política ganhou fôlego e o imperador ficou completamente isolado.

# Vai um Pedro, fica outro: a abdicação

Diante da insustentável situação, D. Pedro I abdicou em 7 de abril de 1831 em favor de seu filho de apenas 5 anos, D. Pedro de Alcântara – episódio conhecido como a *Revolução do Sete de Abril*.

D. Pedro entrega o documento de sua abdicação que dizia: "Usando o direito que a Constituição me concede, declaro que irei mui voluntariamente abdicado na pessoa de meu mui amado e prezado filho, D. Pedro de Alcântara. Boa Vista, sete de abril de 1831, décimo ano da Independência e do Império. Pedro". Aurélio Figueiredo, Palácio Guanabara, Rio de Janeiro.

Em setembro de 1834, D. Pedro I morreu de tuberculose no palácio de Queluz, em Portugal, próximo a Lisboa.

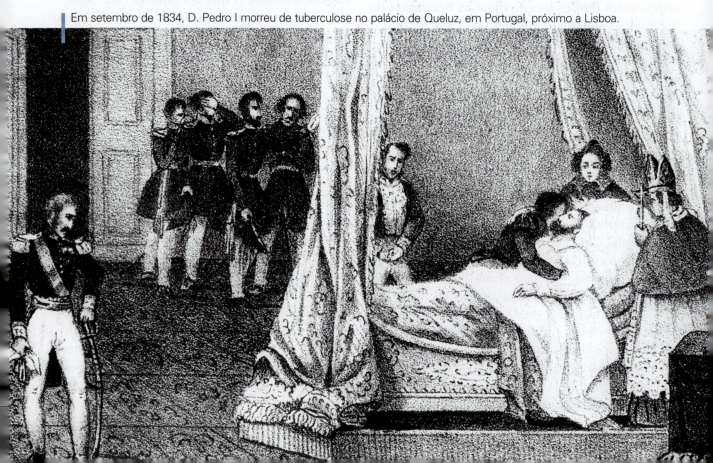

# Revisitando a História

**1.** "Não parece fácil determinar a época em que os habitantes da América lusitana, dispersos pela distância, pela dificuldade de comunicação, pela mútua ignorância, pela diversidade, não raro, de interesses locais, começam a sentir-se unidos por vínculos mais fortes do que todos os contrastes ou indiferenças que os separam, e a querer associar esse sentimento ao desejo de emancipação política."

> *Fonte:* HOLANDA, S. B. de. A herança colonial –
> sua desagregação. In: *O Brasil Monárquico:*
> o processo de emancipação.
> São Paulo: Difel, 1976.
> (Coleção História Geral da Civilização Brasileira,
> v. 3, p. 9).

Sérgio Buarque de Holanda, na passagem acima, ressalta a dificuldade de se definir o momento em que o Brasil tornou-se de fato independente. Ainda assim muitos tentaram fixar a data.

a) Explique a polêmica em torno da data de independência, indicando quais datas foram privilegiadas por cada grupo e o porquê desse privilégio.
b) Por que a data da independência causou tanta polêmica? Qual a importância política de se estabelecer uma data fixa para a independência?

**2.** "Odeio cordialmente as revoluções (...). Nas reformas deve haver muita prudência (...). Nada se deve fazer aos saltos, mas tudo por graus como manda a natureza (...). Nunca fui nem serei absolutista, mas nem por isso me alistarei jamais debaixo das esfarrapadas bandeiras da suja e caótica democracia."

> José Bonifácio de Andrada e Silva,
> *Diário da Assembleia Geral Constituinte e*
> *Legislativa do Império do Brasil* – 1823.
> Sessão de 21 de maio de 1823, v. 1, p. 97.

Analise o texto, associando-o ao processo de independência do Brasil no que se refere à forma assumida pela monarquia.

**3.** "Nós, representantes do povo brasileiro, reunidos em Assembleia Nacional Constituinte para instituir um Estado Democrático, destinado a assegurar o exercício dos direitos sociais e individuais, a liberdade, a segurança, o bem-estar, o desenvolvimento, a igualdade e a justiça, como valores supremos de uma sociedade fraterna, pluralista e sem preconceitos (...), promulgamos, sob a proteção de Deus, a seguinte Constituição (...)."

> Preâmbulo da Constituição da República Federativa
> do Brasil, 1988.

"Dom Pedro I, por graça de Deus e unânime aclamação dos povos, Imperador constitucional e Defensor Perpétuo do Brasil: Fazemos saber a todos os nossos súditos, que tendo-nos requerido os povos deste Império, juntos em Câmaras, que nós quanto antes jurássemos e fizéssemos jurar o Projeto de Constituição (...)."

> Preâmbulo da Constituição
> Política do Império
> do Brasil, 1824.

a) Tomando como referência os textos apresentados, identifique uma característica da Constituição de 1824 e uma da Constituição de 1988.
b) Explique a relação entre o Poder Moderador e os demais poderes políticos de Estado, instituídos pela Constituição brasileira de 1824.

**4.** "Afastando o perigo da recolonização; excluindo dos direitos políticos as classes inferiores e praticamente reservando os cargos da representação nacional aos proprietários rurais; concentrando a autoridade política no Parlamento e proclamando a mais ampla liberdade econômica, o projeto consagra todas as aspirações da classe dominante dos proprietários rurais, oprimidos pelo regime de colônia, e que a nova ordem política vinha justamente libertar."

> *Fonte:* PRADO JÚNIOR., C.
> *Evolução Política do Brasil.*
> São Paulo: Brasiliense, 1979. p. 52.

O texto refere-se à Constituição da mandioca. O autor a interpreta de um ponto de vista econômico. Qual a principal ideia apresentada pelo autor no trecho acima? Comente e justifique a sua resposta.

**5.** Leia a estrofe abaixo, excerto de uma trova muito popular:

> "Passa fora pé de chumbo
> Vai-te do nosso Brasil
> Que o Brasil é brasileiro
> Depois do 7 de Abril".

A que momento ela se refere? Qual a mensagem contida nesses versos?

**6.** Analise por que episódios como a independência da Bahia e a batalha de Jenipapo significam que havia "várias independências".

# Analise esta imagem

Pedro Américo de Figueiredo e Melo nasceu em Areia (Paraíba) em 1843 e faleceu em Florença, na Itália, em 1905. Além de pintor, foi desenhista e escritor. Estudou na Academia Imperial de Belas Artes no Rio de Janeiro e aperfeiçoou-se na França com uma bolsa de estudos do governo brasileiro. Ao se formar, tornou-se professor de pintura histórica na Academia. Como artista obteve grande reconhecimento no Brasil, tendo sido responsável por vários quadros representativos da memória política do nosso país na segunda metade do século XIX. Com o quadro *Independência ou Morte!*, Pedro Américo deu uma dimensão visual a relatos sobre a Independência do Brasil que foram escritos muito depois de setembro de 1822. Não se trata, portanto, de uma invenção deliberada do pintor, mas corresponde à expressão da interpretação predominante, no final do século XIX, sobre o processo de emancipação política do Brasil e sobre o papel nele desempenhado por D. Pedro I. Na década de 1880, o Segundo Império, regido por D. Pedro II, atravessava uma forte crise. Esse quadro, de certa forma, ao valorizar a figura do pai, buscava colaborar para a estabilização do governo do filho. Porém, mesmo durante o regime republicano, a tela de Pedro Américo permaneceu como a interpretação oficial da independência. Essa tela tem dimensões bastante grandes (760 × 415 cm). Um trabalho dessa magnitude exige do artista muitos estudos preparatórios, muitos desenhos para definir a posição dos personagens e demora bastante para ficar pronto.

a) Na cena pintada, D. Pedro é o personagem central e tem bastante destaque. O artista, depois de estudos, definiu algumas formas para deixar D. Pedro I em evidência. Além de estar no centro, que outros elementos o diferenciam dos demais personagens do quadro?

b) Que leitura da independência está presente nesse quadro? Como o quadro de Pedro Américo apresenta os eventos de 7 de setembro de 1822?

# Debatendo ideias

A *Proclamação da Independência* de 1844, pintada por François-René Moreaux (1807-1860), pintor francês que residia no Rio de Janeiro, a pedido do Senado imperial. A obra de Moreaux apresenta a independência como um processo que contou com a simpatia popular.

Comparando o quadro de Pedro Américo da página anterior com a obra acima, debata com seus colegas e responda: quais as diferenças centrais entre as duas pinturas e por que cada pintura é uma maneira diferente de narrar a história? Essa é uma forma de se interpretar e produzir o conhecimento histórico?

# Questões de vestibular

**1.** (FUVEST – SP) Nossas instituições vacilam, o cidadão vive receoso, assustado; o governo consome o tempo em vãs recomendações... O vulcão da anarquia ameaça devorar o Império: aplicai a tempo o remédio.

> Padre Antonio Feijó,
> em 1836.

Essa reflexão pode ser explicada como uma reação à

a) revogação da Constituição de 1824, que fornecia os instrumentos adequados à manutenção da ordem.

b) intervenção armada brasileira na Argentina, que causou grandes distúrbios nas fronteiras.

c) disputa pelo poder entre São Paulo, centro econômico importante, e Rio de Janeiro, sede do governo.

d) crise decorrente do declínio da produção cafeeira, que produziu descontentamento entre proprietários rurais.

e) eclosão de rebeliões regionais, entre elas, a Cabanagem no Pará e a Farroupilha no sul do país.

**2.** (ENEM) Art. 92. São excluídos de votar nas Assembleias Paroquiais:

I. Os menores de vinte e cinco anos, nos quais Não se compreendam os casados, e Oficiais Militares, que forem maiores de vinte e um anos, os Bacharéis Formados e Clérigos de Ordens Sacras.

IV. Os Religiosos, e quaisquer que vivam em Comunidade claustral.

V. Os que não tiverem de renda líquida anual cem mil réis por bens de raiz, indústria, comércio ou empregos.

> Constituição Política do Império do Brasil (1824).
> Disponível em: <https://legislação.planalto.gov.br>.
> Acesso em: 27 abr. 2010 (adaptado).

A legislação espelha os conflitos políticos e sociais no contexto histórico de sua formulação. A Constituição de 1824 regulamentou o direito de voto dos "cidadãos brasileiros" com o objetivo de garantir

a) o fim da inspiração liberal sobre a estrutura política brasileira.

b) a ampliação do direito de voto para maioria dos brasileiros nascidos livres.

c) a concentração de poderes na região produtora de café, o Sudeste brasileiro.

d) o controle do poder político nas mãos dos grandes proprietários e comerciantes.

e) a diminuição da interferência da Igreja Católica nas decisões político-administrativas

**3.** (UFAM) Em 1824, o carmelita Frei Caneca, figura importante da Confederação do Equador, criticou a Constituição outorgada por D. Pedro I. Frei Caneca dizia que a mesma, além de oprimir a Nação brasileira, não lhe garantia a Independência, ameaçava sua integridade e atacava sua soberania, pois naquela havia um dispositivo, adotado das ideias do filósofo francês Benjamin Constant, considerado por Frei Caneca a chave-mestra da opressão. Identifique esse dispositivo nas alternativas a seguir.

a) O Ato Adicional.

b) O Conselho de Estado.

c) O Poder Moderador.

d) O Senado Vitalício.

e) A Lei de Interpretação do Ato Adicional.

**4.** (UERJ) O poder moderador de nova invenção maquiavélica é a chave mestra da opressão da nação brasileira e o garrote mais forte da liberdade dos povos. É princípio conhecido pelas Luzes do presente século que a soberania reside na nação essencialmente, logo é sem questão que a mesma nação ou pessoa da comissão é quem deve esboçar a sua constituição, purificá-la das imperfeições e afinal estatuí-la.

> Frei Joaquim do Amor Divino Caneca. Crítica da constituição outorgada, 1824. *Adaptado de:* JUNQUEIRA, C. (Org.). *Ensaios Políticos*. Rio de Janeiro: Documentário, 1976.

A Confederação do Equador, ocorrida em 1824, apresentou propostas alternativas à organização do Império do Brasil, sendo porém reprimidas pelo governo de Pedro I. Explicite o motivo central para a eclosão da Confederação do Equador e cite duas de suas propostas para a organização do poder de Estado.

**5.** (UEM – PR) O Brasil se tornou independente de Portugal em 7 de setembro de 1822, dia em que D. Pedro I recebeu, em São Paulo, um ultimato das Cortes de Portugal, ameaçando-o com a perda do direito de sucessão ao trono português e desautorizando seus atos no Brasil. A respeito do processo de independência e de constituição do Estado Nacional brasileiro, assinale a(s) alternativa(s) correta(s) e dê sua soma ao final.

(01) A crise entre Portugal e Brasil se agrava após a Revolução Liberal do Porto, de 1820, que obriga D. João VI a voltar para a Metrópole e a restaurar o domínio colonial sobre os brasileiros.

(02) O que motivou a reação hostil das Cortes de Portugal em relação a D. Pedro I foi o projeto político deste último, que visava implantar o regime republicano no Brasil e em Portugal.

(04) A dominação colonial portuguesa sobre o Brasil sofre um primeiro grande abalo com a transferência da Corte portuguesa para o Rio de Janeiro, em 1808, ocasião em que D. João VI decreta a abertura dos portos e a revogação da lei de 1785, que proibia a criação de manufaturas no Brasil.

(08) A primeira Assembleia Constituinte brasileira foi instalada em maio de 1823, mas, devido aos conflitos entre deputados favoráveis à monarquia constitucional e deputados partidários do absolutismo de D. Pedro I, foi dissolvida pelo próprio Imperador em novembro do mesmo ano. Após esse ato autoritário, D. Pedro I impõe outra constituição aos brasileiros, que é outorgada à Nação em março de 1824.

(16) A Constituição outorgada por D. Pedro I, em 1824, manteve o catolicismo como religião oficial do Estado brasileiro e não se manifestou em relação à escravidão.

**6.** (UNESP) O que há no Brasil de liberal e democrático vem de suas constituintes e o que há no Brasil de estamental e elitista vem das outorgas, das emendas e dos atos de força.

> FAORO, R. Assembleia Constituinte, a legitimidade recuperada, 1981.

a) Dê um exemplo de outorga, de emenda ou de ato de força, referidos pelo autor.

b) Qual o significado do termo constituinte?

**7.** (FGV – SP – adaptada)

**Texto I**

Havendo esta Assembleia perjurado ao tão solene juramento, que prestou à Nação, de defender a integridade do Império, sua independência e a minha dinastia: hei por bem, como imperador e defensor perpétuo do Brasil, dissolver a mesma Assembleia e convocar uma outra (...) a qual deverá trabalhar o projeto de Constituição que eu hei de em breve apresentar.

> Decreto de D. Pedro I, de 12 de novembro de 1823.

**Texto II**

O poder Moderador (...) é a chave mestra da opressão da nação brasileira e o garrote mais forte da liberdade dos povos. Por ele o imperador pode dissolver a Câmara dos deputados, que é a representante do povo, ficando sempre no gozo dos seus direitos o Senado, que é o representante dos protegidos do Imperador. Esta monstruosa desigualdade (...) dá ao imperador o poder de mudar a seu bel-prazer os deputados que ele entender que se opõem a seus interesses pessoais.

> Manifesto de Frei Caneca contra a Constituição de 1824.

Na história do Brasil, como na de tantos países, vários golpes de força ocorreram em determinados momentos da vida política. Nesta questão vamos tratar de um desses momentos.

Leia os textos e responda as questões.

a) Explique as principais razões dos conflitos entre a Assembleia constituinte e D. Pedro I.

b) Quais os principais objetivos do movimento relacionado ao Manifesto de Frei Caneca?

c) Na Constituição, que passou a vigorar a partir de 1824, explique como foram tratados os seguintes temas: organização dos poderes, direito de voto e organização do trabalho.

## 8. (ENEM)

**Constituição de 1824:**

Art. 98. O Poder Moderador é a chave de toda a organização política, e é delegado privativamente ao Imperador (...) para que incessantemente vele sobre a manutenção da Independência, equilíbrio, e harmonia dos demais poderes políticos (...) dissolvendo a Câmara dos Deputados nos casos em que o exigir a salvação do Estado.

**Frei Caneca:**

O Poder Moderador da nova invenção maquiavélica é a chave-mestra da opressão da nação brasileira e o garrote mais forte da liberdade dos povos. Por ele, o imperador pode dissolver a Câmara dos Deputados, que é a representante do povo, ficando sempre no gozo de seus direitos o Senado, que é o representante dos apaniguados do imperador.

Para Frei Caneca, o Poder Moderador definido pela Constituição outorgada pelo Imperador em 1824 era:

a) adequado ao funcionamento de uma monarquia constitucional, pois os senadores eram escolhidos pelo Imperador.

b) eficaz e responsável pela liberdade dos povos, porque garantia a representação da sociedade nas duas esferas do poder legislativo.

c) arbitrário, porque permitia ao Imperador dissolver a Câmara dos Deputados, o poder representativo da sociedade.

d) neutro e fraco, especialmente nos momentos de crise, pois era incapaz de controlar os deputados representantes da Nação.

e) capaz de responder às exigências políticas da nação, pois supria as deficiências da representação política.

# Programas de Avaliação Seriada

**1.** (PIAS – UNIUBE – MG) É ela um dos mais, se não o mais notável movimento popular do Brasil. É o único em que as camadas mais inferiores da população conseguem ocupar o poder de toda uma província com certa estabilidade. Apesar de sua desorientação, apesar da falta de continuidade que o caracteriza, fica-lhe contudo a glória de ter sido a primeira insurreição popular que passou da simples agitação para uma tomada efetiva de poder.

PRADO JÚNIOR, C.
*Evolução Política do Brasil e outros Estudos.* 9. ed.
São Paulo: Brasiliense, 1975. p. 69.

O fragmento acima se refere a um movimento social do período regencial no Brasil. Assinale a alternativa correta que indique o nome do movimento e a província em que ocorreu, respectivamente:

a) Balaiada, Bahia

b) Farroupilha, Rio Grande do Sul

c) Sabinada, Pernambuco

d) Praieira, Maranhão

e) Cabanagem, Pará

**2.** (PISM – UFJF – MG) Leia, atentamente, a citação abaixo e, em seguida, assinale a alternativa INCORRETA.

A construção da nação brasileira envolvia um conflito ideológico entre os que desejavam um governo baseado na soberania popular, tendo D. Pedro como chefe escolhido pelo povo e subordinado aos seus representantes, e os defensores de uma constituição que limitasse os poderes da Assembleia legislativa, aceitando a autoridade do soberano como um direito legalmente herdado através da dinastia.

NEVES, L. M. B. P.
*Corcundas e Constitucionais.*

a) Algumas províncias resistiram ao processo de independência e mantiveram-se fiéis a Portugal mais de um ano depois do 7 de setembro de 1822.

b) A independência não significou, de imediato, a formação de um sentimento de nacionalidade entre os brasileiros.

c) D. Pedro e as elites do Centro-sul discordavam quanto ao tipo de monarquia que se pretendia fundar, o que ficou claro durante os trabalhos da Assembleia Constituinte.

d) O projeto republicano era visto com grande desconfiança pelas elites políticas do período. A unidade política deveria ser preservada com a monarquia.

e) A Assembleia Constituinte elaborou e promulgou, em 1824, a nova constituição do Império. Esta controlava o poder do monarca, garantia a divisão tripartite de poderes e a instituição de uma monarquia constitucional eletiva.

# capítulo 31

# Período Regencial

*Ainda na primeira metade do século XIX, o Brasil viveu uma nova e inusitada experiência governamental: a política regencial. Nesse período, que se organizou durante a espera pela maturidade política do imperador menino, ocorreram várias revoltas nas diversas províncias brasileiras, evidenciando um contexto de instabilidade política e de inquietantes problemáticas sociais. Isso não significa que o Império estava em cheque, pois as transformações partidárias, as questões sociais e o próprio desfecho golpista, embora suscitassem debates sobre uma deficitária organização estatal, não impunham o fim do governo monárquico. As mudanças estavam em curso, novas formas de manifestações sócio-políticas sendo gestadas. Esse é um período histórico marcado por críticas, fundamental para compreender os artifícios do acordo, da concessão e da autoridade.*

## O imperador criança e a Regência (1831-1840)

No dia 8 de abril, D. Pedro I enviou uma mensagem à Assembleia em que comunicava ter nomeado José Bonifácio de Andrada e Silva – que havia voltado da Europa e se aproximado novamente de D. Pedro – como tutor de seu filho.

Devido à impossibilidade de um menino de 5 anos assumir o trono, a Constituição previa que o país deveria ser governado por políticos até que Sua Alteza atingisse a maioridade. Deveria, então, ser formada uma **Regência Trina**, ou seja, composta de três pessoas eleitas pela Assembleia Geral. Mas a Assembleia Geral estava em recesso e, portanto, impossibilitada de cumprir a determinação legal. Diante desse impasse, decidiu-se por uma **Regência Trina Provisória**, que seria substituída por uma permanente quando a Assembleia Geral se reunisse.

Na tentativa de atender aos interesses dos setores políticos brasileiros mais conservadores, os quais voltaram a temer a dissolução do Império, a Regência foi constituída sem nenhum representante do grupo dos **liberais exaltados**, que defendiam profundas revisões constitucionais, no sentido de conferir mais autonomia às províncias. Os três regentes escolhidos foram: brigadeiro Lima e Silva, representante do Exército; senador Nicolau de Campos Vergueiro, fazendeiro paulista; e o marquês de Caravelas, um dos principais autores da Constituição de 1824.

A principal realização dos primeiros meses da regência foi a votação da lei que regulamentava o exercício do Poder Moderador pelos regentes, em 14 de junho de 1831. Segundo essa lei, os responsáveis pelo governo durante a menoridade ficariam proibidos de dissolver a Câmara dos Deputados, conceder títulos nobiliárquicos e negociar tratados com países estrangeiros – todas atribuições constitucionais do imperador.

Em 17 de junho de 1831, foi instalada, para um mandato de quatro anos, a **Regência Trina Permanente**, formada pelo brigadeiro Francisco Lima e Silva, que foi mantido no cargo de regente, e pelos **liberais moderados** Bráulio Muniz e José da Costa Carvalho – representantes, respectivamente,

Brigadeiro Francisco de Lima e Silva (à esquerda), senador Nicolau de Campos Vergueiro (no centro) e José Joaquim Carneiro de Campos (à direita), Marquês de Caravelas. Litogravuras de A. Sisson. Galeria dos Brasileiros Ilustres, Biblioteca Mário de Andrade, São Paulo.

das províncias do Sul e do Norte/Nordeste, em uma clara tentativa de equilibrar as forças políticas regionais. Como ministro da Justiça foi empossado o padre Antônio Diogo Feijó, que assumiu o cargo com a garantia de liberdade de ação.

A supremacia dos moderados na administração do país fez com que os liberais exaltados, que atuaram decisivamente no processo que terminou com a abdicação de D. Pedro I, se sentissem excluídos. O adversário comum, o "imperador com tendências absolutistas", como eles diziam na época, já não fazia parte do cenário político. Os aliados de véspera se separaram.

## A ameaça à "boa sociedade"

O agravamento da crise econômica herdada do Primeiro Reinado, com os produtos exportados pelo Brasil, prejudicou significativamente as condições de vida dos grupos sociais constituídos por não proprietários. Homens livres pobres brancos, mulatos, mestiços, pardos e negros forros passaram a manifestar publicamente suas reivindicações, cada vez mais distantes dos interesses dos cidadãos-proprietários, que constituíam a chamada "boa sociedade". Também causava apreensão aos "homens de bem" a ação dos soldados, recrutados entre as camadas mais pobres da população e vistos como indisciplinados e arruaceiros.

Diante dessa situação, o ministro da Justiça teve seus poderes políticos ampliados, podendo punir, exonerar e responsabilizar os funcionários públicos negligentes ou prevaricadores. Em agosto de 1831, o padre Feijó também conseguiu que a Câmara e o Senado aprovassem o projeto de lei que criava a **Guarda Nacional**, a qual existiu até 1922. Constituída pelos cidadãos (votantes de paróquia e eleitores de província), os principais objetivos da Guarda eram: defesa da Constituição, da independência e integridade do Império e manutenção da ordem pública.

Por esses motivos, a Guarda Nacional desempenhou um papel relevante na condução da repressão aos movimentos rebeldes que eclodiram no país, já que não representava uma força regular e remunerada, sendo convocada diante das necessidades de cada região. O governo central ficaria responsável pelo fornecimento das armas e munições, mas o comando dos guardas ficaria a cargo dos grandes proprietários locais – os grandes beneficiados pela organização desse corpo militar.

Durante a Regência Trina Permanente, foi elaborado o **Código do Processo Criminal** que passou a vigorar já em 1832 e complementava o Código Criminal de 1830. Por ele ficavam regulamentadas as normas para o funcionamento da Justiça, dando mais poderes aos juízes de paz, que passam a ser eleitos nas paróquias que serviriam. Com poderes para julgar, prender ou soltar os acusados em âmbito local, os juízes de paz assumiram as funções de antigos magistrados ligados ao poder central. O Código regulava, também, o processo eleitoral e o recrutamento da Guarda Nacional.

## O cenário político: as forças em jogo e as reformas

De maneira geral, três grupos políticos formaram-se durante o período regencial:

- os **restauradores** ou **caramurus**, assim chamados por terem como principal meio de propagação de suas ideias o jornal *O Caramuru*, desejavam a volta de D. Pedro I ao trono. Entre eles estavam grandes comerciantes portugueses radicados no Brasil, militares e funcionários públicos de alto escalão;
- os **liberais moderados**, basicamente membros da elite agrária, que não desejavam que a ordem estabelecida fosse alterada, prevalecendo a monarquia, mas com a adoção de medidas pontuais que garantissem maior autonomia para as províncias, sem que a unidade do Império fosse posta em risco. A base social desse grupo era constituída pelos proprietários rurais. Também eram conhecidos de forma depreciativa como **chimangos**, por associação à ave de rapina;
- os **liberais exaltados**, grupo que contava com membros da classe média urbana, como profissionais liberais, militares, jornalistas, pequenos e médios comerciantes. Os exaltados pregavam a realização de medidas profundas no sentido de garantir a maior autonomia para as províncias. Defendiam também o fim do Poder Moderador e do Senado vitalício. Alguns, tidos como mais radicais, propunham a República, como o jornalista Cipriano Barata e Miguel Frias de Vasconcelos. Também eram conhecidos como **farroupilhas**, em virtude dos trajes rústicos que Cipriano Barata usava quando era representante nas Cortes, ou **jurujubas**, por se reunirem em uma praia com esse nome em Niterói.

Câmara dos Senadores no Campo de Santana, Rio de Janeiro, em meados do século XIX. Walsh, Biblioteca Nacional, Rio de Janeiro.

A principal mudança política desse período foi a reforma constitucional aprovada em 12 de agosto de 1834 e que ficou conhecida como **Ato Adicional**. A mudança mais significativa instituída foi a criação das Assembleias Legislativas Provinciais, visando dotar as unidades do Império de maior autonomia com relação ao governo central – muito embora os presidentes das províncias continuassem a ser designados pelo governo central. Além disso, o Ato aboliu o Conselho de Estado e transformou o Rio de Janeiro, sede da Corte, em município neutro. Foi alterado também o sistema de Regência, com a abolição do modelo trino e implantação da **Regência Una**. Apenas um regente, com mandato de quatro anos, passaria a ser eleito pelo voto dos cidadãos de segundo grau, ou seja, pelos eleitores das províncias.

As medidas no sentido de conferir mais autonomia para as províncias, em conjunto com a instituição de um regente uno, eleito pelos cidadãos mais qualificados, levaram alguns historiadores a classificar esse período como uma "experiência republicana" durante o Império.

O Ato Adicional foi resultado de entendimentos entre as duas facções liberais. O grupo moderado garantia o vínculo das províncias com o governo do Rio de Janeiro por meio da manutenção das nomeações dos presidentes provinciais pelo ministério – importante medida para a conservação da unidade do Império. Por seu lado, o grupo exaltado considerava a possibilidade de governar a partir das Assembleias Provinciais, eleitas localmente, e que passaram a ser responsáveis pela elaboração do orçamento provincial.

A partir da promulgação do Ato Adicional, os três grupos políticos organizados no início da Regência se redefiniram:

- **progressistas** – grupo constituído basicamente pelos antigos liberais exaltados e que, por conseguinte, defendia a ampla autonomia das províncias a partir do Ato Adicional;

- **regressistas** – grupo formado pelos liberais moderados aos quais se juntaram os antigos restauradores, após a morte de D. Pedro I em 1834. Esse grupo interpretava o Ato Adicional de maneira mais restrita, opondo-se às medidas descentralizadoras propostas pelos adversários.

## As Regências Unas

O primeiro regente uno foi o padre **Antonio Diogo Feijó**, que governou o Brasil de 1835 a 1837. Feijó, que havia sido ministro da Justiça da Regência Trina, foi, contudo, eleito identificando-se mais com as propostas dos progressistas.

Feijó não conseguiu amainar o clima de instabilidade no país e suas relações com a imprensa também foram se dete-

| Amainar: amenizar, acalmar. |

riorando rapidamente à medida que os jornais aumentavam as críticas ao governo.

Em 1837, com a vitória dos regressistas nas eleições legislativas, as relações entre o Regente e o Legislativo deterioraram-se. Sem apoio para governar e responsabilizado pelas revoltas que se espalhavam por todo o país, Feijó renunciou ao cargo em 19 de setembro de 1837. Em seu lugar assumiu Pedro de Araújo Lima, líder dos regressistas.

A principal preocupação do novo regente era acabar com as revoltas que ameaçavam a integridade territorial brasileira. Focos de rebelião cresciam nas ruas. Os membros do governo culpavam o Ato Adicional e o Código de Processo Criminal pelo clima de insurreição que se instalou em grande parte do Brasil.

Dessa forma, em 1840, o Legislativo aprovou a **Lei de Interpretação do Ato Adicional**, que revisou várias das atribuições conferidas anteriormente às Assembleias Provinciais, como, por exemplo, o direito que elas tinham de nomear funcionários públicos para os principais postos administrativos nas províncias.

# As rebeliões do período regencial

O agravamento da situação econômica, as disputas entre diferentes grupos de proprietários pelo poder e a presença de setores populares na cena política agitaram o Brasil regencial.

Das rebeliões que ocorreram no período, poucas foram de cunho predominantemente popular, com os não proprietários assumindo o comando dos movimentos. O principal ponto em comum entre todas elas foi o descontentamento com medidas adotadas pelo governo central, as quais sempre eram vistas como autoritárias por não respeitarem as liberdades provinciais. Ocorreram também rebeliões, como a dos malês, que foram motivadas por questões específicas, não diretamente relacionadas as disputas entre os grupos políticos do período regencial, mas que, mesmo assim, foram reprimidas para evitar outros levantes.

As rebeliões mais significativas foram:

- a Revolta dos Malês, na Bahia (1835);
- a Cabanagem, no Pará (1835-1840);
- a Guerra dos Farrapos, no Rio Grande do Sul (1835-1845);
- a Sabinada, na Bahia (1837-1838); e
- a Balaiada, no Maranhão (1838-1841).

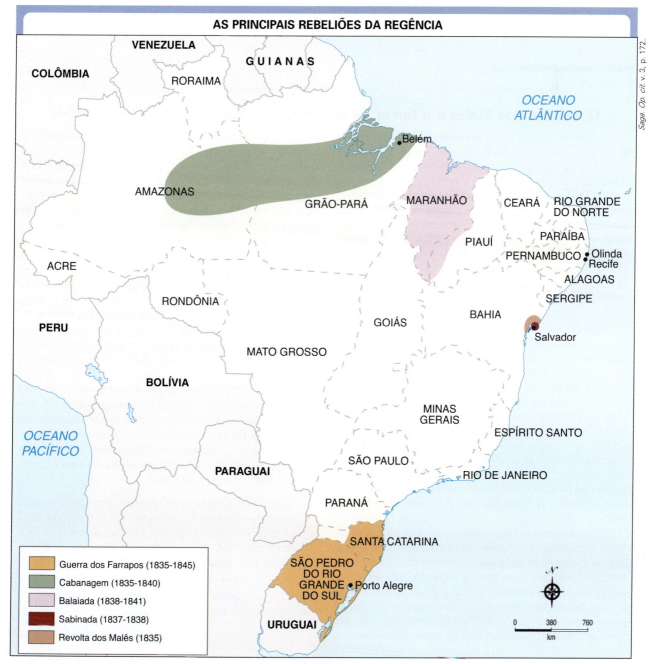

AS PRINCIPAIS REBELIÕES DA REGÊNCIA

Saga. Op. cit. v. 3, p. 172.

Guerra dos Farrapos (1835-1845)
Cabanagem (1835-1840)
Balaiada (1838-1841)
Sabinada (1837-1838)
Revolta dos Malês (1835)

487

# A Revolta dos Malês (1835)

Em meados do século XIX, Salvador, na Bahia, era uma cidade onde mais da metade da população era de negros, mulatos e ex-escravos, que tinham vindo de diversos locais da África e, por conseguinte, possuíam diferentes culturas, incluindo a cultura islâmica. Os muçulmanos, na língua iorubá, eram conhecidos como *imalê* e, em virtude do aportuguesamento da palavra, foram chamados de **malês**. Muitos conheciam a escrita e sabiam ler.

Em 1835, em Salvador, mais de 600 negros, entre escravos e ex-escravos, liderados por Manuel Calafate, conspiraram para soltar companheiros presos, matar brancos e mulatos considerados traidores, e pôr fim à escravidão africana – o que não significava que eles quisessem extinguir completamente a escravidão como sistema de organização do trabalho e da sociedade.

A revolta, planejada com antecedência e cujos detalhes foram registrados por escrito em árabe, deveria acontecer na manhã do dia 25 de janeiro de 1835. Entretanto, os negros foram delatados e violentamente reprimidos por parte das autoridades locais e da Guarda Nacional. Mesmo assim, os malês conseguiram tomar um quartel. Morreram setenta rebeldes e dez militares no confronto. Cerca de duzentos sobreviventes rebeldes foram presos e condenados a penas que variaram do açoitamento à morte; outros quatrocentos foram deportados para a África.

## Saiba mais

### O levante dos Malês e o terror de uma rebelião escrava no Rio de Janeiro

Em fins de 1835, o presidente da Província do Rio de Janeiro, Joaquim José Rodrigues Torres, oficiava ao Ministério da Justiça a respeito dos seguidos boatos e revelações de "projetos" de insurreições escravas na Corte e no interior. Talvez, visando acalmar as autoridades imperiais, dizia que tais rumores eram exagerados, posto que frutos de denúncias que pareciam "nimiamente tintas com a cor do medo". "Tintas com a cor do medo" eram com certeza as frequentes denúncias que chegavam à Corte de vários pontos da Província fluminense e de outras partes do Império. Esta expressão pode se constituir, para efeito de análise, numa metáfora igualmente reveladora. Nas mentes daqueles que temiam as revoltas de escravos e suas consequências, o medo tinha, por certo, uma coloração, ainda que simbólica. Era negra, a mesma que a dos escravos, principalmente os de origem africana. Nesse sentido, a "cor do medo" podia ter vários significados.

Em meados da década de 1830, devido a repercussões da revolta dos malês na Bahia, em várias regiões brasileiras temeu-se uma insurreição geral dos escravos. Na ocasião, em meio a tantos rumores, denúncias e boatos, imagens do medo se ampliavam. As autoridades e a população em geral, cada vez mais aterrorizadas com a possibilidade real de eclodir um levante africano, não mencionavam somente os episódios ocorridos em Salvador em 1835. (...)

A draconiana legislação repressiva de junho de 1835, ordenando a pena de morte para escravos acusados de matar seus senhores ou próximos, condenados em processos sumaríssimos, é logo colocada em prática no Rio, como remédio contra o medo endêmico do levante negro. Mas faltava carrasco para a execução da pena máxima. O Chefe de Polícia tenta, em vão, até com promessa de comutação de pena, convencer os presos a tomar o lugar do algoz. Mas a solidariedade do cárcere era mais forte. Aliás, mesmo dentro das cadeias o clima era de insurreição. O carcereiro da ilha de Santa Bárbara enviou um ofício ao Chefe de Polícia da Corte apontando a "insubordinação" dos presos, que se recusam aos trabalhos ordinários nas celas, como carregar água, os quais "nem os pretos cativos querem fazer".

(...) Mas não era só o fantasma da rebelião dos malês que atormentava as autoridades. A revolução dos *cabanos* no Pará também chegou aos corações e mentes da população negra na Corte (...). Em abril de 1836, um africano liberto de nação moange, de nome Adão José da Lapa, dono de *casa de quitandas* na rua da Guarda Velha, ao ver sua moradia invadida por policiais disse que arbitrariedades iguais "já deram cabo do Pará e estes atos já têm posto o Rio de Janeiro no estado em que se vê". (...)

Em 1836, um articulista anônimo do *Jornal do Commercio* defendia, pioneiramente para os padrões brasileiros, a extinção da escravidão, mas o móvel para ideia tão drástica naquele remoto ano não era a elevação do "elemento servil" ou a modernização do Império, mas o medo de que o levante malê da Bahia se alastrasse para a Corte, levando todo o Império de roldão.

"Não vimos a Bahia ainda há pouco ameaçada de uma medonha insurreição africana? Não sentimos aqui também os mesmos receios? Nada, nada disto é bastante para nos desenganar que estamos continuamente com o pé sobre um vulcão" (*Diário do Rio de Janeiro*, 1º out. 1836).

*Fonte:* SOARES, C. E. L.; GOMES, F. Com o pé sobre um vulcão: africanos, minas, identidades e a repressão antiafricana no Rio de Janeiro (1830-1840). *Estudos Afro-asiáticos*, Rio de Janeiro, 2001. v. 23, n. 2, p. 1-44.

# A Cabanagem (1835-1840)

A Província do Grão-Pará, isolada do resto do país, era a parte mais ligada a Portugal, tanto que ali a independência só foi reconhecida em agosto de 1823. A Cabanagem ocorreu nessa província, entre os anos de 1835 e 1840, e estava ligada também ao movimento de reconhecimento da independência.

No Pará era muito forte a presença de ricos comerciantes portugueses que ocupavam altos postos administrativos A partir de 1833 tiveram início conflitos entre os lusos e a população local contra essa dominação. A população conhecida como "cabanos" (por morar em cabanas ao longo dos rios) era formada por índios aldeados, ribeirinhos, negros alforriados, escravos e pobres livres. Eram excluídos social e economicamente e viviam em condições miseráveis.

Na luta contra os portugueses destacou-se o cônego Batista de Campos, liberal exaltado, que obteve grande prestígio entre os cabanos. Sob sua liderança conseguiram impedir a nomeação, no Conselho Provincial, de presidentes da província nomeados pela Regência.

Em 1833, a Regência Trina retomou o controle da situação e nomeou presidente Bernardo Lobo de Sousa. Recém-empossado, deu início a uma violenta repressão e conseguiu eliminar seus opositores, acusando-os de subversivos e prendendo-os. Os cabanos se revoltaram e a rebelião alastrou-se, tomando um caráter nitidamente popular. Belém foi tomada, o presidente, executado e sucederam-se vários governos cabanos. Uma poderosa armada imperial tomou Belém, em 1836, e os cabanos refugiaram-se no interior, de onde continuaram lutando por três anos.

Como conheciam os rios e as florestas, puderam manter uma resistência por longo período, porém, a produção econômica se desestruturava e os cabanos começaram a perder apoios e a se dividir entre grupos radicais e moderados, além de as tropas imperiais, ajudadas por mercenários, conseguiram sufocar o movimento, em uma brutal repressão. Morreram mais de 30 mil pessoas, de ambos os lados, nessa longa revolta.

Os cabanos, no entanto, tinham objetivos dispersos, como o sentimento antilusitano, a defesa de interesses locais paraenses em oposição ao centralismo regencial, além de serem contra os "poderosos".

# A Guerra dos Farrapos (1835-1845)

A Guerra dos Farrapos ou Revolução Farroupilha aconteceu no Rio Grande do Sul e se estendeu por dez anos. Essa província tinha na criação de gado e na produção de charque sua principal atividade econômica e mantinha certa autonomia em relação à Corte. Os estancieiros, charqueadores e exportadores gaúchos acusavam os altos impostos do governo de serem os causadores de suas dificuldades, visto que seus produtos eram sobretaxados ao serem vendidos a outras províncias e o charque argentino e uruguaio pagava impostos menores para entrar no Brasil.

Em 1834, Fernando Braga foi nomeado presidente da província à revelia dos mandatários locais. O novo presidente aumentou os impostos e tentou organizar uma tropa militar para enfrentar os grupos armados dos estancieiros, o que os desagradou profundamente, dando mais força às ideias liberais de descentralização política.

Em 1835, eclodiu a revolta liderada por Bento Gonçalves, Davi Canabarro, Bento Manuel Ribeiro e o italiano Giuseppe Garibaldi.

Os liberais sulinos reivindicavam a autonomia federativa e a implantação de uma república separatista.

Com a ajuda das forças dos estancieiros, as guerrilhas tomaram Porto Alegre e estenderam o movimento por toda a província. Mas, sem o apoio de comerciantes e pequenos proprietários do litoral, os farroupilhas, à medida que avançavam pelo interior do Rio Grande, perderam o controle de Porto Alegre, com a chegada das forças enviadas pela Regência.

Cabanas que serviam de moradia aos revoltosos do Grão-Pará. Biard, Biblioteca Mário de Andrade, São Paulo.

Em 1836, os farroupilhas proclamaram a separação e a fundação da República Piratini ou Rio-Grandense. Bento Gonçalves, que havia sido preso e mandado para Salvador, conseguiu fugir em 1837, indo para Buenos Aires e de lá voltou ao Rio Grande, retomando a liderança do movimento. Por meio de manifestos, o governo da nova República esclarecia as razões do movimento e atacava diretamente "a Corte viciosa e corrompida", afirmando que se reintegrariam tão logo o federalismo fosse instaurado. Em 1839 o movimento chegou a Santa Catarina, tomando a cidade de Laguna, onde foi proclamada a República Juliana.

Com a maioridade de D. Pedro em 1840, o governo imperial decretou anistia aos revoltosos de todo o país, mas o Rio Grande do Sul continuou sua luta em prol da autonomia da província em moldes federativos. Não lhes interessava perder a venda interna de charque e ter de concorrer com os demais países platinos. Luís Alves de Lima, que rece-bera o título de barão de Caxias, foi enviado com suas tropas para debelar o movimento. No espírito de pacificação do início do Segundo Império, conseguiu, com a ajuda de Bento Ribeiro, ex-chefe farroupilha, acordos em separado com alguns dos líderes. Em 1845, o último acordo foi selado com Davi Canabarro, pondo fim a dez anos de lutas.

É importante salientar que os interesses dos proprietários rurais motivaram esse movimento. A participação popular esteve submetida à identificação dos interesses dos charqueadores com os interesses provinciais.

Os farroupilhas obtiveram do governo central algumas concessões, como a anistia aos revoltosos, a elevação dos impostos sobre o charque vindo da região platina e a redução de impostos. Os escravos que lutaram ao lado dos rebeldes foram alforriados. Os oficiais farroupilhas também foram incorporados ao Exército brasileiro, preservando os seus postos.

Proclamação da República Rio-Grandense em 1838. Antônio Parreiras, Museu Antônio Parreiras, Niterói.

## *Disseram a respeito*

### Fibra de gaúcho, tchê!

Com a Independência, ocorreu uma reversão da antiga autonomia. "O centro explorava o sul", denuncia-vam os rio-grandenses. O Rio Grande virara "colônia" da Corte, bradavam com indignação os senhores locais, apontando as inovações da política imperial que altera-vam a situação do Rio Grande do Sul: a centralização polí-tico-administrativa; a discriminação das rendas provin-ciais remetidas à Corte; a taxação do charque gaúcho. Mas além do desprestígio político e econômico, que tam-bém recaía sobre outras províncias do Império, inseridas à mesma época no que se convencionou chamar de "rebeliões regenciais", havia a desvalorização militar da província.

A deflagração de uma revolta armada contra o Império durante um decênio, proclamação da República Rio-Grandense, a elaboração de uma constituição especí-fica e a criação de símbolos característicos, como bandei-ra e hino, cuja letra alude a uma "ímpia e injusta guerra", são ações – mais do que históricas – atemporais, eternas, imutáveis, porque integrantes de uma identidade regional altamente agregadora.

Tais questões, entendidas na época pelos sulinos como de "descaso", "opressão" ou de "exploração" do "centro" sobre o Rio Grande, serão vistas mais tarde em seu aspecto afirmativo: a província, "ameaçada", se levantara por uma "causa justa" em face das "liberdades ameaçadas", e mostrará aos do "centro" a sua força. A realidade, transposta para a narrativa por força desse novo objeto de culto e de estudo, apresenta os ingredientes fundamentais para a construção de um mito das origens. Há um espaço definido: o pampa, a fronteira, os deslocamentos inerentes à guerra e à criação de gado; há um tempo idílico: a idade de ouro em que o voluntarismo não encontrava freios no poder central; e há também um sujeito, forjado por uma alta concepção de si próprio, segundo tais princípios de mobilidade e autonomia.

Idílico: utópico, fantasioso.

As proezas dos rio-grandenses na Revolução Farroupilha percorreram o caminho da oralidade à escrita para delimitar, ao longo dos anos, um passado, uma memória, uma história. Com as transposições de uma "maneira de ser" – do acontecimento para a região, da região para os seus habitantes, ou do Rio Grande para os rio-grandenses, homogeneizando grupos sociais, raças e etnias –, todos passam a ser herdeiros das "gloriosas tradições de 35", integrados em uma representação do passado que se converte em patrimônio comum, dotado de forte coesão social e veiculado já na segunda metade do século XIX.

Vários incidentes contribuíram para dar caráter de epopéia a Guerra dos Farrapos, cuja longa duração confirma por si só o valor militar dos revoltosos. Da conquista espetacular de Porto Alegre, capital da província, na arrancada farroupilha de 20 de setembro de 1835, até o estabelecimento de uma paz honrosa – a Paz de Ponche Verde, em 28 de fevereiro de 1845, entre o representante do Império, Caxias, e os chefes locais, atendidos em suas reivindicações –, houve uma sucessão de episódios romanescos e rocambolescos que fazem do acontecimento uma verdadeira saga, como a aventura militar e amorosa vivida por Giuseppe Garibaldi e a bela Anita. (...)

*Fonte:* PESAVENTO, S. J. Fibra de gaúcho, tchê! *Nossa História*, São Paulo, dez. 2003.

**1)** O texto descreve um mecanismo de produção da memória. Explique por que a Guerra dos Farrapos teve apelo simbólico para a identidade dos gaúchos.

## A Sabinada (Bahia 1837-1838)

O descontentamento com o centralismo político foi o deflagrador desse movimento, ocorrido na Bahia. Com a regência de Araújo Lima em 1837 e a Lei de Interpretação do Ato Adicional, os baianos colocaram-se contra a perda da autonomia provincial conquistada por meio do Ato Adicional de 1834. A revolta tomou corpo, protagonizada por membros das camadas urbanas que se manifestavam abertamente em jornais, panfletos e se reuniam em lojas maçônicas.

O líder do movimento foi o médico Francisco Sabino Álvares da Rocha Vieira. Em 7 de novembro de 1837, sem resistência das autoridades e com o apoio dos soldados do forte de São Pedro, iniciava-se o movimento que levou à proclamação da República Bahiense, que, segundo seus líderes, perduraria até a subida de Pedro II ao trono.

O presidente da província deposto, Francisco de Souza Paraíso, refugiou-se em um navio e o chefe da polícia, com sua tropa, refugiou-se na região do Recôncavo Baiano.

Em 1838 tropas imperiais, vindas de Pernambuco, de Alagoas e do Rio de Janeiro, cercaram Salvador e incendiaram várias casas na cidade. As tropas que se refugiaram no Recôncavo auxiliaram no combate contra os rebelados. A Marinha cercou o porto da capital. Confrontos entre os sabinos e as tropas leais à Regência se sucederam por dias na cidade de Salvador. Mais de mil sabinos e cerca de quinhentos legalistas foram mortos. Quase 3 mil revoltosos foram presos e julgados. A anistia de 1840 poupou a vida de alguns líderes que seriam executados. O líder do movimento, Francisco Sabino, foi preso e enviado para Mato Grosso.

## A Balaiada (1838-1841)

O Maranhão, à época da revolta, era uma província que passava por problemas econômicos em virtude da decadência da produção algodoeira que lá se implantou em fins do século XVIII. A sociedade maranhense era dominada pela elite agrária e por comerciantes portugueses, que se agrupavam em um "partido" político conhecido como **cabanos** (conservadores) e que atacavam o grupo opositor, os **bem te vis** (liberais), nome tirado do jornal *O Bem-te-vi*.

As rixas locais entre os dois grupos aumentaram com a votação de uma lei pela Assembleia Legislativa, a chamada "lei dos prefeitos", apresentada pelo presidente cabano Vicente Pires de Camargo, em 1838. A lei instituía um prefeito em cada comarca, que assumiria poderes até então de responsabilidade dos juízes de paz e dos chefes de polícia. Essa medida gerou discordância dos bem te vis, pois acreditavam que os prefeitos indicados pelo presidente da província usariam seu poder para reprimir os opositores. O confronto entre os dois grupos era iminente.

Em dezembro de 1838, a revolta teve início quando Raimundo Gomes ("Cara Preta"), trabalhador de uma fazenda pertencente a um padre bem te vi, levava uma boiada a Vila de Manga. O subprefeito da Vila, um cabano, era inimigo do dono da fazenda e mandou que alguns integrantes do grupo de Raimundo fossem recrutados para integrar as forças policiais e que seu irmão fosse preso.

Raimundo invadiu a cadeia libertando não só seu irmão como os outros presos. O grupo de Raimundo Gomes fugiu para o interior. Por onde passavam, os fugitivos obtinham apoios e adesões entre os mais pobres da província. As motivações para o grupo eram a oposição à polícia, a luta contra as precárias condições de vida e contra o poder político e os portugueses. Na prática, há uma sobreposição entre os dois grupos, pois os bem te vis e balaios tinham aspirações distintas; porém, a oposição ao poder da província e suas instituições unia os dois grupos.

O movimento de rebeldia alastrou-se pela província e encontrou outros líderes como Manuel Francisco dos Anjos Ferreira, construtor e vendedor de balaios (e por isso o movimento ficou conhecido por "balaiada"), e o ex-escravo Cosme Bento das Chagas, chefe de um quilombo com mais de 3 mil fugitivos.

Os balaios chegaram a ter mais de 10 mil integrantes e ocuparam Caxias, uma das mais importantes cidades do Maranhão. Naquela cidade, os bem te vis passaram a integrar uma Junta Provisória de Governo, que enviou uma solicitação à capital, São Luís, pedindo a revogação da "lei dos prefeitos", que interessava aos liberais, e anistia para os rebelados, necessária para os balaios. A resposta da província foi negativa e a luta entre os grupos continuou.

Fabricantes de balaios no Nordeste. Este era o ofício de Manuel Francisco dos Anjos Ferreira, um dos líderes da revolta e que deu nome ao movimento. Ribeyrolles, Biblioteca Mário de Andrade, São Paulo.

Os bem te vis, percebendo que não tinham controle sobre os balaios, passaram a se distanciar dos rebelados populares. As divisões entre os líderes facilitaram a repressão comandada, em 1840, pelo coronel Luís Alves de Lima e Silva, futuro Duque de Caxias. As tropas legalistas eram compostas de 8 mil homens. O coronel propôs a anistia e muitos revoltosos baixaram as armas e rapidamente a Balaiada foi sufocada.

Manuel Francisco, o Balaio, morreu em combate. Raimundo Gomes ("Cara Preta") e Cosme Bento foram presos. Cosme Bento foi o único líder balaio que não foi contemplado pela anistia, sendo enforcado em 1842.

## *Passado/presente*

Para além das constantes análises que fizemos sobre as revoltas regenciais e as questões políticas desse período histórico, é importante ressaltar e analisar as reivindicações sociais que estavam em pauta em conflitos como a Balaiada, Sabinada e Cabanagem das regiões Norte e Nordeste do país, regiões estas em que se concentra hoje o maior índice de pobreza brasileira. Segundo o mapa das desigualdades socioeconômicas fornecido pelo IBGE (Instituto Brasileiro de Geografia e Estatística), o Nordeste é indicado como palco das maiores desigualdades de renda do país. No Pará, por exemplo, estão alguns dos maiores latifúndios do país. Outra observação importante é relacionar o caráter social das revoltas do século XIX e a persistência do quadro das desigualdades sociais e regionais vividas hoje no Brasil: trata-se de um processo histórico que marginalizou parte da população e do próprio território ao apresentar as imagens de um país em desenvolvimento.

*Fonte: IBGE. Censo Demográfico 2000 e Pesquisa de Orçamentos Familiares – POF 2002/2003.*

Rendimento mediano
(em salários mínimos)

menos de 1,0

1,0 a 1,5

1,5 a 2,0

2,0 a 3,0

mais de 3,0

Salário mínimo = R$151,00

125   0        250 km

Projeção Policônica
Meridiano de Referência: -54° W. Gr
Paralelo de Referência: 0 °

Incidência da pobreza na Bahia: 43,47%         Incidência da pobreza no Pará: 43,14%
Incidência da pobreza no Maranhão: 56,38%

# O futuro nas mãos do rei menino

O êxito no combate às rebeliões deve ser analisado com base no que isso representou para a Regência. A unidade territorial havia sido consolidada, mas os custos econômicos e políticos foram muito altos.

Em 1840, os **progressistas** já haviam fundado o **Partido Liberal** e os **regressistas** se agrupavam no **Partido Conservador**. Os liberais, inconformados com os rumos que a política governamental seguia, não tinham, contudo, força política suficiente para derrubar Araújo Lima. Passaram, por conseguinte, a defender a maioridade de D. Pedro II, então com 14 anos. A subida do jovem monarca ao trono era a única maneira de derrubar o regente que se fortalecera reprimindo, com êxito, praticamente todas as revoltas ocorridas nas diferentes províncias.

Ou seja, com base nos interesses dos liberais em assumir o comando do governo é que foi tramado o **Golpe da Maioridade**. Em 23 de julho de 1840, D. Pedro II foi declarado maior e passou a responder pelo Poder Moderador. Iniciava-se um longo reinado que só terminaria em 1889, com o advento da República.

## Saiba mais

### Uma rebelião restauradora

*No interior do Nordeste eclodiu uma rebelião restauradora no período regencial. Este relato é importante para identificarmos, mais uma vez, que os processos históricos não são lineares e, muito menos, que as pessoas já sabiam de antemão qual o desfecho dos acontecimentos. Por mais que tenhamos citado os confrontos contra Pedro I, há casos, como o do descrito abaixo, de grupos que apoiavam sua permanência.*

[Uma revolta] (...) deste primeiro ciclo [deve ser destacada] (...), em virtude de suas características mais peculiares. A (...) Guerra dos Cabanos, movimento *restaurador*, ocorrido entre 1832 e 1835, nas regiões da Zona da Mata pernambucana e do norte de Alagoas. Foi a primeira rebelião de âmbito rural e a de maior impacto e duração até então. Dela participaram pequenos proprietários de terra, camponeses, índios, escravos e senhores de engenho, contando, ainda, com o apoio de comerciantes portugueses de Recife e de políticos *restauradores* da Corte. Liderados por Vicente Ferreira de Paula, os *Guerrilheiros do Imperador*, como os chamou [o historiador] Décio Freitas, lutavam pela restauração de dom Pedro I e pela defesa da religião católica, que eles acreditavam estar ameaçada pelos *carbonários jacobinos*. Empreenderam durante três anos uma guerrilha nas matas da região, sendo afinal derrotados (após a debandada dos senhores de engenho e de muitos cabanos serem convencidos pelo bispo de Olinda de que dom Pedro I morrera e que seu filho era o legítimo imperador) pelas tropas a serviço de Paes de Andrade, que fora líder da Confederação do Equador e era agora presidente da Província de Pernambuco.

*Fonte:* BASILE, M. O. N. C. O Império brasileiro: panorama político. In: LINHARES, M. Y. *História Geral e do Brasil*. Rio de Janeiro: Campus, 1990. p. 224.

## Revisitando a História

**1.** O texto a seguir refere-se ao período da política regencial no Brasil.

"A Câmara que se reunia em 1834 trazia poderes constituintes para realizar a reforma constitucional prevista na lei de 12 de outubro de 1832. De seu trabalho resultou o Ato Adicional publicado a 12 de agosto de 1834 (...). O programa de reformas já fora estabelecido na lei de 12 de outubro, o Senado já manifestara sua concordância em relação ao mesmo e só havia em aberto questões de pormenor. No decorrer das discussões poder-se-ia fixar o grau maior ou menor das autonomias provinciais, mas já havia ficado decidido que não se adotaria a monarquia federativa, o que marcava como que um teto à ousadia dos constituintes."

*Fonte:* CASTRO, P. P. de. A experiência republicana, 1831-1840. In: HOLANDA, S. B. de. *História Geral da Civilização Brasileira*. São Paulo: Difel, 1985. v. 4, p. 37.

a) Cite duas reformas instituídas pelo Ato Adicional de 12 de agosto de 1834.

b) Aponte a razão pela qual se costuma dizer que a Regência correspondeu a uma "experiência republicana".

**2.** Observe o mapa da página 487 e responda: que semelhança entre as revoltas regenciais pode ser observada nesse mapa?

**3.** Explique por que a Revolta dos Malês, ocorrida na Bahia em 1835, era temida em outras regiões do país.

**4.** Leia o texto em cordel sobre a Balaiada, em **Objetos Digitais** – *Documentos da História*.

a) Identifique as personagens históricas e os grupos relacionados na disputa ocorrida no Maranhão.

b) Por que a forma de relato em cordel é uma fonte histórica importante?

c) Como o autor do cordel retrata a figura de Caxias? Em que ela diverge da interpretação oficial?

d) Como o cordel relaciona os aspectos da política recente com o passado narrado?

**5.** Leia o fragmento abaixo e responda às perguntas.

A Guerra dos Farrapos foi a mais longa rebelião do período regencial, e durante quase dez anos os rebeldes do Rio Grande do Sul buscaram legitimar seu movimento contra o Império do Brasil. Neste sentido, as ideias liberais, republicanas e federalistas que haviam se difundido a partir da Revolução de Maio no Rio da Prata ganharam corpo entre algumas lideranças da República Rio-Grandense. Cientes de que a imprensa poderia se constituir num veículo eficiente de propaganda, foram sucessivamente editados os periódicos oficiais do governo insurreto. Além dos textos, havia também a influência dos símbolos que se difundiram nos países platinos, especialmente a cor vermelha. Incorporada na bandeira dos republicanos rio-grandenses, compondo com o verde-amarelo herdado do pendão imperial, o símbolo tricolor foi tornado obrigatório. Para a plebe que compunha as tropas, era mais fácil o uso de lenços vermelhos ao pescoço, uso que atravessaria o século XIX.

*Fonte:* GUAZELLI, C. A. B.
Textos e lenços: representações de federalismo na república rio-grandense (1836-1845).
*Revista Almanack Brasiliense.* n. 1. Maio de 2005.

a) Por que a Guerra dos Farrapos é um elemento importante para a identidade dos gaúchos?

b) Quais as ideias políticas principais que estavam relacionadas à batalha ocorrida no sul do país?

c) No texto há referências à Revolução de Maio no Rio da Prata, ou seja, às independências nas regiões da atual Argentina e Uruguai. Explique como a influência geográfica influenciou o processo rio-grandense.

d) O que pode ser sugerido com a manutenção das cores verde-amarelo na bandeira dos rio-grandenses, junto à cor vermelha?

# Analise esta imagem

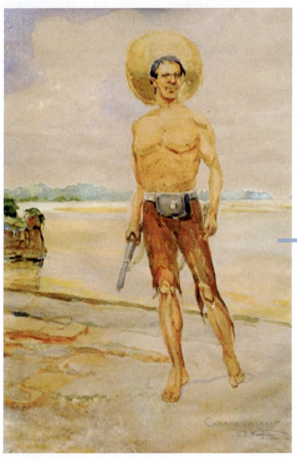

a) O que pode ser descrito na imagem?

b) Identifique dois elementos que justificam tratar-se de um "cabano".

c) Em que essa obra se aproxima de outras pinturas e representações de pessoas simples? A diversidade populacional do Pará está contemplada nessa representação? Justifique.

*O Cabano Paraense*, de Alfredo Norfini, 1940. Museu de Artes de Belém.
A tela de Alfredo Norfini, produzida em 1940, é a reprodução de um tipo ideal de cabano. A obra, confeccionada durante o Estado Novo getulista, remete à questão das identidades regionais e nacional que se pretendia representar.

*Disponível em:*
<http://artecriticapara.files.wordpress.com/2009/12/o-cabano-paraense-alfredo-norfini-1940.jpg>. *Acesso em:* 23 jul. 2012.

# Debatendo ideias

As revoltas do período regencial alimentam várias celebrações no Brasil atual. Feriados, comemorações estaduais, músicas e literaturas próprias enaltecem os acontecimentos do passado em áreas específicas. Em um país com grandes dimensões territoriais e diferentes histórias e culturas, é compreensível que haja celebrações locais, além das datas cívicas nacionais. Faça um levantamento dos feriados no seu Estado e discuta: qual o sentido das celebrações realizadas? Quais os componentes históricos e culturais que são valorizados ou criticados? Que tipo de memória histórica é cultivada? Para você, essas celebrações são importantes?

# Questões de vestibular

**1.** (UFJF – MG) As diversas revoltas ocorridas no período regencial (1831-1840) expressavam parte das dificuldades pelas quais a Monarquia passava, após o processo de independência do Brasil.

Leia as afirmativas abaixo e em seguida marque a alternativa CORRETA.

I. Grande parte das revoltas expressava os descontentamentos da população diante das dificuldades econômicas e da situação de miséria em que vivia a maioria dos brasileiros.

II. Todos os movimentos tiveram caráter estritamente agrário e elitista, ficando a população urbana e pobre distante do processo.

III. As insatisfações com o governo central e as ideias de autonomia provincial estiveram na base de alguns desses movimentos.

a) Todas estão corretas.
b) Todas estão incorretas.
c) Apenas a I e a II estão corretas.
d) Apenas a I e a III estão corretas.
e) Apenas a II e a III estão corretas.

**2.** (UFC – CE) O Ato Adicional, decretado no período das regências no Brasil pela Lei nº 16, de 12 de agosto de 1834, estabeleceu algumas modificações na Constituição de 1824. Acerca dessas alterações, assinale a alternativa correta.

a) O Conselho de Estado foi reorganizado para que fosse possível conter os conflitos provinciais.
b) Os presidentes provinciais passaram a ser eleitos e a ter o poder de aprovar leis e resoluções referentes ao controle dos impostos.
c) O estabelecimento da Regência Una, ao invés da Regência Trina, significou a eleição de um único regente, com mandato até a maioridade de D. Pedro II.
d) As assembleias legislativas provinciais foram criadas para proporcionar autonomia política e administrativa às províncias no intuito de atender às demandas locais.
e) A Corte, com sede no Rio de Janeiro, por meio da aliança entre progressistas e regressistas, continuou centralizando as ações em defesa da Constituição de 1824.

**3.** (UERJ) Em nome do povo do Rio Grande, depus o governador e entreguei o governo ao seu substituto legal. E em nome do Rio Grande do Sul, digo que nesta província extrema, afastada da Corte, não toleramos imposições humilhantes. O Rio Grande é a sentinela do Brasil que olha vigilante o Rio da Prata. Não pode e nem deve ser oprimido pelo despotismo. Exigimos que o governo imperial nos dê um governador de nossa confiança, que olhe pelos nossos interesses, ou, com a espada na mão, saberemos morrer com honra, ou viver com liberdade.

Carta escrita em 1835 por Bento Gonçalves, líder farroupilha, ao Regente Feijó.
*Adaptado de:* PESAVENTO, S. J. *A Revolução Farroupilha.* São Paulo: Brasiliense, 1990.

Rio-grandenses! Tenho o prazer de anunciar-vos que a guerra civil que por mais de nove anos devastou esta bela província está terminada. Os irmãos contra quem combatíamos estão hoje congratulados conosco e já obedecem ao legítimo governo do Império do Brasil. União e tranquilidade sejam de hoje em diante nossa divisa. Viva a religião, viva o Imperador Constitucional e Defensor Perpétuo do Brasil. Viva a integridade do Império.

Proclamação feita pelo Barão de Caxias em 1845, fim da Revolução Farroupilha. *Adaptado de:* SOUZA, A. B. de. *Duque de Caxias:* o homem por trás do monumento.Rio de Janeiro: Civilização Brasileira, 2008.

A consolidação do Império do Brasil, entre as décadas de 1830 e 1850, significou a vitória de determinado projeto político e também o combate de propostas, como as defendidas pelos que lutaram na Revolução Farroupilha. Aponte uma das propostas dos líderes farroupilhas e explique por que esse movimento foi considerado ameaçador pelos dirigentes do Império do Brasil.

**4.** (UECE) O Período posterior à abdicação de Dom Pedro I é chamado de Regência. Em relação a este período da nossa história, assinale o correto.

a) Neste período o país foi regido por figuras políticas em nome do Imperador, até que este atingisse a maioridade antecipada, em 1822.
b) A princípio as Regências eram Unas, passando a existir três regentes a partir de 1824.
c) O Período Regencial foi um dos mais tranquilos da História política do Brasil, posto que foram tomadas muitas medidas destinadas a garantir as liberdades individuais.
d) Nos anos em que ocorreram as Regências, esteve em jogo a unidade territorial do país, a autonomia das províncias e a organização das forças armadas.

**5.** (ENEM) Após a abdicação de D. Pedro I, o Brasil atravessou um período marcado por inúmeras crises: as diversas forças políticas lutavam pelo poder e as reivindicações populares eram por melhores condições de vida e pelo direito de participação na vida política do país. Os conflitos representavam também o protesto contra a centralização do governo. Nesse período, ocorreu também a expansão da cultura cafeeira e o surgimento do poderoso grupo dos "barões do café", para o qual era fundamental a manutenção da escravidão e do tráfico negreiro.

O contexto do Período Regencial foi marcado

a) por revoltas populares que reclamavam a volta da monarquia.
b) por várias crises e pela submissão das forças políticas ao poder central.
c) pela luta entre os principais grupos políticos que reivindicavam melhores condições de vida.
d) pelo governo dos chamados regentes, que promoveram a ascensão social dos "barões do café".
e) pela convulsão política e por novas realidades econômicas que exigiam o reforço de velhas realidades sociais.

**6.** (UFS – SE) Em 12 de agosto de 1834 foi aprovada a emenda constitucional conhecida como Ato Adicional, que tentou conciliar os interesses dos exaltados, moderados e restauradores, que formavam as facções que dominavam o cenário político brasileiro. Foram decisões dessa Ato o que consta nas proposições que seguem:

0) Em substituição aos Conselhos Provinciais foram criadas as Assembleias Provinciais.
1) A criação da Guarda Nacional, composta pelas milícias dos fazendeiros e seus agregados.
2) O estabelecimento da Regência Una, sendo o regente escolhido em eleições gerais, por um período de quatro anos.
3) A confirmação do cargo eletivo de presidente das províncias, garantindo a autonomia política provincial.
4) A supressão do Poder Moderador, redefinindo os agrupamentos políticos que atuavam no Parlamento.

**7.** (UNICAMP – SP) Iniciada como conflito entre facções da elite local, a Cabanagem, no Pará (1835-1840), aos poucos fugiu ao controle e tornou-se uma rebelião popular. A revolta paraense atemorizou até mesmo liberais como Evaristo da Veiga. Para ele, tratava-se de gentalha, crápula, massas brutas. Em outras revoltas, o conflito entre elites não transbordava para o povo. Tratava-se, em geral, de províncias em que era mais sólido o sistema da grande agricultura e da grande pecuária. Neste caso está a revolta Farroupilha, no Rio Grande do Sul, que durou de 1835 a 1845.

*Adaptado de: CARVALHO, J. M. de. A Construção da Ordem: a elite imperial.Teatro de sombras: a política imperial. Rio de Janeiro: Civilização Brasileira, 2003. p. 252-253.*

a) Segundo o texto, o que diferenciava a Cabanagem da Farroupilha?
b) Quais os significados das revoltas provinciais para a consolidação do modelo político imperial?

c) O que levava as elites agricultoras e pecuaristas a se rebelarem contra o poder central do Império?

**8.** (UPF – RS) Analise o texto a seguir

Com suas glórias e torpezas, a Revolução Farroupilha, que combateu o Império e proclamou uma república não pampas, foi fundamental para a construção histórica de uma identidade rio-grandense. Mas isso existe mesmo?

*Fonte: PESAVENTO, S. J. Fibra de gaúcho, tchê! Nossa História, Revista da Biblioteca Nacional, ano 1, n. 2, p. 42, dez. 2003.*

Sandra J. Pesavento analisa neste artigo a problemática da identidade cultural dos gaúchos. Sobre essa questão, assinale a alternativa que **não** está corretamente relacionada ao período e/ou à problemática.

a) O sentimento de autonomia dos gaúchos está vinculado, nas suas origens, ao fato de seu território ter sido "fronteira viva", na fase colonial, com os domínios castelhanos.
b) Os interesses econômicos portugueses concentravam-se no acesso ao rio do Prata, onde os portugueses operavam através do contrabando, a partir da Colônia do Sacramento.
c) A partir da independência do Brasil, a autonomia dos grandes proprietários gaúchos diminuiu, predominando então a ideia de que o "centro explorava o sul" e o discriminava por meio, sobretudo, dos altos impostos do charque gaúcho.
d) No período da Revolução Farroupilha, outras províncias do Império se rebelaram contra o desprestígio político e econômico, ocasionando as chamadas "rebeliões regenciais".
e) A unidade dos gaúchos foi resultado dos termos do Pacto de Pedras Altas (1845), que pôs fim à Revolução Farroupilha, permitindo que, mesmo derrotados, crescesse entre eles o sentimento de identidade regional.

# Programas de Avaliação Seriada

**1.** (PAS – UFLA – MG) O Período Regencial (1831-1840), isto é, a fase que antecedeu ao Segundo Reinado (1840-1889), foi, politicamente, bastante agitado e violento. Em tal período, registram-se vários conflitos nas províncias.

As alternativas abaixo referem-se a conflitos vividos no Brasil, ao longo de sua história. Assinale aquela que **NÃO** expressa corretamente um conflito do Período Regencial.

a) Praieira – conflito que aconteceu em Pernambuco, no qual os praieiros exigiam o voto universal e a liberdade de imprensa, além de entenderem que os males da região eram causados pelo latifúndio.
b) Balaiada – conflito que ocorreu no Maranhão devido à marginalização sofrida pelos homens livres ligados à pecuária. Iniciou-se a partir da prisão dos "bem-te-vis" e contou com a participação popular.
c) Farroupilha – conflito que ocorreu no Rio Grande do Sul e foi o mais longo de todos os conflitos que existiram no Brasil.
d) Cabanagem – conflito que ocorreu no Pará, onde setores populares dominaram o poder local por certo perío-

do, demonstrando oposição ao domínio da aristocracia latifundiária.

**2.** (PIAS – UNIUBE – MG) É ela um dos mais, se não o mais notável movimento popular do Brasil. É o único em que as camadas mais inferiores da população conseguem ocupar o poder de toda uma província com certa estabilidade. Apesar de sua desorientação, apesar da falta de continuidade que o caracteriza, fica-lhe contudo a glória de ter sido a primeira insurreição popular que passou da simples agitação para uma tomada efetiva de poder.

PRADO JÚNIOR, C. Evolução Política do Brasil e outros Estudos. 9. ed. São Paulo: Brasiliense, 1975. p. 69.

O fragmento acima se refere a um movimento social do período regencial do Brasil. Assinale a alternativa correta que indica o nome do movimento e a província em que ocorreu, respectivamente.

a) Balaiada, Bahia.
b) Farroupilha, Rio Grande do Sul.
c) Sabinada, Pernambuco.
d) Praieira, Maranhão.

# capítulo 32

# O Brasil do Segundo Reinado: política e economia

*A elite política e intelectual do Império parecia ver o Brasil ainda como um país a ser consolidado. Mas, afinal, que Brasil a elite imperial tentava construir? Podemos dizer que existiam pelo menos dois pilares do Império do Brasil: a escravidão (como veremos no próximo capítulo) e a Monarquia. Entretanto, mesmo que a monarquia continuasse sendo o modelo de governo adotado e aceito, os conflitos políticos não cessaram: a discussão sobre se as províncias deveriam ser autônomas permanecia. A disputa entre liberais e conservadores era um contínuo fator de desestabilização. De modo geral, pode-se dizer que a elite do Brasil pensava o país como o grande Império da América do Sul e não poupou esforços para manter essa preponderância, influindo na política dos vizinhos e envolvendo-se na Guerra do Paraguai. No plano econômico, a difusão da produção de café favoreceu o desenvolvimento de ferrovias e a urbanização. Além disso, os barões do café formaram um novo grupo político, que com o tempo mostrou-se mais favorável à república, o que levou ao enfraquecimento do Império.*

### Proclamação ao povo sobre a maioridade

*Brasileiros!*

*A Assembleia Geral Legislativa do Brasil, reconhecendo o feliz desenvolvimento intelectual de S.M.I. o Senhor D. Pedro II, com que a Divina Providência favoreceu o Império de Santa Cruz; reconhecendo igualmente os males inerentes a governos excepcionais, e presenciando o desejo unânime do povo desta capital; convencida de que com este desejo está de acordo o de todo o Império, para conferir-se ao mesmo augusto Senhor o exercício dos poderes que, pela Constituição lhe competem, houve por bem, por tão poderosos motivos, declará-lo em maioridade, para o efeito de entrar imediatamente no pleno exercício desses poderes, como Imperador Constitucional e Defensor Perpétuo do Brasil. O augusto Monarca acaba de prestar o juramento solene determinado no art. 103 da Constituição do Império.*

*Brasileiros! Estão convertidas em realidades as esperanças da Nação; uma nova era apontou; seja ela de união e prosperidade. Sejamos nós dignos de tão grandioso benefício.*

*Paço da Assembleia Geral, 23 de julho de 1840.*

**Marquês de Paranaguá**, Presidente

**Luiz José de Oliveira**,
1º Secretário do Senado

**Antônio Joaquim Álvares do Amaral**,
1º Secretário da Câmara dos Deputados

Por meio dessa proclamação, a população do Império do Brasil foi notificada de que o imperador D. Pedro II assumia suas funções oficialmente. O monarca subiu ao trono com base em uma ação conduzida pelas principais lideranças liberais – afastadas do poder desde o início da regência de Pedro de Araújo Lima, em 1837, conforme o que estudamos no final do capítulo anterior.

O texto constitucional de 1824 estabelecia a maioridade do herdeiro do trono aos 21 anos e o Ato Adicional de 1834 a redefiniu para 18 anos. Contudo, os liberais em 1840 aprovaram na Assembleia Geral uma lei que reconhecia Pedro II maior e, portanto, apto para assumir o poder, quando ele contava apenas 14 anos. Como isso foi possível, se os conservadores, que apoiavam o regente, eram maioria na Câmara e no Senado?

Na verdade, a aprovação daquela lei foi resultado de um intenso trabalho dos grupos minoritários no Parlamento, no sentido de enfraquecer politicamente Araújo Lima. Os adversários começaram a questionar a legalidade de seus atos como regente a partir do dia 11 de março de 1840, quando a princesa D. Januária completou 18 anos.

Os liberais passaram, então, a evocar a Constituição de 1824, que, na interpretação deles, estabelecia a escolha de um regente sem vínculos familiares com o herdeiro da Coroa, só no caso de não existir um membro da família real em condições de assumir a função. Por esse raciocínio, a regência deveria ter sido entregue à princesa, quando ela se tornou maior e, legalmente, capaz de substituir o irmão até a maioridade.

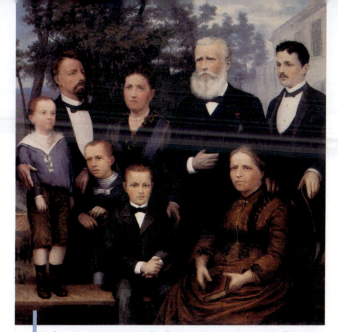

A família imperial de D. Pedro II e a imperatriz Theresa Christina (sentada). De um lado, seu neto, D. Pedro Augusto, filho da Princesa Leopoldina e do duque de Saxe. De outro, o Conde D'Eu e a Princesa Isabel, tendo à frente os filhos do casal. Óleo sobre tela, anônimo. Museu Histórico Nacional, Rio de Janeiro.

Contra esse discurso, Araújo Lima recorreu ao argumento de que fora escolhido regente quando princesa e príncipe eram menores e, portanto, deveria permanecer no cargo até cumprir os quatro anos do mandato. Além disso, seus partidários passaram a insinuar o quanto era arriscado entregar o comando do país, naquele período de agitações, a uma "mulher inexperiente".

Nesse cenário, o senador José Martiniano de Alencar fundou no Rio de Janeiro a **Sociedade Promotora da Maioridade do Sr. D. Pedro II**, em 14 de abril de 1840. A oposição liberal passava, dessa forma, a "oferecer uma saída" para o "governo excepcional e ilegal" de Araújo Lima: se, por um lado, era temerário cumprir a Constituição entregando o poder à princesa, por outro lado, a situação inconstitucional da regência poderia terminar, se fosse reconhecido que Pedro II já alcançara "desenvolvimento intelectual" para assumir integralmente as funções de imperador.

A partir de então, ficou bastante difícil para os apoiadores de Araújo Lima argumentarem contra a antecipação da maioridade do imperador sem que fossem, ao mesmo tempo, qualificados como "antimonárquicos" ou mesmo "anti-Pedro II". Naquele momento político, os que adotassem tal postura também poderiam ser suspeitos de serem contrários ao projeto de manutenção e consolidação da unidade brasileira, tema essencial para os eleitores do regente e dos deputados que o apoiavam.

Os liberais, por conseguinte, adotaram um discurso de fidelidade absoluta com a Monarquia constitucional e com o jovem imperador que pretendiam colocar logo no trono, como estratégia básica a fim de voltarem ao governo e retomarem a aplicação dos dispositivos administrativos do Ato Adicional de 1834, que conferiam maior autonomia às províncias. Para dar a bou projeto maior credibilidade, os liberais passaram também a questionar a capacidade dos conservadores para manter a unidade do Império, se insistissem na permanência de Araújo Lima como regente e principal condutor da **Lei de Interpretação do Ato Adicional** (vista no Capítulo 31). No fundo, os liberais prefeririam o jovem monarca "fraco" exercendo o poder moderador a um "forte" e experiente regente.

Em 20 de julho de 1840, procurando ganhar tempo, o governo apoiou o início da discussão do projeto de lei que reconhecia D. Pedro II maior de idade, apresentado na Câmara dos Deputados por Antonio Carlos Ribeiro de Andrada, irmão de José Bonifácio. O movimento maiorista ganhou tamanha dimensão que, a prosseguirem os debates e indo a proposta à votação, sua aprovação era dada como certa – pouquíssimos deputados conservadores estavam dispostos a arcar com o ônus de barrar o imperador em sua ascensão ao trono, diante da conotação política dada pelos liberais: a pretensão de Araújo Lima de permanecer no cargo de regente.

Sem condições de evitar a aprovação da lei, o governo, em acordo com a sua maioria parlamentar na Câmara, pretendia adiar ao máximo sua votação, de preferência até o final do mês de novembro, para que a aclamação de Pedro II ocorresse apenas no dia de seu aniversário de 15 anos, ou seja, em 2 de dezembro de 1840. Durante os meses de agosto, setembro e outubro, os conservadores cuidariam de se organizar nas províncias e estabelecer as regulamentações essenciais da Lei de Interpretação do Ato Adicional. Para conseguir tempo, Araújo Lima trocou o seu ministro do Império e lavrou o decreto de adiamento da Assembleia Geral, que só reabrira em 20 de novembro. Em 22 de julho, quando os deputados discutiam o projeto maiorista, chegou à Câmara o Decreto de Adiamento, que dizia:

*O Regente, em nome do Imperador o Sr. D. Pedro II, tomando em consideração a exposição que, pelos ministros e secretários de Estado das diferentes repartições, lhe foi feita, acerca do estado de perturbação em que atualmente se acha a Câmara dos Deputados, e atendendo a que a questão de maioridade de S.M.I., que nela se agita, pela sua gravidade e pela alta posição e importância da augusta pessoa a que é relativa, somente pode e deve ser tratada com madura reflexão e tranquilidade: há por bem, usando da atribuição que lhe confere o art. 101, § 5.º da Constituição do Império, adiar a Assembleia Geral para o dia 20 de novembro do corrente ano. Bernardo Pereira de Vasconcellos, Senador do Império, Ministro e Secretário de Estado dos Negócios do Império, o tenha assim entendido e faça executar.*

Os deputados maioristas, ainda que em menor número, não consideraram a determinação do regente. Nos Anais da Câmara, ficou registrada a reação deles logo após a leitura do decreto: **"Tumulto; imprecações [maldições] contra o governo do Regente, misturadas de vivas frenéticos à maioridade do Senhor Dom Pedro II, de todas as galerias". "[Os deputados] levantam-se sucessivamente, e protestam com veemência contra o ato." "[O parlamentar Antônio Carlos] incita os deputados a seguirem com ele ao Senado."**

A convocação de Antonio Carlos para que os deputados seguissem para o Senado demonstra que os conservadores não eram os únicos que estavam articulados antes de o regente assinar o decreto de adiamento. Os maioristas tinham se entendido com o então presidente do Senado, marquês de Paranaguá, que "boicotou" a leitura do documento ministerial na casa vitalícia e, portanto, a manteve em funcionamento. Reunidos os deputados e senadores em favor da maioridade, Paranaguá declarou que estava instalada a Assembleia Geral do Império e pôs a voto o projeto que declarava Pedro II maior de idade.

Ainda que minoritários, a ação dos senadores e deputados maioristas consumava a medida legal que punha fim à regência de Araújo Lima – "anular" a decisão da sessão "irregular" da Assembleia Geral era uma possibilidade que exigia a união dos conservadores em torno do regente, com todo o ônus que representaria colocar-se "contra" o imperador, o qual, consultado, declarara franca disposição para assumir seus poderes constitucionais.

A única saída para os conservadores era jurar fidelidade ao monarca, ressaltando, contudo, que ele fora elevado ao trono por um ato "revolucionário", o **Golpe Parlamentar da Maioridade**, a partir do qual teve início o reinado de quase meio século de D. Pedro II.

---

*Saiba mais*

## A cerimônia de sagração e coroação de D. Pedro II

*D. Pedro II assumiu a posição de Chefe de Estado e passou a exercer o Poder Moderador, no dia 23 de julho de 1840 – quando prestou o juramento constitucional perante a Assembleia. Contudo, a sagração e coroação do monarca só aconteceriam em 18 de julho de 1841. Em linhas gerais, o ritual de entronização de Pedro II seguiu os moldes daqueles realizados em 1818, quando D. João foi coroado rei de Portugal, do Brasil e Algarves, e novamente em 1822, com a sagração de D. Pedro I.*

*Apesar das semelhanças, pequenos detalhes e símbolos adotados na cerimônia de coroação do segundo monarca marcavam nitidamente o caráter constitucional do soberano. Assim, apenas aparentemente, e em termos muito gerais, torna-se possível apontar a coroação de Pedro II como representativa da permanência de "estruturas sociais e políticas" do Antigo Regime, do período colonial.*

*Da mesma forma que a coroa usada pelo segundo imperador era uma peça nova, produzida a partir dos brilhantes e das pérolas da velha coroa, usada por Pedro I, novas práticas sociais, políticas e econômicas surgiriam e outras se redefiniriam no longo reinado de Pedro II, embora, aparentemente, pudesse parecer que as mais "arcaicas estruturas" se mantinham.*

Em 18 de julho de 1841, realizou-se a sagração e coroação de Pedro II, organizada no âmbito de um império constitucional, já consolidado, através das minuciosas *Disposições para a sagração de S.M., o imperador*. A cerimônia teve lugar na capela imperial, e, entre as insígnias, introduziram-se novos símbolos, concebidos especialmente para a ocasião: o manto de veludo verde, forrado com cetim amarelo, com os ramos de cacau e tabaco, lembrando o verde do Novo Mundo, mas também as cores das casas de Bragança e Habsburgo; duas espadas – a de Pedro I e uma outra, feita para o novo imperador; o cetro de ouro maciço, com uma serpente na ponta, símbolo da casa de Bragança; o globo imperial composto de uma esfera armilar de prata, tendo na elíptica 19 estrelas de ouro, cortadas pela cruz da Ordem de Cristo; o anel e as luvas; a Constituição, símbolo do Império constitucional; a coroa, feita especialmente para o dia, ornada com pérolas e brilhantes, retiradas em parte daquela que cingira a fronte de Pedro I; por fim, a "mão da justiça", que, modelada em gesso, a partir da mão direita do imperador, foi distribuída aos grandes da Corte, para ostentarem em suas casas.

D. Pedro II foi coroado imperador do Brasil em 18 de julho de 1841. Museu Histórico Nacional, Rio de Janeiro.

Após a sagração e a coroação, Pedro II, nomeado Imperador Constitucional do Brasil, por Graça de Deus e Unânime Aclamação dos Povos, para indicar que sua legitimidade provinha da ordem constitucional, apresentou-uu au piiiui nu halnuçtrada de uma varanda, construída no Largo do Paço, cujo projeto fora elaborado por Manuel de Araújo Porto-Alegre, e formada por um templo e dois pavilhões, denominados *Prata* e *Amazonas*. No templo, em que ocorreu o beija-mão, localizava-se a sala do trono, cujo teto pintado representaria D. Pedro I distribuindo aos filhos as coroas de Portugal e do Brasil e sendo, ele mesmo, coroado pelos dois países com uma auréola de estrelas, símbolo da imortalidade. À volta, medalhões representavam Carlos Magno, Francisco II da Áustria, Pedro, o Grande, da Rússia e Napoleão. Seguiram-se vários dias de festas, encerradas, em 24 de julho, com umndô ballu du yala nn Paoo, assegurando-se, por conseguinte, a continuidade da dinastia de Bragança e da tradição portuguesa no Brasil.

Fonte: NEVES, L. B. P. Coroação. In: VAINFAS, R. (Coord.). *Dicionário do Brasil Imperial:* 1822-1889. Rio de Janeiro: Objetiva, 2002. p. 174-175.

# A primeira década do reinado (1840-1850): as tensões entre governo central e governos provinciais

Os principais articuladores do Golpe da Maioridade foram designados por D. Pedro II para integrar o primeiro ministério do seu reinado. O gabinete de 24 de julho de 1840, contudo, não conseguiu se sustentar no governo nem por um ano. Em março de 1841, políticos conservadores foram chamados para assumir as pastas ministeriais.

Nomear e demitir os responsáveis pelo Poder Executivo era, como vimos no capítulo anterior, uma das principais atribuições do Poder Moderador, exercido exclusivamente pelo imperador. Apesar disso, ao analisar a experiência daquela primeira formação ministerial é possível identificar os fatores determinantes que levavam à ascensão e à queda de ministros, para além da vontade de Pedro II.

Os condutores do processo político e parlamentar, que resultou no Golpe da Maioridade, foram alçados ao ministério por terem se tornado, mesmo que circunstancialmente, importantes lideranças políticas tanto na Câmara quanto no Senado. Contudo, eles tinham por objetivo chegar ao governo para implementar práticas mais liberais, que conferissem maior autonomia aos governos provinciais. Essa diretriz contrariava a maior parte dos conservadores que constituíam a Assembleia Geral e que apoiavam, em linhas gerais, a política do ex-regente Araújo Lima.

Assim, a convivência entre os ministros e os deputados não foi das mais tranquilas. O ministério chegou a cogitar solicitar ao imperador a dissolução daquela câmara. Contudo, as leis orçamentárias não tinham sido votadas e as eleições para a legislatura, que se iniciaria em 1842, aconteceriam em setembro de 1840. Os ministros optaram, então, por se dedicar à eleição dos novos deputados, não poupando esforços para que fossem eleitos apenas os seus aliados.

Nomeado pelo governo central, o presidente de cada uma das unidades provinciais recebeu ordens no sentido de usar todos os expedientes disponíveis para garantir o êxito dos candidatos ministeriais. Contudo, a maior parte dos votantes e eleitores não concordava com as propostas governistas e decidiu resistir à interferência do Rio de Janeiro no processo eleitoral. O resultado de disposições antagônicas foi uma das eleições mais violentas de todo o Segundo Reinado, as quais ficaram conhecidas como "**eleições do cacete**".

Abusando da violência, o ministério conseguira eleger uma maioria de deputados declaradamente liberais. Todavia, mesmo antes de a nova Câmara se reunir oficialmente, os ministros e demais lideranças partidárias já constatavam: o entendimento entre os futuros parlamentares era fácil quando se tratava apenas do estabelecimento, em linhas gerais, das reformas descentralizadoras a serem adotadas. Contudo, os deputados não conseguiam chegar a consensos mínimos para converter proposições genéricas em projetos de lei específicos.

O desgaste político do ministério foi enorme ao conduzir tão parcialmente as eleições. Os conservadores, maioria na legislatura que se encerrava em 1841, foram preteridos em suas intenções de voltar à Câmara no ano seguinte e passaram abertamente a fazer oposição ao gabinete da maioridade. Sem densidade política e social e com grandes divisões entre seus próprios membros, aquele ministério deixou o governo em 22 de março de 1841, sugerindo que a responsabilidade pela demissão era unicamente de Pedro II e da "facção áulica".

> Áulica: designação dada a políticos próximos do jovem imperador e que tinha, segundo os críticos e a imprensa da época, o poder de influenciar as decisões do monarca.

Uma vez fora da administração, os ministros e suas diferentes facções partidárias procuravam se unir e, neste caso, o melhor era não recordar os motivos dos desentendimentos que os tinham fragilizado enquanto estavam no governo – daí apontarem para ocorrências e pessoas "alheias" ao grupo para explicar as razões de terem "abandonado" as pastas ministeriais.

O gabinete ministerial organizado em 23 de março de 1841 retomaria, em linhas gerais, a política conservadora, em favor da centralização política e administrativa que os maioristas tentaram reverter.

Entre as principais leis votadas nesse sentido, destacam-se:

o **Reforma do Código de Processo Criminal – Lei de 3 de dezembro de 1841**, pela qual o governo central passou a controlar todo o aparelho administrativo do judiciário, tirando força dos juízes de paz. A autoridade judiciária e policial foi submetida a uma rígida hierarquia e diretamente subordinada ao Ministério da Justiça. Com essas medidas, esperava-se assegurar o poder de repressão do governo central, evitando, portanto, que movimentos separatistas surgissem no país;

o **restauração do Conselho de Estado – Lei de 23 de novembro de 1841**, pela qual foi restabelecido o Conselho de Estado, abolido pelo Ato Adicional de 1834. Na prática, durante o Segundo Reinado, esse conselho correspondeu a um "colégio de líderes" político-partidários, que era ouvido por D. Pedro II sempre antes de ele exercer qualquer uma das funções privativas ao Poder Moderador, como, por exemplo, a dissolução da Câmara dos Deputados.

Os liberais, a partir da aprovação daquelas duas leis, consideraram perdidas as principais conquistas em favor da descentralização, da autonomia das províncias e, sobretudo, da limitação ao exercício do Poder Moderador. Para eles, o novo Conselho de Estado tendia a manipular o monarca, levando-o a exercer as suas prerrogativas constitucionais não de forma neutra, mas sim comprometida com os setores da sociedade que tinham representação no Conselho.

## Apesar do imperador, novamente o clima de conflagração do período regencial

Os liberais foram assumindo posições cada vez mais exaltadas ao longo do primeiro semestre de 1842. As principais lideranças do grupo apostavam no início dos trabalhos da nova legislatura, no mês de maio, para reverter os avanços jurídicos e políticos dos conservadores – afinal, tomariam posse os deputados que tinham sido eleitos durante a curta gestão do Ministério da Maioridade.

Contudo, no dia 1º de maio de 1842, foi publicado o decreto de dissolução prévia da Câmara dos Deputados assinado por D. Pedro II, acompanhado de um longo texto, escrito pelos ministros, justificando a medida a partir das "características irregulares" e "violentas" que teriam marcado o processo eleitoral de 1840. A versão dos conservadores sobre as primeiras eleições, realizadas no Segundo Reinado, ganhou novamente as páginas dos principais jornais que circulavam na Corte e nas maiores cidades do Império. Alguns dos episódios das fatídicas "**eleições do cacete**" foram, então, amplificados pelos debates políticos provocados pela primeira dissolução da Câmara, operada pelo novo imperador.

Considerando que não lhes restava nenhum espaço político e institucional para agir de forma pacífica, o recurso à luta armada era a única alternativa para muitos liberais. A partir disso, ocorrem as seguintes revoltas:

o a **Liberal**, em São Paulo e Minas Gerais (1842), e
o a **Praieira**, em Pernambuco (1848-1850).

Além disso, a **Revolução Farroupilha** ainda estava em curso no sul do Império e terminaria apenas em 1845, conforme vimos no capítulo anterior.

# Revoltas Liberais de 1842

## Revolução Paulista (17 de maio a 20 de junho)

Dezesseis dias após o anúncio da dissolução da Câmara, em 17 de maio de 1842, liberais paulistas declararam solenemente que não mais se sujeitariam às ordens do então presidente da província, nomeado pelo Rio de Janeiro. Em seguida, Rafael Tobias de Aguiar, um dos mais conhecidos e prestigiados líderes liberais de São Paulo, foi aclamado presidente. Começava dessa forma o movimento que ficou conhecido como a versão paulista da **Revolução Liberal de 1842**.

Apesar de não reconhecerem a principal autoridade do governo imperial na província, os rebeldes não tinham por objetivo proclamar a independência de São Paulo com relação ao Brasil e, tampouco, instaurar um governo republicano por ali. Procuravam mesmo estabelecer o controle sobre parte significativa do território provincial e, a partir disso, iniciar negociações com o governo central, que estava nas mãos dos conservadores. Outras importantes lideranças liberais, como os ex-regentes e senadores Diogo Feijó e Nicolau de Campos Vergueiro, juntaram-se a Tobias de Aguiar.

Os rebeldes conseguiram reunir cerca de 1.500 homens para marchar em direção à capital. Além de Sorocaba, as cidades de Itu, Capivari, Porto Feliz e Campinas tornaram-se importantes bases para o movimento. Em 22 de maio, contudo, chegou a São Paulo o barão de Caxias, comandante das tropas imperiais destacadas para restabelecer a "ordem".

Procurando aproveitar ao máximo a superioridade numérica e a experiência de combate de alguns de seus soldados, Tobias de Aguiar detém-se na formulação de planos para atacar a capital. Caxias, valendo-se da relativa "desmobilização" dos adversários, comanda um ataque de surpresa às tropas rebeldes estacionadas em Campinas, na região da Venda Grande. A vitória imperial foi incontestável.

Caxias parte então para Sorocaba, com a decisão firme de prender Tobias de Aguiar e encerrar a Revolta. Encontra apenas o ex-regente Padre Feijó, que foi preso e encaminhado para o Espírito Santo. Tobias de Aguiar foi preso quando tentava fugir para o Rio Grande do Sul e encaminhado para o Rio de Janeiro.

## Revolução em Minas Gerais (10 de junho a 20 de agosto)

Em 10 de junho, poucos dias antes da derrota dos paulistas em Venda Grande, lideranças liberais mineiras, apoiadas por Teófilo Ottoni, proclamaram, em Barbacena, João Pinto Coelho Cunha presidente da província – seguindo o mesmo procedimento adotado pelos partidários de Tobias de Aguiar.

Em Minas, contudo, um número bem maior de vilas aderiu ao movimento liberal, diferentemente do que aconteceu em São Paulo. Apesar disso, o mesmo barão de Caxias também derrotou os mineiros.

No dia 20 de agosto de 1842, na região de Santa Luzia, as forças imperiais alcançaram uma ampla vitória. A partir de então, para lembrá-los da derrota, os conservadores passaram a se referir a todos os liberais como **luzias**.

# Revolução Praieira (1848-1850)

A ocorrência da Revolução Praieira, em Pernambuco, esteve diretamente ligada às disputas travadas entre diferentes setores de proprietários pernambucanos, então organizados principalmente no **Partido Conservador** (Guabiru) e no **Partido da Praia** (Praieiros – em uma referência à Rua da Praia, onde se localizava a sede do jornal publicado pelo grupo).

O ambiente político estava tenso desde o início de 1848, quando o governo central determinou o afastamento do líder praieiro Chichorro da Gama da presidência da província – cargo que ocupava desde 1845. Os enfrentamentos armados, contudo, só tiveram início no dia 7 de novembro de 1848, quando foi nomeado para presidir a província o mineiro Herculano Ferreira Pena – uma das lideranças conservadoras mais hostis aos praieiros.

Ora, desde o afastamento do presidente praieiro, os militantes do partido e seus aliados foram progressivamente perdendo seus postos na administração provincial, os quais eram preenchidos por conservadores ou por liberais avessos aos militantes da Praia. Com a formação do gabinete ministerial de 29 de setembro, presidido pelo ex-regente Pedro de Araújo Lima (futuro marquês de Olinda) e a nomeação de Pena, a certeza dos praieiros de que seriam totalmente alijados do poder se confirmava.

Começada a revolução em Olinda, rapidamente o movimento se espalhou pela Zona da Mata e áreas do agreste. Aliados de setores mais populares, os praieiros obtiveram importantes vitórias no começo do movimento. Todavia, os setores de proprietários praieiros mais ricos começam a ensaiar a retirada do movimento, temendo o descontrole por parte das "turbas". No final do primeiro trimestre de 1849, os principais focos de resistência praieira já tinham sido derrotados por forças do governo central. O comandante da guarda nacional, Pedro Ivo, ainda resistiu até 1850, mas, sem condições de combate, acabou se rendendo.

Os principais líderes da Praia, que sobreviveram aos combates e também não conseguiram fugir para o exterior, foram condenados à prisão perpétua em Fernando de Noronha. Mas, em 28 de novembro de 1851, o governo imperial concedeu anistia a todos.

# As décadas de 1850 a 1870: administração pública e economia

A Câmara, eleita após a dissolução decretada em maio de 1842, era constituída só por deputados que se diziam conservadores. Apesar disso, havia pouca unidade entre eles, já que aquela definição "partidária" era utilizada por políticos das mais variadas tendências que, então, faziam oposição aos segmentos liberais identificados com as Revoltas de Minas e São Paulo.

Mesmo se opondo aos princípios mais radicais da descentralização política e ao recurso às armas, os parlamentares, que tomaram posse em 1843, se apresentavam, antes de tudo, como defensores dos interesses de suas províncias junto ao governo central – motivo que explica a grande dificuldade para o estabelecimento de consensos entre eles sobre a política e administração nacionais.

Após a troca de três gabinetes ministeriais, por conta da oposição enfrentada por cada um deles na Câmara, Pedro II acatou o pedido de um ministério formado por políticos liberais e decretou a dissolução do Parlamento, pela segunda vez. Graças às dissidências entre os conservadores e à união de vários segmentos deles a grupos liberais nas províncias, a situação política se invertia novamente.

A Câmara dos Deputados, eleita em 1844, era dividida, por conseguinte, entre os liberais e os conservadores dissidentes com relação ao grupo que dominara a legislatura anterior. As dificuldades para a formação de ministérios capazes de constituir maioria parlamentar continuaram. Por esse motivo, em 1847, foi criado o cargo de **Presidente do Conselho de Ministros**, cujas funções seriam equivalentes às de um primeiro-ministro inglês. Ou seja, a ele caberia a escolha dos demais ministros, dando ao "Ministério uma organização mais adaptada às condições do regime representativo".

O fato de o imperador, contudo, continuar a exercer o Poder Moderador, nomeando os ministros, ainda que a partir de 1847, por meio do presidente do Conselho, e, ao mesmo tempo, poder dissolver a Câmara dos Deputados, levou muitos historiadores a caracterizar o regime parlamentar brasileiro como um "**parlamentarismo às avessas**".

Ou seja, ao contrário do modelo parlamentar inglês no qual os responsáveis pelo poder ministerial eram designados após a realização das eleições, que definiam o partido ou grupo político majoritário no Parlamento, no Brasil do Segundo Reinado o monarca primeiro nomeava o ministério e depois dissolvia a Câmara e convocava eleições, no caso dos deputados negarem apoio ao gabinete designado por ele. Sendo os próprios ministros que comandavam o processo eleitoral, os novos parlamentares eleitos eram sempre majoritariamente favoráveis a eles.

Tendo em vista, contudo, a complexidade da sociedade brasileira, cujos cidadãos mudavam constantemente seus posicionamentos político-partidários, a partir de seus interesses mais imediatos, circunstanciais, não é possível concordar que a alternância dos partidos no governo e na Câmara dependesse apenas da "vontade imperial".

Ainda que o Poder Moderador tenha sido muitas vezes responsabilizado pelas trocas ministeriais e pelas dissoluções, no fundo estas aconteciam por conta das complexas disputas instauradas no interior dos próprios gabinetes e do Parlamento. As dificuldades para se estabelecer uma base parlamentar minimamente coesa levaram a sucessivas crises e substituições ministeriais (35) durante o reinado de Pedro II.

### Luzias e Saquaremas

Assim como o termo **luzia**, inicialmente empregado de forma irônica para designar os liberais derrotados em 1842, o termo **saquarema**, aplicado aos conservadores a partir de 1845, também tem uma origem pejorativa:

Relatam uns poucos que, nos idos de 1845, quando os liberais ocupavam de novo o governo do Império (...), um certo padre José de Cêa e Almeida exercia as funções de subdelegado de Polícia na vila de Saquarema. Querendo garantir o triunfo nas eleições também nessa localidade, o Padre Cêa teria expedido uma ordem onde autorizava até mesmo o assassínio do eleitor que recusasse as listas do governo. Relatam também que Joaquim José Rodrigues Torres [visconde de Itaboraí] e Paulino José Soares de Sousa, chefes conservadores, com grande parentela nessa localidade, onde também eram proprietários de escravos e de terras, teriam conseguido livrar seus protegidos dos desmandos daquela autoridade, e que, desde então, a denominação **saquarema** passou a ser dada aos protegidos deles. Relatam por fim, que muito rapidamente a nova denominação foi estendida aos adeptos do partido em todo o Império, de tal modo que no ano seguinte surgia o jornal **O Saquarema** na província de Pernambuco, e dois anos depois órgão homônimo na de São Paulo.

Fonte: MATTOS, I. R. de. *O Tempo Saquarema:* a formação do Estado Imperial. 5. ed. São Paulo: Hucitec, 2004. p. 118-119.

D. Pedro II, 1847, retratado pelo francês Quinsac Movoisin. Óleo sobre tela, 300 X 200 cm. Biblioteca Nacional, Rio de Janeiro.

# A tentativa de consolidar um projeto nacional nas ciências e na literatura

O Brasil de meados do século XIX apresentava ainda certas características do período colonial. O território que antes pertencia a Portugal não era um todo coeso: as províncias tinham sérias diferenças de interesses, extensas porções do território permaneciam pouco exploradas e as fronteiras seguiam sendo alvo de disputas. Além disso, a maior parte da população vivia no campo, era analfabeta e estava fora do sistema político. Não podemos esquecer também da grande população escrava, em torno de 30% do total. Dessa forma, na metade do século XIX pouca coisa em comum tinham os 7,5 milhões de brasileiros além da língua e da religião – com exceção de indígenas e de africanos recém-chegados que não aprenderam o português e mantinham muitos dos seus rituais religiosos.

Muitos políticos e intelectuais da elite imperial ainda temiam a divisão do território brasileiro, o que enfraqueceria o Império. Também havia o perigo dos vizinhos da América do Sul, vistos por políticos e intelectuais como repúblicas instáveis. Dessa forma, ao longo do século XIX a elite brasileira elaborou algumas estratégias para a consolidação do Estado Imperial. Utilizando a **ciência** e a **literatura**, essa elite buscou afirmar a unidade e a grandiosidade do Império do Brasil.

Um esforço importante no sentido de dar coerência à nação brasileira foi a fundação do **Instituto Histórico e Geográfico Brasileiro (IHGB)**, ainda no período da regência, em 1838. Esse órgão era constituído pela elite política e intelectual e tinha como intuito promover pesquisas a respeito do passado brasileiro e também da configuração do território do Brasil.

A história, entendida como o estudo do passado através da pesquisa de documentos, a geografia e a etnografia estavam avançando muito na Europa nesse mesmo período, de forma que o IHGB buscava trazer para o Brasil essas técnicas de pesquisa. Não à toa um dos principais estudiosos do Instituto era o naturalista Karl Friedrich von Martius, nascido na Baviera (atual Alemanha). Von Martius estabeleceu alguns princípios para o estudo da História do Brasil: a presença de três raças diferentes – índios, negros e portugueses –, sendo que os portugueses preponderaram sobre os demais; o olhar sobre as peculiaridades regionais, tendo em vista a formação da unidade do Estado; defesa do modelo monárquico constitucional e a crença em um destino de grandeza nacional. Dessa maneira, ainda que olhassem para características locais, os pesquisadores do IHGB buscavam conferir uma trajetória comum para todo o território nacional, de forma que construísse um passado único e grandioso para o país.

Se a história fornecia um passado para o Império que se queria construir, os estudos geográficos promoviam o conhecimento do território nacional. Apesar de haver uma fronteira formal, o Estado brasileiro não exercia domínio pleno em muitas regiões, que permaneciam pouco tocadas pelo homem branco. Dessa maneira, as pesquisas geográficas patrocinadas pelo IHGB visavam ao conhecimento e ao registro de rios, montanhas, planícies, planaltos e matas, especialmente em regiões afastadas do litoral do país, de forma que definissem esses espaços como pertencentes ao Império do Brasil e facilitassem sua possível exploração. Conhecer o território do país era um passo fundamental para dominá-lo, para legitimar a posse dele e afastar possíveis inimigos, especialmente os Estados vizinhos. Ao mesmo tempo, as descrições desses espaços buscavam enfatizar a imponência e a riqueza da natureza do país, de forma que conferissem poder ao Estado Imperial.

Outro campo de estudo fundamental do Instituto era a pesquisa a respeito dos diferentes povos que viviam no território do Império, conhecido como **etnografia**. Os etnógrafos do IHGB empenharam-se em coletar objetos deixados por povos que viveram em diferentes períodos, especialmente de indígenas, tanto de grupos que já haviam desaparecido quanto daqueles que permaneciam vivendo ao longo do Império. Muitos deles estudaram também as línguas indígenas. A descrição da cultura e do modo de vida dos diferentes indígenas do Brasil era também uma forma de fortalecer o domínio imperial sobre diferentes regiões do país. Indígenas do passado eram muitas vezes enaltecidos e idealizados, e transformados em símbolos do país. Para os membros do IHGB, os indígenas eram os antepassados dos atuais brasileiros, de forma que neles eram projetados os ideais da elite imperial. Assim, encontramos descrições de índios como homens bravos, fortes e nobres. Ao mesmo tempo, os índios vivos que habitavam o território do Brasil eram muitas vezes descritos como uma população inferior, degenerada, que não era digna de seus antepassados gloriosos e que precisava ser civilizada. Dessa maneira, é preciso ler com cuidado as pesquisas elaboradas pelos membros do IHGB daquela

A questão indígena marcou a produção artística brasileira do século XIX. Na literatura, os autores podiam enaltecer características e aspectos que contribuíam para a formação de uma identidade nacional própria. Nas artes plásticas, a ênfase foi o enaltecimento da visão paradisíaca do indígena integrado à natureza. A maior parte das pinturas indianistas do período enaltece a sensualidade em meio à exuberância das paisagens naturais, consolidando algumas das características atribuídas ao Brasil até os dias de hoje.

A obra de José Maria de Medeiros (1849-1952), *Iracema*, integrou a Exposição da Academia Imperial de Belas Artes de 1884 e foi adquirida pelo governo de Pedro II. Atualmente encontra-se no Museu Nacional de Belas Artes no Rio de Janeiro e foi inspirada na obra literária de José de Alencar. Óleo sobre tela, 168,3 × 255 cm, 1881.

época, pois afinal de contas eles eram homens brancos da elite imperial que viam a população não branca com muitos dos preconceitos da sua época.

O Instituto recebia apoio do próprio imperador D. Pedro II, que se mostrava muito simpático à difusão da ciência no país. Os resultados das pesquisas históricas, geográficas e etnográficas do IHGB eram divulgados em uma revista, de forma que tornasse acessível o conhecimento produzido pelos pesquisadores desse Instituto. Como vimos, a ciência que se levava ao conhecimento do território e da história do Brasil era uma maneira de fortalecer o domínio sobre povos e regiões do país.

O **indígena** como símbolo nacional apareceu fortemente também nas artes brasileiras do século XIX, especialmente na literatura. O movimento literário conhecido como **romantismo** tinha como uma de suas principais características o indianismo, ou seja, a criação de um indígena idealizado e europeizado, que era utilizado como um emblema da nação. Domingos Gonçalves de Magalhães, Gonçalves Dias e José de Alencar escreveram poesias e romances que descreviam o indígena como um homem "bravo" e "forte". Esses autores buscavam vincular esse personagem indígena com os membros da elite imperial, encontrando um passado glorioso para o presente do Brasil. Dessa maneira, havia um profundo diálogo entre essa **produção literária** e a **produção científica** introduzida pelo IHGB. José de Alencar e Gonçalves Dias usaram material pesquisado pelo Instituto para construir sua obra literária.

## A mudança do eixo econômico – o café

O hábito de tomar café não era apenas brasileiro, mas encontra-se disseminado pelos mais diversos países. Extraído da planta *Coffea arabica*, nativa da Etiópia, suas propriedades estimulantes já eram conhecidas havia séculos pelos habitantes dessa região, que mascavam sua polpa e também a ofereciam como alimento ao gado quando tinha de enfrentar longos caminhos.

Por volta do século VI, no Iêmen (sul da Ásia), os grãos passaram a ser torrados e fervidos em água. A bebida difundiu-se pela Arábia e Oriente Médio.

No Brasil, as primeiras sementes chegaram no século XVIII e foram introduzidas no Pará por Francisco de Melo Palheta. Algumas décadas mais tarde, o café foi trazido para a região do Rio de Janeiro, onde era plantado de forma quase artesanal. Em 1840, entretanto, já havia se espalhado pelo vale do Paraíba. A cidade de Vassouras, situada na Província do Rio de Janeiro, era considerada a capital do café e em São Paulo, ao longo do vale do Paraíba, destacavam-se Areias e Bananal.

O café ganhava peso na pauta de exportações brasileiras. Inicialmente a Europa, em especial a Inglaterra, e mais tarde os Estados Unidos tornaram-se consumidores da bebida. Em pouco tempo, no século XIX, inúmeras e sofisticadas casas de café, as *Coffee House*, propagavam-se por Londres, Paris e outras cidades europeias.

O sistema adotado na produção cafeeira era o de *plantations*, ou seja, de monocultura, calcado na mão de obra escrava. Nas áreas recobertas por um solo conhecido como terra roxa, muito fértil e fruto da decomposição do basalto, o café adaptou-se muito bem (o vale do Paraíba chegou a representar 78% da produção nacional), o que tornou essa cultura ainda mais produtiva. Além disso, duas inovações tecnológicas – o arado e o despolpador – aumentaram significativamente a produtividade. Por volta de 1870, o café tinha grande peso na economia brasileira.

PHOTOS.COM

O café é uma bebida mundialmente conhecida e consumida. O Brasil responde por aproximadamente 32% da produção mundial, tendo sido nossa produção, em 2014, de 45,3 milhões de sacas. O Vietnã é o segundo maior produtor e obteve uma produção de 27,5 milhões de sacas; a Colômbia produziu 13,3 milhões de sacas. Outros três países que estão entre os maiores produtores são Indonésia, com 10,3 milhões, Etiópia, com 6,6 milhões e Honduras, com 5,4 milhões de sacas.

# O café e o processo de urbanização

A atividade cafeeira, entretanto, não se reduzia à plantação, colheita e secagem do nobre produto. Com as plantações, desenvolveu-se um conjunto de atividades que deram suporte à expansão das lavouras e permitiram a comercialização dos produtos de forma mais rápida e eficiente como a produção de sacos para acondicionar 60 kg de café (correspondentes a uma saca) e a utilização de mulas para o transporte das unidades produtoras até os centros urbanos, como São Paulo, ou ao porto de Santos, para ser exportado.

*Carregadores de Café a Caminho da Cidade*, de Debret, 1834. Museus Castro Maya/IBCP, Rio de Janeiro.

| Principais produtos exportados pelo Brasil no século XIX e sua porcentagem sobre o total de exportações | | | | | | | |
|---|---|---|---|---|---|---|---|
| PRODUTOS | 1821/30 | 1831/40 | 1841/50 | 1851/60 | 1861/70 | 1871/80 | 1881 |
| Café | 18,4 | 43,4 | 41,4 | 48,8 | 45,5 | 56,6 | 61,5 |
| Açúcar | 30,1 | 24,0 | 26,7 | 21,2 | 12,3 | 11,8 | 9,9 |
| Algodão | 20,6 | 10,8 | 7,5 | 6,2 | 18,3 | 9,5 | 4,2 |
| Fumo | 2,5 | 1,9 | 1,8 | 2,6 | 3,0 | 3,4 | 2,7 |
| Cacau | 0,5 | 0,6 | 1,0 | 1,0 | 0,9 | 1,2 | 1,6 |
| Total | 72,1 | 81,1 | 78,4 | 79,8 | 80,0 | 82,5 | 79,9 |

*Fonte:* CANABRAVA, A. P. A Grande Lavoura. In: HOLANDA, S. B. de. (Org.) *História Geral da Civilização Brasileira.* São Paulo: Bertrand Brasil, 1997. v. I, tomo II, p. 119.

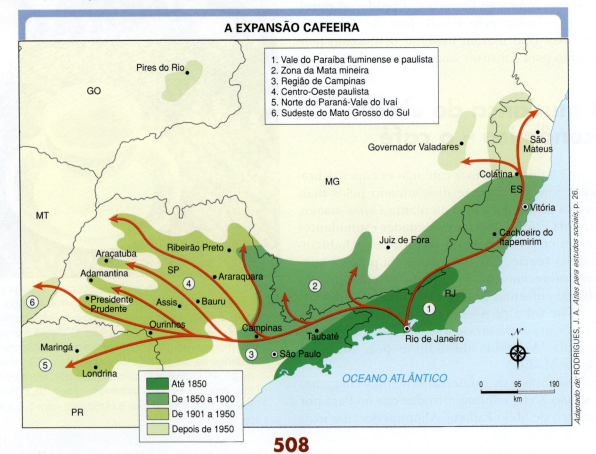

Com isso havia o incremento da economia brasileira, que era mais complexa do que simplesmente apresentada como voltada ao comércio exterior. Na década de 1874, 60% da população cativa não estava em municípios ligados à produção cafeeira. Portanto, não se pode imaginar que toda a economia brasileira se restringia ao plantio de café, embora fosse a principal fonte de riqueza brasileira no comércio internacional.

Pouso dos tropeiros na cidade de Cubatão, no Estado de São Paulo. Museu Paulista, SP.

Para agilizar o escoamento da produção cafeeira, na segunda metade do século XIX investiu-se na construção de ferrovias.

| Brasil – Exportação de mercadorias (% do valor dos oito produtos principais sobre o valor total da exportação) | | | | | | | | | |
|---|---|---|---|---|---|---|---|---|---|
| DECÊNIO | TOTAL | CAFÉ | AÇÚCAR | CACAU | ERVA-MATE | FUMO | ALGODÃO | BORRACHA | COUROS E PELES |
| 1821-1830 | 85,8 | 18,4 | 30,1 | 0,5 | – | 2,5 | 20,6 | 0,1 | 13,6 |
| 1831-1840 | 89,8 | 43,8 | 24,0 | 0,6 | 0,5 | 1,9 | 10,8 | 0,3 | 7,9 |
| 1841-1850 | 88,2 | 41,4 | 26,7 | 1,0 | 0,9 | 1,8 | 7,5 | 0,4 | 8,5 |
| 1851-1860 | 90,9 | 48,8 | 21,2 | 1,0 | 1,6 | 2,6 | 6,2 | 2,3 | 7,2 |
| 1861-1870 | 90,3 | 45,5 | 12,3 | 0,9 | 1,2 | 3,0 | 18,3 | 3,1 | 6,0 |
| 1871-1880 | 95,1 | 56,6 | 11,8 | 1,2 | 1,5 | 3,4 | 9,5 | 5,5 | 5,6 |
| 1881-1890 | 92,3 | 61,5 | 9,9 | 1,6 | 1,2 | 2,7 | 4,2 | 8,0 | 3,2 |
| 1891-1900 | 95,6 | 64,5 | 6,6 | 1,5 | 1,3 | 2,2 | 2,7 | 15,0 | 2,4 |

Fonte: FAUSTO, B. *História do Brasil. Op. cit.* p. 191.

Assim, em 1867, foi construída com capital inglês a São Paulo Railway, que ligava Jundiaí a Santos, um trajeto relativamente curto, mas que significava um avanço tecnológico no transporte do café até o porto de Santos, transpondo as escarpas da Serra do Mar, um caminho íngreme e difícil para as tropas de mulas.

Mas a São Paulo Railway não dava conta de escoar toda a produção do café paulista. Muitos fazendeiros decidiram bancar a extensão da estrada de ferro, fazendo-a passar bem próximo de suas fazendas.

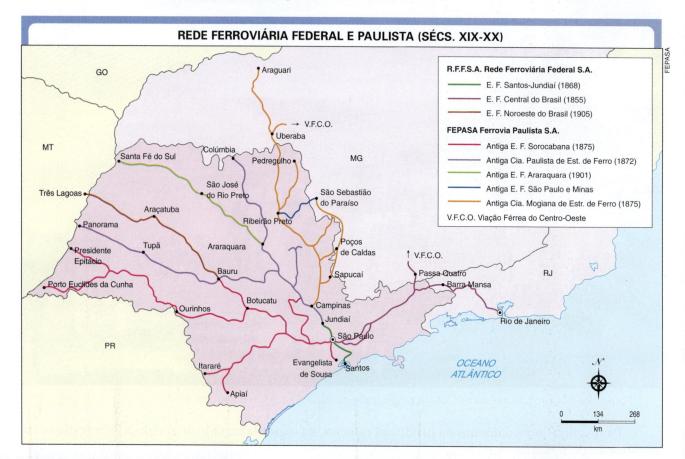

**REDE FERROVIÁRIA FEDERAL E PAULISTA (SÉCS. XIX-XX)**

**R.F.F.S.A. Rede Ferroviária Federal S.A.**
— E. F. Santos-Jundiaí (1868)
— E. F. Central do Brasil (1855)
— E. F. Noroeste do Brasil (1905)

**FEPASA Ferrovia Paulista S.A.**
— Antiga E. F. Sorocabana (1875)
— Antiga Cia. Paulista de Est. de Ferro (1872)
— Antiga E. F. Araraquara (1901)
— Antiga E. F. São Paulo e Minas
— Antiga Cia. Mogiana de Estr. de Ferro (1875)

V.F.C.O. Viação Férrea do Centro-Oeste

FEPASA

O trem era o ícone da modernidade, do progresso, do enriquecimento trazido pelo café. As imagens mostram a Estação da Luz em São Paulo, em 1880, (acima) retratada por Benedito Calixto de Jesus (Museu Paulista, SP) e em 2006 (ao lado).

DELFIM MARTINS/PULSAR

As vias férreas se multiplicaram. Além de integrar o Oeste paulista, região produtora, com a cidade de São Paulo, e desta até o porto de Santos, as ferrovias provocaram a urbanização. Vilas e lugarejos em volta de estações se desenvolveram com o surgimento de armazéns, oficinas, mercearias, e cada vez mais pessoas se dirigiam para as cidades para trabalhar no comércio, prestar serviços, entre outras atividades.

As cidades ganhavam projeção. Os barões do café, que moravam nas sedes de suas fazendas, passaram a construir casas nas cidades mais importantes. A urbanização corria acelerada. Em São Paulo foram realizados investimentos em atividades urbanas como transporte, iluminação a gás, serviços de água, esgoto e telefonia, além das já citadas ferrovias. A nova dinâmica urbana proporcionou o crescimento das camadas médias da população ligadas ao comércio, profissões liberais, funcionalismo público etc.

Em meados do século XIX deu-se um incipiente processo de **industrialização** no Brasil. Até a década de 1840, as tarifas alfandegárias brasileiras eram mantidas baixas, o que favorecia a entrada de produtos manufaturados estrangeiros, principalmente ingleses. O ministro da fazenda Manuel Alves Branco, com o intuito de aumentar a arrecadação, elevou as taxas alfandegárias, o que favoreceu o desenvolvimento de algumas indústrias no país. Como os produtos ingleses ficaram com o preço muito elevado, começou a ser lucrativo o investimento em manufaturas. O fim do tráfico de escravos em 1850 também beneficiou esse processo. Os fazendeiros não adquiriam mais tantos escravos, havendo assim capital disponível para investimento na indústria com produção voltada para o mercado interno.

Nesse processo de industrialização, teve papel de destaque o empresário Irineu Evangelista de Souza (1813-1889), conhecido como **Barão de Mauá**. Investindo em diversos setores como bancos, companhias de bondes, companhias de gás, navegação a vapor, além de estradas de ferro, Mauá atingiu grande sucesso e riqueza, tornando-se figura influente na política nacional. Muitas vezes Mauá é descrito como um homem ousado, que buscou desenvolver um Brasil ainda arcaico e rural; enfim, um *self-made man*, alguém que teria construído sozinho o seu próprio sucesso. Contudo, é importante ressaltar que Mauá foi favorecido por um momento histórico em que o desenvolvimento da lavoura cafeeira e a urbanização propiciaram um bom ambiente para seus negócios, mesmo que mui-

Desde fósforos, como os dessa caixa sueca do final do século XIX, até fina prataria eram importados no final do século XIX. Museu Paulista, São Paulo.

tas políticas imperiais não favorecessem a industrialização. Dessa maneira, Mauá não estava "à frente do seu tempo"; pelo contrário, foi alguém que aproveitou oportunidades colocadas naquele contexto histórico. Mauá acabou falindo em 1878 e os motivos da bancarrota ainda são discutidos. Alguns pesquisadores afirmam que faltou a Mauá esquema financeiro de apoio, já que o Estado brasileiro dedicava-se quase exclusivamente à agricultura, pouco se importando com as indústrias recém-criadas. Outros pesquisadores afirmam que foi justamente a intromissão do Estado nos negócios que levou Mauá à falência.

Apesar da crescente presença de indústrias, o Brasil não conheceu nesse período um processo de industrialização em larga escala. Ainda se importava grande quantidade de produtos, especialmente artigos de luxo que supriam as vontades dos barões do café e de suas famílias. Lojas finas expunham porcelanas e prataria inglesas, sedas, chapéus, tecidos, relógios de bolso de ouro para homens, que eram usados nos saraus e nas festas da elite cafeeira.

# A fragilização do Império

O longo Império de D. Pedro II terminou em 15 de novembro de 1889. A queda do Império, entretanto, foi o resultado de uma injunção de fatores internos e de outros que tiveram grande repercussão, ligados à política externa brasileira, como as questões com a região do Prata e a Guerra do Paraguai. Entre as questões internas, destacam-se a abolição da escravidão e o apoio governamental à imigração de trabalhadores europeus. Esses temas, que interferiram fortemente na vida social brasileira, serão analisados detidamente no próximo capítulo. Porém é importante observar que uma mudança tão importante na história do país não pode ser analisada como resultado de um único episódio.

# As questões na região do rio da Prata e a Guerra do Paraguai

Argentina, Paraguai e Uruguai tiveram origem em parte do território do antigo Vice-Reinado do Rio da Prata. Esses países se tornaram independentes, respectivamente, em 1816, 1811 e 1828. A independência do Paraguai não foi reconhecida a princípio pela futura Argentina, que desde 1810 procurava reunir as antigas áreas do Vice-Reinado do Rio da Prata sob o domínio de Buenos Aires, como vimos no Capítulo 28. A Província de Buenos Aires inviabilizou a navegação de embarcações paraguaias pelos rios da bacia Platina. Por meio de ações diplomáticas, o Paraguai administrou esse impasse até que, muito tempo depois, na década de 1850, ocorreu o reconhecimento da Argentina. O Uruguai independente era como "algodão entre cristais" na disputa entre os dois maiores Estados: o Brasil e a Confederação Argentina. Essa disputa tinha reflexos na política interna uruguaia por meio de seus partidos políticos: o *blanco*, formado basicamente pelos grandes proprietários de terra e criadores de gado, apoiado pela Argentina; e o *colorado*, com o predomínio dos comerciantes e apoiado pelo Brasil.

Brasil e Argentina tinham interesses na região da bacia Platina: o Brasil pretendia que esta ficasse aberta à navegação, pois assim manteria a união do Império, com melhor controle sobre os territórios de Rio Grande do Sul e Mato Grosso; já a Argentina pretendia maior arrecadação alfandegária, controlando a navegação da bacia, e o estabelecimento de um Estado forte, nos moldes do antigo Vice-Reinado do Rio da Prata.

Na década de 1850, Manuel Oribe, do partido *blanco*, apoiado pelo presidente da Argentina, Juan Manuel Rosas, ganha as eleições para presidente do Uruguai. A vitória de Oribe e as questões de fronteira entre os fazendeiros do Brasil (que tinham muitas terras no país vizinho) e Uruguai fizeram com que o governo brasileiro interferisse na política interna tanto do Uruguai quanto da Argentina. Sob as ordens de D. Pedro II, os brasileiros apoiaram levantes internos que destituíram Oribe e Rosas, e em seus lugares assumiram pessoas de sua relação – Frutuoso Rivera no Uruguai e José Urquiza na Argentina.

Os conflitos de fronteira e a interferência na política interna dos países continuaram até que, em 1863, uma discordância referente à indeniza-ção dos brasileiros da fronteira, que se diziam credores dos uruguaios, motivou uma nova interferência na política interna do Uruguai, após a presidência de Bernardo Berro (1860-64). Uma guerra civil se iniciou entre *colorados* e *blancos* e o Brasil apoiou a destituição do presidente do Senado Atanasio de la Cruz Aguirre (*blanco*) e a ascensão do *colorado* Venancio Flores.

Na época, o Uruguai contava com o apoio de Francisco Solano López, presidente do Paraguai, que havia proposto uma aliança entre os Estados menores da região do Prata. Estes também buscariam o apoio de outras províncias argentinas que queriam ter maior autonomia em relação a Buenos Aires. Dessa forma, essa aliança tentava criar um espaço na geopolítica sul-americana, de independência em relação ao Brasil e à Argentina. O presidente Solano López ambicionava um papel de liderança para seu país na região e a garantia da liberdade de navegação pelos rios até o oceano Atlântico, por onde escoavam seus produtos para o mercado internacional.

Indignado com a intervenção brasileira no Uruguai e na bacia Platina, o presidente paraguaio rompeu relações com o Brasil. Esse ato levou a um aumento das tensões na região, mas a diplomacia brasileira, preocupada com a questão no Uruguai, menosprezou a declaração paraguaia.

Em 1864, o governo de Solano López capturou um navio de guerra brasileiro que navegava pela bacia Platina e invadiu o Mato Grosso, alegando a ausência de fronteiras definidas. Era o estopim para o Brasil decretar guerra ao Paraguai.

A vantagem numérica brasileira em termos de envolvidos no conflito não levou à vitória, pois o exército paraguaio, muito menor, mas extremamente bem preparado, impingiu duras derrotas ao brasileiro. Perdendo espaço e prestígio, o Brasil obteve o apoio da Argentina e do Uruguai, após a ascensão de Flores.

A Argentina envolveu-se na guerra quando Solano López pediu autorização para entrar no território argentino, a fim de atravessar a região de Misiones e de lá atingir o Brasil. O presidente argentino recusou a proposta. Mesmo assim, López entrou com suas tropas, o que levou a Argentina a declarar guerra ao Paraguai. O Uruguai, que havia sido o pretexto para o tensionamento regional, agora sob a presidência de Flores, apoiado pelo Brasil e pela Argentina, também declarou guerra ao Paraguai, formando o que se chamou a **Tríplice Aliança**, para enfrentar o

Paraguai. O comando da Tríplice Aliança ficou com o presidente Bartolomé Mitre, da Argentina.

Foram pouco mais de cinco anos de batalha, de dezembro de 1864 a março de 1870, a maior guerra ocorrida em continente sul-americano com milhares de mortos de ambos os lados, mas um verdadeiro massacre dos paraguaios – o Paraguai chegou a perder cerca de 50% da sua população, de pouco mais de 400 mil habitantes. O Brasil enviou quase 140 mil soldados, tendo morrido cerca de 50 mil deles. Os argentinos perderam aproximadamente 18 mil soldados e os uruguaios, cerca de 5 mil.

Bartolomé Mitre, ao centro, comandante dos exércitos. Museu Histórico Nacional, Rio de Janeiro.

A Monarquia brasileira, apesar de vitoriosa, pagou um alto preço por isso – o Exército, fortalecido durante os anos de guerra, teve um grande papel na construção de uma identidade nacional brasileira. A Guerra do Paraguai estimulou o sentimento de integração do país, mas expunha as mazelas, como a questão escravocrata, que excluía parte da população que atuou na batalha contra Solano López. Além disso, os militares brasileiros lutaram ao lado de argentinos e uruguaios, países republicanos.

A Monarquia consolidou seus objetivos territoriais, reconhecendo as fronteiras com o Paraguai e a livre navegação na região platina, mas amargou com os altos custos econômicos de uma guerra que durou tanto tempo.

A imagem do alto mostra a partida do imperador para o Sul durante a Guerra do Paraguai. Acima, a tomada de Assunção, com o hasteamento da bandeira brasileira no Palácio do Governo paraguaio. Museu Histórico Nacional e Biblioteca Nacional, Rio de Janeiro.

# A Guerra do Paraguai na historiografia

*O historiador Francisco Doratioto, em seu livro* Maldita Guerra, *questiona algumas das visões mais comuns sobre o conflito envolvendo a Tríplice Aliança e o Paraguai. Vejamos alguns destes pontos:*

## Sobre a industrialização paraguaia

É fantasiosa a imagem construída por certo revisionismo histórico de que o Paraguai pré-1865 promoveu sua industrialização a partir "de dentro", com seus próprios recursos, sem depender dos centros capitalistas, a ponto de supostamente tornar-se ameaça aos interesses da Inglaterra no Prata. Os projetos de infraestrutura guarani foram atendidos por bens de capital ingleses e a maioria dos especialistas estrangeiros que o implementaram era britânica. (...)

Também é equivocada a apresentação do Paraguai como um Estado onde haveria igualdade social e educação elevada. A realidade era outra e havia uma promíscua relação entre os interesses do Estado e os da família López, a qual soube se tornar a maior proprietária "privada" do país enquanto esteve no poder. (...)

## Sobre a figura de Solano López

Após a morte de Solano López, na batalha de Cerro Corá, em março de 1870, e até fins do século XIX, não se questionava o ter sido ele um ditador que lançou seu país em guerra imprudente contra vizinhos mais poderosos. Ele era odiado pelos sobreviventes, conforme [testemunhos da época] (...). Idêntico era o sentimento dos países vizinhos, a ponto de a historiografia tradicional, inclusive a paraguaia, personalizar a explicação das causas da guerra na figura de Solano López, deixando em segundo plano o processo histórico que levou ao conflito.

No final do século XIX, o Paraguai era um país paupérrimo do ponto de vista econômico, praticamente sem autoestima do passado e carente de heróis paradigmáticos. O Paraguai era apresentado como um país de déspotas e derrotado em uma guerra da qual fora o agressor. Ao mesmo tempo, despontava uma geração de estudantes universitários e secundaristas (...) desejosos de construir uma sociedade melhor, mas sem encontrar um pensamento que, ao mesmo tempo, recuperasse a autoestima nacional, que rompesse o sentimento de inferioridade em relação às outras nações, e apontava para a superação da realidade miserável. Esses jovens necessitavam de heróis que encarnassem os valores, supostos ou verdadeiros, da nacionalidade paraguaia (...).

Essas circunstâncias viabilizaram o nascimento, no Paraguai, do revisionismo histórico da figura de Solano López, também conhecido como *lopizmo*. (...)

## Sobre a leitura revisionista a partir dos anos 1960

[No Brasil], nas décadas de 1960 e 1970, o revisionismo sobre a Guerra do Paraguai [explicava-a] (...) como o confronto entre duas estratégias de crescimento: a paraguaia, sem dependência dos centros capitalistas, e a da Argentina e do Brasil, dependente do ingresso de recursos financeiros e tecnológicos estrangeiros. Para o revisionismo, estes dois países teriam sido manipulados por interesses da Grã-Bretanha, maior potência capitalista à época, para aniquilar o desenvolvimento autônomo paraguaio, abrindo um novo mercado consumidor para os produtos britânicos e fornecedor de algodão para as indústrias inglesas, matéria-prima cujo fornecimento fora prejudicado pela Guerra Civil norte-americana.

Esses argumentos não se sustentam fatualmente. O mercado consumidor paraguaio era diminuto, pela falta de poder aquisitivo da população, e, ainda assim, aberto a importações. Quanto ao algodão, a Guerra do Paraguai se iniciou quando a luta norte-americana já terminara sem que, durante os quatro anos desse conflito, a Grã-Bretanha tivesse tomado qualquer iniciativa para obter algodão paraguaio. (...)

Os pressupostos e conclusões desse revisionismo sofreram forte influência no contexto em que foram escritos. As décadas de 1960 e 1970 caracterizaram-se, na América do Sul, por governos militares. Uma forma de se lutar contra o autoritarismo era minando suas bases ideológicas. Daí, em grande parte, a acolhida acrítica e o sucesso em meios intelectuais do revisionismo sobre a Guerra do Paraguai: por atacar o pensamento liberal, por denunciar a ação imperialista, e por criticar o desempenho dos chefes militares aliados [como] (...) Caxias e Tamandaré (...), respectivamente patronos do Exército e da Marinha.

## Sobre a participação da Grã-Bretanha

Culpar a Grã-Bretanha pelo início do conflito satisfez, nas décadas de 1960 a 1980, a distintos interesses políticos. Para alguns, tratava-se de mostrar a possibilidade de construir na América Latina um modelo de desenvolvimento econômico não dependente, apontando como um precedente o Estado paraguaio de López. Acabaram, porém, por negar essa possibilidade, na medida em que apresentaram a potência central – a Grã-Bretanha – como onipotente, capaz de impor e dispor de países periféricos, de modo a destruir qualquer tentativa de não dependência. Como resultado, o leitor desavisado, ou os estudantes que aprenderam por essa cartilha, podem ter concluído que a história do nosso continente não se faz ou não se pode fazer aqui, pois os países centrais tudo decidem inapelavelmente. Os latino-americanos, nessa perspectiva, deixam de ser o sujeito de sua própria história (...). A visão maniqueísta e mistificadora de Solano López também interessava ao oficialismo paraguaio sob a ditadura de Stroessner. Solano López na condição de vítima de uma conspiração internacional, que preferiu morrer a ceder às pressões externas, conferiu um caráter épico para as origens do coloradismo [principal força política paraguaia].

As relações do Paraguai com a Grã-Bretanha não se tinham caracterizado, até 1865, por excesso de cordialidade. Porém, mais do que isso pode ser dito quanto ao Império [do Brasil], que, inclusive, rompeu relações diplomáticas com Londres em 1863. (...)

Durante a guerra, à exceção da simpatia dos Estados Unidos pelo Paraguai, os governos das grandes potências mantiveram-se neutros.

*Fonte:* DORATIOTO, F. *Maldita Guerra:* nova história da Guerra do Paraguai. São Paulo: Companhia das Letras, 2002. p. 30, 79-80, 87-88.

**1)** Qual a visão que o autor apresenta sobre a Guerra do Paraguai? Por que ela é polêmica? Justifique.

# O movimento republicano

O poder econômico estava, sem dúvida, centrado nas mãos dos cafeicultores paulistas, mas não o político. Os ministérios e a Câmara dos Deputados contavam com elementos da elite agrária de outras áreas, como, por exemplo, Nordeste e Rio de Janeiro. A centralização monárquica era, certamente, um empecilho à economia nacional. Assim, os cafeicultores viam no federalismo, na instituição da **República**, a solução de seus problemas, pois nesse sistema as províncias teriam maior autonomia em relação ao poder central.

Em 1873, na cidade paulista de Itu, mais de cem fazendeiros se uniram e fundaram o Partido Republicano Paulista (PRP), que contava com a simpatia e o apoio das classes médias urbanas convencidas de que a República era o sistema ideal para sua inclusão no sistema representativo político. Os convencionais de Itu eram basicamente fazendeiros do Oeste paulista.

Os cafeicultores do vale do Paraíba não viam com bons olhos as ideias republicanas. Apoiavam a Monarquia, porém, com a libertação dos escravos em 1888 sem que lhes fosse dada indenização pelas perdas do que consideravam "propriedade", sentiram-se traídos pelo regime monárquico e passaram a apoiar o PRP. Os grandes proprietários de escravos do Nordeste e Rio de Janeiro não apoiaram o PRP, mas retrataram apoio ao Império.

Imperatriz D. Thereza Christina Maria, em 19 de abril de 1888, durante sua viagem à Itália. Biblioteca Nacional, Rio de Janeiro.

Sala de Convenção em 1873, e vista do Museu Republicano em 1923, onde se deu a Convenção de Itu. Museu Paulista, São Paulo.

MUSEU PAULISTA, SÃO PAULO

O Império enfraquecido ainda enfrentou problemas com a Igreja e com os militares. A **Questão Religiosa** derivou das tensões que existiam pelo fato de a Igreja católica estar subordinada ao Estado – como os sacerdotes eram pagos pelo Império, as decisões papais, para terem efeito, precisavam passar pelo crivo do imperador. Bispos foram presos e condenados por ordem de D. Pedro II, em 1874, embora tenham sido anistiados posteriormente. Esse fato desgastou profundamente as relações entre Império e Igreja, que deixou de apoiá-lo.

A **Questão Militar** deu-se pelo fim do apoio formal do exército à Monarquia. De 1883 a 1889, multiplicaram-se os atritos entre os militares e os políticos do Império. Os políticos temiam que a ascendência política dos militares terminasse em golpe de Estado. Muitos militares foram influenciados pelo **positivismo**, um conjunto de ideias de origem francesa que encontrou espaço entre uma parte da elite brasileira que estava parcialmente afastada do poder. O positivismo tinha como um de seus principais lemas a ideia de *Ordem e Progresso*. Segundo alguns militares, faltava ao Império justamente organização, já que pouco se fazia pela modernização do país e práticas como o apadrinhamento e a corrupção eram muito comuns. Para alguns membros do exército o país precisava de um governo forte que fizesse as reformas necessárias para que a nação alcançasse o progresso. A escravidão era vista pelos militares identificados com o positivismo como uma prática retrógrada, e, portanto, como uma instituição que impedia o avanço do país. Além disso, o abolicionismo difundiu-se entre os militares também por terem lutado ao lado de negros e comandado batalhões formados por ex-cativos durante a Guerra do Paraguai. Dessa maneira, aos poucos a monarquia foi sendo vista como decadente e antiquada e o progresso passou a ser identificados com a causa republicana.

O exército deu algumas manifestações de que aderira à causa abolicionista: em 1887, o marechal Deodoro da Fonseca enviou petição à princesa Isabel, então no poder, pedindo que as tropas regulares do exército não fossem convocadas para capturar os escravos fugidos, como se fossem "capitães do mato"; nesse mesmo ano, o tenente-coronel Senna Madureira apoiou o movimento dos jangadeiros do Ceará contra o tráfico de escravos no porto de Fortaleza.

Os militares desejavam ter maior participação política na vida da nação. O Império ignorou a força das Armas e as tensões tornaram-se tão fortes que houve a ruptura. Assim, enquanto estava em Petrópolis, D. Pedro II foi surpreendido pelo levante militar comandado por seu amigo chefe do exército, o marechal Deodoro da Fonseca, em 15 de novembro de 1889. De uma forma melancólica, o imperador e sua família deixaram o país na madrugada do dia seguinte e o Brasil tornava-se uma República.

Negros alforriados nas tropas brasileiras da Guerra do Paraguai. Museu Histórico Nacional, Rio de Janeiro.

Por outro lado, grandes donos de terras, especialmente os produtores de café do vale do Paraíba e fazendeiros do Nordeste, por terem investido fortemente na mão de obra cativa, defendiam a permanência do sistema escravista. Esse grupo enxergava na conservação da monarquia a única forma de manter o sistema escravista. Contudo, com a abolição da escravatura em 1888, eles perderam um dos mais fortes motivos para apoiar a monarquia.

### A caricatura e a crítica

Ângelo Agostini (1833-1910) foi o maior caricaturista do século XIX no Brasil. Seu principal tema era a vida política do país. Nos periódicos pelos quais passou expressou críticas a várias personalidades e costumes da história do país. Além do traço da caricatura, Agostini usava dos comentários bem humorados para expor sua opinião. A imprensa era o instrumento de propagação do caricaturista. O escritor Monteiro Lobato, ao referir-se a Agostini, afirmou que seu trabalho tinha uma importância histórica comparada à de grandes pintores europeus como Debret e Rugendas, que em várias obras revelaram os tipos sociais e a própria natureza do país. Para Monteiro Lobato, "em nada se estampa melhor a alma de uma nação do que na obra de seus caricaturistas. Parece que o modo de pensar coletivo tem seu resumo nessa forma de riso".

A eficácia de uma caricatura depende da capacidade de seu realizador de apresentar de forma exagerada as características mais marcantes de um personagem ou de uma situação. No caso, a imagem de 1887, acompanhada da legenda, revela a decadência de Pedro II. O imperador é apresentado dormindo o "sonho da indiferença". Os problemas políticos do final da monarquia e a desconfiança sobre a capacidade de ação do governante, por causa da idade avançada do imperador e seu longo governo, eram algumas das discussões da última etapa do período monárquico. Na caricatura, Agostini ironiza o efeito de sonífero que a imprensa e os problemas retratados traziam ao governante e ainda arremata na frase final: "*Bem-aventurado Senhor! Para vós o reino do Céu e para o nosso povo... o do inferno!*"

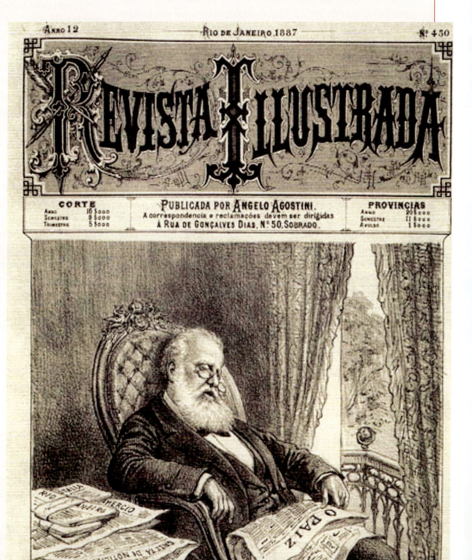

Disponível em: <http://www.jblog.com.br>. Acesso em: 20 jun. 2010.

# O golpe republicano e o fim da Monarquia no Brasil

Era aproximadamente 1 hora da manhã do dia 17 de novembro de 1889, quando o tenente-coronel Mallet chegou ao Paço da Cidade no centro do Rio de Janeiro, para conduzir os membros da família real ao navio que os deveria levar para fora do Brasil. Todos dormiam e o primeiro a ser despertado e informado sobre as novas ordens do governo republicano foi o conde D'Eu, marido da ex-princesa imperial D. Isabel.

Ciente de que não poderiam mais embarcar às 14 horas daquele dia, como ficara acertado na véspera, o conde se pôs então a acordar todos os que pernoitavam ali, avisando-os da necessidade de se colocarem prontos para sair o quanto antes. Pedro de Alcântara, ex-imperador D. Pedro II, foi acordado pelo seu médico particular e apareceu na sala principal do Paço, para a entrevista com o enviado do novo governo, às 2 horas da madrugada. Vestindo sua tradicional sobrecasaca preta e já com a cartola na mão, o ex-chefe de Estado questionou a ordem para o embarque na madrugada: "Que é isto? Então vou embarcar a esta hora da noite?". Diante da resposta de que o governo assim o ordenava para evitar qualquer tumulto contra ou em favor do velho regime, D. Pedro quis ainda saber de qual governo viera a ordem e, após ouvir que era do Governo Republicano tendo à frente Deodoro da Fonseca, arrematou: "Então estão todos malucos!".

Embora em tom calmo, segundo todas as testemunhas que registraram aquele diálogo, o ex-imperador fez então eco aos prantos de sua filha Isabel, que se dirigia em voz alta a Mallet: "Como era aquilo, se eles estavam doidos?". Malucos ou não, o fato é que os líderes da recém-nascida República tiveram suas ordens cumpridas e, pouco mais de uma hora após aqueles episódios, toda a família real estava embarcada.

As reações de D. Pedro e de D. Isabel, não acreditando muito na necessidade de saírem do país "às escondidas", não deixaram de evidenciar o quanto o então ocupante do trono brasileiro e sua herdeira "subestimaram" a envergadura dos acontecimentos deflagrados pelos batalhões militares sediados na Corte, a partir da noite de 14 de novembro. Subestimaram a sublevação, contudo, não porque desconhecessem as dificuldades políticas do então governo liberal presidido pelo visconde de Ouro Preto e as insatisfações crescentes e, cada vez mais agudas, nos corpos militares contra os seguidos ministérios desde 1883; assim como o esfacelamento completo das fileiras do partido conservador desde que uma maioria, circunstancialmente formada, de seus membros apoiou decisivamente a abolição imediata do trabalho escravo sem indenização aos proprietários, em maio de 1888.

Os monarcas mal compreenderam o que se passava, porque pareciam certos de que um novo gabinete poderia ser organizado, sustentando-se sobre facções diferentes de cada um dos dois principais partidos monárquicos – afinal, praticamente todas as crises políticas anteriores do longo reinado de Pedro II foram assim resolvidas, independentemente das proporções que tiveram. Era o tipo de negociação para a qual Pedro II se considerava mais do que apto, após ter participado de 35 trocas ministeriais desde que fora considerado maior de idade em 1840.

A diferença, então, era que o "algoz" do ministério que caía era um militar, sem mandato de deputado ou de senador, ainda que ligado a lideranças conservadoras e liberais.

Assim, até perto do meio-dia da data que ficaria consagrada como a da Proclamação da República no Brasil, o imperador achava que a movimentação das tropas e a deposição do gabinete ministerial não representavam o fim da Monarquia, mas apenas uma troca no comando político-administrativo do país, feita apenas com um pouco mais de estardalhaço que as anteriores.

Com este espírito, Pedro II chegou ao Paço da Cidade, sem notar nenhuma anormalidade pelas ruas. Logo depois, juntaram-se a ele e a vários políticos, que ali já se reuniam, a princesa Isabel e seu marido – vindos de sua casa, onde se dedicavam à organização de uma recepção que ofereceriam naquela noite. Não demorou muito também para que o deposto visconde de Ouro Preto chegasse e tivesse início a audiência sobre a formação do ministério que substituiria ao seu.

Já passava das 23 horas e 30 minutos, quando, após muita insistência, sobretudo da parte da princesa Isabel, D. Pedro II abriu a sessão do Conselho de Estado, destinada a sugerir as melhores medidas a serem adotadas para que a obscura situação política se resolvesse.

Deodoro da Fonseca, por seu lado, tinha se recolhido à cama desde que dera por consumada a derrubada de Ouro Preto. Doente e considerado até três dias antes um moribundo pelos seus mais próximos amigos e colaboradores, o velho marechal foi convencido, em curtas palestras mantidas com militares e republicanos "históricos" durante toda a tarde do dia 15, de que a "República era fato consumado". De tal forma que, ao se recolher de uma vez, à noite, o primeiro presidente da República já havia abandonado seu intento, tantas vezes declarado, de se manter fiel à Monarquia até que o esquife de Pedro II fosse baixado à sepultura.

Com tais circunstâncias estabelecidas, passava das 3 horas da madrugada do dia 16 quando o senador José Antonio Saraiva, que seria o indicado de Pedro II para compor o novo gabinete, recebeu a resposta de Deodoro para o seu pedido de audiência com vistas à organização do novo gabinete. Mandou dizer o militar ao senador que, naquela altura, "já era tarde, por ser a República um fato absolutamente decidido". O então quase presidente do conselho de ministros e único nome disponível para tentar pôr fim àquela situação de "vazio político-administrativo" não se demonstrou muito surpreso e retornou para a sua cama, após declarar que, se era a República um fato consumado, só lhe restava servi-la. A Pedro II e sua família, ainda que com surpresa pela rapidez com que as coisas se desenrolaram, só restou o exílio após o embarque na madrugada escura e chuvosa do dia 17 de novembro.

# Cinemateca

**A Moreninha** (1971, Brasil, dir.: Glauco Laurelli) No século XIX, na cidade do Rio de Janeiro, jovem romântica vive um grande amor. Baseado no romance de Joaquim Manoel de Macedo.

**O Cortiço** (1977, Brasil, dir.: Francisco Ramalho Jr.) Baseado no romance de Aluísio de Azevedo, mostra a sociedade do Rio de Janeiro no fim do Império.

**Joana Angélica** (1979, Brasil, dir.: Walter Lima Jr.) O filme relata as lutas de independência na Bahia, no século XIX.

**Mauá, o Imperador e o Rei** (1999, Brasil, dir.: Sérgio Resende) O filme narra a vida do Barão de Mauá, considerado o primeiro grande empresário do Segundo Reinado.

**O Quatrilho** (1994, Brasil, dir.: Fábio Barreto) No Rio Grande do Sul, numa colônia de imigrantes italianos, dois casais muito amigos se unem para poder sobreviver e decidem morar na mesma casa.

**Vida e Sangue de Polaco** (1982, Brasil, dir.: Sylvio Back) Documentário sobre imigrantes poloneses que começaram a chegar ao Brasil em 1869.

# Revisitando a História

**1.** A campanha pela emancipação da maioridade ganhou a Câmara, o Senado e as praças. Manifestações populares em versos e em quadrinhas podiam ser ouvidas nos salões e nas ruas. Algumas a favor, como:

"Queremos Pedro II
Ainda que não tenha idade.
A nação dispensa a lei.
Viva a Maioridade!"

Em que contexto se deu o Movimento pela Maioridade? Explique-o e justifique a sua resposta.

**2.** Leia o texto de João Manuel Pereira da Silva em **Objetos Digitais** – *Documentos da História*, e responda: segundo o autor, quais eram as principais diferenças entre os liberais e os conservadores?

**3.** O fim da monarquia brasileira não ocorreu de repente, foi na realidade um processo longo. A insatisfação com o regime monárquico cresceu ao longo das últimas décadas do século e foi resultado de diferentes fatores. A respeito do fim do regime monárquico, responda:

a) A monarquia brasileira foi derrubada por um golpe militar. Que outros fatores, além da insatisfação dos militares, favoreceram a queda da monarquia brasileira?

b) Explique por que muitos setores do exército estavam insatisfeitos com o regime monárquico.

**4.** Qual a importância do café para a economia brasileira do século XIX?

**5.** A Guerra do Paraguai não foi a primeira vez que o Império do Brasil agiu na região do rio da Prata.

a) Em que outros momentos e por que o Brasil interveio na região?

b) Quais eram os interesses do Império na região do Prata?

**6.** "O Império do Brasil e a República da Argentina – sempre com o Uruguai de contrapeso – destruíram Paraguai para o imperialismo inglês e pagaram por isso: em vidas humanas num endividamento crescente, que determinou inclusive a impossibilidade de um desenvolvimento autônomo de suas economias, sempre ligadas, até hoje, ao capital estrangeiro."

CHIAVENATTO, J. J. *Genocídio Americano*: a guerra do Paraguai. São Paulo: Brasiliense, 1979. p.164.

O trecho acima, retirado de um livro de 1979, apresenta uma determinada interpretação da Guerra do Paraguai. Que relações podemos estabelecer entre a interpretação do trecho acima e aquela exposta no texto "A Guerra do Paraguai na historiografia" (página 514)?

# Analise esta imagem

D. Pedro II se notabilizou pelo incentivo às inovações tecnológicas de seu tempo. Entre as técnicas inventadas, a produção fotográfica foi uma das mais incentivadas pelo imperador. Grande parte das coleções de fotos encomendadas pelo monarca pertence, atualmente, ao acervo da Biblioteca Nacional, no Rio de Janeiro, constituindo um valioso conjunto documental para o estudo da segunda metade do século XIX no Brasil. Essa imagem de D. Pedro II é uma fotografia posada, em preto e branco, de 1888, período em que os equipamentos fotográficos já tinham avançado bastante. Porém, ainda era preciso permanecer algum tempo parado para que a câmera conseguisse registrar a imagem, o que explica a necessidade da pessoa posar para a foto. Essa foto de D. Pedro II constitui um bom exemplo de como o monarca se valeu desse tipo de representação para difundir uma imagem de si.

a) Ainda que diferente da pintura, a fotografia também apresenta uma imagem construída, ou seja, uma imagem pensada pelo fotógrafo e por aquele que encomendou a foto. Explique essa afirmação utilizando elementos da imagem.

b) Hoje a técnica fotográfica encontra-se presente no dia a dia e ainda está em permanente mutação. Reflita e responda: como é utilizada a técnica fotográfica hoje em dia? O que mudou na representação fotográfica de figuras políticas desde o tempo de D. Pedro II?

# Debatendo ideias

Francisco Adolfo de Varnhagen (1816-1878) era um dos mais destacados pesquisadores do IHGB. Em 1854 publicou seu livro *História Geral do Brasil*, de onde foi retirado o trecho abaixo.

(...) Essas gentes vagabundas que, guerreando sempre, povoavam o terreno que hoje é do Brasil, eram pela maior parte verdadeiras emanações de uma só raça ou grande nação; isto é, precediam de uma origem comum e falavam dialetos da mesma língua. (...).

Fonte: VARNHAGEN, F. A. de. *História Geral do Brasil.* 1854. v. 1, p. 99.

Com base em seus conhecimentos e naquilo que aprendeu com a leitura do capítulo, debata com seus colegas as seguintes questões:

a) As pesquisas de hoje, e algumas da época de Varnhagen também, indicam que os indígenas brasileiros formavam diversos grupos com profundas diferenças culturais. Contudo, não é isso que Varnhagen afirma na passagem anterior. Como a afirmação de Varnhagen se relaciona com as tentativas da elite imperial brasileira de consolidar a nação brasileira?

b) A ciência é muitas vezes pensada como um campo de conhecimento em contínua evolução, que está apartado do mundo social e político de uma sociedade. Contudo, a afirmação de Varnhagen nos permite questionar essa ideia. Discuta com seus colegas a seguinte questão: como o conhecimento científico se relaciona com as questões políticas, econômicas, sociais e culturais do seu tempo?

# Questões de vestibular

**1.** (UFVJM – MG) D. Pedro II soube com maestria lidar com os partidos políticos e isso favoreceu a consolidação do Estado Imperial. A prática político-partidária foi sintetizada por Holanda Cavalcanti de Albuquerque como – nada mais parecido com um saquarema do que um luzia no poder isso era o mesmo que dizer – nada mais parecido com um conservador do que um liberal no poder. Essa alternância partidária entrou em crise na década de 1860 e nas décadas seguintes surgiu um novo partido que culminou na mudança político-administrativa.

De acordo com esse texto ASSINALE a alternativa que apresenta, respectivamente, partido e forma administrativa.

a) O partido comunista e a monarquia participativa.
b) O partido liberal e o movimento republicano de 1870.
c) O partido republicano e a República proclamada em 1889.
d) O partido republicano e o parlamentarismo instituído em 1888.

**2.** (UFJF – MG) O Guarani (1857) é título de um dos romances de José de Alencar e da composição com o mesmo nome do maestro Carlos Gomes. Estilisticamente pertencem ao Romantismo e tratam do romance entre o índio Peri e a jovem Cecília (Ceci), filha de um fidalgo português. São características do Romantismo brasileiro, EXCETO:

a) divergências entre seus representantes quanto à questão da abolição.
b) idealização da figura do indígena.
c) valorização de palavras referentes a objetos e coisas do Brasil.
d) defesa de políticas de proteção às comunidades indígenas.
e) busca da construção de uma identidade nacional brasileira.

**3.** (ENEM) Substitui-se então uma história crítica, profunda, por uma crônica de detalhes onde o patriotismo e a bravura dos nossos soldados encobrem a vilania dos motivos que levaram a Inglaterra a armar brasileiros e argentinos para a destruição da mais gloriosa república que já se viu na América Latina, a do Paraguai.

*Adaptado de: CHIAVENATTO, J. J. Genocídio Americano:*
*A Guerra do Paraguai.*
*São Paulo: Brasiliense, 1979.*

O imperialismo inglês, "destruindo o Paraguai, mantém o *status quo* na América Meridional, impedindo a ascensão do seu único Estado economicamente livre". Essa teoria conspiratória vai contra a realidade dos fatos e não tem provas documentais. Contudo essa teoria tem alguma repercussão.

*Adaptado de: DORATIOTO. F. Maldita Guerra:*
*nova história da Guerra do Paraguai.*
*São Paulo: Companhia das Letras, 2002.*

Uma leitura dessas narrativas divergentes demonstra que ambas estão refletindo sobre

a) a carência de fontes para a pesquisa sobre os reais motivos dessa Guerra.
b) o caráter positivista das diferentes versões sobre essa Guerra.
c) o resultado das intervenções britânicas nos cenários de batalha.
d) a dificuldade de elaborar explicações convincentes sobre os motivos dessa Guerra.
e) o nível de crueldade das ações do exército brasileiro e argentino durante o conflito.

**4.** (UPE) A economia brasileira não se livrou da sua dependência externa, apesar de certa modernização em algumas regiões e do crescimento da lavoura cafeeira no século XIX. Havia semelhanças entre a exploração agrícola do café e a da cana-de-açúcar.

No entanto, é importante salientar que:

0) a produção do açúcar entrou numa crise imensa depois de 1850, sendo incapaz de organizar suas plantações e manter seus escravos.
1) ambas sofriam de limites técnicos, dificultando a obtenção de maiores lucros e maior agilidade na comercialização de seus produtos.
2) o café teve uma importância decisiva, chegando a representar cerca de 61,5% das exportações nacionais no período áureo.
3) se utilizaram da mão de obra escrava, não empregando, na sua produção, trabalhadores livres, nem contando com a presença de europeus.
4) o açúcar teve produção destacada em todo o século XIX, com a implantação dos engenhos centrais e de usinas com tecnologia avançada.

**5.** (UFPI) Ao analisar a história do Brasil durante o Império, os historiadores relatam conflitos, particularmente na bacia do Rio da Prata. Em relação a esse contexto, assinale V, para verdadeiro, ou F, para falso.

1 ( ) O único interesse em jogo nos conflitos seria o de impedir o desenvolvimento do Paraguai, nação que, na metade do século XIX, já havia erradicado o analfabetismo e seguia um modelo de desenvolvimento autônomo.
2 ( ) A Guerra do Paraguai, conflito de maior relevância na região platina, teve, como uma das principais motivações, o fato de a nação paraguaia ter-se desenvolvido econômica e militarmente ao ponto de desafiar o poderio do Império Brasileiro e da República Argentina.
3 ( ) Os conflitos do Rio da Prata tiveram início no Período Imperial quando a Província da Cisplatina, com o apoio do Paraguai e do Chile, conseguiu tornar-se uma nação independente.
4 ( ) Uma das motivações do Brasil em intervir na região platina era garantir o equilíbrio político e a livre navegabilidade dos rios da Bacia do Prata.

**6.** (UFAM) Há exatos 120 anos ocorreu, no Brasil, uma modificação política bastante conhecida: a instalação do regime republicano. Tal fato, desde 15 de novembro de 1889, tem sido alvo de inúmeras interpretações. Tradicionalmente, destacam-se três: uma que procura legitimar o novo regime, outra que busca justificar o fato de a Monarquia ter sido derrubada por um golpe militar e, ainda, outra que critica este mesmo golpe e, por consequência, a intervenção dos militares na política nacional. Com base nos seus conhecimentos sobre o assunto, identifique a alternativa correta a partir das proposições abaixo:

I. A primeira interpretação, ao cair na armadilha monarquista, defende o regime republicano a partir de uma legitimidade assentada na tradição histórica, indo buscar no passado movimentos republicanos como a Inconfidência Mineira e as revoltas nordestinas de 1817 e 1824.

II. A segunda linha de interpretação objetiva justificar o golpe militar ao mostrá-lo como ação de todo o Exército brasileiro influenciado pelos ideais socialistas exaltados na Guerra do Paraguai.

III. A terceira linha interpretativa denuncia o golpe militar em detrimento de uma apologia monárquica, onde reinava a democracia, o federalismo e não o jacobinismo militar.

a) Apenas a proposição I está correta.
b) Apenas a proposição II está correta.
c) Apenas a proposição III está correta.
d) Todas as proposições estão corretas.
e) Todas as proposições estão erradas.

# Programas de Avaliação Seriada

**1.** (PISM – UFJF – MG) Sobre a atividade econômica agroexportadora desenvolvida no Brasil do século XIX, assinale a alternativa INCORRETA.

a) A cafeicultura expandiu-se nas últimas décadas do século XVIII e teve seu auge no século XIX, destacando-se nas regiões do Vale do Paraíba e do Oeste Paulista.
b) Mesmo com a preponderância da economia cafeeira, a produção açucareira permaneceu no século XIX como o segundo produto na pauta de exportações brasileiras.
c) Na segunda metade do século XIX, o café expandiu-se por Minas Gerais, na região da Zona da Mata e, a seguir, no sul da província mineira.
d) O desgaste das terras no Vale do Paraíba, no final do século XIX, somado ao envelhecimento dos cafezais, gerou uma grave diminuição da produção agroexportadora desta região.
e) A crise do café foi acompanhada por uma decadência das atividades ligadas à produção de alimentos, uma vez que estas atuavam como complementares à produção cafeeira, gerando uma crise de abastecimento no país.

**2.** (PISM – UFJF – MG – adaptada) Observe a imagem *Negros alforriados nas tropas brasileiras da Guerra do Paraguai* da página 516. Agora, leia a seguinte frase:

Só tive um protetor: Solano López. Devo a ele, que provocou a Guerra do Paraguai, a minha carreira, diz o próprio Deodoro da Fonseca, explicando como chegou a Marechal.

Revista *Veja*, Edição Especial –
20 de novembro de 1989.

A respeito da Guerra do Paraguai e da Proclamação da República, assinale a alternativa INCORRETA.

a) A Guerra do Paraguai fez com que o Exército se tornasse uma instituição organizada, profissional e corporativista, o que diminuiu a força e importância da Guarda Nacional.
b) O contato com militares argentinos e uruguaios, oriundos de países republicanos, fez surgir entre os soldados brasileiros uma certa admiração pela República, que seria, mais tarde, fundamental para que aderissem à campanha republicana.
c) A guerra contribuiu para o surgimento, através de promoções rápidas e sucessivas, de uma nova geração de altos oficiais que desempenharam um papel importante no processo de proclamação da República.
d) A Guerra do Paraguai acirrou as disputas e a diferenciação entre os soldados livres e aqueles que eram ex-escravos. Com o crescimento do preconceito, o Exército passou a atuar ativamente contra o abolicionismo e engajou-se nas campanhas para combater os quilombos e as fugas em massa de escravos.
e) Nos anos finais do Império, a indisciplina militar tornou-se um problema crônico, o que era agravado pelo não reconhecimento, por parte do governo monárquico, do papel político que os militares desempenhavam.

**4.** (PEIES – UFSM – RS) No contexto da história do Brasil do Segundo Reinado, constituem efetivas modificações socioeconômicas estruturais:

I. a proibição do tráfico externo de escravos negros vindos da África.

II. a mudança do eixo econômico para a região Sudeste com a expansão dos cafezais.

III. a emancipação da hegemonia econômica britânica através do desenvolvimento de um capitalismo brasileiro nacionalista e autônomo.

IV. a progressiva extinção do trabalho escravo e a expansão do trabalho assalariado.

Estão corretas as afirmativas

a) I e II apenas.
b) I e III apenas.
c) II e III apenas.
d) III e IV apenas.
e) I, II e IV apenas.

# capítulo 33

# Escravidão e imigração no Brasil Imperial

*Você já deve saber que o sistema de trabalho escravista marcou profundamente a história do Brasil. Seria um erro pensar no escravo como elemento passivo do sistema escravista, pois ele muitas vezes se revoltou e procurou a liberdade. Ao mesmo tempo, o escravo não é ativo somente quando resiste à escravidão. O escravo faz história também na acomodação, ou seja, nas maneiras como aceita ser escravo. Afinal, nem sempre pareceu vantajoso se revoltar ou fugir. Mas outras vezes assim foi, e os escravos organizaram fugas e fizeram revoltas que assustaram a elite imperial. Dessa maneira, tentaremos entender as várias facetas da escravidão no Brasil. Veremos que os escravos viviam de diversas maneiras e buscavam construir sua história mesmo em uma sociedade muito desigual. A segunda metade do século XIX foi marcada pelos debates a respeito do fim da escravidão e também da entrada de trabalhadores europeus no Brasil. Com o intuito de tornar o Brasil um país mais branco e proporcionar mão de obra para as fazendas, foram elaboradas políticas pela elite brasileira para a entrada de imigrantes de diferentes partes da Europa. Os imigrantes vinham ao Brasil com a esperança de melhorar sua vida, mas aqui encontraram também muitas dificuldades.*

Uma das principais características da América portuguesa permaneceu na história do Brasil Imperial: o uso massivo de mão de obra escrava de negros africanos ou de seus descendentes. O Brasil Imperial permanecia sendo uma sociedade profundamente desigual, na qual homens podiam ter outros homens como propriedade e podiam utilizar seu trabalho sem fornecer nada além dos elementos para a subsistência do escravo.

Contudo, a escravidão não foi sempre a mesma e mudou muito ao longo da história. Na primeira metade do século XIX, a mão de obra escrava estava muito difundida no Brasil. Nesse momento, quando determinada pessoa começava a juntar algum dinheiro, um dos investimentos mais interessantes era a compra de escravos. Assim, eram muitos os escravos e muitos também os donos de escravos. A situação só mudou com o fim do tráfico em 1850 e a diminuição da oferta de escravos no mercado.

Porém, antes da metade do século, a entrada de africanos no Brasil foi bastante intensa. Estima-se que ingressaram no Brasil 43 mil escravos por ano entre 1821 e 1830. Em cada um dos quatro anos finais do tráfico entraram mais de 50 mil escravos no país. Em 1850, em uma das cidades produtoras de café do vale do Paraíba fluminense, metade da população da cidade era africana. Naquele período, vivia no Brasil um significativo número de africanos.

O tráfico de escravos era uma atividade comercial altamente lucrativa e não era motivado somente pela necessidade de mão de obra no Brasil, mas também estava conectado ao sistema econômico mundial.

Fotografia de negros em diversas atividades. 10,5 × 6,1 cm. Século XIX. José Christiano Júnior (1832-1902). Fotos de 1860. In: *A Escrita da Memória*. São Paulo: Instituto Cultural Banco Santos, 2004.

Os principais portos de entrada de escravos eram o Rio de Janeiro e Salvador. Este, principalmente por motivos geográficos, recebia mais escravos da Costa da Mina, da Guiné e do Golfo de Benin, regiões que alimentaram também o tráfico para a América do Norte. Para o Rio de Janeiro se dirigiam mais escravos da África Central, especialmente das regiões do Congo, Angola e Moçambique. Em cada uma dessas regiões viviam diversas etnias, com língua e cultura diferentes. Em alguns casos, a cultura podia aproximar os escravos; em outros, causava conflitos. Assim, os escravos não formavam um grupo homogêneo.

Como estudaremos no decorrer deste capítulo, era possível a liberdade para os escravos por meio da *carta de alforria*, que podia ser comprada ou concedida pelo senhor. Com isso, muitos **libertos**, também conhecidos como *forros*, circulavam pelas cidades e fazendas do Brasil.

Um dos objetivos deste capítulo é mostrar como viviam escravos e libertos, tentando entender as motivações de suas atitudes. Os homens e as mulheres das camadas populares foram importantes personagens da vida imperial e também participaram da construção da história do Brasil. Contudo, o estudo da vida dessas pessoas não é simples. Não existem muitos documentos elaborados pelos próprios escravos, de forma que, a maioria das vezes, chegamos a eles por meio de escritos das elites letradas. Não obstante isso, ainda assim é possível vislumbrar as maneiras como escravos e libertos tentaram criar a sua história e viver em uma sociedade bastante excludente.

# Dinâmicas da escravidão

Alguns estudiosos definiram um modelo-padrão para a escravidão: os escravos podiam ser comprados e vendidos pelos senhores como qualquer outra mercadoria, recebiam de seu dono alimento e moradia e eram forçados a trabalhar naquilo que o senhor bem entendesse. Esse modelo apresenta o escravo como alguém completamente submetido ao senhor, como se fosse um objeto. Essa era a maneira como oficialmente se compreendia o sistema escravista e, em muitos casos, a maneira como os donos de escravos gostariam que o sistema funcionasse. Mas não podemos esquecer que esses homens transformados em escravos não eram **coisas**. Isso quer dizer que as atitudes dos escravos diante do sistema que os inferiorizava também influenciavam os rumos desse mesmo sistema. Muitas vezes, quando lhes parecia viável e interessante, os escravos tinham atitudes rebeldes, fugindo do cativeiro, negando-se a trabalhar, unindo-se e fazendo revoltas, matando seus senhores ou capatazes, acionando algumas leis que lhes poderiam ser úteis, entre outras coisas. Em outros casos, por não verem na revolta uma opção vantajosa, os escravos buscaram conviver com o sistema escravista.

Como já dissemos, não se pode pensar que a escravidão, por ter perdurado por quase quatro séculos, foi sempre igual. Os escravos não viveram todos do mesmo modo. A situação dos cativos variava muito de acordo com o lugar onde viviam, o regime de trabalho ao qual eram submetidos, a sua cultura e a daqueles que estavam próximos, sua atitude diante da escravidão, e também do momento em que viveram.

A vida dos escravos não estava totalmente nas mãos de seu dono. O próprio dono dos escravos estava submetido a algumas regras no modo de lidar com eles. E, embora tivessem alguns interesses em comum, os senhores podiam estabelecer relações diferentes com seus escravos. Daí alguns deles terem

Rotas do tráfico de escravos entre a África e as Américas, com destaque para as cidades de Salvador, Rio de Janeiro e do Recife. Observe que nem todos os africanos chegados aos principais portos americanos têm a mesma origem.

Disponível em: <http://novahistorianet.blogspot.com>. Acesso em: 24 jun. 2010.

relações próximas com seus donos, enquanto outros tentavam ser vendidos para outro senhor. Dessa maneira, o estudo das dinâmicas da escravidão é fundamental para compreendermos melhor a história do Brasil Imperial.

Nas maiores propriedades rurais brasileiras do século XIX era preciso uma grande quantidade de mão de obra, de forma que as escravarias deveriam comportar muitos cativos, sendo que algumas chegaram às centenas de escravos. Nesse espaço, os escravos trabalhavam muitas horas por dia e recebiam do senhor comida e habitação, conhecida como **senzala**. Em geral, eram respeitados a pausa no domingo e os feriados religiosos católicos. A condição de vida desses escravos era bastante precária, de forma que eles buscavam constantemente melhorias ou formas de conviver melhor com essa condição. Em alguns casos eles recorriam a fugas, em outros buscavam alguma forma de acumular dinheiro para chegar à liberdade.

O **feitor** (também conhecido como capataz) era uma figura importante na fazenda, pois supervisionava o trabalho dos escravos e era responsável pela aplicação dos castigos físicos caso algum deles não estivesse trabalhando bem. O feitor podia ser um escravo ou um liberto. Em geral, eles eram **crioulos**, ou seja, escravos ou libertos nascidos no Brasil.

Os nascidos no Brasil, por falarem a língua dos senhores e por serem vistos como menos dispostos a revoltas e fugas, tinham um *status* diferente diante do senhor e eram preferencialmente escolhidos para outros trabalhos de confiança, como os serviços domésticos.

Em alguns casos, era permitido aos escravos o cultivo de uma **roça**, ou seja, um pedaço de terra na fazenda, trabalhado nas horas vagas, e cuja produção era inteiramente dos escravos: o que era produzido ali podia ser consumido por eles ou mesmo vendido nas cidades próximas da fazenda. As roças podiam ser interessantes também para o dono dos escravos: além de não precisar se preocupar com a alimentação de seus cativos, a roça os mantinha ligados à sua propriedade, podendo desestimular as fugas. Contudo, outros donos não viam com bons olhos as roças, pois elas davam muita autonomia para os escravos, que se ausentavam da fazenda para vender produtos, encontravam outros escravos e podiam combinar revoltas ou fugas. De modo geral, as roças foram comuns, especialmente em propriedades pequenas ou médias; nas grandes propriedades, preferia-se que o escravo se dedicasse inteiramente às terras de seu dono.

A escravidão também era bastante difundida nas **cidades** brasileiras do século XIX. Ali, os escravos realizavam uma grande variedade de trabalhos e conviviam com homens livres e negros libertos. Além dos escravos domésticos, nas cidades era comum a existência de **escravos de ganho**. Esses escravos eram obrigados por seu dono a pagar-lhe uma quantia fixa por dia ou por semana e o restante do que ganhassem gastariam na sua subsistência ou guardariam para comprar a sua carta de alforria. A quantia que deveriam pagar ao dono dependia da função que exerciam, de modo que escravos especializados em geral deveriam pagar mais para o seu senhor. No meio urbano, os escravos de ganho exerciam diversas funções: eram carregadores de carga, de liteiras, podiam ser artesãos, carpinteiros, cozinheiros, pescadores, pedreiros, alfaiates, vendedores ambulantes etc. Para os donos de escravos, mesmo aqueles que não eram ricos, essa era uma forma interessante de investimento. Estima-se que o investimento na compra de um escravo era recuperado rapidamente, de forma que era possível viver somente daquilo que seus escravos lhes forneciam. Além disso, os donos não precisavam se preocupar em fornecer alimentação e moradia para seus cativos.

Negros de ganho, no Rio de Janeiro. John Clarke/Henry Chamberlain. Museus Castro Maya/IBCP, Rio de Janeiro.

Muitos escravos preferiam trabalhar nas cidades no sistema de ganho a trabalhar nas fazendas. No meio urbano eles tinham mais liberdade para se encontrarem e estabelecerem laços sociais, embora as autoridades imperiais combatessem os encontros de negros. Esse regime de trabalho permitia aos escravos vislumbrar sua libertação, afinal era consentido ao cativo guardar **pecúlio**, ou seja, o dinheiro que sobrava depois de pagar a quantia estabelecida com o seu senhor. Ainda que não houvesse uma lei que garantisse a prática do pecúlio, ela era geralmente respeitada. A aquisição de pecúlio e o sistema de ganho faziam com que a escravidão na cidade tivesse uma flexibilidade maior do que geralmente acontecia nas grandes fazendas. Contudo, a vida do escravo não era nada fácil: além de trabalhar muitas horas por dia, tanto para pagar seu dono como para juntar pecúlio, eram necessários muitos anos de trabalho para que um escravo conseguisse comprar sua liberdade. Estima-se que em 1850, na cidade de Salvador, um escravo precisava trabalhar nove anos para conseguir sua liberdade – contudo, o tempo de trabalho variava de acordo com o serviço prestado pelo cativo.

Até pelo menos o fim do tráfico em 1850, quando a mão de obra escrava mantinha-se a um preço mais acessível, não era incomum que um escravo de ganho, com o dinheiro economizado, adquirisse um escravo para si. Às vezes, um escravo comprava uma criança ou um jovem por um preço baixo, ao qual podia ensinar seu ofício e depois trocá-lo com seu dono pela sua liberdade ou mesmo vendê-lo por um valor suficiente para comprar sua carta de alforria. Mais comum que escravos que possuíam escravos eram os libertos que, depois de comprarem sua alforria, também adquiriam cativos para trabalhar para eles. Isso indica que a escravidão era muito difundida na sociedade do Brasil Imperial e que a propriedade escrava não era exclusividade da elite.

Nas ruas das cidades também se encontravam muitas mulheres escravas que trabalhavam no sistema de ganho. Nas fazendas havia preferência por homens para fazer o trabalho pesado de plantio e colheita. Ainda que muitas mulheres trabalhassem nas plantações, elas eram minoria no campo e eram preferidas para os serviços domésticos. Nas cidades, elas podiam ser muito lucrativas para seus donos. O comércio ambulante de comidas em Salvador, por exemplo, era dominado por mulheres escravas que ganhavam muito com a venda de diversos gêneros alimentícios.

Era também parte do sistema escravista a prática dos **castigos corporais**. Por meio deles, buscava-se manter os escravos sob domínio do senhor, fazendo-os obedecer às ordens e trabalhar conforme as regras estabelecidas pelo seu dono. A aplicação do castigo físico era vista pelos senhores como uma medida educativa, voltada para a correção dos escravos que seguiram pelo "mau caminho". Contudo, havia um limite para a aplicação dos castigos, que deviam ser moderados. Um dono de escravos que ultrapassasse esses limites não era bem-visto pela elite senhorial, pois poderia dar motivos para a insatisfação dos escravos, favorecendo fugas e rebeliões e desestabilizando o sistema. É importante notar que a violência só é aceita quando parte do senhor: se o escravo recorre à violência, ela é vista como transgressão, rebeldia e violação do direito senhorial.

## Em busca da liberdade

Como vimos, os escravos podiam chegar à liberdade adquirindo sua carta de alforria, que não era fácil de ser obtida. Nas leis do Império, a alforria era entendida como uma concessão do dono dos escravos. A alforria podia ser condicionada a, por exemplo, um determinado tempo de serviço ou até mesmo como um prêmio pelos serviços prestados, caso o dono de um escravo o julgasse merecedor. Em outros casos ficava acordado entre escravo e seu dono um valor para a compra da liberdade, que podia ser maior ou menor conforme a importância do escravo para o senhor e de acordo também com a relação pessoal que existisse entre eles.

De maneira geral, os escravos nascidos no Brasil, os crioulos, tinham muito mais sucesso na busca pela liberdade. Por conhecerem a língua portuguesa e estarem mais habituados à cultura das elites, os crioulos eram vistos pelos senhores como menos perigosos que os africanos. Esse privilégio dado aos nacionais causou alguns conflitos entre escravos: não raramente africanos assassinaram escravos brasileiros por estes serem vistos como "espiões" dos brancos nas senzalas e nos grupos de escravos.

Para facilitar o caminho para a liberdade, os escravos se reuniam em **juntas de alforria**, um grupo em que diversos escravos – e até mesmo libertos – acumulavam recursos para a compra da liberdade. Cada membro da junta deixava com um líder uma quantia por semana e, aos poucos, era comprada a liberdade de cada um. As juntas podiam também ser um espaço de sociabilidade, no qual escravos e libertos africanos de uma mesma etnia ou grupo cultural se divertiam, mantinham sua cultura e religião tradicional e podiam trocar experiências sobre a vida no cativeiro. As autoridades imperiais e os donos de escravos não viam com bons olhos esses encontros e procuravam reprimir a reunião de escravos.

Uma prática comum durante o período imperial eram as **ações de liberdade**, recursos levados ao júri por advogados que argumentavam a favor da libertação de determinado escravo. Assim, era possível aos escravos processar seus senhores afirmando que seu cativeiro era ilegal. Como as leis podem ser lidas de diferentes maneiras, algumas interpretações poderiam favorecer os escravos. Claro que não eram todos os escravos que entravam com essas ações, pois era preciso ter motivos válidos para isso.

Eram diversos os argumentos dos escravos para romper seu cativeiro: aqueles que chegaram ao Brasil depois das leis do fim do tráfico (1831 e 1850, como veremos a seguir) podiam alegar a ilegalidade do seu cativeiro; uma pessoa feita escrava podia alegar que ela, ou sua mãe, ou sua avó, já estava legalmente livre; podiam acusar o senhor de práticas violentas, ou seja, castigos que ultrapassassem o que era considerado moderado na época. Calcula-se que na corte imperial metade das ações de liberdade terminara com a libertação do escravo. Apesar de ser um meio legal, as ações de liberdade eram incômodas para muitos senhores de escravos, pois desestabilizavam a prerrogativa do senhor sobre a libertação do escravo, ou seja, a alforria podia deixar de ser uma concessão do senhor e passar a ser direito do escravo.

Na segunda metade do século XIX, quando cresciam o movimento abolicionista e as críticas ao sistema escravista, aumentou também o número de grupos e organizações de escravos e libertos que se reuniam para agilizar o processo de libertação por meio das ações de liberdade ou das juntas de alforria. Nesse momento, os encontros entre escravos eram menos perseguidos pelas autoridades imperiais e podiam agregar também brancos abolicionistas.

Dessa forma, a liberdade, mesmo que distante, estava no horizonte de muitos cativos. A grande quantidade de libertos e uma característica importante da sociedade escravista brasileira. A convivência com os libertos deixava evidente para os escravos que a liberdade era possível dentro das regras do sistema, ou seja, sem recorrer necessariamente à fuga ou à revolta. De certa maneira, essa relativa flexibilidade era uma concessão dos senhores e uma forma de conservar o escravismo, evitando conflitos maiores. Mesmo que a princípio concedida, a possibilidade de liberdade tornou-se um direito para muitos escravos, que buscaram alargar essa fresta.

Porém, ser um ex-escravo não era o mesmo que ser um homem livre de nascença. Os libertos continuavam marginalizados e passíveis de sofrer com o preconceito da época. Como eram negros, podiam ser a qualquer momento confundidos com cativos e ter de enfrentar interrogatórios perante as autoridades policiais. Além disso, existia a possibilidade de o senhor buscar a revogação da alforria. Não existem dados conclusivos a esse respeito, mas era possível que um dono de escravos entrasse na Justiça contra seu ex-escravo alegando que, depois de livre, o negro não foi respeitoso com seu ex-senhor. Não se sabe ao certo se esses casos foram muito difundidos. Provavelmente essas ações tiveram menos possibilidade de sucesso nas décadas finais da escravidão, quando a escravatura era bastante questionada. De qualquer maneira, é importante lembrar que mesmo o liberto tinha certas obrigações com seu ex-senhor, sendo recomendável manter-se grato pela liberdade até o fim de sua vida.

## Saiba mais

### Luiz Gama

Em 1869, no jornal *O Radical Paulistano* da então provinciana cidade de São Paulo, era possível ler entre os classificados o seguinte anúncio: "O abaixo assinado aceita, para sustentar gratuitamente perante os tribunais, todas as causas de liberdade que os interessados lhe quiserem confiar". Quem assinava era Luiz Gonzaga Pinto da Gama, filho de português com uma liberta baiana, nascido em 1832 e que fora vendido pelo pai como escravo aos 10 anos de idade. Gama conseguiu primeiramente provar sua liberdade e depois alfabetizar-se. Com o tempo, aprendeu muito sobre os meandros das leis do Império, trabalhando até na Secretaria de Polícia da cidade de São Paulo.

Luiz Gama tornou-se um conhecido abolicionista, poeta e advogado, especializado em ações de liberdade, ou seja, nos processos voltados para garantir a liberdade de escravos. As leis imperiais eram totalmente voltadas para a defesa da propriedade do escravo e para a defesa dos interesses senhoriais; afinal, a política imperial

Luiz Gama (1830-1882).

era em geral dominada por donos de escravos. Ainda assim, Luiz Gama buscava encontrar brechas que permitissem que escravos conseguissem a sua liberdade. Não raramente obteve sucesso, e quando as ações de liberdade eram negadas, não hesitava em atacar o sistema escravista. Luiz Gama era um homem que transitava entre dois mundos: negro e defensor dos escravos, também participava do mundo dos homens brancos da época, pois era advogado; portanto, um homem letrado.

Admirado tanto pelas camadas pobres quanto pela elite abolicionista, Luiz Gama morreu vítima de diabetes em 1882. Seu enterro atraiu multidões e foi amplamente coberto pela imprensa da época. Atualmente, alguns movimentos de luta contra o racismo recorrem à figura de Luiz Gama, que é tido como um herói.

## Cotidiano e cultura dos escravos

Fotografias de negros em diversas atividades. 10,5 × 6,1 cm cada. Século XIX. José Christiano Júnior (1832-1902). Fotos de 1860. In: *A Escrita da Memória*. São Paulo: Instituto Cultural Banco Santos, 2004.

Vimos que desembarcaram no Brasil como escravos diferentes grupos étnicos de distintas regiões da África e, com eles, elementos de suas tradições, cujos traços existem até hoje em nossa cultura. Contudo, há poucas informações a respeito da cultura dos escravos, já que, como dissemos, a maioria dos documentos sobre a escravidão foi produzida pela elite possuidora de escravos, que pouco se interessou pelo que eles traziam da África; mesmo assim, é possível encontrar alguns dados importantes.

Alguns fatores fizeram com que um número maior de determinados grupos étnicos fossem levados para determinada região brasileira, como aconteceu com a Bahia nas primeiras décadas do século XIX. Devido a conflitos religiosos e políticos entre Estados e Impérios africanos, foi capturada e vendida nos portos da costa da África Ocidental (região da atual Nigéria e Benin) uma grande quantidade de escravos iorubás (conhecidos no Brasil como nagôs) muçulmanos. Esses escravos foram os protagonistas da Rebelião dos Malês de 1835. Também nas primeiras décadas do século XIX, no período da expansão cafeeira, entraram no porto do Rio de Janeiro muitos africanos das diversas etnias bantus, provenientes da África Central, especialmente do Congo e de Angola. Os bantus dividem-se em diferentes etnias (kimbundu, ovimbundu, kikongo, entre outras) e guardam algumas características culturais próximas, especialmente a língua. Um falante de kimbundu com algum esforço entende o ovimbundu, à semelhança do que acontece com o português e o espanhol. Essa proximidade cultural pode ter favorecido a comunicação e a associação entre os escravos que entraram no Sudeste na primeira metade do século XIX.

Um dado importante a respeito da vida dos escravos no Brasil diz respeito à formação familiar. Durante muito tempo pensou-se que eram poucos os escravos que viviam em um **núcleo familiar**, mas não é isso exatamente o que aconteceu. O casamento entre escravos e a formação de famílias foram algo bastante comum, embora nem todos oficializassem a situação matrimonial. Formar uma família era um possível caminho para estabelecer laços e tentar tornar menos duras as dificuldades vividas no cativeiro. A formação de famílias podia ser interessante até mesmo para o senhor, já que os filhos dos escravos eram também propriedade dele. Ao mesmo tempo, existia sempre o risco de um escravo ser vendido e separado de sua família.

Vejamos um caso específico encontrado na documentação da época: na década de 1870, um escravo chamado Bráulio, que dividia o cativeiro com a sua família na Bahia, depois da morte do seu dono acabou sendo obrigado a se separar dos seus próximos. Ele foi vendido e enviado para São Paulo, mas conseguiu fugir da fazenda onde fora trabalhar e acabou preso quando tentava embarcar de volta para a Bahia.

# Resistindo à escravidão

Vivendo em situações precárias, com inúmeras dificuldades, os escravos procuraram diferentes maneiras de melhorar sua condição de vida. Em alguns casos, enfrentaram diretamente o sistema, fugindo, organizando revoltas, assassinando seus donos ou feitores etc. Apesar de não ser considerado uma forma de resistência, o suicídio, levado a cabo por diversos escravos, era uma forma radical de não aceitar o regime de escravidão imposto.

Talvez a forma de resistência escrava mais conhecida seja a organização de **quilombos**, as comunidades de **negros fugidos**. O Quilombo dos Palmares, criado ainda no período colonial (século XVII), é o mais célebre deles. No entanto, no curso da história, foram criados diferentes tipos de quilombo ao longo do território do Brasil, e Palmares não é de maneira nenhuma um padrão para as demais comunidades de escravos fugitivos.

Os quilombos foram geralmente muito menores que Palmares e localizavam-se em regiões menos isoladas, próximos de fazendas, engenhos e centros urbanos. Estabelecer um quilombo em uma cidade poderia oferecer algumas vantagens: os escravos podiam se esconder mais facilmente se misturando aos libertos, mas, ao mesmo tempo, nas cidades os quilombolas estavam mais próximos das autoridades. É importante ressaltar que a maioria dos quilombos não era autossuficiente e estava em constante relação com as comunidades próximas. Dessa forma, os quilombos não eram espaços idílicos nos quais se criava uma sociedade à parte do sistema escravista. Os quilombos eram parte da vida colonial e se relacionavam constantemente com a sociedade ao seu redor.

Assim, é preciso ressaltar que em muitos casos os quilombos não foram espaços de plena liberdade. Às vezes, o escravo fugia para um quilombo no qual era obrigado a trabalhar em troca de proteção e esconderijo. Os quilombos podiam abrigar também libertos, indígenas e até brancos livres que auxiliavam o fugitivo ou mesmo utilizavam seu trabalho. A fuga podia ser também uma tentativa do escravo de mudar de dono, pressionando-o para que fosse vendido. Para alguns donos de escravos, especialmente aqueles menos poderosos, não era vantajoso manter um escravo desobediente, de forma que vendê-lo poderia ser uma forma de recuperar o dinheiro investido na compra do cativo.

## Passado/presente

Alguns quilombos continuaram a existir mesmo depois do fim da escravidão, quando essas comunidades deixaram de ser perseguidas por capitães do mato e passaram a formar povoados. Contudo, não ficaram totalmente livres de perseguição: muitos quilombos foram destruídos com o avanço da grande agricultura. Algumas comunidades indígenas possuem uma história semelhante: nas terras do Oeste paulista existiam diversas comunidades indígenas que foram expulsas para que ali se instalassem fazendas de café.

Apesar de discriminados e com muitas dificuldades econômicas, ex-quilombos ainda existem no Brasil de hoje, especialmente em regiões empobrecidas. Os atuais habitantes dessas terras reivindicam que elas sejam reconhecidas e protegidas pelo Estado brasileiro, por serem eles descendentes de antigos quilombolas. Recentemente, essas reivindicações têm obtido algum sucesso. Ao mesmo tempo, grupos ligados a grandes produtores agrícolas, os representantes do *agronegócio*, querem que essas terras sejam disponibilizadas para a produção em larga escala de gêneros agrícolas lucrativos. Tais grupos acusam os descendentes de quilombolas de não utilizarem a terra de maneira adequada e também de falsificarem documentos e a memória do país para enganar órgãos do governo e atingir objetivos particulares. Como se vê, os debates e as disputas em torno dos quilombos e de como deve ser utilizada a terra persistem sendo uma grande preocupação para o Brasil de hoje.

### "Fugindo" em busca de outro senhor

Muitos senhores terminavam cedendo à recusa dos escravos de os servir, vendendo-os para evitar fuga sem retorno e recompensa. Um jornal baiano de 1839 noticiou contrariado que um escravo quis deixar de servir uma família que crescera demais, levando-o a trabalhar demais. O senhor permitiu que o escravo procurasse um comprador, que ele encontrou, e a transação foi feita. Logo, porém, ele descobria que a família do novo senhor era ainda maior que aquela do antigo e decidiu voltar atrás. E foi aceito de volta. Isso aconteceu em Salvador. A centenas de quilômetros, no sertão de Caetité, uma escrava de vinte anos fugiu em 1851 para a casa de uma mulher, exigindo ser vendida a ela, e ameaçou aos que tentaram reavê-la "que a cabeça viria para a casa de sua senhora, mas o corpo não". Sua senhora era uma órfã, e o administrador dos bens desta um coronel da Guarda Nacional que terminou cedendo à vontade da escrava. Histórias mirabolantes e dramáticas como essas certamente não aconteciam todos os dias, mas fugir em busca de novo senhor era estilo comum de fuga.

*Fonte:* REIS, J. J. Escravos e coiteiros no quilombo oitizeiro. Bahia 1806. In: REIS, J. J. G.; SANTOS, F. dos. *Liberdade por um Fio:* história dos quilombos no Brasil. São Paulo: Companhia das Letras,1996. p. 356-357.

**1)** Por que essa era uma estratégia pouco comum, mas compreensível por parte dos escravos?

## A proliferação dos quilombos

Proliferaram quilombos por quase todo o território brasileiro. Mesmo na província do Rio Grande, no sul do país, onde existia a possibilidade de fuga para os países vizinhos em que a escravidão já estava banida, muitos escravos preferiram formar quilombos nas proximidades das cidades, especialmente de Porto Alegre e de Pelotas. A fuga para os países vizinhos era arriscada e os escravos não sabiam ao certo o que encontrar do outro lado da fronteira, embora alguns tenham arriscado a viagem.

No Maranhão, tem-se notícia de grandes quilombos que chegavam a juntar centenas de fugitivos. Os quilombolas maranhenses ficaram conhecidos também por envolver-se nos movimentos da província no período depois da independência, especialmente na **Balaiada** (1838-1841).

Para se proteger das fugas de escravos e não tomar prejuízo, os donos de escravos usavam os serviços dos **capitães do mato**, profissionais especializados em encontrar escravos fugitivos. Em alguns casos, os capitães eram libertos ou até mesmo escravos. Os senhores podiam contratar diretamente um capitão do mato ou anunciar no jornal a fuga de um escravo e oferecer uma recompensa por sua captura. Quando capturados, os escravos seguramente seriam punidos, provavelmente com dezenas de chibatadas.

Anúncio oferecendo recompensa pela captura de escravo foragido. Observe que além da recompensa financeira ainda havia reembolso das despesas feitas até a entrega do escravo ao seu dono.

*Disponível em:* <http://www.educadores.diaadia.pr.gov.br>. *Acesso em:* 25 jul. 2012.

Apesar de ser um país majoritariamente católico e de o catolicismo ter sido a religião oficial do governo brasileiro durante o período colonial e o Império, os símbolos religiosos católicos também têm uma história e podem ter significados distintos. Assim aconteceu com Santo Antônio, popular santo católico tanto no Brasil como em outras partes do mundo. Como se pode ler no primeiro dos textos a seguir, desde o período colonial esse santo esteve ligado aos assuntos militares e logo se tornou patrono dos capitães do mato que saíam em busca de escravos fugidos. O outro texto mostra que os escravos africanos também utilizavam Santo Antônio como símbolo, aproximando-o de crenças trazidas das culturas da África Central.

### Santo Antônio, o divino capitão do mato

Muitas celebridades, assim como instituições nacionais, têm mudado completamente seu significado ao longo de nossa história: Zumbi, de temido bandoleiro seiscentista, hoje é símbolo de luta antiescravista; a princesa Isabel, em 1888, foi proclamada pelos ex-escravos a Redentora e cem anos depois teve sua "morte histórica" decretada pelos que hoje idolatram o herói dos Palmares (...).

O mesmo vem acontecendo com Santo Antônio: hoje lembrado quase exclusivamente como santinho casamenteiro, nos oito séculos que nos separam de sua morte [Antônio nasceu em 1195 e morreu com 36 anos de idade em 1231], vem desempenhando no imaginário cristão os mais variegados papéis. (...)

Em memorável sermão pregado em São Luís do Maranhão em 1663, assim o padre Antônio Vieira descrevia as principais ocasiões em que colonos do Brasil recorriam ao taumaturgo em suas aflições do dia a dia: "Se vos adoece um filho, Santo Antônio! Se vos foge o escravo, Santo Antônio! (...) Se perdeis a menos miudeza de vossa casa, Santo Antônio! (...)".

> **Taumaturgo:** milagreiro, visionário.

O objetivo deste estudo é recuperar uma das facetas mais intrigantes do carisma de Santo Antônio: sua função de capitão do mato na recuperação dos escravos fugidos e na destruição dos quilombos.

*Fonte:* MOTT, L. Santo Antônio, o divino capitão do mato. In: REIS, J. J. G.; SANTOS, F. dos. *Liberdade por um Fio:* história dos quilombos no Brasil. São Paulo: Companhia das Letras, 1996. p. 110-111.

## [Santo Antônio, protetor dos escravos]

A historiadora Mary Karasch tem chamado a atenção para a popularidade de Santo Antônio entre a população escrava do Rio de Janeiro no século XIX. Além disso, sugere que o culto dos negros a esse santo, conhecido especialmente por sua capacidade de curar doenças, encontrar objetos perdidos, e trazer a fecundidade (promover o casamento), deve ser interpretado a partir do complexo cultural "ventura-desventura" da África Central (...). De acordo com essa visão de mundo, para alcançar a felicidade ou contrariar a ação de pessoas ou espíritos malignos, não há nada melhor do que pedir a ajuda de um feiticeiro ou bruxo poderoso, o espírito de alguém que desempenhou um desses papéis na vida, ou um espírito benéfico da natureza. Enfim, o Santo Antônio dos negros ofereceria um exemplo da capacidade das pessoas da África Central de reinterpretar símbolos e objetos rituais estrangeiros, nos termos básicos de sua cultura de origem. (...).

(...) no Vale do Paraíba no século XIX, e também no XX, as pequenas estatuetas de Santo Antônio eram muito apreciadas por escravos e negros livres, e a figura de Santo Antônio era de longe a mais procurada pela população como um todo, fora a de Virgem Maria.

*Fonte:* SLENES, R. Malungu, Ngoma Vem: a África coberta e descoberta do Brasil. *Revista da USP.* São Paulo, n. 2, dez./fev., 1991-1992. p. 64-65.

**1)** O texto apresenta usos distintos para o mesmo símbolo religioso. Em sua opinião, por que isso ocorre?

## As revoltas

Além das fugas, os escravos organizaram também **revoltas** contra seus senhores. As revoltas foram menos comuns que as fugas, mas deixavam os senhores muito assustados, já que eles seriam os principais alvos. Os donos de escravos temiam que, devido ao grande número de cativos que viviam no país, ocorresse uma revolta similar àquela que levou à independência do Haiti (em 1804), quando uma grande revolta escrava levou ex-cativos ao poder naquela ilha do Caribe.

O medo podia atingir níveis inesperados. Há notícia de uma família de Indaiatuba, na província de São Paulo, que em 1848 abandonou a fazenda depois de ouvir boatos de que uma rebelião estava por vir.

Contudo, não era simples organizar uma revolta: os escravos precisavam se reunir muitas vezes para acertar como ela ocorreria, preparando os detalhes e estabelecendo funções. Havia preocupação com o vazamento de informação: algum escravo podia delatar para as autoridades os planos em troca de alguma vantagem. Além disso, a vigilância dos senhores era grande e algumas revoltas não chegaram a acontecer porque foram descobertas a tempo de impedi-las.

A Bahia conheceu uma série de revoltas escravas no início do século XIX, que desembocaram na **Rebelião dos Malês**, de 1835, a maior rebelião escrava do Brasil. A partir da Rebelião dos Malês, realizada por escravos muçulmanos que viviam em Salvador e no Recôncavo Baiano, noticiada em todo o Brasil e em várias partes do mundo, aumentaram bastante os cuidados dos senhores com as reuniões de cativos. Tendo em vista as enormes dificuldades de se organizar uma revolta, foram mais comuns aquelas restritas a uma fazenda ou a um pouco mais que isso.

É difícil saber o que levava os escravos a escolherem a rebelião e não outra forma de resistência. Acredita-se que a proximidade cultural favoreceu a formação de grupos que preparavam um movimento rebelde. Apesar da variedade étnica dos africanos que desembarcavam no país, em determinados momentos escravos com afinidades culturais podiam viver próximos, como aconteceu na Bahia no início do século XIX, onde a identidade muçulmana e nagô foram fundamentais para as revoltas que ali eclodiram. A divisão nas senzalas dificultava a organização das revoltas, especialmente se houvesse escravos nascidos no Brasil, pois muitas vezes eram vistos pelos africanos como inimigos.

Não se sabe ao certo o porquê, mas a partir da década de 1870 teve crescimento uma prática aparentemente sem explicação entre os escravos. Diversos cativos se entregavam à polícia depois de cometer um assassinato (às vezes matavam feitores ou escravos, e mais raramente seus senhores). Como nesse período já não existia a pena de morte, a maior pena era a galés perpétua, ou seja, os trabalhos forçados. Acredita-se que os escravos agiam dessa forma por preferirem a galés ao trabalho nas fazendas, o que faz ressaltar que as condições de trabalho dos escravos eram muitas vezes péssimas. De qualquer forma, essa prática, assim como as fugas em massa e os protestos de escravos, colaborou para que a escravidão se transformasse em um sistema cada vez mais perigoso para os senhores.

# O fim do tráfico negreiro

O fim do tráfico negreiro era uma pressão antiga da Inglaterra, interessada na ampliação do mercado consumidor que essa imensa massa de escravos, não só do Brasil, mas da América em geral, representaria em sua libertação. As pressões iniciaram-se nas primeiras décadas do século XIX. Embora as autoridades brasileiras tivessem consentido formalmente, em 1831, em pôr fim ao tráfico, na prática isso não aconteceu. Africanos continuaram aportando no Brasil depois da lei de 1831.

## O Bill Aberdeen

Em 1845, uma lei inglesa de repressão ao tráfico, o Bill Aberdeen, dava direito aos ingleses de prender em alto-mar os navios negreiros e suas "cargas" (os escravos negros), além de julgar os comandantes das embarcações em território britânico. Com isso, muitos comandantes passaram a jogar sua "carga" ao mar para não serem pegos, o que nem sempre adiantava, pois caso o navio estivesse descarregado ou fosse encontrado na embarcação "qualquer" indício de escravos pelos britânicos, isso seria considerado evidência e permitiria a apreensão do navio e da tripulação.

Muitos navios negreiros que se dirigiam ao Brasil conseguiam burlar a "vigilância" em alto-mar, mas os ingleses invadiam portos brasileiros, aprisionando os comandantes dos navios do tráfico.

# A Lei Eusébio de Queirós e a do Ventre Livre

O ano de 1850 teve grande importância para a economia e a sociedade brasileiras. Nesse ano, a **Lei Eusébio de Queirós** pôs fim ao tráfico negreiro. Com isso, houve o encarecimento da mão de obra escrava e um intenso tráfico interno, especialmente do Nordeste para o Rio de Janeiro, São Paulo e Minas Gerais, áreas em que avançava a produção de café.

Embora não existam números precisos, calcula-se que quase 200 mil escravos do Nordeste tenham sido transferidos para o Sudeste. Calcula-se que entre 1864 e 1874, em São Paulo, o número de escravos saltou de 80 mil para aproximadamente 175 mil, chegando a cerca de 46% da força de trabalho. Também ocorreu, nesse período, a venda de escravos dos proprietários mais pobres para os mais ricos. A situação tomou tal proporção que houve tentativas legislativas de impedir o tráfico interprovincial com medo de que faltasse mão de obra não só no Nordeste, como também no Sul e Norte do país. Os políticos do Sudeste também temiam que ocorresse uma divisão do território brasileiro entre uma região escravista (o Sudeste) e outra dedicada ao trabalho livre (Norte, Nordeste e Sul). Tendo em vista que o debate sobre a mão de obra escrava levou a tensões e conflitos nos Estados Unidos, deputados brasileiros buscaram evitar que algo semelhante acontecesse no Brasil.

Em 1871, o governo imperial propôs a **Lei do Ventre Livre**, que previa que os filhos de escravas nascidos a partir daquela data seriam livres. Pela lei, os proprietários podiam entregar o rebento ao Estado e receber uma indenização por isso, ou fazê-lo trabalhar dos 7 aos 21 anos para ressarcir os gastos que tiveram com sua criação. A lei foi bastante polêmica – muitos donos de escravos reclamaram e viram nela uma subversão da ordem escravocrata. É possível que eles estivessem certos: essa lei pode ter inquietado ainda mais os escravos, que viam a liberdade chegar cada vez mais perto. A partir de então cresceu o número de fugas e crimes dos escravos. Com o tráfico já proibido e a impossibilidade de os filhos de escravos tornarem-se também eles escravos, os meios para a permanência da escravidão se restringiam ainda mais.

A Lei Eusébio de Queirós, de 1850, pôs fim ao tráfico negreiro, dificultando a reposição dos escravos e inflacionando os preços daqueles já residentes no país. Biblioteca Nacional, Rio de Janeiro.

## O fim da escravidão

Após a década de 1880, a questão abolicionista passou a ser foco de discussão nacional, envolvendo amplos setores das classes médias urbanas, como jornalistas, advogados, entre outros, que também defendiam o fim da escravidão. A propagação dos ideais abolicionistas dava-se por meio de clubes, associações e jornais, que se posicionavam abertamente contra a escravidão.

Além de difundir as ideias em defesa do fim da escravatura, muitos passaram à ação como forma de acelerar o processo de libertação. Desse modo, ajudavam e promoviam a fuga de escravos, compravam alforria, defendiam escravos em artigos ou mesmo em ações que envolviam a polícia, ajudavam na sabotagem aos donos dos escravos. Os negros e mulatos, como José do Patrocínio e André Rebouças, também se mobilizavam contra o sistema que lhes negava qualquer direito. Um árduo defensor da causa foi Joaquim Nabuco, com seus discursos inflamados condenando a escravidão.

Contudo, os grandes fazendeiros, principalmente do Nordeste e do vale do Paraíba, tinham extensa escravaria. Não admitiam a abolição, pois teriam grandes prejuízos com a perda do capital investido na compra de escravos. Reclamavam ser indenizados pelo governo caso houvesse o fim do trabalho escravo. Como eram maioria no Senado, os projetos de leis abolicionistas não eram aprovados. Também entre os abolicionistas não havia clareza de como seria realizado o processo de transição para o regime de trabalho livre, sendo que alguns abolicionistas também defendiam a indenização para os proprietários.

Mesmo enfrentando grande oposição, a **Lei dos Sexagenários**, também conhecida como **Saraiva-Cotegipe**, foi promulgada em 1885. Ela concedia liberdade aos escravos de 65 anos de idade ou mais. A importância da lei em termos práticos para os negros era bastante restrita, pois a

Princesa Isabel em 1870 e com seu marido, Conde D'Eu, já no exílio na França (ca. 1910). Biblioteca Nacional, Rio de Janeiro.

Os negros alforriados urbanos tinham ocupações como a retratada por Debret, em *Negro Vendendo Flores num Domingo no Rio de Janeiro*. Com a abolição, o contingente de escravos que migraram para a cidade foi significativo. Sem qualificação profissional, engrossaram as fileiras daqueles que viviam de biscates e venda ambulante.

idade média de um negro não ultrapassava os 40 anos e aos 65 anos os sobreviventes dificilmente tinham condições de trabalhar e de ser produtivos, com exceção dos que eram escravos da casa. Muitos escravos sexagenários não deixaram as fazendas depois da assinatura dessa lei, continuando a exercer as mesmas funções.

## A abolição

Tendo em vista todo esse debate a respeito do fim da escravatura, em 13 de maio de 1888, a princesa Isabel, que ocupava a regência do trono na ausência do pai, que estava fora do país, assinou a **Lei Áurea**, que acabava com a escravidão no país. Com um texto simples e direto exterminou-se o sistema escravista que tinha enriquecido europeus e brasileiros com o tráfico e tirado a liberdade de milhões e milhões de negros vindos da África. O Ceará, por ser uma província onde os escravos eram poucos, decretou o fim da escravidão em 1884, antes da proibição nacional.

Calcula-se que, com o fim da escravidão, cerca de 700 mil escravos ganharam a liberdade. Um contingente significativo já era livre. Alguns apontam para um número bem superior aos que foram libertos em 13 de maio. Em outras palavras, a maioria da população negra já era livre e sobrevivia como pequenos agricultores, artesãos, militares, biscateiros. Os que foram libertos em 13 de maio juntaram-se a essa população.

Efetivamente não houve nenhum plano para alterar a situação dos ex-escravos. No Nordeste, a maioria deles continuou trabalhando nas fazendas de seus antigos donos. Nas áreas cafeeiras, seis anos depois da abolição, eles eram 50% dos trabalhadores rurais; nas áreas de plantação de cana em São Paulo e no Rio de Janeiro chegavam a ser 60% do total de lavradores. Em ambas as regiões optou-se pelo tra-

DEBRET, J. B. *Op. cit.*

balho assalariado, principalmente nos momentos de colheita de safra, e também pelo regime de parcerias. Alguns negociavam com os antigos senhores, de forma que os libertos permaneciam na fazenda com sua família, e, em troca, asseguravam aos fazendeiros, que tinham o controle da terra, de que haveria mão de obra na região. Note-se que, em algumas regiões, a diminuição da mão de obra chegou a 20%, por isso os ex-escravos podiam negociar e garantir seu acesso à terra. Alguns conseguiram pequenos sítios e dedicaram-se à agricultura de subsistência ou tornaram-se tocadores de gado. Nas cidades, os postos de trabalho ficavam, em sua maioria, com os imigrantes, muitos deles com ofício aprendido em seus países de origem.

Os historiadores veem a abolição dos escravos não como uma concessão dos brancos aos cativos. O papel dos excluídos negros, pardos, mulatos e brancos foi fundamental nesse processo. Essa população se fazia presente, causando tumultos nas ruas do Rio de Janeiro e de São Paulo, despertavam polêmicas acerca de sua condição e da organização da sociedade brasileira. O período final da escravidão conheceu um crescimento nas fugas e ataques dos escravos contra senhores, tornando cada vez mais difícil manter os escravos no cativeiro. O crime escravo tornou-se uma prática corriqueira, o que deixava a elite branca e os donos de escravos cada vez mais assustados.

Missa campal em 1888 em celebração ao fim da escravidão. Biblioteca Nacional, Rio de Janeiro.

## Recortes da História

### Trecho do editorial do jornal *O Paiz*, de 14 de maio de 1888, do Rio de Janeiro

*O jornal O paiz descreve a abolição da escravatura como um momento histórico para o Brasil, enfatizando que ela foi proclamada de maneira pacífica. Nesse documento não aparece nenhum conflito. É preciso lembrar que se trata de um documento escrito pela elite letrada branca simpática à abolição e a leitura histórica nele exposta era interessante para esse grupo.*

Está extinta a escravidão no Brasil. Desde ontem, 13 de maio de 1888, entramos para a comunhão dos povos livres. Está apagada a nódoa da nossa pátria. Já não fazemos exceção no mundo. Por uma série de circunstâncias felizes fizemos em uma semana uma lei que em outros países levaria anos. Fizemos sem demora e sem uma gota de sangue. (...) Para o grande resultado de ontem concorreram todas as classes da comunhão social, todos os partidos, todos os centros de atividade intelectual, moral, social do país.

> **Nódoa:** desonra, mácula.

A glória mais pura da abolição ficará de certo pertencendo ao movimento abolicionista, cuja história não é este o momento de escrever, mas que (...) nunca de outra coisa se preocupou senão dos escravos, inundando de luz a consciência nacional. (...)

Logo que se publicou a notícia da assinatura do decreto, as bandas de música estacionadas em frente ao palácio executaram o hino nacional, e as manifestações festivas mais se acentuaram prolongando-se até a noite. O entusiasmo popular cresceu e avigorou-se rapidamente, e a instâncias do povo Sua Alteza a Princesa Imperial assomou a uma das janelas do palácio, em meio de ruídos e unânime saudação de mais de 10.000 pessoas que enchiam a praça D. Pedro II. (...)

**1)** O que significa dizer que a glória da abolição pertence ao movimento abolicionista?

# A mão de obra livre: a imigração

## As colônias de parceria e um novo projeto do governo imperial para atrair imigrantes

D. João VI já havia trazido imigrantes suíços e alemães para colonizar áreas no Rio de Janeiro e no Espírito Santo em experiências que não tiveram continuidade. Mais tarde, na década de 1820, nova tentativa foi feita com alemães para colonizar e ocupar o sul do Brasil. Entre 1824 e 1830 entraram por volta de 7 mil alemães destinados às áreas coloniais abertas no Sul (uma delas na província de São Paulo). O governo imperial subsidiava a vinda dos colonos, bem como pagava agenciadores de emigrantes na Europa. A imigração foi interrompida em 1830, com a promulgação de uma lei proibindo despesas com a colonização estrangeira, sendo retomada quase quinze anos depois com a fundação de colônias alemãs no Sul, no Rio de Janeiro (Petrópolis) e no Espírito Santo.

Os imigrantes ganhavam do governo brasileiro o direito de cultivar terras desocupadas, em muitos casos ainda cobertas por matas, onde poderiam produzir gêneros alimentícios destinados ao mercado interno. Contudo, grandes proprietários agrícolas, diante dos debates sobre o fim do tráfico de africanos, passaram a fazer forte oposição a esse modelo de colonização que não garantia a substituição dos trabalhadores escravos em suas propriedades.

Considerando que era fundamental para o desenvolvimento brasileiro o surgimento de pequenas propriedades e procurando, ao mesmo tempo, atender à demanda de mão de obra dos setores agrários voltados para a exportação, o senador Nicolau Vergueiro propôs, em 1845, a criação do sistema de **colônias de parceria**. O projeto previa que os trabalhadores estrangeiros, ao ingressar no Brasil, fossem trabalhar nas grandes lavouras, antes de se tornarem proprietários de terras. Os imigrantes passariam, por conseguinte, por uma fase de adaptação às condições naturais e sociais do país.

Os trabalhadores europeus teriam suas despesas de viagem e instalação cobertas por firmas agenciadoras, que os imigrantes ressarciriam, após um prazo determinado, pagando ainda juros de 6% ao ano. Nas fazendas, certo número de pés de café era entregue aos cuidados do colono e de sua família, os quais poderiam também utilizar parte das terras para o cultivo de gêneros alimentícios para subsistência. Os lucros com a produção de café e com os excedentes de alimentos seriam divididos entre os colonos e os proprietários da fazenda, que se encarregariam de colocar os produtos no mercado – diferentemente do que acontecia em colônias de parceria da Europa, nas quais os próprios trabalhadores ficaram responsáveis pela comercialização de sua parte da produção.

A firma *Vergueiro e Cia.* foi a única criada naquele período para agenciar imigrantes e se beneficiou de empréstimos feitos pelo governo brasileiro para desempenhar sua função – embora os imigrantes ficassem obrigados ao pagamento de juros pelos recursos que lhes eram adiantados, o Tesouro do Império emprestou o dinheiro para Vergueiro e seus sócios por três anos, sem a cobrança de nenhuma taxa.

Em 1847, foi criada na fazenda Ibicaba, em Limeira, no interior de São Paulo, de propriedade daquele senador, a primeira colônia de trabalhadores estrangeiros que tinham ingressado no Brasil a partir do novo projeto imigrantista. Até meados da década de 1850, a experiência aparentemente deu resultados satisfatórios: o governo imperial renovou empréstimos, sem juros, para a firma de Vergueiro, que passou a trazer trabalhadores para outras fazendas.

## Por que o imigrante europeu?

A expansão das lavouras cafeeiras necessitava de mão de obra para que sua curva de produção continuasse ascendente. Na década de 1850, a substituição de mão de obra não era apenas um problema brasileiro, pois a pressão pelo fim do tráfico e pela abolição não se restringia ao Brasil. Ingleses, franceses, espanhóis, holandeses com produções no Caribe enfrentavam dificuldades com a reposição de negros africanos.

Havia, nesse período, uma ideologia de que era necessário **branquear** o Brasil em função de teorias racistas europeias que colocavam o branco como o elemento civilizador perante as outras raças. Segundo essas teorias, a civilização europeia havia atingido um grande progresso civilizatório. No Brasil, tentava-se explicar o atraso do país pela pequena presença de europeus, grupo minoritário diante de indígenas e negros. Para os membros da elite, a raça branca teria uma tarefa civilizacional nas terras brasileiras.

O trabalhador pobre livre poderia ter sido uma opção, mas eles eram vistos pela elite como indolentes e incapazes de realizar o trabalho duro nas fazendas. O imigrante europeu seria o único capaz de dar conta do trabalho árduo, numa sociedade escravista e autoritária. Além disso, eram europeus e brancos, correspondendo ao sonho de branqueamento da elite brasileira.

Em termos externos, a Itália e Alemanha passavam pelo seu processo de unificação e pela modernização das relações de trabalho em moldes capitalistas, o que expulsou pequenos proprietários e favoreceu grandemente a emigração, não só para o Brasil, como também para os Estados Unidos e a Argentina. Além disso, perseguições religiosas e políticas e problemas como secas em outras áreas europeias incentivavam a emigração de russos, poloneses, eslovenos, suíços, espanhóis, entre outros.

## Saiba mais

### Racismo científico

Ao contrário do que se pode pensar, ao mesmo tempo em que crescia o movimento abolicionista, as ideias racistas ganhavam cada vez mais espaço na sociedade brasileira. O livro do homem de letras francês Arthur Gobineau, intitulado *Ensaio sobre a Desigualdade das Raças Humanas*, publicado na década de 1850, era bastante influente no pensamento da elite brasileira. Segundo Gobineau, os seres humanos dividiam-se em diferentes raças que podiam ser hierarquizadas: no topo estavam os povos brancos, cujo intelecto era mais desenvolvido. Os negros estavam no estágio mais baixo entre todas as raças e eram descritos como intelectualmente incapazes e sensuais. Entre os negros e brancos estavam os asiáticos, "amarelos", descritos como medíocres e apáticos, mas com um bom senso prático. Além de Gobineau, outros pensadores dedicaram-se ao estudo das raças, de forma que a ideia de que existiam raças humanas, cada uma com características específicas, tornou-se muito aceita. Antes do surgimento das teorias científicas racistas, os negros que viviam no Brasil já sofriam preconceito: eles estavam sempre vinculados à escravidão e eram tidos como culturalmente inferiores. Mas, com o racismo científico, o negro passou a ser visto como inferior por suas características biológicas: não importava mais o que eles fizessem durante sua vida, pouco adiantava educá-los já que se acreditava que eles eram naturalmente menos desenvolvidos.

As ideias racistas existentes na sociedade brasileira escravocrata foram reforçadas pelas novas "teorias científicas" e colaboraram para a elaboração de políticas por parte da elite imperial. Dessa forma, o racismo favoreceu a marginalização da população brasileira pobre, cuja maioria era formada por descendentes de africanos.

As teorias raciais foram também alvo de críticas, mas permaneceram vivas e aceitas até pelo menos a metade do século XX. Hoje, essas teorias já foram desmontadas e convencem poucas pessoas no meio científico. Ainda assim, o racismo permanece sendo uma triste realidade em muitos lugares do mundo e também no Brasil.

*Disponível em:*<www.cienciahoje.uol.com.br>.
*Acesso em*: 22 set. 2006.

## Disseram a respeito

### Os motivos do fracasso das colônias de parceria

*Em 1857, existiam em São Paulo cerca de sessenta colônias de parceria. Contudo, pouco depois o projeto foi abandonado, já que pouquíssimos fazendeiros se mostraram dispostos a continuar com a experiência dessas colônias. O historiador Warren Dean explica os motivos do desinteresse dos fazendeiros, da seguinte forma:*

A causa imediata de os fazendeiros perderem subitamente o interesse no regime de parceria de Vergueiro foi uma série de questões trabalhistas suscitadas pelos contratos, e que culminaram em 1856 e 1857 em greves e deserções generalizadas. A crise foi efeito direto da inflação interna, combinada com a estagnação no preço de exportação do café. Os trabalhadores viram-se cada vez mais atrasados em suas contas com fornecedores, enquanto seus ganhos provenientes do café permaneciam estacionários. Ao mesmo tempo, diante da discrepância entre os preços, eles passaram a dar maior atenção a suas culturas de alimentos de primeira necessidade do que ao café, o que tornava ainda mais difícil o pagamento das dívidas, prejudicando o lucro do fazendeiro. A perspectiva de viver como peões eternamente endividados, para uns, e de bancarrota para outros, endurecia as posições de ambos os lados. Para os primeiros, a irredutibilidade dos fazendeiros em revisar os termos dos contratos parecia parte de um desígnio implacável. Era fácil, portanto, perceber má-fé em todas as transações dos fazendeiros – nos livros de contabilidade, nos aparelhos de pesar e medir e nas taxas de câmbio a que trocavam suas moedas alemãs ou suíças. Davam-se conta de que os preços nos armazéns das fazendas eram em geral mais altos do que os da cidade. (...)

É fácil reconstituir as circunstâncias em que os fazendeiros perderam, por 30 anos, a oportunidade de substituir os escravos pelo trabalho livre. Todavia, resta averiguar as razões desse fracasso: o sistema não seria viável economicamente, ou havia no relacionamento entre fazendeiros e empregados algum obstáculo intransponível para um acordo aceitável por ambas as partes? (...) Os fazendeiros desistiram e os europeus suspenderam a emigração porque a parceria não garantia suficientes lucros para os primeiros, nem renda que possibilitasse aos últimos o pagamento de suas contas num prazo razoável. De fato, segundo cálculos [de alguns historiadores], os imigrantes tenderiam a ficar devendo cada vez mais. Se assim fosse, não é de surpreender que os fazendeiros voltassem a lançar mão dos escravos. (...)

[Contudo] enganaram-se ao desistir do trabalho livre, pois ambas as partes teriam melhorado os seus ganhos se tivessem persistido. Vários indícios dispersos a respeito das despesas e dos ganhos dos trabalhadores comprovam que uma família típica seria capaz de ficar livre de dívidas dentro de um período razoável (...) presume-se que a dívida familiar era insuportavelmente maior porque as crianças e a mulher eram improdutivas, o que é falso. Os proprietários reconheciam que as unidades familiares eram mais produtivas que os trabalhadores individuais, razão pela qual prefeririam contratá-las. A produção infantil era proporcional ao seu custo de manutenção, pois seus pais punham as crianças a trabalhar na lavoura de café ou de produtos de primeira necessidade quando atingiam os sete ou oito anos. Ainda que a mulher fosse obrigada a passar parte do tempo nas ocupações domésticas, ela também cuidava da horta e dos animais, e produzia a maior parte dos artigos da indústria caseira vendidos nas cidades. (...)

Outra linha de análise tem sido costumeira entre historiadores facilmente inclinados a crerem nas queixas dos fazendeiros. Tinham eles a opinião que o sistema de parceria fracassara porque os imigrantes eram de qualidade inferior. As cidades suíças e alemãs, alegavam eles, tinham agido deslealmente com os próprios cidadãos. Tinham colocado entre eles os indesejáveis – bêbados, idiotas, aleijados e senis –, obrigando às vezes certas famílias a acolhê-los como membros antes de lhes adiantarem dinheiro para a passagem. (...) Os imigrantes, sem dúvida, incluíam criminosos e outras pessoas indesejáveis, mas a maioria absoluta era simplesmente de gente pobre, tanto assalariados quanto agricultores. É um sofisma extremado examinar as credenciais dos imigrantes sem fazer o mesmo com os fazendeiros. Pelo menos a mesma proporção entre eles fracassou em seus empreendimentos, cometeu furtos, embebedou-se e maltratou as esposas, sem falar nos escravos. Suas excentricidades e falhas pessoais tinham um efeito mais profundo sobre as relações de trabalho do que a dos trabalhadores. (...)

Por outro lado, os fazendeiros não estavam preparados para tratar com os trabalhadores numa base meramente contratual. As pesadas condições do contrato eram essenciais para o estilo de controle dos fazendeiros: poderiam ser removidos seletivamente, como prêmios de expressões de lealdade e respeito. O aumento da produtividade ou mesmo a manutenção do relacionamento contratual eram considerações de somenos importância. O paternalismo dos fazendeiros, porém, só poderia manifestar-se se os empregados aceitassem a posição de dependentes. (...) Os trabalhadores europeus, contudo, consideravam tal tratamento como mera intimidação. Eles reagiam com apelos às autoridades públicas no sentido de restabelecer a relação contratual. Os fazendeiros, por sua vez, no princípio ficaram furiosos, depois aterrorizados com essa reação. Não tinham imaginado que trabalhadores fossem capazes de protestar, organizar-se e pedir investigações. (...) a partir da crise todos [fazendeiros] começaram outra vez a comprar escravos.

Fonte: DEAN, W. *Rio Claro*: um sistema brasileiro de grande lavoura – 1820-1920. Tradução: Waldívia Portinho. Rio de Janeiro: Paz e Terra, 1977. p. 95-116.

**1)** Cite duas críticas principais à postura dos fazendeiros em sua relação com os imigrantes.

# A imigração subvencionada

Como vimos, o fim da escravidão se aproximava de forma lenta e gradual. O governo brasileiro, diante da necessidade de mão de obra nas fazendas de café, patrocinava a **imigração subvencionada**. Dessa maneira, os imigrantes tinham a passagem paga pelo governo brasileiro, que, além disso, se encarregava de fazer a propaganda nos países europeus sobre as possibilidades de emigração. Os imigrantes seriam destinados às fazendas e receberiam salários por seu trabalho.

*Disponível em:* <ciencia.hoje.uol.com.br/view/1951>. *Acesso em:* 22 set. 2006.

Os imigrantes europeus vinham trabalhar nas lavouras de café. A maioria dirigiu-se para o interior paulista.

## A Lei de Terras de 1850

No decorrer dos períodos colonial e imperial a terra podia ser obtida por meio de doação da Coroa, compra, herança ou pela ocupação. No século XIX, a questão da posse da terra passou a preocupar governantes e grandes proprietários rurais.

Com a aprovação do fim do tráfico negreiro em 1850, e a possibilidade de intensa imigração, os grandes produtores de café não queriam que os colonos fizessem concorrência a eles, adquirindo terras. Era preciso valorizá-las e impedir que delas se apossassem. Também não queriam que ex-escravos, homens pobres livres tivessem acesso a elas. O argumento da elite agrária era que se essa população tivesse terras, poderia faltar mão de obra nas fazendas.

Depois de intensas discussões no Parlamento, a Lei de Terras foi aprovada em 1850. Ela tornava as terras que não podiam ter sua posse comprovada em terras devolutas, ou seja, todas as terras que não estivessem sob o domínio de um particular, por um título legal ou mesmo pela posse, eram terras do Estado.

Na prática, os proprietários de terras ocupadas teriam de ter seus limites demarcados e a comprovação do pagamento de um imposto territorial, para que fossem reconhecidos como donos do direito de uso. Essas medidas favoreceram os grandes proprietários que usavam de sua influência para legitimar a posse. A Lei também proibia a doação de terras, só sendo possível obtê-las por meio da compra.

*Disponível em*: <http://www.cienciahoje.uol.com.br>.
*Acesso em*: 22 set. 2006.

O porto de Santos era a principal porta de entrada desses imigrantes que deixavam sua terra natal na esperança de encontrar melhores condições de vida no Brasil. De Santos, a partir de 1886, eram levados à Hospedaria dos Imigrantes, no Bairro do Brás, em São Paulo. Eram vacinados, alimentados, recebiam informações sobre as vagas de trabalho disponíveis pela Agência Oficial de Colonização e Trabalho, e podiam permanecer na hospedaria por seis dias. De lá partiam para as fazendas a fim de trabalhar nas plantações de café.

O trabalho assalariado foi gradualmente substituindo o escravo. O Oeste paulista cafeeiro foi o principal centro de imigração no século XIX. O Brasil recebeu perto de 5 milhões de imigrantes entre 1819 e fins da década de 1940. Os três principais contingentes – italianos, portugueses e espanhóis – somaram mais de dois terços do total, seguidos pelos alemães e japoneses. Esses últimos só chegaram a partir de 1908 e se dirigiram para as fazendas de café em São Paulo e para as do norte do Paraná. Embora tivesse havido resistências pela etnia japonesa, os japoneses foram opção viável, tendo em vista as restrições impostas pelo governo italiano à emigração subvencionada.

Antiga Hospedaria dos Imigrantes, em São Paulo, recentemente transformada em museu.

| Distribuição dos principais grupos imigratórios por período de entrada (em milhares) | | | | | | |
|---|---|---|---|---|---|---|
| **PERÍODO** | **PORTUGUESES** | **ITALIANOS** | **ESPANHÓIS** | **ALEMÃES** | **JAPONESES** | **TOTAL** |
| 1851-1885 | 237 | 128 | 17 | 59 | — | 441 |
| 1886-1900 | 278 | 911 | 187 | 23 | — | 1.399 |
| 1901-1915 | 462 | 323 | 258 | 39 | 14 | 1.096 |
| 1916-1930 | 365 | 128 | 118 | 81 | 85 | 777 |
| 1931-1945 | 105 | 19 | 10 | 25 | 88 | 247 |
| 1946-1960 | 285 | 110 | 104 | 23 | 42 | 564 |
| **Total** | **1.732** | **1.619** | **694** | **250** | **229** | **4.524** |

*Fonte*: RIBEIRO, D. *O Povo Brasileiro*: a formação e o sentido do Brasil. São Paulo: Companhia das Letras, 1995.

## Tensões acerca dos costumes dos imigrantes

Choque cultural e choque social entre fazendeiros e imigrantes provocaram, de fato, a intervenção da força pública em favor do fazendeiro e protestos dos consulados em favor dos estrangeiros. Desde o início, a incorporação de trabalhadores livres estrangeiros nas fazendas de café revelou-se problemática. Numa fazenda fluminense do litoral, denominada Martim de Sá e situada perto da divisa de São Paulo, os trabalhadores alemães, chegados havia pouco tempo de Hamburgo, rebelaram-se contra os maus-tratos. O fazendeiro protestou, alegando que os imigrantes, "luxuosamente vorazes, começaram a exigir maior soma de alimentos (...) pretendendo igualmente que o proprietário os tratasse com iguarias delicadas e bebidas alcoólicas". Num universo rural cujas formas de revolta consistiam na fuga de escravos, ou no incêndio do canavial, provocado pelo morador que o senhor de engenho expulsara, surge, de maneira organizada na Fazenda Martim de Sá, um fenômeno extravagante que nem tinha nome, o pacto rebelde dos colonos alemães tachado pelo fazendeiro de "pacto de ociosidade": a greve dos trabalhadores rurais.

Hábitos alimentares europeus, fundados no costume milenar – duplamente milenar – do consumo de pão e por vezes, para os portugueses e italianos, de vinho, podiam ser suprimidos de maneira brutal no isolamento das fazendas, nas lonjuras do sertão. As "bebidas alcoólicas" desejadas pelos alemães não seriam, por exemplo, a cachaça, que rolava aos borbotões nos quatro cantos do território e costumava ser fornecida até como remédio aos escravos e aos moradores. Referiam-se a vinhos e cerveja, que a propaganda das casas importadoras nos jornais da corte, interessadas em aumentar o consumo desses produtos no Império, apresentava como bebidas do homem citadino, bem instalado na vida.

> **Citadino:** que vive na cidade.

*Fonte:* ALENCASTRO, L. F.; RENAUX, M. L. Caras e modos dos migrantes e imigrantes. In: ALENCASTRO, L. F. (Org.). *História da Vida Privada no Brasil.* São Paulo: Companhia das Letras, 1997. v. 2, p. 300-301.

# Revisitando a História

**1.** Analise a tabela abaixo e diga o porquê do aumento de escravos no Rio de Janeiro nesse período.

| PROVÍNCIA DO RIO DE JANEIRO | |
| --- | --- |
| **Ano** | **Número de escravos** |
| 1844 | 119.141 |
| 1877 | 370.000 |

*Fonte:* COSTA, E. V. da. *Da Senzala à Colônia.* São Paulo: Brasiliense, 1989. p. 178.

**2.** Com base na leitura do capítulo, explique por que ao estudarmos a história da escravidão não podemos entender os escravos simplesmente como "coisas".

**3.** "Depois de meia hora de viagem a cavalo chega-se a um velho portão, onde termina a propriedade do senhor Rudge ou onde, querendo Deus, breve começará a bela propriedade a despertar, com trabalho de braços livres, para uma cultura mais vigorosa e completo desenvolvimento. Com a diminuição do número de escravos e a futura falta de negros da África para aqui, o trabalho livre terá, pois, cada vez mais oportunidade, reputação e possibilidade, embora o velho hábito de escravidão e o lucro do trabalho negro pareçam sempre um Eldorado para os exploradores do trabalho negro. (...)
Muitos proprietários da Província [de São Paulo] e distintos agricultores reconheceram que já não mais convém o velho regime escravista da sova e tronco e recorreram ao braço livre na exploração de suas fazendas; e mandam vir da Alemanha e da Suíça famílias e trabalhadores aos centos e milhares. (...)"

*Fonte:* AVÈ-LALLEMANT, R. *Viagens pelas Províncias de Santa Catarina, Paraná e São Paulo* (1858). Belo Horizonte: Itatiaia, 1980.

Esse fragmento de texto é de um viajante europeu pelo Brasil, em 1858. Interpretando o texto e usando seus conhecimentos, diga:

a) Qual a posição dele em relação ao trabalho escravo e livre?

b) Por que, segundo o autor, faltariam no Brasil negros vindos da África?

c) Por que os fazendeiros brasileiros recorreram aos trabalhadores europeus?

**4.** Explique como funcionava o sistema da escravidão de ganho.

**5.** Releia o texto do boxe *Vivendo seu Tempo* sobre os imigrantes (acima) e responda: quais eram os choques culturais e sociais vividos pelos europeus recém-chegados ao Brasil?

**6.** Com base na gravura de Debret (página 534) e em seus conhecimentos, responda:

a) Qual era a situação dos libertos na sociedade brasileira do século XIX, antes e depois da abolição?

b) De que maneiras um escravo podia receber sua alforria?

c) Que participação os libertos tiveram na oposição ao regime escravista?

# Analise estas imagens

As duas fotos foram feitas na década de 1860 por José Christiano Júnior (1832-1902). Tiradas em estúdio, simulavam atividades profissionais de escravos urbanos. (Fotos de 1860. 10,5 × 6,1 cm cada.) In: *A Escrita da Memória*. São Paulo: Instituto Cultural Banco Santos, 2004.

Com base nas imagens, escreva:

a) Como as pessoas estão retratadas?
b) Identifique um detalhe na imagem que remeta à condição econômica de escravo.
c) Essas fotografias contribuíram para a difusão da imagem do Brasil como um país exótico? Justifique.

# Debatendo ideias

## Lei de Terras

Leia abaixo o preâmbulo do texto da Lei de Terras de 1850.

"Lei nº 601, de 18 de setembro de 1850.
Dispõe sobre as terras devolutas no Império, e acerca das que são possuídas por títulos de sesmaria sem preenchimento das condições legais, bem como por simples títulos de posse mansa e pacífica, e determina que, medidas e demarcadas as primeiras, sejam elas cedidas a título oneroso, assim para empresas particulares, como para estabelecimento de colônias de nacionais e de estrangeiros, autorizado o governo a promover a colonização estrangeira na forma que se declara."

Faça uma pesquisa sobre a questão fundiária no Brasil. Discuta com seus colegas os resultados da sua pesquisa e relacione-a com a Lei de Terras de 1850.

# Questões de vestibular

**1.** (FUVEST – SP) Examine a seguinte tabela:

| Ano | Nº de escravos que entraram no Brasil |
|-----|---------------------------------------|
| 1845 | 19.453 |
| 1846 | 50.325 |
| 1847 | 56.172 |
| 1848 | 60.000 |

*Dados extraídos de:* COSTA, E. V. da. *Da Senzala à Colônia.* São Paulo: Unesp, 1998.

A tabela apresenta dados que podem ser explicados

a) pela lei de 1831, que reduziu os impostos sobre os escravos importados da África para o Brasil.

b) pelo descontentamento dos grandes proprietários de terras em meio ao auge da campanha abolicionista no Brasil.

c) pela renovação, em 1844, do Tratado de 1826 com a Inglaterra, que abriu nova rota de tráfico de escravos entre Brasil e Moçambique.

d) pelo aumento da demanda por escravos no Brasil, em função da expansão cafeeira, a despeito da promulgação da Lei Aberdeen, em 1845.

e) pela aplicação da Lei Eusébio de Queirós, que ampliou a entrada de escravos no Brasil e tributou o tráfico interno.

**2.** (UFG – GO) A partir de 1850, houve um decréscimo significativo na importação de escravos no Brasil. Essa situação está relacionada

a) à permanência do tratado de 1810, renovado em 1826, reafirmando o compromisso do Brasil em abolir o tráfico negreiro.

b) ao início das campanhas abolicionistas, pressionando pela promulgação de leis que libertassem os escravos menores de 18 anos.

c) às sanções políticas da Inglaterra contrárias ao tráfico de escravos, obrigando à promulgação da Lei Eusébio de Queiroz.

d) à decretação da tarifa Alves Branco, que aumentava as taxas entre 30% e 60%, ocasionando dificuldades para importação.

e) aos desdobramentos da Guerra do Paraguai, que trouxeram desgastes políticos à Monarquia, abalando a manutenção da ordem escravista.

**3.** (UFG – GO) Leia o trecho a seguir.

(…) o triunfo na luta pela vida, entre nós, pertencerá ao branco; mas este, por causa das dificuldades do clima, necessita aproveitar do que de útil as outras duas raças lhe podem fornecer (…). Pela seleção natural, o tipo branco irá tomando a preponderância até mostrar-se puro e belo como no velho mundo. Todavia, isso acontecerá apenas quando já estiver aclimatado no continente. Nesse sentido, duas medidas contribuirão largamente para tal resultado: de um lado a extinção do tráfico africano e o desaparecimento constante dos índios, e de outro a imigração europeia.

*Adaptado de:* ROMERO, S. A literatura brazileira e a crítica moderna. 1880. AZEVEDO, C. M. M. de. *Onda Negra, Medo Branco:* o negro no imaginário das elites, século XIX. São Paulo: Annablume, 2004.

No século XIX, a diversidade racial era percebida por setores da elite como tema controverso para construção da nação brasileira. Nesse contexto, o juiz e deputado Sylvio Romero defendia uma miscigenação pela qual

a) a europeização da população fosse definida pelo caráter dominante dos genes brancos em relação à recessividade de africanos e indígenas.

b) a aclimatação do tipo branco europeu, seguindo os preceitos evolucionistas, contribuísse para a incorporação dos padrões culturais de índios e negros.

c) a prevalência do fenótipo branco fosse garantida por políticas estatais de controle do perfil racial desejável à constituição da nacionalidade.

d) os princípios da seleção natural fossem determinados pelas condições mesológicas das diferentes regiões do Brasil.

e) o aproveitamento das variações genéticas favoráveis de negros e indígenas levasse à integração das raças na formação da nação.

**4.** (PUC – RJ) Sobre a vinda de imigrantes ao Brasil, ocorrida durante a segunda metade do século XIX, estão corretas as afirmações abaixo, À EXCEÇÃO DE:

a) No Brasil, com a expansão da economia cafeeira, grande parte dos fazendeiros da região do Oeste Paulista optou em empregar imigrantes europeus como trabalhadores assalariados.

b) Quando chegavam ao Brasil, os imigrantes europeus encontravam boas condições de trabalho, tanto nas fazendas de café como nas fábricas em expansão, recebendo tratamento diferenciado daquele dispensado aos escravos.

c) A vinda de imigrantes para o Brasil relacionou-se com o processo de mudanças ocorrido na produção agrícola europeia, que deixou pequenos proprietários sem terras e camponeses sem trabalho.

d) Foi na década de 1870, sobretudo após a aprovação da Lei do Ventre Livre, que o governo imperial passou a subvencionar a vinda de imigrantes ao Brasil, pagando viagem, hospedagem e o deslocamento até as fazendas.

e) Entre os elaboradores das políticas imigrantistas no período imperial predominou a preferência pela vinda do branco europeu, considerado como elemento capaz de "civilizar" a nação brasileira em construção.

**5.** (UFPI) Sobre a economia brasileira na segunda metade do século XIX, pode-se afirmar, corretamente, que:

a) o fim do tráfico negreiro colocou grande quantidade de recursos à disposição da exploração de borracha de maniçoba na região amazônica.

b) a lei de terras e a criação do regime de sesmarias no Brasil foram de fundamental importância para o desenvolvimento da produção intensiva de algodão nas províncias de Pernambuco, Paraíba e Maranhão.

c) a implantação da Tarifa Alves Branco, ao extinguir a tributação da importação de maquinário para a indústria, o fim do tráfico negreiro e a lei de terras criaram o ambiente econômico favorável ao crescimento urbano e industrial no Brasil do segundo reinado.

d) o Barão de Mauá, maior empresário brasileiro do século XIX, foi favorecido por políticas econômicas que protegiam as atividades empresariais e que procuravam fomentar o desenvolvimento industrial.

e) Seu principal pilar de sustentação continuou fundado em atividades agrícolas e na mão de obra escrava.

**6.** (UFPR) (...) a colonização brasileira foi fortemente influenciada pela hierarquia excludente que vigorava no Velho Mundo antes mesmo de a colonização ter início. (...) a diferença social que veio do outro lado do Atlântico se transformaria, nos trópicos, numa nova sociedade excludente. Nova, sim, porque baseada em uma nova lógica social própria, que não pode ser reduzida à do Antigo Regime europeu (...).

*Fonte:* FRAGOSO, J.; FLORENTINO, M.; FARIA, S.
*A Economia Colonial Brasileira.*

A "nova lógica social" a que os autores se referem caracterizava-se

a) pelo estabelecimento de latifúndios e pela adoção dos privilégios existentes na sociedade europeia.

b) pelo surgimento de uma dinâmica burguesia na colônia, rica, mas excluída do poder político.

c) pela concessão de títulos de nobreza aos colonos ricos e pelo predomínio da escravização dos nativos.

d) pelo critério censitário para a participação política e pela distinção entre cristãos velhos e novos.

e) pela escravidão como base da economia e sociedade colonial e pela concentração de terras.

**7.** (UFJF – MG) A abolição da escravatura no Brasil tardou, só se concretizando após longa e dolorosa agonia. A política gradualista praticada pelo Governo, Parlamento e parte da sociedade brasileira foi, na época, importante para equacionar a questão da propriedade escrava.

Baseando-se nessa reflexão e em seus conhecimentos, responda:

a) O que quer dizer a expressão "política gradualista" ao se referir às ações do Estado e do Parlamento relativas à abolição da escravatura?

b) Para além da atuação do Governo e do Parlamento na abolição da escravidão, cite e analise a atuação de outros dois atores nesse processo.

**8.** (UFJF – MG) Entre 1808 e 1850, foram introduzidos mais de 1,4 milhão de cativos no Brasil, ou seja, cerca de 40% de todos os africanos desembarcados como escravos em três séculos da história do Brasil. Assinale a alternativa INCORRETA sobre o crescimento do tráfico negreiro para o Brasil, na primeira metade do século XIX.

a) Esse crescimento pode ser explicado, dentre outros fatores, pela expansão da atividade cafeeira, que converteu o Brasil no maior produtor mundial.

b) Esse crescimento deve-se, em parte, à diversificação da economia, representada tanto pelo crescimento da produção para o mercado interno quanto pela dinamização da agroexportação.

c) Esse crescimento sofreu forte oposição inglesa, que, através de ações militares e diplomáticas, tentou conter o tráfico negreiro transatlântico no período.

d) Esse crescimento do tráfico negreiro foi acompanhado, paradoxalmente, pela manutenção de taxas elevadas de alforrias, acentuando a diversificação social do período, principalmente nas cidades.

e) Esse crescimento vinha atender a demanda dos produtores da região nordeste, o que significou a concentração da maioria dos africanos recém introduzidos nessa região.

**9.** (UFU – MG) No contexto de transição da mão de obra escrava para a mão de obra livre, entre meados do século XIX e o início do século XX no Brasil, marque, para as afirmativas abaixo, (V) Verdadeira, (F) Falsa ou (SO) Sem Opção.

1 ( ) Houve incentivo do governo brasileiro à imigração de trabalhadores livres, pois eles constituiriam um mercado consumidor de produtos importados das indústrias europeias.

2 ( ) O maior consumo de produtos industrializados no Brasil fez com que aumentasse a necessidade de suprimento de mão de obra escrava no país, para produzir mais produtos agrícolas para a exportação.

3 ( ) O aumento do consumo de café no exterior tornou possível o aumento da entrada de trabalhadores livres no Brasil, para que estes pudessem exportar a produção para a Europa.

4 ( ) O quadro geral de desemprego na Europa, aliado ao decréscimo populacional no Brasil, possibilitou, dentre outros fatores, a emigração de trabalhadores livres para o país.

**10.** (UFC – CE) Por aproximadamente três séculos, as relações de produção escravistas predominaram no Brasil, em especial nas áreas de *plantation* e de mineração. Sobre este sistema escravista, é correto afirmar que:

a) impediu as negociações entre escravos e senhores, daí o grande número de fugas.

b) favoreceu ao longo dos anos a acumulação de capital em razão do tráfico negreiro.

c) possibilitou a cristianização dos escravos, fazendo desaparecer as culturas africanas.

d) foi combatido por inúmeras revoltas escravas, como a dos Malês e a do Contestado.

e) foi alimentado pelo fluxo contínuo de mão de obra africana até o momento de sua extinção em 1822.

**11.** (UFPR) A Lei 601 de 18 de setembro de 1850 obrigava ao registro de todas as terras efetivamente ocupadas e impedia a aquisição das terras devolutas (baldios) a não ser por compra.

*Fonte:* FRAGOSO, J.; SILVA, F. da. A Política no Império e no Início da República Velha.
In: LINHARES, M. Y. (Org.) *História Geral do Brasil.*

Um dos objetivos da referida lei era garantir

a) a subordinação do trabalhador livre, fosse ele brasileiro, ex-escravo ou imigrante, como mão de obra para os latifundiários.

b) a distribuição equitativa das terras, ao acabar com a doação de sesmarias que favorecia aqueles que tinham recursos.

c) tanto a aquisição de terras por parte dos imigrantes que chegavam ao Brasil quanto proibi-la aos libertos da escravidão.

d) os interesses dos fazendeiros e, principalmente, dos industriais, que necessitavam de mais trabalhadores e consumidores.

e) o acesso mais fácil à terra, de modo a estimular a expansão das fronteiras agrícolas voltadas para o mercado externo.

**12.** (UPE) A partir das últimas décadas do século XIX, uma série de mudanças importantes e cada vez mais rápidas marcou a cultura e a língua do Brasil, que foram motivadas pelo(pela)

a) fim da escravidão, pela chegada de imigrantes, pela industrialização e pelo contínuo deslocamento de milhares de pessoas de áreas rurais para o centro urbano.

b) crescimento das cidades que se multiplicaram, tornando-se verdadeiros "caldeirões" de línguas e pelo Romantismo que surgiu em oposição aos valores da sociedade proletária que então se firmava.

c) surgimento do Naturalismo que acentuava a relação entre o indivíduo e o meio ambiente e estimulava a reflexão sobre as condições ambientais de sua época.

d) Realismo que retratava a realidade de um modo direto e impessoal, embora se deixasse envolver emocionalmente por ela e pelo deslocamento do eixo cultural do campo para a cidade.

e) invenção do cinema que registrava cenas do cotidiano, do sentimento e da história, com a tecnologia do som e a imprensa que divulgava os principais eventos da sociedade.

**13.** (UFPB) No Brasil imperial, dentre outras, duas leis foram criadas a respeito do regime escravista: a Lei do Ventre Livre (1871) e a Lei dos Sexagenários (1885).

Nesse contexto, é correto afirmar que essas duas leis tinham como objetivo:

a) Responder às críticas francesas ao regime escravista.

b) Abolir de forma lenta e gradual a escravidão.

c) Substituir a mão de obra escrava por imigrantes.

d) Regulamentar o tráfico negreiro entre as províncias.

e) Extinguir de forma definitiva a escravidão no Brasil.

**14.** (UNICAMP – SP) O primeiro recenseamento geral do Império foi realizado em 1872. Nos recenseamentos parciais anteriores, não se perguntava sobre a cor da população. O censo de 1872, ao inserir essa informação, indica uma mudança, orientada por um entendimento do conceito de raça que ancorava a cor em um suporte pretensamente mais rígido. Com a crise da escravidão e do regime

monárquico, que levou ao enfraquecimento dos pilares da distinção social, a cor e a raça tornavam-se necessárias.

*Adaptado de: Lima, I. S. Cores, Marcas e Falas: sentidos da mestiçagem no Império do Brasil. Rio de Janeiro: Arquivo Nacional, 2003. p. 109, 121.*

A partir do enunciado, podemos concluir que há um uso político na maneira de classificar a população, já que

a) o conceito de raça permitia classificar a população a partir de um critério mais objetivo do que a cor, garantindo mais exatidão nas informações, o que era necessário em um momento de transição para um novo regime.

b) no final do Império, o enfraquecimento dos pilares da distinção social era causado pelo fim da escravidão. Nesse contexto, ao perguntar sobre a raça da população, o censo permitiria a elaboração de políticas públicas visando à inclusão social dos ex-escravos.

c) a introdução do conceito de raça no censo devia-se a uma concepção, cada vez mais difundida após 1870, que propunha a organização e o governo da sociedade a partir de critérios objetivos e científicos, o que levaria a uma maior igualdade social.

d) no final do Império, a associação entre a cor da pele e o conceito de raça criava um novo critério de exclusão social, capaz de substituir as formas de distinção que eram próprias da sociedade escravista e monárquica em crise.

**15.** (UFG – GO) Leia o documento apresentado a seguir.

Aos nossos concidadãos: É a voz de um partido a que se alça hoje para falar ao país (...) Só a opinião nacional cumpre acolher ou repudiar essa aspiração. Não reconhecemos nós outra soberania mais do que a soberania do povo, para ela apelamos. (...) Como homens livres e essencialmente subordinados aos interesses da nossa pátria, não é nossa intenção convulsionar a sociedade em que vivemos. Nosso intuito é esclarecê-la. Em um regime de compressão e de violência, conspirar seria nosso direito. Mas no regime das ficções e da corrupção em que vivemos, discutir é nosso dever.

*Adaptado de: FILHO, I. A. Brasil, 500 anos em documento. Rio de Janeiro: Mauad, 1990. p. 240.*

Publicado em 1870, o Manifesto Republicano analisa o regime monárquico e propõe um projeto político para o Brasil que

a) subordine as divisões regionais em nome de uma orientação partidária de cunho nacional.

b) adote a ação revolucionária como estratégia para conquista do poder e para o advento da República.

c) aponte o poder imperial como um regime omisso aos males da escravidão.

d) mobilize a sociedade com o objetivo de alcançar a vitória em um processo eleitoral.

e) defenda uma proposta compromissada com a redução das desigualdades sociais.

**16.** (ENEM)

**1850:** Lei Eusébio de Queirós (fim do tráfico negreiro)

**1871:** Lei do Ventre Livre (liberdade para os filhos de escravos nascidos a partir dessa data)

**1885:** Lei dos Sexagenários (liberdade para os escravos maiores de 60 anos)

**1888:** Lei Áurea (abolição da escravatura)

Considerando a linha do tempo acima e o processo de abolição da escravatura no Brasil, assinale a opção correta.

a) O processo abolicionista foi rápido porque recebeu a adesão de todas as correntes políticas do país.

b) O primeiro passo para a abolição da escravatura foi a proibição do uso dos serviços das crianças nascidas em cativeiro.

c) Antes que a compra de escravos no exterior fosse proibida, decidiu-se pela libertação dos cativos mais velhos.

d) Assinada pela princesa Isabel, a Lei Áurea concluiu o processo abolicionista, tornando ilegal a escravidão no Brasil.

e) Ao abolir o tráfico negreiro, a Lei Eusébio de Queirós bloqueou a formulação de novas leis antiescravidão no Brasil.

**17.** (ENEM) A Superintendência Regional do Instituto do Patrimônio Histórico e Artístico Nacional (IPHAN) desenvolveu o projeto "Comunidades Negras de Santa Catarina", que tem como objetivo preservar a memória do povo afrodescendente no sul do País. A ancestralidade negra é abordada em suas diversas dimensões: arqueológica, arquitetônica, paisagística e imaterial. Em regiões como a do Sertão de Valongo, na cidade de Porto Belo, a fixação dos primeiros habitantes ocorreu imediatamente após a abolição da escravidão no Brasil. O IPHAN identificou nessa região um total de 19 referências culturais, como os conhecimentos tradicionais de ervas de chá, o plantio agroecológico de bananas e os cultos adventistas de adoração.

*Adaptado de:*
<http://portal.iphan.gov.br/portal/montarDetalheConteudo.do?id=14256&sigla=Noticia&retorno=detalheNoticia>.
*Acesso em:* 1º jun. 2009.

O texto acima permite analisar a relação entre cultura e memória, demonstrando que

a) as referências culturais da população afrodescendente estiveram ausentes no sul do País, cuja composição étnica se restringe aos brancos.

b) a preservação dos saberes das comunidades afrodescendentes constitui importante elemento na construção da identidade e da diversidade cultural do País.

c) a sobrevivência da cultura negra está baseada no isolamento das comunidades tradicionais, com proibição de alterações em seus costumes.

d) os contatos com a sociedade nacional têm impedido a conservação da memória e dos costumes dos quilombolas em regiões como a do Sertão de Valongo.

e) a permanência de referenciais culturais que expressam a ancestralidade negra compromete o desenvolvimento econômico da região.

# Programas de Avaliação Seriada

**1.** (PRISE – UEPA) Sobre as relações de trabalho no Brasil do século XIX, leia o fragmento a seguir:

Não mandeis o vosso escravo adoentado para o trabalho; se tiver feridas, devem-se-lhe curar completamente para então irem ao serviço. Tenho visto em algumas fazendas pretos no trabalho com grandes úlceras, e mesmo assim lá andam a manquejar em risco de ficarem perdidos ou aleijados. Este proceder, além de desumano, é prejudicial aos interesses do dono (...).

*Fonte:* MARTINS, A. L. *Império do Café:* a grande lavoura no Brasil, 1850 a 1890. São Paulo: Atual, 1990. p. 61.

O fragmento expressa as recomendações do Barão de Pati de Alferes, grande proprietário de escravos, para com os trabalhadores, o que reflete, em relação a esse escravagista, uma:

a) atitude humanitária com os escravos que trabalhavam na fazenda de café, sobretudo porque os senhores fazendeiros faziam parte de Irmandades religiosas.

b) preocupação em manter um produto caro, que significava investimento e renda, muito mais que uma preocupação especial com a saúde do trabalhador da fazenda.

c) determinação em combater o tratamento desumano que imperava nas fazendas do Vale do Paraíba e, sobretudo, nos engenhos de açúcar.

d) preocupação com a escravaria porque o descaso para com a saúde dos trabalhadores poderia gerar rebeliões e fugas para o quilombo de Jabaquara.

e) atitude humanitária porque esta era a recomendação do Imperador, que tentava impedir grandes fugas de escravos para a cidade do Rio de Janeiro.

**2.** (PEIES – UFSM – RS) No contexto da História do Brasil do Segundo Reinado, constituem efetivas modificações socioeconômicas estruturais:

I. a proibição do tráfico externo de escravos negros vindos da África.

II. a mudança do eixo econômico para a região Sudeste com a expansão dos cafezais.

III. a emancipação da hegemonia econômica britânica através do desenvolvimento de um capitalismo brasileiro autônomo.

IV. a progressiva extinção do trabalho escravo e a expansão do trabalho assalariado.

Estão corretas as afirmativas:

a) I e II apenas.          d) III e IV apenas.

b) I e III apenas.         e) I, II e IV apenas.

c) II e III apenas.

# AS TRANSFORMAÇÕES E CONFIGURAÇÕES DO SÉCULO XIX

O historiador Nilo Odália afirmou que "o século XIX dá a impressão, às vezes, de ser uma vasta e rica cornucópia, de onde se retiram, conforme o gosto e o paladar de cada um, sonhos ou pesadelos. Amado ou odiado, ele está sempre presente; porém, à força de tanto tê-lo sob nossos olhos, é que as análises e interpretações que dele possuímos na mesma medida o revelam e o escondem. Se o que dizemos tem relação imediata com o século XIX europeu, ainda maior é o seu peso em relação à nossa própria história. Ele é uma presença acachapante, muitas e muitas vezes um fardo excessivo, cuja influência dificulta e embaraça o encontro de novos caminhos e novos ideais". Sem nos rendermos à sedução dos processos oitocentistas, devemos observar que as transformações e configurações do século XIX fazem parte dos percursos históricos que se aproximam de nossos tempos e permitem que visualizemos continuidades e rupturas entre aquele século e o tempo presente. Nesta unidade, abordaremos as revoluções europeias do século XIX, a emergência do imperialismo e seus alcances na África, Ásia e América, assim como aspectos da cultura e do pensamento oitocentista.

Unidade 8

# capítulo 34

# Nacionalismo, revoluções e as novas nações europeias

*A convivência entre duas forças políticas predominantes no início do século XIX continuou a agitar o continente europeu. De um lado, os defensores da limitação dos poderes monárquicos, com o estabelecimento de uma ordem constitucional que combatesse antigos privilégios no continente europeu; de outro, a reação das monarquias que depois do Congresso de Viena (1814-1815) tentavam conter impulsos reformistas em seus territórios. A participação política de diferentes camadas sociais nos processos históricos era mais evidente na Europa pós-Revolução Francesa. Trabalhadores urbanos, jovens e diferentes grupos com demandas transformadoras surgiram em várias regiões, como na Grécia e Espanha.*

## Os processos revolucionários dos anos 1820

Em 1820, uma primeira onda revolucionária, pós-Congresso de Viena, atingiu o Velho Continente. Os movimentos daquele ano reivindicavam basicamente que os governos aceitassem Constituições que estabelecem direitos e deveres para governantes e cidadãos, limitando os poderes dos governos absolutistas.

Na **Espanha**, tropas que seriam enviadas para reprimir os que lutavam pela independência das co-lônias espanholas na América se revoltaram em janeiro de 1820.

Os militares pressionavam para que o rei Fernando VII obedecesse à Constituição de 1812, escrita durante a ocupação francesa por resistentes espanhóis em Cádiz.

Durante a Restauração de 1815, Fernando VII prometeu cumprir a Constituição, porém o monarca não aboliu privilégios e manteve a ordem anterior, passando a perseguir líderes liberais e a censurar a imprensa.

Diante do movimento de 1820, Fernando VII acatou a pressão dos rebelados, mas a Santa Aliança enviou tropas para assegurar os princípios do Congresso de Viena e banir qualquer princípio liberal. Fernando VII saiu-se vencedor e o absolutismo foi restaurado na Espanha.

Resultado diferente foi obtido na **Grécia**. Os gregos se rebelaram contra o domínio do Império Otomano. O levante grego obteve simpatia de diferentes povos, sobretudo de escritores e defensores do princípio de que a Europa era herdeira da tradição cultural deixada por filósofos, pensadores e artistas desde a Antiguidade clássica. A defesa da liberdade no território que consideravam como o berço da civilização ocidental era uma forma de defender sua própria pátria e a mítica ideia de unidade cultural dos europeus.

Em 1822, foi proclamada a independência da Grécia. Porém, a data marcava apenas o início de uma longa guerra pela soberania. Inicialmente, as monarquias conservadoras da Europa deixaram os rebeldes gregos entregues à própria sorte. O sultanato turco-otomano, porém, teve dificuldades para vencer a aguerrida resistência grega. Os gregos obtiveram a simpatia do mundo cristão. Os monarcas da Inglaterra, Rússia e França, inicialmente indiferentes à ação militar, intervieram em favor dos gregos contra os turcos, que reconheceram a independência da Grécia em 1829.

O resultado da ação, entretanto, não foi o estabelecimento de um governo republicano. Por intervenção dos países europeus, estabeleceu-se uma nova monarquia na Grécia. Contudo, após uma sangrenta batalha, os defensores liberais na Europa identificaram no nacionalismo uma força poderosa contra o domínio de governos absolutistas nos movimentos seguintes de 1830 e 1848.

### As ondas revolucionárias do século XIX

Houve três ondas revolucionárias principais no mundo ocidental entre 1815 e 1848. A primeira ocorreu em 1820-4. Na Europa ela ficou limitada principalmente ao Mediterrâneo, com a Espanha (1820), Nápoles (1820) e a Grécia (1821). Fora a grega, todas as insurreições foram sufocadas. A Revolução Espa-nhola reviveu o movimento de libertação na América Latina (...).

A segunda onda revolucionária ocorreu em 1829-34, e afetou toda a Europa a oeste da Rússia e o continente norte-americano. (...) Na Europa, a derrubada dos Bourbon na França estimulou várias outras insurreições. (...)

A terceira e maior das ondas revolucionárias, a de 1848, (...) explodiu e venceu (temporariamente) na França, em toda a Itália, nos Estados alemães, na maior parte do império dos Habsburgo e na Suíça (1847). (...) Nunca houve nada tão próximo da revolução mundial com que sonhavam os insurretos do que esta conflagração espontânea e geral (...). O que em 1789 fora o levante de uma só nação era agora, assim parecia, "a primavera dos povos" de todo um continente.

*Fonte:* HOBSBAWM, E. J. *Op. cit.* p. 127-130.

**1)** Explique a relação entre os episódios de 1848 e a recuperação do espírito de 1789.

# Revolução de 1830

No decorrer do governo de Luís XVIII, irmão de Luís XVI, que ocupou o trono durante a Restauração da Monarquia francesa, havia três grupos políticos em disputa: os **ultrarrealistas**, que defendiam a restauração nos moldes do Antigo Regime, incluindo a devolução de bens confiscados da aristocracia; os **constitucionalistas**, composto de realistas moderados que defendiam a adoção da Carta de 1814, que, embora afirmasse que o poder do rei era divino, reconhecia limites ao poder real, com a presença de um poder legislativo eleito por voto censitário; e, por fim, os **independentes** ou **liberais**, compostos de bonapartistas e burgueses que defendiam seu espaço político.

O governo de Luís XVIII foi bastante moderado, mas não assegurou as condições para que se tivesse uma ordem política mais estável. A burguesia e os camponeses temiam os "emigrados", nobres que tinham fugido para o exterior e que reclamavam seus direitos.

Em 1824, com a morte de Luís XVIII, sem herdeiros, assumiu o trono seu irmão Carlos X, que era o líder dos ultrarrealistas. Em seu governo, a começar pela coroação realizada na cidade de Reims, numa antiga tradição real, iniciou-se a reação conservadora. Carlos X defendeu a Igreja e lhe deu poderes sobre o ensino, elogiou a antiga ordem pré-revolucionária, censurou a imprensa e mandou indenizar a nobreza pela perda de seus bens.

**(A)** Luís XVIII (pintura de R. Lefèvre, 1814) e
**(B)** Carlos X (G. François, Museu Carnavalet, Paris).

Essas medidas desagradaram a grandes grupos: burgueses, estudantes, trabalhadores, e levaram à vitória dos liberais nas eleições de 1830. O rei, por meio das Ordenações de Julho, dissolveu o Parlamento. Esse ato foi o estopim de um novo movimento revolucionário que levou Carlos X a abdicar do trono e exilar-se na Inglaterra. A burguesia, por sua vez, temendo um movimento mais radical que quisesse instaurar uma república, ofereceu o trono a Luís Filipe, primo de Carlos X. Os três dias de julho (27 a 29) de 1830, que levaram à queda de Carlos X e à ascensão de Luís Filipe, ficaram conhecidos como os "Três Dias Gloriosos".

A ascensão de Luís Filipe, sob a proteção da burguesia, consolidou o modelo burguês e incentivou movimentos que deram independência à Bélgica em relação aos Países Baixos e outras manifestações na Alemanha, Itália e Polônia, assinalando os limites do Congresso de Viena, que tentava conter os movimentos liberais pela Europa.

*Os Três Dias Gloriosos.* Tela de d'H. Lecomte, 1830. Museu Carnavalet, Paris.

O governo de Luís Filipe associou liberalismo econômico com conservadorismo político. Adotou a bandeira tricolor, que remetia à Revolução, e o ensino se difundiu como forma de favorecer o desenvolvimento econômico do país. O Parlamento foi valorizado, mas o voto por renda continuava restringindo a participação popular e favorecendo a alta burguesia e a nobreza. Além disso, a imprensa passou a ser censurada, sobretudo a republicana, a partir de 1831, quando o governo recrudesceu em face dos oposicionistas, por causa de manifestações realizadas em Paris e Lion:

A oposição ao regime de Luís Filipe era formada basicamente por:

• **legitimistas:** nobres, desejosos de restaurar o poder de Carlos X deposto em 1830, pois consideravam a deposição ilegítima, de acordo com as leis vigentes e os princípios do Congresso de Viena;

- **bonapartistas:** membros da pequena burguesia liderados por um sobrinho de Napoleão, Luís Bonaparte;
- **republicanos:** que se consideraram traídos pela Monarquia instaurada em 1830, pois esta não ampliou a participação política, com a preservação do voto por renda (cerca de 3% da população masculina tinha direito a voto). Eles defendiam o direito universal ao voto (ou seja, todos poderiam votar) e negavam o direito hereditário dos monarcas;
- **socialistas:** movimentos inspirados pelas teorias socialistas que ganhavam força e pretendiam organizar o proletariado.

Em 1847, a crise econômica gerada pelas péssimas colheitas elevou o preço dos alimentos e agravou a situação econômica, com reflexos na indústria e aumento do desemprego. A oposição, liderada pelos republicanos, começou a organizar reuniões políticas, que estavam proibidas. Como forma de burlar a repressão governamental, eles passaram a realizar "banquetes", durante os quais a oposição divulgava suas propostas, como a diminuição do censo eleitoral, e criticava a situação do país. Essas reuniões camufladas ficaram conhecidas como Campanha dos Banquetes. Um dos alvos da oposição era o ministro Guizot, principal auxiliar de Luís Filipe.

# Revolução de 1848 e a Segunda República francesa

Os republicanos planejavam um grande banquete no dia 22 de fevereiro de 1848, em Paris. Guizot, vendo nesse banquete um desafio ao governo, decidiu proibi-lo no dia marcado. A burguesia acatou a proibição, mas o proletariado de Paris rebelou-se, sendo seguido pela população da cidade. Por toda parte foram erguidas barricadas contra as forças do governo, e Luís Filipe, temeroso, substituiu o ministro Guizot e prometeu reformas. No entanto, a revolta popular não cedeu e no dia 24 o rei abdicou.

As gravuras populares, as mais difundidas são da cidade de Epinal, eram um importante instrumento de propaganda dos ideais da Revolução de 1848. Nessa imagem temos o trabalhador depositando suas armas e trocando-as por outra: o voto. Litografia sobre as eleições de 1848. Biblioteca Nacional, Paris.

Foi proclamada a Segunda República e um governo provisório assumiu o poder. Integravam o governo republicanos moderados e socialistas. As principais medidas adotadas pelo governo provisório foram: estabelecimento do sufrágio universal masculino, restabelecimento das liberdades de imprensa e reunião; abolição da pena de morte por razões políticas e da escravidão nas colônias; diminuição de uma hora na jornada de trabalho; criação dos *ateliers nationaux* , espécie de fábricas ou obras públicas do Estado para resolver o problema do desemprego, pois o governo havia reconhecido o direito ao trabalho, pelo qual o Estado deveria garantir as condições para uma subsistência digna, oferecendo trabalho aos cidadãos.

*Ateliers nationaux:* oficinas nacionais.

Enquanto enfrentava reivindicações mais radicais dos trabalhadores liderados pelos socialistas que queriam a instauração de uma República social, o governo provisório preparava as eleições com sufrágio universal, que ocorreram nos dias 23 e 24 de abril de 1848.

O proletariado urbano-industrial foi derrotado, com a vitória dos republicanos moderados. Esse resultado foi amparado pela liderança da burguesia, que vivia nas cidades, e pelos pequenos proprietários rurais que temiam por suas propriedades, diante das reivindicações dos trabalhadores organizados.

O governo reacionário instalado em maio tomou medidas como o fechamento das oficinas nacionais, pois os burgueses pensavam ser uma concessão ao socialismo e desperdício de verbas públicas. Essas medidas não foram aceitas pelos operários e eclodiram revoltas em numerosas cidades. Porém, os trabalhadores não contavam mais com as simpatias do campesinato, e no mês de junho, sob o comando do general Laforce Cavaignac, começava uma violenta repressão ao proletariado de Paris: quarteirões inteiros foram bombardeados, prisões e execuções somaram-se aos milhares, os partidos socialistas foram proscritos e os jornais, fechados. Os trabalhadores descobriram que a França unira-se contra eles. As **Jornadas de Junho**, como ficaram conhecidas, revelaram um país mais conservador do que se supunha inicialmente.

O proletariado foi esmagado e, com uma nova Constituição (4 de novembro de 1848) que previa dois poderes eleitos diretamente, com um presidente da República e uma Assembleia Nacional, foram realizadas eleições presidenciais em dezembro de 1848. O vencedor foi o sobrinho de Napoleão, Luís Bonaparte, que, apoiado por camponeses e trabalhadores, venceu o general Cavaignac.

Nas eleições legislativas de maio de 1849, o conservadorismo francês foi confirmado. Entre os 750 deputados, 500 pertenciam ao Partido da Ordem, uma coalizão que agregava monarquistas, conservadores e todos os que desejavam um regime político estável. Luís Bonaparte teve de governar com uma Assembleia Nacional muito mais conservadora do que ele.

Pretendendo ampliar seu poder, e sem direito à reeleição, como previa a Constituição, em 2 de dezembro de 1851, com apoio do exército, Luís Bonaparte deu o golpe que ficou conhecido, graças a Karl Marx, como 18 Brumário, pois o sobrinho tentava seguir os passos do tio: a Assembleia Nacional foi fechada, os jornais foram silenciados e as lideranças das oposições, colocadas na cadeia.

Na sequência, tal como Napoleão I, Luís Bonaparte realizou um plebiscito pedindo aos eleitores que apoiassem o golpe de Estado, o que se confirmou. Meses depois foi realizado outro plebiscito para decidir se a República deveria ser transformada em Império e, mais uma vez, o governante triunfou e Luís Bonaparte foi coroado imperador em dezembro de 1852, iniciando-se o Segundo Império, como Napoleão III, que se estendeu até 1870.

# O Nacionalismo

A ideia de soberania defendida pelos franceses durante a Revolução e pelos movimentos seguintes ao longo do século XIX deu força a um conceito extremamente importante para a política nos últimos dois séculos: o conceito de nação. Este mescla aspectos culturais (como língua, costumes), históricos (busca de origens comuns), geográficos (habitar uma determinada área) e políticos (formas de organização e associação) para criar uma representação que confira certa identidade e representatividade a um determinado grupo.

Associar a soberania com a nação é um critério político que designava que cada nação deveria organizar a sua vida política em um Estado. Esse processo é bastante dinâmico: uma nação é construída historicamente, ou seja, por mais que as pessoas possam supor vinculações remotas, a associação ou separação entre povos e comunidades tem as marcas de um tempo específico.

Por que isso era importante no contexto das revoluções do século XIX?

Ao se criar uma associação entre nação e Estado, por exemplo, é mais fácil obter a adesão e participação da população que será integrada por esse Estado. As vinculações que se difundiam com a soberania exercida pelos franceses criavam mecanismos de contestação ao monarca e privilegiavam a população que se identificava com a nacionalidade supostamente comum. As diferenças entre os grupos sociais (burgueses, camponeses, trabalhadores urbanos) desapareciam diante de uma característica comum: ser francês.

Com as invasões napoleônicas, as áreas ocupadas, como partes da atual Itália e Alemanha, tiveram movimentos locais que reagiam contra a invasão estrangeira. Surgiu outra forma de exaltação da nação: a resistência contra os invasores. Ou seja, a identidade nacional também cria oposições mais visíveis. Assim, por exemplo, um espanhol sabe que não é francês. E quando um francês tentou governar a Espanha, na ação de Napoleão que impôs seu irmão no trono espanhol, o povo espanhol reagiu contra o governante e o considerou governo ilegítimo.

Com o Congresso de Viena, como vimos, houve uma redefinição do mapa europeu e as monarquias tentaram asfixiar os movimentos nacionalistas crescentes. O Império Austríaco, por exemplo, tinha em seu interior diferentes nacionalidades, como húngaros, tchecos, romenos, italianos e alemães. Havia uma grande diversidade étnica e cultural reunida em um único Estado. Essas minorias, por exemplo, reivindicavam cada vez mais a sua soberania, para poder definir suas formas de organização política.

A Itália e a Alemanha, por exemplo, ainda não existiam como Estados centralizados até o século XIX. Movimentos políticos e culturais, como os artistas românticos, alimentaram o sentimento nacionalista e deram origem a esses dois novos Estados europeus.

# A unificação da Itália

A Itália do século XIX era dividida em várias regiões autônomas. Com os movimentos de 1848, os nacionalistas italianos iniciaram um movimento contra os domínios externos, de austríacos, franceses e do papado, e para unificar as diversas regiões em um Estado liberal. As rebeliões começaram na Sicília e se espalharam até o norte. Porém, a reação contrarrevolucionária conteve os movimentos liberais.

As principais lideranças das lutas pela unificação foram Mazzini, Cavour e Garibaldi. Giuseppe Mazzini (1805-1872) fundou um movimento – a Jovem Itália – e foi o principal nome do *Risorgimento,* nome de um periódico criado em 1847 e que depois se tornou sinônimo do movimento liberal e patriótico pela unificação. Camillo Benso de Cavour (1810-1861), primeiro-ministro piemontês, tinha uma concepção política pragmática e não defendia a criação de uma república, mas lutava pela ampliação do território de Piemonte e contra a presença dos austríacos no norte da Itália. Giuseppe Garibaldi (1807-1882) era um líder revolucionário que defendia a formação de uma república.

O encontro de Mazzini e Garibaldi; este último aderiu ao movimento do primeiro. *O Encontro de Dois Patriotas* (1833). Museu do Risorgimento, Turim.

Entre as concepções políticas distintas desses líderes havia pontos de convergência: ação contrária à presença estrangeira. A ação de Mazzini deu-se, por sua retórica e pela quantidade de textos escritos em jornais, com a propagação de um sentimento nacionalista entre os italianos. Mazzini defendia que o movimento revolucionário deveria partir de um sentimento de irmandade entre povos livres, mas com motivos locais, e assumir um caráter popular. Por isso, ao fundar o movimento Jovem Itália, depois de 1831, ele defendia uma tradição amparada na antiga República de Roma e que a Itália unificada poderia ser o marco de uma nova era entre as nações. Para muitos estudiosos, Mazzini era a alma do *Risorgimento*, o sentimento dos italianos contra a presença estrangeira.

A liderança diplomática coube a Cavour, primeiro-ministro de Piemonte-Sardenha, menos idealista do que Mazzini, defensor da unificação mas sob uma Monarquia constitucional. A habilidade de Cavour foi arregimentar apoio externo e vencer as disputas internas no processo de unificação italiana. Em 1859 Piemonte, que havia buscado o apoio francês em uma eventual guerra contra a Áustria, organizou exércitos e

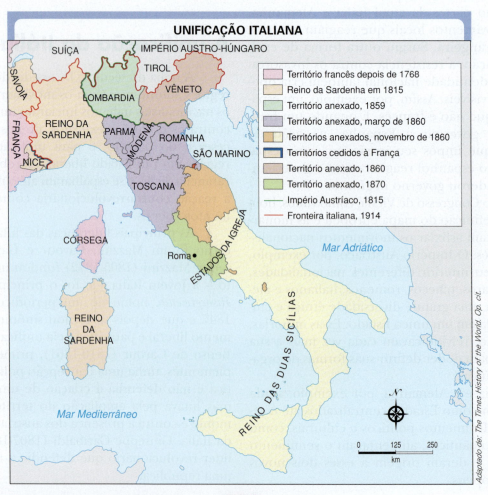

Adaptado de: The Times History of the World. Op. cit.

**UNIFICAÇÃO ITALIANA**

SUÍÇA
IMPÉRIO AUSTRO-HÚNGARO
TIROL
VÊNETO
SAVOIA
LOMBARDIA
FRANÇA
REINO DA SARDENHA
PARMA
MODENA
ROMÂNHA
SÃO MARINO
NICE
TOSCANA
CÓRSEGA
Roma
ESTADOS DA IGREJA
Mar Adriático
REINO DA SARDENHA
REINO DAS DUAS SICÍLIAS
Mar Mediterrâneo

Território francês depois de 1768
Reino da Sardenha em 1815
Território anexado, 1859
Território anexado, março de 1860
Territórios anexados, novembro de 1860
Territórios cedidos à França
Território anexado, 1860
Território anexado, 1870
Império Austríaco, 1815
Fronteira italiana, 1914

0    125    250
km

alimentou a tensão contra os austríacos. Estes declararam guerra ao Piemonte e, com a ajuda francesa, os exércitos piemonteses começaram a obter as primeiras vitórias em torno de seu objetivo de ampliação de seus domínios.

Com a vitória piemontesa, outras regiões da península itálica lutaram para se libertar. A guerra havia se tornado maior do que os planos de Cavour. Garibaldi levantou forças em Gênova, centro comercial com uma burguesia em parte republicana, e conquistou a Sicília, depois Nápoles, depondo o rei da dinastia Bourbon. Forças da Sardenha marcharam para o Sul.

As vitórias de Garibaldi e seus "camisas vermelhas" assustavam os mais conservadores, como Cavour, que ameaçou invadir os Estados Pontificais para conter Garibaldi. Percebendo os riscos de um embate que inviabilizaria o projeto de unificação da Itália, Giuseppe Garibaldi transferiu as áreas libertadas por seu grupo ao rei piemontês Vítor Emanuel II, em 1861, ano da morte de Cavour.

Mesmo sem Cavour a unificação ainda não estava completa: restavam as regiões de Veneza e Roma. Para anexar Veneza, a Itália entrou na guerra da Prússia contra a Áustria, em 1866, e, com a vitória dos prussianos, foi recompensada com a anexação de Veneza.

Roma, a sede do papado defendida pelos franceses, era a última região a ser incorporada. Com o cenário externo em ebulição, com a Guerra Franco-Prussiana, que surpreendeu os franceses e favoreceu a formação da Alemanha, os exércitos franceses abandonaram Roma e a cidade foi incorporada à Itália, em 1870, e declarada a capital do novo Estado independente e unificado.

## Saiba mais

### A questão romana

O papado foi um obstáculo para a unificação italiana. Com o abandono das tropas francesas, a cidade de Roma foi anexada à Itália. O papa declarou-se "prisioneiro no Vaticano" e não reconhecia o novo estado. Esse episódio ficou conhecido como a "Questão Romana" e só foi resolvido em 1929, quando o papa Pio IX e o dirigente italiano Benito Mussolini assinaram o Tratado de Latrão, pelo qual se reconhecia o Vaticano como território independente, dentro da capital italiana.

## Disseram a respeito

### A questão do nacionalismo

*O historiador Eric Hobsbawm é um dos estudiosos do conceito de nação e de nacionalismo. Para ele o conceito de "nação" ultrapassa o discurso político e, para ser compreendido, é necessário que se vejam as relações sociais, tecnológicas e culturais que permitem a criação de aspectos legitimadores de uma unidade política, social e cultural.*

Como a maioria dos estudiosos rigorosos, não considero a "nação" como uma entidade social originária ou imutável. A "nação" pertence exclusivamente a um período particular e historicamente recente. (...)

A "questão nacional" (...) está situada na intersecção da política, da tecnologia e da transformação social. As nações existem não apenas como funções de um tipo particular de Estado territorial ou da aspiração em assim se estabelecer (...), como também no contexto de um estágio particular de desenvolvimento econômico e tecnológico. A maioria dos estudiosos, hoje, concordaria que línguas padronizadas nacionais, faladas ou escritas, não podem emergir nessa forma antes da imprensa e da alfabetização em massa e, portanto, da escolarização em massa. Já foi, inclusive, mostrado que a capacidade de o italiano popular falado ser um idioma capaz de expressar toda a extensão das necessidades de uma língua do século XX, fora da esfera da comunicação doméstica e pessoal, está sendo construída hoje apenas como uma função das necessidades de programação da televisão nacional. As nações e seus fenômenos associados devem, portanto, ser analisados em termos de condições econômicas, administrativas, técnicas, políticas e outras exigências.

Por essa razão as nações são, do meu ponto de vista, fenômenos duais, construídos essencialmente pelo alto, mas que, no entanto, não podem ser compreendidas sem ser analisadas de baixo, ou seja, em termos de suposições, esperanças, necessidades, aspirações e interesses das pessoas comuns, as quais não são necessariamente nacionais e menos ainda nacionalistas. (...) Essa visão de baixo, isto é, a nação vista não por governos, porta-vozes ou ativistas de movimentos nacionalistas (ou não nacionalistas), mas sim pelas pessoas comuns que são o objeto de sua ação e propaganda, é extremamente difícil de ser descoberta.

*Fonte:* HOBSBAWM, E. J. *Nações e Nacionalismo desde 1780.* 3. ed. Rio de Janeiro: Paz e Terra, 2002. p. 19-20.

**1)** Segundo o texto, por que há um caráter dual nos movimentos nacionalistas?

# A unificação da Alemanha

A Confederação Germânica, criada depois do Congresso de Viena em 1815, abrigava 39 Estados independentes. Uma peculiaridade do caso germânico foi a unidade econômica obtida em 1834, liderada pela Prússia, com a criação da União Aduaneira (*Zollverein*). Esta abolia tarifas e barreiras internas, padronizava taxas e estimulava o comércio entre as regiões da Confederação, e ainda integrava áreas que tinham diferentes graus de desenvolvimento econômico. Com essa primeira unificação surgiram movimentos que manifestavam o interesse de ampliação da unidade. No entanto, a Áustria, que pertencia à Confederação mas não integrava a União Aduaneira, era um obstáculo nesse processo.

A habilidade política de Otto von Bismarck (1815-1898), chanceler da Prússia, levou a região a três conflitos importantes que favoreceram a unificação da Alemanha, sob a liderança prussiana.

Para Bismarck, a unificação só seria possível sem a presença dos austríacos. Mas antes de afrontá-los ele precisava de um pretexto para expulsar os austríacos da Confederação Germânica. Por isso, ao lado dos austríacos, a Prússia fez guerra contra a Dinamarca (1864) pela disputa de dois pequenos territórios.

Após a vitória, Áustria e Prússia não chegaram a um acordo sobre a partilha dos territórios. Bismarck atraiu a Áustria para a guerra. Os austríacos, por sua vez, entraram no conflito, pois perceberam as intenções prussianas: ou a Áustria continha a Prússia ou estaria fora dos rumos políticos e econômicos da Confederação Germânica.

Após a vitória na guerra contra a Áustria, em 1866, Bismarck não tomou nenhum território austríaco, mas a excluiu da nova conformação política que deu origem à Confederação Germânica do Norte. A liderança de Bismarck tornara-se incontestável e ele capitalizou os movimentos nacionalistas para ampliar o domínio prussiano na região. O autoritarismo do governo de Guilherme I, rei da Prússia, não permitiu que um governo constitucional fosse estabelecido, porém, a unidade política estava sendo assegurada. Faltava o apoio dos alemães do sul.

A ocasião veio com a Guerra Franco-Prussiana de 1870. Napoleão III não via com bons olhos a unificação alemã, pois criaria um Estado muito forte em suas fronteiras. Porém, um episódio externo alimentou a tensão e desencadeou a guerra.

O trono espanhol estava vago e um membro da família de Guilherme I da Prússia, Leopoldo, poderia assumir a Coroa. A França estaria cercada

A UNIFICAÇÃO DA ALEMANHA (1815-1871)

- A Prússia em 1815
- Aquisições prussianas, 1815-66
- Confederação Germânica, 1815
- Limite Sul da Confederação da Alemanha do Norte, 1867
- Alsácia-Lorena (território imperial), 1871
- Cidade livre
- Império Alemão, 1871
- Forças de ataque austro-prussianas sobre a Dinamarca, 1864
- Exército prussiano contra a Áustria, 1866
- Exército alemão na Guerra Franco-Prussiana, 1870-1871

Adaptado de: *The Times History of the World. Op. cit.*

pela família do governante da Prússia. Guilherme I discutiu a questão com o embaixador francês, posto que Napoleão III não queria a ascensão de Leopoldo.

Numa atitude calculada, Bismarck divulgou um documento secreto no qual supostamente teria havido troca de insultos entre o representante da França e o rei da Prússia. A reação foi imediata: o sentimento nacionalista uniu os germânicos do norte e do sul na luta contra os franceses. A vitória prussiana foi celebrada em pleno Palácio de Versalhes, em 1871, com o surgimento da Alemanha unificada e com a coroação de Guilherme I como *kaiser* (imperador) alemão.

A França ainda perdeu os territórios da Alsácia e Lorena, que mais tarde seriam reivindicados em outros conflitos na Europa.

Com a derrota, o governo de Napoleão III ruía e a França restaurava a República, após um intenso conflito, a Comuna de Paris.

## *Saiba mais*

### O Império Austríaco e suas múltiplas nacionalidades

O Império Austríaco, dominado pela secular dinastia Habsburgo, participou de quase todos os conflitos europeus do século XIX. Para entender esse processo é fundamental observarmos a composição das nacionalidades que estavam sob domínio austríaco. Muitas das nacionalidades eram inimigas. Quando o nacionalismo ganhou força no século XIX, o Império Austríaco tornou-se um terreno fértil para rebeliões que ameaçavam sua integridade.

Os outros países que queriam ampliar seus domínios ou mesmo consolidar as unificações a partir de nacionalidades que estavam submetidas pelos representantes da dinastia Habsburgo desafiavam a Áustria, uma das monarquias mais importantes durante o Congresso de Viena.

No mapa ao lado podemos ver a quantidade de nacionalidades dentro do Império Austríaco.

UM ESTADO MULTINACIONAL: AS NACIONALIDADES NO IMPÉRIO AUSTRO-HÚNGARO

LÉGENDS CARTOGRAPHIE-MARIE-SOPHIE PUTFIN – ADAP.

## *Vivendo seu tempo*

### A diversidade dos idiomas e culturas diante do nacionalismo emergente

*A língua é usada como um dos artífices do estabelecimento de uma unidade nacional. No texto da historiadora Lynn Hunt observamos que as diversidades eram maiores do que apregoam as teorias de unificação a partir do nacionalismo.*

"... o nacionalismo se tornou cada vez mais fechado e defensivo. A mudança refletia a enormidade da tarefa de criar uma nação. A ideia de que a Europa podia ser caprichadamente dividida em nações-Estados de etnicidade e cultura relativamente homogêneas era desmentida pelo próprio mapa linguístico. Toda nação-Estado abrigava minorias linguísticas e culturais no século XIX, mesmo aquelas estabelecidas havia muito tempo, como a Grã-Bretanha e a França. Quando foi declarada a república na França, em 1870, metade dos cidadãos não sabia falar francês: os outros falavam dialetos ou línguas regio-nais como o bretão, o franco-provençal, o basco, o alsa-ciano, o catalão, o córsico, o occitano ou, nas colônias, o crioulo. Uma grande campanha de educação teve de ser empreendida para integrar todos na nação. As nações aspirantes enfrentavam pressões ainda maiores por causa da maior heterogeneidade étnica: o conde Camillo di Cavour, primeiro-ministro do novo Reino da Itália, tinha como primeira língua o dialeto piemontês, e menos de 3% de seus concidadãos falavam o italiano padrão. A situação era ainda mais caótica na Europa Oriental, onde muitos grupos étnicos diferentes viviam em grande intimidade. Uma Polônia revivida, por exemplo, incluiria não só uma comunidade substancial de judeus, mas também lituanos, ucra-nianos, alemães, bielo-russos, cada um com sua língua e tradições.

*Fonte:* HUNT, L. *A Invenção dos Direitos Humanos* – uma história. São Paulo: Companhia das Letras, 2009. p. 185-186.

# A Comuna de Paris

Com a derrota francesa na Guerra Franco-Prussiana, Paris voltou a agitar-se. A população não aceitava a derrota na guerra e era contrária aos acordos de paz celebrados pelo governo provisório que havia substituído Napoleão III.

Republicanos e conservadores divergiam sobre os rumos a serem seguidos após a derrota. Os republicanos pretendiam dar continuidade à guerra, embora o exército estivesse fragilizado; os conservadores queriam celebrar a paz e restaurar o regime monárquico. Correntes políticas como os socialistas tinham outras reivindicações, como a instalação de uma república socialista.

As condições para a reorganização francesa eram complexas. Em fevereiro de 1871 foi eleita uma nova Assembleia Nacional com liderança conservadora e Adolfo Thiers foi designado chefe do Poder Executivo. Thiers negociou o armistício , que impunha pesadas multas à França e a diminuição de seu território. A população revoltou-se contra o governo, pela humilhação provocada pelo Tratado, negociado em Frankfurt.

> **Armistício:** acordo que suspende momentaneamnte as hostilidades entre adversários em uma guerra.

A derrota para o exército alemão (1870) destruiu o Segundo Império, o de Napoleão III, e fez surgir a Terceira República francesa. *Anúncio da Abolição do Regime Imperial em frente ao Palácio do Legislativo.* Detalhe de óleo sobre tela de Jules Didier e Jacques Gauiaud. Museu Carnavalet, Paris.

Em Paris, nas eleições locais, de março de 1871, o poder passou a ser exercido pelos socialistas, que estabeleceram a liberdade de imprensa, a consagração de reivindicações de trabalhadores, como autogestão, diminuição da jornada de trabalho e desapropriação de imóveis desocupados, o fim da subvenção estatal à Igreja, garantia de ensino laico e gratuito, entre outras conquistas.

Esse governo constituído por socialistas e com a participação de anarquistas ficou conhecido como **Comuna de Paris**.

Após dois meses de governo houve uma violenta repressão aos *communards*. O governo central, liderado por Thiers e instalado em Versalhes, atacou Paris. Mais de 40 mil pessoas foram presas, cerca de 15 mil foram executadas sem julgamento e milhares, deportadas.

A Comuna havia sido massacrada e a ordem conservadora foi restabelecida com severidade.

Nas eleições seguintes, dois monarquistas, Thiers e Mac-Mahon, assumiram a presidência e lideraram a reconstrução da República francesa com políticas conservadoras e uma nova Constituição estabelecida em 1875.

> **Communards**: como eram chamados os integrantes da Comuna.

## Recortes da História

### A Internacional

*Hino composto por Eugène Pottier durante a repressão à Comuna de Paris. Em 1888 foi musicado por Pierre De Geyter e, a partir de 1944, foi escolhido como o hino da União Soviética.*

De pé, ó vitimas da fome
De pé, famélicos da terra
Da ideia a chama já consome
A crosta bruta que a soterra
Cortai o mal bem pelo fundo
De pé, de pé, não mais senhores
Se nada somos neste mundo
Sejamos tudo, ó produtores
Bem unidos façamos
Nesta luta final
Uma terra sem amos
A Internacional
Senhores, Patrões, chefes supremos
Nada esperamos de nenhum
Sejamos nós que conquistemos
A terra mãe livre e comum
Para não ter protestos vãos
Para sair desse antro estreito
Façamos nós por nossas mãos
Tudo o que a nós diz respeito
(...)
Crime de rico a lei cobre
O Estado esmaga o oprimido
Não há direitos para o pobre
Ao rico tudo é permitido
À opressão não mais sujeitos
Somos iguais todos os seres
Não mais deveres sem direitos
Não mais direitos sem deveres
(...)

Abomináveis na grandeza
Os reis da mina e da fornalha
Edificaram a riqueza
Sobre o suor de quem trabalha
Todo o produto de quem sua
A corja rica o recolheu
Querendo que ela o restitua
O povo só quer o que é seu
(...)
Nós fomos de fumo embriagados
Paz entre nós, guerra aos senhores
Façamos greve de soldados
Somos irmãos, trabalhadores
Se a raça vil, cheia de galas
Nos quer à força canibais
Logo verás que as nossas balas
São para os nossos generais
(...)
Pois somos do povo os ativos
Trabalhador forte e fecundo
Pertence a Terra aos produtivos
Ó parasitas deixai o mundo
Ó parasitas que te nutres
Do nosso sangue a gotejar
Se nos faltarem os abutres
Não deixa o sol de fulgurar
(...)

**1)** Por que a Internacional tornou-se um símbolo dos comunistas? Indique um aspecto de sua letra que justifique sua resposta.

# Cinemateca

**Daens – um Grito de Justiça** (1992, França/Bélgica/Holanda, dir.: Stijin Coninx) Filme sobre os movimentos operários do final do século XIX. Destaca a exploração do trabalho industrial e o papel da Igreja com sua doutrina social *Rerum Novarum*.

**Germinal** (1992, França/Brasil, dir.: Claude Berri) Baseado na obra homônima de Émile Zola, tem como tema central a greve dos trabalhadores de minas de carvão na França, no século XIX.

**Os Miseráveis** (1998, EUA, dir.: Billie August) Baseado na obra homônima de Vitor Hugo, um homem é condenado à prisão por ter roubado um pão. Ele escapa e passa a ser perseguido por um ambicioso policial que fará de tudo para prendê-lo novamente.

**O Leopardo** (1963, Itália, dir.: Luchino Visconti) O filme passa-se na Sicília, no século XIX. O príncipe de Salina, Don Fabrizio, começa a perceber que a atuação de Garibaldi iria alterar de forma inexorável a estrutura de poder então dominante na Sicília e na aristocracia local em toda a Itália.

# Revisitando a História

**1.** Analise a emergência dos processos revolucionários na década de 1820. Como eles podem ser explicados durante o período de domínio dos ideais de restabelecimento das monarquias previstos pelo Congresso de Viena?

**2.** Compare os processos ocorridos em 1820 na Espanha e na Grécia e analise as diferenças de comportamento das monarquias que integravam a Santa Aliança, como Rússia, Inglaterra e França, nos dois casos.

**3.** Cite dois motivos pelos quais a França continuou vivendo grandes agitações políticas por todo o século XIX.

**4.** Com base na gravura da página 551 criada como propaganda para o movimento francês de 1848 responda:

a) Que mudanças são exigidas pelos autores dessa gravura?
b) A que princípio lançado pela Revolução Francesa essa gravura se relaciona?

**5.** "Nós somos um povo de vinte e um a vinte e dois milhões de homens, designados desde um tempo imemorial sob um mesmo nome – aquele do povo italiano – encerrado dentro dos limites naturais mais precisos que Deus jamais traçou (…)."

Fonte: MAZZINI, G. *A Itália, a Áustria e o Papa.*
Traduzido de: <http://www.archive.org>.
Acesso em: 24 set. 2010.

"(…) não considero a nação como uma entidade social originária e imutável. A 'nação' pertence exclusivamente a um período particular e historicamente recente. Ela é uma entidade social apenas quando relacionada a uma certa forma de Estado territorial moderno, o 'Estado-nação'; e não faz sentido discutir nação e nacionalidade fora desta relação. Além disso, (…), eu enfatizaria o elemento de artefato, da invenção e da engenharia social que entra na formação das nações. (…). Em uma palavra (…) o nacionalismo vem antes das nações. As nações não formam os Estados e os nacionalismos, mas sim o oposto."

Fonte: HOBSBAWM, E. *Nações e Nacionalismo desde 1780.*
São Paulo: Paz e Terra, 1989.

a) Com base na leitura do capítulo e do texto de Hobsbawm acima, responda: qual é o "período particular" e "historicamente recente" a que o autor se refere no trecho acima?
b) A principal ideia defendida por Hobsbawm contradiz o que afirmam muitos dos discursos nacionalistas, como o de Mazzini. Que ideia é essa?

**6.** Por que o nacionalismo é um importante elemento político para explicar os processos do século XIX? Em quais áreas ele foi decisivo para a constituição de novos Estados?

# Analise esta imagem

*A Liberdade Conduzindo o Povo*. Eugéne Delacroix, 1831. Óleo sobre tela, 325 × 260 cm. Museu do Louvre, Paris.

Delacroix viveu no século XIX, em uma França que passou por várias revoluções políticas, cujas consequências foram importantes transformações tanto econômicas e políticas quanto sociais e culturais. Herdeiro da chamada estética neoclássica, difundida a partir da Revolução Francesa, e cujas principais características eram a exigência de rigor formal por parte dos artistas e a preocupação com a difusão dos ideais revolucionários (celebração do público e culto à ideia de que do conjunto de cidadãos como verdadeiros portadores da soberania). Porém, Delacroix não se prendeu a essa estética, sendo considerado um dos precursores do movimento romântico na pintura. Em linhas gerais, podemos dizer que o Romantismo procurou romper com o Neoclassicismo ao privilegiar a retratação do exótico, do onírico e ao conferir mais liberdade formal para os artistas pintarem suas telas.

Delacroix representa em *A Liberdade Conduzindo o Povo* o 30 de julho de 1830 na França. O quadro foi pintado naquele mesmo ano e faz referência às três jornadas revolucionárias recém-ocorridas. O quadro corresponde a uma pintura oficial, que celebra os acontecimentos que culminaram com a subida ao trono de Luís Filipe, duque de Orleans. Anos depois, com a mudança na situação política da França, o quadro de Delacroix deixou de ser valorizado e chegou a ser devolvido a ele, em 1839. Só em 1848, em novo contexto de exaltação política, é que a obra voltou a ser exposta ao público.

A personagem central da tela é a Liberdade, alegoricamente representada por uma mulher. Mas não se trata de uma mulher qualquer, é na verdade *Marianne*, que se tornou um símbolo da república francesa que é utilizado até hoje (a espécie de touca que ela usa, que a identifica como símbolo da França pós-revolucionária). O quadro de Delacroix ajudou não só a construir Marianne, mas também inspirou outras representações da Liberdade, como a Estátua da Liberdade de Nova Iorque, um presente dado pelos franceses para o centenário da independência norte-americana.

**1.** Faça uma breve descrição das seguintes figuras representadas na obra. Por que elas são retratadas dessa forma?

a) A mulher representando a Liberdade.
b) O garoto que empunha uma arma.
c) O homem que usa uma cartola.
d) As pessoas mortas ao chão.

**2.** *A Liberdade Conduzindo o Povo* é muitas vezes descrita como uma imagem revolucionária emblemática. Como a revolução é representada no quadro? Trata-se de uma construção idealizada? Por quê?

**3.** A violência é retratada como algo negativo na obra? Justifique sua opinião.

**4.** O personagem principal do quadro é a Liberdade, representada por uma mulher. Dessa forma, com base nesse quadro podemos dizer que a mulher foi incluída como agente do processo revolucionário pelo pintor? Justifique sua resposta utilizando elementos da tela.

# Debatendo ideias

"O nacionalismo foi um sentimento alimentado durante a formação de novos países e acirrou a animosidade no continente europeu. No entanto, entre a defesa da autonomia dos povos e uma política nacionalista exacerbada ocorreram vários conflitos nos séculos XIX e XX. A xenofobia pode ser relacionada ao nacionalismo."

Comente a frase, explicando por que a xenofobia e o nacionalismo estão vinculados e por que esse comportamento deve ser combatido.

# Questões de vestibular

**1.** (UNICAMP – SP) Nos Estados Unidos da década de 1870, o projeto político sulista de excluir os negros venceu. Os Republicanos Radicais ficaram isolados em sua defesa dos negros e tiveram que enfrentar a oposição violenta do terrorismo branco no sul. A Ku Klux Klan, formada por veteranos do exército confederado, virou uma organização de terroristas, perseguindo os negros e seus aliados com incêndios, surras e linchamentos. A depressão de 1873 apressou o declínio dos Republicanos Radicais, que sentiram a falta do apoio financeiro dos bancos. Para o público, a corrupção tolerada pelos Republicanos Radicais agora parecia um desperdício inaceitável.

*Adaptado de:* EISENBERG, P. L. *Guerra Civil Americana.* São Paulo: Brasiliense, 1982. p. 102-105.

a) De acordo com o texto, aponte dois fatores que levaram à vitória do projeto de exclusão dos negros no sul dos Estados Unidos após a Guerra da Secessão.
b) Quais foram as causas da Guerra da Secessão?

**2.** (FUVEST – SP) No século XIX, o surgimento do transporte ferroviário provocou profundas modificações em diversas partes do mundo, possibilitando maior e melhor circulação de pessoas e mercadorias entre grandes distâncias. Dentre tais modificações, as ferrovias

a) facilitaram a integração entre os Estados nacionais latino-americanos, ampliaram a venda do café brasileiro para os países vizinhos e estimularam a constituição de amplo mercado regional.
b) permitiram que a cidade de Manchester se conectasse diretamente com os portos do sul da Inglaterra e, dessa forma, provocaram o surgimento do sistema de fábrica.
c) facilitaram a integração comercial do Ocidente com o extremo Oriente, substituíram o transporte de mercadorias pelo Mar Mediterrâneo e despertaram o sonho de integração mundial.
d) permitiram uma ligação mais rápida e ágil, nos Estados Unidos, entre a costa leste e a costa oeste, chegando até a Califórnia, palco da famosa corrida do ouro.
e) permitiram a chegada dos europeus ao centro da África, reforçaram a crença no poder transformador da tecnologia e demonstraram a capacidade humana de se impor à natureza.

**3.** (FUVEST – SP)

Francisco José de Goya y Lucientes, 3 de maio [de 1808] em Madri.

A cena retratada no quadro simboliza a

a) estupefação diante da destruição e da mortalidade causadas por um tipo de guerra que começava a ser feita em escala até então inédita.
b) Razão, propalada por filósofos europeus do século XVIII, e seu triunfo universal sobre o autoritarismo do Antigo Regime.
c) perseverança da fé católica em momentos de adversidade, como os trazidos pelo advento das revoluções burguesas.
d) força do Estado nacional nascente, a impor sua disciplina civilizatória sobre populações rústicas e despolitizadas.
e) defesa da indústria bélica, considerada força motriz do desenvolvimento econômico dos Estados nacionais do século XIX.

**4.** (FUVEST – SP) Uma casa dividida contra si mesma não subsistirá. Acredito que esse governo, meio escravista e meio livre, não poderá durar para sempre. Não espero que a União se dissolva; não espero que a casa caia. Mas espero que deixe de ser dividida. Ela se transformará só numa coisa ou só na outra.

Abraham Lincoln, em 1858.

Esse texto expressa a

a) posição política autoritária do presidente Lincoln.
b) perspectiva dos representantes do sul dos EUA.
c) proposta de Lincoln para abolir a escravidão.
d) proposição nortista para impedir a expansão para o Oeste.
e) preocupação de Lincoln com uma possível guerra civil.

**5.** (PUC – SP) A expansão dos Estados Unidos em direção ao oeste, na primeira metade do século XIX, envolveu, entre outros fatores, a

a) intervenção norte-americana na guerra de independência do México, da América Central e de Cuba.
b) anexação militar do Alasca, resultado de longo conflito armado com a Rússia.
c) Guerra de Secessão, que opôs os escravistas dos estados do sul aos abolicionistas do norte.
d) implantação de um sistema legal rigoroso nas áreas ocupadas, evitando conflitos armados na região.
e) remoção indígena, transferindo comunidades indígenas que viviam a leste do rio Mississipi para outras regiões.

**6.** (UFG – GO) Leia o excerto do documento abaixo.

Temos diante do cumprimento de nossa missão – para todo desenvolvimento do princípio de nossa organização – a liberdade de consciência, a liberdade da pessoa, a liberdade de comércio e negócios, a universalidade da liberdade e da igualdade. Esse é o nosso elevado destino, eterno e inevitável, decreto da natureza de causa e efeito, que devemos realizar. Tudo isso será a nossa história futura para estabelecer na terra a dignidade moral e a salvação do homem. Para levar essa missão abençoada às nações do mundo, que estão afastadas da luz que dá vida de verdade, foi escolhida a América. Então, quem pode duvidar que o nosso país será destinado a ser a grande nação do futuro?

Adaptado de: SULLIVAN, J. O. Destino Manifesto, 1839. Disponível em: <www.mtholyoke.edu/acad/intrel/osulliva.htm>. Acesso em: 11 out. 2010.

Esse discurso, conhecido como Destino Manifesto (1839), expressava as bases nas quais se sustentava a política externa dos Estados Unidos. Além disso, ele produziu uma imagem sobre a nação norte-americana que permanece sendo atualizada. Diante do exposto, explique a relação entre

a) os princípios do Destino Manifesto e a autoimagem da nação norte-americana;

b) essa autoimagem e a política externa norte-americana, na década de 1840.

**7.** (UFMG) O ano de 1848 ficou célebre em razão da onda de revoluções que varreu, então, a Europa – evento denominado Primavera dos Povos. O objetivo maior dos revolucionários de toda parte era alcançar a liberdade e combater a opressão; em algumas regiões, porém, as palavras de ordem reivindicavam, também, o fim do jugo estrangeiro, ou seja, demandavam autonomia para as nações.

Considerando-se os eventos ocorridos em 1848 e suas consequências, é CORRETO afirmar que,

a) na Alemanha, se instalou, com sucesso, uma República parlamentar, que aboliu as instituições imperiais e consolidou a unidade do país.

b) na França, se proclamou, outra vez, a República, mas Luís Napoleão Bonaparte, o Presidente eleito, instituiu, por meio de um golpe, o II Império.

c) na Inglaterra, uma série de greves gerais colocou em xeque a Monarquia, que precisou recorrer à Lei Marcial para recobrar a ordem.

d) na Rússia, os revolucionários ocuparam o poder durante alguns meses, o que provocou reação sangrenta e guerra civil.

**8.** (UFJF – MG) Nos anos que se seguiram a 1848, o panorama político europeu foi caracterizado pela política das nacionalidades. Foi nesse cenário que ocorreu a formação do Reino da Itália e surgiu o Império Alemão. Sobre os processos de unificação desses países marque V para as alternativas verdadeiras e F para as falsas.

( ) A busca de unidade política e econômica, como base do desenvolvimento capitalista, favoreceu o fortalecimento do Estado e a integração dos mercados.

( ) Ambos os países tiveram o nacionalismo fortalecido com guerras externas.

( ) A unificação desses estados levou ao desenvolvimento de democracias participativas.

( ) Um passo importante no processo de unificação foi a adoção da Zollverein, que acabou com as barreiras alfandegárias entre os estados germânicos.

Marque a sequência CORRETA.

a) V; V; F; V.
b) V; F; F; F.
c) F; V; F; V.
d) F; V; V; F.
e) V; V; V; V.

**9.** (PUC – SP) O culpado se chama burguesia. (...) Sim, a pátria está subjugada, Paris desonrada e, amanhã, terá a canga prussiana presa em seu pescoço. Mas é ela, a burguesia, quem prendia as mãos da revolução e esmagava sous dedos (...).

VALLÈS, J. (1º/3/1871). In: Le Cri du Peuple Crônicas da Comuna. São Paulo: Ensaio, 1992. p. 17.

O texto, escrito no calor da luta da Comuna de Paris, relaciona o movimento

a) à revolução social proletária e à resistência contra a invasão estrangeira da cidade.

b) ao nacionalismo francês e prussiano e à revolução política liderada pela burguesia.

c) à reforma constitucional e à ampliação dos mecanismos institucionais de participação política.

d) ao fim do poder republicano burguês e à restauração do império na França.

e) à instalação do comunismo e à necessária repressão aos anarquistas.

**10.** (UFU – MG) No final do século XIX, as condições de vida da população urbana dos Estados Unidos modificaram-se bastante, como resultado das transformações que acompanharam a industrialização.

A respeito das modificações nas condições de vida dos estadunidenses, marque, para as afirmativas abaixo, (V) Verdadeira, (F) Falsa ou (SO) Sem Opção.

1 ( ) Aumento da jornada de trabalho com o surgimento e consolidação das grandes corporações capitalistas e diminuição do tempo de lazer em função da ampliação da mecanização e da linha de montagem nas indústrias.

2 ( ) Surgimento de uma nova concepção de divertimento público, desprovida dos valores cívicos das elites da época, e voltada aos valores eminentemente comerciais de empresários determinados a atrair a massa da população.

3 ( ) Aumento da renda e da qualidade de vida da chamada classe média urbana e em menor escala alguma melhoria para os trabalhadores de certos setores da indústria, em especial para os operários mais qualificados.

4 ( ) Aumento da oferta e do consumo de bens considerados supérfluos, que antes não eram disponíveis ou não faziam parte da cesta básica do trabalhador industrial ou do trabalhador urbano, como cigarro, bebida e lazer organizado.

**11.** (PUC – MG) As mudanças do sistema capitalista a partir de 1870/1880, nas sociedades mais industrializadas, tiveram como característica principal:

a) Fortalecimento da democracia como regime mais racional na condução dos povos civilizados.

b) Fortalecimento das práticas de livre-cambismo devido à concorrência perfeita desenvolvida no capitalismo da época.

c) Aumento da concentração e da centralização do capital monopolista dentro da lógica do imperialismo.

d) Aparecimento de uma nova esquerda, fundadora de uma ética mais humanista e voltada para os interesses populares.

**12.** (UFAC) O surgimento do Império Alemão e a formação do Reino da Itália, bem como toda uma série de conflitos pelo controle da região dos Estreitos de Bósforo e Dardanelos, estão inseridos no contexto daquilo que ficou conhecido, no panorama político europeu de meados do século XIX, como a "política das nacionalidades". A consolidação da unificação italiana e alemã, no entanto, somente se completaria nos anos 1870-1871.

O que estava por trás desses conflituosos processos de unificação?

a) A afirmação de um poder aristocrático.
b) A vitória dos ideais políticos e econômicos do liberalismo.
c) A consolidação do Vaticano como expressão maior de poder sobre aquelas regiões.
d) A derrota dos ideais de liberdade, igualdade e fraternidade expandidos pela revolução francesa.
e) A consolidação do prestígio e poder de Napoleão III sobre aquelas regiões.

# Programas de Avaliação Seriada

**1.** (PAVE – UFPel – RS) A gravura abaixo foi feita em 1848, ano em que diversas revoluções abalaram as principais cidades europeias.

Na legenda original lia-se: (...)
O burguês (de cartola) diz: "Conde, eu vou matá-lo porque você tem uma carruagem e eu tenho apenas botas".
O trabalhador (de boné) diz: "Burguês, vou matá-lo porque você tem botas e eu tenho apenas sapatos".
O maltrapilho diz: "Trabalhador, vou matá-lo porque não tenho botas nem sapatos".

Os textos estão vinculados à conjuntura da(s) Revolução(ões)

a) Francesa.
b) Liberais na Europa.
c) Inglesa.
d) Russa.
e) Gloriosa.

**2.** (PISM – UFJF – MG) Leia, atentamente, as frases abaixo, que tratam da Unificação italiana e, em seguida, marque a alternativa CORRETA.

I. O Norte e o Sul da Itália vivenciaram um desenvolvimento histórico-cultural diferente, o que dificultou o processo de unificação na Itália.

II. O nacionalismo na Itália criou dois projetos distintos para a unificação. De um lado, os monarquistas, liderados por Cavour; de outro, os republicanos, que tinham à frente Mazzini e Garibaldi.

III. No processo de unificação, foi adotada a forma monárquica de governo.

a) Todas estão corretas.
b) Todas estão incorretas.
c) Apenas a I e a II estão corretas.
d) Apenas a I e a III estão corretas.
e) Apenas a II e a III estão corretas.

**3.** (PISM – UFJF – MG) Leia, atentamente, a citação abaixo a respeito da **Comuna de Paris** e, em seguida, assinale a alternativa CORRETA.

Os homens e mulheres que fizeram a Comuna de Paris, em 1870, eram de extração social operária e vinham se organizando em torno de ideias que tendiam ao socialismo. (...) Dois terços da população economicamente ativa da cidade eram compostos de assalariados, (...) e mais da metade desta mesma população ativa trabalhava na indústria. Paris convertera-se, ao longo do Segundo Império (1852-1870), numa cidade de assalariados e industrial.

*Fonte*: BOITO JR., A.
Comuna Republicana ou Operária?
In: *A Comuna de Paris na História*.

a) Uma de suas causas foi o atraso industrial da França, onde o processo de industrialização só eclodiu no último quartel do século XIX.
b) Influenciou outros movimentos de operários anarquistas que defendiam a instituição de uma república com sufrágio universal.
c) Foi um movimento organizado, em sua maioria, por trabalhadores influenciados pelo ideário socialista.
d) Conseguiu, ao longo de duas décadas, manter sua estrutura de poder e fundar as bases da nova república na França.
e) Influenciou movimentos de libertação colonial na segunda metade do século XIX, conclamando a união dos trabalhadores.

# capítulo 35

# Os Estados Unidos
# e a América Latina no século XIX

*O século XIX na América foi caracterizado por rápidas transformações políticas e econômicas ocorridas nas diferentes regiões do continente. É nesse contexto que os Estados Unidos, após uma violenta guerra civil (Guerra de Secessão), passaram a experimentar uma expansão territorial e econômica em direção ao Oeste e a outras partes do continente, o que os transformou, no final do século XIX, em uma nova potência hegemônica no cenário global. Ao longo do mesmo século as mudanças político-econômicas ocorridas nas ex-colônias ibéricas explicitavam os desafios que suas sociedades encontrariam no processo de reorganização de seus Estados. As especificidades de cada país e a afirmação dos projetos políticos nacionais e internacionais no continente americano constituem os temas deste capítulo.*

## A expansão territorial nos EUA do século XIX

Após a independência, ocorrida em 1776, os EUA começaram um movimento que ficou conhecido como a **Conquista do Oeste**. Era a conquista de novas áreas em busca de ouro, da posse de terras férteis e de oportunidades não encontradas nas áreas tradicionais da costa leste.

Os indígenas foram as grandes vítimas desse movimento migratório norte-americano. Os colonos adentravam nas áreas habitadas pelos nativos e, apesar de vencerem algumas batalhas, os indígenas foram sendo dizimados. As terras onde os indígenas praticavam um sistema produtivo de livre pastoreio tornavam-se propriedades privadas e eles eram confinados em reservas. As grandes corporações, como as companhias das estradas de ferro e empresas agropecuárias, foram fundamentais para essa expansão. Vultosos recursos foram empregados para a consolidação da conquista dessas áreas, contrariando a visão tradicional da teoria do "Destino Manifesto", pela qual os norte-americanos espontaneamente haviam sido escolhidos por Deus para conquistar as áreas mais distantes entre o Leste e o Oeste, ou seja, do Atlântico ao Pacífico.

### *Disseram a respeito*

#### Expansão para o Oeste e a questão indígena no século XIX

A penetração nas planícies e montanhas por mineiros, migrantes e diligências tornou inevitáveis problemas com os índios. A longa e sanguinolenta história da luta pelo último Oeste constitui um dos casos menos agradáveis da história norte-americana. Provavelmente não era possível uma solução pacífica desse conflito entre a civilização agressiva e expansiva do século XIX e uma cultura que dependia de amplos espaços de caça. Ainda assim, erros agravaram ainda mais um problema já por si difícil. Parte do fracasso pode ser atribuída a divergências, a administradores civis em brigas com soldados, a soldados discordando entre si e a colonos discutindo com humanitaristas do Leste. (...) Ainda assim, nenhuma atrocidade indígena foi mais horripilante do que atos de brancos, como o massacre de Sand Creek em 1864, quando várias centenas de homens, mulheres e crianças de uma tribo que tentava render-se foram exterminados e seus corpos mutilados por um destacamento de tropas federais. (...) Desde o governo Monroe, a política oficial do governo fora transferir os índios para terras além da fronteira branca. (...) As reservas tornaram-se menores e mais congestionadas com o avanço dos colonos, e o reassentamento forçado dos índios teve de ser suplementado com ajuda de carnes, gêneros alimentícios e roupas.

*Fonte*: SELLERS, C. *Uma Reavaliação da História dos EUA*. Rio de Janeiro: Jorge Zahar Editor, 1990.

**1)** O que foi o massacre de Sand Creek?

**2)** O que é uma reserva indígena nos EUA?

O argumento do Destino Manifesto era fundamentado na religiosidade dos norte-americanos e na recuperação da ideia de predestinação que havia guiado os "pais fundadores" durante a fundação das colônias. O nacionalismo estadunidense era alimentado por esse argumento, ao mesmo tempo que conquistas territoriais importantes ocorriam.

Os acordos diplomáticos e as guerras empreendidas pelos EUA resultaram no estabelecimento de novas fronteiras e na criação de povoados e ocupação do território.

Na década de 1820, a fronteira dos Estados Unidos já havia ultrapassado a região do Mississípi. Na década de 1840, superou o Meio-Oeste e atingiu as costas do Pacífico.

FORMAÇÃO DO TERRITÓRIO ESTADUNIDENSE

OREGON 1846 (tratado com Inglaterra)

LOUISIANA 1803 (adquirida da França)

MÉXICO 1846 (cessão)

ESTADOS UNIDOS 1783

TEXAS 1803 (anexado)

FLÓRIDA 1819 (cessão da Espanha)

GADSDEN 1853 (adquirida do México)

ALASKA 1867 (adquirida da Rússia)

ANA OLIVIA JUSTO/acervo da editora

Os EUA incorporaram novos territórios por meio de compra (adquirindo a Louisiana da França; o Alasca da Rússia e a Flórida da Espanha), por meio de guerras (como as movidas contra o México para obter o Texas, o Novo México e a Califórnia, que retiraram praticamente a metade do território mexicano) ou acordos diplomáticos (como o que incorporou o Oregon, negociado com a Grã-Bretanha).

## Recortes da História

### A Nação e a Liberdade no discurso de Lincoln

*No discurso de Gettysburg (19/11/1863), um cemitério militar na Pensilvânia onde estavam sepultados soldados que lutaram na Guerra Civil americana, o presidente Abraham Lincoln trata dos valores da democracia americana. Pontos importantes a serem identificados são o apelo nacionalista do discurso e a vinculação que o presidente faz com os ideais da independência americana.*

*Um governo do povo, pelo povo e para o povo, consagrado ao princípio de que todos os homens nascem iguais.*

Há 87 anos, os nossos pais deram origem neste continente a uma nova Nação, concebida na Liberdade e consagrada ao princípio de que todos os homens nascem iguais.

Encontramo-nos atualmente empenhados numa grande guerra civil, pondo à prova se essa Nação, ou qualquer outra Nação assim concebida e consagrada, poderá perdurar. Eis-nos num grande campo de batalha dessa guerra. Eis-nos reunidos para dedicar uma parte desse campo ao derradeiro repouso daqueles que, aqui, deram a sua vida para que essa Nação possa sobreviver. É perfeitamente conveniente e justo que o façamos.

Mas, numa visão mais ampla, não podemos dedicar, não podemos consagrar, não podemos santificar este local. Os valentes homens, vivos e mortos, que aqui combateram já o consagraram, muito além do que nós jamais poderíamos acrescentar ou diminuir com os nossos fracos poderes. O mundo muito pouco atentará, e muito

PHOTOS.COM

O presidente norte-americano Abraham Lincoln é considerado um dos maiores líderes políticos daquele país por sua atuação durante a Guerra de Secessão.

pouco recordará o que aqui dissermos, mas não poderá jamais esquecer o que eles aqui fizeram.

Cumpre-nos, antes, a nós os vivos, dedicarmo-nos hoje à obra inacabada até este ponto tão insignemente adiantada pelos que aqui combateram. Antes, cumpre-nos a nós os presentes, dedicarmo-nos à importante tarefa que temos pela frente – que estes mortos veneráveis nos inspirem maior devoção à causa pela qual deram a última medida transbordante de devoção – que todos nós aqui presentes solenemente admitamos que esses homens não morreram em vão, que esta Nação com a graça de Deus venha gerar uma nova Liberdade, e que o governo do povo, pelo povo e para o povo jamais desaparecerá da face da Terra.

*Disponível em: <http://www.arqnet.pt>. Acesso em: 12 jul. 2006.*

**1)** Por que o discurso de Lincoln é um apelo à unidade?

A expansão para o Oeste agravou a divisão entre o Norte e o Sul dos EUA, existente desde o período colonial. O Norte, industrializado, queria uma política protecionista com a elevação de taxas alfandegárias, inviabilizando a entrada de produtos externos e, dessa forma, forçando o Sul a adquirir seus produtos. O Sul, latifundiário e fornecedor de matéria-prima, ainda tinha outro grande ponto de discordância com o Norte: era uma economia escravocrata. O Norte desejava abolir a escravidão e aumentar o mercado consumidor.

As tensões entre as duas áreas acentuaram-se com a Conquista do Oeste, quando se discutia qual modelo a ser seguido pelas novas regiões incorporadas. Os EUA mantinham certo equilíbrio entre os dois modelos com a adoção do Compromisso do Missouri, em 1820, pelo qual os territórios ao Norte adotariam o modelo do trabalho livre e os territórios ao Sul teriam trabalho escravo. Esse equilíbrio foi quebrado pela Califórnia, em 1850, que deveria ser escravocrata e adotou o trabalho livre.

Nas eleições de 1860 foi eleito presidente Abraham Lincoln, que defendia princípios econômicos e políticos identificados com o Norte. O Sul não reconheceu a eleição e separou-se do Norte, formando os Estados Confederados da América.

A Guerra de Secessão, como ficou conhecida, durou de 1861 a 1865 e foi extremamente violenta, com mais de 600 mil mortos. As condições econômicas do Norte e a utilização de meios modernos como o telégrafo e as estradas de ferro contribuíram para a vitória dos exércitos do Norte.

Com o triunfo nortista o modelo industrial ganhou força e acelerou o crescimento econômico dos EUA, que despontavam no final do século XIX como uma das maiores economias do mundo.

Em 1865, com uma emenda à Constituição, proibiu-se a escravidão nos EUA, mas os negros estavam longe de obter as mesmas condições sociais e políticas dos brancos.

## *Disseram a respeito*

### O abolicionismo nos EUA e no Brasil

Diferenças históricas – em orientação religiosa, distanciamento ou não da sociedade escravista, e contato intelectual com descendentes de africanos – nutriam de modo muito diverso as imagens projetadas pelos abolicionistas americanos e brasileiros com respeito ao senhor e ao escravo, assim como suas distintas reflexões sobre o racismo e o destino do escravo libertado. Os abolicionistas americanos consideravam o senhor sulista o pior do mundo, e os escravos como seus irmãos esquecidos. Já os abolicionistas brasileiros, menos enfáticos em sua denúncia do senhor, por certo consideravam o escravo uma vítima, mas também um elemento perturbador e maléfico da sociedade e sua engrenagem econômica.

Os abolicionistas americanos estenderam as suas críticas ao norte onde as chamadas instituições livres praticavam uma crescente discriminação contra os cidadãos de ascendência africana. Ao seu ver, o racismo fora inventado nos Estados Unidos de modo a assegurar que os libertos e seus descendentes continuassem escravizados a uma vida de miséria e humilhação. Em contraste, o racismo nunca se tornou um tema dominante do abolicionismo brasileiro. Além de acreditarem que o Brasil era um país excepcional devido à sua suposta tolerância em relação aos negros, os abolicionistas brasileiros haviam se imbuído de um modo de pensar de cunho racial de acordo com os padrões assinalados pelas teorias científicas mais prestigiosas de seu tempo. (...)

No momento mesmo que os afro-brasileiros descobriam que a condição de livres não os libertava da pobreza e da violência, os afro-americanos perdiam o direito de voto nos estados sulistas. Após o fracasso da Reconstrução Radical nos anos 1870, os libertos perderam todos os direitos dos quais haviam usufruído por um breve período. Sua exclusão do direito de voto foi apenas o início de uma trajetória de crescente violência contra eles. Como Nate Shaw, filho de um liberto, lembrou anos depois, se os brancos não mais podiam escravizar os negros como antes, tirar-lhes o direito de voto significava seguir nessa direção.

Como os abolicionistas americanos bem souberam prever, a escravidão não cessaria com a abolição. O racismo continuaria a acorrentar a população negra às esferas mais inferiores da sociedade dos Estados Unidos. Mas se tivessem tido a chance de fazer uma viagem pelo Brasil de seus sonhos – o país imaginado por tanto tempo como o lugar sem racismo – eles teriam concluído que entre o inferno e o paraíso não há uma tão grande distância afinal.

*Fonte: AZEVEDO, C. M. M. de.*
*Abolicionismo: Estados Unidos e Brasil,*
*uma história comparada (século XIX).*
São Paulo: Annablume, 2003. p. 204-205.

**1)** Qual a visão da autora sobre o abolicionismo no Brasil e nos EUA?

## EUA e a política externa imperialista: Doutrina Monroe e *Big Stick*

Mesmo as regiões que não foram alvo direto do imperialismo do século XIX, como a América Latina, sofreram com o controle financeiro e a dependência em relação aos países industrializados, sobretudo Inglaterra e Estados Unidos, que ascendiam como potência e se impunham aos seus vizinhos ao sul.

A **Doutrina Monroe** (1823), cujo princípio é sintetizado na expressão "A América para os americanos", foi originalmente utilizada pelos EUA para se opor às propostas intervencionistas da Santa Aliança (mencionadas no Capítulo 25), que pretendia combater as independências dos países hispano-americanos e recolonizá-los. A Doutrina Monroe, portanto, defendia que os países americanos não poderiam ser recolonizados nem sofrer nenhuma forma de interferência política por parte das nações europeias. Em contrapartida, os EUA não se envolveriam nas questões internas do continente eurpeu.

Os pressupostos da Doutrina Monroe, entretanto, só passaram a ser plenamente executados a partir do final da Guerra de Secessão (1861-1865). Durante a presidência do general Grant (1869-1877), iniciou-se a execução do projeto externo americano para evitar qualquer interferência europeia no continente. A partir da "defesa da democracia", os norte-americanos atuaram em vários episódios. Na guerra pela independência de Cuba, por exemplo, os EUA apoiaram os cubanos, que perderam sua última colônia na América em 1898, contra o domínio espanhol. Este foi um marco na mudança da política norte-americana, originalmente anti-imperialista, que passou a exercer grande interferência na política interna cubana, garantida pela Emenda Platt (1901), que determinava, até, privilégios militares em território cubano com a implementação de uma base de operações em Guantánamo. Essa influência estadunidense em Cuba persistiu até os anos da Revolução de 1959, liderada por Fidel Castro. Outro local de atuação dos EUA na América Latina foi no istmo do Panamá, que levou à posterior construção do Canal do Panamá para facilitar as navegações e o comércio (a administração norte-americana do Canal durou até o ano 2000, quando retornou ao governo panamenho).

Em 1901, Theodore Roosevelt assumiu o governo dos Estados Unidos. A diplomacia de Roosevelt, marcada por várias intervenções externas, ampliava os princípios da Doutrina de 1823 e defendia que os EUA, se necessário, assumiriam o poder de polícia internacional no continente, fazendo intervenções nas políticas internas dos países. Essa nova política ficou conhecida como Corolário Roosevelt à Doutrina Monroe. A diplomacia adotada por Roosevelt pode ser resumida em uma frase dita pelo próprio presidente: "fale macio, mas tenha um porrete em mãos". Por essa afirmação, ao defender o uso da força para prevalecer sobre os interesses internos, a política externa norte-americana ficou conhecida como **Big Stick** ("Grande Porrete").

A ação dos EUA, em nome da defesa de países frágeis, tornava-se uma justificativa para interferir nos países latino-americanos. O desembarque de *marines* (fuzileiros navais) tornou-se frequente na região, tendo ocorrido em áreas como México, Guatemala, Nicarágua, Colômbia e Equador em situações específicas. Essa situação política só foi alterada em 1934, quando o democrata Franklin D. Roosevelt substituiu essa política "do porrete" pela da **boa vizinhança**. Pela nova política reconhecia-se a soberania de cada país. Porém, os EUA já tinham contribuído decisivamente para a instauração de regimes autoritários sustentados pelas forças armadas locais e fiéis aos seus interesses em diversos países, como República Dominicana, Venezuela, Guatemala, Honduras, Cuba e Nicarágua.

A política externa norte-americana empregada por Theodore Roosevelt foi alvo de duras críticas pela mídia.

## José Martí e o anti-imperialismo

*Jornalista e escritor cubano, viveu os conflitos de seu país no século XIX, nela luta da independência nacional, assim como o início da era imperialista dos Estados Unidos sobre o continente. Seus escritos mais famosos denunciam o retardo da presença espanhola na América, apresentam desconfianças sobre o novo regime expansionista estadunidense e indicam a necessidade de aceitarmos as especificidades do latino-americano.*

A América vai se salvando de todos os seus perigos. Sobre algumas repúblicas está dormindo o polvo. Outras, pela lei do equilíbrio, se lançam ao mar, para recuperar, com pressa louca e sublime, os séculos perdidos. Outras, esquecendo que Juárez passeava numa carruagem de mulas, fazem uma carruagem de vento e colocam como cocheiro uma bolha de sabão; o luxo venenoso, inimigo da liberdade, apodrece o homem leviano e abre a porta ao estrangeiro. Outras apuram, com o espírito épico da independência ameaçada, o caráter viril. Outras, na guerra rapace contra o vizinho, criam a soldadesca que poderá devorá-las. Mas talvez corra outro perigo a nossa América, que não lhe vem de si mesma, e sim da diferença de origens, métodos e interesses entre os dois fatores continentais e está chegando a hora em que dela se aproxima, demandando relações íntimas, um povo empreendedor e pujante que a desconhece e desdenha. E como os povos viris, que se formaram por si mesmos, com a escopeta e com a lei, amam, e só amam, aos povos viris, como a hora do desenfreio e da ambição, de que talvez se livre, pelo predomínio da pureza de seu sangue, a América do Norte, ou na qual poderia ser lançada por suas massas vingativas e sórdidas, pela tradição de conquista e pelos interesses de um caudilho hábil, não outra ainda tão próxima aos olhos dos mais afoitos, de modo a não dar tempo para a prova de altivez, contínua e discreta com a qual seria possível encará-la e desviá-la; já que o seu decoro de república impõe à América do Norte, perante os povos atentos do Universo, um freio que não pode tirar a provocação pueril ou a arrogância ostensiva, ou a discórdia parricida de nossa América – o dever urgente de nossa América é mostrar-se como é, unida em alma e intenção, vencedora veloz de um passado sufocante, manchada apenas com o sangue do adubo, arrancado das mãos, na luta com as ruínas, e o das veias que nossos donos furaram. O desprezo do formidável vizinho, que nos desconhece, é o maior perigo de nossa América; e é urgente, já que o dia da visita está próximo, que o vizinho a conheça, que a conheça logo, para que não a despreze. Talvez por ignorância chegasse a cobiçá-la. Por respeito, tão logo a conhecesse, tiraria as mãos dela. É preciso ter fé no melhor do homem e desconfiar do pior dele. É preciso dar oportunidade ao melhor para que se revele e prevaleça sobre o pior. Senão, o pior prevalece. Os povos devem ter um pelourinho para aqueles que o incitam a ódios inúteis; e outro para aqueles que não lhes dizem a verdade a tempo.

*Fonte: MARTÍ, J. Nossa América. Disponível em: <http://www.ufrgs.br/cdrom/marti/marti.pdf>. Acesso em: 24 jul. 2012.*

**1)** Quais os perigos que ameaçavam a América, segundo José Martí?

## Ser latino nos EUA

Uma das formas de uma cultura ou uma nação criar sua identidade é escolher outra cultura ou nação e dizer que ela não é aquilo que se observa. Em outras palavras, uma identidade pode ser criada pela negação ou oposição. Esse processo ocorreu durante muito tempo na relação entre os EUA e os países formadores do que se convencionou chamar América Latina. O termo latino, ao longo do tempo, passou a incorporar inúmeras características que iam desde a figura do Estado político e economicamente instável, com governos corruptos e populações não muito afeitas ao trabalho, até a figura passional, romântica e sexualizada tanto de homens como de mulheres de origem mestiça. Nesse sentido, a mídia, o cinema, os jornais, a literatura e outros meios de comunicação e cultura contribuíram na formação dessa imagem, acabando por definir também "o americano" (ou, mais precisamente, o estadunidense) como um indivíduo livre, empreendedor, trabalhador, dono de bens e propriedades, ainda que estatísticas da ONU comprovem que os latino-americanos em geral trabalhem mais e de formas mais precárias que os norte-americanos.

Contudo, passamos a ver essas relações entre americanos e latinos se acirrar ao longo do século XX, principalmente devido ao grande fluxo de imigrantes legais e ilegais, que viam nos EUA uma alternativa para o contexto de desigualdade e pobreza existentes em seus países de origem. Como consequência disso, as autoridades americanas foram paulatinamente endurecendo as leis de imigração como forma de barrar esse afluxo populacional, chegando mesmo a construir um longo muro de concreto que divide a fronteira sul dos EUA com o México. Entretanto, as elites política e econômica dos Estados Unidos vivem hoje um dilema: restringem cada vez mais a entrada de imigrantes latino-americanos (principal contingente de estrangeiros no país atualmente) e veem importantes setores do comércio e da indústria decair pela ausência desses trabalhadores; ou flexibilizam sua política de imigração e testemunham o declínio de um padrão cultural identificado com o da figura da classe média branca suburbana, que remonta às origens do país.

É no olho desse furacão que eventos como o ocorrido no estado americano do Arizona em julho de 2010 acontece: policiais poderão parar e prender pessoas se as autoridades locais julgarem que não aparentam possuir documentos legais de permanência nos EUA. Ou seja, se um indivíduo parecer ser um imigrante ilegal, ele poderá ser preso ou investigado pelo simples fato de sua aparência. O que haverá mudado, então, ao longo do tempo? Talvez o olhar, que necessariamente não é o de entendimento e compaixão.

A questão da migração de hispânicos é considerada, por setores conservadores dos EUA, uma ameaça à identidade cultural do país. Os latino-americanos, sobretudo do México e da América Central, constituem o principal grupo de migrantes dos EUA. O muro começou a ser construído na fronteira dos EUA com o México em 1994 e foi duramente criticado pelos países latinos e por organizações dos direitos humanos nos próprios EUA.

PATRICK POENDL/SHUTTERSTOCK

# A consolidação das nações latino-americanas

## O caso mexicano

Como vimos no capítulo sobre independências hispano-americanas, o México teve seu processo de independência iniciado com os movimentos de contestação dos padres Hidalgo e Morelos e com o "grito de Dolores" e finalizado com a assinatura de um acordo entre o general Agustín Iturbide e a Coroa da Espanha (Tratado de Córdoba) que consolidava a independência mexicana. Entretanto, o período pós-independência no México foi caracterizado por muitas instabilidades políticas e econômicas que acarretaram profundas perdas e transformações nessa nova nação. Após uma breve e conturbada experiência monárquica com o general Iturbide autonomeando-se primeiro imperador do México, as elites *criollas* proclamaram a república dos Estados Unidos do México em 1823.

Essa mesma elite, tentando dar um rumo às novas necessidades do Estado, acabou se dividindo em dois partidos: o liberal, que defendia um governo federal que favorecesse os poderes provinciais, e o conservador, que preconizava uma centralização maior do Estado sob um governo central. Nesse contexto de instabilidade, o general Antônio López de Sant'anna (um caudilho político centralista) revo-

gou a Constituição aprovada em 1824, provocando uma guerra civil entre os dois partidos políticos mexicanos. Aproveitando-se desse enfraquecimento interno, os EUA empreenderam uma guerra de conquista contra o México, conhecida como **Guerra Mexicano-Americana**, obtendo os ricos territórios do Texas, Arizona e Califórnia entre 1846--1848, o que representava quase a metade do território mexicano na época.

As lutas entre liberais e conservadores, que já duravam mais de trinta anos, foram relativamente pacificadas com a eleição do presidente liberal e de origem indígena Benito Juárez em 1861, o que demonstrou a maior presença e inserção do indígena na sociedade mexicana. Contudo, tal estabilidade política foi abalada pelas pretensões imperialistas francesas que, por meio de uma ocupação militar e com a elite conservadora mexicana, apoiaram um golpe de Estado que implementou o segundo **Império no México**, sob a tutela do "fantoche político", o arquiduque Maximiliano da Áustria. Em oposição a essa investida europeia, os liberais armaram uma guerrilha de resistência chefiada por Juárez, que durou três anos até a capitulação de Maximiliano em 1867, julgado e executado no mesmo ano.

Após seu retorno ao governo, Juárez promoveu algumas reformas no Estado mexicano que visavam maior desenvolvimento da economia nacional, além de tentar implementar algumas políticas de reforma agrária como maneira de amenizar as desigualdades sociais existentes principalmente entre as comunidades indígenas.

Entretanto, os desacordos e fissuras dentro do seu próprio partido liberal fizeram com que o presidente perdesse o apoio político necessário à governança. O presidente morreu em 1872, sendo considerado um herói nacional por sua luta pela pátria. Em meio às disputas políticas para a sucessão do ex-presidente liberal, subiu ao poder Porfírio Díaz, militar que durante a invasão francesa lutou ao lado da resistência republicana.

O período em que Porfírio Díaz governou (1876-1880 e 1884-1910), conhecido também por *porfiriato*, foi caracterizado pela concentração de poder nas mãos do então presidente por meio de contínuas reeleições e acordos políticos entre o caudilho e as elites locais e regionais que o apoiavam, o que favoreceu a concentração excessiva de terras e de riquezas nas mãos de uma oligarquia. Na economia, a partir da segunda metade do século XIX, o México conheceu um acelerado desenvolvimento, impulsionado principalmente pelas facilidades e privilégios dados pelo governo aos investimentos e ao capital estrangeiro. Apesar das transformações e do rápido crescimento econômico, o México ainda apresentava inúmeras contradições políticas e sociais, como a excessiva concentração de terras e os desarranjos entre as elites políticas, que funcionaram como um verdadeiro combustível para um de seus principais eventos históricos ocorridos ao longo do século XX: a Revolução Mexicana de 1910.

## *Vivendo seu tempo*

### O Dia dos Mortos no México

No processo de formação das novas nações americanas, a figura do indígena sempre foi um elemento de profundos debates e contradições culturais e sociais, ora assimilado como fator constituinte da sociedade, ora excluído dos novos projetos de nação que passavam a ser criados. No caso do México, devido à presença de grandes contingentes populacionais, o indígena passou a fazer parte integrante da cultura e da sociedade mexicana, fundindo suas crenças e tradições com as já trazidas pelos conquistadores espanhóis, de modo a criar uma sociedade híbrida e mestiça. Dentre muitas das tradições amalgamadas durante esse longo encontro entre ameríndios e espanhóis, a Festa dos Mortos (la Fiesta de los Muertos) é um exemplo da permanência desse personagem na constituição da sociedade mexicana moderna e da maneira como ela foi sendo transformada ao longo do tempo. Originalmente, as comunidades pré-colombianas celebravam a morte como uma espécie de rito de passagem, uma vez que para a cultura asteca e maia não havia uma separação entre vida e morte, sendo tudo considerado um contínuo movimento natural que nunca cessava. Em outras palavras, os mortos eram louvados e homenageados com oferendas, danças e rituais religiosos que às vezes duravam meses. Espantados e confusos, num primeiro momento, os conquistadores ibéricos proibiram tais práticas, assimilando-as posteriormente às comemorações católicas dos Dias de Todos os Santos e de Finados, o que gerou um sincretismo cultural e religioso entre as duas civilizações. A celebração dessa festa permaneceu tão intensamente entre os mexicanos que a data virou feriado nacional; dia em que os mexicanos adornam as tumbas de seus entes falecidos e constroem altares domésticos em suas homenagens, onde oferecem comidas e doces em forma de ossos, esqueletos e caveiras. Uma permanência da cultura indígena numa sociedade híbrida, tal qual o crítico e intelectual mexicano Octavio Paz analisa: "Para o habitante de Nova York, Paris ou Londres, a morte é a palavra que nunca é pronunciada, porque queima os lábios. O mexicano, pelo contrário, frequenta-a, ri dela, a acaricia, dorme, come, festeja-a – é um dos seus brinquedos favoritos e seu amor mais permanente".

*Fonte:* PAZ, O. *O Labirinto da Solidão.* Rio de Janeiro: Paz e Terra, 1984, p. 54.

J. A. FREITAS NETO

Na tradicional festa dos mortos são realizadas oferendas para os defuntos. O alcance nacional da festa é explorado comercialmente, com restaurantes enfeitados e casas de doces oferecendo guloseimas tradicionais da festividade.

# O caso argentino

Os anos que se seguiram à Revolução de Maio de 1810 e à definitiva independência argentina em 1816 podem ser definidos pelas novidades e dificuldades impostas a um país recém-independente, que precisava reorganizar tanto seu espaço governamental quanto sua identidade cultural. Tais perspectivas não foram facilmente concebidas pelos conterrâneos, que entraram em uma disputa acirrada pela governança do novo país mediante os diferentes interesses apresentados pela capital Buenos Aires e pelos novos líderes locais provincianos, os caudilhos, que surgiram na política pelas forças militares presentes na defesa do território argentino durante o processo de independência. Unitários e federalistas são grupos rivais que marcaram o início de uma experiência republicana na Argentina principalmente durante a primeira metade do século XIX, sendo os primeiros os defensores de uma centralização política para o país e os segundos, de um pacto federalista que garantisse maior autonomia às províncias.

O primeiro governo presidencial de 1826 coube aos unitários na figura de Bernardino Rivadavia, que implantou uma Constituição de ordem liberal, nos moldes de textos iluministas e de uma vivência político-econômica da era industrial inglesa, e uma significativa reforma urbana da capital. A centralização política que se apresentava nesse regime oferecia a Buenos Aires uma hegemonia sobre as demais províncias da Argentina, incomodando os políticos federalistas que se organizavam em torno de um grande fazendeiro e general de guerra, Juan Manuel de Rosas, para assumir o controle do país. Batalhas entre a Liga Unitária e o Pacto Federal assolaram o cenário argentino, que coroou, ao final da disputa, o general Rosas como presidente entre os anos de 1829 e 1832, voltando ao cargo de 1835 a 1852.

O governo de Rosas, que continuou marcado por intensas guerras internas, consolidava a cultura *gaucha*, de origem rural, como a marca de sua presidência. Unitários, identificados com a cultura urbana, foram perseguidos pelos federalistas por, entre outros motivos, não corresponderem à realidade rural do país. A imprensa teve papel importante nesse debate intelectual travado entre diferentes tendências políticas, explodindo em vários periódicos os debates pró e contra o governo instaurado. No entanto, tamanhas eram as reivindicações políticas do período que Rosas não alcançou sequer uma conciliação entre os próprios federalistas que, em um momento de repúdio aos comandos também centralizadores do general, uniram forças com grupos de unitários e declararam as demais províncias independentes de Buenos Aires, na Batalha de Caseros de 1853. Surgiria, assim, a Confederação Argentina, cuja capital era Paraná, na província de Entre Rios, com constituição própria vigente até o início dos anos 1860.

Em oposição a essa resolução política que fragmentava o país, personagens unitários renomados como Domingo F. Sarmiento e Bartolomé Mitre articularam-se pela volta da centralização das antigas províncias argentinas. Entre os anos de 1861 e 1862, sob o comando do general Mitre, tropas portenhas invadiram as províncias interioranas, recuperando o controle político. Após a **Batalha de Pavón** (1861), Mitre assumiu a presidência até 1868.

Em 1868 assumiu a presidência Domingo F. Sarmiento, um político-intelectual que, por meio de um forte plano de educação, dedicou-se a instaurar escolas e bibliotecas por todo o país. Em meio a tantas disputas e questionamentos, a centralização do país foi instaurada, refletindo os árduos debates suscitados ao longo do século XIX pela configuração política de uma nação independente.

*Batalla de Pavón*, de Ignacio Manzoni, 1861. Óleo sobre tela, 32 × 51 cm. Museu Nacional de Belas Artes, Buenos Aires, Argentina. A pintura mostra a figura do general Bartolomé Mitre montado em um cavalo branco, em uma batalha entre os dois grupos políticos da Argentina, unitários e federalistas. A Batalha de Pavón (1861) é considerada o momento da consolidação territorial da nação argentina.

## O *gaucho* no campo: Argentina e o ser nacional

Bombacha, cavalo celado e mate na mão: eis a imagem do *gaucho* pampeano que se enraizou no imaginário da região Platina a partir do século XIX. Mas nem sempre esse homem destemido e herdeiro da força campestre apresentou características positivas para a sociedade sul-americana, visto que antes do período independentista assim nomear um campesino implicava adjetivá-lo como vagabundo, preguiçoso e covarde. O homem nascido das intempéries dos pampas, considerado um "bárbaro", ganha ares nacionais durante as disputas pela autonomia dos países em relação à Espanha e passa a representar na sua originalidade e especificidade a própria voz da Argentina independente. As características desse homem argentino são bastante recorrentes na literatura, marcadas pela figura do *gaucho* Martín Fierro que, criado por José Hernández em seus poemas na década de 1870, revela uma definição sobre o ser nacional bem diferente do apresentado para o México: o campo é o lugar do *gaucho*, inimigo do indígena devido às suas características selvagens e pouco afeito à organização civilizacional.

"Recordo, que maravilha!
Como andava a gauchada
Sempre alegre e bem montada

E bem-disposta ao trabalho...
Hoje em dia, Deus me valha,
Anda a raça aporrinhada

O mais infeliz gaúcho
Tinha tropa de uma cor;
Não faltava a paz do amor,
E andava bem animado
Via apenas céu e gado
Se olhava o campo ao redor.
(...)
O índio vai passando a vida
Roubando ou coçando a pança.
Sua única lei é a lança
A que se há de submeter.
O que lhe falta em saber
Lhe sobra em desconfiança."

*Fonte:* HERNÁNDEZ, J. *Martín Fierro.* São Paulo: Ediouro, 1991. p. 15; 94.

**1)** Qual estereótipo sobre *gauchos* e indígenas é apresentado no poema? Por que devemos questionar essa leitura?

## Cinemateca

**... E o Vento Levou** (1939, EUA, dir.: Vitor Flemming) A Guerra de Secessão, no sul dos Estados Unidos, contada de maneira épica pelo envolvimento de uma sulina com um conquistador.

**Butch Cassidy** (1969, EUA, dir.: George Roy Hill) Dois bandidos no Velho Oeste dos EUA são perseguidos pelas forças da lei e fogem para a Bolívia.

**Último dos Moicanos** (EUA/1990, dir.: Kevin Costner) Durante a guerra civil americana, um soldado escolhe voluntariamente viver na fronteira Oeste americana, descobrindo uma nova vida entre os indígenas Sioux.

**Juárez** (EUA, México/1938, dir.; William Dieterle) A invasão francesa no México vista sob o olhar do presidente ameríndio Benito Juárez, líder do exército de resistência mexicano durante a segunda metade do século XIX.

**Camila** (Argentina/1984, María Luísa Bemberg) A história de um amor conturbado entre uma jovem filha de um aristocrata portenho e um padre devoto ao seu ministério, que são perseguidos pela moral e pelo governo linha-dura de Juan Manuel de Rosas.

## Revisitando a História

**1.** Observe o mapa da página 566 e explique como os EUA consolidaram o seu território.

**2.** Por que a Guerra de Secessão foi uma ameaça à integridade territorial e política dos EUA?
Relacione as pretensões políticas dos grupos participantes do conflito.

**3.** Com base no texto de Célia Maria Marinho de Azevedo, na página 567, por que o abolicionismo, nos EUA e no Brasil, não representou uma efetiva emancipação dos afro descendentes?

**4.** Quais foram as consequências políticas, econômicas e sociais para os EUA após a Guerra de Secessão?

**5.** Explique o que foi a Doutrina Monroe e qual a sua importância para a política externa norte-americana.

**6.** Analise a política externa dos EUA no século XIX e relate quais os focos de tensão com os vizinhos latino-americanos.

# Analise esta imagem

A batalha ocorreu nos arredores da cidade do México em 20 de agosto de 1847. É considerada uma das mais importantes do conflito entre os dois países, porque o exército mexicano contou com o apoio de soldados irlandeses que desertaram do exército oponente. A questão da religiosidade (irlandeses e mexicanos são majoritariamente católicos) aproximou os dois grupos. As tropas mexicanas e irlandesas haviam obtido vitórias em batalhas anteriores, demonstrando que, ao contrário do que sugere a imagem acima, os mexicanos tinham um exército organizado. Os estadunidenses, porém, com um número superior de soldados e mais recursos bélicos, se reagruparam e atacaram as tropas mexicanas. Na batalha, o México perdeu 10 mil soldados e os EUA, mil. Os soldados irlandeses formavam o Batalhão de São Patrício e alguns deles foram executados após a derrota.

a) Identifique as tropas dos EUA e a do México. Como estão representadas?

b) Qual é o principal destaque da imagem?

c) Como são representados os soldados feridos dos dois exércitos? O que a imagem nos informa?

d) Como a imagem auxilia a produção de uma memória sobre o conflito? Quais figuras são valorizadas na tela?

e) Por que a questão religiosa é importante nessa batalha e como a imagem faz referências ao tema?

# Debatendo ideias

Durante o capítulo exploramos três diferentes realidades vividas por países da América Latina, que buscavam, no século XIX, organizar sua política, sua cultura nacional e sua economia no contexto das independências dos países latino-americanos. A sociedade americana e sua civilização eram postas em debate, fosse por preocupações expansionistas (Estados Unidos) ou para delas defender-se (México e Argentina). Nesse sentido, o que podemos entender por civilização? Quais características singularizam as experiências desses três países na América ao desenharem os aspectos de suas nacionalidades? De que forma o indígena participa desse debate civilizacional?

574

# Questões de vestibular

**1.** (UFF – RJ) Imbuídos de moral protestante e movidos pelo sonho de uma nova vida proveniente das transformações industriais europeias, os pioneiros da Marcha para o Oeste iniciaram a grande obra de povoamento do território norte-americano e de reconhecimento de suas riquezas. Considerando-se o aspecto histórico do alargamento de fronteiras nos Estados Unidos, pode-se dizer que a Marcha para o Oeste:

a) foi o marco inicial da expansão da economia norte-americana, uma vez que os pioneiros eram organizados pelo Estado e deveriam auxiliá-lo na eliminação dos índios;

b) significou a abertura de um conflito entre os vários tipos de pioneiros e teve como consequências a Guerra da Secessão e a autonomia dos Estados da federação norte-americana;

c) teve como repercussões, apenas, a matança dos índios e a fabricação de heróis dos filmes de far-west;

d) revelou um território rico que teve condições de ser ocupado graças à aliança entre os pioneiros e os índios;

e) constituiu um dos marcos da identidade homem-terra na construção da nação norte-americana, possibilitando o alargamento do território.

**2.** (UFMS) Sobre a conquista territorial do Oeste dos Estados Unidos da América, conhecida como a expansão para Far-West (Extremo Oeste), é correto afirmar que:

( ) ocorreu paralelamente à Guerra da Secessão;

( ) esteve ligada, entre outros fatores, à exploração de minérios e à expansão da agropecuária;

( ) esteve ligada a uma intensa imigração e ao crescimento das estradas de ferro;

( ) foi nesse período que todos os povos indígenas que viviam no território estadunidense, os povos nativos, consolidaram definitivamente a posse sobre suas terras;

( ) ocorreu imediatamente após a independência das 13 colônias inglesas, ainda no final do século XVIII.

**3.** (FUVEST – SP) A incorporação de novas áreas, entre 1820 e 1850, que deu aos Estados Unidos sua atual conformação territorial, estendendo-se do Atlântico ao Pacífico, deveu-se fundamentalmente:

a) a um avanço natural para o oeste, tendo em vista a chegada de um imenso contingente de imigrantes europeus;

b) aos acordos com as lideranças indígenas, Sioux e Apache, tradicionalmente aliados aos brancos;

c) à vitória na guerra contra o México que, derrotado, foi obrigado a ceder quase a metade de seu território;

d) à compra de territórios da Inglaterra e Rússia que assumiram uma posição pragmática diante do avanço norte-americano para o oeste;

e) à compra de territórios da França e da Espanha que estavam, naquele período, atravessando graves crises econômicas na Europa.

**4.** (UNICAMP – SP) No fim do século XIX, Frederick Jackson Turner elaborou uma tese sobre a "fronteira" como definidora do caráter dos Estados Unidos até então. A força do indivíduo, a democracia, a informalidade e até o caráter rude estariam presentes no diálogo entre a civilização e a barbárie que a fronteira propiciava. As tradições europeias foram sendo abandonadas à medida que o desbravador se aprofundava no território em expansão dos Estados Unidos.

Em relação à questão da fronteira nos Estados Unidos, responda:

a) De quais grupos ou países essas terras foram sendo retiradas no século XIX?

b) O que foi o "Destino Manifesto" e qual seu papel nessa expansão?

**5.** (UNICAMP – SP) Ninguém é mais do que eu partidário de uma política exterior baseada na amizade íntima com os Estados Unidos. A Doutrina Monroe impõe aos Estados Unidos uma política externa que se começa a desenhar. (…) Em tais condições a nossa diplomacia deve ser principalmente feita em Washington (...). Para mim a Doutrina Monroe (...) significa que politicamente nós nos desprendemos da Europa tão completamente e definitivamente como a lua da terra.

> *Adaptado de:* Joaquim Nabuco, citado por José Maria de Oliveira Silva, "Manoel Bonfim e a ideologia do imperialismo na América Latina". In: *Revista de História*, São Paulo, n. 138, p. 88, jul. 1988.

Sobre o contexto ao qual o político e diplomata brasileiro Joaquim Nabuco se refere, é possível afirmar que:

a) A Doutrina Monroe a que Nabuco se refere, estabelecida em 1823, tinha por base a ideia de "a América para os americanos".

b) Joaquim Nabuco, em sua atuação como embaixador, antecipou a política imperialista americana de tornar o Brasil o "quintal" dos Estados Unidos.

c) Ao declarar que a América estava tão distante da Europa "como a lua da terra", Nabuco reforçava a necessidade imediata de o Brasil romper suas relações diplomáticas com Portugal.

d) O pensamento americano considerava legítimas as intenções norte-americanas na América Central, bem como o apoio às ditaduras na América do Sul, desde o século XIX.

**6.** (UFG – GO)

BINGHAM, G. C. Daniel Boone acompanhando colonizadores através da Garganta Cumberland, 1851-1852. In: PRADO, M. L. *América Latina no Século XIX:* tramas, telas e textos. São Paulo: Edusp, 1999. p. 201.

O desenvolvimento social norte-americano continuadamente começa na fronteira. Esse perene renascimento, essa fluidez da vida norte-americana, essa expansão para o oeste com novas oportunidades, esse contínuo encontro com a simplicidade da sociedade primitiva fornecem as forças que dominam o caráter norte-americano.

TURNER, F. A fronteira na história norte-americana. 1893.
In: PRADO, M. L. *América Latina no Século XIX:*
tramas, telas e textos.
São Paulo: Edusp, 1999. p. 203.

Produzidos respectivamente em 1851 e 1893, a imagem e o texto remetem a uma relação entre o colono norte-americano e a natureza. Essa relação constituía um imaginário sobre a Conquista do Oeste, em que

a) o encontro entre o pioneiro e a natureza cristalizava o caráter igualitário dessa sociedade.
b) o enfrentamento da natureza selvagem justificava-se pelo esgotamento dos espaços explorados.
c) as oportunidades presentes na fronteira reforçavam a imagem de uma natureza fértil.
d) a acumulação de bens materiais associava-se à necessidade de proteção diante do ambiente natural.
e) a constituição da sociedade primitiva excluía o conhecimento indígena sobre a natureza.

# Programas de Avaliação Seriada

**1.** (PISM – UFJF – MG) Na segunda metade do século XIX, os Estados Unidos passaram por uma série de transformações que nortearam o seu grande desenvolvimento posterior. Sobre esse contexto é INCORRETO afirmar que:

a) a expansão da rede ferroviária e de comunicação permitiu uma maior integração regional e a dinamização das transações comerciais.
b) a Guerra de Secessão levou ao fim a escravidão, até então fortemente arraigada na região sul.
c) os Estados Unidos adotaram uma postura de distanciamento e de não intervenção política nos países da América Central.
d) a industrialização da região nordeste atingiu elevados índices de desenvolvimento, favorecida por políticas protecionistas.
e) a expansão territorial iniciada anteriormente se consolidou com a anexação de novas áreas pertencentes a outros países e aos povos indígenas.

**2.** (PISM – UFJF – MG) Diferentemente do que ocorre nas guerras tradicionais que costumam envolver lutas entre exércitos de países diferentes, em uma guerra civil os exércitos inimigos são formados por soldados que são (ou eram antes do início do conflito) cidadãos de um mesmo país ou Estado.

Entre os anos de 1861 e 1865, ocorreu nos Estados Unidos uma guerra civil, a chamada Guerra de Secessão, que pôs em risco a sobrevivência da unidade da federação.
Com base nessas informações e em seus conhecimentos, responda ao que se pede:

a) Cite e analise duas características que diferenciavam os Estados da União (norte) e os Estados da Confederação (sul) envolvidos no conflito.
b) Qual a principal decorrência da vitória dos Estados do Norte sobre o Sul?

**3.** (PISM – UFJF – MG) Sobre a formação dos Estados Nacionais nas Américas, aponte a alternativa **INCORRETA.**

a) A independência dos EUA estimulou o desencadeamento de uma série de revoltas nas colônias espanholas, gerando um processo irreversível de emancipação e afirmação dos Estados Nacionais.
b) O caudilhismo é um fenômeno comum na América Espanhola, o que dificultou a unidade da elite crioula em torno da estruturação de um único Estado Nacional.
c) No processo de formação dos Estados Nacionais o Brasil vivenciou a mais significativa experiência monárquica constitucional.
d) A formação dos Estados Nacionais na América Espanhola combinou a adoção formal do Estado Liberal e práticas políticas centralizadoras e personalistas.
e) Os países da América Espanhola adotaram a forma republicana de organização do Estado, promovendo eleições presidenciais regulares e criando uma tradição de respeito às normas constitucionais.

**4.** (PISM – UFJF – MG) Ao longo do século XIX, os Estados Unidos da América passaram de um território estreito, formado pelas Treze Colônias, para suas dimensões continentais. Dos eventos abaixo, qual deles **NÃO** faz parte desse processo de expansionismo americano?

a) Com a Doutrina Monroe (1823) o presidente norte-americano, James Monroe, tentava conter o avanço dos Estados Unidos da América sobre o território latino-americano a fim de evitar a desintegração da nação.
b) Como resultado da Guerra contra o México, os Estados Unidos conseguiram anexar territórios que fizeram o país alcançar o Pacífico.
c) A capacidade de negociação com as demais nações também contribuiu para o expansionismo americano, visto ter comprado a Lousiana da França (1803), e a Flórida da Espanha (1819).
d) A expansão territorial aconteceu também fora dos limites continentais, como demonstra a compra do Alasca, pertencente à Rússia, em 1867.
e) Outro caminho para a expansão foi a anexação de terras indígenas, levando a um processo de extermínio dos grupos indígenas que se opunham à corrida pelo ouro e metais preciosos.

# capítulo 36

# O imperialismo europeu

Para entrarmos na temática sobre o imperialismo do século XIX, é importante acentuar a noção de "fronteira": a superação de fronteiras geográficas e sua reorganização; a transposição de barreiras culturais para o estabelecimento de novos diálogos; o esgarçamento dos contornos políticos reconhecidos pelos povos envolvidos; e o estabelecimento de pontes econômicas impostas pelas revoluções industriais. Essa metáfora é importante, portanto, porque exige do nosso estudo um olhar sobre a complexidade do contato entre distintas etnias que implicou, tanto para os colonizadores quanto para os colonizados, uma necessidade de rever suas posturas em sociedade. A fronteira com o espaço em que se ligam os homens de diferentes culturas não privilegia um ou outro nesse processo imperialista do século XIX, mostrando que o Ocidente só se estabelece como um modelo de civilização na medida em que existe o Oriente para se opor. Estudar o imperialismo é estudar a diversidade, a capacidade de rearticulação dos povos ante a violência armada ou simbólica de um mundo em processo de globalização.

O progresso da raça humana resulta do trabalho conjunto de todos os homens, o que deve se constituir no objetivo final de cada um. Contribuindo para uma empresa, nós estaremos cumprindo a vontade de Deus todo poderoso e sua glória.

Extraído do catálogo oficial da
Exposição Universal de Londres, 1851.

O imperialismo é filho da industrialização. Nos países ricos, onde o capital abunda e se acumula rápido, onde a indústria se expande de forma constante (...), onde a agricultura inclusive deve mecanizar-se para sobreviver, as exportações constituem um fator essencial para a prosperidade pública e as oportunidades para o capital e a demanda de mão de obra refletem a magnitude do mercado externo.

Jules Ferry, primeiro-ministro da França na década de 1880, discurso na Câmara dos Deputados em 28 de julho de 1885.

Palácio das Indústrias, Exposição Universal de Paris, 1855. Gravura de M. Berthelin. Museu Carnavalet, Paris.

## A expansão do imperialismo europeu no século XIX

As transformações políticas, econômicas e culturais na Europa do século XIX provocaram uma nova configuração nas relações entre os diferentes continentes. A Segunda Revolução Industrial, a partir de 1860, proporcionou uma rápida mudança na economia, com a utilização de novas matérias-primas e fontes de energia, como o petróleo e a eletricidade. Houve, também, a concentração de capital em grandes empresas com características monopolistas, ou seja, empresas que tinham o domínio do mercado e que dificultavam a livre concorrência. Os avanços tecnológicos da industrialização aceleraram a produção de bens e estimularam o consumo, fazendo surgir uma nova sociedade nas áreas mais industrializadas.

Nessa época, a industrialização já estava consolidada na Inglaterra e na França, e se expandira para áreas como a Bélgica, chegando depois, em virtude da unificação política tardia, à Itália e à Alemanha. Este país demonstrou, em pouco tempo, o vigor de sua economia por meio do desenvolvimento industrial. O aumento da industrialização trouxe grandes e significativas modificações não só na Europa, como no resto do mundo.

O crescimento industrial baseou-se na obtenção de matérias-primas suficientes para alimentar o parque industrial em plena expansão e, ao mesmo tempo, depois do produto finalizado, no escoamento de bens e mercadorias, ou seja, em fazer com que as pessoas os comprassem, ampliando o mercado consumidor.

Porém, a expansão da capacidade de produção foi maior do que o aumento do mercado consumidor. A modernização das máquinas fabris teve como consequência um nível considerável de desemprego. A população passou a viver mais, por causa de certas melhorias em áreas como a medicina e o saneamento básico, o que gerou um aumento demográfico e, assim, um excedente populacional. Ao mesmo tempo que crescia a população e melhoravam as condições de produção, diminuíam os postos de trabalho.

Por volta de 1870, a economia europeia buscava saídas para consolidar seu crescimento. Os países industrializados apostaram no incremento do comércio internacional; os processos migratórios também foram estimulados, provocando um fluxo de milhões de pessoas entre 1870 e 1914, quando teve início a Primeira Guerra Mundial.

Além das questões econômicas da era industrial, havia as questões políticas decorrentes do "equilíbrio europeu". A partilha europeia, realizada em 1815, no Congresso de Viena, e depois alterada com a entrada de dois novos países, Itália e Alemanha, precisava ser remodelada. A Inglaterra, com seu domínio industrial e comercial, e seus pontos estratégicos pelos mares, continuava a ser a grande potência, mas o **nacionalismo** impulsionava os antigos e novos Estados, como Itália e Alemanha, que queriam expandir seus domínios para aumentar o seu poder. A França, envolvida na guerra de 1870, queria compensações pela fragorosa derrota diante dos germânicos. Ou seja, as tensões políticas e rivalidades eram crescentes dentro do continente europeu.

O nacionalismo foi um aspecto preponderante para que as nações manifestassem seu orgulho e pretensões de grandeza, transformando os costumes e as tradições locais em valores a serem difundidos pelo mundo em uma "**missão civilizadora**". O pensamento imperialista surgia a partir das rivalidades entre as nações europeias e a competição entre elas pelo domínio de outras áreas. Portanto, além das questões econômicas, havia outros pontos, como a visão de uma "cultura e povos superiores", que legitimavam as pretensões imperialistas dos europeus.

Essa conjunção de elementos políticos, econômicos e diplomáticos fez com que as potências europeias avançassem sobre os territórios africanos e asiáticos, tomando-os para si e ocupando-os, muitas vezes com administração direta da Metrópole ou mantendo a estrutura vigente, mas com os europeus nos cargos executivos. A partilha da África e Ásia foi justificada por uma visão eurocentrista de que cabia aos europeus a tarefa de "civilizar" os povos considerados "atrasados", ou seja, as potências tidas como civilizadas deveriam levar e repartir seus conhecimentos e avanços técnicos com os asiáticos e africanos, submetendo-os ao controle das potências europeias.

O processo de urbanização se acentuou após a industrialização, levando à necessidade de grandes obras e investimentos em setores de infraestrutura, como o de transporte. Na imagem, a cidade de Londres em 1860. Ludgate Hill, G. Doré, Londres.

## Deus oferece a África à Europa

O Mediterrâneo é um lago de civilização; não é segredo para ninguém que no norte de suas costas está o velho universo e ao sul deste um universo ignorado; pode-se dizer de um lado a civilização, do outro a barbárie. O momento é de dizer a estas ilustres nações que aqui estão: uni-vos! Vamos ao Sul! Ele está na nossa frente, esse bloco de areia e cinzas, este monstro inerte e passivo que, depois de seis mil anos, é obstáculo à marcha universal.

Deus oferece a África à Europa. Peguem-na, não pelos canhões, mas pela charrua; não pela espada, mas pelo comércio; não pela batalha, mas pela fraternidade. Espalhem aquilo que lhes sobra nessa África, e, da mesma forma, resolvam as questões sociais, transformem proletários em proprietários. Vamos, façam! Façam estradas, portos, cidades, cultivem, colonizem, multipliquem-se.

*Fonte:* Discurso de Vitor Hugo, em 18 maio de 1879, durante um jantar comemorativo pela abolição da escravidão em 1848.

**1)** O documento é um discurso eurocêntrico. Por quê?

Para isso, sem nenhuma consulta aos povos subjugados, tomaram seus territórios, impondo o domínio político e econômico, desintegrando relações políticas, econômicas e sociais tradicionais. O **imperialismo** fez com que os países europeus tomassem terras e as tornassem suas colônias, resolvendo, assim, seus problemas demográficos e de capital. As colônias ofereciam matérias-primas necessárias às indústrias e eram mercados consumidores da produção industrial europeia excedente. Em termos populacionais, estima-se que entre 1835 e 1914 mais de 60 milhões de europeus emigraram para outros continentes, incluindo a América, que nesse período já deixara praticamente de ser um continente colonial.

Há uma grande diferença entre o colonialismo do século XVI e a partilha dos territórios africanos e asiáticos pelos europeus no século XIX. No primeiro, as nações europeias procuravam produtos que tivessem caráter complementar à sua economia e estabeleceram na América colônias efetivas, impondo seus valores culturais, como a religião e a língua. Na África, embora se empregue o termo, não ocorreu uma colonização, como no século XVI, mas o estabelecimento de entrepostos comerciais que supriam a economia europeia com produtos como gêneros tropicais, especiarias, ouro e prata.

No século XIX, as nações europeias foram em busca de áreas fornecedoras de matérias-primas e que tivessem a função de serem mercados consumidores e local para abrigar o excedente populacional europeu. Esse segundo momento é também chamado de **neocolonialismo**. A administração dos territórios colonizados podia ser feita diretamente pelos colonizadores ou por vias indiretas, fruto da aliança de europeus e das elites locais. A característica mais importante dessa ação foi moldar sociedades já anteriormente organizadas segundo os interesses imediatos dos europeus e com o uso da força militar para conseguir seus objetivos. Na África subsaariana, por exemplo, os europeus traçaram fronteiras que lhes convinham, ignorando as etnias locais; na Ásia, contaram com o apoio e a participação dos grupos locais, provocando rupturas e alterações substanciais em sociedades muito antigas.

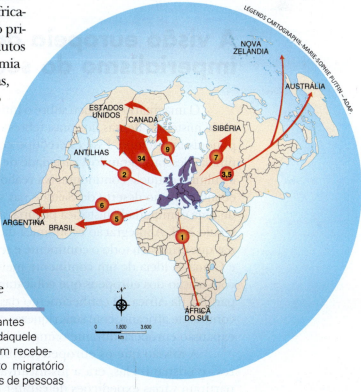

Os Estados Unidos receberam o maior número de imigrantes no século XIX, coincidindo com a época da expansão daquele país, mas outras áreas, como Argentina e Brasil, também receberam um grande número de europeus, no grande fluxo migratório daquele período. No mapa, o fluxo migratório em milhões de pessoas (1835-1914).

## A supremacia e os limites do imperialismo europeu

*Na análise abaixo, podemos identificar que o imperialismo europeu do século XIX redefiniu o cenário político que se desdobraria no século XX, até mesmo com a contestação a esse poderio e a emergência de novas potências mundiais.*

O período entre 1871 e 1914-1918 caracteriza-se pelo apogeu da hegemonia global do sistema europeu. O *novo* imperialismo forçou a entrada no sistema internacional europeu daquelas partes do mundo que ainda se encontravam fora. Com isso, o imperialismo completou a construção da rede global de relações econômicas, estratégicas e políticas, que foram dominadas pelos principais Estados da Europa. Isso ocorreu de forma violenta, principalmente no contexto da partilha da África, da ocupação territorial de grande parte da Ásia e da abertura da China. Após essa segunda onda de expansão colonial, não havia mais no mundo qualquer vácuo de poder. Com exceção da Áustria-Hungria, todas as grandes potências europeias, bem como os Estados Unidos e o Japão, entraram no círculo das potências coloniais. Durante o período de 1871 a 1914, as potências principais alcançaram a sua hegemonia, direta ou indireta, com relativa facilidade. (...) Essa supremacia uniu-se, no final do século XIX, com uma decidida vontade europeia de dominar o mundo.

Mas os limites do poder europeu na escala mundial já eram perceptíveis durante a mesma época. Em primeiro lugar, os Estados Unidos alçaram-se, em pou-cos anos, depois do fim da Guerra Civil até a virada do século, à condição de primeira potência industrial do mundo. Isso, porém, não se refletiu plenamente, até a Primeira Guerra Mundial (...). Em segundo lugar, o Japão começou, a partir da década de 1860, sua determinada transformação de um país agrofeudal em uma potência industrializada. Embora o Japão tenha desdobrado o seu pleno potencial somente depois da Primeira Guerra Mundial, o futuro desafio à hegemonia europeia já se esboçava a partir da virada do século (...).

Em terceiro lugar, a esmagadora supremacia europeia em termos militares sobre os países não industrializados não significava que o sul do planeta se tivesse tornado mero objeto dos desenhos colonialistas europeus, sem nenhuma capacidade de defesa ou iniciativa própria. A África e a Ásia resistiram, às vezes veementemente, à conquista europeia. Embora as resistências raramente conseguissem seu alvo imediato, ou seja, a expulsão dos europeus, elas tiveram repercussões importantes na prática do exercício da dominação colonial (...) que se desdobrou nas lutas de descolonização na segunda metade do século XX.

*Fonte:* DÖPCKE, W.
Apogeu e colapso do sistema internacional europeu
(1871-1918). In: SARAIVA, J. F. S. *Relações Internacionais:*
dois séculos de História. Brasília: IBRI, 2001. v. 1, p. 106-107.

**1)** Cite as principais mudanças que se observava no cenário internacional do período.

# A visão europeia da África antes do imperialismo do século XIX

O imaginário europeu sobre o interior da África, no início do século XIX, era repleto de mistérios, densas florestas, febres e outras doenças que matavam não africanos em pouquíssimo tempo. Esse estereótipo considerava apenas a África equatorial ou tropical úmida, desconsiderando a variedade de paisagens naturais e a grande diversidade étnica e cultural daquele continente. Na realidade, havia uma grande integração entre espaços econômicos no deserto do Saara e nas suas periferias, que nos demonstram a existência de uma comunidade histórica própria, antes da chegada dos europeus, em especial até o século XVI. A integração econômica da África se dava pelas rotas comerciais das caravanas que cruzavam todo o continente e se estendiam pela Europa e Ásia, chegando à Índia e China. A ideia de um continente meramente exótico seria desfeita, em pouco tempo, com a ação dos europeus que cobiçaram produtos e mercados no continente durante a partilha da África. O conhecimento das rotas e a busca por matérias-primas tornaram o continente africano, com suas riquezas culturais e econômicas, um dos principais alvos da expansão europeia, durante o imperialismo no século XIX.

A missão que os europeus atribuíam a si mesmos, de "civilizar as raças inferiores" e cristianizá-las, era a justificativa para a exploração da África. No século XIX, partiram várias expedições de caráter científico ou missionário.

## O PERCURSO DAS GRANDES EXPLORAÇÕES NA ÁFRICA

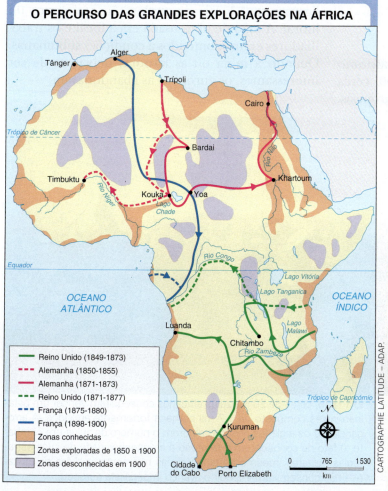

Tânger
Alger
Trípoli
Cairo
Trópico de Câncer
Bardai
Rio Nilo
Timbuktu
Rio Niger
Kouka
Yoa
Khartoum
Lago Chade
Equador
Rio Congo
Lago Vitória
Lago Tanganica
OCEANO ATLÂNTICO
OCEANO ÍNDICO
Lago Malawi
Luanda
Chitambo
Rio Zambeze
Trópico de Capricórnio
N
Kuruman
0  765  1530
km
Cidade do Cabo
Porto Elizabeth

— Reino Unido (1849-1873)
--- Alemanha (1850-1855)
— Alemanha (1871-1873)
--- Reino Unido (1871-1877)
--- França (1875-1880)
— França (1898-1900)
▨ Zonas conhecidas
▨ Zonas exploradas de 1850 a 1900
▨ Zonas desconhecidas em 1900

CARTOGRAPHIE LATITUDE – ADAP.

O escocês David Livingstone, médico, missionário calvinista e explorador, cruzou a África, a partir de 1853, e foi um dos pioneiros na denúncia da escravidão na atual Zâmbia: *"Nossa expedição é a primeira que viu o tráfico em todas as suas fases em seu local de origem. Eu me sinto cada vez mais disposto a não permitir o comércio de escravos nas regiões que tenho percorrido"*.

## Recortes da História

A *"superioridade"* branca está clara no poema The White Man's Burden , de Rudyard Kipling, escrito em 1898 como um apelo aos EUA, então apenas no início de sua afirmação como potência expansionista, mas essa ideologia também se encaixava perfeitamente aos europeus.

> **The White Man's Burden:** O Fardo do Homem Branco.

Tomai o fardo do Homem Branco
Enviai os teus melhores filhos –
Ao exílio entrelaçados
Para servir às faltas de teus cativos;
Para esperar em duro ofício
Gentes agitadas e selvagens –
Vossos recém-conquistados, fastientos povos
Meio demônios, meio crianças. (...)

> **Fastientos:** aborrecidos, rabugentos.

**1)** Por que o documento é exemplo de um pensamento racista?

# Os grandes impérios coloniais

O imperialismo europeu começou a ser desenhado na primeira metade do século XIX. Porém, seu auge se configurou nos anos de 1884 e 1885, na **Conferência de Berlim**, quando se deu a efetiva partilha da África. Essa conferência foi convocada em 1876, após a ação do rei Leopoldo II, da Bélgica, que se apossou de um vasto território africano (ex--Congo Belga, hoje Zaire) à procura de novos mercados e fontes de matérias-primas. Diante desse episódio, as demais nações europeias, que também tinham os mesmos interesses, decidiram reunir-se para traçar a regulamentação da expansão colonial na África. Desse encontro participaram os principais países europeus, além dos Estados Unidos, que não possuíam colônias na África, mas eram uma potência em ascensão. A partilha foi feita de maneira arbitrária, sem se considerar as características étnicas e culturais de cada povo, desorganizando as sociedades lá existentes, o que muito contribuiu para os conflitos atuais no continente africano.

## A partilha da África

Em 1876, apenas 10,8% do território africano estava dominado pelos europeus; em 1900, cerca de 90,4% dessas terras estavam nas mãos europeias. Na divisão territorial, a maior parte dos territórios ficou com Grã-Bretanha e França. Os franceses instalaram-se no noroeste, na região central e na ilha de Madagascar, conquistando a Argélia (1832), a Tunísia (1881) e logo depois o Marrocos. Até 1884, realizaram uma sequência de apropriações, formando a África Ocidental Francesa.

Os ingleses estabeleceram territórios coloniais em áreas da África Ocidental, no nordeste e no sul do continente. O primeiro foi o Egito, seu protetorado em 1882; pouco depois, apossou-se do Sudão. Em 1902, o Sul da África também seria colocado sob a tutela inglesa.

A Alemanha dominou as regiões correspondentes aos atuais Togo, Camarões, Tanzânia, Ruanda, Burundi e Namíbia. Portugal e Espanha conservaram suas antigas colônias: Cabo Verde, São Tomé e Príncipe, Guiné-Bissau, Angola e Moçambique, enquanto os espanhóis mantiveram as posses coloniais de parte do Marrocos e da Guiné Equatorial. Leopoldo II, rei da Bélgica, em 1876 tomou posse de todo o território do Congo. Essa região, aproximadamente dez vezes maior que a Bélgica, foi conservada sob o domínio pessoal do rei, que a vendeu, em 1908, ao próprio governo belga por uma grande quantia. A Itália ocupou a Líbia, a Eritreia e parte da Somália.

A partilha da África colocou o continente em uma situação vulnerável perante os europeus. Após a divisão ocorreram alguns movimentos de resistência que foram reprimidos com violência pelos países imperialistas.

Uma das maneiras usadas pelos europeus para se impor no continente foi explorar as rivalidades entre os grupos africanos que, ao lutarem entre si, se enfraqueciam, o que facilitava a dominação. A colonização, na medida em que obrigou a ocidentalização do mundo africano, introduziu novas formas de organização social e política, esfacelando as estruturas tradicionais locais. Além de buscarem produtos tropicais e de explorarem minérios, os europeus abriram estradas de ferro que ligavam seus locais de exploração aos portos do litoral. A mão de obra usada era a local e os trabalhadores eram submetidos a condições subumanas. Quando a mina ou as lavouras deixavam de ser interessantes, os europeus as abandonavam.

Em 1879, cerca de 20 mil zulus africanos conseguiram vencer um batalhão inglês composto de 1,7 mil homens fortemente armados. A arrogância fez os ingleses desconsiderarem o número de zulus em combate, o fato de conhecerem o território e a engenhosidade de suas estratégias militares, mesmo portando armas rudimentares. Mas os africanos não conseguiram impedir o avanço imperialista europeu.

## A resistência ao domínio inglês e o *apartheid* na África do Sul

Em 1899, os ingleses lutaram contra os **bôeres** ou **africâners**, descendentes de holandeses que tinham se fixado na atual África do Sul, a partir do século XVII, e que falavam a língua africâner, cuja origem é o holandês com influências do inglês do período da colonização. Os bôeres se instalaram na região interessados em explorar a rota comercial marítima para a Índia. Diante do avanço britânico, esses colonos foram se deslocando para o interior e organizaram as repúbli-

Soweto, 2 de maio de 1970. Até a década de 1990, o regime segregacionista separava negros e brancos na África do Sul, como se observa na imagem a proibição de mulheres não europeias, ou seja, negras, terem acesso a muitos lugares.

cas de Orange e Transvaal. A descoberta de ouro e diamantes aumentou a cobiça inglesa, que iniciou uma guerra aberta para o domínio da região. Em 1902, os bôeres foram derrotados depois de uma longa luta, na chamada Guerra dos Bôeres (1899-1902). Assim, os territórios anexados pela Grã-Bretanha formaram em 1910 a União Sul-Africana.

Em 1911, os brancos na União Sul-Africana, ingleses e africâners, eram minoria diante da maioria da população negra. A fim de evitar que os negros ameaçassem seus domínios, os brancos fizeram um acordo para a implantação de leis segregacionistas contra a população negra. A política de segregação racial foi oficializada em 1948, com a chegada ao poder do Partido Nacional e a instalação da política do *apartheid*, que em africâner significa separação.

O *apartheid* impedia o acesso dos negros à propriedade da terra, à participação política e às profissões mais bem remuneradas. Também isolava os negros em áreas separadas. Foram proibidos os casamentos e as relações sexuais entre pessoas de etnias diferentes. Na África do Sul, apenas 5 milhões de brancos dominavam 29 milhões de negros. Ficavam confinados em guetos, sendo-lhes reservados os piores empregos e uma péssima qualidade de vida.

## O imperialismo na Ásia

O Oriente, em particular a Índia, já tinha atraído desde há muito tempo o interesse europeu pelas especiarias, seda, madeiras, tecidos e outros tantos produtos. Assim, a partir do século XVI, os portugueses se apossaram de Goa, Damão e Diu (Índia) e outros territórios da Ásia, como Macau (China) e o Timor Leste (arquipélago da Indonésia). Foram seguidos pelos espanhóis, que tomaram as atuais Filipinas, e holandeses, que tornaram Java (Indonésia) sua colônia.

Desde o século XVIII, a Inglaterra, por meio da Companhia Inglesa das Índias Orientais, já tinha grande influência no subcontinente indiano, onde atuava com suas regras e forças militares, subjugando por meio de seus agentes a população local e controlando as esferas administrativa e política daquele território. Os franceses tomaram a Indochina, no Sudeste asiático. A Alemanha apoderou-se de uma porção da Nova Guiné, no oceano Índico, partilhando-a com a Inglaterra.

Mas o principal domínio britânico era mesmo a Índia. A Companhia das Índias Orientais investia e obtinha grandes lucros na região. Uma estrutura administrativa burocrática inglesa controlava os negócios e fazia daquela área um mercado consumidor obrigatório dos produtos industriais ingleses. A produção têxtil indiana, por exemplo, sofreu a concorrência dos tecidos ingleses que chegavam ao território indiano praticamente sem taxas.

A concorrência entre os sistemas de produção industrializados dos ingleses e os trabalhos manufatureiros dos indianos alterou a vida dos indianos. Muitas pessoas não tinham como manter seus antigos trabalhos. A chegada das estradas de ferro, entre os anos de 1840 e 1850, permitiu a integração territorial e acelerou as grandes plantações visando ao mercado externo, com produtos como trigo, algodão e tabaco. As pequenas propriedades e a variedade de cultivos eram substituídas por grandes faixas de produção voltadas para a exportação. Com isso, o preço da terra se elevou e muitas pessoas perderam suas terras.

A entrada dos produtos industrializados também alterou os hábitos dos indianos, que eram consumidores dos produtos ingleses. Eles ofereciam a matéria-prima e compravam os produtos industrializados. Essa situação causou profundo descontentamento entre as elites e, também, entre a população da Índia.

Os cipaios, soldados mercenários que serviam à Companhia das Índias Orientais, rebelaram-se em 1857. A **Revolta dos Cipaios**, como ficou conhecida, ou a **Grande Rebelião**, como foi chamada pelos indianos, foi uma manifestação do descontentamento indiano. O estopim da revolta foi a notícia de que o novo rifle usado pelo exército era lubrificado com banha animal (bovina e suína). Esse fato gerou grande indignação entre os seguidores das duas maiores religiões na Índia: hinduísmo e islamismo. Para os hindus, as vacas são animais sagrados e para os muçulmanos os suínos são impuros. Assim, contando com apoio da população local, os cipaios se rebelaram e massacraram os súditos ingleses. Apesar de debelada em meados do ano seguinte, a rebelião mostrou a insatisfação da população com os britânicos, que dominavam a região, impunham transformações econômicas e desrespeitavam os costumes e tradições locais, como a organização da sociedade em castas.

Em 1858, por um ato do Parlamento inglês, as atividades da Companhia das Índias Orientais foram suspensas e seus domínios e ações passaram para a Coroa britânica, que na época tinha no trono a rainha Vitória I. Esta foi proclamada imperatriz da Índia, em 1876, e um vice-rei foi indicado para efetivar o controle real sobre a região, porém se apoiando em uma administração burocrática formada por integrantes da população local.

Ingleses na Índia, uma das mais significativas colônias inglesas no *Império onde o Sol nunca se põe*. Essa denominação foi dada pelo fato de a Grã-Bretanha ter colônias em todos os continentes. Nesta foto (ca. 1875), Lorde Nothbrook, vice-rei da Índia (sentado, ao centro), com um grupo de oficiais britânicos e indianos, na cidade de Simla, capital de verão do governo britânico da Índia.

Com essa fortíssima ação imperialista, intelectuais se insurgiram contra a dominação e, em 1885, iniciou-se um movimento pela autodeterminação política indiana, denominado Partido do Congresso Nacional da Índia. Em 1906, foi formada a Liga Muçulmana, com os mesmos propósitos. Esses movimentos foram fundamentais para o crescimento do nacionalismo indiano até sua independência, em 1947.

A Inglaterra tomou para si vastas extensões de território, além da Índia: Birmânia, Afeganistão, Austrália, Nova Zelândia, entre ilhas e porções territoriais até o centro da Ásia. Foi o maior império colonial do mundo, unindo-se em uma comunidade com interesses diplomáticos e políticos – a *British Commonwealth of Nations* (Comunidade Britânica das Nações) – com forte intercâmbio entre as nações. A *Commonwealth* persiste até hoje, com menor número de países do que no auge do período colonial, mas congregando nações importantes como Austrália, Nova Zelândia e Canadá, entre outros.

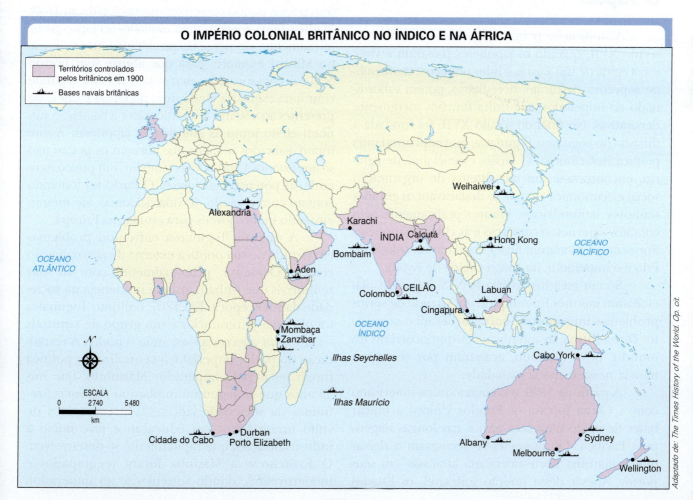

**O IMPÉRIO COLONIAL BRITÂNICO NO ÍNDICO E NA ÁFRICA**

Territórios controlados pelos britânicos em 1900

Bases navais britânicas

Adaptado de: *The Times History of the World. Op. cit.*

## O imperialismo e a alimentação dos europeus

Um motivo para a melhoria da dieta ao longo do século XIX era que chegavam cada vez mais alimentos do que chamamos de "periferia" da Europa, denominação vaga que engloba a Rússia e a Europa do Leste, como também as zonas de abastecimento do Novo e do Velho Mundo. A maior parte destas importações era de cereais, procedentes da Polônia, Rússia, do norte da África e do Oriente. No século XIX começaram a chegar cereais das pradarias da América do Norte e das planícies da Argentina e da Austrália. Grande parte da Europa acabou por beneficiar-se destas importações, mas os países mais necessitados desses produtos eram aqueles onde a industrialização e o desenvolvimento urbano ocorreram com maior ímpeto, ou seja, Grã-Bretanha, os Países Baixos e a Alemanha. (...) Do Novo Mundo chegavam o açúcar, o café e o cacau, e da China, do Ceilão e da Índia chegavam o chá e o arroz. (...)

É evidente que a dieta de todas as classes sociais melhorou muito entre 1800 e 1900, mas é difícil indicar com precisão as mudanças. As classes ricas comiam em abundância, ainda que nem sempre comiam bem, e é possível estudar sua dieta a partir de livros de contabilidade e de diários que nos deixaram. A classe média seguiu o exemplo da classe superior e reduziu o consumo de cereais e aumentou o de verduras, frutas, carnes, peixes e gorduras animais, conforme a ocasião. A respeito da dieta das classes mais humildes, que deviam constituir três quartos da população, é a que temos menos conhecimentos. Já na primeira metade do século existia certa preocupação com a alimentação da classe trabalhadora, cujas insuficiências deviam ser evidentes tanto aos empresários como ao público em geral. (...)

A desnutrição e a má nutrição eram a norma entre a população, tanto rural como urbana, ainda que com grandes diferenças. (...) De modo muito geral podemos dizer que, quanto mais baixa era a renda de um trabalhador, maior era a proporção de cereais em sua dieta e de sua família. As calorias consumidas pelos mais desfavorecidos eram obtidas dos cereais em uma proporção de 80%, enquanto entre os moderadamente bem situados não obtinham desta fonte mais do que a metade.

*Fonte:* POUNDS, N. J. G. *La Vida Cotidiana:* historia de la cultura material. Barcelona: Editorial Crítica, 1992. p. 507-509.

## O Japão

A unificação política japonesa só se deu no século XVII, quando os japoneses passaram a viver sob a égide de um *xógum*, o líder político e chefe militar supremo, de caráter hereditário, porém subordinado ao imperador que tinha funções meramente decorativas. No final do século XVII, foi fundada a dinastia do xogunato Togunawa, que implantou uma política isolacionista. O Japão, essencialmente agrário, encontrava-se em um sistema de organização social e econômica em que se destacavam os grandes senhores latifundiários. Mesmo praticamente sem contatos externos, o comércio e as cidades japonesas floresceram. O xógum ficava instalado na cidade de Edo e o imperador, na antiga cidade de Kyoto.

Só em meados do século XIX é que o isolacionismo japonês foi rompido em virtude de sérios problemas internos que enfraqueceram o xogunato. Dessa forma, as modificações que ocorriam no mundo, nesse período, acabaram por ter ressonância nessa fechada sociedade.

A partir de 1800, o comércio norte-americano com a China forçava os Estados Unidos a buscar bases de apoio para seus navios nas longas viagens pelo Pacífico. Os japoneses se recusavam a deixar que a marinha norte-americana atracasse em seus portos. Apesar dessa posição inflexível, os Estados Unidos pressionaram muito para que o Japão abrisse seus portos para o comércio internacional: em 1853, Mathew Perry foi com uma esquadra ao Japão pedir oficialmente, em nome do presidente norte-americano Millard Fillmore, para que abrisse seus portos. Não foi bem-sucedido, mas voltou no ano seguinte com uma esquadra ainda mais poderosa e cheia de presentes ao xógum. A intimidação e a bajulação surtiram efeito junto às autoridades japonesas. Assim, foram assinados tratados que abriram os portos não só aos Estados Unidos, mas também, um pouco mais tarde, às potências europeias. O Japão foi tomando contato com o modo de vida ocidental, até mesmo enviando muitos jovens para estudar na Europa.

A dinastia Togunawa enfrentou problemas em virtude de sua política externa de aproximação com o Ocidente, principalmente com os clãs senhoriais que tinham grande influência na sociedade daquela época. Em 1867, o último Togunawa foi obrigado a renunciar e um grupo de samurais – a nobreza guerreira – assumiu o poder. A restauração do poder imperial e a centralização política foram feitas pelo imperador Matsuhito, que nos 45 anos que se seguiram implantou reformas profundas na sociedade japonesa. Investimentos de vulto foram feitos em educação e teve início a industrialização, que rapidamente se desenvolveu. O Exército e a Marinha foram reequipados e modernizados, dando sustentação ao imperador, que passou a governar efetivamente o Japão a partir de 1868.

As mudanças econômicas (industrialização), sociais (o fim do poder dos grandes proprietários de terras e do feudalismo japonês) e políticas (sistema de governo e Constituição nos moldes europeus, em especial da Alemanha de Bismarck, com um Parlamento bicameral, embora o poder supremo estivesse com o imperador) foram de tal ordem que esse período ficou conhecido como **Era Meiji**. No final do século XIX, o Japão já era uma potência industrial e política em pé de igualdade com os países europeus e os Estados Unidos.

Meiji: imperador.

O arquipélago japonês, entretanto, apresenta um solo muito pobre em recursos naturais e fontes de energia. Em 1900, em virtude de grandes conglomerados industriais e financeiros de origem familiar que se formaram no Japão, os **zaibatsus**, foram construídas ferrovias, equipados os portos e as potentes indústrias eram tocadas por mão de obra qualificada.

Os países europeus tinham retalhado a África e tomado a Ásia. Temendo ser vítima do imperialismo, o Japão adotou uma política imperialista na região, visando apoderar-se do Extremo Oriente. Necessitando de matérias-primas e fontes de energia, e, ainda, de mercado consumidor para seus produtos, além de possuírem um excedente populacional significativo em virtude da melhoria na qualidade de vida e dos avanços da medicina, os japoneses se lançaram na empreitada imperialista. O Japão pulou de 39,5 milhões de habitantes em 1888 para 55 milhões em 1918. Com uma frota naval poderosa, avançou pela Coreia e China, travando com esta a guerra sino-japonesa (1894-1895), com o objetivo de tomar a Manchúria. A China foi derrotada e o Japão, além da Manchúria, ficou também com a Ilha de Taiwan, hoje Formosa.

A Rússia, um poderoso império na época, também tinha pretensões sobre a China, na região da Manchúria. Inconformados com a vitória japonesa, os russos declararam guerra ao Japão, na tentativa de ficar com a Manchúria. Assim, em 1904, teve início a guerra russo-japonesa, com a vitória

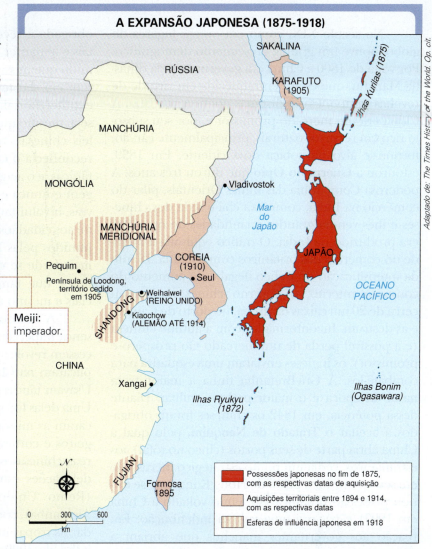

**A EXPANSÃO JAPONESA (1875-1918)**

Adaptado de: The Times History of the World. Op. cit.

- Possessões japonesas no fim de 1875, com as respectivas datas de aquisição
- Aquisições territoriais entre 1894 e 1914, com as respectivas datas
- Esferas de influência japonesa em 1918

dos japoneses, que, além de se firmarem na Manchúria, anexaram também a Ilha de Sakalina.

Com o tratado de Porthmouth, além do reconhecimento russo da anexação japonesa, o Japão obteve a Coreia como sua área de influência, que seria anexada em 1910. O domínio japonês foi se alastrando por diversas ilhas do Pacífico até 1941, quando seus interesses imperialistas se chocaram com os interesses comerciais norte-americanos nessa região, resultando na declaração de guerra dos Estados Unidos ao Japão, e a entrada dos norte-americanos na Segunda Guerra Mundial.

## A China

A China é, hoje, um dos países mais extensos do globo e conta com a maior população do planeta: 1,37 bilhão de pessoas (jul. 2015). Governada por diversas dinastias, fortemente agrária, enfrentando invasores que ameaçavam seu território, também se configurou em uma sociedade fechada ao Ocidente por muito tempo.

No século XIX, como em outros lugares do globo, houve um grande crescimento demográfico. Por volta de 1800 a China era governada pela dinastia Manchu, que estava enfraquecida em virtude de revoltas camponesas e disputas políticas internas. A China era um mercado promissor e, por seu subsolo rico em recursos naturais, principalmente carvão, tornou-se alvo da cobiça do Ocidente. Em 1839, estourou a **Guerra do Ópio** que durou três anos. A poderosa Companhia das Índias Orientais, pilar do comércio na Índia, comprava chá e seda dos chineses e lhes vendia grandes quantidades de ópio que era produzido na Índia. O tráfico equivalia à metade do comércio dos britânicos com a China. Diante da intensificação do tráfico ilegal e do aumento do consumo interno, o governo chinês apreendeu cerca de 20 mil caixas da droga, no porto de Cantão, e as destruiu. Inconformados com a atitude chinesa (e a possível perda de um mercado tão próspero e promissor), os ingleses enviaram uma esquadra para combatê-los. A Grã-Bretanha tinha a maior frota naval da época e o maior poderio militar. Diante dessa potência, em 1842 os chineses foram obrigados a aceitar o **Tratado de Nanquim**, pelo qual a China abria parte de seus portos (cinco no total) aos estrangeiros, cedia um ponto estratégico incrustado em seu território, o porto de Hong Kong, que se tornou possessão britânica (só tendo voltado à China em 1997) e pagaria uma vultosa indenização. Em reação aos governantes manchus que abriam a China ao imperialismo, nacionalistas chineses fizeram a **Revolta dos Taipings**, na região do Yang-tsé, em 1853. Os Taipings na década de 1860 chegaram a dominar áreas significativas da China. Para derrotá-los, os governantes manchus pediram ajuda estrangeira, aumentando ainda mais a presença imperialista na China.

A China, pela pressão dos estrangeiros, abriu mais onze portos ao comércio internacional, foi obrigada a receber embaixadas dos países ocidentais e a manter relações diplomáticas com eles; permitiu que missionários cristãos se instalassem e agissem em seu território, como também concebeu a extraterritorialidade aos cidadãos britânicos, ou seja, mesmo que tivessem cometido um crime pelas leis chinesas, não seriam julgados por elas. Só se reconhecia o crime diante da infração das leis britânicas, e o acusado seria julgado em seu país de origem e nunca em território chinês. Em outras palavras, involuntariamente a China concedia imunidade aos cidadãos britânicos, visto que eles não seriam punidos pelas leis chinesas. A extraterritorialidade mais tarde se estendeu aos russos, franceses e alemães, que também obtiveram concessões comerciais e mesmo territoriais chinesas.

A derrota na guerra contra o Japão e a presença imperialista na China fizeram com que florescessem revoltas nacionalistas. As sociedades se multiplicaram na China e contavam com apoio popular. Usavam táticas de guerrilha e promoviam rebeliões. Uma delas foi a Sociedade dos Boxers. Os boxers atacaram as missões e demais estabelecimentos estrangeiros e cortaram as linhas telefônicas e as vias férreas chinesas em 17 de junho de 1900, sitiando as delegações estrangeiras. Uma coalizão estrangeira (Reino Unido, EUA, França, Japão, Rússia e Alemanha), com cerca de 20 mil homens, foi formada. As tropas invasoras ocuparam Pequim em 14 de julho de 1900, rendendo os rebeldes, ocupando e saqueando a capital. Impuseram pesadas indenizações aos chineses, obrigando-os a conceder facilidades comerciais aos países da coalizão sem perder seu território, mantendo o Império Celestial, como também era conhecida a China. Porém, Alemanha, Rússia, Japão e França anexaram territórios chineses. Esse episódio ficou conhecido como **Guerra dos Boxers** (1900-1901).

## Passado/presente

De forma geral, sempre que falamos de imperialismo no século XIX, logo nos remetemos às interferências do mundo ocidental na África, Ásia e, em alguma medida, na América, por meio da língua, religião, costumes, questões econômicas etc. Mas e no que esses lugares interferiram, ou melhor, contribuíram para a transformação do Ocidente? Uma grande onda de migração no mundo globalizado de hoje assola o território europeu e norte-americano, sendo visível a diversidade étnica e cultural nesses lugares. Na França, a presença de povos africanos e da religião muçulmana é visível nas ruas de Paris; nos Estados Unidos, o espanhol é considerado, extraoficialmente, um segundo idioma do país; a dança do ventre foi difundida no século XIX pelo Ocidente e praticada, agora, no mundo todo; a religião budista, a prática da ioga, a comida oriental têm invadido o cotidiano do Brasil; enfim, o imperialismo aproximou o mundo e revelou sua diversidade. Para além dos problemas sociais e políticos que tal empreendimento europeu trouxe e que devem servir para nossa reflexão crítica cotidiana, a globalização, por meio do avanço tecnológico, só foi possível graças a esse contato, que significou mudanças tanto para o Oriente quanto para o Ocidente.

# O declínio do Império Otomano

O imperialismo das potências europeias no século XIX produziu sérias feridas em um dos principais Estados da Era Moderna, o **Império Otomano** (1299-1922). Pode-se dizer que esse gigantesco Império era herdeiro de dois Impérios anteriores: os califados árabes que expandiram o islamismo ao longo do período medieval, dos quais os otomanos herdaram a ideia de uma comunidade islâmica (ainda que não fossem o único Estado islâmico do mundo – rivalizava com o Império Mogol na Índia e o Império Safávida no Irã –, eles dominavam as regiões simbólicas do islamismo, especialmente as cidades sagradas); e o Império Romano do Oriente, cuja capital Constantinopla tornou-se centro do Império Otomano a partir de 1453. Devemos lembrar que o Império Otomano **não era um Estado-nação**: ele reunia em seu território diversas etnias e povos. Quando atingiu sua maior porção territorial, o Império Otomano abrigava gregos, sérvios, búlgaros, romenos, armênios, turcos e árabes. O **turco** era a língua oficial usada pela elite administrativa (cujo principal líder era chamado de sultão), enquanto o **árabe** era utilizado nos rituais e textos religiosos. A unidade do Império era dada pelo sistema administrativo e tributário e pela **religião islâmica**, que fornecia as bases para o sistema jurídico (baseado na lei islâmica conhecida como *sharia*). Apesar de o islamismo ser a religião oficial, outros grupos religiosos viviam dentro do Império, especialmente **cristãos e judeus**. Ambos recebiam um tratamento diferente dos muçulmanos, tendo de pagar impostos específicos, de forma que nem sempre a conversão ao islamismo era interessante para a elite imperial. Cristãos e judeus dificilmente ascendiam a cargos importantes no governo, ainda que pudessem alcançar prosperidade econômica. No século XVI, muitos judeus fugiram da perseguição da Inquisição na península ibérica refugiando-se no Império Otomano, onde exerciam importantes funções bancárias. Nesse século, o Império chegou a ter entre **20 milhões e 30 milhões de habitantes**, época em que a Espanha tinha 3 milhões e a França 17 milhões (e sua capital, Istambul, no século XVII, chegou a ter 700 mil pessoas, um número também muito maior que o das maiores cidades europeias do período). Essa grande população estava espalhada em um território imenso, que ia do atual Iraque (ao leste) até a Argélia (a oeste), e da entrada de Viena (ao norte) até o Iêmen (ao sul). A presença otomana nos Bálcãs levou à islamização de algumas regiões, como a Bósnia e Herzegóvina, a Albânia e o Kosovo. Outras regiões mantiveram-se majoritariamente cristãs.

Até o século XVIII os otomanos eram vistos na Europa com temor, já que controlavam as **rotas comerciais** da seda e das especiarias vindas do Oriente, e também por conta da sua **força militar**. Os otomanos enfrentavam rivalidades de diversas direções: ao norte, o Império Russo e a Áustria dos Habsburgos; a leste, no atual Irã, o Império Safávida (herdeiro dos persas); e no Mediterrâneo disputavam com os principados italianos e o Império Espanhol.

A partir do século XVIII, contudo, o Império Otomano passou a enfrentar um processo de estagnação e posterior **declínio** sentido de diversas maneiras nas diferentes porções do Império. Isso se deveu não só aos problemas internos, mas também ao crescimento da concorrência dos Estados europeus. O Império Otomano mantinha fortes relações com esses Estados: não só relações de rivalidade, mas também comerciais e diplomáticas. Porém, se nos séculos XVI e XVII os otomanos viam-se em pé de igualdade em relação à Europa, a partir da segunda metade do século XVIII, apesar de ainda poderosos, viam-se um passo atrás. A população otomana não crescia, a produção de alimento não avançava, e a peste bubônica ainda fazia vítimas. Além disso, começavam a ser sentidos os efeitos da **industrialização** no continente europeu: a concorrência de manufaturados europeus, especialmente ingleses, enfraqueceu o antes poderoso comércio otomano de produtos têxteis. O café de Martinica (no Caribe) concorria fortemente com o café do Iêmen, e as especiarias eram adquiridas diretamente pelos holandeses na Índia. Na primeira metade do século XIX, os manufaturados tornaram-se ainda mais presentes; como afirma o historiador Albert Hourani, nesse período "beduínos no deserto da Síria usavam camisas feitas de algodão de Lancashire [região industrial do norte da Inglaterra]". Com isso, o Império Otomano tornava-se rapidamente um produtor de matérias-primas para a indústria europeia.

As mudanças não ocorriam apenas no campo econômico. Um importante marco foi a tomada do Egito por Napoleão, em 1798. Apesar de repelida alguns anos depois, em 1801 – com ajuda inglesa –, essa invasão impactou a elite imperial que viu uma de suas províncias mais ricas ser dominada por um Estado europeu. O exército nacional napoleônico expôs os problemas na organização militar otomana. Além disso, a entrada do exército francês abriu as portas do Império Otomano às **ideias modernas e iluministas** como o nacionalismo, a imprensa, o constitucionalismo, a tolerância religiosa e o laicismo. Essas ideias encontraram apoio e também resistência, e causaram fortes mudanças naquele Império de cinco séculos de existência.

Ao longo do século XIX a presença europeia no Império Otomano só aumentou: a França ocupou a Argélia em 1830, em outras províncias foram assinados tratados de comércio, ocorreram parcerias para investimentos em infraestrutura e criação de ferrovias, o que levou ao crescimento das dívidas externas em muitas províncias. O **imperialismo europeu** instalava-se no território otomano. A presença otomana na Europa já havia diminuído com perdas de territórios ao longo do século XVIII, e sofreu sérios golpes com a criação de um Estado sérvio autônomo em 1830 e, em 1833, com a declaração de um reino independente na Grécia, envolvida em uma retórica romântica e nacionalista que voltava à Antiguidade clássica para buscar as raízes da Grécia Moderna.

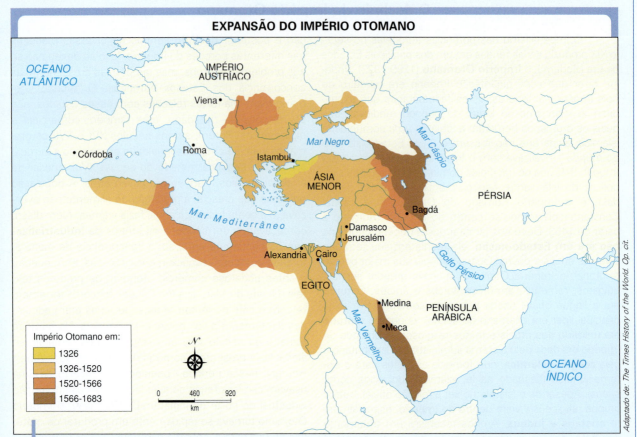

## EXPANSÃO DO IMPÉRIO OTOMANO

OCEANO ATLÂNTICO

IMPÉRIO AUSTRÍACO

Viena

Córdoba

Roma

Mar Negro

Istambul

ÁSIA MENOR

Mar Cáspio

PÉRSIA

Bagdá

Mar Mediterrâneo

Damasco
Jerusalém

Alexandria    Cairo

Golfo Pérsico

EGITO

Mar Vermelho

Medina

Meca

PENÍNSULA ARÁBICA

OCEANO ÍNDICO

Império Otomano em:
- 1326
- 1326-1520
- 1520-1566
- 1566-1683

N

0    460    920
km

*Adaptado de: The Times History of the World. Op. cit.*

Quando de sua maior extensão, o Império Otomano abarcava os atuais Iraque, Síria, Jordânia, Arábia Saudita, Palestina, Israel, Líbano, Turquia, Chipre, Armênia, Geórgia, Azerbaijão, Grécia, Macedônia, Sérvia, Montenegro, Bósnia e Herzegóvina, Croácia, Albânia, Eslovênia, Romênia, Hungria, Áustria, Bulgária, Egito, Líbia, Tunísia e Argélia.

Internamente, a mudança mostrou-se bastante profunda; começou-se a questionar, por exemplo, uma das bases do Império: a lei islâmica. Além disso, o regime de propriedade agrária também mudou em muitos lugares, levando ao fim das terras coletivas pastoris. A **educação** foi outra área que conheceu importantes novidades: a educação tradicional nas escolas islâmicas (*madrassas*) perdeu um pouco da centralidade, já que não garantia mais a ascensão social. As elites precisavam frequentar as escolas de estilo europeu para exercer importantes funções no sistema colonial. Ainda assim os líderes islâmicos continuaram a ter considerável força política, exercida de maneira diferente ao longo do Império já esfacelado.

A partir da metade do século XIX, quando o imperialismo era uma realidade bem viva nos territórios do Império Otomano, a questão para muitos intelectuais otomanos era: como juntar a **modernidade** que chegava com força à **tradição islâmica** que até então dava forma à identidade das diversas populações do Império? Essa é uma questão complexa, para a qual as respostas fáceis são sempre perigosas. Apesar de manterem alguns rituais em comum, os muçulmanos otomanos disputavam as verdades do islamismo, de forma que

essa religião e as relações dela com a modernidade receberam diferentes interpretações.

No final do século XIX um novo fenômeno entrou com força no interior do Império. A unidade estava cada vez mais difícil de ser mantida, de forma que o **nacionalismo turco** surgiu como uma resposta para a estabilização política na região da Anatólia, centro político do Império. Por outro lado, o nacionalismo gerou divisões. Árabes e armênios mostraram-se insatisfeitos com o favorecimento aos turcos, o que levou a revoltas e conflitos. No início do século XX, a ascensão de um movimento nacionalista chamado "Jovem Turquia" levou ao processo que dissolveria o Império. Em 1922, depois da derrota na Primeira Guerra Mundial e de uma guerra de independência, o sultanato foi abolido pelos nacionalistas liderados por Mustafá Kemal **Atatürk** ("Pai dos turcos") e foi criada a República da Turquia na região da Anatólia. Nesse novo Estado foram promovidas diversas reformas modernizantes, especialmente voltadas para a ocidentalização dos costumes e para a desvinculação da religião islâmica da política (processo de **secularização**), questões que geram conflitos na Turquia até hoje. Os territórios árabes, por sua vez, passaram para o controle de Inglaterra e França, potências vitoriosas na Primeira Guerra.

# O imperialismo avança no século XX

As disputas entre as nações europeias e os Estados Unidos para dominar territórios na África, Ásia e América Latina, com a justificativa de realizarem sua "missão civilizadora", passaram a ser contestadas. Surgiram importantes movimentos, não apenas nas áreas dominadas, mas também na própria Europa, que questionavam os abusos e procedimentos dessa corrida imperialista, com a formação de associações humanitárias e pacifistas, além da ação de intelectuais, escritores e jornalistas.

O final do século XIX passava por profundas transformações na cultura e na forma de pensar, como veremos no próximo capítulo, mas o princípio competitivo das nações imperialistas levou o continente europeu à desconfiança mútua. Esses processos foram importantes para se entender, no início do século XX, a eclosão da Primeira Guerra Mundial.

## Cinemateca

**As Montanhas da Lua** (1989, EUA, dir.: Bob Rafelson) Dois ingleses procuram a nascente no rio Nilo, na África.

**55 Dias em Pequim** (1963, EUA, dir.: Nicholas Ray) O filme trata de maneira romanceada o cerco de Pequim durante a Guerra dos Boxers na China.

**Lawrence da Arábia** (1962, EUA, dir.: David Lean) Sob o imperialismo britânico, Lawrence, um oficial inglês, aceita uma missão na atual Arábia Saudita e acaba colaborando de forma decisiva para a união das tribos árabes contra os turcos.

**O Homem que Queria Ser Rei** (1975, EUA/Inglaterra, dir.: John Huston) Durante a dominação colonial britânica na Índia, dois ex-soldados britânicos resolveram ir para o Kafiristão para se tornarem reis do povo de lá.

## Revisitando a História

**1.** Explique quais os principais motivos para o surgimento do imperialismo ao final do século XIX.

**2.** O que foi a Conferência de Berlim, quais seus objetivos e quais as consequências?

**3.** O trecho abaixo foi retirado da biografia de um africano da etnia fula, Amadou Hampate Bâ (1900-1991), que nasceu no atual Mali e passou sua infância vivendo em uma sociedade sob domínio francês. A educação da sua etnia era dada principalmente nas escolas de ensino islâmico (corânicas), que eram vistas com muito prestígio pela população local, ao contrário da escola-colônia. No trecho abaixo, o comandante francês tenta convencer um garoto de 7 anos, filho de um chefe da região, a ingressar na escola colonial francesa.

"'Você está feliz por ir à escola?', perguntou-lhe o comandante por meio do intérprete.
'Não, prefiro morrer a ir à escola', explicou Madani. 'Quero voltar para minha casa, para perto de minha mãe. Eu não gosto da escola e a escola também não gosta de mim!'
'Mas seu pai e eu queremos que você vá à escola', explicou o comandante. 'Lá você aprenderá a ler, escrever e falar francês, esta bela língua que todo filho de chefe deve conhecer porque ela permite adquirir poder e riqueza.'
'Meu pai e minha mãe querem que eu vá à escola corânica e não à escola dos brancos!', gemeu o pequeno Madani. E, sem mais, jogou-se no chão soluçando e contorcendo-se, rasgou o bubu [manta branca, roupa típica da elite fula] e gritou agudamente: 'Yaa-yaa-yaaye!... Mande-me de volta a minha mãe! Yaaye! Quero voltar para a escola corânica!...'
'Mas você poderá ir à escola corânica toda quinta-feira, todo domingo e também de manhã cedo', tentou explicar o comandante. Perda de tempo. Madani continuava a rolar no chão, chorando."

*Fonte:* BÂ, A. H. *Amkoullel,* o menino fula.
São Paulo: Palas Athena, Casa das Áfricas, 2003. p. 219.

Com base no texto acima e nos seus conhecimentos, responda:

a) Nas colônias francesas da África era prática corrente a instalação de escolas de ensino francês voltadas para a educação dos habitantes locais. Qual a importância da introdução de escolas de modelo europeu nas colônias? Responda relacionando com a questão do fardo do homem branco.
b) Por que o garoto resiste tanto a ir para a escola francesa?
c) De que maneira essa história ilustra a violência e a profundidade com que a presença europeia atingiu as colônias?

**4.** O que foi a Era Meiji no Japão? Qual o seu significado no contexto internacional?

**5.** Escolha dois movimentos contra o imperialismo surgido na África e na Ásia e explique como ocorreram.

**6.** O regime do *apartheid*, em muito baseado nas teorias raciais surgidas no século XIX, sobreviveu até 1994. Explique a relação entre a política do *apartheid* e o pensamento racial.

**7.** Como a doutrina Monroe ("A América para os americanos") foi utilizada pelos Estados Unidos nos séculos XIX e XX?

**8.** Compare os dois mapas e explique os processos históricos ocorridos.

a)

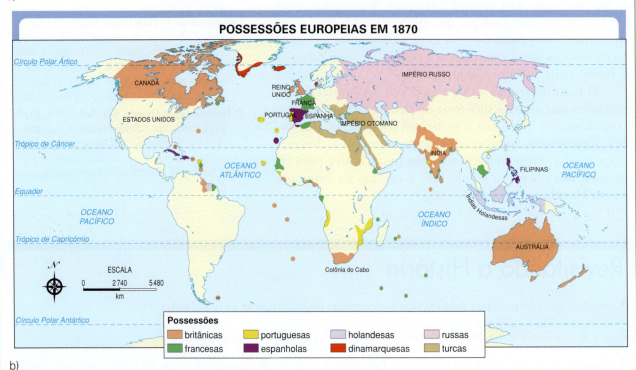

b)

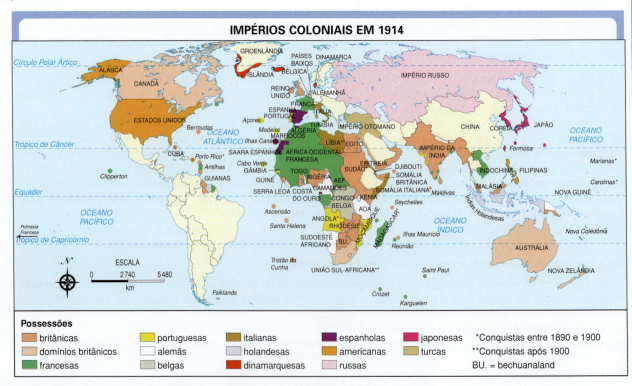

# Analise esta imagem

A capa de um caderno escolar em 1900 exaltava o império francês na Ásia e África. Nele se lê: "As colônias francesas: progresso, civilização e comércio".

A gravura acima ilustrava cadernos franceses no início do século XX. Em cima da imagem podemos ler: "As Colônias Francesas". No escudo está escrito: "progresso, civilização e comércio". Esses cadernos, utilizados majoritariamente por crianças, podiam ser usados tanto na França como nas próprias colônias. É possível identificar, com base nos personagens retratados, algumas das regiões dominadas pela França: o Vietnã (Indochina), o Marrocos, a Argélia, a Tunísia e a África Ocidental. A propaganda colonialista foi muito utilizada para difundir a ideia de que os países europeus estavam levando o progresso a povos incivilizados. A imagem retrata a colonização do ponto de vista europeu: essa representação justifica as ações coloniais, estando diretamente relacionada a objetivos políticos do imperialismo europeu. Dessa forma, o discurso colonial esteve presente em diversos espaços e não só na vida dos colonizados, mas também no cotidiano das pessoas que viviam na metrópole, que conheceram o mundo colonial por imagens geradas pelo colonizador.

a) Compare a maneira como a França e os grupos colonizados foram desenhados na gravura. Qual a mensagem presente nessa gravura?

b) Qual a importância de propagar essa imagem do projeto colonial tanto na Europa quanto nas próprias colônias? Reflita a respeito e responda: como seria uma capa de caderno tratando do mesmo tema, mas desenhada nas colônias?

# Debatendo ideias

Pense na forma como são vistos grupos não ocidentais (grupos africanos, asiáticos, indígenas) atualmente, tanto pela mídia quanto por grupos políticos. Há alguma permanência do discurso colonial presente na imagem "As Colônias Francesas" nos dias de hoje?

# Questões de vestibular

**1.** (FUVEST – SP) No Ocidente, o período entre 1848 e 1875 "é primariamente o do maciço avanço da economia do capitalismo industrial, em escala mundial, da ordem social que o representa, das ideias e credos que pareciam legitimá-lo e ratificá-lo".

HOBSBAWM, E. J. *A Era do Capital:* 1848-1875.
Rio de Janeiro: Paz e Terra, 2009.

A "ordem social" e as "ideias e credos" a que se refere o autor caracterizam-se, respectivamente, como

a) aristocrática e conservadoras.
b) socialista e anarquistas.
c) popular e democráticas.
d) tradicional e positivistas.
e) burguesa e liberais.

**2.** (UFG – GO)

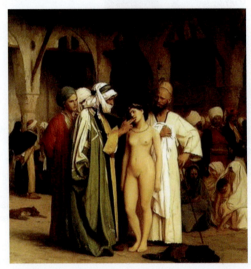

*O Mercado de Escravos* ou *À Venda*, de Jean-Léon Gérôme, 1867. *Disponível em:* <http://www.jeanleongerome.org>.
*Acesso em:* 21 set. 2010.

No século XIX, durante a expansão imperialista, o Romantismo estabeleceu um padrão de representação estética do Oriente. Na obra do pintor francês Jean-Léon Gérôme (1824--1904), o olhar europeu sobre o Oriente é evidenciado por meio

a) da imagem da mulher oriental, delineando a escrava nos padrões de beleza e erotização ocidentais.
b) do estranhamento concedido às personagens em segundo plano, sugerindo repúdio à escravidão.
c) da simetria entre os planos, refletindo a semelhança dos estratos sociais representados.
d) da temática do comércio de escravos, valorizando o princípio da diferença cultural.
e) da utilização de padrões arquitetônicos greco-romanos, representando o espaço do mercado oriental.

**3.** (UFJF – MG) Num sentido menos superficial, o período que nos ocupa é obviamente a era de um novo tipo de império, o colonial. (...) Isto se deu entre 1880 a 1914, e a maior parte do mundo (...) foi formalmente dividida em ter-

ritórios sob governo direto ou sob dominação política indireta de um ou outro Estado de um pequeno grupo.

HOBSBAWM, E. J. *A Era dos Impérios:* 1875-1914.
Rio de Janeiro: Paz e Terra, 1988. p. 88.

Assinale a alternativa que NÃO corresponde ao imperialismo desse período.

a) Uma das principais justificativas utilizada pelos países imperialistas era a missão civilizadora, que objetivava espalhar o progresso técnico e científico pelo mundo.
b) A luta entre países industrializados pelo controle dos locais produtores de matérias-primas marcou o período.
c) A Ásia e a África foram palcos, nas últimas décadas do século XIX, das políticas imperialistas, processo conhecido como neocolonialismo.
d) A supremacia naval transformou Portugal e Espanha nas principais potências imperialistas do período.
e) O capitalismo monopolista necessitava da exportação de produtos industrializados e investimentos de capitais fora da Europa.

**4.** (UFU – MG) Os países europeus envolvidos na expansão imperialista do século XIX buscavam, dentre outras coisas, novos mercados consumidores de produtos manufaturados e fornecedores de matérias-primas. Para isso, repartiram os continentes africano e asiático entre si. Na China, país populoso, sede de uma cultura milenar, foram várias as guerras desencadeadas por países europeus, Estados Unidos e Japão, dentre elas, a Guerra do Ópio (1841) e a Guerra dos Boxers (1900).

A respeito da expansão imperialista do século XIX, marque, para as afirmativas abaixo, (V) Verdadeira, (F) Falsa ou (SO) Sem Opção.

1 (   ) Após ser derrotada pela Inglaterra na Guerra do Ópio, a China foi obrigada a assinar o Tratado de Nanquim, em 1842, pelo qual entregava Hong Kong à Inglaterra, abria cinco de seus portos ao livre comércio e abolia seu sistema fiscalizador.

2 (   ) Os "punhos fechados" ou boxers, como eram denominados pelos ingleses, eram chineses nacionalistas radicais que tinham por objetivo libertar o país do domínio estrangeiro. Para isso, organizaram uma rebelião em 1900, que foi violentamente reprimida por uma força expedicionária internacional, que obrigou as autoridades locais a reconhecer todas as concessões já realizadas às potências imperialistas.

3 (   ) A dominação imperialista na América Latina, Ásia e África era realizada com o monopólio dos mercados consumidores e fornecedores de matérias-primas. Assim, as administrações dos Estados que foram submetidos à dominação continuaram nas mãos das elites locais, parceiras nas relações comerciais.

4 (   ) Para dividirem entre si a China e o Sudeste Asiático, o Japão, a Inglaterra e a França criaram a União Indochinesa, um organismo multinacional, que visava regular as explorações de carvão, chá e arroz, e resolver, diplomaticamente, os conflitos de interesses entre esses países.

**5.** (PUC – MG) Enquanto isso, o capitão Nemo, encarnação da revolta contra os donos do mundo, proclama-se indiano das Índias, por conseguinte, anti-inglês, como são os heróis du Lu Maison à Vapeur (1880), ou os Maoris da Nova Zelândia, esses "homens orgulhosos que resistem pau a pau aos invasores".

FERRO, M. *História das Colonizações.*

O capitão Nemo é uma personagem criada por Julio Verne em Vinte Mil Léguas Submarinas, numa crítica explícita do autor ao sistema inglês de colonização. O colonialismo do século XIX, criticado por Julio Verne, tem suas bases correlacionadas de forma correta em todas as alternativas abaixo, EXCETO:

a) Nacionalismo – na ótica da política internacional da época, a posse de colônias era fonte de prestígio e prova de força do país que as conquistava.
b) Racismo – impregnado de visões a respeito do nativo como inferior e do europeu como orgulho racial e superior, detentor do direito de dominação.
c) Civilização – os europeus comparavam todas as formas de governo, numa tentativa de apreender uma forma de vida mais natural.
d) Alteridade – na qualidade de outro, o nativo não existe. Eles são caçados como animais selvagens ou considerados "foras-da-lei".

**6.** (UECE) O Imperialismo e a América latina têm sido objetos de diferentes abordagens. Sobre esse tema, analise o excerto a seguir:

Se a América Latina não foi esquartejada como a África, deveu-se ao fato – é preciso reconhecê-lo – de ter tido, sem que houvesse solicitado, um "tutor". Um tutor ousado porque se atreveu a dizer que a América era para os americanos, num momento em que apenas tinha a ilusão de ser uma potência. No entanto, quando este tutor se transformou em grande potência, mudou de discurso e gritou que era dono.

BRUIT, H. H. *O Imperialismo.* São Paulo: Atual, 1987. p. 44.

O país a que o autor se refere como "tutor" é

a) França.
b) Inglaterra.
c) Estados Unidos.
d) Espanha.

**7.** (UNICAMP – SP) No século XIX, surgiu um novo modo de explicar as diferenças entre os povos: o racismo. No entanto, os argumentos raciais encontravam muitas dificuldades: se os arianos originaram tanto os povos da Índia quanto os da Europa, o que poderia justificar o domínio dos ingleses sobre a Índia, ou a sua superioridade em relação aos indianos? A única resposta possível parecia ser a miscigenação. Em algum momento de sua história, os arianos da Índia teriam se enfraquecido ao se misturarem às raças aborígenes consideradas inferiores. Mas ninguém podia explicar realmente por que essa ideia não foi aplicada nos dois sentidos, ou seja, por que os arianos da Índia não aperfeiçoaram aquelas raças em vez de se enfraquecerem.

Adaptado de: PAGDEN, A. *Povos e Impérios.* Rio de Janeiro: Objetiva, 2002. p. 188-194.

a) Segundo o texto, quais as incoerências presentes no pensamento racista do século XIX?
b) O que foi o imperialismo?

# Programa de Avaliação Seriada

**1.** (PISM – UFJF – MG) Observe as informações abaixo e, em seguida, atenda ao que se pede.

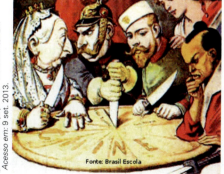

Disponível em: <http://www.historia.seed.pr.gov.br/modules/galeria/detalhe.php?foto=105&evento=2>. Acesso em: 9 set. 2013.

Fonte: Brasil Escola

Charge sobre a chamada Partilha da África.

"(...) a passagem de uma expansão "espontânea" – comandada por grandes colonizadores, pioneiros da colonização e exploradores (Mungo Park, René Caillé, Brazza), missionários (Livingstone) e empresas coloniais, com esporádicas intervenções políticas e militares – a uma política deliberada que levará à constituição de Impérios e a uma nova partilha do mundo, deve ser compreendida à luz das próprias transformações por que passava o próprio capitalismo.

LINHARES, M. Y. Em face do Imperialismo e do Colonialismo. In: SILVA, F. C. T. da. *Impérios na História.* São Paulo: Elsevier/Campus, 2009, p. 236-7.

O trecho e a imagem se referem ao imperialismo no século XIX, momento marcado por grande desenvolvimento tecnológico que provocou importantes mudanças nas relações internacionais. Nesse período, as potências europeias se lançaram à conquista de vastos territórios, dando origem ao neocolonialismo.

a) Cite e analise duas caracrterísticas econômicas do imperialismo no século XIX.
b) Cite e explique um argumento ideológico utilizado pelas potências imperialistas para justificar o domínio do continente africano.

# capítulo 37

# Pensamento e cultura no século XIX

*O Buffet*. Jean-Louis Forain (1852-1931). Óleo sobre tela. Federação Mutualista Parisiense, Paris.

*Em meio a tantas transformações trazidas pelo século XIX, relativas à economia e à política na Europa e no mundo, não poderíamos deixar de lado a noção de cultura impressa nesses eventos. As diversas vertentes do socialismo e do liberalismo, as premissas do feminismo, as cidades e sua mentalidade burguesa, a força do cientificismo positivista são balizas de pensamento características de um período em ebulição que enfrenta a diversidade como principal adversária: cidades populosas com ideais antagônicos, burgueses e operários; a pluralidade étnica reconhecida no contato imperialista; mulheres reavendo seu lugar mediante uma nova ordem industrial; enfim, pensar a cultura e suas múltiplas roupagens nessa Europa é compreender a organização mental de uma sociedade moderna que busca reencontrar o lugar e os limites da sociabilidade.*

As reformulações políticas, econômicas e sociais do século XIX, a ascensão burguesa, com seus valores e ideais, a consolidação da industrialização, as independências políticas na América Latina, as conquistas de direitos políticos na Europa, o imperialismo, as teorias científicas, as inovações artísticas, a urbanização e muitos outros aspectos produziram um quadro de grandes transformações no modo de pensar e compreender o mundo daquele período.

O universo cultural e intelectual do século XIX deve ser compreendido como gerador de um novo tempo na Europa, com implicações que repercutiram também no século XX. Dessa forma, teorias como o socialismo e o liberalismo marcaram revoluções e processos políticos como a Guer-

ra Fria, ou, ainda, aspectos como a teoria da seleção natural das espécies tiveram influência em teorias raciais e nacionalistas, como vimos no capítulo sobre o imperialismo. A xenofobia (aversão aos estrangeiros ou diferentes), que ainda está presente em muitos países, utiliza parte da argumentação dos teóricos do século XIX.

As ideias de pensadores e invenções ocorridas no período remodelaram o modo de viver, levando, por exemplo, ao aumento das reivindicações de igualdade entre homens e mulheres, à efervescência da urbanização e à consolidação do ideário burguês, com noções como individualidade, os novos hábitos e as indagações dos homens do século XIX.

Neste capítulo, analisaremos algumas das formulações dos teóricos que viveram o século XIX na Europa, nos Estados Unidos e que se espalharam pelo mundo. Poderemos observar que nem sempre essas ideias representavam desejos de novas ordens, pois os conservadores ainda exerciam bastante influência e eram críticos de movimentos que desde a Revolução Francesa argumentavam em nome de uma nova ordem política e social. Mais do que a formulação de um "admirável mundo" marcado pelo domínio científico, os pensadores e as ideias do século XIX expressavam as contradições de seu próprio tempo e ligavam-se às preocupações políticas e sociais do período.

# Algumas ideias políticas do século XIX

As ideias políticas e sociais da Europa do século XIX expressavam as transformações econômicas e sociais ocorridas naquele continente desde o final do século XVIII. As duas principais correntes foram o Liberalismo, com uma tradição que remonta aos séculos anteriores, tendo representantes como Locke e Adam Smith, e o Socialismo científico, com as elaborações de Marx e Engels.

Tanto o liberalismo, com sua defesa da concorrência econômica e da livre-iniciativa, quanto o socialismo, que defendia princípios para a constituição de uma sociedade igualitária, estão diretamente relacionados com a Revolução Industrial.

Vejamos alguns dos principais nomes dessas duas correntes e o que elas defendiam durante o século XIX.

## Liberalismo

As correntes liberais, que desde o século XVII – durante as revoluções burguesas na Inglaterra e depois com a própria Revolução Francesa – tinham uma vertente política marcada pela proteção dos direitos individuais, liberdade de expressão, de opinião e de associação, contra o poder absoluto, apresentavam uma vertente econômica que ganhou força na era industrial. Essa vertente defendia o livre-comércio e a proteção da propriedade privada, já explicitada no final do século XVIII por Adam Smith (1723-1790), tornando-se o pensamento dominante no século XIX.

Um dos principais pensadores liberais do século XIX foi John Stuart Mill (1806-1873), que em sua

obra *Sobre a Liberdade* aponta para os riscos da concentração de poder na mão dos governos, que, para ele, tendem a limitar a liberdade dos indivíduos.

Também defendia que a liberdade deve estimular a diversidade. Para o pensador inglês havia uma igualdade como ponto de partida entre todos os homens e que é a capacidade de cada indivíduo que determina suas realizações. Com esse pressuposto, Mill combate o suposto nivelamento defendido pelas teorias igualitárias.

O Estado deveria ter a função de estimular o autodesenvolvimento e não o contrário, quando o Estado passa a apropriar-se de capacidades individuais para impedir o progresso dos indivíduos.

## Recortes da História

### O liberalismo

[A esfera da liberdade humana] abrange, primeiro, o domínio íntimo da consciência, exigindo liberdade de consciência no mais compreensivo sentido, liberdade de pensar e de sentir, liberdade absoluta de opinião e de sentimento sobre quaisquer assuntos, práticos ou especulativos, científicos, morais ou teológicos. A liberdade de exprimir e publicar opiniões pode parecer que cai sob um princípio diferente, uma vez que pertence àquela parte da conduta individual que concerne às outras pessoas. Mas, sendo quase de tanta importância como a própria liberdade de pensamento, e repousando, em grande parte sobre as mesmas razões, é praticamente inseparável dela. Em segundo lugar, o princípio requer a liberdade de gostos e de ocupações; de dispor o plano de nossa vida para seguirmos nosso próprio caráter; de agir como preferirmos, sujeitos às consequências que possam resultar; sem impedimento da parte dos nossos semelhantes enquanto o que fazemos não os prejudica, ainda que considerem a nossa conduta louca, perversa ou errada. Em terceiro lugar, dessa liberdade de cada indivíduo segue-se a liberdade, dentro dos mesmos limites, de associação entre os indivíduos, liberdade de se unirem para qualquer propósito que não envolva dano, suposto que as pessoas associadas sejam emancipadas, e não tenham sido constrangidas nem iludidas.

Nenhuma sociedade é livre, qualquer que seja a sua forma de governo, se nela não se respeitam, em geral, essas liberdades. E nenhuma sociedade é completamente livre se nela essas liberdades não forem absolutas e sem reservas.

*Fonte:* MILL, J. S. *Sobre a Liberdade.* Petrópolis: Vozes, 1991. p. 56.

**1)** Stuart Mill enfatiza qual aspecto do liberalismo? Justifique.

# Os pensadores socialistas
## Os socialistas utópicos

Os primeiros socialistas contemporâneos foram denominados, de forma pejorativa, como utópicos. Os partidários do marxismo consideravam o socialismo utópico um movimento idealista, comprometido com a ordem burguesa, na medida em que sonhava uma transição gradual e pacífica para uma ordem socialista. Segundo Friedrich Engels, os socialistas utópicos esqueceram a "luta de classes" e, no fundo, queriam a ajuda dos capitalistas para acabar com o capitalismo. Os mais importantes utópicos foram:

- **Robert Owen** (1771-1858) – tornou-se rico proprietário através do casamento. Tentou realizar seus ideais socialistas criando uma comunidade na Escócia e em New Harmony, nos Estados Unidos. Nessas comunidades, cada um recebia um bônus proporcional às horas de trabalho. Também criou creches e ofereceu educação aos operários, supondo que, assim, aumentaria a produtividade de suas empresas.
- **Louis Blanc** (1811-1882) – participou da Revolução de 1848 na França e defendia a igualdade social que ocorreria a partir da apropriação, pelo Estado, de todo o sistema de produção. O Estado deveria ser o responsável pela organização da produção, para que os indivíduos tivessem trabalho.
- **Charles Fourier** (1772-1837) – desenvolveu a ideia de comunidades socialistas, os falanstérios, dentro das quais não haveria divisão de classes e as pessoas se dedicariam à indústria e à agricultura. Ele defendia que a agricultura assegurava a subsistência e a felicidade humana. Para viverem harmonicamente, os homens deveriam dedicar-se a mais de um tipo de trabalho.
- **Saint-Simon** (1760-1825) – defendia a transformação da sociedade com a revogação da propriedade privada e do direito à herança. Defendia que a sociedade deveria transformar-se em uma grande indústria, regida pela ideia de progresso e contra o parasitismo, pois para ele o mundo estava dividido entre os trabalhadores e os ociosos.
- **Proudhon** (1809-1865) – para esse pensador cada pessoa deve comandar o seu meio de produção, pois toda apropriação de trabalho alheio é injusta e deveria ser eliminada. Também defendia a eliminação do poder coercitivo do Estado, o que o levou a ser classificado também como um anarquista. Para Proudhon a propriedade é roubo.

# O socialismo científico

O principal teórico dessa corrente foi Karl Marx (1818-1883). Auxiliado por Friedrich Engels (1820-1895), publicou suas ideias às vésperas da revolução de 1848 na França, no *Manifesto do Partido Comunista*, que encerra com um apelo famoso ao internacionalismo operário: "*Proletários de todo o mundo, uni-vos!*".

Basicamente, suas ideias repousavam nos seguintes princípios: a história é a história da luta de classes, na qual há a exploração de uma classe social por outra. A igualdade somente poderá ser alcançada quando o proletariado superar a burguesia, detentora dos meios de produção. O Estado proletário se apossaria dos bens de produção (máquinas, terras, capital) e proporcionaria os meios para que a sociedade atingisse a igualdade e o comunismo, ponto máximo da evolução histórica.

Para Marx, o conflito entre classes é a regra entre os homens, pois são as condições materiais da existência que o determinam. Portanto, no contexto do mundo industrializado, os proletários são os sujeitos revolucionários que devem mudar a história.

Outros pontos da teoria de Marx são as noções de alienação, valor de uso e de troca.

Proudhon é considerado anarquista por criticar o predomínio das formas coercitivas de poder, como, por exemplo, o Estado.

# Manifesto do Partido Comunista

A história de toda sociedade até hoje é a história da luta de classes.

Homem livre e escravo, patrício e plebeu, barão e servo, mestres e companheiros, numa palavra, opressores e oprimidos sempre estiveram em constante oposição uns aos outros, envolvidos numa luta ininterrupta, ora disfarçada, ora aberta que terminou sempre ou com uma transformação revolucionária de toda a sociedade, ou com o declínio comum das classes em luta. (...)

A moderna sociedade burguesa, surgida das ruínas da sociedade feudal, não eliminou os antagonismos entre as classes. Apenas estabeleceu novas classes, novas condições de opressão, novas formas de luta em lugar das antigas.

A nossa época, a época da burguesia, caracteriza-se, entretanto, por ter simplificado os antagonismos de classe. A sociedade inteira vai-se dividindo cada vez mais em dois grandes campos inimigos, em duas grandes classes diretamente opostas entre si: burguesia e proletariado. (...)

A burguesia desempenhou na história um papel extremamente revolucionário.

Onde quer que tenha chegado ao poder, a burguesia destruiu todas as relações feudais, patriarcais, idílicas. Dilacerou impiedosamente os variegados laços feudais que ligavam o ser humano a seus superiores naturais, e não deixou subsistir entre homem e homem outro vínculo que não o interesse nu e cru, o insensível "pagamento em dinheiro". (...) Fez da dignidade pessoal um simples valor de troca e no lugar das inúmeras liberdades já reconhecidas e duramente conquistadas, colocou unicamente a liberdade de comércio sem escrúpulos. Numa palavra, no lugar da exploração mascarada por ilusões políticas e religiosas colocou a exploração aberta, despudorada, direta e árida. (...)

Com o rápido aperfeiçoamento de todos os instrumentos de produção, com as comunicações imensamente facilitadas, a burguesia arrasta para a civilização todas as nações (...). Os baixos preços de suas mercadorias são a artilharia pesada com que derruba todas as muralhas chinesas, com que força à capitulação o mais obstinado ódio dos bárbaros aos estrangeiros. Obriga todas as nações, sob pena de extinção, a adotarem o modo de produção da burguesia. (...)

A burguesia suprime cada vez mais a dispersão dos meios de produção, da propriedade e da população. Aglomerou a população, centralizou os meios de produção e concentrou a propriedade em poucas mãos. (...)

A condição mais essencial para a existência e a dominação da classe burguesa é a acumulação da riqueza nas mãos de particulares, a formação e o aumento do capital; a condição do capital é o trabalho assalariado. O trabalho assalariado baseia-se exclusivamente na concorrência dos operários entre si. O progresso da indústria, cujo agente involuntário e passivo é a própria burguesia, substitui o isolamento dos operários, resultante da concorrência, por sua união revolucionária resultante da associação. Assim, o desenvolvimento da grande indústria abala sob os pés da burguesia e a própria base sobre a qual ela produz e se apropria dos produtos. A burguesia produz, acima de tudo, seus próprios coveiros. Seu declínio e a vitória do proletariado são igualmente inevitáveis.

*Fonte: MARX, K.; ENGELS, F. Manifesto do Partido Comunista. Petrópolis: Vozes, 1988. p. 66-70; 77-78.*

**1)** Qual o significado, no Manifesto, de que toda a história é a história da luta de classes?

Os partidos comunistas se instalaram em vários países. Após a experiência do chamado socialismo real, capitaneado pela União Soviética no século XX, houve uma discussão a respeito da sobrevivência do comunismo como uma alternativa real de organização política e econômica. O legado marxista, entretanto, continua presente em países como a Coreia do Norte e China. A foto mostra o Grande Monumento, em Pyongyang, Coreia do Norte, erigido em homenagem aos 60 anos do líder Kim Il-Sung, que governou esse país de 1948 até sua morte (1994).

## Anarquismo

Outra importante corrente de pensamento político e social do século XIX foi o anarquismo. Anarquia significa "sem governo", ou seja, a sociedade deveria ser estruturada sem os princípios coercitivos do poder, sobretudo do Estado. O senso comum possui uma concepção pejorativa do termo anarquia, por confundi-la com desordem e caos. Porém os anarquistas defendiam princípios mais amplos, como o fim da hierarquização e do poder estatal.

A proposição anarquista é a da reorganização em comunidades que se autogovernem e defendam a participação direta das pessoas na definição dos rumos da própria comunidade. Rejeitavam a propriedade privada, alicerce do pensamento liberal, e também a utilização do Estado burguês para que se obtivesse a eliminação das diferenças entre as classes sociais, como se observava no socialismo.

O russo Mikhail Bakunin (1814-1876) foi um dos mais famosos anarquistas e difundiu suas ideias pela Europa, Japão e EUA. Seu programa envolvia a abolição das classes sociais, a proposta de total igualdade política e a abolição da herança.

Entre os anarquistas há diferentes grupos, mas a ideia básica era a defesa libertária, segundo a qual as formas de autoridade e autoritarismo seriam superadas.

## O pensamento social católico

O crescimento do operariado e das ideias socialistas levou a uma reação da Igreja Católica. O papa Leão XIII lançou a Encíclica *Rerum Novarum*, na qual condenava o excesso de exploração do capitalismo, mas também criticava o acirramento das tensões entre ricos e pobres da leitura socialista. Segundo o Papa, a existência de ricos e pobres não era algo que estava fora dos planos divinos. O documento condenava os movimentos socialistas e pregava uma sociedade onde os pobres trabalhassem com tranquilidade e os ricos não explorassem os trabalhadores.

Um aspecto muito importante da Encíclica foi a manifestação da Igreja a respeito de temas sociais e políticos, ou seja, era uma maneira de ela se inserir nas discussões sociais daquele período e afirmar os seus ensinamentos, já que a Igreja tinha perdido muito da sua importância dentro da sociedade europeia.

Dirigindo-se a seus fiéis, a Igreja procurava atualizar seus postulados e demonstrar sua visão sobre os processos históricos que ocorriam no mundo.

# O discurso da igualdade e o espaço das mulheres

A condição da mulher passou a ser uma discussão crescente nas sociedades industriais do século XIX. A participação das mulheres de baixa renda no mercado de trabalho e as reivindicações políticas liberais que defendiam a igualdade entre as pessoas, no direito ao voto, por exemplo, deram uma nova dimensão ao papel desempenhado pelas mulheres.

O modelo tradicional, de submissão aos padrões patriarcais, era paulatinamente questionado entre os grupos urbanos e nos movimentos de trabalhadores.

Um dos movimentos mais difundidos foi o das sufragistas, que ocorreu na Inglaterra, ao reivindicar o direito de voto para as mulheres. Esse movimento era liderado por mulheres de classe média, com pouca participação das mulheres operárias que tinham questões mais urgentes a serem resolvidas.

As sufragistas partilhavam do princípio liberal da igualdade entre os seres. Era uma contradição da ordem burguesa abrir o mercado para as mulheres, estimular o consumo, dar à maioria delas a administração da casa e a educação dos filhos, e não lhes dar direitos políticos reconhecidos.

Mesmo que a maioria das mulheres só tenha alcançado uma participação maior na sociedade no século XX, esse movimento representou um impulso importante para a realização dessa conquista.

As mulheres foram ganhando um papel mais ativo na sociedade gradualmente, por isso essas conquistas não foram muito estudadas, até bem pouco tempo atrás.

## A dona de casa das classes populares

A dona de casa entre as classes populares urbanas é uma personagem maior e majoritária. Majoritário porque consiste na condição da maioria das mulheres que vivem maritalmente, casadas ou não, sendo o casamento o estado civil mais geral e normativo, principalmente quando elas têm filhos. O modo de vida popular (...) supõe a mulher "em casa", o que não significa "no lar", pois devido às paupérrimas condições de moradia, o alojamento é mais um local de encontro do que uma residência. Polivalente, a dona de casa é investida de múltiplas funções. Em primeiro lugar, dar à luz e cuidar das crianças (...). A mulher do artesão e a pequena comerciante deixam os filhos com a ama de leite, mas as mais pobres amamentavam pessoalmente os bebês, desnudando o seio como a passageira do vagão de terceira classe (...). A dona de casa leva os filhos junto consigo; eles a acompanham tão logo começam a andar, vindo a ser figuras familiares nas ruas, reproduzidas a rodo pela iconografia da época ou captadas pelas primeiras fotografias urbanas. (...)

Segunda função: atender a família, com os "serviços de casa" que abrangem as mais variadas coisas: procurar o melhor preço dos alimentos (...); preparar as refeições, inclusive a "marmita" do pai quando este trabalha longe; buscar água, acender o fogo, cuidar da casa e principalmente das roupas de uso pessoal e de cama, mesa e banho (...). Tudo isso implica um gasto de tempo considerável. (...)

Por fim, a dona de casa se esforça em trazer para a família alguns "trocados", obtidos informalmente com tarefas domésticas: faxinas e lavagens de roupa (...), serviços de recados e entregas (...), pequenas vendas em bancas ou de porta em porta. (...)

"Ministra das Finanças" da família, a dona de casa dispõe de poderes cujas ambiguidades são ilustradas pela prática do pagamento. É, sem dúvida, uma lenta conquista das mulheres, cansadas de esperar o dinheiro dos maridos. Ignoram-se quais foram as etapas desse processo. Nos meados do século XIX, na França (...), um grande número de operários entrega seus pagamentos à mulher (...). Mas, responsáveis pelos pagamentos, as donas de casa também sofrem as consequências disso: se, por um lado, podem orientar o consumo, que já vem sendo disputado pelos grandes magazines e pelo tímido despertar da propaganda, por outro lado têm de administrar sobretudo a miséria, em primeiro lugar sacrificando a si mesmas (...).

A dona de casa não tem muitas papas na língua. Muitas vezes é uma rebelde, tanto na vida privada quanto na vida pública. E não raro paga um alto preço por isso, como alvo principal de violências que podem chegar ao crime "passional".

*Fonte:* PERROT, M. Figuras e papéis. In: _____. (org.) *História da Vida Privada.* São Paulo: Companhia das Letras, 1991. v. 4, p. 143-146.

**1)** Por que a dona de casa das classes populares foi representada como uma "Ministra das Finanças"? Justifique.

# O conhecimento científico no século XIX

Uma das mais importantes teorias do século XIX foi o **Positivismo**. August Comte (1798-1857) defendia que somente o conhecimento científico, com regras e leis comprovadas, poderia produzir um conhecimento livre de abstrações, criando um método chamado positivista, que estimulava a observação empírica, a ordenação dessas informações e, por fim, o estabelecimento de leis universais. Este seria o caminho das ciências e a defesa de um progresso pautado no conhecimento científico. A teoria de Comte teve influências em diversas áreas do conhecimento.

As descobertas científicas do século XIX se multiplicaram com trabalhos em diversas áreas e com muitos resultados que se reverteram na melhora da qualidade de vida das pessoas.

Como exemplo, na Física, a descoberta da radioatividade em 1896, por Henri Becquerel (1852-1908), abriu caminho para pesquisas futuras que levaram ao desenvolvimento de técnicas diagnósticas.

Na Biologia, as descobertas de Louis Pasteur (1822-1895) sobre os microrganismos e mecanismos de propagação possibilitaram a adoção de medidas profiláticas para combater doenças por meio de vacinas. A genética era um novo campo de investigação a partir dos primeiros trabalhos de Mendel (1822-1884).

Outra importante teoria do século XIX e que teve desdobramentos em diferentes áreas foi a teoria da evolução, formulada por Charles Darwin (1809-1882). Darwin embarcou em uma expedição por algumas ilhas na costa da América do Sul e, observando as espécies, chegou à formulação de que muitas delas haviam desaparecido e outras tinham surgido. Para o cientista britânico, haveria uma seleção natural das espécies, com a sobrevivência das mais aptas. O impacto dessa teoria em outras áreas acabou alimentando uma corrente, conhecida como **darwinismo social**, que sustentava o individualismo e a competição como elementos que asseguram a sobrevivência dos mais fortes. O racismo, o imperialismo europeu e a visão de superioridade branca, vistos no capítulo anterior, foram amparados por essa leitura.

As ciências humanas tiveram um grande desenvolvimento no século XIX. Émile Durkheim (1858-1917) formulou teorias que embasaram a **sociologia** francesa e impulsionaram essa área de conhecimento ao descrever os processos entre os indivíduos e a sociedade e como há um caráter coercitivo nos fatos sociais sobre os indivíduos. Durkheim formulou proposições para a "ciência que estuda a sociedade" e que mais tarde teria outros teóricos importantes como Max Weber (1864-1920) e Karl Marx (1818-1883).

Sigmund Freud (1856-1939), médico austríaco, por meio da observação de seus pacientes, formulou uma teoria sobre a importância do inconsciente das pessoas – um espaço no interior da vida psíquica que nem sempre é manifestado por não estar de acordo com a moral vigente ou com a vida em sociedade – na vida delas. As teorias freudianas tiveram grande repercussão nas teorias educacionais, nas artes e nas ciências humanas.

Três grandes pensadores do século XIX que contribuíram com suas teorias: Darwin (sobre a evolução das espécies), Freud (sobre o papel do inconsciente) e Marx (o principal nome do pensamento socialista, com a afirmação de que a "história é a história da luta de classes").

# A urbanização

A industrialização desenvolveu as cidades na Europa e nos EUA, ainda no século XIX. O crescimento urbano alterou a paisagem. Serviços de infraestrutura tiveram de ser implantados e desafiavam as autoridades: água, esgoto, transporte, eletricidade eram as principais demandas nos grandes aglomerados.

Ainda na metade do século XIX as cidades de Londres, com mais de 2 milhões de habitantes, e Paris, com 1 milhão de habitantes, eram as maiores da Europa. Nova York, nos EUA, tinha uma população de 2,5 milhões de habitantes em 1890.

As zonas industriais cresciam por atrair mão de obra e estimulavam um crescimento desordenado das cidades, fazendo com que os serviços não atingissem todos os bairros. Os bairros mais pobres tinham as piores condições de vida.

Apesar dessas condições, as cidades atraíam as pessoas, gerando a circulação de ideias, alterando substancialmente os hábitos dos que nelas viviam, com a criação de entretenimentos que atingiam grandes contingentes populacionais, como o cinema, surgido em 1895, na França.

# A mentalidade burguesa

A burguesia em ascensão tinha seus valores, hábitos e maneiras de se portar. O individualismo e o empreendedorismo, o apego à modernização eram valores difundidos pelos burgueses. Algumas famílias enriqueceram rapidamente com a industrialização, ocupando-se de diferentes funções como banqueiros, comerciantes, industriais, entre outros. Os burgueses ricos faziam questão de demonstrar sua riqueza, construindo mansões nas cidades ou residências em áreas de lazer, como em estações de água.

Outros valores burgueses, difundidos tanto entre a alta como na baixa burguesia, eram a valorização da família, a observância das barreiras sociais e o culto ao trabalho como forma de se enriquecer. Na Inglaterra, durante a época vitoriana (1837-1901), os grandes burgueses tinham como modelo o modo de vida da nobreza decadente – viver como um *gentleman*: cuidar de suas propriedades, gastar dinheiro em atividades de lazer, ter empregados e respeitar as regras de etiqueta.

Os ricos burgueses europeus recebiam convidados em suas luxuosas residências, sempre comandadas pela dona da casa. Entre o lazer dessa elite estava ir à ópera, ao teatro, a saraus etc. Entre o operariado e a rica burguesia surgia uma camada intermediária formada por profissionais liberais, a classe média.

# As técnicas e inovações do cotidiano

Nesse período, as modernizações tecnológicas, como a mecanização das prensas de impressão, permitiram que houvesse um aumento considerável na circulação de jornais. Em 1789, a Declaração dos Direitos do Homem francesa, no seu artigo 11, dizia: "A livre comunicação dos pensamentos e ideias é um dos direitos mais preciosos do homem". A Constituição belga de 1831 também afirmava que "a imprensa é livre; a censura jamais poderá ser estabelecida". Desse modo, a informação circulava mais rapidamente, embora os letrados não fossem muitos.

Uma das principais invenções do século XIX foi a fotografia. Esta buscava inicialmente reproduzir o retrato das pessoas mais ricas, o que até então era feito basicamente através de pinturas em óleo sobre tela.

Com a popularização da fotografia, foi possível a uma imensidão de pessoas o acesso a registros cotidianos, sobretudo em sociedades com baixo nível de instrução, tornando acessível o conhecimento de pessoas e lugares, anteriormente apenas descritos por obras de arte, que tinham circulação restrita, ou por meio de obras produzidas por escritores.

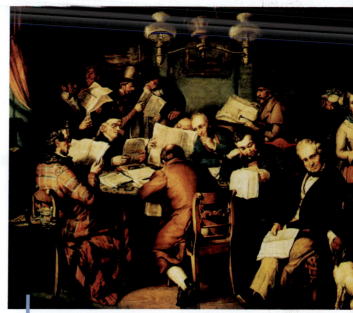

As pessoas se reuniam em locais de leitura para ler os jornais e depois discutiam sobre o que tinham lido, como nesse quadro de L. Arnoto, que retrata um gabinete de leitura na Alemanha em 1840. Museu Histórico Alemão, Berlim.

## Vivendo seu tempo

### A fotografia e os novos hábitos

(...) A fotografia (...) permitirá a democratização do retrato. Pela primeira vez a fixação, a posse e o consumo em série de sua própria imagem estão ao alcance do homem do povo. Registrada em 1841, a patente deste novo processo sofre uma série de melhorias técnicas, ao longo dos dez anos subsequentes. O tempo da pose vai se reduzindo aos poucos, até a descoberta, em 1851, do registro instantâneo. (...) Os fotógrafos se instalam até nas menores cidades; artistas forasteiros instalam suas barracas na rua e oferecem fotografias a um franco.

Ascender à representação e posse de sua própria imagem é algo que instiga o sentimento de autoestima, que democratiza o desejo do atestado social. Os fotógrafos o percebem muitíssimo bem. No interior do estúdio-teatro, abarrotado de acessórios, de colunas, de cortinas, mesinhas, é o corpo inteiro que eles passam a registrar. Exageram a ênfase, estimulam a distensão interior do fotografado; alguns chegam a lançar, a partir de 1861, a moda do retrato equestre. Esta teatralização das atitudes, dos gestos e das expressões faciais, em uma palavra, da pose (...) invade pouco a pouco a vida cotidiana. Milhões de retratos fotográficos difundidos e cuidadosamente inseridos em álbuns impõem normas gestuais que renovam a cena privada; ensinam a olhar com novos olhos para o corpo, especialmente para as mãos. (...) A arte de ser avô, assim como o gesto de reflexão do pensador, obedece a partir de agora a uma banal encenação. (...)

O álbum de fotografias da família delimita a configuração da parentela e conforta a coesão do grupo, então ameaçado pela evolução econômica. A irrupção do retrato no seio de vastas camadas da sociedade modifica a visão das idades da vida, e, portanto, o sentimento do tempo. (...)

Esteio da rememoração, a foto renova a nostalgia. Pela primeira vez, a maior parte da população tem a possibilidade de representar antepassados desaparecidos e parentes desconhecidos. A juventude dos ascendentes com quem se convive no dia a dia torna-se perceptível. Opera-se no mesmo processo uma mudança das referências da memória familiar. De uma maneira geral, a possessão simbólica de outra pessoa tende a canalizar os fluxos sentimentais, valoriza a relação visual em detrimento da relação orgânica, modifica as condições psicológicas da ausência. A foto dos defuntos atenua a angústia de sua perda e contribui para desarmar o remorso causado pelo desaparecimento.

*Fonte:* CORBIN, A. O segredo do indivíduo. In: PERROT, M. (org.) *História da Vida Privada.* São Paulo: Companhia das Letras, 1991. v. 4, p. 425-426.

# Cinemateca

**A Volta ao Mundo em 80 dias** (1956, EUA, dir.: Michael Anderson, Kevin McClory e Sidney Smith) Obra de Júlio Verne, transposta para o cinema. Conta as aventuras de nobre inglês que aceita uma milionária aposta e tem de dar a volta ao mundo em 80 dias.

**Em Busca da Terra do Nunca** (2005, EUA, dir.: Marc Forster) A história do escritor teatral J. M. Barrie e sua fonte de inspiração para criar a história de Peter Pan.

**Orgulho e Preconceito** (2005, Inglaterra/França/EUA, dir.: Joe Wright) Na Inglaterra do fim do século XIX, cinco irmãs são cortejadas por seus pretendentes. Um belo panorama da sociedade inglesa daquele século.

# Revisitando a História

**1.** Faça um quadro comparando as principais ideias do liberalismo e do socialismo.

**2.** As ideias de Karl Marx e Friedrich Engels, presentes no *Manifesto do Partido Comunista*, não contrariam apenas as ideias do liberalismo, mas estão em desacordo também com os princípios do nacionalismo. Explique essa afirmação.

**3.** Explique por que o papel de "mistura das Finanças" do lar, exercido pela mulher trabalhadora, era uma função ambígua.

**4.** Qual a importância das transformações científicas do século XIX?

**5.** Analise qual a principal contribuição do Positivismo para as ciências contemporâneas e dê exemplos dessa contribuição em diferentes áreas do conhecimento.

**6.** Explique como teorias surgidas na Biologia, como a teoria da evolução, de Darwin, influenciaram processos sociais e políticos no século XIX.

**7.** "A propriedade é um roubo."

Pierre Proudhon, 1809-1865

A frase de um dos principais teóricos anarquistas ataca um dos pilares da sociedade capitalista. Explique por que a propriedade contraria os princípios anarquistas.

**8.** A Encíclica *Rerum Novarum* foi uma manifestação da Igreja católica sobre os movimentos sociais e políticos do século XIX. Quais as principais críticas e o que propunha essa Encíclica?

**9.** Qual a importância da luta das sufragistas inglesas do século XIX para a ampliação dos direitos da mulher? Por que a reivindicação delas era distante da maioria da população feminina?

**10.** O norte-americano Jack London em 1902 decidiu conhecer o lado mais pobre da capital da maior potência industrial da época. Assim, vestiu-se com as piores roupas e partiu para viver diversos dias na região leste de Londres, onde morava a maior parte dos trabalhadores da cidade. A empreitada foi descrita no livro *O Povo do Abismo*. Nesse livro juntam-se crítica social, pesquisa antropológica e pensamento racial.

"(...) Eles [os habitantes pobres do leste de Londres] não têm consciência ou sentimentos e matam por meia moeda de ouro, sem medo ou perdão, sempre que lhes é dada a menor chance. São uma nova espécie, uma raça de selvagens urbanos. As ruas e as casas, becos e vielas são seus campos de caça. As ruas e construções são para eles o que os vales e montanhas são para o selvagem natural. Os bairros miseráveis são sua selva, e eles moram e caçam na selva.

As pessoas bondosas e delicadas que frequentam os teatros e vivem nas belas mansões do West End [parte oeste de Londres] não veem essas criaturas nem sonham que elas existem. Mas elas estão ali, vivas, bem vivas em sua selva."

> Fonte: LONDON, J. *O Povo do Abismo*: fome e miséria no coração do império britânico: uma reportagem do início do século XX. São Paulo: Fundação Perseu Abramo, 2004.

Com base no trecho acima e em seus conhecimentos, responda:

a) Jack London defende que nas regiões pobres das cidades industriais ocorreu uma "involução" do ser humano. Pensando nessa questão, explique como o autor descreve as populações pobres urbanas.

b) Segundo o autor, a cidade de Londres (usada como exemplo da sociedade industrial) está dividida. Que divisão é essa?

c) Apesar de ser um retrato da França, é possível traçar um paralelo entre o quadro *O Buffet*, de Jean-Louis Forain (página 596), e a descrição de Jack London da sociedade britânica. Como aparecem as elites burguesas no quadro e no texto?

**11.** Faça uma pesquisa com fotografias de seus antepassados ou de acervos antigos e exponha na sala de aula, destacando as semelhanças e diferenças com as fotografias atuais.

**12.** Por que a fotografia é um elemento de formação da memória?

*Os Comedores de Batatas* (1885). Vincent van Gogh. Óleo sobre tela, 82 × 114 cm, 1885. Musen van Gogh, Amsterdã.

Antes de se tornar pintor, o holandês Vincent van Gogh (1853-1890) foi negociante de obras de arte, professor de alemão e francês e missionário, tendo se dedicado à assistência a pobres. Começou a pintar em 1880 graças à ajuda financeira de seu irmão Theo – uma das pessoas mais importantes na vida do artista. Suas primeiras obras eram naturezas-mortas e cenas de camponeses no trabalho. Em 1886, foi para Paris, onde conheceu o Impressionismo, que influenciou decisivamente sua pintura a partir de então. Conviveu com muitos artistas, como Toulouse Lautrec (1864-1901) e Paul Gauguin (1848-1903). Van Gogh teve várias crises que o levaram, diversas vezes, a ser internado em instituições psiquiátricas; em uma dessas crises teria cortado a própria orelha e, em outra, teria se matado com um tiro no peito. Em vida, o artista não obteve nenhum reconhecimento: conseguiu vender apenas um de seus quadros e morreu pobre. Van Gogh nos apresenta uma cena do cotidiano de camponeses: o jantar, em uma casa simples, na qual o único alimento disponível era batata. Trata-se, por conseguinte, de um tema por muito tempo desprezado pelos artistas, os quais não consideravam cenas daquele tipo dignas de serem retratadas.

a) Quem são os personagens pintados? Como eles são caracterizados?
b) No final do século XIX, os camponeses eram vistos como parte importante do projeto nacionalista de muitas partes da Europa, já que seriam eles que teriam a "verdadeira" cultura alemã, francesa, italiana, holandesa etc. No entanto, eles eram pintados geralmente de forma bastante idealizada. Pode-se dizer que Van Gogh rompe com essa maneira de pintar idealizada. Qual a importância desse ato do artista?

# Debatendo ideias

Flora Tristan (1803-1844) é uma importante personagem francesa que vivenciou as mudanças de sua sociedade no século XIX, carregando consigo as críticas ideológicas do período, sobretudo dos socialistas utópicos, a partir dos quais pôde elaborar e defender ativamente seu pensamento de teor feminista. No seu livro mais conhecido, Peregrinações de uma Pária (1838), ela escreveu:

Mas se a escravidão existe na sociedade, (...) se as leis não são iguais para todos, se os preconceitos religiosos ou outros reconhecem uma classe de PÁRIAS, oh! então, a mesma dedicação que nos leva a assinalar o desprezo pelo opressor deve nos fazer lançar um véu sobre a conduta do oprimido que tenta escapar do jugo. (...) A servidão foi abolida, dirão alguns, na Europa civilizada.

Não temos mais, é verdade, mercado de escravos em praça pública; mas entre os países mais avançados, não há um onde as classes numerosas de indivíduos não sofram uma opressão legal. Os camponeses na Rússia, os judeus em Roma, os marinheiros na Inglaterra, as mulheres em todo lugar; sim, em todo lugar onde a cessação do consentimento mútuo, necessário à formação do casamento, não é suficiente para rompê-lo, a mulher está em servidão.

Fonte: TRISTAN, F. *Péregrinations d'une Paria*. Paris: A. Bertrand, 1838. 2 v.

a) Como os ideais do século XIX influenciaram Flora Tristan?
b) Por que Flora Tristan teria aproximado as mulheres do século XIX a outras formas de opressão? Justifique.

# Questões de vestibular

**1.** (UNICAMP – SP) A história de todas as sociedades tem sido a história das lutas de classe. Classe oprimida pelo despotismo feudal, a burguesia conquistou a soberania política no Estado moderno, no qual uma exploração aberta e direta substituiu a exploração velada por ilusões religiosas.

A estrutura econômica da sociedade condiciona as suas formas jurídicas, políticas, religiosas, artísticas ou filosóficas. Não é a consciência do homem que determina o seu ser, mas, ao contrário, são as relações de produção que ele contrai que determinam a sua consciência.

Adaptado de: MARX, K.; ENGELS, F.
*Obras Escolhidas*.
São Paulo: Alfa-Ômega, [19–]. v. 1,
p. 21-23, 301-302.

As proposições dos enunciados acima podem ser associadas ao pensamento conhecido como

a) materialismo histórico, que compreende as sociedades humanas a partir de ideias universais independentes da realidade histórica e social.
b) materialismo histórico, que concebe a história a partir da luta de classes e da determinação das formas ideológicas pelas relações de produção.
c) socialismo utópico, que propõe a destruição do capitalismo por meio de uma revolução e a implantação de uma ditadura do proletariado.
d) socialismo utópico, que defende a reforma do capitalismo, com o fim da exploração econômica e a abolição do Estado por meio da ação direta.

**2.** (UEG – GO) Karl Marx foi um divisor de águas na história da Filosofia. Seguido por muitos e odiado por outros tantos, pretendeu desmistificar a política liberal com sua crítica da economia política. Escreveu durante um contexto histórico no qual o capitalismo industrial aumentava seu campo de ação, a burguesia se organizava por meio do Estado Liberal e os trabalhadores se organizavam em associações sindicais. Para Marx e seu parceiro Engels, a cada modo de produção a consciência humana se transformava. Por esse motivo, eles afirmavam que

a) as associações profissionais conduzem as ideias políticas de uma época, por meio da pressão exercida pelo voto.
b) as condições históricas produzem as ideias, e não as ideias humanas que movem a história.
c) as ideias humanas movem a história, independentemente das condições de produção.
d) as iniciativas burguesas movem o motor da história, conduzindo politicamente as massas.

**3.** (UEG – GO) No século XIX, a valorização da ciência e do racionalismo influenciou amplamente a vida cultural. A criação estética dos escritores naturalistas era pautada nos critérios da biologia e do cientificismo, assumindo um caráter documental.

O conto "O Alienista", de Machado de Assis, apresenta a seguinte postura em relação às correntes científicas predominantes nesse período:

a) expressa uma visão crítica em relação às correntes científicas vigentes e ironiza os tratamentos psiquiátricos.
b) é por meio da análise científica da alma humana que Bacamarte descobre a cura para as pessoas dementes.
c) é uma alegoria sobre os benefícios do progresso científico consolidados na estrutura social da Casa Verde.
d) demonstra que os preconceitos populares devem ser combatidos em prol dos métodos científicos adequados para o tratamento da loucura.

**4.** (UFJF – MG) No século XIX, surgiram duas doutrinas políticas críticas da sociedade industrial: anarquismo e socialismo. Tendo em vista as características dessas doutrinas, numere a segunda coluna de acordo com a primeira.

1. Anarquismo
2. Socialismo

( ) Doutrina introduzida no Brasil por imigrantes europeus, principalmente italianos, no século XIX, concretizada na Colônia Cecília.
( ) Doutrina que defende que a supressão do Estado e o estabelecimento da igualdade, principalmente através da conscientização individual.
( ) Doutrina que valorizava o papel do partido operário na conscientização das massas.
( ) Doutrina que defendia a substituição do Estado capitalista pelo Estado proletário através da luta revolucionária.

Marque, a seguir, a alternativa com a sequência CORRETA.

a) 1, 1, 2, 2      d) 1, 2, 1, 2
b) 1, 2, 2, 1      e) 2, 1, 2, 1
c) 2, 1, 2, 2

**5.** (UFPR) A obra de Charles Darwin (1809-1882) – *Sobre a origem das espécies por meio da seleção natural ou a conservação das raças favorecidas na luta pela vida* –, publicada em 1859, causou grande polêmica. Naquele contexto histórico, suas ideias extrapolaram o campo da biologia, servindo para que alguns intelectuais e políticos justificassem a

a) necessidade de divulgar a fé cristã em outros continentes.
b) superioridade dos mestiços frente às raças puras.
c) missão civilizadora do homem branco na África e Ásia.
d) degeneração de todas as raças nas áreas coloniais.
e) divisão dos países europeus em civilizados e primitivos.

**6.** (UFC – CE) No século XIX, houve mudanças na forma de pensar as relações políticas e sociais. Observando os acontecimentos da época, nos diversos campos do saber, podemos assinalar que:

0) o pensamento de Auguste Comte se destacou na formulação das pesquisas científicas, com repercussões na cultura internacional, embora não tenha ficado livre de críticas.
1) os estudos históricos ganharam dinamismo, com interesses de muitas nações em formar seus acervos e sedimentar a atividade de intelectuais especialistas.
2) as teorias de Marx tiveram presença no movimento dos trabalhadores, incentivando rebeldias e críticas ao capitalismo.
3) as teses iluministas foram contestadas amplamente, com a crise do liberalismo e a ascensão dos partidos socialistas.
4) a formação de novos conhecimentos contribuiu também para fortalecer preconceitos e criar hierarquias sociais violentas.

**7.** (UFPE) O capitalismo encontrou críticos e não fez uma trajetória uniforme. No século XIX, a obra de Karl Marx demoliu, teoricamente, muitos dos princípios do capitalismo, causando impactos e repercussão política. A propósito, Karl Marx, nas suas reflexões:

0) analisou a exploração capitalista, mostrando a ineficácia da indústria e a precariedade dos governos burgueses.
1) defendeu a revolução social para acabar com a diferença social e a existência da mais-valia.
2) defendeu os projetos anarquistas como excelentes para condenar a luta de classes e sua violência.
3) recebeu influência de economistas clássicos, embora não fosse favorável à propriedade privada dos meios de produção.
4) projetou uma reforma social que não negava a industrialização nem a utilidade perene da sociedade de classes.

**8.** (UFPE) Mudar a sociedade, remover práticas injustas, buscar a igualdade são metas presentes nas ideias de muitos intelectuais favoráveis à renovação e ao fim de tradições ditas conservadoras. Saint-Simon foi um desses intelectuais franceses que criticou a dominação capitalista. Com suas críticas, Saint-Simon:

0) conseguiu adesão de outros intelectuais, liderando revoltas importantes na Europa, no início do século XIX, e assegurando a expansão do Socialismo.
1) defendia uma sociedade que tivesse um planejamento, onde fosse marcante a participação de cientistas na sua elaboração.
2) influenciou as formulações socialistas do século XIX, sendo considerado um utópico, apesar das críticas que sofreu dos marxistas e anarquistas.
3) tinha propostas semelhantes às de Fourier, imaginando uma sociedade harmônica com a criação de pequenas comunidades agrícolas.
4) foi respeitado por afirmar o valor dos direitos humanos e ressaltar que a propriedade privada é ilegítima.

**9.** (UPE) O Romantismo foi um movimento cultural, que marcou a Europa nos séculos XVIII e XIX e que teve repercussão no Brasil do oitocentos. Marcando as artes plásticas, a literatura e a música, o citado movimento influenciou corações e mentes. Sobre a arte romântica na Europa e no Brasil, analise as afirmativas a seguir:

 I. Partindo da Alemanha, o Romantismo teve ampla divulgação na Europa e no Novo Mundo.
 II. Dentre os grandes nomes do Romantismo na Europa, podemos destacar Goethe, Flaubert e Vivaldi.
 III. No Brasil, as vertentes indianista e nacionalista da poesia romântica contribuíram para a construção cultural da jovem nação independente.
 IV. A obra de José de Alencar figura entre as grandes produções do Romantismo brasileiro.
 V. Estão entre os poetas românticos brasileiros: Álvares de Azevedo, Olavo Bilac e Fagundes Varela.

Estão CORRETAS

a) I, II e III.      d) I, II e V.
b) II, III e IV.     e) III, IV e V.
c) I, III e IV.

**10.** (UFPB) Karl Marx e Friedrich Engels afirmaram no Manifesto do Partido Comunista (1848) que (...) "a burguesia submeteu o campo à cidade. Criou cidades enormes, aumentou tremendamente a população urbana em relação à rural, arrancando assim contingentes consideráveis da população do embrutecimento da vida rural".

*Disponível em: <http://www.histedbr.fae.unicamp.br/
acer_fontes/acer_marx/pdf>.
Acesso em: 9 ago. 2011.*

Sobre essas transformações históricas e sociais, identifique as afirmativas corretas.

I. A revolução urbana promovida pelos comerciantes propiciou o ressurgimento das cidades.

II. A expulsão dos camponeses de suas terras criou a primeira geração de operários de fábrica.

III. A reordenação demográfica ocorrida nas cidades gerou o crescimento populacional nas áreas rurais.

IV. A dispersão da população urbana foi substituída pela concentração populacional no campo.

V. A urbanização e a industrialização das cidades permitiram o surgimento das metrópoles.

**11.** (ENEM) Na década de 30 do século XIX, Tocqueville escreveu as seguintes linhas a respeito da moralidade nos EUA: "A opinião pública norte-americana é particularmente dura com a falta de moral, pois esta desvia a atenção frente à busca do bem-estar e prejudica a harmonia doméstica, que é tão essencial ao sucesso dos negócios. Nesse sentido, pode-se dizer que ser casto é uma questão de honra".

*Adaptado de: TOCQUEVILLE, A. Democracy in America.
Chicago: Encyclopedia Britannica, Inc., Great Books 44, 1990.*

Do trecho, infere-se que, para Tocqueville, os norte-americanos do seu tempo

a) buscavam o êxito, descurando as virtudes cívicas.

b) tinham na vida moral uma garantia de enriquecimento rápido.

c) valorizavam um conceito de honra dissociado do comportamento ético.

d) relacionavam a conduta moral dos indivíduos com o progresso econômico.

e) acreditavam que o comportamento casto perturbava a harmonia doméstica.

**12.** (UNICAMP – SP) A aventura à Amazônia liderada pelo naturalista Louis Agassiz estendeu-se de 1865 a 1866 e passou por várias regiões do Brasil: de Minas Gerais ao Nordeste e à Amazônia. Foi orientada pela teoria criacionista que se opunha à teoria de Charles Darwin. Apesar de participar da expedição, o filósofo norte-americano Willian James questionou alguns estereótipos sobre os trópicos.

*Adaptado de: MACHADO, M. H. P. T.
Algo mais que o paraíso.
Revista de História da Biblioteca Nacional,
Rio de Janeiro, n. 52, jan. 2010.*

a) Qual a importância da teoria de Charles Darwin para o debate científico do século XIX?

b) Identifique dois estereótipos relativos às terras e às gentes do Brasil no século XIX.

**13.** (UEM – PR) No Ocidente, entre meados do século XVIII e meados do século XIX, surgiram novas ideias econômicas e políticas, com destaque para o Liberalismo e para o Socialismo. A esse respeito, assinale a(s) alternativa(s) **correta(s)** e dê sua soma ao final.

(01) Em *A Riqueza das Nações,* Adam Smith combateu o mercantilismo e a intervenção estatal na economia e defendeu a liberdade de produzir e de comerciar.

(02) O pensador inglês David Ricardo defendeu a abolição das tarifas protecionistas que beneficiavam a indústria da Inglaterra.

(04) Karl Marx, o mais importante pensador socialista do século XIX, afirmou que a luta de classes, isto é, os antagonismos entre dominados e dominantes, é o "motor da história".

(08) O Anarquismo pregava a supressão de qualquer forma de governo e a destruição do Estado.

(16) A doutrina socialista surgiu da fusão entre o conceito de igualdade social de Karl Marx e as ideias de liberdade econômica e política dos filósofos e economistas liberais.

**14.** (UFF – RJ) Os libertários – anarquistas e anarcossindicalistas – concentram sua atuação na vida educativa, feita através da propaganda escrita e oral – jornais, livros, folhetos, revistas, conferências, comícios, além de festas, piqueniques, peças teatrais –, no sentido de disseminar o ideal libertário de emancipação social (...).

*Fonte: SFERRA, G. Anarquismo e Anarcossindicalismo.
São Paulo: Ática, 1987. p. 21.*

Tomando como referência o fragmento de texto acima:

a) indique duas ideias ligadas ao movimento anarquista na Europa do século XIX;

b) analise a concepção de Estado defendida pelos anarquistas.

# Programa de Avaliação Seriada

**1.** (PASUSP) Arthur de Gobineau, no seu *Ensaio sobre as desigualdades das raças humanas*, de 1853, defendia a tese de que a decadência da humanidade era inevitável e a atribuía à degeneração provocada pela mistura entre raças superiores e inferiores. Mais tarde, teorias raciais, como as de Gobineau, associadas à compreensão simplificada e deturpada das teses biológicas de Charles Darwin (1859) sobre a evolução das espécies, ganharam força, em nome do chamado Darwinismo Social, para explicar desigualdades sociais e entre os povos. Assim, o "racismo científico" servia como uma das justificativas, no final do século XIX e início do XX, ao neocolonialismo, ou seja, às conquistas europeias de territórios habitados por raças consideradas inferiores.

A partir do texto, pode-se afirmar que

a) a evolução das espécies de Charles Darwin indicava que a desigualdade entre os homens era decorrente de suas raças.

b) o neocolonialismo foi a fase de conquistas territoriais que correspondeu às grandes descobertas.

c) o Darwinismo Social serviu de base para práticas de conquista territorial e de exclusão social, justificadas pela ciência.

d) as conquistas territoriais pelos europeus permitiram aos pobres de diversas sociedades ascenderem economicamente.

e) a sobrevivência dos menos capazes era a grande motivação para as conquistas territoriais europeias do final do século XIX.

# OS PRIMEIROS PASSOS DO BRASIL REPUBLICANO

As primeiras experiências do período republicano brasileiro são o tema desta unidade. A República não nasceu sob o clamor popular, mas isso não significa que ela não motivasse expectativas de transformações na ordem social, econômica e política do país. As mudanças durante a chamada Primeira República, no entanto, foram tímidas. A República conservava a influência de grandes fazendeiros e de grupos remanescentes do período monárquico. Não demorou muito e a contestação ao modelo republicano implantado emergia em diferentes partes do país. No sertão, nas cidades e em vários grupos sociais, podia-se observar que a história do período era mais complexa do que a simples explicação de um domínio de oligarcas. Compreender a historicidade desses processos e seus desdobramentos na história e na cultura do país é um dos objetivos principais do que estudaremos nesta unidade.

*Unidade*

9

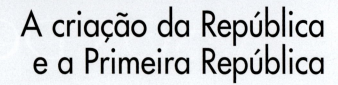

# capítulo 38

# A criação da República e a Primeira República

*Neste capítulo, vamos acompanhar os processos que levaram ao estabelecimento de grupos políticos ligados à cafeicultura durante a Primeira República e também as contestações a esse predomínio, assim como as mudanças vividas na época, como a urbanização. Como pano de fundo da chamada "Era do Liberalismo Excludente", encontrava-se a questão de como se construiria uma noção de Brasil, o que indica que a nação era um projeto em disputa. É certo que, diante de processos tão amplos e diferenciados, não supomos que os movimentos partilhassem objetivos comuns. Porém, eles foram constantes no questionamento às realidades econômicas e políticas no início da República brasileira.*

O regime republicano brasileiro, que tem como data de início 15 de novembro de 1889 e perdura até os dias de hoje, pode ser analisado em cinco grandes períodos:

- a **República Velha** ou **Primeira República**, de 1889 a 1930, ou seja, de sua proclamação até a crise das oligarquias rurais e regionais que dominaram o período;
- a **Era Vargas**, de 1930 a 1945, o mais longo período de poder exercido por um único líder na República;
- a **República Nova** ou **Segunda República**, de 1945 a 1964, quando houve a adoção de princípios da democracia representativa, como a alternância do poder e eleições diretas e com voto secreto;
- a **ditadura militar**, de 1964 a 1985, período de restrição das liberdades individuais, de direitos civis e políticos.
- **de 1985 aos dias atuais**, o período da chamada redemocratização, quando o governo voltou às mãos dos civis, o país teve uma nova Constituição e tem experimentado o mais longo ciclo de liberdade política de sua história republicana.

Esses períodos não significam a ruptura total com os anteriores. Todo processo histórico é marcado por continuidades e mudanças, ou seja, podemos visualizar transformações protagonizadas por diferentes grupos que integram a sociedade brasi-leira em algumas áreas, ao mesmo tempo que outras características permanecem de um período para outro. Dessa forma, a divisão apresentada anteriormente é marcada pelo critério de uma organização política que ocorreu no país.

## O início da República

A implantação da República brasileira não foi obra de um único grupo homogêneo, nem mesmo um acontecimento "previsível". Os processos políticos que levaram à República envolviam grupos como os cafeicultores e os militares.

Liderados pelos cafeicultores do Oeste paulista, vários segmentos da sociedade brasileira, de ideal republicano, se organizaram em 1873, em torno do Partido Republicano Paulista (PRP). Apesar da diversidade de ideias e tendências contidas no seu interior, o partido acreditava que a República seria o caminho natural para o país, e sua implantação deveria pautar-se em uma proposta legalista, moderada e dependente de uma *vanguarda iluminada*. Liberais, positivistas e uma ala mais radicalizada inspirada nos ideais da Revolução Francesa e do movimento socialista compunham as forças do Movimento Republicano, que passou a criticar duramente o regime monárquico como sinônimo de atraso, tirania e das incongruências da nação (a Monarquia Constitucional). Desejando maior autonomia para as províncias, a elite agrária defendia o federalismo como forma de assegurar o controle do Estado e garantir seus interesses. O unitarismo imperial era um impedimento à ação desses grupos nas províncias do país.

No período que antecedeu à proclamação da República, os militares também estavam insatisfeitos. Liderados por Benjamin Constant, professor da Escola Militar, acusavam o governo de corrupção e falta de patriotismo, por ter punido militares que se negaram a agir como capitães do mato, na caça aos escravos fugitivos.

O marechal Deodoro da Fonseca, um monarquista convicto, membro do governo imperial, foi convencido a participar do golpe militar que instaurou a República por concluir que o imperador já não governava mais e por perceber no movimento republicano a intenção de enfraquecer o exército e fortalecer a Guarda Nacional. Assim, na manhã de 15 de novembro de 1889, acompanhado pela tropa, proclamou a República no Brasil. Na tarde desse mesmo dia, em uma sessão da Câmara dos Deputados, no Rio de Janeiro, presidida por José do Patrocínio, e com o apoio do exército, foi declarada extinta a Monarquia no Brasil. O movimento ficou restrito ao exército e contou com a participação de alguns civis. A maior parte dos moradores do Rio de Janeiro só ficou sabendo do ocorrido pelos jornais do dia seguinte. D. Pedro II estava em Petrópolis, no palácio de verão, e foi avisado que teria de deixar o Brasil por imposição dos novos governantes.

O marechal Deodoro da Fonseca proclama a República no Campo de Santana, Rio de Janeiro. Instituto Histórico e Geográfico Brasileiro, Rio de Janeiro.

## Monarquia ou República?

Cento e quatro anos após a proclamação da República no Brasil foi realizado, em 1993, um plebiscito sobre a forma e o sistema de governo do país. Regulado pela lei número 8.624 de 4 de fevereiro de 1993, o plebiscito convocava todos os eleitores brasileiros a optarem pela República ou Monarquia, bem como pelo sistema presidencialista ou parlamentarista. É interessante notar que se organizou uma ampla campanha antimonarquista, composta pelas frentes Presidencialista (PT, PFL, PMDB e PTB) e Parlamentarista (PSDB). Por outro lado, através do *slogan* "Vote no rei!", o grupo monarquista também teve relativo apoio de muitos setores da população. Apesar das denúncias de fraude e manipulação dos que defendiam o retorno da Monarquia, a opção republicano-presidencialista foi ratificada por consulta popular após mais de um século do golpe militar que instaurou a República no Brasil.

| FORMA | VOTOS | VOTOS (%) |
|---|---|---|
| República | 44.528.920 | 49,2 |
| Monarquia | 6.840.551 | 7,5 |
| Votos brancos | 8.868.816 | 9,8 |
| Votos nulos | 7.027.067 | 7,8 |
| Abstenção | 23.265.770 | 25,7 |
| Total | 90.531.124 | 100 |

| FORMA | VOTOS | VOTOS (%) |
|---|---|---|
| Presidencialismo | 37.156.884 | 41,16 |
| Parlamentarismo | 16.518.028 | 18,3 |
| Votos brancos | 3.467.181 | 3,84 |
| Votos nulos | 9.868.316 | 10,93 |
| Abstenção | 23.246.143 | 25,7 |
| Total | 90.256.552 | 100 |

Fonte: Revista *BrHistoria*, ano I, n. 4, jun. 2007.

## Uma nova peça

O *historiador José Murilo de Carvalho analisa a disputa entre as principais lideranças militares sobre a construção do mito fundador da República brasileira. Segundo o autor, os princípios defendidos por adeptos de Deodoro (a República militar, que buscava a glória do Exército), de Benjamin Constant (o formulador dos princípios republicanos para a pátria), de Bocaiuva (o apóstolo da República Liberal) e de Floriano (o consolidador) expressam uma determinada concepção sobre a origem da República.*

Não decorrera ainda um mês da proclamação da República quando o encarregado de negócios da França no Rio de Janeiro, Camille Blondel, anotava a tentativa dos vencedores de 15 de novembro de construir uma versão oficial dos fatos destinada à história. Tentava-se, segundo Blondel, ampliar ao máximo o papel dos atores principais e reduzir ao mínimo a parte do acaso nos acontecimentos. O encarregado percebera um fenômeno comum aos grandes eventos: a batalha pela construção de uma versão oficial dos fatos, a luta pelo estabelecimento do mito de origem. No caso da República, a batalha era tão importante, se não mais que a própria proclamação, um evento inesperado, rápido, incruento. Estavam em jogo a definição dos papéis dos vários atores, os títulos de propriedade que cada um julgava ter sobre o novo regime, a própria natureza do regime.

O fato de ter sido a proclamação um fenômeno militar, em boa parte desvinculado do movimento republicano civil, significa que seu estudo não pode, por si só, explicar a natureza do novo regime. O advento da República não pode ser reduzido à questão militar e à insurreição das unidades militares aquarteladas em São Cristóvão. De outro lado, seria incorreto desprezar os acontecimentos de 15 de novembro como se fossem simples acidente. Embora as raízes da República devam ser buscadas mais longe e mais fundo, o ato de sua instauração possui valor simbólico inegável. Não foi por outra razão que tanto se lutou por sua definição histórica. Deodoro, Benjamin Constant, Quintino Bocaiuva, Floriano Peixoto: não há inocência na briga pela delimitação do papel de cada uma dessas personagens. Por trás da luta, há disputas de poder e há visões distintas sobre a natureza da República. (...)

Na luta pelo estabelecimento de uma versão oficial para o 15 de novembro, pela constituição de um panteão republicano (...) estava embutido o conflito pela definição do novo regime. Inicialmente apenas verbal, o conflito foi aos poucos sendo explicitado em lutas políticas que seria talvez prematuro considerar extintas cem anos após o acontecimento.

Fonte: CARVALHO, J. M.
*A Formação das Almas:* o imaginário da República no Brasil.
São Paulo: Companhia das Letras, 1990. p. 35-36, 38.

**1)** Explique por que a disputa sobre os papéis desempenhados pelos atores políticos da época é uma batalha pela memória.

# A República Velha ou Primeira República (1889-1930)

A liderança do movimento que acabou com a Monarquia era dos militares, e, por isso, o primeiro presidente do Brasil foi um militar, o marechal Manoel Deodoro da Fonseca, sendo seu vice o também marechal Floriano Vieira Peixoto.

# Os primeiros momentos republicanos – o governo de Deodoro (1889-1891)

Dentre as medidas tomadas durante o governo provisório de Deodoro (que foi até fevereiro de 1891, quando se tornou constitucional), destacam-se a transformação das províncias em estados – de acordo com o princípio federalista –, a separação da Igreja do Estado e a convocação de uma Constituinte. A nova Constituição foi promulgada em fevereiro de 1891, consagrando em seus pontos fundamentais:

o estabelecimento dos três poderes – Executivo, Legislativo e Judiciário;

o o mandato do presidente da República seria de quatro anos. O Presidente poderia intervir nos estados quando houvesse ameaça separatista, guerra ou conflitos entre eles;

o voto universal (aberto, não secreto) masculino aos maiores de 21 anos, exceto aos analfabetos e soldados;

o autonomia aos estados federados para elaborar sua própria Constituição, eleger seu governador, realizar empréstimos no exterior, decretar impostos e ter suas próprias forças militares;

o separação da Igreja do Estado, com a instituição do casamento civil e certidão de nascimento.

Observa-se que a primeira constituição republicana de nossa história caracterizou-se pelo federalismo como princípio da nova organização política, pelo presidencialismo como sistema de governo e pela restrição do exercício da cidadania. Pode-se dizer que o modelo liberal foi o grande vencedor nesta etapa de implementação da República no Brasil, ainda que os positivistas se impusessem em outros aspectos. Portanto, passados apenas dois anos após a proclamação, vivia-se um clima de decepção com *a república que não foi*.

O governo de Deodoro foi marcado pela instabilidade econômica e política. Em termos econômicos, colhiam-se os maus resultados da política industrialista de Rui Barbosa, ministro da Fazenda do governo provisório de Deodoro. A política de **encilhamento**, como ficou conhecida, recebera esse nome em alusão às apostas feitas por jogadores durante o encilhamento dos cavalos. Essa política pretendia aquecer a economia do país, estimulando o aumento de crédito e, conse-

quentemente, causando a elevação de preços (inflação), especulação na Bolsa de Valores e com reflexos no sistema produtivo.

Populares em frente à Bolsa de Valores do Rio de Janeiro.

No campo político, o governo de Deodoro foi marcado pelas disputas entre o Executivo e o Legislativo. Deodoro, que havia postergado a instauração da Constituição e tornara-se presidente constitucional, por meio da disposição transitória que marcava eleições indiretas para o primeiro presidente, buscou aproximar-se dos cafeicultores, nomeando o barão de Lucena, ligado aos proprietários rurais e acusado de monarquista, para o Ministério.

O resultado da nomeação foi o inverso do esperado: os cafeicultores temiam o retorno da Monarquia e os militares também desconfiaram do gesto do presidente.

Com o aumento da oposição, Deodoro fechou o Congresso Nacional em 3 de novembro de 1891. A reação tomou conta da capital nos dias seguintes.

Movimentos populares, como a greve dos ferroviários da Central do Brasil eclodida no dia 22, manifestavam-se em oposição ao golpe. Setores militares protagonizaram a Primeira Revolta da Armada, liderada pelo Almirante Custódio José de Melo, que ameaçou bombardear a cidade do Rio de Janeiro. Sem apoio político e militar, o presidente renunciou no dia 23 de novembro.

# O governo de Floriano Peixoto (1891-1894)

Pelo artigo 24 da Constituição, o vice-presidente só poderia assumir se houvesse transcorrido dois anos de governo. Floriano descumpriu o artigo e assumiu o cargo, alegando valer esse dispositivo para os futuros presidentes que seriam eleitos pelo voto direto.

Floriano tomou medidas para controlar a inflação, proibiu os bancos particulares de emitir moeda (o que passava a ser responsabilidade exclusiva do governo federal) e adotou medidas protecionistas tímidas para incentivar a indústria nacional, como, por exemplo, a concessão de créditos aos empresários.

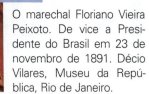

O marechal Floriano Vieira Peixoto. De vice a Presidente do Brasil em 23 de novembro de 1891. Décio Vilares, Museu da República, Rio de Janeiro.

Em termos políticos, enfrentou várias rebeliões que ameaçavam a República, uma delas organizada por um grupo de 13 generais, logo após reabrir o Congresso. Eles exigiam a convocação de eleições presidenciais, pois consideravam ilegítimo o mandato de Floriano. O presidente reagiu, com a punição e reforma (aposentadoria) dos militares.

Entre as rebeliões, podemos destacar a **Federalista** e a **da Armada**:

- **Revolução Federalista** – liderada pelo fazendeiro Gaspar da Silveira Martins, do Partido Federalista (chamados também de "maragatos"), a revolução que se iniciou em fevereiro de 1893 no Rio Grande do Sul – e que se transformou em violento conflito armado entre civis – exigia o afastamento de Júlio de Castilhos, presidente do Rio Grande do Sul e membro do Partido Republicano (conhecidos como "pica-paus" por causa de seus uniformes), além da instituição de uma república liberal. As tropas federais deslocaram-se até o Rio Grande para apoiar os republicanos e o conflito tomou dimensão nacional. Terminou em 1895, com a derrota dos federalistas, que viram frustrados seus anseios de ampliar as atribuições do Poder Legislativo no seu estado;

Federalistas do Rio Grande do Sul em 1893. Museu Histórico do Exército, Rio de Janeiro.

- **Revolta da Armada** – em setembro de 1893 começou no Rio de Janeiro a segunda Revolta da Armada, sob a liderança do Almirante Custódio José de Melo. Os revoltosos queriam a renúncia do presidente e, para isso, posicionaram seus navios de modo que fechassem a Baía de Guanabara, bombardeando a cidade do Rio de Janeiro. Floriano estabeleceu o estado de sítio e muitos integrantes do movimento fugiram para Santa Catarina, onde se aliaram aos federalistas gaúchos, na tentativa de formar uma frente única. Essa aproximação entre os dois movimentos levou Floriano a acusá-los de conspirar contra a República. A repressão de Floriano foi enérgica e, por isso, ele passou a ser conhecido como o "Marechal de Ferro".

Conforme previsto, as primeiras eleições diretas para presidente ocorreram no final do governo de Floriano, que cumpriu seu mandato integralmente. O período conhecido como **República da Espada** (1889-1894), quando o poder estava nas mãos dos militares, terminava e Prudente de Morais, representante da oligarquia cafeeira paulista, assumia a presidência.

Marechal Floriano Peixoto e a Revolta da Armada, em bico-de-pena de Angelo Agostini. In: *Revista D. Quixote*, 29 jun. 1895. *Disponível em:* <https://commons.wikimedia.org/wiki/File: Floriano_Peixoto_na_revista_D._Quixote_1895.jpg>. *Acesso em:* 23 ago. 2015.

## Recortes da História

### A segunda Revolta da Armada vista por Lima Barreto

*Lima Barreto teria 12 anos quando ocorreu a Segunda Revolta da Armada no Rio de Janeiro. As memórias guardadas por ele lhe serviram de inspiração para a escrita do romance* Triste Fim de Policarpo Quaresma, *publicado em 1911 e que traz uma dura crítica ao positivismo e ao governo Floriano Peixoto, além de discutir a questão do nacionalismo e da pátria como ilusão. No trecho a seguir, Barreto denuncia os saques e humilhações sofridos pela população da Ilha do Governador durante a Revolta.*

Da Ilha do Governador fez-se uma verdadeira mudança de móveis, roupas e outros haveres. O que não podia ser transportado era destruído pelo fogo e pelo machado.

A ocupação deixou lá a mais execranda memória e até hoje os seus habitantes ainda se recordam dolorosamente de um capitão, patriótico ou da guarda nacional, Ortiz, pela sua ferocidade e insofrido gosto pelo saque e outras vexações. Passava um pescador com uma tampa de peixe.

> **Execranda:** detestável, deplorável.

– Vem cá!

O homem aproximava-se amedrontado e Ortiz perguntava:

– Quanto quer por isso?

– Três mil-réis, capitão.

Ele sorria diabolicamente e familiarmente regateava:

– Você não deixa por menos?... Está caro... Isso é peixe ordinário... Carapebas! Ora!

– Bem, capitão, vá lá por dos e quinhentos.

– Leve isso lá para dentro.

Ele falava na porta de casa. O pescador voltava e ficava um tempo em pé, demonstrando que esperava o dinheiro. Ortiz balançava a cabeça e dizia escarninho:

– Dinheiro! hein? Vá cobrar ao Floriano!

*Fonte:* BARRETO, L. *Triste Fim de Policarpo Quaresma*, 1983. p. 133.

**1)** O que o diálogo entre Ortiz e o pescador nos revela sobre o período?

## A República Oligárquica (1894-1930)

Os cafeicultores apossaram-se do poder em 1894 e o exerceram até 1930. A liderança política estava com as oligarquias de São Paulo, Minas Gerais e Rio de Janeiro. A manutenção do poder baseou-se em alianças e arranjos políticos com outros grupos estaduais e seus representantes no Congresso Nacional.

### O governo de Prudente de Morais

A partir de 1894, com a posse do cafeicultor paulista Prudente de Morais, que presidiu o país até 1898, a oligarquia cafeeira dominou o cenário da política nacional. São Paulo e Minas Gerais eram responsáveis pela maior produção agrícola do país, além de serem estados com grande importância política.

No final do século XIX, o café era identificado com o Brasil no exterior. Em 1900 o país exportou 9,2 mil sacas de café. No ano seguinte foram 14,8 mil sacas. Os fazendeiros plantavam, colhiam e beneficiavam cada vez mais o café. As sacas eram transportadas em lombos de burros ou em carroças até a via férrea mais próxima e depois seguiam para o porto de Santos ou do Rio de Janeiro.

Nessas cidades, as casas comissárias armazenavam e vendiam o café aos exportadores ou aos importadores, antes que ele fosse embarcado. Eram os comissários que geralmente financiavam a produção e cobravam comissões pela sua venda.

Com a rentabilidade oferecida pelo café, sua produção aumentou em níveis maiores do que os da demanda, o que provocou uma queda nos preços internacionais do produto. Menor preço, menor lucro. Além disso, os cafeicultores começaram a sofrer a concorrência de outros países que também se tornavam grandes produtores do grão, como, por exemplo, os Estados Unidos. Isso fazia com que os produtores enfrentassem dificuldades.

Do ponto de vista político, a organização brasileira do início republicano combinava dois aspectos aparentemente contraditórios: a participação formal da população na escolha de governantes, seguindo os princípios liberais, e a exclusão de um grande contingente da população, com mecanismos como o direito ao voto apenas aos homens alfabetizados, que, como sabemos, eram a minoria da população.

Uma das práticas políticas do período era o **coronelismo**. Trata-se de um sistema de acordos entre o governo estadual e os mandatários locais, os "coronéis", grandes proprietários de terras que, em função de seu poderio econômico, dominavam a política local, impondo suas regras e privilegiando seus correligionários. Como o voto não era secreto, controlavam as eleições distribuindo "favores" à população, garantindo o *voto de cabresto* e, quando julgavam necessário, recorriam à violência para impor sua autoridade e vontade, por meio de uma verdadeira milícia particular formada por seus jagunços.

Esse traço autoritário e as injustiças sociais são algumas das questões que levaram ao surgimento de revoltas no período de Prudente de Morais. A mais importante delas foi a **Guerra de Canudos**. As revoltas ocorridas no campo durante a República Velha serão objeto de análise no próximo capítulo.

A economia cafeeira foi responsável pelo enriquecimento de fazendeiros e deu a eles uma grande projeção na economia e na política. Na foto, a família Carlos Vasconcelos de Almeida Prado, donas de grandes fazendas de café (1886). Museu Republicano Convenção de Itu, MP/USP.

| Exportações de café brasileiro | | |
|---|---|---|
| QUANTIDADE (EM MIL SACAS DE 60 kg) | VALOR TOTAL (EM MILHARES DE LIBRAS ESTERLINAS) | VALOR INTERNACIONAL POR MIL SACAS (MILHARES DE LIBRAS-OURO) |
| 1870-1871 | 3,8 | 7,8 | 2,1 |
| 1880-1881 | 3,7 | 11,6 | 3,1 |
| 1890 | 5,1 | 17,9 | 3,5 |
| 1895 | 6,7 | 22,4 | 3,3 |
| 1900 | 9,2 | 18,9 | 2,1 |
| 1901 | 14,8 | 24 | 1,6 |
| 1902 | 13,2 | 20,3 | 1,5 |
| 1903 | 12,9 | 19,1 | 1,5 |
| 1904 | 10 | 20 | 2 |
| 1905 | 10,8 | 21,4 | 2 |
| 1906 | 14 | 27,6 | 2 |
| 1907 | 15,7 | 28,6 | 1,8 |
| 1908 | 12,7 | 23 | 1,8 |
| 1909 | 16,9 | 33,5 | 2 |
| 1910 | 9,7 | 26,7 | 2,8 |

Fonte: IBGE. *Estatísticas Históricas do Brasil.* 2. ed. Rio de Janeiro, 1990. p. 350.

*Saiba mais*

O termo *coronel* surgiu no contexto de criação da Guarda Nacional em 18 de agosto de 1831. Os chefes locais de maior destaque ocupavam nela os postos mais elevados, como de coronéis, majores e capitães. Esta instituição foi extinta logo após a proclamação da República, mas a designação de "coronel" continuou sendo usada, originando o vocábulo "coronelismo".

## A presidência de Campos Sales (1898-1902)

Em 1898, quando o paulista Manoel Ferraz de Campos Salles assumiu a presidência, um dos desafios era conter a crise econômica deixada desde a política de encilhamento e consolidar a liderança dos civis, fortalecendo as vinculações entre o governo central e dos estados, por meio de uma política de alianças.

O saneamento financeiro, empreendido pelo governo de Campos Sales, foi obtido por meio do *Funding-Loan*, medida econômica de renegociação da nossa dívida externa por meio de empréstimos concedidos por credores internacionais, notadamente a Casa Bancária Rothschild. Na prática, tal acordo significou um maior endividamento e aumento da dependência econômica do Brasil, já que os empréstimos contratados serviram apenas para pagar os juros e o montante de empréstimos anteriores. O governo iniciava um ciclo de políticas que afetavam diretamente a vida da população e comprometia suas receitas para pagar os compromissos internacionais.

Os barões do café construíam luxuosas residências na cidade de São Paulo. Na foto de Guilherme Gaensley, avenida Paulista em 1902.

## Os acertos regionais e federal

Para implementar as medidas econômicas e consolidar sua liderança, Campos Sales recorreu ao apoio recíproco entre o nível federal e estadual. Essa troca de favores, conhecida como **política dos governadores**, significava o respaldo dos governadores na eleição de deputados e senadores que apoiariam o presidente da República, reforçando a liderança deste no cenário político. Por sua vez, o presidente oferecia recursos aos estados. Tal prática política consolidava a hegemonia dos grupos ligados à agricultura.

Em decorrência dessa prática, os estados de São Paulo e Minas Gerais assumiam forte papel na condução dos rumos do país. A alternância na presidência de mineiros e paulistas, ou ainda a associação destes, ficou conhecida como a política do café com leite. Esse processo, no entanto, não deve ser visto de forma automática. Por vezes as tensões entre os dois maiores estados levavam a disputas, tornando imprevisíveis os resultados que supostamente seriam consensuais. (Leia o quadro *Disseram a respeito – Além do café com leite*.)

Na sucessão de Campos Sales, os políticos do Rio de Janeiro, Rio Grande do Sul, Maranhão e Pernambuco não queriam outro paulista no comando nacional. O presidente, então, propôs o acordo aos mineiros para que fosse eleito Rodrigues Alves, um paulista, mas com a garantia de que ele seria sucedido por um mineiro. Assim, iniciava-se a prática de acordos entre a oligarquia desses estados. A eleição no período, como já vimos, era feita por voto aberto, permitindo o controle dos "coronéis", e também não havia qualquer mecanismo de justiça eleitoral para banir fraudes ou averiguar as condições do processo eleitoral. Dessa forma, as vinculações locais nos estados e na Presidência da República levavam à formação de um grupo que dominava a vida política daquele tempo, e que também permitia a participação e a legitimação de outros estados.

## Além do café com leite

*A historiadora Cláudia Viscardi questiona o modelo explicativo de uma exclusiva aliança política entre paulistas e mineiros na chamada política do "café com leite" durante a Primeira República. Outros estados também participavam do processo e interfeririam no jogo de alianças. A estabilidade, como podemos ver neste texto, estava relacionada a um processo mais complexo do que o esquematismo da sucessão de mineiros e paulistas na presidência.*

Análises recentes das sucessões presidenciais na Primeira República (1889-1930) mostram que a famosa aliança entre Minas Gerais e São Paulo, chamada de política do "café com leite", não controlou de forma exclusiva o regime republicano. Havia outros quatro estados, pelo menos, com acentuada importância no cenário político: Rio Grande do Sul, Rio de Janeiro, Bahia e Pernambuco. Os seis, para garantirem sua hegemonia, possuíam uma forte economia e (ou) uma elite política compacta e bem representada no Parlamento. E, juntos ou separados, participaram ativamente de todas as sucessões presidenciais ocorridas no período. (...)

O poder de Minas Gerais nesse período é explicado não pela força econômica do gado de leite, mas pela sua projeção política garantida pela bancada de 37 deputados, a maior do país. E a influência de Minas também derivava da forte cafeicultura, já que foi o segundo maior produtor de café do Brasil até o final da década de 1920, sendo responsável por 20%, em média, da produção nacional – a cafeicultura paulista representava cerca de 55% e a fluminense 20%. A expressão mais adequada para a pressuposta aliança Minas Gerais-São Paulo seria, então, "café com café" e não "café com leite".

Mas a coincidência de interesses entre dois estados cafeicultores já não seria suficiente para que dominassem, de forma exclusiva, a Primeira República? Parece que não. Em que pese sua importância na economia nacional, não foram os produtores de café os únicos controladores do regime republicano.

Costuma-se ver (...) os cafeicultores como uma categoria sem diferenças internas. Mas eles divergiam muitas vezes em relação às políticas governamentais sobre o produto e nem sempre conseguiam atuar de forma compacta na defesa de seus interesses. Além disso, questões envolvendo modelos de cafeicultura nos dois estados os afastavam. O café produzido por Minas Gerais era, em geral, de qualidade inferior ao de São Paulo e exigia investimentos específicos. O sistema de transporte, as tarifas públicas, o tamanho das propriedades e o regime de trabalho eram distintos. Tamanha diversidade dificultava acordos. (...)

Acreditar que o sustentáculo da "política do café com leite" se encontrava na coincidência de interesses cafeeiros dos dois estados significa diminuir, em muito, a complexidade das relações que se estabeleceram entre os estados após 1889. E a análise minuciosa das sucessões presidenciais não sustenta essa afirmação. Em geral, apenas duas sucessões são apontadas como rupturas do acordo entre Minas e São Paulo: a de Afonso Pena/Nilo Peçanha, em 1910, que opôs paulistas (a favor de Rui Barbosa) a mineiros (pró-Hermes da Fonseca); e a de

Washington Luiz, em 1930, quando os mineiros deram apoio a Vargas e os paulistas a Júlio Prestes. (...) A primeira sucessão a colocar em lados opostos paulistas e mineiros foi a de Rodrigues Alves, em 1906. Antes disso, a participação de Minas foi bem restrita em razão de suas dissidências internas. Como nos demais estados, a Proclamação dividiu as elites mineiras entre republicanos e monarquistas (restauradores). E mais adiante, estiveram divididos entre partidários de Deodoro e de Floriano e, depois, entre florianistas e prudentistas.

Já a participação de São Paulo na primeira década republicana foi significativa em função de sua coesão interna. Vários setores da elite política estiveram à frente do movimento republicano, reunidos no Partido Republicano Paulista (PRP), e assumiram, ao lado dos militares, o controle sobre os primeiros anos da República. Quando os paulistas se articularam em torno de uma quarta presidência, em 1906, os mineiros uniram-se e, aliados a gaúchos, baianos e fluminenses, formaram uma coligação conhecida como "Bloco", impondo a São Paulo a retirada do nome de sua preferência, a do paulista Bernardino de Campos.

Derrotados em suas prerrogativas, os paulistas estiveram fora das articulações presidenciais até 1914, quando foi eleito o mineiro Wenceslau Braz (1914-1918). E, durante a sucessão do mesmo Wenceslau, novos problemas voltaram a acontecer: Minas Gerais aderiu imediatamente ao nome de Epitácio Pessoa, proposto pelos gaúchos, enquanto os paulistas se dividiam em torno de pelo menos duas outras candidaturas, a de Altino Arantes e a de Rui Barbosa.

Entre idas e vindas, os dois estados conseguiram finalmente realizar alianças em torno da candidatura de Arthur Bernardes (1922-1926) e de Washington Luiz (1926-1930), mas voltaram a se separar em 1930. E mesmo durante esse breve período como aliados, as relações foram marcadas por conflitos. (...)

Diante da contínua fraude eleitoral e do baixo comparecimento às urnas, a disputa pelo voto dos eleitores perdia importância em relação à escolha prévia do candidato. O estado que conseguisse lançar uma candidatura aceita pelas bancadas mais proeminentes teria a eleição garantida. E mesmo quando havia competição eleitoral, o apoio ao escolhido era quase unânime. Como um candidato poderia obter 97,9% dos votos? Foi o que aconteceu com o mineiro Afonso Pena, presidente entre 1906 e 1909. Esse índice tão pequeno de rejeição só é possível em eleições não confiáveis. O mais difícil, portanto, em uma eleição na República Velha, era sagrar-se candidato com o apoio das oligarquias dominantes.

Para isso, as negociações tinham que ser longas e as regras, nunca escritas, mas sempre compartilhadas, tinham que ser respeitadas. Primeira: o poder dos estados era desigual e hierarquizado. Segunda: a cada eleição havia uma renovação parcial de poder entre eles, rejeitando-se assim atitudes monopolizadoras. Terceira: a manutenção do regime dependia do cumprimento dos princípios anteriores.

Com base nessas normas, as alianças foram sendo feitas e desfeitas e em cada sucessão o jogo político era reiniciado. As regras eram as mesmas, os acordos, porém, mudavam. Daí a conclusão de que a estabilidade do regime republi-

## O período Rodrigues Alves (1902-1906) e os movimentos urbanos

Um intenso processo de reforma urbana se desencadeou nas primeiras décadas do século XX na capital federal, então Rio de Janeiro. A população da capital passou de pouco mais de 520 mil habitantes em 1890 para mais de 1,2 milhão de habitantes em 1920. Os recém-chegados e os mais pobres moravam em construções precárias, especialmente no centro da cidade, sem as mínimas condições de higiene, amontoados nos chamados cortiços – em geral casas velhas onde várias famílias usavam coletivamente os sanitários e a cozinha. Essas construções eram muitas vezes insalubres, bastante propícias à propagação de doenças epidêmicas como febre amarela e varíola.

Dentro de uma perspectiva mais ampla de reurbanização da cidade, com o intuito de fazer da capital uma réplica das cidades europeias, como a Paris do século XIX, o então presidente Rodrigues Alves (1902-1906) encarregou o engenheiro e prefeito da cidade, Pereira Passos, de promover a reforma urbana. Para isso, era necessário alargar as ruas e avenidas, remodelar o centro, demolindo seus velhos casarões, onde habitava a população mais pobre da cidade. Essas pessoas se deslocaram para áreas periféricas da cidade, como os subúrbios da Estrada de Ferro Central do Brasil, ou para os morros, formando favelas com os entulhos das demolições. As construções antigas e obsoletas, habitadas por pobres, eram vistas como causadoras de todos os males sanitários das cidades. O discurso oficial insistia que era necessário "civilizar" o Rio de Janeiro, embelezá-lo.

Novos bairros de ricos se formavam na zona sul da cidade, com casarões erguidos em meio a grandes jardins, cercados por gradis de ferro.

Concomitantemente, foi decidida uma reforma sanitária devido aos altos índices de mortalidade em virtude das doenças epidêmicas. As ruas sujas e as péssimas condições de salubridade de casas superlotadas serviam para a transmissão da tuberculose em grande escala e, no fim do século XIX, da peste bubônica. Em 1904, a varíola havia matado mais de quatro mil pessoas.

O presidente Rodrigues Alves contou, na reforma sanitária, com o auxílio do médico sanitarista Oswaldo Cruz. Por meio de propaganda, incentivou-se a população a matar os ratos que infestavam a cidade e agentes sanitários iam às casas para vacinar as pessoas e vistoriar as condições de higiene.

Diante do surto de varíola de 1904, o presidente decretou a vacinação obrigatória contra a doença – jornais e panfletos produzidos pela população insatisfeita começaram a circular na cidade, acusando Oswaldo Cruz de despotismo sanitário e de ser um cientista "desligado da realidade do país". Os opositores do presidente afirmavam que essa era uma forma truculenta de impor a vacinação e que deveria ser uma decisão pessoal vacinar-se ou não. Já descontente com as ações precedentes da campanha sanitária e da reforma urbanística que a prejudicava, a população rebelou-se, agredindo os vacinadores. Durante dez dias, populares enfrentaram as tropas governamentais, naquela que ficou conhecida como a **Revolta da Vacina**. Rodrigues Alves decretou estado de sítio e revogou a obrigatoriedade da vacinação. Alguns dos envolvidos nas manifestações foram presos e deportados para o Acre, território adquirido da Bolívia.

### *Saiba mais*

### O Convênio de Taubaté

Em 1906, já no fim do governo de Rodrigues Alves, havia superprodução de café e os preços despencavam. Buscando uma alternativa que estancasse a queda do preço do produto, reuniram-se na cidade paulista de Taubaté os presidentes dos Estados de São Paulo, Minas Gerais e Rio de Janeiro. Nesse encontro, conhecido como o **Convênio de Taubaté**, os governos estaduais assumiram a responsabilidade de comprar os estoques excedentes de café como forma de retirá-los do mercado – e, consequentemente, diminuir sua oferta – para aumentar os preços. Na prática, a medida penalizava os cofres públicos, e os cafeicultores teriam um mercado garantido.

## A borracha no Amazonas e a Questão do Acre

Nas últimas três décadas do século XIX e começo do século XX, com a ampliação e diversificação da produção industrial na Europa e nos Estados Unidos, a borracha natural, originária da Região Amazônica, tornou-se uma das matérias-primas mais procuradas para a produção de uma centena de bens de amplo consumo. Obtida a partir do látex, líquido branco extraído das seringueiras, a borracha natural caracteriza-se pela resistência até a solventes e a variações de temperatura.

O Brasil, naquele período, detinha a supremacia na venda da borracha no mercado mundial, atraindo tanto o interesse de grandes companhias extrativistas internacionais e dezenas de milhares de migrantes, principalmente nordestinos, para a região Norte do país. A economia brasileira cresceu rapidamente até o final do século XIX, e a borracha chegou a representar quase 40% de toda a exportação brasileira. Manaus, capital do Estado do Amazonas, teve um rápido crescimento expresso em sua arquitetura, com construções requintadas e luxuosas, como o Palácio do Governo, o Mercado Municipal, o prédio da Alfândega e, principalmente, o Teatro Amazonas, que se transformou no maior símbolo da riqueza do período.

O Teatro Amazonas, inaugurado em 1896, adquiriu fama mundial. Nele se apresentaram grandes e importantes companhias líricas e de comédia estrangeiras, o que dava mais *glamour* à cidade.

ROGÉRIO REIS/PULSAR

A cidade enriquecida entre 1890 e 1920 já tinha energia elétrica, um sistema eficiente de saneamento básico, bondes elétricos e avenidas construídas graças ao aterramento de áreas pantanosas.

Os ingleses levaram, da Amazônia, mudas de seringueiras para suas colônias asiáticas, Malásia e Ceilão, que investiram em técnicas modernas para a plantação e a extração do látex. Logo, os seringais asiáticos produziam borracha de forma mais eficiente, com maior produtividade e com preços menores que a borracha da Amazônia. Em pouco tempo dominaram o comércio internacional desse produto e a borracha brasileira não conseguiu acompanhar os concorrentes, entrando em decadência. O resultado foi uma tremenda crise econômica marcada por desemprego.

Durante seu apogeu, a exploração do látex atingiu tal proporção que cerca de 50 mil seringalistas brasileiros subiram os rios Purus e Acre e ocuparam seus afluentes em busca das seringueiras, adentrando no Acre boliviano, o que provocou conflitos e lutas entre Brasil e Bolívia por questões fronteiriças, no final do século XIX, gerando a **Questão do Acre**.

Embora Brasil e Bolívia tivessem feito um acordo (Tratado de Ayacucho) em 1867, sobre suas fronteiras naquela região, a Bolívia praticamente não ocupou a área. Ao se dar conta de que o controle do Acre estava ficando com os brasileiros, o governo boliviano fundou o povoado de Porto Alonso, no início de 1899, onde implantou alfândega com o intuito de cobrar impostos sobre a extração da borracha em seu território. Os seringalistas não acataram as novas regras e, em julho daquele mesmo ano, armaram-se e tomaram Porto Alonso. O espanhol Luiz Galvez Rodrigues de Arias, respaldado pelos grandes seringalistas, comerciantes e políticos do Amazonas, que desejavam a anexação do Acre ao Brasil, proclamou a República Independente do Acre.

A situação acreana agravou a já frágil economia boliviana, contribuindo para desencadear um grande enfrentamento entre os civis bolivianos. Controlado o conflito, o governo boliviano voltou-se novamente para o Acre, enviando expedições militares para a região. Estas tiveram enorme dificuldade em chegar lá, demorando três meses para atravessar a selva e cruzar os rios, com o objetivo de retomar o controle do Acre. Os brasileiros tinham maior vantagem, nesse aspecto, porque atingiam o Acre pelas múltiplas vias fluviais da bacia Amazônica, propícias à navegação.

Durante três anos, dois mil bolivianos combateram quatro mil brasileiros bancados pelos seringalistas. Outra vez, em 1903, os seringalistas tomaram Porto Alonso e proclamaram o Estado Independente do Acre. Os incidentes e conflitos na fronteira amazonense fizeram com que o governo brasileiro enviasse tropas para apaziguar a região, para frear a autonomia dos seringalistas. Os militares tomaram a área em conflito e o Brasil pagou cerca de 110 mil libras esterlinas a uma empresa estrangeira – de capital americano e inglês –, que havia arrendado dos bolivianos a exploração do Acre por 10 anos, para que esta desistisse do negócio.

Militarmente enfraquecidos, os bolivianos acabaram cedendo às pressões diplomáticas conduzidas pelo barão de Rio Branco, ministro das Relações Exteriores do Brasil, e em 17 de novembro de 1903, durante a presidência de Rodrigues Alves, foi assinado o **Tratado de Petrópolis**. Por esse acordo ficou estabelecido que o Brasil pagaria 2 milhões de libras pela compra do Acre e assumiria o compromisso de construir uma ferrovia que superasse o trecho encachoeirado do rio Madeira, possibilitando, assim, o acesso das mercadorias bolivianas (sendo a borracha, a principal delas), pelos rios amazônicos, aos portos brasileiros, como Belém do Pará.

**A DISPUTA PELO ACRE**

Linha de limites aceita pelos antecessores do barão do Rio Branco

Território declarado litigioso pelo barão do Rio Branco

Região cedida pela Bolívia com o Tratado de Petrópolis

Fronteiras atuais

Adaptado de: Revista Nossa História, ano 3, n. 25, p. 21, nov. 2005.

ESCALA
0    490    980
km

*Saiba mais*

No início da República, o Brasil ainda não havia demarcado todas as suas fronteiras geográficas, e a Questão do Acre foi apenas uma entre várias outras "questões de limites" nas quais o país se viu envolvido. Graças às manobras diplomáticas do Barão do Rio Branco, conquistou-se 500 mil km² para o Brasil, o que seria equivalente a 12 vezes o território da Suíça. Dentre as disputas territoriais vencidas por Rio Branco encontram-se: a conquista da região de Palmas (oeste do Paraná e de Santa Catarina), reclamada pela Argentina; o domínio do Amapá, disputado com a França; a conquista da ilha de Trindade (Espírito Santo) reivindicada pelos ingleses. Além dessas vitórias, o barão foi responsável pela resolução de litígios fronteiriços com Uruguai, Peru, Guiana Holandesa e Colômbia. Somente em relação à Questão do Pirará (1904) é que Rio Branco obteve uma vitória parcial, uma vez que a Inglaterra conseguiu saída fluvial para o rio Amazonas e ficou com metade do território limítrofe entre Roraima e a Guiana Inglesa.

## O período Afonso Pena e Nilo Peçanha (1906-1910)

Ao terminar a presidência de Rodrigues Alves, tomou posse seu vice, o mineiro Afonso Pena, várias vezes ministro no período do Império. Afonso Pena foi eleito por voto direto para o período 1906-1910, porém, em virtude de sua morte, assumiu a presidência, em 1909, Nilo Peçanha.

Era um período em que, como vimos, os cafeicultores faziam enorme pressão, visando aos seus próprios interesses, o que levou à formalização do Convênio de Taubaté. O governo federal, que se opusera à medida adotada pelos governadores dos estados produtores, acabou se beneficiando da formação de estoques para o produto. A elevação do preço no mercado internacional permitiu ao governo obter divisas com a venda do produto.

## A presidência de Hermes da Fonseca (1910-1914)

A eleição do gaúcho Hermes da Fonseca é significativa por demonstrar uma crise entre os protagonistas da política de alianças vigente à época. Fonseca foi o primeiro presidente militar eleito. Seu oponente era o baiano Rui Barbosa, apoiado pelos paulistas e que lançou a Campanha Civilista, pela qual percorreu o país em campanha eleitoral. Já o militarismo de Hermes da Fonseca, representado pela "política das salvações", contava com o apoio de setores da classe média oriundos do florianismo, do presidente Nilo Peçanha e do poderoso senador Pinheiro Machado, conhecido como o "fazedor de reis".

O Presidente marechal Hermes da Fonseca. Henrique Bernardelli, Museu da República, Rio de Janeiro.

Seu governo teve de enfrentar duas importantes revoltas: uma, logo no início, ficou conhecida como a **Revolta da Chibata**; a segunda, a **Guerra do Contestado**, teve início em 1912, porém só cessaria em 1915, já no governo de Wenceslau Brás.

## A Revolta da Chibata (1910)

Mesmo com o fim da escravidão, castigos físicos continuavam sendo usados em diversas ocasiões. A Marinha brasileira valia-se ainda em 1910 desse terrível modo de punir os marinheiros insubordinados. Nesse período, o alistamento obrigatório nas Forças Armadas fazia com que a maioria dos marinheiros fosse recrutada entre os mais pobres, havendo um grande número de negros entre eles. Já a oficialidade era composta de membros de famílias mais abastadas e brancas.

Logo depois de assumir a presidência, o marechal Hermes da Fonseca organizou uma festa no Palácio do Catete. Durante a festa, ouviram-se tiros de canhão. Logo descobriu-se que os navios da Marinha brasileira ancorados na Baía de Guanabara tinham voltado suas armas de guerra para a cidade, ameaçando bombardeá-la. Tratava-se de uma revolta de marujos que exigiam o fim dos castigos corporais (muitas vezes centenas de chibatadas nas costas nuas como forma de punição) que lhes eram infligidos. Eles haviam preparado a rebelião em terra, reunindo-se em comitês em bairros próximos ao cais do porto.

A rebelião desencadeou-se porque um marinheiro, Marcelino Rodrigues, foi castigado com 250 chibatadas diante dos colegas enfileirados. Revoltados, os marujos tomaram conta das embarcações, liderados pelo marujo João Cândido, o "Almirante Negro", confronto em que morreram quatro oficiais. Os tiros de canhão foram dados como alerta, só que acidentalmente mataram duas crianças. Como a notícia da revolta espalhou-se rapidamente, muitos moradores deixaram a cidade, mas outros apoiaram a reivindicação dos rebelados, acenando da praia para os navios onde o motim continuava.

Depois de quatro dias de rebelião, o presidente Hermes da Fonseca decretou o fim dos castigos físicos e prometeu não punir os revoltosos, que devolveram as embarcações de forma pacífica aos seus superiores. Porém, a promessa não foi cumprida e 17 marujos foram presos e levados ao presídio da Ilha das Cobras, ficando por três dias sem comer nem beber. Destes, apenas dois sobreviveram, incluindo João Cândido. Outros amotinados foram jogados em um navio que seguia para a Amazônia.

João Cândido, o Almirante Negro, é escoltado para a prisão. Na década de 1970, João Bosco e Aldir Blanc compuseram a canção *O mestre-sala dos mares*, ressaltando a figura do Almirante Negro, que se tornou nacionalmente conhecida na interpretação de Elis Regina. Porém, a censura da época da ditadura militar obrigou os compositores a trocar Almirante por navegante negro.

## As presidências de Wenceslau Brás (1914-1918) e de Delfim Moreira (1918-1919)

Os governos de Wenceslau Brás e de Delfim Moreira, que assumiu após a morte do presidente eleito para novo mandato Rodrigues Alves, administraram a situação econômica e política de um período internacional marcado pela Primeira Guerra Mundial (1914-1918) e com desdobramentos no período imediatamente posterior.

A contestação à hegemonia cafeeira crescia em diversas partes. A urbanização, os processos migratórios e a organização de trabalhadores começavam a ameaçar o grupo político que se instaurara no poder desde o início da República. Divisões entre os próprios políticos levaram à crise do modelo implementado em 1889.

# As cidades e sua gente na República Oligárquica

## A industrialização e os trabalhadores fabris

A imigração, que já se fazia presente desde o último quartel do século XIX, continuou intensa nas primeiras décadas do século XX.

Inicialmente encaminhados para a lavoura, os imigrantes que aqui chegaram passaram a se fixar nas cidades, já em processo de larga urbanização. Com a superprodução de café, imigrantes que já estavam estabelecidos no Brasil – de posse de suas economias – deixaram a área rural encaminhando-se também para as cidades, em especial São Paulo e Rio de Janeiro.

Com a expansão das cidades, os serviços de infraestrutura, comércio e as indústrias em desenvolvimento necessitavam de um largo contingente de mão de obra. As cidades passaram a ser polos de trabalho.

| Imigração brasileira por nacionalidade, no período de 1872-1909 (em %) | | | |
|---|---|---|---|
| | 1872-1879 | 1880-1889 | 1890-1899 | 1900-1909 |
| Italianos | 25,80 | 61,80 | 57,60 | 35,60 |
| Portugueses | 31,2 | 23,3 | 18,3 | 31,4 |
| Espanhóis | 1,9 | 6,7 | 13,7 | 18,2 |
| Alemães | 8,1 | 4,2 | 1,4 | 2,2 |
| Outros | 33 | 4 | 8,9 | 12,4 |
| Total | 100 | 100 | 100 | 100 |

*Fonte:* Thomas W. Merrick e Douglas H. Graham, *Population and Economic Development*, Baltimore, 1979, p. 91.

Os bondes elétricos substituíram os puxados por burros. O primeiro bonde elétrico que circulou em São Paulo foi em 1912. Na foto, um bonde que circula atualmente no Rio de Janeiro.

Os trabalhadores urbanos estabeleciam-se em áreas pouco nobres da cidade. Alguns grupos industriais, para manter os trabalhadores perto do local de trabalho e melhor controlá-los, construíram vilas operárias, permitindo que os operários e suas famílias morassem lá. Com o passar do tempo constituíram-se bairros operários na cidade de São Paulo, como a Mooca, o Brás, o Ipiranga, formados basicamente por imigrantes que trabalhavam nas fábricas.

As fábricas eram propriedade de imigrantes ou de fazendeiros que diversificavam seus investimentos, voltando parte de seu capital para as atividades urbanas. Grupos industriais fortes, em São Paulo, eram de origem imigrante italiana, entre eles os Matarazzo e os Crespi, que construíram imensas fortunas com suas atividades industriais.

A vida nas fábricas, no entanto, não era nada fácil. As jornadas de trabalho eram longas (até 15 horas diárias), os salários eram muito baixos e as condições de trabalho, muito ruins, com alto grau de insalubridade, pouca iluminação e perigo constante de acidentes com máquinas que mutilavam trabalhadores. Os industriais que não precisavam de mão de obra mais qualificada preferiam empregar mulheres e crianças, visto que pagavam salários ainda menores do que aos homens. Capatazes vigiavam o trabalho das crianças.

A família Jafet, de origem libanesa, fez fortuna com as atividades industriais têxteis, siderúrgicas e metalúrgicas. A foto retrata a sala luxuosa de seu palacete, no Ipiranga, São Paulo, em 1928. Coleção Família Jafet. Museu Paulista, São Paulo.

## *Recortes da História*

### Menores trabalhando

*Em 1917, o jornal* O Estado de S.Paulo *transcrevia um artigo que relatava a situação dos menores trabalhadores:*

Por ocasião do recente movimento grevista, uma das reclamações mais insistentes dos operários era contra a exploração dos menores nas fábricas. Aliás, não faziam mais do que exigir o cumprimento de leis existentes. Entretanto, os industriais, à exceção da firma (...) – que conta com a inimizade de um inspetor sanitário – continuam a empregar menores em trabalhos impróprios. Entre eles, podemos citar nominalmente o sr. (...), porque assistimos ontem à entrada de cerca de 60 pequenos às 19 horas, na fábrica da Mooca. Essas crianças, entrando àquela hora, saem às 6 horas. Trabalham, pois, 11 horas a fio, em serviço noturno, apenas com descanso de 20 minutos, à meia-noite. O pior é que elas se queixam que são espancadas pelo mestre de fiação. Muitos mostram equimoses nos braços e nas costas. Alguns apresentaram mesmo ferimentos produzidos com uma manivela. Uma há com as orelhas feridas por continuados e violentos puxões. Trata-se de crianças de 12, 13, 14 anos.

Equimoses: manchas provocadas por extravasamento de sangue.

*Fonte:* DECCA, M. A. G. de. *Indústria, Trabalho e Cotidiano. Brasil 1889 a 1930.* São Paulo: Atual, 1991. p. 37-38.

1) A denúncia do trabalho infantil foi pauta dos movimentos grevistas da época. Por que essa prática era e é condenável?

# A organização do operariado

Entre os muitos imigrantes que vieram ao Brasil e se instalaram nas cidades, havia, principalmente entre os italianos, forte politização, influenciados pelas ideias socialistas surgidas no século XIX e pelo anarquismo.

Diante da precariedade da vida do operariado, os trabalhadores, desde o século XIX, já se organizavam em sociedades beneficentes. As contribuições formavam um fundo que tinha o objetivo de socorrer os trabalhadores em caso de doenças, invalidez, amparo às viúvas sem outra fonte de renda etc. Além disso, essas sociedades tentavam intermediar conflitos e tensões entre patrões e empregados.

No século XX, influenciados e liderados por imigrantes anarquistas, surgiram os primeiros sindicatos que lutavam basicamente por melhores condições de trabalho, como: jornada de oito horas, descanso semanal remunerado, proibição do trabalho infantil e aumento de salários.

Em 1917, o número de operários no país, principalmente em São Paulo, já era significativo. Assim, incentivada pelos anarquistas, houve uma greve geral, iniciada por greves localizadas em fábricas têxteis, nos bairros da Mooca e do Ipiranga, e que se estendeu a outros segmentos fabris.

Os líderes grevistas reivindicavam melhores salários e condições de trabalho. A paralisação geral foi violentamente reprimida pela polícia, ocorrendo a morte do anarquista José Martinez, além de prisões, muitas vezes indicadas pelos patrões que listavam os operários "indesejáveis". Sindicatos e residências foram invadidos, criaram-se mecanismos para evitar as manifestações operárias. A questão operária tornou-se cada vez mais uma *questão de polícia*. Embora o movimento tenha fracassado, aconteceram algumas conquistas importantes, como aumento de 20% no salário dos trabalhadores e a promessa de que as autoridades estaduais e municipais fiscalizariam as instalações fabris e o trabalho de menores e das mulheres.

# As mulheres nas primeiras décadas do século XX

As mulheres pobres, geralmente imigrantes, eram obrigadas a executar trabalhos pesados nas fábricas para aumentar a renda familiar, além de realizar as tarefas do lar. As dos bairros operários, cujos filhos e marido trabalhavam, ou cujo marido tinha um trabalho mais especializado, não trabalhavam fora. As de famílias mais abastadas não trabalhavam e eram educadas para casar e constituir família.

A urbanização e o crescimento das cidades trouxeram mudanças consideráveis no comportamento feminino. As revistas tipicamente femininas ganharam espaço e intelectuais trocavam farpas sobre as pretensões femininas, vistas como intoleráveis para os homens da época. Assim, uma colaboradora da *Revista Feminina*, em 1920, *reivindicava a igualdade de formação para ambos os sexos e pedia atenção das leitoras "vítimas de preconceito", que viviam fechadas no lar, arrastando uma "existência monótona, insípida, despida de ideais", monetariamente algemadas aos maridos.*

Os homens viam como ameaças essas atitudes femininas:

*Conjugaram-se esforços para disciplinar toda e qualquer iniciativa que pudesse ser interpretada como ameaçadora à ordem familiar, tida como o mais importante "suporte do Estado" e única instituição social capaz de represar as intimidadoras vagas da "modernidade".*

*"Hoje em dia, preocupada com mil frivolidades mundanas, passeios, chás, tangos e visitas, a mulher deserta do lar. É como se a um templo evadisse um ídolo. É como se a um frasco se evolasse um perfume. A vida exterior, desperdiçada em banalidades, é um criminoso esbanjamento de energia. A família se dissolve e perde a urdidura firme e ancestral dos seus liames. 'Rumo à cozinha!' eis o lema do momento"*, era a expressão masculina nos anos 1920.

Leia no quadro *Vivendo seu tempo* o texto *Decálogo da esposa*.

O casamento era o único ideal feminino, requeria subordinação total ao marido, tolerância, e as meninas eram criadas para exercer os papéis de mães e excelentes esposas. Assim, a mesma Revista Feminina de 1920 publicou um decálogo da mulher casada, normas pelas quais a senhora de respeito, esposa de alguém, devia cumprir para efetivamente ser aquilo que dela se esperava.

## Decálogo da esposa

I – Ama teu esposo acima de tudo na terra e ama o teu próximo da melhor forma que puderes; mas lembra-te de que a tua casa é de seu esposo e não do teu próximo.

II – Trata teu esposo como um precioso amigo; como a um hóspede de grande consideração e nunca como a uma amiga a quem te contam as pequenas contrariedades da vida.

III – Espera teu esposo com teu lar sempre em ordem e o semblante risonho; mas não te aflijas excessivamente se alguma vez ele não reparar nisso.

IV – Não lhe peças o supérfluo para o teu lar, pede-lhe sim, caso possas, uma casa alegre e um pouco de espaço tranquilo para as crianças.

V – Que teus filhos sejam sempre bem-arranjados e limpos; que ele ao vê-los assim possa sorrir satisfeito e que essa satisfação o faça sorrir quando se lembre dos seus, em estando ausente.

VI – Lembra-te sempre que te casaste para partilhar com teu esposo as alegrias e as tristezas da existência. Quando todos o abandonarem fica tu a seu lado e diz-lhe: "Aqui me tens! Sou sempre a mesma". (...)

X – Se teu esposo se afastar de ti, espera-o. Se tardar em voltar, espera-o! Porque tu não és somente a sua esposa; és ainda a honra do seu nome. E quando um dia ele voltar, há de abençoar-te.

*Adaptado de:* MALUF, M.; MOTT, M. L. Recônditos do mundo feminino.
In: SEVCENKO, N. (org.) *História da Vida Privada no Brasil.*
São Paulo: Companhia das Letras, 1998. v. 3, p. 371-372, 395-396.

## A República desencantada

A Primeira República foi também um período de utopias e frustrações, para pessoas da elite e das classes mais humildes, para civis e militares. Desejada durante o Império como uma saída para os problemas do país, sua proclamação gerou descontentamento entre muita gente, a ponto de um de seus mais antigos defensores, Saldanha Marinho, ter dito: "Essa não é a República dos meus sonhos". Os trechos abaixo mostram a opinião de dois literatos sobre a República desencantada.

Sempre fui contra a república. (...)

Não tinha naqueles tempos outras cogitações que não fosse a de glória, a da grande, imensa glória, feita por mim sem favor, e nem misericórdia, e vi que tal república, que tinha sido feita, espalhava pelas ruas soldados embalados, de carabinas em funeral. Nunca mais a estimei, nunca mais a quis. (...)

Nosso regime atual é da mais brutal plutocracia, é da mais intensa adulação dos elementos estranhos, aos capitalistas internacionais, aos agentes de negócios, aos charlatães tintos com uma sabedoria de pacotilha. (...)

Eu, há mais de 20 anos, vi a implantação do regimen. Vi-o com desgosto e creio que tive razão.

BARRETO, L. *Correio da Noite,*
Rio de Janeiro, 3 mar. 1915.

(...) Queriam a abolição
Tiveram
E pioraram a sorte dos negros.
Queriam a República
Tiveram
Derrubaram a Monarquia
Instituíram a anarquia
Mandaram embora o imperador
Que morreu, coitado, no exílio (...)
Foram mexer com o Exército
Que no tempo do Império vivia quieto no seu canto
Corremos agora o perigo de uma ditadura militar
E daqui por diante ninguém vai fazer mais nada
Sem primeiro ouvir e cheirar os generais

VERÍSSIMO, E. *O Tempo e o Vento:* o continente.
São Paulo: Companhia das Letras, 2004. v. 2, p. 280-281.

**1)** Explique por que se passou da euforia ao desencanto com a República.

# Cinemateca

**Canudos** (1978, Brasil, dir.: Ipojuca Pontes) Documentário apoiado em depoimentos e estudos sobre a Guerra de Canudos (1896-1897).

**Gaijin – Caminhos da liberdade** (1980, Brasil, dir.: Tizuka Yamazaki) No início do século XX, um grupo de japoneses emigra para o Brasil, onde passa a trabalhar em uma fazenda cafeeira.

**Guerra de Canudos** (1997, Brasil, dir.: Sérgio Resende) Conta a destruição do arraial e da comunidade de Antonio Conselheiro no interior da Bahia.

**Guerra do Brasil** (1987, Brasil, dir.: Silvio Back) Documentário que oferece um amplo e imparcial panorama dos acontecimentos da Guerra do Paraguai.

**O quinze** (2004, Brasil, dir.: Jurandir Oliveira) Em 1915, num ano de severa seca no interior do Ceará, uma professora de Fortaleza vai passar férias em Quixadá. Além de conviver com o flagelo da seca, se envolve emocionalmente com um primo.

# Revisitando a História

**1.** Por que se pode afirmar que a proclamação da República foi um golpe militar?

**2.** Explique o que foi a República oligárquica.

**3.** O coronelismo estava na base da República oligárquica. A que ele se refere?

**4.** Identifique qual a principal motivação de cada um dos movimentos sociais listados abaixo:

– Revolta da Armada

– Revolta da Chibata

– Greve de 1917

**5.** "Durante as mazorcas de novembro de 1904, eu vi a seguinte curiosa cousa: um grupo de agentes fazia parar os cidadãos e os revistava.

O governo diz que os oposicionistas à vacina, com armas na mão são vagabundos, gatunos, assassinos, entretanto ele se esquece de que no fundo dos seus batalhões, dos seus secretas e inspetores, que mantêm a opinião dele, é da mesma gente.

Essa mazorca teve grandes vantagens: 1ª) demonstrar que o Rio de Janeiro pode ter opinião e defendê-la com armas na mão; 2ª) diminuir um pouco o fetichismo da farda; 3ª) desmoralizar a Escola Militar.

Pela primeira vez, eu vi entre nós não se ter medo de homem fardado. O povo, como os astecas no tempo de Cortés, se convenceu de que eles também eram mortais."

BARRETO, L. Diários Íntimos. In: PEREIRA, L. *As Barricadas da Saúde:* vacina e protesto popular no Rio de Janeiro da Primeira República. São Paulo: Perseu Abramo, 2002. p. 60.

O trecho acima faz parte do diário íntimo do literato Lima Barreto, que viveu no período da Revolta da Vacina. Veja em **Objetos Digitais** – *Galeria de Imagem* a caricatura que representa a Revolta da Vacina, tendo ao centro da imagem Osvaldo Cruz.

a) Para Lima Barreto, quem era o principal inimigo da população do Rio de Janeiro?

b) Como são caracterizados os opositores ao programa de vacinação obrigatória na caricatura da página 644? Qual é a forma de luta dos revoltosos, de acordo com a imagem?

c) Pode-se dizer que tanto na caricatura como no texto de Barreto a Revolta é caracterizada como um movimento popular. Que motivos tinham a população do Rio de Janeiro para se revoltar contra o governo?

**6.** Quais eram as principais exigências do movimento operário do início do século XX?

**7.** Leia o quadro *Disseram a Respeito* da página 620 sobre a política do café com leite e responda:

a) Por que paulistas e mineiros tiveram espaços diferentes na organização política da Primeira República?

b) A partir do texto explique o sentido da frase: "As regras eram as mesmas, os acordos, porém, mudavam..."

# Analise estas imagens

### O reconhecimento da República

Logo após a proclamação da República no Brasil, o Governo Provisório passou a tratar da estabilização do regime proclamado por Deodoro da Fonseca. Para tanto era preciso o reconhecimento estrangeiro do novo governo. A Argentina foi um dos primeiros países a fazê-lo, já no dia 8 de dezembro de 1889, e tal evento foi registrado por Ângelo Agostini na alegoria que se segue.

Ângelo Agostini, Reconhecimento da República brasileira pela Argentina. In: *Revista Ilustrada*, IEB, São Paulo.

O reconhecimento do governo norte-americano veio no dia 29 de janeiro de 1890, como corolário da política externa desse país para com a América Latina. Finalmente, o reconhecimento do governo francês veio em junho de 1890, como resultado de negociações diplomáticas entre os dois países. A alegoria "Reconhecimento da República brasileira pela França", também de Ângelo Agostini, mostra a união das duas repúblicas-irmãs, sendo a brasileira a mais jovem. Além disso, a imagem trazia uma legenda original que assinalava a não existência de "enredos, intrigas, que prevalecessem contra o espírito das duas irmãs".

Ângelo Agostini, Reconhecimento da República brasileira pela França. In: *Revista Ilustrada*, IEB, São Paulo.

Observe as imagens de Agostini sobre o reconhecimento da República e compare:

a) Por que as imagens da República brasileira e argentina aparecem com a mesma estatura e a de Brasil e França possuem tamanhos diferentes? O que se pretendia transmitir com essa imagem?

b) Quais as semelhanças entre as duas imagens? O que podemos interpretar a partir delas?

# Debatendo ideias

Compare os dois trechos:

"O povo assistiu àquilo [à proclamação da República] bestializado, atônito, surpreso, sem conhecer o que significava. Muitos acreditaram seriamente estar vendo uma parada [militar]".

*Fonte:* LOBO, A. *Diário Popular.* Rio de Janeiro, 18 nov. 1889.

"Torna-se claro que havia no Rio de Janeiro uma grande distância entre o mundo oficial do novo regime e [o] mundo da população da cidade. A distância fora percebida pelos republicanos no próprio ato da proclamação, como o atesta a expressão "bestializado" (...). Ela era particularmente incômoda, na realidade intolerável para repu-blicanos autênticos, pois uma república sem povo era a negação de tudo que a propaganda prometera, era a desmoralização do novo regime"

*Fonte:* CARVALHO, J. M. *A Nova Historiografia e o Imaginário da República.* Revista Anos 90, Revista de Pós Graduação em História, UFRGS, v. 1, n. 1, p. 15-16, maio 1993.

a) A respeito de qual tema os dois textos se referem?
b) O que significa a expressão "bestializado"?
c) Vocês estão de acordo com essa imagem de "bestializado" criada por Aristides Lobo, considerando-se a sua recorrência na nossa história e a maneira como ela tem transcendência no imaginário político da nação?

# Questões de vestibular

**1.** (UNIFESP) Mete dinheiro na bolsa – ou no bolso, diremos hoje – e anda, vai para diante, firme, confiança na alma, ainda que tenhas feito algum negócio escuro. Não há escuridão quando há fósforos. Mete dinheiro no bolso. Vende-te bem, não compres mal os outros, corrompe e sê corrompido, mas não te esqueças do dinheiro... E depressa, depressa, antes que o dinheiro acabe.

Machado de Assis, 1896.

Essa passagem evoca o clima que se criou no país com

a) a valorização do café.
b) a Abolição.
c) a Guerra do Paraguai.
d) o Encilhamento.
e) o ciclo da borracha.

**2.** (UNESP) Cabia agora definir, de uma vez por todas, a repartição dos poderes na República: o que caberia ao executivo federal, ao estadual, às instituições legislativas, ao município e aos coronéis. Já havia o texto constitucional, mas à estrutura político-jurídica estavam subjacentes, ainda, os resquícios do patrimonialismo. Campos Salles (1898-1902) sacramentou o pacto do poder pela aplicação da "Política dos Governadores" (...)

JANOTTI, M. L. M. *O Coronelismo:* uma política de compromisso.

a) Caracterize o fenômeno do coronelismo.
b) No que consistia a "Política dos Governadores"?

**3.** (UNESP) Completaram-se, ontem e hoje, 99 anos da reunião dos presidentes de São Paulo, Minas e Rio de Janeiro que culminou no Convênio de Taubaté. A primeira crise do café foi provocada pela triplicação da produção brasileira na década de 1890 – de 5,5 milhões a 16,3 milhões de sacas (...).

*Adaptado de: Folha de S.Paulo, 27 fev. 2005.*

Do Convênio de Taubaté, origina-se a Política de Valorização do Café, que se constituiu

a) na isenção tributária sobre todas as mercadorias e serviços relacionados com o café, como o transporte ferroviário.
b) na proibição de se plantar novos cafeeiros no prazo mínimo de 10 anos, até a produção igualar-se ao consumo externo.
c) no acordo entre todos os países produtores e exportadores de café de diminuírem a produção em 25% em 5 anos.
d) no controle dos preços do café por meio da compra da produção excedente, por parte dos governos estaduais.
e) na criação de um imposto sobre cada saca de café exportada e no incentivo à criação de fazendas de café no Espírito Santo.

**4.** (UnB – DF) Nem só de jacarés, cobras e chuvas ao fim da tarde viveu a capital do Amazonas. Distante das lendas, assim como do resto do Brasil, Manaus cresceu de um desejo coletivo pela prosperidade que a imensa riqueza da extração da borracha permitia. Já lá se vai este tempo áureo, mas a arquitetura sobrevivente daquela época remonta às lembranças e estimula o olhar mais atento para o passado. O período da borracha liga-se diretamente à instalação da Província do Amazonas, em 1852. Só assim seria possível controlar-se o movimento de pessoas e tudo o que faziam em tão vasto território, e, assim, arrecadar para os cofres públicos o dinheiro da exportação da borracha para atender às demandas, que se tornariam cada vez maiores. Desse modo, a cidade foi-se favorecendo de uma diversidade de bens incomuns em muitos outros locais do Brasil. Em Manaus, a luz elétrica das casas, nas ruas e nos bondes chegou mais cedo do que em muitas capitais europeias, antes do fim do século XIX, assim como a água potável, o sistema de esgotos e o tratamento sanitário, que combatiam eficazmente as endemias que afligiam a maioria dos brasileiros.

PÁSCOA, M. Uma Atenas na selva.
In: *Nossa História*.
Rio de Janeiro: Vera Cruz, ago. 2005, p. 61 (com adaptações).

Julgue os itens subsequentes, a respeito do texto acima e do tema por ele abordado.

(1) Diferentemente do apogeu da borracha experimentado no passado, a região Norte vive, atualmente, um período de estagnação econômica e de degradação ambiental.

(2) A dimensão do parque industrial instalado em Manaus faz dessa cidade um tecnopolo no coração da Amazônia.

(3) Quando a borracha tornou-se permanente riqueza econômica na Amazônia, a partir do incremento da industrialização nas últimas décadas do século XIX, os índios foram afastados das atividades extrativistas do látex e substituídos por trabalhadores livres, em sua maioria, migrantes nordestinos.

(4) A frase **riqueza de uns, pobreza de outros** se aplica ao notável desenvolvimento de Manaus, por ocasião do *boom* de exportação da borracha, quando se verificam o embelezamento da cidade, a grande oferta de bens e serviços, o acesso aos espaços de lazer e cultura. Ao mesmo tempo, praticava-se a extrema violência contra os indígenas, expulsos de suas terras à medida que a demanda por aumento da produção de borracha exigia a abertura de novos seringais.

(5) Embora duradouro e sem concorrência internacional, o ciclo da borracha na Amazônia entrou em declínio irreversível no momento em que os interesses imperialistas dedicaram-se à obtenção de novas fontes de matéria-prima, mais baratas e menos poluentes, como a dos produtos sintéticos.

(6) A exploração da borracha na Amazônia segue o padrão da economia brasileira, da Colônia ao Império, caracterizado pelo escravismo e voltado para o abastecimento do mercado interno. Com efeito, excetuando-se um e outro produto cuja expansão era sazonal – como o ouro, o algodão, o tabaco e o café –, a maior parte da produção desvinculava-se dos mecanismos de exportação.

**5.** (UFRJ) A revolta deixou entre os participantes um forte sentimento de autoestima, indispensável para formar um cidadão. Um repórter de *A Tribuna* ouviu de um negro acapoeirado frases que atestam esse sentimento. Chamando sintomaticamente o jornalista de cidadão, o negro afirmou que a sublevação se fizera para "não andarem dizendo que o povo é carneiro". O importante – acrescentou – era "mostrar ao governo que ele não põe o pé no pescoço do povo".

CARVALHO, J. M. de. Abaixo a vacina.
In: *Revista Nossa História*.
ano 2, n. 13, nov. 2004, p. 73-79.

A Revolta da Vacina (1904) a que se refere o texto é considerada a principal revolta popular urbana da Primeira República (1889-1930).

a) Cite e explique dois motivos geradores de insatisfações que levaram a população da cidade do Rio de Janeiro a rebelar-se em 1904.

b) Identifique dois movimentos populares na área rural, à época da Primeira República.

**6.** (UNESP) O presidente da Bolívia, Evo Morales, acusou o Estado brasileiro de ter adquirido o Acre em troca de "um cavalo". A área foi incorporada ao Brasil em 1903 com o Tratado de Petrópolis. Em que circunstâncias se deu essa incorporação e que significado econômico tinha a região naquele momento?

**7.** (UFCG – PB) A organização operária no Brasil teve início no princípio do século XX. Nesse contexto, produzir uma identidade positiva para o trabalhador exigia um esforço muito grande por parte da classe operária, que requisitava melhores condições de trabalho e aumento salarial.

*Adaptado de:* GOMES, A. de C. *Cidadania e direitos do trabalho*.
Rio de Janeiro: Jorge Zahar, 2002.

Em relação à temática acima, é INCORRETO afirmar que:

a) Os operários eram expostos a opressões policiais, desprovidos de garantias trabalhistas e cumpriam jornada de trabalho de doze a quinze horas diárias.

b) O início do século XX deu destaque à ideia de que, em uma nação composta por homens livres, todos os indivíduos são capazes de exercer a cidadania, inclusive no que diz respeito ao gozo dos direitos trabalhistas.

c) As marcas estigmatizadoras da escravidão não se extinguiram em 1888, e um dos seus legados foi a repulsa socialmente difundida em relação aos trabalhadores.

d) Os trabalhadores estrangeiros que vieram para o Brasil nesse período contaram com suas experiências acerca dos embates nos seus países de origem para fortalecer a luta em prol da construção dos direitos sociais.

e) A homogeneidade das várias categorias profissionais contribuiu para a unificação das leis trabalhistas no referido período.

**8.** (UEG – GO) Com o descrédito das instituições imperiais, a proclamação da República parecia ser uma questão de tempo. A abolição havia criado um descontentamento entre os grandes proprietários escravistas, que antes eram o principal apoio da monarquia. Alguns até chegaram a converter-se ao republicanismo. O Império perdia suas bases.

PEDRO, A. *História da Civilização Ocidental:* ensino médio.
2. ed. São Paulo: FTD, 2005. p. 361.

A propósito do processo de instauração da República brasileira em 1889, observa-se que

a) as propostas dos republicanos, organizadas e sistematizadas no Manifesto de 1870, defendiam que o Brasil deveria se tornar uma República Federativa e que o ensino passasse a ser laico.

b) a disputa entre os partidos Liberal e Conservador provocou uma crise entre os setores governistas do Império, pois os conservadores eram defensores da

Monarquia, enquanto os liberais defendiam os ideais republicanos.

c) os intelectuais abolicionistas apoiaram o movimento republicano, como Joaquim Nabuco e José do Patrocínio, líderes abolicionistas que tiveram papel destacado na Proclamação da República.

e) a Guerra do Paraguai e a Lei Áurea contribuíram para o fortalecimento do Exército enquanto instituição nacional de caráter popular, possibilitando que os ideais republicanos fossem assimilados pela população brasileira do período.

**9. (ENEM)**

Antonio Rocco.
*Os Imigrantes*, 1910, Pinacoteca do Estado de São Paulo.

Um dia, os imigrantes aglomerados na amurada da proa chegavam à fedentina quente de um porto, num silêncio de mato e de febre amarela. Santos – É aqui! Buenos Aires é aqui! – Tinham trocado o rótulo das bagagens, desciam em fila. Faziam suas necessidades nos trens dos animais onde iam. Jogavam-nos num pavilhão comum em São Paulo. – Buenos Aires é aqui! – Amontoados com trouxas, sanfonas e baús, num carro de bois, que pretos guiavam através do mato por estradas esburacas, chegavam uma tarde nas senzalas donde acabava de sair o braço escravo. Formavam militarmente nas madrugadas do terreiro homens e mulheres, ante feitores de espingardas no ombro.

ANDRADE, O. de. *Marco Zero II* – Chão.
Rio de Janeiro: Globo, 1991.

Levando-se em consideração o texto de Oswald de Andrade e a pintura de Antonio Rocco reproduzida acima, relativos à imigração europeia para o Brasil, é correto afirmar que:

a) a visão da imigração presente na pintura é trágica e, no texto, otimista.

b) a pintura confirma a visão do texto quanto à imigração de argentinos para o Brasil.

c) os dois autores retratam dificuldades dos imigrantes na chegada ao Brasil.

d) Antonio Rocco retrata de forma otimista a imigração, destacando o pioneirismo do imigrante.

e) Oswald de Andrade mostra que a condição de vida do imigrante era melhor que a dos escravos.

**10. (UFRJ)** Leia a passagem abaixo, de um Relatório Ministerial.

A guerra europeia... muito contribuiu para a retração do nosso intercâmbio, restringindo, com a desorganização do crédito e as irregularidades no transporte, as possibilidades de exportarmos o que tínhamos em *stock*.

Relatório de 1915 do Ministério da Fazenda apresentado pelo ministro Pandiá Calógeras ao presidente da República.
In: VALLA, V. *A Penetração Norte-americana na Economia Brasileira (1898-1928).*
Rio de Janeiro: Ao Livro Técnico, 1978. p. 70.

Uma das consequências mais importantes para a economia brasileira, na época, acerca dos problemas expostos no Relatório, foi

a) a derrocada do café com a falência de muitos fazendeiros e a queima de milhões de sacas do produto.

b) a abertura das fronteiras comerciais brasileiras através do livrecambismo e de investimentos do grande capital internacional.

c) o processo de substituição de importações pelo qual o Brasil obteve algum crescimento na produção industrial.

d) o fim da tradicional dependência econômica brasileira para com a Inglaterra, então desgastada pelo conflito mundial.

e) a ascensão da borracha ao primeiro lugar de nossa pauta de exportação, superando o café e o açúcar.

# capítulo 39

# A década de 1920
# e o fim da República Oligárquica

*Neste capítulo, estudaremos os anos 1920 no Brasil, década em que se assistiu à emergência de novos atores sociais e a uma maior complexificação das relações políticas da Primeira República. Veremos como o clima de descontentamento e mal-estar causado pela hegemonia das oligarquias dominantes possibilitou o surgimento de movimentos como o dos Tenentes ou a fundação do Partido Comunista do Brasil. Estudaremos também como isso se refletiu no interior do país, por meio de uma ampla gama de movimentos sociais, que vão do messianismo ao banditismo social, da utopia igualitária à acomodação aos novos tempos. Trata-se de uma década de profundas mudanças e contradições, cujo desfecho se dá com a dita Revolução de 1930, que assinalará o ocaso da República Velha.*

O progresso correu célere pelas avenidas dos grandes barões do café, como a Avenida Paulista, na cidade de São Paulo. Foto de 1902.

## A década de 1920: momento de transição e transformações

A década de 1920 foi marcada por rupturas e transformações no cenário brasileiro. O predomínio da cafeicultura na economia, por exemplo, foi acompanhado do crescimento da industrialização, que ganhou grande impulso com as exportações durante o período da Primeira Guerra (1914-1918) e, principalmente, com a demanda do mercado interno, que, impossibilitado de comprar do exterior, absorvia grande parte da produção local. Com o fim da guerra, a indústria conseguiu manter um ritmo de crescimento, embora menos intenso, procurando superar suas dificuldades. Havia carência de indústria de base e uma forte dependência das importações de maquinários e insumos industriais.

As relações entre os industriais e cafeicultores não devem ser vistas como uma oposição direta, tendo de um lado os defensores da modernização econômica (indústria) e, de outro, os que preservavam o modelo agroexportador. Em muitos casos, a indústria emergiu, como em São Paulo, associada à produção cafeeira. Ou seja, graças às divisas da exportação de café, havia dinheiro alimentando a economia local e, por isso, os interesses desses grupos podiam ser conciliados.

Embora houvesse complementaridade entre os dois setores, isso não significa que todos os processos fossem vistos de forma harmônica. À medida que a indústria adquiria maior importância no contexto econômico, os dois grupos passaram a ter maiores atritos, como podemos ver na questão cambial.

Pressionado pelas lideranças do setor cafeeiro, o governo controlava as taxas de câmbio, com a grande desvalorização da moeda brasileira. Ou seja, o produto brasileiro atingia preços acessíveis no mercado internacional e, ao mesmo tempo, as exportações representavam maior quantidade de moeda nas mãos dos exportadores. Embora essa desvalorização atendesse aos interesses dos cafeicultores e também de parte da indústria, pois com isso os preços dos produtos estrangeiros eram caros para serem comprados e revendidos no Brasil, esse modelo inviabilizava a compra de maquinários e investimentos nas indústrias.

O Estado estava voltado aos grandes interesses dos cafeicultores exportadores. Mesmo com a superprodução, o café merecia todas as atenções federais e, aos poucos, surgia a contestação a este modelo político, com as profundas mudanças sociais que ocorreram no período, como o aumento das populações urbanas e as pressões dos setores médios e urbanos.

## Epitácio Pessoa (1919-1922) e a política da oligarquia cafeeira

Com o desgaste das elites cafeeiras que administravam o país de acordo com seus interesses, os descontentamentos passaram a tomar formas de contestação e de rearranjo político, permitindo que novas vozes se levantassem contra elas. Em 1919, foi eleito presidente o paraibano Epitácio Pessoa (1919-1922), que havia sido senador e ministro da Justiça do presidente Campos Sales.

Epitácio cuidou da economia cafeeira, conseguindo manter em nível compensador os preços do café. No início de seu governo, compreendendo que a prosperidade decorrente dos negócios efetuados durante a guerra tinha bases acidentais e transitórias, empreendeu uma severa política financeira, chegando mesmo a vetar leis de aumento de soldo às Forças Armadas. Além disso, indicou um civil para o Ministério da Guerra, João Pandiá Calógeras. Na sua sucessão, os cafeicultores tentaram retomar a política de alianças dos estados centrais, indicando o mineiro Arthur Bernardes.

As oligarquias do Rio de Janeiro, Rio Grande do Sul e da Bahia estavam descontentes com a fraca influência de Epitácio Pessoa nas decisões políticas do país e assim foi criado um movimento político de oposição – a **Reação Republicana** – que lançou a candidatura do fluminense Nilo Peçanha. Às oligarquias oposicionistas juntaram-se militares descontentes com a condução do Ministério da Guerra por um civil. A campanha de Nilo Peçanha valeu-se de um expediente inédito e poderoso: comícios populares nos grandes centros urbanos. No Rio de Janeiro, Peçanha foi ovacionado por populares.

Com o acirramento da campanha, jornais cariocas publicaram cartas atribuídas ao candidato oficial, Arthur Bernardes, nas quais fazia críticas aos militares. Embora ele tivesse negado a autoria, muitos militares sentiram-se profundamente desrespeitados e passaram a pregar que se Bernardes ganhasse a eleição, o que era previsível, não assumiria. O resultado do pleito confirmou as previsões e Arthur Bernardes tornou-se presidente do Brasil, o que não foi aceito pela oposição da Reação Republicana. Apesar disso, prevaleceu a vitória do candidato oficial, mas o clima político era de desintegração entre os líderes políticos.

Quase ao fim de seu mandato, Epitácio Pessoa teve de enfrentar o descontentamento dos militares, que ficou conhecido como **Tenentismo**, além da **Revolta dos 18 do Forte**, ocorrida em Copacabana, Rio de Janeiro.

## O tenentismo

A presença do exército na vida política brasileira já havia sido decisiva durante a proclamação da República. Outro papel relevante e que ajudou a propaganda militar sobre sua importância institucional ocorrera durante a Primeira Guerra Mundial, visto que o Brasil declarou guerra à Alemanha. Mesmo tendo uma participação pequena na guerra, enviando ajuda médica às tropas aliadas e patrulhando o Atlântico com a Marinha brasileira, os militares utilizaram o episódio para defender sua visão.

As dificuldades do exército brasileiro eram grandes: os soldos eram baixos e as promoções ocorriam de forma muito lenta, situação que gerou grande insatisfação, principalmente entre a jovem oficialidade, os tenentes. Um civil no Ministério da Guerra, Pandiá Calógeras, e a vitória de Arthur Bernardes aumentaram a insatisfação de parte da tropa.

Os tenentes não tinham uma bandeira ideológica clara. Eram contra o domínio da oligarquia cafeeira – identificando-se nesse aspecto com as oligarquias estaduais descontentes –, pois viam o Brasil dividido, o que fragmentava o poder central. Excluídos do processo político, os tenentes demonstravam, com um viés conservador, a crise política que se engendrava com as disputas entre as oligarquias regionais. Defendiam reformas moralizantes e centralizadoras para a reconstrução do Estado, o voto secreto, o fim da corrupção e das fraudes, a criação de uma justiça eleitoral, e um projeto industrializante com a participação do Estado. Os tenentes, com suas ideias, não conseguiram atrair adeptos das oligarquias até 1930, fazendo parte de um movimento praticamente confinado ao âmbito militar, mas assim mesmo enfrentaram o governo central e marcaram a política brasileira por inserir o exército no centro das decisões políticas que ocorreram a partir do episódio que segue.

O ministro da Guerra de Epitácio Pessoa, o civil João Pandiá Calógeras.

ALERTA! PALAVRAS DO CHEFE DA NAÇÃO

ESTEJAM TODAS AS ATTENÇÕES ALERTA AOS MANEJOS DA ESPIONAGEM, QUE É MULTIFORME

EMMUDEÇAM TODAS AS BOCCAS QUANDO SE TRATAR DE INTERESSE NACIONAL

O Brasil incentivava a população a colaborar no esforço de guerra.

## A Revolta dos 18 do Forte

Epitácio Pessoa ainda presidente assistiu ao crescimento oposicionista entre os militares e, diante das denúncias de fraude no processo eleitoral de seu sucessor, nada fez para apurar. Pessoa foi duramente criticado pelo ex-presidente marechal Hermes da Fonseca. A tensão já era grande por causa das "cartas falsas", atribuídas a Arthur Bernardes, que criticavam o exército. Em represália, o presidente mandou fechar o Clube Militar em 2 de julho de 1922 e decretou a prisão do marechal.

Guarnição do Forte de Copacabana em 1922.

Na madrugada do dia 5 de julho, os tenentes lideraram levantes em várias unidades militares do Rio de Janeiro, visto que oficiais mais graduados se recusaram a apoiá-los. Aconteceram insurreições também em Niterói e no Mato Grosso. Outras unidades militares que deveriam se unir ao movimento não o fizeram, e a rebelião centrou-se exclusivamente no Forte de Copacabana, que era comandado pelo capitão Euclides Hermes da Fonseca, filho do marechal.

Os rebeldes do Forte somavam 301, entre oficiais e civis voluntários; usaram artilharia pesada contra unidades militares e foram intensamente bombardeados pelas tropas legalistas. O ministro da Guerra, o civil Pandiá Calógeras, tentou negociar a rendição dos rebeldes, mas foi em vão. No dia 6 de julho, os rebelados não tinham mais como levar o movimento adiante. O comandante permitiu, aos que assim o desejassem, deixar o Forte; contando com ele, restaram apenas 29. Decidiram não se entregar e lutar até a morte. O comandante saiu para negociar a rendição e avançaram a pé, pela avenida Atlântica, à beira-mar, indo ao encontro das tropas que os combatiam. No percurso, 10 se dispersaram e 18 continuaram avançando. Só dois rebeldes sobreviveram: os tenentes Siqueira Campos e Eduardo Gomes.

Os rebeldes marchando na avenida Atlântica. Eduardo Gomes, um dos dois sobreviventes, é o primeiro da esquerda para a direita.

# O governo de Arthur Bernardes (1922-1926)

Arthur da Silva Bernardes assumiu o governo sob estado de sítio, quando não há as garantias constitucionais e o poder está concentrado no Executivo "em nome da ordem". Impôs censura aos jornais, prendeu e deportou oposicionistas para a Amazônia. Nesse contexto, os jovens tenentes levantaram-se em movimentos de expressão, como a **Revolução de 1924**, em São Paulo, e seu desdobramento, a **Coluna Prestes** que percorreu o Brasil.

Os rebeldes paulistas na Estrada de Ferro Sorocabana.

## A Revolução de 1924

Embora vencidos, o governo federal prendeu vários militares com participação nos levantes de 1922, acusados de promover um golpe de Estado. A tensão entre militares e governo tornou-se ainda mais intensa.

Em julho de 1924 eclodiu em São Paulo uma revolta militar articulada e comandada pelo general reformado Isidoro Dias Lopes, pelo major Miguel Costa e pelo tenente Joaquim Távora. Mais de mil militares ocuparam lugares estratégicos da cidade de São Paulo, como a estação ferroviária da Luz, da Estrada de Ferro Sorocabana e do Brás, além dos quartéis da Força Pública, com o objetivo de depor o presidente Arthur Bernardes e pressionar para a realização de reformas na política eleitoral, a eleição de uma nova Assembleia Constituinte e a implantação do voto secreto. As forças legalistas reagiram e a cidade foi tomada por intenso embate.

A ação das tropas legalistas, apoiada por reforços vindos do Rio de Janeiro, bombardeava os pontos ocupados pelos rebeldes. No dia 16 foi negociada a rendição e nenhuma das solicitações dos rebelados foi atendida. Com isso, os rebeldes decidiram continuar a luta até que, no dia 28, exauridos, deixaram a capital rumo ao interior, sem saber que unidades militares em outros estados tinham se levantado em seu apoio.

As tropas legalistas percorrem as ruas de São Paulo depois que os rebeldes se retiraram para o interior.

Os revoltosos formaram a **Coluna Paulista**, liderados por Siqueira Campos e Juarez Távora, chegando ao Paraná, onde continuaram combatendo as tropas do governo. No Rio Grande do Sul, em outubro de 1924, iniciou-se um outro movimento de contestação ao governo central, sob a liderança do capitão Luís Carlos Prestes, na cidade de Santo Ângelo.

Os rebeldes gaúchos foram vencidos em alguns locais e marcharam rumo ao norte para se encontrar com a Coluna Paulista. Em abril de 1925, o contingente rebelde das duas colunas militares se fundiria, formando a **Coluna Prestes**, que marcharia sobre o Brasil durante dois anos.

ARQUIVO HISTÓRICO DO EXÉRCITO, RIO DE JANEIRO.

Tropas militares gaúchas em uma operação em 1923. No ano seguinte as tropas do Rio Grande do Sul iniciaram um grande movimento que percorreu o sul do país.

## A Coluna Prestes

De Foz do Iguaçu, os rebeldes marcharam rumo a Mato Grosso. Formaram a 1ª Divisão Revolucionária comandada por Luís Carlos Prestes e Miguel Costa. Nascia ali a coluna que ficou conhecida como **Coluna Miguel Costa-Prestes** ou, simplesmente, **Coluna Prestes**.

A Coluna seguiu sua marcha pelo interior do Brasil, à procura de apoio popular contra o governo central e para defender os princípios da revolução. Para tanto, valeu-se da tática de guerrilha contra as forças legalistas, chegando a reunir 1.500 homens no seu contingente militar. Após percorrer doze estados brasileiros e ingressar por áreas menos povoadas, o movimento perdia aliados e os grupos oligárquicos juntavam esforços. O governo passou a ter apoio para combater a Coluna Prestes. Uma tropa heterogênea, formada por jagunços dos coronéis, exército e polícias estaduais foi organizada para combater os revolucionários.

FUNDAÇÃO GETÚLIO VARGAS – CPDOC.

INSTITUTO HISTÓRICO
E GEOGRÁFICO BRASILEIRO, RIO DE JANEIRO.

O Comando da Coluna Miguel Costa-Prestes. Embaixo, da direita para a esquerda, estão Miguel Costa, Luís Carlos Prestes, Juarez Távora, João Alberto, entre outros líderes.

Jagunços recrutados para combater a Coluna no Ceará.

Em Minas, os embates com as forças legalistas foram muito intensos. Necessitando de mais armas e munição, os rebeldes retornaram para a Bahia. De lá seguiram para o Piauí; depois, passando por Goiás, chegaram ao Mato Grosso em outubro de 1926. Exauridos depois de terem percorrido mais de 24 mil quilômetros em dois anos, cerca de 200 militantes liderados por Prestes se exilaram na Bolívia, enquanto Miguel Costa dirigiu-se com outro grupo para a Argentina.

A Coluna não conseguiu a adesão popular. No Nordeste, ela se enfraqueceu, em virtude do ambiente hostil e da perseguição de jagunços e milícias estaduais. No entanto, os ideais tenentistas de moralização política e de maior interferência na vida nacional ajudaram a desgastar a ordem política brasileira do período.

**A MARCHA DA COLUNA PRESTES**

PA

MA  PI  CE

RN

PB

PE

AL

SE

TO

MT

BA

GO

MS

MG

ES

SP

RJ

OCEANO ATLÂNTICO

PR

SC

RS

N

—— Marcha da Coluna Prestes (ida)
- - - Retorno da Coluna Prestes
✦ Batalhas mais importantes

Coluna Prestes, obra de Cândido Portinari. Óleo sobre tela, 46 x 55 cm, 1950. Coleção Particular, Rio de Janeiro, RJ.

Disponível em: <http://www.cecoc.org.br/mat%E9rias/coluna_prestes_portinari.htm>. Acesso em: 23 ago. 2015.

## Saiba mais

### A figura de Prestes e a do comunismo no Brasil

Luís Carlos Prestes protagonizou importantes acontecimentos, como o Tenentismo, a Intentona Comunista de 1935, a redemocratização pós-Estado Novo, o exílio durante a ditadura militar de 1964 e atuou na frente suprapartidária que defendia o retorno de eleições diretas para presidente da República, em 1984. Conhecido como o "Cavaleiro da Esperança", Prestes tornou-se figura central da história da esquerda no país. Ao morrer em 1990, aos 92 anos de idade, Luís Carlos Prestes virou herói de muita gente. Para muitos outros, era uma figura controversa, rememorando episódios como a prisão em 1936, durante a ditadura de Vargas, a deportação de sua mulher Olga Benário para a Alemanha nazista, onde foi executada na câmara de gás de um campo de concentração. Mais tarde, em nome de acordos políticos, veio a apoiar o governo de Vargas.

Prestes ocupou espaço importante como líder comunista, embora não estivesse entre seus fundadores. O Partido Comunista do Brasil (PCB) foi criado em Niterói no dia 25 de março de 1922 sob a égide da Revolução Russa. Três meses após sua criação, o partido foi cassado e passou a atuar ilegalmente, no contexto de estado de sítio do governo Arthur Bernardes. Com base na ideia de que os comunistas deveriam fortalecer as alianças políticas de respaldo às causas operária e camponesa, o PCB lançou em 1927 o Bloco Operário e Camponês (BOC), cujo objetivo era dar maior visibilidade ao partido no cenário político nacional. De janeiro a agosto de 1927, o PCB voltou à legalidade, conseguindo eleger seu primeiro deputado federal e, no ano seguinte, dois vereadores no Distrito Federal. Sob a liderança de Luís Carlos Prestes nos anos 1930, seus quadros partidários participaram da Aliança Nacional Libertadora (ANL), o que resultou em nova perseguição e cassação. Como resposta, os comunistas integraram a fracassada Intentona Comunista de 1935, que teve como resultado a prisão de várias lideranças do PCB, bem como a desagregação do partido. Ele só saiu da clandestinidade em 1945, após a anistia de seus dirigentes, incluindo Prestes, que foi eleito senador naquele mesmo ano.

Em 1947, mais uma vez o PCB passou à clandestinidade, sendo os mandatos de seus parlamentares cassados. Nos anos 1960 foi feita uma campanha pela volta à legalidade, o que implicou a mudança do nome do partido para Partido Comunista Brasileiro. Com o golpe militar de 1964, é imposto ao partido mais um longo período de clausura, seguido de forte repressão aos seus quadros políticos.

# Movimentos sociais no campo durante a República Oligárquica

Vimos que durante a República Oligárquica surgiu um conjunto de movimentos de contestação ao "liberalismo excludente" imposto pelas oligarquias cafeeiras ao restante da população. De origem tanto urbana quanto rural, tais movimentos se caracterizavam, sobretudo, pela diversidade de interesses e estratégias políticas de ação, embora coincidissem também em muitos aspectos. Dentre as sedições ocorridas nas cidades estão as revoltas da Vacina e da Chibata e a Greve Geral de 1917.

> **Sedições:** revoltas contra as autoridades.

Contudo, é preciso recordar que nesse período mais de 60% da população brasileira vivia no campo, submetida ao mandonismo dos coronéis, à violência de jagunços e de políticos locais e às injustiças sociais decorrentes de um acentuado processo de precarização do meio rural. Os habitantes do sertão eram, além disso, peças fundamentais na engrenagem eleitoral das oligarquias dominantes, nas já estudadas eleições do cabresto. Finalmente, deve-se destacar que o Nordeste brasileiro vivia um processo de crescente miséria, provocado pelo deslocamento do eixo econômico do país para o Sudeste, pela decadência da atividade açucareira e pelos prolongados anos de seca. Foi nesse quadro de migrações e estiagem, de sofrimento e busca de uma vida melhor, que surgiram movimentos como Canudos, o Contestado, o Cangaço, e as Sedições do Juazeiro e a Revolta do Caldeirão, ocorridas no Ceará.

## A Guerra de Canudos

Nas terras semiáridas do interior do Sertão baiano, ocorreu a revolta popular conduzida por um líder messiânico, Antônio Vicente Mendes Maciel, o Antônio Conselheiro. Este cearense nascido por volta de 1830 teve uma educação fortemente religiosa para que se tornasse padre. Já adulto, não seguiu a carreira religiosa e desempenhou várias atividades, como comerciante e professor. Por volta de 1871 dirigiu-se ao sertão nordestino, onde, vestido com um camisolão azul, tornou-se um pregador místico. Ele ajudava as populações miseráveis em seu cotidiano e foi adquirindo fama e seguidores, que passaram a acompanhá-lo em suas andanças.

Por volta de 1893, Antônio Conselheiro e seus discípulos fixaram-se na fazenda Canudos, às margens do rio Vaza-barris, no interior da Bahia. O arraial de Canudos organizou-se de forma comunitária, onde os habitantes trabalhavam coletivamente para sua sobrevivência, chegando a contar com uma população de 25 mil pessoas. Canudos era uma região autônoma, com suas próprias regras de sobrevivência, não se submetendo aos poderosos "coronéis", aos governos estadual e federal nem à Igreja. Conselheiro, em suas pregações, afirmava ser um enviado de Deus para minorar o sofrimento dos sertanejos e para pôr fim àquilo que considerava execrável: a separação da Igreja e Estado, que levou à criação da certidão de nascimento civil e do casamento laico.

Era visto como um monarquista messiânico, na espera do redentor D. Sebastião, o rei português desaparecido em 1578 na batalha de Alcácer-Quibir, que voltaria para restaurar a justiça e a igualdade. As autoridades o viam como um antirrepublicano. Em 1893 o arraial se insurgiu contra um imposto e frades da Diocese da Bahia foram mandados ao arraial para tentar dissolver a rebeldia e pôr fim à comunidade. Fracassaram em sua missão.

Litografia que representa Antônio Conselheiro, extraída de um folheto que circulou em Pernambuco em 1897, intitulado *Breve notícia sobre o célebre fanático Antônio Conselheiro*. Museu Histórico Nacional, Rio de Janeiro.

Canudos incomodava as autoridades eclesiásticas e governamentais. A ordem republicana, por várias razões, nem todas evidentes, se sentia ameaçada com a segunda comunidade mais populosa da Bahia, depois de Salvador.

Em 1896, Conselheiro decidiu construir uma igreja no arraial e encomendou material de construção em Juazeiro. Com o atraso na entrega das madeiras encomendadas para a obra, surgiu o boato de que Conselheiro e seus seguidores iriam invadir a cidade. Foi a desculpa que as autoridades precisavam para combater e acabar com Canudos. Três expedições militares fortemente armadas foram enviadas ao arraial e derrotadas pelos moradores de Canudos.

As derrotas do exército contra os miseráveis de Canudos repercutiam muito mal na capital federal, recaindo a culpa no presidente da República, Prudente de Morais. Os jornais noticiavam com destaque as ações e reações em Canudos, voltando-se a opinião pública nacional contra Conselheiro, taxando-o de louco, monarquista e inimigo da República.

Em 1897, uma quarta expedição militar composta de onze mil soldados, dirigiu-se a Canudos. Depois de um cerco de quatro meses ao arraial, conseguiram arrasar a comunidade em 5 de outubro

Vista de Canudos em 1897. No sopé do Morro da Favela, a praça das igrejas do Arraial. D. Urpia, Museu Histórico Nacional, Rio de Janeiro.

daquele ano. Encontraram Conselheiro morto, mas assim mesmo violaram o seu túmulo e puseram fogo na cidade, não deixando vestígios de Canudos.

## Recortes da História

### Nossa Vendeia

*O jornalista Euclides da Cunha, então correspondente do jornal **O Estado de S. Paulo**, cobriu a Guerra de Canudos. No artigo a seguir, denominado **A Nossa Vendeia**, ele nos apresenta o arraial de Antônio Conselheiro, assim como uma descrição dos sertanejos que o integravam. Após ter escrito este texto, Euclides da Cunha foi enviado como correspondente do jornal ao sertão da Bahia.*

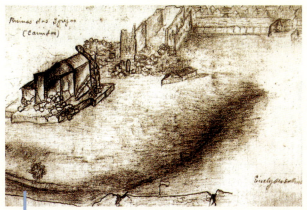

Escombros de duas igrejas do Arraial de Canudos. Desenho feito por Euclides da Cunha. Instituto Histórico e Geográfico Brasileiro, Rio de Janeiro.

A marcha do exército republicano opera-se nesse labirinto de montanhas. Não é difícil aquilatar-se a imensa série de obstáculos que a perturba... Vestido de couro curtido, das alparcatas sólidas ao desgracioso chapéu de abas largas e afeiçoado aos arriscados lances da vida pastoril, o jagunço, traiçoeiro e ousado, rompe-os, atravessa-os, entretanto, em todos os sentidos, facilmente, zombando dos espinhos que não lhe rasgam sequer a vestimenta rústica, vingando célere como um acrobata as mais altas árvores, destramando, destro, o emaranhado dos cipoais. Não há como persegui-lo no seio de uma natureza que o criou à sua imagem – bárbaro, impetuoso e abrupto. Caindo inopinadamente numa emboscada, ao atravessarem uma garganta estreita ou um capão de mato, os batalhões sentem a morte rarear-lhes as fileiras e não veem o inimigo – fulminando-os do recesso das brenhas ou abrigados pelos imensos blocos de granito que dão a certos trechos daquelas paragens uma feição pitoresca e bizarra, amontoados no alto dos cerros alcantilados, como formas evanescentes de antigas fortalezas derruídas... Compreendem-se as dificuldades da luta nesse solo impraticável quase. Mas, amanhã, quando forem desbaratar as hostes fanáticas do Conselheiro e descer a primitiva quietude sobre os sertões baianos, ninguém conseguirá perceber, talvez, através das matas impenetráveis, coleando pelo fundo dos vales, derivando pelas escarpas íngremes das serras, os trilhos, as veredas estreitas por onde passam, nesta hora, admiráveis de bravura e abnegação – os soldados da República

*Fonte:* O Estado de S. Paulo, 14 mar.1897. In: NASCIMENTO, J. E. do. *Os Sertões de Euclides da Cunha:* releituras e diálogos. São Paulo: Editora da UNESP, 2002, p. 42-43.

**1)** Por que o autor relacionou as características físicas do território com as do sertanejo? Justifique.

# A Guerra do Contestado

Nos primeiros anos do século XX, a questão sobre a delimitação das fronteiras entre os Estados de Paraná e Santa Catarina foi parar nas mãos da justiça, que deu ganho de causa aos catarinenses, mas, por recursos jurídicos, os paranaenses impediram a delimitação territorial. Essa região em litígio ficou conhecida como Contestado.

Ponte ferroviária sobre o rio Caçador, considerada a divisa entre o Paraná e Santa Catarina pelo acórdão de 1910. Museu Histórico e Antropológico da Região do Contestado, Santa Catarina.

Uma das causas sociais desse processo ocorreu após o término da construção de uma estrada de ferro que ligaria São Paulo ao Rio Grande do Sul. Em 1908, o governo federal encarregou a empresa norte-americana Brazil Railway Company de construir a ferrovia. O governo também cedeu terras para a exploração de madeira ao longo da estrada de ferro. Essa situação desagradou aos pequenos proprietários estabelecidos na área, por terem sido obrigados a abandonar suas propriedades. A situação se agravou em 1910 com o fim da construção da ferrovia, deixando sem trabalho mais de oito mil pessoas.

Em um ambiente de exclusão e miséria, parte da população foi fortemente influenciada em 1912 pelo monge João Maria. Tido como conselheiro e com fama de curar doentes, João Maria era desertor do exército e monarquista. Ele profetizava uma "Monarquia Celeste", dirigida por um Messias redentor dos pobres e que traria a felicidade. Era crescente o apoio popular às suas pregações. O monge e seus seguidores estabeleceram-se em Taquaraçu. Em sua comunidade, João Maria não permitia a propriedade de terras nem a cobrança de impostos.

Guilherme Fracornel. In: *Contestado*. Fundação Roberto Marinho/Editora Index, Rio de Janeiro, 1987.

Habitantes da região do Contestado. Museu Histórico e Antropológico da Região do Contestado, Santa Catarina.

Guilherme Fracornel. In: *Contestado*. Fundação Roberto Marinho/Editora Index, Rio de Janeiro, 1987.

Preocupados com o alastramento das ideias do monge, os fazendeiros locais fomentaram uma repressão policial que terminou com a ida de João Maria e seus adeptos para a área paranaense da região do Contestado. As autoridades do Paraná consideraram esse deslocamento como uma forma de ocupação da região em litígio pelos catarinenses.

Tropas do Paraná foram enviadas para desalojar o monge e seus adeptos. Travou-se uma batalha sangrenta na qual João Maria foi morto, mas as tropas estaduais foram derrotadas. Novos conflitos surgiram entre as tropas e o grupo místico, que desencadeou uma "Guerra Santa", com saques e invasões a fazendas, acusando a República de ser um elemento crucial de pobreza e miséria da população.

Epidemias de tifo e fome foram dizimando os rebeldes, sendo que a região foi finalmente tomada em 1916, acabando de vez com os redutos "monarquistas" do sul do país. Os poucos sobreviventes rebeldes fugiram. Nesse mesmo ano, foram demarcados os limites entre Paraná e Santa Catarina, ficando a área em litígio dividida entre os dois estados.

A DISPUTA DO CONTESTADO (1912-1916)

Fazenda saqueada e incendiada pelos rebeldes do Contestado. Arquivo Histórico do Exército.

# O Cangaço

Entre 1870 e 1940 ocorreu no Nordeste brasileiro um fenômeno conhecido como cangaço. O cangaço tem suas origens na questão fundiária e social da região, quando grupos armados saíam pelo sertão praticando ações violentas de roubo, sequestro e pilhagem de fazendas e vilarejos. Os cangaceiros, como eram denominados tais grupos

cuja delimitação territorial de ação era a região de caatingas que formam o "Polígono das Secas", eram vistos quase sempre pelo governo e pelas oligarquias locais como foras da lei, embora fossem considerados heróis e justiceiros pelo restante da população. Existia uma variedade desses grupos armados, desde os que distribuíam alimentos para os mais humildes até os que eram contratados por coronéis nordestinos como jagunços e matadores de aluguel. Um dos principais expoentes do cangaço foi Virgulino Ferreira da Silva, mais conhecido pela alcunha de Lampião, pois segundo ele de sua "espingarda nunca deixava de ter clarão, tal qual um lampião". O "rei do Cangaço" começou sua carreira por volta do ano de 1914, e chegou a contar com 300 membros em seu bando, percorrendo diversos estados do Nordeste entre 1920 e 1930. Por causa de uma suposta associação entre os levantes comunistas de 1935, o Cangaço e o Messianismo, o governo Getúlio Vargas passou a perseguir grupos de cangaceiros, e a cabeça de Lampião foi colocada a prêmio. Em 1938, o bando de Lampião foi capturado por tropas do governo em Angico, Sergipe. O rei do Cangaço, sua esposa Maria Bonita e mais nove cangaceiros foram mortos e tiveram suas cabeças decepadas e expostas no Museu Nina Rodrigues (BA), juntamente com a cabeça mumificada de Antônio Conselheiro.

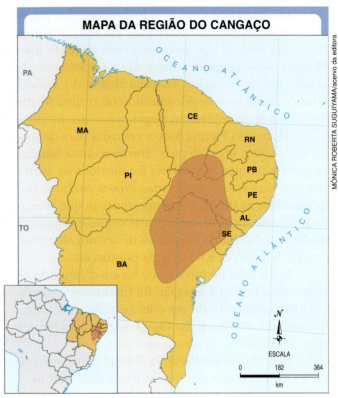

**MAPA DA REGIÃO DO CANGAÇO**

MÔNICA ROBERTA SUGUIYAMA/acervo da editora

## Vivendo seu tempo

### O Cangaço nas Histórias em Quadrinhos

A temática do cangaço tem sido objeto das mais variadas produções artístico-culturais no nosso país, aparecendo em folhetos, xilogravuras, folclore e até mesmo nos meios de comunicação de massa. Da literatura de cordel à sua consagração em romances de escritores como Guimarães Rosa e José Lins do Rego, do Cinema Novo às Histórias em Quadrinhos, o que se observa é a forte presença do cangaço no imaginário social brasileiro. Ao lado seguem alguns exemplos de como a saga do cangaço foi recuperada por alguns artistas gráficos brasileiros, o que pode revelar outras dimensões presentes neste fenômeno social.

## As disputas pela memória das comemorações do centenário de Lampião

Em Serra Talhada, PE, o resgate positivo da memória de Lampião está diretamente ligado ao trabalho desenvolvido por Anildomá Souza, presidente da Fundação Cultural Cabras de Lampião e produtor do evento "Tributo a Virgulino", que se realiza em julho de cada ano. Sua casa, localizada na Vila da Cohab, serve de museu para as pessoas interessadas na temática do cangaço. Seu acervo possui cerca de 60 peças, entre moedas antigas, rifles, jornais, apetrechos de vaqueiro e fotografias do cangaço. Inclusive, está à disposição do público uma cópia da certidão de nascimento de Lampião. Em entrevista ao *Jornal do Commercio*, de Recife, Anildomá Souza afirmou que sua intenção "é que cada detalhe da história seja preservado. O povo brasileiro tem memória curta com relação ao passado" (...).

Em 1998, em entrevista ao *Estado de S. Paulo*, Anildomá Souza voltou a insistir numa possível "relação histórica" entre o MST e o cangaço: "Os dois movimentos chamaram a atenção para o abandono do sertão" (...).

É interessante observar que sua leitura do cangaço é herdeira da interpretação da célebre obra de Rui Facó, intitulada *Cangaceiros e Fanáticos*, que se constituiu num marco da historiografia sobre o tema. Inspirada no marxismo e com ideias bastante próximas das de Eric Hobsbawm, sua interpretação do cangaço parte do pressuposto que os cangaceiros representam, ao contrário dos movimentos messiânicos, uma forma de luta ativa contra a opressão do latifúndio. (...).

Este simbolismo em torno do cangaceiro deve ser inserido no contexto histórico específico do final dos anos 1950 e início dos 1960, em que Francisco Julião, fundador das Ligas Camponesas em Pernambuco, vai reivindicar os cangaceiros como pioneiros de seu combate. Como afirma Facó, os bandos armados "representam os elementos ativos que preparam as mudanças no caráter nacional". Segundo Patrícia S. Silva, ao considerá-los como ancestrais das Ligas Camponesas, os intelectuais marxistas transformaram os cangaceiros em um instrumento político, historicamente determinado. (...).

Nos combates em torno da memória do cangaço em Serra Talhada, PE, como contraponto a essa leitura social do cangaço, encontr[amos] reminiscências que colocam Lampião como um bandido perverso e que estão associadas aos nazarenos e seus descendentes. Em entrevista realizada com David Jurubeba, evidenciou-se a necessidade de se rever a memória positiva dos cangaceiros, a forma como eles têm aparecido na televisão, no cinema e na literatura, mas, principalmente, a série de homenagens que estão sendo realizadas na cidade, inclusive com a construção de uma estátua em Triunfo, PE (...).

*Fonte:* SÁ, A. F. de A.
*O Cangaço entre a Memória e a História.*
Canindé, *Revista do Museu de Arqueologia de Xingó*,
n. 3, dez. 2003.

# O governo de Washington Luís (1926-1930) e o fortalecimento da oposição

Como vimos, nem sempre se alternaram na presidência da República mineiros e paulistas, mas manter a política do café com leite era o desejo da oligarquia cafeeira no final dos anos 1920. Ao mineiro Arthur Bernardes sucedeu na presidência o paulista Washington Luís, no período 1926-1930, frustrando as expectativas populares em virtude de "sua pouca sensibilidade para com as questões sociais".

Washington Luís pretendia consolidar a liderança paulista e instaurou uma crise ao indicar o paulista Júlio Prestes para sucedê-lo.

A situação econômica do país era grave – com a quebra da Bolsa de Valores de Nova York, em 1929, os preços do café despencaram. A saca, que custava duzentos mil-réis em agosto de 1929, passou a 21 mil-réis em janeiro do ano seguinte. A crise atingiu toda a economia brasileira. Mais de 500 fábricas fecharam as portas em São Paulo e no Rio de Janeiro. O número de desempregados chegou a 2 milhões no final de 1929. A miséria e a fome atingiram a população.

O governador de Minas Gerais, Antonio Carlos Ribeiro Andrada, diante da atitude de Washington Luís, procurou compor-se com outras oligarquias estaduais descontentes e aliou-se ao Rio Grande do Sul, o terceiro estado mais importante em termos eleitorais.

Disponível em: <http://upload.wikimedia.org/wikipedia/commons/1/19/Presidentwashluis.jpg>. Acesso em: 26 set. 200.

O presidente Washington Luís provavelmente não avaliou as consequências ao impor o nome do governador paulista Júlio Prestes para a sua sucessão. Esse seria o estopim para o desmoronamento da República Oligárquica.

Depois de intensas negociações, em julho de 1929, lançaram a candidatura do gaúcho Getúlio Vargas à presidência, tendo como vice o paraibano João Pessoa. Surgia a **Aliança Liberal**, que agrupava Minas, Rio Grande do Sul, Paraíba e contou com o apoio de militares ligados ao movimento tenentista. Entre as propostas da Aliança estavam o voto secreto, a independência do judiciário, a anistia para os tenentes envolvidos nas revoltas da década de 1920, a proteção à exportação de café e outros produtos, além de reformas sociais, principalmente trabalhistas.

Como era de esperar, Júlio Prestes venceu com 57% dos votos. Porém, os oposicionistas da Aliança Liberal não se aquietaram com o resultado.

Campanha da Aliança Liberal, no Rio de Janeiro, em 1929.

# A Revolução de 1930: o fim da República Oligárquica

Os derrotados articularam-se em torno de Getúlio Vargas para derrubar Washington Luís e impedir a posse de Júlio Prestes, eleito presidente da República em 1º de março de 1930. A gestação da revolução levou alguns meses e, nesse período, deputados da Aliança Liberal sofreram a "degola", processo que não reconhecia a eleição de deputados.

Em 26 de julho o paraibano João Pessoa foi assassinado em Recife, por motivos pessoais e políticos. Imediatamente o crime foi imputado ao governo federal e o episódio do assassinato criou o clima para a revolta contra Washington Luís e o resultado eleitoral. Os líderes revolucionários, comandados por Getúlio Vargas, decidiram desen-

cadear uma revolução, o que ocorreu no dia 3 de outubro. Segundo o plano adotado, o movimento deveria irromper simultaneamente no Rio Grande do Sul, em Minas e estados do Nordeste. Na data prevista, a revolta explodiu no Rio Grande do Sul, Paraíba e Minas Gerais, se alastrando pelo país.

Washington Luís, embora tenha inicialmente se recusado a deixar o governo, foi deposto em 24 de outubro.

O povo comemora no Rio de Janeiro a deposição de Washington Luís e a vitória dos revolucionários.

No dia 3 de novembro, Getúlio assumiu a chefia do Governo Provisório. Nomeou interventores nos estados, mas teve problemas para acomodar os interesses das forças que o apoiavam, compostas de grupos oligárquicos, setores do empresariado industrial, classe média e do tenentismo.

Getúlio foi empossado como chefe do Governo Provisório no dia 3 de novembro de 1930.

Getúlio ficaria no poder por 15 anos. Nesse período, o Brasil sofreria grandes transformações, com o fortalecimento da indústria e a ascensão da burguesia industrial. Os cafeicultores perderam seu lugar de destaque na condução da política nacional, mas continuaram a exercer grande influência no contexto político e econômico.

## Disseram a respeito

### Vários projetos revolucionários

*O historiador Edgar de Decca analisa o discurso revolucionário de Vargas e sua pretensão hegemônica de apresentar-se como única alternativa para o processo que pôs fim à Primeira República. No entanto, como podemos observar no texto, não havia uma única possibilidade de ruptura, nem mesmo uma clareza homogênea entre os aliados da revolução vitoriosa em 1930.*

Em (...) 1930, logo após a chegada de Vargas ao poder, ele concede uma entrevista à agência de notícias Associated Press, na qual se refere ao caráter unânime da Revolução de Trinta, levando os leitores à suposição de que havia um, e apenas um, projeto revolucionário para o Brasil. Isto é, em sua declaração política, Vargas não deixa dúvidas de que o poder recém-instituído não pretenderia tergiversar sobre a unidade de sua posição e sobre o caráter único e incontestável da sua revolução. (...) Uma das características dos discursos revolucionários é a tentativa de instauração de um tempo novo na história e a necessidade de se autoproclamar como unânime e unitário em termos de opções políticas. Em outras palavras, o discurso revolucionário moderno não admite oposições. Para ele, todas as alternativas políticas não concordantes com o poder instituído são contrarrevolucionárias e pertencem ao passado, uma vez que a revolução inaugura o tempo do futuro. (...)

A década de vinte inaugura-se com as rebeliões militares que pregam reformas no sistema político brasileiro, defendendo também a criação de uma economia nacional, voltada, predominantemente, para o mercado interno. Apesar de não deixar explícita a necessidade de uma política social de proteção ao trabalhador urbano e rural, esses movimentos abririam o caminho para a defesa dessas bandeiras no decorrer da década de vinte. Ao mesmo tempo em que ocorreram essas manifestações militares que culminariam com a marcha de Luís Carlos Prestes pelo interior do Brasil, tivemos a criação do Partido Comunista Brasileiro, em 1922, formado por inúmeros militantes egressos do anarquismo e que tiveram participação importante nas greves de 1917. Ainda que não possamos delinear ideologicamente todas as tendências políticas do período, uma coisa era patente: todas elas se opunham ao pacto político-liberal-republicano das elites brasileiras. Sem dúvida, as distinções ideológicas eram ainda pouco nítidas nesses novos agentes políticos de oposição, formando-se um arco que percorria posições desde a esquerda mais radical até a extrema direita. Haja vista que muitos dos militantes políticos, que estavam unidos nesse período, ora optaram por posições comunistas, ora por posições simpáticas ao fascismo.

*Fonte: DECCA, E. A Carta que se fez História. In: KARNAL, L.; FREITAS NETO, J. A. A Escrita da Memória: Interpretações e análises documentais. São Paulo: ICBS, 2004. p. 387, 392.*

**1)** Identifique, ao menos, três projetos de transformação social no período.

# Cinemateca

**Macunaíma** (1969, Brasil, dir.: Joaquim Pedro de Andrade) O herói sem caráter brasileiro sai da floresta, vai à cidade e retorna à floresta onde é abandonado pelos seus seguidores e pela sua família. Então ele senta sozinho e conta sua história para a única criatura que o escutaria, um papagaio.

**Menino de Engenho** (1965, Brasil, dir.: Walter Lima Jr.) Em 1920, na Paraíba, um garoto vai para o engenho Santa Rosa. Ele acompanha a modernização das usinas de açúcar e as transformações econômicas e sociais pelas quais passa a produção canavieira.

**Parahyba, Mulher Macho** (1983, Brasil, dir.: Tizuka Yamasaki) No agitado ambiente político de 1930, narra o romance entre Anayde Beiriz e João Dantas que, por motivos pessoais e políticos, mata João Pessoa, governador da Paraíba. O episódio é utilizado para deflagrar a Revolução de 1930.

**Revolução de 1930** (1980, Brasil, dir.: Silvio Back) Documentário sobre o movimento tenentista e a Revolução de 1930, com comentários dos historiadores Bóris Fausto, Edgar Carone e Paulo Sérgio Pinheiro.

**Eternamente Pagu** (1988, Brasil, dir.: Norma Benguell) Filme sobre a vida da jornalista e escritora Patrícia Galvão, a Pagu, que esteve diretamente relacionada com os modernistas e os acontecimentos da Semana de Arte de 1922. Aparecem na trama personagens como Oswald de Andrade e Tarsila do Amaral.

# Revisitando a História

**1.** Quais os principais motivos do desgaste sofrido pelas oligarquias cafeeiras ao longo da década de 1920?

**2.** "(...) dentro da ordem constitucional, deverão ser garantidos em toda a plenitude os direitos de reunião e associação, parecendo oportuno o ensaio dos tribunais arbitrais mistos, para dirimir os conflitos entre operários e patrões. A participação dos operários nos lucros industriais em termos razoáveis constitui programa do partido a que me acho filiado em Minas Gerais.

Essa participação que pode ser livremente ensaiada, evidentemente vantajosa aos operários, sê-lo-á também aos industriais, porque estimula a produção, evita ou reduz os desperdícios, barateia os custos dos produtos, diminui os motivos de greve e estabiliza o operário na fábrica."

Plataforma apresentada pelo Sr. Dr. Arthur da Silva Bernardes, lida no banquete oferecido aos candidatos da convenção de 9 de julho de 1921, no Rio de Janeiro.

Com base na leitura do texto, IDENTIFIQUE os novos atores políticos que emergem no cenário brasileiro nessa época.

**3.** "Fundamentalmente, o tenentismo se manteve fiel à defesa da ordem e das instituições. Não tinha uma proposta militarista no sentido de um governo militar, mas era elitista; propunha a moralização política contra as oligarquias cafeeiras. Os jovens oficiais seriam os responsáveis por essa moralização, através da Revolução e da entrega do poder para políticos considerados por eles como 'honestos'. Nesse sentido, destaca-se seu caráter elitista, que pregava a mudança a partir de cima, sem a participação das classes populares."

*Fonte:* LANNA Jr., M. C. M. Tenentismo e crises políticas na Primeira República. In: FERREIRA, J.; DELGADO, L. de A. N. *O Brasil Republicano:* o tempo do liberalismo excludente – da Proclamação da República à Revolução de 1930. Rio de Janeiro: Civilização Brasileira, 2003. p. 316.

Durante a República Velha, os "tenentes" apresentavam-se como salvadores, propondo solução para velhos problemas como inflação, alta do custo de vida, "voto de cabresto", corrupção e outros.

a) Esclareça o que foi o "tenentismo" e assinale sua importância histórica.
b) A partir do texto acima responda: em que sentido o tenentismo pode ser definido como um movimento "conservador"?

**4.** A partir do texto acima responda: em que sentido o tenentismo pode ser definido como um movimento "conservador"?

**5.** Responda aos três itens abaixo:

a) O que foi a Aliança Liberal, formada no decorrer do processo sucessório de Washington Luís?
b) Qual a relação de Getúlio Vargas com a Aliança Liberal?
c) Qual o desfecho desse processo sucessório?

**6.** Relacione os movimentos de Canudos, do Contestado e a Revolta do Caldeirão. O que temiam os repressores desses movimentos?

# Analise esta imagem

Essa é uma foto oficial das tropas federais brasileiras durante os conflitos em Canudos. Trata-se de uma fotografia posada, em preto e branco, provavelmente de 1897, ano em que as tropas federais tomaram totalmente o Arraial de Canudos. O fotógrafo procurou registrar uma visão ampla do local, fazendo uma imagem horizontal, destacando os soldados vencedores. Sabemos que foram enviadas várias expedições militares para acabar com Canudos, as quais não tiveram êxito. Dessa forma, o objetivo dessa imagem é registrar a tomada de Canudos pelos soldados do governo federal.

INSTITUTO HISTÓRICO E GEOGRÁFICO BRASILEIRO, RIO DE JANEIRO.

a) Qual a importância de se documentar os eventos registrados nessa fotografia?

b) Essa imagem buscava documentar que os soldados estiveram em Canudos e venceram as batalhas. O fotógrafo toma diversos cuidados para que sua imagem seja aceita como um documento verídico. Que elementos colocados na imagem denotam que essa imagem é do sertão baiano?

c) Algo muito significativo, com relação à análise de imagens, e que fica bem claro na foto analisada, é que podemos retirar das representações bem mais informações do que seus autores pretendiam registrar. Essa imagem traz apenas elementos enaltecedores das tropas federais? Quais teriam sido as condições em que lutaram as tropas do governo?

# Debatendo ideias

"O caso é bastante claro com Lampião: para que surgisse, foi necessário que se modificasse o cenário econômico, em fins do século XIX, estreitando as possibilidades de emprego para muitos e as possibilidades de ascensão socioeconômica para outros. Um caminho fácil para superar estes problemas foi o cangaço independente. Lampião não exprimiu nenhum espírito de revolta. Sua atitude foi de acomodação, aliando-se (...) com alguns coronéis do Sertão para sobreviver.

O papel de Padre Cícero foi mais complexo. Num momento em que o Nordeste tinha perdido sua importância socioeconômica no cenário nacional, e em que algumas cidades do Sul do país avultavam como propícias ao enriquecimento, ele surgiu (...) como um [paladino] regional, tentando criar em Juazeiro do Norte o que se chamaria um "polo de desenvolvimento". Para atingir seu alvo, aliou-

**Paladino:** indivíduo destemido, que está disposto a lutar por causas justas.

-se à poderosa estrutura coronelista, que aceitou totalmente. No entanto, também sabia que sem o apoio maciço da população não poderia resistir às investidas que a Igreja Católica dirigia contra ele. Sua luta foi, pois, por um "povo" em que figuravam todas as camadas sociais, os coronéis inclusive. Padre Cícero lutou por alguma coisa que o ultrapassava. Lampião lutou para si mesmo e em defesa do seu grupo (...). Foram causas diferentes."

*Fonte:* QUEIROZ, M. I. P. de. *História do Cangaço.* São Paulo: Global, 1997. p. 13-14.

A partir da leitura do trecho, responda:

a) Qual é o tema que está sendo discutido? Eles podem ser reconhecidos?

b) Que papéis Lampião e Padre Cícero teriam desempenhado no cangaço e na questão do Juazeiro? Analise as principais diferenças entre eles.

c) Você concorda com a autora de que ambos os personagens lutavam por causas diferentes?

# Questões de vestibular

**1.** (UNESP) Na porta da casa de um jagunço famoso havia uma tábua de madeira com os seguintes dizeres:

Mata-se:

Brasileiro . . . . . . . . . . . . . . . . . . . . . . . . 1.000,00

Purtugueis . . . . . . . . . . . . . . . . . . . . . . . 500,00

Intaliano . . . . . . . . . . . . . . . . . . . . . . . . 200,00

Espanhor . . . . . . . . . . . . . . . . . . . . . . . . 50,00

Turco . . . . . . . . . . . . . . . . . . . . . . . . . . de graça

Cornélio Pires, *Tarrafadas:* contos, anedotas e variedades, em Elias Thomé Saliba, *Raízes do Riso.*

Nessa anedota de 1926, na qual se pode perceber uma das faces da metropolização da cidade de São Paulo, é possível verificar que

a) a forte presença de imigrantes criou tensões na sociedade brasileira, gerando preconceito étnico.

b) a presença dos imigrantes não trouxe mudanças na sociedade brasileira, já marcada pela miscigenação racial.

c) todos os imigrantes foram bem recebidos no Brasil, com exceção dos não europeus e não cristãos.

d) a integração dos vários grupos de estrangeiros foi rápida e harmoniosa, e respeitou as diferenças nacionais.

e) o preconceito aos estrangeiros não se manifestou na cidade de São Paulo, em razão da cordialidade do seu povo.

**2.** (ENEM) Houve momentos de profunda crise na história mundial contemporânea que representaram, para o Brasil, oportunidades de transformação no campo econômico. A Primeira Guerra Mundial (1914-1918) e a quebra da Bolsa de Nova Iorque (1929), por exemplo, levaram o Brasil a modificar suas estratégias produtivas e a contornar as dificuldades de importação de produtos que demandava dos países industrializados.

Nas três primeiras décadas do século XX, o Brasil:

a) impediu a entrada de capital estrangeiro, de modo a garantir a primazia da indústria nacional.
b) priorizou o ensino técnico, no intuito de qualificar a mão de obra nacional direcionada à indústria.
c) experimentou grandes transformações tecnológicas na indústria e mudanças compatíveis na legislação trabalhista.
d) aproveitou a conjuntura de crise para fomentar a industrialização pelo país, diminuindo as desigualdades regionais.
e) direcionou parte do capital gerado pela cafeicultura à industrialização, aproveitando a recessão europeia e norte-americana.

**3.** (UFPR) Famosa coluna revolucionária que esteve no sudoeste do Estado do Paraná, em 1924, foi comandada por:

a) Luís Carlos Prestes;
b) Cândido Rondon;
c) Júlio Prestes;
d) Washington Luís;
e) Getúlio Vargas.

**4.** (UFMG) Um dos episódios mais marcantes na história das revoluções brasileiras deu-se com a Coluna Prestes, que, entre 1924 e 1927, percorreu milhares de quilômetros do interior brasileiro, na tentativa de manter acesa a luta por seus ideais.

Como solução para os problemas brasileiros, os líderes da Coluna Prestes defendiam:

a) o estabelecimento de uma ditadura militar, que alinhasse o País às experiências inovadoras do fascismo europeu;
b) a destruição do sistema oligárquico, acompanhada da reformulação dos costumes e práticas políticas vigentes;
c) a distribuição das terras dos latifúndios entre os camponeses, que seriam mobilizados para lutar nas fileiras da própria Coluna;
d) a realização de uma revolução comunista, seguida da estatização das propriedades e da implantação do socialismo.

**5.** (UFES) Declaração dos princípios da Coluna Prestes:

SOMOS CONTRA

• os impostos exorbitantes;
• a incompetência administrativa;
• a falta de justiça;
• a mentira do voto;
• o amordaçamento da imprensa;
• as perseguições políticas;
• o desrespeito à autonomia dos estados;
• a falta de legislação social;
• o estado de sítio.

SOMOS A FAVOR

• do ensino primário gratuito;
• da instrução profissionalizante e técnica;
• da liberdade de pensamento;
• da unificação e autonomia da justiça;
• da reforma da lei eleitoral e do fisco;
• do voto secreto obrigatório;
• da liberdade sindical;
• do castigo aos defraudadores do patrimônio do povo e dos políticos corruptos;
• do auxílio estatal às forças econômicas.

RIBEIRO, D. In: COTRIN, G. *História e Consciência do Brasil*. 7. ed. São Paulo: Saraiva, 1999. p. 263.

Sobre a Coluna Prestes, pode-se afirmar que:

I. reivindicava o voto secreto, eleições honestas, punição para os políticos corruptos e liberdade para os oficiais presos em 1922;
II. foi precursora de modernas táticas de guerrilhas e seus componentes incitavam a população dos locais por onde passavam a se insurgir contra as oligarquias;
III. resultava da fusão de duas forças revolucionárias: a Coluna Civil Paulista e a Coluna Oligárquica Gaúcha;
IV. tinha como objetivo deflagrar uma guerra de movimento contra o governo, por meio de uma coluna que percorreria todo o litoral do país.

A alternativa correta é:

a) I e III.                    d) I e II.
b) II e IV.                   e) III e IV.
c) II e III.

**6.** (UFPE) É noite. E tudo é noite. E meu coração devastado é um rumor de germes insalubres pela noite insone e humana. Meu rio, meu Tietê, onde me levas?

Mário de Andrade

Os versos acima são de Mário de Andrade, um dos escritores mais representativos do movimento modernista, cuja obra registra mudanças nas concepções estéticas e literárias. O modernismo teve também uma importância histórica significativa para se pensar a questão da identidade nacional e das bases da cultura brasileira, pois:

a) recuperou tradições culturais esquecidas e destacou nossas raízes europeias, como base para a renovação cultural e política;
b) pensou a modernização da sociedade brasileira, não apenas dentro da perspectiva da economia e da técnica, mas também dentro da perspectiva de seus aspectos culturais;
c) firmou um compromisso com as mudanças políticas e econômicas e expressou ideais estéticos que ressaltavam a originalidade da cultura brasileira;
d) destacou a ligação histórica da identidade brasileira com a cultura indígena, como princípio da modernização cultural e econômica;
e) foi um movimento homogêneo, contribuindo para se refletir sobre o passado histórico nacional, marcado pelo escravismo e pelo extermínio das populações nativas.

**7.** (UFSC) Assinale o que for CORRETO sobre as mudanças socioeconômicas ocorridas no Brasil no final do século XIX e nas três primeiras décadas do século XX:

(01) privilégio dos produtores de café, que tinham colaborado para a instalação da República;

(02) crescimento econômico com a abertura ao capital estrangeiro, que gerou o chamado "milagre econômico";

(04) importância da borracha, como produto de exportação, que era utilizada para a fabricação de pneus em países mais avançados;

(08) estímulo à industrialização brasileira, quando os países envolvidos na Primeira Guerra Mundial tiveram dificuldades de fornecer seus produtos ao Brasil;

(16) ampliação das cidades e das camadas médias da população, formadas por profissionais liberais, funcionários públicos e comerciantes.

**8.** (UFC – CE) Confrontando os movimentos religiosos políticos de Juazeiro com o padre Cícero, e de Canudos com Antônio Conselheiro, podemos afirmar que:

a) padre Cícero e Antônio Conselheiro se tornaram líderes religiosos porque, além de realizarem milagres, conseguiram terra e trabalho para seus seguidores

b) tanto padre Cícero como Antônio Conselheiro não sofreram censura da Igreja Católica Romana.

c) esses movimentos se explicam, fundamentalmente, pelo fanatismo religioso dos seus seguidores, marcados pelo analfabetismo e pela superstição.

d) enquanto a devoção ao padre Cícero contou com a simpatia do coronelismo e da oligarquia acciolyna no Ceará, Canudos sofreu repressão dos latifundiários e do Estado.

e) ambos tinham em comum a crítica ao regime republicano que separou a Igreja do Estado e proibiu o direito de voto a padres e analfabetos.

# Programas de Avaliação Seriada

**1.** (PEIES – UFSM – RS)

AQUINO, R. S. L; LISBOA, R. C; NETO, A. F. P.
*Fazendo a História.*
A Europa e as Américas nos Séculos XIX e XX.
Rio de Janeiro: Ao Livro Técnico, 1986. p. 168.

Essa charge retrata o Brasil pós-revolução de 1930. Ela permite perceber que

a) o poder, desde 1930, deixou de ser exclusivo das oligarquias do café.

b) a burguesia industrial, a partir de 1930, passou a influir diretamente no Governo Federal, fazendo com que o mesmo orientasse sua política para a industrialização e não mais para as exportações primárias.

c) ocorreu um rompimento na política do café com leite (SP/MG), o que levou a oligarquia paulista a se associar à gaúcha.

d) o fim da hegemonia política do café com leite gerou uma nova coligação de poder com base no apoio de governadores, capitaneada pelos gaúchos e chamada de "política dos governadores".

e) a associação da oligarquia gaúcha aos movimentos de massa provocou o fim da política do café com leite e o início de uma política populista no país.

**2.** (PSIU – UFPI) "Tenentes e Tenentismo acabaram se tornando termos correntes na imprensa e na literatura política dos primeiros anos da década de 1930, e acabaram sobrevivendo e sendo empregados na literatura acadêmica mais recente."

DRUMMOND, J. A. *O Movimento Tenentista e a Intervenção Política dos Oficiais Jovens 1922-1935.*
Rio de Janeiro: Edições Graal, 1986. p. 15.

Sobre o movimento tenentista, pode-se afirmar que:

a) se constituía exclusivamente por militares com o posto de tenente.

b) não contava com oficiais da Marinha de Guerra e da Força Pública de São Paulo.

c) possuía uma clara fundamentação ideológica e um nítido programa político.

d) reuniu militares partidários apenas das reformas políticas, tendência majoritária dos revolucionários.

e) contou com a participação da população civil, por ser um movimento revolucionário.

# capítulo 40

# Cultura e pensamento durante a Primeira República

Monumento às Bandeiras, de Victor Brecheret, no Parque do Ibirapuera, em São Paulo. A obra foi encomendada pelo governo do Estado de São Paulo ao artista em 1920, mas só foi concluída 33 anos depois.

*Desde a fundação do Estado Imperial Brasileiro, a preocupação com nossa identidade e com os elementos constitutivos de uma brasilidade mostrou-se uma constante no pensamento político-social da nação. Com o advento da Primeira República, a questão nacional tornou-se problemática, derivando-se daí, fundamentalmente, dois modelos de identidade nacional: o primeiro, avaliando como positiva a experiência do passado colonial e imperial do país e, o segundo, depreciando esse passado e pregando a necessidade de ruptura com ele. Na ordem do dia das discussões, marcava presença o grupo dos intelectuais, interferindo no cotidiano das cidades brasileiras e aglutinando-se nos mais diversos movimentos político-literários. Neste capítulo, veremos o desenrolar desse processo de redescoberta do Brasil durante as primeiras décadas do século XX, que pôs em evidência as contradições de um país que se pretendia moderno, mas que encontrava muitas dificuldades em se desvencilhar de seu passado e de suas tradições.*

## A redescoberta do Brasil

Como se constrói uma noção de Brasil? O que significa *ser brasileiro*? Após a proclamação da República, essa e outras questões vieram à tona de maneira contundente, manifestando-se na necessidade de construir símbolos pátrios e erigir heróis nacionais em um contexto em que os "heróis" da República não eram heróis típicos. Não nos esqueçamos que o próprio Marechal Deodoro da Fonseca aderiu à causa republicana no calor dos acontecimentos, e homens como Floriano Peixoto, Quintino Bocaiúva e Benjamin Constant tampouco eram candidatos apropriados ao posto de heróis nacionais.

Em busca de uma figura que representasse o novo regime e, ao mesmo tempo, que tivesse um apelo patriótico junto ao povo, recorreu-se ao passado através da escolha de Tiradentes como símbolo nacional. A eleição do alferes como herói da República atendia a uma necessidade de identidade e coesão social, destacando-se a suposta índole pacífica do povo brasileiro, bem como certo misticismo que caía muito bem aos propósitos republicanos. Contudo, o problema étnico e das culturas populares de um país recém saído de um longo período de escravidão continuava incomodando muita gente, acrescido da emergência de novos atores sociais no cenário político. Como pano de fundo encontrava-se a questão de quem seria o brasileiro: o negro, o índio, o português, os imigrantes?

Já nos primeiros anos do regime republicano surgirá um conjunto de intelectuais preocupados com a **brasilidade**. Homens como Euclides da Cunha, Sílvio Romero, Graça Aranha, Tobias Barreto e Monteiro Lobato empreenderam uma análise dos problemas da nação, visando a sua transformação. O reconhecimento do Brasil como um país multifacetado e mestiço impunha a necessidade de criar-se uma unidade na diversidade. Entretanto, a constatação de um suposto atraso da nação e de suas ausências criava problemas para qualquer projeto de mudanças e comprometia as expectativas para o futuro. Como afirmou Alberto Torres, "este Estado não é uma nacionalidade; este país não é uma sociedade; esta gente não é um povo. Nossos homens não são cidadãos".

Ora, esses intelectuais preocupados com a realidade nacional e com os problemas do *ser brasileiro* compõem o que se convencionou chamar de **Movimento Pré-modernista**. O termo foi criado em oposição ao movimento artístico-cultural cujo marco será a Semana de Arte Moderna de 1922. Ao contrário dos modernistas, os pré-modernistas defendiam a "República das Letras", onde prevaleceria o academicismo da forma, a "busca da palavra difícil" e a ideia de que a literatura seria o "sorriso da sociedade". Marcando a transição entre os movimentos literários do final do século XIX e a irrupção do Modernismo, o fato é que pré-modernismo foi o rótulo utilizado para qualificar uma diversidade de produções artístico-literárias, que vão das composições de Chiquinha Gonzaga à arte produzida na Escola Nacional de Belas-Artes do Rio de Janeiro, da difusão de ritmos populares, como o maxixe e a toada, à poesia parnasiana de Olavo Bilac.

Eliseu Visconti, *Moça no Trigal*, 1913. Coleção particular. Considerado um dos maiores pintores da *Belle Époque*, Viscoti pintou paisagens, cenas e figuras humanas de maneira versátil, e sua obra atravessou diversas tendências, do Academicismo ao Impressionismo.

## *Saiba mais*

### A noção de brasilidade

O conceito de **brasilidade** relaciona-se com aquilo que seria próprio do Brasil e do brasileiro, um estado natural do espírito, a intuição de um sentimento nacional brasileiro na sua essência. Quer dizer, tal ideia amarra-se ao conceito de **nacionalismo**, cuja gênese pode ser buscada no século XIX e no momento de invenção das nações. A convergência entre o movimento romântico e um sentimento de descoberta do povo acabou estimulando o surgimento de um ideário nacional em diversas partes do mundo, culminando nas independências da América Latina e na unificação da Itália e da Alemanha, por exemplo, assim como no advento de regimes totalitários no século XX.

## A *belle époque* tropical

O começo do século XX marcou uma série de mudanças no cenário nacional. Industrialização, crescimento das cidades e da burguesia urbana, segregação dos negros no período pós-abolição, aparecimento do movimento operário e chegada maciça de imigrantes europeus estão entre as novas problemáticas advindas da modernização. Também se destacam o surgimento de questões oriundas do campo, como o messianismo, o domínio das oligarquias rurais, o coronelismo, o banditismo e os movimentos sociais. Todas estas transformações vieram acompanhadas de mudanças nos comportamentos e valores sociais. O nascimento do samba como ritmo que vai se tornando cada vez mais associado ao popular e ao nacional, a popularização do carnaval, a consolidação de uma boemia carioca e a difusão de um modo de vida mais mundano e cosmopolita estão entre as principais transformações.

Contudo, esse momento é caracterizado, sobretudo, pela forte ascendência de costumes **francófonos** sobre o modo de vida das elites de algumas cidades brasileiras, como se observa na moda e alta costura da época, nos estrangeirismos presentes na linguagem oral e escrita e até mesmo na reforma urbana de Pereira Passos, inspirada na remodelação de Paris.

Palais Garnier, o conhecido Ópera de Paris, imponente construção do século XIX em estilo neobarroco.

A esse período de forte influência da cultura francesa no Brasil dá-se o nome de *belle époque brasileira*. A *belle époque* (Bela Época) foi um período da história europeia que vai do último quartel do século XIX até a eclosão da Primeira Guerra Mundial em 1914, marcado pela prosperidade, inovação e paz. Em um contexto de profundas transformações, vivia-se a euforia produzida pelo progresso tecnológico, que resultou na intensificação de uma cultura urbana e do entretenimento. Paris se converteu na capital mundial desse novo espírito que apostou no progresso material e nos ideais da "civilização", no refinamento cultural e em novas formas de sociabilidade. Inventos sedutores como a luz elétrica, o automóvel, o cinema e o avião, a proliferação de locais de socialização como cabarés, *boulevards* e teatros e as inovações no campo artístico, produzidas pela *Art Nouveau* e pelo Impressionismo, alentaram esse momento de otimismo positivista.

No Rio de Janeiro, ainda com ares imperiais, a modernidade chegou trazendo inúmeras contradições. Afinal, a cidade vivia de maneira intensa o embate modernidade *versus* tradição, inovação *versus* atraso, cultura popular *versus* cultura erudita. De qualquer forma, pode-se parodiar a célebre frase "O Rio civiliza-se" por

Teatro Municipal do Rio de Janeiro, inspirado no Ópera de Paris.

"O Rio afrancesa-se", já que se viviam tempos de deslumbramento e fascínio pela cultura francesa nos mais diversos âmbitos da vida coletiva. Na representação dos pequeno-burgueses cariocas constata-se a presença de elegantes cavaleiros de fraque, acompanhados de damas vestidas de maneira pomposa e de acordo com as mais recentes tendências da moda francesa, além de certa afetação e esnobismo nos modos de alguns jovens. A herança desse período pode ser verificada na incorporação ao nosso sistema linguístico de termos como *assassinato, ateliê, avenida, bibelô, buquê, camelô, chique, omelete, robe de chambre, suvenir, trupe* etc.

No Rio de Janeiro da belle époque *tornou-se recorrente* a presença de estrangeirismos franceses na linguagem falada e escrita. A adoção de um vocabulário de origem francófona indicava o bom gosto, civilidade e cultura da sociedade francesa, que deveria ser imitada. No excerto abaixo, observa-se esse processo no qual a adoção de um vocabulário francês cumpre a função especular de revelar uma sociedade que aspirava a elegância e cultura dos salões parisienses. A publicação Fon-Fon!, revista ilustrada que circulou entre 1907 a 1945 no Rio de Janeiro, documenta muito bem esse período de euforia da belle époque, registrando a vida mundana carioca. Observe ao lado uma das capas da revista e o fragmento a seguir e identifique tais estrangeirismos.

O Rio civilisa-se! Eis a exclamação que irrompe de todos os peitos cariocas. Temos a Avenida Central, a Avenida Beira Mar (os nossos Campos Elyseos) etatuas em toda a parte, cafés e confeitarias com terrasses, o Corso das quartas-feiras, um assassinato por dia, um escandalo por semana, cartomantes, mediums, automoveis, autobus, auto... res dramaticos, grand monde, demi monde, emfim todos os apetrechos das grandes capitaes.

*Fonte: O Chat Noir. Fon-Fon!, n. 41, 1907.*

Capa da revista *Fon-Fon!* de 1916.

**1)** Há duas imagens produzidas pelo crescimento da cidade do Rio de Janeiro. Explique qual a contradição existente.

# A cidade e o sertão

O período da *belle époque* tropical, do refinamento das elites urbanas e das tentativas de equiparação do Brasil aos países considerados modernos também é o momento em que se constroem interpretações da nação a partir de seus confins. O interior brasileiro adquire visibilidade, resultando no confronto entre velho e novo, tradição e modernidade, sertão e litoral. Afinal, o Brasil que se pretendia urbano e moderno também era um país predominantemente rural, que tinha que lidar com uma série de problemas decorrentes disso: os vazios demográficos, a imensidão do território, a demarcação das fronteiras, a questão social no campo etc.

Nas primeiras décadas da República ocorreu uma série de viagens ao interior que contribuíram para a construção dessas interpretações do Brasil a partir do contraste entre sertão e litoral. Tais expedições tinham objetivos pragmáticos, visando o saneamento, a integração econômica e política e a demarcação das fronteiras nacionais. Mas também incidiram na produção de conteúdos simbólicos sobre a nação, já que se buscava encontrar um tipo étnico que representasse a nacionalidade. A viagem de Euclides da Cunha a Canudos em 1897, a campanha sertanista do Marechal Rondon e as expedições científicas do Instituto Oswaldo Cruz representam esse momento de conhecimento do Brasil através de seus sertões.

O debate sobre o sertão tornou-se um dos temas chaves que dividiu intelectuais brasileiros nesse período, pois ao mesmo tempo em que se reconhecia a originalidade do mundo rural, caracterizado por suas paisagens e tipos humanos (o sertanejo, o caboclo, o caipira), também se constatava o seu atraso, que impedia que o Brasil se tornasse um país realmente moderno. Essa dualidade sertão/litoral está presente, por exemplo, em *Os Sertões*, de Euclides da Cunha: embora reconheça valores positivos no sertanejo, o jornalista também destacou o seu caráter retrógrado e que não escaparia ao processo civilizatório. Enfim, o sertão se tornou uma metáfora para pensar o Brasil, ainda que no fundo o que se pretendia era incorporá-lo à nação.

De qualquer forma, a imagem de um Brasil rural, autêntico e povoado por tipos pitorescos, permaneceu no imaginário social do país, como ilustra os versos do *Luar do Sertão*, de Catulo da Paixão Cearense: "Não há, ó gente, ó não, luar como este do sertão".

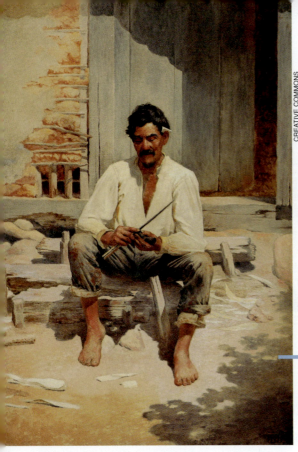

Entretanto, a dualidade sertão/litoral e as ambivalências contidas nos dois polos também atingiu os meios urbanos. Na cidade do Rio de Janeiro, por exemplo, surgiu um grupo de intelectuais boêmios que fizeram contundentes críticas ao modelo de civilização que se aspirava para as cidades, satirizando a exagerada influência francesa na cultura brasileira e ressaltando os paradoxos da modernidade. Lima Barreto, Augusto dos Anjos, João do Rio entre outros deixaram registrado em seus textos o movimento alucinante e as contradições da vida moderna na grande **urbe** .

> Urbe: cidade.

*Caipira Picando Fumo*, de José Ferraz de Almeida Júnior, 1893. Óleo sobre tela, 200 x 140 cm, Pinacoteca do Estado, São Paulo, SP. Almeida Júnior foi um dos pintores mais representativos da *belle époque* brasileira. Apesar de ter estudado muitos anos em Paris, nunca abandonou suas raízes, como indica suas pinturas do interior do Brasil e de seus tipos humanos.

## Saiba mais

O personagem Jeca Tatu foi criado pelo escritor pré-modernista Monteiro Lobato como símbolo do atraso e miséria do campo brasileiro. Em um artigo intitulado "Velha Praga", escrito para o jornal *O Estado de S. Paulo* em 1914, Lobato criticava a ignorância, preguiça e parasitismo do homem interiorano, que sofreria de uma espécie de doença moral. O texto acabou gerando uma forte polêmica, sobretudo tendo em vista a vigência de certa imagem idealizada sobre o caipira produzida pela literatura romântica de então. Lobato se retratará anos depois em seu livro *Urupês*

(1918) e *Ideias de Jeca Tatu* (1919), sob o argumento de que "Jeca Tatu não é assim, ele está assim". Quer dizer, a situação de atraso do caboclo brasileiro seria decorrente das péssimas condições de higiene do interior, abandonado pelos poderes públicos e carente de políticas sanitaristas mais eficazes. O escritor inverteu a caracterização do caipira, dizendo que o problema não eram os habitantes do sertão em si, mas o descaso dos governantes. Jeca Tatu seria preguiçoso porque teria "amarelão"; sua doença não seria mais moral, mas biológica.

## Passado/presente

### Saudades do Jeca no século XXI

O criador da mais conhecida e celebrada canção sertaneja, *Tristeza do Jeca* (1918), não era, como se poderia esperar, um sofredor habitante do campo, mas o dentista, escrivão de polícia e dono de loja Angelino Oliveira. Gravada por "caipiras" e "sertanejos", nos "bons tempos do cururu autêntico" assim como nos "tempos modernos da música 'americanizada' dos rodeios", *Tristeza do Jeca* é o grande exemplo da notável, embora pouco conhecida, fluidez que marca a transição entre os meios rural e urbano, pelo menos em termos de música brasileira. Num tempo em que homem só cantava em tom maior e voz grave, o Jeca surge humilde e sem vergonha alguma da sua "falta de mas-

culinidade", choroso, melancólico, lamentando não poder voltar ao passado e, assim, "cada toada representa uma saudade". O Jeca de Oliveira não se interessa pelo meio rural da miséria, das catástrofes naturais, mas o íntimo e sentimental, e foi nesse seu tom que a música, caipira ou sertaneja, ganhou sua forma (...). Afinal, essas canções "rurais" – produzidas em sua maioria no meio urbano por pessoas que vivem entre a cidade e o campo (...) falam da ausência da natureza, idealizada, e reiteram a dor da perda, a saudade, uma nostalgia dos bons tempos – surgiram como reação a um momento em que o país estaria hipnotizado pelo desejo de modernização, com levas de migrantes da zona rural.

(...) [Segundo o antropólogo americano Alexander Dent] "Os gêneros rurais refletem uma ansiedade generalizada de que as mudanças, a modernização, foram muito rápidas e muito radicais. Ao definir sua música como sertaneja, os músicos brasileiros, cujo trabalho circula largamente nas cidades, querem que suas canções sirvam como crítica à vida urbana crescente e inescapável que toma conta de todo o Brasil e é caracterizada pela supressão das emoções e uma falta de respeito pelo passado (...). Suas apresentações evocam um 'rio de lágrimas' fluindo por uma paisagem de perda do amor, da vida no campo e das ligações do homem com o mundo natural."

A paixão *country*, porém, não está mais restrita apenas ao mundo fonográfico, mas rompeu fronteiras do comportamento de parte expressiva da elite urbana em músicas, na moda rural, no espetáculo milionário do rodeio. (...) "Sem dúvida, a emergência desse fenômeno tem estreita conexão com a experiência americana, mas não se pode ceder à facilidade de tomar automaticamente essa conexão como mera cópia, uma ideia reducionista de imitação que favorece o clichê nacionalista, que, pela insis-tência fundamentalista na preservação de algo genuinamente autóctone, acusa a infiltração na nossa sociedade da 'malévola' tendência de reproduzir tudo o que vem de fora, em especial dos EUA." Isso também se reflete na eterna e pouco convincente dicotomia entre música sertaneja, "colonizada, comercial e modernizada", e música caipira, "digna, das raízes, sincera", que permeia o preconceito de acadêmicos e, acima do tudo, jornalistas, de tudo o que vem da primeira em detrimento da segunda.

(...) Segundo a pesquisadora, a visão que se tem dos sertanejos modernos é o de um reflexo de uma nova elite agrária que nada teria a ver com o caipira, definido por sua simplicidade, rusticidade, cordialidade. As festas populares teriam se perdido em meio ao aparato técnico, e a busca pelo internacional e pelo multi, frutos da modernização, e a adoção de novas tecnologias e linguagens aproximariam o sertanejo mais do *country* americano do que do caipira brasileiro. (...)

*Disponível em:* <http://revistapesquisa.fapesp.br/2009/10/01/saudades-do-jeca-no-seculo-xxi/>.
*Acesso em:* 15 out. 2015.

# O Modernismo

O Brasil da década de 20, embora essencialmente rural, apresentava um crescimento urbano considerável. Imprensa escrita, revistas ilustradas, comunicações (telefone, telégrafo), transporte (vapores cada vez mais rápidos), cinema (na época, mudo) e fotografia abriam um mundo novo.

As novas concepções de vida e os avanços da tecnologia tiveram reflexos na arte e cultura do período. Além disso, muitos de nossos artistas e intelectuais costumavam viajar para a Europa para estudar, assimilando tendências culturais e artísticas europeias. O contato com as **vanguardas artísticas** do velho continente gerou uma necessidade de inovação nas artes brasileiras, embora se acreditasse que tal transformação não poderia prescindir do nacional e do que seria próprio do país. Em outras palavras, o que esses intelectuais queriam era atualizar o campo artístico-cultural brasileiro de acordo com o que havia de mais moderno na Europa, de modo a *botar por terra a arte passadista e acadêmica* em voga. Entretanto, as inovações visariam, sobretudo, a busca da genuína arte e cultura do Brasil, sua singularidade.

As propostas de inovação e o clima de efervescência cultural foram recebidos com desconfiança por muitos setores da sociedade. A exposição de Lasar Segall em 1913 causou espanto em São Paulo. Em 1917, a artista plástica Anita Malfatti foi duramente atacada por Monteiro Lobato por causa da exposição de suas obras, feitas sob a égide das novas tendências estéticas. A exposição causou tamanha polêmica que acabou formando um grupo de artistas e intelectuais em torno de Anita, que a defenderam dos ataques e que compartilhavam de suas ideias.

Era o ano do Centenário da Independência e as comemorações previam várias atividades, entre elas a Semana de Arte Moderna. Realizada em setembro de 1922, em São Paulo, a Semana teve forte impacto na sociedade e é considerada um marco do Modernismo. Seus grandes expoentes foram os escritores Mário de Andrade, Oswald de Andrade e Menotti del Picchia, os pintores Tarsila do Amaral, Anita Malfatti e Di Cavalcanti, o músico Heitor Villa-Lobos, o escultor Victor Brecheret e muitos outros.

Cartaz anunciando o último dia da Semana de Arte Moderna, 1922, Prefeitura de São Paulo.

A Semana de 1922 pode ser definida como "uma semana de escândalos literários e artísticos". Aliás, esse era o objetivo desses jovens artistas: chocar a "Pauliceia Desvairada", e tal como ocorreu em Paris durante a apresentação do balé *Sagração da Primavera* em 1913, também nossos modernistas receberam muitas vaias. Contudo, esses jovens intelectuais contaram com o patrocínio de altas figuras das elites paulista e carioca. A iniciativa teve o apoio, por exemplo, do jornal do Partido Republicano Paulista *Correio Paulistano*, e contou com o apadrinhamento do escritor pré-modernista Graça Aranha.

## *Disseram a respeito*

### O modernismo paulista

No início da década de 1920, o Brasil vive uma situação de otimismo. A decadência da civilização europeia é interpretada como o advento promissor de uma nova era, na qual a América deveria exercer o papel de líder mundial. São Paulo vivencia mais intensamente este clima. Argumenta-se que o desenvolvimento do estado o coloca em lugar de vanguarda no conjunto nacional. É lá, portanto, que se experimentam agudamente as maravilhas e as crises da modernidade. (...)

Este centro febricitante é São Paulo, núcleo do progresso econômico e social, capaz, portanto, de difundir o moderno pensamento brasileiro. Mais do que qualquer outra região, o estado paulista vive diretamente os impactos da imigração europeia, com a expansão do café dando surgimento ao proletariado e subproletariado urbano. Em meio a este clima de intensa agitação social, política e intelectual nasce o movimento modernista, procurando expressar, simbolicamente, o fluxo da vida moderna. Para os intelectuais que dele participam trata-se naquele momento de fazer a "aprendizagem da modernidade" nos centros civilizatórios, que é onde ela se manifesta (...).

Concomitante ao clima de tensão, instala-se também o de euforia. Os jornais da época enaltecem o progresso da cidade de São Paulo, comparando-a com as grandes capitais europeias. Seus jardins públicos, avenidas, teatros e cinemas nada ficam a dever aos de Paris; a construção da catedral no largo da Sé obedece ao modelo da catedral de Viena; o seu povo é exemplar. Enfim, a ideia é recorrente: São Paulo representa o exemplo da modernidade e a imagem do país futuro. (...)

A visão ufanista de São Paulo traz um aspecto interessante: a desqualificação empreendida em relação ao Rio de Janeiro. A promiscuidade de suas praias, o aspecto anárquico de sua economia, a futilidade dos hábitos cariocas e a violência e amoralidade do carnaval são objeto de inúmeras crônicas e charges publicadas no *Correio Paulistano*. Até a questão da diferença climática entre os dois estados aparece como fator favorável ao progresso paulista. O clima frio propiciaria o conforto, a intimidade e a concentração de energias no trabalho, enquanto o calor favoreceria a displicência, a promiscuidade das ruas e praças. (...)

A disputa estabelecida entre São Paulo e Rio de Janeiro não se restringe apenas ao período mencionado, mas apresenta linhas de continuidade no corpo do nosso pensamento político. Exemplos: as obras de Euclides da Cunha e de Lima Barreto, autores mobilizados pela questão racial, que têm a preocupação de eleger um tipo étnico representativo da nacionalidade. Euclides aponta São Paulo como o foco da história do Brasil, pois lá se encontraria a "sede da civilização mameluca dos bandeirantes". Já Lima Barreto elege o Rio de Janeiro como modelo da sociedade mestiça, capaz de garantir o padrão de homogeneidade étnica do país. Para Lima, São Paulo é a imagem da opressão do Brasil, por ser a "capital do espírito burguês".

*Fonte:* VELLOSO, M. *A Brasilidade Verde-Amarela: nacionalismo e regionalismo paulista.* In: *Revista de Estudos Brasileiros*, v. 6, n. 11, 1993.

**1)** Explique por que a decadência europeia produziu um clima de euforia na América. Qual evento ocorreu na Europa no período?

**2)** Relacione a dicotomia projetada pelos modernistas entre o Rio de Janeiro e São Paulo.

# Os projetos modernistas

Costuma-se dividir o Modernismo brasileiro em três fases: a primeira que iria até os anos 1930, foi marcada pelo radicalismo e pelo discurso da ruptura; a segunda, mais amena e que teria amadurecido os ideais modernistas, produziu grandes nomes na prosa e na poesia brasileira; finalmente, haveria uma terceira fase chamada pós-modernista, em que se passa a questionar o próprio sentido do movimento modernista, criticando as suas pretensões iniciais.

Na primeira fase modernista, como a intenção era opor-se ao antigo e marcar posição, houve uma rica proliferação de manifestos e revistas de circulação efêmera. O objetivo era incomodar a "burguesia que cochilava na glória de seus lucros", que se deleitava com as imagens de Almeida Júnior e com a métrica da poesia parnasiana de Olavo Bilac, e que escutava Carlos Gomes. Pretendia-se escandalizar a todos com os versos livres, com as imagens deformadas na pintura, com a inserção de elementos do folclore na música erudita e com a crítica ao afrancesamento da sociedade.

Em busca das raízes "autênticas" da nacionalidade, passou-se a valorizar o indígena e a língua falada pelo povo, embora tal redescoberta da nação e do popular fosse considerada missão dos intelectuais. Esse nacionalismo seguiu dois caminhos distintos e acabou dividindo os intelectuais modernistas: o primeiro defendia o primitivismo de nossa cultura e fazia uma crítica da realidade brasileira, ao passo que o segundo radicalizou o seu discurso para um ufanismo de caráter mais conservador, que acabou alinhando-se aos ideais de extrema-direita do Integralismo. No primeiro caso, estava o **Grupo Pau-Brasil** (que evoluiria para o **Movimento Antropofágico**), reunindo nomes como Oswald e Mario de Andrade, Raul Bopp e Antônio de Alcântara Machado. A segunda corrente era o **Verde-Amarelismo** (ou Movimento da Anta) de Menotti del Picchia, Plínio Salgado e Cândido Mota Filho.

Contudo, não se deve pensar que houve um único Modernismo no Brasil, protagonizado por São Paulo e seus intelectuais. Rio de Janeiro, Minas Gerais, Pernambuco e outros estados brasileiros também tiveram manifestações modernistas. Na verdade, o centralismo paulista está relacionado à disputa entre os intelectuais para saber quem realmente representava o moderno e nacional, em um contexto no qual as inovações eram recebidas com muita desconfiança por todos.

## Saiba mais

Havia os modernistas mineiros de Belo Horizonte, como Carlos Drummond de Andrade, Cyro dos Anjos, Eduardo Frieiro, além daqueles do grupo da revista *Verde*, de Cataguazes. Havia também um Modernismo no Rio de Janeiro, com Ronald de Carvalho, Renato de Almeida, Lúcio Costa, Ismael Nery e Andrade Muricy, entre outros.

Havia modernistas em Pernambuco, Bahia e no Rio Grande do Sul. Enfim, havia modernismos e modernistas de vários tipos e em vários estados do Brasil.

*Fonte:* GOMES, A. C. O projeto modernista. *Jornal do Brasil*, Rio de Janeiro. Caderno Ideias – Brasil 500 anos: de Cabral a Cardoso, abril 2000.

## Disseram a respeito

Escrito por Mário de Andrade em 1928, *Macunaíma* nascia clássico ao falar das desventuras desse herói brasileiro sem nenhum caráter. Para além das outras interpretações que a obra mereceu e merece, (...) pode ser entendida como uma releitura das três raças formadoras da nação: o índio, o negro e o branco. Dessa vez de forma metafórica, o herói de nossa gente, um "preto retinto", vira branco, um de seus irmãos vira índio e o outro negro (branco na palma das mãos e na sola dos pés). Macunaíma parecia representar "o resultado de um período fecundo de estudos e de dúvidas sobre a cultura brasileira, assim como trazia uma série de intenções, referências figuradas e símbolos que, no conjunto, definiam os elementos de uma psicologia própria de uma cultura nacional e de uma filosofia que oscilava entre o otimismo em excesso e o pessimismo em excesso".

Mário de Andrade incorporava em seu livro toda uma cultura não letrada, em que se inseriam indígenas, caipiras, sertanejos, negros, mulatos, cafuzos e brancos, cujo resultado foi, menos que uma análise de raças, uma síntese de culturas.

*Fonte:* SCHWARCZ, L. M. Nem preto nem branco, muito pelo contrário: cor e raça na intimidade. In: _____. (Org.). *História da Vida Privada no Brasil*. São Paulo: Companhia das Letras, 2000. v. 4. p. 190.

**1)** Por que Macunaíma é uma referência para pensar a cultura brasileira? Apresente dois elementos a partir do fragmento acima.

# Cinemateca

**Eternamente Pagu** (1988, Brasil, dir.: Norma Benguell). Filme sobre a vida da jornalista e escritora Patrícia Galvão, a Pagu, que esteve diretamente relacionada com os modernistas e os acontecimentos da Semana de Arte de 1922. Aparecem na trama personagens como Oswald de Andrade e Tarsila do Amaral.

**Jeca Tatu** (1959, Brasil, dir.: Milton Amaral). História do famoso personagem de Monteiro Lobato, estrelado por Mazzaropi e narrada de maneira cômica.

**Macunaíma** (1969, Brasil, dir.: Joaquim Pedro de Andrade). O herói sem-caráter brasileiro sai da floresta, vai à cidade e retorna à floresta onde é abandonado pelos seus seguidores e pela sua família. Então, ele senta sozinho e conta sua história para a única criatura que o escutaria, um papagaio.

**Mutum** (2007, Brasil, dir.: Sandra Kogut). Baseado na novela *Campos Gerais* do escritor João Guimarães Rosa, o filme conta a história do menino Thiago e de como ele vê o mundo dos adultos, marcado por traições, violências e silêncios. O cenário da história é Mutum, lugar esquecido em algum canto do sertão de Minas Gerais. Recebeu o prêmio de melhor filme no Festival de Cinema do Rio 2007.

# Revisitando a História

**1.** "O sentido do moderno e do modernismo em qualquer época é sempre o de um processo de tornar-se. Pode ser tornar-se novo e diferente; pode significar subverter o que é velho (...)."

*Fonte:* KARL, F. Tornando-se moderno: uma visão de conjunto.
Citado em: VELLOSO, M. O modernismo e a questão nacional. In: FERREIRA, J.; DELGADO, L. de A. N.
*O Brasil Republicano:* o tempo do liberalismo excludente – da Proclamação da República à Revolução de 1930.
Rio de Janeiro: Civilização Brasileira, 2003. p. 353.

A partir do texto acima, estabeleça os vínculos entre as transformações sociais urbanas e o fenômeno cultural denominado Semana de Arte Moderna.

**2.** "Há duas espécies de artistas. Uma composta dos que veem normalmente as coisas e em consequência fazem arte pura. (...) A outra espécie é formada dos que veem anormalmente a natureza e a interpretam à luz das teorias efêmeras, sob a sugestão estrábica de escolas rebeldes, surgidas cá e lá como furúnculos da cultura excessiva. São produtos do cansaço e do sadismo de todos os períodos da decadência (...)."

*Fonte:* LOBATO, M. *O Estado de S. Paulo*, 1917.

a) Identifique os dois tipos de artistas assinalados por Monteiro Lobato.
b) A quem se destinaria a crítica?

**3.** Explique o sentido da paráfrase: "O Rio afrancesa-se".

**4.** "Sobre o livro francês, porém, continua imoderado e incondicional. Com que avidez os lemos! Nos colégios, ainda se estuda o novo idioma pelas obras dos clássicos portugueses. Não há biblioteca sem o seu João de Barros encadernado em carneira, as obras de Gil Vicente e de outros marechais das letras lusas, velhos e novos, o infalível busto de Camões em terracota, com uma coroa da mesma massa na cabeça... Contudo, persistimos franceses, pelo espírito, e, mais do que nunca, a diminuir pelo esnobismo tudo o que seja nosso. Tudo, sem a menor exceção. O que temos, não presta: a natureza, o céu, o clima, o amor, o café. Bom, só o que vem de fora. E ótimo, só o que vem da França."

*Fonte:* EDMUNDO, L. apud PESAVENTO, S. J. *O Imaginário da Cidade:* visões literárias do Urbano – Paris, Rio de Janeiro, Porto Alegre.
Porto Alegre: Ed. Universidade UFRGS, 1999. p. 191.

a) Por que o livro francês era lido com avidez?
b) O que era desprezado pelas pessoas da época?
c) Compare esse desprezo pelo nacional em relação à proposta modernista de alguns anos depois.

**5.** "Em nenhum ponto da nossa pátria ainda encontramos reunidas tantas possibilidades, tantos fatores para a elaboração de uma grande nacionalidade. É em São Paulo que está se formando a grande intuição, o *grande conceito de pátria*."

A. Carneiro Leão, 10 mar.1920.

Por que em São Paulo se estaria formando um "grande conceito de pátria"? Em qual contexto podemos situar esta frase?

# Analise esta imagem

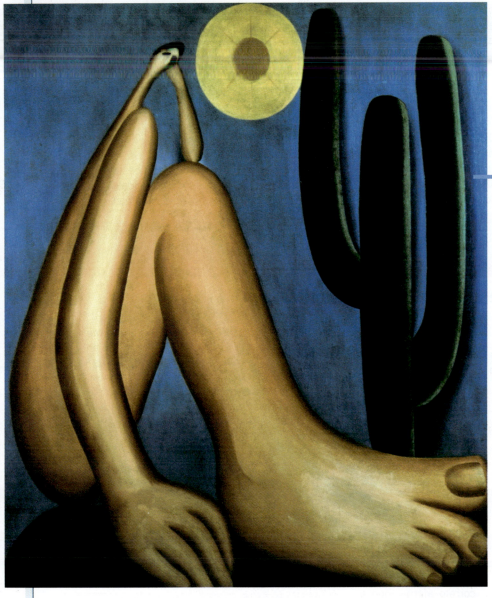

Abaporu. Tarsila do Amaral, 1928. Óleo sobre tela, 147 × 127 cm. Coleção Eduardo Constantini, Buenos Aires. Tarsila do Amaral, pintora e desenhista brasileira, nasceu em Capivari, interior de São Paulo, em 1886, e faleceu na capital esse mesmo estado em 1973. Era de família rica, pôde estudar em bons colégios e viajar. Sua formação artística se deu na Espanha e na França, onde conheceu e entrou em contato com expoentes das vanguardas europeias como Fernand Léger (1881-1955) e Pablo Picasso (1881-1973). A obra de Tarsila, no entanto, não para nas referências internacionais; ela consegue se aproximar de temas brasileiros e expressá-los em sua pintura. Daí o sucesso de sua obra e sua importância na renovação cultural proposta por um grupo de artistas e intelectuais na década de 20, no interior do movimento que ficou conhecido como Modernismo.

De certa forma, esse quadro sintetiza uma importante vertente do projeto estético do Modernismo, o que fica claro tanto no uso das formas e cores como no tema: temos um ambiente de sonho, mítico e ao mesmo tempo uma sensação de melancolia trazida pela solidão do grandioso personagem. Tarsila explicou sua criação afirmando que estava baseada nas recordações das histórias contadas pelas negras em sua infância. O quadro foi pintado por Tarsila para presentear Oswald de Andrade (1890-1953), seu marido na época. Andrade e o artista Raul Bopp teriam batizado a obra: a palavra tupi-guarani *Abaporu* significa "homem que come" (antropofagia). Dessa forma, o quadro teria inspirado Andrade a escrever o Manifesto Antropofágico, que iniciou o movimento artístico de mesmo nome, do qual participaram, além de Tarsila e do próprio Oswald de Andrade, Menotti del Picchia (1892-1888), Mário de Andrade (1893-1945) e Anita Malfatti (1896-1964).

a) O tema desse quadro é um tema comum na pintura? O que é pintado na tela de Tarsila? Descreva a imagem.

b) Por que esse quadro é considerado um marco do movimento antropofágico?

c) Há nesse quadro uma busca da "brasilidade", ou seja, aquilo que haveria de original no Brasil que não poderia ser encontrado em outros lugares. Mas o sentimento nacional modernista é diferente daquele de pintores brasileiros anteriores, como Pedro Américo. De que forma essa tela pode ser considerada uma ruptura na pintura nacionalista brasileira que vemos nos quadros históricos anteriores? Por que o *Abaporu* é considerado a síntese de uma nova forma de pintar o Brasil?

# Debatendo ideias

No trecho a seguir, o professor de Teoria Literária Francisco Foot Hardman sintetiza a complexidade do Movimento Modernista no Brasil e faz uma aguda reflexão sobre ele.

"Modernismo, qual? Dos artistas de 1922 ou de 1900? Da geração de 1930 ou de 1870? Dos comunistas de 1922 ou do movimento operário socialista e libertário das décadas precedentes? Dos arquitetos acadêmicos ou dos engenheiros de obras públicas? Dos 'tenentes' dos anos 20 ou dos abolicionistas e republicanos de meio século antes? Dos poetas metropolitanos ou dos seringueiros do Acre? Dos fios telegráficos da Comissão Rondon ou dos índios rebeldes? De Mário e Oswald de Andrade ou de Mário Pedrosa e Lívio Xavier? Da revolução 'técnica' ou da 'revolução social'? Dos nacional-integralistas ou dos bolcheviques? Do Manifesto Antropofágico ou do Primeiro de Maio."

*Fonte:* HARDMAN, F. F. Antigos Modernistas. In: NOVAES, A. *Tempo e História.* São Paulo: Companhia das Letras/Secretaria Municipal de Cultura, 1992. p. 303.

a) De acordo com tal reflexão, poder-se-ia assinalar a Semana de Arte Moderna de 1922 como um marco do Modernismo no Brasil?

b) Qual é o sentido da frase: "Dos fios telegráficos da Comissão Rondon ou dos índios rebeldes"? Identifique a oposição estabelecida por Foot Hardman.

# Questões de vestibular

**1.** (ENEM)

*O Zé Pereira chegou de caravela*
*E perguntou pro guarani da mata virgem*
*– Sois cristão?*
*– Não. Sou bravo, sou forte, sou filho da Morte*
*Teterê tetê Quizá Quizá Quecê!*
*Lá longe a onça resmungava Uu! ua! uu!*
*O negro zonzo saído da fornalha*
*Tomou a palavra e respondeu*
*– Sim pela graça de Deus*
*Canhem Babá Canhem Babá Cum Cum!*
*E fizeram o Carnaval*

*Brasil,* Oswald de Andrade

Este texto apresenta uma versão humorística da formação do Brasil, mostrando-a como uma junção de elementos diferentes.

Considerando-se esse aspecto, é correto afirmar que a visão apresentada pelo texto é:

a) ambígua, pois tanto aponta o caráter desconjuntado da formação nacional, quanto parece sugerir que esse processo, apesar de tudo, acaba bem.

b) inovadora, pois mostra que as três raças formadoras – portugueses, negros e índios – pouco contribuíram para a formação da identidade brasileira.

c) moralizante, na medida em que aponta a precariedade da formação cristã do Brasil como causa da predominância de elementos primitivos e pagãos.

d) preconceituosa, pois critica tanto índios quanto negros, representando de modo positivo apenas o elemento europeu, vindo com as caravelas.

e) negativa, pois retrata a formação do Brasil como incoerente e defeituosa, resultando em anarquia e falta de seriedade.

**2.** (ENEM) Desgraçado progresso que escamoteia as tradições saudáveis e repousantes. O "café" de antigamente era uma pausa revigorante na alucinação da vida cotidiana. Alguém dirá que nem tudo era paz nos cafés de antanho, que havia muita briga e confusão neles. E daí? Não será por isso que lamento seu desaparecimento do Rio de Janeiro. Hoje, se houver desaforo, a gente o engole calado e humilhado. Já não se pode nem brigar. Não há clima nem espaço.

*Adaptado de:* ALENCAR, E. Os cafés do Rio. In: GOMES, D. *Antigos Cafés do Rio de Janeiro.* Rio de Janeiro: Kosmos, 1989.

O autor lamenta o desaparecimento dos antigos cafés pelo fato de estarem relacionados com

a) a economia da República Velha, baseada essencialmente no cultivo do café.

b) o ócio ("pausa revigorante") associado ao escravismo que mantinha a lavoura cafeeira.

c) a especulação imobiliária, que diminuiu o espaço disponível para esse tipo de estabelecimento.

d) a aceleração da vida moderna, que tornou incompatíveis com o cotidiano tanto o hábito de "jogar conversa fora" quanto as brigas.

e) o aumento da violência urbana, já que as brigas, cada vez mais frequentes, levaram os cidadãos a abandonarem os cafés do Rio de Janeiro.

**3.** (ENEM) Sobre a exposição de Anita Malfatti, em 1917, que muito influenciaria a Semana de Arte Moderna, Monteiro Lobato escreveu, em artigo intitulado *Paranóia ou Mistificação:*

Há duas espécies de artistas. Uma composta dos que veem as coisas e em consequência fazem arte pura, guardados os eternos ritmos da vida, e adotados, para a concretização das emoções estéticas, os processos clássicos dos grandes mestres. (...) A outra espécie é formada dos que veem anormalmente a natureza e a interpretam à luz das teorias efêmeras, sob a sugestão estrábica das escolas rebeldes, surgidas cá e lá como furúnculos da cultura excessiva. (...) Estas considerações são provocadas pela exposição da sra. Malfatti, onde se notam acentuadíssimas tendências para uma atitude estética forçada no sentido das extravagâncias de Picasso & cia.

*O Diário de São Paulo*, dez. 1917.

Em qual das obras abaixo se identifica o estilo de Anita Malfatti criticado por Monteiro Lobato no artigo?

a)

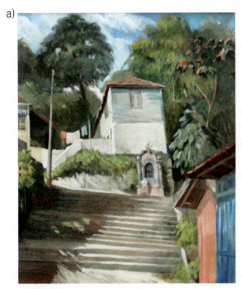

*Acesso a Monte Serrat – Santos*

b)

*Vaso de Flores*

c)

*A Santa Ceia*

d)

*Nossa Senhora Auxiliadora e Dom Bosco*

e)

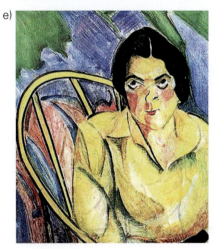

*A Boba*

**4.** (UFMG) Da libertação do nosso espírito, sairá a arte vitoriosa. Os primeiros anúncios da nossa esperança são os que oferecemos aqui à vossa curiosidade. São estas pinturas extravagantes, estas esculturas absurdas, esta música alucinada, esta poesia aérea e desarticulada. Mara-vilhosa aurora!

Com essas palavras, o escritor Graça Aranha abriu as atividades da Semana de Arte Moderna, realizadas no Teatro Municipal de São Paulo, entre 13 e 17 de fevereiro de 1922. Um dos objetivos dos promotores desse evento era

a) escandalizar a sociedade, considerada retrógrada, reunindo um conjunto de obras e artistas inovadores.

b) lançar as bases de uma produção artística em moldes acadêmicos, pois, no Brasil, se valorizava tradicionalmente a produção cultural popular.

c) tornar a arte e os produtos culturais mais próximos dos operários, com quem os artistas radicais se identificavam.

d) trazer ao país uma amostra das vanguardas europeias, mediante a apresentação de obras de artistas estrangeiros.

**5.** (FGV) A única alternativa que apresenta personalidades e/ou obras do movimento modernista é:

a) Anita Malfatti; Mário de Andrade; *Memórias Póstumas de Brás Cubas*.
b) Monteiro Lobato; Oswald de Andrade; *Abaporu*.
c) Di Cavalcanti; Heitor Villa-Lobos; *Macunaíma*.
d) Menotti del Picchia; Euclides da Cunha; *A Moreninha*.
e) Tarsila do Amaral; José de Alencar; *Navio Negreiro*.

**6.** (UFSCar – SP) Segundo o historiador Elias Thomé Saliba (*Cadernos de História de São Paulo*. Museu Paulista, n. 5, jan.-dez., 1996. p. 31), no início do século XX, a cidade de São Paulo começa "a viver experiências contínuas e sucessivas de abreviação da temporalidade", que podem ser explicadas

a) pelo crescimento do número de trabalhadores, como sapateiros, verdureiros, amoladores de tesoura e vendedores de beijus.
b) pela chegada de imigrantes, como japoneses, italianos e alemães, que trouxeram a cultura europeia e asiática para a cidade.
c) pela presença da cultura nordestina, responsável pela especulação imobiliária e crescimento do número de cortiços.
d) pela introdução do bonde elétrico, do automóvel, do cinematógrafo e outros artefatos modernos.

e) pelas novas práticas de lazer, com a criação de agremiações esportivas, campeonatos de remo e expansão do futebol de várzea.

**7.** (UNIFESP) (...) a multiplicação dos confortos materiais; o avanço e a difusão do conhecimento; a decadência da superstição; as facilidades de intercâmbio recíproco; o abrandamento das maneiras; o declínio da guerra e do conflito pessoal; a limitação progressiva da tirania dos fortes contra os fracos; as grandes obras realizadas em todos os cantos do globo graças à cooperação de multidões.

John Stuart Mill, em 1830.

O texto apresenta uma concepção:

a) de progresso, que foi dominante no pensamento europeu, tendo chegado ao auge com a *belle époque*.
b) da evolução da humanidade, a qual, por seu caráter pessimista, foi desmentida pelo século XX.
c) positivista, que serviu de inspiração a Charles Darwin para formular sua teoria da evolução natural.
d) relativista das culturas, a qual considera que não há superioridade de uma civilização sobre outra.
e) do desenvolvimento da humanidade que, vista em perspectiva histórica, revelou-se profética.

# Programas de Avaliação Seriada

**1.** (PSS – UFPA) O pintor paraense Waldemar da Costa, um dos ícones do Modernismo brasileiro, ficou conhecido por suas telas de figuras populares, trabalhadores urbanos e artistas de circo, como a bailarina da tela ao lado.

Com base na imagem e no conhecimento sobre o modernismo brasileiro, é correto afirmar que esse movimento buscava, nas artes plásticas,

a) representar a imagem dos artistas brasileiros a partir dos modelos interpretativos europeus.
b) construir a imagem acadêmica da mulher brasileira como um modelo de civilização nos trópicos.
c) identificar, no cotidiano do circo, as marcas da cultura erudita dos balés russos como modelo da arte nacional.
d) desenhar o perfil sexual da mulher brasileira com a inocência e a pureza de uma bailarina com asas.
e) valorizar a simplicidade das tradições populares vistas como elemento básico da identidade nacional.

Waldemar da Costa, *A Bailarina*, 1935.
Acervo Museu de Arte de Belém, PA.

**2.** (PAS – UnB – DF) Com o início tardio da industrialização brasileira, surgiu a classe operária urbana. A grande quantidade de mão de obra operária disponível permitia que os patrões submetessem seus empregados a miseráveis condições de trabalho. A nascente classe operária brasileira vivia a seguinte situação na Republica Velha: jornada diária de trabalho de 14 a 16 horas; exploração do trabalho infantil nas fábricas; total ausência de higiene nos locais de serviço, falta de proteção e ocorrências frequentes do aci dentes de trabalho.

Além disso, mulheres e meninas sofriam, constantemente, assédio e abuso sexuais por parte dos patrões, mestres, contramestres e não havia direitos trabalhistas, como salário mínimo, recebimento de horas-extras, férias remuneradas, descanso semanal, aposentadorias e indenização por acidente em serviço. Como os salários das mulheres e das crianças eram bem menores que o dos homens, os patrões preferiam contratar a mão de obra feminina e infantil.

Internet: <www.expo500anos.com.br> (com adaptações).

Tarsila do Amaral. *Operários*. Óleo sobre tela, 150 cm × 205 cm, 1933. Coleção do governo do Estado de São Paulo.

Considerando o fragmento do texto e essa pintura de Tarsila do Amaral, julgue os próximos itens:

(01) Na pintura de Tarsila do Amaral, é possível reconhecer, com base na classificação biológica, as diversas raças que constituem o povo brasileiro.

(02) Os artistas modernos brasileiros, entre eles, Tarsila do Amaral, contribuíram, com sua produção artística, para propagar os ideais da Revolução Industrial, tais como a jornada de 14 horas de trabalho.

(03) As condições de trabalho mencionadas no texto refletem o cenário mais amplo em que se inseriu a Primeira República: domínio das oligarquias, profunda exclusão social e sistema político marcado por eleições fraudulentas, com voto a descoberto e baixo percentual de eleitores.

(04) No Brasil, os direitos sociais – particularmente os garantidos nas leis de proteção ao trabalho – surgiram efetivamente a partir da Revolução de 1930, na Era Vargas, em um contexto de crescente autoritarismo político, que atingiu sua máxima dimensão no denominado Estado Novo.

(05) Os reflexos da Revolução Russa de 1917 demoraram a aparecer na América Latina, o que justificou a ausência de greves ou de movimento operário, em países como o Brasil, na primeira metade do século XX.

(06) Tarsila do Amaral é um dos expoentes do Modernismo brasileiro, amplo processo de renovação cultural que desabrochou com o fim da Segunda Guerra Mundial e da ditadura getulista.

**3.** (PSS – UFCG – PB) Parece que a escritora Rachel de Queiroz, defensora da "nordestinidade", tem razão: a mídia tem o olho torto quando se trata de mostrar o Nordeste, pois eles só querem mostrar a miséria. Mas será que a nossa escritora tem mesmo razão? A grande questão é: existe realmente entre nós esta identidade nordestina? Existe realmente esta nossa verdade, que os estereótipos do cabeça-chata, baiano, do Paraíba, do nordestino buscam traduzir? O Nordeste existe como essa unidade discursiva propalada pela mídia, e que incomoda a quem mora na própria região?

*Adaptado de:* ALBURQUERQUE JÚNIOR, D. M. de.
*A Invenção do Nordeste e outras Artes.*
São Paulo: Cortez, 1999. p. 20-22.

O historiador Durval Muniz de Albuquerque Júnior estuda como se formulou um conjunto de imagens e enunciados sobre o Nordeste, direcionando comportamentos e atitudes em relação ao nordestino.

A partir do fragmento textual acima, é INCORRETO afirmar que essa nova historiografia sobre o Nordeste:

a) questiona a ideia de uma identidade fixa para o Nordeste e para o nordestino, pois esses enunciados são pensados como frutos de discursos de saber e de poder.

b) evidencia como a cultura midiática representa uma identidade de inferioridade para a região Nordeste.

c) denuncia um discurso que também produz o preconceito regional a partir de estereótipos sobre o Nordeste e o nordestino.

d) preocupa-se em resgatar e preservar uma cultura nordestina genuína e consagrada pelos discursos diversos, particularmente o literário e o midiático.

e) recusa a ideia de nordestinidade como algo natural e a ideia de unidade e verdade sobre a região Nordeste.

# CONFLITOS, REVOLUÇÕES E CRISES EM ESCALA MUNDIAL

As três primeiras décadas do século XX foram marcadas por episódios que tiveram desdobramentos em escala mundial. A escalada nacionalista do século XIX ampliou tensões latentes no território europeu e a Primeira Guerra Mundial foi o acontecimento bélico que redefiniu fronteiras e ampliou rivalidades internas e externas. O primeiro conflito em escala mundial evidenciava as crises das nações europeias: na Rússia, um movimento revolucionário comunista procurou estabelecer um novo paradigma político; nos países derrotados na guerra emergiram movimentos extremistas que puseram em xeque os governos das democracias liberais e impulsionaram governos totalitários; na economia dos EUA, a quebra da bolsa de valores de Nova York, provocou uma crise econômica e social em várias partes do mundo. Episódios de uma história que se entrelaçava sob diversos aspectos e que ajudaram a explicar o novo século.

## Unidade 10

# capítulo 41

# O mundo em conflito: a Primeira Guerra Mundial

*A Primeira Guerra Mundial não foi somente uma guerra entre diferentes nações. No conflito armado das potências colonialistas que teve palco na Europa, inaugurava-se tanto a guerra moderna – com bombardeios, submarinos, trincheiras, uso de armas químicas e um crescente número de mortes de civis – quanto um novo equilíbrio das potências mundiais no pós-guerra. Ao final da guerra, com a devastação causada nos países europeus, os EUA surgiriam como principal potência capitalista e a Rússia iniciaria seu processo revolucionário socialista, dando origem à União Soviética. Ao mesmo tempo, o processo de paz culparia a Alemanha como única responsável pela guerra.*

## A Primeira Guerra Mundial

A Primeira Guerra Mundial, entre 1914 e 1918, abalou certas convicções do mundo europeu, como a relativa paz vivida desde o Congresso de Viena, em 1815, e a noção de "equilíbrio europeu" entre as potências do velho continente e a visão de superioridade europeia – de uma Europa que se via como o centro de um mundo civilizado.

Uma guerra, porém, não começa quando um primeiro exército dispara sua artilharia sobre o outro. As tensões que desencadearam a guerra já se manifestavam nas últimas décadas do século XIX e, quando o conflito se iniciou, a Europa assistiu ao primeiro enfrentamento, funestamente inédito, em que as principais potências mundiais atuaram diretamente com enormes contingentes militares. O número de mortos e feridos também foi elevado.

No primeiro conflito mundial, os agentes centrais foram a **Tríplice Entente** (aliança formada por França, Rússia e Reino Unido) e os **Impérios Centrais** (Alemanha e Áustria-Hungria).

A guerra, que chegou a ser defendida como "a guerra para acabar com todas as guerras", foi apenas a abertura de um cenário que provocou outros conflitos e alterou a ordem internacional e a maneira de as pessoas viverem.

## As origens da guerra

Muitos estudos foram realizados para explicar as origens da Primeira Guerra Mundial. Ao buscarmos as origens, tendemos a querer identificar quais as motivações que desencadearam o conflito e, consequentemente, a atribuir as responsabilidades por ele. No entanto, devemos evitar esse papel de juízes e procurar entender a complexidade que envolve um embate armado dessa natureza, fruto de diferentes motivações.

Precisamos situar esse conflito em um contexto mais amplo, num período de intensas disputas entre nações industrializadas europeias, acerca de limites entre elas, e de forte nacionalismo, entre outras graves questões. Compreendido o cenário da intricada rede de disputas e das tensões reinantes, podem-se perceber quais foram os fatores imediatos que provocaram a eclosão da guerra.

# O contexto antes da guerra

## A corrida imperialista do século XIX

Como vimos anteriormente, as potências europeias, por causa do desenvolvimento industrial, procuravam mercados consumidores e fornecedores de matéria-prima para seu crescimento. A população também aumentava e a acelerada disputa por territórios fora da Europa, em ações como a partilha da África e a expansão para a Ásia, eram algumas evidências da disputa interna das nações industrializadas europeias.

| Evolução da produção industrial (em milhares de toneladas) | | | |
|---|---|---|---|
| PRODUÇÃO DE FERRO E DE SEUS DERIVADOS | | | |
| Países | 1800 | 1830 | 1850 |
| Alemanha | 50 | 100 | 210 |
| Bélgica | 30 | 90 | 160 |
| Império da Áustria | 30 | 30 | 200 |
| Espanha | 15 | 20 | 40 |
| França | 120 | 225 | 450 |
| Reino Unido | 190 | 690 | 2.390 |
| Rússia | 160 | 190 | 220 |
| Suécia | 50 | 105 | 140 |

A Inglaterra, maior potência europeia, tinha o maior poderio naval, dominando o comércio e buscando o equilíbrio entre os países europeus, não por uma motivação de generosidade, mas para impedir que nenhuma daquelas nações pudesse ameaçar a sua supremacia.

No entanto, a Alemanha, desde a sua unificação, dava sinais de uma firme pujança econômica, com o desenvolvimento de sua indústria, e precisava de mercados consumidores para continuar a sua expansão. O caminho marítimo era dominado pelos ingleses, os seus principais concorrentes; na partilha da África, por exemplo, a Alemanha não foi uma grande beneficiada. Coube à Alemanha realizar uma política diplomática de liderança na Europa central, para se fortalecer no continente, estendendo sua zona de influência em direção aos Bálcãs e, dali, para o Oriente, inclusive com o projeto de construção da estrada de ferro Berlim-Bagdá.

A França, por sua vez, após a derrota na Guerra Franco-Prussiana de 1870, queria demonstrar sua importância no cenário internacional com a consolidação de seu domínio no Marrocos e na Indochina. No contexto europeu, estabeleceu alianças com antigos rivais, como a Inglaterra, para evitar qualquer nova ameaça alemã.

Enquanto as principais economias europeias buscavam se consolidar por meio de práticas imperialistas, os países menores também buscavam seus espaços e alimentavam o nacionalismo e as alianças diplomáticas para se fortalecerem.

| Valor dos investimentos brutos no estrangeiro (em milhões de dólares) | | |
|---|---|---|
| | 1870 | 1900 |
| Reino Unido | 300 | 7.850 |
| França | 100 | 3.300 |
| Alemanha | – | 2.000 |
| Países Baixos | 300 | 1.000 |
| Toda a Europa | 900 | 16.500 |
| Estados Unidos | – | 400 |
| Mundo | 900 | 17.000 |

Nas duas tabelas desta página, observa-se quantitativamente a expansão industrial e financeira nos países europeus.

## O nacionalismo europeu

O nacionalismo, presente na maior parte da Europa desde o século XIX, foi um importante elemento para o desencadeamento da Primeira Guerra Mundial. Por motivos diferentes, nas primeiras décadas do século XX, os sentimentos nacionais se fortaleceram entre as populações dos principais países europeus.

O nacionalismo fora fundamental para a formação e consolidação do Estado alemão e as disputas econômicas imperialistas entre Alemanha, França e Inglaterra, acima referidas, só aumentaram o sentimento nacionalista dos alemães – levando ao desenvolvimento das ideias pan-germanistas, que pregavam a união de todos os povos de ascendência germânica sob o governo alemão.

Na França, por sua vez, o nacionalismo se confundia com um antigermanismo, já que o país era agitado por um sentimento de revanche com relação a Alemanha, pela perda dos territórios da Alsácia-Lorena, áreas carboníferas significativas e essenciais para as indústrias francesas.

O Império Austro-Húngaro era composto de um grande número de nacionalidades que reivindicavam autonomia, principalmente os tchecos, eslovacos, eslovenos, croatas e sérvios. Para reprimir qualquer tentativa separatista, o Império Austro-Húngaro aumentou o controle sobre as minorias em seu território, que, com a independência da Sérvia, em 1878, pretendia reunir todos os povos sérvios em uma Grande Sérvia. Havia cerca de 7 milhões de sérvios sob domínio da Áustria-Hungria. Por isso a rivalidade contra a Sérvia era estimulada.

A Rússia, que começou a se industrializar no final do século XIX, tinha interesses expansionistas ao pretender o domínio naval e obter uma saída para o Mediterrâneo, controlando os estreitos de Bósforo e Dardanelos, então pertencentes ao Império Turco-Otomano. A justificativa russa para exercer esse domínio era a doutrina do **pan-eslavismo**, que agregaria todos os povos eslavos da Europa oriental e dos Bálcãs sob a tutela russa.

O Império Otomano estava em crise e seu espólio era disputado por diversos grupos por ser uma região estratégica. Esse Império já havia perdido a Grécia, em 1830, a Bulgária, a Sérvia, a Romênia e Montenegro ainda no final do XIX, além de a Bósnia-Herzegóvina ter sido anexada pelo Império Austro-Húngaro, e as outras regiões do Cáucaso, pelos russos. As áreas africanas do Império foram ocupadas pelos europeus. Esse imenso Império que se estendia até o Oriente tinha suas rivalidades internas, como entre turcos e armênios. A desintegração do Império – cobiçado pelas potências europeias e dividido internamente – foi acelerada, após o término da Primeira Guerra, e levou ao surgimento, em 1923, da Turquia.

Grupos étnicos na Áustria-Hungria no final do século XIX: casais romenos, húngaros, eslovacos e alemães. The Bridgeman Art Library, Londres.

AS NACIONALIDADES INSATISFEITAS EM 1914

LÉGENDS CARTOGRAPHIE-MARIE-SOPHIE PUTFIN – ADAP.

Região com movimentos nacionais
Região em litígio entre potências

Os movimentos nacionalistas foram decisivos para a Primeira Guerra Mundial. De um lado estavam os desejos dos grupos nacionalistas, que reivindicavam autonomia e soberania para suas nações; de outro, as forças imperiais como os Impérios Austro-Húngaro, o Russo e o Otomano. Outras potências europeias – Inglaterra, França e Alemanha – observavam o cenário e se articulavam diplomaticamente, conforme os seus interesses no mundo europeu.

# O sistema de alianças

A política externa dos países europeus foi modificada com a implementação de uma política de alianças, iniciada durante a gestão de Otto von Bismarck, na Alemanha. Porém, esta foi substituída após a sua saída do poder, em 1890. A estratégia de Bismarck era consolidar as conquistas territoriais germânicas e evitar a aliança de potenciais inimigos, como a França e a Rússia, por seus interesses nos Bálcãs. No entanto, com a ascensão do novo *Kaiser*, Guilherme II (1888-1918), Bismarck perdeu forças e renunciou ao cargo.

A nova diplomacia alemã se afastava da contenção do período de Bismarck e reivindicava espaço como potência mundial, incluindo a construção de uma marinha de guerra que pudesse rivalizar com a Inglaterra e obter concessões em negociações internacionais.

Evidentemente, os objetivos alemães não agradaram a Inglaterra, que iniciou uma política de reinserção nas questões internas da Europa. Porém, com seu histórico de divergências com seus futuros aliados, a política externa inglesa claramente passa a ser de oposição às pretensões alemãs.

No jogo de alianças, a Alemanha, desde Bismarck, havia dado o primeiro passo. Inicialmente fez acordos com o Império Austro-Húngaro e com a Rússia, em 1873. Mas a disputa entre russos e austro-húngaros pelo domínio sobre povos eslavos levou a Alemanha a escolher a parceria dos austro-húngaros. Em 1882, a Itália tomou o lugar da Rússia na aliança liderada pela Alemanha, fazendo surgir a **Tríplice Aliança**. A Itália integrou o bloco por oposição às ações da França no continente africano.

A outra aliança, a **Tríplice Entente**, formada pela Inglaterra, França e Rússia, foi possível graças à superação de antigas rivalidades e pelo receio das propostas alemãs. A França, por exemplo, aproveitou-se dos desentendimentos da Rússia com os antigos aliados e começou a sair do isolamento diplomático que Bismarck havia estabelecido. O acordo franco-russo e a entrada da Inglaterra na aliança levaram a um "elo de ferro" em torno dos alemães, como os dirigentes daquele país caracterizaram a situação: a Alemanha estava cercada de potências inimigas.

A adoção de uma política de alianças cria vinculações entre os aliados; ou seja, a precipitação de qualquer um dos aliados podia levar os outros, pelos compromissos firmados, a uma guerra. Ao mesmo tempo que as alianças sugerem fortalecimento e maior estabilidade, elas têm vulnerabilidades. Enquanto os países se armavam, graças às invenções da indústria bélica, vivia-se a ilusão de paz, visto tratar-se de "paz armada".

A partir de 1890 a frota naval alemã tornou-se muito poderosa. Em 1903, sua frota fazia pela segunda vez manobras militares preventivas. Na realidade, dava provas de seu poderio dentro da *Weltpolitik* (política mundial) de Guilherme II.

# O Plano Schlieffen

A ruína da diplomacia de Bismarck e a substituição de sua política estabilizadora pela *Weltpolitik* (política mundial) de Guilherme II provocaram uma inevitável aproximação entre a França e a Rússia, o que colocava a Alemanha sob a ameaça da "guerra de duas frentes". Para enfrentá-la, o conde von Schlieffen, que chefiou o Estado-Maior alemão de 1891 a 1906, formulou um plano estratégico, batizado com o nome de seu criador, que guiaria os esforços militares germânicos nos primeiros momentos da guerra de 1914. O Plano Schlieffen, cuja essência doutrinária indicava que os generais prussianos ainda estavam presos aos esquemas militares napoleônicos de guerra de destruição maciça através de ações rápidas e decisivas, postulava três movimentos básicos:

o no primeiro momento do conflito, o exército alemão posicionaria somente pequenos contingentes das tropas na frente oriental, pois o Estado-Maior germânico acreditava que a Rússia não tinha capacidade de mobilização rápida. Além disso, na eventualidade de um surpreendente avanço russo, os alemães confiavam no auxílio das tropas austríacas;

o simultaneamente ao relativo reforço da frente leste, a Alemanha, numa marcha-relâmpago através da Bélgica, lançaria o grosso de suas forças contra a França;

o por fim, obtida a capitulação da França, todo o peso das forças alemãs se voltaria contra o deficiente exército russo, que seria rapidamente aniquilado.

Embora teoricamente factível, o Plano Schlieffen foi um retumbante fracasso quando de sua aplicação em 1914.

Fonte: RODRIGUES, L. C. B. *A Primeira Guerra Mundial.* São Paulo: Atual,1994. p. 44-45.

**1)** Por que a estratégia do Plano mostrou-se equivocada?

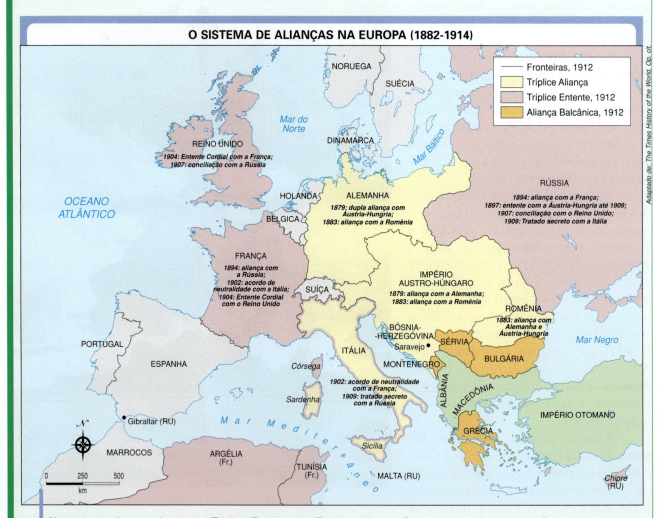

## O SISTEMA DE ALIANÇAS NA EUROPA (1882-1914)

— Fronteiras, 1912
Tríplice Aliança
Tríplice Entente, 1912
Aliança Balcânica, 1912

*Adaptado de: The Times History of the World. Op. cit.*

NORUEGA
SUÉCIA
*Mar do Norte*
DINAMARCA
*Mar Báltico*
REINO UNIDO
*1904: Entente Cordial com a França;*
*1907: conciliação com a Rússia*
RÚSSIA
*1894: aliança com a França;*
*1897: entente com a Áustria-Hungria até 1909;*
*1907: conciliação com o Reino Unido;*
*1909: Tratado secreto com a Itália*
OCEANO ATLÂNTICO
HOLANDA
ALEMANHA
*1879: dupla aliança com Áustria-Hungria;*
*1883: aliança com a Romênia*
BÉLGICA
FRANÇA
*1894: aliança com a Rússia;*
*1902: acordo de neutralidade com a Itália;*
*1904: Entente Cordial com o Reino Unido*
SUÍÇA
IMPÉRIO AUSTRO-HÚNGARO
*1879: aliança com a Alemanha;*
*1883: aliança com a Romênia*
ROMÊNIA
*1883: aliança com Alemanha e Áustria-Hungria*
*Mar Negro*
BÓSNIA-HERZEGÓVINA
Saravejo •
SÉRVIA
PORTUGAL
ITÁLIA
*Córsega*
MONTENEGRO
BULGÁRIA
ESPANHA
*1902: acordo de neutralidade com a França;*
*1909: tratado secreto com a Rússia*
ALBÂNIA
MACEDÔNIA
*Sardenha*
IMPÉRIO OTOMANO
N
*Gibraltar (RU)*
*Mar Mediterrâneo*
*Sicília*
GRÉCIA
MARROCOS
ARGÉLIA (Fr.)
TUNÍSIA (Fr.)
MALTA (RU)
*Chipre (RU)*
0   250   500
km

No mapa podemos observar a Tríplice Entente e a Tríplice Aliança. Observe a posição geográfica da Alemanha e o "elo de ferro" que a cercava, assim como a proposta militar do Plano Schlieffen feito a partir da sua posição geopolítica.

# As questões imediatas para a guerra

A partir dessas explicações sobre o sistema de alianças, os nacionalismos e o imperialismo como elementos que desencadearam a Primeira Guerra Mundial, houve aspectos mais imediatos que evidenciam a situação beligerante na Europa, no início do século XX.

## A crise do Marrocos

Na Convenção de Madri, de 1880, um acordo diplomático garantia a independência formal de Marrocos e assegurava que nenhuma das grandes forças europeias teria direito de exploração sobre a região. No entanto, a França, em 1904, interessada em proteger a sua colônia da Argélia e reconhecendo os interesses da Grã-Bretanha sobre o Egito, fez um acordo com os britânicos, que isolaria a Alemanha e deixaria os dois aliados com domínio estratégico na África.

O *Kaiser* Guilherme II, em 1905, foi ao Marrocos e assegurou que a independência desse país seria defendida pelas forças alemãs, caso esta não fosse reconhecida por alguma nação. Numa negociação diplomática ocorrida pouco depois, foi preservada oficialmente a autonomia do sultanato marroquino, mas com privilégios para a França e a Espanha.

Nos anos seguintes, várias manifestações contra a presença estrangeira ganhavam força no território africano. Em 1911 a França enviou tropas para conter uma rebelião na cidade de Fez. A Alemanha, contrariada, enviou embarcações para a costa atlântica do Marrocos. A Inglaterra interpretou a manobra como uma afronta, por ameaçar seu domínio naval. Em novas negociações, a França cedeu parte de suas possessões no Congo à Alemanha e esta, por sua vez, não questionaria a presença francesa no Marrocos.

A resolução desse incidente serviu para acirrar os ânimos entre franceses e alemães, pois os dois lados imaginavam ter feito concessões excessivas a seu oponente, o que desgastou ainda mais as relações entre os dois países.

A caricatura alemã de 1906 representa as rivalidades entre Alemanha e França em virtude do imperialismo europeu na África. A ameaça francesa (galo laranja) aos povos do Marrocos é detida pelo símbolo alemão (águia preta).

## Recortes da História

*O texto a seguir foi retirado da biografia de Amadou Hampâté Bâ homem de origem fula que viveu sua infância e adolescência na sociedade da savana, no atual Mali, onde conheceu o colonialismo francês. Também na África a Guerra causou comoção: africanos foram obrigados a lutar nas trincheiras ao lado da população da metrópole. Segundo Bâ, esse conflito trouxe muitas transformações para o colonialismo e a vida nas colônias.*

Em novembro de 1918, a África, como a metrópole, festejou o fim da Grande Guerra Mundial e a vitória da França e seus aliados contra o exército do Kaiser. Estávamos orgulhosos do papel desempenhado pelos soldados africanos na frente de batalha. Apesar das condições de vida particularmente duras para eles em razão do frio, sabíamos que haviam se sobressaído pela coragem e desprendimento.

Os sobreviventes que voltaram em 1918-1919 foram a causa de um novo fenômeno social que influiu na evolução da mentalidade nativa. Estou falando do fim do mito do homem branco como ser invencível e sem defeitos. Até então, de fato, o branco fora considerado um ser à parte; seu poder era esmagador, inevitável, sua riqueza, infinita e, além disso, parecia milagrosamente protegido pela sorte de todo tipo de tara [defeito] física ou mental. Nunca se viram administradores das colônias enfermos ou portadores de defeitos físicos. Estavam sempre bem vestidos, eram ricos, fortes, seguros de sua autoridade e falavam em nome da "mãe pátria" onde, segundo eles, tudo era justo e bom. Ignorávamos que uma seleção eliminava ao máximo os enfermos, aleijados, doentes e desequilibrados; e quando um deles caía doente nas colônias, era repatriado de imediato à metrópole.

Mas os soldados negros tinham feito a guerra nas trincheiras ao lado de companheiros brancos. Tinham visto heróis, homens corajosos, mas também tinham visto outros chorar, gritar e sentir medo. Haviam descoberto os aleijados e os loucos e até, coisa impensável, difícil de acreditar, brancos ladrões, brancos pobres e até brancos mendigos nas cidades!

Quando os atiradores voltaram ao país contaram, ao longo dos serões, tudo o que tinham visto. Não, o homem branco não era um super-homem beneficiando-se de não se sabe que proteção divina ou diabólica; era um homem como eles, com a mesma dose de qualidades e defeitos, força e fraqueza. E, quando descobriram que as medalhas e título de antigo combatente lhes valiam uma pensão equivalente à metade da dos companheiros brancos com quem haviam compartilhado combates e sofrimentos, alguns ousaram reivindicar e falar de igualdade. Foi então, em 1919, que começou a soprar pela primeira vez um espírito de emancipação e reivindicação que, com o tempo, acabaria por se desenvolver em outras camadas da população.

*Fonte:* BÂ, A. H. *Amkoullel*, o menino fula. São Paulo: Palas Athena/Casa das Áfricas, 2003. p. 312-313.

**1)** Por que a participação de africanos da Guerra contribuiu para a destruição do mito da superioridade do homem branco? Justifique.

# Os conflitos nos Bálcãs

O Império Austro-Húngaro e o Império Russo disputavam a hegemonia na região dos Bálcãs. Russos e austríacos, antigos parceiros, fizeram um acordo pelo qual a Rússia permitiria a anexação da região da Bósnia-Herzegóvina à Áustria, se esta apoiasse a saída dos russos para o Mediterrâneo através dos estreitos de Bósforo e Dardanelos, territórios otomanos. A Rússia encontrou resistência dos ingleses para suas pretensões navais, mas a Áustria consolidou o domínio sobre a Bósnia.

Além da Rússia, a Sérvia também se sentiu prejudicada com a decisão. A Sérvia ameaçou invadir a Bósnia para libertar os eslavos do domínio austro-húngaro. A Áustria, por sua vez, dizia que sua existência estava ameaçada pela Sérvia e defendia o fim daquele Estado. Os insultos nacionalistas entre os dois países acirravam as tensões na região.

A crise do Império Otomano, por sua vez, estimulava as potências a disputarem a região. Em 1912, explodiu a Primeira Guerra Balcânica; a Sérvia, Bulgária e Grécia venceram a Turquia e ocuparam as regiões europeias dos turcos-otomanos. A Áustria agiu para impedir a expansão territorial da Sérvia e, nas negociações diplomáticas sobre o espólio otomano, impediu que a Sérvia tivesse a saída para o mar e fez surgir um novo país, a Albânia.

Em 1913 eclodiu uma nova guerra na região, a Segunda Guerra Balcânica: desta vez, a Romênia, Sérvia e Grécia se posicionaram contra a Bulgária, que queria ampliar sua presença na região. Derrotada, a Bulgária buscou apoio na Áustria-Hungria para ações futuras. A Rússia, que não havia obtido conquistas em suas negociações diplomáticas, estava cada vez mais comprometida com as posições da Sérvia.

Países menores (Sérvia e Áustria-Hungria), mas com aliados poderosos (Rússia e Alemanha, respectivamente), moviam-se numa tensão que poderia tomar rumos mais explosivos a qualquer instante.

**OS BÁLCÃS EM 1912-1913**

CARTOGRAPHIE LATITUDE – ADAP.

**Guerras Balcânicas**
→ Campanhas da 1ª Guerra Balcânica contra o Império Otomano
→ Campanhas da 2ª Guerra Balcânica contra a Bulgária

**Ganhos territoriais**
- Da Bulgária
- Da Grécia
- De Montenegro
- Da Romênia
- Da Sérvia
- Do Império Otomano
- Da Itália

# O assassinato do arquiduque austríaco

Em 28 de junho de 1914, o herdeiro do Império Austro-Húngaro, o arquiduque Francisco Ferdinando, e sua esposa foram assassinados. Eles estavam em viagem a Sarajevo, na Bósnia. A viagem de Francisco Ferdinando era parte de uma estratégia que elevaria a condição da Bósnia-Herzegóvina ao mesmo nível jurídico de austríacos e húngaros dentro do Império. A monarquia tríplice, que incluiria os eslavos, no entanto, tinha um pressuposto: a aniquilação da Sérvia.

Os nacionalistas sérvios, ligados a um grupo conhecido como Mão Negra, foram os responsáveis pelo assassinato do arquiduque e sua esposa.

Um nacionalista sérvio matou o arquiduque austríaco e isso foi pretexto para que se rompesse o tênue equilíbrio entre as potências europeias.

A Áustria fez uma série de exigências à Sérvia, como o controle de grupos nacionalistas, o fechamento de publicações antiaustríacas e a participação de oficiais austríacos nas investigações do crime. A Sérvia agiu com moderação nos momentos seguintes, mas não aceitava a participação de austríacos no inquérito, pois isso feria a soberania nacional sérvia.

Com essa recusa, em 28 de julho de 1914, o Império Austro-Húngaro declarou guerra à Sérvia. A Rússia, aliada dos sérvios, mobilizou suas tropas. A Alemanha, por sua vez, devido ao tratado da Tríplice Aliança, em 1º de agosto declarou guerra à Rússia e no dia 3, à França. O Plano Schlieffen começou a ser posto em prática. Aos poucos, mais países foram se envolvendo no conflito e configurando a Primeira Guerra Mundial.

A Inglaterra hesitava ainda, mas a invasão da Bélgica pelos alemães em 4 de agosto precipitou a sua decisão em declarar guerra à Alemanha.

# Os combates da Primeira Guerra

A guerra foi o primeiro conflito mundial por arrastar um grande contingente de tropas de diferentes continentes que se deslocaram até a Europa. Aos aliados iniciais somaram-se Turquia e Bulgária, do lado dos Impérios Centrais europeus. A Tríplice Entente arregimentava novos apoios ao longo dos anos de conflito: Japão, Itália, Portugal, Romênia, Estados Unidos, Grécia, Austrália e Brasil foram alguns dos países envolvidos.

Logo desfez-se a convicção de que seria uma guerra curta. As forças em confronto se equilibravam no início da guerra, embora a Alemanha tivesse um exército mais estruturado, inclusive por causa das vitórias na guerra contra os próprios franceses, no final do século XIX, que deu maior experiência tático-militar às tropas que se renovaram.

A primeira fase da guerra ficou conhecida como **guerra de movimento**, entre agosto e novembro de 1914, pois as tropas se deslocavam pelos territórios europeus. A partir do final de 1914, configurou-se uma **guerra de posição** (ou guerra de trincheiras).

Os alemães avançaram nos primeiros meses do conflito. Depois da batalha do Marne (setembro de 1914) – na qual foram derrotados pelos franceses e ingleses – e de mais algumas disputas, os alemães pouco avançaram sobre os territórios franceses, consolidando a nova fase da guerra.

Na Primeira Guerra, a tecnologia mudou as estratégias militares de ataque e defesa. Novas e mais mortíferas armas foram postas em prática, como aviões, submarinos e metralhadoras potentes. A máquina de guerra se sofisticava, matando e mutilando muito mais.

## Saiba mais

### As trincheiras

A partir de novembro de 1914, os soldados enterraram-se para sobreviver. Os alemães tinham dado o exemplo, ao construírem verdadeiras redes de trincheiras paralelas, linhas de partida, linhas de ligação, passagens em zigue-zague e abrigos. Os ingleses imitaram-nos, mas os franceses e os russos construíram as trincheiras com menos cuidado: não imaginavam que aí pudessem ficar enterrados durante quase três anos e que viveriam aí as futuras batalhas: Champagne, Somme, Verdun. Construíram com caráter provisório, enquanto os alemães e os ingleses aceitavam essa nova forma de guerra.

O entrelaçamento das saliências e das reentrâncias surgiu rapidamente como uma necessidade para evitar a exposição à artilharia. Logo que a rede era construída e consolidada, a proteção e a instalação de postos de vigiam exigiam toda a atenção dos soldados. Em primeiro lugar a colocação de arame farpado, que era particularmente perigosa sob o fogo das metralhadoras inimigas; a confecção de sacos de terra para se protegerem dos estilhaços durante os bombardeamentos; o arranjo das vigias onde ficavam os observadores. Como as linhas dos adversários eram, frequentemente, muito próximas, disputava-se o menor montículo: vigiar o inimigo era tão importante como não ser visto.

Novidade nascida da guerra de trincheiras foi a arte da camuflagem. Até 1914, os chefes militares tinham aprendido, em primeiro lugar, a concentrar as tropas num determinado local. Doravante, mais do que a sua concentração importa a sua camuflagem, sobretudo a das peças de artilharia.

Fonte: FERRO, M. *História da Primeira Guerra Mundial – 1914-1918*. Lisboa: Edições 70, [s/d]. p. 139-140.

Na frente oriental, após vitórias iniciais contra os austríacos, o exército russo foi derrotado pelos alemães. A crise gerada pela guerra na economia, nos alistamentos compulsórios, e com as sucessivas derrotas militares, provocou uma revolução contra o Império Russo. De início, a França e a Inglaterra conseguiram manter os russos na guerra, mas os caminhos da Revolução Russa de 1917, a qual estudaremos no capítulo seguinte, levaram os russos a efetuar um acordo com a Alemanha e sair da guerra. Era o tratado de Brest-Litovsk, assinado em março de 1918, pelo qual a Rússia teve grandes perdas territoriais.

A Alemanha também tinha seus reveses. Em 1914, a esquadra franco-inglesa iniciou um bloqueio contra a Alemanha, fechando da Noruega ao Canal da Mancha e impedindo a saída da marinha alemã para o Atlântico.

Uma poderosa arma alemã, o uso de submarinos, foi decisiva para a entrada dos norte-americanos na guerra, em 1917. Os alemães atacaram navios comerciais, inclusive de países neutros até então, como os EUA. Essas medidas levaram a emergente potência mundial à guerra.

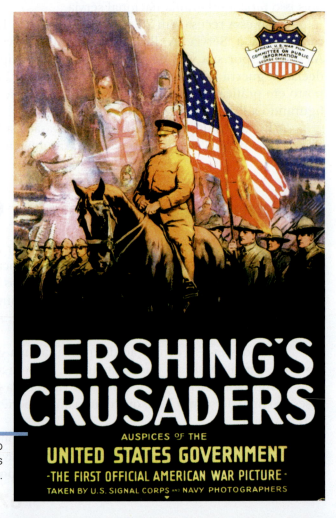

Um cartaz norte-americano em 1917 apresentava a intervenção de soldados americanos do general Pershing ao lado dos Aliados como uma cruzada. Arquivos Giunti Gruppo Editoriale, Florença.

Antes do desembarque dos norte-americanos em território francês em junho de 1917, os alemães fizeram um esforço final para vencer a guerra na frente ocidental, mas não tiveram o resultado esperado. A resistência de franceses e ingleses e o desembarque das tropas dos EUA trouxeram as condições para a vitória sobre a Alemanha, que a partir de setembro de 1918 foi perdendo seus aliados, que saíam da guerra (Bulgária, Turquia, Áustria-Hungria).

Se a situação militar era ameaçadora, politicamente o Império Alemão começava a ser contestado: greves e manifestações ocorriam nas principais cidades. O imperador abdicou e foi instaurada a República, com sede em Weimar, onde representantes da população alemã se reuniram para escrever a nova Constituição e formar um novo governo. Sem condições materiais e sociais de prosseguir no conflito, os novos governantes da Alemanha decidiram pelo fim da guerra e em novembro de 1918 assinaram o armistício.

Enquanto durou a guerra, a situação das regiões ocupadas foi bastante difícil. A população civil era submetida a domínios estrangeiros, adoção de lei marcial, que permitia execuções sumárias, confisco de bens, além da fome e das ameaças comuns numa batalha. As mulheres passaram a ocupar lugares dos homens na indústria bélica. A propaganda de guerra era uma das estratégias para enaltecer conquistas e envergonhar derrotados. Os dois lados usavam estas armas: escondiam o número de baixas entre suas tropas e aumentavam o número de prisioneiros e assassinatos entre os inimigos.

| Mortos e feridos na Primeira Guerra (em milhões) | | | | |
|---|---|---|---|---|
| POPULAÇÃO TOTAL (EM 1913) | CONTINGENTE MOBILIZADO (INCLUI O DAS COLÔNIAS) | MORTOS E DESAPARE-CIDOS | MUTILADOS | % DE MORTOS, DESAPARECIDOS E INVÁLIDOS (TOMANDO COMO BASE A POPULAÇÃO ATIVA) |
| Alemanha 65 | 13,2 | 2 | 5 | 21 |
| França 40 | 8,5 | 1,3 | 3,6 | 18 |
| Reino Unido 45 | 9,5 | 0,9 | 2 | 9 |
| Áustria-Hungria 51 | 9 | 1,6 | 3,5 | 18 |
| Itália 36 | 5,6 | 0,75 | 1 | 9 |
| EUA 92 | 3,8 | 0,116 | 0,3 | 0,5 |
| Rússia 170 | 12 | 3 | 5 | 11 |

## Saiba mais

### O trabalho das mulheres durante a Primeira Guerra

A mobilização de milhões de homens que compunham os exércitos em guerra na Europa trouxe efeitos marcantes na economia do continente. Para substituir a mão de obra masculina que integrava os exércitos, as mulheres assumiram várias atividades civis que eram realizadas por homens, como a atuação na indústria e no campo, garantindo o sustento para suas famílias.

# Os acordos de paz

O presidente dos Estados Unidos, Woodrow Wilson (1856-1924), foi um dos principais negociadores do final do conflito. Wilson, ao justificar a entrada dos EUA no conflito, defendeu em mensagem ao Congresso americano (8 jan. 1918), em uma lista de 14 pontos, uma nova concepção para a política internacional e o estabelecimento de princípios que evitassem novas guerras.

Os 14 pontos de Wilson apregoavam uma "paz sem vencedores", ou seja, os acordos de paz não deveriam se pautar por revanchismos e vinganças que poderiam desencadear novos conflitos. Outros pontos defendidos eram o fim da diplomacia secreta e a criação de uma **Sociedade** ou **Liga das Nações**, para assegurar a liberdade de todos os povos e o seu direito à autodeterminação. Além desses princípios, havia questões pontuais e a defesa do livre comércio e livre navegação.

As propostas de Wilson, no entanto, seriam confrontadas com a postura das negociações impostas pelos franceses, nos acordos discutidos em janeiro de 1919.

*Recortes da História*

## Os 14 pontos de Wilson

**I.** Convenções de paz abertas, abertamente concluídas, depois das quais não haverá acordos internacionais privados de espécie alguma senão que a diplomacia procederá sempre francamente e no interesse público;

**II.** Absoluta liberdade de navegação nos mares, fora das águas territoriais, tanto na paz como na guerra (...);

**III.** Remoção (...) de todas as barreiras econômicas e estabelecimento de uma igualdade de condições entre todas as nações concordes na paz e associadas para mantê-la;

**IV.** Adequadas garantias dadas e recebidas de que os armamentos nacionais serão reduzidos ao mínimo compatível com a segurança interna;

**V.** Um ajuste livre (...) e absolutamente imparcial de todas as reivindicações coloniais, baseado numa estrita observância do princípio de que, na determinação de todas essas questões de soberania, os interesses das populações implicadas deverão ter peso igual ao das justas reclamações dos governos cujo título deverá ser determinado;

**VI.** Evacuação de todo território russo e regulamentação de todas as questões referentes à Rússia que lhe assegure a melhor e mais livre cooperação das outras nações do globo (...);

**VII.** Quanto à Bélgica, o mundo inteiro estará de acordo que ela deve ser evacuada e restaurada, sem nenhuma tentativa de limitar a soberania que ela goza no concerto das demais nações livres;

**VIII.** Todo território francês deverá ser liberado e as regiões invadidas terão de ser restauradas (...);

**IX.** O reajustamento das fronteiras da Itália deverá ser efetuado segundo as bases da nacionalidade, claramente reconhecíveis;

**X.** Aos povos da Áustria e Hungria (...) dever-se--á dar a mais ampla oportunidade de desenvolvimento autônomo;

**XI.** (...) Serão oferecidos aos vários Estados balcânicos garantias internacionais de independência política e econômica e de integridade territorial;

**XII.** Uma firme soberania será garantida às partes turcas do atual Império Otomano, mas às outras nacionalidades que se encontram neste momento sob a dominação turca dever-se-á dar segurança indubitável de existência e oportunidade, isentas de obstáculos de se desenvolver de modo autônomo. Os Dardanelos deverão ficar permanentemente abertos. (...);

**XIII.** Um Estado polonês independente deverá ser estabelecido (...);

**XIV.** Uma Associação Geral das nações deverá ser formada (...) com o fito de dar garantias mútuas de independência política e de integridade territorial aos grandes e aos pequenos Estados (...).

*Fonte:* MATTOSO, K. (org.)
*Textos e Documentos da História Contemporânea:*
1789-1963. São Paulo: Hucitec/Edusp, 1977. p.161-163.

**1)** Explique qual foi a principal contribuição da proposta de Wilson para a diplomacia internacional?

# O Tratado de Versalhes

A França ocupou o lugar de destaque nas negociações de paz. Com a derrota dos democratas, partido do presidente Woodrow Wilson nas eleições congressuais de 1918, sua posição estava enfraquecida, apesar de ter sido reeleito.

A França, sede das negociações, apresentada como a principal vitoriosa da guerra e reconhecida pelo seu potencial militar, definiu as linhas gerais dos acordos de paz, dirigidos pelo chefe de governo Georges Clemenceau.

Em vez da proposta da "paz sem vencedores" foi adotada a "paz dos vencedores", pela qual a Alemanha era punida e responsabilizada pela guerra.

Os principais pontos do Tratado de Versalhes estabeleciam que:

o a Alemanha seria considerada a principal culpada pela guerra;

o os territórios da Alsácia-Lorena, perdidos em 1871, seriam devolvidos pelos alemães à França;

o a região da Renânia, com 5 milhões de alemães, na fronteira com a França, deveria permanecer desmilitarizada e submetida a uma administração dos vitoriosos por 15 anos;

- os alemães pagariam vultosas quantias a vários países como indenização de guerra;
- França e Inglaterra tomariam parte substancial da marinha e do material ferroviário alemão;
- o exército alemão seria extremamente reduzido e proibido de possuir armamentos estratégicos;
- o território do Sarre, rico em carvão, seria durante quinze anos controlado pela França.

A Paz de Versalhes e dos outros tratados (Trianon, Sèvres, Saint-Germain, Neuilly) representou, principalmente, uma tentativa, por parte da Inglaterra e França, de arruinar a Alemanha. A Áustria e a Turquia assinaram outros tratados que desmembraram o Império Austro-Húngaro e o Otomano em vários países menores.

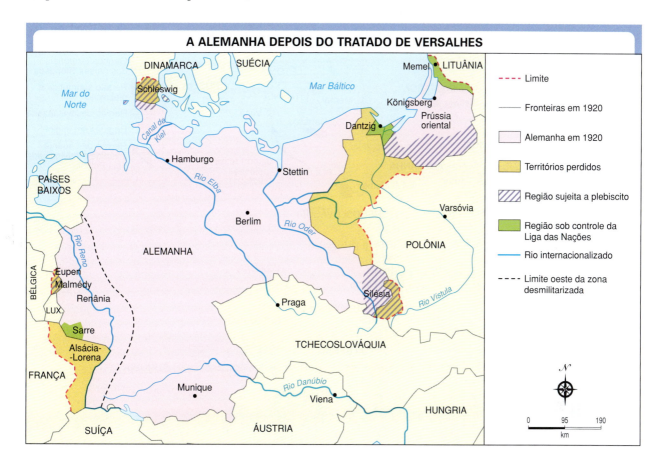

**A ALEMANHA DEPOIS DO TRATADO DE VERSALHES**

- - - - Limite
—— Fronteiras em 1920
☐ Alemanha em 1920
☐ Territórios perdidos
☐ Região sujeita a plebiscito
☐ Região sob controle da Liga das Nações
—— Rio internacionalizado
- - - - Limite oeste da zona desmilitarizada

# O mundo do pós-guerra

O mundo do pós-guerra caracterizou-se por alterações profundas na ordem internacional. Dentro da própria Europa, os Estados autoritários foram substituídos por governos de inspiração democrática; porém, com os ânimos acirrados com os resultados dos acordos de paz, as diferenças entre os países voltaram a aparecer e o nacionalismo ainda permanecia muito forte.

A crise econômica era extremamente grave, pois o continente estava devastado pelas guerras e necessitava reorganizar seu sistema produtivo. O retorno de soldados para o mercado de trabalho, por exemplo, ampliava o desemprego, pois não havia capacidade de inserir todos eles no mercado formal.

Os movimentos de trabalhadores, por exemplo, inspirados pela Revolução Russa de 1917, reivindicavam direitos e a criação de empregos. Os socialistas russos, por sua vez, defendiam uma revolução que ultrapassasse suas fronteiras. A ideologia socialista ganhava adeptos entre os trabalhadores e era repelida pelos políticos liberais.

As ideias liberais também foram contestadas com a ascensão dos movimentos fascistas. Na Itália, a grave crise econômica e o desemprego levaram à defesa de princípios nacionalistas – contra o liberalismo e o socialismo –, favorecendo a concentração de poderes nas mãos de líderes fortes.

A imposição de tratados que humilharam a Alemanha alimentou movimentos nacionalistas que ganharam força nas eleições legislativas dos anos seguintes e criou condições para a ascensão do nazismo. Os valores liberais-democráticos não resistiram por muito tempo na ordem europeia.

As fronteiras de países, como Polônia, Tchecoslováquia, Hungria e Iugoslávia, antes regiões do Império Austro-Húngaro, foram também definidas pelos tratados firmados após a primeira Guerra.

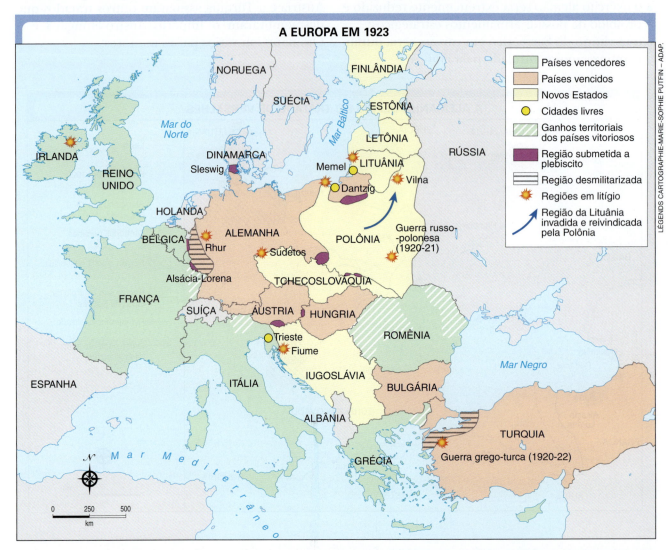

**A EUROPA EM 1923**

LÉGENDS CARTOGRAPHIE-MARIE-SOPHIE PUTFIN – ADAP.

As relações internacionais também foram alteradas: os Estados Unidos saíram da guerra como a principal potência industrial e comercial. O Japão emergiu como potência regional e ocupou um lugar estratégico nas negociações internacionais a partir de então. A Europa descobrira, enfim, que o mundo não se restringia às suas fronteiras geográficas.

Segundo o economista inglês, Lorde Maynard Keynes, os Estados Unidos foram os maiores beneficiários das dívidas de guerra entre os Aliados.

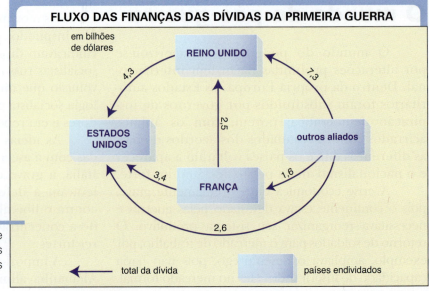

**FLUXO DAS FINANÇAS DAS DÍVIDAS DA PRIMEIRA GUERRA**

em bilhões de dólares

REINO UNIDO

ESTADOS UNIDOS

outros aliados

FRANÇA

4,3   7,3   2,5   1,6   3,4   2,6

total da dívida          países endividados

*O texto abaixo explica a trajetória de Jules Rimet e a criação da primeira Copa do Mundo de futebol, após o término da Primeira Guerra.*

Na baía de Villefranche-sur-Mer, em 21 de junho de 1930, um navio deslizava lentamente rumo ao horizonte. Salindo da França, seu destino era o Uruguai. A bordo, passageiros quase anônimos. Rapazes que enfrentavam a travessia para disputar a partida de abertura da primeira Copa do Mundo de futebol. (...)

A bordo do *Conte Verde*, um homem de terno e gravata, cabelos brancos e bigode finamente talhado ostentava um sorriso discreto. Em sua bagagem, uma estatueta de 30 cm de altura e 4 kg, representando uma Vitória segurando sobre a cabeça um vaso octogonal: a Copa do Mundo, um troféu de ouro maciço produzido pelo escultor francês Abel Lafleur. O homem que cuidava desse precioso tesouro chamava-se Jules Rimet. Presidente da Federação Internacional de Futebol desde 1921, ele batalhava, havia quase dez anos, para organizar uma competição aberta às equipes do mundo inteiro. Seu *leitmotiv:* aproximar os jogadores dos dois hemisférios, em um espírito de fraternidade, e fazer do futebol o rei dos esportes atléticos. (...)

> **Leitmotiv:** ideia, preocupação constante.

Considerado na época um esporte violento, o futebol, praticado por profissionais na Inglaterra, estava longe de despertar o mesmo entusiasmo na França, onde não existiam mais que 30 clubes. No plano internacional, a Inglaterra e a Escócia se entregavam a disputas desde 1872. A Áustria jogou pela primeira vez contra a Hungria em 1902. A França ingressou na relação das nações futebolísticas contra a Bélgica em 1º de maio de 1904.

Três semanas mais tarde, no dia 21 daquele mês, por iniciativa do francês Robert Guérin e do holandês Carl Anton Wilhelm Hirschman, foi assinada, em Paris, a certidão de nascimento da Federação Internacional de Football Association (Fifa). Seu papel: coordenar as diferentes associações nacionais e uniformizar as regras do jogo. (...)

Jules Rimet tinha 40 anos, era casado e pai de três filhos quando foi encaminhado ao 22º regimento territorial de infantaria de Rouen. Foi desmobilizado em 6 de janeiro de 1919 com a patente de tenente. Retomou imediatamente suas atividades no âmbito das instâncias federativas. E como recompensa por sua contribuição para o desenvolvimento da política esportiva do país foi eleito presidente da Federação Francesa de Football Association (FFFA) em 11 de abril de 1919.

Nos meses seguintes ao restabelecimento da paz, Rimet escreveu a Hirschmann, então presidente interino da Fifa. Insistiu na necessidade de aquela instância supranacional renovar os laços do futebol mundial, missão altamente diplomática. O contexto político era bem pouco propício aos encontros internacionais. Se as partidas entre países aliados foram rapidamente retomadas, parecia inimaginável confrontar as equipes dos antigos inimigos. (...)

Jules Rimet destacou-se, então, por suas qualidades de mediador, que lhe valeram ser eleito presidente da Fifa em 1º de março de 1921. Desde então, Rimet tinha apenas um sonho: criar a primeira Copa do Mundo de futebol. Ele estava convencido de que essa competição mundial aproximaria os povos e suscitaria um interesse excepcional. (...)

No final, quatro nações europeias (França, Romênia, Bélgica, Iugoslávia) e nove americanas (Estados Unidos, México, Brasil, Peru, Paraguai, Chile, Bolívia, Uruguai e Argentina) participaram da competição. Os jornais da época relatam que uma multidão entusiasmada aclamou as equipes quando chegaram a Montevidéu, em 5 de julho. (...)

Jules Rimet havia vencido sua aposta: fazer dessa competição um formidável espetáculo popular de alcance universal. (...)

Disponível em:<http://www2.uol.com.br/historiaviva/reportagens/copa_surgiu_para_curar_as_feridas_da_primeira_guerra_6.html>.
*Acesso em:* 25 ago. 2015.

## A Liga das Nações, a ONU e redistribuição dos poderes

Ao final da Primeira Guerra (1914-1918), os países vencedores criaram a Liga das Nações, organização que tinha como objetivo principal evitar novos conflitos armados entre as potências mundiais por meio de negociação e diplomacia com os principais líderes do globo. Como sabemos, a Liga não foi capaz de cumprir seus objetivos e, pouco tempo depois de sua criação, a Segunda Guerra Mundial (1939-1945) assolava a Europa. Com a dissolução da Liga e o fim do novo conflito, surgiria uma nova instituição para tentar assegurar os objetivos iniciais da Liga das Nações: a Organização das Nações Unidas (ONU).

Hoje, a ONU ainda é a principal instituição na mediação das tensões entre os países, mas sua capacidade de evitar conflitos, assim como sua hierarquia interna, tem sido colocada em xeque. Os países membros do Conselho de Segurança (EUA, Inglaterra, França, Rússia e China) possuem um poder de decisão e de veto em relação aos demais, ao mesmo tempo que potências como os EUA podem desobedecer as resoluções da ONU sem qualquer tipo de sanção ou maiores problemas (como na Guerra do Iraque de 2003).

Atualmente, o Brasil apresenta crescente importância na Organização das Nações Unidas, buscando ao mesmo tempo uma liderança regional na América do Sul e entre as potências globais emergentes por meio do BRICS (Brasil, Rússia, Índia, China e África do Sul). Nos últimos anos, o país também conseguiu maior destaque junto à ONU com a missão de paz no Haiti e outras missões menores. Com a atuação diplomática e militar conjuntamente com a comunidade internacional, o Brasil e as demais potências emergentes buscam uma redistribuição do poder em uma nova situação global.

# Revisitando a História

**1.** "A Grande Guerra, contemporânea da Revolução Russa, inaugura uma nova história da humanidade. A insegurança do futuro e do emprego, a que estavam sujeitas as classes populares, se apodera da burguesia. Depois de anos 'batendo na mesma tecla', a incredulidade se generalizou. É uma guerra recontada, repisada, ensinada às crianças dentro de casa. Não existem famílias sem viúvas, órfãos, grandes mutilados."

Gerard Vincent

a) Por que a guerra instaura uma fase de insegurança em todas as camadas europeias?

b) Qual a função de recontar e repisar a história das guerras?

**2.** O cartaz que vemos na página 671 traz escrito em alemão *Krieg im Frieden*, que significa "Guerra na paz" ou "Guerra em tempo de paz". Essa imagem foi elaborada em 1903 com o objetivo de apoiar a política armamentista alemã. Com base nessa imagem responda:

a) Esse cartaz foi elaborado onze anos antes do início dos conflitos da Primeira Guerra. A partir da contradição presente na frase (*Krieg im Frieden*), explique de que maneira a "paz armada" colaborou para o início da Grande Guerra.

b) Discuta com seus colegas a ideia de paz armada e de política de defesa baseada no aumento dos arsenais armamentistas. Relacione o tema com conflitos passados e presentes que estão ligados a essa ideia.

**3.** Quais as principais causas da Primeira Guerra Mundial e por que essa guerra foi chamada de mundial?

**4.** Por que o sistema de alianças teve papel fundamental para o desencadeamento da guerra? Explique a ambiguidade dessa política no contexto da Primeira Guerra Mundial.

**5.** "Napoleão (...) pôde vencer a batalha de Jena em 1806, e com isso destruir o poder da Prússia, com não mais de 1.500 rodadas de artilharia. Contudo, mesmo antes da Primeira Guerra Mundial, a França fazia planos para a produção de munição de 10-12 mil granadas *por dia*, e no fim sua indústria teve de produzir 200 mil granadas *por dia*. (...). A guerra em massa exigia produção em massa."

HOBSBAWM, E. Era dos Extremos:<br>o breve século XX – 1914-1991.<br>São Paulo: Companhia das Letras, 1995. p. 52.

Hobsbawm afirma que a Primeira Guerra Mundial trouxe fortes mudanças para os conflitos armados que permaneceriam nas guerras seguintes. A partir do texto e dos seus conhecimentos responda:

a) Que mudanças na organização das guerras são apontadas pelo autor?

b) Que novas estratégias militares foram utilizadas na Primeira Guerra Mundial? Explique.

c) Por que a Primeira Guerra Mundial pode ser considerada uma "guerra de massa"?

**6.** Por que a "guerra para acabar com todas as guerras" não obteve sucesso?

# Analise esta imagem

Essa é uma fotografia em preto e branco, na qual há indícios de ter sido posada. O fotógrafo não escolheu um momento da guerra para colocar em uma fotografia, mas sim construiu a cena com as pessoas que nela aparecem. Em 1915 as fotografias jornalísticas ainda não eram muito difundidas – é justamente a partir da etapa final da Primeira Guerra Mundial que os jornais, por exemplo, passam a utilizar fotos para ilustrar suas reportagens escritas. Podemos comparar essa imagem com outras representações da Grande Guerra. No livro *Nada de Novo no Front*, Erich Maria Remarque, que com dezoito anos lutou nas trincheiras da Primeira Guerra, fala que os raros cigarros que chegavam à linha de frente eram um dos poucos alívios para a tensão em que viviam os jovens combatentes. Segundo ele, a comunicação dos soldados com suas famílias era bastante complicada: muitas vezes as cartas não chegavam devido à censura interna do exército alemão. Remarque escreveu um livro de forte oposição à guerra. Na fotografia, no entanto, as trincheiras não aparecem como um lugar onde lutam jovens perdidos.

a) Essa fotografia é bastante rica em detalhes, alguns possivelmente colocados na cena para construir a imagem desejada. Quais atividades são realizadas pelos soldados na trincheira? A partir dos objetos encontrados na cena, quais atividades poderiam ser realizadas nas trincheiras?

b) Como podemos saber que não se trata de uma cena de combate? Que elementos da imagem indicam que é uma foto posada?

c) Durante a guerra soldados chegaram a passar meses nas trincheiras, em condições difíceis de vida. Nessa imagem, como parece ser a vida nas trincheiras? A quem interessa esse tipo de representação da guerra?

# Debatendo ideias

Tal como exposto no capítulo, o nacionalismo foi um elemento fundamental para os países europeus envolvidos na Primeira Guerra Mundial.

a) Em sua opinião, quais as possíveis relações entre o nacionalismo e este conflito armado?

b) É possível também estabelecer essa relação de modo inverso: ou seja, conflitos externos que influíram na exacerbação de um sentimento nacional?

# Questões de vestibular

**1.** (UNESP) Ao eclodir a Primeira Guerra Mundial, em 1914, a Alemanha dispunha de um plano militar – o Plano Schlieffen – que tinha como principal objetivo:

a) o ataque naval à Inglaterra.

b) neutralizar os Estados Unidos.

c) a aliança com a Itália e o Japão.

d) agir ofensivamente contra a França e a Rússia.

e) a anexação da Áustria.

**2.** (UNESP) As raízes da 1ª Guerra Mundial encontram-se, em grande parte, na história do século XIX. Pode-se citar como alguns dos fatores que deram origem ao conflito desencadeado em 1914:

a) a concentração da industrialização na Inglaterra e o escasso crescimento econômico das nações do continente europeu;

b) a emergência de ideologias socialistas e revoluções operárias que desajustaram as relações entre os países capitalistas;

c) a derrota militar da França e Prússia no processo de unificação alemã, e a incorporação da Alsácia e da Lorena à Alemanha;

d) o confronto secular entre a França e a Inglaterra e a crise da economia inglesa provocada pelo bloqueio continental;

e) a política do "equilíbrio europeu", praticada pelo Congresso de Viena, e o fortalecimento militar da Rússia na Península Balcânica.

**3.** (UFMG) Leia estes trechos de depoimentos de ex-combatentes da Primeira Grande Guerra:

Uma certa ferocidade surge dentro de você, uma absoluta indiferença para com tudo que existe no mundo, exceto o seu dever de lutar. Você está comendo uma crosta de pão, e um homem é atingido e morto na trincheira perto de você. Você olha calmamente para ele por um momento e continua a comer o seu pão. Por que não?

Aqui desapareceu para sempre o cavalheirismo. Como todos os sentimentos nobres e pessoais, ele teve de ceder o lugar ao novo ritmo da batalha e ao poder da máquina. Aqui a nova Europa se revelou pela primeira vez no combate.

*Citados por: EKSTEINS, M. A sagração da primavera.*
Rio de Janeiro: Rocco, 1992.

Com base na leitura desses trechos, é CORRETO afirmar que o impacto dessa guerra:

a) acelerou o processo de libertação das colônias afro-asiáticas, que se tornaram Estados independentes a partir de então;

b) deu origem a um influente movimento contra as guerras, que criou uma ordem internacional pacífica;

c) levou ao fortalecimento e consolidação dos regimes liberais já existentes, além de contribuir para o surgimento de novas democracias;

d) provocou uma crise nos valores dominantes até então, gerando descrédito em relação ao humanismo e ao racionalismo.

**4.** (UFSCar – SP) As relações entre as potências europeias, no século XIX, seguiram basicamente os princípios estabelecidos pelo Congresso de Viena. Durante a Primeira Guerra Mundial, o presidente norte-americano Woodrow Wilson apresentou os princípios de uma nova diplomacia, voltada para:

a) o reconhecimento do equilíbrio de força entre as nações;

b) a legitimação internacional da supremacia dos Estados Unidos na América Latina;

c) a restauração dos governos europeus derrubados pelas revoluções socialistas;

d) o reconhecimento dos direitos legítimos das nacionalidades;

e) a defesa dos países americanos contra possíveis intervenções imperialistas.

**5.** (PUC – MG) Entre 1914 e 1918, a Europa foi palco de um conflito de consequências materiais e humanas inimagináveis. Faz parte do legado da Primeira Grande Guerra:

a) a proliferação de regimes de cunho socialista na Europa Oriental, constituindo a chamada "cortina de ferro";

b) a criação da Liga das Nações, organismo supranacional, que tinha como um dos seus objetivos assegurar a paz;

c) a emancipação política das antigas colônias europeias na África e na Ásia, constituindo o Terceiro Mundo;

d) a expansão da economia mundial, garantindo um longo período de prosperidade, que se estendeu por três décadas.

**6.** (UFRGS – RS) A Primeira Guerra Mundial singularizou-se por uma certa conjugação de fatores até então inéditos nos conflitos entre povos.

Assinale com V (verdadeiro) ou F (falso) as afirmações abaixo, relativas a esse tema.

( ) A esperança de suprimir as causas dos litígios levou à fundação da Sociedade das Nações, onde as relações internacionais seriam regulamentadas visando à paz.

( ) A conferência de paz iniciada em Paris, em janeiro de 1919, realizou-se com a presença dos derrotados o elaborou um documento final, chamado Tratado de Versalhos, que previa a nestinação de recursos para a reconstrução dos países vencidos.

( ) A Alemanha, país fortemente envolvido no conflito, considerava-se prejudicada na partilha colonial da Ásia e da África.

( ) Com a derrota alemã em 1918, surge na Alemanha a República de Weimar.

( ) Em 1917, quando a Rússia estava por se retirar da guerra, os EUA entraram com novas forças.

A sequência correta de preenchimento dos parênteses, de cima para baixo, é

a) F – V – F – F – V.
b) V – F – V – F – F.
c) F – V – V – V – F.
d) V – F – V – V – V.
e) F – V – F – V – F.

**7.** (UFAL) As riquezas geradas pelo crescimento do capitalismo provocavam disputas entre as grandes potências com seus projetos imperialistas já no limiar do século XX. Muitos desses conflitos levaram o mundo a conviver com uma grande guerra violenta e uso de armas diferentes. Em 1919, as negociações em busca da paz:

a) tiveram êxito, não deixando rancores e nem sentimentos de vingança entre os países da Europa.
b) foram dirigidas pelas propostas dos Estados Unidos, garantindo a volta da democracia na Europa Ocidental.
c) deixaram os alemães insatisfeitos com as propostas feitas, criando tensões e sentimentos de revanchismo.

d) tornaram os Estados Unidos a maior potência do Ocidente e um aliado incondicional dos povos europeus.
e) transformaram a vida internacional, melhorando as relações diplomáticas e fortalecendo a economia internacional.

**8.** (UFRJ)

LOREDANO, C. (Org.). *J. Carlos contra a Guerra*. Rio de Janeiro: Casa da Palavra, 2000.

A charge "Um cadáver", de J. Carlos, foi publicada em 1918. Nela, a Germânia diz: "E agora, meu filho?... Quem paga essas contas?" (Cadáver: gíria da época para credor, cobrador).
Entre 1914 e 1918, o mundo esteve envolvido de forma direta ou indireta em sua Primeira Grande Guerra. O quadro pós-conflito foi definido pelos países vencedores – Inglaterra, França e EUA –, tendo sido a Alemanha considerada a principal responsável pelo conflito.
Apresente duas determinações do Tratado de Versalhes (1919) que tiveram fortes repercussões para a economia alemã no pós-1ª Guerra.

# Programas de Avaliação Seriada

**1.** (PSS – UFS – SE) Apesar de ter ocorrido, ao longo da História, diversas formas de dominação de um povo sobre outro, há um período particularmente marcado pela expansão imperialista, durante o qual ocorreram profundas transformações no sistema capitalista e nas relações internacionais. Analise as proposições que definem esse período marcado pelo Imperialismo.

(0) Iniciou-se no continente americano com a ascensão econômica dos Estados Unidos, país que domina o mundo até os dias de hoje, desde o período entre-guerras.

(1) Ocorreu após a Segunda Revolução Industrial e se estendeu da segunda metade do século XIX até a Primeira Guerra Mundial.

(2) Antecedeu a colonização das Américas, e foi marcado por um processo de conquistas e expansionismo ultramarino.

(3) Compreendeu ações colonialistas por parte de países europeus como a Partilha da África e da Ásia, bem como a conquista da Índia.

(4) Manifestou-se, na América Latina, não por ocupação territorial e sim por meio de influência política e econômica dos Estados Unidos e da Inglaterra.

**2.** (PSS III – UEPG – PR) Sobre a Primeira Guerra Mundial, assinale o que for correto.

(01) Durante a guerra verificou-se o aperfeiçoamento das técnicas militares de guerra, destacando-se nesse momento o uso da bomba atômica.

(02) Terminados os combates, tiveram início os acordos para definir os termos da paz mundial. O mais conhecido desses acordos foi o Tratado de Versalhes.

(03) A "guerra das trincheiras" foi uma das táticas de guerra que consistia em abrigos profundos e postos de patrulha usados no decorrer da guerra.

(04) O estopim da guerra foi o assassinato do arquiduque Francisco Ferdinando, herdeiro do trono do Império Austro-Húngaro.

# capítulo 42

# A Revolução Russa e a crise capitalista de 1929

Antes de terminar a Primeira Guerra Mundial, uma revolução na Rússia, em 1917, teve repercussão em todo o mundo. Com fortes características feudais, o maior país do mundo realizava sua revolução, pondo fim ao czarismo (regime monárquico) e estabelecendo, em outubro daquele ano, um governo **bolchevique**. Liderada por Lênin, esta seria a primeira experiência socialista que ajudaria a moldar o século XX. A situação interna levou a Rússia a sair da Primeira Guerra. Enquanto a Europa se recompunha da Primeira Guerra Mundial e a Rússia experimentava as mudanças de regime passando a ser uma economia socialista, a economia capitalista sofreu um grande abalo, no período conhecido como a **Grande Depressão**, iniciada em 1929.

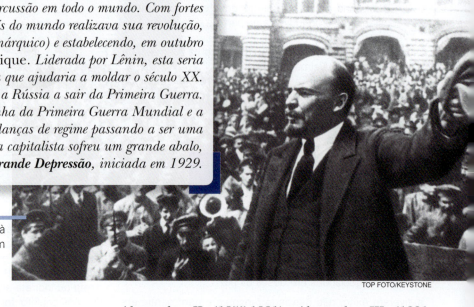

Lênin, líder dos trabalhadores, dirige-se à multidão em 26 de outubro de 1917, um dia após o início da Revolução Russa.

TOP FOTO/KEYSTONE

## A Revolução Russa de 1917

A Revolução Russa teve relação direta com a Primeira Guerra Mundial. A Rússia, com cerca de 170 milhões de habitantes e um grande contingente militar, era uma das grandes forças da Tríplice Entente, composta também de França e Inglaterra. No entanto, essa potência populacional e militar tinha suas fragilidades. A autocracia exercida pelos czares impediu a modernização política do país, que vivia sob um regime com práticas absolutistas (já derrotadas na Inglaterra e França, por exemplo, nos séculos anteriores), uma economia com pequena industrialização e cerca de 80% de sua população vivendo nos campos.

Outro aspecto relevante é que cerca de um quarto da população não era composta de russos, mas de grupos étnicos diferentes (poloneses, finlandeses, asiáticos, povos bálticos etc.). Esses grupos e minorias étnicas eram alvo de campanhas do nacionalismo russo e subjugados ainda no período dos czares. A ideologia da especificidade do povo russo foi implantada durante o governo de Nicolau I (1825-1855) e mantida nos governos sucessivos de

Alexandre II (1855-1881), Alexandre III (1881--1894) e Nicolau II (1894-1917). Essa política, chamada de *nacionalidade oficial*, era fundamentada em três pontos, que tornavam a Rússia um império superior aos demais: a primazia da Igreja ortodoxa russa, a autocracia dos czares e o predomínio dos povos eslavos. Ou seja, o princípio nacional era estimulado em contraponto à presença de grupos e ideias estrangeiros. Com essa política que mesclava religião, etnia e poder concentrado, o regime autocrático russo pensava ser possível afastar qualquer movimento que buscasse propor as mudanças vividas em outros países europeus.

No entanto, as contestações ao czarismo surgiram com grande força devido à crise econômica, aos insucessos militares e à grande repressão política exercida pelo governo. Duas correntes principais protagonizaram os movimentos revolucionários de 1917: os liberais, ligados à burguesia que pretendia transformar a Rússia em um Estado nos moldes da Inglaterra ou da França, com limitação aos poderes do czar; e os bolcheviques, trabalhadores liderados por Lênin (1870-1924), que defendiam a transformação do modelo político e econômico, com base na propriedade coletiva dos meios de produção e na igualdade social.

## A vida cotidiana em Petrogrado

(...) Na grande Petrogrado, uma vez apagadas as lâmpadas, anda-se na lama, as botas deixam marcas viscosas num chão permanentemente enlameado. Aqui os serviços públicos municipais estão ausentes, os lampiões só são aos nnn à noite de longe em longe ( ) Nas uušas dos subúrbios, nesse quarto ano de guerra, só há energia elétrica das seis da tarde à meia-noite. (...)

A ração cotidiana de pão, que os ricos desdenham, pois compram pão "branco" no mercado negro, foi reduzida de setecentos e cinquenta a quinhentos gramas, depois a duzentos e cinquenta. O açúcar também está racionado (um quilo por mês); porém, se é possível encontrá-lo no centro, ele está em falta nos subúrbios. (...) O leite para as crianças só é fornecido pela metade e as frutas, que chegavam a toda parte no mês de agosto, desapareceram, ou são vendidas a um preço muito alto (...).

*Fonte: MARABINI, J. A Rússia durante a Revolução de Outubro. São Paulo: Companhia das Letras, 1989. p. 134.*

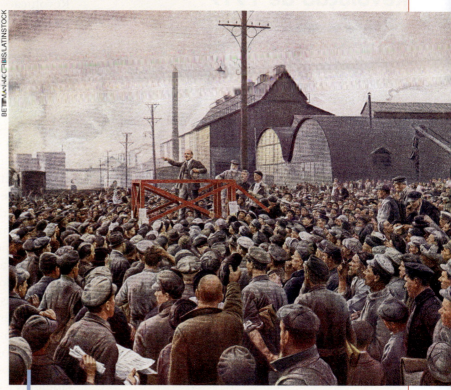

Lênin se dirige aos seus seguidores em Petrogrado, Rússia.

A Revolução, desencadeada pelos liberais e consolidada pelos bolcheviques, marcou um período da história russa caracterizado por guerras constantes (internas e externas) e pela reivindicação de mudanças estruturais que sepultaram o Antigo Regime czarista. O último czar, da dinastia dos Romano que governou a Rússia por três séculos, foi Nicolau II.

## Os significados da Revolução de 1917

Parecia óbvio que o velho mundo estava condenado. A velha sociedade, a velha economia, os velhos sistemas políticos tinham, como diz o provérbio chinês, "perdido o mandato do céu". A humanidade estava à espera de uma alternativa. Essa alternativa era conhecida em 1914. Os partidos socialistas, com o apoio das classes trabalhadoras em expansão de seus países, e inspirados pela crença na inevitabilidade histórica de sua vitória, representavam essa alternativa na maioria dos Estados da Europa.

Aparentemente, só era preciso um sinal para os povos se levantarem, substituírem o capitalismo pelo socialismo, e com isso transformarem os sofrimentos sem sentido da guerra mundial em alguma coisa mais positiva: as sangrentas dores e convulsões do parto de um novo mundo. A Revolução Russa, ou, mais precisamente, a Revolução Bolchevique de outubro de 1917, pretendeu dar ao mundo esse sinal. Tornou-se portanto tão fundamental para a história deste século quanto a Revolução Francesa de 1789 para o século XIX. (...)

Contudo, a Revolução de Outubro teve repercussões muito mais profundas e globais que sua ancestral. Pois se as ideias da Revolução Francesa, como é hoje evidente, duraram mais que o bolchevismo, as consequências práticas de 1917 foram muito maiores e mais duradouras que as de 1789. A Revolução de Outubro produziu de longe o mais formidável movimento revolucionário organizado na história moderna. Sua expansão global não tem paralelo desde as conquistas do islã em seu primeiro século. Apenas trinta ou quarenta anos após a chegada de Lênin à Estação Finlândia em Petrogrado, um terço da humanidade se achava vivendo sob regimes diretamente derivados dos "Dez dias que abalaram o mundo" e do modelo organizacional de Lênin, o Partido Comunista.

*Fonte: HOBSBAWM, E. J. A Era dos Extremos: O breve século XX 1914-1991. São Paulo: Companhia das Letras, 1995. p. 62.*

**1)** Por que, para o autor, a Revolução de Outubro teve alcance superior à Revolução Francesa?

# A Rússia antes da Revolução de 1917

A crise que levou à derrubada do poder exercido pelos czares na Rússia começou a ser evidenciada ao longo do século XIX. Entre os principais aspectos que levaram ao colapso da autocracia podemos destacar:

o **situação econômica** – basicamente agrária, a Rússia não acompanhou a industrialização europeia e estava em desvantagem diante dos outros países. No governo de Alexandre III (1881-1894) a industrialização foi estimulada e era uma necessidade, pois a economia era extremamente dependente da produção e do capital estrangeiro. Os pesados investimentos na industrialização, com um país muito populoso, não alteraram o quadro predominantemente agrário, mas fizeram surgir nas cidades um grande número de operários e uma ascendente classe média que alterava os costumes tradicionais. A escolarização, por exemplo, era uma necessidade da indústria e ajudou a propagar ideias de mudanças. O contato com a Europa ocidental, por meio de intelectuais, de profissionais liberais e trabalhadores que tomaram conhecimento de movimentos vividos em outras áreas da Europa, assim como as manifestações das nacionalidades subjugadas, foram outros aspectos proporcionados pela industrialização que acelerou a troca de informações e a organização de trabalhadores. Estes tinham deixado o campo onde viviam isolados e, ao se mudarem para as cidades, tiveram a oportunidade de partilhar experiências e liderar movimentos;

o **a crise militar** – o exército russo era o maior do mundo, com cerca de 8 milhões de integrantes em 1914, mas tinha sofrido derrotas importantes desde a segunda metade do século XIX, como a guerra da Crimeia (1853-1856), quando a Rússia pretendia aumentar sua influência nos Bálcãs e foi derrotada pela aliança entre França, Reino Unido, Itália e Império Turco-Otomano. A força militar era fundamental para preservar a integridade territorial e a autoestima dos russos. Porém, o vexame mais imediato foi a derrota para o Japão, na guerra de 1904-1905, quando os japoneses ocuparam a Manchúria e consolidaram sua influência no Oriente. O poderoso exército entrou na Primeira Guerra com pouca credibilidade e a população manifestava o seu descontentamento com seu aparato militar e, evidentemente, com o czar Nicolau II;

o **questões culturais** – a Rússia viveu uma efervescência cultural nas duas décadas anteriores à Revolução de 1917. A manifestação da "alma russa" agitou intelectuais e o pequeno grupo de letrados do país, mas foi importante por expressar a vivacidade da vanguarda artística com nomes como Anton Tchekhov e Maximo Gorki, no teatro, e Stravinski, na música. O florescimento da literatura russa atendia aos interesses nacionalistas, mas ao mesmo tempo incomodava o governo que impedia a livre manifestação de grupos mais ousados;

o **questões étnicas** – as minorias étnicas que manifestavam seu descontentamento eram duramente reprimidas pelo governo russo. Os movimentos nacionalistas se ressentiam dos obstáculos impostos pelo governo às minorias, para terem acesso a habitação e trabalho, por exemplo. Alguns grupos, como os judeus, foram vítimas de campanhas coletivas de violência, com ataques a suas residências e atividades econômicas. O regime russo não se posicionava para proteger as minorias. Acontecimentos como esses faziam surgir movimentos separatistas. Muitos líderes eram aprisionados e enviados à Sibéria.

Nesse contexto, de diversas crises e forças descontentes com o regime autocrático, ou seja, quando o governante não tinha qualquer forma de restrição legal ao seu exercício político, começaram a surgir partidos políticos que clamavam por transformações na Rússia.

Os partidos políticos mais organizados iniciaram uma série de manifestações contra o império. Dentre eles merecem destaque o Partido Operário Social-Revolucionário Russo, fundado em 1898, e o Partido Social-Democrata Russo, de 1902. Este último apresentava duas facções: os **bolcheviques** (do termo "bolchinstvo", que significa maioria), de tendência radical, e os **mencheviques** (do termo "menchinstvo", que significa minoria), com feições moderadas.

Em 1905, os movimentos que exigiam reformas políticas cresceram. Apesar da forte repressão do exército fiel ao czar, a situação tornava-se cada dia mais incontornável. Em janeiro daquele ano, por exemplo, cerca de 200 mil pessoas realizaram uma manifestação e pretendiam apenas entregar ao czar as suas reivindicações. A reação das forças de Nicolau II foi extremamente violenta, atirando contra os manifestantes e causando a morte de muitos deles. Esse episódio ficou conhecido como *Domingo Sangrento* e despertou uma série de protestos, como a ação da tripulação do couraçado *Potemkin* que se amotinou contra seus oficiais. As greves se multiplicaram. No campo, os camponeses protestavam, queimando casas das fazendas.

Diante das pressões, Nicolau II tomou medidas que tornavam o regime mais brando, com a adoção de um parlamento, a Duma. Era uma reação do poder czarista, que pretendia com essa concessão estancar os movimentos de rua e ganhar tempo para contornar o problema.

No mesmo ano de 1905 foram criados os primeiros *sovietes*, conselhos de trabalhadores que coordenavam os movimentos anticzaristas.

A adoção de um regime supostamente constitucional não se concretizou. As Dumas eleitas entre 1905 e 1912 não tinham a autonomia que se imaginava e não ofereceram respostas às crises política e econômica que atingiam o império russo. Os descontentamentos sociais cresceram e a entrada da Rússia na Primeira Guerra Mundial, que de início alimentara o fervor patriótico, começou a ruir o país, com a grave crise que este vivia. Esse processo culminou com as revoluções de 1917.

## A revolução burguesa de fevereiro de 1917

A crise econômica e social vivida pelo país, agravada com a participação russa na Primeira Guerra e as derrotas diante da aliança Alemanha-Áustria-Hungria, pressionava o governo de Nicolau II. Os bloqueios marítimos e as estradas destruídas pela guerra impediram o desenvolvimento comercial do país, que sofria a invasão de tropas estrangeiras e assistia a uma economia estagnada, causando desemprego e fome.

Diversas manifestações de trabalhadores, apoiados pela burguesia, espalhavam-se pelo país. Os protestos e greves não eram uma novidade no período de Nicolau II, mas a situação ficou insustentável para o czar quando os soldados, tradicionalmente fiéis ao governante, se recusaram a reprimir os movimentos de trabalhadores.

No dia 12 de março (27 de fevereiro pelo antigo calendário russo, atrasado em 13 dias em relação ao nosso), quando os soldados se recusaram a cumprir ordens e reprimir os manifestantes, o regime autocrático czarista chegava ao fim. Sem apoio político e militar, o czar abdicou.

Um governo provisório foi instaurado. No entanto, havia dois núcleos políticos que disputavam o domínio: de um lado, a Duma, liderada por liberais; de outro, os sovietes de Petrogrado, cidade que havia realizado a greve geral e liderado as manifestações contra o czar. A Duma conduzia os processos de reforma política. Os sovietes queriam avançar nas reformas sociais e conquistas trabalhistas.

O poder formalmente estava com o príncipe Lvov, mas seu governo foi breve. A guerra, que desgastava os russos, persistia. O ministro da Guerra, Kerensky, preparou uma grande ofensiva contra a Áustria-Hungria, mas não obteve sucesso.

O líder bolchevique Vladimir Ilitch Ulianov, mais conhecido como Lênin (1870-1924), era inimigo do czar e estava no exílio. Com a abdicação, regressou à terra natal em abril. Ao chegar à estação ferroviária Finlândia, dirigiu-se à população com o apelo de que o governo provisório não poderia permitir a desintegração do país e defendeu a revolução socialista. Em seguida, publicou as chamadas *Teses de Abril*, que continham dois pontos básicos: "todo poder aos sovietes", que defendia o abandono do modelo liberal e a adoção de um governo dirigido por trabalhadores; e "paz, terra e pão", que exaltavam a saída da guerra, a nacionalização das terras que seriam colocadas à disposição dos sovietes e o fim da crise que afetava a própria alimentação dos russos.

Os sovietes reuniam os trabalhadores, soldados e camponeses com a finalidade de congregar a representação popular. Eles foram fundamentais para a derrubada do governo autocrático czarista para a condução do primeiro governo socialista do mundo. Na fotografia de 1917, trabalhadores e soldados controlam a nova Duma, após a Revolução Russa.

BETTMANN/CORBIS/LATINSTOCK

Kerensky (1888-1971) tornou-se o novo chefe do governo em julho. Sua estratégia de conter as disputas internas e de permanecer lutando na guerra foi fatal para a sobrevivência do governo reformista. Apesar das reformas institucionais, políticas e econômicas, que contavam com a simpatia de liberais e setores da esquerda moderada, a participação na Primeira Guerra tornava o governo bastante impopular.

O governo de Kerensky sofreu uma tentativa de golpe militar no final de agosto, liderada por simpatizantes do regime czarista e por aqueles que estavam insatisfeitos com as constantes manifestações e com a liberdade concedida aos sovietes, que nesse momento eram comandados por membros mencheviques. Kerensky foi salvo pelo apoio dos trabalhadores dos sovietes, que manifestavam sua repulsa a um governo liderado pela direita.

No entanto, o governo Kerensky demonstrava fragilidade e os bolcheviques voltaram a ser a maioria nos sovietes de Petrogrado e Moscou.

Os trabalhadores, que haviam assegurado o poder a Kerensky, perceberam que teriam a possibilidade de liderar o governo. O bolchevique Trostky (1879-1940) foi responsável pela formação do exército dos sovietes, a Guarda Vermelha, e Lênin conclamou os operários para a tomada de poder e a realização de uma revolução socialista.

Leon Trotsky foi o responsável pela criação da Guarda Vermelha, o braço armado da Revolução Russa.

## A Revolução de Outubro

Em outubro (calendário russo), Lênin e os bolcheviques chegam ao poder após tomarem pontos estratégicos de Petrogrado, a então capital, controlando os acessos a pontes, estradas e ferrovias, e, em 2 dias, tomaram o Palácio de Inverno, a sede do governo, e prenderam membros do governo provisório. Kerensky já havia se refugiado na embaixada dos Estados Unidos.

Em 26 de outubro de 1917 Lênin promulgou uma série de decretos para cumprir o programa bolchevique de "paz, terra e pão". Entre os pontos estava a abertura de negociações com os Impérios Centrais (Alemanha e Áustria-Hungria) para celebrar um armistício. No ano seguinte, em 1918, a Rússia, pelo tratado de Brest-Litovsk, reconhecia grandes perdas territoriais, atingindo sua menor extensão territorial em mais de dois séculos, mas ganhara tempo para enfrentar os problemas internos e diminuir as baixas em seu exército.

Também foram confiscadas e dadas aos camponeses as grandes propriedades rurais; as fábricas foram entregues aos sovietes.

Lênin, o líder russo que chegou ao poder em 1917. Fotografia de B. N. Rehnh (ca. 1919-20).

## A guerra civil

A reação às medidas do governo revolucionário não tardou a aparecer. Em 1918, antigos aliados dos czares e opositores do regime comunista iniciaram uma ofensiva contra a Guarda Vermelha. A reação ao governo revolucionário foi liderada por antigos oficiais do exército de Nicolau II, que eram chamados de "brancos" numa alusão aos "vermelhos" comunistas.

O Exército Branco esperava obter uma vitória fácil e recebeu apoio de países estrangeiros como Estados Unidos, França e Inglaterra, que enviaram tropas para o território russo. Essas tropas, no entanto, não enfrentaram diretamente os bolcheviques.

A reação do governo de Lênin foi a transformação da Guarda Vermelha em Exército Vermelho, arregimentando antigos oficiais do exército czarista e instituindo o serviço militar obrigatório. O exército estava sob a liderança de Trotski.

Em 1918, Nicolau II e sua família foram assassinados.

A guerra civil devastou o país e matou milhões de soldados e civis. Terminou em 1921 com a vitória do Exército Vermelho, mas deixou em situação calamitosa a recém-criada República Soviética.

## Os grandes decretos da Revolução de Outubro

*Veja trechos de três decretos do governo revolucionário, sobre o confisco e a distribuição de terras, a proposição da paz e os princípios que regulamentam as relações entre as nacionalidades e minorias que integram o território russo.*

### Sobre a Terra (26 out. 1917)

A grande propriedade fundiária é abolida imediatamente sem qualquer indenização. Os domínios dos proprietários, assim como todas as terras de nobres, mosteiros, da Igreja, com todos seus bens vivos e inorgânicos, com todos os seus prédios e todas as suas dependências ficam à disposição dos Comitês Agrários Distritais e dos Sovietes de Província dos Deputados Camponeses, até a convocação da Assembleia Constituinte. (...) As terras dos pequenos camponeses e pequenos militares (cossacos) não serão confiscadas.

### Sobre a Paz (26 out. 1917)

O governo trabalhador e camponês oriundo da Revolução de 24 e 25 de outubro e apoiado nos sovietes, soldados e camponeses, conclama todos os povos beligerantes e seus governos a iniciar imediatamente as conversações em vista de uma democracia justa. O governo considera como paz justa ou democrática (...) uma paz imediata e sem anexação ou multas.

O governo conclama todos os governos e povos de todos os países beligerantes a concluir imediatamente um armistício.

### Sobre as Nacionalidades (2 nov. 1917)

1 – Igualdade e soberania dos povos da Rússia.
2 – Direito dos povos da Rússia de dispor, eles mesmos, inclusive da separação e constituição de um Estado independente.
3 – Supressão de todos os privilégios e limitações nacionais ou religiosas.
4 – Livre desenvolvimento das minorias nacionais e grupos étnicos habitantes do território russo.

*Fonte:* BOURQUIN, L. (Coord.). *Histoire.* Paris: Belin, 2003. p. 196.

**1)** Por que a alteração na propriedade fundiária e a proposta de paz eram relevantes naquele contexto?

# A persistência da crise e a adoção da Nova Política Econômica (NEP)

A adoção de políticas radicais, como a estatização das fábricas e a distribuição de terras, não teve resultados imediatos, principalmente devido às destruições da guerra civil, seguida de uma grande fome que matou milhares de russos.

A economia do período de 1918 a 1921 foi chamada de "Comunismo de Guerra", quando o Estado controlava todos os meios de produção, mas os resultados eram pífios. A situação agravara-se.

Pensando em uma nova forma de estimular a produção russa, o governo de Lênin adotou, em 1921, a Nova Política Econômica (NEP). Por essa proposta, o governo retrocedia em alguns princípios, voltando a permitir a propriedade privada, a criação de empresas e a busca de empréstimos internacionais. Porém, o Estado continuava como o principal agente econômico e controlava os setores estratégicos, como o sistema financeiro, as indústrias de base e o comércio internacional. Os outros setores econômicos retomavam a produção, e a economia começava a reagir.

Cartaz de propaganda soviética de 1924. Lênin, o líder do regime comunista, aparece diante de equipamentos utilizados para modernizar a economia. O tema da transformação econômica é associado ao ideal revolucionário, como se lê no cartaz: "Pela eletrificação, os sovietes e a fundação de um mundo novo".

# A morte de Lênin e a disputa pelo poder

Em 1924, enquanto a NEP e a reconstrução estavam em andamento, Lênin morreu e isso desencadeou uma luta pelo poder entre Trotski, o líder do Exército Vermelho, e Josef Stálin (1879-1953), então secretário-geral do Partido Comunista (a nova designação dos bolcheviques).

Os dois líderes tinham posições opostas quanto ao futuro da Revolução. Trotski afirmava que a União das Repúblicas Socialistas Soviéticas (URSS), nova designação dada à antiga Rússia e outros países a partir de 1922, deveria difundir o movimento revolucionário pelos diversos países do mundo. Para ele, a Revolução fracassaria se ficasse isolada. Stálin, por sua vez, defendia que se deveria consolidar a Revolução, na teoria que ficou conhecida como o "socialismo em um só país".

Stálin, que venceu a disputa interna, já havia conquistado grande liderança dentro da estrutura partidária. Os comunistas, sobretudo durante a guerra civil, estabeleceram uma forte repressão aos opositores. Cessado o conflito, as perseguições a dissidentes continuaram com grande força para, supostamente, preservar a Revolução.

Dessa forma, o governo russo se sustentava em dois princípios básicos: a manifestação de ideais e práticas revolucionárias e, ao mesmo tempo, um fortíssimo aparato repressivo, constituído pelo próprio Exército e pela polícia secreta.

Com a derrota para Stálin, Trotski exilou-se na Turquia e depois no México, onde foi assassinado. O período de Stálin foi caracterizado como uma das mais brutas ditaduras conhecidas no século XX.

A NEP foi abandonada e o governo adotou uma política planificada a partir de 1929, com a adoção de planos quinquenais.

# O planejamento econômico stalinista

O governo de Stálin adotou uma política de planejamento econômico que buscava industrializar a União Soviética.

O primeiro plano quinquenal, iniciado em 1928, enfatizava a indústria pesada (construção de ferrovias, usinas de energia e siderurgias, por exemplo) e a coletivização da agricultura. No campo, os *kulaks* (camponeses mais abastados) foram perseguidos e surgiram as cooperativas (*kolkhozes*) e as granjas estatais (*sovkhozes*), submetendo os camponeses à mesma estratégia produtiva do planejamento industrial. Os camponeses teriam de oferecer uma produção compatível com as necessidades da indústria e não poderiam estocar ou controlar a sua própria produção. Eles passaram a ser "operários" do mundo rural e isso desagradou a muitos moradores do campo.

O preço da coletivização agrícola, especialmente nos primeiros anos, foi alto. Muitos camponeses preferiam abater seus animais ou não realizar a colheita e isso provocou fome e uma onda de deportações e assassinatos de camponeses, pela polícia comunista. Na indústria, entretanto, a produção superou as expectativas.

Em alguns setores, como na produção de eletricidade, o crescimento foi quase septuplicado. A produção de petróleo triplicou. Com a atenção voltada para a indústria pesada, foram asseguradas as condições para o desenvolvimento do país, mas a pouca atenção ao consumo básico da população fez surgir um paradoxo: a URSS tornou-se uma das maiores forças industriais, porém não tinha a mesma capacidade de produção de bens de consumo mais simples.

Os planos quinquenais tiveram prosseguimento nos anos seguintes até 1950.

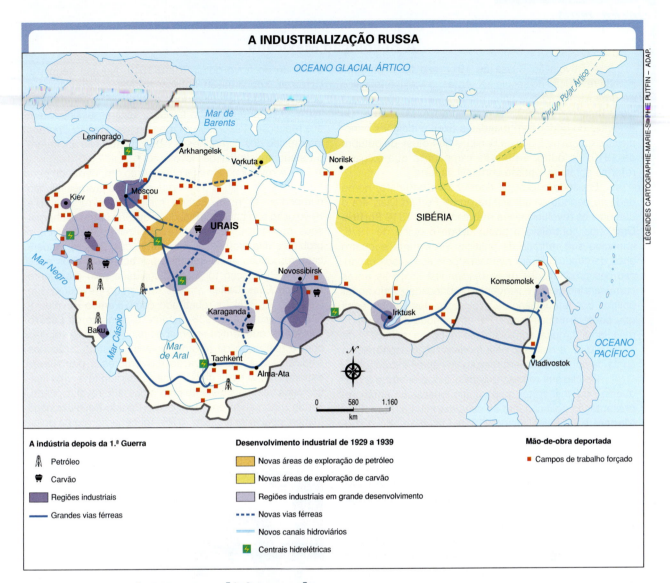

**A INDUSTRIALIZAÇÃO RUSSA**

OCEANO GLACIAL ÁRTICO

Mar de Barents

Leningrado
Arkhangelsk
Vorkuta
Norilsk
Kiev
Moscou
URAIS
SIBÉRIA
Mar Negro
Novossibirsk
Komsomolsk
Karaganda
Irktusk
Baku
Mar Cáspio
Mar de Aral
Tachkent
Alma-Ata
Vladivostok
OCEANO PACÍFICO

0    580    1.160
km

**A indústria depois da 1.ª Guerra**

⚒ Petróleo
⚒ Carvão
▨ Regiões industriais
— Grandes vias férreas

**Desenvolvimento industrial de 1929 a 1939**

▨ Novas áreas de exploração de petróleo
▨ Novas áreas de exploração de carvão
▨ Regiões industriais em grande desenvolvimento
---- Novas vias férreas
≡ Novos canais hidroviários
⚡ Centrais hidrelétricas

**Mão-de-obra deportada**

■ Campos de trabalho forçado

# As perseguições políticas do totalitarismo stalinista

O sucesso econômico obtido por Stálin era acompanhado de uma prática política extremamente totalitária. Um Estado totalitário é aquele que adota políticas de brutalização, terror e perseguição em massa, como estudaremos no capítulo 43 desta unidade.

Para ter o controle total sobre o partido e o Estado, Stálin perseguiu os antigos membros do próprio Partido Comunista. Entre 1936 e 1938 ocorreram os célebres "processos de Moscou", eliminando a maior parte dos oficiais do exército soviético, por serem identificados como sabotadores, agentes infiltrados de governos estrangeiros, carreiristas, dentre outras acusações que justificavam o expurgo das pessoas rotuladas como "inimigas do regime". Para Stálin, era necessário surgir um "novo homem", com as características da industrialização soviética, e

não poderia haver qualquer forma de contestação ao modelo que ele implementava. Na Sibéria, multiplicaram-se os campos de concentração, e os adversários do regime, quando não eram fuzilados, eram enviados para hospitais psiquiátricos.

Em relação às diversas nacionalidades dentro da URSS, Stálin não respeitou a política proclamada no início da Revolução. Ele adotou a política de "russificação" do czarismo e perseguiu diversos grupos, chegando a transferir comunidades inteiras, como os armênios, que foram levados para o Azerbaijão. Na Ucrânia, onde os produtores rurais resistiam à coletivização, foram perseguidos com a exportação de sua produção para atender aos interesses de industrialização do governo central e uma grande fome se abateu sobre a região, matando mais de 7 milhões de pessoas entre 1932 e 1933.

Stálin permaneceu no poder até 1953. A partir de 1956, os crimes de Stálin foram denunciados pelo próprio regime soviético.

# A Revolução Mexicana

A Revolução Russa de 1917 não foi a primeira grande revolução do século XX. Antes, o México foi palco de uma revolução que tinha motivações híbridas: de um lado, uma reivindicação liberal, como a alternância do exercício do poder com mandatos fixos e eleições periódicas, exposta no Plano de San Luis de Potosí, de outubro de 1910; de outro, a pressão camponesa que exigia a reforma agrária e a posse comunal da terra.

Em todo o caso, a oposição ao porfiriato, nome dado ao período da administração de Porfírio Díaz, era o que unia os revolucionários mexicanos. Em 1910 **Porfírio Díaz**, que controlava o poder desde o golpe de 1876, anunciou sua retirada da política. Seus trinta e quatro anos de ditadura foram marcados pela acentuada expansão das propriedades rurais (*haciendas*) sobre as terras comunais indígenas e pequenas propriedades, pelo poder político dos latifundiários e exploração dos camponeses que perderam suas terras. Foi um período caracterizado pelo lema "muita administração e pouca política", de Porfírio Díaz, e marcado pela modernização econômica à custa da dependência em relação ao capital estrangeiro.

As classes médias urbanas, o operariado e a burguesia industrial, frutos do porfiriato, buscaram, então, representação política junto ao candidato liberal **Francisco Madero** para as eleições de 1910. Esses grupos, aglutinados em torno do Partido Liberal, assistiram com revolta ao anúncio de uma nova candidatura de Porfírio Díaz. Antes de vencer novamente as eleições, o ditador ordenou a prisão de Madero. O candidato liberal, no entanto, fugiu para os EUA (ainda em 1910), negou a legitimidade das eleições, colocou-se como líder do novo governo e convocou a população à insurreição. Com alguns meses de atraso e então com o apoio dos camponeses (85% da população), os partidários de Madero iniciaram a revolução, que resultou na rápida renúncia de Díaz e na presidência de Madero.

O novo governo, porém, não apaziguou as tensões reveladas na insurreição. A prometida reforma agrária não foi realizada e, por isso, o campesinato sublevou-se novamente. Ao sul, liderados por **Emiliano Zapata**, e ao norte, sob o comando de **Pancho Villa**, os camponeses tornaram-se uma ameaça para as elites rurais e urbanas, que se mantiveram no poder após a queda de Díaz. Pressionado por diversos grupos sociais e pelo governo dos EUA, Madero foi assassinado no golpe promovido por Victoriano Huerta.

Enquanto os camponeses continuavam sua luta, os grupos sociais que antes haviam apoiado Madero uniram-se em torno do governador **Venustiano Carranza**. Zapatistas e villistas esmagaram o exército federal e tomaram a capital em 1914. Iniciou-se, então, um novo conflito, agora entre constitucionalistas (liderados por Carranza e seu general **Álvaro Obregón**), e zapatistas e villistas. Carranza saiu vencedor – com apoio dos EUA – e fez novas promessas de justiça social para os trabalhadores urbanos e rurais, presentes na Constituição de 1917.

Iniciou-se uma tímida reforma agrária que dividiu os interesses das milícias camponesas, mas não acabou com os grupos de oposição a Carranza. Zapata foi morto a mando do novo governo em 1919. No ano seguinte, Carranza, sob pressão pública, foi assassinado em um golpe liderado por Obregón, presidente entre 1920 e 1924. O próprio Obregón também seria assassinado em sua reeleição (1928) por um membro da rebelião *Cristera*, insurreição dos camponeses católicos que não aceitaram o Estado anticlerical da Revolução.

A revolução armada chegava ao fim, deixando para trás quase um milhão de mortos e muitas promessas não cumpridas. O novo Estado mexicano afirmou que a Revolução não havia terminado, o que lhe permitiu chamar seus opositores de contrarrevolucionários e resolveu o problema das promessas não cumpridas, pois as mudanças prometidas ainda estariam por acontecer. Nos anos 1920, a Revolução foi institucionalizada pelo presidente **Plutarco Elías Calles** através do Partido Revolucionário Nacional. O PRN foi rebatizado como Partido Revolucionário Mexicano em 1938, durante o mandato de **Lázaro Cárdenas**, que tentou retomar os princípios da Revolução com a realização da reforma agrária, a estruturação dos sindicatos e a nacionalização das empresas petrolíferas estrangeiras. A partir de Cárdenas, o partido teve uma ligação cada vez mais distante com o passado revolucionário, sendo renomeado em 1948 como Partido Revolucionário Institucional. Ainda assim, o PRI foi hegemônico na política mexicana até a década de 1990.

TOPFOTO/KEYSTONE

A Revolução Mexicana teve características próprias, como a defesa de princípios políticos liberais, depois do longo período do porfiriato, e a defesa da reforma agrária. Emiliano Zapata foi uma das lideranças camponesas que conferiram o caráter popular ao movimento revolucionário mexicano.

# A Grande Depressão de 1929: a crise capitalista

*O dinheiro é o nervo da vida numa República e aqueles que amam o dinheiro constituem os alicerces mesmo da própria República.*

Poggio Bracciolini, *Da avareza e do luxo*, 1428.

O crescimento econômico contínuo dos Estados Unidos, a maior potência industrial e principal credor internacional desde a Primeira Guerra, esbarrou nos limites da expansão do mercado, ou seja, a capacidade de produção era maior que a capacidade de consumo. Outro aspecto importante para a propagação da crise foi a impossibilidade de os países devedores honrarem seus compromissos.

Dessa forma, o início do século XX, que já havia assistido a um conflito mundial, presenciaria os efeitos de uma crise econômica mundial, que se alastrou por todo o mundo e teve grandes consequências nos rumos dos processos históricos nas décadas de 1930 e 1940.

## O crescimento da maior economia do mundo: a concentração de capitais

Os Estados Unidos tiveram uma rápida industrialização em meados do século XIX, estando o principal polo industrial situado no Nordeste do país. A indústria têxtil, as siderurgias, as metalúrgicas expandiam-se rapidamente.

No início do século XX, a indústria automobilística ganhava cada vez mais espaço na vigorosa economia norte-americana. Os grandes conglomerados financeiros e industriais fundiam-se, surgindo empresas **monopolistas**, ou seja, aquelas que sozinhas dominam o mercado, como também a formação de **oligopólios**, domínio de mercado por poucas empresas que fazem acordos entre si para manter uma situação de privilégio.

As três principais formas de monopólio são **trustes, cartéis** e *holdings*. Elas nem sempre são explícitas e fáceis de serem identificadas, mas se configuram em práticas presentes até os dias de hoje. Assim, vejamos:

- entende-se como **truste** um conjunto de empresas que se unem, ou que praticam fusão de suas

corporações com o intuito de preservar e ampliar o capital que elas controlam e representam, centralizando as decisões. Nessa prática, nem sempre as identidades das empresas são reveladas. O objetivo primordial dos trustes é manter uma política de preços elevada para assegurar alta lucratividade, muito acima do que se imperasse a livre concorrência;

- os **cartéis** são grupos de empresas sem relação direta entre si, embora de um mesmo segmento econômico, que por meio de acordos se unem e traçam uma política comum para manter o controle de todos os insumos e custos de produção, permitindo que se estabeleçam o preço, normalmente elevado, e a divisão das cotas de produção e do mercado conforme seus interesses;

- as *holdings* se caracterizam pelo agrupamento de empresas, controladas por uma delas. Pelo controle acionário, as demais são subsidiárias da empresa principal. Normalmente o papel da empresa controladora não é produtivo, mas é ela que estabelece as políticas e estratégias de ação do grupo de empresas que formam a *holding*.

Essas práticas econômicas iam ao encontro à proposta primordial do capitalismo, a **livre concorrência**, e aumentavam meteoricamente a lucratividade das grandes empresas, mas impediam que o mercado se autorregulasse, o que provocava o desaparecimento de empresas menores, incapazes de concorrer com os gigantes empresarias que se formavam.

Nesse sentido, para coibir essas práticas danosas à livre concorrência e ao capitalismo liberal que regia a economia norte-americana, surgiram as chamadas Leis Antitrustes. Essas leis visavam proibir o domínio do mercado por uma ou mais empresas. Em 1912, com a eleição do democrata à presidência dos EUA, Woodrow Wilson (1912-1920), surgiram novas leis para eliminar privilégios de segmentos de categorias profissionais e também leis para retirar grandes privilégios de pequenos grupos empresariais, por meio de mecanismos que coibiam o controle de mercado, aperfeiçoando as Leis Antitrustes.

## O fortalecimento da economia

Durante a Primeira Guerra Mundial, a economia norte-americana desenvolveu-se ainda mais: os Estados Unidos, até sua entrada no conflito, comerciaram com ambos os lados beligerantes, tornando-se a mais forte economia do mundo. As exportações norte-americanas não se restringiram aos produtos agrícolas e aos bens e mercadorias industriais. Uma nova frente muito promissora se abriu aos grandes conglomerados empresariais: abertura de créditos aos aliados, seguida da concessão de empréstimos à Inglaterra e à França. Na América Latina, os Estados Unidos foram tomando os mercados antes dominados por empresas inglesas. Em termos internos, houve nos EUA um aumento expressivo do mercado com a elevação do nível de emprego.

Com o fim da Primeira Guerra Mundial, em 1918, a posição norte-americana, diferentemente dos países vencedores europeus nos acordos de paz, não reivindicou nem propôs mecanismos que garantissem sua participação nas reparações financeiras de guerra pela Alemanha perdedora. Ao contrário, os EUA passaram a investir maciçamente no país derrotado.

A partir de 1918, a produção industrial norte-americana registrou índices econômicos decrescentes, pois não houve mais a criação de novos postos de trabalho como nos anos do conflito. Em virtude disso, entre 1919 e 1921 o país viveu a Pequena Crise, e diante da estagnação da produção e da piora dos índices econômicos os republicanos alcançaram a presidência, permanecendo por três períodos seguidos na Casa Branca (com os presidentes Warren Harding, Calvin Coolidge, Herbert Hoover).

Os republicanos propunham um forte **isolacionismo** do país, baseados na Doutrina Monroe – a América para os americanos –, e a volta do liberalismo econômico em toda sua plenitude. Diante disso, esquivaram-se das proposições internacionais importantes, recusando-se a participar das Ligas das Nações, por exemplo, pois acreditavam que cabia aos europeus buscar soluções para o continente devastado pela guerra.

A partir de 1922, embora os ingleses e franceses ainda dependessem do ressarcimento financeiro alemão pelas reparações de guerra para saldarem suas dívidas com os americanos, o pagamento dos empréstimos contraídos pela Inglaterra e França durante a Primeira Guerra começou a ser efetuado aos EUA. Com esse pagamento, os EUA retomaram o crescimento industrial, havendo aumento da produção no segmento automobilístico, incremento da tecnologia na produção, geração de novos empregos e elevação dos patamares de consumo da população norte-americana, o que levou à popularização de bens de consumo, como eletrodomésticos. Os edifícios luxuosos, com muitas dezenas de andares, tornaram-se os símbolos da prosperidade e do capitalismo norte-americanos: imponentes, ousados, onipresentes.

HULTON-DEUTSCH COLLECTION/CORBIS/LATINSTOCK

A Alemanha, depois de 1918, foi obrigada a pagar grandes somas de dinheiro aos vencedores, Inglaterra e França. Os Estados Unidos não foram ressarcidos pelos prejuízos da guerra, mas encontraram na Alemanha um local altamente promissor para a exportação de capitais que se converteram em investimentos altamente rentáveis.

A política econômica adotada pelos republicanos estimulava o desenvolvimento industrial interno, com fortes restrições às importações. Na segunda metade da década de 1920 a economia norte-americana já dava sinais de superprodução, e, por um princípio do liberalismo econômico clássico da não intervenção do Estado na economia, o país nada fez para evitar a catástrofe financeira que se avizinhava. O crédito fácil fazia parecer que tudo ia bem, que a oferta não estava superando a demanda.

**PRODUÇÃO INDUSTRIAL, EXPORTAÇÕES, EMPREGO E LUCROS NOS EUA**

## *Vivendo seu tempo*

### A prosperidade a partir de um anúncio

*Nesta descrição de um simples anúncio de 1926, identificamos a introdução de novas tecnologias e hábitos no cotidiano das famílias norte-americanas de bom poder aquisitivo.*

O anuário dos estudantes da Universidade de Stanford traz um anúncio de página inteira da Companhia Pacific de Telefones e Telégrafos. De forma nada surpreendente, ele apresenta o telefone como um meio que, ao tornar as viagens quase supérfluas, preenche em parte o sonho da humanidade de ser onipresente: "Faça uma viagem semanal para casa – através do telefone". Um desenho abaixo desse *slogan* mostra dois jovens elegantemente vestidos, aparentando ser estudantes universitários, sentados em frente a uma janela que dá vista para os principais prédios da universidade. Os dois usam gravata. O estudante da direita usa terno e fuma um cachimbo; seu companheiro usa um suéter esportivo e está falando no bocal de um telefone, pressionando a parte receptora do aparelho contra a orelha. A legenda diz: "Passei nos exames finais, mamãe!".

A tecnologia do telefone torna possível para este estudante celebrar a graduação de uma forma inédita e dispersiva: suas emoções estão em casa, seu corpo em Stanford, e sua voz nos dois lugares. Estabelecendo uma "emocionante" contiguidade entre dois indivíduos, a conexão telefônica, neste caso particular, é o equivalente funcional de um cordão umbilical: "Boas notícias para sua mãe ouvir. Ainda melhores (...) para você contar! E a emoção está justamente em contá-las à sua mãe!". O pai só é mencionado no contexto da vida cotidiana na universidade – e, mesmo assim, ele permanece em segundo plano (simbolizado por um desenho muito menor): "Descubra quanto prazer e estímulo você pode ganhar em conversas telefônicas semanais com sua mãe e seu pai". Claramente, os leitores-alvo deste texto são os estudantes universitários de famílias prósperas, para quem as chamadas de longa distância não são mais uma inovação sensacional, mas tampouco são um hábito normal.

*Fonte:* GUMBRECHT, H. U. *Em 1926:* vivendo no limite do tempo. Rio de Janeiro: Record, 1999. p. 263-264.

## A crise se avizinha

Mesmo com a produção a todo vapor e com os sinais de superprodução, as indústrias não diminuíram o seu ritmo de trabalho. O poder de compra do mercado interno se restringia e vários fatores complicaram ainda mais a dinâmica da economia mais poderosa do planeta.

A renda nacional ficou concentrada nas mãos de poucos – aproximadamente 5% da população detinha um terço da renda gerada no país. Em outras palavras, o poder de compra era efetivamente restrito a poucos; o crédito é que era cada vez mais facilitado. Esse fato foi significativo na retração do consumo interno.

A agricultura foi um dos setores que mais se ressentiram com o fim do *boom* de consumo durante a Primeira Guerra e nos primeiros anos que se seguiram ao fim dela. A crise nas áreas rurais chegou às cidades: aumentou o número de desempregados no campo que passaram a se dirigir às áreas urbanas; a inadimplência junto aos bancos que concediam crédito rural aumentou; a automação industrial também gerava desemprego e, portanto, redução na capacidade de consumo.

Aliado aos problemas da superprodução, outro fator de desestabilização econômica crescia: a especulação financeira, por meio da compra e venda das ações negociadas na Bolsa de Valores de Nova York. Embalados pelos altos lucros que conseguiam com as ações das grandes empresas, embora muitas delas já estivessem com seus estoques elevadíssimos e fortemente endividadas, as negociações de ações e expectativas de lucros futuros continuavam, embora as condições financeiras das empresas demonstrassem que havia o risco de um colapso. Desde 1925 as ações valorizavam-se de forma superficial, pois havia superprodução e queda no consumo.

Em meados de 1929, o preço das ações das empresas atingia valores altíssimos, porém sem lastro correspondente. Por mais que os investidores e os corretores da Bolsa de Nova York não se inteirassem dessa situação artificial, iniciou-se uma grande venda de ações por parte de empresários que desejavam levantar recursos para manter a produção de suas empresas. Em 24 de outubro, entretanto, na Bolsa de Nova York, milhões de dólares de ações foram postos à venda. Essa atitude mostrou-se desastrosa, gerando pânico entre os investidores que não conseguiram vender suas ações.

O nervosismo tomou conta de Wall Street, centro financeiro de Nova York, onde se situa a Bolsa de Valores. Diante da possibilidade de enormes prejuízos, pequenos, médios e grandes investidores queriam se desfazer dos papéis (ações das empresas) – como não encontraram compradores, provocaram com isso uma vertiginosa queda nas cotações. Era a quebra da bolsa de Nova York.

A especulação crescia assustadoramente na Bolsa de Valores de Nova York, no final da década de 1920. Muitos faziam empréstimos para comprar ações, esperando saldá-los com o lucro de revenda delas. Na foto, imagem do interior da Bolsa de Nova York.

## Saiba mais

### O que são ações?

Ação é uma porção de uma empresa. Com uma ou mais porções da empresa, você se torna sócio dela. Sendo mais formais, podemos definir ações como títulos nominativos negociáveis que representam, para quem as possui, uma fração do capital social de uma empresa.

*Fonte:* Cartilha Bovespa 2004.

# O caos social e econômico

A crise atingiu em cheio a economia norte-americana: a produção industrial despencou e o número de desempregados pulou de 3 milhões (em abril) para 4 milhões (em outubro de 1930); um ano depois eram 7 milhões e em 1933 somavam 12 milhões. De 1929 a 1933 a produção industrial retrocedeu: em 1932 era 38% menor que em 1929.

Devido à interdependência do sistema capitalista, a crise espalhou-se rapidamente pelo mundo. Os EUA eram o maior credor dos países europeus e latinos e passaram a exercer forte pressão no sentido de receberem seus pagamentos. Com a quebra industrial norte-americana, as exportações de produtos fabricados nos EUA caíram, mas também diminuíram suas importações. Os estoques aumentavam e não encontravam compradores.

Tal situação era agravada pelo "fechamento" dos mercados externos, por meio de altas tarifas protecionistas e pelo desemprego em massa, reduzindo o poder aquisitivo dos consumidores. Os países latino-americanos, por exemplo, foram os mais afetados, pois viviam da exportação de gêneros primários, sendo seu principal comprador os Estados Unidos. Assim, o Brasil teve uma redução significativa nas suas exportações, gerando uma crise sem precedentes na cafeicultura, carro-chefe da nossa pauta de exportações.

Em 1932 havia mais de 32 milhões de desempregados no mundo e milhões de outros subempregados. A produção industrial e a atividade econômica caíram enormemente, provocando uma queda brutal nos preços das mercadorias e a sensível diminuição dos lucros e resultados econômicos. Nesse mesmo ano, a Alemanha tinha 40% de sua população desempregada e sua produção voltou aos níveis praticados em fins do século XIX.

O COMÉRCIO INTERNACIONAL NOS ANOS 1920-1930

bilhões de US$  1929

CARTOGRAPHIE LATITUDE – ADAP.

Depois da crise de 1929, milhões de americanos sobreviviam com ajuda estatal e de órgãos de caridade, como a distribuição de sopas para os desempregados.

ROGER-VIOLLET/TOPFOTO/KEYSTONE

# O New Deal

A sociedade americana arrasada economicamente elegeu, em novembro de 1932, o democrata Franklin Delano Roosevelt presidente dos Estados Unidos. Nesse ano, cerca de 17 milhões de americanos dependiam da ajuda governamental para sobreviver (por exemplo, da distribuição gratuita de sopa para matar a fome).

Roosevelt, em seu discurso de posse, tentando encorajar seus compatriotas, afirmou:

*O único medo que devemos ter é do próprio temor. Uma multidão de cidadãos desempregados enfrenta o grave problema da subsistência e um número igualmente grande recebe pequeno salário pelo seu trabalho. Somente um otimista pode negar as realidades sombrias do momento.*

Diante do caos, Roosevelt pôs em prática, em 1933, um plano econômico, o **New Deal** (Novo Acordo), que se baseava em reformas sociais e na intervenção ativa do Estado na economia, deixando de lado o liberalismo econômico clássico. O plano foi elaborado por renomados economistas, entre eles o inglês John Maynard Keynes (1883-1946).

O keynesianismo, a teoria econômica de Keynes, propunha que para combater o desemprego não bastava baixar os salários, mas aumentar a demanda. Na sua visão, a política antidesemprego deveria ser patrocinada pelo governo. Para tal, era necessário que o Estado passasse a intervir diretamente na economia, fazendo grandes investimentos em obras públicas que criariam empregos. Passava a ser papel do Estado a regulamentação da economia com a diminuição das taxas de juro e aumento dos investimentos que resultassem na redistribuição de riquezas.

O modelo norte-americano e as ideias keynesianas tiveram grande receptividade, nas décadas seguintes, principalmente na Europa, em países como Inglaterra, França e Alemanha, que criaram o Estado do Bem-Estar Social (*Welfare State*), um sistema estatal que garante à população assistência médica, educação e aposentadoria, entre outros benefícios sociais.

Essa concepção neocapitalista embutida no *New Deal* não significou de modo algum alterações na base do sistema econômico. Os princípios fundamentais do capitalismo foram preservados, como a livre-iniciativa, a propriedade privada e os meios de produção. O Estado norte-americano, principalmente pelos maciços investimentos feitos na construção civil e em obras públicas, conseguiu recuperar a economia, tendo como contrapartida o fortalecimento do Estado e também a concentração de renda e de investimentos nas mãos de grandes conglomerados monopolistas, entre eles Morgan, Rockfeller, Khun, Loeb, Dupont.

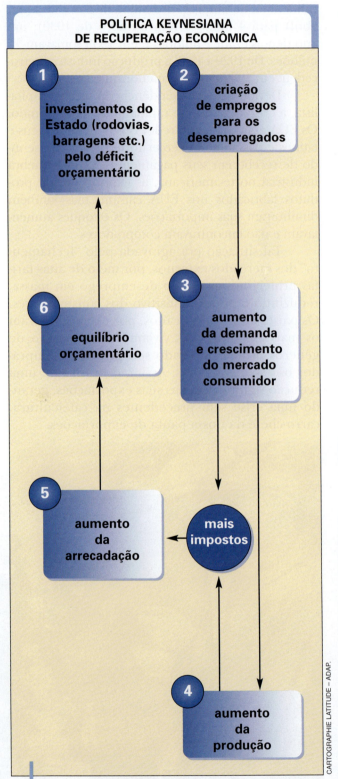

**POLÍTICA KEYNESIANA DE RECUPERAÇÃO ECONÔMICA**

1. investimentos do Estado (rodovias, barragens etc.) pelo déficit orçamentário
2. criação de empregos para os desempregados
3. aumento da demanda e crescimento do mercado consumidor
4. aumento da produção
5. aumento da arrecadação
6. equilíbrio orçamentário

mais impostos

O gráfico exemplifica a política keynesiana a partir de dois pontos básicos: realização de investimentos governamentais (1) e a meta de gerar empregos (2). Todos os demais aspectos resultam dessas duas premissas.

CARTOGRAPHIE LATITUDE – ADAP.

## A pressão de Roosevelt e o "esforço de guerra" para salvar a economia americana

*No discurso de posse do presidente Franklin D. Roosevelt, proferido em 4 de março de 1933, o presidente refere-se às condições excepcionais pela qual o país atravessava e que contava com o apoio do Congresso para empreender o "abandono temporário" de alguns procedimentos, mas que não seria refém do Legislativo para adotar medidas radicais, comparando a crise do início de seu governo a um ataque de um exército inimigo.*

(...) Nossa Constituição é tão simples e tão prática que sempre é possível atender necessidades extraordinárias mediante alterações de ênfase e de interpretação, sem que se abandone a forma essencial...

Podemos esperar que o jogo normal dos poderes Executivo e Legislativo seja perfeitamente adequado para realizar a tarefa que nos cabe. Mas a exigência de uma ação urgente, sem precedentes, pode exigir o abandono temporário do jogo normal do procedimento público.

Estou disposto a propor, em virtude de meu dever constitucional, as medidas que uma nação ferida em um mundo ferido pode exigir. Essas medidas, assim como todas as outras que o Congresso, em sua sabedoria e experiência, vier a elaborar, ou tentarei, nos limites de meu poder constitucional, implementar rapidamente. Mas, se o perigo nacional tornar-se crítico, não me furtarei ao dever evidente que precisarei então enfrentar.

Solicito ao Congresso a única arma que resta para combater a crise, um amplo poder executivo para ganhar a guerra contra o perigo, um poder tão amplo quanto aquele que me seria concedido se nossa nação estivesse invadida por um exército inimigo.

Disponível em: <http://www2.uol.com.br/historiaviva/reportagens/new_deal_-_a_grande_virada_americana_imprimir.html>. *Acesso em:* 25 ago. 2015.

**1)** Explique por que a ampliação de direitos solicitada por Roosevelt era comparável a um esforço de guerra.

## Os principais efeitos da Grande Depressão

Como vimos, a interdependência da economia capitalista permitiu que a crise de 1929 tivesse reflexos no mundo todo, e mais duramente na Europa que estava em reconstrução no pós-Primeira Guerra Mundial. A crise econômica teve consequências nos diferentes governos. Na Europa, por exemplo, diante da incapacidade de responder aos desafios como a desaceleração da economia e o aumento do desemprego, muitos movimentos irromperam e exigiram mudanças. Os ventos liberalizantes do imediato pós-guerra foram sucedidos por defesas de um Estado forte, com concentração de poderes. Havia uma dupla desconfiança: tanto do estado democrático liberal, de sua capacidade de gerir a crise e alavancar a economia, como dos movimentos de trabalhadores de motivação socialista, inspirados na União Soviética.

Na Europa, os caminhos conhecidos e experimentados nos anos 1920, a tradição liberal e o socialismo, não tinham o apelo suficiente para se estabelecer diante da grave crise econômica e das feridas deixadas pela Primeira Guerra. A crise estimulou a ascensão de regimes fortes e levou ao poder grupos políticos nacionalistas e totalitários.

## As crises e seus ciclos

A certeza do liberalismo econômico de que o capitalismo funcionaria espontaneamente como um sistema autorregulador sem necessidade de atuação do estado foi fortemente abalada após a crise de 1929. Com a dureza do golpe, o keynesianismo assim como o Estado do Bem-Estar Social permaneceram como ideais hegemônicos entre as potências ocidentais, até a crise do petróleo nos anos 1970. Mais uma vez, com a crise mundial, uma nova interpretação sobre os problemas do sistema econômico deu origem a outro paradigma capitalista atual: o neoliberalismo, uma releitura do liberalismo pré-crise de 1929.

Tampouco mais essa transformação dos moldes capitalistas trouxe o fim das grandes crises, pelo contrário: quando elas não estão acontecendo são, no mínimo, esperadas. Mesmo crises supostamente mais locais acabam por se espalhar pela economia global e causam temores mundo afora – sejam originadas na periferia ou no centro do sistema. A expectativa de desvalorização, o medo dos investidores e governos por si só servem de fermento para as crises.

Karl Marx demonstrou ainda no século XIX que o capitalismo necessitava da crise para se renovar. Com seus conflitos internos, o sistema se transformaria e destruiria suas características obsoletas em um progresso ao mesmo tempo devastador – "tudo que é sólido desmancha no ar" – e construtor de uma nova ordem. No entanto, para além da crítica do sistema econômico, a ideia de "crise" tornou-se onipresente no vocabulário atual, seja para abordar a economia, a política ou a cultura. A "crise" é apontada na moral, nas artes, nas instituições da família e do matrimônio, na escola, nos esportes ou em qualquer aspecto relevante da sociedade. Como apontou o filósofo alemão Reinhart Koselleck a respeito da contínua presença da ideia de "crise" na contemporaneidade, com o desenvolvimento da crítica do mundo burguês moderno e a possibilidade de planificação da história, a própria política foi reduzida a "construções utópicas do futuro" como uma "tarefa constante da existência humana", e, assim, a crise política do presente surge quando a situação é confrontada com as possibilidades em relação ao futuro. Podemos afirmar, portanto, que na própria gênese do nosso mundo burguês e do capitalismo habita a ideia de crise.

## Cinemateca

**Reds** (1981, EUA, dir.: Warren Beatty) A cinebiografia do jornalista americano John Reed que, juntamente com sua esposa, esteve presente na Revolução Russa de 1917 e sonhou em liderar uma revolução semelhante nos Estados Unidos.

## Revisitando a História

**1.** Releia os três decretos da Revolução de Outubro de 1917 e, a partir deles e da caracterização da sociedade russa no tempo dos czares, copie o quadro abaixo no seu caderno e o preencha:

| DECRETO | SITUAÇÃO ANTERIOR À REVOLUÇÃO | SOLUÇÃO ENCAMINHADA PELO DECRETO |
|---|---|---|
| Sobre a Terra (26 out. 1917) | | |
| Sobre a Paz (26 out. 1917) | | |
| Sobre as Nacionalidades (2 nov. 1917) | | |

**2.** Cite e explique dois aspectos que tornam a Revolução Russa de Outubro de 1917 um marco político para o século XX.

**3.** Analise como o autoritarismo dos czares contribuiu para estimular o surgimento de movimentos políticos intensos na Rússia do início do século XX.

**4.** Em que medida a guerra foi um dos propulsores da Revolução Russa?

**5.** Quais os principais grupos políticos envolvidos no processo revolucionário?

**6.** Qual a importância de Lênin para o êxito do processo revolucionário?

**7.** O que foi a NEP?

**8.** Explique quais as principais divergências entre Trotski e Stálin.

**9.** Caracterize o período do governo de Stálin quanto à economia, à política e à vida cultural na Rússia.

**10.** Relacione as principais reivindicações dos revolucionários mexicanos e a defesa de princípios políticos liberais.

**11.** Por que a questão agrária era importante para o contexto da Revolução Mexicana?

**12.** "A Revolução e as instituições derivadas dela, são obra das distintas gerações que, (...) em 1910, sacudiram a ditadura de trinta anos; em 1913, reivindicaram a soberania nacional e iniciaram as reformas sociais, e, em 1928, instauraram o regime institucional por conta do qual estamos aqui reunidos."

Discurso de Lázaro Cárdenas em 1934.
PARTIDO NACIONAL REVOLUCIONÁRIO, *La Jira del General Lázaro Cárdenas*, México, 1934. p.142.

Nesse discurso, Cárdenas procura dar unidade a toda Revolução Mexicana, como se dentro desse movimento não tivessem existido conflitos entre diferentes interesses dentro do próprio movimento revolucionário. Questione a unidade da Revolução Mexicana apontando os diferentes interesses de grupos revolucionários e os conflitos daí derivados.

**13.** Como a concentração de capitais contribuiu para a crise de 1929?

**14.** O que são cartéis? Por que eles contrariam o princípio capitalista da livre-iniciativa?

**15.** O que foi o *New Deal*? Como explicar os pressupostos desta política econômica em relação aos princípios do liberalismo econômico?

**16.** Por que no discurso de posse o presidente Roosevelt fez referências a medidas excepcionais para conter a crise? Por que as medidas adotadas por ele podem ser classificadas dessa forma?

**17.** Explique por que a intervenção do Estado na economia era uma resposta à crise e ao contexto político que se vivia à época.

**18.** Qual a relação existente entre a Grande Depressão da economia norte-americana e a crise econômica mundial depois de 1929?

# Analise esta imagem

A propaganda socialista era uma das estratégias de comunicação do regime que se instaurava. Artistas e simpatizantes do processo revolucionário tentavam difundir a força do movimento proletário. No cartaz ao lado, feito por Valentina Kulagina, em 1930, slogan é, "Em defesa da URSS".

a) Como estão representados os soldados russos?
b) Qual a importância da cor vermelha no cartaz?
c) Por que há referências às indústrias no cartaz?
d) Por qual situação política e econômica a União Soviética estava passando nos anos 1930? Como o cartaz refere-se a este período?

# Debatendo ideias

"No pior período da Depressão (1932-3), 22 a 23% da força de trabalho britânica e belga, 24% da sueca, 27% da americana, 29% da austríaca, 31% da norueguesa, 32% da dinamarquesa, e nada menos que 44% da alemã não tinha emprego."

HOBSBAWM, E. *Op. cit.* p. 97.

A economia capitalista tem enfrentado ciclos de crise e expansão econômica. Os efeitos, além de nos dados econômicos, são perceptíveis em dados como o desemprego. Discuta com seus amigos sobre a seguinte questão: mesmo em fases de crescimento econômico, quais as causas para que o desemprego permaneça em patamares elevados?

# Questões de vestibular

**1.** (PUC – SP) Leia o trecho a seguir:

O povo estava farto da guerra e havia perdido toda a confiança no czar. (...) O próprio czar fora para o Quartel-General para proteger-se; e quando tentou voltar para Petrogrado os trabalhadores ferroviários detiveram seu trem. Todo o mecanismo da monarquia havia parado; o czar (...) havia tentado dissolver a Quarta Duma, tal como fizera com as anteriores, mas desta vez os parlamentares se recusaram a se dispersar, e formaram um Comitê Provisório, que nomeou o Governo Provisório.

WILSON, E. *Rumo à Estação Finlândia.*
São Paulo: Companhia das Letras, 1987.

Sobre as circunstâncias em que se desenvolveram os fatos descritos acima, é correto afirmar que:

a) a derrubada da monarquia, em março de 1917, na Rússia, foi conduzida pelos bolcheviques – parlamentares que controlaram o poder na Duma, durante todo o Governo Provisório;

b) a precipitação do processo revolucionário russo foi produzida pela manutenção desse país na Primeira Guerra Mundial, o que resultou em 4 milhões de baixas, aproximadamente;

c) os sovietes – comitês locais de trabalhadores – funcionaram, desde sua criação em 1906, sob liderança dos bolcheviques, que buscavam espaço de atuação no governo czarista;

d) as movimentações sociais que resultaram na queda da monarquia russa, em 1905, tornaram-se conhecidas como "Ensaio Geral", já que funcionaram como antecâmara da revolução socialista;

e) o deputado Kerensky representou, no governo provisório, em 1917, as posições mencheviques que, com a palavra de ordem "Todo Poder aos Soviéticos", reivindicavam maior participação popular.

**2.** (FUVEST – SP) Há controvérsias entre historiadores sobre o caráter das duas grandes revoluções do mundo contemporâneo, a Francesa de 1789 e a Russa de 1917; no entanto, existe consenso sobre o fato de que ambas:

a) fracassaram, uma vez que, depois de Napoleão, a França voltou ao feudalismo com os Bourbons e a União Soviética, depois de Gorbatchev, ao capitalismo;

b) geraram resultados diferentes das intenções revolucionárias, pois tanto a burguesia francesa quanto a russa eram contrárias a todo tipo de governo autoritário;

c) puseram em prática os ideais que as inspiraram, de liberdade e igualdade e de abolição de classes e do Estado;

d) efetivaram mudanças profundas que resultaram na superação do capitalismo na França e do feudalismo na Rússia;

e) foram marcos políticos e ideológicos, inspirando, a primeira, as revoluções até 1917, e a segunda, os movimentos socialistas até a década de 1970.

**3.** (CESGRANRIO – RJ) Desde os primeiros dias da Revolução, o nosso partido teve a firme convicção de que a lógica dos acontecimentos o levaria ao poder.

Leon Trotsky

Tal convicção foi posteriormente confirmada e a Revolução Russa de 1917 caracterizou-se como um dos mais importantes acontecimentos históricos da primeira metade do século XX, na medida em que significou a tentativa de se implantar o primeiro Estado socialista, experiência, até então, sem precedentes. Entre os fatores que favoreceram a eclosão dessa Revolução, identificamos corretamente o(a):

a) desenvolvimento tardio do capitalismo industrial na Rússia, que favoreceu o afastamento da aristocracia rural e do exército da base de poder da monarquia czarista, substituídos pela burguesia e pelo operariado;

b) acirramento da crise econômica e social decorrente da participação da Rússia na Primeira Guerra Mundial, que agravou a carestia generalizada de alimentos e as greves, e enfraqueceu a autoridade governamental do czar;

c) substituição da autocracia czarista por um governo fundamentado em uma monarquia parlamentar liberal, que ampliou os direitos políticos individuais fortalecendo os partidos políticos, inclusive os mencheviques revolucionários;

d) Revolução Burguesa de 1905, que concedeu autonomia política e administrativa às nacionalidades que formavam o Império Russo, implementando uma política de reforma agrária que extinguiu os privilégios da aristocracia fundiária e da Igreja Ortodoxa;

e) vitória dos bolcheviques e mencheviques nas eleições da Duma legislativa (1906) convocadas pelo czar, após o "Domingo Sangrento", na qual obtiveram uma maioria parlamentar que possibilitou a implantação de diversas reformas econômicas socializantes.

**4.** (FUVEST – SP)

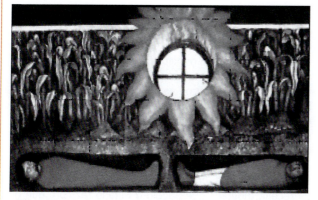

Diego Rivera, *O sangue dos mártires da revolução fertilizando a terra.* Mural pintado em 1927.

Neste mural, o pintor mexicano retratou a morte de Emiliano Zapata. Observando a pintura, é correto afirmar que Rivera:

a) foi uma rara exceção, na América Latina do século XX, pois artistas e escritores se recusaram a relacionar arte com problemas sociais e políticos;

b) retratou, no mural, um tema específico, sem semelhanças com a situação dos camponeses de outros países da América Latina;

c) quis demonstrar, no mural, que, apesar da derrota armada dos camponeses na Revolução Mexicana, ainda permaneciam esperanças de mudanças sociais;

d) representou, no mural, o girassol e o milharal como símbolos religiosos cristãos, próprios das lutas camponesas da América Latina;

e) transformou-se numa figura única na história da arte da América Latina, ao abandonar a pintura de cavalete e fazer a opção pelo mural.

**5.** (UERJ) O problema agrário está na base dos conflitos sociais e políticos da História do México, desde a independência até a revolução. Todas as tentativas de mudança estrutural – Independência, Reforma, Porfiriato, Revolução – decorrem da necessidade essencial de resolver essa questão-chave.

AMÉRICO NUNES. *Adaptado de: As Revoluções do México.* São Paulo: Perspectiva, 1980.

Identifique o problema agrário ao qual se refere o autor do texto e estabeleça sua relação com a Revolução Mexicana de 1910.

**6.** (UFS – SE) Entre as consequências da Revolução Russa para a história do século XX, pode-se considerar:

(0) o reforço do poder do Vaticano na Europa Oriental e na Ásia, pois a Igreja Católica era anticapitalista e favorável a uma sociedade igualitária.

(1) a implantação do regimes totalitários, de tipo soviético, em vários países das Américas, como Bolívia, Paraguai, México e Cuba.

(2) o apoio da burguesia a regimes fascistas em vários países da Europa, como a Itália e Alemanha, com medo das revoluções socialistas inspiradas no exemplo russo.

(3) a divisão do mundo em duas grandes zonas de influência – capitalista liberal e socialista soviética – após a II Guerra Mundial.

(4) a volta de monarquias inspiradas no Antigo Regime, apoiadas pelas burguesias europeias, temerosas da expansão dos ideais revolucionários.

**7.** (UFAL) As riquezas geradas pelo crescimento do capitalismo provocavam disputas entre as grandes potências com seus projetos imperialistas já no limiar do século XX. Muitos desses conflitos levaram o mundo a conviver com uma grande guerra violenta e uso de armas diferentes. Em 1919, as negociações em busca da paz:

a) tiveram êxito, não deixando rancores e nem sentimentos de vinganças entre os países da Europa.

b) foram dirigidas pelas propostas dos Estados Unidos, garantindo a volta da democracia na Europa Ocidental.

c) deixaram os alemães insatisfeitos com as propostas feitas, criando tensões e sentimentos de revanchismo.

d) tornaram os Estados Unidos a maior potência do Ocidente e um aliado incondicional dos povos europeus.

e) transformaram a vida internacional, melhorando as relações diplomáticas e fortalecendo a economia internacional.

**8.** (UFMG) Observe esta figura:

As imagens reunidas nessa figura expressam dois momentos significativos da vida econômica e social norte-americana: a riqueza dos anos 20 do século XX, traduzida pela crença otimista no modo de vida americano – o *American way of life* –, popularizado durante o *New Deal*, e a depressão econômica dos anos 30 do mesmo século, com suas enormes filas de pobres e desempregados.

Esses dois momentos estiveram relacionados à:

a) alta crescente dos preços agrícolas, que impediram o deslocamento do poder aquisitivo para a compra de bens industriais e serviços;

b) decisão norte-americana de reduzir o ritmo da produção industrial e agrícola alcançado no período da Guerra de 1914-1918;

c) expansão da oferta de mercadorias, da publicidade e da indústria do lazer favorecidas pelo crédito fácil e aliadas à especulação com ações;

d) onda puritana que fortaleceu o espírito de poupança, contendo os investimentos da classe média e do operariado.

**9.** (UFG – GO) A crise de 1929 abalou os Estados Unidos. Em 1933, Franklin Delano Roosevelt foi eleito com o objetivo de recuperar o país por meio do programa conhecido como *New Deal*, que propunha

a) a defesa do isolacionismo e do planejamento econômico, por meio das quais os Estados Unidos abdicavam do engajamento em questões internacionais.

b) a mudança do centro das decisões econômicas de Nova York, símbolo do poder dos grandes banqueiros, para Washington, sede do poder federal.

c) a redução das importações estadunidenses que afetaram os países dependentes de seu mercado, repatriando capitais norte-americanos.

d) a intervenção e o planejamento do Estado na economia, em quatro setores: agricultura, trabalho, segurança social e administração.

e) o conservadorismo em questões econômicas e na política externa, ampliando a "missão civilizadora" dos Estados Unidos.

**10.** (UFES) (...) Tanto homens de negócios quanto governos tinham tido a esperança de que, após a perturbação temporária da Guerra Mundial, a economia mundial de alguma forma retomasse aos dias felizes de antes de 1914. (...) Contudo, o reajuste mostrou-se mais difícil que o esperado. Os preços e o "boom" desmoronaram em 1929 (...).

HOBSBAWM, E. J.
*A Era dos Extremos:* o breve século XX – 1914-1991.
São Paulo: Companhia das Letras, 1995. p. 93-4.

O período de depressão retratado no texto foi seguido por mudanças políticas substantivas em nível mundial, dentre as quais é correto citar:

a) o fortalecimento das democracias liberais, aumentando a preocupação para com os direitos individuais do cidadão;

b) a consolidação do pluripartidarismo e da autonomia dos órgãos legislativos, que antes eram subjugados ao poder Executivo;

c) o crescimento dos regimes totalitários, com ênfase na propaganda nacionalista como instrumento de mobilização das massas;

d) a implementação de políticas econômicas baseadas no livre comércio e sem intervenção do Estado, a exemplo de *New Deal* dos EUA;

e) o surgimento de grandes estadistas que representavam partidos de "centro esquerda" e defendiam propostas de desenvolvimento econômico com justiça social.

**11.** A crise de 1929 e dos anos subsequentes teve sua origem no grande aumento da produção industrial e agrícola, nos EUA, ocorrido durante a 1ª Guerra Mundial, quando o mercado consumidor, principalmente o externo, conheceu ampliação significativa. O rápido crescimento da produção e das empresas valorizou as ações e estimulou a especulação, responsável pela "pequena crise" de 1920-21. Em outubro de 1929, a venda cresceu nas Bolsas de Valores, criando uma tendência de baixa no preço das ações, o que fez com que muitos investidores ou especuladores vendessem seus papéis. De 24 a 29 de outubro, a Bolsa de Nova York teve um prejuízo de US$ 40 bilhões. A redução da receita tributária que atingiu o Estado fez com que os empréstimos ao exterior fossem suspensos e as dívidas, cobradas; e que se criassem também altas tarifas sobre produtos importados, tornando a crise internacional.

*Adaptado de:* RECCO, C. *História:* a crise de 29 e a depressão do capitalismo.
*Disponível em:* <http://www1.folha.uol.com.br/folha/educacao/ult305u11504.shtml>.
*Acesso em:* 26 out. 2008.

Os fatos apresentados permitem inferir que:

a) as despesas e prejuízos decorrentes da 1ª Guerra Mundial levaram à crise de 1929, devido à falta de capital para investimentos.

b) o significativo incremento da produção industrial e agrícola norte-americana durante a 1ª Guerra Mundial consistiu num dos fatores originários da crise de 1929.

c) a queda dos índices nas Bolsas de Valores pode ser apontada como causa do aumento dos preços de ações nos EUA em outubro de 1929.

d) a crise de 1929 eclodiu nos EUA a partir da interrupção de empréstimos ao exterior e da criação de altas tarifas sobre produtos de origem importada.

e) a crise de 1929 gerou uma ampliação do mercado consumidor externo e, consequentemente, um crescimento industrial e agrícola nos EUA.

# capítulo 43

# Regimes totalitários

*Com o fim da Primeira Guerra Mundial, o mundo europeu iniciava a sua reconstrução, após as assinaturas dos Tratados de Paz. A "paz dos vencedores" foi uma vitória amarga. A situação europeia fez surgir movimentos totalitários como o fascismo, na Itália, o nazismo, na Alemanha, e o stalinismo, na Rússia. A manifestação de governos totalitários marcou o século XX e reacendeu os conflitos que levaram à Segunda Guerra Mundial. Os regimes totalitários tem uma ideologia de exclusão, governo forte, vigilância política e controle estatal sobre diferentes esferas do cotidiano, como a economia, imprensa, escolas etc. Porém, os três regimes citados possuíam finalidades diferentes, como poderemos observar ao longo do capítulo.*

## O totalitarismo na Itália, Alemanha e Rússia

Os ventos liberais do pós-guerra tiveram seu refluxo ainda na década de 1920. A vitória dos Estados que adotavam a democracia liberal não estava plenamente assegurada: as fragilidades dos regimes e a catastrófica situação econômica colocavam os novos governos sob pressão. Setores descontentes utilizaram-se de discursos nacionalistas extremistas e aproveitaram a insatisfação com os governos do pós-guerra para ampliar a sua penetração nas sociedades europeias e defender a adoção de um Estado forte.

A Itália e a Alemanha são os dois países onde o autoritarismo se difundiu, sendo dominados, respectivamente, pelo fascismo e o nazismo.

Na Rússia, surgiu a versão de esquerda do mesmo fenômeno. Josef Stálin (1879-1953) tomou o poder após dois episódios: a morte de Lênin ocorrida em 1924 e a disputa com o comandante da Guarda Vermelha, León Trotski. Stálin assumiu o controle do governo da União das Repúblicas Socialistas Soviéticas (URSS), designação assumida pela Rússia e outros países após 1922. Com grande controle econômico por parte do Estado a partir da NEP (Nova Política Econômica), da coletivização do trabalho, da centralização do poder e da perseguição aos opositores, o regime socialista soviético adquiria características totalitárias sob o domínio de Stálin.

Embora houvesse diferenças entre os regimes políticos que levaram à derrota o modelo liberal-democrático do pós-guerra, em partes da Europa podemos destacar os seguintes pontos comuns às novas forças políticas:

- forte autoritarismo e hostilidade aos princípios políticos liberais – repressão a movimentos oposicionistas, utilização da polícia e do aparato militar para coagir a organização política, exaltação do líder político e da concentração de poder, bem como símbolos visuais fortes;
- recusa dos princípios liberais de organização política – os Estados totalitários não possuem a independência de poderes, pluripartidarismo ou garantia de direitos individuais.

Outras características comuns ao **fascismo** e ao **nazismo** são:

- oposição a qualquer revolução social, ou seja, o combate ao comunismo e aos movimentos de trabalhadores que pudessem questionar a ordem social;
- nacionalismo – o discurso da humilhação nacional diante dos resultados da guerra e dos acordos de paz que justificavam ações violentas para a obtenção do "progresso nacional" e, de alguma forma, assegurar o apoio popular às causas do Estado autoritário.

No caso do **stalinismo**, entretanto, observam-se algumas características específicas em relação aos dois aspectos anteriores:

- não há oposição à revolução social, mas oposição radical a qualquer movimento que não estivesse sob o controle do Partido Comunista e, consequentemente, os movimentos sociais estavam subordinados à vontade centralizadora dos dirigentes partidários;

o em vez de fomentar o nacionalismo, o stalinismo propagava o princípio de que o Partido Comunista representava a vontade das classes trabalhadoras e estava justificada qualquer repressão aos inimigos da classe.

O fascismo era a grande novidade política dos anos 1920, pois o liberalismo e o socialismo já eram conhecidos. Benito Mussolini, o líder do partido fascista, tomou o poder na Itália em 1922. A partir do modelo italiano, outros países adotaram regimes que tinham profundas semelhanças com o Estado fascista, como Alemanha, Espanha, Portugal, Bulgária, Polônia, Hungria, com influências inclusive no Brasil.

## *Disseram a respeito*

### O que é um governo totalitário

Podemos indagar se o governo totalitário (...) é apenas um arranjo improvisado que adota os métodos de intimidação, os meios de organização e os instrumentos de violência do conhecido arsenal político da tirania, do despotismo e das ditaduras, e deve a sua existência apenas ao fracasso, deplorável mas talvez acidental, das tradicionais forças políticas – liberais ou conservadoras, nacionais ou socialistas, republicanas ou monarquistas, autoritárias ou democratas. Ou se, pelo contrário, existe algo que se possa chamar de *natureza* do governo totalitário, se ele tem essência própria e pode ser comparado com outras formas de governo conhecidas (...).

Em vez de dizer que o governo totalitário não tem precedentes, poderíamos dizer que ele destruiu a própria alternativa sobre a qual se baseiam (...) todas as definições da essência dos governos, isto é, a alternativa entre o governo legal e o ilegal, entre o poder arbitrário e o poder legítimo. Nunca se pôs em dúvida que o governo legal e o poder legítimo, de um lado, e a ilegalidade e o poder arbitrário, de outro, são aparentados e inseparáveis. No entanto, o totalitarismo nos coloca diante de uma espécie totalmente diferente de governo. (...) Mas não opera sem a orientação de uma lei, nem é arbitrário, pois afirma obedecer rigorosa e inequivocamente àquelas leis da Natureza ou da História que sempre acreditamos serem a origem de todas as leis.

A afirmação monstruosa e, no entanto, aparentemente irrespondível do governo totalitário é que, longe de ser "ilegal", recorre à fonte de autoridade da qual as leis positivas recebem a sua legitimidade final; que, longe de ser arbitrário, é mais obediente a essas forças sobre-humanas que qualquer governo jamais o foi; e que, longe de exercer o seu poder no interesse de um só homem, está perfeitamente disposto a sacrificar os interesses vitais e imediatos de todos à execução do que supõe ser a lei da História ou a lei da Natureza. (...)

A legitimidade totalitária, desafiando a legalidade e pretendendo estabelecer diretamente o reino da justiça na terra, executa a lei da História ou da Natureza sem convertê-la em critérios de certo e errado que norteiem a conduta individual. Aplica a lei diretamente à humanidade, sem atender à conduta dos homens. Espera que a lei da Natureza ou a lei da História, devidamente executada, engendre a humanidade como produto final; essa esperança – que está por trás da pretensão de governo global – é acalentada por todos os governos totalitários. A política totalitária afirma transformar a espécie humana em portadora ativa e inquebrantável de uma lei à qual os seres humanos somente passiva e relutantemente se submeteriam.

Fonte: ARENDT, H. *Origens do Totalitarismo*: antissemitismo, imperialismo, totalitarismo. São Paulo: Companhia das Letras, 1989. p. 512-514.

**1)** De que forma o regime totalitário busca legitimar-se? Explique.

## O fascismo na Itália

O nacionalismo italiano foi extremamente exacerbado após a Primeira Guerra Mundial. Tendo sido uma das nações vencedoras, a Itália, que teve mais de 600 mil mortos no conflito, não se sentiu recompensada nos Tratados de Paz. Suas reivindicações territoriais não foram atendidas.

Combatentes frustrados, jovens nacionalistas e conservadores alimentavam a exaltação entre os italianos. Questionavam se a guerra havia sido inútil e se tantos mortos e feridos não haviam lutado em vão.

As condições econômicas também alimentaram uma situação de crise. O regresso de milhares de soldados ao país e o fechamento das indústrias bélicas acentuavam o problema do desemprego, num país que enfrentava outros problemas, como inflação descontrolada e a perda do poder de compra dos trabalhadores.

Organizados, os trabalhadores ocuparam fábricas, realizaram grandes greves em 1919 e propagaram os ideais socialistas na Itália. Mais de 2 milhões de trabalhadores integravam a Central Geral do Trabalho, e o Partido Socialista, obteve uma expressiva votação nas eleições daquele ano, alcançando um terço das vagas na Câmara dos Deputados.

Essas conquistas eleitorais da esquerda assustavam os setores conservadores. O regime liberal começava a ser contestado pela burguesia. Muitos setores passaram a apoiar o Partido Fascista, que prometia liquidar pela força o poder dos sindicatos e a ameaça representada por socialistas e comunistas.

A atuação dos fascistas envolvia dois campos: a ação armada e o processo eleitoral. Na ação armada constituíram grupos denominados **esquadras**, que combatiam a esquerda: agiam de forma brutal contra líderes de esquerda, com espancamentos e assassinatos de socialistas e comunistas. Dissolviam comícios, destruíam sedes de sindicatos e jornais. Essa atividade terrorista contava muitas vezes com a conivência do governo liberal, que abrigava numerosos elementos fascistas, especialmente na polícia e nas forças armadas.

No caminho eleitoral, os fascistas não obtinham grandes êxitos, mas organizavam importantes manifestações com cunho militarista para intimidar o governo liberal. Uma dessas manifestações foi a chamada "Marcha sobre Roma", realizada em outubro de 1922: cinquenta mil milicianos fascistas, os chamados **camisas negras**, ocuparam a capital italiana, exigindo a nomeação de um governo presidido por Mussolini. Diante dessa pressão, o primeiro-ministro renunciou e o rei Vítor Emanuel III permitiu que os fascistas organizassem um novo gabinete, o que ocorreu no dia 30 de outubro.

Exercendo o poder, Mussolini disputou as eleições de 1924 e venceu, mas o líder socialista Matteoti denunciou os meios para a obtenção da vitória com a cooptação de partidos menores, fraudes e ameaças das esquadras. Em junho de 1924, Matteoti foi assassinado por uma esquadra, o que acirrou o clima político. Mussolini aproveitou a ocasião e a partir de 1925 implantou uma ditadura. O *Duce* (líder), como também era chamado, concentrou o poder no executivo, o crime de opinião passou a existir, os jornais de oposição foram fechados e os partidos políticos e sindicatos não fascistas foram dissolvidos. A polícia secreta, a OVRA, perseguia os inimigos do regime e prendia principalmente comunistas.

Para garantir apoio popular e prestígio internacional, os fascistas italianos resolveram a questão com a Igreja católica que se arrastava desde a unificação italiana, a famosa "questão romana". Pelo Tratado de Latrão, Mussolini reconheceu o Estado do Vaticano, que dava autonomia para o papa.

Benito Mussolini, o líder fascista.

A doutrina fascista, que pode ser sintetizada na frase "Tudo pelo Estado, nada contra o Estado, nada acima do Estado", ampliava seu domínio e buscava o apoio popular, apesar da grande perseguição política. As manifestações políticas eram uma verdadeira encenação: eram dirigidas aos que eram considerados vítimas da sociedade e estimulava-se a obediência irrestrita ao regime. A propaganda era usada para ampliar o poder de Mussolini com *slogans* como "Acredite! Obedeça! Lute!", evitando dissensões e mantendo a unidade desejada pelo regime.

O fascismo criticava o liberalismo, por supostamente estimular valores individuais, e o socialismo, por acirrar as disputas entre trabalhadores e patrões, que por sua vez enfraqueceriam o Estado. A linguagem de guerra, a necessidade de superar adversidades, criava inimigos do regime e estes eram perseguidos. A população era estimulada a pertencer às associações fascistas, assim como os professores tinham de cumprir o programa definido pelo Estado, a partir de um livro didático único, e os alunos deveriam denunciar os professores que contestassem o regime. A imprensa e as artes também tinham a função de glorificar o regime.

Para demonstrar as glórias alcançadas ao seu povo e aumentar o seu prestígio e o orgulho da nacionalidade italiana, Mussolini invadiu a Etiópia. A vitória do país era a vitória de cada pessoa, segundo o pensamento fascista. Mussolini era aclamado nas praças e seu modelo político servia de inspiração para outras ditaduras.

# O nazismo na Alemanha

A ascensão do nazismo ao poder na Alemanha, em 1933, tem origens na própria derrota da Alemanha na Primeira Guerra Mundial. Diante das dificuldades militares e da queda do império alemão, criou-se uma República que foi a responsável pela assinatura dos Tratados de Paz, extremamente prejudiciais aos alemães. Porém, o novo governo não tinha forças para reivindicar tratados diferentes dos que foram assinados.

Essa atitude, porém, fez com que muitas pessoas atribuíssem as duras condições de vida no período pós-Primeira Guerra ao governo democrático. A República de Weimar, como ficou conhecida por ter sido realizada reunião naquela cidade, para se elaborar a Constituição, era bastante frágil: não contava com o apoio dos nacionalistas mais exaltados e era responsabilizada pelo acordo desfavorável.

Diante da fragilidade do regime, vários levantes, liderados tanto pela esquerda quanto pela direita, tentaram estabelecer um novo regime político. Em 1919, por exemplo, o Movimento Espartaquista, facção de esquerda radical do Partido Social-Democrata, tentou depor o governo e instaurar um governo de inspiração bolchevique. O movimento foi reprimido e os líderes Rosa Luxemburgo e Karl Liebknecht, assassinados. Outros agrupamentos esquerdistas no país também foram reprimidos. A direita, que reprimiu os espartaquistas, aproveitou para ocupar o poder, porém fortes manifestações de sindicatos também não aceitavam a ascensão desse grupo. No mesmo ano de 1919 foi fundado o Partido Nazista.

Os episódios políticos serviam de alerta para demonstrar as divisões vividas dentro da República, que associadas à crise econômica formavam um quadro dramático vivido pelos alemães.

A crise econômica foi agravada quando, em 1923, o exército da França ocupou a região industrializada do Rhur, alegando que a Alemanha não cumprira os pagamentos indenizatórios da Guerra. Para forçar a França a abandonar o Rhur, o governo incentivou uma greve de milhões de operários na região, pagando parte dos salários e sendo dessa forma forçado a emitir papel-moeda em meio à paralisação da produção. Essa ação causou uma elevação assustadora da inflação. Os reajustes salariais passaram a ser diários. O dólar americano, por exemplo, valia 7.000 marcos no início de 1923. No final do mesmo ano passou a valer 130 bilhões de marcos.

Adolf Hitler, líder do Partido Nazista, arregimentou apoio entre monarquistas e nacionalistas descontentes, além de membros do exército, para tomar o poder em uma tentativa de golpe que ocorreu em novembro de 1923. O golpe fracassou e Hitler foi levado a julgamento e condenado à prisão.

Durante sua prisão, escreveu a obra básica do movimento nazista, o "Mein Kampf" (*Minha luta*). O nazismo, assim como o fascismo de Mussolini, rejeitava o liberalismo político e o socialismo, e pretendia obter o controle absoluto da população. O principal elemento diferenciador do nazismo foi a introdução da questão racial no centro da sua proposta política.

O nazismo defendia a superioridade da raça ariana, da qual os alemães descendiam, e a necessidade de regenerar a população para que a "pureza racial" fosse preservada (eugenia). Outro aspecto importante foi o antissemitismo, ou seja, os judeus (semitas) eram considerados subumanos e responsáveis pela decadência alemã. Esses pressupostos significaram a base para duas práticas comuns dos nazistas, quando chegaram ao poder em 1933: o fanatismo antissemita e a reivindicação de um "espaço vital" para a raça ariana.

Adolf Hitler nasceu na Áustria, alistou-se no exército alemão, lutou na Primeira Guerra e foi ideólogo e executor do nazismo.

Mas, antes da ascensão de Hitler, a Alemanha conheceu um período de estabilização econômica, entre 1924 e 1929. O presidente Hindemburg contava com o apoio de parte da população alemã e adotou uma política para atrair investimentos externos, principalmente dos EUA, que estavam interessados na recuperação do país e na expectativa de grande retorno de investimentos na Alemanha. A República de Weimar conseguia inserir-se no cenário europeu.

Com a crise de 1929, quando ocorreu a quebra da Bolsa de Nova York, os capitais norte-americanos saíram do país e a situação econômica piorou. A crise favoreceu o Partido Nazista. Ele passou a atrair a classe trabalhadora e a contar com a simpatia da alta burguesia, preocupada com a possibilidade de ascensão do Partido Comunista. Industriais e banqueiros deram ao partido de Hitler muito dinheiro e apoio político.

## Disseram a respeito

### A importância dos desfiles e dos símbolos do nazismo

Hitler atribuía grande importância psicológica a tais eventos [paradas e desfiles], pois reforçavam o ânimo do militante nazista, que perdia o medo de estar só diante da força da imagem de uma comunidade maior, que lhe transmitia gratificantes sensações de encorajamento e reconforto. O uso de uniforme, comum entre os militantes nazistas, servia à dissimulação das diferenças sociais e projetava a imagem de uma comunidade coesa e solidária. O impacto da política na rua em forma de espetáculo visava diminuir os que se encontravam fora do espetáculo, segregá-los, fazê-los sentirem-se fora da comunidade maravilhosa a que deveriam pertencer.

Os emblemas da águia e da cruz gamada, dispostos nas braçadeiras, nas bandeiras e nos estandartes, funcionavam como marcas da ancestralidade, numa espécie de cruz em movimento, sugeriam a energia, a luz, o caminho da perfeição, como a trajetória do Sol em sua rota.

*Fonte*: LENHARO, A. *Nazismo*: o triunfo da vontade. São Paulo: Ática, 1995. p. 40.

**1)** Por que os desfiles eram um instrumento de propaganda nazista?

Os desfiles e as manifestações políticas eram importantes instrumentos do regime nazista que encorajava os participantes a defender o regime e a perseguir seus inimigos. Na foto de 9 de maio de 1938, Hitler discursa em Berlim.

Em 1932, a Alemanha tinha quase um terço de sua mão de obra desempregada. Nesse cenário, os sindicatos, que apoiavam os partidos de esquerda, passavam por uma crise, já que não conseguiam conter as perdas dos trabalhadores. As esquerdas se dividiram entre os Partidos Social-Democrata e Comunista, e os nazistas aumentaram sua influência política.

Em janeiro de 1933, Hitler tornou-se primeiro-ministro.

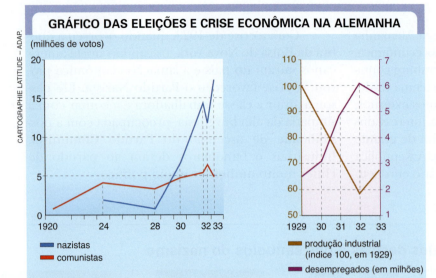

CARTOGRAPHIE LATITUDE – ADAP.

## GRÁFICO DAS ELEIÇÕES E CRISE ECONÔMICA NA ALEMANHA

(milhões de votos)

- nazistas
- comunistas
- produção industrial (índice 100, em 1929)
- desempregados (em milhões)

Pouco depois, o Reichstag (Parlamento alemão) foi incendiado e Hitler atribuiu a responsabilidade aos comunistas. Com este pretexto, foram suspensos os direitos individuais e, em março de 1933, Hitler exigiu plenos poderes do Parlamento. Era o início de uma "ditadura legal", pois permitia que ele legislasse sem o consentimento do próprio Parlamento.

Hitler perseguiu sindicatos e partidos. Iniciou uma política de expurgo, na qual comunistas, judeus e democratas eram banidos do serviço público. Foi criada a Polícia Secreta (Gestapo) que utilizava o terror para controlar os mais diversos setores da sociedade alemã: empresas, sindicatos, jornais, igrejas, escolas, universidades. A oposição foi banida e seus líderes, confinados em campos de concentração. Só em 1933 já existiam 45 campos, com aproximadamente 40 mil prisioneiros. Nesse período já se iniciara a perseguição aos judeus que mais tarde resultou no extermínio em massa.

O racismo como doutrina oficial foi importante dentro do nazismo. As Leis de Nuremberg, em 1935, excluíam os judeus da cidadania alemã e tornavam nulos os casamentos entre judeus e "arianos".

A perseguição aos judeus tornava-se cada vez mais visível, como no episódio conhecido como "*Noite dos Cristais*", em 1938, quando grupos nazistas assassinaram dezenas de judeus e incendiaram residências e sinagogas em toda a Alemanha. Mandados para os campos de concentração, os judeus foram as vítimas mais visíveis de um regime que também perseguiu ciganos, homossexuais e todos os grupos que não fossem "arianos".

Para manter esse aparato, Hitler utilizou a propaganda como um dos instrumentos de seu governo. Dirigida pelo ministro Goebbels, criou o mito do Führer, do líder infalível, que reerguia a Alemanha rumo ao Reich dos Mil Anos. "*Ein Reich, Ein Führer, Ein Volk*" (Um Império, Um Senhor, Um Povo) era um lema repetido nas rádios e nos desfiles triunfais.

No campo das artes, os gostos pessoais de Hitler eram ressaltados como sendo os "valores arianos". Artistas de vanguarda e judeus eram catalogados como "arte degenerada" e foram tema de uma exposição realizada em 1937.

A crise econômica do capitalismo alemão e o desemprego foram contidos, pois a Alemanha descumpriu o Tratado de Versalhes e passou a se militarizar, abrindo campo de trabalho na fabricação de armas bélicas, além de absorver mão de obra empregada na construção de numerosas obras públicas.

## Disseram a respeito

### A propaganda nazista

Hitler considerava que a propaganda sempre deveria ser popular, dirigida às massas, desenvolvida de modo a levar em conta um nível de compreensão dos mais baixos. "As grandes massas", dizia ele, "têm uma capacidade de recepção muito limitada, uma inteligência modesta, uma memória fraca". Por isso mesmo, a propaganda deveria restringir-se a pouquíssimos pontos, repetidos incessantemente. Se eram muitos os inimigos a serem atacados, para não dispersar o ódio das massas seria preciso mostrar que eles pertenciam à mesma categoria, não ficando assim individualizado o adversário.

O essencial da propaganda era atingir o coração das grandes massas, compreender seu mundo maniqueísta, representar seus sentimentos. A massa seria como as mulheres, cuja sensibilidade não captaria os argumentos de natureza abstrata, mas seria tocada por uma "vaga e sentimental nostalgia por algo forte que as complete".

Tudo interessa no jogo da propaganda: mentiras, calúnias; para mentir, que seja grande a mentira, pois assim sendo, "nem passará pela cabeça das pessoas ser possível arquitetar uma tão profunda falsificação da verdade". A partir dessas considerações, os nazistas darão à propaganda um tratamento de longo alcance, do qual nem a produção artística escapará.

*Fonte:* LENHARO, A. *Op. cit.* p.47-48.

**1)** Qual era a principal estratégia da propaganda nazista? Explique.

## O neonazismo

Apesar da condenação ao nazismo, sobretudo após a derrota de Hitler na Segunda Guerra Mundial, as ideias totalitárias de intolerância e a defesa da "superioridade racial" continuam assombrando o mundo.

Na atualidade, os defensores do neonazismo promovem discriminação contra grupos específicos, como homossexuais, negros, índios, judeus e grupos considerados "inferiores". Muitas vezes esses grupos promovem ataques aos grupos citados. O nazismo, como doutrina política que apregoa o ódio e a intolerância, é proibido em diversos países, mas isso não significa que adeptos dos princípios hitleristas não se reúnam em grupos que agem clandestinamente.

Não há homogeneidade entre os grupos neonazistas, mas algumas características são comuns: atraem jovens entre 16 e 25 anos de idade, são simpatizantes de ideais da extrema-direita, se opõem a movimentos migratórios que acusam como destruidores da cultura que julgam defender.

Os neonazis, como também são conhecidos, encontram-se em diferentes países e são uma prova de que nem todos partilham da condenação aos horrores causados por regimes totalitários. Contra essas ideias é necessário que as sociedades valorizem as diferenças, a tolerância e o respeito entre as pessoas.

## O fascismo na Espanha

A Espanha tinha proclamado a República em 1931, com o fim do governo do rei Alfonso XIII. As eleições da década de 30 mostravam a profunda divisão do eleitorado espanhol. Em 1936, uma frente de esquerda venceu as eleições, falando em reformas sociais profundas, como a agrária. Nesse mesmo ano, iniciou-se uma guerra civil. De um lado, a maior parte do Exército, os monarquistas, o clero, latifundiários e industriais, liderados pelo General Francisco Franco, no grupo chamado Falange. Do outro lado, operários, anarquistas, marxistas e republicanos.

A Guerra Civil Espanhola contou com ajuda internacional para os dois lados. Os fascismos italiano e alemão enviaram ajuda a Franco. O maior episódio dessa ajuda foi o bombardeio de uma aldeia basca pela aviação alemã, imortalizada num quadro chamado *Guernica*, de Pablo Picasso. A esquerda recebeu ajuda das Brigadas Internacionais, que eram voluntários de todo o mundo que lutavam em prol da República.

Em 1939, as forças de Franco venceram a batalha com um saldo de um milhão de mortos. O fascismo espanhol reprimiu as diferenças nacionais dentro do país, perseguiu a esquerda e procurou manter a Espanha afastada do resto do mundo. O General Franco, porém, não envolveu o país na Segunda Guerra Mundial, o que não acarretou à Espanha as dificuldades que os países em guerra tiveram de enfrentar, assegurando a sobrevivência do regime após a guerra. Na década de 70, Franco preparou a transição política com a volta à Monarquia na figura do rei Juan Carlos. Após a morte de Franco, em 1975, a Espanha voltou à democracia e ao regime monárquico parlamentar.

## O fascismo em Portugal

Portugal proclamou a República em outubro de 1910, mas enfrentou forte oposição de setores mais conservadores. Em 1926, um golpe militar pôs fim à República Parlamentar Liberal e levou ao poder o general Carmona, que escolheu António de Oliveira Salazar como ministro da Fazenda. Em 1932, Salazar tornou-se chefe do governo, outorgando uma constituição e proclamando o Estado Novo em Portugal. O país passou a viver características comuns aos outros fascismos: monopartidarismo (a União Nacional), propaganda de massa, repressão política e proibição de greves. Salazar era favorável à continuidade das colônias portuguesas na África, gastando grande volume de dinheiro para mantê-las e para custear os exércitos que lutavam contra os movimentos de independência em suas colônias. A ditadura sobreviveu até a Revolução dos Cravos, em 1974, que redemocratizou o país.

# O totalitarismo stalinista

## O modelo centralizador de Stálin

A disputa entre Stálin e Trotski, após a morte de Lênin em 1924, era mais ampla do que a disputa pelo poder. O que se discutia era o próprio modelo revolucionário. Para Trotski, a Revolução deveria se espalhar pelo mundo. Stálin defendia que a revolução deveria se concentrar em um único país. Stálin saiu vencedor dessa disputa e o regime passou por intenso processo de burocratização e controle sobre

Josef Vissarionovitch Djougachvili, conhecido como Stálin (1879-1953).

Viva o guia do povo soviético, o grande Stálin. (Cartaz de B. Moukkhine, 1946.)

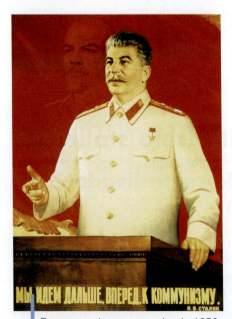

Em cartaz de propaganda, de 1950, os stalinistas vangloriavam-se: *"Nós perseguimos o nosso caminho em direção ao comunismo"*.

a população. Em 1926, Trotski foi afastado do Partido Comunista da URSS e obrigado a se exilar, fixando-se por último no México. Mesmo longe de Moscou, Trotski manteve uma atuante oposição ao ditador soviético. Em agosto de 1940 foi assassinado na capital mexicana por um agente da polícia política de Stálin.

Stálin, nos primórdios dos anos 1950, implantou um regime rígido, autoritário e com ênfase no culto à sua personalidade. Ele centralizou o poder de tal forma a torná-lo policialesco, com seus agentes da polícia política (KGB) praticamente onipresentes em todas as instâncias da vida soviética, fazendo de seu governo uma ditadura pessoal e de culto à sua personalidade.

Em seu governo, Stálin, com medo de antigos revolucionários de 1917, que o acusavam de estar se desviando dos verdadeiros ideais revolucionários, promoveu uma intensa e dura repressão com a finalidade de afastar todo e qualquer opositor ao seu governo, nos chamados "**expurgos de Moscou**". Com a ajuda da KGB e com um rígido controle ideológico, criou tribunais de exceção que julgavam de forma manipulada os acusados de "desvio doutrinário e distância da pureza revolucionária", e os enviava para os *gulags* na Sibéria. Durante a fase dos "expurgos de Moscou" aconteceram cerca de 85% das condenações à morte dos 13 milhões de soviéticos executados pelo governo stalinista. Depois de 1945, com a anexação de territórios pela União Soviética, como os países do Báltico, a repressão voltou-se contra os nacionalistas e as minorias étnicas, a quem Stálin e seus seguidores mais próximos chamavam de "povos inimigos". Estima-se que mais de 20 milhões de pessoas tenham sido presas nesses campos.

## Os gulags

Os *gulags* (abreviação em russo de "Direção Principal dos Campos"), conjunto dos campos de prisioneiros ou de trabalhos forçados, eram administrados pelo ministério do Interior soviético. Foram utilizados de 1930 até a década de 1950. Oficialmente tinham a função de "reeducar" condenados políticos, mas também ofereciam mão de obra para a construção de grandes obras, como hidrelétricas e a exploração de minas de carvão em áreas longínquas e despovoadas ou geograficamente inóspitas, como a Sibéria.

A organização dos campos de trabalho forçado estava subordinada às resoluções do Conselho de Comissários do Povo. Em documento de 11 de junho de 1929, o Conselho definiu as características desses campos de trabalho:

*O Conselho dos Comissários do Povo decide:*

1. *Todas as pessoas condenadas a uma pena de três anos ou mais e cumprindo pena atualmente serão transferidas para os campos de trabalho corretivos, a fim de reembolsar a dívida com a sociedade com trabalho útil (...);*
2. *Para abrigar esses condenados, serão implantados campos de trabalho corretivos, notadamente nas regiões mais afastadas e inóspitas do país. Esses campos deverão assegurar a colonização dessas regiões e a exploração de suas riquezas naturais, graças ao trabalho dos detentos. (...)*

*Fonte:* Arquivos de Estado da Federação Russa.

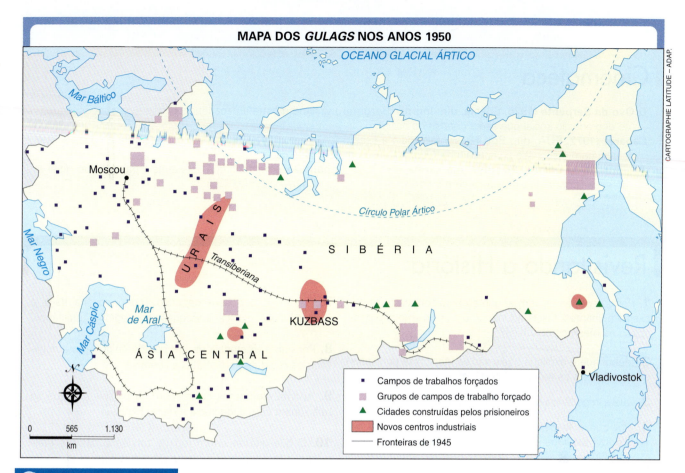

## MAPA DOS *GULAGS* NOS ANOS 1950

OCEANO GLACIAL ÁRTICO

Mar Báltico

Moscou

Círculo Polar Ártico

U R A I S

Transiberiana

S I B É R I A

Mar Negro

Mar Cáspio

Mar de Aral

KUZBASS

ÁSIA CENTRAL

Vladivostok

▪ Campos de trabalhos forçados
▪ Grupos de campos de trabalho forçado
▲ Cidades construídas pelos prisioneiros
Novos centros industriais
— Fronteiras de 1945

0    565    1.130
km

CARTOGRAPHIE LATITUDE – ADAP.

CARTOGRAPHIE LATITUDE – ADAP.

## *Saiba mais*

### As ideologias e os movimentos totalitários

Ideologia é um conceito bastante amplo e que tem vários significados. Pode-se afirmar que as ideologias são um conjunto de ideias que dão sustentação a determinada visão de mundo, a um regime político ou mesmo a uma cultura. A ideologia é uma forma de criar articulações entre vários aspectos e informações e subordiná-las a determinada explicação política, por exemplo. No caso dos regimes totalitários, suas ideologias, como o racismo, o corporativismo do Estado ou a defesa da extinção das classes sociais, são os princípios pelos quais lutavam seus adeptos e diante dos quais não havia limites para alcançar seus objetivos.

## *Vivendo seu tempo*

### A paranoia de cidadãos diante do stalinismo

Entre 1928, quando Stálin obtém poder total, e 1953, ano de sua morte, em média uma pessoa para cada 1,5 família foi vítima da repressão do Estado (cerca de 25 milhões de pessoas, estima Figes). A população não distinguia entre presos políticos e criminosos comuns. Pegos de surpresa, familiares costumavam atribuir a prisão de um parente a algum equívoco ou mal-entendido. A paranoia chegou a ponto de ninguém mais ser considerado inocente. Mulheres passaram a desconfiar de maridos e vice-versa. Pais presos exortavam os filhos a renunciá-los, se quisessem vencer na vida – ou simplesmente sobreviver.

**Exortavam:** incentivavam, persuadiam.

É realmente uma ótima ideia estudar a vida privada de um mundo onde a própria ideia de privacidade se tornara uma aberração. Num apartamento comunal de Leningrado (nome da atual São Petersurgo entre 1924 e 1991), nos anos 30, por exemplo, podia haver apenas um banheiro para 48 moradores, que tinham de sussurrar quando queriam falar de seus assuntos privados.

Também sussurravam os delatores. No auge do terror (entre 1937 e 1938), havia informantes por toda parte, em fábricas, escolas, escritórios, apartamentos e locais públicos. Segundo cálculos de ex-oficiais ligados à polícia, havia em Moscou (uma cidade de 3,4 milhões de habitantes em 1933, quando o crescimento da população passou a ser controlado por um sistema de passaportes e expulsões) pelo menos um informante para cada seis ou sete famílias.

*Fonte:* CARVALHO, B. Perversão e culpa: a vida privada sob Stálin. In: *Folha de S.Paulo*, São Paulo, 15 ago. de 2010. Caderno Ilustríssima.

## Revisitando a História

**1.** Por que podemos afirmar que embora com características semelhantes, fascismo, nazismo e stalinismo não possuíam os mesmos objetivos?

**2.** Identifique e explique quais são as ideologias principais que inspiraram os regimes totalitários.

**3.** Qual a importância do nacionalismo nos regimes fascistas?

**4.** Por que o fascismo é a grande novidade política do século XX? Explique suas principais características.

**5.** Analise quais os mecanismos de coerção utilizados por fascistas na Itália, nazistas na Alemanha e stalinistas na Rússia.

**6.** Como o fascismo se propagou para outras regiões europeias?

**7.** Relacione o quadro de crise econômica na Itália e Alemanha para explicar a ascensão dos regimes totalitários.

**8.** Por que a existência de um partido único é uma negação dos regimes democráticos liberais?

**9.** Aponte elementos da imagem da página 711 que se relacionam com a ideologia nazista. Explique.

**10.** O que diferencia um regime totalitário como o stalinismo, o fascismo e o nazismo de outras formas de poder autoritário como uma ditadura.

**11.** Qual a principal diferença do nazismo em relação a outros fascismos?

## Analise esta imagem

É interessante notar o avanço tecnológico da fotografia em 1943, que já conseguia registrar um campo bastante amplo. Neste caso, conseguiu-se a imagem de uma multidão, das construções arquitetônicas, que identificam o local, e da paisagem ao fundo. Em 1943, a Itália já dava mostras de enfraquecimento na guerra e a oposição interna ganhou espaço. Nesse mesmo ano Mussolini foi derrubado do governo da Itália. Sob proteção dos alemães sobreviveu até 1945, quando foi assassinado por grupos antifascistas. Ainda assim, diante de um quadro que começava a se mostrar adverso, o líder do fascismo conseguiu atrair uma grande multidão para esse discurso na cidade de Pádua.

a) Que elementos da imagem indicam que se trata de uma fotografia favorável ao regime fascista? Qual a importância dessa fotografia para a propaganda de Mussolini e do regime fascista?

b) Nessa imagem temos dois extremos da expressão da individualidade. Comente a relação com a ideologia fascista.

c) Tanto defensores do fascismo como alguns dos seus opositores, destacam a força do líder fascista como manipulador das massas. Mas, hoje em dia, a ideia de manipulação tem sido questionada, afinal a massa é também parte do fascismo. Nessa interpretação, o fascismo não é entendido como uma ideologia imposta por uma elite política, mas sim um conjunto de ideias que encontrou aceitação em uma ampla camada da população italiana. Dessa forma, essa imagem seria a prova de que as massas eram manipuladas por Mussolini ou seria ela mesma uma das formas com que o regime fascista busca dar coesão para a população italiana? Debata essa questão com seus colegas e elabore um pequeno texto a respeito.

# Debatendo ideias

Ao longo do capítulo pudemos observar que os três regimes se ampararam em princípios como a defesa da supremacia do Estado, da superioridade racial e da luta de classes para produzir transformações profundas na ordem política, econômica, social e cultural de seus países. Em sua opinião, mesmo que se considere que um princípio seja adequado, é justo utilizar quaisquer meios para mudar a sociedade?

# Questões de vestibular

**1.** (UFF – RJ – adaptada) Os Jogos Olímpicos de Berlim, em 1936, tornaram-se, para muitos, o exemplo emblemático dos esforços dos nazistas para comprovar a superioridade dos arianos, glorificando a força física, a saúde e a pureza racial dos alemães.

No entanto, esse mito nazista de superioridade da "raça ariana" foi derrubado pelo negro norte-americano Jesse Owens, vencedor de quatro medalhas de ouro nessa Olimpíada.

Disponível em: <http://www.jesseowens.com>. Acesso em: 15 out. 2006.

Assinale a alternativa que expressa outro princípio nazista:

a) A defesa dos princípios arianos significou a condenação pública das práticas homossexuais, pois os homossexuais eram identificados como aqueles que desperdiçavam sua energia sexual em relações improdutivas.

b) No ideário nazista, os camponeses são identificados como a reserva moral da Alemanha, independentemente de sua origem étnica.

c) A visão mítica do campo está conjugada à glorificação do trabalho manual e da simplicidade dos costumes camponeses, o que significou a opção pela via rural para o desenvolvimento do capitalismo.

d) A mulher alemã é, na sociedade nazista, entendida como a guardiã da raça ariana, o que implicou a defesa de sua atuação no espaço público, em detrimento de sua condição de reprodutora da raça.

e) Os comunistas alemães foram identificados como a expressão mais completa do ideário nazista, já que aliavam sua origem étnica à defesa de uma sociedade igualitária.

**2.** (UFMT) Em 1933, Adolf Hitler assumiu o poder na Alemanha abrindo caminho para implementação do nazismo, movimento político que tentou englobar todos os aspectos da vida social e política. Sobre o nazismo, é correto afirmar que:

a) o objetivo era dominar todo o planeta, pregando a destruição dos povos tidos como atrasados;

b) tinha contra si a maioria da população alemã, que resistiu ao máximo à implementação dessa ideologia;

c) sua ideologia tinha afinidades com os regimes comunistas do Leste Europeu, promovendo alianças douradoras entre os países dessa região;

d) tinha um forte conteúdo racista, uma vez que pregava a existência da supremacia ariana;

e) foi uma ideologia de tipo socialista que pregava a estatização e a coletivização, opondo-se à exploração do homem pelo homem e à propriedade privada.

**3.** (ENEM) Os regimes totalitários da primeira metade do século XX apoiaram-se fortemente na mobilização da juventude em torno da defesa de ideias grandiosas para o futuro da nação. Nesses projetos, os jovens deveriam entender que só havia uma pessoa digna de ser amada e obedecida, que era o líder. Tais movimentos sociais juvenis contribuíram para a implantação e a sustentação do nazismo, na Alemanha, e do fascismo, na Itália, Espanha e Portugal. A atuação desses movimentos juvenis caracterizava-se

a) pelo sectarismo e pela forma violenta e radical com que enfrentavam os opositores ao regime.

b) pelas propostas de conscientização da população acerca dos seus direitos como cidadãos.

c) pela promoção de um modo de vida saudável, que mostrava os jovens como exemplos a seguir.

d) pelo diálogo, ao organizar debates que opunham jovens idealistas e velhas lideranças conservadoras.

e) pelos métodos políticos populistas e pela organização de comícios multitudinários.

**4.** (PUC – RJ) A ascensão dos partidos fascistas na Itália (1922) e na Alemanha (1933) apresenta muitas diferenças, mas, ao mesmo tempo, tem aspectos comuns. A esse respeito podemos afirmar:

I. Diversos grupos sociais na Alemanha e na Itália se sentiam ameaçados politicamente após a Primeira Guerra Mundial e também após a revolução na Rússia pela ascensão política dos movimentos da esquerda revolucionária.

II. O discurso sobre a superioridade racial unia italianos e alemães em um mesmo projeto ideológico e constituía uma base sólida de aliança entre o Partido Fascista Italiano e o Partido Nacional-Socialista dos Trabalhadores Alemães.

III. Após a Primeira Guerra Mundial, crescia entre italianos e alemães, e mesmo em toda a Europa, uma forte descrença na adoção da democracia liberal como o modelo político a ser seguido. Com isso, teorias autoritárias ganharam espaço no cenário político desses países.

IV. A rápida recuperação militar e econômica da Alemanha e da Itália precedeu a ascensão dos partidos fascistas que sustentavam uma plataforma política militarista e expansionista.

São afirmativas corretas:

a) I, II, III e IV.

b) I e III, apenas.

c) III e IV, apenas.

d) II e IV, apenas.

e) I e IV, apenas.

**5.** (ENEM) Os três tipos de poder representam três diversos tipos de motivações: no poder tradicional, o motivo da obediência é a crença na sacralidade da pessoa do sobera-

no; no poder racional, o motivo da obediência deriva da crença na racionalidade do comportamento conforme a lei; no poder carismático, deriva da crença nos dotes extraordinários do chefe.

*Adaptado de:* BOBBIO, N. *Estado, Governo, Sociedade:* para uma teoria geral da política. São Paulo: Paz e Terra, 1999.

O texto apresenta três tipos de poder que podem ser identificados em momentos históricos distintos. Identifique o período em que a obediência esteve associada predominantemente ao poder carismático:

a) República Federalista Norte-Americana.

b) República Fascista Italiana no século XX.

c) Monarquia Teocrática do Egito Antigo.

d) Monarquia Absoluta Francesa no século XVII.

e) Monarquia Constitucional Brasileira no século XIX.

**6.** (UERJ) Exibido pela primeira vez em outubro de 1940, o filme *O Grande Ditador*, de Charles Chaplin, faz uma crítica a um projeto político vigente na época.

A aviação e o rádio nos aproximou. A própria natureza dessas coisas é um apelo eloquente à bondade do homem, um apelo à fraternidade universal, à união de todos nós. Neste mesmo instante a minha voz chega a milhares de pessoas pelo mundo afora. Milhões de desesperados: homens, mulheres, criancinhas, vítimas de um sistema que tortura seres humanos e encarcera inocentes. Aos que podem me ouvir eu digo: não desespereis! A desgraça que tem caído sobre nós não é mais do que o produto da cobiça em agonia, da amargura de homens que temem o avanço do progresso humano. Os homens que odeiam desaparecerão, os ditadores sucumbem e o poder que do povo arrebataram há de retornar ao povo. E assim, enquanto morrem homens, a liberdade nunca perecerá.

*Discurso final do filme O Grande Ditador.*

Identifique o projeto político-ideológico criticado e apresente duas características desse projeto que se opunham aos ideais defendidos no discurso final.

**7.** (UNESP) Nas primeiras sequências de *O Triunfo da Vontade* [filme alemão de 1935], Hitler chega de avião como um esperado Messias. O bimotor plaina sobre as nuvens que se abrem à medida que ele desce sobre a cidade. A propósito dessa cena, a cineasta escreveria:

"O sol desapareceu atrás das nuvens. Mas quando o Führer chega, os raios de sol cortam o céu, o céu hitleriano".

*Alcir Lenharo. Nazismo, o triunfo da vontade. 1986.*

O texto mostra algumas características centrais do nazismo:

a) o desprezo pelas manifestações de massa e a defesa de princípios religiosos do catolicismo.

b) a glorificação das principais lideranças políticas e a depreciação da natureza.

c) o uso intenso do cinema como propaganda política e o culto da figura do líder.

d) a valorização dos espaços urbanos e o estímulo à migração dos camponeses para as cidades.

e) o apreço pelas conquistas tecnológicas e a identificação do líder como um homem comum.

# capítulo 44

# Os períodos da era Vargas (1930-1945)

*A chegada de Getúlio Vargas ao poder pela Revolução de 1930 é fruto de uma nova conjuntura política, econômica e social no mundo e no Brasil.* **Politicamente**, *o poder dos cafeicultores, designado por Vargas como uma* **oligarquia**, *diminuía, embora continuasse tendo grande força. As divisões entre as elites agrárias, durante o período da Revolução que levou Vargas ao poder, permitiram a alteração do cenário político, incluindo o crescimento da influência do setor industrial emergente e dos grupos de trabalhadores urbanos. A sociedade brasileira revelava-se mais diversificada e complexa do que nos primeiros anos da República.*

FUNDAÇÃO GETÚLIO VARGAS – CPDOC

Apoiado por dissidentes da República Velha e por jovens militares, Vargas abriu um novo período da história política brasileira. Os trabalhadores urbanos também pressionavam o novo governo e ascendiam no contexto político da época. No período entre 1930 e 1945, Getúlio esteve à frente do poder e se tornou uma das figuras mais discutidas da política brasileira do século XX. Na foto, visita de Getúlio a São Paulo em maio de 1944.

## A era Vargas

No contexto de grandes mudanças estruturais no país, aconteceu o primeiro governo de Getúlio Vargas, o mais longo do período republicano no Brasil. De 1930 a 1945, seu governo passou por pelo menos três grandes fases:

- o "**governo provisório**", desde sua chegada ao poder junto ao movimento de 1930 até 1934;
- o **governo constitucional**, de 1934 a 1937;
- o "**Estado Novo**", termo usado pela propaganda varguista, de 1937 a 1945. Esse é o período **ditatorial** do governo Vargas.

## O governo provisório (1930-1934)

Vitorioso o movimento, em 3 de outubro de 1930, Getúlio assumiu o poder e o governo provisório getulista tomou medidas centralizadoras – fechou o Congresso Nacional, as Assembleias Legislativas e Câmaras Municipais e suspendeu a Constituição de 1891. Depôs os governadores e nomeou **interventores** nos Estados, quase todos ligados ao movimento tenentista, que era um de seus principais aliados.

Em termos **econômicos**, apesar da bancarrota provocada pela quebra da Bolsa de Nova York no setor cafeeiro, o café continuava sendo importante para a economia nacional. Dada a superprodução, o governo ainda comprou sacas de café estocadas e sem mercado. Milhões de sacas foram queimadas como forma de aliviar a pressão para baixarem os preços até 1944. Getúlio, em 1933, criou o Departamento Nacional do Café, ligado ao Ministério da Fazenda, que tinha por função administrar os rumos da **economia cafeeira**. Essa política de proteção ao preço do café e a intervenção do governo no principal produto de exportação brasileira não representavam apenas uma questão econômica: demonstravam que os cafeicultores ainda exerciam grande influência e pressão política sobre o governo, que, por sua vez, procurava ampliar a sua força nas decisões econômicas. Além disso, o governo começou a diversificar a economia e incentivou a industrialização do país. A crise mostrou que o Brasil não poderia mais

ser tão dependente de um único produto, o café. O processo de industrialização foi incentivado com capital nacional, pois a crise havia afetado a Europa e os Estados Unidos e, assim, havia menos capital estrangeiro disponível no Brasil.

O governo consolidava seu poder, mas essa não era uma tarefa tranquila. Havia vários grupos descontentes, como as elites do Estado de São Paulo, que resistiam às novas forças políticas e se sentiam alijadas do poder. Em 1932, os paulistas se rebelaram e iniciaram um movimento armado, conhecido como a **Revolução Constitucionalista**, que exigia a convocação de uma Assembleia Constituinte. A repressão das tropas federais foi intensa e os paulistas foram derrotados. Porém, as pressões para que o país tivesse uma nova Carta Magna cresciam e, em 1933, realizaram-se as eleições para a composição da Assembleia Constituinte.

## *Saiba mais*

### A Revolução Constitucionalista de 1932

São Paulo, a principal base política da Primeira República, teve uma relação tensa com o governo provisório de Vargas. A desconfiança do novo regime em relação aos paulistas fez com que Vargas nomeasse interventores que não integravam os dois principais grupos políticos: o PRP (Partido Republicano Paulista), opositor de Vargas, e o PD (Partido Democrático), que, embora tivesse apoiado o movimento de 1930, não possuía um engajamento expressivo, segundo os grupos próximos a Vargas.

A escolha de lideranças tenentistas como interventores e a exclusão dos partidos políticos paulistas provocou a união entre os dois grupos e o início de uma mobilização da sociedade em defesa de um regime constitucional. A Frente Única, como ficou conhecida, reivindicava a autonomia de São Paulo e a convocação de uma Constituinte.

Diferentes grupos sociais integraram a campanha: os grandes cafeicultores, descontentes com as políticas econômicas de Vargas e que sofriam os abalos da crise internacional de 1929, temiam maiores prejuízos e estimularam o movimento, assim como a Associação Comercial de São Paulo e a Federação das Indústrias. Os sindicatos, estudantes e setores do Exército também aderiram à mobilização que ganhava as ruas e organizavam comícios com grande participação popular.

A imprensa teve papel destacado ao estimular o movimento e levantar bandeiras relacionadas ao sentimento de humilhação ao qual a população de São Paulo estava sendo submetida pelo governo de Vargas.

No final de 1931 e início de 1932, a agitação paulista ultrapassava as fronteiras e atingia outras partes do país. Lideranças políticas procuravam apoio de outras regiões como Rio Grande do Sul e Minas Gerais, enquanto o governo de Vargas via-se em uma situação delicada, pois ceder aos paulistas abriria precedentes para as demais unidades da Federação. Buscando encontrar uma

saída política, Getúlio nomeou um interventor político paulista, Pedro de Toledo, em fevereiro de 1932, atendendo ao clamor da Frente Única.

A solução, entretanto, foi insuficiente. No dia 23 de maio, data para o anúncio do secretariado e do acordo político entre Vargas e os paulistas, a população tomou as ruas e, em meio a um tumulto, 13 pessoas morreram, sendo reconhecidos quatro jovens: Miragaia, Martins, Dráusio e Camargo, cujos sobrenomes deram origem à sigla MMDC, utilizada pela primeira milícia civil que se organizou para a guerra contra o governo federal.

A partir de então, o movimento se alastrou e houve campanhas populares para a doação de recursos, como a campanha "Ouro para o bem de São Paulo", organizada pela Associação Comercial. Voluntários eram arregimentados para a composição do exército paulista. Na noite de 9 de julho, o movimento eclodiu. A cidade de São Paulo não foi palco de nenhuma batalha, mas era o centro da agitação e da organização paulista, com a arrecadação de alimentos e de suporte para as batalhas.

As rádios e os jornais distorciam as notícias para não afetar o ânimo da população. Mas a realidade dos números era reveladora: cerca de 14 mil soldados e outros 40 mil combatentes sem experiência contra 100 mil integrantes do exército federal.

Após três meses de batalha e mais de 600 mortos, o conflito chegou ao fim. O governo federal conseguiu derrotar as forças paulistas, mas teve de marcar as eleições para uma Assembleia Constituinte para maio de 1933.

Getúlio adotou outras medidas de aproximação com São Paulo, como a nomeação de um interventor civil paulista, Amando de Sales Oliveira, em agosto de 1933, e o rescalonamento de dívidas dos agricultores.

> **Rescalonamento:** reagrupamento.

# O período constitucional (1934-1937)

Em 1934, a Constituição foi promulgada e a mesma Assembleia definiu que o presidente seria eleito indiretamente, forma pela qual Getúlio passou a governar o Brasil. A **Carta Magna de 1934** apontava para avanços importantes, como o voto secreto e o direito de voto às mulheres. Foi criada a **Justiça Eleitoral**, como meio de combate às fraudes, tão comuns. Na área social, implantava-se a **Justiça do Trabalho**, o salário mínimo, a jornada de trabalho de oito horas, férias anuais remuneradas e descanso semanal.

Medeiros Neto assina a Constituição de 1934 no Palácio Tiradentes, Rio de Janeiro, em 16 de julho de 1934.

As transformações sociais e econômicas refletiam-se na vida brasileira em meados da década de 1930. As novas forças sociais, com diferentes matizes ideológicos, atuavam no cenário nacional.

Em 1935, foi criada a **Aliança Nacional Libertadora (ANL)** por elementos de diferentes tendências de esquerda, sendo liderada por comunistas. Inspirada no modelo das frentes populares que surgiram na Europa para impedir o avanço do nazifascismo totalitário de Hitler e Mussolini, a ANL defendia a suspensão definitiva do pagamento da dívida externa, a ampliação das liberdades civis, a reforma agrária nos latifúndios improdutivos, nacionalização das empresas estrangeiras e a instauração de um governo popular. Em apenas três meses a ANL abriu mais de 1.500 centros, obtendo mais de 50.000 filiados apenas no Rio de Janeiro. Diante de seu crescimento, que rapidamente angariou a adesão de políticos, sindicalistas, intelectuais, estudantes, a Aliança conseguiu congregar os mais diversos setores da sociedade e rapidamente se tornou um movimento de massas. Seu presidente de honra era o comunista Luís Carlos Prestes.

Prestes articulou as lideranças comunistas com vistas a dar início a uma revolução. Em julho de 1935 foi divulgado um manifesto que incitava a derrubada do governo e defendia a supremacia política da ANL. Em virtude disso, o governo de Vargas viu a oportunidade de declarar a ilegalidade da ANL.

Mesmo recebendo críticas de correligionários e com reveses sofridos, Prestes e alguns companheiros deram prosseguimento às ações para depor o presidente Vargas. Em novembro de 1935, em Natal, capital do Rio Grande do Norte, teve início a insurreição liderada por Prestes, com ecos em quartéis do Recife e no Rio de Janeiro. O movimento, conhecido como **Intentona Comunista**, estava pouco estruturado em termos militares, não teve a adesão dos operários que deveriam reforçar o levante decretando greves por todo o país e não conseguiu vencer a rápida reação governamental que o debelou em pouco tempo. Integrantes do movimento e lideranças políticas e sindicais foram perseguidos pelo governo. Em março de 1936, Prestes e sua mulher, a militante judia Olga Benário, foram presos. Pouco tempo depois, mesmo estando grávida, Olga foi entregue aos nazistas alemães e levada a um campo de concentração, onde foi executada.

Luís Carlos Prestes (ao centro), um dos líderes da Intentona Comunista, acabou preso com outros companheiros. A repressão governamental foi brutal.

**721**

O fracasso da Intentona serviu de mote para o endurecimento do regime varguista, sobretudo em relação à repressão política. Dois anos depois, em 1937, um golpe de Estado inaugurava o período ditatorial de Vargas que se estendeu por 8 anos.

Outro grupo político importante era a **Ação Integralista Brasileira (AIB)**, fundada pelo jornalista Plínio Salgado. A AIB era defensora do "Estado integral", que defendia princípios fascistas, como o combate aos comunistas, a defesa de um "Estado forte", com concentração de poderes nas mãos de uma única liderança. O movimento integralista obteve apoio de setores da classe média, dos latifundiários e

industriais, de parte do clero católico e das Forças Armadas. O Estado autoritário e nacionalista dos integralistas defendia uma disciplina rígida e uma defesa da "regeneração nacional".

Os integralistas usavam camisas verdes, numa alusão aos camisas-negras fascistas italianos, e se saudavam bradando "Anauê", uma expressão da língua tupi. A Ação Integralista apoiou o golpe de Vargas em 1937. Mas, assim como os outros grupos e partidos políticos, também foi extinta durante o Estado Novo.

O integralista Plínio Salgado na década de 1930.

Disponível em: <http://upload.wikimedia.org/wikipedia/commons/4/4e/Pliniosalgado_v1935.jpg.>

## Disseram a respeito

### [Movimento ou revolução?]

A Era Vargas inspirou interpretações contraditórias. Pode ser vista como expressão de uma ruptura drástica com o passado de uma República de notáveis, como era, efetivamente, o sistema político da República Velha. Neste sentido, representa, portanto, um passo decisivo na direção da modernização da sociedade brasileira. Por outro lado, outros a interpretam como um acordo entre as elites para conter mudanças inexoráveis e mais profundas, realizando apenas reformas superficiais, sem atingir os alicerces da estrutura de poder em vigor.

Na verdade, ao longo das várias fases em que se pode subdividir os quase vinte anos da Era Vargas – o governo provisório de 1930 a 1934, o governo constitucional de 1934 a 1937, a ditadura do Estado Novo de 1937 a 1945 e, por fim, o mandato pelo voto direto, iniciado em 1951 e tragicamente interrompido em 1954 – Vargas revelou todas essas facetas. Em seu pragmatismo, adaptou-se às circunstâncias cambiantes do contexto internacional e

da política interna, movendo-se cautelosamente em função das crises e oscilações típicas daquele momento histórico.

(...) Vargas foi, ao mesmo tempo, ou sucessivamente, progressista ou conservador, conciliador ou intransigente, autoritário ou democrata, elitista ou paternalista, intérprete das forças de continuidade ou de mudança, de acordo com sua própria leitura dos sinais do tempo. Por trás das várias faces, um projeto nacional de desenvolvimento se impunha, a despeito das resistências de diferentes matizes.

*Fonte:* DINIZ, E. *Empresário, Estado e Capitalismo no Brasil: 1930-1945.* Texto apresentado no Seminário Internacional "Da Vida para a História: O Legado de Getúlio Vargas", realizado em Porto Alegre, entre 18 e 20 de agosto de 2004. *Disponível em:* <http://neic.iuperj.br>. *Acesso em:* 14 ago. 2006.

**1)** A figura de Vargas é das mais polêmicas e contraditórias. Associe as imagens atribuídas a ele, relacionando-as com seus períodos de governo.

## A marcha do golpe: o Plano Cohen

O período presidencial de Vargas se aproximava de seu término e as discussões sobre as eleições que ocorreriam em 1938 tomavam conta do país. Getúlio queria evitar o pleito eleitoral. Para tanto, era necessário um fato que gerasse grande impacto e que servisse de pretexto para o golpe planejado nos bastidores, que contou com a participação de autoridades militares, como Eurico Gaspar Dutra, ministro da Guerra. Desse modo, forjou-se

nos bastidores do governo a divulgação de um suposto plano que tinha como objetivo a implantação do comunismo no Brasil. O **Plano Cohen**, como ficou conhecido, foi divulgado com grande alarde em 30 de setembro de 1937. Além do ministro da Guerra, a farsa contou com o respaldo do chefe de Polícia do Distrito Federal, Filinto Müller, e do chefe do Estado-Maior, general Góes Monteiro.

Para dar veracidade à "descoberta" do governo, encenou-se a apreensão de documentos que indicariam a existência de um plano, elaborado por um certo Cohen, que previa a realização de greve geral, ataques a prédios públicos, saques e depredações. Os papéis foram atribuídos à Internacional Comunista, causando comoção e pretexto para uma dura e motivada perseguição aos comunistas. Getúlio obteve do Congresso a aprovação para ampliar seus poderes políticos.

A ação só foi desmentida em 1945, por Góes Monteiro, quando o governo Vargas perdia apoio. O integralista Olímpio Mourão Filho foi o responsável pelo "Plano".

# A ditadura do Estado Novo (1937-1945)

Em 10 de novembro de 1937, antes que se realizassem novas eleições presidenciais, como previa a Constituição, o presidente suspendeu a lei máxima do país e instituiu o **Estado Novo**, que transformou o Brasil em uma ditadura e impôs uma nova Carta Magna. As leis trabalhistas foram responsáveis, em grande parte, pelo apoio e consolidação do poder de Vargas.

A Constituição de 1937 tinha um caráter autoritário e centralizador e foi obra de Francisco Campos, então ministro da Justiça de Vargas, que recebeu a incumbência de elaborá-la. Ela foi inspirada em Cartas fascistas, como a polonesa, e por isso ficou conhecida como **Polaca**. Depois de pronta, recebeu a aprovação do presidente e do general Eurico Gaspar Dutra, ministro da Guerra. Por ela, aumentava-se consideravelmente a intervenção estatal na economia e a criação de órgãos técnicos voltados para esse fim. Dava ênfase ao sindicalismo em moldes corporativos e descartava o parlamento e os partidos políticos, tidos como marcas da democracia liberal, que o governo tributava como responsável pelas instabilidades políticas vividas no período. O poder concentrou-se no Executivo, nomeava os interventores nos Estados, que por sua vez nomeavam as autoridades municipais, criando uma cadeia política de apoio ao chefe da nação.

Com o golpe e o fortalecimento do poder presidencial de Getúlio, as manifestações políticas foram proibidas. O governo criou um importante aparato de promoção, por meio do **Departamento de Imprensa e Propaganda (DIP)**, que exaltava publicamente os atos governamentais. O DIP atuava em duas direções: a repressora, com forte censura e controle das informações, e a propagandista, com a difusão de uma suposta "cultura nacional" que significava a valorização de princípios defendidos por Vargas e a vinculação da imagem de seu governo como um "Estado Novo", que estabelecia as bases para o desenvolvimento do país.

A censura foi sentida em diferentes jornais da época. O jornal *O Estado de S. Paulo*, por exemplo, sob controle direto do DIP, publicava editoriais exaltando o espírito conciliador do ditador. Um deles dizia que Vargas é um "homem sem ódio e sem vaidade, dominado pela preocupação de fazer o bem e servido por um espírito de tolerância exemplar, sistematicamente devotado ao serviço da Pátria". Inúmeros folhetos de propaganda enaltecendo o caráter conciliador de Vargas e sua faceta de "protetor dos pobres" foram produzidos pelo DIP e distribuídos nos sindicatos, escolas e clubes. Cartilhas foram especialmente preparadas para os jovens. O rádio era um dos principais instrumentos de propaganda na época e o governo Federal apoiava financeiramente rádios que o exaltassem. O rádio integrava o país e levava a voz de Getúlio (seus valores e feitos) a todo o Brasil. O presidente "conversava" com o povo, "adentrando" assim as residências da população. Ao ligar o aparelho, o ouvinte, que buscava um pouco de entretenimento e informação, ouvia também, nos intervalos de uma radionovela ou de um programa de música preferido, a fala do presidente, que era uma presença constante no rádio.

A *Hora do Brasil*, programa obrigatório em cadeia nacional, relatava os feitos do governo.

Getúlio Vargas fala à nação por ocasião da instauração do Estado Novo, na presença de outras autoridades no palácio do Catete.

FUNDAÇÃO GETÚLIO VARGAS – CPDOC

## A justificativa de Getúlio para o Estado Novo

*Em discurso proferido em 10 de novembro de 1937, o presidente Getúlio Vargas justificou o fechamento do Congresso, a suspensão das eleições e a adoção da nova Constituição, com características autoritárias e com críticas aos partidos políticos e lideranças que se opunham ao governo. No argumento central está o apelo à autoridade necessária para restaurar a ordem política e supostas ameaças à República.*

O homem de Estado, quando as circunstâncias impõem uma decisão excepcional, de amplas repercussões e profundos efeitos na vida do País, acima das deliberações ordinárias da atividade governamental, não pode fugir ao dever de tomá-la, assumindo, perante a sua consciência e a consciência dos seus concidadãos, as responsabilidades inerentes à alta função que lhe foi delegada pela confiança Nacional.

A investidura na suprema direção dos negócios públicos não envolve, apenas, a obrigação de cuidar e prover as necessidades imediatas e comuns da administração. As exigências do momento histórico e as solicitações do interesse coletivo reclamam, por vezes, imperiosamente, a adoção de medidas que afetam os pressupostos e convenções do regime, os próprios quadros institucionais, os processos e métodos de governo.

Por certo, essa situação especialíssima só se caracteriza sob aspectos graves e decisivos nos períodos de profunda perturbação política, econômica e social. À contingência de tal ordem chegamos, infelizmente, como resultante de acontecimentos conhecidos, estranhos à ação governamental, que não os provocou nem dispunha de meios adequados para evitá-los ou remover-lhes as funestas consequências. (...)

A consciência das nossas responsabilidades indicava, imperativamente, o dever de restaurar a autoridade nacional, pondo termo a essa condição anômala da nossa existência política, que poderá conduzir-nos à desintegração, como resultado final dos choques de tendências inconciliáveis e do predomínio dos particularismos de ordem local.

Colocada entre as ameaças caudilhescas e o perigo das formações partidárias sistematicamente agressivas, a Nação, embora tenha por si o patriotismo da maioria absoluta dos brasileiros e o amparo decisivo e vigilante das forças armadas, não dispõe de meios defensivos eficazes dentro dos quadros legais, vendo-se obrigada a lançar mão, de modo normal, das medidas excepcionais que caracterizam o estado de risco iminente da soberania nacional e da agressão externa. Essa é a verdade, que precisa ser proclamada, acima de temores e subterfúgios.

A organização constitucional de 1934, vazada nos moldes clássicos do liberalismo e do sistema representativo, evidenciara falhas lamentáveis, sob esse e outros aspectos. A Constituição estava, evidentemente, antedatada em relação ao espírito do tempo. Destinava-se a uma realidade que deixara de existir. Conformada em princípios cuja validade não resistira ao abalo da crise mundial, expunha as instituições por ela mesma criadas à investida dos seus inimigos, com a agravante de enfraquecer e anemizar o poder público.

O aparelhamento governamental instituído não se ajustava às exigências da vida nacional; antes, dificultava-lhe a expansão e inibia-lhe os movimentos. Na distribuição das atribuições legais, não se colocara, como se devera fazer, em primeiro plano, o interesse geral; aluíram-se as responsabilidades entre os diversos poderes, de tal sorte

> **Aluíram-se:** abalaram-se, prejudicaram-se.

que o rendimento do aparelho do Estado ficou reduzido ao mínimo e a sua eficiência sofreu danos irreparáveis, continuamente expostos à influência dos interesses personalistas e das composições políticas eventuais.

Não obstante o esforço feito para evitar os inconvenientes das assembleias exclusivamente políticas, o Poder Legislativo, no regime da Constituição de 1934, mostrou-se, irremediavelmente, inoperante. (...)

Para reajustar o organismo político às necessidades econômicas do País e garantir as medidas apontadas, não se oferecia outra alternativa além da que foi tomada, instaurando-se um regime forte, de paz, de justiça e de trabalho. Quando os meios de governo não correspondem mais às condições de existência de um povo, não há outra solução senão mudá-los, estabelecendo outros moldes de ação.

A Constituição hoje promulgada criou uma nova estrutura legal, sem alterar o que se considera substancial nos sistemas de opinião: manteve a forma democrática, o processo representativo e a autonomia dos Estados, dentro das linhas tradicionais da federação orgânica. (...)

A gravidade da situação que acabo de escrever em rápidos traços está na consciência de todos os brasileiros. Era necessário e urgente optar pela continuação desse estado de coisas ou pela continuação do Brasil. Entre a existência nacional e a situação de caos, de irresponsabilidade e desordem em que nos encontrávamos, não podia haver meio termo ou contemporização.

*Disponível em: <http://www.franklinmartins.com.br>. Acesso em: 31 ago. 2015.*

**1)** O discurso de Vargas é uma defesa do poder centralizador e de suspensão de direitos. Identifique duas evidências do autoritarismo de Vargas.

## O rádio na era getulista

O rádio era o principal veículo de comunicação no período Vargas. Getúlio valeu-se do rádio em 10 de novembro de 1937 para anunciar a dissolução do Congresso e a instauração do Estado Novo. Quando a Constituição de 37, a Polaca, foi promulgada, um agente do DIP chegou à principal rádio da época, a Mayrink Veiga, e ordenou que o documento que impunha o Estado Novo fosse lido no ar imediatamente.

Ao mesmo tempo, seus programas revelavam ídolos nacionais como as grandes cantoras e cantores da época. Emilinha Borba, Marlene, Carmem Miranda encantavam os brasileiros e arrebatavam fãs pelo Brasil inteiro. As radionovelas mobilizavam o país, sendo seguidas religiosamente por uma imensa multidão. A primeira radionovela transmitida foi em 1941, o dramalhão cubano, *Em busca da felicidade*. O sucesso foi tal, durante os três anos que ficou no ar, que, na hora em que era transmitida, conseguia audiência absoluta.

A primeira radionovela brasileira, *Fatalidade*, de Oduvaldo Viana, teve tanta repercussão que o correio fechava um caminhão diariamente para a emissora com telegramas e missivas dos ouvintes.

Emilinha Borba (à esquerda), uma das famosas cantoras do rádio.

## Vivendo seu tempo

### O riso e a crítica a Vargas

O próprio Vargas procurou fomentar por meio de sua figura pessoal, fundada numa imagem de bonomia e bom humor, uma curiosa espécie de anedotário. Quando a coisa foi longe demais, com o autêntico festival de piadas que circulavam no país sobre o próprio Getúlio, sua vida pessoal misturada aos negócios de Estado – o próprio presidente ficaria bastante intrigado e, bem de acordo com o intimismo pessoal que procurava irradiar, mandou chamar seu assessor e disse-lhe: "O Danton contou-me que sabe o nome do autor dessas anedotas. Mande chamá-lo e ofereça-lhe um cargo qualquer, pois precisamos ter este homem do nosso lado".

No dia seguinte o autor das anedotas estava diante de Getúlio. E, com sua proverbial afabilidade, Getúlio disse:

"Então é o senhor que inventa todo esse anedotário a meu respeito? Dou-lhe meus parabéns... o senhor é realmente espirituoso. Acontece, porém, que algumas destas anedotas contribuem para criar um clima de desmoralização da administração pública. O senhor que é um homem de espírito há de compreender que eu tenho feito tudo pelo bem-estar do povo brasileiro. Dei aos trabalhadores um alto nível de vida, assistência social e leis de proteção; dei casa própria aos humildes; estimulei o teatro nacional, a literatura, a pintura; evitei que os tubarões engordassem à custa do sacrifício dos menos favorecidos da fortuna; evitei que o cruzeiro se desvalorizasse..."

Mas o autor das anedotas o interrompeu, timidamente: "Depois, presidente, vão dizer que fui eu que inventei essa..."

*Fonte:* SALIBA, E. T. A dimensão cômica da vida privada na República. In: SEVCENKO, N. (Org.). *História da Vida Privada no Brasil.* São Paulo: Companhia das Letras, 1998. v. 3, p. 352.

Os comícios, outra forma de divulgação varguista, reuniam milhares de pessoas, principalmente jovens, em grandes estádios de futebol, por exemplo, e tinham como objetivo exaltar o sentimento cívico. Assim, baseando-se no culto personalista, Getúlio, respaldado por intensa propaganda e ações de culto à personalidade desenvolvidas pelo Estado, foi apresentado como um grande líder. A tutela à opinião pública e aos opositores do regime se estendia à temível polícia política dirigida por Filinto Müller, onde a tortura era institucionalizada.

A propaganda varguista enaltecia a figura carismática da liderança do presidente.

## A oposição a Vargas: o "Manifesto dos mineiros" (24/10/1943)

*A oposição à ditadura Vargas teve diferentes momentos e atuações. Neste manifesto, importantes lideranças dão voz a sentimentos oposicionistas da elite política de Minas Gerais. No documento há uma avaliação dos processos políticos vivenciados desde a ascensão de Vargas em 1930 e a crítica à concentração do poder político presidencial em nome da manutenção da ordem.*

Condenamos, com firmeza, os erros, as corrupções e os abusos do regime transposto definitivamente em outubro de 1930. Mas se um desses abusos, aquele que, antes de todos, deveria suscitar a Revolução, foi precisamente o da hipertrofia no Poder Executivo, manifestação atávica do poder pessoal, nunca suficientemente condenado no Império e nos últimos tempos da chamada República Velha, caracterizado pela incidência da chefia suprema do Governo e da política nas mãos de um só homem, sempre desejoso de perpetuar-se mediante indicação de um sucessor, se, entre aqueles erros, os mais apontados entendiam com o ludíbrio da opinião pública, traduzida em sufrágio, e com a opressão de estados de sítio de duvidosa legitimidade e de excessiva duração, claro é que, recusando-nos a volver ao passado, impossível nos seria aceitar como definitiva qualquer ordem política na qual, para evitar a defraudação de sufrágios, se fechassem as urnas; para prevenir o estado de sítio ilegal se fizesse legal a sua perpetuidade e, por derradeiro, para obstar à hipertrofia do Poder Executivo, fosse este transformado em poder constitucional realmente único. Não é bastante que figurem em diplomas constitucionais franquias e direitos dos cidadãos. O essencial é que sejam assegurados e que possam ser exercidos.

Louvando os homens de 1930, civis e militares, pelo empenho posto na destruição das velhas máquinas eleitorais, montadas com o indevido emprego das seduções e recursos do poder público, estamos seguros de que não teremos de assistir a repetição daqueles processos, nem mesmo sob a aparência de ensaios de corporativismo, quando estes se afastam da espontaneidade histórica e se transformam numa simples alavanca de governos de índole fascista.

Bem fixadas as marcas características da nossa formação e das nossas tendências, não poderemos fugir, sem grave desfiguração de ambas, ao dever de constatar que não é suprimindo a liberdade, sufocando o espírito público, cultivando o aulicismo, eliminando a vida política, anulando o cidadão e impedindo-o de colaborar nos negócios e nas deliberações do seu governo que se formam e engrandecem as nações.

A ilusória tranquilidade e a paz superficial que se obtêm pelo banimento das atividades cívicas podem parecer propícias aos negócios e ao comércio, ao ganho e à própria prosperidade, mas nunca benéficas ao revigoramento e à dignidade dos povos.

*Disponível em: <http://www.franklinmartins.com.br>. Acesso em: 31 ago. 2015.*

1) Apresente três características autoritárias que os oposicionistas atribuíram a Vargas,

## A participação do Brasil na Segunda Guerra

Durante os primeiros anos da guerra, o governo Vargas manteve uma posição neutra em relação ao conflito, não definindo se apoiaria a Alemanha nazista de Hitler e o fascismo italiano, ou os franceses, ingleses, e, a partir do final de 1941, os Estados Unidos. Somente em 1942, o Brasil posicionou-se em favor dos Aliados, (Inglaterra, França e Estados Unidos), declarando guerra ao Eixo (Alemanha, Itália e Japão). Em 1944 enviou tropas para a Itália, para combater o nazifascismo. A estratégia getulista foi manter a neutralidade até ter vantagens comerciais para o Brasil. Ao se aproximar dos Aliados, o Brasil obteve, como vimos, financiamento para a construção da CSN e permitiu que as tropas norte-americanas criassem uma base militar no Nordeste brasileiro. Para os EUA, o Brasil tinha uma posição estratégica fundamental no Atlântico e instalou uma base aérea no Rio Grande do Norte, ponta de lança para reabastecimento de aviões americanos com destino à Europa ou para o patrulhamento do Atlântico.

Apesar de estar vivendo sob um regime ditatorial, por mais paradoxal que possa parecer, o Brasil enviou para a Europa, mais precisamente para a Itália, soldados, ou *pracinhas*, que compunham a Força Expedicionária Brasileira (FEB), para combater os regimes autoritários da Alemanha e Itália. Essa contradição se aguçou com a vitória dos Aliados, e a defesa dos ideais democráticos na Segunda Guerra. Dessa forma, as forças de oposição a Getúlio já expunham, ainda durante a guerra, a contradição da ditadura do Estado Novo e o apoio aos países democráticos na guerra contra os regimes totalitários de Hitler e Mussolini.

A oposição se articulava e vários manifestos, como o Manifesto dos Mineiros lançado pelos liberais mineiros em 1943, reivindicavam o retorno da democracia. Tentando contornar a crise, Vargas afirmou que após o término da guerra o país teria eleições. Ao mesmo tempo que a oposição crescia, Getúlio intensificava sua propaganda pelo rádio e com a realização de grandes comícios para enaltecer sua vinculação com os trabalhadores. Dessa forma, com as eleições marcadas para dezembro de 1945, após 8 anos de Estado ditatorial, Vargas continuava a ser a principal liderança política do país.

Em julho de 1944, o Brasil começa a enviar para a Itália os pracinhas da Força Expedicionária Brasileira (FEB), para lutarem ao lado dos Aliados na Segunda Guerra Mundial. Mais de 400 soldados da FEB morreram em combate. Na foto, a recepção calorosa do povo brasileiro na volta aos combatentes.

## O fim do Estado Novo

Diante das pressões sociais pela volta da democracia, Getúlio Vargas iniciou a liberalização do regime. Os partidos políticos foram reorganizados após sua extinção no início do Estado Novo, tendo em vista a eleição presidencial do final de 1945. Os principais partidos que surgiram na época foram:

- **PSD** (Partido Social Democrático), criado por Vargas, e que tinha sua base eleitoral nos industriais, banqueiros e oligarquias agrárias estaduais;
- **UDN** (União Democrática Nacional), que aglutinava os opositores de Getúlio. Seus membros eram oriundos das classes médias urbanas, militares, empresários, além de profissionais liberais, como jornalistas. Eram anticomunistas;
- **PTB** (Partido Trabalhista Brasileiro), criado por Getúlio e ligado ao sindicalismo do Estado Novo;
- **PCB** (Partido Comunista Brasileiro), que voltou à legalidade. O líder Luís Carlos Prestes, que foi preso por ordem de Getúlio, foi anistiado em 1944 e organizou grandes manifestações em favor de seu antigo algoz.

As candidaturas presidenciais em 1945 eram: a do ex-ministro de Getúlio, general Eurico Gaspar Dutra, pelo PSD com apoio do PTB; a do brigadeiro Eduardo Gomes, pela UDN, lançado pelos oposicionistas; e a do engenheiro Yedo Fiúza, apresentado pelo PCB.

Getúlio Vargas durante o Congresso de Interventores, por ocasião da comemoração do segundo aniversário do Estado Novo.

Apesar das campanhas políticas consolidadas, temia-se que o presidente Vargas voltasse atrás e não realizasse as eleições ou, em caso de derrota, não entregasse o poder. As desconfianças eram sustentadas em quatro pontos básicos: no movimento popular chamado **queremismo** (de "Queremos Getúlio"), que defendia o adiamento das eleições; na **popularidade do presidente**, que contava com o apoio de trabalhadores urbanos; no clima ufanista expresso na recepção aos pracinhas que voltavam da guerra; e na **destituição do chefe de Polícia do Distrito Federal** e nomeação do irmão do presidente, Benjamin Vargas, para o cargo. A nomeação foi interpretada como o desejo de Getúlio de permanecer no poder.

Diante das desconfianças e tensões no cenário político, Getúlio foi deposto, em 29 de outubro de 1945, pelo Alto Comando do Exército, encabeçado, entre outros, pelos generais Góes Monteiro, que aca-bara de renunciar ao cargo de ministro da Guerra, e Eurico Dutra, o candidato do PSD. Aceitando a deposição, Getúlio Vargas retirou-se para sua fazenda em São Borja, no Rio Grande do Sul.

O Estado Novo chegara ao final e o presidente do Supremo Tribunal Federal, José Linhares, assumiu provisoriamente a presidência do país, até que as eleições de dezembro escolhessem um novo governante para o Brasil.

## Uma avaliação do período

Vargas foi, afinal, derrubado por seus próprios ministros militares em 1945. Sua força popular, no entanto, se fez logo sentir. A luta sucessória foi decidida em favor do general Eurico Gaspar Dutra, seu ministro da Guerra, graças ao apoio que lhe deu o ex-presidente, poucos dias antes das eleições. (...)

É preciso, portanto, reconhecer que a inversão da ordem dos direitos, colocando os sociais à frente dos políticos, e, mais ainda, sacrificando os últimos aos primeiros, não impediu a popularidade de Vargas, para dizer o mínimo. (...) O populismo era um fenômeno urbano e refletia esse novo Brasil que surgia, ainda inseguro, mas distinto do Brasil rural da Primeira República, que dominara a vida social e política até 1930. (...) [Era] uma relação ambígua entre os cidadãos e o governo. Era avanço na cidadania, na medida em que trazia as massas para a política. Mas, em contrapartida, colocava os cidadãos em posição de dependência perante os líderes, aos quais votavam lealdade pessoal pelos benefícios que eles de fato ou supostamente lhes tinham distribuído.

*Fonte:* CARVALHO J. M. de. *Cidadania no Brasil:* o longo caminho. Rio de Janeiro: Civilização Brasileira, 2001. p. 125-126.

**1)** Por que o populismo era uma prática política "ambígua entre os cidadãos e o governo"? Justifique.

## Vargas para todos os gostos: mal ou bem, só falam dele

O que é que Getúlio tem? Como explicar que um líder falecido há mais de meio século continue exercendo forte influência no cenário político do país? Por que, afinal, sua figura é lembrada e relembrada – seja para o elogio, seja para a crítica – sempre que se discutem os grandes temas nacionais?

Em agosto de 2004, quando o suicídio de Getúlio Vargas completou 50 anos, o Brasil assistiu a uma onda de celebrações em memória ao ex-presidente. (...) O tom era francamente positivo, com as atenções voltadas para o seu segundo governo (1951-1954) – tempos de crescimento econômico e de implantação de políticas industriais que estimularam a ampliação do mercado de trabalho, o que possibilitou maior inclusão social. Tudo isso sob a vigência de normas democráticas. Nos dias de hoje, é compreensível que esse cenário provoque nostalgia naqueles que voltam o olhar para a década de 1950. Afinal, integrar o pleno funcionamento da democracia com a retomada do crescimento econômico e a diminuição das desigualdades sociais ainda é o grande desafio brasileiro.

Nem sempre a memória de Vargas recebeu tratamento tão nobre. Em primeiro lugar, porque se trata de um personagem bastante ambíguo – se por um lado contribuiu com inegáveis avanços para o desenvolvimento do país, por outro liderou um período autoritário e de repressão política em seu primeiro governo (1930-1945). Além disso, no último meio século o Brasil atravessou grandes mudanças políticas e institucionais. À experiência democrática iniciada em 1946 sucederam-se, a partir de 1964, vinte anos de ditadura militar, até que em 1985 se iniciasse novo processo de construção da democracia. Para cada um desses momentos veio à tona um Vargas diferente. (...)

"A Era Vargas acabou". O mote, que reverbera o discurso dos militares do golpe de 1964, ressurgiu no início dos anos 1990. Era o momento de questionar o modelo de desenvolvimento econômico inaugurado por ele. (...)

Para alguns analistas, a vitória de Lula na eleição de 2002 poderia representar a retomada de alguns ideais do nacional-estatismo.

De lá para cá, grandes temas da Era Vargas continuam na ordem do dia, como o desenvolvimentismo, o nacionalismo e a intervenção do Estado na economia (...). Não se sabe ainda como a figura do líder vai reaparecer, mas uma coisa é certa: mais de 60 anos após 54, Getúlio continua vivo. E bem na foto.

*Disponível em:* <http://www.revistadehistoria.com.br/v2/home/?go=detalhe&id=1901>. *Acesso em:* 31 ago. 2015.

# Revisitando a História

**1.** Qual a grande modificação econômica que o Brasil experimentou a partir da década de 1930? Quais consequências essa transformação teve para o país?

**2.** A ideologia do Estado Novo era muito próxima às das ditaduras nazifascistas europeias. Portanto, acreditava-se que na Segunda Guerra Mundial o Brasil se aliaria às potências do Eixo (Alemanha e Itália). A declaração de Vargas ao comentar a invasão da Polônia pelo exército nazista, em 1º de setembro de 1939, revelava certa simpatia pelo nazismo ao prever um futuro melhor: "Marchamos para um futuro diverso de tudo quanto conhecemos em matéria de organização econômica, política e social. Passou a época dos liberalismos imprevidentes, das demagogias estéreis, dos personalismos inúteis e semeadores da desordem". Mas isso não aconteceu. O Brasil juntou-se aos Aliados, ao lado dos norte-americanos.

a) Comente o trecho acima e explique essa opção brasileira.

b) De que maneira a queda de Getúlio Vargas em 1945 se relaciona com a participação brasileira na guerra?

**3.** Explique quais as principais motivações da Revolução Constitucionalista de 1932 e por que, mesmo derrotado militarmente, o movimento pode ser considerado vitorioso.

**4.** Em 1934 foi promulgada uma Constituição que estabelecia alguns avanços do Brasil na direção da democracia.

a) Em que sentido a Constituição de 1934 rompia com as práticas eleitorais da "República Velha"?

b) Com que argumentos foi defendido o estabelecimento da ditadura varguista e o rompimento da ordem Constitucional?

**5.** O que foi o Plano Cohen? Como ele fez parte da estratégia varguista para o golpe do Estado Novo?

**6.** Explique quais as principais funções do DIP e como Vargas instrumentalizou a propaganda.

# Analise esta imagem

A foto ao lado mostra Getúlio Vargas em visita à entidade filantrópica "Abrigo do Cristo Redentor". Observe e analise a imagem cuidadosamente.

a) Faça uma breve descrição da fotografia.

b) Por que a foto era um instrumento da propaganda varguista?

c) Que imagem de Vargas os órgãos de propaganda tentavam criar?

FUNDAÇÃO GETÚLIO VARGAS – CPDOC

# Debatendo ideias

Na década de 1940, o presidente Getúlio Vargas declarou: "Impulsionar o mais largamente possível a cultura física é obra de sadia brasilidade, a educação do corpo na ampla concepção da palavra significa também o cultivo de novos e excelentes atributos do espírito, não só a robustez, mas a saúde fisiológica. Conseguem-se nos gramados e quadras desportivas a agilidade, a destreza e a resistência muscular. Estimulam-se e fortalecem-se partículas intelectuais de alta ascendência no desenvolvimento harmônico da personalidade. A percepção rápida e o sentido exato das reações não constituem as únicas qualidades do atleta, porque ele também adquire firmeza nas decisões, a segurança de ação no ato salutar da disciplina consciente e o espírito de invariedade e de cooperação interessada".

Cartaz do filme *Olympia*, de Leni Riefenstahl, cineasta do terceiro Reich e propaganda do governo de Vargas: a inspiração alemã é nítida na estética da comunicação varguista. O culto ao corpo, ao trabalho e a vontade unidos pela pátria caracterizavam o período.

*Fonte:* Daniela Domingues Leão, historiadora. In: O Brasil em marcha. *História Viva*, 58 ed., ago. 2008.

a) Como Vargas relaciona o culto ao corpo e o desenvolvimento do intelecto?

b) Que tipo de valores a propaganda do governo de Vargas exalta? Como ela se relaciona à propaganda dos governos totalitários do século XX?

# Questões de vestibular

**1.** (ENEM) O autor da constituição de 1937, Francisco Campos, afirma no seu livro, *O Estado Nacional*, que o eleitor seria apático; a democracia de partidos conduziria à desordem; a independência do Poder Judiciário acabaria em injustiça e ineficiência; e que apenas o Poder Executivo, centralizado em Getúlio Vargas, seria capaz de dar racionalidade imparcial ao Estado, pois Vargas teria providencial intuição do bem e da verdade, além de ser um gênio político.

CAMPOS, F. *O Estado Nacional*. Rio de Janeiro: José Olympio, 1940 (adaptado).

Segundo as ideias de Francisco Campos,

a) os eleitores, políticos e juízes seriam mal-intencionados.

b) o governo Vargas seria um mal necessário, mas transitório.

c) Vargas seria o homem adequado para implantar a democracia de partidos.

d) a Constituição de 1937 seria a preparação para uma futura democracia liberal.

e) Vargas seria o homem capaz de exercer o poder de modo inteligente e correto.

**2.** (ENEM) A partir de 1942 e estendendo-se até o final do Estado Novo, o Ministro do Trabalho, Indústria e Comércio de Getúlio Vargas falou aos ouvintes da Rádio Nacional semanalmente, por dez minutos, no programa "Hora do Brasil". O objetivo declarado do governo era esclarecer os trabalhadores acerca das inovações na legislação de proteção ao trabalho.

GOMES, A. C. *A Invenção do Trabalhismo*. Rio de Janeiro: IUPERJ/Vértice. São Paulo: Revista dos Tribunais, 1988 (adaptado).

Os programas "Hora do Brasil" contribuíram para

a) conscientizar os trabalhadores de que os direitos sociais foram conquistados por seu esforço, após anos de lutas sindicais.
b) promover a autonomia dos grupos sociais, por meio de uma linguagem simples e de fácil entendimento.
c) estimular os movimentos grevistas, que reivindicavam um aprofundamento dos direitos trabalhistas.
d) consolidar a imagem de Vargas como um governante protetor das massas.
e) aumentar os grupos de discussão política dos trabalhadores, estimulados pelas palavras do ministro.

**3.** (UFS – SE) A queda de Getúlio Vargas e o fim do Estado Novo, ocorrido em outubro de 1945, foi um processo histórico complexo, marcado por críticas por parte dos liberais ao regime, tentativas de liberalização política para viabilizar a permanência de Vargas no poder e sua reaproximação com a esquerda, antes duramente combatida. Analise as proposições que apresentam eventos históricos ocorridos durante esse processo.

(0) Elaboração de um documento de crítica ao regime conhecido como "Manifesto dos Mineiros"; anistia política no início de 1945 e Movimento Queremista, que pedia "Constituinte com Getúlio".
(1) Divulgação da represália do Senado a Getúlio através da "Carta aos Brasileiros", fim do monopólio do petróleo pelo Estado e nomeação de Luís Carlos Prestes para ministro do Trabalho.
(2) Suicídio do jornalista Líbero Badaró, em sinal de protesto contra a censura, criação da Consolidação das Leis do Trabalho (CLT) e legalização do Partido Comunista Brasileiro.
(3) Volta dos soldados da FEB após participação na Segunda Guerra Mundial ao lado dos países democráticos como Estados Unidos e Inglaterra, difusão do ideário trabalhista e abrandamento da censura à imprensa.
(4) Assalto ao Palácio do Catete pelos membros da Ação Integralista Brasileira, convocação da Assembleia Constituinte e legalização do Comando Geral dos Trabalhadores, dominado pelos comunistas.

**4.** (UFAL) As rebeliões políticas nem sempre indicam mudanças radicais. No período de 1930 a 1945, politicamente, o Brasil:

a) concretizou as liberdades democráticas, com a derrubada das oligarquias e a renovação do Congresso Nacional.
b) conviveu com práticas autoritárias, sendo a Constituição de 1937 um exemplo da centralização e da falta da democracia.
c) modernizou sua economia, com a implantação de indústrias de base e a defesa da liberdade sindical.
d) consolidou o poder das oligarquias do Sudeste, atendendo aos pedidos de proprietários das usinas de açúcar.
e) afirmou um modelo fascista, imitando o governo de Mussolini e incentivando preconceitos raciais.

**5.** (UNESP) O movimento constitucionalista de 1932, em São Paulo, pode ser interpretado como uma

a) tentativa de impedir o avanço de projetos políticos radicais de direita no país.
b) disputa entre grupos sociais hegemônicos no Brasil desde o final do século XIX.
c) reação da oligarquia paulista frente às medidas socialistas tomadas pelo governo de Getúlio Vargas.
d) mobilização popular contra o poder da elite cafeeira que dominava o país.
e) defesa dos interesses econômicos dos estados do sudeste brasileiro contra a hegemonia nordestina.

**6.** (FUVEST – SP) O conceito de revolução, aplicado ao movimento de 1930 no Brasil, é alvo de polêmica entre historiadores. Independentemente da controvérsia, não há como negar que houve mudanças importantes nessa década com relação às diretrizes da política econômica e à questão social. Explique as mudanças no que se refere à

a) política econômica.
b) questão social.

**7.** (PUC – RS – modificada) A Revolução de 1930, no Brasil, envolve inúmeras controvérsias a respeito do que efetivamente representou e das forças políticas que a promoveram.

Todavia, sobre um de seus aspectos, há uma concordância generalizada, qual seja a de que ela:

a) marcou uma profunda transformação nas relações entre as classes sociais, alterando radicalmente os fundamentos econômicos da sociedade;
b) contou com o apoio incondicional do Partido Comunista, consubstanciado na adesão de seu principal líder, Luís Carlos Prestes;
c) teve na Aliança Liberal uma frente ampla antioligárquica, sendo comandada pela vanguarda operária, que imprimiu à mesma sua orientação anarcossindicalista;
d) propiciou uma nova ordenação política do Estado, permitindo a participação decisiva de novas forças políticas;

**8.** (UFPE) A frase de Antônio Carlos, um dos líderes da Revolução de 1930: "Façamos a revolução antes que o povo a faça" diz respeito a que momento da história brasileira?

a) Àquele momento em que os tenentes e as classes médias urbanas, cansados da velha e corrupta república, resolveram destituir do poder o presidente João Goulart.
b) Ao tempo em que as novas oligarquias resolveram alijar do poder as oligarquias tradicionais, organizando uma revolta que depôs o governo de Júlio Prestes, em 1930.
c) Ao período imediatamente anterior ao levante militar de 1930, quando uma parcela das oligarquias se uniu aos tenentes e formou a Aliança Liberal, que, apesar de disputar as eleições presidenciais, foi derrotada.
d) Ao levante comunista de 1935. Unidos em torno da Aliança Nacional Libertadora, os líderes tentaram depor Getúlio Vargas, mas sem o apoio da população.
e) Ao momento, em 1937, quando Getúlio Vargas realiza o Golpe do Estado Novo e dessa forma evita que as oligarquias tradicionais retornem ao poder através das eleições.

# Programas de Avaliação Seriada

**1.** (PISM – UFJF – MG) A imagem abaixo ilustra o encontro entre os presidentes do Brasil e dos Estados Unidos durante a II Guerra Mundial. Sobre o envolvimento do Brasil nesse conflito, marque a alternativa **INCORRETA**.

*Fonte:* TOTA, A. P. *O Imperialismo Sedutor.*

a) Após romper relações diplomáticas com os países do Eixo, o Brasil teve vários navios mercantes torpedeados por submarinos alemães, o que provocou centenas de mortes.

b) A indignação provocada pelos torpedeamentos fortaleceu a campanha em favor da entrada do Brasil na Guerra. Dessa campanha, participaram diversas entidades, entre elas a União Nacional dos Estudantes (UNE).

c) Ao formar uma força expedicionária, o Governo Vargas tinha um duplo objetivo: fortalecer as Forças Armadas brasileiras, para garantir a manutenção do apoio militar ao regime do Estado Novo e projetar o Brasil no cenário internacional, como aliado especial dos Estados Unidos da América (EUA).

d) A Segunda Guerra Mundial prejudicou a economia brasileira, pois os países da Europa, que eram os principais consumidores dos bens de consumo fabricados no Brasil, deixaram de importar em função do declínio da capacidade de consumo provocado pela Guerra.

e) A participação do Brasil na Guerra evidenciou uma contradição, pois, ao mesmo tempo em que apoiava as forças aliadas na sua luta contra os regimes autoritários nazifascistas, mantinha internamente um regime ditatorial.

**2.** (PASUSP) Quando foi outorgada, em 1937, a Constituição conhecida como Polaca, tropas policiais cercaram o Congresso, sem encontrar resistência. Getúlio Vargas, em discurso, justificou o Estado Novo: "(...) mantido pelo poder constituinte da nação, o governo continuou, no período legal, a tarefa de restauração econômica e financeira, e procurou criar atmosfera de serenidade e confiança para atender às justas reivindicações das classes trabalhadoras. Quando os partidos políticos se dissolveram, haviam perdido sua razão de ser. Hoje, o governo não tem mais intermediários entre ele e o povo. Há, sim, o povo, no seu conjunto, e o governante, dirigindo-se a ele, de modo que o povo, se sentindo amparado nas suas aspirações e nas suas conveniências, não tenha necessidade de recorrer a intermediários para chegar ao chefe de Estado".

TOTA, A. P. *O Estado Novo*, 1991. Adaptado.

Sobre o discurso de Vargas, é INCORRETO afirmar que

a) legitima a soberania do Estado com a personalização do poder: o chefe é a própria Nação.

b) define a forma autoritária do exercício do poder com a extinção dos partidos políticos.

c) reforça, com um tom paternalista, a relação direta do povo com o Estado.

d) acentua a necessidade de paz e harmonia para atender às aspirações dos trabalhadores.

e) atribui o fechamento do Congresso à autoextinção dos partidos políticos.

# capítulo 45

# Os movimentos sociais e a cultura na era varguista

O TRABALHADOR TAMBEM TEM O SEU LUGAR NO ESTADO NOVO

*As transformações políticas e econômicas ocorridas entre 1930 e 1945 se relacionam com mudanças sociais e culturais ocorridas no mesmo período. O processo de industrialização, a aceleração do processo de urbanização, a emergência de veículos de comunicação, o apelo nacionalista e a inserção do país em um contexto de Guerra Mundial e de intensas mobilizações internas demonstram aspectos dinâmicos daquela época.*

Trabalhadores em uma manifestação pró-Getúlio da Esplanada do Castelo, no Rio de Janeiro, em 1940.

CPDOC

## Vargas e os trabalhadores

As relações entre Getúlio e os trabalhadores são tema de constantes debates entre os historiadores. Considerando as legislações trabalhistas criadas durante o varguismo, podemos fazer algumas considerações sobre o tema. Se as legislações que atendiam às demandas dos trabalhadores de alteração das relações de trabalho no período de crescimento da industrialização forem lidas como uma "concessão" pura e simplesmente, estaremos anulando o papel dos trabalhadores e sua participação política. Ou seja, a propaganda de Vargas e o culto à sua figura defendiam o presidente como um líder com fortes vinculações com os trabalhadores e, dentro do espírito de um Estado ditatorial, ele adotava políticas para beneficiar os trabalhadores.

Por que um governante que não é oriundo desse grupo social teria tamanha benevolência? Para obter mais apoio político? Esta é uma resposta possível, porém incompleta. É evidente que Vargas procurava o apoio popular, mas esse apoio só tem sentido quando se reconhece que os trabalhadores têm força política. Portanto, devemos estar atentos aos discursos que difundiram uma imagem de Vargas como "pai dos pobres", e aos usos que são feitos sobre ele, mas que não reconhecem o papel político dos trabalhadores. Por outro lado, também devemos evitar a tentação de imaginar que existia uma "república sindical" prestes a fazer uma revolução.

Os trabalhadores organizados não eram "vítimas inocentes" de uma forte propaganda de Vargas. Eles pressionaram o governo e obtiveram direitos. Porém, ao mesmo tempo que alguns direitos eram conquistados, o governo aumentava o controle sobre os sindicatos e os movimentos de trabalhadores, restringindo a liberdade desses movimentos. O atendimento de reivindicações sociais e o traço autoritário do varguismo conviviam e, nessa tensão política, os trabalhadores ampliavam a sua inserção nos processos políticos daquele período. Portanto, os trabalhadores não foram agraciados por uma generosidade de Vargas. Nem tão pouco o presidente estava fragilizado e acuado diante dos trabalhadores.

# A legislação trabalhista no período Vargas

Desde o início, a Era Vargas foi marcada pela concessão de direitos trabalhistas. Esses direitos ajudaram a melhorar a qualidade de vida de muitos trabalhadores, principalmente logo após a crise econômica internacional de 1929. A Constituição de 1934 estabeleceu a jornada de oito horas, o descanso semanal, o salário mínimo e férias anuais remuneradas e também criou a Justiça do Trabalho, implementada em 1939, para garantir a aplicação das leis trabalhistas.

No entanto, precisamos ter cuidado para não analisar esses direitos apenas com os olhos de hoje. Vargas tinha interesses políticos ao concedê-los, pois pretendia acalmar os trabalhadores e afastá-los do comunismo, um dos principais adversários do governo. Além disso, os direitos trabalhistas aumentaram o poder aquisitivo da população e, consequentemente, o mercado consumidor brasileiro, o que beneficiou setores das elites como produtores e comerciantes.

## A CARTEIRA PROFISSIONAL

Por menos que pareça e por mais trabalho que dê ao interessado, a carteira profissional é um documento indispensável à proteção do trabalhador.

Elemento de qualificação civil e de habilitação profissional, a carteira representa também título originário para a colocação, para a inscrição sindical e, ainda, um instrumento prático do contrato individual de trabalho.

A carteira, pelos lançamentos que recebe, configura a história de uma vida. Quem a examinar, logo verá se o portador é um temperamento aquietado ou versátil; se ama a profissão escolhida ou ainda não encontrou a própria vocação; se andou de fábrica em fábrica, como uma abelha, ou permaneceu no mesmo estabelecimento, subindo a escada profissional. Pode ser um padrão de honra. Pode ser uma advertência.

(a.) *Alexandre Marcondes Filho*

O texto na contracapa de uma carteira de trabalho expressa o caráter ambíguo das relações entre Vargas e os trabalhadores: ao mesmo tempo em que assegura direitos, é reveladora do comportamento do trabalhador, pois registra suas atitudes em sua vida profissional. *Contracapa da carteira de trabalho, 1943. Rio de Janeiro (RJ).*

# As questões sociais e econômicas

A intervenção de Getúlio nas questões relativas à legislação trabalhista é uma característica de seu governo. Com o aumento da centralização do poder na esfera federal e, ao mesmo tempo, com o crescimento da industrialização e da urbanização, o governo esteve atento à chamada **questão social** e à regulamentação das relações entre empresários e trabalhadores.

A ditadura de Getúlio instituiu uma legislação trabalhista com o controle dos sindicatos de trabalhadores, que só poderiam funcionar com autorização do Ministério do Trabalho criado na década de 1930. A greve era proibida por lei, bem como o *lockout*, quando os patrões é que param suas atividades. Os sindicatos eram atrelados ao Estado e, em 1940, uma lei que instituiu o imposto sindical deixou os sindicatos ainda mais dependentes e subordinados ao Estado. Por ela, todos os trabalhadores, sindicalizados ou não, são obrigados a pagar uma contribuição anual equivalente a um dia de trabalho.

Os dirigentes sindicais não tinham independência suficiente para lutar por melhores condições de emprego. Muitas vezes eles atendiam mais aos interesses do Estado do que dos trabalhadores. Por isso eram chamados de *pelegos*, em referência a uma manta que se coloca sob a sela de animais de montaria que amortece o impacto causado no animal pelo cavalgar do cavaleiro. Em outras palavras, o dirigente sindical tinha a receita garantida mesmo que tivesse poucos afiliados e não precisava efetivamente lutar por eles. Era melhor fazer a vontade das autoridades e garantir a verba, diminuindo a capacidade de reivindicação da classe trabalhadora.

Em 1939, foi organizada a Justiça do Trabalho e, em 1943, foi promulgada a Consolidação das Leis Trabalhistas (a CLT), que reunia todas as leis existentes sobre as questões trabalhistas. Os empresários protestaram porque viam nisso aumento de custos. Na realidade, essas medidas trouxeram uma atitude mais compassiva dos trabalhadores e os empresários não tiveram os prejuízos nem as perdas que propagavam.

Essa legislação enquadrava-se em um contexto mais amplo que não permitia o sindicalismo livre e atuante em favor de seus associados, os trabalhadores. Apesar disso, Getúlio apresentava-se perante a nação como um verdadeiro "pai dos pobres", pelas mudanças que seu governo empreendeu na vida dos trabalhadores urbanos. O governo destacava a instituição da carteira de trabalho, do direito às férias, a igualdade salarial para homens e mulheres, a regulamentação da jornada de trabalho de 8 horas e a participação do governo na administração do sistema previdenciário. Apesar de não atingir um grande número de trabalhadores, a existência de um sistema que regulamentava as relações entre patrões e empregados foi um trunfo de Getúlio Vargas que lhe garantiu apoio por sinalizar, aos que não tinham acesso a esses benefícios, que no futuro eles também poderiam usufruir desses direitos.

FUNDAÇÃO GETÚLIC VARGAS – CPDOC

O controle exercido por Getúlio sobre os sindicatos restringia a autonomia dessas organizações, que muitas vezes eram obrigadas a participar de manifestações favoráveis ao presidente.

A economia em expansão teve no Estado seu principal agente. O Poder Executivo intervinha na economia e estimulava a industrialização, concedendo créditos e adotando políticas protecionistas, por causa da conjuntura externa e a consequente política de **substituição de importações** (que deve ser compreendida dentro da perspectiva do discurso nacionalista de Vargas) que objetivava reforçar a economia do país. Durante o Estado Novo, as vozes nacionalistas tinham grande força e apelo popular e queriam, por exemplo, que as riquezas nacionais ficassem sob a exploração exclusiva de brasileiros. O petróleo e a siderurgia eram os dois principais produtos nos quais o país apostava para obter o seu desenvolvimento.

Nessa época foi criada a Companhia Siderúrgica Nacional (CSN). Os recursos para a criação da CSN, localizada em Volta Redonda (RJ), foram assegurados em 1942 com a entrada do Brasil, ao lado dos Aliados, na Segunda Guerra Mundial, que eclodira em 1939.

Disponível em: <www.senado.gov.br/comunica/historia/historia/desfop.htm>. Acesso em: 3 out. 2006.

Em Volta Redonda, RJ, implantou-se a primeira siderúrgica do país. Ela foi fruto da negociação entre Brasil e Estados Unidos, pela entrada do país na Segunda Guerra Mundial.

# O Manifesto da Aliança Nacional Libertadora (1935)

*A Aliança Nacional Libertadora (ANL) foi fundada em fevereiro de 1935 e agregava trabalhadores sindicalizados e teve grande influência do Partido Comunista. O movimento de massas criticava a dependência econômica do país e defendia causas como a reforma agrária e a ampliação de direitos sociais. Vargas proibiu o funcionamento da ANL em julho de 1935 e um de seus principais líderes, Luís Carlos Prestes, foi preso em novembro daquele ano e ficou na prisão até 1945.*

O Brasil, cada vez mais, se vê escravizado aos magnatas estrangeiros. Cada vez mais, a independência nacional é reduzida a uma simples ficção legal. Cada vez mais, nosso país e nosso povo são explorados, até os últimos limites, pela voracidade insaciável do imperialismo. (...)

Os juros pagos pelo Brasil a seus credores já se elevam a mais do dobro da importância que ele recebera como empréstimo. Os lucros fabulosos das companhias imperialistas já ultrapassam, de muito, o capital por elas investido. E, entretanto, continua o país com uma fabulosa "dívida" externa; continuam os capitalistas estrangeiros a dominar nossos serviços públicos, nossas fontes de energia e nossos meios de comunicação – numa palavra: todas as partes fundamentais e básicas da economia moderna.

O imperialismo, procurando obter mão de obra por preço vil, protegeu, como ainda protege, os latifundistas, o feudalismo.

Para uma população agrária de 34 milhões de almas temos, apenas, segundo o último recenseamento, 648.153 propriedades agrícolas. E destas a sua grande maioria – 70% – abrange apenas, de acordo com a Diretoria Geral de Estatística, 9% de área total. (...)

O imperialismo, dominando o país, explorou-o para seu único proveito: reduzindo-o a um simples fornecedor de matérias-primas, deixando inexploradas as nossas minas de ferro, níquel etc., as nossas maiores fontes de riqueza. O imperialismo impediu, como ainda impede, o desenvolvimento da metalurgia, da indústria pesada, de tudo enfim, que possa fazer concorrência à sua própria produção.

O imperialismo reduz o povo brasileiro à ignorância e à miséria.

O analfabetismo atinge 75% da nossa população. O índice de mortalidade assume proporções verdadeiramente fantásticas. A fome – apesar dos nossos recursos naturais – aniquila o povo brasileiro. (...)

É o Brasil reduzido a uma verdadeira máquina de lucros dos capitalistas estrangeiros.

Entretanto, neste momento a Nação já começa a erguer-se em defesa de seus direitos, de sua independência, de sua liberdade. E a Aliança Nacional Libertadora surge, justamente, como o coordenador deste gigantesco e invencível movimento.

Sincera e profundamente patriotas, saberemos, porém, distinguir o patriotismo desse chauvinismo hipócrita, açulado pelos banqueiros, com o fim de produzir, para seu único proveito, guerras imperialistas.

> **Açulado:** provocado, estimulado.

Sabemos distinguir os magnatas que oprimem e escravizam o país dos honestos trabalhadores estrangeiros, explorados como os brasileiros, e que contribuem para o progresso e o desenvolvimento do Brasil.

A Aliança Nacional Libertadora tem um programa claro e definido. Ela quer o cancelamento das dívidas imperialistas; a liberdade em toda a sua plenitude; o direito do povo manifestar-se livremente; a entrega dos latifúndios ao povo laborioso que os cultiva; a libertação de todas as camadas camponesas da exploração dos tributos feudais pagos pelo aforamento, pelo arrendamento da terra etc., a anulação total das dívidas agrícolas; a defesa da pequena e média propriedade contra a agiotagem, contra qualquer execução hipotecária.

*Disponível em: <http://www.franklinmartins.com.br>. Acesso em: 31 ago. 2015.*

**1)** Identifique no documento elementos da influência comunista na interpretação dos problemas enfrentados pelo Brasil. Justifique a resposta.

O espírito da charge de 2008 é estabelecer um paralelismo entre os governos de Vargas e Lula. Ambos, com grande apoio popular, recorreram a temas como a defesa da economia nacional e a adoção de políticas que foram criticadas por vários setores como clientelistas.

# O Departamento de Imprensa e Propaganda (DIP)

Em 1939, Vargas criou o Departamento de Imprensa e Propaganda (DIP). O papel do DIP era vigiar os meios de comunicação para impedir que criticassem o governo. Outra atividade do DIP era fazer a propaganda do governo Vargas.

O presidente criou o DIP sob influência do nazifascismo. Vargas acreditava que os governantes deveriam controlar os meios de comunicação para evitarem revoltas e ganharem popularidade.

O rádio foi um dos principais meios de comunicação usados por Vargas, pois era mais popular do que a imprensa e permitia que o presidente falasse "diretamente" com todo o país. Em 1938, o governo criou o programa *Hora do Brasil*, que era transmitido por todas as emissoras de rádio e divulgava as realizações do governo. Em 1939, o DIP passou a cuidar do programa. Vargas caiu, muitos presidentes passaram, mas o programa ainda existe com o nome de *A Voz do Brasil*.

A propaganda varguista também era nacionalista e divulgava mensagens religiosas. O governo utilizava o nacionalismo e a religião para combater os comunistas. Os comunistas denunciavam que a sociedade era marcada por desigualdades entre os proprietários e os trabalhadores. O governo usava o nacionalismo e a religião para unir os trabalhadores aos seus patrões e, assim, impedir greves.

## Disseram a respeito

### A "Era da Informação" de Vargas

Durante o Estado Novo (1937-1945) houve um processo de "cercamento" da cultura. O governo criou o DIP – Departamento de Imprensa e Propaganda. Sob a batuta do jornalista sergipano Lourival Fontes (1899--1967), o DIP ainda hoje causa calafrios em todos que lutam pela liberdade de expressão. Além de centralizar as informações, Vargas viveu numa época que experimentou um inegável impulso modernizador no rádio, cinema e demais veículos. Os meios de comunicação deram um salto tecnológico considerável à sombra do autoritarismo.

Para Nicolau Sevcenko, Vargas explorou o rádio com astúcia singular: "os dois rituais básicos da nova ordem eram o discurso presidencial de 1º de maio no estádio São Januário e o noticiário diário da *Hora do Brasil*, ambos assentados sobre este mesmo nexo simbólico, a voz dramatizante de Vargas, irradiada, recebida e incorporada como expressão de *animus* profundo da nação".

Através do rádio, o regime garantia a presença cotidiana do ditador entre os brasileiros. Nisto o programa *Hora do Brasil* era ferramenta valiosa. Com o rádio, o ideal de Vargas onipresente tornava-se mais viável. A caixinha sonora trabalhava para disseminar a imagem onipresente de Vargas pelo país. Alcir Lenharo relaciona tal estratégia à influência nazista, afirmando: "a estratégia radialista do Estado Novo parece acompanhar as pegadas deixadas por Hitler, para quem a palavra falada, não a escrita, tinha sido a responsável principalmente pelas grandes transformações históricas".

Embora não contasse com uma rede tão ampla quanto a alemã, Vargas estava sempre no rádio. Com maior garbo, em datas como o 1º de maio, o 19 de abril (seu aniversário), 10 de novembro (aniversário do regime) e festas cívicas como o 7 de setembro e o 15 de novembro.

No que tange às revistas, Getúlio aparecia em diversas, praticando diferentes atividades: cavalgando, discursando, ao lado de estudantes, distribuindo utensílios agrícolas a índios, no *Jóquei Clube do Rio de Janeiro*, em carro aberto, no *Círculo Operário*, em bailes, peças de teatro e desfiles.

A presença de Getúlio Vargas nos jornais também era grande. Através de subvenções que às vezes atingiam 70% do material publicado, o DIP fazia a imagem do presidente circular pelos periódicos brasileiros. Havia até mesmo notas pagas em jornais do exterior.

Controlava-se o papel importado, vital para os periódicos. Quem publicasse notícias desagradáveis ao regime corria o risco de ficar sem a matéria-prima. As notas dos jornais eram distribuídas pela *Agência Nacional*, vinculada à Divisão de Imprensa do DIP. Como no rádio, observava-se uma diversidade considerável de temas: passeios, palestras, inaugurações etc.

Nas revistas o presidente estadonovista exerce os papéis mais diversos. Em *Reportagens*, revista do DIP, Vargas é um estadista exemplar. Aparece entre estudantes, entre empresários, mas também entre operários. Eram muitas as publicações com a presença do ditador. *Pátria*, por exemplo, revista gaúcha elaborada por militares, apresenta diversas capas com Vargas.

Outra publicação dipiana, *Rumo ao Oeste*, constrói um novo papel para Getúlio: o de bandeirante. Nessa revista, o presidente é o desbravador que, destemido, vence todos os obstáculos. Vargas é um agente civilizador. A publicação refere-se a uma viagem de Vargas ao Mato Grosso, na qual o presidente visitou uma aldeia indígena. Ali, distribuiu ferramentas "civilizadas" aos silvícolas, recebeu homenagens, almoçou no meio da selva e, ousadamente, fez um voo pelo rio Araguaia. *Rumo ao Oeste* possui uma forte evocação ao espírito bandeirante. O texto ressalta a coragem de Vargas. Assim, após o tal voo, a revista relata: "*os membros da comitiva suspiraram aliviados. O presidente Getúlio Vargas, com a sua tranquila serenidade, os havia feito passar maus momentos*". O "bandeirante" Vargas, diferente de alguns auxiliares, não temia cruzar a região habitada pelos "ferocíssimos Xavantes".

(...) *O Cruzeiro* apresenta o Presidente como um homem moderno, em sintonia com todos os segmentos sociais. Algumas imagens publicadas por esta revista revelam a existência de retoques técnicos nas fotografias. Muitas evocam a multidão em torno de Vargas, numa "confusão" planejada entre o líder e a massa. Um recurso técnico aprendido, possivelmente, com fotógrafos europeus (maioria alemã) que se transferiram para o Brasil nos anos 40.

Em *O Cruzeiro*, Getúlio aparecia ao lado de Gustavo Capanema e Nelson Rockfeller, no Dia da Juventude, observando o desfile de uma multidão de jovens. Vargas posava de fardão, lendo o seu discurso de posse na *Academia Brasileira de Letras* (1942, dezembro); surge no *Jóquei Clube*, centralizando as atenções em meio a todo *glamour* do local; era fotografado, sorridente, assistindo a desfiles, recebendo personalidades no Palácio do Catete. Deste modo, calando as vozes discordantes na imprensa, o caudilho era um homem para todas as ocasiões e lugares.

Numa época em que os jornalistas são chamados de covardes por seu próprio presidente, num tempo em que se cogita criar um "Conselho" para "orientar, disciplinar e fiscalizar" o jornalismo, é impossível não sentir o velho calafrio. Sempre é bom lembrar que o DIP (o conselho antigo) tinha como obrigação "coordenar, orientar e centralizar a propaganda interna e externa; fazer censura a teatro, cinema, funções esportivas; organizar manifestações cívicas, festas patrióticas, exposições, concertos e conferências". Covarde mesmo é quem não admite críticas e, bebendo no autoritarismo do passado, procura suprimir questionamentos. Vargas e suas estratégias, mais do que nunca, estão atualíssimos.

Fonte: SERVILHA, L. H. de O. *Rádios, Revistas e Jornais Descrevem Getúlio Vargas. Disponível em:* <http://www.henriquepara.ubbi.com.br/vargas.html>. *Acesso em:* 18 ago. 2006.

**1)** Analise as principais estratégias de propaganda varguista e por que elas eram práticas ditatoriais.

# Entre o nacionalismo e a influência estrangeira na cultura

Dentre as questões esboçadas pelo governo de Vargas estava a configuração de uma identidade cultural brasileira. Desde os anos 1920, a questão vinha sendo discutida e movimentos, como a Semana de Arte Moderna de 1922, evidenciavam a preocupação com os valores que expressariam a cultura brasileira.

No período de Vargas, juntamente com a centralização autoritária do Estado Novo, a questão cultural passou a ser uma preocupação oficial do governo. Em tal projeto, entretanto, estava a lógica de uma homogeneização cultural do país e a uniformização das atividades culturais reconhecidas como "nacionais".

O Ministério da Educação e Saúde, ocupado por Gustavo Capanema entre 1934 e 1945, agregou pessoas importantes em torno do projeto de pensar a cultura brasileira. Dentre os nomes consagrados estavam o escritor Mário de Andrade, o músico Heitor Villa-Lobos, o arquiteto Lúcio Costa, o poeta Carlos Drummond de Andrade e o educador Anísio Teixeira. O ministério promovia a cultura a partir de duas tarefas básicas: a ampliação do papel educacional com a legislação específica para o funcionamento das escolas e os conteúdos curriculares e o incentivo a manifestações artísticas que supostamente representavam a identidade brasileira. O samba, por exemplo, passou a ser um elemento da identidade musical brasileira a partir do momento em que suas letras tiveram de abordar temáticas cívicas e de valorização da ordem e do trabalho, subvertendo a imagem do malandro e da boemia.

A atuação do governo era facilitada graças ao DIP e seus mecanismos de controle sobre o rádio e a imprensa. A produção de cartilhas infanto-juvenis e a autorização para obras específicas na música, teatro e cinema, além de grande intervenção em festas cívicas e populares, como o carnaval, ditavam o ritmo da produção cultural do período.

O rádio foi o principal instrumento da ideologia cultural do Estado Novo. Os programas da Rádio Nacional buscavam ter a maior audiência e transmitir os padrões de comportamento desejáveis.

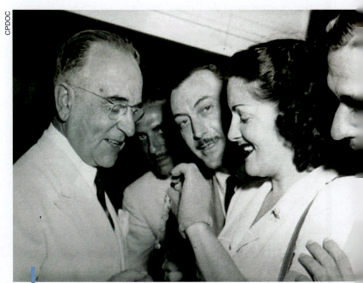

Getúlio Vargas e a cantora de rádio Linda Batista, entre 1951 e 1954.

Mas, ao mesmo tempo, com a política de aproximação com os Estados Unidos, o país passou a receber as influências do cinema hollywoodiano, da música norte-americana e de outros produtos culturais. Esse processo ampliou-se no período posterior à queda de Vargas, em 1945, quando os controles estatais diminuíram no cotidiano cultural das pessoas.

Tal aproximação não foi vista como uma incongruência no período. Os governos do Brasil e dos EUA difundiam ser adeptos de uma cooperação entre os países e de uma solidariedade em torno de valores pan-americanos. Graças ao DIP, difundiam-se notícias favoráveis aos EUA no Brasil, enquanto o país era divulgado nos EUA, como nos filmes de Walt Disney.

## *Vivendo seu tempo*

### O Brasil na órbita cultural dos EUA

(...) Foi durante o Estado Novo que o Brasil entrou definitivamente na órbita cultural dos Estados Unidos; foi nessa ocasião que o personagem de quadrinhos Zé Carioca foi criado pelos Estúdios Disney e que Carmem Miranda foi içada a símbolo da boa vizinhança entre os EUA e o Brasil. Uma das mais populares e carismáticas artistas no Brasil, Carmem chegou a ser associada a uma artista da América Latina, e como tal cantou para os estúdios de Hollywood – além de sambas e chorinhos – rumbas, tangos e boleros. Acabou sendo o símbolo maior da cooperação cultural no continente americano, o que lhe custou a mágoa e o desprezo dos brasileiros que, acusando-a de americanizar-se, só voltaram a louvá-la depois de sua morte, em 1954. (...)

Neste período, o cinema e a música fazem dos EUA uma presença constante no cotidiano dos brasileiros. O Brasil se americanizava nos costumes, no comportamento, no vestuário, no intercâmbio de estudantes – mas, do ponto de vista econômico, tornava-se ideologicamente nacionalista e avesso à abertura de seus mercados. No tocante à política cultural oficial, propagavam-se a brasilidade e uma identidade nacional autêntica e autônoma.

*Fonte:* D'ARAUJO, M. C. *O Estado Novo.*
Rio de Janeiro: Jorge Zahar, 2000.

## Cinemateca

**Os Herdeiros** (1970, Brasil, dir.: Cacá Diegues) Visão rica e realista do Brasil, desde a Revolução de 1930 até a chegada da televisão, na década de 1950.

**Alô, Amigos!** (1942, EUA, dir.: Walt Disney) Animação dos Estúdios Disney que aborda a América Latina e apresenta, em sua parte final, o personagem Zé Carioca.

**Baile Perfumado** (1997, Brasil, dir.: Lírio Ferreira e Paulo Caldas) Narra a vida do libanês Benjamim Abrahão, autor da única filmagem em que aparecem Lampião e os seus seguidores. Benjamim era amigo e secretário de Padre Cícero. Conheceu Lampião quando o cangaceiro foi pedir uma bênção ao padre, considerado milagroso pelos nordestinos.

## Revisitando a História

**1.** Explique as ambiguidades do governo Vargas em relação às políticas direcionadas aos trabalhadores.

**2.** Quais os principais aspectos contemplados pela Constituição de 1937 e pela CLT sobre as relações de trabalho?

**3.** Leia o documento "O Manifesto da Aliança Nacional Libertadora", de 1935, e:

a) Identifique dois elementos relacionados à ideologia comunista.

b) Cite dois problemas sociais graves identificados no texto.

c) Explique qual a relação sugerida entre o imperialismo e os problemas sociais e econômicos do Brasil.

**4.** Sobre o Departamento de Imprensa e Propaganda (DIP), criado em 1939, responda:

a) Quais eram as atividades do DIP?

b) Por que Vargas acreditava que os governantes deveriam controlar os meios de comunicação?

**5.** Por que a questão cultural foi relevante para o Estado Novo?

**6.** Analise as vinculações existentes entre a prática nacionalista do governo Vargas e a aproximação com a presença cultural norte-americana.

## Analise esta imagem

Charge de Belmonte publicada na *Folha da Manhã*, 22 jul. 1937.

A charge política é um instrumento da veiculação de ideias e críticas em determinado período. No trabalho de Belmonte, de 1937, observa-se a variação da fisionomia do presidente Vargas. Observe-a atentamente e responda:

a) Como está representado o presidente?

b) Por que o uso do retrato, na versão oficial, é uma forma de propaganda política?

c) As charges indicam uma mudança dos tempos políticos? Por quê?

## Debatendo ideias

"Foi neste contexto que os brasileiros aprenderam a substituir os sucos de frutas tropicais onipresentes à mesa por uma bebida de gosto estranho e artificial chamada Coca-Cola. Começaram também a trocar sorvetes feitos em pequenas sorveterias por um sucedâneo industrial chamado Kibon, produzido por uma companhia que se deslocara às pressas da Ásia, por efeito da guerra. Aprenderam a mascar uma goma elástica chamada *chiclets* e incorporaram novas palavras que foram integradas à sua língua escrita. Passaram a ouvir o *fox-trot*, o *jazz* e o *boogie-woogie*, entre outros ritmos, e assistiam agora a muito mais filmes produzidos em Hollywood. Passaram a voar nas asas da PanAmerican, deixando para traz os "aeroplanos" da Lati e da Condor."

Fonte: MAUAD, A. M. Genevieve Naylor, fotógrafa: impressões de viagem (Brasil, 1941-1942). *Revista Brasileira de História*. São Paulo, v. 25, n. 49, jun. de 2005.

O Brasil conheceu muitas mudanças no período em que Getúlio Vargas esteve no poder (1930-1945): urbanização, industrialização e crescimento da influência cultural norte-americana. Algumas vezes esse momento é caracterizado como um "imperialismo cultural". A partir do texto acima e dos seus conhecimentos, responda:

a) Quais foram os limites dessa "americanização" vivida pelo Brasil durante a Era Vargas?

b) Os hábitos culturais podem ser induzidos a partir de valores e costumes de outros povos? Por quê?

## Questões de vestibular

**1.** (ENEM) De março de 1931 a fevereiro de 1940, foram decretadas mais de 150 leis novas de proteção social e de regulamentação do trabalho em todos os seus setores. Todas elas têm sido simplesmente uma dádiva do governo. Desde aí, o trabalhador brasileiro encontra nos quadros gerais do regime o seu verdadeiro lugar.

DANTAS, M. A Força Nacionalizadora do Estado Novo. Rio de Janeiro: DIP, 1942. Apud BERCITO, S. R. *Nos Tempos de Getúlio:* da revolução de 30 ao fim do Estado Novo. São Paulo: Atual, 1990.

A adoção de novas políticas públicas e as mudanças jurídico-institucionais ocorridas no Brasil, com a ascensão de Getúlio Vargas ao poder, evidenciam o papel histórico de certas lideranças e a importância das lutas sociais na conquista da cidadania. Desse processo resultou a

a) criação do Ministério do Trabalho, Indústria e Comércio, que garantiu ao operariado autonomia para o exercício de atividades sindicais.

b) legislação previdenciária, que proibiu migrantes de ocuparem cargos de direção nos sindicatos.

c) criação da Justiça do Trabalho, para coibir ideologias consideradas perturbadoras da "harmonia social".

d) legislação trabalhista que atendeu reivindicações dos operários, garantindo-lhes vários direitos e formas de proteção.

e) decretação da Consolidação das Leis do Trabalho (CLT), que impediu o controle estatal sobre as atividades políticas da classe operária.

**2.** (UFPR) A política trabalhista de Getúlio Vargas (1930-1945) diferenciou-se da praticada na Primeira República (1889-1930), pois

a) permitiu a liberdade de organização sindical, desde que fossem seguidas as regras do Ministério do Trabalho.

b) passou a tratar a questão operária como "caso de polícia", reprimindo as greves e deportando estrangeiros.

c) estabeleceu uma legislação paternalista e assistencialista, a fim de manter o controle sobre o operariado.

d) implementou medidas populistas que asseguraram direitos aos trabalhadores rurais e urbanos, sem distinção.

e) estimulou o apoio do movimento operário ao Estado, por meio da divulgação de ideologias de esquerda.

**3.** (UFC – CE) Leia o texto a seguir.

Permita Va. Excia. que uma pobre e humilde funcionária postal suba, diretamente, à presença de Va. Excia. para solicitar sua decisiva protecção para um acto que é também de justiça. (...) Aliás, não faço senão cumprir os desejos de Va. Excia. que já declarou que no Estado Novo não existem intermediários entre o governo e o povo.

*Citado em:* FERREIRA, J. *Trabalhadores do Brasil:* o imaginário popular (1930-1945). Rio de Janeiro: FGV, 1997. p. 26.

Na carta supracitada, enviada em 1938 ao Presidente da República, Amerida de Mattos Diniz, uma agente postal, solicita audiência, a fim de obter nomeação para cargo concursado. A partir do trecho reproduzido, é correto afirmar que:

a) os trabalhadores foram coconstrutores do trabalhismo, obtendo, assim, parte de suas reivindicações.

b) a completa subordinação ideológica das massas, fenômeno típico do populismo, fazia-se notar no Estado Novo.

c) a remetente se mostra possuidora de uma cultura política em tudo oposta à do restante dos trabalhadores.

d) o governo e os trabalhadores não eram cúmplices, o que obrigava o primeiro a recorrer a pelegos para controlar os segundos.

e) a ideologia do Estado Novo relevava o papel do Congresso Nacional e dos partidos, instrumentos fundamentais numa democracia.

**4.** (UFBA)

**Texto I**

Narra a crônica que foi numa noite chuvosa do verão de 1939 que o mineiro de Ubá, Ary Barroso (1903-1964), compôs *Aquarela do Brasil*, canção que divulgou a imagem de um país de natureza exuberante, de cidadãos de todas as classes e raças convivendo em alegre harmonia. Lançada num período de acirrado nacionalismo, *Aquarela* consolidou o estilo samba-exaltação e, com versos ufanistas, ajudou a elevar o gênero samba à categoria de símbolo musical nacional.

NARRA..., 2009, p. 178.

**Texto II**

Brasil, meu Brasil brasileiro
Meu mulato inzoneiro
Vou cantar-te nos meus versos
Ô Brasil, samba que dá
Bamboleio que faz gingar

Ô Brasil, do meu amor
Terra de Nosso Senhor
Brasil, Brasil
Pra mim, pra mim
Ah, abre a cortina do passado
Tira a Mãe Preta do cerrado
Bota o Rei Congo no congado
Brasil, Brasil
Pra mim, pra mim

BARROSO, 2009, p. 178.

A análise do texto, dos versos e os conhecimentos sobre as relações etnoculturais da sociedade brasileira permitem afirmar:

(01) A imagem de "todas as classes e raças convivendo em alegre harmonia" no Brasil, citada no **Texto I**, e a crença na inexistência de preconceito ou discriminação racial originaram o conceito de "democracia racial".

(02) A expressão "mulato inzoneiro", referida no **Texto II**, traduz a imagem idealizada da malandragem alegre e inofensiva associada ao mestiço, geralmente pobre, sem profissão definida e habitante da periferia das grandes cidades brasileiras na primeira metade do século XX.

(04) O Brasil de 1939, dirigido pelo governo constitucional e democrático de Getúlio Vargas, repeliu a poesia de *Aquarela do Brasil* por considerá-la pouco elaborada e distante do estilo clássico herdado da cultura europeia.

(08) O "acirrado nacionalismo" a que o **Texto I** se refere se relaciona com ideologias nacionalistas cultivadas na Europa do período e constituiu a base teórica e política para a linha condutora do nacionalismo econômico do Brasil até o fim da Segunda Guerra Mundial.

(16) As expressões "Mãe Preta" e "Rei Congo", presentes no **Texto II**, representam a situação de integração social e o reconhecimento da cidadania do negro nas diferentes camadas da sociedade brasileira, nos anos 1930-1940.

(32) O gênero samba, antes cultivado pelas classes populares, foi apropriado pela filosofia política do governo de Getúlio Vargas durante a Segunda Guerra Mundial, passando a compor um dos símbolos da imagem transmitida pelo Estado Novo para o exterior.

**5.** (UFG – GO)

O bonde de São Januário
Leva mais um sócio otário
Sou eu que não vou trabalhar

*Fonte:* BATISTA, W.; ALVES, A. In: BERCITO, S. D. R. *Nos Tempos de Getúlio:* Da Revolução de 30 ao fim do Estado Novo. São Paulo: Atual, 1990. p. 43.

O trecho é um samba de Wilson Batista e Ataulfo Alves, composto em 1940, cuja letra evidencia uma forma de resistência política ao

a) contrapor-se à cultura do trabalho, principal foco de intervenção estadonovista.

b) associar ao trabalho a música na constituição da identidade nacional.

c) conciliar trabalho e cultura popular, articulando as relações entre Estado autoritário e trabalhadores.

d) estabelecer relação entre símbolos da modernização com a valorização do trabalhador.

e) criar uma relação de cumplicidade entre o Estado autoritário e os dissidentes da sociedade brasileira.

**6.** (UFPE) A construção de uma identidade nacional fez parte dos planos de Getúlio Vargas. Muitos intelectuais e artistas contribuíram na elaboração de projetos e obras de valor. No campo da música, destaca-se Villa-Lobos, que:

(0) conseguiu fazer uma síntese entre o popular e o erudito, em muitas das suas composições mais famosas.

(1) baseou sua obra nas composições de músicos europeus, não se interessando pela cultura brasileira da época.

(2) nos deixou um legado de reconhecido valor artístico, sendo muitas de suas obras gravadas por orquestras sinfônicas de vários países.

(3) foi um dos articuladores culturais das políticas de Vargas, porém suas composições ficaram restritas ao mundo urbano.

(4) ficou famoso pelas suas Bachianas, nas quais se registram influências da música erudita, com grande criatividade na composição.

**7.** (UFG – GO) Leia o documento a seguir.

(…) Liberdade completa ninguém desfruta: começamos oprimidos pela sintaxe e acabamos às voltas com a Delegacia de Ordem Política e Social, mas, nos estreitos limites a que nos coagem a gramática e a lei, ainda nos podemos mexer. (…) Não caluniemos o nosso pequenino fascismo tupinambá; se o fizermos, perderemos qualquer vestígio de autoridade e, quando formos verazes, ninguém nos dará crédito. De fato ele não nos impediu de escrever. Apenas nos suprimiu o desejo de entregar-nos a esse exercício.

RAMOS, G. *Memórias do Cárcere*. Rio: Record, v. I, 1977. p. 34.

Em *Memórias do Cárcere*, Graciliano Ramos narra sua experiência na prisão para onde foi levado em 1936. Considerando a leitura do documento, explique:

a) o contexto político que possibilitou a prisão de cidadãos, sem nenhum processo jurídico.

b) de que forma o regime político, implantado em 1937, utilizaria os meios de comunicação para assegurar o controle político.

**8.** (UFG – GO)

Imagem do filme ALÔ, AMIGOS, 1943. *Disponível em:* <edicaoextrablog.blogspot.com/2010_01_01 archive.html>. *Acesso em:* mar. 2010.

A imagem refere-se a uma cena de *Alô, Amigos*, filme lançado por Walt Disney, em 1943. Nessa cena, Zé Carioca apresenta o Rio de Janeiro para o Pato Donald, ao som da música "Aquarela do Brasil", uma composição de Ary Barroso. Na cena, o encontro entre os dois personagens simboliza a aproximação entre Brasil e Estados Unidos, nos anos de 1940. Diante do exposto, explique:

a) o principal interesse que orientou a aproximação entre Brasil e Estados Unidos;

b) com base na imagem, como o personagem Zé Carioca expressa uma visão sobre a cultura brasileira no período.

# Programas de Avaliação Seriada

**1.** (PISM – UFJF – MG) O Governo de Getúlio Vargas (1930-1945) notabilizou-se pela sistematização da legislação trabalhista. Das alternativas abaixo, indique aquela que **NÃO** corresponde à política trabalhista de Vargas.

a) Criação do Ministério do Trabalho, órgão fundamental para a construção da imagem de Vargas como o "pai dos pobres", amigo e protetor dos trabalhadores.

b) Criação da Justiça do Trabalho, encarregada de dirimir conflitos entre empregados e empregadores.

c) Regulamentação do salário mínimo, que deveria corresponder às necessidades básicas de um trabalhador.

d) Criação do Fundo de Garantia por Tempo de Serviço (FGTS), que facilitou as demissões pelos empresários.

e) Fixação da "Unicidade Sindical" e a definição de que apenas os sindicatos legalizados poderiam defender os direitos da categoria que representavam perante o Estado.

**2.** (PAAES – UFU – MG) Considerando o contexto do trabalhismo da Era Vargas (1930-1945) e a sua relação com a pluralidade cultural brasileira, marque, para as afirmativas abaixo, (V) Verdadeira, (F) Falsa ou (SO) Sem Opção.

1 ( ) Houve incentivo à inclusão do imigrante no mercado de trabalho brasileiro, possibilitando a chegada de novas levas de imigrantes europeus no país.

2 ( ) O modelo de trabalhador nacional defendido pelo governo Vargas era contrário ao estereótipo do "malandro", sempre associado ao passado da escravidão e às populações negras.

3 ( ) Durante o governo Vargas foi criado o Serviço de Proteção ao Índio (SPI), que estabeleceu uma política de apoio e de proteção estatal aos povos indígenas brasileiros.

4 ( ) Havia a convicção, durante o governo Vargas, de que as diferenças culturais e étnicas do Brasil passariam por um necessário processo de assimilação, chegando a um tipo único nacional.

# A Segunda Guerra Mundial

*O conceito de guerra total surgiu a partir do século XIX para designar as novas formas belicistas que estavam em gestação, por meio de conflitos com alcance ilimitado, mobilização de recursos espantosos e distinção cada vez mais tênue entre civis e militares. Quase um século depois o mundo viveu sua Segunda Guerra Mundial (1939-1945), conflito no qual a ideia de guerra total foi aplicada até as suas últimas consequências. Neste capítulo, veremos por que o mundo se envolveu em uma nova disputa ainda mais perversa que a de 20 anos antes, destacando-se pela mobilização e crueldade na utilização de sofisticados mecanismos de destruição em massa e pelas pretensões ilimitadas das partes beligerantes.*

CORBIS

O conflito entre os países do Eixo (Alemanha, Japão e Itália) e os Aliados (liderados por Inglaterra, EUA e URSS) matou milhões de pessoas. Em pouco mais de 20 anos a Europa era o palco de um segundo conflito bélico, ainda mais traumático que o anterior. Na foto, bombardeiros B-29 lançam centenas de bombas incendiárias sobre Yokohama, Japão, em 29 de maio de 1945.

As marcas da Primeira Guerra Mundial ainda estavam presentes no continente europeu quando eclodiu a Segunda Guerra em 1939. Os países entraram em um novo conflito que, para muitos estudiosos, era o desdobramento da Grande Guerra de 1914-1918.

O sistema de alianças, políticas externas conflitivas e o nacionalismo exacerbado, por exemplo, são características comuns nos dois conflitos. Mas a Segunda Guerra foi ainda mais aguerrida, por mobilizar várias nações e seus aparatos científicos e tecnológicos para vencer. A perseguição a grupos populacionais, como os judeus, a busca de expansão territorial e demonstrações de força dos beligerantes impulsionaram a guerra. Esta, entre tantas consequências de todas as ordens, reconfigurou o mundo com a emergência de superpotências, EUA e URSS.

BETTMANN/CORBIS/LATINSTOCK

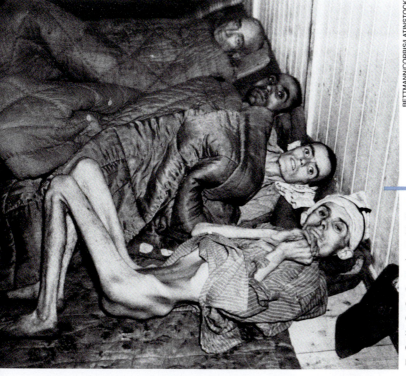

Durante a Segunda Guerra Mundial houve uma perseguição implacável às minorias, como homossexuais, ciganos e judeus. Baleados, mortos em câmara de gás, pelas torturas dos "doutores", por maus-tratos ou mesmo de fome, milhões foram mortos nos campos de concentração dos nazistas. Aqueles que sobreviveram aos campos mostravam em seus corpos as marcas da selvageria humana. (Fotografia de 1º de maio de 1945, de Charles Haaker, em que se veem alguns prisioneiros libertados do campo de concentração de Buchenwald, na Alemanha. O primeiro homem abaixo é um judeu húngaro.)

# A situação europeia às vésperas da Segunda Guerra Mundial

Após a Primeira Guerra, a Europa teve um breve período sob governos que adotaram a democracia liberal, mas, com a crise econômica e com as fragilidades internas, países como Itália e Alemanha viram ascender ao poder **regimes autoritários**, como o fascismo e o nazismo, respectivamente.

As outras potências europeias, como França e Inglaterra, apenas reagiram formalmente às violações do Tratado de Versalhes praticadas pela Alemanha. Uma delas, por exemplo, foi a militarização do país, proibida no acordo de 1919 e retomada depois da ascensão de Hitler ao poder, em 1933. A opção por uma **política de apaziguamento** por parte de britânicos e franceses apresenta dois importantes aspectos: a constatação da severidade imposta na "paz dos vencedores" aos derrotados na Primeira Guerra e a pouca disposição para uma nova guerra, pois a Europa ainda se recuperava do primeiro conflito.

A política de apaziguamento, sobretudo dos ingleses, se amparava na expectativa de que, atendidas algumas reivindicações, a Alemanha ficaria satisfeita. O regime de Hitler, apesar da grande repressão interna, não era visto inicialmente como um grande inimigo, como ocorreu mais tarde: seu discurso na defesa dos "valores europeus" era entendido por muitas pessoas como a possibilidade de defesa da Europa diante do comunismo soviético. Por isso, a militarização alemã era tolerada.

Outro aspecto que deve ser considerado foi o fracasso da **Liga das Nações**, criada após a Primeira Guerra com a finalidade de conservar a paz entre os países. A Liga começou desfalcada com a ausência dos Estados Unidos e, dominada pela França e Inglaterra, não era um organismo plural.

Duas ações militares evidenciaram a fragilidade desse sistema diplomático: a ação da Itália na Etiópia, em 1935, e a ação do Japão na região da Manchúria, que desencadeou um conflito com a China. Mussolini ocupou a Etiópia, desejada desde a Primeira Guerra. A Liga das Nações propôs sanções comerciais, mas os países que a compunham, sobretudo os EUA, continuaram negociando com a Itália. Em 1936, a Etiópia foi declarada território italiano. Em 1939, os italianos ocuparam a Albânia e,

com isso, Mussolini consolidava a liderança no mar Adriático. Já os japoneses invadiram a região da Manchúria em 1931 e continuaram a se expandir na região asiática, em uma guerra declarada contra a China. A ação do Japão, que buscava mercados para enfrentar a crise econômica, desagradava aos interesses dos EUA, pois o Japão se consolidava como uma potência no Pacífico.

Em ambos os casos, as condenações da Liga das Nações não foram suficientes para impedir as ações militares dos países citados. Sem força militar, a Liga, que também pretendia zelar pelo cumprimento de acordos de limites territoriais, foi desmoralizada, permitindo que outras violações territoriais ocorressem.

Durante a Segunda Guerra, Itália, Japão e Alemanha formariam o Eixo, a aliança entre países que aumentaram seu poder e lutaram contra os Aliados (Inglaterra, EUA e URSS).

# As pretensões alemãs e as ações anteriores à guerra

Como já vimos, a ascensão dos nazistas, em 1933, promoveu um discurso da superioridade da raça ariana e a reivindicação de um "espaço vital" para os alemães. Esse "espaço vital" pressupunha a criação de um Estado alemão que reunisse todos os germânicos em um Estado forte, condizente com a imagem que Hitler projetara da grandiosidade de seu povo. Em "Mein Kampf" ("Minha Luta"), Hitler escreveu sobre a expansão dos alemães em direção ao leste, como vimos no Capítulo 43.

Hitler se opunha ao cumprimento do Tratado de Versalhes que ele chamava de *diktat* (ditado), porque para ele não teria havido um acordo, mas uma imposição. Dessa forma, o governo nazista começou a agir, contrariando o acordo e iniciando um jogo que resultaria na deflagração da guerra. Entre as medidas de Hitler, podemos destacar:

○ **remilitarização da Renânia** – em março de 1936 o exército alemão voltou a ocupar a região de fronteira com a França, onde a Alemanha não poderia ter tropas. A Inglaterra e a França protestaram formalmente quanto ao descumprimento do acordo, mas Hitler não avançou sobre territórios externos, e isso fez com que os países não se opusessem de forma bélica à Alemanha;

13·MÄRZ 1938
EIN VOLK EIN REICH
EIN FÜHRER

Em 1938, esse cartão-postal foi difundido por todo o novo *Reich* (Império). Em março de 1938, Hitler anexou a Áustria, concretizando seu desejo de reunir todas as populações germânicas sob um mesmo Estado.

o **participação na guerra civil espanhola** – a Alemanha participou da guerra civil na Espanha, enviando tropas e aviões para ajudar as forças do General Franco. A ação alemã foi decisiva para a vitória dos partidários do fascismo espanhol sobre os defensores da República. Num dos episódios mais conhecidos, os aviões alemães destruíram a cidade de Guernica, imortalizada na obra de Pablo Picasso.

<http://likovna-kultura.uazg.hr/images31/Picasso.Guernica2.jpg>

Picasso retratou o horror e o terror do bombardeio à cidade de Guernica, na Espanha, em 1937, por ocasião da guerra civil. Os principais elementos do quadro são: cor negra, cinza e branca para destacar o clima sombrio que envolvia o desastre; luz de um olho-lâmpada (no alto) simbolizando a mortífera tecnologia (ataque aéreo) e figuras humanas dilaceradas, além de animais como o cavalo apavorado, em disparada (no centro da tela), representando as forças irracionais da destruição; touro imóvel (à esquerda do cavalo) referindo-se à destruição. Museu Nacional Centro de Arte Reina Sofia, Madri.

A ação coligada de alemães e italianos na defesa do regime fascista na Espanha foi uma prévia do que se veria na Segunda Guerra: serviu de treinamento para as forças totalitárias e contrariava o princípio da Liga das Nações de "não intervenção" externa em assuntos internos;

o **a união com a Áustria (Anschluss)** – com um discurso pangermanista, Hitler ordenou às suas tropas que ocupassem a Áustria em 1938. A ocupação foi apoiada pela população que a legitimou em um plebiscito. A Áustria passava a ser uma província do *Reich* (Império) alemão e Hitler, sem a oposição dos países europeus, seguia sua marcha de ampliação dos territórios para unificar todos os alemães. Judeus, comunistas e opositores da anexação da Áustria foram silenciados;

o **crise dos Sudetos** – a ação na vizinha Áustria provocou agitação na Tchecoslováquia, em especial na região dos Sudetos. Nessa área, com aproximadamente 3,5 milhões de pessoas, 2,8 milhões eram de origem alemã que reivindicavam sua autonomia e anexação ao Estado alemão. O governo tchecoslovaco negava as reivindicações. Os nazistas diziam que a Tchecoslováquia, uma das poucas democracias existentes na Europa, perseguia as minorias germânicas e não permitia o direito à autodeterminação daqueles grupos. Os tchecoslovacos tinham acordos militares com a França e com a Rússia. Temendo uma invasão alemã que desencadearia outra guerra, a Inglaterra propôs à Alemanha e aos tchecoslovacos uma solução negociada. Na Conferência de Munique, em setembro de 1938, reuniram-se o representante britânico, Neville Chamberlain (1869-1940), Hitler, Mussolini e Édouard Daladier (1884-1970), primeiro-ministro francês. Pelos resultados da Conferência, a Alemanha teve seus interesses atendidos, ocupando parte da Tchecoslováquia, porém era advertida de que essa seria a última concessão aos alemães. Hitler, observando a fragilidade de britânicos e franceses, e diante das manifestações do restante da Tchecoslováquia, decidiu ocupar outras áreas do país, inclusive invadindo a capital, Praga, em março de 1939, e pondo fim à autonomia do país. Esta ação, porém, não tinha a suposta legitimidade da autodeterminação dos povos germânicos, pois se tratava de um domínio exercido sobre outros povos. Hitler provocou inquietações em toda Europa. Na Grã-Bretanha e França, que haviam optado por uma proposta de apaziguamento, a necessidade de conter Hitler era discutida abertamente. A Polônia, considerada o próximo alvo das forças nazistas, fez um acordo militar com a Inglaterra, que prometia lhe defender em caso de ameaça alemã. Hitler, por sua vez, fez um acordo com Mussolini;

**o papel da URSS no contexto da expansão alemã** – o avanço nazista sobre a Europa Oriental provocou a reação da URSS. Stálin supunha que França e Inglaterra estavam estimulando a expansão nazista para Leste, para que URSS e Alemanha se enfrentassem. Ao mesmo tempo que negociava com britânicos e franceses, o regime de Stálin mantinha negociações secretas com os nazistas. Dessas negociações surgiu o pacto germano-soviético de não agressão. Os soviéticos ganhariam tempo e evitariam a guerra e os alemães, por sua vez, evitariam a catástrofe da Primeira Guerra, quando, combatidos em duas frentes, tiveram seus exércitos enfraquecidos. Nas cláusulas secretas do acordo, porém, estava a decisão de dividir o território polonês entre soviéticos e alemães.

**A EUROPA EM 31 DE AGOSTO DE 1939**

**A Europa em 31 de agosto de 1939**

- ▭ A Alemanha e os territórios anexados
- ▭ Países aliados à Alemanha
- ▭ Simpatizantes ao Eixo
- ▭ Países engajados na defesa da Polônia
- ▭ Países indefinidos
- ▭ Países neutros

**Sucessos alemães depois de 1935**

- → Incorporação do Sarre (1935)
- → Remilitarização da Renânia (1936)
- → Anexação da Áustria (1938)
- → Anexação dos Sudetos (1938)
- → Anexação da Eslováquia (1939)
- → Anexação de Memel (1939)

**Anexação Italiana**

- → Etiópia (1935)
- → Albânia (1939)

**Anexação da Hungria**

- → Rutânia (1939)

As ações da Alemanha e da Itália no período entre 1935 e 1939 alteraram as fronteiras europeias e, em pouco mais de 20 anos, desencadearam um segundo conflito em escala mundial.

## O plano de Hitler

*O discurso abaixo foi proferido pelo Führer na véspera da invasão da Polônia. Repare na maneira como Hitler articula o seu plano de dominar o mundo ao cálculo preciso de suas alianças e como vê seus aliados como um trampolim para chegar a esse grande objetivo.*

A decisão de atacar a Polônia veio na primavera. De início, temíamos ter de atacar uma constelação política formada por Inglaterra, França, Rússia e Polônia. Desde o outono de 1938, quando percebi que o Japão não está conosco incondicionalmente e que Mussolini é ameaçado por aquele rei imbecil, traiçoeiro e patife, decidi aliar-me a Stálin. Pois há três grandes estadistas no mundo, Stálin, eu e Mussolini. Mussolini é o mais fraco, pois não conseguiu desvencilhar-se do poder da Coroa nem da Igreja.

Stálin e eu somos os únicos que vislumbram o futuro. Então, em algumas semanas, estenderei minha mão a Stálin para, juntos, podermos redistribuir o mundo.

(...) Ganharemos nosso espaço vital. (...) A Polônia será despovoada e repovoada com alemães. Meu pacto com os poloneses serviu, meramente, para ganhar tempo. E dessa forma, senhores, o destino da Rússia. Depois da morte de Stálin – ele é um homem muito doente – quebraremos a URSS. Começará, então, o alvorecer do domínio alemão por sobre a Terra.

Discurso de Adolf Hitler em 31 de agosto de 1939.

1) Por que a ocupação da Polônia era estratégica para Hitler?
2) Qual a opinião de Hitler sobre os outros líderes da época?

# O início da Segunda Guerra Mundial

A Alemanha invadiu a Polônia no dia 1º de setembro de 1939. A estratégia nazista ficou conhecida como *blitzkrieg* (guerra relâmpago): a aviação alemã bombardeou cidades, destruiu equipamentos militares e inviabilizou qualquer forma de reação polonesa.

A Inglaterra e a França declararam guerra à Alemanha dois dias após a invasão da Polônia. Aos poucos o conflito se expandiu. Podemos dividir a guerra em dois momentos principais, condizentes com os locais do conflito: a guerra dentro do continente europeu (1939-1940); e a expansão mundial do conflito a partir de 1941, até o seu término em 1945.

## O conflito em continente europeu (1939-1940)

A rápida tomada da Polônia e a eficiência da estratégia militar alemã abriram espaço para novas conquistas. A guerra relâmpago era diferente das ações desenvolvidas na Primeira Guerra (deslocamento e posição). Após a ocupação do território polonês, Hitler aguardou por melhores condições climáticas para levar seus planos adiante.

O objetivo de tomar Paris marchando em direção a oeste era, para Hitler, uma forma de consolidar sua liderança no continente. Com este intuito, entre abril e junho de 1940, ele invadiu a Dinamarca, a Noruega, a Bélgica e a Holanda.

As tropas francesas se posicionaram na linha Maginot, uma linha de defesa dos franceses que tinha inclusive trincheiras, na tentativa de conter a invasão alemã. Mas, em uma guerra com tanques blindados (divisões *Panzer*) e uso de aviões, a estratégia francesa dessa linha foi um grande fracasso.

Franceses e ingleses concentraram-se no porto de Dunquerque, nordeste da França. Tudo caminhava para uma catástrofe e Hitler teria a chance de arrasar as forças anglo-francesas. Porém, o mau tempo fez com que aviões alemães errassem os alvos e parte das tropas inglesa e francesa conseguira fugir para a Inglaterra. Contudo, um grande número de soldados foi aprisionado pelos nazistas.

Essa derrota permitiu a entrada dos alemães no território francês e, em junho de 1940, Paris foi tomada. Os franceses assinaram um armistício com a Alemanha, que passou a ocupar o norte e o litoral do país. O sul do país passou a ser a sede da França, conhecida como a República de Vichy, governada pelo marechal Pétain e um governo colaboracionista francês (que apoiava o regime nazista).

O general francês Charles de Gaulle exilou-se na Inglaterra, de onde conclamava a resistência francesa a partir da rádio BBC de Londres. A BBC tornou-se, ao longo da guerra, o principal meio de propaganda aliada na Europa ocupada e, também, de divulgação e transmissão de mensagens cifradas aos resistentes. A ação da resistência francesa foi importante para a derrota do regime nazista, inclusive pela ação dos *maquis*, combatentes civis clandestinos que realizavam atentados contra instalações nazistas e eram perseguidos, torturados e mortos pelos nazistas que ocupavam a França. A resistência aconteceu também na Polônia ocupada, comandada por seus governantes legítimos que se refugiaram na Inglaterra.

Com o fim do pacto germano-soviético de não agressão na Europa Ocidental, os dirigentes comunistas soviéticos passaram a organizar a resistência por meio dos ex-governantes dos países ocupados, que estavam refugiados. Assim, civis armados e bem organizados formavam grupos de resistência, os *partisans* (resistentes comunistas), que agiam por detrás do *front*. Em fins de 1943, na república soviética da Bielorússia, 370 mil *partisans* conseguiram conter divisões inteiras das tropas nazistas. A resistência baseava-se em um pacto firmado entre os seus membros, que aceitavam as normas de viverem na clandestinidade e manterem em segredo suas ações. Além disso, tinham de estar cientes de que podiam ser capturados a qualquer momento, presos, torturados e mortos. A resistên-

cia, além das táticas de guerrilha de atacar e sabotar tropas ou instalações dos alemães, imprimia e difundia panfletos de contrapropaganda nazista, enviava informações militares a Londres ou a Moscou, ajudava prisioneiros a fugir etc.

Com a derrota francesa, Hitler supunha que a Inglaterra saísse do conflito e ele consolidaria seu domínio na Europa continental. Mas o novo governo britânico, liderado por Winston Churchill (1874-1965), em inflamados discursos encorajava a população a resistir e lutar contra os nazistas. Para vencer os ingleses Hitler usou de constantes ataques aéreos à Grã-Bretanha. A estratégia de Hitler era usar o bombardeio e preparar a invasão por terra. No entanto, a Inglaterra resistia com seus radares e sua importante força aérea.

Sem vencer a Inglaterra e pensando no próximo alvo, a URSS, Hitler cessou os bombardeios sobre o Reino Unido para preservar suas armas.

## Churchill e o apelo à população

O primeiro-ministro do Reino Unido, Winston Churchill, teve uma atuação importante durante a Segunda Guerra Mundial. Nos seus discursos políticos, marcados por uma incendiária oratória, Churchill conclamava o povo britânico à luta, de modo a mantê-lo unido apesar dos bombardeios nazistas sobre a ilha.

Eu não tenho mais nada a oferecer do que sangue, suor e lágrimas (...). Nós temos diante de nós muitos meses de luta e de sofrimento. Vocês me perguntam qual é a nossa política. Eu lhes respondo: fazer a guerra no mar, na terra e no ar, com todo nosso poderio e a força que Deus pode nos dar; lutar contra uma tirania monstruosa, que jamais foi igualada na sombria e lamentável lista de crimes humanos. Eis a nossa política. Vocês me perguntam qual é o nosso objetivo. Eu lhes respondo em duas palavras: a vitória, a vitória a qualquer preço apesar de todo o terror, a vitória mesmo que o caminho para ela seja longo e árduo.

Discurso de Winston Churchill, 13 de maio de 1940.

Nós não falharemos nem fraquejaremos. Nós iremos até o fim, nós nos confrontaremos na França, nós nos enfrentaremos nos mares e oceanos, nós combateremos cada dia mais com mais segurança e mais poderio no ar, nós defenderemos nossa ilha, por mais que isso possa nos custar. Nós combateremos nas praias e nos campos e nas ruas, nós não nos renderemos jamais. E mesmo que eles [os nazistas] cheguem até nós, o que eu não acredito nem por um só instante, e dominem essa ilha, então nosso Império do outro lado do oceano, armado e protegido pela frota naval britânica, prosseguirá a luta.

Discurso pronunciado em 4 de junho de 1940.

*Fonte:* CHURCHILL, W. *Discursos de Guerra*, 1945.

A cidade de Londres foi alvo dos bombardeios aéreos realizado pelas forças nazistas. Na imagem, podemos observar o efeito devastador das operações militares em uma rua da cidade de Londres em 1º/3/1941.

HULTON-DEUTSCH COLLECTION/CORBIS/LATINSTOCK

# 1941: o ano em que o conflito se tornou mundial

No ano de 1941, a guerra ampliou-se e deslocou o seu centro. Hitler, por exemplo, deslocou tropas para auxiliar a Itália, sua aliada, que enfrentava dificuldades na Grécia e no Norte da África. Estendendo sua área de ação para o Mediterrâneo, em 1941 as tropas nazistas tomaram a Iugoslávia, a Grécia e a ilha de Creta. Em seguida, o *Africa Korps*, regimento feito para a luta no deserto (liderado por Rommel), ameaçou o canal de Suez, área de influência britânica.

O pacto de não agressão germano-soviético, assinado em 1939, era um acordo para ganhar tempo. Após os êxitos alemães na Europa Ocidental, Hitler se preparava para invadir a União Soviética. Esta, por sua vez, enquanto as atenções estavam centradas no combate franco-germânico, anexou as regiões da Estônia, Letônia e Lituânia, além da Finlândia.

Em junho de 1941 Hitler atacou a URSS, rompendo o acordo de não agressão e impondo, em poucos meses, grandes perdas aos soviéticos. No entanto, essas vitórias não destruíram a capacidade de resistência do Exército Vermelho. Os soviéticos, por sua vez, tinham um contingente de tropas enorme e continuaram lutando, obrigando os nazistas a ampliar sua presença na região. Com as grandes distâncias, os alemães acabaram se afastando de suas bases de apoio, o que acarretou falta de combustível para os tanques e falta de suprimento para a própria tropa. Um inverno rigoroso também auxiliou os soviéticos a deter os nazistas a 20 km de Moscou. A URSS consumiu toda a força de guerra nazista.

Enquanto as forças alemãs se enfronhavam na batalha em direção à Rússia, as forças de resistência, lideradas pela Inglaterra, se reorganizavam para enfrentar os nazistas.

Os EUA, por sua vez, que haviam optado por uma **política isolacionista** no período anterior à guerra, para enfrentar a sua crise econômica, manifestavam inquietação com o cenário internacional, tanto na Europa como no Pacífico.

Na região do Pacífico havia a crescente ação japonesa, que, após a derrota dos franceses para a Alemanha, exercia uma influência incontestável na região. Por meio de acordos locais e demonstrações de força, o Japão, aliado da Alemanha e da Itália, ampliava o seu poder em áreas que iam até a Indochina. As ações militares se davam, sobretudo, em regiões que eram colônias britânicas e francesas, fazendo emergir uma potência militar e econômica: o Japão. A opção japonesa, no entanto, era da ocupação não-direta, ou seja, mantinha governos locais fiéis ao espírito de liderança nipônica que seria o "protetor dos povos asiáticos".

Para completar seu domínio no Pacífico, os japoneses decidiram atacar os Estados Unidos no famoso bombardeio a Pearl Harbor, no Havaí, em 7 de dezembro de 1941.

Desprevenidos, os americanos tiveram grandes baixas e a perda de sua importante frota em Pearl Harbor no início da manhã de 7 de dezembro de 1941.

CORBIS

Documentos como os apresentados a seguir são ricas fontes para se conhecer o imaginário nazista e a maneira como ele construía a imagem dos seus inimigos. Atente para a associação estabelecida entre judaísmo e bolchevismo, assim como para a dicotomia ariano versus eslavo. Em que sentido isso pode ser relacionado à violência contra a população civil apregoada pelas instruções abaixo?

### Instruções do alto-comando alemão sobre a guerra no Leste

O sistema judeu-bolchevique deve ser exterminado. O soldado alemão que entra na Rússia deve conhecer a necessidade e o valor do severo castigo que será infligido aos judeus (...). A situação dos estoques de alimentos alemães exige que as tropas tomem no território inimigo, e que coloquem à disposição da Pátria, os maiores estoques de suprimentos possíveis. Nas cidades inimigas, uma grande parte da população deverá passar fome. Os prisioneiros de guerra não devem ser tratados com nenhuma complacência ou atos de humanidade, como também não a população das cidades, a menos que eles se coloquem à disposição ou estejam a serviço do exército alemão.

Ordem do Marechal von Manstein em junho de 1941. Excerto dos arquivos dos processos de Nuremberg.

A guerra contra a Rússia é um aparte essencial do combate pela existência do povo alemão. É antigo o combate dos Germânicos contra os Eslavos, a defesa da cultura europeia contra a invasão moscovita-asiática, a defesa contra o bolchevismo judaico. Cada situação de combate deve ser levada a cabo com uma vontade de ferro até a aniquilação total e sem piedade do inimigo.

Ordem do general da Armada Hopner em julho de 1941.

Antes do ataque, Estados Unidos e Inglaterra já tinham assinado um documento, a Carta do Atlântico, em agosto de 1941, na qual os norte-americanos já expressavam a intenção, registrada no sexto ponto daquele documento, de lutar contra a "tirania nazista". Em outras palavras, participar da guerra ao lado dos Aliados.

Com o ataque às bases de Pearl Harbor, os EUA entraram finalmente na Guerra Mundial. A opinião pública norte-americana, contrária à entrada no conflito, deixou de oferecer resistência à ação bélica depois do ataque. A entrada dos EUA, com uma tropa que ainda não havia se desgastado nos primeiros anos, alterou os rumos da disputa, pois somou forças aos Aliados que lutavam na Europa contra o Eixo, enquanto este começava a manifestar diminuição de sua capacidade militar.

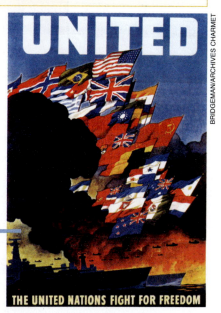

Cartaz de 1943, de propaganda aliada: "UNIDOS. As Nações Unidas lutam pela liberdade". O Brasil, nessa época, já tinha declarado guerra à Alemanha e enviado tropas (os pracinhas) da Força Expedicionária Brasileira (FEB). Por isso, nossa bandeira também aparece no cartaz.

### Aproximação URSS e EUA na Guerra

O historiador Eric Hobsbawm discute as razões que levaram países com ideologias tão distintas, como EUA e URSS, a se unirem contra um inimigo comum (os nazistas) e como as alianças e enfrentamentos estabelecidos durante a Segunda Guerra eram contingentes e dependiam dos interesses em jogo naquele momento.

O que acabou forjando a união [da URSS e dos EUA] contra a Alemanha foi o fato de que não se tratava apenas de um Estado-nação com razões para sentir-se descontente com sua situação, mas de um Estado cuja política e ambições eram determinadas por sua ideologia. Em suma, de que era uma potência fascista. Enquanto isso foi deixado de lado ou não avaliado, mantiveram-se as habituais maquinações da *Realpolitik*. Podia-se fazer oposição ou acordo, contrabalançar ou, se necessário, combater a Alemanha, dependendo dos interesses da política de Estado de cada país e da situação geral. E, de fato, em algum ponto entre 1933 e 1941, todos os outros grandes participantes do jogo internacional trataram a Alemanha de acordo com esses interesses. Londres e Paris apaziguaram Berlim (isto é, fizeram concessões às custas de outros), Moscou trocou uma posição de oposição por uma de proveitosa neutralidade, em troca de ganhos territoriais, e mesmo a Itália e o Japão, cujos interesses se alinhavam com a Alemanha, descobriram que esses interesses também lhes ditavam, em 1939, que não participassem dos primeiros estágios da Segunda Guerra Mundial. Eventualmente, a lógica da guerra de Hitler acabou levando todos eles para ela, inclusive os EUA.

Fonte: HOBSBAWM, E. J. *A Era dos Extremos. Op. cit.* p. 412.

**1)** Como as grandes potências mundiais lidaram com o regime nazista? Por que EUA e URSS se uniram?

# A derrota do Eixo (1942-1943)

A partir de 1942, os Aliados (Inglaterra, EUA e URSS) começaram a reverter as conquistas dos países do Eixo (Alemanha, Itália e Japão).

No **Pacífico**, em junho de 1942, na batalha de Midway, alguns porta-aviões japoneses foram destruídos pelos norte-americanos, o que inviabilizou a tática militar japonesa na região, dando aos EUA a liderança no conflito e impedindo a invasão da Austrália pelos japoneses. Quando, em 1943, os americanos tomaram Guadalcanal, a expansão japonesa chegou ao fim na região.

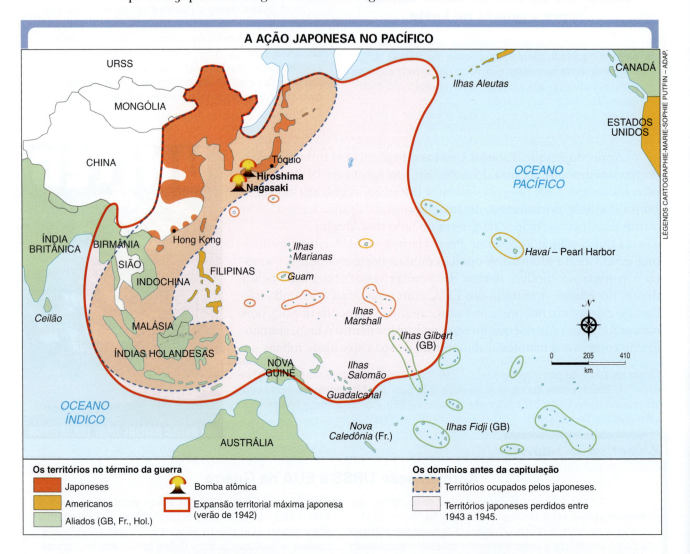

**A AÇÃO JAPONESA NO PACÍFICO**

LÉGENDS CARTOGRAPHIE-MARIE-SOPHIE PUTFIN – ADAP.

**Os territórios no término da guerra**

- Japoneses
- Americanos
- Aliados (GB, Fr., Hol.)
- Bomba atômica
- Expansão territorial máxima japonesa (verão de 1942)

**Os domínios antes da capitulação**

- Territórios ocupados pelos japoneses.
- Territórios japoneses perdidos entre 1943 a 1945.

No **Norte da África**, o general britânico Montgomery liderou os Aliados contra as forças alemãs do general Rommel na batalha de El-Alamein. Em novembro de 1942 tropas norte-americanas e inglesas desembarcaram na Argélia e no Marrocos.

Em maio de 1943, os italianos e alemães foram expulsos da Tunísia. O Norte da África, libertado, tornara-se a base para a ação dos Aliados na Europa, e para o domínio do **Mediterrâneo**, inicialmente a partir da Sicília e, depois, com a invasão do sul da **Itália**. Em 1944, os Aliados entraram na **Grécia**.

Com a invasão da Itália, Mussolini foi deposto e, em setembro de 1943, a Itália rendeu-se aos Aliados. Fazendo parte da coalizão, a Itália declarou guerra à Alemanha nazista. Mussolini foi protegido pelos nazistas que dominavam o norte do país, mas os antifascistas italianos, que eram contra a ocupação alemã, prenderam e executaram

Mussolini em abril de 1945. O Brasil, que participou da guerra ao lado dos Aliados, enviou sua Força Expedicionária (FEB) para a campanha na Itália. Anteriormente o país já havia cedido bases militares na costa do Nordeste, que foram usadas pelos norte-americanos para a ação na África.

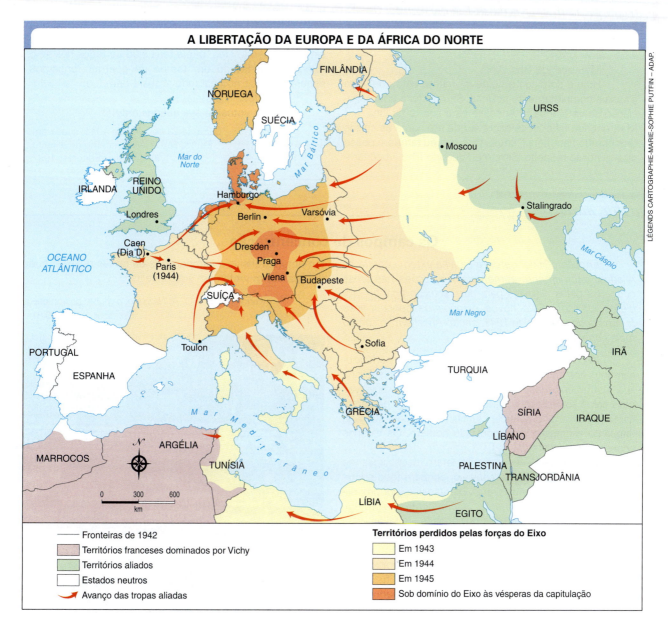

A LIBERTAÇÃO DA EUROPA E DA ÁFRICA DO NORTE

LÉGENDS CARTOGRAPHIE-MARIE-SOPHIE PUTFIN – ADAP.

Fronteiras de 1942
Territórios franceses dominados por Vichy
Territórios aliados
Estados neutros
Avanço das tropas aliadas

Territórios perdidos pelas forças do Eixo
Em 1943
Em 1944
Em 1945
Sob domínio do Eixo às vésperas da capitulação

Na Rússia, após serem detidos nas portas de Moscou, os alemães se voltaram para uma luta em **Stalingrado** (1942-1943) – em virtude de sua ampla rede ferroviária, era um ponto estratégico para os alemães que, se fosse dominado, lhes daria novo ânimo. Soldados soviéticos e nazistas disputavam cada pedaço da cidade, de mais de 600 mil habitantes, em uma batalha por ruas e casas. O exército alemão começava a perder, mas Hitler ordenava que continuasse lutando. Foi vencido pelos soviéticos e capitulou em fevereiro de 1943. O resultado da batalha, para os alemães, foi uma tremenda derrota e mais de 250 mil soldados mortos e outros milhares feridos e aprisionados.

A propaganda nazista, no entanto, minimizava os acontecimentos, porém a batalha de Stalingrado teve uma grande repercussão em áreas ocupadas, pois a batalha nas ruas da cidade e com a participação dos civis foi decisiva para a derrota dos alemães.

**753**

Embora houvesse resistência ao regime nazista dentro da própria Alemanha, parte considerável dos alemães se manteve fiel à Hitler. O documento abaixo mostra os dois lados da moeda: tanto a oposição como o apoio incondicional ao Führer. O atentado a que se refere o texto foi planejado por oficiais da alta patente do Exército Alemão. Os suspeitos foram durante castigados, e a repressão ao movimento foi sangrenta.

Meu querido filho Wolf,

Hoje é domingo e neste momento estou de volta à casa e completamente sozinha. Seu pai foi a uma associação de veteranos, e Annelise está com a tia Lina. (...) Meu querido filho, você escreve que até agora as coisas têm corrido bem para o seu lado, o que eu também posso dizer a nosso respeito. Sim, meu querido filho, você também está enfrentando o inimigo e sei que exercerá o seu poder como cumpre a um soldado alemão. Que Deus-Todo-Poderoso o proteja. A Nossa querida pátria alemã está em grande perigo, atacada por todos os lados. E no dia 20 de julho aconteceu a pior coisa que se poderia imaginar – pessoas chegadas a nosso amado *Führer* tentaram assassiná-lo. Mas Deus-todo-poderoso não quis que tivessem êxito e estendeu Sua proteção sobre ele (...) sim meu querido filho, o que teria sido de todos nós se o *Führer* fosse levado em tempo de guerra? Tenhamos esperanças que no final tudo acabará bem (...).

Que Deus o proteja,
São os votos de sua querida mãe.

Carta de 23 de julho de 1944, citada em:
ELIAS, N. *Os Alemães*. Rio de Janeiro:
Jorge Zahar Editores, 1997.

## Os campos de concentração

Enquanto Hitler perdia a batalha externa contra os Aliados, internamente aumentaram as ações nas áreas ocupadas pelos alemães para dar "solução final ao problema judaico". Seis novos campos de concentração foram criados a partir de 1941, sendo Auschwitz o campo mais conhecido.

[A pensadora] Hannah Arendt, ao se referir ao funcionamento dos campos de concentração nazistas, sublinha sua instrumentalidade para a consecução dos objetivos mais caros ao nacional-socialismo: a coisificação da personalidade humana, o controle científico da espontaneidade enquanto expressão da conduta do homem. Os campos serviam como laboratório (...).

Dentro deles, as pessoas eram despojadas de todas as formas usuais de convívio, perdiam todo contato com o mundo exterior, eram violentadas e, por fim, eliminadas, moral e fisicamente. Inteiramente desprotegidos, esquecidos de todos, os prisioneiros limitavam-se a sobreviver, quando podiam, à espera de uma milagrosa salvação. (...)

Auschwitz-Birkenau aprimorou a tecnologia da morte. (...) Nesse campo, foram muitos os fuzilados, mutilados por "experiências médicas", e fulminados com injeção de fenol. (....) As câmaras de gás e os crematórios eram rodeados por canteiros bem cuidados. À entrada, lia-se: "Banho". A maioria das vítimas perecia sem saber para onde tinha sido conduzida. As pessoas eram conduzidas à morte com acompanhamento de música suave e envolvente. Sabe-se também que, na Rússia, os nazistas matavam judeus por afogamento e por queimaduras, tratamento extensivo a camponeses de certas regiões, que desapareciam junto com suas aldeias.

Fonte: LENHARO, A. *Nazismo*: o triunfo da vontade.
*Op. cit.* p. 77-78; 80-81.

CORBIS

Vítimas no campo de concentração de Nordhausen, Alemanha, em 12 de abril de 1945, encontradas pelas tropas norte-americanas ao liberarem este campo. Representam menos da metade das centenas de indivíduos mortos de fome nesse campo ou assassinados pela Gestapo, a polícia política nazista.

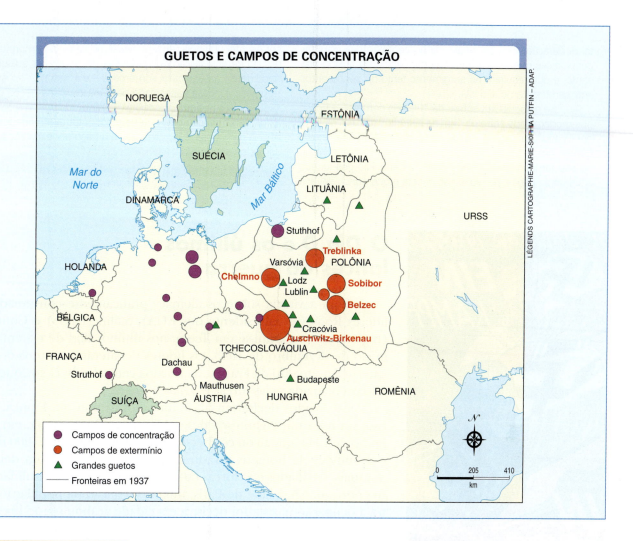

**GUETOS E CAMPOS DE CONCENTRAÇÃO**

Campos de concentração
Campos de extermínio
Grandes guetos
Fronteiras em 1937

## Passado/presente

### As controvérsias em torno do Holocausto

*O holocausto é uma questão ética e política nos tempos atuais. Há grupos que negam a existência de uma das maiores catástrofes humanitárias do século XX. O texto de Mércio Seligmann-Silva explica o que é o revisionismo e quais seus alcances.*

Alguns anos após o final da Segunda Guerra Mundial, começou a surgir um conjunto de teses e publicações segundo as quais o **holocausto** – o extermínio sistemático de 6 milhões de judeus em campos de concentração nazistas – não teria ocorrido, ou a sua proporção teria sido muito menor do que se acreditava. Essas teses compõem o que se convencionou chamar de **revisionismo do holocausto**. A polêmica começou quando o ativista político francês Paul Rassinier publicou nos anos pós-guerra um conjunto de livros narrando a sua experiência nos campos de concentração. Nestes livros, o pacifista nega a presença de câmaras de gás nos campos pelos quais passou, assim como questiona a cifra dos 6 milhões de judeus mortos. O que mais surpreende das declarações de Rassinier é que ele participou da Resistência francesa, além de ser um convicto socialista antinazista; logo, não teria motivos a priori para defender o regime de Hitler. Depois dele, seguiram-se muitos outros relatos que relativizaram as cifras do holocausto (para alguns revisionistas, o número de judeus mortos não passaria de 200 mil), além de argumentarem que a manipulação dos dados teria sido obra da propaganda antinazista. Insistiu-se, além disso, na ideia de que os judeus seriam tão culpados quanto os alemães pela guerra e que o maior inimigo seria não o regime de Hitler, mas a ex-União Soviética.

Nesta polêmica, contudo, devemos atentar para algumas questões importantes e que fazem do debate sobre a **Shoah** – termo hebraico que designa o extermínio de judeus durante o holocausto –, algo sempre emocionalmente carregado: as disputas entre história e memória, os sentimentos de trauma para a comunidade judaica e de culpa para o povo alemão, o problema do discurso da vitimização e as questões políticas do presente. Em 2009, por exemplo, o presidente iraniano, Mahmoud Ahmadinejad, apareceu publicamente para colocar em dúvida a ocorrência do holocausto, além de afirmar que tal "mito" havia sido criado para legitimar a criação do Estado de Israel em 1948. Ora,

Cartaz alemão de janeiro de 1943. *"30 de janeiro de 1933-1943, um combate, uma vitória".*

# O *Dia D* e os últimos lances da guerra

Com a vitória sobre os alemães praticamente consumada, os líderes Roosevelt (presidente dos EUA), Stálin (URSS) e Churchill (Inglaterra) reuniram-se em Teerã, nos últimos dias de novembro e início de dezembro de 1943. Os líderes debateram o futuro do pós-guerra e a situação da França, da Europa central e do Leste, que continuava ocupada pelas forças nazistas.

Os Aliados decidiram abrir uma nova frente na França. Para isso, foi feito um gigantesco desembarque na Normandia, em 6 de junho de 1944, que ficou conhecido como *Dia D.* Mais de 5.000 navios e 2 milhões de homens invadiram a França. Mesmo com derrotas pontuais, os Aliados e as forças da resistência francesa consolidaram a sua posição. Na cidade de Paris, uma insurreição da população contra a ocupação nazista foi decisiva e a cidade acabou sendo libertada no dia 25 de agosto de 1944.

As forças franco-americanas continuaram sua luta para libertar outras regiões francesas e a Bélgica. Os Aliados avançavam do Oeste para a Alemanha.

No Leste, as tropas soviéticas avançaram e libertaram importantes cidades, como Budapeste e Varsóvia, além de campos de concentração. No final de abril de 1945 o Exército Vermelho cercou Berlim.

Hitler, isolado e cercado, suicidou-se no dia 30 de abril. No dia **8 de maio de 1945** a Alemanha rendeu-se e a guerra terminou.

Na Ásia, mesmo em desvantagem militar, a resistência japonesa era forte. No final da Segunda Guerra os japoneses tinham intensificado seus esforços, utilizando, inclusive, pilotos kamikazes, que supunham ser melhor morrer a render-se.

Para pôr fim à guerra no Oriente e intimidar os soviéticos, o presidente dos EUA, Harry Truman, ordenou o bombardeio atômico sobre as cidades japonesas de Hiroshima e Nagasaki, respectivamente nos dias 6 e 9 de agosto de 1945.

No dia 15 de agosto o imperador japonês, Hirohito, pediu a paz e a guerra chegava ao final.

Esse desenho foi feito por uma menina judia de 16 anos, Ella Libermann-Shiber, que passou 17 meses no campo de Auschwitz, liberado em 1945. Arquivos do Museu Lohamei HaGuetaot, Israel.

CORBIS

CORBIS

Em Hiroshima, a bomba atômica arrasou a cidade e matou mais de cem mil pessoas, além de causar ferimentos graves em milhares de outras. Muitos sobreviventes ainda desenvolveram câncer anos mais tarde, pela exposição à radiação.

*Recortes da História*

### Canção patriótica japonesa difundida nas escolas em 1942

*A participação do Japão na Segunda Guerra Mundial chamou a atenção pela conduta de seus soldados, que preferiam a morte à rendição. Observe a relação entre esse rígido código de honra, herdado dos samurais, com o estímulo ao patriotismo indicado na canção abaixo. Como ambas as coisas se conectam à trajetória do militarismo nipônico?*

Nós hastearemos a bandeira do Sol [japonesa] tingida com nosso próprio sangue nos cantos mais distantes da Terra, no deserto longínquo ou sobre as estrelas cintilantes e onde os leões rugem debaixo das árvores. Nós expulsaremos os crocodilos do [rio] Ganges que flui no sopé do Himalaia.

Os enfeites de papel [muito usados em festas japonesas] flutuarão alto sobre a cidade de Londres; amanhã Moscou e a Sibéria nevada serão nossos. Nossas crianças nos erguerão um monumento em uma Chicago expurgada de seus *gangsters*.

PHOTOS.COM

# As Conferências de Paz

Os líderes Aliados reuniram-se algumas vezes para discutir o mundo no contexto do pós-guerra. Independentemente dos pontos de cada uma das conferências, o mais importante era a **consolidação de EUA e URSS como duas superpotências**, que expandiram suas áreas de influência e emergiram como as principais lideranças do mundo do pós-guerra.

Veja no quadro abaixo os principais pontos dessas Conferências.

| CONFERÊNCIA | LÍDERES PRESENTES | DATA | PRINCIPAIS PONTOS |
|---|---|---|---|
| Yalta | Stálin (URSS) Roosevelt (EUA) Churchill (Inglaterra) | fev. 1945 | – definição de áreas de influência na Europa (oeste – EUA, Inglaterra; leste – URSS) <br> – continuação da discussão iniciada em conferências anteriores sobre um organismo internacional que garantisse a paz |
| São Francisco | Mais de 50 países | abr.-jun. 1945 | – fundação da ONU (Organização das Nações Unidas) |
| Potsdam | Stálin (URSS) Truman (EUA) Clement Attllee (Inglaterra) | ago. 1945 | – divisão da Alemanha em quatro zonas de ocupação (inglesa, francesa, norte-americana e soviética) <br> – discussão sobre as fronteiras ocidentais da Polônia <br> – a divisão das áreas de influência no Oriente entre EUA e URSS <br> – definição do papel do Conselho de Segurança da ONU, formado pelas superpotências, Inglaterra, França e China <br> – proposta de desnazificação da Alemanha |

Após intensas negociações, os Acordos de Paz foram celebrados em Paris, em 1947, com a definição das novas fronteiras europeias e o equilíbrio entre as superpotências por meio do mecanismo de zonas de influência.

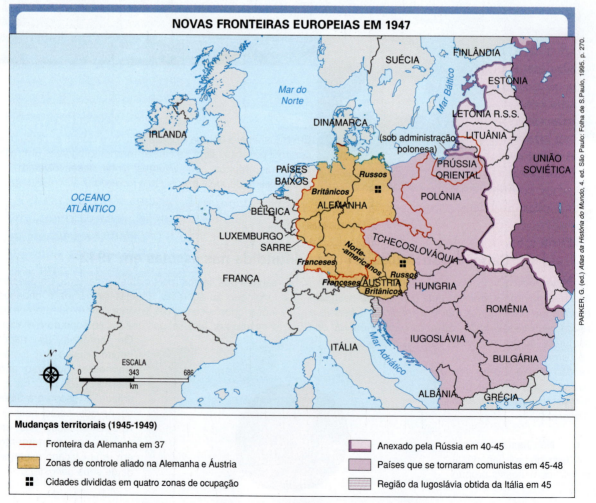

NOVAS FRONTEIRAS EUROPEIAS EM 1947

PARKER, G. (ed.) Atlas da História do Mundo, 4. ed. São Paulo: Folha de S.Paulo, 1995. p. 270.

**Mudanças territoriais (1945-1949)**

— Fronteira da Alemanha em 37

Zonas de controle aliado na Alemanha e Áustria

Cidades divididas em quatro zonas de ocupação

Anexado pela Rússia em 40-45

Países que se tornaram comunistas em 45-48

Região da Iugoslávia obtida da Itália em 45

# O pensamento e a arte no período da Segunda Guerra

Escritores e artistas produziram obras que refletiram o espírito da crise vivida pela cultura ocidental ao longo do século XX.

Nas artes podemos destacar o **surrealismo**, que despreza a razão e ressalta a fantasia. Artistas como Salvador Dalí (1904-1989) e Joan Miró (1891-1976) são alguns dos principais representantes do movimento.

Na Filosofia e na Literatura uma importante corrente foi o Existencialismo que, embora tenha se difundido após a Segunda Guerra, teve suas origens antes. Esse movimento, que reunia nomes como Jean-Paul Sartre (*A Náusea, O Ser e o Nada*) e Albert Camus (*O Estrangeiro*), apontava o desamparo dos homens em tempos sombrios e o "absurdo" da existência, ou seja, a vida não é feita de regras previamente definidas, mas de situações singulares que levam os homens a tomar decisões continuamente, e pelas quais são inteiramente responsáveis.

Em *A Face da Guerra* (1940), Dalí retratou os horrores da guerra civil espanhola multiplicando na obra as máscaras cadavéricas.

## O mundo do pós-guerra

Os traumas da Segunda Guerra foram gigantescos. Mais do que uma discussão sobre fronteiras e domínios, a Segunda Guerra apelou para a destruição em massa. Foram cerca de 50 milhões de mortos, a maioria composta de poloneses, russos, judeus e alemães.

A emergência das superpotências deslocou a Europa do centro das políticas internacionais. Essa diminuição do poder europeu desencadeou lutas pela independência de áreas que ainda viviam sob o manto colonial europeu, como na África e na Ásia.

A barbárie dos crimes cometidos nos campos de concentração marcou a humanidade. Pensadores, cientistas, artistas e pessoas comuns tentavam entender o que teria permitido regimes tão assustadores e qual a participação de cada cidadão e de cada país nos processos que resultaram na morte de 6 milhões de judeus em campos de concentração nazistas e 1,5 milhão de pessoas pertencentes a grupos minoritários que eram assassinados de forma bárbara e planejada nos genocídios a que o mundo assistiu no século passado.

| Os mortos da Segunda Guerra (em milhões) | | |
|---|---|---|
| | POPULAÇÃO NO INÍCIO DA GUERRA | NÚMERO DE MORTOS AO FINAL DA GUERRA |
| Alemanha | 73 | 6,6 |
| EUA | 131 | 0,4 |
| França | 40 | 0,5 |
| Inglaterra | 46 | 0,4 |
| Itália | 40 | 0,5 |
| Japão | 73 | 2,3 |
| Polônia | 34 | 5,4 |
| URSS | 190 | 21,2 |

*Fonte:* READY, J. L. *World War II* – nation by nation. London: Arms and Armour, 1995.

## Cinemateca

**A Lista de Schindler** (1993, EUA, dir.: Steven Spielberg) Um empresário alemão, mesmo correndo riscos durante a Segunda Guerra, salva a vida de muitos judeus perseguidos pelos nazistas.

**Império do Sol** (1987, EUA, dir.: Steven Spielberg) O filme se passa durante a Segunda Guerra Mundial e conta a história do filho de um funcionário inglês que é mantido preso em um campo de concentração japonês.

**O Paciente Inglês** (1996, Inglaterra, dir.: Anthony Minghella) Durante a Segunda Guerra Mundial, na África, uma enfermeira cuida de um homem que ela não sabe quem é e que está com gravíssimas queimaduras. Terminal, ele relembra sua vida.

**O Resgate do Soldado Ryan** (1998, EUA, dir.: Steven Spielberg) Durante o desembarque aliado na Normandia, em 1944, um capitão recebe a missão de resgatar com vida o soldado James Ryan, o único sobrevivente de quatro irmãos que morreram em combate.

**O Pianista** (2002, França, dir.: Roman Polanski) A história de um pianista polonês que precisa se esconder em um gueto de Varsóvia para sobreviver em plena Segunda Guerra Mundial.

**Uma Vida Iluminada** (2003, EUA, dir.: Liev Schreiberv). História de um jovem judeu americano que vai até a Ucrânia para conhecer a história da mulher que teria salvado seu avô na Segunda Guerra Mundial.

**Shoah** (1985, França, dir.: Claude Lanzmann). Documentário sobre o holocausto. São entrevistados sobreviventes, testemunhas e ex-nazistas, que contam suas experiências nos campos de concentração e extermínio.

**Uma Cidade sem Passado** (1990, Alemanha, dir.: Michael Verhoeven). A jovem Sonja deseja escrever um ensaio sobre o passado nazista de sua cidade, mas se vê envolvida em uma rede de intrigas e desconfianças, já que seus moradores não querem que o passado venha à tona.

# Revisitando a História

**1.** Qual a relação que podemos estabelecer entre o término da Primeira Guerra Mundial e o desencadeamento da Segunda?

**2.** Identifique e relacione os principais aspectos que justificam afirmar que a Segunda Guerra Mundial foi uma "guerra total".

**3.** Quais eram os princípios básicos da política externa de Hitler e por que a Inglaterra e a França optaram por uma "política de apaziguamento"?

**4.** Como as estratégias militares da Primeira e Segunda Guerra se diferenciavam?

**5.** O que foi a "mundialização do conflito"? Qual a importância dos EUA na Guerra? Fundamente sua resposta.

**6.** Os movimentos de resistência à ocupação nazista ou a governos favoráveis ao Eixo perdurou em diversas partes da Europa, como na Polônia, na Iugoslávia, na Itália e na França. Eric Hobsbawm afirma que esses movimentos foram mais importantes política e moralmente do que do ponto de vista militar. Desses movimentos surgiram muitas das lideranças da Europa do pós-guerra. Por outro lado, em certas partes da Europa, os nazistas obtiveram apoio de populações e governantes locais.

a) O que foram os movimentos de resistência? Que grupos faziam parte dele? Como eram suas ações e quais eram seus objetivos?

b) Qual foi a sua importância no contexto da Segunda Guerra?

**7.** Analise a imagem abaixo de uma propaganda alemã de 1942 e explique qual a situação a que ela se refere.

**8.** Identifique dois processos vitoriosos dos integrantes do Eixo e explique qual a importância que tiveram para o término da Segunda Guerra Mundial.

**9.** Releia o *Disseram a Respeito* da página 751 e responda: segundo Hobsbawm, o que teria determinado a aliança entre EUA e União Soviética durante a Segunda Guerra Mundial?

---

**10.** Organize cronologicamente e dentro do quadro abaixo os pontos que auxiliam a compreensão dos períodos da Segunda Guerra Mundial: crise dos Sudetos; Pearl Harbor; tratado de não agressão soviético-germânico; Yalta; governo colaboracionista; derrubada de Mussolini; Anschluss; Stalingrado

| PERÍODO | EPISÓDIO |
|---|---|
| A Europa antes da guerra | |
| A guerra em solo europeu | |
| O conflito mundial | |
| Derrocada do Eixo | |

## Analise esta imagem

Leia o texto e analise a imagem:

"Durante a Segunda Guerra Mundial, atendendo a um apelo do Presidente Roosevelt aos criadores de personagens em quadrinhos, [a HQ] também ingressou na guerra contra os nazistas, provocando a célebre frase de Goebbels, ministro da propaganda de Hitler: – O Super-Homem é um judeu!"

Fonte: MOYA, A. de. *Shazam!* São Paulo: Perspectiva, 1972, p. 63.

a) Quem está sendo golpeado pelo Capitão América? Como você relaciona isso ao texto em questão?
b) Quais seriam os objetivos de Roosevelt ao solicitar que desenhistas de histórias em quadrinhos criassem novos personagens?
c) O que significaria a frase: "O Super-Homem é um judeu!"?

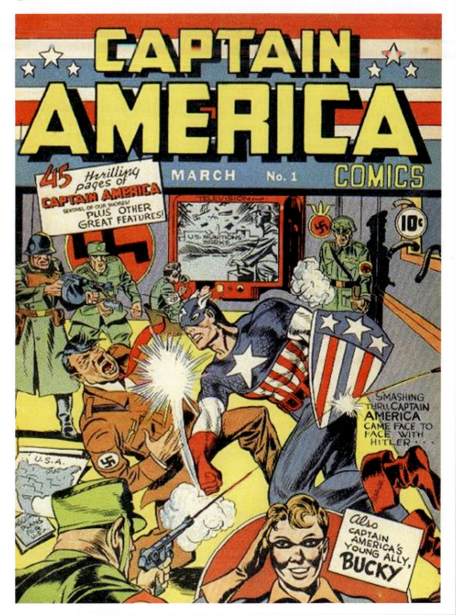

## Debatendo ideias

Até o fim da Segunda Guerra Mundial, a Europa conviveu com discursos que exaltavam a guerra como uma solução para os problemas humanos. Não havia apenas um discurso militarista, mas também um que defendia a guerra em si. No manifesto dos futuristas, uma das vertentes artísticas de vanguarda do início do século XX, a guerra era pensada como "higiênica". Essa visão positiva da guerra sofreu um forte abalo com as duas Guerras Mundiais. Uma maneira negativa de enxergar a guerra está explícita no quadro de Dalí. No entanto, esse discurso de condenação da guerra não fez com que os embates cessassem, ainda que não tenhamos enfrentado outros conflitos tão generalizados quanto as duas guerras mundiais. E hoje em dia, como a guerra é pensada? Discuta essa questão com seus colegas e elabore um texto que reflita sobre as maneiras como a guerra é pensada e representada nos dias de hoje: pense em como ela aparece nos discursos políticos, noticiários, filmes, programas de televisão etc.

# Questões de vestibular

**1.** (IBMEC – SP) Sobre os fatores que contribuíram para a ocorrência da Segunda Guerra Mundial, são feitas as seguintes afirmativas:

I. A extrema rigidez do Tratado de Versalhes em relação à Alemanha estimulou uma onda revanchista naquele país.

II. Apesar de desempenhar um papel decisivo no contexto político europeu, especialmente em função da participação dos Estados Unidos em suas decisões, a Liga das Nações não foi capaz de deter os rumos dos acontecimentos que culminaram na invasão da Polônia.

III. A Crise de 29 ampliou os problemas de natureza social que atingiam a Europa e reforçou a ação dos grupos ultranacionalistas, como o fascista e o nazista.

Assinale:

a) se apenas a afirmativa I for correta;
b) se apenas a afirmativa II for correta;
c) se apenas a afirmativa III for correta;
d) se as afirmativas I e II forem corretas;
e) se as afirmativas I e III forem corretas.

**2.** (UFPE) A violência das guerras e o uso de sofisticadas tecnologias de extermínio, durante o século XX, assustaram e comprometeram a paz e o equilíbrio da ordem política internacional. Com relação às duas grandes guerras mundiais, é correto afirmar que:

a) foram cenários de disputas que levaram à morte milhares de pessoas, além de deixar tensões políticas mal resolvidas;
b) conseguiram, apesar da violência, resolver questões políticas importantes e estabelecer normas para evitar novos conflitos;
c) foram provocadas por rivalidades culturais seculares, existentes entre os povos europeus e resolvidas com a criação da Organização das Nações Unidas;
d) ficaram restritas ao continente europeu não ameaçando a segurança dos outros países não-europeus;
e) foram provocadas por interesses econômicos e imperialistas, sem as marcas das ideologias nacionalistas.

**3.** (ENEM) Em discurso proferido em 17 de março de 1939, o primeiro-ministro inglês à época, Neville Chamberlain, sustentou sua posição política: "Não necessito defender minhas visitas à Alemanha no outono passado, que alternativa existia? Nada do que pudéssemos ter feito, nada do que a França pudesse ter feito, ou mesmo a Rússia, teria salvado a Tchecoslováquia da destruição. Mas eu também tinha outro propósito ao ir até Munique. Era o de prosseguir com a política por vezes chamada de 'apaziguamento europeu', e Hitler repetiu o que já havia dito, ou seja, que os Sudetos, região de população alemã na Tchecoslováquia, eram a sua última ambição territorial na Europa, e que não queria incluir na Alemanha outros povos que não os alemães".

Sabendo-se que o compromisso assumido por Hitler em 1938, mencionado no texto acima, foi rompido pelo líder alemão em 1939, infere-se que:

a) Hitler ambicionava o controle de mais territórios na Europa além da região dos Sudetos.
b) a aliança entre a Inglaterra, a França e a Rússia poderia ter salvado a Tchecoslováquia.
c) o rompimento desse compromisso inspirou a política de 'apaziguamento europeu'.
d) a política de Chamberlain de apaziguar o líder alemão era contrária à posição assumida pelas potências aliadas.
e) a forma que Chamberlain escolheu para lidar com o problema dos Sudetos deu origem à destruição da Tchecoslováquia.

**4.** (FUVEST – SP) Havia o professor responsável pela classe que algumas vezes aparecia de uniforme. Ele nos explicou o comunismo: Comunismo é quando passamos por um açougue onde está pendurada uma linguiça. Quebramos então a vitrine e levamos a linguiça. Isso é comunismo. (...)

MÜLLER, H. *Guerra sem Batalha*.

Com base no relato do autor, membro da Juventude Hitlerista, explique

a) a concepção de comunismo do professor;
b) como o regime nazista combatia esse inimigo.

**5.** (PUCCAMP – SP) O ataque à base naval de Pearl Harbor tornou-se um dos acontecimentos decisivos para o desfecho da Segunda Guerra Mundial. Esse ataque:

a) representou a primeira grande derrota dos aliados, uma vez que os japoneses passaram a utilizar armas atômicas contra cidades asiáticas, porque estas defendiam os aliados;
b) criou condições favoráveis para os aliados na luta contra as forças nazifascistas, pois foi um fato histórico decisivo para a entrada dos Estados Unidos da América na guerra;
c) contribuiu para o aumento do poderio estratégico e militar dos alemães, haja vista o aniquilamento quase total das forças americanas e de seus aliados no Leste Europeu;
d) marcou a derrota final dos países que faziam parte da Tríplice Entente, tornando-se o símbolo da restauração da democracia e do liberalismo em toda a Europa;
e) foi importante para o fortalecimento do nazifascismo, em razão da vitória esmagadora das forças alemãs sobre o exército soviético e de outros países do Leste Europeu.

**6.** (UNICAMP – SP) A tentativa dos nazistas de dissimular suas atrocidades nos campos de concentração e de extermínio resultou em completo fracasso. Muitos sobreviventes desses campos sentiram-se investidos da missão de testemunhar e não deixaram de cumpri-la, alguns logo depois de serem libertados e outros, quarenta e até cincoenta anos mais tarde.

*Adaptado de: TODOROV, T. Memória do Mal, Tentação do Bem. Indagações sobre o século XX. São Paulo: Arx, 2002. p. 211.*

a) Caracterize o contexto histórico em que surgiram os campos de concentração e de extermínio.
b) Que parcelas da população foram aprisionadas nesses campos?

c) Com base no texto, explique a importância do testemunho dos sobreviventes.

**7.** (UFES)

### Picasso vai à quera

**MAM mostra amor a política na obra do gênio catalão**

A exposição "Picasso – Anos de Guerra, 1937-1945" apresenta no Rio pinturas, esculturas, desenhos e gravuras do gênio catalão feitas no período em que a Espanha foi arrasada...

*O Globo*, 14 jul. 1999.

A obra de Picasso reflete momentos históricos marcantes, entre eles o retratado em "Guernica", um de seus quadros mais conhecidos. Esse momento está relacionado com:

a) movimentos operários na Espanha, durante a Guerra Civil, que reivindicavam o fortalecimento do governo de Franco, ocasionando a destruição de Guernica pelo general Rivera;

b) conflitos em prol da anexação da cidade espanhola de Guernica pela França, os quais causaram o bombardeio da cidade;

c) movimentos de nacionalistas monarquistas, que lançaram bombas em Guernica com o fim de enfraquecer as tropas do ditador Franco na Espanha;

d) operações de bombardeio realizadas pela aviação alemã, que destruíram Guernica na Guerra Civil Espanhola;

e) lutas de guerrilheiros sediados na cidade de Guernica, durante a Segunda Guerra Mundial, contra o avanço do imperialismo norte-americano na Espanha.

**8.** (UFG – GO) O lançamento da bomba atômica sobre Hiroshima e Nagasaki, em 6 de agosto de 1945, provocou a rendição incondicional do Japão, na Segunda Guerra. Nesse momento, o mundo ocidental vivia a dualidade ideológica, capitalismo e socialismo. Nesse contexto, o lançamento da bomba está relacionado com:

a) o descompasso entre o desenvolvimento da ciência, financiado pelos Estados beligerantes, e os interesses da população civil.

b) a busca de hegemonia dos Estados Unidos, que demonstraram seu poder bélico para conter, no futuro, a União Soviética.

c) a persistência da luta contra o nazifascismo, pelos países aliados, objetivando a expansão da democracia.

d) a difusão de políticas de cunho racista associadas a pesquisas que comprovassem a superioridade da civilização europeia.

e) a convergência de posições entre norte-americanos e soviéticos, escolhendo o Japão como inimigo a ser derrotado.

**9.** (ENEM) A leitura do poema Descrição da Guerra em Guernica traz à lembrança o famoso quadro de Picasso.

Entra pela janela
o anjo camponês;
com a terceira luz na mão;
minucioso, habituado
aos interiores de cereal,
aos utensílios que dormem na fuligem;
os seus olhos rurais

não compreendem bem os símbolos
desta colheita: hélices,
motores furiosos;
e estende mais o braço; planta
no ar, como uma árvore
a chama do candeeiro.
(...)

OLIVEIRA, C. de. In: ANDRADE, E. *Antologia Pessoal da Poesia Portuguesa*. Porto: Campo das Letras, 1999.

Uma análise cuidadosa do quadro permite que se identifiquem as cenas referidas nos trechos do poema. Podem ser relacionadas ao texto lido as partes:

a) a1, a2, a3.
b) f1, e1, d1.
c) e1, d1, c1.
d) c1, c2, c3.
e) e1, e2, e3.

Pablo Picasso, *Guernica*, 1937. Museu Nacional Centro de Arte Reina Sofia, Madri.

# O MUNDO DO PÓS-GUERRA

Nos imediatos anos pós-guerra, a coalizão que havia levado os Aliados à vitória foi quebrada e agravaram-se as tensões entre Washington e Moscou. No novo desenho das relações internacionais que começou a ser esboçado, acirraram-se cada vez mais as disputas entre EUA e URSS, que culminaram no estabelecimento de uma ordem política marcada pela bipolaridade. No entanto, a bipolaridade não foi a única característica dos processos históricos vividos à época. Além das superpotências, EUA e URSS, os países mais pobres buscavam encontrar alternativas no jogo internacional, como a busca pela autonomia e independência dos países que estavam sob domínio imperialista desde o século XIX. Um gigante mundial, a China, buscava um caminho próprio em sua experiência comunista. No Oriente Médio, a criação do Estado de Israel tornou mais agudas as rivalidades entre árabes e judeus. Enfim, complexidades de um tempo que foi marcado pela defesa de princípios como os direitos humanos, pelos esforços de reconstrução da Europa arrasada pela guerra e por políticas de terror em várias partes do mundo.

# capítulo 47

# O mundo do pós-guerra e o início da Guerra Fria

*Neste capítulo, estudaremos os primeiros anos dessa nova configuração geopolítica do mundo, que gerou uma cultura política particular, caracterizada pelo terror da ameaça atômica e pela instabilidade regional. Da formulação da Doutrina Truman à "Coexistência Pacífica", do Plano Marshall ao projeto de "Guerra nas Estrelas", do estabelecimento da "Cortina de Ferro" à queda do muro de Berlim, o fato é que durante 40 anos o mundo esteve à beira de um colapso nuclear e da possibilidade de eclosão de uma Terceira Guerra Mundial.*

## O fim da Segunda Guerra: novos rumos

A Segunda Guerra Mundial causou enormes perdas em termos humanos e econômicos; marcou o declínio das potências europeias que saíram arrasadas da guerra e o surgimento de duas superpotências: os Estados Unidos, regidos pelo sistema capitalista, e a União das Repúblicas Socialistas Soviéticas (URSS), sob a égide do sistema socialista. O embate entre elas ocupou grande parte do século XX, quando cada uma das potências procurava obter a hegemonia mundial.

A partir de 1945, com o final da guerra, uma **Nova Ordem Mundial** foi estabelecida, impondo outras correlações de força entre as nações, além de aprofundar o fosso entre países ricos e pobres.

## A nova Europa

O perigo nazista foi afastado e este tinha sido o principal motivo da união entre os Aliados. Estes, cientes de que o conflito se resolveria rapidamente a seu favor, julgaram necessário que os líderes discutissem o destino dos vencidos e dos vencedores. Isto se deu na conferência de Yalta (fevereiro de 1945). Depois da rendição da Alemanha em 8 de maio, voltaram a se reunir em julho, em Potsdam.

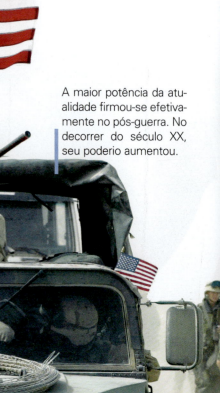

A maior potência da atualidade firmou-se efetivamente no pós-guerra. No decorrer do século XX, seu poderio aumentou.

# A Conferência de Yalta

No início de 1945, os Aliados antecipavam a partilha do final da guerra, que presumiam estar próximo, em virtude do avanço de suas tropas no continente europeu e da limitação das resistências de Alemanha e Japão. O conflito mudara a correlação de forças na Europa e as incursões das tropas sinalizavam que haveria uma nova configuração dos territórios europeus. Assim, naquele momento, os Aliados, vencedores do conflito, supunham ser a hora de redefinir os traçados das fronteiras no continente europeu.

Com esse propósito, os três principais líderes Aliados, Franklin Delano Roosevelt (presidente dos Estados Unidos), Josef Stálin (líder da União das Repúblicas Socialistas Soviéticas) e Winston Churchill (primeiro-ministro inglês), reuniram-se em uma conferência, em fevereiro de 1945, na cidade de Yalta (atual Ucrânia). O clima entre eles no encontro era amigável, e mesmo as diferenças ideológicas e econômicas entre Estados Unidos (capitalista) e URSS (socialista) foram postas de lado pelo sentimento otimista de que o nazismo e os regimes totalitários seriam varridos da Europa, e pela perspectiva de paz.

Da esquerda para a direita, Churchill, Roosevelt e Stálin na Conferência de Yalta.

Na Conferência de Yalta, discutiu-se que os países da Europa Central e Oriental deveriam ter eleições livres e democráticas para se livrarem dos resquícios do autoritarismo que imperou na região. Também estiveram em pauta: a ocupação quadripartite pelos vencedores (EUA, URSS, Grã-Bretanha e França) da Alemanha e da Áustria; as indenizações que deveriam ser pagas aos vencedores pela Alemanha em virtude dos prejuízos da guerra; e as bases para a criação da Organização das Nações Unidas (ONU).

Nessa conferência, na qual predominou a cordialidade, Stálin saiu fortalecido. As tropas soviéticas dominavam a maior parte dos territórios conquistados por Hitler na Europa Oriental (Bulgária, Romênia e Hungria). Nessa situação de superioridade político-militar, o ditador soviético concordou com as eleições na Europa Oriental, mas foi bastante reticente quanto à sua realização, além de deixar pendentes questões sobre fronteiras em territórios ocupados pelos soviéticos.

AS FRENTES DE BATALHA NA EUROPA (FEV. 1945)

— Os *fronts* em 4 de fevereiro de 1945

Territórios controlados por
- Eixo
- Soviéticos
- Guerrilha comunista
- Aliados

# A Conferência de Potsdam

Após a rendição alemã, em 8 de maio de 1945, os países que estiveram em Yalta voltaram a se reunir, desta vez em Potsdam, um subúrbio de Berlim, em julho de 1945. Dos três estadistas presentes em Yalta, só Stálin assinou os acordos em Potsdam, pois Roosevelt morrera em abril de 1945, sendo substituído por Harry Truman, e Churchill, que perdera as eleições parlamentares na Grã-Bretanha, fora substituído por Clement Attlee, ainda durante a Conferência.

Churchill, Truman e Stálin na Conferência de Potsdam. O primeiro-ministro britânico, Churchill, foi substituído por Clement Attlee ainda durante a Conferência, pois seu partido perdera as eleições.

O clima de Potsdam não lembrava o otimismo preponderante em Yalta. No intervalo entre as duas conferências, os Estados Unidos tinham detonado, com sucesso, bombas atômicas em áreas desérticas de seu território. Isso lhes conferia supremacia militar perante os seus pares em Yalta e, portanto, maior poder de pressão. Stálin, o líder soviético, sabia que o arsenal bélico americano tinha, agora, uma arma de destruição em massa, e que não poderia enfrentá-la com os armamentos convencionais. Esta situação mudava a correlação de forças entre os vencedores da Segunda Guerra Mundial.

No novo cenário, ficou evidente que a união anterior fora desfeita. O único consenso entre os participantes do encontro era de que a Alemanha seria ocupada e desmilitarizada, respeitando-se a ocupação territorial pelos exércitos da URSS, por um lado, e, por outro, da Grã-Bretanha, EUA e França. Além disso, a Alemanha teria de reparar monetariamente os países invadidos e contra os quais havia lutado. O centro das discussões recaía sobre o domínio da cidade de Berlim, capital da Alemanha.

Ao final da guerra, as tropas soviéticas tinham tomado grandes extensões da Alemanha, incluindo Berlim. Os demais exércitos Aliados ocupavam territórios distantes e seus exércitos não poderiam atingir a capital alemã e, assim, restringir a soberania soviética sobre essa capital. Os participantes da Conferência não aceitavam que os soviéticos tivessem o controle total de Berlim, pois havia o peso simbólico desse controle, além das questões estratégicas e políticas.

As negociações tornaram-se tensas e a possibilidade de um impasse crescia. Diante disso, Stálin foi obrigado a ceder e a aceitar que a cidade de Berlim fosse dividida em duas partes: a porção oriental ficaria sob tutela soviética, e a ocidental – separada em setores – seria controlada por britânicos, norte-americanos e franceses. Pelo alto nível de tensão a que chegou o encontro de Potsdam, outro assunto delicado, a reunificação da Alemanha ocupada, foi postergado.

Stálin tinha a intenção de manter o Leste Europeu sob seu controle, como um "verdadeiro colchão de amortecimento" para a URSS. Em outras palavras, garantia sua própria segurança, pois os governantes dessas nações, que não eram eleitos por voto direto da população, estavam diretamente alinhados a Moscou e sob sua zona de influência. Essa situação contrariava os interesses dos países ocidentais, mas, para evitar acirramentos ainda maiores e mais perigosos, houve um acordo tácito entre os demais líderes reunidos em Potsdam, tolerando a administração e hegemonia soviética no Leste Europeu. A URSS, por sua vez, prometeu assegurar eleições livres nos países sob sua influência. Essa promessa, entretanto, nunca se concretizou.

Nesse encontro, foram aceitas novas fronteiras de áreas anexadas pelos soviéticos na Europa, incluindo as da Polônia, que deveriam ser rediscutidas em futuros tratados de paz.

A Conferência de Potsdam foi um marco, pois foi nela que se configuraram as duas superpotências mundiais da época – Estados Unidos e URSS –, ideologicamente opostas e rivais. Iniciava-se uma intensa disputa em busca de maiores áreas de influência, objetivando a hegemonia mundial.

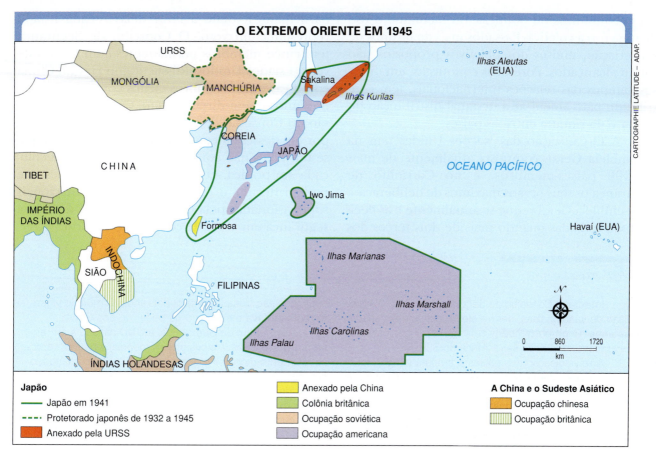

## O EXTREMO ORIENTE EM 1945

CARTOGRAPHIE LATITUDE – ADAP.

**Japão**
— Japão em 1941
---- Protetorado japonês de 1932 a 1945
■ Anexado pela URSS

■ Anexado pela China
■ Colônia britânica
■ Ocupação soviética
■ Ocupação americana

**A China e o Sudeste Asiático**
■ Ocupação chinesa
▨ Ocupação britânica

## A EUROPA CENTRAL NO FINAL DE 1945

CARTOGRAPHIE LATITUDE – ADAP.

— Fronteiras removidas em 1939

**Territórios anexados pela URSS**
■ Polonês
■ Alemão
■ Tchecoslovaco
■ Lituano

**Estados que anexaram territórios**
➡ URSS
➡ Polônia

**Zona de ocupação aliada**
▨ Soviética
▨ Americana
▨ Britânica
▨ Francesa
⊙ Ocupação pelos quatro aliados

# A criação da ONU (Organização das Nações Unidas)

Na Conferência de Yalta, os líderes decidiram fundar "uma organização geral internacional para salvaguarda da paz e da segurança" que congregasse todas as nações do mundo. Ainda estava presente para essas lideranças o fracasso da Liga das Nações, criada depois da Primeira Guerra, que além de pouco fortalecida não foi capaz de impedir a Segunda Guerra Mundial.

Reunidos na Conferência de São Francisco, nos Estados Unidos, em 25 e 26 de abril de 1945, os membros presentes redigiram a "Carta das Nações Unidas" que criava a Organização das Nações Unidas (ONU). Esse documento foi assinado por representantes de 50 países em 26 de junho e entrou em vigor em 24 de outubro do mesmo ano. Entre os objetivos da ONU destacam-se a defesa da paz internacional e o estabelecimento de ações dos Estados na luta por objetivos comuns.

Os princípios básicos da ONU foram expressos visando que as disputas fossem solucionadas por meios pacíficos, com o uso de sanções econômicas ou políticas, ou mediante o uso de uma força coletiva. Passados mais de 60 anos de sua criação, muitos dos objetivos propostos não foram alcançados. Porém, as conquistas, em diversos campos das relações internacionais, têm contribuído para amenizar a desigual distribuição do poder e da riqueza entre os países.

A Organização das Nações Unidas tem na Assembleia Geral, composta atualmente de mais de 190 países-membros, e no Conselho de Segurança os seus órgãos máximos de deliberação. A Assembleia Geral reúne-se anualmente e as decisões são tomadas quando mais de dois terços dos participantes votam a favor delas – cada Estado representa um voto. O Conselho de Segurança tem cinco membros permanentes com direito de veto (Estados Unidos, Rússia, Reino Unido, China e França) e dez membros eleitos com mandato de dois anos e sem direito a veto. Ou seja, uma decisão do Conselho de Segurança pode ser rejeitada por um desses cinco membros, o que significa que se um deles não concordar, a decisão não é colocada em prática. O conselho vota resoluções que podem decidir o envio de forças multinacionais supervisionadas pela ONU para manter a paz e a segurança em áreas de conflito no mundo.

## Saiba mais

Integrar o Conselho de Segurança da ONU é a pretensão de vários países, dentre eles Brasil, Índia, Japão e Alemanha. O grupo também defende um lugar para um país africano, que deve ser a África do Sul.

A reivindicação dos países é amparada na defasagem do modelo da ONU, criado há mais de 70 anos, e que não corresponde às alterações geopolíticas do mundo do século XXI. Atualmente, o Conselho é composto por cinco membros permanentes – Estados Unidos, Reino Unido, França, Rússia e China – e dez rotativos, que são trocados a cada dois anos. O modelo vigente representava o equilíbrio de poder do pós-Guerra.

Com o fim da Guerra Fria, a ONU passou a enfrentar outros desafios. A nova ordem mundial e pautas como aquecimento global, a promoção dos direitos humanos, o combate à miséria e às desigualdades são algumas das novas demandas existentes. Nesse sentido, a participação de países que possuem outras experiências históricas e culturais seria uma forma de ampliar a representação da ONU e dar maior legitimidade às suas decisões.

## Os Direitos dos Homens

Um dos pilares das ações da ONU é a concepção expressa na defesa dos direitos humanos. Após as catástrofes infligidas aos seres humanos pelas duas guerras mundiais havia uma preocupação expressa por intelectuais, artistas, pensadores e políticos com a valorização da vida humana, com sua dignidade e, sobretudo, com a necessidade de coibir abusos contra as pessoas, sem qualquer distinção. Para embasar e concretizar seus objetivos, em 10 de dezembro de 1948 foi publicada a **Declaração Universal dos Direitos dos Homens**, um manifesto contra a opressão e a tirania.

A ONU conta hoje com a quase totalidade das nações do mundo. Mantém 15 organismos especializados, que atuam em diversos segmentos. Vejamos alguns deles.

o **Alto-Comissariado da ONU para os Refugiados (ACNUR)** – Visa coordenar a ação internacional de assistência aos refugiados. Calcula-se que, desde sua criação, tenha ajudado 60 milhões de pessoas a começar uma vida nova. Os motivos que levam as pessoas a se refugiarem em outros países estão ligados quase sempre à opressão, seja ela política, religiosa, de origem étnica etc.

Vista geral de acampamento em Mogadishu, na Somália, em que se encontram milhares de refugiados (30 abr. 2013).

- **Organização da ONU para a Alimentação e Agricultura (FAO)** – Objetiva melhorar a alimentação e o nível de vida das populações por meio de um aumento da produtividade agrícola.
- **Organização Educacional, Científica e Cultural da ONU (UNESCO)** – Defende o direito de todo ser humano à educação; trabalha pela preservação do patrimônio cultural dos povos, pelo respeito à diversidade cultural e pela defesa de aspectos éticos ligados às ciências humanas e sociais.
- **Fundo Internacional de Emergência da ONU para a Infância (UNICEF)** – Criado para ajudar as crianças vítimas da Segunda Guerra Mundial, a UNICEF visa ajudar as crianças que vivem em situação de pobreza.

As Nações Unidas deveriam ser um organismo supranacional que efetivamente arbitrasse conflitos entre ou intranações. Porém, o que se tem visto é a preponderância de ações individuais das principais nações do mundo na defesa de seus interesses.

### Declaração Universal dos Direitos dos Homens

Art. 1. Todas as pessoas nascem livres e iguais em dignidade e direitos. São dotadas de razão e consciência e devem agir em relação umas às outras com espírito de fraternidade.

Art. 2. Toda pessoa tem capacidade para gozar os direitos e as liberdades estabelecidos nesta Declaração, sem distinção de qualquer espécie, seja de raça, cor, sexo, língua, religião, opinião política ou de outra natureza, origem nacional ou social, riqueza, nascimento, ou qualquer outra condição.

Art. 3. Toda pessoa tem direito à vida, à liberdade e à segurança pessoal.

Art. 4. Ninguém será mantido em escravidão ou servidão; a escravidão e o tráfico de escravos serão proibidos em todas as suas formas.

Art. 5. Ninguém será submetido à tortura, nem a tratamento ou castigo cruel, desumano ou degradante.

Art. 9. Ninguém será arbitrariamente preso, detido ou exilado.

(...)

Art. 18. Toda pessoa tem direito à liberdade de pensamento, consciência e religião; este direito inclui a liberdade de mudar de religião ou crença e a liberdade de manifestar essa religião ou crença, pelo ensino, pela prática, pelo culto e pela observância, isolada ou coletivamente, em público ou em particular.

Art. 19. Toda pessoa tem direito à liberdade de opinião e expressão; este direito inclui a liberdade de, sem interferência, ter opiniões e de procurar, receber e transmitir informações e ideias por quaisquer meios e independentemente de fronteiras.

**1)** Comente por que este texto é fundamental para aspirarmos a um mundo melhor.

# A formação e o delineamento dos dois blocos

Após o fim da guerra delinearam-se rapidamente dois blocos de países: os ocidentais capitalistas, liderados pelos Estados Unidos, e os socialistas do Leste Europeu, liderados pela URSS. Acirrava-se a competição travada entre as superpotências pela hegemonia política no mundo. O tom de beligerância entre esses antigos aliados crescia vertiginosamente.

Em 1946, em visita aos Estados Unidos, Winston Churchill, já como ex-premier britânico, em um discurso (que ficou conhecido como *Discurso de Fulton*) acusou a URSS de estar "satelitizando" os países do Leste Europeu, com o objetivo explícito de ampliar sua área de influência na Europa. Em um recurso de retórica, conclamou os

Estados Unidos a tomar a liderança contra a "tirania" soviética e que a real intenção de Moscou era aumentar sua área de influência. Nessa ocasião, usou uma expressão que se tornou uma marca dos anos dessa intensa disputa entre as superpotências: a **cortina de ferro** que atravessa o continente, ou seja, uma fronteira ideológica que separava a Europa Ocidental da Europa Oriental. O cenário das disputas e o clima de confronto passaram a dominar as relações internacionais.

diferentes cantos do planeta, ou seja, quando qualquer nação se sentisse ameaçada pelos soviéticos. Em outras palavras, essa Doutrina **legitimava a intervenção norte-americana**.

Em discurso perante o Congresso norte-americano, em 12 de março de 1947, Harry Truman lançou as bases de sua doutrina, atacando os "regimes totalitários" (ou seja, a URSS). Dessa forma, os EUA colocaram-se como "defensores da liberdade" em contraposição ao "expansionismo e totalitarismo soviético". Por outro lado, a URSS colocava-se como a "defensora dos oprimidos" e propunha a superação do capitalismo, com a ascensão do proletariado ao poder e o fim dos privilégios dos detentores do capital nos regimes capitalistas.

A EUROPA DA GUERRA FRIA NOS ANOS 1950

## A consolidação do bloco capitalista

Diante do acirramento das tensões internacionais, os Estados Unidos e a URSS decidiram fortalecer economicamente seus parceiros como forma de resguardar suas áreas de influência e, se possível, ampliá-las. A Europa estava arrasada economicamente, com seus parques industriais praticamente inoperantes, em virtude dos estragos da Segunda Guerra Mundial.

## A Doutrina Truman

As relações entre Estados Unidos e União Soviética ficaram muito mais tensas quando o presidente norte-americano Harry Truman, em março de 1947, lançou uma doutrina que pregava o "mundo livre", comandado pelos norte-americanos. Com o intuito de preservar suas áreas de influência no globo e aumentá-las, se possível, a **Doutrina Truman** defendia a intervenção norte-americana para "salvaguardar a liberdade dos povos" quando ela estivesse ameaçada nos mais

Os Estados Unidos decidiram apoiar o fortalecimento da economia ocidental capitalista, em especial, a europeia. De acordo com a visão norte-americana, o fortalecimento econômico era uma barreira quase intransponível para o avanço das ideias socialistas, pois no seu bojo estava prevista a melhoria do nível da produção industrial e da própria atividade econômica, e, consequentemente, um melhor nível de vida aos trabalhadores, os mais suscetíveis aos apelos da ideologia socialista que pregava o fim das classes sociais e das desigualdades entre elas.

# O Plano Marshall

Em 5 de julho de 1947, foi criado pelo secretário de Estado dos EUA, George Marshall, o **Plano Marshall**, embasado na Doutrina Truman. O Plano previa a injeção de bilhões de dólares para a reconstrução da Europa e a concessão de empréstimos e doações também aos países da Europa Central e do Leste, que estavam sob influência soviética naquela época.

A oferta de dinheiro para as frágeis economias comunistas europeias amedrontou a URSS, que via o risco de os países-satélites soviéticos se aproximarem do lado capitalista, enfraquecendo o bloco liderado por Moscou e diminuindo a sua faixa de segurança formada pelas nações do Leste Europeu.

O Plano Marshall não era tão "filantrópico" como poderia parecer, pois os dólares injetados retornariam aos EUA sob a forma de pagamento dos empréstimos, a participação nos lucros com os investimentos em empresas europeias com lucro seguro, sem falar na exportação de produtos americanos para o mercado europeu.

Entre 1948 e 1951, chegaram à Europa cerca de 17 bilhões de dólares, sendo que aproximadamente 45% desse total foi destinado à Inglaterra e à França. Essa vultosa injeção de capital teve o efeito esperado e em pouquíssimo tempo a Europa Ocidental apresentou elevados índices de crescimento econômico. Mediante esse rápido desenvolvimento, abriam-se frentes de trabalho a milhões de pessoas.

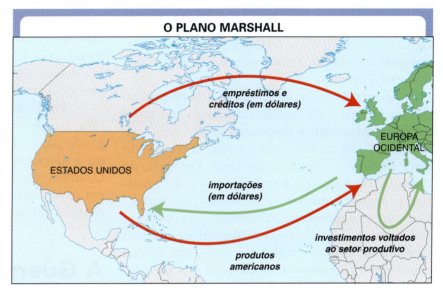

O PLANO MARSHALL

- empréstimos e créditos (em dólares)
- EUROPA OCIDENTAL
- ESTADOS UNIDOS
- importações (em dólares)
- investimentos voltados ao setor produtivo
- produtos americanos

## Recortes da História

### Discurso do Secretário de Estado G. Marshall, em Harvard, Massachusetts, em 5 de junho de 1947

As necessidades de alimentos e de outros produtos na Europa nos próximos três ou quatro anos serão supridas essencialmente por produtos importados, notadamente da América. Porém, suas necessidades são maiores do que sua capacidade de pagamento. A Europa deve receber uma ajuda financeira substancial para honrar seus compromissos ou estará exposta a uma grande crise econômica, social e política. (...)

As consequências dessa crise sobre a economia americana serão evidentes para nós. É imperioso que os Estados Unidos façam tudo o que for possível para ajudar a reabilitar a saúde econômica do mundo, sendo que sem essa estabilidade política a paz não será possível. Nossa política não é contra nenhum país ou contra uma doutrina específica, mas, sim, contra a fome, a pobreza, o desespero e o caos. Será o início do renascimento de uma economia ativa e sustentada no mundo. (...) O programa deverá ser um programa comum, aceito por um certo número, senão pela totalidade das nações europeias.

*Fonte: Anais do Congresso Americano.*

**1)** Quais benefícios econômicos eram esperados pelo Plano Marshall na Europa e nos EUA?

JOHN SWOPE COLLECTION/CORBIS/LATINSTOCK

A economia da Europa Ocidental se refez rapidamente graças à injeção de bilhões de dólares norte-americanos. Na foto, Paris em 1948, vendo-se ao fundo o Arco do Triunfo.

## O fortalecimento soviético

O bloco soviético não passava pelo mesmo processo de desenvolvimento econômico e via, com preocupação, a constante imigração de mão de obra dos territórios sob sua influência para o mundo capitalista europeu. O resultado foi o "fechamento" dos países socialistas para o Ocidente, inclusive privando ou dificultando o contato direto entre seus habitantes e os das nações ocidentais, como, por exemplo, com o aumento das exigências para se conseguir autorização (visto) para viajar ao Ocidente. A preocupação soviética era preservar suas áreas de influência no Leste Europeu.

Diante da proposta americana de reconstrução da Europa e da injeção de capitais por meio do **Plano Marshall**, a resposta soviética teve, inicialmente, um caráter mais ideológico, reunindo nove partidos comunistas do Leste Europeu, da França e da Itália, no **Komimform**, para coordenar a ofensiva contra o "imperialismo ocidental". Esse "órgão de informação comunista", criado em 1947 por A. Jdanov, secretário-geral do Partido Comunista Soviético, tinha como objetivo formal organizar e promover a cooperação dos partidos comunistas segundo uma linha estabelecida por Moscou. Na realidade, era um poderoso instrumento soviético para controlar os países-satélites de Moscou, as chamadas "democracias populares".

No documento final, Jadnov afirmava que o mundo estava dividido em dois campos opostos: um campo "imperialista", dirigido pelos Estados Unidos, e um campo "democrático e anti-imperialista", dirigido pela URSS. O mundo tinha dois blocos poderosos e antagônicos que protagonizaram a **Guerra Fria**.

## As associações regionais e as forças supranacionais

Diante do gigantismo das superpotências, países pequenos da Europa, Holanda, Bélgica e Luxemburgo (Benelux) uniram-se em termos econômicos, para otimizar suas *performances* e, assim, fortificarem-se para enfrentar nações mais ricas e mais fortes.

O bloco soviético criou o **Comecon** (Conselho de Ajuda Econômica Mútua), em 1949, impondo o modelo econômico socialista planificado que controlava a produção dos Estados-satélites

soviéticos. Em termos militares, não tardariam alianças militares que uniriam os componentes europeus de cada um dos dois blocos. Em 1948, os europeus ocidentais, sentindo-se ameaçados pelo expansionismo soviético, e com o apoio dos Estados Unidos, uniram-se, criando em 1949 um tratado de defesa militar, o Tratado do Atlântico, composto de Estados Unidos, Canadá e nações europeias ocidentais. Em 1950 foi implementada a **Organização do Tratado do Atlântico Norte** (OTAN), um sistema de defesa militar coordenado pelos exércitos americanos e europeus, previa que, caso um de seus integrantes fosse atacado (obviamente pela URSS), as demais nações sairiam em sua defesa. Em outras palavras, a segurança europeia era garantida pelos Estados Unidos.

Em 1955, o **Pacto de Varsóvia** institucionalizava acordos militares do bloco socialista, agregando países do Leste Europeu e também prevendo a defesa mútua contra agressões estrangeiras. O único país que conseguiu certa independência em relação a Moscou foi a Iugoslávia, um país multiétnico, liderado por Josef Broz "Tito".

## A Guerra Fria

As duas superpotências enfrentavam-se na disputa pela hegemonia mundial. No campo da retórica, acusando-se mutuamente, o clima entre EUA e URSS era de aberta beligerância. Os dois lados se posicionavam para medir forças e tentar vencer a potência antagônica. Em 1949, a URSS também passou a dominar a energia nuclear, equiparando-se militarmente aos EUA. Um dos recursos para a competição entre as superpotências foi o desenvolvimento de uma poderosa e sofisticada indústria bélica que tinha o objetivo de intimidar o inimigo. Instalou-se uma verdadeira **corrida armamentista**, com o desenvolvimento de armas nucleares, mísseis de longo alcance, satélites espiões, que seria um dos parâmetros pela busca da hegemonia mundial.

Embora o clima fosse de declarações beligerantes, o arsenal nuclear das potências rivais refreava um conflito militar direto entre elas. Sabia-se que, se isso acontecesse, as consequências seriam imprevisíveis, com destruição e número de mortes jamais imaginado. Por isso, esse período ficou conhecido como **Guerra Fria**.

As áreas sob influência de cada superpotência precisavam ser resguardadas. Era um tempo em que praticamente não havia neutralidade nem outra opção: ou se era capitalista ou comunista. A busca pela hegemonia mundial fez com que EUA e URSS financiassem e apoiassem movimentos nacionalistas, principalmente nas áreas mais pobres do globo, como América Latina e África. Conflitos, golpes de Estado, revoluções e guerrilhas foram o resultado dessa política agressiva de ambos os lados. O mundo bipolarizado se enfrentava em regiões periféricas.

Desfiles militares soviéticos em datas comemorativas eram uma clara demonstração de força bélica.

## Disseram a respeito

### O bem × o mal

Noutros tempos, a guerra podia justificar-se por si mesma – como um corajoso esporte que distribuía medalhas aos concorrentes, terras e vantagens ao vencedor. Mas não é mais assim. A justificativa agora tem de ser um interesse bem acima do econômico. Não se pode dizer que a guerra seja boa para a Força Aérea, para as indústrias de suprimentos, ou até mesmo que ela mantenha empregos ou garanta a produção da economia em geral. Tal como a guerra, assim também foi com a mobilização de energias para uma ação um pouco aquém de um conflito armado – a Guerra Fria. Até mesmo a defesa da livre empresa contra o comunismo na ocasião levantava dúvidas. A paixão pela livre-iniciativa relacionava-se de maneira demasiado flagrante com as receitas que propiciava. E aqueles que mais provavelmente sofreriam em defendê-la eram os que menos ganhavam com a coisa. (...)

A Guerra Fria era uma cruzada em favor dos valores morais – do bem contra o mal, do certo contra o errado, da religião contra o ateísmo. Era a defesa da fé do cidadão americano médio, cordial, temente a Deus – isto é, das crenças e convicções pessoais de um indivíduo, bem como das do vizinho ao lado. (...)

Do lado soviético, estava o apregoado comprometimento com uma revolução de âmbito mundial e uma sequência de ações que podiam facilmente ser interpretadas como uma confirmação dessa atitude. No Ocidente, era o correspondente comprometimento moral e religioso com a libertação do comunismo, ou muita conversa que podia ser interpretada dessa forma. O mundo estava pronto para uma travessia perigosa.

**Apregoado:** divulgado, anunciado, proclamado.

*Fonte:* GALBRAITH, J. K. *A Era da Incerteza.* São Paulo: Pioneira, 1986.

**1)** Por que, para o autor, a guerra transformou-se em um valor moral durante a Guerra Fria? Justifique.

# O Japão, aliado indispensável dos EUA no Oriente

A rendição japonesa depois das bombas de Hiroshima e Nagasaki, em agosto de 1945, foi incondicional. Com o fim do conflito, o até então imperialista e expansionista Japão foi ocupado por tropas norte-americanas até 1952, que, além disso, impuseram-lhe uma Constituição nos moldes ocidentais, restringindo sua autonomia política e, principalmente, cuidando para que ele não voltasse a se militarizar, ou seja, que não voltasse a ter pretensões expansionistas. Em 1954, um tratado entre EUA e Japão restringiu as forças militares nipônicas apenas para autodefesa e impôs a tutela delas pelos EUA. O Japão não poderia ter suas Forças Armadas e era obrigado a abrir mão de seu antigo poderio bélico.

Sua posição estratégica na Ásia e no oceano Pacífico fez com que os Estados Unidos considerassem o Japão como um ponto nevrálgico dentro da lógica da bipolarização mundial e de países sob áreas de influência das grandes potências.

Com a expansão de ideias e movimentos comunistas na Ásia em fins da década de 1940 e início dos anos 1950, os Estados Unidos investiram maciçamente no país, principalmente no setor industrial. O Japão destacava-se por ter o maior e mais importante parque industrial do Oriente. Essa opção norte-americana visava fortalecer o país economicamente, como forma de impedir o avanço dos ideais comunistas no Extremo Oriente e manter o arquipélago japonês como um oásis econômico nessa região. Além disso, tratava-se de manter um forte aliado, inclusive com bases militares em seu território, em uma área não muito distante da porção oriental asiática da arqui-inimiga URSS.

No final de 1945, a geopolítica da Ásia e sua configuração territorial tinham sido alteradas:

- a URSS anexou na Ásia o sul das ilhas Sakalinas e das ilhas Kurilas, ao norte do Japão, e ocupou a Manchúria e o norte da Coreia;
- o Japão foi submetido às leis americanas e este país e o sul da Coreia foram ocupados pelas tropas estadunidenses.
- a China obteve sua antiga integridade territorial.

No Japão, sob o comando do general americano MacArthur, a democratização pretendida pelos Estados Unidos foi alcançada. Sob um regime parlamentar, desenvolveu uma fortíssima economia nos moldes ocidentais e tornou-se o principal aliado dos EUA na Ásia.

# A Guerra Fria e seus alcances

A nova ordem mundial da Guerra Fria seria vivida de maneira muito diferente pelos seus principais atores. Cada bloco imporia às suas áreas de influência suas ideologias, seus sistemas econômicos e teria na propaganda uma das mais eficientes armas para se autopromover e atacar o inimigo. Ao mesmo tempo, embates militares entre as duas superpotências se dariam ao redor do mundo, realizados por meio de terceiros, em países ou grupos sob sua área de influência.

## Os organismos reguladores da nova dinâmica econômica mundial

A nova dinâmica econômica mundial que se configurava no pós-guerra precisava ser regulada para evitar que acontecessem crises de graves proporções e para sustentar um modelo econômico voltado para a ampliação em grande escala da produção e do consumo. Boa parte das bases que regulamentaram a economia veio de uma conferência realizada em Bretton-Woods.

### Conferência de Bretton-Woods: FMI e BIRD

Em julho de 1944, em **Bretton-Woods**, New Hampshire, Estados Unidos, 44 países se reuniram para criar um novo sistema monetário internacional, baseado no **padrão ouro**, ou seja, o que garantia o valor da moeda era o seu lastro (seu equivalente) em ouro. Em outras palavras, uma determinada moeda poderia ter seu valor convertido em ouro a qualquer momento. Na realidade, esse sistema estava baseado no dólar norte-americano, o país com as maiores reservas de ouro naquele período e o de maior atividade econômica. Procurava-se, dessa maneira, estabilizar o cenário econômico global e facilitar as trocas internacionais, já que estas se dariam tendo o dólar como base monetária.

Dessa conferência resultaram importantes procedimentos para se regular e administrar, em âmbito internacional, as finanças e as trocas comerciais. Foram criados, em 1944, o **Fundo Monetário Internacional (FMI)** e o **Banco Internacional para Reconstrução e Desenvolvimento (BIRD)**, conhecido hoje em dia como **Banco Mundial**.

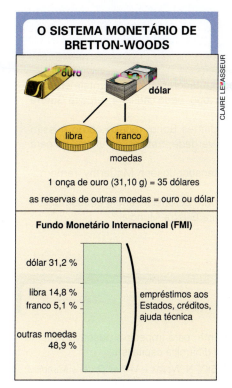

## O SISTEMA MONETÁRIO DE BRETTON-WOODS

ouro

dólar

libra    franco

moedas

1 onça de ouro (31,10 g) = 35 dólares

as reservas de outras moedas = ouro ou dólar

**Fundo Monetário Internacional (FMI)**

dólar 31,2 %

libra 14,8 %

franco 5,1 %

empréstimos aos Estados, créditos, ajuda técnica

outras moedas 48,9 %

O FMI, com sede em Washington, foi criado para gerir o sistema monetário internacional, precavendo-se de instabilidades econômicas, sendo composto de países-membros que contribuem com cotas para mantê-lo. Inicialmente visava promover a cooperação monetária entre as nações e prestar ajuda aos países em dificuldades financeiras. No pós-guerra, as discussões sobre seus propósitos foram dominadas pelos Estados Unidos que passaram a efetivamente gerir o fundo.

A criação do BIRD, também com sede em Washington, tinha como objetivo ajudar os países-membros em reconstrução no pós-guerra. O grande acionista do banco eram os Estados Unidos, o que lhes conferia a prioridade na condução desse organismo. Todos confiavam que o tesouro norte-americano possuía o equivalente em ouro aos dólares que circulavam no mundo. Dessa maneira, os Estados Unidos passaram a reger a economia mundial, exceto a soviética e de seus países-satélites. Também foi criado o **Acordo Geral de Tarifas e Comércio (GATT)** em 1947, com o intuito de promover o livre-comércio, tendo como base a não diferenciação entre as nações em termos comerciais, a diminuição das tarifas alfandegárias e a gradativa redução das cotas de importação. O GATT foi substituído pela Organização Mundial do Comércio (OMC) em 1995.

O padrão ouro deixou de existir em 1971 e introduziu-se a flutuação das moedas, tendo como referência o dólar.

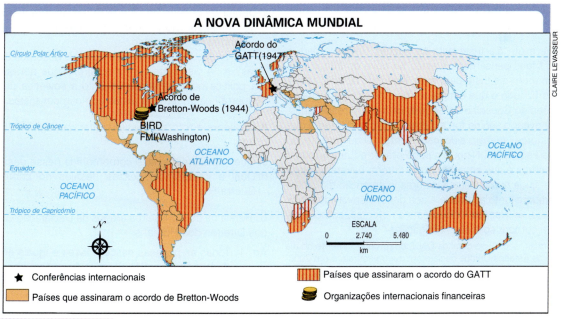

**A NOVA DINÂMICA MUNDIAL**

Acordo do GATT (1947)

Círculo Polar Ártico

Acordo de Bretton-Woods (1944)

BIRD FMI (Washington)

Trópico de Câncer

OCEANO ATLÂNTICO

OCEANO PACÍFICO

Equador

OCEANO PACÍFICO

OCEANO ÍNDICO

Trópico de Capricórnio

ESCALA
0    2.740    5.480
km

★ Conferências internacionais

Países que assinaram o acordo de Bretton-Woods

Países que assinaram o acordo do GATT

Organizações internacionais financeiras

*Saiba mais*

## O FMI e o Banco Mundial na atualidade

O FMI e o Banco Mundial continuam sendo organismos reguladores da economia mundial e representam a grande fonte de recursos para os países pobres e de economias em desenvolvimento, os chamados emergentes. Sob o controle dos países ricos, esses órgãos impõem suas estratégias e normas às nações carentes de recursos e em dificuldades financeiras. O FMI pratica uma política monetarista e de controle fiscal e orçamentário rígidos, que pode levar à recessão econômica dos países assistidos na tentativa de alcançarem o ajuste de suas contas nacionais.

Passados mais de 60 anos de Bretton-Woods, o FMI deixou de ter utilidade para os países desenvolvidos, pois estes têm economias com moedas estáveis, e sua atuação em países em desenvolvimento é objeto de crítica cerrada, na medida em que os obriga a seguir as premissas do Fundo que podem ter custos sociais altos, como o desemprego e a recessão econômica. Além do mais, os principais cotistas do FMI são as nações ricas que emprestam a maior parte do capital àqueles em situação financeira desfavorável e cobram altos juros por isso.

# Cinemateca

**Jogos de Guerra** (1983, EUA, dir.: John Badham) Um jovem obcecado por computadores entra acidentalmente no sistema de defesa dos Estados Unidos e, imaginando estar participando de um jogo, pode causar a Terceira Guerra Mundial.

**Moscou contra 007** (1963, EUA, dir.: Terence Young) O agente secreto 007, James Bond, recebe como missão ajudar uma bela agente soviética a fugir de seu país, sem desconfiar que, na verdade, trata-se de um plano para executá-lo.

**Cidadão Cohn** (1992, EUA, dir.: Frank Pierson) Roy Marcus Cohn, assessor do senador Joseph McCarthy, rememora sua trajetória durante a histeria anticomunista nos EUA.

**Dr. Fantástico** (1964, Inglaterra, dir.: Stanley Kubrick) Sátira sobre a Guerra Fria: um coronel insano e anticomunista ameaça neutralizar a URSS com bombas atômicas, o que poderá gerar a Terceira Guerra Mundial.

# Revisitando a História

**1.** Atualmente, um dos grandes medos dos países desenvolvidos é que nações pobres obtenham a tecnologia nuclear e a utilizem sem ser para fins pacíficos. As nações ricas afirmam que a ampliação do arsenal nuclear é uma ameaça à estabilidade mundial. Discuta a afirmação e trace um paralelo com as Conferências de Yalta e Potsdam em 1945.

**2.** "Hoje é um dia triste para as Nações Unidas e para o mundo. Meus pensamentos estão no povo do Iraque (...). Também é um dia triste para mim. Ao longo do ano, acompanhei e fiz tudo o que estava ao meu alcance para que as resoluções do Conselho de Segurança fossem respeitadas, a fim de evitar o uso da força. Lamento profundamente que esses esforços tenham sido insuficientes. O que aconteceu não será esquecido. Ninguém pode prever o futuro. Tudo o que sabemos é que amanhã, como ontem, haverá necessidade de ajuda humanitária e de uma intervenção diplomática reparadora junto ao Iraque e aos demais envolvidos. Nos dois casos, as Nações Unidas estarão prontas, como sempre, para cumprir com suas obrigações."

Koffi Annan, secretário-geral da ONU, em pronunciamento no dia em que os Estados Unidos declararam guerra ao Iraque em 2003.

"As Nações Unidas têm de fazer o seu trabalho, senão temos de repensar o papel da ONU."

George W. Bush, em março de 2003, pouco antes da invasão do Iraque pelas forças da coalizão lideradas pelos Estados Unidos.

a) A criação da ONU, em 1945, tornou o mundo mais seguro? Responda apontando pontos favoráveis e desfavoráveis desse organismo internacional.

b) Relacione os dois textos acima e escreva, em um parágrafo, suas conclusões.

**3.** "Com o fim da Segunda Guerra Mundial, os Estados Unidos tomariam o lugar das velhas e desgastadas potências europeias, mas com o propósito de evitar o surgimento de países que seguissem um modelo político e econômico independente. Para tal, a Guerra Fria tornou-se necessária: tendo o expansionismo comunista como inimigo maior, os Estados Unidos poderiam intervir em quase todos os lugares do mundo não apenas para 'conter' o comunismo, mas, principalmente, para impedir o desenvolvimento de economias fora da dinâmica capitalista."

CHOMSKY, N. *Novas e Velhas Ordens Mundiais.* São Paulo: Scritta, 1996.

a) Defina o conceito de Guerra Fria e discuta a afirmação do pensador norte-americano, baseando-se no que aprendeu neste capítulo.

b) A partir dos textos da página 784 ("A visão dos capitalistas" e "A visão dos comunistas) explique por que tanto a política norte-americana quanto a soviética durante a Guerra Fria podem ser vistas como imperialistas.

**4.** Observe a foto do desfile militar da página 775 e responda:

a) Que ocasião especial é comemorada nesse desfile?

b) Qual a importância desses desfiles no contexto da Guerra Fria?

**5.** Releia os dois primeiros artigos da Declaração Universal dos Direitos dos Homens:

Art. 1. Todas as pessoas nascem livres e iguais em dignidade e direitos. São dotadas de razão e consciência e devem agir em relação umas às outras com espírito de fraternidade.

Art. 2. Toda pessoa tem capacidade para gozar os direitos e as liberdades estabelecidos nesta Declaração, sem distinção de qualquer espécie, seja de raça, cor, sexo, língua, religião, opinião política ou de outra natureza, origem nacional ou social, riqueza, nascimento, ou qualquer outra condição.

Faça uma análise de como eles vêm sendo respeitados na atualidade.

**6.** Além da Europa, o Japão foi foco de grandes investimentos norte-americanos.

a) Quais os interesses dos EUA nesse arquipélago do Extremo Oriente.

b) O que diferenciou a situação japonesa no pós-guerra da europeia?

# Analise esta imagem

A caricatura é um desenho que exagera ou enfatiza algum aspecto e utiliza sátira para fazer uma crítica, trabalhando muitas vezes com estereótipos. Sua origem é milenar, porém ela se desenvolveu como forma artística própria a partir do século XVIII, popularizando-se muito com a imprensa. Até hoje é utilizada em jornais e revistas para comentários ácidos ou satíricos. A caricatura ao lado foi publicada em um jornal americano no período da Guerra Fria, ou seja, em um momento de oposição entre o modelo socialista da União Soviética e o capitalismo representado pelos EUA. O personagem socialista da caricatura diz para os trabalhadores: "É a mesma coisa sem os problemas mecânicos".

a) Além da placa que diz "Plano Marshall Stálin", que elementos da imagem identificam os personagens de primeiro plano como habitantes de países comunistas?

b) Na caricatura, que ideias estão associadas ao comunismo? E quais estão associadas ao capitalismo? Explique.

c) Do lado soviético também havia críticas aos norte-americanos e ao sistema capitalista. Como seria uma caricatura do ponto de vista soviético tratando do mesmo assunto?

# Debatendo ideias

"(...) Na perspectiva de muitos historiadores da Guerra Fria, o anticomunismo norte-americano é apenas uma justificativa interna para a expansão da sua hegemonia no mundo. Mas, considerando que anticomunismo e política antissoviética não significam a mesma coisa, observamos novamente uma situação mais complexa do que o conflito intersistemas. A China Popular manteve durante muitos anos uma atitude antissoviética e, de outro lado, Estados árabes e africanos, apesar de sua cultura política difícil de se conciliar com o comunismo, mantiveram relações estreitas com a URSS. Na verdade, a consideração da Guerra Fria, tanto como um conflito ideológico entre comunismo e anticomunismo quanto como um conflito entre superpotências, altera consideravelmente o quadro da análise".

*Fonte:* HEIN, L.; LOTHAR C. Guerra Fria: Conceitos e Problemas. *Disponível em:*<http://www.academia.edu/6812379/Guerra_Fria_conceitos_e_problemas>. *Acesso em:* 31 ago. 2015.

No contexto da Guerra Fria, por que o anticomunismo norte-americano seria "uma justificativa interna para a expansão da sua hegemonia no mundo"?

# Questões de vestibular

**1.** (UNIFESP) "Duas grandes guerras e uma depressão mundial de permeio debilitaram o sistema em quase toda parte, exceto nos Estados Unidos... Se, por omissão, permitirmos que a livre-iniciativa desapareça nos outros países do mundo, a própria existência de nossa democracia ficará gravemente ameaçada." Essa mensagem, do presidente H. S. Truman (1947), pode ser considerada como um manifesto para

a) neutralizar a opinião pública com relação à gravidade da crise de 1929.

b) convencer o Congresso a ajudar os países sem capitalismo.

c) justificar o início da política da Guerra Fria.

d) obter o apoio dos eleitores para mudar a Constituição.

e) alertar sobre os perigos enfrentados pelo capitalismo no país.

**2.** (ETFCE) Em 1947, o secretário de Estado norte-americano, George Marshall, elaborou um plano para a recuperação econômica da Europa, oferecido também aos países socialistas europeus. O Plano Marshall, como foi denominado, foi aplicado a partir de 1948 e oferecia:

I. a importação de produtos europeus a preços elevados.
II. créditos para importação de produtos dos Estados Unidos, com a finalidade de reconstrução das indústrias.
III. empréstimos especiais a juros baixos e com vencimento a longo prazo.
IV. maiores vantagens aos países da Europa Oriental, que aceitaram de imediato a implantação desse plano.

É correta a afirmativa da opção:

a) apenas o item I está correto
b) apenas os itens II e III estão corretos
c) todos os itens estão corretos
d) apenas os itens II e IV estão incorretos
e) apenas os itens I, II e III estão corretos

**3.** (UNIBAHIA – BA)

A personagem se refere à "Cortina de Ferro", que foi:

a) a linha divisória entre os territórios conquistados pela Espanha e por Portugal, no período da expansão ultramarina.
b) a linha de fronteira estabelecida pelo governo israelense, a fim de separar os territórios judeus das áreas habitadas por palestinos.
c) a muralha de pedra erigida pela Igreja Católica, após a conquista cristã da Terra Santa, no período das Cruzadas, para isolar os mouros dos cristãos.
d) o conjunto de leis de imigração criado pela União Europeia com a finalidade de restringir a entrada de imigrantes oriundos da Ásia e da África, nos países da Europa Ocidental.
e) o nome dado por Winston Churchill, primeiro-ministro britânico, à divisão política europeia entre os países de formação capitalista e aqueles sob a influência soviética, após a Segunda Guerra Mundial.

**4.** (UNESP) Violências e guerras entre povos caracterizam a história da humanidade, assim como projetos e tentativas de evitá-las. No século XX, foram criados organismos internacionais com a finalidade de pacificar as relações entre nações e países: a Liga das Nações em 1919 e a Organização das Nações Unidas (ONU) em 1945. Apesar de suas declarações favoráveis à solução negociada dos conflitos, nem a Liga das Nações nem a ONU conseguiram impedir, completamente, a deflagração de guerras. Dê dois exemplos de conflitos ocorridos no século XX que cada um desses organismos não conseguiu evitar.

Justifique a relativa fragilidade desses organismos internacionais.

**5.** (ENEM) Segundo Samuel Huntington (autor do livro *O Choque das Civilizações e a Recomposição da Ordem Mundial)*, o mundo está dividido em nove "civilizações" conforme o mapa a seguir.

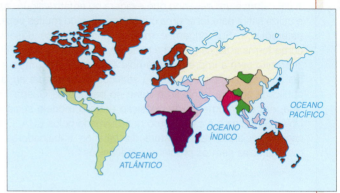

Na opinião do autor, o ideal seria que cada civilização principal tivesse pelo menos um assento no Conselho de Segurança das Nações Unidas.
Sabendo-se que apenas EUA, China, Rússia, França e Inglaterra são membros permanentes do Conselho de Segurança, e analisando o mapa ao lado pode-se concluir que

a) atualmente apenas três civilizações possuem membros permanentes no Conselho de Segurança.
b) o poder no Conselho de Segurança está concentrado em torno de apenas dois terços das civilizações citadas pelo autor.
c) o poder no Conselho de Segurança está desequilibrado, porque seus membros pertencem apenas à civilização Ocidental.
d) existe uma concentração de poder, já que apenas um continente está representado no Conselho de Segurança.
e) o poder está diluído entre as civilizações, de forma que apenas África não possui representante no Conselho de Segurança.

**6.** (ENEM) Em conflitos regionais e na guerra entre nações tem sido observada a ocorrência de sequestros, execuções sumárias, torturas e outras violações de direitos.
Em 10 de dezembro de 1948, a Assembleia Geral das Nações Unidas adotou a Declaração Universal dos Direitos do Homem, que, em seu artigo 5º, afirma: *Ninguém será submetido a tortura nem a penas ou tratamentos cruéis, desumanos ou degradantes.*
Assim, entre nações que assinaram essa Declaração, é coerente esperar que

a) a Constituição de cada país deva se sobrepor aos Direitos Universais do Homem, apenas enquanto houver conflito.
b) a soberania dos Estados esteja em conformidade com os Direitos Universais do Homem, até mesmo em situações de conflito.

c) a violação dos direitos humanos por uma nação autorize a mesma violação pela nação adversária.

d) sejam estabelecidos limites de tolerância, para além dos quais a violação aos direitos humanos seria permitida.

e) a autodefesa nacional legitime a supressão dos Direitos Universais do Homem.

**7.** (PUC – RJ) Em junho de 1945, a Organização das Nações Unidas (ONU) foi fundada por cinquenta países com o propósito, entre outros, de zelar pela segurança internacional e evitar novos conflitos. Com relação à estrutura e funções da ONU, é correto afirmar que:

I. O Conselho de Segurança, órgão mais importante da ONU, funciona como um poder executivo, pelo qual passam todas as decisões, sendo constituído por cinco membros permanentes com direito a veto e dez membros eleitos com mandato de dois anos e sem direito a veto.

II. A ONU pode mobilizar tropas, constituir exércitos e realizar intervenções militares para preservar os interesses de seus membros. O exemplo mais recente foi o ataque contra o Iraque para depor o governo de Saddam Hussein.

III. A ONU mantém uma Assembleia Geral com representantes de todos os países-membros. Este é um fórum de discussão para os principais problemas políticos, econômicos e humanitários que afetam a segurança mundial.

IV. A ONU mantém uma série de órgãos especializados, subordinados ao Conselho de Segurança, dentre os quais se destaca o Fundo Monetário Internacional (FMI).

Assinale:

a) se somente I e II estão corretas.
b) se somente I e III estão corretas.
c) se somente I, III e IV estão corretas.
d) se somente II e III estão corretas.
e) se todas as afirmativas estão corretas.

**8.** (FGV – SP) Durante o período da Guerra Fria, o cenário internacional foi marcado:

a) pela expansão de regimes comunistas no interior da América Latina e pela Europa Ocidental.

b) pela bipolarização do poder mundial envolvendo as duas superpotências, União Soviética e Estados Unidos da América.

c) pela militarização da Alemanha, a despeito das decisões das conferências de Yalta e Potsdam.

d) pela polarização do mundo em dois blocos compostos de URSS, Inglaterra, EUA e França, contra Alemanha, Itália e Japão.

e) pelo equilíbrio de forças entre os países desenvolvidos e os países do chamado Terceiro Mundo.

# Programas de Avaliação Seriada

**1.** (PEIES – UFSM – RS)

AQUINO, R. S. L.; LISBOA, R. C.; NETO, A. F. P. *Fazendo a História* – A Europa e as Américas nos séculos XIX e XX. Rio de Janeiro: Ao Livro Técnico, 1986. p. 31.

Essa charge retrata a conjuntura mundial após a Segunda Guerra Mundial, que se caracterizava pelo(a)

I. garantia de supremacia dos países europeus e pela constituição de uma nova ordem internacional.

II. surgimento de duas novas "superpotências", os Estados Unidos e a União Soviética, resultando na bipolarização e na Guerra Fria.

III. liderança dos Estados Unidos sobre os países de economia capitalista e pela liderança da União Soviética sobre os países do Leste Europeu.

IV. luta entre EUA e URSS, na medida em que o primeiro se converteu em uma liderança a favor do comunismo no mundo.

Estão corretas as alternativas

a) I e III apenas.
b) I e IV apenas.
c) II e III apenas.
d) I, II, III e IV.

**2.** (PAES – UNIMONTES – MG) O fato básico e crucial (...) é que o sistema da Guerra Fria é altamente funcional para as superpotências, e é por isso que ele persiste, apesar da probabilidade de mútua aniquilação no caso de uma falha acidental, que ocorrerá mais cedo ou mais tarde. A Guerra Fria fornece um arcabouço onde cada uma das superpotências pode usar a força e a violência para controlar seus próprios domínios contra os que buscam um grau de independência no interior dos blocos – apelando à ameaça da superpotência inimiga, para mobilizar sua própria população e a de seus aliados.

CHOMSKY, N. 1986. Citado por FARIA, R. de M. História 2. Belo Horizonte: Lê, 1995. p. 195.

Com base nesse texto e na história, é **CORRETO** afirmar que

a) o autor tinha um acurado senso para a análise política, e suas preocupações se revelaram reais e duradouras.

b) a Guerra Fria, para o autor, era um mecanismo próprio da ordem internacional liderada por URSS e EUA.

c) o autor avalia o conflito EUA × URSS como uma guerra convencional e como produtiva do ponto de vista econômico.

d) a Guerra Fria, para o autor, era mais um conflito político do qual tiram proveito os líderes mundiais sem correr riscos efetivos.

# Os grandes atores da Guerra Fria:
# Estados Unidos e União Soviética

*Neste capítulo estudaremos os movimentos das duas superpotências da época da Guerra Fria, no sentido de compreendermos melhor suas políticas de atuação. A imagem de uma ordem bipolar influenciou as análises que foram feitas sobre esse período da história: para alguns, tratou-se de uma construção norte-americana para justificar seus interesses e ampliar suas esferas de influência, ao passo que, para outros, foi uma construção soviética que visava expandir o comunismo para o resto do mundo. Neste capítulo, veremos que tanto um quanto o outro lado trataram de construir um "inimigo" a ser combatido, que justificasse suas políticas expansionistas e suas ações internas e externas. Contudo, também foram tempos de contestação ao modelo americano e ao soviético, verificados em uma série de movimentos de contracultura que sacudiram o mundo. Hippies, feministas, negros, pacifistas, todos vislumbravam o impossível. A imaginação estava no poder!*

COLEÇÃO DO MUSEU DA ARMADA REAL, BRUXELAS.

Cartaz de propaganda anti-americana russa (1949), no qual os principais aspectos da sociedade capitalista são ironizados, como se observa nos detalhes: (1) liberdade de imprensa; (2) liberdade de opinião; (3) Wall Street; (4) liberdade individual; (5) liberdade de reunião.

A formação de dois grandes blocos políticos e militares, que vimos no Capítulo 36, liderados pelas duas superpotências, foi acompanhada de processos políticos e econômicos diferenciados. Enquanto o bloco capitalista ostentava seu modo de vida com apelo ao consumo e à pujança da economia, o bloco liderado pela União Soviética enfrentava dificuldades para se desenvolver em um ritmo que suprisse sua defasagem econômica.

Nos dois casos, porém, o sentimento de rivalidade e perseguição aos supostos "inimigos" era comum. A sociedade "democrática e liberal" do EUA, por exemplo, ao mesmo tempo que se apresentava como defensora da liberdade, promovia a perseguição a supostos inimigos que se encontravam dentro de seu próprio território. No mundo socialista, embora se preservasse o discurso da "igualdade" e das "democracias populares", assistia-se à concentração de poderes e à perseguição aos que divergissem das orientações do partido único.

Podemos dividir a Guerra Fria em três momentos principais:

- a **fase inicial da Guerra Fria** (1947-1955), com a ascensão das superpotências, a definição das doutrinas e a militarização dos dois blocos;

- a chamada **coexistência pacífica** (1955-1968), quando os blocos perceberam o equilíbrio entre eles e os riscos de destruição resultantes do potencial bélico dos dois lados; paradoxalmente, é nesse mesmo período que vivenciamos o auge da competição entre as duas potências;

- a **Détente** (1969-1979), "distensão", pela qual os dois blocos fizeram esforços para o desarmamento, além de se afirmar uma nova configuração na história mundial, com os papéis exercidos pela Europa e pelos países chamados de Terceiro Mundo.

# Estados Unidos – A era da opulência

No pós-guerra, os Estados Unidos conheceram um crescimento econômico acelerado. Na época, possuíam cerca de 75% do ouro em circulação do mundo, eram responsáveis por cerca de 50% da produção industrial mundial e por 25% do comércio internacional. Nos anos de 1950, por exemplo, os lucros obtidos pela General Motors, indústria automobilística norte-americana, eram comparáveis ao orçamento da França.

## *Vivendo seu tempo*

### Nasce o McDonald's

Em abril de 1955, o ex-pianista de jazz Ray A. Kroc abriu uma franquia de lanchonete no subúrbio de Des Plaines, em Chicago – ali começava uma revolução nos hábitos alimentares norte-americanos e global. Como distribuidor exclusivo de *multimixer*, uma máquina que fazia cinco *milk-shakes* de uma só vez, Kroc conhecera os irmãos Richard e Maurice McDonald um ano antes, no restaurante *drive-in* que tinham em San Bernardino, na Califórnia. Usando técnicas de linhas de montagem no preparo de hambúrgueres, fritas e *milk-shakes*, os irmãos transformaram a barraquinha McDonald's num empreendimento de 200 mil dólares anuais e começaram a vender franquias na Califórnia. Kroc os convenceu a deixá-lo abrir lanchonetes em todo o país.

Em pouco tempo, Kroc largou seu negócio de liquidificadores, concentrando-se nos hambúrgueres.

Em 1961, quando comprou a empresa dos irmãos McDonald, a cadeia já tinha mais de 200 lanchonetes. Autodeclarando-se "superpatriota", Kroc exigia que seus franqueados hasteassem a bandeira dos Estados Unidos e construiu seu sucesso sobre uma unidade quase militar nos produtos e no atendimento. Na década de 1980, com mais de 10 mil lanchonetes, a empresa McDonald's era a maior do gênero em todo o mundo, a maior proprietária de imóveis comerciais nos Estados Unidos e uma das maiores empregadoras do país. De Paris a Pequim, a marca registrada do restaurante, seus arcos dourados, tornou-se símbolo supremo do consumismo ao estilo norte-americano.

*Fonte: Nosso tempo.*
São Paulo: Jornal da Tarde, [s/d]. v. II.

O crescimento econômico favorecia uma uniformização dos modos de vida, criando novos hábitos, incorporando inovações tecnológicas aos bens de consumo. O consumo de massa movia a economia. O automóvel tornou-se o ícone da sociedade americana. Desenvolvia-se concomitantemente uma poderosa indústria de publicidade e *marketing*. A televisão e o rádio despertavam o desejo de consumo sustentado pelas grandes campanhas publicitárias. A produção em série moldava o consumo e o modo de vida da população, baseada na compra facilitada pelo crédito de uma América muito rica.

A pujança da economia e o modo de vida norte-americano (*American way of life*), baseado na abundância, no grande consumo, passaram a ser referência no mundo ocidental. Para muitos, o

*American way of life* era sinônimo de felicidade material e espiritual. John Kenneth Galbraith, um grande economista norte-americano, definiu esse período como a **era da opulência**. Geladeiras, aspiradores e eletrodomésticos em geral passaram a integrar o cotidiano das classes médias dos Estados Unidos e Europa, espalhando-se pelo mundo todo.

Internamente, grande parte da população nos Estados Unidos dava sinais de satisfação (em especial a classe média urbana e os ricos) e a nova correlação de forças internacionais solidificava a liderança americana no mundo ocidental capitalista. Neste contexto, a propaganda política, uma das armas mais poderosas da Guerra Fria, identificava os soviéticos como inimigos: eles eram sinônimos do mal, como os americanos o eram para os soviéticos. A radicalização ideológica externa teve efeitos profundos na sociedade da grande potência do mundo ocidental.

A retórica anticomunista americana era bastante agressiva e traduzida em ações como a perseguição a suspeitos de "simpatia pelo comunismo".

## O macarthismo e a caça aos comunistas

Na década de 1950, período de grande pujança nos Estados Unidos, comunistas e simpatizantes do socialismo foram vítimas de uma grande perseguição política no país. A radicalização interna mostrava, assim, sua face mais violenta, em contradição com a imagem de liberdade que os norte-americanos queriam propagar em face da tirania soviética.

Esse sentimento anticomunista teve seu auge entre 1950 e 1954, centralizado na figura do senador republicano Joseph McCarthy, que promoveu uma "caça às bruxas", acusando inúmeras pessoas de serem comunistas ou de praticarem atividades consideradas antiamericanas. Os primeiros alvos foram os democratas, a quem chamavam de "trouxas" ou "companheiros dos comunas". Seu radicalismo encontrou eco no Congresso, que aprovou a Lei McCarran, obrigando os comunistas a se identificarem e a serem registrados em órgãos governamentais, e exigindo que os "subversivos" fossem isolados em campos de prisioneiros no caso de uma emergência.

Entre os perseguidos pelo macarthismo estavam intelectuais, artistas e os que tinham pensamento progressista de maneira geral, submetidos a inquéritos policiais e a toda sorte de discrimina-ções, que lhes fechavam as portas para o trabalho. Em 1954, a caça aos comunistas passou a ser atribuição do Senado.

Nessa época, vários escritores, cineastas e atores "preferiram" exilar-se a ter de conviver com o terror instalado pelas perseguições do macarthismo. Um caso célebre foi o do ator inglês Charles Chaplin, intérprete e criador de Carlitos, uma das personagens mais famosas do cinema, que deixou os Estados Unidos em 1952. Proibido de pisar em solo norte-americano, Chaplin só voltou ao país vinte anos depois para receber um Oscar honorário em Hollywood. Leia o discurso do senador que iniciou a "caça às bruxas" nos Estados Unidos.

Joseph McCarthy.

No filme *Tempos modernos* (1936), Chaplin, por meio da personagem Carlitos, denuncia a melancolia da vida moderna e ironiza a mecanização da sociedade industrial. Nesse filme, Carlitos, o eterno vagabundo, vai atrás de emprego e acaba enlouquecendo às voltas com o corre-corre do tempo e a escravização repetitiva das máquinas, que nunca param... *Tempos modernos* marca a última aparição de Carlitos na cinematografia de Chaplin.

## Discurso do senador McCarthy em 20 de fevereiro de 1950

No final da guerra, nós éramos a nação mais pujante do Universo, materialmente, e, ao menos em potencial, intelectualmente e moralmente. Nós estávamos prontos para sermos um farol no deserto da destruição, uma prova fulgurante que a civilização não está condenada ao suicídio. (...) Tragicamente, entretanto, nós fracassamos, e não estávamos à altura dessa situação.

Nós nos encontramos em uma posição de impotência. Por quê? Pelo fato de nosso grande inimigo ter desembarcado em nossos rios? Não! A causa das traições está naqueles que são bem tratados em nosso país. Não são os pobres e nem as minorias étnicas (...) são aqueles que tiram proveito do que a nossa terra pode oferecer: as melhores moradias, o melhor estudo e os melhores postos na administração. Basta olhar para o Departamento de Estado. É lá que estão os piores, os jovens brilhantes de "cor púrpura" (...). Eu digo que o Departamento do Estado, um dos mais importantes dos nossos ministérios, está completamente infectado de comunistas. Eu conheço, eu tenho em minhas mãos casos de 57 indivíduos que são membros do Partido Comunista, ou que ao menos são simpatizantes; apesar disso, eles continuam a praticar a nossa política externa.

*Fonte:* Anais do Congresso norte americano.

**1)** Qual a advertência feita por McCarthy? O que esse discurso despertou na sociedade americana?

# A sociedade americana do pós-guerra

No pós-guerra, a cultura e o entretenimento em suas diversas facetas encantaram, principalmente, a classe média emergente. Grandes bandas, como a de Glenn Miller, popularizaram-se pelo país inteiro e animaram os bailes das moças de cintura fina e rapazes com seus topetes e cabelos curtos.

O entretenimento invadia os lares e a televisão era soberana. O cinema de Hollywood adquiria grande importância, tornando as estrelas de cinema ídolos mundiais. A propaganda induzia ao consumo e seduzia os consumidores. O *rock and roll*, o *jazz* e o *blues* (estes dois últimos gêneros musicais que sofriam influência direta das canções *gospel* cantadas em coro nas igrejas protestantes do Sul) dominavam as rádios e eram ouvidos e admirados por milhares de fãs pelo mundo.

Faziam sucesso escritores como Ernest Hemingway, prêmio Nobel de Literatura em 1954, autor de obras como *O Velho e o Mar* e *Por quem os Sinos Dobram?* O grande público passou a ter acesso à literatura graças ao surgimento e rápida popularização dos livros de bolso, impressos em papel mais barato e vendidos a preços mais acessíveis.

Nesse período, a mídia impressa teve grande crescimento. Jornais passaram a ser lidos em todo o país – a sociedade americana tinha mais acesso à informação e, ao mesmo tempo, aos instrumentos da propaganda. A opinião pública se consolidava.

Os anos 1950 foram marcados por uma grande efervescência e contestação entre a juventude americana. No final dessa década, parte dos jovens americanos adotava comportamentos que afrontavam a sociedade tradicional. Esses jovens que viviam no auge da prosperidade financeira do pós-guerra eram chamados de "rebeldes sem causa". Membros da classe média, manifestavam sua insatisfação e a procura por novos ideais por meio da música, da literatura, do cinema e mesmo na maneira de se vestir e de se pentear. O "jovem transviado" usava vaselina no cabelo, jaqueta de couro e andava de motocicleta ou de lambreta. As moças abandonavam as saias rodadas, preferindo as calças compridas *cigarrete*.

Elvis Presley, com sua música e seu jeito atrevido e sensual, conquistou o mundo, tendo sido o primeiro grande ídolo de massa do *rock and roll*.

Na década de 1950, o ator James Dean foi o ícone máximo da "juventude transviada", interpretando jovens problemáticos e rebeldes. Morreu precocemente em 1955, aos 24 anos.

# Os mais pobres e o segregacionismo racial

Ao mesmo tempo que os Estados Unidos viviam o paraíso econômico do pós-guerra, calcula-se que entre 30 milhões e 40 milhões de pessoas não participavam diretamente dessa abundância que varria o país. A maior parte era negra, vivia em Estados do Sul e não podia compartilhar ambientes e muitos locais públicos com os brancos. Eram impedidos de estudar em escolas ditas de brancos e até nos ônibus públicos havia assentos reservados só para os brancos. Caso o ônibus estivesse cheio, o negro era obrigado a se levantar para dar o lugar a um branco. Na maioria dos Estados do Sul, o casamento entre negros e brancos era proibido. Nesse período, a **segregação racial** era institucionalizada em várias regiões do país.

Em 17 de maio de 1954, a Suprema Corte Americana decidiu-se pela inconstitucionalidade da segregação racial nas escolas e indiretamente também proibia a segregação entre adultos. A partir desse momento muitas barreiras de caráter racista começaram a ruir.

BETTMANN/CORBIS/LATINSTOCK

Havia separação de escolas para estudantes segundo sua etnia.

## A grande liderança negra

Em 1955, o pastor negro **Martin Luther King** passou a liderar movimentos de boicote às empresas de ônibus do sul do país que praticavam a segregação racial. Inspirado nos princípios da **não violência**, do líder da independência da Índia (1947), Mahatma Gandhi (1869-1948), o movimento foi conquistando adeptos no país inteiro e agregava não só negros, mas também brancos liberais e progressistas.

Em 1963, a Confederação Sulista de Líderes Cristãos, da qual Luther King era presidente, reuniu em Washington cerca de 200 mil manifestantes em favor da aprovação da Lei dos Direitos Civis. A crescente pressão popular que se alastrava pelo país conquistou algumas vitórias, entre elas a Lei do Direito de Voto para os negros, aprovada em 1965.

Por sua luta pacifista contra a segregação racial, Martin Luther King recebeu, em 1964, o Prêmio Nobel da Paz. Mas a liderança de Luther King e o reconhecimento internacional pela defesa não violenta dos direitos dos negros desagradavam grupos extremistas brancos. Em 4 de abril de 1968, King foi assassinado, aos 39 anos de idade.

Milhares de pessoas se reuniam em passeatas pelo fim do segregacionismo racial.

TOPHAM PICTUREPOINT © 1999 TOPFOTO.CO.UK

## Trecho do discurso de Martin Luther King em 23 de agosto de 1963

*"Eu tenho um sonho..."* Com um discurso marcado por esse tema, Martin Luther King emocionou os milhares de manifestantes que o ouviram na histórica passeata de Washington, em 23 de agosto de 1963, a maior concentração até então vista nos Estados Unidos a favor dos direitos civis. Leia um trecho desse discurso:

Cem anos depois do fim da escravidão, nós precisamos encarar o trágico fato de que o negro ainda não é livre. (...) Cem anos depois, o negro ainda está definhando nas esquinas da sociedade americana e se encontra exilado em sua própria terra. (...)

Eu tenho um sonho de que um dia esta nação se levantará e sobreviverá no verdadeiro significado dessa crença: nós nos apegamos a estas verdades que são evidentes por si só – todos os homens foram gerados iguais.

Eu tenho um sonho de que um dia, nas colinas vermelhas da Geórgia, os filhos de antigos escravos e os filhos de proprietários de escravos serão capazes de se sentar juntos na mesa da fraternidade.

Eu tenho um sonho de que meus quatro filhos um dia viverão em um país onde não serão julgados pela cor de sua pele, mas pela essência de seu caráter.

**1)** Por que a questão racial é o principal problema exposto por Luther King?

**2)** Em sua opinião, o racismo ainda é um problema no mundo atual? Justifique.

## Um exemplo de irracionalidade e ódio

A questão segregacionista e seus terríveis efeitos na sociedade americana remontam aos tempos da escravidão. Grupos de homens brancos que se sentiam (e se sentem) superiores aos negros, mas também a católicos e judeus, fizeram da violência sua arma mais comum.

No Sul dos Estados Unidos, depois da abolição da escravidão, em 1863, grupos racistas tornaram-se poderosos e passaram a agir livremente contra os negros, embora fossem proibidos por lei. É o caso da **Ku Klux Klan**. Surgida em 1865, depois da libertação dos escravos, era formada por brancos encapuzados que atuavam no país. Aterrorizavam os negros, que eram perseguidos, torturados e mortos. Um dos seus dirigentes, Nathan Bedford Forrest, em 1867 declarou: "Os negros faziam reuniões noturnas, iam e vinham, tornando-se extremamente insolentes, e todo o povo do Sul estava muito preocupado com isso". Além disso, os racistas pregavam que os "negros eram preguiçosos, inconstantes e economicamente incapazes e, por natureza, destinados à escravidão". Costumavam retirar negros de suas casas ou das cadeias e enforcá-los em árvores.

JIM MCDONALD/CORBIS/LATINSTOCK

Os membros da Ku Klux Klan atacavam negros, matando-os por acreditarem na supremacia branca. Também não toleravam católicos e judeus.

Colocada na ilegalidade em 1871, a *Klan* ressurgiu nos Estados Unidos em 1915, com suas velhas fórmulas de racismo e pregação da supremacia branca. O auge de suas ações racistas se deu nas décadas de 1950 e 1960, quando os negros começaram a obter direitos civis. Esse fato enfureceu os racistas sulistas que incendiavam e dinamitavam casas, sequestravam e matavam negros. Nos anos 1970, a *Klan* já tinha perdido grande parte de sua força.

# A União Soviética, ícone das democracias populares

Com o final da Segunda Guerra Mundial, a União Soviética, governada por Josef Stálin, despontou como uma das duas grandes potências do mundo. Os soviéticos saíram fortalecidos do conflito, com importantes conquistas, como a anexação dos países bálticos, parte da Polônia, da Finlândia, da Tchecoslováquia e da Romênia. O fato de terem libertado grande parte dos territórios da Europa Oriental, ocupados pelos exércitos de Hitler, despertou a simpatia dos europeus em relação ao regime de Moscou.

Com o final da Segunda Guerra, a URSS firmou-se como uma superpotência. Calcada no regime socialista, desenvolveu a indústria pesada em detrimento da fabricação de bens leves de consumo e formou um impressionante arsenal militar, além de manter sob seu domínio o Leste Europeu. O sistema soviético baseava-se em:

- partido único, o Partido Comunista da União Soviética (PCUS). O dirigente máximo era, na prática, o secretário-geral do PCUS;

- o Estado como instituição que representava o povo em uma sociedade sem classes sociais;

- economia estatal, planificada e coletivizada, dirigida por planos quinquenais. Priorizava-se a indústria de base, que deveria alavancar o desenvolvimento do parque industrial do país, em detrimento das de bens de consumo;

- existência de extensas áreas chamadas de *combinats*, que agrupavam em uma mesma região econômica e administrativa diversas unidades industriais interligadas com atividades complementares como siderurgia e exploração de minérios.

Nelas instalavam-se as fazendas coletivas **kolkhozes** (cooperativas agrícolas) e **sovkhozes** (fazendas coletivas).

## A economia planificada

A partir de 1928, a economia soviética passou a ser planificada, baseada em **planos quinquenais** (1928-1932, 1933-1937, 1938-1942, 1946-1950), com metas a serem atingidas pelos diversos setores da economia.

Na União Soviética, **economia planificada** significava o controle pelo Estado de todos os setores da economia. Um órgão governamental central, o Gosplan, dimensionava as necessidades da população e programava a produção para atendê-las dentro das orientações e limites do plano, que tinha uma duração de cinco anos.

Os bens de produção pertenciam ao Estado e as fazendas eram coletivas. Visando ao desenvolvimento, optou-se por investir pesadamente na **indústria de base** e na **infraestrutura** como, por exemplo, na siderurgia, na metalurgia, nas hidrelétricas. Acreditava-se que estas eram vitais para a independência econômica soviética.

Depois do fim da guerra, intensificaram-se os investimentos na indústria pesada, surgiram hidrelétricas e metalúrgicas que garantiram que a URSS fosse uma grande potência militar e industrial na Guerra Fria. As fazendas coletivas abrigavam 60% da população da URSS.

Porém, essa opção no direcionamento econômico não trouxe os efeitos esperados. Os operários industriais tinham longas jornadas de trabalho, de 10 a 12 horas por dia, que não se traduziam em reflexos positivos no resultado da produção. Havia profunda carência de bens de consumo essenciais, que não eram fabricados nas quantidades necessárias para atender à população, além de serem de má qualidade e mal-acabados. O desabastecimento era uma constante e longas filas formavam-se na frente das poucas lojas nas cidades.

A implantação das fazendas coletivas tinha como objetivo modernizar e aumentar a produção. Os resultados foram o oposto disso: a produtividade caiu e houve uma enorme desorganização no setor agrícola. As colheitas diminuíam e não eram suficientes para alimentar a população urbana. A produção de cereais voltou aos níveis de 1913, só se recuperando no ano de 1940.

| PRODUTOS AGRÍCOLAS E INDUSTRIAIS (1913-1940) | | | | | |
|---|---|---|---|---|---|
| | 1913 | 1922 | 1928 | 1932 | 1940 |
| Cereais (milhões de ton.) | 80 | 56,3 | 73,3 | 68,8 | 110,7 |
| Gado bovino (milhões de cabeças) | 60,6 | 45,8 | 66,4 | 40,7 | 54,8 |
| Carvão (milhões de ton.) | 29,1 | 8,6 | 36,4 | 64,4 | 166 |
| Aço (milhões de ton.) | 4,2 | 0,2 | 4,3 | 6 | 18,3 |
| Eletricidade (milhões de kW/h) | 1,9 | 0,4 | 5 | 13,5 | 48,3 |

*Fonte: DAVIES, R. Economics Aspects of Stalinism. Londres: Weidenfeld et Nicholson, 1993.*

Quando os níveis de produção demonstravam crescimento, a URSS teve de interromper seus planos quinquenais por causa de sua participação na Segunda Guerra Mundial. A economia seria novamente abalada pelos intensos conflitos na Europa. Em 1947, com a baixa produtividade dos *kolkhozes* e ainda com o impacto da guerra sobre sua economia, uma grande fome atingiu a URSS.

## O controle da cultura na sociedade soviética

A partir de 1947, Stálin desencadeou uma verdadeira ofensiva ideológica contra os inimigos capitalistas, chamados de imperialistas e inimigos do povo. As artes passaram a ser controladas e não deveriam conter nenhum elemento de influência da "decadência ocidental". Em poucas palavras, foram impostas a história, a literatura e a arte oficiais, impedindo o questionamento aos detentores do poder. Quem enveredava por caminhos não oficiais era chamado de revisionista e caía em "desgraça" publicamente. Não raro, quando um dirigente caía em "desgraça", sua imagem era simplesmente apagada das fotos e livros oficiais.

## As democracias populares

Entre 1945 e 1948, a URSS ocupou a Romênia, a Bulgária, a Polônia, a Hungria e a porção oriental da Alemanha. Progressivamente, foi sendo imposto o modelo soviético sobre as nações da Europa Central. No final de 1948, da Polônia à Albânia os países eram governados por comunistas. Stálin forçava-os a adotar o modelo soviético (partido único, economia planificada, ditadura do proletariado, estatização dos bens de produção), colocando em postos-chave da administração homens de sua inteira confiança, alinhados com Moscou, que recebiam ajuda soviética e fomentavam o culto à sua personalidade. Surgiram, assim, as **democracias populares**, calcadas no modelo soviético estruturado em um Estado centralizador e totalitário. A Iugoslávia, sob a mão de ferro do marechal Tito, e a Albânia foram exceções: dentro do Leste Europeu, conseguiram manter-se mais autônomas em relação a Moscou. O Estado repressor e totalitário no Leste Europeu mascarou antigas diferenças étnicas existentes nos países socialistas sob domínio da URSS.

## O encanto da pregação socialista: uma sociedade melhor

Se havia pontos controversos, da economia à perseguição política, na implantação do socialismo na órbita da União Soviética, também havia pontos atrativos nas formulações do socialismo. As ideias de igualdade, de proporcionar educação, saúde e cultura a todos os habitantes, do fim dos desníveis sociais e de que o mundo seria melhor se os bens de produção deixassem de ser privilégio de uma minoria espalhavam-se pelo mundo. Esses ideais encontraram seguidores em todos os continentes, em especial naqueles em que a miséria, a subordinação a poderosas elites tiranizavam multidões e expunham o povo a condições subumanas. Porém, as informações sobre a dura realidade da população no regime socialista não ultrapassavam as fronteiras do mundo soviético.

Em 1953, a morte de Stálin pôs fim a uma era da história soviética. O novo secretário-geral da URSS, Nikita Kruschev, daria uma guinada nos rumos da vida na URSS que teriam fortes reflexos em âmbito mundial. No seu governo, rompeu com a glorificação de seu antecessor, em um processo conhecido como desestalinização.

# A coexistência pacífica

De meados da década de 1950 até meados da década de 1960, diminuiu a tensão entre as duas superpotências, apesar da Guerra Fria. A **coexistência pacífica**, proposta pelo líder soviético Kruschev, e aceita pelo presidente americano Eisenhower, em 1956, vigorou nesse período.

A União Soviética, depois de Stálin, denunciara os abusos do período stalinista e buscava maior aproximação com seus aliados e a defesa dos ideais revolucionários. Nos Estados Unidos, por sua vez, novas lideranças políticas difundiam que o poder e o respaldo internacional não poderiam ser obtidos apenas pelo uso maciço de bombas ao redor do mundo, como havia sido experimentado na guerra da Coreia, que veremos adiante. Enfim, as duas superpotências, com o crescimento de seus arsenais, moderaram seus discursos diante de uma ameaça iminente de destruição completa.

Ao mesmo tempo, a Europa, recuperada da Segunda Guerra Mundial, voltava a ocupar um papel importante no pêndulo das relações entre EUA e URSS.

Esses acontecimentos, no entanto, não significaram que o mundo estivesse vivendo um período de paz. Os enfrentamentos militares continuavam a ocorrer. O que haviam mudado eram a percepção das duas superpotências e os desafios que elas enfrentavam entre seus próprios aliados.

Nikita Krushev e Joseph F. Kennedy em Viena, 3 de junho de 1961, fotografados juntos pela primeira vez.

## Saiba mais

### O papel da Europa e o *Welfare State*

A Europa ocidental teve um papel decisivo no contexto internacional a partir do final dos anos 1950. O mundo bipolar assistiu à reconstrução da Europa após a Segunda Guerra Mundial. O Plano Marshall, que dispôs recursos econômicos norte-americanos para serem empregados na Europa, alcançara seus objetivos.

O crescimento europeu permitiu aos principais países do Velho Continente a adoção de políticas que ficaram conhecidas como *Welfare State* (Estado de Bem-Estar Social). O Estado teria um importante papel para assegurar, via políticas públicas e maiores gastos governamentais, assistência social, educacional e saúde à sua população, além da ampliação de benefícios como aposentadoria e seguridade social. O Estado de Bem-Estar Social surgiu em virtude da reordenação das relações sociais capitalistas e como alternativa ao modelo socialista e ao Estado Liberal. Essa política desenvolveu-se fortemente nos países europeus capitalistas e que viviam sob regimes social-democratas, como, por exemplo, a Alemanha, os países nórdicos e a França.

Outra medida adotada pelos europeus foi a cooperação econômica. Dessa forma, iniciou-se em 1957 a implantação do Mercado Comum Europeu, mediante a assinatura do Tratado de Roma, com a adesão de Bélgica, República Federal da Alemanha, França, Itália, Luxemburgo e Holanda. Mais tarde outros países aderiram à Comunidade Econômica Europeia, como também era conhecido o MCE.

O fortalecimento europeu, por um lado, serviu como proteção para a Europa ocidental contra as economias socialistas; por outro, significou maior independência em relação aos EUA na condução de políticas internacionais.

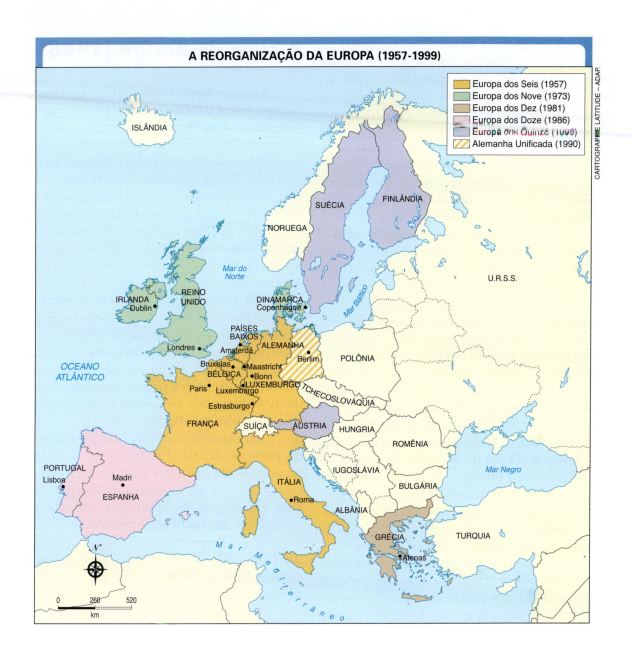

**A REORGANIZAÇÃO DA EUROPA (1957-1999)**

Europa dos Seis (1957)
Europa dos Nove (1973)
Europa dos Dez (1981)
Europa dos Doze (1986)
Europa dos Quinze (1999)
Alemanha Unificada (1990)

CARTOGRAPHIE LATITUDE – ADAP.

# O que levou à coexistência pacífica?

Há vários aspectos que favoreceram o surgimento dessa nova fase da Guerra Fria. Devemos identificar que um fator isolado não é suficiente para entender a complexa situação internacional daquele período. Por isso, os pontos a seguir devem ser compreendidos como parte de um processo vivido entre os anos de 1955-1968:

o as **pressões internas vividas nos blocos liderados por URSS e pelos EUA** – se na URSS o regime de Kruschev questionava os procedimentos do período stalinista, o modelo econômico e as perseguições políticas, também havia a pressão

de países aliados que expressavam o descontentamento com o modelo autoritário implementado. Ou seja, os soviéticos tiveram de dedicar maior atenção aos seus próprios aliados. Em relação aos aliados dos EUA, o mesmo aconteceu, pois tanto na Europa quanto na América Latina iniciava-se um movimento de políticas externas sem alinhamentos incondicionais. Da mesma forma que seus rivais, os norte-americanos viam surgir focos de resistência à política internacional;

o o **fim da unidade do bloco socialista** – a China, que se tornara comunista em 1949, foi gradativamente se afastando das lideranças soviéticas após a morte de Stálin. O rompimento de relações entre os dois países ocorreu em 1962. Com essa perda significativa, os soviéticos tinham uma concorrência não apenas com os países capitalistas, mas também com o regime chinês, que se apresentava como alternativa comunista para os países mais pobres. Em países como Hungria e Tchecoslováquia surgiram movimentos reivindicatórios de maior liberdade. A Albânia e a Iugoslávia, por suas peculiaridades étnicas, tinham maior autonomia diante do mundo socialista e, com isso, despertavam desejos de autonomia em outros países;

o **questionamento interno dos norte-americanos** – o período macarthista chegara ao fim e a opinião pública questionava os excessos cometidos pelos Estados Unidos em nome de uma disputa ideológica. Movimentos civis também exigiam investimentos e atenção dos governantes em relação à população do próprio país;

o os **movimentos de independência e o agrupamento do "Terceiro Mundo"** – as disputas entre as superpotências auxiliaram os processos de independência de países que estavam sob o domínio imperialista do século XIX. Na África e na Ásia, as colônias buscavam sua soberania política. O fim da Segunda Guerra Mundial limitou os poderes dos países europeus que dominavam essas regiões, e a Guerra Fria fez com que grupos recebessem auxílio econômico e militar para promover a independência política e, de alguma forma, diminuir a influência de um ou de outro bloco sobre esses países. Outro aspecto fundamental foi o descontentamento dos países em desenvolvimento, chamados de países do Terceiro Mundo (localizados na América Latina, África e Ásia), que pressionavam por outra ordem internacional, sem a adesão automática a países capitalistas ou comunistas.

# Os conflitos da Guerra Fria

Mesmo com a designação da coexistência pacífica, o mundo não estava mais seguro. Tensões herdadas dos acordos da Segunda Guerra Mundial e conflitos novos por diferentes partes do mundo deram à Guerra Fria a condição de uma tensão permanente diante dos movimentos de URSS, EUA e seus aliados. A seguir, os principais conflitos desse período.

# A crise de Berlim (1948)

O caso mais emblemático da disputa na Europa entre o Leste socialista e o Oeste capitalista foi a Alemanha. A conferência de Potsdam dividiu a Alemanha em quatro zonas de influência, cada uma sob a responsabilidade de um país vencedor (EUA, Grã-Bretanha, França e URSS) e essa mesma divisão em áreas de influência deveria repetir-se na capital, Berlim. No entanto, a divisão de Berlim, que geograficamente situava-se na zona de influência soviética, significava a presença de um entrave capitalista dentro da área comunista.

Em 1948, todos os países do Leste Europeu eram comunistas sob a hegemonia soviética, e os EUA e a Europa Ocidental decidiram acelerar a reconstrução da Alemanha para demonstrar a força e a pujança daqueles países. Stálin, para prejudicar os planos dos países capitalistas, em junho de 1948 bloqueou os acessos rodoviários e ferroviários à cidade de Berlim.

Para que os comboios de produtos vindos da parte ocidental chegassem até a antiga capital alemã, era preciso entrar na área de influência soviética e só podiam fazê-lo com autorização. A intenção de Stálin era que a parte ocidental de Berlim capitulasse diante da parte oriental e a cidade pudesse ter um único comando. Com o bloqueio, as indústrias seriam paralisadas e haveria desabastecimento na parte capitalista da cidade.

A reação norte-americana foi a criação de uma ponte aérea que seria utilizada para abastecer a população sitiada no lado ocidental de Berlim. A ponte aérea *Berlin Airlift*, que transportava alimentos, carvão, combustível e outros gêneros de primeira necessidade, se deslocava de aeroportos da parte ocidental da Alemanha até a parte capitalista de Berlim. Durante quase um ano, a *Berlin Airlift* transportou cerca de 2,5 milhões de toneladas de suprimentos e também de armamentos. A ponte aérea funcionava 24 horas por dia e custou milhões de dólares para americanos e britânicos, que fizeram da parte ocidental de Berlim a expressão vitoriosa do capitalismo.

Vencido diante da eficácia da operação aérea dos Aliados, em 12 de maio de 1949 Stálin desfez o bloqueio a Berlim e o acesso às estradas de ferro e de rodagem foi liberado. O bloqueio terminava, mas a cidade continuava dividida.

Alimentos, roupas, remédios, combustível, materiais de construção, armas, enfim, tudo o que os Aliados precisavam enviar para Berlim Ocidental, durante o bloqueio de 1948, tinha de ser feito por aviões. (Foto de Berlim em 26 de julho de 1948.)

Com a reabertura dos acessos terrestres a Berlim, a Alemanha dividida em quatros zonas foi desmembrada em duas repúblicas – a **República Federal Alemã (RFA)** ou Alemanha Ocidental, sob o regime capitalista dos Aliados e com capital em Bonn, surgiu em 1949; e, em 1954, a **República Democrática Alemã (RDA)** ou Alemanha Oriental, sob o controle socialista dos soviéticos e com capital em Berlim. Antes de constituir-se oficialmente em um Estado, a parte oriental era considerada apenas como a área de ocupação soviética.

rosas frentes de trabalho. Seduzidos pela perspectiva de uma vida melhor, os alemães residentes na parte oriental começaram a imigrar intensamente para o lado ocidental. Entre 1945 e 1961, milhões de pessoas deixaram seus países, no Leste Europeu, que lhes davam educação e assistência médica gratuita (benefícios da economia socialista), para vender sua força de trabalho na Europa Ocidental. Enquanto a Alemanha Ocidental florescia, com a abundância de mão de obra, o lado oriental padecia com a crescente evasão de trabalhadores.

Esse quadro de contrastes entre as duas Alemanhas levou os soviéticos a fechar a fronteira entre elas, a *Zonengrenze*, em 1952. Com isso, a travessia de um lado para o outro só era possível por determinados locais de Berlim. Na parte ocidental da cidade, embora houvesse dominação militar nas três zonas (norte-americana, britânica e francesa), a circulação de pessoas era livre.

A restrição ao livre trânsito frustrava as expectativas dos berlinenses orientais de conquistar um emprego do outro lado e, assim, ascender economicamente. Não demorou muito tempo para a população demonstrar sua insatisfação com o fechamento da *Zonengrenze*. Em 17 de junho de 1953, uma grande manifestação popular ganhou as ruas de Berlim Oriental para protestar contra a situação, no que foi duramente reprimida pelos tanques soviéticos. A revolta só acabou servindo para endurecer ainda mais as regras para o trânsito entre as duas Alemanhas.

Deslocamento da população do Leste para a Alemanha controlada pelos Aliados.

## O Muro de Berlim

Amparada financeiramente pelos empréstimos do Plano Marshall, a Alemanha Ocidental experimentou um acelerado crescimento econômico no pós-guerra. O país pôde se reerguer, abrindo nume-

Esse endurecimento, alimentado pelos sentimentos hostis da Guerra Fria, atingiu seu ponto culminante com o fechamento de um acordo entre os governos da Alemanha Oriental e Moscou para a construção de uma barreira que iria manter divididos, **fisicamente**, os setores oriental e ocidental de Berlim por quase trinta anos. Pessoas e veículos só podiam atravessá-la com a devida autorização. Tratava-se do **Muro de Berlim**, cujas primeiras cercas de arame farpado foram erguidas na noite de 12 para 13 de agosto de 1961.

Somente em 1989, o Muro de Berlim foi derrubado, num gesto acompanhado pelo mundo e que simbolizou a exaustão da Guerra Fria, com a derrocada dos países socialistas.

# A guerra da Coreia (1950-1953)

Com a rendição do Japão na Segunda Guerra Mundial, a Coreia, que tinha se tornado uma possessão japonesa desde 1910, logo foi ocupada e dividida por soviéticos e norte-americanos, transformando-se em duas nações independentes a partir de 1945: a **Coreia do Norte**, pró-soviética, e a **Coreia do Sul**, pró-americana. O marco da divisão entre as duas Coreias foi fixado por um limite geográfico imaginário, o paralelo 38°, que era uma zona desmilitarizada e deveria evitar que qualquer choque entre os aliados de Moscou e os de Washington se transformasse em uma guerra. Em nome da lógica bipolar da Guerra Fria, norte-americanos e soviéticos dividiram o país asiático.

A rivalidade entre norte-americanos e soviéticos era crescente. Os EUA temiam a perda do equilíbrio na região, pois a URSS (maior país do mundo) e a China (país mais populoso do mundo) eram socialistas. Com a ascensão do comunismo na China, em 1949, os norte-coreanos sentiram-se estimulados a invadir a Coreia do Sul em 1950, na tentativa de unificar as duas nações. A marcha dos norte-coreanos avançou até a capital sul-coreana, Seul. A invasão foi considerada um "ato de agressão" pela ONU, e os Estados Unidos passaram a exigir uma intervenção militar na região. O Conselho de Segurança aprovou a intervenção e cerca de dezesseis países enviaram tropas à Coreia do Sul, sendo que a maior parte era de soldados norte-americanos.

A guerra da Coreia foi uma das mais sangrentas do período da Guerra Fria. O número de baixas entre coreanos e chineses que se ofereceram "voluntariamente" para lutar na guerra foi de aproximadamente 2 milhões. Com o agravamento das tensões, a URSS, embora tivesse armado os norte-coreanos e chineses, conteve seu exército. As tropas da ONU, lideradas pelos EUA, avançaram sobre os norte-coreanos, ameaçando até invadir a China, o que fez com que Mao Tsé-tung enviasse mais "voluntários" para a região. Temendo a ampliação dos conflitos, os canais diplomáticos entraram em alerta e restabeleceu-se, ao fim do conflito que durou três anos, o paralelo 38° como fronteira entre as duas Coreias.

Soldados norte-americanos avançam no combate à Coreia do Norte, em 2 de novembro de 1950.

# A guerra do Vietnã

O Vietnã, localizado na península da Indochina, era uma das regiões sob domínio da França durante o Imperialismo do século XIX. Conseguiu sua independência do país europeu em 1954, na sangrenta batalha de Dien Bien Phu. As lutas pela independência foram lideradas por Ho Chi Minh, membro fundador do Partido Comunista, que proclamou a República Democrática do Vietnã, no norte do país, e enfrentou os franceses em um conflito que durou oito anos. Tendo vencido a guerra e livre do jugo francês, o país não saiu da batalha unificado. No tratado assinado em Genebra, o Vietnã foi palco de um novo embate da Guerra Fria que o dividiu, no paralelo 17°, em Vietnã do Norte (comunista) e Vietnã do Sul (com governo pró-EUA).

O acordo de Genebra previa eleições em 1956 para que os vietnamitas definissem os rumos políticos do país. Temendo o apoio da população ao regime do Norte, o governo do Vietnã do Sul suspendeu as eleições.

Em 1960, com apoio soviético, o Vietnã do Norte invadiu o Vietnã do Sul para reunificar o país. O envolvimento dos Estados Unidos no conflito foi total, ao lado do regime de Saigon, capital do Vietnã do Sul. A partir de 1962, os Estados Unidos passaram a fornecer suporte militar aos seus aliados no Vietnã. A guerra foi se intensificando e os Estados Unidos, ao longo da década de 1960, aumentaram sua participação no conflito, até mesmo com o envio de tropas. Em 1965, cerca de 184 mil americanos lutavam no Vietnã.

| Os números norte-americanos na guerra do Vietnã | |
|---|---|
| EFETIVOS ENVIADOS | NÚMERO DE MORTOS |
| 1960 | 900 | |
| 1961 | 3.200 | 13 |
| 1962 | 11.300 | 52 |
| 1963 | 16.300 | 114 |
| 1964 | 23.300 | 195 |
| 1965 | 184.300 | 1.428 |
| 1966 | 385.300 | 6.053 |
| 1967 | 485.000 | 11.057 |
| 1968 | 536.000 | 16.508 |
| 1969 | 475.000 | 11.527 |
| 1970 | 334.000 | 6.065 |
| 1971 | 156.800 | 2.349 |
| 1972 | 24.200 | 551 |

*Fonte:* Congressional Quartely, *Congress and the Nation*, v. 4, p. 909.

Embora militarmente muito mais poderosos, os norte-americanos não estavam prontos para lutar em uma guerra que fugia dos padrões para os quais estavam treinados. Os vietnamitas tinham a seu favor a  astúcia dos guerrilheiros vietcongues, que faziam ataques de emboscada, porque conheciam o campo de batalha – a selva tropical da península da Indochina – e possuíam uma rede de abrigos e túneis subterrâneos, onde se escondiam; estavam adaptados ao clima quente e úmido da selva; e contavam com a simpatia e cooperação dos moradores dos vilarejos do interior. A combinação desses fatores concorria para o enfraquecimento e a desorientação dos batalhões norte-americanos.

A lógica norte-americana no conflito, que fez com que o país enviasse muitos soldados e recursos

financeiros, baseava-se na **teoria do dominó**, consagrada no governo do presidente Eisenhower: se um país caísse nas mãos do inimigo (os comunistas), os vizinhos também cairiam.

Entre recuos e ofensivas, os conflitos acabaram estendendo-se para o Laos e o Camboja, países que fazem fronteira com os dois Vietnãs. Por eles, passava a via Ho Chi Minh, por meio da qual os vietnamitas do Norte recebiam suprimentos.

Em 1970, os estrategistas de Washington decidiram bloquear a via Ho Chi Minh e bombardear os dois países, além de enviar mais tropas à península da Indochina.

Do outro lado do globo, a população americana assistia estupefata à matança de seus filhos, pais, irmãos, maridos, amigos, em uma guerra "inútil e sem sentido" tanto para os que iam para a linha de frente quanto para os que ficavam. Já não convencia mais o discurso oficial de que os jovens morriam pela "libertação" do mundo e movimentos contra a guerra ecoavam pelos quatro cantos do país. Sob forte pressão popular e diante do aumento do movimento pacifista, ao qual aderiram personalidades do cinema, da música, dos esportes, entre outros, o governo foi retirando as tropas norte-americanas do Vietnã. Em 1973, já não havia mais nenhum soldado dos EUA em solo vietnamita.

Depois de 15 anos de conflito, em 1975, a guerra terminou com a vitória dos vietnamitas do Norte. Os dois Vietnãs foram unificados e passaram, junto com o Laos e o Camboja, a ser governados sob o modelo comunista da União Soviética. Os Estados Unidos, derrotados pela primeira vez em um campo de batalha, saíam da guerra com o orgulho ferido e desmoralizados diante da opinião pública mundial, em um confronto que consumiu, na época, mais de 130 bilhões dólares.

*Realidade*, n. 89, p. 56, ago. 1973.

A veiculação de imagens como esta, em que o chefe da polícia de Saigon mata um suspeito *vietcong*, contribuiu fortemente para que a população norte-americana se posicionasse contra a guerra.

# Camboja, um terror sem limites

Na época em que o Camboja foi bombardeado pelos Estados Unidos (1970) durante a guerra do Vietnã, desenvolvia-se no país uma guerrilha de extrema-esquerda, o Khmer Vermelho. Esse grupo derrubou o governo pró-americano e instalou-se no poder em abril de 1975. Camboja foi bombardeado por estar na rota Ho Chi Minh, um caminho que ligava o Vietnã do Norte ao Vietnã do Sul. Iniciava-se um período de horror e grande genocídio, liderado por Pol Pot (em português, "político em potencial"), chefe do Khmer.

De inspiração maoísta, pregava que os elementos burgueses frutos da sociedade capitalista desvirtuavam os ideais revolucionários. Por isso, era necessário o extermínio das bases burguesas da nação, por meio da negação dos conhecimentos advindos da educação formal, das tradições culturais, da industrialização, de todos os costumes relacionados à vida urbana. Para o Khmer, só a volta ao campo permitiria a construção de um Estado verdadeiramente igualitário e ideologicamente "puro".

Milhares de pessoas foram levadas ao campo para serem reeducadas segundo os novos preceitos de "pureza ideológica". A noção "burguesa" de família foi o alvo central. Aos sete anos, os filhos eram separados de seus pais para romper com laços considerados burgueses e não depender emocionalmente de seus familiares. Pessoas que soubessem ler ou escrever com desenvoltura eram consideradas inimigas do Estado e, por isso, torturadas e executadas.

O regime sanguinário de Pol Pot durou de 1975 até 1979, quando foi destituído por uma invasão vietnamita alinhada a Moscou. Desde então, o ditador e as tropas do Khmer Vermelho se embrenharam na selva da Indochina, de onde organizaram a resistência ao novo governo, contando com o apoio da China e dos EUA. O fato é que o regime de Pol Pot entrou para a história como um dos mais brutais do século XX, em que morreram aproximadamente 20% da população do Camboja. Em 1997, o ditador foi condenado por um "tribunal revolucionário" à prisão perpétua, mas faleceu um ano depois.

DOUG NIVEN/EPA/CORBIS/LATINSTOCK

Uma frase do ditador Pol Pot resume o horror que ele impôs ao seu povo, assassinando em apenas quatro anos mais de dois milhões de pessoas, de um total de sete milhões e meio de habitantes: *"Para o país que estamos construindo, basta um milhão de revolucionários. Não precisamos do resto. Preferimos abater dez amigos a conservar um inimigo"*. Na foto, restos do esqueleto de alguns dos milhões de mortos pelo Khmer Vermelho.

# Os desafios às superpotências

## Os desafios aos EUA

A década de 1960 foi inaugurada com a eleição do presidente John Fitzgerald Kennedy, senador democrata do Estado de Massachusetts. Kennedy era o primeiro presidente americano nascido no século XX e representava as expectativas de um país fortalecido. Em seu discurso de posse, em janeiro de 1961, Kennedy foi incisivo ao tratar de questões que envolviam a América e também o mundo naquele momento:

*A tocha foi passada a uma nova geração de norte-americanos nascidos neste século, temperados pela guerra, disciplinados por uma paz dura e amarga. (...) Pagaremos qualquer preço, carregaremos qualquer fardo, enfrentaremos qualquer dificuldade, apoiaremos qualquer amigo e nos oporemos a qualquer inimigo para garantir a sobrevivência e o sucesso da liberdade. (...) Não pergunte o que o seu país pode fazer por você; pergunte o que você pode fazer por seu país.*

O presidente Kennedy (1917-1963) simbolizava a América do início dos anos 1960: rico, jovem, carismático, com um discurso que exaltava a abundância econômica, as inovações tecnológicas e as mudanças sociais em relação à igualdade de direitos civis.

Kennedy foi assassinado em novembro de 1963, em Dallas, no Texas, por Lee Harvey Oswald, enquanto desfilava em um carro aberto pelas ruas da cidade. Houve uma enorme comoção nacional. Sua trágica morte levou ao poder o vice-presidente Lyndon Johnson, que intensificou as ações norte-americanas no Sudeste asiático.

## A política externa de JFK

Mesmo com a coexistência pacífica, nem os EUA nem a URSS abdicaram de suas pretensões hegemônicas. Os dois lados procuravam proteger e ampliar as áreas sob sua influência.

Os esforços de Kennedy para manter a liderança americana e afastar possíveis infiltrações comunistas fizeram com que ele criasse o **Corpo de Paz** – organismo oficial do governo norte-americano, que tinha a função oficial de prestar assistência a países pobres. Milhares de jovens foram enviados às nações necessitadas, a maioria como professores, para transmitir conhecimentos e ajudar as populações locais a superar suas dificuldades mais imediatas. O Corpo de Paz funcionava como um instrumento na luta ideológica entre americanos e comunistas.

O curto mandato do presidente Kennedy marcou significativamente os Estados Unidos, os países sob sua influência e mesmo a sua relação com a União Soviética. Nos governos de Lyndon Johnson e de seu sucessor Richard Nixon, os norte-americanos apoiaram, abertamente ou não, golpes militares de direita em países latino-americanos, sobretudo na América do Sul.

## A Revolução Cubana e as tensões com os Estados Unidos

Desde a sua independência em relação aos espanhóis, em 1898, Cuba, ilha situada a poucos quilômetros da costa do Estado da Flórida, nos EUA, vivia sob a influência norte-americana. Pouco antes de Kennedy assumir o poder, uma revolução em Cuba derrubou o governo pró-americano do ditador Fulgêncio Batista.

A revolução liderada por Fidel Castro, em 1959, desafiava os interesses norte-americanos. Fidel promoveu não só uma reforma agrária, como também nacionalizou alguns setores da produção industrial, que eram de propriedade dos Estados Unidos.

A primeira resposta norte-americana veio sob a forma de bloqueio econômico: os Estados Unidos pararam de importar o açúcar cubano, principal produto econômico da ilha. Sem comprador para seu produto, Cuba buscou apoio na União Soviética, aproximando-se do mundo comunista. Embora Cuba não tivesse nenhuma expressão na ordem econômica mundial, essa aproximação tinha um enorme significado geopolítico, pois era mais uma área de influência norte-americana em que os soviéticos conseguiam penetrar. Não tardou para que os Estados Unidos reagissem radicalmente a essa aproximação entre cubanos e soviéticos.

Além de cortar relações diplomáticas com Cuba, o governo de Washington, sob a presidência de Kennedy, decidiu invadir a ilha e derrubar Fidel Castro. A **invasão da Baía dos Porcos**, em 1961, foi um retumbante fracasso. Entre outros erros de estratégia, os norte-americanos não contavam com a garra das milícias populares leais a Fidel e com o exército comandado por ele, que fez prisioneiros quase todos os soldados mercenários recrutados pela CIA (Central de Inteligência Americana).

A vitória sobre os Estados Unidos fortaleceu ainda mais o governo revolucionário de Fidel Castro, que passou a se declarar abertamente socialista. A partir daí, Cuba tornou-se um foco de irradiação da revolução comunista, principalmente para a América Latina. Pela lógica daqueles tempos, os Estados Unidos tudo fariam para neutralizar a influência cubana.

## Crise dos Mísseis em Cuba (1962): a um passo da guerra nuclear

Os laços entre cubanos e soviéticos estreitaram-se a tal ponto que a URSS instalou mísseis de longo e médio alcance no sul da ilha de Cuba, além de construir locais específicos para abrigar ogivas nucleares. O episódio, um dos mais marcantes da Guerra Fria, ficou conhecido como a **Crise dos Mísseis**.

Em 22 de outubro de 1962, Kennedy foi à televisão denunciar ao povo norte-americano a descoberta dos mísseis, detectados por meio de fotos aéreas, e declarar bloqueio naval a Cuba. Para ele, a ofensiva soviética significava um "convite" a um embate direto entre os Estados Unidos e a URSS.

Diante da ameaça americana de bombardear Cuba e usar mísseis contra a ilha, o líder soviético, Kruschev, decidiu retirá-los de lá. Tinha fim o perigo iminente de uma guerra nuclear entre as duas superpotências. Mas em troca dessa retirada os soviéticos fizeram um acordo com os norte-americanos para que eles também desativassem os mísseis que haviam instalado na Turquia, apontados para o território da URSS, e para que não mais invadissem Cuba.

Depois dessa crise, Cuba passou a ser o principal centro exportador da revolução socialista para o mundo, treinando grupos de ideologia comunista alinhados a Moscou. Em troca, a URSS comprava o açúcar de Cuba por um preço maior que o de mercado e lhe vendia petróleo por um terço do valor de mercado.

Os poucos revolucionários cubanos que derrubaram Batista. Seu êxito esteve diretamente ligado ao apoio que a população lhes deu. (Cuba, 22 de janeiro de 1959.)

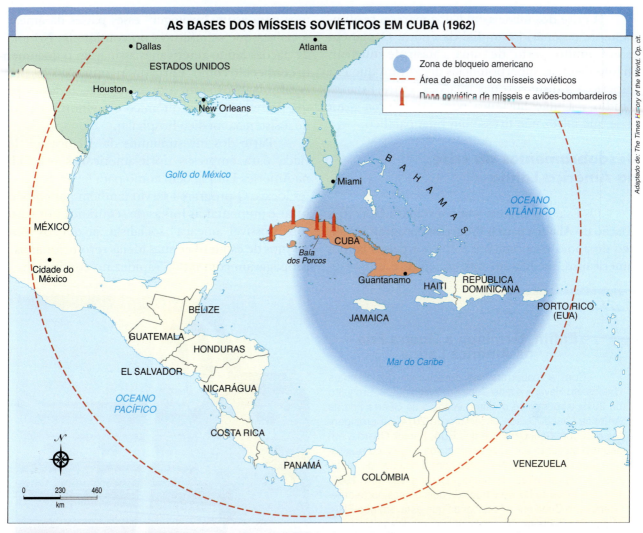

AS BASES DOS MÍSSEIS SOVIÉTICOS EM CUBA (1962)

Zona de bloqueio americano
Área de alcance dos mísseis soviéticos
Base soviética de mísseis e aviões-bombardeiros

Adaptado de: The Times History of the World. Op. cit.

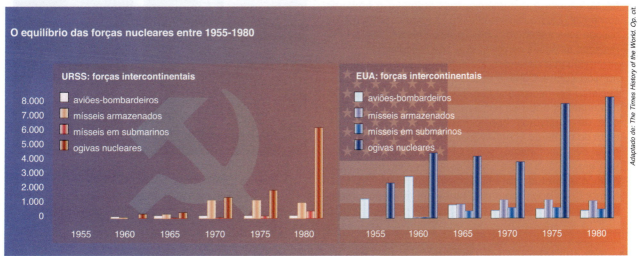

O equilíbrio das forças nucleares entre 1955-1980

URSS: forças intercontinentais
aviões-bombardeiros
mísseis armazenados
mísseis em submarinos
ogivas nucleares

EUA: forças intercontinentais
aviões-bombardeiros
mísseis armazenados
mísseis em submarinos
ogivas nucleares

Adaptado de: The Times History of the World. Op. cit.

Em 1962, a Organização dos Estados Americanos (OEA), em um movimento liderado pelos Estados Unidos, expulsou Cuba do organismo e a partir de 1964 os Estados Unidos impuseram um bloqueio econômico, financeiro e comercial, praticamente impedindo que houvesse comércio entre os países capitalistas e a ilha socialista.

Cuba, um dos últimos baluartes do comunismo, entrou no século XXI ainda sob o governo de Fidel Castro, sem nunca ter atingido seu "papel histórico" na luta pelo fim do capitalismo, embora tenha inspirado muitos movimentos de esquerda na América Latina nos anos 1960-1970.

A crise dos mísseis em Cuba marcou profundamente o cenário mundial da época. O planeta esteve muito perto de uma catástrofe nuclear. Diante disso, as superpotências decidiram que era imperiosa a distensão nas relações entre Estados Unidos e União Soviética para evitar uma nova crise que talvez não tivesse um final pacífico.

## Desdobramentos da crise na América Latina

Os Estados Unidos, em contrapartida, com a criação do **Aliança para o Progresso**, programa político de apoio econômico e técnico a países latino-americanos, facilitavam investimentos e empréstimos para assim "proteger" esses países da ameaça socialista que se infiltrava no continente. No total, 22 nações latino-americanas assinaram o documento conhecido como "Carta do Atlântico", cujos principais objetivos eram a democratização desses países, o crescimento econômico e melhorias na área de assistência médico-hospitalar.

Parte dos investimentos da Aliança foi desviada para empresas norte-americanas instaladas na América Latina, bem como para favorecer as elites locais. O programa serviu também para modernizar e aumentar as forças de segurança nos países sob "possível ameaça" socialista, já que os movimentos de esquerda e suas ideias revolucionárias se propagavam com muita rapidez no continente.

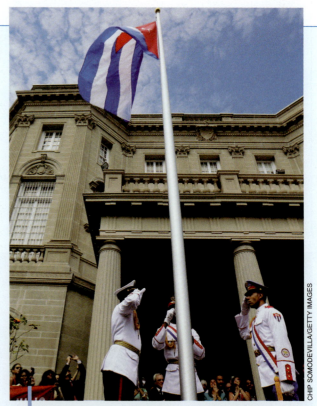

CHIP SOMODEVILLA/GETTY IMAGES

Em um momento histórico, de restabelecimento das relações diplomáticas depois de 54 anos, a bandeira cubana é hasteada em frente à embaixada de Cuba na cidade de Washington, EUA (20 de julho de 2015).

## Os grupos minoritários nos EUA

Com o estabelecimento das leis que concediam direitos civis aos negros em 1964 e a que estendeu a eles o direito de voto, em 1965, teoricamente a segregação racial chegava ao fim. Porém, implementá-las requeria um longo e árduo caminho rejeitado por boa parte da população branca norte-americana.

Os negros, diante da morosidade e falta de vontade política para apoiar sua inserção na sociedade, ergueram-se em movimentos chamados de *Black Power* (poder dos negros), que defendiam o seu desejo de ocupar cargos de responsabilidade e de destaque na sociedade norte-americana.

Também na década de 1960, as mulheres de classe média iniciaram uma onda de protestos contra a discriminação sexual a que eram submetidas. O movimento de liberação feminina exigia igualdade de direitos em relação aos homens. Militantes concentravam-se em passea-tas, comícios e valiam-se da televisão para divulgar suas ideias. Nas manifestações, rasgavam sutiãs em público, como forma de protesto contra a opressão masculina.

## O Underground

O questionamento da hegemonia da cultura nos anos 1960 originou o chamado movimento **Underground**. Nas histórias em quadrinhos, um dos grandes nomes desse movimento foi o ilustrador e artista gráfico Robert Crumb, que por meio da revista *Zap Comix* (1967) criou personagens memoráveis, como Fritz, the Cat e Mr. Natural. Com um humor cáustico e irreverente, uma produção autoral e artesanal e um traço em branco e preto, Crumb criticou os costumes da sociedade americana de maneira feroz, não poupando sequer a sua geração. Ao contrário do efeito de deslumbramento que muitos dos jovens experimentaram por meio do amor livre e das viagens de LSD, Crumb não se contagiou pelo clima de euforia daquele momento, transitando mais para uma visão pessimista e desencantada do mundo. O vazio e isolamento eram temas recorrentes nos quadrinhos de Crumb, onde imagens noturnas de apartamentos fechados e empoeirados, com o chão repleto de cuecas sujas e bitucas de cigarro, eram muito comuns. No Brasil, o Underground teve ressonância na produção de importantes humoristas gráficos, como Laerte, Angeli, Glauco, Luis Gê, Fernando Gonsales, sem contar a dos desenhistas que trabalhavam para o tabloide *O Pasquim*, criado em plena ditadura militar brasileira.

Capa de Crumb para *San Francisco Comic Book*, 1971.

## Os desafios do Movimento de Mulheres, ontem e hoje

Mulheres em praça pública incendiando seus sutiãs é sem dúvida um forte símbolo do movimento feminista. Há quarenta anos as discriminações sofridas as impulsionaram a reivindicar mais espaço social, político e econômico, e a queima de sutiãs (ou *bra-burning*) é apenas um aspecto marcante. Desde então, quebraram-se alguns tabus, principalmente em relação à sexualidade, somado à busca por nivelamentos salariais em comparação ao ganho masculino no mercado de trabalho. Definições clássicas do feminismo o restringem a lutas que tensionam a relação entre os sexos. Porém, vemos hoje uma nova configuração de movimentos feministas com organizações em prol dos direitos das mulheres, contrapondo-se a visões negativas a respeito do feminismo, com a afirmação de que foi derrotado. A herança de adeptas do *bra-burning* é perceptível a partir do momento em que mulheres passam a ocupar posições antes restritas aos homens como presidentes de Repúblicas e de grandes corporações]. Hoje, com exceção da Oceania, em todos os continentes há pelo menos uma mulher na presidência: Michelle Bachelet, no Chile, Cristina Kirchner, na Argentina, Pratibha Patil, na Índia, Tarja Halonen, na Finlândia e Ellen Johnson Sirleaf, na Libéria (...). Essas mulheres são apenas alguns exemplos dos resultados de lutas contra a hegemonia masculina nos cargos políticos. No âmbito social, as mulheres obtiveram sucessos destacáveis como liberdade sexual e sexo independente de casamento, divórcio, participação no mercado de trabalho, entre outros avanços que as fazem desprender-se da imagem exclusiva de mãe e esposa, como nos séculos passados. Os tradicionalismos ainda arraigados na sociedade atualmente desfavorecem a ascensão feminina contra essa imagem, sendo este, então, um dos maiores desafios do feminismo hoje, mesmo que os movimentos ou organizações de mulheres e homens recebam outras denominações.

Fonte: MAR, M. *O Feminismo Quarenta Anos Depois*. Disponível em: <http://www.olharvirtual.ufrj.br/2006/?id_edicao=226&codigo=4>. *Acesso em:* 31 ago. 2015.

# Os desafios ao poder da URSS

## A desestalinização e as reformas da era Nikita Kruschev (1955-1964)

Vimos que após a morte de Stálin, ocorrida em 1953, e em meio a disputas internas do Partido Comunista, Kruschev assumiu o poder em 1955.

Kruschev denunciou os crimes cometidos pelo stalinismo e o culto à personalidade promovido pelo ex-dirigente soviético. Na realidade, essa tomada de posição demonstrava claramente seu desacordo com a condução da política econômica stalinista que se mostrara pouco eficaz. Essa mudança, porém, não significava de modo algum um rompimento com os ideais comunistas ou alterações estruturais no regime soviético. O novo governo tentou ser mais flexível e permitir algumas variações de cunho ideológico, em relação aos países socialistas europeus. Assim, o presidente Tito, da Iugoslávia, cuja relativa autonomia não era aceita por Stálin, realinhou-se com Moscou. Porém, esse tênue abrandamento nos Estados totalitários teve repercussões maiores do que se poderia supor, com o surgimento de revoltas e levantes que foram reprimidos pela URSS.

Nikita Kruschev (1894-1971) tornou público os crimes e abusos cometidos pelo governo stalinista.

# A nova ordem: alcançar e ultrapassar os Estados Unidos

Em 1957, como parte do processo de "desestalinização" da URSS, Kruschev lançou um programa de governo que visava tornar mais eficiente o aparelho burocrático estatal e fortalecer a economia soviética.

O lema era "alcançar e ultrapassar os Estados Unidos". Segundo essa diretriz, para o triunfo do comunismo era preciso assegurar a abundância dos bens de consumo. Nessa nova perspectiva, em 1959, foi criado um novo plano quinquenal que dava ênfase ao segmento industrial de bens de consumo, à construção de moradias e ao incentivo à agricultura. Foram tomadas medidas que visavam proporcionar melhores condições de vida para a população, com a diminuição da jornada semanal de trabalho e a redução da idade para a aposentadoria. As proposições de Nikita Kruschev não eram bem-vistas pelos burocratas do aparelho estatal, principalmente por aqueles que ocupavam altos postos na hierarquia do Partido Comunista.

As dificuldades internas de Kruschev cresciam e emperravam a implementação e execução de ações propostas pelo líder do PC soviético.

Em outubro de 1964, Kruschev foi deposto e substituído por um homem da burocracia, identificado com a *Nomenklatura* (termo que designava os funcionários burocráticos privilegiados do Partido Comunista) – Leonid Brejnev. Kruschev seria acusado de revisionismo por ter proposto a coexistência pacífica no âmbito da Guerra Fria, a extinção do princípio revolucionário de "partido comunista do proletariado" e sua substituição pelo conceito de "partido de todo o povo", e pela introdução de reformas que alteravam o planejamento econômico centralizado do país, princípio básico da doutrina política soviética.

## A dissidência soviética

Os principais movimentos de dissidência na URSS tomaram impulso na década de 1960. Entre as questões mais abordadas estava a falta de direitos civis, de igualdade, da liberdade de pensamento, garantidas, teoricamente, pela Constituição Soviética e por acordos internacionais. Os dissidentes, nome dado aos que contestavam o poder político soviético, agiam de forma não violenta, denunciando violações de direitos, censura à imprensa, e reivindicando liberdade de culto e de expressão. Esses atos de rebeldia eram punidos severamente pelos membros do Partido, via KGB.

## A repressão na Hungria (1956)

Tanques russos são dispostos em posição estratégica na cidade de Budapeste. As tropas do Pacto de Varsóvia liquidaram a insurreição húngara em outubro de 1956.

Em 1956, eclodiram os protestos do povo húngaro contra a política stalinista dos dirigentes do país. Nesse período, Imre Nagy substituiu o secretário-geral do Partido Comunista da Hungria e propôs mudanças liberalizantes na política e a saída da Hungria do **Pacto de Varsóvia** – aliança militar, criada em 1955, entre os países socialistas para defesa destes no caso de agressão por nações inimigas. Os soviéticos, mesmo na Era Kruschev, não aceitavam que houvesse em sua área de influência um governo que não estivesse totalmente sintonizado com suas diretrizes. Havia o receio de que se um movimento separatista saísse vitorioso, serviria de exemplo para outros países-satélites do Leste Europeu. A repressão desencadeada contra a Hungria pelo Exército Vermelho soviético, em outubro de 1956, foi grande – o país foi invadido pelas tropas do Pacto de Varsóvia. Foram mortas cerca de 200 pessoas e Imre Nagy foi deposto. As tropas supranacionais do Pacto de Varsóvia, que teoricamente só deveriam ser convocadas diante de agressão externa, foram ativadas para atender aos interesses hegemônicos da URSS.

## A Guerra Fria e a corrida espacial e armamentista

Embora persistisse o tom de coexistência pacífica, a competição entre as superpotências continuava, principalmente no que diz respeito às **corridas armamentista** e **espacial**, sendo esta última uma forma estrondosa de propaganda e de mostrar superioridade perante o mundo.

Em 1957, os russos colocaram na órbita da Terra o primeiro satélite artificial, o *Sputnik*, e, em 1961, o astronauta russo Yuri Gagárin realizava um feito somente imaginado na ficção científica – comandando uma nave espacial, colocou-a em órbita ao redor da Terra e a trouxe de volta. O feito soviético ganhou as manchetes do mundo todo. O primeiro *round* da corrida espacial fora vencido pelos soviéticos.

Com o desenvolvimento da indústria espacial, os americanos, em 20 de julho de 1969, conseguiram que dois de seus astronautas pisassem em solo lunar. Essa façanha tecnológica, os primeiros passos de um ser humano na Lua, foi televisionada para diversos países. Com isso, os norte-americanos tomaram a dianteira na corrida espacial.

Em termos de propaganda, a conquista da Lua, em 1969, colocou os norte-americanos como a grande potência tecnológica da Guerra Fria.

A competição armamentista e espacial consumia investimentos de bilhões de dólares de ambos os lados. Os Estados Unidos estavam em fase de grande expansão industrial e economicamente fortes. A URSS, entretanto, não acompanhava esse desempenho. Os altos investimentos na indústria bélico-espacial comprometiam grande parte dos recursos soviéticos, fragilizando ainda mais a economia e colocando a URSS em posição desfavorável na Guerra Fria. Essa corrida entre as superpotências, de caráter político e militar, em busca da afirmação de superioridade sobre o rival, acabou por desencadear grandes avanços tecnológicos que foram incorporados às telecomunicações, à informática e à robótica.

Cartaz do Escritório de Informações das Forças Armadas Americanas. *A lealdade americana é mais forte que a traição comunista*. The Art Nactive/National Archives, Washington.

# A guerra da propaganda

O conflito entre os dois blocos mundiais teve impactos profundos na ordem internacional e política, mas não se restringiu a esses aspectos. Um dos pontos centrais foi a propaganda e os costumes culturais desenvolvidos no período. O cinema, a música e os esportes foram alguns dos recursos utilizados para enaltecer as características de um regime em detrimento do opositor. Personagens como o Agente 007, Capitão América, Mulher Maravilha e temas como corrida espacial, espionagem, invasão de Marte são alguns dos exemplos do mundo capitalista em luta contra os comunistas. Do lado socialista, a ênfase nos esportes fez com que os países do bloco se destacassem nos Jogos Olímpicos. As vitórias eram uma forma de difundir uma sociedade forte e saudável.

## Cinema: a máquina de sonhos

O chapéu do mocinho nunca caía durante uma desenfreada cavalgada; a munição das armas brotavam incessantemente até o último índio e, no final, o herói encontrava a sua amada formando um previsível par romântico, identificado pelo público espectador. Essa era a receita de um final feliz.

Além do confronto doméstico entre "caras-pálidas" e "peles-vermelhas", o cinema americano levou às telas a ideologia capitalista de um mundo livre, onde o Bem sempre vence o Mal em uma luta incansável e sem fronteiras.

Mas as fronteiras existiam e estiveram bem delimitadas ideologicamente: durante o período da Guerra Fria, a produção cinematográfica ocidental buscou nos roteiros e nas imagens dos filmes a consagração de um estilo de vida e uma concepção política que se opunha ao modelo socialista.

Uma rede de espionagem foi criada pelos países ocidentais e pelos países que compunham a União Soviética na tentativa de antecipar – ou mesmo surpreender – o inimigo declarado. Essa foi uma das situações onde o imaginário cinematográfico buscou inspiração para a sua eterna campanha anticomunista.

O ator escocês Sean Connery protagonizou vários episódios de filmes que retratavam o "perigo vermelho", contribuindo para um dos maiores sucessos do cinema ocidental, a série do agente 007, criada por Ian Fleming em seu romance *Cassino Royale*, de 1953.

James Bond, o nome do agente secreto inglês a serviço de Sua Majestade, a Rainha da Inglaterra, popularizou a campanha anticomunista a partir de um dos filmes mais conhecidos da série de espionagem que foi *Moscou contra 007*. Bond era, antes de mais nada, uma fantasia: a personificação da luta do Bem contra o Mal, com generosas pitadas de *sex-appeal*.

Lançado em uma época em que o mundo estava em reviravolta por causa da espionagem na vida real, Bond brilhava acima da seriedade da Guerra Fria. Despreocupado e espirituoso, munido de um arsenal de equipamentos surpreendentes e eficientes, uma licença para matar e uma sedução constante. Ele livrava o mundo de ameaças nucleares – e, como recompensa, invariavelmente conquistava uma garota. Depois, pedia um Martini especial, "mexido, não batido".

Sean Connery, como James Bond, no filme Goldfinger (1964).

MGM/CORBIS/LATINSTOCK

# Cinemateca

**A Confissão** (1970, França/Itália, dir.: Costa-Gravas) Em 1951, um importante dirigente de um país do Leste Europeu é acusado de ter cometido crimes contra seu país. Sem ter ideia do que possa ter feito é torturado para que confesse.

**Caçada ao Outubro Vermelho** (1990, EUA, dir.: John McTiernan) Um oficial da marinha soviética comanda um submarino secreto e, entre especulações de deserção e atentado nuclear, o capitão e sua tripulação buscam escapar de uma caçada empreendida por americanos e soviéticos.

**Hair** (1979, EUA, dir.: Milos Forman) Um dia antes de embarcar para o Vietnã, um rapaz do interior conhece um grupo de *hippies* com quem fica sabendo dos absurdos da guerra.

**Stálin** (1992, EUA, dir.: Ivan Passer) O filme conta a vida política do dirigente comunista Josef Stálin e suas ações em um período de expurgos e perseguições políticas.

**Treze Dias que Abalaram o Mundo** (2000, EUA, dir.: Roger Donaldson) O filme retrata a Crise dos Mísseis, destacando-se o papel da assessoria do presidente Kennedy, durante o episódio.

**Boa Noite, boa Sorte** (2005, EUA, dir.: George Clooney) O ambiente do macarthismo é representado nesse filme com as ações desafiadoras do jornalista Edward R. Murrow ao senador McCarthy.

# Revisitando a História

**1.** Justifique por que Galbrait chamou o pós-guerra de Era da Opulência nos EUA.

**2.** A União Soviética optou pela planificação de sua economia, estabelecendo planos quinquenais e metas de produção. Explique o que foram esses planos e por que houve a priorização da indústria de base e de investimentos ligados à infraestrutura.

**3.** Por que a corrida espacial e armamentista tomou grandes dimensões para as superpotências?

**4.** Em seu discurso em 1963, Martin Luther King afirma: "Cem anos depois da escravidão, nós precisamos encarar o trágico fato de que o negro ainda não é livre". Por que os negros norte-americanos não eram livres em 1963?

**5.** Com o fim do stalinismo na URSS algumas posições da potência comunista mudaram, mas não todas. Aponte as mudanças e permanências com relação ao regime anterior presentes no discurso de Krushev, em **Objetos Digitais** – *Documentos da História*, "A coexistência pacífica de Nikita Kruschev".

**6.** Em 1965, o poeta norte-americano Allen Ginsberg (1926-1997) foi coroado por artistas e intelectuais de Praga, capital da Tchecoslováquia, o Rei de Maio, transformando-se em símbolo da resistência ao regime pró-soviético instalado no país. Considerado um dos maiores poetas norte-americanos do século XX, Ginsberg, ao lado de Jack Kerouack, William Borroughs e outros escritores, é considerado um dos expoentes da chamada literatura *beat* (batida rítmica ou pulsação), que é marcada por um estilo de escrita espontâneo e direto, muito influenciado pelo *jazz*, de onde veio o nome desse movimento. Durante sua vida, Ginsberg participou da defesa dos direitos dos homossexuais, que eram discriminados dos dois lados do muro. Antes de desembarcar em Praga, Ginsberg havia estado em Cuba, de onde foi expulso por fazer um discurso em defesa da liberalização das drogas. Esse trajeto não era comum aos homens da época, dificilmente um norte-americano conheceria tantos países socialistas. No entanto, as ideias e o estilo de Ginsberg encontraram respaldo na juventude ocidental e oriental, especialmente nas décadas de 1950-1970. No mesmo ano de 1965, Ginsberg escreveu a poesia "Kral Majales" ("Rei de Maio" em tcheco):

"e os Comunistas não têm nada pra oferecer além de bochechas gordas e óculos de grau e policiais mentirosos

e os Capitalistas ofertam Napalm e dinheiro em maletas verdes aos nus

e os Comunistas criam indústria pesada mas o coração também é pesado

e os belos engenheiros estão todos mortos, técnicos secretos conspiram para seu próprio encanto

no Futuro, no Futuro, mas agora bebem vodca e lamentam as Forças de Segurança

e os Capitalistas bebem gim e uísque em aviões mas deixam milhões de índios marrons morrerem de fome

e quando os babacas Comunistas e Capitalistas se emaranham o homem Justo é preso ou roubado ou tem sua cabeça cortada

(...)."

In: GINSBERG, A. *Collected Poems*. 1947-1980.
Trad: Kraj Majales. Harper Perennial, 1988. p. 353-354.

A partir do trecho da poesia de Ginberg, responda:

a) Como o autor se posiciona na luta da Guerra Fria? Explique.

b) Que fatos históricos são citados pelo autor?

# Analise esta imagem

Essa é uma fotografia jornalística instantânea em preto e branco. Em 1967, ano em que foi produzida a foto, já havia a possibilidade de fazer uma foto colorida; porém, a imprensa priorizava a foto em preto e branco para ser publicada nos jornais diários. Trata-se, portanto, de uma fotografia de imprensa, o chamado fotojornalismo; sua principal característica é informar e, em alguns casos, causar impacto. Os jornalistas norte-americanos tiveram acesso relativamente fácil à linha de frente da Guerra do Vietnã, o que não havia ocorrido em outras guerras. A divulgação de textos jornalísticos e especialmente de imagens da guerra fez com que o conflito estivesse muito próximo de pessoas que estavam longe da região de conflito. O jornalismo na guerra ajudou a formar uma imagem a respeito da guerra que causou impacto na sociedade americana. Apesar de não manipular os personagens por meio de poses, mesmo a fotografia jornalística é fruto de escolhas do fotógrafo, que compõe uma cena a partir do que vê, mas também do que deseja mostrar.

a) A partir da fotografia, responda: que grupos estavam envolvidos na guerra? Que escolhas foram feitas pelo fotógrafo?
b) Por que o fotógrafo escolheu representar esses grupos? Que imagem da guerra é criada por meio dessa fotografia?
c) Em conflitos posteriores, os militares norte-americanos buscaram restringir o acesso de jornalistas aos campos de batalha. Israel hoje em dia é bastante rigoroso com a presença de jornalistas nas áreas palestinas ocupadas. Por que os militares e os governos se preocupam tanto com a presença de jornalistas nas regiões de conflito? Explique refletindo sobre o papel da imprensa na cobertura de conflitos armados.

# Debatendo ideias

"Chamar Pol Pot de monstro ou compará-lo a Adolf Hitler, pelo furor assassino, é um recurso de linguagem para explicar as dimensões do mal que provocou. O perigo é deixar de dizer que Pol Pot não agiu sozinho. Se viveu até morrer docemente numa cama com mosquiteiro, foi porque soube tirar vantagem da geopolítica da Guerra Fria e ser aceito como um obstáculo importante ao expansionismo soviético na Ásia. Até as eleições supervisionadas pela ONU em 1993, o Khmer Vermelho era reconhecido pelos Estados Unidos como o governo legítimo do país, enquanto o Camboja, sob intervenção vietnamita, sofria pesadas sanções internacionais. Ocupava uma cadeira nas Nações Unidas e participava ativamente em seus organismos, como a Unesco. A China continuou fornecendo-lhe armas até 1990 e a Tailândia ainda lhe dá certo apoio logístico. A partir de 1979 nenhum país podia argumentar ignorância sobre o genocídio cometido pelo regime do Khmer Vermelho (...) O que aconteceu no Camboja foi uma reprodução simplista e exacerbada de modelos que Pol Pot admirava e tentou imitar, como a China de Mao Tsé-tung e a União Soviética de Stálin. O que surpreende é o radicalismo e a rapidez com que transformou sua utopia numa colossal tragédia. Não foi, com certeza, algo que um homem pudesse fazer sozinho."

O Pequeno Hitler, *Veja*, 22 abr. 1998. *Disponível em*: <http://veja.abril.com.br/220498/p_040.html>. *Acesso em*: 31 ago. 2015.

a) A quem Pol Pot é comparado no texto?
b) Em que sentido o ditador cambojano soube "tirar proveito da geopolítica da Guerra Fria"?
c) A partir da leitura acima e de suas próprias reflexões, como poderia ser explicada a tragédia cambojana?

# Questões de vestibular

**1.** (UNESP) "Boa noite, boa sorte" é ambientado nos Estados Unidos dos anos 50, durante os primeiros dias de transmissões jornalísticas. O filme conta os conflitos reais entre o repórter televisivo Edward R. Murrow (...) e o Senador Joseph McCarthy, que resultou numa das mais importantes viradas políticas da história americana.

Desejando esclarecer os fatos ao público, Murrow e sua dedicada equipe – liderada por seu produtor Fred Friendly (...) e por Joe Wershba (...) na sala de imprensa da rede CBS – desafiam seus patrocinadores e a própria emissora para examinar as mentiras e as amedrontadoras táticas perpetradas pelo Senador (...).

Disponível em: <http://www.netcinema.com.br>. *Acesso em*: 10 abr. 2006.

a) O filme *Boa noite, boa sorte* trata de um aspecto do chamado macarthismo. O que foi o macarthismo?
b) Os anos 1950 foram marcados pela experiência da Guerra Fria. Apresente as origens desse evento.

**2.** (PUC – SP) As lutas por direitos civis nos Estados Unidos na década de 60 (século XX) tiveram, entre suas características centrais, a:

a) ausência de mulheres e a manutenção do caráter patriarcal da sociedade norte-americana.
b) defesa dos interesses das grandes corporações industriais e o questionamento da legislação trabalhista.
c) união entre os movimentos ambientalista e gay e a escolha do arco-íris como símbolo comum desses dois grupos.
d) proposta de saídas pacíficas para os conflitos internos americanos e a insistência numa política internacional belicosa.
e) mobilização dos negros norte-americanos pela busca da ampliação de seus direitos e pelo fim das leis raciais segregacionistas.

**3.** (FVG – SP) Entre junho de 1950 e julho de 1953 transcorreu a chamada Guerra da Coreia, sobre a qual é correto afirmar:

a) o conflito foi provocado pelos interesses expansionistas do governo sul-coreano, que procurava estabelecer sua hegemonia político-militar na região.
b) o conflito foi provocado pela negativa japonesa em aceitar a desmilitarização imposta após a Segunda Guerra Mundial.
c) a ameaça de uma revolução socialista levou o governo da Coreia do Sul a solicitar ajuda norte-americana, o que provocou a reação do governo da Coreia do Norte.
d) tratou-se de uma guerra civil que resultou na divisão da Coreia em dois Estados independentes.
e) o conflito teve início com a tentativa de unificação da Coreia sob iniciativa do regime comunista da Coreia do Norte, com apoio da China.

**4.** (UFRGS – RS) No ano de 1962, os EUA e a URSS estiveram à beira de um confronto militar que ameaçou o planeta com uma guerra nuclear. Sobre esta crise, é incorreto afirmar que ela:

a) ocorreu quando governavam os EUA e a URSS, respectivamente, John Kennedy e Nikita Krutschev;
b) foi deflagrada com a descoberta da instalação de mísseis soviéticos em Cuba;
c) terminou com a retirada dos mísseis e com o compromisso de não invasão militar a Cuba pelos EUA;

d) resultou de uma provocação dos partidários de Fulgêncio Batista exilados em Miami;
e) foi consequência da deterioração nas relações entre os EUA e Cuba após a vitória da Revolução Cubana de 1959.

**5.** (UFSCar – SP) Finda a II Guerra Mundial, os EUA e a URSS emergiram como superpotências antagônicas. Entre as questões e conflitos internacionais relevantes que ocorreram durante o governo de Harry S. Truman (1945-1953), destacam-se:

a) Liga das Nações, política da boa vizinhança, crise dos mísseis, primavera de Praga;
b) Conferência de Yalta, guerra do Vietnã, revolução argelina, Aliança para o Progresso;
c) New Deal, intervenção na Guatemala, revolução cubana, armistício com a Coreia;
d) cerco de Berlim pela URSS, revolução chinesa, guerra da Coreia, plano Marshall;
e) Conferência de Potsdam, revolução mexicana, armistício no Vietnã, doutrina Monroe.

**6.** (UnB – DF) A respeito da história contemporânea de Cuba, julgue os itens seguintes.

1) A chamada crise dos mísseis cubanos desencadeou-se quando a URSS descobriu que os EUA estavam construindo uma base para o lançamento de mísseis de médio alcance naquela ilha.
2) Sob a liderança de Fidel Castro, a Cuba pós-revolucionária manteve viva a pluralidade política, consubstanciada pelo rico e multifacetado sistema partidário.
3) Precocemente industrializada no contexto latino-americano, Cuba não teve dificuldades em se autossustentar economicamente após a revolução socialista.
4) A Revolução Cubana liderada por Castro e Guevara funcionou como uma espécie de modelo para outros movimentos revolucionários de esquerda que se desenvolveram na América Latina nos anos 60.

**7.** (UERJ) CUBA JÁ RECEBE OS EUROS DOS TURISTAS
O euro começou a circular em Varadero, o balneário turístico mais importante de Cuba, onde a empresa Transtur anunciou que os serviços de táxi e aluguel de automóveis já podem ser pagos com a moeda.

*Gazeta Mercantil*, 12 maio 2002.

TENSÃO ENTRE FIDEL E WASHINGTON

A viagem de Jimmy Carter acontece num dos momentos mais tensos das relações entre EUA e Cuba nos últimos anos. No dia 6 de maio, durante um pronunciamento em Washington, o subsecretário de Estado para Controle de Armas e Segurança Nacional americano, John Bolton, incluiu Cuba na lista de países que apoiam o terrorismo.

*Jornal do Brasil*, 12 maio 2002.

As duas notícias revelam atitudes distintas com relação a Cuba. Do lado da União Europeia, há a valorização do turismo e do comércio; do lado dos EUA, desconfiança e tentativa de controle. A dificuldade dos governos norte-americanos em lidar com o regime cubano decorre do fato de que este tem sido visto como:

a) um polo de fundamentalismo religioso na América Central.
b) uma exceção política no espaço de dominação norte-americana.
c) um posto avançado das tecnologias alternativas na região do Caribe.
d) um aliado ideológico da União Europeia no contexto latino-americano.

**8.** (UFMG) Entre 1961 e 1973, um total de 57.939 norte-americanos morreram no conflito da Indochina, a mais longa e custosa guerra externa na história dos Estados Unidos. A Força Aérea dos EUA jogou sobre o Vietnã uma tonelagem de bombas mais de três vezes superior ao que foi jogado na Alemanha durante a Segunda Guerra.

KEYLOR, W. R. *The Twentieth-century World*; an international history. New York: Oxford University Press, 1996. p. 375.

Considerando-se a Guerra do Vietnã, é **CORRETO** afirmar que

a) o conflito foi motivado pela intenção do Governo norte-americano de impedir a expansão do Comunismo no Sudeste asiático.
b) os norte-americanos deram apoio decidido às ações de seu Governo no Vietnã e manifestaram insatisfação quando suas tropas foram retiradas de lá.
c) os vietnamitas que enfrentavam o exército dos EUA lutavam em condições difíceis, pois não dispunham de apoio externo.
d) a saída das tropas norte-americanas e a subsequente derrota das forças locais pró-Ocidente levaram à divisão do Vietnã.

**9.** (MACK – SP) Em 1972, os americanos lançaram uma bomba de napalm em meu povoado, no sul do Vietnã. Um fotógrafo, Nick Ut, tirou uma foto minha fugindo do fogo, a foto que hoje é tão famosa. Eu me lembro que tinha 9 anos, era apenas uma menina.

A respeito desse conflito, é **INCORRETO** afirmar que

a) Hanói, capital do Vietnã do Norte, era apoiada pela então União Soviética e pela China comunista; Saigon, capital do Vietnã do Sul, tinha o apoio dos Estados Unidos.
b) os EUA, durante anos, despejaram seus soldados no Vietnã, acreditando que um poder de fogo superior e tecnologia iriam aniquilar os soldados comunistas do Norte e as guerrilhas do Vietcong.

c) o Vietnã fazia parte da Indochina, que, desde o final do século XIX, era uma colônia dos EUA. No decorrer da II Guerra Mundial o Japão avançou sobre o Sudeste Asiático e anexou a região.

d) John Lennon e Yoko Ono estavam entre as celebridades que se juntaram ao movimento pacifista que reivindicou a retirada de todas as forças norte-americanas do Vietnã.

e) o envolvimento norte-americano no Vietnã durou 12 anos, custou cerca de US$ 150 bilhões, e terminou em um pesadelo de culpa e recriminação, cujas cicatrizes permanecem abertas ainda hoje.

**10.** (PUC – SP) Na década de 60, jovens iniciaram, em diferentes países, uma série de movimentos de contestação que colocavam em questão valores até então tidos como sólidos. O movimento *hippie*, iniciado nos EUA, teve como principais motivações:

a) a crítica aos padrões comportamentais ditados pela sociedade de consumo e a recusa à convocação para lutar na guerra do Vietnã;

b) o questionamento das reformas educacionais e a reação à orientação ideológica assumida pelo governo americano;

c) o apoio às greves operárias reprimidas pela polícia e a discordância em relação à política internacional americana;

d) a resistência à aprovação no Congresso americano dos orçamentos para pesquisas espaciais e para auxílio aos países do Terceiro Mundo;

e) a condenação das restrições impostas pelos EUA a Cuba e o repúdio à intervenção soviética no território tcheco.

# Programas de Avaliação Seriada

**1.** (PAVE – UFPel – RS)

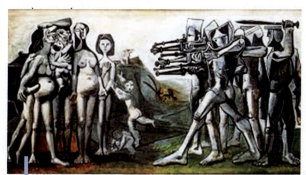

Massacre na Coreia, *Pablo Picasso*, 1951 (obra encomendada pelo Partido Comunista).

O uso da força imperialista na Guerra da Coreia (1950--1953) é criticado, na pintura, pela representação dos militares em contraposição às mulheres e crianças (com formas arredondadas). O país que participou dessa Guerra e é objeto da crítica do artista foi(foram)

a) os EUA.
b) a Índia.
c) a Alemanha.
d) a Itália.
e) o Vietnã.
f) I.R.

**2.** (PSIU – UFPI) Reflita sobre as seguintes afirmativas acerca da Guerra Fria e, em seguida, assinale a alternativa correta.

I. Governos pró-soviéticos foram estabelecidos na Hungria, Romênia, Bulgária e Alemanha Oriental.

II. A economia capitalista e o liberalismo político foram as principais características do bloco liderado pelos Estados Unidos.

III. O bloco capitalista formou a OTAN, Organização do Tratado do Atlântico Norte, e o bloco socialista formou o Pacto de Varsóvia.

IV. Um grupo de países afro-asiáticos, liderados pela Índia, formou o bloco dos países não alinhados.

a) Somente I.
b) Somente I e IV.
c) Somente II e IV.
d) Somente III.
e) I, II, III e IV.

# capítulo 49

# A crise do mundo socialista e o término da Guerra Fria

*Você já se perguntou por que alguns eventos importantes do passado parecem ter vida própria? De que forma recobram o seu valor no presente quase que involuntariamente? Pensando nisso, como podemos explicar a importância da queda do Muro de Berlim para o mundo atual? Duas décadas depois, tal episódio ainda tem desdobramentos no que diz respeito ao seu significado e às suas consequências. Dessa forma, a entrada da multidão de moradores da parte oriental na Berlim Ocidental, em 9 de novembro de 1989, possui não apenas um significado para a memória pessoal dessas pessoas, mas simboliza transformações mais profundas: a reunificação da Alemanha; o fim da Guerra Fria que ameaçava mergulhar os EUA, a União Soviética e seus respectivos aliados em um conflito iminente; e o início de uma nova ordem mundial na qual a liberdade e a democracia saíam vitoriosas. Entretanto, a adoção de formas democráticas de governo e as transformações econômicas não trouxeram à Rússia e a muitas duas suas ex-repúblicas resultados satisfatórios. Por outro lado, trouxe à tona, principalmente, rivalidades territoriais, étnicas e religiosas que antes conviviam no interior do bloco soviético.*

A divisão do mundo entre os blocos capitalista e socialista após a Segunda Guerra Mundial teve seu epílogo a partir de 1989 com a crise dos países socialistas. Antes da crise, EUA e URSS viveram a chamada distensão (nos anos 1970) e um novo revigoramento da competição na década de 1980.

## O caminho da distensão

As décadas de 1960 e 1970 foram marcadas por uma transição na política internacional entre as duas superpotências. EUA e URSS enfrentavam dificuldades em suas áreas de domínio, como o rompimento da China com a URSS, e a desgastante campanha dos EUA no Vietnã.

Além das disputas entre si, as duas superpotências identificaram descontentamentos e contestações em suas áreas de influência. Nesse contexto, a grande novidade da política internacional, que teve reflexos em diferentes campos, foi a adoção da política de distensão (*détente*) entre URSS e EUA. A corrida armamentista e o relativo equilíbrio entre Moscou e Washington, além das pressões populares dos anos 1960, levaram a uma reavaliação dos programas de armas nucleares, que tinham, até então, assegurado o poderio dos líderes dos blocos comunista e capitalista.

### A détente

Ao longo da década de 1960, EUA e URSS iniciaram as discussões sobre a limitação de testes nucleares subterrâneos (1963). As discussões sobre a não proliferação de armas nucleares avançaram no período, com o compromisso de que os países que tinham tecnologia nuclear não aumentariam o seu arsenal, enquanto aqueles que não detinham a tecnologia não desenvolveriam esse tipo de armamento.

Essa discussão seria inócua se não envolvesse as superpotências. Em 1972, em um gesto dos novos tempos, URSS e EUA assinaram o acordo conhecido como SALT (*Strategic Arms Limitation Talks – Conversações sobre Limitação de Armas Estratégicas*), que limitava a produção de mísseis nucleares e previa o aumento de relações comerciais entre os dois países.

Selo comemorativo do voo conjunto Apollo-Soyuz em 1975, uma missão espacial que envolveu norte-americanos e soviéticos, em um gesto de aproximação entre as superpotências.

Os acordos de limitação de armas estratégicas "congelavam" os mísseis intercontinentais. Os países que não tivessem desenvolvido a tecnologia nuclear deveriam renunciar à possibilidade de a obterem. China e França, detentoras da tecnologia nuclear, rejeitaram o acordo, bem como outros países interessados em desenvolver tecnologia atômica. Mais do que mostrar um gesto pacifista, EUA e URSS pretendiam continuar monopolizando o domínio nuclear e reduzir os altos custos da manutenção da corrida armamentista.

Embora criticado e sem adesão de muitos países, o SALT foi um marco por iniciar uma nova fase nas relações entre os protagonistas da Guerra Fria. As duas superpotências, apesar das divergências ideológicas, passavam a ser parceiras em determinadas questões, como no domínio da tecnologia nuclear e nas operações espaciais.

## Os EUA durante a distensão

No período da distensão, os EUA ampliaram as relações comerciais com a URSS e buscaram a aproximação com a China, iniciada durante a visita do presidente Nixon a Pequim em 1972. Esse gesto foi visto como uma provocação norte-americana aos soviéticos, pois a China, embora comunista, estava rompida com a URSS desde 1962.

Essas iniciativas, como podemos perceber, não significaram o fim da Guerra Fria, mas ampliaram os espaços de negociação entre os blocos. Os confrontos, por exemplo, nas lutas de independência das ex-colônias africanas contavam com o apoio direto de EUA e URSS.

Internamente, os EUA ainda enfrentavam as consequências da Guerra do Vietnã. Os resultados da missão militar não eram favoráveis e as críticas da sociedade civil americana ao conflito se intensificavam, o que levou os EUA a se retirarem do Sudeste asiático em 1975. A política externa norte-americana era revista e submetida cada vez mais às pressões da opinião pública do país. A saída do Vietnã, entretanto, não significou que os EUA abdicariam dos assuntos internacionais, mas teve reflexos na condução dessas questões.

A invasão do Afeganistão pela URSS e a vitória da revolução islâmica no Irã, ambas ocorridas em 1979, levaram o republicano Ronald Reagan à presidência dos EUA no ano seguinte, marcando a retomada de uma ação internacional mais forte para garantir a "segurança dos americanos e do mundo livre" e sepultando o clima da *détente*.

## União Soviética: exuberância externa e dificuldades internas

A União Soviética, durante a *détente*, passou por intensas transformações internas, mas o objetivo de se alcançar ou superar os EUA foi abandonado. Embora a URSS ampliasse sua participação no comércio internacional, por exemplo, com a venda de petróleo para a Europa, as condições de vida da população não acompanharam o ritmo dos discursos oficiais.

Moscou ampliava sua presença internacional, exportando movimentos revolucionários para áreas pobres, como a África, e para países da Ásia, como o Afeganistão. Ou seja, os investimentos no setor bélico continuavam a ser uma prioridade do regime soviético.

A imagem de crescimento de suas zonas de influência, no entanto, contrastava com o aumento das resistências nacionais, com os levantes nas repúblicas soviéticas. No Leste europeu, a Alemanha Oriental comunista iniciava a "abertura para o Leste", nos anos 1970, aproximando-se da Alemanha Ocidental capitalista.

Outros países do Leste europeu buscavam maior liberdade em relação aos soviéticos. Um dos movimentos mais famosos ocorreu na Tchecoslováquia, em 1968, no episódio que ficou conhecido como a **Primavera de Praga** (capital do país), tido como a maior afronta aos interesses soviéticos no Leste europeu. Na época, a Tchecoslováquia era governada por Alexander Dubcek, secretário-geral do Partido Comunista, que tentava implementar uma série de reformas democráticas no país, as quais acenavam para o fim do partido único, a adoção de uma política econômica mais autônoma em relação à URSS, além da restauração das liberdades civis e dos direitos dos cidadãos. Dubcek pretendia implantar um modelo de "socialismo de rosto humano", afastando de vez o fantasma do stalinismo, pretensão que se chocava frontalmente com a ideologia do PC soviético. A reação da URSS veio no dia 20 de agosto de 1968, quando as tropas do Pacto de Varsóvia, o bloco militar dos países comunistas, invadiram Praga e depuseram Alexander Dubcek, substituído alguns meses depois por Gustav Husák, alinhado com Moscou.

A vitória soviética, no entanto, despertou muitas críticas, inclusive entre socialistas e comunistas do mundo europeu, aumentando o isolamento da URSS.

Um dos pontos nevrálgicos da crise no mundo socialista que levou ao fim da *détente* foi a ação militar no Afeganistão em 1979. No ano anterior, o país havia se tornado comunista, contando com o apoio de Moscou, porém grupos locais islâmicos se rebelaram contra o governo. Utilizando-se da mesma estratégia repressora adotada em Praga, os soviéticos invadiram o Afeganistão. A complexa situação político-militar desse país agravou-se, levando a uma sangrenta guerra civil. Os soviéticos não conseguiram impor o seu domínio na região. As tropas soviéticas se retiraram do Afeganistão em 1989, já durante a crise do regime socialista. Vários analistas nomearam essa crise como o "Vietnã dos soviéticos".

> Nevrálgicos: tensos.

Os EUA, durante o governo de Ronald Reagan, classificaram o domínio soviético como o "império do mal", e enviaram auxílio aos afeganes, tidos como "combatentes da liberdade". Entre os aliados do governo dos EUA estava Osama bin Laden, fundamentalista islâmico que se tornaria mundialmente conhecido como líder terrorista no início do século XXI.

A distensão, definitivamente, perdera sua relevância.

Tanques soviéticos esmagam os anseios de liberdade na Primavera de Praga, em 1968. O episódio recebeu esse nome porque representava o florescer da independência tcheca em relação ao autoritarismo do regime comunista.

Os aspectos geográficos de um país podem ser poderosos aliados da população local, em situação de guerra contra outros países. Assim aconteceu no Afeganistão, com seu clima árido e relevo montanhoso (na foto), que dificultaram a ação das tropas soviéticas durante a ocupação do país entre 1979 e 1989.

# A formação da União Europeia

Enquanto os EUA e a URSS monopolizaram as questões internacionais da segunda metade do século XX, a Europa ocidental procurou ampliar o seu espaço com a criação do Mercado Comum e, posteriormente, com o estabelecimento da União Europeia.

Esse processo foi iniciado em 1948, quando nasceu o **Benelux**, um acordo de aproximação comercial e integração econômica que previa o fim das tarifas alfandegárias entre Bélgica, Holanda e Luxemburgo. Após outras experiências de aproximação comercial e a adesão de outros países, foi criado o **Mercado Comum Europeu** (MCE) ou Comunidade Econômica Europeia (CEE), em 1957, com a assinatura do Tratado de Roma. Os signatários do Tratado foram Bélgica, República Federal da Alemanha, França, Itália, Luxemburgo e Holanda. Em 1973, o Reino Unido aderiu à Comunidade Europeia, assim como a Dinamarca e a Irlanda. A "Europa dos Nove", como ficou conhecido o grupo de países europeus, era o segundo poder econômico mundial e congregava mais de 250 milhões de habitantes. Em 1981, entrou para o MCE a Grécia e, em 1986, Portugal e Espanha. Em 1995, Suécia, Finlândia e Áustria, formando-se, assim, a chamada Europa dos 15.

Apesar das dificuldades, do regionalismo e das diferenças econômicas e culturais entre os países-membros, o MCE colocou a Europa de novo no centro das grandes decisões mundiais.

O bloco econômico foi se ampliando e, em 1993, com o Tratado de Maastricht (nome da cidade holandesa em que ele foi assinado em 1992) foi oficializada a formação da **União Europeia** (UE).

O fim das tarifas alfandegárias permitiu aos países-membros um mercado de grande extensão, com forte poder de compra. Os acordos comerciais exigem que os produtos fabricados dentro do bloco tenham prioridade nas transações comerciais entre os países-membros. Essa medida fortaleceu o comércio europeu, ao mesmo tempo que aumentou o protecionismo e subsídios, especialmente na área agrícola, dificultando a penetração de produtos de outros países na UE.

A unificação econômica europeia também está atrelada à adoção da moeda única, o euro, que circula em quase todos os países que entraram para a UE antes de 2004.

Para ser um país-membro da União Europeia há critérios rígidos previstos no Tratado de Maastricht. Assim, os países-candidatos devem:

o possuir instituições estáveis capazes de garantir a democracia, o Estado de direito, os direitos humanos e o respeito e proteção das minorias;

o ter uma economia de mercado viável e capacidade para enfrentar a pressão da concorrência e as forças do mercado na União Europeia;

o capacidade de assumir as obrigações decorrentes da qualidade de membros da UE, incluindo a adesão aos objetivos da união política, econômica e monetária. Isso significa que os países-candidatos adotam a legislação da União Europeia – o chamado *acervo comunitário*.

Em 2004, a União Europeia acolheu dez novos países: Chipre, República Tcheca, Estônia, Hungria, Letônia, Lituânia, Malta, Polônia, Eslováquia e Eslovênia, formando, assim, a **Europa dos 25**. A Bulgária, a Romênia, a Croácia e a Turquia são candidatas a integrar a UE. A União Europeia não é uniforme, havendo enormes desigualdades sociais e econômicas entre os países-membros. Em 2010, com a crise econômica mundial, a Grécia enfrentou sérias dificuldades financeiras. Os países mais ricos, como a Alemanha, resistiram a emprestar recursos para o país, mas teve que ceder em nome da unidade política e econômica prevista nos acordos da União Europeia.

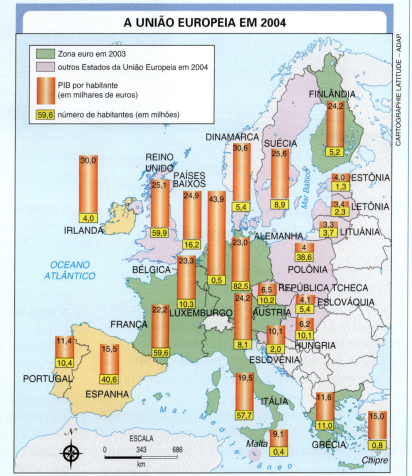

A UNIÃO EUROPEIA EM 2004

## Além da Guerra Fria: a revolução islâmica no Irã

Enquanto a lógica bipolar entre norte-americanos e soviéticos funcionava como indutora de diversos conflitos mundiais, corria-se o risco de reduzir o fato a uma análise superficial, sem pensar no todo, nas peculiaridades e ações de cada povo, de cada Estado. Dessa forma, a Revolução islâmica no Irã é significativa, pois não se trata de um simples ajuste ao confronto entre capitalistas e comunistas.

O Irã era governado ditatorialmente pelo Xá Rezah Pahlev, nitidamente pró-americano, desde a década de 1940. Internamente oprimia seus opositores, levando alguns deles ao exílio, como ocorreu com o Aiatolá Khomeini, membro do alto clero islâmico, que se fixou em Paris. O Xá, de uma maneira autoritária, tentou impor reformas no país nos moldes ocidentais, desconsiderando as tradições, os valores e as crenças religiosas da população.

Nesse contexto de confrontos políticos, religiosos e culturais, os aiatolás, liderados por Khomeini no exílio, diziam que o governo iraniano não era um governo islâmico e pregavam a necessidade de uma revolução que desse o poder aos religiosos xiitas e negasse a "ocidentalização" dos costumes.

O aumento da repressão interna fez com que em 1978 a multidão liderada por estudantes reivindicasse o retorno de Khomeini, o que levou à fuga do Xá. Em 11 de janeiro de 1979, Khomeini, antes

mesmo de chegar ao Irã, criou o Conselho da Revolução Islâmica. Nascia um governo teocrático islamita, regido pelas normas do Corão, o livro sagrado dos muçulmanos. Foi proclamada a República Islâmica do Irã, um regime que fundiu Estado e religião, liderado pelo clero xiita, sendo sua autoridade máxima o aiatolá Khomeini.

Khomeini referia-se aos Estados Unidos como o Grande Satã, o grande inimigo, desvirtuador máximo dos preceitos islâmicos. Ele propagava que a Revolução Islâmica deveria ser exportada e copiada no mundo muçulmano. Seus ideais fundamentalistas tiveram grande eco nas populações muçulmanas da Ásia e, principalmente, no Oriente Médio.

Com a revolução iraniana, os costumes ocidentais foram banidos no país.

# O fim da *détente* e a retomada da competição

Com as crises econômica e política vividas no decorrer dos anos 1970, houve um recrudescimento na política de distensão entre as duas superpotências. Os EUA e a URSS tiveram momentos de cooperação, como na política de controle de armas nucleares, mas também momentos de conflito, em que aproveitavam as tensões regionais para aumentar sua influência no mundo.

Os principais motivos para o fim da *détente* e o aumento da tensão entre as superpotências foram a desconfiança recíproca e pressões políticas internas em cada um dos regimes. Vejamos alguns desses aspectos.

- **A expansão soviética:** os soviéticos adotaram uma política de expansão e intervenção em áreas como África – financiando movimentos separatistas em Angola e Moçambique, por exemplo –, Afeganistão, e procuraram aproximação com os países árabes.
- **A ação dos EUA:** Ronald Reagan, em 1980, reascendeu a retórica contra a URSS, alegando que os soviéticos tinham transgredido entendimentos anteriores de não interferir nas áreas de influência norte-americana, como, por exemplo, na América Latina, palco de vários focos de guerrilha que visavam combater governos de direita. Os Estados Unidos lançaram-se em um arrojado programa de armamento e desenvolveram um sistema de defesa aéreo, de modo que demonstrasse a superioridade bélica de Washington.

- **As pressões sobre a URSS:** a economia estagnada e o aumento das pressões por liberdade e autonomia levaram membros da burocracia do partido único soviético a pressionar os governos a ações militares e de repressão, que acabaram minando o regime soviético e despertando a rivalidade com os EUA.
- **Os movimentos na Polônia pela abertura do regime socialista:** um exemplo da contestação ao socialismo na Europa do início dos anos 1980 ocorreu na Polônia, onde surgiu o sindicato *Solidariedade*, liderado por Lech Walesa, que desafiava a doutrina marxista e sua organização. Os Estados Unidos apoiavam o movimento sindical contrário a Moscou.

# O esfacelamento do bloco socialista

Na década de 1980, enquanto o Ocidente capitalista mostrava-se forte econômica e tecnologicamente, a União Soviética amargava o fracasso de mais de 50 anos de economia planificada, centrada na indústria pesada e bélica e nas fazendas coletivas. A defasagem tecnológica em relação ao Ocidente era gritante.

Nesse contexto de crise chegou ao poder na URSS, em 1985, Mikhail Gorbatchev. Seu discurso reformista era sustentado em dois princípios: um econômico, com a *perestroika* (reestruturação, em russo), e outro político, a *glasnost* (transparência, em russo).

Entre as medidas econômicas da *perestroika* estavam a diminuição do orçamento militar, a possibilidade de existir pequena propriedade privada, a abertura de monopólios estatais à concorrência, como forma de acelerar o crescimento econômico e aumentar a produtividade, e maior liberdade para a instalação de empresas estrangeiras no país. As reformas econômicas não tiveram grandes resultados e sofreram grande oposição de setores do Partido Comunista.

No plano político, a *glasnost* teve maior êxito. A população, com a diminuição da censura, podia se expressar e se manifestar sobre a situação em que vivia. Presos políticos foram libertados. Os jornais abrigavam elogios e críticas à *perestroika*. O Estado declarou-se neutro nos assuntos relacionados à fé e foi restabelecida a liberdade de culto. A URSS perdia suas feições totalitárias, mas ainda persistia o regime de partido único (o Comunista) e o projeto de ser um Estado socialista.

No âmbito da política externa, Gorbatchev tratou de arejar as relações com o Ocidente, promovendo um clima de maior cooperação internacional. Ele propôs não apenas a redução da corrida armamentista, mas a destruição do potencial nuclear dos dois países. Em 1988, diante do programa militar contra mísseis do governo norte-americano, conhecido como "Guerra nas Estrelas", Gorbatchev propôs uma maior cooperação entre os dois países e o fim da corrida armamentista, com a desistência soviética diante do inimigo mais poderoso.

## *Disseram a respeito*

### Gorbatchev e a glasnost

Em 1985, um reformador apaixonado, Mikhail Gorbatchev, chegou ao poder como secretário-geral do Partido Comunista soviético. Não foi por acaso. (...) Era inteiramente evidente para todos os demais governos comunistas, dentro e fora da órbita soviética, a iminência de grandes transformações, embora não fosse ainda claro, mesmo para o novo secretário-geral, o que elas trariam.

A "era de estagnação" (*zastoi*) que Gorbatchev denunciou fora na verdade uma era de aguda fermentação política e cultural entre a elite soviética. Esta incluía não só o grupo relativamente minúsculo de autocooptados chefetes do Partido Comunista no topo da hierarquia da União, único lugar onde verdadeiramente eram, ou podiam ser, tomadas decisões, mas o relativamente vasto grupo de classe média educada e tecnicamente formada, além de administradores econômicos que de fato mantinham o país andando: acadêmicos, *intelligentsia* técnica, especialistas e executivos de vários tipos. Em

certos aspectos, o próprio Gorbatchev representava essa nova geração de quadros educados (...). A profundidade dessa fermentação não se mede pelo tamanho do grupo de fato de dissidentes públicos que agora aparecia — umas poucas centenas, no máximo. Proibidas ou semilegalizadas (pela influência de bravos editores como o do famoso "jornal denso" *Novy Mir*) críticas e autocríticas impregnavam o ambiente cultural da URSS metropolitana sob Brejnev, incluindo importantes setores do Partido e do Estado, notadamente nos serviços de segurança e relações exteriores. Dificilmente se pode explicar de outro modo a enorme e súbita resposta ao apelo de Gorbatchev por *glasnost* ("abertura" ou "transparência").

Fonte: HOBSBAWM, E. J. *A Era dos Extremos*: o breve século XX. *Op. cit.* p. 461-462.

**1)** Para o autor, a *glasnost* não foi uma surpresa. Por quê?

## A tentativa de reação da burocracia soviética

A abertura proporcionada pela *glasnost* levou à derrocada do socialismo na Europa, como veremos a seguir. Setores conservadores do Partido Comunista da URSS tentaram depor Gorbatchev e barrar os processos políticos de abertura em 1991.

A resistência ao golpe foi liderada por Boris Ieltsin, presidente da Rússia, a maior e mais importante das repúblicas socialistas soviéticas, e pelo Parlamento em Moscou. Após dias de tensão, Gorbatchev foi reconduzido ao cargo. Sem autoridade e diante do agravamento da crise, em dezembro de 1991 Gorbatchev renunciou à presidência da URSS, que também deixaria de existir ao

final daquele ano, dando lugar à **Comunidade de Estados Independentes (CEI)**, que reunia 12 das antigas repúblicas que compunham a União Soviética. Ficaram de fora Estônia, Letônia e Lituânia.

Boris Ieltsin tornava-se a principal liderança política da ex-superpotência socialista.

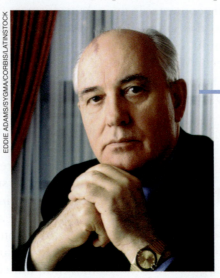

EDDIE ADAMS/SYGMA/CORBIS/LATINSTOCK

Mikhail Gorbatchev, o homem da *perestroika* e da *glasnost*, foi o responsável por uma das maiores transformações político-econômicas vividas pela então União Soviética, que acabou culminando na desintegração das repúblicas socialistas. Eleito secretário-geral do PCUS em 1985, foi deposto em agosto de 1991 pelas forças conservadoras do partido. Logo depois foi recolocado na presidência do país, mas renunciou em dezembro do mesmo ano.

O ESFACELAMENTO DO IMPÉRIO SOVIÉTICO

CLAIRE LEVASSEUR – ADAP.

ESTÔNIA
LETÔNIA
FEDERAÇÃO RUSSA
LITUÂNIA
BIELORÚSSIA
UCRÂNIA
CAZAQUISTÃO
MOLDÁVIA
OCEANO PACÍFICO
GEÓRGIA
UZBEQUISTÃO
QUIRGUISTÃO
ARMÊNIA
TADJIQUISTÃO
AZERBAIJÃO
TURCOMENISTÃO

ESCALA
0    2.740    5.480
km

Ex-URSS

Novos estados independentes

**NONONO** Estados-membros da Comunidade de Estados Independentes (CEI)

## A implosão do socialismo na Europa do Leste

Com a *glasnost*, movimentos de caráter nacionalista e de libertação política, até então radicalmente reprimidos no Leste europeu,

ganharam força em diversos países comunistas que viviam sob o autoritarismo soviético.

A Hungria, em maio de 1989, abriu suas fronteiras com a Áustria, permitindo que milhares de alemães orientais, que só podiam transitar entre países do bloco socialista, ingressassem em seu território e atingissem a vizinha Áustria e, de lá, a Alemanha Ocidental. Assim, abriu-se definitivamente a **cortina de ferro**.

Ainda em 1989, a Hungria abandonou oficialmente o marxismo-leninismo, adotou o pluripartidarismo e, por meio de acordos entre partidos recém-criados, convocou eleições livres, reforma da Constituição e dos códigos civil e penal. O acontecimento húngaro alastrou-se por toda a Europa Central.

## A queda do Muro de Berlim

As transformações políticas também chegaram ao maior símbolo da Guerra Fria na Europa, a Alemanha dividida. O governo da Alemanha Oriental sofria pressão para flexibilizar as autorizações de viagens para a parte Ocidental. Diante de uma informação equivocada do porta-voz do governo, a de que as viagens para o Ocidente seriam permitidas a partir daquele momento, a população se concentrou junto ao Muro. Na noite de 9 de novembro de 1989, uma enorme multidão reuniu-se junto ao Muro de Berlim e, armados com pás, martelos e picaretas, diante de guardas da RDA, passou a destruir fisicamente o muro, até que uma retroescavadeira abriu uma passagem entre Berlim Oriental e Ocidental.

A queda do Muro de Berlim, em 9 de novembro de 1989, não significou apenas a derrubada de um paredão, mas o fim do regime comunista na Europa e da Guerra Fria.

## A desintegração das "democracias populares"

Em 10 de novembro de 1989, no dia seguinte à queda do Muro de Berlim, o primeiro-ministro da Alemanha Ocidental, Helmut Kohl, propôs a reunificação das duas Alemanhas. Surpreendentemente, um ano depois a proposta foi concretizada, menos como reunificação igualitária e mais pela anexação da parte Oriental pela Ocidental.

Menos de dois meses depois da queda do Muro, todos os regimes comunistas do Leste tinham caído. Formaram-se novos países e outros se desmembraram, como no caso da Tchecoslováquia que se dividiu, anos mais tarde, em República Tcheca e Eslováquia. O estado policialesco socialista da URSS e do Leste europeu tinha abafado durante décadas antigas **disputas étnicas** nessa região e o afrouxamento da repressão trouxe à tona também o **nacionalismo**.

Entre os ex-países socialistas, a Iugoslávia enfrentou a maior crise. O país, que reunia sob seu regime povos de origens étnicas e religiosas diferentes, ao ver desaparecer o regime comunista entrou em guerra logo depois. A Eslovênia e a Croácia tornaram-se independentes em 1991; Bósnia-Herzegóvina, Sérvia e Montenegro e a província de Kosovo foram palco do maior conflito dentro do território europeu desde a Segunda Guerra. Sentimentos nacionalistas e rivalidades internas desintegraram a antiga Iugoslávia.

## A nova e a velha Alemanha

*Nos depoimentos abaixo, podemos mapear os efeitos do final da divisão entre Alemanha Oriental e Ocidental na vida de alguns cidadãos alemães. A sua visão retrospectiva desse passado indica quais memórias eles produzem sobre a sua vida no lado oriental, podendo ser positivas ou negativas:*

Frank Eigenfeld e seus colegas de subversão em Halle, na Alemanha Oriental, tinham muito o que fazer em 1989: pendurar cartazes com palavra de ordem em viadutos, durante à noite; fazer a recontagem informal de votos para provar que o Partido Comunista fraudava as eleições; imprimir panfletos de oposição que, teoricamente, só podiam circular dentro das igrejas protestantes. Nas manifestações de outubro organizadas por Eigenfeld e seus amigos, pedia-se eleições livres na RDA, respeito aos direitos humanos e proteção do meio ambiente, mas ninguém pensava em derrubar o Muro. "Na noite do dia 9 de novembro, incrédulo como todo alemão, peguei meu Trabant e viajei a Berlim para encontrar meu irmão, que vivia no Ocidente", diz Eigenfeld. De volta a Halle, ele comandou, um mês depois, a ocupação da central da Stasi na cidade. Era preciso impedir que os funcionários destruíssem os arquivos secretos da repressão estatal. "Da minha ficha, só encontrei a capa, onde o burocrata anotou que os oito volumes de espionagem sobre mim haviam sido incinerados dias antes em uma fábrica de papel", conta o geólogo aposentado.

Gisela Kallenbach, deputada do Parlamento Europeu pelo Partido Verde da Alemanha, conhece o sofrimento que um estado opressor é capaz de causar. A construção do Muro a separou para sempre da avó, que vivia na Alemanha Oriental. Gisela não pôde sequer ir ao seu enterro. Na juventude, ela recusou o serviço militar e (...) foi impedida de cursar uma universidade. "Quem fala, hoje, nas supostas vantagens do regime comunista se esquece de como realmente era a vida na Alemanha Oriental", diz Gisela. (...) "O problema é que muitos alemães orientais não sabiam o que fazer com a liberdade que conquistaram e tinham uma imagem irreal do mundo externo – eles achavam que no sistema capitalista todo mundo dirigia uma Mercedes e vivia numa mansão", diz Gisela.

"Eu não sei nada sobre a Alemanha Oriental", diz o skatista Robert M., de 20 anos, de Leipzig. (...) Robert era um bebê quando o Muro de Berlim caiu. (...) ele diz estar fadado a se juntar à massa de desempregados. Seu amigo Christian L., de 19 anos, está fazendo um curso profissionalizante para ser pintor de parede. "A escola dá uma versão negativa sobre a RDA, mas nossos pais dizem a verdade: naquele tempo tinha menos problema de desemprego e tudo era mais barato", diz Christian. (...) Jovens como Robert e Christian, crentes em uma visão rósea de um passado que não conheceram, engrossam o eleitorado do partido saudosista A Esquerda.

A comerciante Kerstin Rank, de 39 anos, teve durante sete anos uma loja com produtos dos tempos da Alemanha Oriental. Este mês ela vendeu o estabelecimento para se dedicar a produzir a imitação de um refresco em pó (...) que desapareceu há 20 anos, junto com o muro. "Eu ensino ao meu filho, nascido na década de 90, que nem tudo era tão ruim na RDA," diz Kerstin. "Ao menos havia garantia de emprego e ninguém precisava se preocupar com segurança pública." O fato de alguns cidadãos serem abatidos na fronteira tentando sair do país era, para ela, apenas um efeito colateral do sistema. "Se era proibido, por que insistir?", pergunta Kerstin.

Disponível em: <http://veja.abril.com.br/noticia/internacional/nova-velha-alemanha>. Acesso em: 31 ago. 2015.

## A crise nos Bálcãs

A Iugoslávia era formada por seis repúblicas (Eslovênia, Croácia, Bósnia-Herzegóvina, Sérvia, Montenegro e Macedônia) e duas regiões autônomas, situadas na Sérvia (Voivodina e Kosovo).

A Sérvia alimentava antigas pretensões hegemônicas sobre a região balcânica, onde se situava a Iugoslávia. Em 1989 foi eleito presidente da Sérvia Slobodan Milosevic. Por ser a república mais populosa, com maioria cristã-ortodoxa, o dirigente pretendia submeter os outros Estados à liderança sérvia. Em 1990, a Eslovênia e a Croácia, as duas províncias mais ricas, iniciaram a busca por sua independência, obtida no ano seguinte. Milosevic declarou guerra primeiramente contra eslovenos e depois contra os croatas, pois temia que os sérvios fossem expulsos das áreas que habitavam quando ainda existia a Iugoslávia. A guerra civil matou milhares de pessoas. A Macedônia e a Bósnia-Herzegóvina seguiram o mesmo caminho da independência.

Milosevic, no entanto, não aceitou a independência bósnia e iniciou, em 1992, com a ajuda dos sérvios que habitavam a Bósnia, uma guerra que teve um caráter de "limpeza étnica", cercando inicialmente a cidade de Sarajevo, matando mais de dez mil pessoas. Houve um verdadeiro genocídio na Bósnia, o que significou expulsar, torturar, mutilar e assassinar bósnios e croatas. Em uma única ação, realizava-se o desejo de vingança contra dois povos distintos, já que a Croácia havia obtido sua independência. Com a perseguição dos sérvios a bósnios e croatas, os dois povos se uniram contra o exército de Milosevic. A comunidade internacional fez pressão para que o conflito terminasse e interveio, usando forças contra o exército de Milosevic e derrotando-o em 1995. A Bósnia, enfim, tornava-se independente.

Em 1998, a província do Kosovo, situada na Sérvia, tentou sua autonomia. A reação de Milosevic foi idêntica, iniciando uma guerra em 1999. Só que desta vez promovendo uma limpeza étnica contra os albaneses que lá moravam e os kosovares muçulmanos. A OTAN interferiu na guerra em junho de 1999, bombardeando a Sérvia e obrigando o ditador sérvio a recuar. O Kosovo tornou-se um protetorado internacional, sendo administrado pela ONU e contando com a presença de uma força de paz da OTAN.

Milosevic foi preso por crimes contra a humanidade e seria julgado pela Corte Internacional de Haia, por seus crimes nas guerras da Bósnia e do Kosovo, mas morreu em 2006 antes que o julgamento chegasse ao fim.

Da antiga Iugoslávia, a última divisão ocorreu em 2006, quando por meio de um plebiscito as regiões de Sérvia e Montenegro decidiram se separar, desta vez sem guerra.

## POVOS DA ANTIGA IUGOSLÁVIA

## GUERRAS E CONFLITOS NA IUGOSLÁVIA 1990-1995

A guerra da Bósnia teve características de limpeza étnica. Campos de concentração eram novamente instalados na Europa, o que levou diversos países a exigir a intervenção da ONU na região.

## As ambíguas heranças do socialismo que realmente existiu

O socialismo foi decisivo para a destruição do nazismo. Sem a URSS, a história da humanidade, dominada pela besta nazista, poderia ter sido radicalmente diferente.

Pode-se dizer o mesmo dos impérios coloniais europeus. Sem a retaguarda soviética, política, militar, diplomática, moral, seria impensável a sua desagregação, pelo menos na velocidade que se verificou.

As referências socialistas também seriam de capital importância para a constituição das correntes nacional-estatistas na América Latina, na Ásia e na África. (...)

O Estado do bem-estar social (*Welfare State*), basicamente construído após a Segunda Guerra (...) na área da Europa Ocidental, deveu-se também, e amplamente, à existência do socialismo soviético e seus congêneres. A ameaça *vermelha* aconselhava à prudência e às concessões. (...)

Como heranças destrutivas, o socialismo deixou, sem dúvida, um rastro de intolerância. A negação das liberdades e do pluralismo, a cultura do centralismo e da ditadura (...).

Em um plano mais geral, o socialismo que realmente existiu não foi capaz, historicamente, de construir e de gestar uma alternativa ética, convincente, ao capitalismo. Seus valores mais centrais – igualitarismo, solidariedade, cooperação, coletivismo –, além do fato de que não eram levados a sério pelas próprias elites socialistas, acabaram associados à ineficiência e à ditadura.

*Fonte:* REIS FILHO, D. A. Crise e desagregação do socialismo. In: REIS FILHO, D. A.; FERREIRA, J.; ZENHA, C. *O Século XX*. Rio de Janeiro: Civilização Brasileira, 2002. p. 181-183.

**1)** Indique pontos positivos e negativos no balanço feito pelo autor sobre a experiência socialista.

# Cinemateca

**A Insustentável Leveza do Ser** (1988, EUA, dir.: Philip Kaufman) Um médico tcheco procura sua realização e liberdade, mas a invasão das tropas do Pacto de Varsóvia no país, em 1968, na chamada Primavera de Praga, tem profundos reflexos sobre ele.

**Adeus, Lênin!** (2003, Alemanha, dir.: Wolfgang Becker) Pouco antes da queda do Muro de Berlim, uma mulher, comunista ferrenha, entra em coma. Ao despertar, o filho faz de tudo para que ela não perceba que não existe mais a Alemanha comunista, com medo que ela piore.

**Guantanamera** (1995, Cuba, dir.: Tomás Guitierrez Alea e Juan Carlos Tabío) O filme mostra a vida na ilha de Cuba no pós-Guerra Fria.

**Underground – Mentiras de Guerra** (1995, França/Iugoslávia, dir.: Emir Kusturica) Em um subterrâneo em Belgrado, uma família sobrevive à guerra produzindo armas para os rebeldes. Um dia a guerra acaba, mas o atravessador deles prefere não avisá-los.

**Wall Street – Poder e Cobiça** (1987, EUA, dir.: Oliver Stone) Um corretor jovem e ambicioso torna-se amigo de um milionário experiente na Bolsa de Valores, que passa a ser seu tutor nos negócios.

**Terra de Ninguém** (2001, Bósnia-Herzegóvina/Eslovênia/França, dir.: Danis Tanovic) Dois soldados, um sérvio e um bósnio, estão em uma trincheira durante a Guerra da Bósnia. Um terceiro soldado está deitado sobre uma mina e qualquer movimento poderia acioná-la. A ONU é chamada para intermediar a situação insolúvel diante das câmeras de TV.

# Revisitando a História

**1.** Explique o que foi a *détente* e quais os principais aspectos que a tornaram possível.

**2.** Enumere dois motivos que levaram ao fim da *détente* e à volta da competição entre URSS e EUA.

**3.** Explique por que a Revolução Iraniana foge à lógica da Guerra Fria.

**4.** Observe a charge a seguir, publicada em um jornal alemão. Depois, responda:

a) Qual a principal mensagem da charge?
b) O que a charge mostra em relação à Polônia e Hungria?

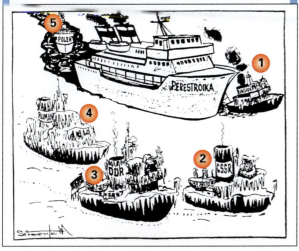

**O NAVIO QUEBRA-GELO**
***PERESTROIKA* NO INVERNO DE 1988**

**1** – Hungria ; **2** – Tchecoslováquia; **3** – RDA (República Democ. Alemã); **4** – Romênia; **5** – Polônia

*Fonte: Der Tagesspiegel, Berlim, 19 dez. 1988.*

**5.** Por que a queda do Muro de Berlim é o ícone do fim do socialismo?

**6.** Explique como o esfacelamento da URSS e do sistema socialista foi importante para o ressurgimento das questões nacionalistas e separatistas.

**7.** A respeito do esfacelamento da URSS, responda:

a) Quais foram as propostas reformistas de Gorbatchev e como elas colaboraram para a queda do regime soviético?
b) Segundo Hobsawm no texto da página 815, por que a *glasnost* obteve tanta aceitação dentro da URSS?

**8.** Releia o quadro "As ambíguas heranças do socialismo que realmente existiu" (página 820) e faça um breve texto analisando a avaliação do historiador Daniel Aarão Reis Filho sobre a experiência socialista.

# Analise esta imagem

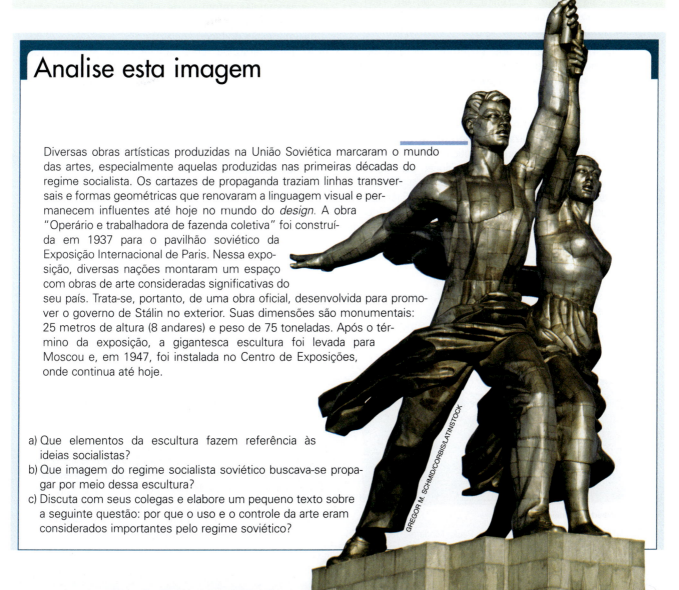

Diversas obras artísticas produzidas na União Soviética marcaram o mundo das artes, especialmente aquelas produzidas nas primeiras décadas do regime socialista. Os cartazes de propaganda traziam linhas transversais e formas geométricas que renovaram a linguagem visual e permanecem influentes até hoje no mundo do *design*. A obra "Operário e trabalhadora de fazenda coletiva" foi construída em 1937 para o pavilhão soviético da Exposição Internacional de Paris. Nessa exposição, diversas nações montaram um espaço com obras de arte consideradas significativas do seu país. Trata-se, portanto, de uma obra oficial, desenvolvida para promover o governo de Stálin no exterior. Suas dimensões são monumentais: 25 metros de altura (8 andares) e peso de 75 toneladas. Após o término da exposição, a gigantesca escultura foi levada para Moscou e, em 1947, foi instalada no Centro de Exposições, onde continua até hoje.

a) Que elementos da escultura fazem referência às ideias socialistas?
b) Que imagem do regime socialista soviético buscava-se propagar por meio dessa escultura?
c) Discuta com seus colegas e elabore um pequeno texto sobre a seguinte questão: por que o uso e o controle da arte eram considerados importantes pelo regime soviético?

## Debatendo ideias

Ano após ano, no dia 9 de novembro, comemora-se a queda do Muro de Berlim. O noticiário internacional se encontra, então, marcado pelas festividades comemorativas e por análises voltadas a entender quais os significados e consequências de tal fato para o século XXI. Pensando nisso, o especialista em relações internacionais Gilberto Sarfati afirmou a importância de tal fato não só para a história nacional alemã, mas para o início de uma nova era na política internacional:

"O perigo do nacionalismo alemão praticamente não existe como questão importante aos olhos da opinião pública mundial – em tempos em que todas as atenções estão voltadas aos grupos terroristas islâmicos. Passados 15 anos da queda do Muro de Berlim, temos pouquíssima certeza sobre os rumos da política internacional, mas temos certeza de que o mundo em que vivemos é mais complexo e mais perigoso do que antes da antiga barreira alemã."

*Fonte:* SARFATI, G. *Análise:* a queda do Muro de Berlim e a hegemonia americana.
*Disponível em:* <http://www1.folha.uol.com.br/folha/mundo/ult94u78531.shtml>.
*Acesso em:* 17 maio 2010.

Contextualize a afirmação e explique os seus significados para o tempo atual.

## Questões de vestibular

**1.** (UFSM – RS) Há vinte anos – em 9 de novembro de 1989 – caiu o Muro de Berlim. Construído em 1961 e, desde então, visto como um símbolo da Guerra Fria, sua queda relaciona-se com:

I. o desmantelamento dos governos comunistas no Leste europeu, decorrente do fim do controle soviético e das pressões populares por maiores liberdades políticas e econômicas.

II. o acirramento dos conflitos políticos e militares entre URSS e EUA, conforme apontavam os acordos sobre armas nucleares realizados na década de 1980.

III. a recuperação do sistema soviético, com a diminuição do planejamento estatal e da introdução das regras da economia de mercado.

IV. a crise do sistema capitalista, devido às falências da indústria e das finanças provocadas pela nova orientação econômica levada a cabo pelos governos de Margareth Tatcher e Ronald Reagan.

Está(ão) correta(s)

a) apenas I.
b) apenas II.
c) apenas III.
d) apenas IV.
e) apenas II, III e IV.

**2.** (UFSM – RS)

Gorbachev: o artífice da derrocada.

BRENNER J. *Jornal do Século XX*. São Paulo: Moderna, 1998. p. 305

A caricatura de Chico Caruso remete ao contexto histórico:

a) marcado pelas reformas de Milkhail Gorbatchev para enfrentar a crise da economia soviética e a crescente desintegração do bloco socialista.

b) do acirramento da repressão da União Soviética aos movimentos que reivindicavam maior liberalização econômica e política dentro do mundo socialista.

c) caracterizado pelo recrudescimento da corrida armamentista com o aumento exacerbado dos gastos em armamentos e exércitos.

d) da emergência da China como potência econômica e militar, com ambições de assumir a hegemonia do mundo comunista.

e) do enfraquecimento da União Europeia, transformada em mero apêndice europeu dos interesses norte-americanos.

**3.** (ENEM) O fim da Guerra Fria e da bipolaridade, entre as décadas de 1980 e 1990, gerou expectativas de que seria instaurada uma ordem internacional marcada pela redução de conflitos e pela multipolaridade.

O panorama estratégico do mundo pós-Guerra Fria apresenta:

a) o aumento de conflitos internos associados ao nacionalismo, às disputas étnicas, ao extremismo religioso e ao fortalecimento de ameaças como o terrorismo, o tráfico de drogas e o crime organizado.

b) o fim da corrida armamentista e a redução dos gastos militares das grandes potências, o que se traduziu em maior estabilidade nos continentes europeu e asiático, que tinham sido palco da Guerra Fria.

c) o desengajamento das grandes potências, pois as intervenções militares em regiões assoladas por conflitos passaram a ser realizadas pela Organização das Nações Unidas (ONU), com maior envolvimento de países emergentes.

d) a plena vigência do Tratado de Não Proliferação, que afastou a possibilidade de um conflito nuclear como ameaça global, devido à crescente consciência política internacional acerca desse perigo.

e) a condição dos EUA como única superpotência, mas que se submetem às decisões da ONU no que concerne às ações militares.

**4.** (UFPB – adaptada) O texto, abaixo, aborda a queda dos regimes socialistas na Europa.

É inegável, porém, que o fracasso não é apenas dos regimes comunistas, mas da revolução inspirada pela ideologia comunista, ideologia que postulava a transformação radical de uma sociedade vista como injusta e opressora em uma sociedade bem diferente, livre e justa.(...). A maior prova do fracasso é o fato de todos quantos se rebelaram ao longo desses anos (...) pediam exatamente o reconhecimento dos direitos à liberdade, que constituem o pré-requisito da democracia.

BOBBIO, N. *Apud* MOTA, M. B.; BRAICK, P. R. *História*: das cavernas ao Terceiro Milênio. São Paulo: Moderna, 1997. p. 585.

Sobre a queda dos regimes socialistas na Europa, identifique as proposições verdadeiras:

(01) A queda dos regimes socialistas foi causada, principalmente, pelo colapso da União Soviética, devido à gravíssima crise econômica e à insatisfação social e política da sua população. As reformas democráticas de Mikhail Gorbatchev contribuíram para acelerar a desagregação do regime soviético, que foi extinto em 1991, após um movimento liderado por Boris Yeltsin.

(02) A Alemanha, após a Segunda Guerra Mundial, foi dividida em Alemanha Ocidental (capitalista) e Alemanha Oriental (socialista), esta marcada por forte repressão do regime a seus cidadãos e por um desenvolvimento econômico inferior ao da Alemanha Ocidental. Essas condições culminaram na queda do Muro de Berlim, que levou à reunificação alemã, em 1990.

(04) A Iugoslávia era considerada o regime mais democrático entre os países socialistas e exemplo de convivência entre povos diferentes. Porém, a desagregação do socialismo atingiu fortemente o país, com a explosão de guerras interétnicas, a exemplo dos conflitos da Bósnia e de Kosovo, em que ocorreram massacres de populações civis e práticas genocidas, não mais vistos na Europa desde a Segunda Guerra Mundial.

(08) A Romênia foi o único país socialista a fazer uma transição pacífica para um regime democrático. Após alguns protestos populares, o ex-ditador Nicolae Ceausescu renunciou, conservando, porém, parte de seu poder, através do exército e de seus antigos aliados, que mantiveram a unidade do país e converteram-se ao capitalismo, fazendo acordos comerciais e militares com o Ocidente.

**5.** (UEG – GO) Em 1979, a Revolução Islâmica, encabeçada pelo líder religioso aiatolá Khomeini, derrubou do poder o xá Reza Pahlevi, tradicional aliado dos EUA, e proclamou a República Islâmica do Irã. Esse evento significou

a) a criação de uma nação governada a partir de critérios eminentemente teocráticos.

b) a formação da milícia religiosa Taleban, que mais tarde tomaria o poder no Afeganistão.

c) o apoio explícito dos EUA ao Estado de Israel, visando ao controle político do Oriente Médio.

d) o fim dos conflitos entre as duas grandes vertentes do islamismo: os xiitas e os sunitas.

**6.** (PUC – RJ) Entre meados da década de 1950 e meados dos anos 1970, os Estados Unidos e a União Soviética realizaram uma política de aproximação chamada "détente". Sobre esse momento das relações entre as duas superpotências, é correto afirmar:

a) americanos e soviéticos assinaram tratados para controle dos arsenais nucleares e ampliaram os contatos diplomáticos como caminho para resolver as situações de conflito entre os dois países.

b) a aproximação entre os Estados Unidos e a União Soviética diminuiu o investimento em armas e tecnologia, do que resultaram diversas crises na indústria militar de ambos os países.

c) a política de "Coexistência Pacífica" fracassou, aprofundando a instabilidade nas relações políticas internacionais.

d) a "Coexistência Pacífica" pôs fim à Guerra Fria e significou um novo período nas relações entre os dois países, caracterizado pela competição econômica e não pelo conflito militar.

e) o relaxamento das tensões políticas entre americanos e soviéticos possibilitou a ascensão de outras potências – tais como, China, Japão e Alemanha –, o que provocou, a partir dos anos 70, a desagregação da ordem internacional bipolar.

**7.** (UFRGS – RS) Na década de 80, a URSS enfrentou uma guerra ao invadir o Afeganistão para apoiar o governo daquele país. Em relação a essa guerra, é correto afirmar que:

I. Os oponentes dos soviéticos eram identificados como os "combatentes da liberdade" pelo presidente Reagan, sendo apoiados pelos EUA.

II. Os soviéticos se retiraram durante o governo de Gorbatchev, sem ter derrotado os guerrilheiros afegãos.

III. A resistência afegã contou com a participação de Osama bin Laden, que teria sido recrutado pela CIA entre os fundamentalistas islâmicos da Arábia Saudita.

Quais estão corretas?

a) apenas I
b) apenas I e II
c) apenas I e III
d) apenas II e III
e) I, II e III

**8.** (UNESP) Líderes europeus e centenas de milhares de pessoas celebraram ontem no leste e no oeste da Europa a entrada de dez novos membros na União Europeia, levando para 25 o total dos membros do bloco e enterrando de vez a divisão (...) surgida no final da Segunda Guerra Mundial (1939-1945).

*Folha de S.Paulo*, 2 maio 2004.

O texto refere-se à divisão havida na Europa em:

a) nações industrializadas e países exportadores de produtos primários;

b) regimes monárquicos e estados centralizados e autoritários;

c) países capitalistas e regimes comunistas, sob a liderança da União Soviética;

d) países possuidores de impérios coloniais e nações desprovidas de mercados externos;

e) potências nucleares e estados sustentados por exércitos populares.

**9.** (UECE) Sobre a desagregação do bloco socialista, iniciada a partir dos anos oitenta, é correto afirmar:

a) as mudanças fundamentais iniciaram-se na Rússia, quando Mikhail Gorbatchev assumiu a direção do governo soviético;

b) as lutas na maioria dos países da Europa Oriental foram dirigidas pelo Sindicato Solidariedade;

c) o regime socialista subsistiu na China, em virtude do fechamento da economia às empresas capitalistas ocidentais;

d) Albânia e Cuba foram os únicos países que conseguiram se manter fiéis ao regime socialista.

**10.** (UFES – adaptada) O colapso do socialismo levou a uma redefinição política e territorial do Leste europeu. Sobre essas mudanças, pode-se afirmar que:

I. em 1989, teve início a reunificação das Alemanhas: Oriental e Ocidental, com a destruição histórica do Muro de Berlim, que voltou a sediar a capital da Alemanha unificada;

II. em face da crise do socialismo e da emergência de antigas rivalidades nacionalistas, a Tchecoslováquia sofreu um desmembramento que deu origem às repúblicas Tcheca e da Eslováquia;

III. após a morte do General Tito, a Iugoslávia perdeu importantes territórios – Lituânia, Estônia, Letônia e Belarus (Bielo-Rússia) – que ainda vivem um dramático conflito de etnias;

IV. em 1991, a Croácia e a Eslovênia declararam independência. No ano seguinte, bósnios e croatas votaram pela autonomia da Bósnia-Herzegóvina. Todavia, a Sérvia não aceitou essa decisão e promoveu um cerco a Sarajevo, o que deixou mais de dez mil mortos.

Assinale a opção que contém as afirmativas corretas:

a) apenas I, II e III
b) apenas II, III e IV
c) apenas I e IV
d) apenas I, II e IV
e) I, II, III e IV

# Programa de Avaliação Seriada

**1.** (PISM – UFJF – MG) Sobre o fim da URSS, é CORRETO afirmar que:

a) representou a vitória de um modelo econômico de planejamento estatal centralizado em oposição ao modelo do livre mercado.

b) resultou de uma intervenção dos Estados Unidos, que, através da CIA, ajudaram a planejar a política conhecida como "Glasnost" e a "Perestroika".

c) o líder político russo que teve maior destaque nesse processo foi L. Brejnev.

d) a tentativa de retomar o antigo modelo da URSS, pelos setores conservadores, foi contida pelo movimento de resistência liderado por Boris Ieltsin.

e) a transformação econômica se deu sem causar grandes impactos na sociedade, demonstrando-se a solidez da economia russa.

# capítulo 50

# China: revoluções, reformas e repressões no século XX

*Os protagonistas da Guerra Fria assistiram, em 1949, à ascensão da China no cenário internacional. O país mais populoso do mundo promoveu a sua Revolução e inseriu-se como uma das grandes forças do século XX. Inicialmente, a China adotou o modelo soviético, mas na década de 1960 China e União Soviética romperam relações. O país oriental adotou um modelo próprio, e mesmo após a Guerra Fria ainda é oficialmente um país comunista, que desponta como uma das potências do século XXI.*

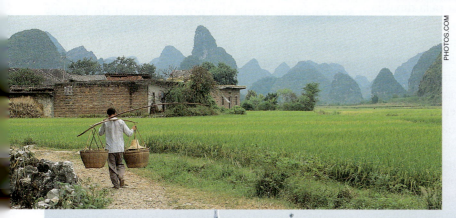

PHOTOS.COM

A China, um país essencialmente rural no início do século XX, passou por profundas transformações. Sob um regime comunista, modernizou parte de sua economia, abrindo-a para o mercado externo. Porém, internamente, o regime chinês do Partido Comunista mantém uma estrutura política fechada, responsável pela repressão a movimentos dissidentes.

JOSE FUSTE RAGA/CORBIS/LATINSTOCK

# As agitações políticas do século XX e a liderança de Mao Tsé-tung: o "Grande Timoneiro"

*Lutar, fracassar, lutar novamente... até... a vitória; esta é a lógica do povo, e ele... jamais irá voltar-se contra ela. Esta é uma Lei Marxista. A Revolução do povo russo seguiu esta lei, e assim o povo chinês terá a sua revolução.*

Mao Tsé-tung

A China, durante o Imperialismo do século XIX, foi obrigada a ceder territórios para os japoneses e a conceder uma série de privilégios a nações europeias com interesses no país, rompendo com um isolacionismo secular. Nessa época, era governada pela dinastia Manchu, que mantinha a população em um estágio de produção arcaica e colaborava abertamente com os dominadores estrangeiros. Em 1911, uma República foi instalada, derrubando a dinastia Manchu; o movimento foi liderado por Sun Yat-sen, representando os nacionalistas (Kuomitang). O novo líder enfrentou a oposição de chefes militares locais que não o queriam no poder. O Kuomitang aproximou-se da Rússia e obteve o apoio dos comunistas russos para lutar contra os poderes dos "senhores da guerra", como eram chamados os governadores militares das províncias, que eram a base de sustentação da Monarquia chinesa. Veja o que pensava Sun Yat-sen:

*... de que país a China é colônia? É colônia de cada país com quem firmou um tratado, e todos os países que têm um tratado com a China são seus donos. Assim, a China não é somente escrava de uma nação e sim escrava e colônia de todas as nações.*

Os conflitos duraram dez anos e, em 1921, Sun Yat-sen foi eleito presidente e, embora pretendesse unificar o país, só o conseguiu fazer no sul. Nesse mesmo ano, o jovem Mao Tsé-tung fundou o Partido Comunista Chinês (PCC). Sun morreu em 1925 e foi substituído na liderança do Kuomitang (Partido Nacionalista) por um militar, Chiang Kai-shek. Em 1926, o oficial lançou-se em uma empreitada militar com o intuito de unificar a China, aliando-se, para isso, aos comunistas.

A aliança entre comunistas e nacionalistas, entretanto, não durou muito. Em 1927, as forças nacionalistas atacaram as forças comunistas com receio do crescimento vertiginoso que os comunistas vinham tendo na China, e o poderio que possivelmente alcançariam, o que colocaria os nacionalistas em uma posição de subordinação. Chiang Kai-shek iniciou uma violenta repressão aos operários comunistas, na cidade de Xangai, o que provocou grande indignação, dando início a uma guerra civil. No ano seguinte, em 1928, Chiang Kai-shek tomou Pequim e unificou o país, apesar da resistência comunista, sendo reconhecido pelos países ocidentais como o legítimo governante chinês.

Em 1931, os comunistas estabeleceram 15 bases em áreas rurais, na porção central do território. Em 1934, o exército de Chiang Kai-shek conseguiu demovê-los de lá. Liderados por **Mao Tsé-tung**, cerca de 90.000 seguidores partiram em uma campanha militar conhecida como a **Grande Marcha** em direção ao norte. Sem encontrar grande resistência armada, os revolucionários comunistas organizaram na parte setentrional do país uma **República Vermelha**, que se firmou apesar dos ataques militares dos nacionalistas.

Em 1937, os grupos rivais chineses deixaram de lado suas diferenças e uniram-se contra o Japão, que havia invadido o país. A união durou até a derrota dos japoneses com o fim da Segunda Guerra, em 1945, quando o Japão perdeu o domínio dos territórios que havia conquistado no Oriente.

Com a retirada japonesa dos territórios chineses houve a retomada dos conflitos entre as facções chinesas, agora contando com ajuda externa: os comunistas passaram a receber apoio da União Soviética e os nacionalistas foram auxiliados pelos EUA. Os comunistas contavam, de forma mais significativa que os nacionalistas, com o apoio da imensa população rural chinesa. Assim, no dia 1º de outubro de 1949, os comunistas tomaram Pequim e proclamaram a **República Popular da China**. Chiang Kai-shek,

Mao Tsé-tung (1893-1976).

ROMAN SOUMAR/CORBIS/LATINSTOCK

então chefe de governo chinês, fugiu para a **Ilha de Formosa (Taiwan)** e lá instalou a **República da China**, que contou com o apoio norte-americano.

Os norte-americanos tinham receio de que a revolução comunista se espalhasse pela Ásia, trazendo maior instabilidade ao continente. Em virtude disso – apesar de sua extensão continental e sua população de 600 milhões de habitantes em 1949 – o governo norte-americano preferiu não reconhecer a República Popular da China (China Continental) e decidiu reconhecer o governo de Taiwan, a República nacionalista, como único representante do povo chinês. A contrapartida dessa ação diplomática a favor do governo de Chiang Kai-shek foi a manutenção, em Taiwan, de uma importante base estratégico-militar norte-americana.

**A CHINA CONTINENTAL E A PEQUENA TAIWAN**

# A economia chinesa planificada

Os anos seguidos de guerra civil e da invasão japonesa haviam arrasado a ainda agrária China. Mao e seus seguidores reproduziram os passos soviéticos para a implementação do comunismo, com a planificação da economia e o poder centralizado nas mãos do Partido Comunista. Acreditavam que era preciso modernizá-la e superar o estágio de uma economia essencialmente agrícola e nas mãos de poucas pessoas. Uma das primeiras medidas nesse sentido foi coletivizar a terra e promover a reforma agrária. Mais de 70 milhões de hectares pertencentes a uma minoria foram confiscados para serem distribuídos a mais de 300 milhões de camponeses. Os camponeses foram agrupados em cooperativas agrícolas, similares aos *kolkhozes* soviéticos, e recebiam ajuda técnica da URSS, fundamental para que se pudesse pensar em modernização agrícola. Priorizou-se a industrialização chinesa e deu-se grande ênfase à sua indústria de base.

Em 1950, a China assinou um tratado de amizade com a URSS. Nesse mesmo ano, as tropas do Exército Vermelho chinês invadiram o vizinho Tibete, que – apesar da resistência de seu povo – foi anexado como província chinesa. Ainda em 1950, soldados chineses foram enviados para lutar ao lado dos norte-coreanos, na guerra da Coreia (1950-1953), naquele que seria, como vimos no capítulo anterior, o primeiro embate militar indireto entre as superpotências (Estados Unidos e URSS) pela hegemonia mundial.

O Dalai Lama, líder espiritual dos tibetanos, após a invasão de seu país, foi obrigado a exilar-se na Índia. Por sua intensa campanha pela independência do Tibete, recebeu o Prêmio Nobel da Paz em 1989.

Em virtude do envolvimento chinês na guerra da Coreia, o primeiro plano quinquenal chinês foi anunciado somente em 1953. Segundo esse plano, além da ênfase na agricultura, procurava-se incentivar a indústria de base. O plano alcançou resultados satisfatórios, porém abaixo do crescimento econômico proposto de 14% ao ano.

# Liberalização e repressão

O gigantismo da sociedade chinesa e os arraigados resquícios de uma sociedade rural eram um sério comprometimento para a modernização do país. Assim, em 1957, o Partido Comunista Chinês lançou o **Movimento das Cem Flores**, que previa maior liberalização e flexibilização revolucionária, na tentativa de envolver a população na construção de uma sociedade socialista.

Não demorou para que os idealizadores desse movimento liberalizante percebessem que a flexibilização ideológica poderia pôr em xeque os princípios doutrinários da revolução. Em virtude disso, houve violenta repressão, com prisão e "reeducação" dos ativistas populares que aderiram ao Movimento das Cem Flores, acusados de serem anticomunistas. Para Mao, a volta à liberalização foi tratada como um retorno à "pureza ideológica", pois, segundo ele, permitiu que as "cobras saíssem de suas tocas" e pudessem, assim, ser identificadas e extintas, resguardando o ideal revolucionário.

Em 1958, a cúpula do PC Chinês decidiu dar uma guinada na condução da política econômica, redirecionando-a com ênfase na agricultura. A proposta do **Grande Salto para a Frente** passava a receber a maior parte dos investimentos estatais, sobretudo na área agrícola, embora também tivesse proposto metas de industrialização inalcançáveis na época. Mao desejava superar o estágio industrial norte-americano e inglês, as grandes potências ocidentais, em apenas 15 anos.

Essa nova diretriz privilegiou as atividades agrárias, com a organização dos camponeses em **comunas populares**: áreas geograficamente definidas, resultantes da fusão das antigas cooperativas agrícolas. Tratava-se de unidades autônomas, formadas por 2 mil a 20 mil famílias, sendo estas as proprietárias das terras coletivizadas.

Apesar de todos os esforços do novo plano econômico, essa ação redundou em fracasso, pois a China enfrentou uma gravíssima crise de fome, que provocou a morte de mais de 20 milhões de pessoas em menos de dois anos. Em virtude do fracasso do Grande Salto para a Frente, em 1960 Mao foi afastado pela cúpula do Partido Comunista Chinês de suas funções, tendo permanecido apenas no comando da política externa chinesa.

A questão econômica varria o país, mas outras mudanças sociais e culturais eram introduzidas na China comunista. Em 1950, foram introduzidas as leis do divórcio e de casamento, que tentavam acabar com a milenar submissão das mulheres na sociedade chinesa. A nova legislação permitia que as mulheres escolhessem seus maridos, que no caso de divórcio tivessem direitos iguais aos homens, ficando com a guarda dos filhos e resguardado o direito à partilha de bens.

---

## Saiba mais

### As mulheres na sociedade chinesa

A falta de valorização da mulher na sociedade chinesa e a sua submissão ao homem são um problema cultural que persiste até hoje. Uma das mais tristes facetas desta herança cultural é a preferência que os casais dão ao nascimento de filhos homens. As filhas mulheres são preteridas. Pela sua enorme população, a China implantou o regime do filho único, uma forma de tentar frear o grande crescimento demográfico. Os casais são punidos com a falta de assistência do Estado se têm dois ou mais filhos. Assim, pela valorização do filho homem, muitas mulheres abortam ao saber que estão grávidas de meninas, mesmo em estágios avançados da gestação, com sete ou oito meses. Outras vezes, as filhas são abandonadas logo após o nascimento – algumas são recolhidas em orfanatos, já repletos de meninas rejeitadas, mas muitas recém-nascidas são abandonadas em qualquer lugar. A situação é tão grave que a população masculina, em 2005, superou a feminina em 300 milhões. Para tentar coibir essa trágica realidade, as autoridades chinesas proibiram que se divulgue o sexo do bebê quando são realizados exames de ultrassom no pré-natal.

## A política de controle de natalidade e os efeitos do machismo na China

Na China, questões de foro íntimo, como a decisão sobre o número de filhos, era uma política de Estado desde os anos 1970. Com a política de filho único, que visava conter a explosão demográfica, os casais só poderiam ter um filho ou pagar multas elevadas se tivessem mais filhos. Um efeito dessa política, revogada em outubro de 2015 ao permitir que os casais tenham dois filhos, foi que os pais privilegiavam ter filhos do sexo masculino. De forma clandestina, garotas eram abandonadas e muitas morriam.

O governo flexibilizou a regra do número de filhos, pois considerou o envelhecimento da população e a enorme desproporção entre homens e mulheres, indício de que várias práticas eram buscadas por casais para evitar o nascimento de pessoas do sexo feminino.

A sociedade chinesa ainda privilegia o homem e, por isso, milhões de meninas são abandonadas à sua própria sorte, como vemos nesta propaganda que denuncia esta política da sociedade chinesa: "Na China sexo é questão de vida ou morte. Meninos vivem. Meninas morrem". (Foto de 30 de julho de 1996.)

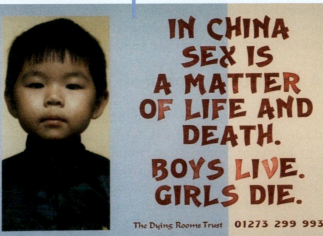
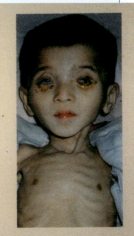

POLAK MATTHEW/CORBIS SYGMA/LATINSTOCK

---

Se a situação não estava fácil em termos econômicos no final da década de 1950, em termos políticos e diplomáticos elas também se complicaram. As relações entre China e sua grande inspiradora, a URSS, tornaram-se tensas com a manifestação de grandes divergências. Com a morte de Stálin, em 1953, e as mudanças ocorridas na União Soviética, Mao acusava os soviéticos de revisionistas e de estarem se aliando ao imperialismo americano. Em 1962, URSS e China romperam relações.

Dessa forma, substituiu-se o modelo soviético – que inspirou a Revolução Chinesa – por uma proposta de socialismo própria, a *via chinesa*, com ênfase na agricultura e não na industrialização de base. A doutrina de Mao propunha a fusão de nacionalismo (reconhecendo a importância das expressões da cultura nacional) com o marxismo (o conceito de lutas de classe e a perspectiva internacional).

O modelo revolucionário chinês serviu de inspiração aos países subdesenvolvidos na luta pela implantação de um sistema socialista, em que a revolução no campo e a luta contra a burocracia eram o caminho para o socialismo.

# A volta de Mao e a Revolução Cultural

Mao, o grande líder da Revolução Chinesa, que fora afastado de grande parte de suas funções em 1960, organizou sua volta ao poder pela **Grande Revolução Cultural Chinesa**, lançada em 1966. Nessa campanha, conclamou a população, em especial os jovens, para que se rebelassem contra as autoridades instituídas, que, segundo Mao, "eram burocratas e pragmáticas, responsáveis pelo desvio da Revolução de seu curso original".

A juventude chinesa foi a grande base de sustentação da Revolução Cultural Proletária, em 1966, que devolveu a Mao seus poderes e o controle do governo chinês.

BETTMANN/CORBIS/LATINSTOCK

Os apelos de Mao tiveram grande repercussão entre a juventude chinesa e para difundir seus ideais eram usados os jornais murais públicos, os *daziabaos*. Mao retomou o poder tornando-se novamente o supremo líder da China. Cerca de 20 milhões de jovens formaram a **Guarda Vermelha** para promover uma ampla reforma no país em termos ideológicos e políticos. Tinha início um grande expurgo.

Nesse período, havia dentro do partido uma disputa aberta entre duas facções que lutavam pelo poder: de um lado, Mao, apoiado pelo Exército Popular de Libertação, a Guarda Vermelha, sob o comando de Lian Piao, e, do outro, os dirigentes do Partido, Liu Shaochi e Deng Xiaoping. Estes últimos foram derrotados nessa disputa e obrigados a fazer uma autocrítica pública, o que fortaleceu ainda mais a posição de Mao e de seus seguidores.

## A Revolução Cultural: anos de terror

Os Guardas Vermelhos levaram a revolução aos quatro cantos da China, usando de truculência, violência, tortura, assassinatos, sequestros, perseguições e incentivo à delação. Tudo isso em nome da volta aos princípios revolucionários e expurgo dos revisionistas, imperialistas e burgueses, todos chamados, de maneira geral, de contrarrevolucionários. Milhões de pessoas foram mortas.

A Guarda Vermelha agia de maneira autônoma, cometendo muitos excessos. Em 1969, Mao, com medo de perder o controle da situação, convocou o exército regular para acabar com a Guarda Vermelha. Ela foi acusada de extremista e desmantelada.

Mao morreu em 1976. Nesse ano, sua viúva e mais três companheiros da ala mais radical do Partido, conhecidos como **Camarilha dos Quatro**, fizeram manobras para tomar o poder, mas não foram bem-sucedidos. Foram condenados à prisão perpétua, responsabilizados pelas atrocidades e excessos cometidos durante a Revolução Cultural. Em 1991, a viúva de Mao, Jiang Qing, suicidou-se na cadeia.

### *Passado/presente*

### A influência do maoísmo em outras partes do mundo

O maoísmo e a especificidade de seu discurso comunista para uma realidade rural apresentou repercussões pelo mundo todo devido à possibilidade oferecida aos países que não apresentavam historicamente uma economia de força industrial de se engajar, então, em um debate socialista. Na América Latina, podemos citar movimentos que se iniciaram na década de 1960-1970 e que têm significativa reverberação ainda nos dias de hoje, como o Sendero Luminoso, no Peru, o MST, no Brasil, e o Zapatismo, no México. Em outros continentes, também é grande o número de organizações relacionadas à experiência socialista chinesa em países como Angola, Índia e até mesmo Portugal. No entanto, é importante notar que muitas vezes o termo "maoísmo" é empregado pelos meios de comunicação de forma pejorativa, ao atrelar os movimentos ditos revolucionários, associados principalmente ao período chinês de atuação da Guarda Vermelha, resumindo tais movimentos a uma versão essencialmente sanguinária.

## A era Deng Xiaoping

Após a morte de Mao, o poder na China voltou às mãos de Deng Xiaoping, que havia sido afastado durante a Revolução Cultural sob acusação de ser amigo do capitalismo. Foi obrigado a trabalhar em uma fábrica de tratores. Sob seu comando, a China tomou nova diretriz, visando ao desenvolvimento do país. Isso significava o rompimento com a ala mais esquerdista do Partido e uma aproximação parcial com o capitalismo. Foram dadas prioridades a quatro setores que deveriam ser modernizados: **agricultura**, **indústria**, **exército** e **tecnologia**. Uma frase de Xiaoping tornou-se famosa e expressava o novo pensamento chinês de então: "Pouco importa que o gato seja preto ou branco no momento em que ele agarra o rato". Nessa fase, deixou-se de lado a economia planificada e a China alcançou grande crescimento econômico.

Em 1982, Deng Xiaoping, com o controle da política chinesa, reafirmou sua convicção socialista e os princípios que norteiam ideologicamente o Partido: a ditadura do proletariado, o Partido Comunista como dirigente da sociedade chinesa e a referência ao marxismo-leninismo. As modificações e a abertura se dariam exclusivamente no plano econô-

| Nome: Deng Xiaoping | Sexo: masculino | Nascimento: 1904 |
| --- | --- | --- |
| Origem familiar: Característica: Partido político: | | proprietário rural cruel e despótico ambicioso e intrigante pseudo-membro do Partido Comunista |
| Pai: Mãe: Esposa: | | empregava trabalhadores rurais e tinha quatro mulheres proprietária de terras procedente de uma família de capitalistas; sabe se maquiar muito bem |
| Lema: | | "Pouco importa que o gato seja preto ou branco no momento em que ele agarra o rato." |
| Veredicto: | | excluído do Comitê Central do Partido Comunista |

mico, sem qualquer condescendência no âmbito político. Os próprios chineses denominaram essa nova fase econômica de **socialismo de mercado**. Essa abertura permitiu o aumento de pequenas empresas privadas que em 1985 atingiam a casa dos 17 milhões. Simultaneamente, a economia se abriu ao capital estrangeiro, permitindo investimentos nas chamadas **Zonas Econômicas Especiais – ZEEs –**, áreas situadas no litoral, voltadas para a exportação.

O processo de abertura econômica não foi acompanhado pela abertura política, como se verificou na Europa. Em 1989, estudantes chineses saíram às ruas, exigindo maiores liberdades civis, de imprensa e a liberalização política do regime, ocupando a Praça da Paz Celestial, em Pequim. O Exército Vermelho, seguindo as ordens dos altos membros do Partido Comunista Chinês, reprimiu duramente as manifestações, com o uso de tanques e de armas pesadas contra os manifestantes. Milhares de estudantes foram mortos ou presos, impedindo que ventos liberalizantes tivessem eco na sociedade. Essa ação repressora reforçou a posição das autoridades, que se colocariam absolutamente contrárias a qualquer concessão em termos democráticos.

As divisões entre integrantes do próprio Partido Comunista chinês levaram a críticas e "fichamentos" de antigos dirigentes, como vemos nesta descrição de Deng Xiaoping durante a Revolução Cultural maoísta.

J. ANDANSON/SYGMA

Deng Xiaoping.

REUTERS/CORBIS/LATINSTOCK

Essa imagem de um estudante parando os tanques fala por si e foi reproduzida, com destaque, inúmeras vezes no Ocidente. O estudante foi preso e condenado pelo seu ato. Morreu anos depois na cadeia.

Com a morte de Deng Xiaoping em 1997, assumiu a liderança no país Jiang Zemin, que deu continuidade aos rumos econômicos e políticos determinados por seu antecessor. A China passou a ter índices de crescimento econômico surpreendentes, por volta de 10% ao ano. Os investidores internacionais foram atraídos pelas vantagens que esse país oferece ao capital estrangeiro, em especial o baixíssimo custo de sua mão de obra, e pelo mercado consumidor de 1,3 bilhão de pessoas, extremamente atraente às economias capitalistas ocidentais. A China é o país que mais tem recebido investimentos nos últimos anos, como também alcançado os mais expressivos índices de crescimento econômico, despontando como uma das grandes forças no cenário internacional. Antigos rivais do período da Guerra Fria, a China mantém atualmente relações diplomáticas e econômicas com os EUA.

## Hong Kong e Taiwan

Depois de 156 anos como protetorado britânico, Hong Kong foi reintegrada à China Continental como uma Região Administrativa Especial. Na segunda metade do século XX, Hong Kong tornou-se uma das mais importantes áreas financeiras do mundo, atraindo investidores dos quatro cantos do globo, e sendo o mais dinâmico porto da Ásia. Essa possessão britânica, encravada em território chinês, esteve sob sistema capitalista por todos esses anos.

Em 1984, foi acertada a entrega de Hong Kong pela Inglaterra para a China em 1997. Fez parte do acordo entre Inglaterra e China sobre a reincorporação de Hong Kong que o sistema econômico capitalista vigorará até 2047, uma forma de não afastar os investimentos e investidores de uma das áreas financeiras mais importantes do planeta.

Parte da população, entretanto, não acreditava que o regime comunista manteria integralmente sua promessa. Nos anos que antecederam 1997, um contingente maciço de moradores de Hong Kong emigrou, principalmente para o Canadá. Passados tantos anos, não só Hong Kong continua pujante, como outras áreas especiais, as ZEEs, foram implantadas na China, sob o lema: "um país, dois sistemas".

Taiwan (Formosa), nas últimas décadas, tornou-se um país com uma economia exportadora forte de produtos manufaturados, e continua com o apoio dos Estados Unidos. A China não reconhece Taiwan como independente, mas sim como integrante de seu território, e quer reintegrar a ilha, como fez com Hong Kong. Por acordos durante a Guerra Fria, caso Taiwan seja invadida, os Estados Unidos se comprometem a ajudá-la a se defender. Porém, forte economicamente e com um sistema político autônomo, Taiwan não quer de maneira nenhuma ser incorporada à China.

DANIEL FUNG/SHUTTERSTOCK

O antigo protetorado britânico de Hong Kong foi incorporado à China em 1997.

## Nova China: chances e risco

O alojamento estudantil da Universidade de Correios e Telecomunicações do Pequim se parece com um outro qualquer: paredes manchadas, móveis gastos, livros empilhados, roupas penduradas nas janelas. A diferença está na perspectiva de seus moradores. Num dos quartos de 5 metros de comprimento por 2,5 de largura, os oito estudantes que dormem apinhados nos quatro beliches – dois de cada lado – têm emprego garantido ao saírem daqui.

Lei Zhiwen, de 24 anos, trabalhou seis meses na Nokia depois de se graduar. Agora, está voltando para a universidade para fazer um mestrado. "Quero me aprimorar profissionalmente para chegar mais longe", sorri Lei. "É muito fácil conseguir emprego na nossa área, mas para ter algo realmente bom é preciso dedicar-se." (...)

Lei (...) e seus colegas estão no epicentro do estrondoso crescimento econômico da China, impulsionado por investimentos externos e internos em tecnologia de ponta, combinados com uma mão de obra barata e crescentemente qualificada. (...)

O crescimento vertiginoso, a modernização e a introdução da lógica do mercado estão desfigurando a China e mudando drasticamente a vida dos chineses. "Nossos pais não se importavam com aparência, viviam em casas simples, e poupavam o que ganhavam", diz uma moça de 21 anos que trabalha como vendedora numa livraria. "Agora, quando não têm dinheiro, as pessoas pegam emprestado no banco para comprar casas, carros e artigos de luxo." (...)

Em todos os chineses com que se conversa, tanto os jovens quanto os mais velhos, é muito forte a visão melancólica de uma China, pobre porém tranquila e harmoniosa no passado, em contraste com uma vida nova cheia de oportunidades, mas também de riscos. "Na minha infância, as pessoas eram pobres, mas compartilhavam as coisas", lembra Li Shuangjin, um eletromecânico aposentado de 64 anos. "Naquele tempo, tudo era programado pelo governo. Agora, a sociedade já não é mais tão estável e pacífica. E ninguém se importa com os outros." "Na época dos meus pais, quando se saía da universidade, havia um emprego garantido pelo governo", compara um estudante. "Mesmo que não fosse o que a pessoa queria, era obrigada a fazer o que fosse designado. Agora, é preciso lutar para conseguir algo, mas, pelo menos, é possível fazer o que se quer."

Entre os mais jovens, no balanço entre a velha e a nova China, costuma aparecer a palavra *ziyou* – liberdade –, como o que faz com que todo o *stress* dos dias atuais valha a pena. "Antigamente, a China estava fechada e eu não poderia fazer o que faço hoje", diz uma vendedora ambulante de 38 anos, na Praça da Paz Celestial, cenário da repressão ao movimento pró-democracia de 1989. (...).

A liberdade está restrita ao âmbito das aspirações pessoais. "Na China, se você não contesta nada, tudo bem", diz um estudante. "Mas se você entrar em conflito com o governo, terá sérios problemas. Aqui, o governo controla tudo, e quem tem poder e dinheiro está sempre certo." As reformas econômicas rumo a uma economia de mercado, introduzidas a partir de 1978, não incluíram a abertura política. O regime continua sendo de partido único, com o banimento da oposição e a censura da imprensa. (...)

As dimensões da China são um argumento frequente contra a introdução de uma democracia ao estilo ocidental. (...) "Se começar a haver problemas, podemos aspirar por mudanças, mas, no momento, está dando certo." Outro jovem completa: "Desde que a vida esteja tranquila e a economia crescendo, tanto faz o sistema". Não que nunca deva haver mudanças. "O sistema chinês já mudou várias vezes, o que significa que deverá continuar mudando no futuro."

*Fonte:* SANT'ANNA, L. *O Estado de S.Paulo*, São Paulo, 23 maio 2004. Edição Especial.

**1)** Por que a liberdade existente é restrita às aspirações pessoais?

**A Muralha da China, uma das emblemáticas construções do mundo. Começou a ser erguida durante a China Imperial (ca. 220 a.C.). Sua função original era defender as fronteiras chinesas. No governo de Deng Xiaoping, este símbolo da China passou a ser difundido como um dos principais destinos turísticos do país.**

PHOTOS.COM

# Um novo imperialismo?

A participação da China no cenário internacional é cada vez mais relevante. Do comércio ágil e barato, baseado na exploração de mão de obra sem direitos trabalhistas clássicos, à pujança de indicadores econômicos excepcionais, que a elevou à parceira comercial mais importante de diversos países, a China do século XXI é uma grande potência econômica. Tal expansão levanta aspectos importantes a serem considerados: a China exerce, via economia, um novo imperialismo?

A expansão da China nas economias latino-americanas e na África, principalmente, é marcada pela busca de matérias-primas que alimentem sua voraz indústria. As relações comerciais com os países, por sua vez, são marcadas por pouca transparência e pelo envolvimento com governos corruptos e autoritários, em um modelo similar ao que foi anteriormente realizado pelas grandes potências ocidentais. Em alguns países, os governos são mantidos graças ao lucro da mineração e a Forças Armadas bem equipadas e remuneradas.

Em um primeiro instante, o interesse chinês em países pobres pode ser visto como um benefício para esses países, que veem o aquecimento de suas economias. Porém, uma relação comercial baseada principalmente na exportação de matérias-primas produz uma balança comercial deficitária e reproduz o modelo imperialista das potências econômicas do Ocidente.

Na América Latina, mesmo com altos investimentos em infraestrutura anunciados pela potência asiática, o custo futuro é uma incógnita, pois como maior mercado populacional e com um modelo político centralizado, a China tem poder de desestabilizar preços e mercadorias em todo o cenário internacional. Em 2015, o primeiro-ministro Li Kequiang realizou uma viagem ao continente, onde anunciou investimentos para a próxima década em que pretende dobrar os recursos oferecidos nos últimos anos. O comércio entre a América Latina e a China foi multiplicado por 20 desde o ano 2000 com investimentos de mais de 100 bilhões de dólares feitos por Pequim.

No Pacífico, a China também causa apreensões. Em maio de 2015, foi lançado um plano para "proteção de mares abertos". O plano chinês é construir faróis em ilhas disputadas do Mar do Sul da China e com isso ampliar sua influência marítima. Tal plano desagrada a Filipinas, Vietnã,

Na visita do primeiro-ministro chinês ao Brasil, em maio de 2015, foi anunciado um ambicioso projeto com recursos chineses para a construção de ferrovia que interligará o Brasil ao Pacífico, via Peru. A proposta foi criticada por ambientalistas e há dúvidas sobre sua viabilidade técnica para atravessar a Cordilheira dos Andes.

Taiwan, Malásia e Brunei, países diretamente afetados, mas também causa preocupação a Japão e Estados Unidos.

Na visão americana, a proposta chinesa é uma ameaça, pois será marcada pela oferta de recursos às ilhotas, ampliando a infraestrutura das ilhas para, posteriormente, dotá-las de presença militar e reivindicar a soberania sobre os metros avançados sobre o mar e as águas territoriais correspondentes.

Além desses pontos, o aumento do orçamento militar chinês, em nome da modernização do exército, é uma clara demonstração da ampliação do poderio daquele país.

## Cinemateca

**Adeus minha Concubina** (1993, China/Hong Kong, dir.: Chen Kaige) As mudanças políticas e sociais da China servem de pano de fundo para o relacionamento turbulento entre dois astros da ópera popular, que são amigos desde crianças.

**O tigre e o Dragão** (2000, China/Hong Kong/Taiwan/EUA, dir.: Ang Lee) A história de duas exímias lutadoras de artes marciais que lutam contra a aristocracia local.

**O Último Imperador** (1987, EUA, dir.: Bernardo Bertolucci) A vida do herdeiro do trono chinês que, criado em meio à realeza, é deposto pelos comunistas quando ainda era adolescente e precisa se acostumar a um outro modo de vida.

## Revisitando a História

**1.** Explique como o conflito entre nacionalistas e comunistas chineses insere-se no contexto da Guerra Fria.

**2.** Quando houve o rompimento entre a URSS e a China, adotou-se um modelo chamado de "via chinesa" para a Revolução socialista.

a) O que era via chinesa para o socialismo? Como ela se diferenciava do socialismo soviético?
b) Por que a via chinesa teve tanta repercussão em países subdesenvolvidos?

**3.** "(...) Quando nós voltávamos da praia, aonde tínhamos ido tomar banho, ouvimos, ao aproximarmo-nos da entrada principal da escola, gritos e vociferações. Alguns camaradas da classe corriam para nós, gritando: 'A luta começou! A luta começou!' Corri para dentro. No campo de jogos (...) vi um grupo de professores, 40 ou 50 no total, dispostos em filas, com a cabeça e a cara pintadas com tinta preta, de modo que formavam efetivamente um 'bando negro'. Tinham pendurados ao pescoço cartazes com inscrições como 'fulano de tal, autoridade acadêmica reacionária', 'beltrano, inimigo de classe', 'fulano, defensor da via capitalista', 'beltrano, chefe de bando corrupto' – todos qualificativos tirados dos jornais. Todos os cartazes estavam marcados com cruzes vermelhas, o que dava aos professores o aspecto de condenados à morte à espera da execução. Todos tinham na cabeça bonés de burro, nos quais estavam pintados epítetos semelhantes, e carregavam nas costas vassouras sujas, espanadores e sapatos."

COURTOIS, S. *et al. Op. cit.*

O trecho acima descreve um triste episódio ocorrido durante a Revolução Cultural chinesa que teve início em 1966. Levando em conta os conhecimentos que você adquiriu neste capítulo, caracterize a Revolução Cultural chinesa e diga por que os professores foram um dos principais alvos dos revolucionários chineses.

**4.** A respeito dos protestos na Praça da Paz Celestial em 1989, responda:

a) Em que contexto histórico internacional ocorreram esses protestos?
b) Quais eram os objetivos dos manifestantes?
c) A imagem da página 831, de um estudante diante dos tanques chineses, foi muito difundida no Ocidente. Quais os significados dessa fotografia?

**5.** O que foi o socialismo de mercado? Identifique uma contradição existente entre os termos "socialismo" e "mercado" do processo chinês?

**6.** A Anistia Internacional, um organismo independente, faz sistematicamente levantamentos sobre países que violam os Direitos Humanos. A China tem sido citada com frequência nos relatórios da Anistia. Realize, em grupo, uma pesquisa sobre as principais acusações feitas à China na atualidade. Com esses dados, faça uma breve dissertação expondo os principais pontos apresentados pela Anistia Internacional e as repostas divulgadas pelo governo chinês.

# Analise esta imagem

O cartaz foi amplamente utilizado por governos como uma maneira simples, barata e direta de atingir a maioria da população. O uso de cartazes, como esse apresentado em meio à "Revolução Cultural Chinesa" de 1966, foi uma das estratégias de Mao Tsé-tung (1893-1976) para conclamar a população para as "necessidades da nação". A litografia foi a grande responsável pelo desenvolvimento dos cartazes. Essa técnica consiste em desenhar com um lápis gorduroso sobre pedra calcária, a partir da qual se faz a impressão. Hoje, existem técnicas mais avançadas empregadas na elaboração de cartazes.

a) Quem são os personagens que aparecem na imagem? O que eles fazem reunidos? Que símbolos da imagem fazem referência ao regime socialista do governo chinês?

b) Que ideias e sentimentos esse cartaz busca associar ao regime comunista chinês? Explique.

c) Por que os cartazes foram utilizados por diferentes regimes políticos? Que outras maneiras de utilizar os cartazes podem ser encontradas? Como os cartazes são utilizados atualmente?

# Debatendo ideias

Neste capítulo, dedicamos nossos estudos à história chinesa e suas particularidades no século XX. Grande parte do debate sobre esse gigante asiático girou em torno das problemáticas relacionadas ao comunismo, promovido no governo de Mao Tsé-tung e desdobrado pelos seus sucessores até os dias de hoje.

Dessa forma, levando em conta as discussões apresentadas no Capítulo 37 "Pensamento e cultura no século XIX", discuta a seguinte questão: a atual política chinesa pode ser considerada um modelo de comunismo clássico ou uma proposta de capitalismo controlado pelo Estado?

# Questões de vestibular

**1.** (PUC – MG) A morte de Mao Tsé-tung, em 1976, líder da Revolução Chinesa, leva o governo daquele país a tomar medidas estratégicas com o objetivo de, **EXCETO**:

a) expurgar do partido comunista os líderes ultraesquerdistas contrários às tendências liberalizantes do governo.
b) reafirmar os princípios básicos da Revolução Cultural para acelerar o desenvolvimento do socialismo.
c) reaproximar a China dos Estados Unidos e da União Soviética, marcando sua posição no cenário internacional.
d) promover um amplo projeto de modernização com a abertura do país aos investimentos internacionais.

**2.** (UnB – DF – adaptada) A estratégia de desenvolvimento da China tem sido embasada na expansão de seu mercado doméstico e no crédito interno. A indústria doméstica tem papel relevante no crescimento global da economia. A exportação de produtos industrializados garante a geração de divisas, o que mantém o ritmo da modernização. Nesse sentido, a política de abertura desse país, mediante a atração de investimentos diretos estrangeiros, resultou em um padrão de inserção internacional bastante diferenciado em relação à maioria dos países em desenvolvimento. A estabilidade cambial obtida com a formação de reservas em dólar foi pedra angular dessa estratégia, além de reafirmar a liderança da China na Ásia.

> ACIOLY, L. O iuane e a inserção externa da China. In: *Desafios*, set. 2005, p. 14 (com adaptações).

Considerando o texto acima, que realça os atuais mecanismos utilizados pela China para a ampliação de sua riqueza nacional, julgue os itens subsequentes.

(1) O recente desenvolvimento econômico da China fundamentou-se em uma crescente abertura econômica e política, com a entrada de capitais estrangeiros e o desmantelamento do poder do partido comunista.
(2) O segmento "em um padrão de inserção internacional bastante diferenciado em relação à maioria dos países em desenvolvimento" justifica-se pelo fato de a economia da China fundamentar-se unicamente na produção e na exportação de produtos tecnologicamente sofisticados.
(3) Um fator de atração de investimentos estrangeiros na China é a mão de obra barata ali encontrada.
(4) A China desponta atualmente como líder na região do bloco do Pacífico, superando, economicamente, o Japão e dominando os fluxos de mercadorias e capitais.
(5) A experiência revolucionária chinesa, iniciada, em 1949, com a chegada de Mao Tsé-tung ao poder, assemelha-se à vivida pela União Soviética após a Revolução Russa de 1917 e, ainda mais concretamente, ao processo histórico cubano liderado por Fidel Castro. Apesar das singularidades de cada caso, nesses processos prevaleceu a adequação de um sistema econômico crescentemente aberto aos capitais privados e à necessária flexibilização política para a sustentação do regime.

**3.** (UFF – RJ) A matéria jornalística a seguir referou-se a um crescente problema diplomático.

## PROJETO AUTORIZA USO DA FORÇA CONTRA TAIWAN

O governo chinês apresentou ontem ao Congresso Nacional do Povo projeto de lei que autoriza o uso da força contra Taiwan se houver risco da tomada de medidas unilaterais por parte dessa ilha. No projeto, o governo da China ressalta que uma ação militar será adotada, só na hipótese de esgotamento do processo de negociação pacífica. Vale ressaltar que, sendo o maior aliado da ilha, os EUA estão obrigados por lei a defendê-la na hipótese de agressão externa.

> *Adaptado de: Folha de S.Paulo*, São Paulo, 9 mar. 2005. p. A13.

Assinale a alternativa contendo o fator que explica esse possível conflito.

a) A vigência do capitalismo em Taiwan impede a anexação dessa ilha por parte da China, assim como ocorreu no caso de Hong Kong.
b) As enormes diferenças culturais existentes entre China e Taiwan se materializam, por vezes, em ações de nítida conotação racista.
c) A evolução política interna de Taiwan vem reforçando o desejo de autonomia completa, assim como de seu reconhecimento internacional.
d) A crescente capacidade exportadora de Taiwan tem criado grande concorrência aos produtos chineses, o que representa o principal fator de rivalidade entre os dois países.
e) A prática do budismo é reprimida pelo governo de Pequim por servir como símbolo de resistência à ocupação chinesa, tal como ocorre no Tibet.

**4.** (UFG – GO) China e Taiwan constituem um dos focos de tensão no espaço geopolítico do mundo atual. Recentemente, por ocasião das eleições presidenciais em Taiwan, houve momentos de ameaça à ilha pelo governo chinês.
A propósito da relação entre os dois países asiáticos, responda:

a) Qual é a posição geopolítica de Taiwan no mundo multipolar dos anos 1990?
b) Indique o motivo pelo qual a China tem ameaçado Taiwan.

**5.** (UFBA – adaptada) Em relação ao Socialismo Real, pode-se concluir:

(01) O papel determinante do Estado na elaboração dos planos que nortearam as estruturas e as relações econômicas resultou em uma experiência denominada de "economia planificada" na União Soviética.

(02) O socialismo praticado na República Popular da China difere do soviético, porque a fidelidade chinesa a suas tradições religiosas exigiu que o país adotasse práticas menos duras no processo de implantação do regime socialista.

(04) A China e a Coreia do Norte, no Oriente, registram dificuldades na preservação de relações diplomáticas, porque continuam a disputar a supremacia militar atômica no mundo socialista, ao lado de Cuba e do Vietnã.

**6.** (CESGRANRIO – RJ) A viagem de Bill Clinton, então presidente dos Estados Unidos da América, à República Popular da China relacionou-se com a(o):

a) tentativa de reorganização dos pactos militares do Ocidente contra o poderio russo;
b) formação de parcerias econômicas e militares transnacionais em substituição à opção europeia e à Otan;
c) estabelecimento de novas áreas de interesse comercial e político dos EUA na Ásia;
d) retorno da bipolaridade internacional gerada durante o conflito da Guerra Fria;
e) apoio às aspirações da China comunista em integrar o Conselho de Segurança da ONU como membro permanente.

**7.** (UNICAMP – SP) No ocidente, as relações de Mao Tsé-tung com o marxismo foram objeto de discussão. Alguns estudiosos questionaram se Mao era realmente um marxista, enquanto outros argumentaram que seu pensamento estava baseado no stalinismo e não acrescentava nada de original ao marxismo-leninismo. As ideias de Mao só foram reconhecidas internacionalmente pelo termo "maoísmo" depois da Revolução Cultural.

Adaptado de: LAWRENCE, A. *China under Communism*. Londres e Nova York: Routledge, 2000. p. 6.

a) Identifique no texto duas visões diferentes sobre o pensamento de Mao Tsé-tung.
b) O que foi a Revolução Cultural na China?

**8.** (UFBA) Desde que foi acesa, na Grécia, a chama olímpica vem sendo caçada por grupos de ativistas. Nem o pelotão de guarda-costas enviado pela China para proteger a tocha conseguiu mantê-la totalmente a salvo. Na capital inglesa, um manifestante passou pela barreira policial e quase a tirou da mão da celebridade que a levava. Vários outros tentaram extinguir a chama com o uso de um extintor de incêndio. Em sete horas, 37 pessoas foram presas. Em Paris, dois símbolos da cidade – a Torre Eiffel e a Catedral de Notre Dame – foram decorados com bandeiras nas quais algemas substituíam as tradicionais argolas olímpicas. Cada novo protesto aumenta a pressão sobre os líderes mundiais pelo boicote aos Jogos de Pequim – ou, pelo menos, para que se manifestem sobre a forma bruta com que o Partido Comunista Chinês lida com vozes dissidentes.

FAVARO, 2008. p. 87.

Com base na análise do texto e nos conhecimentos sobre a cultura dos jogos olímpicos e a diversidade histórica nas relações internacionais, pode-se afirmar:

(01) Os Jogos Olímpicos, na Antiga Grécia, expressavam a concepção ateniense da superioridade do corpo sobre a mente, resultando na valorização da cultura material em prejuízo da ciência e da filosofia.

(02) A dominação imperialista da China Comunista sobre países vizinhos – a exemplo do Tibete – tem sido tolerada pelos órgãos internacionais, dentre outras razões, em virtude dos princípios de respeito à autonomia das nações.

(04) Os países asiáticos – a exemplo do Japão, da China, da Índia e da Indonésia –, dominados igualmente pelos países europeus imperialistas, aliaram-se, nos dois últimos séculos, em políticas de ajuda mútua de caráter militar e estratégico, para vencer o inimigo comum, superando suas divergências culturais e territoriais.

(08) A China, a partir da dominação do Partido Comunista, em 1949, estabeleceu diferentes políticas de orientação econômica, evoluindo de um afastamento ostensivo do mercado mundial até a atual presença na economia internacional, figurando como a terceira grande economia do planeta.

(16) O caráter autoritário da estrutura do governo chinês, a exemplo da antiga União Soviética, explica "a forma bruta com que o Partido Comunista Chinês lida com vozes dissidentes".

(32) A circulação da tocha olímpica por diversos países do Ocidente e do Oriente representa, no mundo atual, a tentativa de superação das diferenças e dos conflitos que distanciam muitos dos países participantes do evento.

(64) A caça à chama olímpica por grupos ativistas – como referida no texto – resultou do aprofundamento do fenômeno da Guerra Fria neste início de século XXI.

**9.** (FUVEST – SP – adaptada) Índia e China ocupam, no atual cenário mundial, um lugar tão importante que já se fala, entre estudiosos de geopolítica, em denominar o século XXI como o "século asiático". Sobre as trajetórias históricas contemporâneas desses dois países, iniciadas, respectivamente, em 1947 e 1949, é possível estabelecer mais de um paralelo, ressaltando semelhanças e contrastes.

Indique o processo histórico da China, a partir de 1949, e seus desdobramentos posteriores.

**10.** (UEM – PR) Assinale o que for **correto** sobre a China contemporânea.

(01) A "Revolta da Paz Celestial", ocorrida em 1989, foi uma revolta popular pela implantação da democracia no país.

(02) O acúmulo de capital financeiro possibilitou que a China comunista se transformasse, no início do século XXI, em um país rico, fechado e isolado do mercado mundial.

(04) Contrariamente ao comunismo soviético, o comunismo chinês pouco influenciou os meios políticos, artísticos e culturais do Ocidente.

(08) Em 1949, é proclamada a República Popular da China, sob a liderança do líder comunista Mao Tsé-tung.

(16) A Revolução Cultural Chinesa, de 1966 a 1976, foi um movimento que uniu intelectuais e políticos com o objetivo de divulgar as tradições do país no Ocidente.

# capítulo 51

# Descolonização da África e Ásia e o Terceiro Mundo

*Neste capítulo, veremos como muitos países da África e Ásia obtiveram suas emancipações políticas, as consequências internas e externas de tais fatos e o modo como elas se ligaram ao contexto da Guerra Fria ao se alinharem ou não a uma das potências do mundo bipolar que se configurava desde então. Em outras palavras, estudaremos um pouco do que se convencionou chamar na época como Terceiro Mundo, que inclui África, Ásia e América Latina, países que passaram por grandes transformações em suas sociedades e economias durante o século XX, mas que, por um viés comparativo com os países ricos, foram objeto de menos estudos e pesquisas por parte de especialistas. A pluralidade dos povos, culturas e histórias dessas regiões que concentram a maioria da população do planeta muitas vezes são preteridas por uma explicação exclusivamente econômica que se refere a eles como os "países pobres".*

França e os cinco continentes: (1) a França enrolada em uma bandeira escalarte, oferecendo a pomba da paz aos cinco continentes; (2) a Europa lhe oferece sua mão; (3) a Ásia é simbolizada pelo deus hindu Vishinu, sobre um elefante branco; (4) a África aparece sobre um elefante cinza. Dois cavalos-marinhos estilizados sustentam a Oceania (5) e a América (6). Afresco de Pierre Ducos de la Haille, 1931, Museu de Artes da África e Oceania em Paris.

# Ásia e África: as lutas pela descolonização

*Ninguém nasce odiando outra pessoa pela cor de sua pele, por sua origem ou ainda por sua religião. Para odiar, as pessoas precisam aprender e, se podem aprender a odiar, podem ser ensinadas a amar.*

Discurso presidencial de Nelson Mandela, 1994.

A frase de Nelson Mandela exemplifica um dos fatos que compunham o movimento neocolonialista, implantado pelo imperialismo europeu em regiões da África e Ásia em meados do século XIX: o domínio político, econômico e cultural de comunidades inteiras, subjugadas por ideias de inferioridade baseadas na cor da pele, religião ou região de origem, e que acabou por alimentar uma cultura de ódio e racismo que por sua vez culminou em dois grandes conflitos mundiais.

Entretanto, após os eventos históricos da Segunda Guerra Mundial, as grandes potências imperialistas, como Inglaterra e França, além de passarem por dificuldades econômicas, encontravam-se em uma contradição ideológica, pois o mesmo discurso de democracia e liberdade utilizado pelas forças aliadas contra os países nazifascistas era negado em relação a suas áreas coloniais, que começavam a intensificar suas reivindicações por maior autonomia e independência política. Além disso, a Declaração Universal dos Direitos Humanos, promulgada em 1948 pela Organização das Nações Unidas (ONU), que prega a igualdade de direitos para todos, serviu de estímulo para os povos colonizados que, na época, lutavam pela independência.

## A descolonização

As potências europeias do início do século XX, arrasadas pelos conflitos da Segunda Guerra, viveram uma situação paradoxal ao término desse embate. Enquanto se proclamavam defensoras da liberdade e da autonomia dos povos, ainda tinham domínios coloniais.

Os movimentos de resistência e pró-independência dos países colonizados ganharam força, tanto pelos próprios processos de cada país colonizado quanto pela pressão da opinião pública dos países colonizadores. Também a atuação das duas grandes superpotências (EUA e URSS), interessadas em aumentar suas áreas de influência, deve ser considerada no contexto da descolonização da África e da Ásia.

Algumas independências foram alcançadas de forma mais pacífica, muitas vezes contando com alianças das metrópoles com as elites locais; outras, no entanto, mobilizaram combatentes nas colônias, que formaram **frentes de libertação** e recorreram à luta armada para obter sua autonomia política.

O rompimento dos países afro-asiáticos com o colonialismo no século XX tem muitas explicações possíveis. Em linhas gerais devemos reconhecer três aspectos centrais, que não podem ser vistos isoladamente, para compreendermos a descolonização ocorrida a partir do final dos anos 1940:

- **o declínio das antigas potências europeias** – o desgaste da Inglaterra e da França, as duas principais nações europeias colonialistas nos séculos XIX e XX, com a Segunda Guerra Mundial;
- **a emergência das duas superpotências mundiais e o apoio oferecido por elas aos países que lutavam por suas independências** – na busca por espaços e pretendendo ocupar aqueles deixados pelas

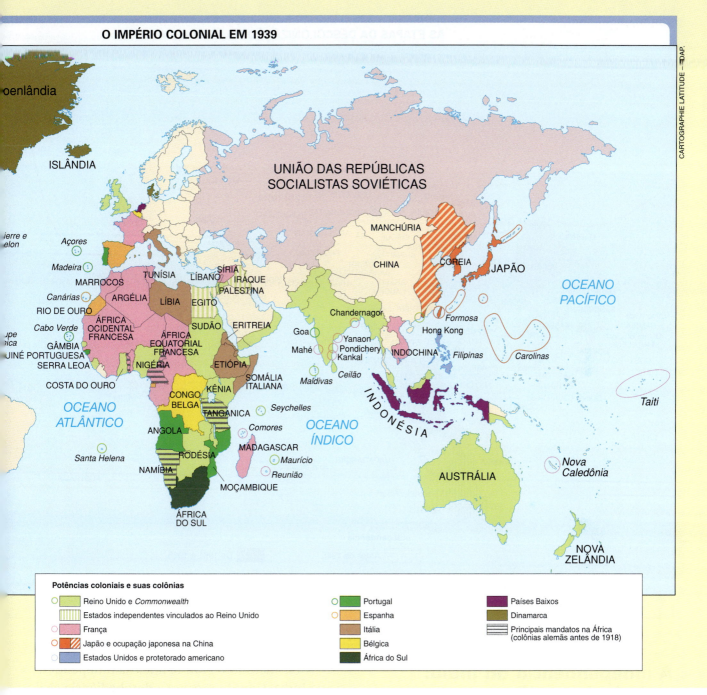

**Potências coloniais e suas colônias**

| | | |
|---|---|---|
| Reino Unido e *Commonwealth* | Portugal | Países Baixos |
| Estados independentes vinculados ao Reino Unido | Espanha | Dinamarca |
| França | Itália | Principais mandatos na África (colônias alemãs antes de 1918) |
| Japão e ocupação japonesa na China | Bélgica | |
| Estados Unidos e protetorado americano | África do Sul | |

nações europeias, os EUA e a URSS incentivaram ou mesmo ofereceram recursos para que os países buscassem a sua independência;

○ **o nacionalismo emergente nos países colonizados** – na Ásia e na África os levantes passaram a ter um componente nacionalista, expressando um sentimento de ruptura com a ordem política e econômica do cenário internacional. A noção de autodeterminação dos povos, princípio expresso pela própria ONU, era um dos aspectos evidenciados pelos movimentos de independência.

# A descolonização na Ásia

A descolonização no Oriente Médio teve início antes mesmo da Segunda Guerra Mundial. Começou pelo Egito e Iraque, colônias britânicas que conseguiram suas independências em 1922 e 1932, respectivamente. Em 1946 os ingleses deixaram a Transjordânia (que corresponde aos atuais territórios da Jordânia e Síria) e em 1948, a Palestina. O Líbano se libertou da França em 1943 e a Síria, em 1946.

Mas o principal símbolo do imperialismo europeu do século XIX era a Índia.

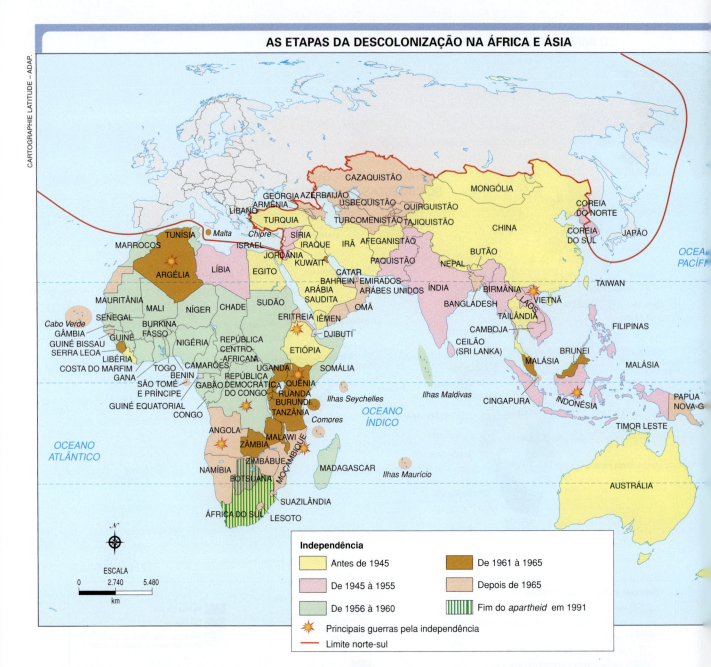

**Independência**

- Antes de 1945
- De 1945 à 1955
- De 1956 à 1960
- De 1961 à 1965
- Depois de 1965
- Fim do *apartheid* em 1991
- Principais guerras pela independência
- Limite norte-sul

# A independência da Índia: resistência pacífica e desobediência civil

Durante todo o século XIX, o imperialismo britânico dominou a Índia, como vimos no Capítulo 36. A resistência indiana aos ingleses já era expressa na fundação do **Partido do Congresso**, em 1886, sob os lemas da **resistência pacífica** e da **não violência**. Em 1942, o Partido do Congresso, liderado pelos hindus Mahatma Gandhi e Jawaharial Nehru, reafirmou os princípios da independência pela resolução "Deixar a Índia", na qual defendiam ideais nacionalistas e a modernização do país.

Considerado o grande líder da independência da Índia, Gandhi pregava a **desobediência civil** como forma de luta contra o jugo colonial da Grã-Bretanha, que se traduzia em não pagamento de impostos e boicote aos produtos manufaturados ingleses, resgatando algumas atividades tradicionais como a produção dos próprios tecidos manufaturados e a extração do sal para o consumo de todos. Pelo lado dos muçulmanos, Muhammad Ali Jinnah, líder da **Liga Muçulmana**, defendia a criação de um Estado muçulmano independente.

Na tentativa de manter a Índia sob seu domínio, os britânicos trataram de fomentar o conflito entre hindus e muçulmanos, os dois maiores grupos religiosos da Índia, para enfraquecer os movimentos de libertação. Porém, o desejo de independência crescia pelo país e o domínio inglês chegava ao seu limite. A partir daí, a Inglaterra optou por uma estratégia de independência gradual, de modo a evitar confrontos mais sérios e com vistas a preservar sua preponderância econômica sobre a região. Em 15 de julho de 1947, os indianos conquistaram sua independência, divididos em duas nações: a Índia, de maioria hindu, e o Paquistão, de maioria muçulmana (Paquistão Ocidental e Oriental).

Apesar do processo de independência em relação à Inglaterra ter sido relativamente pacífico, os momentos posteriores foram caracterizados por uma espiral de violência entre muçulmanos e hindus, culminando em 1948 com o assassinato de Gandhi por um extremista hindu, contrário à sua política de conciliação com os muçulmanos. Nesse processo de separação, as regiões do Punjab e da Caxemira foram as mais afetadas, devido aos interesses econômicos existentes em cada uma. Em 1965, por exemplo, graves incidentes na região da Caxemira levaram os dois Estados a uma guerra. O território da Caxemira ficou com a Índia, embora habitada por uma população majoritariamente muçulmana. A Caxemira foi dividida, mas ainda é motivo de intensas disputas entre Paquistão e Índia, envolvendo conflitos armados e ameaças pouco veladas de uso de armas nucleares para resolver a questão, visto que ambos detêm essa tecnologia.

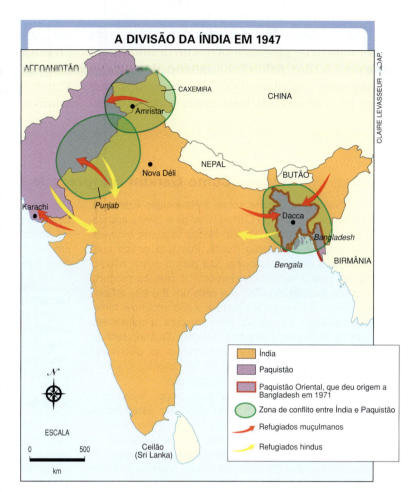

**A DIVISÃO DA ÍNDIA EM 1947**

CLAIRE LEVASSEUR – ©AP.

- Índia
- Paquistão
- Paquistão Oriental, que deu origem a Bangladesh em 1971
- Zona de conflito entre Índia e Paquistão
- Refugiados muçulmanos
- Refugiados hindus

ESCALA
0    500
km

BETTMANN/CORBIS/LATINSTOCK

Gandhi nasceu em 1869, na Índia, e foi morto por um extremista hindu em 1948. Cinco vezes indicado ao Nobel da Paz, nunca foi escolhido para o prêmio. Pregando a não violência, conduziu a Índia à independência, ainda que, contra a sua vontade, dividida em dois países.

No processo de divisão dos dois países, mais de um milhão de pessoas morreram, devido a conflitos provocados pelo deslocamento de grandes contingentes populacionais – muçulmanos que viviam na recém-criada Índia tiveram de se deslocar para os recém-criados Paquistão Ocidental e Oriental, e vice-versa.

Em 1971, depois de uma guerra civil, o Paquistão Oriental separou-se do Ocidental, passando a denominar-se Bangladesh.

## Recortes da História

### Como Gandhi compreende a democracia

[Gandhi] "Li muito sobre a Revolução Francesa. No cárcere li as obras de Carlyle. Grande é minha admiração pelo povo francês. 'Pandit' Nehrú falou-me extensamente sobre a Revolução Russa. Posso dizer-vos que, conquanto a deles fosse uma luta para o povo, não foi uma luta para a verdadeira democracia que eu procuro. Minha democracia significa que cada um é o seu próprio dono. Tenho lido bastante a história e não encontrei tamanha experiência em escala parecida para o estabelecimento da democracia pela não violência. Quando tenhais compreendido essas coisas esquecereis as diferenças entre hindus e muçulmanos.

A resolução que vos apresento diz:

'Não queremos ser rãs num poço.' Visamos a Federação Mundial, que apenas pode ser estabelecida pela não violência. O desarmamento é unicamente possível se usais da arma incomparável da não violência. Há gente que me pode chamar de visionário, mas sou um verdadeiro homem de negócios e meu negócio consiste em obter a independência.

Se não aceitardes esta resolução não o lamentarei muito. Contrariamente, dançarei de alegria porque, então, me tereis descarregado da tremenda responsabilidade que, de outra maneira, me colocareis nos ombros. Desejo que adoteis a não violência como tática política. Para mim é uma crença, mas no que a vós se refere quero que a aceiteis como tática política. Deveis aceitá-la como soldados disciplinados e praticá-la quando estiverdes na luta. Há muita gente que me pergunta se sou o mesmo que em 1920. A única diferença que há é que estou muito mais forte em certos aspectos do que em 1920."

Respondendo aos críticos que o qualificaram de homem da destruição, Gandhi disse saber também como se construir, se bem que a oportunidade não se lhe tenha apresentado por enquanto. O Congresso teve a oportunidade de participar do governo provincial em sete províncias, fazendo bons trabalhos, que foram louvados até pelo governo britânico. Gandhi frisou a seguir que mal obtida a independência quem quer que seja capaz de chegar ao poder fará isso.

"Pode ser – prosseguiu o 'mahatma' – que seja decidido colocar o poder em mãos dos 'Parsis', ou que qualquer outro grupo ou partido seja encarregado do poder. Talvez o poder seja dado àquela cujos nomes não são mencionados no Congresso."

Disponível em:
<http://almanaque.folha.uol.com.br/mundo_08ago1942.htm>.
Acesso em: 31 ago. 2015.

**1)** Qual a proposta de Gandhi e por que ela se relaciona a um problema também religioso?

## Saiba mais

### Caxemira

A Índia é hoje o segundo país mais populoso do mundo com mais de um bilhão de pessoas, onde predomina a religião hindu. Seu vizinho Paquistão é predominantemente muçulmano. Ambos os países possuem arsenal nuclear e disputam hoje uma área fronteiriça muito fria ao norte da Índia e do Paquistão, conhecida como Caxemira. Essa região de maioria muçulmana ficou em território indiano, o que não satisfez os paquistaneses que reivindicam sua posse.

A disputa não se dá só no campo diplomático, mas é feita por escaramuças e até mesmo por enfrentamentos militares e conflitos armados. Para dar demonstrações de força, os dois lados realizaram testes nucleares e teme-se que armas nucleares possam ser usadas efetivamente em uma guerra entre os dois países. Em 2004, sob grande pressão internacional, os dois países iniciaram negociações sobre a questão.

## Indochina

A Indochina foi ocupada pelos franceses ainda no século XIX. Entre 1940 e 1945, ela foi ocupada pelos japoneses que fomentavam o sentimento antifrancês entre os vietnamitas. Mas os invasores nipônicos foram combatidos pelos *vietminhs*, movimento fundado em 1941 e liderado pelo comunista Ho Chi Minh. Em 1945, com o êxito obtido quanto à expulsão japonesa, o líder Ho Chi Minh declarou a independência do Vietnã. No entanto, a independência foi efêmera, pois os franceses não a reconheciam. Os dois grupos estabeleceram negociaçõcs quc se estenderam até meados de 1946, quando eclodiram os conflitos armados entre vietnamitas e franceses.

Uma série de atentados contra as tropas francesas na Indochina provocou uma intensa repressão do exército francês, que utilizou bombardeios aéreos e matou centenas de pessoas. A represália *vietminh* foi o massacre de europeus na cidade de Hanói. Era o início da guerra da Indochina, que durou oito anos (1946-1954). Os soviéticos apoiavam os guerrilheiros *vietminhs* e os Estados Unidos, por causa da comunização da China e da guerra da Coreia, decidiram apoiar os franceses, por volta de 1950. Mas o poderio franco-americano não foi capaz de vencer a guerrilha vietnamita. Em maio de 1954, os vietnamitas conseguiram a capitulação francesa em Dien-Bien-Phu. Em julho desse mesmo ano, a França reconheceu, pelos acordos de Genebra, a independência da Indochina: o Vietnã foi dividido em dois (Vietnã do Sul e do Norte) e surgiram o Laos e o Camboja.

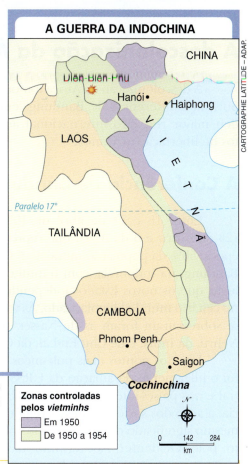

A Indochina francesa era formada por Laos, Camboja, Tonquin e Annam, todos protetorados, e uma colônia, a Conchinchina. Na formação do Vietnã não foram incorporados apenas o Laos e o Camboja.

## *Recortes da História*

### Estados Unidos, União Soviética e ONU sobre a descolonização

Depois de mais de um ano, eu exprimo a opinião de que a Indochina não deve mais ficar sob a dominação francesa, mas deverá ficar sob a tutela de uma comissão internacional. Cada caso deve ser regido separadamente, mas este da Indochina é muito claro. Há cem anos que a França suga esse país. O povo da Indochina merece uma melhor sorte.

Franklin Delano Roosevelt, 1945, presidente dos EUA (1933-1945).

A crise do sistema, acentuada pelo fim da Segunda Guerra Mundial, se manifesta pela intensificação do movimento de liberação nacional nas colônias e países dependentes.

Os povos das colônias não desejam mais viver como no passado. As classes dominantes das metrópoles não podem governar as colônias como fizeram inicialmente. As tentativas de aniquilação do movimento de libertação nacional pelas forças militares se chocam com a resistência armada crescente dos povos colonizados e conduzem a longas guerras coloniais: Holanda e Indonésia, França e Vietnã.

A. Jdanov, 1947, membro do Politburo Soviético.

Os Estados membros da Organização devem reconhecer e favorecer a (...) [implementação] no que diz respeito à população dos territórios sob sua tutela ou sob sua administração, do direito de que eles mesmos decidam seu destino, levando em consideração os princípios e o espírito da Carta das Nações Unidas. No que diz respeito a cada território, a vontade da população deve ser determinada por meio de um plebiscito ou por outros meios reconhecidamente democráticos, de preferência sob a égide das Nações Unidas.

Resolução da ONU em 16 dez. 1952. *Fontes:* Anais do Congresso Americano e Arquivo da Federação Russa.

**1)** Identifique e explique a diferença do argumento da ONU em relação aos anteriores.

O despertar da Ásia.

# A descolonização da África

A descolonização da África tomou impulso depois da Conferência de Bandung, em 1955, que deu maior respaldo internacional aos movimentos de libertação africanos.

## A Conferência de Bandung

Entre 18 e 24 de abril de 1955, 29 países (23 da África e 6 da Ásia), que representavam, na época, 50% da população mundial, reuniram-se em Bandung, na Indonésia, com o intuito de firmar o lugar que os novos Estados independentes tinham no cenário mundial bipolarizado. As vozes que mais se sobressaíram foram as de Nasser, do Egito, de Nehru, da Índia, e de Chu En-Lai, da China.

Um dos pontos mais polêmicos do encontro foi o julgamento da atuação da URSS na Ásia central e nos países-satélites europeus sob sua influência: a ação dos soviéticos nessas regiões não teria o mesmo significado do imperialismo colonial imposto pelo Ocidente? Ao término das discussões, mesmo com posições discordantes entre os participantes do encontro em relação à política internacional, o documento final trazia o repúdio "ao colonialismo em todas as suas manifestações", ao racismo e ao alinhamento tanto aos Estados Unidos quanto à União Soviética. Desse comunicado nasceu um movimento afro-asiático que deu maior força ao processo de descolonização do pós-guerra.

Os países mais pobres procuravam se libertar do domínio explícito das superpotências, reafirmando a autodeterminação dos povos e repudiando a bipolarização do mundo, desenhada pelos conflitos da Guerra Fria. A Conferência de Bandung é um marco nas relações internacionais do século XX por ser a primeira conferência internacional de peso sem a presença das grandes potências da época, EUA e URSS, que sequer foram convidadas.

## Os movimentos de libertação na África

O processo de descolonização era traçado por dois caminhos bem distintos: um conseguido pela luta armada em conflitos abertos com as metrópoles, como Argélia e França, Congo Belga e Bélgica e África Oriental e Inglaterra, que deram origem a três países: Tanzânia, Quênia e Uganda. O outro foi feito por negociações diplomáticas, de forma que mantivesse laços que dessem respaldo aos interesses econômicos das antigas metrópoles.

Os movimentos pela independência, entretanto, não eram homogêneos e muitas vezes foram caracterizados por grandes rivalidades e disputas internas. As fronteiras impostas pelo imperialismo europeu no século XIX juntaram em um mesmo Estado etnias rivais e grupos que se uniram aos colonizadores e obtinham algum tipo de benefício com a situação. As fronteiras artificiais criadas pelos colonizadores foram responsáveis pelo acirramento de disputas étnicas que muitas vezes desencadearam sangrentas guerras civis.

O sonho do pan-africanismo, ou seja, os africanos governados pelos africanos, supondo uma unidade entre os diferentes povos do continente, alimentava projetos políticos ambiciosos de uma unidade política que abrangesse aquele território. Porém, as divisões e as peculiaridades de cada região inviabilizaram este projeto. Questões imediatas, como a obtenção da independência política em relação aos países colonizadores europeus, eram mais importantes no horizonte de cada país. Aspectos internos, como a disputa entre grupos pelo controle do poder nos novos países independentes, também influenciaram no contexto das independências africanas.

Mesmo com essas divergências foi criada em 1963 a Organização da Unidade Africana (OUA) que tinha como objetivos reforçar a solidariedade africana, eliminar todas as formas de colonialismo na África, assegurar a independência e a integridade territorial de cada Estado e a não interferência nos assuntos internos das nações africanas, entre outros. Na prática, a OUA tinha princípios gerais que serviam como diretrizes, mas foi incapaz de interferir nas contradições internas impostas pelas fronteiras artificiais colonialistas.

As últimas independências africanas foram as do império português. Guerras caras e impopulares contra os movimentos de independência em Angola, Moçambique e na Guiné Portuguesa levaram à derrubada da ditadura direitista portuguesa do general Salazar, em 1974, que defendia a manutenção das colônias. Em 1975, a principal colônia portuguesa na África, Angola, libertou-se de Portugal, mas iniciou-se uma guerra civil entre o novo governo, apoiado pelos EUA, e os movimentos de libertação, apoiados pela URSS.

A luta pela independência da Argélia foi uma das mais duras. Desde 1954 os argelinos empreenderam ataques aos franceses que estavam em seu território. A repressão do exército da França foi extremamente violenta, levando ao assassinato de muitas lideranças do país africano. Em 1962, os argelinos finalmente obtiveram a sua independência. Nas ruas de Argel, manifestações populares de apoio à luta militar contra os colonizadores foram uma das principais características da independência argelina.

## As dificuldades dos novos países descolonizados

O objetivo da autodeterminação concretizou-se nas antigas áreas coloniais da Ásia, África e Oceania. Porém, a independência política não era a única solução para os problemas que acompanhavam as novas nações. As dificuldades econômicas e as desigualdades sociais eram obstáculos maiores do que o controle político. Os colonizadores implantaram modelos agrários exportadores ou de extração mineral, sem promover o desenvolvimento em suas colônias. Os novos países nasciam com uma economia fraca, com pouca ou nenhuma industrialização, sendo obrigados a recorrer à importação para suprir suas necessidades.

Com a descolonização, surgiram guerras e conflitos de caráter étnico em muitos países. Angola e Moçambique enfrentaram guerras civis. Em Angola, antes da independência que ocorreu em 11 de novembro de 1975, os três grupos nacionalistas (MPLA – Movimento Popular de Libertação de Angola, FNLA – Frente Nacional de Libertação de Angola e UNITA – União Nacional para a Independência Total de Angola) que tinham combatido militarmente o colonialismo português lutavam entre si pelo controle do país. Cada um deles era apoiado por potências estrangeiras, dando ao conflito uma dimensão internacional. A União Soviética e principalmente Cuba apoiavam o MPLA. A África do Sul e os EUA apoiavam a UNITA (que incorporou a FNLA), que se proclamava antimarxista e pró-ocidental. A guerra civil entre a UNITA e o MPLA, iniciada em 1975, se arrastou pelas décadas seguintes, com breves períodos de paz. Apenas em 2002 o Parlamento angolano aprovou uma lei que anistiou os combatentes da guerra civil que praticaram crimes "contra a segurança do Estado".

Os escassos recursos que esses países possuíam para investimentos não atendiam às necessidades básicas de sua população. Assim, agravou-se o problema da subnutrição, da miséria, do analfabetismo ou da pouca escolaridade, como também a falta de assistência médica. Muitas vezes, uma elite ligada às antigas metrópoles se apropriava dos recursos públicos ou oriundos de empréstimos estrangeiros, acentuando ainda mais as desigualdades existentes, contrastando com a imensa maioria que vivia em condições de miséria.

## Conflitos étnicos e *apartheid*

Na década de 1960, a retalhada África da partilha imperialista enfrentava problemas internos às nações independentes, fruto da rivalidade étnica e religiosa. Os processos políticos intensificaram rivalidades entre lideranças e grupos étnicos diferentes. As guerras civis, como em outras regiões do continente, eram frequentes. Sucederam-se ditaduras e tiranias em uma ordem política instável.

Guerras sangrentas, como a secessão de Biafra (1967-1970), ocorrida por disputas étnicas e pela delimitação de fronteiras, chocaram o mundo pela crueldade com que a população civil foi tratada, assim como os inimigos capturados. Biafra, uma região da Nigéria riquíssima em petróleo, foi acometida por uma fome devastadora. Estados vizinhos apoiaram tacitamente o massacre dos rebeldes biafrenses com medo de que outros grupos étnicos em seus territórios seguissem o exemplo. A acomodação às fronteiras artificiais era uma forma de impedir que os conflitos se estendessem pelo continente africano.

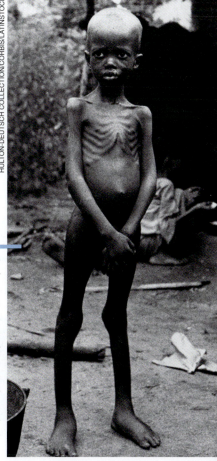

A guerra de Biafra matou mais de um milhão de crianças (na foto, criança vítima dessa guerra em 12 de julho de 1968). As imagens chegaram ao Ocidente e diante do imobilismo ocidental nasceu um dos mais atuantes grupos de ajuda humanitária não vinculados a nenhuma instituição oficial: "Médicos sem fronteiras".

# O *apartheid*

O regime segregacionista sul-africano do *apartheid* vigorou até 1991. Por ele, os africâners, minoria branca formada por descendentes de colonizadores brancos holandeses, retiraram as melhores terras dos negros, tomaram o poder e instituíram leis que proibiam os negros nativos de votar, frequentar certos locais públicos reservados exclusivamente aos brancos e ocupar cargos públicos.

A população negra das cidades foi expulsa para regiões periféricas, os chamados guetos, onde a qualidade de vida era precária, entre outras barbaridades. Em 1960, um movimento africano pacífico tomou corpo contra a instituição dos *pass law*, um "passe legal" com os dados da vida pregressa e atual do indivíduo, sendo uma verdadeira ficha policial que os negros eram obrigados a portar. Essa ficha era usada como forma de repressão pelos brancos que podiam, assim, controlar o movimento dos "não-brancos". Revoltados, moradores de Shaperville manifestaram-se contra tal imposição, o que resultou em 69 mortos e 180 feridos.

As marcas da descolonização e seus imensos problemas perduram até os dias de hoje. A maioria dos países apresenta problemas sociais e econômicos, com poucas perspectivas de solução a curto e médio prazos. Alguns países têm grandes riquezas minerais, como a Nigéria (petróleo), Angola (diamantes) e África do Sul (ouro e metais em geral), mas não conseguiram sair do estágio de pobreza.

Além disso, em virtude dos conflitos ainda existentes, a ONU calcula que haja mais de 4 milhões de refugiados em países vizinhos às áreas em conflito, dificultando ainda mais a sobrevivência das populações já carentes do continente.

As guerras africanas produziram um grande número de vítimas civis. Muitas vezes, uma das facções bloqueava o acesso à comida ou até mesmo impedia a população de plantar. Outras vezes, atrocidades físicas e psicológicas marcaram milhares de pessoas para sempre. Na imagem, distribuição do parco alimento entre os refugiados de Umahia, Biafra, em 22 de março de 1969.

Manifestantes carregam faixas e cartazes em protesto no dia 2 de abril de 1960 contra o massacre de Sharpeville na África do Sul e contra a política de segregação racial desse país.

## Nelson Mandela e a lutra contra o *apartheid*

O líder negro Nelson Mandela tornou-se conhecido por sua luta contra o regime de segregação racial na África do Sul. Por suas posições, ficou preso por 27 anos e foi libertado durante o governo do presidente branco Frederik de Klerk, que, após longa negociação e pressão internacional, referiu-se a Mandela como "o preso político mais antigo do mundo". Durante os anos 70, Mandela recusou a oferta de revisão de sua pena e nos anos 80 preferiu continuar preso a ter de renunciar às suas convicções.

Mandela e de Klerk foram agraciados com o Prêmio Nobel da Paz, em 1993, ocasião em que o líder negro declarou: "Os filhos da África do Sul brincarão em campo aberto, sem serem torturados pelas dores da fome e das doenças e sem sofrerem ameaças de agressão. As crianças são nosso maior tesouro". Depois de sua libertação, uma nova Constituição não racial passou a vigorar, os negros adquiriram direito ao voto e, em 1994, foram realizadas as primeiras eleições multirraciais na África do Sul, quando Mandela foi eleito presidente.

Após o período na presidência, Mandela continuou atuando na política internacional e nas questões africanas, como, por exemplo, alertando a comunidade internacional sobre a propagação da AIDS (Síndrome da Imunodeficiência Adquirida), doença que tem castigado populações do continente, que não têm acesso a medicamentos e formas de controle de sua propagação. O alastramento dessa doença na África tem ocorrido de forma mais intensa que em outras regiões do planeta e reduzido a expectativa de vida em diversos países desse continente.

Nelson Mandela faleceu em 2013.

# Depois da descolonização, a procura por novos rumos...

A independência política das antigas colônias em nada modificou a situação de pobreza das nações do Terceiro Mundo, pois não tinham condições de se livrar do domínio econômico de suas ex-metrópoles. Entrava-se na era do **neocolonialismo**, política adotada por países desenvolvidos – as antigas metrópoles – para manter ou instituir formas de dominação econômica sobre os países descolonizados.

suas necessidades econômicas e da soberania nacional, em um mundo bipolarizado.

Com o fim da Guerra Fria, os países do Terceiro Mundo, hoje conhecidos como "países em desenvolvimento", passaram a pleitear maior inserção de seus produtos no comércio internacional e a discussão de temas relativos ao desenvolvimento econômico. Há muitas críticas a essa expressão, pois se pressupõe que *um dia* os países em desenvolvimento conseguirão atingir índices econômicos e sociais comparáveis aos das nações mais ricas, partindo-se do princípio de que será "inevitável" atingir esse modelo, ignorando-se as contradições e as disparidades entre os países.

# O Terceiro Mundo

Dependentes econômica e politicamente das nações ricas, os países mais pobres acabam sujeitando-se a acordos que muitas vezes contrariam seus interesses internos. Para tentarem mudar a correlação de forças imposta pela dependência do capital externo e se fortalecerem no comércio internacional, os chamados países do **Terceiro Mundo** articularam-se, desde a década de 1950, para, juntos, buscar apoio em defesa de

Rio de Janeiro, Brasil. Por mais que se identifiquem as precárias condições dos países do chamado Terceiro Mundo, a economia desses países obteve expressivos índices de desenvolvimento. Porém, com a elevada concentração de renda, a riqueza de poucos contrasta com a pobreza da maioria da população.

DONATAS DABRAVOLSKAS/SHUTTERSTOCK

## Nem um nem outro: um Terceiro Mundo

Durante a Guerra Fria, a divisão do mundo em dois blocos antagônicos criou uma situação de alinhamento dos diversos países à potência sob a qual se encontrava sob influência, independentemente do grau de desenvolvimento das diferentes nações.

A expressão "Terceiro Mundo" (*Tiers Monde*) foi usada pela primeira vez em 1952, em um artigo do demógrafo francês Alfred Sauvy, "Três mundos, três planetas", publicado na revista *France Observateur*. Sauvy afirmava que entre os dois mundos claramente definidos – o **Primeiro**, dos países "ociden-tais", e o **Segundo**, dos países "comunistas" – havia um "**Terceiro**", o das nações subdesenvolvidas africanas, asiáticas e da Oceania, que se encontravam em processo de descolonização. Ele alertava: "Este Terceiro Mundo ignorado, explorado, desprezado como o Terceiro Estado [numa alusão à Revolução Francesa, na França do século XVIII, na qual o Terceiro Estado era formado por 97% da população, constituído pela pequena burguesia, artesãos, camponeses e trabalhadores urbanos que sustentavam o clero e a nobreza isenta de impostos e sem direitos políticos], quer, também, ser alguma coisa". A partir de 1960, no rol das nações do Terceiro Mundo também passaram a ser incluídos os países latino-americanos, independentes desde o século XIX.

### As principais conferências internacionais do Terceiro Mundo

o Em 1955, como vimos, em **Bandung**, asiáticos e africanos se posicionaram contra o colonialismo e fixou-se a recusa do alinhamento direto com uma ou outra superpotência. Os países reunidos defendiam a descolonização das populações ainda dominadas, em especial na África; colocaram-se contra a dominação das nações ricas. Os países da África e da Ásia buscavam um papel de maior relevância no contexto internacional, como forma de assegurar o desenvolvimento econômico em regiões pobres e carentes.

o Em 1961, na **Conferência de Belgrado**, na ex-Iugoslávia (atual Sérvia), reafirmaram-se as posições tomadas em Bandung e tomou corpo a posição dos países **não alinhados**, com o direito de **neutralidade** diante dos conflitos "patrocinados" pelas superpotências.

o Com o abrandamento da Guerra Fria em 1964, houve a **Segunda Conferência Afro-asiática**, na qual foi proposto um Programa para a Paz e a Cooperação Internacional, pretendendo que esses países tivessem mais poder de barganha nas relações internacionais. Nesse encontro, porém, permaneceu nítida a divisão entre países pró-soviéticos e pró-americanos.

o Em 1966, Cuba sediou a **Primeira Conferência Tricontinental**, dessa vez com a participação também de representantes da América Latina. Nessa ocasião, o líder cubano Fidel Castro propôs expandir a revolução socialista para os diversos países "fragilizados" pelo imperialismo americano. Para o líder Che Guevara, companheiro revolucionário de Castro, as nações pobres deviam inspirar-se no modelo da Indochina, fazendo florescer "um, dois, numerosos Vietnãs". A proposta esbarrou nas já conhecidas divergências de caráter ideológico entre os países participantes.

o Em 1973, na **Conferência de Argel**, capital da Argélia, o presidente Huari Bumediene declarou a importância do Terceiro Mundo como fornecedor de matérias-primas para o Primeiro e Segundo mundos. Nessa conferência, o aspecto econômico sobrepujou-se ao político. No encontro ficou claro o quão imperiosa era a reorganização da dinâmica econômica mundial, visando a uma **nova ordem econômica internacional** que pudesse contemplar o interesse dos países pobres.

## A guerrilha, uma forma de vencer a dependência?

As revoluções socialistas soviética e chinesa inspiravam grupos para derrubar o poder em países pobres, principalmente, muitos deles incentivados pela vitória dos guerrilheiros vietcongues sobre a nação mais poderosa do mundo, os Estados Unidos, na guerra do Vietnã.

A Revolução Cubana, no entanto, era o grande modelo dos ideais revolucionários nas décadas de 1960 e 1970. Che Guevara tentou exportar a revolução cubana para o Congo, na África, e para a Bolívia. O carismático **Ernesto "Che" Guevara** foi um dos líderes esquerdistas que se embrenharam pelo coração da América do Sul, tentando convencer as populações locais, pobres e oprimidas, a aderir aos ideais revolucionários e lutar contra o imperialismo norte-americano.

## A construção da imagem do mártir revolucionário

*O mexicano Jorge Castañeda analisou a figura do revolucionário Che Guevara, que nasceu na Argentina em 1928 e participou da Revolução Cubana ao lado de Fidel Castro. Che transformou-se em um mito que ultrapassou as fronteiras latino-americanas e o seu tempo. Foi assassinado em uma emboscada, em 1967, na Bolívia.*

Limparam seu rosto, já sereno e claro, e descobriram-lhe o peito dizimado por [quase] quarenta anos de asma e um de fome no árido Sudeste boliviano. Depois o estenderam no leito do hospital de Nuestra Señora de Malta, alçando sua cabeça para que todos pudessem contemplar a presa caída. Ao recostá-lo na lápide de concreto, soltaram as cordas que serviram para atar suas mãos durante a viagem de helicóptero desde La Higuera, e pediram à enfermeira que o lavasse, penteasse e inclusive escanhoasse parte da barba rala que tinha. Quando os jornalistas e populares curiosos começaram a desfilar, a metamorfose já era completa: o homem abatido, iracundo e esfarrapado até a véspera da morte se convertera no Cristo de Vallegrande, refletindo nos límpidos olhos abertos a tranquilidade do sacrifício consentido. O exército boliviano cometeu o único erro da campanha depois de consumada a captura de seu máximo troféu de guerra. Transformou o revolucionário resignado e encurralado (...) na imagem de Cristo da vida que sucede à morte. Seus verdugos deram feição, corpo e alma ao mito que percorreria o mundo. (...)

Ernesto Guevara conquistou seu direito de cidadania no imaginário social de toda uma geração por muitos motivos, mas antes de mais nada pelo encontro místico de um homem com a própria época. Nos anos 60, repletos de cólera e doçura, outra pessoa teria deixado um leve rastro; o mesmo Che, em outra época menos turbulenta, idealista e paradigmática, teria passado em branco. A permanência de Guevara enquanto figura digna de interesse, investigação e leitura não deriva diretamente da geração à qual pertence. Não brota da obra nem sequer do ideário guevarista; vem da identificação quase perfeita de um lapso da história com um indivíduo. Outra vida jamais teria captado o espírito da época; outro momento histórico nunca se reconheceria em uma vida como a dele. (...)

A importância de Che Guevara para o mundo e para a vida de hoje se verifica (...) na atualidade dos valores de sua era [igualdade, solidariedade, libertação individual e coletiva], jaz na relevância das esperanças e sonhos dos anos 60 para um fim de século órfão de utopias, carente de projeto coletivo e dilacerado pelos ódios e tensões.

*Fonte: CASTAÑEDA, J. G. Che Guevara: a vida em vermelho. São Paulo: Companhia das Letras, 2006. p. 13, 15, 17.*

Ernesto "Che" Guevara (1928-1967).

**1)** Segundo o autor, qual a importância de Che Guevara na atualidade?

# América Latina

Os reflexos da bipolarização entre as duas superpotências resultaram na aproximação dos países latino-americanos com os EUA. No entanto, após a experiência da Revolução Cubana e diante do contínuo quadro de desigualdade econômica, muitos grupos inspirados em ideais revolucionários surgiram na América Latina. Nos anos 1960, houve um acirramento das tensões políticas no continente. Os Estados Unidos apoiaram ditaduras militares que contaram com o respaldo das elites locais, como uma forma de deter a comunização do continente. Em alguns outros lugares sua interferência econômica era direta, feita pela aliança de grandes empresas estadunidenses e as oligarquias locais. A nova ordem política legitimava-se em nome dos princípios da Doutrina de Segurança Nacional, com nítido caráter anticomunista, inspirada na ação e política norte-americanas para preservar a América Latina como sua área de influência.

Movimentos guerrilheiros socialistas espalharam-se pela América do Sul e atingiram também a Nicarágua, na América Central, zona de influência norte-americana. A maioria desses movimentos era financiada pela União Soviética. As guerrilhas eram formadas por intelectuais e estudantes, que acreditavam que por meio da luta armada conseguiriam acabar com as injustiças e desigualdades sociais que assolavam suas nações.

Assim como a guerrilha de Che no interior da Bolívia, outros movimentos guerrilheiros na América Latina não contaram com o necessário apoio dos diversos segmentos sociais de seus países e, vulneráveis, foram combatidos pelas ditaduras militares que imperavam no continente.

Os processos ditatoriais na América Latina marcaram um período de modernização econômica, em países como Brasil, Chile e Argentina, e grande repressão às liberdades civis e políticas, com a prática da tortura e com inúmeros desaparecidos políticos.

Entre os anos 1960 e 1970, as contradições sociais e políticas do continente e a polarização mundial tiveram profundas relações nos processos históricos da América Latina.

**A AMÉRICA LATINA E A INFLUÊNCIA NORTE-AMERICANA NOS ANOS 1970**

- Ditadura militar nos anos 70
- nnnn Data de início da ditadura
- **Intervenção americana**
  - Direta
  - Indireta
  - Regime socialista
  - Guerrilha de inspiração cubana

CARTOGRAPHIE LATITUDE – ADAP.

## Cinemateca

**Gandhi** (1982, Inglaterra, dir.: Richard Attenborough) O filme narra a vida do líder Gandhi e de suas lutas para libertar a Índia da dominação inglesa.

**Um Grito de Liberdade** (1987, Inglaterra, dir.: Richard Attenbourough) Filme sobre a luta contra o *apartheid,* na África do Sul, do ponto de vista de um homem branco e de um negro.

**Diários de Motocicleta** (2004/EUA/Peru/Chile/Inglaterra/Argentina/Brasil, dir.: Walter Salles) A viagem do jovem Che Guevara pela América do Sul, antes de se tornar um dos ícones da Revolução Cubana.

**A Batalha de Argel** (1965, Itália/Argélia, dir.: Gillo Pontecorvo) A luta da independência da Argélia, que põe em combate o exército francês e a Frente de Libertação Nacional.

**Mandela** (1987, Inglaterra, dir.: Philip Saville) Uma breve bibliografia do líder sul-africano contra o regime racista implantado na África do Sul.

**O Poder de um Jovem** (1992, EUA/França/Alemanha, dir.: John G. Avildsen) A instituição do *apartheid* visto sob o olhar confuso de um adolescente que vê a África do Sul mudar à sua volta.

**Indochina** (1992, França/Vietnã, dir.: Régis Wargnier) O fim do colonialismo no Vietnã, retratado a partir das experiências de uma rica proprietária aristocrática que vê seu mundo na colônia fenecer.

## Revisitando a História

**1.** A Segunda Guerra Mundial trouxe fortes impactos no processo de descolonização afro-asiática. Enumere-os e explique-os.

**2.** A respeito da teoria dos mundos do demógrafo francês Alfred Sauvy, responda:

a) Como surgiu a expressão Terceiro Mundo? A que ela se referia?

b) A ideia original de Sauvy foi modificada posteriormente, quando a expressão Terceiro Mundo passou a ser utilizada unicamente para definir uma parte do mundo empobrecida. Relacione a ideia original de Sauvy com os movimentos de descolonização.

**3.** Qual a importância da Conferência de Bandung, em 1955, para a descolonização africana?

**4.** O que significava o não alinhamento dos países do Terceiro Mundo? Que problemas enfrentavam para agir em bloco?

**5.** Releia o texto de Castañeda sobre Ernesto Che Guevara (página 851) e responda:

a) Qual a importância desse personagem nos processos de descolonização?
b) Segundo Castañeda, por que Che Guevara ocupou um espaço de destaque no imaginário social?

# Analise esta imagem

Observe a imagem abaixo, feita em 1893, no auge da colonização europeia na África.

PHOTO 12.COM-OASIS

Submissão dos chefes indígenas aos franceses na Costa do Marfim. (*Pétit Journal*)

a) O que a imagem retrata?
b) A independência mudou significativamente essa situação?

# Debatendo ideias

## Fatos e mitos sobre os BRICs

O acróstico BRIC, a partir de Brasil, Rússia, Índia e China, tem ganho cada vez mais destaque no cenário internacional. Ele teria sido utilizado pela primeira vez por analistas da Goldman Sachs em um estudo especulativo sobre o desenvolvimento futuro desses países. Posteriormente, a mídia se encarregou de disseminá-lo e torná-lo relativamente popular. Permite até mesmo uma analogia com o *brick* (tijolo ou bloco, em inglês), o que pode ser interpretado no sentido da construção de novos blocos de poder. Não sem razão. Se tomarmos o *ranking* dos dez maiores países do mundo pelo critério de PIB (Produto Interno Bruto) por Paridade de Poder de Compra (PPC), vamos encontrar a China em segundo lugar, com um PIB-PPC de US$ 9,4 trilhões, logo após os EUA, em primeiro. A Índia aparece em quarto lugar, logo após Japão e Alemanha, com um PIB de US$ 3,6 trilhões. O Brasil ocupa a nona posição, com US$ 1,6 trilhão, e a Rússia, com US$ 1,5 trilhão, a décima.

*Disponível em: <http://terramagazine.terra.com.br/interna/ 0,,OI1354102-EI7095,00-Fatos+e+mitos+ +sobre+os+BRICs.html>. Acesso em: 31 ago. 2015.*

## O que há de comum na agenda dos BRICs?

Brasil, Índia e China emergem como líderes mais assertivos depois da crise financeira de 2008. Os três países vêm buscando minimizar suas diferenças para construir uma frente unida em suas tentativas de defender seus interesses estratégicos e obter visibilidade crescente como potências emergentes numa ordem internacional em mudança. Já a Rússia – o quarto membro dos BRICs – teve desempenho desastroso durante a crise e perdeu peso internacional, ao menos em termos econômicos. Além disso, a dependência em relação ao petróleo e gás, população em declínio e o fato de não ser membro da Organização Mundial do Comércio (OMC) distanciam a Rússia dos outros três países. Os BICs (Brasil, Índia e China) são atores-chave em suas regiões, competem por mercados internacionais de produtos industriais e por influência geopolítica.

*Disponível em: <http://economia.estadao.com.br/noticias/ geral,g20-o-que-ha-de-comum-na-agenda-dos-bics-imp-,572966 >. Acesso em: 31 ago. 2015.*

A partir dos textos, poderia-se concluir que os países formadores do chamado BRIC conseguiram superar as experiências neocolonialistas ocorridas ao longo da Guerra Fria do século XX, de modo a implementar uma alternativa de desenvolvimento para o mundo? Sim e não.

Sim, porque esses países experimentaram, nos últimos 30 anos, de maneiras distintas, taxas de crescimento econômico surpreendentes, o que permitiu a criação de um mercado interno consumidor aquecido, uma profunda transformação em suas sociedades e um peso maior no cenário internacional e suas decisões multilaterais. Entretanto, esses países ainda apresentam problemas sociais profundos, como altas taxas de pobreza, mortalidade infantil, analfabetismo e desemprego, além de ainda serem relativamente dependentes de investimentos estrangeiros em suas economias predominantemente exportadoras, o que os fazem participantes do que no passado se convencionou chamar de Terceiro Mundo.

Nesse século XXI, tais países acabam sendo grandes exemplos das mudanças no cenário mundial, que deixou de ser um mundo bipolar durante a Guerra Fria, passou a ser "unipolar" ao longo da década de 1990 com os EUA e que volta agora, segundo alguns estudiosos, a ser multipolar. Um mundo que lentamente passa a incluir novas preocupações em suas agendas, como a questão ambiental e a produção sustentável, e que, ainda que lentamente, passa a ouvir as petições e reclamações de países e comunidades pobres de todos os continentes, muitas vezes capitaneadas pelos próprios BRICs. Sinais, então, de que o mundo está mudando? Só a história dirá.

## Proposta de atividade

Reunidos em grupos de 4 a 5 alunos, realizem uma breve pesquisa sobre cada país envolvido no chamado BRIC, de modo que no trabalho conste:

1. os principais fatos históricos pelos quais os 5 países passaram ao longo do século XX;
2. quais as principais diferenças e semelhanças políticas, sociais e econômicas que esses países apresentam entre si;
3. quais as razões ou vantagens para uma possível "união" entre tais países;
4. eventos históricos recentes nos quais um desses países esteve à frente das nações pobres como seus "representantes".

# Questões de vestibular

**1.** (UNIFOR – CE) Importante para o processo de descolonização da Ásia e da África, foi

a) a solução em 1955, em Bandung, e a defesa do não alinhamento automático com as grandes potências.

b) criação de uma Assembleia Internacional para decidir sobre as questões de descolonização.

c) reafirmação da política imperialista dos Estados Unidos.

d) manutenção da divisão do mundo em dois blocos políticos antagônicos.

e) aceleração dos projetos para a produção de armas nucleares.

**2.** (UNIRIO – RJ) O sistema do *apartheid*, articulado pela elite política bôer, apoiava-se na concepção da existência separada de duas nações no interior do Estado sul-africano. Ele compunha-se de uma tripla segregação que se caracteriza por ser:

a) étnica, pois somente alguns grupos negros podiam ir às Universidades; filosófica, justificando o conflito entre as nações africanas; e etnocêntrica, considerando que os brancos eram superiores aos negros analfabetos;

b) cultural, mediante o fomento dos conflitos interétnicos; militar, estimulando a criação de exércitos mercenários; e ideológica, exacerbando a influência soviética sobre os negros africanos;

c) cultural, com a criação das novas nações negras na África do Sul; sexual, impedindo que negros se casassem com brancas; e política, possibilitando que somente os negros primogênitos pudessem votar;

d) política, com a exclusão do exercício dos direitos políticos gerais; geográfica, através da delimitação de áreas reservadas de moradia; e geopolítica, mantendo a separação entre "nação negra" e "nação branca";

e) política, somente permitindo acesso ao voto dos brancos nascidos na África; cultural, valorizando somente o produto do branco; e geográfica, admitindo que os negros só pudessem trabalhar nos bantustões.

**3.** (UFES) Durante a descolonização afro-asiática que se seguiu à Segunda Guerra Mundial, vinte e nove países do Terceiro Mundo se organizaram na Conferência de Bandung, na Indonésia, em 1955, objetivando reformular o caráter das relações entre as grandes potências e os países subdesenvolvidos. Como posição resultante dessa Conferência, pode-se indicar a seguinte:

a) os participantes defenderam uma política de não alinhamento automático com as superpotências e proclamaram seu direito à autodeterminação, além de condenarem o colonialismo.

b) cinco países (Nigéria, Quênia, Gâmbia, China e Vietnã) afirmaram sua emancipação política, referendando o Acordo de Versalhes com a França.

c) incentivos foram criados à diversificação da economia afro-asiática com vistas ao rompimento da divisão inter-nacional do trabalho vigente na época, mediante a qual os países do Terceiro Mundo eram importadores de matéria-prima.

d) todos os países presentes à Conferência pronunciaram-se pela política de alinhamento ao bloco das democracias ocidentais.

e) a implantação de bases militares estrangeiras foi exigida à época, bem como foi recomendada a livre ação das empresas multinacionais em territórios do Terceiro Mundo.

**4.** (UFF – RJ – adaptada) Quando comparada à revolução chinesa, a independência indiana adquire uma singularidade que, ainda hoje, desperta a atenção dos estudiosos. Ao contrário de uma revolução comunista, a Índia adquiriu sua independência pela via pacífica.

Identifique o comentário que se refere, corretamente, à política implementada por Gandhi para obter a independência.

a) A política de desobediência civil que se fundamentava no princípio da resistência pela não violência.

b) O sistema hindu, fundado na igualdade social e no sistema de castas, representou um obstáculo à independência indiana.

c) Parte significativa da burguesia indiana apoiou a política de Gandhi, pois o seu programa de defesa do produto nacional ajudava a combater a concorrência dos materiais ingleses.

d) A doutrina da dignidade do trabalho defendida por Gandhi implicava a defesa intransigente de greves de cunho político.

e) O principal impulso do programa de Gandhi era a proposta de reformulação da aldeia tradicional com a introdução da mecanização no campo.

**5.** (FVG – SP) Gandhi (1869-1948) conseguiu mobilizar milhões de indianos na luta para tornar o país independente da dominação britânica, recorrendo ao:

a) socialismo, à denúncia do sistema de castas e à guerra revolucionária.

b) nacionalismo, à modernização social e à ação coletiva não violenta.

c) tradicionalismo, à defesa das castas e à luta armada.

d) capitalismo, à cooperação com o imperialismo e à negociação.

e) fascismo, à aliança com os paquistaneses e ao fundamentalismo religioso.

# O conflito Israel e Palestina

Nós somos completamente contra atentados e temos impedido muitos ataques. Mas não podemos esquecer que, assim como nós temos grupos fanáticos, eles também têm grupos fanáticos. Os fanáticos estão por toda parte.

Yasser Arafat, ex-presidente da Autoridade Nacional Palestina morto em 2004.

Fui homem de armas durante 27 anos. Enquanto não havia oportunidade para a paz, se desenvolveram múltiplas guerras. Hoje, estou convencido da oportunidade que temos de realizar a paz, grande oportunidade. A paz leva intrínseca dores e dificuldades para poder ser conseguida. Mas não há caminho sem essas dores.

Yitzhak Rabin, ex-primeiro ministro israelense assassinado em 1995.

*As frases dos dois representantes políticos que mais se aproximaram de um acordo de paz duradouro entre israelenses e palestinos são sintéticas no sentido de que fazem o resumo do longo processo histórico no qual estiveram envolvidos: a descolonização do Terceiro Mundo, os nacionalismos pós-coloniais e a Guerra Fria. Em outras palavras, apesar das questões étnicas e culturais, o conflito árabe-israelense sempre esteve envolvido em uma trama internacional maior que influenciou praticamente todo o processo de formação do Estado de Israel – apoiado desde o início pelas potências ocidentais – e de contínua marginalização do ainda inexistente Estado Palestino. O que estudaremos a seguir é a relação conflituosa entre árabes e judeus, que, seja por razões históricas e culturais, seja por motivações político-estratégicas e econômicas, criou um ambiente de violência e usurpação dos direitos humanos, fazendo inúmeras vítimas entre civis, sem ter resultado, ainda, em um acordo duradouro de paz e cooperação entre as nações envolvidas nesse longo processo.*

RICHARD WAINWRIGHT/CORBIS/LATINSTOCK

Em nome de sua segurança contra os ataques terroristas palestinos, Israel está construindo um alto e extenso muro com 640 km, mas essa construção continua gerando conflito e protestos internacionais, visto que se propõe a isolar fisicamente os palestinos de Israel, como meio de evitar ataques terroristas.

## Uma questão complexa e intricada: Israel x Palestina

Localizada na passagem entre três continentes (África, Ásia e Europa), a Palestina é o palco de alguns dos principais conflitos do pós-Segunda Guerra Mundial. Habitada por árabes e judeus, a região estava sob o controle do Reino Unido desde a Primeira Guerra Mundial (1914-1918), sendo reconhecida em 1922 a administração dos britânicos pela Liga das Nações. Durante esse período, os judeus na Palestina correspondiam, aproximadamente, a 15% da população que, à época, tinha quase 700 mil habitantes, sendo a maioria de árabes.

No século XIX, difundiu-se o movimento sionista, formulado pelo escritor húngaro judeu Theodor Herzl. Em 1896, ele publicou a obra *O Estado Judeu*, um ensaio sobre o problema judaico. "Se o povo judeu não está fixado em um território de sua escolha, a criação de um Estado será a solução." A partir daí, muitos pregavam a criação de um Estado judeu na Palestina, onde viveram os judeus na Antiguidade, antes da diáspora. Seria o retorno à terra de Sion, a colina de Jerusalém.

A ideia da criação desse Estado foi encampada pela Grã-Bretanha e expressa na chamada *Declaração de Balfour*, de 1917, que, para dar seguimento à sua edificação, propunha a imigração judaica para a região da Palestina. Um intenso movimento migratório da Europa para essa região específica do Oriente Médio foi alterando as relações de convivência da população local. Porém, os ingleses tinham prometido aos árabes, em 1915, apoiá-los na construção de um Reino Árabe Independente e não cumpriram suas promessas.

A resistência dos habitantes palestinos contra a chegada de judeus na Palestina crescia paulatinamente e os conflitos entre judeus e palestinos tornaram-se frequentes. Enquanto os judeus adquiriam terras na Palestina, movimentos organizados e armados tomaram vulto, contra a dominação britânica e a criação de um Estado judaico. A ideia da criação de um novo Estado judeu foi postergada com a eclosão da Segunda Guerra.

| Judeus e árabes na Palestina antes da criação de Israel | | |
|---|---|---|
| | **JUDEUS** | **ÁRABES** |
| 1922 | 24.000 | 660.000 |
| 1931 | 175.000 | 780.000 |
| 1946 | 600.000 | 1.250.000 |

*Fonte: ONU.*

# A implantação do Estado de Israel

Com o final da Segunda Guerra Mundial e o extermínio provocado pelo holocausto, cresceu o apoio internacional à criação do Estado de Israel. A partir da retirada dos britânicos da Palestina, a questão sobre a posse e direção desse território passou a ser discutida na ONU em 1947, contando com o apoio das grandes potências. Ficou decidida a implantação de dois Estados: um para os judeus e outro para os árabes que viviam na Palestina, e uma terceira área, sob jurisdição internacional, para a cidade de Jerusalém.

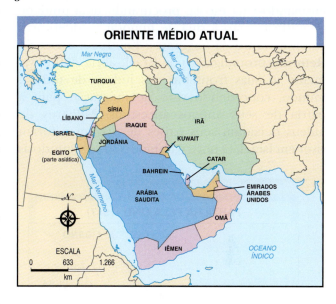

ORIENTE MÉDIO ATUAL

# A reação árabe-palestina

Os vizinhos árabes do Estado recém-implantado não reconheceram a criação do novo país e a divisão feita pela ONU. A Liga Árabe, formada por Egito, Iraque, Líbano, Síria e Transjordânia, entrou em conflito com as forças do novo Estado de Israel em julho de 1948. A **primeira guerra árabe-israelense** (1948-1949) foi vencida por Israel, que anexou territórios e aumentou o seu domínio em 20 mil quilômetros quadrados, ampliando-o em quase 50% em relação ao previsto inicialmente. No armistício, o Egito ficou com a faixa de Gaza, a Cisjordânia foi anexada pela Transjordânia, que passou a ser chamada de Jordânia. A cidade de Jerusalém, sagrada para muçulmanos, judeus e cristãos foi dividida, sendo que a parte oriental, que incluía a cidade velha, ficou sob a administração jordaniana e a porção ocidental, sob administração israelense. O espólio do que era para ser o Estado da Palestina foi dividido.

Cerca de 600 mil palestinos, sem pátria, fugiram por causa da guerra, abandonando as áreas onde moravam e que foram incorporadas por Israel. No entanto, eles foram recusados como cidadãos pelos países vizinhos, com exceção da Jordânia, e fixaram-se em campos de refugiados, em condições precárias, com pouca possibilidade de trabalho, sem assistência médica etc.

Enquanto isso, já com o Estado de Israel consolidado, judeus migravam para lá, principalmente do Leste Europeu, Norte da África e Oriente Médio. Reativou-se o hebraico, uma "língua morta", como língua dos judeus no novo Estado, ensinando-a na escola, procurando uma unidade linguística como forma de minorar as diferenças culturais entre os migrantes. Em 1950, a **Lei do Retorno**, promulgada por Israel, abria definitivamente as suas fronteiras aos judeus de todo o mundo, concedendo visto de imigração para a pátria de seus antigos ancestrais. Milhares de judeus deixaram seus países de origem e foram viver em Israel. O novo país modelou-se segundo as democracias ocidentais, com um sistema parlamentarista. Se por um lado os judeus haviam obtido o direito de viver e administrar seu próprio país, por outro, a relação entre eles e os vizinhos árabes era extremamente tensa. O Estado de Israel estava cercado por opositores à sua criação. Os Estados Unidos tornaram-se os grandes aliados de Israel. Entre os muitos motivos para esse apoio, estavam a pressão da influente comunidade judia norte-americana (em 2006, mais de 6,5 milhões de pessoas, pouco maior que a população do Estado de Israel, de 6,3 milhões) e a opção estratégica de ter um aliado forte no Oriente Médio, que partilhava de princípios políticos semelhantes ao dos EUA.

Nasser assegurou que indenizaria os acionistas estrangeiros, mas o episódio foi visto com desconfiança pela Inglaterra e França. O líder egípcio capitalizava o sentimento anticolonialista do período.

A estratégia de ingleses e franceses diante da crise de Suez arrastou Israel para o conflito. Em nome da "segurança", Israel faria uma ação "preventiva" para ampliar sua liderança na região, invadindo o Egito pela península do Sinai (**segunda guerra árabe-israelense**). França e Inglaterra aguardariam que a situação entre Israel e Egito se agravasse e fariam uma intervenção para recuperar o domínio do canal. No dia 29 de outubro, Israel começou sua operação militar. No dia seguinte, Inglaterra e França deram um ultimato, que foi rechaçado pelo governo do Cairo. No dia 31, franceses e ingleses entraram no conflito e no dia 6 de novembro as forças de Israel, Inglaterra e França dominaram completamente o canal.

A reação dos EUA, que ficaram em silêncio, foi interpretada como apoio à invasão ao Egito. No entanto, os EUA e a URSS condenaram a invasão. Aos EUA, por exemplo, não interessava o alinhamento do Egito com a URSS. Aos soviéticos, por sua vez, com conflitos na Hungria, não interessava o acirramento das tensões. Em 7 de novembro, após uma vitória militar, a aliança anglo-francesa iniciava sua retirada com um grande fracasso diplomático. Em março de 1957 os israelenses retiraram suas tropas do Sinai. A crise revelava aos países europeus que eles haviam perdido sua capacidade de influir isoladamente nos destinos mundiais: sem a atuação das superpotências, não havia possibilidade de intervenções.

Nasser tornou-se a grande liderança no mundo árabe. Sua defesa do pan-arabismo pressupunha a criação de uma unidade política entre os países árabes como fortalecimento militar diante do Estado de Israel.

A partir de Suez, os conflitos entre árabes e israelenses tiveram maior repercussão internacional, graças ao envolvimento direto das superpotências, com os EUA apoiando Israel, e a URSS estabelecendo acordos com países árabes.

O argumento das doutrinas preventivas de segurança por parte de Israel e a criação de grupos armados entre os palestinos refugiados na década de 1960 aumentavam a tensão no Oriente Médio. Isso significa que, após a **segunda guerra árabe-israelenses** (crise de Suez), os conflitos entre as duas partes entrou em uma espiral ascendente de violência e ódio.

Na reunião da Liga Árabe, em 1964, foi criada a **Organização para a Libertação da Palestina – OLP**, um agrupamento de organizações e facções que incluía a **Al Fatah**, fundada e liderada por Yasser Arafat, em 1959.

Em 1967 a OLP propôs a luta armada com o objetivo de atacar Israel e conseguir retomar suas terras para a implantação do Estado palestino. Uma das medidas para atingir esses objetivos foi a adoção de ações terroristas. Os atentados aconteciam frequentemente fora da Palestina.

Nesse ano de 1967, Israel lançou-se em uma guerra preventiva diante do acirramento dos países árabes vizinhos. Com a **Guerra dos Seis Dias** (**terceira guerra árabe-israelense**), Israel aumentou seu território, com a conquista e anexação da Faixa de Gaza, da península do Sinai, da Cisjordânia, das colinas sírias em Golã, além de Jerusalém. Israel defendia-se, afirmando que essa ampliação de seu território era vital para sua segurança e sobrevivência em um ambiente árabe francamente hostil que o circundava.

## A vitória distante da paz

A vitória israelense não trouxe maior segurança ou estabilidade para a região. O número de refugiados palestinos aumentou, ultrapassando 1 milhão de pessoas. Os Estados árabes recusaram-se a conceder cidadania aos habitantes expulsos por Israel por dois motivos principais: para os países vizinhos, como Egito, Jordânia, Líbano e Síria, isso criaria tensão dentro de seus Estados e incorporar os refugiados em seus países significaria reconhecer as fronteiras de Israel. Os palestinos eram abrigados pelos países árabes em acampamentos precários e sem infraestrutura, além de não terem os mesmos direitos que o restante da população.

### ISRAEL EM 1967, APÓS A GUERRA DOS SEIS DIAS

- Território judaico
- Região anexada após a guerra

Campo de refugiados palestinos em Shumeh, em 1949.

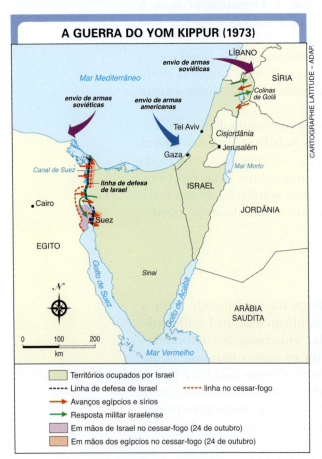

### A GUERRA DO YOM KIPPUR (1973)

- Territórios ocupados por Israel
- Linha de defesa de Israel
- linha no cessar-fogo
- Avanços egípcios e sírios
- Resposta militar israelense
- Em mãos de Israel no cessar-fogo (24 de outubro)
- Em mãos dos egípcios no cessar-fogo (24 de outubro)

Com menor força militar que o Estado de Israel, os grupos armados palestinos adotaram uma guerra em três campos: o da imagem, com a visão de soldados vencidos, mas resistentes diante da supremacia israelense; o da guerrilha, que busca apoio interno entre os próprios árabes; e o do terrorismo, com a ação planejada de atentados contra israelenses.

Ao mesmo tempo que o Estado de Israel se fortalecia, a paz se distanciava da população, devido às ameaças de atentados.

Em 1973, no Dia do Perdão, o **Yom Kippur**, uma das mais importantes comemorações judaicas, os árabes atacaram de surpresa o Estado judeu (**quarta guerra árabe-israelense**). O Egito e a Síria pretendiam recuperar as regiões de Golã, do Sinai e da Cisjordânia, que tinham perdido durante a Guerra dos Seis Dias. Em 9 de outubro, o Iraque deu apoio aéreo aos árabes já em luta. Após vitórias árabes nas ofensivas iniciais, apoiados pelos Estados Unidos, os israelenses recuperaram as colinas de Golã e a península do Sinai. Os egípcios, no entanto, recuperaram uma faixa junto à parte oriental do canal de Suez. Em 25 de outubro, por decisão do Conselho de Segurança da ONU e com o apoio dos EUA, URSS e China, foi acertado um cessar-fogo.

## O petróleo como instrumento de pressão dos países árabes

Em 17 de outubro de 1973, a OPEP (Organização dos Países Exportadores de Petróleo), controlada por países árabes, em uma decisão de alta pressão política, resolveu reduzir em 5% as exportações de petróleo "até a liberação dos territórios árabes ocupados por Israel", propondo o embargo a todos os países que apoiavam Israel, na tentativa de atingir principalmente os Estados Unidos e seus aliados.

Os países árabes se utilizaram de um produto importante para a economia mundial como mecanismo de pressão política, supondo que isso forçaria a busca de uma solução que levasse à criação do Estado da Palestina.

A ação da OPEP teve efeitos na economia ocidental. Houve elevação dos preços e da inflação. Em 1979, uma nova alta dos preços do petróleo provocou a segunda crise, afetando um pouco menos a economia ocidental, visto que desde 1973 a maior parte das economias começou a procurar alternativas para essa fonte de energia. Uma das soluções foi procurar bacias petrolíferas nas plataformas continentais, em áreas submarinas, relativamente próximas à costa. Escócia, Inglaterra e Brasil tiveram grande sucesso nessa empreitada. O Brasil também criou o Pró-Álcool, desenvolvendo tecnologia para a obtenção de combustível a partir da cana-de-açúcar.

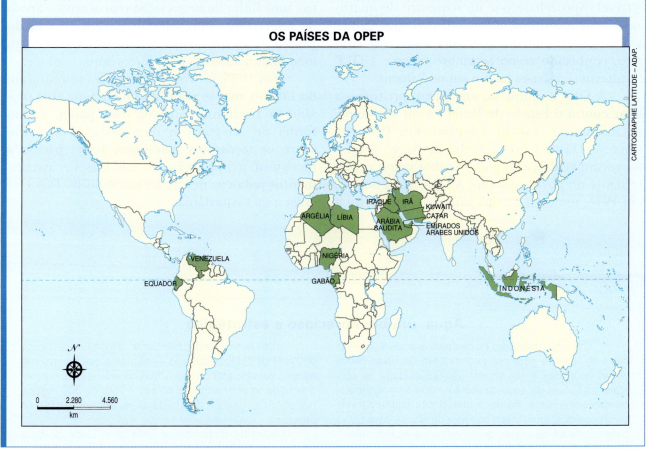

**OS PAÍSES DA OPEP**

CARTOGRAPHIE LATITUDE – ADAP.

# Outros conflitos e negociações

Os anos seguintes foram marcados pela busca de uma aproximação diplomática entre Egito e Israel. Em 1977, o presidente egípcio Anuar Sadat realizou uma visita oficial a Israel. Em 1979, os dois países assinaram os acordos de Camp David, nos Estados Unidos, que previam a devolução da península do Sinai ao Egito, que, por sua vez, reconhecia o Estado de Israel e abandonava a ofensiva contra ele. Essa foi a maior devolução de terras ocorrida por meio de um acordo entre países, em um período de paz na região.

No entanto, as complexas questões que envolvem o Oriente Médio ultrapassam as tratativas diplomáticas. Os acordos eram difíceis e as resistências ocorriam dentro dos próprios grupos, fossem eles israelenses ou árabes.

A OLP e Yasser Arafat foram expulsos, em 1970, da Jordânia, visto não reconhecerem o direito de Israel de fundar seu Estado. Os israelenses, por sua vez, negavam-se a negociar com os terroristas, acusados de serem os responsáveis pelo ataque em Munique, em 1972. O rei Hussein, da Jordânia, via o crescimento de grupos guerrilheiros palestinos dentro de seu próprio território. Os palestinos, por sua vez, desconfiavam das relações entre o chefe jordaniano e Israel. Aproveitando-se do sequestro de quatro aviões por palestinos, as forças do rei começaram a perseguir a guerrilha palestina. Após esse conflito, conhecido como Setembro Negro, a OLP transferiu suas bases para o sul do Líbano.

A OLP continuava, em outro território, a lutar contra o Estado de Israel e com o objetivo de instaurar o Estado palestino. Em 1973, na Conferência da Cúpula Árabe de Argel, a OLP foi reconhecida pelos países árabes como representante do povo palestino. A ONU logo depois, em 1974, tomou a mesma iniciativa e aprovou a resolução pela criação do Estado da Palestina na faixa de Gaza e na Cisjordânia. A resolução, no entanto, nunca foi implementada.

A longa sequência de atritos entre palestinos e israelenses levou estes a invadirem, em 1982, o sul do Líbano, cercando o quartel-general da OLP e os campos de refugiados palestinos. À ação israelense contra os palestinos juntaram-se milícias cristãs libanesas, que provocaram verdadeiros massacres que não foram censurados pelas autoridades de Israel. Acuados com a repressão israelense, os dirigentes da OLP concordaram em transferir sua base para a Tunísia, o que acentuou a divisão dentro da própria organização palestina. Seu principal líder, Arafat, adotou uma linha de negociação e procurou o apoio de lideranças internacionais para a criação do Estado palestino. Outros setores não abriram mão da luta armada e do terrorismo.

Em 1985, as tropas israelenses se retiraram do Líbano, mas se mantiveram em uma área próxima à fronteira entre os dois países. Como forma de assegurar o domínio e a ocupação sobre os territórios palestinos, Israel passou a incentivar a instalação de colônias de assentamentos judaicos nessas áreas, como na Faixa de Gaza e na Cisjordânia.

## Saiba mais

### Água, um bem precioso e estratégico

Uma das principais razões para a ânsia expansionista de Israel e para sua negativa em devolver certas zonas ocupadas é sua imperativa necessidade de controlar as fontes de água da região – que se encontram, fundamentalmente, no rio Jordão e nos aquíferos subterrâneos da Cisjordânia e da Faixa de Gaza – para cobrir a demanda do consumo, da agricultura e da indústria.

A crise da água, como ficou conhecida, causada pelo vertiginoso aumento da população e pelo consumo irresponsável, é especialmente dura na região e os recursos hídricos encontram-se, atualmente, no limite de sua exploração.

Israel monopoliza e protege zelosamente o rio Jordão, que abarca parte dos territórios ocupados por Israel (Cisjordânia e colinas de Golã), Jordânia e o sudoeste da Síria. Além disso, controla os aquíferos subterrâneos de oeste da Cisjordânia e da Faixa de Gaza por meio de proibições, expropriações e do monopólio que impõe à companhia de exploração e abastecimento israelense Mekoroth.

Em Israel, cada habitante consome cerca de 600 metros cúbicos por ano – estima-se que o consumo mínimo para garantir um bom nível de vida seja de mil metros cúbicos por habitante ao ano – ante os 300 metros cúbicos *per capita* da Jordânia e somente 100 na Palestina.

Além de disponibilizar uma quantidade de água aquém do necessário para os povos vizinhos, a Mekoroth cobra pela água dos palestinos da Cisjordânia entre duas e cinco vezes mais do que o taxado para os israelenses. Essa desigualdade é ainda mais alarmante na Faixa de Gaza, onde a empresa israelense cobra até 20 vezes mais dos palestinos se comparado ao preço oferecido aos colonos israelenses, cuja água é subvencionada pelo governo. Além disso, a má qualidade da água fornecida converteu-se em um grave problema de saúde pública entre os palestinos.

*Disponível em:* <http://www.ciadaescola.com.br>.
*Acesso em:* 22 jul. 2006.

## TERRITÓRIOS AUTÔNOMOS PALESTINOS

### FAIXA DE GAZA(1)

Mar Mediterrâneo

Gaza

Khan Yunis

ISRAEL

EGITO

0 — 10 km

■ Controle palestino (60% a 70%)
□ Controle israelense (30% a 40%)

| Área | População (1997) |
|------|------------------|
| 378 km² | 1 milhão de palestinos 6,5 mil colonos israelenses |

(1) Após o acordo de Oslo (1994).

### CISJORDÂNIA(2)

Jenin

Tulkarm

Nabulus

Qaliqilia

Ramallah

Jericó

ISRAEL

Belém

Hebron(3)

0 — 30 km

■ Controle palestino Zona A (18,2%)
■ Controle misto Zona B (21,8%)
□ Controle israelense Zona C (60%)

| Área | População (1997) |
|------|------------------|
| 5.879 km² | 1,9 milhão de palestinos 200 mil colonos israelenses |

(2) Após o acordo de Oslo (1994), Oslo II (1995) e o Wye Plantation (1998).
(3) Autonomia palestina em 80% da cidade.

*Adaptado de: Almanaque Abril Mundo. São Paulo: Abril, 2003, p. 318.*

### *Saiba mais*

## As principais guerras árabe-israelenses e os territórios e países envolvidos

- Primeira guerra árabe-israelense (1948-1949): Iraque, Egito e Jordânia (Liga Árabe) invadem a região inicialmente ocupada por Israel. Vitória israelense, que permite que Israel amplie seus domínios sobre a Palestina.
- Segunda guerra árabe-israelense/Crise de Suez (1956): conflito entre Egito e Israel que, respaldado pelas potências ocidentais, conquista a Península do Sinai.
- Terceira guerra árabe-israelense/Guerra dos Seis Dias (1967): conflito que envolveu palestinos, egípcios e sírios que, ao serem derrotados, permitiram a ocupação da Faixa de Gaza, da Península do Sinai e das Colinas de Golã.
- Quarta guerra árabe-israelense/Guerra do Yom Kippur (1973): invasão perpetrada por uma ação conjunta entre forças sírias e egípcias, que termina sem ganhos ou perdas de territórios.

> **Perpetrada:** realizada, praticada.

- Invasão do Sul do Líbano (1982): invasão do Líbano por tropas israelenses que buscavam desmantelar células terroristas palestinas. Massacres nos campos de refugiados em Sabra e Chatila.

# A Intifada e os conflitos mais recentes

Em 1987 teve início a **Intifada**, uma rebelião de jovens palestinos nos territórios ocupados e na porção árabe de Jerusalém. Nessa revolta, jovens palestinos atacavam com pedras soldados israelenses que revidavam aos ataques com suas armas.

> **Intifada:** guerra de pedras.

Essa forma de luta tem uma função que, evidentemente, não é militar, mas de chamar a atenção para a situação vivida no Oriente. Os ódios são alimentados, de parte a parte, por grupos radicais, diante de uma situação complexa e de difícil solução.

Numerosos ataques são cometidos por terroristas ligados a grupos pró-Palestina, como este da foto, em que houve a explosão de um homem-bomba em ônibus de Jerusalém (1996).

DAVID RUBINGER/CORBIS/LATINSTOCK

Em 1988, diante do impacto da Intifada, nem os Estados árabes nem a OLP dispuseram-se a negociar com Israel, pensando que a opinião pública mundial os favorecesse na defesa da proclamação de um Estado palestino. Em 2001, uma nova Intifada teve início, após a visita de Ariel Sharon à Esplanada das Mesquitas (Jerusalém), lugar sagrado para os muçulmanos, que consideraram ofensiva a presença do político israelense.

Outra forma de atingir Israel foi a intensificação de atos terroristas palestinos, incluindo a utilização de homens-bomba, suicidas que amarram explosivos em seu próprio corpo e que são acionados em locais onde possam causar maiores danos e mortes, como ônibus e lanchonetes.

# O acordo de Oslo e de Wye Plantation

Na década de 1990, com o fim da bipolarização do mundo, houve um acordo entre a OLP e Israel, representados respectivamente por Arafat e pelo primeiro-ministro israelense Yitzhak Rabin. Foi assinado em 13 de novembro de 1993 e ficou conhecido como **o acordo de Oslo**.

Pelo acordo, Israel devolveria os territórios palestinos ocupados e teria autonomia em parte da Faixa de Gaza e na Cisjordânia. Criavam-se condições para um Estado palestino embrionário. Arafat reconhecia o direito de Israel existir e renunciava ao terrorismo. O acordo não foi plenamente concretizado por causa das ações de extremistas dos dois lados, com atos terroristas palestinos e represálias dos judeus radicais. No entanto, Israel e a OLP decidiram reconhecer-se mutuamente e a autoridade palestina passou a ser responsável pela segurança na Faixa de Gaza e na Cisjordânia.

Em 1994, Arafat assumiu o comando da Autoridade Nacional Palestina (ANP), entidade responsável pela administração dos territórios palestinos. A ANP não era, ainda, um Estado, mas uma entidade com *status* superior ao da OLP. Como administrador, Arafat se comprometeu a desmantelar os principais grupos radicais terroristas, o **Hamas** e o **Hezbollah**. Porém, não obteve êxito nessa tarefa.

Radicais de ambos os lados não aceitavam o acordado em Oslo e em 1995 um judeu ortodoxo extremista assassinou Rabin. O Hamas e o Hezbollah continuaram com seus atos terroristas.

Pelo acordo de 1998, de **Wye Plantation**, mais uma vez intermediado pelos Estados Unidos, retomou-se o acertado em Oslo, e Israel desocuparia mais 13% das áreas da Cisjordânia. Em contrapartida, os palestinos retirariam da sua Carta Nacional as cláusulas que previam a destruição do Estado de Israel e o terrorismo como forma legítima de luta. O acordo previa sua implementação até 1999. Dois meses após sua assinatura, o acordo, mais uma vez, foi suspenso.

A independência da Palestina, que seria proclamada por Yasser Arafat, presidente da Autoridade Nacional Palestina em 1999, não se concretizou. A subida ao poder da extrema-direita israelense impediu o andamento das negociações e a devolução das terras ocupadas. Por sua vez, os grupos armados palestinos voltaram a intensificar suas ações.

Alegando motivos de segurança para a população israelense, o primeiro-ministro Sharon decidiu construir um muro ao longo da fronteira norte da Cisjordânia, como forma de impedir o acesso de palestinos a Israel, e, assim, diminuir a possibilidade de atentados. Esse muro, entretanto, anexa territórios palestinos e vem sendo condenado pela opinião pública mundial, inclusive pelos Estados Unidos.

Em 2004, com a morte de Yasser Arafat, que estava confinado desde dezembro de 2001 na Cisjordânia, por ordem de Israel, marcou-se o fim de uma liderança e de uma etapa nas relações entre palestinos e israelenses. Com o desaparecimento de Arafat foi eleito presidente da Autoridade Nacional Palestina Mahmoud Abbas. Em 2005, Israel desocupou os assentamentos de colonos judeus na Faixa de Gaza, apesar de protestos dos ultraconservadores e dos radicais religiosos.

Em 2005, o Hamas, grupo radical terrorista palestino, venceu as eleições parlamentares. O novo governo palestino foi recebido com reservas pela comunidade ocidental, incluindo países europeus que ameaçaram suspender a ajuda financeira aos palestinos. Vozes moderadas do mundo árabe, no entanto, solicitaram a esses países que não deixassem de enviar os recursos, pois tal atitude apenas aumentaria a radicalização de grupos extremistas, que considerariam que o Ocidente defendia o processo eleitoral apenas quando os resultados fossem favoráveis a eles. Em maio de 2006, o Hamas acenou com a possibilidade de eventuais conversações com Israel.

Arafat renunciou publicamente ao terrorismo contra Israel em sua luta pela criação do Estado palestino. Depois do acordo de Oslo, reconciliou-se com o rei da Jordânia, o que permitiu sua volta aos territórios ocupados por Israel na Cisjordânia, onde fez seu quartel-general e de onde saiu doente para Paris, em fins de 2004, falecendo na capital francesa.
Na foto, Arafat, o rei Hussein (Jordânia), Bill Clinton (presidente dos EUA) e Benjamin Netanyahu (primeiro-ministro de Israel), durante a assinatura do acordo de paz.

Nesse mesmo ano, no entanto, depois de uma trégua negociada com Israel, o Hezbollah voltou a atacar Israel. Em uma das ações do grupo, dois soldados israelenses foram sequestrados. Israel revidou a ação, bombardeando o sul do Líbano, local onde está a base do grupo terrorista. Após semanas de ação bélica e pressão internacional, Israel retirou-se do Líbano sem, no entanto, ter desmantelado o grupo Hezbollah.

Os assentamentos das colônias judaicas na Faixa de Gaza e Cisjordânia têm muitas décadas. Mesmo com a determinação do governo israelense, os ultraortodoxos judeus negavam-se a deixar as casas e terras. (Foto de 18 de agosto de 2005.)

# Os conflitos após a eleição de Obama

A histórica relação entre Israel e os EUA tem um novo capítulo desde a ascensão de Barack Obama à presidência norte-americana em janeiro de 2008. O temor da perda de apoio incondicional prestado durante os anos de George W. Bush fez com que, semanas antes da posse de Obama, o exército israelense atacasse a faixa de Gaza, com a intenção de enfraquecer o Hamas.

Os ataques aéreos israelenses atingiram alvos não militares e o fechamento da fronteira impediu que a população palestina pudesse deixar Gaza. A pressão internacional condenou os ataques. Israel alegava existir armamentos que eram uma ameaça à sua sobrevivência. Os palestinos negavam a acusação. Mesmo com a superioridade bélica israelense, o Hamas não foi desmantelado. A autoridade palestina foi enfraquecida e a população criticou a passividade do presidente Mahmoud Abbas. Dessa forma, grupos ainda mais radicais, incluindo os ligados a outros países árabes, passaram a ter maior simpatia da população. O isolamento da ANP e as críticas a Israel tornaram-se ainda mais frequentes entre os países árabes.

O Irã, principal porta-voz das posições anti-Israel na região, teve sua influência reforçada no decorrer do conflito. Seu discurso radical, que inclui a defesa da destruição do Estado de Israel, tem encontrado uma crescente repercussão favorável na região e transformou-se em um problema não apenas para Israel, mas também para o governo norte-americano.

Muitos analistas afirmaram que o objetivo da ação de 2008 era assegurar o comprometimento de Obama às causas israelenses. A ascensão do presidente norte-americano, no entanto, significou para o mundo a expectativa de que a era Bush fosse sepultada e que os canais diplomáticos pudessem ser mais efetivos do que os bélicos. Dentre o que Israel esperava estava o apoio à continuidade dos assentamentos israelenses na Cisjordânia, porém o novo governo americano não apoiou a medida, pois a saída dos israelenses da área palestina já fora negociada em acordos anteriores, mas nunca integralmente cumprida.

A presença dos colonos israelenses tende a inviabilizar a existência de dois Estados na região, e essa é a acusação dos países árabes ao governo de Tel Aviv. Em maio de 2009, já sob o novo governo de Benjamin Netanyahu, que voltou a ocupar o cargo de primeiro-ministro de Israel, o presidente Obama apresentou um plano de paz para a região. Esse novo plano propunha que todos os Estados muçulmanos reconheceriam o Estado de Israel, que, por sua vez, suspenderia definitivamente os assentamentos e iniciaria o processo de construção do Estado palestino. O plano, por um lado, livraria Israel de ameaças de destruição e, por outro, reconheceria o direito dos palestinos a um Estado. No entanto, o plano se equivocava em, mais uma vez, insistir em uma proposta idealizada e praticamente rejeitada pelos dois lados.

Um exemplo de que o processo de paz está distante ocorreu em maio de 2010. Com a continuidade da política de fechamento de Gaza, adotada em 2006, na qual o Estado de Israel assume a responsabilidade de prover os alimentos necessários para a população que habita a região, grupos humanitários tentaram quebrar o bloqueio à Faixa de Gaza pelo mar. A reação do exército israelense foi drástica e 9 civis, a maioria de nacionalidade turca, morreram na ocasião, além de terem sido feridas pessoas de várias nacionalidades. Ativistas políticos tentavam furar o embargo comercial, imposto por Israel aos palestinos, para levar ajuda humanitária a cerca de 1,4 milhão de pessoas que vivem na área. Os militares israelenses atacaram sob a alegação de que a ajuda humanitária não poderia entrar em Gaza por questão de segurança.

## *Vivendo seu tempo*

### A guerra que só vemos pela mídia

"Policiais matam 2 militantes e ferem vários palestinos ao se aproximarem de fronteira com Israel." "Exército israelense mata palestino que tentava invadir colônia judia." "Distúrbios em bairro palestino de Jerusalém deixam dezenas de feridos." Essas são algumas notícias veiculadas pela imprensa brasileira sobre a situação vivida na atual região dos Estados de Israel e Palestina. Mas haveria somente guerras, tanques, tiroteios, violência e morte nessa região do mundo, um verdadeiro cenário de filme de guerra como pano de fundo? Não é bem assim.

O Estado de Israel, pelas estatísticas da ONU, apresenta excelentes indicadores sociais e econômicos[1], possuindo excelentes universidades, um alto nível de industrialização e tecnologia de ponta, bem como um sistema educacional amplo e eficiente (97% da população é alfabetizada). Além disso, o país é um dos grandes destinos culturais e turísticos do mundo, recebendo mais de 3 milhões de pessoas. Muito desse desenvolvimento acaba sendo ajudado não só pelos próprios israelenses, mas também pelos acordos generosos entre o país e os EUA, principalmente no setor bélico militar, o que rende vultosas divisas para o país.

E o outro lado? Consideravelmente mais empobrecido que seu vizinho, o Estado da Palestina ainda apresenta índices sociais comparativamente melhores que muitas partes do mundo[2], apresentando um sistema de ensino precário, universidades razoáveis e uma economia eminentemente agrária, com o cultivo de frutas e os tradicionais olivais para a produção de conservas e azeite. Apesar da condição de pobreza, tal situação é amenizada pela ajuda de outros países e por organizações internacionais, como a ONU e o Banco Mundial.

Afinal, onde está a violência que lemos nos jornais? Ela se encontra em muitos lugares, mas, em sua maioria, ela se concentra nas regiões mais fronteiriças, onde as duas nações se encontram e se relacionam, seja de forma pacífica, seja de forma hostil e direta por meio de atentados suicidas, invasões e mortes.

[1] IDH (2013): 0,888 – 19º no mundo.
[2] IDH (2013): 0,686 – 107º no mundo.

# O difícil caminho para um acordo definitivo

A solução de dois Estados, apontada pelos principais atores da diplomacia internacional, arrasta-se e encontra opositores em grupos radicais internos e nas pressões internacionais. Mais do que indicar ações momentâneas que desencadeiam novos conflitos é importante compreender o que distancia, em linhas gerais, a possibilidade de um acordo definitivo.

Alguns aspectos que dificultam o acordo, sem que um dos lados faça concessões e aparente internamente que tenha perdido o embate, estão nos pontos a seguir.

- **O múltiplo reconhecimento dos dois Estados.** Reconhecimento, por parte de Israel, da existência (e funcionamento) de um Estado soberano para os palestinos, o fim do bloqueio à Faixa de Gaza e o término das restrições à circulação de pessoas e mercadorias nas três áreas que formariam o Estado palestino: Cisjordânia, Jerusalém Oriental e Faixa de Gaza. Reconhecimento, por parte dos palestinos, incluindo seus aliados do mundo árabe, do direito à existência do Estado de Israel e renúncia à violência e à proposta de destruição do Estado criado em 1948.

- **A questão dos assentamentos e das fronteiras.** Solucionar minimamente a questão das fronteiras, sobretudo após as anexações estabelecidas a partir de 1967, pela expansão israelense. Entretanto, o modo mais problemático das fronteiras territoriais é causado pela construção de assentamentos israelenses, sobretudo na Cisjordânia, pois isso reduz o território palestino. Há, segundo dados de 2015, mais de meio milhão de colonos judeus em território da Autoridade Palestina e sob a proteção de Israel.

- **O problema dos refugiados palestinos.** Os palestinos que foram expulsos de suas antigas casas e propriedades, por causa das diversas guerras, reivindicam o direito de retornar. Israel, entretanto, considera que um retorno massivo de palestinos abalaria a segurança e ameaçaria a existência de seu Estado. A ONU reconhece que há, ao menos, 5 milhões de refugiados palestinos.

- **O aspecto simbólico de Jerusalém.** A cidade sagrada é reivindicada pelos dois grupos. Trata-se de uma questão de alto poder simbólico considerando-se os aspectos culturais e religiosos que alimentam o conflito.

# Cinemateca

**Exodus** (1960, EUA, dir.: Otto Preminger) O filme trata do nascimento do Estado de Israel. Um líder da resistência israelense consegue levar 600 judeus dos campos de detenção de Chipre em um cargueiro até a Palestina.

**Promessas de um Mundo Novo** (2001, EUA/Palestina/Israel, dir.: Justine Arlin, Carlos Bolado e B. Z. Goldberg) O documentário mostra sete crianças israelenses e palestinas em Jerusalém que, apesar de morarem no mesmo lugar, vivem realidades muito diferentes por causa das tensões e conflitos entre Israel e palestinos.

**Munique** (2005, EUA, dir.: Steven Spielberg) Depois do atentado terrorista à delegação israelense nas Olimpíadas de Munique, um jovem patriota de Israel lidera uma equipe à procura dos responsáveis pelo atentado.

**Free Zone** (2005, Israel/EUA, dir.: Amos Gitai) A vida de três mulheres que não se conhecem é colocada lado a lado pelos conflitos e tensões existentes entre Israel e Palestina.

**Valsa com Bashir** (2008, Israel, dir.: Ari Folman) Documentário que conta a guerra de Israel com o Líbano na década de 1980 por um ex-soldado israelense, na forma de animação.

# Revisitando a História

**1.** Explique quais as principais causas para o conflito árabe-israelense.

**2.** Cite e explique quais os principais conflitos entre árabes e israelenses a partir de 1948.

**3.** Quais as principais estratégias de ação da OLP diante do predomínio bélico de Israel?

**4.** Observe a caricatura de Plantu, sobre os acordos de paz de 1993 entre Israel e Palestina. Publicada em *Le Monde*, 31 de agosto de 1993.

Analise e responda:

a) O que a caricatura representa?

b) Quem você identifica na charge?

c) O que o autor aponta como obstáculo à paz?

**5.** A cidade de Jerusalém é sagrada para três religiões monoteístas: judeus, cristãos e muçulmanos. Um dos pontos mais delicados nas questões da paz entre palestinos e israelenses é a internacionalização dessa cidade, hoje sob tutela de Israel, que não abre mão de seu domínio.

a) Como foi definido o *status* da cidade de Jerusalém pela ONU em 1948?

b) Observe o mapa e diga por que esse problema da religião é vital para o conflito em torno de Jerusalém.

**6.** O jornalista maltês Joe Sacco visitou a Palestina entre 1991-1992 com o intuito de elaborar uma reportagem sobre os territórios ocupados. Nesse momento não existia a ANP, e Israel controlava ainda mais ativamente os territórios palestinos. Mas dessa viagem não nasceu uma reportagem comum. Para descrever como viviam as populações árabes palestinas, Sacco recorreu a histórias em quadrinhos. Com imagens fortes e textos irônicos, o relato desse jornalista procura mostrar as complicadas condições de vida e as tristes histórias de árabes palestinos. Abaixo está a capa retirado da obra de Sacco.

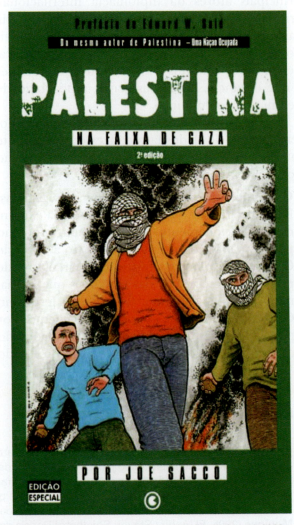

SACCO, J. *Palestina:* na Faixa de Gaza. São Paulo: Conrad, 2005.

A partir desse quadro, responda:

a) Segundo o autor, o que é frequente nos lares palestinos?

b) Aponte fatos que podem ser motivos para as lamentações dos palestinos.

## Mapa de Jerusalém

Jerusalém Ocidental

Via Dolorosa

Esplanada das Mesquitas

Santo Sepulcro

Mesquita de Omar

Muro das Lamentações

Mesquita al-Aqsa

Jerusalém Oriental

0  150  300 m

**Quarteirões**
- Cristãos
- Judeus
- Muçulmanos
- Armênios

- Igreja
- Sinagoga
- Mesquita

Muralhas da Cidade Velha

Linhas demarcadas entre 1948 e 1967

CARTOGRAPHIE LATITUDE – ADAP.

# Analise esta imagem

A fotografia colorida, importante avanço tecnológico, entrou com força na imprensa ainda na década de 1970. A foto que vemos é do final de década de 80, quando o fotojornalismo já estava consolidado, mas ainda mantinha suas premissas de informar e, em dadas circunstâncias, causar impacto. Nesse tipo de foto, o fotógrafo precisa registrar a ação, o acontecimento, sem interferir sobre ele e de forma a garantir que as pessoas não percebam que estão sendo fotografadas. A Primeira Intifada, que é retratada na imagem, ocorreu entre os anos de 1987 e 1993. Outra rebelião palestina se iniciou no ano de 2000, quando ficou evidente que dificilmente seria cumprido o que ficou acordado em Oslo em 1993. As Intifadas possuem como uma de suas principais características a ausência de liderança definida, ainda que grupos de resistência palestina (como o Fatah, o Hamas, a Jihad Islâmica e a Frente para Libertação da Palestina) também participem do movimento. Essa maneira de resistência causou impacto porque se tratava de uma revolta das populações palestinas e não de organizações que muitas vezes tinham suas bases em cidades de vizinhos árabes.

a) Que grupo o fotógrafo escolheu retratar? Como essas pessoas aparecem na imagem? O que não é mostrado na fotografia?

b) Quais os objetivos dos palestinos com a "guerra de pedras"?

c) Essa fotografia pode ter diferentes interpretações, que dependem do ponto de vista daquele que a publica. Descreva possíveis interpretações dessa imagem: de um lado aquelas que poderiam ser feitas pela imprensa favorável a Israel e de outro, pela imprensa favorável a Palestina.

# Debatendo ideias

"A questão de Jerusalém é explosiva porque a cidade adquiriu *status* de mito. Ambos os lados do atual conflito e a comunidade internacional muitas vezes reclamam um debate racional acerca de direitos e de soberania, um debate livre de toda ficção emocional. Seria ótimo, se fosse possível." (Karen Armstrong)

As constantes negociações entre israelenses e palestinos foram continuamente retomadas ao longo do tempo. Entretanto, os avanços são pouco expressivos, pois a cada momento de tensão as respostas dos dois lados acabam dando vazão ao ódio e à violência, por meio de ataques terroristas, invasões bélicas ou mesmo mís-seis caseiros ou militares lançados, que afetam em sua maioria uma população civil e inocente. A partir da citação da escritora Karen Armstrong e do que foi depreendido do capítulo, em sua opinião:

a) As negociações entre árabes e israelenses não dão certo justamente porque pressupõem concessões dos dois lados?
b) Por que é tão difícil fazer concessões nesses casos?
c) Fazer concessões seria o mesmo que esquecer parte da história de uma cultura ou uma nação?
d) O sentimentalismo ou o revanchismo são elementos e ajudam ou atrapalham nessas negociações?

# Questões de vestibular

**1.** (ENEM) A figura apresenta as fronteiras entre os países envolvidos na Questão Palestina e um corte, no mapa, da área indicada.

Com base na análise dessa figura e considerando o conflito entre árabes e israelenses, pode-se afirmar que, para Israel, é importante manter ocupada a área litigiosa por tratar-se de uma região

a) de planície, propícia à atividade agropecuária.
b) estratégica, dado que abrange as duas margens do rio Jordão.
c) habitada, majoritariamente, por colônias israelenses.
d) que garante a hegemonia israelense sobre o mar Mediterrâneo.
e) estrategicamente situada devido ao relevo e aos recursos hídricos.

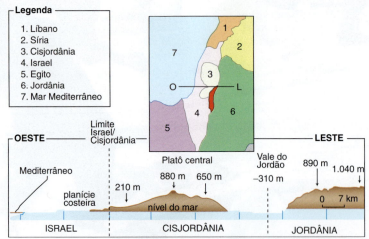

Legenda
1. Líbano
2. Síria
3. Cisjordânia
4. Israel
5. Egito
6. Jordânia
7. Mar Mediterrâneo

OESTE — Limite Israel/Cisjordânia — Platô central — Vale do Jordão — LESTE

Mediterrâneo — planície costeira — 210 m — 880 m — 650 m — nível do mar — −310 m — 890 m — 1.040 m — 0  7 km

ISRAEL — CISJORDÂNIA — JORDÂNIA

Adaptado da revista *Hérodote*, números 29 e 30.

**2.** (PUC – SP) A cidade de Jerusalém, na Palestina, é considerada sagrada por judeus, cristãos e muçulmanos. Sua história conheceu vários movimentos históricos e religiosos, da Antiguidade aos dias atuais. Por Jerusalém passaram ou lá se fixaram:

a) hebreus, que viveram na região a que chamavam de Canaã até o século VI a.C., quando preferiram invadir as férteis terras egípcias e abandonaram voluntariamente a cidade.
b) gregos, que ocuparam a Palestina durante o governo democrático de Clístenes sobre Atenas, no século V a.C., e criaram um polo de difusão da cultura grega na cidade.
c) romanos, que no século I ampliaram os limites de seu Império, levando-os até a Palestina, e expulsaram os judeus e os muçulmanos da cidade.

d) egípcios, que estabeleceram na região, por volta do século V a.C., a capital de seu império unificado, proibindo a presença de cristãos e judeus na cidade.
e) muçulmanos, que na expansão iniciada no século VII, que também se dirigiu ao Ocidente e chegou a conquistar parte da Península Ibérica, tomaram a cidade.

**3.** (UFF – RJ) O Oriente Médio é, até os nossos dias, um dos principais "barris de pólvora" do mundo contemporâneo. Considere as afirmativas:

I. O Movimento Sionista expressa a luta pela constituição de um Estado Palestino.
II. Os vários grupos religiosos presentes no Líbano são focos de radicalização das tensões sociais.
III. A Guerra de Suez, em 1956, foi um conflito entre as tropas de Israel e do Egito.

IV. Em 1947, a ONU aprovou um plano de partilha da região da Palestina, para formar dois estados: um judaico e outro árabe.

V. No Livro Sagrado dos muçulmanos – o Corão – há o reconhecimento da cultura e religião israelenses.

VI. Os Acordos de Camp David sancionaram a incorporação legal das regiões de Gaza e da Cisjordânia pelo Estado de Israel.

As afirmativas que estão corretas são as indicadas por:

a) I, III e V;  c) II, III e IV;  e) II, V e VI.
b) I, V e VI;  d) II, IV e VI;

**4.** (UERJ) (...) é de se assustar o número de partidos que vêm se formando e ganhando apoio popular em diversos países muçulmanos, usando muitas vezes a violência para alcançar seus objetivos. A Argélia e o Afeganistão são apenas exemplos mais evidentes desta situação, e a contínua existência de grupos fundamentalistas entre a população palestina é prova da vitalidade de suas ideias. Da mesma forma, Israel, hoje, vive as consequências do profundo dissenso ideológico e cultural entre judeus seculares e fundamentalistas. Acirrando um conflito que teve origem no próprio momento de fundação do Estado, opostos à paz com os árabes e à pluralidade política e religiosa, os judeus fundamentalistas são a maior ameaça à consolidação da democracia em Israel. (...) Isto muda completamente a situação com a qual israelenses e árabes estavam acostumados a lidar há quase um século, quando o inimigo era o vizinho. Agora, o inimigo está do lado de dentro.

GRINBERG, K. In: REIS FILHO, D. e outros (org.) *O Século XX:* o tempo das dúvidas. Rio de Janeiro: Civilização Brasileira, 2000.

Segundo a ideia central deste texto, as dificuldades para a consolidação da paz, neste momento, no Oriente Médio estão relacionadas de forma mais geral com:

a) permanência de divergências entre árabes e judeus;
b) disputas internas no mundo muçulmano e em Israel;
c) dissolução do fundamentalismo religioso na Argélia e no Afeganistão;
d) enfrentamento entre os partidos da esquerda na Argélia e em Israel.

**5.** (IBMEC – SP) Em 2006, o grupo Hamas venceu as eleições na Palestina. Sobre esse grupo é **correto** afirmar que:

a) foi criado por Yasser Arafat na primeira Intifada, sempre esteve dividido entre um braço político e outro armado. Enquanto o braço armado foi responsável por atentados contra Israel, o braço político disputa eleições parlamentares.
b) surgiu em 1987, no início da primeira Intifada, com o objetivo de combater a ocupação israelense. Ao longo de sua história cometeu uma série de atentados suicidas contra alvos israelenses, sendo considerado um grupo terrorista.
c) foi grande fiador político dos Acordos de Oslo entre os palestinos. Seu fundador, o Sheikh Yassin, empenhou-se pelas conversações com Israel e Estados Unidos, opondo-se ao grupo Fatah.
d) surgiu na segunda Intifada como um movimento de resistência islâmica para lutar contra a existência do Estado de Israel. Atentados suicidas foram cometidos pelo braço armado do grupo, as brigadas de Al-Aqsa.
e) surgiu como um grupo armado de resistência à ocupação israelense, mas abandonou os atentados suicidas após a retirada de colonos israelenses da Faixa de Gaza, voltando-se para a ação política.

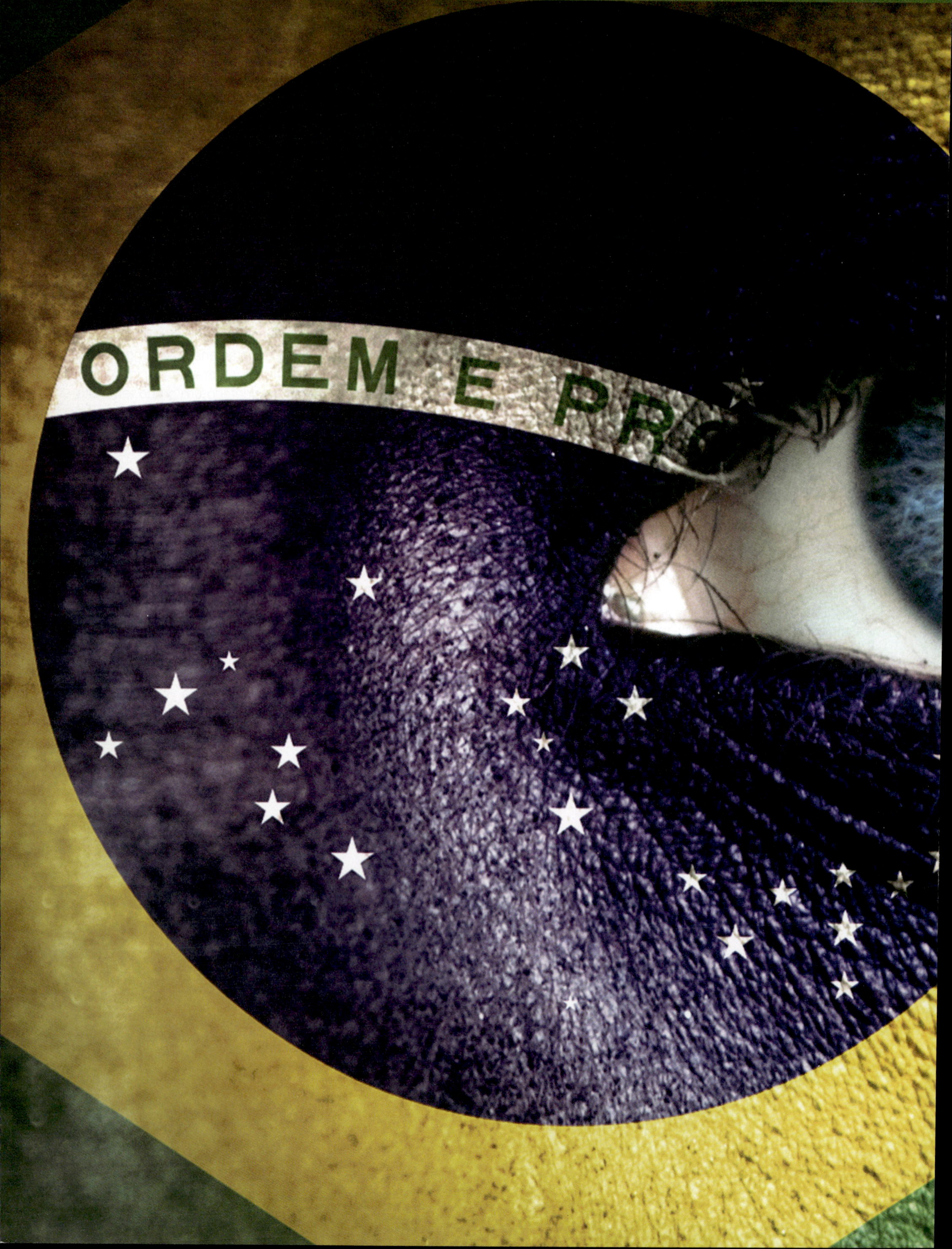
ORDEM E PR

# O BRASIL CONTEMPORÂNEO E O MUNDO APÓS 1990

Ao término da Segunda Guerra Mundial, os processos históricos vividos no Brasil estavam profundamente relacionados com os acontecimentos mundiais.
A perspectiva da lógica bipolar da Guerra Fria influenciou a política interna e é um importante aspecto do período imediato do pós-guerra, assim como as dinâmicas da sociedade brasileira e de suas lideranças surgidas no período varguista. Os anos 1990 sepultaram a Guerra Fria e uma "nova ordem mundial" surgiu com espaço para o protagonismo dos chamados países emergentes, como o Brasil.
O populismo, as ditaduras militares, os movimentos de resistência, a acelerada urbanização e a luta dos brasileiros pela redemocratização são faces de uma história dinâmica, pautada por graves problemas sociais que persistem ao longo de diferentes períodos, ao mesmo tempo em que se reconhecem potencialidades inéditas na história do país.

*Unidade* 12

# capítulo 53

# A história republicana entre 1945 e 1964

*A história do período entre 1945 e 1964 foi marcada por intensas transformações sociais e políticas. Após a queda de Vargas, que havia governado desde 1930, e antes da instauração da ditadura de 1964, o país acelerou sua urbanização e os partidos políticos e movimentos sociais tiveram papel destacado na vida política. Tal participação fez com que um fenômeno conhecido como populismo fosse a prática política mais visível daquela época. O populismo tornou-se uma das mais bem-sucedidas noções para explicar a política brasileira. O sucesso da expressão pode ser visto nas páginas da imprensa e no vocabulário político da população brasileira. Associa-se a imagem de populista ao político demagogo, aquele que manipula e engana os eleitores em períodos eleitorais. Nota-se, então, uma aceitação da expressão como um dado, como algo que é, tornando-se um senso comum na cultura política brasileira. Nota-se, ainda, a conotação negativa que é associada ao termo, cuja origem remeteria à experiência democrática pós-45. Entre 1945 e 1964, o cenário político brasileiro foi dominado por políticos populistas e pelo apoio massivo que estes receberam, principalmente, dos trabalhadores. Dessa maneira, o populismo se basearia na capacidade de controle e cooptação desses trabalhadores. Encaixavam-se nessa lógica outros elementos, como manipulação política, propaganda estatal, inconsistência das organizações sindicais, personalismo político, camponeses sem tradição organizativa que se tornaram operários, esquerdas iludidas com o nacionalismo. O resultado de tudo isso só poderia ser um desastre e dificilmente aconteceria de outra maneira: março de 1964 significaria o colapso do populismo. Porém, ao analisarmos os processos históricos, devemos tomar cuidado com noções que, ao serem utilizadas, interpretam-nos como quadros dados. Logo, cabe repensar se a noção compartilhada de "populismo" realmente explicaria todas as mudanças pelas quais o Brasil passou em um período de vinte anos. Mais do que isso, devemos questionar o porquê de ela ter sofrido uma mudança em sua conotação e se, como categoria explicativa, permite a compreensão da política brasileira, tanto no passado quanto no presente.*

Os trabalhadores tiveram uma participação intensa na vida política e social do Brasil durante o período designado como "populismo". No período Vargas, de 1930 a 1945, os trabalhadores já haviam se transformado em protagonistas de processos políticos, mas essa atuação foi ainda mais significativa entre os anos de 1945 e 1964. Na foto, manifestação a favor de João Goulart (1953).

# O populismo: a definição de um conceito

A emergência dos trabalhadores urbanos deu origem a uma manifestação política que seria definida como **populismo**. Os estudiosos divergem quanto à periodização exata desse comportamento político no Brasil. Muitos o inserem no período que vai de 1930 a 1964. Para outros, só é possível falar em populismo após 1945, quando Vargas deixou o governo. O que é importante destacar nesta questão, em que pese sua diversidade e especificidade histórica, é que o conceito **populismo** passou a ser utilizado por intelectuais, pela imprensa e pela sociedade como expressão de uma prática política. Ainda hoje o termo é utilizado para designar determinadas lideranças políticas ou movimentos pelos quais um governante ou político se dirige diretamente às massas, apelando a seu carisma e força pessoal.

Os que circunscrevem o populismo ao período entre 1930 e 1964 citam a figura do presidente Vargas e a implementação de políticas trabalhistas durante seu governo como práticas populistas. Para os que se referem ao populismo no período entre 1945 e 1964, ele é marcado pela participação popular durante o período da redemocratização pós--Vargas, no qual a industrialização foi mais consistente, e as eleições ocorreram periodicamente. Em ambos os casos, nós temos a participação política das "massas" como característica mais visível durante o processo de "modernização" da economia brasileira e o momento final teria sido durante o golpe militar de 1964, que instaurou uma longa ditadura no país, e restringiu a participação popular e a organização de movimentos sociais organizados.

Em linhas gerais, o populismo apresenta três pontos centrais:

- uma **política de massas**, que incluía os proletários urbanos no momento da modernização do país;
- a associação das massas com os **dirigentes** que procuravam legitimar suas posições políticas e angariar o apoio das massas emergentes; e
- a presença de um **líder carismático** que lideraria as massas e **conciliaria os interesses** dos grupos dominantes com essa população.

São dadas outras interpretações ao populismo, como um conceito que explica o momento de transição vivido pela sociedade brasileira na primeira metade do século XX. Ele não pode ser lido simplesmente como a manipulação das massas pela elite dirigente, por meio do carisma de uma liderança política. Essa visão retiraria das "massas urbanas" a condição de protagonistas de sua história. Por mais que acertos políticos tenham ocorrido e que o papel da população possa ser manipulado, o surgimento do que ficou conhecido como populismo foi a expressão de uma nova ordem social tipicamente urbana. A mobilização das massas foi acompanhada da pressão pelo desenvolvimento econômico, da identificação do povo com o Estado, que, por sua vez, formulava e intervinha na vida econômica e social para atender às necessidades da dinâmica industrial.

O Estado brasileiro, diante das pressões dos trabalhadores, respondia com legislações e políticas públicas que visavam à ampliação dos direitos trabalhistas, mas ao mesmo tempo restringia a participação dos trabalhadores nas grandes decisões políticas, preservando as antigas estruturas de poder existentes.

## Disseram a respeito

### Visões sobre o populismo

Existe um sapato – a palavra "populismo" – para o qual existe um pé em algum lugar. Existem diversos tipos de pés que podem calçá-lo, mas esses pés não nos devem enganar porque quase se ajustam à medida. Na busca, o príncipe sempre vagueia errante com o sapato; e, em algum lugar, estamos seguros, espera um pé denominado populismo puro. Esse é o núcleo do populismo, sua essência. Todos os outros populismos são derivações e variações deste, mas em algum lugar se esconde, furtivo, o populismo verdadeiro, perfeito, que pode ter durado apenas seis meses ou ter ocorrido em apenas um lugar...

Esse é o ideal (...) do populismo, todos os outros são versões incompletas ou perversões daquele.

Fonte: Isaiah Berlin, filósofo, numa conferência em Londres,1967, apud AGGIO, A.; LAHUERTA, M. *Pensar o Século XX*. São Paulo: Unesp, 2003. p. 143-144.

Para o sociólogo Torcuato di Tella, (...) a explosão demográfica e as aspirações participativas das "massas populares" forçaram alterações no sistema político. Em certo ponto, de muita tensão, as "massas", com suas expectativas, se aliaram às camadas médias, setores res-

# A ascensão do populismo no Brasil: a democratização depois do Estado Novo

As eleições presidenciais de 1945 foram vencidas pelo general Eurico Gaspar Dutra, ministro da Guerra desde 1936 do governo Vargas e responsável pela organização da Força Expedicionária Brasileira (FEB) que atuou na Segunda Guerra Mundial. Dutra obteve cerca de 55% dos votos. Esse resultado foi alcançado porque, além do prestígio da FEB, Dutra contou com o apoio de Getúlio Vargas que se elegeu senador da República.

O fato de um ministro de Getúlio ter ganho com larga margem de votos as eleições, sendo que o ditador havia sido deposto e o país ansiava por mudanças, tem várias explicações possíveis. Dentre elas não se pode subestimar a força da máquina administrativa que é usada a favor dos candidatos dos governantes. Dutra teve uma votação expressiva nas áreas rurais, em grande parte obtida pelo apoio recebido dos governos estaduais e do aparelho burocrático que havia sido implantado na era Vargas. Além disso, a própria candidatura de Vargas, ainda muito popular, a vários cargos eleitorais – deputado e senador por mais de um Estado da Federação (o que era permitido pela lei eleitoral então vigente) – ajudou a atrair muitos votos para o candidato do PSD.

Nas eleições de 1945, também foram escolhidos deputados federais e senadores, os quais, por meio de uma Assembleia Constituinte, iriam elaborar uma nova Constituição. A que vigorava até então era a de 1937, de características autoritárias, promulgada com a implantação do Estado Novo.

Em 1946, o Brasil ganhou sua quinta Constituição, com características democráticas, elaborada por representantes dos principais partidos políticos da época (PSD, UDN, PTB, PSB e PCB). Por ela, estabelecia-se a independência dos três poderes – o Judiciário, o Executivo e o Legislativo –, e o voto secreto e universal para maiores de dezoito anos, inclusive as mulheres (até então só as maiores de 21 podiam votar), mas deixava de fora os analfabetos. Também ficava garantido o direito de greve, subordinado a julgamento da Justiça do Trabalho, e a liberdade de organização partidária. O mandato dos presidentes era fixado em cinco anos, sem direito à reeleição.

FUNDAÇÃO GETÚLIO VARGAS – CPDOC

Vargas atraía multidões em seus comícios e era apresentado como o "pai dos pobres", como neste, ocorrido em 1950. No entanto, nem sempre ele foi visto dessa forma. Um dos instrumentos para atrair o público a seus comícios era a pressão feita sobre o sindicalismo oficial.

O rápido crescimento urbano do Brasil, como em outras partes da América Latina, foi criticado por ter atraído imensas populações que se concentraram no setor informal, uma vez que todos careciam de empregos no setor formal para sustentar a todos. (...) Contudo, deve ser lembrado que esse crescimento urbano tinha sua lógica: a massa rural optava por mudar para a cidade porque percebia que suas oportunidades econômicas seriam melhores ali e sempre era possível voltar para o campo se as condições na cidade ficassem muito ruins. Seu subemprego na economia urbana simplesmente refletia a estratificação da força de trabalho implícita no campo de onde ela vinha. Esses habitantes "marginais" esforçavam-se para melhorar de vida incrementando seus barracos ou mudando para melhores moradias. Essa mobilidade dentro da população "marginal" fazia parte do crescimento econômico. Não obstante, os habitantes urbanos marginais eram vistos com apreensão pela classe média e alta, que os consideravam criminosos em potencial ou de fato, e, portanto, uma ameaça à ordem pública. Eles eram, aos olhos dos abastados, os "marginais", as "classes perigosas", a despeito do fato de que milhares de empregados domésticos que serviam pacificamente nas casas de classes favorecidas viessem dessas mesmas fileiras.

Fonte: SKIDMORE, T. E. *Uma História do Brasil*. São Paulo: Paz e Terra, 2000.

1) Identifique dois aspectos contraditórios do rápido crescimento urbano brasileiro.

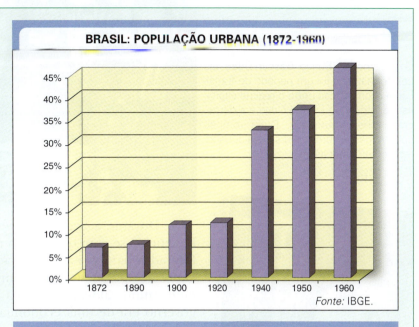

BRASIL: POPULAÇÃO URBANA (1872-1960)

Fonte: IBGE.

POPULAÇÃO ABSOLUTA BRASILEIRA: RESULTADOS DOS CENSOS

Fonte: IBGE.

# O governo Dutra (1946-1951)

O governo do general Eurico Gaspar Dutra (1946-1951) foi considerado inicialmente um período democrático, após a experiência ditatorial do Estado Novo.

Sob a nova Constituição e com o funcionamento dos poderes, a realização de eleições e a manutenção dos partidos políticos e da liberdade de imprensa, alguns setores sofreram intervenções do governo. Os sindicatos, por exemplo, só podiam organizar greves com autorização da Justiça do Trabalho. O Partido Comunista Brasileiro teve a cassação de seu registro em 1947 e a de seus parlamentares eleitos em 1945 e que participaram da elaboração da Constituição. Ao total eram quatorze deputados e um senador, o líder do Partido Comunista Brasileiro (PCB), Luís Carlos Prestes. O registro do Partido Comunista Brasileiro foi cassado por uma decisão do Tribunal Superior Eleitoral, em virtude de um processo legislativo que alegava que o PCB não defendia o pluripartidarismo, era antidemocrático, controlado pela União Soviética e subversivo. Essa atitude revelava, de maneira indireta, a bipolarização do mundo no período da Guerra Fria e o alinhamento do Brasil com os Estados Unidos. No mesmo ano de 1947, o Brasil rompeu relações diplomáticas com a URSS.

O governo de Eurico Gaspar Dutra (ao centro, na foto) foi um período de transição e acomodação entre o regime capitalista ditatorial do Estado Novo e a democracia liberal burguesa. Dutra rompeu com Vargas, e aproximou-se dos opositores do seu antecessor.

Os produtos industrializados por companhias multinacionais tornavam-se sonhos de consumo da classe média emergente brasileira.

Durante a Segunda Guerra Mundial, a economia do Brasil beneficiou-se com o aumento das exportações de produtos manufaturados para as nações afetadas pelo conflito. Nesse período, as exportações do país superaram seus gastos com importações, resultando num saldo positivo na balança comercial. A proposta do governo era de uma economia liberalizante com abertura comercial e diminuição da intervenção estatal, o que diferenciava do período Vargas, que tinha uma forte ligação com os setores nacionalistas e intervencionistas na economia.

Com a liberação das importações, o país consumiu grande parte das reservas cambiais na compra de bens duráveis estrangeiros. A evasão de divisas levou o presidente Dutra a reorientar sua política econômica em 1947, limitando as importações, resguardando as reservas cambiais e estimulando a substituição de importações. Dessa forma, se abrandava a premissa liberal de não intervenção estatal.

Nesse mesmo ano foi elaborado o plano **SALTE**, uma tentativa de planejamento econômico no país. Previa, por meio de empréstimos no exterior, a aplicação de recursos federais significativos nas áreas de **s**aúde, **al**imentação, **t**ransporte e **e**nergia. A execução do plano pretendia recuperar a economia e silenciar os críticos nacionalistas que responsabilizavam o governo Dutra pela condução da economia.

# A volta de Getúlio Vargas

Getúlio Vargas tornou-se senador pelo Rio Grande do Sul, nas eleições de dezembro de 1945. Mesmo sendo um parlamentar pouco assíduo às sessões do Senado, e alvo de críticas pela instalação do Estado Novo, o ex-presidente acompanhava atentamente o processo político durante o governo Dutra.

O presidente Dutra, eleito pelo PSD e com apoio do PTB, após o período da Assembleia Constituinte (1946) iniciou uma aproximação com os adversários políticos (UDN) e passou a isolar o PTB. Em 1947 os petebistas não mais integravam o ministério de Dutra.

Vargas percorreu o país para fortalecer os trabalhistas nas eleições legislativas de 1947 e mantinha boas relações com as lideranças do PSD, pensando em uma nova campanha eleitoral à presidência da República. Embora o PSD tivesse indicado outro candidato à presidência, o deputado mineiro Cristiano Machado, muitos setores do partido apoiaram a candidatura de Vargas, que também obteve o respaldo do governador paulista Ademar de Barros, do Partido Social Progressista (PSP). A UDN lançou a candidatura do brigadeiro Eduardo Gomes, que havia concorrido nas eleições de 1945.

Getúlio Vargas (PTB) anunciava uma plataforma eleitoral sustentada em dois pontos básicos: **a defesa do nacionalismo**, apontando as realizações de seu governo anterior como as bases para a industrialização nacional, a exemplo da criação da CSN (Companhia Siderúrgica Nacional), a defesa das riquezas do subsolo, principalmente do petróleo; e a ampliação dos **programas sociais**, como as leis trabalhistas criadas em seu primeiro governo.

O candidato Vargas se apresentava como o fundador do trabalhismo brasileiro e se dirigia aos trabalhadores urbanos e também ao empresariado

nacional, criticando a gestão Dutra e as políticas de liberalização econômica implementadas por ele no início do governo. Ao final da campanha, Vargas foi eleito com uma votação expressiva: 48,7% dos votos.

Em 3 de outubro de 1950, o ex-ditador chegava ao cargo pelo voto popular. Getúlio não podia mais impor sua vontade, como fizera anteriormente. As forças políticas e sociais tinham outra correlação e dinâmica.

Os grandes jornais da época, a maioria ligada à UDN, politicamente contrários a Getúlio, contribuíram para acirrar os ânimos em torno do resultado eleitoral e dos rumos que o governo tomaria. Inflamados editoriais resgatavam a trajetória de Getúlio e expunham a possibilidade de que Vargas voltasse à antiga forma e se valesse de artifícios ditatoriais para retomar o poder que tivera no passado.

## Vivendo seu tempo

### O Brasil rural e urbano

Matutos, caipiras, jecas; certamente era com esses olhos que, em 1950, os 10 milhões de citadinos viam os outros 41 milhões de brasileiros que moravam no campo, nos vilarejos e cidadezinhas de menos de 20 mil habitantes. Olhos, portanto, de gente moderna, "superior", que enxerga gente atrasada, "inferior". A vida da cidade atrai e fixa porque oferece melhores oportunidades e acena um futuro de progresso individual, mas também, porque é considerada uma forma superior de existência. A vida do campo, ao contrário, repele e expulsa.

Como era a estrutura social do campo naquela época? No cume, situava-se a oligarquia de latifundiários, que controlava a propriedade da terra: latifundiários capitalistas, como os fazendeiros de café e os usineiros de açúcar, ou latifundiários "tradicionais", como boa parte dos grandes pecuaristas. Abaixo deles, vêm todos os que já empregavam trabalho assalariado e produziam exclusivamente para o mercado: médios proprietários, alguns dos pequenos, os arrendatários capitalistas. Descendo, encontramos a pequena propriedade familiar capaz de assegurar um nível de vida razoável para seus donos, como a do Rio Grande do Sul. No entanto, no conjunto do país, a esmagadora maioria, cerca de 85%, é formada por posseiros, pequenos proprietários, parceiros, assalariados temporários ou permanentes, extremamente pobres ou miseráveis.

*Fonte:* SCHWARCZ, L. M. (Org.). *História da Vida Privada no Brasil.* São Paulo: Companhia das Letras, 2000. v. 4.

## O novo governo de Getúlio Vargas (1951-1954)

Desde as pressões pela democratização na fase final do primeiro governo Vargas e ao longo do governo Dutra, a sociedade brasileira, com suas demandas políticas e sociais, amparadas na Constituição de 1946, passara por mudanças. Sindicatos e partidos de esquerda tentavam ganhar espaço nessa nova conjuntura; o empresariado emergente e as classes médias urbanas, por sua vez, queriam maior representação.

Os militares estavam divididos entre dois grupos: os "nacionalistas" e os "democráticos". Os

primeiros eram chamados de "esquerdistas" que permitiam a infiltração das tropas por "comunistas" (não podemos nos esquecer de que estávamos nos anos da Guerra Fria). Os outros eram apontados como aliados do "capital internacional", por defenderem uma economia aberta que permitiria até a exploração de petróleo por empresas estrangeiras, sendo considerados "entreguistas" das riquezas nacionais.

O presidente Vargas, apesar de ter prometido aos trabalhadores que estes "subiriam com ele as escadas do Palácio do Catete", no Rio de Janeiro, capital federal na época, procurou manter-se como um árbitro diante das forças sociais daquele momento.

Diante da crise econômica e das divisões políticas, o presidente Vargas começou seu mandato com um ministério de conciliação que contemplava setores influentes, incluindo o PSD, que formalmente teve outro candidato à presidência, indicações de ministros feitas por governadores como Ademar de Barros de São Paulo e Juscelino Kubitschek de Minas Gerais, além de antigos aliados do Estado Novo.

O início do governo Vargas teve uma feição mais conservadora do que o imaginado. O PTB ficou com apenas um ministério, o do Trabalho. Esta composição ministerial durou até o ano de 1953, quando houve a reformulação do governo e as características do primeiro ministério foram substituídas por um de caráter mais nacionalista.

O governo havia pautado a sua administração econômica em três pontos: a aproximação com o capital estrangeiro, buscando atrair investimentos e financiamentos externos, a política de desenvolvimento industrial com o fomento a empresas estatais ou privadas e o princípio do nacionalismo.

A política de desenvolvimento econômico de Vargas teve seu ponto máximo com a criação da Petrobras, em 1953. O projeto da companhia petrolífera brasileira foi enviado para o Congresso em 1951 e, após uma acirrada disputa, foi aprovado em 1953. O monopólio estatal do petróleo tornava-se símbolo do nacionalismo e da luta contra o imperialismo em terras brasileiras. Militantes nacionalistas, estudantes e sindicalistas lideravam as manifestações pela aprovação do projeto de Vargas que permitia às companhias estrangeiras a distribuição do petróleo. Porém, há que se registrar que a exploração de petróleo era um investimento considerado alto e arriscado, e, portanto, a distribuição de petróleo, embora menos rentável, era algo mais seguro para as companhias estrangeiras.

A campanha "O petróleo é nosso", que dividiu a opinião pública brasileira entre o final da década de 1940 e início dos anos 1950, foi uma das mais intensas da história do Brasil. Os nacionalistas saíram-se vitoriosos, com a criação da Petrobras, em 1953.

O debate nacionalista e a necessidade de obter recursos econômicos levaram o governo a formular uma lei que limitava a remessa de lucros das empresas transnacionais para o exterior em 10%. A lei, de difícil aplicação, não teve resultado prático, mas serviu para aumentar as animosidades entre o governo Vargas e o empresariado estrangeiro.

A segunda fase do governo, iniciada em 1953, evidenciou as tensões existentes. A UDN criticava com maior veemência o governo getulista, acusando-o de estimular o conflito entre os grupos sociais e ameaçar a cooperação com o capital internacional. Na outra linha, as greves se tornavam mais comuns, por causa do crescimento inflacionário e da corrosão do poder aquisitivo de trabalhadores.

Visita de Getúlio à Refinaria de Petróleo de Cubatão, São Paulo. (Data certa 1952/1953.)

FUNDAÇÃO GETÚLIO VARGAS – CPDOC

## A crise do governo Vargas

Diante das pressões que o governo enfrentava, Getúlio mudou a sua equipe ministerial em 1953. A principal mudança foi a nomeação de João Goulart para o Ministério do Trabalho. O ministro, pertencente ao PTB e ligado diretamente ao presidente, simbolizava a reaproximação de Vargas com lideranças sindicais. Jango, como era conhecido João Goulart, era um negociador hábil e tinha a tarefa de recompor a base dos trabalhadores em um momento em que a persistência da inflação e a agitação social dos trabalhadores enfraqueciam o governo.

Ao conceder maior liberdade aos sindicatos Jango consolidou sua liderança entre os trabalhadores. Enquanto a estratégia de reconquistar os trabalhadores surtia efeito, os opositores criticavam a indicação e a ação do ministro João Goulart. Eles temiam que o Brasil se tornasse uma República dominada por sindicalistas. Os militares, por sua vez, passaram a reivindicar melhores soldos e demonstravam claramente sua insatisfação com o quadro político.

O novo gabinete de Getúlio, mesmo com a entrada de João Goulart, preservava características do primeiro ministério, ou seja, a marca de uma composição política com amplos setores, incluindo políticos moderados como Osvaldo Aranha, simpatizante da UDN (oposição ao governo) que assumiu o Ministério da Fazenda, e Tancredo Neves, do PSD mineiro, nomeado para o Ministério da Justiça.

Com a crise econômica e maior liberdade sindical, outras greves ocorreram. A oposição udenista, liderada por Carlos Lacerda, aumentava o tom de cobrança e de acusações ao governo. Procurando preservar o apoio dos trabalhadores, em janeiro de 1954, Jango propôs um aumento de 100% no salário mínimo. A ideia foi rejeitada, num primeiro momento, pelo próprio governo, temendo que ela alimentasse ainda mais a inflação e o desequilíbrio das contas públicas. Jango foi afastado do Ministério do Trabalho por conta da oposição feita pelos adversários do governo e também por membros do ministério de Getúlio.

Getúlio também enfrentou a crescente hostilidade dos órgãos de comunicação. O jornal *Tribuna da Imprensa*, do principal líder da oposição, o jornalista e deputado da UDN Carlos Lacerda, era um dos que mais atacavam os projetos governamentais. Orador excepcional, Lacerda desencadeou uma violenta campanha com vistas a desestabilizar o governo e forçar a renúncia de Vargas.

Tema frequente nos ataques ao presidente, a corrupção foi argumento para que uma Comissão Parlamentar de Inquérito (CPI) fosse aberta no Senado com a missão de investigar um suposto favorecimento com dinheiro público para o jornal *Última Hora*, que apoiava abertamente o governo getulista. A CPI transcorreu sem que nada fosse apurado, deixando uma sensação de que a verdade fora acobertada e que o governo se beneficiava com a impunidade. O vazio das investigações acabou se tornando mais um fator de desgaste para a imagem de Vargas. A oposição pediu o *impeachment* de Vargas, o que não vingou.

> **Impeachment:** impedimento.

Acuado com as denúncias e o aumento da oposição, em maio de 1954 o presidente concedeu o reajuste de 100% ao salário mínimo e aumentou a contribuição dos empregadores para a Previdência Social, levando ao acirramento dos que se opunham a seu governo, incluindo os militares, que tinham assinado um manifesto em fevereiro de 1954 contra o aumento do salário mínimo.

## O fim de Vargas: "... saio da vida para entrar na História"

Em 5 de agosto de 1954, o jornalista Carlos Lacerda foi alvo de um "atentado", na rua Tonelero, no bairro de Copacabana, zona sul do Rio de Janeiro. Lacerda sofreu um leve ferimento, mas o major da Aeronáutica Rubens Vaz foi morto por um tiro. O incidente acirrou a crise no governo e deu munição a Lacerda, que responsabilizava o presidente pelo crime.

A arma utilizada no atentado era de uso privativo das Forças Armadas, o que facilitou a instauração de um Inquérito Policial Militar. Oficiais militares deram início à investigação na base aérea do Galeão, no Rio de Janeiro, criando um verdadeiro poder paralelo, em um episódio que ficou conhecido como **República do Galeão**. A Aeronáutica, força à qual pertencia o oficial assassinado, conduziria o Inquérito Policial Militar.

Em pouco tempo a investigação chegou ao taxista que havia conduzido o autor do crime à rua Tonelero. As investigações apontaram como mandante do crime Gregório Fortunato, chefe da guarda presidencial e homem de confiança de Getúlio.

## A morte de Vargas no cordel

*Chama-se literatura de cordel aos livretos confeccionados em papel-jornal que, por meio de versos de poetas populares, contam, de modo pitoresco, satírico, cômico ou trágico, casos verdadeiros ou fictícios, sempre relacionados à cultura, política, sociedade regional ou nacional. São assim conhecidos por serem costumeiramente encontrados pendurados em cordões nas barracas das feiras populares.*

*Veja os versos de um desses livretos, escritos por Rodolfo Coelho Cavalcante:*

Suicidou-se Getúlio?
Não, leitores, isto não!
Mataram Dr. Getúlio
Com a arma da traição
Venderam-lhe e ameaçaram-lhe
Ferindo seu coração.

Como Cristo foi Getúlio
Maltratado e oprimido
Por Gregório traiçoado
Por Climério atingido
Por amigos desprezado
Por parente sucumbido.

Quem matou Getúlio Vargas?
Não foram os trabalhadores
Não foram os pequenos
Foram eles: os Doutores
Foi a política malsã
Dos Políticos traiçoeiros.

Fonte: CAVALCANTE, C. In: CURRAN, M. *História do Brasil em Cordel*. São Paulo: Edusp, 1998. p. 135

**1)** Como a morte de Vargas foi relatada no cordel?

**2)** Em sua opinião, qual o impacto da visão apresentada na literatura popular?

---

A revelação causou um alvoroço na opinião pública e acirrou os ânimos da política nacional, a ponto de levar os oposicionistas da UDN a pedir a renúncia de Vargas. Os clamores da oposição ganharam o apoio dos militares, que, em um manifesto à nação, exigiram a imediata saída do presidente.

Questionado por todos os lados, o presidente perdia apoios. As camadas mais pobres da população, que até então eram a base de sustentação de seu governo, negaram-lhe o voto de confiança e também exigiam a apuração do "crime da rua Tonelero".

Durante a realização do Inquérito Policial Militar o presidente, que se mostrara reticente com o afastamento, reuniu auxiliares e propôs uma licença enquanto eram feitas as investigações.

Na madrugada do dia 24 de agosto de 1954 o ministério reuniu-se no Palácio do Catete. O país soube da proposta de afastamento de Getúlio e da resposta dada pelos militares. Coube ao ministro da Guerra, Zenóbio da Costa, informar ao presidente que a solução da licença não seria tolerada pelos militares. Eles exigiam sua renúncia incondicional. Getúlio reiterou que não renunciaria.

Nessa mesma manhã, do dia 24 de agosto, o presidente Getúlio Vargas suicidou-se, deixando, segundo seus familiares, uma carta-testamento ao país, na qual justificaria seu ato.

A notícia do suicídio do presidente espalhou-se rapidamente. A comoção tomou conta do país em virtude do gesto dramático de Vargas.

---

## A carta-testamento de Getúlio

Mais uma vez, as forças e os interesses contra o povo coordenaram-se novamente e se desencadeiam sobre mim.

Não me acusam, insultam; não me combatem, caluniam e não me dão o direito de defesa. Precisam sufocar a minha voz e impedir a minha ação, para que eu não continue a defender, como sempre defendi, o povo e principalmente os humildes. Sigo o destino que me é imposto. Depois de decênios de domínio e espoliação dos grupos econômicos e financeiros internacionais, fiz-me chefe de uma revolução e venci. Iniciei o trabalho de libertação e instaurei o regime de liberdade social. Tive que renunciar. Voltei ao Governo nos braços do povo. A campanha subterrânea dos grupos internacionais aliou-se à dos grupos nacionais revoltados contra o regime de garantia do trabalho. A lei de lucros extraordinários foi detida no Congresso. Contra a justiça da revisão do salário mínimo se desencadearam os ódios. Quis criar a liberdade nacional de potencialização das nossas riquezas através da Petrobras, e mal começa esta a funcionar, a onda de agitação se avoluma. (...) Não querem que o trabalhador seja livre. Não querem que o povo seja independente. (...)

Tenho lutado mês a mês, dia a dia, hora a hora, resistindo a uma agressão constante, incessante, tudo suportando em silêncio, tudo esquecendo, renunciando a mim mesmo para defender o povo que agora se queda desamparado. Nada mais vos posso dar a não ser meu sangue. Se as aves de rapina querem o sangue de alguém, querem continuar sugando o povo brasileiro, eu ofereço em holocausto a minha vida. Escolho este meio de estar sempre convosco. (...) Meu sacrifício nos manterá unidos e meu nome será a vossa bandeira de luta.

Cada gota de meu sangue será uma chama imortal na vossa consciência e manterá a vibração sagrada para a resistência. Ao ódio respondo com o perdão. E aos que pensam que me derrotaram respondo com a minha vitória. (...)

Lutei contra a espoliação do Brasil. Lutei contra a espoliação do povo. Tenho lutado de peito aberto. O ódio, as infâmias, a calúnia não abateram meu ânimo. Eu vos dei a minha vida. Agora ofereço a minha morte. Nada receio. Serenamente dou o primeiro passo no caminho da eternidade e saio da vida para entrar na História.

**1)** O que Vargas apresentou em sua carta-testamento?

**2)** Por que esse documento é importante para a história do período?

# O governo de Juscelino Kubitschek (1956-1961)

## A difícil posse

Com a morte de Getúlio, assumiu o governo o vice-presidente João Café Filho. As eleições presidenciais de outubro de 1955 elegeram o ex-governador de Minas Gerais, Juscelino Kubitschek (PSD), e como vice João Goulart, (PTB), ex-ministro de Trabalho do governo Vargas.

A disputa política, após o suicídio de Vargas, deu novo fôlego para os getulistas. Juscelino e Jango expressavam a volta ao poder do trabalhismo. O período eleitoral foi marcado pela sugestão dos udenistas, e com apoio de setores militares, de uma "candidatura consensual". Era a fórmula, segundo seus defensores, entre eles Carlos Lacerda, de apagar a herança de Vargas e a tensão política vivida naqueles anos.

Juscelino, no entanto, articulou sua candidatura e não aceitou a proposta. Buscou o apoio do PTB, que indicou João Goulart para vice. Juscelino venceu as eleições com pouco mais de 35% dos votos.

Os adversários de Getúlio, entretanto, tentaram impedir a posse do presidente eleito, tentando passar no Congresso a exigência de um resultado eleitoral que obtivesse a maioria absoluta de votos. A emenda não prosperou.

FUNDAÇÃO GETÚLIO VARGAS – CPDOC

O funeral de Getúlio foi uma das maiores manifestações da história brasileira até então.

Juscelino Kubitschek em convenção do PSD (10 de fevereiro de 1955), que homologou sua candidatura à presidência do Brasil.

Transcorrida a vitória eleitoral, em outubro de 1955, e a posse de JK em janeiro de 1956, o país viveu momentos de tensão política e incertezas quanto ao desfecho da transição. O presidente Café Filho, com problemas de saúde, afastou-se do cargo em novembro de 1955 e em seu lugar assumiu Carlos Luz, presidente da Câmara dos Deputados. Enquanto isso, articulou-se uma conspiração que impediria Juscelino de chegar à presidência. O general Teixeira Lott, ministro da Guerra, defensor da legalidade constitucional, desbaratou a conspiração.

Lott agrupou e liderou as forças legalistas e o Congresso depôs o presidente Carlos Luz. A justificativa para sua ação foi a necessidade de se manter a legalidade, ou seja, a posse do presidente eleito Juscelino Kubitschek. No breve período entre a deposição de Carlos Luz e a posse de JK, o Brasil foi governado por Nereu Ramos, vice-presidente do Senado, até janeiro de 1956, quando os eleitos assumiram seus cargos.

## O lema de JK e a euforia desenvolvimentista

Juscelino Kubitschek, o novo presidente, traçou seu governo dentro de uma política desenvolvimentista, baseada no crescimento industrial. Seu lema foi alcançar o desenvolvimento de "**cinquenta anos em cinco**", o tempo de seu mandato.

O conjunto de ações para se atingir esse resultado estava no **Plano de Metas**. O planejamento e execução dos projetos de desenvolvimento estava a cargo de órgãos como o BNDE (Banco Nacional de Desenvolvimento Econômico). Também colaborou para o Plano a criação do ISEB (Instituto Superior de Estudos Brasileiros), ligado ao Ministério da Educação e que reunia intelectuais nacionalistas. Outra importante contribuição para a criação de projetos desenvolvimentistas veio da CEPAL (Comissão Econômica para a América Latina) – uma comissão criada pela ONU para analisar as diferentes políticas de financiamento junto às instituições financeiras e auxiliar no desenvolvimento dos países do continente.

Ao observar o quadro de modernização do Brasil desde 1930, incluindo a política de substituição de importações adotada no período, os órgãos planejadores notavam que alguns pontos estruturais dificultavam o crescimento permanente da economia brasileira, levando a crises cambiais e inflacionárias que marcaram o período. O **Plano de Metas** era dividido em cinco grandes áreas: energia, transportes, indústrias de base, educação e alimentação. As três primeiras concentraram as atenções e os recursos do governo JK.

O Estado brasileiro investiu em obras de infraestrutura e não fazia restrições ao capital estrangeiro para viabilizar o Plano de Metas. O objetivo era juntar Estado e setor privado para gerar um alto crescimento econômico, e assim cumprir o *slogan* da campanha de JK.

Grandes empresas multinacionais instalaram-se no país, em especial montadoras de automóveis na região do ABC (Santo André, São Bernardo do Campo e São Caetano do Sul) paulista, um local privilegiado por estar próximo aos dois maiores centros urbanos (São Paulo e Rio de Janeiro) e ao porto de Santos. O Plano de Metas foi feito com inflação e endividamento externo.

Ao mesmo tempo, o governo construía Brasília, a nova capital federal. Com o intuito de interiorizar a ocupação do território brasileiro, até então fixada no litoral, Juscelino construiu a cidade no atual Distrito Federal, em uma porção desmembrada do Estado de Goiás. Brasília foi construída em tempo recorde (apenas 3 anos), tendo sido inaugurada em 21 de abril de 1960. A construção de Brasília era divulgada como um símbolo do país que se transformava na gestão de JK. Após os choques e traumas políticos, a construção da cidade, prevista na Constituição de 1891, era a marca de um país que se apresentava como jovem, otimista e moderno. A arquitetura da cidade, planejada por Lucio Costa e Oscar Niemeyer, é reconhecida internacionalmente, estando entre os patrimônios culturais da humanidade, título conferido em 1987 pela Unesco (Organização das Nações Unidas para a Educação, a Ciência e a Cultura). Para muitos, a construção da cidade foi um gasto excessivo e irresponsável do governo JK.

As distorções regionais eram cada vez mais evidentes. Se o Sudeste era contemplado com as indústrias automobilísticas e Brasília era o símbolo da interiorização do país, havia a percepção de que o desenvolvimento do país não ocorria da mesma forma. Em relação ao Nordeste foi criada a Sudene (Superintendência de Desenvolvimento do Nordeste), que visava à promoção do desenvolvimento regional, principalmente na área mais atingida pelo clima árido, o chamado *polígono da seca*, além de fomentar a industrialização em áreas urbanas centrais.

No campo econômico, problemas como a inflação foram atenuados pelas altas taxas de crescimento econômico do período. A expansão econômica garantia o acesso ao emprego e a elevação de salários. A política econômica, denominada de **nacional-desenvolvimentismo**, era feita basicamente com recursos externos. Ao final do governo havia sinais de desgaste desse modelo econômico e os nacionalistas se opunham a acordos feitos com o Fundo Monetário Internacional (FMI), que propôs contenção de salários e de gastos públicos para frear a inflação.

A adoção dessas medidas significaria a interrupção dos planos desenvolvimentistas. O presidente Juscelino as ignorou e continuou executando o seu plano de governo afirmando que os custos econômicos momentâneos eram consequências dos investimentos e que o descontrole financeiro seria revertido futuramente, quando o país atingisse sua autonomia econômica. Num gesto para agradar aos nacionalistas, o presidente rompeu com o FMI em 1959. Ao final de seu governo, as taxas médias de crescimento econômico eram de 8% ao ano, mas as taxas de inflação também eram altas, ultrapassando a faixa dos 20% anuais.

No governo JK, a indústria se expandiu e se diversificou. Mas o surto desenvolvimentista não foi acompanhado pela distribuição da riqueza de forma igualitária. A estrutura agrária permanecia inalterada e as formas de trabalho no campo eram precárias, sem o reconhecimento de direitos similares aos dos trabalhadores urbanos.

A concentração latifundiária começou a ser vista como responsável por grande parte dos problemas nacionais. No interior de Pernambuco surgiram as **Ligas Camponesas**, lideradas por Francisco Julião, que reivindicavam a realização da reforma agrária. Intelectuais de esquerda defendiam a organização dos trabalhadores rurais e alertavam para o problema da concentração de terras. O governo JK, embora pressionado, não apresentou resposta concreta ao problema, apesar de setores do PTB terem encampado a bandeira da distribuição de terras.

A oposição udenista, sob a liderança de Carlos Lacerda, criticava o crescimento inflacionário e denunciava esquemas de corrupção no governo JK. As acusações minavam a aura de crescimento e desenvolvimento econômico e foram o mote para a campanha de seu sucessor, o ex-prefeito de São Paulo, Jânio Quadros, eleito presidente em 1960.

## A bossa-nova

Lembremos que se o Brasil a partir de 1955 inaugura no plano econômico um novo ciclo de desenvolvimento, rumo à industrialização acelerada, no plano cultural as renovações não ficaram atrás. O anseio da modernização, que tenta mudar a estrutura e a imagem de país agrário, deu-nos a reformulação do nosso teatro, a poesia concreta, a arquitetura de Brasília, a consolidação da televisão brasileira etc. etc., e a bossa-nova.

A bossa-nova foi o movimento que, na sua origem, constituiu uma prática musical representativa do *boom* desenvolvimentista do período juscelinista. Como todas as práticas de afirmação nacionalista, foi uma forma de expressão que se pretendeu representativa do esforço da nação como potência, como forma de superação do subdesenvolvimento.

Fundindo o samba ao *jazz*, a bossa-nova levou a canção a resultados antes imprevistos. Seu conteúdo revela de início o aproveitamento dos temas banais da vida urbana, sem a grandiloquência, seja dos amores fracassados, seja do nacionalismo exacerbado, duas fortes correntes da fase anterior ao movimento. No período 1945-1955, vigoram em termos de MPB os tangos, os boleros, as valsas e os sambas-canções, combinados ao samba-exaltação, verdadeira marca do ciclo populista de Getúlio Vargas.

A bossa-nova moderniza a MPB não somente porque reforma o código musical vigente (...), mas também porque consegue modificar o público da canção, levando a cultura do rádio às (...) classes mais exigentes. A "música de massa" torna-se mais elegante e atinge um público antes fora do esquema.

Fonte: AGUIAR, J. A. Panorama da Música Popular Brasileira In: SOSNOWSKI, S.; SCHWARTZ, J. (Orgs.). *Brasil: o trânsito da memória*. São Paulo: Edusp, 1994. p. 142-143.

CARLOS GOLDGRUB/AJB

Em 1959, chegava às lojas o disco de João Gilberto, que é considerado o marco da bossa-nova, no qual havia músicas como *Chega de Saudade*.

**1)** Por que a bossa-nova foi o símbolo da modernização do país nos anos JK?

## JK e os "anos dourados"

O governo do presidente Juscelino Kubitschek costuma ser lembrado como o período dos "anos dourados" no Brasil. Reportagens na televisão, em jornais e em revistas investem na recuperação de imagens dos anos 1950, centrando-as na personagem de JK e na cidade de Brasília como símbolos das mudanças que modernizaram o país. A recuperação da imagem positiva do ex-presidente é concomitante ao processo de redemocratização no país, na década de 1980. Com o fim da ditadura militar, trazer para a sociedade temas como democracia, modernidade, otimismo e humanidade cumpria a função de reforçar as expectativas na possibilidade de um país novo. São trazidos, então, para o presente elementos de uma época de ouro, na qual o país teria assistido esperançoso e otimista ao desenvolvimento dos centros urbanos e à crescente industrialização que, ao gerar um maior acesso à informação, ao lazer e aos bens de consumo, transformou o estilo de vida dos brasileiros. Reconstruir os "anos dourados" no presente significa, ainda, referir-se a um país no qual democracia e participação eram fortalecidas nos discursos políticos.

JK, o "presidente bossa-nova", seria o responsável direto pela transmissão de um clima de otimismo e de esperança que contagiara toda uma geração de brasileiros. Porém, nota-se que tal discurso refere-se apenas a uma parcela da população brasileira da época: a crescente classe média. Será que o clima de otimismo chegava ao Nordeste brasileiro, que passava pelo fortalecimento das lutas pela terra? Ou por uma crescente população urbana "marginal" que deixara o campo pela cidade em busca de melhores oportunidades econômicas?

O que se nota em tal discurso é a ideia de progresso que propaga a confiança nas possibilidades do país, projetando para o futuro a viabilidade de novos "anos dourados" que incorporem as mudanças desejadas pela população. Por isso, consagraram-se as alusões ao crescimento econômico e à democracia política como marcas dos anos 1950, só possibilitados graças à presença de um líder como JK.

# A vassoura no poder: Jânio Quadros (1961)

A carreira política de Jânio Quadros foi meteórica. Havia sido prefeito da cidade de São Paulo (1953) e depois governador do Estado (1955). Seu estilo personalista fez com que ele estivesse acima de partidos políticos, e suas medidas de governo, na prefeitura, no governo do Estado e depois na presidência, eram polêmicas e de cunho moralizante.

Jânio, que era do PTN (Partido Trabalhista Nacional), teve o apoio da UDN. O Movimento Popular Jânio Quadros (MPJQ), suprapartidário, criticava a condução econômica, a má administração e a corrupção. Com o *slogan* "Jânio vem aí", o sucesso da campanha foi, segundo os estudiosos do período, um feito pessoal e não partidário. Os partidários do governo Juscelino lançaram o nome do marechal Henrique Teixeira Lott (PSD) à presidência e, mais uma vez, em aliança com o PTB, o nome de João Goulart para o cargo de vice. Como os candidatos a presidência e a vice disputavam separadamente, o próprio Jânio Quadros estimulou a dobradinha Jan-Jan (Jânio-Jango) para assegurar a sua vitória e minar a estrutura partidária que pudesse ajudar a campanha do marechal Lott. Jânio venceu com 48% dos votos.

Jânio teve um mandato curto. Em janeiro de 1961, o presidente tomou posse e em agosto do mesmo ano renunciou, em um dos episódios menos esclarecidos da República brasileira.

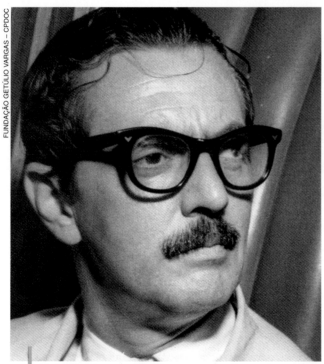

Jânio Quadros, o presidente que só ficou no governo por 7 meses.

O governo de Jânio, com forte apoio popular, instaurou processos administrativos para investigar a corrupção no governo anterior. O vice-presidente, Jango, chegou a ser alvo dessas investigações. Nas pastas militares, os nomeados por Jânio Quadros eram do grupo que fazia oposição aos nacionalistas. As investigações sobre corrupção, inclusive, estavam sob controle dos militares.

Na economia, o presidente adotou políticas de combate à inflação. Essas medidas tinham o aval do FMI e controlavam os gastos do governo, mas, por sua vez, geravam restrições entre os trabalhadores.

Jânio tentou governar sem o apoio dos partidos políticos. A UDN, que apoiou sua candidatura, sentindo-se desprestigiada e sem poder, por meio de Carlos Lacerda questionava os rumos do governo.

No âmbito externo, Jânio Quadros adotou a chamada Política Externa Independente (PEI), que apregoava a autonomia do Brasil, estimulava o país a manter relações com todos os países do mundo e visava à diminuição da influência dos norte-americanos. Essa política de maior autonomia externa também existiu em outros países do chamado Terceiro Mundo, como vimos no Capítulo 51.

JQ restabeleceu as relações diplomáticas com a URSS, interrompidas no governo do presidente Dutra, condenou a tentativa de invasão dos EUA a Cuba e condecorou o líder Che Guevara com a Ordem do Cruzeiro do Sul. As medidas externas elevaram o tom das críticas a seu governo, pela aproximação com os países comunistas.

O governo de Jânio era a expressão de linhas contraditórias que não inspiravam confiança nos possíveis aliados. À direita e à esquerda, o presidente conseguia gerar desafetos e não construiu uma maioria sólida no Congresso Nacional, dificultando a aprovação de medidas que interessavam ao governo.

O presidente também tomou medidas polêmicas com intuito moralizador: proibiu o uso de biquínis em desfiles e nas praias, além das brigas de galo. Jânio costumava enviar bilhetes a seus auxiliares, para expressar suas ordens.

Depois de apenas sete meses no poder, surpreendeu a nação ao renunciar por carta ao cargo de presidente da República em 25 de agosto de 1961, alegando a pressão de poderosas "forças ocultas". O presidente do Congresso, Auro de Moura Andrade, declarou vago o cargo que foi ocupado interinamente por Ranieri Mazzilli, presidente da Câmara dos Deputados, pois o vice-presidente, João Goulart, estava em visita oficial à China.

Uma das hipóteses mais comentadas à época, por especialistas, é a de que Jânio, com seu forte personalismo, acreditava que as massas sairiam às ruas pedindo sua volta. Dessa forma, ele poderia pressionar o Congresso e governar com maior independência em relação ao poder Legislativo.

No entanto, após a renúncia não houve manifestações populares, Jânio seguiu para o exterior e iniciava-se um dos períodos mais tumultuados da história brasileira.

O presidente Jânio Quadros, em seu breve governo, adotou uma política externa que defendia maior independência do Brasil na política internacional. A condecoração do líder revolucionário Ernesto Che Guevara, que atuou durante a Revolução Cubana, teve um custo político para JQ: a UDN, pró-EUA, rompeu com o governo.

# Jango e o fim da democracia populista (1961-1963)

A renúncia de Jânio criou uma grave situação política. Jango estava na China, e a Constituição era clara: quem deveria assumir o governo era o vice-presidente. Porém, os ministros militares se opuseram à sua posse, pois viam nele uma ameaça ao país, por seus vínculos com os "comunistas". Apesar disso, não havia unanimidade nas altas esferas militares sobre o veto a Jango.

Liderada por Leonel Brizola, cunhado de Jango e governador do Rio Grande do Sul, teve início o que se chamou de "batalha pela legalidade". Brizola e o general Machado Lopes, comandante do III Exército, baseado no Rio Grande do Sul, mobilizaram o Estado em defesa da posse de Jango. Usando uma cadeia de mais de cem emissoras de rádio, o governador gaúcho conclamava a população a sair às ruas e "defender a legalidade".

No Congresso Nacional, os parlamentares também se opuseram ao impedimento da posse de Jango. Na volta da China, Goulart aguardou em Montevidéu, capital do Uruguai, a solução da crise político-militar desencadeada após a renúncia de Jânio. Como os militares não retrocediam, o Congresso Nacional fez uma proposta conciliatória: a adoção do parlamentarismo. O presidente tomaria posse, preservando a ordem constitucional, mas parte de seu poder seria deslocada para o primeiro-ministro, que chefiaria o governo.

No dia 2 de setembro de 1961, o sistema parlamentarista foi aprovado pelo Congresso Nacional. No dia 7, Jango assumiu a presidência. Tancredo Neves (PSD), ex-ministro do governo Vargas, tornou-se primeiro-ministro.

Tancredo Neves demitiu-se do cargo em junho de 1962 para concorrer às eleições de outubro do mesmo ano, que iriam renovar o Congresso e eleger os governadores. O presidente João Goulart articulou a retomada do regime presidencialista. Após a saída de Tancredo, tornou-se primeiro-ministro o gaúcho Brochado da Rocha, também do PSD. Nesse período foi convocado o plebiscito sobre a manutenção do parlamentarismo ou o retorno ao presidencialismo para janeiro de 1963. O resultado do plebiscito foi a volta ao regime presidencialista.

## Saiba mais

### O parlamentarismo

Parlamentarismo é o regime em que a chefia do governo fica a cargo do primeiro-ministro, que deve compor a maioria parlamentar para dar sustentação aos atos de governo. O mandato do primeiro-ministro não é fixo, depende da continuidade da maioria parlamentar, que, por sua vez, se submete a eleições periódicas ou, quando ocorre uma crise ou impasse, há a dissolução do Parlamento e convocação de novas eleições. No regime parlamentarista o chefe de Estado pode ser o presidente – nas repúblicas – ou o rei, no caso das monarquias. O chefe de Estado representa o país. O chefe de governo administra. A Inglaterra, a Itália, a Alemanha e o Japão são alguns exemplos de países parlamentaristas.

No regime presidencialista, como é o caso do Brasil, dos EUA e de muitos outros países, o presidente da República é o chefe de Estado (representa o país) e de governo (tornando-se responsável pelas medidas administrativas).

# As medidas do governo de Jango

A economia continuava com uma taxa inflacionária elevada e, com San Tiago Dantas como ministro da Fazenda e Celso Furtado no Planejamento, lançou-se o **Plano Trienal (1963-1965)**, um conjunto de medidas que deveriam solucionar os problemas estruturais do país. Entre as medidas, previam-se o controle do déficit público e, ao mesmo tempo, a manutenção da política desenvolvimentista com captação de recursos externos para a realização das chamadas **reformas de base**, que eram medidas econômicas e sociais de caráter nacionalista e que previam maior intervenção do Estado na economia.

As reformas de base abrangiam as áreas educacional (que visava ampliar o número de matrículas, combater o analfabetismo e também se propunha a realizar uma reforma universitária), financeira (com controle da remessa de lucros para o exterior), eleitoral (com a extensão do direito de voto aos analfabetos e a militares de baixas patentes) e, a principal delas, agrária. Jango apresentou ao Congresso um projeto de desapropriação de terras e pagamento com títulos da dívida pública. Pela legislação que vigorava, a desapropriação deveria ser feita em dinheiro, o que encarecia e inviabilizava a reforma. Jango chegou a dizer que reforma agrária com pagamento em dinheiro não era reforma, mas negociação agrária.

Os congressistas não aprovaram a medida. Os grupos de esquerda, no entanto, se mobilizaram pela reforma.

FUNDAÇÃO GETÚLIO VARGAS – CPDOC

O presidente João Goulart tinha apoio entre os trabalhadores. Ministro do Trabalho de Vargas e vice-presidente de JK e JQ, o presidente, no entanto, enfrentava as resistências de setores mais conservadores.

## Saiba mais

### As Ligas Camponesas e a questão da terra

Devido às limitações e dificuldades vividas pelos trabalhadores do campo em diversas regiões do país, sobretudo na região Nordeste, em meados dos anos de 1950, emergiram na cena política diferentes categorias de trabalhadores em luta (meeiros, foreiros, colonos, posseiros etc.), formando um novo movimento social no campo: as Ligas Camponesas. Tratou-se de um movimento radical de contestação ao sistema de monocultura, à mecanização e à estrutura fundiária brasileira, que via no latifúndio não só o sinônimo de grande propriedade, mas também a forma de dominação e opressão que existia nela.

O movimento organizou-se em 1954, por meio da formação da Sociedade Agrícola de Plantadores e Pecuaristas de Pernambuco (SAPPP), no Engenho Galileia, na Zona da Mata pernambucana. Vale ressaltar que, embora estivesse prevista na Consolidação das Leis Trabalhistas (CLT), fosse compatível com os termos da Constituição de 1946 e anunciada como meta de diversos governos, a formalização de sindicatos rurais era barrada pela pressão dos proprietários de terra por meio da Confederação Rural Brasileira. Nesse cenário, os foreiros do Engenho Galileia decidiram criar uma associação de ajuda mútua, de forma que pudessem, de maneira solidária, socorrer uns aos outros para melhor enfrentar problemas como o atraso no pagamento do foro, por exemplo. Em decorrência desses conflitos, eles partiram em busca de Francisco Julião, advogado e deputado estadual pelo Partido Socialista Brasileiro, que aceitou a sua causa e se tornou o seu líder. O resultado desse encontro foi que as Ligas Camponesas, criadas pelo Partido Comunista desde a década de 1940, mas com atuação pouco expressiva até então, ganharam uma nova dinâmica: em um curto espaço de tempo, a sua luta transformou-se na bandeira de todos os trabalhadores rurais do Nordeste e do Brasil.

O período de 1955 a 1964, que compreende a transformação das Ligas em um amplo instrumento de organização e luta dos trabalhadores até o golpe militar, fez do Nordeste objeto de atenção para a imprensa nacional e internacional. A mobilização dos camponeses de Galileia tornou-se, nos últimos anos da década de 1950, um símbolo de resistência para uma parcela da sociedade. Por outro lado, para parte dos políticos e da sociedade civil, representava o avanço do comunismo e a ruptura da "paz agrária". Após a criação da SAPPP e sua regulamentação no ano seguinte, o movimento foi alvo na grande imprensa e nos meios políticos de uma constante campanha de acusações e ameaças de subversão da ordem e desrespeito ao princípio da propriedade. Por parte do governo do Estado, o canal de negociação era bastante reduzido. Entretanto, apesar dessa campanha, as delegacias das Ligas se expandiram dentro e fora do Estado de Pernambuco, principalmente após a aprovação da desapropriação do Engenho de Galileia, em 1959.

Após a vitória e com a projeção que o movimento ganhou, as Ligas passaram não somente a se preocupar com a melhoria das condições de trabalho para o campesinato, mas também com a questão do acesso à terra. Aproveitavam-se de todos os canais legais existentes para encaminhar suas lutas: ações judiciais, passeatas, marchas, encontros e congressos. Ao se organizarem, as Ligas visavam ter uma ação mais contundente e um raio de ação política maior, promovendo seus ideais de reforma agrária, em busca de ressonância tanto no campo quanto nas áreas urbanas.

O caminho revolucionário trilhado por Cuba e pela China transformou-se, nesse momento, em exemplo de futuro para o Brasil. Nesse sentido, para alguns segmentos da esquerda, o campesinato seria a força política da revolução socialista brasileira. Em meados de 1961, as Ligas Camponesas assumiram de forma efetiva uma postura mais radical na sua percepção sobre a situação agrária no país. Francisco Julião passou, então, a defender em seus discursos que a reforma agrária deveria ser conquistada "na lei ou na marra".

Em 1963, o governo promulgou o Estatuto do Trabalhador Rural, que concedia aos trabalhadores do campo a legislação social e sindical, antes restrita aos trabalhadores urbanos. O Estatuto desburocratizou a organização de sindicatos e, com o apoio da Igreja Católica e de agrupamentos de esquerda, o sindicalismo rural se estendeu pelo país e retirou a primazia das Ligas Camponesas. Em 1964, foi criada a Confederação dos Trabalhadores na Agricultura (Contag), que reunia mais de 250 sindicatos reconhecidos. Os sindicatos dos trabalhadores rurais, diferentemente da Liga, podiam receber recursos e assistência do governo, sobretudo na área previdenciária.

A consequência desse movimento de sindicalização do campo foi um enfraquecimento cada vez maior das Ligas Camponesas. Em uma escalada de radicalização política e ideológica, o movimento se isolou no quadro político nacional, pois os seus interesses iam de encontro tanto aos da esquerda como aos da direita. Frente às diversas dissidências existentes em torno de si, o golpe militar de 1964 resultou na sua derrota efetiva.

Vale ressaltar que as conquistas dos trabalhadores rurais eram importantes, pois nos anos 1960 aproximadamente a metade da população brasileira vivia no campo. Junto com outros movimentos campesinos, as Ligas Camponesas destacaram-se, nesse contexto, como uma das principais lideranças contra um estado de tensão e injustiça a que se encontravam submetidos camponeses e trabalhadores assalariados rurais.

# Após uma grave crise política, Jango é deposto pelos militares

Com a economia em baixa, o Plano Trienal fracassou. Os latifundiários não queriam ouvir falar em reforma agrária; as greves eclodiam nas cidades contra o arrocho salarial e a alta do custo de vida; os estudantes, organizados na UNE (União Nacional dos Estudantes), ascendiam na política, indo para as ruas exigir as mudanças sociais. Para a esquerda, o grande responsável pelos problemas estruturais do Brasil era o imperialismo norte-americano.

Os industriais estrangeiros mostravam insatisfação diante da ameaça de nacionalização de empresas transnacionais, da limitação do envio de lucros para o exterior e da crescente agitação sindical. Os empresários brasileiros e a classe média viam na radicalização dos movimentos sociais o fantasma do comunismo a assombrar o país. Os militares encontravam-se divididos em três correntes – os defensores da presença do capital estrangeiro, os moderados e os que defendiam a soberania da economia nacional (os nacionalistas). A revolução de 1959 em Cuba, que acabara de transformar o país em uma República socialista, deixava sobretudo a primeira corrente temerosa de que as propostas comunistas se difundissem no Brasil. Embasada na Doutrina da Segurança Nacional, essa parcela dos militares chamava para si a responsabilidade pela manutenção da ordem no país, por meio do combate aos movimentos subversivos, que, julgavam, poderiam conduzir o Brasil ao socialismo.

Na política externa, desde o reatamento das relações diplomáticas com a URSS e a aproximação com Cuba, promovidos por Jânio Quadros, o alinhamento com os Estados Unidos já não se mostrava tão automático, o que continuava a incomodar os conservadores e a desafiar os interesses norte-americanos.

A oposição organizou uma gigantesca manifestação em São Paulo, com aproximadamente 500 mil pessoas. Era a "Marcha da Família com Deus pela Liberdade", que também ocorreu em outras cidades. A classe média se posicionava contra o "perigo comunista".

A divisão e a radicalização que marcavam a sociedade brasileira naquele março de 1964 também atingiram as Forças Armadas. Um levante de mais de mil marinheiros, ocorrido entre os dias 25 e 26, reivindicava melhores condições de trabalho. Os marinheiros e fuzileiros se reuniram no Sindicato dos Metalúrgicos do Rio de Janeiro. Reunidos em uma associação que era ilegal, eles desafiaram a hierarquia militar, e o líder do movimento, o "cabo" Anselmo, fez um discurso em defesa das reformas de base e da liberdade de organização dos militares, solicitando que nenhum militar que estivesse na manifestação fosse punido. O movimento recebeu a visita de líderes próximos ao governo, como a do então deputado Leonel Brizola.

O ministro da Marinha Sílvio Mota ordenou a prisão dos líderes e o fim do levante. No entanto, os fuzileiros responsáveis pela repressão aderiram ao movimento. O presidente Goulart proibiu a invasão do Sindicato e o ministro pediu demissão. O ministro do Trabalho fez um acordo com os rebeldes e eles encerraram o motim e foram presos. No entanto, o governo anistiou os marinheiros e fuzileiros, gerando grande descontentamento entre a hierarquia militar. Os militares que defendiam a legalidade do governo Jango se viram em uma situação embaraçosa, na qual a rígida hierarquia, um dos fundamentos da formação militar, estava ameaçada.

Na madrugada do dia 31 de março, tropas do exército lideradas pelo general Olímpio Mourão Filho partiram de Minas Gerais em direção ao Rio de Janeiro, onde estava o presidente. O governo não reagiu e uma greve geral convocada pelo Comando Geral dos Trabalhadores (CGT), para defender o governo de Goulart, foi um fiasco. Os manifestantes não saíram às ruas para defender a permanência do presidente.

No dia 1º de abril de 1964, Jango retornou a Brasília e de lá para o Rio Grande do Sul. Brizola sugeriu um novo movimento de resistência, mas João Goulart não acatou. Jango exilou-se no Uruguai, onde ficou até sua morte, em 1976.

ARQUIVO EDGARD LEUENROTH

Na "Marcha da Família com Deus pela Liberdade", a classe média mostrou sua força ao levar para as ruas cerca de meio milhão de pessoas para protestar contra o governo de João Goulart. Na história da cidade, até aquele momento, São Paulo não tinha assistido a uma manifestação popular tão numerosa.

## Saiba mais

### Argentina e México: o populismo na América Latina

O populismo é um fenômeno político que aconteceu em diversas regiões da América Latina. Entre práticas autoritárias, decorrentes da forte presença estatal, e manifestações em apoio à inserção de movimentos populares que apresentavam suas reivindicações, o populismo teve grande força no México e na Argentina, sob os respectivos governos de Lázaro Cárdenas (1934-1940) e de Juan Domingo Perón (1946-1955). Esses movimentos, incluindo o período de 1945-1964, no Brasil, ora são vistos como processos com características comuns, havendo certa generalização, ora são tidos como processos muito particulares em cada um dos países.

Novos estudos sobre os governos determinados populistas permitem afirmar que um traço comum os caracteriza: a introdução de uma nova cultura política baseada no papel interventor do Estado nas relações sociais, o que representou, ao mesmo tempo, atendimento de reivindicações de natureza social (melhoria salarial, legislação trabalhista, reforma agrária, especificamente no caso mexicano) e política (uma cidadania baseada no reconhecimento do trabalhador como sujeito da história). Não se pode negar a importância dessas conquistas das classes trabalhadoras que encontraram resposta aos seus anseios, até então desprezados por governantes e setores dominantes. Nesse tipo de explicação, a adesão das "massas" a tais regimes é entendida como uma opção própria dos trabalhadores urbanos e rurais em função de seus interesses materiais e subjetivos. Por outro lado, apesar de se voltarem para os interesses das classes populares, não pode se perder de vista o caráter autoritário e controlador dessas políticas, que introduziram uma estrutura institucional de natureza autoritária, utilizada posteriormente como mecanismo de controle social e político.

No México, o período de Cárdenas foi um dos mais importantes e polêmicos episódios da história mexicana do século XX. Ao ser indicado como candidato para as eleições de 1934, o general Lázaro Cárdenas era visto como um político modelo que durante sua carreira havia passado pelas fileiras do exército revolucionário. Durante sua campanha, os discursos traziam três temas que mais tarde seriam enfatizados nos seis anos de presidência: a união dos trabalhadores, a distribuição de terra e a necessidade de levar os ideais da Revolução Mexicana a todo o país.

Seu governo assumiu o passado revolucionário como legado e como tarefa que precisava ainda ser terminada. Nesse sentido, a política chave do cardenismo foi o aprofundamento da reforma agrária, realizada entre 1936 e 1937. Tal propósito estava relacionado com a cultura política da expropriação desenvolvida no decorrer da luta armada de 1910 a 1917. Seguindo a lógica da política no campo, Cárdenas realizou na cidade a reforma industrial, na qual as empresas expropriadas, sobretudo no setor ferroviário e petroleiro, foram destinadas às administrações dos operários.

Em um país profundamente marcado pelo isolamento de algumas regiões e pelas rebeliões locais, o cardenismo apresentou-se como uma proposta unificadora para a nação, pois defendia a união dos trabalhadores em oposição aos empregadores e sob a tutela do Estado. Porém, isso não significa que o discurso de união nacional seja marcado pelo apaziguamento: as atitudes presidenciais quase sempre suscitaram variadas polêmicas e resistências em diversos setores da sociedade.

A intervenção direta na vida social e política do país levou à consolidação do poder nas mãos do Partido da Revolução Mexicana, afirmando a legitimidade política do novo Estado que se constituía desde a revolução. Posteriormente, este passou a se chamar Partido Revolucionário Institucional e dominou a vida política do país por décadas, sendo que apenas em 2000 outro partido político chegou ao poder.

Na Argentina, o governo do general Juan Domingo Perón, eleito em 1946, é apontado como um dos maiores exemplos de governo populista. Havia uma associação entre o líder, o governo e o Estado. Desta forma, Perón se colocava como representante das massas populares e como legítimo defensor dos "interesses nacionais". Após a sua eleição, Perón tomou um conjunto de medidas que simbolizaram a prosperidade nacional naquele momento, como a quitação da dívida externa e a nacionalização dos transportes aéreo, ferroviário e fluvial, assim como do fornecimento de gás e energia.

Perón reconhecia as desigualdades existentes na sociedade argentina e se apresentava como a única alternativa para melhorar as condições de vida da população. Na Secretaria do Trabalho e Previdência, entre 1943 e 1945, e depois na presidência da República, Perón estimulou a organização sindical: em outubro de 1945, foi decretada a Lei das Associações Profissionais, que propunha a sindicalização em novos moldes, baseando-se na unidade de atividade econômica e não no ofício em particular. Cada setor tinha apenas um sindicato de reconhecimento oficial, que lhe permitia negociar com os patrões dessa atividade. Cabia ao Estado articular e supervisionar essa estrutura centralizada e unificada, na qual os funcionários sindicais tinham proteção estatal, direito à negociação, a garantia da aplicação das leis sociais e trabalhistas e planos de bem-estar social.

A condição do país era favorável no período, o que resultou em uma melhoria do nível de vida dos setores populares. À parte o processo de crescimento econômico vivido na época e a inserção dos trabalhadores na vida pública argentina, Perón era praticamente a única voz: o governo exerceu a censura, fechou jornais, controlou rádios e sindicatos, perseguiu intelectuais e opositores. Nas universidades, os críticos eram substituídos por defensores de seu governo, instaurando uma situação de controle do pensamento. O governo de Perón expressava a contradição entre uma política autoritária de controle da sociedade e os benefícios obtidos pelos trabalhadores, que atuavam politicamente e, nas frestas do regime, avançavam em suas reivindicações. Além dos ganhos materiais, eles foram tratados como cidadãos e sujeitos de sua própria história ao aparecerem de forma privilegiada na configuração da política peronista.

A esposa de Perón, Eva Duarte, foi uma das figuras centrais do governo. Evita, por meio da Fundação Eva Perón, distribuía bens e serviços aos mais pobres. Usando a prerrogativa de ser a primeira-dama, ela obtinha recursos do próprio governo e também pressionava empresários para fazer doações. As ações de Evita tinham uma repercussão e um efeito propagandístico desconhecido até então na Argentina. Eva adoeceu e morreu ainda durante o governo de Perón, aos 33 anos, em 1952.

Em 1952, Perón assumiu o segundo mandato, marcado por uma crescente crise econômica. A crescente discordância entre setores militares e o clero levou ao acirramento da disputa política entre Perón e a oposição existente. O descontentamento da Igreja Católica com o governo Perón cresceu após o surgimento da Fundação Eva Perón, pois, até então, a Igreja comandava a assistência social. Com a morte da primeira-dama, o clero assistiu com preocupação ao crescimento da devoção popular em torno dela. Em 1954, para despistar a crise, o governo passou a atacar a Igreja, propondo medidas como divórcio, igualdade para crianças nascidas fora do casamento, legalização dos prostíbulos, extinção do ensino religioso e fim de subsídios para a Igreja. Como resposta, em junho de 1955, uma procissão de Corpus Chirsti reuniu a oposição, tornando-se um dos maiores protestos contra o governo. As Forças Armadas sentiram-se, então, encorajadas para

agir e, dias depois, bombardearam a Praça de Maio. Apesar da adoção de Perón de um discurso conciliador, no mesmo ano, um golpe militar o depôs. Exilou-se e regressou ao país em 1973, quando foi novamente eleito presidente, vindo a falecer um ano depois.

O governo peronista difundia valores relacionados ao trabalho. O período de expansão na indústria argentina abria perspectivas de emprego e o governo de Perón propagava o princípio moral do trabalho e o controle sobre as organizações de trabalhadores, como os sindicatos.

# Cinemateca

**A hora da Estrela** (1985, Brasil, dir.: Suzana Amaral) Macabea, uma migrante nordestina semianalfabeta, trabalha em um escritório e conhece o mundo por meio de programas de rádio e de amigos.

**O Pagador de Promessas** (1962, Brasil, dir.: Anselmo Duarte) Em uma cidade baiana, um homem faz uma promessa para que seu burro não morra. O animal se restabelece e ele inicia uma caminhada até Salvador, carregando uma cruz nos ombros para pagar a sua promessa feita à Santa Bárbara.

**Ópera do Malandro** (1985, Brasil, dir.: Ruy Guerra) O filme retrata a década de 1940, a malandragem e boemia no bairro da Lapa, no Rio de Janeiro. Um malandro explora uma cantora de cabaré. Ao conhecer a filha do dono do cabaré, tudo muda.

**Os Anos JK** (1980, Brasil, dir.: Silvio Tendler) Documentário sobre os anos do governo Juscelino Kubitschek.

**Tudo É Brasil** (1997, Brasil, dir.: Rogério Sganzerla) Documentário sobre um filme rodado no Brasil pelo cineasta norte-americano Orson Welles, na década de 1940, que traça um painel do nosso país sob o governo Getúlio Vargas.

# Revisitando a História

**1.** "O sucesso da expressão [populismo] (...) não se limitou aos estudos universitários, invadindo, da mesma maneira, as páginas da imprensa e a linguagem cotidiana da população. O político populista, assim, surge como um personagem que agirá de má-fé, mentindo e enganando o povo, sobretudo nas épocas de eleições, prometendo tudo e nada cumprindo."

FERREIRA, J. Introdução. Op. cit p. 7.

a) Quais as principais características do populismo?
b) Por que o período de 1945-1964 é designado dessa forma?
c) Ainda que o termo populismo seja útil para pensarmos o período, alguns problemas surgem quando esse conceito é utilizado. Como vemos no trecho acima, o político populista é muitas vezes pensado como um personagem que engana o povo, tendo como objetivo manter o poder. Quais os problemas de pensarmos o período 1945-1964 nesses termos?

**2.** Os versos abaixo fazem parte de um texto de cordel. Leia o trecho e responda às questões.

Pode o pato não nadar
Pode o leão ser mofino
Pode o gato não miar
A galinha criar dente
Gente virar serpente
Mas Getúlio vai voltar.

Pode um padre ser batista
Protestante não cantar
Católico não ir à missa
Freira deixar de rezar
O ateu ter salvação
Cobra tocar violão
Se Getúlio não voltar.

LESSA, O. Getúlio na literatura de cordel. In: DORATIOTO, F.; DANTAS FILHO, J. De Getúlio a Getúlio: O Brasil de Dutra a Vargas – 1945 a 1954. São Paulo: Atual, 1991.

a) Explique o contexto ao qual eles se referem.
b) Indique possíveis motivos para o apoio dos setores populares a Getúlio Vargas.

**3.** Observe as propagandas da página 878 e responda: que mudanças na vida dos brasileiros esses anúncios indicam?

**4.** Caracterize o governo Juscelino Kubitschek em termos econômicos.

**5.** O que teria levado à renúncia de Jânio? Por que a renúncia gerou uma crise política no Brasil?

**6.** Analise as cartas trocadas entre os presidentes Kennedy e Jango (disponíveis em **Objetos Digitais** – Documentos da História) sob a ótica da Guerra Fria. Qual a posição defendida por Jango na política internacional nesse momento?

## Analise esta imagem

Essa é uma fotografia aérea, instantânea e colorida, tirada em 1960, ano em que Brasília foi inaugurada. A fotografia nos apresenta o ângulo do chamado eixo monumental do Plano Piloto. Nessa imagem vemos os principais edifícios do poder executivo brasileiro: no canto inferior direito, vemos a residência oficial do presidente da república, chamada de Palácio da Alvorada; no meio da fotografia, em destaque, o Congresso Nacional; nas laterais vemos a esplanada dos Ministérios, com algumas construções e muitos terrenos vazios. Brasília foi construída a partir de um concurso do qual saiu vencedor o projeto do arquiteto brasileiro Lúcio Costa, que propunha renovações muito importantes na arquitetura urbana, como quadras maiores, verticalização, acesso fácil a serviços, escolas e lazer, entre outras coisas. O arquiteto Oscar Niemeyer também fez parte da equipe de Costa; seu desenho inconfundível é visto em vários edifícios como a Catedral, o Palácio da Alvorada, o Palácio do Planalto, entre outros. Em 1987, Brasília, o maior projeto urbanístico e arquitetônico do Brasil no século XX, tornou-se Patrimônio Cultural da Humanidade (declarado pela UNESCO).

a) Como essa fotografia poderia ser usada pelos favoráveis e pelos opositores à construção da nova capital?

b) Que elementos da imagem denotam que a construção de Brasília tinha como intuito interiorizar a ocupação do território nacional?

c) Apesar de considerado moderno, o projeto de Brasília guarda uma semelhança com diversas antigas capitais do mundo: não deixa de ser uma construção monumental, recheada de edifícios grandiosos que simbolizam o poder. Elabore um texto refletindo sobre o que a arquitetura dos prédios públicos de Brasília possui de comum e de diferente com outras capitais do mundo. Você pode procurar imagens de outras capitais do mundo e seus edifícios para desenvolver sua resposta.

## Debatendo ideias

*Teste de Bom Senso*

Suponhamos que você venha a saber que seu marido a engana, mas tudo não passa de uma aventura banal, como há tantas na vida dos homens. Que faria você?

1. Uma violenta cena de ciúmes?
2. Fingiria ignorar tudo e esmerar-se-ia no cuidado pessoal para atraí-lo?
3. Deixaria a casa imediatamente?

• A primeira resposta revela um temperamento incontrolado e com isso se arrisca a perder o marido, que, após uma dessas pequenas infidelidades, volta mais carinhoso e com um certo remorso.

• A segunda resposta é a mais acertada. Com isso atrairia novamente seu marido e tudo se solucionaria inteligentemente.

• A terceira é a mais insensata. Qual mulher inteligente que deixa o marido só porque sabe de uma infidelidade? O temperamento poligâmico do homem é uma verda-

de, portanto é inútil combatê-lo. Trata-se de um fato biológico que para ele não tem importância.

Essas afirmações não surpreenderiam uma esposa comum criada nos moldes das mulheres de classe média dos anos 50 no Brasil. Sendo herdeira de ideias antigas, mas sempre renovadas, de que as mulheres nascem para ser donas de casa, esposas e mães, saberia da importância do casamento na vida de qualquer mulher. Teria aprendido que homens e mulheres veem o sexo de maneira diferente e que a felicidade conjugal depende fundamentalmente dos esforços femininos para manter a família unida e o marido satisfeito.

O *Teste de Bom Senso* apareceu em uma das revistas femininas mais lidas da época, o *Jornal das Moças*. Seus pressupostos fazem parte da mentalidade dominante dos chamados Anos Dourados e poderiam estar presentes nos conselhos de uma mãe à filha, nos romances para moças, nos sermões de um padre, nas opiniões de um juiz ou de um legislador sintonizados com seu tempo.

(...) O Brasil dos anos 50 viveu um período de ascensão da classe média. (...) As condições de vida nas cidades diminuíram muito as distâncias entre homens e mulheres (...). As distinções entre os papéis masculinos e femininos, entretanto, continuaram nítidas; a moral sexual diferenciada permanecia forte e o trabalho da mulher, ainda que cada vez mais comum, era cercado de preconceitos e visto como subsidiário ao do homem, o "chefe da casa".

(...) Ser mãe, esposa e dona de casa era considerado o destino natural das mulheres. Na ideologia dos Anos Dourados, maternidade, casamento e dedicação ao lar faziam parte da essência feminina; sem história, sem possibilidade de contestação.

*Fonte:* BASSANEZI, C. As mulheres dos Anos Dourados. In: DEL PRIORE, M. (Org.). *História das Mulheres no Brasil.* São Paulo: Contexto, 2006. p. 607-609.

a) Como, a partir do *Teste de Bom Senso*, a figura da mulher dos Anos Dourados, apontada pela autora Carla Bassanezi, pode ser identificada?

b) Qual aparente contradição é apontada pela autora entre os valores apregoados pela revista feminina *Jornal das Moças* e o momento socioeconômico pelo qual o Brasil passava na década de 1950?

c) No contexto de desenvolvimento do Brasil nos anos 1950, o crescimento urbano e a industrialização aumentaram as possibilidades de trabalho e educação tanto para homens quanto para as mulheres, assim como o acesso à informação, lazer e consumo. A relação entre os sexos sofreu algumas modificações, mas os papéis sociais atribuídos a cada um continuaram fixos. Nas revistas femininas e na publicidade, prevaleceu o discurso que defendia "a volta das mulheres ao lar e aos valores tradicionais da sociedade". Dessa forma, homens e mulheres ocupavam, cada um, seu lugar, de acordo com a moral dominante. Pensando nisso, discuta com seus colegas a situação da mulher na sociedade brasileira atual. Para tanto, reflita de que maneira a mulher se insere hoje no mercado de trabalho e de que maneira o trabalho feminino é encarado.

# Questões de vestibular

**1.** (UFAL) Considere o texto:

O processo de expropriação do produtor direto na área canavieira da Zona da Mata Sul de Pernambuco, que atingiu diretamente os foreiros, parceiros, pequenos proprietários e a grande massa dos moradores, transformando-os em assalariados rurais desvinculados de uma vez por todas dos seus sítios e roçados, ou expulsando parte deste contingente para as áreas mais longínquas da lavoura comercial, revelou o verdadeiro caráter do desenvolvimento capitalista da agricultura brasileira.

AZEVEDO. F. A. *As Ligas Camponesas.* Rio de Janeiro: Paz e Terra, 1982. p. 113.

O texto revela alguns aspectos das mudanças que ocorreram no campo no Nordeste do Brasil, na década de 1950. Identifique as proposições cujo conteúdo relaciona corretamente as ideias do texto ao surgimento das Ligas Camponesas.

(0) O desenvolvimento na agricultura seguiu um modelo baseado na modernização conservadora e na preservação da grande propriedade, o que gerou insatisfação no campo.

(1) O movimento das Ligas Camponesas ficou basicamente restrito ao Estado de Pernambuco porque o processo descrito no texto não ocorreu em outras regiões do país.

(2) O processo de expropriação a que o texto faz referência levou os trabalhadores rurais a empunharem a bandeira da luta pela transformação da estrutura fundiária.

(3) A grande massa de camponeses migrou para os centros urbanos, onde passou a reivindicar melhores condições de vida e de trabalho e a pressionarem pela casa própria.

(4) Os trabalhadores rurais, sob a ameaça de expulsão do campo, realizaram um movimento pela reintegração do homem ao campo, dissociado de ideologias e partidos políticos.

**2.** (ENEM) A moderna democracia brasileira foi construída entre saltos e sobressaltos. Em 1954, a crise culminou no suicídio do presidente Vargas. No ano seguinte, outra crise quase impediu a posse do presidente eleito, Juscelino Kubitschek. Em 1961, o Brasil quase chegou a uma guerra civil depois da inesperada renúncia do presidente Jânio Quadros. Três anos mais tarde, um golpe militar depôs o presidente João Goulart, e o país viveu durante vinte anos em regime autoritário.

A partir dessas informações, relativas à história republicana brasileira, assinale a opção correta:

a) Ao término do governo João Goulart, Juscelino Kubitschek foi eleito presidente da República.

b) A renúncia de Jânio Quadros representou a primeira grande crise do regime republicano brasileiro.

c) Após duas décadas de governos militares, Getúlio Vargas foi eleito presidente em eleições diretas.

d) A trágica morte de Vargas determinou o fim da carreira política de João Goulart.

e) No período republicano citado, sucessivamente, um presidente morreu, um teve sua posse contestada, um renunciou e outro foi deposto.

**3.** (UNICAMP – SP) O Instituto Brasileiro de Ação Democrática (IBAD) e o Instituto de Pesquisa e Estudos Sociais (IPES) se destacaram na oposição ao governo de João Goulart (1961-1964) e no combate ao comunismo. Ambos financiavam dezenas de programas semanais de rádio, como o "Cadeia de Democracia", opondo-se a emissoras de orientação legalista, como a Rádio Mayrink Veiga, fechada após o golpe militar de 1964.

Adaptado de: DREIFUSS, R. A. *1964*: a conquista do Estado. Petrópolis: Vozes, 1981. p. 149.
CALABRE, L. *A Era do Rádio*.
Rio de Janeiro: Jorge Zahar, 2004. p. 50.

a) Por que o rádio era o meio de comunicação mais cobiçado pelos políticos no período apontado no texto?

b) Por que instituições como as mencionadas no texto consideravam João Goulart um presidente comunista?

c) Quais os significados da expressão "orientação legalista", acima mencionada, no contexto do governo de João Goulart e no contexto do regime militar de 1964?

**4.** (UFMG) A CIDADE EM PROGRESSO

A cidade mudou. Partiu para o futuro
Entre semoventes abstratos
Transpondo da manhã o imarcescível muro
Da manhã na asa dos DC-4s
Comeu colinas, comeu templos, comeu mar
Fez-se empreiteira de pombais
De onde se veem partir e para onde se veem voltar
Pombas paraestatais.
(...)
E com uma indagação quem sabe prematura
Fez erigir do chão
Os ritmos da superestrutura
De Lúcio, Niemeyer e Leão.
(...)

MORAES, V. de. *Nova Antologia Poética*.
São Paulo: Cia de Bolso, 2005, p. 237.

O poema acima faz referência ao desenvolvimento urbano, muito presente **na década de 1950** no Brasil. Sobre este período, é **CORRETO** afirmar que:

(01) no final da década de 1950, o Brasil teve como presidente Juscelino Kubitschek (JK), conhecido por seu *slogan* de governo "Cinquenta anos em cinco".

(02) durante o governo de JK, o país teve grande crescimento da indústria de bens de consumo duráveis, a maioria pertencente a empresas multinacionais. As propagandas de automóveis e aparelhos eletrodomésticos da época revelam esta tendência.

(04) este período é conhecido pelo decréscimo da dívida externa brasileira, que pode ser paga gradativamente, graças ao aumento das exportações.

(08) a construção de Brasília foi idealizada por Getúlio Vargas e concluída por JK. O objetivo era desenvolver o litoral brasileiro, construindo a capital do país na região.

(16) o desenvolvimento industrial atingiu, principalmente, o nordeste brasileiro. Isto provocou grande afluxo migratório do sul e sudeste para a região, provocando o inchaço de cidades como Salvador e João Pessoa.

(32) também como reflexo da industrialização, pôde-se observar um grande crescimento na população rural brasileira.

(64) no plano cultural, o período do governo JK presenciou a difusão do cinema brasileiro e da bossa-nova, na qual Vinicius de Moraes teve presença marcante.

**5.** (UFG – GO) Leia os textos a seguir.

Vento do mar e o meu rosto no sol a queimar, queimar
Calçada cheia de gente a passar e a me ver passar

NETO, I.; MARIA, A. *Valsa de uma Cidade*, 1954.

Ah! Se ela soubesse que quando ela passa
o mundo inteirinho se enche de graça
e fica mais lindo por causa do amor.

JOBIM, T.; MORAES, V. *Garota de Ipanema*, 1962.

As composições acima podem ser vistas como parte de um conjunto de transformações ocorridas entre os anos de 1950 e 1960, na sociedade brasileira. O novo elemento que elas expressam se relaciona:

a) à afirmação da mulher como sujeito no espaço público.

b) ao surgimento de um distinto modo de vida, vinculado à experiência urbana.

c) ao nascimento de uma experiência cotidiana, ligada ao fim da sociedade industrial.

d) à preocupação com a saúde e com a qualidade de vida nas metrópoles.

e) à inversão do movimento de ocupação do território brasileiro, em direção ao litoral.

**6.** (FATEC – SP) O governo de Eurico Gaspar Dutra (1946--1951) sofreu numerosas críticas, especialmente em decorrência:

a) de suas constantes violações à Constituição Federal de 18 de setembro de 1946, que praticamente ignorou.

b) da sua tolerância com os grupos de esquerda, permitindo que fosse oficializado o Partido Comunista Brasileiro.

c) da passividade com que enfrentou certos desregramentos da burguesia, especialmente os jogos de azar.

d) dos gastos das reservas do Tesouro Nacional, com a importação de bens de consumo.

e) do apoio dado ao Ministro Pereira Lira que, na pasta da Justiça, criou severa legislação contra os imigrantes ligados ao anarquismo.

**7.** (UFRGS – RS) Leia o trecho abaixo:

Mais uma vez, as forças e os interesses contra o povo coordenaram-se novamente e se desencadeiam sobre mim. (...) Sigo o destino que me é imposto. Depois de decênios do domínio e espoliação dos grupos econômicos e financeiros internacionais, fiz-me chefe de uma revolução e venci. Iniciei o trabalho de libertação e instaurei o regime de liberdade social. Tive que renunciar. Voltei ao Governo nos braços do povo. A campanha subterrânea dos grupos internacionais aliou-se à dos grupos nacionais revoltados contra o regime de garantia do trabalho. A lei dos lucros extraordinários foi detida no Congresso. Contra a justiça da revisão do salário mínimo se desencadearam os ódios. (...) Se as aves de rapina querem o sangue de alguém, querem continuar sugando o povo brasileiro, eu ofereço em holocausto a minha vida. Escolho este meio de estar sempre convosco.

DEL PRIORE, M. *Documentos de História do Brasil*: de Cabral aos anos 90. São Paulo: Scipione, 1997. p. 98-99.

Pode-se afirmar que o trecho acima faz parte da:

a) proposta de reformas de base do presidente João Goulart, de 1964;

b) carta de renúncia do presidente Fernando Collor de Mello, de 1992;

c) carta-testamento do presidente Getúlio Vargas, de 1954;

d) declaração ao povo brasileiro feita pelo governador Leonel Brizola, de 1962;

e) carta de abdicação de Dom Pedro I, de 1831.

**8.** (UFPE) A renúncia de Jânio Quadros causou transtornos políticos que abalaram o Congresso Nacional. A solução encontrada, para a posse de João Goulart na presidência, em 1961:

a) conseguiu harmonizar os interesses e afastar as dificuldades políticas, com Tancredo Neves, político da UDN, como primeiro-ministro;

b) não teve a participação de militares; mas, apenas, do partido político mais forte, a UDN, sob a liderança de Tancredo Neves;

c) não conseguiu desfazer as tensões políticas por inteiro, sobretudo a insatisfação de grupos da burguesia e de militares que temiam as propostas defendidas por Jango;

d) não teve a participação das forças de esquerda, em razão das relações que o novo presidente tinha com o varguismo;

e) obteve amplo apoio dos militares mais expressivos politicamente e dos partidos políticos de ideologia liberal, como a UDN e o PSD.

**9.** (UFES) Após a Segunda Guerra Mundial, as potências capitalistas hegemônicas, particularmente os Estados Unidos, passaram a instalar empresas industriais denominadas multinacionais em países menos desenvolvidos. Aproveitando-se da existência de mão de obra abundante e barata e de matéria-prima local, criaram nesses países uma elite consumidora. Os lucros obtidos eram enviados para o exterior, muitas vezes burlando as próprias leis locais. A essas novas exigências do capitalismo internacional se enquadrava o Brasil no governo de Juscelino Kubitschek, cuja política econômica, delineada no Plano de Metas, criava um clima favorável à entrada do capital estrangeiro, quer na forma de investimento direto, quer na forma de empréstimos.

Adaptado de: COSTA, L. C.; MELLO, L. I. A. *História do Brasil.* São Paulo: Scipione. 1990. p. 275.

Dentre as implicações mais importantes do modelo de desenvolvimento econômico concebido e executado no governo de Juscelino Kubitschek, pode-se mencionar exceto:

a) concessão de privilégios ao setor industrial, que se expandiu cerca de 80%, e baixa produção de alimentos em razão da relativa inércia do setor agrário;

b) realização de investimentos diretos nos setores básicos e de infraestrutura, quase sempre precedidos de intensa emissão monetária e abertura de capital;

c) incentivo às empresas estrangeiras para que investissem nos principais setores da produção industrial e aumento do endividamento externo;

d) criação da Sudene com o objetivo de auxiliar o desenvolvimento da região nordeste e integrá-la ao mercado nacional;

e) estabilidade dos preços e estatização das indústrias de base, com a minimização das disparidades regionais.

**10.** (UNICAMP – SP) A roupa de Eva Perón foi um negócio de Estado para um regime que descobriu as formas modernas de propaganda política. As publicações ilustradas do regime levaram adiante uma política altamente visual, em que dezenas de fotografias diárias difundiam as imagens dos líderes. A escolha dos vestidos de Eva não foi uma tarefa banal. Eva foi amada por sua obra e pela maneira como se apresentava publicamente.

Adaptado de: SARLO, B. *A Paixão e a Exceção:* Borges, Eva Perón, Montoneros. São Paulo: Companhia das Letras; Belo Horizonte: Ed. UFMG, 2005. p. 78-79.

a) Quais os significados da escolha dos vestidos de Eva Perón?

b) Caracterize o peronismo.

c) Qual a ação política de Eva Perón durante o governo de Juan Domingo Perón (1946-1955)?

# Programa de Avaliação Seriada

**1.** (PASUSP) O presidente João Goulart, após tentativas fracassadas para realizar reformas por meios democráticos, aliou-se a grupos de esquerda. No comício da Central do Brasil, em 13 de março de 1964, se comprometeu a dar início à reforma agrária – principal tema de discórdias. No entanto, alguns empresários, militares, governadores e parlamentares planejavam o golpe militar, ocorrido em 1º de abril. Não se tratava mais de saber se as reformas seriam ou não implementadas. A questão central era a tomada do poder e a imposição de projetos. Os partidários da direita tentavam impedir as alterações econômicas e sociais, sem respeitar as instituições democráticas, para defender seus interesses e privilégios. Os grupos de esquerda exigiam as reformas, inclusive com o sacrifício da democracia. Entre a radicalização da esquerda e da direita, uma parcela ampla da população brasileira apenas assistia aos conflitos – em silêncio.

FERREIRA, J. *Sexta-feira 13 na Central do Brasil*, 2004. Adaptado.

A partir do texto, pode-se afirmar que, para o autor,

a) o presidente João Goulart conspirou com políticos moderados para realizar a reforma agrária.

b) os partidos de esquerda radicalizaram suas ações porque contavam com o apoio ativo de grande parcela da população brasileira.

c) a posição de alguns governadores e parlamentares foi de indiferença em relação ao comício de 13 de março de 1964.

d) a radicalização política de 1963 a março de 1964 não teve como protagonistas setores ligados ao meio empresarial.

e) a democracia não era considerada essencial para a efetivação dos interesses políticos em confronto.

# capítulo 54

# A ditadura civil-militar brasileira: do golpe aos anos de chumbo (1964-1974)

*Ao observarmos a cena pública brasileira atual, podemos perceber que o tema dos anos de ditadura militar no país alimenta discussões e polêmicas. Passados mais de vinte anos do seu fim, os "anos de chumbo" colocam-se no presente como um passado que não quer passar. Como podemos entender a permanência de tal experiência em um regime democrático que parece ter superado os anos de autoritarismo? Para tanto, devemos analisar as diversas fases pelas quais o regime militar passou, questionando, principalmente, quais as relações que se estabeleceram entre ele e a sociedade brasileira da época. Torna-se importante pensarmos de que maneira os militares conseguiram manter-se no poder ao longo de vinte anos e qual a base de apoio que eles encontraram ao longo desse processo. Pensando nisso, devemos analisar atentamente os primeiros anos de governo militar, quando foi definido um programa de desenvolvimento para o país e uma identidade política legítima para parte da sociedade. Entretanto, nesse exercício, não podemos nos esquecer dos setores de oposição que utilizaram de discursos e estratégias diferentes para questionar a ordem das coisas. A respeito destes, torna-se importante tentar compreender os motivos que os levaram a fazer certa opção, que naquele momento surgia no horizonte de suas experiências.*

Os conflitos estudantis em 1968. (Rio de Janeiro, 1968, Agência *O Globo*.)

A ditadura militar brasileira teve início em 1964 e terminou em 1985. Foram anos de intensa repressão àqueles considerados subversivos, e de cerceamento das liberdades democráticas. Como a maioria dos movimentos políticos, não foi homogênea, podendo ser dividida em três grandes fases:

- **1964-1968**, quando houve a derrubada do presidente João Goulart e a instalação dos militares no poder. Nesse período, políticos e lideranças sindicais tiveram seus direitos políticos cassados;

- **1968-1974**, o período de aumento da repressão política, com restrição de liberdades e direitos. Também é o período de maior atividade dos movimentos armados de esquerda, que foram duramente reprimidos;

- **1974-1985**, marcada pela abertura política "lenta, gradual e segura", que culminou com a eleição indireta de um civil para a presidência da República.

Manifestação contra o desaparecimento de presos políticos (Rio de Janeiro, 1981).

O movimento de 31 de março de 1964, que instaurou a ditadura militar no Brasil, visava controlar a "desordem" reinante no governo de Jango e eliminar a ameaça comunista. Em nome da ordem, o Brasil conheceu um duro período no que diz respeito ao controle, por exemplo, da imprensa, dos movimentos sociais, da criação artística e das universidades. O golpe militar interrompeu o processo político iniciado com a Constituição de 1946, após a derrubada do regime ditatorial de Getúlio.

No Brasil, os militares sempre foram atores políticos relevantes, mesmo em períodos democráticos. Entre os anos de 1946 e 1964, por exemplo, momentos de instabilidade política foram marcados ou pela forte ameaça de intervenção direta dos militares ou pela iniciativa destes em não permitir a posse de determinados civis. Porém, a primeira iniciativa foi tomada apenas em 31 de março de 1964. Por derrubar um governo eleito legitimamente pelo sufrágio universal, os militares temiam que sua ação fosse identificada como um golpe sem legitimidade. Dessa maneira, passaram a denominá-la de *revolução*.

A preservação da sucessão de lideranças, o sucesso que marcaria a economia brasileira entre 1968 e 1973, a elaboração de uma carta constituinte (1969) e a manutenção de uma democracia representativa foram elementos que garantiram ao regime militar legitimidade e aceitação por setores da política, da economia e da sociedade civil.

Dessa maneira, ao invés de instaurarem uma junta militar que operasse de maneira autônoma, os militares se preocuparam em manter a *legalidade* do regime, seja por meio da elaboração de uma

Constituição, seja pela manutenção do sistema formal representativo. Entretanto, tratava-se de uma representatividade excludente, pois, após o golpe de 1964, parlamentares foram cassados, civis perderam seus direitos políticos e as eleições diretas para governador foram suspensas devido ao resultado desfavorável obtido pelos militares nas eleições de 1965.

Consolidado o golpe, o regime militar implementou uma política de modernização econômica que mesclava capitais externos, grandes empresas nacionais e investimentos do próprio Estado em setores estratégicos, como geração de energia e telecomunicações. Em nome da ordem, o Brasil conheceu um duro período no que diz respeito ao controle, por exemplo, da imprensa, dos movimentos sociais, da criação artística e das universidades.

Por mais que o discurso oficial exaltasse a unidade das Forças Armadas, a realidade mostrou que ela foi pontilhada por dissensões que precediam o início do governo militar. De forma simples, essa divisão pode ser apresentada por dois

Dissensões: conflitos, divergências.

grupos que estiveram *juntos* no poder: de um lado, os militares "moderados" ou "castelistas", uma referência direta ao primeiro presidente militar, o general Castelo Branco; do outro, os militares radicais conhecidos como "linha dura". Entretanto, essa divisão não abrange a variedade de posturas e alinhamentos políticos que podem ser identificados dentro da instituição militar naquele período nem afirma que um grupo fosse mais democrático que o outro.

# O golpe militar

João Goulart, como vimos no capítulo anterior, gerou desconfianças quanto às suas ações. Ex-ministro do Trabalho de Vargas, ele baseou sua carreira política no apoio dos sindicatos e trabalhadores urbanos, em um período de grande expansão industrial. No entanto, com a grande pressão inflacionária da época, intensificaram-se as reivindicações dos setores trabalhistas que o apoiavam, exigindo a retomada do crescimento econômico e melhores condições de vida.

Na tentativa de manter as classes trabalhadoras a seu lado, Jango propôs reformas que assustavam setores da classe média, que se colocavam contra as pretensões do presidente. Jango recorria às mobilizações populares, por meio de grandes comícios, para defender suas propostas. Uma camada de estudantes, políticos e intelectuais defendia Jango. Destes, muitos acreditavam que o socialismo era a via para acabar com o poder das elites no Brasil. Essa atitude, no entanto, foi provocando uma profunda divisão na população, entre os seguidores de Jango e seus opositores.

No final de março de 1964, a radicalização podia ser sentida nos grandes jornais. Episódios como o **Comício da Central**, no dia 13 de março de 1964, no Rio de Janeiro, e a **Marcha da Família com Deus pela Liberdade**, no dia 19 de março, em São Paulo, assim como a manifestação dos marinheiros – que causou a demissão do ministro da área – fizeram com que os militares que apoiavam o governo constitucional de João Goulart não tivessem condições de defendê-lo diante da acusação de desordem e de quebra da hierarquia.

Os grupos mais conservadores eram avessos à aproximação de Jango com os setores de esquerda. No campo externo, a encampação das refinarias de petróleo privadas fez soar a desconfiança, por parte dos EUA, de que o Brasil caminhava para a estatização da economia, sinalizando a perda de grandes investimentos norte-americanos no país. Em tempos de Guerra Fria, os EUA temiam que o Brasil se tornasse comunista e saísse de sua zona de influência. Nesse clima de incertezas, foi criada a operação *Brother Sam*, com o envio de navios da marinha de guerra americana para a costa brasileira, com o objetivo de retirar cidadãos norte-americanos do nosso país. Foram enviados também navios-tanque por solicitação de empresários brasileiros que temiam a suspensão do fornecimento de petróleo.

O cabo Anselmo, sentado à esquerda do discursante, é uma figura controversa desse período. Alguns analistas levantaram suspeita de que tivesse sido um agente infiltrado que precipitou o golpe; outros acreditam que ele foi ingênuo ao se rebelar dentro de uma instituição hierarquizada.

Na caserna, setores militares se preparavam para depor Jango. Conspirações entre generais e oficiais aconteciam em diversos pontos do país, contando também com a participação de civis, entre eles, muitos empresários. Sabia-se que a movimentação das tropas, organizada para depor o presidente, se daria nos primeiros dias de abril, provavelmente no dia 2.

Um fato ocorrido no dia 30 de março antecipou o início do movimento. Nesse dia, Jango foi ao **Automóvel Club**, no Rio de Janeiro, e fez um discurso inflamado, afirmando ser a crise que o país vivia provocada pela minoria privilegiada que não aceitava a incorporação de milhões de brasileiros na mesma sociedade. O presidente não admitiria o que chamou de "golpe dos reacionários"; não pretendia fechar o Congresso, mas disse que este deveria ser sensível às reivindicações populares.

O discurso teve grande repercussão e precipitou a ação dos conspiradores. O general Olímpio Mourão Filho, em Juiz de Fora, reuniu a tropa e marchou para o Rio de Janeiro em 31 de março de 1964, com o apoio do governador de Minas Gerais, Magalhães Pinto. Como os navios norte-americanos ainda estavam a caminho, o movimento que depôs Jango saiu de Minas em direção ao Rio de Janeiro sem que seus líderes soubessem ao certo qual seria a reação dos setores das Forças Armadas, leais ao presidente.

João Goulart em discurso no Automóvel Club do Brasil, Rio de Janeiro, em 30 de março de 1964.

Momentos de indecisão se seguiram com a proposta de lealdade militar a Goulart, desde que ele afastasse ministros e mudasse a orientação de seu governo em defesa da ordem. A esquerda, por sua voz, temia ser traída pelo presidente. O discurso inflamado no Automóvel Club foi substituído por um silêncio de Jango e os movimentos populares não saíram em defesa do presidente, apesar do apelo de lideranças.

Entre tomar uma posição de esquerda, em defesa de medidas radicais e de confronto com as tropas do oficial mineiro, e uma decisão de direita, com a interrupção da conspiração e o abandono de suas propostas reformistas, o presidente perdia apoios. Diante desse impasse, o movimento militar aumentou sua força e, aos poucos, consolidava-se o golpe. Jango, após passar por Brasília e pelo Rio Grande do Sul dirigiu-se para o exílio no Uruguai, no dia 2 de abril de 1964.

## Disseram a respeito

### O golpe civil-militar

Apesar de muito já ter sido dito sobre o movimento político-militar iniciado em 1964, muito ainda pode e deve ser apreendido dessa experiência. Decorridos mais de 50 anos do golpe, tornou-se necessário repensar o período a partir de novas perspectivas e fontes de informação.

Nesse sentido, nota-se um esforço para se compreender melhor a sociedade brasileira e o envolvimento desta no golpe e na longa duração do regime. Se inicialmente a intervenção militar foi tributada exclusivamente à iniciativa dos militares, sem se considerar muitas vezes o consentimento e o incentivo por parte de expressivos setores civis, trabalhos atuais defendem a ideia de que houve um apelo político para que a intervenção fosse feita. Assustados com a possibilidade de a esquerda tomar o poder no país, Igreja, empresários e a classe média teriam justificado e legitimado a intervenção militar.

Essa combinação de forças nos preparativos do golpe aparece, por exemplo, nos depoimentos dos militares reunidos no livro Visões do Golpe: a memória militar sobre 1964. Os depoentes, apesar não terem sido em sua maioria lideranças destacadas nos preparativos do golpe, foram peças importantes na implementação e manutenção do regime. As suas entrevistas têm como traço comum o apontamento da cumplicidade entre os setores civis e militares, caracterizando em 1964 um golpe civil-militar:

O grosso de seus colegas conspiradores na época era civil ou militar? Com quem o senhor conspirava, na verdade?
Havia muito civil conspirando. Porque quando irrompeu 64, as organizações civis, federação de indústria, federação de comércio, de agricultura, ostensiva ou veladamente, apoiavam. Havia uma organização para coordenar a conspiração em âmbito nacional que era coordenada, na parte executiva, pelo Golbery [Golbery do Couto e Silva]. Tinha escritórios e delegacias regionais, mas quem coordenava o escritório central era o Golbery, que já estava na reserva. Chamava-se o IPES. (...) De modo que o Exército foi para a rua, para os campos, para as estradas, para aten-der a um apelo que era um apelo nacional. Era o apelo das maiorias naquela época. Porque a política do João Goulart era a coisa mais demagógica que existia. Você não podia imaginar uma coisa mais demagógica. E foi num crescendo, fazendo demonstrações de força com a minoria que ele tinha, mas que era ousada e agressiva, até que chegou à exacerbação. Naquela última semana do mês de março, veja quanta coisa o João Goulart armou: uma atrás da outra. Numa semana só, com seu apoio ou com o apoio de gente do palácio, houve a revolta dos marinheiros, o comício da Central do Brasil e o comício do Automóvel Club. Três coisas! O comício do Automóvel Club era uma confrontação do princípio de hierarquia das Forças Armadas. (...) O comício da Central foi um desafio àqueles que não queriam uma série de medidas que ele ia tomar, de caráter estatizante, mas mais do que estatizante, desafiante. Depois teve a revolta da Marinha (...). No fim dessa revolta da Marinha derrubaram o ministro da Marinha, e Goulart colocou o ministro que os cabos e os marinheiros queriam. Um almirante de esquerda que ficou do lado deles foi carregado em triunfo pelas ruas [Refere-se ao almirante Cândido Aragão, à época comandante do Corpo de Fuzileiros Navais].

(...) Quer dizer então que essa interferência com a hierarquia militar foi importante para deslanchar o golpe.
Ah, foi. Se não fosse o apoio civil, poderíamos dizer que a Revolução de 64 foi um golpe militar. Mas ninguém pode dizer que foi um golpe militar, porque houve manifestações civis enormes para derrubar o governo João Goulart em São Paulo e aqui no Rio.

Entrevista concedida pelo comandante Carlos de Meira Mattos, em fevereiro e março de 1992, a Maria Celina D'Araujo e Gláucio Ary Dillon Soares. In: Visões do Golpe: a memória militar sobre 1964. Organização: Maria Celina D'Araujo, Gláucio Ary Dillon Soares, Celso Castro. Rio de Janeiro: Relume-Dumará, 1994. p. 107-108.

**1)** Qual é a importância desse relato para as interpretações mais recentes sobre o Golpe de 1964?

# Os governos militares

## Castelo Branco (1964-1967)

Ranieri Mazzilli, presidente da Câmara dos Deputados e sucessor constitucional de Jango, ocupou interinamente a presidência da República. Mas o poder estava, de fato, nas mãos do autodenominado Comando Supremo Revolucionário, composto de militares das três forças: Exército, Marinha e Aeronáutica.

A intenção dos vitoriosos do movimento era formar um governo de coalizão com as forças da UDN e do PSD e desmobilizar os segmentos populares mais atuantes. No início de abril, por meio de uma eleição indireta, a presidência da República foi entregue ao general Humberto de Alencar Castelo Branco.

Além da política, começava-se a alterar a ordem jurídica do país. Em 9 de abril foi promulgado o primeiro **Ato Institucional**. Este era um conjunto de leis que representava a vontade do Alto Comando Militar. Estabelecido sem consulta ao Poder Legislativo, concedia poderes excepcionais ao Poder Executivo.

O AI-1, como passou a ser conhecido, promoveu cassações de políticos e suspendeu os direitos políticos dos cassados por dez anos. Por esse instrumento, o Executivo tinha poderes para "aposentar" funcionários públicos civis e militares suspeitos de serem subversivos. Os poderes do Legislativo foram diminuídos, embora o Congresso continuasse funcionando, bem como as Assembleias Legislativas estaduais e as Câmaras Municipais de todo o território nacional. O Congresso teria a obrigatoriedade de examinar as propostas do Executivo em um prazo de 30 dias, em cada uma das casas do Congresso Nacional. Se o Legislativo não o fizesse dentro desse prazo, o projeto estaria automaticamente aprovado.

Nesse mesmo AI-1, foram marcadas eleições indiretas para a presidência, que deveria completar o mandato de Jango. As eleições diretas daquele ano para governadores foram mantidas. O AI-1 deveria vigorar até 31 de janeiro de 1966, coincidindo com a posse do novo presidente.

Com a manutenção das eleições, muitos políticos, incluindo aliados do regime militar, eram pretendentes à candidatura presidencial. Carlos Lacerda, pela UDN, e o ex-presidente Juscelino Kubitschek, pelo PSD, eram nomes cogitados. O ex-presidente JK não escondia sua pretensão de voltar à cena política, coisa que não agradava aos novos donos do poder. Em virtude disso, teve seus direitos políticos suspensos em junho de 1964. Em julho, depois de manobras políticas, as eleições foram adiadas para novembro de 1966 e o mandato de Castelo Branco foi prorrogado até março de 1967. O adiamento das eleições restringiu-se à presidência, permanecendo o cronograma original das eleições para os outros cargos.

A mudança no calendário eleitoral desagradou lideranças políticas civis aliadas dos militares, como Carlos Lacerda, governador da Guanabara, Magalhães Pinto, de Minas Gerais, e o

Posse do marechal Castelo Branco, o primeiro presidente do período da ditadura militar.

ex-governador paulista, Ademar de Barros, que perceberam que o regime de exceção se prolongaria mais do que tinham imaginado ao apoiá-lo em março de 1964.

As eleições diretas para governador em 1965, apesar do esforço oficial, não foram consagradoras para o governo. Das 11 unidades em disputa (Guanabara, Minas Gerais, Paraná, Santa Catarina, Goiás, Mato Grosso, Rio Grande do Norte, Alagoas, Maranhão, Paraíba e Pará), o PSD, com campanha levemente oposicionista, venceu em cinco estados, incluindo os dois de maior peso: Minas Gerais e Guanabara. No entanto, as eleições também não podiam ser vistas como uma derrota extraordinária para o governo, pois o próprio Carlos Lacerda, cuja relação com os militares se deteriorara por suas aspirações em chegar à presidência, perdeu as eleições em seu estado. E mesmo os "oposicionistas" que foram eleitos não eram esquerdistas ou simpatizantes dos movimentos populares.

Os setores militares da linha-dura (os mais radicais de direita), no entanto, viram no resultado das eleições o fortalecimento de aliados de JK, pois muitos vencedores pertenciam ao mesmo partido do ex-presidente. Alegavam que estaria havendo um intolerável "retorno ao passado", fato que era expresso claramente pelo general Arthur da Costa e Silva, então ministro da Guerra, revelando a visão desse grupo dentro das Forças Armadas. Mesmo não comungando exatamente dessa visão da ala mais radical, o presidente Castelo Branco, em nome da "unidade militar", baixou o Ato Institucional nº 2 em 27 de outubro de 1965, alterando substancialmente a vida política no país.

Pelo AI-2 foram extintos os partidos políticos e suspensas as eleições diretas para presidente e vice-presidente. Além disso, provocou o aumento das cassações e facilitou a decretação do estado de sítio (a suspensão dos direitos constitucionais) e a intervenção do governo nos Estados. Também previa a impossibilidade de reeleição do presidente, garantindo a alternância de ocupantes na chefia do poder Executivo.

Em atos complementares ao AI-2 estabeleceu-se o bipartidarismo, com a instituição da ARENA (Aliança Renovadora Nacional), que reunia os governistas, e o MDB (Movimento Democrático Brasileiro), composto de setores oposicionistas. Vale lembrar que muitos políticos tinham sido cassados ou foram exilados, restando aqueles que o governo não considerava "perigosos" seus propósitos ou à vida política brasileira. Assim, a permissão para o funcionamento do MDB era a resposta do regime militar às pressões de setores da sociedade brasileira que estava receosa com o endurecimento dos militares.

Em fevereiro de 1966 foi decretado o terceiro Ato Institucional, o AI-3, que tornava as eleições para governador indiretas. A nova medida causou insatisfação aos antigos aliados que, ao expressarem suas convicções e queixas, acabaram cassados, como o ex-governador da Guanabara, Carlos Lacerda. As liberdades civis e políticas eram cerceadas em ritmo crescente.

Nessa dinâmica de crescente autoritarismo, o governo isolou-se de lideranças políticas que foram impostas na mobilização pela deposição de João Goulart. A ausência de perspectivas democráticas levou ao surgimento, em 1966, de uma Frente Ampla que uniria Carlos Lacerda a antigos opositores, como Juscelino Kubitschek e João Goulart. Em 5 de abril de 1968, a Frente Ampla foi proibida pelo regime.

O turbilhão político também tinha paralelo no campo econômico. A economia vivia um momento de arrocho, com queda real no poder de compra dos salários e cortes nos investimentos diretos, o que comprometia o apoio da classe média, dos trabalhadores e mesmo dos empresários ao governo militar.

No governo Castelo Branco houve a criação de instrumentos de controle e perseguição de adversários que consolidaram o regime autoritário. Com a criação do SNI (Serviço Nacional de Informações), em 1964, e da Lei de Segurança Nacional (LSN), em 1967, montou-se o instrumento jurídico para as prisões políticas e cassações de direitos individuais realizadas pela ditadura. Essas medidas demonstravam a preocupação do regime militar em coletar informações por meio de uma rede de espionagem e da institucionalização de uma polícia política. Desencadeavam-se, então, prisões arbitrárias, censuras a publicações e intimidações de toda ordem.

Em 1967, após a convocação extraordinária do Congresso pelo AI-4 (6 de dezembro de 1966), o país tinha uma nova Constituição, pela qual o mandato presidencial era reduzido de cinco para quatro anos e o Poder Executivo consolidava seu fortalecimento em relação aos demais poderes, ratificando medidas adotadas pelos Atos Institucionais anteriores.

A sucessão de Castelo Branco, representante dos militares moderados, foi marcada pelo avanço da linha-dura, com a indicação da candidatura do general Arthur da Costa e Silva. O regime militar brasileiro implementou uma ditadura que não era personalista, como ocorreu com Getúlio Vargas durante o Estado Novo (1937-1945), mas um sistema no qual as decisões eram tomadas dentro das Forças Armadas e formalmente aprovadas pelo Colégio Eleitoral. Diante desse quadro, o MDB, em sinal de protesto, não participou da eleição. Costa e Silva foi o candidato único e obteve 295 dos 472 votos possíveis, tomando posse em 15 de março de 1967 e tendo como vice-presidente o civil Pedro Aleixo.

### Comunidade de informações

Logo após o golpe militar de 1964, o general Golbery do Couto e Silva criou o Serviço Nacional de Inteligência (SNI). Por trás da criação do órgão estava o interesse em desenvolver uma sólida instituição de informações que permitisse a consolidação do novo regime. O SNI possuía, entre as suas funções, a responsabilidade de superintender e coordenar as atividades de informações e contrainformações no país, em particular as que interessassem à segurança nacional. De acordo com a lei aprovada em 13 de junho de 1964, o SNI ficava isento de quaisquer prescrições que determinassem a publicação ou divulgação de sua organização ou funcionamento, e o seu chefe, cuja nomeação estaria sujeita à aprovação do Senado Federal, teria prerrogativas de ministro.

Com o começo da luta armada e o endurecimento do regime no final de 1968, houve uma grande transformação na área de informações. No Exército e na Aeronáutica, foram criados serviços de informações que funcionavam voltados ao combate à "subversão". Para atender às demandas criadas em função do crescimento da contestação do regime, o SNI expandiu-se, alcançando grande prestígio e tornando-se o centro da grande comunidade em que se transformaram os serviços de inteligência no período militar.

Os serviços de informações foram estabelecidos como órgãos responsáveis pela segurança do país, pela preservação da ordem e pela manutenção do regime. A comunidade de informações articulada entre eles atuou de maneira independente no período de maior fechamento do regime militar, desenvolvendo um grande setor policial e repressivo. Com o intuito de atender à responsabilidade de manter a segurança interna do país, os serviços de informação interceptavam cartas e investigavam a vida de pessoas ligadas aos movimentos considerados de esquerda, faziam escuta telefônica, acompanhavam a vida das pessoas e efetuavam prisões sem mandatos judiciais.

## Costa e Silva e o aumento da repressão (1967-1969)

Com a vitória do golpe, os militares do Comando Supremo falavam em nome de uma *revolução*, explicitando a perspectiva de que não tinham promovido uma intervenção de caráter passageiro, mas algo mais profundo. O processo todo foi consumado em nome dos valores da civilização ocidental cristã e da democracia. Por outro lado, após o governo de Castelo Branco, a repressão desatada e o cerceamento das liberdades civis e políticas contradiziam os valores liberais e democráticos com os quais o governo se dizia comprometido.

> Cerceamento: diminuição, restrição.

A consequência disso foi o aumento de uma atmosfera de descontentamento. Associado à repressão e à recessão, o governo militar tornou-se impopular, sobretudo nos grandes centros urbanos. O desejo do reestabelecimento da democracia, sem embates violentos ou o recurso da força, ganhava terreno em vários setores da sociedade que, no governo Costa e Silva, começaram a reagir de forma mais ampla contra o autoritarismo. Greves, como as paralisações dos operários em Contagem (MG) e Osasco (SP) e mobilizações de rua radicalizaram os antagonismos.

Já no primeiro ano do governo Costa e Silva, o movimento estudantil afirmou-se como um dos únicos movimentos sociais de oposição ao regime ainda ativo. Sucederam-se manifestações reivindicatórias acompanhadas por uma forte repressão. Essas manifestações cresceriam até atingir seu auge nas passeatas de 1968, diminuindo de intensidade após a decretação do AI-5, em dezembro.

A ação das forças repressivas sobre os estudantes aumentou a partir de 28 de março de 1968, quando policiais dispararam contra universitários da Universidade Federal do Rio de Janeiro, que protestavam em frente a um restaurante ligado à instituição, o Calabouço, reivindicando melhores condições na alimentação servida, matando o estudante secundarista Edson Luís de Lima Souto. Milhares de pessoas compareceram ao seu funeral e à missa de sétimo dia, quando a cavalaria da Política Militar invadiu a Igreja da Candelária.

Em 1968, importantes manifestações e acontecimentos políticos e comportamentais ocorreram em diversos lugares do mundo. Vejamos o que escreveu o professor Marcelo Ridenti sobre aquele ano e algumas frases pichadas nos muros de Paris, o epicentro de manifestações estudantis por questões relativas à educação. O mais importante, no entanto, foi a forma das manifestações, que ocorriam fora das organizações tradicionais, como partidos e sindicatos, o que ficou sintetizado no slogan do "é proibido proibir".

Movimentos de protesto e mobilização surgiram por toda parte em 1968: das manifestações nos Estados Unidos contra a Guerra do Vietnã à Primavera de Praga [ver Capítulo 49]; do maio libertário dos estudantes [defesa da liberdade ampla] e trabalhadores franceses ao massacre de estudantes no México; da alternativa pacifista dos *hippies* (...) até os grupos de luta armada, espalhados pelo mundo afora.

O comportamento das pessoas também mudava, por exemplo, nas relações entre os sexos (emancipação feminina crescente), no uso de anticoncepcionais (...), na consolidação da televisão como principal meio de comunicação de massas, ocupando lugar cada vez maior no cotidiano das populações etc. Travavam-se lutas radicais de negros, mulheres e outras minorias pelo reconhecimento de seus direitos. (...)

## Frases pichadas nos muros franceses em 1968

"É proibido proibir"; "a imaginação no poder"; "sejamos realistas, peçamos o impossível"; (...) "a barricada fecha a rua mas abre o caminho"; "a palavra é um coquetel molotov"; (...) "corra, camarada, o velho mundo está atrás de você"; (...) "não mude de emprego, mude o emprego de sua vida"; "você está sendo intoxicado: rádio, televisão, jornal, mentira"; "estamos tranquilos: 2 + 2 não são mais 4"; (...) "faça amor, não faça guerra".

*Fonte:* RIDENTI, M. 1968: rebeliões e utopias.
In: REIS FILHO, D. A.; FERREIRA, J.; ZENHA, C.
*O Século XX*. Rio de Janeiro: Civilização Brasileira, 2002.
p. 135-136,157.

As manifestações estudantis em Paris de 1968 são consideradas o símbolo de uma nova geração e de uma nova forma de fazer política.

Em 21 de junho ocorreram novas manifestações estudantis, desta vez contra a política educacional, na cidade do Rio de Janeiro, quando quatro jovens morreram no episódio conhecido como "sexta-feira sangrenta".

A morte de Edson Luís, ocorrida em março, e a "sexta-feira sangrenta" provocaram grande comoção e manifestações em diversas partes do país. A opinião pública reagiu expressando um nível de indignação contra a brutalidade repressora sem precedentes. A reação mais importante foi a Passeata dos Cem Mil, que reuniu estudantes, políticos, artistas, intelectuais, sindicalistas, populares e representantes de setores mais progressistas da Igreja católica, no dia 26 de junho.

Passeatas estudantis se repetiram em quase todo o Brasil nesse mesmo período. Em São Paulo, em 3 de outubro ocorreu um enfrentamento entre estudantes da Universidade de São Paulo, a polícia e alunos da Universidade Mackenzie, sede do Comando de Caça aos Comunistas, resultando na morte de outro estudante secundarista, José Guimarães. No mesmo mês, no dia 12, a polícia invadiu um sítio em Ibiúna, no interior do Estado de São Paulo, onde se realizava clandestinamente o 30º Congresso da UNE, prendendo quase a totalidade das lideranças nacionais estudantis.

Com a intensificação dos movimentos populares, aumentava a indignação da ala mais direitista das Forças Armadas. No início de setembro de 1968, um violento discurso do deputado Márcio Moreira Alves (MDB), no Congresso Nacional, denunciando a violência policial e militar exercida contra as passeatas estudantis e pregando o boicote à parada militar de 7 de setembro, deixou os militares ainda mais indignados. Estes reagiram solicitando ao Congresso uma licença para processar o deputado, alegando "grave ofensa às Forças Armadas".

Folha Imagem, reproduzido do jornal *Folha de S.Paulo*, 1.º jan. 1966, fornecido pela Folhapress.

Enterro do estudante Edson Luís de Lima Souto.

Arthur da Costa e Silva, general da linha-dura das Forças Armadas, pôs a polícia nas ruas para reprimir brutalmente os movimentos populares.

Os parlamentares não cederam às pressões do governo e negaram a licença. O governo respondeu, logo em seguida, com a decretação de outro Ato Institucional, mais violento e arbitrário que os quatro anteriores. O **AI-5**, criado em 13 de dezembro de 1968, impunha medidas que endureceriam ainda mais as relações do Executivo com os demais poderes e a sociedade civil.

Pelas determinações do novo ato, que vigorou até 1979, foram restabelecidos poderes excepcionais do presidente que haviam sido suspensos no final do governo de Castelo Branco. Entre eles destacam-se o direito de cassar mandatos, suspender direitos políticos, demitir e aposentar juízes e funcionários públicos. O Congresso Nacional foi fechado e centenas de deputados, vereadores e prefeitos perderam seus mandatos. A repressão policial e militar também efetuou inúmeras prisões. Foi proibido o *habeas corpus* para crimes ditos contra a Segurança Nacional; isso permitia ao aparelho repressivo prender qualquer cidadão, sem que este pudesse se livrar da arbitrariedade do Estado. Os presos políticos podiam ficar incomunicáveis, uma brecha para que torturadores agissem para a captura dos "inimigos do regime". Em nome da **doutrina de segurança nacional**, a tortura foi praticada para destruir os focos de oposição ao regime, em especial os grupos armados de esquerda que agiam na clandestinidade.

Outros 12 Atos Institucionais complementares foram decretados. A linha-dura comandava a política do país. Através do AI-5, as liberdades de expressão e de reunião estavam proibidas e diversos cidadãos, quando suspeitos, chegavam a ser proibidos de seguir com seus empregos.

Em agosto de 1969, um fato inesperado mudou a rota política: o presidente Costa e Silva foi acometido por um acidente vascular cerebral e teve de ser afastado do cargo. A solução constitucional seria o vice, Pedro Aleixo, assumir o cargo durante o impedimento do general-presidente, mas isso não ocorreu. De 31 de agosto a 30 de outubro de 1969 o Brasil foi governado por uma junta formada pelos três ministros militares – Aurélio de Lira Tavares (Exército), Augusto Rademaker (Marinha) e Márcio de Sousa e Melo (Aeronáutica). Diante do aspecto irreversível da doença de Costa e Silva, a Junta Militar indicou, em outubro de 1969, o nome do general Emílio Garrastazu Médici, ex-chefe do SNI (Serviço Nacional de Informações), para a presidência da República, prolongando o controle do país pela linha-dura.

## Recortes da História

### Ato Institucional Número 5 (AI-5)

*Os artigos e parágrafos extraídos do texto do AI-5 demonstram o tom do arbítrio e da concentração de poder no Executivo do instrumento legal instituído pelos militares em 1968. Trata-se de um demonstrativo da preocupação dos militares em manter a legalidade da ditadura, tornando institucionais as arbitrariedades cometidas e negando o caráter ditatorial do regime, já que este estava amparado pela lei. Nesse sentido, o golpe de 1964, a violação da Constituição de 1946 e a legislação autoritária do período se justificariam na defesa da democracia e dos ideais da revolução.*

Art. 2º O presidente poderá decretar o recesso do Congresso Nacional, das Assembleias Legislativas e das Câmaras de Vereadores, por Ato Complementar, em estado de sítio ou fora dele, só voltando os mesmos a funcionar quando convocados pelo presidente da República.

§1º Decretado o recesso parlamentar, o Poder Executivo correspondente fica autorizado a legislar em todas as matérias e exercer as atribuições previstas nas Constituições ou na Lei Orgânica dos Municípios.

Art. 3º O presidente da República, no interesse nacional, poderá decretar a intervenção nos estados e municípios, sem as limitações previstas na Constituição.

Art. 4º No interesse de preservar a Revolução, o presidente da República, ouvido o Conselho de Segurança Nacional, e sem as limitações previstas na Constituição, poderá suspender os direitos políticos de quaisquer cidadãos pelo prazo de 10 anos e cassar mandatos eletivos federais, estaduais e municipais.

Art. 5º A suspensão dos direitos políticos, com base neste Ato, importa simultaneamente, em:

I. cessação de privilégio de foro por prerrogativa de função;

II. suspensão do direito de votar e de ser votado nas eleições sindicais;

III. proibição de atividades ou manifestação sobre assunto de segurança:

a) liberdade vigiada;

b) proibição de frequentar determinados lugares;

c) domicílio determinado.

§1º O ato que decretar a suspensão dos direitos políticos poderá fixar restrições ou proibições relativamente ao exercício de quaisquer outros direitos públicos ou privados.

Art. 6º Ficam suspensas as garantias constitucionais ou legais de: vitaliciedade, inamovibilidade e estabilidade, bem como a de exercício em funções por prazo certo.

§1º O presidente da República poderá, mediante decreto, demitir, remover, aposentar ou por em disponibilidade quaisquer titulares das garantias referidas neste artigo, assim como empregados de autarquias, empresas públicas ou sociedades de economia mista, e demitir, transferir para a reserva ou reformar militares ou membros das polícias militares, assegurados, quando for o caso, os vencimentos e vantagens proporcionais ao tempo de serviço.

Art. 7º O presidente da República, em qualquer dos casos previstos na Constituição, poderá decretar o estado de sítio e prorrogá-lo, fixando o respectivo prazo.

Art. 10º Fica suspensa a garantia de *habeas corpus*, nos casos de crimes políticos, contra a segurança nacional, a ordem econômica e social e a economia popular.

Art. 11 Excluem-se de qualquer apreciação judicial todos os atos praticados de acordo com este Ato Institucional e seus Atos Complementares, bem como os respectivos efeitos.

*Fonte:* ROLLEMBERG, D. A ditadura civil-militar em tempo de radicalizações e barbárie. 1968-1974. In: MARTINHO, C. P. (Org.). *Democracia e Ditadura no Brasil.* Rio de Janeiro: EdUERJ, 2006, p. 144.

**1)** Por que o AI-5 era uma tentativa de legitimar as arbitrariedades da ditadura? Explique?

*Saiba mais*

## A Doutrina de Segurança Nacional

A crescente desigualdade e injustiça social foi um marco comum nas formações dos países da América Latina, acentuado principalmente a partir da década de 1950. No contexto da Guerra Fria e, sobretudo, do impacto da vitória da Revolução Cubana, nota-se nos países da região uma radicalização dos contrastes sociais e do seu questionamento. No Brasil, como visto no Capítulo 53, as exigências de mudanças profundas e estruturais deu a tônica de diversos movimentos sociais que defendiam projetos revolucionários ou reformistas.

As decorrentes tensões sociais levaram as elites dos países da região a desenvolver uma percepção de insegurança para a sua privilegiada situação política, social e econômica. Paulatinamente, os setores dominantes passaram a apelar às forças de segurança, concedendo-lhes crescente protagonismo no cenário político nacional. Frente à ameaça do "comunismo internacional", as Forças Armadas passaram a defender a necessidade de uma intervenção, com o compromisso de proteger a ordem socioeconômica vigente tão questionada e a harmonia nacional.

Tomou-se forma, então, a Doutrina de Segurança Nacional, um dos eixos comuns das ditaduras militares que tomaram o poder nos países da América do Sul, nas décadas de 1960 e 1970. A sua prerrogativa era de que a sociedade havia se deixado levar pelas ambições setoriais

e mesquinhas, permitindo a penetração do "vírus subversivo", estranho ao "ser nacional" e às suas tradições. Por encontrar-se doente, ela não podia se defender dele e de seus conflitos por si só. Dessa maneira, sustentava que o Estado deveria assumir um papel de mediador e de protetor da sociedade, garantindo a segurança dos cidadãos e enfrentando a ameaça do "inimigo interno".

Apresentava-se, assim, à sociedade dois campos bem definidos e antagônicos: de um lado, os que defendiam os valores democráticos, cristãos e ocidentais; e de outro, os agentes nocivos à nação, alinhados como os valores do "ateísmo" e do "marxismo". Os cidadãos identificados com as "ideologias estranhas", e contaminados por elas, foram tratados como inimigos perigosos dos interesses da unidade nacional. Consequentemente, toda e qualquer forma de manifestação de descontentamento da ordem vigente era associada à "subversão" e ao comunismo.

Para enfrentar a "guerra interna" e defender a democracia, aplicou-se uma política de contrainsurgência. Essa opção implicou assumir como meios legítimos o uso da força e da violência, utilizadas de maneira sistemática e racional, de modo a aniquilar as diferenças e reestruturar a unidade política, em detrimento do direito e da negociação política.

*Disseram a respeito*

## A censura no AI-5

No dia 14 (de dezembro de 1968), os leitores mais atentos do JB (Jornal do Brasil) puderam perceber que o tradicional matutino (...) apresentava mudanças que violentavam suas rigorosas normas de estilo e bom gosto. (...) Naquele sábado o jornal estava cheio de clichês e lugares-comuns. (...)

Mas havia surpresas mais estranhas. Apesar do sol de dezembro, por exemplo, a previsão meteorológica anunciava no alto à esquerda da primeira página: "Tempo negro. Temperatura sufocante. O ar está irrespirável. O país está sendo varrido por fortes ventos". No outro lado da página, aparecia em destaque uma irrelevância: "Ontem foi dia dos cegos". A foto principal era de Costa e Silva na entrega das espadas aos novos guardas-marinha. Ele está rígido, inclina-

do para a frente como se fosse cair. Na outra, uma cena deslocada no tempo, com a seguinte legenda: "Garrincha foi expulso quando o Brasil vencia o Chile na Copa de 1962". Pela primeira vez, no lugar dos editoriais, eram publicadas duas fotos: na maior, um lutador de judô, gigante, dominando um garoto. O título da foto: "Força hercúlea".

É possível que nem todos os leitores tivessem percebido a intenção das brincadeiras, do deboche e dos absurdos da edição (...).

*Fonte:* VENTURA, Z. *1968:* o ano que não terminou. Rio de Janeiro: Nova Fronteira, 1988. p. 288-289.

**1)** Pode-se dizer que essa edição do jornal usou de muitas metáforas? Justifique.

# Médici: "milagre econômico", ufanismo e repressão (1969-1974)

A presidência do general Emílio Garrastazu Médici foi marcada por fortíssima repressão, amparada no AI-5, e também pela expansão econômica que consolidava as políticas implementadas desde Castelo Branco. Amparado pelo terror e pela repressão do AI-5, constituiu-se a imagem de um país próprio e dinâmico.

No comando da economia, desde o governo Costa e Silva, estavam os ministros da Fazenda Delfim Netto e do Planejamento João Paulo dos Reis Velloso. O crescimento econômico, a partir de 1968, apresentava taxas altas. Em 1973 atingiu 13,6% ao ano. Esse período ficou conhecido como "**milagre brasileiro**". O crescimento ocorreu graças à maciça entrada de capital estrangeiro, o que consequentemente aumentou o endividamento do país.

O binômio que regia a política e a economia estava calcado na **segurança e desenvolvimento**. Essa orientação, centrada na doutrina de segurança nacional e desenvolvimentista, vinha da Escola Superior de Guerra (ESG), sendo seu principal artífice o general Golbery do Couto e Silva.

O Estado assumiu um papel forte na economia, intervindo ativamente nos mais variados setores, seja por meio das tradicionais empresas estatais (Petrobras, Vale do Rio Doce e Companhia Siderúrgica Nacional), seja por meio de outras que incentivaram o desenvolvimento (a Eletrobras e a Siderbras), seja estimulando fusões e associações do capital privado nacional e estrangeiro.

O capital nacional era muito fraco para poder arcar com os investimentos. Assim, o Estado-empresário atuou nas áreas de infraestrutura, telecomunicações, energia, transporte, mineração, entre muitas outras. Capitais externos financiaram os investimentos brasileiros e o empresariado nacional executou as atividades e obras definidas pelo poder central.

O rápido crescimento econômico, entretanto, não significou distribuição de renda, agravando um dos maiores problemas brasileiro: a concentração de renda. Segundo a visão de Delfim Netto, o então ministro da Fazenda, o "bolo deveria crescer primeiro, para depois ser dividido", indicando a opção pelo crescimento econômico sem a distribuição de riquezas: os ricos ficaram mais ricos e os pobres, mais pobres. Em 1960, por exemplo, os 10% mais ricos detinham 39,6% de toda a renda nacional. Em 1980, esse mesmo grupo era dono de quase 51% das riquezas do país. Na outra ponta, os 20% mais pobres detinham 3,9% do PIB (Produto Interno Bruto) em 1960; em 1980 eram donos de apenas 2,8% das riquezas.

O crescimento acelerado da economia gerava grande contentamento na classe média, que, com acesso ao crédito farto e fácil, pôde adquirir, em massa, a casa própria e o primeiro automóvel. A face reversa da moeda foi o achatamento salarial da mão de obra menos qualificada, o que demonstrava o desmantelamento das forças sindicais em virtude da repressão. A queda nos salários reduziu custos e os produtos manufaturados brasileiros passaram a ter maior competitividade no mercado internacional. A produção industrial se voltou para os bens de consumo duráveis, em especial os automóveis, e se fixou em um modelo exportador.

Ainda no início dos anos 1970, as desigualdades sociais começaram a ser denunciadas por organismos internacionais. Como resposta a isso, periodicamente, a propaganda oficial do governo Médici passou a anunciar programas ou pacotes sociais que na prática tiveram concretização quase nula. O Programa de Integração Nacional (PIN), por exemplo, baseado na construção de uma imensa estrada, a Transamazônica, e na instalação de centenas de milhares de camponeses sem-terra nordestinos em vilas agrícolas, foi cancelado em 1974, com apenas

O general Golbery do Couto e Silva, considerado o mais importante ideólogo do período militar.

6 mil famílias instaladas e a obra não concluída. Outro exemplo é o Mobral: apesar da meta de erradicar o analfabetismo entre 1971 e 1974, quando abandonado anos mais tardes, o programa mostrou-se ineficiente, pois os adultos alfabetizados pelo Mobral não sabiam ler nem escrever.

### "Ninguém mais segura este país": o Brasil e o Milagre Econômico

A sinfonia dos índices anuais de crescimento do Produto Interno Nacional Bruno (PNB) era doce música para todos os que se beneficiavam: 9,5% (1970), 11,3% (1971), 10,4% (1972), 11,4% (1973). Na ponta, a indústria, registrando taxas de 14% anuais, com destaque para as duas *locomotivas* do processo: a indústria automobilística, (...), e a de eletrodomésticos (...). Mesmo os setores menos dinâmicos, como o de bens de consumo popular, apresentavam índices inusitados (...). As exportações registraram aumento de 32% ao ano, o que ensejou um ritmo equivalente de crescimento das importações.

Mais do que aumentos quantitativos, promoviam-se mudanças qualitativas. Na indústria, as dimensões da petroquímica; na infraestrutura, o fantástico desenvolvimento das telecomunicações, integrando o país de uma forma nova, sem falar nas rodovias e no complexo hidrelétrico; nas finanças, a constituição de uma banca de nível internacional; na agricultura, o desenvolvimento de novas culturas, como a da soja; no comércio internacional, para além do já referido crescimento, a introdução de uma proporção crescente de manufaturados na pauta de exportações.

(...) O país, comparado a um imenso canteiro de obras, foi tomado por incontida euforia desenvolvimentista. Martelavam-se *slogans* otimistas, animados, encorajando, em mensagens positivas e ufanistas: *Pra frente, Brasil; Ninguém mais segura este país; Brasil, terra de oportunidades; Brasil, potência emergente*.

*Fonte:* REIS, D. A. *Ditadura Militar, Esquerdas e Sociedade.* Rio de Janeiro: Jorge Zahar, 2000. p. 55-56.

**1)** De que modo o milagre econômico foi utilizado como propaganda da ditadura?

### "Noventa milhões em ação, salve a seleção": o futebol e o ufanismo

A seleção brasileira de futebol de 1970 foi para a Copa do Mundo, no México, totalmente desacreditada, mas, conforme o time ia ganhando os jogos, a euforia crescia. A cada vitória, multidões saíam às ruas para comemorar mais um obstáculo que se vencia rumo ao tricampeonato. Para o governo, ganhar a Copa significava muito mais do que um título. Era o Brasil do "milagre econômico" impondo-se como uma nação emergente, ganhando espaço no cenário internacional. O futebol canalizaria para o país o orgulho que se tinha pela seleção canarinho.

No dia 21 de junho de 1970, 90 milhões de torcedores, como dizia o refrão da música que embalou os brasileiros durante a Copa, comemoraram a conquista do tricampeonato de futebol. "A taça do mundo era nossa!"

Enquanto a população festejava a façanha dos nossos craques de ouro, a repressão, a tortura e a censura tomavam conta dos bastidores da ditadura.

Em junho de 1970, o Brasil conquistou o tricampeonato na Copa do Mundo de Futebol. O governo aproveitou o momento de euforia da nação para lançar campanhas ufanistas e demagógicas como a do "Brasil: ame-o ou deixe-o".

ARQUIVO EDGARD LEURENROTH

## "Brasil: ame-o ou deixe-o" – a propaganda política no regime militar

No dia 2 de novembro de 1969, um domingo, apenas três dias depois da posse do general Emílio Garrastazu Médici na Presidência da República, os coronéis Otávio Costa e Toledo Camargo definiram as diretrizes que norteariam a maior campanha de propaganda política jamais vista no Brasil. Otávio Costa foi convocado por Médici para chefiar a Aerp (Assessoria Especial de Relações Públicas), sigla que faria fama na TV, e convidou Toledo Camargo para auxiliá-lo.

(...) Otavio Costa e Toledo Camargo tinham muitas dúvidas sobre qual deveria ser, afinal, o papel da Aerp no governo Médici. Aplicados, lançaram mão dos métodos de análise da Escola de Estado-Maior e, naquele fim de semana, chegaram a algumas definições básicas, que perdurariam até o governo de Ernesto Geisel. Em primeiro lugar, para tentar elidir qualquer parecença com o DIP [Departamento de Imprensa e Propaganda criado no Estado Novo], adotaram o eufemismo "relações públicas" (...). Com isso, evitavam referências à expressão "propaganda política", que era, não obstante, o que acabariam por fazer. Em segundo, e mais importante, definiram um jargão que pretendia estabelecer os objetivos das atividades de "comunicação social" da ditadura: "motivar a vontade coletiva para o esforço nacional de desenvolvimento", "mobilizar a juventude", "fortalecer o caráter nacional", estimular o "amor à pátria", a "coesão familiar", a "dedicação ao trabalho", a "confiança no governo" e a "vontade de participação". Queriam "contribuir para a afirmação democrática" do país e também pretendiam "atenuar as divergências que sofre a imagem do país no exterior".

Vivia-se uma fase de grande desenvolvimento dos meios de comunicação no país, especialmente a televisão, que logo poderia transmitir em cadeia nacional e em cores. Otávio Costa optou por produzir "filmetes" – como ele dizia – curtos, com narração breve, com imagens elaboradas e um "gancho" musical que prendesse o telespectador. Ao final, um *slogan*, que, muitas vezes, era reproduzido em campanhas de apoio através de cartazes e outros suportes.

(...) Esses filmes dividiam-se em dois grupos principais: os de natureza educativa e os de caráter ético-moral. Vários, de ambos os tipos, se tornaram famosos. (...) As campanhas de caráter ético-moral tratavam dos mais diversos temas: a dimensão cultural do carnaval e do futebol; o papel simbólico de heróis nacionais, como Tiradentes; o papel dos jovens na sociedade; as relações entre pais e filhos; o respeito devido aos idosos; a importância do trabalho; a solidariedade; a harmonia; o desapego; o amor. Havia também campanhas periódicas, como as que comemoravam a Semana da Independência ou a que marcava o aniversário da "revolução" de 1964. Muitas dessas campanhas eram subtemas de campanhas globais, marcadas por *slogans* muito repetidos, sempre aos finais dos comerciais. Os principais foram: "Ninguém segura o Brasil" (...), "Este é um país que vai para frente" e "O Brasil é feito por nós". Muitas músicas especialmente feitas se tornaram marcantes. A propaganda política do regime militar era bastante ridicularizada pelos intelectuais e jornalistas de esquerda, mas teve grande repercussão entre a população em geral, que nem sempre a via como o que efetivamente era.

*Fonte:* FICO, C. Espionagem, polícia política, censura e propaganda: os pilares básicos da repressão. In: *O Brasil Republicano*. v. 4. O tempo da ditadura: regime militar e movimentos sociais em fins do século XX. Organização de Jorge Ferreira e Lucilia de Almeida Neves Delgado. Rio de Janeiro: Civilização Brasileira, 2007. p. 193-199.

> **Elidir:** eliminar, excluir.

**1)** Quais eram os objetivos da propaganda ditatorial em relação à juventude?

## A oposição armada

Ao fim dos anos 1960, a juventude ganhava a cena em todo o mundo, contestando hábitos, costumes políticos e morais. Rebelava-se contra os rígidos valores tradicionais da família e a ordem vigente da sociedade em que se inseria. Nesse contexto, o movimento jovem produziu seus heróis, guerrilheiros e mártires, propondo-se a uma revolução total. Em um mundo modelado pela Guerra Fria, recusavam-se a aceitar essa assertiva. Em cidades como Paris, Praga e mesmo nos Estados Unidos, surgiram manifestações violentas contra o autoritarismo acadêmico e político.

No Brasil, o movimento estudantil, denunciando o autoritarismo do regime militar que se expressava nas universidades, utilizava-se com frequência de palavras de ordem que sugeriam a luta de classes, a guerra anti-imperialista, a recusa à sociedade de consumo e a possibilidade da guerrilha.

Foram esses estudantes universitários que constituíram a principal base social do processo de rearticulação das esquerdas organizadas, que se encontravam na clandestinidade desde abril de 1964. Juntaram-se a eles antigos militantes comunistas, militares nacionalistas, sindicalistas, intelectuais e religiosos. Inúmeras organizações de esquerda foram criadas, a maioria delas egressa direta ou indiretamente do PCB e quase todas voltadas para a luta armada.

A maioria dessas organizações criticava o PCB e defendia que o golpe de 1964 teria sido, de certa forma, produto da postura adotada então pelo Partido Comunista: a campanha pelas "reformas de base", proposta por João Goulart e sustentada pela frente nacionalista e de esquerda liderada pelos comunistas, principalmente a reforma agrária, ameaçara perigosamente a ordem vigente, mas não teria preparado o povo para o confronto. A luta armada, portanto, era a afirmação de outro caminho político para a revolução brasileira: o caminho da "via revolucionária".

A luta contra a ditadura tornou-se o eixo desses movimentos que, inspirados nas experiências revolucionárias de Cuba e da China, aprimoraram os cuidados organizativos, assim como as técnicas de combate.

As primeiras organizações especificamente voltadas para a luta armada foram criadas em 1966: Ala Vermelha do PCdoB e Dissidência Comunista da Guanabara (que mais tarde mudou de nome para Movimento Revolucionário 8 de Outubro, MR-8). Em 1967, foram criadas por Carlos Marighella, ex-membro do Partido Comunista, a Ação Libertadora Nacional (ALN) e a Colina. Em 1968, surgiram o Partido Comunista Brasileiro Revolucionário (PCBR) e a Vanguarda Popular Revolucionária (VPR), que foi liderada pelo desertor e ex-capitão do Exército, Carlos Lamarca.

Com a instauração do AI-5, as possibilidades contestatórias surgidas ao longo dos anos 1960 e expressadas ao longo das manifestações de 1968 foram subitamente coagidas e limitadas. Discutida desde o início dos anos 1960 pela esquerda brasileira, a opção pela luta armada apareceu então como estratégia de enfrentamento do poder dos militares.

Em 1969, focos de guerrilha urbana irromperam pelo território nacional. As organizações adotaram formas de oposição radical e violenta, por meio de pequenas ações, como táticas de assalto a bancos e atentados a quartéis, com o intuito de arrecadar fundos, armas e munições para manter o movimento.

À medida que avançava a repressão, os guerrilheiros optaram pelo sequestro de diplomatas, sendo seu principal alvo os embaixadores estrangeiros. O primeiro deles foi o embaixador norte-americano Charles Elbrick. Depois foram sequestrados os embaixadores da Suíça, da Alemanha e o cônsul-geral do Japão. Com essa tática, os guerrilheiros conseguiram a libertação de vários presos políticos que, em seguida, partiram para o exílio.

Com o crescimento da guerrilha e de suas ações, em 1969 foram editados os AI-13 e 14. O primeiro permitia o banimento (exílio forçado) daqueles considerados subversivos e perigosos à segurança nacional. O segundo instituía a pena de morte para acusados de provocar, incentivar ou participar de *guerra externa, psicológica adversa, ou revolucionária ou subversiva.* Sob a tutela do Conselho de Segurança Nacional, cabia ao SNI e ao Ministério do Exército o combate aos movimentos de esquerda. Entre os aparelhos de repressão criados pelos militares, os mais violentos eram o Destacamento de Operações e Informações (DOI) e o Centro de Operações de Defesa Interna (CODI), que, por agirem em conjunto, ficaram mais conhecidos como DOI-CODI. Cada um dos Comandos do Exército gozava de relativa autonomia para reprimir os focos de subversão, assim como acontecia na Aeronáutica e na Marinha. Em nível estadual, o organismo responsável pela repressão era o Departamento de Ordem Política e Social, o DOPS. Em São Paulo, esse organismo era chefiado pelo delegado Sérgio Paranhos Fleury, que comandava pessoalmente as sessões de tortura dos presos políticos.

A partir de então, o regime lançou uma ofensiva fulminante sobre os grupos armados de oposição, montando um verdadeiro esquema de guerra que integrava os sistemas de informações, as Forças Armadas e as forças policiais. Concentrou-se, em primeiro lugar, nas organizações que agiam nas grandes capitais. Entre 1972 e 1974, foi combatida e exterminada uma base guerrilheira que o PCdoB mantinha em treinamento na região do Araguaia, desde 1966. Usando a tortura como principal arma para arrancar informações dos prisioneiros, em pouco tempo a repressão desestruturou as guerrilhas. Dessa forma, entre 1969 e 1972, a maioria das organizações foi desbaratada e os militantes, presos, mortos e exilados.

Pelo ineditismo de suas ações e pelo simbolismo do desafio que assumiram, as ações das organizações da esquerda revolucionária provocaram uma imensa repercussão na mídia e na sociedade. As organizações clandestinas que aderiram à luta armada defendiam a ideia de que o governo militar não tinha condições históricas de oferecer alternativas políticas ao país e que as massas populares, desiludidas, tenderiam a adotar expectativas radicais de enfrentamento armado e revolucionário. Encontravam, portanto, em suas ações os meios para colocar-se publicamente como uma opção, cada qual com sua respectiva orientação política.

Porém, como os órgãos de comunicação estavam sob rígida censura, a propaganda oficial vendia a imagem dos guerrilheiros como bandidos comuns, altamente perigosos. Cartazes eram espalhados pelas cidades com as fotos dos militantes considerados mais violentos e ameaçadores.

Para a maioria da população, aquela guerra era algo distante da sua compreensão ou da sua participação direta, principalmente enquanto ocorria fora das vistas, nas celas fechadas e à prova de som e sob um controle rígido das informações divulgadas publicamente.

## Manifesto do sequestro do embaixador norte-americano (1969)

*No dia 4 de setembro de 1969, militantes das organizações Ação Libertadora Nacional (ALN) e o Movimento Revolucionário 8 de Outubro (MR-8) capturaram o embaixador dos Estados Unidos, Charles Elbrick, no Rio de Janeiro, exigindo a libertação de 15 presos políticos e a divulgação do manifesto como condição para a libertação com vida do diplomata. O governo atendeu às reivindicações dos revolucionários: os presos políticos foram enviados ao México e o manifesto foi publicado nos principais jornais e divulgado nas rádios e televisões.*

Grupos revolucionários detiveram hoje o sr. Charles Burke Elbrick, embaixador dos Estados Unidos, levando-o para algum lugar do país, onde o mantêm preso. Este ato não é um episódio isolado. Ele se soma aos inúmeros atos revolucionários já levados a cabo: assaltos a bancos, nos quais se arrecadam fundos para a revolução, tomando de volta o que os banqueiros tomam do povo e de seus empregados; ocupação de quartéis e delegacias, onde se conseguem armas e munições para a luta pela derrubada da ditadura; invasões de presídios, quando se libertam revolucionários, para devolvê-los à luta do povo; explosões de prédios que simbolizam a opressão; e o justiçamento de carrascos e torturadores.

Na verdade, o rapto do embaixador é apenas mais um ato da guerra revolucionária que avança a cada dia e que ainda este ano iniciará sua etapa de guerrilha rural.

Com o rapto do embaixador, queremos mostrar que é possível vencer a ditadura e a exploração, se nos armarmos e nos organizarmos. Apareceremos onde o inimigo menos nos espera e desapareceremos em seguida, desgastando a ditadura, levando o terror e o medo para os exploradores, a esperança e a certeza da vitória para o meio dos explorados.

O sr. Burke Elbrick representa em nosso país os interesses do imperialismo, que, aliados aos grandes patrões, aos grandes fazendeiros e aos grandes banqueiros nacionais, mantêm o regime de opressão e exploração.

Os interesses desses consórcios de se enriquecerem cada vez mais criaram e mantêm o arrocho salarial, a estrutura agrária injusta e a repressão institucionalizada.

> **Arrocho salarial:** diminuição de salário que ocorre porque ele não é ajustado de acordo com o índice de inflação.

Portanto, o rapto do embaixador é uma advertência clara de que o povo brasileiro não lhes dará descanso e a todo o momento fará desabar sobre eles o peso de sua luta. Saibam todos que esta é uma luta sem tréguas, uma luta longa e dura, que não termina com a troca de um ou outro general no poder, mas que só acaba com o fim do regime dos grandes exploradores e com a constituição de um governo que liberte os trabalhadores de todo o país da situação em que se encontram.

Estamos na Semana da Independência. O povo e a ditadura comemoram de maneiras diferentes. A ditadura promove festas, paradas e desfiles, solta fogos de artifício e prega cartazes. Com isso, ela não quer comemorar coisa nenhuma; quer jogar areia nos olhos dos explorados, instalando uma falsa alegria com o objetivo de esconder a vida de miséria, exploração e repressão em que vivemos. Pode-se tapar o sol com a peneira? Pode-se esconder do povo a sua miséria, quando ele a sente na carne?

*Disponível em:<http://www.franklinmartins.com.br/estacao_historia_artigo.php?titulo=manifesto-do-sequestro-do-embaixador-americano-rio-1969>. Acesso em: 2 set. 2015.*

**1)** Por que o sequestro do Embaixador dos EUA era importante simbolicamente para os opositores da ditadura? Justifique.

## A luta por informações dos familiares de mortos e desaparecidos políticos durante a ditadura militar

A luta pelo esclarecimento das mortes e desaparecimentos políticos ocorridos durante a ditadura militar brasileira iniciou-se ainda na primeira metade dos anos 1970. Inicialmente, foram os grupos familiares que se organizaram em diferentes estados para denunciar, além das mortes e desaparecimentos de seus entes queridos, as torturas e as péssimas condições pelas quais passaram os presos políticos na época.

A imposição de um esquecimento sobre os crimes da ditadura remete aos primeiros assassinatos promovidos pelo regime civil-militar, ainda em abril de 1964, quando estes apareceram mascarados pela versão de suicídio, atropelamento ou confronto em fictícios tiroteios. Desde o ano de 1969, cresceu o número de mortos, militantes cuja família, de alguma forma, obteve informações sobre a sua morte e, na maioria das vezes, o atestado de óbito e o corpo. Porém, a partir de 1973, principalmente, aumentou de maneira significativa o número de desaparecidos e a ausência de quaisquer informações sobre eles.

A prática de ocultação dos corpos dos militantes mortos foi utilizada, principalmente, no sul do Pará, a partir de abril de 1972, quando teve início a repressão à **Guerrilha do Araguaia**. Ao longo desse ano, os militares permaneceram na região, recolhendo informações sobre o foco guerrilheiro. Em outubro de 1973, iniciaram uma perseguição que resultou na morte de quase todos os envolvidos na guerrilha. Segundo denúncias, alguns corpos teriam sido enterrados em bases militares, sem que nenhuma comunicação fosse enviada aos seus familiares.

Outro exemplo de tal prática foi a inauguração, em março de 1971, do cemitério Dom Bosco, na periferia da cidade de São Paulo. Ele passou a receber cadáveres de militantes mortos como se fossem indigentes – pessoas não identificadas ou não reclamadas por parentes.

O desaparecimento pode ser entendido como parte de uma política de ocultamento da realidade da tortura institucionalizada pelo regime. Durante todo o período ditatorial, as práticas repressivas se movimentavam entre esconder e mostrar a violência da repressão política, pois, se de um lado havia a intenção de se legitimar por meio da difusão de uma "cultura do medo", havia também a preocupação em evitar as pressões causadas por possíveis denúncias nacionais e internacionais.

Porém, se o regime conseguiu derrotar a luta armada, criou, também, uma demanda política e social, proveniente principalmente dos familiares de presos políticos e de desaparecidos, o que se tornou um elemento de rearticulação entre novos movimentos sociais que então se projetavam.

Aos familiares, só lhes era permitido lembrar e conviver com uma ausência – ausência de informações, do corpo e do ritual de luto. Assumiram, então, os acontecimentos traumáticos vividos por eles como algo que não poderia ser excluído da experiência coletiva da sociedade. Nesse sentido, as investigações, ações judiciais, encontros, debates e atos públicos que organizam há anos visam tirar do esquecimento o assassinato e desaparecimento dos seus parentes.

A ruptura com o silêncio instaurado pelas práticas repressivas e pela censura veio a partir do testemunho de sobreviventes, de alguns familiares de desaparecidos e de sua capacidade de organizarem redes de denúncia, de solidariedade e de indignação. Os familiares, ao tentarem com rapidez localizar seus parentes e garantir sua segurança, em um primeiro momento, acabavam acionando diversas instituições e entidades de defesa dos direitos humanos nacionais e internacionais.

Porém, as suas iniciativas em busca da verdade se constituíram em uma forma de oposição à política de tratamento oficial do regime militar sobre os seus opositores. Logo, implicavam riscos que, em alguns casos, se concretizaram. Um dos casos mais célebres é o assassinato da estilista brasileira Zuzu Angel, em 14 de abril de 1976, que por muitos anos estabeleceu uma busca por seu filho Stuart Edgar Angel Jones, desaparecido desde maio de 1971.

A luta dos familiares dos desaparecidos, inicialmente encaminhada de maneira difusa e individual, aos poucos foi apropriada por movimentos sociais, ocupou espaços no debate político e impulsionou a luta pela anistia. Os familiares passaram a protagonizar ações políticas e eventos rememorativos, onde puderam ser escutadas as vozes dos antigos militantes presos e torturados, das mães, dos companheiros e dos filhos de vítimas da repressão durante a ditadura.

No presente, buscam legitimar a expressão pública da dor e da luta pelo direito ao luto. O Grupo Tortura Nunca Mais e a Comissão de Familiares de Mortos e Desaparecidos Políticos constituem-se em seus herdeiros políticos na questão. Criado em 1985, no Rio de Janeiro, por iniciativa de ex-presos políticos que viveram situações de tortura durante o regime militar e por familiares de mortos e desaparecidos políticos, o Grupo Tortura Nunca Mais perpetua a luta dos familiares para encontrar os restos mortais de seus entes. A sua criação deu a partida para a constituição de outros núcleos, hoje existentes em boa parte dos estados da União. Além disso, apresenta entre seus objetivos a defesa dos direitos humanos e a reconstituição da história do país durante o período de ditadura, esclarecendo as circunstâncias das prisões, torturas, mortes e desaparecimentos ocorridos no período. Já a Comissão de Familiares de Mortos e Desaparecidos Políticos, cuja atuação é de âmbito nacional, tem como bandeiras a luta contra a tortura, a elucidação da situação dos mortos e desaparecidos e a condenação da reciprocidade da lei da Anistia aprovada em 1979.

## Outros grupos e formas de oposição

Com a censura sobre a imprensa, a ação repressiva dos movimentos estudantis e de trabalhadores, a perseguição a grupos de esquerda, a artistas e políticos de oposição, havia pouco espaço para a oposição durante os "anos de chumbo" da ditadura. Mas alguns grupos e organizações empreenderam o revigoramento da oposição ao governo militar, como, por exemplo, os setores progressistas da Igreja católica. A CNBB (Conferência Nacional dos Bispos do Brasil) passou a pressionar pelo fim da tortura e a estimular movimentos como a Juventude Universitária Católica (JUC) e a Ação Popular (AP). Declarando que a violência e a tortura não condiziam com a "dignidade humana", as lideranças religiosas usavam o púlpito para denunciar as violações aos direitos humanos, como as torturas e o desaparecimento de lideranças. Grupos religiosos populares da esquerda católica, como as Comunidades Eclesiais de Base (CEB's), abrigavam militantes que discutiam questões relativas à realidade política do país e pressionavam por novos rumos.

A OAB (Ordem dos Advogados do Brasil), a ABI (Associação Brasileira de Imprensa) e a SBPC (Sociedade Brasileira para o Progresso da Ciência) eram as associações civis que mais se destacavam no combate à ditadura, sobretudo a partir do final do governo Médici. Reunindo advogados, jornalistas, cientistas e intelectuais, assim como estudantes e artistas, os movimentos pelo fim da ditadura tornaram-se incessantes e foram decisivos para a abertura iniciada no governo Geisel. Movimentos de trabalhadores também participavam de encontros promovidos por essas instituições.

A imprensa alternativa também era uma voz contra o governo. O principal veículo era *O Pasquim*, criado em 1969. Utilizando-se do humor como uma de suas características, o semanário criticava o regime ditatorial. Mesmo sofrendo com a censura, o jornal conseguia, de forma irreverente, tratar de assuntos que não apareciam nas páginas dos grandes jornais. Entre os colaboradores de *O Pasquim*, que existiu até 1991, estiveram o escritor Millôr Fernandes, os cartunistas Jaguar, Ziraldo e Henfil, dentre outros nomes expressivos do jornalismo da época, como Paulo Francis, Sérgio Cabral e Tarso de Castro.

## Cinemateca

**Pra Frente, Brasil** (1983, Brasil, dir.: Roberto Farias) Enquanto a seleção brasileira de futebol sagra-se campeã no México, durante o governo Médici, um pacato trabalhador da classe média é confundido com um ativista político e "desaparece", indo parar nos porões de tortura da ditadura.

**Lamarca** (1994, Brasil, dir.: Sérgio Rezende) Drama político sobre a vida do capitão Carlos Lamarca, que deixa as fileiras do Exército para ingressar na luta armada contra a ditadura militar do Brasil. O filme narra os dois últimos anos de Lamarca, de 1969 até seu assassinato em 1971.

**O que É isso, Companheiro?** (1997, Brasil, dir.: Bruno Barreto) Na ditadura militar, a guerrilha urbana é reprimida ferozmente. Em 1969, militantes do MR-8 sequestram o embaixador dos Estados Unidos para trocá-lo por prisioneiros políticos, que eram torturados nos porões da ditadura.

**O Homem que Virou Suco** (1980, Brasil, dir.: João Batista de Andrade) Um migrante nordestino recém-chegado a São Paulo, sobrevivendo de suas poesias e folhetos, é confundido com o operário de uma multinacional que mata o patrão na festa em que recebe o título de operário símbolo.

**Zuzu Angel** (2006, Brasil, dir.: Sérgio Rezende) O filme conta a história da estilista Zuzu Angel e sua luta para encontrar o corpo de seu filho, integrante de movimento revolucionário de esquerda, que havia sido morto pela ditadura. A cobrança de Zuzu Angel a tornou uma figura incômoda para a ditadura.

## Revisitando a História

**1.** Com que argumentos os militares buscaram justificar o golpe que instituiu a ditadura no Brasil em 1964?

**2.** Identifique e caracterize as fases principais do período ditatorial.

**3.** Quais os principais acontecimentos ocorridos no Brasil durante o ano de 1968? Por que este ano é considerado um ano-símbolo no Brasil e em outras partes do mundo?

**4.** O que era a doutrina de segurança nacional? Quais os seus aspectos internos e externos?

**5.** Leia este relato e responda:

"Fomos levados, o dia ainda não tinha amanhecido. Entrei em uma das peruas 'veraneio'. Não pude ver quantas eram. Fomos para o quartel da rua Tutoia, o famigerado DOI-CODI. Fiquei presa mais ou menos um mês. Recebi muita pressão psicológica, algumas torturas, e abuso sexual. Desde o primeiro interrogatório acho que eles já sabiam que eu não tinha envolvimento nenhum com movimentos armados. Eu repeti mais de mil vezes por que eu estava na casa do Marcelo: a Regina e o Marcelo eram meus amigos e fui até a casa deles à noite. Como ficou tarde, e chovia muito, acabei dormindo por lá. Alexandre e Valéria eram primos da Regina e pediram para ficar uns dias com eles em virtude da casa deles estar sendo reformada. Na realidade eles tinham ido para lá para se esconder, pois sabiam que o cerco a eles estava se fechando. Embora nenhum de nós soubesse, eles tinham ligações com a luta armada.

Ouvia da cela muitos gritos; sabia que pessoas estavam sendo torturadas. Quando ligavam o rádio na 'Excelsior', no mais alto volume, tínhamos certeza que as sessões de tortura iam começar. O som alto era para que os gritos não fossem ouvidos.

Fiquei anos sem poder sintonizar a rádio e muito menos ouvir a voz do locutor, 'marca registrada' da emissora."

L. R. Salles, presa em 1974, São Paulo.

a) A quais episódios da política brasileira ele se refere?
b) Em qual período a prática da tortura foi mais intensa? Como esse período ficou conhecido?
c) Identifique os principais grupos da sociedade civil que denunciaram as torturas e a violência do regime militar?

**6.** Analise as relações entre o chamado "milagre brasileiro" na economia e as manifestações ufanistas do período. Identifique episódios que permitem questionar esses acontecimentos.

# Analise esta imagem

A charge é uma forma de sátira gráfica referente a uma situação política, social, cultural ou econômica. Durante a ditadura militar, o gênero encontrou no jornal *O Pasquim* um espaço de expressão. O humor a que se propunham os seus idealizadores era o de crítica da classe média: os seus costumes, medos, proibições e sua defesa incondicional da moral. Sob esse formato, o jornal utilizava-se da linguagem humorística como um elemento importante na manifestação da mentalidade de oposição ao regime militar. Focava-se, então, na constituição de um veículo de imprensa que permitisse posturas e temas não orientados às vontades do poder instituído. Nesse sentido, Ziraldo foi uma figura expressiva por criar contrapropagandas e charges nas quais ridicularizou, criticou e desafiou o discurso oficial.

a) Quais elementos da repressão praticada sistematicamente pelo regime militar estão presentes nas duas charges de Ziraldo?

b) As duas charges, por meio do uso do humor e da ironia, expressam um sentimento que dominaria os espaços públicos do Brasil nos "anos de chumbo". Que sentimento é este e a que podemos associá-lo?

c) Discuta com seus colegas de que maneira o humor pode ser utilizado para criticar questões referentes ao nosso cotidiano. Nesse sentido, seria ele um instrumento efetivo de contestação e questionamento?

# Debatendo ideias

A experiência ditatorial deixou sequelas na sociedade brasileira. Entretanto, muitos são os que silenciaram ou mesmo ignoraram, graças à censura e mecanismos de controle, sobre acontecimentos da época. A propaganda estatal, por sua parte, argumentava que o país progredia economicamente e que deveria combater as ameaças a ele. Em sua opinião, é admissível suspender as leis, o estado de direito, perseguir, prender, desaparecer e matar pessoas e, como contraponto, justificar que a economia está se expandindo? Por que, em sua opinião, mais de 30 anos após a ditadura, há pessoas que defendem o arbítrio? O que falta ser dito em favor da democracia e contra a ditadura para que o país nunca mais experimente um regime de exceção?

# Questões de vestibular

**1.** (ENEM) Os textos a seguir foram extraídos de duas crônicas publicadas no ano em que a seleção brasileira conquistou o tricampeonato mundial de futebol.

O General Médici falou em consistência moral. Sem isso, talvez a vitória nos escapasse, pois a disciplina consciente, livremente aceita, é vital na preparação espartana para o rude teste do campeonato. Os brasileiros portaram-se não apenas como técnicos ou profissionais, mas como brasileiros, como cidadãos deste grande país, cônscios de seu papel de representantes de seu povo. Foi a própria afirmação do valor do homem brasileiro, como salientou bem o presidente da República. Que o chefe do governo aproveite essa pausa, esse minuto de euforia e de efusão patriótica, para meditar sobre a situação do país. (...) A realidade do Brasil e a explosão patriótica do povo ante a vitória na Copa.

Danton Jobim

O que explodiu mesmo foi a alma, foi a paixão do povo: uma explosão incomparável de alegria, de entusiasmo, de orgulho. (...) Debruçado em minha varanda de Ipanema, [um velho amigo] perguntava: – Será que algum terrorista se aproveitou do delírio coletivo para adiantar um plano seu qualquer, agindo com frieza e precisão? Será que, de outro lado, algum carrasco policial teve ânimo para voltar a torturar sua vítima logo que o alemão apitou o fim do jogo?

Rubem Braga

Avalie as seguintes afirmações a respeito dos dois textos e do período histórico em que foram escritos:

I. Para os dois autores, a conquista do tricampeonato mundial de futebol provocou uma explosão de alegria popular.

II. Os dois textos salientam o momento político que o país atravessava, ao mesmo tempo em que conquistava o tricampeonato.

III. Na época da conquista do tricampeonato mundial de futebol, o Brasil vivia sob regime militar, que, embora politicamente autoritário, não chegou a fazer uso de métodos violentos contra seus opositores.

É correto apenas o que se afirma em:

a) I.
b) II.
c) III.
d) I e II.
e) II e III.

**2.** (UFSCar – SP) Em 1968, o artista plástico Hélio Oiticica, acompanhado por outros artistas, participou de uma manifestação no Largo General Osório, em Ipanema, no Rio de Janeiro, apresentando um estandarte/bandeira com a foto de seu amigo morto, que dizia *Seja Marginal, Seja Herói*. A obra era uma homenagem a um ladrão e traficante do Rio, conhecido como "Cara-de-cavalo", que foi assassinado violentamente pela polícia. Considerando que a obra expressa um manifesto político, qual seu significado naquele contexto histórico?

a) O artista utilizou o *slogan* para criticar o apoio da imprensa às ações violentas da polícia do Rio de Janeiro, que tinham ajuda do governo federal.
b) Preito aos marginais em geral, que podiam ser tanto ladrões e traficantes, como estudantes, artistas e operários, presos e mortos pelo regime militar.
c) Um protesto do artista contra a população das favelas do Rio de Janeiro, que considerava o traficante "Cara-de-cavalo" um herói.
d) Expressava a crise gerada pela mudança de paradigma na imagem do anti-herói brasileiro, que se distanciava do personagem *Macunaíma*, de Mário de Andrade.
e) Versão barroca dos bandidos das favelas do Rio de Janeiro, transformados em objeto de consumo da sociedade capitalista em expansão.

**3.** (UNICAMP – SP) Em 1970, o Brasil se consagrou tricampeão mundial de futebol, quando se cantava:

Noventa milhões em ação,
pra frente, Brasil
do meu coração. (...)
Salve a seleção.

Falava-se de um "Brasil Grande", "Brasil Potência", e distribuíam-se adesivos com a inscrição "Brasil, ame-o ou deixe-o".
Com bandeiras do Brasil na mão, cantava-se repetidamente "Este é um país que vai pra frente".

Adaptado de: GASPARI, E.<br>A Ditadura Escancarada.<br>São Paulo: Companhia das Letras, 2002. p. 207-8.

a) Relacione *slogans* como "Esse é um país que vai pra frente" com o chamado "milagre econômico".
b) Relacione o *slogan* "Ame-o ou deixe -o" com a repressão do regime militar instaurado em 1964.
c) Cite e caracterize um movimento de oposição ao regime militar.

**4.** (UFSC) Sobre o regime militar instalado no Brasil em 1964 e os desdobramentos históricos posteriores, é CORRETO afirmar que:

(01) o país passou a viver em um regime democrático, no qual as grandes manifestações políticas eram incentivadas.
(02) a vitória da seleção brasileira na Copa do Mundo de 1970 foi utilizada pelo regime militar na propaganda do

governo. *Slogans* como "Este é um país que vai pra frente" e "Ninguém segura este país" foram difundidos nesse momento.

(04) o Brasil, em 1970, era governado por Tancredo Neves, o último presidente militar do país.

(08) o ano de 1964 é conhecido pelo estabelecimento do pluripartidarismo, importante passo para a consolidação da democracia no Brasil durante o regime militar.

(16) durante o governo Costa e Silva, em 1968, foi decretado o AI-5 (Ato Institucional nº 5) que, entre outras decisões, estabeleceu o fechamento do Congresso Nacional.

(32) no período ocorreu o chamado "milagre econômico brasileiro", que favoreceu a classe média, possibilitando-lhe maior acesso ao consumo.

(64) foi o período de construção da Rodovia Transamazônica, responsável pelo sucesso da integração entre o norte e o sul do Brasil

**5.** (UFF – RJ) Em dezembro de 2008, foram transcorridos quarenta anos da edição do Ato Institucional nº 5 (AI-5) pelo governo civil-militar instalado após o golpe de 1964. A partir dele, o novo regime aperfeiçoaria suas técnicas de repressão e censura a qualquer manifestação de oposição à ditadura militar.

A partir da afirmativa:

a) Indique duas manifestações posteriores a 1964 – sejam de cunho político, artístico ou cultural – de questionamento ao regime militar.

b) Analise os impactos do AI-5 no que se refere ao avanço da repressão e da censura no país.

**6.** (UFV – MG) Leia o texto abaixo:

Estaríamos, brasileiros, ameaçando o regime se nos mostrássemos surdos aos reclamos que, de Norte a Sul, de Leste a Oeste, levantam o seu grande clamor pelas reformas de base e estrutura, sobretudo pela reforma agrária, que será o complemento da abolição do cativeiro de dezenas de milhões de brasileiros, que vegetam no interior, em revoltantes condições de miséria.

Discurso do Presidente João Goulart, Comício da Central do Brasil, 13 de março de 1964. In: SILVA, H. *1964:* golpe ou contragolpe? Rio de Janeiro: Civilização Brasileira, 1975. p. 457.

Com base no texto anterior e nos seus conhecimentos sobre os fatores que contribuíram para o Golpe Militar de 31 de março de 1964, assinale a afirmativa incorreta:

a) o Golpe Militar tinha como causa fundamental as profundas transformações que se haviam operado na economia e na sociedade brasileiras, conhecidas como "milagre brasileiro", alterando as relações de forças entre os grupos sociais.

b) o governo João Goulart aproximou-se de forças populares e nacionalistas, como a Confederação Geral dos Trabalhadores (CGT), as Ligas Camponesas e o Movimento Estudantil, mas tinha uma base de sustentação parlamentar muito frágil.

c) militares e grupos civis de direita já haviam ameaçado a legalidade democrática em três tentativas anteriores de golpe: nos eventos que levaram ao suicídio de Vargas,

na tentativa de impedimento da posse de Juscelino Kubitschek e na crise da renúncia de Jânio Quadros.

d) o programa nacionalista de João Goulart, com a regulamentação das remessas de lucros das empresas estrangeiras e as "reformas de base", especialmente a reforma agrária, trazia descontentamento aos setores conservadores do empresariado e das elites agrárias.

e) a conjuntura da Guerra Fria, especialmente o momento seguinte à Revolução Cubana e à crise dos mísseis de 1962, intensificou a hostilidade dos Estados Unidos a governos nacionalistas e populistas na América Latina.

**7.** (UERJ) O anúncio da Varig, datado de 1969, além de expressar um momento particular da história dessa empresa aérea, também reflete a propaganda governamental sobre a economia do país.

*Veja*, 4 jul. 1969.

As ideias valorizadas tanto pelo anúncio quanto pelo governo brasileiro, na época, estão identificadas na seguinte alternativa:

a) expansão econômica – integração do território nacional

b) ampliação do consumo – prioridade para os capitais nacionais

c) desenvolvimento tecnológico – internacionalização do setor bancário

d) modernização produtiva – desestatização do setor de bens de capital

**8.** (UERJ) Observe os trechos iniciais das seguintes canções:

**A BANDA**

Estava à toa na vida
O meu amor me chamou
Pra ver a banda passar
Cantando coisas de amor
A minha gente sofrida
Despediu-se da dor
Pra ver a banda passar
Cantando coisas de amor

Chico Buarque

**DISPARADA**

Prepare o seu coração
Pras coisas que eu vou contar
Eu venho lá do sertão
E posso não lhe agradar
Aprendi a dizer não
Ver a morte sem chorar
E a morte, o destino, tudo
Estava fora de lugar
Eu vivo pra consertar

Geraldo Vandré – Theo de Barros

Estas duas canções, de grande apelo popular, ficaram empatadas em primeiro lugar, no Festival de MPB da Record, em 1967. Diferente do que ocorre com "A Banda", em "Disparada" os autores assumem, de forma explícita, uma crítica social que expressa:

a) a aliança política entre as elites regionais;
b) a fuga dos problemas sociais pelo povo trabalhador;
c) o saudosismo das oligarquias rurais afastadas do poder;
d) o inconformismo dos marginalizados diante da desigualdade social.

**9.** (UFPR) Leia o texto abaixo:

Sob o lema 'segurança e desenvolvimento', Médici dá início, em 30 de outubro de 1969, ao governo que representará o período mais absoluto da repressão, violência e supressão das liberdades civis de nossa história republicana (...). De outro lado, o país vive a fase do 'milagre econômico', dos projetos de impacto e das obras faraônicas (...) num clima de ufanismo insuflado pela propaganda oficial, com a imprensa amordaçada pela censura.

ARQUIDIOCESE de São Paulo.
*Brasil:* nunca mais. 12. ed.
Petrópolis: Vozes, 1985. p. 63.

Sobre esse período, é correto afirmar:

(01) O lema "segurança e desenvolvimento" correspondia aos ideais da chamada doutrina de segurança nacional, que não poupava atitudes autoritárias para controlar a sociedade civil e a opinião pública, evitando qualquer crítica ao sistema político e econômico.
(02) O governo Médici beneficiou-se do Ato Institucional nº 5, promulgado no fim de 1968, que decretava um conjunto de medidas de controle político e social na nação brasileira, visando a impedir o crescimento da oposição de esquerda ao regime militar implantado em 1964.
(04) Apesar da propaganda oficial do regime militar, a ARENA, partido que representava formalmente o governo, sofreu uma drástica derrota nas eleições de 1970 e 1972, o que levou ao fechamento do Congresso.
(08) Apesar de seu caráter autoritário, o governo Médici contou com o apoio de setores da população, devido, em boa medida, à propaganda nacionalista e ao crescimento econômico.
(16) A imprensa ufanista defendia a supressão das liberdades civis em nome do lema "Brasil, ame-o ou deixe-o".

**10.** (UFCE) Leia a seguir o trecho de uma canção de Chico Buarque, lançada e proibida em 1970:

Hoje você é quem manda
Falou tá falado
Não tem discussão
A minha gente hoje anda
Falando de lado
E olhando pro chão, viu
Você que inventou esse estado
Que inventou de inventar toda escuridão
Você que inventou o pecado
Esqueceu-se de inventar o perdão

Identifique nas alternativas abaixo a que corresponde ao contexto da história do Brasil que a canção criticava.

a) O governo de Getúlio Vargas, caracterizado pela centralização e personalização do poder e pela suspensão dos direitos constitucionais;
b) O governo de Médici, que intensificou a repressão aos opositores, tornou a censura ainda mais rígida e manteve o Ato Institucional nº 5, que lhe dava poderes para fechar o Congresso;
c) O governo de Médici, que, a partir das críticas feitas pela sociedade, foi se encaminhando em direção à abertura democrática;
d) O governo de Castelo Branco e o Ato Inconstitucional nº 3, que extinguiu os partidos, acabou com as eleições e reprimiu os movimentos de trabalhadores do campo e da cidade;
e) A Junta Militar, que, para resistir aos ataques dos grupos de extrema esquerda, teve de aumentar o controle sobre os meios de comunicação.

**11.** (UFRGS – RS) Assinale com **V** (verdadeiro) ou **F** (falso) as afirmações abaixo, referentes ao período do Regime Militar brasileiro.

( ) Diferentemente de outras ditaduras de Segurança Nacional do Cone Sul, no Brasil não ocorreram casos de desaparecimento de pessoas.
( ) Após vinte anos de regime militar, constatou-se a existência de maior concentração de renda, maior desigualdade social e considerável crescimento do endividamento externo.
( ) A tortura foi um instrumento da política repressiva, estando presente nos "porões" da ditadura.
( ) O favorecimento às empresas multinacionais inviabilizou o desenvolvimento de setores estatais considerados estratégicos, como a indústria armamentista e o setor petrolífero.
( ) "Brasil grande potência", "Ninguém segura este país", "Pra frente Brasil" e "Brasil, ame-o ou deixe-o" foram exemplos de manifestações ufanistas da propaganda oficial do regime.

A sequência correta de preenchimento dos parênteses, de cima para baixo, é:

a) F – V – V – F – V.
b) V – V – F – V – V.
c) F – V – V – V – F.
d) V – F – V – F – V.
e) F – F – F – V – F.

# capítulo 55

# A ditadura civil-militar brasileira: o processo de abertura política (1974-1985)

*Censurando os meios de comunicação, criando a imagem do Brasil como grande potência e gerindo o chamado "milagre econômico", com crescimento contínuo, o governo militar alcançou, no início da década de 1970, credibilidade e as bases sociais de aceitação da ditadura. Com a vigência do AI-5, já não se acreditava que o período de autoritarismo pudesse acabar a curto prazo. Nem, tampouco, que fosse ser derrubado pela pressão das massas ou pela ação revolucionária das organizações clandestinas. Entretanto, a partir de 1975, notou-se uma mudança nos prognósticos sobre o destino da ditadura e as perspectivas da oposição: a crítica pública ao regime ampliou-se novamente, englobando então um crescente número de dissidentes civis e militares. O colapso da ideia de uma insurreição é acompanhado de uma mudança de pensamento e de atitude em amplos setores da oposição: a democracia passa a ser valorizada como um objetivo em si e, com ela, a organização e a participação da sociedade, mesmo que em um jogo eleitoral com limitações. O movimento pelas Diretas Já foi, então, o ponto culminante da luta pela redemocratização. Pensando nisso, devemos nos questionar de que maneira a democracia surgiu novamente no horizonte da política brasileira como uma opção valorizada. Vale ressaltar que o projeto de abertura ganhava força até mesmo no interior das instituições militares. Nesse sentido, o fato da abertura lenta, gradual e segura ter sido posta em prática pelos militares exclui a participação dos setores civis na transição política? Trata-se, portanto, de uma problematização das relações entre os militares e a sociedade civil e de que maneira elas convergem para o processo de abertura política.*

General Ernesto Geisel, o quarto presidente da ditadura militar, iniciou a abertura política.

## Ernesto Geisel: "distensão lenta, gradual e segura" (1974-1979)

Na sucessão de Médici, o indicado foi um representante dos militares moderados. O general Ernesto Geisel tinha sido chefe da Casa Militar no governo Castelo Branco e era presidente da Petrobras.

Com amplo controle do governo sobre o país em termos de segurança interna, a consequente crise das experiências militarizadas de guerrilha urbana e o enfraquecimento da tentativa de uma guerrilha rural, como vimos no capítulo anterior, começava-se a superar no campo oposicionista a ideia de uma mudança política por meio da derrubada da ditadura militar. Ao mesmo tempo, crescia a compreensão de que o espaço público, mesmo restrito, era uma opção viável.

Dessa forma, a luta em torno da sucessão do general Médici, organizada ao longo de 1973, foi um dos primeiros atos de enfrentamento entre o projeto oficial do regime militar e uma oposição política reunida em torno do MDB (Movimento Democrático Brasileiro).

Em um contexto de censura aos meios de comunicação, o MDB, buscando todo o espaço possível, lançou a *anticandidatura* de Ulysses Guimarães e Barbosa Lima Sobrinho. Abriu-se, então, espaço para o debate e manifestações de descontentamento público sob o lema de *Navegar é preciso, viver não é preciso!* Porém, a eleição de Geisel foi feita sob a forma de Colégio Eleitoral, imposto ao país pela Emenda Constitucional de 1969, o que confirmou a supremacia da Arena.

Geisel assumiu o poder com um quadro muito diferente de Médici. A economia estava em crise. O alto endividamento e a crise do petróleo de 1973 (quando os países produtores elevaram o preço do barril) tiveram forte impacto na economia brasileira, àquela época muito dependente da importação do produto. As taxas de crescimento experimentadas durante o "milagre brasileiro" diminuíram.

É nesse cenário que começou a transição para o final do regime militar. Além dos problemas econômicos, Geisel sabia que, desde 1964, havia uma "militarização" dos cargos políticos, o que gerou dentro das Forças Armadas uma disputa por indicações. O envolvimento dos militares com a repressão os afastava de suas funções básicas, o que desagradava a militares profissionais, como era o caso dos moderados. A perda de controle sobre os aparelhos repressores e o uso excessivo da força desgastava não só o regime, como a própria corporação.

Geisel preservou os poderes concentrados, para ter os próprios militares sob seu controle, e, numa reunião ministerial, em 1974, anunciou que seu governo iria se esforçar para ampliar de forma segura e gradual o diálogo com a sociedade. Era o princípio da política de abertura que ficou conhecida como uma "distensão lenta, gradual e segura", na qual os militares determinariam as concessões e o ritmo da transição.

O governo abrandava, mas não extinguira a censura aos jornais. As restrições às liberdades individuais já eram sentidas ou conhecidas por setores mais amplos da sociedade brasileira.

Episódios como dois assassinatos ocorridos em São Paulo no interior do DOI-CODI abalaram a imagem do governo. O primeiro deles foi o do jornalista Wladimir Herzog, em 1975, que se apresentou no quartel por ter sido intimado a depor e, submetido à tortura, não resistiu. O Comando do II Exército divulgou uma foto de Wlado (como era conhecido) dependurado em uma corda, com a versão de que ele cometera suicídio. A história não convenceu e um grande ato religioso ecumênico foi realizado na Catedral da Sé, em São Paulo. Milhares de pessoas compareceram à Catedral, desafiando as autoridades que não queriam que o caso repercutisse ainda mais e se transformasse em bandeira de oposição contra o regime.

Meses depois, em janeiro de 1976, morria o operário Manuel Fiel Filho, também nas dependências do DOI-CODI. Geisel interveio no II Exército, exonerando o comandante Ednardo D'Ávila

Melo (da linha-dura) e colocando em seu lugar o general Dilermando Gomes Monteiro. Essa mudança fez com que as torturas no DOI-CODI acabassem. Porém, o afastamento de D'ávila Melo não paralisou a repressão política: ainda em 1976, ocorreu o chamado Massacre da Lapa, quando militantes do PCdoB foram mortos em combate em ação policial-militar.

Apesar dos apelos de Geisel à ordem e à disciplina, em meados de 1976, começaram os ataques à bomba em sedes de instituições civis de caráter oposicionista. A partir de 1978, repetiram-se novos atentados, além de invasões e depredações de entidades, jornais e até mesmo bancas de revistas.

A foto de Wladimir Herzog morto, encenada como suicídio, provocou indignação em diversos setores da sociedade civil. A multidão compareceu ao ato ecumênico na Catedral da Sé, em São Paulo, desafiando as autoridades e prestando sua homenagem ao jornalista assassinado.

W. SANTOS/AJB

# As eleições no período Geisel

Com a proposta de abertura política, Geisel permitiu propaganda eleitoral mais livre nas eleições parlamentares de novembro de 1974. A expectativa governista era colher frutos da liberalização do regime, com a vitória da ARENA. Entretanto, a oposição teve uma votação expressiva. O governo perdeu na disputa pelo Senado e viu reduzida a sua base de apoio na Câmara dos Deputados, embora sem perder a maioria. Das 22 vagas de senador em disputa, o MDB elegeu 16. A campanha oposicionista, em um contexto ditatorial, foi marcada pela defesa do nacionalismo, do respeito à democracia e aos direitos humanos.

Com a aproximação das eleições municipais em 1976, e as mortes de Herzog e de Fiel Filho, foi criada a Lei Falcão, uma legislação que levou o nome do então ministro da Justiça, Armando Falcão, que proibia debates eleitorais, só permitindo que aparecesse na TV o nome, o número e um minicurrículo do candidato. Os oposicionistas venceram nas grandes cidades e capitais (que votavam apenas para vereador), e o partido governista obteve vitórias nos municípios pequenos e médios.

A abertura política, com redução gradativa da censura, sofreu um revés em abril de 1977. Diante do resultado eleitoral e da insatisfação da linha-dura com os rumos adotados pelo governo, Geisel baixou o chamado "**pacote de abril**". Ele concentrava os poderes, freava a distensão e satisfazia os militares descontentes. O "pacote de abril" decretou o recesso do Congresso Nacional, criou os senadores biônicos, que correspondiam a um terço do Senado e que seriam eleitos indiretamente. Era uma manobra para manter a maioria governista no Congresso. As eleições para governadores em 1978 também seriam indiretas. No mesmo pacote, o mandato do próximo presidente da República passaria a ser de 6 anos.

Mesmo com os resultados eleitorais de 1978, que favoreceram a oposição, principalmente em Estados no Sul e Sudeste do país, a ARENA continuava controlando o Congresso Nacional. Entretanto, a situação tinha mudado e setores organizados da sociedade civil clamavam pela volta do estado de direito, dos exilados políticos e da democracia. O abrandamento da censura favoreceu a circulação de informações; as redes difusoras de televisão espalhavam-se por quase todo o território nacional. Nessa nova atmosfera, as primeiras manifestações públicas aconteceram desde 1968. O movimento estudantil e a luta pela anistia ocuparam espaços a partir de 1977. Em 1978, o movimento sindical se organizou, entrando em cena com a greve de São Bernardo.

## Vivendo seu tempo

### As telenovelas

A partir do início da década de 1970, as novelas, principalmente as transmitidas pela Rede Globo, demonstravam alto potencial lucrativo. Em um momento de expansão nacional das redes de televisão, na qual a penetração intensa do consumo de televisores no Brasil inscreve-se tanto na paisagem urbana quanto na rural, devido à profusão de aparelhos nos interiores das casas, elas chegavam a atingir de 40% a 60% da audiência.

As novelas surgiram praticamente junto com a televisão no Brasil, embora só tenham atraído a preferência das emissoras e da audiência a partir do final da década de 1960 e início dos anos 1970, quando os folhetins eletrônicos transmitidos pela Globo passaram a figurar de maneira recorrente na lista dos dez programas mais vistos. A televisão, principalmente por meio das novelas, passou a captar, expressar e alimentar as angústias e ambivalências que caracterizaram as mudanças pelas quais o país passava, constituindo-se em veículo privilegiado da imaginação nacional, capaz de tornar dramas privados em questões públicas.

Ao longo dos anos, os folhetins extrapolaram os limites estreitos do gênero e dominaram o horário nobre. A partir da década de 1970, as novelas mantiveram-se fiéis à estrutura básica do melodrama, com narrativas fortemente calcadas nas aventuras e desventuras amorosas de personagens movidos por oposições binárias como bem e mal, lealdade e traição, honestidade e desonestidade. Por outro lado, passaram a situar suas tramas em um Brasil contemporâneo, difundindo, por todo o país, o que as emissoras imaginam como o universo das classes médias urbanas, com suas inquietações subjetivas, sua ânsia de modernização, sua identidade construída em torno de uma atualidade sempre renovada e exibida por meio do consumo de últimos lançamentos eletrônicos, de decoração e vestuário, além da gíria e da música que cada novela lançava transmitindo uma noção do que é ser contemporâneo. Dessa maneira:

"As convenções de representação consolidadas no início da década de 70 pelas novelas da Globo incluem a noção de que cada novela deveria trazer uma 'novidade', algo que a diferenciasse de suas antecessoras e fosse capaz de 'provocar' o interesse, o comentário, o debate de telespectadores e articulistas de outras mídias, o consumo de produtos a ela relacionados, como livros, discos, roupas etc. Essa ênfase no representar de uma contemporaneidade sucessivamente atualizada é visível na moda, na tecnologia, sobretudo de transporte e comunicações, e nas referências a acontecimentos políticos correntes. Mas é visível também na maneira como o amor, o romance e a mulher foram representados nas novelas dos anos 70 em diante (...).

As tramas da novela são em geral movidas por oposições entre homens e mulheres; entre gerações; entre classes sociais; entre localidades rurais e urbanas, 'arcaicas' e 'modernas', representadas como tendências intrínsecas da contemporaneidade brasileira. Outros recursos dramáticos típicos como identidades mascaradas, trocas de filhos, pais desconhecidos, heranças repentinas, ascensão social via casamento estão presentes de maneira recorrente e convivem bem com referências a repertórios nacionais e atuais da época em que foram ao ar (...)."

*Fonte:* HAMBURGER, E. Diluindo Fronteiras: a televisão e as novelas no cotidiano. In: SCHARCZ, L.(Org.). *História da Vida Privada no Brasil:* contrastes da intimidade contemporânea. v. 4. São Paulo: Companhia das Letras, 1998. p. 465-467.

## *Saiba mais*

## A luta pela anistia na sociedade civil

A luta pela anistia foi um movimento eminentemente político que recebeu apoio popular e cuja adesão ocorreu, em grande medida, em função da extensa divulgação pública das denúncias a respeito dos crimes cometidos pela ditadura.

A campanha em sua defesa se constituiu a partir do esforço de familiares dos perseguidos pelo regime militar e dos seus advogados em conseguir esclarecimentos oficiais sobre os fatos. Somaram-se a esse esforço as lutas de divulgação de denúncias de tortura no exterior, principalmente na Europa, por brasileiros exilados.

Entretanto, a sua constituição de forma mais organizada se deu a partir da formação do "Movimento Feminino pela Anistia", em 15 de maio de 1975, que, além de denunciar amplamente as denúncias e divulgar a resistência e a condição dos presos políticos no interior dos cárceres, imprimiu caráter programático e organizativo à questão. As mães, esposas e filhas de presos e desaparecidos políticos surgiram na cena pública ancoradas nos laços primordiais atribuídos a elas pela sociedade para apoiar e cuidar de seus parentes presos ou procurar pelos mortos e desaparecidos. Na busca por informações ou por garantias de condições mínimas de dignidade aos detidos, consolidaram laços de companheirismo, formando uma rede de solidariedade e apoio mútuo quase exclusiva de mulheres.

Foram essas mulheres as primeiras a falar em anistia política, ainda que de maneira confusa e emocional, levantando a possibilidade de se iniciar um movimento em sua defesa, o que ocorreu em 1978, com a criação, em diversos estados, dos Comitês Brasileiros pela Anistia (CBAs).

Os anos de 1977 e 1978 foram fundamentais na história da resistência contra o regime militar ao revelar um clima de insatisfação na sociedade. Com a ampla divulgação da bandeira da anistia, por meio da atuação dos CBAs e do movimento estudantil, este se tornaria a ordem agregadora de diferentes setores que questionavam o regime como um todo. A reivindicação pelas liberdades democráticas assumiu, então, o caráter de uma luta conjunta pela anistia, pelos direitos humanos e pela restituição da democracia.

Multidão durante manifestação pela anistia ampla.

WALTER ENNES/FOLHAPRESS

## Novas formas de contestação da juventude

No começo da década de 70, nas mesmas escolas e bares onde poucos anos antes se previa o fim da ditadura para breve e, quem sabe, a revolução para logo depois, falava-se baixo, olhando de lado, sobre prisões, torturas e desaparecimentos. Não obstante, aos poucos, a política estudantil voltaria a despertar, os centros acadêmicos e diretórios seriam disputados por chapas ligadas às novas siglas, com nomes apropriados ao tempo e ao lugar, como Refazendo, Caminhando, Liberdade e Luta, que brotaram da rearticulação dos antigos grupos políticos (...).

A retomada se fazia sob novas condições ambientais, por assim dizer. A população universitária continuava a crescer graças à expansão do número de vagas. Parte substancial dessa expansão era absorvida pelas faculdades privadas, onde a atmosfera era radicalmente distinta da química política e cultural das universidades públicas, que haviam sido o epicentro da agitação estudantil em 1968. Mesmo essas iam se ampliando e ocupando espaços afastados entre si; nessa medida, se tornavam pouco favoráveis ao florescimento do tipo de sociabilidade que as transformara em centros de contestação. Além disso, a existência de uma articulação nacional entre os membros da segunda geração de lideranças estudantis pós-64 ajudou a produzir uma multiplicidade de experiências locais, de alcance também local. Talvez mais importante do que isso, outras eram também as expectativas – pessoais e prosaicas – das novas fornadas de calouros. Pelo menos na primeira metade dos anos 70, a política já não mobilizava nem uma fração do estudantado para quem havia sido paixão e projeto, tampouco ocupava o mesmo território no cotidiano dos jovens politicamente ativos.

(...) Mais uma vez – embora em outro tom – a música parecia servir de símbolo de identificação de grupo e expressão de inconformismo. Pois o que cada um achasse do "caráter da Revolução Brasileira" já não constituía um elemento importante para distinguir um grupo de outro. Entre os estudantes de oposição em São Paulo, conta ainda Marcelo Rubens Paiva, "havia dois tipos de festa, a dos ortodoxos e a dos heterodoxos. Os primeiros mantinham-se fiéis à 'revolução'. O *hit* era 'Caminhando e cantando' (Vandré). Os segundos preferiam 'Expresso 222' (Gil) e 'Over the hills and far away' (Led Zeppelin). A festa ganhava um duplo sentido. Era um ato de contestação. Negava-se o som que tocava em discotecas. Era a maneira de reagir contra o conformismo narcisista proposto pela era 'disco'. Era não pagar pela cultura oficial, mas criar espaços alternativos. Parte dos jovens se recusava a pisar num *shopping center*: costurava sua própria roupa, comprava acessórios em feiras *hippies*. Pregava-se o fim da sociedade de consumo". A oposição à ditadura se deslocava do âmbito estritamente político – a derrubada do regime – para o universo social e cultural do dia a dia.

*Fonte:* ALMEIDA, M. H. T. de; WEIS, L. Carro-zero e pau-de-arara: o cotidiano da oposição de classe média ao regime militar. In: SCHWARCZ, L. M. (Org.). *História da Vida Privada no Brasil:* contrastes da intimidade contemporânea. v. 4. São Paulo: Companhia das Letras, 1998. p. 371-375.

**1)** O que significa afirmar que a oposição da juventude à ditadura se deslocava para o "universo social e cultural?" Justifique.

---

O ambiente econômico não era tão favorável como no início dos anos 1970, ficando a inflação por volta de 40%; o ritmo do crescimento do país diminuiu; o endividamento externo cresceu de forma significativa, pois o governo necessitava de empréstimos para importar equipamentos para a indústria e também para pagar os compromissos externos, sobretudo o petróleo, que teve aumentos excessivos no período. Consequentemente, as taxas de crescimento experimentadas durante o "milagre brasileiro" diminuíram: as exportações que haviam feito deste um sinal da eficiência da ditadura mostravam-se incapazes de manter um processo de crescimento autossustentado.

Em 1975, o ministro do Planejamento, Reis Velloso, lançou como resposta à crise econômica o II Plano Nacional de Desenvolvimento (PND), que deveria cobrir o período entre 1975 e 1979.

Frente à vulnerabilidade do país em relação ao petróleo, ênfase foi dada a alternativas energéticas como o Programa Nacional do Álcool (Proálcool), o Acordo Nuclear com a Alemanha e a acelerada construção das usinas hidrelétricas de Itaipu e Tucuruí.

O governo do general Geisel encontrava-se, em seus últimos anos, em um impasse: de um lado, a oposição, fortalecida pelas vitórias eleitorais nas urnas, exigia maiores concessões; de outro, os militares da *linha-dura*, que procuravam manter o controle do processo de abertura, assim como os seus objetivos iniciais. Tal situação era potencializada pela liberdade de imprensa, que permitiu as denúncias de endividamento do país e da persistência da ação da polícia política.

Apesar desse cenário, o general Geisel conseguiu viabilizar o projeto inicial de abertura política. Por decisão dos próprios militares, no último dia de 1978 expirou o AI-5. O país iniciou assim o seu reingresso no Estado de Direito, ainda engessado pelo *entulho autoritário*, ou seja, as salvaguardas do regime contra a oposição, incorporadas na Constituição.

Além disso, indicou e fez o seu sucessor. Em outubro de 1977, Geisel exonerou o ministro do Exército, general Sylvio Frota, identificado com a linha-dura e pré-candidato à presidência da República. O escolhido por Geisel foi seu chefe do SNI, o general **João Baptista de Oliveira Figueiredo**.

## *Disseram a respeito*

## A oposição à ditadura militar brasileira nos Estados Unidos

*O historiador James N. Green apoia-se em uma ampla documentação, obtida junto aos arquivos oficiais do Brasil e dos Estados Unidos, dos antecedentes do golpe de 1964 até a anistia "ampla, geral e irrestrita" conduzida pelo governo de Geisel.*

*Milhares de pessoas atuaram nos Estados Unidos, entre as décadas de 1960 e 1970, na luta contra as arbitrariedades da ditadura militar brasileira. De acordo com James Green, apesar das mobilizações realizadas durante os anos de chumbo brasileiro terem sido pouco efetivas no contexto da implacável política da Guerra Fria, elas acabaram por lançar as bases éticas e ideológicas das grandes manifestações que, a partir de 1980, trouxeram a defesa dos direitos humanos como bandeira primordial da agenda global.*

*Dessa maneira, se, por um lado, em 1964, a imprensa norte-americana apoiou quase que de maneira unânime o reconhecimento dado pelo presidente Lyndon Johnson ao novo governo militar e à luta anticomunista dos líderes do golpe, a partir de 1969, um conjunto de acadêmicos, religiosos, exilados brasileiros e ativistas norte-americanos decidiu empregar diversos meios para informar o público norte-americano sobre a verdadeira situação do Brasil. Cinco anos mais tarde, principalmente após os acontecimentos que resultaram no golpe que derrubou o governo de Allende, no Chile, haviam obtido um sucesso relativo. As estratégias, táticas e abordagens que utilizaram para trazer à tona a questão das violações de direitos humanos no Brasil serviram de base para todo o trabalho semelhante feito no futuro em relação à América Latina nos Estados Unidos. Além disso, notou-se em meados da década de 1970 uma mudança do posicionamento do governo norte-americano em relação às ditaduras militares do Cone Sul.*

A responsabilização moral da política do governo norte-americano também permaneceu no cerne das campanhas que questionavam a cumplicidade de Washington com o regime autoritário. As táticas e estratégias empregadas pelos ativistas que trabalhavam no Brasil para denunciar a repressão e a tortura se expandiram, ajudando a plasmar as reações das pessoas à situação política no Chile. Esses esforços provocaram o início de uma mudança gradual na opinião pública e oficial nos Estados Unidos e proporcionaram a base para campanhas muito mais amplas contra a repressão, a tortura e os desaparecimentos na América Latina após o golpe chileno. Diante de uma Casa Branca hostil, que apoiava abertamente os regimes militares em toda a América Latina durante os anos Nixon-Ford (1969-1976), os ativistas se voltaram para o Congresso, a fim de obter a promulgação de medidas que limitassem o apoio dos Estados Unidos a regimes repressivos no exterior. Entre as vitórias legislativas iniciais estão trechos da Lei de Assistência Externa de 1973 e 1974, que instruíam o presidente a "negar qualquer assistência econômica ou militar ao governo de qualquer país estrangeiro que pratique a internação ou o encarceramento de seus cidadãos por motivos políticos". Em 1975, a Emenda Harkin à Lei de Assistência Externa deu ao Congresso o poder de estabelecer os limites à ajuda econômica dos Estados Unidos "a qualquer país que se dedique à prática consistente de violações graves de direitos humanos internacionalmente reconhecidos". No ano seguinte, o Congresso ampliou essa restrição, incluindo nela a ajuda militar. Depois que Jimmy Carter adotou e popularizou os direitos humanos como critério orientador da política externa norte-americana durante a campanha eleitoral de 1976, o que tinha sido anteriormente uma crítica política um tanto isolada feita por esquerdistas e alguns liberais transformou-se de repente em parte do debate nacional sobre os rumos das políticas governamentais no exterior.

(...) A construção de uma rede nacional de ativistas que tinham conexões internacionais, a documentação da tortura e opressão sistemáticas, o posicionamento público de figuras eminentes contra os abusos dos direitos humanos e o paciente estabelecimento de contatos com aliados no Congresso e com a imprensa – tudo isso contribuiu para forjar uma imagem de Brasil sob regime militar como um país da tortura e terror. Também acentuou a percepção de que o governo dos Estados Unidos não devia apoiar o regime. Registros visuais do tratamento de prisioneiros políticos criaram símbolos poderosos para um debate acerca da repressão política na América Latina sob regimes militares autoritários, apoiados pelo governo dos Estados Unidos.

*Fonte:* GREEN, J.N. *Apesar de vocês:* oposição à ditadura brasileira nos Estados Unidos, 1964-1985. São Paulo: Companhia das Letras, 2009. p. 33-34.

1) Explique por que a rede de solidariedade às vítimas das ditaduras na América Latina impactou a política dos EUA?
2) O texto representa uma outra visão sobre a atuação dos norte-americanos nos contextos ditatoriais? Por quê?

# A ditadura militar no Chile (1973-1990)

Além do Brasil, outras ditaduras militares existiram na América do Sul, em período concomitante à brasileira. Destacaremos os processos de militarização ocorridos em dois países: o Chile e a Argentina.

No **Chile**, a esquerda socialista assumiu o poder em 1970, com a eleição de Salvador Allende, da Unidade Popular. A experiência chilena é considerada inédita por ter sido implantado um regime socialista por via eleitoral, sem recorrer a processos revolucionários.

Sob forte pressão popular, o novo governo adotou medidas que desagradavam às elites locais e feriam interesses dos Estados Unidos, como a reforma agrária e a nacionalização de empresas norte-americanas que atuavam principalmente na área de mineração do país. Os Estados Unidos apoiaram os movimentos militares chilenos que visavam enfraquecer o regime de Salvador Allende. Em 11 de setembro de 1973, o general Augusto Pinochet, então chefe supremo do Exército, comandou um golpe militar que provocou a morte de Allende.

Após o golpe, instaurou-se no Chile um longo período de repressão às liberdades democráticas e aos direitos humanos. Prisões, torturas e assassinatos de aliados e simpatizantes de Salvador Allende marcaram a ditadura de Pinochet, uma das mais cruéis da América Latina, com milhares de vítimas entre mortos, torturados e exilados. Adotou-se uma política de terror de Estado. O Estádio Nacional, por exemplo, chegou a ser palco de um dos gestos mais violentos da ditadura de Pinochet, quando milhares de pessoas (estudantes, trabalhadores, intelectuais, membros da Unidade Popular, artistas etc.) foram confinadas e assistiram a torturas e fuzilamentos em julgamentos sumários.

Entre as vítimas desse episódio, no qual o Estádio de futebol se transformou em cárcere coletivo, estava o cantor e compositor Victor Jara (1932-1973), que cantava nos comícios da Unidade Popular, em apoio à eleição de Allende. Jara teve as mãos quebradas, sofreu queimaduras e depois foi metralhado.

O Chile atravessou um período de modernização econômica, mas as resistências ao regime se intensificaram no início dos anos 1990. O crescimento de grupos autônomos (que não tinham uma conotação política explícita), como associações de desempregados, organizações de trabalho comunitário, associações de mulheres, ligas de vizinhos, serviu de base para as futuras manifestações contra o regime.

Pinochet manteve-se no poder até 1990, mas continuou no comando do Exército até 1998, quando se tornou senador vitalício. Em fins de 2004, o general sofreu reveses jurídicos no Chile que o responsabilizaram pela tortura e morte de opositores à ditadura liderada por ele, inclusive levando à prisão membros de sua família por corrupção.

O chileno Salvador Allende, o primeiro presidente socialista eleito por via democrática, teve seu governo sabotado e foi morto no palácio presidencial de La Moneda, pelo golpe militar que o destituiu.

O presidente Pinochet detinha o poder absoluto no Chile. Depois de deixar o governo ditatorial, em 1990, tornou-se senador vitalício.

# A ditadura na Argentina

A presença dos militares na política argentina se intensificou após a queda de Perón (1955), mas o período de maior repressão da ditadura na **Argentina** foi instaurado em 1976, quando a presidente Maria Estela Martinez de Perón (conhecida como Isabelita) foi deposta. Como vimos no capítulo anterior, de 1946 a 1955 a Argentina foi governada por Juan Domingo Perón. Os anos de Perón foram marcados por uma grande agitação com a participação de novos atores no cenário político, como os trabalhadores urbanos e sua organização em sindicatos.

Exilado desde sua deposição pelos militares, Perón continuou sendo a figura central da vida política argentina. Os processos políticos na Argentina, com presidentes civis e militares no período, passaram a ser divididos, em linhas gerais, entre simpatizantes e opositores do peronismo. O quadro político, no entanto, levou ao banimento oficial do peronismo. Nesse contexto floresceram os movimentos guerrilheiros, destacando-se os *montoneros*, que integravam a esquerda peronista, no final dos anos 1960 e início da década seguinte.

A crise política argentina levou os militares a convocar eleições presidenciais em 1973. O candidato apoiado por Perón, Héctor Cámpora, venceu e renunciou pouco depois, quando Juan Domingo já havia retornado do exílio. Novas eleições foram realizadas no mesmo ano e Perón as venceu. A vice-presidente era a nova esposa de Perón, Isabelita. No ano seguinte, o presidente faleceu e Isabelita assumiu o poder. A fórmula familiar revelou-se inoperante: Isabelita fez um governo pífio, enfraqueceu-se politicamente com a perda de apoios e o aumento da crise econômica, revelada por indicadores que apontavam estagnação do crescimento em 1975. Em 1976 Isabelita foi deposta pelos militares e uma nova ditadura foi estabelecida.

Generais e juntas militares sucederam-se no poder com o discurso de reimplantar a ordem social, combater os movimentos revolucionários e sanear as contas públicas. Para o general Jorge Videla, que se tornou presidente entre 1976 e 1981, a reorganização nacional exigia a perseguição aos "inimigos do país".

A repressão à guerrilha de duas vertentes, a marxista e a peronista, a perseguição aos adversários políticos, aos sindicalistas (as greves foram proibidas e os bens da CGT, a principal central sindical, foram congelados e tiveram a intervenção estatal) e aos intelectuais era feita pelo Exército e também por grupos paramilitares. Os paramilitares fizeram surgir um Estado clandestino, pois oficialmente os militares não reconhecem os crimes cometidos por esses grupos e, por isso, as vítimas nunca foram detidas ou mesmo mortas, mas consideradas "pessoas desaparecidas".

Para os militares, os grupos "subversivos" perseguiam a "revolução mundial" e seria inútil mantê-los presos, pois quando readquirissem a liberdade voltariam à luta armada, por isso alegavam que as ações do regime eram defensivas. Os anos de repressão foram marcados pela "guerra suja", com sequestros, torturas e desaparecidos políticos.

A queda da ditadura militar na Argentina está associada à adoção de uma desastrada operação militar nas ilhas Malvinas, em 1982, sob o pretexto de proteger trabalhadores argentinos que viviam nas ilhas, administradas pelo governo britânico. O exército argentino, procurando despertar o ufanismo da população e contando que a Grã-Bretanha não se importasse com as ilhas tão distantes, invadiu as Malvinas, território reivindicado pelos argentinos. A Guerra das Malvinas foi um desastre para os argentinos. O presidente da Argentina, Leopoldo Galtieri, foi obrigado a renunciar, tendo como sucessor Reynaldo Bignone. Este negociou a volta dos civis ao poder, com a eleição de Raul Alfonsín, em dezembro de 1983.

**A GUERRA DAS MALVINAS**

→ Tentativa de anexação pela Argentina

→ Itinerário da frota britânica

REINO UNIDO
7 830 km
Gibraltar
OCEANO ATLÂNTICO
Freetown
Ilha de Ascensão
6 950 km
ARGENTINA
Ilhas Falklands (Malvinas)
N

As ilhas Malvinas, ou Falklands, passaram à soberania britânica em 1833. A Argentina reivindicava o domínio das ilhas, sob o controle de Madri, quando tornou-se independente. No entender dos argentinos, as ilhas passariam ao controle deles, pois as antigas áreas de domínio espanhol eram legitimamente suas após a independência. Mas não foi isso o que aconteceu. Os britânicos alegaram terem sido os primeiros a colonizá-las e retomaram o domínio sobre elas. A reivindicação argentina sobre as Malvinas é tema constante na agenda internacional do país. Para os britânicos, as ilhas são consideradas estratégicas.

# João Baptista de Oliveira Figueiredo e o fim da ditadura (1979-1985)

O general Figueiredo iniciou seu mandato em março de 1979 prometendo fazer do país uma democracia. Nesse mesmo ano, em agosto, foi decretada uma **anistia ampla, geral e irrestrita**, que anistiava não só os adversários da ditadura, muitos deles exilados, como também os torturadores e todos aqueles que desrespeitaram os direitos humanos no mesmo período. Dessa forma, a Lei da Anistia punha uma pedra no que os militares chamavam de revanchismo, pois o perdão recíproco não permitiria que os militares envolvidos com a repressão fossem julgados ou condenados por atos praticados em nome do governo ou das forças armadas.

Para os anistiados, era uma alegria poder tocar o solo pátrio novamente, depois de vários anos no exílio. No período da ditadura, os exilados não podiam tirar passaporte, documento de identificação fornecido pelo governo, que reconhecesse a cidadania e a nacionalidade de seu portador.

## Disseram a respeito

### A experiência do exílio

O exílio foi a tentativa de eliminação da vida política das gerações de 1964 e 1968. Significou o desenraizamento das referências que lhes davam identidade política e pessoal. A derrota de um projeto. O constrangimento ao estranhamento. A perda do convívio com a língua materna, o afastamento das famílias, as separações. A interrupção de carreiras, o abandono de empregos. A desestruturação.

Muitos o viveram, fundamentalmente, como luto, como um naufrágio sem salvação, como uma experiência que deixou sequelas irreparáveis.

O exílio, entretanto, também foi vivido como ampliação de horizontes. Impulsionou a descoberta de países, continentes, sistemas e regimes políticos, culturas, povos, pessoas. Através dele, os exilados entraram em contato com outras trajetórias históricas, com outras referências. A América Latina, a Europa, a África. Os países socialistas e capitalistas. O dia a dia em Cuba, o estado de bem-estar social sueco, a experiência socialista chilena, a Revolução dos Cravos, em Portugal, os projetos de construção do socialismo em países africanos. Formaram-se profissionalmente, experimentaram trabalhos qualificados e não qualificados. Conviveram com o legado do maio de 1968, o feminismo, a liberação sexual, as drogas, o questionamento dos códigos morais, as lutas das minorias, a crítica às vertentes do socialismo contemporâneo: a social-democracia e o socialismo *realmente existente*.

(...) Ao chegarem, os exilados traziam uma visão do país e da sociedade um tanto desfocada da realidade, o que agravou o impacto de chegada, impondo uma revisão do país.

Para além das descontinuidades e dos dois polos – naufrágios e descobertas –, o exílio foi, essencialmente, a *metamorfose*. A volta *revolucionária*, na clandestinidade, para enfrentar o regime virou uma volta consentida, no contexto de aprovação de uma lei formulada pela ditadura, já no crepúsculo, mas que ainda conseguiu valer a sua anistia sobre a desejada pelos movimentos sociais. Organizações e partidos políticos – *reformistas* e *revolucionários* – transformaram-se ou mesmo se dissolveram. A militância ganhou outro significado. A maneira de lidar com o cotidiano foi reavaliada. Os valores mudaram. As mulheres reconsideraram seu papel na sociedade, questionando o machismo e a opressão das tradições. De uma cultura política basicamente autoritária, transitou-se para a valorização, na verdade muito desigual, da democracia. O Brasil passou a ser visto de fora. As estreitas fronteiras nacionais se ampliaram. O *provincianismo* cedeu lugar ao cosmopolitismo. Os exilados que, no início, orgulhosamente ostentavam esta condição, passaram a aceitar a de refugiados. O tempo passou. Os velhos ficaram mais velhos, os jovens procriaram e já não eram mais tão jovens. A diversidade e a intensidade das experiências levaram a imprevistas transformações. Assim, o exílio tornou-se essencial na redefinição das gerações de 1964 e 1968. Os conceitos *tradicionais* de revolução foram repensados e uma outra questão veio para o centro do palco: a democracia.

(...) os exilados reavaliaram o projeto que havia sido vencido, abandonaram alguns de seus aspectos gerais, agregaram outros, reconstruíram caminhos e concepções de mundo, redefinindo-se a si mesmos.

*Fonte:* ROLLEMBERG, D. *Exílio:* entre raízes e radares. Rio de Janeiro: Record, 1999. p. 299-304.

**1)** Qual a principal mudança conceitual experimentada pelos exilados?

## Passado/presente

### As discussões em torno da Lei de Anistia

Apesar de já ter completado 30 anos, a Lei de Anistia continua ainda polêmica. A medida é alvo de opiniões divergentes: de um lado, os que a classificam como um marco definitivo para o fim da ditadura no Brasil; na defesa da Lei de Anistia, alegam que ela seria um acordo político, que trouxe a conciliação e a pacificação nacional, essenciais para o restabelecimento da democracia. De outro, aqueles que a interpretam como uma lei feita sob medida para atender os interesses do regime militar e proteger os militares envolvidos com a repressão. A Anistia impediria ainda a revelação dos responsáveis pelos crimes praticados pelos militares. Defendem ainda que os atingidos pela violência estatal não podem nunca ser efetivamente anistiados se não forem tornados públicos os nomes dos que operaram o sistema que produziu as torturas e todas as violações de direito, possibilitando, assim, a responsabilização destes indivíduos. Em 29 de abril de 2010, o Supremo Tribunal Federal (STF) julgou uma possível revisão da lei original. O julgamento foi provocado pela Ordem dos Advogados do Brasil (OAB), entidade que em 2008 questionou na Corte a extensão da lei e a possibilidade de punir militares que praticaram atos de tortura. A OAB defendia que a Lei de Anistia não beneficiasse autores de crimes como homicídio, abuso de autoridade, lesões corporais, desaparecimento forçado, estupro e atentado violento ao pudor cometidos contra opositores à ditadura militar, vigente no Brasil entre 1964 e 1985. Exigia-se assim uma demanda de organizações de direitos humanos, como o Grupo Tortura Nunca Mais,

que, ao longo dos anos, tem lutado pela concepção de uma anistia que não dê aos envolvidos no Estado autoritário militar o direito de serem anistiados. A decisão do STF foi de rejeitar a revisão da Lei de Anistia, por 7 votos a 2. Entretanto, o tema ainda não se esgotou. O grupo de defesa de direitos humanos Anistia Internacional condenou tal decisão, criticando em um comunicado público o fato de o Brasil não seguir o exemplo de países vizinhos como Argentina, Chile e Uruguai, que levaram à Justiça acusados de crimes contra os direitos humanos durante os respectivos regimes militares.

Os debates em torno da Lei de Anistia se relacionam ao fato de os sucessivos governos civis e o judiciário, no período democrático, pouco terem contribuído para colocar em prática medidas que conduzam à verdade jurídica e à justiça acerca do tema. Dessa maneira, mantém-se uma legislação relativa aos mortos e desaparecidos políticos – a lei 9140/95 –, que trata o problema como uma questão familiar, que afeta exclusivamente aos parentes das vítimas. Não se toca na necessidade de elucidação das circunstâncias em que os atos foram cometidos e muito menos na identificação e punição dos torturadores e dos envolvidos na repressão.

Em termos econômicos, a situação brasileira complicava-se, com o aumento considerável da inflação, que passou à casa dos 100% ao ano, em 1980; a dívida externa explodiu, ficando próxima dos 100 bilhões de dólares em 1984.

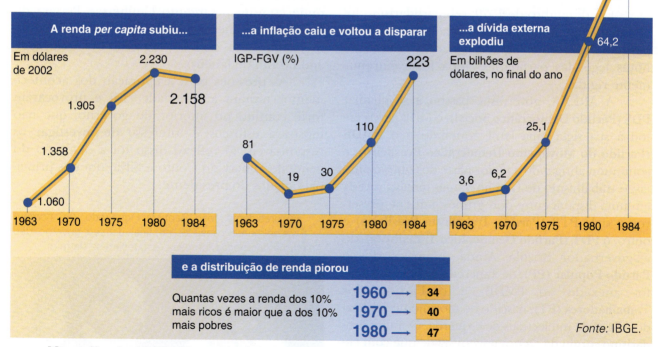

Fonte: IBGE.

Na região do ABCD (Santo André, São Bernardo do Campo, São Caetano do Sul e Diadema, em São Paulo), onde estavam as grandes montadoras de automóveis, o movimento sindical renasceu sob novas lideranças, sendo a mais expressiva a do metalúrgico Luiz Inácio Lula da Silva, o "Lula". Lula mobilizou a categoria e encheu o estádio da Vila Euclides, em São Bernardo do Campo, nos anos de 1978 e 79, liderando greves da categoria, o que obrigava os patrões a negociar e acabou desmantelando a antiga organização sindical. A partir dos municípios do ABC paulista, o movimento sindical se espalhou e atingiu categorias tradicionalmente mais conservadoras e restritas a profissionais de classe média. O movimento sindical contava com o apoio explícito da Igreja católica e de políticos do MDB. Porém, depois de uma greve dos metalúrgicos no ABC, em 1980, o governo reagiu à mobilização sindical metalúrgica, prendeu seus líderes e condenou-os, em fevereiro de 1981.

Greve dos metalúrgicos em 1980, em São Bernardo. O sindicato foi um local onde os novos líderes sindicais, em especial Lula, reuniam os metalúrgicos e realizavam assembleias. Lula se tornaria presidente do Brasil em 2003, em eleições diretas, pelo Partido dos Trabalhadores (PT).

Em dezembro de 1979, o bipartidarismo foi eliminado, dando lugar ao surgimento de diversos partidos, embora a legislação para a criação de novas legendas partidárias ainda fosse extremamente rígida.

A ARENA, governista, passou a se chamar **PDS (Partido Democrático Social)**; o MDB acrescentou à sua sigla uma letra, tornando-se o **PMDB (Partido do Movimento Democrático Brasileiro)**, e continuou abrigando a maior parte dos oposicionistas; o trabalhismo de Getúlio Vargas tentava reviver em uma disputa entre dois grupos: um que preservou a sigla **PTB (Partido Trabalhista Brasileiro)** e outro, o **PDT (Partido Democrático Trabalhista)**, do ex-governador Brizola. Ainda foram criados o **Partido Popular (PP)**, de Tancredo Neves, que logo foi anexado ao PMDB, e o **Partido dos Trabalhadores (PT)**, nascido do movimento sindical do ABC e de intelectuais de esquerda. O multipartidarismo surgiu da crença governista de que com ele haveria uma pulverização da oposição e seu consequente enfraquecimento, fato que não ocorreu.

Em 1980 foi aprovado o restabelecimento de eleições diretas para governadores e para todos os senadores, extinguindo-se a figura do senador biônico. As eleições diretas para governador ocorreram em 1982, as primeiras desde 1965.

Ao retirar da oposição sua bandeira de mobilização popular, a anistia devolvia ao governo a iniciativa do processo de abertura política. Porém, nesse momento, partiram do interior da corporação militar os ataques mais contundentes à autoridade de Figueiredo. Devido à perda de protagonismo no processo de abertura e à iminente perda de privilégios que gozava sob o regime militar, a comunidade de informações foi a responsável por uma série de iniciativas cujo objetivo era desestabilizar a abertura.

Em 1980, vários atentados à bomba foram realizados. Em 27 de agosto, uma bomba explodiu na ABI, matando uma funcionária. No mesmo dia, mais dois atentados ocorreram no Rio de Janeiro: um no jornal *Tribuna Operária* e outro no prédio da Câmara Municipal. Além disso, nas ruas centrais do Rio de Janeiro, foram incendiadas dezenas de bancas de jornal, como um aviso para a paralisação da venda de jornais opositores.

Tais atos anunciavam o que deveria ser o maior ato de intimidação à oposição: o atentado no Riocentro, um espaço de convenções que realizaria no 1º de maio um *show* promovido em comemoração ao Dia do Trabalho. Entretanto, uma das bombas explodiu no interior do carro onde estavam o sargento Guilherme Pereira do Rosário, que faleceu no local, e o capitão Wilson Macham, ambos do DOI, órgão do I Exército sediado no Rio de Janeiro.

As pressões para a apuração dos acontecimentos uniram a sociedade civil e provocaram forte conflito no interior do governo, que não mostrava esforços e interesse de investigar os responsáveis. O reflexo disso foi a demissão do general Golbery do Couto e Silva, um dos principais aliados do presidente.

O presidente João Baptista Figueiredo, um homem visivelmente cansado, no final de seu governo deu uma declaração famosa: "esqueçam-se de mim".

## A Revolução na Nicarágua

As desigualdades sociais na América Latina eram espaços férteis para discursos revolucionários de esquerda, como ocorreu na Nicarágua, onde eclodiu uma revolução no final dos anos 1970.

A antiga ditadura liderada por Anastácio Somoza foi deposta pela Revolução Sandinista, sob a liderança de Daniel Ortega, em 1979. O governo da Frente Sandinista, inspirado no líder Augusto Sandino que lutou pela libertação da Nicarágua nos anos de 1930, expropriou os bens da família Somoza, fez a reforma agrária e uma ampla campanha de alfabetização da população, mas também teve de investir muitos recursos na defesa da Revolução. Os Estados Unidos, sob o governo conservador republicano de Ronald Reagan, apoiaram os **Contra**, elementos guerrilheiros organizados antissandinistas, que queriam derrubar o governo de Ortega e afastar as possíveis reformas e a propagação do regime para outros países da América Central. Embora em 1984 tenha sido retirado oficialmente o apoio aos Contra, o serviço secreto americano continuou apoiando-os.

Nas eleições de 1990 venceu Violeta Chamorro, esposa de Pedro Joaquín Chamorro, diretor do jornal *La Prensa*, assassinado pela ditadura de Somoza em 1978. Violeta Chamorro apoiou os sandinistas nos primeiros anos do governo revolucionário, mas afastou-se do regime. Sua plataforma eleitoral era a defesa de princípios liberais em um país devastado pela guerra civil. Os sandinistas deixaram o poder e com um discurso mais moderado voltaram a ser derrotados nas eleições presidenciais seguintes.

# A campanha das "Diretas já!"

Com a declaração da moratória brasileira (1983) e a contínua impunidade dos militares envolvidos em inúmeros atentados contra personalidades e instituições da oposição, o governo de Figueiredo passou a mostrar sinais de desgaste e saturação do regime.

O descontentamento popular crescia. A sociedade, que primeiro se unira em torno da luta pela anistia e o retorno dos exilados, ganhava as ruas novamente em prol das eleições diretas, formando o movimento **Diretas já!**, em 1983. A proposta do movimento representava uma ruptura com a abertura que o regime vinha implementando, pois, por meio da eleição de um presidente pelo voto direto, exigia-se uma nova Constituinte, tirando das mãos dos militares o controle sobre a transição.

Os partidos de oposição ganhavam espaço no cenário político nacional. Em 1982, as eleições para governadores demonstraram que a população aderia claramente à oposição, principalmente em São Paulo, Paraná, Pará, Mato Grosso do Sul, Acre e Goiás. No Rio de Janeiro e Minas Gerais, houve duas vitórias marcantes de antigas lideranças oposicionistas. No Rio, foi eleito Leonel Brizola (PDT), cunhado de João Goulart, o presidente deposto pelos militares. Em Minas Gerais, Tancredo Neves, ex-ministro de Getúlio e de Jango, foi o vitorioso pelo PMDB. A oposição obteve 44% do total dos votos e conseguiu maioria (apertada) na Câmara, mas continuou como minoria no Senado. No cômputo geral das duas casas (Câmara e Senado), o governo contava com 281 cadeiras contra 263 da oposição.

Em novembro de 1983, liderado pelo presidente do PMDB, deputado Ulysses Guimarães, iniciou-se o movimento pelas eleições diretas para presidente da República. Em 26 de novembro, o governador de São Paulo, Franco Montoro, elaborou um manifesto pró-diretas, que foi assinado em ato solene pela maioria dos governadores. Em 27 de novembro PMDB, PT e PDT iniciavam os atos públicos das **Diretas já!**

O deputado do PMDB de Mato Grosso, Dante de Oliveira, apresentou uma emenda constitucional propondo eleições diretas para presidente da República. "O Presidente e Vice-presidente da República serão eleitos, simultaneamente, entre brasileiros maiores de 30 anos no exercício dos direitos políticos por sufrágio universal e voto direto e secreto, por um período de 5 anos."

Jorge Araujo/Folha Imagem, reproduzido do jornal *Folha de S.Paulo*, 25 abr. 1984, fornecido pela Folhapress.

Políticos, artistas, sindicalistas uniram-se em palanques pedindo as **Diretas já!** Da esquerda para a direita: Fernando Henrique Cardoso, Tancredo Neves, Ulysses Guimarães e Franco Montoro chegam ao Congresso Nacional para a votação da emenda Dante de Oliveira, que previa a realização de eleições diretas no país.

A campanha **Diretas já!** espalhou-se pelo Brasil inteiro, com grande participação popular. No início de 1984, em 25 de janeiro, surpreendendo a todos, um comício na Praça da Sé, em São Paulo, reuniu 300 mil pessoas. Em 16 de abril do mesmo ano, no vale do Anhangabaú, concentraram-se cerca de 1,4 milhão de pessoas.

Foram inúmeras as manifestações pelas "Diretas" que reuniram milhares de pessoas, como esta em abril de 1984 ocorrida na cidade do Rio de Janeiro, RJ.

Em abril de 1984, a emenda foi posta em votação no Congresso Nacional, mas não obteve o *quorum* necessário para ser implantada. Além da oposição, deputados governistas dissidentes do PDS apoiaram a emenda de Dante de Oliveira.

A eleição presidencial seria, mais uma vez, por votação indireta. Mas a transição para a eleição do primeiro presidente civil que poria fim ao regime militar, instaurado em 1964, seguia. A oposição lançou a candidatura de Tancredo Neves (PMDB),

então governador de Minas Gerais. Após uma disputa interna entre os governistas, o ex-governador de São Paulo, Paulo Maluf (PDS), ganhou a convenção do partido, derrotando o ministro dos Transportes, o coronel Mário Andreazza, candidato de Figueiredo.

Maluf, figura controversa da política paulista, não conseguiu unanimidade do partido em torno de seu nome, o que gerou defecções no PDS. Esses dissidentes criaram a Frente Liberal e indicaram o senador José Sarney (Maranhão), ex-presidente do PDS, como candidato à vice na chapa de Tancredo Neves.

Em 15 de janeiro de 1985, o Colégio Eleitoral, composto de congressistas e delegados das assembleias estaduais, reuniu-se para a eleição. Maluf amargou fragorosa derrota: obteve 180 votos contra 480 de Tancredo. O PT, que tinha eleito seus primeiros deputados em 1982, se absteve do processo eleitoral. Tancredo Neves, de 75 anos, civil, ex-primeiro-ministro, ligado ao getulismo e também a Jango, era eleito para governar o Brasil.

Após ser proclamado presidente da República pelo Colégio Eleitoral, Tancredo Neves vai ao plenário da Câmara dos Deputados e é ovacionado (15 jan. 1985).

# O tempo presente e o passado ditatorial

A questão do direito à verdade e à memória tem impulsionado a criação de comissões especiais de investigação em diversos países que passaram por processos traumáticos em sua história recente. Mais de 30 países, como África do Sul, Argentina, Chile, Bolívia e Uganda, criaram comissões com nomenclaturas diferentes, mas que buscavam compreender e tornar públicos os crimes cometidos em seus domínios e, principalmente, impedir que práticas de violação de direitos humanos sejam esquecidas. O Brasil, de forma um pouco tardia, instaurou a sua Comissão Nacional da Verdade (CNV) em 2012 e conheceu o seu relatório final quase 30 anos após o final da ditadura civil-militar, em dezembro de 2014.

O objetivo oficial da CNV, instaurada em 2012, era apurar graves violações de Direitos Humanos ocorridas entre 1946 e 5 de outubro de 1988. Entre o período após a queda do Estado Novo e a promulgação da Constituição vigente no país, houve a ditadura que concentrou o foco das apurações da CNV.

A cerimônia de instauração da CNV contou com a presença de todos os presidentes civis do Brasil. Tal fato é simbólico, pois sinaliza que o conhecimento da história era uma questão de Estado e que o direito à verdade era uma exigência da sociedade brasileira. O Estado brasileiro reconhecia a sua própria responsabilidade nas graves violações de direitos humanos.

A demanda por memória, verdade e justiça fizeram com que a CNV tivesse um papel importante para esclarecer alguns crimes e para ampliar a lista de vítimas, ao dar atenção especial a camponeses e indígenas que foram vítimas de ações truculentas por parte do Estado no período ditatorial. A CNV, com essa ação, pretendeu comunicar-se com aproximadamente 80 milhões de brasileiros que nasceram após a ditadura militar.

Um trabalho dessa envergadura suscitou diversas críticas. Os militares apontaram um caráter revanchista, pois, consideravam eles, que a Lei de Anistia havia sido suficiente para encerrar o processo.

Apesar do avanço da CNV, familiares que não tiveram informações mais concretas – e mesmo organismos de Direitos Humanos – reconheceram que o relatório poderia ter sido mais incisivo e que houve bloqueio por parte dos militares ao pleno esclarecimento dos fatos.

A CNV, tal como outras congêneres, não tinha função jurídica: seu trabalho limitava-se a esclarecer e divulgar os mecanismos de repressão utilizados por agentes do Estado brasileiro no período, como o nome desses agentes, e métodos e instrumentos de tortura comumente utilizados nos órgãos repressivos.

A presidente Dilma Rousseff e os ex-presidentes José Sarney, Fernando Collor, Fernando Henrique Cardoso e Luiz Inácio Lula da Silva durante a cerimônia de instauração da CNV.

# Cinemateca

**Ação entre Amigos** (1998, Brasil, dir.: Beto Brant) História de quatro amigos que, nos anos 1970, participaram da luta armada contra o regime militar. Presos e torturados após uma tentativa fracassada de "expropriação", 25 anos depois eles partem para um ajuste de contas quando um deles garante ter reconhecido um dos homens que os torturou.

**Bye Bye Brasil** (1979, Brasil, dir.: Carlos Diegues) Caravana de artistas mambembes viaja pelo interior do Nordeste e da região amazônica no final dos anos 1970, ressaltando as diferenças sociais e culturais nos vilarejos por onde passa, principalmente aqueles em que a televisão ainda não chegou.

**Eles não Usam Black-tie** (1981, Brasil, dir.: Leon Hirszman) Em 1980, um jovem operário no ABC paulista, ao saber que a namorada está grávida, decide casar com ela. No entanto, a eclosão de uma greve faz com que enfrente um dilema: lutar ao lado do pai, um velho militante sindical, ou furar a greve e garantir o emprego. Baseado na peça teatral de Gianfrancesco Guarnieri.

**Que bom te Ver Viva** (1989, Brasil, dir.: Lúcia Murat) Relato da vida de mulheres que atuaram na luta armada contra a ditadura militar. Presas, torturadas e humilhadas, elas relatam experiências dolorosas e estratégias de sobrevivência diante do horror da repressão e de uma sociedade que se omitiu.

**A História Oficial** (1985, Argentina, dir.: Luis Puenzo) Em Buenos Aires, durante a abertura política, uma professora de História começa a se dar conta da violência da ditadura militar em seu país. A sua situação se complica quando começa a suspeitar que a menina que adotou pode ser a filha de uma desaparecida política.

# Revisitando a História

**1.** Indique algumas características comuns entre as ditaduras do Brasil, Chile e Argentina.

**2.** As "Mães da Praça de Maio" seguram cartazes onde se lê: "Nós não queremos a lista de mortos. Queremos a lista dos assassinos dos nossos filhos" (em **Objetos Digitais** – *Ontem e Hoje*). A partir dessa imagem e do texto que a acompanha, responda: quais eram os objetivos da luta dessas mães?

**3.** Leia o discurso de Ulysses Guimarães, "Navegar é preciso, viver não é preciso" (em **Objetos Digitais** – *Documentos da História*). Explique, a partir de ideias presentes em sua proposta, por que ele se lançava como um *anticandidato* à presidência da República no processo eleitoral vigente durante a ditadura militar.

**4.** "Devemos ainda ter em mente que o fenômeno das ditaduras sulamericanas não foi exclusivo dos anos 1960, embora sejam neste momento regimes específicos e, da mesma forma, as aberturas – como a processada em 1945-1946 – também já estivessem presentes em nossa história. A novidade reside nos atores em cena – a pressão externa; militares e oposição civil, num contexto de Segunda Guerra Fria."

SILVA, F. C. T. da. Crise da ditadura militar e o processo de abertura política no Brasil, 1974-1985. In: FERREIRA, J. *et al. O Brasil Republicano.* v. 4. O tempo da ditadura: regime militar e movimentos sociais em fins do século XX. Rio de Janeiro: Civilização Brasileira, 2007. p. 247.

Neste texto, Francisco Carlos Teixeira da Silva aponta para o envolvimento de três atores políticos distintos no mais recente processo de abertura política no Brasil. A partir deste texto e do que foi exposto no capítulo, responda às seguintes questões:

a) Podemos afirmar que as ações dos militares nesse processo se relacionam a um condicionante institucional, a "distensão lenta, gradual e segura" iniciada no governo do general Geisel? Explique esse projeto.

b) Apesar do projeto de abertura planejado por Geisel e por Golbery do Couto e Silva, podemos dizer que era consensualmente aceito por toda a instituição militar? Exemplifique.

**5.** Retomando o texto anterior, o autor faz menção ao papel desempenhado pela pressão externa. A partir do texto de James Green, aborde de que maneira os Estados Unidos se envolveram no processo de restabelecimento da democracia no Brasil e por que isso representou uma mudança de suas políticas em relação ao país.

**6.** "Meu Brasil!
Que sonha com a volta do irmão do Henfil
Com tanta gente que partiu
Num rabo de foguete
Chora a nossa pátria mãe gentil
Choram Marias e Clarisses
No solo do Brasil..."

*O Bêbado e o Equilibrista* (composição: João Bosco e Aldir Blanco)

A canção "O Bêbado e o Equilibrista", lançada em 1979, tornou-se um dos hinos do movimento pela anistia política no Brasil. Sobre esse movimento, responda:

a) Apesar de a anistia ter sido decretada pelos militares em agosto de 1979, a luta em torno dela foi uma das principais formas de oposição ao regime militar. Caracterize o envolvimento da sociedade civil nesta luta.

b) A partir do "Programa Mínimo de Ação" do Comitê Brasileiro pela Anistia, aponte por que a lei aprovada não satisfazia suas propostas totalmente.

**7.** "Mais de um milhão de pessoas em silêncio, mãos entrelaçadas, braços para cima. Ao sinal do maestro Benito Juarez, da Orquestra Sinfônica de Campinas, a multidão cantou o Hino Nacional. Do céu caía papel picado, papel amarelo, a cor das diretas, brilhando à luz dos holofotes. (...) Às 20h30, no horário do final do comício, o presidente Figueiredo surgia em rede nacional de TV para anunciar sua proposta: diretas mais tarde, em 1988. O delegado Romeu Tuma, da Polícia Federal, informava Brasília de que 'o verde do Anhangabaú foi coberto pelo vermelho das bandeiras dos partidos de esquerda'. E, enquanto a multidão se retirava calmamente, os fogos de artifício escreviam no céu de São Paulo a mensagem do comício: Diretas já!."

São Paulo faz o maior comício. *Folha de S.Paulo*, 7 abr. 1984.

a) Segundo essa matéria, publicada no jornal *Folha de S.Paulo*, no comício pelas Diretas já!, que ocorreu no Vale do Anhangabaú, em São Paulo, havia uma grande concentração de pessoas. Caracterize o movimento Diretas já! e aponte a sua importância no processo de redemocratização brasileira.

b) A partir do editorial do jornal *Folha de S.Paulo*, "Acabou o ciclo autoritário: Tancredo é o 1º presidente civil de oposição desde 64" (em **Objetos Digitais** – *Ontem* e *hoje*), aponte qual o significado da eleição de Tancredo Neves em 1985.

# Debatendo ideias

Segundo o historiador Daniel Aarão Reis, as sociedades demonstram sempre uma dificuldade em exercitar a memória sobre as suas ditaduras. Essa dificuldade de lembrar se dá, sobretudo, quando elas assumem códigos de valores opostos aos princípios dos regimes autoritários. Isso ocorreu, por exemplo, com os alemães, quando refletem sobre Hitler, ou com os russos, quando recordam Stálin. No caso brasileiro, ele aponta a memória da recente experiência ditatorial como uma memória incômoda.

Quase ninguém quer se identificar com a ditadura militar no Brasil nos dias de hoje. Contam-se nos dedos aqueles que se dispõem a defender as opções que levaram à sua instauração e consolidação. Até mesmo personalidades que se projetaram à sua sombra, e que devem a ela a sorte, o poder e a riqueza que possuem, não estão dispostas, salvo exceções, a acorrer em sua defesa.

Para a grande maioria da sociedade, a ditadura e os ditadores foram demonizados. Em 1998, por ocasião das comemorações dos 30 anos do estranho ano de 1968, a sociedade brasileira, através da mídia e da academia, consagrou uma orientação de hostilidade à ditadura: celebrou os vencidos de então e condenou sem piedade os poderosos que mandavam e desmandavam no país. Sobre o período, de modo geral, a memória da sociedade tendeu a adquirir uma arquitetura simplificada: de um lado, a ditadura, um tempo de trevas, o predomínio da truculência, o reino da exceção, os chamados *anos de chumbo*. De outro, a nova república, livre, regida pela Lei, o reino da cidadania, a sociedade reencontrando-se com sua vocação democrática.

(...) A ditadura fora uma noite. Mas triunfara a manhã (...). Em 1979, a manhã chegou, finalmente. E a sociedade brasileira pôde repudiar a ditadura, reincorporando sua margem esquerda e reconfortando-se na ideia de que suas opções pela democracia tinham fundas e autênticas raízes históricas.

Muitos dos aspectos até agora referidos constituem lugares-comuns em uma certa memória sobre as ditaduras e as esquerdas. Habitam discursos políticos, livros didáticos, filmes e materiais diversos de análise e divulgação. Em tudo isto, sobressai uma tese: a sociedade brasileira viveu a ditadura como um pesadelo que é preciso exorcizar, ou seja, a sociedade não tem, e nunca teve, nada a ver com a ditadura.

Assim, embora tenha desaparecido gradualmente, em ordem e paz, a ditadura militar foi e tem sido objeto de escárnio, desprezo ou indiferença, atitudes que tendem a estabelecer uma ruptura drástica entre o passado e o presente, quando não induzem ao silêncio e ao esquecimento de um processo, contudo, tão recente e tão importante de nossa história.

*Fonte:* REIS, D. A. *Ditadura Militar, Esquerdas e Sociedade.* Rio de Janeiro: Jorge Zahar, 2000. p 7-9.

a) Relacionando o que foi dito por Daniel Aarão Reis com o que vimos neste capítulo, qual a referência do autor quando ele trata da "manhã" que chegou em 1979? Qual a relação de tal fato com o fim da ditadura?

b) Identifique no texto alguns pontos que respaldam a tese do autor de que a memória da ditadura militar no Brasil seria uma memória incômoda.

c) Apesar de Daniel Aarão Reis apontar que a sociedade brasileira teria vivido a ditadura como um pesadelo que seria preciso exorcizar, se acompanharmos os noticiários e as produções artístico-culturais brasileiras (filmes, livros, peças de teatros, novelas), a experiência pós-64 é um tema recorrente. Pensando nisso, discuta com seus colegas qual a importância de se voltar para tal passado. Até que ponto, em tempos democráticos, o exercício da memória não seria uma tortura em si? Seria melhor e mais saudável, então, olharmos para frente, deixando o passado no seu lugar?

# Questões de vestibular

**1.** (UFU – MG) As afirmativas abaixo abordam o contexto histórico vivido no Brasil sob a ditadura militar.

Sobre esse tema, marque para as alternativas abaixo (V) Verdadeira, (F) Falsa ou (SO) Sem Opção.

1 (   ) A ideologia de segurança nacional, desenvolvida pela Escola Superior de Guerra, a partir de 1949, tornou-se peça-chave na orientação das ações da ditadura militar, ao ampliar o conceito de guerra para o cotidiano da política e identificar, como inimigos internos do Estado e da nação, determinados setores da sociedade, tidos como agentes do comunismo internacional.

2 (   ) Com uma orientação econômica nacionalista, a ditadura militar restringiu a entrada de capital externo e proibiu a remessa de lucros para o exterior. Valendo-se dos investimentos do Estado e do capital nacional, entre 1968 e 1973, o Brasil viveu a euforia do "milagre econômico", com índices de crescimento anual elevados; maior poder de compra dos trabalhadores, com aumentos salariais acima da inflação; e obras de "integração nacional".

3 (   ) A censura, a repressão violenta, as cassações e perseguições aos parlamentares de oposição não impediram que a resistência à ditadura continuasse atuante. Jornais publicavam poesias e receitas culinárias nos espaços das matérias censuradas; compositores escreviam canções com versos de duplo sentido; as lideranças progressistas da Igreja católica criticavam e denunciavam as torturas, além de oferecerem apoio e abrigo a militantes perseguidos.

4 (   ) A partir da publicação da Lei de Anistia, que incluiu a revogação dos dispositivos repressivos da legislação trabalhista, os sindicatos tiveram liberdade para organizarem manifestações e greves em todo o país. Movimentos grevistas, tais como as greves dos metalúrgicos da região paulista do ABC, a partir de 1978, espalharam-se pelo país, exigindo a redemocratização imediata.

**2.** (UFPB) A partir da década de 1980, em várias nações da América Latina, as ditaduras militares das duas décadas anteriores (1960 e 1970) começaram a se fragilizar e iniciou-se um processo de transição para a democracia liberal representativa.

Sobre esse processo de transição, identifique as proposições verdadeiras:

(01) O desgaste dos regimes militares latino-americanos, na década de 1980, deveu-se, entre outros motivos, à crescente dívida externa, à falta de controle da inflação, à alta taxa de desemprego e à retração de investimentos governamentais no setor produtivo.

(02) A transição democrática no Chile, diferentemente do caso argentino, caracterizou-se por uma tranquila passagem do poder para governantes civis, que concederam perdão para os crimes cometidos pelo regime militar de Pinochet.

(04) A transição democrática na Argentina foi marcada pela apuração e julgamento das responsabilidades nos crimes cometidos pelo regime militar, denunciados pelas Mães da Praça de Maio (Buenos Aires) e estimados em cerca de 30.000 mortes.

(08) A transição democrática no Brasil, após a passagem do poder para os civis, foi seguida da concessão de uma anistia ampla, geral e irrestrita, tanto para os agentes de repressão do regime militar quanto para os envolvidos na luta armada.

(16) O fim das ditaduras militares, em vários países latino-americanos, também decorreu de movimentos de resistência da sociedade civil em articulação com denúncias, em escala mundial, das torturas e crimes cometidos por essas ditaduras.

**3.** (UFSM – RS) No dia 28 de agosto de 1979, o presidente João Baptista Figueiredo sancionou a Lei de Anistia, a qual beneficiou os acusados de crimes políticos durante o regime militar e também os acusados de prática de tortura nos órgãos de repressão do Estado. Vinte e nove anos depois, em maio de 2008, dois Procuradores da República levantaram a tese de que os militares que estiveram no comando dos órgãos de repressão – "centros de prisões ilegais, torturas, homicídios e desaparecimentos" – devem ser responsabilizados pelos crimes praticados. "Os ilícitos cometidos pelos agentes do regime militar são imprescritíveis em razão de serem considerados crimes contra a humanidade."

Considere as afirmativas a seguir.

I. A história é reescrita por cada geração. As decisões de um período histórico são derivadas de circunstâncias específicas, devem ser compreendidas dentro dessas determinações, mas podem ser reinterpretadas à luz de novos argumentos e novas conjunturas.

II. O regime militar brasileiro (1964-1985) ocorreu descolado da situação internacional da Guerra Fria, e sua história está sendo revista sem qualquer polêmica ou resistência.

III. A violência faz parte da história política da humanidade, e não há como distinguir, do ponto de vista dos Direitos Humanos, as mortes causadas por ações militares, de exércitos regulares ou guerrilheiros, e aquelas decorrentes de aprisionamento, interrogatórios e torturas.

Está(ão) correta(s)

a) apenas I.
b) apenas II.
c) apenas I e III.
d) apenas II e III.
e) I, II e III.

**4.** (UFSC – adaptada) Sobre a Lei de Anistia, aprovada pelo Congresso em 28 de agosto de 1979, e os debates que suscitou, é CORRETO afirmar que:

(01) trinta anos depois de sancionada pelo general João Baptista Figueiredo, a Lei de Anistia atendeu os apelos da população brasileira ao processar e condenar os torturadores e reconhecer os direitos dos torturados, desaparecidos e mortos pelo regime militar.

(02) a Lei de Anistia permitiu a volta ao país de milhares de exilados políticos. Os debates jurídicos continuam, pois há torturadores que nunca foram julgados. Alguns juristas defendem uma nova interpretação da lei, que permita o julgamento dos agentes do Estado que praticaram tortura e assassinato durante o regime militar.

(08) os críticos de uma nova interpretação da Lei de Anistia afirmam que os crimes de tortura cometidos durante o regime militar prescreveram e a lei não pode ter efeito retroativo, exceto para os casos de morte comprovada.

(16) durante o regime militar houve cassações de mandatos de opositores, extinção de partidos políticos, torturas, perda de cargos públicos e prisões por crimes políticos. A Lei de Anistia, sancionada pelo general Figueiredo, perdoava todos, exceto os torturadores.

(32) Ulysses Guimarães, José Sarney, Paulo Salim Maluf e Luiz Inácio Lula da Silva foram defensores de uma anistia "ampla, geral e irrestrita", e da revisão constante da Lei de Anistia.

**5.** (UFPB – adaptada) Em 13 de maio de 1978, em Salvador – BA, Ulysses Guimarães, Tancredo Neves e outros líderes oposicionistas foram reprimidos pela Polícia Militar, subordinada ao governador Antonio Carlos Magalhães, à época ligado ao regime militar, que tentava impedir um ato político contra a ditadura. Na ocasião, Ulysses Guimarães pronunciou a célebre frase: "Soldados da minha pátria, baioneta não é voto, cachorro não é urna!".

Sobre o processo de transição democrática no Brasil, identifique as afirmativas corretas:

I. A surpreendente vitória do MDB nas eleições de 1974, na maioria das disputas para o Senado, foi um fato muito importante nessa transição. O partido da oposição deu voz política à crescente insatisfação com a falta de democracia.

II. O Comitê Brasileiro pela Anistia (CBA) teve uma importante atuação contra a ditadura. A entidade lutava pela anistia ampla, geral e irrestrita, para todos os exilados e presos políticos. Mas a anistia aprovada (1979) foi estendida também aos torturadores.

III. Os EUA, na era Reagan, pressionaram as ditaduras militares latino-americanas para a abertura política dos seus regimes através de eleições livres. Essa atitude visava o apoio das camadas urbanas locais, simpáticas à União Soviética e a Cuba.

IV. A linha-dura do regime tentou barrar reformas políticas, com atentados a bombas, um deles programado para um *show* no Riocentro (Rio de Janeiro) em 1981. Mas a explosão acidental de uma bomba matou um sargento e feriu um capitão. A tentativa de lançar suspeitas contra a esquerda desmoralizou o regime militar.

V. Vários movimentos de luta armada contra a ditadura reuniram-se no Pará, no final dos anos de 1970. Eles tornaram-se conhecidos como a Guerrilha do Araguaia. Os guerrilheiros foram duramente combatidos pelos militares e torturados.

**6.** (UNICAMP – SP) Em 1980, num *show* comemorativo ao Primeiro de Maio, o cantor Chico Buarque apresentou uma canção intitulada "Linha de Montagem", que fazia referência às recentes greves do ABC:

*As cabeças levantadas,*
*Máquinas paradas,*
*Dia de pescar,*
*Pois quem toca o trem pra frente*
*Também, de repente,*
*Pode o trem parar.*

Disponível em:
<http://www.chicobuarque.com.br/letras/linhade_80.htm>.

a) Qual foi a importância das greves do ABC nos últimos anos do regime militar brasileiro, que vigorou de 1964 a 1985?

b) Aponte duas mudanças políticas que caracterizaram o processo de abertura do regime militar.

**7.** (UFG – GO) Leia o trecho a seguir:

Nada contei do exílio em si, dos anos em que fui um fantasma, uma ilusão do que quisera ser. Sim, porque no exílio sonhamos mais do que vivemos (...).

Por mais diversa que fosse, a vida de todos era idêntica no exílio, sempre dominada pelo sonho. Nossa ilusão fundava-se num paradoxo: tínhamos deixado a alma no Brasil, mas lá não podíamos pôr os pés. A obsessão da volta dominou os primeiros anos de exilado. Como toda obsessão, era enfermiça e estava prenhe de horror: eu queria voltar, não para voltar, mas para a vingança, 'para torturar meus torturadores', como me dizia em voz alta, alimentando com sons aquele patológico retorno impossível.

TAVARES, F. *Memórias do Esquecimento*.
Rio de Janeiro: Globo, 1999. p. 242-243.

Os trechos acima foram escritos por Flávio Tavares em um livro de memórias que permite conhecer um pouco da recente história brasileira. Sobre o período do regime militar (1964-1985), pode-se afirmar que:

a) no ano de 1969, foram editados os Atos Institucionais nº 13 e14. O primeiro legalizou o exílio (banimento do território brasileiro) para aqueles que eram considerados perigosos à segurança nacional. O segundo previu a pena de morte, oficialmente nunca praticada, para os casos de guerra externa, psicológica adversa, ou revolucionária ou subversiva.

b) a frase "Brasil: ame-o ou deixe-o" e a marchinha "Pra Frente Brasil" tornaram-se emblemas da esquerda nacionalista da década de 70 que, em apoio aos militares, empenhou-se para a efetivação de reformas políticas e econômicas preconizadas pelo regime autoritário.

c) o Presidente Emílio G. Médici (1969-1974) governou em dupla frente: de um lado, utilizou forte repressão contra os grupos armados urbanos e, de outro, apropriou-se da propaganda para edificar a imagem de um Brasil vitorioso.

d) depois da ampla mobilização social para a Campanha das "Diretas Já", aprovou-se a "Emenda Dante de Oliveira", que permitiu aos cidadãos brasileiros o comparecimento às urnas para a eleição direta do futuro Presidente da República, Tancredo Neves.

**8.** (UFRJ)

Geisel – (...) O Brasil hoje em dia é considerado um oásis (...).
Coutinho – (...) Ah, o negócio melhorou muito. Agora, melhorou, aqui entre nós, foi quando nós começamos a matar. Começamos a matar.

Geisel – Porque antigamente você prendia o sujeito e o sujeito ia lá para fora. (...) Ó Coutinho, esse troço de matar é uma barbaridade, mas eu acho que tem que ser.

GASPARI, E. *A Ditadura Derrotada*.
São Paulo: Companhia das Letras, 2003. p. 324.

O diálogo acima, ocorrido no dia 16 de fevereiro de 1974 entre os generais Ernesto Geisel e Dale Coutinho, se deu um mês antes da posse do primeiro como Presidente da República e do segundo como Ministro do Exército.

a) Cite uma medida do Governo Geisel (1974-1979) que o aproximava das aspirações de parte da sociedade brasileira pela volta ao regime democrático.

b) Indique duas ações do mesmo governo que reforçaram o padrão autoritário do regime militar inaugurado em 1964.

**9.** (UNESP) Era a manhã ensolarada do dia 1º de maio de 1980, e as pessoas que haviam chegado ao centro de São Bernardo para a comemoração da data se depararam com a cidade ocupada por 8 mil policiais armados, com ordem de impedir qualquer concentração. (...) Pela manhã, enquanto um helicóptero sobrevoava os locais previstos para as manifestações, carros de assalto e brucutus exibiam a disposição repressiva das forças da ordem. É que aquele Dia do Trabalhador ocorria quando uma greve dos metalúrgicos da região alcançava já um mês de duração e levava o chefe do Serviço Nacional de Informação a prometer que "dobraria" a "república de São Bernardo". O que poderia ter permanecido um dissídio salarial tornara-se um enfrentamento político que polarizava a sociedade.

Eder Sader, *Quando Novos Personagens Entram em Cena*.

Sobre o sindicalismo desenvolvido no ABC paulista, na época tratada no texto, é correto afirmar que

a) mostrou-se herdeiro direto do sindicalismo organizado desde os anos 1930, pois defendia a conciliação entre capital e trabalho.

b) ficou conhecido como o "sindicalismo de resultados", por se comportar de forma pragmática na defesa dos interesses dos trabalhadores.

c) nasceu com o apoio dos governos militares, pois a esses interessava que a CLT fosse extinta ou fortemente reformada.

d) fez o movimento operário voltar à cena política, além de contribuir para a luta contra o regime autoritário.

e) defendeu a estrutura sindical do Ministério do Trabalho, e as suas principais lideranças eram conhecidas como "pelegos".

**10.** (UFRGS – RS) Assinale com **V** (verdadeiro) ou **F** (falso) as afirmações abaixo, referentes ao período do Regime Militar brasileiro.

( ) Diferentemente de outras ditaduras de Segurança Nacional do Cone Sul, no Brasil não ocorreram casos de desaparecimento de pessoas.

( ) Após vinte anos de regime militar, constatou-se a existência de maior concentração de renda, maior desigualdade social e considerável crescimento do endividamento externo.

( ) A tortura foi um instrumento da política repressiva, estando presente nos "porões" da ditadura.

( ) O favorecimento às empresas multinacionais inviabilizou o desenvolvimento de setores estatais considera-

dos estratégicos, como a indústria armamentista e o setor petrolífero.

( ) "Brasil grande potência", "Ninguém segura este país", "Pra frente Brasil" e "Brasil, ame-o ou deixe-o" foram exemplos de manifestações ufanistas da propaganda oficial do regime.

A sequência correta de preenchimento dos parênteses, de cima para baixo, é:

a) F – V – V – F – V.
b) V – V – F – V – V.
c) F – V – V – V – F.
d) V – F – V – F – V.
e) F – F – F – V – F.

**11.** (UFMG) Leia este trecho de reportagem:

Às 11h34 deste 15 de janeiro, explode o grito parado no ar durante 21 anos (...). A multidão se abraça e chora, ergue os braços e pula, rompe os cordões de isolamento, atravessa as rampas proibidas e escala a cúpula do Senado, agitando faixas e bandeiras. Trio elétrico, bumba-meu-boi, charanga do Atlético Mineiro, samba, frevo e maracatu, bandeiras do Brasil, do Corinthians, dos partidos comunistas, do PMDB, do Flamengo, gente moça e velha, de terno ou de calção, cantando e dançando, um homem grita: A liberdade chegou. (...) Um último susto: o carro de bombeiros liga a sirene, mas é só para poder levar uma jovem que desmaiou de alegria, primeira vítima da democracia nascente.

KOTSCHO, R. *Folha de S.Paulo*.

Considerando-se as informações desse trecho, é **CORRETO** afirmar que, nele, se faz referência à

a) posse de Fernando Collor de Mello, presidente eleito pelo voto direto, como sucessor do General João Batista Figueiredo.

b) aprovação da Emenda Dante de Oliveira, que previa eleições diretas após o término do Governo Geisel, pelo Congresso Nacional.

c) vitória de Luiz Inácio Lula da Silva para o cargo de Presidente da República, na sua terceira tentativa de conquistar o poder.

d) eleição por via indireta, no Colégio Eleitoral, de um presidente civil, que colocava um fim no regime militar.

**12.** (UFSC) Assinale a(s) proposição(ões) verdadeira(s) referente(s) a acontecimentos históricos ocorridos entre 1960 e 1985:

(01) A Marcha da Família com Deus pela Liberdade reuniu aproximadamente 500 mil pessoas que saíram às ruas de São Paulo manifestando-se contra o governo de João Goulart (Jango).

(02) Em resposta às manifestações operárias e estudantis, o presidente Costa e Silva decretou o Ato Institucional nº 5 e ordenou o fechamento do Congresso Nacional.

(04) A eleição de Tancredo Neves para a presidência da República, em 1985, marcou o fim do regime militar. Ao concluir seu mandato, Tancredo Neves promulgou a Constituição Cidadã.

(08) Parte da população descontente com a atuação dos presidentes militares organizou passeatas, bem como guerrilhas rurais e urbanas.

(16) Foi fundado o Partido dos Trabalhadores, um dos símbolos do movimento operário do Brasil, com a participação do líder Luiz Inácio Lula da Silva.

# capítulo 56

# A redemocratização brasileira: de 1985 aos dias atuais

*Em 1988, o Brasil formalizou o processo de redemocratização iniciado nos últimos anos do regime militar. Promulgada em 5 de outubro desse ano, a Constituição marcou o início do maior período contínuo de liberdades democráticas da história republicana. Se, por um lado, a sua elaboração garantiu o exercício pleno dos direitos humanos, civis e políticos, o que notamos é a permanência de práticas cotidianas que continuam indo ao encontro do espírito da "Constituição Cidadã".*
*À democracia brasileira se impõem obstáculos novos e vícios antigos, como a corrupção, a marginalização social, a discriminação racial, as desigualdades regionais e sociais e a criminalidade. Entretanto, tais questões, apesar de gerarem questionamentos sobre o alcance das conquistas democráticas no país, não parecem desafiar a ordem vigente.*

## O fim da ditadura e a volta da democracia

O Brasil, em meados dos anos 1980, retomou o processo democrático. A abertura política controlada pelos militares culminou na eleição indireta dos civis Tancredo de Almeida Neves e José Sarney de Araújo Costa para o comando da República.

Várias foram as conquistas alcançadas com o processo de redemocratização iniciado em 1985, como a realização de eleições diretas para as prefeituras das capitais, a instalação da Assembleia Constituinte e, finalmente, em 1989, a eleição direta para presidente da República.

Da redemocratização aos dias de hoje, a vida política brasileira passou por vários momentos de tensão, como o *impeachment* do presidente Collor e os contínuos escândalos de corrupção que atingiram figuras dos altos escalões dos governos. Na economia, além da persistente diferença entre ricos e pobres, a inflação galopante foi um desafio aos governos até 1994. A partir dessa data, com a criação do Plano Real, o custo para manter a inflação dentro de patamares menores tem sido a adoção de uma política de juros altos que compromete a expansão econômica e mantém praticamente inalterado o quadro de desigualdade social.

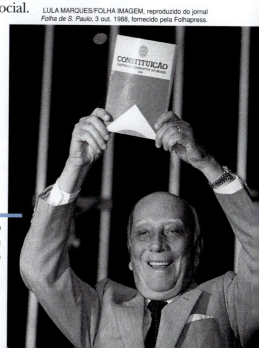

LULA MARQUES/FOLHA IMAGEM, reproduzido do jornal *Folha de S. Paulo*, 3 out. 1988, fornecida pela Folhapress.

As tensões sociais, no campo e nas cidades, levaram à organização de movimentos populares que pressionam continuamente os governos. O massacre dos trabalhadores rurais e as chacinas nas grandes cidades são alguns dos desafios que a democratização não conseguiu solucionar. A criminalidade passou a ser uma das principais preocupações da população brasileira.

Como podemos perceber, estamos tratando de episódios complexos do nosso cotidiano, de uma história que é a do tempo presente. Neste caso, nosso cuidado deve ser o de observarmos que esses processos são peculiares em sua temporalidade: estão mais próximos de nós e estamos diretamente envolvidos com eles.

Os resquícios jurídicos do período da ditadura militar desapareceram com a elaboração de uma nova Constituição, promulgada em 5 de outubro de 1988. O presidente da Assembleia Nacional Constituinte, deputado Ulysses Guimarães, em seu discurso durante a solenidade de promulgação, afirmou que esta era a "Constituição Cidadã", que seria responsável pelo resgate da cidadania dos brasileiros após o período ditatorial.

# O governo Sarney
# (1985-1990)

O Brasil preparava-se para a posse de Tancredo Neves em 15 de março de 1985. Seu ministério indicava a correlação de forças que o elegera, com membros ligados ao governo do general Figueiredo e membros da oposição – um ministério com características de um governo de "conciliação". As demandas políticas, sociais e econômicas sobre o primeiro presidente civil desde João Goulart eram grandes.

Aguardavam-se com expectativa as primeiras medidas do novo governo e a definição da forma como o processo político seria conduzido em uma sociedade que acabara de sair de uma ditadura.

A posse, marcada para a manhã de 15 de março de 1985, teve contornos de nova frustração: o presidente eleito com o *slogan* "Muda Brasil" não tomaria posse. Os brasileiros foram surpreendidos com a notícia da internação às pressas de Tancredo no Hospital de Base em Brasília, na noite da véspera da posse.

O vice-presidente José Sarney tomou posse como presidente interino. O general Figueiredo não lhe entregou a faixa presidencial.

Chocada com a morte de Tancredo Neves, a população saiu às ruas para despedir-se do presidente que seria o responsável pela conclusão do processo de redemocratização do país. Na foto, o cortejo na cidade de São Paulo, onde Tancredo faleceu, no Instituto do Coração.

Sarney, ex-governador do Maranhão e político ligado à ditadura, não recebeu a faixa presidencial de seu antecessor João Figueiredo.

A cerimônia foi marcada pela expectativa de que a posse de Sarney seria transitória e, quando restabelecido, Tancredo Neves assumiria o posto para o qual fora eleito. Na cerimônia de posse, Sarney leu o discurso escrito por Tancredo. Em um pronunciamento à nação, o presidente reafirmou os compromissos de um governo de conciliação. A interinidade na presidência durou 37 dias até a morte de Tancredo Neves, em 21 de abril de 1985, em São Paulo, para onde havia sido transferido.

Sarney assumiu o poder definitivamente: preservou o ministério e tinha os desafios da grave realidade econômico-social a enfrentar. O presidente era refém de um ministério que não escolhera e de um mandato que dificilmente obteria se não fosse pelas circunstâncias políticas que levaram à composição com Tancredo Neves. Lideranças como Ulysses Guimarães, o presidente da Câmara, tinham ascendência sobre grande parte do ministério. Esse quadro fazia com que o presidente fosse visto como detentor de pouco poder e incapaz de atender às demandas de crescimento econômico e de reformas sociais.

O acesso aos serviços públicos era precário; a desnutrição, o analfabetismo, os péssimos serviços da saúde e a concentração de renda eram alguns dos mais graves problemas do país. No plano político, o Brasil se preparava para o retorno às eleições diretas para prefeito das capitais, ainda em 1985, e aguardava a formação de uma Assembleia Nacional Constituinte, estabelecida a partir das eleições estaduais de 1986. No plano econômico, a inflação desenfreada e o endividamento externo eram alguns dos principais obstáculos para o país.

## Uma economia sem controle

Em fevereiro de 1986 o presidente Sarney anunciou o seu principal plano econômico para controlar a inflação. Este alterava a moeda do país, congelava preços e salários como forma de derrotar a inflação. Era o **Plano Cruzado** (nome da nova moeda), criado pelo então ministro da Fazenda Dílson Funaro, o primeiro dos quatro planos econômicos do governo Sarney.

As medidas tomadas tiveram efeito imediato e caiu a inflação. Apesar do achatamento salarial, o poder de compra estava preservado, gerando aquecimento da economia e aumento de consumo. Os salários também estavam protegidos por um "gatilho salarial" – toda a vez que a inflação acumulada atingisse o patamar de 20%, os salários seriam automaticamente reajustados nesse mesmo percentual.

O congelamento de preços, entretanto, levou ao desabastecimento dos supermercados, cuja maior consequência foi a prática do ágio para a compra, ou seja, as pessoas pagavam uma diferença sobre o preço tabelado quando da aquisição do produto. O caso mais expressivo de desabastecimento e ágio foi na venda da carne de boi. Para os pecuaristas era impraticável a manutenção do preço congelado de um produto suscetível a diversas variações de custos (ração, fatores climáticos, entressafra etc.).

O governo não queria admitir as falhas ou alterar as diretrizes do plano econômico, principalmente em virtude das eleições que ocorreriam em novembro daquele ano. O Plano Cruzado permitiu ao partido do governo, o PMDB, vencer as eleições para governador em 22 dos 23 estados e também fazer a maior bancada na Assembleia Nacional Constituinte.

Após as eleições, o plano econômico foi alterado, no chamado Plano Cruzado 2 – elevavam-se os impostos indiretos (aqueles que incidem sobre as mercadorias e não são percebidos no ato da compra) e desvalorizava-se o cruzado em relação ao dólar, encarecendo as importações.

Outros planos econômicos foram anunciados, a moeda alterava o nome, mas os resultados eram insuficientes. O governo Sarney não conteve a alta inflacionária. No último ano de governo a taxa da inflação era gigantesca.

ROGERIO CARNEIRO/FOLHA IMAGEM, reproduzido do jornal Folha de S. Paulo, 17 jul. 1986, fornecido pela Folhapress.

O Plano Cruzado teve grande popularidade assim que foi anunciado. O presidente pedira à população que vigiasse os comerciantes e impedisse o aumento de preços. Algumas pessoas do povo e a fiscalização provocaram o fechamento de estabelecimentos que burlavam o congelamento de preços usando a prerrogativa: "Sou um fiscal do Sarney".

## Uma nova geração de cantores – Cazuza e o *rock* da década de 1980

Cazuza pertenceu a uma nova geração de músicos dos anos 80. Integrava o grupo Barão Vermelho, ao lado de outros grupos que despontavam na cena musical brasileira como a Legião Urbana, os Paralamas do Sucesso, Capital Inicial, Ira!, Titãs, dentre outros. A insatisfação dos jovens e as temáticas relativas ao país foram algumas das características desses grupos, que eram os principais do *rock* brasileiro daqueles anos.

Cazuza projetou-se como um dos símbolos dessa geração. Nascido no Rio de Janeiro no dia 4 de abril de 1958 com o nome de Agenor Miranda de Araújo Neto, o cantor deixou o Barão Vermelho e, em 1985, decidiu-se pela carreira *solo*. Suas músicas falavam de anseios, dores, sofrimento, paixões, realidade.

Em 1987 o cantor descobriu ser portador do vírus HIV. Sabendo-se doente, foi para os Estados Unidos se tratar. Ao voltar, depois de dois meses, assumiu publicamente a doença, em uma atitude corajosa, visto que AIDS ainda era um tabu e o preconceito muito maior do que é hoje. Morreu em 1990, aos 32 anos.

MASAO GOTO FILHO/FOLHA IMAGEM, reproduzido do jornal *Folha de S.Paulo*, 1988, fornecido pela Folhapress.

A música de Cazuza, no país livre da censura, é um dos símbolos da redemocratização, pois as mazelas sociais e políticas faziam parte de seu repertório e podiam ser cantadas sem nenhum tipo de subterfúgio, o que não ocorria durante a ditadura militar.

---

*Saiba mais*

### A Constituição de 1988

A Constituição de 1988 retomava os princípios de um Estado democrático, garantindo e ampliando os direitos políticos e sociais. A Constituição consolidava o processo de abertura política iniciada no final do período militar e concluída, do ponto de vista formal, com as garantias constitucionais de redemocratização do país. Entre as principais características da Carta de 1988 podemos destacar:

- divisão e independência entre os poderes;
- restabelecimento das eleições diretas para presidente e vice-presidente da República; eleições em dois turnos para os cargos executivos federal, nos estados e municípios com mais de 200 mil eleitores, exigindo maioria dos votos válidos para o candidato ser eleito;
- universalização do direito ao voto, incluindo os analfabetos, e a adoção do voto facultativo para os jovens entre 16 e 18 anos;
- manutenção do pluripartidarismo, com regras mais flexíveis para a criação de partidos políticos;

- liberdade de expressão, de imprensa e de organização, incluindo a sindical;
- o racismo e a tortura passaram a ser considerados crimes inafiançáveis; no caso da tortura, ela é impossível de ser anistiada;
- aposentadoria mínima equivalente ao salário mínimo; os trabalhadores rurais passaram a contar com os mesmos direitos trabalhistas dos trabalhadores urbanos;
- a Constituição assegura os direitos à educação, saúde, moradia e transporte e incumbe os governos de realizarem o preceito constitucional, por meio de planos e programas específicos, para estendê-los a toda a população, universalizando-os.

As conquistas presentes na Carta de 1988 foram fruto de grandes movimentos e pressões dos diversos setores da sociedade brasileira, que se manifestaram por meio de emendas populares e abaixo-assinados encaminhados às comissões responsáveis pela elaboração do texto a ser votado.

## A persistência da questão racial no Brasil

*Apesar de o racismo ser considerado, na Carta da Constituição de 1988, crime inafiançável, qual a situação do negro na sociedade brasileira contemporânea? Pensando nisso, Lilian Moritz Schwarcz aponta exemplos que, mesmo após a reforma constituinte, demonstram a persistência de atitudes discriminatórias, problematizando a concepção da "democracia racial" que prevaleceria no país.*

A situação aparece de forma estabilizada e naturalizada, como se as posições sociais desiguais fossem quase um desígnio da natureza, e atitudes racistas, minoritárias e excepcionais: na ausência de uma política discriminatória oficial, estamos envoltos no país de uma 'boa consciência' que nega o preconceito ou o reconhece como mais brando. Afirma-se de modo genérico e sem questionamento uma certa harmonia racial e joga-se para o plano pessoal os possíveis conflitos. Essa é sem dúvida uma maneira problemática de lidar com o tema: ora ele se torna inexistente, ora aparece na roupa de alguém outro. É só dessa maneira que podemos explicar os resultados de uma pesquisa realizada em 1988, em São Paulo, na qual 97% dos entrevistados afirmaram não ter preconceito e 98% – dos mesmos entrevistados – disseram conhecer outras pessoas que tinham, sim, preconceito. Ao mesmo tempo, quando inquiridos sobre o grau de relação com aqueles que consideravam racistas, os entrevistados apontavam com frequência parentes próximos, namorados e amigos íntimos. Todo brasileiro parece se sentir, portanto, como uma ilha de democracia racial, cercado de racistas por todos os lados.

(...) Os resultados parciais de um trabalho sobre os bailes negros em São Paulo podem ser entendidos de forma inversa, mas simétrica. A maioria dos entrevistados negou ter sido vítima de discriminação, porém confirmou casos de racismo envolvendo familiares e conhecidos próximos. Investigações sobre a existência de preconceito de cor em diferentes núcleos brasileiros têm apresentado conclusões convergentes. Em pequenas cidades costuma-se apontar a ocorrência de casos de racismo apenas nos grandes conglomerados, *mas o contrário também acontece* – na visão dos habitantes de São Paulo e do Rio de Janeiro, é nas pequenas vilas que se concentram os indivíduos mais radicais. Isso para não falar do uso do passado: quando entrevistados, os brasileiros jogam para a história, para o período escravocrata, os últimos momentos do racismo.

(...) No Brasil convivem sim duas realidades diversas: de um lado, a descoberta de um país profundamente mestiçado em suas crenças e costumes; de outro, o local de um racismo invisível (...). Afinal, o que dizer de um país onde 50% da população negra tem uma renda inferior a dois salários mínimos? Como entender a democracia racial em uma nação onde só 4% da população negra chega à universidade?

Fonte: SCHWARCZ, L. M. Nem preto nem branco, muito pelo contrário: cor e raça na intimidade. In: SCHWARCZ, L. (Org.). *História da Vida Privada no Brasil:* contrastes da intimidade contemporânea. v. 4. São Paulo: Companhia das Letras, 1998. p. 179-242.

## A política externa e a aproximação com os vizinhos

*A aproximação com os países vizinhos, particularmente a Argentina, foi a marca da política externa de Sarney. Essa política foi a base para a criação do Mercosul (Mercado Comum do Sul), bloco econômico regional que contou originariamente com quatro países-membros (Argentina, Brasil, Uruguai e Paraguai). Chile, Bolívia, Peru, Colômbia, Equador, Venezuela (esta, a partir de 2006), Guiana e Suriname (desde 2013), são membros-associados. Com dificuldades internas provocadas, principalmente, por disputas entre Argentina e Brasil, o Mercosul enfrenta grandes desafios para operar realmente como uma área de livre-comércio.*

*Vejamos como foi a aproximação para se formar esse bloco.*

O processo de redemocratização nos dois países [Argentina e Brasil], assim como a emergência de novas realidades no mundo, favoreceu uma reaproximação em meados dos anos 1980. (...)

Com esse pano de fundo, ocorreu uma inflexão da maior importância nas relações entre a Argentina e o Brasil, inaugurando um novo tipo de relacionamento entre ambos os países, que resultou na constituição do Mercosul. Os primeiros passos nesse sentido foram dados em novembro de 1985, quando, reunidos em Foz do Iguaçu, os presidentes da Argentina (Alfonsín) e do Brasil (Sarney) expressaram sua firme decisão de acelerar o processo de integração bilateral e de "explorar novos caminhos na busca de um espaço econômico regional latino-americano". Oito meses depois (julho de 1986), em visita a Buenos Aires, Sarney firmou com Alfonsín a Ata para a Integração Brasil-Argentina. A partir daí, os entendimentos avançaram e, em março de 1991, foi assinado o Tratado de Assunção, que estabeleceu o Mercado Comum do Sul, com a adesão do Paraguai e do Uruguai.

(...) O desempenho do Mercosul durante os anos 1990 pode ser ordenado em períodos distintos, com base em três indicadores, cuja combinação oferece um relato dinâmico desse desempenho: 1) a evolução da interdependência econômica; 2) a distância entre os acordos e sua implementação; 3) a forma que, em cada momento, assumiu a politização do processo.

Fonte: FAUSTO, B.; DEVOTO, F. J. *Brasil e Argentina:* um ensaio de história comparada (1850-2002). São Paulo: Editora 34, 2002.

**1)** Por que a criação do Mercosul significou uma nova política externa do Brasil?

Apesar da crise econômica e das denúncias de corrupção, o maior legado do período foi a consolidação da volta à democracia. Aos poucos, o presidente substituiu seus ministros e realizou um governo de preservação da ordem democrática, mas sem um combate eficiente aos problemas econômicos e sociais. A corrupção, graças à liberdade de imprensa, era denunciada, mas a impunidade persistia. A troca de favores entre políticos, como a concessão de emissoras de rádio e televisão por parte do governo federal, como forma de retribuir a sustentação política, contribuiu para um final de governo melancólico. O apoio popular do período do Cruzado se dissipara e durante as eleições presidenciais diretas de 1989, as primeiras para presidente desde 1960, Sarney não teve um único candidato a defender o seu governo.

---

## *Vivendo seu tempo*

### Vale tudo

As novelas de televisão são um fenômeno de público no Brasil, sendo acompanhadas por dezenas de milhões de pessoas.

Uma das mais polêmicas foi *Vale Tudo*, novela de Gilberto Braga, da Rede Globo, em 1988. A vilã Odete Roitman, interpretada pela atriz Beatriz Segall, e seu assassinato mobilizaram o país. Os telespectadores se perguntavam: quem matou Odete Roitman? A trama, com personagens corruptos, terminou com Marco Aurélio (interpretado pelo ator Reginaldo Faria) – um poderoso e corrupto diretor das empresas de Odete Roitman, que contava com a sua conivência para praticar atos ilícitos – fugindo do Brasil em um jatinho particular e fazendo um gesto obsceno enquanto o avião levantava voo. Como nos enredos das novelas, em geral, os vilões são punidos e as personagens de bom caráter se dão bem, esse final surpreendeu, pois era uma alusão ao cenário político de impunidade vivido à época.

---

## O governo Collor (1990-1992)

A campanha eleitoral de 1989 para presidente da República teve um grande número de candidatos. Mais de vinte disputaram o pleito, dentre eles alguns nomes tradicionais da política brasileira como Leonel Brizola, ex-governador e cunhado do ex-presidente João Goulart; Ulysses Guimarães, presidente do PMDB e líder da oposição ao regime militar; Mário Covas, senador por São Paulo e que também era opositor dos militares. No entanto, dois novos nomes da política nacional chegaram ao segundo turno: o ex--governador de Alagoas, Fernando Affonso Collor de Mello e o líder sindical, Luiz Inácio Lula da Silva.

A eleição dividiu o país em duas propostas políticas. De um lado, a candidatura de Collor, com 40 anos de idade, oriundo de um partido pequeno, o PRN (Partido da Reconstrução Nacional), e de um estado pequeno, sem grande peso eleitoral. A maciça propaganda televisiva consolidou os temas do candidato. Em meio aos escândalos de corrupção e de ineficiência do Estado, Collor centrou sua campanha em uma cruzada moralizadora, de "caça aos marajás" – como se passou a chamar os funcionários públicos que tinham rendimentos considerados excessivos –, e a modernização da administração, com a promessa de abertura da economia e maior inserção do país no mercado global.

LULA MARQUES/FOLHA IMAGEM, reproduzido do jornal *Folha de S.Paulo*, 18 nov. 1990, fornecido pela Folhapress.

SALOMON CYTROWICZ/PULSAR

Collor se preocupava em transmitir a imagem de arrojado e dinâmico. Praticante de esportes, fazia de suas corridas semanais e outras demonstrações atléticas um fator de propaganda de seu governo. Usava camisetas com dizeres impressos, enviando recados para a população, repercutidos pela mídia.

De outro lado, a candidatura de Lula, pelo PT (Partido dos Trabalhadores), representava os setores mais progressistas e as esquerdas – propunha reformas sociais e econômicas que pretendiam alterar a estrutura da sociedade brasileira, como a reforma agrária. O discurso de Lula encontrava resistência entre setores mais conservadores, mas ao mesmo tempo atraía multidões a seus comícios.

Fernando Collor, que contou com o apoio expressivo de setores da mídia, foi eleito presidente para um mandato de 5 anos, conforme previa a Constituição de 1988.

O início do governo Collor foi marcado por um plano econômico radical. Elaborado pela equipe da ministra da Fazenda, Zélia Maria Cardoso de Mello, o plano bloqueou os valores acima de 50 mil cruzados novos (cerca de 1.200 dólares) das contas bancárias, proibindo sua movimentação durante 18 meses. Decorrido esse período, os montantes bloqueados seriam devolvidos em parcelas, acrescidas de juros e correção monetária. O intuito era restringir a circulação de moeda como forma de frear o consumo e diminuir a inflação.

O Plano Collor, como foi denominado, embora tivesse contado com apoio inicial da população, produziu uma das maiores recessões na economia brasileira e dificultou a vida de micro e pequenas empresas. Além de confiscar os depósitos, o governo diminuiu as restrições às importações como forma de baixar os preços dos produtos brasileiros. Ao longo do ano a inflação caiu, mas não demorou a dar sinais de aceleração novamente, pondo em risco o objetivo de mantê-la sob controle. Assim, novos planos foram elaborados e recebidos com descrença pela população.

O governo Collor foi responsável pela implementação de privatizações de empresas estatais, no que foi seguido pelos governos seguintes ao longo dos anos 1990. Os recursos recebidos com a venda das estatais foram usados prioritariamente para o pagamento de compromissos internacionais do Brasil. Collor adotou as práticas neoliberais (defesa do Estado mínimo e diminuição do papel do Estado na economia), que se tornavam as bases da economia mundial globalizada.

Envolvido em esquemas de corrupção e desvios de verbas de campanha, Collor perdeu o apoio da população. As ruas das principais cidades brasileiras foram tomadas pelos "caras-pintadas", estudantes que pintavam seus rostos com as cores nacionais em sinal de protesto, pedindo o afastamento do presidente.

Em setembro de 1992, em uma sessão do Congresso Nacional foi aprovado o pedido de afastamento do primeiro presidente brasileiro eleito pelo voto popular desde 1960 e, em dezembro, houve a votação final do processo pelo *impeachment*. Afastado, o presidente teve seus direitos políticos suspensos por 8 anos e voltou a participar da cena política ao ser eleito senador por Alagoas em 2006.

Fernando Collor de Mello desce a rampa do Palácio do Planalto após a decretação de seu afastamento pelo Congresso Nacional.

Em seu lugar, desde 2 de outubro de 1992, Itamar Franco, vice de Collor, ocupou o cargo de presidente. O "caçador de marajás" sucumbiu à pressão popular que se manifestava contra a corrupção.

A ministra da Fazenda, Zélia Cardoso, anunciou, em 16 de março de 1990, o Plano Collor em cadeia nacional de rádio e televisão. Antes do plano, o presidente eleito afirmara, quando perguntado sobre qual seria sua política econômica, que deixaria a "esquerda perplexa e a direita indignada".

# O governo de Itamar Franco (1992-1994)

Com a saída de Collor, Itamar Augusto Cautiero Franco assumiu definitivamente o governo, segundo o que previa a Constituição. O impedimento de Collor foi um grande teste para a democracia brasileira. Um presidente legítimo foi tirado do poder por um outro instrumento igualmente legítimo, sem convulsão política nem agitação militar. A ordem constitucional fora preservada e os movimentos que apoiaram a cassação de Collor, sob o lema da "Ética na Política", aguardavam as medidas do novo governo e o compromisso de Itamar com um governo de coalizão.

O ministério de Itamar foi composto de nomes de quase todos os partidos com representação no Congresso Nacional. O novo presidente iniciava um mandato breve para completar o período do governo Collor.

O governo Itamar teve uma conotação nacionalista com incentivo à indústria, por meio da renúncia fiscal, adotando a prática da isenção de impostos para as empresas em troca da criação de postos de trabalho.

Em virtude do fracasso de outros planos econômicos, o Plano Real, embora desacreditado a princípio, foi conquistando apoio da população e do mercado diante dos resultados obtidos.

A produção do Fusca, um automóvel de grande sucesso no Brasil dos anos 1960 a 1980, foi incentivada por Itamar Franco. Após a ação liberalizante de Collor, que chamou os carros brasileiros de "carroças", o presidente Itamar resgatava um dos símbolos da industrialização do passado. Foto de 23 de agosto de 1993.

EDUARDO KANAPP/FOLHA IMAGEM, reproduzido do jornal *Folha de S. Paulo*, 23 ago. 1993, fornecido pela Folhapress.

Diante de uma crise inflacionária e visando obter recursos para o financiamento do Estado, o governo prosseguiu com o programa de privatizações. A Companhia Siderúrgica Nacional (CSN), criada no governo Vargas e símbolo dos nacionalistas, foi privatizada na gestão Itamar, em 1993.

Novo plano de estabilização econômica começou a ser elaborado pelo ministro da Fazenda, Fernando Henrique Cardoso. Adotou-se um plano sem medidas drásticas, mas desvalorizando e alterando a moeda, que passou a se chamar "real". O Plano Real teve o mérito de conter a inflação sem congelamento de preços, nem confiscos, mas arrochou salários, e os preços convertidos para a nova moeda continham distorções em virtude da paridade real e dólar. No segundo semestre de 1994, um real chegou a valer cerca de US$ 0,80.

Junto com a nova moeda o governo aplicava as receitas das privatizações para ajustar as contas públicas, buscava o saneamento e controle dos bancos dos governos estaduais, muitos deles também privatizados.

A popularidade da moeda e o crescimento econômico deram ao presidente Itamar altas taxas de aprovação ao término de seu governo e garantiram o apoio ao seu ex-ministro da Fazenda, Fernando Henrique Cardoso, do PSDB, que foi eleito presidente em primeiro turno, derrotando o candidato do PT, Luiz Inácio Lula da Silva.

## A violência urbana no Brasil

Quando o povo unido comemorava as pequenas conquistas da democracia no início dos anos 80, não poderia imaginar que outros problemas por vir seriam tão mais difíceis e ardilosos a ponto de confundi-lo e desuni-lo nas décadas seguintes. O tema da violência, embora já preocupasse então a população, ficou quase esquecido até os últimos anos dessa década, quando se tornou um dos que mais ocupou o debate público na grande imprensa, e o acadêmico em seminários e congressos. Passou a fazer parte das conversas cotidianas na casa, na rua, na escola, nos estabelecimentos comerciais, nos jornais, nas rádios, em todos os canais da televisão, nos inquéritos e processos judiciais, onde quer que se comentasse o que acontecia e o que poderia acontecer.

(...) Estes [os crimes violentos] inequivocamente aumentaram durante os anos 80 nas regiões metropolitanas no Brasil, nos anos 90 em cidades do interior, especialmente as situadas nas inúmeras rotas do tráfico, as mais afetadas pela recente curva ascendente dos crimes violentos, em particular, o homicídio entre homens jovens. (...)

Segundo as estatísticas policiais, na região metropolitana do Rio de Janeiro, a taxa de homicídios triplicou na década de 80, passando de 23 mortos em cada 100 mil habitantes em 1982 para 63,03 em 1990, período em que a população da cidade aumentou 1,13%, ou seja, permaneceu quase estacionária. (...) Os homicídios atingem mais os adolescentes e jovens adultos do sexo masculino das metrópoles, cidades e regiões mais ricas, assim como as de maior crescimento populacional e econômico do país. Dentro das metrópoles, são as áreas e regiões mais pobres os mais afetados.

(...) Nos anos 90, a generalização de imagens da cidade como um ambiente violento e os sentimentos de medo e insegurança dela decorrentes passaram a fazer parte do cotidiano dos seus moradores, mas atingiram particularmente os que vivem nas favelas e bairros pobres. Essas ameaças à segurança quebram o equilíbrio das tensões em que se monta a paz social, vindo a alimentar os círculos viciosos da violência cotidiana em que os pobres tornam-se os mais temidos e os mais acusados, justificando a violenta e injusta repressão que sofrem.

Fonte: ZALUAR, A. *Para não dizer que não falei de samba: os enigmas da violência no Brasil.* In: SCHARCZ, L. (Org.). *História da Vida Privada no Brasil: contrastes da intimidade contemporânea.* v. 4. São Paulo: Companhia das Letras, 1998. p. 246-252.

Enterro de menor, vítima do episódio conhecido como "Chacina da Candelária", que ocorreu no Rio de Janeiro, no dia 27 de julho de 1993. Na ocasião, sete meninos e um jovem, todos moradores de rua, foram assassinados a tiros por policiais militares. O crime repercutiu no Brasil e no exterior. Entidades como a Anistia Internacional e a Unicef encaminharam documentos denunciando o massacre e pedindo a punição dos culpados.

# Os governos de Fernando Henrique Cardoso (1995-2002)

Com o sucesso do plano de combate à inflação, Fernando Henrique obteve grande apoio político para realizar outras medidas que reformaram a economia brasileira e deveriam assegurar o crescimento econômico e consolidar o plano de estabilização.

FHC propôs uma reforma do Estado baseada em dois pontos centrais: a disciplina fiscal e a redução da participação do Estado na economia. A disciplina fiscal pressupunha que o governo deveria cortar suas despesas e adequar o seu funcionamento à sua capacidade de arrecadação. Assim, temas como reforma na previdência, principalmente no setor privado, foram debatidos ao longo do primeiro mandato de FHC. Outras reformas, como a sindical e a trabalhista, que previam a flexibilização de direitos dos trabalhadores, não prosperaram, e o governo enfrentou grande desgaste ao defender essas medidas.

O Estado reduziu sua interferência na economia, ampliando as privatizações e abrindo o mercado. Diversos setores, como o energético e de telecomunicações, passaram por grandes transformações no período.

O sociólogo Fernando Henrique Cardoso foi perseguido pela ditadura e cassado como professor da Universidade de São Paulo. Viveu no exílio por muitos anos. Ao voltar ao Brasil, entrou na política, tendo sido senador por São Paulo e ministro das Relações Exteriores e da Fazenda. Em 1994 foi eleito presidente do Brasil e reeleito em 1998.

ORMUZD ALVES/FOLHA IMAGEM, reproduzido do jornal *Folha de S.Paulo*, 1.º jan. 1995, fornecido pela Folhapress.

A batalha em torno das privatizações, aos poucos, deixava de ser questionada e passou-se a discutir o modelo de sua implantação, como preços mínimos para os serviços, garantias de investimento das empresas, mecanismos de reajuste das tarifas. Os preços de serviços públicos sob concessão, como telefone, energia e transporte (incluindo os pedágios das estradas privatizadas), passaram a ter grande impacto no bolso dos cidadãos.

A adoção do programa de privatizações foi uma forma de atrair capitais estrangeiros para o país, aumentando a entrada de moeda estrangeira. Porém, a manutenção de uma política de juros altos e de déficit na balança comercial (importava-se mais do que se exportava) fez com que a dívida brasileira crescesse muito no período. Ou seja, a entrada de capital externo não resolveu os problemas das contas nacionais e não ajudou a aliviar a dívida externa.

Com o real valorizado e aprovado pela população, a popularidade de FHC era alta. Com isso, apesar das denúncias da imprensa de compra de votos de deputados, criaram-se as condições para uma reforma constitucional que implementou o direito à reeleição para os ocupantes de cargos do Poder Executivo. Na campanha eleitoral de 1998, FHC conquistou um novo mandato já no primeiro turno das eleições, derrotando novamente Luiz Inácio Lula da Silva, do PT.

Durante a campanha eleitoral, alguns indicadores econômicos já apontavam problemas, como baixas taxas de crescimento econômico e altos índices de desemprego. No entanto, o presidente-candidato apresentou-se como um nome experiente, afirmando que seu segundo mandato, após a estabilização econômica obtida no primeiro, seria o mandato do crescimento. Logo após o início da segunda gestão, o real foi desvalorizado em relação ao dólar, encarecendo as importações e os produtos que o país adquiria do exterior.

Em janeiro de 1999, a economia brasileira sofreu um grande teste: em apenas um dia, o capital especulativo internacional retirou do país mais de um bilhão de dólares, ameaçando levar o Brasil à bancarrota. O país recorreu ao FMI para obter empréstimos, que mais uma vez impôs sua política de arrocho fiscal e de equilíbrio orçamentário, com efeitos recessivos. A crise econômica agravou-se e a popularidade de FHC despencou.

## Questões sociais

Os indicadores sociais do período FHC foram marcados por uma política de reforma agrária mais ampla do que a adotada em governos anteriores, em parte obtida pela pressão de movimentos de trabalhadores, como o MST (Movimento dos Trabalhadores Rurais Sem Terra). O número de assentamentos realizados pelo governo, no entanto, foi insuficiente para acalmar os ânimos no campo. Os conflitos pela terra, em regiões como o Pontal do Paranapanema, no Estado de São Paulo, e no Pará, foram constantes. O MST reivindicava maior agilidade na distribuição das terras e apoio aos assentamentos. Os proprietários, por sua vez, questionavam os métodos dos sem-terra e a legitimidade de suas ações.

No Brasil, de forma geral, os índices socioeconômicos são preocupantes. A pobreza, a falta de recursos, a miséria, estão espalhadas por todo o país, sendo que os melhores índices continuam sendo os da região Centro-Sul do país. Mesmo nas regiões mais abastadas, não são raras as famílias que vivem do que coletam nos lixos (Itaquaquecetuba, SP, 1995).

Outra importante questão social era a educação básica. Persistiu-se na meta de universalização do acesso à escola, porém a qualidade do ensino era, e ainda é, muito precária. Em testes internacionais os brasileiros ocupam as últimas posições.

Na saúde, durante a gestão FHC o Brasil foi premiado por políticas de combate a AIDS, mas ainda ostentava altos índices de desnutrição e doenças relacionadas à pobreza.

A desigualdade econômica é também regional. O próprio presidente FHC declarou diversas vezes que o Brasil não era um país pobre, era um país injusto. Nas regiões mais desenvolvidas, como o Centro-Sul, as oportunidades de emprego e acesso aos serviços essenciais como educação e saúde, embora deficitários, são mais acessíveis. O analfabetismo, em dados de 1997, era de 8,6% entre a população do Sudeste e no Nordeste chegava a 29,4%.

## O governo Lula (2003-2010)

Nas eleições de 2002, o PSDB lançou como candidato à presidência o ex-ministro da Saúde, José Serra, que foi derrotado no segundo turno por Luiz Inácio Lula da Silva, do PT, tendo como vice um grande empresário do setor têxtil, o ex-senador mineiro José Alencar. O ex-líder metalúrgico tinha sido derrotado sucessivamente desde 1989 nas disputas presidenciais, mas seu nome agregou diversos setores da sociedade brasileira nas eleições de 2002.

Luiz Inácio Lula da Silva, no dia em que se tornou presidente do Brasil.

Com um amplo arco de alianças, que superou o isolamento das campanhas anteriores, o candidato recebeu votos de todas as classes sociais de norte a sul do país. A campanha de Lula foi marcada por um apelo à esperança, e muitos viram nele a possibilidade efetiva de mudanças – para essa grande massa de esperançosos, o PT conseguiria acabar com a estagnação da economia, promovendo a inclusão social e modernizando as principais estruturas políticas, econômicas e sociais.

A história de um presidente vindo das camadas mais populares conferiu a Lula da Silva uma aura de vencedor após seguidas derrotas eleitorais. Nos dois primeiros anos de seu mandato, a popularidade do presidente era alta, apesar de não terem aparecido os resultados expressivos de um governo que se propunha a grandes transformações.

Em 2005, um grande escândalo paralisou por meses o país, em termos políticos. A denúncia de que deputados recebiam um "mensalão" para compor a base de sustentação do governo, sobretudo nas votações das reformas mais polêmicas, gerou uma crise.

Alguns dos principais aliados de Lula, como José Dirceu (ministro da Casa Civil) e Antônio Palocci (ministro da Fazenda), deixaram os cargos por vinculações aos escândalos que sacudiram o mandato de Lula.

No campo econômico, o primeiro ano do mandato foi de apreensão nos meios financeiros. Adotando uma política conservadora, o presidente conseguiu reduzir as desconfianças em relação ao seu governo, mas também fez com que muitos aliados criticassem sua política econômica. O governo manteve o compromisso com o ajuste fiscal. A preservação de juros altos inviabilizou um crescimento econômico no primeiro ano de gestão e os índices de desemprego cresceram. Apenas nos anos seguintes do mandato, a economia deu sinais de um pequeno crescimento. Um gesto à esquerda foi a não renovação dos acordos com o FMI, uma antiga reivindicação dos setores nacionalistas em sucessivos governos.

A área social enfrentou grandes problemas operacionais. O principal programa do governo, o "Fome Zero", teve grande repercussão na mídia, inclusive no exterior. Internamente, a adoção do programa teve resultados abaixo do que era anunciado. Os programas de transferência de renda foram ampliados na gestão Lula. O Bolsa-Família chegou a atingir mais de 11 milhões de famílias e se tornou o principal ponto de apoio popular ao presidente, entre as pessoas mais pobres do país.

Mesmo com a instalação de CPIs (Comissão Parlamentar de Inquérito) para investigar os escândalos associados a integrantes de seu governo, e que duraram até o início da campanha eleitoral de 2006, Lula conseguiu recuperar a popularidade e entrou na disputa eleitoral para um segundo mandato de presidente, colhendo os frutos de seus programas sociais; porém, as denúncias de corrupção em seu governo comprometeram sua credibilidade em diversos setores formadores de opinião. Na disputa para um segundo mandato de presidente, concorreu com os candidatos Geraldo Alckmin (PSDB), ex-governador de São Paulo, a senadora Heloísa Helena (PSol), uma dissidente do PT, que discordou das políticas conservadoras implementadas pelo governo e representou o discurso dos grupos mais radicais de esquerda na eleição presidencial, e o ex-ministro da Educação e senador Cristovam Buarque (PDT).

Em janeiro de 2007, Lula anunciou o Programa de Aceleração do Crescimento (PAC), que previa investimentos públicos e privados de R$ 503,9 bilhões até 2010. Com o intuito de acelerar a economia, o programa era dividido, basicamente, em cinco grandes blocos que incluem medidas com o objetivo de aumentar os investimentos na área de infraestrutura; estimular o crédito e o financiamento com juros baixos; rever a legislação ambiental; reduzir impostos; e simplificar trâmites burocráticos.

O PAC tornou-se alvo de controvérsias, principalmente pela imprensa e por partidos da oposição ao governo, com alegações de obras paralisadas e irregulares. De acordo com a oposição, ele teria sido supostamente criado com fins eleitorais, unindo todos os gastos e investimentos do Governo Federal sob uma nomenclatura que facilitaria sua divulgação. Nesse sentido, acusaram o presidente Lula de utilizar a inauguração de obras como forma de promoção do partido de que faz parte. Além disso, alegaram que a distribuição da verba do programa privilegiaria administrações de partidos da base aliada do governo.

No segundo mandato de Lula, destacaram-se também as ações voltadas para a política externa. Nesse sentido, notou-se um esforço no sentido de expandir e consolidar a integração com os países sul-americanos, além da abertura de novas rotas comerciais com países com os quais o Brasil pouco se relacionava, especialmente a China, os países árabes e os africanos. O governo também pleiteou um assento permanente no Conselho de Segurança da Organização das Nações Unidas (ONU), o que consolidaria a crescente importância diplomática que o país conquistou nos últimos anos.

Por outro lado, esse esforço resultou em ações controversas, como o envolvimento do Exército Brasileiro na Missão das Nações Unidas para a estabilização do Haiti. Trata-se de uma missão de paz criada pelo Conselho de Segurança da ONU em abril de 2004 para restaurar a ordem no país, após um período de insurgência e da deposição do presidente Jean-Bertrand Aristide. Por ter o maior contingente de tropas, o Brasil assumiu o cargo de coordenação da missão. Além disso, o Brasil fez investimentos no país, não relacionados aos gastos da atuação militar. Criticou-se, sobretudo, o fato de o envolvimento brasileiro se relacionar essencialmente à tentativa de se tornar um país mais influente e à garantia de interesses comerciais no país caribenho, em detrimento de ajuda humanitária a um país arrasado. Na capital Porto Príncipe, os militares brasileiros eram vistos como forças repressoras, violentas e truculentas.

Ao término de oito anos de governo Lula, os brasileiros foram às urnas. A campanha eleitoral tinha uma novidade: pela primeira vez desde o restabelecimento das eleições diretas em 1989, Luis Inácio Lula da Silva não era candidato. Entretanto, com os altos índices de popularidade ao término do mandato, Lula foi a principal figura política da campanha eleitoral. Seus opositores, como o candidato José Serra (PSDB) e a ex-ministra do Meio-ambiente, Marina Silva (PV), tentaram convencer a população de que seus planos políticos significavam preservar as conquistas do período e avançar em direção a outras propostas. No campo lulista, defendendo o legado do governo, a candidata foi a ex-ministra da Casa Civil, Dilma Rousseff, que disputava sua primeira eleição.

## O governo Dilma (desde 2010)

O governo de Dilma Rousseff iniciou com o desafio de preservar o legado político do antecessor e como uma continuidade de prosseguir as políticas sociais e econômicas do segundo mandato de Lula. Sem nunca ter disputado uma eleição, Dilma teve uma relação tensa com a ampla coligação que a elegeu e com outros partidos que integraram sua base parlamentar. O ministério de Dilma teve 39 cargos para contemplar o modelo político que foi instaurado na Nova República, em 1985, com uma coalizão de diferentes partidos e ideologias políticas. Nos programas sociais, a maior bandeira da gestão de Dilma Rousseff foram os programas de moradia popular e a ampliação da cobertura do Bolsa Família.

O modelo econômico foi pautado por intervenções do governo e mudanças de rumos em relação às ações adotadas desde o Plano Real. O governo de Dilma limitou, por exemplo, as taxas de lucro das empresas concessionárias de serviços públicos, o que desagradou ao mercado. Por outro lado, com generosos financiamentos de bancos

A eleição presidencial de 2010 apresentou algumas surpresas: o elevado índice de votação em favor da candidata Marina Silva (19,33% dos votos) e, diferentemente do que se previa, a necessidade de um segundo turno entre a candidata Dilma Rousseff (46,91% dos votos) e o candidato José Serra (32,61% dos votos).

951

públicos, estimulou projetos de grandes obras de infraestrutura, como a construção de usinas hidrelétricas na Amazônia, além de reformas de rodovias, portos e aeroportos. As medidas eram apresentadas como uma forma de enfrentar a crise internacional e manter o crescimento econômico.

No primeiro mandato, encerrado em 2014, o governo conseguiu preservar as altas taxas de emprego, mas o crescimento econômico foi pequeno. O governo ampliou seus custos e assistiu o retorno da inflação em índices mais elevados.

Em junho de 2013, mesmo com a presidente tendo altas taxas de popularidade, a população tomou as ruas das principais cidades do país em uma série de manifestações políticas. Os protestos começaram de forma difusa contra o reajuste das tarifas do transporte público, mas ampliaram-se para outras pautas. Às vésperas da Copa das Confederações, evento que antecedia a realização da Copa do Mundo de Futebol (em 2014), a população questionava as prioridades governamentais, os altos custos dos eventos esportivos e cobrava investimentos em saúde, educação e mobilidade urbana.

Os manifestantes foram duramente reprimidos pelas polícias, mas conquistaram o apoio da população e de lideranças políticas. A reação violenta das polícias, inclusive com manifestantes e jornalistas feridos, revelou uma face repressora e problemática das forças de segurança. O uso de leis que remetiam ao período da ditadura, em plena vigência da Constituição de 1988, expressou uma série de contradições da sociedade brasileira.

Nesse quadro, a presidente perdeu popularidade e enfrentou uma acirrada disputa eleitoral contra Aécio Neves (PSDB) e Marina Silva (PSB). A desaceleração econômica e um grave escândalo de corrupção na Petrobras envolvendo políticos da base aliada tiveram um efeito devastador sobre a popularidade da mandatária. No entanto, Dilma apresentava-se no horário eleitoral como a garantia dos avanços sociais dos últimos anos e punha sob suspeição as ações que seriam tomadas se um de seus adversários vencesse as eleições.

Reeleita, Dilma adotou medidas opostas às anunciadas na campanha eleitoral. O governo promoveu um ajuste econômico com aumento de impostos, corte nos investimentos e limitação de benefícios sociais, como o seguro-desemprego. A intenção era garantir o controle da inflação e recuperar a credibilidade no circuito financeiro internacional. Tais medidas, entretanto, descontentaram os apoiadores à esquerda, e provocaram uma queda brusca da economia e um quadro recessivo.

Em março de 2015, com menos de 90 dias de governo, Dilma foi alvo das maiores manifestações políticas desde as "Diretas já". Milhões de brasileiros foram às ruas pedindo o afastamento da mandatária. O ambiente político, radicalmente polarizado, ficou ainda mais conturbado com as investigações da Operação Lava Jato, que levou à prisão de executivos das principais empreiteiras do país e de líderes políticos próximos ao governo.

Dilma começou o segundo mandato com uma grave crise econômica e política, sem apoio da maioria da população, isolada por antigos aliados e sofreu sucessivas derrotas no parlamento.

ANTÔNIO CRUZ/AGÊNCIA BRASIL

Sessão solene de posse do segundo mandato de Dilma Rousseff no Congresso Nacional (Brasília, 1º de janeiro de 2015).
Os expressivos níveis de aprovação do governo Lula impulsionaram a candidatura de Dilma Rousseff à presidência, em 2010. Ministra do governo Lula, concorrendo por uma coligação de partidos liderada pelo PT, Dilma venceu as eleições, tornando-se a primeira mulher eleita presidenta do Brasil. Em 2014, entretanto, sua reeleição foi pela menor diferença eleitoral desde o final da ditadura, em 1985.

A crise econômica foi sentida pelos brasileiros de forma direta. A elevação do custo de vida, consequência da alta de preços como o aumento de tarifas do serviço público, trouxe de volta o temor da inflação e seus efeitos negativos na economia cotidiana. Para equilbrar os gastos e conter a inflação, o governo adotou medidas impopulares como a elevação da taxa de juros, a restrição do crédito, a suspensão de benefícios sociais, como o alcance do seguro-desemprego, e o retardamento de repasses para diversos serviços públicos. O desemprego subiu consideravelmente, as empresas diminuíram seus investimentos e o país entrou em recessão no segundo trimestre de 2015. Em setembro, uma agência internacional de investimento rebaixou a nota do país, indicando que o Brasil não era mais um local seguro para investir.

Pelo complexo quadro, entre intrigas de aliados e perdendo apoio entre setores importantes, discutia-se no país apenas seis meses após o início do novo mandato, se Dilma Rousseff teria condições de encerrar o mandato no prazo para o qual fora eleita.

THE ASAHI SHIMBUM/GETTY IMAGES

Vestida de verde e amarelo, a população foi às ruas em 2015 pedir o fim da corrupção e o *impeachment* da presidente Dilma. (São Paulo, 16 de agosto de 2015.)

---

## Saiba mais

### Governos de coalizão

O modelo político utilizado no Brasil, desde a redemocratização em 1985, considera a participação de diversos partidos para construir a maioria parlamentar. O modelo desenhado por Tancredo Neves, que levava grupos políticos rivais a participarem da administração, foi seguido por todos os presidentes. No Brasil, há quase 30 partidos registrados e mais de 20 possuem assentos no Congresso Nacional. A excessiva pulverização parlamentar exige que o Executivo ofereça cargos e verbas em torno de aprovação às suas medidas e enfrente negociações com grupos ideológicos muito distintos.

# Cinemateca

**Carandiru** (2002, Brasil, dir.: Hector Babenco)  A vida na Casa de Detenção de São Paulo, o presídio do Carandiru, vista pelos olhos do médico Dr. Dráuzio Varela, que durante anos, voluntariamente, tratou da carente população carcerária formada por mais de sete mil detentos.

**Central do Brasil** (1998, Brasil, dir.: Walter Salles)  Mulher que escreve cartas para analfabetos na estação Central do Brasil, no Rio de Janeiro, ajuda menino a procurar seu pai, no Nordeste, a quem nunca conheceu.

**Lavoura Arcaica** (2001, Brasil, dir.: Luiz Fernando Carvalho)  Um jovem sufocado por sua família patriarcal tradicional volta ao lar trazido por seu irmão, a pedido de sua mãe. Porém, sua volta acaba por desintegrar a estrutura familiar.

**Pixote – a Lei do mais Fraco** (1981, Brasil, dir.: Hector Babenco)  Menino de 11 anos, abandonado pelos pais, rouba para sobreviver nas ruas. Depois de várias internações em reformatórios educacionais públicos, torna-se um verdadeiro marginal, com o que aprendeu nessas internações.

# Revisitando a História

**1.** Por que o presidente Sarney teve dificuldades para demonstrar que comandava o governo? Explique.

**2.** Identifique os principais aspectos da Constituição de 1988 quanto aos princípios políticos e sociais e explique por que o deputado Ulysses Guimarães a designou como a "Constituição Cidadã".

**3.** Com a volta das eleições diretas as campanhas políticas ganharam um novo estatuto. A publicidade em torno dos candidatos e o uso da mídia se tornou central no processo de escolha dos chefes de governo. Publicitários e políticos a cada eleição buscam talhar uma determinada imagem dos candidatos. Dessa forma, programas políticos se misturam com a criação de um "produto" publicitário que busca agradar a maioria dos "consumidores"/eleitores. Observe as imagens de Collor nas páginas 942 e 943 e responda: a quais ideias Collor buscava vincular sua imagem? Explique.

**4.** O poeta de cordel Raimundo Santa Helena, do Rio de Janeiro, registrou o impacto do Plano Collor em seus versos. Analise e comente o significado deles:

O Plano Collor-Cruzélia
Pune rico e operário,
Federais e estaduais,
Mas não corta o salário,
Dos nobres legislativos,
Dos demais executivos
E nem do Judiciário

O Plano penalizou
Poupadores veteranos!
Desempregados descalços
Chupam ossos sem tutanos...
Que mais este sacrifício
Traga real benefício
O que não vi noutros Planos...

**5.** Identifique as principais medidas do governo FHC no campo político e econômico e os principais desafios na ordem social do período.

**6.** Com apoio dos mais pobres, taxa de aprovação a Lula sobe.

*Folha de S.Paulo*, 5 fev. 2006.

A partir dessa manchete, explique as possíveis causas para o desgaste e recuperação da popularidade do presidente Lula antes da eleição de 2006.

**7.** A barbárie chamada tortura continua existindo e alcançando seus objetivos. De acordo com dados do Human Rights Watch, "segundo grupos brasileiros de direitos humanos, um número significativo de delegacias policiais no Brasil, talvez até mesmo a maioria delas, possui uma cela de tortura. Essa cela é normalmente chamada de sala do pau, em referência à técnica de tortura mais utilizada pela polícia brasileira, o pau de arara".

PONTIERI, A. *A Barbárie da Tortura Continua e ainda É Tolerada.* *Disponível em:* <http://www.torturanuncamais-sp.org>. *Acesso em:* 14 jan. 2010.

O texto acima, escrito em 2009 pelo advogado Alexandre Pontieri, foi publicado no site do grupo "Tortura nunca mais", que busca combater a tortura no presente e buscar punição aos torturadores do passado. A partir desse texto, responda:

a) A prática descrita é permitida pela Constituição de 1988? Indique possíveis motivos para que ela continue ocorrendo.

b) "A Constituição de 1988 não é a conclusão do processo democrático, mas apenas o seu começo." Elabore um pequeno texto relacionando-o com essa frase.

**8.** Releia o quadro sobre a impunidade na sociedade brasileira e comente por que a morosidade e os privilégios da Justiça brasileira comprometem a democracia.

# Analise esta imagem

DANIEL AUGUSTO JR./PULSAR

Essa é uma fotografia instantânea e colorida, feita provavelmente do alto de algum palco ou edifício. A fotografia data do segundo semestre de 1992, quando as manifestações de rua intensificaram-se nas grandes cidades brasileiras. Percebemos uma grande porcentagem de jovens entre os manifestantes e as faixas nos evidenciam a participação de várias entidades civis, como, por exemplo, representantes de universidades e sindicatos. A foto mostra que os manifestantes tomaram uma rua; não vemos o término da multidão – ela segue além da curva que vemos ao fundo da fotografia. Se realizarmos uma pesquisa nas fotografias que foram estampadas nos principais jornais e revistas da época, encontraremos fotos muito semelhantes. A imprensa deu muita atenção para as manifestações populares contra o governo Collor e, na maior parte dos casos, as grandes empresas de mídia incentivaram o movimento.

a) Quais eram os objetivos dos manifestantes? Explique usando elementos da imagem.

b) Quais foram as estratégias escolhidas pelo fotógrafo para mostrar a passeata?

c) O apoio e mesmo o incentivo de grande parte da imprensa às manifestações foi notável. Contudo, nem todas as manifestações no Brasil receberam a mesma cobertura da mídia. As manifestações dos trabalhadores sem-terra, por exemplo, receberam, de maneira geral, uma cobertura mais crítica dos grandes meios. Descreva como seria uma fotografia negativa de uma manifestação.

# Debatendo ideias

*Que País é Este?*
(Composição: Renato Russo)

Nas favelas, no Senado
Sujeira para todo lado
Ninguém respeita a constituição
Mas todos acreditam no
futuro da nação
Que país é esse? (3x)
No Amazonas, no Araguaia, iá, iá
Na Baixada Fluminense
Mato Grosso, nas Gerais
E no Nordeste tudo em paz

Na morte eu descanso
Mas o sangue anda solto
Manchando os papéis,
documentos fiéis
Ao descanso do patrão
Que país é esse? (3x)
Terceiro Mundo se for
Piada no exterior
Mas o Brasil vai ficar rico
Vamos faturar um milhão

Quando vendermos todas as almas
Dos nossos índios num leilão
Que país é esse? (3x)

*Brasil*
(Composição: Cazuza/ Nilo Romério/ George Israel)

Não me convidaram
Pra esta festa pobre
Que os homens armaram
Pra me convencer
A pagar sem ver
Toda essa droga
Que já vem malhada
Antes de eu nascer...
Não me ofereceram
Nem um cigarro

Fiquei na porta
Estacionando os carros
Não me elegeram
Chefe de nada
O meu cartão de crédito
É uma navalha...
Brasil!
Mostra tua cara
Quero ver quem paga
Pra gente ficar assim

Brasil!
Qual é o teu negócio?
O nome do teu sócio?
Confia em mim...
(...)
Grande pátria
Desimportante
Em nenhum instante
Eu vou te trair
Não, não vou te trair...

a) O que há em comum nas letras escritas por Renato Russo e Cazuza?
b) Quais os problemas nacionais aos quais os compositores fazem referência nas músicas?
c) Ao longo do capítulo, podemos observar alguns desafios que se colocaram para a democracia no Brasil desde o fim da ditadura militar. A corrupção, as desigualdades socioeconômicas, a violência e o preconceito racial são demonstrativos de que os avanços da democracia e da Constituição de 1988 não significaram uma mudança de práticas autoritárias e excludentes. Por outro lado, vivemos a mais longa experiência democrática no país. A partir do que foi exposto ao longo do capítulo, e o que expressam as duas músicas aqui sugeridas, discuta com seus colegas qual é o valor do exercício da democracia no Brasil de hoje, além de quais são os avanços e limites com os quais ela tem lidado para seu exercício pleno. Nas práticas e exemplos cotidianos, que democracia brasileira é essa?

# Questões de vestibular

**1.** (UFAL) Depois de anos de ditadura, o Brasil redefiniu seu caminho político em busca das liberdades democráticas. Havia muitas expectativas, e as eleições para presidente foram cheias de tensões e esperanças. A vitória de Fernando Collor surpreendeu, pois sua estratégia de propaganda deu certo, e ele assumiu o poder, prometendo melhorias para a sociedade. Durante o seu governo, Collor:

a) conseguiu fortalecer a economia, acabando com a inflação e adotando táticas da economia liberal.

b) seguiu projetos parecidos com os do varguismo, assegurando a liberdade dos sindicatos urbanos.

c) combateu o neoliberalismo, firmando projetos nacionalistas na indústria e na reforma da agricultura.

d) teve amplo apoio das forças políticas conservadoras, evitando polêmicas e buscando aumentar sua liderança partidária.

e) conviveu com o fracasso de seu plano econômico e com divergências políticas entre seus aliados

**2.** (UFU – MG) Analise o trecho da canção de Cazuza o Frejat e, a seguir, o poema de Augusto de Campos.

Meu partido é um coração partido
E as minhas ilusões estão todas perdidas
Os meus sonhos foram todos vendidos
(...)
E aquele garoto que ia mudar o mundo
Frequenta agora as festas do *Grand monde*
Meus heróis morreram de overdose
Meus inimigos estão no poder
Ideologia, eu quero uma pra viver.

*Ideologia*, de Cazuza e Frejat, 1988.

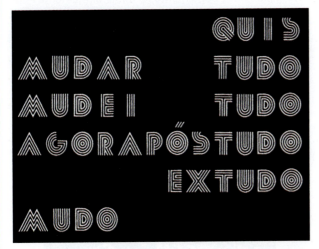

Disponível em: <http://www2.uol.com.br/
augustodecampos/07_03.htm>.

Considerando o processo histórico brasileiro, desde a década de 1960, marque para as alternativas abaixo (V) Verdadeira, (F) Falsa ou (SO) Sem Opção.

1 (   ) O trecho da canção e o poema expressam um Brasil pós-moderno, globalizado, conectado com todas as transformações que ocorrem no mundo. Nesse contexto, é preciso mudar continuamente para se adaptar às novas exigências do mercado.

2 (   ) A canção de Cazuza e Frejat, escrita em 1988, reflete o declínio da efervescência política de décadas anteriores e o refluxo das organizações estudantis e sindicais. As últimas mobilizações políticas em larga escala tinham ocorrido na campanha pelas "Diretas já".

3 (   ) O poema de Augusto de Campos, de 1985, coincide com a eleição indireta de Tancredo Neves/José Sarney para presidente e vice, em um grande arranjo político feito pelas lideranças partidárias. Os versos representam um momento de reflexão e balanço da geração que, nos anos 60 e 70, acreditava poder mudar tudo.

4 (   ) O poema e a canção remetem à queda do Muro de Berlim e ao colapso da União Soviética para lamentarem o fim das ideologias, o fim da história. Por isso, Cazuza e Frejat querem uma nova ideologia, já que o socialismo desapareceu e o poeta, no "pós tudo", no "ex-tudo", emudeceu, não tem mais o que mudar.

**3.** (FUVEST – SP) A partir da redemocratização do Brasil (1985), é possível observar mudanças econômicas significativas no país. Entre elas, a

a) exclusão de produtos agrícolas do rol das principais exportações brasileiras.

b) privatização de empresas estatais em diversos setores como os de comunicação e de mineração.

c) ampliação das tarifas alfandegárias de importação, protegendo a indústria nacional.

d) implementação da reforma agrária sem pagamento de indenização aos proprietários.

e) continuidade do comércio internacional voltado prioritariamente aos mercados africanos e asiáticos.

**4.** (UFPR) Que alternativa apresenta fator que levou à ingovernabilidade e ao posterior *impeachment* do presidente Fernando Collor de Mello?

a) Conspiração militar que culminou em golpe de estado, devido à esquerdização da política de governo e à aproximação diplomática entre o presidente e os países comunistas.

b) Pressão dos partidos de oposição, entidades profissionais e movimento estudantil pela apuração das denúncias de corrupção no governo.

c) Envolvimento do presidente em atentado ao líder oposicionista Ulysses Guimarães.

d) Pressão dos Estados Unidos, que viam nas reformas propostas por Collor indícios de uma política protecionista prejudicial a seus interesses comerciais.

e) Reação das elites ao confisco da poupança pelo Plano Collor e à taxação do capital financeiro.

**5.** (FUVEST – SP) Nos últimos 20 anos, houve mudanças socioeconômicas significativas no Brasil. Entre elas, observa-se que

a) a produtividade agrícola avançou, mas não eliminou os movimentos sociais no campo.

b) o país entrou na era da globalização e a produção industrial alcançou autonomia tecnológica.

c) as crises econômicas não foram superadas, mas o produto interno bruto (PIB) cresceu continuamente.

d) as políticas para o meio ambiente ocuparam o centro da agenda governamental e suas metas principais foram implementadas.

e) o desemprego se agravou, mas as políticas públicas compensaram seus efeitos negativos.

**6.** (UFPE) Apesar dos planos econômicos e das reivindicações, a economia brasileira continua colaborando com a riqueza de poucos e a miséria de muitos, o que nos leva a concluir que: (assinale as alternativas corretas)

a) vive hoje no Brasil uma grande parte da população em estado de exclusão social e, entre eles, estão também os miseráveis;

b) a forma de distribuição da renda e da riqueza é perversa e muitos dos problemas poderiam ser contornados com uma política agrária e social mais justa;

c) resolvida a questão da miséria do Nordeste, o problema brasileiro estaria resolvido, pois só no Nordeste existe miséria;

d) o descaso com o meio ambiente, em parte por culpa do Governo e dos setores industriais, vem provocando péssimas condições de vida para o povo brasileiro;

e) apesar da proibição das leis brasileiras e das constantes denúncias da imprensa acerca do trabalho infanto-juvenil, muitos brasileiros ingressam no trabalho antes dos 14 anos.

**7.** (ACAFE – SC) Fernando Collor de Mello, Itamar Franco e Fernando Henrique Cardoso (FHC) governaram o Brasil entre 1990 e 2002.

Sobre esses governos, suas características e contextos, todas as alternativas estão corretas, exceto:

a) Itamar Franco completou o mandato de Collor que sofreu processo de *impeachment*, acusado de diversas irregularidades em seu governo.

b) FHC reelegeu-se no 1º turno, em 1998, para seu segundo mandato, amparado, em grande parte, pela estabilização monetária do Plano Real.

c) Itamar Franco destacou-se pelos processos de privatização em seu governo, em especial da Companhia Vale do Rio Doce (mineradora estatal) e da Petrobras.

d) O Plano Real, projeto econômico que transformou a economia brasileira nos anos 90, foi implantado em 1994, no final do governo de Itamar Franco e sob a direção de FHC, que era o Ministro da Fazenda, nessa época.

e) Primeiro presidente eleito pelo voto direto desde a década de 60, Collor tomou posse defendendo, entre outras coisas, a privatização de empresas estatais e a abertura do Brasil ao mercado internacional.

**8.** (UFF – RJ) Em julho de 1998, foi privatizado o conjunto de empresas estatais brasileiras do sistema Telebrás, dando prosseguimento ao programa neoliberal do governo Fernando Henrique Cardoso.

Assinale a opção que melhor define "privatização":

a) aplicação de instrumento legal pelo Estado brasileiro no favorecimento de empresas;

b) apropriação do Estado pelo capital privado, nacional ou estrangeiro;

c) processo de incorporação de novas empresas privadas ao Estado – o mesmo que Estado-mínimo;

d) processo de organização de vendas das empresas estatais através de leilões nas Bolsas de Valores;

e) transferência do patrimônio público para o controle privado de setores empresariais, nacionais ou estrangeiros.

**9.** (IBMEC – SP) A Comissão Parlamentar de Inquérito, mais conhecida como CPI, é:

a) um órgão público que se reúne anualmente para acompanhar o andamento ético do governo, seja ele municipal, estadual ou federal.

b) eleita diretamente pelo povo para controlar os desvios financeiros e as denúncias que são feitas pela sociedade civil.

c) formada por senadores, deputados federais e uma parcela de representantes populares e tem amplos poderes para indiciar, investigar, e julgar crimes de corrupção política.

d) uma reunião de representantes populares que se organizam dentro do poder judiciário para investigar e julgar as denúncias de corrupção.

e) uma investigação conduzida pelo Poder Legislativo, que transforma a própria casa parlamentar em comissão, para ouvir depoimentos e tomar diretamente informações, quase sempre atendendo aos reclamos da sociedade.

**10.** (UERGS – RS) A charge abaixo retrata de forma crítica a sociedade brasileira. Considere-a.

A temática dessa charge está relacionada à:

I. crise econômica, ao desemprego e às mudanças na política social, que fazem crescer o número de pobres e "sem-teto";

II. má distribuição de renda e à concentração da riqueza, que revelam um "*apartheid* social", ilhas de fartura e bolsões de miséria, os quais compõem o mosaico de contrastes da sociedade brasileira;

III. miséria crônica da população brasileira, resultante de uma estrutura econômica perversa.

Quais estão corretas?

a) apenas I
b) apenas II
c) apenas III
d) apenas I e II
e) I, II e III

# A História continua:
# dinâmicas e questões do início do século XXI

*Neste capítulo, vamos tratar de processos que estão ocorrendo em nosso tempo.
Muitos episódios são apresentados no tempo imediato como rupturas e, pouco depois, são tratados como algo
efêmero, passageiro. Há outros que se constituem como parte de novas decisões e desdobramentos.
Por isso nos cabe a pergunta: o que apreender da história presente?
A resposta é imprecisa, como em toda área de conhecimento humano; por isso,
vale mais observarmos alguns percursos da atualidade e reconhecermos que a história continua.
Ela nos instiga a apreender aspectos e indagar continuamente, pois ninguém pode se tornar um conhecedor
apenas repetindo informações preexistentes. É o exercício da reflexão que nos permite compreender
os processos que estamos vivendo desde os anos 1990 até o presente.*

JOSH WESTRICH/ZEFA/CORBIS/LATINSTOCK

## Os Estados Unidos e a Nova Ordem Mundial (1990 aos dias atuais)

A década de 1990, com o fim da "era soviética", na expressão do historiador Eric Hobsbawm, encerrou o "breve século XX". A consolidação da liderança dos EUA era um fato reconhecido naqueles anos. Um cientista político chegou a proclamar que a humanidade alcançara o "fim da história", ou seja, ao longo de tantos processos que acompanhamos neste livro, o desdobramento final seria a consolidação de valores associados à política liberal, como a democracia, a lógica do mercado, o respeito à diversidade e, paradoxalmente, a permanência das desigualdades sociais e regionais, e uma infinidade de questões que desafiam o homem contemporâneo.

Mas a história, como vimos, é feita por homens e mulheres em sua própria época. Dessa forma, não há prognósticos que garantam o futuro. Há expectativas e projetos que são construídos e reconstruídos conforme as escolhas feitas em cada uma das circunstâncias e que englobam as dificuldades e possibilidades de transformações individuais e coletivas.

## A visão americana do "fim da história"

*O cientista político Francis Fukuyama que trabalhava no Departamento de Estado dos EUA publicou um artigo e depois um livro defendendo a tese de que a História culminaria no modelo liberal. De uma forma ou de outra as nações teriam seus próprios processos, mas, com a derrocada do socialismo, não havia projetos pungentes e mobilizadores de Estados e povos fora daquele modelo. Mais tarde, em 2004, o cientista reviu sua tese e criticou a adoção do modelo neoliberal que levou à destruição e fragmentação de diversos países pobres:*

"O colapso ou a debilidade do Estado já criou grandes desastres humanitários e de direitos humanos durante a década de 1990 na Somália, no Camboja, na Bósnia, em Kosovo, no Haiti e no Timor Leste. Durante algum tempo, os Estados Unidos e outros países puderam fingir que esses problemas eram apenas locais, mas o dia 11 de setembro provou que a fraqueza do Estado também constituía um enorme desafio estratégico".

*Fonte:* FUKUYAMA, F. Construção de Estados – Governo e organização no século XXI. Rio de Janeiro: Rocco, 2004. p. 11.

*No entanto, a tese da vitória liberal era propalada no início dos anos 1990 como a principal teoria para explicar a vitória do capitalismo e a configuração da Nova Ordem Internacional defendida pelos EUA.*

*Leia o que escreveu o autor na introdução de seu livro sobre o tema:*

Este livro tem como origem distante o artigo intitulado "O Fim da História?" que escrevi (...) no verão de 1989. Nesse artigo eu argumentava que, nos últimos anos, surgiu no mundo todo um notável consenso sobre a legitimidade da democracia liberal como sistema de governo, à medida que ela conquistava ideologias rivais como a monarquia hereditária, o fascismo e, mais recentemente, o comunismo. Entretanto, mais do que isso, eu afirmava que a democracia liberal pode constituir o "ponto final da evolução ideológica da humanidade" e "a forma final de governo humano", e como tal, constitui o "fim da história". Isto é, enquanto as formas mais antigas de governo caracterizavam-se por graves defeitos e irracionalidades, que as levaram ao colapso final, a democracia liberal estava aparentemente livre dessas contradições internas fundamentais. Não significa que as democracias estáveis atuais, como os Estados Unidos, a França ou a Suíça, estejam isentas de injustiças e sérios problemas sociais. Porém são problemas de implementação incompleta dos princípios de liberdade e igualdade, nos quais essas democracias se baseiam, e não oriundos de falhas nos próprios princípios. Embora alguns países contemporâneos não chegassem a alcançar uma democracia liberal estável, e outros revertessem para outras formas mais primitivas de governo, como a teocracia ou a ditadura militar, não seria possível aperfeiçoar o ideal da democracia liberal.

(...) A princípio muitas pessoas ficaram confusas com o uso que fiz da palavra "história". Tomando a história no sentido convencional de ocorrência de eventos, citavam a queda do Muro de Berlim, a rejeição do comunismo chinês na manifestação da Praça Tiananmen [da Paz Celestial] e a invasão do Kuwait pelo Iraque como provas de que "a história continuava" e que (...) minha teoria estava errada.

Contudo, o que eu sugeria não era o fim da ocorrência dos eventos, nem dos fatos grandes e importantes, mas da História, ou seja, da história como um processo único, coerente e evolutivo, considerando a experiência de todos os povos em todos os tempos.

*Fonte:* FUKUYAMA, F. *O Fim da História e o Último Homem.* Rio de Janeiro: Rocco, 1992. p.11-12, 406-407.

**1)** Por que a história teria chegado ao "fim" segundo o autor? Por que ele reviu a sua tese?

# A Ordem Mundial dos anos 1990

O fim da União Soviética em 1991 trouxe uma nova correlação de forças internacionais que foi definida pelo presidente americano George Bush como a Nova Ordem Mundial que, segundo ele, traduz "um mundo onde os países estão unidos, livres dos impasses da Guerra Fria, onde a liberdade e os direitos humanos são respeitados por todos".

Reagan nos Estados Unidos e Margareth Thatcher, primeira-ministra conservadora do Reino Unido (1979-1990), adotaram uma política que dominou o cenário mundial durante os anos 1990, conhecida como **neoliberalismo**. Este é uma adaptação das teorias do liberalismo clássico (século XVIII) às condições do capitalismo atual, no qual cria-se um Estado mínimo, ou seja, sem a interferência do Estado nas atividades produtivas. Os neoliberais defendem que o Estado deve ser o regulamentador das atividades produtivas, estabelecendo as regras e os mecanismos de funcionamento que assegurem a livre concorrência e a competição comercial, mas sem interferir diretamente no sistema produtivo.

A política neoliberal dominou as políticas ocidentais dos anos 1990, recomendando aos países em desenvolvimento que privatizassem suas empresas estatais, abrissem sua economia ao mercado internacional e permitissem o incremento das trocas de mercadorias e serviços.

A adoção desse processo ficou conhecida como **globalização**.

Durante o processo de globalização, empresas multinacionais instalaram-se em países mais pobres, nos quais a mão de obra era mais barata e, com isso, poderiam diminuir seus custos de produção. Os países que recebiam tais empresas, entretanto, não tiveram um surto acelerado de industrialização. Na maioria dos casos, repetia-se na industrialização as mesmas contradições e desigualdades conhecidas pelos países: de um lado, indústrias com sofisticados domínios tecnológicos (como no caso da automobilística) e processos com menor utilização de tecnologia (como na indústria têxtil ilustrada na foto).

## *Disseram a respeito*

### A globalização

A globalização do mundo expressa um novo ciclo de expansão do capitalismo, como modo de produção e processo civilizatório de alcance mundial. Um processo de amplas proporções, envolvendo nações e nacionalidades, regimes políticos e projetos nacionais, grupos e classes sociais, economias e sociedades, culturas e civilizações. Assinala a emergência da sociedade global como uma totalidade abrangente, complexa e contraditória. Uma realidade ainda pouco conhecida, desafiando práticas e ideais, situações consolidadas e interpretações sedimentadas, formas de pensamento e voos da imaginação.

Para reconhecer essa nova realidade, precisamente no que ela tem de novo, ou desconhecido, torna-se necessário reconhecer que a trama da história não se desenvolve apenas em continuidades, sequências, recorrências. A mesma história adquire movimentos insuspeitados, surpreendentes. Toda duração se deixa atravessar por rupturas. A mesma dinâmica das continuidades germina possibilidades inesperadas, hiatos inadvertidos, rupturas que parecem terremotos. (...)

De maneira lenta e imperceptível, ou de repente, desaparecem as fronteiras entre os três mundos, modificam-se os significados das noções de países centrais e periféricos, do norte e sul, industrializados e agrários, modernos e arcaicos, ocidentais e orientais. Literalmente, embaralhou-se o mapa do mundo, umas vezes parecendo reestruturar-se sob o signo do neoliberalismo, outras parecendo desfazer-se no caos, mas também prenunciando outros horizontes. Tudo se move. A história entra em movimento, em escala monumental, pondo em causa cartografias geopolíticas, blocos e alianças, polarizações ideológicas e interpretações científicas.

*Fonte:* IANNI, O. Globalização e a nova ordem internacional. In: REIS FILHO, D. A.; FERREIRA, J.; ZENHA, C. *O Século XX.* Rio de Janeiro: Civilização Brasileira, 2002. p. 207-208.

**1)** Explique por que o fenômeno da globalização é um processo contraditório.

A década de 1990 também foi caracterizada pela intensificação da revolução tecnológica e dos meios de transportes e telecomunicações. A geração e a detenção de tecnologia de ponta tornaram-se a principal forma de dominação econômica e política, sendo, entretanto, restrita a poucos países ricos do mundo. A internet, os satélites artificiais, a mecatrônica, a biotecnologia, a microeletrônica, a informática mudaram os paradigmas a respeito do conhecimento e da forma de transmiti-lo, alterando até mesmo as noções de distância e tempo. Temos a nítida sensação de que as distâncias encurtaram e o tempo acelerou-se; os acontecimentos mundiais são transmitidos em tempo real seja pela internet, redes de televisões, rádios, fax, graças aos avanços das telecomunicações. Hoje os fatos e acontecimentos ganham dimensão mundial e nunca os homens receberam uma quantidade tão grande de informações como atualmente.

Houve uma aceleração das trocas mundiais em todos os níveis, seja nas transações comerciais, no fluxo de capitais ou de pessoas. Também ocorreu uma reorganização espacial da indústria, que busca locais mais favoráveis onde a relação custo-benefício seja maior, encontrados principalmente nas economias emergentes, com mão de obra mais barata e incentivos fiscais. Com isso deu-se a internacionalização do capital e da produção, efetivada pelas empresas transnacionais apoiando-se na economia de mercado. Entende-se como economia de mercado o sistema econômico regido pelas leis do mercado, pela liberalização do comércio (com o fim ou diminuição das barreiras alfandegárias e das tarifas protecionistas), pela fixação dos preços pela lei da oferta e procura, pelo fim do Estado intervencionista e a livre circulação do capital como ponto central para o desenvolvimento econômico.

Essas grandes mudanças estruturais na economia e na geração de riqueza e bem-estar, entretanto, não incluíram os países mais pobres do mundo, que concentram mais de dois terços da população mundial. A globalização, em vez de incluir, tem excluído as mais diversas nações da dinâmica econômica mundial, aumentando o fosso entre ricos e pobres.

A charge ilustra as etapas produtivas enfrentadas pelos homens desde o tempo das cavernas à era tecnológica. Observe que na última imagem há uma crítica ao processo de desumanização vivido na era digital.

# As guerras da Nova Ordem

## As Guerras do Golfo I e II (1991 e 2003)

Em 1990, o dirigente iraquiano, Saddam Hussein, ordenou a invasão ao Kuwait visando ao seu fortalecimento geopolítico e alegando argumentos históricos de que aquele país pertencera ao Iraque no passado.

Os Estados Unidos, reforçando sua liderança mundial, lideraram uma coalizão de mais de 30 países que invadiu o Iraque, em janeiro de 1991, com anuência da ONU. A guerra durou apenas dois meses, com a vitória da coalizão.

Apesar de derrotado, Saddam não caiu e continuou como líder máximo iraquiano, sendo acusado de fabricar armas de destruição em massa, tendo inclusive usado armas químicas contra a população curda do norte do país em 1980.

A ONU decretou embargo total ao Iraque, que não permitia a inspeção de seu território por técnicos desse organismo, em busca de arsenais e locais de fabricação.

No governo de George W. Bush, uma nova ofensiva foi feita no Iraque, em 2003, desta vez sem a autorização da ONU e com a alegação de que o regime de Saddam produzia armas químicas. Saddam foi deposto, mas as armas nunca foram encontradas e o país entrou em guerra civil, dividido entre os diversos grupos que o compõem.

A ação de Bush foi sustentada na nova doutrina de defesa norte-americana, implantada depois dos ataques de 11 de setembro de 2001, pela qual se adotou o conceito de "guerra preventiva". Os EUA, em sua defesa, criaram uma justificativa para ações militares no início do século XXI. A Nova Ordem Mundial, termo que foi ficando em desuso, não representava necessariamente a vitória de um modelo liberal, muito menos a instauração de um mundo seguro.

A guerra que parecia fácil e "cirúrgica", como previa o Secretário de Defesa americano Donald Rumsfeld, mostrou-se muito mais onerosa e desgastante depois da queda de Saddam, capturado em dezembro de 2003.

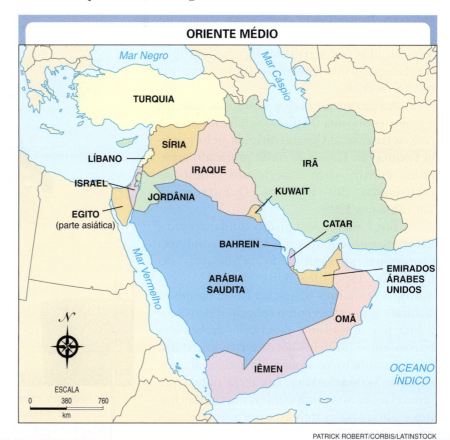

ORIENTE MÉDIO

## Os ataques terroristas de 11 de setembro de 2001

Em 11 de setembro de 2001, os EUA foram alvo de um grupo de terroristas ligados à al-Qaeda. O mundo assistiu, pela televisão, aos ataques a ícones do poderio americano, como as Torres Gêmeas de Nova York e ao Pentágono, órgão de defesa dos EUA. Aviões sequestrados por terroristas ligados a grupos fundamentalistas islâmicos foram jogados contra os alvos.

A ação surpreendeu o mundo, que viu a maior economia do globo sendo atacada. A rede terrorista al-Qaeda, dirigida pelo saudita Osama bin Laden, já havia praticado atentados contra alvos americanos, como às embaixadas dos EUA no Quênia e na Tanzânia em 1998.

Bin Laden e seu grupo fundamentalista foram apresentados ao Ocidente como um grupo que se opunha às ingerências do Ocidente, especificamente dos EUA, em assuntos dos países islâmicos. Nesse contexto se fundem questões como religião e petróleo, a luta por autonomia dos povos árabes e a tensão entre modelos laicos e religiosos. Bin Laden também se opunha a países árabes, como a Arábia Saudita, sua terra natal, que tem relações amistosas com os norte-americanos e abriga bases militares norte-americanas em seu território.

A resposta dos EUA, além de reforçar a segurança interna, foi uma pronta ação militar contra o Afeganistão. O grupo fundamentalista talibã governava o Afeganistão desde 1996 e acolheu bin Laden e seus seguidores, dando-lhes refúgio e permitindo que instalassem campos de treinamento para a al-Qaeda no país. Os EUA lideraram uma força de coalizão para depor o talibã, desfazer a rede terrorista e prender bin Laden e outros líderes. A milícia talibã foi derrubada, mas bin Laden não foi encontrado naquele momento. Apenas em 2011 os EUA anunciaram que bin Laden havia sido capturado e morto no Paquistão.

Outros ataques atribuídos à al-Qaeda ocorreram em Madri, em 2004, e em Londres, em 2005. Espanha e Inglaterra eram os principais parceiros dos EUA na ação militar no Iraque que depôs Saddam Hussein.

A televisão mostrou ao vivo o momento no qual o avião bateu na segunda torre do World Trade Center. Pouco depois o prédio desabava.

A rede al-Qaeda reivindicou a autoria dos atentados de Madri, Espanha, nas vésperas da eleição espanhola. O atentado aconteceu em trens lotados na manhã de 11 de março de 2004 e tinha como objetivo "punir" os espanhóis por terem mandado tropas para o Iraque.

## Hollywood vê o pós-11 de setembro

Há uma continuidade ideológica no cinema norte--americano que o 11 de setembro não rompeu. O impacto dos atentados é perceptível sobretudo na maneira como, a partir de então, certas representações agem de forma não mais "complexada". Após ter proclamado o "fim da História" nos anos 1990 – *Matrix* –, Hollywood anuncia o "fim do sonho" e a necessidade de os Estados Unidos entrarem novamente na História e se tornarem, mais uma vez, o motor dela. Habitualmente, para as manobras de segurança nacional, Hollywood sempre privilegia uma abordagem consensual. Mas, desde então, apesar do seu "anti-bushismo", tornou-se um dever levar em conta as representações na mídia dos atentados e de suas repercussões, sempre se inserindo num poderoso imaginário – alimentado, desde muito antes de 2001, por teorias como a do "choque de civilizações" (Samuel Huntington), a da "missão profética da América", a do "fim da História" (Francis Fukuyama), e a de que se pertence a um espaço comunitário.

(...) Com a destruição das Torres Gêmeas, os Estados Unidos tomam consciência da sua vulnerabilidade. Além disso, a decadência das instituições federais – em seu mandato de proteção dos indivíduos – acaba por retirar a legitimidade de várias propostas, tais como a do multilateralismo (incapaz de proteger a América), a do cosmopolitismo e a do que é tido como "politicamente correto", propostas estas que ainda entravavam o másculo desejo de poder norte--americano sobre os planos interior e exterior. Como isso é traduzido para o cinema?

A primeira reação de Hollywood foi a de não mostrar, "por pudor", as imagens relacionadas aos atentados. É o caso do famoso plano suprimido do Homem-Aranha (*Spider--Man*, de Sam Raimi, 2001), no qual o herói aparece fiando sua teia entre as Torres Gêmeas. Mas a necessidade de exorcizar o traumatismo acabou prevalecendo. Assim, em *Superman – O Retorno* (*Superman Returns*, de Bryan Singer, 2006), o primeiro ato do Superman é o de impedir a queda de um Boeing da US Air Force que transportava civis. Ele consegue aterrissá-lo num estádio de beisebol e é aplaudido pela multidão. Depois diz aos passageiros: "Espero que vocês continuem viajando de avião, este não deixou de ser o meio de transporte mais seguro". Preocupando-se com a diversão do espectador, esse gesto desconstrói, através do humor, a dramatização do impacto emocional dos atentados.

(...) Primeiro filme cuja temática é um episódio do 11 de setembro, *Voo United 93* (United 93, de Paul Greengrass, 2006) relata o sacrifício de passageiros de um dos voos "sequestrados", ato fundador da "Nova América". Fazendo do único europeu do voo (um alemão) um covarde, o filme glorifica uma cidadania sacrificadora, que funda a "utopia" da comunidade reconstituída diante do perigo. No mesmo passo, *World Trade Center* (de Oliver Stone, 2006) encena a divisão da comunhão melodramática e, de forma populista, valoriza a "coragem das pessoas comuns".

A exemplo de *Munique* (...), *Voo United 93* pertence à corrente "revisionista" de Hollywood, que reconstitui, de maneira quase documental, momentos históricos dos quais não sabemos praticamente nada. Por essa "reescritura" da História, os Estados Unidos mostram ter consciência de que, a partir de agora, só poderão contar com eles mesmos, e de que fracassou a política de abertura a um mundo multipolar (cujo símbolo é a ONU) (...).

O estado de exceção "pós-11 de setembro" se alimenta do sentimento de uma dupla ameaça: interior e exterior. *Boa Noite e Boa Sorte* (*Good night and good luck*, de George Clooney, 2006) responde a isso, apoderando-se de um episódio do macarthismo, para melhor criticar a política da Casa Branca. Mas *Cold Mountain* (de Anthony Minghella, 2003) vai mais longe. A Guerra da Secessão é mostrada como uma carnificina infame, enquanto, por trás do pano, saem ganhando aproveitadores de guerra e aprendizes de ditadores. Assim, a crítica torna-se possível pela transposição histórica.

Fonte: GÜREL, C.; GENUITE, J-M.; DERFOUFI, M. *Hollywood Vê o pós-11 de Setembro*. Disponível em: <http://diplo.org.br/2006-10,a1417>. Acesso em: 2 ago. 2015.

**1)** Há relação entre a produção cinematográfica e as visões sobre processos históricos? Justifique.

# A crise econômica de 2008/2009

A quebra de um banco de investimentos nos EUA em 2008 causou uma avalanche no sistema financeiro mundial. Outras empresas, como seguradoras e montadoras de automóveis, tiveram que recorrer ao socorro financeiro de governos de diferentes países para sobreviver. A maior crise do mundo globalizado fez aumentar o questionamento sobre as políticas econômicas adotadas, sobretudo a partir da década de 1990. A ausência de controle do mercado de capitais por parte dos governos é um dos alicerces do modelo econômico neoliberal, seguido por quase todos os países do mundo.

Do ponto de vista imediato, a crise teve como uma de suas causas a chamada "bolha imobiliária". Em 2001, o presidente do Banco Central dos EUA, Alan Greenspan, orientou os investidores a aplicarem recursos no mercado imobiliário. Com juros baixos, estimulou-se a aquisição de imóveis por meio de financiamentos. Porém, com a gradativa elevação de juros a partir de 2005, as famílias não tinham condições de honrar os pagamentos e, dessa forma, os bancos ficaram sem receber seus créditos e os construtores e investidores perderam recursos. Estima-se que três milhões de famílias nos EUA tenham ficado inadimplentes por causa da elevação dos juros e da crise que se instaurou. Uma verdadeira ciranda financeira foi rompida nos países mais ricos e, por extensão, aumentou o desemprego e diminuiu o consumo, advindo a recessão, ou seja, diminuiu a riqueza produzida no país.

Tal como uma epidemia, a crise tornou-se mundial. A interdependência dos mercados globalizados fez com que os bancos e investidores restringissem o acesso ao crédito e vários países tiveram problemas para honrar seus compromissos. A diminuição da circulação de mercadorias foi uma consequência imediata: alguns temiam vender e não receber e, com isso, o volume de exportações e importações diminuiu.

Para que a situação não se agravasse, os governos tiveram que injetar recursos na econo-mia e capitalizar empresas privadas – uma inversão das premissas de que o Estado não deveria intervir na economia.

China, Índia e Brasil, considerados países emergentes, tiveram uma resposta mais rápida diante da crise mundial e foram menos afetados. Alguns países europeus, como Espanha e Grécia, por exemplo, tiveram suas economias postas à prova, pois não reagiram ao estímulo econômico oferecido pelos respectivos governos e organismos internacionais. Os EUA só começaram a apresentar sinais de recuperação econômica no início de 2010.

## *Saiba mais*

### As consequências sociais da crise

Dentre os principais desdobramentos sociais da crise em escala mundial, destacam-se:

o **aumento da pobreza** – não apenas os mais pobres sofrem com a escassez de emprego e recursos, mas vários integrantes da classe média têm sua renda diminuída e passamm a integrar o grupo dos mais pobres;

o **diminuição de investimentos em países pobres** – por extensão, os governos têm menos recursos para aplicar na melhoria da condição de vida da população, como infraestrutura, saneamento etc.;

o **aumento da desigualdade econômica** – mesmo que a crise tenha atingido os países mais ricos, a qualidade de vida daqueles é preservada pelas conquistas sociais anteriores, mas nas regiões mais pobres fica ainda mais difícil a possibilidade de atingir bons indicadores sociais;

o **desemprego e xenofobia** – o aumento do desemprego nas economias norte-americana e europeias amplia a xenofobia (aversão a estrangeiros) contra imigrantes de países pobres que, muitas vezes, trabalham ilegalmente.

## A eleição de Barack Obama

Em 4 de novembro de 2008, o candidato democrata Barack Hussein Obama foi eleito presidente dos Estados Unidos. A sua vitória agitou a sociedade norte-americana e o mundo todo. Graças ao discurso de mudança e à péssima avaliação da gestão de George W. Bush, o primeiro presidente negro dos Estados Unidos assumiu em janeiro de 2009 em meio a uma das maiores crises financeiras da história do capitalismo.

Na imprensa, foi destacado, principalmente, o valor histórico de sua eleição, que possui valor simbólico em relação ao passado e à própria história dos Estados Unidos. A eleição de um afrodescendente, em um país que apenas em 1965 garantiu o direito de voto aos negros, é uma vitória de uma geração que enfrentou a segregação racial em um país com um forte legado escravocrata.

No entanto, seria reducionista apontar apenas a questão racial na recente eleição. Obama se apresentou como um candidato que ultrapassava esse limite. A chegada de Obama reafirma alguns princípios do multiculturalismo existente nos Estados Unidos. Se desde a era Reagan, no início dos anos 1980, o mundo assistiu ao predomínio do pensamento conservador norte-americano, incluindo as aproximações do período democrata de Clinton, a eleição de 2008 sinaliza uma guinada e a demonstração da vivacidade de outros grupos e visões políticas nos Estados Unidos. Sua própria experiência de vida é um exemplo disso: seu pai é queniano, de família muçulmana; sua mãe é uma branca do Kansas; viveu a infância na Indonésia, a juventude no Havaí e estudou em Harvard. Apenas por esse prisma, pode-se afirmar que não é um político monolítico.

Nos dois anos de campanha que resultaram em sua vitória eleitoral, três fatores principais impulsionaram Barack Obama: o desgaste de seu antecessor, George W. Bush; a crise do mercado imobiliário que eclodiu em 2008; e o planejamento da campanha, associado a um forte engajamento dos eleitores.

A gestão de Bush durou oito anos e foi marcada por fatos que resultaram em um enorme desgaste da figura do presidente e, por extensão, do Partido Republicano. Se em 24 de setembro de 2001, logo após os atentados de 11 de setembro, Bush tornou-se o presidente mais popular da história dos Estados Unidos, foi a partir de seu segundo mandato que sua popularidade despencou. A invasão do Iraque, a divulgação de fotos de iraquianos torturados por soldados norte-americanos, a lenta e falha reação do governo aos efeitos do furacão Katrina e a maior crise econômica que os Estados Unidos tiveram desde 1930 são alguns dos acontecimentos que ajudam a explicar a perda de popularidade do governo republicano.

Neste contexto, a candidatura de Obama tinha o desafio de ultrapassar os estereótipos e as barreiras eleitorais. Os resultados eleitorais indicam que ele conseguiu: com um slogan atrativo ("Yes we can") e grande mobilização pela internet, Obama foi o candidato escolhido pelos mais jovens (66% dos eleitores entre 18 e 29 anos votaram nele), negros (97%), americano-asiáticos (62%), judeus (78%), habitantes das grandes cidades (70%) e hispano-americanos (67%). Além disso, quase 66% dos eleitores registrados para as eleições presidenciais norte-americanas compareceram às urnas, representando a maior taxa de participação desde 1908.

Barack Obama tomou posse como presidente dos Estados Unidos no dia 20 de janeiro de 2009, diante de uma multidão que o aplaudia e de milhões de espectadores ao redor do mundo. O *slogan* de sua campanha ("Yes, We Can!" – sim, nós podemos!) passou ao eleitorado a forte mensagem de que mudanças são possíveis.

RON SACHS/POOL/CNP/CORBIS/LATINSTOCK

# A pauta e os desafios de Obama

## Os conflitos internacionais

Obama chegou à presidência com a expectativa de uma era de menos conflitos bélicos. A expectativa fez com que o presidente norte-americano fosse agraciado com o Prêmio Nobel da Paz, em 2009. Mais do que um gesto concreto, o prêmio era uma aposta na possibilidade de um tempo de diálogo e cooperação entre os povos.

Pessoalmente, Obama é mais resistente do que Bush a ataques bélicos e, de fato, os Estados Unidos não entraram diretamente em novos conflitos, mas não houve mudanças radicais na política internacional norte-americana.

No Afeganistão, aumentou o número de tropas, sob a desculpa de que a al-Qaeda e o Talibã ainda se movimentariam com desenvoltura, circulando inclusive no território de um país próximo: o Paquistão. Novamente, em vez da diplomacia, utilizava-se a força, por meio de aviões não tripulados ("drones"), por exemplo, para neutralizar a presença das lideranças do Talibã no país vizinho. Em 2011, autorizou ataques aéreos norte-americanos na Líbia contra o regime de Muamar Kadafi.

No caso do Iraque, Obama iniciou a retirada de soldados norte-americanos no final de 2011. Mas a ação foi suspensa por conta do avanço de tropas rebeldes ligadas ao Estado Islâmico, grupo extremista que surgiu em 2002, mas que tem desempenhado papel relevante no cenário internacional desde 2013. O presidente Obama age de forma diferente do que havia criticado quando era senador.

A guerra civil na Síria, por exemplo, expressa as ambiguidades da política internacional dos EUA. Obama estabeleceu o uso de armas químicas por parte do regime de Bashar al-Assad como o sinal vermelho que determinaria a entrada direta dos EUA no conflito. Indiretamente, os EUA ajudaram grupos rebeldes que não tiveram forças para derrubar o ditador. O clima de guerra civil enfraqueceu o país e permitiu que o Estado Islâmico ganhasse terreno na Síria. Diante do quadro e, mesmo após a comprovação de que as forças sírias teriam usado armas químicas, o governo norte-americano fez um acordo com a Rússia para o desmantelamento do arsenal químico das forças de al-Assad, mas também discutia uma colaboração com a Síria para enfrentar o Estado Islâmico.

Em relação a dois inimigos históricos, Cuba e Irã, o presidente Obama estabeleceu um novo patamar diplomático. Com Cuba, as relações foram restauradas em 2015 e com o Irã, mesmo contrariando a pressão de Israel, Obama concordou com a demanda nuclear e firmou um acordo em 2015. Antes, em 2013, Obama foi o primeiro presidente dos EUA a conversar, via telefone, com o presidente iraniano Hassan Rouhani. Tais medidas indicam que alguns avanços foram obtidos por Obama, mesmo sofrendo uma crítica ferrenha de seus opositores internos.

## A questão econômica e a reforma na lei de imigração

Obama implementou uma série de projetos como parte do Plano de Recuperação Econômica para atenuar os efeitos da crise, centrado em aumentar as despesas em infraestrutura, a criação de empregos e os cortes tributários. Entre as medidas para ajudar na criação de empregos estavam os incentivos fiscais para empresas que contratassem ou elevassem os salários, reduções fiscais para quem realizasse investimentos, um programa nacional de exportação voltado para pequenas empresas e agricultores, e a ajuda a bancos comunitários que se relacionavam principalmente com pequenas empresas, em vez da ajuda bilionária aos grandes bancos no auge da crise.

Mesmo sem o entusiasmo inicial, Obama foi reeleito em 2013 e no segundo mandato havia temas polêmicos na política interna norte-americana, como a questão da reforma das leis de imigração, visto que ele fora eleito com grande apoio da população hispânica. As estimativas davam conta de que 11 milhões de imigrantes ilegais viviam nos Estados Unidos.

Em 2015, Obama propôs uma anistia a todos os que viviam no país há mais de cinco anos, os que tinham filhos com cidadania estadunidense ou eram residentes legais. A proposta oferecia permanência temporária e evitava o risco de deportação aos que se resgistrassem, que não tivessem tido qualquer tipo de antecedentes criminais e que pagassem os impostos devidos. Obama em seu anúncio argumentou que há mais de duzentos anos "a imigração nos define como país".

## *Vivendo seu tempo*

### A latente questão racial nos EUA

A questão racial nos EUA, mesmo com um presidente negro, tem aspectos visíveis, por exemplo, na violência policial. Distúrbios e enfrentamentos entre a polícia e a população ocorreram nas cidades de Ferguson e Baltimore, em 2014 e 2015, e causaram grande repercussão internacional.

Em Ferguson (Missouri), em agosto de 2014, Michael Brown, de 18 anos, foi baleado por policiais quando ia para a casa da avó. A polícia alegou que ele teve comportamento agressivo diante da abordagem, mas perícia e testemunhas indicaram que Brown foi alvejado quando já estava com as mãos para o alto. Por dias a população tomou as ruas da cidade, houve saques e conflitos.

Ferguson tem uma população de 21 mil habitantes, dentre os quais 67% são negros, e conta com uma força policial composta por brancos (cerca de 94%). A decisão judicial de não indiciar policiais brancos que matam cidadãos negros é frequente e ajuda a criar a percepção de que é praticamente impossível processar um policial nos EUA, mesmo quando a autópsia caracteriza a morte da vítima como homicídio.

"Sem justiça, não há paz!" e "Nenhum policial racista!" eram os *slogans* dos manifestantes que saíram às ruas em Baltimore, em 2015, após a morte de outro jovem negro Freddie Gray, de 25 anos, que havia sido preso em 12 de abril ao fugir da polícia. Ele levava consigo um canivete e foi colocado dentro de um camburão policial, mas sofreu grave lesão na espinha e morreu uma semana depois. A disparidade em Baltimore, cidade de mais de 600 mil habitantes e que está próxima de Washington, é exemplo das diferenças entre brancos e negros nos EUA. A diferença na expectativa de vida é de, aproximadamente, 20 anos a mais para os brancos. Nos Estados Unidos, os negros representam 13% da população e 30% das vítimas de disparos da polícia.

Protestos contra a violência policial contra negros tomaram as ruas de diversas cidades dos Estados Unidos. Na foto, manifestação em 2 de maio de 2015, na cidade de Los Angeles, Califórnia, contra a morte de Freddie Gray.

# A "Primavera Árabe"

As revoltas populares iniciadas em dezembro de 2010 na Tunísia se espalharam pelos países vizinhos e pelo mundo árabe e receberam o nome de **Primavera Árabe**. Os protestos e movimentos coletivos pediam a deposição de ditadores e pressionavam por alterações na vida política, cultural e social naqueles países. O termo "primavera" é uma referência à Primavera dos Povos (1848), com ventos liberais que marcaram a Europa e que agora era associado a um despertar do mundo árabe para a sua condição social e política.

Há décadas a região é controlada por regimes ditatoriais que se sustentam a partir do controle do petróleo, políticas clientelistas, rígido controle sobre a população e, em alguns deles, por relações de poder próximas entre as elites e os interesses estadunidenses.

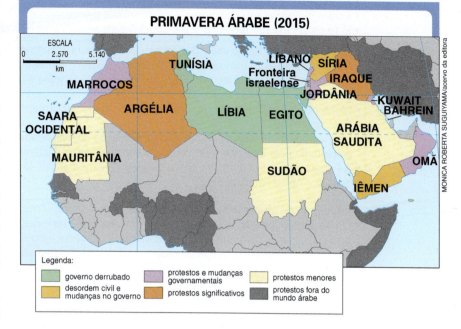

Alguns aspectos da Primavera Árabe:

- os movimentos populares foram de caráter laico em oposição ao controle religioso e à pouca representatividade política;
- opunham-se aos regimes ditatoriais e conviviam com elevados índices de desemprego;
- foi um movimento marcado pela presença massiva de jovens, sobretudo usuários de redes sociais e principais atingidos pelo desemprego. A maioria dos protestantes tinha entre 15 e 30 anos;
- driblavam a pouca liberdade de expressão com o uso da internet e convocavam os protestos. Os governos suspenderam a rede de comunicação, mas havia milhares de pessoas nas ruas;
- as mulheres participaram dos protestos, o que é pouco comum na região por uma série de tradições.

O processo foi deflagrado na Tunísia, quando o vendedor de rua Mohamed Bouazizi se matou, em um ato de protesto contra as condições de vida no país. O gesto radical levou a multidão às ruas, o que pressionou o presidente Zine al-Abidine Ben Ali a deixar o poder, em janeiro de 2011, após mais de 20 anos.

As manifestações se sucederam por outros países, como Líbia, Egito, Argélia, Iêmen, Marrocos, Bahrein, Síria, Jordânia e Omã, porém o alcance das mudanças foi muito diferente em cada um deles.

As manifestações de 25 de janeiro de 2011 na praça Tahir, Cairo, que culminaram com a deposição do então presidente do Egito Hosni Mubaraki, contaram com a participação das mulheres.

## PRINCIPAIS CONSEQUÊNCIAS DA PRIMAVERA ÁRABE

| | |
|---|---|
| Tunísia | • País que mais avançou em direção à democracia.<br>• Nova Constituição foi aprovada.<br>• Foram realizadas eleições gerais e presidenciais democráticas.<br>• O terror do **Estado Islâmico (EI)** é uma ameaça ao país para que assuma a lei islâmica. |
| Egito | • O Exército se impôs no início dos acontecimentos para preencher o vazio de segurança que imperava nas ruas, enquanto as milícias do ditador Mubarak agrediam manifestantes na Praça Tahrir. Mubarak foi deposto.<br>• Foram realizadas eleições, em 2012, que garantiram a vitória à **Irmandade Muçulmana**, um movimento político-religioso.<br>• Mohamed Morsi, primeiro presidente eleito democraticamente na história do país, foi deposto pelo Exército em 2013.<br>• Nos últimos anos houve perseguição a partidários da Irmandade Muçulmana, pois protestavam contra o golpe dado pelo Exército, e também a grupos seculares e liberais.<br>• A Primavera, no Egito, foi um breve período de expectativas. O autoritarismo predomina no país comandado por Abdel Fattah el-Sisi. |
| Líbia | • Deposição de **Muamar Kadafi**, o ditador da região que ficou mais tempo no poder: 42 anos (desde 1969).<br>• O país se envolveu em uma violenta **guerra civil**, com rebeldes avançando lentamente sobre as cidades ainda dominadas pelo regime de Kadafi. **Trípoli**, a capital, caiu em agosto de 2011.<br>• Dois meses depois da queda da capital, o ditador foi capturado e morto em um buraco de esgoto em **Sirte**, sua cidade natal.<br>• Foram realizadas eleições sob a supervisão da ONU, mas o resultado não foi aceito por alguns grupos. Com isso, aprofundou-se a guerra civil.<br>• Os islâmicos e seus aliados se rebelaram contra o Parlamento eleito e formaram a coalizão **Aurora Líbia**, que tomou Trípoli. O novo governo fugiu para a cidade de Tobruk, no leste do país, e desde então os combates são travados em todo o país. O **Estado Islâmico** também avança em meio ao caos e preocupa as autoridades do Ocidente.<br>• Com milhares de mortos, cidades devastadas e 400 mil pessoas que perderam suas casas, o conflito envolve três lados: o governo, a Aurora Líbia e o EI.<br>• Uma crise humanitária se instaurou entre os que pretendem fugir do conflito em barcas clandestinas em direção à Europa. Muitos morrem afogados sem completar a travessia perigosa. |
| Iêmen | • O último ditador a cair foi **Ali Abdullah Saleh**.<br>• Meses depois de ficar gravemente ferido em um atentado contra a mesquita do palácio presidencial em Sanaa, Saleh assinou um acordo para deixar o poder.<br>• O vice-presidente, **Abd Rabbuh Mansur al-Radi**, anunciou então um governo de reconciliação nacional, pressionado pelas mobilizações.<br>• Al-Radi foi deposto em 2015 e o país enfrenta uma guerra civil. |
| Marrocos | • Reforma constitucional deu mais poderes ao Parlamento.<br>• O rei Mohamed VI foi preservado no comando do país, embora com algumas concessões. O rei manteve o controle do Judiciário, das Forças Armadas e é o guardião supremo da fé. |
| Síria | • Revoltas populares contra o presidente **Bashar al-Assad**, que está no poder desde o ano 2000, quando sucedeu seu pai. A família está no poder desde a década de 1960.<br>• O regime de Assad mandou **torturar e matar** milhares de pessoas, **inclusive crianças**.<br>• Segundo a ONU, as forças governamentais cometeram "crimes contra a humanidade" ao reprimir manifestantes.<br>• Enfrentamento e guerra civil custaram a vida de quase 200 mil pessoas desde 2011 e a metade da população do país precisou abandonar suas casas.<br>• A maioria da população corresponde aos sunitas, divisão do islamismo que abrange cerca de 90% dos islâmicos do mundo. O presidente al-Assad pertence à seita islâmica alauíta, uma vertente dos xiitas.<br>• Na geopolítica do mundo árabe, o conflito é visto como um confronto velado entre o Irã xiita e a Arábia Saudita sunita.<br>• Oposição da Rússia à intervenção do Ocidente, que negociou com os EUA a destruição do arsenal químico em poder dos sírios.<br>• A atuação do EI fez com que os EUA revissem sua estratégia em relação à ditadura de al-Assad. |

Uma rápida avaliação da Primavera Árabe permite afirmar que as rebeliões ajudaram a derrubar regimes que estavam consolidados há décadas, mas não foram suficientes para produzir alterações profundas nas formas de governar e nas condições da vida das pessoas.

# O Estado Islâmico

Criado no ano de 2002, o Estado Islâmico ganhou protagonismo no cenário internacional nos últimos anos. O grupo pretende estabelecer um **califado** abrangente, em que o poder político e religioso esteja de acordo com as leis islâmicas (*sharia*). O grupo surgiu no Iraque e pretendia criar o Estado Islâmico do Iraque (ISI, em inglês). Mesmo enfrentando o exército norte-americano e tendo sofrido alguns reveses, o grupo não desapareceu e, a partir de 2010, ganhou força após ações bélicas que lhe garantiram o controle de algumas regiões do Iraque.

Com os conflitos ocorridos no território da Síria, o EI passou a atuar no país vizinho contra o ditador Bashar al-Assad. Desde então o grupo passou a chamar-se Estado Islâmico do Iraque e do Levante (ISIS, em inglês), em uma referência à região geográfica que inclui a Síria, a Palestina e outras áreas até o sul da Turquia.

O Estado Islâmico obteve uma importante conquista quando dominou a cidade de Mosul, a segunda mais importante do Iraque, aproveitando-se das divisões políticas entre o governo xiita e a maioria sunita da população.

O grupo tem realizado ações que impactaram o mundo como a decapitação de prisioneiros, apedrejamentos, sepultamento de pessoas ainda vivas e a destruição de sítios arqueológicos. Os procedimentos são filmados e difundidos pelo mundo como uma forma de propaganda e da radicalidade do terrorismo do EI.

Acredita-se que 8 milhões de pessoas estão submetidas diretamente ao EI, além de outros grupos que estão em aliança com o EI, como o radical Boko Haram da Nigéria, que pretende construir uma república islâmica no país africano. Para conseguir esse objetivo, o grupo terrorista utiliza muitos métodos radicais, incluindo a realização de atentados e o sequestro para realizar avanços territoriais. O Boko Haram também age por meio do sequestro de mulheres, utilizando-as para a obtenção de resgates e, principalmente, negociando-as como escravas sexuais.

Os principais alvos do EI são os sunitas, as minorias étnicas da região em que atua e os EUA. Eles acreditam serem os únicos seguidores fiéis do islamismo. O tamanho do exército do EI é uma incógnita, mas estima-se que entre 10 mil e 40 mil combatentes integrem as fileiras do grupo. Destes, 30% são milicianos por convicção, enquanto que o restante é forçado a integrar o grupo. Acredita-se que cerca de 2.500 ocidentais aderiram à causa do EI e integram esse grupo.

O financiamento do EI, na atualidade, é garantido pelo comércio de petróleo extraído das regiões entre o Iraque e a Síria que estão sob seu controle. No início, o grupo contava com o apoio de magnatas sunitas ultraconservadores do Qatar e da Arábia Saudita, que esperavam pela queda do presidente sírio Bashar al-Assad.

O EI age para enfraquecer ou dominar regiões de aliados do governo de Bagdá (Irã) e obtém a simpatia popular por ser um grupo que atua contra os interesses dos xiitas – aliados aos iranianos – na região. Além disso, tem o apoio tático de governos do Golfo Pérsico. Os atos cometidos pelo EI são difíceis de serem apoiados, mas o objetivo de criar um califado é atraente para algumas correntes do pensamento islâmico. Ao controlar uma cidade, o EI toma posse do controle de fontes de água, do petróleo e derivados, centralizando a sua distribuição e tornando a população dependente do grupo. Campanhas em diversos idiomas são divulgadas para atrair homens e mulheres jovens à causa do EI.

## *Saiba mais*

### Uma religião não se confunde com terroristas, mas é vítima deles

Representantes do islamismo reprovam a ação de grupos fundamentalistas e que propagam uma imagem equivocada da fé islâmica. É necessário separar a ação do Estado Islâmico da fé islâmica e não atribuir um caráter violento a uma religião que zela pela paz e pela justiça.

Diante da divulgação de tantos episódios conflitivos há sempre o risco de, equivocadamente, associar todos os seguidores de uma religião à prática de uma minoria que, para empreender a destruição e o assassinato de povos e culturas, se esconde sob uma alegação religiosa.

O presidente dos EUA, Barack Obama, fez um pronunciamento em setembro de 2014 desvinculando a religião do grupo terrorista, Obama foi enfático: "Deixemos duas coisas claras: o EI não é 'islâmico'. Nenhuma religião aprova a matança de inocentes, e a vasta maioria das vítimas do EI foram muçulmanos. E, certamente, o EI não é um Estado. (...) Nenhum governo o reconhece, como tampouco o reconhecem as pessoas por ele subjugadas. O EI é uma organização terrorista, pura e simplesmente. E não tem nenhuma outra visão exceto a matança de todos os que se interpõem em seu caminho".

Outras iniciativas, como a de jovens islâmicos atuando nas redes sociais, tentam reverter a imagem que vem sendo produzida contra o islamismo. A ativista espanhola Wadi N-Daghestani, com milhares de seguidores nas redes sociais, afirma que a imprensa nem sempre utiliza os termos corretos e é cúmplice da imagem distorcida do Islã no mundo. "O termo terrorismo islâmico me dói nos ouvidos. É um termo do Ocidente cunhado em cima de estereótipos e preconceitos que os meios de comunicação atribuem falsamente ao Islã. Por isso eu me refiro ao terrorismo anti-islâmico ou islamofóbico", argumentou Wadi.

Os riscos de uma associação entre o terrorismo e o Islã acentuam a xenofobia e o preconceito contra os seguidores do Corão, tornando-os vítimas indiretas da ação condenável dos terroristas.

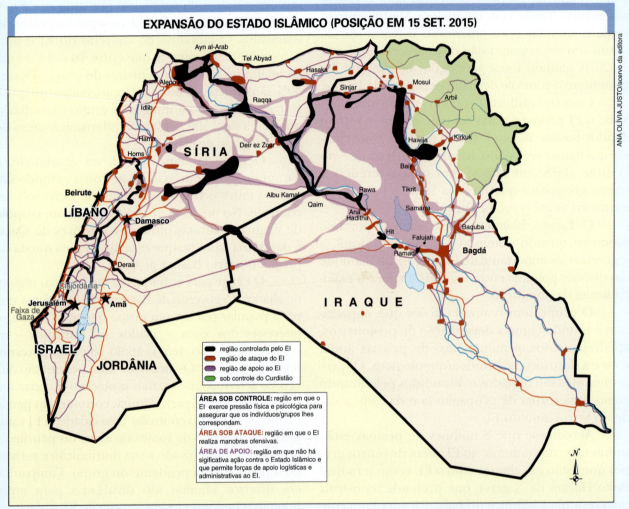

EXPANSÃO DO ESTADO ISLÂMICO (POSIÇÃO EM 15 SET. 2015)

ANA OLÍVIA JUSTO/acervo da editora

*Fonte:* Institute for the Study of War.

*Disponível em:* <http://understandingwar.org/sites/default/files/ISIS%20Sanctuary%2070812-01.pdf>. *Acesso em:* 7 out. 2015.

# O drama dos refugiados

A crise na região da Síria e no norte da África adquiriu uma nova escala com a chegada de milhares de refugiados à Europa. Desde a Segunda Guerra Mundial não havia um movimento populacional tão intenso no continente europeu. Algumas cifras citavam, em 2015, quase 400 mil pessoas tentando ingressar na Europa, fugindo dos horrores da guerra. As fronteiras da Hungria, as ilhas da Grécia e o sul da Itália eram as regiões que, por condições logísticas e fronteiriças, mais receberam refugiados de guerra.

A maior parte dos refugiados buscava um lugar para viver com segurança e encontrar trabalho, tornando a Alemanha o principal destino daqueles que abandonaram sua terra natal. Para entender o que os levaram a procurar a Europa é necessário compreender o complexo quadro vivido, destacando-se:

● **A guerra da Síria e a expansão do Estado Islâmico** – o avanço do Estado Islâmico, após mais de quatro anos de guerra civil, provocou o êxodo de sírios e de outros povos, como afegãos, eritreus e nigerianos. A guerra na Síria provocou, segundo a ONU, mais de 230 mil mortes e milhões de pessoas tiveram que abandonar suas casas, diante das ameaças do EI em parte da Síria e do Iraque.

- **A restrição dos países vizinhos aos refugiados sírios** – os países mais próximos à Síria, como Jordânia, Líbano e Turquia, sobrecarregados com a entrada contínua de refugiados (a Turquia, por exemplo, chegou a receber quase 2 milhões deles), endureceram as regras para admitir sua entrada e, sem muita alternativa, os sírios buscaram chegar diretamente à Europa.

A questão é complexa, pois os países resistem a receber número elevado de imigrantes. O impacto social, econômico e cultural é grande. Em meio a esses processos há a ação de máfias que traficam imigrantes e o temor que, entre refugiados, possam estar terroristas ou grupos que possam desestabilizar os governos. A Europa tinha interesse que a questão fosse resolvida na própria região, mas a situação saiu do controle em 2015.

A fotografia do resgate do corpo do garoto Ayslan Kurdi, recolhido por um policial na costa da Turquia, correu o mundo e fez com que os governos europeus anunciassem planos emergenciais para acolher os refugiados. A catástrofe que dizimou tantos anônimos teve, naquela cena, uma mudança de postura das sociedades ocidentais que pareciam ignorar o destino de milhões de pessoas.

O temor no momento é que sentimentos como a xenofobia voltem a ficar mais evidentes nos países ricos que acolherem os imigrantes. Trata-se de um drama e uma situação que já foram vivenciados em épocas não muito distantes e que provocaram um dos mais vergonhosos episódios da história humana.

AGB/KEYSTONE

Fugindo da guerra da Síria, refugiados desembarcaram na Europa às centenas em busca de nova oportunidade na vida.

## Saiba mais

Visite www.harbradigital.com.br e conheça as informações sobre outros conflitos que expressam as multiplicidades históricas no mundo contemporâneo.

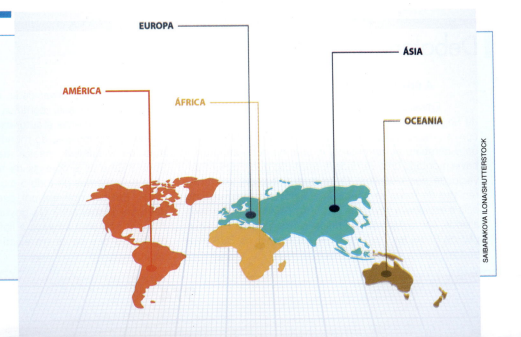

EUROPA

ÁSIA

AMÉRICA

ÁFRICA

OCEANIA

SAIBARAKOVA ILONA/SHUTTERSTOCK

# Cinemateca

**A Caminho de Kandahar** (2001, Irã, dir.: Mohsen Makhmalbaf) Uma jovem afegã, que fugiu para o Canadá em meio à guerra civil dos talibãs, volta ao país para salvar sua irmã que lhe enviou uma carta avisando que iria se suicidar.

**Invasões Bárbaras** (2003, Canadá/França, dir.: Denys Arcand) Homem à beira da morte revê o filho e amigos e relembra sua vida. O filme faz um paralelo, a partir do 11 de setembro de 2001, entre diversos temas da atualidade e a vida dos personagens.

**Hotel Ruanda** (2004, África do Sul/Canadá/Reino Unido, dir.: Terry George) Em Ruanda, na África, o genocídio de mais de um milhão de pessoas por diferenças étnicas. Um homem, em meio a esse cenário, munido de coragem e amor à sua família, faz de tudo para escapar vivo e salvar seus entes queridos.

**Nós que aqui Estamos por vós Esperamos** (1999, Brasil, dir.: Marcelo Masagão) Memória do século XX, a partir de recortes biográficos reais e ficcionais de pequenos e grandes personagens.

**Vôo United 93** (2006, França/Reino Unido/EUA, dir.: Paul Greengrass) O filme aborda os 90 minutos do voo 93 de United Airlines, sequestrado no dia 11 de setembro de 2001, que foi abatido quando sobrevoava a Pensilvânia.

# Revisitando a História

**1.** Por que no final do século XX foi apresentada a teoria do "fim da história"? Em que ela se baseia?

**2.** O que é a globalização? Como as divisões entre países pobres e ricos são abordadas neste processo?

**3.** Explique quais as causas da crise econômica mundial de 2008-09 e por que ela teve repercussão em todo o mundo.

**4.** Quais as principais consequências sociais da crise de 2008-09?

**5.** Por que o combate ao terrorismo é um desafio para os países ocidentais?

**6.** Analise a importância simbólica da eleição de Barack Obama como presidente dos EUA para a população norte-americana e para o mundo.

**7.** Por que o conflito na Síria expressa a ambiguidade das questões diplomáticas dos EUA na região do Oriente?

**8.** Justifique por que o levante dos negros em Baltimore e Ferguson, nos EUA, expressam um grave problema social e cultural?

**9.** Relacione a Primavera Árabe à expansão dos conflitos recentes naquela região. Por que emergiram as guerras civis em diferentes países?

**10.** O que é o Estado Islâmico? Quais são suas formas de atuação?

# Debatendo ideias

### A privacidade em tempos de internet

Edward Snowden, ex-analista da Agência Nacional de Segurança (NSA) dos Estados Unidos, denunciou que com a criação da Lei Patriótica, instituída em 2001 visando o combate ao terrorismo, o governo norte-americano havia montado uma verdadeira operação que violava a privacidade dos cidadãos. O governo tinha, por exemplo, registro de todas as chamadas telefônicas realizadas no país e espionava governos de outros países, mesmo seus aliados, como Alemanha, França, México e Brasil. A atuação de Snowden, que teve que abandonar os EUA para não ser preso, causou polêmica.

O direito à privacidade, muito valorizado na tradição norte-americana, continua sob ameaça por parte de outros programas e autoridades. Alguns dos serviços *online* mais populares do mundo colaboram com programas de vigilância maciça da Agência Nacional de Segurança e as empresas de tecnologia recebem pressões de governos de todo o mundo para colaborarem.

Em sua opinião: por que o direito à privacidade deve ser respeitado? Os governos e os programas de internet são uma ameaça à liberdade individual? Quais os limites que deveriam existir nesse tipo de comunicação?

# Questões de vestibular

**1.** (ENEM) Um certo carro esporte é desenhado na Califórnia, financiado por Tóquio, o protótipo criado em Worthing (Inglaterra) e a montagem é feita nos EUA e México, com componentes eletrônicos inventados em Nova Jérsei (EUA), fabricados no Japão. (...). Já a indústria de confecção norte-americana, quando inscreve em seus produtos "made in USA", esquece de mencionar que eles foram produzidos no México, Caribe ou Filipinas.

Renato Ortiz, *Mundialização e Cultura*.

O texto ilustra como em certos países produz-se tanto um carro esporte caro e sofisticado, quanto roupas que nem sequer levam uma etiqueta identificando o país produtor. De fato, tais roupas costumam ser feitas em fábricas – chamadas "maquiladoras" – situadas em zonas-francas, onde os trabalhadores nem sempre têm direitos trabalhistas garantidos. A produção nessas condições indicaria um processo de globalização que:

a) fortalece os Estados Nacionais e diminui as disparidades econômicas entre eles pela aproximação entre um centro rico e uma periferia pobre.

b) garante a soberania dos Estados Nacionais por meio da identificação da origem de produção dos bens e mercadorias.

c) fortalece igualmente os Estados Nacionais por meio da circulação de bens e capitais e do intercâmbio de tecnologia.

d) compensa as disparidades econômicas pela socialização de novas tecnologias e pela circulação globalizada da mão de obra.

e) reafirma as diferenças entre um centro rico e uma periferia pobre, tanto dentro como fora das fronteiras dos Estados Nacionais.

**2.** (UFPR) Norberto Bobbio define terrorismo da seguinte maneira: "O terrorismo, que não pode consistir em um ou mais atos isolados, é a estratégia escolhida por um grupo ideologicamente homogêneo, que desenvolve sua luta clandestinamente entre o povo para convencê-lo a recorrer a ações demonstrativas que têm, em primeiro lugar, o papel de 'vingar' as vítimas do terror exercido pela autoridade e, em segundo lugar, aterrorizar esta última."

BOBBIO, N. *Dicionário de Política*, 1996. p. 1242.

Com base nessa definição, leia o seguinte comentário: "As fotos de tortura na prisão de Bagdá ilustram, de forma dramática, o que vem se tornando claro para quem guarda na memória a América Latina dos anos 60 e 70: quanto mais os governos americano e britânico aplicam suas diretrizes antiterroristas, mais parecidas elas ficam com a velha Doutrina da Segurança Nacional (...). Subversão comunista era o pretexto daquela época para adotar medidas arbitrárias em defesa da segurança nacional; agora, o inimigo é o terrorismo".

BOCCANERA, S. *Primeira Leitura*, n. 28, p. 67, jun. 2004.

Com base nessas citações sobre o terrorismo e nos conhecimentos sobre o assunto, é correto afirmar:

a) O ataque ao Iraque, realizado pelos Estados Unidos, Inglaterra e Alemanha, é consequência do conflito entre palestinos e o Estado de Israel.

b) O terrorismo é um movimento político da atualidade que defende o retorno do socialismo soviético.

c) Os acontecimentos mencionados por Sílio Boccanera são resultantes da globalização, a qual aprofundou desigualdades sociais e levou ao surgimento de novos movimentos de esquerda, como IRA (Exército Republicano Irlandês) e al-Qaeda (movimento internacional liderado por Osama bin Laden).

d) O terrorismo lança mão de estratégias políticas incompatíveis com a paz e a democracia, por desrespeitar as leis e os princípios fundamentais dos direitos humanos.

e) O terrorismo praticado por ativistas muçulmanos não condiz com a definição de Norberto Bobbio porque se mantém fiel à autoridade dos governantes dos Estados árabes.

**3.** (ENEM) Na América do Sul, as Forças Armadas Revolucionárias da Colômbia (Farc) lutam, há décadas, para impor um regime de inspiração marxista no país. Hoje, são acusadas de envolvimento com o narcotráfico, o qual supostamente financia suas ações, que incluem ataques diversos, assassinatos e sequestros. Na Ásia, a Al-Qaeda, criada por Osama bin Laden, defende o fundamentalismo islâmico e vê nos Estados Unidos da América (EUA) e em Israel inimigos poderosos, os quais deve combater sem trégua. A mais conhecida de suas ações terroristas ocorreu em 2001, quando foram atingidos o Pentágono e as torres do World Trade Center. A partir das informações acima, conclui-se que:

a) as ações guerrilheiras e terroristas no mundo contemporâneo usam métodos idênticos para alcançar os mesmos propósitos.

b) o apoio internacional recebido pelas Farc decorre do desconhecimento, pela maioria das nações, das práticas violentas dessa organização.

c) os EUA, mesmo sendo a maior potência do planeta, foram surpreendidos com ataques terroristas que atingiram alvos de grande importância simbólica.

d) as organizações mencionadas identificam-se quanto aos princípios religiosos que defendem.

e) tanto as Farc quanto a Al-Qaeda restringem sua atuação à área geográfica em que se localizam, respectivamente, América do Sul e Ásia.

**4.** (UFU – MG) As horripilantes atrocidades cometidas em 11 de setembro são algo inteiramente novo na política mundial, não em sua dimensão ou caráter, mas em relação ao alvo atingido.

CHOMSKY, N. *11 de Setembro*. Rio de Janeiro: Bertrand Brasil, 2003. p. 11.

Sobre 11 de setembro de 2001 e seus impactos, marque, para as afirmativas abaixo, (V) Verdadeira, (F) Falsa ou (SO) Sem Opção.

1 (  ) O Iraque, de Saddam Houssein, empreendeu o ataque ao território dos Estados Unidos como represália à política externa de George W. Bush para o Oriente Médio.

2 (  ) As Forças Armadas norte-americanas atacaram o Iraque em 2003 como prevenção contra outros atentados, o que obedecia às diretrizes da Doutrina Bush.

3 (  ) Aviões de passageiros sequestrados nos Estados Unidos, comandados por terroristas, atingiram símbolos tradicionais do poderio econômico e militar norte-americano.

4 (  ) Os atentados colocaram em dúvida a percepção de inviolabilidade do território norte-americano que foi construída ao longo das experiências de guerras do século XX.

**5.** (FUVEST – SP) Serviços como o Fotolog e o Orkut, tal qual outras ferramentas para mensagens instantâneas na Internet (MSN e ICQ), não devem ser lidos como sintomas de um mundo que a velocidade da comunicação e as tecnologias digitais teriam tornado "pequeno". Ligar-se em rede e "estreitar" o mundo é uma escolha, algo como uma camada adicional de sociabilidade disponível somente para alguns, e que também, somente para alguns, faz sentido acionar.

ALMEIDA, M. I. M. de; EUGÊNIO, F. (Orgs).
*Culturas Jovens:* novos mapas do afeto, 2006.
Adaptado.

Considere o texto acima e as três afirmações:

I. As redes de comunicação propiciadas pela internet têm a propriedade da conectividade e, ao mesmo tempo, são suscetíveis de funcionar como instrumentos de integração e exclusão.

II. A revolução tecnológica pode consolidar as desigualdades sociais e também aprofundá-las, produzindo um distanciamento cognitivo entre os que já convivem com ela e os que estão sem acesso a ela.

III. Nesse ambiente comunicacional, as fronteiras se relativizam e tem-se a possibilidade de adicionar, às noções de espaço e tempo tradicionais, uma nova noção de espaço: o ciberespaço.

Está correto o que se afirma em

a) I, apenas.
b) II, apenas.
c) I e II, apenas.
d) II e III, apenas
e) I, II e III.

**6.** (UERJ) No admirável mundo novo das oportunidades fugazes e das seguranças frágeis, a sabedoria popular foi rápida em perceber os novos requisitos. Em 1994, um cartaz espalhado pelas ruas de Berlim ridicularizava a lealdade a estruturas que não eram mais capazes de conter as realidades do mundo: "Seu Cristo é judeu. Seu carro é japonês. Sua pizza é italiana. Sua democracia, grega. Seu café, brasileiro. Seu feriado, turco. Seus algarismos, arábicos. Suas letras, latinas. Só o seu vizinho é estrangeiro".

Adaptado de: BAUMAN, Z.
*Identidade:* entrevista a Benedetto Vecchi.
Trad. Carlos Alberto Medeiros. Rio de Janeiro: Jorge Zahar, 2005.

A alteração de valores culturais em diversas sociedades é um dos efeitos da globalização da economia. O cartaz citado no texto ironiza uma referência cultural que pode ser associada ao conceito de:

a) localismo          c) regionalismo
b) nacionalismo       d) eurocentrismo

**7.** (UFG – GO) Leia o trecho do artigo de Demétrio Magnoli.

As etnias hutus e tutsis foram inventadas pelo poder colonial europeu, que encontrou uma sociedade organizada em torno de um rei de caráter sagrado, cuja autoridade se baseava numa aristocracia de proprietários de rebanhos (os tutsis) que subordinava a massa de camponeses (os hutus). Toda sociedade ligava-se por laços de dependência pessoal, que asseguravam certa coesão. Tudo começou com o censo, que registrou as duas "etnias". Em 1926, o governo colonial emitiu documentos de identidade com rótulos "tutsi" e "hutu". Manuais vulgares repetem, até hoje, narrativas históricas que opõem as etnias, usando, para tanto, razões científicas.

*Adaptado de:* MAGNOLI, D. O país das cotas e do genocídio.
*Folha de S.Paulo*, São Paulo, 19 ago. 2005. Ilustrada.

O autor discute a relação entre os dois grupos envolvidos no conflito ocorrido em 1994, em Ruanda. Sobre a emergência desse conflito contemporâneo, pode-se afirmar que

a) o desacordo era anterior ao colonialismo, pois historicamente tutsis e hutus disputavam a posse da terra.
b) a distinção entre tutsis e hutus reforçou a oposição ao domínio colonial europeu.
c) o discurso histórico desqualificou a sacralidade da figura real, induzindo os grupos à rivalidade.
d) a exploração dos proprietários de rebanhos sobre os camponeses definia as relações étnicas.
e) as identificações étnicas, patrocinadas por ação governamental, fermentaram o conflito e o massacre.

# Referências Bibliográficas

ABREU, C. de. *Capítulos de História Colonial*. Belo Horizonte: Itatiaia, 1978.

AGGIO, A.; LAHUERTA, M. *Pensar o Século XX*. São Paulo: Ed. Unesp, 2003.

ALENCASTRO, L. F. (Org.). *História da Vida Privada no Brasil*. São Paulo: Companhia das Letras, 1997. v. 2.

ALENCASTRO, L. F. *O Trato dos Viventes:* formação do Brasil no Atlântico Sul – séculos XVI e XVII. São Paulo: Companhia das Letras, 2000.

*Almanaque Abril Mundo*. São Paulo: Abril, 2003.

ANDERSON, P. *Linhagens do Estado Absolutista*. São Paulo: Brasiliense, 1985.

_____. *Passagens da Antiguidade ao Feudalismo*. Porto: Afrontamento, 1976.

ANDRADE, M. C. de. *A Trajetória do Brasil* (de 1500 a 2000). São Paulo: Contexto, 2000.

_____. *Pernambuco Imortal:* evolução histórica e social de Pernambuco. Recife: CEPE, 1997.

ANTONIL, A. J. *Cultura e Opulência no Brasil por suas Drogas e Minas*. São Paulo: Nacional, 1967.

AQUINO, J. R. *et al. Sociedade Brasileira:* uma história através dos movimentos sociais. Rio de Janeiro: Record, 1999.

ARENDT, H. *Origens do Totalitarismo:* antissemitismo, imperialismo, totalitarismo. São Paulo: Companhia das Letras, 1989.

ARIÈS, P.; CHARTIER, R. (Orgs.). *História da Vida Privada*. São Paulo: Companhia das Letras, 1991. v. 3.

ARIÈS, P.; DUBY, G. *História da Vida Privada*. São Paulo: Companhia das Letras, 1990. v. 1.

ARISTÓTELES. *Política*. Brasília: Ed. UnB, 1985.

ARMSTRONG, K. *Jerusalém:* uma cidade, três religiões. São Paulo: Companhia das Letras, 2000.

*ATLAS da História Universal*. Rio de Janeiro: Globo, 1995.

*ATLAS Geográfico Escolar*. IBGE: Rio de Janeiro, 2005.

*ATLAS Histórico Escolar*. 6. ed. Rio de Janeiro: Fundação Nacional de Material Escolar, 1973.

AVÈ-LALLEMANT, R. *Viagens pelas Províncias de Santa Catarina, Paraná e São Paulo* (1858). Belo Horizonte: Itatiaia, 1980.

AZEVEDO, C. M. M. de. *Abolicionismo:* Estados Unidos e Brasil, uma história comparada (século XIX). São Paulo: Annablume, 2003.

AZEVEDO, E. R.; HERBOLD, H. *Caribe:* o paraíso submetido. São Paulo: Brasiliense, [s/d].

BERNAND, C.; GRUZINSKI, S. *História do Novo Mundo*. São Paulo: Edusp, 1997.

BETHELL, L. (Org.). *História da América Latina*. São Paulo: USP, 1998.

BETHELL, L. *História da América Latina:* da independência a 1870. São Paulo: Edusp; Brasília: Imprensa Oficial/FUNAG, 2004.

BETHENCOURT, F. *História das Inquisições:* Portugal, Espanha e Itália. Séculos XV-XIX. São Paulo: Companhia das Letras, 2000.

BOARDMAN, J.; GRIFFIN, J.; MURRAY, O. (Orgs.). *Historia Oxford del Mundo Clásico*. Madri: Alianza Editorial, 1998. v. 2.

BOBBIO, N. *Dicionário de Política*. Brasília: Ed. UnB, 1986.

BOLÍVAR, S. *Escritos Políticos*. Campinas: Ed. Unicamp, 1992.

BOURQUIN, L. (Coord.). *Histoire*. Paris: Belin, 2003.

BOURQUIN, L. *Histoire*. Paris: Belin, 2001.

BRANDÃO, A. *Os Direitos Humanos:* antologia de textos históricos. São Paulo: Landy, 2001.

*Brasil 500 Anos*. São Paulo: Nova Cultural, 1999. v. 1.

BRUIT, H. H. *Bartolomé de Las Casas e a Simulação dos Vencidos*. Campinas: Ed. Unicamp; São Paulo: Iluminuras, 1995.

BURKE, P. *A Fabricação do Rei:* a construção da imagem pública de Luís XIV. Rio de Janeiro: Zahar, 1994.

CALRY, R. de. *Crônica de uma Cruzada*. Paris: Édition N. Coulet, 1996.

CANÊDO, L. B. *A Descolonização da Ásia e da África*. São Paulo: Atual, 1994.

_____. *A Revolução Industrial*. São Paulo: Atual, 1994.

CARVALHO, J. M. de. *Cidadania no Brasil:* o longo caminho. Rio de Janeiro: Civilização Brasileira, 2001.

_____. *A Formação das Almas:* o imaginário da República no Brasil. São Paulo: Companhia das Letras, 1990.

CASTAÑEDA, J. G. *Che Guevara:* a vida em vermelho. São Paulo: Companhia das Letras, 2006.

CAVALCANTE, B. *Modernas Tradições:* percursos da história ocidental – séculos XV-XVII. Rio de Janeiro: Faperj/Access, 2002.

CHANG, J. *Cisnes Selvagens:* três filhas da China. São Paulo: Companhia das Letras, 1991.

CHAUSSINAND-NOGARET, G. *A Queda da Bastilha:* o começo da Revolução Francesa. Tradução: Lucy Magalhães. Rio de Janeiro: Jorge Zahar, 1988.

COSTA E SILVA, A. *A Enxada e a Lança*. Rio de Janeiro: Nova Fronteira, 1996.

COSTA, E. V. da. *Da Senzala à Colônia*. São Paulo: Brasiliense, 1989.

COURTOIS, S. *et al. O Livro Negro do Comunismo*. Rio de Janeiro: Bertrand Brasil, 2001.

COUTO, R. C. *História Indiscreta da Ditadura e da Abertura:* Brasil 1964-1985. 3. ed. Rio de Janeiro: Record, 1999.

CUNHA, E. da. *Os Sertões*. Rio de Janeiro: Ediouro, 2003.

CURRAN, M. *História do Brasil em Cordel*. São Paulo: Edusp, 1998.

D'ARAUJO, M. C. *O Estado Novo*. Rio de Janeiro: Jorge Zahar, 2000.

D'HAUCOURT, G. *A Vida na Idade Média*. São Paulo: Martins Fontes, 1994.

D'INCAO, M. A. (Org.). *O Brasil não É mais aquele...* Mudanças sociais após a redemocratização. São Paulo: Cortez, 2001.

DAVIES, R. *Economics Aspects of Stalinism*. Londres: Weidenfeld et Nicholson, 1993.

*De Volta à Luz:* fotografias nunca vistas do imperador. São Paulo: Banco Santos; Rio de Janeiro: Fundação Biblioteca Nacional, 2003.

DEAN, W. *Rio Claro:* um sistema brasileiro de grande lavoura – 1820-1920. Tradução: Waldívia Portinho. Rio de Janeiro: Paz e Terra, 1977.

DEBRET, J. B. *Viagem Pitoresca e Histórica ao Brasil*. Belo Horizonte: Itatiaia; São Paulo: Edusp, 1989.

DECCA, M. A. G. de. *Indústria, Trabalho e Cotidiano*. Brasil 1889 a 1930. São Paulo: Atual, 1991.

DELUMEAU, J. *História do Medo no Ocidente*. 1300-1800. São Paulo: Companhia das Letras, 1989.

DOLHNIKOF, M. *Projetos para o Brasil de José Bonifácio de Andrada e Silva*. São Paulo: Companhia das Letras, 1998.

DORATIOTO, F. *Maldita Guerra:* nova história da Guerra do Paraguai. São Paulo: Companhia das Letras, 2002.

DORATIOTO, F.; DANTAS FILHO, J. *De Getúlio a Getúlio:* O Brasil de Dutra a Vargas – 1945 a 1954. São Paulo: Atual, 1991.

DUBY, G. *As Três Ordens ou o Imaginário do Feudalismo*. Lisboa: Editorial Estampa, 1982.

_____. *Economia e Vida no Campo no Ocidente Medieval*. Lisboa: Edições 70, 1987. v. 1.

ECO, U. *O Nome da Rosa*. Rio de Janeiro: Nova Fronteira, 1983.

ELLENSTEIN, J. *Histoire de la URSS*. Paris: Editions Sociales, 1975. t. 4.

ENGLUND, S. *Napoleão:* uma biografia política. Tradução: Maria Luiza X. de A. Borges. Rio de Janeiro: Jorge Zahar, 2005.

FALCON, F. J. C. *Iluminismo*. 4. ed. São Paulo: Ática, 1994.

FAUSTO, B. *História Concisa do Brasil*. São Paulo: Edusp,1995.

_____. *História do Brasil*. São Paulo: Edusp, 1994.

_____. *História do Brasil*. São Paulo: Edusp; Fundação para o Desenvolvimento da Educação, 1999.

FAUSTO, B.; DEVOTO, F. J. *Brasil e Argentina:* um ensaio de história comparada (1850-2002). São Paulo: Editora 34, 2002.

FERNÁNDEZ-ARMESTO, F.; WILSON, D. *Reforma:* o cristianismo e o mundo – 1500-2000. Rio de Janeiro: Record, 1998.

FERREIRA, J. (Org.). *O Populismo e sua História*. Rio de Janeiro: Civilização Brasileira, 2001.

FERRO, M. *História da Primeira Guerra Mundial* – 1914-1918. Lisboa: Edições 70, [s/d].

FIGUEIREDO, L. *Rebeliões no Brasil Colônia*. Rio de Janeiro: Jorge Zahar, 2005.

FINLEY, M. *Aspectos da Antiguidade*. São Paulo: Martins Fontes, 1991.

FORTES, L. R. S. *O Iluminismo e os Reis Filósofos*. 3. ed. São Paulo: Brasiliense, 1981.

FRANCO Jr., H. *A Idade Média:* nascimento do Ocidente. São Paulo: Brasiliense, 1988.

FUENTES, C. *O Espelho Enterrado*. Rio de Janeiro: Rocco, 2001.

FUKUYAMA, F. *Construção de Estados:* governo e organização no século XXI. Rio de Janeiro: Rocco, 2004.

_____. *O Fim da História e o Último Homem*. Rio de Janeiro: Rocco, 1992.

FUNARI, P. P. *Antiguidade Clássica:* a história e a cultura a partir dos documentos. Campinas: Ed. Unicamp, 2002.

_____. *Aventuras da História*. ed. III. São Paulo: Abril, 2005.

_____. *Grécia e Roma*. São Paulo: Contexto, 2001.

GALBRAITH, J. K. *A Era da Incerteza*. São Paulo: Pioneira, 1986.

GOLDSMITH, R. W. *Brasil 1850--1984:* desenvolvimento financeiro sob um século de inflação. São Paulo: Harper & Row do Brasil, 1986.

GOMBRICH, E. H. *A História da Arte*. Rio de Janeiro: Guanabara Koogan, 1993.

GOMES, F. *Palmares:* escravidão e liberdade no Atlântico Sul. São Paulo: Contexto, 2005.

GRIMAL, P. *O Império Romano*. Lisboa: Edições 70, 1993.

GUMBRECHT, H. U. *Em 1926:* vivendo no limite do tempo. Rio de Janeiro: Record, 1999.

HEERS, J. *Idade Média:* uma impostura. Porto: Edições Asa, 1994.

HEFFER, J.; SERMAN, W. *O Século XIX:* 1815-1854. Lisboa: Dom Quixote, 1998.

HERNANDEZ, L. M. G. L. *A África na Sala de Aula:* visita à história contemporânea. São Paulo: Selo Negro, 2005.

HIBBERT, C. *Ascensão e Queda da Casa dos Medici:* o Renascimento em Florença. São Paulo: Companhia das Letras, 1993.

HILL, C. *O Mundo de Ponta-cabeça:* ideias radicais durante a Revolução Inglesa de 1640. São Paulo: Companhia das Letras, 1987.

*História do Brasil*. Rio de Janeiro: Bloch, 1976.

HOBSBAWM, E. J. *A Era das Revoluções:* 1789-1848. Rio de Janeiro: Paz e Terra, 1981.

_____. *A Era dos Extremos:* o breve século XX – 1914-1991. São Paulo: Companhia das Letras, 1995.

_____. *Nações e Nacionalismo desde 1780*. 3. ed. Rio de Janeiro: Paz e Terra, 2002.

HOLANDA, S. B. de. (Org.). *História Geral da Civilização Brasileira*. São Paulo: Bertrand Brasil, 1997. v. I, tomo II.

HOLANDA, S. B. de. *História Geral da Civilização Brasileira*. São Paulo: Difel, 1985. v. 4.

HOURANI, A. *Uma História dos Povos Árabes*. São Paulo: Companhia das Letras, 1994.

HUNTINGTON, S. P. *O Choque de Civilizações e a Recomposição da Ordem Mundial*. Rio de Janeiro: Objetiva, 1997.

IANNONE, R. *A Revolução Industrial*. São Paulo: Moderna, 1992.

KAPELIOUK, A. *O Massacre de Sabra e Chatila*. Belo Horizonte: Vega/Novo Espaço, 1983.

KARNAL, L. *Estados Unidos*: a formação da nação. São Paulo: Contexto, 2001.

_____. *Teatro da Fé*: representação religiosa no Brasil e no México do século XVI. São Paulo: Hucitec, 1998.

KARNAL, L.; FREITAS NETO, J. A. *A Escrita da Memória*. São Paulo: ICBS, 2003.

_____. *A Escrita da Memória*: interpretações e análises documentais. São Paulo: ICBS, 2004.

LAS CASAS, B. *Tratados*. México: FCE, 1997. v. I.

LATIF, B. de M. *As Minas Gerais*. Belo Horizonte: Itatiaia,1991.

LEMOS, R. (Org.). *Uma História do Brasil através da Caricatura*: 1840--2001. Rio de Janeiro: Bom Texto, Letras & Expressões, 2001.

LENHARO, A. *Nazismo*: o triunfo da vontade. São Paulo: Ática, 1995.

LINHARES, M. Y. *História Geral e do Brasil*. Rio de Janeiro: Campus, 1990.

LOCKE, J. *Ensaio sobre a Verdadeira Origem, Extensão e Fim do Governo Civil*. Lisboa: Edições 70, 1999.

LOPES, A. M.; ARNAUT, L. *História da África*: uma introdução. Belo Horizonte: Crisálida, 2005.

LOPEZ, L. R. *Sinfonias e Catedrais*: representações da história na arte. Porto Alegre: Ed. UFRGS, 1995.

MACEDO, J. R. *A Mulher na Idade Média*. São Paulo: Contexto, 2002.

MAESTRI, M. *Uma História do Brasil*: Colônia. São Paulo: Contexto, 2001.

*Mapa*: imagens da formação territorial brasileira. Salvador: Fundação Emílio Odebrecht, 1993.

MAQUIAVEL, N. *Comentários sobre a Primeira Década de Tito Lívio*. Brasília: Ed. UnB, 1994.

_____. *O Príncipe*. 4. ed. São Paulo: Nova Cultural, 1997.

MARABINI, J. *A Rússia durante a Revolução de Outubro*. São Paulo: Companhia das Letras, 1989.

MARTÍ, J. *Nossa América*. São Paulo: Hucitec, 1991.

MARX, K.; ENGELS, F. *Manifesto do Partido Comunista*. Petrópolis: Vozes, 1988.

MATTOS, C. V.; OLIVEIRA, C. H. S. *O Brado do Ipiranga*. São Paulo: Edusp; Museu Paulista da Universidade de São Paulo, 1999.

MATTOS, I. R. de. *O Tempo Saquarema*: a formação do Estado Imperial. 5. ed. São Paulo: Hucitec, 2004.

MATTOSO, K. (Org.). *Textos e Documentos da História Contemporânea*: 1789-1963. São Paulo: Hucitec/Edusp, 1977.

MAXWELL, K. *Marquês de Pombal*: Paradoxo do Iluminismo. Rio de Janeiro: Paz e Terra, 1996.

MELATTI, J. C. *Índios do Brasil*. São Paulo: Hucitec; Brasília: Ed. UnB, 1993.

MELLO E SOUZA, L. (Org.). *História da Vida Privada no Brasil*. São Paulo: Companhia das Letras, 1997. v. 1.

MELO, J. M. de. (Org.). *Populismo e Comunicação*. São Paulo: Cortez Editora, 1981.

MICELI, P. *O Ponto onde Estamos*: viagens e viajantes na história da expansão e da conquista (Portugal, séculos XV e XVI). 2. ed. Campinas: Ed. Unicamp, 1997.

MILL, J. S. *Sobre a Liberdade*. Petrópolis: Vozes, 1991.

MONTEIRO, J. *Negros da Terra*: índios e bandeirantes nas origens de São Paulo. São Paulo: Companhia das Letras, 1994.

MORAES, P. R. *Geografia Geral e do Brasil*. 3. ed. São Paulo: HARBRA, 2005.

MORE, T. *A Utopia*. 4. ed. São Paulo: Nova Cultural, 1988.

MOTA, L. D. (org.) *História Vivida II*. São Paulo: O Estado de S. Paulo, 1981.

NABUCO, J. *O Abolicionismo*. Brasília: Ed. UnB, 2003.

NEVES, L. M. B. P. Cidadania e Participação Política na Época da Independência do Brasil. *CEDES*, Campinas, v. 22, n. 58, dez. 2002.

NOGUEIRA, A. *Antônio Conselheiro e Canudos*. São Paulo: Atlas, 1997.

*Nosso tempo*. São Paulo: Jornal da Tarde, [s/d]. v. II.

NOVAES, A. (Org.). *A Descoberta do Homem e do Mundo*. São Paulo: Companhia das Letras, 1998.

*O Exército na História do Brasil*: Colônia. Rio de Janeiro: Biblioteca do Exército Ed.; Salvador: Odebrecht, 1998.

O'GORMAN, E. *A Invenção da América*. São Paulo: Ed. Unesp, 1992.

OLIVEIRA, C. H. L. S. *A Astúcia Liberal*: relações de mercado e projetos políticos no Rio de Janeiro (1820-1824). Bragança Paulista: EDUSF/ICONE, 1999.

PARKER, G. (Ed.). *Atlas da História do Mundo*. 4. ed. São Paulo: Folha de S. Paulo, 1995.

PASTOREAU, M. *No Tempo dos Cavaleiros da Távola Redonda*. São Paulo: Companhia das Letras, 1976.

PAZ, O. *O Labirinto da Solidão e Post-Scriptum*. 3. ed. Rio de Janeiro: Paz e Terra, 1984.

PERROT, M. (Org.). *História da Vida Privada*. São Paulo: Companhia das Letras, 1991. v. 4.

PERRY, M. *Civilização Ocidental*. São Paulo: Martins Fontes, 1999.

PESAVENTO, S. J. Fibra de gaúcho, tchê! *Nossa História*, São Paulo, dez. 2003.

PINHO, W. *Salões e Damas do Segundo Reinado*. São Paulo: GDR, 2004.

PINSKY, J. (Org.). *História da Cidadania*. São Paulo: Contexto, 2003.

POUNDS, N. J. G. *La Vida Cotidiana*: historia de la cultura material. Barcelona: Editorial Crítica, 1992.

PRIORE, M. del.; VENÂNCIO, R. P. *O Livro de Ouro da História do Brasil*. Rio de Janeiro: Ediouro, 2001.

PROST, A.; VINCENT, G. (Orgs.). *História da Vida Privada*. São Paulo: Companhia das Letras, 1992. v. 5.

REIS FILHO, D. A.; FERREIRA, J.; ZENHA, C. *O Século XX*. Rio de Janeiro: Civilização Brasileira, 2002.

*Revista Brasileira de História*, v. 24, n. 47, p. 105-106, jan-jun. 2004.

*Revista Ideias*, Campinas, IFCH-Unicamp, ano 5, n. 1, jan-jun. 1998.

*Revista Nossa História*, São Paulo, n. 13, nov. 2004.

RIBEIRO, R. J. *A Etiqueta no Antigo Regime*. São Paulo: Moderna, 1998.

RICARDO, S.; SUTTI, P. *As Diversas Faces do Terrorismo*. São Paulo: HARBRA, 2003.

ROBERTS, J. M. *O Livro de Ouro da História do Mundo*. Rio de Janeiro: Ediouro, 2001.

RODRIGUES, C. Luzia. *Ciência Hoje das Crianças*. SBPC, n. 102, maio 2000.

RODRIGUES, J. *O Tráfico de Escravos para o Brasil*. São Paulo: Ática, 1998.

RODRIGUES, L. C. B. *A Primeira Guerra Mundial*. São Paulo: Atual, 1994.

ROMERO, J. L. *América Latina:* as cidades e as ideias. Rio de Janeiro: Ed. UFRJ, 2004.

ROSA, G.; CESTARO, A. *Mito, Storia, Civiltà*. Milão: Minerva Italica, 1980. v. 1.

RUBY, C. *Introdução à Filosofia Política*. São Paulo: Ed. Unesp, 1998.

*Saga:* a grande História do Brasil. São Paulo: Abril, 1981.

SAID, E. W. *Reflexões sobre o Exílio e outros Ensaios*. São Paulo: Companhia das Letras, 2002.

SAINT-HILAIRE, A. de. *Viagem à Província de Goiás*. Belo Horizonte: Itatiaia, 1975.

SALIBA, E. T. *As Utopias Românticas*. 2. ed. São Paulo: Estação Liberdade, 2003.

SAN MARTÍN, J. de. *Escritos Políticos*. Petrópolis: Vozes, 1990.

SANTOS, E. N. *Deuses do México Indígena*. São Paulo: Palas Athena, 2002.

SANTOS, M. *Por uma outra Globalização*. Rio de Janeiro: Record, 2000.

SARAIVA, J. F. S. *Relações Internacionais:* dois séculos de história. Brasília: IBRI, 2001. v. 1.

SARLO, B. *Cenas da Vida Pós-moderna*. Rio de Janeiro: Ed. UFRJ, 2004.

SCHWARCZ, L. M. (Org.). *História da Vida Privada no Brasil*. São Paulo: Companhia das Letras, 2000. v. 4.

SEMMLER, R. *Jornal do Secretário de Goebbels*. Paris: La Jeune Parque, 1948.

SEVCENKO, N. (Org.). *História da Vida Privada no Brasil*. São Paulo: Companhia das Letras, 1998. v. 3.

SILVA, E.; REIS, J. J. *Negociação e Conflito:* resistência negra no Brasil escravista. São Paulo: Companhia das Letras, 1989.

SILVA, J. M. P. da. *Memórias do meu Tempo*. Brasília: Senado Federal, 2003.

SIMÕES, J. A.; Maciel, L. A. (Org.). *Pátria Amada Esquartejada*. São Paulo: Departamento do Patrimônio Histórico, 1992.

SIMONSEN, R. C. *História Econômica do Brasil*. São Paulo: Nacional, 1957.

SKIDMORE, T. E. *Brasil:* de Castelo a Tancredo, 1964-1985. São Paulo: Paz e Terra, 1988.

_____. *Uma História do Brasil*. São Paulo: Paz e Terra, 2000.

SKINNER, Q. *As Fundações do Pensamento Político Moderno*. São Paulo: Companhia das Letras, 1996.

SOARES, C. E. L.; GOMES, F. Com o pé sobre um vulcão: africanos, minas, identidades e a repressão antiafricana no Rio de Janeiro (1830-1840). *Estudos Afro-asiáticos*, Rio de Janeiro, v. 23, n. 2, p. 1-44, 2001.

SOSNOWSKI, S.; SCHWARTZ, J. (Orgs.). *Brasil:* o trânsito da memória. São Paulo: Edusp, 1994.

SOUSA, L. de M. *Desclassificados do Ouro:* a pobreza mineira no século XVIII. 4. ed. Rio de Janeiro: Graal, 2004.

SOUZA, I. L. C. *A Independência do Brasil*. Rio de Janeiro: Jorge Zahar, 2000.

SOUZA, M. M. *África e Brasil Africano*. São Paulo: Ática, 2006.

STOLTMAN, J. P. *Latin America and Canada*. Illinois: Scott, Foresman, 1991.

*The Atlas of Language*. New York: Quarto Publishing, 1996.

*The Times History of the World*. Londres: Times Books. 2004.

THEODORO, J. *Descobrimentos e Renascimento*. São Paulo: Contexto, 1996.

THOMPSON, E. P. *A Formação da Classe Operária Inglesa:* a maldição de Adão. Rio de Janeiro: Paz e Terra, 1987.

TOLEDO, B. L. de. *Álbum Iconográfico da Avenida Paulista*. São Paulo: Ex-Libris, 1987.

UZUNIAN, A.; BIRNER, E. *Biologia 3*. 3. ed. São Paulo: HARBRA, 2006.

VAINFAS, R. (Dir.). *Dicionário do Brasil Colonial*. Rio de Janeiro: Objetiva, 2001.

VAINFAS, R. (Coord.). *Dicionário do Brasil Imperial:* 1822-1889. Rio de Janeiro: Objetiva, 2002.

VENTURA, Z. *1968:* o ano que não terminou. Rio de Janeiro: Nova Fronteira, 1988.

VILLEHARDOUIN, G. de. *A Conquista de Constantinopla*. Paris: Garnier Flammarion, 1969.

WALLBANK, T. W. *et al. History and Life*. 4. ed. Illinois: Scott, Foresman, 1993.

WILCKEN, P. *Império à Deriva:* a Corte portuguesa no Rio de Janeiro, 1808-1821. Tradução de Vera Ribeiro. Rio de Janeiro: Objetiva, 2005.